Claudy/Henseler/Kümpel

Körperschaftsteuer-/Gewerbesteuer-/Umsatzsteuer-Erklärung 2025

Körperschaftsteuer-/Gewerbesteuer-/ Umsatzsteuer-Erklärung 2025

bearbeitet von

Björn Claudy
Dipl.-Finanzwirt (FH)
Oberfinanzdirektion Frankfurt am Main
Frankfurt am Main

Frank Henseler
Dipl.-Finanzwirt
Salzgitter-Thiede

Andreas Kümpel
Dipl.-Finanzwirt
Finanzamt für Groß- und
Konzernprüfung Köln
Köln

20., aktualisierte und neubearbeitete Auflage 2026

Lefebvre Stollfuß

Zitierweise:
Claudy/Henseler/Kümpel, KSt-/GewSt-/USt-Erklärung 2025 Rz. …

Dieses Printprodukt ist auch als Online-Datenbank zu einem monatlichen Bezugspreis erhältlich:
www.stollfuss.de
Für Fragen steht Ihnen unser Kundenservice gerne zur Verfügung
(0228 724–6002 oder kundenservice@stollfuss.de).

Bibliografische Information Der Deutschen Nationalbibliothek
Die Deutsche Nationalbibliothek verzeichnet diese Publikation in Der Deutschen Nationalbibliografie; detaillierte bibliografische Daten sind im Internet über http://dnb.d-nb.de abrufbar.

ISBN 978-3-08-363825-4

Satz: Cicero Computer GmbH, Bonn
Druck und Verarbeitung: Druckerei C.H. Beck, Nördlingen
Verlag: Stollfuß Verlag – Zweigniederlassung der Lefebvre Sarrut GmbH, Bundeskanzlerplatz 2, 53113 Bonn

Vorwort zur 20. Auflage

Ihr Kompass durch die Steuererklärungen 2025!

Die Erstellung der **Körperschaftsteuer-, Gewerbesteuer- und Umsatzsteuererklärungen** ist komplex – aber mit dem richtigen Werkzeug navigieren Sie sicher durch alle Anforderungen. Die neue Auflage bietet:

Struktur und Klarheit: Zeile für Zeile führt der Ratgeber durch die amtlichen Vordrucke. Die Autoren erläutern Hintergründe und Auswirkungen der Eintragungen. Der systematische Wegweiser als Ausfüllhilfe wird ergänzt durch Materialien mit Gesetzestexten und vollständigen Vordrucken.

Mehr als Formulare: Prägnante Erläuterungen, praxisnahe Beispiele und Hinweise zu neuen Rechtsentwicklungen vervollständigen den Ratgeber.

Aktualität: Die 20. Auflage berücksichtigt den Rechtsstand 2025 (Redaktionsschluss: 19.1.2026).

Berücksichtigt werden u.a. die neuen Gesetzesänderungen durch das Steueränderungsgesetz 2025, das Gesetz zur Modernisierung und Digitalisierung der Schwarzarbeitsbekämpfung, das Gesetz zur Änderung des Energiewirtschaftsrechts zur Stärkung des Verbraucherschutzes im Energiebereich sowie zur Änderung weiterer energierechtlicher Vorschriften, das Gesetz für ein steuerliches Investitionssofortprogramm zur Stärkung des Wirtschaftsstandorts Deutschland und das Gesetz für dringliche Änderungen im Finanzmarkt- und Steuerbereich.

Unser Ratgeber leitet Sie praxisnah und verständlich durch die amtlichen Vordrucke und bringt die relevanten Neuerungen der einzelnen Rechtsgebiete präzise auf den Punkt.

Damit Aufwendungen aus Geschäftsvorgängen mit Bezug zu Steueroasen den Gewinn nicht mindern, müssen diese nun in der **Körperschaftsteuer**-Erklärung in der Anlage GK angegeben werden. Außerdem wird für Körperschaften ausführlich erklärt, mit welchen Unterlagen die Gesellschaft bei einer Einlagenrückgewähr die Minderung der Einlagen nachweisen muss.

Bei der **Gewerbesteuer** werden die Rechtsprechung des BVerfG zum finalen Verlustabzug und aktuelle Urteile des BFH, wie u.a. zur erweiterten Kürzung bei Grundstücksunternehmen (§ 9 Nr. 1 Satz 2 GewStG) und zum Beginn der GewSt-Pflicht eines Hotelbetriebs, berücksichtigt. Die Umsetzung der BFH-Rechtsprechung zur Aufwärtsabfärbung nach § 15 Abs. 3 Nr. 1 Satz 1 Halbsatz 2 EStG durch die FinVerw. ist ebenfalls eingearbeitet.

Für die **Umsatzsteuer**-Erklärung ist u.a. die Neuregelung der Umsatzbesteuerung der im Ausland ansässigen Unternehmer, die grenzüberschreitende Personenbeförderungen mit nicht im Inland zugelassenen Kraftomnibussen (§ 18 Abs. 12 UStG) erbringen, zu beachten. Angaben in dem Vordruckmuster Anlage UN sind nur noch einzutragen, wenn bei der Beförderungseinzelbesteuerung die entrichtete Umsatzsteuer im allgemeinen Besteuerungsverfahren angerechnet werden soll. Weiterhin wird die ab 1.1.2025 geltende Kleinunternehmer-Regelung erläutert. Zu berücksichtigen ist diese Regelung für die Umsatzsteuer-Erklärung 2025 sowie die Umsatzsteuer-Voranmeldung 2026 und den dort anzugebenden Wechsel von der Kleinunternehmer-Regelung zur Regelbesteuerung.

Als ideale Ergänzung empfehlen wir unseren Ratgeber „Einkommensteuer-Erklärung 2025".

Wir freuen uns über Ihre Anregungen und Hinweise.

Bonn, im Januar 2026 — Die Autoren und der Verlag

Vorwort zur 1. Auflage

Es ist dennoch faszinierend und schön zugleich, zu sehen, wie etwas Neues entsteht und bei der Entwicklung mitwirken zu können. Dies gilt für den beruflichen Bereich mit neuen Ideen und Projekten genauso wie im privaten Bereich. Persönliche Veränderungen können mitunter auch dazu führen, dass man Projekte gar nicht erst beginnen oder nur unter zusätzlichen Mehrbelastungen vollenden kann.

Aber auch der Gesetzgeber hält stets neue Überraschungen, z.B. durch die Verabschiedung des Gesetzes über steuerliche Begleitmaßnahmen zur Einführung der Europäischen Gesellschaft und zur Änderung weiterer steuerrechtlicher Vorschriften (SEStEG) und durch das Jahressteuergesetz 2007, bereit. Auf Grund dieser nicht unbedeutenden Änderungen war es erforderlich, die Erklärungsvordrucke kurzfristig zu ändern, deren endgültige Versionen erst Mitte Januar bekannt wurden.

Doch der steuerliche Berater wie auch die Finanzverwaltung sind bereits durch die Entwicklungen der letzten Jahre in der kurzfristigen Umsetzung neuer Ideen und Gesetzesänderungen nicht ungeübt. Ganz in dem Sinne, stets das Beste daraus zu machen, soll Ihnen dieser systematischer Wegweiser mit seinen an den einzelnen Zeilen orientierten Ausführungen und Erläuterungen eine Hilfestellung bei der täglichen Arbeit mit den Steuererklärungen sein.

Das Jahrbuch gliedert sich in drei Teilbereiche:

Der systematische Wegweiser folgt in seiner Gliederung dem Aufbau der einzelnen Erklärungsvordrucke. Diese werden Zeile für Zeile umfangreich erläutert. Besonders hervorgehobene Hinweise (Gestaltungs-, Beratungs- und Praxishinweise) sowie die Verwendung von Beispielen erhöhen den praktischen Nutzen.

Im Checklistenteil, der vom Aufbau dem ersten Teil entspricht, findet der Leser Fragestellungen, die als Hilfestellung bei der Vorbereitung der Unterlagen als auch bei der eigentlichen Erstellung der Erklärung helfen.

Der Materialienteil enthält die relevanten Gesetzestexte in Auszügen und alle Erklärungsvordrucke 2006 im Überblick.

Das gedruckte Werk wird durch eine CD-ROM mit Volltextdatenbank und zusätzlich hinterlegten Quellen (z.B. wichtige Entscheidungen des Bundesfinanzhofs), die über Hyperlinks angesteuert werden können, ergänzt.

Das vorliegende Handbuch erscheint in der Reihe der Stollfuß Jahrbücher. Erhältlich sind zudem die Titel „Einkommensteuer-Erklärung 2006", „Steueränderungen 2006/07", „HGB-Jahresabschluss – Erstellung und Prüfung 2006/07", „HGB-Jahresabschluss – Erstellung mit Plausibilitätsbeurteilung 2006/07" und „IFRS-Jahresabschluss – Erstellung und Prüfung 2006/07", die dem gleichen Konzept folgen und sich daher optimal ergänzen.

Für Anregungen und positive wie auch negative (konstruktive) Kritik sind wir stets dankbar; vor allem mit den Hinweisen aus der Praxis ist es uns möglich, den systematischen Wegweiser noch zielgerichteter und praxisorientierter gestalten zu können.

Bonn, im Mai 2007 Die Autoren und der Verlag

Inhaltsverzeichnis

Literaturverzeichnis

Adler/Düring/Schmalz	Rechnungslegung und Prüfung der Unternehmen, Stuttgart, 6. Aufl. 1995 *(Loseblatt)*;
Baetge/Kirsch/Thiele	Bilanzrecht, Kommentar, Bonn *(Loseblatt)*;
Baum/Brandl/Buse/Szymczak	AO eKommentar, Bonn;
BDI/WKGT	Modernisierung des Körperschaftsteuerrechts – KöMoG: Option zur KSt, Bonn, 2. Aufl. 2021;
Berg/Trompeter	Ausgliederung im Treuhandmodell, FR 2003, 903;
Bös/Staats/Weber	GewStG eKommentar, Bonn;
Bott/Walter	Körperschaftsteuergesetz, Kommentar, Bonn *(Loseblatt)*;
Brandis/Heuermann	Einkommensteuergesetz (EStG), Körperschaftssteuergesetz (KStG), Gewerbesteuergesetz (GewStG), Kommentar, München *(Loseblatt)*;
Dötsch/Pung/Möhlenbrock	Die Körperschaftsteuer, Kommentar, Stuttgart *(Loseblatt)*;
Eberhardt	Pflicht zur Umsetzung der Mutter-Tochter-Richtlinie im Rahmen der Gewerbesteuer, IStR 2019, 584;
Feldgen	Verdeckte Gewinnausschüttung und verdeckte Einlagen, Bonn *(Loseblatt)*;
Feldgen/Kleinmanns	KStG eKommentar, Bonn;
Fritz/Huschens/Koisiak/Langer	UStG eKommentar, Bonn;
Frotscher/Drüen	Kommentar zum Körperschaft-, Gewerbe- und Umwandlungssteuergesetz (KStG/GewSt/UmwStG), Kommentar, Freiburg *(Loseblatt)*;
Fuhrmann/Kraeusel/Schiffers	EStG eKommentar, Bonn;
Gosch	Abgabenordnung, Finanzgerichtsordnung, Kommentar, Bonn *(Loseblatt)*;
Grottel u.a.	Beck'scher Bilanz-Kommentar, München, 14. Aufl. 2024;
Hennigfeld/Rosenke	FGO eKommentar, Bonn;
Hopt	Handelsgesetzbuch, München, 45. Aufl. 2026;
Hüttemann	Gemeinnützigkeitsrecht und Spendenrecht, Köln, 6. Aufl. 2025;
Huhn/Karthaus/Wenzel	Körperschaftsteuer Handausgabe 2019, Bonn 2020;
Jacobsen	AStG eKommentar, Bonn;
Karthaus/Sternkiker	Gewerbesteuer Handausgabe 2019, Bonn 2020;
Kirsch	BilR eKommentar, Bonn;
Korn	Einkommensteuergesetz, Kommentar, Bonn *(Loseblatt)*;
Kuschens	Körperschaftsteuerpflicht für Dividenden aus Streubesitz, NWB 2013, 1068;
Langer/Huschens	MwStSystRL eKommentar, Bonn;
Langer/Vellen	Umsatzsteuer Handausgabe 2019/20, Bonn 2020;
Lenski/Steinberg	Kommentar zum Gewerbesteuergesetz, Köln *(Loseblatt)*;
Reiß/Kraeusel/Langer	Umsatzsteuergesetz, Kommentar, Bonn *(Loseblatt)*;
Richter/Ekinci	Verstoßen die geplanten Änderungen des gewerbesteuerlichen Schachtelprivilegs im Rahmen des JStG-E 2019 gegen die Vorgaben der Mutter-Tochter-Richtlinie?, DB 2019, 1987;
Schönfeld	Verweist § 8 Abs. 1 KStG auch auf § 3 Nr. 41 (Steuerbefreiung von Ausschüttungen ausländischer Zwischengesellschaften)?, DStR 2006, 1216;
Stegemann	Treuhandmodell: Ertragsteuerliche Irrelevanz der zivilrechtlich existenten Personengesellschaft als steuerliches Gestaltungsmodell, INF 2003, 629;
Strunk/Kaminski/Köhler	Außensteuergesetz, Doppelbesteuerungsabkommen, Kommentar, Bonn *(Loseblatt)*;
Tipke/Kruse	Abgabenordnung – Finanzgerichtsordnung: AO, FGO, Köln *(Loseblatt)*;
Widmann/Bauschatz	UmwStG eKommentar, Bonn;
Widmann/Mayer	Umwandlungsrecht, Kommentar, Bonn *(Loseblatt)*.

Abkürzungsverzeichnis

ABl.EG	Amtsblatt EG
ABl.EU	Amtsblatt EU
Abs.	Absatz
abzgl.	abzüglich
AEAO	Anwendungserlass zur Abgabenordnung (→ Handausgabe zur Abgabenordnung)
AEUV	Vertrag über die Arbeitsweise der Europäischen Union
a.F.	alte Fassung
AfA	Absetzung für Abnutzung
AfaA	Absetzung für außergewöhnliche Abnutzung
AG	Aktiengesellschaft
AGB	Allgemeine Geschäftsbedingungen
AIFM-Steuer-Anpassungsgesetz	Gesetz zur Anpassung des Investmentsteuergesetzes und anderer Gesetze an das AIFM-Umsetzungsgesetz
AIG	Auslandsinvestitionsgesetz
AK	Anschaffungskosten
AktG	Aktiengesetz
ALG	Arbeitslosengeld
allg.	allgemein
AltEinkG	Alterseinkünftegesetz
AltZertG	Altersvorsorgeverträge-Zertifizierungsgesetz
AmtshilfeRLUmsG	Gesetz zur Umsetzung der Amtshilferichtlinie sowie zur Änderung steuerlicher Vorschriften (Amtshilferichtlinie-Umsetzungsgesetz)
AO	Abgabenordnung
Art.	Artikel
AStG	Außensteuergesetz
AStG-E	Außensteuergesetz Entwurfsfassung
ATAD	Anti Tax Avoidance Directive
ATADUmsG	Gesetz zur Umsetzung der Anti-Steuervermeidungsrichtlinie (ATAD-Umsetzungsgesetz)
ATE	Auslandstätigkeitserlass
ATZV	Altersteilzeitzuschlagsverordnung
AuslInvG	Auslandinvestmentgesetz
AuslZuStV	Auslandszuständigkeitsverordnung
AUV	Auslandsumzugskostenverordnung
AVmG	Altersvermögensgesetz
Az.	Aktenzeichen
BA	Betriebsausgaben
BAföG	Bundesausbildungsförderungsgesetz
BAG	Bundesarbeitsgericht
BAnz.	Bundesanzeiger
BauGB	Baugesetzbuch
BauNVO	Baunutzungsverordnung
BayLfSt	Bayerisches Landesamt für Steuern
BB	Der Betriebs-Berater *(Zeitschrift)*
BBauG	Bundesbaugesetz
BBesG	Beamtenbesoldungsgesetz
BeamtVG	Beamtenversorgungsgesetz
BErzGG	Erziehungsgeld nach dem Bundeserziehungsgeldgesetz
BetrAVG	Gesetz zur Verbesserung der betrieblichen Altersversorgung
BewDV	Durchführungsverordnung zum Bewertungsgesetz
BewG	Bewertungsgesetz
beWirNr.	bundeseinheitliche Wirtschaftsnummer
BewRGR	Richtlinien zur Bewertung des Grundvermögens
BfA	Bundesversicherungsanstalt für Angestellte
BFH	Bundesfinanzhof
BFHE	Sammlung der Entscheidungen des Bundesfinanzhofs *(Zeitschrift)*
BFH/NV	Sammlung amtlich nicht veröffentlichter Entscheidungen des Bundesfinanzhofs *(Zeitschrift)*
BgA	Betrieb gewerblicher Art
BGB	Bürgerliches Gesetzbuch
BGBl.	Bundesgesetzblatt
BIC	Business Identifier Code
BJagdG	Bundesjagdgesetz
BKGG	Bundeskindergeldgesetz
BMF (BdF)	Bundesministerium der Finanzen
BMG	Bemessungsgrundlage
BMWi	Bundesministerium für Wirtschaft und Energie
BR-Drucks.	Drucksachen des Deutschen Bundesrates
BSHG	Bundessozialhilfegesetz
bspw.	beispielsweise
BStBl	Bundessteuerblatt
BT-Drucks.	Bundestagsdrucksache
BuchO	Buchungsordnung
BUKG	Bundesumzugskostengesetz
BV	Berechnungsverordnung
BVerfG	Bundesverfassungsgericht
BVerfGG	Bundesverfassungsgerichtsgesetz
BVG	Bundesversorgungsgesetz
BZSt	Bundeszentralamt für Steuern
bzw.	beziehungsweise
COVInsAG	COVID-19-Insolvenzaussetzungsgesetz
DA-Fam/EStG	Dienstanweisung zur Durchführung des steuerlichen Familienleistungsausgleichs nach dem X. Abschnitt des Einkommensteuergesetzes
DB	Der Betrieb *(Zeitschrift)*

DBA	Doppelbesteuerungsabkommen
DepotG	Depotgesetz
d.h.	das heißt
d.ö.R.	des öffentlichen Rechts
DStR	Deutsches Steuerrecht *(Zeitschrift)*
DV	Durchführungsverordnung
EEG	Erneuerbare-Energien-Gesetz
EFG	Entscheidungen der Finanzgerichte *(Zeitschrift)*
EG	Europäische Gemeinschaften
EGBGB	Einführungsgesetz zum Bürgerlichen Gesetzbuch
eGbR	eingetragene Gesellschaft bürgerlichen Rechts
EigZulG	Eigenheimzulagengesetz
einschl.	einschließlich
EK	Eigenkapital
elektr.	elektronisch
eMobFördG	Gesetz zur weiteren steuerlichen Förderung der Elektromobilität und zur Änderung weiterer steuerlicher Vorschriften v. 12.12.2019
EnWG	Energiewirtschaftsgesetz
EQ	Entgeltlichkeitsquote
ErbStB	Der Erbschaft-Steuer-Berater *(Zeitschrift)*
ErbStG	Erbschaftsteuergesetz
Erg.Bil.	Ergänzungsbilanz
ESt	Einkommensteuer
EStDV	Einkommensteuer-Durchführungsverordnung
EStG	Einkommensteuergesetz
EStH	Einkommensteuer-Hinweise
EStR	Einkommensteuer-Richtlinien
eTIN	electronic Taxpayer Identification Number
EU	Europäische Union
EuGH	Europäischer Gerichtshof
EuGHE	Entscheidungssammlung des EuGH
EÜR	Einnahme-Überschuss-Rechnung
EURLUmsG	EU-Richtlinien-Umsetzungsgesetz
EUStBV	Einfuhrumsatzsteuer-Befreiungsverordnung
EW	Einheitswert
EWIV	Europäische wirtschaftliche Interessenvereinigung
EWR	Europäischer Wirtschaftsraum
EZ	Erhebungszeitraum
f.	folgend(e)
FA	Finanzamt
FELEG	Gesetz zur Förderung der Einstellung der landwirtschaftlichen Erwerbstätigkeit
ff.	fortfolgend(e)
FiBu	Finanzbuchhaltung
Fifo	First-in-first-out
FinVerw.	Finanzverwaltung
FG	Finanzgericht
FM	Finanzministerium
FÖJG	Gesetz zur Förderung eines freiwilligen ökologischen Jahres (FÖJ-Förderungsgesetz)
FoStoG	Fondsstandortesetz (Gesetz zur Stärkung des Fondsstandorts Deutschland und zur Umsetzung der Richtlinie (EU) 2019/1160 zur Änderung der Richtlinien 2009/65/EG und 2011/61/EU im Hinblick auf den grenzüberschreitenden Vertrieb von Organismen für gemeinsame Anlagen)
FR	Finanz-Rundschau *(Zeitschrift)*
FVG	Finanzverwaltungsgesetz
GAV	Gewinnabführungsvertrag
GBl.	Gesetzblatt der DDR
GbR	Gesellschaft bürgerlichen Rechts
GdB	Grad der Behinderung
G.d.E.	Gesamtbetrag der Einkünfte
gem.	gemäß
GenG	Genossenschaftsgesetz
GewSt	Gewerbesteuer
GewStDV	Gewerbesteuer-Durchführungsverordnung
GewStG	Gewerbesteuergesetz
GewStH	Hinweise zu den Gewerbesteuer-Richtlinien
GewStR	Gewerbesteuer-Richtlinien
GG	Grundgesetz für die Bundesrepublik Deutschland
ggf.	gegebenenfalls
GmbH	Gesellschaft mit beschränkter Haftung
GmbHG	Gesetz betreffend die Gesellschaften mit beschränkter Haftung
grds.	grundsätzlich
GrEStG	Grunderwerbsteuergesetz
GrStDV	Grundsteuer-Durchführungsverordnung
GrStG	Grundsteuergesetz
GWG	geringwertiges Wirtschaftsgut
H	Hinweis
ha	Hektar
HAG	Heimarbeitsgesetz
HBeglG	Haushaltsbegleitgesetz
HFR	Höchstrichterliche Finanzrechtsprechung *(Zeitschrift)*
HGB	Handelsgesetzbuch
HK	Herstellungskosten
IBAN	International Bank Account Number
i.d.F.	in der Fassung
i.d.R.	in der Regel
i.H.v.	in Höhe von
INF	Die Information über Steuer und Wirtschaft *(Zeitschrift)*
inkl.	inklusive

insb.	insbesondere
InvStE	Investmentsteuer-Erlass (Anwendungsfragen zum Investmentsteuergesetz in der ab dem 1. Januar 2018 geltenden Fassung v. 21.05.2019, BStBl I 2019, 527, zuletzt geändert durch das BMF-Schreiben vom 24.11.2025)
InvStG	Investmentsteuergesetz
InvZulG	Investitionszulagengesetz
i.R.	im Rahmen
i.S.d.	im Sinne der/des
ISIN	International Securities Identifikation Number
i.V.m.	in Verbindung mit
JÖSchG	Gesetz zum Schutze der Jugend in der Öffentlichkeit
J.P.	Juristische Person
j.P.d.ö.R.	Juristische Person des öffentlichen Rechts
JStG	Jahressteuergesetz
JuSchG	Jugendschutzgesetz
KAGB	Kapitalanlagegesetzbuch
KAGG	Gesetz über Kapitalanlagegesellschaften
KapErhStG	Kapitalerhöhungssteuergesetz
KapESt	Kapitalertragsteuer
KAV	Kindergeldauszahlungsverordnung
KdöR	Körperschaft des öffentlichen Rechts
Kfz	Kraftfahrzeug
KG	Kommanditgesellschaft
KGaA	Kommanditgesellschaft auf Aktien
KHBV	Krankenhaus-Buchführungsverordnung
KHG	Krankenhausfinanzierungsgesetz
Kj.	Kalenderjahr
km	Kilometer
KöMoG	Gesetz zur Modernisierung des Körperschaftsteuerrechts
KSt	Körperschaftsteuer
KStDV	Körperschaftsteuerdurchführungsverordnung
KStG	Körperschaftsteuergesetz
KStOpt	Antrag auf Option zur Körperschaftsteuer
KStR	Körperschaftsteuer-Richtlinien in der für den jeweiligen VZ geltenden Fassung
KU-IdNr.	Kleinunternehmer-Identifikationsnummer
LAG	Lastenausgleichsgesetz
Lkw	Lastkraftwagen
LStDV	Lohnsteuer-Durchführungsverordnung in der für das jeweilige Kalenderjahr geltenden Fassung
LStR	Lohnsteuer-Richtlinien
lt.	laut
LuF	Land- und Forstwirtschaft
LV	Lebensversicherung
MaBV	Makler- und Bauträgerverordnung
max.	maximal
m.E.	meines Erachtens
MIAS	Mehrwertsteuer-Informationsaustausch-System
MinBlFin	Ministerialblatt des Bundesministers der Finanzen
Mio.	Million
MuSchV	Mutterschutzverordnung
m.w.N.	mit weiteren Nachweisen
MwStSystRL	Richtlinie 2006/112/EG des Rates vom 28.11.2006 über das gemeinsame Mehrwertsteuersystem
n.a.	nicht anwendbar
n.F.	neue Fassung
n.v.	nicht veröffentlicht
o.a.	oben angegebene, -en, -er
o.Ä.	oder Ähnlich(es)
OFD	Oberfinanzdirektion
OFH	Oberster Finanzgerichtshof
o.g.	oben genannt
OGAW	Organismus für gemeinsame Anlagen in Wertpapieren
OHG	Offene Handelsgesellschaft
OWiG	Gesetz über Ordnungswidrigkeiten
p.a.	per annum
PartG	Parteiengesetz
PflegeVG	Gesetz zur sozialen Absicherung des Risikos der Pflegebedürftigkeit (Pflege-Versicherungsgesetz)
Pkw	Personenkraftwagen
QSt	Quellensteuer
RechKredV	Kreditinstituts-Rechnungslegungsverordnung
Rev.	Revision
RFH	Reichsfinanzhof
RL	Richtlinie
RStBl	Reichssteuerblatt
Rumpfwj.	Rumpfwirtschaftsjahr
Rz.	Randziffer
s.a.	siehe auch
SachBezVO	Sachbezugsverordnung
SchwbG	Schwerbehindertengesetz
S.d.E.	Summe der Einkünfte
SEStEG	Gesetz über steuerliche Begleitmaßnahmen zur Einführung der Europäischen Gesellschaft und zur Änderung weiterer steuerlicher Vorschriften
SGB	Sozialgesetzbuch
sj	Steuerjournal *(Zeitschrift)*
SKR	Standardkontenrahmen
So.Bil.	Sonderbilanz
sog.	so genannte, -er, -es
SolZG	Solidaritätszuschlagsgesetz
StÄndG	Steueränderungsgesetz

StBerG	Steuerberatungsgesetz
StDÜV	Steuerdatenübermittlungsverordnung
StEd	Steuer-Eildienst *(Zeitschrift)*
StGB	Strafgesetzbuch
Stpfl.	Steuerpflichtiger
StPO	Strafprozessordnung
StSenkG	Steuersenkungsgesetz
StVergAbG	Steuervergünstigungsabbaugesetz
Tz.	Textziffer
u.a.	unter anderem
Ubg	Die Unternehmensbesteuerung (Zeitschrift)
UBRegG	Unternehmensbasisdatenregistergesetz
UG	Unternehmergesellschaft (haftungsbeschränkt)
UmwStE	Umwandlungssteuererlass, BMF v. 2.1.2025, BStBl I 2025, 92
UmwStG	Gesetz über steuerliche Maßnahmen bei Änderung der Unternehmensform (Umwandlungssteuergesetz)
UntStRefG	Unternehmensteuerreformgesetz
unw.	unwesentlich
USG	Unterhaltssicherungsgesetz
USt	Umsatzsteuer
UStAE	Umsatzsteuer-Anwendungserlass
UStDV	Umsatzsteuer-Durchführungsverordnung
UStErstV	Umsatzsteuererstattungsverordnung
UStG	Umsatzsteuergesetz
USt-IdNr.	Umsatzsteuer-Identifikationsnummer
UStR	Umsatzsteuer-Richtlinien
u.U.	unter Umständen
UVR	Umsatzsteuer- und Verkehrsteuerrecht *(Zeitschrift)*
VAG	Gesetz über die Beaufsichtigung der Versicherungsunternehmen – Versicherungsaufsichtsgesetz
VE	Vieheinheit
vEK	verwendbares Eigenkapital
vGA	verdeckte Gewinnausschüttung
vgl.	vergleiche
Vj.	Vorjahr
VO	Verordnung
VoIP	Voice over Internet Protocol
VR	Volksrepublik
VuV	Vermietung und Verpachtung
VVG	Versicherungsvertragsgesetz
VwVfG	Verwaltungsverfahrensgesetz
VwZG	Verwaltungszustellungsgesetz
VZ	Veranlagungszeitraum
WEG	Wohnungseigentumsgesetz
W-IdNr.	Wirtschafts-Identifikationsnummer
Wj.	Wirtschaftsjahr
WKN	Wertpapierkennnummer
WPg	Die Wirtschaftsprüfung *(Zeitschrift)*
z.B.	zum Beispiel
ZDG	Zivildienstgesetz
ZIV	Zinsinformationsverordnung
ZM	Zusammenfassende Meldung
ZollV	Zollverordnung
ZPO	Zivilprozessordnung
ZuFinG	Zukunftsfinanzierungsgesetz
z.v.E./ZVE	zu versteuerndes Einkommen
ZVK	Zusatzversorgungskasse
zzgl.	zuzüglich

Teil 1:
Systematischer Wegweiser

Benutzerhinweise:

Der systematische Wegweiser folgt in seiner Struktur dem Aufbau der einzelnen Erklärungsvordrucke. Diese werden – unterteilt nach Steuerarten – Zeile für Zeile nacheinander ausführlich erläutert. Dabei sind die Erklärungsvordrucke zur besseren Übersicht zeilenweise an den entsprechenden Stellen der Erläuterungen abgebildet.

Beratungs-, Gestaltungs-, Praxishinweise und Beispiele geben Anregungen für die Sachverhaltsgestaltung im Einzelfall und bieten konkrete Lösungsvorschläge. Sämtliche Hinweise und Beispiele sind optisch hervorgehoben und damit schnell auffindbar und gut erkennbar.

A. Körperschaftsteuererklärung

I. Einführung

1. Körperschaftsteuerpflicht

a) Unbeschränkte Steuerpflicht

Wie die Einkommensteuer unterscheidet auch die Körperschaftsteuer zwischen unbeschränkter und beschränkter Steuerpflicht. 1

Der unbeschränkten Körperschaftsteuerpflicht können nur die nachfolgenden in § 1 Abs. 1 KStG abschließend aufgezählten Körperschaften, Personenvereinigungen und Vermögensmassen mit **Geschäftsleitung oder Sitz im Inland** unterliegen: 2

- Kapitalgesellschaften (insb. Europäische Gesellschaften, Aktiengesellschaften, Kommanditgesellschaften auf Aktien und Gesellschaften mit beschränkter Haftung einschließlich der Unternehmergesellschaft (haftungsbeschränkt)),
- Genossenschaften einschließlich der Europäischen Genossenschaften,
- Versicherungs- und Pensionsfondsvereine auf Gegenseitigkeit,
- sonstige juristische Personen des privaten Rechts,
- Vereine ohne Rechtspersönlichkeit, nicht rechtsfähige Anstalten, Stiftungen und andere Zweckvermögen des privaten Rechts sowie
- Betriebe gewerblicher Art von juristischen Personen des öffentlichen Rechts.

Unmaßgeblich ist, ob es sich bei dem Steuersubjekt um ein Rechtsgebilde nach deutschem Recht oder nach dem Recht eines ausl. Staates handelt. In letzterem Fall reicht es aus, dass die Körperschaft, Personenvereinigung oder Vermögensmasse dem Typ und der tatsächlichen Handhabung nach einer nach deutschem Recht gegründeten Körperschaft, Personenvereinigung oder Vermögensmasse entspricht.[1] Sie sind in Deutschland unbeschränkt steuerpflichtig, wenn sie ihre Geschäftsleitung im Inland haben.[2] Dies gilt selbst dann, wenn nach dem Zivilrecht die ausl. Gesellschaft als Personengesellschaft zu behandeln ist. 3

Praxishinweis:

Eine nach britischem Recht gegründete Limited ist eine Gesellschaft, auf die grundsätzlich das britische Gesellschaftsrecht anzuwenden ist. Da sie aber von der Struktur her mit einer deutschen GmbH vergleichbar ist, ist sie unbeschränkt steuerpflichtig, wenn sie ihre Geschäftsleitung im Inland hat. Dies gilt auch nach dem Brexit. Seit Einführung des § 14b AO können Körperschaftsteuer- und Gewerbesteuerbescheide wieder direkt gegenüber der Limited bekanntgegeben werden, vgl. § 14b Abs. 1 AO.

Der **Ort der Geschäftsleitung** befindet sich gem. § 10 AO im Inland, wenn hier der Mittelpunkt der geschäftlichen Oberleitung belegen ist, d.h. wenn von hier aus die wesentlichsten Entscheidungen des Alltagsgeschäfts getroffen werden. 4

Die unbeschränkte Steuerpflicht kann aber auch dadurch begründet werden, dass sich im Inland lediglich der Sitz des Unternehmens befindet. Ihren **Sitz** hat eine Körperschaft, Personenvereinigung oder Vermögensmasse an dem Ort, der durch Gesetz, Gesellschaftsvertrag, Satzung, Stiftungsgeschäft oder dergleichen als Sitz bestimmt ist (§ 11 AO). 5

Die unbeschränkte Körperschaftsteuerpflicht erstreckt sich gem. § 1 Abs. 2 KStG auf sämtliche Einkünfte des Steuersubjekts. Damit werden durch sie – soweit nicht Regelungen eines DBA greifen – grundsätzlich **alle Einkünfte aus dem In- und Ausland** ertragsteuerlich erfasst. 6

Die unbeschränkte Körperschaftsteuerpflicht beginnt nicht erst mit Erlangung der Rechtsfähigkeit durch Eintragung in ein öffentliches Register, wie z.B. das Handelsregister, sondern erstreckt sich bereits auf die durch Abschluss des notariell beurkundeten Gründungsvertrags errichtete Vorgesellschaft. Diese ist jedoch abzugrenzen von der Vorgründungsgesellschaft, der eventuelle Rechtshandlungen der Gesellschafter vor notarieller Beurkundung des Gründungsvertrags zuzurechnen sind. 7

b) Beschränkte Steuerpflicht

Der beschränkten Körperschaftsteuerpflicht unterliegen gem. § 2 KStG zwei Personengruppen. 8

Zunächst werden von ihr Körperschaften, Personenvereinigungen und Vermögensmassen erfasst, die **weder** ihre **Geschäftsleitung noch** ihren **Sitz im Inland** haben, aber über **inl. Einkünfte i.S.d. § 49 EStG** verfügen (§ 2 Nr. 1 KStG). Das tatsächliche Besteuerungsrecht Deutschlands kann jedoch durch Doppelbesteuerungsabkommen weiter eingeschränkt sein. Bei dieser Personengruppe beschränkt sich die inl. Körperschaftsteuerpflicht auf die vorgenannten Einkünfte. Die Steuerpflicht beginnt mit dem erstmaligen Bezug von Einkünften i.S.d. § 49 EStG.

Bei der zweiten Personengruppe handelt es sich um **sonstige nicht unbeschränkt steuerpflichtige Körperschaften, Personenvereinigungen und Vermögensmassen**, d.h. um Steuersubjekte, die zwar ihre Geschäftsleitung oder 9

1) Zu den Kriterien für einen Rechtstypenvergleich siehe BMF-Schreiben v. 19.3.2004, BStBl I 2004, 411 und v. 24.12.1999, BStBl I 1999, 1076.
2) BFH v. 23.6.1992, IX R 182/87, BStBl II 1992, 972 und v. 16.12.1998, I R 138/97, BStBl II 1999, 437.

ihren Sitz im Inland haben, aber dennoch nicht von § 1 KStG erfasst sind. Namentlich betrifft dies insb. inl. juristische Personen des öffentlichen Rechts außerhalb eines Betriebs gewerblicher Art sowie Körperschaften, die nach § 5 Abs. 1 KStG oder nach einem anderen Gesetz steuerbefreit sind. Die Steuerbefreiung des § 5 Abs. 1 KStG wird nämlich durch § 5 Abs. 2 Nr. 1 KStG für Einkünfte, die dem Steuerabzug unterliegen, ausdrücklich ausgeschlossen.

Die vorgenannten Steuersubjekte unterliegen aber der **Steuerpflicht nur mit solchen inl. Einkünften, die gem. § 43 Abs. 3 EStG ganz oder teilweise einem Steuerabzug zu unterwerfen sind** (§ 2 Nr. 2 KStG). Zugleich ist die beschränkte Steuerpflicht mit der Erhebung der Abzugssteuer an der Quelle abgegolten, so dass für diesen Personenkreis **keine Verpflichtung zur Abgabe einer Körperschaftsteuererklärung** besteht (§ 32 Abs. 1 Nr. 1 KStG).

Hinsichtlich der Steuerpflicht für Investmentfonds wird auf → Rz. 661 ff. verwiesen.

c) Option zur Besteuerung als Körperschaft für bestimmte Personengesellschaften nach § 1a KStG

10 Durch das Gesetz zur Modernisierung des Körperschaftsteuerrechts[1] (KöMoG) hat der Gesetzgeber für Personenhandels- und Partnerschaftsgesellschaften (Personengesellschaften) die Möglichkeit geschaffen, zur Anwendung der Besteuerung als Körperschaft zu **optieren**. Diese Möglichkeit wurde auf eingetragene Gesellschaften bürgerlichen Rechts erweitert.[2] Personenhandelsgesellschaften sind die Offene Handelsgesellschaft, die Kommanditgesellschaft und die Europäische Wirtschaftliche Interessenvereinigung. Unter einer Partnerschaftsgesellschaft wird eine Partnerschaft i.S.d. Partnerschaftsgesellschaftsgesetzes verstanden.

Um zur Besteuerung als Körperschaft zu optieren, muss die Personenhandels- oder Partnerschaftsgesellschaft einen Antrag stellen, der von der Gesellschafterversammlung mit der nach § 217 UmwG maßgebenden Mehrheit der Stimmen gefasst werden muss, vgl. § 1a Abs. 1 Satz 1 KStG. Nach § 217 UmwG ist grundsätzlich die **Zustimmung aller Gesellschafter** erforderlich, vgl. § 217 Abs. 1 Satz 1 UmwG. Eine Mehrheitsentscheidung ist jedoch anzuerkennen, wenn sie im Gesellschaftsvertrag für den Fall des **echten Formwechsels oder der Option** zur Körperschaftsbesteuerung vorgesehen ist und die Mehrheit mindestens **drei Viertel der abgegebenen** Stimmen beträgt, vgl. § 217 Abs. 1 Satz 2 und 3 UmwG.[3]

Der Antrag ist nach amtlich vorgeschriebenem Datensatz durch Datenfernübertragung bei dem für die gesonderte und einheitliche Feststellung der Einkünfte nach § 180 Abs. 1 Nr. 2 Buchst. a AO zuständigen Finanzamt spätestens einen Monat vor Beginn des Wj. zu stellen, ab dem die Besteuerung wie eine Kapitalgesellschaft gelten soll, vgl. § 1a Abs. 1 Satz 2 KStG. Dieser Antrag ist nicht Teil der Körperschaftsteuererklärung.

Dies ist auch für Personengesellschaften möglich, die nach ausl. Recht gegründet worden sind und auch im Ausland ansässig sind. Nach dem Rechtstypenvergleich muss die ausl. Gesellschaft als Personengesellschaft qualifiziert werden und zusätzlich ein Handelsgewerbe betreiben.[4] Allerdings muss hier sichergestellt sein, dass die im Ausland ansässige Personengesellschaft im ausl. Staat einer der deutschen unbeschränkten Körperschaftsteuerpflicht vergleichbaren Steuerpflicht unterliegt, vgl. § 1a Abs. 1 Satz 6 Nr. 2 KStG. Mit anderen Worten muss die Option zur Körperschaftsbesteuerung auch im ausl. Staat gegeben und ausgeübt worden sein.

Da der Antrag von der Personengesellschaft gestellt werden muss, konnte er bei Neugründungen nicht für das erste Wj. gestellt werden.[5] Der Gesetzgeber hat mit § 1a Abs. 1 Satz 7 Nr. 1 KStG jedoch die Möglichkeit eingeführt, einen entsprechenden Antrag innerhalb von einem Monat nach Abschluss des Gesellschaftsvertrages auch rückwirkend für das laufende Wj. zu stellen. Im Falle eines Formwechsels gilt die Frist bis zum Ablauf eines Monats nach Anmeldung des Formwechsels beim jeweils zuständigen Register, vgl. § 1a Abs. 1 Satz 7 Nr. 2 KStG.

Liegt ein gültiger Antrag vor, kommt es zu einem **fiktiven Formwechsel der Personengesellschaft** in eine Kapitalgesellschaft, vgl. § 1a Abs. 2 Satz 1 KStG. Einbringungszeitpunkt ist das Ende des Wj., das dem Wj. der erstmaligen Anwendung der Körperschaftsbesteuerung vorangeht, vgl. § 1a Abs. 2 Satz 3 KStG. Da der Antrag erstmalig für Wj. gestellt werden kann, die am 1.1.2022 beginnen, kann also bereits für den **31.12.2021 eine juristische Sekunde Körperschaftsteuerpflicht bestehen** und die o.g. Erklärungen abzugeben sein. Dies ist insbesondere für die Erfassung des Eigenkapitals auf dem steuerlichen Einlagekonto nach § 1a Abs. 2 Satz 4 KStG relevant (→ Rz. 1589).

2. Verpflichtung zur Abgabe von Körperschaftsteuer- und Feststellungserklärungen nebst Anlagen

11 Beschränkt oder unbeschränkt steuerpflichtige Körperschaften haben für den VZ eine Körperschaftsteuererklärung abzugeben, vgl. § 25 Abs. 3 Satz 1 EStG i.V.m. § 31 Abs. 1 KStG. Auch Personenhandels- oder Partnerschaftsgesellschaften und ggf. die eingetragene GbR, die nach § 1a KStG wirksam optiert haben, haben eine Körperschaftsteuererklärung abzugeben. In bestimmten Fällen sind auch Investmentfonds zur Abgabe einer Körperschaftsteuererklärung verpflichtet. Zur Abgabeverpflichtung von Investmentfonds siehe → Rz. 663.

Beschränkt steuerpflichtige Körperschaften i.S.d. § 2 Nr. 2 KStG, bei denen die KSt mit Erhebung der Abzugssteuer abgegolten ist (§ 32 Abs. 1 Nr. 1 KStG), müssen keine Körperschaftsteuererklärung abgeben.

1) Gesetz zur Modernisierung des Körperschaftsteuerrechts (KöMoG) v. 25.6.2021, BGBl. I 2021, 2050 = BStBl I 2021, 889; vgl. auch WKGT/BDI, Modernisierung des Körperschaftsteuerrechts 2021, 2. Aufl. 2021.
2) Vgl. Art. 18 Nr. 1 des Wachstumschancengesetzes v. 27.3.2024, BGBl. I 2024 Nr. 108 = BStBl I 2024, 666.
3) Vgl. Rz. 12 des BMF v. 10.11.2021, IV C 2 – S 2707/21/10001 :004, BStBl I 2021, 2212.
4) Vgl. Rz. 3 des BMF v. 10.11.2021, IV C 2 – S 2707/21/10001 :004, BStBl I 2021, 2212.
5) Vgl. Rz. 18 des BMF v. 10.11.2021, IV C 2 – S 2707/21/10001 :004, BStBl I 2021, 2212.

Auch für nach § 5 KStG steuerbefreite Körperschaften (z.B. gemeinnütziger Verein) besteht die Pflicht zur Abgabe einer Körperschaftsteuererklärung. Auch in diesen Fällen besteht eine unbeschränkte Steuerpflicht und somit auch grundsätzlich die Verpflichtung zur Abgabe einer Körperschaftsteuererklärung. Zwar müssen, soweit keine steuerpflichtigen wirtschaftlichen Geschäftsbetriebe unterhalten werden oder nach anderen Vorschriften doch eine Steuer festgesetzt wird (partielle Steuerpflicht), keine Angaben zu den Einkünften gemacht werden. Die Steuerbefreiung wird aber dem Grunde nach durch die Körperschaftsteuererklärung überprüft. Der Körperschaftsteuererklärung sind dann spezielle Anlagen zur Steuerbefreiung beizufügen. Da Körperschaften als nichtnatürliche Personen nicht selbst tatsächlich handeln können, müssen ihre Pflichten durch ihre gesetzlichen Vertreter erfüllt werden, vgl. § 34 Abs. 1 Satz 1 AO. Das sind z.B.:

- bei der GmbH: die Geschäftsführer als Gesamtheit, es sei denn, der Gesellschaftsvertrag ordnet Einzelvertretungsberechtigung an, vgl. § 35 GmbHG,
- bei der AG: der Vorstand, es sei denn, der Gesellschaftsvertrag ordnet Einzelvertretungsberechtigung einzelner oder aller Vorstandsmitglieder an, vgl. § 78 AktG.

Besteht Einzelvertretungsberechtigung (Regelfall) ist jeder Vertretungsberechtigte (Geschäftsführer/Vorstand) zur Erfüllung der gesetzlichen Vorgaben verpflichtet.

Im Fall der **Liquidation** unbeschränkt steuerpflichtiger Kapitalgesellschaften, Genossenschaften oder Versiche- 12
rungs- und Pensionsfondsvereine auf Gegenseitigkeit tritt an die Stelle des VZ als Besteuerungsabschnitt der gesamte Abwicklungszeitraum, höchstens jedoch ein Zeitraum von drei Jahren (§ 11 Abs. 1 KStG). In diesem Fall ist für den gesamten bis zu drei Jahren umfassenden Besteuerungszeitraum eine einheitliche Körperschaftsteuererklärung abzugeben. Erst danach ist wieder zur jährlichen Abgabe von Steuererklärungen zurückzukehren. Dies gilt auch für Abwicklungshandlungen im Rahmen eines **Insolvenzverfahrens** (§ 11 Abs. 7 KStG). In Fällen, in denen die Auflösung im Laufe eines Wj. erfolgt, lässt die FinVerw. aus Vereinfachungsgründen auch die Einbeziehung des Zeitraums vom Beginn des Wj., in das die Auflösung fällt, bis zum Auflösungsstichtag in den einheitlichen Besteuerungszeitraum zu (R 11 Abs. 1 KStR 2022). Dies gilt allerdings nicht für das Insolvenzverfahren.

Im Rahmen der Körperschaftsteuerveranlagung ist es erforderlich, für bestimmte, in den Einzelsteuergesetzen aus- 13
drücklich benannte Besteuerungsgrundlagen, **gesonderte Feststellungen nach §§ 179 ff. AO** durchzuführen. Derartige gesonderte Feststellungen sehen das EStG und das KStG u.a. für folgende Besteuerungsgrundlagen vor:

- gesonderte Feststellung des verbleibenden Verlustvortrags (§ 31 Abs. 1, § 8 Abs. 1, § 8c KStG, § 10d Abs. 4, § 57 Abs. 4 EStG),
- gesonderte Feststellung des verbleibenden Zuwendungsvortrags (§ 9 Abs. 1 Nr. 2 Satz 3 und 4 KStG, § 10d Abs. 4 EStG),
- gesonderte Feststellung des Zinsvortrags (§ 8a KStG i.V.m. § 4h Abs. 4 EStG),
- gesonderte Feststellung des EBITDA-Vortrags (§ 8a KStG i.V.m. § 4h Abs. 1 Satz 3 und Abs. 4 EStG),
- gesonderte Feststellung des Bestands des steuerlichen Einlagekontos (§ 27 Abs. 2 KStG),
- gesonderte Feststellung des sog. Sonderausweises für das durch Umwandlung von Rücklagen entstandene Nennkapital (§ 28 Abs. 1 Satz 3 KStG),
- gesonderte und einheitliche Feststellung des dem Organträger zuzurechnenden Einkommens und sonstiger damit im Zusammenhang stehender Besteuerungsgrundlagen nach § 14 Abs. 5 KStG,
- Feststellung verbleibender negativer ausl. Einkünfte nach § 2a Abs. 1 Satz 5 EStG,
- Feststellung verbleibender Verluste aus gewerblicher Tierzucht und -haltung und aus Termingeschäften nach § 15 Abs. 4 Satz 1 bis 3 EStG,
- Feststellung verbleibender Verluste aus stillen Gesellschaften, Unterbeteiligungen oder sonstigen Innengesellschaften an Kapitalgesellschaften nach § 15 Abs. 4 Satz 6 ff. EStG,
- Feststellung des verrechenbaren Verlusts nach § 15a EStG bei Beteiligung der Stpfl. an einem anderen Handelsgewerbe als typisch stiller Gesellschafter nach § 20 Abs. 1 Nr. 4 Satz 2 i.V.m. § 15a Abs. 4 EStG[1)] und
- die Feststellung der nicht ausgeglichenen negativen Einkünfte nach § 6 Abs. 8 InvStG.

Die für die o.g. Feststellungen erforderlichen Angaben werden in der Körperschaftsteuererklärung abgefragt bzw. 14
können durch freie Erläuterungen erklärt werden. Für das steuerliche Einlagekonto besteht mit § 27 Abs. 2 Satz 4 KStG eine Verpflichtung zur Abgabe einer gesonderten Steuererklärung. Allerdings gibt es eine eigene Feststellungserklärung hierfür nicht mehr. Die Angaben zum Einlagekonto sind Teil des Körperschaftsteuererklärungssatzes (Anlagen KSt 1 F und KSt 1 Fa). Dies ist sinnvoll, da zwischen der Festsetzung der Körperschaftsteuer und den Feststellungen im Zusammenhang mit dem Einlagekonto viele Querbeziehungen bestehen und eine Abgabe der Körperschaftsteuererklärung ohne Feststellungserklärung zum Einlagekonto nicht sinnvoll bearbeitet werden kann. Körperschaftsteuererklärung und Feststellungserklärung bleiben zwar rechtlich getrennte Erklärungen, werden aber nur in einem Vordrucksatz angeboten.

1) Bei der Beteiligung an Mitunternehmerschaften (auch atypisch stillen Gesellschaften) erfolgt die gesonderte Feststellung des verrechenbaren Verlusts durch das für die Besteuerung der Mitunternehmerschaft zuständige FA.

Das dem Organträger zuzurechnende Einkommen und sonstige damit im Zusammenhang stehende Besteuerungsgrundlagen werden gegenüber dem Organträger und der Organgesellschaft gesondert und einheitlich festgestellt, vgl. § 14 Abs. 5 Satz 1 KStG. Die Verwaltung folgert aus § 14 Abs. 5 Satz 5 KStG, dass hierfür eine gesonderte Feststellungserklärung abgegeben werden muss. Da die Feststellung sowohl für Organgesellschaft und Organträger verbindlich ist, sind beide abgabeverpflichtet, vgl. § 181 Abs. 2 Satz 1 AO. Die Abgabe der Feststellungserklärung durch den einen, befreit den anderen von der Erklärungsabgabe, vgl. § 181 Abs. 2 Satz 3 AO. Eine Erklärung zur gesonderten und einheitlichen Feststellung nach § 14 Abs. 5 KStG[1] ist regelmäßig mit der Körperschaftsteuererklärung zu verbinden und ist deshalb ebenfalls Teil des Körperschaftsteuererklärungssatzes.

Praxishinweis:
Die Feststellungserklärung sollte immer durch die Organgesellschaft abgegeben werden, da die Abgabe durch den Organträger die Organgesellschaft nicht von der Abgabe ihrer eigenen Körperschaftsteuererklärung befreit. Außerdem ist die Abgabe der Feststellungserklärung durch den Organträger zwar auf den Papiervordrucken, nicht jedoch in ELSTER vorgesehen..

3. Fristen für die Abgabe der Körperschaftsteuererklärung und der Feststellungserklärungen zur Körperschaftsteuer

15 Die Körperschaftsteuererklärung und die mit ihr verbundenen Feststellungserklärungen sind nach § 149 Abs. 2 AO spätestens sieben Monate nach Ablauf des VZ, also des Kalenderjahres abzugeben. Wenn die Körperschaftsteuererklärung von einer zur Hilfe in Steuersachen befugten Person erstellt wird, ist diese bis zum Ablauf des Monats Februar des zweiten auf den VZ folgenden Jahres abzugeben, vgl. § 149 Abs. 3 Satz 1 Nr. 2 KStG.[2]

16 Die o.g. Fristen gelten jedoch nicht, wenn das FA die Abgabe der Erklärung vor Ablauf der obigen Fristen anordnet (vorzeitige Anforderung), vgl. § 149 Abs. 4 AO.

Hierzu ist das FA befugt, wenn die steuerpflichtige Körperschaft:

1. für den vorangegangenen Veranlagungszeitraum Erklärungen nicht oder verspätet abgegeben hat,
2. für den vorangegangenen Veranlagungszeitraum innerhalb von drei Monaten vor Abgabe der Steuererklärung oder innerhalb von drei Monaten vor dem Beginn des Zinslaufs i.S.d. § 233a Abs. 2 Satz 1 AO nachträgliche Vorauszahlungen festgesetzt wurden,
3. Vorauszahlungen für den Besteuerungszeitraum außerhalb einer Veranlagung herabgesetzt wurden,
4. die Veranlagung für den vorangegangenen Veranlagungszeitraum zu einer Abschlusszahlung von mindestens 25 % der festgesetzten Steuer oder mehr als 10 000 € geführt hat,
5. die Steuerfestsetzung auf Grund einer Steuererklärung i.S.d. § 149 Abs. 3 Nr. 1, 2 oder 4 AO voraussichtlich zu einer Abschlusszahlung von mehr als 10 000 € führen wird,
6. eine Außenprüfung vorgesehen ist,
7. im Besteuerungszeitraum gegründet wurde oder ihren Betrieb eingestellt hat oder
8. auf Grund einer Zufallsauswahl zur vorzeitigen Abgabe ausgewählt wurde (§ 149 Abs. 4 Satz 3 AO).

Das FA muss die vorzeitige Abgabe der Steuererklärung formell anordnen. Die Anordnung ist ein Verwaltungsakt, gegen den der Einspruch gegeben ist. Für die Befolgung der Anordnung ist eine Frist von vier Monaten zu setzen, vgl. § 149 Abs. 4 Satz 2 AO.

17 Kommt die Körperschaft ihrer Verpflichtung zur Abgabe der Steuererklärung bzw. Feststellungserklärung nicht oder nicht in der ihr gesetzten Frist nach, kann ein Verspätungszuschlag festgesetzt werden (Ermessensentscheidung). Das FA muss jedoch nach § 152 Abs. 2 und 3 AO einen Verspätungszuschlag festsetzen, wenn

- die Körperschaftsteuererklärung (inkl. der Feststellungserklärung zum steuerlichen Einlagekonto) später als 14 Monate (bei Land- und Forstwirtschaft 19 Monate) nach Ablauf des VZ oder bei einer besonderen Anordnung nach § 149 Abs. 4 AO (bevorzugte Anforderung) nach dem Zeitpunkt der Anforderung eingereicht wurde,
- die Frist nicht über diesen Zeitpunkt hinaus verlängert wurde (eine rückwirkende Verlängerung ist möglich),
- die Körperschaftsteuer nicht mit null oder negativ festgesetzt wurde und
- die festgesetzte Körperschaftsteuer die festgesetzten Vorauszahlungen sowie die anzurechnenden Steuerabzugsbeträge nicht übersteigt.

Liegen die vorgenannten Voraussetzungen nicht vor, hat das FA weiterhin ein Ermessen dem Grunde nach, ob ein Verspätungszuschlag festgesetzt wird, vgl. § 152 Abs. 1 Satz 1 AO. Von der Festsetzung des Verspätungszuschlags ist abzusehen, wenn der Erklärungspflichtige glaubhaft macht, dass die Verspätung entschuldbar ist, vgl. § 152 Abs. 1 Satz 2 AO.

Die Höhe des Verspätungszuschlags unterliegt nicht mehr der Ermessensentscheidung des FA, sondern beträgt für die verspätet eingereichte Körperschaftsteuererklärung für jeden angefangenen Monat der Verspätung 0,25 % der festgesetzten Körperschaftsteuer vermindert um Steueranrechnungsbeträge und Vorauszahlungen, mindestens

1) An einer dem § 25 Abs. 3 EStG i.V.m. § 31 Abs. 1 KStG vergleichbaren Abgabeverpflichtung fehlt es bei § 14 Abs. 5 KStG.
2) Für Körperschaften, die Einkünfte aus Land- und Forstwirtschaft beziehen, gelten ggf. andere Fristen, vgl. § 149 Abs. 2 Satz 2 AO.

jedoch 25 €, vgl. § 152 Abs. 5 Satz 2 AO. Der Verspätungszuschlag ist auf volle Euro abzurunden und darf 25 000 € nicht überschreiten, vgl. § 152 Abs. 10 AO.

Ferner kann die Abgabe der Steuer- bzw. Feststellungserklärung mittels Anwendung von Zwangsmitteln durchgesetzt werden. In Betracht kommt hierbei in erster Linie die Festsetzung von Zwangsgeldern (§ 329 AO), wobei das einzelne Zwangsgeld 25 000 € nicht übersteigen darf. Die Festsetzung kann hier wahlweise gegen die Körperschaft selbst oder gegen ihren gesetzlichen Vertreter erfolgen. Ist ein gegen eine natürliche Person festgesetztes Zwangsgeld uneinbringlich, kann das Amtsgericht auf Antrag der Finanzbehörde nach Anhörung des Pflichtigen auch Ersatzzwangshaft anordnen (§ 334 AO). Als weitere Möglichkeit bleibt der Finanzbehörde im Falle der Missachtung der Verpflichtung zur Abgabe von Steuererklärungen auch die **Schätzung der Besteuerungsgrundlagen** (§ 162 AO).

Anträge von Körperschaften und Personenvereinigungen, die in einem anderen Mitgliedstaat der EU der unbeschränkten Steuerpflicht unterliegen, **auf Feststellung der als Leistungen i.S.d. § 27 Abs. 8 Satz 1 KStG zu berücksichtigenden Beträge** müssen **bis zum Ablauf des dem Kalenderjahr der Leistung nachfolgenden Kalenderjahres** dem örtlich zuständigen FA bzw. in Ermangelung der örtlichen Zuständigkeit eines bundesdeutschen FA dem Bundeszentralamt für Steuer vorliegen (Ausschlussfrist – § 27 Abs. 8 Satz 4 bis 6 KStG). Dabei ist der Antrag auf dem amtlichen Vordruck KSt 1 F – 27 (8) (→ Rz. 1559) zu stellen. 18

4. Gesetzliche Vorgaben zur Übermittlung der Steuer- und Feststellungserklärungen durch Datenfernübertragung

In **§ 31 Abs. 1a KStG** ordnet der Gesetzgeber an, dass die Körperschaftsteuererklärung und die ggf. damit verbundene Erklärung zu den gesonderten Feststellungen nach den §§ 27, 28 und 38 KStG **nach amtlich vorgeschriebenem Datensatz elektronisch in authentifizierter Form** an die FinVerw. **zu übermitteln** sind. 19

Für die authentifizierte Übermittlung muss zunächst eine Registrierung bei der FinVerw. unter www.elster.de erfolgen. Hierbei ist zu beachten, dass der Registrierungsvorgang bis zu zwei Wochen dauern kann. Die FinVerw. bietet eine kostenlose Möglichkeit zur Erstellung und Übermittlung der Körperschaftsteuererklärung an. Eine Übersicht über weitere (kostenpflichtige) Programme, die die authentifizierte Übermittlung unterstützen, findet man im ELSTER-Online-Portal.[1)]

Auf Antrag kann die Finanzbehörde zur Vermeidung unbilliger Härten **auf eine elektronische Übermittlung verzichten**. In diesem Fall sind die Erklärungen nach amtlich vorgeschriebenem Vordruck abzugeben und vom gesetzlichen Vertreter des Stpfl. eigenhändig zu unterschreiben (§ 31 Abs. 1a Satz 2 KStG). Solche unbilligen Härten dürften bei Körperschaften nicht vorliegen. Nach § 150 Abs. 8 AO ist eine unbillige Härte gegeben, wenn die Möglichkeit der Datenfernübertragung nur mit einem nicht unerheblichen finanziellen Aufwand möglich wäre oder wenn der Stpfl. nach seinen individuellen Kenntnissen und Fähigkeiten nicht oder nur eingeschränkt dazu in der Lage ist, die Steuererklärung elektronisch zu übermitteln. Die Übermittlung der Körperschaftsteuer ist kostenlos über www.elster.de möglich. Eine unbillige Härte erscheint hier nicht möglich. Auch mit der zweiten Variante (Mangel an persönlichen Fähigkeiten) wird man nur schwer argumentieren können. Dies gilt – von besonderen Einzelfällen abgesehen – auch für steuerbefreite Körperschaften (einschließlich Vereine) und für alle Fälle, bei denen die Körperschaftsteuererklärung von einem Steuerberater (oder einer sonstigen zur geschäftsmäßigen Hilfeleistung in Steuersachen befugten Person) erstellt wird.

Auch wenn das Gesetz eine Übermittlung nach amtlich vorgeschriebenem Datensatz vorschreibt, gibt es keinen amtlichen Datensatz im engeren Sinne, sondern lediglich eine technische Schnittstelle, die die einzelnen Softwareanbieter in ihre Systeme integrieren müssen.

Praxishinweis:

Elektronisch übermittelte Steuererklärungen werden durch die verwendete Software häufig nur noch in der sog. „komprimierten" Form dargestellt. In dieser Form werden nur die Zeilen der Steuererklärung ausgegeben, zu denen auch tatsächlich Angaben gemacht wurden. Der BFH hat entschieden,[2)] dass ein Steuerberater grob fahrlässig handelt, wenn der dem Mandanten zur Prüfung lediglich eine „komprimierte" Fassung der Steuererklärung überlässt. Es ist daher darauf zu achten, dass die vom gesetzlichen Vertreter der Körperschaft zu zeichnende Ausfertigung immer in nichtkomprimierter Form erfolgt.

5. Übersicht über die Vordrucke

a) Körperschaftsteuervordrucksatz

Der Hauptvordruck KSt 1 ist von allen Körperschaftsteuerpflichtigen zu verwenden. Der Körperschaftsteuervordrucksatz umfasst die rechtlich eigenständige Körperschaftsteuererklärung, Erklärung zur Feststellung des Einlagekontos und ggf. die Feststellungserklärung nach § 14 Abs. 5 KStG. Die Verbindung mehrerer rechtlich eigenständiger Steuer-/Feststellungserklärungen ist dabei nur organisatorischer Natur. Insbesondere sind weiterhin ein getrenntes Mahnverfahren und auch eine getrennte Festsetzung von Zwangsgeldern sowie von Verspätungszuschlägen möglich. 20

Für vollständig steuerbefreite Körperschaften ist ein Hauptvordruck KSt 1 und eine steuerbefreiungsspezifische Anlage mit den Angaben zur Steuerbefreiung zu übermitteln.

1) https://www.elster.de/elsterweb/softwareprodukt.
2) BFH v. 16.5.2013, III R 12/12, BStBl I 2016, 512.

21 Jede Körperschaftsteuererklärung besteht aus dem **Hauptvordruck KSt 1** (→ Rz. 60 ff.) und mindestens einer, im Regelfall aber mehreren Anlagen. Neben allgemeinen Angaben (Name, Anschrift) enthält der Hauptvordruck Abfragen zu grundsätzlichen Eigenschaften der Körperschaft (z.B. Rechtsform, sachliche Steuerbefreiung).

aa) Anlagen zur Ermittlung der Einkünfte aus Gewerbebetrieb

22 Auf der **Anlage GK** (→ Rz. 327 ff.) erfolgt die **Ermittlung der Einkünfte aus Gewerbebetrieb**. Sie ist pro Wj. und Gewerbebetrieb abzugeben und ergänzt jeweils den Hauptvordruck. Sie stellt die wichtigste Anlage des Körperschaftsteuervordrucksatzes dar.

23 Die **Anlage EÜR**, die der standardisierten und mit Erfassungskennziffern versehenen **Gewinnermittlung nach § 4 Abs. 3 EStG** dienen soll, ist nach § 60 Abs. 4 EStDV von allen Stpfl., die ihren Gewinn durch Gegenüberstellung der Betriebseinnahmen über die Betriebsausgaben ermitteln, der Körperschaftsteuererklärung beizufügen. Im Falle der elektronischen Übermittlung ist für die Anlage EÜR ein eigenständiges Übermittlungsverfahren in ELSTER vorgesehen. Die Anlage EÜR ist dann nicht Teil des an die FinVerw. zu übermittelnden Datensatzes der Körperschaftsteuererklärung. Eine Gewinnermittlung nach § 4 Abs. 3 EStG kommt bei Kapitalgesellschaften naturgemäß nicht in Betracht, da eine handelsrechtliche Verpflichtung zur Buchführung besteht. Eine Gewinnermittlung nach § 4 Abs. 3 EStG kommt insbesondere für Regiebetriebe von Körperschaften öffentlichen Rechts und für steuerpflichtige wirtschaftliche Geschäftsbetriebe von steuerbefreiten Körperschaften in Betracht, außerdem für Versicherungs- und Pensionsfondsvereine auf Gegenseitigkeit, wenn keine Bilanz erstellt wird. Die Ergebnisse der Anlage EÜR (Einkünfte aus Gewerbebetrieb) sind auf die **Anlage GK** (→ Rz. 327 ff.) zu übertragen.

24 Die **Anlage GR** (→ Rz. 635 ff.) ergänzt die Anlage GK für **Genossenschaften**. Sie ist wirtschaftsjahrbezogen abzugeben. Auf ihr werden Angaben zu genossenschaftlichen Rückvergütungen gemacht und die Höhe der nicht abziehbaren genossenschaftlichen Rückvergütungen ermittelt, die dann auf die jeweilige Anlage GK zu berücksichtigen sind.

25 Auf der **Anlage SPIF** (→ Rz. 1204) werden die Besteuerungsgrundlagen für die Einkünfteermittlung und die Anrechnung ausländischer Steuern aus der unmittelbaren Beteiligung an Spezial-Investmentfonds erfasst. Die hier einzutragenden Werte ergeben sich teilweise aus der gesonderten und einheitlichen Feststellung nach § 51 Abs. 1 InvStG, müssen aber um individuell auf Ebene der Körperschaft ermittelte Werte ergänzt werden. Erfasst werden sowohl Angaben aus der laufenden Besteuerung als auch aus der Veräußerung. Anrechenbare oder abziehbare ausländische Steuern aus der mittelbaren Beteiligung an Spezial-Investmentfonds über Organ- oder Personengesellschaften sind auf der Anlage SPIFA (→ Rz. 1251) zu erfassen.

26 Die **Anlage Zinsschranke (KSt)** (→ Rz. 1371 ff.) ist in Fällen steuerlicher Relevanz zur **Ermittlung der** nach § 8a KStG i.V.m. § 4h EStG insg. **abziehbaren Zinsaufwendungen** sowie des **Zinsvortrags zum Schluss des laufenden Wj.** zu verwenden. Sie dient darüber hinaus auch zur Berechnung des **verrechenbaren EBITDA** und des **EBITDA-Vortrags.** Die Anlage ergänzt die Anlage GK.

bb) Anlagen zur Ermittlung der Summe der Einkünfte, des Gesamtbetrags der Einkünfte und des zu versteuernden Einkommens

27 Auf der **Anlage ZVE** (→ Rz. 1441 ff.) wird die Summe der Einkünfte, der Gesamtbetrag der Einkünfte, das Einkommen und das **zu versteuernde Einkommen** berechnet. Neben der Anlage GK ist die Anlage ZVE eine der wichtigsten Anlagen zur Körperschaftsteuererklärung.

28 Die **Anlage AEV** (→ Rz. 167 ff.) dient der Ermittlung der verbleibenden **negativen Einkünfte/Gewinnminderungen nach § 2a Abs. 1 EStG.** Mit ihr wird gleichzeitig die Verrechnung positiver Einkünfte nach § 2a EStG des laufenden VZ mit zum Schluss des vorangegangenen VZ festgestellten verbleibenden negativen Einkünften/Gewinnminderungen vorgenommen. Die Anlage ist jeweils pro Staat und Art der Einkünfte i.S.d. § 2a Abs. 1 EStG abzugeben. Die Ergebnisse der Anlage AEV sind auf die Anlage ZVE zu übertragen.

29 Die **Anlage AESt** (→ Rz. 98 ff.) ergänzt die Anlage ZVE um Angaben zur Anrechnung und zum Abzug ausl. Steuern nach § 34c Abs. 1 und 2 EStG. Dieser Vordruck ist pro Staat/Fonds abzugeben, für den die Voraussetzungen für den Abzug bzw. die Anrechnung ausl. Steuern vorliegen. Außerdem können hier die nach § 34c Abs. 3 EStG abzuziehenden ausl. Steuern – also solche, die nicht die Voraussetzungen zur Anrechnung erfüllen – aus eigener Tätigkeit eingetragen werden.

30 Auf der **Anlage SPIFA** (→ Rz. 1251 ff.) werden Angaben zur anrechenbaren bzw. abziehbaren ausländischen Steuern aus Spezial-Investmentfonds erfasst, die der Körperschaft, für die die Steuererklärung ausgefüllt wird, mittelbar über Personen- oder Organgesellschaften zugerechnet werden.

31 Ab dem VZ 2022 hat die FinVerw. mit der **Anlage ZwiG** eine eigene Anlage zur Berücksichtigung von **Hinzurechnungsbeträgen nach § 10 AStG**, zur Steueranrechnung nach § 12 AStG und zur Berechnung des Kürzungsbetrages nach § 11 AStG eingeführt. Die Anlage ZwiG nimmt Besteuerungsgrundlagen aus der Feststellung nach § 18 AStG i.d.F. des ATADUmsG[1] auf. Die Anlage ZwiG ist pro Beteiligung an einer ausländischen Zwischengesellschaft auszufüllen.

---

1) Gesetz zur Umsetzung der Anti-Steuervermeidungsrichtlinie (ATAD-Umsetzungsgesetz – ATADUmsG) v. 25.6.2021, BGBl. I 2021, 2035 = BStBl I 2021, 874.

Organträger müssen für **jede Organgesellschaft**, an der sie direkt beteiligt sind, eine **Anlage OT** (→ Rz. 1121 ff.) abgeben. Auf der Anlage OT sind die Ergebnisse des Feststellungsbescheids nach § 14 Abs. 5 KStG, der durch das für die Besteuerung der Organgesellschaft zuständige FA erlassen wurde, einzutragen. 32

Die **Anlage OG** (→ Rz. 1012 ff.) ist von Organgesellschaften abzugeben. Die Angaben dienen in erster Linie zur Erstellung des Feststellungsbescheids nach § 14 Abs. 5 KStG über das dem Organträger zuzurechnende Einkommen und sonstiger damit im Zusammenhang stehender Besteuerungsgrundlagen. 33

Die **Anlage ÖHK** (→ Rz. 1055 ff.) dient der Ermittlung des Gesamtbetrags der Einkünfte und des abziehbaren Verlustes bzw. Verlustvortrags für die einzelnen Sparten bei Gesellschaften i.S.d. § 8 Abs. 7 Satz 1 Nr. 2 Satz 2 KStG (auch soweit Organgesellschaft) und bei Gesellschaften oder BgA, die Organträger solcher Gesellschaften sind. Die Ergebnisse der Anlage ÖHK sind auf die Anlage ZVE zu übertragen. 34

Falls zum Ende des vorangegangenen VZ ein Verlustvortrag besteht oder im laufenden VZ ein negativer Gesamtbetrag der Einkünfte besteht, ist die Berechnung des zum Ende des VZ festzustellenden Verlustvortrags auf der **Anlage Verluste** (→ Rz. 1269 ff.) vorzunehmen. Auch die Ermittlung des fortführungsgebundenen Verlustvortrags nach § 8d KStG für Verluste nach § 10d EStG wird auf der Anlage Verluste vorgenommen. 35

Die **Anlage Invest-Verluste** dient der Feststellung der verbleibenden negativen Einkünfte nach § 6 Abs. 8 InvStG und ist nur von körperschaftsteuerpflichtigen Investmentfonds auszufüllen (→ Rz. 684 ff.). 36

Auf der **Anlage Z** (→ Rz. 1358 ff.) ist die Ermittlung des verbleibenden Zuwendungsvortrags und der abzugsfähigen Zuwendungen vorzunehmen. Die Anlage Z kann pro Steuererklärung höchstens einmal abgegeben werden. Sie ist immer dann abzugeben, wenn zum Ende des vorangegangenen VZ ein Zuwendungsvortrag festgestellt oder im laufenden VZ Zuwendungen für steuerbegünstigte Zwecke nicht abziehbar sind. 37

Die **Anlage WA** (→ Rz. 1306 ff.) dient der Erfassung von weiteren Angaben, wie Abzugssteuern, vertraglichen Vereinbarungen mit Anteilseignern, Aufsichtsratvergütungen und Vergütungen nach § 50a EStG. Darüber hinaus ist hier ein Antrag auf Nichtanwendung des § 8c KStG nach § 8d KStG zu stellen (fortführungsgebundene Verluste). Außerdem sind Angaben zum länderbezogenen Bericht multinationaler Unternehmensgruppen nach § 138a AO zu machen. 38

Die **Anlage Steuergestaltung** (→ Rz. 1263 ff.) ist für die Eingabe von grenzüberschreitenden Steuergestaltungen vorgesehen, für die nach § 138k AO eine Pflicht zur Angabe in der Steuererklärung besteht. 39

Auf der **Anlage SAN** (→ Rz. 1169 ff.) wird die Verrechnung eines Sanierungsgewinns mit Verlustvorträgen und ähnlichen Tatbeständen vorgenommen. Die Anlage SAN steht in Verbindung mit den Anlagen AEV, Verluste und ZVE. 40

cc) Anlagen zur Ermittlung des steuerlichen Einlagekontos

Auf der **Anlage KSt 1 F** (→ Rz. 739) sind für den Regelfall Angaben zur Ermittlung des Bestands des steuerlichen Einlagekontos bzw. des Sonderausweises i.S.d. § 28 KStG zu machen. Darüber hinaus auch zu den im Wj. abgeflossenen Gewinnausschüttungen und sonstigen Leistungen. Die Anlage KSt 1 F ist wirtschaftsjahrbezogen abzugeben. 41

An die Stelle der Anlage KSt 1 F tritt **bei BgA ohne eigene Rechtspersönlichkeit und bei wirtschaftlichen Geschäftsbetrieben der von der Körperschaftsteuer befreiten Körperschaften, Personenvereinigungen und Vermögensmassen** der **Vordruck KSt 1 Fa** (→ Rz. 910 ff.). 42

dd) Anlagen zur Überprüfung der Steuerbefreiung

Es gibt folgende Anlagen zur Überprüfung von Steuerbefreiungen: 43

Auf der **Anlage Gem** (→ Rz. 221 ff.) werden Angaben zur Überprüfung der Steuerbefreiung von Körperschaften gemacht, die **gemeinnützigen, mildtätigen und kirchlichen Zwecken** nach § 5 Abs. 1 Nr. 9 KStG dienen (→ Rz. 221 ff.). 44

Mit der **Anlage Ber** (→ Rz. 202 ff.) wird die Steuerbefreiung von **Berufsverbänden** ohne öffentlich-rechtlichen Charakter nach § 5 Abs. 1 Nr. 5 KStG überprüft. 45

Mit der **Anlage Geno/Ver** (→ Rz. 282 ff.) wird die Steuerbefreiung nach § 5 Abs. 1 Nr. 10 und 14 KStG überprüft. 46

Die **Anlage Kassen** (→ Rz. 691 ff.) dient der Überprüfung der Steuerbefreiung von **Pensions-, Sterbe-, Kranken- und Unterstützungskassen** nach § 5 Abs. 1 Nr. 3 KStG bzw. der Ermittlung der Höhe einer etwaigen Steuerpflicht auf Grund von Überdotierung. 47

Politische Parteien i.S.d. § 2 PartG und ihre Gliedverbände sowie **kommunale Wählervereinigungen** und ihre Dachverbände müssen Angaben zur Steuerbefreiung nach § 5 Abs. 1 Nr. 7 KStG auf der **Anlage Part** machen. 48

Mit der **Anlage WiFö** steht ein Vordruck zur Erfassung von Angaben zur Steuerbefreiung von **Wirtschaftsförderungsgesellschaften** (§ 5 Abs. 1 Nr. 18 KStG, § 3 Nr. 25 GewStG) zur Verfügung. 49

b) Anlagen zur Erklärung zur gesonderten und einheitlichen Feststellung von Grundlagen für die Einkommensbesteuerung bei Beteiligung eines Körperschaftsteuersubjekts an einer Personengesellschaft

50 Infolge ihrer unmittelbaren Auswirkungen auf die Besteuerung von Körperschaften sollen an dieser Stelle weitere Vordrucke erwähnt werden, die zwar nicht als Anlage zur Körperschaftsteuererklärung Verwendung finden, aber im Falle der Beteiligung einer Körperschaft an einer Personengesellschaft als **Anlagen zur gesonderten und einheitlichen Feststellung von Grundlagen für die Einkommensbesteuerung** dienen und für die spätere Durchführung der Körperschaftsteuerveranlagung unerlässlich sind. Der Zuschnitt der Anlagen wurde im VZ 2021 im Rahmen der Umstellung der Feststellungserklärung für Personengesellschaften ebenfalls grundsätzlich reformiert:

51 Die **Anlage FE-K** ist **von allen Personengesellschaften auszufüllen, zu deren Gesellschaftern** ein oder mehrere **Körperschaftsteuersubjekte zählen**. Sie gilt aber auch für Personengesellschaften, an denen eine Körperschaft letztlich nur mittelbar über andere Personengesellschaften beteiligt ist. Auf ihr sind alle Tatbestände des § 8b KStG zu erfassen, die nicht im Zusammenhang mit laufenden Bezügen der Personengesellschaft aus Beteiligungen an Körperschaften (§ 8b Abs. 1 und Abs. 4 KStG) stehen.

Die hier ermittelten Werte gehen in die Berechnung der Einkünfte aus der Personengesellschaft ein und sind für Mitunternehmer relevant, die Körperschaften sind.

52 Die **Anlage FE-K-Bet** dient der Ermittlung der nach § 8b Abs. 1 KStG steuerfreien Bezüge unter Berücksichtigung des § 8b Abs. 4 KStG (Streubesitzregelung). Danach ist die Steuerbefreiung des § 8b Abs. 1 KStG für Gewinnausschüttungen im Regelfall nur noch anwendbar, wenn die Beteiligung zu Beginn des Kalenderjahres mindestens 10 % des Grund- oder Stammkapitals der ausschüttenden Körperschaft betragen hat. Ist eine Körperschaft an der Gewinnausschüttung nur mittelbar über eine zwischengeschaltete Personengesellschaft an der ausschüttenden Gesellschaft beteiligt, ist ihr die Beteiligung zur Prüfung der Steuerfreiheit des auf sie entfallenden Beteiligungsertrags nur anteilig zuzurechnen. Die hierzu erforderlichen Angaben werden über diese Anlage erhoben.

53 Die **Anlage FE-OT** ist abzugeben, wenn die **Mitunternehmerschaft Organträgerin** i.S.d. § 14 KStG einer Organgesellschaft ist. Sie ist ebenfalls abzugeben, wenn die Mitunternehmerschaft zwar nicht selbst Organträgerin ist, aber selbst (mittelbar) an einer Mitunternehmerschaft beteiligt ist, die Organträgerin i.S.d. § 14 KStG ist. Sie entspricht inhaltlich der Anlage OT für Körperschaften, die Organträger sind, berücksichtigt aber die besonderen Erfordernisse von Mitunternehmerschaften.

c) Antrag auf Feststellung der als Einlagenrückgewähr zu behandelnden Leistungen einer im Ausland ansässigen Körperschaft

54 **Körperschaften und Personenvereinigungen, die in einem anderen Mitgliedstaat der EU der unbeschränkten Steuerpflicht unterliegen**, können auf Antrag die als **Einlagerückgewähr** zu berücksichtigen Leistungen gesondert feststellen lassen (§ 27 Abs. 8 KStG). Ein entsprechender **Antrag** ist bis zum Ende des Kalenderjahres zu stellen, das auf das Kalenderjahr folgt, in dem die Leistung erbracht wurde (§ 27 Abs. 8 Satz 4 KStG, zur Ausschlussfrist → Rz. 18). Zur Antragstellung ist der amtliche **Vordruck KSt F – 27 (8)** zu verwenden (→ Rz. 1559 ff.). Im VZ 2022 wurde eine neue **Anlage AE** zu diesem Vordruck erstellt. Mit dieser werden die bisher formlos zu erklärenden Anteilseigner nunmehr standardisiert abgefragt.

6. Allgemeine Hinweise zum Ausfüllen der Vordrucke

55 Soweit es in den Vordrucken nicht anders vorgesehen ist (wie z.B. bei der Eintragung der einbehaltenen Steuerabzugsbeträge in den Zeilen 2 bis 9 der Anlage WA sowie generell bei den Anlagen zur Feststellungserklärung für Personengesellschaften (Anlagen FE-K, FE-K-Bet und FE-OT), sind die Eintragungen nur mit vollen Euro-Beträgen vorzunehmen, wobei die erforderliche **Auf- oder Abrundung** stets zugunsten des Stpfl. zu erfolgen hat.

7. Körperschaftsteuerbescheid und weitere Feststellungsbescheide

56 Die FinVerw. kann auf die Körperschaftsteuererklärung wie folgt reagieren:

1. Erlass eines Körperschaftsteuerbescheids (Regelfall),
2. Erlass eines Freistellungsbescheids (für vollständig steuerbefreite Körperschaften),
3. Absehen von der Steuerfestsetzung nach § 156 Abs. 2 AO, wenn feststeht, dass die Kosten der Einziehung einschließlich der Festsetzung außer Verhältnis zum festzusetzenden Betrag stehen (siehe auch R 31.1 Abs. 1 KStR 2022).

57 Daneben können noch weitere Feststellungsbescheide erlassen werden:

1. Bescheid über die gesonderte Feststellung des verbleibenden Verlustvortrags nach § 10d EStG,
2. Bescheid über die gesonderte Feststellung des steuerlichen Einlagekontos nach §§ 27 ff. KStG,
3. Bescheid über die gesonderte Feststellung des Zins- oder EBITDA-Vortrags,
4. Bescheid über die gesonderte Feststellung des Zuwendungsvortrags,
5. Bescheid über die gesonderte und einheitliche Feststellung des dem Organträger zuzurechnenden Einkommens der Organgesellschaft und weitere damit im Zusammenhang stehende Besteuerungsgrundlagen.

Steuer- und Feststellungsbescheide sind schriftlich oder elektronisch zu erteilen, vgl. § 157 Abs. 1 AO.[1] Die elektronische Bekanntgabe erfolgt durch Bereitstellung zum Datenabruf nach § 122a AO.[2] Für Steuerbescheide, die nach dem 31.12.2025 erlassen werden, liegt es im Ermessen des FA, ob es den Bescheid durch Bereitstellung zum Datenabruf oder schriftlich bekannt gibt. Hat der Stpfl. die Steuer- oder Feststellungserklärung elektronisch über ein Nutzerkonto oder über einen Steuerberater abgegeben, sollen die entsprechenden Bescheide auch elektronisch bekannt gegeben werden, vgl. § 122a Abs. 1 Satz 2 AO.[3] Jedoch kann ausdrücklich eine schriftliche Bekanntgabe beantragt werden, vgl. § 122a Abs. 2 Satz 1 AO.[4] 58

Praxishinweis:
Da praktisch alle Körperschaften ihre Erklärung elektronisch abgeben müssen, sind ab dem Kj. 2026 erlassene Körperschaftsteuerbescheide grundsätzlich elektronisch durch Bereitstellung zum Datenabruf bekannt zu geben (eingeschränktes Ermessen nach § 122a Abs. 2 Satz 2 AO). Eine elektronische Bekanntgabe hat für die FinVerw. eine Reihe von Vorteilen, insb. kann der Zugang eindeutig nachgewiesen werden. Auch für Stpfl. und ihre Berater hat die elektronische Bekanntgabe Vorteile, da der ergangene Bescheid besser auf Abweichungen zur Erklärung überprüft werden kann. Sollte weiterhin eine Bekanntgabe per Papier gewünscht werden, sollte ein Antrag auf schriftliche Bekanntgabe nach § 122a Abs. 2 Satz 1 AO gestellt werden.

Gibt das Finanzamt den Körperschaftsteuerbescheid elektronisch bekannt, wird an die benannte E-Mail-Adresse eine Nachricht versendet, dass der Körperschaftsteuerbescheid zum Abruf zur Verfügung steht. Dieser kann nach Anmeldung über ELSTER, aber auch über andere Softwareanbieter, heruntergeladen und eingesehen werden.

Die o.g. Bescheide sind regelmäßig dem Inhaltsadressaten bekanntzugeben, also der Körperschaft, für die die Steuererklärung ausgefüllt wird, vgl. § 122 Abs. 1 Satz 1 AO. Es ist jedoch auch möglich, die Bekanntgabe an einen Empfangsbevollmächtigten vorzusehen. Eine Bekanntgabevollmacht wird zu den Grunddaten des Steuerpflichtigen gespeichert und für die Adressierung verwendet. 59

Es existieren amtliche Muster für die Erteilung von Vollmachten.[5] Wird eine Vollmacht nach amtlichem Muster erteilt, kann sie elektronisch durch den Empfangsbevollmächtigten an die FinVerw. übermittelt werden[6] und gibt – je nach Beauftragung – auch die Möglichkeit zum Datenabruf von elektronisch an die Finanzbehörde durch andere Stellen übermittelte Daten.

1) Für Feststellungsbescheide i.V.m. § 181 Abs. 1 Satz 1 AO.
2) Die Möglichkeit einer elektronischen Zustellung durch (verschlüsselte) E-Mail nach § 87a AO nutzt die FinVerw. nicht.
3) I.d.F. des Vierten Gesetzes zur Entlastung der Bürgerinnen und Bürger, der Wirtschaft sowie der Verwaltung von Bürokratie (Viertes Bürokratieentlastungsgesetz) v. 23.10.2024, BGBl. I 2024 Nr. 323 = BStBl I 2024, 1421.
4) Viertes Bürokratieentlastungsgesetz v. 23.10.2024, BGBl. I 2024 Nr. 323 = BStBl I 2024, 1421.
5) Vgl. BMF v. 11.12.2023, IV D 1 – S 0202/22/10001 :001, BStBl I 2024, 5.
6) Vgl. § 80a AO.

II. KSt 1 – Hauptvordruck

1. Anwendungsbereich des Vordrucks

60 Für jede Körperschaftsteuererklärung ist der Hauptvordruck KSt 1 zu verwenden. Eine Differenzierung nach der Art der Steuerpflicht (unbeschränkt oder beschränkt) und den möglichen Einkunftsarten erfolgt nicht.

61 Der Vordruck KSt 1 ist von jeder Körperschaft zu verwenden, die eine Körperschaftsteuererklärung, eine Erklärung zur gesonderten und einheitlichen Feststellung des Einlagekontos oder eine Erklärung nach § 14 Abs. 5 KStG abzugeben hat. Auch teilweise oder vollständig steuerbefreite Kapitalgesellschaften müssen den Vordruck abgeben. Der Vordruck ist in diesen Fällen aber um die unter (→ Rz. 50) aufgeführten Vordrucke zu ergänzen. Auch Personenhandels- und Partnerschaftsgesellschaften, die gem. § 1a KStG wirksam zur Besteuerung als Kapitalgesellschaft (→ Rz. 10) optiert haben, müssen den Vordruck verwenden.

2. Erklärungskopf

An das Finanzamt / Bundeszentralamt für Steuern	Steuernummer	**2025**

☐ **Körperschaftsteuererklärung**

und Erklärung zu gesonderten Feststellungen von Besteuerungsgrundlagen, die in Zusammenhang mit der Körperschaftsteuerveranlagung durchzuführen sind

☐ Erklärung zur gesonderten und einheitlichen Feststellung des dem Organträger zuzurechnenden Einkommens der Organgesellschaft und damit zusammenhängender anderer Besteuerungsgrundlagen (§ 14 Absatz 5 KStG)

☐ Erklärung zur gesonderten Feststellung des steuerlichen Einlagekontos (§ 27 Absatz 2 KStG) und des durch Umwandlung von Rücklagen entstandenen Nennkapitals (§ 28 Absatz 1 Satz 3 KStG)

☐ Belege werden nachgereicht (74)

— Eingangsstempel —

Die mit einem Kreis versehenen Zahlen bezeichnen die Erläuterungen in der Anleitung zur Körperschaftsteuererklärung.

62 Zunächst ist zu bestimmen, an welche **Finanzbehörde** die Körperschaftsteuererklärung zu übermitteln ist. Elektronisch kann die Körperschaftsteuererklärung nur an ein FA übermittelt werden. Die örtliche Zuständigkeit richtet sich nach § 20 AO. Ist der Ort der Geschäftsleitung im Inland belegen, ist das FA zuständig, in dessen Bezirk sich die Geschäftsleitung befindet. Ist die Geschäftsleitung im Ausland belegen, richtet sich die örtliche Zuständigkeit nach dem inl. Sitz der Gesellschaft. Ist weder Geschäftsleitung noch Sitz im Inland belegen, richtet sich die Zuständigkeit nach dem Vermögen der Stpfl. In diesen Fällen ist das FA zuständig, in dessen Bezirk sich der wertvollste Teil des Vermögens befindet. Wenn die Körperschaft im Inland kein Vermögen hält, ist das FA örtlich zuständig, in dem die Körperschaft vorwiegend tätig wird oder Rechte verwertet werden.

Zu berücksichtigen ist, dass einzelne Bundesländer im Rahmen ihrer Zuständigkeitsverordnung die örtliche Zuständigkeit eigenständig regeln können. So gibt es beispielsweise in manchen Bundesländern Finanzämter, die nur für die Besteuerung von Körperschaften zuständig sind, während andere Finanzämter überhaupt keine Körperschaften führen (z.B. in Berlin). In anderen Bundesländern (z.B. Hessen) haben manche Finanzämter (KSt-Zentralämter) neben den „normalen" Zuständigkeiten zusätzlich die Zuständigkeit für die Körperschaften, die nicht steuerbefreit sind, für die Bezirke anderer Finanzämter.

63 Das **Bundeszentralamt für Steuern** ist für Antragsveranlagungen von beschränkt steuerpflichtigen Körperschaften zuständig, wenn alle Einkünfte der Körperschaft dem Steuerabzug nach § 50a Abs. 1 Nr. 1 oder 2 EStG (künstlerische, sportliche, artistische, unterhaltende und ähnliche Darbietungen sowie dazugehörige Verwertungserlöse, vgl. Zeilen 17 und 18 der Anlage ZVE) unterlegen haben, siehe § 5 Abs. 1 Nr. 12 FVG. In diesen Fällen ist die Steuererklärung dem BZSt zuzuleiten. Da das BZSt keine Möglichkeit der elektronischen Übermittlung zur Verfügung stellt, ist in diesen Fällen eine Papiererklärung auszufüllen. Erzielt die Körperschaft neben den dem Abzug nach § 50a Abs. 1 Nr. 1 oder 2 EStG unterliegenden Betriebseinnahmen noch weitere Betriebseinnahmen, die nicht durch den Steuerabzug abgegolten sind, bleibt das FA für die Besteuerung zuständig.

64 Die Körperschaftsteuererklärung und die Erklärung zur Feststellung nach §§ 27, 28 und 38 KStG bilden einen einheitlichen Vordrucksatz (→ Rz. 14). Dies wird auch im Kopf des Hauptvordrucks KSt 1 deutlich, der drei Ankreuzmöglichkeiten (Körperschaftsteuererklärung, Feststellungserklärung nach § 14 Abs. 5 KStG für Organschaft und Erklärung zur gesonderten Feststellung nach §§ 27, 28 und 38 KStG) zulässt. Zunächst muss entschieden werden, um wie viele Steuer-/Feststellungserklärungen es sich handelt.

Im ersten Ankreuzfeld ist zu entscheiden, ob es sich um eine Körperschaftsteuererklärung handelt. Dies wird regelmäßig zu bejahen sein, da alle beschränkt und unbeschränkt steuerpflichtigen Körperschaften eine Körperschaftsteuererklärung abgeben müssen. Auch (vollständig) steuerbefreite Körperschaften müssen eine Körperschaftsteuererklärung abgeben (früher auch Freistellungserklärung genannt), die um eine Anlage zur Überprüfung der jeweiligen Steuerbefreiung ergänzt wurde. Das Ankreuzfeld muss also im Regelfall angekreuzt werden.

65 Einzige Ausnahme hiervon ist die Abgabe der Feststellungserklärung nach § 14 Abs. 5 KStG durch den Organträger. Bei Organgesellschaften ist über das zweite Ankreuzfeld deutlich zu machen, dass es sich bei der Körperschaftsteuererklärung zugleich um die Feststellungserklärung nach § 14 Abs. 5 KStG handelt. Darüber hinaus muss eine Anlage OG mit weiteren Angaben zum Organschaftsverhältnis abgegeben werden. Die FinVerw. folgert aus § 14 Abs. 5 Satz 5 KStG die Verpflichtung zur Abgabe einer eigenen Feststellungserklärung für das dem Organträger zuzurechnende Einkommen und damit zusammenhängender anderer Besteuerungsgrundlagen. Abgabeverpflichtet sind hierfür sowohl Organträger als auch Organgesellschaft (vgl. § 181 Abs. 2 Satz 1 AO). Theoretisch könnte also der Organträger die Feststellungserklärung abgeben. Das würde die Organgesellschaft allerdings nicht von der Abgabeverpflichtung für ihre Körperschaftsteuererklärung entbinden.

Praxishinweis:

Ist die Körperschaft, für die die Steuererklärung auszufüllen ist, Organgesellschaft, sollte die Feststellungserklärung nach § 14 Abs. 5 KStG mit der Körperschaftsteuererklärung verbunden werden, d.h., beide Felder sind anzukreuzen. Im Übrigen wird eine gesonderte Abgabe der Feststellungserklärung nach § 14 Abs. 5 KStG durch den Organträger nicht im Rahmen des elektronischen Übermittlungsverfahrens (ELSTER) unterstützt.

Die eigentlichen, für die Besteuerung relevanten Angaben zum Organschaftsverhältnis sind auf den Anlagen OG und OT zu erklären.

66 Im dritten Ankreuzfeld muss entschieden werden, ob es sich um eine Erklärung zur gesonderten und einheitlichen Feststellung des steuerlichen Einlagekontos und des Sonderausweises handelt. Angaben zum steuerlichen Einlagekonto müssen alle Kapitalgesellschaften (z.B. GmbH) machen, § 27 Abs. 1 und Abs. 2 KStG. Außerdem gilt dies auch für alle Körperschaften, die Leistungen nach § 20 Abs. 1 Nr. 1, 2, 9 oder 10 EStG gewähren können. Für steuerbefreite gemeinnützige Körperschaften (§ 5 Abs. 1 Nr. 9 KStG) wird kein Einlagekonto festgestellt, weil sowohl die Einlagenrückgewähr als auch Leistungen nach § 20 Abs. 1 Nr. 10 Buchst. b EStG nicht steuerpflichtig sind.[1] Folglich müssen in diesen Fällen auch keine Angaben zum steuerlichen Einlagekonto getätigt werden. Außerdem wird für Investmentfonds und auch für Stiftungen des privaten Rechts kein Einlagekonto festgestellt.[2]

Ebenfalls nicht zur Abgabe der Feststellungserklärung zum Einlagekonto verpflichtet sind beschränkt Stpfl. Für diese gibt es aber – wenn sie im EU-Ausland ansässig sind – ein besonderes Feststellungsverfahren nach § 27 Abs. 8 KStG (→ Rz. 1559 ff.).

3. Allgemeine Angaben (Zeilen 1–1a)

Zeile	
	Allgemeine Angaben (64)
	Bezeichnung der Körperschaft, Personenvereinigung oder Vermögensmasse (52)
1	
	Wirtschafts-Identifikationsnummer (29)
1a	D E

67 In der Zeile 1 ist die **„Bezeichnung der Körperschaft/Personenvereinigung oder Vermögensmasse"** anzugeben. Viele Körperschaften (z.B. Kapitalgesellschaften, Genossenschaften) erlangen ihre Rechtsfähigkeit durch Eintragung in ein öffentliches Register (z.B. Handels- oder Vereinsregister, aber auch ausl. Register, bei nach ausl. Recht gegründeten Gesellschaften). Bei diesen Körperschaften ist der im Register eingetragene Name auch in Zeile 1 einzutragen. In manchen Fällen hängt die Rechtsfähigkeit von der Anerkennung durch eine staatliche Aufsichtsbehörde ab. In diesen Fällen ergibt sich der hier einzutragende Name aus der Anerkennungsurkunde. Bei Betrieben gewerblicher Art ist hier die Bezeichnung der Trägerkörperschaft anzugeben (also z.B. „Stadt Wetzlar" oder „Land Hessen").

Bei Vereinen ohne Rechtspersönlichkeit und nicht rechtsfähigen Stiftungen gibt es regelmäßig keinen, in einem öffentlichen Register oder in der Anerkennungsurkunde bestimmten Namen. Die Bezeichnung muss sich dann aus der Satzung oder dem Stiftungsgeschäft ergeben. Bei sonstigen Zweckvermögen kann es u.U. keinen allgemein verwendbaren Namen geben. Hier muss ein Name gefunden werden, der eine ausreichend genaue Abgrenzung ermöglicht. Zu Eintragungen bei Investmentfonds siehe → Rz. 665.

68 In der **Zeile 1a** ist die **Wirtschafts-Identifikationsnummer** anzugeben. Die Wirtschafts-Identifikationsnummer wurde zeitglich mit der Identifikationsnummer für natürliche Personen durch das Steueränderungsgesetz 2003[3] eingeführt. Jede nichtnatürliche Person wird eine Wirtschafts-Identifikationsnummer zugeteilt bekommen, selbst wenn sie nicht wirtschaftlich tätig ist,[4] vgl. § 139a Abs. 1 Satz 3 i.V.m. Abs. 3 Nr. 2 und 3 AO. Mit der Vergabe der

1) Genauer gesagt wird die Kapitalertragsteuer auf die Leistungen nach § 20 Abs. 1 Nr. 10 Buchst. b EStG nicht erhoben, vgl. § 44a Abs. 7 EStG.
2) Vgl. BFH v. 17.5.2023, I R 42/19, BStBl II 2024, 381.
3) Art. 8 Nr. 4 des Steueränderungsgesetzes 2003, BGBl. I 2003, 2645 = BStBl I 2003, 710.
4) Natürliche Personen können erhalten eine Identifikationsnummer nach § 139b AO und zusätzlich eine oder mehrere Wirtschafts-Identifikationsnummern, wenn sie wirtschaftlich tätig sind, vgl. § 139a Abs. 3 Nr. 1 AO.

Wirtschafts-Identifikationsnummer wurde zum 24.10.2024 begonnen. Für Körperschaften sollte bis Ende 2025 eine Wirtschafts-Identifikationsnummer vergeben worden sein.

Stpfl., die zum 30.11.2024 bereits eine Umsatzsteuer-Identifikationsnummer zugeteilt bekommen haben, bekommen diese vom BZSt auch als Wirtschafts-Identifikationsnummer zugeteilt, vgl. § 1 Abs. 2 der Wirtschafts-Identifikationsnummer-Verordnung. Die Zuteilung erfolgte nach § 3 Abs. 1 der Wirtschafts-Identifikationsnummer-Verordnung durch Allgemeinverfügung des BZSt vom 2.10.2024.[1)] In diesen Fällen kommt es also nicht zu einer Nachricht des BZSt an den Stpfl. Vielmehr ist in dieser Zeile die Umsatzsteuer-Identifikationsnummer als Wirtschafts-Identifikationsnummer einzutragen.

Für Körperschaften, die umsatzsteuerlich erfasst oder Kleinunternehmer sind, jedoch zum 30.11.2024 keine Umsatzsteuer-Identifikationsnummer zugeteilt bekommen haben, vergibt das BZSt ab dem 1.12.2024 Wirtschafts-Identifikationsnummern, sofern ein Benutzerkonto (ggf. über seinen Bevollmächtigten) bei ELSTER besteht, vgl. § 1 Abs. 3 der Wirtschafts-Identifikationsnummer-Verordnung.

Für alle anderen Körperschaften beginnt die Zuteilung der Wirtschafts-Identifikationsnummer ab dem 1.6.2025, vgl. § 1 Abs. 4 der Wirtschafts-Identifikationsnummer-Verordnung.

Ist die Wirtschafts-Identifikationsnummer noch nicht vergeben worden, kann sie hier auch noch nicht eingetragen werden.

§ 139c Abs. 5a AO sieht die Ergänzung der Wirtschafts-Identifikationsnummer um ein Unterscheidungsmerkmal für jede einzelne seiner wirtschaftlichen Tätigkeiten und für jede Betriebsstätte vor. Hier einzutragen ist jedoch die Wirtschafts-Identifikationsnummer ohne Unterscheidungsmerkmal.

69 Änderungen der Geschäftsanschrift sind dem zuständigen FA außerhalb der Steuererklärung elektronisch (www.elster.de oder mit geeigneter Software) oder schriftlich zu übermitteln. Die Geschäftsanschrift ist die Anschrift, unter der der Körperschaft Post zugestellt werden kann (ladungsfähige Anschrift). Die Geschäftsanschrift ist identisch mit der beim Handelsregister anzumelden Geschäftsanschrift nach § 29 HGB. Geschäftsanschrift und Ort der Geschäftsleitung sind im Regelfall (aber nicht zwingend) identisch.

Körperschaften, die nicht in das Handelsregister einzutragen sind (z.B. Vereine), sind nicht zur Anmeldung einer Geschäftsanschrift verpflichtet. Hier kann auch die Anschrift der nach den internen Regelungen der Körperschaft für die Steuerangelegenheiten der Körperschaft zuständigen Person (z.B. Kassenwart) angegeben werden. Soweit eine solche nicht vorliegt, ist die Anschrift eines gesetzlichen Vertreters der Körperschaft anzugeben. Die Geschäftsanschrift benötigt das FA zur Zustellung von Schreiben aller Art.[2)] Pro Körperschaft kann jedoch nur eine Geschäftsanschrift gespeichert werden. Die Angabe der Adresse in allen Steuererklärungen muss wiederum mit der bei der FinVerw. gespeicherten Adresse verglichen werden. Dies ist v.a. bei Körperschaften unnötig, da eine einmal gespeicherte Adresse meist über viele Jahre gültig bleibt.

Adressänderungen können dem FA elektronisch über www.elster.de → Formular & Leistungen → Alle Formulare → Anträge, Einspruch und Mitteilungen → Änderung der Adresse oder formlos per Schreiben mitgeteilt werden.

Praxishinweis:
Für die Bekanntgabe von Steuerbescheiden ins Ausland gilt eine verlängerte Bekanntgabefrist von einem Monat anstatt von drei Tagen, vgl. § 122 Abs. 2 AO. Allerdings lehnen manche Staaten außerhalb der Europäischen Union (z.B. Ägypten, Brasilien, China) die Bekanntgabe mit einfachem Brief oder Einschreiben mit Rückschein ab, so dass das FA den Steuerbescheid im Regelfall öffentlich zustellen wird.[3)] Insb. in Erstattungsfällen und für Rechtsbehelfsverfahren ist dies oft nicht zielführend. Es sollte daher erwogen werden, die inl. Geschäftsanschrift anzugeben oder einen Empfangsbevollmächtigten zu bestellen.

Änderungen der Bankverbindung sind dem FA formlos zu übermitteln oder können über www.elster.de → Formular & Leistungen → Alle Formulare → Anträge, Einspruch und Mitteilungen → Änderung der Bankverbindung elektronisch mitgeteilt werden.

1) Vgl. Öffentliche Bekanntmachung v. 2.10.2024, BStBl I 2024, 1269.
2) Vgl. Tz. 2.8.1.1 zu § 122 AEAO.
3) Vgl. Tz. 1.8.4 und 3.1.4 AEAO zu § 122 AO.

4. Art der Steuerpflicht (Sitz und Geschäftsleitung) (Zeilen 6–9a)

Zeile		
	Art der Steuerpflicht (Sitz und Geschäftsleitung im Veranlagungszeitraum)	
2 bis 5 frei 6	Ort der Geschäftsleitung nach § 10 AO	Staat (nur angeben, wenn im Ausland)
7	Ort des Sitzes nach § 11 AO	Staat (nur angeben, wenn im Ausland)
8	Wegen der Verlegung des Ortes des Sitzes und/oder der Geschäftsleitung vom Ausland ins Inland oder vom Inland ins Ausland besteht im laufenden Veranlagungszeitraum sowohl beschränkte als auch unbeschränkte Steuerpflicht: 11.18 1 = Verlegung vom Ausland ins Inland 2 = Verlegung vom Inland ins Ausland	
9	**Rechtsform** Rechtsform (73)	
9a	Es handelt sich um eine Stiftung des privaten Rechts.	11.65 1 = Ja

In der **Zeile 6** ist der **Ort der Geschäftsleitung** der Körperschaft einzutragen. Der Ort der Geschäftsleitung bestimmt sich nach § 10 AO und ist der Mittelpunkt der geschäftlichen Oberleitung der Körperschaft. Das ist regelmäßig der Ort, von dem aus die vertretungsberechtigten Organe (Geschäftsführer oder Vorstand) den überwiegenden Teil ihrer Alltagsgeschäfte erledigen. Es sind aber auch hiervon abweichende Orte der Geschäftsleitung möglich. Eine Angabe ist immer erforderlich. Die Angabe ist sowohl für die Bestimmung der Zuständigkeit des FA als auch zur Prüfung der Art der Steuerpflicht (beschränkt oder unbeschränkt) erforderlich. Die Angabe des Staates ist nur dann erforderlich und zulässig, wenn der Ort der Geschäftsleitung außerhalb der Bundesrepublik Deutschland liegt. Wurde der Ort der Geschäftsleitung im Laufe des VZ aus dem Ausland ins Inland verlegt oder bei nach ausl. Recht gegründeten Körperschaften aus dem Inland ins Ausland verlegt, sollte immer der inl. Ort der Geschäftsleitung angegeben werden. Weitere Eintragungen in Zeile 8 sind dann ggf. erforderlich. **70**

Der **Sitz** der Körperschaft ist in **Zeile 7** einzutragen. Eine Angabe ist immer erforderlich. Der Sitz ist der Ort, der für die Körperschaft durch Gesetz, Gesellschaftsvertrag, Satzung, Stiftungsgeschäft oder dergleichen als solcher bestimmt ist (§ 11 AO). Die meisten Körperschaften verfügen über einen Sitz. Lediglich Personen und Vermögensmassen i.S.d. § 1 Abs. 1 Nr. 5 KStG (z.B. Zweck- und Sondervermögen) verfügen über keinen Sitz. Als Sitz wird keine Anschrift, sondern lediglich ein Ort, wie z.B. „Wetzlar" festgelegt. Der Staat, in dem der Sitz der Gesellschaft liegt, darf nur angegeben werden, wenn der Sitz im Ausland ist. Auf Grund des deutschen Gesellschaftsrechts ist eine Sitzverlegung von Deutschland ins Ausland oder vom Ausland nach Deutschland nicht möglich. Einzige Ausnahme bilden die europäischen Gesellschaftsformen (Societas Europaea usw.). **71**

In **Zeile 8** wird abgefragt, ob im VZ sowohl beschränkte als auch unbeschränkte Steuerpflicht bestanden hat. Eine „1" ist einzutragen, wenn eine nach ausl. Recht gegründete Gesellschaft, die bisher beschränkt steuerpflichtig war, ins Inland verlegt wird (z.B. durch Verlegung des Orts der Geschäftsleitung). Eine „2" ist einzutragen, wenn eine im Inland bisher unbeschränkt steuerpflichtige Körperschaft ins Ausland verlegt wurde, jedoch eine beschränkte Steuerpflicht bestehen bleibt. Eine unbeschränkte Steuerpflicht ist gegeben, wenn Sitz oder (!) Ort der Geschäftsleitung im Inland liegen. Auf Grund der gesellschaftsrechtlichen Restriktionen des deutschen Rechts kann es zivilrechtlich nur selten zu einer Sitzverlegung kommen. Nach inl. Recht gegründete Körperschaften gelten als aufgelöst, wenn sie ihren Sitz außerhalb Deutschlands verlegen. Lediglich bei europäischen Gesellschaftsformen kann es überhaupt zu einer Sitzverlegung außerhalb Deutschlands kommen. Verlegen außerhalb Deutschlands gegründete Körperschaften ihren Sitz nach Deutschland, gelten sie gesellschaftsrechtlich als neu gegründet. Praxisrelevant wird die Frage bei Verlegung des Orts der Geschäftsleitung einer im Ausland gegründeten Körperschaft vom Ausland in das Inland oder bei Verlegung vom Inland in das Ausland. Über diese Angabe können die weiteren Plausibilitätsprüfungen im elektronischen Datensatz gesteuert werden. So sind Eintragungen zu anderen Einkünften als solchen aus Gewerbebetrieb auch für Kapitalgesellschaften möglich, wenn in Zeile 8 eine Angabe gemacht wurde. In diesen Fällen ist allerdings darauf zu achten, dass in diesen Feldern nur Einkünfte aus der Zeit der beschränkten Steuerpflicht eingetragen werden dürfen. Während der unbeschränkten Steuerpflicht erzielte Einkünfte gelten nach § 8 Abs. 2 KStG als Einkünfte aus Gewerbebetrieb. **72**

In **Zeile 9** wird die **Rechtsform der Körperschaft** abgefragt. Die möglichen Rechtsformen sind dabei nach den Rechtsformgruppen des § 1 Abs. 1 KStG gegliedert. Über die Kombination aus Rechtsform und Sitz sowie Ort der Geschäftsleitung kann geprüft werden, ob beschränkte oder unbeschränkte Steuerpflicht besteht und ob § 8 Abs. 2 KStG greift. Dies ist für die weiteren Plausibilitätsprüfungen im elektronischen Datensatz relevant. Zu Personenhandels- oder Partnerschaftsgesellschaften, sowie eingetragenen GbR, die die Option nach § 1a KStG ausgeübt haben siehe → Rz. 76. **73**

Wenn also sowohl der Staat in Zeile 6 (Ort der Geschäftsleitung), als auch der Staat in Zeile 7 (Sitz) angegeben wurden, liegt eine beschränkte Steuerpflicht vor. Ist dies nicht der Fall, liegt eine unbeschränkte Steuerpflicht vor. Bei der unbeschränkten Steuerpflicht kann über die angegebene Rechtsform differenziert werden, ob alle Einkünfte nach § 8 Abs. 2 KStG als Einkünfte aus Gewerbebetrieb behandelt werden müssen. Dies ist der Fall, wenn eine Rechtsform der Rechtsformgruppen § 1 Abs. 1 Nr. 1 bis 3 oder 6 KStG ausgewählt wurde. Zwar sind in § 8 Abs. 2 KStG nur die Rechtsformgruppen § 1 Abs. 1 Nr. 1 bis 3 KStG erwähnt, jedoch können Betriebe gewerblicher Art von Körperschaften des öffentlichen Rechts nur Einkünfte aus Gewerbebetrieb erzielen. Vermögensverwaltende Tätigkeiten sind nicht von der Steuerpflicht erfasst.

Inl. Investmentfonds gelten nach § 6 Abs. 1 InvStG als Zweckvermögen i.S.d. § 5 Abs. 1 Nr. 5 KStG. Die für Investmentfonds möglichen Rechtsformen sind das Sondervermögen (Regelfall), die Investmentaktiengesellschaft und die Investmentkommanditgesellschaft. Diese Rechtsformen sind auch einzutragen, wenn es sich um einen ausl. Investmentfonds handelt, da dieser als Vermögensmasse i.S.d. § 2 Nr. 1 KStG gilt, vgl. § 6 Abs. 1 InvStG.

74 Außer zur Rechtsformgruppe § 1 Abs. 1 Nr. 3 KStG wird in jeder Rechtsformgruppe als Auffangtatbestand „vergleichbare ausländische Rechtsform" angeboten. Bei ausl. Rechtsformen ist mittels eines Rechtstypenvergleichs zu bestimmen, welcher Rechtsformgruppe die ausl. Körperschaft am ähnlichsten ist. Die englische Limited muss nach diesen Grundsätzen der „sonstigen ausländischen Rechtsform" des § 1 Abs. 1 Nr. 1 KStG zugeordnet werden.

75 Wird der Vordruck in Papier abgegeben, ist in **Zeile 9a** eine „1" einzutragen, wenn es sich bei der Körperschaft, für die die Steuererklärung ausgefüllt wird, um eine Stiftung des privaten Rechts handelt. Auf die Rechtsfähigkeit der Stiftung kommt es nicht an. Im elektronischen Datensatz wird diese Information aus der eingegebenen Rechtsform automatisch ermittelt.

Die FinVerw. lässt die Feststellung eines steuerlichen Einlagekontos und damit auch die Einlagenrückgewähr für Stiftungen nicht zu.[1] Folglich darf in diesen Fällen keine Anlage KSt 1 F abgegeben werden.

76 Nach § 1a KStG können Personenhandels- oder Partnerschaftsgesellschaften, sowie eingetragene Gesellschaften bürgerlichen Rechts unter weiteren Voraussetzungen (→ Rz. 10) zur Besteuerung als Kapitalgesellschaft wechseln. Die Personengesellschaft wird dann (nach einem fiktiven Formwechsel) als Körperschaft besteuert und muss auch eine Körperschaftsteuererklärung abgeben. Zivilrechtlich ändert sich an der Rechtsform jedoch nichts, so dass hier weiterhin die Personengesellschaft eingetragen werden muss. Zur Verfügung steht die Option zur Körperschaftsteuer nach § 1a KStG für die Offene Handelsgesellschaft, die Kommanditgesellschaft, die Europäische wirtschaftliche Interessenvereinigung und die Partnerschaft, sowie die eingetragene Gesellschaft bürgerlichen Rechts. Weitere Angaben zur Ausübung der Option sind in der Körperschaftsteuererklärung nicht vorgesehen. Über die Kombination der Abgabe einer Körperschaftsteuererklärung mit der Rechtsform einer Personenhandels- oder Partnerschaftsgesellschaft kann jedoch erkannt werden, dass die Ersteller der Steuererklärung von einer wirksamen Ausübung der Option zu Gunsten der Körperschaftsbesteuerung ausgehen.

5. Angaben zur Steuerbefreiung (Zeilen 10–11)

	Angaben zur Steuerbefreiung	
	Auswahl der Steuerbefreiungsnorm	11.15
10	Die Körperschaft ist nach der folgenden Nummer des § 5 Absatz 1 KStG von der Körperschaftsteuer befreit: 209	
	Umfang der Steuerbefreiung	
11	Die Körperschaft ist vollumfänglich von der Körperschaftsteuer befreit.	1 = Ja

77 Ist die Körperschaft, Personenvereinigung oder Vermögensmasse nach § 5 KStG von der Körperschaftsteuer befreit, hat sie in **Zeile 10** des Hauptvordrucks die für sie maßgebliche **Steuerbefreiungsnorm des § 5 KStG** näher anzugeben. Grundsätzlich ist jede Steuerbefreiung mithilfe einer speziellen Anlage zu überprüfen. Folgende Übersicht zeigt die im elektronischen Datensatz möglichen Eintragungswerte:

1) So auch BFH v. 17.5.2023, I R 42/19, BStBl II 2024, 381.

§ 5 Abs. 1 Nr.	Bezeichnung	Korrespondierende Anlage
3	steuerbefreite rechtsfähige Pensions-, Sterbe-, Kranken- und Unterstützungskassen	Anlage Kassen
5	steuerbefreite Berufsverbände	Anlage Ber
7	Parteien und kommunale Wählervereinigungen	Anlage Part
9	Körperschaften, die wegen Verfolgung ausschließlich gemeinnütziger, mildtätiger oder kirchlicher Zwecke steuerbefreit sind	Anlage Gem
10	Genossenschaften und Vereine in der Wohnungswirtschaft	Anlage Geno/Ver
14	Genossenschaften und Vereine mit land- und forstwirtschaftlichem Bezug	Anlage Geno/Ver
16	Körperschaften, Personenvereinigungen und Vermögensmassen des Einlagensicherungssystems	keine
18	steuerbefreite Wirtschaftsförderungsgesellschaften	Anlage WiFö
19	Gesamthafenbetriebe	keine
21	nicht öffentlich-rechtliche Arbeitsgemeinschaften Medizinischer Dienst	keine
22	gemeinsame Einrichtungen der Tarifvertragsparteien	keine

Die übrigen Steuerbefreiungstatbestände des § 5 Abs. 1 KStG befreien die Körperschaft vollumfänglich, d.h., eine **78**
partielle Steuerpflicht ist in diesen Fällen nicht möglich. Dementsprechend muss auch keine Steuererklärung abgegeben werden. Soweit die Befreiung vom Einbehalt der Kapitalertragsteuer begehrt wird, ist eine Bescheinigung nach § 44a Abs. 4 bzw. Abs. 8 EStG zu beantragen.

Das FA wird anhand der beigefügten Anlage zur Steuerbefreiung und ggf. weiterer Unterlagen prüfen, ob die **79**
Voraussetzungen für die Steuerbefreiung tatsächlich vorliegen. Sofern die steuerbefreite Körperschaft wirtschaftliche Geschäftsbetriebe betreibt oder bei Berufsverbänden Parteispenden geleistet werden, sind auch weitere Anlagen zur Ermittlung des Einkommens anzugeben. Gleiches gilt bei Pensions-, Sterbe- und Unterstützungskassen, die nach § 6 KStG überdotiert sind.

In **Zeile 11** muss angegeben werden, ob die Körperschaft **vollumfänglich** steuerbefreit ist. Dies ist der Fall, wenn **80**
eine Steuerbefreiung vorliegt (Zeile 10) und keine wirtschaftlichen Geschäftsbetriebe betrieben werden bzw. nach anderen Regelungen keine steuerpflichtigen Tatbestände vorliegen. Solche anderen Tatbestände sind beispielsweise bei Berufsverbänden Spenden an Parteien oder bei Pensions-, Sterbe- und Unterstützungskassen eine Überdotierung nach § 6 KStG. Die Angabe dient der weiteren Verplausibilisierung. Wird hier eine „1" eingetragen, sind außer der Anlage zur Überprüfung der Steuerbefreiung keine weiteren Anlagen zulässig.

6. Weitere Angaben (Zeilen 13–17a)

Ergänzende Angaben zur Steuererklärung

Eine Eintragung ist in Zeile 13 nur vorzunehmen, wenn einer der dort genannten Sachverhalte vorliegt. In diesem Fall erläutern Sie bitte diese Sachverhalte in den „Ergänzenden Angaben zur Steuererklärung". Die ergänzenden Angaben werden gesondert geprüft. Dies kann die Bearbeitungsdauer verlängern. Falls Sie mit der Abgabe der Steuererklärung lediglich Belege und Aufstellungen übermitteln, ist in Zeile 13 keine Eintragung vorzunehmen.

12 frei
13 In dieser Steuererklärung 86.500
1 = konnten steuererhebliche Sachverhalte nicht erklärt werden.
2 = wird bewusst eine von der Verwaltungsauffassung abweichende Rechtsauffassung vertreten.
3 = sollen Sachverhalte personell vertieft geprüft werden.
4 = liegen mehrere der vorgenannten Gründe vor (Mehrfachauswahl).

Hinweis: Bitte übermitteln Sie Ihre ergänzenden Angaben nur für die vorstehend genannten Sachverhalte mit einer gesonderten Anlage mit der Überschrift „**Ergänzende Angaben zur Steuererklärung**".

KSt1 - Oktober 2025 - Version 2.9.1.0 Bekanntgabe

Steuernummer -2-

Zeile	**Wirtschaftsjahr**			
	Erstes Wirtschaftsjahr vom	Erstes Wirtschaftsjahr bis	Gegebenenfalls zweites Wirtschaftsjahr vom	Gegebenenfalls zweites Wirtschaftsjahr bis
14				
14a	Die Körperschaft wurde im Veranlagungszeitraum neu gegründet.			1 = Ja
15	Die Körperschaft wurde aufgelöst und befindet sich in Abwicklung (Liquidation). Als Wirtschaftsjahr wurde der Besteuerungszeitraum nach § 11 KStG angegeben. Datum der Auflösung:			
	Weitere Angaben			
16	Das Unternehmen hält Anteile, auf die § 8b Absatz 7 KStG anzuwenden ist.		11.69	1 = Ja
17	Es handelt sich um ein Unternehmen, auf das § 8 Absatz 9 KStG anzuwenden ist, oder um eine Organgesellschaft, auf deren Organträger § 8 Absatz 9 KStG anzuwenden ist (wenn ja: zusätzlich Anlage(n) ÖHK übermitteln). 53		11.68	1 = Ja 2 = Nein
17a	Bei Investmentfonds: Art des Investmentfonds:	11.66		1 = Investmentfonds im Sinne des § 1 Absatz 2 InvStG 2 = Spezial-Investmentfonds im Sinne des § 26 InvStG

81 Das FA kann aus der Körperschaftsteuererklärung die Körperschaftsteuer ausschließlich automationsgestützt festsetzen, soweit kein Anlass dazu besteht, den Einzelfall durch einen menschlichen Bearbeiter (Amtsträger) zu bearbeiten, vgl. § 155 Abs. 4 Satz 1 AO. Allerdings muss dem Stpfl. die Möglichkeit gegeben werden, Gründe für eine Bearbeitung durch einen menschlichen Bearbeiter vorzutragen, vgl. § 150 Abs. 7 Satz 1 AO. Bisher konnten diese Gründe in einem Textfeld eingetragen werden. Ab dem VZ 2025 hat die FinVerw. die Abfrage in **Zeile 13** geändert und die Gründe, die aus Sicht der FinVerw. für eine Bearbeitung durch einen Amtsträger sprechen, wie folgt kategorisiert:

„1"= Steuererhebliche Sachverhalte konnten nicht erklärt werden.

In welchen Fällen diese Variante zur Anwendung kommt, erschließt sich nicht von selbst. Die Körperschaftsteuererklärung dient gerade der Erklärung von steuererheblichen Sachverhalten. Wahrscheinlich ist hier gemeint, dass im amtlichen Datensatz kein Eintragungsfeld für einen Sachverhalt vorhanden ist, den der Stpfl. für relevant erachtet.

„2"= Es wird bewusst eine von der Verwaltungsauffassung abweichende Rechtsauffassung vertreten.

Hier kann geltend gemacht werden, dass eine von der FinVerw. abweichende Rechtsauffassung vertreten wird. Die Frage ist, ob eine Eintragung erforderlich ist. Im Hinblick auf strafrechtliche Konsequenzen ist es wichtig, dass steuerrelevante Tatsachen nicht verschwiegen oder verkürzt dargestellt werden. Eine gesetzliche Verpflichtung der Angabe der abweichenden Rechtsauffassung besteht nach mehreren Stimmen in der Literatur nicht.[1)]

„3"= Sachverhalte sollen vertieft personell geprüft werden.

Durch diese Eintragung kann der Stpfl. die Aufmerksamkeit des Bearbeiters auf bestimmte Sachverhalte lenken. Diese Eintragung sollte nur selten verwendet werden. Denkbar wäre sie insb. wenn hinsichtlich der rechtlichen Behandlung Unsicherheiten bestehen, aber keine Verwaltungsauffassung bekannt ist.

„4"= Es liegen mehrere der vorgenannten Gründe vor.

Wenn eine Eintragung in Zeile 13 gemacht wird, muss eine gesonderte Anlage mit der Überschrift „Ergänzende Angaben zur Steuererklärung" elektronisch oder in Papier übermittelt werden, bei der die einzelnen Gründe für eine personelle Veranlagung erläutert werden.

Die FinVerw. weist selbst darauf hin, dass Eintragungen in dieser Zeile zur Verzögerung der Bearbeitung führen können. Belege und Aufstellungen müssen der Körperschaftsteuererklärung nicht mehr beigefügt werden, sondern werden bei Bedarf vom FA angefordert.

82 Bei Stpfl., die verpflichtet sind, Bücher nach den Vorschriften des HGB zu führen, ist der Gewinn nach dem **Wj.** zu ermitteln, für das sie regelmäßig Abschlüsse machen. Darüber hinaus kann auf kleine Betriebe, Verbände und Vereine, die einer j.P.d.ö.R. angeschlossen sind oder von ihr verwaltet werden, sowie auf technische Überwachungsvereine, soweit sie gezwungen werden, ihre Abschlüsse abweichend vom Kj. aufzustellen, § 7 Abs. 4 Satz 2 KStG entsprechend angewendet werden.[2)] Auch für **steuerbefreite Körperschaften** mit einem vom Kj. abweichenden Wj., die ohne Verpflichtung nach den Vorschriften des HGB Bücher führen und regelmäßig Abschlüsse machen, kann in entsprechender Anwendung des § 7 Abs. 4 Satz 2 KStG auf Antrag das vom Kj. abweichende Wj. der

1) Vgl. Seer in Tipke/Kruse, § 150 AO Rz. 51.
2) R 7.3 Abs. 1 KStR 2022.

Besteuerung des **wirtschaftlichen Geschäftsbetriebs** zu Grunde gelegt werden.[1] **Einkünfte aus Land- und Forstwirtschaft** werden regelmäßig nach einem vom Kj. abweichenden Wj. ermittelt, das vom 1.7. bis 30.6. reicht (§ 4a Abs. 1 Satz 2 Nr. 1 Satz 1 EStG). Anders als bei Gewerbetreibenden ist hier der Gewinn des Wj. auf das Kj., in dem das Wj. beginnt, und auf das Kj., in dem das Wj. endet, entsprechend dem zeitlichen Anteil aufzuteilen und zwar unabhängig davon, ob der Gewinn durch Betriebsvermögensvergleich, durch Einnahmen-Überschuss-Rechnung oder nach Durchschnittssätzen (§ 13a EStG) ermittelt wird. Lediglich Veräußerungsgewinne i.S.d. § 14 EStG werden ausschließlich dem Kj. zugerechnet, in dem sie entstanden sind (§ 4a Abs. 2 Nr. 1 EStG).

Bei einem vom Kj. abweichenden Wj. gilt der Gewinn aus Gewerbebetrieb dann als in dem Kj. bezogen, in dem das Wj. endet (§ 7 Abs. 4 KStG). In **Zeile 14** sind **Beginn und Ende des ersten** (und meist einzigen) **Wj.** immer anzugeben (Pflichteingabe). Eine Angabe ist allerdings bei nicht steuerbefreiten Körperschaften i.S.d. § 1 Abs. 1 Nr. 4 und 5 KStG (z.B. wirtschaftliche Vereine) nicht vorzunehmen, wenn mehrere Betriebe existieren. In allen anderen Fällen existiert nur ein Gewerbebetrieb. Die Angaben zum ersten Wj. sind dann immer erforderlich. Liegen mehrere Gewerbebetriebe mit mehreren Wj. vor, sind Eintragungen in Zeile 14 nicht sinnvoll möglich. Ist die Körperschaft nicht zur Buchführung verpflichtet (z.B. bei Regiebetrieben von Körperschaften des öffentlichen Rechts), ist das Kj. das Wj.

Das zweite Wj. ist anzugeben, wenn im VZ zwei Wj. enden. Dies kommt nur bei Umstellung des Wj. in Betracht.

Beispiel:

Die A-GmbH hat ein kalenderjahrgleiches Wj. Die Wj. werden nun mehrmals umgestellt. Es werden (mit Zustimmung des FA) folgende Beginnzeitpunkte des Wj. festgelegt:

01.05.01

01.04.02

01.06.03

01.01.05 (Rückumstellung auf kalenderjahrgleiches Wj.)

Es ergeben sich die folgenden Wj.

01.01.01–30.04.01 (Rumpfwirtschaftsjahr)	Erstes Wj. in der Steuererklärung 01
01.05.01–31.03.02 (Rumpfwirtschaftsjahr)	Erstes Wj. in der Steuererklärung 02
01.04.02–31.03.03 (Abweichendes Wj.)	Erstes Wj. in der Steuererklärung 03
01.04.03–31.05.03 (Rumpfwirtschaftsjahr)	Zweites Wj. in der Steuererklärung 03
01.06.03–31.05.04 (Abweichendes Wj.)	Erstes Wj. 04
01.06.04–31.12.04 (Rumpfwirtschaftsjahr)	Zweites Wj. 04
01.01.05–31.12.05 (Kalenderjahrgleiches Wj.)	Erstes Wj. 05

Wie man an dem obigen Beispiel sieht, können im Regelfall nur dann zwei Wj. in einem VZ enden, wenn von einem abweichenden Wj. auf ein kalenderjahrgleiches Wj. umgestellt wird, oder wenn ein abweichendes Wj. so geändert wird, dass der neue Beginn des abweichenden Wj. nach dem bisherigen Anfang liegt.

Das Wj. ergibt sich bei Kapitalgesellschaften aus dem Gesellschaftsvertrag. Werden keine besonderen Regelungen getroffen, ist das Wj. das Kj.

Beratungshinweis:

Der Zeitraum, für den die Körperschaft regelmäßig Abschlüsse macht (Wj.), ist im Gesellschaftsvertrag festgelegt. Soll dieser Gewinnermittlungszeitraum geändert werden, bedarf dies zuvor einer durch Beschluss der Gesellschafterversammlung herbeizuführenden Abänderung des Gesellschaftsvertrags, die notariell zu beurkunden ist und erst mit Eintragung im Handelsregister Wirkung erlangt (§§ 53 und 54 GmbHG). Zudem ist § 7 Abs. 4 Satz 3 KStG zu beachten. Danach ist die Umstellung des Wj. auf einen vom Kj. abweichenden Zeitraum steuerlich nur wirksam, wenn sie im Einvernehmen mit dem FA vorgenommen wird. Zweckmäßigerweise sollte die erforderliche Einverständniserklärung der Behörde noch vor Beschlussfassung über die Änderung des Gesellschaftsvertrags eingeholt werden.

In **Zeile 14a** ist eine „1" einzutragen, wenn die Körperschaft in diesem VZ neu gegründet wurde. Anhand dieser Angabe werden im elektronischen Datensatz weitere Verplausibilisierungen vorgenommen. Neugründungen sind auch durch Umwandlungsvorgänge (z.B. Aufspaltung) denkbar. **83**

Wurde die Körperschaft aufgelöst, ist das Datum der Auflösung in **Zeile 15** einzutragen. Nicht alle Körperschaften können aufgelöst werden, jedoch alle Kapitalgesellschaften. Diese werden regelmäßig durch einen Gesellschafterbeschluss aufgelöst. Soweit sich aus dem Auflösungsbeschluss kein anderes Datum ergibt, beginnt die Auflösung im Zeitpunkt der Beschlussfassung.[2] Durch die Eröffnung des Insolvenzverfahrens wird eine Kapitalgesellschaft ebenfalls aufgelöst, vgl. § 262 Abs. 1 Nr. 3 AktG, § 60 Abs. 1 Nr. 4 GmbHG. In diesen Fällen ist das Datum der Eröffnung des Insolvenzverfahrens hier einzutragen (Beschluss des Insolvenzgerichts). Nach § 11 KStG wird der im Zeitraum der Abwicklung ermittelte Gewinn der Besteuerung zu Grunde gelegt. Der Besteuerungszeitraum soll jedoch drei Jahre nicht übersteigen. Der jeweils zu berücksichtigende Besteuerungszeitraum ist als Wirtschaftsjahr in der Zeile 14 einzutragen. R 11 Abs. 1 KStR 2022 lässt für die Zeit vom Schluss des vorangegangen Wj. bis zum Beginn der Liquidation wahlweise die Bildung eines gesonderten Rumpfwirtschaftsjahres (so die handelsrechtliche Rege- **84**

1) R 7.3 Abs. 2 KStR 2022.
2) Vgl. BFH v. 9.3.1983, I R 202/79, BStBl II 1983, 433.

lung in § 71 Abs. 1 GmbHG) oder die Einbeziehung in den einheitlichen Liquidationsbesteuerungsabschnitt zu, wobei dann dieses Rumpfwirtschaftsjahr nicht auf den Drei-Jahres-Zeitraum angerechnet wird. Fällt die Auflösung der Körperschaft in den VZ, sind auch Angaben zur fiktiven Herabsetzung des Nennkapitals in Zeile 71 der Anlage KSt 1 F erforderlich. Erfolgt im laufenden VZ die Schlussauskehrung, sind weitere Angaben in Zeile 162 der Anlage KSt 1 F erforderlich.

85 In **Zeile 16** ist durch Eintragung einer „1" anzugeben, ob die Körperschaft Anteile an anderen Körperschaften hält, auf die § 8b Abs. 7 KStG anzuwenden ist. Für diese Anteile gilt die Steuerbefreiung des § 8b Abs. 1 und 2 KStG (aber auch die Hinzurechnung von Gewinnminderungen nach § 8b Abs. 3 KStG) nicht. Nach § 8b Abs. 7 KStG ist zwischen Kredit- und Finanzdienstleistungsinstituten auf der einen und Finanzunternehmen auf der anderen Seite zu differenzieren.

86 **Kreditinstitute** sind Unternehmen, die Bankgeschäfte (z.B. Einlagen-, Kredit- und Depotgeschäfte) gewerbsmäßig oder in einem Umfang betreiben, der einen in kaufmännischer Weise eingerichteten Geschäftsbetrieb erfordert, vgl. § 1 Abs. 1 KWG. Finanzdienstleistungsinstitute sind Unternehmen, die Finanzdienstleistungen erbringen (z.B. Anlagevermittlung und -beratung, Factoring), vgl. § 1 Abs. 1a KWG. Sie bedürfen der aufsichtsrechtlichen Genehmigung, vgl. § 32 Abs. 1 KWG.

87 Bei Kredit- und Finanzdienstleistungen ist § 8b Abs. 7 KStG anzuwenden, wenn Anteile dem Handelsbestand i.S.d. § 340e Abs. 3 HGB zuzuordnen sind. Dies ist der Fall, wenn diese weder der Liquiditätsreserve noch dem Anlagebestand zuzuordnen sind und wenn sie mit der Absicht einer kurzfristigen Erzielung eines Eigenhandelserfolgs erworben werden.[1)]

Finanzunternehmen sind Unternehmen, die keine Kredit- oder Finanzdienstleistungsinstitute und keine Kapitalverwaltungsgesellschaften oder extern verwaltete Investmentgesellschaften sind und deren Haupttätigkeit darin besteht:

- Beteiligungen zu erwerben und zu halten,
- Geldforderungen entgeltlich zu erwerben,
- Leasing-Objektgesellschaft zu sein,
- mit Finanzinstrumenten für eigene Rechnung zu handeln,
- andere bei der Anlage in Finanzinstrumenten zu beraten,
- Unternehmen über die Kapitalstruktur, die industrielle Strategie und die damit verbundenen Fragen zu beraten sowie bei Zusammenschlüssen und Übernahmen von Unternehmen diese zu beraten und ihnen Dienstleistungen anzubieten oder
- Darlehen zwischen Kreditinstituten zu vermitteln (Geldmaklergeschäfte), vgl. § 1 Abs. 3 KWG.

Finanzunternehmen bedürfen keiner Erlaubnis durch die Aufsichtsbehörden. Insbesondere Holdinggesellschaften können Finanzunternehmen i.S.d. § 8b Abs. 7 KStG sein, wenn ihre Haupttätigkeit darin besteht, Beteiligungen zu erwerben und zu halten. § 8b Abs. 7 KStG ist für sie allerdings nur anzuwenden, wenn an ihnen Kreditinstitute oder Finanzdienstleistungsinstitute (ggf. mittelbar) zu mehr als 50 % beteiligt sind.

Sind diese Voraussetzungen erfüllt, ist die Steuerbefreiung nach § 8b Abs. 1 und 2 KStG (und die Nichtberücksichtigung von Veräußerungsverlusten und anderen Gewinnminderungen nach § 8b Abs. 3 KStG) nicht anzuwenden, soweit Anteile im Umlaufvermögen ausgewiesen werden.

88 In **Zeile 17** wird abgefragt, ob es sich bei der Körperschaft, für die die Steuererklärung ausgefüllt wird, um ein Unternehmen handelt, auf das § 8 Abs. 9 KStG anzuwenden ist. Eintragungen zu dieser Zeile sind im elektronischen Datensatz immer zu machen (Pflichteingabe). Zur Vermeidung von Rückfragen empfiehlt es sich, auch bei Verwendung des Papiervordrucks hier immer eine Eintragung vorzunehmen. Nur Kapitalgesellschaften, bei denen die Mehrheit der Stimmrechte unmittelbar oder mittelbar auf juristische Personen des öffentlichen Rechts entfällt, können überhaupt unter § 8 Abs. 9 KStG fallen. Betreiben solche Gesellschaften Dauerverlustgeschäfte i.S.v. § 8 Abs. 7 Satz 2 KStG und werden diese nachweislich ausschließlich von Körperschaften des öffentlichen Rechts getragen, findet im Rahmen der Einkommensermittlung § 8 Abs. 9 KStG Anwendung. Dauerverlustgeschäfte i.S.d. Vorschrift liegen vor, soweit aus verkehrs-, umwelt-, sozial-, kultur-, bildungs- oder gesundheitspolitischen Gründen eine wirtschaftliche Betätigung ohne kostendeckendes Entgelt unterhalten wird, oder das Geschäft Ausfluss einer Tätigkeit ist, die bei juristischen Personen des öffentlichen Rechts zu einem Hoheitsbetrieb gehört.

89 **§ 8 Abs. 9 KStG** sieht in diesen Fällen eine **getrennte Ermittlung des Gesamtbetrags der Einkünfte nach gewissen Sparten** vor. Ein negativer Gesamtbetrag der Einkünfte einer Sparte darf dabei nicht mit einem positiven Gesamtbetrag der Einkünfte einer anderen Sparte ausgeglichen oder nach Maßgabe des § 10d EStG abgezogen werden. Er mindert jedoch nach Maßgabe des § 10d EStG die positiven Gesamtbeträge der Einkünfte, die sich in dem unmittelbar vorangegangenen und in den folgenden VZ für dieselbe Sparte ergeben.

90 Ist § 8 Abs. 9 KStG auf die Körperschaft anzuwenden, ist eine „1" einzutragen, andernfalls eine „2". Eintragungen zu dieser Zeile sind im elektronischen Datensatz immer zu machen (Pflichteingabe). Zur Vermeidung von Rückfragen empfiehlt es sich, auch bei Verwendung des Papiervordrucks hier immer eine Eintragung vorzunehmen.

Kommt § 8 Abs. 9 KStG zur Anwendung, muss zusätzlich pro Sparte eine Anlage ÖHK (→ Rz. 1055) beigefügt werden.

---

1) BT-Drucks. 18/9536, 54.

91 In **Zeile 17a** ist kenntlich zu machen, wenn die Körperschaftsteuererklärung für einen Investmentfonds erstellt wird. Eine „1" ist einzutragen, wenn es sich um einen „normalen" Investmentfonds (Publikums-Investmentfonds) handelt. Eine „2" ist einzutragen, wenn es sich um einen Spezial-Investmentfonds handelt. Zur Abgrenzung von normalen und Spezial-Investmentfonds siehe → Rz. 664.

7. Weitere Angaben zu Betrieben gewerblicher Art i.S.d. § 1 Abs. 1 Nr. 6 KStG und wirtschaftlichen Geschäftsbetrieben i.S.d. § 20 Abs. 1 Nr. 10 Buchst. b Satz 4 EStG (Zeilen 17b–18)

	Weitere Angaben zu Betrieben gewerblicher Art nach § 1 Absatz 1 Nummer 6 KStG und wirtschaftlichen Geschäftsbetrieben nach § 20 Absatz 1 Nummer 10 Buchstabe b Satz 4 EStG		
17b	Nur bei Stiftungen des öffentlichen Rechts: Die Trägerkörperschaft dient ausschließlich und unmittelbar gemeinnützigen oder mildtätigen Zwecken. Eine Bescheinigung nach § 44a Absatz 7 Satz 1 Nummer 2 in Verbindung mit Satz 2 EStG wurde ausgestellt (NV-Art 36).	11.67	1 = Ja
18	Organisationsform des Betriebs gewerblicher Art:	11.61	1 = Betrieb gewerblicher Art mit eigener Rechtspersönlichkeit 2 = Regiebetrieb 3 = Eigenbetrieb / eigenbetriebsähnliche Einrichtung

92 Die Angabe, ob es sich bei der Trägerkörperschaft eines Betriebs gewerblicher Art um eine ausschließlich und unmittelbar gemeinnützigen oder mildtätigen Zwecken dienenden Stiftung des öffentlichen Rechts handelt, dient der Prüfung der Abgabepflicht der Anlage KSt 1 Fa.

Eine Feststellung des steuerlichen Einlagekontos ist auch für Betriebe gewerblicher Art von Körperschaften des öffentlichen Rechts grundsätzlich erforderlich, vgl. § 27 Abs. 8 KStG i.V.m. § 20 Abs. 1 Nr. 10 Buchst. a EStG. Allerdings ist bei Leistungen nach § 20 Abs. 1 Nr. 10 Buchst. a EStG die Kapitalertragsteuer nicht zu erheben, wenn sie an nach § 5 Abs. 1 Nr. 9 KStG steuerbefreite Körperschaften, an Stiftungen des öffentlichen Rechts, die ausschließlich und unmittelbar gemeinnützigen oder mildtätigen Zwecken dienen oder an juristische Personen des öffentlichen Rechts, die ausschließlich und unmittelbar kirchlichen Zwecken dienen, geleistet werden. In diesen Fällen führt also sowohl die Leistung (Ausschüttung) als auch die Einlagenrückgewähr nicht zu einer Steuerpflicht, so dass eine Abgrenzung der beiden Tatbestände nicht notwendig ist und die Feststellung des steuerlichen Einlagekontos unterbleiben kann. Dies kann bei nach § 5 Abs. 1 Nr. 9 KStG steuerbefreiten Körperschaften über die Eintragung in Zeile 10 und bei kirchlichen Zwecken dienenden Körperschaften bereits über die Rechtsform „öffentlich-rechtliche Religionsgesellschaft" in Zeile 9 erkannt werden. Eine öffentlich-rechtliche Stiftung kann zwar aus der Angabe der Rechtsform in Zeile 9 erkannt werden, allerdings nicht, ob sie gemeinnützigen Zwecken i.S.d. § 5 Abs. 1 Nr. 9 KStG (Zeile 10) dient. Öffentlich-rechtliche Religionsgesellschaften hingegen dienen immer kirchlichen Zwecken i.S.d. § 5 Abs. 1 Nr. 9 KStG.

Öffentlich-rechtliche Körperschaften sind nur mit ihren Betrieben gewerblicher Art steuerpflichtig. Unterhält beispielsweise eine öffentlich-rechtliche Stiftung einen BgA, ist dieser Betrieb nicht (unbedingt) steuerbefreit und muss eine entsprechende Körperschaftsteuererklärung abgeben. Dient die **öffentlich-rechtliche Stiftung** (Trägerkörperschaft) jedoch **ausschließlich und unmittelbar gemeinnützigen oder mildtägigen Zwecken**, ist in **Zeile 17b** eine „1" einzutragen. Der Feststellung eines steuerlichen Einlagekontos und der Abgabe der Anlage KSt 1 Fa bedarf es in diesen Fällen nicht.

93 Mit den folgenden Zeilen kann für Betriebe gewerblicher Art und für wirtschaftliche Geschäftsbetriebe von ansonsten steuerbefreiten Körperschaften ermittelt werden, nach welchem System (Anlage KSt 1 F oder Anlage KSt 1 Fa) das steuerliche Einlagekonto ermittelt wird. Eine Feststellung des Einlagekontos ist nach § 27 Abs. 1 KStG grundsätzlich nur für Kapitalgesellschaften vorgesehen. Allerdings dehnt § 27 Abs. 7 KStG die Feststellung auch auf Körperschaften aus, die Leistungen nach § 20 Abs. 1 Nr. 1, 9 und 10 EStG erbringen können. Das sind insb. Genossenschaften, Stiftungen und Betriebe gewerblicher Art sowie steuerpflichtige wirtschaftliche Geschäftsbetriebe. Das Einlagekonto wird für Körperschaften, deren Leistungen beim Empfänger nach § 20 Abs. 1 Nr. 1, 2, 9 und 10 Buchst. a EStG steuerpflichtig sind mit der Anlage KSt 1 F ermittelt. Lediglich für Betriebe gewerblicher Art ohne eigene Rechtspersönlichkeit (Regiebetriebe und Eigenbetriebe), deren Leistungen nach § 20 Abs. 1 Nr. 10 Buchst. b EStG steuerpflichtig sind gelten besondere Regelungen, die auf der Anlage KSt 1 Fa abgebildet wird.

94 Gerade für nicht buchführungsverpflichtete Betriebe gewerblicher Art (Regiebetriebe) und wirtschaftliche Geschäftsbetriebe hängt die Steuerpflicht der Ausschüttungen nach § 20 Abs. 1 Nr. 10 Buchst. b EStG von Umsatz- und Gewinngrenzen ab. Die FinVerw. hatte es Betrieben gewerblicher Art ohne eigene Rechtspersönlichkeit in den Jahren, in denen die Umsatz- und Gewinngrenzen des § 20 Abs. 1 Nr. 10 Buchst. b EStG nicht überschritten, freigestellt, ein steuerliches Einlagekonto festzustellen.[1] Diese Praxis hat der BFH zu Recht kritisiert.[2] Die entsprechende Regelung wurde aufgehoben.[3] Spätestens ab dem letzten im VZ 2022 endenden Wj. ist (ggf. erstmalig) eine Feststellung des steuerlichen Einlagekontos vorzunehmen und dementsprechend auch eine Anlage KSt 1 Fa abzugeben. Die bisher in den Zeilen 19 bis 20 enthaltenen Angaben zur Bestimmung der Erfüllung der Umsatz- und Gewinngrenzen sind auf die Anlage KSt 1 Fa verschoben worden. Die bisherige Zeile 21 zur Ausübung des nun auch nach Verwaltungsauffassung nicht mehr bestehenden Wahlrechts ist entfallen.

1) Rz. 46 des BMF v. 28.1.2019, IV C 2 – S 2706-a/15/10001, BStBl I 2019, 97 (aufgehoben).
2) BFH v. 30.9.2020, I R 12/17, BStBl II 2022, 269, BFHE 270, 450.
3) Vgl. BMF v. 4.4.2022, IV C 2 – S 2836/21/10001 :001, BStBl I 2022, 645.

Keine Eintragungen sind hier erforderlich, wenn die Körperschaft nach § 5 Abs. 1 Nr. 9 KStG wegen Verfolgung gemeinnütziger Zwecke steuerbefreit wurde. Zwar sind auch hier die Voraussetzungen des § 20 Abs. 1 Nr. 10 Buchst. b EStG grundsätzlich erfüllt, Kapitalertragsteuer wird in diesen Fällen jedoch auf Grund von § 44a Abs. 7 Nr. 1 und 2 EStG nicht erhoben. Da es demnach keiner Abgrenzung der Leistungen in einen steuerpflichtigen und einen steuerfreien Teil bedarf, muss auch das Einlagekonto nicht festgestellt werden.

Auch bei nach § 5 Abs. 1 Nr. 3 KStG steuerbefreiten Kassen müssen hier keine Eintragungen vornehmen, da sie keine Leistungen nach § 20 Abs. 1 Nr. 10 Buchst. b EStG erbringen können.

95 In **Zeile 18** ist die **Organisationsform des Betriebs gewerblicher Art** einzutragen. Eine Eintragung ist hier erforderlich, wenn in Zeile 9 eine Rechtsform der Gruppe § 1 Abs. 1 Nr. 6 KStG (öffentlich-rechtliche Körperschaft) eingetragen wurde.

Eine „1" ist einzutragen, wenn es sich um einen **BgA mit eigener Rechtspersönlichkeit** handelt. Hierunter versteht man eine juristische Person, die keine hoheitliche Tätigkeit ausübt und ausschließlich gewerblich tätig ist. Dies sind z.B. **Sparkassen** (Anstalten des öffentlichen Rechts) und Landesbanken. Diese Körperschaften können Leistungen nach § 20 Abs. 1 Nr. 10 Buchst. a EStG erbringen. Für solche Körperschaften ist ein Einlagekonto unter Zuhilfenahme der Anlage KSt 1 F zu ermitteln und festzustellen.

Eine „2" ist einzutragen, wenn es sich um einen **Regiebetrieb** einer Körperschaft des öffentlichen Rechts handelt. Der Begriff des Regiebetriebs stammt aus dem Kommunalrecht. Ein Regiebetrieb liegt vor, wenn die hoheitliche Tätigkeit der Körperschaft des öffentlichen Rechts vermögensmäßig nicht von der steuerlich relevanten Betätigung (BgA) getrennt ist.

Eine „3" ist bei **Eigenbetrieben** und **eigenbetriebsähnlichen Einrichtungen** einzutragen. Unter einem Eigenbetrieb versteht man ein finanzwirtschaftliches Sondervermögen im haushaltsrechtlichen Sinn, das organisatorisch verselbstständigt, gleichwohl aber rechtlich unselbständiger Teil der Körperschaft öffentlichen Rechts ist.[1] Die genauen Voraussetzungen für die Einrichtung eines Eigenbetriebs ergeben sich aus den Landeshaushaltsordnungen und aus den jeweiligen Kommunalordnungen der Bundesländer. Eigenbetriebsähnliche Einrichtungen sind nach den Vorschriften einiger Bundesländer Regiebetriebe, die nach den Vorschriften für Eigenbetriebe geführt werden. Sie sind steuerrechtlich wie Eigenbetriebe zu behandeln.[2] Eigenbetriebe und eigenbetriebsähnliche Einrichtungen sind nach dem Kommunalrecht zur Buchführung verpflichtet. Ihre Leistungen sind daher – ohne Rücksicht auf Umsatz- und Gewinngrenzen – nach § 20 Abs. 1 Nr. 10 Buchst. b EStG bei der Trägerkörperschaft steuerpflichtig. Ein steuerliches Einlagekonto muss daher unter Verwendung der Anlage KSt 1 Fa ermittelt und festgestellt werden.

Praxishinweis:

Unklar ist die Rechtslage, wenn sich der kommunalrechtliche Eigenbetrieb nicht mit dem steuerrechtlichen BgA deckt. Dies kommt z.B. regelmäßig bei den als Eigenbetrieb geführten Wasserwerken zum Tragen. Die Wasserversorgung ist ein BgA, während die Abwasserentsorgung zur hoheitlichen Tätigkeit zählt. Der Eigenbetrieb umfasst aber Wasserver- und -entsorgung.

Deckt sich der kommunalrechtliche Eigenbetrieb nicht mit dem steuerrechtlichen BgA, sollte m.E. bei der Organisationsform eine „2" (Regiebetrieb) eingetragen werden, da auch hier das Vermögen des steuerpflichtigen und des hoheitlichen Bereichs nicht buchhalterisch voneinander abgegrenzt ist.

1) Rz. 17 des BMF v. 28.1.2019, IV C 2 – S 2706-a/15/10001, BStBl I 2019, 97.
2) Rz. 17 des BMF v. 28.1.2019, IV C 2 – S 2706-a/15/10001, BStBl I 2019, 97.

8. Name und Anschrift der Anteilseigner (Zeilen 21a–27)

Name und Anschrift der Anteilseigner

Auszufüllen von Kapitalgesellschaften und Genossenschaften sowie vergleichbaren ausländischen Rechtsformen. Beteiligungen unter 1 % beziehungsweise Anteile im Streubesitz können jeweils in einer Position als Summe eingetragen werden.

Einzelaufstellung der Angaben zu Anteilseignern

19 bis 21 frei

Zeile		
21a	Die Angaben haben sich bei diesem Anteilseigner gegenüber dem Vorjahr geändert.	1 = Ja 2 = Nein
22	Steuernummer	
22a	Identifikationsnummer	Wirtschafts-Identifikationsnummer 29
22b	Ausländisches Identifikationsmerkmal	
22c	Name (bei natürlichen Personen Vor- und Nachname)	
22d	Straße und Hausnummer	
22e	Postleitzahl und Wohnort	
	1. Besitzdauer	
23	Höhe der Beteiligung in EUR	EUR Ct
23a	Höhe der Beteiligung (in Prozent)	
23b	Besitzdauer von	Besitzdauer bis

Sind weitere Eintragungen erforderlich, sind diese nach dem gleichen Schema gesondert zu erläutern.

Steuernummer - 3 -

Zeile	**Allgemeine Angaben zu den Anteilseignern**	
24 und 25 frei 26	Eine Aufstellung über die erstmalige oder geänderte von der Höhe der Beteiligung abweichende Verteilung der Stimmrechte wird gesondert übermittelt (einschließlich Erläuterung zur abweichenden Verteilung). 74	19.217 1 = Ja
27	Die oben genannten Angaben zu den Anteilseignern haben sich gegenüber dem Vorjahr geändert.	19.210 1 = Ja 2 = Nein

In diesem Abschnitt sind Angaben zu allen **Anteilseignern** der Körperschaft vorzunehmen. Zwar wird die Körperschaft getrennt von ihren Anteilseignern besteuert, dennoch beeinflussen Vorgänge auf Ebene der Körperschaft ihre Anteilseigner (z.B. Gewinnausschüttungen) und umgekehrt (z.B. § 8c KStG). **96**

Die Angabe der Anteilseigner ist entbehrlich, wenn die Körperschaft keine Anteilseigner hat. Dies ist der Fall bei:

- sonstigen juristischen Personen des privaten Rechts i.S.d. § 1 Abs. 1 Nr. 4 KStG (rechtsfähige Vereine, Stiftungen des privaten Rechts) und Vereinen ohne Rechtspersönlichkeit, nicht rechtsfähigen Anstalten, Stiftungen und anderen Zweckvermögen des privaten Rechts i.S.d. § 1 Abs. 1 Nr. 5 KStG.
- Versicherungs- und Pensionsvereinen a.G. i.S.d. § 1 Abs. 1 Nr. 3 KStG und
- Betrieben gewerblicher Art von j.P.d.ö.R.

Aus diesem Grund sind die Angaben auch nur noch von Kapitalgesellschaften und Genossenschaften (Körperschaften i.S.d. § 1 Abs. 1 Nr. 1 und 2 KStG) zu machen.

Im Einzelnen sind pro Anteilseigner anzugeben:

In **Zeile 21a** ist anzugeben, ob sich die Angaben zum Anteilseigner gegenüber dem Vorjahr geändert haben. So kann das FA feststellen, bei welchem Anwender sich die Änderungen ergeben haben.

Die **Steuernummer** des Anteilseigners wird in **Zeile 22** erfasst. Bei im Inland ansässigen Anteilseignern sollte die Steuernummer bekannt sein. Bei im Ausland ansässigen Anteilseignern ist eine inl. Steuernummer nicht vorhanden – jedenfalls nicht, wenn keine beschränkte Steuerpflicht besteht. Für natürliche Personen, die im Inland ansässig sind, ist in **Zeile 22a** die **Identifikationsnummer** anzugeben. Eine solche kann bei natürlichen Personen, die im Ausland ansässig sind und keiner beschränkten Steuerpflicht unterliegen, nicht vergeben worden sein. Über Steuernummer und Identifikationsnummer kann das FA den Anteilseigner genau identifizieren und ggf. mit dem zuständigen FA leichter Kontakt aufnehmen, wenn Sachverhalte zu erörtern sind, die sowohl den Anteilseigner als auch die Körperschaft, für die die Steuererklärung ausgefüllt wird, betreffen. Ebenfalls in **Zeile 22a** ist die **Wirtschafts-Identifikationsnummer** anzugeben. Diese ist bei Anteilseignern, die Körperschaften sind immer anzugeben, wenn sie bereits vergeben worden ist. Zu den Einzelheiten siehe → Rz. 68.1. Auch natürliche Personen können eine Wirtschafts-Identifikationsnummer erhalten, wenn sie wirtschaftlich tätig sind. In diesen Fällen ist die Wirtschafts-Identifikationsnummer hier einzutragen, wenn sie vergeben wurde und die Beteiligung im Betriebsvermögen des Stpfl. behalten wird.

Für Anteilseigner, die nicht in Deutschland ansässig sind, soll in **Zeile 22b** das ausländische Identifikationsmerkmal angegeben werden. Dieses wird im internationalen Kontext in der Regel als Tax Identification Number (TIN) bezeichnet und von nahezu allen Staaten mit einem organisierten Steuersystem vergeben.

Der **Name** des Anteilseigners ist in **Zeile 22c** einzutragen. Bei natürlichen Personen ist die Reihenfolge Vorname und Nachname einzuhalten. Bei Körperschaften und Personengesellschaften ist der Name gem. der Registereintragung (o.Ä.) einzutragen. Ist ein solcher Name nicht vorhanden, ist der im allgemeinen Geschäftsverkehr übliche Name zu verwenden.

In den **Zeilen 22d und 22e** ist die Geschäftsanschrift (ladungsfähige Anschrift) des Anteilseigners einzutragen. Bei natürlichen Personen die Adresse eines Wohnsitzes.

Pro Anteilseigner können pro VZ maximal drei Angaben zur Besitzdauer gemacht werden. In **Zeile 23** ist die **Höhe der Beteiligung in Euro**, in **Zeile 23a** in **Prozent** anzugeben. Außerdem sind in **Zeile 23b** der Beginn der Besitzdauer und das Ende zu benennen.

Sind für mehr als vier Anteilseigner entsprechende Angaben zu machen, müssen weitere Angaben auf einem gesonderten Blatt vorgenommen werden. Der elektronische Datensatz ermöglicht die Angabe von deutlich mehr als den vier auf dem Papiervordruck vorgesehenen Anteilseignern.

Beratungshinweis:
Im Falle von Anteilsübertragungen von mehr als 25 % bzw. mehr als 50 % innerhalb eines Zeitraums von fünf Jahren an einen Erwerber oder eine diesem nahestehende Person treten für die bis dahin nicht genutzten Verluste die Rechtsfolgen des § 8c KStG ein.

In **Zeile 26** ist darüber hinaus anzugeben, ob es eine von der Höhe der Beteiligung abweichende Stimmrechtsverteilung gibt. Falls dies zu bejahen ist, muss dies auf der einer gesonderten Anlage gegenüber dem FA erläutert werden.

Haben sich die Angaben zu den Anteilseignern im Vergleich zum Vorjahr geändert, ist in **Zeile 27** eine „1" einzutragen, andernfalls eine „2". Dies dient dem FA der Überprüfung von Tatbeständen, die von den Anteilseignern abhängig sind, wie z.B. § 8c KStG.

9. Schlusserklärung (Zeilen 100–105)

Schlusserklärung

Datenschutzhinweis: Die mit den Erklärungen angeforderten Daten werden auf Grund § 149, § 150 und § 181 Absatz 2 Satz 1 AO in Verbindung mit § 14 Absatz 5 KStG, § 27 Absatz 2 Satz 4 KStG und § 28 Absatz 1 Satz 4 KStG, § 31 KStG und § 25 EStG verlangt.

Informationen über die Verarbeitung personenbezogener Daten in der Steuerverwaltung und über Ihre Rechte nach der Datenschutz-Grundverordnung sowie über Ihre Ansprechpartner in Datenschutzfragen entnehmen Sie bitte dem allgemeinen Informationsschreiben der Finanzverwaltung. Dieses Informationsschreiben finden Sie unter **www.finanzamt.de** (unter der Rubrik "Datenschutz") oder erhalten Sie bei Ihrem Finanzamt.

Mitwirkung bei der Anfertigung der Steuererklärung

28 bis 99 frei

100 Die Steuererklärung wurde unter Mitwirkung einer selbständig und eigenverantwortlich tätigen und zur Hilfeleistung in Steuersachen nach §§ 3 und 4 StBerG befugten Person oder Vereinigung angefertigt. 1 = Ja

Telefonische Rückfragen unter Telefonnummer

100a

Bei der Anfertigung dieser Erklärung hat mitgewirkt:

	Name	Vorname	Straße, Hausnummer	Postleitzahl, Ort
101				

	zusätzliche Angaben	Mandantennummer	Bearbeiterkennzeichen
102			

Feststellungserklärung im Sinne des § 14 Absatz 5 KStG als Organträger

103 Ich gebe die Feststellungserklärung im Sinne des § 14 Absatz 5 KStG als Organträger / als gesetzlicher Vertreter des Organträgers ab. 1 = Ja

Unterschrift

	Ort	Datum
104		

Unterschrift

105

Steuererklärungen sind vom gesetzlichen Vertreter des Steuerpflichtigen eigenhändig zu unterschreiben.

Die Schlusserklärung beginnt mit dem vom Datenschutzgesetz geforderten Hinweis, dass die mit der Steuererklärung geforderten Daten auf Grund des § 149, § 150 und § 181 Abs. 2 Satz 1 AO i.V.m. § 14 Abs. 5, § 27 Abs. 2 Satz 4, § 28 Abs. 1 Satz 4, § 31 KStG und § 25 EStG gefordert werden. 97

In **Zeile 100** ist eine „1“ einzutragen, ob die Erklärung unter Mitwirkung eines Angehörigen der steuerberatenden Berufe (z.B. **Steuerberater bzw. Steuerberatungsgesellschaft**) angefertigt wurde. In den **Zeilen 101 und 102** ist der an der Erstellung der Steuererklärung mitwirkende Angehörige der steuerberatenden Berufe zu bezeichnen. Neben dem Namen bzw. der Firma der betreffenden Person werden hier auch deren Anschrift und Telefonnummer gefordert. Zur Befugnis zur Hilfeleistung in Steuersachen wird auf die Vorschriften des StBerG verwiesen.

Für den Sonderfall, dass der Organträger die Feststellungserklärung für die Ermittlung des ihm zuzurechnenden Einkommens und der sonstigen damit im Zusammenhang stehenden Besteuerungsgrundlagen abgibt, muss er dies durch Eintragung einer „1“ in **Zeile 103** kenntlich machen. In diesem Fall ist sie vom **gesetzlichen Vertreter des Organträgers** zu unterschreiben. Eine elektr. Datenübermittlung wird von der FinVerw. dann nicht zugelassen.

Bei Verwendung des Papiervordrucks ist die Steuererklärung in **Zeile 105** vom gesetzlichen Vertreter der Körperschaft unter Angabe von Ort und Datum der Unterzeichnung **eigenhändig zu unterschreiben**. Wer gesetzlicher Vertreter der Körperschaft ist, bestimmt sich nach dem für die Körperschaft geltenden (ggf. ausl.) Zivilrecht. Hat die Körperschaft mehrere gesetzliche Vertreter, reicht die Unterzeichnung eines zur Gesamtvertretung berechtigten gesetzlichen Vertreters aus. Die Unterschrift gilt zugleich für alle dem Hauptvordruck beizufügenden amtlichen, aber auch nicht amtlichen Anlagen, d.h., diese müssen nicht separat unterzeichnet werden.

Bei Übermittlung durch Datenfernübertragung müssen die Daten grundsätzlich vom gesetzlichen Vertreter der Körperschaft an die FinVerw. übermittelt werden. Es ist jedoch auch zulässig einen Dritten, i.d.R. den steuerlichen Berater mit der Übermittlung zu beauftragen (§ 150 Abs. 7 AO i.V.m. § 1 Abs. 1 Satz 2 StDÜV). Wird die Steuererklärung durch einen Dritten übermittelt, muss dieser dem gesetzlichen Vertreter unverzüglich in leicht nachprüfbarer Form zur Überprüfung zur Verfügung zu stellen, vgl. § 6 StDÜV. Der gesetzliche Vertreter der Körperschaft hat die Daten unverzüglich auf ihre Richtigkeit zu überprüfen, vgl. § 6 Abs. 2 Satz 2 StDÜV.

Praxishinweis:

Elektronisch übermittelte Erklärungen werden durch die Software oft nur noch in der sog. „komprimierten“ Form dargestellt. Es werden nur die Zeilen ausgegeben, zu denen tatsächlich Angaben gemacht wurden. Der BFH hat entschieden,[1] dass ein Steuerberater grob fahrlässig handelt, wenn er dem Mandanten zur Prüfung lediglich eine „komprimierte“ Fassung der Steuererklärung überlässt. Daher ist darauf zu achten, dass die vom gesetzlichen Vertreter der Körperschaft zu zeichnende Ausfertigung immer in nichtkomprimierter Form erfolgt.

1) BFH v. 16.5.2013, III R 12/12, BStBl II 2016, 512.

III. Anlage AESt – Anrechnung/Abzug ausländischer Steuern

1. Anwendungsbereich des Vordrucks

Bezeichnung des Steuerpflichtigen	Die mit einem Kreis versehenen Zahlen bezeichnen die Erläuterungen in der Anleitung zur Körperschaftsteuererklärung.	**Anlage AESt**	**2025**
Steuernummer		☐ zur Steuererklärung ☐ zum Bescheid ⑲	

Anrechnung/Abzug ausländischer Steuern

98 Die **Anlage AESt** dient einerseits der Erfassung der für die Steueranrechnung bzw. den Steuerabzug nach § 34c Abs. 1 und 2 EStG benötigten Angaben, andererseits wird auf ihr das Wahlrecht auf Steuerabzug nach § 34c Abs. 2 EStG ausgeübt. Außerdem werden mit der Anlage AESt die für den Steuerabzug nach § 34c Abs. 3 EStG notwendigen Angaben erfasst, soweit die Voraussetzungen von der Körperschaft unmittelbar durch ihre eigene Tätigkeit verwirklicht wurden. Eine Anlage AESt muss nur abgegeben werden, wenn tatsächlich eine ausl. Quellensteuer, die keinem Ermäßigungsanspruch mehr unterliegt, angefallen ist. Soweit im Ausland keine Quellensteuer angefallen ist, erübrigt sich die Abgabe der Anlage AESt.

Ab dem VZ 2023 sind ausländische Steuern aus Spezial-Investmentfonds nicht mehr auf der Anlage AESt, sondern auf der Anlage SPIF bzw. – wenn sie über Personen- oder Organgesellschaften zuzurechnen sind – auf der Anlage SPIFA einzutragen.

99 Im Ausland einbehaltenen Quellensteuern sind, soweit es sich um Steuern vom Einkommen oder sonstige Personensteuern handelt, grundsätzlich nicht abzugsfähig, vgl. § 10 Nr. 2 KStG. Da sie den bilanziellen Gewinn gemindert haben, müssen sie durch Eintragung in Zeile 87 der Anlage GK außerbilanziell wieder hinzugerechnet und damit neutralisiert werden. Soweit die ausl. Steuern in anderen Einkunftsarten angefallen sind, dürfen sie die Einkünfte nicht gemindert haben.

100 Es existieren eine ganze Reihe von Vorschriften zur Anrechnung ausl. Steuern:

- § 34c Abs. 1 EStG,
- § 34c Abs. 6 EStG, wonach § 34c Abs. 1 und 2 EStG – etwas vereinfacht – für anwendbar erklärt werden, wenn die Anrechnung der ausl. Steuer auf Grund eines DBA erfolgt,
- § 50 Abs. 3 EStG, wonach die Anrechnung nach § 34c Abs. 1 EStG i.V.m. § 26 Abs. 1 Nr. 2 KStG in bestimmten Fällen auch bei beschränkt steuerpflichtigen Körperschaften vorzunehmen ist (inl. Betriebsstätte),
- § 47 Abs. 1 InvStG zur Anrechnung ausl. Steuern auf ausgeschüttete oder ausschüttungsgleiche Erträge aus Spezial-Investmentfonds,
- § 3 Abs. 3, § 11 Abs. 3, § 20 Abs. 7 oder 8 UmwStG zur Anrechnung ausl. Steuern auf Übertragungsgewinne in bestimmten Fällen der Anwendung der Fusionsrichtlinie,[1)]
- § 20 Abs. 2 AStG in bestimmten Fällen von Zwischeneinkünften i.S.d. AStG,
- § 12 AStG zur Anrechnung ausl. Steuern auf Hinzurechnungsbeträge nach § 10 AStG (Anlage ZwiG),
- § 50d Abs. 10 Satz 5 EStG zur Anrechnung ausl. Steuern bei bestimmten Sonderbetriebseinnahmen; diese Anrechnung ist jedoch in Zeilen 10 und 11 der Anlage WA zu erklären.

101 Allen diesen Vorschriften ist jedoch gemein, dass sie auf das Grundsystem des § 34c EStG verweisen oder diesen wörtlich übernehmen. § 34c EStG eröffnet für den Regelfall zwei Optionen zur Berücksichtigung ausl. Steuern:

1. die Anrechnung der ausl. Steuer,
2. den Abzug der ausl. Steuer.

102 Dabei ist die Anrechnung der Regelfall, der Abzug erfolgt nur auf Antrag, vgl. § 34c Abs. 2 KStG. Die ausl. Steuer ist generell ohne Rücksicht auf die Ausübung des Wahlrechts nach § 34c Abs. 2 KStG einzutragen. Über die eigentliche Ausübung des Wahlrechts auf Abzug wird in Zeile 41 staatenbezogen entschieden.

103 Die Anrechnung ausl. Steuern erfolgt staatenbezogen (sog. „per-country-limitation"). Die Anlage AESt ist daher pro Staat abzugeben. Der elektronische Datensatz kann maximal 999 Anlagen AESt enthalten.

104 Die Anlage AESt ist in drei Abschnitte geteilt (eigene Tätigkeit, Mitunternehmerschaften, Organgesellschaften). Für die Steueranrechnung bzw. den Abzug sind Tatbestände, die die Körperschaft unmittelbar oder über Personengesellschaften oder von Organgesellschaften zugerechnet bekommt, zwar zusammenzufassen. Die Erfassung erfolgt auf der Anlage AESt aber getrennt. Die rechnerische Zusammenfassung, die Bestimmung des Anrech-

1) Art. 10 der Richtlinie 90/434/EWG.

nungshöchstbetrags nach § 34c Abs. 2 EStG und die Begrenzung der Anrechnung auf diesen Höchstbetrag erfolgen nicht auf dem Vordruck, sondern werden von der FinVerw. von Amts wegen vorgenommen. Es muss unbedingt sichergestellt werden, dass bei der Erklärung die Ergebnisse aus eigener Tätigkeit, aus Mitunternehmerschaften und Organgesellschaften staatenbezogen in einer Anlage AESt erklärt werden, wenn sie aus demselben Staat stammen. Das Wahlrecht auf Abzug der ausl. Steuer nach § 34c Abs. 2 EStG wird im vierten Abschnitt des Vordrucks (Zeile 41) ausgeübt.

Praxishinweis:

Die Trennung in die drei Tätigkeitsbereiche (eigene, Mitunternehmerschaften, Organgesellschaften) dient der besseren Nachvollziehbarkeit. Sie erleichtert dem FA die Auswertung der gesonderten Feststellungen nach § 180 Abs. 1 Nr. 2 Buchst. a AO bzw. nach § 14 Abs. 5 KStG in Organschaftsfällen. Die in den Zeilen 31 bis 40 einzutragenden Werte ergeben sich aus den jeweiligen gesonderten und einheitlichen Feststellungen und sind zwingend zu übernehmen (Grundlagen-/Folgebescheidverhältnis).

Auch Organgesellschaften müssen auf der Anlage AESt Eintragungen vornehmen, wenn sie eine Steueranrech- 105
nung oder den -abzug auf Ebene des Organträgers erreichen wollen. Zum besonderen Problem der Ausübung des Wahlrechts auf Abzug nach § 34c Abs. 2 EStG im Organkreis siehe →Rz. 163 ff. Die ausl. Einkünfte fließen bei Organgesellschaften ggf. in die gesonderte und einheitliche Feststellung nach § 14 Abs. 5 KStG ein. Angaben zur Anrechnung ausländischer Steuern von Zwischengesellschaften nach § 12 AStG sind auf der Anlage ZwiG vorzunehmen.

2. Allgemeine Angaben (Zeilen 1–2)

Zeile	Allgemeine Angaben
1	Laufende Nummer der Anlage
2	Name des Staates (20) 36.100

Pro Staat, für den die Anrechnung oder Abzug ausl. Steuern beantrag wird, muss eine eigene Anlage AESt abgege- 106
ben werden. Bei Verwendung des Papiervordrucks ist die laufende Nummer der Anlage in **Zeile 1** zu vermerken. Diese Angabe entfällt bei elektronischer Übermittlung.

In **Zeile 2** ist der **Name des Staates** oder – bei Anrechnung ausl. Steuern aus einem Spezial-Investmentfonds – der 107
Name des Investmentfonds einzutragen. Falls es sich um eine Organgesellschaft handelt, wird der hier eingetragene Name in die gesonderte und einheitliche Feststellung nach § 14 Abs. 5 KStG einfließen.

3. Ausländische Einkünfte aus eigener Tätigkeit (Zeilen 3–30a)

a) Grundstruktur

Die **Ermittlung** der ausl. Einkünfte hat grundsätzlich **nach deutschem Steuerrecht** zu erfolgen. Demnach sind auch 108
außerbilanzielle Korrekturen vorzunehmen. Steuerbescheide ausl. Finanzbehörden können daher hinsichtlich der Einkünfteermittlung nicht in jedem Fall übernommen werden. Als problematisch erweisen sich vor allem Steuerbefreiungen, die in ihrer Höhe von der Eigenschaft desjenigen abhängig sind, der sie versteuern muss. Dies sind vor allem die Steuerbefreiung nach § 8b KStG und § 3 Nr. 40 EStG und die Teilfreistellungen des InvStG.

Die Anlage AESt erfasst bei den Einkünften aus eigener Tätigkeit folgende Tatbestände getrennt:

1. Dividenden (Zeilen 3 bis 5a),
2. Veräußerung von Anteilen an Körperschaften (Zeilen 6 bis 8),
3. Investmenterträge aus Aktienfonds (Zeilen 9 bis 14),
4. Investmenterträge aus Mischfonds (Zeilen 15 bis 20),
5. Investmenterträge aus Immobilienfonds (Zeilen 21 bis 23),
6. Investmenterträge aus Immobilienfonds mit Anlageschwerpunkt im Ausland (Zeilen 24 bis 26),
7. übrige ausländische Einkünfte (Zeilen 27 bis 30) und
8. fiktive ausländische Steuer (Zeile 30a).

Dabei darf nicht verkannt werden, dass der Regelfall der Eintragung sich wohl auf die übrigen ausl. Einkünfte beziehen wird.

Der Aufbau des Vordrucks folgt dabei immer dem gleichen Schema. In der ersten Zeile werden die ausl. Einkünfte erfasst. In der folgenden Zeile die darauf entfallende ausl. Steuer nach § 34c Abs. 1 EStG und in der darauf folgenden Zeile die ausl. Steuer nach § 34c Abs. 3 EStG.

Ausl. Einkünfte, die nach einem Doppelbesteuerungsabkommen steuerfrei sind (z.B. Betriebsstätteneinkünfte) 109
dürfen hier nicht eingetragen werden, da für sie die Anrechnung ausgeschlossen ist, vgl. § 34c Abs. 6 Satz 1 EStG. Dies gilt jedoch nicht für Dividenden und ähnlichen Gewinnausschüttungen, für die **sowohl** eine **Steuerbefreiung** nach einem **Doppelbesteuerungsabkommen als auch** eine Steuerfreistellung nach **§ 8b KStG** gegeben ist (sog. „Schachtelbeteiligung").

110 Soweit es sich bei den negativen Einkünften um **Einkünfte i.S.d. § 2a Abs. 1 Nr. 1 bis 7 EStG** handelt, ist aber zu beachten, dass diese dabei nur mit positiven Einkünften der jeweils selben Art und – mit Ausnahme der Fälle der Nr. 6 Buchst. b – aus demselben Staat, in den Fällen der Nr. 7 auf Grund von Tatbeständen der jeweils selben Art aus demselben Staat, ausgeglichen werden dürfen, da für solche negativen Einkünften **darüber hinaus** ein **Verlustausgleichsverbot** besteht (§ 2a Abs. 1 Satz 1 EStG). Sind bestimmte ausl. Verluste danach nicht ausgleichsfähig, mindern sie die positiven Einkünfte der jeweils selben Art, die die Körperschaft in den folgenden VZ aus demselben Staat, in den Fällen der Nr. 7 auf Grund von Tatbeständen der jeweils selben Art aus demselben Staat, erzielt (**Verlustabzug nach § 2a Abs. 1 Satz 3 EStG**). Werden positive ausl. Einkünfte ganz oder z.T. durch einen **Verlustausgleich oder Verlustvortrag gem. § 2a Abs. 1 Satz 1 und 3 EStG** freigestellt, ist in Zeile 3 nur der danach verbleibende Betrag (ggf. 0 €) einzutragen.

Die Verlustverrechnung (Verlustausgleich und Verlustabzug) selbst ist auf der Anlage AEV vorzunehmen.

111 Auch bei einer **beschränkt steuerpflichtigen** Körperschaft, für die im Inland ein Betrieb unterhalten wird, können sich anrechenbare ausl. Steuerbeträge ergeben, da in diesen Fällen § 34c Abs. 1 bis 3 EStG entsprechend anzuwenden ist (§ 26 Abs. 1 Nr. 2 EStG i.V.m. **§ 50 Abs. 3 EStG**). Die Anrechnung ist jedoch ausgeschlossen, wenn die beschränkt steuerpflichtige Körperschaft in dem ausl. Staat mit den dort erzielten Einkünften in einem der unbeschränkten Steuerpflicht ähnlichen Umfang zu einer Steuer vom Einkommen herangezogen wird.

b) Laufende Bezüge aus Anteilen an Körperschaften (Dividenden) (Zeilen 3–5a)

	Ausländische Einkünfte und Steuern aus eigener Tätigkeit (74) **Bezüge nach § 20 Absatz 1 Nummer 1, 2, 9 und 10 Buchstabe a EStG**	EUR
3	Bezüge nach § 20 Absatz 1 Nummer 1, 2, 9 und 10 Buchstabe a EStG, die nach § 8b Absatz 1 und 4 KStG steuerfrei sind	36.180
3a	Bezüge nach § 20 Absatz 1 Nummer 1, 2, 9 und 10 Buchstabe a EStG, die nicht nach § 8b Absatz 1 und 4 KStG steuerfrei sind	36.181
3b	Nur bei Organgesellschaften: Auf die Beträge laut Zeilen 3 und 3a entfallende Betriebsvermögensminderungen, Betriebsausgaben und weitere Beträge nach § 3c Absatz 2 Satz 1 zweiter Halbsatz EStG, die damit in wirtschaftlichem Zusammenhang stehen (ohne ausländische Steuern)	36.182
4	Auf die Beträge laut Zeile 3 entfallende ausländische Steuern, die der deutschen Einkommensteuer beziehungsweise Körperschaftsteuer entsprechen, gekürzt um einen entstandenen Ermäßigungsanspruch laut Nachweis (74)	36.183
4a	Auf die Beträge laut Zeile 3a entfallende ausländische Steuern, die der deutschen Einkommensteuer beziehungsweise Körperschaftsteuer entsprechen, gekürzt um einen entstandenen Ermäßigungsanspruch laut Nachweis (74)	36.184
5	Auf die Beträge laut Zeile 3 entfallende nicht anrechenbare ausländische Steuern, die nach § 34c Absatz 3 EStG zum Steuerabzug berechtigen laut Nachweis (74)	36.185
5a	Auf die Beträge laut Zeile 3a entfallende nicht anrechenbare ausländische Steuern, die nach § 34c Absatz 3 EStG zum Steuerabzug berechtigen laut Nachweis (74)	36.186

112 In diesem Abschnitt werden laufende Bezüge (Dividenden) von im Ausland ansässigen Körperschaften erfasst. Der Vordruck unterscheidet zwischen laufenden Bezügen, die nach § 8b Abs. 1 und 4 KStG steuerbefreit sind (Zeilen 3, 4 und 5) und solchen, die es nicht sind (Zeilen 3a, 4a und 5a).

In **Zeile 3** sind die laufenden Bezüge nach § 20 Abs. 1 Nr. 1, 2, 9 und 10 Buchst. a EStG einzutragen. Für eine detaillierte Beschreibung der einzelnen Tatbestände → Rz. 485 ff. Im Regelfall wird es sich um **Dividenden** handeln. Bei der Eintragung in Zeile 3 muss darüber hinaus eine **Steuerbefreiung nach § 8b Abs. 1 und 4 KStG** vorliegen, d.h., es muss zum Beginn des Kj. eine Beteiligung von mindestens 10 % vorliegen oder im laufenden Jahr ein begünstigter Erwerb nach § 8b Abs. 4 Satz 6 KStG (→ Rz. 498) vorliegen. Die auf die hier eingetragenen Dividenden entfallende anrechenbare ausländische Steuer nach § 34c Abs. 1 KStG ist in Zeile 4, die abzuziehende ausländische Steuer nach § 34c Abs. 3 EStG ist in Zeile 5 einzutragen.

Die Eintragung erfolgt ungemindert (brutto). Kürzungen auf Grund von § 8b Abs. 1 und 2 KStG dürfen ebenso wenig berücksichtigt werden wie die Hinzurechnung fiktiver Betriebsausgaben nach § 8b Abs. 5 Satz 1 oder Abs. 3 Satz 1 KStG. Die Anwendung der Freistellungsprozentsätze ist unzulässig. Wird die Anlage AESt für die Beteiligung an einem Spezial-Investmentfonds ausgefüllt, sind hier die in der Ausschüttung oder den ausschüttungsgleichen Erträgen oder dem Veräußerungsgewinn/-verlust enthaltenen Beträge, auf die § 8b KStG anzuwenden ist, einzutragen. Der entsprechende Wert ergibt sich mit bindender Wirkung aus der gesonderten Feststellung nach § 51 Abs. 1 InvStG (Zeile 34 der Anlage FB-InvSt-Ausschüttung/Anlage FB-InvSt-Thesaurierung der Feststellungserklärung nach § 51 InvStG). Auch Ausschüttungen aus Zwischengesellschaften nach §§ 7 ff. AStG sind hier (zu 100 %) einzutragen. Ein Kürzungsbetrag nach § 11 Abs. 2 AStG ist zwar erst bei der Ermittlung der Summe der Einkünfte abzuziehen (→ Rz. 1486), jedoch sind die Ausschüttungen auch nach § 8 KStG steuerbefreit, sodass der Kürzungsbetrag regelmäßig ins Leere laufen dürfte → Rz. 1549 ff.

Zur Auswirkung des hier eingetragenen Werts auf die steuerpflichtigen ausl. Einkünfte siehe → Rz. 158.

In **Zeile 3a** sind die laufenden Bezüge nach § 20 Abs. 1 Nr. 1, 2, 9 und 10 Buchst. a EStG (**Dividenden**) einzutragen, die **nicht** nach **§ 8b KStG steuerfrei** sind. Die hier eingetragenen Beträge gehen in voller Höhe in die Berechnung der ausländischen Einkünfte ein. **113**

Bei Organgesellschaften ist im Rahmen der Feststellung des dem Organträger zuzurechnenden Einkommens der Organgesellschaft und weiterer damit im Zusammenhang stehender Besteuerungsgrundlagen nach § 14 Abs. 5 KStG auch eine Aussage über die Höhe der Einkünfte zu treffen, wenn der Organträger (ggf. mittelbar über eine Personengesellschaft) eine natürliche Person ist. Für natürliche Personen kommt nicht § 8b KStG, sondern – da Anteile an Organgesellschaften immer im Betriebsvermögen gehalten werden – § 3 Nr. 40 EStG zur Anwendung. Anders als bei § 8b KStG unterliegen bei der Steuerbefreiung nach § 3 Nr. 40 EStG die **tatsächlichen Betriebsausgaben**, die mit den **laufenden Bezügen im Zusammenhang** stehen dem anteiligen Abzugsverbot des § 3c Abs. 2 EStG. Diese sind in **Zeile 3b** – nur bei Organgesellschaften – einzutragen, und zwar unabhängig davon, ob der ggf. über mehrere Stufen letztlich Beteiligte (zumindest teilweise) eine natürliche Person ist. **114**

In **Zeile 4** ist die **festgesetzte und gezahlte ausl. Steuer** aus dem jeweiligen Staat einzutragen, die die Voraussetzungen des § 34c Abs. 1 EStG erfüllt und auf Bezüge und Veräußerungsgewinne nach § 8b Abs. 1 und 2 KStG entfällt. Die ausl. Steuer muss der deutschen Einkommensteuer bzw. Körperschaftsteuer entsprechen. Entspricht die ausl. Steuer nicht der deutschen Einkommen- oder Körperschaftsteuer oder liegen keine ausl. Einkünfte vor, kommt ein Abzug der ausl. Steuer nach § 34c Abs. 3 EStG in Betracht (→ Rz. 138). **115**

Besteht mit dem ausl. Staat ein Doppelbesteuerungsabkommen, werden die Steuern, die unter das Abkommen fallen, dort explizit genannt. Für Staaten, mit denen die Bundesrepublik kein DBA abgeschlossen hat, hat die FinVerw. eine amtliche Übersicht der der deutschen Körperschaftsteuer/Einkommensteuer entsprechenden Steuern veröffentlicht.[1] Der Nachweis über die festgesetzte und gezahlte ausl. Steuer wird durch die entsprechenden Steuerbescheide geführt, vgl. § 68b Satz 1 EStDV. Soweit die ausl. Steuer eine Anmeldesteuer ist, dürfte auch die Vorlage der entsprechenden Steueranmeldung genügen. Die Umrechnung von in Fremdwährungen gezahlter ausl. Steuer ist auf Basis der von der Europäischen Zentralbank täglich veröffentlichten Euro-Referenzkurse vorzunehmen, vgl. R 34c Abs. 1 EStR 2012. Nicht enthalten sein dürfen allerdings ausl. Steuern, die auf nach DBA steuerfreie Einkünfte entfallen. Für diese ist die Anrechnung nach § 34c Abs. 6 Satz 1 EStG ausgeschlossen.

Viele Staaten (auch Deutschland) erheben Steuern auf bestimmte Einkünfte im Wege des Direktabzuges an der Einkunftsquelle (z.B. Lohnsteuer oder Kapitalertragsteuer). Der Prozentsatz der einbehaltenen Steuer ist oftmals größer als der Prozentsatz, der dem ausl. Staat durch ein DBA zusteht. In Höhe der Differenz zwischen der tatsächlich einbehaltenen Steuer und dem Prozentsatz lt. DBA[2] besteht ein Ermäßigungsanspruch, der nach den jeweiligen nationalen Regelungen des ausl. Staats eingefordert werden kann. Falls ein solcher Ermäßigungsanspruch besteht, ist dieser von der ausl. Steuer abzuziehen – ohne Rücksicht darauf, ob der Ermäßigungsanspruch von der Körperschaft, für die die Steuererklärung auszufüllen ist, auch geltend gemacht wurde. Wurde vom ausl. Staat tatsächlich weniger Steuer erhoben als lt. DBA möglich gewesen wäre, ist der tatsächlich einbehaltene Betrag einzutragen.

Aus der gesonderten Erfassung der nach § 8b KStG steuerfreien Bezüge und Veräußerungsgewinnen darf jedoch nicht gefolgert werden, dass ausl. Steuern hierauf automatisch abzugsfähig wären. Die FinVerw. stellt steuerfreie Bezüge nach § 8b Abs. 1 KStG und Veräußerungsgewinne nach § 8b Abs. 2 KStG in voller Höhe frei. Die fiktiven Betriebsausgaben von 5 % werden hingegen nicht berücksichtigt. Im Detail siehe → Rz. 159.

Sieht ein DBA die Anrechnung von ausl. Steuer auf Dividenden vor, auch wenn diese tatsächlich gar nicht gezahlt wurde (fiktive Quellensteuer), ist diese nicht hier, sondern in Zeile 30a einzutragen. Zur Anrechnung fiktiver Quellensteuer siehe → Rz. 137. In Betracht kommen Dividenden aus folgenden Staaten: Ägypten, Argentinien, Bangladesch, Elfenbeinküste, Indonesien, Jamaika, Kenia, Liberia, Marokko, Mongolei, Portugal, Sri Lanka, Trinidad und Tobago, Tunesien und Venezuela.

In **Zeile 5** sind **ausl. Steuern nach § 34c Abs. 3 EStG** einzutragen, die auf steuerfreie Bezüge nach § 8b Abs. 1 KStG oder Veräußerungsgewinne nach § 8b Abs. 2 KStG entfallen. Das sind solche ausl. Steuern, die **116**

1. nicht der deutschen Einkommen- oder Körperschaftsteuer entsprechen oder
2. die nicht in dem Staat erhoben werden, aus dem die Einkünfte stammen oder
3. gezahlt wurden, obwohl keine ausl. Einkünfte i.S.d. § 34d EStG vorliegen.

Ausländische Steuern nach § 34c Abs. 3 EStG sind grundsätzlich vom Einkommen abzuziehen, soweit sie auf steuerpflichtige Einkünfte entfallen. Obwohl nach § 8b Abs. 1 oder 2 KStG steuerfreie Bezüge und Veräußerungsgewinne durch die Hinzurechnung fiktiver Betriebsausgaben von 5 % de facto nur zu 95 % steuerbefreit sind, kürzt die FinVerw. trotzdem 100 % der ausl. Steuern, sodass eine Minderung des Einkommens vollständig unterbleibt.

In der Zeile 5a sind die nicht anrechenbaren, aber nach § 34c Abs. 3 EStG abziehbaren ausländischen Steuern einzutragen, die auf die nicht nach § 8b KStG steuerbefreiten laufenden Bezügen (Zeile 3b) entfallen. Hinsichtlich der Voraussetzungen des § 34c Abs. 3 EStG s. → Rz. 116. Anders als die in der vorherigen Zeile eingetragenen ausl. **117**

1) BMF v. 7.1.2026, IV B 2 – S 1301/ 01499/005/004, BStBl I 2026, 132.
2) Übersicht über die Ermäßigungsansprüche unter https://www.bzst.de/SharedDocs/Downloads/DE/EU_OECD/anrechenbare_ausl_quellensteuer_2025.pdf?__blob=publicationFile&v=2%22.

Steuern, werden die in dieser Zeile eingetragenen Beträge vollständig von den ausl. Einkünften abgezogen, weil die ihnen zugrunde liegenden Bezüge voll steuerpflichtig sind.

c) Veräußerung von Anteilen an Körperschaften (Zeilen 6–8)

	Veräußerung von Anteilen an Körperschaften	
6	Saldo der Gewinne und Verluste aus der Veräußerung von Anteilen an Körperschaften und gleichgestellten Vorgängen nach § 8b Absatz 2 KStG	36.187
7	Auf die Beträge laut Zeile 6 entfallende ausländische Steuern, die der deutschen Einkommensteuer beziehungsweise Körperschaftsteuer entsprechen, gekürzt um einen entstandenen Ermäßigungsanspruch laut Nachweis (74)	36.188
8	Auf die Beträge laut Zeile 6 entfallende nicht anrechenbare ausländische Steuern, die nach § 34c Absatz 3 EStG zum Steuerabzug berechtigen laut Nachweis (74)	36.189

118 In den Zeilen 6 bis 8 sind Angaben zu machen, wenn Anteile an einer im Ausland ansässigen Körperschaft veräußert werden und der ausländische Staat hierauf eine nach § 34c Abs. 1 EStG anrechenbare oder wenigstens eine nach § 34c Abs. 3 EStG abzuziehende ausländische Steuer einbehalten hat.

Regelmäßig wird das nicht der Fall sein, weil die Veräußerungsgewinne in aller Regel in dem Staat, in dem die Körperschaft, deren Anteile veräußert werden ansässig ist, nicht besteuert werden, vgl. Art. 13 Abs. 5 OECD-MA 2017. In Art. 13 Abs. 1 bis 4 OECD-MA sind jedoch eine Reihe von Ausnahmen beschrieben, in denen auch der Sitzstaat der Körperschaft, deren Anteile veräußert werden, ein Besteuerungsrecht hat. Die Bundesrepublik begründet im umgekehrten Fall – also, wenn die Körperschaft in Deutschland ansässig ist, der veräußernde Anteilseigner jedoch im Ausland – mit § 49 Abs. 1 Nr. 2 Buchst. e EStG ein Besteuerungsrecht, wenn die Voraussetzungen des § 17 EStG erfüllt sind und darüber hinaus der Anteilswert zu irgendeinem Zeitpunkt der 365 Tage vor der Veräußerung unmittelbar oder mittelbar auf inländischem unbeweglichem Vermögen (Grundbesitz) bestand. Diese Regelung ist direkt aus Art. 13 Abs. 3 OECD-MA entnommen.

119 In **Zeile 6** ist der **Gewinn aus der Veräußerung des Anteils an der ausländischen Gesellschaft** einzutragen. Er berechnet sich nach § 8b Abs. 2 KStG aus dem Veräußerungspreis vermindert um den Buchwert und die Veräußerungskosten. Der Wortlaut lässt auch die Eintragung eines Verlustes zu, in diesem Fall dürfte regelmäßig jedoch keine ausländische Quellensteuer einbehalten worden sein. Es könnte jedoch möglich sein, falls das ausländische Recht den Veräußerungsgewinn anders ermittelt oder andere Besteuerungstatbestände greifen. Zur Auswirkung des hier eingetragenen Werts auf die steuerpflichtigen ausl. Einkünfte siehe →Rz. 158.

120 Die **Zeile 7** entspricht systematisch der Zeile 4. Einzutragen ist hier die nach **§ 34c Abs. 1 EStG** grundsätzlich anrechenbare ausländische Steuer auf den **Gewinn aus der Veräußerung** des Anteils an der ausländischen Körperschaft einbehalten wurde. Vom Grundsatz her gelten die gleichen Regelungen wie zur Zeile 4.

Die **Zeile 8** entspricht systematisch der Zeile 5. Einzutragen ist die nach **§ 34c Abs. 3 EStG** nur abziehbare ausländische Steuer auf den **Gewinn aus der Veräußerung** von Anteilen an einer ausländischen Körperschaft.

d) Investmenterträge aus Aktienfonds (Zeilen 9–14)

	Aktienfonds	
9	Investmenterträge aus Aktienfonds nach § 2 Absatz 6 InvStG gekürzt um Betriebsvermögensminderungen, Betriebsausgaben und weitere Beträge nach § 21 InvStG – ohne Beträge, die in Zeile 12 einzutragen sind	36.150
10	Auf die Beträge laut Zeile 9 entfallende ausländische Steuern, die der deutschen Einkommensteuer beziehungsweise Körperschaftsteuer entsprechen, gekürzt um einen entstandenen Ermäßigungsanspruch laut Nachweis (74)	36.160
11	Auf die Beträge laut Zeile 9 entfallende nicht anrechenbare ausländische Steuern, die nach § 34c Absatz 3 EStG zum Steuerabzug berechtigen laut Nachweis (74)	36.170
12	Investmenterträge aus Aktienfonds nach § 2 Absatz 6 InvStG, die den Kapitalanlagen eines Lebens- oder Krankenversicherungsunternehmens beziehungsweise einem Pensionsfonds zuzurechnen sind oder wenn die Voraussetzungen des § 20 Absatz 1 Satz 4 Nummer 2 InvStG erfüllt sind, gekürzt um Betriebsvermögensminderungen, Betriebsausgaben und weitere Beträge nach § 21 InvStG	36.151
13	Auf die Beträge laut Zeile 12 entfallende ausländische Steuern, die der deutschen Einkommensteuer beziehungsweise Körperschaftsteuer entsprechen, gekürzt um einen entstandenen Ermäßigungsanspruch laut Nachweis (74)	36.161
14	Auf die Beträge laut Zeile 12 entfallende nicht anrechenbare ausländische Steuern, die nach § 34c Absatz 3 EStG zum Steuerabzug berechtigen laut Nachweis (74)	36.171

Anlage AESt - Oktober 2025 - Version 2.9.1.0 Bekanntgabe

121 In **Zeile 9** sind **Investmenterträge aus Aktienfonds** einzutragen, die in dem in Zeile 2 bezeichneten Staat ansässig sind. Es darf sich bei diesen Investmentfonds nicht um Spezial-Investmentfonds handeln. Deren Besteuerungs-

grundlagen sind ab dem VZ 2023 auf der Anlage SPIF und ggf. auf der Anlage SPIFA zu erfassen. Zu den Voraussetzungen zur Einstufung als Aktienfonds siehe → Rz. 568. Solche Investmenterträge sind nach § 20 Abs. 1 Satz 3 KStG zu 80 % steuerfrei (Teilfreistellung), wenn der Anleger eine Körperschaft ist. Die Eintragung erfolgt ungemindert, d.h. vor Berücksichtigung der Teilfreistellung (brutto). Die Teilfreistellung wird vom FA bei der Berechnung der ausl. Einkünfte berücksichtigt. Ist die Körperschaft ein Lebens- oder Krankenversicherungsunternehmen oder ein Kredit- oder Finanzdienstleistungsinstitut, können die Investmenterträge auch in Zeile 12 zu berücksichtigen sein. Näheres siehe → Rz. 124.

Investmenterträge bestehen nach § 16 InvStG aus Ausschüttungen, Vorabpauschalen und Veräußerungsgewinnen und -verlusten. Ausländische Einkünfte i.S.d. § 34d Nr. 6 EStG liegen in jedem Fall bei Ausschüttungen vor, wenn der ausschüttende Investmentfonds (Schuldner der Ausschüttung) Sitz oder Geschäftsleitung im Ausland hat. Bei Vorabpauschalen gibt es keinen Schuldner. Folglich können Vorabpauschalen niemals ausl. Einkünfte i.d.S. sein. Unklar ist die Erfassung von Veräußerungsgewinnen/-verlusten. Hier kommt nur ein Schuldner des Kaufpreises in Betracht. Es erscheint indes nicht sachgerecht, darauf abzustellen, wo der Schuldner des Kaufpreises ansässig ist. Auch ist der Kaufpreis kein Kapitalertrag im engeren Sinne.

In **Zeile 10** ist die **festgesetzte und gezahlte ausl. Steuer** aus dem jeweiligen Staat einzutragen, die die Voraussetzungen des § 34c Abs. 1 EStG erfüllt und auf **Investmenterträge aus Aktienfonds** entfällt. Die ausl. Steuer muss der deutschen Einkommen- bzw. Körperschaftsteuer entsprechen. Entspricht die ausl. Steuer nicht der deutschen Einkommen- oder Körperschaftsteuer oder liegen keine ausl. Einkünfte vor, kommt ein Abzug der ausl. Steuer nach § 34c Abs. 3 EStG in Betracht (→ Rz. 123). **122**

Besteht mit dem ausl. Staat ein Doppelbesteuerungsabkommen, werden die Steuern, die unter das Abkommen fallen, dort explizit genannt. Für Staaten, mit denen die Bundesrepublik kein DBA abgeschlossen hat, hat die FinVerw. eine amtliche Übersicht der der deutschen Körperschaftsteuer/Einkommensteuer entsprechenden Steuern veröffentlicht.[1] Der Nachweis über die festgesetzte und gezahlte ausl. Steuer wird bei Fonds regelmäßig durch Vorlage der nach amtlichem Muster erstellen Steuerbescheinigung geführt. Die Umrechnung von in Fremdwährungen gezahlter ausl. Steuer ist auf Basis der von der Europäischen Zentralbank täglich veröffentlichten Euro-Referenzkurse vorzunehmen, vgl. R 34c Abs. 1 EStR 2012. Bei Spezial-Investmentfonds ergibt sich der hier einzutragende Wert aus der gesonderten und einheitlichen Feststellung nach § 51 Abs. 1 InvStG.

Viele Staaten (auch Deutschland) erheben Steuern auf bestimmte Einkünfte im Abzugsweg direkt an der Einkunftsquelle (z.B. Lohnsteuer oder Kapitalertragsteuer). Der Prozentsatz der einbehaltenen Steuer ist oftmals größer als der Prozentsatz, der dem ausl. Staat durch ein DBA zusteht. In Höhe der Differenz zwischen der tatsächlich einbehaltenen Steuer und dem Prozentsatz lt. DBA[2] besteht ein Ermäßigungsanspruch, der nach den jeweiligen nationalen Regelungen des ausl. Staats eingefordert werden kann. Falls ein solcher Ermäßigungsanspruch besteht, ist dieser von der ausl. Steuer abzuziehen – ohne Rücksicht darauf, ob der Ermäßigungsanspruch von der Körperschaft, für die die Steuererklärung auszufüllen ist, auch geltend gemacht wurde. Wurde vom ausl. Staat tatsächlich weniger Steuer erhoben, als lt. DBA möglich gewesen wäre, ist der tatsächlich einbehaltene Betrag einzutragen.

In **Zeile 11** sind ausl. Steuern **nach § 34c Abs. 3 EStG** einzutragen, die auf Investmenterträge aus Aktienfonds entfallen. Das sind solche ausl. Steuern, die **123**

1. nicht der deutschen Einkommen- oder Körperschaftsteuer entsprechen oder
2. die nicht in dem Staat erhoben werden, aus dem die Einkünfte stammen oder
3. gezahlt wurden, obwohl keine ausl. Einkünfte i.S.d. § 34d EStG vorliegen.

Ausländische Steuern nach § 34c Abs. 3 EStG sind grundsätzlich vom Einkommen abzuziehen, soweit sie auf steuerpflichtige Einkünfte entfallen. Die hier eingetragenen ausl. Steuern können folglich nur zu 20 % vom Einkommen abgezogen werden, da die Investmenterträge aus Aktienfonds in Zeile 9 zu 80 % steuerbefreit sind.

Die **Zeilen 12 bis 14** kommen nur für **Lebens- und Krankenversicherungen** in Betracht und für Kredit- oder Finanzdienstleistungsinstitute i.S.d. § 8b Abs. 7 KStG. Handelt es sich bei der Körperschaft, für die die Steuererklärung ausgefüllt wird um eine Lebens- oder Krankenversicherung und ist der Investmentanteil den Kapitalanlagen zuzuordnen beträgt die Steuerbefreiung nicht 80 %, sondern lediglich 30 %, vgl. § 20 Abs. 1 Satz 4 Nr. 1 InvStG. Gleiches gilt für Kredit- und Finanzdienstleistungsinstitute, bei denen der Investmentanteil dem Handelsbuch zuzurechnen ist oder mit dem Ziel des kurzfristigen Eigenhandelserfolgs erworben wurde, vgl. § 20 Abs. 1 Satz 5 Nr. 2 InvStG. Die Bezüge sind in Zeile 12, die darauf entfallende ausl. Steuer nach § 34c Abs. 1 EStG in Zeile 13 bzw. die ausl. Steuer nach § 34c Abs. 3 EStG in Zeile 14 einzutragen. **124**

1) BMF v. 7.1.2026, IV B 2 – S 1301/01499/00.5/004, BStBl I 2026, 132.
2) Übersicht über die Ermäßigungsansprüche unter https://www.bzst.de/SharedDocs/Downloads/DE/EU_OECD/anrechenbare_ausl_quellensteuer_2025.pdf?__blob=publicationFile&v=2%22.

e) Investmenterträge aus Mischfonds (Zeilen 15–20)

Steuernummer - 2 -

Zeile	Mischfonds	EUR
15	Investmenterträge aus Mischfonds nach § 2 Absatz 7 InvStG gekürzt um Betriebsvermögensminderungen, Betriebsausgaben und weitere Beträge nach § 21 InvStG – ohne Beträge, die in Zeile 18 einzutragen sind	36.152
16	Auf die Beträge laut Zeile 15 entfallende ausländische Steuern, die der deutschen Einkommensteuer beziehungsweise Körperschaftsteuer entsprechen, gekürzt um einen entstandenen Ermäßigungsanspruch laut Nachweis (74)	36.162
17	Auf die Beträge laut Zeile 15 entfallende nicht anrechenbare ausländische Steuern, die nach § 34c Absatz 3 EStG zum Steuerabzug berechtigen laut Nachweis (74)	36.172
18	Investmenterträge aus Mischfonds nach § 2 Absatz 7 InvStG, die den Kapitalanlagen eines Lebens- oder Krankenversicherungsunternehmens beziehungsweise einem Pensionsfonds zuzurechnen sind oder wenn die Voraussetzungen des § 20 Absatz 1 Satz 4 Nummer 2 InvStG erfüllt sind, gekürzt um Betriebsvermögensminderungen, Betriebsausgaben und weitere Beträge nach § 21 InvStG	36.153
19	Auf die Beträge laut Zeile 18 entfallende ausländische Steuern, die der deutschen Einkommensteuer beziehungsweise Körperschaftsteuer entsprechen, gekürzt um einen entstandenen Ermäßigungsanspruch laut Nachweis (74)	36.163
20	Auf die Beträge laut Zeile 18 entfallende nicht anrechenbare ausländische Steuern, die nach § 34c Absatz 3 EStG zum Steuerabzug berechtigen laut Nachweis (74)	36.173

125 In **Zeile 15** sind **Investmenterträge aus Mischfonds** einzutragen, die in dem in Zeile 2 bezeichneten Staat ansässig sind. Es darf sich bei diesen Investmentfonds nicht um Spezial-Investmentfonds handeln. Deren Besteuerungsgrundlagen sind ab dem VZ 2023 auf der Anlage SPIF und ggf. auf der Anlage SPIFA zu erfassen. Zu den Voraussetzungen zur Einstufung als Mischfonds siehe → Rz. 574. Solche Investmenterträge sind nach § 20 Abs. 2 i.V.m. Abs. 1 Satz 3 KStG zu 40 % steuerfrei (Teilfreistellung), wenn der Anleger eine Körperschaft ist. Die Eintragung erfolgt ungemindert, d.h. vor Berücksichtigung der Teilfreistellung (brutto). Die Teilfreistellung wird vom FA bei der Berechnung der ausl. Einkünfte berücksichtigt. Ist die Körperschaft ein Lebens- oder Krankenversicherungsunternehmen oder ein Kredit- oder Finanzdienstleistungsinstitut, können die Investmenterträge auch in Zeile 18 zu berücksichtigen sein. Näheres siehe → Rz. 128. Zu den einzelnen Investmenterträgen siehe → Rz. 121.

126 In **Zeile 16** ist die **festgesetzte und gezahlte ausl. Steuer** aus dem jeweiligen Staat einzutragen, die die Voraussetzungen des § 34c Abs. 1 EStG erfüllt und auf **Investmenterträge aus Mischfonds** entfällt. Die ausl. Steuer muss der deutschen Einkommen- bzw. Körperschaftsteuer entsprechen. Entspricht die ausl. Steuer nicht der deutschen Einkommen- oder Körperschaftsteuer oder liegen keine ausl. Einkünfte vor, kommt ein Abzug der ausl. Steuer nach § 34c Abs. 3 EStG in Betracht (→ Rz. 127). Zur ausl. Steuer allgemein und zum Nachweis der ausl. Steuer siehe → Rz. 122.

127 In **Zeile 17** sind ausl. Steuern **nach § 34c Abs. 3 EStG** einzutragen. Zu den Voraussetzungen → Rz. 138. Ausländische Steuern nach § 34c Abs. 3 EStG sind grundsätzlich vom Einkommen abzuziehen, soweit sie auf steuerpflichtige Einkünfte entfallen. Die hier eingetragenen ausl. Steuern können folglich nur zu 60 % vom Einkommen abgezogen werden, da die Investmenterträge aus Mischfonds in Zeile 15 zu 40 % steuerbefreit sind.

128 Die **Zeilen 18 bis 20** kommen nur für **Lebens- und Krankenversicherungen** und für Kredit- oder Finanzdienstleistungsinstitute i.S.d. § 8b Abs. 7 KStG in Betracht. Handelt es sich bei der Körperschaft, für die die Steuererklärung ausgefüllt wird um eine Lebens- oder Krankenversicherung und ist der Investmentanteil den Kapitalanlagen zuzuordnen, beträgt die Steuerbefreiung nicht 40 %, sondern lediglich 15 %, vgl. § 20 Abs. 2 i.V.m. Abs. 1 Satz 4 Nr. 1 InvStG. Gleiches gilt für Kredit- und Finanzdienstleistungsinstitute, bei denen der Investmentanteil dem Handelsbuch zuzurechnen ist oder mit dem Ziel des kurzfristigen Eigenhandelserfolgs erworben wurde, vgl. § 20 Abs. 1 Satz 5 Nr. 2 InvStG. Die Bezüge sind in **Zeile 18**, die darauf entfallende ausl. Steuer nach § 34c Abs. 1 EStG in **Zeile 19** bzw. die ausl. Steuer nach § 34c Abs. 3 EStG in **Zeile 20** einzutragen.

f) Investmenterträge aus Immobilienfonds (Zeilen 21–23)

Zeile	Immobilienfonds nach § 2 Absatz 9 Satz 1 InvStG	
21	Investmenterträge aus Immobilienfonds nach § 2 Absatz 9 Satz 1 InvStG gekürzt um Betriebsvermögensminderungen, Betriebsausgaben und weitere Beträge nach § 21 InvStG	36.154
22	Auf die Beträge laut Zeile 21 entfallende ausländische Steuern, die der deutschen Einkommensteuer beziehungsweise Körperschaftsteuer entsprechen, gekürzt um einen entstandenen Ermäßigungsanspruch laut Nachweis (74)	36.164
23	Auf die Beträge laut Zeile 21 entfallende nicht anrechenbare ausländische Steuern, die nach § 34c Absatz 3 EStG zum Steuerabzug berechtigen laut Nachweis (74)	36.174

129 In **Zeile 21** sind **Investmenterträge aus Immobilienfonds** einzutragen, die in dem in Zeile 2 bezeichneten Staat ansässig sind. Es darf sich bei diesen Investmentfonds nicht um Spezial-Investmentfonds handeln. Deren Besteuerungsgrundlagen sind ab dem VZ 2023 auf der Anlage SPIF und ggf. auf der Anlage SPIFA zu erfassen. Zu den

Voraussetzungen zur Einstufung als Immobilienfonds siehe →Rz. 572. Solche Investmenterträge sind nach § 20 Abs. 3 Nr. 1 InvStG zu 60 % steuerfrei (Teilfreistellung). Die Eintragung erfolgt ungemindert, d.h. vor Berücksichtigung der Teilfreistellung (brutto). Hat der Immobilienfonds einen Anlageschwerpunkt im Ausland, erfolgt die Eintragung in die Zeile 24. Näheres siehe →Rz. 128.

In **Zeile 22** ist die **festgesetzte und gezahlte ausl. Steuer** aus dem jeweiligen Staat einzutragen, die die Voraussetzungen des § 34c Abs. 1 EStG erfüllt und auf **Investmenterträge aus Immobilienfonds** entfällt. Die ausl. Steuer muss der deutschen Einkommen- bzw. Körperschaftsteuer entsprechen. Entspricht die ausl. Steuer nicht der deutschen Einkommen- oder Körperschaftsteuer oder liegen keine ausl. Einkünfte vor, kommt ein Abzug der ausl. Steuer nach § 34c Abs. 3 EStG in Betracht (→Rz. 131). Zur ausl. Steuer allgemein und zum Nachweis der ausl. Steuer siehe →Rz. 122. 130

In **Zeile 23** sind ausl. Steuern **nach § 34c Abs. 3 EStG** einzutragen, die auf Investmenterträge aus Immobilienfonds entfallen. Zu den Voraussetzungen siehe →Rz. 138. Ausl. Steuern nach § 34c Abs. 3 EStG sind grundsätzlich vom Einkommen abzuziehen, soweit sie auf steuerpflichtige Einkünfte entfallen. Die hier eingetragenen ausl. Steuern können folglich nur zu 40 % vom Einkommen abgezogen werden, da die Investmenterträge aus Mischfonds in Zeile 20 zu 60 % steuerbefreit sind. 131

g) Investmenterträge aus Auslands-Immobilienfonds (Zeilen 24–26)

	Auslands-Immobilienfonds nach § 2 Absatz 9 Satz 2 InvStG	
24	Investmenterträge aus Auslands-Immobilienfonds nach § 2 Absatz 9 Satz 2 InvStG gekürzt um Betriebsvermögensminderungen, Betriebsausgaben und weitere Beträge nach § 21 InvStG	36.155
25	Auf die Beträge laut Zeile 24 entfallende ausländische Steuern, die der deutschen Einkommensteuer beziehungsweise Körperschaftsteuer entsprechen, gekürzt um einen entstandenen Ermäßigungsanspruch laut Nachweis 74	36.165
26	Auf die Beträge laut Zeile 24 entfallende nicht anrechenbare ausländische Steuern, die nach § 34c Absatz 3 EStG zum Steuerabzug berechtigen laut Nachweis 74	36.175

In **Zeile 24** sind **Investmenterträge aus Auslands-Immobilienfonds** i.S.d. § 2 Abs. 9 Satz 2 InvStG einzutragen, die in dem in Zeile 2 bezeichneten Staat ansässig sind. Es darf sich bei diesen Investmentfonds nicht um Spezial-Investmentfonds handeln. Deren Besteuerungsgrundlagen sind ab dem VZ 2023 auf der Anlage SPIF und ggf. auf der Anlage SPIFA zu erfassen. Zu den Voraussetzungen zur Einstufung als Immobilienfonds siehe →Rz. 584. Solche Investmenterträge sind nach § 20 Abs. 3 Nr. 2 InvStG zu 80 % steuerfrei (Teilfreistellung). Die Eintragung erfolgt ungemindert, d. h. vor Berücksichtigung der Teilfreistellung (brutto). Näheres siehe →Rz. 128. 132

In **Zeile 25** ist die **festgesetzte und gezahlte ausl. Steuer** aus dem jeweiligen Staat einzutragen, die die Voraussetzungen des § 34c Abs. 1 EStG erfüllt und auf **Investmenterträge aus Auslands-Immobilienfonds** entfällt. Die ausl. Steuer muss der deutschen Einkommen- bzw. Körperschaftsteuer entsprechen. Entspricht die ausl. Steuer nicht der deutschen Einkommen- oder Körperschaftsteuer oder liegen keine ausl. Einkünfte vor, kommt ein Abzug der ausl. Steuer nach § 34c Abs. 3 EStG in Betracht (→Rz. 123). Zur ausl. Steuer allgemein und zum Nachweis der ausl. Steuer siehe →Rz. 122. 133

In **Zeile 26** sind ausl. Steuern **nach § 34c Abs. 3 EStG** einzutragen, die auf Investmenterträge aus Immobilienfonds mit Anlageschwerpunkt im Ausland entfallen. Zu den Voraussetzungen siehe →Rz. 138. 134

Ausl. Steuern nach § 34c Abs. 3 EStG sind grundsätzlich vom Einkommen abzuziehen, soweit sie auf steuerpflichtige Einkünfte entfallen. Die hier eingetragenen ausl. Steuern können folglich nur zu 20 % vom Einkommen abgezogen werden, da die Investmenterträge aus Mischfonds in Zeile 24 zu 80 % steuerbefreit sind.

h) Übrige ausländische Einkünfte (Zeilen 27–30a)

	Übrige ausländische Einkünfte	
27	Übrige ausländische Einkünfte, die nicht in den Zeilen 3, 3a, 6, 9, 12, 15, 18, 21 und 24 einzutragen sind, einschließlich Übertragungsgewinne nach § 3 Absatz 3, § 11 Absatz 3 UmwStG oder Einbringungsgewinne nach § 20 Absatz 7 oder 8 UmwStG (einschließlich ausländischer Steuer; nach Verlustausgleich und Verlustabzug nach § 2a Absatz 1 EStG; gegebenenfalls ausländische Einkünfte nach § 50 Absatz 3 EStG)	36.119
28	Auf die Beträge laut Zeile 27 entfallende ausländische Steuern, die der deutschen Einkommensteuer beziehungsweise Körperschaftsteuer entsprechen, gekürzt um einen entstandenen Ermäßigungsanspruch laut Nachweis 74	36.133
29 frei 30	Auf die Beträge laut Zeile 27 entfallende nicht anrechenbare ausländische Steuern, die nach § 34c Absatz 3 EStG zum Steuerabzug berechtigen laut Nachweis 74	36.143
	Fiktive ausländische Steuer	
30a	Laut DBA anzurechnende fiktive ausländische Steuer	36.121

135 In **Zeile 27** sind die übrigen ausl. Einkünfte einzutragen, also die ausl. Einkünfte, die weder steuerfreie Dividenden noch Investmenterträge sind. In Betracht kommen hier vor allem:

1. Zinseinnahmen,
2. Betriebsstätteneinkünfte aus Staaten, mit denen kein DBA besteht.

Dividenden, die nicht die Voraussetzungen des § 8b Abs. 4 KStG erfüllen sind in der Zeile 3a zu erfassen, die auf sie entfallende ausländische Steuer in den Zeilen 4a bzw. 5a. Da **Einkünfte** einzutragen sind, müssen die ausl. (Betriebs-) Einnahmen um damit im Zusammenhang stehende Betriebsausgaben (oder Werbungskosten) gekürzt werden. Erzielt die Körperschaft Einkünfte i.S.d. § 34d Nr. 3, 4, 6, 7 und 8 Buchst. c EStG (hauptsächlich originär private Einkunftsarten) innerhalb ihres Gewerbebetriebs, müssen die ausl. Einkünfte auch um damit im Zusammenhang stehende Betriebsausgaben gekürzt werden, vgl. § 34c Abs. 1 Satz 4 EStG. Dabei genügt ein mittelbarer Zusammenhang, sodass auch angemessene Teile von Gemeinkosten (z.B. Finanzierungskosten) zu berücksichtigen sind. Die ausl. Steuern dürfen die Einkünfte nicht gemindert haben. Soweit ausl. Steuern direkt von der Körperschaft gezahlt werden, haben sie regelmäßig den Jahresüberschuss gemindert und sind durch Eintragung in Zeile 87 der Anlage GK zu neutralisieren. Wird die Anlage AESt für einen Spezial-Investmentfonds ausgefüllt, ergibt sich der hier einzutragende Wert aus Zeile 22 vermindert um die Summe der Beträge lt. Zeilen 23 bis 28 des Feststellungsbescheids nach § 51 Abs. 1 InvStG.

136 In **Zeile 28** ist die **festgesetzte und gezahlte ausl. Steuer** aus dem jeweiligen Staat einzutragen, die auf die übrigen ausl. Einkünfte entfällt. Die ausl. Steuer muss der deutschen Einkommen- bzw. Körperschaftsteuer entsprechen. Entspricht die ausl. Steuer nicht der deutschen Einkommen- oder Körperschaftsteuer oder liegen keine ausl. Einkünfte vor, kommt ein Abzug der ausl. Steuer nach § 34c Abs. 3 EStG in Betracht (→ Rz. 116).

Besteht mit dem ausl. Staat ein DBA, werden die Steuern, die unter das Abkommen fallen, dort explizit genannt. Für Staaten, mit denen die Bundesrepublik kein DBA abgeschlossen hat, hat die FinVerw. eine amtliche Übersicht der der deutschen Körperschaft-/Einkommensteuer entsprechenden Steuern veröffentlicht.[1] Der Nachweis über die festgesetzte und gezahlte ausl. Steuer wird durch die entsprechenden Steuerbescheide geführt, vgl. § 68b Satz 1 EStDV. Soweit die ausl. Steuer eine Anmeldesteuer ist, dürfte auch die Vorlage der entsprechenden Steueranmeldung genügen. Die Umrechnung von in Fremdwährungen gezahlter ausl. Steuer ist auf Basis der von der Europäischen Zentralbank täglich veröffentlichten Euro-Referenzkurse vorzunehmen, vgl. R 34c Abs. 1 EStR 2012. Nicht enthalten sein dürfen allerdings ausl. Steuern, die auf nach DBA steuerfreie Einkünfte entfallen. Für diese ist die Anrechnung nach § 34c Abs. 6 Satz 1 EStG ausgeschlossen.

Viele Staaten (auch Deutschland) erheben Steuern auf bestimmte Einkünfte im Abzugsweg direkt an der Einkunftsquelle (z.B. Lohnsteuer oder Kapitalertragsteuer). Der Prozentsatz der einbehaltenen Steuer ist oftmals größer als der Prozentsatz, der dem ausl. Staat durch ein DBA zusteht. In Höhe der Differenz zwischen der tatsächlich einbehaltenen Steuer und dem Prozentsatz lt. DBA[2] besteht ein Ermäßigungsanspruch, der nach den jeweiligen nationalen Regelungen des ausl. Staats eingefordert werden kann. Falls ein solcher Ermäßigungsanspruch besteht, ist dieser von der ausl. Steuer abzuziehen – ohne Rücksicht darauf, ob der Ermäßigungsanspruch von der Körperschaft, für die die Steuererklärung auszufüllen ist, auch geltend gemacht wurde. Wurde vom ausl. Staat tatsächlich weniger Steuer erhoben, als lt. DBA möglich gewesen wäre, ist der tatsächlich einbehaltene Betrag einzutragen.

137 In **Zeile 30a** sind die auf Grund eines DBA anzurechnenden **fiktiven Quellensteuern** einzutragen. Einige DBA, die die Bundesrepublik **mit Entwicklungsländern** abgeschlossen hat, sehen die Anrechnung solcher fiktiven Quellensteuern vor.[3] Zur Stärkung der Investitionsbereitschaft deutscher Investoren in diesen Ländern darf auf die deutsche Körperschaftsteuer eine höhere ausl. Steuer angerechnet werden, als im ausl. Staat tatsächlich erhoben wird. Nach DBA anzurechnende fiktive Quellensteuern dürfen nicht nach § 34c Abs. 2 EStG abgezogen werden, vgl. § 34c Abs. 6 Satz 2 letzter Teilsatz EStG. Wird in Zeile 41 der Abzug der ausl. Steuern beantragt, wird die FinVerw. den in Zeile 30a eingetragenen Wert nicht vom Einkommen abziehen.

Übersicht der Doppelbesteuerungsabkommen, die eine Anrechnung von fiktiver Quellensteuer vorsehen

Staat	DBA-Norm	Begünstigte Einkunftsquellen	Höhe
Ägypten	Art. 24 Abs. 1 Buchst. c	Dividenden und Zinsen, die nach speziellen ägyptischen Rechtsnormen von den ägyptischen Steuern befreit sind	soweit ägyptische Steuern ohne die Steuerbefreiung entstanden wären
Argentinien	Art. 23 Abs. 3 Buchst. a	Dividenden und Lizenzgebühren	20 % des Bruttobetrags
	Art. 23 Abs. 3 Buchst. b	Zinsen	15 % des Bruttobetrags
Bangladesch	Art. 22 Abs. 1 Buchst. c	Dividenden, Zinsen und Lizenzgebühren	15 % des Bruttobetrags
Bolivien	Art. 23 Abs. 1 Buchst. c	Zinsen und Lizenzgebühren	20 % des Bruttobetrags
Ecuador	Art. 23 Abs. 1 Buchst. c	Zinsen und Lizenzgebühren	20 % des Bruttobetrags

1) BMF v. 7.1.2026, IV B 2 – S 1301/01499/005/004, BStBl I 2026, 132.
2) Übersicht über die Ermäßigungsansprüche unter https://www.bzst.de/SharedDocs/Downloads/DE/EU_OECD/anrechenbare_ausl_quellensteuer_2025.pdf?__blob=publicationFile&v=2%22
3) Vgl. BMF v. 3.8.2017, IV B 4 – S 1301/08/10015, BStBl I 2017, 1225.

Staat	DBA-Norm	Begünstigte Einkunftsquellen	Höhe
Elfenbeinküste	Art. 23 Abs. 1 Buchst. c–d	Dividenden und Zinsen, die wegen der wirtschaftlichen Entwicklung der Elfenbeinküste steuerbefreit oder niedriger besteuert werden	15 % des Bruttobetrags
Griechenland	Art. XVII Abs. 2 Nr. 2 Buchst. a Doppelbuchst. bb	Zinsen, die auf Grund besonderer griechischer Rechtsvorschriften über die Förderung der wirtschaftlichen Entwicklung von der griechischen Steuer befreit sind	10 % des Bruttobetrags
Indonesien	Art. 23 Abs. 1 Buchst. c	Dividenden (ohne Schachtelbeteiligungen), Zinsen, Lizenzgebühren, Gebühren für technische Dienstleistungen, Aufsichtsrats- und Verwaltungsvergütungen, Einkünfte der Künstler und Sportler, Lotteriegewinne, Preise und Einkünften aus der Vermietung beweglichen Vermögens	10 % des Bruttobetrags, falls die indonesische Steuer niedriger ist
Jamaika	Art. 23 Abs. 1 Buchst. c	Dividenden (ohne Schachtelbeteiligungen), Zinsen, Lizenzgebühren, Gewinne aus der Veräußerung unbeweglichen Vermögens und von Betriebsvermögen einer Betriebsstätte, Aufsichtsrats- und Verwaltungsratsvergütungen, Einkünfte der Künstler und Sportler, die nach jamaikanischem Recht zur Förderung der wirtschaftlichen Entwicklung nicht oder ermäßigt besteuert werden	In Höhe des Betrags, der ohne die Steuerermäßigung oder Freistellung nach jamaikanischem Recht angefallen wäre
Kenia	Art. 23 Abs. 1 Buchst. c Nr. i i.V.m. Art. 10, 11 und 12	Dividenden, Zinsen und Geschäftsleitungsvergütungen, die auf Grund von Sondermaßnahmen nach kenianischem Recht zur Förderung der wirtschaftlichen Entwicklung steuerbefreit sind oder ermäßigt besteuert werden	15 % des Bruttobetrags
	Art. 23 Abs. 1 Buchst. c Nr. ii	Lizenzgebühren	20 % des Bruttobetrags
Liberia	Art. 23 Abs. 1 Buchst. b i.V.m. Art. 10 Abs. 2	Dividenden aus Gesellschaften, die nicht die Voraussetzungen des Schachtelprivilegs erfüllen, aber über eine Personengesellschaft gemeinschaftlich mit anderen Gesellschaften eine Beteiligung von 25 % halten	15 % des Bruttobetrags
	Art. 23 Abs. 1 Buchst. c	Zinsen oder Dividenden, die nicht unter Art. 10 Abs. 2 fallen und deren Besteuerung auf Grund von Sondermaßnahmen zur Förderung der wirtschaftlichen Entwicklung auf weniger als 10 % ermäßigt worden	10 % des Bruttobetrags
Marokko	Art. 23 Abs. 1 Nr. 3	Dividenden (ohne Schachtelbeteiligungen), die zur Förderung der wirtschaftlichen Entwicklung in Marokko steuerbefreit sind oder mit weniger als 15 % besteuert werden	15 % des Bruttobetrags
	Art. 23 Abs. 1 Nr. 4	Zinsen, die zur Förderung der wirtschaftlichen Entwicklung in Marokko steuerfrei sind oder mit weniger als 10 % besteuert werden	10 % des Bruttobetrags
		Zinsen von bestimmten im Schlussprotokoll des DBA aufgezählten Institutionen	15 % des Bruttobetrags
Mongolei	Art. 23 Abs. 1 Buchst. c	Dividenden von Gesellschaften, an denen die Körperschaft unmittelbar zu weniger als 10 % beteiligt ist, sowie Zinsen und Lizenzgebühren	10 % des Bruttobetrags
Portugal	Art. 24 Abs. 2 Buchst. c	Dividenden (ohne Schachtelbeteiligungen), Zinsen und Lizenzgebühren	15 % des Bruttobetrags
Sri Lanka	Art. 23 Abs. 1 Buchst. c Doppelbuchst. aa und cc	Dividenden und Lizenzgebühren	20 % des Bruttobetrags
	Art. 23 Abs. 1 Buchst. c Doppelbuchst. bb	Zinsen	15 % des Bruttobetrags
Trinidad und Tobago	Art. 22 Abs. 1 Buchst. c	Dividenden (ohne Schachtelbeteiligungen), Zinsen und Lizenzgebühren, die auf Grund von Sondermaßnahmen zur Förderung der wirtschaftlichen Entwicklung steuerfrei oder ermäßigt besteuert werden	In Höhe des Betrags, der ohne die Steuerermäßigung oder Freistellung nach dem Recht von Trinidad und Tobago angefallen wäre

Staat	DBA-Norm	Begünstigte Einkunftsquellen	Höhe
Tunesien	Art. 23 Abs. 1 Buchst. c	Dividenden, Zinsen oder Lizenzgebühren, die zur Förderung der wirtschaftlichen Entwicklung steuerfrei oder ermäßigt besteuert werden	In Höhe des Betrags, der ohne die Steuerermäßigung oder Freistellung nach tunesischem Recht angefallen wäre
Venezuela	Art. 23 Abs. 1 Buchst. c Doppelbuchst. aa	Dividenden, die auf Grund eines zeitlich begrenzten Programms zur Schaffung steuerlicher Anreize steuerfrei oder ermäßigt besteuert werden	15 % des Bruttobetrags
	Art. 23 Abs. 1 Buchst. c Doppelbuchst. bb	Zinsen und Lizenzgebühren, die auf Grund eines zeitlich begrenzten Programms zur Schaffung steuerlicher Anreize steuerfrei oder ermäßigt besteuert werden	5 % des Bruttobetrags

138 In **Zeile 30** sind ausl. Steuern **nach § 34c Abs. 3 EStG** einzutragen, die auf Investmenterträge aus Immobilienfonds mit Anlageschwerpunkt im Ausland entfallen. Das sind solche ausl. Steuern, die

1. nicht der deutschen Einkommen- oder Körperschaftsteuer entsprechen oder
2. die nicht in dem Staat erhoben werden, aus dem die Einkünfte stammen oder
3. gezahlt wurden, obwohl keine ausl. Einkünfte i.S.d. § 34d EStG vorliegen.

Ausl. Steuern nach § 34c Abs. 3 EStG sind grundsätzlich vom Einkommen abzuziehen, soweit sie auf steuerpflichtige Einkünfte entfallen. Die hier eingetragenen ausl. Steuern können folglich nur zu 20 % vom Einkommen abgezogen werden, da die Investmenterträge aus Mischfonds in Zeile 24 zu 80 % steuerbefreit sind.

4. Ausländische Einkünfte und Steuern aus Beteiligungen an Personengesellschaften (Zeilen 31–35)

	Ausländische Einkünfte und Steuern aus Beteiligungen an Personengesellschaften laut gesonderter und einheitlicher Feststellung (50)	
31	Ausländische Einkünfte nach § 34c Absatz 1 EStG (bei Organgesellschaften: wenn der Organträger der Körperschaftsteuer unterliegt)	36.134
32	Nur bei Organgesellschaften: Ausländische Einkünfte nach § 34c Absatz 1 EStG, wenn der Organträger der Einkommensteuer unterliegt	36.135
33	Ausländische Steuern nach § 34c Absatz 1 EStG	36.136
34	Ausländische Steuern nach § 34c Absatz 2 EStG (bei Organgesellschaften: wenn der Organträger der Körperschaftsteuer unterliegt)	36.137
35	Nur bei Organgesellschaften: Ausländische Steuern nach § 34c Absatz 2 EStG, wenn der Organträger der Einkommensteuer unterliegt	36.138

139 In den **Zeilen 31 bis 35** sind ausl. Einkünfte und ausl. Steuern einzutragen, die die Körperschaft mittelbar über die Beteiligung an Personengesellschaft verwirklicht. Dies umfasst Mitunternehmerschaften und vermögensverwaltende Personengesellschaften. Die hier einzutragenden Werte ergeben sich im Prinzip aus der gesonderten und einheitlichen Feststellung nach § 180 Abs. 1 Nr. 2 Buchst. a AO. Allerdings werden in der Feststellungserklärung der Personengesellschaft (Mitunternehmerschaft) die erforderlichen Werte nicht so abgefragt bzw. festgestellt, dass sie direkt in die Eingabezeilen überführt werden könnten.

Praxishinweis:

Im Rahmen der gesonderten und einheitlichen Feststellung nach § 180 Abs. 1 Nr. 2 Buchst. a AO dürfen die ausl. Steuern die Einkünfte nicht gekürzt haben, selbst wenn dort der Abzug beantragt wurde. Die Feststellung erfolgt bei den ausl. Einkünften immer mit dem ungekürzten Wert. Zur Frage der Wahlrechtsausübung siehe → Rz. 1053 ff. Die Beträge der Personengesellschaft dürfen demnach nicht nochmal über die Anlage GK hinzugerechnet werden. Gleiches gilt für Organgesellschaften.

140 Die Anlage FE-AUS 1 zur Feststellungserklärung der Personengesellschaft sieht die Feststellung folgender Besteuerungsgrundlagen im Zusammenhang mit der Anrechnung bzw. dem Abzug ausl. Steuern nach § 34c Abs. 1 bis 3 EStG vor:

Zeile	Beschreibung
Zeile 9	ausl. Einkünfte i.S.d. § 34c Abs. 1 EStG insgesamt
Zeile 10	in diesen Einkünften enthaltene Einkünfte i.S.d. §§ 3 Nr. 40, 3c Abs. 2 EStG bzw. § 8b KStG (100 %)
Zeile 11	auf die ausl. Einkünfte entfallende ausl. Steuern
Zeile 12	hiervon auf Einkünfte i.S.d. § 3 Nr. 40 EStG bzw. § 8b KStG entfallende ausl. Steuern
Zeile 13	in den ausl. Steuern enthaltene fiktive ausl. Steuern nach DBA

Anders als bei der Körperschaftsteuer werden bei der gesonderten und einheitlichen Feststellung nach § 180 Abs. 1 Nr. 2 Buchst. a AO für einen Staat ggf. mehrere Feststellungen getroffen (siehe nachfolgendes Beispiel). Diese sind dann ggf. für die Körperschaftsteuer wiederum auf einer Anlage AESt zusammenzufassen.

Beispiel:

An der KG ist die GmbH zu 100 % beteiligt. Die KG erzielt Zinsen, Dividenden und Investmenterträge aus dem A-Staat jeweils i.H.v. 10 000 €. Auf Grund der Eintragungssystematik der Feststellungsvordrucke werden zwei Anlagen FE-AUS 1 abgegeben. Auf der einen Anlage FE-AUS 1 werden die Zins- und Dividendenerträge erklärt, während auf der anderen FE-AUS 1 ausschließlich die Investmenterträge aus Aktienfonds erklärt werden müssen. Es erfolgen dann auch zwei Feststellungen für den A-Staat. Auf Ebene der Körperschaftsteuer müssen diese beiden Feststellungen nun wieder auf einer Anlage AESt zusammengeführt werden.

In der **Zeile 31** sind die **ausl. Einkünfte** i.S.d. § 34c Abs. 1 EStG aus dem jeweiligen Staat/Spezial-Investmentfonds einzutragen, die die **Körperschaft** mittelbar über eine Personengesellschaft verwirklicht. Da für den Fall der Organschaft ausl. Einkünfte getrennt nach Organträgern die der Körperschaftsteuer bzw. (ggf. mittelbar) der Einkommensteuer (Zeile 32) unterliegen abgefragt werden, muss hieraus geschlossen werden, dass außerbilanzielle Korrekturen nach § 8b KStG und nach § 20 InvStG bereits berücksichtigt sein müssen (**Nettowert**). Dies gilt im Umkehrschluss auch für den Fall, dass es sich bei der Körperschaft, für die die Steuererklärung ausgefüllt wird, nicht um eine Organgesellschaft handelt. **141**

Die Erträge aus der Personengesellschaft werden saldiert erfasst. Das heißt, es werden die Einkünfte und jeweils ein Korrekturbetrag für natürliche Personen und ein Korrekturbetrag für Körperschaften erfasst. Dies ist sinnvoll, da neben § 8b KStG und § 3 Nr. 40 EStG noch die Teilfreistellungen des Investmentsteuergesetzes und weitere Sondertatbestände erfasst werden müssten. Die Erfassung des Nettowerts verstößt nicht gegen die in § 15 Satz 1 Nr. 2 und 2a KStG angeordnete der Anwendung der Steuerbefreiungen auf den Organträger, da es sich hierbei lediglich um eine materiell-rechtliche Regelung, nicht um eine verfahrensrechtliche handelt. Ausgehend von den in → Rz. 140 festgestellten Besteuerungsgrundlagen ergibt sich der hier einzutragende Wert nach folgendem Rechenschema:

	ausl. Einkünfte i.S.d. § 34c Abs. 1 EStG insgesamt (Zeile 9)
./.	in diesen Einkünften enthaltene Einkünfte i.S.d. §§ 3 Nr. 40, 3c Abs. 2 EStG bzw. § 8b KStG (100 %) (Zeile 10)[1]
=	in Zeile 31 einzutragender Wert

Beratungshinweis:

Die FinVerw. geht davon aus, dass nach § 8b KStG steuerfreie Bezüge zu 100 % nicht bei der Berechnung der ausl. Einkünfte berechnet werden dürfen. Da jedoch außerbilanzielle Korrekturen bei der Berechnung der ausl. Einkünfte berücksichtigt werden müssen, spricht viel dafür, auch § 8b Abs. 3 und 5 KStG (fiktive Betriebsausgaben von 5 %) hier mit zu berücksichtigen. Vertritt man diesen Ansatz dürfen nur 95 % der ausl. Einkünfte hier abgezogen werden. Ein Hinweis auf dieses Vorgehen in Zeile 13 des Mantelbogens wird empfohlen. Zur Thematik allgemein siehe → Rz. 158.

Liegen mehrere Feststellungen zu einem Staat vor bzw. wurden ausl. Investmenterträge festgestellt, müssen die unterschiedlichen Feststellungen auf einer Anlage AESt zusammengeführt werden. Der einzutragende Wert nach folgendem Rechenschema

	ausl. Einkünfte i.S.d. § 34c Abs.1 EStG (Zeile 9) aus der Feststellung, in der keine Investmenterträge enthalten sind
./.	in diesen Einkünften enthaltene Einkünfte i.S.d. §§ 3 Nr. 40, 3c Abs. 2 EStG bzw. § 8b KStG (100 %) aus der Feststellung, in der keine Investmenterträge enthalten sind (Zeile 10)[2]
+	20 % der ausl. Einkünfte i.S.d. § 34c Abs. 1 EStG (Zeile 9) aus der Feststellung, für Aktienfonds
+	70 % der ausl. Einkünfte i.S.d. § 34c Abs. 1 EStG (Zeile 9) aus der Feststellung, für Aktienfonds, die die Voraussetzungen des § 20 Abs. 1 Satz 4 InvStG erfüllen
+	40 % der ausl. Einkünfte § 34c Abs. 1 EStG (Zeile 9) aus der Feststellung für Mischfonds
+	85 % der ausländischen Einkünfte i.S.d. § 34c Abs. 1 EStG (Zeile 9) aus der Feststellung, für Mischfonds, die die Voraussetzungen des § 20 Abs. 1 Satz 4 InvStG erfüllen
+	40 % der ausl. Einkünfte i.S.d. § 34c Abs. 1 EStG (Zeile 9) aus der Feststellung für Immobilienfonds
+	20 % der ausl. Einkünfte i.S.d. § 34c Abs. 1 EStG (Zeile 9) aus der Feststellung für Immobilienfonds mit Anlageschwerpunkt im Ausland
=	in Zeile 31 einzutragender Wert

Praxishinweis: **142**

Die Multiplikation der ausl. Einkünfte, für die § 3 Nr. 40 EStG oder § 8b KStG Anwendung findet, mit 95 % ist nicht in allen Fällen zutreffend. § 8b KStG und § 3 Nr. 40 EStG unterscheiden sich insoweit, als bei § 3 Nr. 40 EStG grundsätzlich damit im Zusammenhang stehende Ausgaben nach § 3c Abs. 2 KStG zu kürzen sind, während die tatsächlichen Betriebsausgaben bei § 8b KStG keine Relevanz haben. Auch existiert mit § 8b Abs. 4 KStG eine Schachtelregelung für Körperschaften, die bei § 3 Nr. 40 EStG nicht besteht. Eine sinnvolle Eintragung in Zeile 10 der Anlage FE-AUS 1 und damit auch eine entsprechende Feststellung ist daher nicht möglich. Maßgebend für die Körperschaftsteuer ist jedoch der nach § 180 Abs. 1 Nr. 2 Buchst. a AO festgestellte Wert. Ob eine „fehlerhafte" Feststellung auf Ebene der Körperschaftsteuerfestsetzung noch behoben werden kann, darf allerdings bezweifelt werden. Es empfiehlt sich daher in einschlägigen Fällen gegen die gesonderte und einheitliche Feststellung nach § 180 Abs. 1 Nr. 2 Buchst. a AO ein Rechtsmittel zu führen und auf die Feststellung korrekter § 8b KStG-Werte zu bestehen.

---

1) Siehe aber → Rz. 142.
2) Siehe aber → Rz. 142.

143 In der **Zeile 32** sind bei Organgesellschaften die **ausl. Einkünfte** i.S.d. § 34c Abs. 1 EStG einzutragen, die die Körperschaft mittelbar über Beteiligungen an Personengesellschaften bezieht und der Organträger der Einkommensteuer unterliegt – also eine natürliche Person ist. Ist die Körperschaft, für die die Steuererklärung ausgefüllt wird, keine Organgesellschaft, darf hier nichts eingetragen werden. Steuerbefreiungen, die für natürliche Personen gewährt werden (z.B. § 3 Nr. 40 EStG, aber auch § 20 InvStG mit den Freistellungssätzen für natürliche Personen), müssen bereits abgezogen worden sein.

Ausgehend von den in → Rz. 140 festgestellten Besteuerungsgrundlagen ergibt sich der hier einzutragende Wert nach folgendem Rechenschema:

	ausl. Einkünfte i.S.d. § 34c Abs. 1 EStG insgesamt (Zeile 9)
./.	40 % der in diesen Einkünften enthaltene Einkünfte i.S.d. §§ 3 Nr. 40, 3c Abs. 2 EStG bzw. § 8b KStG (Zeile 10)[1]
=	in Zeile 32 einzutragender Wert

Liegen mehrere Feststellungen zu einem Staat vor bzw. wurden ausl. Investmenterträge festgestellt, müssen die unterschiedlichen Feststellungen auf einer Anlage AESt zusammengeführt werden. Der einzutragende Wert nach folgendem Rechenschema:

	ausl. Einkünfte i.S.d. § 34c Abs. 1 EStG (Zeile 9) aus der Feststellung, in der keine Investmenterträge enthalten sind
./.	40 % der in diesen Einkünften enthaltene Einkünfte i.S.d. §§ 3 Nr. 40, 3c Abs. 2 EStG bzw. § 8b KStG (Zeile 10) aus der Feststellung, in der keine Investmenterträge enthalten sind (Zeile 10)[2]
+	40 % der ausl. Einkünfte i.S.d. § 34c Abs. 1 EStG (Zeile 9) aus der Feststellung, für Aktienfonds
+	70 % der ausl. Einkünfte i.S.d. § 34c Abs. 1 EStG (Zeile 9) aus der Feststellung, für Aktienfonds, die die Voraussetzungen des § 20 Abs. 1 Satz 4 InvStG erfüllen
+	70 % der ausl. Einkünfte i.S.d. § 34c Abs. 1 EStG (Zeile 9) aus der Feststellung für Mischfonds
+	85 % der ausl. Einkünfte i.S.d. § 34c Abs. 1 EStG (Zeile 9) aus der Feststellung, für Mischfonds, die die Voraussetzungen des § 20 Abs. 1 Satz 4 InvStG erfüllen
+	40 % der ausl. Einkünfte i.S.d. § 34c Abs. 1 EStG (Zeile 9) aus der Feststellung für Immobilienfonds
+	20 % der ausl. Einkünfte i.S.d. § 34c Abs. 1 EStG (Zeile 9) aus der Feststellung für Immobilienfonds mit Anlageschwerpunkt im Ausland
=	in Zeile 32 einzutragender Wert

144 In **Zeile 33** ist die **ausl. Steuer nach § 34c Abs. 1 EStG** einzutragen, die von der Körperschaft als Gesellschafterin (Mitunternehmerin) mittelbar gezahlt wurde. Enthalten sein müssen auch fiktive ausl. Steuern. Ausgehend von den in → Rz. 140 festgestellten Besteuerungsgrundlagen ergibt sich der hier einzutragende Wert aus der Zeile 11.

145 In der **Zeilen 34** sind die **ausl. Steuern nach § 34c Abs. 2 EStG** einzutragen, die die Körperschaft, für die die Steuererklärung ausgefüllt wird mittelbar über Personengesellschaften bezieht. Ausländische Steuern nach § 34c Abs. 2 EStG sind solche, die auf Antrag vom Einkommen abzuziehen sind. Sie unterscheiden sich von den ausl. Steuern nach § 34c Abs. 1 EStG dadurch, dass sie nur insoweit vom Einkommen abgezogen werden dürfen, als sie auf steuerpflichtige ausl. Einkünfte entfallen.

Ausgehend von den in → Rz. 140 festgestellten Besteuerungsgrundlagen ergibt sich der hier einzutragende Wert nach folgendem Rechenschema:

	auf die ausl. Einkünfte entfallende ausl. Steuern
./.	hiervon auf Einkünfte i.S.d. § 3 Nr. 40 EStG bzw. § 8b KStG entfallende ausl. Steuern
=	in Zeile 34 einzutragender Wert

Wie bei den ausl. Einkünften könnte man auch hier die Auffassung vertreten, dass die ausl. Steuern nur zu 95 % abzuziehen sind, da eine Steuerbefreiung im Saldo nur i.H.v. 95 % vorliegt (siehe → Rz. 141).

Liegen mehrere Feststellungen zu einem Staat vor bzw. wurden ausl. Investmenterträge festgestellt, müssen die unterschiedlichen Feststellungen auf einer Anlage AESt zusammengeführt werden. Der einzutragende Wert nach folgendem Rechenschema:

	auf die ausl. Einkünfte entfallenden ausl. Steuern aus der Feststellung, in der keine Investmenterträge enthalten sind
./.	hiervon auf Einkünfte i.S.d. § 3 Nr. 40 EStG bzw. § 8b KStG entfallende ausl. Steuern aus der Feststellung, in der keine Investmenterträge enthalten sind (Zeile 10)[3]
+	20 % der auf die ausl. Einkünfte entfallenden ausl. Steuern aus der Feststellung für Aktienfonds
+	70 % der auf die ausl. Einkünfte entfallenden ausl. Steuern aus der Feststellung für Aktienfonds, die die Voraussetzungen des § 20 Abs. 1 Satz 4 InvStG erfüllen
+	40 % der auf die ausl. Einkünfte entfallenden ausl. Steuern aus der Feststellung für Mischfonds

1) Siehe aber → Rz. 142.
2) Siehe aber → Rz. 142.
3) Siehe aber → Rz. 142.

\+ 85 % der auf die ausl. Einkünfte entfallenden ausl. Steuern aus der Feststellung, für Mischfonds, die die Voraussetzungen des § 20 Abs. 1 Satz 4 InvStG erfüllen
\+ 40 % der auf ausl. Einkünfte entfallenden ausl. Steuern aus der Feststellung für Immobilienfonds
\+ 20 % der der auf ausl. Einkünfte entfallenden ausl. Steuern mit Anlageschwerpunkt im Ausland
= in Zeile 32 einzutragender Wert

In der **Zeile 35** sind **bei Organgesellschaften** die **ausl. Steuern nach § 34c Abs. 2 EStG** einzutragen, wenn der 146
Organträger der Einkommensteuer unterliegt. Ausgehend von den in → Rz. 140 festgestellten Besteuerungsgrundlagen ergibt sich der hier einzutragende Wert nach folgendem Rechenschema:

auf die ausl. Einkünfte entfallende ausl. Steuern
./. 40 % der auf Einkünfte i.S.d. § 3 Nr. 40 EStG bzw. § 8b KStG entfallende ausl. Steuern
= in Zeile 34 einzutragender Wert

Liegen mehrere Feststellungen zu einem Staat vor bzw. wurden ausl. Investmenterträge festgestellt, müssen die unterschiedlichen Feststellungen auf einer Anlage AESt zusammengeführt werden. Der einzutragende Wert nach folgendem Rechenschema:

auf die ausl. Einkünfte entfallende ausl. Steuern aus der Feststellung, in der keine Investmenterträge enthalten sind
./. 40 % der in diesen Einkünften enthaltene Einkünfte i.S.d. §§ 3 Nr. 40, 3c Abs. 2 EStG bzw. § 8b KStG (Zeile 10) aus der Feststellung, in der keine Investmenterträge enthalten sind (Zeile 10)[1]
\+ 40 % der auf die ausl. Einkünfte entfallenden ausl. Steuern aus der Feststellung für Aktienfonds
\+ 70 % der auf die ausl. Einkünfte entfallenden ausl. Steuern aus der Feststellung für Aktienfonds, die die Voraussetzungen des § 20 Abs. 1 Satz 4 InvStG erfüllen
\+ 70 % der auf die ausl. Einkünfte entfallenden ausl. Steuern aus der Feststellung für Mischfonds
\+ 85 % der auf die ausl. Einkünfte entfallenden ausl. Steuern aus der Feststellung, für Mischfonds, die die Voraussetzungen des § 20 Abs. 1 Satz 4 InvStG erfüllen
\+ 40 % der auf ausl. Einkünfte entfallenden ausl. Steuern aus der Feststellung für Immobilienfonds
\+ 20 % der der auf ausl. Einkünfte entfallenden ausl. Steuern mit Anlageschwerpunkt im Ausland
= in Zeile 32 einzutragender Wert

Angaben zu den abzuziehenden Steuern nach § 34c Abs. 3 EStG fehlen hier, da dem Grunde nach über den Abzug 147
auf Ebene der gesonderten und einheitlichen Feststellung abschließend entschieden wurde. Eine Aufgliederung nach Staaten ist demnach nicht mehr notwendig. Auf Ebene der Personengesellschaft nach § 34c Abs. 3 EStG müssen die Einkünfte aus Personengesellschaften, die in Zeile 22 der Anlage GK einzutragen sind bereits abgezogen worden sein. Handelt es sich um eine Organgesellschaft, sind nach § 34c Abs. 3 EStG nur teilweise abziehbare ausländische Steuern bei den Eintragungen in Zeile 59 und 60 der Anlage OG zu berücksichtigen.

5. Ausländische Einkünfte und Steuern aus Organgesellschaften (Zeilen 36–40)

Steuernummer

\- 3 -

Zeile	**Ausländische Einkünfte und Steuern der Organgesellschaften laut gesonderter und einheitlicher Feststellung** 50	EUR
36	Ausländische Einkünfte nach § 34c Absatz 1 EStG, wenn der Organträger der Körperschaftsteuer unterliegt	36.144
37	Ausländische Einkünfte nach § 34c Absatz 1 EStG, wenn der Organträger der Einkommensteuer unterliegt	36.145
38	Ausländische Steuern nach § 34c Absatz 1 EStG	36.146
39	Ausländische Steuern nach § 34c Absatz 2 EStG, wenn der Organträger der Körperschaftsteuer unterliegt	36.147
40	Ausländische Steuern nach § 34c Absatz 2 EStG, wenn der Organträger der Einkommensteuer unterliegt	36.148

In den Zeilen 36 bis 40 sind Angaben zu ausl. Einkünften und ausl. Steuern zu machen, die der Körperschaft, für 148
die die Steuererklärung ausgefüllt wird, als Organträger zuzurechnen sind. Die hier einzutragenden Werte ergeben sich bindend aus der gesonderten und einheitlichen Feststellung nach § 14 Abs. 5 KStG. Anders als bei Personengesellschaften ist hier eine Übernahme der entsprechenden Ergebnisse aus dem Feststellungsbescheid direkt möglich.

1) Siehe aber → Rz. 142.

149 In der **Zeile 36** sind die **ausl. Einkünfte** i.S.d. § 34c Abs. 1 EStG aus dem jeweiligen Staat/Spezial-Investmentfonds einzutragen, die der **Körperschaft als Organträger zuzurechnen sind**. Da für den Fall der Organschaft ausl. Einkünfte getrennt nach Organträgern die der Körperschaftsteuer bzw. (ggf. mittelbar) der Einkommensteuer (Zeile 32) unterliegen abgefragt werden, muss hieraus geschlossen werden, dass außerbilanzielle Korrekturen nach § 8b KStG und nach § 20 InvStG bereits berücksichtigt sein müssen (**Nettowert**).

Die FinVerw. erfasst hier saldierte Werte, d.h. die ausl. Einkünfte und jeweils Korrekturbeträge für natürliche Personen und Körperschaften. Dies ist sinnvoll, da so der Erfassungsaufwand deutlich reduziert werden kann. Die hierfür benötigten Werte werden im Rahmen der gesonderten und einheitlichen Feststellung nach § 14 Abs. 5 KStG verbindlich festgestellt. Die Erfassung des Nettowerts verstößt nicht gegen die in § 15 Satz 1 Nr. 2 und 2a KStG angeordnete Anwendung der Steuerbefreiungen auf den Organträger, da es sich hierbei lediglich um eine materiell-rechtliche Regelung, nicht um eine verfahrensrechtliche handelt.

Beratungshinweis:

Die FinVerw. geht davon aus, dass nach § 8b KStG steuerfreie Bezüge zu 100 % nicht bei der Berechnung der ausl. Einkünfte berechnet werden dürfen. Da jedoch außerbilanzielle Korrekturen bei der Berechnung der ausl. Einkünfte berücksichtigt werden müssen, spricht viel dafür, auch § 8b Abs. 3 und 5 KStG (fiktive Betriebsausgaben von 5 %) hier ebenfalls zu berücksichtigen. Vertritt man diesen Ansatz dürfen nur 95 % der ausl. Einkünfte hier abgezogen werden. Ein Hinweis auf dieses Vorgehen in Zeile 13 des Mantelbogens wird empfohlen. Zur Thematik allgemein siehe → Rz. 158.

150 In der **Zeile 37** sind die **ausl. Einkünfte** i.S.d. § 34c Abs. 1 EStG einzutragen, die der Körperschaft für die die Steuererklärung ausgefüllt wird als Organträger zuzurechnen sind, wenn der Organträger der Einkommensteuer unterliegt – also eine natürliche Person ist einzutragen. Die Erfassung eines Wertes in Zeile 37 ist daher nur für Zwischengesellschaften (sowohl Organträger als auch Organgesellschaft) erforderlich bzw. zulässig. Steuerbefreiungen, die für natürliche Personen gewährt werden (z.B. § 3 Nr. 40 EStG, aber auch § 20 InvStG mit den Freistellungssätzen für natürliche Personen) müssen bereits abgezogen worden sein.

151 In **Zeile 38** ist die **ausl. Steuer nach § 34c Abs. 1 EStG** einzutragen, die der Körperschaft als Organträger zugerechnet werden. Enthalten sein müssen auch fiktive ausl. Steuern.

152 In der **Zeile 39** sind die **ausl. Steuern nach § 34c Abs. 2 EStG** einzutragen, die der Körperschaft als Organträger zuzurechnen sind. Ausl. Steuern nach § 34c Abs. 2 EStG sind solche, die auf Antrag vom Einkommen abzuziehen sind. Sie unterscheiden sich von den ausl. Steuern nach § 34c Abs. 1 EStG dadurch, dass sie nur insoweit vom Einkommen abgezogen werden dürfen, als sie auf steuerpflichtige ausl. Einkünfte entfallen.

153 In der **Zeile 40** sind **bei Zwischengesellschaften** die **ausl. Steuern nach § 34c Abs. 2 EStG** einzutragen, wenn der Organträger der Einkommensteuer unterliegt. Der hier eingetragene Wert wird in der gesonderten und einheitlichen Feststellung nach § 14 Abs. 5 KStG addiert um von der Körperschaft selbst verwirklichte Tatbestände an den Organträger weitergeleitet.

154 Angaben zu den abzuziehenden Steuern nach § 34c Abs. 3 EStG fehlen hier, da dem Grunde nach über den Abzug auf Ebene der gesonderten und einheitlichen Feststellung abschließend entschieden wurde. Eine Aufgliederung nach Staaten ist demnach nicht mehr notwendig. Abzuziehende ausl. Steuern nach § 34c Abs. 3 EStG aus Organgesellschaften sind in den Zeilen 25a und 25b der Anlage OT einzutragen.

6. Ausübung des Wahlrechts auf Abzug der ausländischen Steuer (Zeilen 41 und 42)

	Abzuziehende ausländische Steuern nach § 34c Absatz 2 EStG		
41	Nicht bei Organgesellschaften: Der Antrag auf Abzug vom Einkommen nach § 34c Absatz 2 EStG wird gestellt ⑰	36.132	1 = Ja
42	Abzuziehende ausländische Steuern nach § 34c Absatz 2 EStG (wenn Antrag laut Zeile 41 gestellt: Summe aus 20 % des Betrages laut Zeile 10, 70 % des Betrages laut Zeile 13, 60 % des Betrages laut Zeile 16, 85 % des Betrages laut Zeile 19, 40 % des Betrages laut Zeile 22 und 20 % des Betrages laut Zeile 25 zuzüglich Summe der Beträge laut Zeilen 4a, 28, 34 und 39) - (Übertrag nach Zeile 20 der Anlage ZVE) ⑰ ㊷	EUR	

155 Die Anrechnung ausl. Steuern wird in der Erklärung nicht dargestellt. Sie erfolgt grundsätzlich von Amts wegen. Der Stpfl. hat aber die Möglichkeit, die ausl. Steuer nach § 34c Abs. 1 EStG auf Antrag vom Einkommen abzuziehen, vgl. § 34c Abs. 2 EStG. Die Ausübung des Wahlrechts hat für den jeweiligen Staat einheitlich zu erfolgen.

Der **Antrag** ist einheitlich für alle ausl. Steuern nach § 34c Abs. 1 EStG aus diesem Staat in **Zeile 41** durch Eintragung einer „1" zu stellen. Der Antrag kann bis zur Bestandskraft der Körperschaftsteuerfestsetzung gestellt und zurückgezogen werden. Dies gilt jedoch nur eingeschränkt, wenn ausl. Einkünfte auch aus Personengesellschaften bezogen werden (→ Rz. 161).

Die Anrechnung der ausl. Steuer ist begrenzt auf die auf die ausl. Einkünfte entfallenden Teile der Körperschaftsteuer. Die auf die ausl. Einkünfte entfallende Körperschaftsteuer wird nach folgender Formel ermittelt (§ 34c Abs. 1 EStG i.V.m. § 26 Abs. 2 KStG): 156

$$\frac{\text{ausländische Einkünfte aus dem jeweiligen Staat}}{\text{Summe der Einkünfte}} \times \text{Körperschaftsteuer}$$

Körperschaftsteuer ist dabei die Körperschaftsteuer, die sich ohne Berücksichtigung von KSt-Erhöhungs- oder -Minderungsbeträge nach §§ 37, 38 KStG und ohne Anrechnung der ausl. Steuer ergibt, vgl. § 26 Abs. 2 KStG. Die Summe der Einkünfte ist – außer bei Organträgern – identisch mit dem in Zeile 32 der Anlage ZVE eingetragenen Wert. Handelt es sich um einen Organträger, setzt sich die für Zwecke der Anrechnung verwendete Summe der Einkünfte aus dem Betrag lt. Zeile 32 der Anlage ZVE und der Summe der einzelnen Summen der Einkünfte der Organgesellschaft zusammen, die in Zeile 26 der Anlage OT eingetragen werden. 157

Für die Anrechnung berechnen sich die ausl. Einkünfte nach § 34c Abs. 1 EStG aus diesem Staat wie folgt (zu Organgesellschaften siehe → Rz. 164): 158

	0 % der Bezüge nach § 20 Abs. 1 Nr. 1, 2, 9 und 10 Buchst. a EStG, die § 8b Abs. 1 und KStG steuerfrei sind (Zeile 3)
+	100 % der Bezüge nach § 20 Abs. 1 Nr. 1, 2, 9 und 10 Buchst. a EStG, die nicht nach § 8b KStG steuerfrei sind (Zeile 3a)
+	0 % der Veräußerungsgewinne und -verluste, die nach § 8b KStG steuerbefreit sind (Zeile 6)
+	20 % der Investmenterträge aus Aktienfonds (Zeile 9)
+	30 % der Investmenterträge aus Aktienfonds nach § 20 Abs. 1 Satz 4 Nr. 2 InvStG (Zeile 12)
+	60 % der Investmenterträge aus Mischfonds (Zeile 15)
+	85 % der Investmenterträge aus Mischfonds nach § 20 Abs. 1 Satz 4 Nr. 2 InvStG (Zeile 18)
+	40 % der Investmenterträge aus Immobilienfonds (Zeile 21)
+	20 % der Investmenterträge aus Immobilienfonds mit Anlageschwerpunkt im Ausland (Zeile 24)
+	übrigen ausl. Einkünfte (Zeile 27)
+	ausl. Einkünfte nach § 34c Abs. 1 EStG aus Personengesellschaften (Zeile 31)
+	ausl. Einkünfte nach § 34c Abs. 1 EStG aus Organgesellschaften (Zeile 36)
=	Gesamtbetrag der ausl. Einkünfte aus diesem Staat/Spezial-Investmentfonds

Die Berücksichtigung der steuerfreien Bezüge und Veräußerungsgewinne nach § 8b KStG mit 0 % begegnet systematischen Bedenken. Die ausl. Einkünfte nach § 34c Abs. 1 EStG sind nach deutschem Steuerrecht zu ermitteln. Berücksichtigt man die Steuerbefreiung nach § 8b Abs. 1 oder 2 KStG, muss man auch die nicht abziehbaren Betriebsausgaben nach § 8b Abs. 3 Satz 1 und Abs. 5 KStG berücksichtigen. Einen Ausschluss steuerbefreiter Einkünfte – wie in § 34c Abs. 2 EStG – existiert für § 34c Abs. 1 EStG nicht.

Für den Abzug ist zu berücksichtigen, dass sich der das Einkommen mindernde Betrag wie folgt berechnet: 159

	0 % der ausländischen Steuern, die auf Bezüge nach § 20 Abs. 1 Nr. 1, 2, 9 und 10 Buchst. a EStG, die § 8b Abs. 1 und 4 KStG steuerfrei sind entfallen (Zeile 4)
+	100 % der ausländischen Steuern, die auf Bezüge nach § 20 Abs. 1 Nr. 1, 2, 9 und 10 Buchst. a EStG, die nicht nach § 8b KStG steuerfrei sind entfallen (Zeile 4a)
+	0 % der ausländischen Steuern, die auf Veräußerungsgewinne und -verluste aus Anteilen an im Ausland ansässigen Körperschaften entfallen (Zeile 5a)
+	20 % der auf Investmenterträge aus Aktienfonds entfallenden ausl. Steuer (Zeile 10)
+	30 % der auf Investmenterträge aus Aktienfonds nach § 20 Abs. 1 Satz 4 Nr. 2 InvStG entfallenden ausl. Steuer (Zeile 13)
+	60 % der auf Investmenterträge aus Mischfonds entfallenden ausl. Steuer (Zeile 16)
+	85 % der auf Investmenterträge aus Mischfonds nach § 20 Abs. 1 Satz 4 Nr. 2 InvStG entfallenden ausl. Steuer (Zeile 19)
+	40 % der auf Investmenterträge aus Immobilienfonds entfallenden ausl. Steuer (Zeile 22)
+	20 % der auf Investmenterträge aus Immobilienfonds mit Anlageschwerpunkt im Ausland entfallenden ausl. Steuer (Zeile 25)
+	der auf die übrigen ausl. Einkünfte entfallenden ausl. Steuer (Zeile 28)
+	ausl. Steuern nach § 34c Abs. 1 EStG aus Personengesellschaften (Zeile 34)
+	ausl. Steuern nach § 34c Abs. 2 EStG aus Organgesellschaften (Zeile 39)
=	Gesamtbetrag der abzuziehenden ausl. Steuern nach § 34c Abs. 2 EStG aus diesem Staat/Spezial-Investmentfonds

Zu berücksichtigen ist, dass sich nach einem DBA fiktiv anrechenbare ausl. Steuer bei Abzug nach § 34c Abs. 2 EStG nicht berücksichtigt werden darf, weil die DBAs immer nur die Anrechnung, nicht den Abzug vorsehen. Auch hier berücksichtigt FinVerw. nach § 8b KStG steuerfreie Bezüge und Veräußerungsgewinne nicht. Insoweit kann sich die FinVerw. auf § 34c Abs. 2 EStG stützen, wonach ausl. Steuern nur abgezogen werden dürfen soweit sie auf ausl. Einkünfte entfallen, die nicht steuerbefreit sind.

160 Ob die Anrechnung oder der Abzug günstiger ist, richtet sich nach folgenden Kriterien:

1. Beträgt die Körperschaftsteuer (z.B. auf Grund eines Verlustvortrags) 0 €, ist der Abzug immer günstiger und kann für alle Staaten gestellt werden.
2. Beträgt die für die Anrechnung der ausl. Steuer maßgebende Summe der Einkünfte (→ Rz. 157) 0 € oder ist sie negativ, ist ein Abzug ebenfalls in allen Fällen günstiger und kann für alle Staaten gestellt werden.
3. Sind die maßgebenden ausl. Einkünfte (Berechnung siehe → Rz. 158) aus dem jeweiligen Staat 0 oder negativ, ist ein Abzug für diesen Staat günstiger. Ein Antrag nach § 34c Abs. 2 EStG sollte dann nur für diesen Staat gestellt werden.
4. Die unterschiedlichen Belastungen müssen mittels einer Vergleichsrechnung exakt bestimmt werden. Bei der Vergleichsrechnung ist zu berücksichtigen, dass sich ein Abzug auch auf die Bemessungsgrundlage der Gewerbesteuer auswirkt, während die Anrechnung nur auf die Körperschaftsteuer (maximale Auswirkung 15 %) hat.

a) Ausübung des Wahlrechts bei Beteiligungen an Personengesellschaften

161 Erzielt die Körperschaft ausl. Einkünfte über eine Beteiligung an einer Personengesellschaft, muss über den Abzug bzw. die Anrechnung der ausl. Steuern schon im Feststellungsbescheid der Personengesellschaft entschieden werden, vgl. R 34c Abs. 4 Satz 3 EStR 2012. Dabei kann jeder Beteiligte einen eigenen Antrag stellen. Wird kein Antrag auf Abzug gestellt, wird im Rahmen der Feststellung von Amts wegen von einer Anrechnung ausgegangen.

Praxishinweis:

Obwohl der Antrag auf Abzug schon in der Feststellungserklärung (Anlage FE-AUS 1) gestellt wird, wird im Rahmen der gesonderten und einheitlichen Feststellung nach § 180 Abs. 1 Nr. Buchst. a AO lediglich (bindend) festgestellt, dass ein Antrag nach § 34c Abs. 2 EStG gestellt wurde bzw. dass er nicht gestellt wurde. Die tatsächliche Minderung der Einkünfte erfolgt immer erst auf Ebene des Beteiligten (auch bei § 34c Abs. 3 EStG).

162 Die im Rahmen der Feststellung nach § 180 Abs. 1 Nr. 2 Buchst. a AO festgestellte Anrechnung bzw. der Abzug ist für die Körperschaftsteuer bindend und kann auf Ebene der Körperschaft grundsätzlich nicht mehr geändert werden (siehe aber → Rz. 163).

Beratungshinweis:

Ob die Anrechnung oder der Abzug günstiger sind, kann auf Ebene der Personengesellschaft nicht entschieden werden, da hierfür die persönlichen Verhältnisse des Beteiligten ausschlaggebend sind. Es empfiehlt sich Vorkehrungen zu treffen und frühzeitig in Kontakt mit der Personengesellschaft zu treten, da ein Antrag auf Abzug der ausl. Steuer im Regelfall mit deren Feststellungserklärung gestellt wird.

163 Zwar können die Feststellungen zur Anrechnung bzw. dem Abzug, die auf Ebene der Personengesellschaft getroffen wurden grundsätzlich nicht mehr geändert werden, erzielt die Körperschaft aus einem Staat jedoch Einkünfte aus eigener Tätigkeit und mittelbar über eine Beteiligung an einer Personengesellschaft, muss das Wahlrecht auf Abzug trotzdem für alle Einkünfte aus diesem Staat einheitlich getroffen werden, R 34c Abs. 4 Satz 1 EStR 2012. Die Ausübung des Wahlrechts richtet sich in diesen Fällen nach dem zuerst eingegangenen Antrag nach § 34c Abs. 2 EStG – im Regelfall also nach der zuerst eingegangenen Steuererklärung, vgl. R 34c Abs. 4 Satz 6 EStR 2012. Dies gilt auch für mehrstöckige Personengesellschaften. Im Einzelfall kann die Ermittlung des „Ersten-Antrags" sehr aufwendig sein.

Praxishinweis:

Da auf Ebene der Personengesellschaft nicht bekannt ist, ob die Körperschaft noch eigene ausl. Einkünfte aus dem jeweiligen Staat/Fonds bezieht, werden im Rahmen der gesonderten und einheitlichen Feststellung der Personengesellschaft immer die ungemilderten ausl. Einkünfte festgestellt (Bruttofeststellung). Wurde bereits auf Ebene der Personengesellschaft ein Antrag auf Abzug nach § 34c Abs. 2 EStG gestellt und bleibt es dabei, weil die Körperschaft selbst keine Einkünfte aus diesem Staat erzielt oder die Feststellungserklärung früher als die Körperschaftsteuererklärung eingegangen ist, erfolgt die tatsächliche Minderung des Einkommens durch Eintragung in Zeile 11.

Beispiel:

Die GmbH ist an der KG und der OHG beteiligt. Alle drei Gesellschaften erzielen Einkünfte aus Paraguay, die dort zu einer der deutschen Körperschaftsteuer bzw. Einkommensteuer entsprechenden Steuer herangezogen wurden. Die jeweiligen Steuererklärungen gehen wie folgt ein:

	Einkünfte	QSt	Antrag nach § 34c Abs. 2 EStG
OHG am 04.04.	–200	2	ja
KG am 01.05.	100	15	nein
GmbH am 02.05.	200	40	nein

Im Rahmen der gesonderten und einheitlichen Feststellung wird der Abzug der Quellensteuer nicht vorgenommen. Die Einkünfte der Personengesellschaft müssen jedoch um die Quellensteuer erhöht werden (nicht abzugsfähige Betriebsausgabe nach § 10 Nr. 2 KStG).

Die Ausübung des Wahlrechts auf Abzug der ausl. Steuer ist für die Einkünfte aus Paraguay einheitlich vorzunehmen, und zwar unabhängig davon, ob sie der Körperschaft direkt oder mittelbar über die Personengesellschaften zuzurechnen ist. Maßgebend ist die zuerst eingegangene Erklärung. Im Beispiel ist das die Erklärung der OHG, weshalb einheitlich ein Abzug nach § 34c Abs. 2 EStG vorzunehmen ist. Die Eintragungen müssen wie folgt vorgenommen werden:

Zeile		Kennzahl	Betrag
	Übrige ausländische Einkünfte		
27	Übrige ausländische Einkünfte, die nicht in den Zeilen 3, 3a, 6, 9, 12, 15, 18, 21 und 24 einzutragen sind, einschließlich Übertragungsgewinne nach § 3 Absatz 3, § 11 Absatz 3 UmwStG oder Einbringungsgewinne nach § 20 Absatz 7 oder 8 UmwStG (einschließlich ausländischer Steuer; nach Verlustausgleich und Verlustabzug nach § 2a Absatz 1 EStG; gegebenenfalls ausländische Einkünfte nach § 50 Absatz 3 EStG)	36.119	200
28	Auf die Beträge laut Zeile 27 entfallende ausländische Steuern, die der deutschen Einkommensteuer beziehungsweise Körperschaftsteuer entsprechen, gekürzt um einen entstandenen Ermäßigungsanspruch laut Nachweis (74)	36.133	40
29 frei 30	Auf die Beträge laut Zeile 27 entfallende nicht anrechenbare ausländische Steuern, die nach § 34c Absatz 3 EStG zum Steuerabzug berechtigen laut Nachweis (74)	36.143	
	Fiktive ausländische Steuer		
30a	Laut DBA anzurechnende fiktive ausländische Steuer	36.121	
	Ausländische Einkünfte und Steuern aus Beteiligungen an Personengesellschaften laut gesonderter und einheitlicher Feststellung (50)		
31	Ausländische Einkünfte nach § 34c Absatz 1 EStG (bei Organgesellschaften: wenn der Organträger der Körperschaftsteuer unterliegt)	36.134	-100
32	Nur bei Organgesellschaften: Ausländische Einkünfte nach § 34c Absatz 1 EStG, wenn der Organträger der Einkommensteuer unterliegt	36.135	
33	Ausländische Steuern nach § 34c Absatz 1 EStG	36.136	17
34	Ausländische Steuern nach § 34c Absatz 2 EStG (bei Organgesellschaften: wenn der Organträger der Körperschaftsteuer unterliegt)	36.137	17
35	Nur bei Organgesellschaften: Ausländische Steuern nach § 34c Absatz 2 EStG, wenn der Organträger der Einkommensteuer unterliegt	36.138	

Steuernummer

- 3 -

Zeile	**Ausländische Einkünfte und Steuern der Organgesellschaften laut gesonderter und einheitlicher Feststellung (50)**	Kennzahl	EUR
36	Ausländische Einkünfte nach § 34c Absatz 1 EStG, wenn der Organträger der Körperschaftsteuer unterliegt	36.144	
37	Ausländische Einkünfte nach § 34c Absatz 1 EStG, wenn der Organträger der Einkommensteuer unterliegt	36.145	
38	Ausländische Steuern nach § 34c Absatz 1 EStG	36.146	
39	Ausländische Steuern nach § 34c Absatz 2 EStG, wenn der Organträger der Körperschaftsteuer unterliegt	36.147	
40	Ausländische Steuern nach § 34c Absatz 2 EStG, wenn der Organträger der Einkommensteuer unterliegt	36.148	
	Abzuziehende ausländische Steuern nach § 34c Absatz 2 EStG		
41	Nicht bei Organgesellschaften: Der Antrag auf Abzug vom Einkommen nach § 34c Absatz 2 EStG wird gestellt (17)	36.132	1 (1 = Ja)
42	Abzuziehende ausländische Steuern nach § 34c Absatz 2 EStG (wenn Antrag laut Zeile 41 gestellt: Summe aus 20 % des Betrages laut Zeile 10, 70 % des Betrages laut Zeile 13, 60 % des Betrages laut Zeile 16, 85 % des Betrages laut Zeile 19, 40 % des Betrages laut Zeile 22 und 20 % des Betrages laut Zeile 25 zuzüglich Summe der Beträge laut Zeilen 4a, 28, 34 und 39) - (Übertrag nach Zeile 20 der Anlage ZVE) (17) (42)		EUR 57

Beratungshinweis:

Gerade in komplexeren Strukturen erscheint es sinnvoll, frühzeitig zu planen, wie die jeweiligen Wahlrechte ausgeübt werden sollen und dies frühzeitig gegenüber den jeweiligen Personengesellschaften bzw. deren steuerlichen Beratern zu kommunizieren.

b) Ausübung des Wahlrechts bei Organgesellschaften

Ein ähnliches Problem wie bei Personengesellschaften stellt sich bei Organgesellschaften. Eine Steueranrechnung kann bei der Organgesellschaft nicht erfolgen, da bei dieser regelmäßig keine Körperschaftsteuer entsteht und das Anrechnungsvolumen folglich null wäre. Nach § 19 Abs. 1 KStG ist die Steueranrechnung nach § 34c Abs. 1 EStG als Tarifvorschrift beim Organträger anzuwenden, als wären die Voraussetzungen bei ihm selbst erfüllt. 164

Es stellt sich zunächst die Frage, ob die Organgesellschaft das Abzugswahlrecht des § 34c Abs. 2 EStG abweichend vom Organträger ausüben kann. Wenn man davon ausgeht, dass die Entscheidung über den Abzug einheitlich im Organkreis getroffen werden muss, schließt sich die Frage an, wer das Wahlrecht ausübt. Zu diesem Komplex wer- 165 den im Schrifttum unterschiedliche Auffassungen vertreten.[1] Nach der Rechtsprechung des BFH zum alten Recht war bis VZ 2013 eine abschließende Entscheidung auf Ebene des Organträgers möglich.[2] Diese Rechtsprechung ist auf die gesonderte und einheitliche Feststellung nach § 14 Abs. 5 KStG jedoch nicht mehr ohne weiteres übertragbar.

166 Auf Grund der verfahrensrechtlichen Vergleichbarkeit der gesonderten und einheitlichen Feststellung bei Personengesellschaften mit der Feststellung nach § 14 Abs. 5 KStG spricht einiges dafür, die Richtlinienregelung bei Personengesellschaften auf Organgesellschaften zu übertragen. Andererseits spricht vieles dafür, die Anwendung des § 34c EStG als Ganzes von der Organgesellschaft auf den Organträger zu übertragen, vgl. § 19 Abs. 1 KStG. Eine Übertragung nur der Anrechnung auf den Organträger, während der Abzug beim Organträger verbleibt, ist systematisch äußerst fragwürdig. Zumal die Prüfung, ob der Abzug oder die Anrechnung günstiger sind nur auf Ebene des letzten Organträgers erfolgen kann – jedenfalls solange man von der einheitlichen Ausübung des Wahlrechts im ganzen Organkreis ausgeht.

Im Vordruck hat sich die Verwaltung für die abschließende Entscheidung auf Ebene des Organträgers entschieden, da Zeile 41 nur ausgefüllt werden darf, wenn es sich nicht um eine Organgesellschaft handelt (siehe auch ausdrücklich Nummer 17 der Amtlichen Erläuterung).

Wenn in Zeile 41 der Antrag auf Abzug gestellt wird, ist in Zeile 42 die **abzuziehende ausl. Steuer nach § 34c Abs. 2 EStG** nach dem in → Rz. 159 beschriebenen Schema zu berechnen und in **Zeile 42** einzutragen.

1) Für eine völlig separate Ausübung des Wahlrechts vgl. Pohl, BB 2017, 1825. Für eine Entscheidung im Rahmen der Feststellung nach § 14 Abs. 5 KStG mit Bindungswirkung für den Organträger Dötsch in Dötsch/Pung/Möhlenbrock, § 19 KStG Rz. 17. Frotscher sieht in Frotscher/Drüen, § 19 KStG Rz. 14 grundsätzlich eine materiell-rechtliche Verpflichtung für eine einheitliche Entscheidung, will jedoch verfahrensrechtlich auch abweichende Entscheidungen akzeptieren. Für eine einheitliche Entscheidung für den ganzen Organkreis durch den Organträger Maas, BB 1985, 2228; Liekenbrock in Herrmann/Heuer/Raupach, § 19 KStG Rz. 28; Kuhn in Herrmann/Heuer/Raupach, § 34c EStG Rz. 107; Claudy, Ubg 2017, 621.

2) Vgl. BFH v. 6.3.2008, IV R 74/05, BStBl II 2008, 663.

IV. Anlage AEV – Nicht nach DBA steuerfreie negative Einkünfte/Gewinnminderungen i.S.d. § 2a Abs. 1 EStG

1. Anwendungsbereich des Vordrucks

Bezeichnung des Steuerpflichtigen	Die mit einem Kreis versehenen Zahlen bezeichnen die Erläuterungen in der Anleitung zur Körperschaftsteuererklärung.	**Anlage AEV** **2025**
Steuernummer		☐ zur Steuererklärung ☐ zum Bescheid

Nicht nach DBA steuerfreie negative Einkünfte / Gewinnminderungen nach § 2a Absatz 1 EStG (14) (55)

Die Anlage AEV dient der Berechnung der Verlustausgleichsbeschränkung des § 2a EStG. Mit ihr werden sowohl die nicht ausgleichsfähigen negativen Einkünfte des laufenden VZ, die verbleibenden negativen Einkünfte und die Verrechnung positiver Einkünfte mit den verbleibenden negativen Einkünften zum Schluss des vorangegangenen VZ ermittelt. **167**

Negative Einkünfte aus ausl. Drittstaaten, die die Kriterien des § 2a Abs. Abs. 1 EStG erfüllen, dürfen nur mit positiven Einkünften derselben Art und demselben Staat ausgeglichen werden. Nicht ausgeglichene Einkünfte mindern jedoch die positiven Einkünfte derselben Art und aus demselben Staat der Folgejahre. Die pro Art und pro Staat ermittelten negativen Einkünfte bilden jeweils einen eigenen Verlustverrechnungskreis (Einzelheiten zu den Verlustverrechnungskreisen siehe → Rz. 176). Die nicht ausgeglichenen Einkünfte sind zum Schluss des VZ gesondert festzustellen, vgl. § 2a Abs. 1 Satz 5 EStG. **168**

Die Anwendung des § 2a EStG ist auf Drittstaaten beschränkt, die nicht Mitgliedsstaaten der Europäischen Union oder des Europäischen Wirtschaftsraums (EWR) sind (Norwegen, Island und Liechtenstein). Zwar hat die Schweiz dem EWR-Vertrag vergleichbare bilaterale Vereinbarungen getroffen, doch ist sie nicht Mitglied des Europäischen Wirtschaftsraums und damit Drittland i.S.d. § 2a EStG. **169**

Die Anlage AEV ist pro Verlustverrechnungskreis (zum Verrechnungskreis siehe → Rz. 176) abzugeben. Eine Abgabe erübrigt sich, wenn aus dem einzelnen Staat und der jeweiligen Art positive Einkünfte erzielt werden. Dies gilt jedoch nicht, wenn zum Schluss des vorangegangenen VZ verbleibende negative Einkünfte (also ein Verlustvortrag) festgestellt wurden. In diesen Fällen ist auch bei positiven Einkünften eine Anlage AEV abzugeben, da die Verlustverrechnung auch mit der Anlage AEV vorgenommen wird. **170**

2. Allgemeines (Zeilen 1–3)

Zeile	**Allgemeines**	
1	Laufende Nummer der Anlage	
2	Einkünfte nach § 2a Absatz 1 Satz 1 Nummer ... EStG 1 = 1 (aus einer land- und forstwirtschaftlichen Betriebsstätte) 2 = 2 (aus einer gewerblichen Betriebsstätte) 3 = 3 (aus dem Ansatz des niedrigeren Teilwerts beziehungsweise aus der Veräußerung oder Entnahme von Anteilen oder aus der Auflösung oder Herabsetzung des Kapitals einer Drittstaaten-Körperschaft) 5 = 5 (aus einer stillen Gesellschaft und partiarischen Darlehen) 6a = 6a (aus Vermietung und Verpachtung von unbeweglichem Vermögen) 6b = 6b (aus entgeltlicher Überlassung von Schiffen)	
3	Name des Staates (56)	

In **Zeile 1** ist zunächst die **laufende Nummer** der Anlage anzugeben. Die Anlage AEV muss wie oben ausgeführt pro Staat und pro Art der Einkünfte abgegeben werden. Im elektronischen Datensatz entfällt diese Angabe. **171**

Die **Art der Einkünfte i.S.d. § 2a Abs. 1 EStG** ist in **Zeile 2** einzutragen. Unter die Verrechnungsbeschränkung fallen nach § 2a EStG die folgenden näher bezeichneten Arten von negativen Einkünften aus Drittstaaten (die fett gesetzten Tatbestände sind für Körperschaften relevant): **172**

1. **land- und forstwirtschaftliche Betriebsstätten**,
2. **gewerbliche Betriebsstätten** (beachte → Rz. 178),
3. Gewinnminderungen aus dem Ansatz eines niedrigeren Teilwerts beziehungsweise aus der Veräußerung oder Entnahme von Anteilen oder aus der Auflösung oder Herabsetzung des Kapitals einer **Drittstaaten-Körperschaft**,

5. **negative Einkünfte aus der Beteiligung als stiller Gesellschafter und aus partiarischen Darlehen, wenn der Schuldner in einem Drittstaat ansässig ist,**

6a. **negative Einkünfte aus der Vermietung und Verpachtung von unbeweglichem Vermögen in Drittstaaten und,**

6b. **negative Einkünfte aus der entgeltlichen Überlassung von Schiffen.**

173 In **Zeile 3** ist der **Name des Staates** anzugeben, für den die Anlage AEV abgegeben wird. Nicht eingetragen werden dürfen Mitgliedstaaten der EU und des EWR, da § 2a EStG nur auf Drittstaaten Anwendung findet. Diese Zeile ist ebenfalls leer zu lassen, wenn Einkünfte aus der entgeltlichen Überlassung von Schiffen (§ 2a Abs. 1 Nr. 6 Buchst. b EStG) erzielt werden. § 2a Abs. 1 Nr. 6 Buchst. b EStG bildet einen staatenübergreifenden Verlustverrechnungskreis (→ Rz. 176).

174 In § 2a Abs. 1 EStG wird die Art der Einkünfte selbständig nur für die Anwendung des § 2a EStG definiert. Der Grundsatz der Einheitlichkeit des Gewerbebetriebs bei Kapitalgesellschaften[1] nach § 8 Abs. 2 KStG gilt nicht. So kann eine in Deutschland ansässige GmbH durchaus in einem Drittstaat eine land- und forstwirtschaftliche Betriebsstätte nach § 2a Abs. 1 Nr. 1 EStG betreiben, obwohl die Einkünfte aus dieser Betriebsstätte nach innerstaatlichem Recht Einkünfte aus Gewerbebetrieb nach § 8 Abs. 2 KStG sind.

175 Für Körperschaften können die negativen Einkünfte aus der Veräußerung oder der Teilwertabschreibungen von Anteilen an Körperschaften in Drittstaaten ignoriert werden (Nr. 3, 4 und 7), da sie auch ohne § 2a EStG nach § 8b Abs. 3 KStG nicht abzugsfähig sind. § 2a EStG wird insoweit von § 8b Abs. 3 KStG überlagert. Dies gilt allerdings nicht, wenn die Körperschaft, für die die Steuererklärung auszufüllen ist, unter § 8b Abs. 7 KStG (Kredit-, Wertpapier- und Finanzdienstleistungsinstitute, bei denen die Anteile dem Handelsbuch zuzuordnen sind) oder § 8b Abs. 8 KStG fällt (Kranken- und Lebensversicherungsunternehmen). Ebenfalls relevant wird die Frage, wenn es sich um eine Organgesellschaft handelt, deren Organträger (ggf. mittelbar) eine natürliche Person ist. Auch in diesen Fällen werden § 2a Abs. 1 Nr. 3, 4 und 7 EStG nicht durch § 8b KStG verdrängt.

176 Die Kombination des Staates (Zeile 3) und der Art der Einkünfte (Zeile 2) bilden den **Verlustverrechnungskreis**. Pro Verlustverrechnungskreis ist eine Anlage AEV abzugeben. Nach § 2a Abs. 1 Satz 1 EStG ist die Verrechnung negativer Einkünfte mit positiven Einkünften auf die derselben Art und desselben Staates beschränkt. Fraglich ist in diesem Zusammenhang, was Einkünfte derselben Art bedeutet. Nach R 2a Abs. 1 Satz 1 EStR 2012 sind damit grundsätzlich alle unter einer Nummer aufgeführten Tatbestände gemeint. Die Nummern 3 und 4 sollen jedoch eine einheitliche Gruppe bilden, vgl. R 2a Abs. 1 Satz 2 EStR 2012. Daraus folgt, dass die Buchstabenuntergliederungen der Nummern des § 2a Abs. 1 EStG keinen eigenen Verlustverrechnungskreis bilden.

177 Eine Besonderheit gilt bei der **entgeltlichen Überlassung von Schiffen** nach § 2a Abs. 1 Nr. 6 Buchst. b EStG. Für sie ist die Verrechnung nur hinsichtlich der Art, nicht jedoch hinsichtlich des Staates beschränkt, vgl. § 2a Abs. 1 Satz 1 EStG. Dies macht Sinn, da Schiffe – anders als unbewegliches Vermögen – häufig Staatsgrenzen überfahren bzw. in internationalen Gewässern verkehren. Die jeweiligen Einkünfte ausl. Staaten zuzuordnen wäre tatsächlich nahezu unmöglich. Eine staatenübergreifende Verlustverrechnung ist aber auch möglich, wenn die Einkünfte aus der entgeltlichen Überlassung des Schiffes ausschließlich in einem Drittstaat erzielt werden (z.B. Binnenschifffahrt). Nach § 2a Abs. 1 Nr. 6 Buchst. b EStG kann der Steuerpflichtige nachweisen, dass das Schiff ausschließlich oder fast ausschließlich in EU/EWR-Staaten eingesetzt wurde (zu weiteren Ausnahmen s. § 2a Abs. 1 Nr. 6 Buchst. b Doppelbuchst. aa bis cc EStG). In diesen Fällen können die negativen Einkünfte uneingeschränkt mit anderen Einkünften verrechnet werden.

178 Für negative Einkünfte aus einer im Drittland belegenen **gewerblichen Betriebsstätte** (§ 2a Abs. 1 Nr. 2 EStG) gelten die Einschränkungen des § 2a Abs. 2 EStG ebenfalls. Danach sind negative Einkünfte aus einer im Drittland belegenen Betriebsstätte vollständig mit anderen positiven Einkünften verrechenbar, wenn die Körperschaft nachweist, dass die gewerbliche Betriebsstätte eine **aktive Betriebsstätte** ist, d.h. die Einkünfte aus Herstellung oder Lieferung von Waren, die Gewinnung von Bodenschätzen oder durch die Erbringung gewerblicher Leistungen erzielt werden, vgl. § 2a Abs. 2 Satz 1 EStG. Nicht begünstigt ist allerdings

- die Herstellung oder Lieferung von Waffen,
- die Errichtung oder der Betrieb von Anlagen des Fremdenverkehrs,
- die Vermietung und Verpachtung von Wirtschaftsgütern einschließlich der Überlassung von Rechten, Plänen, Mustern, Verfahren, Erfahrungen und sonstigen Kenntnissen.

179 Zu den weiteren Voraussetzungen im Zusammenhang mit dem Halten von Beteiligungen an anderen Körperschaften und den Nachweiserfordernissen siehe § 2a Abs. 2 EStG. Liegen die Voraussetzungen für eine aktive Betriebsstätte i.S.d. § 2a Abs. 2 EStG vor, muss für diese keine Anlage AEV abgegeben werden. Der Nachweis über die aktive Betriebsstätte kann formlos innerhalb oder außerhalb der Steuererklärung erbracht werden.

1) Genauer von Körperschaften i.S.d. § 1 Abs. 1 Nr. 1–3 KStG.

3. Anfangsbestand (Zeilen 4–8a)

	Anfangsbestand	EUR
4	Verbleibende negative Einkünfte / Gewinnminderungen zum Schluss des vorangegangenen Veranlagungszeitraums	
4a	Davon ab: Untergang der festgestellten verbleibenden fortführungsgebundenen negativen Einkünfte / Gewinnminderungen aufgrund eines schädlichen Ereignisses nach § 8d Absatz 2 KStG (Betrag laut Zeile 17)	
4b	Dazu: Erhalt der fortführungsgebundenen verbleibenden negativen Einkünfte / Gewinnminderungen nach § 8d Absatz 2 Satz 1 zweiter Halbsatz KStG durch entsprechende Anwendung des § 8c Absatz 1 Satz 5 bis 8 KStG bezogen auf die zum Schluss des vorangegangenen Veranlagungszeitraums vorhandenen stillen Reserven (höchstens Betrag laut Zeile 4a; laut gesonderter Ermittlung) 74	
5	Davon ab: Nicht zu berücksichtigende negative Einkünfte / Gewinnminderungen nach § 8c KStG (gegebenenfalls in Verbindung mit § 2 Absatz 4 Satz 1, § 20 Absatz 6 Satz 4 UmwStG) 22	
6 frei 7	Davon ab: Im Falle der Abspaltung: Verringerung der verbleibenden negativen Einkünfte / Gewinnminderungen bei der übertragenden Körperschaft (§ 15 Absatz 3, § 16 UmwStG)	
8	Zwischensumme	
8a	Davon ab: Minderung der verbleibenden negativen Einkünfte / Gewinnminderungen nach § 3a Absatz 3 Satz 2 Nummer 11 Buchstabe d EStG (gegebenenfalls anteiliger Betrag laut Zeile 29 der Anlage SAN)	

In **Zeile 4** sind die gesondert festgestellten verbleibenden negativen Einkünfte des vorangegangenen VZ einzutragen. Ist keine gesonderte Feststellung vorgenommen worden, kann hier keine Eintragung erfolgen, selbst wenn in den Vorjahren negative Einkünfte nicht ausgeglichen oder verrechnet werden konnten (Grundlagen-/Folgebescheidverhältnis). 180

Beratungshinweis:

Eine Nachholung der Feststellung der verbleibenden negativen Einkünfte nach § 2a EStG ist möglich, wenn das FA die Feststellung des Verlustvortrags pflichtwidrig unterlassen hat, vgl. § 2a Abs. 1 Satz 5 i.V.m. § 10d Abs. 4 Satz 6 EStG. Dies ist insb. der Fall, wenn negative Einkünfte im Vorjahr dem Einkommen hinzugerechnet wurden, jedoch keine Verlustfeststellung erfolgt ist oder ein bestehender Verlustvortrag nicht fortentwickelt wurde.

Die Zeilen 4a bis 5 dienen der Behandlung der Rechtsfolgen eines schädlichen Beteiligungserwerbs nach § 8c KStG und dem damit verbundenen Problemkreis des § 8d KStG. Zu § 8c KStG vgl. die grundsätzlichen Ausführungen in → Rz. 1276 ff., zu § 8d KStG unter → Rz. 1271 ff. 181

§ 8d KStG erstreckt sich neben dem Verlustvortrag nach § 10d EStG auch noch auf alle weiteren nicht ausgeglichenen negativen Einkünfte und Verlustverrechnungskreise, folglich auch auf § 2a EStG. Ist im laufenden VZ ein **schädliches Ereignis nach § 8d Abs. 2 KStG** eingetreten, gehen die zum Ende des vorangegangenen VZ festgestellten fortführungsgebundenen negativen Einkünfte aus diesem Staat und dieser Art der Einkünfte unter. Der Betrag in **Zeile 4a** entspricht folglich dem Betrag lt. Zeile 17. Ob ein schädliches Ereignis eingetreten ist, muss in Zeile 13 der Anlage WA eingetragen werden. Sollten die fortführungsgebundenen negativen Einkünfte durch stille Reserven gedeckt sein, bleiben diese insoweit erhalten. Dies ist jedoch nicht in Zeile 4a, sondern in Zeile 4b einzutragen.

In **Zeile 4b** ist einzutragen, inwieweit ein lt. Zeile 4a auf Grund eines schädlichen Ereignisses wegfallende **negative Einkünfte nach § 2a EStG** durch **stille Reserven i.S.d. § 8c Abs. 1 Satz 5 bis 8 KStG** gedeckt sind. Insoweit bleiben die fortführungsgebundenen negativen Einkünfte erhalten und werden wieder in „normale" negative Einkünfte umqualifiziert. Gerade wenn mehrere Verlustverrechnungskreise oder laufende negative Einkünfte bestehen, ist die Reihenfolge der Berücksichtigung stiller Reserven im Gesetz nicht geregelt. Nach Auffassung der FinVerw. ist die Nutzung stiller Reserven für mehrere Verlustverrechnungskreise nicht zulässig.[1] Stille Reserven sind zunächst zur Erhaltung eines laufenden Verlusts und danach in der gleichen Reihenfolge zum Erhalt von Verlustvorträgen zu verwenden, in der im Fall der Realisierung der stillen Reserven die Verluste aufgebraucht werden würden. 182

In **Zeile 5** ist ein bestehender Verlustvortrag zu mindern, wenn die Voraussetzungen des **§ 8c KStG** vorliegen. Nach der Neuregelung des § 8c KStG[2] entfallen verbleibende, nicht ausgeglichene negative Einkünfte, wenn innerhalb von fünf Jahren mittelbar oder unmittelbar mehr als 50 % des gezeichneten Kapitals, der Mitgliedschaftsrechte, Beteiligungsrechte oder Stimmrechte an einer Körperschaft an einen Erwerber oder diesem nahestehende Personen übertragen werden (**schädlicher Beteiligungserwerb**). 183

Beratungshinweis:

Das BVerfG hat die Regelung des § 8c Abs. 1 Satz 1 KStG a.F. (Erwerb von mehr als 25 %, aber weniger als 50 %) für verfassungswidrig erklärt und den Gesetzgeber zum Erlass einer verfassungskonformen Regelung bis zum 31.12.2018 verpflichtet. Daraufhin hat der Gesetzgeber § 8c Abs. 1 Satz 1 KStG a.F. aufgehoben. Zur vollständigen Kürzung negativer Einkünfte kommt es jetzt ab einer Übertragung von mehr als 50 % der Anteile.

1) Rz. 61 des BMF v. 28.11.2017, IV C 2 – S 2745-a/09/10002 :004, BStBl I 2017, 1645.
2) § 8c KStG i.d.F. des Gesetzes zur Vermeidung von Umsatzsteuerausfällen beim Handel mit Waren im Internet und zur Änderung weiterer steuerlicher Vorschriften v. 11.12.2018, BGBl. I 2018, 2338 = BStBl I 2018, 1377.

Die vom BVerfG geäußerten verfassungsrechtlichen Bedenken sind jedoch so grundsätzlich, dass in Fällen mit schädlichem Beteiligungserwerb in jedem Fall ein Rechtsbehelfsverfahren in Betracht gezogen werden sollte. Vor dem BVerfG ist momentan unter dem Aktenzeichen 2 BvL 19/17 ein Verfahren zur Klärung der Verfassungskonformität des § 8c Abs. 1 Satz 1 KStG (Erwerb von mindestens 50 %) anhängig. Rechtsbehelfsverfahren können bis zur Entscheidung des BVerfG ruhen.

184 Zum vollständigen oder teilweisen Wegfall der verbleibenden negativen Einkünfte kommt es aber nicht, wenn die Konzern- oder die Stille-Reserven-Klausel des § 8c Abs. 1 Satz 5 bis 8 KStG greifen. Hinsichtlich der weiteren Voraussetzungen zu § 8c KStG vgl. → Rz. 55 ff. Zur Aufteilung der stillen Reserven beim Vorhandensein mehrerer Verlustverrechnungskreise → Rz. 1284 f.

185 In **Zeile 7** ist die Minderung der verbleibenden negativen Einkünfte im Falle der **Abspaltung** vorzunehmen. Bei Abspaltung mindern sich die verbleibenden negativen Einkünfte nach § 2a EStG im Verhältnis des gemeinen Werts des übertragenen Vermögens zum Gesamtvermögen, vgl. § 15 Abs. 3 UmwStG. Der ausgerechnete Kürzungsbetrag ist in Zeile 7 einzutragen.

186 Wenn die Körperschaft im laufenden VZ einen Schuldenerlass zum Zwecke einer unternehmensbezogenen Sanierung erhalten hat (Sanierungsertrag), ist dieser nach § 3a Abs. 1 EStG grundsätzlich steuerfrei. Er mindert jedoch – nach Abzug der im Zusammenhang stehenden Betriebsausgaben nach dem in § 3a Abs. 3 EStG festgelegten Schema – die Verlustvorträge. Die Minderung der Verlustvorträge und sonstigen jahresübergreifenden Vorträge sind auf der Anlage SAN abgebildet. Soweit der verbleibende Sanierungsertrag die negativen Einkünfte nach § 2a EStG aus diesem Staat und dieser Art mindert, sind diese in **Zeile 8a** einzutragen.

187 Zu berücksichtigen ist auch, dass mit § 3a Abs. 3 Satz 2 Nr. 22 Buchst. d EStG zwar die Verrechnung mit negativen Einkünften nach § 2a EStG angeordnet wird, das Gesetz jedoch keine Reihenfolge der Berücksichtigung vorgibt, wenn mehrere negative Einkünfte aus unterschiedlichen Staaten und Arten festgestellt wurden. Daraus muss geschlossen werden, dass hier ein Wahlrecht für den Stpfl. besteht. Es empfiehlt sich, den verbleibenden Sanierungsertrag mit den negativen Einkünften aus den Staaten und Arten bevorzugt zu verrechnen, in denen in absehbarer Zukunft keine positiven Einkünfte erwartet werden.

4. Negative Einkünfte/Gewinnminderungen des laufenden Veranlagungszeitraums (Zeilen 9–10b)

	Negative Einkünfte / Gewinnminderungen des laufenden Veranlagungszeitraums	
9	Dazu: negative Einkünfte / Gewinnminderungen des laufenden Veranlagungszeitraums (ohne solche aus Mitunternehmerschaften; Übertrag nach Zeile 26 der Anlage ZVE)	
10	Dazu: negative Einkünfte / Gewinnminderungen des laufenden Veranlagungszeitraums aus Beteiligungen an Mitunternehmerschaften (laut gesonderter und einheitlicher Feststellung; Übertrag nach Zeile 26 der Anlage ZVE) 50	
10a	Davon ab: Minderung der negativen Einkünfte / Gewinnminderungen des laufenden Veranlagungszeitraums aufgrund eines schädlichen Beteiligungserwerbs (§ 8c KStG) oder durch Abspaltung (§ 15 Absatz 3, § 16 UmwStG)	
10b	Davon ab: Minderung der negativen Einkünfte / Gewinnminderungen des laufenden Veranlagungszeitraums im Sinne der Zeilen 9 und 10 nach § 3a Absatz 3 Satz 2 Nummer 11 Buchstabe d EStG (gegebenenfalls anteiliger Betrag laut Zeile 29 der Anlage SAN)	

188 In den **Zeilen 9 und 10** sind die laufenden negativen Einkünfte des laufenden VZ einzutragen. Die negativen Einkünfte müssen sich dabei auf den bilanziellen Jahresüberschuss ausgewirkt haben. Nicht unter § 2a EStG fallen negative Einkünfte, für die die Doppelbesteuerung durch Steuerfreistellung vermieden wird. Diese nach DBA steuerfreien negativen Einkünfte sind bereits durch Hinzurechnung in Zeile 87 der Anlage GK zu neutralisieren. Liegt ein Doppelbesteuerungsabkommen vor,[1)] wird die Doppelbesteuerung für die Einkünfte aus im anderen Staat belegenen unbeweglichen Vermögen (Land- und Forstwirtschaft) und gewerblichen Betriebsstätten regelmäßig durch Steuerfreistellung vermieden. Für diese Tatbestände greift § 2a EStG in der Regel also nicht.

189 Natürliche Personen unterliegen mit nach DBA steuerfreien ausl. Einkünften dem Progressionsvorbehalt. Sind die nach DBA steuerfreien Einkünfte negativ, unterliegen sie dem negativen Progressionsvorbehalt. Mit § 32b Abs. 1 Satz 2 und 3 EStG wird der negative Progressionsvorbehalt für natürliche Personen vergleichbar dem § 2a EStG beschränkt.[2)] Mangels progressivem Steuertarif geht die Vorschrift für Körperschaften ins Leere. Das gilt jedoch nicht, wenn die Körperschaft, für die die Steuererklärung auszufüllen ist, Organgesellschaft ist und Organträger eine natürliche Person oder Organträger eine Personengesellschaft ist, an der (ggf. mittelbar) natürliche Personen beteiligt sind. Angaben zum negativen Progressionsvorbehalt i.V.m. § 2a EStG sind jedoch nicht auf dieser Anlage, sondern in Zeile 63 und 64 der Anlage OG vorzunehmen.

190 Ist mit dem ausl. Staat kein DBA abgeschlossen worden oder sieht das Doppelbesteuerungsabkommen die Anrechnung der ausl. Steuer vor, ist § 2a EStG grundsätzlich anwendbar. Die in den Zeilen 9 und 10 einzutragenden ausl. Einkünfte sind nach deutschem Steuerrecht zu ermitteln.

1) Eine Liste der Staaten mit denen Deutschland ein Doppelbesteuerungsabkommen (DBA) abgeschlossen hat, kann auf der Internetpräsenz des BMF unter Steuern/Internationales Steuerrecht/Allgemeine Informationen (Stand der DBA am 1.1.2026) eingesehen werden: https://www.bundesfinanzministerium.de/Content/DE/Downloads/BMF_Schreiben/Internationales_Steuerrecht/Allgemeine_Informationen/2026-01-07-stand-DBA-1-januar-2026.pdf?__blob=publicationFile&v=3.
2) Teilweise durch synonyme Formulierung, teils durch expliziten Verweis.

Der Vordruck trennt zwischen **negativen Einkünften**, die die Körperschaft selbst **unmittelbar** erzielt (einzutragen 191
in **Zeile 9**) und solchen, die die Körperschaft **mittelbar** über Beteiligungen an **Mitunternehmerschaften** erzielt (einzutragen in **Zeile 10**). Auf Grund des Transparenzprinzips kann § 2a EStG auf Ebene einer Mitunternehmerschaft nicht abschließend angewendet werden. Erzielt die Mitunternehmerschaft negative Einkünfte aus einer Art und einem Staat und erzielt die an der Personengesellschaft beteiligte Körperschaft unmittelbar ebenfalls Einkünfte derselben Art und aus demselben Staat, können die Einkünfte miteinander verrechnet werden.

Die Höhe der Einkünfte, der Staat aus dem sie stammen und die Art der Einkünfte sind als sonstige Besteuerungs- 192
grundlagen in die Feststellung nach § 180 Abs. 1 Nr. 2 Buchst. a AO einzubeziehen. Das für die Besteuerung der Körperschaft zuständige FA hat hier keine eigene Entscheidungsbefugnis (Grundlagen-/Folgebescheidverhältnis). Einwendungen gegen die Höhe der Einkünfte, die Art oder den Staat aus dem sie stammen, können ausschließlich mit Rechtsbehelfen gegen die gesonderte und einheitliche Feststellung nach § 180 Abs. 1 Nr. 2 Buchst. b AO geltend gemacht werden.

Der Vordruck schränkt die Verlustverrechnung für **Organgesellschaften** nicht ein. Dies ist zutreffend, da § 15 193
Satz 1 Nr. 2 KStG den Verlustabzug nur für Verluste nach § 10d EStG vorsieht.[1] In der Literatur wird jedoch durchaus die Auffassung vertreten, dass das Verlustabzugsverbot nach § 15 Satz 1 Nr. 2 KStG für alle Verluste der Organgesellschaft gilt.[2] Dieser Auffassung schließt sich die FinVerw. offensichtlich nicht an. Die Auswirkungen des § 2a EStG schlagen auf das dem Organträger zuzurechnende Einkommen der Organgesellschaft durch, werden beim Organträger aber nicht gesondert erfasst.

Die Summe der negativen Einkünfte der Zeilen 9 und 10 ist über alle Anlagen AEV zu addieren und in Zeile 26 der 194
Anlage ZVE dem Einkommen hinzuzurechnen. Da die negativen Einkünfte den Jahresüberschuss gemindert haben, wird hierdurch die Einkommensauswirkung neutralisiert.

In **Zeile 10a** ist die Minderung der verbleibenden negativen Einkünfte durch **Abspaltung oder Teilübertragung** 195
sowie auf Grund eines schädlichen Ereignisses im sog. „Mitternachtsfall" einzutragen. Grundsätzlich sind Vorträge, wie der nach § 2a EStG, zum Beginn des VZ zu mindern. Die FinVerw. vertritt beim schädlichen Anteilserwerb die Auffassung, dass bei Vollendung des schädlichen Anteilserwerbs zum Ende des Wirtschaftsjahres keine Minderung des Anfangsbestands, sondern des Endbestands vorzunehmen ist.[3] Diesen Rechtsgedanken überträgt die FinVerw. offensichtlich auch auf Abspaltung und Teilübertragung. Liegt also ein solcher Fall vor, ist der wegfallende Verlust des Endbestands hier einzutragen.

In der **Zeile 10b** sind Eintragungen zu machen, wenn die **laufenden negativen Einkünfte mit einem verbleibenden** 196
Sanierungsertrag zu verrechnen sind. Näheres siehe Erläuterungen zur Anlage SAN (→Rz. 1198).

5. Positive Einkünfte des laufenden Veranlagungszeitraums und Endbestand (Zeilen 11–16)

Zeile	Positive Einkünfte des laufenden Veranlagungszeitraums	EUR	
11	Zwischensumme		
12	Positive Einkünfte des laufenden Veranlagungszeitraums (ohne solche aus Mitunternehmerschaften)		
13	Positive Einkünfte des laufenden Veranlagungszeitraums aus Beteiligungen an Mitunternehmerschaften (laut gesonderter und einheitlicher Feststellung) 50		
14	Zwischensumme		

Anlage AEV - Oktober 2025 - Version 2.9.1.0 Bekanntgabe

Steuernummer

- 2 -

Zeile		EUR
15	Davon ab: Betrag laut Zeile 14 Vorspalte, höchstens Betrag aus Zeile 11 (Übertrag nach Zeile 27 der Anlage ZVE)	
	Endbestand	
16	Verbleibende negative Einkünfte / Gewinnminderungen zum Schluss des Veranlagungszeitraums	

In **Zeile 11** ist eine Zwischensumme zu bilden, die den **Höchstbetrag für den Abzug positiver Einkünfte** des laufen- 197
den VZ bildet.

---

1) Rödder/Liekenbrock in Rödder/Herlinghaus/Neumann, 2. Aufl. 2022, § 15 KStG Rz. 38.
2) Dötsch/Pung in Dötsch/Pung/Möhlenbrock, § 15 KStG Rz. 6; Frotscher in Frotscher/Drüen, § 15 KStG Rz. 11; Walter in Bott/Walter, § 15 KStG Rz. 8.
3) Rz. 32 des BMF v. 28.11.2017, IV C 2 – S 2745-a/09/10002 :004, BStBl I 2017, 1645.

In den Zeilen 12 und 13 sind die positiven Einkünfte des laufenden VZ einzutragen. Genau wie bei den negativen Einkünften sind diese getrennt nach ihrer unmittelbaren oder mittelbaren Erzielung über Personengesellschaften einzutragen. Die Erfassung erfolgt zunächst in einer Vorspalte, da die Verrechnung mit negativen Einkünften nur insoweit erfolgen darf, als in Zeile 11 negative Einkünfte nach § 2a EStG verblieben sind.

198 In **Zeile 12** sind die **positiven Einkünfte** einzutragen, die die Körperschaft selbst **unmittelbar** erzielt hat. Die **positiven Einkünfte**, die der Körperschaft mittelbar als Mitunternehmerin zuzurechnen sind, sind in **Zeile 13** einzutragen. Sie sind zwingend aus der gesonderten und einheitlichen Feststellung nach § 180 Abs. 1 Nr. 2 Buchst. a AO zu übernehmen (Grundlagen-/Folgebescheidverhältnis). Einwendungen gegen die Höhe der Einkünfte, die Art oder den Staat aus dem sie stammen können ausschließlich mit Rechtsbehelfen gegen die gesonderte und einheitliche Feststellung nach § 180 Abs. 1 Nr. 2 Buchst. b AO geltend gemacht werden.

Beratungshinweis:

Auf Ebene der Personengesellschaft werden positive Einkünfte nach § 2a EStG grundsätzlich nur festgestellt, wenn vorher negative Einkünfte erzielt wurden. Das für die Besteuerung der Personengesellschaft zuständige FA hat keine Kenntnis der evtl. nach § 2a EStG nicht ausgleichsfähigen negativen Einkünfte der beteiligten Körperschaft. Es sollte daher darauf geachtet werden, dass bei der Feststellungserklärung der Personengesellschaft positive Einkünfte nach § 2a EStG in Zeilen 36 bis 40 der Anlage FE-AUS 1 erklärt werden.

199 In **Zeile 14** ist eine **Zwischensumme** zu bilden, die gedanklich die Gesamtsumme der positiven Einkünfte des laufenden VZ aus dem in Zeile 2 bezeichneten Staat und der in Zeile 3 bezeichneten Art bildet. Eine **Verrechnung mit den negativen Einkünften** erfolgt dann in **Zeile 15**. Die Verrechnung ist betragsmäßig auf die verbleibenden negativen Einkünfte in Zeile 11 beschränkt. Eine Mindestbesteuerung wie bei § 10d Abs. 1 EStG gibt es bei § 2a EStG nicht. Die Summe der verrechneten Beträge ist über alle Anlage AEV zu addieren und in Zeile 27 der Anlage ZVE vom Einkommen abzuziehen.

200 In **Zeile 16** ergeben sich dann die verbleibenden negativen Einkünfte zum Schluss des VZ. Diese sind gesondert festzustellen, vgl. § 2a Abs. 1 Satz 5 EStG. Sie bilden den Anfangsbestand der Anlage AEV für das Folgejahr.

6. Fortführungsgebundener Verlustvortrag nach § 8d KStG (Zeilen 17–25)

	Fortführungsgebundener Verlustvortrag nach § 8d KStG	
17	Verbleibende fortführungsgebundene negative Einkünfte / Gewinnminderungen zum Schluss des vorangegangenen Veranlagungszeitraums	
18	Davon ab: Untergang der festgestellten verbleibenden fortführungsgebundenen negativen Einkünfte / Gewinnminderungen aufgrund eines schädlichen Ereignisses nach § 8d Absatz 2 KStG (Betrag laut Zeile 17)	
19	Davon ab: Wegfall der Fortführungsgebundenheit bei Vorliegen eines schädlichen Beteiligungserwerbs nach § 8c KStG (Betrag laut Zeile 17)	
20	Davon ab: In den wegfallenden negativen Einkünften / Gewinnminderungen enthaltene fortführungsgebundene negative Einkünfte / Gewinnminderungen (im Betrag laut Zeile 7 enthalten, höchstens Betrag laut Zeile 17 abzüglich Summe der Beträge laut Zeilen 18 und 19)	
21 frei 22	Davon ab: Verrechnung mit den fortführungsgebundenen negativen Einkünften / Gewinnminderungen (Beträge laut Zeilen 8a und 15, höchstens Betrag laut Zeile 17 abzüglich Summe der Beträge laut Zeilen 18 bis 20)	
23 frei 24	Wenn im Veranlagungszeitraum ein schädlicher Beteiligungserwerb nach § 8c KStG erfolgte und die Voraussetzungen zur Anwendung des § 8d KStG erfüllt sind: Dazu: Zugang zu den fortführungsgebundenen negativen Einkünften / Gewinnminderungen (Betrag laut Zeile 16 abzüglich Betrag laut Zeile 17 zuzüglich Summe der Beträge laut Zeilen 18 bis 22)	
25	Im Betrag laut Zeile 16 enthaltene zum Schluss des Veranlagungszeitraums verbleibende fortführungsgebundene negative Einkünfte / Gewinnminderungen	

201 Wie man den Zeilen 17 bis 25 entnehmen kann, geht die FinVerw. davon aus, dass ein Antrag nach § 8d Abs. 1 KStG auch auf negative Einkünfte nach § 2a EStG wirkt. Zu fortführungsgebundenen Verlustvorträgen grundsätzlich (auch hinsichtlich ungeklärter Rechtsfragen und problematischen Verwaltungsauffassungen) → Rz. 1295 ff.

In **Zeile 17** ist der Bestand der fortführungsgebundenen negativen Einkünfte aus dem **Vorjahr** einzutragen. Hier herrscht ein Grundlagen-/Folgebescheidverhältnis zur vorangegangenen Feststellung. Einwendungen gegen den hier einzutragenden Wert können nur mit Rechtsbehelfen gegen den vorangegangenen Feststellungsbescheid nach § 2a EStG geltend gemacht werden.

Liegt im laufenden Jahr ein **schädliches Ereignis nach § 8d Abs. 2 KStG** vor, fallen die fortführungsgebundenen negativen Einkünfte weg, vgl. § 8d Abs. 2 Satz 1 KStG. In diesem Fall sind die verbleibenden fortführungsgebundenen negativen Einkünfte lt. Zeile 17 auch in **Zeile 18** einzutragen. Das Vorliegen eines schädlichen Ereignisses ist nicht hier, sondern in Zeile 13 der Anlage WA einzutragen.

Soweit stille Reserven vorliegen und hier zu berücksichtigen sind, gehen die negativen Einkünfte nicht unter, sondern werden nach der Systematik des Vordrucks wieder zu nicht-fortführungsgebundenen negativen Einkünften, sie sind daher in **Zeile 19** einzutragen. Kommt es also zu einem schädlichen Beteiligungserwerb, für den kein Antrag nach § 8d KStG gestellt werden kann oder wird, gehen fortführungsgebundene Verluste entweder unter (Zeile 4b und Zeile 18) oder ihre Fortführungsgebundenheit fällt weg (Zeile 19), bleiben aber im Übrigen bestehen, weil sie nicht in Zeile 4b eingetragen worden sind.

In **Zeile 20** wird die Minderung der fortführungsgebundenen negativen Einkünfte auf Grund des § 8c KStG, von Abspaltungen und von Verrechnungen mit einem verbleibenden Sanierungsertrag eingetragen.

Die **Zeile 22** ist hingegen für die Verrechnung der fortführungsgebundenen negativen Einkünfte mit positiven Einkünften des laufenden VZ vorgesehen.

Liegt im laufenden VZ ein schädlicher Beteiligungserwerb vor und stellt die Körperschaft einen **Antrag nach § 8d Abs. 1 KStG** (zu den Voraussetzungen siehe Erläuterungen zur Zeile 12 der Anlage WA), werden die am Ende des VZ verbleibenden negativen Einkünfte (Wert lt. Zeile 16) zu fortführungsgebundenen negativen Einkünften. Der Wert lt. Zeile 16 ist – gemindert um den Anfangsbestand laut Zeile 17 und Summe der Beträge laut den vorangegangenen Zeilen 18 bis 22 – in **Zeile 24** einzutragen. Der Antrag nach § 8d Abs. 1 KStG wird auf der Anlage WA gestellt und wirkt für alle bestehenden Verlustverrechnungskreise, also auch für § 2a EStG.

In **Zeile 25** ergeben sich dann die in den negativen Einkünften enthaltenen verbleibenden negativen fortführungsgebundenen Einkünfte zum Schluss des VZ.

V. Anlage Ber – Steuerbefreiung von Berufsverbänden ohne öffentlich-rechtlichen Charakter

1. Übersicht über Inhalt und Bedeutung der Anlage Ber

Bezeichnung des Steuerpflichtigen

Steuernummer

Die mit einem Kreis versehenen Zahlen bezeichnen die Erläuterungen in der Anleitung zur Körperschaftsteuererklärung.

Anlage Ber **2025**

☐ zur Steuererklärung

☐ zum Bescheid

Steuerbefreiung von Berufsverbänden ohne öffentlich-rechtlichen Charakter (§ 5 Absatz 1 Nummer 5 KStG)

201

202 Die Anlage Ber ist von **Berufsverbänden** auszufüllen, die nach **§ 5 Abs. 1 Nr. 5 KStG** ganz oder teilweise von der **Körperschaftsteuer befreit** werden können. Selbständige Steuersubjekte sind auch die jeweiligen **regionalen Untergliederungen** (Landes-, Bezirks-, Kreis-, Ortsverbände), wenn sie über eigene satzungsmäßige Organe (Vorstand, Mitgliederversammlung) verfügen, über diese auf Dauer nach außen im eigenen Namen auftreten und eine eigene Kassenführung haben. Die Anlage Ber dient der **Prüfung der Voraussetzungen zur Steuerbefreiung** nach § 5 Abs. 1 Nr. 5 KStG und ist zusammen mit der Körperschaftsteuererklärung KSt 1 einzureichen.

203 Berufsverbände sind Vereinigungen von natürlichen Personen oder von Unternehmen, die allgemeine, aus der beruflichen oder unternehmerischen Tätigkeit erwachsende ideelle und wirtschaftliche Interessen des Berufsstands oder Wirtschaftszweigs wahrnehmen. Es müssen die **allgemeinen wirtschaftlichen Belange aller Angehörigen eines Berufs**, nicht nur die besonderen wirtschaftlichen Belange einzelner Angehöriger eines bestimmten Geschäftszweigs, wahrgenommen werden. Die Zusammenschlüsse derartiger Vereinigungen sind ebenfalls Berufsverbände (§ 5 Abs. 1 Nr. 5 Satz 3 KStG). Ein Berufsverband ist auch dann gegeben, wenn er die sich aus der Summe der Einzelinteressen der Mitglieder ergebenden allgemeinen wirtschaftlichen Belange eines Berufsstands oder Wirtschaftszweigs vertritt. Die Ergebnisse der Interessenvertretung müssen dem Berufsstand oder Wirtschaftszweig dabei allerdings als solchem unabhängig von der Mitgliedschaft der Angehörigen des Berufsstands oder Wirtschaftszweigs beim Verband zugutekommen. Ein Verband nimmt auch dann allgemeine Interessen eines Wirtschaftszweigs wahr, wenn er lediglich die in einem eng begrenzten Bereich der unternehmerischen Tätigkeit bestehenden gemeinsamen Interessen eines Wirtschaftszweigs vertritt.[1)]

Die Unterhaltung eines **wirtschaftlichen Geschäftsbetriebs** (z.B. Rechtsberatung) führt grundsätzlich nicht zum Verlust der Steuerbefreiung des Berufsverbands, auch wenn er in der Satzung des Verbands aufgeführt ist; der Berufsverband ist mit dem wirtschaftlichen Geschäftsbetrieb allerdings gem. § 5 Abs. 1 Nr. 5 Satz 2 Buchst. a KStG partiell steuerpflichtig. Die Steuerbefreiung entfällt, wenn nach dem Gesamtbild der tatsächlichen Geschäftsführung die nicht dem Verbandszweck dienende wirtschaftliche Tätigkeit dem Verband das Gepräge gibt (§ 5 Abs. 1 Nr. 5 Satz 1 KStG).

Die Steuerbefreiung ist ausgeschlossen, wenn der Berufsverband Mittel von mehr als 10 % der Einnahmen für die unmittelbare oder mittelbare Unterstützung oder **Förderung politischer Parteien** verwendet (§ 5 Abs. 1 Nr. 5 Satz 2 Buchst. b KStG).[2)] Verwendet ein Berufsverband Mittel für die unmittelbare oder mittelbare Unterstützung oder Förderung politischer Parteien, beträgt die Körperschaftsteuer 50 % der Zuwendungen (§ 5 Abs. 1 Nr. 5 Satz 4 KStG).

Zu den Berufsverbänden ohne öffentlich-rechtlichen Charakter i.S.d. § 5 Abs. 1 Nr. 5 KStG können Berufsverbände der Arbeitgeber und der Arbeitnehmer, z.B. Arbeitgeberverbände und Gewerkschaften, und andere Berufsverbände, z.B. Wirtschaftsverbände, Bauernvereine und Hauseigentümervereine, gehören.

204 Die Finanzbehörden sind verpflichtet, auch steuerbefreite Berufsverbände regelmäßig dahingehend zu überprüfen, ob die Voraussetzungen für die Gewährung der Steuerbefreiung erfüllt wurden und ob Steuern – die bei umfangreichen wirtschaftlichen Betätigungen trotz der Steuerbegünstigung anfallen können – festzusetzen sind. Berufsverbände, die nicht mit wirtschaftlichen Geschäftsbetrieben partiell steuerpflichtig sind, keine (un-)mittelbaren Zuwendungen an politische Parteien getätigt haben und über keine Verlustvorträge i.S.d. § 10d EStG verfügen, brauchen die Anlage Ber grds. nur für das **letzte Kj. eines dreijährigen Prüfungszeitraums** einzureichen. Sind die vorgenannten Voraussetzungen nicht erfüllt, ist die Anlage Ber jedoch jährlich einzureichen. Gleiches gilt, wenn die Erklärung vom zuständigen FA jährlich angefordert wird, da es sich bei dem dreijährigen Prüfungszeitraum nur um eine Vereinfachungsregelung der Finanzbehörden handelt, auf die kein Rechtsanspruch besteht. In **Neugründungsfällen** ist die erste Anlage Ber i.d.R. nach Ablauf des Gründungsjahres einzureichen. Besteht Umsatzsteuerpflicht, ist die Umsatzsteuerjahreserklärung gem. § 18 Abs. 4 UStG jährlich unabhängig von dem ggf. dreijährigen Prüfungszeitraum für Ertragsteuern einzureichen.

1) Vgl. BFH v. 4.6.2003, I R 45/02, BStBl II 2003, 891.
2) Vgl. R 5.7 Abs. 3 KStR 2022.

Umfasst der Prüfungszeitraum drei Jahre, liegt der Schwerpunkt auf dem letzten Jahr des Prüfungszeitraums. Die 205
Angaben sind deshalb grds. nur für das letzte Jahr des Prüfungszeitraums zu machen. Soweit dabei Einnahmen oder Ausgaben zu verteilen sind, ist zu beachten, dass diese nicht mehrfach berücksichtigt werden. Zur Entlastung der Vertreter der steuerbefreiten Berufsverbände greift das FA bei der Prüfung soweit wie möglich auf die bei den Körperschaften i.d.R. schon vorhandenen Unterlagen zurück. Unabhängig vom Umfang des Prüfungszeitraums sind für jedes Jahr, das die Erklärung umfasst, eine **Aufgliederung sämtlicher Einnahmen und Ausgaben** (ggf. ein Jahresabschluss nach HGB oder eine Gewinn- und Verlustrechnung nach § 4 Abs. 3 EStG), eine **Vermögensaufstellung** sowie ein **Geschäfts- oder Tätigkeitsbericht** oder Protokolle der Mitgliederversammlung beizufügen. Sofern nicht bereits gesetzlich eine elektronische Übermittlungspflicht besteht (z.B. für wirtschaftliche Geschäftsbetriebe), sind die Unterlagen möglichst elektronisch (Belegnachreichung zur Steuererklärung) zu übermitteln. Dies ist sowohl über Elster als auch über andere Softwareanbieter möglich. Ein steuerbefreiter Berufsverband kann in Abhängigkeit seines Handels über drei Tätigkeitsbereiche verfügen: ideeller Bereich, Vermögensverwaltung (§ 14 Satz 3 AO) und wirtschaftliche Geschäftsbetriebe (§ 14 Satz 1 und 2 AO). Besteht mehr als ein Tätigkeitsbereich, sind **Einnahmen und Ausgaben zusätzlich getrennt für jeden Tätigkeitsbereich** aufzuschlüsseln.

Die Anlage Ber ist in **fünf Abschnitte** gegliedert: 206

- In den **Zeilen 1 bis 3** sind **allgemeine Angaben** zu tätigen.
- In den **Zeilen 4 und 5** sind Angaben zu den **Mitgliedsbeiträgen** zu machen.
- In den **Zeilen 5a bis 7** sind Angaben zu **erhobenen Umlagen** einzutragen.
- Angaben zur **wirtschaftlichen Betätigung** sind in den **Zeilen 14 bis 21e** zu machen.
- **Angaben zur Mittelverwendung** für steuerbegünstigte Zwecke i.S.d. §§ 52 ff. AO und an politische Parteien sind in den **Zeilen 30 bis 38** zu erklären.

2. Allgemeine Angaben (Zeilen 1–3)

Zeile	Allgemeines		
1	Prüfungszeitraum von 202	Prüfungszeitraum bis	
2	Datum der aktuell gültigen Satzung		
3	Die Satzung 74		1 = liegt dem Finanzamt vor. 2 = wird gesondert übermittelt.

In **Zeile 1** ist anzugeben, für welchen **Prüfungszeitraum** (→ Rz. 204 f.) die Anlage Ber eingereicht wird. Hierbei sind 207
das erste und das letzte Jahr des Prüfungszeitraums einzutragen.

In **Zeile 2** ist das **Datum der zurzeit gültigen Satzung** einzutragen. In **Zeile 3** ist anzugeben, ob diese **Satzung** dem 208
FA bereits **vorliegt** (= Ziffer „1") oder noch **gesondert übermittelt** wird (= Ziffer „2"). Die Satzung ist möglichst elektronisch (Belegnachreichung zur Steuererklärung) zu übermitteln. Dies ist sowohl über Elster als auch über andere Softwareanbieter möglich.

3. Mitgliederbeiträge (Zeilen 4–5)

Zeile	Mitgliederbeiträge	
4	Datum der aktuell gültigen Beitragsordnung	
5	Die Beitragsordnung 74	1 = liegt dem Finanzamt vor. 2 = wird gesondert übermittelt.

In **Zeile 4** ist das **Datum der zurzeit gültigen Beitragsordnung** einzutragen. In **Zeile 5** ist anzugeben, ob diese **Bei-** 209
tragsordnung dem FA bereits **vorliegt** (= Ziffer „1") oder noch **gesondert übermittelt** wird (= Ziffer „2"). Die Beitragsordnung ist möglichst elektronisch (Belegnachreichung zur Steuererklärung) zu übermitteln. Dies ist sowohl über Elster als auch über andere Softwareanbieter möglich.

4. Umlagen (Zeilen 5a–7)

Zeile	Umlagen		
5a	Der Berufsverband erhebt Umlagen.	19.202	1 = Ja 2 = Nein
6	Umlagen werden von allen Mitgliedern erhoben.	19.204	1 = Ja 2 = Nein
7	Umlagen werden nach dem gleichen Maßstab erhoben.	19.205	1 = Ja 2 = Nein

210 In **Zeile 5a** ist zu erklären, ob der Berufsverband **Umlagen** erhebt (Ziffer „1 = Ja"; Ziffer „2 = Nein"). In **Zeile 6** ist anzugeben, ob **Umlagen von allen Mitgliedern** erhoben werden (Ziffer „1 = Ja"; Ziffer „2 = Nein"). In den **Zeile 7** ist anzugeben, ob die **Umlagen nach dem gleichen Maßstab** erhoben werden (Ziffer „1 = Ja"; Ziffer „2 = Nein"). Die Abfrage ist erforderlich, um feststellen zu können, ob die erhobenen Umlagen zu einem wirtschaftlichen Geschäftsbetrieb führen (→ Rz. 211 ff.).

5. Wirtschaftliche Betätigung (Zeilen 14–21e)

211 Berufsverbände sind mit ihren **wirtschaftlichen Geschäftsbetrieben** (§ 14 Satz 1 AO) gem. § 5 Abs. 1 Nr. 5 Satz 2 Buchst. a KStG **partiell steuerpflichtig**. Die Steuerbefreiung entfällt, wenn nach dem Gesamtbild der tatsächlichen Geschäftsführung die nicht dem Verbandszweck dienende wirtschaftliche Tätigkeit dem Verband das Gepräge gibt (§ 5 Abs. 1 Nr. 5 Satz 1 KStG). Ein wirtschaftlicher Geschäftsbetrieb ist bei Berufsverbänden stets steuerpflichtig, da die Vorschriften zur Annahme eines steuerfreien Zweckbetriebs nach §§ 65 bis 68 AO bei ihnen nicht anwendbar sind. Ein wirtschaftlicher Geschäftsbetrieb ist eine selbständige nachhaltige Tätigkeit, durch die Einnahmen oder andere wirtschaftliche Vorteile erzielt werden und die über den Rahmen einer Vermögensverwaltung hinausgeht. Die Absicht, Gewinn zu erzielen, ist nicht erforderlich (§ 14 Satz 2 AO).

Ein wirtschaftlicher Geschäftsbetrieb liegt nicht vor, wenn für die Tätigkeit ausschließlich (echte) **Mitgliederbeiträge** nach § 8 Abs. 5 KStG[1] erhoben werden. Zu den Mitgliederbeiträgen gehören auch **Umlagen**, die von allen Mitgliedern in gleicher Höhe oder nach einem bestimmten Maßstab, der von dem Maßstab der Mitgliederbeiträge abweichen kann, erhoben werden. Solche beitragsähnlichen Umlagen liegen z.B. bei der Gemeinschaftswerbung und bei der Durchführung von Betriebsvergleichen vor. Dagegen ist ein wirtschaftlicher Geschäftsbetrieb anzunehmen, wenn mehr als 20 % der Mitglieder des Berufsverbands oder der Mitglieder eines zu dem Berufsverband gehörenden Berufs- oder Wirtschaftszweigs, der an der Gemeinschaftswerbung oder an der Durchführung von Betriebsvergleichen beteiligt ist, nicht zu der Umlage herangezogen werden. Es kann im Einzelfall notwendig sein, zu prüfen, ob die von dem Berufsverband erhobenen Beiträge in vollem Umfang als Mitgliederbeiträge anzusehen oder ob darin Entgelte für die Gewährung besonderer wirtschaftlicher Vorteile enthalten sind. Die Gewährung derartiger Vorteile gegen Entgelt begründet einen wirtschaftlichen Geschäftsbetrieb.[2]

Nicht als wirtschaftlicher Geschäftsbetrieb gilt die **Vermögensverwaltung**. Diese liegt i.d.R. vor, wenn Vermögen genutzt wird, z.B. Kapitalvermögen verzinslich angelegt oder unbewegliches Vermögen vermietet oder verpachtet wird (§ 14 Satz 3 AO).

Zu den **wirtschaftlichen Geschäftsbetrieben** gehören z.B. die Vorführung und der Verleih von Filmen, die Beratung der Angehörigen des Berufsstands oder Wirtschaftszweigs einschließlich der Hilfe bei der Buchführung, bei der Ausfüllung von Steuererklärungen und sonstigen Vordrucken, die Unterhaltung einer Buchstelle, die Einrichtung eines Kreditschutzes, die Unterhaltung von Sterbekassen, der Abschluss oder die Vermittlung von Versicherungen, die Unterhaltung von Laboratorien und Untersuchungseinrichtungen, die Veranstaltung von Märkten, Leistungsschauen und Fachausstellungen, die Unterhaltung einer Kantine für die Arbeitskräfte der Verbandsgeschäftsstelle und die nachhaltige Vermietung von Räumen für regelmäßig kurze Zeit, z.B. für Stunden oder einzelne Tage, an wechselnde Benutzer. Die Herausgabe, das Verlegen oder der Vertrieb von Fachzeitschriften, Fachzeitungen und anderen fachlichen Druckerzeugnissen des Berufsstands oder Wirtschaftszweigs, einschließlich der Aufnahme von Fachanzeigen, stellt ebenfalls einen wirtschaftlichen Geschäftsbetrieb dar. Verbandszeitschriften, in denen die Mitglieder über die Verbandstätigkeit und über allgemeine Fragen des Berufsstands unterrichtet werden, sind kein wirtschaftlicher Geschäftsbetrieb. Betreibt ein Berufsverband in seiner Verbandszeitschrift jedoch Anzeigen- oder Annoncenwerbung, liegt insoweit ein wirtschaftlicher Geschäftsbetrieb vor.

Die Tätigkeit der Geschäftsstelle des Berufsverbands stellt keinen wirtschaftlichen Geschäftsbetrieb dar. Der Verkauf von Altmaterial, Einrichtungsgegenständen, Maschinen, Kraftfahrzeugen und dergleichen bildet eine Einheit mit der Tätigkeit der Geschäftsstelle, da es insoweit an der für die Begründung eines wirtschaftlichen Geschäftsbetriebs erforderlichen Selbständigkeit fehlt. Das gilt auch für den Fall, dass Entgelte für die Mitbenutzung der Geschäftsstelle oder einzelner Räume oder Einrichtungsgegenstände der Geschäftsstelle durch einen anderen Berufsverband vereinnahmt werden. Entsprechendes gilt auch hinsichtlich der Vereinnahmung von Entgelten für die Zurverfügungstellung von Personal für einen anderen Berufsverband.

Steuerpflichtig ist nicht der einzelne wirtschaftliche Geschäftsbetrieb, sondern der Berufsverband, so dass die Ergebnisse der wirtschaftlichen Geschäftsbetriebe für die Besteuerung zusammengefasst werden. Die Freibetragsregelung des § 24 KStG bezieht sich dabei auf das Einkommen des Berufsverbands.

Ob die **Beteiligung an einer Personengesellschaft** (→ Rz. 213) als wirtschaftlicher Geschäftsbetrieb oder als Vermögensverwaltung anzusehen ist, ist i.R. der einheitlichen und gesonderten Gewinnfeststellung für die Personengesellschaft zu entscheiden.[3] Die Beteiligung an einer Personengesellschaft i.S.d. § 15 EStG stellt einen wirtschaftlichen Geschäftsbetrieb dar. Die Gewinnanteile aus der Beteiligung an Personengesellschaften i.S.d. § 15 EStG gehören zu den Einkünften aus Gewerbebetrieb.

1) Vgl. R 8.11 KStR 2022 und H 8.11 KStH 2022.
2) Zur Aufteilung der Mitgliedsbeiträge und zur Zuordnung der Ausgaben vgl. R 5.7 Abs. 4 Satz 9 i.V.m. R 8.12 und R 8.13 KStR 2022.
3) Vgl. BFH v. 27.7.1988, I R 113/84, BStBl II 1989, 134.

Die **Beteiligung an einer Kapitalgesellschaft** (→ Rz. 214) ist im Regelfall Vermögensverwaltung. Sie stellt einen wirtschaftlichen Geschäftsbetrieb dar, wenn mit ihr tatsächlich ein entscheidender Einfluss auf die laufende Geschäftsführung des Unternehmens ausgeübt wird. Dies gilt nicht für die Beteiligung an einer Kapitalgesellschaft, die ausschließlich der Vermögensverwaltung dient.[1]

Der Gewinn für wirtschaftliche Geschäftsbetriebe ist nach den **allgemeinen Gewinnermittlungsgrundsätzen** zu ermitteln. Dabei ist zu beachten, dass nur solche Ausgaben abziehbar sind, die unmittelbar mit dem jeweiligen wirtschaftlichen Geschäftsbetrieb zusammenhängen. Wird keine Bilanz aufgestellt, ist der Gewinn nach § 4 Abs. 3 EStG unter Verwendung der Anlage EÜR zu ermitteln.

a) Wirtschaftliche Geschäftsbetriebe aus eigener Tätigkeit (Zeile 14)

	Wirtschaftliche Betätigung		
	Eigene Tätigkeit		
8 bis 13 frei 14	Die Körperschaft unterhält wirtschaftliche Geschäftsbetriebe aus eigener Tätigkeit (206) (236) (238)	19.206	1 = Ja 2 = Nein

In **Zeile 14** ist anzugeben, ob **wirtschaftliche Geschäftsbetriebe aus eigener Tätigkeit** unterhalten werden (Ziffer „1 = Ja"; Ziffer „2 = Nein"). Bei Vorliegen von wirtschaftlichen Geschäftsbetrieben, deren Gewinne insgesamt den Freibetrag nach § 24 KStG bzw. § 11 Abs. 1 Satz 3 Nr. 2 GewStG (5 000 €) übersteigen oder mit einem Verlust abschließen, besteht zusätzlich die Verpflichtung zur Übermittlung der Anlagen GK und ZVE sowie der Gewerbesteuererklärung GewSt 1 A. Für Gewinne aus wirtschaftlichen Geschäftsbetrieben von Berufsverbänden besteht nach Maßgabe des § 20 Abs. 1 Nr. 10b Satz 4 EStG **Kapitalertragsteuerpflicht**.[2] In diesen Fällen besteht auch die Verpflichtung zur Abgabe der Anlage KSt 1 Fa (→ Rz. 910 ff.). 212

b) Beteiligungen an Personengesellschaften (Zeilen 16–16c)

	Beteiligungen an Personengesellschaften (206) (238)	
	1. Personengesellschaft	
15 frei 16	Name der Personengesellschaft	
16a	Unternehmensgegenstand	
16b frei 16c	Steuernummer	Wirtschafts-Identifikationsnummer (29) D E
	Sind weitere Eintragungen erforderlich, sind diese nach dem gleichen Schema gesondert zu erläutern.	

Die **Zeilen 16 ff.** sind auszufüllen, wenn **Beteiligungen an Personengesellschaften** bestehen (→ Rz. 211). In diesem Fall ist die Beteiligung in den **Zeilen 16 bis 16c** unter Angabe des Namens der Gesellschaft, des Unternehmensgegenstandes, der (bundeseinheitlichen) Steuernummer[3] und der Wirtschafts-Identifikationsnummer der Personengesellschaft anzugeben. Im elektronischen Datensatz sind die Zeilen 16 ff. als sog. „Mehrzeilenindex" eingerichtet; d.h. sie sind für jede einzelne Beteiligung an einer Personengesellschaft gesondert auszufüllen. Wird in einem Härtefall (§ 150 Abs. 8 AO) ausnahmsweise die Steuererklärung in Papierform eingereicht, sind weitere Beteiligungen an einer Personengesellschaft nach dem gleichen Schema gesondert zu erläutern. 213

Stellt die Beteiligung an der Personengesellschaft einen wirtschaftlichen Geschäftsbetrieb dar (→ Rz. 211), dessen Gewinn insgesamt den Freibetrag nach § 24 KStG bzw. § 11 Abs. 1 Satz 3 Nr. 2 GewStG (5 000 €) übersteigt oder mit einem Verlust abschließt, besteht zusätzlich die Verpflichtung zur Übermittlung der Anlagen GK und ZVE sowie der Gewerbesteuererklärung GewSt 1 A. Für Gewinne aus diesem wirtschaftlichen Geschäftsbetrieb besteht nach Maßgabe des § 20 Abs. 1 Nr. 10b Satz 4 EStG **Kapitalertragsteuerpflicht**.[4] In diesen Fällen besteht auch die Verpflichtung zur Abgabe der Anlage KSt 1 Fa (→ Rz. 910 ff.).

1) Vgl. BFH v. 30.6.1971, I R 57/70, BStBl II 1971, 753 und R 5.7 Abs. 5 i.V.m. R 4.1 Abs. 2 Satz 2 bis 5 KStR 2022.
2) BMF v. 2.2.2016, IV C 2 – S 2706-a/14/10001, 2016/0089621, BStBl I 2016, 200 und v. 21.7.2016, IV C 2 – S 2706-a/14/10001, BStBl I 2016, 685.
3) Die ersten vier Stellen der bundeseinheitlichen Steuernummer entsprechen der Finanzamtsnummer.
4) BMF v. 2.2.2016, IV C 2 – S 2706-a/14/10001, 2016/0089621, BStBl I 2016, 200, Rz. 11 und v. 28.1.2019, IV C 2 – S 2706-a/15/10001, 2019/0046925, BStBl I 2019, 97, Rz. 30 f.

c) Beteiligungen an Kapitalgesellschaften (Zeilen 21–21e)

	Beteiligungen an Kapitalgesellschaften 206 238
	1. Kapitalgesellschaft
	Name der Kapitalgesellschaft
17 bis 20 frei 21	
	Unternehmensgegenstand
21a	

Anlage Ber - Oktober 2025 - Version 2.9.1.0 Bekanntgabe

Steuernummer

\- 2 -

Zeile			EUR	Ct
21b	Höhe der Beteiligung(en)			
21c	Höhe der Beteiligung(en) in Prozent			%
	Steuernummer	Wirtschafts-Identifikationsnummer 29		
21d frei 21e		D E		
	Sind weitere Eintragungen erforderlich, sind diese nach dem gleichen Schema gesondert zu erläutern.			

214 Die **Zeilen 21 ff.** sind auszufüllen, wenn **Beteiligungen an Kapitalgesellschaften** bestehen (→ Rz. 211). Eine derartige Beteiligung ist in den **Zeilen 21 bis 21e** unter Angabe des Namens der Gesellschaft, des Unternehmensgegenstandes, der Höhe der Beteiligung (nominal und prozentual), der (bundeseinheitlichen) Steuernummer[1] und der Wirtschafts-Identifikationsnummer der Kapitalgesellschaft anzugeben. Im elektronischen Datensatz sind die Zeilen 21 ff. als sog. „Mehrzeilenindex" eingerichtet; d.h. sie sind für jede einzelne Beteiligung an einer Kapitalgesellschaft gesondert auszufüllen. Wird in einem Härtefall (§ 150 Abs. 8 AO) ausnahmsweise die Steuererklärung in Papierform eingereicht, sind weitere Beteiligungen an einer Kapitalgesellschaft nach dem gleichen Schema gesondert zu erläutern.

Stellt die Beteiligung an der Kapitalgesellschaft einen wirtschaftlichen Geschäftsbetrieb dar (→ Rz. 211), führen Bezüge i.S.d. § 20 Abs. 1 Nr. 1 und 2 EStG und der Gewinn/Verlust aus der Veräußerung der Anteile nach § 17 EStG oder § 20 Abs. 2 Nr. 1 EStG zu gewerblichen Einkünften. § 20 Abs. 6 und 9 EStG sind in diesen Fällen nicht anzuwenden. Der Gewinn/Verlust dieses wirtschaftlichen Geschäftsbetriebs ist unter Anwendung von § 8b KStG zu ermitteln. Übersteigt der Gewinn insgesamt den Freibetrag nach § 24 KStG bzw. § 11 Abs. 1 Satz 3 Nr. 2 GewStG (5 000 €) oder wird ein Verlust erzielt, besteht zusätzlich die Verpflichtung zur Übermittlung der Anlagen GK und ZVE sowie der Gewerbesteuererklärung GewSt 1 A. Für Gewinne aus diesem wirtschaftlichen Geschäftsbetrieb besteht nach Maßgabe des § 20 Abs. 1 Nr. 10b Satz 4 EStG **Kapitalertragsteuerpflicht**.[2] In diesen Fällen besteht auch die Verpflichtung zur Abgabe der Anlage KSt 1 Fa (→ Rz. 910 ff.).

1) Die ersten vier Stellen der bundeseinheitlichen Steuernummer entsprechen der Finanzamtsnummer.
2) BMF v. 2.2.2016, IV C 2 – S 2706-a/14/10001, 2016/0089621, BStBl I 2016, 200 und v. 21.7.2016, IV C 2 – S 2706-a/14/10001, BStBl I 2016, 685.

6. Angaben zur Mittelverwendung (Zeilen 30–38)

Zeile	Angaben zur Mittelverwendung	EUR
	Mittelverwendung im Jahr 2025	
22 bis 29 frei		
30	Einnahmen des Berufsverbandes 227 229	30.281
31	Summe der Zuwendungen, die für steuerbegünstigte Zwecke nach §§ 52 folgende AO verwendet wurden 228	19.294
32	Mittel, die für die unmittelbare oder mittelbare Unterstützung oder Förderung politischer Parteien verwendet wurden (Übertrag nach Zeile 74 der Anlage ZVE) 226 230	19.297
	Mittelverwendung im Jahr 2024	
33	Einnahmen des Berufsverbandes 227 229	30.282
34	Summe der Zuwendungen, die für steuerbegünstigte Zwecke nach §§ 52 folgende AO verwendet wurden 228	19.295
35	Mittel, die für die unmittelbare oder mittelbare Unterstützung oder Förderung politischer Parteien verwendet wurden 226 230	19.298
	Mittelverwendung im Jahr 2023	
36	Einnahmen des Berufsverbandes 227 229	30.283
37	Summe der Zuwendungen, die für steuerbegünstigte Zwecke nach §§ 52 folgende AO verwendet wurden 228	19.296
38	Mittel, die für die unmittelbare oder mittelbare Unterstützung oder Förderung politischer Parteien verwendet wurden 226 230	19.299

215 Ein Berufsverband ist verpflichtet, seine **Mittel für seine satzungsmäßigen**, die Steuerbefreiung nach § 5 Abs. 1 Nr. 5 KStG rechtfertigenden **Zwecke**, einzusetzen. Die Überprüfung der Mittelverwendung erfolgt in den Zeilen 30 ff. Dabei ist es ohne Bedeutung, aus welchen Quellen die verwendeten Mittel stammen. Zu den Mitteln eines Berufsverbands gehören insb. Mitgliedsbeiträge, Umlagen, Zuschüsse, Gewinne aus wirtschaftlichen Geschäftsbetrieben, Rücklagen, Erträge aus der Vermögensverwaltung und das entsprechende Vermögen. Bei Beteiligung an einer Personengesellschaft gehört der Gewinnanteil an der Personengesellschaft zu den Mitteln eines Berufsverbands, bei Beteiligung an einer Kapitalgesellschaft die Bezüge i.S.d. § 20 Abs. 1 Nr. 1 und 2 EStG (abzüglich der Kapitalertragsteuerbelastung) sowie Veräußerungsgewinne aus diesen Beteiligungen. Eine Mittelüberlassung liegt auch bei verdeckten Zuwendungen vor, z.B. bei Leistungen ohne ausreichende Gegenleistung. Das gilt auch bei einer unentgeltlichen oder verbilligten Raumüberlassung und bei einer zinslosen oder zinsverbilligten Darlehensgewährung. Verdeckte Zuwendungen sind mit den entstandenen anteiligen Kosten anzusetzen. Einnahmen in diesem Sinne sind alle Zugänge an Mitteln in dem jeweiligen Kalenderjahr.[1)]

216 Ein Berufsverband kann seine Mittel grds. auch für **Zuwendungen** an **steuerbegünstige Körperschaften** verwenden, die gemeinnützige, mildtätige oder kirchliche Zwecke i.S.d. **§§ 52 bis 54 AO** fördern. Diese stellen in erster Linie Spenden oder auch Mitgliedsbeiträge an Empfänger i.S.d. § 10b Abs. 1 Satz 2 EStG / § 9 Abs. 1 Nr. 2 Satz 2 KStG / § 9 Nr. 5 Satz 2 GewStG dar. Da Mitgliedsbeiträge und Umlagen an Berufsverbände bei deren Mitgliedern auf Grund ihrer betrieblichen Veranlassung regelmäßig nicht zu einer Begrenzung des Betriebsausgabenabzugs führen, ist jedoch zu prüfen, ob durch Spenden/Mitgliedsbeiträge von Berufsverbänden an steuerbegünstigte Körperschaften nicht die Höchstbetragsbegrenzung für den Zuwendungsabzug nach § 10b Abs. 1 Satz 1 EStG / § 9 Abs. 1 Nr. 2 Satz 1 KStG / § 9 Nr. 5 Satz 1 GewStG umgegangen wird, denen die Mitglieder des Berufsverbands unterliegen würden.

217 Verwendet ein Berufsverband Mittel von mehr als 10 % seiner Einnahmen für die unmittelbare oder mittelbare Unterstützung oder **Förderung politischer Parteien**, ist die Steuerbefreiung gem. § 5 Abs. 1 Nr. 5 Satz 2 Buchst. b KStG insgesamt ausgeschlossen. Eine mittelbare Unterstützung oder Förderung politischer Parteien ist anzunehmen, wenn der Berufsverband z.B. den Wahlkampf eines Abgeordneten finanziert.[2)]

Verwendet ein Berufsverband Mittel für die unmittelbare oder mittelbare Unterstützung oder Förderung politischer Parteien, wird eine besondere Körperschaftsteuer i.H.v. 50 % der geleisteten Zuwendungen festgesetzt (§ 5 Abs. 1 Nr. 5 Satz 4 KStG); § 24 KStG ist nicht anzuwenden. Dies gilt auch, wenn die Zuwendungen weniger als 10 % der Mittel des Berufsverbands betragen und somit keine generelle Steuerpflicht nach § 5 Abs. 1 Nr. 5 Satz 2 Buchst. b KStG besteht. Es besteht in diesen Fällen die Verpflichtung, zusätzlich die Anlage ZVE zu übermitteln.

1) Vgl. R 5.7 Abs. 3 KStR 2022.
2) Vgl. R 5.7 Abs. 3 Satz 7 KStR 2022.

218 In den Zeilen 30 ff. sind Angaben zu geleisteten Zuwendungen für steuerbegünstigte Zwecke i.S.d. §§ 52 bis 54 AO sowie zur Mittelverwendung zur (un)mittelbaren Förderung politischer Parteien zu machen. Bei einem mehrjährigen Prüfungszeitraum (→ Rz. 204 f.) sind Angaben für jedes Jahr des Prüfungszeitraums zu machen; in diesen Fällen sind auch die Zeilen 33 ff. auszufüllen. Erfolgt hingegen eine jährliche Überprüfung der Voraussetzungen zur Steuerbefreiung, sind die Angaben nur für den laufenden Veranlagungszeitraum erforderlich.

In den Zeilen 30 bis 32 hat der Berufsverband für das **laufende Jahr** anzugeben:

- in **Zeile 30** seine gesamten **Einnahmen**,
- in **Zeile 31** die Summe der **Zuwendungen**, die für steuerbegünstigte Zwecke i.S.d. §§ 52 bis 54 AO verwendet wurden,
- in **Zeile 32** die Mittel, die für die unmittelbare oder mittelbare Unterstützung oder **Förderung politischer Parteien** verwendet wurden.

219 In den Zeilen 33 bis 35 hat der Berufsverband für das **vorangegangene Jahr** anzugeben:

- in **Zeile 33** seine gesamten **Einnahmen**,
- in **Zeile 34** die Summe der **Zuwendungen**, die für steuerbegünstigte Zwecke i.S.d. §§ 52 bis 54 AO verwendet wurden,
- in **Zeile 35** die Mittel, die für die unmittelbare oder mittelbare Unterstützung oder **Förderung politischer Parteien** verwendet wurden.

220 In den Zeilen 36 bis 38 hat der Berufsverband für das **zweite vorangegangene Jahr** anzugeben:

- in **Zeile 36** seine gesamten **Einnahmen**,
- in **Zeile 37** die Summe der **Zuwendungen**, die für steuerbegünstigte Zwecke i.S.d. §§ 52 bis 54 AO verwendet wurden,
- in **Zeile 38** die Mittel, die für die unmittelbare oder mittelbare Unterstützung oder **Förderung politischer Parteien** verwendet wurden.

VI. Anlage Gem – Steuerbefreiung von Körperschaften, die gemeinnützigen, mildtätigen oder kirchlichen Zwecken dienen

1. Übersicht über den Inhalt und die Bedeutung der Anlage Gem

Bezeichnung des Steuerpflichtigen	Die mit einem Kreis versehenen Zahlen bezeichnen die Erläuterungen in der Anleitung zur Körperschaftsteuererklärung.	**Anlage Gem**	**2025**
Steuernummer		☐ zur Steuererklärung ☐ zum Bescheid	

Steuerbefreiung von Körperschaften, die gemeinnützigen, mildtätigen oder kirchlichen Zwecken dienen (§ 5 Absatz 1 Nummer 9 KStG, § 3 Nummer 6 GewStG und §§ 51 bis 68 AO)

201

Die **Anlage Gem** ist zusammen mit der Körperschaftsteuererklärung KSt 1 von Körperschaften einzureichen, die **gemeinnützige, mildtätige oder kirchliche Zwecke** i.S.d. §§ 52 bis 54 AO verfolgen (sog. „steuerbegünstigte" Körperschaften) und daher nach § 5 Abs. 1 Nr. 9 Satz 1 KStG **von der Körperschaftsteuer befreit** sind. Sofern es sich um Kapitalgesellschaften handelt, die gem. § 2 Abs. 2 GewStG kraft Rechtsform einen Gewerbebetrieb i.S.d. GewStG unterhalten, sind diese nach § 3 Nr. 6 Satz 1 GewStG auch **von der Gewerbesteuer befreit**. Steuerbegünstigte Körperschaften, die keine Kapitalgesellschaften sind (Vereine, Stiftungen) und die keinen stehenden Gewerbebetrieb i.S.d. § 2 Abs. 1 GewStG unterhalten, begründen nach § 2 Abs. 3 GewStG nur dann eine Gewerbesteuerpflicht, soweit sie einen wirtschaftlichen Geschäftsbetrieb i.S.d. § 14 AO unterhalten, so dass es keiner generellen Befreiung von der Gewerbesteuer bedarf. Sofern der wirtschaftliche Geschäftsbetrieb einen Zweckbetrieb i.S.d. §§ 65 bis 68 AO darstellt, ist dieser nach § 3 Nr. 6 Satz 1 GewStG von der Gewerbesteuer befreit. 221

Unterhalten steuerbegünstigte Körperschaften jeder Rechtsform **wirtschaftliche Geschäftsbetriebe** i.S.d. § 14 AO, die **keine Zweckbetriebe** i.S.d. §§ 65 bis 68 AO darstellen, ist gem. § 64 Abs. 1 AO i.V.m. § 64 Abs. 3 AO i.V.m. § 5 Abs. 1 Nr. 9 Satz 2 KStG und § 3 Nr. 6 Satz 2 GewStG die **Steuerbefreiung insoweit ausgeschlossen**, als die Einnahmen einschließlich Umsatzsteuer aller steuerpflichtigen wirtschaftlichen Geschäftsbetriebe (§ 64 Abs. 3 AO) 45 000 € (ab VZ 2026: 50 000 €) pro Jahr übersteigen.[1)]

Die Anlage Gem dient der Überprüfung der Steuerbefreiung insb. im Hinblick auf ihre tatsächliche Geschäftsführung (§ 63 AO) die **Voraussetzungen zur Anerkennung als steuerbegünstigte Körperschaft erfüllt** hat und ob **partielle Steuerpflicht** besteht (siehe hierzu das Prüfschema für die Besteuerung von steuerbegünstigten Körperschaften i.S.d. § 5 Abs. 1 Nr. 9 KStG; → Rz. 277). Die zu machenden Angaben betreffen daher im Wesentlichen Angaben zu wirtschaftlichen Geschäftsbetrieben, der zulässigen Rücklagenbildung und der Mittelverwendung. 222

Die Finanzbehörden sind verpflichtet, auch gemeinnützige, mildtätige und kirchliche Körperschaften regelmäßig zu überprüfen. Sie müssen prüfen, ob die Voraussetzungen der §§ 51 ff. AO für die Gewährung der Steuervergünstigungen wegen der Förderung steuerbegünstigter Zwecke nach der Satzung und nach der tatsächlichen Geschäftsführung erfüllt wurden und ob Steuern – die bei umfangreichen wirtschaftlichen Betätigungen trotz der Steuerbegünstigung anfallen können – festzusetzen sind. Auch wenn eine Steuerbefreiung nach § 5 Abs. 1 Nr. 9 KStG besteht, bleibt die Körperschaft als solche unbeschränkt körperschaftsteuerpflichtig und müsste daher weiterhin jährlich eine Körperschaftsteuererklärung abgeben. Bei gemeinnützigen Körperschaften, die nicht mit steuerpflichtigen wirtschaftlichen Geschäftsbetrieben partiell steuerpflichtig sind, über keine Verlustvorträge i.S.d. § 10d EStG verfügen und auch nicht bei den zuständigen Staatsanwaltschaften bzw. Gerichten als zur Entgegennahme von Geldstrafen und Bußgeldern berechtigt gelistet sind, brauchen die Körperschaftsteuererklärung KSt 1 und die Anlage Gem grds. nur für das **letzte Kj. eines dreijährigen Prüfungszeitraums** einzureichen. 223

Sind diese Voraussetzungen nicht erfüllt, sind die Körperschaftsteuererklärung KSt 1 und die Anlage Gem jedoch jährlich einzureichen. Gleiches gilt, wenn die Erklärung vom zuständigen FA jährlich angefordert wird, da es sich bei dem dreijährigen Prüfungszeitraum nur um eine Vereinfachungsregelung der Finanzbehörden handelt, auf die kein Rechtsanspruch besteht. Steuerbegünstigte Kapitalgesellschaften haben ebenfalls jährlich die Körperschaftsteuererklärung KSt 1 und die Anlage Gem abzugeben, da bei ihnen trotz der Anerkennung als steuerbegünstigte Körperschaft gem. § 27 Abs. 1 KStG jährlich das steuerliche Einlagekonto (→ Rz. 739) festzustellen ist. In **Neugründungsfällen** sind die erste Körperschaftsteuererklärung KSt 1 und die Anlage Gem in der Regel nach Ablauf des Gründungsjahres einzureichen. Sie sollte jedoch spätestens erstmals für den VZ eingereicht werden, der vor dem VZ liegt, in dem der bei Gründung erteilte Bescheid über die gesonderte Feststellung der formellen Satzungsmäßigkeit nach § 60a AO gem. § 63 Abs. 5 Satz 1 Nr. 2 AO nicht mehr zur Ausstellung von Zuwendungsbestätigungen berechtigt. Diese Berechtigung endet drei Jahre nach Ergehen des Bescheides nach § 60a AO und ist gem. § 63 Abs. 5 Satz 2 AO taggenau zu berechnen. Besteht Umsatzsteuerpflicht, ist die **Umsatzsteuerjahreserklärung** gem. § 18 Abs. 4 UStG unabhängig von dem dreijährigen Prüfungszeitraum für die ertragsteuerliche Steuerbefreiung jährlich einzureichen.

---

1) Zu den insoweit maßgebenden Einnahmen vgl. AEAO zu § 64 AO, Nr. 18 ff.

224 Umfasst der Prüfungszeitraum drei Jahre, liegt der Schwerpunkt auf dem letzten Jahr des Prüfungszeitraums. Die Angaben sind deshalb grds. nur für das letzte Jahr des Prüfungszeitraums zu machen. Soweit dabei Einnahmen oder Ausgaben zu verteilen sind, ist zu beachten, dass diese nicht mehrfach berücksichtigt werden. Zur Entlastung der Vertreter der steuerbegünstigten Körperschaften greift das FA bei der Prüfung soweit wie möglich auf die bei den Körperschaften in der Regel schon vorhandenen Unterlagen zurück. Unabhängig vom Umfang des Prüfungszeitraums sind eine **Aufgliederung sämtlicher Einnahmen und Ausgaben** (ggf. ein Jahresabschluss nach HGB oder eine Gewinn- und Verlustrechnung nach § 4 Abs. 3 EStG), eine **Vermögensaufstellung** sowie ein **Geschäfts- oder Tätigkeitsbericht** oder Protokolle der Mitgliederversammlung beizufügen. Es ist erforderlich, dass diese Unterlagen für jedes Jahr des (ggf. dreijährigen) Prüfungszeitraums ungekürzt beim FA eingereicht werden. Eine steuerbegünstigte Körperschaft kann in Abhängigkeit ihres Handels über vier Tätigkeitsbereiche verfügen: ideeller Bereich, Vermögensverwaltung (§ 14 Satz 3 AO), wirtschaftliche Geschäftsbetriebe (§ 14 Satz 1 f. AO), die Zweckbetriebe i.S.d. §§ 65 bis 68 AO sind, und wirtschaftliche Geschäftsbetriebe (§ 14 Satz 1 f. AO), die mangels Zweckbetriebseigenschaft partiell steuerpflichtig sind (s. hierzu das „Prüfschema Einnahmen aus wirtschaftlichen Geschäftsbetrieben"; → Rz. 279). Besteht mehr als ein Tätigkeitsbereich, sind **Einnahmen und Ausgaben zusätzlich getrennt für jeden Tätigkeitsbereich** aufzuschlüsseln.[1]

225 Die Anlage Gem ist insgesamt in **zehn Teilbereiche** gegliedert, in denen (ergänzende) Angaben zu folgenden Sachverhalten bzw. für bestimmte Körperschaften zu machen sind:

- in den Zeilen 1 bis 8 **allgemeine Angaben**;
- in den Zeilen 9 bis 9b die **Gesamteinnahmen** der letzten drei Jahre;
- in den Zeilen 10 bis 24 die Auflistung der **wirtschaftlichen Betätigungen**;
- in den Zeilen 25 bis 28 Angaben für **mildtätige Körperschaften**;
- in den Zeilen 30 bis 37 zu Angaben für **Einrichtungen der Wohlfahrtspflege**;
- in Zeile 38 Angaben für **Krankenhäuser**;
- in den Zeilen 39 bis 49b zu **sportlichen Veranstaltungen gegen Entgelt**;
- in den Zeilen 50 bis 59 zur **Rücklagenbildung**;
- in den Zeilen 63 bis 70 zur **Zuführung von Vermögen und Ausstattung anderer Körperschaften**;
- in den Zeilen 74 und 75 zu nicht in Erfüllung des Satzungszwecks geleisteter unentgeltlicher **Zuwendungen**.

2. Allgemeines (Zeilen 1–8)

Zeile			
	Allgemeines		
1	Prüfungszeitraum von (202) (237)	Prüfungszeitraum bis	
2	Die Körperschaft verfolgt kirchliche Zwecke	30.221	1 = Ja
3	Die Körperschaft verfolgt mildtätige Zwecke	30.222	1 = Ja
	Gemeinnützige Zwecke		
4	Die Körperschaft verfolgt folgende gemeinnützige Zwecke:		
	Sind weitere Eintragungen erforderlich, sind diese nach dem gleichen Schema gesondert zu erläutern.		
	Satzung/Gebührenordnung		
5	Datum der zurzeit gültigen Satzung	30.299	
6	Die Satzung (74)		1 = liegt dem Finanzamt vor. 2 = wird gesondert übermittelt.
7	Datum des zurzeit gültigen Beschlusses über die Festsetzung der Mitgliedsbeiträge, Umlagen und Aufnahmegebühren		
8	Der Beschluss laut Zeile 7 (74)		1 = liegt dem Finanzamt vor. 2 = wird gesondert übermittelt.

226 In **Zeile 1** ist anzugeben, für welchen **Prüfungszeitraum** (→ Rz. 223 f.) die Anlage Gem eingereicht wird. Das letzte Jahr des Prüfungszeitraums ist immer das Jahr, für das die Körperschaftsteuererklärung angegeben wird. Steuerbefreite Körperschaften müssten grundsätzlich auch jährlich Körperschaftsteuererklärungen abgeben. Zur Ver-

1) Zur Zuordnung der Ausgaben und der Aufteilung gemischt veranlasster Aufwendungen vgl. AEAO zu § 64 AO, Nr. 4 ff.

waltungsvereinfachung wird bei nach § 5 Abs. 1 Nr. 9 KStG steuerfreien Körperschaften, die keinen wirtschaftlichen Geschäftsbetrieb unterhalten bzw. die einen wirtschaftlichen Geschäftsbetrieb unterhalten, der auf Grund von Freibetragungsregelungen nicht zu einer Steuerfestsetzung führt, die Steuerbefreiung nur alle drei Jahre überprüft.[1] Folglich beträgt der hier einzutragende Prüfungszeitraum zwischen einem und maximal drei Jahren.

In den **Zeilen 2 bis 4** ist der **Zweck der Körperschaft** zu erklären. Entsprechend ist in den **Zeilen 2 und 3** durch Angabe der Ziffer „1 = Ja" anzuzeigen, wenn die Körperschaft kirchliche (§ 54 AO) und/oder mildtätige Zwecke (§ 53 AO) verfolgt. Kirchliche Zwecke i.S.d. § 54 AO können nur gefördert werden, wenn die Tätigkeit darauf gerichtet ist, eine Religionsgemeinschaft zu fördern, die selbst Körperschaft des öffentlichen Rechts ist.[2] Soweit die Religionsgemeinschaft privatrechtlich (z.B. als eingetragener Verein) organisiert ist, kommt jedoch eine Steuerbefreiung auf Grund von Gemeinnützigkeit (Förderung der Religion) in Betracht. 227

Bei Verfolgung gemeinnütziger Zwecke ist in Zeile 4 der gemeinnützige Zweck i.S.d. § 52 Abs. 2 Satz 1 und 2 AO einzeln aufzuführen. Es können auch mehrere Zwecke verfolgt werden. Im elektronischen Datensatz können die Zwecke einzeln hinterlegt werden. Wird in einem Härtefall (§ 150 Abs. 8 AO) ausnahmsweise die Steuererklärung in Papierform eingereicht, sind weitere gemeinnützige Zwecke nach dem gleichen Schema gesondert zu erläutern.

In **Zeile 5** ist das **Datum der zurzeit gültigen Satzung** einzutragen. In **Zeile 6** ist anzugeben, ob diese **Satzung** dem FA bereits **vorliegt** (= Ziffer „1") oder noch **gesondert übermittelt** wird (= Ziffer „2"). Die Satzung ist möglichst elektronisch (Belegnachreichung zur Steuererklärung) zu übermitteln. Dies ist sowohl über Elster als auch über andere Softwareanbieter möglich. Die Vorlage der aktuell gültigen Satzung ist erforderlich, um prüfen zu können, ob die Satzung den Anforderungen der sog. „**formellen Satzungsmäßigkeit**" genügt, was Voraussetzung für die Anerkennung als steuerbegünstigte Körperschaft ist (§ 60 Abs. 1 Satz 1 i.V.m. § 60a AO; siehe hierzu das Prüfschema „Satzungsprüfung bei steuerbegünstigten Körperschaften" → Rz. 278) und ob die tatsächliche Geschäftsführung den satzungsmäßigen Zwecken entspricht (§ 63 Abs. 1 AO). 228

In **Zeile 7** ist das **Datum des zurzeit gültigen Beschlusses** über die Festsetzung der Mitgliedsbeiträge, Umlagen und Aufnahmegebühren einzutragen. In **Zeile 8** ist anzugeben, ob eine Abschrift des **Beschlusses** über die **Festsetzung der Mitgliederbeiträge, Umlagen und Aufnahmegebühren** dem FA bereits vorliegt (= Ziffer „1") oder noch gesondert übermittelt wird (= Ziffer „2"). Der Beschluss ist möglichst elektronisch (Belegnachreichung zur Steuererklärung) zu übermitteln. Dies ist sowohl über Elster als auch über andere Softwareanbieter möglich. Dies dient der Feststellung, ob die Höhe dieser Zahlungen ggf. einer gemeinnützigen Förderung der Allgemeinheit (§ 52 Abs. 1 Satz 2 AO) entgegensteht.[3] 229

3. Gesamteinnahmen (Zeilen 9–9b)

	Gesamteinnahmen	EUR
9	Gesamteinnahmen des Jahres 2025 (einschließlich Beiträge, Spenden, Zuschüsse, Einnahmen aus der Vermögensverwaltung und aus wirtschaftlichen Betätigungen, Umsatzsteuer)	30.281
9a	Gesamteinnahmen des Jahres 2024 (einschließlich Beiträge, Spenden, Zuschüsse, Einnahmen aus der Vermögensverwaltung und aus wirtschaftlichen Betätigungen, Umsatzsteuer)	30.282
9b	Gesamteinnahmen des Jahres 2023 (einschließlich Beiträge, Spenden, Zuschüsse, Einnahmen aus der Vermögensverwaltung und aus wirtschaftlichen Betätigungen, Umsatzsteuer)	30.283

Zur Feststellung, ob die Gesamteinnahmen der Körperschaft 45 000 €/Jahr überstiegen haben und damit mögliche steuerpflichtige wirtschaftliche Geschäftsbetriebe nach § 64 Abs. 3 AO ertragsteuerlich relevant sein könnten, sind zunächst die Gesamteinnahmen der Körperschaft zu erklären. In **Zeile 9** sind die **Gesamteinnahmen** einschließlich Beiträgen, Spenden, Zuschüssen, Einnahmen aus Vermögensverwaltung und wirtschaftlichen Geschäftsbetrieben sowie Umsatzsteuer für das Jahr einzutragen, für das die Körperschaftsteuererklärung abgegeben wird. Bei einem dreijährigen Prüfungszeitraum (→ Rz. 223 f.) ist dies das letzte Jahr des Prüfungszeitraums; in diesen Fällen sind in den Zeilen 9a und 9b auch die Gesamteinnahmen der beiden Vorjahre einzutragen. Erfolgt hingegen eine jährliche Überprüfung der Voraussetzungen zur Steuerbefreiung, sind Angaben zu den Gesamteinnahmen der Vorjahre nicht erforderlich, da diese dem FA bereits bekannt sind. 230

In **Zeile 9a** sind bei einem dreijährigen Prüfungszeitraum (→ Rz. 223 f.) die **Gesamteinnahmen** einschließlich Beiträgen, Spenden, Zuschüssen, Einnahmen aus Vermögensverwaltung und wirtschaftlichen Geschäftsbetrieben sowie Umsatzsteuer für das Vorjahr anzugeben. 231

In **Zeile 9b** sind bei einem dreijährigen Prüfungszeitraum (→ Rz. 223 f.) die **Gesamteinnahmen** einschließlich Beiträgen, Spenden, Zuschüssen, Einnahmen aus Vermögensverwaltung und wirtschaftlichen Geschäftsbetrieben sowie Umsatzsteuer für das zweite Vorjahr zu erklären. 232

1) Vgl. AEAO zu § 59 AO, Nr. 3 Satz 3.
2) Vgl. AEAO zu § 54.
3) Vgl. AEAO zu § 52 AO, Nr. 1.

4. Wirtschaftliche Betätigung (Zeilen 10–24)

Wirtschaftliche Betätigung

Zeile			
10	Die Einnahmen des Jahres 2025 (einschließlich der Umsatzsteuer) aus wirtschaftlichen Geschäftsbetrieben (einschließlich Zweckbetriebe) betragen mehr als 45.000 € (wenn ja: weiter ab Zeile 11; wenn nein: weiter ab Zeile 25)		1 = Ja 2 = Nein

Steuerpflichtiger wirtschaftlicher Geschäftsbetrieb (203) (206) (207) (208) (211) (236)

1. Steuerpflichtiger wirtschaftlicher Geschäftsbetrieb

Zeile			
11	Bezeichnung des steuerpflichtigen wirtschaftlichen Geschäftsbetriebs		
	Einnahmen (einschließlich Umsatzsteuer) EUR	Ausgaben EUR	Überschuss/Fehlbetrag (209) EUR
12			

Sind weitere Eintragungen erforderlich, sind diese nach dem gleichen Schema gesondert zu erläutern.

Anlage Gem - Oktober 2025 - Version 2.9.1.0 Bekanntgabe

Steuernummer — - 2 -

Summe

Zeile		EUR
13	Summe Einnahmen aus allen steuerpflichtigen wirtschaftlichen Geschäftsbetrieben (einschließlich Umsatzsteuer)	
14	Summe Ausgaben aus allen steuerpflichtigen wirtschaftlichen Geschäftsbetrieben	
15	Summe Überschuss/Fehlbetrag aus allen steuerpflichtigen wirtschaftlichen Geschäftsbetrieben	

Zweckbetriebe (207) (211)

1. Zweckbetrieb

Zeile	Bezeichnung des Zweckbetriebs	Einnahmen (einschließlich Umsatzsteuer) EUR
16 und 17 frei		
18		

Sind weitere Eintragungen erforderlich, sind diese nach dem gleichen Schema gesondert zu erläutern.

Summe

Zeile		EUR
19 bis 23 frei		
24	Summe Einnahmen aus allen Zweckbetrieben (einschließlich Umsatzsteuer)	

233 In **Zeile 10** ist anzugeben, ob die **Einnahmen einschließlich der Umsatzsteuer aus wirtschaftlichen Geschäftsbetrieben** des Jahres, für das die Körperschaftsteuererklärung abgegeben wird, nicht mehr (= Ziffer „2") oder **mehr als 45 000 €** (= Ziffer „1") betragen haben.

Ein wirtschaftlicher Geschäftsbetrieb ist gem. § 14 Satz 1 AO eine selbständige nachhaltige Tätigkeit, durch die Einnahmen oder andere wirtschaftliche Vorteile erzielt werden und die über den Rahmen einer Vermögensverwaltung hinausgeht. Die Absicht, Gewinn zu erzielen, ist nicht erforderlich (§ 14 Satz 2 AO). Ein wirtschaftlicher Geschäftsbetrieb kann entweder steuerbegünstigt (Zweckbetrieb, §§ 65 bis 68 AO) oder steuerpflichtig sein. Nicht als wirtschaftlicher Geschäftsbetrieb gilt die Vermögensverwaltung. Diese liegt in der Regel vor, wenn Vermögen genutzt wird, z.B. Kapitalvermögen verzinslich angelegt oder unbewegliches Vermögen vermietet oder verpachtet wird (§ 14 Satz 3 AO). Ein Zweckbetrieb ist gegeben, wenn der wirtschaftliche Geschäftsbetrieb in seiner Gesamtrichtung dazu dient, die steuerbegünstigten satzungsmäßigen Zwecke der Körperschaft zu verwirklichen, die Zwecke nur durch ihn erreicht werden können und der wirtschaftliche Geschäftsbetrieb zu nicht begünstigten Betrieben derselben oder ähnlicher Art nicht im größeren Umfang in Wettbewerb tritt, als es bei Erfüllung der steuerbegünstigten Zwecke unvermeidbar ist (§ 65 AO). Für die Zweckbetriebseigenschaft bestimmter wirtschaftlicher

Betätigungen enthalten die §§ 66 bis 68 AO Sonderregelungen. So sind bspw. kulturelle Einrichtungen wie Museen, Theater und kulturelle Veranstaltungen wie Konzerte oder Kunstausstellungen Zweckbetriebe, auch wenn sie die allgemeinen Voraussetzungen des § 65 AO nicht erfüllen. Zweckbetriebe können nur vorliegen, wenn die entsprechende Tätigkeit Satzungszweck der Körperschaft ist. Zur Zuordnung der Einnahmen s. „Prüfschema Einnahmen aus wirtschaftlichen Geschäftsbetrieben"; → Rz. 279.[1]

Übersteigen die Einnahmen einschließlich Umsatzsteuer aus wirtschaftlichen Geschäftsbetrieben, die keine Zweckbetriebe sind, insgesamt nicht 45 000 € im VZ, so unterliegen die diesen Geschäftsbetrieben zuzuordnenden Besteuerungsgrundlagen nicht der Körperschaft- und der Gewerbesteuer (Besteuerungsgrenze, § 64 Abs. 3 AO). Sind die Einnahmen der steuerpflichtigen wirtschaftlichen Geschäftsbetriebe höher, muss der Gewinn für wirtschaftliche Geschäftsbetriebe nach den allgemeinen Gewinnermittlungsgrundsätzen ermittelt werden. Dabei ist zu beachten, dass nur solche Ausgaben abziehbar sind, die mit dem jeweiligen wirtschaftlichen Geschäftsbetrieb zusammenhängen.[2] Soweit für wirtschaftliche Geschäftsbetriebe keine Bilanz aufzustellen ist, wird der Gewinn nach § 4 Abs. 3 EStG ermittelt. Insoweit besteht auch eine Übermittlungspflicht der Anlage EÜR nach § 60 Abs. 4 EStDV. Nicht zur Gewinnermittlung nach § 4 Abs. 3 EStG verpflichtet sind Zweckbetriebe (steuerfrei) und wirtschaftliche Geschäftsbetriebe, die unter den Grenzen des § 64 Abs. 3 AO liegen. Sie müssen demzufolge auch keine Anlage EÜR übermitteln.

In Zeile 10 erfolgt noch keine Festlegung, ob die wirtschaftliche Betätigung ein nach §§ 65-68 AO steuerfreier Zweckbetrieb oder ein steuerpflichtiger wirtschaftlicher Geschäftsbetrieb ist. Daher ist die Eintragung **einschließlich der Einnahmen aus Zweckbetrieben** vorzunehmen. Lediglich die Einnahmen im ideellen Bereich und aus der Vermögensverwaltung sind hier nicht einzutragen; sie sind in den Gesamteinnahmen lt. Zeilen 9 bis 9b enthalten. Wird für das letzte Jahr des Prüfungszeitraums die Einnahmegrenze von 45 000 € nicht überschritten, sind erst ab Zeile 25 weitere Angaben erforderlich; bei Überschreitung ist mit Zeile 11 fortzufahren.

Liegt ein **steuerpflichtiger wirtschaftlicher Geschäftsbetrieb** vor, ist dieser in **Zeile 11** zu bezeichnen. In **Zeile 12** 234
sind Einnahmen (einschließlich Umsatzsteuer), Ausgaben sowie der sich daraus ergebende Überschuss/Fehlbetrag anzugeben. Unterhält die Körperschaft mehrere wirtschaftliche Geschäftsbetriebe, sind diese getrennt zu erklären. Im elektronischen Datensatz sind die Zeilen 11 und 12 deshalb mehrfach eingebbar. Wird in einem Härtefall (§ 150 Abs. 8 AO) ausnahmsweise die Steuererklärung in Papierform eingereicht, sind weitere steuerpflichtige wirtschaftliche Geschäftsbetriebe nach dem gleichen Schema gesondert zu erläutern. Es ist fraglich, ob eine getrennte Ermittlung der Gewinne aus wirtschaftlichen Geschäftsbetrieben erforderlich ist, da nach § 64 Abs. 2 AO nur ein einheitlicher wirtschaftlicher Geschäftsbetrieb vorliegt, der alle Einzelbetriebe umfasst.[3]

In **Zeile 13** ist die **Summe aller Einnahmen** aus allen steuerpflichtigen wirtschaftlichen Geschäftsbetrieben einschließlich Umsatzsteuer (sog. einheitlicher steuerpflichtiger wirtschaftlicher Geschäftsbetrieb, § 64 Abs. 2 AO) zu erklären. In **Zeile 14** ist entsprechend die **Summe aller Ausgaben** des einheitlichen steuerpflichtigen wirtschaftlichen Geschäftsbetriebs anzugeben. In **Zeile 15** ist die **Summe der Überschüsse/Fehlbeträge** aus allen steuerpflichtigen wirtschaftlichen Geschäftsbetrieben einzutragen. Mit dem Gesamtergebnis ihres (ggf. einheitlichen) steuerpflichtigen wirtschaftlichen Geschäftsbetriebs unterliegt die Körperschaft der partiellen Körperschaftsteuer- und Gewerbesteuerpflicht. In diesen Fällen besteht die Verpflichtung zur Übermittlung (mindestens) der Anlagen GK und ZVE sowie der Gewerbesteuererklärung GewSt 1 A. Ist das Gesamtergebnis negativ, verliert die Körperschaft ggf. wegen Mittelfehlverwendung für den jeweiligen VZ die Anerkennung als steuerbegünstigte Körperschaft.[4]

Die von der Körperschaft unterhaltenen Zweckbetriebe sind mit ihrer Bezeichnung, ihren Einnahmen in **Zeile 18** 235
zu erklären. Im elektronischen Datensatz können die Angaben mehrfach eingegeben werden. Wird in einem Härtefall (§ 150 Abs. 8 AO) ausnahmsweise die Steuererklärung in Papierform eingereicht, sind weitere Zweckbetriebe nach dem gleichen Schema gesondert zu erläutern. In **Zeile 24** ist die **Summe der Einnahmen** aus allen Zweckbetrieben einschließlich Umsatzsteuer anzugeben. Angaben zu den Ausgaben und dem Gesamtergebnis sind nicht erforderlich, weil für Zweckbetriebe keine partielle Ertragsteuerpflicht besteht und ein eventueller Verlust unschädlich für die Anerkennung als steuerbegünstigte Körperschaft ist. Über die Einnahmen können ggf. Verprobungen zu i.R. der Umsatzsteuer erklärten Umsätzen gemacht werden.

5. Mildtätige Zwecke (Zeilen 25–28)

	Mildtätige Zwecke 212		
25	Wir erklären, dass wir Personen selbstlos unterstützen, die infolge ihres körperlichen, geistigen oder seelischen Zustands auf die Hilfe anderer angewiesen sind (§ 53 Nummer 1 AO).	30.267	1 = Ja
26	Wir erklären, dass wir Personen selbstlos unterstützen, die wirtschaftlich nach § 53 Nummer 2 AO hilfebedürftig sind.		1 = Ja
27	Für die Personen laut Zeile 26 liegen Aufzeichnungen über die wirtschaftliche Hilfsbedürftigkeit vor. Soweit keine Aufzeichnungen vorliegen, konnte hierauf aufgrund der Bewilligung nach § 53 Nummer 2 Satz 7 AO verzichtet werden.	30.268	1 = Ja 2 = Nein
28	Wir erklären, dass wir Personen selbstlos unterstützen, die wirtschaftlich nach § 53 Nummer 3 AO hilfebedürftig sind.		1 = Ja

1) Zu weiteren möglichen steuerpflichtigen wirtschaftlichen Geschäftsbetrieben vgl. AEAO zu § 64 AO, Nr. 1 ff.
2) Zur Zuordnung der Ausgaben und der Aufteilung gemischt veranlasster Aufwendungen vgl. AEAO zu § 64 AO, Nr. 4 ff.
3) Vgl. AEAO zu § 64 AO, Nr. 14.
4) Vgl. AEAO zu § 64 AO, Nr. 17 und zu § 55 AO, Nr. 4 ff.

236 Eine Körperschaft verfolgt **mildtätige Zwecke i.S.d. § 53 AO**, wenn ihre Tätigkeit darauf gerichtet ist, Personen selbstlos[1] zu unterstützen,

1. die infolge ihres körperlichen, geistigen oder seelischen Zustands auf die Hilfe anderer angewiesen sind (§ 53 Nr. 1 AO; **persönliche Hilfebedürftigkeit**)[2] oder
2. deren Bezüge nicht höher sind als das Vierfache des Regelsatzes der Sozialhilfe i.S.d. § 28 SGB XII; bei Alleinstehenden oder Alleinerziehenden tritt an die Stelle des Vierfachen das Fünffache des Regelsatzes (§ 53 Nr. 2 Satz 1 AO; **wirtschaftliche Hilfebedürftigkeit**).[3]
3. deren wirtschaftliche Lage aus **besonderen Gründen** zu einer Notlage geworden ist (§ 53 Nr. 3 AO).[4]

Diese Gründe können einzeln oder kumuliert vorliegen.

237 In **Zeile 25** ist eine „1" einzutragen, wenn die Körperschaft Personen selbstlos unterstützt, die infolge ihres körperlichen, geistigen oder seelischen Zustands auf die Hilfe anderer angewiesen sind (§ 53 Nr. 1 AO) (**persönliche Hilfebedürftigkeit**). Ausschlaggebend ist der Zustand der Menschen, für die die Körperschaft tätig wird. Sie müssen objektiv auf Hilfe angewiesen sein. Es kommt nicht darauf an, dass der Zustand dauernd oder für eine längere Zeit besteht.[5]

Da Hilfen nach § 53 Nr. 1 AO ohne Rücksicht auf die wirtschaftliche Hilfebedürftigkeit gewährt werden dürfen,[6] brauchen hierüber keine weiteren Aufzeichnungen geführt zu werden. Im Rahmen der tatsächlichen Geschäftsführung muss jedoch nachgewiesen werden können, dass die unterstützten Personen persönlich hilfebedürftig waren. Hilfebedürftigkeit wird seitens der FinVerw. pauschal für Personen unterstellt, die das 75. Lebensjahr vollendet haben.[7]

238 Unterstützt die Körperschaft selbstlos Personen wegen **wirtschaftlicher Hilfebedürftigkeit** i.S.d. § 53 Nr. 2 AO, hat sie dies in **Zeile 26** durch Angabe der Ziffer „1" zu erklären und in Zeile 27 fortzufahren. Die wirtschaftliche Hilfsbedürftigkeit gilt als gegeben, wenn die Empfänger der Zuwendungen Grundsicherung, Sozialhilfe oder Wohngeld erhalten, vgl. § 53 Satz 1 Nr. 2 Satz 6 AO.

Bei anderen Empfängern dürfen die Bezüge nicht höher als das vier- bzw. fünffache des Regelsatzes der Sozialhilfe betragen. Der Regelsatz ermittelt sich dabei nach Regelbedarfsstufen (vgl. Anlage zu § 28 SGB XII). In die Regelbedarfsstufe 1 sind dabei alleinlebende Personen einzureihen. Regelbedarfsstufe 2 ist für Erwachsene vorgesehen, die gemeinsam mit einem Ehegatten, Lebenspartner oder einer eheähnlichen Gemeinschaft zusammenleben. Regelbedarfsstufe 3 ist für eine erwachsene Person vorgesehen, die in einer stationären Einrichtung lebt. Regelbedarfsstufe 4 ist für Jugendliche im Alter von 15 bis 18 Jahren, Regelbedarfsstufe 5 für Kinder im Alter von sieben bis 14 Jahren und Regelbedarfsstufe 6 für Kinder im Alter von null bis sechs Jahren vorgesehen. Die Prüfung ist pro geförderter Bedarfsgemeinschaft zu prüfen.[8]

Für den Besteuerungszeitraum ergeben sich daher nach Anlage zu § 28 SGB XII folgende Regelsätze (in Euro):

Regelbedarfsstufe	1	2	3	4	5	6
2023	502	451	402	420	348	318
2024	563	506	451	471	390	357
2025	563	506	451	471	390	357

Um die steuerlich zulässigen Höchstwerte der Bezüge zu ermitteln, sind die Spalten 1 und 3 mit fünf zu multiplizieren, die übrigen mit vier.

Eine wirtschaftliche Hilfebedürftigkeit liegt gem. § 53 Nr. 2 Satz 2 AO nicht vor bei Personen, deren Vermögen zur nachhaltigen Verbesserung ihres Unterhalts ausreicht und denen zugemutet werden kann, es dafür zu verwenden. Bei Personen, deren wirtschaftliche Lage aus besonderen Gründen zu einer Notlage geworden ist, dürfen die Bezüge oder das Vermögen die genannten Grenzen übersteigen (§ 53 Nr. 2 Satz 3 AO). Bezüge im Sinne dieser Vorschrift sind gem. § 53 Nr. 2 Satz 4 AO Einkünfte i.S.d. § 2 Abs. 1 EStG und andere zur Bestreitung des Unterhalts bestimmte oder geeignete Bezüge aller Haushaltsangehörigen. Zu berücksichtigen sind auch gezahlte und empfangene Unterhaltsleistungen (§ 53 Nr. 2 Satz 5 AO).[9]

239 Erbringt eine Körperschaft ihre Leistungen an wirtschaftlich hilfebedürftige Personen, muss sie die Hilfebedürftigkeit der unterstützten Personen durch Führung geeigneter Unterlagen nachweisen können. Durch Eintragung einer „1" in **Zeile 27** muss versichert werden, dass Aufzeichnungen über die wirtschaftliche Hilfebedürftigkeit geführt werden oder ein Nachweisverzicht nach § 53 Nr. 2 Satz 7 AO durch das FA erfolgt ist.

1) Zur Eingrenzung der Selbstlosigkeit vgl. AEAO zu § 53 AO, Nr. 3.
2) Vgl. AEAO zu § 53 AO, Nr. 1 und 4.
3) Vgl. AEAO zu § 53 AO, Nr. 5.
4) Eingefügt durch Art. 3 Nr. 1 Buchst. b des vierten Bürokratieentlastungsgesetzes v. 23.10.2024, BGBl. I 2024 Nr. 323 = BStBl I 2024, 1421 (Auszug).
5) So Tz. 4 AEAO zu § 53.
6) Vgl. AEAO zu § 53 AO, Nr. 4.
7) So Tz. 4 AEAO zu § 53.
8) Vgl. Seer in Tipke/Kruse, § 53 AO Rz. 4.
9) Zu den Einzelheiten vgl. AEAO zu § 53 AO, Nr. 6 ff.

Bei Empfängern von Leistungen nach

1. dem Sozialgesetzbuch II (Bürgergeld),
2. dem Sozialgesetzbuch XII (Sozialhilfe),
3. dem Wohngeldgesetz,
4. § 27a des Bundesversorgungsgesetzes (Ergänzende Hilfe zum Lebensunterhalt von Opfern des Krieges) oder
5. § 6a des Bundeskindergeldgesetzes (Kinderzuschlag)

ist die Hilfebedürftigkeit durch Kopie des jeweiligen Leistungsbescheids nachgewiesen, vgl. § 53 Nr. 2 Satz 5 AO.

In allen anderen Fällen muss pro Bedarfsgemeinschaft die Hilfebedürftigkeit ermittelt und festgehalten werden. Anhand von Unterlagen muss nachgewiesen werden können, dass die Höhe der Einkünfte und Bezüge sowie das Vermögen der unterstützten Personen die Grenzen des § 53 Nr. 2 AO nicht übersteigen. Eine Erklärung, in der von der unterstützten Person nur das Unterschreiten der Grenzen des § 53 Nr. 2 AO mitgeteilt wird, reicht allein nicht aus. Eine Berechnung der maßgeblichen Einkünfte und Bezüge sowie eine Berechnung des Vermögens sind stets beizufügen.[1)]

Auf Antrag der Körperschaft kann gem. § 53 Nr. 2 Satz 7 AO auf einen Nachweis der wirtschaftlichen Hilfebedürftigkeit verzichtet werden, wenn auf Grund der besonderen Art der gewährten Unterstützungsleistung sichergestellt ist, dass nur wirtschaftlich hilfebedürftige Personen im vorstehenden Sinne unterstützt werden.[2)] In **Zeile 27** ist anzugeben, ob für die Unterstützung wirtschaftlich hilfebedürftiger Personen die erforderlichen Aufzeichnungen vorliegen oder stattdessen eine Bewilligung nach § 53 Nr. 2 Satz 8 AO vorliegt (Ziffer „1 = Ja“, Ziffer „2 = Nein“).

In **Zeile 28** ist eine „1“ einzutragen, wenn die Körperschaft Leistungen an hilfebedürftige Personen i.S.d. § 53 Nr. 3 **240**
AO erbringt. Diese Vorschrift wurde im VZ 2025 eingeführt. Begünstigt sein sollen selbstlose Leistungen an Personen, deren wirtschaftliche Lage aus besonderen Gründen zu einer Notlage geworden ist. In § 53 Nr. 3 Satz 2 AO wird definiert, dass eine durch Erlass des BMF oder einer obersten Finanzbehörde der Länder festgestellte Katastrophe ein solcher besonderer Grund sei. Hierdurch soll eine Lücke geschlossen werden, da bei Katastrophen in der jüngeren Vergangenheit die Anforderungen an die wirtschaftliche Hilfebedürftigkeit fraglich waren.[3)] Soweit ein solcher Erlass vorliegt, genügt für den Nachweis der Hilfebedürftigkeit die Glaubhaftmachung der Notlage und der Mehraufwendungen, vgl. § 53 Nr. 3 Satz 3 AO. Auf die tatsächlichen Vermögensverhältnisse des Begünstigten kommt es nicht mehr an.[4)]

6. Einrichtungen der Wohlfahrtspflege (Zeilen 30–37)

	Einrichtungen der Wohlfahrtspflege (213)		
29 frei 30	Wir erklären, dass mindestens zwei Drittel der Leistungen der Einrichtung hilfebedürftigen Personen (§ 53 Nummer 1 bis 3 AO) zugute kommen. Von der Hilfebedürftigkeit haben wir uns überzeugt. Aufzeichnungen darüber liegen vor.		1 = Ja 2 = Nein
31	Wir erklären, dass der Zweckbetrieb der Wohlfahrtspflege nicht des Erwerbs wegen unterhalten wird. Aufzeichnungen darüber liegen vor. (214)	30.260	1 = Ja 2 = Nein
	Finanzierungsbedarf der wohlfahrtspflegerischen Gesamtsphäre (210)		
	Finanzierungsbedarf des Jahres 2025	EUR	
32	Tatsächliches Ergebnis der wohlfahrtspflegerischen Gesamtsphäre	30.261	
33	Konkreter Finanzierungsbedarf der wohlfahrtspflegerischen Gesamtsphäre	30.262	
	Finanzierungsbedarf des Jahres 2024		
34	Tatsächliches Ergebnis der wohlfahrtspflegerischen Gesamtsphäre	30.263	
35	Konkreter Finanzierungsbedarf der wohlfahrtspflegerischen Gesamtsphäre	30.264	
	Finanzierungsbedarf des Jahres 2023		
36	Tatsächliches Ergebnis der wohlfahrtspflegerischen Gesamtsphäre	30.265	
37	Konkreter Finanzierungsbedarf der wohlfahrtspflegerischen Gesamtsphäre	30.266	

1) Vgl. AEAO zu § 53 AO, Nr. 10.
2) Zu den Einzelheiten vgl. AEAO zu § 53 AO, Nr. 12.
3) Vgl. Hüttemann in Hüttemann, 6. Aufl. 2025, Rz. 3.198.
4) Vgl. AEAO zu § 53 AO, Nr. 13.

241 **Einrichtungen der Wohlfahrtspflege** (§ 66 AO) haben in **Zeile 30** zu erklären, ob mindestens zwei Drittel ihrer Leistungen an hilfebedürftige Personen i.S.d. § 53 Nr. 1 und 2 AO erbracht wurden und Aufzeichnungen darüber vorliegen (Ziffer „1 = Ja", Ziffer „2 = Nein"). Eine Einrichtung der Wohlfahrtspflege ist ein Zweckbetrieb, wenn sie in besonderem Maße den in § 53 AO genannten Personen dient. Wohlfahrtspflege ist die planmäßige, zum Wohle der Allgemeinheit und nicht des Erwerbs wegen ausgeübte Sorge für notleidende oder gefährdete Mitmenschen. Die Sorge kann sich auf das gesundheitliche, sittliche, erzieherische oder wirtschaftliche Wohl erstrecken und Vorbeugung oder Abhilfe bezwecken. Eine Einrichtung der Wohlfahrtspflege dient in besonderem Maße den in § 53 AO genannten Personen, wenn diesen mindestens zwei Drittel ihrer Leistungen zugutekommen (§ 66 Abs. 3 Satz 1 AO). Zu dem von § 53 AO erfassten Personenkreis → Rz. 236.

242 In **Zeile 31** ist zu erklären, ob der Zweckbetrieb der **Wohlfahrtspflege nicht des Erwerbs wegen** unterhalten wird und ob entsprechende Aufzeichnungen vorliegen (Ziffer „1 = Ja", Ziffer „2 = Nein"). Die Wohlfahrtspflege nach § 66 AO darf „nicht des Erwerbs wegen" unterhalten werden. Danach ist eine Anerkennung als steuerbegünstigter Zweckbetrieb dann auszuschließen, wenn Gewinne angestrebt werden, die den konkreten Finanzierungsbedarf übersteigen.[1] Maßgeblich ist der konkrete Finanzierungsbedarf der wohlfahrtspflegerischen Gesamtsphäre der Körperschaft. Er umfasst die Erträge, die für den Betrieb und die Fortführung der Einrichtung(en) der Wohlfahrtspflege notwendig sind und beinhaltet auch eine zulässige Rücklagenbildung nach § 62 Abs. 1 Nr. 1 und 2 AO. Zur wohlfahrtspflegerischen Gesamtsphäre gehören konkret Wohlfahrtspflegeeinrichtungen (§ 66 AO), Zweckbetriebe des § 68 AO, soweit diese auch die Voraussetzungen des § 66 AO erfüllen, Zweckbetriebe des § 67 AO sowie ideelle Tätigkeiten, für die die Voraussetzungen des § 66 AO dann vorlägen, wenn sie entgeltlich ausgeführt würden. Ein Verlustausgleich innerhalb der wohlfahrtspflegerischen Gesamtsphäre ist zulässig. Wenn in drei aufeinanderfolgenden VZ jeweils Gewinne erwirtschaftet wurden, die den konkreten Finanzierungsbedarf der wohlfahrtspflegerischen Gesamtsphäre der Körperschaft übersteigen, sieht die FinVerw. darin ein Anzeichen dafür, dass der Zweckbetrieb des Erwerbs wegen ausgeübt wird. Übersteigt das tatsächliche Ergebnis der wohlfahrtspflegerischen Gesamtsphäre in drei aufeinanderfolgenden VZ den zugehörigen konkreten Finanzierungsbedarf, sind weitere Erläuterungen abzugeben, warum der Zweckbetrieb der Wohlfahrtspflege gleichwohl nicht des Erwerbs wegen unterhalten wird (z.B. unbeabsichtigte Gewinne auf Grund von Marktschwankungen oder Gewinne auf Grund staatlich regulierter Preise, z.B. auf Grundlage einer Gebührenordnung nach Maßgabe des § 90 SGB XI). Das tatsächliche Ergebnis der wohlfahrtspflegerischen Gesamtsphäre und deren konkreter Finanzierungsbedarf sind bei einem dreijährigen Prüfungszeitraum für den Prüfungszeitraum (→ Rz. 223 f.) und die zwei vorangegangenen Kj. in den Zeilen 32 ff. anzugeben. Bei jährlicher Erklärungsabgabe sind die Angaben hingegen nur für den VZ, für den die Erklärung abgegeben wird, zu machen, da dem FA die Werte für die Vorjahre aus den vorhergehenden Steuererklärungen bereits bekannt sind.

243 In den **Zeilen 32 und 33** ist der Finanzierungsbedarf der wohlfahrtspflegerischen Gesamtsphäre für das (letzte) Kj. des Prüfungszeitraums (→ Rz. 223 f.) zu erklären. In Zeile 32 ist das tatsächliche Ergebnis der wohlfahrtspflegerischen Gesamtsphäre einzutragen und in Zeile 33 ist deren konkreter Finanzierungsbedarf anzugeben. Übersteigt das tatsächliche Ergebnis der wohlfahrtspflegerischen Gesamtsphäre den zugehörigen konkreten Finanzierungsbedarf, sind weitere Erläuterungen abzugeben, warum der Zweckbetrieb der Wohlfahrtspflege gleichwohl nicht des Erwerbs wegen unterhalten wird.

244 In den **Zeilen 34 und 35** ist der Finanzierungsbedarf der **wohlfahrtspflegerischen Gesamtsphäre** für das dem Prüfungszeitraum (→ Rz. 223 f.) **vorangegangene Kj.** zu erklären. In Zeile 34 ist das tatsächliche Ergebnis der wohlfahrtspflegerischen Gesamtsphäre einzutragen und in Zeile 35 ist deren konkreter Finanzierungsbedarf anzugeben. Übersteigt das tatsächliche Ergebnis der wohlfahrtspflegerischen Gesamtsphäre den zugehörigen konkreten Finanzierungsbedarf, sind weitere Erläuterungen abzugeben, warum der Zweckbetrieb der Wohlfahrtspflege gleichwohl nicht des Erwerbs wegen unterhalten wird.

245 In den **Zeilen 36 und 37** ist der Finanzierungsbedarf der **wohlfahrtspflegerischen Gesamtsphäre** für das **zweite** dem Prüfungszeitraum (→ Rz. 223 f.) **vorangegangene Kj.** zu erklären. In Zeile 36 ist das tatsächliche Ergebnis der wohlfahrtspflegerischen Gesamtsphäre einzutragen und in Zeile 37 ist deren konkreter Finanzierungsbedarf anzugeben. Übersteigt das tatsächliche Ergebnis der wohlfahrtspflegerischen Gesamtsphäre den zugehörigen konkreten Finanzierungsbedarf, sind weitere Erläuterungen abzugeben, warum der Zweckbetrieb der Wohlfahrtspflege gleichwohl nicht des Erwerbs wegen unterhalten wird.

7. Betrieb eines Krankenhauses (Zeile 38)

	Betrieb eines Krankenhauses 215		
38	Wir erklären, dass die Voraussetzungen des § 67 AO für die Annahme eines Zweckbetriebes erfüllt sind.		1 = Ja 2 = Nein

246 In **Zeile 38** haben **Krankenhäuser** zu erklären, ob die Voraussetzungen des § 67 AO[2] zur Annahme eines Zweckbetriebes erfüllt sind (Ziffer „1 = Ja", Ziffer „2 = Nein"). Ein Krankenhaus, das in den Anwendungsbereich des Krankenhausentgeltgesetzes oder der Bundespflegesatzverordnung fällt, ist ein Zweckbetrieb, wenn mindestens 40 %

1) Vgl. BFH v. 27.11.2013, I R 17/12, BStBl II 2016, 68; AEAO zu § 66 AO, Nr. 2.
2) Vgl. AEAO zu § 67 AO.

der jährlichen Belegungstage oder Berechnungstage auf Patienten entfallen, bei denen nur Entgelte für allgemeine Krankenhausleistungen (§ 7 Krankenhausentgeltgesetz, § 10 Bundespflegesatzverordnung) berechnet werden (§ 67 Abs. 1 AO). Ein Krankenhaus, das nicht in den Anwendungsbereich des Krankenhausentgeltgesetzes oder der Bundespflegesatzverordnung fällt, ist ein Zweckbetrieb, wenn mindestens 40 % der Belegungstage oder Berechnungstage auf Patienten entfallen, bei denen für die Krankenhausleistungen kein höheres Entgelt als nach § 67 Abs. 1 AO berechnet wird (§ 67 Abs. 2 AO).

8. Durchführung von sportlichen Veranstaltungen gegen Entgelt (Zeilen 39–49b)

Die Zeilen 39 bis 49b sind auszufüllen von nach § 5 Abs. 1 Nr. 9 KStG steuerbegünstigten gemeinnützigen Körper- 247
schaften, die gem. § 52 Abs. 2 Satz 1 Nr. 21 AO satzungsgemäß den **Sport** fördern. Die Angaben dienen der Feststellung, ob der Sportverein mit seinen **sportlichen Veranstaltungen** die Zweckbetriebsvoraussetzungen des § 67a Abs. 1 AO erfüllt und ob bei Anwendung des § 67a Abs. 3 AO **Vergütungen an Sportler** erfolgten.

Zu den **sportlichen Veranstaltungen** zählen in erster Linie Sportkurse und -lehrgänge sowie die Ausrichtung von 248
Wettkämpfen und Turnieren.[1] Diese sportlichen Veranstaltungen sind gem. § 67a Abs. 1 AO ein **Zweckbetrieb**, wenn die Einnahmen einschließlich der Umsatzsteuer aller sportlichen Veranstaltungen eines Jahres 45 000 € nicht übersteigen. Werden diese Einnahmen überschritten, liegt grds. ein **steuerpflichtiger wirtschaftlicher Geschäftsbetrieb** vor.[2] Nach § 67a Abs. 2 AO kann die Körperschaft erklären, dass sie auf die Anwendung des § 67a Abs. 1 AO verzichtet.[3] In diesen Fällen richtet sich die Zweckbetriebseigenschaft nach § 67a Abs. 3 AO, wofür entscheidend ist, dass kein sog. **„bezahlter Sportler"**[4] des Vereins an den jeweils getrennt zu beurteilenden sportlichen Veranstaltungen[5] teilgenommen hat und der Verein keinen vereinsfremden Sportler selbst oder im Zusammenwirken mit einem Fremden bezahlt. Bei Anwendung des § 67a Abs. 3 AO kommt es auf die Höhe der Einnahmen oder der Überschüsse aus den sportlichen Veranstaltungen für die Zweckbetriebseigenschaft nicht an.[6] Sportliche Veranstaltungen, an denen ein oder mehrere Sportler teilnehmen, die nach § 67a Abs. 3 Satz 1 Nr. 1 oder 2 AO als bezahlte Sportler anzusehen sind, sind steuerpflichtige wirtschaftliche Geschäftsbetriebe.[7] Nicht als Bezahlung gilt die Erstattung von tatsächlich entstandenem Aufwand. Zahlungen des Vereins an einen seiner Sportler bis zu insgesamt 520 € je Monat im Jahresdurchschnitt werden für die Beurteilung der Zweckbetriebseigenschaft – nicht aber für die Besteuerung des Sportlers – ohne Einzelnachweis als Aufwandsentschädigung angesehen.[8] Erklärt der Verein, dass er auf die Anwendung der Zweckbetriebsgrenze verzichtet, ist er für mindestens fünf VZ an diese Erklärung gebunden (§ 67a Abs. 2 Satz 2 AO).

Der **Verkauf von Speisen und Getränken** ist nicht Bestandteil der sportlichen Veranstaltungen, sondern stets ein 249
eigener steuerpflichtiger wirtschaftlicher Geschäftsbetrieb.[9] Auch Einnahmen aus **Werbung und Sponsoring** gehören nicht zu den sportlichen Veranstaltungen; hier ist nach allgemeinen Grundsätzen zu entscheiden,[10] ob insoweit steuerfreie Einnahmen im ideellen Bereich, steuerfreie Vermögensverwaltung oder ein gesonderter steuerpflichtiger wirtschaftlicher Geschäftsbetrieb vorliegen. Gleiches gilt für die **Vermietung von Sportstätten einschließlich der Betriebsvorrichtungen.**[11] Sofern aus diesen Tätigkeiten steuerpflichtige wirtschaftliche Geschäftsbetriebe entstanden sind, sind die jeweiligen Einnahmen und Ausgaben in den Zeilen 11 ff. (→ Rz. 235 ff.) einzutragen, sofern die Einnahmen einschließlich Umsatzsteuer aus allen wirtschaftlichen Geschäftsbetrieben, d.h. einschließlich der Zweckbetriebe, im VZ 45 000 € übersteigen (→ Rz. 233 f.).

a) Einnahmen aus den sportlichen Veranstaltungen (Zeile 39)

Steuernummer - 3 -

Zeile	Durchführung von sportlichen Veranstaltungen gegen Entgelt	EUR
39	Einnahmen aus sportlichen Veranstaltungen	

In **Zeile 39** sind die **Einnahmen aus den sportlichen Veranstaltungen einschließlich Umsatzsteuer** einzutragen. 250
Betragen diese nicht mehr als 45 000 € und wurde nicht – auch nicht in den Vj. – auf die Anwendung des § 67a Abs. 1 AO verzichtet, liegt ein Zweckbetrieb vor und es sind keine weiteren Eintragungen in den Zeilen 40 ff. erforderlich. Nach § 67a Abs. 2 AO kann – auch bei Einnahmen unter 45 000 €[12] – beantragt werden, auf die Anwendung

1) Vgl. AEAO zu § 67a AO, Nr. 3 ff.
2) Vgl. AEAO zu § 67a AO, Nr. 1.
3) Vgl. AEAO zu § 67a AO, Nr. 1 und 21 f.
4) Vgl. AEAO zu § 67a AO, Nr. 23 und 32 ff.
5) Vgl. AEAO zu § 67a AO, Nr. 24.
6) Vgl. AEAO zu § 67a AO, Nr. 23.
7) Vgl. AEAO zu § 67a AO, Nr. 26.
8) Vgl. AEAO zu § 67a AO, Nr. 32 ff.
9) Vgl. AEAO zu § 67a AO, Nr. 6 f.
10) Vgl. AEAO zu § 67a AO, Nr. 9 und AEAO zu § 64 AO, Nr. 8 ff.
11) Vgl. AEAO zu § 67a AO, Nr. 11 f.
12) Vgl. AEAO zu § 67a AO, Nr. 21.

des § 67a Abs. 1 AO zu verzichten und die Zweckbetriebseigenschaft nach § 67a Abs. 3 AO zu bestimmen (→ Rz. 248). In diesen Fällen sind die Zeilen 40 ff. auszufüllen. Gleiches gilt, wenn ein solcher Antrag in den Vj. gestellt wurde und die mindestens fünfjährige Bindung an diesen Antrag noch nicht abgelaufen ist oder trotz Ablauf der fünfjährigen Bindungsfrist der Verzicht auf die Anwendung des § 67a Abs. 1 AO noch nicht widerrufen wurde. Bestimmt sich der Zweckbetrieb mangels Antrag nach § 67a Abs. 2 AO nach § 67a Abs. 1 AO, liegt bei Einnahmen einschließlich Umsatzsteuer von mehr als 45 000 € ein steuerpflichtiger wirtschaftlicher Geschäftsbetrieb vor.

b) Verzicht auf die Anwendung der Zweckbetriebsgrenze nach § 67a Abs. 2 AO (Zeilen 40–49b)

Zeile		
	Verzicht auf die Anwendung der Zweckbetriebsgrenze nach § 67a Absatz 2 AO 211	
	Nur auszufüllen, wenn auf die Anwendung der Zweckbetriebsgrenze verzichtet wird oder bereits in den Vorjahren verzichtet wurde.	
40	Wir erklären hiermit nach § 67a Absatz 2 AO erstmals, dass wir auf die Anwendung der Zweckbetriebsgrenze verzichten. Uns ist bekannt, dass uns die Erklärung für mindestens fünf Veranlagungszeiträume bindet.	1 = Ja 2 = Nein
41	Kalenderjahr, für das auf die Anwendung der Zweckbetriebsgrenze verzichtet worden ist:	
42	Die fünfjährige Bindungsfrist ist noch nicht abgelaufen.	1 = Ja 2 = Nein
43	Wenn nein: Die fünfjährige Bindungsfrist ist abgelaufen mit dem Veranlagungszeitraum:	
44	Wir erklären hiermit, dass wir weiterhin auf die Anwendung der Zweckbetriebsgrenze verzichten (keine neue Bindungsfrist).	1 = Ja 2 = Nein
45	Wir widerrufen hiermit den Verzicht auf die Anwendung der Zweckbetriebsgrenze (keine weiteren Angaben zu den Zeilen 46 bis 49b erforderlich).	1 = Ja 2 = Nein
46	Sportler des Vereins haben für ihre sportliche Betätigung oder für die Benutzung ihrer Person, ihres Namens, ihres Bildes oder ihrer sportlichen Betätigung zu Werbezwecken von dem Verein oder einem Dritten über die Aufwandsentschädigung hinaus Vergütungen oder andere Vorteile erhalten. 235	1 = Ja 2 = Nein
47	Vereinsfremde Sportler haben für die Teilnahme an Veranstaltung(en) von dem Verein oder einem Dritten im Zusammenwirken mit dem Verein über eine Aufwandsentschädigung hinaus Vergütungen oder andere Vorteile erhalten. 235	1 = Ja 2 = Nein
	Sportliche Veranstaltungen	
	Sportliche Veranstaltungen, die nach § 67a Absatz 3 Satz 1 AO Zweckbetriebe sind	EUR
48	Einnahmen aus sportlichen Veranstaltungen, die nach § 67a Absatz 3 Satz 1 AO Zweckbetriebe sind	
48a	Ausgaben für sportliche Veranstaltungen, die nach § 67a Absatz 3 Satz 1 AO Zweckbetriebe sind	
48b	Überschuss/Fehlbetrag aus sportlichen Veranstaltungen, die nach § 67a Absatz 3 Satz 1 AO Zweckbetriebe sind	
	Andere sportliche Veranstaltungen, die nach § 67a Absatz 3 Satz 2 AO steuerpflichtige wirtschaftliche Geschäftsbetriebe sind	
49	Einnahmen aus anderen sportlichen Veranstaltungen, die nach § 67a Absatz 3 Satz 2 AO steuerpflichtige wirtschaftliche Geschäftsbetriebe sind	
49a	Ausgaben für andere sportliche Veranstaltungen, die nach § 67a Absatz 3 Satz 2 AO steuerpflichtige wirtschaftliche Geschäftsbetriebe sind	
49b	Überschuss/Fehlbetrag aus anderen sportlichen Veranstaltungen, die nach § 67a Absatz 3 Satz 2 AO steuerpflichtige wirtschaftliche Geschäftsbetriebe sind	

251 Wird für den laufenden VZ gem. § 67a Abs. 2 AO erstmals auf die Anwendung des § 67a Abs. 1 AO verzichtet oder wurde ein solcher Antrag innerhalb der mindestens fünfjährigen Bindungsfrist für vorhergehende VZ gestellt, sind die Zeilen 40 ff. auszufüllen.

252 In **Zeile 40** ist anzugeben, ob der **Verzicht auf die Anwendung des § 67a Abs. 1 AO erstmals** gem. § 67a Abs. 2 AO **beantragt** wird (Ziffer „1 = Ja", Ziffer „2 = Nein"). Wird der Antrag gestellt, wird damit zugleich bestätigt, dass die mindestens fünfjährige Bindungsfrist für diesen Antrag bekannt ist. Die Option nach § 67a Abs. 2 AO kann bis zur Unanfechtbarkeit des Körperschaftsteuerbescheids widerrufen werden. Der Widerruf ist – auch nach Ablauf der Bindungsfrist – nur mit Wirkung ab dem Beginn eines Kj. oder Wj. zulässig.[1)]

253 Wurde der **Antrag** i.S.d. § 67a Abs. 2 AO auf Verzicht auf Anwendung des § 67a Abs. 1 AO bereits **in vorhergehenden VZ** gestellt, ist in **Zeile 41** das entsprechende Kj., für das erstmals auf die Anwendung verzichtet worden ist, einzutragen.

1) Vgl. AEAO zu § 67a AO, Nr. 22.

Wurde der Antrag i.S.d. § 67a Abs. 2 AO auf Verzicht auf Anwendung des § 67a Abs. 1 AO bereits in vorhergehenden VZ erklärt, ist in **Zeile 42** zu erklären, ob die **fünfjährige Bindungsfrist abgelaufen** ist (Ziffer „1 = Ja", Ziffer „2 = Nein"). 254

Wurde der Antrag i.S.d. § 67a Abs. 2 AO auf Verzicht auf Anwendung des § 67a Abs. 1 AO in vorhergehenden VZ erklärt und ist die **fünfjährige Bindungsfrist** bereits **abgelaufen**, ist in **Zeile 43** der VZ einzutragen, in dem die Bindungsfrist abgelaufen ist. 255

Sofern auch **nach Ablauf der Bindungsfrist weiterhin** auf die Anwendung des § 67a Abs. 1 AO **verzichtet** wird, ist dies in **Zeile 44** anzugeben (Ziffer „1 = Ja", Ziffer „2 = Nein"). Hierdurch wird keine neue Bindungsfrist ausgelöst; allerdings ist der Widerruf nur zu Beginn eines Kj. oder Wj. zulässig.[1] 256

Wird **nach Ablauf der Bindungsfrist** der **Verzicht** auf die Anwendung des § 67a Abs. 1 AO **widerrufen**, ist dies in **Zeile 45** zu erklären (Ziffer „1 = Ja", Ziffer „2 = Nein"). Damit bestimmt sich die Zweckbetriebseigenschaft für die sportlichen Veranstaltungen ausschließlich nach der Einnahmegrenze des § 67a Abs. 1 AO in Höhe von 45 000 € einschließlich Umsatzsteuer. Die Zeilen 46 bis 49b brauchen in diesen Fällen nicht mehr ausgefüllt zu werden. 257

In **Zeile 46** ist anzugeben, ob **Sportler des Vereins** (Vereinsmitglieder) für ihre sportliche Betätigung oder für die Benutzung ihrer Person, ihres Namens, ihres Bilds oder ihrer sportlichen Betätigung zu Werbezwecken von dem Verein oder einem Dritten über eine Aufwandentschädigung hinaus **Vergütungen** oder andere **Vorteile** erhalten haben (Ziffer „1 = Ja", Ziffer „2 = Nein"). Besteht für einen oder mehrere der bezahlten Sportler beschränkte Steuerpflicht, ist ein Steuerabzug nach § 50a Abs. 2 i.V.m. § 50a Abs. 1 Nr. 1 EStG vorzunehmen. In diesen Fällen sind Angaben in den Zeilen 30 bis 37 der Anlage WA zu machen. Zudem ist gem. § 73e EStDV eine Anmeldung über den Steuerabzug nach § 50a EStG für diese bezahlten Sportler an das BZSt zu übermitteln. Haben an der jeweiligen sportlichen Veranstaltung keine bezahlten Sportler teilgenommen, liegt ein Zweckbetrieb vor, der in den Zeilen 48 ff. einzutragen ist. Bei Teilnahme von bezahlten Sportlern ist die jeweilige sportliche Veranstaltung ein steuerpflichtiger wirtschaftlicher Geschäftsbetrieb und in Zeile 49 ff. zu erfassen.[2] 258

In **Zeile 47** ist zu erklären, ob **vereinsfremde Sportler** für die Teilnahme an sportlichen Veranstaltungen des Vereins von dem Verein oder einem Dritten im Zusammenwirken mit dem Verein über eine Aufwandentschädigung hinaus **Vergütungen** oder andere **Vorteile** erhalten haben (Ziffer „1 = Ja", Ziffer „2 = Nein"). Besteht für einen oder mehrere der bezahlten Sportler beschränkte Steuerpflicht, ist ein Steuerabzug nach § 50a Abs. 2 i.V.m. § 50a Abs. 1 Nr. 1 EStG vorzunehmen. In diesen Fällen sind Angaben in den Zeilen 30 bis 37 der Anlage WA zu machen. Zudem ist gem. § 73e EStDV eine Anmeldung über den Steuerabzug nach § 50a EStG für diese bezahlten Sportler an das BZSt zu übermitteln. Haben an der jeweiligen sportlichen Veranstaltung keine bezahlten Sportler teilgenommen, liegt ein Zweckbetrieb vor, der in den Zeilen 48 ff. einzutragen ist. Bei Teilnahme von bezahlten Sportlern ist die sportliche Veranstaltung ein steuerpflichtiger wirtschaftlicher Geschäftsbetrieb und in Zeile 49 ff. zu erfassen.[3] 259

In **Zeilen 48 bis 48b** sind für die **sportlichen Veranstaltungen**, die gem. § 67a Abs. 3 AO **Zweckbetriebe** sind (an denen also kein sog. „bezahlter Sportler" teilgenommen hat), getrennt **Einnahmen, Ausgaben** sowie der **Überschuss bzw. Fehlbetrag** einzutragen. Auf Grund der Zweckbetriebseigenschaft der sportlichen Veranstaltungen ist es unmaßgeblich, woraus die Ausgaben hierfür bestritten wurden und ob ein Verlust erwirtschaftet wurde. 260

Sind einzelne **sportliche Veranstaltungen** nach § 67a Abs. 3 AO **kein Zweckbetrieb**, weil sog. „bezahlte Sportler" teilgenommen haben, sind für diese sportlichen Veranstaltungen in **Zeilen 49 bis 49b** getrennt die **Einnahmen, Ausgaben und der Überschuss/Fehlbetrag** einzutragen. Derartige sportliche Veranstaltungen sind damit steuerpflichtige wirtschaftliche Geschäftsbetriebe und führen nach § 5 Abs. 1 Nr. 9 Satz 2 KStG zur **partiellen Steuerpflicht**, wenn die Einnahmen einschließlich Umsatzsteuer aus sämtlichen steuerpflichtigen wirtschaftlichen Geschäftsbetrieben 45 000 € übersteigen (§ 64 Abs. 3 AO). 261

Des Weiteren entsteht **partielle Gewerbesteuerpflicht**, weil insoweit die Gewerbesteuerbefreiung nach § 3 Nr. 6 GewStG nicht in Betracht kommt, so dass auch die Abgabe der Gewerbesteuererklärung GewSt 1 A erforderlich wird. Auf Grund der Beurteilung als steuerpflichtiger wirtschaftlicher Geschäftsbetrieb ist zudem zu beachten, dass sämtliche Ausgaben (auch die Vergütungen oder sonstigen Vorteile an die Sportler) aus dem – oder anderen – steuerpflichtigen wirtschaftlichen Geschäftsbetrieb(en) oder von Dritten bestritten werden müssen,[4] da es ansonsten zu einer für die Gemeinnützigkeit schädlichen Mittelfehlverwendung kommt (§ 55 Abs. 1 Nr. 1 Satz 1 AO).[5] Auch ein Verlust aus diesem steuerpflichtigen wirtschaftlichen Geschäftsbetrieb kann zu einem **Verlust der Anerkennung als steuerbegünstigte Körperschaft** führen.[6]

9. Rücklagen (Zeilen 50–59)

Steuerbegünstigte Körperschaften haben ihre **Mittel** gem. § 55 Abs. 1 Nr. 5 Satz 1 AO grds. **zeitnah für steuerbegünstigte Zwecke zu verwenden.**[7] Dies gilt gem. § 55 Abs. 1 Nr. 5 Satz 4 AO jedoch nicht für Körperschaften mit 262

1) Vgl. AEAO zu § 67a AO, Nr. 22.
2) Vgl. AEAO zu § 67a AO, Nr. 26.
3) Vgl. AEAO zu § 67a AO, Nr. 26.
4) Vgl. AEAO zu § 67a AO, Nr. 27 f.
5) Vgl. AEAO zu § 55 AO, Nr. 3.
6) Vgl. AEAO zu § 55 AO, Nr. 4 ff.
7) Vgl. AEAO zu § 55 AO, Nr. 28 ff.

jährlichen Einnahmen von nicht mehr als 45 000 € (ab VZ 2026: 100 000 €).[1] Mittel sind alle Vermögensmehrungen, die der Körperschaft zufließen; es gilt das Zuflussprinzip des § 11 EStG. Hierzu zählen die Einnahmen des ideellen Bereichs (z.B. Mitgliedsbeiträge, Spenden, Zuschüsse) und die Bruttoeinnahmen der Vermögensverwaltung, der Zweckbetriebe und der steuerpflichtigen wirtschaftlichen Geschäftsbetriebe.[2] Verwendung in diesem Sinne ist auch die Verwendung der Mittel für die Anschaffung oder Herstellung von Vermögensgegenständen, die satzungsmäßigen Zwecken dienen (§ 55 Abs. 1 Nr. 5 Satz 2 AO). Eine zeitnahe Mittelverwendung ist gegeben, wenn die Mittel spätestens in den auf den Zufluss folgenden zwei Kj. oder Wj. für die steuerbegünstigten satzungsmäßigen Zwecke verwendet werden (§ 55 Abs. 1 Nr. 5 Satz 3 AO). Von der zeitnahen Mittelverwendungspflicht ausgenommen sind Mittel, die zulässigerweise gem. § 62 Abs. 1 AO einer **Rücklage** oder nach § 62 Abs. 3 oder Abs. 4 AO dem **Vermögen** (→ Rz. 269) **zugeführt** wurden.[3] Die Bildung einer Rücklage kann jedoch nicht damit begründet werden, dass die Überlegungen zur Verwendung der Mittel noch nicht abgeschlossen sind.[4] Die Bildung von Rücklagen hat innerhalb der Frist nach § 55 Abs. 1 Nr. 5 Satz 3 AO zu erfolgen (§ 62 Abs. 2 Satz 1 AO). Rücklagen nach § 62 Abs. 1 Nr. 1, 2 und 4 AO sind gem. § 62 Abs. 2 Satz 2 AO unverzüglich aufzulösen, sobald der Grund für die Rücklagenbildung entfallen ist. Die freigewordenen Mittel sind gem. § 62 Abs. 2 Satz 3 AO innerhalb der Frist nach § 55 Abs. 1 Nr. 5 Satz 3 AO zu verwenden. Die Verwendung von Rücklagen ist dem FA im Einzelnen zu erläutern. Die **Entwicklung der Rücklagen nach § 62 AO** seit der letzten abgegebenen Steuererklärung ist durch eine gesonderte Einzelaufstellung zu erläutern. Wenn unzulässig Mittel angesammelt wurden, kann das FA eine angemessene Frist zu deren Verwendung setzen (§ 63 Abs. 4 AO). Für die Entwicklung der Rücklagen nach § 62 AO seit der letzten Steuererklärung ist dem FA eine gesonderte Einzelaufstellung zu übermitteln. Die Einzelaufstellungen sind möglichst elektronisch (Belegnachreichung zur Steuererklärung) zu übermitteln. Dies ist sowohl über Elster als auch über andere Softwareanbieter möglich.

a) Rücklage nach § 62 Abs. 1 Nr. 1 AO (Zeile 50)

Rücklagen zum Ende des letzten Jahres des Prüfungszeitraums 216 217 240

Rücklage nach § 62 Absatz 1 Nummer 1 AO für folgende Vorhaben

1. Eintragung

		Betrag EUR
	Rücklage nach § 62 Absatz 1 Nummer 1 AO für folgende Vorhaben 218	
50		

Sind weitere Eintragungen erforderlich, sind diese nach dem gleichen Schema gesondert zu erläutern.

263 Eine Körperschaft kann ihre Mittel ganz oder teilweise einer Rücklage zuführen, soweit dies erforderlich ist, um ihre steuerbegünstigten satzungsmäßigen Zwecke nachhaltig erfüllen zu können (§ 62 Abs. 1 Nr. 1 AO). Voraussetzung ist, dass die Mittel für bestimmte – die steuerbegünstigten Satzungszwecke verwirklichende – Vorhaben angesammelt werden, für deren Durchführung bereits konkrete Zeitvorstellungen bestehen.[5]

Nach § 62 Abs. 1 Nr. 1 AO sind u.a. folgende Rücklagen zulässig:

- Rücklagen zur **Ansammlung von Mitteln für die Erfüllung des steuerbegünstigten Zwecks** (z.B. Ansammlung von Mitteln für die Errichtung, Erweiterung oder Instandsetzung einer Sportanlage),
- Rücklagen für periodisch wiederkehrende Ausgaben (z.B. Löhne, Gehälter, Mieten) in Höhe des Mittelbedarfs für eine angemessene Zeitperiode (sog. **Betriebsmittelrücklage**). Entsprechendes gilt für wiederkehrende Ausgaben zur Erfüllung des steuerbegünstigten Zwecks (z.B. Gewährung von Stipendien).

In Ausnahmefällen können Mittel in einer Rücklage für solche ernst gemeinten Vorhaben angesammelt werden, für deren Durchführung noch keine konkreten Zeitvorstellungen bestehen. In derartigen Fällen ist eine Rücklagenbildung zulässig, wenn das Vorhaben glaubhaft ist und bei den finanziellen Verhältnissen der steuerbegünstigten Körperschaft in einem angemessenen Zeitraum durchgeführt werden kann. Die Gründe für die Bildung einer Rücklage nach § 62 Abs. 1 Nr. 1 AO hat die steuerbegünstigte Körperschaft dem zuständigen FA im Einzelnen darzulegen.

264 Die Rücklage nach § 62 Abs. 1 Nr. 1 AO ist in **Zeile 50** unter Benennung des Vorhabens und der Rücklagenhöhe anzugeben. Im elektronischen Datensatz ist die Zeile 50 als sog. „Mehrzeilenindex" eingerichtet; d.h., sie ist für jede einzelne Rücklage nach § 62 Abs. 1 Nr. 1 AO gesondert auszufüllen. Wird in einem Härtefall (§ 150 Abs. 8 AO) ausnahmsweise die Steuererklärung in Papierform eingereicht, sind weitere Rücklagen nach § 62 Abs. 1 Nr. 1 AO nach dem gleichen Schema gesondert zu erläutern.

1) Vgl. AEAO zu § 55 AO, Nr. 30 f.
2) Vgl. AEAO zu § 55 AO, Nr. 30.
3) Zu den Einzelheiten vgl. AEAO zu § 62 AO.
4) Vgl. AEAO zu § 62 AO, Nr. 2.
5) Vgl. AEAO zu § 62 AO, Nr. 4.

b) Rücklage nach § 62 Abs. 1 Nr. 2 AO (Zeilen 54–54e)

	Rücklage nach § 62 Absatz 1 Nummer 2 AO für die beabsichtigte Wiederbeschaffung von Wirtschaftsgütern, die zur Verwirklichung der steuerbegünstigten satzungsmäßigen Zwecke erforderlich sind [219]
	1. Eintragung
	Zu ersetzendes Wirtschaftsgut
51 bis 53 frei	
54	

Steuernummer - 4 -

Zeile		EUR
54a	Voraussichtliche Anschaffungs- oder Herstellungskosten für neues (Ersatz-)Wirtschaftsgut	
54b	Zuführung Rücklage: Reguläre Absetzung für Abnutzung für bisheriges Wirtschaftsgut	
54c	Zuführung Rücklage: Wenn höhere Zuführung erforderlich: Gesamtbetrag der Zuführung (Nachweis wird gesondert übermittelt) [74]	
54d	Auflösung der Rücklage	
54e	Kumulierte Rücklage	
	Sind weitere Eintragungen erforderlich, sind diese nach dem gleichen Schema gesondert zu erläutern.	

Nach § 62 Abs. 1 Nr. 2 AO darf eine steuerbegünstigte Körperschaft einer Rücklage für die beabsichtigte Wiederbeschaffung von Wirtschaftsgütern Mittel zuführen, die zur Verwirklichung der steuerbegünstigten, satzungsmäßigen Zwecke erforderlich sind (**Rücklage für Wiederbeschaffung**). Die Höhe der Zuführung bemisst sich nach der Höhe der regulären Absetzungen für Abnutzungen eines zu ersetzenden Wirtschaftsguts. Die Voraussetzungen für eine höhere Zuführung sind nachzuweisen.[1] 265

Die Rücklage nach **§ 62 Abs. 1 Nr. 2 AO** ist in den Zeilen 54 bis 54e mit folgenden Angaben zu erklären: 266

- Beschreibung des zu **ersetzenden Wirtschaftsguts** (**Zeile 54**);
- **voraussichtliche Anschaffungs- oder Herstellungskosten** für das neue (Ersatz-)Wirtschaftsgut (**Zeile 54a**);
- **Zuführung** zur **Rücklage** in Höhe der **regulären Absetzung für Abnutzung** für das bisherige Wirtschaftsgut (**Zeile 54b**; bei erforderlicher höherer Zuführung ist zusätzlich die Zeile 54c auszufüllen);
- sofern eine **höhere Zuführung** als die Absetzung für Abnutzung erforderlich ist: der Gesamtbetrag der Zuführung (**Zeile 54c**); der Nachweis für das Erfordernis der höheren Zuführung ist gesondert zu übermitteln. Der Nachweis ist möglichst elektronisch (Belegnachreichung zur Steuererklärung) zu übermitteln. Dies ist sowohl über Elster als auch über andere Softwareanbieter möglich;
- Höhe der **Auflösung** der **Rücklage** im Prüfungszeitraum (**Zeile 54d**);
- **kumulierter Bestand** der Rücklage zum Ende des Prüfungszeitraums (**Zeile 54e**).

Im elektronischen Datensatz sind die Zeilen 54 bis 54e als sog. „Mehrzeilenindex" eingerichtet; d.h., sie sind für jede einzelne Rücklage nach § 62 Abs. 1 Nr. 2 AO gesondert auszufüllen. Wird in einem Härtefall (§ 150 Abs. 8 AO) ausnahmsweise die Steuererklärung in Papierform eingereicht, sind weitere Rücklagen nach § 62 Abs. 1 Nr. 2 AO nach dem gleichen Schema gesondert zu erläutern.

c) Freie Rücklage nach § 62 Abs. 1 Nr. 3 AO (Zeile 58)

	Freie Rücklage nach § 62 Absatz 1 Nummer 3 AO	
55 bis 57 frei		
58	Freie Rücklage nach § 62 Absatz 1 Nummer 3 AO [220]	

Nach § 62 Abs. 1 Nr. 3 AO darf eine steuerbegünstigte Körperschaft höchstens ein Drittel des Überschusses der Einnahmen über die Unkosten aus Vermögensverwaltung und darüber hinaus höchstens 10 % ihrer sonstigen nach § 55 Abs. 1 Nr. 5 AO zeitnah zu verwendenden Mittel einer **freien Rücklage** zuführen.[2] Ist der Höchstbetrag für die Bildung der freien Rücklage in einem Jahr nicht ausgeschöpft, kann diese unterbliebene Zuführung in den folgen- 267

1) Vgl. AEAO zu § 62 AO, Nr. 6 f.
2) Vgl. AEAO zu § 62 AO, Nr. 9 f.

den zwei Jahren nachgeholt werden.[1] Die **freie Rücklage nach § 62 Abs. 1 Nr. 3 AO** ist in **Zeile 58** unter Angabe der Höhe anzugeben. Zu beachten ist, dass die Bildung einer Rücklage nach § 62 Abs. 1 Nr. 4 AO (→ Rz. 268) und die Verwendung von Mitteln für den Erwerb von Gesellschaftsrechten zur Erhaltung der prozentualen Beteiligung an Kapitalgesellschaften im Jahr des Zuflusses nach § 58 Nr. 10 AO die freie Rücklage entsprechend mindert.[2]

d) Rücklage nach § 62 Abs. 1 Nr. 4 AO (Zeile 59)

	Rücklage für den Erwerb von Gesellschaftsrechten zur Erhaltung der prozentualen Beteiligung nach § 62 Absatz 1 Nummer 4 AO an einer Kapitalgesellschaft (221)	
	Name der Kapitalgesellschaft, Finanzamt, Steuernummer	Betrag EUR
59		
	Sind weitere Eintragungen erforderlich, sind diese nach dem gleichen Schema gesondert zu erläutern.	

268 Nach § 62 Abs. 1 Nr. 4 AO darf eine steuerbegünstigte Körperschaft Mittel für den Erwerb von Gesellschaftsrechten zur Erhaltung der prozentualen Beteiligung an einer Kapitalgesellschaft ansammeln.[3] Der zulässige Höchstbetrag für die Zuführung von Mitteln zu der freien Rücklage nach § 62 Abs. 1 Nr. 3 AO vermindert sich um diese Beträge.[4] In der **Zeile 59** ist die **Rücklage nach § 62 Abs. 1 Nr. 4 AO** unter Angabe der Höhe der Rücklage und des Namens der Kapitalgesellschaft zu erklären. Im elektronischen Datensatz ist die Zeile 59 als sog. „Mehrzeilenindex" eingerichtet; d.h., sie ist für jede einzelne Rücklage nach § 62 Abs. 1 Nr. 4 AO gesondert auszufüllen. Wird in einem Härtefall (§ 150 Abs. 8 AO) ausnahmsweise die Steuererklärung in Papierform eingereicht, sind weitere Rücklagen nach § 62 Abs. 1 Nr. 4 AO nach dem gleichen Schema gesondert zu erläutern.

10. Zuführung von Vermögen / Ausstattung anderer Körperschaften (Zeilen 63–70)

a) Zuführung zum Vermögen (Zeile 63)

	Zuführung von Vermögen / Ausstattung anderer Körperschaften	
		EUR
60 bis 62 frei 63	Zuführung zum Vermögen nach § 62 Absatz 3 Nummer 1 bis 4 und Absatz 4 AO (gegebenenfalls "0" eintragen) (222) (223)	

269 Folgende Zuwendungen können dem Vermögen der Körperschaft zugeführt werden (§ 62 Abs. 3 Nr. 1 bis 4 AO):

- Zuwendungen von Todes wegen, wenn der Erblasser keine Verwendung für den laufenden Aufwand der Körperschaft vorgeschrieben hat;
- Zuwendungen, bei denen der Zuwendende ausdrücklich erklärt, dass sie zur Ausstattung der Körperschaft mit Vermögen oder zur Erhöhung des Vermögens bestimmt sind;
- Zuwendungen auf Grund eines Spendenaufrufs der Körperschaft, wenn aus dem Spendenaufruf ersichtlich ist, dass Beträge zur Aufstockung des Vermögens erbeten werden;
- Sachzuwendungen, die ihrer Natur nach zum Vermögen gehören.

Daneben darf eine Stiftung im Jahr ihrer Errichtung und in den drei folgenden Kalenderjahren Überschüsse aus der Vermögensverwaltung und die Gewinne aus wirtschaftlichen Geschäftsbetrieben (§ 14 AO) ganz oder teilweise ihrem Vermögen zuführen (§ 62 Abs. 4 AO).

Zuführungen zum Vermögen nach § 62 Abs. 3 Nr. 1 bis 4 und § 62 Abs. 4 AO sind in **Zeile 63** einzutragen (ggf. mit 0 €).

1) Vgl. AEAO zu § 62 AO, Nr. 11.
2) Vgl. AEAO zu § 62 AO, Nr. 13 und AEAO zu § 58 AO, Nr. 17.
3) Vgl. AEAO zu § 62 AO, Nr. 12.
4) Vgl. AEAO zu § 62 AO, Nr. 13 und AEAO zu § 58 AO, Nr. 17.

b) Weitergabe von Mitteln zur Vermögensausstattung an eine andere steuerbegünstigte Körperschaft oder eine j.P.d.ö.R. (Zeilen 64–65)

	Vermögensausstattung nach § 58 Nummer 3 AO (224) Nur für Körperschaften, die im Prüfungszeitraum Mittel nach § 58 Nummer 3 AO weitergegeben oder erhalten haben **Zuwendungen zur Vermögensausstattung an eine steuerbegünstigte Körperschaft oder juristische Person des öffentlichen Rechts**		
64	Wir haben einer steuerbegünstigten Körperschaft oder einer juristischen Person des öffentlichen Rechts Mittel zur Vermögensausstattung zugewendet.		1 = Ja 2 = Nein
	Zuwendungen zur Vermögensausstattung Empfängerkörperschaft, Finanzamt, Steuernummer	Begünstigter Zweck	Betrag EUR
65			
	Sind weitere Eintragungen erforderlich, sind diese nach dem gleichen Schema gesondert zu erläutern.		

Eine steuerbegünstigte Körperschaft darf gem. § 58 Nr. 3 Satz 1 AO ihre Überschüsse der Einnahmen über die Ausgaben aus der Vermögensverwaltung, ihre Gewinne aus den wirtschaftlichen Geschäftsbetrieben ganz oder teilweise und darüber hinaus höchstens 15 % ihrer sonstigen nach § 55 Abs. 1 Nr. 5 AO zeitnah zu verwendenden Mittel einer **anderen steuerbegünstigten Körperschaft** oder einer j.P.d.ö.R. zur **Vermögensausstattung** zuwenden. Die aus diesen Vermögenserträgen zu verwirklichenden steuerbegünstigten Zwecke der anderen steuerbegünstigten Körperschaft oder j.P.d.ö.R müssen den steuerbegünstigten satzungsmäßigen Zwecken der zuwendenden Körperschaft entsprechen (§ 58 Nr. 3 Satz 2 AO). Die nach § 58 Nr. 3 AO zugewandten Mittel und deren Erträge dürfen gem. § 58 Nr. 3 Satz 3 AO ihrerseits nicht für weitere **Mittelweitergaben** im Sinne des **§ 58 Nr. 3 AO** verwendet werden.[1] Die **Zeilen 64 f.** sind auszufüllen, wenn die Körperschaft im Prüfungszeitraum (→ Rz. 223 f.) Mittel nach § 58 Nr. 3 AO weitergegeben hat. **270**

In **Zeile 64** ist anzugeben, ob die Körperschaft einer anderen steuerbegünstigten Körperschaft oder j.P.d.ö.R. im Prüfungszeitraum (→ Rz. 223 f.) **Mittel** zur Vermögensausstattung **zugewendet** hat (Ziffer „1 = Ja“, Ziffer „2 = Nein“). **271**

In **Zeile 65** ist unter Benennung der anderen beteiligten Körperschaft oder j.P.d.ö.R. mit Namen, FA und Steuernummer zu erklären, für welchen steuerbegünstigten Zweck und in welcher Höhe die Körperschaft nach § 58 Nr. 3 AO **Mittel zur Vermögensausstattung weitergegeben** hat. Im elektronischen Datensatz ist die Zeile 65 als sog. „Mehrzeilenindex“ eingerichtet; d.h., sie ist für jede einzelne Vermögensausstattung nach § 58 Nr. 3 AO gesondert auszufüllen. Wird in einem Härtefall (§ 150 Abs. 8 AO) ausnahmsweise die Steuererklärung in Papierform eingereicht, sind weitere Vermögensausstattungen nach § 58 Nr. 3 AO nach dem gleichen Schema gesondert zu erläutern. **272**

c) Erhalt von Mitteln zur Vermögensausstattung von einer anderen steuerbegünstigten Körperschaft (Zeilen 69–70)

	Mittel zur Vermögensausstattung von einer steuerbegünstigten Körperschaft		
66 bis 68 frei 69	Wir haben von einer steuerbegünstigten Körperschaft Mittel zur Vermögensausstattung erhalten.		1 = Ja 2 = Nein
	Mittel zur Vermögensausstattung Geberkörperschaft, Finanzamt, Steuernummer	Begünstigter Zweck	Betrag EUR
70			
	Sind weitere Eintragungen erforderlich, sind diese nach dem gleichen Schema gesondert zu erläutern.		

In **Zeile 69** ist anzugeben, ob die Körperschaft von einer anderen steuerbegünstigten Körperschaft gem. § 58 Nr. 3 AO (→ Rz. 270) **Mittel** zur **Vermögensausstattung erhalten** hat (Ziffer „1 = Ja“, Ziffer „2 = Nein“). **273**

In **Zeile 70** ist unter Benennung der anderen beteiligten Körperschaft mit Namen, FA und Steuernummer zu erklären, für welchen steuerbegünstigten Zweck und in welcher Höhe die Körperschaft nach § 58 Nr. 3 AO **Mittel zur Vermögensausstattung erhalten** hat. Im elektronischen Datensatz ist die Zeile 70 als sog. „Mehrzeilenindex“ eingerichtet; d.h., sie ist für jede einzelne Vermögensausstattung nach § 58 Nr. 3 AO gesondert auszufüllen. Wird in einem Härtefall (§ 150 Abs. 8 AO) ausnahmsweise die Steuererklärung in Papierform eingereicht, sind weitere Vermögensausstattungen nach § 58 Nr. 3 AO nach dem gleichen Schema gesondert zu erläutern. **274**

1) Zu den Einzelheiten vgl. AEAO zu § 58 AO, Nr. 8.

11. Nicht in Erfüllung des Satzungszwecks geleistete unentgeltliche Zuwendungen (Zeilen 74–75)

	Nicht in Erfüllung des Satzungszwecks geleistete unentgeltliche Zuwendungen 225		
71 bis 73 frei 74	Es haben Mitglieder, Gesellschafter oder außenstehende Personen unentgeltliche Zuwendungen erhalten, die nicht in der Erfüllung des Satzungszweckes geleistet wurden.		1 = Ja 2 = Nein

Steuernummer	- 5 -

Zeile	**Nicht satzungsgemäße unentgeltliche Zuwendungen**	
	Zuwendungsgrund	Betrag EUR
75		
	Sind weitere Eintragungen erforderlich, sind diese nach dem gleichen Schema gesondert zu erläutern.	

275 Eine nach § 5 Abs. 1 Nr. 9 KStG steuerbegünstigte Körperschaft darf ihre Mittel gem. § 55 Abs. 1 Nr. 1 AO nur für die satzungsmäßigen Zwecke verwenden. Die Mitglieder oder Gesellschafter dürfen in ihrer Eigenschaft als Mitglied/Gesellschafter keine (unentgeltlichen) **Zuwendungen** erhalten.[1] Die Körperschaft darf auch keine andere Person durch Ausgaben, die dem Zweck der Körperschaft fremd sind, oder durch unverhältnismäßig hohe Vergütungen begünstigen (§ 55 Abs. 1 Nr. 3 AO).[2]

276 In **Zeile 74** ist erklären, ob **Mitglieder, Gesellschafter oder außenstehende Personen unentgeltliche Zuwendungen** erhalten haben, die nicht in Erfüllung des Satzungszwecks geleistet wurden (Ziffer „1 = Ja", Ziffer „2 = Nein"). Falls dies der Fall ist, ist in **Zeile 75** der **Grund** und der **geleistete Betrag** anzugeben. Hierdurch kommt ggf. wegen Mittelfehlverwendung die Aberkennung als steuerbegünstigte Körperschaft in Betracht.[3] Im elektronischen Datensatz ist die Zeile 75 als sog. „Mehrzeilenindex" eingerichtet; d.h., sie ist für jede einzelne nicht satzungsgemäße unentgeltliche Zuwendung gesondert auszufüllen. Wird in einem Härtefall (§ 150 Abs. 8 AO) ausnahmsweise die Steuererklärung in Papierform eingereicht, sind weitere nicht satzungsgemäße unentgeltliche Zuwendungen nach dem gleichen Schema gesondert zu erläutern.

12. Anhang: Prüfschemata

a) Prüfschema für die tatsächliche Geschäftsführung steuerbegünstigter Körperschaften i.S.d. § 5 Abs. 1 Nr. 9 KStG (§ 63 AO)

277 Für die Überprüfung der tatsächlichen Geschäftsführung ist zunächst festzustellen, welcher Tätigkeit die Körperschaft genau nachgegangen ist. Dies ist z.B. anhand der Protokolle der Mitgliederversammlung, von Tätigkeitsberichten oder der Buchführung festzustellen.

Übereinstimmung der tatsächlichen Geschäftsführung mit der Satzung

- ☐ Hat sich die Körperschaft satzungsgemäß verhalten?[4]
- ☐ Entspricht die Tätigkeit den Satzungszwecken und ihrer Zweckverwirklichung?

Unmittelbarkeit (§ 57 AO)

- ☐ War die Körperschaft unmittelbar (§ 57 AO) tätig?

  Wenn nein, zulässige Ausnahme über

  - ☐ Mittelzuwendung § 58 Nr. 1 AO (wenn einzige Betätigung nur zulässig, wenn Mittelweitergabe als Art der Zweckverwirklichung in Satzung enthalten)?[5]
  - ☐ Überlassung von Räumlichkeiten und Personal § 58 Nr. 4 und 5 AO an andere steuerbegünstigte Körperschaften? (Beachte: Sofern gegen Entgelt, liegt außer bei planmäßigem Zusammenwirken mit einer anderen steuerbegünstigten Körperschaft i.S.d. § 57 Abs. 3 AO[6] i.d.R. ein steuerpflichtiger wirtschaftlicher Geschäftsbetrieb vor.)
  - ☐ Hilfsperson, § 57 Abs. 1 Satz 2 AO?
  - ☐ Dachverband, § 57 Abs. 2 AO?
  - ☐ planmäßiges Zusammenwirken mit mindestens einer weiteren Körperschaft, die die Voraussetzungen der §§ 51 bis 68 AO erfüllt, § 57 Abs. 3 AO?[7]

1) Zu den Einzelheiten vgl. AEAO zu § 55 AO, Nr. 11 ff.
2) Zu den Einzelheiten vgl. AEAO zu § 55 AO, Nr. 25.
3) Vgl. AEAO zu § 55 AO, Nr. 11 ff.
4) Vgl. AEAO zu § 63 AO, Nr. 1 ff.
5) Vgl. AEAO zu § 58 AO, Nr. 1 ff.
6) Vgl. AEAO zu § 57 AO, Nr. 4 ff.
7) Vgl. AEAO zu § 57 AO, Nr. 4 ff.

- ☐ ausschließliches Halten und Verwalten von Anteilen an steuerbegünstigten Kapitalgesellschaften, § 57 Abs. 4 AO?[1]

Selbstlosigkeit (§ 55 AO)

☐ Greift bei nicht zu steuerbegünstigten Zwecken erfolgter Mittelzuwendung nach § 58 Nr. 1 AO der Vertrauensschutz nach § 58a AO?[2]

☐ Erfolgten unzulässige Zuwendungen an Mitglieder, Gesellschafter o.ä. (§ 55 Abs. 1 Nr. 1 und 3 AO)?[3]

- ☐ Tätigkeitsvergütungen an Mitglieder der Organe der Körperschaft satzungsgemäß und angemessen (vgl. BMF v. 21.11.2014)?[4]
- ☐ Zulässige Ausnahme bei Stiftungen zur angemessenen Finanzierung der Grabpflege und des Lebensunterhalts des Stifters oder seiner Angehörigen, § 58 Nr. 6 AO?[5]

☐ Wurden Mitglieder, Gesellschafter oder Dritte durch unangemessen hohe Vergütungen oder Leistungen unterhalb marktüblicher Entgelte unzulässig begünstigt (§ 55 Abs. 1 Nr. 1 Satz 2 und § 55 Abs. 1 Nr. 3 AO)?

Wenn ja,

- ☐ Verzicht auf marktübliches Entgelt zulässig, weil Empfänger ebenfalls steuerbegünstigte Körperschaft (§ 58 Nr. 1, 4 und 5 AO)?

☐ Erfolgte bei jährlichen Einnahmen von mehr als 45 000 €[6] (ab VZ 2026: 100 000 €) eine zeitnahe Mittelverwendung für steuerbegünstigte Zwecke (§ 55 Abs. 1 Nr. 5 AO)?

- ☐ zulässige Ausnahme zur Vermögensausstattung einer anderen steuerbegünstigten Körperschaft, § 58 Nr. 3 AO?[7]
- ☐ zulässige Verwendung zum Erwerb von Gesellschaftsrechten zur Erhaltung der prozentualen Beteiligung an Kapitalgesellschaften, § 58 Nr. 10 AO?[8]
- ☐ Rücklagenbildung nach § 62 Abs. 1 Nr. 1 bis 4 und Abs. 2 AO[9] zutreffend?
- ☐ Zulässige Thesaurierung, § 62 Abs. 3 und 4 AO?[10]
- ☐ Verwendungsauflage (§ 63 Abs. 4 AO[11]) beachtet?

☐ Sind die Verwaltungskosten unangemessen hoch?[12]

Aufzeichnungspflichten

☐ Sind ordnungsgemäße Aufzeichnungen über Einnahmen und Ausgaben geführt worden (§ 63 Abs. 3 AO)?[13]

Tätigkeitsumfang

☐ Ist die Körperschaft über den ideellen Bereich hinaus tätig geworden (Vermögensverwaltung, Zweckbetriebe, steuerpflichtige wirtschaftliche Geschäftsbetriebe)?

Siehe Prüfschema Einnahmen aus wirtschaftlichen Geschäftsbetrieben → Rz. 279.

☐ Ist die Körperschaft Unternehmer i.S.d. UStG?

Die Unternehmereigenschaft richtet sich ausschließlich nach den Vorschriften des UStG. Die Anerkennung als nach § 5 Abs. 1 Nr. 9 KStG steuerbegünstigte Körperschaft ist hierfür ebenso unmaßgeblich, wie für die Entscheidung über Steuerbefreiungen nach § 4 UStG und den Steuersatz nach § 12 UStG (Ausnahme: § 12 Abs. 2 Nr. 8a UStG für Vermögensverwaltung + Zweckbetriebe).

- ☐ Anwendung der Kleinunternehmerregelung gem. § 19 UStG möglich bzw. sinnvoll?
- ☐ ausschließlich steuerfreie Umsätze ohne Vorsteuerabzug gegeben?
- ☐ Vorsteuerabzug:

  Berechnung der abziehbaren Vorsteuer nach Durchschnittssätzen gem. § 23a UStG möglich bzw. sinnvoll?

  Zur Berechnung der abziehbaren Vorsteuer nach den allgemeinen Grundsätzen s. Prüfschema Vorsteuerabzug → Rz. 280.

---

1) Vgl. AEAO zu § 57 AO, Nr. 13 ff.
2) Vgl. AEAO zu § 58a AO.
3) Zu den Einzelheiten und den satzungsmäßigen Voraussetzungen vgl. AEAO zu § 55 AO, Nr. 11 f.
4) BMF v. 21.11.2014, IV C 4 – S 2121/07/0010 :032, BStBl I 2014, 1581.
5) Vgl. AEAO zu § 58 AO, Nr. 11 ff.
6) Vgl. AEAO zu § 55 AO, Nr. 28 ff.
7) Vgl. AEAO zu § 58 AO, Nr. 8.
8) Vgl. AEAO zu § 58 AO, Nr. 17.
9) Vgl. AEAO zu § 62 AO.
10) Vgl. AEAO zu § 62 AO, Nr. 16 f.
11) Vgl. AEAO zu § 63 AO, Nr. 2.
12) Vgl. AEAO zu § 55 AO, Nr. 19 ff.
13) Vgl. AEAO zu § 63 AO, Nr. 1.

Ausstellung von Zuwendungsbestätigungen

☐ Wurden Sach- und Aufwandsspenden zutreffend beurteilt?

Beachte: Leistungen sind nicht spendenfähig, § 10b Abs. 3 Satz 1 EStG / § 9 Abs. 2 Satz 2 KStG / § 9 Nr. 5 Satz 13 GewStG; Anerkennung als Zuwendung nur über Verzicht = Aufwandsspende als Geldzuwendung möglich.

→ zu Aufwandsspenden s. BMF v. 25.11.2014,[1] teilweise geändert durch BMF v. 24.8.2016.[2]

→ zu Sachspenden s. BMF v. 7.11.2013.[3]

b) Satzungsprüfung bei steuerbegünstigten Körperschaften (§ 60 AO)

278 Die in den Steuergesetzen verankerten Vergünstigungen und Befreiungen dürfen nur Körperschaften erhalten, die nach ihrer Satzung und ihrer tatsächlichen Geschäftsführung gemeinnützigen, mildtätigen und/oder kirchlichen Zwecken dienen (§ 59 AO).

1. Liegt eine Körperschaft im Sinne des § 1 Abs. 1 KStG vor?

☐ Verein (durch Eintragung in das Vereinsregister erlangt der Verein Rechtsfähigkeit; ggf. Abgrenzungsproblem zu BGB-Gesellschaft)

☐ Stiftung (bei selbständiger Stiftung Anerkennung der Rechtsfähigkeit durch Innenministerium/Bezirksregierungen der Länder erforderlich)

☐ GmbH oder andere Kapitalgesellschaften (Eintragung im Handelsregister zwingend)

☐ andere Körperschaft i.S.d. § 1 Abs. 1 KStG

☐ ja → weiter mit 2.

☐ nein → keine Anerkennung als steuerbegünstigte Körperschaft.

2. Ist die Körperschaft unbeschränkt steuerpflichtig?

☐ ja → Anerkennung als steuerbegünstigte Körperschaft grundsätzlich möglich; weiter mit 3.

☐ nein → Ist die Körperschaft beschränkt steuerpflichtig gem. § 2 Nr. 1 KStG und hat ihren Sitz und Ort der Geschäftsleitung in einem der EU/EWR-Mitgliedsstaaten (§ 5 Abs. 2 Nr. 2 KStG)?

☐ ja → weiter mit 3.

☐ nein → keine Anerkennung als steuerbegünstigte Körperschaft.

3. Werden die steuerbegünstigten Zwecke ausschließlich im Ausland ohne Inlandsbezug verwirklicht (§ 51 Abs. 2 AO, AEAO zu § 51 AO, Nr. 7)?

Werden die steuerbegünstigten Zwecke im Ausland verwirklicht, muss gem. § 51 Abs. 2 AO entweder

☐ die Allgemeinheit im Inland gefördert werden oder

☐ die Tätigkeit im Ausland positive Rückwirkungen auf das Ansehen der Bundesrepublik Deutschland haben.

Achtung: § 51 Abs. 2 AO gilt auch für unbeschränkt steuerpflichtige Körperschaften.

Der Inlandsbezug ist erfüllt

☐ ja → weiter mit 4.

☐ nein → keine Anerkennung als steuerbegünstigte Körperschaft.

4. Liegt eine Satzung oder sonstige Verfassung vor (§ 59 AO)?

☐ ja → weiter mit 5.

☐ nein → keine Anerkennung als steuerbegünstigte Körperschaft.

5. Entspricht die Satzung den gemeinnützigkeitsrechtlichen Erfordernissen (§ 60 AO)?

Die Satzung muss die in der Anlage 1 zu § 60 AO bezeichneten Festlegungen enthalten (§ 60 Abs. 1 Satz 2 AO). Das sind insb.:

☐ Zweck und Zweckverwirklichung (§ 60 i.V.m. §§ 52-54 AO)

☐ Selbstlosigkeit (§ 55 AO)

☐ Ausschließlichkeit (§ 56 AO)

☐ Unmittelbarkeit (§ 57 AO)

☐ Vermögensbindung (§§ 61, 55 Abs. 1 Nr. 4 AO)

§ 60 Absatz 1 Satz 2 AO gilt ab dem VZ 2009 für alle Neugründungen und für ab 2009 erfolgte Satzungsänderungen bei bereits vor 2009 anerkannter Körperschaften.

1) BMF v. 25.11.2014, IV C 4 – S 2223/07/0010 :005, BStBl I 2014, 1584.
2) BMF v. 24.8.2016, IV C 4 – S 2223/07/0010 :007, BStBl I 2016, 994.
3) BMF v. 7.11.2013, IV C 4 – S 2223/07/0018 :005, BStBl I 2013, 1333.

Die Satzungszwecke und die Art ihrer Verwirklichung müssen so genau bestimmt sein, z.B. durch Nennung konkreter Beispiele, dass geprüft werden kann, ob die Steuervergünstigungen gewährt werden können.

- ☐ Förderung der Allgemeinheit bei den Zwecken im Sinne des § 52 AO gegeben?
- ☐ Schädliche Verfolgung politischer Zwecke (AEAO zu § 52 AO, Nr. 16)?
- ☐ Schädlicher Verstoß gegen die verfassungsmäßige Ordnung (§ 51 Abs. 3 AO; AEAO zu § 51 AO, Nr. 8 ff.)?
- ☐ Mittelweitergabe gem. § 58 Nr. 1 AO als Art der Zweckverwirklichung in der Satzung festgelegt, wenn einzige Betätigung der Körperschaft?

Satzung entspricht den formellen Voraussetzungen

- ☐ ja
- ☐ nein → keine Anerkennung als steuerbegünstigte Körperschaft

c) Prüfschema für Einnahmen aus wirtschaftlichen Geschäftsbetrieben bei nach § 5 Abs. 1 Nr. 9 KStG steuerbegünstigten Körperschaften

1. Voraussetzungen des wirtschaftlichen Geschäftsbetriebs (§ 14 AO) erfüllt? **279**

- ☐ selbständige nachhaltige Tätigkeit
- ☐ zur Erzielung von Einnahmen oder anderen wirtschaftlichen Vorteilen
- ☐ Tätigkeit geht über Vermögensverwaltung hinaus

2. Abgrenzung Vermögensverwaltung, Zweckbetrieb, steuerpflichtiger wirtschaftlicher Geschäftsbetrieb

- ☐ Steuerfreie Vermögensverwaltung
  - ☐ Einnahmen aus Kapitalvermögen
  - ☐ Vermietung und Verpachtung von Grundvermögen
  - ☐ Verpachtung von Rechten (z.B. Werberecht), Wirtschaftsgütern, Betrieben im Ganzen (z.B. Vereinsgaststätte)
  - ☐ Beteiligung an nicht steuerbegünstigten Kapitalgesellschaften (Ausnahme: Betriebsaufspaltung mit einer nicht ebenfalls steuerbegünstigten Kapitalgesellschaft; beherrschender Einfluss z.B. durch Personenidentität in der Geschäftsführung. Dies gilt nicht für die Beteiligung an einer Kapitalgesellschaft, die ausschließlich der Vermögensverwaltung dient)[1]
- ☐ Zweckbetrieb nach §§ 65 bis 68 AO
  - ☐ Zweckbetrieb gem. § 65 AO
  - ☐ Zweckbetrieb gem. § 66 AO Wohlfahrtspflege
  - ☐ Zweckbetrieb gem. § 67 AO Krankenhaus
  - ☐ Zweckbetrieb gem. § 67a AO Sportliche Veranstaltung
  - ☐ Zweckbetrieb gem. § 68 AO
- ☐ steuerpflichtiger wirtschaftlicher Geschäftsbetrieb, z.B.
  - ☐ Verkauf von Speisen + Getränken in einer Vereinsgaststätte, einem Kiosk oder bei einer Veranstaltung (ggf. Ausnahme: Zusammenhang mit § 68 Nr. 8 AO, § 66 AO)
  - ☐ die Unterhaltung einer Kantine für die Arbeitskräfte der Geschäftsstelle
  - ☐ der Verkauf von Gebrauchsgegenständen (z.B. Kugelschreiber oder Regenschirme mit Vereinslogo)
  - ☐ die Herausgabe, der Verlag oder der entgeltliche Vertrieb von Druckerzeugnissen (z.B. Bücher, Broschüren, Zeitschriften, Fachzeitschriften, Fachzeitungen und andere fachliche Druckerzeugnisse, sofern nicht Zweckbetrieb §§ 65 bis 68 AO)
  - ☐ Eintrittsgelder aus geselligen Veranstaltungen
  - ☐ entgeltliche Vorführung und Vermietung von Filmen und Tonträgern
  - ☐ aktive Werbung/Sponsoring
  - ☐ kurzfristige Vermietung von Wirtschaftsgütern/Grundstücken/Sportanlagen
  - ☐ Anzeigenwerbung
  - ☐ Verkauf von Altmaterial, Flohmarkt, Straßenfest
  - ☐ Sportliche Veranstaltungen mit Einnahmen > 45 000 € (ab VZ 2026: 50 00 €, wenn nicht § 67a Abs. 3 AO)
  - ☐ Mitunternehmerschaft an einer Personengesellschaft (sofern nicht Zweckbetrieb §§ 65 bis 68 AO)[2]
  - ☐ anderer steuerpflichtiger wirtschaftlicher Geschäftsbetrieb

---
1) Vgl. AEAO zu § 64 AO, Nr. 3.
2) Vgl. AEAO zu § 64 AO, Nr. 3.

3. Verstoßen die steuerpflichtigen wirtschaftlichen Geschäftsbetriebe gegen das Gebot der Selbstlosigkeit (vgl. AEAO zu § 55 AO, Nr. 1 f.) oder der Ausschließlichkeit (vgl. AEAO zu § 56 AO, Nr. 1 ff.)?

☐ ja → Steuerbegünstigung ist insg. ausgeschlossen

☐ nein → Steuerbegünstigung ist nicht ausgeschlossen

4. Ist der Gewinn aus dem einheitlichen steuerpflichtigen wirtschaftlichen Geschäftsbetrieb zutreffend ermittelt worden?

☐ Zuordnung von Ausgaben zutreffend (vgl. AEAO zu § 64 AO, Nr. 4 ff.)?

☐ Nichtsteuerbarkeit von echten Mitgliedsbeiträgen (§ 8 Abs. 5 KStG) beachtet?

☐ Stellt die Beteiligung an einer Kapitalgesellschaft einen steuerpflichtigen wirtschaftlichen Geschäftsbetrieb dar, führen Bezüge i.S.d. § 20 Abs. 1 Nr. 1 und 2 EStG und der Gewinn/Verlust aus der Veräußerung der Anteile nach § 17 EStG oder § 20 Abs. 2 Nr. 1 EStG zu gewerblichen Einkünften. § 20 Abs. 6 und 9 EStG sind in diesen Fällen nicht anzuwenden. Der Gewinn/Verlust dieses steuerpflichtigen wirtschaftlichen Geschäftsbetriebs ist unter Anwendung von § 8b KStG zu ermitteln.

5. Erzielt der einheitlich steuerpflichtige wirtschaftliche Geschäftsbetrieb (§ 64 Abs. 2 AO) insg. einen Gewinn/Überschuss?

☐ ja

☐ nein

☐ aber zulässig nach AEAO zu § 55 AO, Nr. 4 ff.

☐ nicht zulässig; → Aberkennung der Steuerbegünstigung möglich.

6. Betragen die Bruttoeinahmen des einheitlichen steuerpflichtigen wirtschaftlichen Geschäftsbetriebs mehr als 45 000 € (ab VZ 2026: 50 000 €) (vgl. § 64 Abs. 3 AO; AEAO zu § 64 AO, Nr. 18 ff.)?

☐ ja → partielle Steuerpflicht für KSt und GewSt.

☐ nein → keine Steuerpflicht.

Beachte: Sofern Einnahmen ≤ 45 000 €, keine Einbeziehung des Gewinns bzw. Verlustes in Verlustfeststellungsbescheide nach § 10d EStG i.V.m. § 8 Abs. 1 KStG bzw. § 10a GewStG.

d) Vorsteuerabzug bei steuerbegünstigten Körperschaften

280 Da die nach § 5 Abs. 1 Nr. 9 KStG steuerbegünstigten Körperschaften sowohl einen unternehmerischen Bereich (Vermögensverwaltung, wirtschaftlicher Geschäftsbetrieb i.S.d. § 14 AO) als auch einen außerunternehmerischen Bereich (= ideeller Bereich) haben können, kommt der Ermittlung der abziehbaren Vorsteuer eine besondere Bedeutung zu.

Bei Wirtschaftsgütern, insb. bei denjenigen, die nicht nur einmalig zur Ausführung von Umsätzen verwendet werden, ist ggf. eine Vorsteuerberichtigung gem. § 15a UStG vorzunehmen. Hinsichtlich der grundsätzlichen Berechtigung zum Vorsteuerabzug gelten die allgemeinen Grundsätze. Gemäß § 15 Abs. 1 UStG sind Vorsteuern u.a. nur dann abzugsfähig, wenn sie im Zusammenhang mit Leistungen für das Unternehmen stehen. Ein eventueller Ausschluss vom Vorsteuerabzug gem. § 15 Abs. 1a UStG ist zu beachten. Ein Gegenstand kann nur dann dem Unternehmen zugeordnet werden, wenn er zu mindestens 10 % unternehmerisch genutzt wird (zur Ausnahme bei Grundstücken s. § 15 Abs. 1b UStG).

1. Kann der Eingangsumsatz eindeutig dem ideellen (= nichtunternehmerischen) Bereich zugeordnet werden?

☐ ja → kein Vorsteuerabzug.

☐ nein → weiter mit 2.

2. Stehen die dem unternehmerischen Bereich zuzuordnenden Eingangsleistungen in Zusammenhang mit Ausschlussumsätzen i.S.d. § 15 Abs. 2 UStG?

Ausschlussumsätze sind z.B. folgende steuerfreie Umsätze:

☐ eng verbundene Umsätze von Krankenhäusern (§ 4 Nr. 16 UStG);

☐ Leistungen der amtlich anerkannten Verbände der freien Wohlfahrtspflege (§ 4 Nr. 18 UStG);

☐ Umsätze von kulturellen Einrichtungen (§ 4 Nr. 20 UStG);

☐ Vorträge, Kurse (§ 4 Nr. 22 Buchst. a UStG);

☐ sportliche Veranstaltungen (§ 4 Nr. 22 Buchst. b UStG).

☐ ja → kein Vorsteuerabzug.

☐ nein → voller Vorsteuerabzug möglich, weiter mit 3.

☐ teilweise → Vorsteueraufteilung; weiter mit 3.

3. Kann der Eingangsumsatz ausschließlich dem unternehmerischen Bereich zugeordnet werden?

Kann der Eingangsumsatz entweder

☐ nicht ausschließlich dem unternehmerischen (ggf. auf Antrag bei mindestens 10 % unternehmerischer Nutzung) oder dem ideellen Bereich

und/oder

☐ im unternehmerischen Bereich nicht eindeutig den steuerpflichtigen oder steuerfreien Ausgangsumsätzen

zugeordnet werden, so ist eine Aufteilung der Vorsteuer – ggf. im Wege der sachgerechten Schätzung – erforderlich. Eine Aufteilung nach dem Verhältnis der Einnahmen ist möglich, wenn keine andere Aufteilungsmethode in Betracht kommt (vgl. UStAE zu § 2 UStG, Nr. 2.10 hinsichtlich der Aufteilung ideeller/unternehmerischer Bereich bzw. § 15 Abs. 4 UStG hinsichtlich der Aufteilung im unternehmerischen Bereich).[1] Ändert sich das Aufteilungsverhältnis in den Folgejahren, ist eine Vorsteuerberichtigung gem. § 15a UStG zu prüfen. In Fällen der Aufteilung der Vorsteuer entfällt insoweit die Besteuerung einer unentgeltlichen Wertabgabe (s. 5.).

Ausschließliche Zuordnung zum unternehmerischen Bereich:

☐ ja → voller Vorsteuerabzug möglich; weiter mit 4.

☐ nein → Vorsteueraufteilung (1. Stufe) erforderlich; für danach verbleibenden grds. abzugsfähigen Teil weiter mit 4.

4. Kann der Eingangsumsatz ausschließlich Umsätzen zugeordnet werden, die zum Vorsteuerabzug berechtigen (steuerpflichtige Umsätze oder steuerfreie Umsätze mit Vorsteuerabzug)?

☐ ja → voller Abzug des unter 3. ermittelten Wertes; weiter mit 5.

☐ nein → weitere Aufteilung des unter 3. ermittelten Wertes (Vorsteueraufteilung 2. Stufe) erforderlich

5. Wird der dem unternehmerischen Bereich zugeordnete Gegenstand, der nach Nr. 3 und Nr. 4 zum vollem oder teilweisen Vorsteuerabzug berechtigt hat, auch im ideellen Bereich verwendet?

☐ ja → Besteuerung der unentgeltlichen Wertabgabe, § 3 Abs. 9a Nr. 1 UStG; Bemessungsgrundlage § 10 Abs. 4 Satz 1 Nr. 2 UStG

☐ nein → keine unentgeltliche Wertabgabe

e) Prüfschema zum Grundsatz der Vermögensbindung bei Auflösung oder Aufhebung der Körperschaft oder bei Wegfall der steuerbegünstigten Zwecke (§ 55 Abs. 1 Nr. 4 AO)

Über § 55 Abs. 1 Nr. 4 AO soll die finale Verwendung des Vermögens für steuerbegünstigte Zwecke sichergestellt werden. 281

Falls das Vermögen nicht für steuerbegünstigte Zwecke verwendet wird, können im Rahmen der Festsetzungsfrist rückwirkend für bis zu zehn Jahre noch Steuerfestsetzungen erfolgen oder geändert werden (§ 63 Abs. 2 AO i.V.m. § 61 Abs. 3 AO, AEAO zu § 61 AO, Nr. 1 ff.).

☐ Wie erfolgte die Abwicklung hinsichtlich der Sachgegenstände?

  ☐ Veräußerung

  ☐ Weitergabe an:

  ☐ andere Verwendung:

☐ Wie sind die vorhandenen liquiden Mittel verwendet worden?

  ☐ Weitergabe an die in der Vermögensbindung benannte steuerbegünstigte Körperschaft oder eine andere steuerbegünstigte Körperschaft oder j.P.d.ö.R. durch

  ☐ Überweisung

  ☐ Weitergabe in bar

  ☐ andere Verwendung:

☐ Der Grundsatz der Vermögensbindung wurde beachtet:

  ☐ ja

  ☐ nein → im VZ des Verstoßes keine Anerkennung als steuerbegünstigte Körperschaft möglich; Nachversteuerung gem. § 61 Abs. 3 AO und Inhaftungnahme für ausgestellte Zuwendungsbescheinigungen gem. § 10b Abs. 4 EStG / § 9 Abs. 3 Satz 2 ff. KStG / § 9 Nr. 5 Satz 14 ff. GewStG möglich.

---

1) Vgl. UStAE zu § 2 UStG, Nr. 2.10 hinsichtlich der Aufteilung ideeller/unternehmerischer Bereich bzw. § 15 Abs. 4 UStG hinsichtlich der Aufteilung im unternehmerischen Bereich. Zur Vorsteueraufteilung bei gemischt-genutzten Grundstücken vgl. BMF v. 20.10.2022, III C 2 – S 7306/19/10001 :003, 2022/1029175, BStBl I 2022, 1497.

VII. Anlage Geno/Ver – Steuerbefreiung von Genossenschaften und Vereinen

1. Übersicht über Inhalt und Bedeutung der Anlage Geno/Ver

Bezeichnung des Steuerpflichtigen	Die mit einem Kreis versehenen Zahlen bezeichnen die Erläuterungen in der Anleitung zur Körperschaftsteuererklärung.	**Anlage Geno/Ver** **2025**
Steuernummer		☐ zur Steuererklärung ☐ zum Bescheid

Steuerbefreiung von Genossenschaften und Vereinen

282 Die Anlage Geno/Ver ist von **Genossenschaften und Vereinen** auszufüllen, die nach **§ 5 Abs. 1 Nr. 10 KStG** (Wohnungswesen) oder **§ 5 Abs. 1 Nr. 14 KStG** (Land- und Forstwirtschaft) ganz oder teilweise von der **Körperschaftsteuer befreit** werden können.

283 Die Anlage Geno/Ver dient der **Prüfung der Voraussetzungen zur Steuerbefreiung** nach § 5 Abs. 1 Nr. 10 KStG bzw. § 5 Abs. 1 Nr. 14 KStG und ist zusammen mit der Körperschaftsteuererklärung KSt 1 einzureichen. Genossenschaften haben zusätzlich die Anlage GR (→ Rz. 635) zu übermitteln.

284 Die Anlage ist in **zwei Abschnitte** gegliedert:

- **Genossenschaften und Vereine**, die nach **§ 5 Abs. 1 Nr. 14 KStG** (Land- und Forstwirtschaft) steuerbefreit werden können, haben die **Zeilen 1 bis 1c** auszufüllen.
- Angaben zu **Genossenschaften und Vereinen** i.S.d. **§ 5 Abs. 1 Nr. 10 KStG** (Wohnungswesen) sind in den **Zeilen 3 bis 34** zu machen.

2. Genossenschaften und Vereine i.S.d. § 5 Abs. 1 Nr. 14 KStG – Land- und Forstwirtschaft (Zeilen 1–1c)

Zeile	Genossenschaften und Vereine nach § 5 Absatz 1 Nummer 14 KStG (239)	
1	Die Aufteilung der Einnahmen in steuerpflichtige und steuerfreie Tätigkeiten und die Ermittlung des Gewinns aus steuerpflichtigen Tätigkeiten werden/wurden gesondert übermittelt. (74)	1 = Ja
		EUR
1a	Gesamteinnahmen (ohne Einnahmen nach § 5 Absatz 1 Nummer 14 Satz 3 KStG)	
1b	Einnahmen nach § 5 Absatz 1 Nummer 14 Satz 2 KStG (partiell steuerpflichtiger Geschäftsbereich)	
1c	Prozentsatz der Einnahmen aus nicht begünstigten Tätigkeiten (Betrag laut Zeile 1b dividiert durch den Betrag laut Zeile 1a multipliziert mit 100)	19.216 %

285 **Genossenschaften und Vereine**, die auf dem Gebiet der **Land- und Forstwirtschaft** im Interesse ihrer Mitglieder tätig sind,[1] sind mit den in **§ 5 Abs. 1 Nr. 14 Satz 1 KStG** genannten Tätigkeiten von der Körperschaftsteuer befreit. Für Einnahmen aus anderen, nicht unter § 5 Abs. 1 Nr. 14 Satz 1 KStG fallende Tätigkeiten besteht gem. § 5 Abs. 1 Nr. 14 Satz 2 KStG partielle Steuerpflicht. Dies gilt jedoch nur, wenn die Einnahmen aus den nicht nach § 5 Abs. 1 Nr. 14 Satz 1 KStG begünstigten Tätigkeiten nicht mehr als 10 % der Gesamteinnahmen betragen. Andernfalls ist die Genossenschaft bzw. der Verein nach § 5 Abs. 1 Nr. 14 Satz 2 KStG in vollem Umfang steuerpflichtig.[2]

286 Die Ermittlungen der **Aufteilung der Einnahmen** auf steuerpflichtige und steuerfreie Tätigkeiten sowie des Gewinns aus den steuerpflichtigen Tätigkeiten sind gesondert zu übermitteln. In **Zeile 1** ist durch Angabe der Ziffer „1" anzugeben, ob die Übermittlung bereits erfolgte bzw. noch erfolgen wird. Die Ermittlung ist möglichst elektronisch (Belegnachreichung zur Steuererklärung) zu übermitteln. Dies ist sowohl über Elster als auch über andere Softwareanbieter möglich.

287 In **Zeile 1a** sind die **Gesamteinnahmen** der Genossenschaft bzw. des Vereins zu erklären. Bei Genossenschaften und Vereinen, deren Geschäftsbetrieb sich überwiegend auf die Durchführung von Milchqualitäts- und Milchleistungsprüfungen oder auf die Tierbesamung beschränkt, bleiben die auf diese Tätigkeiten gerichteten Zweckgeschäfte mit Nichtmitgliedern bei der Berechnung der 10-Prozentgrenze außer Ansatz (§ 5 Abs. 1 Nr. 14 Satz 3 KStG); derartige Einnahmen sind daher nicht anzugeben.[3]

1) Zu den begünstigten Genossenschaften zählen Molkereigenossenschaften (R 5.12 KStR 2022), Winzergenossenschaften (R 5.13 KStR 2022), Pfropfrebengenossenschaften (R 5.14 KStR 2022) und andere Genossenschaften, die Erzeugnisse der land- und forstwirtschaftlichen Betriebe ihrer Mitglieder bearbeiten (R 5.15 KStR 2022). Diese Grundsätze gelten für Vereine i.S.d. § 5 Abs. 1 Nr. 14 KStG entsprechend (R 5.16 KStR 2022).

2) Zur allgemeinen Zuordnung der begünstigten und der nicht begünstigten Tätigkeiten vgl. R 5.11 KStR 2022 und H 5.11 KStH 2022.

3) Zu den Einzelheiten vgl. R 5.11 Abs. 3 KStR 2022.

In **Zeile 1b** sind die Einnahmen anzugeben, die aus einem **partiell steuerpflichtigen Geschäftsbetrieb** i.S.d. § 5 Abs. 1 Nr. 14 Satz 2 KStG stammen. **288**

In **Zeile 1c** ist der Prozentsatz der Einnahmen aus den nicht begünstigten Tätigkeiten lt. Zeile 1b im Verhältnis zu den Gesamteinnahmen lt. Zeile 1a anzugeben. In dieser Höhe besteht partielle Steuerpflicht. Betragen die Einnahmen aus den nicht begünstigten Tätigkeiten mehr als 10 % der Gesamteinnahmen, ist die Steuerbefreiung gem. § 5 Abs. 1 Nr. 14 Satz 2 KStG insgesamt ausgeschlossen. Betragen die nicht begünstigten Einnahmen nicht mehr als 10 % der Gesamteinahmen, besteht gem. § 5 Abs. 1 Nr. 14 Satz 2 KStG insoweit partielle Steuerpflicht. **289**

3. Genossenschaften und Vereine i.S.d. § 5 Abs. 1 Nr. 10 KStG – Wohnungswesen (Zeilen 3–34)

Genossenschaften und Vereine, die **Wohnungen** herstellen oder erwerben und diese an Mitglieder **zur Nutzung oder zur Miete überlassen**, sind insoweit nach § 5 Abs. 1 Nr. 10 Satz 1 Buchst. a KStG von der Körperschaftsteuer befreit. Gleiches gilt für den Betrieb bzw. die Überlassung von hergestellten oder erworbenen **Gemeinschafts- oder Folgeeinrichtungen** an die Mitglieder (§ 5 Abs. 1 Nr. 10 Satz 1 Buchst. b KStG). In die Genossenschaft investierende Mitglieder i.S.d. § 8 Abs. 2 GenG sind keine Mitglieder i.S.d. § 5 Abs. 1 Nr. 10 Satz 1 KStG (§ 5 Abs. 1 Nr. 10 Satz 5 KStG). § 5 Abs. 1 Nr. 10 Satz 1 KStG ist gem. § 5 Abs. 1 Nr. 10 Satz 6 KStG auch auf Verträge zur vorübergehenden Unterbringung von Wohnungslosen anzuwenden, die mit j.P.d.ö.R. oder mit steuerbegünstigten Steuerpflichtigen i.S.d. § 5 Abs. 1 Nr. 9 KStG, die Mitglied sind, abgeschlossen werden. Eine Einweisungsverfügung nach den Ordnungsbehördengesetzen der Länder steht dem Abschluss eines solchen Vertrags gleich (§ 5 Abs. 1 Nr. 10 Satz 7 KStG). Für nach § 5 Abs. 1 Nr. 10 Satz 1 KStG nicht begünstigte Einnahmen besteht partielle Steuerpflicht. Betragen die Einnahmen aus partieller Steuerpflicht jedoch mehr als 10 % der Gesamteinnahmen, so ist die Genossenschaft bzw. der Verein gem. § 5 Abs. 1 Nr. 10 Satz 2 KStG in vollem Umfang steuerpflichtig. Erzielt das Unternehmen Einnahmen aus der Lieferung von Strom aus Anlagen, für die es einen Anspruch auf Zahlung eines Mieterstromzuschlags hat, oder Einnahmen aus der Bereitstellung von Strom aus Gebäudestromanlagen im Rahmen der gemeinschaftlichen Gebäudeversorgung, erhöht sich die Grenze des § 5 Abs. 1 Nr. 10 Satz 2 KStG für diese nicht begünstigten Einnahmen auf 30 %, vgl. § 5 Abs. 1 Nr. 10 Satz 3 KStG → Rz. 296. Zu den Einnahmen nach § 5 Abs. 1 Nr. 10 Satz 3 KStG gehören auch Einnahmen aus der zusätzlichen Stromlieferung i.S.d. § 42a Abs. 2 Satz 6 EnWG sowie Einnahmen aus der Einspeisung von Strom aus diesen Anlagen (§ 5 Abs. 1 Nr. 10 Satz 4 KStG). **290**

Einzelheiten zur Steuerbefreiung und zur Aufteilung der Einnahmen können dem BMF-Schreiben v. 22.11.1991[1] entnommen werden.

Maßgebend sind die **Bruttoeinnahmen**, also einschließlich Umsatzsteuer. Die Zuordnung der Einnahmen zum VZ richtet sich nach den allgemeinen Grundsätzen des Vermögensvergleichs.

Anhand der Angaben in den Zeilen 3 bis 31 wird ermittelt, ob die Einnahmen aus partieller Steuerpflicht 10 % der Gesamteinnahmen nicht überschritten haben.

Die Zeilen 3 bis 29 der Anlage Geno/Ver sehen eine **Dreiteilung** hinsichtlich der Zuordnung der Einnahmen zum begünstigten und zum nicht begünstigten Tätigkeitsbereich vor: **291**

- **Positionen der Gewinn- und Verlustrechnung** (Zeilen 3 bis 20),
- **Korrekturen** der Positionen **der Gewinn- und Verlustrechnung** (Zeilen 21 bis 26),
- **Einnahmen/Ausgaben außerhalb der Gewinn- und Verlustrechnung** (Zeilen 27 bis 29).

In den Zeilen 3 bis 27 sind die Einnahmen **ohne Umsatzsteuer** einzutragen. Die Umsatzsteuer wird erst in Zeile 28 zugeordnet und hinzugerechnet.

In **Spalte 1** sind die **Gesamteinnahmen** und in **Spalte 2** die (insgesamt bzw. anteilig) **nicht begünstigten Einnahmen** anzugeben. **292**

1) BMF v. 22.11.1991, IV B 7 – S 2730 – 24/91, BStBl I 1991, 1014.

a) **Positionen der Gewinn- und Verlustrechnung (Zeilen 3–20)**

	Genossenschaften und Vereine nach § 5 Absatz 1 Nummer 10 KStG (239)	Gesamt EUR 1	Nicht begünstigt EUR 2
	Positionen der Gewinn- und Verlustrechnung		
2 frei			
3	Umsatzerlöse aus der Hausbewirtschaftung		
4	Dazu: Umsatzerlöse aus dem Verkauf von Grundstücken		
5	Davon ab: nach Billigkeitsregelung auszunehmender Erlös		
6	Dazu: Umsatzerlöse aus Betreuungstätigkeit		
7	Dazu: Umsatzerlöse aus anderen Lieferungen und Leistungen		
8	Dazu: Einnahmen aus der Lieferung von Strom aus Anlagen, für den die Körperschaft unter den Voraussetzungen des § 21 Absatz 3 des Erneuerbare-Energien-Gesetzes einen Anspruch auf Zahlung eines Mieterstromzuschlags hat, oder aus der Bereitstellung von Strom aus Gebäudestromanlagen gemäß § 3 Nummer 20b des Energiewirtschaftsgesetzes zur Nutzung durch Letztverbraucher im Rahmen der Gemeinschaftlichen Gebäudeversorgung		
9 frei			
10	Dazu: Sonstige betriebliche Erträge		
11	Dazu: Erträge aus Beteiligungen an Kapitalgesellschaften (einschließlich Gewinnübernahme aus Organgesellschaften)		
12	Dazu: Erträge aus anderen Wertpapieren und Ausleihungen des Finanzanlagevermögens		
13	Dazu: Sonstige Zinsen und ähnliche Erträge		
14	Dazu: Außerordentliche Erträge		
15	Davon ab: Erträge aus der Auflösung von Rückstellungen		
16	Davon ab: Auflösung aktivisch abzusetzender Pauschalwertberichtigungen zu Forderungen		
17	Davon ab: Zahlungseingänge auf in früheren Jahren wertberichtigte Forderungen		
18	Davon ab: Erträge aus der Ausbuchung von Verbindlichkeiten		
19	Davon ab: Erträge aus Aufzinsung		
20	Davon ab: Eintrittsgelder		

293 Es sind im Einzelnen folgende Positionen aus der Gewinn- und Verlustrechnung anzugeben und fortlaufend zu addieren:

In **Zeile 3** (Spalten 1 und 2) **Umsatzerlöse aus der Hausbewirtschaftung**.

Begünstigt sind die Umsätze aus der **Überlassung selbst hergestellter oder erworbener Wohn- und Zubehörräume** auf Grund eines Miet- oder Nutzungsvertrags an Mitglieder bzw. deren Ehegatten zur Miete oder zur Nutzung.

Grundsätzlich nicht begünstigt ist die Überlassung von Wohnungen an Nichtmitglieder, die Überlassung gewerblich genutzter Räume und von Wohnungen, bei denen die Genossenschaft bzw. der Verein selbst über das Nutzungsrecht nur auf Grund Miete, Pacht, Nießbrauch oder ähnlicher Verträge verfügt.[1)] Hiervon ausgenommen ist gem. § 5 Abs. 1 Nr. 10 Satz 6 KStG die Überlassung von Wohnungen an Nichtmitglieder, die auf Verträgen zur vorübergehenden Unterbringung von Wohnungslosen beruhen, die mit juristischen Personen des öffentlichen Rechts oder mit steuerbegünstigten Steuerpflichtigen i.S. des § 5 Abs. 1 Nr. 9 KStG, die Mitglied sind, abgeschlossen werden. Eine Einweisungsverfügung nach den Ordnungsbehördengesetzen der Länder steht dem Abschluss eines solchen Vertrags gleich (§ 5 Abs. 1 Nr. 10 Satz 7 KStG).

294 In **Zeile 4** (Spalten 1 und 2) **Umsatzerlöse aus dem Verkauf von Grundstücken**.

1) Vgl. BMF v. 22.11.1991, IV B 7 – S 2730 – 24/91, BStBl I 1991, 1014, Rz. 16 bis 24.

Begünstigt ist der Verkauf der Grundstücke, deren Bewirtschaftung nach den Grundsätzen in Zeile 3 begünstigt ist. Nicht begünstigt ist der Verkauf der Grundstücke, deren Bewirtschaftung nach den Grundsätzen in Zeile 3 nicht begünstigt ist und soweit gewerblicher Grundstückshandel vorliegt.[1]

In **Zeile 5** (Spalten 1 und 2) auf Grund von (nicht zwingend ländereinheitlichen) **Billigkeitsregelungen** auszunehmende, an sich nicht begünstigte Einnahmen. Diese Einnahmen werden nicht dem begünstigten Bereich zugerechnet, sondern werden von den Gesamteinnahmen und den nicht begünstigten Einnahmen in den Zeilen 3 und 4 abgezogen.[2] Gemäß § 5 Abs. 1 Nr. 10 Satz 6 KStG ist die Steuerbefreiung nach § 5 Abs. 1 Nr. 10 Satz 1 KStG auch auf Verträge zur vorübergehenden Unterbringung von Wohnungslosen anzuwenden, die mit j.P.d.ö.R. oder mit steuerbegünstigten Steuerpflichtigen i.S.d. § 5 Abs. 1 Nr. 9 KStG, die Mitglied sind, abgeschlossen werden. Eine Einweisungsverfügung nach den Ordnungsbehördengesetzen der Länder steht dem Abschluss eines solchen Vertrags gleich (§ 5 Abs. 1 Nr. 10 Satz 7 KStG). **295**

Hiervon zu unterscheiden sind die an sich nicht begünstigten Umsatzerlöse, die aus Billigkeitsgründen direkt dem begünstigten Bereich zugeordnet werden und somit nicht in Spalte 2 zu erfassen sind.[3]

In **Zeile 6** (Spalten 1 und 2) **Umsatzerlöse aus Betreuungstätigkeit**. **296**

Die Zuordnung zum begünstigten Bereich richtet sich nach dem Zusammenhang mit der Begünstigung der Hausbewirtschaftung lt. Zeile 3.

In **Zeile 7** (Spalten 1 und 2) **Umsatzerlöse aus anderen Lieferungen und Leistungen**. Hierunter fallen bspw. die Durchführung von Reparaturen, das Anzeigengeschäft in Mieterzeitschriften oder die Einräumung von Erbbaurechten. Zur Aufteilung in begünstigte und nicht begünstigte Erlöse s. Rz. 42 des BMF-Schreibens vom 22.11.1991.[4] Hierzu zählen auch die Einnahmen aus dem Betrieb bzw. der Überlassung von Gemeinschaftsanlagen und Folgeeinrichtungen (s. Zeile 32 f., → Rz. 324 f.).[5] **297**

In **Zeile 8** sind die **Einnahmen aus der Lieferung oder Bereitstellung von Strom** für die Mieter aus eigenen Stromerzeugungsanlagen erfüllen einzutragen, wenn weitere Voraussetzungen erfüllt sind. **298**

Die erste Fallgruppe bilden Solaranlagen, die Energie an die Mieter liefert. Aus Solaranlagen des Steuerpflichtigen gewonnene Energie, die an die eigenen Mieter geliefert wird, wird nach den Grundsätzen des § 21 Abs. 3 EEG in Form eines Mieterstromzuschlags vergütet.

Die zweite Fallgruppe bilden Gebäudestromanlagen. Gebäudestromanlagen nach § 3 Nr. 20b des Energiewirtschaftsgesetzes sind Erzeugungsanlagen, die in, an oder auf einem Gebäude oder einer Nebenanlage dieses Gebäudes installiert sind und aus solarer Strahlungsenergie elektrische Energie erzeugen, die ganz oder teilweise durch teilnehmende Letztverbraucher im Rahmen eines Gebäudestromnutzungsvertrages verbraucht werden.

Der Betrieb von Stromerzeugungsanlagen und der Stromverkauf rechnen zu den nicht von § 5 Abs. 1 Nr. 10 Satz 1 KStG begünstigten Tätigkeiten. § 5 Abs. 1 Nr. 10 Satz 3 KStG sieht vor, dass Wohnungsgenossenschaften und -vereine für ihre Vermietungserträge auch dann die Steuerbefreiung des § 5 Abs. 1 Nr. 10 Satz 1 KStG erhalten, wenn ihre übrigen Einnahmen nur wegen der Stromlieferung aus Mieterstromanlagen zwar die Unschädlichkeitsgrenze von 10 % der Gesamteinnahmen übersteigen, die nicht begünstigten Einnahmen aber nicht 30 %[6] der Gesamteinnahmen übersteigen. Nach § 5 Abs. 1 Nr. 10 Satz 4 KStG gehören auch Einnahmen aus der Lieferung von Strom an den Mieter in Zeiten, in denen kein Strom aus den Mieterstromanlagen geliefert werden kann (vgl. § 42a Abs. 2 Satz 6 EnWG), zu der begünstigten Stromlieferung aus Mieterstromanlagen. Ebenfalls zu diesen Einnahmen gehören Einnahmen aus der Einspeisung des nicht an die Mieter abgegebenen Überschussstroms aus diesen Anlagen, da der Anteil des erzeugten Stroms, der an Mieter abgegeben wird, starken Schwankungen unterliegen kann, d.h. der Überschuss dann ins Netz eingespeist wird.

§ 5 Abs. 1 Nr. 10 Satz 3 und 4 KStG ändern jedoch nichts daran, dass die Einnahmen aus den Stromlieferungen nicht unter die Steuerbefreiung des § 5 Abs. 1 Nr. 10 KStG fallen. Die Einnahmen aus der Stromlieferung können jedoch nach § 3 Nr. 72 EStG steuerfrei sein, falls die installierte Leistung gewisse Höchstgrenzen nicht überschreitet (→ Rz. 445).

In **Zeile 10** (Spalten 1 und 2) **sonstige betriebliche Erträge**.[7] **299**

In **Zeile 11** (Spalten 1 und 2) **Erträge aus Beteiligungen an Kapitalgesellschaften**. Diese nicht begünstigten Einnahmen sind lt. Rz. 42 des BMF-Schreibens v. 22.11.1991[8] die erhaltenen Leistungen (z.B. Gewinnausschüttungen) der Kapitalgesellschaft zzgl. der darauf einbehaltenen Kapitalertragsteuer. Die Erträge sind einschließlich der Gewinnübernahme (Gewinnabführung auf Grund des Ergebnisabführungsvertrags) aus Organgesellschaften einzutragen; eine Verlustübernahme auf Grund des Ergebnisabführungsvertrags stellt keine negative Einnahme dar. **300**

1) Vgl. BMF v. 22.11.1991, IV B 7 – S 2730 – 24/91, BStBl I 1991, 1014, Rz. 39 und 42.
2) Zur Billigkeitsregelung bei der Unterbringung von Kriegsflüchtlingen aus der Ukraine vgl. BMF v. 31.3.2022, IV C 2 – S 1900/22/10045 :001, 2022/0355628, BStBl I 2022, 345; v. 11.11.2022, IV C 2 – S 1900/22/10045 :001, BStBl I 2022,1529; v. 17.10.2023, IV C 2 – S 1900/22/10045 :001, BStBl I 2023, 1792; v. 3.12.2024, IV C 2 – S 1900/22/10045 :001, BStBl I 2024, 1548.
3) Vgl. BMF v. 22.11.1991, IV B 7 – S 2730 – 24/91, BStBl I 1991, 1014, Rz. 19 bis 21.
4) BMF v. 22.11.1991, IV B 7 – S 2730 – 24/91, BStBl I 1991, 1014, Rz. 42.
5) Vgl. BMF v. 22.11.1991, IV B 7 – S 2730 – 24/91, BStBl I 1991, 1014, Rz. 25 bis 29.
6) Dieser Wert gilt erst ab dem VZ 2024, vorher betrug er 20 %.
7) Zu Beispielen und der Zuordnung zu den begünstigten oder nicht begünstigten Einnahmen s. BMF v. 22.11.1991, IV B 7 – S 2730 – 24/91, BStBl I 1991, 1014, Rz. 38 bis 42.
8) BMF v. 22.11.1991, IV B 7 – S 2730 – 24/91, BStBl I 1991, 1014, Rz. 42.

301 In **Zeile 12** (Spalten 1 und 2) **Erträge aus anderen Wertpapieren und Ausleihungen** des Finanzanlagevermögens.[1]

302 In **Zeile 13** (Spalten 1 und 2) **sonstige Zinsen und ähnliche Erträge.**[2]

303 In **Zeile 14** (Spalten 1 und 2) **außerordentliche Erträge.**

Die Zuordnung zum begünstigten Bereich richtet sich nach dem Zusammenhang mit begünstigten Tätigkeiten lt. Zeilen 3 bis 13.

304 In den Zeilen 15 bis 20 sind **Erträge abzuziehen**, die in der Gewinn- und Verlustrechnung ausgewiesen sind, aber keine Einnahmen im Sinne der vorzunehmenden Vergleichsrechnungen darstellen.[3] Sie sind jeweils von der Spalte abzuziehen, in der sie enthalten sind bzw. in den Vj. waren. Dazu zählen:

305 In **Zeile 15** (Spalten 1 und 2) **Erträge aus der Auflösung von Rückstellungen.**

306 In **Zeile 16** (Spalten 1 und 2) die **Auflösung aktivisch abzusetzender Pauschalwertberichtigungen** auf Forderungen.

307 In **Zeile 17** (Spalten 1 und 2) **Zahlungseingänge auf in früheren Jahren wertberichtigte Forderungen.**

Die Einnahme wurde bereits im Jahr der Aktivierung der Forderung in den Zeilen 3 bis 14 erfasst und darf daher nicht erneut berücksichtigt werden.

308 In **Zeile 18** (Spalten 1 und 2) **Erträge aus der Ausbuchung von Verbindlichkeiten.**

309 In **Zeile 19** (Spalten 1 und 2) **Erträge aus Aufzinsung.**

310 In **Zeile 20** (Spalte 1) **Eintrittsgelder.** Eintrittsgelder gehören nicht zu der Geschäftstätigkeit der Genossenschaft bzw. des Vereins und sind daher nicht zu berücksichtigen. Sie können nur von Mitgliedern stammen und sind ausschließlich in Spalte 1 zu erfassen.

b) Korrekturen der Positionen der Gewinn- und Verlustrechnung (Zeilen 21–26)

	Korrekturen der Positionen der Gewinn- und Verlustrechnung		
21	Davon ab: Erträge aus dem Abgang von Gegenständen des Anlagevermögens		

Anlage Geno/Ver - Oktober 2025 - Version 2.9.1.0 Bekanntgabe

Steuernummer

- 2 -

Zeile		Gesamt EUR 1	Nicht begünstigt EUR 2
22	Dazu: Veräußerungserlös aus dem Abgang von Gegenständen des Anlagevermögens		
23	Davon ab: Erträge aus dem Abgang von Wertpapieren des Umlaufvermögens		
24	Dazu: Veräußerungserlös aus dem Abgang von Wertpapieren des Umlaufvermögens		
25	Davon ab: Erträge aus Beteiligungen an Personengesellschaften		
26	Dazu: anteilige Einnahmen aus Beteiligungen an Personengesellschaften		

311 Zur weiteren Ermittlung der Höhe der nicht begünstigten Einnahmen sind folgende **Korrekturen der Positionen der Gewinn- und Verlustrechnung** vorzunehmen, sofern die Gewinn- und Verlustrechnung bei den folgenden Geschäftsvorfällen nur die Gewinne, nicht aber die für die 10 %-Grenze maßgebenden Einnahmen enthält:[4]

312 In **Zeile 21** (Spalten 1 und 2) sind **Erträge aus dem Abgang von Gegenständen des Anlagevermögens** (gemeint ist der erzielte Gewinn) abzuziehen, da maßgebend für die Höhe der Einnahmen nicht der Gewinn aus der Veräußerung, sondern die Einnahmen aus der Veräußerung sind. Diese sind in Zeile 22 zu erfassen.

313 In **Zeile 22** (Spalten 1 und 2) sind die **Veräußerungserlöse aus dem Abgang von Gegenständen des Anlagevermögens** (gemeint sind die Einnahmen aus der Veräußerung) hinzuzurechnen (vgl. Zeile 21).

314 In **Zeile 23** (Spalten 1 und 2) sind **Erträge aus dem Abgang von Wertpapieren des Umlaufvermögens** (gemeint ist der erzielte Gewinn) abzuziehen, da maßgebend für die Höhe der Einnahmen nicht der Gewinn aus der Veräußerung, sondern die Einnahmen aus der Veräußerung sind. Diese sind in Zeile 24 zu erfassen.

1) Zur Zuordnung zu den begünstigten oder nicht begünstigten Einnahmen s. BMF v. 22.11.1991, IV B 7 – S 2730 – 24/91, BStBl I 1991, 1014, Rz. 41. Zur Erfassung von Umschichtungsgewinnen s. BMF v. 22.11.1991, IV B 7 – S 2730 – 24/91, BStBl I 1991, 1014, Rz. 35.
2) Vgl. BMF v. 22.11.1991, IV B 7 – S 2730 – 24/91, BStBl I 1991, 1014, Rz. 35, 41.
3) BMF v. 22.11.1991, IV B 7 – S 2730 – 24/91, BStBl I 1991, 1014, Rz. 36.
4) BMF v. 22.11.1991, IV B 7 – S 2730 – 24/91, BStBl I 1991, 1014, Rz. 33.

In **Zeile 24** (Spalten 1 und 2) sind die **Veräußerungserlöse aus dem Abgang von Wertpapieren des Umlaufvermögens** (gemeint sind die Einnahmen aus der Veräußerung) hinzuzurechnen (vgl. Zeile 23). 315

In **Zeile 25** (Spalten 1 und 2) sind **Erträge aus Beteiligungen an Personengesellschaften** abzuziehen, weil nicht auf den in der Gewinn- und Verlustrechnung ausgewiesenen Beteiligungsertrag, sondern auf die anteiligen Einnahmen der Personengesellschaft abzustellen ist. Diese sind in Zeile 26 zu erfassen.[1] 316

In **Zeile 26** (Spalten 1 und 2) sind die **anteiligen Einnahmen aus Beteiligungen an Personengesellschaften** hinzuzurechnen (vgl. Zeile 25). Einzutragen sind hier die Einnahmen der Personengesellschaft entsprechend dem Beteiligungsverhältnis der Genossenschaft/des Vereins an der Personengesellschaft. 317

c) Einnahmen/Ausgaben außerhalb der Gewinn- und Verlustrechnung (Zeilen 27–29)

	Einnahmen/Ausgaben außerhalb der Gewinn- und Verlustrechnung		
27	Dazu: Zum Beispiel Rückzahlungen von Darlehen (Aktivgeschäft) und anderen Ausleihungen mit einer Gesamtlaufzeit von mehr als einem Jahr sowie Tausch von Wertpapieren		
28	Dazu / Davon ab: Umsatzsteuer		
29	Dazu / Davon ab: Sonstiges (gegebenenfalls laut gesonderter Erläuterung) 74		

In den Zeile 27 bis 29 (Spalten 1 und 2) sind Einnahmen anzugeben, die nicht in den Positionen der Gewinn- und Verlustrechnung enthalten sind. Hierzu zählen z.B. **Rückzahlungen von Darlehen** (Aktivgeschäft) und **anderen Ausleihungen** mit einer Gesamtlaufzeit von mehr als einem Jahr sowie der **Tausch von Wertpapieren**, die in **Zeile 27** zu erfassen sind.[2] 318

In **Zeile 28** (Spalten 1 und 2) ist die auf die in den Einnahmen lt. Zeilen 3 bis 27 entfallende **Umsatzsteuer** einzutragen (→ Rz. 293 ff.) und hinzuzurechnen bzw. abzuziehen.[3] 319

In **Zeile 29** (Spalten 1 und 2) sind **sonstige Einnahmen/Ausgaben** auszuweisen und hinzuzurechnen bzw. abzuziehen, die in den vorgehenden Zeilen nicht aufgeführt sind, aber auf Grund der Systematik der Ermittlung zu berücksichtigen wären. Diese sind ergänzend gesondert zu erläutern. Die Erläuterung ist möglichst elektronisch (Belegnachreichung zur Steuererklärung) zu übermitteln. Dies ist sowohl über Elster als auch über andere Softwareanbieter möglich. 320

d) Ermittlung des Prozentsatzes der Einnahmen aus nicht begünstigten Tätigkeiten (Zeilen 30–31)

	Summe der Einnahmen		
30	Summe		
	Ermittlung des Prozentsatzes der Einnahmen aus nicht begünstigten Tätigkeiten		
30a	Prozentsatz der Einnahmen aus nicht begünstigten Tätigkeiten ohne Einnahmen laut Zeile 8 Spalte 2 (Differenz der Beträge laut Zeile 30 Spalte 2 und Zeile 8 Spalte 2 dividiert durch Betrag laut Zeile 30 Spalte 1 multipliziert mit 100)	19.213 %	
31	Prozentsatz der Einnahmen aus nicht begünstigten Tätigkeiten (Betrag laut Zeile 30 Spalte 2 dividiert durch Betrag laut Zeile 30 Spalte 1 multipliziert mit 100)	19.218 %	

In den Zeilen 30 bis 31 wird ermittelt, in welchem prozentualen Umfang Einnahmen aus nicht begünstigten Tätigkeiten erzielt wurden. In **Zeile 30** (Spalten 1 und 2) ist die **Summe der Beträge** aus den Zeilen 3 bis 29 anzugeben. 321

In **Zeile 30a** erfolgt die **Ermittlung des Prozentsatzes der Einnahmen aus nicht begünstigten Tätigkeiten** ohne die Einnahmen lt. Zeile 8 aus der Lieferung von Strom (→ Rz. 298). Dieser ergibt sich aus dem Verhältnis des Betrags aus Zeile 30, Spalte 2 abzgl. des Betrags aus Zeile 8, Spalte 2 zu den Gesamteinnahmen (Betrag aus Zeile 30, Spalte 1). Insoweit besteht partielle Steuerpflicht. Sofern die nicht begünstigten Einnahmen ohne die Einnahmen aus der Lieferung von Strom (→ Rz. 298) mehr als 10 % betragen, verliert die Genossenschaft bzw. der Verein die Steuerbefreiung nach § 5 Abs. 1 Nr. 10 Satz 2 KStG vollständig. 322

In **Zeile 31** erfolgt die **Ermittlung des Prozentsatzes der Einnahmen aus nicht begünstigten Tätigkeiten** einschließlich der Einnahmen lt. Zeile 8 aus der Lieferung von Strom. Hierdurch wird ermittelt, ob die Einnahmen aus nicht begünstigten Tätigkeiten nur wegen der Lieferung von Strom mehr als 10 % betragen, die nach § 5 Abs. 1 Nr. 10 Satz 2 KStG nicht begünstigten Einnahmen aber insgesamt nicht 20 % der Gesamteinnahmen übersteigen (→ Rz. 298). Der Prozentsatz ergibt sich aus dem Verhältnis des Betrags aus Zeile 30, Spalte 2 zu den Gesamteinnahmen (Betrag aus Zeile 30, Spalte 1). Beträgt der Prozentsatz mehr als 20 %, kommt die Steuerbefreiung nach § 5 Abs. 1 Nr. 10 Satz 1 KStG insgesamt nicht in Betracht. Beträgt der Prozentsatz nicht mehr als 20 %, bleibt die 323

---

1) BMF v. 22.11.1991, IV B 7 – S 2730 – 24/91, BStBl I 1991, 1014, Rz. 42.
2) BMF v. 22.11.1991, IV B 7 – S 2730 – 24/91, BStBl I 1991, 1014, Rz. 34.
3) BMF v. 22.11.1991, IV B 7 – S 2730 – 24/91, BStBl I 1991, 1014, Rz. 32.

Steuerbefreiung nach § 5 Abs. 1 Nr. 10 Satz 1 KStG erhalten, während für die nicht begünstigten Einnahmen (einschließlich der Einnahmen aus der Lieferung von Strom) partielle Steuerpflicht besteht.

e) Betrieb von Gemeinschaftsanlagen und Folgeeinrichtungen (Zeilen 32–33)

	Betrieb von Gemeinschaftsanlagen und Folgeeinrichtungen	
32	Es werden notwendige Gemeinschaftsanlagen und/oder Folgeeinrichtungen betrieben, die überwiegend von Mitgliedern benutzt werden.	1 = Ja
33	Erläuterungen zur Notwendigkeit und zum Anteil der überwiegenden Nutzung werden/wurden gesondert übermittelt. (74)	1 = Ja

324 In **Zeile 32** ist mit Angabe der Ziffer „1 = Ja" zu erklären, wenn **notwendige Gemeinschaftsanlagen und/oder Folgeeinrichtungen** betrieben werden, die überwiegend von Mitgliedern benutzt werden.[1] Die entsprechenden Einnahmen sind in Zeile 7 (→ Rz. 297) einzutragen.

325 Wurden notwendige Gemeinschaftsanlagen und/oder Folgeeinrichtungen betrieben, die überwiegend von Mitgliedern benutzt werden, sind zusätzlich die **Notwendigkeit und die Ermittlung des Anteils der** überwiegenden **Nutzung** zu erläutern und gesondert zu übermitteln. Ob die gesonderte Übermittlung bereits erfolgte oder noch erfolgen wird, ist in **Zeile 33** durch Angabe der Ziffer „1 = Ja" anzugeben. Die Erläuterung ist möglichst elektronisch (Belegnachreichung zur Steuererklärung) zu übermitteln. Dies ist sowohl über Elster als auch über andere Softwareanbieter möglich.

f) Beizufügende Unterlagen (Zeile 34)

	Beizufügende Unterlagen	
34	Die Prüfungsberichte des zuständigen Prüfungsverbandes und je eine Abschrift der Bilanz, der Gewinn- und Verlustrechnung und des Geschäftsberichts für den Veranlagungszeitraum sowie die Ermittlung des Gewinns aus partiell steuerpflichtigen Tätigkeiten werden/wurden gesondert übermittelt. (74)	1 = Ja

326 In **Zeile 34** ist der Hinweis enthalten, dass der Steuererklärung die **Prüfungsberichte** des zuständigen Prüfungsverbands und je eine Abschrift der **Bilanz**, der **Gewinn- und Verlustrechnung** und des **Geschäftsberichts** für das laufende Geschäftsjahr sowie die Ermittlung des Gewinns aus partiell steuerpflichtigen Tätigkeiten gesondert zu übermitteln sind. Durch Angabe der Ziffer „1 = Ja" ist anzugeben, ob die Übermittlung bereits erfolgte bzw. noch erfolgen wird. Unterlagen, die nicht auf Grund einer gesetzlichen Verpflichtung elektronisch zu übermitteln sind, können freiwillig mit der sog. „Belegnachreichung zur Steuererklärung" elektronisch übermittelt werden. Dies ist sowohl Elster als auch über andere Softwareanbieter möglich.

1) Vgl. BMF v. 22.11.1991, IV B 7 – S 2730 – 24/91, BStBl I 1991, 1014, Rz. 25 bis 29.

VIII. Anlage GK – Ermittlung der Einkünfte aus Gewerbebetrieb

1. Anwendungsbereich des Vordrucks

Bezeichnung des Steuerpflichtigen

Steuernummer

Enden in einem Veranlagungszeitraum zwei Wirtschaftsjahre, ist für jedes Wirtschaftsjahr die Anlage GK gesondert auszufüllen.

Die mit einem Kreis versehenen Zahlen bezeichnen die Erläuterungen in der Anleitung zur Körperschaftsteuererklärung.

Anlage GK **2025**

☐ zur Steuererklärung

☐ zum Bescheid

Ermittlung der Einkünfte aus Gewerbebetrieb

Die Anlage GK ist – neben dem Hauptvordruck und der Anlage ZVE – die wichtigste Anlage der Körperschaftsteu- **327**
ererklärung. Mit diesem Vordruck werden die Einkünfte aus Gewerbebetrieb ausgehend vom Jahresüberschuss/-fehlbetrag lt. Handels-/Steuerbilanz über alle außerbilanziellen Korrekturen ermittelt. Der Vordruck ist prinzipiell für bilanzierende Körperschaften gedacht. Er ist aber auch zu verwenden, wenn keine Bilanz aufgestellt und die Einkünfte durch Einnahmenüberschussrechnung nach § 4 Abs. 3 EStG (ggf. auf der Anlage EÜR) ermittelt wurden.

Die Anlage ist pro Betrieb und Wj. auszufüllen. Da unbeschränkt steuerpflichtige Körperschaften i.S.d. § 1 Abs. 1 **328**
Nr. 1 bis 3 KStG (vor allem Kapitalgesellschaften) nur über einen einheitlichen Betrieb verfügen, ist die Anlage GK in diesen Fällen nur einmal abzugeben, es sei denn, im VZ enden mehrere Wj.

Im Ausland ansässige Kapitalgesellschaften können im Inland grundsätzlich mehrere Betriebe unterhalten. Unter- **329**
halten sie im Inland mehrere Betriebsstätten, bilden diese aber nicht notwendigerweise jeweils eigene Betriebe. Hier kommt es auf die konkrete Tätigkeit der Betriebsstätten an:

Beispiel:

Die FR SA hat Sitz und Geschäftsleitung in Paris. Sie unterhält in Deutschland an drei Standorten Fertigungsstätten. Am Standort Bad Homburg werden Leiterplatinen produziert, die zusammen mit Komponenten von Drittanbietern am Standort Wetzlar zu Kameras zusammengesetzt werden. Am Standort Frankfurt werden Dienstleistungen für die Bankindustrie angeboten.

Lösung:

Auf Grund der engen wirtschaftlichen und technischen Verflechtung bilden die Standorte (Betriebsstätten) Bad Homburg und Wetzlar einen einheitlichen Betrieb, für den eine einheitliche Anlage GK abzugeben ist. Der Standort Frankfurt wiederum ist ein eigenständiger Betrieb, für den eine eigene Anlage GK abzugeben ist.

Vermietet eine im Ausland ansässige Kapitalgesellschaft inl. unbewegliches Vermögen, erzielt sie hierdurch Einkünfte aus Gewerbebetrieb nach § 49 Abs. 1 Nr. 2 Buchst. f Satz 2 EStG. Diese Einkünfte sind jedoch nicht auf der Anlage GK, sondern sind auf der Anlage ZVE in Zeile 8 einzutragen.

Bei Körperschaften des öffentlichen Rechts wird die Körperschaftsteuer für jeden steuerpflichtigen BgA getrennt **330**
festgesetzt. Körperschaftsteuererklärungen sind ebenfalls für jeden BgA getrennt abzugeben, sodass pro Körperschaftsteuererklärung nur ein Betrieb vorliegen kann. Auch hier ist demzufolge die Anlage GK nur einmal abzugeben, es sei denn es enden mehr als ein Wj. im VZ.

Körperschaften nach § 1 Abs. 1 Nr. 4 und 5 KStG (sonstige juristische Personen des privaten Rechts z.B. eingetra- **331**
gene Vereine, Vereine ohne Rechtspersönlichkeit, nicht rechtsfähige Anstalten, Stiftungen und andere Zweckvermögen des privaten Rechts) können grundsätzlich mehrere Betriebe unterhalten und demnach auch mehrere Anlagen GK abgeben. Bei nach § 5 Abs. 1 Nr. 9 KStG steuerbefreiten Vereinen ist allerdings die Besonderheit zu beachten, dass alle steuerpflichtigen wirtschaftlichen Geschäftsbetriebe als ein einheitlicher wirtschaftlicher Geschäftsbetrieb zu behandeln sind, vgl. § 64 Abs. 2 AO. In diesen Fällen ist ebenfalls nur eine Anlage GK abzugeben – es sei denn, es enden mehrere Wj. in einem VZ. Eine Anlage GK muss nicht abgegeben werden, wenn der (einheitliche) wirtschaftliche Geschäftsbetrieb nicht steuerpflichtig ist, z.B. weil die Einnahmen 45 000 € unterschreiten oder die Einkünfte unter den Freibeträgen nach §§ 24 und 25 KStG liegen. In diesen Fällen sind aber Angaben auf der Anlage Gem zu machen.

Die Anlage GK selbst wird durch weitere Anlagen ergänzt. Hierbei handelt es sich um Sachverhalte, die eher sel- **332**
ten auftreten:

- Anlage BE – Ergänzende Angaben zu § 8b Abs. 4 KStG bei unterjährigem Erwerb oder bei mittelbarer Beteiligung (→ Rz. 330 ff.),
- Anlage GR – Ermittlung der genossenschaftlichen Rückvergütung (→ Rz. 635 ff.) und
- Anlage Zinsschranke – Ermittlung der abzugsfähigen Zinsaufwendungen und des Zins- oder EBITDA-Vortrags (→ Rz. 1371 ff.).

2. Allgemeine Angaben (Zeilen 1–2)

Zeile	Allgemeine Angaben	
1	Bei mehreren Betrieben: Bezeichnung des Betriebs	
2	Wirtschaftsjahr vom	Wirtschaftsjahr bis

333 In **Zeile 1** ist zunächst der Betrieb zu bezeichnen, für den die Anlage GK ausgefüllt wird. Eine Bezeichnung des Betriebs ist jedoch nur erforderlich, wenn die Körperschaft, für die die Steuererklärung abgegeben wird, über mehrere Betriebe verfügt. Dies ist in der Praxis jedoch nur selten der Fall (siehe → Rz. 328 ff.). Liegen tatsächlich mehrere Betriebe vor, ist hier eine Kurzbezeichnung des Betriebs einzutragen.

334 In **Zeile 2** ist das Wj. zu bezeichnen, für das die Gewinnermittlung vorgenommen wird. Eine Eintragung ist nur zulässig und erforderlich, wenn mehrere Anlagen GK abgegeben werden (mehrere Betriebe oder mehrere Wj.). Zum Wj. im Allgemeinen siehe (→ Rz. 82). Eintragungen hier sollten denjenigen in Zeile 14 des Hauptvordrucks entsprechen.

3. Bilanzielles Ergebnis (Zeilen 11–37)

a) Jahresüberschuss/-fehlbetrag lt. Bilanz und Anlage EÜR (Zeilen 11–13)

Zeile	Bilanzielles Ergebnis	EUR
3 bis 10 frei 11	Jahresüberschuss/-fehlbetrag laut Handels- oder Steuerbilanz (bei Handelsbilanz: nach Berücksichtigung der Überleitungsrechnung nach § 5b Absatz 1 Satz 2 EStG beziehungsweise § 60 Absatz 2 EStDV zur Anpassung an die steuerlich maßgeblichen Wertansätze) 3 26 54	13.110
12	Bei Gewinnermittlung nach § 4 Absatz 3 EStG: Summe der Betriebseinnahmen (Betrag laut Zeile 23 der Anlage EÜR) abzüglich Summe der Betriebsausgaben (Betrag laut Zeile 75 der Anlage EÜR) 54	13.213
13	Hinzurechnungen und Abrechnungen bei Wechsel der Gewinnermittlungsart: Übergangsgewinn/-verlust laut gesonderter Ermittlung 74	13.262

335 Im zweiten Abschnitt der Anlage GK wird der Ausgangspunkt für die Einkommensermittlung abgefragt. Hier sind zunächst zwei Fallgruppen zu unterscheiden:

1. Die Körperschaft ist zur Aufstellung einer Bilanz nach Handels- oder Steuerrecht verpflichtet (Regelfall für Kapitalgesellschaften) oder bilanziert freiwillig (weiter bei → Rz. 336 bzw. Zeile 11).
2. Die Körperschaft ermittelt den Gewinn nach § 4 Abs. 3 EStG (Einnahmenüberschussrechnung, EÜR), weil keine Bilanzierungsverpflichtung vorliegt und auch nicht freiwillig bilanziert wird (z.B. Regiebetriebe von Körperschaften des öffentlichen Rechts, die die Grenzen des § 141 AO nicht überschreiten; weiter bei → Rz. 348 bzw. Zeile 12).

Diese Unterscheidung gilt auch, wenn die Körperschaft grundsätzlich steuerbefreit, jedoch partiell steuerpflichtig ist.

336 Ausgangspunkt für die Einkommensermittlung ist bei bilanzierungspflichtigen Körperschaften (Regelfall) der in **Zeile 11** einzutragende **Jahresüberschuss/-fehlbetrag** der Gewinn- und Verlustrechnung. Kapitalgesellschaften sind als Formkaufleute verpflichtet, für jedes Wj. eine Handelsbilanz sowie eine Gewinn- und Verlustrechnung (Jahresabschluss) aufzustellen (§ 6 Abs. 1 i.V.m. § 242 HGB). Auch Körperschaften, die weder Sitz noch Geschäftsleitung im Inland haben, im Inland jedoch Zweigniederlassungen[1] unterhalten, sind buchführungspflichtig.[2] Eine im Inland unterhaltene Betriebsstätte, die nicht die Voraussetzungen für eine Zweigniederlassung erfüllt, ist nur buchführungspflichtig, wenn sie die Grenzen des § 141 AO überschreitet und vom FA zur Buchführung aufgefordert wurde. Liegt dies nicht vor, kommt eine Gewinnermittlung nach § 4 Abs. 3 EStG in Betracht (weiter bei Zeile 12).

337 Die handelsrechtlichen Werte sind grundsätzlich für die Besteuerung zu übernehmen (sog. „Maßgeblichkeit"), vgl. § 5 Abs. 1 EStG. Auf Grund besonderer steuerlicher Bilanzierungsvorschriften (z.B. Verbot von Drohverlustrückstellungen nach § 5 Abs. 4a EStG) oder Bewertungswahlrechte können sich die steuerlichen von den handelsrechtlichen Wertansätzen unterscheiden. Der Stpfl. hat die Wahl, ob er die steuerlichen Wertansätze durch eine **Überleitungsrechnung** von der Handelsbilanz zu den steuerlichen Wertansätzen (§ 5b Abs. 1 Satz 2 EStG) oder durch die

1) Zweigniederlassungen nach Handelsrecht sind immer Betriebsstätten i.S.d. § 12 AO, jedoch ist nicht jede Betriebsstätte auch Zweigniederlassung i.S.d. Handelsrechts.
2) Winkeljohann/Klein in BeckBilKomm, 14. Aufl. 2024, § 238 HGB Rz. 46; Adler/Düring/Schmalz, 6. Aufl. 1995, § 238 HGB Rz. 18; Merkt in Hopt, 45. Aufl. 2026 § 238 HGB Rz. 10.

Aufstellung einer **Steuerbilanz** (§ 5b Abs. 1 Satz 3 EStG) ermittelt. Die Steuerbilanz oder die Handelsbilanz mit Überleitungsrechnung sind dem FA nach amtlich vorgeschriebenem Datensatz durch Datenfernübertragung zu übermitteln, vgl. § 5b Abs. 1 Satz 1 EStG. Nach § 5b Abs. 2 EStG kann das FA in Härtefällen auf eine elektronische Übermittlung verzichten.

Bei der Körperschaftsteuer gilt der Grundsatz, dass steuerliche Modifikationen, die sich auf Bilanzansätze beziehen, in der Steuerbilanz bzw. der Überleitungsrechnung zu berücksichtigen sind, während Modifikationen, die sich nur auf die Einkommensermittlung beziehen (außerbilanzielle Korrekturen), i.R. der Körperschaftsteuererklärung zu erklären sind. In anderen Steuererklärungen (z.B. Feststellungserklärung nach § 180 Abs. 1 Nr. 2 Buchst. a AO oder Einkommensteuererklärung) wird abweichend verfahren. Hier werden außerbilanzielle Korrekturen (unvollständig) in der E-Bilanz abgebildet. **338**

Praxishinweis:

Nicht abzugsfähige Aufwendungen i.S.d. § 10 KStG mindern auch in der Steuerbilanz das Betriebsergebnis. Im Gegenzug erhöhen auch steuerfreie Vermögensmehrungen den Steuerbilanzgewinn. Die hier erforderlichen Hinzurechnungen bzw. Kürzungen erfolgen daher erst im Laufe der weiteren Einkommensermittlung und nicht bereits an dieser Stelle.

In der Körperschaftsteuererklärung wird nicht unterschieden, ob eine Steuerbilanz aufgestellt oder ob die steuerlichen Werte aus der Handelsbilanz mittels Überleitungsrechnung ermittelt wurden. In **Zeile 11** ist der **Jahresüberschuss/-fehlbetrag lt. Bilanz** einzutragen. Wenn keine Steuerbilanz aufgestellt wurde, muss der hier eingetragene Wert bereits die Überleitungsrechnung nach § 5b Abs. 1 Satz 2 EStG bzw. § 60 Abs. 2 EStDV berücksichtigen. Der hier einzutragende Wert muss daher im Ergebnis immer den nach steuerlichen Grundsätzen ermittelten Jahresüberschuss/-fehlbetrag wiederspiegeln. Wird eine Überleitungsrechnung erstellt, ist diese als Bestandteil der E-Bilanz zu übermitteln. **339**

Praxishinweis:

Der hier eingetragene Wert sollte bei Aufstellung einer Steuerbilanz identisch sein mit dem Wert „/Gewinn- und Verlustrechnung/Gewinn- und Verlustrechnung/Jahresüberschuss/-fehlbetrag" der E-Bilanz (Technischer Name: „is.netIncome").

Bei Übermittlung einer Handelsbilanz mit Überleitungsrechnung sollte der hier eingetragene Wert dem Saldo der Felder

- „/Gewinn- und Verlustrechnung/Gewinn- und Verlustrechnung/Jahresüberschuss/-fehlbetrag" (Technischer Name: „is.netIncome"),
- „/Steuerliche Modifikationen/Überleitungsrechnung der Wertansätze aus der Handelsbilanz zur Steuerbilanz / Umgliederungsrechnung/Überleitung Handelsbilanzposten auf Steuerbilanzposten/GuV-Posten mit erfolgswirksamen Abweichungen (Technischer Name: „hbst.transfer.isChangeNetIncome") und
- „/Steuerliche Modifikationen/Überleitungsrechnung der Wertansätze aus der Handelsbilanz zur Steuerbilanz / Umgliederungsrechnung/Überleitung Handelsbilanzposten auf Steuerbilanzposten/Position der Ergebnisverwendung mit erfolgswirksamen Abweichungen" (Technischer Name: „hbst.transfer.netProfitUseRecogInTheIncomeStatement") entsprechen.

Der Datensatz für die elektronische Bilanz unterscheidet hinsichtlich der Bilanz und der Gewinn- und Verlustrechnung nicht zwischen Handels- und Steuerbilanz. Die FinVerw. geht folglich davon aus, dass das gesetzliche Gliederungsschema für die Handelsbilanz identisch für die Steuerbilanz gilt. Das muss auch für die Fälle gelten, bei denen keine handelsrechtliche Bilanzierungsverpflichtung, sondern nur eine nach Steuerrecht besteht. Auch in der Steuerbilanz wird demnach ein Jahresüberschuss/-fehlbetrag ermittelt, auch wenn sich dieser Begriff weder im Einkommen- noch im Körperschaftsteuergesetz[1] findet. **340**

Im gesetzlichen Gliederungsschema der Gewinn- und Verlustrechnung bilden Jahresüberschuss/-fehlbetrag das Ergebnis der Körperschaft **vor** der Ergebnisverwendung ab, vgl. § 275 Abs. 2 Nr. 17 und Abs. 3 Nr. 16 HGB. Der Gewinn/Verlust darf nicht um Einstellungen in Rücklagen, Verrechnungen mit Verlustvorträgen gemindert bzw. um Auflösungen von Rücklagen und Verrechnung mit Gewinnvorträgen erhöht worden sein, deshalb darf die Bildung oder Auflösung von Gewinn- oder Kapitalrücklagen erst nach dem Jahresüberschuss/-fehlbetrag erfolgen, vgl. § 275 Abs. 4 HGB. Gleiches gilt für Ausschüttungen. **341**

Die Möglichkeit, die Bilanz schon unter Berücksichtigung der vollständigen oder teilweisen Gewinnverwendung aufzustellen gilt nicht für die Gewinn- und Verlustrechnung, sondern nur für die Bilanz, vgl. § 268 Abs. 1 HGB. Für die Anlage GK ist nicht der Bilanzgewinn, sondern der Jahresüberschuss/-fehlbetrag der Gewinn- und Verlustrechnung maßgebend. **342**

Ist die Körperschaft an einem Investmentfonds beteiligt, kann sie Investmenterträge aus Ausschüttungen, Vorabpauschalen oder aus Veräußerungen erzielen, vgl. § 16 Abs. 1 InvStG i.V.m. § 20 Abs. 1 Nr. 3 EStG. Ist sie an einem Spezial-Investmentfonds beteiligt, kann sie Investmenterträge aus Ausschüttungen, ausschüttungsgleiche Erträge oder Veräußerungsgewinne oder -verluste erzielen, vgl. § 20 Abs. 1 Nr. 3a EStG i.V.m. § 34 InvStG. Näheres hierzu siehe → Rz. 554 und → Rz. 555. **343**

Bei den Vorabpauschalen (§ 18 InvStG) und den ausschüttungsgleichen Erträgen (§ 36 InvStG) handelt es sich um fiktive Erträge, denen kein Geldfluss und keine tatsächliche Vermögensveränderung gegenüberstehen. Insofern spricht einiges dafür, Vorabpauschalen und ausschüttungsgleiche Erträge außerbilanziell zu korrigieren. Dem Vernehmen nach geht die FinVerw. jedoch davon aus, dass Vorabpauschalen und ausschüttungsgleiche Erträge steuerbilanziell mit Ausgleichsposten abgebildet werden müssen (Näheres siehe → Rz. 556). Folglich müssen die

1) Tatsächlich wird der Begriff Jahresüberschuss in § 14 KStG erwähnt, jedoch ohne einen Zusammenhang zur Einkommensermittlung.

Investmenterträge im steuerbilanziellen Jahresüberschuss berücksichtigt worden sein. Die Teilfreistellungen nach § 20 InvStG dürfen jedoch nicht (!) berücksichtigt worden sein. Die Teilfreistellung wird in den Zeilen 219 bis 268 der Anlage GK erfasst. Zur Behandlung der Beteiligung an Spezial-Investmentfonds siehe → Rz. 590 ff.

344 Im Jahresüberschuss/-fehlbetrag müssen Beteiligungen an Personengesellschaften bereits mit der Spiegelbildmethode berücksichtigt worden sein (weiterführend siehe → Rz. 355). Insbesondere müssen (ggf. in der Überleitungsrechnung) Erträge aus Gewinnausschüttungen/Entnahmen aus der Personengesellschaft neutralisiert und Gewinn- bzw. Verlustanteile unabhängig von ihrer Auszahlung berücksichtigt worden sein.

345 Ist die Körperschaft, für die die Steuererklärung ausgefüllt wird, **Organgesellschaft** i.S.d. § 14 KStG, ist hier ebenfalls der Jahresüberschuss/-fehlbetrag einzutragen. Zu berücksichtigen ist, dass die Gewinnabführung handelsrechtlich für die Organgesellschaft einen Aufwand darstellt bzw. die Verlustübernahme einen Ertrag. Die Gewinnabführung/Verlustübernahme muss sich folglich auf den Jahresüberschuss/-fehlbetrag bereits ausgewirkt haben. Falls keine Abweichungen zwischen Handels- und Steuerbilanz vorliegen, ist hier regelmäßig eine „0" einzutragen, da das Ergebnis des laufenden Jahres vollständig an den Organträger abzuführen ist. Im Rahmen der Einkünfteermittlung wird die Gewinnabführung/Verlustübernahme für die Ermittlung des dem Organträger zuzurechnenden Einkommens wieder rückgängig gemacht (siehe Erläuterungen zu den Zeilen 281 und 282 der Anlage GK).

346 Kommt es zu Abweichungen zwischen Handels- und Steuerbilanz (z.B. wegen Beteiligung der Organgesellschaft an Mitunternehmerschaften), entspricht der hier einzutragende Wert dem Saldo dieser Abweichungen, da Abweichungen zwischen Handels- und Steuerbilanz keine Auswirkung auf die Gewinnabführung/Verlustübernahme haben. Der hier einzutragende Wert ist der Ausgangspunkt für die Ermittlung der organschaftlichen Mehr- und Minderabführungen in Zeile 21 der Anlage KSt 1 F.

347 Ist die Körperschaft persönlich nach § 5 KStG steuerbefreit, aber trotzdem bilanzierungspflichtig, darf in Zeile 11 nur der (partiell) steuerpflichtige Teil des Jahresüberschusses/-fehlbetrags eingetragen werden. Bei **partieller Steuerpflicht** einer ansonsten **steuerbefreiten Körperschaft** ist es sinnvoll, bereits in der Buchführung eine Trennung zwischen steuerpflichtigem und steuerfreiem Bereich vorzusehen.

348 Besteht keine steuer- oder handelsrechtliche Bilanzierungsverpflichtung und bilanziert die Körperschaft auch nicht freiwillig, ist der **Gewinn nach § 4 Abs. 3 EStG** zu ermitteln. Der so unter Zuhilfenahme der Anlage EÜR ermittelte Gewinn oder Verlust ist in der **Zeile 12** einzutragen. Eintragungen kommen hier vor allem für **Regiebetriebe** (BgA) von Körperschaften des öffentlichen Rechts und für steuerpflichtige wirtschaftliche Geschäftsbetriebe von im Übrigen nach § 5 KStG steuerbefreiten Körperschaften in Betracht.

349 Während Eigenbetriebe von Körperschaften des öffentlichen Rechts nach den Eigenbetriebsverordnungen der Bundesländer regelmäßig buchführungs- und bilanzierungsverpflichtet sind, gilt dies nicht für Regiebetriebe. Sie sind nur zur Buchführung verpflichtet, wenn sie die Grenzen des § 141 AO (Umsätze größer als 800 000 € oder Gewinn größer als 80 000 €) überschreiten und vom FA auf die Verpflichtung zur Buchführung hingewiesen wurden.

350 Eine Gewinnermittlung nach § 4 Abs. 3 EStG kommt des Weiteren für inl. Betriebsstätten von im Ausland ansässigen Körperschaften in Betracht, die nicht die Voraussetzungen für eine Zweigniederlassung (§§ 13 ff. HGB) erfüllen und die Grenzen des § 141 AO (Umsätze größer als 800 000 € oder Gewinn größer als 80 000 €) nicht überschreiten bzw. vom FA nicht zur Buchführung aufgefordert wurden.

351 Liegen die Voraussetzungen für die Gewinnermittlung nach § 4 Abs. 3 EStG vor, ist der Gewinn grundsätzlich mit der Anlage EÜR zu ermitteln. Diese ist als eigenständiger Datensatz elektronisch an die FinVerw. zu übermitteln, vgl. § 60 Abs. 4 EStDV.

352 Der in Zeile 12 einzutragende Wert ergibt sich bei Verwendung der Anlage EÜR rechnerisch aus der Differenz der Zeilen 23 und 75 der Anlage EÜR. Dadurch wird sichergestellt, dass Angaben auf der Anlage GK und der Anlage EÜR – wie z.B. Angaben zu Investitionsabzugsbetrag nicht doppelt abgefragt werden. Bei Gewinnermittlung nach § 4 Abs. 3 EStG gibt es keine außerbilanziellen Korrekturen. Eintragungen auf der Anlage GK, die lediglich bilanzielle Werte korrigieren, sind daher im Regelfall nicht zulässig. Eintragungen sind auf der Anlage GK daher insb. Für folgende Zeilen zulässig und ggf. auch erforderlich:

Zeile(n)	Beschreibung
21-25	Beteiligung an Personengesellschaften
26-27	Gewinnanteile nach § 5a EStG aus dem Betrieb von Schiffen im internationalen Verkehr
67-72	Angaben zum Investitionsabzugsbetrag
75	Verdeckte Gewinnausschüttungen
79	Gewinnzuschlag nach § 6b Abs. 7 EStG
143-202	§ 8b KStG
219-268	Investmenterträge

353 Die **Zeile 13** ergänzt das Rechenschema um eine Eintragungsmöglichkeit für die Fälle des Wechsels der Gewinnermittlungsart. In Betracht kommen vor allem Betriebe gewerblicher Art von Körperschaften des öffentlichen Rechts, die in der Form des Regiebetriebs betrieben werden und die Umsatz- oder Gewinngrenzen des § 141 AO überschreiten oder wieder unterschreiten. Ebenfalls in Betracht kommen wirtschaftliche Geschäftsbetriebe von ansons-

ten steuerbefreiten Körperschaften oder Gewerbebetriebe von Körperschaften, die nicht unter § 8 Abs. 2 KStG fallen (z.B. nicht steuerbefreite privatrechtliche Stiftungen).

Geht ein Betrieb von der Einnahmenüberschussrechnung nach § 4 Abs. 3 EStG zur Bilanzierung über, ist ein Übergangsgewinn/-verlust zu ermitteln.[1] Das Gleiche gilt, wenn von der Bilanzierung zur Einnahmenüberschussrechnung nach § 4 Abs. 3 EStG gewechselt wird. Ein solcher Gewinn ist im Jahresüberschuss der elektronischen Bilanz nicht enthalten. Er wird allerdings gesondert ausgewiesen und kann betragsmäßig aus der elektronischen Bilanz entnommen werden.[2]

b) Korrekturen bei Beteiligungen an Personengesellschaften und für Tonnagebesteuerung (Zeilen 14–27)

	Korrekturen bei Beteiligungen an Personengesellschaften laut gesonderter Einzelaufstellung	
14 bis 20 frei 21	Davon ab / Dazu: Im Betrag laut Zeile 11 enthaltener Gewinn/Verlust aus der Beteiligung an Personengesellschaften	13.279
22	Nicht bei Organgesellschaften: Dazu / Davon ab: Steuerpflichtige Einkünfte aus der Beteiligung an Mitunternehmerschaften laut gesonderter und einheitlicher Feststellung nach Anwendung aller außerbilanziellen Korrekturen (zum Beispiel § 8b KStG) sowie von Verlustverrechnungsbeschränkungen, die auf Ebene der Mitunternehmerschaft anzuwenden sind (zum Beispiel § 15a EStG) (28) (50)	13.179
23	Nur bei Organgesellschaften: Dazu / Davon ab: Einkünfte aus der Beteiligung an Mitunternehmerschaften laut gesonderter und einheitlicher Feststellung vor Anwendung der aufgrund § 15 Satz 1 Nummer 2 und 2a und § 15 Satz 2 KStG nicht vorzunehmenden außerbilanziellen Korrekturen (28) (50)	17.262
24	Nicht bei Organgesellschaften: Dazu / Davon ab: Steuerpflichtige Einkünfte aus der Beteiligung an vermögensverwaltenden Personengesellschaften (Überleitung nach Maßgabe des BMF-Schreibens vom 29.04.1994, BStBl I 1994, 282) nach Anwendung aller außerbilanziellen Korrekturen (zum Beispiel § 8b KStG) sowie von Verlustverrechnungsbeschränkungen, die auf Ebene der Personengesellschaft anzuwenden sind	13.280
25	Nur bei Organgesellschaften: Dazu / Davon ab: Einkünfte aus der Beteiligungen an vermögensverwaltenden Personengesellschaften (Überleitung nach Maßgabe des BMF-Schreibens vom 29.04.1994, BStBl I 1994, 282) vor Anwendung der aufgrund § 15 Satz 1 Nummer 2 und 2a und § 15 Satz 2 KStG nicht vorzunehmenden außerbilanziellen Korrekturen	17.263
	Korrekturen für die Tonnagebesteuerung nach § 5a EStG - Nur wenn die Körperschaft das Handelsschiff im internationalen Verkehr unmittelbar betreibt. Einkünfte nach § 5a EStG aus der Beteiligung an Personengesellschaften sind in Zeile 21 folgende einzutragen. -	
26	Davon ab / Dazu: Im Betrag laut Zeile 11 enthaltener (tatsächlicher) Gewinn/Verlust aus dem Betrieb von Handelsschiffen im internationalen Verkehr, der nach § 5a EStG pauschal zu ermitteln ist	13.281
27	Dazu / Davon ab: Pauschaler Gewinn/Verlust aus dem Betrieb von Handelsschiffen und Hinzurechnungen bei gesonderter Gewinnermittlung nach § 5a EStG	13.181

Detailangaben im elektronischen Datensatz 354

Zeile	**Beschreibung**
Zeile 14	Steuernummer und Wirtschafts-Identifikationsnummer der Personengesellschaft
Zeile 15	Name der Personengesellschaft
Zeile 16	Im bilanziellen Ergebnis enthaltener Gewinn/Verlust aus dieser Personengesellschaft
Zeile 17	Nicht bei Organgesellschaften: Stpfl. Einkünfte aus der Beteiligung an der Mitunternehmerschaft laut gesonderter und einheitlicher Feststellung nach Anwendung aller außerbilanziellen Korrekturen (z.B. § 8b KStG) sowie von Verlustverrechnungsbeschränkungen, die auf Ebene der Mitunternehmerschaft anzuwenden sind (z.B. § 15a EStG)
Zeile 18	Nur bei Organgesellschaften: Einkünfte aus der Beteiligung an der Mitunternehmerschaft laut gesonderter und einheitlicher Feststellung vor Anwendung der auf Grund § 15 Satz 1 Nr. 2 und 2a und § 15 Satz 2 KStG nicht vorzunehmenden außerbilanziellen Korrekturen
Zeile 19	Nicht bei Organgesellschaften: Steuerpflichtige Einkünfte aus der Beteiligung an dieser Personengesellschaft aus vermögensverwaltenden Tätigkeiten (Überleitung nach Maßgabe des BMF-Schreibens v. 29.4.1994, BStBl I 1994, 282) nach Anwendung aller außerbilanziellen Korrekturen (z.B. § 8b KStG) sowie von Verlustverrechnungsbeschränkungen, die auf Ebene der Personengesellschaft anzuwenden sind
Zeile 20	Nur bei Organgesellschaften: Einkünfte aus der Beteiligung an dieser Personengesellschaft aus vermögensverwaltenden Tätigkeiten (Überleitung nach Maßgabe des BMF-Schreibens v. 29.4.1994, BStBl I 1994, 282) vor Anwendung der auf Grund § 15 Satz 1 Nr. 2 und 2a und § 15 Satz 2 KStG nicht vorzunehmenden außerbilanziellen Korrekturen

1) Vgl. Anlage zu R 4.6 EStR 2012.
2) Übergangsgewinn/Übergangsverlust (technischer Name: tpl).

355 Der handelsrechtliche Gewinn-/Verlustanteil wird nach folgendem System in die steuerpflichtigen Einkünfte übergeleitet:

	auf den Gesellschafter entfallender handelsrechtlicher Gewinn-/Verlustanteil
+/–	1. Transformation auf Grund des spiegelbildlichen Ansatzes der Wirtschaftsgüter (Spiegelbildmethode)
=	steuerbilanzieller Wert
+/–	2. Transformation auf Grund außerbilanzieller Korrekturen a) unabhängig vom Gesellschafter (z.B. Gewerbesteuer, sonstige nicht abziehbare Betriebsausgaben des § 4 Abs. 5 EStG) b) abhängig vom Gesellschafter (z.B. § 8b KStG, § 3 Nr. 40 EStG, § 20 InvStG)
+/–	3. Transformation auf Grund von Verlustausgleichsbeschränkungen (z. B. § 15a EStG)
=	Einkünfte aus der Beteiligung an der Personengesellschaft

Die **erste Transformation** ist notwendig, da die Bilanzierung von Anteilen an Personengesellschaften handelsbilanziell und steuerbilanziell grundlegend voneinander abweicht. Die Beteiligung an einer Personengesellschaft stellt handelsrechtlich (genauso wie die Beteiligung an einer Kapitalgesellschaft) einen Vermögensgegenstand dar. Dieser ist grundsätzlich mit den Anschaffungskosten anzusetzen, vgl. § 253 Abs. 1 HGB. Handelsrechtlich sind Erträge aus der Personengesellschaft erst dann zu erfassen, wenn ein Anspruch auf Auszahlung von Gewinnanteilen gegenüber der Personengesellschaft besteht (Forderung). Auch Teilwertabschreibungen sind grundsätzlich möglich.

Steuerrechtlich ist die Beteiligung an einer Personengesellschaft kein Wirtschaftsgut. Auf Grund des Transparenzprinzips sind dem Feststellungsbeteiligten die Wirtschaftsgüter der Personengesellschaft nach Maßgabe seiner Beteiligungsquote zuzurechnen, vgl. § 39 Abs. 2 Nr. 2 AO. Für die Bilanzierung in der Steuerbilanz gilt die **Spiegelbildtheorie**, wonach die Eigenkapitalkonten (Gesamthands-, Ergänzungs- und Sonderbilanz) des Beteiligten bei der Personengesellschaft spiegelbildlich in seiner eigenen Bilanz abzubilden sind (Betragsidentität). Durch die **Spiegelbildmethode** sind Gewinne der Personengesellschaft in der Steuerbilanz bereits mit Ablauf des Wj. der Personengesellschaft zu erfassen. Die spätere Gewinnauszahlung ist – anders als in der Handelsbilanz – gewinnneutral vorzunehmen. Dies gilt mit umgekehrten Vorzeichen für Verluste. Beteiligungen an Personengesellschaften führen beim buchführungspflichtigen Gesellschafter also regelmäßig zu Abweichungen der Steuer- von der Handelsbilanz.

Der nach der Spiegelbildmethode ermittelte Gewinn/Verlust aus der Beteiligung (steuerbilanzieller Wert) muss also in dem steuerlichen Jahresüberschuss/-fehlbetrag, der in Zeile 11 einzutragen ist, berücksichtigt worden sein.

356 Dieser Wert, also **der im Jahresüberschuss/-fehlbetrag** lt. Zeile 11 **berücksichtigte Wert aus allen Beteiligungen an Personengesellschaften** wird in einem ersten Schritt nun zunächst aus dem Einkommen ausgeschieden. In einem zweiten Schritt wird er durch die festgestellten Einkünfte ersetzt.

Im **elektronischen Datensatz** sind die Angaben bezogen auf jede einzelne Beteiligung zu machen (sog. **„Einzelangaben"**, Zeile 14 bis Zeile 20). Es empfiehlt sich, vergleichbare Angaben bei Abgabe in Papierform vorzusehen. Die Einzelangaben werden aufaddiert und dann in die Zeilen 21 bis Zeile 25 eingetragen.

Wie bereits gesagt, wird der im steuerbilanziellen Jahresüberschuss/-fehlbetrag enthaltene Wert aus der Beteiligung an einer Personengesellschaft (Anteil am Eigenkapital der Personengesellschaft lt. Steuerbilanz (Gesamthands-, Ergänzungs- und Sonderbilanz)) ausgeschieden. Hierzu ist im elektronischen Datensatz pro Beteiligung an einer Personengesellschaft eine Eintragung in Zeile 16 (elektronische Detailangabe) vorzunehmen. Über alle Beteiligungen addiert fließt der hier eingegebene Wert in Zeile 21 ein.

Der Wert kann **nicht** dem Bescheid über die gesonderte und einheitliche Feststellung der Personengesellschaft oder der Feststellungserklärung der Personengesellschaft entnommen werden, sondern muss aus der Buchführung der Körperschaft ermittelt werden, für die die Steuererklärung erstellt wird. In Zeile 16/21 können hinsichtlich der Erfassung in der Buchführung Beteiligungen an Mitunternehmerschaften und Beteiligungen an vermögensverwaltenden Personengesellschaften zusammengefasst werden. Wichtig ist, dass hier auch Erträge und Aufwendungen berücksichtigt sein müssen, die im Sonderbetriebsvermögen erzielt werden. Dies sollte bei Bilanzierung nach der Spiegelbildmethode berücksichtigt werden.

Beispiel:

Gewährt die Körperschaft der KG, an der sie beteiligt ist, ein Darlehen, sind die Zinsen hierauf bei der Körperschaft regelmäßig als Zinseinnahmen verbucht worden. Steuerrechtlich handelt es sich jedoch um Sonderbetriebseinnahmen, die in die gesonderte und einheitliche Feststellung nach § 180 Abs. 1 Nr. 2 Buchst. a AO einfließen. Im Rahmen der Erstellung der Steuerbilanz müssen die handelsrechtlich als Darlehenszinsen gebuchten Erträge in die GuV-Position „Erträge aus Beteiligungen an Personengesellschaften" (technischer Name der E-Bilanz: is.netIncome.regular.fin.netParticipation.earnings.partnerships, is.netIncome.regular.fin.netParticipation.earningSecurities.partnerships) umgebucht werden. Erfolgt dies nicht, werden die Erträge im Ergebnis doppelt erfasst, einmal als Darlehenszinsen und ein zweites Mal auf Grund der Einkünftezurechnung in den Zeilen 22 und 24.

357 Es bedarf jedoch eines zweiten Schritts, um den Wert anzusetzen, der sich nach der **zweiten und dritten Transformation** letztlich auf das Einkommen auswirken muss (Einkünfte aus der Personengesellschaft). Hierfür stehen bezogen auf die jeweilige Beteiligung an der Personengesellschaft die Zeilen 17 bis 20 elektr. Detailangabe) zur Verfügung. Diese werden dann summiert über alle Beteiligungen in die Zeilen 22 bis 25 eingetragen. Der Betrag, mit dem sich die Beteiligung an der Personengesellschaft auf das Einkommen auswirkt, ergibt sich verfahrensrechtlich grundsätzlich aus der gesonderten und einheitlichen Feststellung nach § 180 Abs. 1 Nr. 2 Buchst. a AO.

Das FA ist an den gesondert und einheitlich festgestellten Betrag gebunden. Einwendungen gegen den festgestellten Wert müssen mit Rechtsbehelfen gegen die gesonderte und einheitliche Feststellung geltend gemacht werden.

Materiell-rechtlich ist die zweite Transformation (außerbilanzielle Korrekturen) in zwei Unterschritte zu unterteilen. Die meisten Einkünfteermittlungsvorschriften des KStG und des EStG führen zu außerbilanziellen Korrekturen. Lediglich wenn das Gesetz eine zwingende Änderung des Bilanzansatzes oder gar ein Ansatzverbot ausspricht, kommt es zu einer innerbilanziellen Korrektur (z.B. Drohverlustrückstellungen, Pensionsrückstellungen). Die meisten dieser Einkünfteermittlungsvorschriften treffen Körperschaften genauso wie natürliche Personen und Personengesellschaften (z.B. Nichtabziehbarkeit der Gewerbesteuer nach § 4 Abs. 5b EStG, nicht abziehbare Betriebsausgaben nach § 4 Abs. 5 KStG, der Investitionsabzugsbetrag nach § 7g EStG usw.).

Seit Einführung des Halbeinkünfteverfahrens (heute Teileinkünfteverfahren) gibt es jedoch außerbilanzielle Korrekturen, die davon abhängig sind, ob die Person, die letztlich mit Ertragsteuer belastet wird, eine natürliche Person oder eine Körperschaft ist. Für natürliche Personen ist § 3 Nr. 40 EStG anwendbar, für Körperschaften § 8b KStG. Mit dem Investmentsteuerreformgesetz 2018 sind weitere von der Person des Anlegers abhängige Steuerfreistellungen hinzugetreten.

Da Personengesellschaften transparent besteuert werden (vgl. § 15 Nr. 2 EStG), setzt die zutreffende Ermittlung **358**
der körper- oder einkommensteuerpflichtigen Einkünfte die Kenntnis der Beteiligungsstruktur der Personengesellschaft voraus. Auf Grund des Transparenzprinzips genügt es dabei nicht, nur Kenntnis der unmittelbar übergeordneten Gesellschafterebene zu erlangen. Vielmehr muss die Beteiligungskette so lange erforscht werden (mehrstufige Beteiligung), bis ausschließlich natürliche Personen oder Körperschaften ermittelt wurden, die keine Organgesellschaften sind.

Da dies sowohl für die Erstellung der Feststellungserklärung als auch für die FinVerw. aufwendig ist, hat die FinVerw. das sog. **Bruttoverfahren** entwickelt. Im Bruttoverfahren werden alle für die Besteuerung einer natürlichen Person wie auch einer Körperschaft notwendigen Besteuerungsgrundlagen ermittelt und festgestellt. Transparente Personengesellschaften oder transparenzähnliche Organgesellschaften leiten die entsprechenden Werte (ggf. anteilig) an die jeweils übergeordneten Personen weiter. Erst bei der Person, bei der es tatsächlich zu einer Besteuerung kommt, werden die jeweils maßgeblichen Besteuerungsgrundlagen angesetzt und die unmaßgeblichen Besteuerungsgrundlagen ignoriert.

Die Anwendung des Bruttoverfahrens ist jedoch nicht möglich, wenn es neben dem zweiten Transformationsschritt **359**
zu einem dritten Transformationsschritt kommt. Mit dem dritten Transformationsschritt werden Verlustausgleichsbeschränkungen beschrieben, die auf Ebene der Personengesellschaft angewendet werden. Der häufigste Anwendungsfall ist § 15a EStG, aber auch § 15b EStG und § 15 Abs. 4 Satz 1 bis 5 EStG sind möglich. Diese stellen grundsätzlich auf die Einkünfte ab, also einen Wert nach Anwendung der außerbilanziellen Korrekturen. Bei Anwendung des § 15a EStG ist es also nicht möglich, die Ermittlung der konkreten Höhe der steuerpflichtigen Einkünfte auf einer übergeordneten Ebene vornehmen zu lassen. In diesen Fällen ist es also notwendig auf Ebene der Personengesellschaft, sowohl die tatsächlich steuerpflichtigen Einkünfte als auch die Beteiligungsstruktur bis ins letzte Glied zu ermitteln (sog. **Nettofeststellung**).

Da bei Anwendung des § 15a EStG regelmäßig ein Nettowert zu ermitteln ist, wäre es eigentlich logisch, in allen Fällen einheitlich das Nettoverfahren anzuwenden. Leider wendet die FinVerw. bei der gesonderten und einheitlichen Feststellung nach § 180 Abs. 1 Nr. 2 Buchst. a AO sowohl das Brutto- als auch das Nettoverfahren an. Die Anwendung des Nettoverfahrens bleibt auch nicht ausschließlich auf die Fälle der besonderen Verlustausgleichsbeschränkungen beschränkt, da für die Anwendung des § 15a EStG Kapitalkonten bereits in „guten Zeiten", also vor Entstehung der Verluste, geführt werden müssen.

In der Praxis führt dies oft zu Verwirrung, da auf Ebene des Gesellschafters nicht immer zweifelsfrei und vor allem auf den ersten Blick erkennbar ist, ob das Brutto- oder das Nettoverfahren angewendet wurde. Auch im Nettoverfahren werden alle Bruttowerte ausgewiesen.

Für die Körperschaftsteuererklärung führte dies dazu, dass die Eingabezeilen auch von dem bei der Feststellung **360**
angewendeten Verfahren abhingen.

Ab dem VZ 2019 werden Ergebnisse aus Personengesellschaften in der Körperschaftsteuererklärung nur noch netto erfasst. Eine Ausnahme gilt lediglich für Organgesellschaften.

Der in den Zeilen 17 bis 20 (Einzelangaben, elektronische Detailangaben) bzw. in den Zeilen 22 bis 25 (Summenan- **361**
gaben) vorzunehmende zweite Schritt dient also der Erfassung der Nettoeinkünfte aus der Beteiligung an der Personengesellschaft, also nach Anwendung aller außerbilanziellen Korrekturen (inkl. § 8b KStG, § 20 InvStG). Der amtliche Vordruck unterscheidet hier zunächst zwischen Personengesellschaften, die betriebliche Einkünfte erzielen (Mitunternehmerschaften) und Personengesellschaften, die vermögensverwaltende Einkünfte erzielen, die jedoch in gewerbliche Einkünfte umqualifiziert werden (vermögensverwaltende Personengesellschaften).

Die Trennung zwischen Mitunternehmerschaften und vermögensverwaltenden Personengesellschaften erfolgt wegen der gewerbesteuerlichen Behandlung. Einkünfte aus Mitunternehmerschaften werden nach § 9 Nr. 2 bzw. § 8 Nr. 8 GewStG beim Gewerbeertrag vollständig neutralisiert, während Einkünfte aus vermögensverwaltenden Personengesellschaften in voller Höhe der Gewerbesteuer unterliegen. Die Angaben dienen folglich dem Abgleich mit der Gewerbesteuererklärung.

Ist die Körperschaft, für die die Steuererklärung ausgefüllt wird, eine Organgesellschaft, gelten besondere Regelungen (Zeilen 18 und 20 (Einzelangaben, elektronische Detailangaben), sowie Zeilen 23 und 25 (Summenangaben), → Rz. 365 und → Rz. 369).

Die Trennung zwischen Organgesellschaften und Nicht-Organgesellschaften ist hingegen durch § 15 Satz 1 Nr. 2 und 2a KStG begründet, nach denen bestimmte außerbilanzielle Korrekturen (laufende Bezüge und Veräußerungen aus der Beteiligung an Kapitalgesellschaften und Investmentfonds) nicht auf Ebene der Organgesellschaft angewendet werden dürfen. Dies gilt auch, wenn diese Tatbestände mittelbar über eine Personengesellschaft verwirklicht werden.

362 In **Zeile 17 (Einzelangaben im elektronischen Datensatz) bzw. Zeile 22 (Summenangaben)** sind also Eintragungen vorzunehmen, wenn die Körperschaft, für die die Steuererklärung ausgefüllt wird, keine Organgesellschaft ist und aus der Beteiligung an der Personengesellschaft betriebliche Einkünfte erzielt (Regelfall). Einzutragen sind die Einkünfte nach Anwendung **aller außerbilanzieller Korrekturen** und **nach** Berücksichtigung von **Verlustverrechnungsvorschriften**. Der hier einzutragende Wert ergibt sich aus der gesonderten und einheitlichen Feststellung nach § 180 Abs. 1 Nr. 2 Buchst. a AO bzw. ist aus dieser Feststellung mittels einer Nebenrechnung abzuleiten. Der hier anzusetzende Wert ergibt sich zwingend aus der gesonderten und einheitlichen Feststellung der Personengesellschaft (Grundlagen-/Folgebescheidverhältnis). Einwendungen gegen die Höhe der Einkünfte müssen durch Rechtsbehelfe gegen die gesonderte und einheitliche Feststellung geltend gemacht werden. In Zeile 17 bzw. Zeile 22 nicht einzutragen sind Einkünfte aus der Beteiligung an **vermögensverwaltenden Personengesellschaften** (diese sind in **Zeile 19** bzw. **Zeile 24** einzutragen).

Falls noch keine gesonderte und einheitliche Feststellung ergangen ist, muss hier der Wert eingetragen werden, der sich voraussichtlich ergeben wird. Dieser kann aber aus der Erklärung zur gesonderten und einheitlichen Feststellung nach § 180 Abs. 1 Nr. 2 Buchst. a AO abgeleitet werden. Die bisherige Gliederung auf den Vordrucken sind nach Einkunftsarten getrennt. Außerdem gibt es einen Bereich des Vordrucks, der zur Eingabe der die gesamte Gesellschaft betreffenden Besteuerungsgrundlagen gedacht ist und einen Bereich, der wiederum pro Gesellschafter abgegeben werden muss. Nicht alle Felder des Gesellschaftsbereichs sind im Gesellschafterbereich enthalten und umgekehrt.

Im Folgenden wird die Berechnung des in Zeile 17 (betriebliche Einkünfte) bzw. Zeile 19 (vermögensverwaltende Personengesellschaft) einzutragenden Werts beschrieben. Soweit Werte in der Spalte „aufteilen" mit „Ja" ausgewiesen sind, bedeutet dies, dass der Wert, der im Gesellschaftsbereich eingetragen ist, nach Maßgabe des Gewinnverteilungsschlüssels auf die beteiligte Körperschaft, für die die Steuererklärung ausgefüllt wird, umgerechnet werden muss:

	Gesamthandsbilanz	**aufteilen**	**Anlage**[1]
	laufende Einkünfte (ohne zuzurechnendes Organeinkommen) nach Schlüssel verteilt	Ja	FE-G Zeile 3
+	laufende Einkünfte (ohne zuzurechnendes Organeinkommen) abweichend vom allgemeinen Schlüssel verteilt		FE-G Zeile 103
+	Vergütungen auf gesellschaftsrechtlicher Grundlage (z.B. Vorabvergütungen, Zinsen für Kapitalanteile)		FE-G Zeile 105
+	Gewinn aus dem Betrieb von Handelsschiffen im internationalen Verkehr i.S.d. § 5a Abs. 1 EStG (Tonnagebesteuerung)		FE-G Zeile 148
+	Hinzuzurechnende Vergütungen i.S.d. § 5a Abs. 4a Satz 3 EStG		FE-G Zeile 149

1) Ab dem VZ 2025 wurde der Feststellungserklärungsdatensatz nochmals verändert. Gab es vorher Vordrucke, die für alle Einkunftsarten angewendet werden konnten (FE 1-4), werden nunmehr eigene Formulare für jede Einkunftsart herausgebracht (FE-G, FE-Kap, FE-L, FE-S usw.). Im Folgenden wird nur die Einkunftsart Gewerbebetrieb betrachtet, die aber für die meisten Körperschaften einschlägig ist. Ggf. sind die Zeilenverweise auf für andere Einkunftsarten zutreffend.

	Gesamthandsbilanz	**aufteilen**	**Anlage**
+	Bereederungsentgelt des an der Schifffahrtsgesellschaft beteiligten Bereederers		FE-G Zeile 150
+	Sonstige Hinzurechnungen i.S.d. § 5a Abs. 4 und 5 EStG		FE-G Zeile 151
+	laufender Gewinn, der neben dem Gewinn nach § 5a EStG anzusetzen ist		FE-G Zeile 152
+	nach Wegfall der Anwendung der Tonnagebesteuerung hinzuzurechnender Betrag nach § 5a Abs. 4 und 5 EStG nach Schlüssel zu verteilen	Ja	FE-G Zeile 9
+	nach Wegfall der Anwendung der Tonnagebesteuerung hinzuzurechnender Betrag nach § 5a Abs. 4 und 5 EStG abweichend vom allgemeinen Schlüssel verteilt		FE-G Zeile 108
./.	steuerfreie Bezüge nach § 8b Abs. 1 und Abs. 4 KStG (Summe aller Beträge lt. Zeile 324 aller Anlagen FE-K-Bet, bei denen die Voraussetzungen des § 8b Abs. 4 KStG vorliegen und es sich um Gesamthandsvermögen handelt)[1]		FE-K-Bet
./.	Gewinne i.S.d. § 8b Abs. 2 KStG		FE-K Zeile 321
+	5 % der Summe der laufenden steuerfreien Bezüge nach § 8b Abs. 1 und Abs. 4 KStG und der Gewinne i.S.d. § 8b Abs. 2 KStG		
+	Gewinnminderungen i.S.d. § 8b Abs. 3 Satz 3 bis 7 KStG		FE-K Zeile 322
./.	Gewinne i.S.d. § 8b Abs. 3 Satz 8 KStG		FE-K Zeile 323
+	nach § 8b Abs. 10 Satz 1 KStG nicht abziehbare Aufwendungen, soweit sie sich auf die überlassenen Anteile beziehen		FE-K Zeile 381
+	fiktive Einnahmen i.S.d. § 8b Abs. 10 Satz 2 KStG, soweit es sich dabei um Bezüge i.S.d. § 8b Abs. 1 oder Abs. 2 KStG handelt		FE-K Zeile 382
./.	Beträge im Sinne der vorhergehenden Zeile, soweit es sich dabei um Bezüge i.S.d. § 8b Abs. 1 KStG handelt, auf die § 8b Abs. 4 KStG nicht anzuwenden ist, und/oder um Gewinne i.S.d. § 8b Abs. 2 KStG handelt		FE-K Zeile 383
./.	5 % der Bezüge nach § 8b Abs. 1 bzw. Abs. 2 KStG, soweit es sich um entliehene Anteile i.S.d. § 8b Abs. 10 KStG handelt		FE-K Zeile 384
./.	80 % der Investmenterträge aus Aktienfonds, soweit Gesamthandsvermögen		FE-G Zeile 113 (80 %)
./.	30 % der Investmenterträge aus Aktienfonds auf die § 20 Abs. 1 Satz 4 oder 5 InvStG anzuwenden ist (LV/KV/KWG), soweit Gesamthandsvermögen		FE-G Zeile 114 (30 %)
./.	40 % der Investmenterträge aus Mischfonds, soweit Gesamthandsvermögen		FE-G Zeile 115 (40 %)
./.	15 % der Investmenterträge aus Mischfonds auf die § 20 Abs. 1 Satz 4 oder 5 InvStG anzuwenden ist (LV/KV/KWG), soweit Gesamthandsvermögen		FE-G Zeile 116 (15 %)
./.	60 % der Investmenterträge aus Immobilienfonds, soweit Gesamthandsvermögen		FE-G Zeile 117 (60 %)
./.	80 % der Investmenterträge aus Auslands-Immobilienfonds, soweit Gesamthandsvermögen		FE-G Zeile 118 (80 %)
+	Veräußerungs-/Aufgabegewinne aus dem Gesamthandsvermögen		FE-G Zeile 135
+	Veräußerungsgewinn, der neben einem Gewinn nach § 5a EStG anzusetzen ist		FE-G Zeile 138
./.	im Veräußerungs-/Aufgabegewinn enthaltener Gewinn nach § 8b Abs. 2 KStG		FE-K Zeile 351
+	nicht abziehbare Betriebsausgaben zur vorherigen Zeile [5 % des Betrags lt. Anlage FE-K Zeile 351]		
+	im Veräußerungs-/Aufgabegewinn enthaltene Gewinnminderungen nach § 8b Abs. 3 Satz 3 bis 7 KStG		FE-K Zeile 352
./.	80 % der Investmenterträge aus Aktienfonds		FE-G Zeile 142 (80 %)
./.	30 % der Investmenterträge aus Aktienfonds, auf die § 20 Abs. 1 Satz 4 oder 5 InvStG anzuwenden ist (LV/KV/KWG)		FE-G Zeile 143 (30 %)
./.	40 % der Investmenterträge aus Mischfonds		FE-G Zeile 144 (40 %)
./.	15 % der Investmenterträge aus Mischfonds, auf die § 20 Abs. 1 Satz 4 oder 5 InvStG anzuwenden ist (LV/KV/KWG)		FE-G Zeile 145 (15 %)
./.	60 % der Investmenterträge aus Immobilienfonds		FE-G Zeile 146 (60 %)
./.	80 % der Investmenterträge aus Auslands-Immobilienfonds		FE-G Zeile 147 (80 %)
	Ergänzungsbilanz		
+	laufende Einkünfte		FE-G Zeile 104
./.	Gewinne i.S.d. § 8b Abs. 2 KStG		FE-K Zeile 331
+	5 % der Summe der Gewinne i.S.d. § 8b Abs. 2 KStG		

1) Das gilt auch für Fälle, bei denen die zu berücksichtigende Beteiligung bei der Personengesellschaft bezogen auf die Körperschaft, für die die Steuererklärung ausgefüllt wird, unter 10 % liegt, jedoch durch Zusammenfassung mit weiteren Beteiligungen der Körperschaft die Voraussetzungen des § 8b Abs. 4 KStG erfüllt werden.

	Gesamthandsbilanz	aufteilen	Anlage
+	Gewinnminderungen i.S.d. § 8b Abs. 3 Satz 3 bis 7 KStG		FE-K Zeile 332
./.	Gewinne i.S.d. § 8b Abs. 3 Satz 9 KStG		FE-K Zeile 333
+	Mehr- oder Mindervermögen aus einem Veräußerungs- oder Aufgabegewinn		FE-G Zeile 136
./.	darin enthaltene Gewinne i.S.d. § 8b Abs. 2 KStG		FE-K Zeile 361
+	5 % der Summe der Gewinne i.S.d. § 8b Abs. 2 KStG		
+	Gewinnminderungen i.S.d. § 8b Abs. 3 Satz 3 bis 7 KStG		FE-K Zeile 362
	Verlustausgleichsbeschränkungen		
+	nicht abziehbarer Verlust auf Grund von § 15a EStG		
./.	Verlustverrechnung mit einem Verlust nach § 15a EStG		
+	nicht abziehbarer Verlust auf Grund von § 15b EStG		
./.	Verlustverrechnung mit einem Verlust nach § 15b EStG		
	Sonderbilanz		
+	Saldo aus Sonderbetriebseinnahmen und Sonderbetriebsausgaben oder aus Sondereinnahmen und Sonderwerbungskosten		FE-G Zeile 106
./.	steuerfreie Bezüge nach § 8b Abs. 1 und Abs. 4 KStG (Summe aller Beträge lt. Zeile 324 aller Anlagen FE-K-Bet, bei denen die Voraussetzungen des § 8b Abs. 4 KStG vorliegen und es sich um Gesamthandsvermögen handelt)		FE-K-Bet
./.	Gewinne i.S.d. § 8b Abs. 2 KStG		FE-K Zeile 341
+	5 % der Summe der laufenden steuerfreien Bezüge nach § 8b Abs. 1 und Abs. 4 KStG und der Gewinne i.S.d. § 8b Abs. 2 KStG		
+	Gewinnminderungen i.S.d. § 8b Abs. 3 Satz 3 bis 7 KStG		FE-K Zeile 342
./.	Gewinne i.S.d. § 8b Abs. 3 Satz 8 KStG		FE-K Zeile 343
./.	80 % der Investmenterträge aus Aktienfonds		FE-G Zeile 116 (80 %) soweit SBV
./.	30 % der Investmenterträge aus Aktienfonds, auf die § 20 Abs. 1 Satz 4 oder InvStG anzuwenden ist (LV/KV/KWG)		FE-G Zeile 114 (30 %) soweit SBV
./.	40 % der Investmenterträge aus Mischfonds		FE-G Zeile 115 (40 %) soweit SBV
./.	15 % der Investmenterträge aus Mischfonds, auf die § 20 Abs. 1 Satz 4 oder 5 InvStG anzuwenden ist (LV/KV/KWG)		FE-G Zeile 116 (15 %) soweit SBV
./.	60 % der Investmenterträge aus Immobilienfonds		FE-G Zeile 117 (60 %) soweit SBV
./.	80 % der Investmenterträge aus Immobilienfonds mit Anlageschwerpunkt im Ausland		FE-G Zeile 118 (80 %) soweit SBV
+	Veräußerungs-/Aufgabegewinn		FE-G Zeile 137
./.	im Veräußerungs-/Aufgabegewinn enthaltener Gewinn nach § 8b Abs. 2 KStG		FE-K Zeile 351
+	nicht abziehbare Betriebsausgaben zur vorherigen Zeile [5 % des Betrags lt. Anlage FE-K Zeile 51]		
+	im Veräußerungs-/Aufgabegewinn enthaltene Gewinnminderungen nach § 8b Abs. 3 Satz 3 bis 7 KStG		FE-K Zeile 352
=	**Einkünfte aus der Beteiligung an der Personengesellschaft**		

363 Die Höhe der mittelbaren Beteiligung über eine Personengesellschaft zum Beginn des Kj. wird i.R. der gesonderten und einheitlichen Feststellung verfahrensrechtlich verbindlich festgestellt (FE-K-Bet). Das für die Besteuerung der Körperschaft zuständige FA ist an die Feststellung gebunden.

Praxishinweis:

Es muss sorgfältig darauf geachtet werden, die mittelbaren Beteiligungen (ggf. über mehrere Ebenen) bereits i.R. der gesonderten und einheitlichen Feststellung bei der Personengesellschaft zu erklären. Ohne gesonderte und einheitliche Feststellung können materiell-rechtlich steuerfreie Bezüge u.U. nicht berücksichtigt werden.

Nach § 8b Abs. 4 Satz 4 KStG ist die Beteiligung der Personengesellschaft an der ausschüttenden Körperschaft den an der Personengesellschaft beteiligten Mitunternehmern nach Maßgabe der Beteiligung an der Personengesellschaft zuzurechnen. Die Vorschrift setzt damit das auch i.R. des § 8b KStG geltende Transparenzprinzip bei Verwirklichung von § 8b KStG-Tatbeständen über Personengesellschaften (§ 8b Abs. 6 Satz 1 KStG) für den § 8b Abs. 4 KStG um.

Über Personengesellschaften gehaltene Beteiligungen gelten für die Beteiligungsgrenze als eigene, direkte Beteiligungen, vgl. § 8b Abs. 4 Satz 5 KStG. Zu berücksichtigen ist, dass der Anteil des Mitunternehmers seiner Beteiligungsquote an der Personengesellschaft mit dem Anteil der Personengesellschaft an der ausschüttenden Körperschaft multipliziert wird. Sogar wenn die Personengesellschaft selbst zu mehr als 10 % an der ausschüttenden

Körperschaft beteiligt ist, muss der einzelne Mitunternehmer nicht zwingend nach § 8b Abs. 4 KStG begünstigt sein.

Endgültige Aussagen über eine Steuerbefreiung können daher erst auf Ebene der Körperschaft getroffen werden. Hier müssen die direkten und die mittelbar über Personengesellschaften gehaltenen Anteile zusammengefasst und über die Steuerbefreiung entschieden werden. Die Beteiligungen sind getrennt nach eigenen Bezügen (Zeile 156) und Bezügen aus Personengesellschaften (hier) zu berücksichtigen. Beträgt die festgestellte Höhe der Beteiligung über die Personengesellschaft weniger als 10 %, kommt es jedoch unter Berücksichtigung unmittelbarer oder anderer mittelbarer Beteiligungen über Personengesellschaften zur Erfüllung der Voraussetzungen des § 8b Abs. 4 KStG, sind die entsprechend festgestellten Beträge aus der Personengesellschaft trotzdem hier in Abzug zu bringen.

Handelt es sich bei der Körperschaft, für die die Steuererklärung ausgefüllt wird, um eine Organgesellschaft, dürfen die in § 15 Satz 1 Nr. 2 und Nr. 2a KStG genannten außerbilanziellen Korrekturen (§ 8b KStG, § 20 InvStG) nicht auf Ebene der Organgesellschaft vorgenommen werden, sondern müssen auf Ebene des Organträgers angewendet werden. Ist der Organträger (ggf. mittelbar über eine Personengesellschaft) eine natürliche Person, kommt § 3 Nr. 40 EStG bzw. die Teilfreistellungssätze nach § 20 InvStG für natürliche Personen, die die Investmentanteile im Betriebsvermögen halten, zur Anwendung. Dies gilt auch, wenn die Organgesellschaft die Anteile mittelbar über eine Beteiligung über eine Personengesellschaft hält. Es ist also offensichtlich, dass der in Zeile 17 bzw. Zeile 22 eingetragene Wert für Organgesellschaften keine Anwendung finden kann. **364**

Beim Vorliegen einer körperschaftsteuerlichen Organschaft gilt das sog. optimierte Bruttoverfahren. Das bedeutet, dass das dem Organträger zuzurechnende Einkommen ohne die Auswirkung der nach § 15 Satz 1 Nr. 2 und 2a KStG auf Ebene des Organträgers anzuwendenden außerbilanziellen Korrekturen festgestellt wird und daneben zwei Korrekturbeträge ermittelt und festgestellt werden, die die Einkommenskorrekturen nach § 15 Satz 1 Nr. 2 und 2a KStG jeweils für Körperschaften und für natürliche Personen beziffern. Die einzelnen Tatbestände, die zu den Korrekturen führen, werden nicht mehr detailliert aufgeschlüsselt (siehe Zeilen 13-14a der Anlage OT).

Da – wie gesagt – § 15 Satz 1 Nr. 2 und Nr. 2a KStG auch bei mittelbarer Verwirklichung von Tatbeständen über Personengesellschaften gilt, muss die Dreiteilung (Einkünfte, Korrekturbetrag für Körperschaften, Korrekturbetrag für natürliche Personen) auch hergestellt werden, wenn eine Organgesellschaft an einer Personengesellschaft beteiligt ist.

Die Einkünfte vor Anwendung des § 15 Satz 1 Nr. 2 und Nr. 2a KStG sind in Zeile 23, die Korrekturbeträge hingegen mit weiteren Angaben in Zeile 59 bis 61 (Einzelaufstellung im elektronischen Datensatz) der Anlage OG vorzunehmen.

In **Zeile 23** sind demnach die Einkünfte aus der Personengesellschaft vor Anwendung der nach § 15 Satz 1 Nr. 2 und 2a KStG auf Ebene des Organträgers anzuwendenden außerbilanziellen Korrekturen einzutragen, wenn die Körperschaft, für die die Steuererklärung ausgefüllt wird, eine Organgesellschaft ist und die Personengesellschaft, an der sie beteiligt ist, betriebliche Einkünfte bezieht. **365**

Der hier einzutragende Wert ergibt sich aus der gesonderten und einheitlichen Feststellung nach § 180 Abs. 1 Nr. 2 Buchst. a AO bzw. ist aus dieser Feststellung mittels einer Nebenrechnung abzuleiten. Der hier anzusetzende Wert ergibt sich zwingend aus der gesonderten und einheitlichen Feststellung der Personengesellschaft (Grundlagen-/Folgebescheidverhältnis). Einwendungen gegen die Höhe der Einkünfte müssen durch Rechtsbehelfe gegen die gesonderte und einheitliche Feststellung geltend gemacht werden.

Falls noch keine gesonderte und einheitliche Feststellung ergangen ist, muss hier der Wert eingetragen werden, der sich voraussichtlich ergeben wird. Dieser kann wie folgt aus der Erklärung zur gesonderten und einheitlichen Feststellung nach § 180 Abs. 1 Nr. 2 Buchst. a AO abgeleitet werden:

	Gesamthandsbilanz	Aufteilen	Anlage
	laufende Einkünfte (ohne zuzurechnendes Organeinkommen) nach Schlüssel verteilt	Ja	FE-G Zeile 3
+	laufende Einkünfte (ohne zuzurechnendes Organeinkommen) abweichend vom allgemeinen Schlüssel verteilt		FE-G Zeile 103
+	Vergütungen auf gesellschaftsrechtlicher Grundlage (z.B. Vorabvergütungen, Zinsen für Kapitalanteile)		FE-G Zeile 105
+	Gewinn aus dem Betrieb von Handelsschiffen im internationalen Verkehr i.S.d. § 5a Abs. 1 EStG (Tonnagebesteuerung)		FE-G Zeile 148
+	Hinzuzurechnende Vergütungen i.S.d. § 5a Abs. 4a Satz 3 EStG		FE-G Zeile 149
+	Bereederungsentgelt des an der Schifffahrtsgesellschaft beteiligten Bereederers		FE-G Zeile 150
+	Sonstige Hinzurechnungen i.S.d. § 5a Abs. 4 und 5 EStG		FE-G Zeile 151
+	laufender Gewinn, der neben dem Gewinn nach § 5a EStG anzusetzen ist		FE-G Zeile 152
+	nach Wegfall der Anwendung der Tonnagebesteuerung hinzuzurechnender Betrag nach § 5a Abs. 4 und 5 EStG nach Schlüssel zu verteilen	Ja	FE-G Zeile 9
+	nach Wegfall der Anwendung der Tonnagebesteuerung hinzuzurechnender Betrag nach § 5a Abs. 4 und 5 EStG, abweichend vom allgemeinen Schlüssel verteilt		FE-G Zeile 108

	Gesamthandsbilanz	Aufteilen	Anlage
+	nach § 8b Abs. 10 Satz 1 KStG nicht abziehbare Aufwendungen, soweit sie sich auf die überlassenen Anteile beziehen		FE-K Zeile 381
+	fiktive Einnahmen i.S.d. § 8b Abs. 10 Satz 2 KStG, soweit es sich dabei um Bezüge i.S.d. § 8b Abs. 1 oder Abs. 2 KStG handelt		FE-K Zeile 382
+	Veräußerungs-/Aufgabegewinne aus dem Gesamthandsvermögen		FE-G Zeile 135
+	Veräußerungsgewinn, der neben einem Gewinn nach § 5a EStG anzusetzen ist		FE-G Zeile 138
	Ergänzungsbilanz		
+	laufende Einkünfte		FE-G Zeile 104
+	Mehr- oder Mindervermögen aus einem Veräußerungs- oder Aufgabegewinn		FE-G Zeile 136
	Verlustausgleichsbeschränkungen		
+	nicht abziehbarer Verlust auf Grund von § 15a EStG		
./.	Verlustverrechnung mit einem Verlust nach § 15a EStG		
+	nicht abziehbarer Verlust auf Grund von § 15b EStG		
./.	Verlustverrechnung mit einem Verlust nach § 15b EStG		
	Sonderbilanz		
+	Saldo aus Sonderbetriebseinnahmen und Sonderbetriebsausgaben oder aus Sondereinnahmen und Sonderwerbungskosten		FE-G Zeile 106
+	Veräußerungs-/Aufgabegewinn		FE-G Zeile 137
=	**Einkünfte aus der Beteiligung an der Personengesellschaft**		

Der Korrekturbetrag in Zeile 59 der Anlage OG ist wie folgt zu ermitteln:

	Gesamthandsbilanz	Aufteilen	Anlage
./.	steuerfreie Bezüge nach § 8b Abs. 1 und Abs. 4 KStG (Summe aller Beträge lt. Zeile 324 aller Anlagen FE-K-Bet, bei denen die Voraussetzungen des § 8b Abs. 4 KStG vorliegen und es sich um Gesamthandsvermögen handelt)[1]		FE-K-Bet
./.	Gewinne i.S.d. § 8b Abs. 2 KStG		FE-K Zeile 321
+	5 % der Summe der laufenden steuerfreien Bezüge nach § 8b Abs. 1 und Abs. 4 KStG und der Gewinne i.S.d. § 8b Abs. 2 KStG		
+	Gewinnminderungen i.S.d. § 8b Abs. 3 Satz 3 bis 7 KStG		FE-K Zeile 322
./.	Gewinne i.S.d. § 8b Abs. 3 Satz 8 KStG		FE-K Zeile 323
./.	Beträge im Sinne der vorhergehenden Zeile, soweit es sich dabei um Bezüge i.S.d. § 8b Abs. 1 KStG handelt, auf die § 8b Abs. 4 KStG nicht anzuwenden ist, und/oder um Gewinne i.S.d. § 8b Abs. 2 KStG handelt		FE-K Zeile 383
./.	5 % der Bezüge nach § 8b Abs. 1 bzw. Abs. 2 KStG, soweit es sich um entliehene Anteile i.S.d. § 8b Abs. 10 KStG handelt		FE-K Zeile 384
./.	80 % der Investmenterträge aus Aktienfonds, soweit Gesamthandsvermögen		FE-G Zeile 113 (80 %)
./.	30 % der Investmenterträge aus Aktienfonds, auf die § 20 Abs. 1 Satz 4 oder 5 InvStG anwendbar ist		FE-G Zeile 114 (30 %)
./.	40 % der Investmenterträge aus Mischfonds, soweit Gesamthandsvermögen		FE-G Zeile 115 (40 %)
./.	15 % der Investmenterträge aus Mischfonds, auf die § 20 Abs. 1 Satz 4 oder 5 InvStG anwendbar ist		FE-G Zeile 116 (15 %)
./.	60 % der Investmenterträge aus Immobilienfonds, soweit Gesamthandsvermögen		FE-G Zeile 117 (60 %)
./.	80 % der Investmenterträge aus Immobilienfonds mit Anlageschwerpunkt im Ausland, soweit Gesamthandsvermögen		FE-G Zeile 118 (80 %)
./.	im Veräußerungs-/Aufgabegewinn enthaltener Gewinn nach § 8b Abs. 2 KStG, soweit Gesamthandsvermögen		FE-K Zeile 351
+	nicht abziehbare Betriebsausgaben zur vorherigen Zeile [5 % des Betrags lt. Anlage FE-K Zeile 351]		
+	im Veräußerungs-/Aufgabegewinn enthaltene Gewinnminderungen nach § 8b Abs. 3 Satz 3 bis 7 KStG		FE-K Zeile 352
./.	80 % der Investmenterträge aus Aktienfonds		FE-G Zeile 142 (80 %)
./.	30 % der Investmenterträge aus Aktienfonds, auf die § 20 Abs. 1 Satz 4 oder 5 InvStG anzuwenden ist (LV/KV/KWG)		FE-G Zeile 143 (30 %)
./.	40 % der Investmenterträge aus Mischfonds		FE-G Zeile 144 (40 %)

1) Das gilt auch für Fälle, bei denen die zu berücksichtigende Beteiligung bei der Personengesellschaft bezogen auf die Körperschaft, für die die Steuererklärung ausgefüllt wird, unter 10 % liegt, jedoch durch Zusammenfassung mit weiteren Beteiligungen der Körperschaft die Voraussetzungen des § 8b Abs. 4 KStG erfüllt werden.

	Gesamthandsbilanz	Aufteilen	Anlage
./.	15 % der Investmenterträge aus Mischfonds, auf die § 20 Abs. 1 Satz 4 oder 5 InvStG anzuwenden ist (LV/KV/KWG)		FE-G Zeile 145 (15 %)
./.	60 % der Investmenterträge aus Immobilienfonds		FE-G Zeile 146 (60 %)
./.	80 % der Investmenterträge aus Auslands-Immobilienfonds		FE-G Zeile 147 (80 %)
	Ergänzungsbilanz		
./.	Gewinne i.S.d. § 8b Abs. 2 KStG		FE-K Zeile 331
+	5 % der Summe der Gewinne i.S.d. § 8b Abs. 2 KStG		
+	Gewinnminderungen i.S.d. § 8b Abs. 3 Satz 3 bis 7 KStG		FE-K Zeile 332
./.	Gewinne i.S.d. § 8b Abs. 3 Satz 9 KStG		FE-K Zeile 333
./.	darin enthaltene Gewinne i.S.d. § 8b Abs. 2 KStG		FE-K Zeile 361
+	5 % der Summe der Gewinne i.S.d. § 8b Abs. 2 KStG		
+	Gewinnminderungen i.S.d. § 8b Abs. 3 Satz 3 bis 7 KStG		FE-K Zeile 362
	Sonderbilanz		
./.	steuerfreie Bezüge nach § 8b Abs. 1 und Abs. 4 KStG (Summe aller Beträge lt. Zeile 324 aller Anlagen FE-K-Bet, bei denen die Voraussetzungen des § 8b Abs. 4 KStG vorliegen und es sich um Sondervermögen handelt)[1]		FE-K-Bet
./.	Gewinne i.S.d. § 8b Abs. 2 KStG		FE-K Zeile 341
+	5 % der Summe der laufenden steuerfreien Bezüge nach § 8b Abs. 1 und Abs. 4 KStG und der Gewinne i.S.d. § 8b Abs. 2 KStG		
+	Gewinnminderungen i.S.d. § 8b Abs. 3 Satz 3 bis 7 KStG		FE-K Zeile 342
./.	Gewinne i.S.d. § 8b Abs. 3 Satz 9 KStG		FE-K Zeile 343
./.	80 % der Investmenterträge aus Aktienfonds, soweit Gesamthandsvermögen		FE-G Zeile 116 (80 %) soweit SBV
./.	30 % der Investmenterträge aus Aktienfonds, auf die § 20 Abs. 1 Satz 4 oder 5 InvStG anzuwenden ist (LV/KV/KWG), soweit Gesamthandsvermögen		FE-G Zeile 114 (30 %) soweit SBV
./.	40 % der Investmenterträge aus Mischfonds, soweit Gesamthandsvermögen		FE-G Zeile 115 (40 %) soweit SBV
./.	15 % der Investmenterträge aus Mischfonds, auf die § 20 Abs. 1 Satz 4 oder 5 InvStG anzuwenden ist (LV/KV/KWG), soweit Gesamthandsvermögen		FE-G Zeile 116 (15 %) soweit SBV
./.	60 % der Investmenterträge aus Immobilienfonds, soweit Gesamthandsvermögen		FE-G Zeile 117 (60 %) soweit SBV
./.	80 % der Investmenterträge aus Auslands-Immobilienfonds, soweit Gesamthandsvermögen		FE-G Zeile 118 (80 %) soweit SBV
./.	im Veräußerungs-/Aufgabegewinn enthaltener Gewinn nach § 8b Abs. 2 KStG		FE-K Zeile 351
+	nicht abziehbare Betriebsausgaben zur vorherigen Zeile [5 % des Betrags lt. Anlage FE-K Zeile 351]		
+	im Veräußerungs-/Aufgabegewinn enthaltene Gewinnminderungen nach § 8b Abs. 3 Satz 3 bis 7 KStG		FE-K Zeile 352
=	**Korrekturbetrag nach § 15 Satz 1 Nr. 2 und 2a KStG für Körperschaften**		

Der **Korrekturbetrag in Zeile 60 der Anlage OG** ist wie folgt zu ermitteln:

	Gesamthandsbilanz	Aufteilen	Anlage
./.	40 % der laufenden steuerfreien Teileinkünfte nach Schlüssel verteilt	Ja	FE-G Zeile 11 (40 %)
./.	40 % der laufenden steuerfreien Teileinkünfte abweichend vom Schlüssel verteilt		FE-G Zeile 109 (40 %)
./.	60 % der Investmenterträge aus Aktienfonds		FE-G Zeile 113 (60 %)
./.	30 % der Investmenterträge aus Aktienfonds, auf die § 20 Abs. 1 Satz 4 oder 5 InvStG anzuwenden ist		FE-G Zeile 114 (30 %)
./.	30 % der Investmenterträge aus Mischfonds		FE-G Zeile 115 (30 %)
./.	15 % der Investmenterträge aus Mischfonds, auf die § 20 Abs. 1 Satz 4 oder 5 InvStG anzuwenden ist		FE-G Zeile 116 (15 %)
./.	60 % der Investmenterträge aus Immobilienfonds		FE-G Zeile 117 (60 %)
./.	80 % der Investmenterträge aus Immobilienfonds mit Anlageschwerpunkt im Ausland		FE-G Zeile 118 (80 %)

1) Das gilt auch für Fälle, bei denen die zu berücksichtigende Beteiligung bei der Personengesellschaft bezogen auf die Körperschaft, für die die Steuererklärung ausgefüllt wird, unter 10 % liegt, jedoch durch Zusammenfassung mit weiteren Beteiligungen der Körperschaft die Voraussetzungen des § 8b Abs. 4 KStG erfüllt werden.

	Gesamthandsbilanz	Aufteilen	Anlage
./.	40 % der in einem Veräußerungs-/Aufgabegewinn enthaltenen Teileinkünfte nach Schlüssel verteilt	Ja	FE-G Zeile 11 (40 %)
./.	40 % der in einem Veräußerungs-/Aufgabegewinn enthaltenen Teileinkünfte abweichend vom Schlüssel verteilt		FE-G Zeile 139 (40 %)
	Ergänzungsbilanz		
./.	40 % der laufenden steuerfreien Teileinkünfte nach Schlüssel verteilt		FE-G Zeile 13 (40 %)
./.	40 % der im Veräußerungs-/Aufgabegewinn enthaltenen Teileinkünfte		FE-G Zeile 110 (40 %)
	Sonderbilanz		
./.	40 % der laufenden steuerfreien Teileinkünfte nach Schlüssel verteilt		FE-G Zeile 111 (40 %)
./.	60 % der Investmenterträge aus Aktienfonds		FE-G Zeile 113 (60 %) Soweit SBV
./.	30 % der Investmenterträge aus Aktienfonds, auf die § 20 Abs. 1 Satz 4 oder 5 InvStG anzuwenden ist		FE-G Zeile 114 (30 %) Soweit SBV
./.	30 % der Investmenterträge aus Mischfonds		FE-G Zeile 115 (30 %) Soweit SBV
./.	15 % der Investmenterträge aus Mischfonds, auf die § 20 Abs. 1 Satz 4 oder 5 InvStG anzuwenden ist		FE-G Zeile 116 (15 %) Soweit SBV
./.	60 % der Investmenterträge aus Immobilienfonds		FE-G Zeile 117 (60 %) Soweit SBV
./.	80 % der Investmenterträge aus Immobilienfonds mit Anlageschwerpunkt im Ausland		FE-G Zeile 118 (80 %) Soweit SBV
./.	40 % der im Veräußerungs-/Aufgabegewinn enthaltenen Teileinkünfte		FE-G Zeile 127 (40 %)
=	**Korrekturbetrag nach § 15 Satz 1 Nr. 2 und 2a KStG für natürliche Personen**		

366 Neben der Korrektur der Einkünfte hat die Beteiligung an einer Personengesellschaft u.U. noch weitere Auswirkungen. In Betracht kommen insb.:

Tatbestand	Vordruck	Zeile
anrechenbare und abzuziehende ausl. Steuern nach § 34c Abs. 1 und 2 EStG	Anlage AESt	Zeilen 31 bis 35
positive oder negative Einkünfte nach § 2a EStG	Anlage AEV	Zeile 10 oder 13
Spenden	Anlage Z	Zeile 7
anzurechnende Kapitalertragsteuer	Anlage WA	Zeile 4
anzurechnender Solidaritätszuschlag	Anlage WA	Zeile 5

367 Im Rahmen des elektronischen Datensatzes sind die Angaben zu dem im bilanziellen Ergebnis enthaltenen Gewinn/Verlust und den anzusetzenden Einkünften pro Beteiligung an einer Personengesellschaft zu machen. Bei Verwendung des Papiervordrucks empfiehlt es sich, vergleichbare Angaben auf einer formlosen Anlage beizufügen.

Beispiel:
Die GmbH ist an der KG mit einer Vermögenseinlage von 100 000 € als Kommanditistin beteiligt. Für beide Gesellschaften ist das Wj. das Kj. Im laufenden Wj. hat die KG an die GmbH einen Gewinnanteil für das Vorjahr von 150 000 € ausgezahlt. Im laufenden Wj. entfällt vom Verlust der KG auf die GmbH ein Verlustanteil von 220 000 €, der mit einem bestehenden Gewinnvortrag verrechnet wird. Auf Grund einer Betriebsprüfung bei der KG entsteht im laufenden Wj. eine Gewerbesteuernachzahlung, die i.H.v. 40 000 € auf die GmbH entfällt. Weitere außerbilanzielle Korrekturen liegen bei der KG nicht vor.

Stellt die GmbH eine Handelsbilanz auf, wäre die Auszahlung des Gewinnanteils von 150 000 € gewinnwirksam zu erfassen. Der Verlustanteil des laufenden Wj. ist handelsrechtlich ein Vorfall auf Ebene der Personengesellschaft, der bei der GmbH nicht zu bilanzieren ist. Hat die GmbH keine weiteren Geschäftsvorfälle, beträgt der handelsrechtliche Jahresüberschuss 150 000 €.

Im Rahmen der Überleitungsrechnung von der Handels- zur Steuerbilanz muss die Auszahlung von 150 000 € wieder neutralisiert, d.h. vom handelsrechtlichen Jahresüberschuss abgezogen werden. Der Verlustanteil von 220 000 € hat sich bisher im handelsrechtlichen Überschuss noch nicht ausgewirkt, muss also auf Grund des Transparenzprinzips ebenfalls abgezogen werden (da es sich um einen Verlust handelt, ein Gewinn hätte hinzugerechnet werden müssen). Die Tatsache der Verrechnung mit einem Gewinnvortrag auf Ebene der Personengesellschaft ist unbeachtlich.

Basierend auf dem handelsrechtlichen Jahresüberschuss von 150 000 € ergibt sich nach der Minderung um die Gewinnausschüttung von 150 000 € und der Minderung um den Verlustanteil von 220 000 € ein steuerlicher Jahresfehlbetrag von 220 000 €. Dieser ist mit einem negativen Vorzeichen versehen in Zeile 11 einzutragen.

Stellt die GmbH eine Steuerbilanz auf, muss auf Grund der Spiegelbildmethode das Ergebnis aus der Beteiligung an der KG im Steuerbilanzgewinn mit -220 000 € berücksichtigt worden sein. Hat die GmbH keine weiteren Geschäftsvorfälle, müsste in Zeile 11 ebenfalls ein Betrag von -220 000 € eingetragen werden.

In Zeile 21 muss der bilanziell berücksichtigte Wert aus der Beteiligung an Personengesellschaften neutralisiert werden. Einzutragen sind demnach -220 000 €, die dem Einkommen zunächst durch Umkehrung des Vorzeichens wieder hinzugerechnet werden. Würde man hinter Zeile 21 eine Zwischensumme ziehen, wäre das Zwischenergebnis 0 €, d.h., die Ergebnisse aus der Beteiligung der KG wären vollständig neutralisiert worden.

Im Rahmen der gesonderten und einheitlichen Feststellung nach § 180 Abs. 1 Nr. 2 Buchst. a AO werden nun Einkünfte von -180 000 € für die GmbH festgestellt, da die Gewerbesteuer bei der KG außerbilanziell hinzuzurechnen war, vgl. § 4 Abs. 5b EStG. Die gesondert und einheitlich festgestellten Einkünfte sind nun in Zeile 22 einzutragen und mindern (durch Umkehrung des Vorzeichens) das Einkommen wieder. Im Saldo wurde im Einkommen jetzt ein Betrag von -180 000 € berücksichtigt.

In **Zeile 24** sind Angaben zu machen, wenn die Personengesellschaft Einkünfte aus privaten Einkunftsarten (Vermietung und Verpachtung, Kapitalvermögen oder sonstige Einkünfte) erzielt, diese jedoch in Einkünfte aus Gewerbebetrieb umqualifiziert werden und es sich bei der Körperschaft, für die die Steuererklärung ausgefüllt wird, nicht um eine Organgesellschaft handelt. Dies betrifft vor allem Körperschaften, die unter § 8 Abs. 2 KStG fallen (vor allem Gesellschaften mit beschränkter Haftung und Aktiengesellschaften), aber auch andere Körperschaften, bei denen die Beteiligung an der Personengesellschaft dem Betriebsvermögen zuzuordnen ist. **368**

Handelt es sich um eine vermögensverwaltende Personengesellschaft und zählt die Beteiligung bei dem Gesellschafter zum Betriebsvermögen (sog. Zebragesellschaft), müssen die vermögensverwaltenden Einkünfte auf Ebene des Gesellschafters in solche aus Gewerbebetrieb umqualifiziert werden.[1] Im Kontext von Kapitalgesellschaften kommt dieser Umqualifizierung besondere Bedeutung zu, da die Einkünfte bei privaten Einkunftsarten im Regelfall durch Gegenüberstellung der Einnahmen über die Werbungskosten ermittelt werden. Kapitalgesellschaften sind dagegen zur Bilanzierung verpflichtet.

Das bedeutet, dass auf Ebene des Gesellschafters eine völlig eigenständige Gewinnermittlung nach bilanziellen Grundsätzen vorzunehmen ist. Ist die Körperschaft, für die die Steuererklärung ausgefüllt wird, zu weniger als 10 % an der Personengesellschaft beteiligt, gilt eine Vereinfachungsregelung, wonach die Einkünfte aus Gewerbebetrieb geschätzt werden können.[2]

Praxishinweis:

Das für die Besteuerung der Personengesellschaft zuständige FA teilt in den meisten Fällen den nach bilanziellen Grundsätzen ermittelten Gewinn nachrichtlich mit. Verfahrensrechtlich ist dieser Wert nicht bindend, wird jedoch in den meisten Fällen von dem für die Besteuerung des Gesellschafters zuständigen FA übernommen werden. Soweit Einwendungen gegen diesen Wert seitens des Gesellschafters bestehen, empfiehlt es sich, hier frühzeitig Kontakt mit dem für die Besteuerung des Gesellschafters zuständigen FA aufzunehmen. Verfahrensrechtlich entscheidet das FA des Gesellschafters und nicht das für die Besteuerung der Personengesellschaft zuständige FA über den zu berücksichtigenden Wert.

Auch beim hier einzutragenden Wert müssen alle außerbilanziellen Korrekturen (inkl. § 8b KStG und § 20 InvStG) berücksichtigt worden sein.

In **Zeile 25** sind die Einkünfte aus vermögensverwaltenden Personengesellschaften einzutragen, die in gewerbliche Einkünfte umqualifiziert werden, wenn die Körperschaft, für die die Steuererklärung ausgefüllt wird, eine Organgesellschaft ist. Hier dürfen die außerbilanziellen Korrekturen, die von der Person des Organträgers abhängen (z.B. § 8b KStG und § 20 InvStG), noch nicht abgezogen worden sein. Die Ausführungen zu → Rz. 365 ff. gelten sinngemäß. **369**

In den Zeilen 26 und 27 sind Eintragungen vorzunehmen, wenn die Körperschaft, für die die Steuererklärung ausgefüllt wird, ihren Gewinn ganz oder teilweise aus dem Betrieb von Handelsschiffen im internationalen Verkehr erzielt und einen Antrag auf Gewinnermittlung nach § 5a EStG gestellt hat (sog. Tonnagebesteuerung). **370**

Praxishinweis:

In der Praxis werden die meisten Schiffe im internationalen Verkehr von Kommanditgesellschaften betrieben. Dass eine Körperschaft selbst ein Schiff betreibt, ist sehr selten, aber rechtlich durchaus möglich. Soweit die Gewinne über eine Personengesellschaft bezogen werden, erfolgt die Eintragung nicht hier, sondern in den Zeilen 21 und 22.

Zu weiteren Einzelheiten, auch zur Frage der Behandlung und Zuordnung nicht abziehbarer Ausgaben in Fällen, in denen teilweise die Tonnagebesteuerung und teilweise die reguläre Besteuerung greift, sowie zum Übergang zur Tonnagebesteuerung und zur Rückkehr zur regulären Besteuerung hat die FinVerw. ausführlich Stellung genommen.[3] Bezieht die Körperschaft Gewinne nach § 5a EStG über eine Personengesellschaft, sind die Eintragungen nicht in den Zeilen 26 und 27 vorzunehmen, sondern in den Zeilen 21 und 22. Soweit hier die über eine Personengesellschaft erzielten Gewinne nach § 5a EStG eingetragen werden, müssen auch die Ergebnisse aus der Sonderbilanz berücksichtigt sein, vgl. § 5a Abs. 4a Satz 3 EStG.

In **Zeile 26** ist zunächst der in der Handelsbilanz bzw. Steuerbilanz berücksichtigte Gewinn aus dem Betrieb von Handelsschiffen im internationalen Verkehr zu neutralisieren. Bei der pauschalen Gewinnermittlung nach § 5a EStG handelt es sich nur um eine steuerrechtliche Gewinnermittlungsvorschrift. Die handelsrechtlichen Bilanzierungsvorschriften bleiben hiervon unberührt, sodass die Körperschaft weiterhin eine Handelsbilanz aufstellen muss. Auch die steuerrechtlichen **Bilanzierungsvorschriften gelten weiterhin**, wenn die Körperschaft **nicht ausschließlich** Handelsschiffe im internationalen Verkehr betreibt. **371**

In **Zeile 27** sind dann die **nach § 5a EStG pauschal ermittelten Gewinne** anzusetzen. **372**

1) Vgl. Beschluss des Großen Senats des BFH v. 25.6.1984, GrS 4/82, BStBl II 1984, 751.
2) Vgl. Rz. 3 Buchst. c des BMF v. 29.4.1994, BStBl I 1994, 282.
3) BMF v. 10.7.2023, IV C 6 – S 2133-a/20/10001 :003, BStBl I 2023, 1486.

c) Pauschalierungen bei steuerbefreiten Körperschaften (Zeilen 28–37)

Zeile	Einnahmen aus der Verwertung von Altmaterial nach § 64 Absatz 5 AO sowie aus Tätigkeiten nach § 64 Absatz 6 AO bei nach § 5 Absatz 1 Nummer 9 KStG steuerbefreiten Körperschaften Zeilen 28 bis 37 nur ausfüllen, wenn ein Antrag nach § 64 Absatz 5 oder 6 AO gestellt wird	EUR
28	Davon ab: Einnahmen aus der Verwertung von Altpapier, das unentgeltlich außerhalb einer ständig dafür vorgehaltenen Verkaufsstelle erworben wurde (ohne Umsatzsteuer)	13.290
29	Bei Gewinnermittlung nach § 4 Absatz 3 EStG: Davon ab: Vereinnahmte Umsatzsteuer auf Einnahmen aus der Verwertung von Altpapier, das unentgeltlich außerhalb einer ständig dafür vorgehaltenen Verkaufsstelle erworben wurde	13.296

Anlage GK - Oktober 2025 - Version 2.9.1.0 Bekanntgabe

- 2 -

Steuernummer

Zeile		EUR
30	Davon ab: Einnahmen aus der Verwertung von Altmaterial (außer Altpapier), das unentgeltlich außerhalb einer ständig dafür vorgehaltenen Verkaufsstelle erworben wurde (ohne Umsatzsteuer)	13.291
31	Bei Gewinnermittlung nach § 4 Absatz 3 EStG: Davon ab: Vereinnahmte Umsatzsteuer auf Einnahmen aus der Verwertung von Altmaterial (außer Altpapier), das unentgeltlich außerhalb einer ständig dafür vorgehaltenen Verkaufsstelle erworben wurde	13.298
32	Dazu: Mit den Einnahmen laut Zeilen 28 und 30 in Zusammenhang stehende tatsächliche Aufwendungen (bei Gewinnermittlung nach § 4 Absatz 3 EStG: einschließlich Umsatzsteuer) 234	13.292
33	Dazu: Anzusetzender branchenüblicher Reingewinn aus der Verwertung von Altmaterial nach § 64 Absatz 5 AO (5 % des Betrages laut Zeile 28 zuzüglich 20 % des Betrages laut Zeile 30) 231	
34	Davon ab: Einnahmen aus Tätigkeiten nach § 64 Absatz 6 AO (ohne Umsatzsteuer) 232	13.293
35	Bei Gewinnermittlung nach § 4 Absatz 3 EStG: Davon ab: Vereinnahmte Umsatzsteuer auf Einnahmen aus Tätigkeiten nach § 64 Absatz 6 AO	13.295
36	Dazu: Mit den Einnahmen laut Zeile 34 in Zusammenhang stehende tatsächliche Aufwendungen (bei Gewinnermittlung nach § 4 Absatz 3 EStG: einschließlich Umsatzsteuer) 234	13.294
37	Dazu: Pauschalierter Gewinn nach § 64 Absatz 6 AO (15 % des Betrages laut Zeile 34)	

373 In diesem Abschnitt werden die Regelungen des § 64 Abs. 5 und 6 AO für Körperschaften, die gemeinnützigen, mildtätigen oder kirchlichen Zwecken dienen, berücksichtigt. Die Zeilen 28 bis 33 dienen dabei der Berücksichtigung der Pauschalierung des Gewinns aus unentgeltlich erworbenem Altmaterial (§ 64 Abs. 5 AO), während die Zeilen 34 bis 37 der Umsetzung des § 64 Abs. 6 AO (Werbung, Totalisatorbetriebe und Zweite Fraktionierungsstufe der Blutspendedienste) dienen. Mit den Pauschalierungsregelungen des § 64 Abs. 5 und 6 AO werden die dort genannten Geschäfte günstiger besteuert. Sie sind nur auf Antrag anzuwenden. Im Regelfall wird es also sinnvoll sein, die Eintragungen in den Zeilen 28 bis 37 vorzunehmen, da sie regelmäßig zu einer niedrigeren Steuerfestsetzung führen werden. Betreibt die Körperschaft jedoch nur die dort genannten Dienste und wird im Übrigen kein wirtschaftlicher Geschäftsbetrieb betrieben oder liegen dessen Einnahmen insgesamt unter der in § 64 Abs. 3 AO genannten Schwelle von 45 000 €, muss keine Anlage GK abgegeben werden und die entsprechenden Angaben erübrigen sich auch hier.

Schematisch geht der Vordruck wie folgt vor:

1. Neutralisierung der tatsächlichen Einnahmen (Zeilen 28, 29, 30, 31, 34 und 35);
2. Neutralisierung der tatsächlichen Ausgaben (Zeilen 32 und 36);
3. Ansatz des pauschalierten Gewinns (Zeilen 33 und 37).

Dies bedeutet im Umkehrschluss, dass im Jahresüberschuss/-fehlbetrag oder im nach § 4 Abs. 3 EStG ermittelten Gewinn die Einnahmen und Ausgaben im Zusammenhang mit den in § 64 Abs. 5 und 6 AO genannten Tätigkeiten noch ungemildert enthalten sein müssen.

374 Die Zeilen 28 bis 33 bilden die Regelung des § 64 Abs. 5 AO zur Altmaterialsammlung ab. Begünstigt werden soll das Sammeln von Altmaterial (z.B. Altpapier, Altkleider, Lumpen, Altgold). Der Erwerb des Altmaterials muss dabei unentgeltlich erfolgt sein, d.h., dem bisherigen Eigentümer darf keine Gegenleistung für die Überlassung des Altmaterials gewährt werden. Wird eine Gegenleistung erbracht, kommt eine Pauschalierung nach § 64 Abs. 5 AO nicht in Betracht, es verbleibt bei der normalen Steuerpflicht. Der Erwerb des Altmaterials muss auch außerhalb einer ständig dafür vorgehaltenen Verkaufsstelle erfolgt sein.

Das unentgeltlich erworbene Material wird dann veräußert. Die hieraus entstehenden Betriebseinnahmen erhöhen den Gewinn des (einheitlichen) wirtschaftlichen Geschäftsbetriebs. Nach § 64 Abs. 5 AO ist der Gewinn aus diesem

Geschäft mit dem branchenüblichen Reingewinn zu schätzen. Die Verwaltung hat diesen branchenüblichen Reingewinnsatz für Altpapier auf 5 % und von anderem Altmaterial auf 20 % festgesetzt.[1)]

In **Zeile 28** sind die **Einnahmen aus der Veräußerung von unentgeltlich erworbenem Altpapier** außerhalb einer dafür ständig vorgehaltenen Verkaufsstelle einzutragen, wenn eine Pauschalierung nach § 64 Abs. 5 AO begehrt wird. Die Eintragung erfolgt ohne Umsatzsteuer, da die Pauschalierung auf Basis des Nettowerts erfolgen muss. **375**

In **Zeile 29** ist bei Gewinnermittlung nach § 4 Abs. 3 EStG die Umsatzsteuer, die auf Einnahmen aus der Veräußerung von unentgeltlich erworbenem Altpapier beruht, einzutragen. Bei Gewinnermittlung nach § 4 Abs. 3 EStG ist die vereinnahmte Umsatzsteuer eine Betriebseinnahme, erhöht also den Gewinn. Die Abführung der Umsatzsteuer an das FA ist dann wiederum Betriebsausgabe und mindert den Gewinn, sodass die Umsatzsteuer auch bei Gewinnermittlung nach § 4 Abs. 3 EStG neutral bleibt. Augenscheinlich geht die FinVerw. davon aus, dass die vereinnahmte Umsatzsteuer zu dem Überschuss nach § 64 Abs. 5 AO gehört, der aus dem Gesamtgewinn ausgeschieden werden muss. Nicht ausdrücklich erwähnt, aber aus systematischen Gründen trotzdem hier einzutragen sind Vorsteuererstattungen des FA.

In **Zeile 30** sind die entsprechenden Einnahmen aus der Veräußerung von **anderem Altmaterial** einzutragen. Die Einnahmen sind hier immer ohne Umsatzsteuer einzutragen. Dies ergibt sich bei buchführenden Körperschaften ohnehin, da die Umsatzsteuer hier nicht ertragswirksam ist. Dies gilt aber auch bei Gewinnermittlung nach § 4 Abs. 3 EStG. In **Zeile 31** ist vergleichbar der **Zeile 29** bei Gewinnermittlung nach § 4 Abs. 3 EStG die vereinnahmte Umsatzsteuer und die vom FA erstattete Vorsteuer, die sich als Betriebseinnahme auf den Gewinn nach § 4 Abs. 3 EStG ausgewirkt hat, abzuziehen.

In **Zeile 32** sind die mit den Einnahmen aus der **Verwertung von Altmaterial im Zusammenhang stehenden Kosten** einzutragen. Hier sind angemessene Anteile der Gemeinkosten, aber auch spezifische Kosten (z.B. Werbemaßnahmen für die Sammlungsaktion) denkbar. Ebenfalls einzutragen ist hier die an das FA abgeführte Umsatzsteuer und die gezahlte Vorsteuer auf Einnahmen nach § 64 Abs. 5 AO. **376**

Praxishinweis:

Da die Regelung nach § 64 Abs. 5 AO zum Ansatz eines Prozentsatzes der Einnahmen führt, ist die Pauschalisierung dieser Gewinne im Prinzip fast immer vorteilhaft, da wohl nicht davon auszugehen ist, dass die im Zusammenhang stehenden Kosten größer als die Einnahmen sind. Es kann jedoch sinnvoll sein, einen Antrag auf Pauschalierung nicht zu stellen, wenn die Einnahmen zum Ausgleich anderweitiger Verluste des einheitlichen wirtschaftlichen Geschäftsbetriebs benötigt werden. Ergibt sich bei dem einheitlichen wirtschaftlichen Geschäftsbetrieb ein Verlust, droht der Verlust der Gemeinnützigkeit und damit der Steuerbefreiung nach § 5 Abs. 1 Nr. 9 KStG.

In **Zeile 33** wird dann der zu **berücksichtigende Gewinn** nach § 64 Abs. 5 AO durch Anwendung der o.g. Prozentsätze auf die Beträge in den Zeilen 28 und 30 ermittelt. **377**

Beispiel:

Anlässlich des St.-Martin-Festes am 6.12. führt der gemeinnützige Verein regelmäßig eine Lumpensammlung durch. Neben der Lumpensammlung beteiligt sich der Verein am Johannistag noch mit einer Apfelweinbude am örtlichen Johannismarkt. Für die Lumpensammlung hat der Verein diverse Lkw angemietet. Hierfür hat er Ausgaben von 1 000 € zzgl. 19 % Umsatzsteuer, also von 1 190 € aufgewendet, die er auch als Betriebsausgaben in der § 4 Abs. 3 EStG-Rechnung berücksichtigt hat. Die Lumpen wurden am 8.12.01 an einen Händler veräußert. Dieser überwies am 23.12.01 einen Betrag von 10 000 € zzgl. 19 % Umsatzsteuer, also 11 900 €. Auf dem Johannismarkt wurden Betriebseinnahmen von netto 40 000 € (Umsatzsteuer hierauf 7 600 €) erzielt. Die aufgewendeten Betriebsausgaben betrugen 10 000 € (Umsatzsteuer hierauf 1 190 €).

Der Verein meldet die Umsatzsteuer und Vorsteuer im zutreffenden Quartal in der Umsatzsteuervoranmeldung, die jeweils am dritten Tag nach Quartalsende beim FA eingeht. Die Zahllast wird korrekt am jeweils achten Tag nach Quartalsende auf einem Konto des FA gutgeschrieben.

Der nach § 4 Abs. 3 EStG ermittelte Gewinn beträgt (in Euro)

Betriebseinnahmen Straßenfest (netto)	40 000
Betriebseinnahmen Umsatzsteuer hierauf	7 600
Betriebseinnahmen Lumpenverkauf	10 000
Betriebseinnahmen Umsatzsteuer hierauf	1 190
Betriebseinnahme Vorsteuererstattung Straßenfest II/01	1 190
Betriebseinnahme Vorsteuererstattung Lkw-Anmietung IV/01	190
Betriebsausgaben Material Johannismarkt (netto)	10 000
Betriebsausgabe Vorsteuer hierauf	1 190
Betriebsausgaben Lkw (netto)	1 000
Betriebsausgabe Vorsteuer hierauf	-190
Betriebsausgabe Umsatzsteuerzahlung II/01	7 600
Betriebsausgabe Umsatzsteuerzahlung IV/01	1 190
Gewinn nach § 4 Abs. 3 EStG lt. Anlage EÜR	39 000

1) Tz. 31 zu § 64 AEAO.

Dieser Betrag ist in Zeile 12 der Anlage GK einzutragen. Die Zahlung der Umsatzsteuerschuld der am 3.1.02 für das Quartal IV/01 beim FA eingegangenen Umsatzsteuervoranmeldung am 8.1.02 an das FA ist trotzdem noch dem VZ 01 zuzuordnen, vgl. § 11 Abs. 2 Satz 1 i.V.m. Abs. 1 Satz 2 EStG.

In Zeile 30 sind die Nettoeinnahmen aus dem Verkauf der Lumpen i.H.v. 10 000 € einzutragen. In Zeile 31 muss die vereinnahmte Umsatzsteuer hierauf (1 190 €) und die erstattete Vorsteuer für die Anmietung des Lkw (190 €), also insgesamt 1 380 € eingetragen werden.

In Zeile 32 müssen die abgeführte Umsatzsteuer (1 190 €), die Kosten für die Lkw-Anmietung (1 000 €) und die hierfür verausgabte Vorsteuer (190 €), also 2 380 € eingetragen werden.

In Zeile 33 sind 2 000 €, also 20 % des Nettoerlöses aus dem Verkauf der Lumpen einzutragen.

Die Eintragungssystematik der FinVerw. scheint komplizierter als nötig zu sein. Mit der Eintragung der Netto-Einnahmen in den Zeilen 28, 30 und 33 und der Nettoausgaben in den Zeilen 30, 32 und 34 käme man zum gleichen Ergebnis.

378 In den Zeilen 34 bis 37 wird die Regelung des § 64 Abs. 6 AO abgebildet. Hier hat der Gesetzgeber ebenfalls die Möglichkeit einer Pauschalierung und damit einer Vergünstigung für folgende Tätigkeiten eingeräumt:

1. Werbung für Unternehmen als Nebentätigkeit einer steuerbegünstigten Tätigkeit (z.B. Banden- und Trikotwerbung bei Sportvereinen). Hier sind in Zeile 34 die Einnahmen aus der Werbung einzutragen. In Zeile 36 sind die damit im Zusammenhang stehenden Kosten einzutragen.
2. Totalisatorbetriebe gemeinnütziger Pferderennvereine. In einem Totalisatorbetrieb werden Wetten auf Pferderennen angenommen, Gewinnquoten ausgerechnet und die Gewinne ausgezahlt. Nicht alle der platzierten Wetten werden an die Gewinner ausgezahlt. Es verbleibt ein Restbetrag beim Totalisatorbetrieb. In Zeile 34 sind die Wetteinnahmen einzutragen. In Zeile 36 sind die Rennwettsteuer (Totalisatorabgabe) und die Zahlungen an die Gewinner einzutragen.[1)]
3. die zweite Fraktionierungsstufe der Blutspendedienste. Blutspenden sind in der Regel nicht lange lagerfähig. Deshalb wird das Blut in seine Bestandteile zerlegt (fraktioniert). Die erste Stufe dieser Fraktionierung gehört noch zur Förderung des öffentlichen Gesundheitswesens nach § 52 Abs. 2 Nr. 3 AO, während die zweite Fraktionierungsstufe – soweit sie vom eigentlich steuerbefreiten Blutspendedienst durchgeführt wird – zum (einheitlichen) wirtschaftlichen Geschäftsbetrieb gehört. Einnahmen aus der zweiten Fraktionierungsstufe sind in Zeile 34 einzutragen. Damit im Zusammenhang stehende Kosten in Zeile 36.

Diese Pauschalierungsmöglichkeit wurde eingeführt, weil die oben genannten Tätigkeiten (wirtschaftliche Geschäftsbetriebe) jeweils in einem engen Zusammenhang mit einem steuerfreien Zweckbetrieb (sportliche Veranstaltungen, Veranstaltung von Pferderennen und Blutspende) stehen. Aufwendungen, die sowohl auf den Zweckbetrieb als auch auf den wirtschaftlichen Geschäftsbetrieb entfallen sind nach der Rechtsprechung des BFH aufzuteilen.[2)] Im bilanziellen Jahresüberschuss/-fehlbetrag bzw. dem nach § 4 Abs. 3 EStG ermittelten Gewinn dürfen Aufwendungen, die auf den steuerfreien Zweckbetrieb entfallen, nicht mehr enthalten sein.

379 In **Zeile 34** sind die Einnahmen aus den begünstigten Tätigkeiten nach § 64 Abs. 6 AO ohne Umsatzsteuer einzutragen. In der **Zeile 35** ist bei Gewinnermittlung nach § 4 Abs. 3 EStG die vereinnahmte Umsatzsteuer und die vom FA erstattete Vorsteuer auf Aufwendungen, die mit den begünstigten Tätigkeiten im Zusammenhang stehen, in Abzug zu bringen (siehe →Rz. 375). Die tatsächlichen Aufwendungen, die mit den begünstigten Tätigkeiten in Zusammenhang stehen, sind in **Zeile 36** einzutragen. Bei Gewinnermittlung nach § 4 Abs. 3 EStG ist hier die an das FA abgeführte Umsatzsteuer und verausgabte Vorsteuer für Aufwendungen, die mit den begünstigten Tätigkeiten im Zusammenhang stehen, einzutragen.

In **Zeile 37** wird dann der anzusetzende **pauschale Gewinn nach § 64 Abs. 6 AO** durch Anwendung des Prozentsatzes von 15 % auf die in Zeile 34 eingetragenen Einnahmen ermittelt.

Praxishinweis:

Bei Tätigkeiten, die unter § 64 Abs. 6 AO fallen, muss individuell geprüft werden, ob die Ausübung des Wahlrechts sinnvoll ist. Hier müssen die im Zusammenhang stehenden Kosten geprüft werden. Betragen diese mehr als 75 % der Einnahmen, ist die Stellung des Antrags nicht sinnvoll. Es kann auch sinnvoll sein, einen Antrag auf Pauschalierung nicht zu stellen, wenn die Einnahmen zum Ausgleich anderweitiger Verluste des einheitlichen wirtschaftlichen Geschäftsbetriebs benötigt werden. Ergibt sich bei dem einheitlichen wirtschaftlichen Geschäftsbetrieb ein Verlust, droht der Verlust der Gemeinnützigkeit und damit der Steuerbefreiung nach § 5 Abs. 1 Nr. 9 KStG.

1) Tz. 35 zu § 64 AEAO.
2) Beschluss des Großen Senats des BFH v. 21.9.2009, GrS 1/06, BStBl II 2010, 672; BFH v. 15.1.2015, I R 48/13, BStBl II 2015, 713.

4. Außerbilanzielle Korrekturen (Zeilen 37a–298)

	Außerbilanzielle Korrekturen	
37a	Dazu: Aufwendungen nach § 8 Steueroasen-Abwehrgesetz aus Geschäftsvorgängen in oder mit Bezug zu einem nicht kooperativen Steuerhoheitsgebiet	13.233
38	Dazu / Davon ab: Betrag nach § 4e Absatz 3 EStG	13.241
39	Dazu / Davon ab: Betrag nach § 4f EStG	13.242
40	Dazu: Nichtabziehbare Aufwendungen bei Besteuerungsinkongruenzen nach § 4k EStG	13.248
	Nichtabziehbare Aufwendungen für Rechteüberlassungen nach § 4j Absatz 3 EStG	
	laut gesonderter Einzelaufstellung	
41 bis 45 frei		
46	Dazu: Nichtabziehbare Aufwendungen für Rechteüberlassungen nach § 4j Absatz 3 EStG	13.243

Aufwendungen aus Geschäftsvorgängen in oder mit Bezug zu **nicht kooperativen Steuerhoheitsgebieten** dürfen unter den weiteren Voraussetzungen des § 8 StAbwG den Gewinn nicht mindern. Soweit die Voraussetzungen des § 8 StAbwG vorliegen, sind entsprechende Aufwendungen durch Eintragung in **Zeile 37a** außerbilanziell hinzuzurechnen. 380

Die nicht kooperativen Steuerhoheitsgebiete werden durch die Steueroasenabwehrverordnung[1] (StAbwV) definiert. Die Nichtabziehbarkeit der Aufwendungen tritt erst ab Beginn des vierten Jahres nach Inkrafttreten der Rechtsverordnung ein, vgl. § 3 Abs. 2 Satz 2 StAbwG. Bei abweichendem Wj. tritt die Nichtabziehbarkeit der Aufwendungen zum Beginn des nächsten auf den Stichtag folgenden Wj. ein. Wird ein Steuerhoheitsgebiet von der Liste der nicht kooperativen Steuerhoheitsgebiete entfernt, tritt die Abziehbarkeit der Aufwendungen bereits zum Beginn des Kj. ein, zu dem das Steuerhoheitsgebiet entfernt wird, vgl. § 3 Abs. 3 Satz 1 StAbwG.

Steuerhoheitsgebiet	Stichtag der Anwendung von § 8 StAbwG
Amerikanisch-Samoa	1.1.2025[2]
Anguilla	1.1.2026
Fidschi	1.1.2025
Guam	1.1.2025
Palau	1.1.2025
Panama	1.1.2025
Russische Föderation	1.1.2025
Samoa	1.1.2025
Trinidad und Tobago	1.1.2025
Amerikanische Jungferninseln	1.1.2025
Vanuatu	1.1.2025

Die vorübergehend aufgenommenen Steuerhoheitsgebiete Antigua und Barbuda, Bahamas, Belize, Seychellen und Turks- und Caicosinseln wurden vor Ablauf der Vierjahresfrist in § 3 Abs. 2 StAbwV wieder entfernt, sodass für sie zu keinem Zeitpunkt die Nichtabziehbarkeit der Aufwendungen eingetreten ist.

Die Nichtabziehbarkeit betrifft Geschäftsbeziehungen mit Personen, die in den nicht kooperativen Steuerhoheitsgebieten ansässig sind oder von dort aus handeln, sowie Beteiligungen an Gesellschaften, die in diesen Gebieten ansässig sind oder Betriebsstätten dort unterhalten.[3] Stehen den Aufwendungen entsprechende Erträge gegenüber, die der unbeschränkten deutschen Steuerpflicht unterliegen, bleiben Aufwendungen insoweit abzugsfähig, vgl. § 8 Satz 2 Nr. 1 StAbwG. Ebenso abzugsfähig bleiben Aufwendungen soweit ein Hinzurechnungsbetrag versteuert wird (§ 8 Satz 2 Nr. 2 StAbwG), die Aufwendungen aus Inhaberschuldverschreibungen stammen oder die Aufwendungen aus Versicherungs- oder Rückversicherungsleistungen stammen (§ 8 Satz 2 Nr. 3 StAbwG). Es empfiehlt sich solche abzugsfähigen Aufwendungen, die nicht in dieser Zeile einzutragen sind gegenüber der FinVerw. in einer Anlage zu benennen oder wenigstens gut zu dokumentieren.

Die Vorschrift des **§ 4e Abs. 3 EStG** ermöglicht es Stpfl., die zur teilweisen oder vollständigen Übernahme einer bestehenden Versorgungsverpflichtung oder Versorgungsanwartschaft erforderlichen Leistungen an einen Pensionsfonds auf Antrag abweichend von § 4e Abs. 1 EStG nicht im Jahr der Beitragszahlung, sondern erst in den dem Wj. der Übertragung folgenden zehn Wj. gleichmäßig verteilt als Betriebsausgaben abzuziehen. Ist eine Pensions- 381

1) Steueroasen-Abwehrverordnung v. 16.12.2022, BGBl. I 2022, 2413 zuletzt geändert durch die dritte Verordnung zur Änderung der Steueroasen-Abwehrverordnung v. 20.12.2024, BGBl. I 2024 Nr. 444.
2) Vgl. Rz. 11 des BMF v. 14.6.2024, IV B 5 – S 1308/22/10008 :004, BStBl I 2024, 1086.
3) Ausführlich BMF v. 14.6.2024, IV B 5 – S 1308/22/10008 :004, BStBl I 2024, 1086.

rückstellung nach § 6a EStG gewinnerhöhend aufzulösen, sind die Leistungen an den Pensionsfonds im Wj. der Übertragung in Höhe der aufgelösten Rückstellung in Abzug zu bringen. Der die aufgelöste Rückstellung übersteigende Betrag ist in den dem Wj. der Übertragung folgenden zehn Wj. gleichmäßig verteilt als Betriebsausgaben geltend zu machen.

Die hierdurch erforderlichen Hinzurechnungen bzw. Kürzungen sind unter **Zeile 38** der Anlage GK vorzunehmen.

382 In **Zeile 39** sind außerbilanzielle Korrekturen einzutragen, die auf Grund des § 4f EStG bei **Übertragung von Verpflichtungen mit Ansatzverboten und -beschränkungen** entstehen können. Verpflichtungen mit Ansatzverboten oder -beschränkungen führen i.d.R. zum Entstehen von stillen Lasten, d.h., die tatsächliche Verpflichtung ist höher als der steuerlich zu passivierende Betrag. Übertrug der Stpfl. derartige Verpflichtungen gegen Zahlungen eines Entgelts (das im Regelfall dem tatsächlichen Betrag entsprach) auf einen Dritten, entstand nach gefestigter Rechtsprechung[1] in Höhe der Differenz zwischen dem Veräußerungspreis und dem Bilanzansatz ein sofort abzugsfähiger Aufwand. Der Erwerber bilanzierte die Verpflichtung mit den Anschaffungskosten und musste keinen entsprechenden gegenläufigen „Erwerbsgewinn" versteuern.[2] Er unterlag auch nicht den Ansatzverboten und -beschränkungen des Übertragenden.

Bei Übertragung von Verpflichtungen in Wj., die nach dem 28.11.2013 enden, gilt § 4f EStG für den Übertragenden und § 5 Abs. 7 EStG für den Erwerber der stillen Last. Im Grundsatz erkennt das Gesetz die Rechtsprechung des BFH nun an, verteilt den beim Erwerber entstehenden Aufwand aus der Aufdeckung der stillen Last jedoch gleichmäßig auf das laufende und die nachfolgenden vierzehn Wj., vgl. § 4f Abs. Satz 1 EStG. Die Korrektur erfolgt dabei außerbilanziell. Im Wj. der Übertragung von Verpflichtungen mit Ansatzverboten und -beschränkungen muss der Aufwand aus der Aufdeckung der stillen Last im Jahresüberschuss/-fehlbetrag gewinnmindernd berücksichtigt worden sein. In Zeile 39 sind 14/15 des Aufwands außerbilanziell hinzuzurechnen (positives Vorzeichen). In den folgenden vierzehn Wj. sind jeweils 1/15 des ursprünglichen Aufwands gewinnmindernd (negatives Vorzeichen) zu berücksichtigen.

Einer Verteilung auf das laufende und die folgenden vierzehn Wj. bedarf es nach § 4f Abs. 1 Satz 3 EStG nicht, wenn:

- die Übertragung i.R. der Veräußerung oder Aufgabe des ganzen Betriebs erfolgt,
- bei Übertragung von Pensionsansprüchen der Arbeitnehmer seinen erworbenen Pensionsanspruch zu einem neuen Arbeitgeber mitnimmt oder
- wenn das Betriebsvermögen 2,2 Mio. € nicht überschreitet (§ 7g Abs. 1 Satz 2 Nr. 1 EStG).

Beim Erwerber gelten durch § 5 Abs. 7 EStG die Ansatzverbote und -beschränkungen des Übertragenden weiter. Die Differenz zwischen den Anschaffungskosten und dem steuerlich anzusetzenden Wert wirkt sich gewinnerhöhend aus. Dieser Erwerbsgewinn kann auf Antrag auf das laufende und die folgenden vierzehn Wj. verteilt werden. Hierfür ist eine bilanzielle steuerliche Rücklage zu bilden, vgl. § 5 Abs. 7 Satz 5 EStG. Entsprechende Korrekturbeträge müssen daher im Jahresüberschuss/-fehlbetrag lt. Zeile 11 berücksichtigt worden sein.

383 Mit dem durch das ATADUmsG eingeführten § 4k EStG[3] will der Gesetzgeber gegen hybride Gestaltungen vorgehen, also Gestaltungen, in denen durch geschicktes Ausnutzen unterschiedlicher Steuersysteme Gewinne in keinem Staat besteuert werden oder Betriebsausgaben in mehreren Staaten abgezogen werden. Der Gesetzgeber setzt mit § 4k EStG auf internationaler Ebene getroffene Vereinbarungen[4] und die ATAD-Richtlinien[5] der Europäischen Union um.

In **Zeile 40** sind die Aufwendungen einzutragen, die auf Grund der Regelung des § 4k EStG nicht abziehbar sind. Das Abzugsverbot richtet sich zunächst auf Aufwendungen, die für die Nutzung oder im Zusammenhang mit der Übertragung von Kapitalvermögen entstanden sind, also beispielsweise Schuldzinsen (§ 4k Abs. 1 EStG). Nach § 4k Abs. 6 EStG sind weiterhin folgende Voraussetzungen zu erfüllen, damit überhaupt eine Einzelprüfung nach § 4k EStG erfolgt:

1. der Leistende (die Körperschaft, für die die Steuererklärung ausgefüllt wird) und der Empfänger sind nahestehende Personen i.S.d. § 1 Abs. 2 AStG oder
2. die Zahlungen erfolgen zwischen der Körperschaft, für die die Steuererklärung ausgefüllt wird und ihrer im Ausland belegenen Betriebsstätte oder
3. Leistender und Empfänger wirken durch ein abgestimmtes Verhalten zusammen (strukturierte Gestaltung).

Ist dies gegeben (Aufwendungen, die durch die Nutzung oder die Übertragung von Kapitalvermögen entstanden sind und nahestehende Personen (u.a.)) sind folgende Fallgruppen definiert:

1) BFH v. 17.10.2007, I R 61/06, BStBl II 2008, 555 und v. 26.4.2012, IV R 43/09, BStBl II 2017, 1228.
2) BFH v. 16.12.2009, I R 102/08, BStBl II 2011, 566; v. 14.12.2011, I R 72/10, BStBl II 2017, 1226; v. 12.12.2012, I R 28/11, BStBl II 2017, 1265; v. 12.12.2012, I R 69/11, BStBl II 2017, 1232.
3) ATADUmsG v. 25.6.2021, BGBl. I 2021, 2035 = BStBl I 2021, 874.
4) Vgl. BEPS-Aktionspunkt 2 des Abschlussberichts 2015 der OECD/G20-Tagung.
5) Vgl. Art. 9 und Art. 9b der ATAD-Richtlinie EU 2016/1164 v. 12.7.2016, ABl.EU 2016 Nr. L 193, 1 geändert durch ATAD-II Richtlinie EU 2017/952 v. 29.5.2017, ABl.EU 2017 Nr. L 144, 1.

1. Die Erträge aus der Nutzung oder Übertragung des Kapitalvermögens werden auf Grund einer vom deutschen Recht **abweichenden steuerlichen Qualifikation** oder abweichenden **Zurechnung nicht oder niedriger** als im deutschen Recht **besteuert** (§ 4k Abs. 1 EStG).
2. Die Erträge unterliegen auf Grund einer vom deutschen Recht **abweichenden** steuerlichen **Behandlung** des **Stpfl.** oder auf Grund einer vom deutschen Recht abweichenden steuerlichen Beurteilung von **anzunehmenden schuldrechtlichen Beziehungen** i.S.d. § 1 Abs. 4 Satz 1 Nr. 2 AStG in **keinem Staat einer tatsächlichen Besteuerung** (§ 4k Abs. 2 EStG).
3. Die Erträge unterliegen auf Grund **abweichender steuerlicher Zuordnung oder Zurechnung** nach den **Rechtsvorschriften anderer Staaten** in **keinem Staat** einer **tatsächlichen** Besteuerung (§ 4k Abs. 3 EStG).
4. Die Aufwendungen werden **auch in einem anderen Staat** als **Betriebsausgaben** berücksichtigt (§ 4k Abs. 4 EStG).
5. Den (auch mittelbaren) Erträgen stehen Aufwendungen gegenüber, deren Abzug bei entsprechender Anwendung des § 4k EStG versagt werden würde (§ 4k Abs. 5 EStG).

Zu jeder Fallgruppe gibt es weitergehende Spezialregelungen, die die Anwendung erweitern oder reduzieren. Weitere Prüfungen sind hier notwendig, die den Rahmen dieses Werks sprengen.[1] Soweit nach dieser Prüfung von nicht abziehbaren Aufwendungen auszugehen ist, sind sie durch Eintragung in Zeile 40 zu neutralisieren. Der Abzug i.R. der Steuerbilanz wird durch die Eintragung außerbilanziell rückgängig gemacht.

In **Zeile 46** sind nicht abzugsfähige Lizenzaufwendungen auf Grund der **Lizenzschranke** des § 4j EStG einzutra- **384**
gen. Die Vorschrift wurde durch Art. 4 Nr. 2 des Mindeststeueranpassungsgesetzes[2] ab dem VZ 2024 aufgehoben. Da das Gesetz erst nach Veröffentlichung der Körperschaftsteuererklärung für den VZ 2025 verabschiedet wurde, ist die entsprechende Zeile noch vorhanden, darf aber nicht mehr befüllt werden.

a) Besondere Verlustverrechnungsvorschriften (Zeilen 47–66)

In diesem Abschnitt des Vordrucks sind **diverse außerbilanzielle Korrekturen** auf Grund von speziellen Verlust- **385**
verrechnungsbeschränkungen zu erfassen. In diesem Abschnitt werden (mit Ausnahme von Beteiligungen an stillen Gesellschaften) keine Verlustverrechnungsbeschränkungen erfasst, die bereits auf Ebene der Personengesellschaft angewendet werden (z.B. § 15a EStG). Diese müssen bereits in den Eintragungen zu den Zeilen 22 und 24 berücksichtigt sein. In diesem Abschnitt sind nur noch solche Verlustverrechnungsbeschränkungen zu erfassen, die auf Ebene der Körperschaft direkt angewendet werden.

Die in diesem Abschnitt eingetragenen Werte wirken sich nicht auf den Gewerbeertrag aus, da die einkommen- und körperschaftsteuerlichen Verlustverrechnungsbeschränkungen nicht auf die Gewerbesteuer wirken, vgl. R 7.1 Abs. 3 GewStR 2009.

Die besondere Verlustverrechnungsvorschrift des § 2a EStG ist nicht hier, sondern auf der Anlage AEV zu erklären. **386**

§ 2 Abs. 4 Satz 3 und 4 UmwStG ist auch für die o.g. besonderen Verlustverrechnungsbeschränkungen anzuwen- **387**
den. Demnach dürfen positive Einkünfte des übertragenden Rechtsträgers im Rückwirkungszeitraum nicht mit negativen Einkünften und (besonderen) Verlustvorträgen (z.B. nach § 15 Abs. 4 EStG) des übernehmenden Rechtsträgers (die Körperschaft, für die die Steuererklärung ausgefüllt wird) verrechnet werden. Die Berechnungssystematik der Zeilen 47-51 der Anlage ZVE und der Zeilen 19-24 der Anlage Verluste können sinngemäß übernommen werden (detaillierte Erläuterungen zur Systematik → Rz. 1509 ff. und → Rz. 1291).

Entsprechendes gilt nach **§ 20 Abs. 6 Satz 4 UmwStG** für den Fall der **Einbringung mit steuerlicher Rückwirkung**.

Praxishinweis:

§ 2 Abs. 4 Satz 3 und 4 UmwStG haben für die besonderen Verlustverrechnungsbeschränkungen in der Praxis eine untergeordnete Bedeutung, da sowohl der übernehmende als auch der übertragende Rechtsträger die Tatbestände der Verlustverrechnungsbeschränkung erfüllen müssen. So ist es unwahrscheinlich, dass sowohl der übernehmende als auch der übertragende Rechtsträger Termingeschäfte oder gewerbliche Tierzucht betreiben. Für § 15b EStG besteht nur dann eine Relevanz, wenn sowohl der übernehmende als auch der übertragende Rechtsträger Einkünfte aus demselben Steuerstundungsmodell erzielen.

aa) Verlustausgleichsbeschränkung bei Steuerstundungsmodellen nach § 15b EStG (Zeilen 47–48)

	Verlustausgleichsbeschränkung bei Steuerstundungsmodellen nach § 15b EStG ㊸ - ohne Beträge laut Zeile 22 -	
47	Dazu: Nicht ausgleichsfähige Verluste nach § 15b EStG gegebenenfalls in Verbindung mit § 2 Absatz 4 Satz 1 und 2 UmwStG und § 20 Absatz 6 Satz 4 UmwStG (ohne Beträge aus Beteiligungen an Personengesellschaften)	13.328
48	Davon ab: Verlustverrechnung nach § 15b EStG, gegebenenfalls unter Berücksichtigung von § 2 Absatz 4 Satz 3 und 4 UmwStG (ohne Beträge aus Beteiligungen an Personengesellschaften)	13.329

1) Vgl. Frase in Fuhrmann/Kraeusel/Schiffers, eKomm Ab VZ 2020, § 4k EStG Rz. 1 (Aktualisierung v. 29.1.2021).
2) Gesetz zur Anpassung des Mindeststeuergesetzes und zur Umsetzung weiterer Maßnahmen v. 22.12.2025, BGBl. I 2025 Nr. 353.

388 Nach **§ 15b Abs. 1 EStG** dürfen Verluste in Zusammenhang mit einem Steuerstundungsmodell weder mit Einkünften aus Gewerbebetrieb noch mit Einkünften aus anderen Einkunftsarten ausgeglichen werden. Sie mindern lediglich solche Einkünfte, die der Stpfl. in den folgenden Wj. aus **derselben** Einkunftsquelle erzielt. Ein Steuerstundungsmodell liegt vor, wenn auf Grund einer modellhaften Gestaltung steuerliche Vorteile in Form negativer Einkünfte erzielt werden sollen, vgl. § 15b Abs. 2 Satz 1 EStG. Zu den Details wird auf das BMF-Schreiben v. 15.8.2007[1)] verwiesen. Anders als bei § 15a EStG oder § 2b EStG ist die Verlustverrechnungsbeschränkung des § 15b EStG nicht auf Personengesellschaften beschränkt. Soweit die Voraussetzungen für ein **Steuerstundungsmodell** bei der Körperschaft selbst erfüllt sind, ist ein laufender Verlust in **Zeile 47** einzutragen.

Der nicht ausgleichsfähige laufende Verlust führt zur Feststellung oder zur Erhöhung eines verrechenbaren Verlusts, vgl. § 15b Abs. 4 EStG. Die Berechnung und Fortentwicklung dieses verrechenbaren Verlusts wird von der FinVerw. außerhalb eines amtlichen Vordrucks vorgenommen.

Kommt es in den Folgejahren zu positiven laufenden Einkünften aus dem gleichen Steuerstundungsmodell, können diese mit einem verrechenbaren Verlust verrechnet werden. Soweit eine **Verrechnung** möglich ist, ist diese in **Zeile 48** einzutragen.

Die Körperschaft kann mehrere Steuerstundungsmodelle nebeneinander betreiben. In diesem Fall bildet jedes Steuerstundungsmodell einen eigenen Verlustverrechnungskreis. Eine Saldierung ist nicht zulässig. Da dies aber nur sehr selten vorkommen dürfte, verzichtet die FinVerw. hier auf eine detaillierte Aufgliederung. Sollte die Körperschaft, für die die Steuererklärung ausgefüllt wird, dennoch mehrere Steuerstundungsmodelle betreiben, sollte eine formlose Aufgliederung der Steuererklärung beigefügt werden.

Die Bildung und Auflösung des verrechenbaren Verlusts nach § 15b EStG erfolgt dabei nach folgendem Schema (ohne fortführungsgebundene Verluste und § 2 Abs. 4 Satz 3 und 4 UmwStG):

1	verrechenbarer Verlust zum Schluss des vorangegangenen VZ		
2	davon ab: Nicht zu berücksichtigender Verlustvortrag nach § 8c KStG (ggf. i.V.m. § 2 Abs. 4 Satz 1 und 2, § 20 Abs. 6 Satz 4 UmwStG)		
3	davon ab: Im Falle der Abspaltung: Verringerung des verrechenbaren Verlusts bei der übertragenden Körperschaft (§ 15 Abs. 3, § 16 UmwStG)		
4	dazu: laufender Verlust (Betrag lt. Zeile 47)		
5	davon ab: Nicht zu berücksichtigender Verlust nach § 8c KStG (ggf. i.V.m. § 2 Abs. 4 Satz 1, § 20 Abs. 6 Satz 4 UmwStG)		
6	Zwischensumme		
7	laufender Gewinn		
8	davon ab: Verlustabzug (Betrag lt. Zeile 7 Vorspalte, höchstens Betrag lt. Zeile 6) (Übertrag in Zeile 48 der Anlage GK)		
9	verrechenbarer Verlust nach § 15b EStG zum Schluss des VZ		

Beratungshinweis:

Es ist darauf zu achten, dass die verrechenbaren Verluste nach § 15b EStG gesondert und einheitlich festgestellt werden, da eine spätere Verlustverrechnung (Einkommensminderung) nur möglich ist, wenn der Verlust im Verlustentstehungsjahr festgestellt wurde (Grundlagen-/Folgebescheidverhältnis).

Die Feststellung eines fortführungsgebundenen Verlusts nach § 15b EStG ist grundsätzlich möglich und folgt den allgemeinen Regelungen (→Rz. 1295 ff.).

bb) Verlustausgleichsbeschränkung bei gewerblicher Tierzucht/-haltung nach § 15 Abs. 4 Satz 1 und 2 EStG (Zeilen 49–50)

	Verlustausgleichsbeschränkung bei gewerblicher Tierzucht/-haltung nach § 15 Absatz 4 Satz 1 und 2 EStG 43	
49	Dazu: Nicht ausgleichsfähige Verluste aus gewerblicher Tierzucht/-haltung nach § 15 Absatz 4 Satz 1 EStG gegebenenfalls in Verbindung mit § 2 Absatz 4 Satz 1 und 2 UmwStG und § 20 Absatz 6 Satz 4 UmwStG	13.320
50	Davon ab: Verrechnung von Gewinnen aus gewerblicher Tierzucht/-haltung des laufenden Jahres mit dem Verlustvortrag und dem Verlustrücktrag aus dem folgenden Veranlagungszeitraum nach § 15 Absatz 4 Satz 2 EStG, gegebenenfalls unter Berücksichtigung von § 2 Absatz 4 Satz 3 und 4 UmwStG	13.321

389 **§ 15 Abs. 4 Satz 1 EStG** verbietet den Ausgleich von **Verlusten aus gewerblicher Tierzucht oder gewerblicher Tierhaltung.** Da entsprechende Verluste in der Handels-/Steuerbilanz enthalten sind, müssen sie in **Zeile 49** hinzugerechnet werden. So hinzugerechnete Verluste gehen jedoch nicht unter, sondern sind in einem gesonderten Verlustfeststellungsbescheid festzustellen, vgl. § 15 Abs. 4 Satz 2 EStG. Da nach § 15 Abs. 4 Satz 2 EStG die Verlustverrechnung nach Maßgabe des § 10d EStG erfolgt, sind für diesen Verlust sowohl die Mindestbesteuerung als auch der Verlustrücktrag anwendbar. Laufende Verluste können also in das Vorjahr zurückgetragen, allerdings nur mit Gewinnen aus gewerblicher Tierzucht verrechnet werden.

1) BMF v. 17.7.2007, IV B 2 – S 2241-b/07/0001, BStBl I 2007, 542.

Kommt es in den Folgejahren zu Gewinnen aus der gewerblichen Tierzucht und damit zur **Verlustverrechnung**, ist der Betrag der Verlustverrechnung in **Zeile 50** einzutragen. Dadurch werden die im Jahresüberschuss/-fehlbetrag enthaltenen Gewinne aus gewerblicher Tierzucht und -haltung neutralisiert. Ein Verlustrücktrag aus dem Folgejahr ist in dieser Zeile ebenfalls zu erfassen.

Die Bildung und Fortentwicklung der verrechenbaren Verluste erfolgt nach folgendem Schema (ohne fortführungsgebundene Verluste und § 2 Abs. 4 Satz 3 und 4 UmwStG):

1	verrechenbarer Verlust aus gewerblicher Tierzucht/-haltung zum Schluss des vorangegangenen VZ		
2	davon ab: Nicht zu berücksichtigender Verlustvortrag nach § 8c KStG (ggf. i.V.m. § 2 Abs. 4 Satz 1 und 2, § 20 Abs. 6 Satz 4 UmwStG)		
3	davon ab: Im Falle der Abspaltung: Verringerung des verrechenbaren Verlusts bei der übertragenden Körperschaft (§ 15 Abs. 3, § 16 UmwStG)		
4	dazu: laufender Verlust (Betrag lt. Zeile 49)		
5	davon ab: Nach § 8c KStG nicht zu berücksichtigender laufender Verlust		
6	davon ab: Verlustrücktrag auf positive Einkünfte aus der gewerblichen Tierzucht des vorangegangenen VZ		
7	Zwischensumme		
8	laufender Gewinn		
9	davon ab: Verlustabzug nach § 10d Abs. 2 Satz 1 erste Alternative EStG (niedrigerer Betrag aus Zeilen 7 und 8, höchstens 1 Mio. €)		
10	Zwischensumme		
11	davon ab: Verlustabzug nach § 10d Abs. 2 Satz 1 zweite Alternative EStG (Betrag lt. Zeile 10 Vorspalte, höchstens 60 % des Betrags lt. Zeile 10 Hauptspalte) (Übertrag in Zeile 50 der Anlage GK)		
12	verrechenbarer Verlust aus gewerblicher Tierzucht/-haltung zum Schluss des VZ		

Die Verwaltung fordert für Verluste aus gewerblicher Tierzucht keine gesonderte Einzelaufstellung. Das mag daran liegen, dass bei Körperschaften, die unter § 8 Abs. 2 KStG fallen, auch nur eine gewerbliche Tierzucht vorliegen kann, die die Körperschaft selbst betreibt. Über Personengesellschaften verwirklichte Verlustverrechnungsbeschränkungen nach § 15 Abs. 4 Satz 1 EStG dürfen nicht hier eingetragen werden, sondern sind auf Ebene der Personengesellschaft durchzuführen.

Beratungshinweis:
Es ist darauf zu achten, dass nicht ausgleichsfähige Verluste aus gewerblicher Tierzucht oder -haltung gesondert und einheitlich festgestellt werden, da eine spätere Verlustverrechnung (Einkommensminderung) nur möglich ist, wenn der Verlust im Verlustentstehungsjahr festgestellt wurde (Grundlagen-/Folgebescheidverhältnis).

cc) Verlustausgleichsbeschränkung bei Termingeschäften nach § 15 Abs. 4 Satz 3 EStG (Zeilen 51–52)

	Verlustausgleichsbeschränkung bei Termingeschäften nach § 15 Absatz 4 Satz 3 EStG 43	
51	Dazu: Nicht ausgleichsfähige Verluste aus Termingeschäften nach § 15 Absatz 4 Satz 3 EStG gegebenenfalls in Verbindung mit § 2 Absatz 4 Satz 1 und 2 UmwStG und § 20 Absatz 6 Satz 4 UmwStG	13.322
52	Davon ab: Verrechnung von Gewinnen aus Termingeschäften des laufenden Jahres mit dem Verlustvortrag und dem Verlustrücktrag aus dem folgenden Veranlagungszeitraum nach § 15 Absatz 4 Satz 3 in Verbindung mit Satz 2 EStG, gegebenenfalls unter Berücksichtigung von § 2 Absatz 4 Satz 3 und 4 UmwStG	13.323

Nach **§ 15 Abs. 4 Satz 3 EStG** gilt entsprechendes für **Verluste aus Termingeschäften**, durch die der Stpfl. einen Differenzausgleich oder einen durch den Wert einer veränderten Bezugsgröße bestimmten Geldbetrag oder Vorteil erlangt. Von der Vorschrift ausgenommen sind lediglich Geschäfte, die zum gewöhnlichen Geschäftsbereich bei Kreditinstituten, Finanzdienstleistungsinstituten und Finanzunternehmen i.S.d. Kreditwesengesetzes gehören oder die der Absicherung von Geschäften des gewöhnlichen Geschäftsbetriebs dienen. **Laufende Verluste aus Termingeschäften** sind in **Zeile 51** einzutragen, während die **Verlustverrechnung** in **Zeile 52** einzutragen ist. Die grundsätzlichen Ausführungen und das Berechnungsschema (→ Rz. 389) gelten sinngemäß auch für Verluste aus Termingeschäften. **390**

Beratungshinweis:
Es ist darauf zu achten, dass nicht ausgleichsfähige Verluste aus Termingeschäften gesondert und einheitlich festgestellt werden, da eine spätere Verlustverrechnung (Einkommensminderung) nur möglich ist, wenn der Verlust im Verlustentstehungsjahr festgestellt wurde (Grundlagen-/Folgebescheidverhältnis).

dd) Verlustausgleichsbeschränkung bei stillen Gesellschaftern nach § 15 Abs. 4 Satz 6 bis 8 und nach § 20 Abs. 1 Nr. 4 Satz 2 EStG (Zeilen 57–64)

	Verlustausgleichsbeschränkung als atypisch stiller Gesellschafter nach § 15 Absatz 4 Satz 6 bis 8 EStG 43	
	laut gesonderter Einzelaufstellung	
53 bis 56 frei 57	Dazu: Nicht ausgleichsfähige Verluste als atypisch stiller Gesellschafter nach § 15 Absatz 4 Satz 6 bis 8 EStG gegebenenfalls in Verbindung mit § 2 Absatz 4 Satz 1 und 2 UmwStG und § 20 Absatz 6 Satz 4 UmwStG	13.324
58	Davon ab: Verrechnung von Gewinnen als atypisch stiller Gesellschafter mit dem Verlustvortrag und dem Verlustrücktrag aus dem folgenden Veranlagungszeitraum nach § 15 Absatz 4 Satz 6 bis 8 EStG, gegebenenfalls unter Berücksichtigung von § 2 Absatz 4 Satz 3 und 4 UmwStG	13.325

Steuernummer - 3 -

Zeile		
	Verlustausgleichsbeschränkung als typisch stiller Gesellschafter nach § 20 Absatz 1 Nummer 4 Satz 2 in Verbindung mit § 15 Absatz 4 Satz 6 und 8 und § 15a EStG 43	
	laut gesonderter Einzelaufstellung	EUR
59 bis 62 frei 63	Dazu: Nicht ausgleichsfähige Verluste als typisch stiller Gesellschafter nach § 20 Absatz 1 Nummer 4 Satz 2 EStG in Verbindung mit § 15 Absatz 4 Satz 6 und 8 und § 15a EStG und gegebenenfalls § 2 Absatz 4 Satz 1 und 2 UmwStG und § 20 Absatz 6 Satz 4 UmwStG	13.326
64	Davon ab: Verrechnung von Gewinnen als typisch stiller Gesellschafter nach § 20 Absatz 1 Nummer 4 Satz 1 EStG mit dem Verlustvortrag und dem Verlustrücktrag aus dem folgenden Veranlagungszeitraum nach § 20 Absatz 1 Nummer 4 Satz 2 EStG in Verbindung mit § 15 Absatz 4 Satz 6 bis 8 EStG oder mit dem Verlustvortrag nach § 15a EStG und gegebenenfalls unter Berücksichtigung von § 2 Absatz 4 Satz 3 und 4 UmwStG	13.327

391 Nach **§ 15 Abs. 4 Satz 6 EStG** dürfen **Verluste aus typisch stillen Gesellschaften, Unterbeteiligungen oder sonstigen Innengesellschaften an Kapitalgesellschaften**, bei denen die Körperschaft als Mitunternehmer anzusehen ist, weder mit den Einkünften aus Gewerbebetrieb noch aus anderen Einkunftsarten ausgeglichen werden. Sie mindern jedoch nach Maßgabe des § 10d EStG die Gewinne, die die Körperschaft in dem unmittelbar vorangegangenen Wj. oder in den folgenden Wj. aus derselben stillen Gesellschaft, Unterbeteiligung oder sonstigen Innengesellschaft bezieht.

Im Unterschied zu den bisher beschriebenen Verlustausgleichsbeschränkungen kommt es bei der atypischen stillen Gesellschaft zu einer gesonderten und einheitlichen Feststellung nach § 180 Abs. 1 Nr. 2 Buchst. a AO, da eine Mitunternehmerschaft vorliegt. Atypisch stille Gesellschaften unterliegen auch der Verlustausgleichsbeschränkung nach § 15a EStG, die auf Ebene der Mitunternehmerschaft anzuwenden ist, vgl. § 15a Abs. 5 Nr. 1 EStG. Die Verlustausgleichsbeschränkung des § 15 Abs. 5 Satz 6 EStG ist hingegen ausschließlich auf Ebene des Mitunternehmers anzuwenden.[1] Die Verlustausgleichsbeschränkung des § 15 Abs. 4 Satz 6 bis 8 EStG ist auf die Einkünfte aus der atypisch stillen Gesellschaft anzuwenden, die nach Anwendung des § 15a (und ggf. § 15b) EStG verbleiben.

Jede Beteiligung an einer atypisch stillen Gesellschaft, die an einer anderen Körperschaft begründet wird, bildet dabei einen eigenen Verlustverrechnungskreis. Aus diesem Grund müssen im elektronischen Datensatz für jede atypisch stille Gesellschaft Angaben gemacht werden.

In der **Zeile 57** sind die **laufenden negativen Einkünfte aus atypisch stillen Gesellschaften an Körperschaften**, die nach Anwendung des § 15a EStG (und ggf. § 15b EStG) lt. gesonderter und einheitlicher Feststellung verbleiben, einzutragen. Dieser Betrag muss bereits in Zeile 22 berücksichtigt worden sein.

Erzielt die atypisch stille Gesellschaft positive Einkünfte und werden diese nicht mit verrechenbaren Verlusten nach § 15a EStG (oder § 15b EStG) verrechnet, können diese mit verbleibenden Verlustvorträgen nach § 15 Abs. 4 Satz 6 bis 8 EStG verrechnet werden. Auch hier gilt auf Grund der Verlustverrechnung nach Maßgabe des § 10d EStG der Verlustrücktrag und die Mindestbesteuerung. Eine entsprechende **Verlustverrechnung** ist in **Zeile 58** einzutragen. Der **Verlustrücktrag aus dem Folgejahr** ist hier ebenfalls zu berücksichtigen. Die grundsätzlichen Ausführungen und das Berechnungsschema in → Rz. 389 können sinngemäß angewendet werden.

Beratungshinweis:

Es ist darauf zu achten, dass nicht ausgleichsfähige Verluste aus stillen Gesellschaften, Unterbeteiligungen oder sonstigen Innengesellschaften an Kapitalgesellschaften gesondert und einheitlich festgestellt werden, da eine spätere Verlustverrechnung (Einkommensminderung) nur möglich ist, wenn der Verlust im Verlustentstehungsjahr festgestellt wurde (Grundlagen-/Folgebescheidverhältnis).

392 Gemäß **§ 20 Abs. 1 Nr. 4 Satz 2 EStG** sind § 15 Abs. 4 Satz 6 bis 8 EStG und §§ 15a und 15b EStG auch auf **Verluste der Körperschaft aus einer typisch stillen Beteiligung** anzuwenden. Im Unterschied zur atypisch stillen Gesellschaft werden diese Vorschriften nicht auf unterschiedlichen Ebenen (Mitunternehmerschaft/Mitunternehmer) angewendet, sondern nur auf einer Ebene (nämlich der des stillen Gesellschafters).

1) Rz. 5 des BMF v. 19.11.2008, IV C 6 – S 2119/07/10001, BStBl I 2008, 970.

§ 15a EStG ist bei typisch stillen Gesellschaften grundsätzlich immer anzuwenden.[1] Die Feststellung des verrechenbaren Verlusts erfolgt durch das für die Besteuerung des typisch stillen Gesellschafters zuständigen FA. Mangels anderer Regelungen ist die Reihenfolge der Anwendung des § 15a EStG vor der Verlustverrechnungsbeschränkung des § 15 Abs. 4 Satz 6 bis 8 EStG auch bei typisch stillen Gesellschaftern einzuhalten.

Zu berücksichtigen ist allerdings, dass § 15 Abs. 4 Satz 6 bis 8 EStG nicht in allen Fällen der typischen stillen Gesellschaft anzuwenden ist. Voraussetzung hierfür ist, dass die stille Gesellschaft[2] an dem Handelsgewerbe einer Kapitalgesellschaft begründet werden muss.

Der Ertrag oder Aufwand aus einer typisch stillen Gesellschaft muss im Jahresüberschuss/-fehlbetrag enthalten sein. In **Zeile 63** sind die **laufenden Verluste aus allen typischen Gesellschaften** einzutragen. Im Rahmen der Verlustfeststellung muss jedoch zwischen nicht ausgleichsfähigen Verlusten nach § 15a EStG und solchen nach § 15 Abs. 4 Satz 6 bis 8 EStG unterschieden werden (siehe Beispiel).

Gewinne aus typisch stillen Gesellschaften können mit Verlusten nach § 15a EStG und mit Verlustvorträgen nach § 15 Abs. 4 Satz 6 bis 8 EStG aus derselben stillen Gesellschaft verrechnet werden. Der tatsächliche **Betrag der Verlustverrechnung** ist gesondert zu ermitteln und in der Summe über alle stillen Gesellschaften in **Zeile 64** einzutragen. Im elektronischen Datensatz sind entsprechende Einzelangaben zur jeweiligen stillen Gesellschaft zu machen. Es empfiehlt sich bei Verwendung des Papiervordrucks vergleichbare Angaben auf einer formlosen Anlage beizufügen.

Die Ausführungen und das Rechenschema in → Rz. 389 gelten für typisch stille Gesellschaften sinngemäß.

Beispiel:

Die A GmbH ist an der S GmbH als typisch stille Gesellschafterin beteiligt. Als stille Einlage war ein Betrag von 1,5 Mio. € zu erbringen, der auch tatsächlich geleistet wurde. Die Anteile der A GmbH aus der stillen Gesellschaft betrugen:

01: – 1 700 000 €

02: + 40 000 €

03: + 1 260 000 €

In 01 wird auf den Verlust i.H.v. 1,7 Mio. € zuerst § 15a EStG angewendet. Auf Grund der stillen Einlage ist ein Betrag von 1,5 Mio. € nach § 15a EStG ausgleichsfähig. Der Rest i.H.v. 200 000 € ist als verrechenbarer Verlust nach § 15a EStG i.V.m. § 20 Abs. 1 Nr. 4 Satz 2 EStG gesondert festzustellen. Auf den nach § 15a EStG zu berücksichtigenden Verlust von 1,5 Mio. € ist § 15 Abs. 4 Satz 6 bis 8 EStG anzuwenden, mit der Folge, dass dieser Betrag ebenfalls nur verrechenbar ist. In Zeile 63 ist in 01 folglich ein Betrag von 1,7 Mio. € einzutragen. Der Verlust mindert in voller Höhe nicht das Einkommen der A GmbH.

In 02 ergibt sich ein Gewinn von 40 000 € aus der stillen Beteiligung. Dieser ist vorrangig mit dem verrechenbaren Verlust nach § 15a EStG zu verrechnen. In Zeile 63 ist in 02 ein Betrag von 40 000 € einzutragen. Der verrechenbare Verlust nach § 15a EStG ist zum 31.12.02 i.H.v. 160 000 € festzustellen, während der nach § 15 Abs. 4 Satz 6 bis 8 EStG unverändert mit 1,5 Mio. € festzustellen ist.

In 03 sind die positiven Einkünfte zunächst mit dem noch verbleibenden verrechenbaren Verlust nach § 15a EStG i.H.v. 160 000 € zu verrechnen. Es verbleiben folglich noch positive Einkünfte i.H.v. 1,1 Mio. €. Diese sind mit den verrechenbaren Verlusten nach § 15 Abs. 4 Satz 6 bis 8 EStG i.H.v. 1,5 Mio. € zu verrechnen. Allerdings greift hier die Mindestbesteuerung nach § 10d Abs. 2 EStG. In Höhe von 1 Mio. € ist die Verlustverrechnung unbeschränkt vorzunehmen. Vom verbleibenden Restbetrag von 500 000 € können jedoch nur noch 60 %, also 300 000 € verrechnet werden. In Zeile 64 dürfen in 03 daher lediglich 1 460 000 € (§ 15a EStG: 160 000 € und § 15 Abs. 4 Satz 6 bis 8 EStG: 1,3 Mio. €) eingetragen werden.

Der **Verlustrücktrag aus dem Folgejahr** ist ebenfalls in dieser Zeile zu erfassen.

ee) Verlustausgleichsbeschränkung nach § 19 Abs. 4 REITG bei Anteilen an REIT-Körperschaften (Zeilen 65–66)

	Verlustausgleichsbeschränkung nach § 19 Absatz 4 REITG bei Anteilen an REIT-Körperschaften	
65	Dazu: Nicht ausgleichsfähige Verluste aus Anteilen an REIT-Körperschaften nach § 19 Absatz 4 REITG gegebenenfalls in Verbindung mit § 2 Absatz 4 Satz 1 und 2 UmwStG und § 20 Absatz 6 Satz 4 UmwStG (vorbehaltlich des § 19a Absatz 1 Satz 2 REITG) 43	13.318
66	Davon ab: Verrechnung von Gewinnen aus Anteilen an REIT-Körperschaften des laufenden Jahres nach § 19 Absatz 4 REITG gegebenenfalls unter Berücksichtigung von § 2 Absatz 4 Satz 3 und 4 UmwStG 43	13.319

In **Zeile 65** sind die sich nach **§ 19 Abs. 4 REITG** ergebenden Erhöhungsbeträge hinzuzurechnen. Kürzungen nach § 19 Abs. 4 REITG sind mit negativem Vorzeichen in **Zeile 66** einzutragen. **393**

1) Nicht immer kommt es aber zur Beschränkung des Verlustausgleichs, da auch ein ausreichend positives Kapitalkonto bestehen kann.
2) Oder Unterbeteiligung oder sonstige Innengesellschaft.

b) Investitionsabzugsbeträge nach § 7g EStG (Zeilen 67–72)

	Investitionsabzugsbeträge nach § 7g EStG	
67	Davon ab: Investitionsabzugsbeträge des laufenden Wirtschaftsjahres nach § 7g Absatz 1 EStG	13.239
68 und 69 frei 70	Dazu: Im Wirtschaftsjahr der Anschaffung/Herstellung: Investitionsabzugsbeträge nach § 7g Absatz 2 Satz 1 EStG aus 2022	13.245
71	Dazu: Im Wirtschaftsjahr der Anschaffung/Herstellung: Investitionsabzugsbeträge nach § 7g Absatz 2 Satz 1 EStG aus 2023	13.246
72	Dazu: Im Wirtschaftsjahr der Anschaffung/Herstellung: Investitionsabzugsbeträge nach § 7g Absatz 2 Satz 1 EStG aus 2024	13.247

394 Die **Zeilen 67 bis 72** dienen der **Bildung und Auflösung von Investitionsabzugsbeträgen** nach § 7g EStG. Mit dem Investitionsabzugsbetrag sollen kleine und mittelgroße Betriebe gefördert werden, indem Anschaffungs- und Herstellungskosten bereits vor Anschaffung oder Herstellung teilweise außerbilanziell gewinnmindernd berücksichtigt werden dürfen (§ 7g Abs. 1 EStG). Bei Anschaffung oder Herstellung des Wirtschaftsguts in einem späteren Wj. ist der abgezogene Investitionsabzugsbetrag wieder außerbilanziell hinzuzurechnen (§ 7g Abs. 2 Satz 1 EStG). In gleicher Höhe können (Wahlrecht) jedoch die Anschaffungs- oder Herstellungskosten innerbilanziell gemindert werden, sodass sich bei Anschaffung des Wirtschaftsguts im Saldo eine Auswirkung auf das Einkommen von null ergibt. Wird das Wirtschaftsgut nicht innerhalb einer Frist von drei Wj. angeschafft, ist die Bildung des Investitionsabzugsbetrags im Wj. der Bildung rückgängig zu machen. Gleiches gilt unter Umständen, wenn die Anschaffungs- oder Herstellungskosten niedriger sind als seinerzeit angegeben. Währen der Corona-Pandemie waren auch längere Investitionszeiträume möglich, ab dem VZ 2024 sind diese Sonderregelungen jedoch wieder entfallen.

395 Die im laufenden Jahr **abzuziehenden Investitionsabzugsbeträge** werden in **Zeile 67** eingetragen. Ein Investitionsabzugsbetrag darf nur gebildet werden, wenn der Gewinn nach § 4 Abs. 1 oder Abs. 3 EStG ermittelt wird und der der Gewinn 200 000 € ohne Berücksichtigung des Abzugsbetrags bzw. der Hinzurechnungen nach § 7g Abs. 2 EStG nicht überschreitet, vgl. § 7g Abs. 1 Satz 2 EStG.

Begünstigt sind nur abnutzbare bewegliche Wirtschaftsgüter des Anlagevermögens. Die Höhe des Investitionsabzugsbetrags darf 40 % der voraussichtlichen Anschaffungs- oder Herstellungskosten nicht überschreiten. Ein niedrigerer Prozentsatz darf aber durchaus gewählt werden. In Zeile 67 sind folglich die voraussichtlichen Anschaffungs- bzw. Herstellungskosten multipliziert mit einem Prozentsatz von maximal 50 % einzutragen.

Abzugsbeträge können auch dann in Anspruch genommen werden, wenn dadurch ein Verlust entsteht oder sich erhöht. Die Summe der Beträge, die im Wj. des Abzugs und in den drei vorangegangenen Wj. insgesamt nach § 7g Abs. 1 Satz 1 EStG abgezogen und nicht nach § 7g Abs. 2 EStG hinzugerechnet oder nach § 7g Abs. 3 oder 4 EStG rückgängig gemacht wurden, darf je Betrieb 200 000 € nicht übersteigen (§ 7g Abs. 1 Satz 4 EStG).

Beratungshinweis:
Im Hinblick auf die Verzinsung eines nicht oder nicht in voller Höhe in Anspruch genommenen Investitionsabzugsbetrags kann es durchaus empfehlenswert sein, einen niedrigeren Prozentsatz als 50 % zu wählen.

396 Im **Wj. der Anschaffung oder Herstellung** des begünstigten Wirtschaftsguts sind 50 % der tatsächlichen Anschaffungs- oder Herstellungskosten durch Eintragung in den **Zeilen 70 bis 72** außerbilanziell hinzuzurechnen, wobei der **Hinzurechnungsbetrag** den in den Vorjahren tatsächlich abgezogenen Investitionsabzugsbetrag nicht übersteigen darf (§ 7g Abs. 2 Satz 1 EStG).

Um den gleichen Betrag können die Anschaffungs- oder Herstellungskosten des Wirtschaftsguts gewinnmindernd herabgesetzt werden (§ 7g Abs. 2 Satz 3 EStG),[1] so dass sich im Ergebnis im Investitionsjahr die zusätzliche Gewinnminderung durch die außerbilanzielle Hinzurechnung des Investitionsabzugsbetrags wieder aufhebt. Die vorgenannte Gewinnminderung führt gleichzeitig zu einer Verringerung der AfA-Bemessungsgrundlage. Die Minderung der Anschaffungs- bzw. Herstellungskosten erfolgt innerbilanziell und muss daher im Jahresüberschuss/-fehlbetrag (Zeile 11) bereits gewinnmindernd berücksichtigt worden sein.

Ab dem Investitionsjahr wird die lineare AfA auf das Wirtschaftsgut nach § 7 Abs. 1 EStG gewährt (ggf. im Erstjahr zeitanteilig). Außerdem kommt u.U. eine Sonder-AfA nach § 7g Abs. 5 EStG i.H.v. 40 % der (geminderten) Anschaffungs- oder Herstellungskosten in Betracht. Auch die Sonderabschreibung erfolgt innerbilanziell und muss im Jahresüberschuss/-fehlbetrag lt. Zeile 11 bereits berücksichtigt sein. Gleiches gilt für die Gewinnermittlung nach § 4 Abs. 3 EStG i.V.m. der Anlage EÜR (Zeile 31).

397 Wird das Wirtschaftsgut, für das ein Investitionsabzugsbetrag gewährt wurde, nicht bis zum Ende des dritten, auf das Wj. des Abzugs folgenden Wj. angeschafft oder hergestellt ist der Abzugsbetrag durch Änderung des für das Abzugsjahr ergangenen Steuerbescheids in voller Höhe rückgängig zu machen, vgl. § 7g Abs. 3 EStG. Soweit die tatsächlichen Anschaffungs- oder Herstellungskosten niedriger waren als der Betrag, der bei Bildung des Investitionsabzugsbetrages zugrunde gelegt wurde, verbleibt der Restbetrag für Folgeanschaffungen. Ist der ursprünglich

1) Die Herabsetzung muss in der elektronischen Bilanz unter der Position „dim_changes.nt.ass.gross" ausgewiesen worden sein.

gebildete Investitionsabzugsbetrag nicht bis zum dritten auf das Wj. der Bildung folgende Wj. hinzugerechnet worden, ist der Abzug des Investitionsabzugsbetrags im VZ des Abzugs insoweit rückgängig zu machen. Die Festsetzungsfrist endet insoweit nicht, bevor die Festsetzungsfrist für den VZ abgelaufen ist, in dem das dritte auf das Abzugsjahr folgende Wj. endet (§ 7g Abs. 3 EStG).

Mit § 7g Abs. 3 Satz 2 EStG existiert für die Rückgängigmachung im Jahr der Bildung eine eigene verfahrensrechtliche Korrekturnorm. Allerdings sind regelmäßig auch die Voraussetzungen für ein rückwirkendes Ereignis gegeben.[1] Da der Gesetzgeber jedoch im Falle der Rückgängigmachung eine Verzinsung der Nachforderung angestrebt hat, wird mit § 7g Abs. 3 Satz 4 EStG die Anwendung des § 233a Abs. 2a AO – der zur Nicht-Verzinsung geführt hätte – explizit ausgeschlossen.

Die gleichen Rechtsfolgen treten ein, wenn das Wirtschaftsgut zwar innerhalb der vorgegebenen Frist angeschafft oder hergestellt wurde, aber nicht mindestens bis zum Ende des dem Wj. der Anschaffung oder Herstellung folgenden Wj. in einer inl. Betriebsstätte des Betriebs ausschließlich oder fast ausschließlich betrieblich genutzt wird. In diesem Fall ist aber nicht nur die Gewährung des Investitionsabzugsbetrags nachträglich zu versagen, sondern es sind auch für das Investitionsjahr die Minderung der Anschaffungs- oder Herstellungskosten, die Verringerung der Bemessungsgrundlage für die AfA und die außerbilanzielle Hinzurechnung rückgängig zu machen, was ggf. eine Änderung beider Steuerfestsetzungen erfordert.

Nach Auffassung der FinVerw. ist die Körperschaft verpflichtet, dem FA die nicht erfolgte Anschaffung/Herstellung oder die Nichteinhaltung der Verbleibensvoraussetzungen anzuzeigen.[2] Die Rückgängigmachung des Investitionsabzugsbetrags muss aber in dem VZ erfolgen, in dem er ursprünglich abgezogen worden ist.

c) Verdeckte Gewinnausschüttungen und Einlagen, die unter das Korrespondenzprinzip des § 8 Abs. 3 Satz 4 EStG sowie § 6b EStG fallen (Zeilen 75–79)

	Verdeckte Gewinnausschüttungen (40)	
	laut gesonderter Einzelaufstellung	
73 und 74 frei 75	Nicht bei Organgesellschaften: Dazu: Verdeckte Gewinnausschüttungen nach § 8 Absatz 3 Satz 2 KStG	13.116
	Ausschüttungen auf Genussrechte	
75a bis 75b frei 75c	Dazu: Ausschüttungen jeder Art auf Genussrechte, mit denen das Recht auf Beteiligung am Gewinn und am Liquidationserlös der Kapitalgesellschaft verbunden ist, nach § 8 Absatz 3 Satz 2 zweite Alternative KStG	13.218
	Weitere außerbilanzielle Korrekturen	
76	Davon ab: Gewinnerhöhungen im Zusammenhang mit versteuerten verdeckten Gewinnausschüttungen (gemäß BMF-Schreiben vom 28.05.2002, BStBl I 2002, 603)	13.166
77	Dazu: Nichtabziehbare genossenschaftliche Rückvergütungen - verdeckte Gewinnausschüttungen nach R 22 Absatz 13 KStR 2022 (Betrag laut Zeile 18 der Anlage GR)	13.216
78	Dazu: Nicht erfolgswirksam gebuchte Einlagen nach § 8 Absatz 3 Satz 4 KStG	13.226
79	Dazu: Gewinnzuschlag nach § 6b Absatz 7 EStG gegebenenfalls in Verbindung mit § 6c EStG	13.139

Gemäß § 8 Abs. 3 Satz 2 KStG dürfen **verdeckte Gewinnausschüttungen (vGA)** das Einkommen der Körperschaft **398**
nicht mindern. In der Handels- und auch in der Steuerbilanz führt eine vGA zu einer Minderung des Betriebsvermögens oder zu einer unterlassenen Vermögensmehrung.[3] Der Ausgleich erfolgt nach dem System der zweistufigen Einkommensermittlung durch eine **außerbilanzielle Hinzurechnung in Zeile 75** des Hauptvordrucks. Im elektronischen Datensatz der Körperschaftsteuererklärung sind Einzelangaben zu Grund und Höhe jeder verdeckten Gewinnausschüttung zu machen. Bei Verwendung des Papiervordrucks empfiehlt es sich, gleichartige Angaben auf einer formlosen Anlage zu machen. Die bisher in dieser Zeile ebenfalls zu berücksichtigenden nicht abziehbaren genossenschaftlichen Rückvergütungen sind in der Zeile 76 einzutragen (→ Rz. 403).

Hinzuzurechnen ist regelmäßig nur der Betrag der vGA selbst, nicht auch die auf sie entfallende Körperschaftsteuerbelastung. Das gilt auch für eine eventuelle Körperschaftsteuererhöhung i.S.d. § 38 KStG (nur noch im Fall eines Antrags nach § 34 Abs. 16 KStG). Soweit derartige Steuerbelastungen in der Gewinn- und Verlustrechnung als Aufwandsposten erfasst sind, sind sie als nicht abziehbare Aufwendungen i.S.d. § 10 Nr. 2 KStG in die Zeilen 81 bzw. 82 einzutragen und erhöhen somit das Einkommen der Körperschaft. Lediglich eine von der Körperschaft zu Lasten ihres Betriebsergebnisses übernommene Kapitalertragsteuer auf vGA erhöht den Wert der vGA.

VGA einer Organgesellschaft sind nicht hier, sondern in den Zeilen 284 und 285 dieser Anlage einzutragen. VGA einer Organgesellschaft an den Organträger sind als vorweggenommene Gewinnabführung zu werten.[4] VGA der

1) BFH v. 11.7.2013, IV R 9/12, BStBl II 2014, 609.
2) Vgl. Rz. 64 des BMF v. 20.11.2013, IV C 6 – S 2139-b/07/10002, BStBl I 2013, 1493.
3) R 8.5 Abs. 1 KStR 2022.
4) R 14.6 Abs. 4 Satz 1 KStR 2022.

Organgesellschaft an außenstehende Anteilseigner werden wie Ausgleichszahlungen behandelt und müssen bei der Organgesellschaft versteuert werden.[1] Die Eintragungen in den Zeilen 284 und 285 dieser Anlage führen ebenfalls zur Erhöhung des Einkommens. Eine nochmalige Eintragung in Zeile 75 würde zu einer doppelten Hinzurechnung führen.

399 Die Hinzurechnung einer vGA in Zeile 75 dieser Anlage hat grundsätzlich für das Wj. zu erfolgen, in dem die Gewinnminderung oder verhinderte Vermögensmehrung bei der Körperschaft eingetreten ist. Auf den Zeitpunkt des Abflusses bei der Körperschaft oder gar den Zeitpunkt des Zuflusses beim Gesellschafter ist nicht abzustellen.

Daher muss die Eintragung nicht zwingend mit dem Wert laut Zeile 2 der Anlage KSt 1 F übereinstimmen. Die dortige Eintragung dient der Prüfung, ob gem. § 27 Abs. 1 Satz 3 KStG eine Verrechnung mit dem steuerlichen Einlagekonto zu erfolgen hat, und bezieht sich folglich auf die im Wj. abgeflossenen anderen Gewinnausschüttungen und sonstige Leistungen, zu denen auch vGA zählen.

400 Ab dem VZ 2024 hat die FinVerw. die Abfragen zu den einzelnen vGA erweitert. Nunmehr ist jede vGA einzeln zu erklären und der Empfänger mit Steuernummer, Identifikationsnummer sowie – wenn vergeben – der Wirtschafts-Identifikationsnummer zu benennen. Erhält der gleiche Empfänger mehrere wiederkehrende vGA, können sie auch für einen Zeitraum zusammengefasst und nur einmal in Summe erklärt werden.

401 In **Zeile 75c** werden Ausschüttungen jeder Art auf **Genussrechte**, mit denen das Recht auf Beteiligung am **Gewinn und am Liquidationserlös** der Kapitalgesellschaft verbunden ist, gesondert erfasst. Bei Genussrechten handelt es sich um eine spezielle Form der Fremdfinanzierung. Der Genussrechtsinhaber stellt dem Unternehmen Kapital zur Verfügung und bekommt als Gegenleistung eine Beteiligung am Gewinn des Unternehmens. Bei Genussrechten handelt es sich um individuelle privatrechtliche Verträge. Der Genussrechtsinhaber wird nicht zum Gesellschafter der Körperschaft.[2]

Genussrechtskapital wird handelsbilanziell i.d.R. als Fremdkapital ausgewiesen. Es kann jedoch auch als Eigenkapital auszuweisen sein.[3] Die handelsbilanzielle Behandlung ist für die Steuerbilanz maßgebend. Leistungen auf das Genussrechtskapital, das handelsbilanziell als Eigenkapital zu bilanzieren ist, sind steuerrechtlich Ausschüttungen und dürfen den Jahresüberschuss/-fehlbetrag in Zeile 11 nicht gemindert haben.

Ist das Genussrechtskapital jedoch als Verbindlichkeit zu passivieren, sind Leistungen darauf handels- und steuerbilanziell als Aufwand zu erfassen. Der Jahresüberschuss/-fehlbetrag in Zeile 11 muss um diese Beträge gemindert worden sein.

Gewährt das Genussrechtskapital eine Beteiligung am Gewinn und (!) am Liquidationserlös der Körperschaft, dürfen Leistungen auf das Genussrechtskapital das Einkommen nicht mindern, vgl. § 8 Abs. 3 Satz 3 KStG. Sie sind also außerbilanziell durch Eintragung in Zeile 75c zu korrigieren. Zur Frage, was als Beteiligung am Gewinn bzw. am Liquidationserlös gilt, hat die FinVerw. ausführlich Stellung genommen.[4] Beim Genussrechtsinhaber führen Leistungen auf Genussrechte, mit denen eine Beteiligung am Gewinn und Liquidationserlös verbunden ist, zu Einnahmen nach § 20 Abs. 1 Nr. 1 EStG, für die auch eine Steuerbefreiung nach § 8b Abs. 1 und Abs. 4 KStG bzw. nach § 3 Nr. 40 EStG in Betracht kommt. Die Steuerbefreiung nach § 8b Abs. 4 KStG kann jedoch nur zur Anwendung kommen, wenn der Genussrechtsinhaber neben dem Genussrecht auch noch als „echter" Gesellschafter beteiligt ist und die Mindestbeteiligungsvoraussetzungen des § 8b Abs. 4 KStG erfüllt.

Im elektronischen Datensatz sind Detailangaben zu den Genussrechten in den Zeilen 75a und 75b zu machen. Es ist nicht klar, wie das Genussrecht zu bezeichnen ist. Eine Aufteilung auf die einzelnen Genussrechtsempfänger scheint nicht vorgesehen zu sein.

402 Die Tatsache, dass die vGA nach dem System der zweistufigen Einkommensermittlung unabhängig von ihrem Abfluss bereits mit Eintritt der Gewinnminderung außerhalb der Bilanz dem Gewinn wieder hinzuzurechnen ist, darf nicht zu einer steuerlichen Doppelerfassung führen. Ist in Höhe der vGA in der Bilanz lediglich ein Passivposten gebildet worden und wird dieser von der Körperschaft in einem späteren Wj. wieder erfolgswirksam aufgelöst, ohne dass es zu einem Abfluss der vGA kommt, muss in Höhe des zuvor im Entstehungsjahr der vGA erfolgten außerbilanziellen Hinzurechnung nunmehr eine **außerbilanzielle Gewinnminderung** erfolgen. Diese wird in **Zeile 76** des Vordrucks vorgenommen.

Das BMF-Schreiben v. 28.5.2002[5] regelt dies formell durch Festhalten zweier Zahlenwerte, den sog. Teilbeträgen I und II. Im Teilbetrag I wird die Höhe eines durch das Gesellschaftsverhältnis begründeten Passivpostens festgehalten, und zwar zunächst unabhängig davon, ob hierfür tatsächlich nach § 8 Abs. 3 Satz 2 KStG eine außerbilanzielle Hinzurechnung einer vGA erfolgte. Im Teilbetrag II wird dagegen festgehalten, inwieweit für den Teilbetrag I auch eine außerbilanzielle Hinzurechnung i.R. der Einkommensermittlung vorgenommen wurde. Wird nun der Passivposten in der Steuerbilanz eines späteren Wj. gewinnerhöhend aufgelöst, ist die eingetretene Gewinnerhöhung zur Vermeidung einer Doppelerfassung bis zur Höhe des damit gleichsam aufzulösenden Teilbetrags II außerbilanziell wieder durch Eintragung in Zeile 76 in Abzug zu bringen.

1) R 14.6 Abs. 4 Satz 4 KStR 2022.
2) Vgl. Rz. 1 des BMF v. 11.4.2023, IV C 6 – S 2133/19/10004 :002, BStBl I 2023, 672.
3) Vgl. IDW/HFA 1/94.
4) Vgl. Rz. 29 des BMF v. 11.4.2023, IV C 6 – S 2133/19/10004 :002, BStBl I 2023, 672.
5) BMF v. 28.5.2002, IV A 2 – S 2742 – 32/02, BStBl I 2002, 603.

Beispiel:

Die A-GmbH hat im Wj. 01 einen Betrag von 20 000 € und im Wj. 02 einen Betrag i.H.v. 30 000 € gewinnmindernd einer Rückstellung für Umsatztantiemenzahlungen an den Gesellschafter A zugeführt. Die zur Annahme einer vGA führenden Aufwendungen wurden jedoch lediglich i.R. der Veranlagung für 02 mit 30 000 € gem. § 8 Abs. 3 Satz 2 KStG außerbilanziell dem Gewinn hinzugerechnet. Im Wj. 03 verzichtet der Gesellschafter A zwecks Abbau einer ansonsten anzunehmenden Überschuldung auf die Auszahlung der zu diesem Zeitpunkt bereits wertlosen Forderung i.H.v. 50 000 €. Die A-GmbH löst daraufhin die Rückstellung in ihrer Bilanz zum 31.12.03 erfolgswirksam auf.

Da im Jahr 02 bereits ein Betrag i.H.v. 30 000 € nach § 8 Abs. 3 Satz 2 KStG das Einkommen der Körperschaft erhöht hat, muss zur Vermeidung einer Doppelerfassung im Wj. 03 in Höhe dieses Teilbetrags eine außerbilanzielle Kürzung erfolgen. Hierzu ist der Betrag in Zeile 76 zu erfassen.

Bei Genossenschaften ist die Abziehbarkeit genossenschaftlicher Rückvergütungen nach Maßgabe des § 22 KStG mithilfe der Anlage GR zu überprüfen (→ Rz. 656). Ergeben sich auf der Anlage GR **nicht abziehbare genossenschaftliche Rückvergütungen,** stellen diese ebenfalls vGA dar (R 22 Abs. 13 KStR 2022) und sind in **Zeile 77** einzutragen. 403

In **Zeile 78** sind **Einlagen**, die bisher beim **Empfänger** der Einlage **nicht erfolgswirksam** gebucht wurden, dem Einkommen hinzuzurechnen, wenn diese beim **Leistenden einkommensmindernd** berücksichtigt wurden (Verstoß gegen das materielle Korrespondenzprinzip). Offene Einlagen (z.B. Erhöhung der Kapitalrücklage) führen handels- und steuerbilanziell nicht zu Erträgen und damit auch nicht zur Erhöhung des Einkommens, vergleiche § 275 Abs. 4 HGB. Anders verhält es sich jedoch bei verdeckten Einlagen. Hier führt die gesellschaftsrechtliche Veranlassung dazu, dass ein schuldrechtliches Rechtsgeschäft nicht zu gewinnerhöhenden Erträgen, sondern zu einer gewinnneutralen Einlage wird. Handels- und steuerbilanziell bleibt es jedoch bei der Erfassung als Ertrag und damit (zunächst) bei der Einkommenserhöhung. Nach § 8 Abs. 3 Satz 3 KStG dürfen verdeckte Einlagen das Einkommen grundsätzlich aber nicht erhöhen. Um dennoch die Einkommensneutralität zu erreichen, müssen sie außerbilanziell in den Zeilen 93 und 94 dieser Anlage abgerechnet werden. Die in Zeile 93 (bis zum Ende des Wj. geleistete Einlagen) vorgenommenen Eintragungen führen auch zu einer Erhöhung des Bestands des steuerlichen Einlagekontos (§ 27 Abs. 1 Satz 2 KStG). Auf Gesellschafterebene führt die Aufdeckung einer verdeckten Einlage regelmäßig zu einer Aktivierung nachträglicher Anschaffungskosten auf dem Beteiligungskonto. 404

Eine Ausnahme von dem in § 8 Abs. 3 Satz 3 KStG enthaltenen Grundsatz, dass verdeckte Einlagen das Einkommen der Empfängerkörperschaft nicht erhöhen dürfen, greift aber nach **§ 8 Abs. 3 Satz 4 KStG** für den Fall, dass die verdeckte Einlage das Einkommen des Gesellschafters entgegen der materiell zutreffenden Verfahrensweise gemindert hat und die dortige Veranlagung aus verfahrensrechtlicher Sicht keiner Änderung mehr zugänglich ist. Für diesen Fall sieht die Rechtsnorm ausdrücklich eine Erhöhung des Einkommens der Empfängerkörperschaft um den Wert der verdeckten Einlage vor. Hierdurch wird – wie auch bei der vGA – eine korrespondierende Behandlung bei der Gesellschaft und ihrem Anteilseigner hergestellt. 405

Beispiel:

Die M-AG zahlt an ihre Tochtergesellschaft T-GmbH für ein ihr von der T-GmbH gewährtes Darlehen Zinsen, die im Fremdvergleich als um 20 000 € überhöht zu werten sind. Im Rahmen der Veranlagung der M-AG wurde auch der erhöhte Teil der Zinsen als Betriebsausgabe anerkannt. Der Körperschaftsteuerbescheid der M-AG ist bestandskräftig und keiner Änderung mehr zugänglich. Die Veranlagung der T-GmbH ist indes noch offen.

Obwohl in Höhe der Mehrzahlung von 20 000 € der Tatbestand einer verdeckten Einlage verwirklicht ist, ist dieser Ertrag i.R. der Einkommensermittlung der T-GmbH steuerpflichtig. § 8 Abs. 3 Satz 4 KStG stellt insoweit sicher, dass die verdeckte Einlage nur dann bei der Einkommensermittlung der T-GmbH abgezogen werden darf, wenn sie auch auf der Ebene der Gesellschafterin das Einkommen nicht gemindert hat, also insb. keine Betriebsausgabe geltend gemacht wurde. Damit wird eine Besteuerungslücke vermieden.

Eine Hinzurechnung der verdeckten Einlage nach § 8 Abs. 3 Satz 4 KStG in Zeile 78 wird in der Praxis jedoch nur sehr selten vorliegen. Im Normalfall hat die verdeckte Einlage das Einkommen erhöht, da sie als Ertrag zu buchen ist. Greift nun § 8 Abs. 3 Satz 4 KStG durch, so hat die Neutralisierung (Abrechnung) in den Zeilen 93 und 94 zu unterbleiben. Im Saldo hat die verdeckte Einlage dann das Einkommen erhöht. 406

Eine Eintragung in Zeile 78 ist daher nur erforderlich, wenn die verdeckte Einlage, für die § 8 Abs. 3 Satz 4 KStG greift, das Einkommen bisher nicht erhöht hat, d.h. einkommensneutral z.B. als Erhöhung der Kapitalrücklage verbucht wurde, beim Leistenden jedoch das Einkommen gemindert hat. Da die Erhöhung der Kapitalrücklage typischerweise einen gesellschaftsrechtlichen Vorgang darstellt, sind derartige Fehler extrem unwahrscheinlich.

§ 8 Abs. 3 Satz 4 KStG gilt auch für eine verdeckte Einlage, die auf einer vGA einer dem Gesellschafter nahestehenden Person beruht und bei der Besteuerung des Gesellschafters nicht berücksichtigt wurde, es sei denn die vGA hat bei der leistenden Körperschaft das Einkommen nicht gemindert. Dabei erhöht die verdeckte Einlage nicht die Anschaffungskosten der Beteiligung (§ 8 Abs. 3 Satz 5 und 6 KStG). 407

In **Zeile 79** ist der **fiktive Zinszuschlag nach § 6b Abs. 7 EStG** einzutragen. 408

Nach § 6b Abs. 3 EStG kann für Gewinne aus der Veräußerung bestimmter Wirtschaftsgüter des Anlagevermögens im Jahr der Veräußerung für die Dauer von maximal vier bzw. sechs Jahren eine **Reinvestitionsrücklage** gebildet werden. Die vorgenannten Fristen verlängern sich bei einer zum Zwecke der Vorbereitung oder Durchführung städtebaulicher Sanierungs- oder Entwicklungsmaßnahmen vorgenommenen Veräußerung unter den Voraussetzungen des § 6b Abs. 8 EStG um weitere drei Jahre. Die Rücklage kann dann in den auf das Jahr der Veräußerung folgenden Jahren steuerneutral mit den Anschaffungs- oder Herstellungskosten neu angeschaffter oder hergestellter Ersatzwirtschaftsgüter verrechnet werden.

Soweit der Stpfl. innerhalb der vorgenannten Fristen keine entsprechende Reinvestition tätigt, hat er die Rücklage spätestens mit Fristablauf gewinnerhöhend aufzulösen. Dabei ist der Gewinn des Wj., in dem die Rücklage aufgelöst wird, für jedes volle Wj., in dem die Rücklage bestanden hat, um 6 % des aufgelösten Rücklagenbetrags zu erhöhen (fiktiver Zinszuschlag; § 6b Abs. 7 EStG).

d) Nichtabziehbare Aufwendungen nach § 10 KStG und § 4 Abs. 5 EStG (Zeilen 80–92)

80	Dazu: Aufwendungen für satzungsmäßige Zwecke (§ 10 Nummer 1 KStG)	14.12
81	Dazu: Körperschaftsteuer (72)	14.15
82	Dazu: Solidaritätszuschlag (12)	14.30
83	Dazu: Kapitalertragsteuer auf vereinnahmte Kapitalerträge	14.17
84	Dazu: Gewerbesteuer ab Erhebungszeitraum 2008	14.43
84a frei		
84b	Dazu: Mindeststeuer (MinStG)	14.46
84c	Dazu / Davon ab: Nach § 3 Absatz 6 Satz 3 MinStG nicht abziehbare Aufwendungen beziehungsweise nicht steuerpflichtige Erträge für Ausgleichsansprüche	14.47
85	Dazu: Sonstige Personensteuern (zum Beispiel Vermögensteuer, Erbschaft- und Schenkungsteuer)	14.21

- 4 -

Steuernummer

Zeile		EUR
86	Dazu: Nach § 10 Nummer 2 KStG nichtabziehbarer Teil der Umsatzsteuer und Vorsteuerbeträge	14.25
87	Dazu: Ausländische Personensteuern und ausländische Steuern vom Einkommen nach § 10 Nummer 2 KStG (14)	14.26
88	Dazu: Nebenleistungen zu den Steuern laut Zeilen 81 bis 87 (zum Beispiel Säumnis- und Verspätungszuschläge, Zwangsgelder, Zinsen nach §§ 234 bis 237 AO, Nachzahlungszinsen nach § 233a AO, Zuschläge nach § 162 Absatz 4 AO, Gebühren nach §§ 89 und 89a AO) (15)	14.31
89	Dazu: Die Hälfte der Vergütungen aller Art, die an Mitglieder des Aufsichtsrats, Verwaltungsrats oder andere mit der Überwachung der Geschäftsführung beauftragte Personen gewährt werden (einschließlich des von der Körperschaft getragenen Steuerabzugs nach § 50a Absatz 1 Nummer 4 EStG und des Solidaritätszuschlags; § 10 Nummer 4 KStG) – Zeilen 20 bis 20h und 30 bis 37 der Anlage WA sind zusätzlich auszufüllen -	14.32
90	Dazu: Sonstige nichtabziehbare Aufwendungen; insbesondere nach § 4 Absatz 5 Satz 1 Nummer 1 bis 4, 7, 8, 8a, 10 und Absatz 6 bis 8 EStG, §§ 4c und 4d EStG, § 160 Absatz 1 AO, § 10 Nummer 3 KStG	14.33
91	Dazu: Nichtabziehbare Beitragsrückerstattungen nach § 21 KStG	14.45
92	Dazu: Sämtliche Spenden und nicht als Betriebsausgaben abziehbare Beiträge	14.35

409 In diesem Abschnitt sind alle nach § 10 KStG, § 4 Abs. 5 bis 8 EStG, §§ 4c und 4d EStG und § 160 Abs. 1 AO nicht abziehbaren Aufwendungen zu erfassen. Die entsprechenden Aufwendungen müssen den Jahresüberschuss/-fehlbetrag gemindert haben, da z.B. Steuern und Aufsichtsratsvergütungen handelsrechtlich Aufwand darstellen. Ist die bilanzielle Aufwandsbuchung unterblieben, ist die Gewinn- und Verlustrechnung und die Bilanz fehlerhaft und entsprechend zu korrigieren. Der korrigierte Jahresüberschuss/-fehlbetrag ist dann wiederum in Zeile 11 der Anlage GK einzutragen.

Die außerbilanziellen Korrekturen in diesem Abschnitt machen im Regelfall Aufwandsbuchungen der Gewinn- und Verlustrechnung rückgängig. Die in diesem Abschnitt einzutragenden Aufwendungen (und in seltenen Fällen auch Erträge) sind allesamt zwingend gewinnwirksam in der Buchführung zu erfassen.

Beispiel:

Für die Körperschaft wurden zu den vier Vorauszahlungsterminen Beträge i.H.v. jeweils 100 000 € festgesetzt. Die Zahlung zum 10.12. wird irrtümlich als Gewinnausschüttung gebucht. Weitere Zahlungen auf die Körperschaftsteuer wurden nicht geleistet.

Theoretisch könnte man durch Eintragung von 3 × 100 000 €, also 300 000 € in Zeile 81 zwar das korrekte Einkommen ermitteln, jedoch wäre dann der steuerbilanzielle Jahresüberschuss falsch ermittelt worden. Richtig wäre, den Jahresüberschuss um 100 000 € zu mindern und in Zeile 81 dann einen Betrag von 400 000 € zu erfassen.

Bei Gewinnermittlung nach § 4 Abs. 3 EStG wird über die Abzugsfähigkeit von Aufwendungen bereits auf der Anlage EÜR entschieden, Eintragungen in diesem Abschnitt sind in diesen Fällen daher unzulässig.

410 In diesem Abschnitt dürfen nur Tatbestände eingetragen werden, die die Körperschaft selbst direkt und unmittelbar verwirklicht hat. Tatbestände, die sie mittelbar über Mitunternehmerschaften oder vermögensverwaltende

Personengesellschaften verwirklicht hat oder die ihr von ihren Organgesellschaften zuzurechnen sind, dürfen nicht in diesem Abschnitt eingetragen werden. Sie fließen in die in Zeile 22 und 15 zu erfassende Einkünfte aus Mitunternehmerschaften/vermögensverwaltenden Personengesellschaften bzw. in das dem Organträger zuzurechnenden Einkommen der Organgesellschaften in Zeile 13 der Anlage OT (→Rz. 1140 ff.) mit ein. Einzutragen sind jedoch die von einer Organgesellschaft selbst direkt und unmittelbar verwirklichten Tatbestände. Nur so kann die zutreffende Ermittlung des dem Organträger zuzurechnenden Einkommens der Organgesellschaft erfolgen.

Erträge aus der **Erstattung nicht abziehbarer Aufwendungen** sind in den entsprechenden Zeilen dieses Abschnitts mit laufenden Aufwendungen zu saldieren. Ergibt sich ein Überhang der Erträge, ist dieser mit negativem Vorzeichen zu versehen. 411

Die Untergliederung der einzelnen Aufwendungen dient dem FA zur Abstimmung mit den entsprechenden Aufwandspositionen der Gewinn- und Verlustrechnung sowie den als anrechenbare Abzugssteuern in den Zeilen 2 bis 9 der Anlage WA geltend gemachten Beträgen. 412

In **Zeile 80** sind **Aufwendungen für die Erfüllung von Zwecken des Stpfl., die durch Stiftungsgeschäft, Satzung oder sonstige Verfassung vorgeschrieben sind** einzutragen, vgl. § 10 Nr. 1 KStG. Die Regelung ist grundsätzlich mit § 12 Nr. 1 EStG vergleichbar, wonach Kosten der privaten Lebensführung bei natürlichen Personen nicht abzugsfähig sind. § 10 Nr. 1 KStG ist darüber hinaus Ausdruck des Grundsatzes, dass das Einkommen der Körperschaft **vor der Gewinnverwendung** der Besteuerung unterliegen soll. 413

Für Kapitalgesellschaften hat die Vorschrift praktisch keine Relevanz, da hier in den seltensten Fällen im Gesellschaftsvertrag satzungsmäßige Zwecke vorgeschrieben werden. Relevanz hat die Vorschrift allerdings für gemeinnützige Körperschaften (auch Kapitalgesellschaften) oder Stiftungen. Gerade bei privatrechtlich errichteten Stiftungen kann Stiftungszweck auch die Zahlung von Renten an bestimmte Personen oder Familien sein. Diese Zahlungen dürfen nach § 10 Nr. 1 KStG das Einkommen nicht mindern. Da diese handels- und steuerbilanziell jedoch Aufwand darstellen, sind sie durch Hinzurechnung in Zeile 80 zu neutralisieren.

Regelt der Gesellschaftsvertrag oder die Satzung, dass der Gewinn (teilweise) an eine ausschließlich und unmittelbar gemeinnützig, mildtätig oder kirchlich tätige Körperschaft zu zahlen ist, ist der an diese Körperschaft zu zahlende Gewinn nicht in Zeile 80 einzutragen. Der an die steuerbegünstigte Körperschaft zu zahlende Betrag ist als „normale" Zuwendung i.R. der Grenzen des § 9 Nr. 2 KStG abzugsfähig, vgl. § 10 Nr. 1 Satz 2 KStG. Der Betrag ist (ggf. zusammen mit Zuwendungen, die nicht auf Grund der Satzung bzw. dem Gesellschaftsvertrag gezahlt werden) in Zeile 92 einzutragen.

In **Zeile 81** des Vordrucks ist der handels- und steuerbilanziell gewinnmindernd gebuchte **Körperschaftsteueraufwand** durch Hinzurechnung zu neutralisieren, vgl. § 10 Nr. 2 KStG. Dieser erfasst i.d.R.: 414

1. Körperschaftsteuervorauszahlungen,
2. Körperschaftsteuernachzahlungen auf Grund der Bekanntgabe von Körperschaftsteuerbescheiden für andere VZ im laufenden Wj. (z.B. durch Veranlagung des Vorjahres oder durch Änderungen nach Betriebsprüfung),
3. Körperschaftsteuererstattungen auf Grund der Bekanntgabe von Körperschaftsteuerbescheiden für andere VZ im laufenden Wj. (z.B. durch Veranlagung des Vorjahres oder durch Änderungen nach Betriebsprüfung),
4. Aufwand aus der Bildung einer Körperschaftsteuerrückstellung und
5. Erträge aus der Auflösung einer Körperschaftsteuerrückstellung.

Nicht enthalten sein darf die Kapitalertragsteuer, da sie gesondert in Zeile 83 abgefragt wird.[1)]

Soweit sich im Saldo ein **Körperschaftsteuerertrag** ergibt, ist dieser **mit negativem Vorzeichen** einzutragen.

Ebenfalls nicht in Zeile 81 anzugeben sind ausl. Steuern vom Einkommen, und zwar unabhängig davon, ob sie auf die deutsche Körperschaftsteuer anzurechnen sind oder nicht. Sie sind vielmehr einheitlich in Zeile 87 der Anlage GK gesondert zu erfassen.

In **Zeile 82** ist der gesamte zu Lasten des Betriebsergebnisses gebuchte **Solidaritätszuschlag** nach dem Solidaritätszuschlagsgesetz einzutragen. Dieser umfasst regelmäßig: 415

1. Solidaritätszuschlag zu Körperschaftsteuervorauszahlungen,
2. Solidaritätszuschlag zu Körperschaftsteuernachzahlungen auf Grund der Bekanntgabe von Körperschaftsteuerbescheiden für andere VZ im laufenden Wj. (z.B. durch Veranlagung des Vorjahres oder durch Änderungen nach Betriebsprüfung),
3. Erstattung des Solidaritätszuschlags auf Grund der Bekanntgabe von Körperschaftsteuerbescheiden für andere VZ im laufenden Wj. (z.B. durch Veranlagung des Vorjahres oder durch Änderungen nach Betriebsprüfung),
4. Aufwand aus der Bildung einer Rückstellung zur Zahlung des Solidaritätszuschlags,
5. Erträge aus der Auflösung einer Rückstellung für den Solidaritätszuschlag,

1) Im Übrigen wird die Kapitalertragsteuer auch buchhalterisch im Regelfall getrennt von der Körperschaftsteuer erfasst.

6. Aufwand oder Ertrag aus dem Einbehalt von Solidaritätszuschlag zur Kapitalertragsteuer, die zu Lasten der Körperschaft, für die die Steuererklärung ausgefüllt wird, von der leistenden Körperschaft oder der Zahlstelle (Kreditinstitut) einbehalten wurde.

Die Ausführungen zu Zeile 81 gelten sinngemäß für den Solidaritätszuschlag.

Nicht einzutragen ist bei einem Organträger **der auf eine Organgesellschaft entfallende Solidaritätszuschlag zur Kapitalertragsteuer**, da dieser bereits i.R. der Einkommensermittlung für die Organgesellschaft über deren Anlage GK hinzugerechnet wird und folglich das dem Organträger zuzurechnende Einkommen der Organgesellschaft erhöht hat. Andernfalls würde der Aufwand systemwidrig doppelt hinzugerechnet. Das Gleiche gilt für Solidaritätszuschlag, der durch die Körperschaft, für die die Steuererklärung auszufüllen ist, mittelbar über eine Personengesellschaft verwirklicht wird. Auch hier muss die Korrektur der Einkünfte auf Ebene der Personengesellschaft erfolgen.

416 In **Zeile 83** ist die als **Aufwand gebuchte Kapitalertragsteuer**, die zu Gunsten der Körperschaft, für die die Steuererklärung ausgefüllt wird, einbehalten wurde, einzutragen.

Einbehaltene Kapitalertragsteuer ist handels- und steuerbilanziell als Aufwand zu erfassen – und zwar unabhängig davon, ob die Kapitalertragsteuer anrechenbar ist oder nicht. Ein etwaiger Anspruch auf Erstattung der Kapitalertragsteuer wirkt sich in der Buchführung nicht auf den Kapitalertragsteueraufwand aus. Bei der Körperschaftsteuerveranlagung wird keine Kapitalertragsteuer erstattet, sondern vielmehr wird die Kapitalertragsteuer auf die Körperschaftsteuer angerechnet. Übersteigt die anrechenbare Kapitalertragsteuer die Körperschaftsteuer, ergibt sich ein Körperschaftsteuer-, kein Kapitalertragsteuererstattungsanspruch. Der Körperschaftsteuererstattungsanspruch ist dann ggf. zu aktivieren.[1)]

Die Hinzurechnung der Kapitalertragsteuer erfolgt auf Grund des Abzugsverbots für Personensteuern nach § 10 Nr. 2 KStG, das auch für die Kapitalertragsteuer als besondere Erhebungsform der Körperschaftsteuer (Einkommensteuer) anzuwenden ist. Die Hinzurechnung ist unabhängig davon, ob die Kapitalertragsteuer nach § 36 Abs. 2 Nr. 2 EStG auf die Körperschaftsteuer angerechnet werden kann. Über die Anrechnung wird auf Grund der Eintragungen in der Anlage WA (Zeilen 2–9) entschieden.

417 **Kapitalertragsteuer**, die von der Körperschaft **von eigenen Ausschüttungen** einbehalten und an die Finanzbehörde abgeführt wird, darf in Zeile 83 nicht enthalten sein. Sie stellt einen Teil des ausgeschütteten Gewinns dar und darf demnach bereits nach § 8 Abs. 3 Satz 1 KStG das Einkommen der ausschüttenden Körperschaft nicht mindern.

Auch wird die von eigenen Ausschüttungen einbehaltene Kapitalertragsteuer regelmäßig bereits im Jahresabschluss gewinnneutral zusammen mit dem Nettoausschüttungsbetrag vom Jahresüberschuss in Abzug gebracht, sodass sich eine außerbilanzielle Hinzurechnung erübrigt.

418 Problematischer gestaltet sich der Sachverhalt allerdings, wenn die Körperschaft es versäumt hat, vom Bruttobetrag der Gewinnausschüttung Kapitalertragsteuer einzubehalten, und den Betrag auch später nicht von ihren Anteilseignern nachfordert, sondern auf eigene Rechnung begleicht. Abgesehen davon, dass sich die Kapitalertragsteuer mit ihrer **Übernahme durch den Schuldner des Kapitalertrags** von 25 % des Kapitalertrags auf 33 $^1/_3$ % des tatsächlich ausgezahlten Betrags erhöht, vergrößert sie den Umfang der Gewinnausschüttung.

Die Erhöhung ist regelmäßig nicht durch den Gewinnverwendungsbeschluss gedeckt und stellt daher eine **vGA** i.S.d. § 8 Abs. 3 Satz 2 KStG dar, die i.R. der Einkommensermittlung über eine Erfassung in Zeile 75 der Anlage GK dem Gewinn hinzuzurechnen ist. Eine zusätzliche Erfassung über die Zeile 83 entfällt damit.

Ist dagegen die Übernahme der Kapitalertragsteuer durch die Schuldnerin des Kapitalertrags ausdrücklich im Gewinnverwendungsbeschluss vereinbart, erhöht sie den Betrag der festgelegten Nettoausschüttung und ist folglich ebenso wie diese erfolgsneutral mit dem Jahresüberschuss zu verrechnen. Mangels Aufwandsbuchung erübrigt sich dann eine außerbilanzielle Korrektur gänzlich.

419 In **Zeile 84** ist der **Gewerbesteueraufwand** für **Erhebungszeiträume ab 2008** dem Einkommen wieder hinzuzurechnen und damit zu neutralisieren. Die Gewerbesteuer zählt zu den nichtabziehbaren Aufwendungen, vgl. § 4 Abs. 5b EStG. Das Abzugsverbot findet hier aber erst auf Gewerbesteuerbeträge Anwendung, die **für Erhebungszeiträume** festgesetzt werden, die **nach dem 31.12.2007** enden (§ 52 Abs. 12 Satz 7 EStG). Nachträgliche Aufwendungen für frühere Erhebungszeiträume fallen dagegen noch nicht unter die gesetzliche Neuregelung. Ergeben sich Gewerbesteuererstattungen für Erhebungszeiträume ab 2008 sind diese mit den Zahlungsverpflichtungen zu saldieren. Übersteigen die Erträge die Aufwendungen muss der Betrag mit negativem Vorzeichen eingetragen werden.

Beispiel:

Im laufenden Wj. hat die Körperschaft 2,5 Mio. € an Vorauszahlungen auf die Gewerbesteuer des laufenden Erhebungszeitraums geleistet. In einem anhängigen Klageverfahren für die GewSt 2007 hat die Körperschaft obsiegt, sodass die Stadt mit Bescheid vom 1.4. des laufenden Wj. einen Erstattungsanspruch von 6 Mio. € festgesetzt und wenige Tage später auch gezahlt hat. Für den laufenden Erhebungszeitraum ergibt sich voraussichtlich eine Gewerbesteuernachzahlung von 500 000 €, die der Gewerbesteuerrückstellung zugeführt wurden.

1) Vgl. Tiedchen in Hermann/Heuer/Raupach, § 5 EStG Rz. 398.

Lösung:

Die laufenden Vorauszahlungen (2,5 Mio. €) und die voraussichtliche Nachzahlung für den laufenden Erhebungszeitraum (500 000 €) sind als Aufwand zu buchen. Da sie für Erhebungszeiträume ab 2008 angefallen sind, sind sie mit 3 Mio. € in Zeile 84 zu erfassen und dem Einkommen wieder hinzuzurechnen, sodass sie sich im Saldo nicht ausgewirkt haben. Die Erstattung der Gewerbesteuer i.H.v. 6 Mio. € muss als Ertrag verbucht werden. Sie darf nicht gegenkorrigiert werden, da sie zwar im laufenden Wj. festgesetzt wurde, jedoch den Erhebungszeitraum 2007, also einen Erhebungszeitraum vor 2008 betrifft. Sie ist also in voller Höhe körperschaftsteuerpflichtig.

Die im VZ 2024 neu eingeführten Zeilen 84b und 84c dienen der Neutralisierung der Mindeststeuer. Die Mindeststeuer wurde mit dem Gesetz zur Umsetzung der Richtlinie (EU) 2022/2523 des Rates zur Gewährleistung einer globalen Mindestbesteuerung und weiterer Begleitmaßnahmen[1] eingeführt. Der Mindeststeuer unterliegen Unternehmensgruppen, die in mindestens zwei der vier vorangehenden Geschäftsjahren in ihrem Konzernabschluss einen Umsatz von mindestens 750 Mio. € ausgewiesen haben. Besteuert werden niedrig versteuerte Gewinne von in Niedrigsteuerländern belegenen Geschäftseinheiten (Betriebsstätten und Gesellschaften), soweit sie nach einem komplizierten Berechnungsverfahren auf inl. Geschäftseinheiten entfallen. Alle im Inland belegenen Geschäftseinheiten bilden eine Mindeststeuergruppe, vgl. § 3 Abs. 1 Satz 1 MinStG. Jede Mindeststeuergruppe verfügt über einen Gruppenträger, der ggf. durch die oberste Muttergesellschaft zu bestimmen ist. Für Einzelheiten siehe § 3 Abs. 3 MinStG. Steuerschuldner der Mindeststeuer ist der Gruppenträger, vgl. § 1 Abs. 1 Satz 3 MinStG. 420

In **Zeile 84b** ist die gegen den **Gruppenträger** festgesetzte bzw. von ihm angemeldete **Mindeststeuer** einzutragen. Handelsrechtlich ist die Mindeststeuer als Aufwand zu erfassen. Steuerbilanziell wird dies nicht korrigiert. Die Mindeststeuer ist als Steuer vom Einkommen und Ertrag nach § 10 Nr. 2 KStG nicht abziehbar und damit durch Eintragung in dieser Zeile wieder hinzuzurechnen. Als negativer Betrag einzutragen sind Erstattungsansprüche auf Mindeststeuer bzw. Auflösungsbeträge aus Steuerrückstellungen. 421

In **Zeile 84c** sind **Ausgleichsbeträge nach § 3 Abs. 6 MinStG** einzutragen. Wie in → Rz. 420 ausgeführt, wird die Mindeststeuer nur gegen den Gruppenträger festgesetzt. Rechtlich sind jedoch alle inl. Geschäftseinheiten Stpfl. i.S.d. MinStG. Der Gruppenträger hat deshalb nach § 3 Abs. 6 Satz 1 MinStG einen Anspruch auf Ausgleich der für die Geschäftseinheiten zu zahlenden Mindeststeuer. Er muss Erstattungen nach § 3 Abs. 6 Satz 2 MinStG auf die übrigen inl. Geschäftseinheiten verteilen. 422

Aufwendungen und Erträge aus den Ausgleichszahlungen nach § 3 Abs. 6 MinStG sind außerbilanziell zu neutralisieren, vgl. § 3 Abs. 6 Satz 3 MinStG. In der Buchführung als Aufwand erfasste Beträge sind positiv, in der Buchführung als Ertrag erfasste Beträge negativ einzutragen.

Beispiel:

Die Unternehmensgruppe U unterliegt der Mindeststeuer. Im Inland werden die Geschäftseinheiten GE1, GE2 und GE3 unterhalten. Alle sind Körperschaften. GE3 ist Gruppenträger nach § 3 MinStG. GE3 berechnet eine Mindeststeuer für die Gruppe i.H.v. 30 Mio. €, die gleichmäßig auf alle inl. Geschäftseinheiten entfällt.

Die GE3 muss in der Bilanz für 01 eine Rückstellung für die Mindeststeuer i.H.v. 30 Mio. € einstellen. Die Aufwandsbuchung muss durch Eintragung der 30 Mio. € in Zeile 84b wieder neutralisiert werden. Gleichzeitig muss die GE3 einen Ertrag von jeweils 10 Mio. € aus Zahlungsverpflichtung von GE1 und GE2 nach § 3 Abs. 6 Satz 1 MinStG erfassen und die Mindeststeuerrückstellung entsprechend mindern. Die Zahlungsverpflichtung ist durch Eintragung von -20 Mio. € in Zeile 84c zu erfassen, damit sie das Einkommen wiederum mindert. Im Saldo wirken sich als 10 Mio. € einkommenserhöhend aus. Diese Erhöhung mindert jedoch nur die rechnerische Belastung aus der bilanziellen Erfassung von -10 Mio. € (30 Mio. € Aufwand abzüglich 20 Mio. € Ertrag). Im Ergebnis haben sich weder die Mindeststeuer noch die Erstattungsbeträge auf das Einkommen ausgewirkt.

GE1 und GE2 müssen jeweils eine Rückstellung auf Grund der Zahlungsverpflichtung nach § 3 Abs. 6 MinStG in ihrer Bilanz bilden. Die entsprechenden Aufwände sind durch Eintragung von jeweils +10 Mio. € in der Zeile 84c außerbilanziell nach § 3 Abs. 6 Satz 3 MinStG zu neutralisieren.

In **Zeile 85** sind **sonstige inl. Personensteuern** einzutragen. Dies können Vermögen-, Erbschaft- und Schenkungssteuer sein. 423

Die in Deutschland für VZ vor 1997 erhobene **Vermögensteuer** führt als sonstige Personensteuer zu nichtabziehbaren Aufwendungen i.S.d. § 10 Nr. 2 KStG. Da der Beschluss des BVerfG v. 22.6.1995[2] die Erhebung von Vermögensteuer für VZ bis einschließlich 1996 nicht in Frage stellt,[3] können hierfür auch in späteren Jahren durch Erlass entsprechender Nachforderungsbescheide noch Aufwendungen entstehen, die dem Abzugsverbot des § 10 Nr. 2 KStG unterliegen. Daher sieht die Zeile 85 der Anlage GK immer noch die Hinzurechnung von Vermögensteuer vor.

Zu den nicht abziehbaren sonstigen Personensteuern zählen daneben auch **Erbschaft- und Schenkungsteueraufwendungen**, die die Körperschaft zu tragen hat. In Betracht kommt hier – neben normalen Schenkungen – vor allem Schenkungssteuer auf Werterhöhungen von Gesellschaftsanteilen (§ 7 Abs. 8 ErbStG) und die sog. Erbersatzsteuer nach § 1 Abs. 1 Nr. 4 ErbStG bei Stiftungen, die wesentlich im Interesse einer Familie oder bestimmter Familien errichtet sind.

---

1) Gesetz zur Umsetzung der Richtlinie (EU) 2022/2523 des Rates zur Gewährleistung einer globalen Mindestbesteuerung und weiterer Begleitmaßnahmen v. 21.12.2023, BGBl. I 2023 Nr. 397 = BStBl I 2024, 99.
2) Vgl. BVerfG v. 22.6.1995, 2 BvL 37/91, BStBl II 1995, 655.
3) Vgl. BFH v. 18.6.1997, II B 33/97, BStBl II 1997, 515; v. 30.7.1997, II R 9/95, BStBl II 1997, 635.

424 Für die **von ausl. Staaten erhobene Vermögensteuer sowie Erbschaft- und Schenkungsteuer** sind die Eintragungen nicht in Zeile 85, sondern in Zeile 87 („ausl. Personensteuern") vorzunehmen. Soweit ausl. Vermögensteuerbeträge mit nach DBA steuerfreien ausl. Einkünften in Zusammenhang stehen, erfolgt die Hinzurechnung in Zeile 131 der Anlage GK. Eine zusätzliche Erfassung in Zeile 85 oder 87 darf nicht erfolgen.

425 In **Zeile 86** sind **Vorsteuern** auf **nicht abziehbare Betriebsausgaben** i.S.d. § 4 Abs. 5 Nr. 1 bis 4 und 7 oder Abs. 7 EStG einzutragen, vgl. § 10 Nr. 2 KStG.[1] Entgegen dem Wortlaut von § 10 Nr. 2 KStG und dem Text der Zeile ist die Umsatzsteuer auf vGA nicht hier einzutragen, sondern muss bereits bei der Bemessung der verdeckten Gewinnausschüttung in Zeile 75 der Anlage GK berücksichtigt werden. VGA sind mit dem gemeinen Wert zu bewerten, dies schließt eine etwaige Umsatzsteuer mit ein. In dem in Zeile 75 einzutragenden Wert ist die Umsatzsteuer daher bereits berücksichtigt und darf nicht noch einmal in Zeile 86 hinzugerechnet werden, vgl. auch R 8.6 KStR 2022.

Durch die Hinzurechnung der vorgenannten Vorsteuerbeträge wird sichergestellt, dass die Körperschaft für diese Umsätze wie ein Endverbraucher behandelt wird.

426 Im Ergebnis sind in der Zeile 86 also **lediglich die nach § 15 Abs. 1a UStG nicht abziehbaren** und demzufolge Aufwand darstellenden **Vorsteuerbeträge auf Aufwendungen** i.S.d. § 4 Abs. 5 Satz 1 Nr. 1 bis 4, 7 und Abs. 7 EStG einzutragen. Es handelt sich hierbei um die Vorsteuern auf ertragsteuerlich nicht zu berücksichtigende Repräsentationskosten wie z.B.

- Aufwendungen für Geschenke an Personen, die nicht Arbeitnehmer des Stpfl. sind und bei denen die Anschaffungs- oder Herstellungskosten je Empfänger im Wj. 50 € übersteigen (§ 4 Abs. 5 Satz 1 Nr. 1 EStG),
- Aufwendungen für die Bewirtung von Personen aus geschäftlichem Anlass, soweit sie 70 % der Aufwendungen übersteigen, die nach der allgemeinen Verkehrsauffassung als angemessen anzusehen sind und deren Höhe und betriebliche Veranlassung nachgewiesen ist (§ 4 Abs. 5 Satz 1 Nr. 2 EStG),
- Aufwendungen für Einrichtungen des Stpfl., soweit sie der Bewirtung, Beherbergung oder Unterhaltung von Personen dienen, die nicht Arbeitnehmer des Stpfl. sind (Gästehäuser) und sich außerhalb des Orts eines Betriebs des Stpfl. befinden (§ 4 Abs. 5 Satz 1 Nr. 3 EStG),
- Aufwendungen für Jagd oder Fischerei, für Segeljachten oder Motorjachten sowie für ähnliche Zwecke (§ 4 Abs. 5 Satz 1 Nr. 4 EStG),
- andere Aufwendungen, die die Lebensführung des Stpfl. oder anderer Personen berühren, soweit sie nach der allgemeinen Verkehrsauffassung als unangemessen anzusehen sind (§ 4 Abs. 5 Satz 1 Nr. 7 EStG) und
- Aufwendungen, für die die gesonderte Aufzeichnungspflicht des § 4 Abs. 7 Satz 1 EStG nicht beachtet wurde (§ 4 Abs. 7 Satz 2 EStG).

427 **Ausländische Personensteuern** jeglicher Art (einschließlich ausl. Quellensteuern) sind in **Zeile 87** der Anlage GK einzutragen. Hierzu zählen nicht nur **ausl. Steuern vom Einkommen**, sondern auch eine **ausl. Vermögensteuer sowie eine ausl. Erbschaft- oder Schenkungsteuer**. Rechtliche Grundlage hierfür ist § 10 Nr. 2 KStG, wonach die Hinzurechnung von Steuern vom Einkommen und Personensteuern nicht auf inl. Steuern beschränkt ist.

Die Erfassung und Hinzurechnung ausl. Personensteuern hat dabei unabhängig davon zu erfolgen, ob diese i.R. der Einkommensermittlung an anderer Stelle (Anlage AESt) wieder gem. § 26 Abs. 6 KStG i.V.m. § 34c Abs. 2 und 3 EStG in Abzug zu bringen oder auf die deutsche Körperschaftsteuer anzurechnen sind.

Im Fall eines **Organträgers** sind in Zeile 87 lediglich die den Organträger selbst betreffenden ausl. Steuern zu vermerken. Die Hinzurechnung der bei den Organgesellschaften angefallenen ausl. Steuern erfolgt bei der Ermittlung des dem Organträger zuzurechnenden Einkommens der Organgesellschaft. Dieses muss bereits auf Ebene der Organgesellschaft um die ausl. Personensteuern erhöht worden sein.

428 Von der Hinzurechnung nach § 10 Nr. 2 KStG bzw. § 4 Abs. 5b EStG sind neben den in den Vorschriften genannten Steuern aus den Zeilen 81 bis 87 der Anlage GK auch sämtliche auf diese Steuern entfallende Nebenleistungen betroffen. Ihre Eintragung erfolgt in **Zeile 88** der Anlage GK.

Nicht abziehbaren Nebenleistungen (§ 3 Abs. 4 AO) auf Personensteuern sind:

- Verzögerungsgelder nach § 146 Abs. 2b AO,
- Verspätungszuschläge nach § 152 AO,
- Unsicherheitszuschläge nach § 162 Abs. 4 AO,
- Zinsen auf Steuernachforderungen nach § 233a AO,
- Stundungszinsen nach § 234 AO,
- Hinterziehungszinsen nach § 235 AO,
- Aussetzungszinsen nach § 237 AO,
- Säumniszuschläge nach § 240 AO,

1) Der ebenfalls aufgeführte Begriff der „Entnahmen" hat für die Körperschaftsteuer keine Bedeutung, vgl. Graffe in Dötsch/Pung/Möhlenbrock, § 10 KStG Rz. 28.

- Zwangsgelder nach § 329 AO,
- Vollstreckungskosten nach §§ 337 bis 345 AO,
- Gebühren nach § 89 AO für die Bearbeitung von Anträgen auf Erteilung einer verbindlichen Auskunft und
- Gebühren nach § 178a AO,

soweit sie dem Stpfl. **in Zusammenhang mit den in § 10 Nr. 2 KStG bzw. § 4 Abs. 5b EStG genannten Steuern** vom Einkommen und Ertrag, sonstigen Personensteuern, der Umsatzsteuer auf vGA oder den nicht abzugsfähigen Vorsteuern auf Aufwendungen erwachsen, für die das Abzugsverbot des § 4 Abs. 5 Satz 1 Nr. 1 bis 4, 7 oder Abs. 7 EStG gilt.

Während Erstattungen nicht abziehbarer Aufwendungen regelmäßig mit den nicht abziehbaren Aufwendungen zu saldieren sind und auch zu einem negativen Saldo führen können, gilt dies **nicht** für **Erstattungszinsen i.S.d. §§ 233 bis 237 AO**. Obwohl der BFH bei natürlichen Personen entschieden hatte,[1] dass Erstattungszinsen dem nichtsteuerbaren Bereich zuzuordnen sind, kann dies nicht ohne Weiteres auf Körperschaften übertragen werden. Körperschaften, die unter § 8 Abs. 2 KStG fallen (z.B. Kapitalgesellschaften), verfügen über keine außerbetriebliche Sphäre, weshalb die Zinseinnahmen steuerpflichtig, Zinsaufwendungen hingegen nicht abzugsfähig sind.[2] In Zeile 88 sind daher nur die Zinsaufwendungen, nicht die Zinserträge einzutragen. **429**

Zur Vermeidung unbilliger Härten wird die FinVerw. allerdings auf Antrag Erstattungszinsen i.S.d. § 233a AO nach § 163 AO nicht in die Steuerbemessungsgrundlage einbeziehen, soweit diesen nicht abziehbare Nachforderungszinsen gegenüberstehen, die auf ein und demselben Ereignis beruhen. Dabei sind die Erstattungszinsen und die diesen gegenüberstehenden Nachforderungszinsen auf den Betrag der jeweils tatsächlich festgesetzten Zinsen begrenzt. Der Antrag muss bei dem für die Personensteuer örtlich zuständigen FA gestellt werden.[3] Soweit dem Antrag seitens des FA entsprochen wird, können die Erstattungszinsen mit den Aufwendungen laut Zeile 88 saldiert werden.

Die grundsätzlich zu steuerpflichtigen Erträgen führenden Erstattungszinsen sind allerdings von den **zurückgezahlten Nachzahlungszinsen** zu unterscheiden, welche erfolgsneutral zu behandeln sind und daher auch mit anderen nicht abziehbaren Aufwendungen saldiert werden können.[4] **430**

Beratungshinweis:
Es empfiehlt sich daher, auf die genaue Differenzierung im Zinsbescheid zu achten (Ausweis dort unter „Minderung von Nachzahlungszinsen").

Nach § 10 Nr. 4 KStG führt auch die **Hälfte der Vergütungen** jeder Art, die **an Mitglieder des Aufsichtsrats**, Verwaltungsrats **oder andere mit der Überwachung der Geschäftsführung beauftragte Personen** gewährt werden, zu nichtabziehbaren Aufwendungen. Der hälftige Betrag des vorgenannten Aufwands ist **in Zeile 89** der Anlage GK einzutragen. **431**

Vergütungen für die Überwachung der Geschäftsführung sind alle Leistungen, die als Entgelt für die Tätigkeit gewährt werden. Hierzu gehören auch Tagegelder, Sitzungsgelder, Reisegelder und sonstige Aufwandsentschädigungen. Unter das hälftige Abzugsverbot fällt jedoch nicht der dem einzelnen Aufsichtsratsmitglied aus der Wahrnehmung seiner Tätigkeit erwachsene Aufwand, soweit ihm dieser Aufwand gesondert erstattet worden ist.[5]

Unterliegt das Aufsichtsratsmitglied bei der **Umsatzsteuer** der Regelbesteuerung und nimmt die Körperschaft den Vorsteuerabzug nach § 15 UStG in Anspruch, ist bei der Ermittlung des Einkommens der Körperschaft lediglich die Hälfte des Nettobetrags der Aufsichtsratsvergütung (ohne Umsatzsteuer) hinzuzurechnen. Ist die Vorsteuer dagegen nicht oder nicht in vollem Umfang abzugsfähig, erhöht sich der nach § 10 Nr. 4 KStG nicht abzugsfähige Betrag um die Hälfte der vom Vorsteuerabzug ausgeschlossenen Umsatzsteuer.[6]

Auch ein von der Körperschaft für beschränkt steuerpflichtige Aufsichtsratsmitglieder übernommener **Steuerabzug nach § 50a Abs. 1 Nr. 4 EStG zzgl. des hierauf entfallenden Solidaritätszuschlags** wird in die Bemessungsgrundlage für die hälftige Hinzurechnung mit einbezogen.

Die an die einzelnen Aufsichtsratsmitglieder im VZ tatsächlich gezahlten Vergütungen sind zudem für unbeschränkt steuerpflichtige Empfänger in den **Zeilen 20 bis 20g** und für beschränkt steuerpflichtige Empfänger in den **Zeilen 30 bis 37 der Anlage WA** einzutragen. Auf der Anlage WA sind allerdings nur die Beträge einzutragen, die im laufenden VZ tatsächlich abgeflossen sind, während auf der Anlage GK die Beträge einzutragen sind, die von der Körperschaft als Aufwand gebucht wurden und die tatsächliche Zahlung erst später erfolgt.

1) BFH v. 15.6.2010, VIII R 33/07, BStBl II 2011, 503.
2) Vgl. R 10.1 Abs. 2 Satz 2 KStR 2022 und BFH-Beschluss v. 15.2.2012, I B 97/11, BStBl II 2012, 697. Die gegen den BFH-Beschluss eingelegte Verfassungsbeschwerde wurde ohne Begründung nicht zur Entscheidung angenommen, vgl. BVerfG-Beschluss v. 12.5.2015, 2 BvR 1407/12.
3) Vgl. BMF v. 16.3.2021, IV C 1 – S 2252/19/10012 :011, BStBl I 2021, 353
4) R 10.1 Abs. 2 Satz 3 KStR 2022.
5) R 10.3 Abs. 1 KStR 2022.
6) R 10.3 Abs. 2 KStR 2022.

432 In **Zeile 90** der Anlage GK sind insb. **folgende nicht abziehbare Aufwendungen** einzutragen:

- die nicht abziehbaren Aufwendungen i.S.d. **§ 4 Abs. 5 Satz 1 Nr. 1 bis 4, 7, 8, 8a, 10 und Abs. 6 bis 8 EStG**. Hierbei handelt es sich um Geschenke, 30 % der Bewirtungskosten, gewisse Repräsentationskosten, Geldbußen, Ordnungs- und Verwarnungsgelder, Bestechungsgelder sowie Aufwendungen zur Förderung staatspolitischer Zwecke. Zinsen auf hinterzogene Steuern nach § 235 AO sind hier nur einzutragen soweit sie nicht bereits in Zeile 41 zu erfassen sind,
- der nach den **§§ 4c und 4d EStG** nicht abziehbare Teil der Zuwendungen an Pensions- und Unterstützungskassen,
- die nach **§ 160 Abs. 1 AO** wegen nicht ausreichender Empfängerbenennung vom Abzug ausgeschlossenen Aufwendungen,
- die nach **§ 10 Nr. 3 KStG** nicht abziehbaren Geldstrafen sowie
- **sonstige** nach Steuergesetzen **nicht abziehbare Aufwendungen**, soweit ihre Hinzurechnung nicht bereits anderweitig berücksichtigt wurde.

Einzutragen ist die Gesamtsumme aller zuvor genannten Aufwendungen nach Saldierung mit Erträgen aus entsprechenden Erstattungen.

433 Die gem. § 4 Abs. 5 Nr. 9 EStG in Fällen körperschaftsteuerlicher Organschaft i.S.d. §§ 14, 17 oder 18 KStG nicht abzugsfähigen **Ausgleichszahlungen an außenstehende Anteilseigner** werden erst im Abschnitt „Gewinnkorrekturen bei Organschaft" in Zeile 284 und für vGA an außenstehende Anteilseigner in Zeile 285 auf dieser Anlage erfasst und dürfen daher nicht in Zeile 90 eingetragen werden.

434 In **Zeile 91** sind nicht abziehbare Beitragsrückerstattungen nach § 21 KStG einzutragen. Solche können für Versicherungen und Pensionsfonds entstehen.

435 In **Zeile 92** der Anlage GK sind **sämtliche Zuwendungen (Spenden und nicht als Betriebsausgaben abziehbare Beiträge)** einzutragen. Sie werden in einem ersten Schritt zunächst unabhängig von ihrer Abzugsfähigkeit dem Einkommen hinzugerechnet. Die bilanzielle Aufwandsbuchung wird folglich rückgängig gemacht. Die abzugsfähigen Zuwendungen (§ 9 Abs. 1 Nr. 2 KStG) werden in einem zweiten Schritt auf der Anlage Z berechnet und dann in Zeile 34 der Anlage ZVE wieder vom Einkommen abgezogen. Im Saldo haben sich dann nur die abzugsfähigen Zuwendungen einkommensmindernd ausgewirkt.

Der Vordruck folgt nicht der gesetzlichen Systematik, wonach die nicht abzugsfähigen Zuwendungen hinzugerechnet werden müssten, vgl. § 9 Abs. 1 Nr. 2 KStG („Abziehbare Aufwendungen sind auch …"). Die Erhöhung der Summe der Einkünfte um die Zuwendungen ist von der Gesetzessystematik her in einer Nebenrechnung vorzunehmen, vgl. § 9 Abs. 2 Satz 1 KStG. Da die Vordrucksystematik aber zum gleichen Ergebnis kommt wie die Gesetzessystematik, ist dies nicht zu beanstanden.

Da in Zeile 92 nur die bilanzielle Aufwandsbuchung rückgängig gemacht wird, dürfen in dieser Zeile weder Zuwendungen vorgelagerter Organgesellschaften noch Zuwendungen, die der Körperschaft, für die die Steuererklärung ausgefüllt wird mittelbar über eine Personengesellschaft zugerechnet werden berücksichtigt sein. Die Neutralisierung der Zuwendungen für die gesonderte Feststellung nach § 180 Abs. 1 Nr. 2 Buchst. a AO muss bereits auf Ebene der Personengesellschaft erfolgt sein. Für die Prüfung der Abzugsfähigkeit dieser Zuwendungen sind jedoch ggf. Eintragungen in Zeile 4 der Anlage Z vorzunehmen, wenn die Zuwendungen gesondert und einheitlich festgestellt wurden. Für Organgesellschaften wird auf Ebene der Organgesellschaft ein eigener Spendenabzug durchgeführt. Werte von vorgelagerten Organgesellschaften dürfen weder in Zeile 92 der Anlage GK noch auf der Anlage Z eingetragen werden.

e) Einlagen und nicht der Körperschaftsteuer unterliegende Vermögensmehrungen und -minderungen (Zeilen 93–102)

93	Davon ab: Einlagen der Gesellschafter (§ 8 Absatz 3 Satz 3 KStG), die erfolgswirksam gebucht und bis zum Ende des Wirtschaftsjahres geleistet wurden (einschließlich eines Erhöhungsbetrages nach § 23 Absatz 2 und 3 UmwStG) [30]	13.140
94	Davon ab: Einlagen der Gesellschafter (§ 8 Absatz 3 Satz 3 KStG), die erfolgswirksam gebucht, aber nicht bis zum Ende des Wirtschaftsjahres geleistet wurden	13.148
95	Davon ab: Gewinnerhöhung aus der Begründung des Besteuerungsrechts der Bundesrepublik Deutschland hinsichtlich des Gewinns aus der Veräußerung eines Wirtschaftsgutes (§ 4 Absatz 1 Satz 8 zweiter Halbsatz EStG)	13.220
96	Davon ab: Investitionszulage (zurückgeforderte Investitionszulage mit negativem Vorzeichen eintragen)	13.131
97	Dazu: Einkommenserhöhung aus der Steuerentstrickung nach § 12 Absatz 1 Satz 1 und 2 KStG, § 16 Absatz 3a EStG (soweit im Betrag laut Zeilen 11 und 12 nicht erfasst)	13.221
97a	Davon ab / Dazu: Nach § 3 Nummer 72 EStG steuerfreie Einnahmen und Entnahmen aus dem Betrieb von Photovoltaikanlagen, vermindert um damit im Zusammenhang stehende Betriebsausgaben nach § 3c Absatz 1 EStG	13.200
	Sonstige steuerfreie Einnahmen laut gesonderter Einzelaufstellung	
98 bis 101 frei 102	Davon ab: Sonstige steuerfreie Einnahmen, vermindert um damit im Zusammenhang stehende nicht abzugsfähige Betriebsausgaben nach § 3c Absatz 1 EStG	13.130

Die **Zeilen 93 bis 102** der Anlage GK bereinigen den Jahresüberschuss/-fehlbetrag laut Handels- bzw. Steuerbilanz um nicht der Körperschaftsteuer unterliegende Vermögensmehrungen und -minderungen. Die hier genannten Vermögensmehrungen müssen den Jahresüberschuss lt. Zeile 11 erhöht bzw. Vermögensminderungen müssen den Jahresüberschuss gemindert haben. Falls sie keine Auswirkung auf den Jahresüberschuss/-fehlbetrag gehabt haben, muss auch keine Korrektur erfolgen. **436**

In den **Zeilen 93 und 94** sind **Einlagen der Anteilseigner** abzuziehen, die nicht das Nennkapital, aber den Jahresüberschuss der Körperschaft erhöht haben. Offenen Einlagen, also Einlagen, die auf Grund einer gesellschaftsvertraglichen Regelung geleistet werden (z.B. Aufgeld oder Erhöhung der Kapitalrücklage) erhöhen regelmäßig nicht den Jahresüberschuss, vgl. § 246 Abs. 4 HGB, sondern werden erfolgsneutral verbucht. Sie dürfen daher nicht in den Zeilen 93 und 94 erfasst werden. Unter diesen Zeilen werden also regelmäßig **verdeckte Einlagen** einzutragen sein. Verdeckte Einlagen liegen vor, wenn ein Gesellschafter der Gesellschaft einen einlagefähigen Vermögensvorteil zuwendet und diese Zuwendung durch das Gesellschaftsverhältnis veranlasst ist, vgl. § 8 Abs. 3 Satz 3 KStG und R 8.9 Abs. 1 KStR 2022. Bei der verdeckten Einlage überlagert die Veranlassung aus dem Gesellschaftsverhältnis das eigentliche schuldrechtliche Rechtsgeschäft. Handels- und steuerbilanziell muss jedoch das schuldrechtliche Rechtsgeschäft abgebildet werden. Es erhöht also regelmäßig den Jahresüberschuss. Um dennoch die Einkommensneutralität des Vorgangs zu erreichen, muss die Einkommenserhöhung durch Abrechnung wieder rückgängig gemacht werden. **437**

Nicht eingetragen werden dürfen allerdings Einlagen, die gewinnwirksam gebucht wurden, beim Anteilseigner jedoch (fälschlicherweise) einkommenswirksam abgezogen wurden (Verstoß gegen das sog. materielle Korrespondenzprinzip). Nach § 8 Abs. 3 Satz 4 und 5 KStG soll bei einer verdeckten Einlage ein Gleichklang zwischen dem Anteilseigner und der Gesellschaft hergestellt werden. Verdeckte Einlagen erhöhen beim Anteilseigner die Anschaffungskosten der Beteiligung und dürfen nicht gewinnmindernd berücksichtigt werden. Es würde zu einem Missverhältnis führen, wenn der Anteilseigner eine verdeckte Einlage fälschlicherweise einkommensmindernd berücksichtigt hätte, die verdeckte Einlage bei der Gesellschaft nicht zur Erhöhung des Einkommens, aber zur Erhöhung des steuerlichen Einlagekontos führen würde. Aus diesem Grund erhöht nach § 8 Abs. 3 Satz 4 KStG die verdeckte Einlage das Einkommen, wenn sie beim Anteilseigner das Einkommen gemindert hat. Hat die verdeckte Einlage handels- und steuerbilanziell den Jahresüberschuss bereits erhöht (Regelfall), darf in den Zeilen 93 und 94 keine Rückkorrektur erfolgen. Hat die verdeckte Einlage den Jahresüberschuss noch nicht erhöht, aber das Einkommen des Anteilseigners gemindert, ist sie in Zeile 78 dem Einkommen hinzuzurechnen.

Dabei sind die Einlagen grundsätzlich mit dem **Teilwert** im Zeitpunkt der Zuführung zu bewerten (§ 6 Abs. 1 Nr. 5 EStG). Das ist insb. im Fall des Verzichts eines Gesellschafters auf ein nicht mehr voll werthaltiges Gesellschafterdarlehen zu beachten. Während die Ausbuchung der Verbindlichkeit in der Bilanz der Körperschaft einen außerordentlichen Ertrag in Höhe des Buchwerts der Verbindlichkeit begründet, darf die außerbilanzielle Kürzung nur in Höhe des niedrigeren Teilwerts der Gesellschafterforderung erfolgen. **438**

Den Einlagen gleichgestellt wird ein **Erhöhungsbetrag i.S.d. § 23 Abs. 2 und 3 UmwStG.** Soweit in den Fällen einer Sacheinlage unter dem gemeinen Wert (§ 20 Abs. 2 Satz 2 UmwStG) der Einbringende die erhaltenen Anteile innerhalb eines Zeitraums von sieben Jahren nach dem Einbringungszeitpunkt veräußert, ist der Gewinn aus der Einbringung rückwirkend im Wj. der Einbringung als Gewinn des Einbringenden i.S.d. § 16 EStG zu versteuern. Dabei gilt als Einbringungsgewinn der Betrag, um den der gemeine Wert des eingebrachten Betriebsvermögens im Einbringungszeitpunkt nach Abzug der Kosten für den Vermögensübergang den Wert, mit dem die übernehmende Gesellschaft dieses eingebrachte Betriebsvermögen angesetzt hat, übersteigt, vermindert um jeweils ein Siebtel für jedes seit dem Einbringungszeitpunkt abgelaufenen Zeitjahr. Der Einbringungsgewinn gilt als nachträgliche Anschaffungskosten der erhaltenen Anteile (§ 22 Abs. 1 UmwStG). **439**

In diesem Fall kann die übernehmende Gesellschaft auf Antrag den vom Einbringenden versteuerten Einbringungsgewinn im Wj. der Veräußerung der Anteile als Erhöhungsbetrag ansetzen. Dieser bleibt ohne Auswirkung auf den Gewinn, d.h., er wird faktisch einer Einlage gleichgestellt (§ 23 Abs. 2 UmwStG).

Im Hinblick auf die Auswirkungen auf den Bestand des steuerlichen Einlagekontos (§ 27 KStG) erfolgt die Eintragung der in Abzug zu bringenden Einlagen getrennt danach, ob sie bis zum Ende des Wj. auch tatsächlich geleistet wurden oder ob sie lediglich als Einlageforderung das Betriebsvermögen erhöht haben. In das steuerliche Einlagekonto sind sie nämlich als Eigenkapital erst einzustellen, wenn sie der Körperschaft zugeflossen sind.[1] **440**

In **Zeile 93** sind die der Körperschaft bis zum Ende des Wj. **tatsächlich zugeflossenen Einlagen** zu vermerken. Sie erhöhen zugleich in Zeile 49 der Anlage KSt 1 F den Bestand des steuerlichen Einlagekontos.

In **Zeile 94** sind dagegen solche Einlagen der Gesellschafter zu vermerken, die zwar im abgelaufenen Wj. das Eigenkapital der Körperschaft erhöht haben, aber der Körperschaft **noch nicht zugeflossen** sind. Für sie ist lediglich eine **Einlageforderung** in der Bilanz ausgewiesen. Wird die Einlage in den folgenden VZ tatsächlich geleistet, erhöht sie das Einlagekonto durch Eintragung in Zeile 82 der Anlage KSt 1 F. Eine Eintragung auf der Anlage GK darf nicht mehr erfolgen.

Besonderheiten gelten für den Fall des sog. „**Forderungsverzichts gegen Besserungsschein**". Hier verzichtet ein Gesellschafter auf Forderungen gegenüber der Gesellschaft. Wenn vertraglich bestimmte Bedingungen eintreten **441**

1) Vgl. hierzu zur vergleichbaren Fragestellung beim EK 04 BFH v. 29.5.1996, I R 118/93, BStBl II 1997, 92 und v. 31.3.2004, I R 72/03, BFH/NV 2004, 1423 sowie zum Einlagekonto BMF v. 4.6.2003, IV A 2 – S 2836 – 2/03, BStBl I 2003, 366, Rz. 26.

(z.B. die Körperschaft wurde erfolgreich saniert), lebt die ursprüngliche Forderung (ggf. teilweise) wieder auf. Der Forderungsverzicht führt handels- und steuerbilanziell zu einer Ertragsbuchung in Höhe des Nominalbetrags. In Zeile 93 kann jedoch nur der werthaltige Teil der Forderung gegenkorrigiert werden. In Höhe des werthaltigen Teils der Forderung kommt es ebenfalls zur Erhöhung des Einlagekontos. Das Wiederaufleben der Forderung führt handels- und steuerbilanziell i.H.d. wiederauflebenden Betrages zu einer Aufwandsbuchung. Bis zur Höhe des Betrages, der beim Forderungsverzicht das Einlagekonto erhöht hat, muss das Einlagekonto nun wieder gemindert werden. Dies geschieht durch Eintragung des Betrages mit negativem Vorzeichen (siehe Nr. 30 der Amtlichen Anleitung zur Körperschaftsteuererklärung).

442 Nach **§ 4 Abs. 1 Satz 8 Halbsatz 2 EStG** steht die **Begründung des Besteuerungsrechts der Bundesrepublik Deutschland** hinsichtlich des Gewinns aus der Veräußerung eines Wirtschaftsguts einer **Einlage** gleich. Soweit sich durch den Eintritt dieser Steuerverstrickung in der Handels- oder Steuerbilanz der Körperschaft eine Gewinnerhöhung ergibt, ist diese für die Ermittlung des körperschaftsteuerpflichtigen Einkommens in Abzug zu bringen. Dieser **Abzug** erfolgt in **Zeile 95**.

443 In **Zeile 96** ist der Jahresüberschuss/-fehlbetrag (Zeile 11) um darin enthaltene **Investitionszulagen nach dem Investitionszulagengesetz** zu kürzen. Dabei hat die Eintragung derartiger Erträge ohne Vorzeichen zu erfolgen.

Investitionszulagen gehören nach den Regelungen in den jeweiligen Investitionszulagengesetzen nicht zu den Einkünften i.S.d. EStG. Sie mindert auch nicht die Anschaffungs- und Herstellungskosten oder die Erhaltungsaufwendungen des jeweiligen Wirtschaftsguts.

Im Gegenzug dürfen **Aufwendungen aus der Rückzahlung von Investitionszulagen** die steuerpflichtigen Einkünfte der Körperschaft nicht mindern (§ 3c EStG). Sie sind daher **in Zeile 96 hinzuzurechnen**. Die Eintragung diesbezüglicher Aufwendungen ist mit einem Minuszeichen zu versehen.

444 In **Zeile 97** sind **Einkommenserhöhungen aus der Steuerentstrickung nach § 12 Abs. 1 KStG, § 16 Abs. 3a EStG** hinzuzurechnen.

Wird das deutsche Besteuerungsrecht hinsichtlich des Gewinns aus der Veräußerung von Wirtschaftsgütern ausgeschlossen oder beschränkt, gilt dies als Veräußerung oder Überlassung des Wirtschaftsguts zum gemeinen Wert, vgl. § 12 Abs. 1 KStG. Eine Beschränkung des deutschen Besteuerungsrechts liegt insb. dann vor, wenn ein bisher einer inl. Betriebsstätte zugeordnetes Wirtschaftsgut einer im Ausland belegenen Betriebsstätte zugeordnet wird, vgl. § 12 Abs. 1 Satz 2 KStG. Die Differenz zwischen dem gemeinen Wert und dem Buchwert muss nach § 12 Abs. 1 KStG besteuert werden. Die Aufdeckung von stillen Reserven führt zu einer Erhöhung des Buchwerts, die in der steuerlichen Buchführung durch eine Ertragsbuchung umgesetzt werden muss.[1] Eine Eintragung dieser Sachverhalte in Zeile 97 kommt daher niemals in Betracht, da der Betrag immer in den Zeilen 11 und 12 der Anlage GK erfasst sein muss.

Davon zu trennen ist der Ausschluss oder die Beschränkung des Besteuerungsrechts durch Verlagerung eines Betriebs oder Teilbetriebs ins Ausland nach **§ 16 Abs. 3a EStG**. Die Verlagerung eines Teilbetriebs ins Ausland ist von der Rechtsfolge mit § 12 Abs. 1 Satz 2 KStG vergleichbar und muss ebenfalls ausschließlich steuerbilanziell realisiert werden.

Die Aufgabe eines Betriebs kommt nur für Körperschaften in Betracht, die nicht unter § 8 Abs. 2 KStG fallen (also Körperschaften i.S.d. § 1 Abs. 1 Nr. 4 und 5 KStG) oder beschränkt steuerpflichtig sind. Die entsprechenden Veräußerungsgewinne sind aber ebenfalls nicht hier, sondern als Aufgabegewinn in den Zeilen 5 bis 7 der Anlage ZVE einzutragen.

Sofern ein Wirtschaftsgut des Anlagevermögens in eine EU-Betriebsstätte des gleichen Stpfl. überführt wird, besteht allerdings nach § 12 Abs. 1 Satz 1 i.V.m. § 4g EStG die Möglichkeit, für die durch die fiktive Veräußerung aufzudeckenden stillen Reserven einen (bilanziellen) Ausgleichsposten zu bilden. Dieser ist dann im Jahr seiner Bildung und in den kommenden vier Jahren mit jeweils einem Fünftel gewinnerhöhend aufzulösen.

445 In **Zeile 97a** sind die steuerfreien Einnahmen aus dem Betrieb von nach § 3 Nr. 72 EStG begünstigten **Photovoltaikanlagen** gekürzt, um damit nach § 3c Abs. 1 EStG im Zusammenhang stehende Betriebsausgaben einzutragen. Auch wenn die Steuerbefreiung grundsätzlich für natürliche Personen konzipiert ist, ist sie als Einkünfteermittlungsvorschrift nach § 8 Abs. 1 KStG auch für Körperschaften anzuwenden. Steuerfrei sind Einnahmen und Entnahmen im Zusammenhang mit dem Betrieb von Photovoltaikanlagen mit einer Bruttoleistung von 30 kW (peak) auf Einfamilienhäuser oder nicht zu Wohnzwecken dienende Gebäude. Auf Mehrfamilienhäusern oder sonstigen Gebäuden (wohl auch Büroräume) darf die installierte Bruttoleistung 15 kW (peak) je Wohn- oder Gewerbeeinheit nicht überschreiten. Insgesamt darf die installierte Leistung pro Stpfl. bzw. pro Mitunternehmerschaft 100 kW (peak) nicht überschreiten.

Fraglich ist vor allem, wie mit den verbundenen Kosten zu verfahren ist. Die meisten Körperschaften erzielen nur Einkünfte aus Gewerbebetrieb. Wird z.B. auf dem Bürogebäude eine Photovoltaikanlage installiert, die die Größenmerkmale des § 3 Nr. 72 EStG nicht überschreitet, entstehen auch Kosten (AfA, Finanzierungskosten, laufende Kosten). Üblicherweise wird nur ein kleiner Teil des erzeugten Stroms für Entgelt veräußert. Der größte Teil des Stroms wird für den Eigenverbrauch verwendet. Im Falle einer natürlichen Person entsteht hierdurch – bei Installation auf dem privaten Haus – eine Entnahme. Nicht jedoch im Falle der Verwendung für den eigenen Betrieb. Nach

1) Vgl. Kolbe in Herrmann/Heuer/Raupach, § 12 KStG Rz. 36 m.w.N.

§ 3c Abs. 1 EStG sind Betriebsausgaben im Zusammenhang mit steuerfreien Einnahmen nicht abzugsfähig. Die Beschränkung des Betriebsausgabenabzugs ist jedoch auf die positiven steuerfreien Einnahmen beschränkt, d.h., soweit die Betriebsausgaben die steuerfreien Einnahmen überschreiten, sind diese weiterhin abzugsfähig. Die Eintragung in Zeile 97a dürfte also im Regelfall nicht negativ sein.

In **Zeile 102** sind die **sonstigen steuerfreien Einnahmen,** die nicht in anderen Zeilen einzutragen sind, abzuziehen. **446**
Sie müssen im Jahresüberschuss/-fehlbetrag lt. Zeile 11 gewinnerhöhend enthalten sein. In Betracht kommen u.a.

- die nach § 3 EStG steuerfreien Erträge; dazu gehören insb. die nach § 3 Nr. 21 EStG steuerfreien Zinsen (nicht jedoch Einnahmen nach § 3 Nr. 41 EStG, die in Zeile 90 bzw. 96 einzutragen sind),
- Gewinne und Verluste, deren Besteuerung durch die Erhebung der Spielbankabgabe abgegolten ist, sowie
- Vermögenszu- und -abgänge nach § 6 Altschuldenhilfegesetz.

Im elektronischen Datensatz sind die steuerfreien Einnahmen detailliert zu erklären. So ist die Rechtsgrundlage für die Steuerbefreiung und die Art der sonstigen steuerfreien Eingabe zu bezeichnen.

Die Ausgaben, die in unmittelbarem Zusammenhang zu den steuerfreien Einnahmen stehen, sind nicht abzugsfähig, vgl. § 3c Abs. 1 EStG. Allerdings ist die Nichtabziehbarkeit auf die Höhe der Einnahmen begrenzt.

Der Saldo der Ausgaben und Einnahmen fließt in die in Zeile 102 einzutragende Summe der steuerfreien Einnahmen ein. Übersteigen die Ausgaben die steuerfreien Einnahmen, sind die Ausgaben maximal i.H. der Einnahmen einzutragen. Bei den Einnahmen muss jedoch ein negativer Wert eingetragen werden, wenn in den Vorjahren steuerfreie Betriebseinnahmen im laufenden Wj. zurückgezahlt werden.

f) Sachverhalte des Umwandlungssteuergesetzes (Zeilen 103–126)

Dieser Abschnitt teilt sich systematisch in drei Unterabschnitte auf. Im ersten Unterabschnitt (Zeilen 103 bis 117) **447**
werden die Rechtsfolgen aus der Umwandlung auf die Körperschaft, für die die Steuererklärung ausgefüllt wird (Übernahmegewinn oder -verlust) gezogen. Dem folgt die Erfassung des Einbringungsgewinns I in Zeile 118 und in den Zeilen 122 und 126 die Erfassung von Tatbeständen im Zusammenhang mit Umwandlungen, die in anderen Wj. zu berücksichtigen sind.

Kommt es zu einer Verschmelzung oder Vermögensübertragung auf die Körperschaft, für die die Steuererklärung **448**
ausgefüllt wird, werden ihrem Betriebsvermögen Wirtschaftsgüter und Schulden zugeführt. Hinsichtlich des Wertansatzes dieser Wirtschaftsgüter kann zwischen mehreren Wertansätzen (u.a. auch Buchwert und gemeiner Wert) gewählt werden.[1] Handelsrechtlich werden solche Vermögenszugänge grundsätzlich nicht gewinnwirksam, sondern ausschließlich auf das Nennkapital oder die Kapitalrücklage gebucht.[2] Eine Ausnahme besteht, wenn der übernehmende Rechtsträger am übertragenden Rechtsträger beteiligt ist (i.F. als Aufwärtsverschmelzung bezeichnet). Hält der übernehmende Rechtsträger alle Anteile am übertragenden Rechtsträger, ist der Differenzbetrag zwischen dem Wertansatz der übernommenen Wirtschaftsgüter und dem Buchwert der Anteile am übertragenden Rechtsträger gewinnwirksam zu erfassen.[3] Ist der übernehmende Rechtsträger nicht zu 100 % beteiligt, ist die Übernahme in zwei Vorgänge aufzuteilen. Soweit keine Beteiligung besteht, werden neue Anteile ausgegeben und insoweit sind die übergegangenen Wirtschaftsgüter ergebnisneutral zu übernehmen (Buchung auf Nennwert und Kapitalrücklage).[4] Soweit die Beteiligung bestand, ist die vorgenannte Differenz gewinnwirksam abzubilden.[5]

Steuerlich bleibt nach § 12 Abs. 2 Satz 1 UmwStG der Gewinn oder Verlust aus der Differenz zwischen dem Wert- **449**
ansatz des übernommenen Vermögens und dem BW der untergehenden Anteile außer Ansatz. Da die handelsrechtlichen Grundsätze für die Steuerbilanz zu übernehmen sind, ist dies für alle Verschmelzungsvorgänge unter Körperschaften bis auf den Fall der Beteiligung am übertr. Rechtsträger ohnehin der Fall. Zwar gilt handelsrechtlich für die Wahl des Wertansatzes keine Maßgeblichkeit der Handels- für die Steuerbilanz,[6] dennoch sind die allgemeinen handelsrechtlichen Grundsätze für die Steuerbilanz grds. zu berücksichtigen. Dies gilt umso mehr, als die steuerliche Behandlung von Umwandlungen auf Basis der handelsrechtlichen Tauschgrundsätze entwickelt wurde.[7]

In Höhe der Differenz zwischen dem Wert, mit dem das übernommene BV angesetzt wird, und dem Buchwert der **450**
Anteile sowie der Veräußerungskosten ist § 8b Abs. 2 KStG anzuwenden, vgl. § 12 Abs. 2 Satz 2 UmwStG. Dies bedeutet, dass hier keine vollständige, sondern lediglich eine Steuerbefreiung i.H.v. 95 % vorgenommen werden darf.

Da mehrere Übertragungen auf eine Körperschaft möglich sind, sieht die FinVerw. im elektr. Datensatz Einzelan- **451**
gaben zu jeder Umwandlung auf die Körperschaft, für die die Steuererklärung ausgefüllt wird, in den Zeilen 104 bis 112 vor. Wird die Steuererklärung in Papierform abgegeben und liegen mehrere Umwandlungen auf die Körperschaft, für die die Steuererklärung auszufüllen ist, vor, sind gleichartige Angaben in einer personellen Anlage

1) Vgl. Rz. 35 der IDW: Auswirkung einer Verschmelzung auf den handelsrechtlichen Jahresabschluss (IDW RS HFA 42).
2) Vgl. Rz. 43, 46, 47, 68, 74 der IDW RS HFA 42.
3) Vgl. Rz. 72 der IDW RS HFA 42.
4) Vgl. Rz. 41 ff. der IDW RS HFA 42.
5) Vgl. Rz. 54 ff. der IDW RS HFA 42.
6) Vgl. Rz. 11.05 UmwStE 2025.
7) Vgl. Rz. 00.02 UmwStE 2025.

beizufügen. Eintragungen sind nach der Verwaltungsauffassung[1] auch erforderlich, wenn der übernehmende Rechtsträger (Körperschaft, für die die Steuererklärung ausgefüllt wird) nicht am übertragenden Rechtsträger beteiligt ist. Eintragungen sind auch erforderlich, wenn die Vermögensübernahme in der Handels- und Steuerbilanz gewinnneutral vorgenommen wurde (s.a. Erläuterungen zur Zeile 112 →Rz. 453).

aa) Verschmelzung, Aufspaltung und Abspaltung auf die Körperschaft (Zeilen 103–112)

Sachverhalte des UmwStG

Verschmelzung, Aufspaltung und Abspaltung auf die Körperschaft

Einzelangaben zum Übernahmegewinn/-verlust nach § 12 Absatz 2 UmwStG

Zeile	Steuernummer des übertragenden Rechtsträgers	Wirtschafts-Identifikationsnummer des übertragenden Rechtsträgers (29)
103		D E

Zeile	Name des übertragenden Rechtsträgers
104	

Zeile		EUR
105	Wert mit dem das übernommene Betriebsvermögen in der Steuerbilanz angesetzt wurde	
106	Davon ab: Buchwert der Anteile am übertragenden Rechtsträger	
107	Davon ab: Kosten für den Vermögensübergang	
108	Übernahmegewinn/-verlust nach § 12 Absatz 2 UmwStG	
109	Übernahmegewinn nach § 12 Absatz 2 Satz 2 UmwStG	
110	Übernahmegewinn nach § 12 Absatz 2 Satz 1 UmwStG (Positiver Betrag laut Zeile 108 abzüglich Betrag laut Zeile 109)	
111	Übernahmeverlust nach § 12 Absatz 2 Satz 1 UmwStG (Negativer Betrag laut Zeile 108)	

Steuernummer - 5 -

Zeile		EUR
112	Betrag des in der Steuerbilanz erfolgsneutral angesetzten übernommenen Vermögens	
	Sind weitere Eintragungen erforderlich, sind diese nach dem gleichen Schema gesondert zu erläutern.	

452 In den **Zeilen 103 und 104** ist zunächst die Körperschaft (**übertragender Rechtsträger**) zu bezeichnen, die auf die Körperschaft übertragen wurde, für die die Steuererklärung ausgefüllt wird.

Die Einzelangaben bilden das gesetzliche Schema zur Berechnung eines Übernahmegewinnes-/verlusts ab, vgl. § 12 Abs. 2 Satz 1 UmwStG. In **Zeile 105** ist zunächst der **Wert,** mit dem das **übernommene Betriebsvermögen** in der Steuerbilanz angesetzt wurde, einzutragen. Maßgebend für den hier einzutragenden Wert ist der vom **übertragenden Rechtsträger gewählte Wertansatz** (Buchwert, Zwischenwert, gemeiner Wert), vgl. § 12 Abs. 1 Satz 1 UmwStG. Die Zeile ist auch auszufüllen, wenn der übernehmende Rechtsträger am übertragenden Rechtsträger nicht beteiligt ist. Ist die Beteiligung weniger als 100 %, ist trotzdem der Wert des ganzen übernommenen Betriebsvermögens einzutragen. Zu berücksichtigen ist, dass Umwandlungskosten beim Ansatz des gemeinen Werts handelsrechtlich die Anschaffungskosten erhöhen.[2] Steuerrechtlich sind sie jedoch nach § 12 Abs. 2 Satz 1 KStG nicht abzugsfähig, sodass die Umwandlungskosten in der Steuerbilanz nicht zu Anschaffungskosten führen dürfen und demnach in dem hier einzutragenden Wert nicht enthalten sein dürfen.

453 In **Zeile 106** ist der **Buchwert der Anteile am übertragenden Rechtsträger einzutragen**. Bestand keine Beteiligung, sind hier 0 € einzutragen. Auch wenn die Beteiligung weniger als 100 % betrug, ist hier der ungekürzte Buchwert der Anteile einzutragen. Der Buchwert der Anteile mindert den Übernahmegewinn bzw. erhöht den Übernahmeverlust.

Ebenfalls mindernd wirken sich die in **Zeile 107** einzutragenden Kosten aus, die im Zusammenhang mit dem Vermögensübergang entstanden sind (**Umwandlungskosten**). Solche entstehen bei jeder Umwandlung. Typische Umwandlungskosten sind Eintragungsgebühren beim Registergericht, Beurkundungsgebühren des Notars, wei-

1) Vgl. Rz. 12.05 UmwStE 2025.
2) Umkehrschluss aus Rz. 62 IDW RS HFA 42.

tere Rechts- und Beratungskosten, Kosten für Gutachten, die mit der Umwandlung im Zusammenhang stehen. Übernimmt die Körperschaft, für die die Steuererklärung ausgefüllt wird, als übernehmender Rechtsträger entsprechende Kosten, die eigentlich vom übertragenden Rechtsträger zu tragen wären, sind dies ebenfalls Umwandlungskosten, die hier einzutragen sind. Die Eintragung ist auch erforderlich, wenn die Körperschaft am übertragenden Rechtsträger nicht beteiligt ist. Es sind die ungekürzten Kosten einzutragen. Zu beachten ist, dass auch bei abweichender handelsrechtlicher Beurteilung Umwandlungskosten nicht als Anschaffungskosten angesetzt werden dürfen, da § 12 Abs. 2 Satz 1 UmwStG die handelsrechtlichen Wertansätze verdrängt (Abweichung der Steuer- von der Handelsbilanz).

In **Zeile 108** ermittelt sich nun ein **Übernahmegewinn oder -verlust**. Hier ist nun wie folgt zu differenzieren. Ein **Übernahmeverlust ist immer in voller Höhe** nicht abziehbar und nach **Zeile 111** zu übertragen, vgl. § 12 Abs. 2 Satz 1 UmwStG. Bei einem Übernahmegewinn hängt die weitere Behandlung davon ab, ob und wenn ja, in welchem Verhältnis die Körperschaft, für die die Steuererklärung ausgefüllt wird (übernehmender Rechtsträger), am übertragenden Rechtsträger beteiligt war. Soweit die Körperschaft, für die die Steuererklärung ausgefüllt wird, **nicht** (!) **am übertragenden Rechtsträger (direkt) beteiligt** war, ist der Übernahmegewinn in voller Höhe steuerfrei und nach **Zeile 110** zu übertragen. Soweit die Körperschaft jedoch **am übertragenden Rechtsträger beteiligt** war, ist § 8b KStG anzuwenden mit der Folge, dass lediglich 95 % des Übernahmegewinns steuerbefreit sind, vgl. § 12 Abs. 2 Satz 2 UmwStG. In diesen Fällen muss der Übernahmegewinn in **Zeile 109** übertragen werden. Ist die Körperschaft nicht in voller Höhe an der übertragenden Körperschaft beteiligt, muss der Vorgang aufgeteilt werden und anteilig in die Zeilen 109 und 110 übertragen werden.

Als letzte Einzelangabe muss in Zeile 112 nun eingetragen werden, inwieweit der Umwandlungsvorgang in der Steuerbilanz der Körperschaft **erfolgsneutral** behandelt wurde. In Höhe der Differenz zwischen den in Zeilen 103 bis 111 ausgewiesenen Beträgen zum Betrag in Zeile 112 ergibt sich nun die konkrete Auswirkung auf das Einkommen. Wie in → Rz. 448 erläutert, sind die Vermögenszugänge handels- und steuerbilanziell gewinnneutral abzubilden. Regelmäßig entspricht der in Zeile 112 einzutragende Wert also der Differenz zwischen Zeile 105 und Zeile 106. Etwas anderes gilt nur, soweit der übernehmende am übertragenden Rechtsträger beteiligt ist, in diesem Fall ist der Vorgang gewinnwirksam abzubilden, sodass in **Zeile 112** 0 € einzutragen sind.

bb) Weitere Eintragung (Zeilen 113–117)

113 und 114 frei 115	Dazu / Davon ab: Betrag des in der Steuerbilanz erfolgsneutral angesetzten übernommenen Vermögens (Summe der Beträge aller Zeilen 112)		13.203
		EUR	
116	Übernahmegewinn nach § 12 Absatz 2 Satz 2 UmwStG in Verbindung mit § 8b Absatz 2 KStG (Vorspalte: Summe der Beträge aller Zeilen 109; nicht bei Organgesellschaften: Übertrag in Hauptspalte in Höhe von 95 % mit umgekehrtem Vorzeichen)	13.204	
117	Übernahmegewinne/-verluste nach § 12 Absatz 2 Satz 1 UmwStG (Summe der Beträge aller Zeilen 110 und 111; nicht bei Organgesellschaften: Übertrag in die Hauptspalte mit umgekehrtem Vorzeichen)	13.205	

Die Einzelangaben zu den jeweiligen Übertragungen auf die Körperschaft, für die die Steuererklärung ausgefüllt wird, müssen nun hinsichtlich ihrer Auswirkung auf das Einkommen summiert und in den Zeilen 115 bis 117 eingetragen werden. 454

In **Zeile 115** wird zunächst die **Gewinnwirksamkeit des Umwandlungsvorgangs hergestellt**, wenn diese auf Grund der handelsrechtlich gewinnneutralen Buchungsverpflichtung nicht gegeben war. Der hier einzutragende Wert ergibt sich aus der Summe aller in Zeile 112 eingetragenen Werte.

Soweit ein **Übernahmegewinn nach § 12 Abs. 2 Satz 2 KStG** vorliegt (Eintragung in Zeile 103), kommt es nach § 12 Abs. 2 Satz 2 UmwStG zur Anwendung von § 8b KStG. Handelt es sich nicht (!) um eine Organgesellschaft, entspricht der in **Zeile 116 Vorspalte** einzutragende Wert der Summe der Einzeleintragungen zu Zeile 103. Lediglich 95 % des Werts sind von der Vor- in die Hauptspalte zu übertragen und mindern das Einkommen. In Höhe von 5 % bleibt der Übernahmegewinn also steuerpflichtig. Dies ist folgerichtig, weil durch die Umwandlung die Beteiligung am übernehmenden Rechtsträger gegen die Wirtschaftsgüter des übernehmenden Rechtsträgers getauscht wird. Der Untergang der Anteile am übertragenden Rechtsträger entspricht folglich wirtschaftlich einer Veräußerung, weshalb dieser einer Veräußerung nach § 8b Abs. 2 KStG vergleichbar behandelt werden muss. 455

Handelt es sich bei der Körperschaft, für die die Steuererklärung ausgefüllt wird (übernehmender Rechtsträger), um eine Organgesellschaft, gelten besondere Regelungen. Der Übernahmegewinn ist nach § 15 Satz 1 Nr. 2 Satz 2 KStG auf Ebene des (letzten) Organträger nach § 8b Abs. 2 KStG oder nach § 3 Nr. 40 EStG steuerfrei zu stellen. Auf Ebene der Organgesellschaft ist § 8b KStG nicht anwendbar, vgl. § 15 Satz 1 Nr. 1 Satz 1 KStG. Ein Übertrag von der Vor- in die Hauptspalte ist daher nicht zulässig. Allerdings sind die Beträge nach § 12 Abs. 2 Satz 2 KStG bei der Ermittlung der Korrekturbeträge für natürliche Personen und Körperschaften i.R. der gesonderten und einheitlichen Feststellung nach § 14 Abs. 5 KStG zu berücksichtigen.

In **Zeile 117 Vorspalte** sind die **Übernahmegewinne und -verluste nach § 12 Abs. 2 Satz 1 UmwStG** einzutragen. Sie ergeben sich durch Aufsummierung der Einzelangaben zu den Zeilen 110 und 111. Verluste sind nicht abziehbar, was systematisch überzeugt, da die Wertdifferenzen nur aus dem Umwandlungsvorgang herrühren und tatsächlich keine Gewinne oder Verluste erzielt wurden. Hinsichtlich der Veräußerungsverluste bei Aufwärts- 456 verschmelzungen ist die Nichtabziehbarkeit ebenfalls systematisch überzeugend, da ein entsprechender Veräußerungsverlust nach § 8b Abs. 3 Satz 2 ff. KStG ebenfalls nicht abziehbar wäre.

Soweit die Körperschaft nicht am übertragenden Rechtsträger beteiligt war, führt die Eintragungssystematik zur Nichtabziehbarkeit der Umwandlungskosten.

Durch Übertragung von der Vor- in die Hauptspalte wird das Einkommen um die Übernahmeverluste erhöht und um Übernahmegewinne vermindert. Durch die Wechselwirkung mit Zeile 115 bleibt es im Ergebnis in den meisten Fällen bei der bilanziell ohnehin gegebenen Gewinnneutralität. Lediglich die Umwandlungskosten werden steuerlich nicht abziehbar. In Fällen der Beteiligung der Körperschaft am übertragenden Rechtsträger wird die bilanziell gegebene Gewinnwirksamkeit nach Maßgabe des § 12 Abs. 2 KStG neutralisiert.

Handelt es sich bei der Körperschaft um eine Organgesellschaft, darf ein Übertrag von der Vor- in die Hauptspalte nicht erfolgen. Nach § 15 Satz 1 Nr. 2 KStG wird auch hier die Anwendung von der Ebene der Organgesellschaft auf den (jeweils) letzten -träger übertragen. Da § 12 Abs. 2 Satz 1 UmwStG jedoch nicht die Nichtabziehbarkeit eines Verlusts bzw. die volle Steuerbefreiung des Gewinns anordnet, ist die Gewinnauswirkung gleich. Ein Abzug des Veräußerungsverlustes nur zu 40 % – wie es nach § 3 Nr. 40 i.V.m. § 3c Abs. 2 EStG eigentlich angemessen wäre – ist auf Grund der nicht ausdrücklichen Anwendung von § 8b KStG bzw. § 3 Nr. 40 EStG für den Veräußerungsverlust nicht möglich. Es bleibt bei der in § 12 Abs. 2 Satz 1 UmwStG ausdrücklich angeordneten Nichtabziehbarkeit.

cc) Einbringungsgewinn I und Erträge und Aufwendungen, die in einem anderen Wirtschaftsjahr als dem der Umwandlung entstehen (Zeilen 118–126)

	Einbringungsgewinn I	
118	Dazu: Im laufenden Wirtschaftsjahr zu versteuernder "Einbringungsgewinn I" nach § 22 Absatz 1 UmwStG	13.225
	Im laufenden Jahr zu berücksichtigende Aufwendungen und Erträge im Zusammenhang mit Übernahmegewinnen/-verlusten und Einbringungsgewinnen I	
	laut gesonderter Einzelaufstellung	
119 bis 121 frei 122	Davon ab / Dazu: In einem anderen Wirtschaftsjahr entstandene Aufwendungen beziehungsweise Erträge, die im Zusammenhang mit dem im laufenden Wirtschaftsjahr nach § 12 Absatz 2 Satz 1 UmwStG zu berücksichtigenden Übernahmegewinn/-verlust und/oder zu versteuernden "Einbringungsgewinn I" nach § 22 Absatz 1 UmwStG stehen	13.237
	Im laufenden Jahr entstandene, aber nicht zu berücksichtigende Aufwendungen und Erträge im Zusammenhang mit Übernahmegewinnen/-verlusten und Einbringungsgewinnen I	
	laut gesonderter Einzelaufstellung	
123 bis 125 frei 126	Dazu / Davon ab: Im laufenden Wirtschaftsjahr entstandene Aufwendungen beziehungsweise Erträge, die im Zusammenhang mit dem in einem anderen Wirtschaftsjahr nach § 12 Absatz 2 Satz 1 UmwStG zu berücksichtigenden Übernahmegewinn/-verlust und/oder zu versteuernden "Einbringungsgewinn I" nach § 22 Absatz 1 UmwStG stehen	13.238

457 Der nachzuversteuernde **Einbringungsgewinn I** ist in der Steuererklärung für das Einbringungsjahr in **Zeile 118** einzutragen. Ein solcher entsteht, wenn bei einer Sacheinlage unter dem gemeinen Wert (§ 20 Abs. 2 Satz 2 UmwStG n.F.) der Einbringende die erhaltenen Anteile innerhalb eines Zeitraums von sieben Jahren nach dem Einbringungszeitpunkt veräußert. Der Gewinn aus der Einbringung ist rückwirkend im Wj. der Einbringung als Gewinn i.S.v. § 16 EStG zu versteuern **(§ 22 Abs. 1 UmwStG)**. Die Veräußerung der erhaltenen Anteile gilt insoweit als rückwirkendes Ereignis i.S.v. § 175 Abs. 1 Satz 1 Nr. 2 AO.

Zur Ermittlung des nachzuversteuernden Betrags (im Gesetz als **Einbringungsgewinn I** bezeichnet) wird zunächst nachträglich der gemeine Wert des übergegangenen Vermögens im Zeitpunkt der Einbringung ermittelt. Einbringungsgewinn I ist dann der Differenzbetrag zwischen diesem gemeinen Wert und dem Wert (Buchwert oder Zwischenwert), mit dem das Vermögen nach § 20 Abs. 2 Satz 2 UmwStG n.F. tatsächlich i.R. der Einbringung angesetzt wurde, vermindert um je ein Siebtel für jedes seit dem Einbringungszeitpunkt abgelaufene Jahr.

> **Praxishinweis:**
>
> Der Einbringungsgewinn I ist zwar im Jahr der Einbringung zu versteuern, dass ihn auslösende Ereignis (Veräußerung der sperrfristbehafteten Anteile) liegt jedoch erst in einem Folgejahr vor, sodass diese Zeile bei Erstellung der Steuererklärung nur sehr selten auszufüllen sein wird. Denkbar ist es nur, wenn die Veräußerung vor Erstellung der Steuererklärung für das Einbringungsjahr erfolgt.

458 In den Zeilen 122 und 126 sind außerbilanzielle Korrekturen im Zusammenhang mit Aufwendungen und Erträgen einzutragen, die nicht im Wj. der bilanziellen Berücksichtigung, sondern im Wj. der Umwandlung bzw. der Einbringung zu berücksichtigen sind. Sie wurden auf Grund der Rechtsprechung des BFH[1] zu Veräußerungskosten bei Anteilsveräußerungen i.S.d. § 8b Abs. 2 und 3 KStG eingeführt. Nach Auffassung des BFH ist die Veräußerung

1) BFH v. 22.12.2010, I R 58/10, BStBl II 2015, 668 und v. 12.3.2014, I R 55/13, BStBl II 2015, 658.

eines Anteils an einer anderen Körperschaft ein punktuelles Ereignis. Vorhergehende oder nachfolgende Wertveränderungen sind unabhängig davon, welchem Wj. sie nach den bilanziellen Regelungen zeitlich zuzuordnen wären, steuerlich im Wj. der Veräußerung des Anteils zu berücksichtigen. Da die abweichende zeitliche Zurechnung nicht durch Änderung der Bilanzen erreicht werden kann, muss dies durch außerbilanzielle Korrekturen geschehen.[1] Diese Grundsätze sind auch auf Umwandlungen und Einbringungen übertragbar. Entstehen also in einem anderen Wj. Aufwendungen oder Erträge, die mit dem punktuellen Ereignis der Umwandlung oder Einbringung im Zusammenhang stehen, sind diese in das Wj. der Umwandlung/Einbringung zu verlagern.

In **Zeile 122** sind die **Aufwendungen oder Erträge** einzutragen, die in einem **anderen Wj. bilanziell berücksichtigt** 459
wurden, jedoch mit einer **Umwandlung oder Einbringung im Zusammenhang stehen, die dem laufenden Wj.** zuzuordnen ist. Aufwendungen werden ohne Vorzeichen eingetragen und vom Einkommen abgezogen. Erträge müssen mit negativem Vorzeichen eingetragen werden, erhöhen dann aber durch Umkehrung des Vorzeichens das Einkommen. Liegen sowohl Aufwendungen und Erträge vor, ist ein Saldo zu bilden. Übersteigen die Aufwendungen die Erträge, erfolgt die Eintragung ohne Vorzeichen. Im umgekehrten Fall muss der Saldo mit negativem Vorzeichen eingetragen werden.

In **Zeile 126** sind dagegen Aufwendungen oder Erträge einzutragen, die **bilanziell dem Wj.** zuzuordnen sind, für 460
das die Erklärung ausgefüllt wird, sich jedoch auf eine Umwandlung oder Einbringung beziehen, die in einem **anderen** Wj. zu berücksichtigen ist. Aufwendungen werden ohne Vorzeichen eingetragen und erhöhen das Einkommen (Neutralisierung). Erträge müssen mit negativem Vorzeichen eingetragen werden und mindern das Einkommen. Liegen sowohl Aufwendungen und Erträge vor, ist ein Saldo zu bilden. Übersteigen die Aufwendungen die Erträge, erfolgt die Eintragung ohne Vorzeichen. Im umgekehrten Fall muss der Saldo mit negativem Vorzeichen eingetragen werden.

Die **Zeilen 122 und 126 stehen in Wechselwirkung zueinander** und müssen sich über die VZ hinaus **ausgleichen.** 461
Der außerbilanziellen Zurechnung (Zeile 126) in einem Wj. steht immer eine außerbilanzielle Abrechnung (Zeile 122) in einem anderen Wj. gegenüber. Für die Eintragungen in Zeilen 122 und 126 kommen im Regelfall Aufwendungen (z.B. Rechtsanwalts- und Notarkosten für die Umwandlung, Gutachterkosten zur Bestimmung des gemeinen Werts) in Betracht. Es sind jedoch auch Erträge denkbar.

g) Sachverhalte mit Auslandsbezug (Zeilen 127–142)

aa) Nach DBA steuerfreie Einkünfte (Zeilen 127–132)

Zeile	Sachverhalte mit Auslandsbezug	
	Nach DBA steuerfreie Einkünfte laut gesonderter Einzelaufstellung	
127 bis 130 frei 131	Davon ab: Ausländische Einkünfte, die aufgrund von DBA steuerfrei sind (ohne Bezüge nach § 20 Absatz 1 Nummer 1, 2, 9 und 10 Buchstabe a EStG aus der Beteiligung an einer ausländischen Körperschaft) (14)	16.111
132	Dazu: Mit den ausländischen Einkünften laut Zeile 131 im Zusammenhang stehende nichtabziehbare inländische Betriebsausgaben	16.112

In **Zeile 131** sind die **ausl. Einkünfte** zu erfassen, **die auf Grund eines DBA steuerfrei** sind. Hierunter fallen sowohl 462
positive als auch negative Einkünfte aus ausl. Betriebsstätten, für die die meisten DBA eine Vermeidung der Doppelbesteuerung durch Anwendung der Freistellungsmethode vorsehen. Ab dem VZ 2024 sind keine ausl. Einkünfte aus Spezial-Investmentfonds einzutragen. Diese sind in der Erfassung der Einkünfte aus Spezial-Investmentfonds aus der Anlage SPIF aufgegangen.

Nicht in Zeile 131 **einzutragen** sind **Einkünfte** aus ausl. Kapitalgesellschaften, die grundsätzlich unter die Steuer- 463
befreiung nach § 8b KStG fallen. Zwar sehen auch hier DBA regelmäßig eine Steuerbefreiung für Ausschüttungen vor, wenn eine Mindestbeteiligung (Schachtelbeteiligung) besteht, doch werden diese Bezüge systematisch im Abschnitt „Beteiligungen an anderen Körperschaften" ab Zeile 143 ff. erfasst.

Bei den steuerfreien ausl. Einkünften sind auch solche ausl. Gewinne mit zu berücksichtigen, die – obwohl sie nach 464
einem DBA an sich steuerfrei sind – der **Hinzurechnungsbesteuerung des § 2a Abs. 3 Satz 3 und 4 EStG 1997 i.V.m. § 52 Abs. 3 EStG** unterliegen. Zwar werden diese durch Eintragung in Zeile 131 vom Einkommen abgezogen und damit zunächst neutralisiert, doch erfolgt über Zeile 35 der Anlage ZVE wiederum eine Zurechnung, sodass im Endergebnis die Besteuerung sichergestellt wird.

Organträger dürfen in den Zeilen 131 nur steuerfreie ausl. Einkünfte erfassen, die vom Organträger selbst erzielt 465
wurden. Die nach DBA steuerfreien Einkünfte haben das dem Organträger zuzurechnende Einkommen der Organgesellschaft bereits gemindert und würden andernfalls doppelt abgezogen werden.

Der elektronische Datensatz sieht eine Aufgliederung der in Zeile 131 und Zeile 132 als Summe zu erfassenden 466
Werte pro Staat vor:

1) BMF v. 24.7.2015, IV C 2 – S 2750-a/07/10002 :002, 2015/0606474, BStBl I 2015, 612.

Auszug aus dem elektronischen Datensatz:

Zeile	Beschreibung
Zeile 127	Name des Staates
Zeile 128	Nettobetrag der ausländischen Einkünfte
Zeile 129	Auf die ausländischen Einkünfte entfallende ausländische Steuer
Zeile 130	Bruttobetrag der ausländischen Einkünfte

Im elektronischen Datensatz sind Angaben zu 99 Staaten möglich. Bei Verwendung des Papiervordrucks sollten gleichartige Angaben auf einer formlosen Anlage vorgenommen werden.

In **Zeile 127** des elektronischen Datensatzes ist zunächst der **Name des Staats** einzutragen. Im elektronischen Datensatz sind die möglichen Ländercodes eingetragen, aus denen ausgewählt werden muss.

In **Zeile 128** wird der **Nettobetrag der ausländischen Einkünfte** eingetragen. Das heißt, es muss eine auf die jeweilige **Einkunftsquelle bezogene Gewinnermittlung** angefertigt werden. Ausländische Betriebseinnahmen müssen um ausländische Betriebsausgaben gemindert werden. Die ausl. **Brutto- und Nettoeinkünfte** sind nach **deutschem Steuerrecht** zu ermitteln. Im Rahmen der Handels- und Steuerbilanz sind ebenfalls die Maßstäbe des deutschen Bilanzrechts anzuwenden. Zu berücksichtigen ist, dass die Eintragungen immer die sich im bilanziellen Jahresüberschuss/-fehlbetrag lt. Zeile 11 berücksichtigten Erträge und Aufwendungen aus dem Ausland korrigieren. Insbesondere im Hinblick auf Bewertungsfragen (vor allem Umrechnungskurse bei Fremdwährungen) muss auf **Kongruenz** zwischen der **Bilanz** und den **Eintragungen zur Zeile 128** geachtet werden.

Im Ausland zu zahlende Steuern dürfen in Zeile 128 noch nicht abgezogen worden sein. Sie sind vielmehr gesondert in **Zeile 129** im elektronischen Datensatz zu erklären. Hierdurch kann nachvollzogen werden, ob die Einkünfte im Ausland der tatsächlich der Besteuerung unterworfen wurden. Die ausl. Ertragssteuern auf nach DBA steuerfreie Einkünfte gehen i.R. der Anrechnung ins Leere, da die ausl. Einkünfte insoweit null betragen. Im Rahmen des Abzugs nach § 34c Abs. 2 EStG werden nur ausl. Steuern auf steuerpflichtige Einkünfte berechtigt, womit die ausl. Quellensteuern auf nach DBA steuerfreie Beträge generell ausscheiden. Eine Eintragung dieser Beträge auf der Anlage AESt ist daher nicht zulässig.

Die in **Zeile 130** einzutragenden ausländischen **Brutto-Einkünfte** ergeben sich aus der Addition des Werts laut Zeile 128 mit dem Wert laut Zeile 129.

Die Summe aller Einzelangaben zur Zeile 130 des elektronischen Datensatzes ist anschließend in die **Zeile 131** zu übertragen.

467 In **Zeile 132** sind die **in unmittelbarem wirtschaftlichem Zusammenhang mit den steuerfreien Einkünften** aus Zeile 131 **stehenden inl. Ausgaben** einzutragen, die unter das Abzugsverbot des § 3c Abs. 1 EStG fallen.

Im Ergebnis werden damit i.R. der Einkommensermittlung positive steuerfreie ausl. Einkünfte mit ihrem Bruttobetrag über die Zeile 131 der Anlage GK vom Jahresüberschuss/-fehlbetrag in Abzug gebracht und damit aus der Einkommensermittlung ausgeschieden. Negative steuerfreie ausl. Einkünfte werden dagegen ebenso wie die mit steuerfreien ausl. Einkünften in Zusammenhang stehenden inl. Ausgaben dem Jahresüberschuss/-fehlbetrag wieder hinzugerechnet und damit die zuvor eingetretene Einkommensminderung wieder rückgängig gemacht.

Da die mit den steuerfreien ausl. Einkünften in Zusammenhang stehenden ausl. Steuern (mit Ausnahme fiktiver anrechenbarer Steuern) als nicht abziehbare Aufwendungen über die Zeile 87 der Anlage GK dem Jahresüberschuss zunächst ungeachtet der Tatsache hinzugerechnet werden, ob sie auf steuerfreie oder steuerpflichtige ausl. Einkünfte entfallen, erfolgt die weitere Korrektur des Einkommens in Zeile 131 der Anlage GK zutreffend mit dem in diesem Wert enthaltenen Bruttobetrag der steuerfreien ausl. Einkünfte.

Praxishinweis:

Das FA kann aus den Detailangaben zur ausl. Steuer auf die nach DBA steuerfreien Einkünfte mit den in Zeile 87 der Anlage GK hinzugerechneten ausl. Personensteuern verproben, dass die Steuerfreistellung nach DBA mit dem zutreffenden Betrag erfolgte. Um Rückfragen zu vermeiden, empfiehlt sich – auch bei Verwendung des Papiervordrucks – auf sorgfältige Angaben zur ausl. Steuer des jeweiligen Staates zu achten.

bb) Berichtigungsbetrag nach § 1 AStG (Zeile 142)

	Berichtigungsbetrag nach § 1 AStG	
	laut gesonderter Einzelaufstellung	
133 bis 141 frei 142	Dazu / Davon ab: Berichtigungsbetrag nach § 1 AStG laut gesonderter Ermittlung 14 74	16.175

468 Nach § 1 AStG sind die Einkünfte eines Stpfl. zu berichtigen, wenn i.R. von Geschäftsbeziehungen mit nahestehenden Personen im Ausland Bedingungen (insb. Verrechnungspreise) vereinbart wurden, die von denen abweichen, die voneinander unabhängige Dritte unter gleichen oder ähnlichen Verhältnissen vereinbart hätten.

In **Zeile 142** ist der auf einer gesonderten Anlage näher zu erläuternde **Berichtigungsbetrag nach § 1 AStG** einzutragen. Anders als bei den Hinzurechnungsbeträgen existiert für Berichtigungsbeträge nach § 1 AStG kein gesondertes Feststellungsverfahren. 469

Praxishinweis:

Ist die Gesellschaft Organträger, hat sie in Zeile 142 eigene Berichtigungsbeträge anzugeben. Ein die Organgesellschaft betreffender Berichtigungsbetrag ist in Zeile 142 der Anlage GK der Organgesellschaft zu erfassen.

h) Unmittelbare Beteiligungen an anderen Körperschaften (Zeilen 143–202)

In diesem Abschnitt werden Angaben zur unmittelbaren Beteiligung der Körperschaft, für die die Steuererklärung auszufüllen ist, an anderen Körperschaften abgefragt. Eintragungen zu § 8b KStG, soweit sie der Körperschaft, für die die Steuererklärung ausgefüllt wird, mittelbar über eine Personengesellschaft zuzurechnen sind, dürfen hier nicht mehr vorgenommen werden (→ Rz. 355 ff.). § 8b KStG ist bereits bei Eintragung der Einkünfte aus der Personengesellschaft in den Zeilen 22 und 24 zu berücksichtigen. Das Gleiche gilt für Spezial-Investmenterträge, für die § 8b KStG angewendet wird. Die Kürzung nach § 8b KStG ist ab dem VZ 2023 bereits auf Ebene des Spezial-Investmentfonds vorgenommen worden[1] und darf nicht mehr in diesem Abschnitt erklärt werden. 470

Ausschüttungen aus Kapitalgesellschaften führen beim Anteilseigner zwar grundsätzlich zu Einkünften aus Kapitalvermögen (§ 20 Abs. 1 Nr. 1 EStG). Im Kontext der Körperschaftsteuer werden diese jedoch meist in gewerbliche Einkünfte umqualifiziert, weshalb sie auch detailliert auf der Anlage GK abgefragt werden.

Rechtlich ist die Körperschaft selbst Steuersubjekt. Wirtschaftlich müssen die Steuerbelastung der Körperschaft und ihrer Anteilseigner addiert werden, sodass sich im Vergleich zu einem Einzelunternehmen oder einer Personengesellschaft[2] eine sehr hohe Steuerbelastung ergeben würde. Die Berücksichtigung der Vorbelastung einer Ausschüttung erfolgt bei Körperschaften abweichend von natürlichen Personen. Für natürliche Personen existiert das Teileinkünfteverfahren, d.h. eine Steuerfreistellung von 40 % der Einkünfte aus Ausschüttungen und Veräußerungen, soweit die Beteiligung an der Körperschaft im Betriebsvermögen gehalten wird, vgl. § 3 Nr. 40 EStG. Im Privatvermögen gehaltene Beteiligungen an Kapitalgesellschaften unterliegen der Abgeltungsteuer und damit einer maximalen Steuerbelastung von 25 %. 471

Die Berücksichtigung der Vorbelastung erfolgt bei Körperschaften – vereinfacht dargestellt – durch eine 95-prozentige Freistellung der Bezüge aus Körperschaften, an denen eine Beteiligung von mindestens 10 % besteht. Ausschüttungen aus Streubesitzbeteiligungen (d.h. Beteiligungen von weniger als 10 %) sind voll steuerpflichtig. 472

Gesetzestechnisch erfolgt die 95-prozentige Freistellung durch vollständige Steuerbefreiung der Bezüge bzw. Veräußerungsgewinne und Hinzurechnung fiktiver nicht abzugsfähiger Betriebsausgaben von 5 %. Die tatsächlichen Betriebsausgaben, die mit Beteiligungen anderen Körperschaften im Zusammenhang stehen, sind im Gegensatz zu natürlichen Personen immer voll abzugsfähig. 473

Eine Besonderheit gilt bei **Organgesellschaften**. Ob eine Steuerfreistellung nach § 8b KStG oder nach § 3 Nr. 40 EStG erfolgt, hängt von der Person des Organträgers ab. Ist dieser eine Körperschaft, erfolgt die Steuerfreistellung nach § 8b KStG, ist er eine natürliche Person nach § 3 Nr. 40 EStG, vgl. § 15 Satz 1 Nr. 2 KStG. Ist der Organträger eine Personengesellschaft, richtet sich die Steuerfreistellung nach den persönlichen Eigenschaften der Mitunternehmer. Der Vordruck bildet dies durch Abfrage der entsprechenden Tatbestände in einer Vorspalte ab. Ein Übertrag in die Hauptspalte (Zeile 201) wird nur vorgenommen, wenn es sich nicht um eine Organgesellschaft handelt. Die Eintragungen in der Vorspalte sind bei Organgesellschaften jedoch nicht sinnlos oder gar entbehrlich, sondern fließen in die gesonderte und einheitliche Feststellung des dem Organträger zuzurechnenden Einkommens (bei Zwischengesellschaften ergänzt um entsprechende § 8b KStG-Tatbestände vorgelagerter Organgesellschaften lt. Anlage OT) ein. 474

Bei Organgesellschaften haben nur die folgenden Tatbestände eine Auswirkung auf das Einkommen der Organgesellschaft und werden in die Hauptspalte übertragen (siehe Zeile 202):

- Einkommensminderungen bzw. -erhöhungen nach § 8b Abs. 8 Satz 4 und 5 KStG (Besonderheiten bei Lebens- und Krankenversicherungsunternehmen),
- einzelne Tatbestände aus der Wertpapierleihe, wenn die Organgesellschaft entleihende Körperschaft ist.

Ob die Voraussetzungen des § 8b KStG bzw. des § 3 Nr. 40 EStG vorliegen, wird i.R. der gesonderten und einheitlichen Feststellung nach § 14 Abs. 5 KStG durch das für die Organgesellschaft zuständige FA verfahrensrechtlich abschließend entschieden. Dies gilt auch im Hinblick auf § 8b Abs. 4 KStG, da die Organgesellschaft die Mindestbeteiligung selbst erfüllen muss, vgl. § 15 Satz 1 Nr. 2 Satz 4 KStG. Das für den Organträger zuständige FA kann nur noch entscheiden, ob der Organträger eine natürliche Person oder eine Körperschaft ist und die Höhe der Steuerbefreiung dann berechnen. Wenn Organträger eine Personengesellschaft ist, müssen die nach § 8b KStG festgestellten Werte in die Feststellung nach § 180 Abs. 1 Nr. 2 Buchst. a AO einbezogen werden. 475

1) Zeile 158 der Anlage FB/ATV der Feststellungserklärung nach § 51 Abs. 2 InvStG.
2) Die Personengesellschaft ist selbst nicht einkommen- oder körperschaftsteuerpflichtig, sodass bei Ermittlung der Steuerbelastung für die Personengesellschaft keine Steuerbelastung anfällt.

476 Die § 8b KStG-Tatbestände vorgelagerter Organgesellschaften sind nicht in diesem Abschnitt, sondern auf der Anlage OT einzutragen.

477 In diesem Abschnitt erfolgt keine Trennung zwischen inl. und ausl. Tatbeständen. Die Steuerbefreiung des § 8b KStG ist auch für Beteiligungen an ausl. Körperschaften anwendbar.

478 Die Anwendung des § 8b KStG ist für Lebens- und Krankenversicherungsunternehmen sowie für Pensionsfonds ausgeschlossen, vgl. § 8b Abs. 8 Satz 1 KStG. **Lebensversicherungsunternehmen** sind Unternehmen, die den Betrieb von Versicherungsgeschäften in der Sparte „Leben" zum Gegenstand haben, vgl. § 1 Abs. 1 Nr. 1 i.V.m. § 7 Nr. 33 und Nr. 34 i.V.m. Anlage 1 Nr. 19 VAG. **Krankenversicherungsunternehmen** sind demnach Unternehmen, die den Betrieb von Versicherungsgeschäften in der Sparte „Krankheit (Tagegeld, Kostenversicherung, kombinierte Leistungen)" haben, vgl. § 1 Abs. 1 Nr. 1 i.V.m. § 7 Nr. 33 und Nr. 34 i.V.m. Anlage 1 Nr. 2 VAG. Sie bedürfen zur Ausübung ihrer Tätigkeit einer Erlaubnis nach § 10 Abs. 1 und Abs. 2 VAG.

Pensionsfonds sind (vereinfacht) definiert als rechtsfähige Versorgungsreinrichtungen, die im Wege des Kapitaldeckungsverfahrens Leistungen der betrieblichen Altersversorgung für einen oder mehrere Arbeitgeber zu Gunsten von Arbeitnehmern erbringen, vgl. § 1 Abs. 1 Nr. 5 i.V.m. § 236 Abs. 1 VAG. Auch Pensionsfonds bedürfen einer Genehmigung durch die Aufsichtsbehörde, vgl. § 236 Abs. 5 VAG.

Der Ausschluss der Anwendung des § 8b KStG gilt nur für Anteile an anderen Körperschaften, die den **Kapitalanlagen** zugerechnet werden, vgl. § 8b Abs. 8 Satz 1 KStG. Der Begriff der Kapitalanlagen ist der Verordnung über die Rechnungslegung von Versicherungsunternehmen (RechVersV) entlehnt. Dort wird ein von den üblichen Bilanzierungsvorschriften abweichendes Gliederungsschema der Bilanz verordnet (Formblatt 1). Es ist eindeutig, dass Anteile an Aktiengesellschaften ausschließlich den Kapitalanlagen zugeordnet werden müssen. In der Literatur wird die Frage, ob es auch Anteile an Körperschaften gibt, die bei solchen Unternehmen nicht den Kapitalanlagen zugeordnet werden müssen, nicht ausführlich diskutiert. Als einzige andere Bilanzposition für Anteile an anderen Körperschaften (beispielsweise Anteile an einer GmbH, die nicht die Beteiligungseigenschaft des HGB erhalten) kämen nur „Sonstige Vermögensgegenstände" in Betracht. Da das Formblatt 1 im Weiteren keine Differenzierung in Anlage- und Umlaufvermögen vornimmt, scheint es sachgerecht, alle Anteile an anderen Körperschaften den Kapitalanlagen zuzuordnen. Der Ausschluss des § 8b KStG gilt somit für alle Anteile an anderen Körperschaften.

Ein Ausschluss des § 8b KStG gilt bei laufenden Bezügen jedoch nur, wenn die **Mutter-/Tochterrichtlinie** nicht anzuwenden ist, vgl. § 8b Abs. 9 KStG. Diese ist (vereinfacht) anzuwenden, wenn die Tochtergesellschaft einer Kapitalgesellschaft vergleichbar ist, einer der Körperschaftsteuer vergleichbaren Steuer unterliegt und die in Deutschland ansässige Muttergesellschaft zu mindestens 10 % an der Ausschüttenden beteiligt ist, vgl. Art. 1 Abs. 1 und Art. 2 MTR. Die MTR ist niemals auf Auskehrungen i.R. der Liquidation anzuwenden, Art. 4 Abs. 1 MTR.

aa) Kaufpreisänderungen und Veräußerungskosten, die vor oder nach dem Wirtschaftsjahr der Anteilsveräußerung entstanden sind (BMF v. 24.7.2015, BStBl I 2015, 612) (Zeilen 143–150)

	Unmittelbare Beteiligungen an anderen Körperschaften	
	Die Eintragungen sind - ungeachtet des § 15 Satz 1 Nummer 2 und Satz 2 KStG - auch bei Organgesellschaften vorzunehmen, jedoch ohne die entsprechenden Werte der vorgelagerten Organgesellschaften.	
	Kaufpreisänderungen und Veräußerungskosten, die vor oder nach dem Wirtschaftsjahr der Anteilsveräußerung entstanden sind (BMF-Schreiben vom 24.07.2015, BStBl I 2015, 612)	
	Im laufenden Jahr zu berücksichtigende Aufwendungen und Erträge aus einem anderen Wirtschaftsjahr	
	laut gesonderter Einzelaufstellung	
143 bis 145 frei 146	Davon ab / Dazu: In einem anderen Wirtschaftsjahr entstandene Aufwendungen beziehungsweise Erträge, die im Zusammenhang mit der nach § 8b Absatz 2 und 3 KStG steuerfreien Veräußerung von Anteilen an anderen Körperschaften im laufenden Wirtschaftsjahr stehen	13.283
	Im laufenden Jahr entstandene aber in einem anderen Wirtschaftsjahr zu berücksichtigende Aufwendungen und Erträge	
	laut gesonderter Einzelaufstellung	
147 bis 149 frei 150	Dazu / Davon ab: Im laufenden Wirtschaftsjahr entstandene Aufwendungen beziehungsweise Erträge, die im Zusammenhang mit der nach § 8b Absatz 2 und 3 KStG steuerfreien Veräußerung von Anteilen an anderen Körperschaften in einem anderen Wirtschaftsjahr stehen	13.284

479 In den Zeilen 146 und 150 sind außerbilanzielle Korrekturen im Zusammenhang mit Aufwendungen und Erträgen einzutragen, die nicht im Wj. der bilanziellen Berücksichtigung, sondern im Wj. der Veräußerung eines Anteils i.S.d. § 8b Abs. 2 und 3 KStG zu berücksichtigen sind. Nach Auffassung des BFH[1] ist die Veräußerung eines Anteils an einer anderen Körperschaft ein punktuelles Ereignis. Vorhergehende oder nachfolgende Wertveränderungen sind unabhängig davon, welchem Wj. sie nach den bilanziellen Regelungen zeitlich zuzuordnen wären, steuerlich im Wj. der Veräußerung des Anteils zu berücksichtigen. Da die abweichende zeitliche Zurechnung nicht durch Änderung der Bilanzen erreicht werden kann, muss dies durch außerbilanzielle Korrekturen geschehen.[2]

1) BFH v. 22.12.2010, I R 58/10, BStBl II 2015, 668 und v. 12.3.2014, I R 55/13, BStBl II 2015, 658.
2) BMF v. 24.7.2015, IV C 2 – S 2750-a/07/10002 :002, 2015/0606474, BStBl I 2015, 612.

In **Zeile 146** sind **Aufwendungen und Erträge** einzutragen, die **bilanziell** in einem **anderen Wj.** berücksichtigt wurden, jedoch mit einer **Veräußerung** i.S.d. § 8b Abs. 2 KStG im Zusammenhang stehen, die dem **laufenden Wj.** zuzuordnen ist. Aufwendungen werden ohne Vorzeichen eingetragen und vom Einkommen abgezogen. Erträge müssen mit negativem Vorzeichen eingetragen werden, erhöhen dann aber durch Umkehrung des Vorzeichens das Einkommen. Liegen sowohl Aufwendungen und Erträge vor, ist ein Saldo zu bilden. Übersteigen die Aufwendungen die Erträge, erfolgt die Eintragung ohne Vorzeichen. Im umgekehrten Fall muss der Saldo mit negativem Vorzeichen eingetragen werden. **480**

In **Zeile 150** sind dagegen **Aufwendungen und Erträge** einzutragen, die **bilanziell dem Wj.** zuzuordnen sind, für das die Erklärung ausgefüllt wird. Sie beziehen sich jedoch auf eine **Veräußerung** i.S.d. § 8b Abs. 2 KStG, die in einem **anderen Wj.** zu berücksichtigen ist. Aufwendungen werden ohne Vorzeichen eingetragen und erhöhen das Einkommen (Neutralisierung). Erträge müssen mit negativem Vorzeichen eingetragen werden und mindern das Einkommen. Liegen sowohl Aufwendungen und Erträge vor, ist ein Saldo zu bilden. Übersteigen die Aufwendungen die Erträge, erfolgt die Eintragung ohne Vorzeichen. Im umgekehrten Fall muss der Saldo mit negativem Vorzeichen eingetragen werden. **481**

Die Zeilen 146 und 150 stehen in Wechselwirkung zueinander und müssen sich über die VZ hinaus ausgleichen. Der außerbilanziellen Zurechnung (Zeile 150) in einem Wj. steht immer eine außerbilanzielle Abrechnung (Zeile 146) in einem anderen Wj. gegenüber. Für die Eintragungen in Zeilen 146 und 150 kommen im Regelfall Aufwendungen (z.B. Ausbuchung einer Kaufpreisforderung wegen Insolvenz des Käufers oder Gutachtenkosten) in Betracht. Es sind jedoch auch Erträge denkbar. So kann z.B. vertraglich vereinbart werden, dass die Höhe des Kaufpreises von einem in der Zukunft liegenden Ereignis (z.B. Erreichen einer bestimmten Umsatzschwelle) abhängt. Eine hierdurch entstehende Erhöhung des Veräußerungserlöses muss auch auf das Wj. der Veräußerung zurückbezogen werden. **482**

Beispiel:

Die Mutter GmbH ist an der Tochter GmbH zu 100 % beteiligt. Im VZ 01 wird die Beteiligung für 120 000 € veräußert. Der Buchwert betrug 20 000 €. Veräußerungskosten sind aus Vereinfachungsgründen nicht angefallen. Im VZ 02 wird über das Vermögen des Käufers das Insolvenzverfahren eröffnet. Die Kaufpreisforderung wurde bisher nicht beglichen. Es ist auch nach Abschluss des Insolvenzverfahrens nicht mit einer Zahlung zu rechnen, sodass die Mutter GmbH die Kaufpreisforderung i.H.v. 120 000 € in 02 aufwandswirksam ausbucht.

In der KSt-Erklärung des Jahres 02 ist die Ausbuchung der Kaufpreisforderung im bilanziellen Ergebnis gewinnmindernd berücksichtigt worden. Sie ist durch Eintragung von 120 000 € in der Zeile 146 einkommenswirksam hinzuzurechnen, sodass sich der Ausfall der Kaufpreisforderung im Saldo nicht auf das Einkommen des VZ 02 ausgewirkt hat.

In der KSt-Erklärung des Jahres 01 ist die Ausbuchung der Kaufpreisforderung im bilanziellen Ergebnis nicht enthalten (da sie ja 02 zuzurechnen ist). Durch Eintragung von 120 000 € in der Zeile 146 mindert der Ausfall das Einkommen der Mutter GmbH in 01. Vor dem Ausfall der Kaufpreisforderung war durch die Veräußerung ein Veräußerungsgewinn i.H.v. 100 000 € entstanden (Veräußerungspreis 120 000 € ./. Buchwert 20 000 € ./. Veräußerungskosten 0 €). Dieser wäre in Zeile 175 der Anlage GK einzutragen. Durch den Ausfall der Kaufpreisforderung wird aus dem Veräußerungsgewinn nun ein Veräußerungsverlust (Veräußerungspreis 0 € ./. Buchwert 20 000 € ./. Veräußerungskosten 0 € = Veräußerungsverlust 20 000 €). Der Veräußerungsverlust wäre in Zeile 192 einzutragen.

Problematisch ist die Anwendung im Zusammenhang mit Organgesellschaften, deren Organträger unmittel- oder mittelbar eine natürliche Person ist. Hier ist nämlich nicht § 8b Abs. 2 KStG anwendbar, sondern das Teileinkünfteverfahren (§ 3 Nr. 40 Buchst. a und b EStG, § 3c Abs. 2 EStG). Da das Teileinkünfteverfahren – anders als § 8b Abs. 2 KStG – nicht den Veräußerungsgewinn begünstigt, sondern 40 % des Veräußerungspreises steuerfrei stellt und 40 % des Buchwerts und der Veräußerungskosten außerbilanziell hinzurechnet, ist fraglich, ob eine Rückbeziehung nach der Verwaltungsauffassung und Rechtsprechung auch vorzunehmen ist, soweit natürliche Personen betroffen sind. Diese Frage stellt sich auch im Zusammenhang mit Organträgern, die Personengesellschaften sind, an denen wiederum (teilweise) natürliche Personen beteiligt sind. M.E. sind das Teileinkünfteverfahren und § 8b KStG systematisch vergleichbar und sollten deshalb auch gleich behandelt werden. Ob nun ein Teil der Einnahmen und ein Teil der Ausgaben steuerfrei bzw. nicht abzugsfähig gestellt werden oder der Veräußerungsgewinn, der nichts anderes ist als der Saldo der Einnahmen und der Ausgaben, ist letztlich egal. Vertritt man jedoch die Auffassung, dass eine Rückbeziehung insoweit nicht erfolgen darf, dürfen die in den Zeilen 149 und 150 eingetragenen Beträge keine Beträge enthalten, für die das Teileinkünfteverfahren Anwendung findet. **483**

bb) Laufende Bezüge (Zeilen 151–160)

Steuernummer

- 6 -

Zeile		EUR	EUR
	Anwendung des § 8b KStG und vergleichbarer Vorschriften 2 9 **Laufende steuerfreie Bezüge nach § 8b Absatz 1 und 4 KStG (gegebenenfalls auch aufgrund eines DBA)** 74 laut gesonderter Einzelaufstellung		
151 bis 155 frei 156	Bezüge nach § 20 Absatz 1 Nummer 1, 2, 9 und 10 Buchstabe a EStG, die nach § 8b Absatz 1 und 4 KStG oder aufgrund eines DBA steuerfrei sind 5 33	13.310	
157 bis 159 frei 160	Nichtabziehbare Ausgaben nach § 8b Absatz 5 Satz 1 KStG (5 % des Betrags laut Zeile 156)		

484 In den Zeilen 151 bis 160 wird die Steuerbefreiung für laufende Bezüge nach § 8b Abs. 1 KStG geltend gemacht. In diesem Abschnitt dürfen ausschließlich Bezüge eingetragen werden, die die Körperschaft, für die Steuererklärung ausgefüllt wird, unmittelbar aus eigener Tätigkeit erzielt.

Die Steuerfreiheit laufender Bezüge von Beteiligungen an Körperschaften hängt maßgeblich vom Erfüllen einer Mindestbeteiligungsgrenze von 10 % nach § 8b Abs. 4 KStG ab. Verfassungsrechtliche Einwände gegen die Steuerpflicht der Bezüge bei kleineren Beteiligungen trotz der unzweifelhaft bestehenden Mehrfachbelastung durch die Körperschaftsteuer hat weder der BFH[1] noch das BVerfG[2] geteilt.

485 In **Zeile 155 (Einzelangaben) bzw. in die Zeile 156 (Summenangaben)** sind **laufende Bezüge** einzutragen, für die eine **Steuerbefreiung nach § 8b Abs. 1** i.V.m. Abs. 4 **KStG geltend gemacht** wird. Im elektronischen Datensatz ist jeder Bezug für den die Steuerbefreiung geltend gemacht wird separat zu erklären. Für eine Steuerbefreiung nach § 8b Abs. 1 KStG kommen folgende Bezüge in Betracht:

- Gewinnausschüttungen (Dividenden) aus Kapitalgesellschaften nach § 20 Abs. 1 Nr. 1 EStG. Dies schließt auch vGA und Dividendenkompensationsleistungen mit ein. Nicht unter § 20 Abs. 1 Nr. 1 EStG fallen Ausschüttungen, die das steuerliche Einlagekonto der ausschüttenden Gesellschaft mindern und für die eine entsprechende Bescheinigung vorliegt. Außerdem fallen hierunter Ausschüttungen (Dividenden) aus ausl. Zwischengesellschaften i.S.d. AStG,
- im Zusammenhang mit der Liquidation einer Körperschaft oder einer Nennkapitalherabsetzung ausgezahlte Beträge, soweit es sich nicht um die Rückzahlung von Nennkapital handelt und nicht das steuerliche Einlagekonto der Gesellschaft verwendet wird und eine entsprechende Bescheinigung vorliegt (§ 20 Abs. 1 Nr. 2 EStG),
- mit Gewinnausschüttungen vergleichbare Leistungen einer nicht steuerbefreiten Körperschaft i.S.d. § 1 Abs. 1 Nr. 3 bis 5 KStG (u.a. nicht steuerbefreite Vereine, Anstalten und Stiftungen) i.S.d. § 20 Abs. 1 Nr. 9 EStG,
- der Körperschaft als Anleger an einem Spezial-Investmentfonds fiktiv zugerechnete Dividenden (Beteiligungseinnahmen) nach § 30 Abs. 1 InvStG (Transparenzoption, → Rz. 497),
- Einnahmen aus der Veräußerung oder Abtretung von Dividendenscheinen und sonstigen Ansprüchen i.S.d. § 20 Abs. 2 Satz 1 Nr. 2 Buchst. a und Satz 2 EStG (sind zwar nicht ausdrücklich in Zeile 1 erwähnt, müssen hier nach § 8b Abs. 1 Satz 5 KStG eingetragen werden),
- mit Gewinnausschüttungen vergleichbare Leistungen eines nicht steuerbefreiten BgA mit eigener Rechtspersönlichkeit i.S.d. § 20 Abs. 1 Nr. 10 Buchst. a EStG,
- Gewinnausschüttungen nach § 3 Nr. 41 Buchst. a EStG,
- Gewinnausschüttungen einer REIT-Körperschaft, die aus vorbelasteten Teilen des Gewinns stammen (siehe → Rz. 489).

486 **Einnahmen i.S.d. § 7 UmwStG** entstehen, wenn eine Körperschaft auf eine Personengesellschaft umgewandelt wird (z.B. durch Verschmelzung oder Formwechsel). Die Einnahmen nach § 7 UmwStG ermitteln sich nach folgendem Schema:

	Eigenkapital lt. Steuerbilanz zum Übertragungsstichtag
./.	Bestand des steuerlichen Einlagekontos zum Übertragungsstichtag nach Anwendung von § 29 Abs. 1 KStG (das Nennkapital hat das steuerliche Einlagekonto bereits erhöht)
=	Einnahmen nach § 7 UmwStG (offene Rücklagen)

487 Die Einnahmen nach § 7 UmwStG sind den Anteilseigner nach dem Verhältnis der vom Anteilseigner gehaltenen Anteile zum Nennkapital zuzurechnen. Demnach erzielt eine Körperschaft nur dann Einnahmen i.S.d. § 7 UmwStG, wenn sie an der übertragenden Körperschaft beteiligt ist und auch Mitunternehmerin der übernehmenden Personengesellschaft wird. Die Einnahmen nach § 7 UmwStG unterliegen beim Anteilseigner dem für ihn einschlägigen Steuerbefreiungen, d.h. für Körperschaften dem § 8b Abs. 1 KStG und für natürliche Personen dem § 3 Nr. 40 EStG.

488 Nach Verwaltungsauffassung[3] sind Einnahmen nach § 7 UmwStG in die gesonderte und einheitliche Feststellung der Personengesellschaft einzubeziehen. Im Rahmen der gesonderten und einheitlichen Feststellung werden „normale" Bezüge nach § 20 Abs. 1 Nr. 1 EStG und Einnahmen nach § 7 UmwStG jedoch vordruckmäßig nicht mehr getrennt. Im Zuge der Nettoerfassung der Einkünfte aus Personengesellschaften müssen sie bei den in den Zeilen 22 oder 24 einzutragenden Einkünften bereits berücksichtigt worden sein.

489 Eine **REIT-Körperschaft** (Real Estate Investment Trust) ist eine Körperschaft, die vorwiegend Immobilien erwirbt und verwaltet. Ihre Ausschüttungen sind grundsätzlich Einkünfte aus Kapitalvermögen, vgl. § 19 Abs. 1 und 2 REITG. § 8b KStG (und § 3 Nr. 40 EStG) sind auf die Beteiligung an einer REIT-Körperschaft nicht anzuwenden. Daraus folgt, dass sowohl laufende Bezüge als auch Veräußerungsgewinne aus der Beteiligung an einer REIT-Körperschaft voll steuerpflichtig sind. Ausnahmsweise kommt dennoch eine Steuerbefreiung nach § 8b KStG (oder nach § 3 Nr. 40 EStG) in Betracht, soweit die Ausschüttung aus vorbelasteten Teilen des Gewinns stammen, vgl.

1) Vgl. BFH v. 18.12.2019, I R 29/17, BStBl II 2020, 690.
2) Vgl. BVerfG v. 8.3.2022, 2 BvR 1832/20.
3) Rz. 07.07 UmwStE 2025.

§ 19a REITG. Der Betrag, der aus **vorbelasteten Gewinnanteilen** stammt, ist in der Steuerbescheinigung der Ausschüttung zu bescheinigen, vgl. § 19a Abs. 3 REITG. Nur dieser Betrag der Ausschüttung darf in Zeile 156 und den weiteren Zeilen dieses Abschnitts berücksichtigt werden.

Leistungen aus dem steuerlichen Einlagekonto zählen nach § 20 Abs. 1 Nr. 1 Satz 3 bzw. Nr. 2 Satz 1 Halbsatz 2 EStG, auf den § 8b Abs. 1 KStG verweist, nicht zu den steuerlich zu erfassenden Einkünften aus Kapitalvermögen. Gemäß BMF-Schreiben v. 28.4.2003 sind derartige Leistungen folglich nicht nach § 8b Abs. 1 KStG, sondern mindern vielmehr den Buchwert der Beteiligung. Ggf. sind sie auch steuerpflichtig, wenn sie den Buchwert übersteigen. In diesen Fällen greift jedoch die Steuerbefreiung nach § 8b Abs. 2 KStG. Leistungen aus dem steuerlichen Einlagekonto müssen dann ggf. in den Zeilen 169 berücksichtigt werden. **490**

Nachdem nun geklärt ist, welche Bezüge grundsätzlich für eine Steuerbefreiung in Betracht kommen, soll im Folgenden die Eintragung solcher Bezüge in die Steuererklärung dargestellt werden: **491**

Nicht alle der in → Rz. 485 genannten Bezüge sind jedoch automatisch auch steuerfrei nach § 8b KStG. Eine Steuerbefreiung nach § 8b Abs. 1 KStG ist nur dann gegeben, wenn die Bezüge das Einkommen der leistenden Körperschaft nicht gemindert haben, sog. „**materielles Korrespondenzprinzip**", vgl. § 8b Abs. 1 Satz 2 KStG. Wurden die Leistungen dagegen bei der leistenden Körperschaft als Betriebsausgaben abgezogen, sind die Bezüge bei der Empfängerkörperschaft voll steuerpflichtig. Anwendungsfälle ergeben sich vor allem bei nicht erkannten verdeckten Gewinnausschüttungen sowie bei Leistungen ausl. Körperschaften, die nach der im Ansässigkeitsstaat der Körperschaft geltenden Rechtsordnung abzugsfähige Betriebsausgaben darstellen. Soweit Bezüge unter § 8b Abs. 1 Satz 2 KStG fallen, dürfen sie nicht zu den Zeilen 151 bis 156 eingetragen werden. **492**

Außerdem wird die Steuerbefreiung zusätzlich von den Voraussetzungen des § 8b Abs. 4 KStG abhängig gemacht. Dies ist im Wesentlichen das Erfüllen einer Mindestbeteiligungsgrenze von 10 % an der ausschüttenden Körperschaft. **493**

Der Steuerbefreiung nach § 8b Abs. 1 und 4 KStG steht die Hinzurechnung von 5 % der Bezüge nach § 8b Abs. 5 KStG als fiktive nicht abziehbare Betriebsausgaben gegenüber, die in Zeile 160 berechnet werden.

Im elektronischen Datensatz sieht die FinVerw. Angaben vor, die pro Ausschüttung zu machen sind, für die eine Steuerbefreiung geltend gemacht wird. Bei Verwendung des Papiervordrucks empfiehlt es sich, gleichartige Angaben auf einem gesonderten Blatt beizufügen. Als Detailangaben werden im elektronischen Datensatz folgende Felder abgefragt:

Auszug aus dem elektronischen Datensatz:

Zeile	Beschreibung
Zeile 151	Steuernummer und Wirtschafts-Identifikationsnummer der ausschüttenden Körperschaft
Zeile 152	Name der ausschüttenden Körperschaft / des leistenden Spezial-Investmentfonds
Zeile 153	Höhe der Beteiligung zum Beginn des Kalenderjahres
Zeile 154	Art der Beteiligung
Zeile 155	Bezüge nach § 20 Abs. 1 Nr. 1, 2, 9 und 10 Buchst. a EStG, die nach § 8b Abs. 1 und 4 KStG oder auf Grund eines DBA steuerfrei sind; ohne Bezüge i.S. der Zeile 159

Mit der Angabe der **Steuernummer** der ausschüttenden Körperschaft in Zeile 151 wird die Identifikation der ausschüttenden Körperschaft erleichtert. Sie ist nur anzugeben, wenn sie auch tatsächlich bekannt ist. Zur Wirtschafts-Identifikationsnummer → Rz. 68. Eintragungen sind nur möglich, wenn bereits eine **Wirtschafts-Identifikationsnummer** vergeben wurde. Für im Ausland ansässige ausschüttende Körperschaften wird die Angabe der Wirtschafts-Identifikationsnummer auch in Zukunft ggf. nicht möglich sein, weil keine vergeben wurde.

Der in Zeile 152 einzutragende **Name der ausschüttenden Körperschaft** ergibt sich aus der vorgelegten Steuerbescheinigung.

Die Abfrage der Höhe der Beteiligung zum Beginn des Kj. in Zeile 153 dient der Überprüfung der Voraussetzungen des § 8b Abs. 4 Satz 1 KStG. Wie der hier einzutragende Wert ermittelt wird, ergibt sich aus → Rz. 495.

In Zeile 154 muss die **Art der Beteiligung** eingegeben werden. Folgende Alternativen – von denen eine angegeben werden muss – sind zulässig: **494**

1. unmittelbare Beteiligung,
2. begünstigter unterjähriger Erwerb nach § 8b Abs. 4 Satz 6 KStG,
3. begünstigte kreditwirtschaftliche Verbundgruppe nach § 8b Abs. 4 Satz 8 KStG,
4. nicht nach § 8b KStG aber nach DBA steuerbefreit (Schachtelbeteiligung),
5. unmittelbare Beteiligung, die durch Zusammenfassung mit mittelbaren Beteiligungen über Personengesellschaften die Voraussetzungen des § 8b Abs. 4 KStG erfüllt.

Die Art der Beteiligung bildet dabei die unterschiedlichen Fallgruppen des § 8b KStG (und einen Sonderfall im Zusammenhang mit Doppelbesteuerungsabkommen) ab.

Es ist der Betrag einzutragen, der tatsächlich nach § 8b Abs. 1 und 4 KStG steuerfrei ist. Der hier eingetragene Wert wirkt sich im Endeffekt zu 95 % einkommensmindernd aus. Zum REITG siehe → Rz. 489.

(1) Unmittelbare Beteiligung

495 Bei der Art der Beteiligung ist eine „**unmittelbare Beteiligung**“ einzutragen, wenn die Körperschaft, für die die Steuererklärung ausgefüllt wird, direkt an der ausschüttenden Körperschaft beteiligt ist und die Beteiligung zum Beginn des Kj. mindestens 10 % betragen hat. Die Höhe der Beteiligung zum Beginn des Kj. muss in diesem Fall zwingend angegeben werden. Liegt sie unter 10 %, wird die Eintragung durch Plausibilitätsregeln abgewiesen.

Nach § 8b Abs. 1 Satz 1 KStG ist eine Steuerbefreiung nur möglich, wenn der Empfänger der Leistung zu mindestens 10 % unmittelbar an der ausschüttenden Körperschaft beteiligt ist. Der Prozentsatz der Beteiligung ermittelt sich als Verhältnis zwischen den gehaltenen Anteilen und dem Grund- oder Stammkapital der erworbenen Körperschaft zum Beginn des maßgebenden Kj. Ist ein Grund- oder Stammkapital nicht vorhanden, ist die Beteiligung am Vermögen oder – bei Genossenschaften – die Beteiligung an der Summe der Geschäftsguthaben maßgebend, vgl. § 8b Abs. 4 Satz 1 KStG. Eine spätere Veräußerung von Anteilen, die zu einer Beteiligung von weniger als 10 % im Ausschüttungszeitpunkt führen, ist unschädlich. Auch bei abweichendem Wj. ist nach dem Gesetzeswortlaut das Kj. maßgebend, in dem die Ausschüttung erfolgt.

Beispiel:

Die AG ist an der GmbH zum 01.01.01 zu 9 % beteiligt. Am 04.04.01 erwirbt sie eine zusätzliche Beteiligung von 5 %. Die AG hat ein abweichendes Wj. vom 01.05.–30.04. Am 01.06.01 schüttet die GmbH aus.

Maßgebend für die Beteiligungsgrenze ist der Beginn des Kj. 01, da hier die Ausschüttung erfolgte. Die Beteiligung betrug hier nur 9 %. Folglich muss bei der Höhe der Beteiligung zum Beginn des Kj. 9 % eingetragen werden. Eine Steuerbefreiung nach § 8b Abs. 1 und 4 KStG kommt für die Leistung am 01.06.01 nicht in Betracht. Für Leistungen nach dem 31.12.01 wäre jedoch eine Steuerbefreiung möglich – unabhängig davon, in welchem Wj. sie zu berücksichtigen ist.

Ist die ausschüttende Körperschaft im Ausland ansässig, sind unter „unmittelbarer Beteiligung“ auch solche Ausschüttungen einzutragen, die sowohl die Voraussetzungen des § 8b Abs. 4 KStG erfüllen, als auch eine Steuerbefreiung auf Grund der Beteiligungshöhe nach einem Doppelbesteuerungskommen. Schüttet eine abkommensrechtlich im Ausland ansässige Körperschaft Gewinne an eine abkommensrechtlich im Inland ansässige Kapitalgesellschaft aus, sehen viele Doppelbesteuerungsabkommen eine Steuerfreiheit der Ausschüttung vor, wenn die Beteiligung zum Zeitpunkt der Ausschüttung eine gewisse Mindesthöhe erreicht oder übersteigt (sog. Schachtelbeteiligung).

Ist die unmittelbare Beteiligung niedriger als 10 %, werden die Voraussetzungen des § 8b Abs. 4 KStG jedoch auf Grund einer mittelbaren Beteiligung über eine Personengesellschaft erfüllt, ist nicht „unmittelbare Beteiligung“, sondern eine „unmittelbare Beteiligung, die durch Zusammenfassung mit mittelbaren Beteiligungen über Personengesellschaften die Voraussetzungen des § 8b Absatz 4 KStG erfüllt“ einzutragen.

496 Ebenfalls einzutragen sind hier Ausschüttungen aus **ausl. Zwischengesellschaften**. Da Voraussetzung für die Qualifikation als ausländische Zwischengesellschaft eine Beherrschung der ausländischen Zwischengesellschaft ist, wird die 10 %-Grenze des § 8b Abs. 4 KStG regelmäßig erfüllt sein. Nichtsdestotrotz ist sie auch für Ausschüttungen aus ausländischen Zwischengesellschaften eigenständig zu prüfen.

Zwischengesellschaften sind ausschließlich im niedrigbesteuerten Ausland ansässige Körperschaften, an denen ein inl. Stpfl. zu mehr als der Hälfte beteiligt ist, vgl. § 7 Abs. 1, 2 und § 8 AStG. Bei Vorliegen weiterer Voraussetzungen wird das Trennungsprinzip, das bei Körperschaften grundsätzlich gilt, durchbrochen und die Einkünfte der Zwischengesellschaft werden den Gesellschaftern direkt nach Maßgabe ihrer Beteiligungsquote zugerechnet. Der entsprechende Hinzurechnungsbetrag nach § 10 AStG ist auf der Anlage ZwiG zu berücksichtigen. Der Hinzurechnungsbetrag ist nicht steuerfrei nach § 8b KStG (oder § 3 Nr. 40 EStG), vgl. § 10 Abs. 2 Satz 3 AStG.

Diese rein steuerrechtliche Zurechnungsvorschrift ändert aber nichts an der weiterhin bestehenden zivilrechtlichen Trennung des Vermögens der Zwischengesellschaft von demjenigen ihrer Anteilseigner. Die Zwischengesellschaft kann in späteren Jahren daher Gewinnausschüttungen vornehmen. Diese Gewinnausschüttungen werden wie normale Gewinnausschüttungen besteuert, d.h. durch Anwendung des § 8b KStG regelmäßig zu 95 % steuerfrei gestellt.[1)] Die Auffassung der FinVerw. führt im Endeffekt zu einer 105-prozentigen Besteuerung von Einkünften, da der Hinzurechnungsbetrag zu 100 % versteuert werden muss und die spätere Ausschüttung zu 5 %. Dies widerspricht damit dem objektiven Nettoprinzip.[2)] Die Praxis der FinVerw. ist jedoch durch den BFH bestätigt worden.[3)] Das Prinzip wurde auch i.R. der ATAD-Umsetzung im (neuen) AStG beibehalten. Für Körperschaften läuft damit auch der Kürzungsbetrag nach § 11 KStG normalerweise ins Leere. Handelt es sich jedoch um eine Organgesellschaft und ist der Organträger (ggf. mittelbar) eine natürliche Person, greift der Kürzungsbetrag und es erfolgt eine vollständige Steuerfreistellung.

497 Mangels Alternativen sind hier auch **Dividenden** (Beteiligungseinnahmen), die der Körperschaft als Anlegerin eines **Spezial-Investmentfonds** auf Grund der Ausübung der **Transparenzoption** zugerechnet werden und die die Voraussetzungen des § 30 Abs. 2 InvStG erfüllen, als „unmittelbare Beteiligung“ zu erfassen. Ist die Körperschaft an einem Spezial-Investmentfonds beteiligt und ist dieser wiederum an einer Körperschaft beteiligt, kann der Spezial-Investmentfonds erklären, dass die Steuerbescheinigung für die Dividenden den Anlegern des Spezial-Investmentfonds ausgestellt werden sollte, vgl. § 30 Abs. 1 InvStG. Die Anleger – also die Körperschaft, für die die Steuererklärung ausgefüllt wird – gilt in diesem Fall als Gläubiger der Dividenden. Obwohl die Dividende tatsächlich

1) Siehe auch Dötsch/Pung/Möhlenbrock, § 3 EStG Rz. 3.
2) Vgl. Schönfeld, DStR 2006, 1216.
3) BFH v. 26.4.2017, I R 84/15, BStBl II 2018, 49.

dem Spezial-Investmentfonds zufließt, muss der Anleger (die Körperschaft) die fiktive Einnahme nach Auffassung der FinVerw. in der Steuerbilanz erfassen (Details siehe → Rz. 544). Da der Anleger Gläubiger ist, handelt es sich bei den Dividenden auch um Leistungen nach § 20 Abs. 1 Nr. 1 EStG, die in dieser Zeile eingetragen werden müssen.

Demnach ist eine Steuerbefreiung nach § 8b KStG für diese Dividenden möglich, wenn es sich bei der ausschüttenden Gesellschaft um eine Gesellschaft i.S.d. § 26 Nr. 6 Satz 2 InvStG handelt und eine besondere Beteiligungsgrenze erfüllt ist, vgl. § 30 Abs. 2 InvStG.

In § 26 Nr. 6 Satz 1 InvStG wird zunächst geregelt, dass sich Spezial-Investmentfonds an Kapitalgesellschaften nur mit weniger als 10 % beteiligen dürfen. Die Beteiligungsgrenzen könnten demnach, selbst wenn man mittelbare Beteiligungen berücksichtigt, niemals die Voraussetzungen des § 8b Abs. 4 KStG erfüllen. Nach § 26 Satz 1 InvStG sind aber unwesentliche Verstöße gegen die gesetzliche Grenze unschädlich. Aus § 30 Abs. 2 InvStG kann demnach aber trotzdem abgeleitet werden, dass § 8b KStG grundsätzlich auf diese fiktiven Erträge auf Grund der Transparenzoption keine Anwendung findet.

Der Spezial-Investmentfonds darf sich an bestimmten in § 26 Nr. 6 Satz 2 InvStG benannten Gesellschaften jedoch auch mit höheren Quoten als 10 % beteiligen. Konkret sind das:

- Immobilien-Gesellschaften. Das sind nach § 1 Abs. 19 Nr. 22 KAGB Gesellschaften, die nach der Satzung oder dem Gesellschaftsvertrag nur Immobilien sowie zur Bewirtschaftung von Immobilien erforderliche Gegenstände erwerben dürfen. Außerdem dürfen sie sich selbst wiederum an Immobilien-Gesellschaften beteiligen.
- ÖPP-Projektgesellschaften (öffentlich-private Partnerschaft).
- Gesellschaften, deren Unternehmensgegenstand auf die Erzeugung erneuerbare Energien nach § 5 Nr. 14 des Erneuerbare-Energien-Gesetz gerichtet ist.

Die Erfüllung dieser Voraussetzungen ergibt sich nicht aus den Steuerbescheinigungen und muss individuell ermittelt und nachgewiesen werden.

(2) Begünstigter unterjähriger Erwerb nach § 8b Absatz 4 Satz 6 KStG

Bei Art der Beteiligung ist **„Begünstigter unterjähriger Erwerb nach § 8b Abs. 4 Satz 6 KStG"** einzutragen, wenn die Körperschaft zum Beginn des Kj. nicht oder zu weniger als 10 % beteiligt ist und im Laufe des Wj. eine Beteiligung von mindestens 10 % erworben hat. Die Regelung sollte der Vereinfachung dienen und den unterjährigen Erwerb einer Schachtelbeteiligung dem Erwerb in vorangegangenen Jahren gleichstellen. **498**

Die Verwaltung legt § 8b Abs. 4 Satz 6 KStG sehr restriktiv aus,[1] sodass sich der Anwendungsbereich der Vorschrift deutlich reduziert.

Die FinVerw. ist der Auffassung, dass ein begünstigter unterjähriger Erwerb nur dann vorliegt, soweit

1. ein Anteil von mindestens 10 %
2. in einem einheitlichen Rechtsvorgang
3. von einem Veräußerer erworben wurde.

Diese enge Auslegung wird im Schrifttum zu Recht kritisiert. Mittlerweile hat der BFH auch mit zwei Urteilen entgegen der FinVerw. entschieden und den En-Block-Erwerb auch dann als begünstigt angesehen, wenn er von mehreren Erwerbern erfolgt.[2] Da das Urteil v. 6.9.2023, I R 16/21 im Bundessteuerblatt veröffentlicht wurde, ist davon auszugehen, dass die FinVerw. insoweit nicht mehr an ihrer Auslegung festhält. Im Übrigen ist jedoch davon auszugehen, dass die FinVerw. an ihrer Rechtsauffassung weiter festhält.

Das bedeutet: Nach Auffassung der FinVerw. ist der Erwerb einer Beteiligung von weniger als 10 % im Kj. nicht begünstigt, selbst wenn zum Beginn des Kj. eine Beteiligung von weniger als 10 % bestanden hat und durch Zusammenrechnung mit dem Erwerb im laufenden Kj. eine Beteiligung von mindestens 10 % vorliegen würde.[3]

Beispiel:

Zum Beginn des Kj. besteht eine Beteiligung von 4 %. Im Laufe des Jahres wird eine Beteiligung i.H.v. 7 % hinzuerworben.

Nach Auffassung der FinVerw. wurde keine Beteiligung von 10 % erworben, deshalb soll § 8b Abs. 4 Satz 6 KStG nicht erfüllt sein. Ausschüttungen in diesem Jahr sollen in voller Höhe steuerpflichtig sein.

Beratungshinweis:

Die FinVerw. stützt sich mit ihrer Auffassung auf den Wortlaut des § 8b Abs. 4 Satz 6 KStG, wonach der „Erwerb einer Beteiligung von mindestens 10 Prozent als zu Beginn des Kalenderjahres" als erfolgt gilt. Dies mag man aus dem Wortlaut ableiten können, dem Sinn und Zweck des Gesetzes entspricht es jedoch nicht. Durch § 8b Abs. 4 KStG soll die Steuerfreiheit laufender Ausschüttungen für Streubesitzbeteiligungen vermieden werden. Es ist kein sachlicher Grund ersichtlich, weshalb der En-bloc-Erwerb einer Beteiligung von mindestens 10 % besser behandelt werden soll als der verteilte Erwerb. In gleichgelagerten Sachverhalten ist ein Rechtsbehelfsverfahren zu prüfen. Die BFH v. 6.9.2023, I R 16/21 und v. 13.3.2024, I R 30/21 lassen diese Fragestellung ausdrücklich offen.[4]

---

1) OFD Frankfurt am Main, Rundvfg. v. 16.8.2021, S 2750a A – 19 – St 52 entspricht einer auf Bund-/Länderebene abgestimmten Auffassung.
2) BFH v. 6.9.2023, I R 16/21, BStBl II 2024, 778 und v. 13.3.2024, I R 30/21, BFH/NV 2024, 922.
3) Vgl. Fallbeispiel Nr. 2; OFD Frankfurt am Main, Rundverfügung v. 16.8.2021, S 2750a A – 19 – St 52.
4) BFH v. 6.9.2023, I R 16/21, BStBl II 2024, 778 und v. 13.3.2024, I R 30/21, BFH/NV 2024, 922.

499 Darüber hinaus will die FinVerw. die Privilegierung des unterjährigen Erwerbs nur für den Teil der Ausschüttung anwenden, der auf den begünstigen Erwerb entfällt. Soweit die Ausschüttung auf die bereits zum Beginn des Kj. bestehende, nicht begünstigte Beteiligung entfällt, soll es bei einer Steuerpflicht bleiben.[1)]

Beispiel:

Zum Beginn des Kj. besteht eine Beteiligung von 5 %. Im Laufe des Kj. wird eine Beteiligung von 15 % hinzuerworben. Die Körperschaft, für die die Erklärung auszufüllen ist, bezieht im Kj. eine Ausschüttung von 100 000 €.

Nach Auffassung der FinVerw. ist § 8b Abs. 4 Satz 6 KStG nur für den hinzuerworbenen Anteil von 15 % anzuwenden. Das bedeutet, dass die Ausschüttung i.H.v. 15/20, also 75 000 €, nach § 8b Abs. 1 KStG steuerfrei wäre, während die übrigen 5/20, also 25 000 €, voll steuerpflichtig wären.

Beratungshinweis:

Die Auffassung der FinVerw. lässt sich aus dem Gesetz nicht ableiten. Nach dem insoweit eindeutigen Wortlaut gilt der Erwerb einer Beteiligung von mindestens 10 % als zum Beginn des Kj. erfolgt. Das bedeutet, dass die im Laufe des Kj. erworbene Beteiligung dem Anfangsbestand hinzuaddiert werden muss. Im Beispielsfall wäre die 10 %-Grenze zum Beginn des Kj. erfüllt. Die Ausschüttung müsste in voller Höhe steuerfrei sein. In gleichgelagerten Sachverhalten ist ein Rechtsbehelfsverfahren zu prüfen.

Offen bleibt, wie zu verfahren ist, wenn in der oben genannten Sachverhaltskonstellation die Ausschüttung vor dem Erwerb der begünstigten Beteiligung erfolgt. Setzt man die restriktive Linie der FinVerw. fort, käme man wohl zur vollen Steuerpflicht der Ausschüttung. Nach dem Wortlaut müsste durch die fiktive Vorverlegung des Erwerbs zum Beginn des Kj. jedoch auch eine volle Steuerfreiheit bestehen.

500 Nicht berücksichtigt werden sollen bei der Prüfung von § 8b Abs. 4 Satz 6 KStG jedoch nachfolgende Veräußerungen. So soll bei Erwerb einer Beteiligung von mindestens 10 % die nachfolgende Veräußerung von Anteilen selbst dann nicht schädlich sein, wenn zum Ausschüttungszeitpunkt keine Beteiligung von 10 % mehr bestand.[2)] Die Auffassung der FinVerw. entspricht der Regelung des § 8b Abs. 4 Satz 6 KStG, da der Gesetzgeber auf die Einbeziehung von Veräußerungen verzichtet hat.

(3) Kreditwirtschaftliche Verbundgruppe

501 Ist die Körperschaft, für die die Steuererklärung ausgefüllt wird, Teil einer **kreditwirtschaftlichen Verbundgruppe** (also eine Sparkasse oder eine Volks- und Raiffeisenbank), ist eine Begünstigung auch möglich, wenn die Körperschaft selbst nicht unmittelbar zu 10 % beteiligt ist. Voraussetzung hierfür ist (vgl. § 8b Abs. 4 Satz 8 KStG), dass

- das Kreditinstitut selbst Mitglied einer kreditwirtschaftlichen Verbundgruppe ist und
- die ausschüttende Körperschaft ebenfalls zu dieser Verbundgruppe gehört und
- die Beteiligung der Verbundgruppe an der Ausschüttenden zum Beginn des Kj. mindestens 10 % betrug.

Unter den Begriff der kreditwirtschaftlichen Verbundgruppe fallen der Verbund der Volks- und Raiffeisenbanken einerseits und der Sparkassenverbund andererseits. Aufsichtsrechtlich gehören zu einer kreditwirtschaftlichen Verbundgruppe die Primär- und Zentralinstitute (der sog. Verbundkern) sowie Spezialinstitute und -unternehmen.

Spezialinstitute und -unternehmen sind Unternehmen, die sich im beherrschenden Anteilsbesitz von Unternehmen des Verbundkerns befinden und dem Verbundkern zweckgerichtet zur Unterstützung und Ausweitung des Leistungsangebots dienen. Hieraus ist wohl zu folgern, dass auch Rechenzentren, Wertpapierserviceinstitute und Leasinginstitute zur Verbundgruppe gehören.

Liegen die Voraussetzungen vor, ist unter Höhe der Beteiligung diejenige der Beteiligung der Verbundgruppe einzutragen.

(4) Nicht nach § 8b KStG aber nach DBA steuerbefreit (Schachtelbeteiligung)

502 Die nächste Fallgruppe der Art der Beteiligung ist für Ausschüttungen vorgesehen, die nicht auf Grund von § 8b Abs. 4 KStG, jedoch nach einem DBA steuerbefreit sind (Schachtelbeteiligung). Sind die Voraussetzungen nach § 8b Abs. 4 KStG wie auch nach einem Doppelbesteuerungsabkommen erfüllt, ist als Art der Beteiligung „unmittelbare Beteiligung" auszuwählen.

Schüttet eine abkommensrechtlich im Ausland ansässige Körperschaft Gewinne an eine abkommensrechtlich im Inland ansässige Kapitalgesellschaft aus, sehen viele DBA eine Steuerfreiheit der Ausschüttung vor, wenn die Beteiligung zum Zeitpunkt der Ausschüttung eine gewisse Mindesthöhe erreicht oder übersteigt (sog. Schachtelbeteiligung). Schachtelbeteiligungen werden in den DBA i.d.R. nur für Kapitalgesellschaften gewährt, d.h., eine mittelbare Beteiligung (wie im § 8b Abs. 4 KStG) ist nach Doppelbesteuerungsabkommen grundsätzlich nicht möglich.

Auch wenn somit ausschließlich eine Steuerbefreiung auf Grund des DBA vorliegt, ist trotzdem eine Eintragung hier und nicht in Zeile 76 bei den auf Grund von DBA steuerfreien Einkünfte vorzunehmen. Dies hat zur Folge, dass der hier eingetragene Wert nur zu 95 % freigestellt wird. Dies folgt der Rechtsprechung des BFH, wonach die Hinzurechnung von fiktiven nicht abzugsfähigen Betriebsausgaben auch dann vorzunehmen, wenn die Bezüge nach § 20 Abs. 1 Nr. 1, 2, 9 und 10 EStG nach einer anderen Norm als § 8b KStG steuerfrei sind.[3)]

1) Vgl. Fallbeispiel Nr. 3; OFD Frankfurt am Main, Rundverfügung v. 16.8.2021, S 2750a A – 19 – St 52.
2) Vgl. Fallbeispiel 6; OFD Frankfurt am Main, Rundverfügung v. 16.8.2021, S 2750a A – 19 – St 52.
3) BFH v. 14.1.2009, I R 47/08, BStBl II 2011, 131.

Beispiel:

Die D-GmbH ist an der I-S.r.L. mit Sitz und Geschäftsleitung in Italien zum Beginn des Kj. mit 9 % beteiligt. Am 01.02. erwirbt sie einen weiteren Geschäftsanteil von 2 % hinzu. Am 01.03. schüttet die I-S.r.L. einen Betrag von 100 000 € aus.

Die Ausschüttung ist nicht nach § 8b Abs. 1 KStG begünstigt, da die Beteiligung zum Beginn des Kj. nur 9 % und damit weniger als 10 % betrug. Der Hinzuerwerb im Laufe des Kj. beträgt nur 2 % und damit ebenfalls weniger als 10 %, sodass nach Verwaltungsauffassung die Voraussetzungen des § 8b Abs. 1 KStG nicht erfüllt sind. Da zum Zeitpunkt der Ausschüttung eine Beteiligung von 11 % bestand, ist die Ausschüttung nach Art. 24 Abs. 3 Buchst. a Satz 2 DBA-Italien steuerfrei.

Bis zum Urteil des FG München,[1] vertrat die FinVerw. die Auffassung, dass die speziellen Formulierungen des DBA Frankreich das Regelungsgefüge von § 8b Abs. 1, Abs. 4 und Abs. 5 KStG verdrängten. Mit der Folge, dass nicht die Einnahmen zu 95 % freigestellt werden, sondern stattdessen die Einkünfte (also Bezüge abzüglich damit im Zusammenhang stehender Betriebsausgaben) zu 100 % freizustellen seien. Die FinVerw. ist von dieser Sichtweise abgerückt. Soweit Dividenden aus Frankreich bezogen werden, für die die Voraussetzungen des § 8b Abs. 4 KStG oder des DBA erfüllt sind, sind diese in Zeile 156 einzutragen. **503**

(5) Unmittelbare Beteiligung, die durch Zusammenfassung mit mittelbaren Beteiligungen über Personengesellschaften die Voraussetzungen des § 8b Abs. 4 KStG erfüllt

Ist die Körperschaft, für die die Steuererklärung auszufüllen ist, zu weniger als 10 % an der ausschüttenden Körperschaft unmittelbar beteiligt, jedoch über mittelbare Beteiligungen über Personengesellschaften zu mindestens 10 %, ist eine Steuerbefreiung möglich. In diesem Fall ist als Art der Beteiligung „**unmittelbare Beteiligung, die durch Zusammenfassung mit mittelbaren Beteiligungen über Personengesellschaften die Voraussetzungen des § 8b Absatz 4 KStG erfüllt**" einzutragen. Nach § 8b Abs. 4 Satz 4 KStG ist die Beteiligung der Personengesellschaft an der ausschüttenden Körperschaft der Körperschaft als beteiligtem Mitunternehmer nach Maßgabe der Beteiligung an der Personengesellschaft zuzurechnen. Die Vorschrift setzt damit das auch i.R. des § 8b KStG geltende Transparenzprinzip bei Verwirklichung von § 8b KStG-Tatbeständen über Personengesellschaften (§ 8b Abs. 6 Satz 1 KStG) für den § 8b Abs. 4 KStG um. **504**

Über Personengesellschaften gehaltene Beteiligungen gelten für die Beteiligungsgrenze als eigene, direkte Beteiligungen, vgl. § 8b Abs. 4 Satz 5 KStG. Dabei wird der Anteil der Personengesellschaft an der ausschüttenden Gesellschaft mit der Beteiligung der Körperschaft, für die die Steuererklärung ausgefüllt wird, an der Personengesellschaft multipliziert. Selbst wenn die Personengesellschaft selbst zu mehr als 10 % an der ausschüttenden Körperschaft beteiligt ist, muss der einzelne Mitunternehmer nicht zwingend nach § 8b Abs. 4 KStG begünstigt sein. **505**

Endgültige Aussagen über eine Steuerbefreiung können daher erst auf Ebene der Körperschaft getroffen werden. Hier müssen die direkten und die mittelbar über Personengesellschaften gehaltenen Anteile zusammengefasst werden; erst dann kann über die Steuerbefreiung entschieden werden. Die Beteiligungen werden getrennt nach eigenen Bezügen (hier) und Bezügen aus Personengesellschaften (Zeilen 22 bis 25 der Anlage GK) eingetragen. Beträgt die direkte Beteiligung weniger als 10 %, kommt es jedoch unter Berücksichtigung mittelbarer Beteiligungen über Personengesellschaften zur Erfüllung der Voraussetzungen des § 8b Abs. 4 KStG, sind hier nur die steuerfreien Beträge aus der unmittelbaren Beteiligung einzutragen. **506**

Erzielt die Körperschaft steuerfreie Bezüge nach § 8b Abs. 1 i.V.m. Abs. 4 KStG über die Beteiligung an einer Personengesellschaft, die selbst wiederum Organträger ist, sind die steuerfreien Bezüge nicht hier, sondern über die Anlage OT einzutragen (siehe → Rz. 1121). Im Rahmen der Erklärung zur gesonderten und einheitlichen Feststellung nach § 180 Abs. 1 Nr. 2 Buchst. b AO muss eine Anlage FE-OT abgegeben werden, wenn die Personengesellschaft Organträger ist. Die Angaben fließen in den Feststellungsbescheid der Personengesellschaft mit ein. **507**

In **Zeile 156** sind die nach **§ 8b Abs. 1 und 4 KStG steuerfreien Beträge** der einzelnen Ausschüttungen aufzuaddieren und einzutragen. Ist die Körperschaft, für die die Steuererklärung ausgefüllt wird, eine Organgesellschaft, wirken sich die Eintragungen nicht auf das Einkommen der Organgesellschaft aus, sondern fließen in die gesonderte und einheitliche Feststellung des dem Organträger zuzurechnenden Einkommens mit ein. Der Abzug erfolgt dann beim Organträger, vgl. § 15 Satz 1 Nr. 2 KStG.

Die Hinzurechnung der fiktiven nicht abzugsfähigen Betriebsausgaben i.H.v. 5 % auf Grund der Bezüge lt. Zeile 156 und 159 nach § 8b Abs. 5 Satz 1 KStG erfolgt durch Eintragung in **Zeile 160.**

cc) Veräußerungen von Anteilen an Körperschaften (Zeilen 161–166c)

	Veräußerung von Anteilen an Körperschaften laut gesonderter Einzelaufstellung		
161 bis 166a frei 166b	Gewinne aus der Veräußerung von Anteilen an Körperschaften, die nach § 8b Absatz 2 Satz 1 und Satz 6 KStG steuerfrei sind (gegebenenfalls in Verbindung mit § 15 Absatz 1a EStG)	13.340	
166c	Verluste aus der Veräußerung von Beteiligungen an Körperschaften, die nach § 8b Absatz 3 Satz 3 KStG nicht abziehbar sind	13.343	

1) FG München v. 13.3.2017, 7 K 59/14, EFG 2017, 942.

508 Während die Zeilen 151 bis 160 die laufenden Bezüge abdecken, werden in den Zeilen 161 bis 195 die Rechtsfolgen gezogen, wenn der Anteil an einer anderen Körperschaft aus dem Betriebsvermögen ausscheidet (z.B. Veräußerung oder Liquidation) oder sich der Anteilswert selbst verändert (z.B. Teilwertabschreibung).

In den Zeilen 161 bis 166c sind Veräußerungen von Anteilen an Körperschaften einzutragen. Die Eintragungen in den Zeilen 161 bis 166a sind sachverhaltsbezogen, d.h. pro Veräußerungsvorgang zu erklären. Wird in einem Rechtsgang an mehrere Erwerber veräußert, ist nur eine Eintragung vorzunehmen. Werden hingegen im laufenden Wj. Anteile an der gleichen Körperschaft zu unterschiedlichen Zeitpunkten veräußert, sind pro Veräußerungsvorgang Eintragungen zu machen.

Zu einem für § 8b Abs. 2 oder Abs. 3 KStG relevanten Veräußerungsgewinn bzw. -verlust kommt es bei:

- der **Veräußerung von Anteilen an Körperschaften** und Personenvereinigungen, deren Leistungen beim Empfänger zu Bezügen i.S.d. § 20 Abs. 1 Nr. 1, 2, 9 und 10 EStG gehören (→ Rz. 514),
- unentgeltlicher Übertragung von Anteilen an Körperschaften an die Anteilseigner der Körperschaft, für die die Steuererklärung ausgefüllt wird oder Übertragung zu einem unangemessen niedrigen Kaufpreis (vGA),
- Gewinne aus dem **Ansatz eines Zwischenwerts** oder des **gemeinen Werts von Anteilen an Körperschaften** i.R. von **Verschmelzungen, Auf- und Abspaltungen der Körperschaft**, für die die Steuererklärung ausgefüllt wird, **auf eine andere Körperschaft** (§ 11 und § 15 UmwStG) und
- dem **Anteilstausch** (§ 21 Abs. 2 UmwStG).

Voraussetzung ist, dass ein Anteil betroffen ist, auf den § 8b KStG Anwendung findet. Das ist insb. nicht der Fall, wenn die Körperschaft, für die die Steuererklärung ausgefüllt wird ein Lebens- oder Krankenversicherungsunternehmen oder ein Pensionsfonds ist, vgl. § 8b Abs. 7 Satz 1 und 5 KStG oder wenn die Anteile bei Kredit-, Wertpapier und Finanzdienstleistungen dem Handelsbestand zuzurechnen sind, vgl. § 8b Abs. 7 Satz 1 KStG.

Als **Veräußerungsgeschäft** ist jedes schuldrechtliche Geschäft mit Gegenleistung zu verstehen, also insb. die Veräußerung und der Tausch. Die Vorschrift gilt gemäß BMF-Schreiben v. 28.4.2003[1] auch für **Anteile, die den Anteilseignern einer Körperschaft als Sachdividende** gewährt werden.

Zu den Besonderheiten bei Teilwertabschreibungen und -aufholungen sowie bei Teilwertabschreibungen auf Darlehen, die die Körperschaft, für die die Steuererklärung ausgefüllt wird, an eine Körperschaft gegeben hat, an der sie beteiligt ist, siehe → Rz. 531 ff.

509 Überträgt die Körperschaft **Anteile** an einer anderen Körperschaft **unentgeltlich an ihre Anteilseigner**, stellt dies eine Sachausschüttung dar. Auch hierauf ist § 8b Abs. 2 und Abs. 3 KStG anwendbar. An Stelle des Veräußerungspreises ist in diesem Fall der gemeine Wert der Anteile anzusetzen.[2] Ebenso erfasst die Vorschrift eine vGA, die im Falle der Veräußerung von Anteilen an den Gesellschafter zu einem unangemessen niedrigen Kaufpreis begründet ist.[3] Dann ist ebenfalls der gemeine Wert der Anteile einzutragen. Veräußerungskosten und Buchwert sind jeweils mit dem regulären Wert (ungekürzt) einzutragen.

510 Wird die Körperschaft, für die die Steuererklärung ausgefüllt wird, **verschmolzen** und ist diese an anderen Körperschaften beteiligt, kann sich bei **Ansatz des gemeinen Werts oder eines Zwischenwerts** auch ein Gewinn aus dem Ansatz des gemeinen **Werts/Zwischenwerts** bezogen auf die Beteiligungen ergeben. Da die Verschmelzung – wie andere Umwandlungsvorgänge – grundsätzlich ein Tauschgeschäft darstellt, entspricht der höhere Wertansatz wirtschaftlich einer Veräußerung. § 8b Abs. 2 und Abs. 3 KStG sind auf die Wertdifferenzen zwischen Buchwert und den i.R. der Verschmelzung anzusetzenden Wert anwendbar. Als Veräußerungspreis oder der an dessen Stelle tretender Wert ist der gemeine Wert oder der Zwischenwert, der i.R. der Verschmelzung zum Ansatz kommt, einzutragen. Als Buchwert ist der Buchwert zum Übertragungsstichtag einzutragen.

Wurde die Beteiligung in der Vergangenheit auf einen niedrigeren Teilwert abgeschrieben, gilt für eine mögliche Buchwertaufholung durch den Ansatz des gemeinen Werts oder des Zwischenwerts § 8b Abs. 2 Satz 4 und 5 KStG entsprechend, vgl. ausdrücklich § 11 Abs. 2 Satz 3 UmwStG. Das bedeutet, dass die 95-prozentige Steuerbefreiung nur insoweit gewährt wird, als in den Vorjahren keine steuerwirksame Abschreibung auf einen niedrigeren Teilwert vorgenommen wurde, vgl. → Rz. 531.

Das Gleiche gilt bei einer Abspaltung, wenn in dem abgespaltenen Teilbetrieb Beteiligungen an Körperschaften enthalten sind, vgl. § 15 Abs. 1 UmwStG. Außerdem gilt es für Gewinne, die für Anteile an Körperschaften i.R. einer Einbringung nach § 21 UmwStG entstehen.

511 **Nicht mehr in diesem Abschnitt eingetragen werden dürfen Übernahmegewinne i.S.d. § 12 Abs. 2 Satz 2 UmwStG.** Zwar ist auf diese Gewinne § 8b KStG anzuwenden, allerdings wurde hierfür mit den Zeilen 104 bis 117 ein eigener Eintragungskomplex geschaffen, in dem solche Gewinne einzutragen sind. Soweit nach § 8b Abs. 2 KStG steuerfreie **Gewinne mittelbar über eine Personengesellschaft** erwirtschaftet wurden, sind diese auf Grund der ausschließlichen Nettoerfassung von Einkünften aus Personengesellschaften bereits i.R. der Eintragung in den Zeilen 21 bis 25 dieser Anlage zu berücksichtigen. Sie dürfen nicht (!) hier eingetragen werden. Dies gilt auch für

1) BMF v. 28.4.2003, IV A 2 – S 2750a-7/03, BStBl I 2003, 292, Rz. 22 und 23.
2) BMF v. 28.4.2003, IV A 2 – S 2750a-7/03, BStBl I 2003, 292, Rz. 22 und 23.
3) Vgl. BMF v. 28.4.2003, IV A 2 – S 2750a-7/03, BStBl I 2003, 292, Rz. 21; BFH v. 6.7.2000, I B 34/00, BStBl II 2002, 490 zu § 8b KStG 1999.

Übernahmegewinne nach § 4 Abs. 6 UmwStG. Gewinne aus der Veräußerung von Anteilen an Zwischengesellschaften sind nicht hier, sondern in Zeile 180 einzutragen.

Des Weiteren dürfen hier nicht eingetragen werden:

- Gewinne nach § 8b Abs. 2 KStG, die der Körperschaft als **Organträger** nach § 15 Satz 1 Nr. 2 KStG von ihrer Organgesellschaft zuzurechnen sind. Diese sind bereits bei Eintragung des Korrekturbetrags für Körperschaften in Zeile 14 der Anlage OT zu berücksichtigen,
- Gewinne aus der Veräußerung **eigener Anteile, da diese analog einer Nennkapitalerhöhung behandelt werden,**[1)]
- Gewinne aus der Veräußerung von Anteilen an einer **REIT-Aktiengesellschaft** – vgl. § 19 Abs. 3 REITG und
- **fiktive Einnahmen** i.S.d. § 8b Abs. 10 Satz 2 KStG (**Wertpapierleihe**). Sie sind in Zeile 198 einzutragen,
- **Aktiengewinne** aus Beteiligungen an **Spezial-Investmentfonds**. Diese sind auf der Anlage ZwiG (Zeile 54 und Zeilen 80 bis 83).

Diese Rechtsfolgen des § 8b Abs. 2 und Abs. 3 KStG sind – anders als bei laufenden Bezügen (§ 8b Abs. 1 und Abs. 4 KStG) – unabhängig von der Beteiligungshöhe und gelten in allen Fällen.

Der Veräußerungsgewinn/-verlust ist pro Veräußerungsvorgang zu ermitteln und in der Steuererklärung zu deklarieren. Eine Saldierung von Veräußerungsgewinnen mit Veräußerungsverlusten ist nicht zulässig, da Veräußerungsgewinne nur zu 95 % steuerfrei gestellt werden, während Veräußerungsverluste in voller Höhe nicht abziehbar sind. Im elektronischen Datensatz sind die folgenden Angaben zu machen: **512**

Zeile	Beschreibung
161	Steuernummer der Körperschaft und Wirtschafts-Identifikationsnummer
162	Name der Beteiligung
162a	Zeitpunkt der Veräußerung
163	Veräußerungspreis oder an dessen Stelle tretender Wert
164	Veräußerungskosten
165	Buchwert des Anteils
166	Gewinn nach § 8b Absatz 2 Satz 1 und Satz 6 KStG
166a	Verlust nach § 8b Absatz 3 Satz 3 KStG

Bei Abgabe in Papier empfiehlt es sich, die gleichen Angaben auf einer formlosen Anlage zu tätigen.

Zunächst ist die **Steuernummer** der Körperschaft, deren Anteile veräußert werden in **Zeile 161** einzutragen. Insbesondere bei ausländischen Körperschaften muss die Steuernummer nicht eingetragen werden. Ebenfalls einzutragen ist die **Wirtschafts-Identifikationsnummer**. Der Vergabeprozess der Wirtschafts-Identifikationsnummer ist noch nicht abgeschlossen, sodass es sein kann, dass für die Körperschaften, deren Anteile veräußert werden, eine solche noch nicht bekannt ist. Für ausl. Körperschaften werden nicht in jedem Fall (deutsche) Wirtschafts-Identifikationsnummern vergeben. Für Einzelheiten siehe → Rz. 68. Der Name der Körperschaft, deren Anteile veräußert werden ist in **Zeile 162** einzutragen. **513**

In Zeile 163 ist der **Veräußerungspreis** in den Detailangaben des elektronischen Datensatzes einzutragen. Als Veräußerungspreis ist das anzusetzen, was der Erwerber an den Veräußerer zahlt. Auf den Zeitpunkt der Zahlung kommt es dabei nicht an. Ändert sich der Veräußerungspreis durch schuldrechtliche Vereinbarungen auf Grund von später eintretenden Ereignissen (z.B. dem Erreichen/Nichterreichen von Umsatz- oder Gewinngrenzen), wirkt dies auf den Zeitpunkt der Veräußerung zurück. Die Verlagerung von Erträgen und Aufwendungen in das Jahr der Veräußerung erfolgt durch außerbilanzielle Zu- und Abrechnungen in den Zeilen 146 und 150 (Details siehe → Rz. 479). **514**

In der Zeile 164 der Detailangaben sind die **Veräußerungskosten** einzutragen, die mit der Veräußerung der konkreten Beteiligung im Zusammenhang stehen. Nach ständiger Rechtsprechung des BFH sind Veräußerungskosten alle Kosten, die in einem Veranlassungszusammenhang zur Veräußerung stehen. Zu prüfen ist also, ob die Veräußerung das auslösende Moment für die Entstehung der Kosten war.[2)] Anteile an den Gemeinkosten sind einzubeziehen, soweit sie eine größere Nähe zu einzelnen Veräußerungsvorgängen als zum allgemeinen Geschäftsbetrieb aufweisen.[3)] Beispiele für Veräußerungskosten sind: **515**

- Notarkosten,
- Eintragungskosten in öffentliche Register,
- Rechtsberatungskosten im Zusammenhang mit der Veräußerung,
- Transaktionskosten,
- Kosten für Gutachten (Due-Dilligence),

1) Vgl. BMF v. 27.11.2013, IV C 2 – S 2742/07/10009, BStBl I 2013, 1615, Rz. 13 ff.
2) BFH v. 16.12.2009, IV R 22/08, BStBl II 2010, 736 und v. 25.1.2000, VIII R 55/97, BStBl II 2000, 458 m.w.N.
3) BFH v. 15.6.2016, I R 64/14, BStBl II 2017, 182.

- Vorfälligkeitsentschädigungen für Kredite, die für die Finanzierung der Beteiligung aufgenommen wurden, und
- Provisionen.

Praxishinweis:
Der BFH hat in einem besonders gelagerten Fall auch Anteile an den Gemeinkosten in die Veräußerungskosten einbezogen.[1] Im Urteilsfall war ausschließlicher Zweck der Körperschaft das Gründen und Veräußern sog. „Vorratsgesellschaften". Laut BFH sind Gemeinkosten nur dann als Veräußerungskosten anzusehen, wenn eine größere Nähe zum Veräußerungsvorgang als zum eigentlichen Geschäftsbetrieb besteht.[2] Was dies für „normale" Veräußerungen bedeutet, ist unklar. Unterhält die Körperschaft eine eigene Abteilung für das Management der Beteiligungen an anderen Gesellschaften, dürfte ein ausreichender Veranlassungszusammenhang bestehen, um zumindest Teile der Allgemeinkosten als Veräußerungskosten klassifizieren zu können.

516 Der **Buchwert** der Beteiligung ist in Zeile 165 der Detailangaben zu erfassen. Als Buchwert ist der Wert einzutragen, mit dem die ausscheidenden Anteile zu diesem Zeitpunkt in der Buchhaltung erfasst sind.

Sind im laufenden Wj. bis zur Veräußerung buchwertverändernde Sachverhalte (z.B. Einlagenrückgewähr, Nennkapitalherabsetzung) aufgetreten, müssen diese in Zeile 168 bis Zeile 174 eingetragen werden. Sie dürfen nicht mit den Ergebnissen aus der eigentlichen Veräußerung vermischt werden. In Zeile 165 ist der Buchwert nach Berücksichtigung der buchwertverändernden Ereignisse einzutragen.

Wurden in der Vergangenheit Teilwertabschreibungen vorgenommen, die nicht außerbilanziell wieder neutralisiert wurden, ist insoweit auch keine Steuerbefreiung nach § 8b KStG gegeben, vgl. § 8b Abs. 2 Satz 4 KStG.

Beispiel:
Die Beteiligung an der B-GmbH wurde am 04.04.04 erworben und mit ihren Anschaffungskosten i.H.v. 10 Mio. € aktiviert. Zum 31.12.09 wurde

a) eine Teilwertabschreibung von 9 Mio. €

b) eine Teilwertabschreibung von 600 000 € vorgenommen.

Die Teilwertabschreibung wurde nicht außerbilanziell hinzugerechnet und war demnach voll steuerwirksam (bestandskräftig). Zum 25.12.14 veräußert die Körperschaft die Beteiligung an der B-GmbH für

a) einen Veräußerungspreis von 2 Mio. €

b) einen Veräußerungspreis von 10,4 Mio. €

Veräußerungskosten sind aus Vereinfachungsgründen keine angefallen. Wie hoch ist die Steuerbefreiung nach § 8b KStG?

Lösung Variante a):
Grundsätzlich ergäbe sich nach dem Schema in § 8b Abs. 2 Satz 2 KStG ein Veräußerungsverlust von:

Veräußerungspreis	2 Mio. €
./. Buchwert	–1 Mio. €
./. Veräußerungskosten	–
Veräußerungsgewinn	1 Mio. €

Jedoch schließt § 8b Abs. 2 Satz 4 KStG die Steuerbefreiung insoweit aus, als vorhergehende Teilwertabschreibungen steuerfrei waren. Die die steuerwirksame Abschreibung 9 Mio. € betrug, bedeutet dies, dass der Veräußerungsgewinn in voller Höhe steuerpflichtig ist. Es dürfen daher keine Eintragungen zu Zeile 163 bis Zeile 166a gemacht werden.

Lösung Variante b):
In der Variante b ergibt sich nach dem Schema in § 8b Abs. 2 Satz 2 KStG ein Veräußerungsverlust von:

Veräußerungspreis	10,4 Mio. €
./. Buchwert	–9,4 Mio. €
./. Veräußerungskosten	–
Veräußerungsgewinn	1 Mio. €

Die Steuerbefreiung ist jedoch i.H. der steuerwirksamen Teilwertabschreibung i.H.v. 600 000 € versagt, folglich darf nur ein Betrag von 400 000 € nach § 8b Abs. 2 KStG steuerfrei gestellt werden. Der amtliche Vordruck sieht eine entsprechende Kürzung bisher nicht vor, sodass das Ergebnis durch Eingabe eines Buchwerts von 10 Mio. € erreicht werden muss.

Soweit der Buchwert der Steuerbilanz von der Handelsbilanz abweicht, ist hier immer der steuerbilanzielle Buchwert gemeint. Dies ist insb. für Beteiligungen an Organgesellschaften relevant. Organschaftliche Mehrabführungen mindern ab dem VZ 2022[3] im Regelfall den steuerbilanziellen Buchwert, während ihn (organschaftliche und vororganschaftliche) Minderabführungen erhöhen. Vororganschaftliche Mehrabführungen können den Buchwert mindern, wenn es sich um eine Einlagenrückgewähr handelt und die Verwendung des steuerlichen Einlagekontos bescheinigt wurde. Bei (ggf. ehemaligen) Organgesellschaften wird der Buchwert lt. Steuerbilanz also regelmäßig vom Buchwert lt. Handelsbilanz abweichen.

1) BFH v. 15.6.2016, I R 64/14, BStBl II 2017, 182.
2) BFH v. 15.6.2016, I R 64/14, BStBl II 2017, 182, Rz. 15.
3) Die sog. Einlagelösung wurde durch das KöMoG v. 25.6.2021, BGBl. I 2021, 2050 = BStBl I 2021, 889 durch Änderung des § 14 Abs. 4 KStG eingeführt.

Nach dem gesetzlichen Schema des § 8b Abs. 2 KStG ermittelt sich der Veräußerungsgewinn bzw. -verlust durch Abzug der Veräußerungskosten (Zeile 164) und des Buchwerts (Zeile 165) vom Veräußerungspreis (Zeile 163). Ist das Ergebnis positiv, handelt es sich um einen **Veräußerungsgewinn**, der in Zeile 166 zu erfassen ist. Ein negativer Wert ist als **Veräußerungsverlust** in Zeile 166a zu erfassen. 517

Alle Veräußerungsgewinne sind zu summieren und in **Zeile 166b** einzutragen. Die Veräußerungsverluste sind ebenfalls zu summieren und in **Zeile 166c** einzutragen. Über Zeile 201 mindern Veräußerungsgewinne das Einkommen zu 95 %, während Veräußerungsverluste in voller Höhe dem Einkommen wieder hinzugerechnet (neutralisiert) werden.

Die FinVerw. hat ihre Sonderregelung für Übertragungsgewinne zum gemeinen Wert oder zum Zwischenwert[1] nach dem Urteil des BFH[2] aufgegeben.[3] Angaben hierzu werden nicht mehr erfasst. 518

dd) Teilwertaufholung und Einlagenrückgewähr nach § 8b Abs. 2 KStG (Zeilen 167–177)

	Teilwertaufholungen und Einlagenrückgewähr nach § 8b Absatz 2 KStG laut gesonderter Einzelaufstellung		
167 bis 175 frei 176	Gewinne aus dem Ansatz des in § 6 Absatz 1 Nummer 2 Satz 3 EStG bezeichneten Wertes, die nach § 8b Absatz 2 Satz 3 KStG steuerfrei sind (Wertaufholung)	13.341	
177	Gewinne aus der Auflösung oder der Herabsetzung des Nennkapitals oder aus einer Einlagenrückgewähr, die nach § 8b Absatz 2 Satz 3 KStG steuerfrei sind	13.342	

Nicht immer handelt es sich bei Zahlungen, die die Körperschaft, an der die Beteiligung besteht, an ihre Anteilseignerin (die Körperschaft, für die die Steuererklärung ausgefüllt wird) zahlt, um Bezüge nach § 20 Abs. 1 Nr. 1, 2, 9 und 10 EStG (laufende Bezüge). Die in diesem Abschnitt behandelte Einlagenrückgewähr, Rückzahlungen des Nennkapitals bei Nennkapitalherabsetzung und die Rückzahlung von Nennkapital und Einlagen i.R. der Auflösung der Körperschaft sind keine solche laufenden Bezüge. Sie mindern als Nicht-Gewinnausschüttung grundsätzlich den (steuerbilanziellen) Buchwert der Beteiligung beim Anteilseigner. Eine Minderung des Buchwerts unter 0 ist jedoch nicht möglich. Kommt es hierzu, entsteht (bilanziell) ein Gewinn. Ein solcher Gewinn aus der Vermeidung eines negativen Buchwerts ist nach § 8b Abs. 2 Satz 3 KStG zu 95 % steuerfrei, wenn er sich auf Anteile an einer Körperschaft bezieht, für die die Anwendung des § 8b KStG nicht nach § 8b Abs. 7 oder 8 KStG ausgeschlossen ist. Die hier besprochenen Detailangaben und Zeilen der Anlage GK dienen der zutreffenden Deklaration dieser Gewinne. 519

Neben der Einlagenrückgewähr sind in diesem Abschnitt auch Teilwertaufholungen zu deklarieren. Sie folgen in früheren Wj. vorgenommenen Teilwertabschreibungen nach und sind unter bestimmten Voraussetzungen zu 95 % steuerfrei.

Wie bei Veräußerungen sind in diesem Abschnitt hier vorgangsbezogen Angaben zu machen. Eine Saldierung von mehreren Vorgängen für einen Anteil oder gar darüber hinaus ist nicht zulässig. 520

Auszug aus den Einzelangaben im elektronischen Datensatz

Zeile	Beschreibung
167a	Steuernummer und Wirtschafts-Identifikationsnummer der Körperschaft
167b	Name der Körperschaft
167c	Gewinne aus dem Ansatz des in § 6 Abs. 1 Nr. 2 Satz 3 EStG bezeichneten Wertes, die nach § 8b Abs. 2 Satz 3 KStG steuerfrei sind (Wertaufholung)
168	Buchwert der Beteiligung vor Berücksichtigung der Rückzahlung von Nennkapital, Einlagenrückgewähr und Mehr- und Minderabführungen
169	Davon ab: Einlagenrückgewähr laut Bescheinigung
170	Davon ab: Rückzahlung von Nennkapital
171	Davon ab: Mehrabführungen, die ihre Ursache in organschaftlicher Zeit haben
172	Davon ab: Mehrabführungen, die ihre Ursache in vororganschaftlicher Zeit haben und für die die Verwendung des steuerlichen Einlagekontos bescheinigt wurde
173	Dazu: Minderabführungen
173a	Verbleibender Buchwert
174	Gewinne aus der Auflösung oder der Herabsetzung des Nennkapitals oder aus einer Einlagenrückgewähr, die nach § 8b Abs. 2 Satz 3 KStG steuerfrei sind

Zunächst ist die **Steuernummer** der Körperschaft, deren Anteile veräußert werden, in **Zeile 167a** einzutragen. Insbesondere bei ausländischen Körperschaften muss die Steuernummer nicht eingetragen werden. Ebenfalls einzu- 521

1) Rz. Org.27 UmwStE 2025.
2) BFH v. 11.8.2021, I R 27/18, BStBl II 2023, 195, HFR 2022, 168.
3) BMF v. 10.2.2023, IV A 2 – O 2000/22/10003 :001, BStBl I 2023, 250.

tragen ist die **Wirtschafts-Identifikationsnummer**. Der Vergabeprozess der Wirtschafts-Identifikationsnummer ist noch nicht abgeschlossen, sodass es sein kann, dass für die Körperschaft, deren Anteile veräußert werden, eine solche noch nicht bekannt ist. Für ausl. Körperschaften werden nicht in jedem Fall (deutsche) Wirtschafts-Identifikationsnummern vergeben. Für Einzelheiten siehe → Rz. 68. Der Name der Körperschaft, deren Anteile veräußert worden ist in **Zeile 167b** einzutragen.

522 In der **Zeile 167c** ist der **Ertrag** (Gewinn) aus der **Teilwertaufholung** einzutragen, soweit er nach § 8b Abs. 2 Satz 3 KStG steuerbefreit ist. Eine Teilwertaufholung ist vorzunehmen, wenn in den vorangegangenen Wj. eine Teilwertabschreibung vorgenommen wurde, der Grund für die Teilwertabschreibung jedoch weggefallen ist. Die Teilwertzuschreibung hat sich gewinnerhöhend auf den steuerlichen Jahresüberschuss in Zeile 11 ausgewirkt.

Die Teilwertzuschreibung ist grundsätzlich nach § 8b Abs. 2 Satz 1 KStG zu 95 % steuerbefreit. Sie ist allerdings nicht steuerbefreit, soweit die in früheren Jahren vorgenommene Teilwertabschreibung steuerwirksam war, d.h. nicht außerbilanziell neutralisiert wurde. Dies gilt aber nicht, wenn die Teilwertabschreibung bereits in früheren Jahren rückgängig gemacht und voll versteuert wurde (§ 8b Abs. 2 Satz 4 KStG). Das gilt auch für steuerwirksam vorgenommene Abzüge nach § 6b EStG und ähnliche Abzüge (§ 8b Abs. 2 Satz 5 KStG). Als begünstigende Tatsache trägt der Stpfl. die Nachweispflicht hinsichtlich der Steuerunwirksamkeit der damaligen Teilwertabschreibung. Liegt eine Teilwertaufholung vor, sind keine weiteren Eintragungen in den Zeilen 168 bis 174 (für diesen Vorgang) mehr erforderlich.

523 Die Zeilen 168 bis 174 dienen der Erfassung der Einlagenrückgewähr und gleichgestellter Vorgänge. Eine Einlagenrückgewähr führt normalerweise zur Minderung des Buchwerts. Erst wenn der Buchwert vollständig verbraucht wurde, kommt es zu einem Ertrag, der dann ggf. nach § 8b Abs. 2 KStG steuerfreigestellt ist. Um dies zu prüfen, ist zunächst in **Zeile 168** der Buchwert der Beteiligung anzugeben. Dieser Buchwert ist der Ausgangspunkt der weiteren Berechnungen. Als Buchwert ist der Buchwert laut Steuerbilanz zum Ende des Wj. einzutragen, für den die Anlage GK ausgefüllt wird. Wird die Beteiligung unterjährig (vollständig) veräußert, sind bis zur Veräußerung eingetretene Gewinne nach § 8b Abs. 2 KStG hier zu erklären. Keinesfalls darf eine Verrechnung der bis zur Veräußerung entstandenen buchwertverändernden Sachverhalte (z.B. Einlagenrückgewähr) mit der Veräußerung erfolgen.

In der **Zeile 169** ist die Einlagenrückgewähr einzutragen. Zahlt die Körperschaft, an der die Körperschaft, für die die Steuererklärung ausgefüllt wird, beteiligt ist, Einlagen zurück, führt dies nicht zu laufenden Einkünften (sog. **Einlagenrückgewähr**).

Ob es sich steuerlich um eine Einlagenrückgewähr handelt, hängt bei Körperschaften davon ab, ob für die Rückzahlung die Verwendung des steuerlichen Einlagekontos bescheinigt wurde, vgl. § 20 Abs. 1 Nr. 1 Satz 3 EStG und § 27 Abs. 3 KStG. Auf die handelsrechtliche Beurteilung (z.B. Finanzierung aus der Kapitalrücklage) kommt es für die steuerliche Behandlung nicht an.

Für Körperschaften, die im Ausland ansässig sind, muss zusätzlich ein Feststellungsverfahren nach § 27 Abs. 8 Satz 3 KStG durchgeführt werden. Für die Einlagenrückgewähr von Körperschaften, die weder im Inland noch im EU-/EWR-Raum ansässig sind, war die Geltendmachung der Einlagenrückgewähr auf Grund der Rechtsprechung des BFH außerhalb eines Feststellungsverfahrens bei der Veranlagung[1] möglich. Für Leistungen, die nach dem 31.12.2022 erbracht werden, ist jedoch auch für die im Drittland ansässigen Körperschaften eine Feststellung nach § 27 Abs. 8 KStG durchzuführen. Das Aktenzeichen des Feststellungsbescheids muss zusätzlich in die Bescheinigung aufgenommen worden sein, vgl. § 27 Abs. 8 Satz 8 i.V.m. Abs. 3 KStG.

524 Ebenfalls hier einzutragen sind Zahlungen, die i.R. der Abwicklung (Auflösung/Liquidation) ausgezahlt werden, soweit hierfür die Bescheinigung des steuerlichen Einlagekontos bescheinigt wurde.

Kommt es zur Auflösung einer Körperschaft, wird das nach der Abwicklung verbleibende Eigenkapital – bestehend aus Nennkapital, sonstigen Einlagen und nicht ausgeschütteten Gewinnen an die Anteilseigner – ausgezahlt (Schlussauskehrung). Soweit in der Schlussauskehrung Beträge enthalten sind, für die die Verwendung des steuerlichen Einlagekontos bescheinigt wurde, sind sie hier einzutragen. Soweit sie auf die Rückzahlung des Nennkapitals entfallen, erfolgt eine Eintragung in Zeile 170. Falls keine Schlussauskehrung erfolgt, ergibt sich regelmäßig ein Veräußerungsverlust, der nicht hier, sondern in den Zeilen 161 bis 166c einzutragen ist.

Soweit die Verwendung des steuerlichen Einlagekontos nicht bescheinigt wurde und auch keine Rückzahlung von Nennkapital vorliegt, handelt es sich um laufende Einkünfte nach § 20 Abs. 1 Nr. 2 EStG. Diese sind unter den Voraussetzungen des § 8b Abs. 1 und Abs. 4 KStG u.U. steuerbefreit. Sie sind bei den laufenden Einnahmen in Zeile 156 zu berücksichtigen.

In Höhe der bescheinigten Verwendung des steuerlichen Einlagekontos ist der Buchwert der Beteiligung an der Ausschüttenden in der Steuerbilanz[2] gewinnneutral zu mindern.[3] Ist der Buchwert der Beteiligung (z.B. auf Grund vorangegangener Abschreibungen oder durch Erwerb zu einem Preis unter dem Nennwert oder durch vorangegangene Einlagenrückgewährungen) niedriger als die erhaltene Auszahlung, kommt es zu einem steuerpflichtigen Veräußerungsgewinn. Insoweit ist auch steuerbilanziell ein Ertrag zu verbuchen.

1) BFH v. 13.7.2016, VIII R 47/13, BStBl II 2022, 263; VIII R 73/13, BStBl II 2022, 271 sowie v. 10.4.2019, I R 15/16, BStBl II 2022, 266.
2) Im Regelfall auch in der Handelsbilanz.
3) Buchungssatz Forderung od. Bank an Beteiligung.

525 Zahlt die Körperschaft, an der die Beteiligung besteht, i.R. einer Nennkapitalherabsetzung Beträge zurück, handelt es sich hierbei nicht um Bezüge nach § 20 Abs. 1 Nr. 1 EStG. Anders als bei sonstigen Leistungen ist bei Nennkapitalrückzahlung keine Bescheinigung der Verwendung des steuerlichen Einlagekontos notwendig. Die **Rückzahlung von Nennkapital** i.R. der Nennkapitalherabsetzung ist in **Zeile 170** einzutragen. Die Nennkapitalherabsetzung mindert den Buchwert der Beteiligung. Soweit die Nennkapitalrückzahlung den Buchwert übersteigt, entsteht bilanziell ein Ertrag, der durch Eintragung in diese Zeile dann zu 95 % steuerfrei gestellt wird.

Ist die Körperschaft, an der die Beteiligung besteht, in einem Drittstaat ansässig, ist bei Nennkapitalherabsetzungen § 7 Abs. 2 KapErhStG zu beachten. Setzt die ausl. Gesellschaft das Nennkapital innerhalb von fünf Jahren nach Ausgabe neuer Anteilsrechte herab und zahlt es an die Gesellschafter aus, handelt es sich um Bezüge nach § 20 Abs. 1 Nr. 1 EStG, die keine Nennkapitalrückzahlung darstellen und demzufolge hier nicht eingetragen werden dürfen.

Zu den Eintragungen bei Liquidation der Körperschaft, an der die Beteiligung besteht →Rz. 524.

526 Handelt es sich bei der Körperschaft, an der die Beteiligung besteht, um eine Organgesellschaft, können Mehr- und Minderabführungen vorliegen. **Organschaftliche Mehrabführungen** gelten nach § 14 Abs. 4 KStG als Einlagenrückgewähr. Sie sind in **Zeile 171** einzutragen und der Organgesellschaft, aus der sie entstehen, zuzuordnen. Sie müssen wie eine normale Einlagenrückgewähr zunächst den Buchwert mindern. Soweit die organschaftliche Mehrabführung größer als der Buchwert ist, muss der darüber hinausgehende Betrag versteuert werden.

Anders als bei der normalen Einlagenrückgewähr steht bei der Buchung der organschaftlichen Mehrabführung kein Bestandskonto zur Verfügung. Eine Einlagenrückgewähr erhöht normalerweise das Bank- oder das Forderungskonto. Eine Einlage mindert es. Ein solches Bestandskonto steht bei Mehr- und Minderabführungen nicht zur Verfügung. Folglich wird die Mehrabführung als Aufwand, die Minderabführung als Ertrag verbucht und über die Zeilen 278 und 277 wiederum neutralisiert. Übersteigt die Mehrabführung jedoch den Buchwert, kann der bei der Einlagenrückgewähr normalerweise verbuchte Ertrag nicht mehr realisiert werden, weil im Endeffekt Aufwand an Ertrag gebucht würde. Die Gewinnauswirkung einer solchen Buchung ist 0, sodass die Versteuerung eines solchen Ertrags nicht möglich wäre. Da eine bilanzielle Lösung nicht möglich ist, muss das Ergebnis außerbilanziell hergestellt werden. Die organschaftliche Mehrabführung ist deshalb in voller Höhe in Zeile 278 einzutragen →Rz. 615.

527 **Vororganschaftliche Mehrabführungen** sind in **Zeile 172** einzutragen, soweit die **Verwendung des steuerlichen Einlagekontos bescheinigt** wurde. Vororganschaftliche Mehrabführungen sind nach § 14 Abs. 3 KStG als Leistungen der Organgesellschaft an den Organträger zu qualifizieren. Solche Leistungen können unter den Voraussetzungen des § 27 KStG als Einlagenrückgewähr zu qualifizieren sein. Eine Berücksichtigung ist jedoch nach § 27 Abs. 5 KStG nur dann möglich, wenn die Verwendung bescheinigt wurde.

Die in **Zeile 173** einzutragenden **Minderabführungen** erhöhen (unabhängig ob organschaftlich oder vororganschaftlich) als Einlagen hingegen den Buchwert der Beteiligung an der Organgesellschaft, vgl. § 14 Abs. 3 Satz 2 und Abs. 4 Satz 1 KStG.

528 Übersteigen die im laufenden Jahr summierten Eintragungen der Zeilen 169 bis 172 den Buchwert laut Zeile 168 zzgl. der Minderabführungen lt. Zeile 173, kommt es zur Entstehung eines steuerbilanziellen Ertrags, der den Gewinn laut Steuerbilanz in Zeile 11 erhöht haben muss. Soweit ein solcher Gewinn vorliegt, ist dieser in Zeile 174 einzutragen. Er mindert das Einkommen in Höhe von 95 % nach § 8b Abs. 2 und Abs. 3 KStG. Falls die summierten Eintragungen nicht höher als der Buchwert und die Minderabführungen sind, ergibt sich aus der Differenz der Buchwert, mit dem die Anteile zum Ende des Wj. in der Steuerbilanz anzusetzen sind (**Zeile 173a**). Ein Wert laut Zeile 173a wirkt sich nicht weiter auf das Einkommen aus, dient aber der Überprüfung, ob Erträge zu versteuern sind.

Die Eintragungen zu den Zeilen 167c und 174 sind zu summieren und in die **Zeile 176 bzw. 177** zu übertragen. Sie mindern das Einkommen.

ee) Nichtabziehbare Betriebsausgaben nach § 8b Abs. 3 Satz 1 KStG (Zeilen 178–181)

	Nichtabziehbare Betriebsausgaben nach § 8b Absatz 3 Satz 1 KStG		
178 bis 180 frei 181	Nichtabziehbare Ausgaben nach § 8b Absatz 3 Satz 1 KStG (5 % der Summe der Beträge laut Zeile 166b, Zeile 176 und Zeile 177)		

529 Im Gegenzug zu den Eintragungen in den Zeilen 176 bzw. 177 ist – zusammen mit den Eintragungen aus den Veräußerungsgewinnen – in **Zeile 181** eine Gegenkorrektur der nichtabziehbaren Betriebsausgaben nach § 8b Abs. 3 Satz 1 KStG vorzunehmen.

ff) Gewinnminderungen nach § 8b Abs. 3 Satz 3 bis 8 KStG (Zeilen 182–189)

	Gewinnminderungen nach § 8b Absatz 3 Satz 3 bis 8 KStG laut gesonderter Einzelaufstellung		
182 bis 187 frei 188	Sonstige Gewinnminderungen (zum Beispiel Teilwertabschreibungen) aus Beteiligungen an Körperschaften, die nach § 8b Absatz 3 Satz 3 KStG nicht abziehbar sind	13.344	
189	Gewinnminderungen im Zusammenhang mit Darlehensforderungen (zum Beispiel Teilwertabschreibungen), die nach § 8b Absatz 3 Satz 4 folgende KStG nicht abziehbar sind	13.345	

530 In diesem Abschnitt sind Angaben zu Gewinnminderungen zu machen, die nach § 8b Abs. 3 Satz 3 bis 8 KStG nicht abziehbar sind. Im Wesentlichen handelt es sich hierbei um Teilwertabschreibungen und um Abschreibungen auf eigenkapitalersetzende Darlehen. Der elektronische Datensatz definiert hier Einzelangaben, die entsprechend auch bei Verwendung des Papiervordrucks zu machen sind. Die Gewinnminderungen sind also beteiligungsbezogen in den Einzelangaben vorzunehmen und dann aufzuaddieren und in Zeile 188 und 189 zu übernehmen.

Auszug aus den Einzelangaben im elektronischen Datensatz

Zeile	Beschreibung
184	Steuernummer und Wirtschafts-Identifikationsnummer der Körperschaft
185	Name der Beteiligung
186	Sonstige Gewinnminderungen (zum Beispiel Teilwertabschreibungen) aus der Beteiligung an einer Körperschaft, die nach § 8b Abs. 3 Satz 3 KStG nicht abziehbar sind
187	Gewinnminderungen im Zusammenhang mit Darlehensforderungen (zum Beispiel Teilwertabschreibungen), die nach § 8b Absatz 3 Satz 4 KStG nicht abziehbar sind

531 In **Zeile 184** und Zeile **185** ist zunächst die Beteiligung zu bezeichnen, für die die Einzelangaben gemacht werden. Ebenfalls einzutragen ist die **Wirtschafts-Identifikationsnummer**. Der Vergabeprozess der Wirtschafts-Identifikationsnummer ist noch nicht abgeschlossen, sodass es sein kann, dass für die Körperschaft, deren Anteile veräußert werden, eine solche noch nicht bekannt ist. Für ausl. Körperschaften werden nicht in jedem Fall (deutsche) Wirtschafts-Identifikationsnummern vergeben. Für Einzelheiten siehe → Rz. 68.

In **Zeile 186** sind Gewinnminderungen, die im Zusammenhang mit Anteilen an anderen Körperschaften stehen einzutragen. Sie sind nach § 8b Abs. 3 Satz 3 KStG nicht abziehbar. Voraussetzung ist, dass ein Anteil betroffen ist, auf den § 8b KStG Anwendung findet. Das ist insb. nicht der Fall, wenn die Körperschaft, für die die Steuererklärung ausgefüllt wird ein Lebens- oder Krankenversicherungsunternehmen oder ein Pensionsfonds ist, vgl. § 8b Abs. 7 Satz 1 und Satz 5 KStG oder wenn die Anteile bei Kredit-, Wertpapier und Finanzdienstleistungen dem Handelsbestand zuzurechnen sind, vgl. § 8b Abs. 7 Satz 1 KStG.

Die Gewinnminderungen müssen den Buchwert der Anteile der Beteiligung reduzieren. Bloße Kosten (wie z.B. laufende Zinsaufwendungen im Zusammenhang mit den Anteilen) stellen keine Gewinnminderungen i.S.d. § 8b Abs. 3 Satz 3 KStG dar. Einziges Praxisbeispiel außerhalb des Veräußerungsverlusts bzw. gleichgestellten Vorgängen (→ Rz. 508 ff.) ist die **Teilwertabschreibung**. Handels- und steuerbilanziell haben sich Teilwertabschreibungen gewinnmindernd auf den steuerlichen Jahresüberschuss-/fehlbetrag lt. Zeile 11 ausgewirkt. Sie sind folglich außerbilanziell wieder hinzuzurechnen. Die Summe aller Eintragungen zur Zeile 186 ist in die Zeile 188 zu übertragen.

532 Dem Anteilseigner steht es frei, die für den Geschäftsbetrieb benötigten Mittel durch die Gewährung von Eigenkapital (Stammkapital, Kapitalrücklage) oder durch Darlehen zur Verfügung zu stellen. Da die Gewinnneutralität der Teilwertabschreibung nach § 8b Abs. 3 Satz 3 KStG durch die Gewährung von Darlehen leicht umgangen werden könnte, dehnt § 8b Abs. 3 Satz 4 KStG die Hinzurechnung auch auf Gewinnminderungen auf Darlehensforderungen und auf Inanspruchnahme aus Sicherheiten, die für Darlehen gewährt wurden, aus.

Betroffen sind Darlehensforderungen und Sicherheiten, die von Gesellschaftern oder diesen nahestehenden Personen gewährt werden, die (auch mittelbar) zu mindestens einem Viertel beteiligt sind, vgl. § 8b Abs. 3 Satz 4 KStG. Für die Beurteilung, ob eine Person nahestehend ist, sind die Grundsätze des § 1 Abs. 2 AStG anzuwenden, vgl. § 8b Abs. 3 Satz 5 KStG.

Die Hinzurechnung kann vermieden werden, wenn nachgewiesen wird, dass ein fremder Dritter das Darlehen zu gleichen Bedingungen gewährt hätte, vgl. § 8b Abs. 3 Satz 6 KStG. Zudem werden andere Forderungen aus Rechtshandlungen entsprechend erfasst, die einer Darlehensgewährung wirtschaftlich vergleichbar sind, vgl. § 8b Abs. 3 Satz 7 KStG.

Liegen also **Gewinnminderungen auf Darlehensforderungen vor, die nach § 8b Abs. 3 Satz 4 ff. KStG** nicht mindern dürfen, sind diese zu den Detailangaben zur **Zeile 187** einzutragen.

Die entsprechenden Werte werden aufsummiert und in die **Zeile 189** eingetragen. Sie erhöhen das Einkommen mit der Folge, dass die vorherige Minderung des steuerbilanziellen Jahresüberschusses wieder rückgängig gemacht wird.

gg) Gewinne i.S.d. § 8b Abs. 3 Satz 9 KStG (Zeile 190)

	Gewinne nach § 8b Absatz 3 Satz 9 KStG		
190	Gewinne nach § 8b Absatz 3 Satz 9 KStG	13.288	

In der **Zeile 190** sind **Gewinne aus Teilwertaufholung auf Darlehensforderungen** einzutragen, **wenn** die **vorangehende Teilwertabschreibung** nach § 8b Abs. 3 Satz 4 KStG **nicht abziehbar** war. Anders als bei Teilwertaufholungen nach § 8b Abs. 2 Satz 3 KStG ist die Wertaufholung nach § 8b Abs. 3 Satz 9 KStG in voller Höhe steuerfrei und nicht zur zu 95 %. 533

hh) Einkommensminderungen bzw. Erhöhungen nach § 8b Abs. 8 Satz 4 und 5 KStG bei Lebens- und Krankenversicherungsunternehmen sowie Pensionsfonds (Zeile 191)

	Einkommensminderungen beziehungsweise -erhöhungen nach § 8b Absatz 8 Satz 4 und 5 KStG		
191	Einkommensminderungen beziehungsweise -erhöhungen nach § 8b Absatz 8 Satz 4 und 5 KStG	13.168	

In **Zeile 191** des Vordrucks ist der **Korrekturbetrag nach § 8b Abs. 8 Satz 4 und 5 KStG** für Lebens- und Krankenversicherungsunternehmen hinzuzurechnen bzw. in Abzug zu bringen. Auf Lebens- und Krankenversicherungsunternehmen ist die Steuerbefreiung nach § 8b KStG grundsätzlich nicht anzuwenden, vgl. § 8b Abs. 8 Satz 1 KStG. Lebens- und Krankenversicherungsunternehmen müssen Rückstellungen für Beitragsrückerstattungen bilden. Die Erhöhung dieser Rückstellungen führt zu Aufwand, die Auflösung solcher Rückstellungen zu Ertrag. § 21 KStG begrenzt in bestimmten Fällen die Abziehbarkeit der Aufwendungen für die Rückstellung für Beitragsrückerstattungen. Im Rahmen der Begrenzung der Abziehbarkeit von Aufwendungen für die Beitragsrückerstattung sind die handelsrechtlichen Bestände maßgebend. Mit § 8b Abs. 8 Satz 4 KStG soll nun sichergestellt werden, dass für die Berechnung des Einkommens der handelsrechtliche Wert – anstatt des steuerbilanziellen Werts – maßgebend ist. Soweit der handelsrechtliche Wert vom steuerbilanziellen abweicht, ist der Differenzbetrag hier einzutragen. 534

ii) Wertpapierleihe nach § 8b Abs. 10 KStG (Zeilen 192–195)

	Wertpapierleihe nach § 8b Absatz 10 KStG Zeilen 192 bis 195: Im Falle der Wertpapierleihe (§ 8b Absatz 10 KStG) bei der entleihenden Körperschaft:		
192	Nach § 8b Absatz 10 Satz 1 KStG nichtabziehbare Aufwendungen, soweit sie sich auf die überlassenen Anteile beziehen	13.227	
193	Fiktive Einnahmen und/oder Bezüge nach § 8b Absatz 10 Satz 2 KStG	13.228	
194	Beträge im Sinne der Zeile 193, soweit es sich dabei um Bezüge nach § 8b Absatz 1 KStG, auf die § 8b Absatz 4 KStG nicht anzuwenden ist, und/oder um Gewinne nach § 8b Absatz 2 KStG handelt	13.229	
195	5 % des Betrages laut Zeile 156 und/oder der Beträge laut Zeilen 166b, 176 und 177, soweit es sich hierbei um Bezüge aus entliehenen Anteilen nach § 8b Absatz 10 KStG handelt	13.230	

Die Zeilen 192 bis 195 dienen der Erfassung außerbilanzieller Korrekturen bei der sog. **Wertpapierleihe** nach **§ 8b Abs. 10 KStG**. 535

Zielsetzung dieser Gestaltungen war es, die Vorteile der Steuerbefreiung des § 8b Abs. 1 KStG und der Steuerpflicht nach § 8b Abs. 7 KStG für Dividendenerträge von Kreditinstituten in ihrem Handelsbestand miteinander zu kombinieren. Durch den Genuss der beim Entleiher mit 95 % weitgehend steuerfreien Vereinnahmung der Dividenden unter gleichzeitiger Gewährung des vollen Betriebsausgabenabzugs für die an das Kreditinstitut zu entrichtende Ausgleichszahlung nebst Leihgebühr stellten sich sowohl das Kreditinstitut als auch der Entleiher wirtschaftlich besser als ohne die Wertpapierleihe. 536

Nach § 8b Abs. 10 Satz 1 KStG können nun die für die Wertpapierleihe von einem Kreditinstitut erhobenen Entgelte (**Ausgleichszahlung und Leihgebühr**) beim Entleiher nicht mehr als Betriebsausgabe abgezogen werden, wenn bei der überlassenden Körperschaft auf die Anteile § 8b Abs. 4, 7 oder 8 KStG anzuwenden ist und die Anwendung vorgenannter Rechtsnormen beim Entleiher nicht in Betracht kommt. Die Vorschrift findet keine Anwendung, wenn der Entleiher keine Einnahmen oder Bezüge aus den ihm überlassenen Anteilen erzielt. Zu den Einnahmen und Bezügen gehören dabei aber auch Entgelte, die die Körperschaft dafür erhält, dass sie die entliehenen Wertpapiere weiterverleiht (§ 8b Abs. 10 Sätze 5 und 6 KStG i.d.F. des Amtshilferichtlinie-Umsetzungsgesetzes v. 26.6.2013).[1] Die Hinzurechnung erfolgt mittels Eintragung in **Zeile 192**. Damit ist der steuerliche Anreiz für derartige Gestaltungen entfallen. 537

1) AmtshilfeRLUmsG v. 26.6.2013, BGBl. I 2013, 1809 = BStBl I 2013, 802.

538 Überlässt der Entleiher für die Überlassung der Anteile Wirtschaftsgüter an das überlassende Kreditinstitut, aus denen dieses Einnahmen oder Bezüge erzielt, gelten diese Einnahmen oder Bezüge gem. **§ 8b Abs. 10 Satz 2 KStG** als vom Entleiher bezogen und als Entgelt für die Überlassung an das Kreditinstitut gewährt. Die dem Entleiher zuzurechnenden **fiktiven Einnahmen und/oder Bezüge** sind dem Gewinn in **Zeile 193** hinzuzurechnen.

539 Die **in den fiktiven Einnahmen** lt. Zeile 193 **enthaltenen Bezüge i.S.d. § 8b Abs. 1 und/oder 2 KStG** sind über eine Eintragung in **Zeile 194** wieder in Abzug zu bringen. Damit hat der Entleiher letztendlich den gleichen Betrag zu versteuern wie ohne Überlassung der Wirtschaftsgüter.

540 Die entleihende Körperschaft hat in **Zeile 195** wieder einen Betrag i.H.v. 5 % der i.R. der Wertpapierleihe erzielten Bezüge i.S.d. § 8b Abs. 1 KStG und Gewinne i.S.d. § 8b Abs. 2 KStG in Abzug zu bringen. Im Ergebnis wird damit die zuvor in den Zeilen 160 und 181 auch hierauf vorgenommene Hinzurechnung wieder rückgängig gemacht. Somit bleiben beim Entleiher die aus der Wertpapierleihe erzielten Bezüge und Gewinne im Ergebnis vollständig unversteuert. Stattdessen bleiben die für die Überlassung zu entrichtenden Entgelte vom Abzug ausgeschlossen. Der in Zeile 195 vorzunehmende Abzug basiert auf der Regelung des § 8b Abs. 10 Satz 3 KStG, wonach § 8b Abs. 3 Satz 1 und 2 sowie Abs. 5 KStG beim Wertpapierverleih nicht anzuwenden sind.

541 In die Zeilen 192 bis 195 dürfen auch bei Organträgern nur die Tatbestände eingetragen werden, die der **Organträger als entleihende Körperschaft** selbst verwirklicht hat. Nicht eingetragen werden dürfen die von vorgelagerten Organgesellschaften als entleihenden Körperschaften verwirklichten Tatbeständen, da diese – im Gegensatz zu allen anderen § 8b KStG-Tatbeständen – bereits bei der Organgesellschaft zu berücksichtigen sind, vgl. § 15 Satz 1 Nr. 2 Satz 3 KStG.

jj) Übertrag in die Hauptspalte (Zeilen 201–202)

	Korrektur des Einkommens um nach § 8b KStG und weiterer Vorschriften steuerfreie Beträge ❷ ❾	EUR
196 bis 200 frei 201	Nicht bei Organgesellschaften: Summe der Beträge laut Zeilen 160, 166c, 181, 188, 189, 191, 192 und 193 abzüglich der Summe der Beträge laut Zeilen 156, 166b, 176, 177, 190, 194 und 195	
202	Nur bei Organgesellschaften: Summe der Beträge laut Zeilen 191, 192 und 193 ❹	

542 In **Zeile 201** ist eine Zwischensumme für alle in der Vorspalte enthaltenen Tatbestände zu bilden und mit umgekehrten Vorzeichen in die Hauptspalte zu übertragen.

543 Die Regelung des § 8b KStG ist für Organgesellschaften nicht anwendbar, vgl. § 15 Satz 1 Nr. 2 KStG. Stattdessen erfolgt die Freistellung der Gewinnausschüttungen (§ 3 Nr. 40 EStG für natürliche Personen oder § 8b KStG für Körperschaften) nach den persönlichen Merkmalen des Organträgers. Die § 8b KStG-Tatbestände dürfen sich daher nicht auf das dem Organträger zuzurechnende Einkommen auswirken. Eintragungen in Zeile 201 sind daher für Organgesellschaften nicht zulässig. Die in diesem Abschnitt enthaltenen Eintragungen werden jedoch als sonstige Besteuerungsgrundlagen in die durchzuführende gesonderte und einheitliche Feststellung nach § 14 Abs. 5 KStG einbezogen.

544 Die Auswirkungen der Wertpapierleihe sind nach § 15 Satz 1 Nr. 2 Satz 3 KStG bereits auf Ebene der Organgesellschaft zu berücksichtigen. Gleiches gilt für Einkommensminderungen und -erhöhungen nach § 8b Abs. 8 Satz 4 und 5 KStG bei Lebens- und Krankenversicherungsunternehmen. Auch der in die Zeilen 197 und 198 einzutragende Sachverhalt kann nur von Organgesellschaften erfüllt werden. Handelt es sich um eine Organgesellschaft, sind die bei der Einkommenszurechnung zu berücksichtigende Tatbestände in **Zeile 202** zu berechnen und mit umgekehrten Vorzeichen in die Hauptspalte zu übertragen.

i) Übergangsregelung nach § 34 Abs. 6e KStG beim Organträger (Zeilen 203–218)

545 Durch das KöMoG[1] wurde die alte Ausgleichspostensystematik des § 14 Abs. 4 KStG durch die sog. **„Einlagenlösung"** ersetzt. Organschaftliche Minderabführungen gelten nunmehr als Einlagen des Organträgers in die Organgesellschaft. Sie erhöhen daher den Buchwert der Beteiligung des Organträgers an der Organgesellschaft in der Steuerbilanz des Organträgers, vgl. § 14 Abs. 4 Satz 1 KStG. Für vororganschaftliche Minderabführungen galt dies bereits seit Längerem, vgl. § 14 Abs. 3 KStG.

Im Umkehrschluss führen organschaftliche Mehrabführungen nunmehr zur Einlagenrückgewähr, vgl. § 14 Abs. 4 Satz 2 KStG. Das bedeutet, sie mindern den Buchwert der Beteiligung des Organträgers an der Organgesellschaft bis auf 0. Soweit sie den Buchwert übersteigen, kommt es zu einem Ertrag, der den steuerbilanziellen Gewinn des Organträgers erhöht. Dieser veräußerungsähnliche Vorgang ist grundsätzlich nach § 8b Abs. 2 Satz 3 KStG zu 95 % steuerfrei.

Früher wurde für organschaftliche Mehr- und Minderabführungen ein steuerbilanzieller Ausgleichsposten gebildet. Der Ausgleichsposten war grundsätzlich geschäftsvorfallbezogen zu bilden, d.h., pro Beteiligung konnte (theoretisch) eine Vielzahl von Ausgleichsposten bestehen. In der Praxis wurden diese jedoch meistens saldiert und

1) Gesetz zur Modernisierung des Körperschaftsteuerrechts (KöMoG) v. 25.6.2021, BGBl. I 2021, 2050 = BStBl I 2021, 889.

es ergab sich nur ein passiver oder ein aktiver Ausgleichsposten pro Beteiligung. In manchen Fällen wurden unzulässigerweise auch Ausgleichsposten mehrerer Organgesellschaften saldiert.

Praxishinweis:

Mit der Einführung der Einlagelösung waren die bestehenden Ausgleichsposten zum Schluss des ersten Wj. aufzulösen, dass nach dem 31.12.2021 endet, vgl. § 34 Abs. 6e Satz 7 KStG. Folglich müssen alle Ausgleichsposten im VZ 2022 aufgelöst worden sein, weil mindestens ein Wj. im VZ enden muss. Mögliche Ausnahme wäre nur ein Liquidationszeitraum nach § 11 KStG.

Die Auflösung der Ausgleichsposten führte zu einer Erhöhung oder Minderung des Buchwerts der Beteiligung des Organträgers an der Organgesellschaft. Überstiegen die passiven Ausgleichsposten die aktiven und den Buchwert, kam es zu einem steuerpflichtigen Ertrag beim Organträger. Für diesen Ertrag ließ der Gesetzgeber die Bildung einer Rücklage zu, die im laufenden und in den neun folgenden Wj. zu je einem Zehntel aufzulösen ist, vgl. § 34 Abs. 6e Satz 15 und Satz 17 KStG. Der Auflösung der Rücklage dient dieser Abschnitt.

Dieser Abschnitt teilt sich grundsätzlich in Angaben, die pro Beteiligung zu machen sind, für die Ausgleichsposten vorhanden sind (Einzelangaben, Zeilen 203 bis 214) und in Summenangaben (Zeilen 215 bis 218), mit der die Einzelangaben zusammenzufassen sind.

aa) Einzelangaben (Zeilen 203–214)

Steuernummer

- 7 -

Zeile	Übergangsregelung nach § 34 Absatz 6e KStG beim Organträger		
	Einzelangaben		
	Name der Beteiligung an der (gegebenenfalls ehemaligen) Organgesellschaft		
203			
204	Steuernummer der (gegebenenfalls ehemaligen) Organgesellschaft	Wirtschafts-Identifikationsnummer der (gegebenenfalls ehemaligen) Organgesellschaft (29) D E	
205 frei			
206	Die Voraussetzungen für die Anwendung des § 8b Absatz 7 oder 8 KStG liegen vor.		1 = Ja 2 = Nein
207 bis 212 frei			EUR
212a	Rücklage nach § 34 Absatz 6e Satz 15 KStG zum Beginn des Wirtschaftsjahres		
213	Davon ab: Auflösung der Rücklage nach § 34 Absatz 6e Satz 17 KStG		
213a	Davon ab: Auflösung der Rücklage bei vollständiger oder anteiliger Veräußerung und gleichgestellten Vorgängen nach § 34 Absatz 6e Satz 18 und Satz 19 KStG		
214	Rücklage nach § 34 Absatz 6e Satz 15 KStG zum Ende des Wirtschaftsjahres		
	Sind weitere Eintragungen erforderlich, sind diese nach dem gleichen Schema gesondert zu erläutern.		

In **Zeile 203** ist die **Beteiligung,** für die der oder die Ausgleichsposten aufzulösen sind, zunächst zu **bezeichnen**. **546**
Ergänzt wird dies durch die **Steuernummer und die Wirtschafts-Identifikationsnummer** in **Zeile 204 der** Organgesellschaft, für die beim Organträger die Ausgleichsposten gebildet wurden. Das Organschaftsverhältnis muss nicht mehr bestehen. Der Vergabeprozess der Wirtschafts-Identifikationsnummer ist noch nicht abgeschlossen, sodass es sein kann, dass für die (ehemalige) Organgesellschaft eine solche noch nicht bekannt ist. Zu Einzelheiten siehe →Rz. 68.

In der Zeile 206 ist nun anzugeben, ob die Voraussetzungen des § 8b Abs. 7 oder Abs. 8 KStG vorliegen. Die Auflö- **547**
sung der Rücklage ist voll steuerpflichtig, allerdings ist auf den Auflösungsbetrag § 8b KStG und § 3 Nr. 40 EStG anwendbar, vgl. § 34 Abs. 6e Satz 20 KStG. Wird die Anwendung des § 8b KStG jedoch auf Grund von § 8b Abs. 7 oder Abs. 8 KStG ausgeschlossen, ist auch die Auflösung voll gewinnwirksam. Die Abfrage dient also der Ermittlung des tatsächlich steuerpflichtigen Betrags.

In **Zeile 212a** ist der **Endbestand der Rücklage nach § 34 Abs. 6e Satz 15 KStG zum Ende des vorangegangenen** **548**
Wj. einzutragen. Der Wert wird nicht gesondert festgestellt, sondern ergibt sich aus der Steuerbilanz des vorangegangenen Wj.

In **Zeile 213** ist der **Auflösungsbetrag** der Rücklage einzutragen, wenn keine vollständige oder anteilige Auflösung **549**
vorzunehmen ist. Der hier einzutragende Wert beträgt ein Zehntel des im Jahr der Auflösung der Ausgleichsposten in die Rücklage eingestellten Betrags, vgl. § 34 Abs. 6a Satz 17 KStG. Unklar ist, welcher Betrag hier anzusetzen ist, wenn im Vorjahr eine anteilige Auflösung der Rücklage vorgenommen wurde (z.B. auf Grund eines teilweisen Verkaufs der Beteiligung). Nach dem Wortlaut der Vorschrift müsste ein Zehntel des ursprünglichen Betrags auf-

gelöst werden. Der Auflösungsbetrag an sich ist auf den Bestand der Rücklage laut Zeile 212a beschränkt. Die Auflösung ist ohne Berücksichtigung von Steuerbefreiungen nach § 8b KStG bzw. § 3 Nr. 40 EStG einzutragen. Die Auflösung der Rücklage muss voll ertragswirksam in der Steuerbilanz erfasst werden. Die Eintragung in der Steuererklärung dient lediglich der Berechnung einer möglichen Steuerbefreiung nach § 8b KStG bzw. für Organgesellschaften auch nach § 3 Nr. 40 EStG.

Soweit kein Ausschluss der Steuerbefreiung lt. Zeile 206 vorliegt, fließt der hier eingetragene Wert in die Zeile 217 ein. Die Auflösung der Rücklage unterliegt – wenn es sich nicht um eine Organgesellschaft handelt – der Steuerbefreiung nach § 8b Abs. 2 KStG und ist in diesen Fällen vom Einkommen durch Übertrag in die Hauptspalte abzuziehen, vgl. § 34 Abs. 6e Satz 20 KStG. Bei Organgesellschaften fließt der hier eingetragene Wert in die Berechnung der Korrekturbeträge für Körperschaften bzw. natürliche Personen ein.

550 **Zeile 213a** dient der Erfassung der **Auflösung** der Rücklage bei **vollständiger oder teilweiser Veräußerung** der Beteiligung und gleichgestellten Vorgängen. Die Auflösung ist in voller Höhe in der Steuerbilanz als Ertrag zu erfassen. Die Eintragung in der Steuererklärung dient lediglich der Berechnung einer möglichen Steuerbefreiung nach § 8b KStG bzw. für Organgesellschaften auch nach § 3 Nr. 40 EStG. Wird die Beteiligung an der (ggf. ehemaligen) Organgesellschaft, für die eine Rücklage nach § 34 Abs. 6e KStG gebildet wurde, im laufenden Wj. veräußert, muss auch die Rücklage in voller Höhe aufgelöst werden, vgl. § 34 Abs. 6e Satz 18 KStG. Wird nur ein Teil des Anteils veräußert, ist die Rücklage anteilig aufzulösen. Das Gleiche gilt bei der Veräußerung der Anteile an einer vermittelnden Gesellschaft, auch die Umwandlung der (ggf. ehemaligen) Organgesellschaft in eine Personengesellschaft oder auf eine natürliche Person, die verdeckte Einlage der Anteile und die Auflösung der Organgesellschaft.

In **Zeile 214** verbleibt dann der Endbestand der Rücklage nach § 34 Abs. 6e Satz 15 KStG, der mit diesem Wert in der Steuerbilanz der Körperschaft ausgewiesen sein muss. Der hier eingetragene Wert bildet für das folgende Wj. den in Zeile 212a einzutragenden Wert.

bb) Summenangaben (Zeilen 217–218)

	Summe		
215 und 216 frei 217	Davon ab: Auflösung der Rücklage nach § 34 Absatz 6e Satz 17 bis 19 KStG im laufenden Wirtschaftsjahr (Summe der Beträge aller Zeilen 213 und 213a bei denen § 8b Absatz 7 oder 8 KStG nicht anwendbar sind; Übertrag in Hauptspalte (nicht bei Organgesellschaften))	EUR 13.304	
218	Dazu: Nichtabziehbare Ausgaben nach § 8b Absatz 3 Satz 1 in Verbindung mit § 34 Absatz 6e Satz 14 und 20 KStG (5 % des Betrages laut Zeile 217 Hauptspalte)		

551 Der Gesamtbetrag der im laufenden VZ aufzulösenden Rücklage ist in der Vorspalte zur **Zeile 217** einzutragen, soweit für die jeweilige Beteiligung § 8b Abs. 7 und Abs. 8 KStG nicht anwendbar sind. Alle Auflösungen der Rücklage müssen sich steuerbilanziell in voller Höhe ertragswirksam ausgewirkt haben. Soweit § 8b Abs. 7 und Abs. 8 KStG nicht anwendbar sind und es sich nicht um eine Organgesellschaft handelt, erfolgt in Zeile 217 die vollständige Kürzung der Auflösungsbeträge nach § 8b Abs. 2 i.V.m. § 34 Abs. 6e Satz 20 KStG. Der hier einzutragende Wert ergibt sich aus der Summe der Einzelangaben zu den Zeilen 213 und 213a, soweit in Zeile 206 „nein" angegeben wurde.

Da die entsprechenden Erträge nach § 34 Abs. 6e Satz 14 und 20 KStG dem § 8b KStG unterliegen, ist in Zeile 218 eine Hinzurechnung von 5 % vorzunehmen. Dies gilt allerdings nur, wenn es sich nicht um eine Organgesellschaft handelt. Die Hinzurechnung wird bei Organgesellschaften beim Korrekturbetrag für Körperschaften berücksichtigt. Beim Korrekturbetrag für natürliche Personen wird hingegen eine Steuerfreistellung der Erträge lediglich von 40 % vorgenommen, vgl. § 3 Nr. 40 EStG.

j) Anteile an Investmentfonds (Zeilen 219–237)

aa) Allgemeines zur Besteuerung von Anteilen an Investmentfonds

552 Der folgende Abschnitt dient der Berechnung der Teilfreistellung nach § 20 InvStG für Investmenterträge aus (Publikums-)Investmentfonds. Das Investmentsteuergesetz unterscheidet zwischen „normalen" Investmentfonds (auch Publikumsfonds genannt) und Spezial-Investmentfonds. Letztere dienen vor allem der Kapitalanlage von institutionellen Anlegern. Für sie gelten besondere Bestimmungen. Eintragungen zur Beteiligung an Spezial-Investmentfonds sind auf der Anlage SPIF und in Zeilen 237a ff. vorzunehmen.

Investmentfonds werden im Regelfall durch sog. Kapitalverwaltungsgesellschaften (i.d.R. Kreditinstitute) aufgelegt. Die Kapitalverwaltungsgesellschaft beschreibt die Anlagestrategie und Weiteres in den sog. Anlagebedingungen. Potenzielle Anleger erwerben Anteile an dem Investmentfonds. Das eingezahlte Geld geht jedoch nicht in das Vermögen der Kapitalverwaltungsgesellschaft über, sondern bildet ein selbständiges Vermögen (Sondervermögen). Die Entscheidung über die Anlage der Gelder wird durch die Kapitalverwaltungsgesellschaft getroffen. Das Vermögen wird – soweit es in Wertpapieren u.Ä. besteht – getrennt vom Vermögen der Kapitalverwaltungsgesellschaft bei einer sog. „Verwahrstelle" geführt.

Die Kapitalverwaltungsgesellschaft ist verpflichtet, Anteile an einem Investmentfonds vom Anleger zu bestimmten Zeitpunkten (mindestens zwei Mal im Monat)[1] zurückzuerwerben. Hierfür muss sie dem Anleger den sog. Rücknahmepreis zahlen, der sich nach dem Nettoinventarwert (Vermögen gemindert um die Schulden des Fonds) ggf. gemindert um einen in den Anlagebedingungen festgelegten Abschlag bemisst, vgl. § 71 Abs. 3 KAGB. Auch der Preis für neu ausgegebene Anteile richtet sich nach dem Nettoinventarwert (ggf. erhöht um in den Anlagebedingungen festgelegten Aufschlag), vgl. § 71 Abs. 1 KAGB. Daneben können die Anteile an einem Investmentfonds von Dritten erworben oder an Dritte veräußert werden – regelmäßig über eine Börse.

Einkünfte aus Investmentfonds werden Investmenterträge genannt, vgl. § 20 Abs. 1 Nr. 3 EStG. Der Begriff Erträge **553**
ist missverständlich, da Erträge im Regelfall ein Synonym für betriebliche Einnahmen sind. Investmenterträge sind nach dem Begriffsverständnis des Investmentsteuergesetzes jedoch um damit im Zusammenhang stehende Betriebsausgaben geminderte Einnahmen – also Einkünfte. Damit im Zusammenhang stehende Betriebsausgaben können sowohl auf Ebene des Investmentfonds als auch auf Ebene des Anlegers anfallen.

Das Investmentsteuergesetz unterscheidet in § 16 InvStG drei Arten von Investmenterträgen aus Publikumsfonds:

1. Ausschüttungen,
2. Vorabpauschalen und
3. Gewinne/Verluste[2] aus der Veräußerung von Investmentanteilen.

Die nachfolgend beschriebenen Rechtsfolgen treten sowohl bei inl. als auch bei ausl. Investmentfonds ein.

Ausschüttungen sind die dem Anleger gezahlten oder gutgeschriebenen Beträge zzgl. Etwaiger einbehaltener **554**
Kapitalertragsteuer oder ausl. Quellensteuer, vgl. § 2 Abs. 11 InvStG. Als Ausschüttungen gelten auch besondere Entgelte oder Vorteile, die neben der eigentlichen Ausschüttung oder an deren Stelle gewährt werden. Dazu zählen z.B. Schadensersatzzahlungen, die auf Grund von Beratungsfehlern im Zusammenhang mit der Anlage in Investmentfonds zu zahlen sind. Ausschüttungen eines Investmentfonds sind sowohl handels- als auch steuerbilanziell gewinnerhöhend zu erfassen.[3] Als Aufwand gebuchte Kapitalertragsteuer muss in Zeile 83, als Aufwand gebuchte ausl. Quellensteuer in Zeile 87 durch Hinzurechnung neutralisiert werden. Für die zeitliche Zuordnung der Berücksichtigung von Ausschüttungen gelten die allgemeinen ertragsteuerlichen Regelungen. Das bedeutet, dass Bilanzierende die Ausschüttung auf Grund des Realisationsprinzips zum Zeitpunkt der Beschlussfassung über die Ausschüttung berücksichtigen müssen. Mit der Beschlussfassung kann der Anleger vom Investmentfonds die Zahlung verlangen, so dass ein vermögensrechtlicher Anspruch entstanden ist. Die tatsächliche Zahlung ist irrelevant.

Neben die Ausschüttungen tritt die sog. „**Vorabpauschale**“. Sie ersetzt die ausschüttungsgleichen Erträge im bis- **555**
herigen System. Zweck der Vorabpauschale ist es, bei thesaurierenden Investmentfonds[4] bereits einen Teil der ausschüttbaren Erträge zu versteuern, obwohl diese dem Anleger tatsächlich (noch) nicht zugeflossen sind. Eine Vorabpauschale kommt nur für Anteile an Investmentfonds in Betracht, die zum Ende des Kj. noch nicht veräußert wurden.

> **Praxishinweis:**
> Die Berechnung der Vorabpauschale stellt immer auf das Kj. ab. Besondere Aufmerksamkeit ist bei einem abweichenden Wj. geboten.

Eine Vorabpauschale ist zu versteuern, wenn die Ausschüttungen des Investmentfonds den sog. Basisertrag unterschreiten, vgl. § 18 Abs. 1 Satz 1 InvStG. Sie gilt am ersten Werktag des folgenden Kj. als zugeflossen. Zum 2.1.2025 fließen also Vorabpauschalen des Kj. 2024 zu. Der Basisertrag wird in mehreren Schritten ermittelt:

1. Schritt: Ausgangsbetrag ermitteln (§ 18 Abs. 1 Satz 2 InvStG)

Formel:	Ausgangswert =	Rücknahmepreis für einen Anteil zum Beginn des Kalenderjahres
		× 70 %
		× Basiszins

Der Basiszins wird nach § 18 Abs. 4 InvStG berechnet und jährlich durch das BMF veröffentlicht. Er beträgt für das Kj. 2024 2,29 %.[5] Der Rücknahmepreis kann aus den einschlägigen Veröffentlichungen des Fonds oder aus Börseninformationssystemen entnommen werden.

2. Schritt: Begrenzungsbetrag ermitteln (§ 18 Abs. Satz 3 InvStG)

Formel:	Begrenzungsbetrag =	Rücknahmepreis eines Anteils zum Ende des Kalenderjahres
		– Rücknahmepreis eines Anteils zum Beginn des Kalenderjahres
		+ Ausschüttungen des Kalenderjahres

1) Vgl. § 98 KAGB.
2) In § 16 Abs. 1 Nr. 2 InvStG sind ausdrücklich nur „Gewinne“ aus der Veräußerung benannt. Nach § 2 Abs. 14 InvStG umfasst der Begriff „Gewinn“ im Investmentsteuergesetz jedoch auch Verluste.
3) Buchungssatz: Bank und KapESt-Aufwand/QSt-Aufwand an Ertrag.
4) Also solchen, die die Erträge des Geschäftsjahres nicht ausschütten.
5) Vgl. BMF v. 5.1.2024, IV C 1 – S 1980-1/19/10038 :008, BStBl I 2024, 154.

Da der Begrenzungsbetrag nach § 18 Abs. 1 Satz 3 InvStG auf den **Mehr**betrag begrenzt ist, beträgt er mindestens null, d.h., es kann keinen negativen Begrenzungsbetrag geben.

3. Schritt: Basisertrag pro Anteil ermitteln

Formel: Basisertrag pro Anteil = kleinerer Betrag (Ausgangsbetrag, Begrenzungsbetrag)

Ist der Ausgangsbetrag größer als der Begrenzungsbetrag, ist für die weitere Berechnung der Begrenzungsbetrag maßgebend, ansonsten der Ausgangsbetrag. Ist der Begrenzungsbetrag negativ (z.B., weil Kursverluste eingetreten sind oder Ausschüttungen vorgenommen wurden) ist in diesem Kj. keine Vorabpauschale anzusetzen.

4. Schritt: Vorabpauschale pro Anteil ermitteln

Formel: Vorabpauschale pro Anteil = Basisertrag pro Anteil
– Ausschüttung pro Anteil im Kalenderjahr

Ist die Vorabpauschale pro Anteil negativ, ist in diesem Kj. keine (auch keine negative) Vorabpauschale anzusetzen.

5. Schritt: Anzusetzende Vorabpauschale ermitteln

Nach § 18 Abs. 3 InvStG ist die Vorabpauschale bei unterjährigem Erwerb nur für jeden angebrochenen Monat mit einem Zwölftel anzusetzen. Daraus folgt, dass die Vorabpauschale für Anteile, die der Körperschaft zum 01.01. zuzurechnen waren oder bis zum 31.01. erworben wurden, nach folgender Formel zu berechnen sind:

Formel: Vorabpauschale = Vorabpauschale pro Anteil
× Anzahl der Anteile

Für weitere unterjährig erworbene Anteile sind monatsbezogene Tranchen zu bilden und die Vorabpauschale anteilig nach folgender Formel zu ermitteln:

$$\text{Formel: Vorabpauschale} = \frac{\text{Vorabpauschale pro Anteil} \times \text{Anzahl der im Monat erworbenen Anteile} \times 12 \text{ Monate}}{12}$$

Die aus allen Tranchen addierte Vorabpauschale bildet die anzusetzende Vorabpauschale. Sie gilt nach § 18 Abs. 3 InvStG am ersten Werktag des folgenden Kj. als zugeflossen. Da es jedoch bei bilanzierenden Stpfl. Nicht auf den Zuflusszeitpunkt, sondern auf die Entstehung ankommt, muss man fragen, zu welchem Zeitpunkt die Vorabpauschale berücksichtigt werden muss. Mangels besserer Erkenntnis ist davon auszugehen, dass die Vorabpauschale auch bei bilanzierenden Stpfl. erst im folgenden Kj. zu berücksichtigen sind.

556 Da es sich bei der Vorabpauschale um rein fiktive Erträge handelt, sind sie handelsbilanziell nicht zu erfassen. In der Steuerbilanz sind die Erträge nach Auffassung der FinVerw. als aktive Ausgleichsposten zu erfassen.[1] Ein solcher Ausgleichsposten ist pro Beteiligung an dem jeweiligen Investmentfonds zu bilden. Für die Vorabpauschale ist Kapitalertragsteuer von der auszahlenden Stelle einzubehalten. Die hierfür notwendigen Mittel muss der Gläubiger der Kapitalerträge (also die Körperschaft, für die die Steuererklärung erstellt wird) zur Verfügung stellen, vgl. § 44 Abs. 1 Satz 8 EStG. Falls dem der Gläubiger nicht widerspricht, darf die auszahlende Stelle (das Kreditinstitut) die benötigten Geldbeträge von einem bei der auszahlenden Stelle geführten Bankkonto einbehalten, vgl. § 44 Abs. 1 Satz 9 EStG.

Praxishinweis:

Die Bildung von Ausgleichsposten begegnet rechtlichen Bedenken. Anders als bei organschaftlichen Mehr-/Minderabführungen existiert keine gesetzliche Regelung zur Bildung der Ausgleichsposten. Die gesetzlichen Regelungen führen letztlich zu keinem anderen Bilanzansatz als in der Handelsbilanz, so dass die Bildung des Ausgleichspostens in der Steuerbilanz unzulässig ist. Vor allem bei Organgesellschaften führt dies zur Bildung von organschaftlichen Minderabführungen.

557 Als dritte Gruppe sind **Veräußerungsgewinne** oder **-verluste** aus der Veräußerung von Investmentanteilen als Investmenterträge zu behandeln, vgl. § 16 Abs. 1 Nr. 3 InvStG. Bei bilanzierenden Stpfl. ergibt sich ein solcher Verlust durch die Verbuchung des vereinbarten Verkaufspreises als Ertrag und des Buchwertabgangs als Aufwand. Auch weitere Provisions- und sonstige Veräußerungskosten sind als Aufwand zu buchen. Die bisher tatsächlich versteuerten Vorabpauschalen sind vom Veräußerungsgewinn in Abzug zu bringen, vgl. § 19 Abs. 1 Satz 3 und 4 InvStG. Dies bedeutet, dass auf Grund der Vorabpauschale gebildete Ausgleichposten gewinnmindern aufgelöst werden müssen.

558 Veräußert die Körperschaft, für die die Steuererklärung ausgefüllt wird, Anteile an einem Investmentfonds, die sie bereits am 31.12.2017 gehalten hat, ist der Sachverhalt in zwei steuerliche Vorgänge aufzuteilen.

1. Nach § 56 Abs. 2 Satz 1 InvStG galten Anteile als am 31.12.2017 als veräußert und am 1.1.2018 als neu angeschafft. Dies führte im Regelfall zu einem abweichenden Wertansatz in der Steuerbilanz.[2] Der Gewinn darf nach § 56 Abs. 3 Satz 1 InvStG erst zum Zeitpunkt der tatsächlichen Veräußerung des Alt-Anteils steuerlich berücksichtigt werden. Ein aus der fiktiven Veräußerung entstandener Gewinn soll nach Auffassung der Fin-

1) Vgl. Rz. 18.5 InvStE.
2) Vgl. Rz. 56.50 InvStE.

Verw. in eine Rücklage nach § 56 Abs. 3 Satz 1 InvStG eingestellt worden sein. Der fiktive Gewinn ist nach § 56 Abs. 5 Satz 1 InvStG gesondert festzustellen. Hierzu ist bis zum 31.12.2022 eine gesonderte Feststellungserklärung abzugeben, vgl. § 56 Abs. 5 Satz 4 InvStG. Bei der tatsächlichen Veräußerung ist die Rücklage gewinnerhöhend aufzulösen. Dieser Teil des Veräußerungsgewinns muss sich auf den Jahresüberschuss/-fehlbetrag lt. Steuerbilanz (Zeile 11) bereits ausgewirkt haben.

2. Für die Wertentwicklungen seit dem 31.12.2017 gelten die allgemeinen Regelungen des InvStG 2018.

Der Aufbau des Vordrucks geht davon aus, dass alle drei Arten der Investmenterträge (Ausschüttungen, Vorab- **559**
pauschalen und Veräußerungsgewinne/-verluste) sich auf den steuerlichen Jahresüberschuss/-fehlbetrag ausgewirkt haben (Zeile 11). Ausschüttungen und Vorabpauschalen sind ausschließlich positiv denkbar, während bei der Veräußerung auch ein Verlust möglich ist. Die Teilfreistellung von Investmenterträgen nach § 20 InvStG darf im steuerlichen Jahresüberschuss/-fehlbetrag – wie alle Steuerbefreiungen – noch nicht berücksichtigt worden sein.

Das InvStG sieht eine Kompensation der Vorbelastung von Erträgen durch die Einbehaltung von Kapitalertrag- **560**
steuer auf Ebene des Fonds durch eine spezielle Steuerbefreiung (Teilfreistellung) nach § 20 InvStG vor. Das Gesetz teilt die Investmentfonds in § 20 InvStG in insgesamt fünf Anteilsklassen:

1. Aktienfonds,
2. Mischfonds,
3. Immobilienfonds,
4. Immobilienfonds mit Anlageschwerpunkt im Ausland und
5. Sonstige (z.B. Zinsfonds).

Für sonstige Investmentfonds – also solche, die keine der in § 20 InvStG genannten Kriterien erfüllen – kommt keine Teilfreistellung in Betracht. Sie sind in voller Höhe steuerpflichtig. Sie erhöhen oder mindern (je nach Vorzeichen) den steuerlichen Jahresüberschuss. Für die unter den Nr. 1 bis Nr. 4 genannten Investmentfonds kommt es zu der Höhe nach unterschiedlichen Steuerfreistellungen, die in den Zeilen 219 bis 236 vom Einkommen abgezogen werden.

Da das InvStG 2018 relativ komplexe Regelungen enthält, stellt sich die Frage, woher die für das Ausfüllen der **561**
Steuererklärung notwendigen Informationen gewonnen werden können. Erster Anknüpfungspunkt hierfür wird die nach amtlichem Muster III ausgestellte Steuerbescheinigung des Kreditinstituts sein. Die hieraus ableitbaren Informationen ergeben sich aus der nachfolgenden Tabelle.

Zuvor muss jedoch erwähnt werden, dass es der Verwaltung nicht gelungen ist, ein konsistentes System der Überleitung der Werte der Steuerbescheinigung in die amtlichen Vordrucke sicherzustellen.

Bearbeitetes Muster III der amtlichen Steuerbescheinigung[1]

#[2]	Bezeichnung	Rz.[3]	Zeile[4]
1	Kapitalerträge i.S.d. § 43 Abs. 1 Satz 1 Nr. 1, 1a EStG	→ Rz. 562	
	> davon: Erträge, die dem Teileinkünfteverfahren unterliegen	→ Rz. 562	
	> davon: Erträge im Sinne des § 19 REITG	→ Rz. 489	
	> davon: Erträge beschränkt Steuerpflichtiger		
	> davon: mit Steuereinbehalt von drei Fünfteln nach § 44a Abs. 10 Satz 1 Nr. 2 EStG		
1a	Summe der darauf entfallenden Kapitalertragsteuer		
2	Kapitalerträge i.S.d. § 43 Abs. 1 Satz 1 Nr. 2 EStG	→ Rz. 563	
	> davon: Erträge beschränkt Steuerpflichtiger		
3	Kapitalerträge i.S.d. § 43 Abs. 1 Satz 1 Nr. 3 EStG	→ Rz. 392	ggf. 63 oder 64
3a	Darin enthaltene Kapitalerträge von denen der Steuerabzug in Höhe von drei Fünfteln vorgenommen wurde (§ 44a Abs. 8 EStG)		
3b	Summe der darauf entfallenden Kapitalertragsteuer		
4	Kapitalerträge i.S.d. § 43 Abs. 1 Satz 1 Nr. 5 EStG	→ Rz. 564	
5	Kapitalerträge i.S.d. § 43 Abs. 1 Satz 1 Nr. 6 EStG	→ Rz. 562	
5a	> davon: Erträge, die dem Teileinkünfteverfahren unterliegen	→ Rz. 562	
5b	> davon: Erträge im Sinne des § 19 Abs. 1 REITG	→ Rz. 489	
6	Kapitalerträge i.S.d. § 43 Abs. 1 Satz Nr. 7 und 8a EStG	→ Rz. 564	
7	Kapitalerträge i.S.d. § 43 Abs. 1 Satz 1 Nr. 8 und 10 bis 12 EStG	→ Rz. 563	
8	Kapitalerträge i.S.d. § 43 Abs. 1 Satz 1 Nr. 9 EStG (ohne Gewinne aus der Veräußerung von Investmentanteilen)	→ Rz. 564	

1) Lt. BMF-Schreiben v. 16.5.2025, IV C 1 – S 2401/00008/014/051, BStBl I 2025, 1388. Zeilen, die für Körperschaften nicht oder nur sehr selten ausgegeben werden, wurden nicht aufgeführt.
2) Eingefügte Zeilennummer zur besseren Orientierung.
3) Randziffer in diesem Buch, in der die Eintragung erklärt wird.
4) Zeile und ggf. Vordruck, in dem die Eintragung erfolgt bzw. mit anderen Werten zu addieren ist.

#	Bezeichnung	Rz.	Zeile
8a	> davon: Erträge, die dem Teileinkünfteverfahren unterliegen		
9	Gewinne aus der Veräußerung von Investmentanteilen i.S.d. § 16 Abs. 1 Nr. 3 InvStG und des § 56 Abs. 3 Satz 1 InvStG	→ Rz. 565	
10	Ersatzbemessungsgrundlage i.S.d. § 43a Abs. 2 Satz 7, 10, 13 und 14 EStG nach Teilfreistellung und i.S.d. § 56 Abs. 3 Satz 4 InvStG	→ Rz. 565	
11	Enthalten in den bescheinigten Kapitalerträgen:		
12	Kapitalertragsteuer	→ Rz. 566	WA 2
13	Solidaritätszuschlag	→ Rz. 566	WA 3
14	Leistungen aus dem steuerlichen Einlagekonto (§ 27 Abs. 1–7 KStG)	→ Rz. 566	
	Nur nachrichtlich:		
15	Bei Veräußerung / Rückgabe von vor dem 1.1.2018 erworbenen Anteilen an ausl. Investmentfonds (Alt-Anteile im Sinne der § 56 Abs. 2 Satz 1 InvStG):		
16	Summe der als zugeflossen geltenden, noch nicht dem Steuerabzug unterworfenen ausschüttungsgleichen Erträge aus Anteilen an ausl. Investmentfonds i.S.d. § 7 Abs. 1 Satz 1 Nr. 3 InvStG 2004 in Verbindung mit § 56 Abs. 3 Satz 6 InvStG (diese Summe ist in der bescheinigten Höhe der Kapitalerträge enthalten)		
	Im Bescheinigungszeitraum waren Investmentanteile vorhanden oder wurden veräußert:		
	Nur nachrichtlich:		
17	Investmenterträge i.S.d. § 16 Abs. 1 Nr. 1 und 2 InvStG (vor Berücksichtigung einer etwaigen Teilfreistellung nach § 20 InvStG)	→ Rz. 567	
	Davon:		
18	Investmenterträge aus Aktienfonds (§ 2 Abs. 6 InvStG)	→ Rz. 568	219 od. 222
19	darin enthaltene Vorabpauschale	→ Rz. 568	
20	Investmenterträge aus Mischfonds (§ 2 Abs. 7 InvStG)	→ Rz. 575	225 od. 228
21	darin enthaltene Vorabpauschale	→ Rz. 575	
22	Investmenterträge aus Immobilienfonds (§ 2 Abs. 9 InvStG)	→ Rz. 581	231
23	darin enthaltene Vorabpauschale	→ Rz. 581	
24	Investmenterträge aus Auslands-Immobilienfonds (§ 2 Abs. 9 InvStG)	→ Rz. 584	234
25	darin enthaltene Vorabpauschale	→ Rz. 584	
26	Investmenterträge aus sonstigen Investmentfonds (keine Teilfreistellung)	→ Rz. 560	–
27	darin enthaltene Vorabpauschale	→ Rz. 560	–
28	Investmenterträge i.S.d. § 16 Abs. 1 Nr. 3 InvStG (vor Berücksichtigung einer etwaigen Teilfreistellung nach § 20 InvStG)		
	davon:		
29	Investmenterträge aus Aktienfonds (§ 2 Abs. 6 InvStG)	→ Rz. 570	
30	Investmenterträge aus Mischfonds (§ 2 Abs. 7 InvStG)	→ Rz. 576	
31	Investmenterträge aus Immobilienfonds (§ 2 Abs. 9 InvStG)	→ Rz. 581	
32	Investmenterträge aus Immobilienfonds (§ 2 Abs. 9 InvStG) mit Anlageschwerpunkt ausl. Immobilien und Auslands-Immobiliengesellschaften	→ Rz. 584	
33	Investmenterträge aus sonstigen Investmentfonds (keine Teilfreistellung)	→ Rz. 560	
34	Im Bescheinigungszeitraum waren ausl. Spezial-Investmentanteile vorhanden oder wurden veräußert.	→ Rz. 1220	
	Nur nachrichtlich		
35	☐ Alt-Anteile i.S.d. § 56 Abs. 2 Satz 1 InvStG, die keine bestandsgeschützten Alt-Anteile i.S.d. § 56 Abs. 6 InvStG sind, wurden veräußert und ein Gewinn/Verlust nach § 56 Abs. 3 Satz 1 InvStG erzielt (ohne Fälle der Ersatzbemessungsgrundlage nach § 56 Abs. 3 Satz 4 InvStG):		

Bezeichnung	ISIN	Anzahl der Anteile	Gewinn/Verlust nach § 56 Abs. 3 Satz 1 InvStG

#	Bezeichnung	Rz.	Zeile
36	☐ Alt-Anteile i.S.d. § 56 Abs. 2 Satz 1 InvStG, die keine bestandsgeschützten Alt-Anteile i.S.d. § 56 Abs. 6 InvStG sind, wurden veräußert und für die Ermittlung des Gewinns nach § 56 Abs. 3 InvStG ist nach § 56 Abs. 3 Satz 4 InvStG folgende Ersatzbemessungsgrundlage anwendbar:		

<table>
<tr><th>#</th><th colspan="4">Bezeichnung</th><th>Rz.</th><th>Zeile</th></tr>
<tr><td>37</td><td>Bezeichnung</td><td>ISIN</td><td>Anzahl der Anteile</td><td>Ersatzbemessungsgrundlage</td><td></td><td></td></tr>
<tr><td></td><td></td><td></td><td></td><td></td><td></td><td></td></tr>
<tr><td></td><td></td><td></td><td></td><td></td><td></td><td></td></tr>
<tr><td></td><td></td><td></td><td></td><td></td><td></td><td></td></tr>
<tr><td>37a</td><td colspan="4">Es handelt sich um eine geänderte Steuerbescheinigung für einen Investmentfonds aufgrund von Erstattungen nach § 7 Abs. 5 Satz 1 und/oder Satz 2 InvStG. Kumulierte Erstattungsbeträge nach § 7 Abs. 5 InvStG und der Beträge, in deren Höhe vom Steuerabzug Abstand genommen wurde:</td><td></td><td></td></tr>
<tr><td>37b</td><td colspan="4">Gegenüber dem Steuerpflichtigen wurde nach § 44b Abs. 1 EStG die auf Ausschüttungen eines Investmentfonds abgeführte Kapitalertragsteuer und der darauf entfallende Solidaritätszuschlag erstattet. Die Erstattung wurde für folgende Investmentanteile vorgenommen:</td><td></td><td></td></tr>
<tr><td></td><td>Bezeichnung</td><td>ISIN</td><td>Anzahl der Anteile</td><td>Höhe der steuerfreien Kapitalrückzahlungen i.S.d. § 17 Abs. 1 InvStG pro Anteil</td><td></td><td></td></tr>
<tr><td></td><td></td><td></td><td></td><td></td><td></td><td></td></tr>
<tr><td></td><td></td><td></td><td></td><td></td><td></td><td></td></tr>
<tr><td></td><td colspan="4">Handelt es sich um eine berichtigte Steuerbescheinigung und wurde die ausgewiesene anrechenbare Kapitalertragsteuer beim Finanzamt i.R. der Veranlagung angerechnet oder erstattet (§ 36 Abs. 2 Nr. 2 EStG), haben Sie dies dem zuständigen Finanzamt unter Beifügung der berichtigten Steuerbescheinigung anzuzeigen (§ 153 AO)</td><td></td><td></td></tr>
<tr><td>38</td><td colspan="4">Der Spezial-Investmentfonds (Name und Anschrift des Spezial-Investmentfonds) hat die Transparenzoption nach § 30 Abs. 1 Satz 1 InvStG ausgeübt. Am … (Zeitpunkt des Zuflusses) wurde eine inl. Beteiligungseinnahme i.H.v. … (Brutto-Betrag der Beteiligungseinnahme in Euro) an den Spezial-Investmentfonds ausgezahlt, die von der (Bezeichnung und WKN der ausschüttenden Gesellschaft oder in den Fällen des § 6 Abs. 3 Satz 1 Nr. 2 InvStG i.V.m. § 2 Nr. 2 Buchst. a bis c KStG der Name und Anschrift des Schuldners der Entgelte, Einnahmen oder Bezüge) stammt. Zum Zuflusszeitpunkt hat der Spezial-Investmentfonds (Gesamtzahl) Spezial-Investmentanteile begeben.
An dem Spezial-Investmentfonds waren die nachfolgend angegebenen Anleger in dem nachfolgend angegebenen Umfang beteiligt und gegenüber diesen Anlegern wurde in dem nachfolgend angegebenen Umfang Kapitalertragsteuer und Solidaritätszuschlag erhoben:</td><td>→ Rz. 497</td><td></td></tr>
<tr><td></td><td>Name und Anschrift des Anlegers</td><td>Anzahl der Anteile zum Zuflusszeitpunkt</td><td>Höhe der gegenüber dem Anleger erhobenen Kapitalertragsteuer</td><td>Höhe des gegenüber dem Anleger erhobenen Solidaritätszuschlags</td><td></td><td></td></tr>
<tr><td></td><td></td><td></td><td></td><td></td><td></td><td></td></tr>
<tr><td></td><td></td><td></td><td></td><td></td><td></td><td></td></tr>
<tr><td></td><td></td><td></td><td></td><td></td><td></td><td></td></tr>
</table>

Kapitalerträge i. S. d. § 43 Abs. 1 Satz 1 Nr. 1, 1a EStG sind inl. Dividenden und ähnliche Bezüge i.S.d. § 20 Abs. 1 Nr. 1 EStG. Kapitalerträge i.S.d. § 43 Abs. 1 Satz 1 Nr. 6 EStG sind ausl. Dividenden und ähnliche Bezüge nach § 20 Abs. 1 Nr. 1 EStG. Sie müssen als Ertrag verbucht werden und erhöhen den handels- und steuerbilanziellen Jahresüberschuss. Die ggf. einbehaltene Kapitalertragsteuer wird handels- und steuerbilanziell als Aufwand verbucht. Durch Eintragung des Gesamtbetrags der als Aufwand verbuchten Kapitalertragsteuer in Zeile 83 wird sie außerbilanziell hinzugerechnet und somit neutralisiert, vgl. § 10 Nr. 2 KStG. Die Steuerbescheinigung wird nach der tatsächlichen Zahlung bzw. Gutschrift, nicht nach der Entstehung des Ertrags ausgestellt. Die in der Bescheinigung ausgewiesenen Erträge können daher u.U. bereits im vorangegangenen Wj. zu berücksichtigen sein. **562**

Für Dividenden und ähnliche Bezüge i.S.d. § 20 Abs. 1 Nr. 1 EStG kommt grundsätzlich eine Steuerfreistellung nach § 8b Abs. 1 KStG in Betracht. Da das Muster III der Amtlichen Steuerbescheinigung von Kreditinstituten ausgestellt wird, werden im Regelfall Dividenden von börsennotierten Kapitalgesellschaften enthalten sein (§ 43 Abs. 1 Satz 1 Nr. 1a EStG). Für diese wird im Regelfall die Mindestbeteiligung von 10 % nach § 8b Abs. 4 KStG nicht erfüllt sein, sodass die Steuerbefreiung tatsächlich insoweit nicht anzuwenden sein wird. Ist die Körperschaft, für die die Steuererklärung ausgefüllt wird jedoch eine Organgesellschaft, sind die hier enthaltenen Beträge regelmäßig in Zeile 22 der Anlage OG zu berücksichtigen, da die Steuerbefreiung nach § 3 Nr. 40 EStG unabhängig von der Beteiligungshöhe gewährt wird.

Die folgenden Tatbestände müssen als Ertrag verbucht werden: **563**

- Zinsen aus Teilschuldverschreibungen u.Ä. nach § 43 Abs. 1 Satz 1 Nr. 2 EStG,
- Erträge aus Kapitalforderungen jeder Art (§ 43 Abs. 1 Nr. 7 EStG i.V.m. § 20 Abs. 1 Nr. 7 EStG),
- Stillhalterprämien (§ 43 Abs. 1 Nr. 8 EStG i.V.m. § 20 Abs. 1 Nr. 11 EStG).

Sie erhöhen den handels- und steuerbilanziellen Jahresüberschuss.

Folgende Veräußerungsgeschäfte müssen ebenfalls gewinnwirksam gebucht werden. Der tatsächliche Gewinn ergibt sich jedoch aus dem jeweiligen Veräußerungserlös auf der einen und dem Buchwertabgang und weiteren Veräußerungskosten auf der anderen Seite:

- Gewinne/Verluste aus der Veräußerung von Zinsscheinen und Kapitalforderungen jeder Art (§ 43 Abs. 1 Nr. 10 i.V.m. § 20 Abs. 2 Nr. 2 Buchst. b und Nr. 7 EStG),
- Gewinne/Verluste aus Termingeschäften (§ 43 Abs. 1 Nr. 11 i.V.m. § 20 Abs. 2 Nr. 3 EStG),
- Gewinne/Verluste aus der Übertragung oder Aufgabe von Einnahmen nach § 20 Abs. 1 Nr. 9 EStG (§ 43 Abs. 1 Nr. 12 i.V.m. § 20 Abs. 2 Nr. 8 EStG).

Die ggf. einbehaltene Kapitalertragsteuer wird handels- und steuerbilanziell als Aufwand verbucht. Durch Eintragung des Gesamtbetrags der als Aufwand verbuchten Kapitalertragsteuer in Zeile 83 wird sie außerbilanziell hinzugerechnet und somit neutralisiert, vgl. § 10 Nr. 2 KStG. Die Steuerbescheinigung wird nach der tatsächlichen Zahlung bzw. Gutschrift, nicht nach der Entstehung des Ertrags ausgestellt. Die in der Bescheinigung ausgewiesenen Erträgen können daher u.U. bereits im vorangegangenen Wj. zu berücksichtigen sein.

Insbesondere beim Vorliegen von Termingeschäften ist zu prüfen, ob weitere Eintragungen in den Zeilen 51 bzw. 52 erforderlich sind.

564 Die in der Steuerbescheinigung ausgewiesenen Kapitalerträge nach § 43 Abs. 1 Satz 1 Nr. 5 EStG können ignoriert werden. Zwar handelt es sich hier um Investmenterträge nach § 16 Abs. 1 Nr. 1 und 2 InvStG – also Ausschüttungen und Vorabpauschalen –, doch wird in Zeile 4 der Bescheinigung (→ Rz. 561) der dem Kapitalertragsteuerabzug zu Grunde gelegte Nettowert ausgewiesen.[1] Bei der Bemessung der Kapitalertragsteuer ist – anders als bei § 3 Nr. 40 EStG oder § 8b KStG – die Teilfreistellung nach § 20 InvStG bereits anzuwenden, vgl. § 43a Abs. 2 Satz 1 zweiter Halbsatz EStG. Allerdings dürfen die jeweils höheren Teilfreistellungssätze für Körperschaften[2] nicht angewendet werden. Der hier eingetragene Wert ist also die Bemessungsgrundlage für den Kapitalertragsteuerabzug und als solcher irrelevant für jegliche Eintragung in der Körperschaftsteuererklärung. Insbesondere entspricht der hier ausgewiesene Wert nicht dem Ertrag (oder Aufwand), der in der handels- oder steuerbilanziellen Gewinn- und Verlustrechnung zu berücksichtigen ist. Die für die Körperschaftsteuererklärung relevanten Angaben finden sich erst später (Zeile 17 der Steuerbescheinigung) in → Rz. 561.

565 Die bescheinigten Gewinne aus der Veräußerung von Investmentanteilen i.S.d. § 16 Abs. 1 Nr. 3 InvStG 2018 und des § 56 Abs. 3 Satz 1 InvStG 2018 sowie der Ersatzbemessungsgrundlage i.S.d. § 43a Abs. 2 Satz 7, 10, 13 und 14 EStG nach Teilfreistellung und i.S.d. § § 56 Abs. 3 Satz 4 InvStG 2018 sind aus den bereits in → Rz. 564 genannten Gründen wertlos, weil hier nur die Bemessungsgrundlage für die Kapitalertragsteuer ausgewiesen wird.

566 Die bescheinigte Kapitalertragsteuer und der Solidaritätszuschlag können grundsätzlich nach § 36 Abs. 2 Nr. 2 EStG auf die Körperschaftsteuer angerechnet werden. Sie sind in den Zeilen 2 und 3 der Anlage WA mitzuerfassen. In bestimmten Fällen (Dividendenstripping oder auch „cum/cum-Geschäfte" genannt) kann jedoch die Anrechnung ausgeschlossen sein (→ Rz. 1313). Die Anrechnung erfolgt in dem VZ, in dem die Kapitalertragsteuer tatsächlich einbehalten wurde (und für den die Steuerbescheinigung ausgestellt wurde).

Leistungen aus dem steuerlichen Einlagekonto sind keine Bezüge nach § 20 Abs. 1 Nr. 1 EStG (siehe § 20 Abs. 1 Nr. 1 Satz 3 EStG). Übersteigen die Leistungen aus dem steuerlichen Einlagekonto den Restbuchwert der Beteiligung, handelt es sich um eine gewinnwirksame Veräußerung. In Höhe der Leistungen aus dem steuerlichen Einlagekonto ist also entweder der Buchwert der Beteiligung zu mindern oder ein gewinnwirksamer Ertrag zu verbuchen.

567 In der Steuerbescheinigung werden die Investmenterträge aus Ausschüttungen und Vorabpauschalen (→ Rz. 556) gemeinsam ausgewiesen (Investmenterträge nach § 16 Abs. 1 Nr. 1 und 2 InvStG). Davon getrennt werden die Investmenterträge aus der Veräußerung von Anteilen an Investmentfonds (§ 16 Abs. 1 Nr. 3 InvStG) ausgewiesen. Die außerbilanziellen Korrekturen zur Anwendung der Teilfreistellung unterscheiden in der Körperschaftsteuererklärung nicht zwischen den Ausschüttungen, Vorabpauschalen und den Veräußerungsgewinnen. Sie sind vielmehr kumuliert in den folgenden Zeilen zu erfassen. In der Körperschaftsteuererklärung werden die Investmenterträge für die Teilfreistellung immer vor (!) Anwendung der Teilfreistellung erfasst. Die Steuerbescheinigung sollte ebenfalls Bruttowerte ausweisen. Die Investmenterträge müssen sich auf den handels- und steuerbilanziellen Jahresüberschuss in voller Höhe (d.h. vor Anwendung der Teilfreistellung) ausgewirkt haben.

1) Vgl. Rz. 29 und Rz. 58 des BMF-Schreibens v. 15.12.2017, IV C 1 – S 2401/08/10001 :018, BStBl I 2018, 13.
2) Und für im Betriebsvermögen gehaltene Anteile bei natürlichen Personen.

bb) Aktienfonds (Zeilen 219–224)

Zeile	Unmittelbar gehaltene Anteile an Investmentfonds (§ 20 Absatz 1 Nummer 3 EStG) – Aktienfonds	Kennziffer	EUR
219	Investmenterträge nach § 20 Absatz 1 Nummer 3 EStG aus Aktienfonds nach § 2 Absatz 6 InvStG und Erträge aus dem Ansatz des Teilwerts (vor Teilfreistellung; ohne Beträge laut Zeile 222)	13.350	
220	Mit den Erträgen laut Zeile 219 in Zusammenhang stehende Betriebsvermögensminderungen, Betriebsausgaben, Teilwertabschreibungen oder Veräußerungskosten	13.360	
221	Nach § 20 Absatz 1 InvStG freizustellender Betrag für Aktienfonds (Vorspalte: Betrag laut Zeile 219 abzüglich Betrag laut Zeile 220; Hauptspalte (nicht bei Organgesellschaften): 80 % des Wertes der Vorspalte mit umgekehrtem Vorzeichen)		
222	Investmenterträge nach § 20 Absatz 1 Nummer 3 EStG aus Aktienfonds nach § 2 Absatz 6 InvStG, die den Kapitalanlagen eines Lebens- oder Krankenversicherungsunternehmens beziehungsweise einem Pensionsfonds zuzurechnen sind oder wenn die Voraussetzungen des § 20 Absatz 1 Satz 4 Nummer 2 InvStG erfüllt sind und Erträge aus dem Ansatz des Teilwerts (vor Teilfreistellung)	13.351	
223	Mit den Erträgen laut Zeile 222 in Zusammenhang stehende Betriebsvermögensminderungen, Betriebsausgaben, Teilwertabschreibungen oder Veräußerungskosten	13.361	
224	In den Fällen des § 20 Absatz 1 Satz 4 und 5 InvStG nach § 20 Absatz 1 InvStG freizustellender Betrag für Aktienfonds (Vorspalte: Betrag laut Zeile 222 abzüglich Betrag laut Zeile 223; Hauptspalte: 30 % des Wertes der Vorspalte mit umgekehrtem Vorzeichen)		

568 Aktienfonds sind Investmentfonds, die nach ihren Anlagebedingungen fortlaufend mehr als 50 % ihres Werts in Kapitalbeteiligungen anlegen, vgl. § 2 Abs. 6 InvStG. Kapitalbeteiligungen sind Beteiligungen an zum amtlichen Handel an einer Börse zugelassene oder auf einem organisierten Markt notierte Anteile an einer Kapitalgesellschaft und ähnliche Anlagen, siehe § 2 Abs. 8 InvStG. Maßgebend sind die Anlagebedingungen des Investmentfonds. Der Investmentfonds muss die Einhaltung der Quote aber auch tatsächlich anstreben. Aus Sicht der FinVerw. nur wesentliche Verstöße gegen die Quote zum Verlust der Eigenschaft als Aktienfonds.[1] Selbst, wenn die Anlagebedingungen des Investmentfonds die Voraussetzungen des § 2 Abs. 6 InvStG nicht erfüllen, kann der Anleger nachweisen, dass der Fonds tatsächlich die Anlagegrenzen durchgängig überschritten hat. Auf Antrag ist in diesen Fällen ebenfalls eine Teilfreistellung möglich.

569 In **Zeile 219** sind die **Investmenterträge aus Aktienfonds** einzutragen. Zu den Besonderheiten bei Lebens- und Krankenversicherungsunternehmen, sowie bei Kredit- und Finanzdienstleistungsinstituten und besonderen Finanzunternehmen siehe → Rz. 573. Die Erträge müssen zunächst den steuerlichen Jahresüberschuss erhöht (oder bei Veräußerungsverlusten gemindert) haben. Investmenterträge umfassen dabei Ausschüttungen, Vorabpauschalen und auch Veräußerungsgewinne. Daneben fallen auch Teilwertzuschreibungen auf Anteile an Aktienfonds unter die Teilfreistellung. Lediglich Ausschüttungen und Vorabpauschalen können regelmäßig direkt aus der Steuerbescheinigung entnommen werden.[2] Die FinVerw. geht davon aus, dass in Höhe der Vorabpauschale (ohne Minderung nach Teilfreistellung) ein aktiver Ausgleichsposten in der Steuerbilanz zu bilden ist.[3]

570 Veräußerungsgewinne bzw. -verluste müssen nicht mit den bescheinigten Werten[4] identisch sein, da insb. der Buchwert und die gebildeten Ausgleichsposten von den Werten abweichen können, die dem depotführenden Kreditinstitut zur Verfügung stehen. Der Veräußerungsgewinn/-verlust ist nach folgendem Schema zu ermitteln:

	Veräußerungserlös
./.	Buchwert
./.	Ausgleichsposten auf Grund von Vorabpauschalen (§ 19 Abs. 1 Satz 3 InvStG)
=	Veräußerungsgewinn i.S.d. § 16 Abs. Nr. 3 und § 19 InvStG

Zur Veräußerung von Anteilen, die die Körperschaft, für die die Steuererklärung auszufüllen ist, bereits am 31.12.2017 gehalten hat → Rz. 558.

571 In **Zeile 220** sind hingegen mit den Investmenterträgen aus Aktienfonds im Zusammenhang stehende Betriebsvermögensminderungen, Betriebsausgaben, Teilwertabschreibungen oder Veräußerungskosten einzutragen. Diese mindern nach § 21 InvStG den freizustellenden Betrag. Dabei reicht ein mittelbarer Zusammenhang. In Betracht kommen vor allem Depot- und Transaktionskosten. Auch Anteile an Allgemeinkosten sind möglich. Teilwertabschreibungen, die bei negativen Kursverläufen von im Umlaufvermögen gehaltenen Beteiligungen häufiger auftreten dürften, sind hier einzutragen. Wo der Buchwertabgang und der Ausgleichsposten im Falle einer Veräußerung einzutragen sind, ergibt sich nicht zweifelsfrei aus dem Vordruck. Systematischer ist es aber, diesen in der vorhergehenden Zeile einzutragen.

1) Rz. 2.18 InvStE.
2) Zeile 18 des Musters III der Steuerbescheinigung in → Rz. 561.
3) Vgl. Rz. 18.5 InvStE.
4) Zeile 29 des Musters III der Steuerbescheinigung in → Rz. 561.

572 In **Zeile 221** wird der Saldo aus den Investmenterträgen und den damit im Zusammenhang stehenden Betriebsausgaben gebildet. Nur auf diesen wird die Freistellung i.H.v. 80 % gewährt, vgl. § 20 Abs. 1 Satz 3 InvStG. Die Minderung geschieht durch Übertragung des Werts von der Vor- in die Hauptspalte.

Nach § 15 Satz 1 Nr. 2a KStG wird die Teilfreistellung bei Organgesellschaften jedoch nicht angewendet. Ein Übertrag von der Vor- in die Hauptspalte darf folglich nicht erfolgen, wenn es sich bei der Körperschaft, für die die Steuererklärung ausgefüllt wird, um eine Organgesellschaft handelt. Die FinVerw. wird die entsprechenden Werte jedoch bei der Feststellung nach § 14 Abs. 5 KStG berücksichtigen, so dass die Teilfreistellung für Aktienfonds auf Ebene des Organträgers korrekt abgezogen werden kann. Handelt es sich bei dem Organträger (ggf. anteilig über eine Mitunternehmerschaft, die Organträger ist) um eine natürliche Person, beträgt die Freistellung lediglich 60 %.

573 Investmenterträge aus Aktienfonds sind nicht in den Zeilen 219 bis 221 einzutragen, sondern in den **Zeilen 222–224**, wenn die Körperschaft, für die die Steuererklärung auszufüllen ist:

1. ein Lebens- oder Krankenversicherungsunternehmen ist und der Investmentanteil den Kapitalanlagen zuzurechnen ist (§ 20 Abs. 1 Satz 4 Nr. 1 InvStG) oder
2. ein Pensionsfonds ist (§ 20 Abs. 1 Satz 5 InvStG) oder
3. ein Kredit- oder Finanzdienstleistungsinstitut ist und die und der Investmentanteil dem Handelsbuch zuzurechnen ist (§ 20 Abs. 1 Satz 4 Nr. 2 InvStG i. V. m. § 8b Abs. 7 Satz 1 KStG) oder
4. ein Finanzunternehmen i.S.d. Kreditwesengesetzes ist, an dem Kredit- oder Finanzdienstleistungsinstitute zu mindestens 50 % beteiligt und sind und der Investmentanteil dem Handelsbuch zuzurechnen ist (§ 20 Abs. 1 Satz 4 Nr. 2 InvStG i. V. m. § 8b Abs. 7 Satz 2 KStG).

Die Voraussetzungen sind ähnlich zu § 8b Abs. 7 KStG ausgestaltet. Weitere Informationen zur Klassifizierung siehe → Rz. 86 ff. Während es bei Erfüllung der Voraussetzungen des § 8b Abs. 7 KStG zum vollständigen Wegfall der Steuerbefreiung kommt, gewährt das InvStG immer noch eine 30-prozentige Freistellung, vgl. § 20 Abs. 1 Satz 4 i.V.m. Satz 1 InvStG. Diese Investmenterträge sind von § 15 Satz 1 Nr. 2a KStG nicht erfasst, sodass die Minderung des Einkommens auch bei Organgesellschaften erfolgt. Inhaltlich entsprechen die Zeilen 222 bis 224 den Zeilen 219 bis 221. Sie unterscheiden sich nur hinsichtlich der Höhe der Steuerfreistellung.

cc) Mischfonds (Zeilen 225–230)

Mischfonds

Zeile		EUR	
225	Investmenterträge nach § 20 Absatz 1 Nummer 3 EStG aus Mischfonds nach § 2 Absatz 7 InvStG und Erträge aus dem Ansatz des Teilwerts (vor Teilfreistellung; ohne Beträge laut Zeile 228)	13.352	
226	Mit den Erträgen laut Zeile 225 in Zusammenhang stehende Betriebsvermögensminderungen, Betriebsausgaben, Teilwertabschreibungen oder Veräußerungskosten	13.362	
227	Nach § 20 Absatz 2 in Verbindung mit Absatz 1 InvStG freizustellender Betrag für Mischfonds (Vorspalte: Betrag laut Zeile 225 abzüglich Betrag laut Zeile 226; Hauptspalte (nicht bei Organgesellschaften): 40 % des Wertes der Vorspalte mit umgekehrtem Vorzeichen)		

Steuernummer

- 8 -

Zeile		EUR	EUR
228	Investmenterträge nach § 20 Absatz 1 Nummer 3 EStG aus Mischfonds nach § 2 Absatz 7 InvStG, die den Kapitalanlagen eines Lebens- oder Krankenversicherungsunternehmens beziehungsweise einem Pensionsfonds zuzurechnen sind oder wenn die Voraussetzungen des § 20 Absatz 1 Satz 4 Nummer 2 InvStG erfüllt sind und Erträge aus dem Ansatz des Teilwerts (vor Teilfreistellung)	13.353	
229	Mit den Erträgen laut Zeile 228 in Zusammenhang stehende Betriebsvermögensminderungen, Betriebsausgaben, Teilwertabschreibungen oder Veräußerungskosten	13.363	
230	In den Fällen des § 20 Absatz 1 Satz 4 und 5 InvStG nach § 20 Absatz 2 in Verbindung mit Absatz 1 InvStG freizustellender Betrag für Mischfonds (Vorspalte: Betrag laut Zeile 228 abzüglich Betrag laut Zeile 229; Hauptspalte: 15 % des Wertes der Vorspalte mit umgekehrtem Vorzeichen)		

574 Mischfonds sind Investmentfonds, die nach ihren Anlagebedingungen fortlaufend mindestens 25 % ihres Werts in Kapitalbeteiligungen anlegen, vgl. § 2 Abs. 7 InvStG. Kapitalbeteiligungen sind Beteiligungen an zum amtlichen Handel an einer Börse zugelassene oder auf einem organisierten Markt notierte Anteile an einer Kapitalgesellschaft und ähnliche Anlagen, siehe § 2 Abs. 8 InvStG. Maßgebend sind die Anlagebedingungen des Investmentfonds. Der Investmentfonds muss die Einhaltung der Quote aber auch tatsächlich anstreben. Nach Ansicht der FinVerw. führen jedoch nur wesentliche Verstöße zum Verlust der Eigenschaft als Mischfonds.[1] Selbst, wenn die Anlagebedingungen des Investmentfonds die Voraussetzungen des § 2 Abs. 7 InvStG nicht erfüllen, kann der Anleger nachweisen, dass der Fonds tatsächlich die Anlagegrenzen durchgängig überschritten hat. Auf Antrag ist in diesen Fällen ebenfalls eine Teilfreistellung möglich.

1) Rz. 2.18 InvStE.

In **Zeile 225** sind die **Investmenterträge aus Mischfonds** einzutragen. Zu Besonderheiten bei Lebens- und Krankenversicherungsunternehmen, sowie bei Kredit- und Finanzdienstleistungsinstituten und besonderen Finanzunternehmen siehe → Rz. 579. Die Erträge müssen zunächst den steuerlichen Jahresüberschuss erhöht (oder bei Veräußerungsverlusten gemindert) haben. Investmenterträge umfassen dabei Ausschüttungen, Vorabpauschalen und auch Veräußerungsgewinne. Daneben fallen auch Teilwertzuschreibungen auf Anteile an Mischfonds unter die Teilfreistellung. Lediglich Ausschüttungen und Vorabpauschalen können regelmäßig direkt aus der Steuerbescheinigung entnommen werden.[1] Die Vorabpauschale ist nach Auffassung der FinVerw. in voller Höhe (ohne Kürzung um die Teilfreistellung) als Ertrag in der steuerlichen GuV-Rechnung zu berücksichtigen und als aktiver Ausgleichsposten in der Steuerbilanz zu aktivieren.[2] **575**

Veräußerungsgewinne bzw. -verluste müssen nicht mit den bescheinigten Werten[3] identisch sein, da insb. der Buchwert und die gebildeten Ausgleichsposten von den Werten abweichen können, die dem depotführenden Kreditinstitut zur Verfügung stehen. Der Veräußerungsgewinn/-verlust ist nach folgendem Schema zu ermitteln: **576**

	Veräußerungserlös
./.	Buchwert
./.	Ausgleichsposten auf Grund von Vorabpauschalen (§ 19 Abs. 1 Satz 3 InvStG)
=	Veräußerungsgewinn i.S.d. § des § 16 Abs. Nr. 3 und § 19 InvStG

Zur Veräußerung von Anteilen, die die Körperschaft, für die die Steuererklärung auszufüllen ist, bereits am 31.12.2017 gehalten hat → Rz. 558.

In **Zeile 226** sind hingegen mit den Investmenterträgen aus Mischfonds im Zusammenhang stehende Betriebsvermögensminderungen, Betriebsausgaben, Teilwertabschreibungen oder Veräußerungskosten einzutragen. Diese mindern nach § 21 InvStG den freizustellenden Betrag. Dabei reicht ein mittelbarer Zusammenhang. In Betracht kommen vor allem Depot- und Transaktionskosten. Auch Anteile an Allgemeinkosten sind möglich. Teilwertabschreibungen, die bei negativen Kursverläufen von im Umlaufvermögen gehaltenen Beteiligungen häufiger auftreten dürften, sind hier einzutragen. Wo der Buchwertabgang und der Ausgleichsposten im Falle einer Veräußerung einzutragen sind, ergibt sich nicht zweifelsfrei aus dem Vordruck. Systematischer ist es aber, diesen in der vorhergehenden Zeile einzutragen. **577**

In **Zeile 227** wird der Saldo aus den Investmenterträgen und den damit im Zusammenhang stehenden Betriebsausgaben gebildet. Nur auf diesen wird die Freistellung i.H.v. 40 % gewährt, vgl. § 20 Abs. 1 Satz 3 InvStG. Die Minderung geschieht durch Übertragung des Wertes von der Vor- in die Hauptspalte. **578**

Nach § 15 Satz 1 Nr. 2a KStG wird die Teilfreistellung bei Organgesellschaften jedoch nicht angewendet. Ein Übertrag von der Vor- in die Hauptspalte darf folglich nicht erfolgen, wenn es sich bei der Körperschaft, für die die Steuererklärung ausgefüllt wird, um eine Organgesellschaft handelt. Die FinVerw. wird die entsprechenden Werte jedoch bei der Feststellung nach § 14 Abs. 5 KStG berücksichtigen, so dass die Teilfreistellung für Mischfonds auf Ebene des Organträgers korrekt abgezogen werden kann. Handelt es sich bei dem Organträger (ggf. anteilig über eine Mitunternehmerschaft, die Organträger ist) um eine natürliche Person, beträgt die Freistellung lediglich 30 %.

Investmenterträge aus Mischfonds sind nicht in den Zeilen 225 bis 227 einzutragen, sondern in den **Zeilen 228 bis 230**, wenn die Körperschaft, für die die Steuererklärung auszufüllen ist, **579**

1. ein Lebens- oder Krankenversicherungsunternehmen ist und der Investmentanteil den Kapitalanlagen zuzurechnen ist (§ 20 Abs. 1 Satz 4 Nr. 1 InvStG) oder
2. ein Pensionsfonds ist (§ 20 Abs. 1 Satz 5 InvStG) oder
3. ein Kredit- oder Finanzdienstleistungsinstitut ist und die und der Investmentanteil dem Handelsbuch zuzurechnen ist (§ 20 Abs. 1 Satz 4 Nr. 2 InvStG i.V.m. § 8b Abs. 7 Satz 1 KStG) oder
4. ein Finanzunternehmen i.S.d. Kreditwesengesetzes ist, an dem Kredit- oder Finanzdienstleistungsinstitute zu mindestens 50 % beteiligt sind und der Investmentanteil dem Handelsbuch zuzurechnen ist (§ 20 Abs. 1 Satz 4 Nr. 2 InvStG i.V.m. § 8b Abs. 7 Satz 2 KStG).

Die Voraussetzungen sind ähnlich zu § 8b Abs. 7 KStG ausgestaltet. Weitere Informationen zur Klassifizierung siehe → Rz. 86 ff. Während es bei Erfüllung der Voraussetzungen des § 8b Abs. 7 KStG zum vollständigen Wegfall der Steuerbefreiung kommt, gewährt das InvStG immer noch eine 15-prozentige Freistellung, vgl. § 20 Abs. 1 Satz 4 i.V.m. Satz 1 InvStG. Diese Investmenterträge sind von § 15 Satz 1 Nr. 2a KStG nicht erfasst, so dass die Minderung des Einkommens auch bei Organgesellschaften erfolgt. Inhaltlich entsprechen die Zeilen 228 bis 230 den Zeilen 225 bis 228. Sie unterscheiden sich nur hinsichtlich der Höhe der Steuerfreistellung.

1) Zeile 20 des Musters III der Steuerbescheinigung in → Rz. 561.
2) Vgl. Rz. 18.5 InvStE.
3) Zeile 29 des Musters III der Steuerbescheinigung in → Rz. 561.

dd) Immobilienfonds (Zeilen 231–233)

	Immobilienfonds nach § 2 Absatz 9 Satz 1 InvStG	EUR	
231	Investmenterträge nach § 20 Absatz 1 Nummer 3 EStG aus Immobilienfonds nach § 2 Absatz 9 Satz 1 InvStG und Erträge aus dem Ansatz des Teilwerts (vor Teilfreistellung)	13.354	
232	Mit den Erträgen laut Zeile 231 in Zusammenhang stehende Betriebsvermögensminderungen, Betriebsausgaben, Teilwertabschreibungen oder Veräußerungskosten	13.364	
233	Nach § 20 Absatz 3 Satz 1 InvStG freizustellender Betrag für Immobilienfonds (Vorspalte: Betrag laut Zeile 231 abzüglich Betrag laut Zeile 232; Hauptspalte (nicht bei Organgesellschaften): 60 % des Wertes der Vorspalte mit umgekehrtem Vorzeichen)		

580 Immobilienfonds sind Investmentfonds, die nach ihren Anlagebedingungen fortlaufend mehr als 50 % ihres Aktivvermögens in Immobilien und Immobilien-Gesellschaften anlegen, vgl. § 2 Abs. 9 InvStG. Eine Immobilien-Gesellschaft ist nach § 1 Abs. 19 Nr. 22 KAGB eine Gesellschaft, die lt. Satzung oder Gesellschaftsvertrag ausschließlich Immobilien oder zur Bewirtschaftung von Immobilien benötigte Gegenstände erwerben darf. Außerdem dürfen sie sich selbst wiederum an Immobilien-Gesellschaften beteiligen. Maßgebend für die Einstufung des Investmentfonds sind die Anlagebedingungen des Investmentfonds. Der Investmentfonds muss die Einhaltung der Quote aber auch tatsächlich anstreben. Nach Auffassung der FinVerw. führen jedoch nur wesentliche Verstöße gegen die Quote zum Verlust der Eigenschaft als Immobilienfonds.[1] Selbst, wenn die Anlagebedingungen des Investmentfonds die Voraussetzungen des § 2 Abs. 9 InvStG nicht erfüllen, kann der Anleger nachweisen, dass der Fonds tatsächlich die Anlagegrenzen durchgängig überschritten hat. Auf Antrag ist in diesen Fällen ebenfalls eine Teilfreistellung möglich.

581 In **Zeile 231** sind die **Investmenterträge aus Immobilienfonds** einzutragen. Die Erträge müssen zunächst den steuerlichen Jahresüberschuss erhöht (oder bei Veräußerungsverlusten gemindert) haben. Investmenterträge umfassen dabei Ausschüttungen, Vorabpauschalen und auch Veräußerungsgewinne. Daneben fallen auch Teilwertzuschreibungen auf Anteile an Immobilienfonds unter die Teilfreistellung. Lediglich Ausschüttungen und Vorabpauschalen können regelmäßig direkt aus der Steuerbescheinigung entnommen werden.[2] Die Vorabpauschale ist nach Auffassung der FinVerw. in voller Höhe (ohne Kürzung um die Teilfreistellung) als Ertrag in der steuerlichen GuV-Rechnung zu berücksichtigen und als aktiver Ausgleichsposten in der Steuerbilanz zu aktivieren.[3] Die Ausführungen zu den Veräußerungsgewinnen und -verlusten in →Rz. 576 gelten sinngemäß auch für Immobilienfonds.

582 In **Zeile 232** sind hingegen mit den Investmenterträgen aus Immobilienfonds im Zusammenhang stehende Betriebsvermögensminderungen, Betriebsausgaben, Teilwertabschreibungen oder Veräußerungskosten einzutragen. Diese mindern nach § 21 InvStG den freizustellenden Betrag. Dabei reicht ein mittelbarer Zusammenhang. In Betracht kommen vor allem Depot- und Transaktionskosten. Auch Anteile an Allgemeinkosten sind möglich. Teilwertabschreibungen, die bei negativen Kursverläufen von im Umlaufvermögen gehaltenen Beteiligungen häufiger auftreten dürften, sind hier einzutragen. Wo der Buchwertabgang und der Ausgleichsposten im Falle einer Veräußerung einzutragen sind, ergibt sich nicht zweifelsfrei aus dem Vordruck. Systematischer ist es aber, diesen in der vorhergehenden Zeile einzutragen.

583 In **Zeile 233** wird der Saldo aus den Investmenterträgen und den damit im Zusammenhang stehenden Betriebsausgaben gebildet. Nur auf diesen wird die Freistellung i.H.v. 60 % gewährt, vgl. § 20 Abs. 3 Satz 1 Nr. 1 InvStG. Die Minderung geschieht durch Übertragung des Werts von der Vor- in die Hauptspalte.

Nach § 15 Satz 1 Nr. 2a KStG wird die Teilfreistellung bei Organgesellschaften jedoch nicht angewendet. Ein Übertrag von der Vor- in die Hauptspalte darf folglich nicht erfolgen, wenn es sich bei der Körperschaft, für die die Steuererklärung ausgefüllt wird, um eine Organgesellschaft handelt. Die FinVerw. wird die entsprechenden Werte jedoch bei der Feststellung nach § 14 Abs. 5 KStG berücksichtigen, so dass die Teilfreistellung für Mischfonds auf Ebene des Organträgers korrekt abgezogen werden kann. Da die Höhe der Teilfreistellung für alle Organträger – egal ob Körperschaft oder natürliche Person – gleich ist, hätte ein Abzug auch direkt bei der Organgesellschaft erfolgen können.

1) Vgl. Rz. 2.18 InvStE.
2) Zeile 22 des Musters III der Steuerbescheinigung in →Rz. 561.
3) Vgl. Rz. 18.5 InvStE.

ee) Auslands-Immobilienfonds (Zeilen 234–236)

	Auslands-Immobilienfonds nach § 2 Absatz 9 Satz 2 InvStG	EUR	
234	Investmenterträge nach § 20 Absatz 1 Nummer 3 EStG aus Auslands-Immobilienfonds nach § 2 Absatz 9 Satz 2 InvStG und Erträge aus dem Ansatz des Teilwerts (vor Teilfreistellung)	13.355	
235	Mit den Erträgen laut Zeile 234 in Zusammenhang stehende Betriebsvermögensminderungen, Betriebsausgaben, Teilwertabschreibungen oder Veräußerungskosten	13.365	
236	Nach § 20 Absatz 3 Satz 2 InvStG freizustellender Betrag für Auslands-Immobilienfonds nach § 2 Absatz 9 Satz 2 InvStG (Vorspalte: Betrag laut Zeile 234 abzüglich Betrag laut Zeile 235; Hauptspalte (nicht bei Organgesellschaften): 80 % des Wertes der Vorspalte mit umgekehrtem Vorzeichen)		

Auslands-Immobilienfonds sind Investmentfonds, die lt. Anlagebedingungen fortlaufend mehr als 50 % ihres Aktivvermögens in ausl. Immobilien und Auslands-Immobiliengesellschaften anlegen, vgl. § 2 Abs. 9 Satz 2 InvStG. Sie werden durch § 20 Abs. 3 Satz 1 Nr. 2 InvStG besonders begünstigt. **Investmenterträge** aus solchen Fonds sind in **Zeile 234** einzutragen. Die Erträge müssen zunächst den steuerlichen Jahresüberschuss erhöht (oder bei Veräußerungsverlusten gemindert) haben. Investmenterträge umfassen dabei Ausschüttungen, Vorabpauschalen und auch Veräußerungsgewinne. Daneben fallen auch Teilwertzuschreibungen auf Anteile an Immobilienfonds unter die Teilfreistellung. Lediglich Ausschüttungen und Vorabpauschalen können regelmäßig direkt aus der Steuerbescheinigung entnommen werden.[1] Die Vorabpauschale ist nach Auffassung der FinVerw. in voller Höhe (ohne Kürzung um die Teilfreistellung) als Ertrag in der steuerlichen GuV-Rechnung zu berücksichtigen und als aktiver Ausgleichsposten in der Steuerbilanz zu aktivieren.[2] Die Ausführungen zu den Veräußerungsgewinnen und -verlusten in → Rz. 576 gelten sinngemäß auch für Immobilienfonds. **584**

In **Zeile 235** sind hingegen mit den Investmenterträgen aus Auslands-Immobilienfonds im Zusammenhang stehende Betriebsvermögensminderungen, Betriebsausgaben, Teilwertabschreibungen oder Veräußerungskosten einzutragen. Diese mindern nach § 21 InvStG den freizustellenden Betrag. Dabei reicht ein mittelbarer Zusammenhang. In Betracht kommen vor allem Depot- und Transaktionskosten. Auch Anteile an Allgemeinkosten sind möglich. Teilwertabschreibungen, die bei negativen Kursverläufen von im Umlaufvermögen gehaltenen Beteiligungen häufiger auftreten dürften, sind hier einzutragen. Wo der Buchwertabgang und der Ausgleichsposten im Falle einer Veräußerung einzutragen sind, ergibt sich nicht zweifelsfrei aus dem Vordruck. Systematischer ist es aber, diesen in der vorhergehenden Zeile einzutragen. **585**

In **Zeile 236** wird der Saldo aus den Investmenterträgen und den damit im Zusammenhang stehenden Betriebsausgaben gebildet. Nur auf diesen wird die Freistellung i.H.v. 80 % gewährt, vgl. § 20 Abs. 3 Satz 1 Nr. 1 InvStG. Die Minderung geschieht durch Übertragung des Werts von der Vor- in die Hauptspalte. **586**

Nach § 15 Satz 1 Nr. 2a KStG wird die Teilfreistellung bei Organgesellschaften jedoch nicht angewendet. Ein Übertrag von der Vor- in die Hauptspalte darf folglich nicht erfolgen, wenn es sich bei der Körperschaft, für die die Steuererklärung ausgefüllt wird, um eine Organgesellschaft handelt. Die FinVerw. wird die entsprechenden Werte jedoch bei der Feststellung nach § 14 Abs. 5 KStG berücksichtigen, so dass die Teilfreistellung für Auslands-Immobilienfonds auf Ebene des Organträgers korrekt abgezogen werden kann. Da die Höhe der Teilfreistellung für alle Organträger – egal ob Körperschaft oder natürliche Person – gleich ist, hätte ein Abzug auch direkt bei der Organgesellschaft erfolgen können.

ff) Unterschiedsbeträge nach InvStG 2004 (Zeile 237)

	Unterschiedsbeträge nach InvStG 2004 [1]	
237	Dazu / Davon ab: Unterschiedsbeträge nach § 5 Absatz 1 Satz 1 Nummer 5 Satz 5 beziehungsweise § 13 Absatz 4a Satz 2 InvStG 2004	13.392

In **Zeile 237** sind im VZ anzusetzende **Unterschiedsbeträge nach § 5 Abs. 1 Satz 1 Nr. 1 und § 13 Abs. 4a Satz 2 InvStG 2004** einzutragen. Mit diesen Unterschiedsbeträgen wurden im alten Recht Korrekturen durch das FA umgesetzt, da eine Änderung der veröffentlichten Besteuerungsgrundlagen im Bundesanzeiger vermieden werden sollten. Kam es zu einer Korrektur durch das FA, mussten nicht die im Bundesanzeiger veröffentlichten Besteuerungsgrundlagen geändert werden, sondern es erfolgte eine Korrektur in dem Geschäftsjahr des Investmentfonds, in dem der sog. Korrekturbetrag festgestellt wurde. Nach § 56 Abs. 1 Satz 2 InvStG müssen Unterschiedsbeträge für Geschäftsjahre vor dem 1.1.2018 im Bundesanzeiger veröffentlicht werden und beim Anleger im Jahr der Veröffentlichung außerbilanziell durch Eintragung in dieser Zeile hinzugerechnet werden. Eine Eintragung ist jedoch nur erforderlich, wenn die zu Lasten der Körperschaft, für die die Steuererklärung ausgefüllt wird, anzusetzenden Unterschiedsbeträge mindestens 500 € betragen, vgl. § 5 Abs. 1 Satz 1 Nr. 5 Satz 10 und § 13 Abs. 4b Satz 3 InvStG 2004. **587**

1) Zeile 24 des Musters III der Steuerbescheinigung in → Rz. 561.
2) Vgl. Rz. 18.5 InvStE.

k) Anteile an Spezial-Investmentfonds (Zeilen 237a–268)

588 Ab dem VZ 2023 hat die FinVerw. die Erfassung der bei der Körperschaft zu berücksichtigenden Besteuerungsgrundlagen im Zusammenhang mit der Beteiligung an Spezial-Investmentfonds grundsätzlich neu strukturiert. Für Spezial-Investmentfonds wird eine gesonderte Feststellung der Besteuerungsgrundlagen durchgeführt, vgl. § 51 Abs. 1 InvStG. Die Ergebnisse des Feststellungsbescheids werden in der Anlage SPIF erfasst. Pro Beteiligung an einem Spezial-Investmentfonds und pro Ereignis ist eine Anlage SPIF abzugeben.

aa) Laufende Spezial-Investmenterträge und Veräußerungsgewinne/-verluste aus der Veräußerung von Anteilen an Spezial-Investmentfonds (Zeilen 237a–237c)

	Unmittelbar gehaltene Anteile an Spezial-Investmentfonds (§ 20 Absatz 1 Nummer 3a EStG)	EUR	
237a	Davon ab: Im Betrag laut Zeile 11 enthaltene laufende Erträge als Anleger an einem Spezial-Investmentfonds (Nicht bei Organgesellschaften: Übertrag in die Hauptspalte)	13.396	
237b	Nicht bei Organgesellschaften: Dazu: Steuerpflichtige laufende Spezial-Investmenterträge nach § 20 Absatz 1 Nummer 3a EStG in Verbindung mit § 34 Absatz 1 Nummer 1 und 2 InvStG (Summe der Beträge laut Zeile 64 aller Anlagen SPIF, soweit die Anteile dem Gewerbebetrieb zuzuordnen sind)		
237c	Nicht bei Organgesellschaften: Davon ab / Dazu: Außerbilanzieller Korrekturbetrag bei Veräußerung von Anteilen an Spezial-Investmentfonds (Summe der Beträge laut Zeile 104 aller Anlagen SPIF, soweit die Anteile dem Gewerbebetrieb zuzuordnen sind)		

589 Die Berücksichtigung der laufenden Erträge aus Spezial-Investmentfonds erfolgt dabei nach dem bei Organträgern und Personengesellschaften bewährten System. In einem ersten Schritt werden die in der Steuerbilanz berücksichtigten Werte neutralisiert und dann durch die gesondert festgestellten Besteuerungsgrundlagen ersetzt.

In der **Vorspalte** der **Zeile 237a** sind daher die im **steuerlichen Jahresüberschuss/-fehlbetrag enthaltenen laufenden Erträge aus der Beteiligung an Spezial-Investmentfonds** einzutragen (erster Schritt). Maßgebend ist der tatsächlich gebuchte Wert. Sofern es sich nicht um eine Organgesellschaft handelt, wird das Ergebnis durch Übertrag in die Hauptspalte mit umgekehrtem Vorzeichen aus dem Einkommen neutralisiert. Bei Organgesellschaften fließt der Wert in die Berechnung der Korrekturbeträge für Körperschaften bzw. natürliche Personen als Organträger ein. Laufende Spezial-Investmenterträge werden aus den ausgeschütteten Erträgen und den ausschüttungsgleichen Erträgen nach § 20 Abs. 1 Nr. 3a EStG gebildet. Handelsrechtlich werden nur die tatsächlichen Ausschüttungen des Spezial-Investmentfonds als Erträge erfasst. Steuerbilanziell sind ggf. Anpassungen erforderlich (→ Rz. 592 ff.).

Daneben kann der Anleger noch folgende Erträge zu versteuern haben:

a) Beteiligungseinnahmen bei Ausübung der Transparenzoption nach § 30 Abs. 1 InvStG und

b) Sonstige inl. Einkünfte des Spezial-Investmentfonds, die einem Steuerabzug und Ausübung der Transparenzoption nach § 30 Abs. 4 i. V. m. Abs. 1 InvStG gestellt wurde.

Diese sind jedoch als eigenständige Erträge zu behandeln und dürfen nicht in dieser Zeile gegenkorrigiert werden.

590 Bei Spezial-Investmentfonds wird der ausgezahlte Betrag handelsrechtlich als Ertrag erfasst. Steuerbilanziell muss jedoch differenziert werden. Die benötigten Werte ergeben sich aus den Zeilen 150 bis 156 der Anlage ATV zur Feststellungserklärung nach § 51 Abs. 2 InvStG zur jeweiligen Ausschüttung. Da es sich bei einer Bilanz nicht um einen Verwaltungsakt handelt, gilt die Bindungswirkung der gesonderten Feststellung nicht für die Bilanz, vgl. § 175 Abs. 1 Nr. 1 AO.[1] Für die Besteuerung des laufenden Ergebnisses ist die tatsächliche Buchung irrelevant, weil sie durch Eintragung in der Zeile 237a neutralisiert und durch das gesonderte und einheitlich festgestellte Ergebnis ersetzt wird. Die korrekte Führung der vielen Ausgleichsposten ist jedoch im Hinblick auf die spätere Veräußerung von Anteilen an dem Spezial-Investmentfonds wichtig.

Die **Anlage ATV** der Feststellungserklärung nach § 51 Abs. 2 InvStG differenziert zwischen folgenden Varianten:

Zeile[2]	Beschreibung	Rz.[3]
150	Ausgeschüttete Zurechnungsbeträge nach § 35 Abs. 3 InvStG	→ Rz. 595
151	Ausgeschüttete Immobilien-Zurechnungsbeträge nach § 35 Abs. 3a InvStG	→ Rz. 595
152	Ausgeschüttete Absetzungsbeträge nach § 35 Abs. 4 InvStG	→ Rz. 596
153	Ausgeschüttete ausschüttungsgleiche Erträge der Vorjahre	→ Rz. 593
154	Ausgeschüttete Substanzbeträge nach § 35 Abs. 5 und 6 InvStG	→ Rz. 597
155	Ausgeschüttete Erträge nach § 34 Abs. 1 Nr. 1 i.V.m. § 35 Abs. 1 InvStG	→ Rz. 591
156	Ausschüttungsgleiche Erträge nach § 34 Abs. 1 Nr. 2 i.V.m. § 36 Abs. 1 und 5 InvStG	→ Rz. 592

591 **Ausgeschüttete Erträge** sind die Einkünfte des Spezial-Investmentfonds, die zur Ausschüttung verwendet werden,

1) Ein Steuerbescheid ist zu ändern, nicht die Bilanz.
2) Zeile der Anlage FB (ATV) der Feststellungserklärung zu § 51 Abs. 2 InvStG.
3) Rz. dieses Werkes, in dem die weitere Behandlung beschrieben wird.

vgl. § 35 Abs. 1 InvStG. Sie ergeben sich aus Zeile 155 der Anlage ATV der Feststellungserklärung nach § 51 Abs. 2 InvStG und sind nicht unbedingt deckungsgleich mit dem Ausschüttungsbetrag zuzüglich der einbehaltenen Steuern. Etwaige Steuerbegünstigungen und -freistellungen erfolgen über die Erfassung in der Anlage SPIF außerbilanziell. Einbehaltende Kapitalertragsteuer ist handels- und steuerbilanziell als Aufwand zu erfassen und über Eintragung in Zeile 83 wieder zu neutralisieren.

Ausschüttungsgleiche Erträge sind Einkünfte des Spezial-Investmentfonds, die nicht ausgeschüttet wurden und auch nicht steuerfrei thesaurierbar sind, vgl. § 36 Abs. 1 InvStG. Steuerfrei thesaurierbar sind Erträge aus Stillhalterprämien, Gewinne aus der Veräußerung von Aktien und Kapitalforderungen aller Art sowie aus Termingeschäften, vgl. § 36 Abs. 2 InvStG. Ob ausschüttungsgleiche Erträge vorliegen, ergibt sich aus Zeile 156 der Anlage ATV der Feststellungserklärung nach § 51 Abs. 2 InvStG. **592**

Bei ausschüttungsgleichen Erträgen handelt es sich um fiktive Erträge. Tatsächlich verbleibende die Erträge beim Spezial-Investmentfonds und werden ggf. in späteren Jahren tatsächlich ausgeschüttet. Sie gelten nach § 36 Abs. 4 Satz 2 InvStG als mit Ablauf des Geschäftsjahres des Spezial-Investmentfonds zugeflossen. Eine Erfassung in der Handelsbilanz ist nicht zulässig. Die FinVerw. sieht stattdessen die Erfassung eines Ertrags i.R. der Steuerbilanz vor, bilanzierende Anleger haben hierfür einen aktiven Ausgleichsposten zu bilden.[1)]

Beispiel:

Die Körperschaft ist an dem Spezial-Investmentfonds beteiligt. Gemäß der Feststellungserklärung des Spezial-Investmentfonds entfallen ausschüttungsgleiche Erträge i.H.v. 100 auf die Körperschaft. Das Geschäftsjahr des Fonds endet zum 31.10.01.

Da die Feststellungserklärung des Spezial-Investmentfonds als gesonderte und einheitliche Feststellung unter dem Vorbehalt der Nachprüfung gilt, sind der Körperschaft ausschüttungsgleiche Erträge i.H.v. 100 zuzurechnen. In der Handelsbilanz darf keine Erfassung erfolgen, da es sich lediglich um einen fiktiven steuerlichen Ertrag handelt. In der Steuerbilanz sind die ausschüttungsgleichen Erträge durch folgenden Buchungssatz abzubilden: Ausgleichsposten an Ertrag 100.

Kommt es zu einer Vorbelastung dieser Erträge auf Ebene des Fonds durch Körperschaftsteuer oder ausl. Steuern, mindern diese den zu bildenden Ausgleichsposten.[2)] Die Vorbelastung ergibt sich aus Zeile 59 der Anlage FB zur Feststellungserklärung nach § 51 Abs. 2 InvStG.

Der so gebildete Ausgleichsposten ist aufzulösen, soweit zu einem späteren Zeitpunkt die thesaurierten ausschüttungsgleichen Erträge tatsächlich ausgeschüttet werden oder i.R. der Veräußerung der Anteile an dem Spezial-Investmentfonds. Ob in einer Ausschüttung ausschüttungsgleiche Erträge der Vorjahre ausgeschüttet werden, erkennt man im Ausweis in Zeile 153 der Anlage ATV der Feststellungserklärung nach § 51 Abs. 2 InvStG. In dieser Höhe ist ein verbleibender aktiver Ausgleichsposten zu mindern. **593**

Beispiel (Fortsetzung):

Zum 04.04.02 schüttet der Spezial-Investmentfonds einen Betrag von 100 aus. Die Ausschüttung finanziert der Spezial-Investmentfonds aus den ausschüttungsgleichen Erträgen.

Die Ausschüttung ist handels- und steuerbilanziell als Ertrag zu erfassen (Buchungssatz Forderung 100 an Ertrag 100). Der in 01 in der Steuerbilanz gebildete Ausgleichsposten ist gewinnwirksam aufzulösen (Aufwand 100 an Ausgleichsposten 100). Im Saldo ergibt sich eine zutreffende Auswirkung auf den Jahresüberschuss von 0.

Der Ausgleichsposten muss auch bei Veräußerung des Anteils an dem Spezial-Investmentfonds aufgelöst werden und mindert in diesen Fällen den Veräußerungsgewinn.

Spezial-Investmentfonds hat es der Gesetzgeber ermöglicht, vereinnahmte Dividendeneinnahmen nicht selbst zu versteuern, sondern direkt von den Anlegern des Fonds versteuern zu lassen. Hierzu muss er gegenüber dem Entrichtungspflichtigen der Kapitalertragsteuer (i.d.R. das Kreditinstitut) unwiderruflich erklären, dass den Anlegern des Spezial-Investmentfonds für die Dividende Steuerbescheinigungen ausgestellt werden sollen (sog. Transparenzoption), vgl. § 30 Abs. 1 Satz 1 InvStG. Ist dies erfolgt, gelten die Anleger als Gläubiger der Dividende und auch als Schuldner der Kapitalertragsteuer. Der Anleger kann für die ihm zugerechneten Dividendeneinnahmen unter den Voraussetzungen des § 30 Abs. 2 InvStG die Steuerbefreiung des § 8b KStG geltend machen. Das Gleiche gilt nach § 33 Abs. 2 InvStG auch für Immobilienerträge. **594**

Dies ändert jedoch nichts daran, dass die Dividende bzw. Immobilienerträge, für die die Transparenzoption ausgeübt wurde, dem Spezial-Investmentfonds zufließt. Um dennoch einen Ertrag in der Steuerbilanz erfassen zu können, ist für diese fiktiven Erträge ein aktiver Ausgleichsposten in der Steuerbilanz zu bilden.[3)] Von der Pflicht zur Versteuerung dieser fiktiven Erträge erfährt der Anleger durch den Ausweis auf den jeweiligen Steuerbescheinigungen.

Beispiel:

Laut Steuerbescheinigung hat die Körperschaft als Anlegerin des Spezial-Investmentfonds inl. Beteiligungseinnahmen i.H.v. 100 000 € der A-AG erhalten, von denen 25 000 € Steuern einbehalten wurden. Die Körperschaft ist alleinige Anlegerin des Spezial-Investmentfonds. Der Spezial-Investmentfonds ist an der A-AG zu 12 % beteiligt.

Handelsbilanziell darf eine Erfassung der Beteiligungseinnahmen nicht erfolgen. Steuerbilanziell ist ein Ertrag und ein Ausgleichsposten i.H.v. 100 000 € zu bilden (Buchungssatz: Ausgleichsposten an Erträge 100). Eine Steuerbefreiung nach § 8b KStG kommt nicht in Betracht. Zwar ist die Körperschaft am Spezial-Investmentfonds zu 100 % beteiligt und dieser wiederum zu 12 % an der AG.

1) Vgl. Rz. 36.53 InvStE.
2) Vgl. Rz. 49.43 InvStE und Amtliche Erläuterung Nr. 21 zur Feststellungserklärung nach § 51 Abs. 2 InvStG.
3) Vgl. Rz. 35.10 InvStE.

Die der Körperschaft so zuzurechnende Beteiligung von 12 % beträgt damit mindestens 10 %, vgl. § 30 Abs. 2 Nr. 2 InvStG i.V.m. § 8b Abs. 4 KStG. Jedoch handelt es sich bei der AG nicht um eine Gesellschaft i.S.d. § 26 Nr. 6 Satz 2 InvStG (Immobilien-Gesellschaften, ÖPP-Gesellschaften u.a.).

Die Zurechnung der Dividenden beim Anleger ist nicht Gegenstand der gesonderten und einheitlichen Feststellung nach § 51 Abs. 1 InvStG. Die Möglichkeit der Transparenzoption gilt auch für andere Erträge des Spezial-Investmentfonds, die einem Steuerabzug unterliegen, vgl. § 30 Abs. 5 InvStG.

595 Der Spezial-Investmentfonds kann über die sog. Transparenzoption Dividendenerträge und Immobilienerträge den Anlegern zuordnen (→ Rz. 594). Diese Erträge fließen aber dem Fonds zu und werden zunächst nicht ausgeschüttet. Kommt es später zur Auszahlung der tatsächlich dem Spezial-Investmentfonds zugeflossenen Dividenden und übrigen Einnahmen, für die die Transparenzoption beantragt wurde, dürfen diese nicht erneut besteuert werden. Derartige Auszahlungen bezeichnet das InvStG als **Zurechnungsbeträge**, vgl. § 35 Abs. 3 InvStG. Bei Ausschüttungen gelten solche Beträge als zuerst ausgeschüttet, vgl. § 35 Abs. 2 InvStG. Ob und in welcher Höhe in der Ausschüttung Zurechnungsbeträge erhalten sind, ergibt sich aus Zeilen 150 und 151 der Anlage ATV zur Feststellungserklärung nach § 51 Abs. 2 InvStG.

Zurechnungsbeträge sind handelsrechtlich als Ausschüttungen gewinnerhöhend zu erfassen. Die Vermeidung der doppelten Besteuerung wird nach Auffassung der FinVerw. durch Auflösung des Ausgleichspostens[1] erreicht.

Beispiel (Fortsetzung):

Zum 04.04.02 schüttet der Spezial-Investmentfonds einen Betrag von 100 aus. Die Ausschüttung finanziert der Spezial-Investmentfonds aus den im Vorjahr vom Anleger versteuerten Dividenden. Die Feststellungserklärung des Spezial-Investmentfonds weist die Auszahlung als Zurechnungsbetrag aus.

Die Ausschüttung ist handelsbilanziell als Ertrag zu erfassen (Buchungssatz Forderung 100 an Ertrag 100). Der in 01 in der Steuerbilanz gebildete Ausgleichsposten ist gewinnwirksam aufzulösen (Aufwand 100 an Ausgleichsposten 100). Im Saldo ergibt sich eine zutreffende Auswirkung auf den Jahresüberschuss von 0.

596 Der laufende Gewinn/Verlust von Immobilienfonds wird maßgeblich auch von Absetzung für Abnutzung mitbestimmt. Während die übrigen Kosten des Immobilienfonds regelmäßig auch Geldabflüsse mit sich bringen, verbleibt die Wertminderung durch die Absetzung für Abnutzung und andere Substanzminderungen jedoch im Vermögen des Fonds. Da der Spezial-Investmentfonds keine Kosten ausschütten kann, regelt § 35 Abs. 4 InvStG, dass die Ausschüttung von Immobilienerträgen insoweit steuerfrei ist, soweit auf sie Absetzungen für Absetzung oder Substanzverringerungen entfallen (sog. **Absetzungsbeträge**), vgl. § 35 Abs. 4 InvStG. Ob in einer Ausschüttung Absetzungsbeträge enthalten sind, ergibt sich aus Zeile 152 der Anlage ATV zur Feststellungserklärung nach § 51 Abs. 2 InvStG.

Da Absetzungsbeträge nach § 49 Abs. 3 Satz 4 InvStG den Gewinn bei Veräußerung des Anteils an dem Spezial-Investmentfonds erhöhen, ist bei bilanzierenden Stpfl. ein passiver Ausgleichsposten in der Steuerbilanz zu bilden.[2]

Beispiel:

Gemäß der Feststellungserklärung nach § 51 Abs. 2 InvStG, die als Feststellung unter dem Vorbehalt der Nachprüfung gilt, wurde festgestellt, dass von der Ausschüttung des Spezial-Investmentfonds auf die Körperschaft 100 entfallen. In diesem Betrag sind Absetzungsbeträge i.H.v. 20 enthalten.

In der Handelsbilanz ist die Ausschüttung in voller Höhe als Ertrag zu verbuchen (Buchungssatz: Forderungen an Ertrag 100). In Höhe des Absetzungsbetrags ist in der Steuerbilanz ein Ausgleichsposten zu bilden (Buchungssatz: Aufwand an Ausgleichposten 20). Im Saldo hat sich der Jahresüberschuss um 80 erhöht, was zutreffend ist.

597 Substanzbeträge sind Rückzahlungen der Einlagen der Anteilseigner. Insoweit kommt es beim Anleger nicht zu einer Versteuerung. Ausgeschüttete Substanzbeträge mindern den steuerlichen Buchwert der Anteile bis auf 0 €. Soweit sie darüber hinausgehen, stellen sie steuerpflichtige Erträge dar. Die Rückzahlung von Einlagen führt auch handelsrechtlich grundsätzlich zu einer Minderung des Buchwerts. Da das InvStG eigene Regelungen zum Vorliegen von Substanzbeträgen hat, die nicht zwingend mit den handelsrechtlichen übereinstimmen müssen, kann es auch hier zu Abweichungen kommen. Aus Zeile 154 der Anlage ATV zur Feststellungserklärung nach § 51 Abs. 2 InvStG ergibt sich, ob in der Ausschüttung auch Substanzbeträge enthalten sind.

598 Neben den laufenden Spezial-Investmenterträgen ist es natürlich auch möglich, dass die Körperschaft, für die die Steuererklärung erstellt wird, Anteile an Spezial-Investmentfonds veräußert. Die bis zur Veräußerung nicht ausgeschütteten ausschüttungsgleichen Erträge gelten als mit der Veräußerung zugeflossen, vgl. § 36 Abs. 4 Satz 3 InvStG. Sie sind als laufende Erträge nach Maßgabe der → Rz. 592 zu erfassen und ein aktiver Ausgleichsposten ist zu bilden.

Im Rahmen der bilanziellen Erfassung der Veräußerung der Anteile sind die in der Steuerbilanz gebildeten (zahlreichen) Ausgleichsposten aufzulösen. Falls die Veräußerung nur anteilmäßig erfolgt, sind auch die Ausgleichsposten nur anteilig aufzulösen. Aktive Ausgleichsposten wirken sich bei ihrer Auflösung als Aufwand aus, passive als Ertrag. Die Berücksichtigung von steuerfreien Anleger-Teilfreistellungs- und -Abkommensgewinnen erfolgt

1) Vgl. Rz. 35.11 InvStE.
2) Vgl. Rz. 35.29 InvStE.

außerbilanziell auf Grundlage der Eintragungen in der Anlage SPIF. Dies gilt allerdings nicht für solche, die im Zusammenhang mit Teilwertab- und -zuschreibungen stehen (siehe Zeilen 266 bis 268).

In der **Zeile 237b** sind die **laufenden steuerpflichtigen Spezial-Investmenterträge**, wie sie sich aus der gesonderten Feststellung und weiteren Besteuerungsgrundlagen ergeben, aus den **Anlagen SPIF** zu übernehmen (zweiter Schritt). Bei Organgesellschaften wird der Wert nicht hier eingetragen, sondern bei der Berechnung der Korrekturbeträge für Körperschaften bzw. natürliche Personen als Organträger berücksichtigt. 599

Die **Zeile 237c** dient dahingehend der Erfassung von außerbilanziellen Korrekturen aus der Veräußerung von Anteilen an Spezial-Investmentfonds, die ebenfalls von den Anlagen SPIF zu übernehmen sind. Anders als bei den laufenden Erträgen wird hier kein zweistufiges Verfahren angewendet. Die steuerbilanzielle Berücksichtigung der Veräußerungsvorgänge wird durch außerbilanzielle Korrekturen ergänzt. Die unterschiedliche Behandlung von laufendem Ergebnis und der Veräußerung hat pragmatische Gründe. Während bei der Veräußerung nur wenige außerbilanzielle Korrekturen möglich sind, sind diese bei den laufenden Erträgen sehr zahlreich. 600

bb) Teilwertab- und -zuschreibung (Zeilen 266–268)

Zeile	**Teilwertab- und -zuschreibung**		
238 bis 265 frei 266	Davon ab / Dazu: Positiver/negativer Anleger-Abkommensgewinn nach § 49 Absatz 1 Satz 1 Nummer 2 in Verbindung mit § 49 Absatz 1 Satz 2 InvStG 68		13.390
267	Positiver/negativer Anleger-Teilfreistellungsgewinn nach § 49 Absatz 1 Satz 1 Nummer 3 in Verbindung mit § 49 Absatz 1 Satz 2 InvStG für Anleger, die dem KStG unterliegen (nicht bei Organgesellschaften: Übertrag in die Hauptspalte mit umgekehrtem Vorzeichen) 68	EUR 13.391	
268	Davon ab / Dazu: Positiver/negativer Anleger-Teilfreistellungsgewinn nach § 49 Absatz 1 Satz 1 Nummer 3 in Verbindung mit § 49 Absatz 1 Satz 2 InvStG in den Fällen des § 20 Absatz 1 Satz 4 und 5 InvStG 68		13.393

Die außerbilanziellen Korrekturen auf Grund einer Veräußerung von Anteilen an Spezial-Investmentfonds sind ab dem VZ 2023 auf der Anlage SPIF vorzunehmen. Die außerbilanziellen Korrekturen auf Grund von Abkommens- und Teilfreistellungsgewinnen (§ 49 InvStG) sind aber auch bei Teilwertabschreibungen und -zuschreibungen vorzunehmen. Zur Erfassung der benötigten Werte dienen die Zeilen 266 bis 268. 601

Werden Anteile an einem Spezial-Investmentfonds auf einen niedrigeren Teilwert abgeschrieben, muss ein sog. Anleger-Abkommensgewinn (Zeile 266) und ein Anleger-Teilfreistellungsgewinn (Zeile 267 oder 268) ermittelt werden.

Der Spezial-Investmentfonds hat den Fonds-Abkommensgewinn und den Fonds-Teilfreistellungsgewinn in Euro bei jeder Bewertung des Fonds dem Anleger mitzuteilen, vgl. § 48 Abs. 1 Satz 1 InvStG.

In die **Zeile 266** ist die Summe aller **Anleger-Abkommensgewinne** einzutragen, die nach § 49 Abs. 1 und 2 InvStG im zu versteuernden Einkommen zu korrigieren sind. Der Grundgedanke des Anleger-Abkommensgewinns ist es, nicht ausgeschüttete oder als ausgeschüttet geltende Erträge, die nach einem Doppelbesteuerungsabkommen steuerfrei sind, auch i.R. eines Veräußerungsgewinns nicht zu versteuern. Normalerweise ist der Anleger-Abkommensgewinn also i.R. der Veräußerung von Spezial-Investmentfondsanteilen zu ermitteln und steuerfrei zu stellen. 602

Allerdings sieht § 49 Abs. 1 Satz 2 InvStG eine analoge Behandlung bei der Teilwertabschreibung und bei der Teilwertzuschreibung vor. Nach Verwaltungsauffassung ist die Prüfung auf außerbilanzielle Korrektur nach § 49 InvStG in jedem Wj. vorzunehmen, solange der Teilwert der Anteile unter den maßgebenden Anschaffungskosten liegt.[1)]

Im Rahmen einer Teilwertabschreibung sind die ursprünglichen Anschaffungskosten der Spezial-Investmentanteile um einen passiven Ausgleichsposten für ausgeschüttete Substanzbeträge zu mindern.[2)] Ein passiver Ausgleichsposten für ausgeschüttete Absetzungsbeträge darf allerdings nicht berücksichtigt werden. Liegt der Teilwert unter den so ermittelten Anschaffungskosten und ist eine Teilwertabschreibung nach § 6 Abs. 1 Nr. 2 Satz 3 EStG zulässig und tatsächlich durchgeführt worden, ist ein Anleger-Abkommensgewinn zu ermitteln.

Der Fonds-Abkommensgewinn wird vom Spezial-Investmenfonds bezogen auf jeden Spezial-Investmentanteil zum Bilanzstichtag dem Anleger mitgeteilt, vgl. § 48 Abs. 1 Satz 1 InvStG. Zur Ermittlung des Fonds-Abkommensgewinns vgl. § 48 Abs. 5 InvStG. Der Anleger-Abkommensgewinn ergibt sich zunächst aus der Differenz des Fonds-Abkommensgewinns zum Bilanzstichtag und zum Anschaffungszeitpunkt, vgl. § 49 Abs. 2 Satz 1 und Satz 2 InvStG. Da der Fonds-Abkommensgewinn zum Anschaffungszeitpunkt i.d.R. 0 € beträgt,[3)] entspricht der Anleger-Abkommensgewinn also in aller Regel dem Fonds-Abkommensgewinn zum Bilanzstichtag multipliziert mit den gehaltenen Anteilen.

Die außerbilanzielle Korrektur um Fonds-Abkommensgewinne ist bei Teilwertab- und -zuschreibungen auf den Betrag der Teilwertab- bzw. -zuschreibung begrenzt, vgl. § 49 Abs. 2 Satz 3 InvStG. Das bedeutet, wenn eine Teilwertabschreibung (Gewinnminderung) vorgenommen wird, sind positive Anleger-Abkommensgewinne auf

1) Vgl. Rz. 49.28 ff. InvStE.
2) Vgl. Rz. 49.10 InvStE.
3) Vgl. Rz. 49.15 und Rz. 49.19 InvStE.

Grund ihrer positiven Gewinnauswirkung überhaupt nicht zu berücksichtigen. Negative Anleger-Abkommensgewinne dürfen nur bis zur Höhe der Teilwertabschreibung gegenkorrigiert werden.

Beispiel:

Die GmbH hält 100 Spezial-Investmentanteile am S-Fonds. Die Anschaffungskosten betrugen 1 Mio. €. Der Kurs ist dauerhaft auf 400 000 € gefallen. Im laufenden Wj. wird eine Teilwertabschreibung von 600 000 € vorgenommen. Der Anleger-Abkommensgewinn zum Bilanzstichtag beträgt -690 000 €. Unterstellt man keine anderen Geschäftsvorfälle, ergibt sich folglich ein steuerbilanzieller Jahresfehlbetrag von 600 000 €. Im Rahmen der Korrektur um den Anleger-Abkommensgewinn dürfen nach § 49 Abs. 2 Satz 3 InvStG aber nur 600 000 € durch Eintragung in Zeile 266 gegenkorrigiert werden, obwohl der negative Anleger-Abkommensgewinn 690 000 € beträgt.

Solange der angesetzte Teilwert unter den Anschaffungskosten liegt, ist zum Ende eines jeden Wj. zu prüfen, ob eine außerbilanzielle Korrektur erfolgen muss oder nicht.[1)]

Beispiel:

Die GmbH hält 100 Spezial-Investmentanteile am S-Fonds. Die Anschaffungskosten betrugen 1 Mio. €. Der Kurs ist dauerhaft auf 400 000 € gefallen. Im Wj. 10 wird eine Teilwertabschreibung von 600 000 € vorgenommen. Der Anleger-Abkommensgewinn zum Bilanzstichtag beträgt 10 000 €. Unterstellt man keine anderen Geschäftsvorfälle, ergibt sich folglich ein steuerbilanzieller Jahresfehlbetrag von 600 000 €. Im Rahmen der Korrektur um den Anleger-Abkommensgewinn darf nach § 49 Abs. 2 Satz 3 InvStG aber nichts gegenkorrigiert werden, weil ein positiver Abkommensgewinn vorliegt.

Im Wj. 11 wird der bilanzielle Wert nicht verändert. Der steuerliche Jahresüberschuss/-fehlbetrag beträgt daher 0 €. Allerdings ergibt sich nunmehr zum Bilanzstichtag ein Anleger-Abkommensgewinn von -20 000 €. Nach der Verwaltungsauffassung muss nunmehr eine außerbilanzielle Korrektur von 20 000 € erfolgen (Eintragung von -20 000 € in Zeile 266).

An den folgenden Bilanzstichtagen ist die außerbilanzielle Korrektur immer nur insoweit vorzunehmen, als sie in den Vorjahren noch nicht berücksichtigt wurde.

Auch bei Teilwertzuschreibungen sind die außerbilanziellen Korrekturen nach § 49 InvStG auf den Betrag der Teilwertzuschreibung begrenzt.

603 In **Zeile 267** ist die Summe aller **Anleger-Teilfreistellungsgewinne** einzutragen, die i.R. einer Teilwertab- oder -zuschreibung nach § 49 InvStG außerbilanziell zu korrigieren sind. Der Grundgedanke des Anleger-Teilfreistellungsgewinns ist es, nicht ausgeschüttete oder als ausgeschüttet geltende Erträge, die der Teilfreistellung unterliegen, auch i.R. eines Veräußerungsgewinns nur entsprechend ihrer Freistellungsquote zu versteuern. Normalerweise ist der Anleger-Teilfreistellungsgewinn also i.R. der Veräußerung von Spezial-Investmentfondsanteilen zu ermitteln und steuerfrei zu stellen.

Allerdings sieht § 49 Abs. 1 Satz 2 InvStG eine analoge Behandlung bei der Teilwertabschreibung und bei der Teilwertzuschreibung vor. Nach Verwaltungsauffassung ist die Prüfung auf außerbilanzielle Korrektur nach § 49 InvStG in jedem Wj. vorzunehmen, solange der Teilwert der Anteile unter den maßgebenden Anschaffungskosten liegt.

Hinsichtlich der Berechnung des Anleger-Teilfreistellungsgewinns gelten die Ausführungen in → Rz. 602 analog.

Eine Besonderheit ergibt sich jedoch, da die Höhe der Teilfreistellung davon abhängt, ob die Erträge einer natürlichen Person, einer Körperschaft oder einer Person zufließen, für die § 20 Abs. 1 Satz 4 oder 5 InvStG gelten (Banken, Lebens- und Krankenversicherungsunternehmen und Pensionsfonds). Für Körperschaften ist daher zunächst zu entscheiden, ob für den nach Maßgabe der → Rz. 602 ermittelte Anleger-Teilfreistellungsgewinn die Voraussetzungen des § 20 Abs. 1 Satz 4 oder 5 InvStG vorliegen. Ist dies der Fall, ist der Wert in **Zeile 268** einzutragen. Es erfolgt eine Korrektur des Einkommens, da die Gewinnauswirkungen für natürliche Personen und Körperschaften, die unter § 20 Abs. 1 Satz 4 oder 5 InvStG fallen, gleich sind.

Soweit die Körperschaft, für die die Steuererklärung ausgefüllt wird, nicht unter § 20 Abs. 1 Satz 4 oder 5 InvStG fällt, ist der Anleger-Teilfreistellungsgewinn in **Zeile 267 (Vorspalte)** einzutragen. Ein Übertrag in die Hauptspalte und damit eine Korrektur des Einkommens erfolgt nur, wenn die Körperschaft, für die Steuererklärung ausgefüllt wird, keine Organgesellschaft ist. Handelt es sich um eine Organgesellschaft, wird der Betrag bei der Berücksichtigung der Korrekturbeträge für Körperschaften berücksichtigt. Eine zusätzliche Angabe für natürliche Personen, die die Anteile im Privatvermögen halten, ist in diesen Fällen (Organgesellschaft) in Zeile 46 der Anlage OG erforderlich.

l) Gewinnkorrekturen bei Organschaft (Zeilen 270–285)

604 Im Falle körperschaftsteuerlicher **Organschaft** ist das Einkommen der Organgesellschaft grundsätzlich dem Organträger zuzurechnen (§ 14 Abs. 1 KStG). Ausnahmen ergeben sich nach § 16 KStG lediglich für das den Ausgleichzahlungen an Minderheitsgesellschafter entsprechende Einkommen. Die Gewinnabführung an bzw. die Verlustübernahme durch den Organträger wird im handels- bzw. steuerbilanziellen Ergebnis von Organträger und Organgesellschaft bereits gewinnwirksam berücksichtigt, vgl. § 277 Abs. 3 Satz 2 HGB.

Diese Auswirkung auf den Jahresüberschuss muss wieder rückgängig gemacht werden. Der Vordruck trennt zwischen der Rückgängigmachung beim Organträger (Zeilen 270 bis 280) und der Rückgängigmachung bei der Organgesellschaft (Zeilen 281 bis 285).

1) Vgl. Rz. 49.28 f. InvStE.

aa) Neutralisierung der im bilanziellen Ergebnis des Organträgers auf Grund der Organschaft berücksichtigten Werte (Zeilen 270–280)

	Gewinnkorrekturen bei Organschaft	
	Neutralisierung der im bilanziellen Ergebnis des Organträgers aufgrund der Organschaft berücksichtigten Werte (28)	
269 frei 270	Davon ab: Erträge aus der Gewinnabführung der Organgesellschaft(en)	17.110
271	Dazu: Aufwendungen des Organträgers aus der Verlustübernahme von Organgesellschaft(en)	17.111

Steuernummer - 9 -

Zeile		EUR
272	Dazu: Ausgleichszahlungen des Organträgers an außenstehende Anteilseigner der Organgesellschaft(en) (§ 4 Absatz 5 Satz 1 Nummer 9 EStG)	17.116
273 und 274 frei 275	Dazu: Mehrabführungen, die ihre Ursache in vororganschaftlicher Zeit haben (§ 14 Absatz 3 Satz 1 KStG) (Summe der Beträge laut Zeile 25c aller Anlagen OT, bei denen das Ende des Wirtschaftsjahres laut Anlage OT in dem Wirtschaftsjahr liegt, für das die Anlage GK ausgefüllt wird – gegebenenfalls multipliziert mit der Summe der Beträge laut Zeilen 8 und 9 dividiert durch die Summe der Beträge laut Zeilen 8 bis 10 der jeweiligen Anlage OT)	
276	Davon ab: Minderabführungen, die ihre Ursache in vororganschaftlicher Zeit haben (§ 14 Absatz 3 Satz 2 KStG) (Summe der Beträge laut Zeile 25d aller Anlagen OT, bei denen das Ende des Wirtschaftsjahres laut Anlage OT in dem Wirtschaftsjahr liegt, für das die Anlage GK ausgefüllt wird – gegebenenfalls multipliziert mit der Summe der Beträge laut Zeilen 8 und 9 dividiert durch die Summe der Beträge laut Zeilen 8 bis 10 der jeweiligen Anlage OT)	
277	Davon ab: Minderabführungen, die ihre Ursache in organschaftlicher Zeit haben (§ 14 Absatz 4 Satz 1 KStG) (Summe der Beträge laut Zeile 25b aller Anlagen OT, bei denen das Ende des Wirtschaftsjahres laut Anlage OT in dem Wirtschaftsjahr liegt, für das die Anlage GK ausgefüllt wird – gegebenenfalls multipliziert mit der Summe der Beträge laut Zeilen 8 und 9 dividiert durch die Summe der Beträge laut Zeilen 8 bis 10 der jeweiligen Anlage OT)	
278	Dazu: Mehrabführungen, die ihre Ursache in organschaftlicher Zeit haben (§ 14 Absatz 4 Satz 2 KStG) (Summe der Beträge laut Zeile 25a aller Anlagen OT, bei denen das Ende des Wirtschaftsjahres laut Anlage OT in dem Wirtschaftsjahr liegt, für das die Anlage GK ausgefüllt wird – gegebenenfalls multipliziert mit der Summe der Beträge laut Zeilen 8 und 9 dividiert durch die Summe der Beträge laut Zeilen 8 bis 10 der jeweiligen Anlage OT)	
279	Dazu / Davon ab: Saldo der Mehr- und Minderabführungen, die im laufenden Wirtschaftsjahr bilanziell berücksichtigt wurden, aus Feststellungen für den vorangegangenen Veranlagungszeitraum	
280	Davon ab: Verdeckte Gewinnausschüttungen der Organgesellschaft(en)	17.150

Mit den **Zeilen 270 bis 280** soll die bilanzielle Auswirkung des **Gewinnabführungsvertrages auf den Jahresüberschuss** des Organträgers **neutralisiert** werden. Die Neutralisierung ist erforderlich, da vom Organträger das ihm zuzurechnende Einkommen der Organgesellschaft besteuert werden soll, nicht das Ergebnis des Gewinnabführungsvertrages. Das dem Organträger zuzurechnende Einkommen und die als Ertrag zu verbuchende Gewinnabführung bzw. als Aufwand zu verbuchende Verlustübernahme unterscheiden sich vor allem durch unterschiedliche Bewertungsvorschriften in Handels- und Steuerbilanz (für den Gewinnabführungsvertrag ist das Handelsrecht maßgebend) und außerbilanzielle Korrekturen. Außerdem wird für die Berechnung der abzugsfähigen Zuwendungen (Spenden) die Summe der Einkünfte ohne das Ergebnis vorgelagerter Organgesellschaften benötigt. **605**

Bevor dem Organträger das ihm zuzurechnende Einkommen der Organgesellschaften über die Zeile 38 der Anlage ZVE (und die Anlage OT) zugerechnet wird, muss das bilanziell berücksichtigte Ergebnis in den Zeilen 270 bis 280 neutralisiert werden. **606**

Die in den nachfolgenden Zeilen einzutragenden Werte müssen den bilanziellen Jahresüberschuss in Zeile 11 beeinflusst haben. Nach Handelsrecht ist die Gewinnabführung immer ertragswirksam zu berücksichtigen, vgl. § 277 Abs. 3 Satz 2 HGB. Mangels anderer steuerbilanzieller Regelungen gilt dies auf Grund der Maßgeblichkeit auch für die Steuerbilanz. **607**

In diesem Abschnitt werden nur Summenwerte erfasst. Eine Aufgliederung auf die einzelnen Organgesellschaften wird ab dem VZ 2022 von der FinVerw. nicht mehr gefordert. In der Praxis werden Gewinnabführung und Verlustübernahme in der Buchführung ohnehin nicht für die einzelne Organgesellschaft erfasst. Es werden vielmehr alle Organschaften über die gleichen Aufwands- und Ertragskonten gebucht. Zusätzlich ist pro Organgesellschaft eine Anlage OT abzugeben, auf der das dem Organträger zuzurechnende Einkommen und weitere für die Besteuerung relevante Tatbestände einzugeben sind. **608**

In **Zeile 270** ist der **Ertrag**, den der Organträger aus der **Gewinnabführung der Organgesellschaft** erhalten hat, einzutragen. Auf die tatsächliche Zahlung kommt es nicht an. Maßgebend ist der Betrag, der im Jahresüberschuss als Ertrag berücksichtigt wurde – selbst wenn dieser fehlerhaft sein sollte. **609**

610 In **Zeile 271** ist der Aufwand aus der **Verlustübernahme** des Organträgers für Verluste der Organgesellschaft einzutragen. Auf die tatsächliche Zahlung kommt es nicht an. Maßgebend ist der Betrag, der im Jahresüberschuss als Aufwand berücksichtigt wurde – selbst wenn dieser fehlerhaft sein sollte.

611 **Ausgleichszahlungen des Organträgers** an außenstehende Anteilseigner der Organgesellschaft sind in **Zeile 272** einzutragen. Ist der Organträger an der Organgesellschaft nicht zu 100 % beteiligt, muss für die übrigen Anteilseigner ein angemessener Ausgleich gezahlt werden, vgl. § 304 AktG. Die Ausgleichszahlungen können sowohl vom Organträger als auch von der Organgesellschaft geleistet werden. Hier sind nur Ausgleichszahlungen einzutragen, zu denen der Organträger rechtlich verpflichtet ist. Die Ausgleichszahlungen sind handels- und steuerbilanziell als Aufwand zu erfassen. Wirtschaftlich stellt die Ausgleichszahlung für die außenstehenden Anteilseigner einen Ersatz für entgangene Gewinnausschüttungen dar. Nach § 4 Abs. 5 Nr. 9 EStG sind derartige Ausgleichszahlungen nicht abzugsfähige Betriebsausgaben. Ausgleichszahlungen, die der Organträger geleistet hat, sind nicht von ihm, sondern von der Organgesellschaft zu versteuern, vgl. § 16 Satz 2 KStG. Dies erfolgt über die Eintragung zu Zeile 24 der Anlage OT. Bei der Organgesellschaft sind die vom Organträger übernommenen Ausgleichszahlungen in Zeile 15 der Anlage OG einzutragen.

612 In **Zeile 275** ist die Summe der **vororganschaftlichen Mehrabführungen** einzutragen. Mehr-/Minderabführungen entstehen, wenn der handelsrechtlich auf Grund des Gewinnabführungsvertrags abzuführende Jahresüberschuss/-fehlbetrag vom steuerbilanziell ermittelten Jahresüberschuss/-fehlbetrag der Organgesellschaft abweicht. Dies geschieht vor allem bei Abweichungen der Steuer- von der Handelsbilanz (z.B. bei Beteiligung der Organgesellschaft an einer Mitunternehmerschaft oder auch nach Betriebsprüfungen), aber auch bei Bildung einer (zulässigen) Gewinnrücklage bei der Organgesellschaft oder bei Verrechnung von Gewinnen mit einem Verlustvortrag. Vororganschaftliche Mehrabführungen gelten als Gewinnausschüttungen der Organgesellschaft an den Organträger, vgl. § 14 Abs. 3 Satz 1 KStG. Da in den Zeilen 222 und 223 die handelsrechtliche Gewinnabführung/Verlustübernahme neutralisiert wird, wird damit auch die (fiktive) Gewinnausschüttung einer vororganschaftlichen Mehrabführung neutralisiert. Das darf aber nicht sein, da die fiktive Gewinnausschüttung das Einkommen des Organträgers erhöhen muss. Aus diesem Grund muss die vororganschaftliche Mehrabführung in Zeile 275 hinzugerechnet werden.

Die fiktive Gewinnausschüttung ist beim Organträger wiederum nach § 8b KStG (oder nach § 3 Nr. 40 EStG) teilweise steuerbefreit. Derartige Ausschüttungen müssen daher – bei Vorliegen der übrigen Voraussetzungen – auch in Zeile 151 ff. erfasst werden, soweit nicht die Verwendung des steuerlichen Einlagekontos bescheinigt wurde. Falls für vororganschaftliche Mehrabführungen das steuerliche Einlagekonto verwendet wurde, kann es zu einer Eintragung in Zeile 171 kommen (Näheres → Rz. 512).

Der hier einzutragende Wert wird aus den Angaben der Anlagen OT ermittelt werden. Die vororganschaftlichen Mehrabführungen werden gesondert festgestellt. Sie werden in dieser Zeile nur korrigiert, wenn das Wj. der Organgesellschaft (Zeile 3a der Anlage OT) innerhalb des Wj. endet, für das die Anlage GK ausgefüllt wird. Falls i.R. der gesonderten und einheitlichen Feststellung nach § 14 Abs. 5 KStG festgestellt wurde, dass lediglich eine mittelbare Beteiligung vorliegt, darf die Korrektur nur anteilig erfolgen.[1)]

Beispiel:

Zwischen der OT-GmbH und der OG-AG wird zum 01.01.02 (Beginn des Wj. der Organgesellschaft) ein Organschaftsverhältnis begründet. Die OT-GmbH hält 100 % der Aktien der OG-AG. Die OG-AG ist handelsrechtlich eingegliedert. Die OG-AktG hatte zum 31.12.01 eine Gewinnrücklage von 500 000 € gebildet. Diese wird im Wj. 02 aufgelöst und an die OT-GmbH i.R. der Gewinnabführung abgeführt. Die Gewinn- und Verlustrechnung der OG-AG stellt sich vereinfacht wie folgt dar:

Umsatzerlöse	…
Personalaufwand	…
Gewinnabführung	- 9 500 000 €
Jahresfehlbetrag	- 500 000 €
Auflösung der Gewinnrücklage	+ 500 000 €
Bilanzgewinn	0 €

In der Steuererklärung der Organgesellschaft ist der Jahresfehlbetrag mit -500 000 € in Zeile 11 der Anlage GK einzutragen. In Zeile 270 ist die Gewinnabführung mit 9,5 Mio. € einzutragen, sodass sich Einkünfte aus Gewerbebetrieb von 9 Mio. € ergeben. Mangels anderer Sachverhaltsangaben entspricht dies auch dem Einkommen der Organgesellschaft, was dem Organträger zuzurechnen und nach § 14 Abs. 5 KStG gesondert und einheitlich festzustellen ist.

In der Steuererklärung des Organträgers ergibt sich – unterstellt es gäbe keine weiteren Geschäftsvorfälle nur der Ertrag aus der Gewinnabführung i.H.v. 9,5 Mio. €, der dann auch dem Jahresüberschuss entsprechen würde. Der Ertrag aus der Gewinnabführung wird über den Eintrag in Zeile 270 neutralisiert. Bei der Auflösung der Gewinnrücklage handelt es sich – da sie auf Jahre vor Begründung der Organschaft entfällt – um eine vororganschaftliche Mehrabführung. Diese führt zu einer fiktiven Gewinnausschüttung. Eine Einkommenserhöhung beim Organträger hat jedoch noch nicht stattgefunden. Folglich ist in Zeile 275 die vororganschaftliche Mehrabführung einzutragen und das Einkommen insoweit zu erhöhen. Die Ausschüttung ist allerdings nach § 8b Abs. 1 i.V.m. Abs. 4 KStG steuerbefreit, da sie 100 % der Anteile hält. Die Mehrabführung muss daher i.H.v. 500 000 € auch in Zeile 156 eingetragen werden.

613 In **Zeile 276** sind **vororganschaftliche Minderabführungen** einzutragen. Sie entstehen z.B. bei Verrechnung von Gewinnen mit handelsrechtlichen Verlustvorträgen, die vor Begründung der Organschaft entstanden sind. Voror-

1) Vgl. Rz. 34 des BMF v. 29.9.2022, IV C 2 – S 2770/19/10004 :007, BStBl I 2022, 1412.

ganschaftliche Minderabführungen gelten als Einlagen des Organträgers in die Organgesellschaft, vgl. § 14 Abs. 3 Satz 2 KStG. Sie wirken sich letztlich genau umgekehrt wie vororganschaftliche Mehrabführungen aus.

Der hier einzutragende Wert kann aus den Angaben aus der Anlage OT ermittelt werden. Einzutragen ist der Betrag laut Zeile 25d der Anlage OT, wenn das Wj. der Organgesellschaft (Zeile 3a der Anlage OT) innerhalb des Wj. endet, für das die Anlage GK ausgefüllt wird. Falls dies nicht so ist → Rz. 616. Falls i.R. der gesonderten und einheitlichen Feststellung nach § 14 Abs. 5 KStG festgestellt wurde, dass lediglich eine mittelbare Beteiligung vorliegt, darf die Korrektur nur anteilig erfolgen.[1]

In der **Zeile 277** werden organschaftliche Minderabführungen, die nach dem 31.12.2021 entstanden sind, vom Einkommen abgezogen und damit neutralisiert. Mehr- und Minderabführungen entstehen mit Ablauf des Wj. der Organgesellschaft, vgl. § 14 Abs. 4 Satz 4 KStG. Der hier einzutragende Wert wird aus den Angaben in den Anlagen OT abgeleitet. Organschaftliche Minderabführungen, die nach dem 31.12.2021 entstehen, gelten als Einlagen des Organträgers in die Organgesellschaft, vgl. § 14 Abs. 4 Satz 1 KStG. In der Steuerbilanz müssen sie den Buchwert des Anteils des Organträgers an der Organgesellschaft erhöht haben. Bei echten Einlagen wird die Buchwerterhöhung gegen ein anderes aktives Bestandskonto gebucht (beispielsweise Beteiligung OG an Bank). Da für die Buchwerterhöhung der organschaftlichen Minderabführung kein Bestandskonto als Gegenkonto möglich ist, muss an Ertrag gebucht werden. Diese Gewinnerhöhung wird durch die Eintragung in Zeile 277 wieder rückgängig gemacht. **614**

Der hier einzutragende Wert kann aus den Angaben aus der Anlage OT ermittelt werden. Einzutragen ist der Betrag laut Zeile 25b der Anlage OT, wenn das Wj. der Organgesellschaft (Zeile 3a der Anlage OT) innerhalb des Wj. endet, für das die Anlage GK ausgefüllt wird. Falls dies nicht so ist → Rz. 616. Falls i.R. der gesonderten und einheitlichen Feststellung nach § 14 Abs. 5 KStG festgestellt wurde, dass lediglich eine mittelbare Beteiligung vorliegt, darf die Korrektur nur anteilig erfolgen.[2]

Die organschaftliche Mehrabführung ist in **Zeile 278** einzutragen, wenn sie nach dem 31.12.2021 entstanden ist. Mehr- und Minderabführungen entstehen mit Ablauf des Wj. der Organgesellschaft, vgl. § 14 Abs. 4 Satz 4 KStG. Die organschaftliche Mehrabführung gilt, wenn sie nach dem 31.12.2021 entstanden ist, als Einlagenrückgewähr der Organgesellschaft an den Organträger, vgl. § 14 Abs. 4 Satz 2 KStG. Dies bedeutet, dass die organschaftliche Mehrabführung den Buchwert der Beteiligung des Organträgers an der Organgesellschaft mindern muss. Eine normale Einlagenrückgewähr erhöht regelmäßig ein aktives Bestandskonto (z.B. Bank). Eine solches steht bei der Mehrabführung aber nicht zur Verfügung, weshalb nur die Buchung als Aufwand verbleibt (Aufwand aus Mehrabführung an Beteiligung OG). **615**

Problematisch ist dies, wenn die Einlagenrückgewähr den Buchwert ins Negative drücken würde.

Beispiel:

OT ist Organträger der OG. Die Beteiligung an der OG hat einen Buchwert von 100. Aus der Organschaft resultiert im Wj. eine organschaftliche Mehrabführung von 120.

Die organschaftliche Mehrabführung von 120 ist nur i.H.v. 100 durch einen Buchwert gedeckt. In dieser Höhe kann eine Buchung durch Aufwand aus Mehrabführung an Beteiligung OG 100 bilanziell durchgeführt werden. Der darüber hinausgehende Betrag von 20 kann bilanziell nicht mehr abgebildet werden. Ein negativer Buchwert ist nicht zulässig. Ein Ertrag wäre nur durch Buchung von Aufwand an Ertrag abbildbar, was bilanztechnisch eine Nullbuchung ist. Der Jahresüberschuss/-fehlbetrag wäre im Ergebnis nicht um 20 erhöht worden. Da die Lösung nicht steuerbilanziell gefunden werden kann, muss sie außerbilanziell gefunden werden. Im vorliegenden Fall hat sich durch die Buchung gegen Aufwand der Jahresüberschuss nur um 100 gemindert. Außerbilanziell wird aber nun die ganze Mehrabführung von 120 hinzugerechnet, sodass sich im Saldo eine Erhöhung des Jahresüberschusses laut Steuerbilanz um 20 ergibt. Dies ist auch zutreffend, weil ein entsprechender Ertrag aus der Einlagenrückgewähr erfasst werden muss. Dieser ist im Regelfall nach § 8b Abs. 2 Satz 3 KStG steuerbefreit. Die Erhöhung des Gewinns kann jedoch erst durch die außerbilanzielle Zurechnung in dieser Zeile realisiert werden.

Der hier einzutragende Wert kann aus den Angaben aus der Anlage OT ermittelt werden. Einzutragen ist der Betrag laut Zeile 25a der Anlage OT, wenn das Wj. der Organgesellschaft (Zeile 3a der Anlage OT) innerhalb des Wj. endet, für das die Anlage GK ausgefüllt wird. Falls dies nicht so ist → Rz. 616. Wurde i.R. der gesonderten und einheitlichen Feststellung nach § 14 Abs. 5 KStG festgestellt, dass lediglich eine mittelbare Beteiligung vorliegt, darf die Korrektur nur anteilig erfolgen.[3]

Die **Zeile 279** dient der Erfassung des Saldos der Mehr- und Minderabführungen, die aus Vorjahren im laufenden Wj. zu berücksichtigen sind. Weicht das Wj. der Organgesellschaft und das Wj. des Organträgers vom Kj. ab, kann sich ein Periodenversatz der bilanziellen Korrektur ergeben. Das dem Organträger zuzurechnende Einkommen der Organgesellschaft wird immer für einen VZ festgestellt. Maßgebend ist das Kj. der Organgesellschaft.[4] Es ist also möglich, dass die Gewinnabführung/Verlustübernahme in einem anderen VZ zu berücksichtigen ist als das Einkommen. **616**

---

1) Vgl. Rz. 34 des BMF v. 29.9.2022, IV C 2 – S 2770/19/10004 :007, BStBl I 2022, 1412.
2) Vgl. Rz. 34 des BMF v. 29.9.2022, IV C 2 – S 2770/19/10004 :007, BStBl I 2022, 1412.
3) Vgl. Rz. 34 des BMF v. 29.9.2022, IV C 2 – S 2770/19/10004 :007, BStBl I 2022, 1412.
4) Vgl. BFH v. 29.10.1974, I R 240/72, BStBl II 1975, 126.

Beispiel:
OT ist Organträger der OG. Das Wj. der Organgesellschaft beginnt am 01.05.10. Das Wj. des Organträgers am 01.04.10. Die handelsrechtliche Gewinnabführung der OG zum 30.04.10 beträgt 100. Es ist eine organschaftliche Minderabführung von 20 entstanden. Das zuzurechnende Einkommen beträgt 150.

Lösung:
Das Einkommen der OG, das sie im Wj. 01.05.09-30.04.10 i.H.v. 150 erzielt hat wird dem OT für den VZ 10 zugerechnet. In der Veranlagung für den VZ 10 fließt das Wj. vom 01.04.09-31.03.10 ein. Bilanziell ist die Gewinnabführung dem Wj. vom 01.04.10-31.03.11 zuzurechnen. Die Korrekturen der Organschaft zu den Zeilen 270/271 sind folglich erst im VZ 11 vorzunehmen.

Ab dem VZ 2022 ist die Vorgehensweise, die für die Zeilen 270 bis 272 anwendbar ist, für die Mehr- und Minderabführungen nicht mehr anwendbar, da die Eintragungen aus der Anlage OT automatisch abgeleitet werden sollen. Für die Berechnung der Zeilen 275 bis 278 werden allerdings nur Eintragungen auf der Anlage OT, bei denen das Ende des Wj. der Organgesellschaft im Wj. liegt, für das die Anlage GK ausgefüllt wird. Mehr- und Minderabführungen, die bilanziell erst im Folgejahr berücksichtigt werden dürfen, werden nicht auf die Anlage GK übertragen. Mit der **Zeile 279** wurde nun eine Eintragungsmöglichkeit geschaffen, mit der **Mehr- und Minderabführungen**, die im **vorangegangenen Wj.** der Organgesellschaft entstanden sind, **im laufenden Wj. zu berücksichtigen sind**. Es ist zutreffend hier nur den Saldo der organschaftlichen und vororganschaftlichen Mehr- und Minderabführungen zu erfassen, da sich nur dieser Betrag rechnerisch auswirkt.

617 **VGA**, die der Organträger **von der Organgesellschaft** erhalten hat, sind in **Zeile 280** vom Einkommen wieder abzurechnen. Die verdeckten Gewinnausschüttungen haben bereits das Einkommen erhöht, das dem Organträger zuzurechnen ist (Eintrag in Zeile 13 der Anlage OT, →Rz. 1140 ff.). Wenn die vGA den Jahresüberschuss des Organträgers erhöht hat, ist sie in Zeile 280 einzutragen und damit aus dem Einkommen zu kürzen, vgl. R 14.7 Abs. 2 KStR 2022.

bb) Neutralisierung der im bilanziellen Ergebnis der Organgesellschaft auf Grund der Organschaft berücksichtigten Werte (Zeilen 281–285)

	Neutralisierung der im bilanziellen Ergebnis der Organgesellschaft aufgrund der Organschaft berücksichtigten Werte	
281	Dazu: Von der Organgesellschaft an den Organträger abzuführender Gewinn	17.112
282	Davon ab: Vom Organträger an die Organgesellschaft zum Ausgleich eines sonst entstehenden Jahresfehlbetrages zu leistender Betrag	17.113
283	Dazu: Von der Organgesellschaft geleistete Ausgleichszahlungen an außenstehende Anteilseigner (§ 4 Absatz 5 Satz 1 Nummer 9 EStG)	17.234
284	Dazu: An den Organträger geleistete verdeckte Gewinnausschüttungen (R 14.6 Absatz 4 Satz 1 KStR 2022)	17.152
285	Dazu: Von der Organgesellschaft geleistete verdeckte Gewinnausschüttungen an außenstehende Anteilseigner (R 14.6 Absatz 4 Satz 4 KStR 2022)	17.224

618 Dieser Abschnitt dient der Neutralisierung der im Jahresüberschuss/-fehlbetrag lt. Zeile 11 der Organgesellschaft auf Grund der Organschaft berücksichtigten Werte. Die Neutralisierung ist notwendig, da eine Gewinnabführung den Jahresüberschuss gemindert hat bzw. eine Verlustübernahme den Jahresüberschuss erhöht hat. Eintragungen sind nur zulässig, wenn die Körperschaft, für die die Steuererklärung auszufüllen ist, in dem Wj., für das die Anlage GK auszufüllen ist, Organgesellschaft ist. Zu den Voraussetzungen für die Anerkennung der Organschaft siehe →Rz. 1012 ff. Die Neutralisierung der Gewinnabführung/Verlustübernahme ist notwendig, um das zutreffende, dem Organträger zuzurechnende Einkommen ermitteln zu können. Außerdem ist es Voraussetzung für die korrekte Berechnung des Zuwendungsabzugs (Spendenabzug).

619 Anders als in den Zeilen 281 bis 285 kann eine Körperschaft nur Organgesellschaft genau eines Organträgers sein. Maßgebend sind auch hier die konkreten Buchungen im Jahresüberschuss/-fehlbetrag. Etwaige Fehler in der Handelsbilanz führen ggf. zu einem falschen Betrag der Gewinnabführung. Dies führt grundsätzlich zum Scheitern der Organschaft, da die korrekte Durchführung des Gewinnabführungsvertrages eine gesetzliche Voraussetzung für die Anerkennung der Organschaft ist, vgl. § 14 Abs. 1 Nr. 3 KStG. Wird der falsche Betrag abgeführt bzw. vom Organträger übernommen gibt es aber Heilungsmöglichkeiten nach § 14 Abs. 1 Nr. 3 Satz 4 und 5 KStG.

620 In **Zeile 281** ist der an den Organträger **abgeführte Gewinn** einzutragen. Der Betrag kann aus der Buchführung entnommen werden. In diesem Betrag müssen etwaige vor- und innerorganschaftliche Mehr- und Minderabführungen enthalten sein (ergänzend siehe →Rz. 1012 ff.).

621 Spiegelbildlich dazu ist im Verlustübernahmefall der vom Organträger **zu übernehmende Verlust** in **Zeile 282** einzutragen. Auch in diesem Betrag müssen etwaige vor- und innerorganschaftliche Mehr- und Minderabführungen enthalten sein (ergänzend siehe →Rz. 1012 ff.).

622 In **Zeile 283** sind von der **Organgesellschaft geleistete Ausgleichszahlungen außenstehende Anteilseigner** einzutragen. VGA an außenstehende Anteilseigner sind in einer eigenen Zeile 284 einzutragen. Hier muss der tatsächlich an die außenstehenden Anteilseigner zu zahlende (oder gezahlte) Betrag eingetragen werden ohne die darauf

entfallende Steuerbelastung. Die Ausgleichszahlungen und vGA müssen i.H.v. 20/17 von der Organgesellschaft selbst versteuert werden, vgl. § 16 KStG. Dies geschieht durch Abzug von 20/17 der Ausgleichszahlungen und verdeckten Gewinnausschüttungen an außenstehende Anteilseigner von dem, dem Organträger zuzurechnenden Einkommen der Organgesellschaft in Zeile 14 der Anlage OG. In Zeile 122 wird dagegen nur das Abzugsverbot des § 4 Abs. 5 Nr. 9 EStG umgesetzt. Die als Aufwand zu buchenden Ausgleichszahlungen sind hier wieder hinzuzurechnen. Die Körperschaftsteuer und der Solidaritätszuschlag auf die von der Organgesellschaft selbst zu versteuernden Einkommen werden handelsrechtlich regelmäßig zur Bildung einer Steuerrückstellung führen. Die entsprechende Aufwandskorrektur erfolgt nicht über die Zeile 283, sondern über die Zeilen 81 und 82 der Anlage GK.

In **Zeile 284** sind die **an den Organträger** geleisteten **verdeckten Gewinnausschüttungen** einzutragen. Diese sind als vorweggenommene Gewinnabführungen zu behandeln, die die tatsächliche Durchführung des Gewinnabführungsvertrages nicht in Frage stellen, vgl. R 14.6 Abs. 4 Satz 1 KStR 2022. Das Einkommen der Organgesellschaft ist nach § 8 Abs. 3 Satz 2 KStG dennoch um die vGA zu erhöhen, was wiederum das dem Organträger zuzurechnende Einkommen erhöht. **623**

VGA an außenstehende Anteilseigner sind mit Ausgleichszahlungen (Zeile 283) wirtschaftlich vergleichbar und werden deshalb auch gleich behandelt, vgl. R 14.6 Abs. 4 Satz 4 KStR 2022. Sie müssen in der **Zeile 285** eingetragen werden und erhöhen das Einkommen. **624**

m) Neutralisierung von Mehr- und Minderabführungen bei Körperschaften, die nicht Organträger der Organgesellschaft sind (vermittelnde Körperschaften) (Zeilen 286–295)

	Im bilanziellen Ergebnis berücksichtigte Mehr- und Minderabführungen, obwohl die Körperschaft nicht Organträger der Organgesellschaft ist (vermittelnde Körperschaft) 76	
286 bis 291 frei		
292	Dazu: Mehrabführungen, die ihre Ursache in vororganschaftlicher Zeit haben (§ 14 Absatz 3 Satz 1 KStG)	13.336
293	Davon ab: Minderabführungen, die ihre Ursache in vororganschaftlicher Zeit haben (§ 14 Absatz 3 Satz 2 KStG)	13.337
294	Davon ab: Minderabführungen, die ihre Ursache in organschaftlicher Zeit haben (§ 14 Absatz 4 Satz 1 KStG)	13.339
295	Dazu: Mehrabführungen, die ihre Ursache in organschaftlicher Zeit haben (§ 14 Absatz 4 Satz 2 KStG)	13.338

Auszug aus den Einzelangaben des elektronischen Datensatzes **625**

Zeile	Bezeichnung
286	Steuernummer und Wirtschafts-Identifikationsnummer der Organgesellschaft
287	Name der Organgesellschaft
288	Mehrabführungen, die ihre Ursache in vororganschaftlicher Zeit haben (§ 14 Abs. 3 Satz 1 KStG)
289	Minderabführungen, die ihre Ursache in vororganschaftlicher Zeit haben (§ 14 Abs. 3 Satz 2 KStG)
290	Minderabführungen, die ihre Ursache in organschaftlicher Zeit haben (§ 15 Abs. 4 Satz 1 KStG)
291	Mehrabführungen, die ihre Ursache in organschaftlicher Zeit haben (§ 14 Abs. 4 Satz 2 KStG)

Es mag zunächst verwundern, dass gemäß der Überschrift dieses Abschnitts die Neutralisierung von Mehr- und Minderabführungen bei einer Körperschaft vorgenommen werden sollen, die gar kein Organträger ist. Mehr- und Minderabführungen (§ 14 Abs. 3 und Abs. 4 KStG) können nämlich nur beim Vorliegen der körperschaftsteuerlichen Organschaft bestehen.

Der Grund hierfür ist, dass der Organträger die Organgesellschaft zwar finanziell beherrschen muss (§ 14 Abs. 1 Nr. 1 KStG), jedoch eine mittelbare Beherrschung über untergeordnete Gesellschaften ausreicht. Es ist also durchaus möglich eine Organschaft über mehrere Zwischenebenen hinweg zu begründen (im Folgenden „mittelbare Organschaft" genannt).[1)] Die Einlagenlösung löst ab dem VZ 2022 die alte Ausgleichspostenmethode ab. In der Ausgleichspostenmethode führten organschaftliche Mehr- oder Minderabführungen immer zu einer Veränderung der bilanziellen Ausgleichsposten. Die Ausgleichsposten konnten unabhängig vom Vorliegen einer Beteiligung gebildet oder aufgelöst werden. Mit Einführung der Einlagenlösung für Organschaften stellt sich nun aber das Problem, dass Minderabführungen den Buchwert der Beteiligung an der Organgesellschaft erhöhen, während organschaftliche Mehrabführungen[2)] ihn mindern. Wenn aber der Organträger nicht oder nicht im vollen Umfang an der Organgesellschaft beteiligt ist, stellt sich die Frage, wie die steuerbilanziellen Folgen der Mehr- oder Minderabführungen abgebildet werden sollen.

1) Nach der Definition im BMF v. 29.9.2022, IV C 2 – S 2770/19/10004 :007, BStBl I 2022, 1412.
2) Vororganschaftliche Mehrabführungen sind Leistungen der Organgesellschaft an den Organträger, vgl. § 14 Abs. 3 Satz 1 KStG. Es kann sich um eine Einlagenrückgewähr handeln, aber nur wenn nach der allgemeinen Verwendungsreihenfolge des § 27 Abs. 1 KStG das Einlagekonto als verwendet gilt und eine entsprechende Bescheinigung ausgestellt wurde. Falls dem so ist, wir die vororganschaftliche Mehrabführung vergleichbar der organschaftlichen Mehrabführung behandelt.

Die FinVerw. definiert hierfür folgende Fallgruppen:[1)]

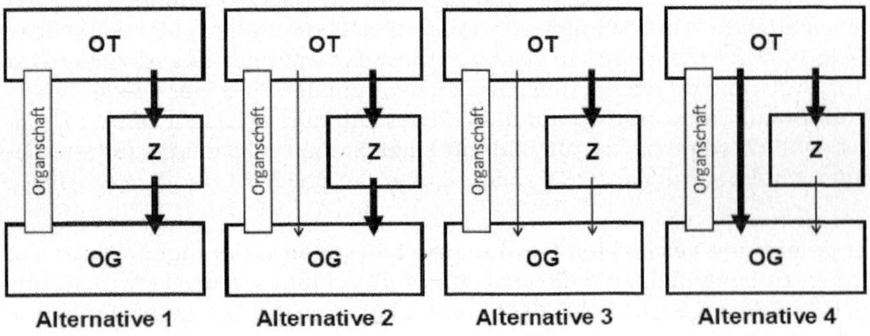

Die Eintragungen in diesem Abschnitt dienen immer der ggf. notwendigen Neutralisierung von organschaftlichen Mehr- und Minderabführungen der in der obigen Abbildung als „Z" bezeichneten Gesellschaft. Die FinVerw. bezeichnet diese Gesellschaft als „Zwischengesellschaft", was irreführend ist, weil der Begriff der Zwischengesellschaft bereits für Gesellschaften nach §§ 7 ff. AStG reserviert ist.

In der **Alternative 1** ist der Organträger an der Organgesellschaft direkt überhaupt nicht beteiligt. Nach Auffassung der FinVerw. sind die bilanziellen Folgen von organschaftlichen Mehr- und Minderabführungen sowohl bei der im obigen Schaubild als Z bezeichneten Gesellschaft vorzunehmen, als auch beim Organträger. Die als Z bezeichnete Gesellschaft muss also den Buchwert der Beteiligung an der OG erhöhen bzw. mindern und ggf. einen Ertrag aus der Einlagenminderung versteuern,[2)] → Rz. 615. Soweit ein Ertrag zu besteuern ist, ist die Anwendung der Steuerbefreiung nach § 8b Abs. 2 KStG zu prüfen. In der Steuerbilanz ist die Buchwertminderung einer Mehrabführung als Aufwand zu buchen (Aufwand aus Mehrabführung an Beteiligung an der OG). Eine Minderabführung ist als Ertrag zu buchen (Beteiligung an der OG an Ertrag aus Minderabführung). Die außerbilanzielle Korrektur der Gewinnauswirkung ist in den Zeilen 286 bis Zeile 291 bezogen auf die jeweilige Beteiligung in der Steuererklärung anzugeben. Auf Ebene des Organträgers sind nach Auffassung der FinVerw. die bilanziellen Folgen der organschaftlichen Mehr- und Minderabführung noch einmal zu ziehen.[3)] Diesmal aber bezogen auf die Beteiligung des Organträgers an der als Z bezeichneten Gesellschaft.

Beratungshinweis:

Laut § 14 Abs. 4 Satz 1 KStG gilt die Minderabführung als Einlage des Organträgers in die Organgesellschaft, die Mehrabführung hingegen als Einlagenrückgewähr der Organgesellschaft an den Organträger, vgl. § 14 Abs. 4 Satz 2 KStG. Korrespondierend hierzu Einlagen bzw. Einlagenrückgewähren an nicht organschaftlich eingebundenen Zwischengesellschaften anzunehmen, ergibt sich nicht unmittelbar aus dem Gesetz. Übersteigt die Mehrabführung den Buchwert kann es bei organschaftlichen Mehrabführungen sowohl auf Ebene des Organträgers als auch auf Ebene der nicht eingebundenen Gesellschaft (Z) zur Entstehung eines Ertrags und damit zur Versteuerung von 5 % des Ertrags kommen. Ist § 8b KStG nicht anwendbar (z.B. wegen § 8b Abs. 7 KStG) kommt es zur zweimaligen Versteuerung des Ertrags in voller Höhe. Die Einlegung von Rechtsmitteln ist in diesen Fällen zu prüfen.

In der **Alternative 2** ergibt sich die finanzielle Eingliederung aus der mittelbaren Beteiligung über die als Z bezeichnete Gesellschaft. Auch ohne die direkte Beteiligung des Organträgers an der Organgesellschaft wäre die finanzielle Eingliederung gegeben.

In der **Alternative 3** ergibt sich die finanzielle Eingliederung weder über die direkte noch über die mittelbare Beteiligung über die als Z bezeichnete Gesellschaft. Die finanzielle Eingliederung ist in diesen Fällen nur durch das Zusammenrechnen beider Beteiligungen gegeben. Sowohl in der Alternative 2 als auch in der Alternative 3 sieht die FinVerw. eine anteilige Berücksichtigung der bilanziellen Folgen der organschaftlichen Mehr- und Minderabführungen über die direkte und die mittelbare(n) Beteiligung(en) vor.[4)] In diesem Abschnitt sind nur Korrekturen einzutragen, die die als Z bezeichnete Gesellschaft betreffen.

Beispiel:

OT ist zu 40 % an der OG beteiligt. OT ist zusätzlich zu 80 % an der Z beteiligt, die wiederum zu 20 % an OG beteiligt ist. OT ist Organträger der OG. Im laufenden VZ entsteht eine Mehrabführung von 90.

Lösung:

Nach der Auffassung der FinVerw. sind die bilanziellen Folgen der Mehrabführung auf beide Beteiligungsstränge im Verhältnis der Beteiligungen aufzuteilen. Da die OT die Z mit 80 % der Stimmrechte beherrscht, sind ihr die Anteile der Z in voller Höhe zuzurechnen, sodass sich eine Aufteilung i.H.v. 40:20 ergeben würde. Auf die direkte Beteiligung entfielen folglich 40/60tel, also 2/3 von 90 = 60. Der Buchwert der Beteiligung des OT an der OG wäre folglich um 60 zu mindern (oder ein Ertrag zu versteuern). In Höhe der verbleibenden 20/60tel, also 1/3 von 90 = 30 ist bei der Z der Buchwert der Beteiligung an der OG zu mindern (oder ein Ertrag zu versteuern). Außerdem ist i.H.v. 30 bei OT der Buchwert der Beteiligung an der Z zu mindern (oder ein Ertrag zu versteuern). Die FinVerw. vertritt hierzu jedoch eine andere Auffassung (siehe im Folgenden).

1) Die Definition ergibt sich aus Rz. 30 und Rz. 34 des BMF v. 29.9.2022, IV C 2 – S 2770/19/10004 :007, BStBl I 2022, 1412. Die Alternative 4 ist dort nicht ausdrücklich definiert.
2) Vgl. Rz. 31 und Rz. 32 des BMF v. 29.9.2022, IV C 2 – S 2770/19/10004 :007, BStBl I 2022, 1412.
3) Vgl. Rz. 31 und Rz. 32 des BMF v. 29.9.2022, IV C 2 – S 2770/19/10004 :007, BStBl I 2022, 1412.
4) Vgl. Rz. 34 f. des BMF v. 29.9.2022, IV C 2 – S 2770/19/10004 :007, BStBl I 2022, 1412.

Die FinVerw. löst das vorgenannte Beispiel jedoch anders. Nach ihrer Auffassung ist OT über die Z nur zu 80 % von 20 % = 16 % beteiligt. Die Aufteilung muss nach Auffassung der FinVerw. also im Verhältnis 40:16 erfolgen. Dies folgt der in R 14.2 Nr. 3 KStR 2022 erläuterten Berechnungsmethode, ist jedoch inkonsequent. Bei der finanziellen Eingliederung kommt es darauf an, dass die beherrschende Gesellschaft ihren Willen bei der beherrschten Gesellschaft durchsetzen kann. Da sie im Beispiel 80 % der Anteile und damit mehr als 50 % beherrscht, kann sie ihren Willen durchsetzen.[1] Die Beteiligung von 80 % muss ihr daher in voller Höhe und nicht nur anteilig zuzurechnen sein. Wenn dem OT 80 % der Stimmrechte zustehen, kann er die Z vollständig beherrschen.[2] Wendet man die Rechtsauffassung der FinVerw. an, „springen" Mehr- und Minderabführungen zur direkten Beteiligung. Die Wahrscheinlichkeit der Entstehung eines Ertrags bei Mehrabführungen wächst hierdurch.

Beratungshinweis:
Die Rechtsauffassung der FinVerw. findet keinen direkten Rückhalt im Gesetz. Der Fall der mittelbaren Organschaft scheint im Gesetzgebungsverfahren nicht ausreichend bedacht worden zu sein. Gerade im Fall von Mehrabführungen muss ein Rechtsbehelfsverfahren in Betracht gezogen werden.

Bei der **Alternative 4** handelt es sich nach Auffassung der FinVerw. nicht um eine mittelbare Organschaft.[3] Die Folgen der organschaftlichen Mehr- und Minderabführungen sind nur beim Organträger zu ziehen. Eintragungen in diesem Abschnitt sind insoweit nicht zulässig.

Eintragungen in diesem Abschnitt sind also nur für die im Schema als Z bezeichnete Gesellschaft zulässig, wenn eine der Alternativen 1 bis 3 vorliegt. Soweit sich organschaftliche Mehr- und Minderabführungen bei der als Z bezeichneten Gesellschaft zu berücksichtigen sind, wird die Buchwertminderung (organschaftliche Mehrabführung) als Aufwand, die Buchwerterhöhung (Minderabführung) als Ertrag verbucht. Auch wenn die FinVerw. die Rechtsauffassung ausdrücklich nur für organschaftliche Mehr- und Minderabführungen vorschreibt, wird durch die Zeilen 288 und 289 deutlich, dass sie auch für vororganschaftliche Mehr- und Minderabführungen gilt – was nur konsequent ist.

Da die Körperschaft, für die die Steuererklärung ausgefüllt wird, an mehreren Organgesellschaften beteiligt sein kann, ohne selbst Organträger zu sein, müssen die Angaben pro Beteiligung an einer Organgesellschaft gemacht werden (Detailangaben Zeilen 286 bis 291). In **Zeilen 286 und 287** ist die **Organgesellschaft**, aus der die Mehr- oder Minderabführungen stammen zunächst mit Steuernummer, Wirtschafts-Identifikationsnummer und Name **zu bezeichnen**. Zur Wirtschafts-Identifikationsnummer siehe → Rz. 68.

Praxishinweis:
Die Mehr- und Minderabführungen werden i.R. der gesonderten und einheitlichen Feststellung nach § 14 Abs. 5 KStG gesondert und einheitlich festgestellt. Feststellungsbeteiligt sind jedoch nur die Organgesellschaft und der Organträger, nicht jedoch die im obigen Schema als Z bezeichnete Gesellschaft, für die in diesem Abschnitt Angaben zu machen sind. Dem Feststellungsbescheid kommt für die Angaben in der als Z bezeichneten Körperschaft keine verfahrensrechtliche Bindungswirkung zu. Jedoch kann der dort ermittelte Betrag als Ausgangsgrundlage genommen werden. Die folgenden Eintragungen erfolgen bei Vorliegen der Alternative 1 zu 100 % des Werts, der auf Ebene der Organgesellschaft ermittelt wurde, bei Vorliegen der Alternativen 2 und 3 zu einem im Verhältnis der Beteiligungsstränge geminderten Ertrag.

Zunächst werden in den **Zeilen 288** und **289** die vororganschaftlichen Mehr- und Minderabführungen erfasst. In den Zeilen **290** und **291** die Organschaftlichen. Hinsichtlich der notwendigen Buchungen in der Steuerbilanz wird auf → Rz. 612 bis → Rz. 615 wird verwiesen. Führen Mehrabführungen zu einer Minderung des Buchwerts (bei vororganschaftlichen Mehrabführungen nur, wenn die Verwendung des steuerlichen Einlagekontos bescheinigt wurde) sind ggf. zusätzliche Angaben in Zeile 177 notwendig → Rz. 519 ff.

Die Einzelangaben zu den Zeilen 288 bis 291 werden aufaddiert und dann in die **Zeilen 292** bis **295** eingetragen. Durch die Eintragung in den Summenzeilen wird die korrekte Auswirkung der Mehr- und Minderabführungen auf das Einkommen sichergestellt.

n) Zinsschranke (Zeilen 295a–298)

	Zinsschranke	
	Nicht bei Organgesellschaften:	
295a	Zwischensumme	
296	Dazu: Zinsaufwendungen nach § 4h Absatz 3 Satz 2 EStG des laufenden Wirtschaftsjahres (Betrag laut Zeile 11 der zugehörigen Anlage Zinsschranke)	
297	Dazu: Zinsaufwendungen nach § 4h Absatz 3 Satz 2 EStG des laufenden Wirtschaftsjahres der Organgesellschaft(en) (Betrag laut Zeile 12 der zugehörigen Anlage Zinsschranke)	
298	Davon ab: Nach Anwendung des § 4h EStG in Verbindung mit § 8 Absatz 1, § 8a KStG als Betriebsausgaben abziehbare Zinsaufwendungen (Betrag laut Zeile 24 der zugehörigen Anlage Zinsschranke)	

1) Anderslautende Bestimmungen der Satzung sind nicht bekannt.
2) Jedenfalls, wenn es keine abweichenden satzungsmäßigen Regelungen gibt.
3) Vgl. Rz. 27 des BMF v. 29.9.2022, IV C 2 – S 2770/19/10004 :007, BStBl I 2022, 1412.

626 Nach § 4h EStG sind – unter Berücksichtigung weiterer Voraussetzungen – Zinsaufwendungen nicht abzugsfähig, soweit sie die Zinserträge überschreiten. Die Berechnung der nicht abzugsfähigen Zinsaufwendungen erfolgt hierbei – abweichend vom Gesetz, aber mathematisch zutreffend – in zwei Schritten. Zunächst werden in Zeilen 296 und 297 alle Zinsaufwendungen des laufenden Wj. dem Einkommen hinzugerechnet. Anschließend wird das Einkommen in Zeile 298 um die auf der Anlage Zinsschranke ermittelten abzugsfähigen Zinsaufwendungen gemindert. Im Saldo haben dann nur die nicht abzugsfähigen Zinsaufwendungen das Einkommen erhöht. Kommt es auf Grund eines Zinsvortrags zur Ausgleichsfähigkeit bisher nicht abzugsfähiger Zinsaufwendungen früherer Wj., können die abzugsfähigen Zinsaufwendungen höher als die laufenden Zinsaufwendungen sein. Das Einkommen wird dann im Saldo gemindert.

627 Die Zinsaufwendungen ermitteln sich dabei aus den eigenen Zinsaufwendungen der Körperschaft, für die die Steuererklärung auszufüllen ist (Zeile 11 der Anlage Zinsschranke) und den Zinsaufwendungen vorgelagerter Organgesellschaften (Zeile 12 der Anlage Zinsschranke). Eine Erhöhung des Einkommens darf jedoch nicht erfolgen, wenn die Körperschaft, für die die Steuererklärung auszufüllen ist, selbst Organgesellschaft ist. In diesen Fällen erfolgt die Anwendung der Zinsschranke auf Ebene des (letzten) Organträgers.

628 Im Rahmen der Ermittlung des zu versteuernden Einkommens sind auch die Regelungen des § 8a KStG i.V.m. § 4h EStG zur Beschränkung des Betriebsausgabenabzugs für Zinsaufwendungen (**Zinsschranke**) zu beachten.

629 Nach diesen Vorschriften sind **Zinsaufwendungen** eines Betriebs nur **bis zur Höhe der** im gleichen Wj. anfallenden **Zinserträge** unbeschränkt abzugsfähig, **darüber hinaus nur bis zur Höhe des verrechenbaren EBITDA** (§ 4h Abs. 1 Satz 1 EStG).

Dabei ist die Größe des **verrechenbaren EBITDA** auf 30 % des um die Zinsaufwendungen und die Abschreibungen erhöhten sowie um die Zinserträge verminderten maßgeblichen Einkommens festgelegt (§ 8a Abs. 1 KStG i.V.m. § 4h Abs. 1 Satz 2 EStG). Maßgebliches Einkommen ist das nach den Vorschriften des Einkommen- und des Körperschaftsteuergesetzes ermittelte Einkommen vor Anwendung der §§ 4h und 10d EStG sowie vor Abzug der Zuwendungen nach § 9 Abs. 1 Nr. 2 KStG.

Soweit das verrechenbare EBITDA eines Wj. die um die Zinserträge geminderten Zinsaufwendungen des Betriebs übersteigt, ist es in die folgenden fünf Wj. vorzutragen (**EBITDA-Vortrag**), wobei ein solcher Vortrag in Wj., in denen die Voraussetzungen des § 4h Abs. 2 EStG vorliegen und somit eine Begrenzung des Zinsabzugs ausscheidet, nicht entsteht (§ 4h Abs. 1 Satz 3 EStG).

Zinsaufwendungen, die die Zinserträge sowie das verrechenbare EBITDA des laufenden Wj. übersteigen, können noch mit EBITDA-Vorträgen aus vorangegangenen Wj. verrechnet werden. Diese mindern sich entsprechend in der Reihenfolge ihrer zeitlichen Entstehung (§ 4h Abs. 1 Satz 4 EStG).

Danach verbleibende Zinsaufwendungen sind zwar für das laufende Wj. vom Abzug ausgeschlossen, allerdings in die folgenden Wj. im Wege des **Zinsvortrags** vorzutragen (§ 4h Abs. 1 Satz 5 EStG). Der vortragsfähige Zinsaufwand erhöht dann die Zinsaufwendungen künftiger Wj., nicht aber deren maßgebliches Einkommen (§ 4h Abs. 1 Satz 6 EStG). Der zunächst versagte Betriebsausgabenabzug kann somit in spätere Wj. verlagert werden.

Sowohl für EBITDA-Vorträge als auch für Zinsvorträge sieht der Gesetzgeber in § 4h Abs. 4 EStG gesonderte Feststellungen vor.

630 Die zuvor unter → Rz. 629 beschriebene **Abzugsbeschränkung greift nicht ein, wenn**

- der Betrag der Zinsaufwendungen, soweit er den Betrag der Zinserträge übersteigt, **weniger als 3 Mio. €** beträgt,
- der Betrieb **nicht oder nur anteilmäßig zu einem Konzern** gehört (**Konzernklausel**) oder
- der Betrieb zu einem Konzern gehört und seine **Eigenkapitalquote** nach dem Eigenkapitalvergleich am Schluss des vorangegangenen Abschlussstichtags **gleich hoch oder höher ist als die des Konzerns** (**Escape-Klausel**). Ein **Unterschreiten der Konzern-Eigenkapitalquote um bis zu zwei Prozentpunkte** ist **unschädlich**.

Für den Zinsabzug bei Körperschaften gelten ergänzend auch die weiter einschränkenden Regelungen des § 8a Abs. 2 und 3 KStG, die Ausnahmen von den o.a. Konzernklauseln beinhalten.

631 Die Berechnungen über die nach § 8a KStG i.V.m. § 4h EStG abziehbaren Beträge sind dann ggf. unter Beachtung der § 2 Abs. 4, § 20 Abs. 6 Satz 4 UmwStG auf der **Anlage Zinsschranke (KSt)** vorzunehmen (→ Rz. 1371 ff.). Das unter **Zeile 24 dieser Anlage** ermittelte Ergebnis dieser Berechnung ist sodann für Zwecke der weiteren Einkommensermittlung als **Abzugsbetrag in Zeile 298** zu übertragen.

Die Anlage Zinsschranke (KSt) dient darüber hinaus der **Fortentwicklung des Zinsvortrags zum Schluss des Wj. sowie** zur **Berechnung des** auf den Schluss des Wj. festzustellenden **EBITDA**-Vortrags. Beträgt der Überhang der Zinsaufwendungen über die Zinserträge weniger als 3 Mio. € und liegt kein Zinsvortrag aus Vorjahren vor, kann auf die Eintragungen in der Zeile 296 und Zeile 297 der Anlage GK und die Abgabe der Anlage Zinsschranke verzichtet werden.

632 Werden die Steuererklärungsvordrucke zur Ermittlung des Einkommens einer **Organgesellschaft** verwendet, sind **in den Zeilen 296 bis 298 keine Eintragungen** vorzunehmen, da die Zinsschranke für den ganzen Organkreis auf Ebene des Organträgers angewendet wird, vgl. § 15 Satz 1 Nr. 3 KStG. Die beim Organträger benötigten Werte fließen als sonstige Besteuerungsgrundlagen in die gesonderte und einheitliche Feststellung nach § 14 Abs. 5 KStG mit ein und sind auf der Anlage OG (Zeilen 27 bis 30) zu erklären.

5. Einkünfte aus Gewerbebetrieb (Zeilen 299–300)

	Einkünfte aus Gewerbebetrieb	
299	Davon ab: Verrechnung mit verrechenbaren Verlusten nach § 15a EStG, die aufgrund einer Anwachsung bei der Körperschaft zu berücksichtigen sind	13.317

Steuernummer - 10 -

Zeile		EUR
300	Einkünfte aus Gewerbebetrieb (Übertrag nach Zeile 2, 3 oder 4 der Anlage ZVE)	

In **Zeile 299** ist die Verrechnung eines **angewachsenen verrechenbaren Verluste nach § 15a EStG** mit den Einkünften aus Gewerbebetrieb einzutragen. Bei § 15a EStG handelt es sich um eine Vorschrift, die auf Mitunternehmer einer Kommanditgesellschaft und andere haftungsbeschränkte Gesellschafter von Personengesellschaften anwendbar ist. Die Verlustverrechnungsbeschränkung wird auf Ebene der Personengesellschaft angewendet. Auch die Feststellung des verrechenbaren Verlusts und der nach Anwendung des § 15a EStG anzusetzenden Einkünfte erfolgt vollständig auf Ebene der Personengesellschaft i.R. der Feststellung nach § 180 Abs. 1 Nr. 2 Buchst. a AO, vgl. § 15a Abs. 4 Satz 3 und Satz 5 EStG. Normalerweise ist die Verlustverrechnungsbeschränkung des § 15a EStG also bei den zur Zeile 22 einzutragenden Einkünften aus Mitunternehmerschaften zu berücksichtigen. **633**

Die Eintragung in Zeile 299 ist hingegen für einen Sonderfall vorgesehen. Kommt es i.R. der Feststellung auf Ebene der Personengesellschaft für den Mitunternehmer zu nicht ausgleichsfähigen Verlusten, werden diese als verrechenbare Verluste nach § 15a EStG festgestellt und können mit späteren Gewinnen verrechnet werden.

Scheiden allerdings alle anderen Gesellschafter der Mitunternehmerschaft aus, kommt es zur Anwachsung des Vermögens auf den letzten Gesellschafter. Verrechenbare Verluste nach § 15a EStG des letzten Gesellschafters können von diesem mit künftigen Gewinnen verrechnet werden.[1] Überträgt der ausscheidende Gesellschafter seinen Anteil unentgeltlich auf den verbleibenden Gesellschafter, gehen beim Ausscheidenden festgestellte verrechenbare Verluste auf den letzten Gesellschafter über und können von ihm mit künftigen Gewinnen aus dem Gewerbebetrieb verrechnet werden.[2] Das Gleiche gilt, wenn der Ausscheidende ohne Abfindung ausscheidet und der Verbleibende das Unternehmen fortsetzt.[3]

Die bisherige Rechtsprechung ist – soweit ersichtlich – immer zu natürlichen Personen ergangen, die das Unternehmen als Gewerbebetrieb fortgesetzt haben. Es ist daher offensichtlich, dass die Verrechnung der verrechenbaren Verluste nach § 15a EStG nur mit Gewinnen aus dem fortgesetzten Gewerbebetrieb möglich ist. Da die meisten Körperschaften nur über einen einheitlichen Gewerbebetrieb verfügen (§ 8 Abs. 2 KStG) stellt sich die Frage, ob die Verrechnung von Verlusten, die auf einem angewachsenen Betrieb beruhen mit allen Einkünften aus Gewerbebetrieb möglich ist oder ob eine Schattengewinnermittlung für den angewachsenen Betrieb notwendig ist.

Wenn eine Körperschaft unter § 8 Abs. 2 KStG fällt, verfügt sie kraft Gesetzes nur über einen einheitlichen Gewerbebetrieb. Aus diesem Grund müssen positive Einkünfte aus Gewerbebetrieb in voller Höhe mit übernommenen („angewachsenen") verrechenbaren Verlusten nach § 15a EStG verrechnet werden können.

Darüber hinaus ist auch ein Verlustausgleich möglich, wenn es sich um eine Organgesellschaft handelt. Die Suspendierung des Verlustabzugs nach § 15 Nr. 1 EStG bezieht sich nur auf Verluste nach § 10d EStG und gilt nicht für Verluste nach § 15a EStG.[4]

In **Zeile 300** sind nun die **Einkünfte aus Gewerbebetrieb** für das jeweilige **Wj.** und ggf. den jeweiligen Betrieb zu ermitteln. Die Einkünfte sind dann auf die Anlage ZVE zu übertragen. Handelt es sich um eine Körperschaft, die ausschließlich Einkünfte aus Gewerbebetrieb erzielen kann und endet im VZ nur ein Wj., sind die Einkünfte aus Gewerbebetrieb auf Zeile 2 der Anlage ZVE zu übertragen. Enden zwei Wj., muss das Ergebnis des ersten Wj. in Zeile 3 und das der zweiten Anlage in Zeile 3 der Anlage ZVE übertragen werden. Bei Körperschaften, die auch andere Einkünfte als solche aus Gewerbebetrieb erzielen können, ist bei Vorliegen nur eines Gewerbebetriebs das Ergebnis in die Zeile 2 der Anlage ZVE zu übertragen. Bei mehreren Betrieben muss das Ergebnis des ersten Betriebs in Zeile 2 und das aller anderen Betriebe in Zeile 4 der Anlage ZVE eingetragen werden. **634**

1) BFH v. 11.5.1995, IV R 44/93, BFHE 177, 466.
2) BFH v. 11.5.1995, IV R 44/93, BFHE 177, 466.
3) BFH v. 10.3.1998, VIII R 76/96, BStBl II 1999, 269.
4) Vgl. Claudy, Ubg 2021, 151.

IX. Anlage GR – Genossenschaftliche Rückvergütung

1. Übersicht über Inhalt und Bedeutung der Anlage GR

Bezeichnung des Steuerpflichtigen

Steuernummer

Enden in einem Veranlagungszeitraum zwei Wirtschaftsjahre, ist für jedes Wirtschaftsjahr die Anlage GR gesondert auszufüllen.

Die mit einem Kreis versehenen Zahlen bezeichnen die Erläuterungen in der Anleitung zur Körperschaftsteuererklärung.

Anlage GR **2025**

☐ zur Steuererklärung

☐ zum Bescheid

Genossenschaftliche Rückvergütung

635 Die Anlage GR ist eine Anlage zur Körperschaftsteuererklärung KSt 1 und von Genossenschaften auszufüllen, die **genossenschaftliche Rückvergütungen** an ihre Mitglieder gewährt haben. Sie dient der Ermittlung, inwieweit die Rückvergütung nach § 22 KStG als Betriebsausgabe abziehbar ist oder eine vGA darstellt. Das in Zeile 18 ermittelte Ergebnis, ist dann auf die Anlage GK zu übertragen. Die Anlage GR stellt systematisch eine „Unteranlage" zur Anlage GK dar.

Die Ermittlung ist auch für nach § 5 Abs. 1 Nr. 10 KStG oder § 5 Abs. 1 Nr. 14 KStG nur partiell steuerpflichtige Genossenschaften (→ Rz. 282 ff.) vorzunehmen.

Hierbei sind die einzelnen Genossenschaften wie folgt zu unterscheiden:

- Bezugsgenossenschaft: Genossenschaft, die den gemeinsamen Einkauf von Waren für ihre Mitglieder durchführt.
- Absatzgenossenschaft: Genossenschaft, die die Produkte ihrer Mitglieder vermarktet.
- Produktionsgenossenschaft: Genossenschaft, deren Mitglieder gemeinsam Güter herstellen oder Dienstleistungen erbringen und die Einnahmen untereinander aufteilen.

636 Anhand der Angaben wird geprüft, inwieweit die genossenschaftlichen Rückvergütungen (beachte: Preisnachlässe in Form von Rabatten oder Boni gehören nicht zu den genossenschaftlichen Rückvergütungen)[1] an die Mitglieder gem. § 22 KStG als Betriebsausgabe abzugsfähig sind. Dies ist gem. § 22 Abs. 1 Satz 3 KStG insoweit der Fall, als die für die Rückvergütung verwendeten Überschüsse im Mitgliedergeschäft erwirtschaftet wurden. Darüber hinaus sind vGA anzunehmen.[2] Zur Ermittlung des als Betriebsausgabe abzugsfähigen Teils der genossenschaftlichen Rückvergütung ist mit den Angaben auf der Anlage GR der **Gesamtüberschuss i.S.d. § 22 Abs. 1 KStG**, d.h. das Einkommen ohne Gewinne aus Nebengeschäften vor Abzug der Rückvergütungen und Verlustabzug, in einen Überschuss aus Mitgliedergeschäften und einen sonstigen Überschuss **aufzuteilen.**

637 Für die Besteuerung der Genossenschaften sind die folgenden Arten von Geschäften zu unterscheiden:[3]

- **Zweckgeschäfte**: Zweckgeschäfte sind alle Geschäfte, die der Erfüllung des satzungsmäßigen Gegenstands des Unternehmens der Genossenschaft dienen und die Förderung des Erwerbs oder der Wirtschaft der Mitglieder bezwecken. Sie können sein:
  - Mitgliedergeschäfte: Zweckgeschäfte, die mit den Mitgliedern der Genossenschaft als Vertragspartnern durchgeführt werden;
  - Nichtmitgliedergeschäfte: Nichtmitgliedergeschäfte sind Zweckgeschäfte, die mit Nichtmitgliedern als Vertragspartnern der Genossenschaft durchgeführt werden.
- **Gegengeschäfte**: Gegengeschäfte sind Geschäfte, die zur Durchführung der Zweckgeschäfte erforderlich sind, z.B. bei Bezugsgenossenschaften der Einkauf der Waren, bei Nutzungsgenossenschaften der Ankauf eines Mähdreschers, bei Absatzgenossenschaften der Verkauf der Waren.
- **Hilfsgeschäfte**: Hilfsgeschäfte sind Geschäfte, die zur Abwicklung der Zweckgeschäfte und Gegengeschäfte notwendig sind und die der Geschäftsbetrieb der Genossenschaft mit sich bringt, z.B. Einkauf von Büromaterial, der Verkauf von überflüssig gewordenem Inventar oder Verpackungsmaterial, die Lieferung von Molkereibedarfsartikeln, die Vermietung von Wohnräumen an Betriebsangehörige, wenn die Vermietung aus betrieblichen Gründen (im eigenen betrieblichen Interesse der Genossenschaft) veranlasst ist.
- **Nebengeschäfte**: Nebengeschäfte sind alle sonstigen Geschäfte.

638 Genossenschaftliche Rückvergütungen sind grundsätzlich einheitlich nach der Höhe des Umsatzes (Warenbezugs) zu bemessen und allen Mitgliedern in gleichen Hundertsätzen des Umsatzes zu gewähren.[4] Eine Abstufung nach Warengruppen oder nach der Höhe des Umsatzes mit einzelnen Mitgliedern (Umsatzgruppen) ist dabei nicht

1) Vgl. R 22 Abs. 2 KStR 2022.
2) Vgl. R 22 Abs. 13 KStR 2022; zur Abgrenzung vgl. BFH v. 9.3.1988, I R 262/83, BStBl II 1988, 592.
3) Vgl. R 5.11 Abs. 6 KStR 2022.
4) R 22 Abs. 5 Satz 1 KStR 2022.

zulässig.[1] Eine Bemessung nach unterschiedlichen Hundertsätzen ist hingegen zulässig, soweit die genossenschaftlichen Rückvergütungen auf solche Geschäftssparten, die als Betriebsabteilungen im Rahmen des Gesamtbetriebs der Genossenschaft eine gewisse Bedeutung haben, entfallen. Hierunter fallen z.B. Bezugs-, Absatz-, Kreditgeschäft, Produktion und Leistungsgeschäft.[2] Bei nach unterschiedlichen Hundertsätzen vorgenommener Bemessung der Rückvergütungen ist diese gesondert zu ermitteln und zu erläutern. Diese Unterlagen sind möglichst elektronisch (Belegnachreichung zur Steuererklärung) zu übermitteln. Dies ist sowohl über Elster als auch über andere Softwareanbieter möglich.

Enden im laufenden VZ zwei Wj., so ist die Anlage GR für jedes Wj. gesondert auszufüllen. Die Beträge sind in **639**
vollen Euro einzutragen.

Die Anlage GR ist neben den **allgemeinen Angaben** in den Zeilen 1 und 2 in **fünf Abschnitte** gegliedert, in denen **640**
folgende Werte zu erklären sind:

- bei **Absatz- und Produktionsgenossenschaften** der **Einkauf** in den Zeilen 3 und 4;
- bei **übrigen Genossenschaften** der **Umsatz** in den Zeilen 6 und 7;
- bei **Bezugs- und Absatzgenossenschaften** der **Einkauf** und der **Umsatz** im Bezugs- und Absatzgeschäft in den Zeilen 9 bis 14;
- Berechnung der **genossenschaftlichen Rückvergütung** in den Zeilen 16 bis 18a;
- Angaben zu **Umsatz** und **Gewinn** aus **Nebengeschäften** in den Zeilen 19 und 20.

2. Allgemeine Angaben (Zeilen 1–2)

Zeile	**Allgemeine Angaben** (74)		
	Soweit die genossenschaftlichen Rückvergütungen für solche Geschäftssparten, die als Betriebsabteilungen im Rahmen des Gesamtbetriebs der Genossenschaft eine gewisse Bedeutung haben, nach unterschiedlichen Prozentsätzen des Umsatzes bemessen worden sind, sind diese gesondert zu ermitteln und zu erläutern.		
1	Wirtschaftsjahr vom	Wirtschaftsjahr bis	
2	An Mitglieder gezahlte genossenschaftliche Rückvergütungen		EUR

In **Zeile 1** ist das **Wj.** anzugeben, für das die Anlage GR eingereicht wird. **641**

In **Zeile 2** sind die **an die Mitglieder gezahlten genossenschaftlichen Rückvergütungen** einzutragen. Soweit die **642**
genossenschaftlichen Rückvergütungen für solche Geschäftssparten, die als Betriebsabteilungen im Rahmen des Gesamtbetriebs der Genossenschaft eine gewisse Bedeutung haben, nach unterschiedlichen Prozentsätzen des Umsatzes bemessen worden sind (→ Rz. 638), sind diese gesondert zu ermitteln und zu erläutern. Diese Unterlagen sind möglichst elektronisch (Belegnachreichung zur Steuererklärung) zu übermitteln. Dies ist sowohl über Elster als auch über andere Softwareanbieter möglich.

3. Absatz- und Produktionsgenossenschaften (Zeilen 3–4)

	Absatz- und Produktionsgenossenschaften	
3	Gesamteinkauf (ohne für Hilfs- und Nebengeschäfte; Ausnahme bei Anwendung der R 22 Absatz 12 KStR 2022)	
4	Einkauf bei Mitgliedern	

Absatz- und Produktionsgenossenschaften haben in den Zeilen 3 und 4 folgende Werte einzutragen: **643**

In **Zeile 3** den **Gesamteinkauf** (Einkäufe bei Mitgliedern und Nichtmitgliedern im Zweckgeschäftsbereich). Einkäufe für **Hilfsgeschäfte** sind dabei nicht zu berücksichtigen. Das Gleiche gilt grundsätzlich auch hinsichtlich der Einkäufe für **Nebengeschäfte**.[3] Übersteigt der Umsatz aus Nebengeschäften weder 2 % des gesamten Umsatzes der Genossenschaft noch den absoluten Betrag von 5 200 €, so sind die Einkäufe für Nebengeschäfte nicht vom Gesamteinkauf abzusetzen.[4] Der Umsatz und der Gewinn aus Nebengeschäften sind zur Überprüfung der genannten Grenzen ergänzend in die Zeilen 19 und 20 einzutragen.

In **Zeile 4** den **Einkauf bei Mitgliedern** (hinsichtlich des Zweckgeschäftsbereichs). **644**

1) R 22 Abs. 5 Satz 2 KStR 2022.
2) R 22 Abs. 5 Satz 6 KStR 2022.
3) Zur Definition von Zweck-, Neben-, Hilfs- und Gegengeschäften s. R 5.11 Abs. 6 KStR 2022.
4) R 22 Abs. 12 KStR 2022.

4. Übrige Genossenschaften (Zeilen 6–7)

	Übrige Genossenschaften	
5 frei		
6	Gesamtumsatz (ohne Hilfs- und Nebengeschäfte; Ausnahme bei Anwendung der R 22 Absatz 12 KStR 2022)	
7	Umsatz mit Mitgliedern	

645 **Genossenschaften**, die keine Absatz- und Produktionsgenossenschaften sind, müssen in den Zeilen 6 und 7 Folgendes angeben:

In **Zeile 6** den **Gesamtumsatz**, also die Summe der Umsätze aus Zweckgeschäften mit Mitgliedern und Nichtmitgliedern. Der Umsatz aus Hilfsgeschäften ist dabei nicht zu berücksichtigen. Das Gleiche gilt grundsätzlich auch für den Umsatz aus Nebengeschäften.[1] Übersteigt der Umsatz aus Nebengeschäften weder 2 % des gesamten Umsatzes der Genossenschaft noch den absoluten Betrag von 5 200 €, so ist er nicht vom Gesamtumsatz abzusetzen.[2] Der Umsatz und der Gewinn aus Nebengeschäften sind zur Überprüfung der genannten Grenzen ergänzend in die Zeilen 19 und 20 einzutragen.

646 In **Zeile 7** den **Umsatz mit Mitgliedern** (Umsatz aus Zweckgeschäften).

5. Bezugs- und Absatzgenossenschaften (Zeilen 9–14)

	Bezugs- und Absatzgenossenschaften	
8 frei		
9	Gesamtumsatz im Bezugsgeschäft (ohne Hilfsgeschäfte, Nebengeschäfte und ohne Gegengeschäfte des Absatzgeschäftes; Ausnahme bei Anwendung der R 22 Absatz 12 KStR 2022)	
10	Gesamteinkauf im Absatzgeschäft (ohne Hilfsgeschäfte, Nebengeschäfte und ohne Gegengeschäfte des Bezugsgeschäftes; Ausnahme bei Anwendung der R 22 Absatz 12 KStR 2022)	
11	Summe A (Summe der Beträge laut Zeilen 9 und 10)	
12	Umsatz mit Mitgliedern im Bezugsgeschäft	
13	Einkauf bei Mitgliedern im Absatzgeschäft	
14	Summe B (Summe der Beträge laut Zeile 12 und Zeile 13)	

647 Da bei den **Bezugs- und Absatzgenossenschaften** sowohl das Bezugsgeschäft als auch das Absatzgeschäft zu berücksichtigen sind, müssen diese Genossenschaften angeben:[3]

In **Zeile 9** den **Gesamtumsatz im Bezugsgeschäft** (ohne Hilfsgeschäfte, Nebengeschäfte und Gegengeschäfte des Absatzgeschäfts).

Übersteigt der Umsatz aus Nebengeschäften weder 2 % des gesamten Umsatzes der Genossenschaft noch den absoluten Betrag von 5 200 €, so ist er nicht vom Gesamtumsatz abzusetzen.[4] Der Umsatz und der Gewinn aus Nebengeschäften sind zur Überprüfung der genannten Grenzen ergänzend in die Zeilen 19 und 20 einzutragen.

648 In **Zeile 10** den **Gesamteinkauf im Absatzgeschäft** (ohne Hilfsgeschäfte, Nebengeschäfte und Gegengeschäfte des Absatzgeschäfts). Übersteigt der Umsatz aus Nebengeschäften weder 2 % des gesamten Umsatzes der Genossenschaft noch den absoluten Betrag von 5 200 €, so ist er nicht vom Gesamtumsatz abzusetzen.[5] Der Umsatz und der Gewinn aus Nebengeschäften sind zur Überprüfung der genannten Grenzen ergänzend in die Zeilen 19 und 20 einzutragen.

649 In **Zeile 11** die **Summe der Zeilen 9 und 10** (für die weitere Berechnung als Summe A bezeichnet).

650 In **Zeile 12** den **Umsatz mit Mitgliedern im Bezugsgeschäft**.

651 In **Zeile 13** den **Einkauf bei Mitgliedern im Absatzgeschäft**.

652 In **Zeile 14** die **Summe der Zeilen 12 und 13** (für die weitere Berechnung als Summe B bezeichnet).

1) Zur Definition von Zweck-, Neben-, Hilfs- und Gegengeschäften s. R 5.11 Abs. 6 KStR 2022.
2) R 22 Abs. 12 KStR 2022.
3) Zur Definition von Zweck-, Neben-, Hilfs- und Gegengeschäften s. R 5.11 Abs. 6 KStR 2022.
4) R 22 Abs. 12 KStR 2022.
5) R 22 Abs. 12 KStR 2022.

6. Berechnung der genossenschaftlichen Rückvergütung (Zeilen 16–18a)

	Berechnung der genossenschaftlichen Rückvergütung	
15 frei		
16	Überschuss nach § 22 Absatz 1 KStG (laut gesonderter Ermittlung) (74)	
17	Abziehbare genossenschaftliche Rückvergütungen (Betrag laut Zeile 16 multipliziert mit dem Verhältnis der Beträge der Zeilen 4 zu 3, 7 zu 6 oder 14 zu 11)	
18	Nichtabziehbare genossenschaftliche Rückvergütungen (Betrag laut Zeile 2 abzüglich Betrag laut Zeile 17) (Übertrag in Zeile 77 der Anlage GK)	
18a	Die genossenschaftlichen Rückvergütungen sind den Berechtigten steuerwirksam zugeflossen am	

Die Zeilen 16 bis 18a betreffen die **Ermittlung der abziehbaren Rückvergütung** und sind daher von allen vorgenannten Genossenschaften auszufüllen. **653**

In **Zeile 16** ist der lt. gesonderter Ermittlung berechnete **Überschuss i.S.d. § 22 Abs. 1 KStG** anzugeben. Der Überschuss ist nach § 22 Abs. 1 Satz 4 KStG das um den Gewinn aus Nebengeschäften geminderte Einkommen vor Abzug der genossenschaftlichen Rückvergütungen und des Verlustabzugs. Die Ermittlung des Überschusses ist möglichst elektronisch (Belegnachreichung zur Steuererklärung) zu übermitteln. Dies ist sowohl über Elster als auch über andere Softwareanbieter möglich. **654**

In **Zeile 17** ist der **als Betriebsausgabe abziehbare Betrag der genossenschaftlichen Rückvergütung** auszurechnen. Dieser ergibt sich aus der Multiplikation des Überschusses i.S.d. § 22 Abs. 1 KStG lt. Zeile 16 mit dem Verhältnis der Beträge der Zeilen 4 zu 3, 7 zu 6 oder 14 zu 11. **655**

Praxishinweis:

Die genossenschaftlichen Rückvergütungen sind bei der Ermittlung des Gewinns des Wj., für das sie gewährt werden, auch dann abzuziehen bzw. in der Bilanz als Rückstellung zu berücksichtigen, wenn sie erst nach Ablauf des Wj. – spätestens bei Feststellung des Jahresabschlusses durch die Generalversammlung – dem Grunde nach beschlossen werden.[1]

In **Zeile 18** ist die **Differenz zwischen** den an Mitglieder **gezahlten genossenschaftlichen Rückvergütungen** (Betrag aus Zeile 2) und dem **als Betriebsausgabe abziehbaren Betrag** (Betrag aus Zeile 17) anzugeben. Dieser Teilbetrag ist als vGA in Zeile 77 der Anlage GK zur Ermittlung der Einkünfte aus Gewerbebetrieb zu übertragen. Zusätzlich ist die vGA in Zeile 7 der Anlage KSt 1 F (→ Rz. 748) anzugeben, da sich durch diese vGA ggf. eine Verwendung des steuerlichen Einlagekontos (§ 27 KStG, → Rz. 739 ff.) ergeben kann. **656**

Nicht abziehbare genossenschaftliche Rückvergütungen sind ebenfalls bei nach § 5 Abs. 1 Nr. 10 KStG oder § 5 Abs. 1 Nr. 14 KStG ggf. nur partiell steuerpflichtigen Genossenschaften anzugeben. Bei diesen kommt es aber nicht zu einer Erhöhung des Einkommens, weil die vGA den steuerfreien Bereich dieser Genossenschaften betrifft.

In **Zeile 18a** ist anzugeben, **wann** die **genossenschaftlichen Rückvergütungen** den Berechtigten steuerwirksam **zugeflossen sind**. Dies gilt auch für den Fall, dass sich in Zeile 18 kein nicht abziehbarer Betrag ergibt und die Rückvergütung in voller Höhe abzugsfähige Betriebsausgaben darstellt. **657**

Praxishinweis:

Genossenschaftliche Rückvergütungen sind den Berechtigten rechtzeitig zugeflossen, wenn sie spätestens bis zum Ablauf von zwölf Monaten nach dem Ende des Wj. gezahlt oder gutgeschrieben worden sind.[2] Nur in besonders begründeten Einzelfällen wird das FA diese Frist nach Anhörung durch den Prüfungsverband verlängern. Nicht innerhalb der Frist gezahlte oder gutgeschriebene Rückvergütungen können auch nicht im Wj. der Zahlung als Betriebsausgabe abgezogen werden.[3]

7. Nebengeschäfte zur Anwendung der Richtlinie R 22 Absatz 12 KStR 2022 (Zeilen 19–20)

	Nebengeschäfte zur Anwendung der Richtlinie R 22 Absatz 12 KStR 2022	EUR
19	Umsatz aus Nebengeschäften	
20	Gewinn aus Nebengeschäften	

Zur Überprüfung, ob die zu den Zeilen 3, 6, 9 und 10 angesprochene **Ausnahmeregelung** der R 22 Abs. 12 KStR 2022 Anwendung findet (**Einbeziehung geringfügiger Gewinne aus Nebengeschäften** in den Überschuss nach § 22 Abs. 1 Satz 4 KStG), sind anzugeben: **658**

In **Zeile 19** der **Umsatz aus Nebengeschäften**. **659**

In **Zeile 20** der **Gewinn aus Nebengeschäften**. **660**

1) R 22 Abs. 4 Satz 1 KStR 2022.
2) R 22 Abs. 4 Satz 2 KStR 2022.
3) Vgl. R 22 Abs. 4 Satz 4 KStR 2022.

X. Besonderheiten bei Investmentfonds und Anlage Invest-Verluste

1. Investmentsteuerreform 2018

661 Investmentfonds gelten als Zweckvermögen nach § 1 Abs. 1 Nr. 5 KStG, vgl. § 6 Abs. 1 Satz 1 InvStG. Inländische Investmentfonds sind daher unbeschränkt körperschaftsteuerpflichtig. Im Folgenden soll in kompakter Form dargestellt werden, welche Besonderheiten gelten, wenn ein Investmentfonds eine Körperschaftsteuererklärung abgibt.

2. Körperschaftsteuerpflicht

662 Inländische Investmentfonds gelten als Zweckvermögen i.S.d. § 1 Abs. 1 Nr. 5 KStG, vgl. § 6 Abs. 1 Satz 1 InvStG.[1] Ausländische Investmentfonds gelten als Vermögensmassen i.S.d. § 2 Nr. 1 KStG, vgl. § 6 Abs. 1 Satz 2 InvStG. Das gilt selbst dann, wenn der Investmentfonds in der Rechtsform einer Aktiengesellschaft (Investment-Aktiengesellschaft) betrieben wird.[2] Bis zur Investmentsteuerreform 2018 galten Investmentfonds zwar auch als Sondervermögen i.S.d. § 1 Abs. 1 Nr. 5 KStG, waren jedoch von der Körperschaftsteuer befreit, vgl. § 11 Abs. 1 Satz 1 und 2 InvStG a.F.

Das InvStG unterwirft Investmentfonds zwar der Körperschaftsteuer, hat die Steuerpflicht jedoch eigenständig geregelt, so dass eine besondere Art der Steuerpflicht für Investmentfonds besteht. Investmentfonds sind nach § 6 Abs. 2 bis 5 InvStG nur mit inl. Beteiligungseinnahmen, Immobilienerträgen und sonstigen Einkünften i.S.d. § 49 EStG steuerpflichtig. Bei inl. Immobilienfonds gilt das Welteinkommensprinzip folglich nicht.

3. Verpflichtung zur Abgabe von Körperschaftsteuererklärungen

663 Als Zweckvermögen i.S.d. § 1 Abs. 1 Nr. 5 KStG bzw. als Vermögensmassen i.S.d. § 2 Nr. 1 KStG sind Investmentfonds grundsätzlich zur Abgabe von Körperschaftsteuererklärungen nach § 31 Abs. 1 KStG i.V.m. § 25 Abs. 3 Satz 1 EStG und § 56 EStDV verpflichtet. Erzielt der Investmentfonds jedoch ausschließlich Einkünfte, die dem Steuerabzug unterliegen, ist keine Körperschaftsteuererklärung abzugeben, weil die Körperschaftsteuer durch den Steuerabzug bereits abgegolten ist,[3] vgl. § 7 Abs. 2 InvStG. Dies gilt insb. für Beteiligungseinnahmen, die der Kapitalertragsteuer unterliegen. Zinserträge des Fonds unterliegen nur dann der Steuerpflicht, wenn sie inl. besichert sind (§ 49 Abs. 1 Nr. 5 Buchst. c EStG). Steuerpflichtige Einkünfte, die i.R. einer Veranlagung zu berücksichtigen sind, erzielt ein Investmentfonds folglich nur, wenn er Einkünfte erzielt, die nicht durch den Steuerabzug abgegolten sind. Die FinVerw. sieht den Investmentfonds in der Pflicht, dem FA anzuzeigen, wenn er Einkünfte erzielt, die keinem Steuerabzug unterliegen oder bei denen ein falscher Steuerabzug einbehalten wurde.[4]

Da Investmentfonds als nicht natürliche Personen nicht selbst tatsächlich handeln können, müssen ihre Pflichten durch ihre gesetzlichen Vertreter erfüllt werden, vgl. § 34 Abs. 1 Satz 1 AO. Hat der Investmentfonds die Rechtsform des Sondervermögens (Regelfall), ist der gesetzliche Vertreter des Investmentfonds die Kapitalverwaltungsgesellschaft, vgl. § 3 Abs. 2 Satz 1 InvStG.

664 Investmentfonds können auch als sog. „Spezial-Investmentfonds" ausgestaltet sein, die wiederum den speziellen Regelungen des dritten Kapitels des Investmentsteuergesetzes unterliegen. Diese haben für jedes Geschäftsjahr des Spezial-Investmentfonds eine Feststellungserklärung nach § 51 Abs. 1 InvStG abzugeben. Ein Spezial-Investmentfonds kann jedoch auch zur Abgabe einer Körperschaftsteuererklärung verpflichtet sein, wenn der Fonds keinen Gebrauch von der Transparenzoption des § 30 InvStG (für Beteiligungserträge/Dividenden) macht oder § 33 InvStG (für Immobilienerträge) oder andere nach §§ 6 und 7 InvStG steuerpflichtige Einkünfte erzielt (z.B. aus der Beteiligung an Mitunternehmerschaften).

4. Allgemeine Angaben zum Investmentfonds

665 Investmentfonds (inkl. Spezial-Investmentfonds) müssen als Publikumsinvestmentvermögen Anlagebedingungen vor Ausgabe der Anteile oder Aktien schriftlich festhalten. In den Anlagebedingungen ist auch eine eindeutige, nicht irreführende Bezeichnung für das Investmentvermögen festzulegen, vgl. § 162 Abs. 2 Satz 1 KAGB. Diese Bezeichnung ist bei Investmentfonds in der Rechtsform des Sondervermögens (Regelfall) als Bezeichnung in Zeile 1 des Vordrucks KSt 1 einzutragen. Mangels ladungsfähiger Anschrift kann die Bekanntgabe des Körperschaftsteuerbescheids jedoch nicht an den Fonds erfolgen, sondern muss an den gesetzlichen Vertreter (im Regelfall die Kapitalverwaltungsgesellschaft) bekannt gegeben werden. Die Angabe des gesetzlichen Vertreters ist in der Körperschaftsteuererklärung jedoch nicht (mehr) möglich.

666 Der Ort der Geschäftsleitung und der Ort des Sitzes richten sich bei Investmentfonds in der Rechtsform des Sondervermögens nach dem Ort der Geschäftsleitung bzw. des Sitzes der Kapitalverwaltungsgesellschaft.

667 Inländische Investmentfonds gelten nach § 6 Abs. 1 InvStG als Zweckvermögen i.S.d. § 5 Abs. 1 Nr. 5 KStG. Die für Investmentfonds möglichen Rechtsformen sind: das Sondervermögen (Regelfall), die Investmentaktiengesellschaft und die Investmentkommanditgesellschaft. Sie sind auch zu verwenden, wenn es sich um einen ausl. Investmentfonds handelt, da dieser als Vermögensmasse i.S.d. § 2 Nr. 1 KStG gilt, vgl. § 6 Abs. 1 InvStG.

---

1) Im Folgenden wird unter dem InvStG immer das InvStG 2018 verstanden.
2) Vgl. Rz. 6.2 InvStE.
3) Vgl. Rz. 6.49 InvStE.
4) Vgl. Rz. 6.52 InvStE.

5. Einkunftsarten

Das Investmentsteuerrecht ordnet für den Investmentfonds zwar die Körperschaftsteuerpflicht an, definiert jedoch völlig eigenständige Einkunftsarten, vgl. § 6 Abs. 1 und Abs. 2 InvStG. Der Körperschaftsteuer unterliegen demnach: **668**

1. inl. Beteiligungseinnahmen,
2. inl. Immobilienerträge und
3. sonstige inl. Einkünfte.

Diese Steuerpflicht gilt grundsätzlich auch für Spezial-Investmentfonds, vgl. § 29 Abs. 1 InvStG. Allerdings haben Spezial-Investmentfonds die Möglichkeit, sich durch Ausübung der Transparenzoption de facto von einer Steuerpflicht weitgehend zu befreien.

a) Inländische Beteiligungseinnahmen

Inländische Beteiligungseinnahmen sind: **669**

1. Dividenden und ähnliche Bezüge nach § 20 Abs. 1 Nr. 1 und 2 EStG, die von einer im Inland ansässigen Körperschaft gezahlt werden, vgl. § 6 Abs. 3 InvStG i.V.m. § 43 Abs. 1 Nr. 1 und 1a EStG, und
2. diverse Entgelte für die Überlassung von Wertpapieren (z.B. im Rahmen einer Wertpapierleihe), vgl. § 6 Abs. 1 Nr. 2 und § 2 Nr. 2 Buchst. a bis c KStG.[1]

Für die inl. Beteiligungseinnahmen ist Kapitalertragsteuer einzubehalten, vgl. § 43 Abs. 1 Nr. 1 und 1a EStG. Die Höhe des Steuerabzugs auf inl. Beteiligungseinnahmen beträgt für Investmentfonds 15 % (inkl. Solidaritätszuschlag), vgl. § 7 Abs. 1 Satz 1 InvStG. Um den im Vergleich zum allgemeinen Kapitalertragsteuersatz von 25 % günstigeren Abzugssatz von 15 % zu erlangen, muss der Investmentfonds eine Statusbescheinigung nach § 7 Abs. 3 InvStG vorlegen. Durch die Erhebung der Kapitalertragsteuer ist die Körperschaftsteuer nach § 7 Abs. 2 InvStG abgegolten. **Inländische Beteiligungseinnahmen sind in der Körperschaftsteuererklärung des Investmentfonds grundsätzlich nicht zu erklären.** Im Übrigen ist § 8b KStG auf die Beteiligungserträge nicht anzuwenden, vgl. § 6 Abs. 6 InvStG.

Kommt es beim Einbehalt der Kapitalertragsteuer zu Fehlern zu Ungunsten des Investmentfonds, sind diese grundsätzlich in einem Erstattungsverfahren nach § 11 InvStG beim Betriebsstättenfinanzamt geltend zu machen. Wird eine zu niedrige Kapitalertragsteuer einbehalten, kann das zuständige FA entweder einen Nachforderungsbescheid nach § 44 Abs. 5 Satz 2 EStG erlassen oder die Kapitalertragsteuer durch die Körperschaftsteuerfestsetzung im Rahmen der Veranlagung nachholen.[2] Nur in diesem Fall sind die inl. Beteiligungseinnahmen und sonstigen inl. Einkünfte in Zeile 76 der Anlage ZVE einzutragen (→ Rz. 1533). **670**

b) Inländische Immobilienerträge

Das Investmentsteuergesetz definiert Immobilienerträge als Einkünfte aus Vermietung und Verpachtung von im Inland belegenen Grundstücken oder grundstücksgleichen Rechten, sowie deren Veräußerung, vgl. § 6 Abs. 4 Satz 1 Nr. 1 und 2 InvStG). Ebenfalls unter Immobilienerträge fallen Einkünfte aus der Vermietung oder Verpachtung von unbeweglichem Vermögen, Sachinbegriffen oder Rechten (z.B. Patente, Marken oder Sortenrechte), die im Inland belegen oder in ein inländisches öffentliche Buch oder Register eingetragen sind (§ 6 Abs. 4 Satz 1 Nr. 3 InvStG i.V.m. § 49 Abs. 1 Nr. 6 EStG). Der Begriff der Immobilienerträge ist insofern missverständlich, als „Erträge" normalerweise ein Synonym von Betriebseinnahmen sind. Im Kontext des Investmentsteuergesetzes bezeichnen Immobilienerträge Einkünfte, d.h. Einnahmen vermindert um damit im Zusammenhang stehende Werbungskosten, vgl. § 6 Abs. 7 InvStG. **671**

Die Ermittlung der Einkünfte erfolgt bei den laufenden Einkünften abweichend von den Veräußerungsgewinnen/-verlusten . Für die Ermittlung der **laufenden Einkünfte** aus Vermietung und Verpachtung ist der Überschuss der Einnahmen über die Werbungskosten, die in einem wirtschaftlichen Zusammenhang zu den Einnahmen stehen, zu ermitteln, vgl. § 6 Abs. 7 Satz 1 InvStG. Die Regelungen zu nicht abziehbaren Betriebsausgaben des § 4 Abs. 5 bis 7 EStG gelten entsprechend, vgl. § 6 Abs. 7 Satz 2 InvStG. Die hier einzusetzenden Beträge können nicht ohne Einschränkung aus der Fondsbuchführung entnommen werden, da in der Fondsbuchführung das Aufwands- und Ertragsprinzip zu beachten ist, vgl. § 5 Abs. 1 KARBV i.V.m. § 252 Abs. 1 Nr. 5 HGB. Für die steuerlichen Immobilienerträge gilt jedoch das Zufluss-/Abflussprinzip. **672**

Die **Veräußerung von Grundstücken und grundstücksgleichen Rechten** durch den Investmentfonds ist auch steuerbar, wenn der Zeitraum zwischen Anschaffung und Veräußerung mehr als zehn Jahre beträgt (siehe aber → Rz. 674 hinsichtlich vor dem 1.1.2018 eingetretenen Wertveränderungen). Hinsichtlich der Veräußerung von Grundstücken und grundstückgleichen Rechten gilt § 23 Abs. 3 Satz 1 bis 4 InvStG entsprechend, vgl. § 6 Abs. 4 Satz 2 InvStG. Das heißt, die Veräußerungsgewinne/-verluste berechnen sich nach folgendem Schema: **673**

	Veräußerungspreis
./.	Anschaffungs- oder Herstellungskosten oder an deren Stelle tretender Wert (→ Rz. 674)
+	in der Vergangenheit abgezogene AfA und sonstige Abschreibungen
./.	Werbungskosten im Zusammenhang mit der Veräußerung
=	Veräußerungsgewinn/-verlust

1) Weiterführend Rz. 6.7 ff. InvStE.
2) Vgl. Rz. 6.53 InvStE.

Verluste aus der Veräußerung von Grundstücken und grundstücksgleichen Rechten können unbeschränkt mit positiven Einkünften aus Vermietung und Verpachtung und sonstigen Einkünften verrechnet werden. Eine dem § 23 Abs. 3 Satz 7 EStG vergleichbare Beschränkung bei der Verrechnung von Veräußerungsverlusten gilt für Investmentfonds nicht.

674 Nach § 6 Abs. 4 Satz 3 InvStG bleiben bis zum 1.1.2018 eingetretene Wertveränderungen außer Ansatz, wenn der Zeitraum zwischen der Anschaffung und der Veräußerung mehr als zehn Jahre beträgt. Da auf Wertveränderungen abgestellt wird, kann sich dies positiv oder negativ auf den Veräußerungsgewinn/-verlust auswirken. Sind die Voraussetzungen des § 6 Abs. 4 Satz 3 InvStG erfüllt, ist folglich an Stelle der Anschaffungs- und Herstellungskosten der gemeine Wert zum 1.1.2018 anzusetzen.

Vorstehendes gilt auch für Spezial-Investmentfonds, vgl. § 29 Abs. 1 InvStG. Allerdings haben Spezial-Investmentfonds die Möglichkeit, die Immobilienerträge direkt von ihren Anlegern versteuern zu lassen und so die eigene Steuerpflicht zu umgehen. Hierzu muss der Spezial-Investmentfonds auf die ausgeschütteten und ausschüttungsgleichen Immobilienerträge eine Kapitalertragsteuer von 15 % einbehalten, vgl. § 33 Abs. 1 i.V.m. § 50 InvStG. Darüber hinaus muss er entsprechende Steuerbescheinigungen gegenüber den Anlegern ausstellen.

Einkünfte aus Vermietung und Verpachtung und die Veräußerungsgewinne/-verluste fließen zusammen mit den sonstigen inl. Einkünften in den in **Zeile 12a der Anlage ZVE** einzutragenden Wert ein. Die Steuerbefreiungen nach § 8 Abs. 2 InvStG darf noch nicht berücksichtigt worden sein, vgl. → Rz. 682. Bei Spezial-Investmentfonds sind inl. Immobilienerträge, für die die Transparenzoption gewährt wurde, auszuscheiden. Zur Steuerbefreiung des Investmentfonds auf Grund der persönlichen Eigenschaften der Anleger siehe → Rz. 679.

c) Sonstige inländische Einkünfte

675 Sonstige inl. Einkünfte sind inl. Einkünfte i.S.d. § 49 Abs. 1 EStG.[1] In § 49 EStG werden grundsätzlich die inl. Einkünfte definiert, die bei beschränkt Steuerpflichtigen mit Körperschaftsteuer[2] belastet werden. Ausgenommen wurden lediglich Veräußerungsgewinne nach § 17 EStG (§ 49 Abs. 1 Nr. 2 Buchst. e EStG). Diese zählen damit zu den sonstigen Einnahmen (→ Rz. 678) und können steuerfrei thesauriert werden.[3] Spezial-Investmentfonds sind i.d.R. nicht aktiv unternehmerisch tätig (vgl. § 26 Abs. 1 Satz 1 i.V.m. § 15 Abs. 2 InvStG). Folglich kommen hier vor allem folgende Einkünftetatbestände in Betracht:

- Beteiligungen an im Inland ansässigen Mitunternehmerschaften, vgl. § 49 Abs. 1 Nr. 1 Buchst. a EStG,
- Einkünfte nach § 20 Abs. 1 Nr. 5 und 7 EStG (Kapitalforderungen aller Art), wenn diese durch inl. Grundbesitz oder grundbesitzgleiche Rechte oder durch im Schiffsregister eingetragene Schiffe mittelbar oder unmittelbar gesichert sind, vgl. – auch zu weiteren Ausnahmen – § 49 Abs. 1 Nr. 5 Buchst. c EStG.

676 Für die Ermittlung der sonstigen inl. Einkünfte ist der Überschuss der Einnahmen über die Werbungskosten, die in einem wirtschaftlichen Zusammenhang zu den Einnahmen stehen, zu ermitteln, vgl. § 6 Abs. 7 Satz 1 InvStG. Die Regelungen zu nicht abziehbaren Betriebsausgaben des § 4 Abs. 5 bis 7 EStG gelten entsprechend, vgl. § 6 Abs. 7 Satz 2 InvStG. Insbesondere bei Beteiligungen an Mitunternehmerschaften könnte dies problematisch sein, da sich die Einkünfte dort grundsätzlich aus einer bilanziellen Rechnungslegung ergeben. Die hier einzusetzenden Beträge können nicht ohne Einschränkung aus der Fondsbuchführung entnommen werden, da in der Fondsbuchführung das Aufwands- und Ertragsprinzip zu beachten ist, vgl. § 5 Abs. 1 KARBV i.V.m. § 252 Abs. 1 Nr. 5 HGB. Für die steuerlichen Immobilienerträge gilt jedoch das Zufluss-/Abflussprinzip.

677 Vorstehendes gilt auch für Spezial-Investmentfonds, vgl. § 29 Abs. 1 InvStG. Allerdings haben Spezial-Investmentfonds die Möglichkeit, die Immobilienerträge direkt von ihren Anlegern versteuern zu lassen und so die eigene Steuerpflicht zu umgehen. Hierzu muss der Spezial-Investmentfonds auf die ausgeschütteten und ausschüttungsgleichen Immobilienerträge eine Kapitalertragsteuer von 15 % einbehalten, vgl. § 33 Abs. 1 i.V.m. § 50 InvStG. Darüber hinaus muss er entsprechende Steuerbescheinigungen gegenüber dem Anleger ausstellen.

Die sonstigen inl. Einkünfte sind zusammen mit den Immobilienerträgen in **Zeile 12a der Anlage ZVE** einzutragen. Die Steuerbefreiungen nach § 8 Abs. 2 InvStG dürfen noch nicht berücksichtigt worden sein, vgl. → Rz. 682. Bei Spezial-Investmentfonds sind inl. Immobilienerträge für die die Transparenzoption gewährt wurde, auszuscheiden.

d) Sonstige Einnahmen und Einkünfte

678 Die Einnahmen des Fonds, die keine inl. Beteiligungseinnahmen, inl. Immobilienerträge und sonstige inl. Einkünfte darstellen, sind für den Investmentfonds steuerfrei. Dies sind vor allem ausl. Einnahmen und Zinseinnahmen sowie Gewinne aus der Veräußerung von Wertpapieren. Bei Publikums-Investmentfonds versteuert der Anleger aber die sog. „Vorabpauschale", wenn keine Ausschüttungen vorgenommen werden. Bei Spezial-Investmentfonds kann es zu ausschüttungsgleichen Erträgen beim Anleger kommen. Zur Besteuerung des Anlegers siehe hinsichtlich Publikums-Investmentfonds → Rz. 552 und hinsichtlich Spezial-Investmentfonds → Rz. 588.

---

1) Auf die Besonderheiten bei Investmentaktiengesellschaften, Teilgesellschaftsvermögen wird hier nicht eingegangen.
2) Oder Einkommensteuer.
3) Bei Publikums-Investmentfonds kommt es beim Anleger jedoch ggf. zu einer (anteiligen) Versteuerung durch die Vorabpauschale.

6. Steuerbefreiungen auf Grund der Anleger

Steuerbefreiungen auf Grund der persönlichen Eigenschaften der Anleger sind in Zeile 28a der Anlage ZVE vom Einkommen abzuziehen.[1] Das Investmentsteuerrecht kennt drei Arten der Steuerbefreiung auf Grund der persönlichen Eigenschaften der Anleger: **679**

1. Steuerbefreiung nach § 8 Abs. 1 InvStG von inl. Beteiligungserträgen, soweit steuerbegünstigte Anleger betroffen sind (→ Rz. 680),
2. Steuerbefreiung nach § 8 Abs. 2 InvStG von inl. Immobilienerträgen, soweit steuerbegünstige Anleger betroffen sind (→ Rz. 681), und
3. Steuerbefreiung nach § 10 InvStG, weil sich nur steuerbegünstigte Anleger beteiligen dürfen (→ Rz. 682).

Die erste Steuerbefreiung betrifft die **inl. Beteiligungserträge**. Für diese werden regelmäßig Kapitalertragsteuer einbehalten. Der Investmentfonds kann sich die einbehaltene Kapitalertragsteuer auf Antrag erstatten lassen, soweit an dem Investmentfonds zum Zeitpunkt der Ausschüttung steuerbegünstigte Anleger beteiligt waren, vgl. § 7 Abs. 5 Satz 1 i.V.m. § 8 Abs. 1 und Abs. 3 Satz 1 InvStG. Die Anleger des Investmentfonds sind steuerbegünstigt i.S.d. § 8 Abs. 1 InvStG. Steuerbegünstigte Anleger sind vor allem Körperschaften, die ausschließlich und unmittelbar gemeinnützigen, mildtätigen oder kirchlichen Zwecken dienen. Steuerbegünstigte Anleger sind aber auch solche, die die Anteile im Rahmen von Altersvorsorge- oder Basisrentenverträgen halten, siehe weiterführend § 8 Abs. 1 Nr. 2 InvStG. **680**

Die Erstattung ist auf Antrag innerhalb von 18 Monaten nach Zufluss der Kapitalerträge möglich, vgl. § 7 Abs. 5 Satz 1 InvStG. Die Steuerbegünstigung der Anleger muss durch eine NV-Bescheinigung nachgewiesen werden, vgl. § 9 Abs. 1 Nr. 1 InvStG i.V.m. § 44a Abs. 7 Satz 2 EStG. Für ausl. Anleger gelten besondere Regelungen, vgl. § 9 InvStG. Es ist davon auszugehen, dass der FinVerw. auch die Vorlage einer Kopie des Freistellungsbescheids bzw. der Anlage zum Bescheid genügen wird.

Da die inl. Beteiligungserträge – wie gezeigt – vom Veranlagungsverfahren weitestgehend ausgeschlossen sind, kommt eine Berücksichtigung der Steuerbefreiung im Veranlagungsverfahren eigentlich nicht in Betracht. Dennoch hat die FinVerw. in Zeile 28a der Anlage ZVE auch die Steuerbefreiung nach § 8 Abs. 1 InvStG für inl. Beteiligungseinnahmen aufgenommen. Man kann daher davon ausgehen, dass die FinVerw. eine Geltendmachung der Steuerbefreiung auch im Veranlagungsverfahren zulässt.

> **Praxishinweis:**
> Bei Geltendmachung der Steuerbefreiung im Veranlagungsverfahren ist Vorsicht geboten. Wird parallel eine Erstattung nach § 7 Abs. 5 Satz 1 InvStG beantragt, sind möglicherweise die Voraussetzungen der Steuerhinterziehung oder zumindest der leichtfertigen Steuerverkürzung erfüllt. Es ist besser, die Steuerbefreiung ausschließlich im Erstattungsverfahren nach § 7 Abs. 5 InvStG zu betreiben.

Mit § 8 Abs. 2 InvStG existiert auch eine Regelung zur **Steuerbefreiung** von **inl. Immobilienerträgen**. Allerdings ist hier der steuerbegünstigte Anleger abweichend von § 8 Abs. 1 InvStG definiert. Steuerbegünstigte Anleger in diesem Sinne sind Körperschaften des öffentlichen Rechts und sonstige steuerbefreite Körperschaften und vergleichbare ausl. Körperschaften, vgl. § 8 Abs. 2 InvStG. Altersvorsorge- oder Basisrentenverträge sind hier nicht begünstigt. Maßgebend für die Höhe der Steuerbefreiung ist der durchschnittliche Investmentanteilbesitz von steuerbegünstigten Anlegern zum durchschnittlichen Gesamtbestand während des Geschäftsjahres des Investmentfonds, vgl. § 8 Abs. 3 InvStG. Der insoweit steuerfreie Betrag ist in Zeile 28a der Anlage ZVE zum Abzug zu bringen. Es empfiehlt sich die genannten Voraussetzungen durch weitere Unterlagen zu belegen. **681**

Dürfen sich nach der Satzung ausschließlich steuerbegünstigte Anleger nach § 8 Abs. 1 InvStG (vor allem gemeinnützige Körperschaften, Körperschaften des öffentlichen Rechts und Anteile im Rahmen von Altersvorsorge- oder Basisrentenversträgen) beteiligen, ist der Investmentfonds auf Antrag als solcher von der Körperschaftsteuer befreit, vgl. § 10 Abs. 1 InvStG. In diesen Fällen wird wohl regelmäßig überhaupt keine Steuererklärung abzugeben sein. Nach dem Wortlaut des § 8 Abs. 1 InvStG ist „der Investmentfonds" steuerbefreit, wenn sich nur steuerbegünstigte Anleger beteiligen dürfen. Das schließt alle Einkunftsarten (inl. Beteiligungseinnahmen, inl. Immobilienerträge, inl. sonstige Einkünfte) ein. Eine Ausnahme besteht nach § 10 Abs. 1 Satz 2 InvStG nur dann, wenn der Investmentfonds die Voraussetzungen für eine Anrechenbarkeit der Kapitalertragsteuer nach § 36a EStG nicht erfüllt, vgl. § 10 Abs. 1 Satz 2 InvStG. Es verwundert daher, dass der Gesetzgeber in § 10 Abs. 2 InvStG nochmals eine eigenständige Regelung für Immobilienerträge eingeführt hat, obwohl der Kreis der steuerbegünstigten Anleger in § 8 Abs. 1 wohl größer ist als in § 8 Abs. 2 InvStG. **682**

Der in Zeile 12a der Anlage ZVE eingetragene Wert darf nicht um die Steuerbefreiungen der § 8 Abs. 1 und 2 sowie § 10 InvStG gekürzt worden sein. Hat der Investmentfonds mehrere Anteilklassen gebildet, kann die Steuerbefreiung auch nur für einzelne Anteilklassen gebildet werden. In diesen Fällen ist auch bei Vorliegen der Steuerbefreiung nach § 10 InvStG eine Körperschaftsteuererklärung abzugeben. **683**

Dem Vernehmen nach, wird die FinVerw. die Steuerbefreiung für Immobilienerträge nach § 8 Abs. 2 InvStG über den Wortlaut des Gesetzes auch für sonstige inl. Einkünfte gewähren.

1) Für inl. Beteiligungserträge gilt das nur eingeschränkt.

7. Verlustverrechnung (Anlage Invest-Verluste) (Zeilen 1–6)

Bezeichnung des Steuerpflichtigen	Die mit einem Kreis versehenen Zahlen bezeichnen die Erläuterungen in der Anleitung zur Körperschaftsteuererklärung.	Anlage Invest-Verluste	2025
Steuernummer		☐ zur Steuererklärung ☐ zum Bescheid	

Verbleibende nicht ausgeglichene negative Einkünfte nach § 6 Absatz 8 InvStG

Zeile	Ermittlung der verbleibenden nicht ausgeglichenen negativen Einkünfte	EUR
1	Verbleibende nicht ausgeglichene negative Einkünfte zum Schluss des vorangegangenen Veranlagungszeitraums	
2	Dazu: Zu übernehmende verbleibende nicht ausgeglichene negative Einkünfte bei Verschmelzung (§ 23 InvStG) (laut gesonderter Erläuterung) (74)	37.46
3	Dazu: Negative Einkünfte des laufenden Veranlagungszeitraums (negativer Betrag laut Zeile 53 der Anlage ZVE)	
4	Zwischensumme	
5	Davon ab: Verrechnung positiver Einkünfte des laufenden Veranlagungszeitraums mit nicht ausgeglichenen negativen Einkünften (positiver Betrag laut Zeile 53 der Anlage ZVE; höchstens Betrag laut Zeile 4)	
6	Verbleibende nicht ausgeglichene negative Einkünfte zum Schluss des Veranlagungszeitraums	

684 Die Anlage Invest-Verluste wurde zur Abbildung der Verlustverrechnung nach § 6 Abs. 8 InvStG geschaffen. Auch bei einem Investmentfonds[1)] können sich Verluste ergeben. Nach § 6 Abs. 8 InvStG sind nicht ausgeglichene negative Einkünfte in den Folgejahren abzuziehen. Die Regelung des § 6 Abs. 8 InvStG verdrängt die Regelungen des § 10d EStG vollständig. Lediglich die verfahrensrechtlichen Regelungen zur gesonderten Feststellung (§ 10d Abs. 4 EStG) sind entsprechend anzuwenden, vgl. § 6 Abs. 8 Satz 2 InvStG.

Da der Abzug nicht nach Maßgabe des § 10d EStG erfolgt, ist die Verrechnung mit verbleibenden negativen Einkünften des Vorjahres unbeschränkt möglich. Eine Begrenzung auf die Mindestbesteuerung (1 Mio. € unbegrenzt, danach nur noch 60 % (bzw. von VZ 2024 bis VZ 2028: 70 %) des verbleibenden Betrags) erfolgt nicht. Die Anlage Invest-Verlust ist auszufüllen, wenn sich bei einem Investmentfonds entweder ein negativer Gesamtbetrag der Einkünfte (Zeile 53 der Anlage ZVE) ergibt oder zum Ende des vorangegangenen VZ verbleibende negative Einkünfte nach § 6 Abs. 8 InvStG festgestellt wurden.

685 Die Ermittlung der verbleibenden nicht ausgeglichenen negativen Einkünfte in **Zeile 1** knüpft an die **zum Schluss des vorangegangenen VZ** nach § 6 Abs. 8 Satz 2 InvStG i.V.m. § 10d Abs. 4 Satz 1 EStG **gesondert festgestellten verbleibenden negativen Einkünfte nach § 6 Abs. 8 InvStG** an. Einwendungen hiergegen können nur im Rechtsbehelfsverfahren gegen den als Grundlagenbescheid anzusehenden Feststellungsbescheid auf den Schluss des vorangegangenen VZ geltend gemacht werden.

686 In **Zeile 2** sind Eintragungen vorzunehmen, wenn auf den Investmentfonds, für den die Körperschaftsteuererklärung ausgefüllt wird, ein anderer Investmentfonds verschmolzen wird. Wurden für den **übertragenden** Investmentfonds **negative Einkünfte nach § 6 Abs. 8 InvStG** festgestellt, erhöhen diese die verbleibenden negativen Einkünfte des **übernehmenden Investmentfonds**, da dieser in die Rechtsstellung eintritt, vgl. § 23 Abs. 2 InvStG. Da das InvStG keine dem § 4 Abs. 2 Satz 2 UmwStG vergleichbare kennt, gehen folglich auch verbleibende negative Einkünfte über.

687 Ergibt sich in Zeile 53 der Anlage ZVE ein **negativer Gesamtbetrag der Einkünfte** und handelt es sich um einen Investmentfonds ist dieser Wert in **Zeile 3** einzutragen. Zu beachten ist, dass nur steuerpflichtige Einkünfte in die gesonderte Feststellung eingehen. Verluste aus der Veräußerung von Wertpapieren sind auf Ebene des Investmentfonds nicht steuerpflichtig (siehe → Rz. 678) und erhöhen daher auch nicht die festzustellenden verbleibenden negativen Einkünfte.

688 In **Zeile 4** ist eine Zwischensumme zu bilden, die den Maximalbetrag ausweist, der für eine **Verrechnung** (Verlustabzug) mit einem positiven Gesamtbetrag der Einkünfte zur Verfügung steht.

689 In **Zeile 5** wird die **Verrechnung eines positiven Gesamtbetrags der Einkünfte** (Zeile 53 der Anlage ZVE) mit verbleibenden negativen Einkünften vorgenommen. Der Höhe nach ist die Verrechnung nicht begrenzt, da es an einer dem § 10d Abs. 1 Satz 1 EStG vergleichbaren Regelung mangelt. Der einzutragende Wert ist der kleinere Wert aus Zeile 4 und Zeile 53 der Anlage ZVE.

1) Auch Spezial-Investmentfonds.

Somit verbleiben in **Zeile 6** die **nicht ausgeglichenen negativen Einkünfte zum Schluss des VZ**. Diese sind gesondert festzustellen, vgl. § 6 Abs. 8 Satz 2 InvStG i.V.m. § 10d Abs. 4 EStG. Er ist Grundlagenbescheid für das Folgejahr. **690**

Beratungshinweis:

Ist der Gesamtbetrag der Einkünfte negativ, wird die Körperschaftsteuer auf 0 € festgesetzt. Das eigentliche Ergebnis der Veranlagung ist dann der Verlustfeststellungsbescheid. Ist die Höhe des Verlusts streitig, weil das FA einen niedrigeren Verlust festgestellt hat, als vom Stpfl. erklärt, ist ein Einspruch dennoch gegen den Körperschaftsteuerbescheid zu richten. Nach § 10d Abs. 4 Satz 4 EStG müssen die Besteuerungsgrundlagen bei der Verlustfeststellung so berücksichtigt werden, wie sie bei der Körperschaftsteuerfestsetzung berücksichtigt wurden.

Eine abweichende Berücksichtigung ist nur möglich, wenn die Steuerfestsetzung mangels Auswirkung nicht geändert wird, vgl. § 10d Abs. 3 Satz 5 EStG. Dies legt die FinVerw. so aus, dass der Einspruch gegen die Körperschaftsteuerfestsetzung gerichtet werden muss. Dieser Einspruch ist zwar im Prinzip unzulässig, weil keine Beschwer besteht (eine niedrigere Körperschaftsteuer als 0 € kann nicht festgesetzt werden), der Einspruch soll jedoch nach Tz. 3 Buchst. b zu § 350 AEAO dennoch zulässig sein. Wird der Einspruch nur gegen den Verlustfeststellungsbescheid eingelegt, ist er nach Verwaltungsauffassung unbegründet.

Offensichtlich geht die FinVerw. davon aus, dass § 8c KStG auf Investmentfonds nicht anwendbar ist, da entsprechende Eintragungsmöglichkeiten nicht geschaffen wurden. Folglich entfallen auch Angaben zu § 8d KStG. Einschränkend muss jedoch darauf hingewiesen werden, dass sich eine solche Beschränkung nicht aus dem Gesetz ergibt, zumal der Erwerb von mehr als 50 % der Anteile innerhalb von fünf Jahren gerade im Bereich der Spezial-Investmentfonds durchaus möglich ist. Spezial-Investmentfonds verfügen häufig nur über ein bis zwei Anleger. Erwirbt ein Dritter nun einen oder mehrere dieser Anleger, dürften die Voraussetzungen des § 8c Abs. 1 Satz 1 KStG regelmäßig erfüllt sein.

XI. Anlage Kassen – Steuerbefreiung von rechtsfähigen Pensions-, Sterbe-, Kranken- und Unterstützungskassen

1. Übersicht über Inhalt und Bedeutung der Anlage Kassen

Bezeichnung des Steuerpflichtigen	Die mit einem Kreis versehenen Zahlen bezeichnen die Erläuterungen in der Anleitung zur Körperschaftsteuererklärung.	**Anlage Kassen**	**2025**
Steuernummer		☐ zur Steuererklärung ☐ zum Bescheid	

Steuerbefreiung von rechtsfähigen Pensions-, Sterbe-, Kranken- und Unterstützungskassen (§ 5 Absatz 1 Nummer 3 KStG, § 3 Nummer 9 GewStG)

691 Die **Anlage Kassen** ist von rechtsfähigen Pensions-, Sterbe-, Kranken- und Unterstützungskassen auszufüllen, die nach **§ 5 Abs. 1 Nr. 3 KStG** und **§ 3 Nr. 9 GewStG** ganz oder teilweise von der **Körperschaft- und Gewerbesteuer befreit** werden können. Die Anlage Kassen dient der **Prüfung der Voraussetzungen zur Steuerbefreiung** nach § 5 Abs. 1 Nr. 3 KStG und ist zusammen mit der Körperschaftsteuererklärung KSt 1 einzureichen.

Als **Pensionskassen** sind sowohl die in § 1b Abs. 3 Satz 1 BetrAVG als solche bezeichneten rechtsfähigen Versorgungseinrichtungen als auch rechtlich unselbständige Zusatzversorgungseinrichtungen des öffentlichen Dienstes i.S.d. § 18 BetrAVG anzusehen, die den Leistungsberechtigten (Arbeitnehmer und Personen i.S.d. § 17 Abs. 1 Satz 2 BetrAVG sowie deren Hinterbliebene) auf ihre Leistungen einen Rechtsanspruch gewähren.

Bei **Sterbekassen** handelt es sich um Einrichtungen, welche die Versicherung auf den Todesfall unter Gewährung eines Rechtsanspruchs auf die Leistung betreiben.

Krankenkassen fallen unter § 5 Abs. 1 Nr. 3 KStG, wenn sie das Versicherungsgeschäft betriebsbezogen wahrnehmen.

Eine **Unterstützungskasse** ist eine rechtsfähige Versorgungseinrichtung, die auf ihre Leistungen keinen Rechtsanspruch gewährt (§ 1b Abs. 4 BetrAVG).[1]

692 **Rechtsfähige Pensions-, Sterbe-, Kranken- und Unterstützungskassen** sind gem. § 5 Abs. 1 Nr. 3 KStG[2] von der Körperschaftsteuer befreit, wenn sie folgende Voraussetzungen erfüllen:

- Die Kasse beschränkt ihre Leistungen auf den in § 5 Abs. 1 Nr. 3 Buchst. a KStG genannten begünstigten Personenkreis.
- Der Betrieb der Kasse stellt sich nach dem Geschäftsplan und nach Art und Höhe der Leistungen als eine soziale Einrichtung dar (§ 5 Abs. 1 Nr. 3 Buchst. b KStG i.V.m. § 1 KStDV).
- Die ausschließliche und unmittelbare Verwendung des Vermögens und der Einkünfte der Kasse muss nach der Satzung und der tatsächlichen Geschäftsführung für die Zwecke der Kasse dauernd gesichert sein, sofern nicht § 6 KStG anzuwenden ist (§ 5 Abs. 1 Nr. 3 Buchst. c KStG).[3] Wird die satzungsmäßige Vermögensbindung einer Kasse aufgehoben, entfällt die Steuerbefreiung auch mit Wirkung für die Vergangenheit.[4]
- Die Kasse ist nicht überdotiert, verfügt also nicht über zu viel Vermögen im Verhältnis zu der von ihr erbrachten Leistungen (§ 5 Abs. 1 Nr. 3 Buchst. d KStG bei Pensions-, Sterbe- und Krankenkassen bzw. § 5 Abs. 1 Nr. 3 Buchst. e KStG bei Unterstützungskassen). Besteht eine Überdotierung, besteht insoweit nach § 6 Abs. 1 bis 4 KStG (Pensions-, Sterbe- und Krankenkassen) bzw. § 6 Abs. 5 KStG (Unterstützungskassen) (partielle) Steuerpflicht.[5] Für die Steuerbefreiung genügt es, wenn die Voraussetzungen des § 5 Abs. 1 Nr. 3 Buchst. d KStG am Ende des VZ erfüllt sind.[6]

693 Die Finanzbehörden sind verpflichtet, auch steuerbefreite Kassen regelmäßig zu überprüfen. Sie müssen prüfen, ob die Voraussetzungen für die Gewährung der Steuerbefreiung erfüllt wurden und ob auf Grund einer Überdotie-

1) Zur Abgrenzung einer Pensionskasse und einer Unterstützungskasse vgl. BFH v. 5.11.1992, I R 61/89, BStBl II 1993, 185.
2) § 5 Abs. 1 Nr. 3 KStG ist als Steuerbefreiungsnorm eng auszulegen. Nur so kann die sachliche Steuerbefreiung vor dem Hintergrund der verfassungsrechtlichen gebotenen Gleichmäßigkeit der Besteuerung gerechtfertigt werden. Ziel der Befreiungsvorschrift ist die Förderung der betrieblichen Altersversorgung von Arbeitnehmern; vgl. FG München v. 14.12.2020, 7 K 1492/17, EFG 2021, 1229; nachfolgend BFH v. 11.5.2023, V R 1/21, BStBl II 2023, 882.
3) Scheidet ein Trägerunternehmen aus einer Gruppenunterstützungskasse aus, weil die Durchführung dessen betrieblicher Altersversorgung künftig über eine andere Unterstützungskasse vorgenommen wird, hat dies bei der Gruppenunterstützungskasse nicht unbedingt zur Folge, dass sie hierdurch überdotiert, d.h. insoweit in der Verwendung entsprechender Vermögenswerte frei ist. Es besteht in diesen Fällen kein Verstoß gegen das Vermögensbindungsgebot, wenn die Vermögenswerte von einer steuerfreien Gruppenunterstützungskasse auf eine andere, ebenfalls steuerfreie Unterstützungskasse unmittelbar übertragen werden. Dies gilt nur für Vermögenswerte, die auf das wechselnde Trägerunternehmen (Arbeitgeber) entfallen; vgl. BMF v. 18.2.2020, IV C 2 – S 2723/19/10001 :004 (DOK 2020/0155875), BStBl I 2020, 221.
4) Vgl. BFH v. 15.12.1976, I R 235/75, BStBl II 1977, 490 und v. 14.11.2012, I R 78/11, BStBl II 2014, 44.
5) Die Frage, ob eine Unterstützungskasse mit mehreren Trägerunternehmen (sog. Gruppenkasse) überdotiert und deshalb befugt ist, Teile ihres Vermögens ohne Verletzung der für ihre Körperschaftsteuerfreiheit zu beachtenden Anforderungen an die Vermögensbindung den Trägerunternehmen (zurück) zu übertragen, ist nicht nach dem Wert der den Trägerunternehmen rechnerisch zugeordneten Teilvermögen, sondern nach Maßgabe des Gesamtvermögens der Unterstützungskasse zu beurteilen (sog. kassenorientierte Betrachtung); vgl. BFH v. 26.11.2014, I R 37/13, BStBl II 2015, 813 und v. 18.8.2015, I R 66/13, BFH/NV 2016, 67.
6) Vgl. R 5.2 Abs. 2 KStR 2022.

rung Steuern festzusetzen sind. Kassen, die nicht gem. § 6 KStG (partiell) steuerpflichtig sind, brauchen die Anlage Kassen grds. nur für das **letzte Kj. eines dreijährigen Prüfungszeitraums** einzureichen. Ist diese Voraussetzung nicht erfüllt, ist die Anlage Kassen jedoch jährlich einzureichen. Gleiches gilt, wenn die Erklärung vom zuständigen FA jährlich angefordert wird, da es sich bei dem dreijährigen Prüfungszeitraum nur um eine Vereinfachungsregelung der Finanzbehörden handelt, auf die kein Rechtsanspruch besteht. In **Neugründungsfällen** ist die erste Anlage Kassen i.d.R. nach Ablauf des Gründungsjahres einzureichen. Kassen in einer Rechtsform i.S.d. § 1 Abs. 1 Nr. 1 bis 3 KStG (z.B. GmbH) und Unterstützungskassen haben die Anlage Kassen jährlich anzugeben. Besteht Umsatzsteuerpflicht, ist die Umsatzsteuerjahreserklärung gem. § 18 Abs. 4 UStG jährlich unabhängig von dem ggf. dreijährigen Prüfungszeitraum für Ertragsteuern einzureichen.

Umfasst der Prüfungszeitraum drei Jahre, liegt der Schwerpunkt auf dem letzten Jahr des Prüfungszeitraums. Die 694
Angaben sind deshalb grds. nur für das letzte Jahr des Prüfungszeitraums zu machen. Soweit dabei Einnahmen oder Ausgaben zu verteilen sind, ist zu beachten, dass diese nicht mehrfach berücksichtigt werden. Zur Entlastung der Vertreter der steuerbefreiten Kassen greift das FA bei der Prüfung soweit wie möglich auf die bei den Körperschaften i.d.R. schon vorhandenen Unterlagen zurück. Unabhängig vom Umfang des Prüfungszeitraums sind für jedes Jahr, das die Erklärung umfasst, eine **Aufgliederung sämtlicher Einnahmen und Ausgaben** (ggf. ein Jahresabschluss nach HGB oder eine Gewinn- und Verlustrechnung nach § 4 Abs. 3 EStG), eine **Vermögensaufstellung auf den 31.12.** sowie ein **Geschäftsbericht/Tätigkeitsbericht** und ggf. Protokolle der Mitgliederversammlung beizufügen. Für die Unterlagen, für die nicht bereits eine gesetzliche elektronische Übermittlungspflicht besteht, kann die freiwillige elektronische Übermittlung (Belegnachreichung zur Steuererklärung) genutzt werden. Dies ist sowohl über Elster als auch über andere Softwareanbieter möglich.

Die Anlage Kassen ist in zehn Abschnitte gegliedert: 695

- In den Zeilen 1 bis 8 sind **allgemeine Angaben** zu tätigen.
- In Zeile 9 ist **das Trägerunternehmen** der Kasse anzugeben.
- Angaben zur **Anlage des Kassenvermögens** und seiner Sicherstellung sind in Zeilen 10 und 11 zu machen.
- Die Art der **gewährten Leistungen** ist in Zeile 12 zu erklären.
- Die **Leistungsempfänger** sind in den Zeilen 13 bis 16 zu erklären.
- **Angaben zur Mittelverwendung** sind in den Zeilen 17 und 18 zu machen.
- Die **Höhe der zugesagten Leistungen** ist in den Zeilen 19 bis 41 anzugeben.
- Die **Dotation** ist bei **Pensions-, Sterbe- und Krankenkassen** in den Zeilen 42 bis 45 zu berechnen.
- Die **Dotation** ist bei **Unterstützungskassen** in den Zeilen 46 bis 62 zu berechnen.
- Für **Unterstützungskassen** sind in den Zeilen 63 bis 66 weitere Angaben zu machen.

2. Allgemeines (Zeilen 1–8)

Zeile	**Allgemeines**	
1	Erstes Jahr des Prüfungszeitraums (202) (205)	Letztes Jahr des Prüfungszeitraums
2	Die Kasse ist eine	1 = rechtsfähige Pensions- oder Sterbekasse, die den Leistungsempfängern einen Rechtsanspruch gewährt. 2 = rechtsfähige Krankenkasse, die den Leistungsempfängern einen Rechtsanspruch gewährt. 3 = rechtsfähige Unterstützungskasse, die den Leistungsempfängern keinen Rechtsanspruch gewährt.
3	Datum der zurzeit gültigen Satzung	
4	Die Satzung (74)	1 = liegt dem Finanzamt vor. 2 = wird gesondert übermittelt.
5	Datum des zurzeit gültigen Geschäftsplans	
6	Der Geschäftsplan (74)	1 = liegt dem Finanzamt vor. 2 = wird gesondert übermittelt.
7	Datum des zurzeit gültigen Leistungsplans	
8	Der Leistungsplan (74)	1 = liegt dem Finanzamt vor. 2 = wird gesondert übermittelt.

In **Zeile 1** ist anzugeben, **für welchen Prüfungszeitraum** (→ Rz. 693 f.) die Anlage Kassen eingereicht wird. Hierbei 696
sind das erste und das letzte Jahr des Prüfungszeitraums einzutragen.

In **Zeile 2** ist die **Art der Kasse** anzugeben. Rechtsfähige **Pensions- oder Sterbekassen**, die den Leistungsempfän- 697
gern einen Rechtsanspruch auf die Leistungen gewähren, tragen die Ziffer „1" ein. Rechtsfähige **Krankenkassen**, die den Leistungsempfängern einen Rechtsanspruch auf die Leistungen gewähren, tragen die Ziffer „2" ein. Rechtsfähige **Unterstützungskassen**, die den Leistungsempfängern keinen Rechtsanspruch auf die Leistungen gewähren, tragen die Ziffer „3" ein.

698 In **Zeile 3** ist das **Datum der zurzeit gültigen Satzung** einzutragen. In **Zeile 4** ist anzugeben, ob diese **Satzung** dem FA bereits **vorliegt** (= Ziffer „1") oder noch **gesondert übermittelt** wird (= Ziffer „2"). Die Satzung ist möglichst elektronisch (Belegnachreichung zur Steuererklärung) zu übermitteln. Dies ist sowohl über Elster als auch über andere Softwareanbieter möglich.

699 In **Zeile 5** ist das **Datum des zurzeit gültigen Geschäftsplans** i.S.d. VAG[1] einzutragen. In **Zeile 6** ist anzugeben, ob dieser **Geschäftsplan** dem FA bereits **vorliegt** (= Ziffer „1") oder noch **gesondert übermittelt** wird (= Ziffer „2"). Der Geschäftsplan ist möglichst elektronisch (Belegnachreichung zur Steuererklärung) zu übermitteln. Dies ist sowohl über Elster als auch über andere Softwareanbieter möglich.

700 In **Zeile 7** ist das **Datum des zurzeit gültigen Leistungsplans** einzutragen. In **Zeile 8** ist anzugeben, ob dieser **Leistungsplan** dem FA bereits **vorliegt** (= Ziffer „1") oder noch **gesondert übermittelt** wird (= Ziffer „2"). Der Leistungsplan ist möglichst elektronisch (Belegnachreichung zur Steuererklärung) zu übermitteln. Dies ist sowohl über Elster als auch über andere Softwareanbieter möglich.

3. Träger der Kasse (Zeile 9)

Träger der Kasse

	Name des Unternehmens, das Zuwendungen leistet	Anschrift	Finanzamt, Steuernummer	Wirtschafts-Identifikationsnummer 29
9				D E

Sind weitere Eintragungen erforderlich, sind diese nach dem gleichen Schema gesondert zu erläutern.

701 In die **Zeile 9** ist das Trägerunternehmen einzutragen, das die Kasse mit Vermögen und Zuwendungen zur Erbringung der Leistungen ausstattet. Anzugeben sind der Name, die Anschrift, das FA, die Steuernummer und die Wirtschafts-Identifikationsnummer des Trägerunternehmens. Im elektronischen Datensatz ist die Zeile 9 als sog. „Mehrzeilenindex" eingerichtet; d.h., sie ist für jedes einzelne Trägerunternehmen gesondert auszufüllen. Wird in einem Härtefall (§ 150 Abs. 8 AO) ausnahmsweise die Steuererklärung in Papierform eingereicht, sind weitere Trägerunternehmen nach dem gleichen Schema gesondert zu erläutern.

4. Anlage des Kassenvermögens und Sicherstellung (Zeilen 10–11)

a) Übersicht der Anlagen (Zeile 10)

Anlage des Kassenvermögens und Sicherstellung

Übersicht der Anlagen

	Bezeichnung der Anlage	Betrag EUR	Art der Sicherstellung
10			

Sind weitere Eintragungen erforderlich, sind diese nach dem gleichen Schema gesondert zu erläutern.

Die Art der **Anlage** oder **Nutzung** des **Kassenvermögens** muss so erfolgen, dass es für die Zwecke der Kasse dauernd gesichert ist. Sie darf nicht dazu führen, dass die Kasse sich durch die mit der Vermögensverwaltung verbundenen Tätigkeit selbst einen weiteren satzungsgemäß nicht bestimmten Zweck gibt.[2] Danach ist insb. die Ausübung einer gewerblichen Tätigkeit schädlich für die Steuerbefreiung; dies gilt auch bei Beteiligung der Kasse an einer Mitunternehmerschaft.[3]

702 In die **Zeile 10** ist die **Vermögensanlage** der Kasse anzugeben. Dabei ist die Vermögensanlage zu bezeichnen, deren Höhe anzugeben und zu erklären, wie die Erhaltung des Vermögens sichergestellt ist. Im elektronischen Datensatz ist die Zeile 10 als sog. „Mehrzeilenindex" eingerichtet; d.h., sie ist für jede einzelne Vermögensanlage gesondert auszufüllen. Wird in einem Härtefall (§ 150 Abs. 8 AO) ausnahmsweise die Steuererklärung in Papierform eingereicht, sind weitere Vermögensanlagen nach dem gleichen Schema gesondert zu erläutern.

1) Zur Aufstellung eines Geschäftsplans i.S.d. VAG vgl. R 5.5 Abs. 2 KStR 2022 und H 5.5 „Nachweis als soziale Einrichtung" KStH 2022.
2) Vgl. R 5.2 Abs. 3 Satz 1 KStR 2022.
3) Vgl. BFH v. 17.10.1979, I R 14/76, BStBl II 1980, 225.

b) Dem Trägerunternehmen oder einer ihm nahestehenden Person gewährte Darlehen (Zeile 11)

	Dem Trägerunternehmen oder einer ihm nahestehenden Person gewährte Darlehen		
	Darlehensnehmer	Darlehensbetrag EUR	Zinssatz in Prozent
11			%
	Sind weitere Eintragungen erforderlich, sind diese nach dem gleichen Schema gesondert zu erläutern.		

Die Mittel einer Kasse können gegen angemessene Verzinsung auch dem **Trägerunternehmen** zur Verfügung gestellt werden.[1] Ob die **Verzinsung** einer **Darlehensforderung** angemessen ist, hängt von den Umständen des Einzelfalls ab. Wurde die Darlehensforderung vom Trägerunternehmen der Kasse zugewendet, beruht sie also nicht auf Leistungen der Kasse an das Trägerunternehmen, dann ist die Unverzinslichkeit oder unangemessen niedrige Verzinsung der Forderung für die Steuerbefreiung unschädlich, solange die Kasse aus rechtlichen Gründen gehindert ist, eine angemessene Verzinsung durchzusetzen.[2] Bei einer Darlehensgewährung an das Trägerunternehmen muss gewährleistet sein, dass die wirtschaftliche Leistungsfähigkeit des Trägerunternehmens in ausreichendem Maße für die Sicherheit der Mittel bürgt. Ist diese Voraussetzung nicht gegeben, müssen die Mittel der Kasse in angemessener Frist aus dem Trägerunternehmen ausgesondert und in anderer Weise angelegt werden. **703**

In die **Zeile 11** ist das dem **Trägerunternehmen** oder einer ihm nahestehenden Person **gewährte Darlehen** einzutragen. Dabei sind Darlehensnehmer, Darlehensbetrag und der vereinbarte Zinssatz (in %) anzugeben. Im elektronischen Datensatz ist die Zeile 11 als sog. „Mehrzeilenindex" eingerichtet; d.h., sie ist für jede einzelne Darlehensgewährung gesondert auszufüllen. Wird in einem Härtefall (§ 150 Abs. 8 AO) ausnahmsweise die Steuererklärung in Papierform eingereicht, sind weitere Darlehensgewährungen nach dem gleichen Schema gesondert zu erläutern. **704**

5. Art der gewährten Leistungen (Zeile 12)

	Art der gewährten Leistungen		
	Jahr	Leistungsart (zum Beispiel Pensionen, Sterbegelder, Arbeitslosenunterstützung, Unterstützung in Notfällen)	Gesamtbetrag EUR
12			
	Sind weitere Eintragungen erforderlich, sind diese nach dem gleichen Schema gesondert zu erläutern.		

In **Zeile 12** ist die Art der **gewährten Leistung** anzugeben. Dabei sind das Jahr der Leistung, die Leistungsart (z.B. Pensionen, Sterbegelder, Arbeitslosenunterstützung oder Unterstützung in Notfällen) sowie der Gesamtbetrag der Leistungen einzutragen. Im elektronischen Datensatz ist die Zeile 12 als sog. „Mehrzeilenindex" eingerichtet; d.h., sie ist für jede einzelne gewährte Leistung gesondert auszufüllen. Wird in einem Härtefall (§ 150 Abs. 8 AO) ausnahmsweise die Steuererklärung in Papierform eingereicht, sind weitere Leistungsgewährungen nach dem gleichen Schema gesondert zu erläutern. **705**

1) Vgl. BFH v. 24.5.1973, IV R 39/68, BStBl II 1973, 632; v. 27.1.1977, I B 60/72, BStBl II 1977, 442.
2) Vgl. BFH v. 30.5.1990, I R 64/86, BStBl II 1990, 1000.

6. Leistungsempfänger (Zeilen 13–16)

Leistungsempfänger

13 Anzahl der von der Kasse betreuten Leistungsempfänger

Anlage Kassen - Oktober 2025 - Version 2.9.1.0 Bekanntgabe

Steuernummer

\- 2 -

Zeile

14 Zu den Leistungsempfängern gehören satzungsmäßig auch der Unternehmer, die Gesellschafter (Aktionäre/Genossen) und/oder dessen/deren Angehörige - Anzahl der Personen:

Leistungen an die Unternehmer, Gesellschafter (Aktionäre/Genossen) und deren Angehörige

Zeile	Name	Betrag EUR
15		

Sind weitere Eintragungen erforderlich, sind diese nach dem gleichen Schema gesondert zu erläutern.

Leistungen an Personen, die nach der Satzung nicht empfangsberechtigt sind

Zeile	Name	Betrag EUR	Zeitraum von - bis
16			

Sind weitere Eintragungen erforderlich, sind diese nach dem gleichen Schema gesondert zu erläutern.

706 Steuerbefreite Kassen müssen sich bei ihren Leistungsempfängern auf Zugehörige oder frühere Zugehörige einzelner oder mehrerer wirtschaftlicher Geschäftsbetriebe oder der Spitzenverbände der freien Wohlfahrtspflege einschließlich deren Untergliederungen, Einrichtungen und Anstalten und sonstiger gemeinnütziger Wohlfahrtsverbände oder auf Arbeitnehmer sonstiger Körperschaften, Personenvereinigungen oder Vermögensmassen beschränken. Unter dem Begriff der Zugehörigen sind einerseits Arbeitnehmer und die in einem arbeitnehmerähnlichen Verhältnis stehenden Personen zu verstehen, andererseits aber auch solche Personen, für die der Betrieb durch ihre soziale Abhängigkeit oder eine sonstige enge Bindung als Mittelpunkt der Berufstätigkeit anzusehen ist (z.B. Unternehmer und Gesellschafter), wobei sich nach § 1 Nr. 1 KStDV die Mehrzahl der Leistungsempfänger nicht aus dem Unternehmer oder dessen Angehörigen und bei Gesellschaften nicht aus den Gesellschaftern oder deren Angehörigen zusammensetzen darf. Frühere Zugehörige müssen die Zugehörigkeit zu der Kasse durch ihre Tätigkeit in den betreffenden Betrieben oder Verbänden erworben haben, wobei es nicht notwendig ist, dass die Kasse schon während der Zeit der Tätigkeit des Betriebsangehörigen bestanden hat. Bei Unterstützungskassen muss den Leistungsempfängern oder den Arbeitnehmervertretungen des Betriebs oder der Dienststelle satzungsgemäß und tatsächlich das Recht zustehen, an der Verwaltung sämtlicher Beträge, die der Kasse zufließen, beratend mitzuwirken.

707 In **Zeile 13** ist die **Anzahl** der von der Kasse insgesamt betreuten **Leistungsempfänger** einzutragen.

708 In **Zeile 14** ist anzugeben, ob zu den **Leistungsempfängern** satzungsmäßig auch der **Unternehmer**, die **Gesellschafter** (Aktionäre/Genossen) und/oder deren Angehörige gehören. Ist dies der Fall, ist in Zeile 14 die **Anzahl** der geförderten Personen dieses Personenkreises zu erklären. Die danach begünstigten Personen sind in **Zeile 15 namentlich** unter Angabe des **Leistungsbetrags** aufzuführen. Im elektronischen Datensatz ist die Zeile 15 als sog. „Mehrzeilenindex" eingerichtet; d.h., sie ist für jeden einzelnen Leistungsempfänger gesondert auszufüllen. Wird in einem Härtefall (§ 150 Abs. 8 AO) ausnahmsweise die Steuererklärung in Papierform eingereicht, sind weitere Leistungsempfänger nach dem gleichen Schema gesondert zu erläutern.

709 Die **Zeile 16** ist auszufüllen, wenn die Kasse **Leistungen** an Personen gewährt hat, die nach der Satzung **nicht empfangsberechtigt** sind. In diesem Fall ist in **Zeile 16** einzutragen, welche **namentlich** zu benennende **Person** in welcher **Höhe** und für welche **Zeit** Leistungen erhalten hat. Im elektronischen Datensatz ist die Zeile 16 als sog. „Mehrzeilenindex" eingerichtet; d.h., sie ist für jede einzelne gewährte Leistung gesondert auszufüllen. Wird in einem Härtefall (§ 150 Abs. 8 AO) ausnahmsweise die Steuererklärung in Papierform eingereicht, sind weitere Leistungsgewährungen nach dem gleichen Schema gesondert zu erläutern.

7. Mittelverwendung (Zeilen 17–18)

Mittelverwendung

Verwendung von Mitteln für nicht satzungsmäßige Zwecke

Zeile	Betrag EUR	Verwendungszweck
17		

Sind weitere Eintragungen erforderlich, sind diese nach dem gleichen Schema gesondert zu erläutern.

Vermögensübertragungen auf das Trägerunternehmen

Zeile	Zeitpunkt	Grund	Betrag EUR
18			

Sind weitere Eintragungen erforderlich, sind diese nach dem gleichen Schema gesondert zu erläutern.

Die **Zeile 17** ist auszufüllen, wenn die Kasse **Mittel** für **nicht satzungsgemäße Zwecke** verwendet hat. In diesem Fall sind Verwendungszweck und Verwendungshöhe anzugeben. Hierin liegt i.d.R. ein Verstoß gegen § 5 Abs. 1 Nr. 3 Buchst. c KStG, so dass die Steuerbefreiung grds. nicht zuerkannt werden kann. Im elektronischen Datensatz ist die Zeile 17 als sog. „Mehrzeilenindex" eingerichtet; d.h., sie ist für jede einzelne nicht satzungsgemäße Mittelverwendung gesondert auszufüllen. Wird in einem Härtefall (§ 150 Abs. 8 AO) ausnahmsweise die Steuererklärung in Papierform eingereicht, sind weitere nicht satzungsgemäße Mittelverwendungen nach dem gleichen Schema gesondert zu erläutern. **710**

Erfolgte eine **Vermögensübertragung** auf das **Trägerunternehmen**, ist in **Zeile 18** zu erklären, zu welchem **Zeitpunkt**, aus welchem **Grund** und in welcher **Höhe** die Übertragung stattfand. Diese Angaben sind erforderlich, da sich dadurch gem. § 5 Abs. 1 Nr. 3 Buchst. c und/oder § 6 KStG eine Einschränkung der Steuerbefreiung ergeben kann. Im elektronischen Datensatz ist die Zeile 18 als sog. „Mehrzeilenindex" eingerichtet; d.h., sie ist für jede einzelne Vermögensrückübertragung gesondert auszufüllen. Wird in einem Härtefall (§ 150 Abs. 8 AO) ausnahmsweise die Steuererklärung in Papierform eingereicht, sind weitere Vermögensrückübertragungen nach dem gleichen Schema gesondert zu erläutern. **711**

8. Höhe der zugesagten Leistungen (Zeilen 19–41)

Höhe der zugesagten Leistungen

Prüfungszeitraum 2025

Zeile		
	Sterbegeld	
19	Anzahl der Personen, für die im Prüfungszeitraum der Rechtsanspruch auf Sterbegeld beziehungsweise die Leistung der Kasse an diese Personen weniger als 7.670 € betragen hat	
20	Anzahl der Personen, für die im Prüfungszeitraum der Rechtsanspruch auf Sterbegeld beziehungsweise die Leistung der Kasse an diese Personen mehr als 7.669 € betragen hat	
	Pension	
21	Anzahl der Personen, für die im Prüfungszeitraum der Rechtsanspruch auf Pension beziehungsweise die Leistung der Kasse an diese Personen weniger als 25.770 € betragen hat	
22	Anzahl der Personen, für die im Prüfungszeitraum der Rechtsanspruch auf Pension beziehungsweise die Leistung der Kasse an diese Personen mehr als 25.769 € und weniger als 38.655 € betragen hat	
23	Anzahl der Personen, für die im Prüfungszeitraum der Rechtsanspruch auf Pension beziehungsweise die Leistung der Kasse an diese Personen mehr als 38.654 € betragen hat	
24	Prozentsatz der Fälle, bei denen die erreichten Rechtsansprüche der Leistungsempfänger beziehungsweise die Leistungen der Kasse an die Leistungsempfänger mehr als 25.769 € betragen haben	%
25	Prozentsatz der Fälle, bei denen die erreichten Rechtsansprüche der Leistungsempfänger beziehungsweise die Leistungen der Kasse an die Leistungsempfänger mehr als 38.654 € betragen haben	%
	Witwengeld	
26	Anzahl der Personen, für die im Prüfungszeitraum der Rechtsanspruch auf Witwengeld beziehungsweise die Leistung der Kasse an diese Personen weniger als 17.180 € betragen hat	
27	Anzahl der Personen, für die im Prüfungszeitraum der Rechtsanspruch auf Witwengeld beziehungsweise die Leistung der Kasse an diese Personen mehr als 17.179 € und weniger als 25.770 € betragen hat	
28	Anzahl der Personen, für die im Prüfungszeitraum der Rechtsanspruch auf Witwengeld beziehungsweise die Leistung der Kasse an diese Personen mehr als 25.769 € betragen hat	

Steuernummer

- 3 -

Zeile		
29	Prozentsatz der Fälle, bei denen die erreichten Rechtsansprüche der Leistungsempfänger beziehungsweise die Leistungen der Kasse an die Leistungsempfänger mehr als 17.179 € betragen haben	%
30	Prozentsatz der Fälle, bei denen die erreichten Rechtsansprüche der Leistungsempfänger beziehungsweise die Leistungen der Kasse an die Leistungsempfänger mehr als 25.769 € betragen haben	%
	Vollwaisengeld	
31	Anzahl der Personen, für die im Prüfungszeitraum der Rechtsanspruch auf Vollwaisengeld beziehungsweise die Leistung der Kasse an diese Personen weniger als 10.309 € betragen hat	
32	Anzahl der Personen, für die im Prüfungszeitraum der Rechtsanspruch auf Vollwaisengeld beziehungsweise die Leistung der Kasse an diese Personen mehr als 10.308 € und weniger als 15.462 € betragen hat	
33	Anzahl der Personen, für die im Prüfungszeitraum der Rechtsanspruch auf Vollwaisengeld beziehungsweise die Leistung der Kasse an diese Personen mehr als 15.461 € betragen hat	
34	Prozentsatz der Fälle, bei denen die erreichten Rechtsansprüche der Leistungsempfänger beziehungsweise die Leistungen der Kasse an die Leistungsempfänger mehr als 10.308 € betragen haben	%
35	Prozentsatz der Fälle, bei denen die erreichten Rechtsansprüche der Leistungsempfänger beziehungsweise die Leistungen der Kasse an die Leistungsempfänger mehr als 15.461 € betragen haben	%
	Halbwaisengeld	
36	Anzahl der Personen, für die im Prüfungszeitraum der Rechtsanspruch auf Halbwaisengeld beziehungsweise die Leistung der Kasse an diese Personen weniger als 5.155 € betragen hat	
37	Anzahl der Personen, für die im Prüfungszeitraum der Rechtsanspruch auf Halbwaisengeld beziehungsweise die Leistung der Kasse an diese Personen mehr als 5.154 € und weniger als 7.732 € betragen hat	
38	Anzahl der Personen, für die im Prüfungszeitraum der Rechtsanspruch auf Halbwaisengeld beziehungsweise die Leistung der Kasse an diese Personen mehr als 7.731 € betragen hat	
39	Prozentsatz der Fälle, bei denen die erreichten Rechtsansprüche der Leistungsempfänger beziehungsweise die Leistungen der Kasse an die Leistungsempfänger mehr als 5.154 € betragen haben	%
40	Prozentsatz der Fälle, bei denen die erreichten Rechtsansprüche der Leistungsempfänger beziehungsweise die Leistungen der Kasse an die Leistungsempfänger mehr als 7.731 € betragen haben	%
	Rechtsansprüche	
41	Die Rechtsansprüche übersteigen die Grenzen des § 2 KStDV (wenn in der Zeile 20 ein Wert beziehungsweise jeweils in den Zeilen 24, 29, 34 oder 39 ein Wert größer als 12 % beziehungsweise in den Zeilen 25, 30, 35 oder 40 ein Wert größer als 4 % eingetragen wurde).	19.209 1 = Ja 2 = Nein
	Sind weitere Eintragungen erforderlich, sind diese nach dem gleichen Schema gesondert zu erläutern.	

712 Bei **rechtsfähigen Pensions- oder Sterbekassen**, die den Leistungsempfängern einen Rechtsanspruch gewähren, dürfen die jeweils erreichten Rechtsansprüche der Leistungsempfänger gem. § 2 Abs. 1 KStDV vorbehaltlich des § 2 Abs. 2 KStDV die folgenden Beträge nicht übersteigen:

- als **Pension** 25 769 € jährlich,
- als **Witwengeld** 17 179 € jährlich,
- als **Waisengeld** 5 154 € jährlich für jede Halbwaise, 10 308 € jährlich für jede Vollwaise,
- als **Sterbegeld** 7 669 € als Gesamtleistung.

Gemäß § 2 Abs. 2 KStDV dürfen die jeweils erreichten Rechtsansprüche, mit Ausnahme des Anspruchs auf Sterbegeld, in nicht mehr als 12 % aller Fälle auf höhere als die in § 2 Abs. 1 KStDV bezeichneten Beträge gerichtet sein. Dies gilt in nicht mehr als 4 % aller Fälle uneingeschränkt. Im Übrigen dürfen die jeweils erreichten Rechtsansprüche die folgenden Beträge nicht übersteigen:

- als **Pension** 38 654 € jährlich,
- als **Witwengeld** 25 769 € jährlich,
- als **Waisengeld** 7 731 € jährlich für jede Halbwaise, 15 461 € jährlich für jede Vollwaise.

Für rechtsfähige **Unterstützungskassen**, die den Leistungsempfängern keinen Rechtsanspruch gewähren, gelten die in § 2 KStDV genannten Höchstbeträge nach § 3 Nr. 3 KStDV entsprechend.

Angaben zur Höhe der Rechtsansprüche bzw. der gewährten Leistungen sind in den Zeilen 19 bis 40 zu machen. In Zeile 41 ist zu erklären, ob die Höchstbeträge des § 2 KStDV überschritten wurden; in diesen Fällen kommt eine Steuerbefreiung nach § 5 Abs. 1 Nr. 3 KStG nicht in Betracht. Im elektronischen Datensatz sind die Zeilen 19 bis 41 als sog. „Mehrzeilenindex" eingerichtet; d.h., bei einem dreijährigen Prüfungszeitraum (→ Rz. 693 f.) können die Angaben für alle Jahre des Prüfungszeitraums gesondert ausgefüllt werden. Wird in einem Härtefall (§ 150 Abs. 8 AO) ausnahmsweise die Steuererklärung in Papierform eingereicht, sind die Angaben für die beiden dem Prüfungszeitraum vorangegangenen Kj. nach dem gleichen Schema gesondert zu erläutern.

In den **Zeilen 19 bis 40** ist für das Kj. des Prüfungszeitraums (→ Rz. 693 f.) – jeweils getrennt nach den einzelnen Leistungsarten Sterbegeld, Pension, Witwengeld, Vollwaisengeld und Halbwaisengeld – zum einen anzugeben, für welche absolute Anzahl an Personen weniger oder mehr als die in → Rz. 712 aufgeführten, für die einzelne Leistungsart jeweils geltenden Höchstbeträge gezahlt wurden. Zum anderen ist für alle Leistungsarten mit Ausnahme des Sterbegelds jeweils prozentual zu erklären, in wie vielen Fällen zwar der jeweilige Höchstbetrag nach § 2 Abs. 1 KStDV, nicht aber der absolute Höchstbetrag nach § 2 Abs. 2 KStDV, und in wie vielen Fällen der absolute Höchstbetrag des § 2 Abs. 2 KStDV überschritten wurde. **713**

In **Zeile 41** ist anzugeben, ob die **Höchstbeträge des § 2 KStDV überschritten** wurden (Ziffer „1 = Ja"; Ziffer „2 = Nein"). Dies ist zum einen der Fall, wenn im Prüfungszeitraum der Rechtsanspruch auf Sterbegeld bzw. das ausgezahlte Sterbegeld bei mindestens einer Person mehr als 7 669 € betragen hat, also ein Eintrag in Zeile 20 erfolgt ist. Zum anderen sind die Höchstbeträge des § 2 KStDV überschritten, wenn für die Rechtsansprüche auf Pensionen, Witwengelder, Vollwaisengelder oder Halbwaisengelder bzw. entsprechend erbrachte Leistungen zwar der jeweilige Höchstbetrag nach § 2 Abs. 1 KStDV, nicht aber der absolute Höchstbetrag nach § 2 Abs. 2 KStDV in mehr als 12 % der Fälle (Eintragungen in Zeilen 24, 29, 34 oder 39) oder der absolute Höchstbetrag des § 2 Abs. 2 KStDV in mehr als 4 % der Fälle (Eintragungen in Zeilen 25, 30, 35 oder 40) überschritten wurde. Die Steuerbefreiung nach § 5 Abs. 1 Nr. 3 KStG kann dann nicht gewährt werden. **714**

9. Berechnung der Dotation bei Pensions-, Sterbe- und Krankenkassen (§ 5 Abs. 1 Nr. 3 Buchst. d KStG) (Zeilen 42–45)

	Berechnung der Dotation bei Pensions-, Sterbe- und Krankenkassen (§ 5 Absatz 1 Nummer 3 Buchstabe d KStG)	
42	Zeitpunkt, zu dem die Deckungsrückstellung versicherungsmathematisch errechnet wurde: Stichtag	
	Zu diesem Stichtag ergeben sich folgende Werte:	EUR
43	Vermögen der Kasse, das nach handelsrechtlichen Grundsätzen ordnungsmäßiger Buchführung unter Berücksichtigung des von der Versicherungsaufsichtsbehörde genehmigten Geschäftsplans auszuweisen ist	15.56
44	Davon ab: Verlustrücklage bei Versicherungsvereinen auf Gegenseitigkeit beziehungsweise entsprechender Teil des Vermögens bei Kassen anderer Rechtsform	
45	Überdotierung/Unterdotierung	15.57

Pensions-, Sterbe- und Krankenkassen dürfen die in § 5 Abs. 1 Nr. 3 Buchst. d KStG genannten **Vermögensgrenzen** nicht überschreiten, ohne **überdotiert** und damit ganz oder teilweise nach § 6 Abs. 1 bis 4 KStG **steuerpflichtig** zu sein. Unterstützungskassen haben insoweit die Zeilen 46 bis 62 (→ Rz. 718 ff.) auszufüllen. **715**

In **Zeile 42** ist der Zeitpunkt (**Stichtag**) einzutragen, zu dem die **Deckungsrückstellung** versicherungsmathematisch errechnet wurde. **716**

In den Zeilen 43 bis 45 wird die **mögliche Überdotierung** der Pensions-, Sterbe- oder Krankenkasse aus der Errechnung der Deckungsrückstellung zu dem in Zeile 42 genannten Stichtag wie folgt ermittelt: **717**

In **Zeile 43** ist das **Vermögen** der Kasse, das nach handelsrechtlichen Grundsätzen ordnungsgemäßer Buchführung unter Berücksichtigung des von der Versicherungsaufsichtsbehörde genehmigten Geschäftsplans ausweisen ist, einzutragen. Davon ist in **Zeile 44** gem. § 5 Abs. 1 Nr. 3 Buchst. d Satz 1 KStG bei VVaG die **Verlustrücklage** und bei Kassen anderer Rechtsform der der Verlustrücklage entsprechende Teil des Vermögens als zulässiges Vermögen abzuziehen. In der Differenz der Zeilen 43 und 44 ergibt sich in **Zeile 45** die Überdotierung (bei positiver Differenz) bzw. die Unterdotierung (bei negativer Differenz). In dem Verhältnis der Überdotierung lt. Zeile 45 zum Kassenvermögen lt. Zeile 43 besteht **(partielle) Steuerpflicht** nach Maßgabe des § 6 Abs. 1 bis 4 KStG.

10. Berechnung der Dotation bei Unterstützungskassen (§ 5 Abs. 1 Nr. 3 Buchst. e KStG) (Zeilen 46–62)

a) Zulässiges Kassenvermögen für lebenslänglich laufende Leistungen (Zeilen 46–49)

	Berechnung der Dotation bei Unterstützungskassen (§ 5 Absatz 1 Nummer 3 Buchstabe e KStG)	
	Ermittlung des zulässigen Kassenvermögens von Unterstützungskassen (§ 5 Absatz 1 Nummer 3 Buchstabe e KStG)	
	Lebenslänglich laufende Leistungen	
46	Soweit eine Rückdeckung durch eine Versicherung besteht, die die Voraussetzung für den Abzug des Betrags nach § 4d Absatz 1 Satz 1 Nummer 1 Buchstabe c EStG erfüllt: Geschäftsplanmäßiges Deckungskapital aus der Versicherung (§ 4d Absatz 1 Satz 1 Nummer 1 Satz 5 EStG) oder der nach § 169 Absatz 3 des Gesetzes über den Versicherungsvertrag berechnete Zeitwert (§ 4d Absatz 1 Satz 1 Nummer 1 Satz 6 EStG)	
47	Soweit keine Rückdeckung durch eine Versicherung besteht, die die Voraussetzungen für den Abzug des Betrags nach § 4d Absatz 1 Satz 1 Nummer 1 Buchstabe c EStG erfüllt: Dazu: Deckungskapital für alle laufenden Leistungen (§ 4d Absatz 1 Satz 1 Nummer 1 Satz 4 EStG)	
48	Dazu: Achtfaches der nach § 4d Absatz 1 Satz 1 Nummer 1 Buchstabe b EStG abzugsfähigen Zuwendungen (§ 4d Absatz 1 Satz 1 Nummer 1 Satz 4 EStG)	

Steuernummer - 4 -

Zeile		EUR
49	Zulässiges Kassenvermögen	

718 **Unterstützungskassen** dürfen die in § 5 Abs. 1 Nr. 3 Buchst. e KStG genannten **Vermögensgrenzen** nicht überschreiten, ohne **überdotiert** und damit ganz oder teilweise nach § 6 Abs. 1 bis 4 KStG **steuerpflichtig** zu sein. Pensions-, Sterbe- und Krankenkassen haben insoweit die Zeilen 42 bis 45 (→ Rz. 716 f.) auszufüllen. In den Zeilen 46 bis 62 wird die **mögliche Überdotierung** der Unterstützungskasse ermittelt.

719 Werden **lebenslänglich laufende Leistungen** erbracht, ist zur **Ermittlung des zulässigen Kassenvermögens** von Unterstützungskassen, soweit eine **Rückdeckung durch eine Versicherung** besteht, die die Voraussetzungen für den Abzug des Beitrags als Betriebsausgabe nach § 4d Abs. 1 Satz 1 Nr. 1 Buchst. c EStG erfüllt, in **Zeile 46** das **geschäftsplanmäßige Deckungskapital** aus der Versicherung (§ 4d Abs. 1 Satz 1 Nr. 1 Satz 5 EStG) oder der nach § 169 Abs. 3 des Gesetzes über den Versicherungsvertrag berechnete **Zeitwert** (§ 4d Abs. 1 Satz 1 Nr. 1 Satz 6 EStG) für den laufenden VZ einzutragen. Werden (zugleich) nicht lebenslängliche laufende Leistungen erbracht, sind (auch) die Zeilen 50 bis 55 (und 56, → Rz. 723 ff.) auszufüllen.

720 Soweit **keine Rückdeckung durch eine Versicherung** besteht, die die Voraussetzungen für den Abzug des Beitrags als Betriebsausgabe nach § 4d Abs. 1 Satz 1 Nr. 1 Buchst. c EStG erfüllt, ist in **Zeile 47** das **Deckungskapital für alle laufenden Leistungen** (§ 4d Abs. 1 Satz 1 Nr. 1 Satz 4 EStG) des laufenden VZ einzutragen und dem Betrag lt. Zeile 46 hinzuzurechnen.

721 In **Zeile 48** ist das **Achtfache** der nach § 4d Abs. 1 Satz 1 Nr. 1 Buchst. b Satz 1 EStG **abzugsfähigen Zuwendungen** anzugeben und zur Berechnung des zulässigen Kassenvermögens gem. § 4d Abs. 1 Satz 1 Nr. 1 Satz 4 EStG dem geschäftsplanmäßigen Deckungskapital und/oder dem Zeitwert lt. Zeile 46 hinzuzurechnen. Nach § 4d Abs. 1 Satz 1 Nr. 1 Buchst. b Satz 1 EStG sind in jedem Wirtschaftsjahr für jeden Leistungsanwärter jeweils 6 % (wenn die Kasse nur Invaliditätsversorgung oder nur Hinterbliebenenversorgung gewährt) bzw. 25 % (wenn die Kasse Altersversorgung mit oder ohne Einschluss von Invaliditätsversorgung oder Hinterbliebenenversorgung gewährt) der jährlichen Versorgungsleistungen als Betriebsausgabe abzugsfähig.

722 In **Zeile 49** ergibt sich aus der Summe der Zeilen 46 bis 48 das **zulässige Kassenvermögen**.

b) Zulässiges Kassenvermögen für nicht lebenslänglich laufende Leistungen (Zeilen 50–55)

	Nicht lebenslänglich laufende Leistungen	
50	Lohn- und Gehaltssumme des Trägerunternehmens für das laufende Wirtschaftsjahr	
51	Lohn- und Gehaltssumme des Trägerunternehmens für das vorangegangene Wirtschaftsjahr	
52	Lohn- und Gehaltssumme des Trägerunternehmens für das zweite vorangegangene Wirtschaftsjahr	
53	1 % der durchschnittlichen Lohn- und Gehaltssumme der begünstigten Personen des Trägerunternehmens der letzten drei Jahre (§ 4d Absatz 1 Satz 1 Nummer 2 Satz 3 und 6 EStG)	
54	Summe der in den letzten 10 Wirtschaftsjahren gewährten Leistungen	
55	Zulässiges Kassenvermögen (hat die Unterstützungskasse bereits 10 Wirtschaftsjahre bestanden: Minimum der Beträge laut Zeilen 53 und 54; andernfalls Betrag laut Zeile 53 (§ 4d Absatz 1 Satz 1 Nummer 2 Satz 4 EStG))	

Werden **nicht lebenslänglich laufende Leistungen** erbracht, sind zur **Ermittlung des zulässigen Kassenvermögens** von Unterstützungskassen nach § 5 Abs. 1 Nr. 3 Buchst. e KStG zunächst in den **Zeilen 50 bis 52** die **Lohn- und Gehaltssummen des/der Trägerunternehmen(s)** für das laufende Wj. und die beiden vorangegangenen Wj. anzugeben. Hierbei ist für das/die Trägerunternehmen § 4d Abs. 1 Satz 1 Nr. 2 Satz 2 EStG zu beachten, wonach die Zuwendungen des/der Trägerunternehmen an die Unterstützungskasse beim Trägerunternehmen nicht als Betriebsausgabe abgezogen werden dürfen, wenn das Vermögen der Kasse das zulässige Kassenvermögen übersteigt. Das/die Trägerunternehmen sollte(n) daher bei Überdotierung entsprechend unterrichtet werden. Werden (zugleich) lebenslängliche laufende Leistungen erbracht, sind (auch) die Zeilen 46 bis 49 (und 56, → Rz. 719 ff.) auszufüllen. 723

In **Zeile 53** ist **1 % der durchschnittlichen Lohn- und Gehaltssumme** der begünstigten Personen des oder der Trägerunternehmen(s) der letzten drei Jahre einzutragen, wodurch gem. § 4d Abs. 1 Satz 1 Nr. 2 Satz 3 EStG das zulässige Kassenvermögen errechnet wird. Bei der Berechnung der Lohn- und Gehaltssumme des Trägerunternehmens sind Löhne und Gehälter von Personen, die von der Kasse keine nicht lebenslänglich laufenden Leistungen erhalten können, auszuscheiden (§ 4d Abs. 1 Satz 1 Nr. 2 Satz 6 EStG). 724

Hat die Kasse bereits zehn Wj. bestanden, ist in **Zeile 54** die Summe der in den **letzten zehn Wj. gewährten Leistungen** anzugeben, da sich in diesen Fällen das zulässige Kassenvermögen zusätzlich zu den 1 % der durchschnittlichen Lohn- und Gehaltssumme des § 4d Abs. 1 Satz 1 Nr. 2 Satz 3 EStG um die Summe der in den letzten zehn Wj. gewährten Leistungen erhöht (§ 4d Abs. 1 Satz 1 Nr. 2 Satz 4 EStG). 725

In **Zeile 55** ist das nach § 4d Abs. 1 Satz 1 Nr. 2 Satz 3 und 4 EStG **zulässige Kassenvermögen** zu erklären. Hat die Unterstützungskasse bereits zehn Wj. bestanden, ist das das Minimum der Beträge lt. Zeilen 53 und 54; anderenfalls ist der Betrag lt. Zeile 53 einzutragen. 726

c) Zulässiges Kassenvermögen für lebenslänglich und nicht lebenslänglich laufende Leistungen (Zeile 56)

	Lebenslänglich laufende Leistungen und nicht lebenslänglich laufende Leistungen	
56	Zulässiges Kassenvermögen: Summe der Beträge laut Zeilen 49 und 55.	

Werden sowohl **lebenslänglich laufende Leistungen** als auch **nicht lebenslänglich laufende Leistungen** erbracht, ergibt sich das **zulässige Kassenvermögen** von Unterstützungskassen nach § 4d Abs. 1 Satz 2 EStG aus der Summe der Beträge aus den Zeilen 49 und 55 und ist in **Zeile 56** einzutragen. 727

d) Ermittlung des tatsächlichen Kassenvermögens zum Ende des Wj. und ggf. der Überdotierung (Zeilen 57–62)

	Ermittlung des tatsächlichen Kassenvermögens zum Ende des Wirtschaftsjahres und gegebenenfalls der Überdotierung	
57	Maßgeblicher Wert des Grundbesitzes nach § 4d Absatz 1 Satz 1 Nummer 1 Satz 3 EStG (gegebenenfalls in Verbindung mit § 52 Absatz 7 EStG)	
58	Dazu: Ansprüche aus einer Versicherung (Wert des geschäftsplanmäßigen Deckungskapitals zuzüglich Guthaben aus Beitragsrückerstattung, § 4d Absatz 1 Satz 1 Nummer 1 Satz 3 EStG)	
59	Dazu: Gemeiner Wert des übrigen Vermögens (§ 4d Absatz 1 Satz 1 Nummer 1 Satz 3 EStG)	
60	Tatsächliches Kassenvermögen 233	15.56
61	Davon ab: 125 % des zulässigen Kassenvermögens (125 % des Betrags aus Zeile 56)	
62	Überdotierung (wenn negativ, "0" eintragen)	15.57

In den Zeilen 57 bis 62 sind das **tatsächliche Kassenvermögen** zum Ende des Wj. und eine evtl. **Überdotierung** der Unterstützungskasse zu ermitteln. Die jeweiligen Werte berechnen sich gem. § 4d EStG wie folgt: 728

Da für die Berechnung der Überdotierung § 4d EStG maßgebend ist, muss der Wert des Grundbesitzes nach § 4d Abs. 1 Satz 1 Nr. 1 Satz 3 EStG mit den Anschaffungs- oder Herstellungskosten angesetzt werden, vgl. § 5 Abs. 1 Nr. 3 Buchst. e Satz 2 KStG. Dies gilt nach § 52 Abs. 7 Satz 1 EStG jedoch nur für Grundbesitz, der der Kasse erstmals nach dem 31.12.2023 zuzurechnen ist. Außerdem für Herstellungskosten, die nach dem 31.12.2023 angefallen sind, vgl. § 52 Abs. 7 Satz 3 EStG. Für Grundbesitz, der der Körperschaft vor dem 1.1.2024 zuzurechnen gewesen war, ist der bis dahin maßgebende Wert weiterhin anzusetzen. Der bis dahin maßgebende Wert beträgt das dop- 729 pelte des Einheitswerts, der dem Schluss des Wj. folgt, vgl. § 4d Abs. 1 Satz 1 Nr. 1 Satz 3 EStG a.F.[1] Es empfiehlt sich die so maßgebenden Einheitswerte zu dokumentieren, da sie künftig maßgebend sein werden.

730 In **Zeile 58** sind **Ansprüche aus einer Versicherung** (Wert des geschäftsplanmäßigen Deckungskapitals zzgl. Guthaben aus Beitragsrückerstattung) anzugeben und dem Betrag lt. Zeile 57 hinzuzurechnen.

731 In **Zeile 59** ist der **gemeine Wert des übrigen Vermögens** nach Maßgabe der §§ 9 ff. BewG zu erklären und dem Betrag lt. Zeile 57 hinzuzurechnen. Die für das Kj. zu zahlende Körperschaftsteuer ist bei der Ermittlung des tatsächlichen Kassenvermögens des betreffenden Jahres als Schuld abziehbar.

732 In **Zeile 60** ergibt sich aus der Summe der Zeilen 57 bis 59 das **tatsächliche Kassenvermögen**.

733 In **Zeile 61** sind gem. § 5 Abs. 1 Nr. 3 Buchst. e Satz 1 KStG 125 % des zulässigen Kassenvermögens lt. Zeile 56 einzutragen und vom tatsächlichen Kassenvermögen lt. Zeile 60 abzuziehen.

734 In **Zeile 62** ergibt sich aus einer positiven Differenz der Zeilen 60 und 61 die **Überdotierung** der Unterstützungskasse. Insoweit besteht **(partielle) Steuerpflicht** nach Maßgabe des § 6 Abs. 5 KStG. Ergibt sich ein negativer Betrag, ist 0 € einzutragen.

11. Weitere Angaben für Unterstützungskassen (Zeilen 63–66)

	Weitere Angaben für Unterstützungskassen			
63	Die Leistungsempfänger sind zu laufenden Beiträgen oder sonstigen Zuschüssen an die Kasse verpflichtet.			1 = Ja 2 = Nein
64	Die Leistungsempfänger haben laufende Beiträge oder sonstige Zuschüsse an die Kasse geleistet.			1 = Ja 2 = Nein
65	Den Leistungsempfängern oder den Arbeitnehmervertretungen des Betriebs oder der Dienststelle steht satzungsgemäß und tatsächlich das Recht zu, an der Verwaltung der Kassenmittel beratend mitzuwirken.			1 = Ja 2 = Nein
	Wenn ja:			
	Name der mitwirkenden Personen	Name der Personen, die die mitwirkenden Personen auswählen	Art der Mitwirkung	
66				
	Sind weitere Eintragungen erforderlich, sind diese nach dem gleichen Schema gesondert zu erläutern.			

735 Da Unterstützungskassen keinen Rechtsanspruch auf ihre Leistungen gewähren, dürfen die Leistungsempfänger gem. § 3 Nr. 1 KStDV zu laufenden Beiträgen oder zu sonstigen Zuschüssen nicht verpflichtet sein. Den Leistungsempfängern oder den Arbeitnehmervertretungen des Betriebs oder der Dienststelle muss zudem satzungsgemäß und tatsächlich das Recht zustehen, an der Verwaltung sämtlicher Mittel, die der Kasse zufließen, beratend mitzuwirken (§ 3 Nr. 3 KStDV).

736 In **Zeile 63** ist anzugeben, ob die **Leistungsempfänger** zu laufenden **Beiträgen** oder sonstigen **Zuschüssen an die Kasse verpflichtet** sind („1 = Ja", „2 = Nein").

737 In **Zeile 64** ist anzugeben, ob die **Leistungsempfänger** laufende **Beiträge** oder sonstige **Zuschüsse an die Kasse geleistet** haben („1 = Ja", „2 = Nein").

738 In **Zeile 65** ist anzugeben, ob den **Leistungsempfängern** oder den Arbeitnehmervertretern des Betriebs oder der Dienststelle satzungsgemäß und tatsächlich das **Recht** zusteht, an der **Verwaltung der Kassenmittel beratend mitzuwirken** („1 = Ja", „2 = Nein"). Ist dies der Fall, ist in **Zeile 66** der **Name** der mitwirkenden Personen, der Name der Personen, die die mitwirkenden Personen auswählen und die **Art der Mitwirkung** zu erklären. Im elektronischen Datensatz ist die Zeile 66 als sog. „Mehrzeilenindex" eingerichtet; d.h., sie ist für jede einzelne mitwirkende Person gesondert auszufüllen. Wird in einem Härtefall (§ 150 Abs. 8 AO) ausnahmsweise die Steuererklärung in Papierform eingereicht, sind weitere mitwirkende Personen nach dem gleichen Schema gesondert zu erläutern.

1) Einkommensteuergesetz i.d.F. vor Anwendung des Jahressteuergesetzes 2024 (JStG 2024) v. 2.12.2024, BGBl. I 2024 Nr. 387 = BStBl I 2024, 1484.

XII. Anlage KSt 1 F – Ermittlung zur gesonderten Feststellung nach §§ 27 und 28 KStG

1. Übersicht über den Inhalt und die Bedeutung der Anlage KSt 1 F

Bezeichnung des Steuerpflichtigen	Enden in einem Veranlagungszeitraum zwei Wirtschaftsjahre, ist für jedes Wirtschaftsjahr die Anlage KSt 1 F gesondert auszufüllen.	**Anlage KSt 1 F**	**2025**
Steuernummer	Die mit einem Kreis versehenen Zahlen bezeichnen die Erläuterungen in der Anleitung zur Körperschaftsteuererklärung.	☐ zur Steuererklärung ☐ zum Bescheid	

Ermittlung des steuerlichen Einlagekontos (§ 27 Absatz 2 KStG) und des durch Umwandlung von Rücklagen entstandenen Nennkapitals (§ 28 Absatz 1 Satz 3 KStG)

Die **Anlage KSt 1 F** umfasst **zwei Ermittlungen** zu **gesonderten** Feststellungen: **739**

- des **steuerlichen Einlagekontos** (§ 27 Abs. 2 Satz 1 KStG) zum Schluss des Wj. für das die Anlage KSt 1 F ausgefüllt wird;
- des **durch Umwandlung von Rücklagen entstandenen Nennkapitals** (sog. Sonderausweis, § 28 Abs. 1 Satz 3 und 4 KStG) zum Schluss des Wj. für das die Anlage KSt 1 F ausgefüllt wird.

Verfahrensrechtlich ist für diese Feststellungen eine eigenständige Feststellungserklärung abzugeben, vgl. § 27 Abs. 2 Satz 4 KStG. Praktisch ist jedoch die Anlage KSt 1 F Teil des Körperschaftsteuererklärungssatzes, der neben der eigentlichen Körperschaftsteuererklärung auch die Feststellungserklärung nach §§ 27, 28 KStG, sowie nach § 14 Abs. 5 KStG enthält.

Praxishinweis:

Die Ermittlungen des steuerlichen Einlagekontos und des Sonderausweises erfolgen auf den **Schluss des Wj.** (§ 27 Abs. 2 Satz 4 KStG; § 28 Abs. 1 Satz 4 KStG). Der Bilanzstichtag des Wj., für das die Anlage abgegeben wird, ist in Zeile 2 zu vermerken. Sofern im laufenden VZ mehrere Wj. enden, ist die Anlage für jedes Wj. getrennt auszufüllen und einzureichen.

Die Feststellung des steuerlichen Einlagekontos ist nach § 27 Abs. 1 Satz 1 KStG i.V.m. § 27 Abs. 2 KStG für alle **unbeschränkt steuerpflichtigen Kapitalgesellschaften** (= Körperschaften i.S.d. § 1 Abs. 1 Nr. 1 KStG) vorzunehmen. Gemäß § 27 Abs. 7 KStG gilt dies sinngemäß auch für **alle anderen unbeschränkt steuerpflichtigen Körperschaften und Personenvereinigungen**, die Leistungen i.S.d. § 20 Abs. 1 Nr. 1, Nr. 9 oder Nr. 10 EStG erbringen. Nach § 28 Abs. 1 Satz 4 KStG i.V.m. § 27 Abs. 2 KStG ist auch der sog. Sonderausweis gesondert festzustellen. Obwohl Stiftungen Leistungen nach § 20 Abs. 1 Nr. 9 EStG erbringen können, hat der BFH hat entschieden, dass für Stiftungen kein steuerliches Einlagekonto festgestellt wird.[1] **740**

Unbeschränkt steuerpflichtige Körperschaften, die Leistungen i.S.d. § 20 Abs. 1 Nr. 1, Nr. 9 oder Nr. 10 Buchst. a EStG erbringen (z.B. Kapitalgesellschaften, Genossenschaften, Versicherungs- und Pensionsfondsvereine auf Gegenseitigkeit und nicht von der Körperschaftsteuer befreite Vereine oder nicht von der Körperschaftsteuer befreite BgA mit eigener Rechtspersönlichkeit),[2] haben die **Anlage KSt 1 F** zu benutzen. Erbringt die Körperschaft, Personenvereinigung oder Vermögensmasse jedoch Leistungen nach § 20 Abs. 1 Nr. 10 Buchst. b EStG, ist die Anlage KSt 1 Fa zu verwenden (→ Rz. 910 ff.). Dies sind nicht von der Körperschaftsteuer befreite BgA ohne eigene Rechtspersönlichkeit und von der Körperschaftsteuer befreite Körperschaften, Personenvereinigungen und Vermögensmassen, die aus ihren steuerpflichtigen wirtschaftlichen Geschäftsbetrieben Leistungen i.S.d. § 20 Abs. 1 Nr. 10b Satz 4 EStG erbringen können.

Nach § 5 Abs. 1 KStG von der Körperschaftsteuer befreite unbeschränkt steuerpflichtige Kapitalgesellschaften haben auch im Hinblick auf § 20 Abs. 1 Nr. 10b Satz 4 EStG nur die Anlage KSt 1 F abzugeben. Mit Ausnahme der Steuerbefreiung nach § 5 Abs. 1 Nr. 9 KStG für Kapitalgesellschaften, die gemeinnützige, mildtätige oder kirchliche Zwecke i.S.d. §§ 52 bis 54 AO verfolgen, führt ein wirtschaftlicher Geschäftsbetrieb bei der Kapitalgesellschaft entweder nicht zur partiellen Steuerpflicht (z.B. Steuerbefreiung nach § 5 Abs. 1 Nr. 18 KStG für Wirtschaftsförderungsgesellschaften) oder schließt die Steuerbefreiung nach § 5 KStG aus (z.B. Steuerbefreiung nach § 5 Abs. 1 Nr. 3 KStG für Pensions-, Sterbe- und Krankenkassen) oder die zur Steuerbefreiung führende Tätigkeit kann nicht in Rechtsform einer Kapitalgesellschaft ausgeübt werden (z.B. Steuerbefreiung nach § 5 Abs. 1 Nr. 7 KStG für politische Parteien). Für eine nach § 5 Abs. 1 Nr. 9 KStG steuerbefreite Kapitalgesellschaft, die mit einem wirtschaftlichen Geschäftsbetrieb partiell steuerpflichtig ist, wird hingegen nach § 44a Abs. 7 Satz 1 Nr. 1 EStG von der Erhebung von Kapitalertragsteuer für den steuerpflichtigen wirtschaftlichen Geschäftsbetrieb Abstand genommen, so dass die Abgabe der Anlage KSt 1 Fa entbehrlich ist.

Mit § 20 Abs. 1 Nr. 10a EStG hat der Gesetzgeber für nicht von der Körperschaftsteuer befreite BgA mit eigener Rechtspersönlichkeit Einnahmen aus Kapitalvermögen festgelegt, die Kapitalertragsteuer auslösen können. Der **741**

1) BFH v. 17.5.2023, I R 42/19, BStBl II 2024, 381.
2) Zur Anwendung des § 20 Abs. 1 Nr. 10a EStG vgl. BMF v. 28.1.2019, IV C 2 – S 2706-a/15/10001, BStBl I 2019, 97, Rz. 5 ff.

Kapitalertragsteuerabzug von 15 % (§ 43 Abs. 1 Satz 1 Nr. 7b i.V.m. § 43a Abs. 1 Satz 1 Nr. 2 EStG) kommt in Betracht, wenn der BgA Leistungen an seine Trägerkörperschaft erbringt, die zu Einnahmen führen, die mit Gewinnausschüttungen i.S.d. § 20 Abs. 1 Nr. 1 EStG wirtschaftlich vergleichbar sind. Dazu gehören auch vGA (§ 20 Abs. 1 Nr. 1 Satz 2 EStG) sowie Gewinnübertragungen, die aus steuerfreien Zuflüssen (z.B. nach § 8b Abs. 1 KStG) stammen.[1] Mit diesem Einnahmetatbestand wird eine „steuerliche Gleichbelastung" im Vergleich zu anderen Körperschaftsteuerpflichtigen und ihrer Anteilseigner erreicht. Diese profitieren durch die Einführung des Halbeinkünfteverfahrens (im Geltungsbereich der Abgeltungsteuer ab VZ 2009: Teileinkünfteverfahren) auf der Seite der Körperschaft zwar von einer Reduzierung des Körperschaftsteuersatzes auf 15 % Definitivbelastung gem. § 23 Abs. 1 KStG. Leistungen an ihre Anteilseigner o.Ä. führen jedoch bei diesen zu zusätzlichen Einnahmen i.S.d. § 20 Abs. 1 Nr. 1, 2 oder 9 EStG, die nach Maßgabe des § 8b KStG bzw. des § 3 Nr. 40 EStG i.V.m. § 3c Abs. 2 EStG bzw. des § 32d EStG steuerpflichtig sind. Der Gewinn eines BgA mit eigener Rechtspersönlichkeit unterliegt nach den allgemeinen Grundsätzen ebenfalls einer Körperschaftsteuerbelastung von 15 %. Es fehlt jedoch die steuerliche Nachbelastung auf Ebene des Anteilseigners, wenn die Gewinne o.Ä. in den allgemeinen Haushalt der Trägerkörperschaft überführt werden, weil diese „Leistungen" die Sphäre der Trägerkörperschaft nicht verlassen und damit bei dieser nicht steuerbar wären. Diese nicht gerechtfertigte Begünstigung wird durch den Einnahmetatbestand des § 20 Abs. 1 Nr. 10a EStG vermieden.[2] Der o.g. Einnahmetatbestand ist jedoch nicht gegeben und entsprechend ist kein Kapitalertragsteuerabzug vorzunehmen, wenn das steuerliche Einlagekonto als verwendet gilt (§ 20 Abs. 1 Nr. 10a letzter Halbsatz i.V.m. § 20 Abs. 1 Nr. 1 Satz 3 EStG).[3] Auch für BgA mit eigener Rechtspersönlichkeit ist daher zu ermitteln, ob Auskehrungen an die Trägerkörperschaft aus

- von dieser geleisteten Einlagen bzw.
- in der Geltungsdauer des Anrechnungsverfahrens gebildeten sog. Altrücklagen oder
- im Anwendungsbereich des Halbeinkünfteverfahrens bzw. ab VZ 2009 des Teileinkünfteverfahrens erzielten Gewinnen oder
- dem durch die Umwandlung von Rücklagen entstandenen Nennkapital stammen.

Das steuerliche Einlagekonto umfasst sämtliche Einlagen der Trägerkörperschaft und die während der Geltung des Anrechnungsverfahrens gebildeten Altrücklagen. In den Sonderausweis ist das im Halb- bzw. Teileinkünfteverfahren durch die Umwandlung von Rücklagen entstandene Nennkapital einzustellen.

Ist Träger eines BgA eine Stiftung des öffentlichen Rechts, die ausschließlich und unmittelbar gemeinnützigen oder mildtätigen Zwecken dient, oder eine juristische Person des öffentlichen Rechts, die ausschließlich und unmittelbar kirchlichen Zwecken dient, ist die Abgabe der Anlage KSt 1 F für diesen BgA entbehrlich, weil in diesen Fällen von der Erhebung von Kapitalertragsteuer Abstand genommen wird (§ 44a Abs. 7 Satz 1 Nr. 2 und Nr. 3 EStG).

742 Die Anlage KSt 1 F ist auch einzureichen von inl. **Personenhandels- und Partnerschaftsgesellschaften, sowie von eingetragenen Gesellschaften bürgerlichen Rechts**, die gem. **§ 1a KStG**[4] zur **Körperschaftsbesteuerung optieren**.[5]

743 Nach § 27 Abs. 8 Satz 1 und 2 KStG sind die Regelungen der §§ 27, 28 KStG auch auf **beschränkt oder im Inland nicht steuerpflichtige Körperschaften und Personenvereinigungen**, die in einem anderen Mitgliedstaat der Europäischen Union unbeschränkt steuerpflichtig sind, entsprechend anwendbar, wenn sie Leistungen i.S.d. § 20 Abs. 1 Nr. 1 oder 9 EStG an inländische Anteilseigner erbringen. In diesen Fällen werden jedoch nicht das steuerliche Einlagekonto und der Sonderausweis festgestellt, sondern der als Einlagerückgewähr i.S.d. § 27 Abs. 1 Satz 3 KStG nach § 20 Abs. 1 Nr. 1 Satz 3 EStG nicht steuerbare Teil der Leistung. Die Feststellung erfolgt **nur auf Antrag der Körperschaft** für den jeweiligen VZ der Leistung (§ 27 Abs. 8 Satz 3 KStG). Hierfür sind gem. § 27 Abs. 8 Satz 4 KStG nicht die Anlagen KSt 1 F oder KSt 1 Fa, sondern der **Vordruck KSt 1 F – 27 (8)** (→ Rz. 1559 ff.) zu verwenden.

744 Die Anlage KSt 1 F ist in 26 Teilbereiche gegliedert:

- In den Zeilen 1 und 2 sind **allgemeine Angaben** zu machen.
- In den Zeilen 7 bis 16 sind die im Wj. erfolgten **Gewinnausschüttungen/Leistungen** zu erklären.
- In den Zeilen 17 bis 20 wird der **ausschüttbare Gewinn** i.S.d. § 27 Abs. 1 Satz 5 KStG ermittelt.
- In den Zeilen 21 bis 32 sind **Minder-/Mehrabführungen** nach § 27 Abs. 6 KStG zu erklären.
- Die Zeilen 40 bis 142 dienen der Ermittlung und **Feststellung des steuerlichen Einlagekontos** (Spalte 3) und des **Sonderausweises** (Spalte 4). Im Folgenden sind auszufüllen:
  - in den Zeilen 40 bis 43 die **Anfangsbestände**;
  - in den Zeilen 44 und 45 die **organschaftlichen Mehrabführungen**;
  - in den Zeilen 46 bis 55 die Verrechnung von **Leistungen** mit dem steuerlichen Einlagekonto;

1) Vgl. BMF v. 28.1.2019, IV C 2 – S 2706-a/15/10001, BStBl I 2019, 97, Rz. 8.
2) Vgl. BMF v. 28.1.2019, IV C 2 – S 2706-a/15/10001, BStBl I 2019, 97, Rz. 3.
3) Vgl. BMF v. 28.1.2019, IV C 2 – S 2706-a/15/10001, BStBl I 2019, 97, Rz. 8.
4) Eingeführt durch Art. 1 des Gesetzes zur Modernisierung des Körperschaftsteuerrechts (KöMoG) v. 25.6.2021, BGBl. I 2021, 2050 = BStBl I 2021, 889.
5) Vgl. BMF v. 10.11.2021, IV C 2 – S 2707/21/10001 :004, DOK 2021/1162290, BStBl I 2021, 2212, Rz. 41.

- in den Zeilen 56 bis 60 die Angaben über die **Herabsetzung des Nennkapitals** (außerhalb einer Umwandlung);
- bei **Auflösung der Körperschaft** die Zeilen 70 bis 74;
- bei **Rückzahlung des Nennkapitals** (§ 28 Abs. 2 KStG) die Zeilen 75 bis 80;
- in den Zeilen 80a bis 90 Angaben über die **fiktive Kapitalherabsetzung** beim **Erwerb eigener Anteile**;
- in den Zeilen 91 bis 95 die im Wj. geleisteten **Einlagen**;
- in der Zeile 96 Angaben über die **Weiterveräußerung eigener Anteile** zu einem **Veräußerungspreis über dem Nennbetrag**;
- in den Zeilen 97 und 98 die **organschaftlichen Minderabführungen**;
- in den Zeilen 99 bis 114 die Angaben für den Fall einer **Umwandlung beim übernehmenden Rechtsträger**;
- in den Zeilen 115 bis 119 die Beträge der Erhöhung des Nennkapitals durch **Umwandlung von Rücklagen** (§ 28 Abs. 1 KStG) außerhalb einer Umwandlung i.S.d. UmwStG;
- in den Zeilen 120 bis 123 Angaben über die **Weiterveräußerung eigener Anteile** zu einem **Veräußerungspreis unter dem Nennbetrag** oder die **Einziehung eigener Anteile** ohne Kapitalherabsetzung;
- in den Zeilen 124 bis 143 Angaben für den Fall einer **Abspaltung beim übertragenden Rechtsträger**;
- in den Zeilen 144 bis 148 Angaben bei **Umwandlung** durch **Verschmelzung, Aufspaltung** oder **Formwechsel** auf eine Personengesellschaft **beim übertragenden Rechtsträger**;
- in der Zeile 149 der **Zugang nach § 35 KStG** auf Grund eines Verlustabzugs;
- in den Zeilen 150 und 151 die **Verminderung** des **Sonderausweises** und des **steuerlichen Einlagekontos** nach **§ 28 Abs. 3 KStG**;
- in der Zeile 152 die **Endbestände** zum Schluss des Wj.

- In den Zeilen 160 bis 178 wird ermittelt, in welcher Höhe in Fällen der **Liquidation** oder bestimmten **Umwandlungsvorgängen Bezüge des Anteilseigners** i.S.d. § 20 Abs. 1 Nr. 2 bzw. § 20 Abs. 1 Nr. 1 EStG entstanden sind. Hierzu sind anzugeben:
  - in den Zeilen 160 bis 166 Angaben bei **Liquidation**;
  - in den Zeilen 167 bis 172 zusätzliche Angaben bei **Abspaltung oder Aufspaltung**;
  - in den Zeilen 173 bis 178 zusätzliche Angaben bei **Formwechsel** in eine **Personengesellschaft** oder **Verschmelzung**.
- In den Zeilen 200 bis 206 sind Angaben zu im **Wj. geleisteten Einlagen** anzugeben.

2. Allgemeine Angaben (Zeilen 1 und 2)

Zeile	**Allgemeine Angaben**	
1	Datum des Eintritts in die unbeschränkte Steuerpflicht im laufenden Wirtschaftsjahr	48.230
2	Wirtschaftsjahr vom	Wirtschaftsjahr bis

In **Zeile 1** ist im Fall des **Eintritts in die unbeschränkte Steuerpflicht** im laufenden Wj. das betreffende Datum anzu- **745**
geben. Dies gilt sowohl für neu gegründete unbeschränkt steuerpflichtige Körperschaften als auch für bisher beschränkt steuerpflichtige Körperschaften, die im Laufe des Wj. unbeschränkt steuerpflichtig wurden.[1)]

In **Zeile 2** ist das **Wj.**, für das die Anlage KSt 1 F abgegeben wird, einzutragen. Enden zwei Wj. in einem Kj., müssen **746**
zwei Anlagen KSt 1 F abgegeben werden.

---

1) Die der Regelung des § 27 Abs. 2 Satz 3 KStG entgegenstehenden Ausführungen im BMF-Schreiben v. 4.6.2003, IV A 2 – S 2836-2/03, BStBl I 2003, 366, Rz. 5 und 6 sind damit überholt.

3. Im Wirtschaftsjahr erfolgte Gewinnausschüttungen/Leistungen (Zeilen 7–16)

Zeile	Im Wirtschaftsjahr erfolgte Gewinnausschüttungen/Leistungen	
	laut gesonderter Einzelaufstellung (Art der Leistung, gegebenenfalls Datum des Gewinnverteilungsbeschlusses, Tag des Abflusses, Bruttobetrag der Leistung, Betrag der bescheinigten Verwendung des steuerlichen Einlagekontos)	
3 bis 6 frei 7	Summe der im Wirtschaftsjahr erbrachten Gewinnausschüttungen und sonstigen Leistungen (zum Beispiel Gewinnausschüttungen, die auf einem den gesellschaftsrechtlichen Vorschriften entsprechenden Gewinnverteilungsbeschluss beruhen; verdeckte Gewinnausschüttungen; Abschlagszahlungen auf das Liquidationsergebnis, soweit diese nicht als Nennkapitalrückzahlung nach § 28 Absatz 2 KStG zu beurteilen sind; Leistungen nach § 20 Absatz 1 Nummer 9 und 10 Buchstabe a EStG; bei Organgesellschaften: einschließlich geleisteter Ausgleichszahlungen und verdeckter Gewinnausschüttungen an außenstehende Anteilseigner; ohne Betrag laut Zeile 8)	EUR 19.250
8	Mehrabführungen, die ihre Ursache in vororganschaftlicher Zeit haben (§ 14 Absatz 3 Satz 1 KStG, Betrag laut Zeile 22)	
9	Mehrabführungen, die ihre Ursache in vororganschaftlicher Zeit haben und bei der Körperschaft zu berücksichtigen sind, obwohl sie nicht Organträger der Organgesellschaft ist (vermittelnde Körperschaft) (Betrag laut Zeile 292 der Anlage GK) 76	
10	Bescheinigte Minderung des steuerlichen Einlagekontos zu den Zeilen 8 und 9	
11	Im Wirtschaftsjahr erbrachte Leistungen ohne Leistungen aus der Rückzahlung von Nennkapital nach § 28 Absatz 2 KStG (Summe der Beträge laut Zeilen 7 bis 9) (Übertrag nach Zeile 47)	
12	Summe der bescheinigten Minderung des steuerlichen Einlagekontos zu den in Zeilen 7, 8 und 9 enthaltenen Beträgen	19.185
13	Bei mehr als einer Gewinnausschüttung/Leistung: Es wurde mindestens eine Bescheinigung über die Minderung des steuerlichen Einlagekontos ausgestellt 61	19.285 1 = Ja
14	Im Falle einer Liquidation: Bescheinigte Minderung(en) des steuerlichen Einlagekontos für die Schlussauskehrung, soweit nicht Nennkapital ausgekehrt wird	EUR 19.284
15	Kapitalertragsteuer wurde durch die Körperschaft nicht angemeldet, weil die Voraussetzungen des § 43 Absatz 1 Satz 1 Nummer 1a EStG (Sammelverwahrung oder Sonderverwahrung) vorliegen und damit die auszahlende Stelle die Kapitalertragsteuer anzumelden hat	19.286 1 = Ja
16	Eine der Leistungen laut Zeile 7 oder die Auszahlung des Nennkapitals aufgrund einer Kapitalherabsetzung laut Zeile 76 ist nicht dem Beteiligungsverhältnis entsprechend (disquotal) erfolgt (BMF-Schreiben vom 04.09.2024, BStBl I 2024, 1246)	19.282 1 = Ja

747 In den Zeilen 7 bis 16 sind Angaben zu sämtlichen im Wj. erbrachten Gewinnausschüttungen und anderen Leistungen mit Ausnahme der Rückzahlung von Nennkapital i.S.d. § 28 Abs. 2 KStG zu machen. Zudem sind die für diese Leistungen bescheinigte Verwendung des steuerlichen Einlagekontos zu erklären und ggf. Aussagen zur Kapitalertragsteueranmeldung zu treffen. Die Angaben dienen der Ermittlung der ggf. nach § 27 Abs. 5 KStG erfolgten Festschreibung der Verwendung des steuerlichen Einlagekontos.

748 In **Zeile 7** sind die **im Wj. erbrachten Gewinnausschüttungen und sonstigen Leistungen** (z.B. Gewinnausschüttungen, die auf einem den gesellschaftsrechtlichen Vorschriften entsprechenden Gewinnverteilungsbeschluss beruhen; vGA; Abschlagszahlungen auf das Liquidationsergebnis, soweit diese **nicht** als Nennkapitalrückzahlung i.S.d. § 28 Abs. 2 KStG zu beurteilen sind; Leistungen i.S.d. § 20 Abs. 1 Nr. 9 und 10 Buchst. a EStG) einzutragen. **Schlussauskehrungen** i.R. einer **Liquidation** sind nicht in Zeile 7, sondern in Zeile 162 (→ Rz. 893) zu erfassen. Bei **Organgesellschaften** hat die Eintragung einschließlich geleisteter Ausgleichszahlungen und vGA an außenstehende Anteilseigner zu erfolgen, allerdings ohne die in Zeile 8 zu erfassenden Mehrabführungen aus vororganschaftlicher Zeit. Nennkapitalrückzahlungen i.S.d. § 28 Abs. 2 KStG sind nicht in Zeile 7, sondern in den Zeilen 56 ff. (→ Rz. 793 ff.) zu erfassen. Zu der jeweiligen Leistung sind folgende Einzelangaben zu machen:

- Art der Leistung,
- ggf. Datum des Gewinnverteilungsbeschlusses,
- Tag des Abflusses,
- Bruttobetrag der Leistung,
- Betrag der bescheinigten Verwendung des steuerlichen Einlagekontos.

749 In **Zeile 8** sind bei einer Organgesellschaft **Mehrabführungen**, die ihre Ursache in **vororganschaftlicher Zeit** haben (§ 14 Abs. 3 Satz 1 KStG, → Rz. 763 ff.), anzugeben. Diese gelten als Gewinnausschüttung der Organgesellschaft an den Organträger und ergeben sich aus der Zeile 22 (→ Rz. 769).

750 In **Zeile 9** sind **Mehrabführungen** einzutragen, die ihre Ursache in **vororganschaftlicher Zeit** haben (§ 14 Abs. 3 Satz 1 KStG) und die bei der Körperschaft zu berücksichtigen sind, obwohl sie nicht Organträger der Organgesellschaft, sondern das Organschaftsverhältnis **vermittelnde Körperschaft** zu einem anderen Organträger ist (→ Rz. 763 ff.).

In **Zeile 10** ist einzutragen, in welcher Höhe für die **vororganschaftlichen Mehrabführungen** lt. Zeilen 8 und 9 gem. § 27 Abs. 5 KStG die **Verwendung des steuerlichen Einlagekontos bescheinigt** wurde. Ist für eine Leistung der Kapitalgesellschaft die Minderung des Einlagekontos zu niedrig bescheinigt worden, bleibt die der Bescheinigung zu Grunde gelegte Verwendung gem. § 27 Abs. 5 Satz 1 KStG unverändert. Ist für eine Leistung bis zum Tag der Bekanntgabe der erstmaligen Feststellung i.S.d. § 27 Abs. 2 KStG zum Schluss des Wj. der Leistung eine Steuerbescheinigung i.S.d. § 27 Abs. 3 KStG nicht erteilt worden, gilt der Betrag der Einlagenrückgewähr als mit 0 € bescheinigt; eine Berichtigung oder eine nachträgliche erstmalige Erteilung von Steuerbescheinigungen ist dabei nicht zulässig (§ 27 Abs. 5 Satz 2 und 3 KStG). Ist die Verwendung des steuerlichen Einlagekontos überhöht bescheinigt worden, ist die auf den überhöht ausgewiesenen Betrag der Einlagenrückgewähr entfallende Kapitalertragsteuer durch Haftungsbescheid geltend zu machen, sofern die Steuerbescheinigungen nicht berichtigt werden (§ 27 Abs. 5 Satz 4 und 5 KStG). **751**

In **Zeile 11** ist die **Summe aller im Wj. erbrachten Leistungen** ohne Leistungen aus der Rückzahlung von Nennkapital i.S.d. § 28 Abs. 2 KStG zu erklären und in die Zeile 47 zu übertragen. Dies entspricht der Summe der Werte lt. den Zeilen 7 bis 9. **752**

In **Zeile 12** ist anzugeben, in welcher Höhe für die im Wj. insgesamt erbrachten **Leistungen** lt. Zeilen 7 bis 9 gem. § 27 Abs. 5 KStG die **Verwendung des steuerlichen Einlagekontos bescheinigt** wurde (→ Rz. 751). **753**

Sofern für **mehr als eine Gewinnausschüttung/Leistung** eine **Bescheinigung** über die Verwendung des steuerlichen Einlagekontos ausgestellt wurde, ist dies in **Zeile 13** durch die Eintragung der Ziffer „1 = Ja" zu erklären. Es liegen mehrere Leistungen vor, wenn z.B. mehrere Gewinnausschüttungsbeschlüsse im Wj. gefasst wurden oder offene und verdeckte Gewinnausschüttungen vorliegen. Mehrere Leistungen sind nicht gegeben, wenn eine Ausschüttung/Leistung an mehrere Anteilseigner erfolgte. **754**

Im Fall einer **Liquidation** sind in **Zeile 14** ergänzend die **bescheinigten Minderungen** des steuerlichen Einlagekontos (→ Rz. 751) für die **Schlussauskehrung**, soweit diese nicht aus Nennkapital besteht, anzugeben. **755**

Die **Zeile 15** ist mit Eintragung der Ziffer „1 = Ja" auszufüllen, wenn für die erbrachten Leistungen **keine Kapitalertragsteuer angemeldet** wurde, weil die Voraussetzungen des § 43 Abs. 1 Satz 1 Nr. 1a EStG vorliegen und damit die auszahlende Stelle die Kapitalertragsteuer anzumelden hat. Hierbei handelt es sich um Leistungen i.S.d. § 20 Abs. 1 Nr. 1 EStG aus Aktien und Genussscheinen, die entweder gem. § 5 DepotG zur Sammelverwahrung durch eine Wertpapiersammelbank zugelassen sind und dieser zur Sammelverwahrung im Inland anvertraut wurden, bei denen eine Sonderverwahrung gem. § 2 Satz 1 DepotG erfolgt oder bei denen die Erträge gegen Aushändigung der Dividendenscheine oder sonstigen Erträgnisscheine ausgezahlt oder gutgeschrieben werden. **756**

Die **Zeile 16** ist mit Eintragung der Ziffer „1 = Ja" auszufüllen, wenn mindestens eine der erbrachten Leistungen lt. Zeile 7 oder die Auszahlung des Nennkapitals auf Grund einer Kapitalherabsetzung lt. Zeile 76 nicht dem Beteiligungsverhältnis entsprechend (disquotal) erfolgte. Von den Beteiligungsverhältnissen abweichende **inkongruente Gewinnausschüttungen** sind lt. BFH steuerrechtlich anzuerkennen und stellen grds. auch dann keinen Gestaltungsmissbrauch i.S.d. § 42 AO dar, wenn andere als steuerliche Gründe für solche Maßnahmen nicht erkennbar sind.[1] Dies setzt nach Auffassung der FinVerw. jedoch voraus, dass die inkongruente Gewinnausschüttung zivilrechtlich wirksam ist.[2] Dies ist insb. möglich, wenn die inkongruente Gewinnverteilung im Gesellschaftsvertrag (Satzung) festgelegt oder eine Öffnungsklausel in der Satzung vereinbart wurde. Außerdem ist auch ein satzungsdurchbrechender Gesellschafterbeschluss anzuerkennen, wenn er von allen Gesellschaftern einstimmig beschlossen und von keinem Gesellschafter angefochten werden kann.[3] Er soll jedoch nach Auffassung der FinVerw. nicht anzuerkennen sein, wenn durch Gesellschafterbeschluss die inkongruenten Gewinnausschüttungen dauerhaft (und sei es nur für einen kürzeren Zeitraum) beschlossen werden.[4] Soll die Gewinnverteilung dauerhaft geändert werden, ist eine Satzungsänderung nötig. **757**

1) Vgl. BFH v. 19.8.1999, I R 77/96, BStBl II 2001, 43.
2) Vgl. Rz. 1 des BMF v. 4.9.2024, IV C 2 – S 2742/19/10004 :003, BStBl I 2024, 1246.
3) Vgl. BFH v. 28.9.2022, VIII R 20/20, BStBl II 2024, 697.
4) Vgl. Rz. 5 des BMF v. 4.9.2024, IV C 2 – S 2742/19/10004 :003, BStBl I 2024, 1246.

4. Ermittlung des ausschüttbaren Gewinns (Zeilen 17–20)

Ermittlung des ausschüttbaren Gewinns (§ 27 Absatz 1 Satz 5 KStG)

Stets ausfüllen, wenn im Wirtschaftsjahr Leistungen nach § 27 KStG erbracht wurden und zum Schluss des vorangegangenen Wirtschaftsjahres beziehungsweise zum Zeitpunkt des Eintritts in die unbeschränkte Steuerpflicht ein steuerliches Einlagekonto bestand.

Zeilen 17 bis 19: Beträge zum Schluss des vorangegangenen Wirtschaftsjahres beziehungsweise zum Zeitpunkt des Eintritts in die unbeschränkte Steuerpflicht

		EUR
17	Eigenkapital laut Steuerbilanz	48.116
18	Nennkapital 41	48.114 –
19	Positiver Bestand des steuerlichen Einlagekontos	–
20	Ausschüttbarer Gewinn (§ 27 Absatz 1 Satz 5 KStG; wenn negativ, dann "0" eintragen)	

Anlage KSt 1 F - Oktober 2025 - Version 2.9.1.0 Bekanntgabe

758 Als ausschüttbarer Gewinn gilt gem. § 27 Abs. 1 Satz 5 KStG das um das gezeichnete Kapital geminderte in der Steuerbilanz ausgewiesene Eigenkapital abzgl. des Bestands des steuerlichen Einlagekontos. Der ausschüttbare Gewinn wird zwar nicht gesondert festgestellt; die Höhe des ausschüttbaren Gewinns ist jedoch Voraussetzung für die Ermittlung, ob die im Wj. o.a. realisierten Sachverhalte (→ Rz. 744) zur Verwendung des steuerlichen Einlagekontos (§ 27 Abs. 1 Satz 3 KStG) oder des Sonderausweises führen. Die Ermittlung des ausschüttbaren Gewinns erfolgt in den Zeilen 17 bis 20.

759 In **Zeile 17** ist das **Eigenkapital lt. Steuerbilanz** zum Schluss des vorangegangenen Wj. bzw. zum Zeitpunkt des Eintritts in die unbeschränkte Steuerpflicht anzugeben. Soweit keine gesonderte Steuerbilanz aufgestellt wurde, ist neben der ggf. erforderlichen Korrektur nach § 5b Abs. 1 Satz 2 EStG bzw. § 60 Abs. 2 Satz 1 EStDV zur Anpassung der Handelsbilanz an die steuerlich maßgeblichen Wertansätze zusätzlich eine Überleitung des handelsrechtlichen Eigenkapitals zur Ermittlung des steuerbilanziellen Eigenkapitals erforderlich.

Bei **Personenhandels-** und **Partnerschaftsgesellschaften**, die gem. § 1a KStG zur Körperschaftsbesteuerung optieren (→ Rz. 742), ist das in der steuerlichen Schlussbilanz auszuweisende Eigenkapital (einschließlich des Eigenkapitals in Ergänzungsbilanzen) maßgebend.[1)]

760 In **Zeile 18** ist das **Nennkapital** zum Schluss des vorangegangenen Wj. bzw. zum Zeitpunkt des Eintritts in die unbeschränkte Steuerpflicht anzugeben und vom Betrag lt. Zeile 17 abzuziehen. Als Nennkapital sind gemäß BMF-Schreiben vom 4.6.2003[2)] in Zeile 18 grundsätzlich das Grundkapital einer AG (KGaA), das Stammkapital einer GmbH/UG bzw. die Summe der Geschäftsanteile der Genossen bei Erwerbs- und Wirtschaftsgenossenschaften zu berücksichtigen. Gemäß § 1 Abs. 1 Nr. 1 und 2 KStG gilt dies bei unbeschränkter Steuerpflicht entsprechend auch für das „Nennkapital" der Europäischen Gesellschaft und der Europäischen Genossenschaft. Bei anderen Körperschaften, die über **kein Nennkapital oder eine hiermit vergleichbare Größe** verfügen und die Leistungen i.S.d. § 20 Abs. 1 Nr. 9 oder 10a EStG erbringen (z.B. nicht steuerbefreite Vereine), ist als Nennkapital im Sinne der Zeile 18 ein Betrag von 0 € anzugeben. Sofern jedoch Nennkapital oder eine hiermit vergleichbare Größe vorhanden ist (z.B. bei BgA mit eigener Rechtspersönlichkeit), ist dieses einzutragen. Damit wird vermieden, dass dessen Herabsetzung und anschließende Rückzahlung unzutreffend zu Einnahmen i.S.d. § 20 Abs. 1 Nr. 9 oder 10a EStG führen würde; das steuerliche Einlagekonto bleibt insoweit unverändert.[3)]

Bei erfolgtem Erwerb eigener Anteile ist hier das um den Nennbetrag der eigenen Anteile gekürzte Nennkapital einzutragen.

Bei **Personengesellschaften,** die gem. § 1a KStG zur Körperschaftsbesteuerung optieren (→ Rz. 742), sind 0 € einzutragen, da die Gesellschaft zivilrechtlich als Personenhandels- oder Partnerschaftsgesellschaft fortbesteht und daher anders als eine Kapitalgesellschaft nicht über Nennkapital i.S.d. § 27 Abs. 1 Satz 1 KStG verfügt.[4)]

761 In **Zeile 19** ist der **positive Bestand** des **steuerlichen Einlagekontos** zum Schluss des vorangegangenen Wj. (→ Rz. 892) bzw. zum Zeitpunkt des Eintritts in die unbeschränkte Steuerpflicht (→ Rz. 777) anzugeben und abzuziehen.

Bei **Personengesellschaften,** die gem. § 1a KStG zur Körperschaftsbesteuerung optieren (→ Rz. 742), ist bei Eintritt in die unbeschränkte Steuerpflicht nach § 1a Abs. 2 Satz 4 KStG insgesamt das in der steuerlichen Schlussbilanz

1) Vgl. BMF v. 10.11.2021, IV C 2 – S 2707/21/10001 :004, DOK 2021/1162290, BStBl I 2021, 2212, Rz. 42. Zum Umfang des maßgebenden Eigenkapitals vgl. BMF v. 11.7.2011, IV C 6 – S 2178/09/10001, BStBl I 2011, 713, Rz. I.2 i.V.m. BMF v. 30.5.1997, IV B 2 – S 2241 a-51/93 II, BStBl I 1997, 627 und v. 26.7.2016, IV C 6 – S 2178/09/10001, BStBl I 2016, 684.
2) BMF v. 4.6.2003, IV A 2 – S 2836 – 2/03, BStBl I 2003, 366, Rz. 19.
3) Vgl. BMF v. 28.1.2019, IV C 2 – S 2706-a/15/10001, BStBl I 2019, 97, Rz. 14.
4) Vgl. BMF v. 10.11.2021, IV C 2 – S 2707/21/10001 :004, DOK 2021/1162290, BStBl I 2021, 2212, Rz. 42.

auszuweisende Eigenkapital (einschließlich des Eigenkapitals in Ergänzungsbilanzen) auf dem steuerlichen Einlagekonto zu erfassen.[1)]

In **Zeile 20** wird durch die Differenz der Zeilen 17 bis 19 der **ausschüttbare Gewinn** i.S.d. § 27 Abs. 1 Satz 5 KStG ausgewiesen. Durch den Abzug der Beträge aus den Zeilen 18 und 19 umfasst der ausschüttbare Gewinn nur die Summe des Bilanzgewinns und der Rücklagen ohne die Beträge, die aus Einlagen der Gesellschafter stammen; insoweit würde die Leistung keine Gewinnausschüttung, sondern eine Einlagenrückgewähr darstellen. Ergibt sich ein negativer Betrag, so ist kein ausschüttbarer Gewinn vorhanden und in Zeile 20 ein Betrag von 0 € anzugeben. 762

Bei **Personengesellschaften**, die gem. § 1a KStG zur Körperschaftsbesteuerung optieren (→ Rz. 742), ergibt sich damit in dem Wj. des Eintritts in die unbeschränkte Steuerpflicht nach § 1a Abs. 2 Satz 4 KStG auf Grund der Differenzrechnung der Zeilen 17 bis 19 ein ausschüttbarer Gewinn i.H.v. 0 €. Die Verwendung des steuerlichen Einlagekontos ist damit gem. § 27 Abs. 1 KStG im Wj. der erstmaligen Ausübung der Option möglich.[2)]

5. Mehr-/Minderabführungen nach § 27 Abs. 6 KStG (Zeilen 21–32)

Steuernummer - 2 -

Zeile	Mehr-/Minderabführungen nach § 27 Absatz 6 KStG	
	Zeilen 21 bis 32: Nur bei Organgesellschaften	EUR
21	Jahresüberschuss/-fehlbetrag laut Handels- oder Steuerbilanz (Betrag laut Zeile 11 der Anlage GK)	
22	Mehrabführungen, die ihre Ursache in vororganschaftlicher Zeit haben nach § 14 Absatz 3 Satz 1 KStG	17.173 +
23	Minderabführungen, die ihre Ursache in vororganschaftlicher Zeit haben nach § 14 Absatz 3 Satz 2 KStG	17.183 –
24	Verrechenbare Verluste nach § 15a EStG, durch die keine Mehrabführung entsteht	48.272 +
25	Verrechnung mit verrechenbaren Verlusten nach § 15a EStG, durch die keine Mehrabführung entstanden ist	48.273 –
26	Einlagen der Gesellschafter (§ 8 Absatz 3 Satz 3 KStG), die erfolgswirksam gebucht und bis zum Ende des Wirtschaftsjahres geleistet wurden (Betrag laut Zeile 93 der Anlage GK)	–
27	Einlagen der Gesellschafter (§ 8 Absatz 3 Satz 3 KStG), die erfolgswirksam gebucht aber nicht bis zum Ende des Wirtschaftsjahres geleistet wurden (Betrag laut Zeile 94 der Anlage GK)	–
28 frei		
29	Sonstige Korrekturen (laut gesonderter Erläuterung) 74	48.122 +/–
30	Zwischensumme 45	
31	Mehrabführungen, die ihre Ursache in organschaftlicher Zeit haben nach § 14 Absatz 4 Satz 2 KStG	17.273
32	Minderabführungen, die ihre Ursache in organschaftlicher Zeit haben nach § 14 Absatz 4 Satz 1 KStG	17.274

Mehr- oder Minderabführungen fallen bei der Organgesellschaft immer dann an, wenn die handelsrechtliche Gewinnabführung von der steuerrechtlich bei der Organgesellschaft eingetretenen Vermögensmehrung (= grds. der Steuerbilanzgewinn) abweicht. Ist die steuerliche Vermögensmehrung niedriger (z.B. durch steuerlich höhere Abschreibungsbeträge als handelsrechtliche), führt dies zu einer Mehrabführung. Ist die steuerliche Vermögensmehrung hingegen höher als die handelsrechtliche Gewinnabführung (z.B., weil die Organgesellschaft eine Rücklage gebildet und diesen Teil des Gewinns nicht an den Organträger abgeführt hat), liegt eine Minderabführung vor. Hierbei ist im Weiteren danach zu differenzieren, ob diese Mehr-/Minderabführung zwar in organschaftlicher Zeit entstanden, ihre Ursache aber in einem vor Begründung des Organschaftsverhältnisses liegenden Sachverhalt hat (sog. **vororganschaftliche Mehr-/Minderabführung**) oder ob die Ursache in der Geltungsdauer des Organschaftsverhältnisses gesetzt wurde (sog. **organschaftliche Mehr-/Minderabführung**). 763

Mehrabführungen, die während des Organschaftsverhältnisses anfallen, ihre **Ursache aber in vororganschaftlicher Zeit** haben, führen nach § 14 Abs. 3 Satz 1 KStG zu einer Gewinnausschüttung, die nur bei Übersteigen des ausschüttbaren Gewinns (§ 27 Abs. 1 Satz 3 KStG) Auswirkung auf das steuerliche Einlagekonto haben kann. Diese Mehrabführung ist als Gewinnausschüttung in Zeile 8 (→ Rz. 749) einzutragen und daher in den im Wj. erbrachten Leistungen lt. Zeile 47 ff. dieser Anlage (→ Rz. 783 ff.) enthalten. Die **vororganschaftlich verursachte Minderabführung** ist nach § 14 Abs. 3 Satz 2 KStG als Einlage des Organträgers in die Organgesellschaft zu behandeln und führt damit zu einem Zugang im steuerlichen Einlagekonto. Dieser Zugang ist in Zeile 93 (→ Rz. 826) einzutragen. 764

1) Vgl. BMF v. 10.11.2021, IV C 2 – S 2707/21/10001 :004, DOK 2021/1162290, BStBl I 2021, 2212, Rz. 42. Zum Umfang des maßgebenden Eigenkapitals vgl. BMF v. 11.7.2011, IV C 6 – S 2178/09/10001, BStBl I 2011, 713, Rz. I.2 i.V.m. BMF v. 30.5.1997, IV B 2 – S 2241 a-51/93 II, BStBl I 1997, 627 und BMF v. 26.7.2016, IV C 6 – S 2178/09/10001, BStBl I 2016, 684.

2) Vgl. BMF v. 10.11.2021, IV C 2 – S 2707/21/10001 :004, DOK 2021/1162290, BStBl I 2021, 2212, Rz. 70.

765 In den Zeilen 21 bis 32 sind **Mehr- oder Minderabführungen** einer Organgesellschaft an ihren Organträger zu ermitteln, die **in organschaftlicher Zeit** angefallen sind. Durch das KöMoG[1] wurde bei ertragsteuerlicher Organschaft für den Organträger ein Wechsel der bisherigen steuerlichen Behandlung von **organschaftlich bedingten Mehr- oder Minderabführungen** der Organgesellschaft an den Organträger vollzogen und die **Bildung steuerlicher Ausgleichsposten** durch die **Einlagelösung** ersetzt. Gemäß § 14 Abs. 4 Satz 1 KStG sind **Minderabführungen** der Organgesellschaft, die ihre Ursache in organschaftlicher Zeit haben, als **Einlage** durch den Organträger in die Organgesellschaft zu behandeln. **Mehrabführungen** der Organgesellschaft, die ihre Ursache in organschaftlicher Zeit haben, gelten gem. § 14 Abs. 4 Satz 2 KStG als **Einlagenrückgewähr** der Organgesellschaft an den Organträger. In organschaftlicher Zeit verursachte Mehr- oder Minderabführungen gelten in dem Zeitpunkt als erfolgt, in dem das Wj. der Organgesellschaft endet (§ 14 Abs. 4 Satz 4 KStG).[2] Organschaftlich bedingte Mehrabführungen mindern das steuerliche Einlagekonto der Organgesellschaft gem. § 27 Abs. 6 Satz 2 KStG vor allen anderen Leistungen und auch unabhängig davon, ob sie den ausschüttbaren Gewinn übersteigen (§ 27 Abs. 1 Satz 3 KStG). Die §§ 14 Abs. 4, 27 Abs. 1 Satz 3 und § 27 Abs. 6 Satz 2 KStG sind erstmals auf Minder- und Mehrabführungen anzuwenden, die nach dem 31.12.2021 erfolgen. Hinsichtlich des Zeitpunkts der Minder- und Mehrabführungen ist dabei auf das Ende des Wj. der Organgesellschaft abzustellen.

766 Die für die Anerkennung eines ertragsteuerlichen Organschaftsverhältnisses erforderliche **finanzielle Eingliederung** setzt nicht voraus, dass diese **unmittelbar** zwischen Organträger und Organgesellschaft bestehen muss. Mittelbare Beteiligungen sind zu berücksichtigen, wenn die Beteiligung an jeder vermittelnden Gesellschaft die Mehrheit der Stimmrechte gewährt, also der Organträger die Mehrheit der Stimmrechte an der vermittelnden Gesellschaft (Zwischengesellschaft) hat (§ 14 Abs. 1 Satz 1 Nr. 1 Satz 2 KStG).[3] Eine **mittelbare Organschaft** liegt vor, wenn sich die finanzielle Eingliederung der Organgesellschaft in den Organträger entweder ausschließlich durch eine mittelbare Beteiligung des Organträgers an der Organgesellschaft über eine vermittelnde Gesellschaft (Zwischengesellschaft) ergibt oder durch Addition einer unmittelbaren und einer mittelbaren Beteiligung über eine vermittelnde Gesellschaft (Zwischengesellschaft) ergibt. Eine mittelbare Beteiligung kann auch über eine Gesellschaft bestehen, die nicht selbst Organgesellschaft sein kann.[4] Beteiligungen an der Organgesellschaft, die nicht durchgängig einer inländischen Betriebsstätte zuzurechnen sind, werden nach § 14 Abs. 1 Satz 1 Nr. 2 Satz 4 und 5 KStG für die Prüfung der finanziellen Eingliederung nicht berücksichtigt. Ergibt sich die finanzielle Eingliederung der Organgesellschaft hingegen bereits durch eine unmittelbare Beteiligung des Organträgers an der Organgesellschaft, liegt auch bei zusätzlicher mittelbarer Beteiligung keine mittelbare Organschaft vor.

767 Bei einer **mittelbaren Organschaft** sind organschaftlich bedingte Mehr- und Minderabführungen der Organgesellschaft ggf. auf mehrere Beteiligungsstränge im Verhältnis der Höhe der unmittelbaren Beteiligung des Organträgers an den Stimmrechten der Organgesellschaft zu der Höhe der mittelbaren Beteiligung des Organträgers über die vermittelnden Gesellschaften (Zwischengesellschaften) an den Stimmrechten der Organgesellschaft aufzuteilen.[5] Die Aufteilung gilt auch für das steuerliche Einlagekonto.[6] In den Zeilen 7 bis 10 ist daher zu erklären, ob ein unmittelbares oder ein mittelbares Organschaftsverhältnis vorliegt.

768 In **Zeile 21** ist der **Jahresüberschuss/-fehlbetrag** gem. Handels- oder Steuerbilanz lt. Zeile 11 der Anlage GK anzugeben. Bei einer Organgesellschaft beträgt der handelsrechtliche Jahresüberschuss/-fehlbetrag üblicherweise 0 €, da als letzter Geschäftsvorfall der erzielte Jahresüberschuss gewinnmindernd an den Organträger abzuführen bzw. ein erzielter Jahresfehlbetrag gewinnerhöhend durch den Organträger auszugleichen ist. Etwas anderes kann nur gelten, wenn von der Organgesellschaft erzielte Gewinne nicht der handelsrechtlichen Gewinnabführung unterliegen, wie der von der Organgesellschaft selbst zu versteuernde Übertragungsgewinn i.S.d. § 11 UmwStG oder wenn Teile des Jahresüberschusses in eine Rücklage eingestellt und nicht an den Organträger abgeführt werden. Ist der handelsrechtliche Jahresüberschuss/-fehlbetrag gem. § 5b Abs. 1 Satz 2 EStG bzw. § 60 Abs. 2 EStDV an die steuerlich maßgebenden Wertansätze anzupassen oder wird aus diesem Grund eine von der Handelsbilanz abweichende Steuerbilanz aufgestellt, ist der einzutragende Wert regelmäßig ungleich 0 € und führt vorbehaltlich der in den Zeilen 22 bis 29 einzutragenden Geschäftsvorfälle in der Differenz zum Ergebnis gem. Handelsbilanz in den Zeilen 30 ff. zu organschaftlichen Mehr- oder Minderabführungen.

769 In **Zeile 22** sind die **Mehrabführungen** als Folgewirkung von Geschäftsvorfällen **in vororganschaftlicher Zeit** i.S.d. § 14 Abs. 3 Satz 1 KStG anzugeben und dem Betrag lt. Zeile 21 hinzuzurechnen. Dadurch wird erreicht, dass eine in Zeile 30 evtl. verbleibende Mehrabführung nur noch eine solche aus organschaftlicher Zeit sein kann. Die vororganschaftliche Mehrabführung ist zudem als Gewinnausschüttung in die Zeilen 8 (→ Rz. 749) und 47 ff. (→ Rz. 783 ff.) einzutragen.

770 In **Zeile 23** sind die **Minderabführungen** als Folgewirkung von Geschäftsvorfällen **in vororganschaftlicher Zeit** i.S.d. § 14 Abs. 3 Satz 2 KStG anzugeben und vom Betrag lt. Zeile 21 abzuziehen. Dadurch wird erreicht, dass eine in Zeile 30 evtl. verbleibende Minderabführung nur noch eine solche aus organschaftlicher Zeit sein kann. Der durch die vororganschaftliche Minderabführung eingetretene Zugang im steuerlichen Einlagekonto ist in Zeile 93 (→ Rz. 826) einzutragen.

1) Gesetz zur Modernisierung des Körperschaftsteuerrechts (KöMoG) v. 25.6.2021, BGBl. I 2021, 2050 = BStBl I 2021, 889.
2) Zu den Einzelheiten vgl. BMF v. 29.9.2022, IV C 2 – S 2770/19/10004 :007, 2022/0912541, BStBl I 2022, 1412.
3) Vgl. R 14.2 KStR 2022.
4) Vgl. BFH v. 2.11.1977, I R 143/75, BStBl II 1978, 74.
5) Zu den Einzelheiten vgl. BMF v. 29.9.2022, IV C 2 – S 2770/19/10004 :007, 2022/0912541, BStBl I 2022, 1412, Rz. 2 ff.
6) Zu den Einzelheiten vgl. BMF v. 29.9.2022, IV C 2 – S 2770/19/10004 :007, 2022/0912541, BStBl I 2022, 1412, Rz. 27 ff.

In **Zeile 24** sind die im Wj. erzielten **verrechenbaren Verluste i.S.d. § 15a EStG** aus Beteiligungen an Personengesellschaften hinzuzurechnen, die bei der Organgesellschaft i.R. der Einkommensermittlung nicht einkommensmindernd berücksichtigt wurden und durch die keine Mehrabführung entsteht. Für die Ermittlung von Mehr- oder Minderabführungen i.S.d. § 27 Abs. 6 KStG wird die handelsrechtliche Gewinnabführung, die nur die eingetretene Vermögensmehrung umfassen kann, mit der steuerlich eingetretenen Vermögensmehrung verglichen. Daher müssen steuerliche Einkommensteile, die keine Vermögensmehrung sind, ausgeschieden werden. Wird bei der Organgesellschaft der in der Steuerbilanz enthaltene Verlust aus einer Beteiligung an einer Personengesellschaft wegen § 15a EStG i.R. der außerbilanziellen Einkommensermittlung neutralisiert, führt dies zwar zu steuerlichem Einkommen (bzw. dadurch nicht zu einem Verlust), aber nicht zu einer Vermögensmehrung, da die Organgesellschaft den Verlust in der Steuerbilanz tatsächlich erlitten hat.[1] **771**

Die Zeile 25 ist auszufüllen, wenn und soweit im Wj. in der Steuerbilanz enthaltene **positive Einkünfte** aus der Beteiligung an einer Personengesellschaft i.R. der Einkommensermittlung der Organgesellschaft um verrechenbare Verluste i.S.d. **§ 15a EStG** gemindert wurden. Nicht an den Organträger abgeführte steuerliche Vermögensmehrungen führen grds. zu einer Minderabführung i.S.d. § 27 Abs. 6 KStG. Dies würde im Falle des § 15a EStG jedoch dann zu einem unzutreffenden Ergebnis führen, wenn der verrechenbare Verlust i.S.d. § 15a EStG nach den Ausführungen in Zeile 24 nicht zu einer Mehrabführung geführt hat.[2] In diesen Fällen ist daher in Zeile 25 die im Wj. vorgenommene Verlustverrechnung nach § 15a EStG abzuziehen. **772**

In **Zeile 26** sind die im Wj. **erfolgswirksam gebuchten Einlagen** (§ 8 Abs. 3 Satz 3 KStG), die bis zum Ende des Wj. auch **tatsächlich geleistet** wurden, einzutragen und abzuziehen. Dies ist der Betrag lt. Zeile 93 der Anlage GK. Erfolgswirksam gebuchte Einlagen gehören weder zum handelsrechtlich abzuführenden Gewinn noch zu den steuerlichen Vermögensmehrungen und können daher insoweit keine Differenz zwischen abgeführtem Gewinn und steuerlicher Vermögensmehrung auslösen. **773**

In **Zeile 27** sind die im Wj. **erfolgswirksam gebuchten Einlagen** (§ 8 Abs. 3 Satz 3 KStG), die bis zum Ende des Wj. noch **nicht geleistet** wurden, einzutragen und abzuziehen. Dies ist der Betrag lt. Zeile 94 der Anlage GK. Erfolgswirksam gebuchte Einlagen gehören weder zum handelsrechtlich abzuführenden Gewinn noch zu den steuerlichen Vermögensmehrungen und können daher insoweit keine Differenz zwischen abgeführtem Gewinn und steuerlicher Vermögensmehrung auslösen. **774**

In **Zeile 29** sind **sonstige Korrekturen** zu bilden, die zur zutreffenden Berechnung der Mehr- oder Minderabführung ggf. erforderlich sind. Die Berechnung der sonstigen Korrekturen ist gesondert zu erläutern. Die Ermittlung ist möglichst elektronisch (Belegnachreichung zur Steuererklärung) zu übermitteln. Dies ist sowohl über Elster als auch über andere Softwareanbieter möglich. **775**

In **Zeile 30** ist die **Zwischensumme der Zeilen 21 bis 29** anzugeben. Da eine Saldierung der Mehr-/Minderabführungen bei der Organgesellschaft nicht zulässig ist,[3] muss der Betrag lt. Zeile 30 in Mehrabführungen, die ihre Ursache in organschaftlicher Zeit haben, und Minderabführungen, die ihre Ursache in organschaftlicher Zeit haben, in den **Zeilen 31 und 32** aufgeteilt werden. In Zeile 31 sind die organschaftlichen Mehrabführungen und in Zeile 32 die organschaftlichen Minderabführungen einzutragen. Der Wert der Zeile 30 muss dabei der Differenz aus den Werten der Zeilen 32 und 31 entsprechen. Nach § 27 Abs. 1 Satz 4 KStG kann das steuerliche Einlagekonto durch organschaftliche Mehrabführungen negativ werden. **776**

---

1) Vgl. BFH v. 29.8.2012, I R 65/11, BStBl II 2013, 555.
2) Vgl. BFH v. 29.8.2012, I R 65/11, BStBl II 2013, 555.
3) Vgl. BMF v. 29.9.2022, IV C 2 – S 2770/19/10004 :007, 2022/0912541, BStBl I 2022, 1412, Rz. 5.

6. Ermittlung des steuerlichen Einlagekontos (§ 27 Abs. 2 Satz 1 KStG) und des durch Umwandlung von Rücklagen entstandenen Nennkapitals (§ 28 Abs. 1 Satz 3 KStG)

a) Anfangsbestände (Zeilen 40–43)

Zeile	Ermittlung des steuerlichen Einlagekontos (§ 27 Absatz 2 Satz 1 KStG) und des durch Umwandlung von Rücklagen entstandenen Nennkapitals (§ 28 Absatz 1 Satz 3 KStG)	Vorspalte	Steuerliches Einlagekonto	Sonderausweis
		EUR	EUR	EUR
	1	2	3	4
	Anfangsbestände			
33 bis 39 frei				
40	Bei Eintritt in die unbeschränkte Steuerpflicht: Zum Zeitpunkt des Eintritts in die unbeschränkte Steuerpflicht vorhandener Bestand der nicht in das Nennkapital geleisteten Einlagen (§ 27 Absatz 2 Satz 3 KStG) (21)		48.217	
41	Bei Eintritt in die unbeschränkte Steuerpflicht: Zum Zeitpunkt des Eintritts in die unbeschränkte Steuerpflicht vorhandener Bestand des Sonderausweises nach § 28 Absatz 1 Satz 3 KStG			48.235
42	Bestand nach § 27 Absatz 2 Satz 1 KStG zum Schluss des vorangegangenen Wirtschaftsjahres		48.117	
43	Bestand nach § 28 Absatz 1 Satz 3 KStG zum Schluss des vorangegangenen Wirtschaftsjahres			48.135

777 In **Zeile 40**, Spalte 3 ist bei Eintritt der Körperschaft in die unbeschränkte Steuerpflicht im laufenden Jahr der zum Zeitpunkt des Eintritts in die Steuerpflicht **vorhandene (Anfangs-)Bestand der nicht in das Nennkapital geleisteten Einlagen** zu erfassen. Dieser Bestand ist gesondert festzustellen und gilt als Bestand des steuerlichen Einlagekontos zum Ende des vorangegangenen Wj. (vgl. § 27 Abs. 2 Satz 3 KStG). § 27 Abs. 2 Satz 3 KStG ermöglicht eine Gleichbehandlung in der Feststellung des steuerlichen Einlagekontos mit bereits im vorangegangenen Wj. unbeschränkt steuerpflichtigen Körperschaften hinsichtlich des vorhandenen, aber mangels unbeschränkter Steuerpflicht im vorangegangenen Wj. nicht zum Ende des vorangegangenen Wj. gesondert festgestellten Bestands der nicht in das Nennkapital geleisteten Einlagen der bisher nicht unbeschränkt steuerpflichtigen Körperschaft. Folge ist, dass dieser Bestand für Leistungen der Körperschaft im laufenden Wj. unter den Voraussetzungen des § 27 Abs. 1 Satz 3 KStG als verwendet gilt. Dies gilt sowohl für neu gegründete unbeschränkt steuerpflichtige Körperschaften als auch für bisher nicht oder nur beschränkt steuerpflichtige Körperschaften, die im Laufe des Wj. unbeschränkt steuerpflichtig wurden.[1] Im Falle einer **Verschmelzung zur Neugründung** ist ebenfalls eine Anfangsfeststellung des Einlagekontos gem. § 27 Abs. 2 Satz 3 KStG durchzuführen. In diesem Fall sind die entsprechenden Anfangsbestände (Summe der Endbestände der übertragenden Körperschaften) einzutragen.

Bei **Personengesellschaften**, die erstmals gem. § 1a KStG zur Körperschaftsbesteuerung optieren (→ Rz. 742), ist bei Eintritt in die unbeschränkte Steuerpflicht nach § 1a Abs. 2 Satz 4 KStG insgesamt das in der steuerlichen Schlussbilanz auszuweisende Eigenkapital (einschließlich des Eigenkapitals in Ergänzungsbilanzen) auf dem steuerlichen Einlagekonto zu erfassen.[2]

778 In **Zeile 41**, Spalte 4 ist bei Eintritt der Körperschaft in die unbeschränkte Steuerpflicht im laufenden Jahr der zum Eintrittszeitpunkt **vorhandene (Anfangs-)Bestand des Sonderausweises** nach § 28 Abs. 1 Satz 3 KStG anzugeben. Dies gilt sowohl für neu gegründete, unbeschränkt steuerpflichtige Körperschaften als auch für bisher nicht oder nur beschränkt steuerpflichtige Körperschaften, die im Laufe des Wj. unbeschränkt steuerpflichtig wurden.

Bei **Personengesellschaften**, die erstmals gem. § 1a KStG zur Körperschaftsbesteuerung optieren (→ Rz. 742), kann bei Eintritt in die unbeschränkte Steuerpflicht kein Sonderausweis vorhanden sein, weil die Gesellschaft zivilrechtlich als Personenhandels- oder Partnerschaftsgesellschaft fortbesteht und daher anders als eine Kapitalgesellschaft nicht über Nennkapital i.S.d. § 27 Abs. 1 Satz 1 KStG verfügt.[3]

779 In **Zeile 42**, Spalte 3 ist der Bestand des steuerlichen **Einlagekontos** (§ 27 Abs. 2 Satz 1 KStG) **zum Schluss des vorangegangenen Wj.** (→ Rz. 892) anzugeben. Der Betrag kann dem entsprechenden Feststellungsbescheid des FA entnommen werden.

780 In **Zeile 43**, Spalte 4 ist der **Bestand des Sonderausweises** (§ 28 Abs. 1 Satz 3 KStG) zum Schluss des vorangegangenen Wj. (→ Rz. 892) anzugeben. Der Betrag kann dem entsprechenden Feststellungsbescheid des FA entnommen werden. Der Sonderausweis kann grundsätzlich nur bei Kapitalgesellschaften (Europäische Gesellschaft, GmbH, AG, KGaA, UG; vgl. § 1 Abs. 1 Nr. 1 KStG) gegeben sein, da nur diese über einen Nennkapitalausweis verfügen (Ausnahme: BgA mit eigener Rechtspersönlichkeit mit einem dem Nennkapital entsprechenden Ausweis).

---

1) Die der Regelung des § 27 Abs. 2 Satz 3 KStG entgegenstehenden Ausführungen im BMF v. 4.6.2003, IV A 2 – S 2836-2/03, BStBl I 2003, 366, Rz. 5 und 6 sind damit überholt.

2) Vgl. BMF v. 10.11.2021, IV C 2 – S 2707/21/10001 :004, DOK 2021/1162290, BStBl I 2021, 2212, Rz. 42. Zum Umfang des maßgebenden Eigenkapitals vgl. BMF v. 11.7.2011, IV C 6 – S 2178/09/10001, BStBl I 2011, 713, Rz. I.2 i.V.m. BMF v. 30.5.1997, IV B 2 – S 2241 a-51/93 II, BStBl I 1997, 627 und v. 26.7.2016, IV C 6 – S 2178/09/10001, BStBl I 2016, 684.

3) Vgl. BMF v. 10.11.2021, IV C 2 – S 2707/21/10001 :004, DOK 2021/1162290, BStBl I 2021, 2212, Rz. 42.

Bei **Personengesellschaften**, die gem. § 1a KStG zur Körperschaftsbesteuerung optieren (→ Rz. 742), kann kein Sonderausweis vorhanden sein, weil die Gesellschaft zivilrechtlich als Personenhandels- oder Partnerschaftsgesellschaft fortbesteht und daher anders als eine Kapitalgesellschaft nicht über Nennkapital i.S.d. § 27 Abs. 1 Satz 1 KStG verfügt.[1)]

b) Organschaftliche Mehrabführungen (Zeilen 44–45)

	Organschaftliche Mehrabführung			
44	Mehrabführungen, die ihre Ursache in organschaftlicher Zeit haben nach § 14 Absatz 4 Satz 2 KStG (Betrag laut Zeile 31)		–	
45	Mehrabführungen, die ihre Ursache in organschaftlicher Zeit haben und bei der Körperschaft zu berücksichtigen sind, obwohl sie nicht Organträger der Organgesellschaft ist (vermittelnde Körperschaft) (Betrag laut Zeile 295 der Anlage GK) 76		–	

In **Zeile 44** sind bei einer **Organgesellschaft** die **Mehrabführungen** einzutragen, die ihre Ursache in **organschaftlicher Zeit** haben (§ 14 Abs. 4 Satz 2 KStG, → Rz. 763 ff.). Hierbei handelt es sich um den Betrag lt. Zeile 31. Nach § 27 Abs. 1 Satz 4 KStG kann das steuerliche Einlagekonto durch organschaftliche Mehrabführungen negativ werden. **781**

In **Zeile 45** sind **Mehrabführungen** einzutragen, die ihre Ursache in **organschaftlicher Zeit** haben (§ 14 Abs. 4 Satz 2 KStG) und die bei der Körperschaft zu berücksichtigen sind, obwohl sie nicht Organträger der Organgesellschaft, sondern das Organschaftsverhältnis **vermittelnde Körperschaft** zu einem anderen Organträger ist (→ Rz. 763 ff.). Hierbei handelt es sich um den Betrag lt. Zeile 295 der Anlage GK.[2)] Nach § 27 Abs. 1 Satz 4 KStG kann das steuerliche Einlagekonto durch organschaftliche Mehrabführungen negativ werden. **782**

c) Verrechnung von Leistungen mit dem steuerlichen Einlagekonto (Zeilen 46–55)

	Verrechnung von Leistungen mit dem steuerlichen Einlagekonto			
46	Zwischensumme			
	Kein Erwerb eigener Anteile über dem Nennbetrag			
47	Im Wirtschaftsjahr erbrachte Leistungen ohne Leistungen aus der Rückzahlung von Nennkapital nach § 28 Absatz 2 KStG (Betrag laut Zeile 11)			
48	Ausschüttbarer Gewinn (§ 27 Absatz 1 Satz 5 KStG) - Betrag laut Zeile 20	–		
49	Summe			

Steuernummer

- 3 -

Zeile		Vorspalte	Steuerliches Einlagekonto	Sonderausweis
		EUR	EUR	EUR
	1	2	3	4
50	Abzug vom steuerlichen Einlagekonto, wenn nur eine Leistung vorliegt oder keine Minderung des steuerlichen Einlagekontos bescheinigt wurde: Betrag laut Zeile 12, höchstens der kleinste der positiven Beträge laut Zeilen 46 und 49		–	
51	Abzug vom steuerlichen Einlagekonto, wenn mehrere Leistungen erbracht wurden und die Minderung des steuerlichen Einlagekontos bescheinigt wurde		48.285 –	
	Bei Erwerb eigener Anteile über dem Nennbetrag ohne weitere Leistungen			
52	Im Wirtschaftsjahr geleisteter Teil des Kaufpreises, der über den Nennbetrag der erworbenen Anteile hinausgeht 35	48.250		
53	Abzug vom steuerlichen Einlagekonto: Betrag laut Zeile 52 abzüglich Betrag laut Zeile 20, wenn Differenz positiv; höchstens positiver Betrag laut Zeile 46		–	
	Bei Erwerb eigener Anteile über dem Nennbetrag und weiteren Leistungen			
54	Abzug vom steuerlichen Einlagekonto		48.258 –	
	Bei unterjähriger Abspaltung			
55	Leistungen, die das steuerliche Einlagekonto erst nach dem steuerlichen Übertragungsstichtag mindern (gegebenenfalls anteiliger Betrag der Beträge laut Zeilen 50, 51 oder 54)		48.225 +	

1) Vgl. BMF v. 10.11.2021, IV C 2 – S 2707/21/10001 :004, DOK 2021/1162290, BStBl I 2021, 2212, Rz. 42.
2) Zu den Einzelheiten vgl. BMF v. 29.9.2022, IV C 2 – S 2770/19/10004 :007, 2022/0912541, BStBl I 2022, 1412, Rz. 27 ff.

783 Zur Beurteilung, ob für im Wj. erbrachte Leistungen (→ Rz. 747 ff.) das steuerliche Einlagekonto als verwendet gilt, ist zwischen folgenden vier Fallkonstellationen zu unterscheiden:

- es erfolgte im Wj. kein Erwerb eigener Anteile[1] über dem Nennbetrag (Zeilen 47 bis 51);
- es erfolgte im Wj. ein Erwerb eigener Anteile[2] über dem Nennbetrag; es wurden jedoch keine weiteren Leistungen erbracht (Zeilen 52 und 53);
- es erfolgte im Wj. ein Erwerb eigener Anteile[3] über dem Nennbetrag und es wurden weitere Leistungen erbracht (Zeile 54);
- es liegt eine unterjährige Abspaltung vor (Zeile 55).

784 In **Zeile 46** ist die **Zwischensumme** des steuerlichen Einlagekontos einzutragen. Dies ist die Differenz zwischen dem Betrag lt. Zeile 40 (Neugründungsfall) oder Zeile 42 (Bestandskörperschaft) und den Zeilen 44 und 45.

785 Sofern im Wj. **kein Erwerb eigener Anteile über dem Nennbetrag** erfolgte, sind in **Zeile 47** die im Wj. **erbrachten Leistungen ohne Leistungen aus der Rückzahlung von Nennkapital i.S.d. § 28 Abs. 2 KStG** anzugeben. Dies ist der Betrag lt. Zeile 11 (→ Rz. 752).

Nach § 27 Abs. 1 Satz 3 KStG mindern Leistungen mit Ausnahme der Rückzahlung von Nennkapital i.S.d. § 28 Abs. 2 Satz 2 KStG das steuerliche Einlagekonto nur, soweit die im Wj. erbrachten Leistungen den ausschüttbaren Gewinn zum Schluss des vorangegangenen Wj. übersteigen. Die entsprechende Ermittlung erfolgt in den Zeilen 47 ff.

786 In **Zeile 48** ist der **ausschüttbare Gewinn** (§ 27 Abs. 1 Satz 5 KStG) anzugeben und von dem Betrag lt. Zeile 47 abzuziehen. Der ausschüttbare Gewinn ist der Zeile 20 (→ Rz. 762) zu entnehmen.

787 In **Zeile 49** ist die Differenz zwischen den Zeilen 47 und 48 einzutragen. Dies ist der Betrag, in der das steuerliche Einlagekonto vorbehaltlich entsprechend erteilter Steuerbescheinigungen (→ Rz. 751) als verwendet gilt.

788 In den **Zeilen 50** und **51** sind die **Leistungen**, für die das **steuerliche Einlagekonto als verwendet** gilt und die es damit vermindern (§ 27 Abs. 1 Satz 3 KStG), vom vorhandenen Bestand des steuerlichen Einlagekontos zu Beginn des Wj. bzw. bei Eintritt in die unbeschränkte Steuerpflicht abzuziehen. Sofern im Wj. nur eine Leistung erbracht wurde oder – auch bei mehreren Leistungen – keine Minderung des steuerlichen Einlagekontos bescheinigt wurde (→ Rz. 751), ist Zeile 50 zu verwenden. Das ist grds. der Betrag aus Zeile 12, der bei einer nicht erfolgten Bescheinigung 0 € beträgt. Wurden hingegen mehrere Leistungen erbracht und die Minderung des steuerlichen Einlagekontos bescheinigt (→ Rz. 751), ist die entsprechende Minderung des steuerlichen Einlagekontos in Zeile 51 zu erfassen. Da die Verwendung des steuerlichen Einlagekontos jedoch nur in Betracht kommt, als die Leistungen den ausschüttbaren Gewinn übersteigen und das steuerliche Einlagekonto durch Leistungen mit Ausnahme organschaftlicher Mehrführungen i.S.d. § 27 Abs. 6 KStG gem. § 27 Abs. 1 Satz 4 KStG grds. nicht negativ werden kann, ist in beiden Fällen höchstens der kleinste der positiven Beträge lt. Zeile 46 oder Zeile 49, jeweils Spalte 3 einzutragen.

789 Beim **Erwerb eigener Anteile** gilt beim Erwerber der über den Nennbetrag der erworbenen Anteile hinausgehende Kaufpreis als Leistung an den Veräußerer der Anteile.[4] Erfolgten im Wj. keine weiteren Leistungen als der Erwerb eigener Anteile über dem Nennbetrag, ist der den Nennbetrag der erworbenen Anteile übersteigende Teil des Kaufpreises in **Zeile 52, Vorspalte** einzutragen. Kapitalertragsteuer entsteht hierdurch nicht, da der Erwerb eigener Anteile auf Ebene des veräußernden bisherigen Anteilseigners keine empfangene Leistung, sondern eine Veräußerung darstellt.[5] Dies gilt entsprechend im Falle der Leistung einer Entschädigungszahlung bei der Einziehung eigener Anteile ohne einen vorangegangenen Erwerb. Wurden die eigenen Anteile weiterveräußert, sind entweder Zeile 96 (bei einem Veräußerungspreis über dem Nennbetrag; → Rz. 829) oder die Zeilen 120 bis 123 (bei einem Veräußerungspreis unter dem Nennbetrag; → Rz. 859 ff.) auszufüllen. Ist bei einer Einziehung eigener Anteile nicht zugleich eine Kapitalherabsetzung erfolgt, so sind ebenfalls die Zeilen 120 bis 123 (→ Rz. 859 ff.) zusätzlich auszufüllen.

790 In **Zeile 53, Spalte 3** ist der Wert abzuziehen, um den aus dem Erwerb der eigenen Anteile über dem Nennbetrag das **steuerliche Einlagekonto** als **verwendet** gilt. Dies ist der Betrag lt. Zeile 52 abzgl. des ausschüttbaren Gewinns lt. Zeile 20, höchstens jedoch der positive Bestand des steuerlichen Einlagekontos lt. Zeile 46, Spalte 3. Einer Bescheinigung zur Verwendung des steuerlichen Einlagekontos bedarf es in diesen Fällen nicht, da der Erwerb der Anteile aus Sicht des Veräußerers keine Leistung, sondern ein Veräußerungsgeschäft darstellt. Die Verwendungsfestschreibung des § 27 Abs. 5 KStG (→ Rz. 751) kommt daher nicht zur Anwendung.

791 Erfolgten im Wj. neben dem Erwerb eigener Anteile über dem Nennbetrag (→ Rz. 789) **weitere Leistungen**, für die die Minderung des steuerlichen Einlagekontos bescheinigt wurde, ist in **Zeile 54, Spalte 3** der das Einlagekonto mindernde Betrag abzuziehen. Hierbei ist zu beachten, dass die Verwendung des steuerlichen Einlagekontos nur in Betracht kommt, als die Leistungen den ausschüttbaren Gewinn übersteigen und das steuerliche Einlagekonto durch Leistungen mit Ausnahme organschaftlicher Mehrführungen i.S.d. § 27 Abs. 6 KStG gem. § 27 Abs. 1 Satz 4 KStG grds. nicht negativ werden kann. Somit ist höchstens ein positiver Betrag lt. Zeile 46, Spalte 3 einzutragen.

1) Vgl. BMF v. 27.11.2013, IV C 2 – S 2742/07/10009, BStBl I 2013, 1615.
2) Vgl. BMF v. 27.11.2013, IV C 2 – S 2742/07/10009, BStBl I 2013, 1615.
3) Vgl. BMF v. 27.11.2013, IV C 2 – S 2742/07/10009, BStBl I 2013, 1615.
4) Vgl. BMF v. 27.11.2013, IV C 2 – S 2742/07/10009, BStBl I 2013, 1615.
5) Vgl. BMF v. 27.11.2013, IV C 2 – S 2742/07/10009, BStBl I 2013, 1615.

In **Zeile 55, Spalte 3** ist in Fällen **unterjähriger Abspaltung** für Leistungen, die nach dem steuerlichen Übertragungsstichtag erfolgt sind bzw. als erfolgt gelten, der anteilige Betrag des steuerlichen Einlagekontos aus Zeile 46, der für diese Leistungen als verwendet gilt (und daher in den Zeilen 50, 51 oder 54 abgezogen wurde), wieder hinzuzurechnen. Grund hierfür ist, dass sich bei einer Abspaltung nach § 123 Abs. 2 UmwG beim übertragenden Rechtsträger der Bestand des steuerlichen Einlagekontos anteilig in dem in § 29 Abs. 3 Satz 1, 2 und 4 KStG genannten Umfang verringert. Maßgebend für die Verringerung ist der nach Berücksichtigung von Zu- und Abgängen ermittelte (ggf. fiktive) Bestand des steuerlichen Einlagekontos zum steuerlichen Übertragungsstichtag. Dies gilt auch dann, wenn der steuerliche Übertragungsstichtag nicht auf den Schluss des Wj. des übertragenden Rechtsträgers fällt. Für nach dem steuerlichen Übertragungsstichtag erfolgte Leistungen ist der um den Verringerungsbetrag geminderte (ggf. fiktive) Bestand des steuerlichen Einlagekontos zum steuerlichen Übertragungsstichtag maßgebend.[1] Daher können Leistungen der übertragenden Körperschaft, die erst nach dem steuerlichen Übertragungsstichtag erbracht wurden, nicht mit dem Bestand des steuerlichen Einlagekontos vor dem Übertragungsstichtag lt. Zeile 46, sondern nur mit dem Bestand nach dem steuerlichen Übertragungsstichtag verrechnet werden. Der Abzug dieser Leistungen erfolgt daher in Zeile 143 (→ Rz. 882). 792

d) Herabsetzung des Nennkapitals (außerhalb einer Umwandlung) (Zeilen 56–60)

	Herabsetzung des Nennkapitals (außerhalb einer Umwandlung) ㊱			
56	Betrag der Herabsetzung des Nennkapitals (ohne fiktive Herabsetzung bei Auflösung der Körperschaft nach § 28 Absatz 2 KStG)	48.134		
57	Ausstehende Einlagen in das Nennkapital (nur, soweit die Einzahlungsverpflichtung des Anteilseigners entfällt)	48.137 –		
58	Verringerung des Sonderausweises bis zu dessen Verbrauch; niedrigerer Betrag laut Zeile 41 beziehungsweise Zeile 43 oder dem Betrag laut Zeile 56 abzüglich Betrag laut Zeile 57	– ▶		–
59	Verbleibender Betrag: Gutschrift beim steuerlichen Einlagekonto	▶	+	
60	Vom Betrag der Herabsetzung des Nennkapitals laut Zeile 56 sind zur Auszahlung vorgesehen ㉕	48.121		

Nach § 28 Abs. 2 Satz 1 KStG gilt bei **Herabsetzung des Nennkapitals** vorrangig das Nennkapital als herabgesetzt, das aus Gesellschaftsmitteln stammt. Daher ist für den herabgesetzten Betrag des Nennkapitals zunächst der Sonderausweis nach § 28 Abs. 1 Satz 3 KStG zum Schluss des vorangegangenen Wj. bis zu dessen Verbrauch zu mindern, soweit die Nennkapitalherabsetzung auf eingezahltes Nennkapital entfällt. Die Verminderung des Sonderausweises ist unabhängig davon vorzunehmen, ob die Nennkapitalherabsetzung an die Anteilseigner ausgezahlt oder in die Rücklagen eingestellt wird. Soweit der Sonderausweis gemindert wird, gilt die Herabsetzung des Nennkapitals als Gewinnausschüttung, die beim Anteilseigner zu Bezügen i.S.d. § 20 Abs. 1 Nr. 2 EStG führt (§ 28 Abs. 2 Satz 2 KStG). Ein nach dieser Minderung des Sonderausweises verbleibender Betrag (oder wenn kein Sonderausweis bestand) an Nennkapitalherabsetzung ist dem steuerlichen Einlagekonto gutzuschreiben, soweit die Einlagen in das Nennkapital eingezahlt sind oder soweit für ausstehende Einlagen trotz der Kapitalherabsetzung die Einzahlungsverpflichtung des Anteilseigners bestehen bleibt (§ 28 Abs. 2 Satz 3 KStG). Diese Gutschrift im steuerlichen Einlagekonto ist jedoch unzutreffend, sofern der den Sonderausweis übersteigende Teil der Herabsetzung des Nennkapitals an die Anteilseigner ausgezahlt wurde bzw. noch ausgezahlt werden soll, weil dieses Kapital nach Auszahlung nicht mehr im Gesellschaftsvermögen vorhanden ist. Eine den Sonderausweis übersteigende **Rückzahlung von Nennkapital** i.S.d. § 28 Abs. 2 Satz 2 und 3 KStG an die Anteilseigner ist nach § 27 Abs. 1 Satz 3 KStG stets aus dem steuerlichen Einlagekonto zu finanzieren; die vorrangige Verrechnung mit dem ausschüttbaren Gewinn ist in diesen Fällen nicht vorzunehmen. Soweit die den Sonderausweis übersteigende **Nennkapitalrückzahlung** an die Anteilseigner das steuerliche Einlagekonto übersteigt, führt dies beim Anteilseigner ebenfalls zu Einkünften nach § 20 Abs. 1 Nr. 2 EStG. Der Ermittlung der insg. aus der Herabsetzung oder Rückzahlung des Nennkapitals resultierenden Einkünfte gem. § 20 Abs. 1 Nr. 2 EStG und der dadurch eintretenden Verwendung des steuerlichen Einlagekontos trägt die Ermittlung der Zeilen 56 ff. Rechnung. 793

In **Zeile 56**, Vorspalte ist der **Betrag der Herabsetzung des Nennkapitals** (ohne Fälle der fiktiven Herabsetzung bei Auflösung der Körperschaft nach § 28 Abs. 2 KStG) anzugeben. Für den hier einzutragenden Betrag der Nennkapitalherabsetzung ist es an dieser Stelle unmaßgeblich, ob der Herabsetzungsbetrag an die Anteilseigner ausgekehrt oder den Rücklagen zugeführt wird. Eine Auszahlung des Nennkapitals an die Anteilseigner ist in dem Abschnitt „Rückzahlung des Nennkapitals" (→ Rz. 806 ff.) einzutragen. Im Falle einer fiktiven Kapitalherabsetzung durch den Erwerb eigener Anteile[2] sind die Zeilen 80a ff. (→ Rz. 813 ff.) auszufüllen. Bei fiktiver Herabsetzung des Nennkapitals nach § 28 Abs. 2 KStG bei Auflösung (Liquidation) der Körperschaft sind die Zeilen 70 ff. (→ Rz. 799 ff.) zu verwenden. 794

1) Vgl. Rz. K.05 UmwStE 2025.
2) Vgl. BMF v. 27.11.2013, IV C 2 – S 2742/07/10009, BStBl I 2013, 1615.

795 In **Zeile 57**, Vorspalte sind die **ausstehenden Einlagen** in das Nennkapital anzugeben, soweit die Einlageverpflichtung des Anteilseigners durch die Kapitalherabsetzung entfällt. Ob dies der Fall ist, ergibt sich aus dem Herabsetzungsbeschluss. Ausstehende Einlagen in das Nennkapital, für die die Einzahlungsverpflichtung entfallen ist, können nicht im steuerlichen Einlagekonto enthalten sein und können dieses bei Kapitalherabsetzung daher auch nicht mindern. Ebenso wenig können sie nach § 28 Abs. 2 Satz 1 KStG das steuerliche Einlagekonto erhöhen. Die Berücksichtigung im steuerlichen Einlagekonto kann vielmehr nur erfolgen, soweit durch die Kapitalherabsetzung tatsächlich eingezahltes oder noch einzuzahlendes Nennkapital zurückgezahlt wird.

796 In **Zeile 58**, Vorspalte sind die Differenz der Beträge lt. Zeilen 56 und 57 um den **Sonderausweis** bis zu dessen Verbrauch (also höchstens bis zum Betrag lt. Zeile 41 bzw. Zeile 43, Spalte 4) zu **mindern** und dieser Betrag in Zeile 58, Spalte 4 vom Sonderausweis abzuziehen.

797 In **Zeile 59**, Vorspalte ist die Differenz zwischen dem Betrag der **Herabsetzung des Nennkapitals** (Zeile 56), **der ausstehenden und nicht mehr einzuzahlenden Einlagen** (Zeile 57) und der **Minderung des Sonderausweises** (Zeile 58) anzugeben. Dieser Betrag, um den das **steuerliche Einlagekonto** auf Grund der Kapitalherabsetzung nach § 28 Abs. 2 Satz 1 KStG zu **erhöhen** ist, ist in Zeile 59, Spalte 3 zu übertragen und dem steuerlichen Einlagekonto hinzuzurechnen.

798 Bei einer Nennkapitalherabsetzung (ohne Fälle der fiktiven Herabsetzung bei Auflösung der Körperschaft nach § 28 Abs. 2 KStG) muss unterschieden werden, ob der Herabsetzungsbetrag an die Anteilseigner ausgezahlt wurde (bzw. zur Auszahlung vorgesehen ist) oder in der Gesellschaft verbleibt und in die Rücklagen eingestellt wird. In **Zeile 60**, Vorspalte ist daher anzugeben, in welcher Höhe der **Herabsetzungsbetrag des Nennkapitals** lt. Zeile 56 zur **Auszahlung** vorgesehen ist. Gemäß BMF-Schreiben vom 4.6.2003[1] erhöht sich das steuerliche Einlagekonto auch bei verspäteter Auszahlung des im Beschluss über die Kapitalherabsetzung vorgesehenen Auskehrungsbetrags nach § 28 Abs. 2 Satz 1 2. Halbsatz KStG um den den Sonderausweis übersteigenden Herabsetzungsbetrag in dem Wj., in dem der Beschluss wirksam wird. Die Verringerung des steuerlichen Einlagekontos um den den Sonderausweis übersteigenden Auszahlungsbetrag erfolgt dagegen erst im Wj. der Auszahlung. Die erfolgte Rückzahlung ist in Zeile 76 (→ Rz. 807) zu erfassen. Wird hingegen das Kapital vorerst nur herabgesetzt, ohne dass ein Beschluss über die Auszahlung gefasst wird, und erfolgt später eine Auskehrung an die Anteilseigner, liegt in dieser Leistung nur dann eine Rückzahlung von Nennkapital i.S.d. § 28 Abs. 2 Satz 2 KStG, wenn die Auskehrung trotz des fehlenden ursprünglichen Auszahlungsbeschlusses anderweitig und unmissverständlich als Auszahlung des Herabsetzungsbetrags qualifiziert werden kann.[2] In diesen Fällen ist der Rückzahlungsbetrag ebenfalls in Zeile 76 (→ Rz. 807) zu erfassen. Ist die Leistung dagegen nicht als Rückzahlung von Nennkapital i.S.d. § 28 Abs. 2 Satz 2 KStG anzusehen, so ist eine direkte Minderung des steuerlichen Einlagekontos nach § 27 Abs. 1 Satz 3 KStG nicht möglich. Die Auskehrung ist in diesen Fällen entsprechend den allgemeinen Regelungen (= Verwendung des steuerlichen Einlagekontos, soweit die Auskehrung den ausschüttbaren Gewinn übersteigt) zu beurteilen und daher in Zeile 11 (→ Rz. 752) einzutragen.

e) Auflösung der Körperschaft (Zeilen 70–74)

61 bis 69 frei	**Auflösung der Körperschaft**			
70	Zwischensumme			
71	Betrag des Nennkapitals zum Zeitpunkt der Auflösung der Körperschaft im Wirtschaftsjahr (zum Beispiel: Liquidationsbeschluss) nach § 28 Absatz 2 KStG	48.284		
72	Ausstehende Einlagen in das Nennkapital	48.287 –		
73	Verringerung des Sonderausweises bis zu dessen Verbrauch; niedrigerer Betrag laut Zeile 70 oder dem Betrag laut Zeile 71 abzüglich Betrag laut Zeile 72	– ▸		–
74	Verbleibender Betrag: Gutschrift beim steuerlichen Einlagekonto	▸	+	

799 Bei **Auflösung** (Liquidation) einer Körperschaft gilt das Nennkapital nach § 28 Abs. 2 KStG als fiktiv herabgesetzt. Die Ausführungen zu den Zeilen 56 ff. (→ Rz. 793 ff.) gelten daher entsprechend.

800 In **Zeile 70** ist die **Zwischensumme** des **Sonderausweises** in Spalte 4 (Betrag lt. Zeile 41 oder 43 abzgl. Betrag lt. Zeile 58) anzugeben.

801 Wird die Körperschaft aufgelöst (liquidiert), ist in **Zeile 71**, Vorspalte der Betrag des Nennkapitals zum Zeitpunkt der **Auflösung** der Körperschaft im Wj. (z.B. bei **Liquidationsbeschluss**) nach § 28 Abs. 2 KStG anzugeben.

802 In **Zeile 72**, Vorspalte sind die **ausstehenden Einlagen** in das Nennkapital anzugeben. Ausstehende Einlagen in das Nennkapital, für die die Einzahlungsverpflichtung durch die Auflösung (Liquidation) entfallen ist, können nicht im steuerlichen Einlagekonto enthalten sein und können dieses bei einer fiktiven Kapitalherabsetzung daher

1) BMF v. 4.6.2003, IV A 2 – S 2836-2/03, BStBl I 2003, 366, Rz. 42.
2) Vgl. BFH v. 21.10.2014, I R 31/13, BStBl II 2016, 411. Durch die amtliche Veröffentlichung im BStBl ist das Urteil in allen noch offenen Fällen anzuwenden. Die zuvor gegenteilige Auffassung der FinVerw. lt. BMF v. 4.6.2003, IV A 2 – S 2836-2/03, BStBl I 2003, 366, Rz. 40 ist damit überholt.

auch nicht mindern. Ebenso wenig können sie nach § 28 Abs. 2 Satz 1 KStG das steuerliche Einlagekonto erhöhen. Die Berücksichtigung im steuerlichen Einlagekonto kann vielmehr nur erfolgen, soweit durch die fiktive Kapitalherabsetzung tatsächlich eingezahltes Nennkapital zurückgezahlt wird.

In **Zeile 73**, Vorspalte sind die Differenz der Beträge lt. Zeilen 71 und 72 um den **Sonderausweis** bis zu dessen Ver- **803**
brauch (also höchstens bis zum Betrag lt. Zeile 70, Spalte 4) zu **mindern** und dieser Betrag in Zeile 73, Spalte 4 vom Sonderausweis abzuziehen.

In **Zeile 74**, Vorspalte ist die Differenz zwischen dem Betrag des **Nennkapitals** zum Zeitpunkt der Auflösung der **804**
Körperschaft (Zeile 71), **der ausstehenden** und nicht mehr einzuzahlenden **Einlagen** (Zeile 72) und der **Minderung des Sonderausweises** (Zeile 73) anzugeben. Dieser Betrag, um den das **steuerliche Einlagekonto** auf Grund der fiktiven Kapitalherabsetzung nach § 28 Abs. 2 Satz 1 KStG zu **erhöhen** ist, ist in Zeile 74, Spalte 3 zu übertragen und dem steuerlichen Einlagekonto hinzuzurechnen.

Wird nach Beschluss der Liquidation/Auflösung der Körperschaft die Liquidation abgebrochen, also das Unterneh- **805**
men fortgesetzt, ist die erforderliche Nennkapitalerhöhung in Zeile 117 (→ Rz. 853) vorzunehmen.

f) Rückzahlung des Nennkapitals (§ 28 Abs. 2 KStG) (Zeilen 75–80)

Zeile				
	Rückzahlung des Nennkapitals (§ 28 Absatz 2 KStG)			
75	Zwischensumme			
76	Betrag der Rückzahlung des Nennkapitals, soweit hierauf § 28 Absatz 2 Satz 2 folgende KStG anzuwenden ist; bei Liquidation: ohne Beträge der Schlussauskehrung (25)	48.139		
77	Betrag laut Zeile 76 soweit der Sonderausweis im Jahr der Kapitalherabsetzung oder der Auflösung der Körperschaft gemindert wurde = Bezüge des Anteilseigners nach § 20 Absatz 1 Nummer 2 EStG	–		
78	Zwischensumme			

Steuernummer - 4 -

Zeile		Vorspalte	Steuerliches Einlagekonto	Sonderausweis
		EUR	EUR	EUR
	1	2	3	4
79	Abzug vom steuerlichen Einlagekonto (höchstens in Höhe des positiven Betrages laut Zeile 75)	–	–	
80	Übersteigender Betrag = Bezüge des Anteilseigners nach § 20 Absatz 1 Nummer 2 EStG (62)			

In **Zeile 75** ist die **Zwischensumme** des **steuerlichen Einlagekontos** in Spalte 3 (Betrag lt. Zeile 46 abzgl. Beträge **806**
lt. Zeilen 50, 51, 53, 54 und zzgl. Beträge lt. Zeilen 55, 59 und 74) anzugeben.

In **Zeile 76**, Vorspalte ist der Betrag der **Rückzahlung des Nennkapitals** (bei Liquidation: ohne Beträge der Schluss- **807**
auskehrung) anzugeben, soweit hierauf § 28 Abs. 2 Satz 2 ff. KStG anzuwenden ist (→ Rz. 793). Dies ist immer dann der Fall, wenn die Rückzahlung des Nennkapitals im Herabsetzungsbeschluss vorgesehen war oder wenn die Auskehrung an die Anteilseigner trotz des fehlenden ursprünglichen Auszahlungsbeschlusses anderweitig und unmissverständlich als Auszahlung des Herabsetzungsbetrags qualifiziert werden kann.[1] Nach dem BMF-Schreiben vom 4.6.2003[2] verringert sich bei im Herabsetzungsbeschluss vereinbarten Nennkapitalrückzahlungen an die Anteilseigner das steuerliche Einlagekonto um den den Sonderausweis übersteigenden **Auskehrungsbetrag** stets im Wj. der tatsächlichen Rückzahlung. Bei verspätet erfolgten Auskehrungen kann dies ein anderes Wj. als das der Kapitalherabsetzung sein. Einzutragen ist der Betrag des (fiktiv) herabgesetzten Nennkapitals, der in dem Wj. tatsächlich an die Anteilseigner ausgekehrt wurde (bei Liquidation: ohne Beträge der Schlussauskehrung). Dies ist bei einer (fiktiven) Herabsetzung des Nennkapitals in der Regel die Differenz zwischen dem Nennkapital und den ausstehenden Einlagen, soweit die Einzahlungsverpflichtung des Anteilseigners entfallen ist. Dies ist außerhalb einer Liquidation der Betrag lt. Zeile 56 abzgl. Zeile 57 und bei einer Liquidation der Betrag lt. Zeile 71 abzgl. Zeile 72, wobei die Schlussauskehrung des Nennkapitals nicht zu berücksichtigen ist. Hierbei ist jedoch zu beachten, dass es sich auch um abgeflossene Beträge aus Herabsetzungsbeschlüssen vorangegangener Wj. handeln kann. Neben der Nennkapitalherabsetzung (ohne fiktive Herabsetzung bei Auflösung einer Körperschaft), die auf das Wj. entfällt für das die Anlage ausgefüllt wird und daher in Zeile 56 anzugeben war, können daher zusätzlich in

1) Vgl. BFH v. 21.10.2014, I R 31/13, BStBl II 2016, 411. Durch die amtliche Veröffentlichung im BStBl ist das Urteil in allen noch offenen Fällen anzuwenden. Die zuvor gegenteilige Auffassung der FinVerw. im BMF v. 4.6.2003, IV A 2 – S 2836-2/03, BStBl I 2003, 366, Rz. 40 ist damit überholt.

2) BMF v. 4.6.2003, IV A 2 – S 2836-2/03, BStBl I 2003, 366, Rz. 42.

Zeile 56 früherer Wj. erfasste Beträge zu berücksichtigen sein, die erst in dem Wj. für das die Anlage KSt 1 F ausgefüllt wird, tatsächlich ausgezahlt wurden. Der in Zeile 76 einzutragende Betrag muss somit nicht zwangsläufig dem Betrag lt. Zeile 56 dieses Wj. entsprechen und kann diesen sogar übersteigen.

Gleiches gilt bei Abschlagszahlungen auf das Nennkapital lt. Zeile 71 bei Liquidation der Körperschaft. Die in Zeile 76 zu erfassenden, im Wj. für das die Anlage ausgefüllt wird geleisteten Abschlagszahlungen sind in der Regel im Betrag lt. Zeile 71 enthalten, können jedoch auch auf einen in einem vorhergehenden Wj. getroffenen Liquidationsbeschluss zurückzuführen und damit in Zeile 71 eines vorhergehenden Wj. enthalten sein. Die Schlussauskehrung des Nennkapitals bei einer Liquidation ist nicht in Zeile 76, sondern in Zeile 162 (→ Rz. 896) zu erfassen.

808 In **Zeile 77**, Vorspalte ist anzugeben, in welcher Höhe die **erfolgte Rückzahlung des Nennkapitals** lt. Zeile 76 im Jahr der Kapitalherabsetzung den **Sonderausweis gemindert** hat. Dieser Betrag ist von dem Betrag lt. Zeile 76 abzuziehen. Dies ist i.d.R. der Betrag lt. Zeile 58 bzw. 73. Hierbei ist jedoch zu beachten, dass es sich auch um die Rückzahlung von Nennkapital aus Herabsetzungsbeschlüssen vorangegangener Wj. handeln kann. Neben der Nennkapitalherabsetzung, die im Wj. für das die Anlage ausgefüllt wird beschlossen wurde, und der Auflösung der Körperschaft, die im Wj. für das die Anlage ausgefüllt wird wirksam wurde, können daher auch in früheren Wj. beschlossene Nennkapitalrückzahlungen bzw. Auflösungen zu berücksichtigen sein, bei denen die Nennkapitalrückzahlungen bzw. Abschlagszahlungen aus dem Nennkapital bei Auflösung der Körperschaft erst im Wj. tatsächlich ausgezahlt wurden für das diese Anlage ausgefüllt wird. Der in Zeile 77 einzutragende Betrag muss somit nicht zwangsläufig dem Betrag lt. Zeile 58 bzw. 73 dieses Wj. entsprechen. Daher können in Zeile 77 auch Minderungen des Sonderausweises einzutragen sein, die in vorhergehenden Wj. in der Zeile 58 bzw. 73 erfolgten. Soweit die Rückzahlung des Nennkapitals den Sonderausweis gemindert hat, liegen beim Anteilseigner Einkünfte i.S.d. § 20 Abs. 1 Nr. 2 EStG vor, die zum Kapitalertragsteuerabzug führen.

809 In **Zeile 78**, Vorspalte ist die Differenz aus dem Betrag lt. Zeile 76 und dem Betrag lt. Zeile 77, jeweils Vorspalte zu bilden.

810 In **Zeile 79**, Vorspalte erfolgt der **Abzug** des Betrags aus Zeile 78, Vorspalte **vom steuerlichen Einlagekonto**. Dabei ist höchstens der Bestand des steuerlichen Einlagekontos lt. Zeile 75, Spalte 3 zu berücksichtigen und auch dort abzuziehen.

811 In **Zeile 80**, Vorspalte ist die Differenz zwischen dem Betrag lt. Zeile 78 und Zeile 79, jeweils Vorspalte anzugeben. Dies ist der Betrag, um den die Rückzahlung des Nennkapitals, soweit sie nicht aus dem Sonderausweis stammt und damit ohnehin Bezüge i.S.d. § 20 Abs. 1 Nr. 2 EStG darstellt (→ Rz. 808), das steuerliche Einlagekonto übersteigt und somit zu zusätzlichen kapitalertragsteuerpflichtigen Einkünften des Anteilseigners i.S.d. § 20 Abs. 1 Nr. 2 EStG führt.

g) Erwerb eigener Anteile (fiktive Kapitalherabsetzung) (Zeilen 80a–90)

	Erwerb eigener Anteile (fiktive Kapitalherabsetzung) 35			
80a	Zwischensumme			
81	**Erwerb zu einem über dem Nennbetrag liegenden Kaufpreis** Nennbetrag der erworbenen eigenen Anteile	48.251		
82	Ausstehende Einlagen in das Nennkapital (nur, soweit die Einzahlungsverpflichtung entfällt)	48.252 –		
83	Verbleibender Betrag: Gutschrift beim steuerlichen Einlagekonto	▸	+	
84	Zwischensumme			
85	Im Wirtschaftsjahr geleisteter Kaufpreis der erworbenen eigenen Anteile (nur soweit auf die Rückzahlung des Nennkapitals entfallend; Betrag im Sinne der Zeile 83)	48.253		
86	Abzug des Kaufpreises der erworbenen eigenen Anteile laut Zeile 85 vom steuerlichen Einlagekonto (höchstens in Höhe des positiven Betrages laut Zeile 84)		–	
87	**Erwerb zu einem unter dem Nennbetrag liegenden Kaufpreis** Differenzbetrag zwischen Nennbetrag und Kaufpreis	48.254		
88	Ausstehende Einlagen in das Nennkapital (nur, soweit die Einzahlungsverpflichtung entfällt)	48.255 –		
89	Verringerung des Sonderausweises bis zu dessen Verbrauch; niedrigerer Betrag laut Zeile 80a oder dem Betrag laut Zeile 87 abzüglich Betrag laut Zeile 88	– ▸		–
90	Verbleibender Betrag: Gutschrift beim steuerlichen Einlagekonto	▸	+	

In **Zeile 80a**, Spalte 4 ist **Zwischensumme des Bestands des Sonderausweises** aus der Differenz der Zeile 70, Spalte 4 und Zeile 73, Spalte 4 anzugeben. 812

Der **Erwerb eigener Anteile** stellt bei der Gesellschaft keinen Anschaffungsvorgang dar, sondern ist wie eine fiktive Kapitalherabsetzung zu behandeln. In Höhe des Nennbetrags der eigenen Anteile ist § 28 Abs. 2 KStG entsprechend anzuwenden. Abweichend von § 28 Abs. 2 Satz 1 KStG ist ein bestehender Sonderausweis allerdings nicht zu mindern. Der über die Rückzahlung des herabgesetzten Nennkapitals hinausgehende Betrag des Kaufpreises stellt eine Leistung der Gesellschaft an den veräußernden Anteilseigner dar, die nach den Grundsätzen des § 27 Abs. 1 Satz 3 KStG zu einer Minderung des steuerlichen Einlagekontos führt, soweit sie den maßgebenden ausschüttbaren Gewinn übersteigt. 813

Werden eigene Anteile zu einem (angemessenen) Kaufpreis über dem Nennbetrag erworben, ergeben sich grds. keine Änderungen beim steuerlichen Einlagekonto und bei einem evtl. Sonderausweis (s. aber Ausführungen zu Zeile 86 → Rz. 819). Werden eigene Anteile zu einem (angemessenen) Kaufpreis unterhalb des Nennbetrags erworben, ist in Höhe des Differenzbetrags zwischen dem Kaufpreis und dem Nennbetrag der Anteile von einer Kapitalherabsetzung ohne Auszahlung an den Gesellschafter auszugehen, auf die § 28 Abs. 2 Satz 1 KStG entsprechend anzuwenden ist. Danach vermindert der Differenzbetrag einen bestehenden Sonderausweis. Übersteigt der Differenzbetrag den Sonderausweis, erhöht sich der Bestand des steuerlichen Einlagekontos. Dies gilt entsprechend im Falle der Leistung einer Entschädigungszahlung bei der Einziehung eigener Anteile ohne vorhergehenden Erwerb. Ist bei einer Einziehung eigener Anteile nicht zugleich eine Kapitalherabsetzung erfolgt, so sind die Zeilen 120 bis 123 (→ Rz. 859 ff.) zusätzlich zu beachten.[1]

Bei einem Erwerb zu einem über dem Nennbetrag der erworbenen Anteile liegenden Kaufpreis sind die Zeilen 81 bis 86 auszufüllen. Bei einem unter dem Nennbetrag der erworbenen Anteile liegenden Kaufpreis sind die Zeilen 87 bis 90 zu verwenden.

Werden die erworbenen eigenen Anteile weiterveräußert, sind zudem Zeile 96 (→ Rz. 829, bei einem Veräußerungspreis über dem Nennbetrag) oder die Zeilen 120 bis 123 (→ Rz. 859 ff., bei einem Veräußerungspreis unter dem Nennbetrag) auszufüllen.

Bei einem Erwerb zu einem **über dem Nennbetrag liegenden Kaufpreis** ist in **Zeile 81**, Vorspalte der **Nennbetrag** der erworbenen eigenen Anteile einzutragen. 814

In **Zeile 82**, Vorspalte sind von dem Betrag in Zeile 81 die **ausstehenden Einlagen** in das Nennkapital abzuziehen, soweit durch die fiktive Kapitalherabsetzung die Einzahlungsverpflichtung entfällt. 815

In **Zeile 83**, Vorspalte ist die Differenz zwischen den Zeilen 81 und 82 einzutragen und in Zeile 83, Spalte 3 dem steuerlichen Einlagekonto hinzuzurechnen. 816

In **Zeile 84, Spalte 3** ist die **Zwischensumme** des steuerlichen Einlagekontos aus dem Saldo der Beträge lt. Zeilen 75, 79 und 83, jeweils Spalte 3 einzutragen. 817

In **Zeile 85**, Vorspalte ist der im Wj. tatsächlich **geleistete Kaufpreis** der erworbenen eigenen Anteile anzugeben, soweit er auf die Rückzahlung des eingezahlten Nennkapitals entfällt. Erfolgen der Erwerb der eigenen Anteile und die vollständige Kaufpreiszahlung in demselben Wj, ist dies der Wert lt. Zeile 83, Vorspalte. Wird der Kaufpreis hingegen (teilweise) erst in einem dem Erwerb folgenden Wj. gezahlt, ist hier der Wert einzutragen, der im Wj. des Erwerbs in Zeile 83 (anteilig) dem steuerlichen Einlagekonto hinzugerechnet wurde. Bei einem über diesem Betrag liegenden Kaufpreis sind evtl. Auswirkungen auf das steuerliche Einlagekonto in den Zeilen 52 f. (→ Rz. 789 f.) oder in Zeile 54 (→ Rz. 791) zu erfassen, da insoweit eine Leistung der Körperschaft an den Veräußerer der Anteile erfolgt ist.[2] 818

In **Zeile 86**, Spalte 3 ist der **im Wj. geleistete Kaufpreis** der erworbenen Anteile, soweit er auf die Rückzahlung des eingezahlten Nennkapitals entfällt, vom steuerlichen Einlagekonto abzuziehen. Dies ist grds. der Betrag lt. Zeile 85. Hat das steuerliche Einlagekonto lt. Zeile 84 mindestens einen Bestand in dieser Höhe, wird damit der in Zeile 83 vorgenommene Zugang im steuerlichen Einlagekonto direkt wieder rückgängig gemacht. Die in den Zeilen 81 bis 86 erfolgten Eintragungen und Rechenoperationen sind daher in diesen Fällen nur dem Erfordernis geschuldet, die rechtlichen Folgen der fiktiven Kapitalherabsetzung zutreffend abzubilden. Eine tatsächliche Auswirkung für das steuerliche Einlagekonto ergibt sich daher in diesen Fällen nur, soweit für den als Leistung geltenden Teil in Zeile 53 (→ Rz. 790) oder in Zeile 54 (→ Rz. 791) des über dem Nennbetrag liegenden Kaufpreises der erworbenen Anteile das steuerliche Einlagekonto als verwendet gilt (→ Rz. 789 ff.). Wird aber der Kaufpreis nicht oder nicht in voller Höhe im Wj. des Erwerbs gezahlt, ist der Zugang im steuerlichen Einlagekonto dennoch in Zeile 83 im Wj. des Erwerbs der Anteile vorzunehmen. Der Abgang im steuerlichen Einlagekonto durch Zahlung des Kaufpreises erfolgt jedoch erst in dem bzw. den Wj., in dem bzw. denen der Kaufpreis tatsächlich gezahlt wird (→ Rz. 818). Da dieser Abgang auf den in diesem Zeitpunkt vorhandenen positiven Bestand des steuerlichen Einlagekontos lt. Zeile 84 beschränkt ist, das steuerliche Einlagekonto sich aber zwischen dem Erwerb der Anteile (und dem damit verbundenen Zugang in Zeile 83) und der Zahlung des Kaufpreises (und dem damit verbundenen Abgang in Zeile 86) durch andere Sachverhalte verändert – insbesondere verringert – haben und gemäß § 27 Abs. 1 819

1) Vgl. BMF v. 27.11.2013, IV C 2 – S 2742/07/10009, BStBl I 2013, 1615, Rz. 9 ff. und 16 f.
2) Vgl. BMF v. 27.11.2013, IV C 2 – S 2742/07/10009, BStBl I 2013, 1615.

Satz 4 KStG durch einen Erwerb eigener Anteile nicht negativ kann, kann es hierdurch zu Differenzen zwischen dem Zugang im steuerlichen Einlagekonto lt. Zeile 84 und dem Abgang in Zeile 86 kommen.

820 Liegt der **Kaufpreis** der erworbenen Anteile **unter** dem auf diese Anteile entfallenden **Nennbetrag**, ist in **Zeile 87**, Vorspalte der entsprechende Differenzbetrag einzutragen. Werden eigene Anteile zu einem (angemessenen) Kaufpreis unterhalb des Nennbetrags erworben, ist in Höhe des Differenzbetrags zwischen dem Kaufpreis und dem Nennbetrag der Anteile von einer Kapitalherabsetzung ohne Auszahlung an den Gesellschafter auszugehen, auf die § 28 Abs. 2 Satz 1 KStG entsprechend anzuwenden ist. Danach vermindert der Differenzbetrag einen bestehenden Sonderausweis. Übersteigt der Differenzbetrag den Sonderausweis, erhöht sich der Bestand des steuerlichen Einlagekontos.

821 In **Zeile 88**, Vorspalte sind die ausstehenden Einlagen in das Nennkapital einzutragen und vom Betrag lt. Zeile 87, Vorspalte abzuziehen, soweit durch die fiktive Kapitalherabsetzung die Einzahlungsverpflichtung entfällt.

822 In **Zeile 89**, Vorspalte ist der Sonderausweis bis zu dessen Verbrauch (= höchstens Betrag lt. Zeile 80a, Spalte 4) von dem Differenzbetrag zwischen Nennbetrag und Kaufpreis lt. Zeile 87 abzgl. der ausstehenden Einlagen in das Nennkapital lt. Zeile 88 abzuziehen. Entsprechend ist der Sonderausweis in Zeile 80a, Spalte 4 zu mindern.

823 In **Zeile 90**, Vorspalte ist der sich in den Zeilen 87 bis 89 ergebende Differenzbetrag einzutragen und in Zeile 90, Spalte 3 dem steuerlichen Einlagekonto hinzuzurechnen.

h) Im Wirtschaftsjahr geleistete Einlagen (Zeilen 91–95)

Zeile	Im Wirtschaftsjahr geleistete Einlagen			
91	Einlagen, die in diesem Wirtschaftsjahr einkommenswirksam berücksichtigt worden sind, einschließlich entsprechender Erhöhungsbeträge nach § 23 Absatz 2 und 3 UmwStG (Betrag laut Zeile 93 der Anlage GK) 30		+/–	
92	Nicht erfolgswirksam gebuchte Einlagen nach § 8 Absatz 3 Satz 4 KStG (Betrag laut Zeile 78 der Anlage GK)		+	
93	Minderabführungen, die ihre Ursache in vororganschaftlicher Zeit haben (§ 14 Absatz 3 Satz 2 KStG; Betrag laut Zeile 23)		+	
94	Minderabführungen, die ihre Ursache in vororganschaftlicher Zeit haben und bei der Körperschaft zu berücksichtigen sind, obwohl sie nicht Organträger der Organgesellschaft ist (vermittelnde Körperschaft) (Betrag laut Zeile 293 der Anlage GK) 76		+	
95	Sonstige im Wirtschaftsjahr geleistete Einlagen (zum Beispiel Zugänge bei Einbringung nach §§ 20 oder 21 UmwStG in eine bestehende Körperschaft, Agio, Einlagen, die in einem früheren Wirtschaftsjahr einkommensmindernd berücksichtigt worden sind, Erhöhungsbeträge nach § 23 Absatz 2 und 3 UmwStG); ohne Beträge im Sinne der Zeilen 91 bis 93 30		48.119 +/–	

824 In **Zeile 91**, Spalte 3 sind die **Einlagen** anzugeben, die in diesem Wj. einkommenswirksam berücksichtigt und auch tatsächlich gezahlt worden sind (einschließlich entsprechender Erhöhungsbeträge i.S.d. § 23 Abs. 2 und 3 UmwStG). Dieser Betrag ergibt sich aus der Zeile 93 der Anlage GK und ist dem steuerlichen Einlagekonto hinzuzurechnen. Im Fall des Wiederauflebens einer Forderung des Gesellschafters nach vorangegangenem Forderungsverzicht gegen Besserungsschein ist der im Zeitpunkt des Verzichts werthaltige Teil der Forderung als Negativbetrag (fiktive Einlagenrückgewähr) einzutragen und vom steuerlichen Einlagekonto abzuziehen, da er im Zeitpunkt des Verzichts in entsprechender Höhe als Zugang zum steuerlichen Einlagekonto berücksichtigt wurde. Hierdurch kann das steuerliche Einlagekonto entgegen § 27 Abs. 1 Satz 4 KStG negativ werden.

825 In **Zeile 92**, Spalte 3 sind die **nicht erfolgswirksam gebuchten Einlagen** i.S.d. § 8 Abs. 3 Satz 4 KStG anzugeben und dem steuerlichen Einlagekonto hinzuzurechnen. Dies sind verdeckte Einlagen, die dem Einkommen der Körperschaft hinzugerechnet werden müssen, weil ihre Hingabe das Einkommen des Gesellschafters gemindert hat. Dieser Betrag ergibt sich aus Zeile 78 der Anlage GK.

826 In **Zeile 93**, Spalte 3 sind **Minderabführungen**, die ihre Ursache in **vororganschaftlicher Zeit** haben (§ 14 Abs. 3 Satz 2 KStG, → Rz. 763) einzutragen und dem steuerlichen Einlagekonto hinzuzurechnen. Dies ist der Betrag lt. Zeile 23 (→ Rz. 764).

827 In **Zeile 94** sind **Minderabführungen** einzutragen, die ihre Ursache in **vororganschaftlicher Zeit** haben (§ 14 Abs. 3 Satz 2 KStG) und die bei der Körperschaft zu berücksichtigen sind, obwohl sie nicht Organträger der Organgesellschaft, sondern das Organschaftsverhältnis **vermittelnde Körperschaft** zu einem anderen Organträger ist (→ Rz. 763 ff.). Hierbei handelt es sich um den Betrag lt. Zeile 293 der Anlage GK.[1]

828 In **Zeile 95**, Spalte 3 sind die **sonstigen** im Wj. **geleisteten Einlagen** (ohne die bereits berücksichtigten Beträge i.S.d. Zeilen 91 bis 93) anzugeben und hinzuzurechnen. Dazu zählen unter anderem die Einlagen, die in vorhergehenden Wj. als Einlageforderung erfolgswirksam erfasst wurden, bei denen der Zufluss aber erst im Wj. erfolgte (= Betrag i.S.d. Zeile 93 der Anlage GK des vorhergehenden Wj.). Des Weiteren sind Erhöhungen beim steuerlichen Einlage-

1) Zu den Einzelheiten vgl. BMF v. 29.9.2022, IV C 2 – S 2770/19/10004 :007, 2022/0912541, BStBl I 2022, 1412, Rz. 27 ff.

konto durch Einbringungen nach §§ 20 oder 21 UmwStG in eine bestehende Körperschaft, sonstige Aufgelder[1] und Erhöhungsbeträge i.S.d. § 23 Abs. 2 und 3 UmwStG zu erfassen.

i) Weiterveräußerung eigener Anteile zu einem Veräußerungspreis über dem Nennbetrag (Zeile 96)

	Weiterveräußerung eigener Anteile zu einem Veräußerungspreis über dem Nennbetrag	48.256
96	Differenzbetrag zwischen Nennbetrag und Veräußerungspreis	+

Hat die Gesellschaft eigene Anteile erworben und veräußert sie diese dann weiter, stellt dies bei der Gesellschaft steuerlich keinen Veräußerungsvorgang dar, sondern ist wie eine Erhöhung des Nennkapitals zu behandeln (→ Rz. 813). Die Weiterveräußerung führt nicht zu einem steuerlichen Veräußerungsgewinn bzw. -verlust. Ein den Nennbetrag übersteigender Teil des Verkaufspreises erhöht den Bestand des steuerlichen Einlagekontos und ist daher dem steuerlichen Einlagekonto **in Zeile 96** hinzuzurechnen.[2] 829

j) Organschaftliche Minderabführungen (Zeilen 97–98)

	Organschaftliche Minderabführungen	
97	Minderabführungen, die ihre Ursache in organschaftlicher Zeit haben nach § 14 Absatz 4 Satz 1 KStG (Betrag laut Zeile 32)	+
98	Minderabführungen, die ihre Ursache in organschaftlicher Zeit haben und bei der Körperschaft zu berücksichtigen sind, obwohl sie nicht Organträger der Organgesellschaft ist (vermittelnde Körperschaft) (Betrag laut Zeile 294 der Anlage GK) 76	+

In der **Zeile 97** sind **Minderabführungen** einer Organgesellschaft an ihren Organträger einzutragen, die **in organschaftlicher Zeit** angefallen sind (§ 14 Abs. 4 Satz 1 KStG, → Rz. 763 ff.). Diese erhöhen gem. § 27 Abs. 6 KStG das steuerliche Einlagekonto. Hierbei handelt es sich um den Betrag lt. Zeile 32 (→ Rz. 776). 830

In **Zeile 98** sind **Minderabführungen** einzutragen, die ihre Ursache in **organschaftlicher Zeit** haben (§ 14 Abs. 4 Satz 1 KStG) und die bei der Körperschaft zu berücksichtigen sind, obwohl sie nicht Organträger der Organgesellschaft, sondern das Organschaftsverhältnis **vermittelnde Körperschaft** zu einem anderen Organträger ist (→ Rz. 763 ff.). Hierbei handelt es sich um den Betrag lt. Zeile 294 der Anlage GK.[3] 831

1) Vgl. BMF v. 4.6.2003, IV A 2 – S 2836-2/03, BStBl I 2003, 366, Rz. 6, 27.
2) Vgl. BMF v. 27.11.2013, IV C 2 – S 2742/07/10009, BStBl I 2013, 1615, Rz. 13 f.
3) Zu den Einzelheiten vgl. BMF v. 29.9.2022, IV C 2 – S 2770/19/10004 :007, 2022/0912541, BStBl I 2022, 1412, Rz. 27 ff.

k) Anpassungen beim übernehmenden Rechtsträger bei Verschmelzungen, Auf- und Abspaltungen (Zeilen 99–114)

Steuernummer

- 5 -

Zeile		Vorspalte	Steuerliches Einlagekonto	Sonderausweis
		EUR	EUR	EUR
	1	2	3	4
	Anpassungen beim übernehmenden Rechtsträger bei Verschmelzungen, Auf- und Abspaltungen (Zeilen 100 bis 113 nicht bei mehreren Übernahmen ausfüllen - siehe dazu Zeile 114)			
99	Zwischensumme			
	Bei Beteiligung des übernehmenden Rechtsträgers am übertragenden Rechtsträger oder bei nicht bestehendem Beteiligungsverhältnis der an der Umwandlung beteiligten Rechtsträger			
100	Steuerliches Einlagekonto des übertragenden Rechtsträgers, gegebenenfalls gekürzt im Verhältnis der unmittelbaren oder mittelbaren Beteiligung des übernehmenden Rechtsträgers an dem übertragenden Rechtsträger (§ 29 Absatz 2 Satz 2, § 29 Absatz 6 KStG)		48.111 +	
	Bei Beteiligung des übertragenden Rechtsträgers am übernehmenden Rechtsträger			
101	Fiktive Herabsetzung des Nennkapitals (§ 29 Absatz 1 KStG): Betrag des Nennkapitals des übernehmenden Rechtsträgers am steuerlichen Übertragungsstichtag	48.179		
102	Ausstehende Einlagen in das Nennkapital	48.181 –		
103	Verringerung des Sonderausweises bis zu dessen Verbrauch; niedrigerer Betrag laut Zeile 99 oder dem Betrag laut Zeile 101 abzüglich Betrag laut Zeile 102	– ▸		–
104	Verbleibender Betrag: Gutschrift beim steuerlichen Einlagekonto	▸	+	
105	Zwischensumme			
106	Minderung des steuerlichen Einlagekontos des übernehmenden Rechtsträgers im Verhältnis der Beteiligung des übertragenden Rechtsträgers am übernehmenden Rechtsträger (§ 29 Absatz 2 Satz 3 KStG)		48.112 –	
107	Hinzurechnung des steuerlichen Einlagekontos des übertragenden Rechtsträgers		48.182 +	
108	Zwischensumme			
	Anpassung des Nennkapitals des übernehmenden Rechtsträgers (§ 29 Absatz 4 KStG)			
109	Bei Beteiligung des übertragenden Rechtsträgers am übernehmenden Rechtsträger: Betrag des Nennkapitals; in allen anderen Fällen: Betrag der Erhöhung des Nennkapitals (nicht enthalten sein dürfen Beträge, die auf baren Zuzahlungen beziehungsweise Sacheinlagen beruhen)	48.131		
110	Ausstehende Einlagen in das Nennkapital (Betrag laut Zeile 102)	–		
111	Zwischensumme			
112	Hierfür Minderung eines positiven Bestandes des steuerlichen Einlagekontos bis zu dessen Verbrauch	– ▸	–	
113	Verbleibender Betrag: Nennkapitalerhöhung aus sonstigen Rücklagen	▸		+
114	Bei mehreren Übernahmen: Beträge im Sinne der Zeilen 112 und 113 laut gesonderter Ermittlung jeweils für jede Übernahme entsprechend der Zeilen 100 bis 111 (74)		48.241 +/-	48.242 +/-

832 In **Zeile 99, Spalte 4** ist als **Zwischensumme des Bestands des Sonderausweises** die Differenz zwischen den Zeilen 80a und 89, jeweils Spalte 4 einzutragen.

833 In den Zeilen 100 bis 114 sind die **Veränderungen im steuerlichen Einlagekonto und im Sonderausweis im Falle einer Umwandlung** (Verschmelzung, Auf- oder Abspaltung) **für den übernehmenden Rechtsträger** zu ermitteln. Ist die Körperschaft übertragender Rechtsträger, sind die Zeilen 124 ff. (→ Rz. 863 ff.) auszufüllen. Da hierdurch ermittelt werden soll, ob die Anpassung des Nennkapitals beim übernehmenden Rechtsträger aus Gesellschafter-

mitteln oder aus sonstigen Rücklagen erfolgt, muss die Berechnung für jeden Umwandlungsvorgang getrennt vorgenommen werden. Sind daher im Wj. **mehrere Übernahmen** erfolgt, sind die Zeilen 100 bis 113 nicht auszufüllen, sondern stattdessen die Zeile 114 (→ Rz. 850).

In **Zeile 100** sind die Fälle zu erfassen, in denen der **übernehmende Rechtsträger am übertragenden Rechtsträger beteiligt** ist (Verschmelzung, Auf- oder Abspaltung z.B. von der Tochter- auf die Muttergesellschaft) bzw. in denen gar **keine Beteiligung zwischen diesen beiden Rechtsträgern** besteht (Verschmelzung, Auf- oder Abspaltung z.B. von Schwestergesellschaften oder nicht miteinander verbundenen Rechtsträgern). Fälle, in denen der übertragende Rechtsträger am übernehmenden Rechtsträger (Verschmelzung, Auf- oder Abspaltung von der Mutter- auf die Tochtergesellschaft) beteiligt ist, sind nicht in Zeile 100, sondern in den folgenden Zeilen 101 ff. zu berücksichtigen. **834**

In Zeile 100 ist das **steuerliche Einlagekonto des übertragenden Rechtsträgers** dem steuerlichen Einlagekonto des übernehmenden Rechtsträgers hinzuzurechnen. Dadurch werden die steuerlichen Einlagekonten der beteiligten Rechtsträger miteinander addiert (§ 29 Abs. 2 Satz 1 KStG). Besteht eine Beteiligung des übernehmenden Rechtsträgers am übertragenden Rechtsträger, so ist zu beachten, dass nach § 29 Abs. 2 Satz 2 KStG eine Hinzurechnung des steuerlichen Einlagekontos im Verhältnis der (unmittelbaren oder mittelbaren) Beteiligung des übernehmenden Rechtsträgers am übertragenden Rechtsträger unterbleibt. Dies begründet sich darin, dass soweit die übernehmende Körperschaft an der übertragenden Körperschaft beteiligt ist, der übernehmenden Körperschaft kein zusätzliches Eigenkapital übertragen wird, weil das (anteilige) Vermögen des übertragenden Rechtsträgers bereits in Form der Beteiligung beim übernehmenden Rechtsträger vorhanden ist und daher insoweit nur ein Austausch von Vermögensgegenständen erfolgt.

Beispiel:

Ist die übernehmende Muttergesellschaft zu 75 % an der übertragenden Tochtergesellschaft beteiligt, ist das steuerliche Einlagekonto der Tochtergesellschaft nur zu 25 % als Zugang beim steuerlichen Einlagekonto der Muttergesellschaft zu erfassen.

Wurde für die übertragende Körperschaft bisher kein steuerliches Einlagekonto festgestellt, weil sie bspw. im Ausland ansässig war, sind die nicht auf das Nennkapital geleisteten Einlagen am Übertragungsstichtag zu ermitteln und nach § 29 Abs. 6 KStG dem steuerlichen Einlagekonto des übernehmenden Rechtsträgers hinzuzurechnen.

Die **Zeilen 101 bis 104** erfassen den Fall, dass bei Verschmelzung, Auf- oder Abspaltung **der übertragende Rechtsträger am übernehmenden Rechtsträger beteiligt** ist (Übertragung von der Mutter- auf die Tochtergesellschaft). Nach § 29 Abs. 2 Satz 3 KStG mindert sich in diesen Fällen das steuerliche Einlagekonto des übernehmenden Rechtsträgers im Verhältnis der Beteiligung des übertragenden Rechtsträgers an der übernehmenden Körperschaft. Grund hierfür ist, dass durch die Umwandlung auch die vom übertragenden Rechtsträger am übernehmenden Rechtsträger gehaltenen Anteile auf den übernehmenden Rechtsträger übergehen. Die übernehmende Körperschaft erhält somit insoweit durch die Umwandlung nur Anteile an sich selbst und kein neues Vermögen. Daher würde eine Addition der steuerlichen Einlagekonten der beteiligten Rechtsträger nach § 29 Abs. 2 Satz 1 KStG zu einem unzutreffend hohen Bestand an Eigenkapital beim übernehmenden Rechtsträger führen. Dies wird dadurch korrigiert, als das steuerliche Einlagekonto des übernehmenden Rechtsträgers nach § 29 Abs. 2 Satz 3 KStG im Umfang der Beteiligung des übertragenden Rechtsträgers gemindert wird. Um sicherzustellen, dass für diese Minderung ausreichend steuerliches Einlagekonto vorhanden ist, wird zunächst nach § 29 Abs. 1 KStG das Nennkapital des übernehmenden Rechtsträgers fiktiv auf 0 € herabgesetzt und dem steuerlichen Einlagekonto gutgeschrieben (Zeilen 101 bis 104).[1] Nach der Minderung des steuerlichen Einlagekontos des übernehmenden Rechtsträgers nach § 29 Abs. 2 Satz 3 KStG (Zeile 106) und der Hinzurechnung des steuerlichen Einlagekontos des übertragenden Rechtsträgers (Zeile 107) wird das Nennkapital des übernehmenden Rechtsträgers wieder fiktiv als Kapitalerhöhung erfasst (Zeilen 109 ff.). **835**

In **Zeile 101**, Vorspalte ist das **gesamte Nennkapital des übernehmenden Rechtsträgers** am Übertragungsstichtag anzugeben, das nach § 29 Abs. 1 KStG fiktiv herabgesetzt wird. **836**

In **Zeile 102**, Vorspalte sind die **ausstehenden Einlagen in das Nennkapital** des übernehmenden Rechtsträgers anzugeben und vom Betrag lt. Zeile 101, Vorspalte abzuziehen. Ausstehende Einlagen in das Nennkapital können nicht im steuerlichen Einlagekonto enthalten sein und können dieses bei fiktiver Kapitalherabsetzung daher auch nicht mindern. Ebenso wenig können sie nach § 28 Abs. 2 Satz 1 KStG das steuerliche Einlagekonto erhöhen. **837**

In **Zeile 103, Vorspalte** und **Spalte 4** ist der **Sonderausweis** (§ 28 Abs. 1 Satz 3 KStG) **des übernehmenden Rechtsträgers** lt. Zeile 99, Spalte 4 bis zu dessen Verbrauch anzugeben und von Zeile 101, Vorspalte und Zeile 99, Spalte 4 abzuziehen. Da das Nennkapital fiktiv auf 0 € herabsetzt wird, ist infolgedessen auch der Sonderausweis bis auf einen Bestand von 0 € zu vermindern (§ 28 Abs. 2 Satz 1 KStG). Einzutragen ist daher der niedrigere Betrag lt. Zeile 99, Spalte 4 und der Differenz der Beträge lt. Zeilen 101 und 102, jeweils Vorspalte. **838**

In **Zeile 104, Vorspalte** ist die Differenz zwischen den Beträgen lt. Zeilen 101 bis 103, jeweils Vorspalte anzugeben, die in Zeile 104, Spalte 3 dem **steuerlichen Einlagekonto** des übernehmenden Rechtsträgers gutzuschreiben ist. **839**

In **Zeile 105, Spalte 3** ist die **Zwischensumme** des steuerlichen Einlagekontos (Betrag lt. Zeile 84, korrigiert um die Beträge lt. Zeilen 86, 90, 91 bis 98, 100 und 104) anzugeben. **840**

---

1) Vgl. BMF v. 16.12.2003, IV A 2 – S 1978-16/03, BStBl I 2003, 786, Rz. 39.

841 In **Zeile 106**, Spalte 3 ist das **steuerliche Einlagekonto des übernehmenden Rechtsträgers im Verhältnis der Beteiligung** des übertragenden Rechtsträgers am übernehmenden Rechtsträger zu mindern (§ 29 Abs. 2 Satz 3 KStG; → Rz. 835).

Beispiel:

Ist die übertragende Muttergesellschaft zu 75 % an der übernehmenden Tochtergesellschaft beteiligt, ist das steuerliche Einlagekonto der übernehmenden Tochtergesellschaft um 75 % seines Bestands zu vermindern.

842 In **Zeile 107**, Spalte 3 erfolgt die **Hinzurechnung des steuerlichen Einlagekontos des übertragenden Rechtsträgers** zum steuerlichen Einlagekonto des übernehmenden Rechtsträgers (§ 29 Abs. 2 Satz 1 KStG).

843 In **Zeile 108, Spalte 3** ist die **Zwischensumme des steuerlichen Einlagekontos** aus den Zeilen 105 bis 107, jeweils Spalte 3 anzugeben.

844 Nach § 29 Abs. 4 KStG ist auf die durch die Umwandlung eingetretene Kapitalerhöhung § 28 Abs. 1 und 3 KStG anzuwenden. Das bedeutet, dass für die Erhöhung des Nennkapitals zunächst das steuerliche Einlagekonto zu verwenden ist und dann sonstige Rücklagen dem Nennkapital zugeführt werden, wodurch der Sonderausweis erhöht wird. Diese Berechnung erfolgt in den Zeilen 109 bis 113, die daher sowohl in den Fällen der Zeile 100 (→ Rz. 834) als auch in den Fällen der Zeilen 101 ff. (→ Rz. 835) auszufüllen sind. Sind im Wj. **mehrere Übernahmen** erfolgt, sind nicht die Zeilen 109 bis 113 auszufüllen, sondern stattdessen die Zeile 114 (→ Rz. 850).

845 In **Zeile 109**, Vorspalte erfolgt die **Anpassung des steuerlichen Einlagekontos an das Nennkapital des übernehmenden Rechtsträgers** (§ 29 Abs. 4 KStG).

In den Fällen der Zeile 100 (Beteiligung des übernehmenden Rechtsträgers am übertragenden Rechtsträger oder kein Beteiligungsverhältnis zwischen übernehmendem und übertragendem Rechtsträger, → Rz. 834) ist der **Betrag der Erhöhung des Nennkapitals** des übernehmenden Rechtsträgers anzugeben. Dieser Erhöhungsbetrag wird durch die entsprechenden Gesellschafterbeschlüsse i.R. der Umwandlung festgelegt und kann auch aus der Verwendung von Rücklagen stammen. Beträge, die auf baren Zuzahlungen oder Sacheinlagen beruhen, dürfen hierbei nicht berücksichtigt werden, weil für § 29 Abs. 4 KStG nur maßgebend ist, inwieweit das Nennkapital aus der Verwendung des steuerlichen Einlagekontos und der Kapitalerhöhung aus Gesellschaftsmitteln (Sonderausweis) gebildet worden ist, nicht jedoch aus vom Gesellschafter für die Kapitalerhöhung zugeführtem Eigenkapital.

In den Fällen der Zeilen 101 ff. (Beteiligung des übertragenden Rechtsträgers am übernehmenden Rechtsträger, → Rz. 835) ist der **Betrag des Nennkapitals** des übernehmenden Rechtsträgers anzugeben. Da in den Zeilen 101 bis 104 die fiktive Herabsetzung des Nennkapitals der übernehmenden Gesellschaft auf 0 € erfolgte, ist ebenfalls fiktiv das Nennkapital des übernehmenden Rechtsträgers wieder in voller Höhe als Kapitalerhöhung zu berücksichtigen.

846 In **Zeile 110**, Vorspalte sind die **ausstehenden Einlagen in das Nennkapital des übernehmenden Rechtsträgers** anzugeben (Betrag lt. Zeile 102, Vorspalte) und von dem Betrag lt. Zeile 109, Vorspalte abzuziehen. Da das durch die Verwendung von steuerlichem Einlagekonto und Bildung des Sonderausweises gebildete Nennkapital zu ermitteln ist, muss der Teil des Nennkapitals abgezogen werden, der durch noch ausstehende Einlagen des Gesellschafters gebildet werden soll. Die bereits vom Gesellschafter für die Kapitalerhöhung erbrachten Einlagen wurden in Zeile 109 (→ Rz. 845) nicht berücksichtigt, sodass insoweit keine Korrektur erforderlich ist.

847 In **Zeile 111, Vorspalte** ist als Zwischensumme die Differenz zwischen Zeile 109 und 110, jeweils Vorspalte zu bilden.

848 In **Zeile 112, Vorspalte** und Spalte 3 ist von der Zwischensumme lt. Zeile 111 **der Teil der Nennkapitalerhöhung abzuziehen**, für den nach § 29 Abs. 4 KStG i.V.m. § 28 Abs. 1 Satz 1 KStG vorrangig das steuerliche Einlagekonto als verwendet gilt, so dass die Nennkapitalerhöhung vorrangig aus Gesellschaftereinlagen gebildet wird und es insoweit nicht zur Bildung/Erhöhung des Sonderausweises kommt. Der Abzug ist auf den Bestand des steuerlichen Einlagekontos lt. Zeile 108, Spalte 3 begrenzt.

849 Der sich nach Abzug des Betrags lt. Zeile 112, Vorspalte vom Betrag lt. Zeile 111, Vorspalte in **Zeile 113, Vorspalte** ergebende Betrag ist der **Teil der Nennkapitalerhöhung**, der nicht aus Einlagen der Gesellschafter stammt und nicht aus dem steuerlichen Einlagekonto finanziert werden konnte und für den daher eine Verwendung der sonstigen Rücklagen angenommen wird, so dass der nach § 28 Abs. 1 Satz 3 KStG dadurch zu bildende Sonderausweis in Zeile 80, Spalte 4 den bisherigen Sonderausweis lt. Zeile 99, Spalte 4 erhöht.

850 Sind im Wj. **mehrere Übernahmen** erfolgt, sind die Verwendung des steuerlichen Einlagekontos und die Bildung des Sonderausweises durch Nennkapitalerhöhung aus sonstigen Rücklagen für jede Übernahme getrennt nach Maßgabe der Zeilen 100 bis 113 gesondert zu ermitteln und die jeweiligen Salden aller Übernahmevorgänge in **Zeile 114**, Spalte 3 und 4 einzutragen. Die Ermittlung ist möglichst elektronisch (Belegnachreichung zur Steuererklärung) zu übermitteln. Dies ist sowohl über Elster als auch über andere Softwareanbieter möglich.

l) Erhöhung des Nennkapitals durch Umwandlung von Rücklagen (§ 28 Abs. 1 KStG) – außerhalb einer Umwandlung i.S.d. UmwStG (Zeilen 115–119)

Zeile	1	Vorspalte	Steuerliches Einlagekonto	Sonderausweis
	Erhöhung des Nennkapitals durch Umwandlung von Rücklagen (§ 28 Absatz 1 KStG) - außerhalb einer Umwandlung im Sinne des UmwStG			
115	Zwischensumme			

Steuernummer - 6 -

Zeile		Vorspalte	Steuerliches Einlagekonto	Sonderausweis
		EUR	EUR	EUR
	1	2	3	4
116	Betrag der Erhöhung des Nennkapitals	48.115		
117	Bei Abbruch der Liquidation (Fortsetzungsbeschluss): Betrag des Nennkapitals gekürzt um ausstehende Einlagen	48.215		
118	Hierfür Minderung eines positiven Bestandes des steuerlichen Einlagekontos bis zu dessen Verbrauch	– ▸	–	
119	Verbleibender Betrag: Nennkapitalerhöhung aus sonstigen Rücklagen	▸		+

In **Zeile 115, Spalte 3** ist aus den Zeilen 108 bis 114 die **Zwischensumme des steuerlichen Einlagekontos** zu bilden. **851**

In **Zeile 116**, Vorspalte ist der Betrag der **Erhöhung** des durch Umwandlung von Rücklagen außerhalb einer Umwandlung im Sinne des UmwStG entstandenen **Nennkapitals** anzugeben. Gemäß § 28 Abs. 1 Satz 1 KStG gilt bei einer solchen Umwandlung von Rücklagen der positive Bestand des steuerlichen Einlagekontos als vor den sonstigen Rücklagen umgewandelt, wobei der Bestand des steuerlichen Einlagekontos zum Schluss des Wj. der Umwandlung, jedoch vor Berücksichtigung der Kapitalerhöhung, maßgeblich ist (§ 28 Abs. 1 Satz 2 KStG). **852**

Bei Liquidation (Auflösung) der Körperschaft gilt das Nennkapital als in vollem Umfang herabgesetzt (→ Rz. 799). Wird die **Liquidation abgebrochen**, also das Unternehmen fortgesetzt, ist die (in früheren Wj.) erfolgte Nennkapitalherabsetzung (→ Rz. 799 ff.) in **Zeile 117** rückgängig zu machen. Einzutragen ist der Betrag des Nennkapitals abzgl. der ausstehenden Einlagen. **853**

In **Zeile 118, Vorspalte** ist das für die **Kapitalerhöhung** nach § 28 Abs. 1 Satz 1 KStG als **verwendet geltende** positive **steuerliche Einlagekonto** bis zu dessen Verbrauch abzuziehen. Der abzuziehende Betrag ist zum einen auf den Bestand des steuerlichen Einlagekontos lt. Zeile 115, Spalte 3 und zum anderen auf den Kapitalerhöhungsbetrag lt. Zeile 116 oder Zeile 117, jeweils Vorspalte begrenzt. Dieser Betrag ist ebenfalls in Spalte 3 der Zeile 115 abzuziehen. **854**

In **Zeile 119, Vorspalte** ist der verbleibende Betrag zwischen den Zeilen 116 oder 117 und Zeile 118, jeweils Vorspalte anzugeben, in dessen Höhe das steuerliche Einlagekonto den Betrag der **Nennkapitalerhöhung** nicht abdeckt. Dieser Betrag stellt die Nennkapitalerhöhung aus sonstigen Rücklagen dar, für die nach § 28 Abs. 1 Satz 3 KStG ein **Sonderausweis** zu bilden bzw. zu erhöhen ist. Der Sonderausweis ist in Zeile 119, Spalte 4 entsprechend zu erhöhen. **855**

m) Weiterveräußerung eigener Anteile zu einem Veräußerungspreis unter dem Nennbetrag oder Einziehung eigener Anteile ohne Kapitalherabsetzung (Zeilen 120–123)

Zeile	1	Vorspalte	Steuerliches Einlagekonto	Sonderausweis
	Weiterveräußerung eigener Anteile zu einem Veräußerungspreis unter dem Nennbetrag oder Einziehung eigener Anteile ohne Kapitalherabsetzung			
120	Zwischensumme			
121	Bei Weiterveräußerung: Differenzbetrag zwischen Nennbetrag und Veräußerungspreis; Bei Einziehung ohne Kapitalherabsetzung: Nennbetrag der eingezogenen eigenen Anteile	48.257		
122	Hierfür Minderung eines positiven Bestandes des steuerlichen Einlagekontos bis zu dessen Verbrauch	– ▸	–	
123	Verbleibender Betrag: Nennkapitalerhöhung aus sonstigen Rücklagen	▸		+

Hat die Gesellschaft eigene Anteile erworben und veräußert sie diese dann weiter, stellt dies bei der Gesellschaft steuerlich keinen Veräußerungsvorgang dar, sondern ist wie eine Erhöhung des Nennkapitals zu behandeln. Die Weiterveräußerung führt nicht zu einem steuerlichen Veräußerungsgewinn bzw. -verlust. In Höhe des Nennbe- **856** trags der eigenen Anteile ergeben sich keine Auswirkungen auf den Bestand des steuerlichen Einlagekontos oder einen bestehenden Sonderausweis. Ein den Nennbetrag übersteigender Teil des Verkaufspreises erhöht den Bestand des steuerlichen Einlagekontos. Werden die eigenen Anteile zu einem (angemessenen) Kaufpreis unterhalb des Nennbetrags weiterveräußert, ist der Differenzbetrag zwischen dem Kaufpreis und dem Nennbetrag der Anteile als Kapitalerhöhung aus Gesellschaftsmitteln zu behandeln. In entsprechender Anwendung des § 28 Abs. 1 Satz 1 KStG vermindert der Differenzbetrag den Bestand des steuerlichen Einlagekontos und führt, soweit dieser Bestand nicht ausreicht, zur Bildung bzw. Erhöhung des Sonderausweises.[1)]

Werden die eigenen Anteile eingezogen, ohne dass das Nennkapital nach der Einziehung herabgesetzt wird, ist dies hinsichtlich der Höhe des Nennbetrags der eingezogenen eigenen Anteile in entsprechender Anwendung des § 28 Abs. 1 KStG als Kapitalerhöhung aus Gesellschaftsmitteln zu behandeln.[2)]

857 Erfolgt die Weiterveräußerung der eigenen Anteile zu einem **Veräußerungspreis über dem Nennbetrag**, ist Zeile 96 auszufüllen.

858 In **Zeile 120**, Spalte 3 ist die Differenz des steuerlichen Einlagekontos aus den Zeilen 115 und 118, jeweils Spalte 3 zu bilden.

859 Erfolgt die Weiterveräußerung der eigenen Anteile zu einem **Veräußerungspreis unter dem Nennbetrag**, ist in **Zeile 121**, Vorspalte der Differenzbetrag zwischen Nennbetrag und Veräußerungspreis anzugeben. Wurden die **Anteile eingezogen**, ohne dass eine Nennkapitalherabsetzung erfolgte, ist in Zeile 121, Vorspalte der Nennbetrag der eingezogenen eigenen Anteile einzutragen.

860 Für den in Zeile 121, Vorspalte eingetragenen Betrag gilt das steuerliche Einlagekonto bis zu dessen Verbrauch, also maximal in Höhe des Betrags lt. Zeile 120, Spalte 3 als verwendet. Der danach das steuerliche Einlagekonto verbrauchende Betrag ist in **Zeile 122**, Vorspalte und Spalte 3 einzutragen und abzuziehen.

861 In **Zeile 123**, Vorspalte ist die Differenz aus den Zeilen 121 und 122, jeweils Vorspalte zu bilden. In Höhe des Differenzbetrags liegt eine **Kapitalerhöhung aus Gesellschaftsmitteln** vor, die zur Bildung bzw. Erhöhung des Sonderausweises i.S.d. § 28 KStG führt. Dementsprechend ist der Differenzbetrag in Zeile 123, Spalte 4 einzutragen und dem Sonderausweis hinzuzurechnen.

1) Vgl. BMF v. 27.11.2013, IV C 2 – S 2742/07/10009, BStBl I 2013, 1615, Rz. 13 f.
2) Vgl. BMF v. 27.11.2013, IV C 2 – S 2742/07/10009, BStBl I 2013, 1615, Rz. 16 f.

n) Anpassungen beim übertragenden Rechtsträger bei Abspaltung (Zeilen 124–143)

Zeile	1	2	3	4
	Anpassungen beim übertragenden Rechtsträger bei Abspaltung (32)			
124	Zwischensumme			
	Fiktive Herabsetzung des Nennkapitals nach § 29 Absatz 1 KStG			
125	Betrag des Nennkapitals am steuerlichen Übertragungsstichtag	48.136		
126	Ausstehende Einlagen in das Nennkapital	48.132 –		
127	Verringerung des Sonderausweises bis zu dessen Verbrauch; niedrigerer Betrag laut Zeile 124 oder dem Betrag laut Zeile 125 abzüglich Betrag laut Zeile 126	– ►		–
128	Verbleibender Betrag: Gutschrift beim steuerlichen Einlagekonto	►	+	
129	Zwischensumme			
	Verringerung des steuerlichen Einlagekontos im Verhältnis des übergehenden Vermögens nach § 29 Absatz 3 KStG			
130	Betrag laut Zeile 129 Spalte 3			
131	Korrektur um in den Zeilen 56 bis 119 enthaltene Zu- und Abgänge aufgrund von Sachverhalten, die nach dem steuerlichen Übertragungsstichtag verwirklicht wurden (laut gesonderter Ermittlung) (74)	48.226 –/+		
132	Zwischensumme			
133	Der für die Abspaltung maßgebende Zähler nach § 29 Absatz 3 KStG	48.341		
134	Der für die Abspaltung maßgebende Nenner nach § 29 Absatz 3 KStG	48.342		
135	Verringerung des steuerlichen Einlagekontos nach § 29 Absatz 3 KStG (Betrag laut Zeile 132 multipliziert mit dem Betrag laut Zeile 133 dividiert durch den Betrag laut Zeile 134)		–	
136	Zwischensumme			
	Anpassung des Nennkapitals des übertragenden Rechtsträgers nach § 29 Absatz 4 KStG			
137	Höhe des Nennkapitals nach der Übertragung	48.118		

Steuernummer

Zeile		Vorspalte	Steuerliches Einlagekonto	Sonderausweis
		EUR	EUR	EUR
	1	2	3	4
138	Ausstehende Einlagen in das Nennkapital	48.180 –		
139	Zwischensumme			
140	Hierfür Minderung eines positiven Bestandes des steuerlichen Einlagekontos bis zu dessen Verbrauch	– ►	–	
141	Verbleibender Betrag: Nennkapitalerhöhung aus sonstigen Rücklagen	►		+
142	Zwischensumme			
143	Verringerung des steuerlichen Einlagekontos im Falle von Leistungen, die nicht bis zum steuerlichen Übertragungsstichtag erfolgt sind beziehungsweise als erfolgt gelten: - Betrag laut Zeile 55 höchstens Summe der Beträge laut Zeile 131 Vorspalte und Zeile 142 Spalte 3, wenn Summe positiv oder - insoweit nach § 27 Absatz 5 KStG zu berücksichtigender Betrag		–	

862 In **Zeile 124, Spalte 4** ist als **Zwischensumme** des **Sonderausweis**es der Saldo aus den Zeilen 99, 103, 113, 114, 119 und 123, jeweils Spalte 4 anzugeben.

863 In den Zeilen 125 bis 143 sind die Veränderungen im **steuerlichen Einlagekonto** und im **Sonderausweis** im Falle einer **Abspaltung** für den **übertragenden Rechtsträger** zu ermitteln.

Zusätzliche Angaben zur Abspaltung sind zudem in den Zeilen 167 ff. (→ Rz. 901 ff.) zu machen. Die dort vorzunehmenden Berechnungen dienen bei Abspaltung auf eine Personengesellschaft der Ermittlung der Bezüge des Anteilseigners i.S.d. § 20 Abs. 1 Nr. 1 EStG.

864 In **Zeile 125**, Vorspalte ist der **Betrag des Nennkapitals der übertragenen Kapitalgesellschaft** am steuerlichen Übertragungsstichtag anzugeben. Dieser Betrag gilt gem. § 29 Abs. 1 Satz 1 KStG nach § 28 Abs. 2 Satz 1 KStG als in vollem Umfang herabgesetzt. Die fiktive Herabsetzung des gesamten Nennkapitals ist an dieser Stelle ungeachtet dessen vorzunehmen, dass die Körperschaft im Falle der Abspaltung nur einen Teil ihres Nennkapitals auf den übernehmenden Rechtsträger überträgt. Die insoweit erforderliche Neubildung des bei der übertragenden Körperschaft verbleibenden Nennkapitals erfolgt in den Zeilen 137 ff. (→ Rz. 876 ff.).

865 In **Zeile 126**, Vorspalte sind die **ausstehenden Einlagen in das Nennkapital** abzuziehen, da diese Beträge das tatsächliche Vermögen der Kapitalgesellschaft noch nicht erhöht haben und daher für eine Erhöhung des steuerlichen Einlagekontos nicht in Frage kommen (vgl. § 28 Abs. 2 Satz 1 KStG, wonach das steuerliche Einlagekonto nur zu erhöhen ist, soweit die Einlage in das Nennkapital geleistet ist).

866 In **Zeile 127**, Vorspalte und Spalte 4 erfolgt der **Abzug des Sonderausweises** vom Betrag der fiktiven Nennkapitalherabsetzung lt. Zeile 125, da gem. § 28 Abs. 2 Satz 1 KStG zunächst der Sonderausweis zu mindern ist, weil nur das aus Einlagen, nicht jedoch das aus Gesellschaftsmitteln gebildete Nennkapital in das steuerliche Einlagekonto eingestellt werden kann. Abzuziehen ist der niedrigere Betrag zwischen dem in Zeile 124, Spalte 4 ausgewiesenen Betrag des Sonderausweises und der Differenz aus den Zeilen 125 und 126.

867 In **Zeile 128**, Vorspalte ist in der Differenz der Zeilen 125 bis 127, jeweils Vorspalte der Betrag des **fiktiv herabgesetzten Nennkapitals** nach Abzug des Sonderausweises und der ausstehenden Einlagen anzugeben. Dieser verbleibende Betrag wird gem. § 28 Abs. 1 Satz 1 KStG in Zeile 128, Spalte 3 dem **steuerlichen Einlagekonto** gutgeschrieben.

868 In **Zeile 129, Spalte 3** ist die **Zwischensumme des steuerlichen Einlagekontos** (Saldo der Zeilen 120, 122 und 128) anzugeben.

869 In den **Zeilen 130 bis 132** ist das steuerliche Einlagekonto zu korrigieren um die Vorgänge, die bei **unterjährigen Abspaltungen** nach dem steuerlichen Übertragungsstichtag Auswirkungen auf das steuerliche Einlagekonto hatten. Grund hierfür ist, dass sich bei einer Abspaltung nach § 123 Abs. 2 UmwG beim übertragenden Rechtsträger der Bestand des steuerlichen Einlagekontos anteilig in dem in § 29 Abs. 3 Satz 1, 2 und 4 KStG genannten Umfang verringert. Maßgebend für die Verringerung ist der nach Berücksichtigung von Zu- und Abgängen ermittelte (ggf. fiktive) Bestand des steuerlichen Einlagekontos zum steuerlichen Übertragungsstichtag. Dies gilt auch dann, wenn der steuerliche Übertragungsstichtag nicht auf den Schluss des Wj. des übertragenden Rechtsträgers fällt. Es muss daher ermittelt werden, welchen Bestand das steuerliche Einlagekonto zum steuerlichen Übertragungsstichtag hatte, wofür es beim übertragenden Rechtsträger um nach dem steuerlichen Übertragungsstichtag erfolgte Zugänge oder erbrachte Leistungen lt. den in den Zeilen 56 bis 119 erfassten Vorgängen korrigiert werden muss.[1)]

870 In **Zeile 130**, Vorspalte ist das steuerliche Einlagekonto lt. Zeile 129, Spalte 3 einzutragen.

871 In **Zeile 131**, Vorspalte ist die (ggf. negative) Summe der in den Zeilen 56 bis 119 in der Spalte 3 eingetragenen **Sachverhalte**, die **nach dem steuerlichen Übertragungsstichtag** verwirklicht wurden, mit umgekehrtem Vorzeichen anzugeben. Sofern es sich um mehrere Sachverhalte handelt, ist eine gesonderte Ermittlung beizufügen. Die Ermittlung ist möglichst elektronisch (Belegnachreichung zur Steuererklärung) zu übermitteln. Dies ist sowohl über Elster als auch über andere Softwareanbieter möglich.

872 In **Zeile 132**, Vorspalte ist der um den Betrag lt. Zeile 131 korrigierte Betrag lt. Zeile 130 zu erfassen. Damit ist **das steuerliche Einlagekonto zum steuerlichen Übertragungsstichtag** ermittelt.

873 Nach § 29 Abs. 3 Satz 1 KStG geht das steuerliche Einlagekonto im Verhältnis der übergehenden Vermögensteile zum bestehenden Vermögen des übertragenden Rechtsträgers vor der Übertragung über. Dieses Verhältnis ist regelmäßig dem Spaltungs- bzw. Übernahmevertrag oder dem Spaltungsplan zu entnehmen. Bei einem abweichenden Verhältnis ist für steuerliche Zwecke gem. § 29 Abs. 3 Satz 2 KStG das Verhältnis der gemeinen Werte der Vermögensteile zueinander maßgebend. Ist übernehmender Rechtsträger eine Personengesellschaft, so wird das steuerliche Einlagekonto der übertragenden Körperschaft nur gemindert, ohne jedoch auf die Personengesellschaft überzugehen (§ 29 Abs. 3 Satz 4 KStG). In **Zeile 133**, Vorspalte ist der gem. § 29 Abs. 3 KStG für das **Abspaltungsverhältnis** maßgebende **Zähler** einzutragen, während in **Zeile 134** der maßgebende **Nenner** anzugeben ist.

874 In **Zeile 135, Spalte 3** ist die **Verringerung des steuerlichen Einlagekontos** lt. Zeile 132, Vorspalte **beim übertragenden Rechtsträger** nach dem in den Zeilen 133 und 134 ermittelten Quotienten anzugeben.

875 In **Zeile 136, Spalte 3** ist als **Zwischensumme des steuerlichen Einlagekontos** die Differenz aus den Zeilen 129 und 135 anzugeben.

---

1) Rz. K.05 UmwStE 2025.

In **Zeile 137**, Vorspalte ist die Höhe **des Nennkapitals des übertragenen Rechtsträgers nach der Übertragung** anzugeben. Die weitere Ermittlung ist gem. § 29 Abs. 4 KStG vorzunehmen, um das Nennkapital nach der in den Zeilen 125 ff. vorgenommenen fiktiven Vollherabsetzung für steuerliche Zwecke ebenfalls fiktiv wieder neu zu bilden und die Auswirkungen auf das steuerliche Einlagekonto und den Sonderausweis gem. § 28 Abs. 1 und 3 KStG zu ermitteln. 876

In **Zeile 138**, Vorspalte sind gem. § 28 Abs. 1 KStG die **ausstehenden Einlagen** in das Nennkapital abzuziehen. Dieser Betrag wird erst künftig das Nennkapital aus Mitteln der Gesellschafter erhöhen und ist daher weder im steuerlichen Einlagekonto noch im Sonderausweis darzustellen. 877

In **Zeile 139**, Vorspalte ist als Zwischensumme die Differenz zwischen den Beträgen lt. Zeile 137 und 138, jeweils Vorspalte anzugeben. 878

In **Zeile 140**, Vorspalte ist von der Zwischensumme lt. Zeile 139, Vorspalte **der Teil der fiktiven Nennkapitalerhöhung abzuziehen**, für den nach § 29 Abs. 4 i.V.m. § 28 Abs. 1 Satz 1 KStG vorrangig das **steuerliche Einlagekonto** als verwendet gilt, so dass die fiktive Nennkapitalerhöhung vorrangig aus Gesellschaftereinlagen gebildet wird und es insoweit nicht zur Bildung/Erhöhung des Sonderausweises kommt. Das für die fiktive Kapitalerhöhung verwendete positive steuerliche Einlagekonto ist maximal bis zu dessen Verbrauch anzugeben, so dass höchstens der Betrag lt. Zeile 136, Spalte 3 zu berücksichtigen ist. Dieser Betrag ist ebenfalls in Spalte 3 der Zeile 140 abzuziehen. 879

In **Zeile 141**, Vorspalte ist der **Teil der fiktiven Nennkapitalerhöhung** aus Zeile 137, Vorspalte anzugeben, der nach Abzug der Beträge lt. Zeilen 138 und 140, jeweils Vorspalte ggf. noch verbleibt und für den eine **Verwendung der sonstigen Rücklagen** angenommen wird, so dass der nach § 28 Abs. 1 Satz 3 KStG zu bildende **Sonderausweis** in Zeile 141, Spalte 4 den bisherigen Sonderausweis lt. Zeile 124, Spalte 4 erhöht. 880

In **Zeile 142** ist jeweils die **Zwischensumme des steuerlichen Einlagekontos** in Spalte 3 (Betrag lt. Zeile 136 abzgl. Betrag lt. Zeile 140) und **des Sonderausweises** in Spalte 4 (Betrag lt. Zeile 124 abzgl. Betrag lt. Zeile 127 und zzgl. Betrag lt. Zeile 141) anzugeben. 881

In **Zeile 143**, Spalte 3 ist das steuerliche Einlagekonto um **Leistungen** zu vermindern, die **nicht bis zum steuerlichen Übertragungsstichtag** (also danach) erfolgt sind bzw. als erfolgt gelten und daher im Betrag lt. Zeile 142, Spalte 3 noch enthalten sind (→ Rz. 869). Einzutragen ist der Betrag lt. Zeile 55, Spalte 3 (→ Rz. 792), höchstens jedoch die Summe der Beträge lt. Zeile 131, Vorspalte und Zeile 142, Spalte 3, sofern diese positiv ist. Sofern für diese Leistungen für die Verwendung des steuerlichen Einlagekontos auf Grund erteilter Steuerbescheinigungen die Verwendungsfestschreibung des § 27 Abs. 5 KStG gilt (→ Rz. 751), ist der nach § 27 Abs. 5 KStG maßgebende Betrag einzutragen. 882

o) Anpassungen beim übertragenden Rechtsträger bei Verschmelzung, Aufspaltung oder beim Formwechsel auf eine Personengesellschaft (Zeilen 144–148)

	Anpassung beim übertragenden Rechtsträger bei Verschmelzung, Aufspaltung oder beim Formwechsel auf eine Personengesellschaft			
144	Fiktive Herabsetzung des Nennkapitals (§ 29 Absatz 1 KStG): Betrag des Nennkapitals am steuerlichen Übertragungsstichtag	48.236		
145	Ausstehende Einlagen in das Nennkapital	48.232 –		
146	Verringerung des Sonderausweises bis zu dessen Verbrauch; niedrigerer Betrag laut Zeile 142, Spalte 4 oder dem Betrag laut Zeile 144 abzüglich Betrag laut Zeile 145	– ▸		–
147	Verbleibender Betrag: Gutschrift beim steuerlichen Einlagekonto	▸	+	
148	Zwischensumme			

In den Fällen der **Verschmelzung** bzw. der **Aufspaltung** geht der übertragende Rechtsträger unter, so dass es keiner Feststellung seines steuerlichen Einlagekontos bzw. Sonderausweises mehr bedürfte. Gleichwohl sind in der letzten gesonderten Feststellung auf den Schluss des letzten Wj. des übertragenden Rechtsträgers auf den steuerlichen Übertragungsstichtag die Bestände vor dem Vermögensübergang zum Schluss des letzten Wj. anzusetzen.[1] Damit ist in den **Zeilen 144 bis 148** die fiktive Herabsetzung des Nennkapitals nach § 29 Abs. 1 KStG und die entsprechende Erhöhung des steuerlichen Einlagekontos vorzunehmen, um den Zugang des steuerlichen Einlagekontos beim übernehmenden Rechtsträger ermitteln zu können. Gleiches gilt bei einem **Formwechsel auf eine Personengesellschaft**. 883

In **Zeile 144**, Vorspalte ist der **Betrag des Nennkapitals der übertragenen Kapitalgesellschaft** am Übertragungsstichtag anzugeben. Dieser Betrag gilt gem. § 29 Abs. 1 Satz 1 KStG als in vollem Umfang nach § 28 Abs. 2 Satz 1 KStG fiktiv herabgesetzt. 884

1) Vgl. BMF v. 16.12.2003, IV A 2 – S 1978-16/03, BStBl I 2003, 786, Rz. 31.

885 In **Zeile 145**, Vorspalte sind die **ausstehenden Einlagen in das Nennkapital** abzuziehen, da diese Beträge das tatsächliche Vermögen der Kapitalgesellschaft noch nicht erhöht haben und daher für eine Erhöhung des steuerlichen Einlagekontos nicht in Frage kommen (vgl. § 28 Abs. 2 Satz 1 KStG, wonach das steuerliche Einlagekonto nur zu erhöhen ist, soweit die Einlage in das Nennkapital geleistet ist).

886 In **Zeile 146**, Vorspalte und Spalte 4 erfolgt der **Abzug des Sonderausweises vom Betrag der fiktiven Nennkapitalherabsetzung** lt. Zeile 144 abzgl. Zeile 145, jeweils Vorspalte, da gem. § 28 Abs. 2 Satz 1 KStG zunächst der Sonderausweis zu mindern ist, weil nur das aus Einlagen, nicht jedoch das aus Gesellschaftsmitteln gebildete Nennkapital in das steuerliche Einlagekonto eingestellt werden kann. Abzuziehen ist jedoch höchstens der lt. Zeile 142, Spalte 4 ausgewiesene Betrag des Sonderausweises.

887 In **Zeile 147**, Vorspalte ist der Betrag des **fiktiv herabgesetzten Nennkapitals** nach Abzug des Sonderausweises und der ausstehenden Einlagen anzugeben (Betrag lt. Zeile 144 abzgl. Beträge lt. Zeilen 145 und 146, jeweils Vorspalte). Dieser verbleibende Betrag wird gem. § 28 Abs. 1 Satz 1 KStG in Zeile 147, Spalte 3 dem **steuerlichen Einlagekonto** gutgeschrieben und geht vorbehaltlich § 29 Abs. 2 Satz 2 KStG auf den übernehmenden Rechtsträger über.

888 In **Zeile 148**, Spalte 3 ist die **Zwischensumme des steuerlichen Einlagekontos** aus den Zeilen 142, 143 und 147 einzutragen.

p) Zugang nach § 35 KStG auf Grund eines Verlustabzugs (Zeile 149)

	Zugang nach § 35 KStG			
149	Zugang nach § 35 KStG aufgrund eines Verlustabzugs (38)		+	

889 In **Zeile 149** ist der **Zugang nach § 35 KStG auf Grund eines Verlustabzugs** anzugeben. Das steuerliche Einlagekonto wird danach erhöht, soweit ein Verlust aus dem VZ 1990 einer Körperschaft, Personenvereinigung oder Vermögensmasse, die am 31.12.1990 ihre Geschäftsleitung oder ihren Sitz nur im Beitrittsgebiet (fünf neue Bundesländer) hatte, das Einkommen eines VZ mindert, für den das Halbeinkünfteverfahren (ab VZ 2009: Teileinkünfteverfahren) gilt.[1] Ist ein Verlustabzug in einem VZ zu berücksichtigen, dessen Einkommen sich aus dem Gewinn von zwei Wj. zusammensetzt, ist der Verlustabzug für die Erhöhung des steuerlichen Einlagekontos auf die beiden Wj. aufzuteilen.[2] Sind nur in einem Wj. die Einkünfte aus Gewerbebetrieb positiv, ist der Zugang nach § 35 KStG ausschließlich in diesem Wj. zu berücksichtigen.

q) Verminderung des Sonderausweises und des steuerlichen Einlagekontos nach § 28 Abs. 3 KStG (Zeilen 150 und 151)

	Verminderung des Sonderausweises und des steuerlichen Einlagekontos nach § 28 Absatz 3 KStG			
150	Zwischensumme			
151	Abzug des Betrages laut Zeile 150 Spalte 4 - maximal in Höhe des positiven Betrages laut Zeile 150 Spalte 3 - jeweils in Spalten 3 und 4		–	–

890 In **Zeile 150** sind in Spalte 3 der **Zwischensaldo** des steuerlichen Einlagekontos nach Addition des Zugangs lt. Zeile 149, Spalte 3 zu dem Bestand lt. Zeile 148, Spalte 3 und in Spalte 4 die Differenz des Sonderausweises zwischen Zeile 142 und 150, jeweils Spalte 4 einzutragen.

891 In **Zeile 151** erfolgt die **Verrechnung gem. § 28 Abs. 3 KStG**, damit das Bestehen eines Sonderausweises weitestgehend vermieden wird. Dabei ist der Sonderausweis zum Schluss des Wj. um den positiven Bestand des steuerlichen Einlagekontos zum Schluss des Wj. zu mindern und der Bestand des steuerlichen Einlagekontos entsprechend zu verringern. Die mangels eines steuerlichen Einlagekontos aus sonstigen Rücklagen erfolgte Nennkapitalbildung (Sonderausweis) wird dadurch nachträglich dahingehend geändert, als ob sie aus dem (nachträglich entstandenen) steuerlichen Einlagekonto finanziert worden wäre. Der Betrag lt. Zeile 150, Spalte 4 ist daher maximal in Höhe des positiven Betrags aus Zeile 150, Spalte 3 jeweils vom Sonderausweis lt. Zeile 150, Spalte 4 und vom steuerlichen Einlagekonto lt. Zeile 150, Spalte 3 abzuziehen.

r) Endbestände zum Schluss des Wirtschaftsjahres (Zeile 152)

	Endbestände zum Schluss des Wirtschaftsjahres			
152	Endbestände zum Schluss des Wirtschaftsjahres			

892 In **Zeile 152** sind die zum **Ende des Wj.** ermittelten Bestände des **steuerlichen Einlagekontos** in Spalte 3 und des **Sonderausweises** in Spalte 4 (jeweils Differenz der Beträge lt. Zeilen 150 und 151) anzugeben. Diese werden, wenn

1) Vgl. R 35 Satz 1 KStR 2022.
2) Vgl. R 35 Satz 2 KStR 2022.

das FA nicht von der Erklärung abweicht, in dieser Höhe gem. § 27 Abs. 2 Satz 1 KStG bzw. § 28 Abs. 1 Satz 3 und 4 KStG gesondert festgestellt. Die Bescheide über die gesonderten Feststellungen sind nach § 27 Abs. 2 Satz 2 KStG bzw. § 28 Abs. 1 Satz 4 KStG Grundlagenbescheide hinsichtlich der Anfangsbestände für die gesonderten Feststellungen des steuerlichen Einlagekontos und des Sonderausweises zum Schluss des folgenden Wj.

7. Ermittlung der kapitalertragsteuerpflichtigen Leistungen in Fällen der Liquidation (Zeilen 160–166)

Zeile	Ermittlung der kapitalertragsteuerpflichtigen Leistungen in Fällen der Liquidation			
153 bis 159 frei 160	Vom Betrag laut Zeile 152 Spalte 3 sind aus einer erfolgten Nennkapitalherabsetzung oder Auflösung der Körperschaft noch zur Auszahlung vorgesehen (25)		–	
161	Verbleibendes Einlagekonto			
162	Auszukehrendes Eigenkapital laut Liquidationsschlussbilanz (Schlussauskehrung)	48.183		
163	Teil der Schlussauskehrung, in deren Höhe der Sonderausweis bei Auflösung der Körperschaft und gegebenenfalls einer Nennkapitalherabsetzung gemindert wurde = Bezüge des Anteilseigners nach § 20 Absatz 1 Nummer 2 EStG	–		
164	Positiver Bestand des steuerlichen Einlagekontos oder nach § 27 Absatz 5 KStG zu berücksichtigender Betrag (niedrigerer Betrag der Zeilen 14, 161 und 162 abzüglich Zeile 163; wenn in Zeile 14 kein Betrag eingetragen, hier "0" eintragen)	–		

Steuernummer

- 8 -

Zeile		Vorspalte	Steuerliches Einlagekonto	Sonderausweis
		EUR	EUR	EUR
	1	2	3	4
165	Nennkapitalrückzahlung (Betrag laut Zeile 160, höchstens Betrag laut Zeile 162 abzüglich Summe der Beträge laut Zeilen 163 und 164)			
166	Verbleibender Betrag = Bezüge des Anteilseigners nach § 20 Absatz 1 Nummer 2 EStG (62)			

Die Ermittlungen in den Zeilen 160 bis 166 dienen der Berechnung, inwieweit die **Schlussauskehrungen im Rahmen einer Liquidation** aus dem steuerlichen Einlagekonto stammen und damit beim Anteilseigner zu nicht steuerbaren Einnahmen führen (§ 20 Abs. 1 Nr. 1 Satz 3 EStG) bzw. inwieweit steuerpflichtige Auskehrungen gegeben sind (§ 20 Abs. 1 Nr. 2 EStG). Zur Behandlung der Abschlagszahlungen auf den Liquidationserlös, die nicht als Nennkapitalrückzahlungen zu beurteilen sind, wird auf die Ausführungen zu den Zeilen 7 (→ Rz. 748) und 47 ff. (→ Rz. 783) verwiesen. Abschlagszahlungen, die als Nennkapitalrückzahlung zu beurteilen sind, sind in Zeile 76 (→ Rz. 807) einzutragen. **893**

Es handelt sich um „nachrichtliche" Angaben, weil Liquidationsschlussauskehrungen mit den Beständen des steuerlichen Einlagekontos bzw. des Sonderausweises zum Schluss des Wj. (= Beträge lt. Zeile 152) verrechnet werden und daher nicht Bestandteil der Berechnung während des Wj. sind.[1]

In **Zeile 160**, Spalte 3 ist der Betrag des noch lt. Zeile 152, Spalte 3 vorhandenen steuerlichen Einlagekontos anzugeben, der aus einer erfolgten Nennkapitalherabsetzung oder Auflösung der Körperschaft noch zur Auszahlung von Nennkapital vorgesehen ist und von dem Betrag lt. Zeile 152, Spalte 3 abzuziehen. Bei Rückzahlung von Nennkapital ist ein Direktzugriff auf das Einlagekonto möglich, soweit die Rückzahlung des Nennkapitals im Herabsetzungsbeschluss vorgesehen war oder wenn die Auskehrung an die Anteilseigner trotz des fehlenden ursprünglichen Auszahlungsbeschlusses anderweitig und unmissverständlich als Auszahlung des Herabsetzungsbetrags qualifiziert werden kann.[2] **894**

In **Zeile 161**, Spalte 3 ergibt sich aus der Differenz der Zeilen 152 und 160, jeweils Spalte 3 das („übrige", d.h. das nicht aus der Nennkapitalherabsetzung in Zeile 74 (→ Rz. 804) gebildete und in Zeile 160 abgezogene) **verbleibende steuerliche Einlagekonto**, das zur Verwendung i.R. der Schlussauskehrung, die nicht in Nennkapital besteht, noch zur Verfügung steht. **895**

In **Zeile 162**, Vorspalte ist das gesamte ausgekehrte **Eigenkapital** lt. Liquidationsschlussbilanz (**Schlussauskehrung**) einzutragen. **896**

1) Vgl. BMF v. 26.8.2003, IV A 2 – S 2760-4/03, BStBl I 2003, 434.
2) Vgl. BFH v. 21.10.2014, I R 31/13, BStBl II 2016, 411. Durch die amtliche Veröffentlichung im BStBl ist das Urteil in allen noch offenen Fällen anzuwenden. Die zuvor gegenteilige Auffassung der FinVerw. im BMF v. 4.6.2003, IV A 2 – S 2836-2/03, BStBl I 2003, 366, Rz. 40 ist damit überholt.

897 In **Zeile 163**, Vorspalte ist der Teil der Schlussauskehrung einzutragen, in deren Höhe der **Sonderausweis** bei Auflösung der Körperschaft und ggf. einer weiteren vorhergehenden Nennkapitalherabsetzung gemindert wurde. Hierbei ist zu beachten, dass es sich auch um abgeflossene Beträge aus Liquidations- bzw. Herabsetzungsbeschlüssen vorangegangener Wj. handeln kann. Anzugeben ist hier der Betrag der Schlussauskehrung des Nennkapitals, der in Zeile 73 (→ Rz. 803) i.R. der Nennkapitalherabsetzung bei Liquidationsbeschluss (und ggf. einer weiteren vorhergehenden Nennkapitalherabsetzung) den Sonderausweis gemindert hat, aber bisher nicht an die Anteilseigner ausgekehrt wurde und deshalb nicht in der Zeile 77 (→ Rz. 808) dieses Wj. oder früherer Wj. enthalten ist. Der Betrag ist vom Wert lt. Zeile 162, Vorspalte abzuziehen. Insoweit liegen im Zeitpunkt der Auszahlung **Bezüge des Anteilseigners** i.S.d. § 20 Abs. 1 Nr. 2 EStG vor. Diese sind kapitalertragsteuerpflichtig, so dass eine Kapitalertragsteueranmeldung zu übermitteln ist.

898 In **Zeile 164**, Vorspalte ist anzugeben, in welcher Höhe das steuerliche **Einlagekonto** für die **Schlussauskehrung** lt. Zeile 162 abzgl. des Betrags lt. Zeile 163 (jeweils Vorspalte) als **verwendet** gilt, so dass die Schlussauskehrung insoweit gem. § 20 Abs. 1 Nr. 1 Satz 3 EStG nicht steuerbar ist. Dieser Betrag ist jedoch zum einen begrenzt auf den noch vorhandenen Bestand des steuerlichen Einlagekontos lt. Zeile 161, Spalte 3. Zum anderen kann gem. § 27 Abs. 5 KStG nur der Betrag des steuerlichen Einlagekontos als verwendet gelten, der entsprechend bescheinigt worden ist. Dies ist der in Zeile 14 (→ Rz. 755) eingetragene Betrag. Wurde in Zeile 14 nichts ausgefüllt, ist 0 € einzutragen.

899 In **Zeile 165**, Vorspalte ist die i.R. der Schlussauskehrung erfolgte **Nennkapitalrückzahlung** (d.h. ohne erfolgte Abschlagszahlungen auf das Nennkapital) anzugeben. Dies entspricht dem Betrag lt. Zeile 160, allerdings begrenzt auf die Differenz zwischen den Zeilen 162, 163 und 164.

900 In **Zeile 166**, Vorspalte ist als Differenz der Beträge lt. Zeilen 162 bis 165 der Betrag anzugeben, der zu weiteren **Einkünften des Anteilseigners i.S.d. § 20 Abs. 1 Nr. 2 EStG** aus der Schlussverteilung des Vermögens führt. Diese sind kapitalertragsteuerpflichtig, so dass eine Kapitalertragsteueranmeldung zu übermitteln ist.

8. Ermittlung der Bezüge nach § 7 UmwStG bei Abspaltung oder Aufspaltung auf eine Personengesellschaft (Zeilen 167–172)

	Ermittlung der Bezüge nach § 7 UmwStG bei Abspaltung oder Aufspaltung auf eine Personengesellschaft	EUR
167	Zum steuerlichen Übertragungsstichtag ausgewiesenes Eigenkapital laut steuerlicher Schlussbilanz des übertragenden Rechtsträgers für das auf Personengesellschaften übergehende Vermögen	48.355
168	Bei Abspaltung: Steuerliches Einlagekonto zum Übertragungsstichtag (Betrag laut Zeile 135)	–
169	Bei Aufspaltung: Steuerliches Einlagekonto zum Übertragungsstichtag, soweit das Vermögen auf eine Personengesellschaft übergeht	48.356 –
170 und 171 frei 172	Bezüge des Anteilseigners nach § 20 Absatz 1 Nummer 1 EStG (62)	

901 In den **Zeilen 167 bis 172** werden **Bezüge des Anteilseigners nach § 20 Abs. 1 Nr. 1 EStG** i.V.m. § 7 UmwStG i.R. einer **Abspaltung oder Aufspaltung** auf eine Personengesellschaft ermittelt. Ab dem VZ 2025 müssen sie nur noch ausgefüllt werden, wenn die Ab- oder Aufspaltung wenigstens teilweise auf Personengesellschaften erfolgt. Für Ab- oder Aufspaltungen von Teilbetrieben auf natürliche Personen ist das Umwandlungsgesetz und damit auch das Umwandlungssteuergesetz nicht anwendbar, vgl. § 1 Abs. 1 Nr. 1 UmwStG i.V.m. § 124 Abs. 1 und § 3 Abs. 1 und Abs. 2 UmwG. Soweit Vermögen i.R. einer Umwandlung von einer Körperschaft auf eine Personengesellschaft übergeht wird von intransparenten Besteuerungssystem der Körperschaften auf ein transparentes Besteuerungssystem gewechselt. Nicht ausgeschüttete Gewinne einer Körperschaft werden beim Anteilseigner erst bei ihrer Ausschüttung besteuert. Bei Personengesellschaften werden Gewinne bei ihrer Entstehung (transparent) dem Gesellschafter zugerechnet und versteuert. Ihre spätere tatsächliche Ausschüttung an den Gesellschafter hat keine weiteren steuerlichen Konsequenzen. Beim Wechsel dieser Systeme müssen folglich die nicht ausgeschütteten Gewinne der Kapitalgesellschaft versteuert werden, vgl. § 7 UmwStG.[1] Ihre spätere Ausschüttung aus der Personengesellschaft hat dann beim Gesellschafter ebenfalls keine Auswirkungen mehr. Dies gilt auch, wenn an der Personengesellschaft ausschließlich Kapitalgesellschaften beteiligt sind.

Die Ermittlung der Bezüge nach § 7 UmwStG erfolgt in diesem Abschnitt, sie sind den Anteilseignern als Bezüge nach § 20 Abs. 1 Nr. 1 EStG zuzurechnen. Die Berechnungssystematik dieses Abschnitts wurde im VZ 2025 grundsätzlich geändert.

902 In **Zeile 167** ist das **zum Übertragungsstichtag ausgewiesene steuerliche Eigenkapital** des übertragenden Rechtsträgers anzugeben soweit es auf Teilbetriebe entfällt, die i.R. der Auf- oder Abspaltung auf Personengesellschaften übertragen werden.

1) Dies ist auch der Grund ist, weshalb Umwandlungen von Körperschaften auf Personengesellschaften in der Praxis eher selten vorkommen.

Die Formulierung des § 7 UmwStG ist grundsätzlich für Vollübertragungen auf Personengesellschaften z.B. i.R. einer Verschmelzung konzipiert. Sie gilt nach § 1 Abs. 1 Nr. 1 UmwStG auch für Auf- und Abspaltungen. Bei einer Auf- oder Abspaltung geht das Vermögen nicht notwendigerweise ausschließlich auf Personengesellschaften über. Es ist durchaus möglich, dass ein Teilbetrieb auf eine Personengesellschaft und ein Teilbetrieb auf Kapitalgesellschaften übertragen wird. Nicht ausgeschüttete Gewinne müssen also nur für die Teilbetriebe nach § 7 UmwStG nachversteuert werden, die auf Personengesellschaften übertragen werden.

Das in der vorhergehenden Zeile eingetragene Eigenkapital ist bei Abspaltungen in **Zeile 168** um das wegfallende steuerliche Einlagekonto zu mindern. Dies ist der Betrag aus Zeile 135 (→ Rz. 872). Bisher war hier das Einlagekonto in voller Höhe abzuziehen (Zeile 132), wurde nachher aber nur in Höhe der Übertragung auf Personengesellschaften als Bezüge nach § 7 UmwStG berücksichtigt. Die alte Regelung war näher am Wortlaut des § 7 UmwStG. **903**

Die **Zeile 169** dient dem Abzug des steuerlichen Einlagekontos in Aufspaltungsfällen. Im Rahmen der Aufspaltung geht der übertragende Rechtsträger unter. Das Einlagekonto ist hier in voller Höhe zu mindern, soweit die Übertragung auf eine Personengesellschaft erfolgt. **904**

In **Zeile 172** sind die **Bezüge des Anteilseigners i.S.d. § 20 Abs. 1 Nr. 1 EStG** zu berechnen. Hierzu wird das in Zeile 167 eingetragene Eigenkapital um das steuerliche Einlagekonto laut Zeile 168 oder Zeile 169 gemindert. Die Leistung ist kapitalertragsteuerpflichtig. Darüber hinaus sind die Einkünfte in die gesonderte und einheitliche Feststellung der Personengesellschaft nach § 180 Abs. 1 Satz 1 Nr. 2 Buchst. a AO einzubeziehen.[1) **905**

9. Ermittlung der Bezüge nach § 7 UmwStG bei Verschmelzung oder bei Formwechsel in eine Personengesellschaft (Zeilen 173–178)

	Ermittlung der Bezüge nach § 7 UmwStG bei Verschmelzung oder Formwechsel in eine Personengesellschaft	
173	Zum steuerlichen Übertragungsstichtag ausgewiesenes Eigenkapital laut steuerlicher Schlussbilanz des übertragenden Rechtsträgers	48.357
174	Steuerliches Einlagekonto zum Übertragungsstichtag (Betrag laut Zeile 148 Spalte 3)	–
175 bis 177 frei		
178	Bezüge des Anteilseigners nach § 20 Absatz 1 Nummer 1 EStG 62	

In **Zeile 173** ist das gesamte **zum Übertragungsstichtag ausgewiesene Eigenkapital** der übertragenden Körperschaft laut Steuerbilanz anzugeben. Das Eigenkapital lt. Steuerbilanz dient gem. § 7 UmwStG als Ausgangswert für die Ermittlung der Einnahmen nach § 20 Abs. 1 Nr. 1 EStG, die dem Anteilseigner bei einem Formwechsel in eine Personengesellschaft oder bei Verschmelzung auf eine Personengesellschaft zuzurechnen sind (s.a. → Rz. 901). Gemäß § 7 UmwStG ist dem Anteilseigner der Teil des in der Steuerbilanz ausgewiesenen Eigenkapitals abzüglich des Bestands des steuerlichen Einlagekontos i.S.d. § 27 KStG, der sich nach Anwendung des § 29 Abs. 1 KStG (fiktive Nennkapitalherabsetzung) ergibt, der seinem Anteil am Nennkapital der übertragenden Körperschaft entspricht, als Einnahmen aus Kapitalvermögen i.S.d. § 20 Abs. 1 Nr. 1 EStG zuzurechnen. Dadurch wird eine fiktive Vollausschüttung der dem Anteilseigner zuzurechnenden offenen Rücklagen fingiert. Dies gilt unabhängig davon, ob für den Anteilseigner ein Übernahmegewinn oder Übernahmeverlust nach § 4 UmwStG oder § 5 UmwStG ermittelt wird. **906**

Anders als bis zum VZ 2024 ist dieser Abschnitt nur noch anzugeben, wenn tatsächlich eine Verschmelzung/ein Formwechsel auf eine Personengesellschaft erfolgt. Bei Verschmelzung/Formwechsel auf Körperschaften sind in dem ganzen Abschnitt keine Angaben zu machen.

In **Zeile 174** ist das steuerliche Einlagekonto zum Übertragungsstichtag anzugeben. Dies ist der Betrag aus Zeile 148, Spalte 3 (→ Rz. 888), der vom Betrag lt. Zeile 173 abzuziehen ist. Es mindert nach § 7 UmwStG die Bezüge nach § 20 Abs. 1 Nr. 1 EStG, die den Anteilseignern zuzurechnen sind. **907**

In **Zeile 178** sind die **Bezüge des Anteilseigners i.S.d. § 20 Abs. 1 Nr. 1 EStG** zu berechnen, die den Anteilseignern nach § 7 UmwStG zugerechnet werden. Diese fließen in die gesonderte Feststellung der Personengesellschaft (übernehmender Rechtsträger) nach § 180 Abs. 1 Satz 1 Nr. 2 Buchst. a AO ein.[2) **908**

1) Vgl. Rz. 07.07 UmwStE 2025.
2) Vgl. Rz. 07.07 UmwStE 2025.

10. Im Wirtschaftsjahr geleistete Einlagen (Zeilen 200–206)

	Im Wirtschaftsjahr geleistete Einlagen
	Einlage
	Name des leistenden Anteilseigners
179 bis 199 frei 200	
201	Steuernummer
202	Identifikationsnummer
203	Wirtschafts-Identifikationsnummer
204	Zeitpunkt der Leistung der Einlage
205	Art der Einlage — 1 = Bareinlage 2 = Sacheinlage
206	Bei Sacheinlagen: Bezeichnung der Einlage
	Sind weitere Eintragungen erforderlich, sind diese nach dem gleichen Schema gesondert zu erläutern.

909 Dieser Abschnitt wurde im VZ 2024 neu eingefügt und dient der Zuordnung der geleisteten Einlage auf den jeweiligen Anteilseigner. Bisher wurden die geleisteten Einlagen immer nur als Summe erfasst. Für die Körperschaft ist auch nur die Summe relevant. Das Einlagekonto wird für die Körperschaft als Ganzes, nicht jedoch für ihre Anteilseigner geführt. Allerdings ist die Qualifikation als (verdeckte) Einlage für den Gesellschafter wichtig, wenn die Anteile (ggf. anteilig) veräußert werden. Einlagen erhöhen die Anschaffungskosten und damit auch den Buchwert der Anteile, allerdings nur bei dem Gesellschafter, der sie geleistet hat.

In **Zeile 200** ist der **Name des Anteilseigners** zu erfassen. In **Zeile 201** die **Steuernummer**. **Natürliche Personen** müssen in **Zeile 202** die **Identifikationsnummer** eintragen. Wurde keine Identifikationsnummer erteilt (z.B. bei im Ausland ansässigen natürlichen Personen, die im Inland nicht steuerpflichtig sind), ist die Zeile leer zu lassen. Die Eintragung einer ausl. Identifikationsnummer ist nicht vorgesehen, da im elektronischen Datensatz eine Formatprüfung der deutschen Identifikationsnummer vorgenommen wird.

In **Zeile 203** ist die **Wirtschafts-Identifikationsnummer** einzutragen. Zur Wirtschafts-Identifikationsnummer → Rz. 68. Eine solche ist nur einzutragen, soweit sie schon vergeben wurde.

In der **Zeile 204** ist der **Zeitpunkt der Leistung der Einlage** einzutragen. Das Einlagekonto erhöht sich um Einlagen erst zu dem Zeitpunkt, an dem sie der Körperschaft tatsächlich zugeflossen sind.

In **Zeile 205** ist die **Art der Einlage** („1" = Bareinlage; „2" = Sacheinlage) zu spezifizieren. Auch Banküberweisungen sind Bareinlagen. Bei Bareinlagen in Euro stellt sich die Frage der Bewertung nicht. Sie sind mit dem Nennbetrag anzusetzen. Anders jedoch bei Sacheinlagen, wo über die Frage des anzusetzenden Werts im Einzelfall größere rechtliche Würdigungen vorgenommen werden müssen. **Sacheinlagen** sind in **Zeile 206** textlich näher zu bezeichnen.

XIII. Anlage KSt 1 Fa – Ermittlung zur gesonderten Feststellung des Einlagekontos und des Sonderausweises

1. Übersicht über Inhalt und Bedeutung der Anlage KSt 1 Fa

Bezeichnung des Steuerpflichtigen	Enden in einem Veranlagungszeitraum zwei Wirtschaftsjahre, ist für jedes Wirtschaftsjahr die Anlage KSt 1 Fa gesondert auszufüllen.	**Anlage KSt 1 Fa** **2025**
Steuernummer		☐ zur Steuererklärung ☐ zum Bescheid

Ermittlung des steuerlichen Einlagekontos (§ 27 Absatz 2 Satz 1 KStG) für Betriebe gewerblicher Art (BgA) ohne eigene Rechtspersönlichkeit und wirtschaftliche Geschäftsbetriebe der von der Körperschaftsteuer befreiten Körperschaften, Personenvereinigungen und Vermögensmassen und Ermittlung des durch Umwandlung von Rücklagen entstandenen Nennkapitals (§ 28 Absatz 1 Satz 3 KStG) für Betriebe gewerblicher Art ohne eigene Rechtspersönlichkeit

Die **Anlage KSt 1 Fa** umfasst **zwei Ermittlungen zu gesonderten Feststellungen**: einerseits die für Zwecke des § 20 Abs. 1 Nr. 10b EStG erforderliche **Ermittlung des steuerlichen Einlagekontos** (§ 27 Abs. 2 Satz 1 KStG) **für BgA ohne eigene Rechtspersönlichkeit**[1] und steuerpflichtige **wirtschaftliche Geschäftsbetriebe** der im Übrigen von der Körperschaftsteuer befreiten Körperschaften, Personenvereinigungen und Vermögensmassen[2] und andererseits die zur **Ermittlung des durch Umwandlung von Rücklagen entstandenen Nennkapitals** (des sog. Sonderausweises – § 28 Abs. 1 Satz 3 KStG) für **BgA ohne eigene Rechtspersönlichkeit**. BgA mit eigener Rechtspersönlichkeit haben zur Ermittlung der o.g. Beträge nicht diese Anlage, sondern die Anlage KSt 1 F (→ Rz. 739) zu verwenden. Für nach § 5 Abs. 1 Nr. 9 KStG steuerbefreite Körperschaften ist die Abgabe der Anlage KSt 1 Fa entbehrlich, da bei ihnen für Leistungen des steuerpflichtigen wirtschaftlichen Geschäftsbetriebs i.S.d. § 20 Abs. 1 Nr. 10b Satz 4 EStG gem. § 44a Abs. 7 Satz 1 Nr. 1 i.V.m. § 43 Abs. 1 Satz 1 Nr. 7c EStG vom Kapitalertragsteuerabzug Abstand genommen wird. Ist Träger des BgA eine Stiftung des öffentlichen Rechts, die ausschließlich und unmittelbar gemeinnützigen oder mildtätigen Zwecken dient, oder eine juristische Person des öffentlichen Rechts, die ausschließlich und unmittelbar kirchlichen Zwecken dient, ist die Abgabe der Anlage KSt 1 Fa für diesen BgA gleichsam entbehrlich, weil in diesen Fällen ebenfalls von der Erhebung von Kapitalertragsteuer Abstand genommen wird (§ 44a Abs. 7 Satz 1 Nr. 2 und Nr. 3 i.V.m. § 43 Abs. 1 Satz 1 Nr. 7c EStG).[3] 910

BgA ohne eigene Rechtspersönlichkeit waren während der Geltung des Anrechnungsverfahrens nicht zur Gliederung des verwendbaren Eigenkapitals verpflichtet. Sie verfügen zudem über kein Nennkapital und können auch keine Leistungen erbringen, die beim Empfänger zu Einnahmen i.S.d. § 20 Abs. 1 Nr. 1 und 2 EStG führen. Jedoch ist bei BgA eine dem Nennkapital vergleichbare Kapitalausstattung denkbar, die ähnlich gebunden ist. Es können daher auch Vorgänge möglich sein, die einer Kapitalerhöhung bzw. einer Kapitalherabsetzung entsprechen und infolgedessen die Feststellung eines Sonderausweises nach § 28 Abs. 1 Satz 3 KStG erfordern. Ebenso kann es zu umwandlungsähnlichen Vorgängen kommen, bei denen die Regelungen des § 29 KStG anzuwenden wären (vgl. § 29 Abs. 5 KStG). Dies macht es erforderlich, auch für BgA zu ermitteln, ob Auskehrungen an die Trägerkörperschaft aus von dieser geleisteten Einlagen bzw. aus in der Geltungsdauer des Anrechnungsverfahrens gebildeten sog. Altrücklagen oder aus im Anwendungsbereich des Halbeinkünfteverfahrens bzw. ab VZ 2009 des Teileinkünfteverfahrens erzielten Gewinnen oder aus dem durch die Umwandlung von Rücklagen entstandenen Nennkapital stammen. Das steuerliche Einlagekonto umfasst sämtliche Einlagen der Trägerkörperschaft und die während der Geltung des Anrechnungsverfahrens gebildeten Altrücklagen, die das Nennkapital oder eine vergleichbare Kapitalgröße übersteigen. In den Sonderausweis ist das im Halb- bzw. Teileinkünfteverfahren durch die Umwandlung von Gewinnrücklagen entstandene Nennkapital einzustellen. Da BgA ohne eigene Rechtspersönlichkeit über kein herkömmliches Nennkapital verfügen, kann bei ihnen auch kein ausschüttbarer Gewinn i.S.d. § 27 Abs. 1 Satz 5 KStG ermittelt werden. Als vergleichbare Größe werden stattdessen die sog. Neurücklagen ermittelt, die den im Halb- bzw. Teileinkünfteverfahren erzielten Gewinnen des BgA entsprechen. Diese müssen gesondert aufgezeichnet werden, weil das steuerliche Einlagekonto mit Ausnahme der Rückzahlung von Nennkapital i.S.d. § 28 Abs. 2 Satz 2 und 3 KStG erst dann gem. § 27 Abs. 1 Satz 3 KStG als verwendet gilt, wenn zuvor sämtliche Neurücklagen des BgA auf die Trägerkörperschaft ausgekehrt wurden bzw. als ausgekehrt gelten. Die sog. Neurücklagen werden jedoch nicht gesondert festgestellt, sondern stellen lediglich eine mathematische Hilfsgröße zur Ermittlung des ausschüttbaren Gewinns dar. Gleiches gilt bei Übertragung von Neurücklagen eines steuerpflichtigen wirtschaftlichen Geschäftsbetriebs einer steuerbefreiten Körperschaft, Personenvereinigung oder Vermögensmasse in den ideellen Bereich der genannten Rechtsträger. 911

Es ist zu beachten, dass Einlagen, die eine Trägerkörperschaft ihrem BgA ohne eigene Rechtspersönlichkeit unter Geltung des Anrechnungsverfahrens zum Ausgleich von Verlusten zugeführt hat, gem. BFH v. 21.8.2007[4] nicht 912

---

1) Zu den Einzelheiten vgl. BMF v. 28.1.2019, IV C 2 – S 2706-a/15/10001, 2019/0046925, BStBl I 2019, 97.
2) Zu den Einzelheiten vgl. BMF v. 2.2.2016, IV C 2 – S 2706-a/14/10001, 2016/0089621, BStBl I 2016, 200.
3) Vgl. BMF v. 28.1.2019, IV C 2 – S 2706-a/15/10001, 2019/0046925, BStBl I 2019, 97, Rz. 4.
4) BFH v. 21.8.2007, I R 78/06, BStBl II 2008, 317.

den Anfangsbestand des steuerlichen Einlagekontos erhöhen, weil sie im Vermögen des BgA nicht mehr vorhanden sind.

913 Der Gesetzgeber hat mit § 20 Abs. 1 Nr. 10b EStG einen fiktiven Einnahmetatbestand gesetzlich festgelegt, der Kapitalertragsteuer auslösen kann. Der Kapitalertragsteuerabzug von 15 % (§ 43 Abs. 1 Satz 1 Nr. 7c i.V.m. § 43a Abs. 1 Satz 1 Nr. 2 EStG) ist gem. § 20 Abs. 1 Nr. 10b Satz 1 EStG vorzunehmen, wenn der Gewinn eines Wj. eines BgA nicht den zulässigen Rücklagen, sondern dem allgemeinen Haushalt der Trägerkörperschaft zugeführt wird; gleiches gilt für vGA des BgA an die Trägerkörperschaft.[1] Fiktive Einnahmen i.S.d. § 20 Abs. 1 Nr. 10b EStG liegen in diesen Fällen jedoch nur dann vor, wenn der BgA den Gewinn durch Betriebsvermögensvergleich ermittelt oder Umsätze einschließlich der steuerfreien Umsätze, ausgenommen die Umsätze nach § 4 Nr. 8 bis 10 UStG, von mehr als 350 000 € im Kj. oder einen Gewinn von mehr als 30 000 € im Wj. hat.

Die Auflösung der Rücklagen zu Zwecken außerhalb des BgA führt zu einem Gewinn i.S.d. § 20 Abs. 1 Nr. 10b Satz 1 EStG; in Fällen der Einbringung oder des Formwechsels des BgA nach dem UmwStG gelten die Rücklagen als aufgelöst (§ 20 Abs. 1 Nr. 10b Satz 2 EStG). Zur Kapitalertragsteuerpflicht bei Rücklagenauflösung (→ Rz. 930).

Wird ein Betrieb oder Teilbetrieb oder ein Mitunternehmeranteil in eine Kapitalgesellschaft oder eine Genossenschaft (übernehmende Gesellschaft) eingebracht und erhält der Einbringende dafür neue Anteile an der Gesellschaft (Sacheinlage), kann die Einbringung unter bestimmten Voraussetzungen nach § 20 UmwStG zu einem Wert unter dem gemeinen Wert erfolgen. Gegenstand einer solchen Sacheinlage kann auch ein BgA sein. Soweit in den Fällen einer Sacheinlage unter dem gemeinen Wert (§ 20 Abs. 2 Satz 2 UmwStG) der Einbringende die erhaltenen Anteile innerhalb eines Zeitraums von sieben Jahren nach dem Einbringungszeitpunkt veräußert, ist der Gewinn aus der Einbringung gem. § 22 Abs. 1 Satz 1 UmwStG rückwirkend im Wj. der Einbringung als Gewinn des Einbringenden i.S.v. § 16 EStG zu versteuern (sog. Einbringungsgewinn I). Gleiches gilt für die Veräußerungsersatztatbestände des § 22 Abs. 1 Satz 6 UmwStG. Ist der Veräußerer von Anteilen i.S.d. § 22 Abs. 1 UmwStG eine j.P.d.ö.R., gilt der Gewinn aus der Veräußerung der erhaltenen Anteile als in einem BgA dieser Körperschaft entstanden (§ 22 Abs. 4 Nr. 1 UmwStG).

Der innerhalb der siebenjährigen Sperrfrist erzielte Einbringungsgewinn I i.S.d. § 22 Abs. 1 Satz 1 UmwStG und der Gewinn aus der Anteilveräußerung (§ 22 Abs. 4 Nr. 1 UmwStG) unterliegen ebenfalls dem Kapitalertragsteuerabzug i.S.d. § 20 Abs. 1 Nr. 10b EStG. Ersterer fällt rückwirkend in dem BgA an, der seinerzeit eingebracht wurde. Letzterer gilt als in einem BgA (ohne eigene Rechtspersönlichkeit) entstanden. Auslöser der Besteuerung sind sowohl die Veräußerung der Anteile nach § 22 Abs. 1 Satz 1 UmwStG als auch die Vorgänge nach § 22 Abs. 1 Satz 6 UmwStG. Entsprechendes gilt nach § 27 Abs. 3 Nr. 3 UmwStG bei einbringungsgeborenen Anteilen i.S.d. § 21 UmwStG a.F. durch eine j.P.d.ö.R. Die Gewinnermittlungsart oder die o.a. in § 20 Abs. 1 Nr. 10b Satz 1 EStG genannten Umsatz- und Gewinngrenzen sind in diesen Fällen ohne Bedeutung.[2]

Bei dem Geschäft der Veranstaltung von Werbesendungen der inländischen öffentlich-rechtlichen Rundfunkanstalten („BgA Veranstaltung von Werbesendungen") gelten drei Viertel des Einkommens i.S.d. § 8 Abs. 1 Satz 3 KStG als Gewinn i.S.d. § 20 Abs. 1 Nr. 10b Satz 1 EStG; dies gilt ebenfalls unabhängig von der Gewinnermittlungsart oder den in § 20 Abs. 1 Nr. 10b Satz 1 EStG genannten Umsatz- und Gewinngrenzen.[3]

Der Kapitalertragsteuerabzug ist auch vorzunehmen bei steuerbefreiten Körperschaften, Personenvereinigungen und Vermögensmassen hinsichtlich des Gewinns ihrer steuerpflichtigen wirtschaftlichen Geschäftsbetriebe, da dieser Gewinn fiktiv in den steuerbefreiten Bereich überführt wird (§ 20 Abs. 1 Nr. 10b Satz 4 EStG). Gegenstand einer Sacheinlage i.S.d. § 20 UmwStG kann auch ein steuerpflichtiger wirtschaftlicher Geschäftsbetrieb sein. Die obigen Ausführungen zu den Folgen einer Veräußerung der für die Sacheinlage erhaltenen Anteile an einer Kapitalgesellschaft oder Genossenschaft (Auslösung des sog. Einbringungsgewinnes I) und Besteuerung des Veräußerungsgewinns in einem steuerpflichtigen wirtschaftlichen Geschäftsbetrieb gelten gem. § 22 Abs. 4 Nr. 2 UmwStG für die steuerbefreite Körperschaft entsprechend.

Mit diesem fiktiven Einnahmetatbestand wird eine „steuerliche Gleichbelastung" im Vergleich zu anderen Körperschaftsteuerpflichtigen und ihrer Anteilseigner erreicht.[4] Diese profitieren durch die Einführung des Halbeinkünfteverfahrens (im Geltungsbereich der Abgeltungsteuer ab VZ 2009: Teileinkünfteverfahren) auf der Seite der Körperschaft zwar von einer Reduzierung des Körperschaftsteuersatzes auf 15 % Definitivbelastung gem. § 23 Abs. 1 KStG. Leistungen an ihre Anteilseigner o.Ä. führen jedoch bei diesen zu zusätzlichen Einnahmen i.S.d. § 20 Abs. 1 Nr. 1, 2 oder 9 EStG, die nach Maßgabe des § 8b KStG bzw. des § 3 Nr. 40 EStG i.V.m. § 3c Abs. 2 EStG bzw. des § 32d EStG steuerpflichtig sind. Der Gewinn eines BgA ohne eigene Rechtspersönlichkeit und der Gewinn aus einem steuerpflichtigen wirtschaftlichen Geschäftsbetrieb der von der Körperschaftsteuer befreiten Körperschaften unterliegen nach den allgemeinen Grundsätzen einer Körperschaftsteuerbelastung von 15 %. Bei ihnen fehlt jedoch die Nachbelastung auf Ebene des Anteilseigners, wenn die Gewinne in den allgemeinen Haushalt der Trägerkörperschaft bzw. in den steuerbefreiten Bereich der Körperschaft überführt werden, weil diese „Leistungen" die Sphäre der Trägerkörperschaft nicht verlassen. Diese nicht gerechtfertigte Begünstigung wird durch den fiktiven Einnahmetatbestand des § 20 Abs. 1 Nr. 10b EStG vermieden. Der o.g. Einnahmetatbestand ist jedoch nicht

1) Sog. „Gruppe 1"; vgl. BMF v. 28.1.2019, IV C 2 – S 2706-a/15/10001, 2019/0046925, BStBl I 2019, 97, Rz. 17 ff. und 24.
2) Sog. „Gruppe 2"; vgl. BMF v. 28.1.2019, IV C 2 – S 2706-a/15/10001, 2019/0046925, BStBl I 2019, 97, Rz. 21 f. und 56.
3) Sog. „Gruppe 3"; vgl. BMF v. 28.1.2019, IV C 2 – S 2706-a/15/10001, 2019/0046925, BStBl I 2019, 97, Rz. 23.
4) Vgl. BMF v. 28.1.2019, IV C 2 – S 2706-a/15/10001, 2019/0046925, BStBl I 2019, 97, Rz. 3.

gegeben und entsprechend ist kein Kapitalertragsteuerabzug vorzunehmen, wenn das steuerliche Einlagekonto als verwendet gilt (§ 20 Abs. 1 Nr. 10b Satz 5 EStG i.V.m. § 20 Abs. 1 Nr. 1 Satz 3 EStG).

Die Ermittlungen des steuerlichen Einlagekontos, der Neurücklagen und des Sonderausweises erfolgen auf den **Schluss des Wj.** (§ 27 Abs. 1 Satz 1 KStG bzw. § 28 Abs. 1 Satz 4 KStG i.V.m. § 27 Abs. 2 KStG), wobei der Stichtag des Wj., auf den die Feststellungen erfolgen, entsprechend in Zeile 1a der Anlage zu vermerken ist. Sofern im laufenden VZ mehrere Wj. endeten, ist die Anlage für jedes Wj. getrennt auszufüllen und einzureichen. **914**

Die Anlage KSt 1 Fa ist Bestandteil der Körperschaftsteuererklärung KSt 1. **915**

Die Anlage KSt 1 Fa ist in insgesamt 18 Teilbereiche gegliedert: **916**

- In den Zeilen 1 und 1a sind **allgemeine Angaben** zu machen.
- In den Zeilen 2 und 3 sind **bei Regiebetrieben und wirtschaftlichen Geschäftsbetrieben steuerbefreiter Körperschaften Angaben zu den erzielten Umsätzen und Gewinnen** zu machen.
- In den Zeilen 6d und 7 sind die **Anfangsbestände** des steuerlichen Einlagekontos, der Neurücklagen und des Sonderausweises zu erklären.
- Die Auswirkungen **der Zusammenfassung von BgA** gem. § 4 Abs. 6 KStG auf das steuerliche Einlagekonto, die Neurücklagen und den Sonderausweis ist in den Zeilen 8 bis 11 darzustellen.
- In den Zeilen 16 bis 31d sind **im Wj. (ggf. fiktiv) erbrachte Leistungen** anzugeben.
- Bei **Herabsetzung des Nennkapitals eines BgA** außerhalb einer Umwandlung oder Zusammenfassung mit einem anderen BgA sind die Zeilen 31e bis 36a auszufüllen.
- Bei **Auflösung eines BgA** außerhalb einer Umwandlung oder Zusammenfassung mit einem anderen BgA sind die Zeilen 36b bis 36f zu verwenden.
- Die **Rückzahlung des Nennkapitals** (§ 28 Abs. 2 KStG) ist in den Zeilen 36g bis 37c darzustellen.
- In den Zeilen 38a bis 39b werden Eigenkapitalveränderungen auf Grund des **Steuerbilanzgewinns/-verlustes im laufenden Wj**. erfasst.
- Bei **Erhöhung des Nennkapitals** eines BgA durch die **Umwandlung von Rücklagen** (§ 28 Abs. 1 KStG) sind die Zeilen 40 bis 49 auszufüllen.
- Die **fiktive Herabsetzung des Nennkapitals** bei Zusammenfassung von BgA und Abspaltung ist in den Zeilen 50 bis 54 zu erklären.
- Die **fiktive Rückzahlung des Nennkapitals** bei Einbringung eines gesamten BgA oder eines wirtschaftlichen Geschäftsbetriebs in eine Kapitalgesellschaft ist in den Zeilen 54a bis 54g anzugeben.
- Die **fiktive Rückzahlung der offenen Rücklagen** bei Einbringung eines gesamten BgA oder eines wirtschaftlichen Geschäftsbetriebs in eine Kapitalgesellschaft ist in den Zeilen 55 bis 55e einzutragen.
- Auswirkungen durch **Abspaltungen** sind in den Zeilen 55f bis 62 zu erfassen.
- Die **Verminderung** des Sonderausweises und des steuerlichen Einlagekontos nach **§ 28 Abs. 3 KStG** erfolgt in den Zeilen 63 und 64.
- In Zeile 65 sind die **Endbestände** zum Schluss des Wj. einzutragen.
- In den Zeilen 65a bis 65c sind Angaben zu **ausgestellten Steuerbescheinigungen** zu machen.
- In den Zeilen 66 bis 68 werden die **kapitalertragsteuerpflichtigen Leistungen** ermittelt.

2. Allgemeine Angaben (Zeilen 1 und 1a)

Zeile	**Allgemeine Angaben**		
1	Datum des Eintritts in die unbeschränkte Steuerpflicht im laufenden Wirtschaftsjahr oder Stichtag der Zusammenfassung bisheriger Einzelbetriebe gewerblicher Art im laufenden Wirtschaftsjahr		48.230
1a	Wirtschaftsjahr vom	Wirtschaftsjahr bis	

In **Zeile 1** ist das **Datum des Eintritts in die unbeschränkte Steuerpflicht** im laufenden Wj. oder der Stichtag der Zusammenfassung bisheriger Einzel-BgA im laufenden Wj. einzutragen. Dies gilt sowohl für neu gegründete unbeschränkt steuerpflichtige Körperschaften als auch für bisher beschränkt steuerpflichtige Körperschaften, die im Laufe des Wj. unbeschränkt steuerpflichtig wurden. **917**

In **Zeile 1a** ist das **Wj.**, für das die Anlage KSt 1 Fa abgegeben wird, anzugeben. Sofern im laufenden VZ mehrere Wj. endeten, ist die Anlage für jedes Wj. getrennt auszufüllen und einzureichen. **918**

3. Angaben zu Umsätzen und Gewinn/Verlust (Zeilen 2 und 3)

	Nur bei Regiebetrieben und bei wirtschaftlichen Geschäftsbetrieben von Körperschaften, die nicht nach § 5 Absatz 1 Nummer 9 KStG steuerbefreit sind und die ihren Gewinn nach § 4 Absatz 3 EStG (Einnahmen-überschussrechnung) ermitteln:	EUR
2	Umsätze des Kalenderjahres einschließlich der steuerfreien Umsätze, jedoch ohne Umsätze nach § 4 Nummer 8 bis 10 UStG	11.62
3	Steuerlicher Gewinn/Verlust nach § 20 Absatz 1 Nummer 10 Buchstabe b EStG	11.63

919 In den Zeilen 2 und 3 sind für die Anwendung von § 20 Abs. 1 Nr. 10b EStG in Abhängigkeit der dort genannten **Umsatz- und Gewinngrenze** (→ Rz. 913) bei **Regiebetrieben** und **wirtschaftlichen Geschäftsbetrieben** steuerbefreiter Körperschaften Angaben zu den erzielten Umsätzen und Gewinnen zu machen. Bei Eigenbetrieben stellt sich die Frage der Anwendung des § 20 Abs. 1 Nr. 10b EStG i.d.R. nicht, da diese nach den Eigenbetriebsverordnungen der Länder regelmäßig verpflichtet sind, ihren Gewinn durch Bestandsvergleich zu ermitteln.[1] Dies gilt gem. § 140 AO dann auch für steuerliche Zwecke, so dass die Voraussetzungen des § 20 Abs. 1 Nr. 10b EStG bei Eigenbetrieben im Regelfall stets erfüllt sind.

920 In **Zeile 2** sind die **Umsätze des Kj.** einschließlich der steuerfreien Umsätze, jedoch ohne die Umsätze nach § 4 Nr. 8 bis 10 UStG, einzutragen.

921 In **Zeile 3** ist der **Gewinn/Verlust des Wj.**[2] anzugeben.

4. Ermittlung des steuerlichen Einlagekontos, der Neurücklagen und des Sonderausweises (Zeilen 6d–65)

a) Anfangsbestände (Zeilen 6d–7)

Ermittlung des steuerlichen Einlagekontos (§ 27 Absatz 2 Satz 1 KStG) und des durch Umwandlung von Rücklagen entstandenen Nennkapitals (§ 28 Absatz 1 Satz 3 KStG)

		Vorspalte	Steuerliches Einlagekonto	Neurücklagen	Sonderausweis
		EUR	EUR	EUR	EUR
	1	2	3	4	5
	Anfangsbestände				
4 bis 6c frei 6d	Bei Eintritt in die unbeschränkte Steuerpflicht: Zum Zeitpunkt des Eintritts in die unbeschränkte Steuerpflicht vorhandener Bestand der nicht in das Nennkapital geleisteten Einlagen (§ 27 Absatz 2 Satz 3 KStG) 74 80		48.217		
7	Bestände zum Schluss des vorangegangenen Wirtschaftsjahres		48.117	48.165	48.135

922 In **Zeile 6d**, Spalte 3 ist der Bestand der **nicht in das Nennkapital geleisteten Einlagen** bei **Eintritt in die unbeschränkte Steuerpflicht** einzutragen, wenn diese in dem **Wj. eintritt**, für das die Anlage KSt 1 Fa ausgefüllt wird. Bei BgA, die die Anlage KSt 1 Fa ausfüllen müssen, wird dies regelmäßig die Neugründung des BgA sein. Kommt es zur Zusammenfassung mehrerer gleichartiger BgA, darf hier keine Eintragung erfolgen, sondern in den Zeilen 8 bis 11.

Wie auch bei Kapitalgesellschaften ist bei Eintritt in die unbeschränkte Steuerpflicht der Anfangsbestand der nicht in das Nennkapital geleisteten Einlagen gesondert festzustellen.[3] Er gilt als Bestand des steuerlichen Einlagekontos zum Ende des vorangegangenen Wj. gilt (vgl. § 27 Abs. 2 Satz 3 KStG). Dies ermöglicht eine Gleichbehandlung in der Feststellung des steuerlichen Einlagekontos mit bereits im vorangegangenen Wj. unbeschränkt steuerpflichtigen Körperschaften hinsichtlich des vorhandenen, aber mangels unbeschränkter Steuerpflicht im vorangegangenen Wj. nicht zum Ende des vorangegangenen Wj. gesondert festgestellten Bestands der nicht in das Nennkapital geleisteten Einlagen der bisher nicht unbeschränkt steuerpflichtigen Körperschaft. Folge ist, dass dieser Bestand für Leistungen der Körperschaft im laufenden Wj. unter den Voraussetzungen des § 27 Abs. 1 Satz 3 KStG als verwendet gilt. Dies gilt sowohl für neu gegründete unbeschränkt steuerpflichtige Körperschaften als auch für bisher beschränkt steuerpflichtige Körperschaften, die im Laufe des Wj. unbeschränkt steuerpflichtig wurden. Angaben zu Neurücklagen und Sonderausweis sind nicht zu machen, weil diese bei Eintritt in die unbeschränkte Steuerpflicht nicht vorhanden sein können. Im Falle der Zusammenfassung von BgA gem. § 4 Abs. 6 KStG und der damit verbundenen Entstehung eines neuen BgA ist nicht Zeile 6d, sondern Zeile 8 (→ Rz. 924 ff.) auszufüllen. Die Ermitt-

1) Vgl. BMF v. 3.1.2013, IV C 2 – S 2706/09/10005, BStBl I 2013, 59.
2) Ggf. geschätzt lt. BMF v. 28.1.2019, IV C 2 – S 2706-a/15/10001, 2019/0046925, BStBl I 2019, 97, Rz. 27 oder für eine Beteiligung an einer Mitunternehmerschaft ermittelt nach BMF v. 28.1.2019, IV C 2 – S 2706-a/15/10001, 2019/0046925, BStBl I 2019, 97, Rz. 31.
3) Vgl. BMF v. 28.1.2019, IV C 2 – S 2706-a/15/10001, 2019/0046925, BStBl I 2019, 97, Rz. 43 und 44 i.d.F. BMF v. 4.4.2022, IV C 2 – S 2836/21/10001 :001, BStBl I 2022, 645 bzw. v. 2.2.2016, IV C 2 – S 2706-a/14/10001, 2016/0089621, BStBl I 2016, 200, Rz. 12.

lung des Anfangsbestands ist möglichst elektronisch (Belegnachreichung zur Steuererklärung) zu übermitteln. Dies ist sowohl über Elster als auch über andere Softwareanbieter möglich.

In **Zeile 7**, **Spalten 3 bis 5** sind bei bereits im vorangegangenen Wj. existierenden und unbeschränkt steuerpflichti- 923
gen Körperschaften der **Bestand des steuerlichen Einlagekontos, der Neurücklagen und des Sonderausweises** zum Schluss des vorangegangenen Wj. anzugeben. Hinsichtlich des steuerlichen Einlagekontos und des Sonderausweises gem. § 27 Abs. 2 Satz 2 bzw. § 28 Abs. 1 Satz 4 KStG stellen diese Werte verbindlich den Anfangsbestand zu Beginn des Wj. dar. Diese Beträge sind dem Feststellungsbescheid des FA bzw. der Ermittlung lt. Anlage KSt 1 Fa Zeile 65, Spalten 3 bis 5 des vorangegangenen Wj. zu entnehmen.

b) Anpassung des Nennkapitals bei Betrieben gewerblicher Art im Falle der Zusammenfassung bisheriger Einzel-BgA (Zeilen 8–11)

	Zusammenfassung von Betrieben gewerblicher Art				
8	Summe der Bestände der steuerlichen Einlagekonten und der Neurücklagen der Einzelbetriebe gewerblicher Art		48.222	48.223	
9	Betrag des Nennkapitals nach Zusammenfassung von Betrieben gewerblicher Art (nicht, soweit das Nennkapital auf im Rahmen der Zusammenfassung geleisteten baren Zuzahlungen beziehungsweise Sacheinlagen beruht)	48.231			
10	Hierfür Minderung des positiven steuerlichen Einlagekontos bis zu dessen Verbrauch	– ▸	–		
11	Verbleibender Betrag: Nennkapitalerhöhung aus sonstigen Rücklagen; entsprechender Abgang bei den Neurücklagen	▸		–	+

Anlage KSt 1 Fa - Oktober 2025 - Version 2.9.1.0 Bekanntgabe

Die Zeilen 8 bis 11 sind nur von BgA auszufüllen, wenn **bisherige Einzel-BgA** nach § 4 Abs. 6 KStG **zusammenge-** 924
fasst wurden und dadurch ein neuer BgA entstanden ist. Diese Zusammenfassung stellt gem. § 29 Abs. 5 KStG einen umwandlungsähnlichen Vorgang i.S.d. § 29 Abs. 2 KStG dar, so dass die steuerlichen Einlagekonten und die Neurücklagen der beteiligten Rechtsträger zusammenzurechnen sind. Eine Zusammenrechnung des Sonderausweises erfolgt nicht, da dieser vor Zusammenfassung der jeweiligen BgA aufzulösen ist (→ Rz. 976). Nach § 29 Abs. 5 KStG i.V.m. § 29 Abs. 4 KStG ist auf die nach Zusammenrechnung der steuerlichen Einlagekonten erforderliche Anpassung des Nennkapitals § 28 Abs. 1 und 3 KStG anzuwenden. Das bedeutet, dass für die Erhöhung des Nennkapitals zunächst das steuerliche Einlagekonto zu verwenden ist und dann die sonstigen (Gewinn-)Rücklagen als in Nennkapital umgewandelt gelten, wodurch der Sonderausweis erhöht wird. Diese Berechnung erfolgt in den Zeilen 8 bis 11.

In **Zeile 8** sind in **Spalte 3** die **Summe der Bestände der steuerlichen Einlagekonten** und in **Spalte 4** die Summe der 925
Bestände **der Neurücklagen** der bisherigen Einzel-BgA anzugeben.

In **Zeile 9**, Vorspalte ist der **Betrag des Nennkapitals** des zusammengefassten BgA einzutragen. Nennkapital, das 926
auf i.R. der Zusammenfassung geleisteten baren Zuzahlungen bzw. Sacheinlagen der Trägerkörperschaft beruht, ist hierbei nicht zu erfassen, weil für § 29 Abs. 4 KStG nur maßgebend ist, inwieweit das Nennkapital aus der Verwendung des steuerlichen Einlagekontos und der Kapitalerhöhung aus Gesellschaftsmitteln (Sonderausweis), nicht jedoch aus von der Trägerkörperschaft für die Kapitalerhöhung zugeführtem Eigenkapital, gebildet worden ist.

Für die Erhöhung des Nennkapitals durch die Zusammenfassung gilt gem. § 28 Abs. 1 Satz 2 KStG das steuerliche 927
Einlagekonto als verwendet. Daher ist in **Zeile 10**, **Vorspalte** von dem Betrag aus Zeile 9 **das steuerliche Einlagekonto** bis zu dessen Verbrauch abzuziehen. Der einzutragende Betrag ist zum einen auf den Betrag des Nennkapitals lt. Zeile 9, Vorspalte und zum anderen auf den Anfangsbestand des steuerlichen Einlagekontos lt. Zeile 8, Spalte 3 begrenzt. Der Wert ist in **Zeile 10**, **Spalte 3** zu übertragen und auch dort abzuziehen.

In **Zeile 11**, **Vorspalte** ist der **verbleibende Betrag** aus der Differenz der Zeilen 9 und 10, jeweils Vorspalte auszu- 928
weisen. Insoweit gilt das Nennkapital nach § 28 Abs. 1 Satz 3 KStG als aus sonstigen (Gewinn-)Rücklagen gebildet und ist als Sonderausweis gesondert festzustellen. Daher steht der durch die „Umwidmung" in Nennkapital verwendete Betrag der (Gewinn-)Rücklagen lt. Zeile 11, Vorspalte nicht mehr als „ausschüttbarer Gewinn" (→ Rz. 911) zur Verfügung und ist in **Zeile 11**, **Spalte 4** von den Neurücklagen abzuziehen und in **Zeile 11**, **Spalte 5** dem Sonderausweis hinzuzurechnen.

c) Verrechnung von (fiktiven) Leistungen mit dem steuerlichen Einlagekonto, den Neurücklagen und dem Sonderausweis (Zeilen 16–31d)

Steuernummer

- 2 -

Zeile		Vorspalte	Steuerliches Einlagekonto	Neurücklagen	Sonderausweis
		EUR	EUR	EUR	EUR
	1	2	3	4	5
	Leistungen (gegebenenfalls fiktiv) im Wirtschaftsjahr				
12 bis 15 frei 16	**Leistungen von Regiebetrieben und wirtschaftlichen Geschäftsbetrieben** Im Wirtschaftsjahr für Zwecke außerhalb des Betriebes gewerblicher Art beziehungsweise des wirtschaftlichen Geschäftsbetriebes aufgelöste Rücklagen (gegebenenfalls einschließlich der fiktiven Rücklagenauflösung nach Randnummer 9 des BMF-Schreibens vom 02.02.2016, BStBl I 2016, 200 im Falle des Verlustes der Steuerbefreiung der Körperschaft)	48.261			
17	**Bei Vorliegen der Tatbestandsvoraussetzungen (insbesondere Umsatz- und Gewinngrenzen) des § 20 Absatz 1 Nummer 10 Buchstabe b EStG** Maßgeblicher Gewinn beziehungsweise Jahresüberschuss des laufenden Wirtschaftsjahres gemäß Randnummer 25 folgende beziehungsweise Randnummer 31 des BMF-Schreibens vom 28.01.2019, BStBl I 2019, 97, beziehungsweise Randnummer 4 folgende des BMF-Schreibens vom 02.02.2016, BStBl I 2016, 200: vor Rücklagenbildung beziehungsweise Entnahmen; wenn negativ, „0“ eintragen	48.224 +			
18	Abzüglich Rücklagenbildung für betriebliche Zwecke im Sinne der Randnummer 35 folgende des BMF-Schreibens vom 28.01.2019, BStBl I 2019, 97, beziehungsweise Randnummer 3 und 8 des BMF-Schreibens vom 02.02.2016, BStBl I 2016, 200 (höchstens Betrag laut Zeile 17)	48.247 –			
19 und 20 frei 21	**Leistungen von Eigenbetrieben** Im Wirtschaftsjahr - beschlossene Überführung von Gewinnen aus früheren Wirtschaftsjahren (Rücklagen) oder dem laufenden Wirtschaftsjahr in den allgemeinen Haushalt; - tatsächlich erfolgte Überführung solcher Gewinne ohne vorhergehenden Beschluss; - erfolgte Rückzahlung von Nennkapital, das im Herabsetzungsbeschluss nicht zur Auszahlung vorgesehen war, soweit die Kapitalherabsetzung nach landesrechtlichen Vorschriften zulässig war; - erfolgte Rückzahlung von Nennkapital, soweit die Kapitalherabsetzung nach landesrechtlichen Vorschriften nicht zulässig war (Summe der vorgenannten Leistungen laut gesonderter Einzelaufstellung) 74	48.161 +			
22 und 23 frei 24	**Verrechnung der Leistungen mit dem steuerlichen Einlagekonto** Zwischensumme: Betrag der Vorspalte = Leistungen im Wirtschaftsjahr / als ausgeschüttet geltender Gewinn				
25	Abzug des Betrages laut Zeile 24 Vorspalte, höchstens in Höhe eines positiven Betrages der bisher bestehenden Neurücklagen (Spalte 4: Betrag laut Zeile 7 oder 8 abzüglich Betrag laut Zeile 11)	– ▸		–	

Steuernummer - 3 -

Zeile		Vorspalte	Steuerliches Einlagekonto	Neurücklagen	Sonderausweis
		EUR	EUR	EUR	EUR
	1	2	3	4	5
26	Zwischensumme				
27	Abzug des Betrages laut Zeile 26 und/oder ein nach § 27 Absatz 5 KStG zu berücksichtigender Betrag, höchstens in Höhe des Betrages des bisher bestehenden steuerlichen Einlagekontos (Spalte 3: Betrag laut Zeile 6d, 7 oder 8 abzüglich Betrag laut Zeile 10)	– ▸	–		
28	Abzug des übersteigenden Betrages	▸		–	
29	Zwischensumme				
	Verdeckte Gewinnausschüttungen bei Betrieben gewerblicher Art				
30 bis 31 frei 31a	Verdeckte Gewinnausschüttungen des laufenden Wirtschaftsjahres (nicht in Fällen, in denen Zeile 39b auszufüllen ist)	48.162			
31b	Abzug des Betrages laut Zeile 31a höchstens in Höhe eines positiven Betrages der bestehenden Neurücklagen (Spalte 4: Betrag laut Zeile 7 oder 8 abzüglich Beträge laut Zeilen 11, 25 und 28)	–			
31c	Zwischensumme				
31d	Abzug des Betrages laut Zeile 31c und/oder ein nach § 27 Absatz 5 KStG zu berücksichtigender Betrag, höchstens in Höhe des Betrages laut Zeile 29 Spalte 3; entsprechender Zugang in Spalte 4	▸	–	+	

Der Beschluss der für die Bilanzfeststellung zuständigen Gremien, zuvor zulässigerweise gebildete **Rücklagenmittel für Zwecke außerhalb des BgA** an die Trägerkörperschaft zu **überführen** (→ Rz. 913), löst bei Regiebetrieben bzw. wirtschaftlichen Geschäftsbetrieben gem. § 20 Abs. 1 Nr. 10b Satz 2 EStG den Besteuerungstatbestand des § 20 Abs. 1 Nr. 10b EStG aus.[1] Eine Gewinnverwendung für Zwecke außerhalb des BgA ist z.B. gegeben, wenn aufgelöste Rücklagen im hoheitlichen Bereich der Trägerkörperschaft eingesetzt werden. Für Zwecke außerhalb des BgA werden aufgelöste Rücklagen auch dann verwendet, wenn sie einem anderen BgA der gleichen Trägerkörperschaft oder einer Eigengesellschaft zugeführt werden.[2] In Fällen der Einbringung oder des Formwechsels des BgA nach dem UmwStG gelten die Rücklagen als aufgelöst (§ 20 Abs. 1 Nr. 10b Satz 2 EStG). 929

Rücklagen i.S.d. § 20 Abs. 1 Nr. 10b Satz 1 EStG stellen nur solche Gewinne dar, die in Wj. erwirtschaftet und stehengelassen worden sind, in denen die Buchführungs- oder Betragsvoraussetzungen des § 20 Abs. 1 Nr. 10b Satz 1 Halbsatz 2 EStG erfüllt sind.[3] Verringert sich das Eigenkapital aufgrund der Auflösung von Rücklagen i.S.d. § 20 Abs. 1 Nr. 10b Satz 1 EStG nach § 20 Abs. 1 Nr. 10b Satz 2 EStG, führt dies nur insoweit zu einer Verringerung des steuerlichen Einlagekontos, wie diese in sinngemäßer Anwendung des § 27 Abs. 1 Satz 3 KStG als Einlagenrückgewähr anzusehen ist.[4] Dabei ist unmaßgeblich, ob im Jahr der Rücklagenauflösung die Buchführungs- oder Betragsvoraussetzungen des § 20 Abs. 1 Nr. 10b Satz 1 Halbsatz 2 EStG erfüllt sind oder nicht.[5]

Sind die Buchführungs- oder Betragsvoraussetzungen des § 20 Abs. 1 Nr. 10b Satz 1 Halbsatz 2 EStG in einem Wj. nicht erfüllt, unterliegen erzielte Gewinne nicht der Kapitalertragsteuer. Erfolgte Eigenkapitalveränderungen führen jedoch grds. zu einer entsprechenden Veränderung des Bestands des steuerlichen Einlagekontos (→ Rz. 913).[6] Diese Eigenkapitalzugänge stellen keine Rücklagen nach § 20 Abs. 1 Nr. 10b Satz 1 EStG dar und unterliegen

1) Vgl. BMF v. 28.1.2019, IV C 2 – S 2706-a/15/10001, 2019/0046925, BStBl I 2019, 97, Rz. 39.
2) Vgl. BMF v. 28.1.2019, IV C 2 – S 2706-a/15/10001, 2019/0046925, BStBl I 2019, 97, Rz. 40.
3) Vgl. BMF v. 28.1.2019, IV C 2 – S 2706-a/15/10001, 2019/0046925, BStBl I 2019, 97, Rz. 45 i.d.F. BMF v. 4.4.2022, IV C 2 – S 2836/21/10001 :001, BStBl I 2022, 645.
4) Vgl. BMF v. 28.1.2019, IV C 2 – S 2706-a/15/10001, 2019/0046925, BStBl I 2019, 97, Rz. 50.
5) Vgl. BMF v. 28.1.2019, IV C 2 – S 2706-a/15/10001, 2019/0046925, BStBl I 2019, 97, Rz. 45 i.d.F. BMF v. 4.4.2022, IV C 2 – S 2836/21/10001 :001, BStBl I 2022, 645.
6) Vgl. BMF v. 28.1.2019, IV C 2 – S 2706-a/15/10001, 2019/0046925, BStBl I 2019, 97, Rz. 43 und 54 i.V.m. BMF v. 4.4.2022, IV C 2 – S 2836/21/10001 :001, BStBl I 2022, 645.

daher bei ihrer Auflösung ebenfalls nicht der Kapitalertragsteuer. Die Eigenkapitalzugänge werden bei ihrer Auflösung jedoch in die Verwendungsrechnung nach § 27 Abs. 1 Satz 3 KStG einbezogen.[1)]

In **Zeile 16**, Vorspalte sind die im Wj. für Zwecke außerhalb des BgA bzw. des wirtschaftlichen Geschäftsbetriebs **aufgelösten Rücklagen** anzugeben. Gleiches gilt für den Fall der fiktiven Rücklagenauflösung im Falle des Verlustes der Steuerbefreiung der Körperschaft.[2)] Die (ggf. fiktiv) aufgelösten Rücklagen gelten als an die Trägerkörperschaft ausgeschüttet. In den Zeilen 24 ff. wird ermittelt, ob dafür das steuerliche Einlagekonto als verwendet gilt und inwieweit sich dadurch das steuerliche Einlagekonto und die Neurücklagen vermindern.

930 In den **Zeilen 17 bis 31d** wird ermittelt, inwieweit der **Gewinn des laufenden Wj.** in den allgemeinen Haushalt (bei BgA) bzw. in das sonstige Vermögen (bei steuerpflichtigen wirtschaftlichen Geschäftsbetrieben) der Trägerkörperschaft überführt wird und damit **als ausgeschüttet gilt**. Gleiches gilt bei BgA für vGA an die Trägerkörperschaft. Dies hat zum einen zur Folge, dass für die dadurch bei Erfüllung der Buchführungs- oder Betragsvoraussetzungen vorliegenden **Einnahmen i.S.d. § 20 Abs. 1 Nr. 10b EStG** Kapitalertragsteuerpflicht entsteht (→ Rz. 913, → Rz. 1009 ff.). Zum anderen vermindert der als ausgeschüttet geltende Gewinn den Bestand der Neurücklagen zum Schluss des vorangegangenen Wj., da dieser im Vermögen der Körperschaft und damit in den als ausschüttbarer Gewinn geltenden Neurücklagen (→ Rz. 911) nicht mehr vorhanden ist. Während über die Frage der tatsächlichen Kapitalertragsteuerpflicht abschließend in Zeile 68 (→ Rz. 1011) entschieden wird, erfolgt die definitive Verminderung der Neurücklagen bereits in Zeile 25 (→ Rz. 935). Da diese Verminderung jedoch nur gerechtfertigt ist, wenn der als ausgeschüttet geltende Gewinn und die vGA eines BgA tatsächlich zu Einnahmen i.S.d. § 20 Abs. 1 Nr. 10b EStG führen, sind bei Regiebetrieben und wirtschaftlichen Geschäftsbetrieben die Zeilen 17 und 18 sowie 24 bis 31d nur auszufüllen, wenn im jeweiligen Wj. die **Buchführungs- oder Betragsvoraussetzungen des § 20 Abs. 1 Nr. 10b EStG erfüllt** sind, weil insb. die Körperschaft bilanziert oder die dort genannten Umsatz- oder Gewinngrenzen (350 000 €/30 000 €) erreicht wurden (→ Rz. 913). Die Erfassung der Ergebnisse solcher Wj., in denen die Voraussetzungen des § 20 Abs. 1 Nr. 10b EStG nicht erfüllt wurden, im steuerlichen Einlagekonto bzw. bei den Neurücklagen erfolgt bei Regiebetrieben und wirtschaftlichen Geschäftsbetrieben ausschließlich in Zeile 39b (→ Rz. 967). Zu beachten ist jedoch, dass für die Auflösung von Rücklagen (→ Rz. 929) sowie Gewinne i.S.d. § 22 Abs. 4 Nr. 1 und 2 UmwStG und § 27 Abs. 3 Nr. 3 UmwStG sowie die BgA „Veranstaltung von Werbesendungen" der inländischen öffentlich-rechtlichen Rundfunkanstalten die Gewinnermittlungsart sowie die in § 20 Abs. 1 Nr. 10b EStG genannten Umsatz- und Gewinngrenzen für die Entstehung der Kapitalertragsteuer ohne Bedeutung sind (→ Rz. 913).

Die **Zeilen 17 und 18** sind nur von **Regiebetrieben** und **wirtschaftlichen Geschäftsbetrieben** (also nicht von **Eigenbetrieben**) und die **Zeile 21** ist nur von **Eigenbetrieben** (also nicht von Regiebetrieben und wirtschaftlichen Geschäftsbetrieben) auszufüllen.

931 Sind die Buchführungs- oder Betragsvoraussetzungen des § 20 Abs. 1 Nr. 10b EStG grds. erfüllt, ist bei Regiebetrieben und wirtschaftlichen Geschäftsbetrieben in **Zeile 17**, Vorspalte der **maßgebliche Gewinn bzw. Jahresüberschuss des laufenden Wj.**[3)] vor Rücklagenbildung und Entnahmen und auch vor evtl. Ausgleich des Verlustes des laufenden Wj. aus dem Haushalt bzw. aus dem sonstigen Vermögen der Trägerkörperschaft anzugeben. Bei Regiebetrieben gelten – anders als bei Eigenbetrieben – der Gewinn des BgA und die Einkünfte aus Kapitalvermögen wegen der rechtlichen Identität der Trägerkörperschaft und des BgA als zeitgleich zum Schluss des Wj. erzielt.[4)] Für die Prüfung, inwieweit Einnahmen nach § 20 Abs. 1 Nr. 10b EStG vorliegen, ist auf die Verwendung des Gewinns bzw. dessen Einstellung in Rücklagen abzustellen. Bei der hier maßgebenden handelsrechtlichen Betrachtung entspricht der hier anzusetzende Gewinn dem Jahresüberschuss i.S.v. § 275 HGB.[5)] Steuerrechtliche Größen wie der Steuerbilanzgewinn, der steuerliche Gewinn aus Gewerbebetrieb oder das zu versteuernde Einkommen sind nicht maßgebend. Wird nur eine Steuerbilanz aufgestellt, wird es aus Vereinfachungsgründen nicht beanstandet, wenn der nach § 4 Abs. 1 EStG ermittelte Gewinn angesetzt wird.[6)] Wird der Gewinn durch Einnahme-Überschussrechnung ermittelt, ist der Steuerbilanzgewinn auf der Grundlage des Betriebsvermögensvergleichs zu schätzen; eine nach kameralen Grundsätzen oder nach Doppik erstellte Ergebnisrechnung ist als Schätzungsgrundlage nicht geeignet.[7)] Da allein auf den bilanziellen Gewinn abzustellen ist, ist dieser nicht um außerbilanzielle Korrekturen wie bspw. nicht abziehbare Betriebsausgaben nach § 4 Abs. 5 EStG, nicht abziehbare Beträge nach § 10 KStG, vGA i.S.d. § 8 Abs. 3 Satz 2 KStG oder bei der Einkommensermittlung außer Acht zu lassende Beträge i.S.d. § 8b KStG zu korrigieren.[8)] Der Gewinn mindert sich in Höhe des Betrags, zu dem er zum Ausgleich von Fehlbeträgen (Verlusten) aus früheren Wj. zu verwenden ist, sofern diese Fehlbeträge mangels kommunalrechtlich gebotenen Ausgleichs durch die Trägerkörperschaft noch ausgewiesen sind.[9)] Der Gewinn bzw. Jahresüberschuss ist vor Rücklagenbildung oder Entnahmen einzutragen. Ist kein Gewinn bzw. Jahresüberschuss,

1) Vgl. BMF v. 28.1.2019, IV C 2 – S 2706-a/15/10001, 2019/0046925, BStBl I 2019, 97, Rz. 45 i.d.F. BMF v. 4.4.2022, IV C 2 – S 2836/21/10001 :001, BStBl I 2022, 645.
2) Vgl. BMF v. 2.2.2016, IV C 2 – S 2706-a/14/10001, 2016/0089621, BStBl I 2016, 200, Rz. 9.
3) Vgl. BMF v. 28.1.2019, IV C 2 – S 2706-a/15/10001, 2019/0046925, BStBl I 2019, 97, Rz. 25 ff. und 31 bzw. BMF v. 2.2.2016, IV C 2 – S 2706-a/14/10001, 2016/0089621, BStBl I 2016, 200, Rz. 4 ff.
4) Vgl. BMF v. 28.1.2019, IV C 2 – S 2706-a/15/10001, 2019/0046925, BStBl I 2019, 97, Rz. 29; BFH v. 11.7.2007, I R 105/05, BStBl II 2007, 841.
5) Vgl. BFH v. 11.9.2013, I R 77/11, BStBl II 2015, 161.
6) Vgl. BMF v. 28.1.2019, IV C 2 – S 2706-a/15/10001, 2019/0046925, BStBl I 2019, 97, Rz. 26.
7) Vgl. BMF v. 28.1.2019, IV C 2 – S 2706-a/15/10001, 2019/0046925, BStBl I 2019, 97, Rz. 27.
8) Vgl. BMF v. 28.1.2019, IV C 2 – S 2706-a/15/10001, 2019/0046925, BStBl I 2019, 97, Rz. 26.
9) Vgl. BMF v. 28.1.2019, IV C 2 – S 2706-a/15/10001, 2019/0046925, BStBl I 2019, 97, Rz. 28.

sondern ein Verlust bzw. Jahresfehlbetrag erzielt worden, ist der Eintrag mit 0 € vorzunehmen. Bei Regiebetrieben kommt es – ebenfalls abweichend von Eigenbetrieben – kommunalrechtlich zum laufenden Ausgleich der im BgA entstandenen Verluste durch die Trägerkörperschaft; dieser Ausgleich führt zum Ende des Wj. des BgA zu Einlagen beim BgA (→ Rz. 963).[1]

Über die Gewinne eines Regiebetriebs bzw. eines wirtschaftlichen Geschäftsbetriebs kann die Trägerkörperschaft unmittelbar verfügen. Für eine Rücklagenbildung ist damit kein Raum. Gleichwohl ist bei einem Regiebetrieb bzw. einem wirtschaftlichen Geschäftsbetrieb die Rücklagenbildung anzuerkennen, soweit anhand objektiver Umstände nachvollzogen und überprüft werden kann, dass der handelsrechtliche Gewinn durch Stehenlassen dem Regiebetrieb als Eigenkapital zur Verfügung stehen soll.[2] Als objektiver Umstand wird insb. ein förmlicher Beschluss der zuständigen Gremien der Trägerkörperschaft anerkannt, der spätestens acht Monate nach Ablauf des Wj. des BgA gefasst sein muss.[3] In **Zeile 18**, Vorspalte ist bei Regiebetrieben und wirtschaftlichen Geschäftsbetrieben der **Betrag der Mittelreservierung für betriebliche Zwecke** (= **zulässige Rücklagenbildung**) anzugeben und vom Gewinn lt. Zeile 17 maximal bis zu dessen Höhe abzuziehen. In Höhe der zulässigen Rückbildung liegt keine (ggf. fiktive) Leistung an die Trägerkörperschaft vor. 932

Beispiel:

Es müssen Mittel für bestimmte Vorhaben – z.B. Anschaffung von Anlagevermögen – angesammelt werden, für deren Durchführung bereits konkrete Zeitvorstellungen bestehen. Besteht noch keine konkrete Zeitvorstellung, ist eine Rücklagenbildung zulässig, wenn die Durchführung des Vorhabens glaubhaft und finanziell in einem angemessenen Zeitraum möglich ist. Eine zulässige Mittelreservierung liegt z.B. auch vor, soweit die Mittel, die aufgrund eines gewinnrealisierenden Vorgangs dem BgA zugeführt worden sind, bereits im laufenden Wj. z.B. reinvestiert oder zur Tilgung von betrieblichen Verbindlichkeiten verwendet worden sind; ein förmlicher Beschluss ist hierfür nicht erforderlich.[4]

Bei einem Eigenbetrieb unterliegt der Gewinn nicht der Besteuerung nach § 20 Abs. 1 Nr. 10b EStG, soweit er den Rücklagen des BgA zugeführt wird. Als Zuführung zu den Rücklagen gilt jedes Stehenlassen von Gewinnen als Eigenkapital für Zwecke des BgA unabhängig davon, ob dies in der Form der Zuführung zu den Gewinnrücklagen, als Gewinnvortrag oder unter einer anderen Position des Eigenkapitals vorgenommen wird.[5] Die Rücklagenbildung ist unabhängig von haushaltsrechtlichen Regelungen anzuerkennen und ist auch nicht davon abhängig, dass die Zwecke des BgA ohne die Rücklagenbildung nachhaltig nicht erfüllt werden können.[6] In **Zeile 21**, Vorspalte sind bei **Eigenbetrieben** die im Wj. 933

- beschlossene **Überführung von Gewinnen** aus früheren Wj. (Rücklagen) oder dem laufenden Wj. in den allgemeinen Haushalt,
- tatsächlich erfolgte Überführung solcher Gewinne ohne vorgehenden Beschluss,
- erfolgte **Rückzahlung von Nennkapital**, das im Herabsetzungsbeschluss nicht zur Auszahlung vorgesehen war, soweit die Kapitalherabsetzung nach landesrechtlichen Vorschriften zulässig war,
- erfolgte Rückzahlung von Nennkapital, soweit die Kapitalherabsetzung nach landesrechtlichen Vorschriften nicht zulässig war,

anzugeben, da insoweit Leistungen vorliegen, die dem hoheitlichen Bereich der Trägerkörperschaft zufließen. Die vorgenannten Leistungen sind durch gesonderte Einzelaufstellung zu erläutern. Die Ermittlung der Leistungen ist möglichst elektronisch (Belegnachreichung zur Steuererklärung) zu übermitteln. Dies ist sowohl über Elster als auch über andere Softwareanbieter möglich. Bei Eigenbetrieben stellt sich die Frage der Anwendung des § 20 Abs. 1 Nr. 10b EStG i.d.R. nicht, da diese nach den Eigenbetriebsverordnungen der Länder regelmäßig verpflichtet sind, ihren Gewinn durch Bestandsvergleich zu ermitteln.[7] Dies gilt gem. § 140 AO dann auch für steuerliche Zwecke, so dass die Voraussetzungen des § 20 Abs. 1 Nr. 10b EStG im Regelfall stets erfüllt sind.

Wird bei einem Eigenbetrieb das Nennkapital nach landesrechtlichen Vorschriften zulässigerweise herabgesetzt und entsprechend dem Herabsetzungsbeschluss an die Trägerkörperschaft zurückgezahlt, ist dies nicht in Zeile 21 zu erklären; in diesen Fällen sind die Zeilen 31e bis 37c (→ Rz. 944) auszufüllen.

In **Zeile 24, Vorspalte** ist der **Zwischensaldo der Zeilen 16 bis 21** anzugeben. Es handelt sich um den **als im Wj. ausgeschüttet geltenden Gewinn** des laufenden oder aus früheren Wj., der bei einem Regiebetrieb als in den hoheitlichen Bereich der Trägerkörperschaft bzw. bei einem wirtschaftlichen Geschäftsbetrieb als in den ideellen Bereich der Körperschaft überführt gilt bzw. bei Eigenbetrieben überführt wurde. Der in Zeile 24 einzutragende Wert führt bei der Trägerkörperschaft zu Einnahmen i.S.d. § 20 Abs. 1 Nr. 10b EStG, die zum Kapitalertragsteuerabzug verpflichten, sofern nicht das steuerliche Einlagekonto als verwendet gilt. 934

Für die **(fiktive) Ausschüttung des Gewinns** gelten in analoger Anwendung des § 27 Abs. 1 Satz 3 KStG zunächst die Neurücklagen als verwendet (→ Rz. 911). In **Zeile 25, Vorspalte** erfolgt daher der Abzug des Betrags lt. Zeile 24, 935

1) Vgl. BMF v. 28.1.2019, IV C 2 – S 2706-a/15/10001, 2019/0046925, BStBl I 2019, 97, Rz. 29; BFH v. 23.1.2008, I R 18/07, BStBl II 2008, 573.
2) Vgl. BFH v. 30.1.2018, VIII R 42/15, BStBl II 2019, 96; v. 30.1.2018, VIII R 15/16, BStBl II 2019, 101.
3) Vgl. BMF v. 28.1.2019, IV C 2 – S 2706-a/15/10001, 2019/0046925, BStBl I 2019, 97, Rz. 35 ff. bzw. BMF v. 2.2.2016, IV C 2 – S 2706-a/14/10001, 2016/0089621, BStBl I 2016, 200, Rz. 3 und 8.
4) Vgl. BMF v. 28.1.2019, IV C 2 – S 2706-a/15/10001, 2019/0046925, BStBl I 2019, 97, Rz. 35.
5) Vgl. BFH v. 16.11.2011, I R 108/09, BStBl II 2013, 328.
6) Vgl. BMF v. 28.1.2019, IV C 2 – S 2706-a/15/10001, 2019/0046925, BStBl I 2019, 97, Rz. 34.
7) Vgl. BMF v. 3.1.2013, IV C 2 – S 2706/09/10005, BStBl I 2013, 59.

Vorspalte, also des im laufenden Wj. als ausgeschüttet geltenden Gewinns, wobei höchstens die Neurücklagen lt. Zeile 7 oder 8, Spalte 4 abzgl. des Betrags lt. Zeile 11, Spalte 4 zu berücksichtigen sind. Dieser Betrag ist ebenfalls von den **Neurücklagen** in **Zeile 25, Spalte 4** abzuziehen. Dies geschieht, weil der Gewinn an die Trägerkörperschaft ausgekehrt wurde und nicht mehr im Vermögen enthalten ist. Erst nach „Verbrauch" der Neurücklagen gilt das steuerliche Einlagekonto als verwendet. Für die fiktive Gewinnausschüttung müssen die zu Beginn des Wj. bestehenden Bestände an Neurücklagen und steuerlichem Einlagekonto verwendet werden, da der Gewinn des laufenden Jahres erst mit Ablauf des Jahres entsteht und erst zu diesem Zeitpunkt zu einem Zugang bei den Neurücklagen und dem steuerlichen Einlagekonto führen kann (vgl. Zeilen 38a bis 39b; → Rz. 961 ff.).

936 In **Zeile 26**, Vorspalte ist die nach der **Differenzbildung** der Zeilen 24 und 25, jeweils Vorspalte verbleibende Zwischensumme anzugeben. Dies ist der Betrag der (fiktiven) Ausschüttung des Gewinns, für den eine Verwendung des steuerlichen Einlagekontos in Betracht kommt.

937 In **Zeile 27, Vorspalte** erfolgt der Abzug des Betrags aus Zeile 26, also des verbleibenden als ausgeschüttet geltenden Gewinns, vom steuerlichen Einlagekonto, wobei grds. höchstens der positive Betrag des steuerlichen Einlagekontos lt. Zeilen 6d, 7 oder 8, Spalte 3 abzgl. des Betrags lt. Zeile 10, Spalte 3 zu berücksichtigen ist.

Ist für eine Leistung der Kapitalgesellschaft die Minderung des Einlagekontos zu niedrig bescheinigt worden, bleibt die der Bescheinigung zu Grunde gelegte Verwendung gem. § 27 Abs. 5 Satz 1 KStG unverändert. Ist für eine Leistung bis zum Tag der Bekanntgabe der erstmaligen Feststellung i.S.d. § 27 Abs. 2 KStG zum Schluss des Wj. der Leistung eine Steuerbescheinigung i.S.d. § 27 Abs. 3 KStG nicht erteilt worden, gilt der Betrag der Einlagenrückgewähr als mit 0 € bescheinigt; eine Berichtigung oder eine nachträgliche erstmalige Erteilung von Steuerbescheinigungen ist dabei nicht zulässig (§ 27 Abs. 5 Satz 2 und 3 KStG). Ist die Verwendung des steuerlichen Einlagekontos überhöht bescheinigt worden, ist die auf den überhöht ausgewiesenen Betrag der Einlagenrückgewähr entfallende Kapitalertragsteuer durch Haftungsbescheid geltend zu machen, sofern die Steuerbescheinigungen nicht berichtigt werden (§ 27 Abs. 5 Satz 4 und 5 KStG). Soweit die Verwendung des steuerlichen Einlagekontos daher in einer Steuerbescheinigung unzutreffend (nicht) bescheinigt wurde, ist insoweit stattdessen der nach § 27 Abs. 5 KStG maßgebende Betrag abzuziehen. Um den jeweils entsprechenden Betrag ist in Zeile 27, Spalte 3 zusätzlich das steuerliche Einlagekonto zu mindern.

938 In **Zeile 28, Vorspalte** ist der **ggf. verbleibende übersteigende Betrag** des als ausgeschüttet geltenden Gewinns aus der Differenz der Zeilen 26 und 27, jeweils Vorspalte anzugeben und in Zeile 28, Spalte 4 vom Bestand der Neurücklagen abzuziehen. Dies geschieht, weil der Gewinn an die Trägerkörperschaft ausgekehrt wurde und nicht mehr im Vermögen enthalten ist. Der Abzug erfolgt auch dann, wenn der Bestand der Neurücklagen dadurch negativ wird.

939 In **Zeile 29, Spalte 3** ist die **Zwischensumme des steuerlichen Einlagekontos** (Betrag lt. Zeilen 6d, 7 oder 8 abzgl. des Betrags lt. Zeilen 10 und 27) anzugeben.

940 In **Zeile 31a**, Vorspalte sind **vGA** des laufenden Wj. eines BgA ohne eigene Rechtspersönlichkeit an seine Trägerkörperschaft anzugeben. Die Eintragungen sind bei Regiebetrieben jedoch nur dann vorzunehmen, wenn für das betreffende Wj. die **Tatbestandsvoraussetzungen des § 20 Abs. 1 Nr. 10b EStG grds. erfüllt** sind (→ Rz. 930), da die mit der vGA verbundene Verminderung des steuerlichen Einlagekontos (→ Rz. 941) ansonsten nicht gerechtfertigt wäre. Liegen die Tatbestandsvoraussetzungen des § 20 Abs. 1 Nr. 10b EStG in einem Wj. nicht vor, bleibt bei Regiebetrieben die in diesem Wj. an die Trägerkörperschaft erfolgte vGA ohne Auswirkung auf das steuerliche Einlagekonto und die Neurücklagen. Bei Eigenbetrieben stellt sich die Frage der Anwendung des § 20 Abs. 1 Nr. 10b EStG i.d.R. nicht, da diese nach den Eigenbetriebsverordnungen der Länder regelmäßig verpflichtet sind, ihren Gewinn durch Bestandsvergleich zu ermitteln,[1] was gem. § 140 AO auch für steuerliche Zwecke gilt, so dass die Voraussetzungen des § 20 Abs. 1 Nr. 10b EStG im Regelfall stets erfüllt sind. Bei wirtschaftlichen Geschäftsbetrieben sind vGA von diesen an den ideellen Bereich der Körperschaft nicht möglich.[2] Der in Zeile 31a eingetragene Wert führt bei der Trägerkörperschaft zu Einnahmen i.S.d. § 20 Abs. 1 Nr. 10b EStG, die zum Kapitalertragsteuerabzug verpflichten, sofern nicht das steuerliche Einlagekonto als verwendet gilt.

941 In **Zeile 31b, Vorspalte** ist der Betrag lt. Zeile 31a, Vorspalte abzuziehen, wobei höchstens der Betrag der Zwischensumme der Neurücklagen (Betrag lt. Zeile 7 oder 8 abzgl. Beträge lt. Zeilen 11, 25 und 28, jeweils Spalte 4) zu berücksichtigen ist. Für die vGA wird unterstellt, dass diese zunächst aus den Neurücklagen finanziert wird und nur für einen übersteigenden Betrag das steuerliche Einlagekonto als verwendet gilt. Die vGA kann nicht aus dem Gewinn des laufenden Jahres finanziert werden, da dieser erst am Ende des Jahres entsteht und erst dann die Neurücklagen bzw. das steuerliche Einlagekonto erhöht (vgl. Zeile 38a bis 39; → Rz. 961 ff.), so dass auf bestehende Neurücklagen bzw. das vorhandene steuerliche Einlagekonto zurückgegriffen werden muss. Eine Minderung der Neurücklagen in Zeile 31b, Spalte 4 ist nicht erforderlich, weil der Sachverhalt, der zur vGA geführt hat, bereits den bilanziellen Gewinn gemindert hat und damit zu einem entsprechend geringeren Zugang bei den Neurücklagen bzw. dem steuerlichen Einlagekonto in den Zeile 38a bis 39a (→ Rz. 961 ff.) führen wird. Ein nochmaliger Abzug bei den Neurücklagen würde daher zu einem unzutreffenden Ergebnis führen. Gleichwohl muss zur Ermittlung, inwieweit das steuerliche Einlagekonto durch die vGA als verwendet gilt, die vorrangige Verwendung der Neurücklagen für die vGA vorab gedanklich nachvollzogen werden.

1) Vgl. BMF v. 3.1.2013, IV C 2 – S 2706/09/10005, BStBl I 2013, 59.
2) Vgl. BMF v. 2.2.2016, IV C 2 – S 2706-a/14/10001, 2016/0089621, BStBl I 2016, 200, Rz. 1.

In **Zeile 31c**, Vorspalte ist die **Zwischensumme** aus der Differenz der Zeilen 31a und 31b, jeweils Vorspalte anzugeben. Dies ist der nicht aus den Neurücklagen finanzierte Teil der vGA. **942**

In **Zeile 31d**, **Vorspalte** ist der **verbleibende Betrag lt. Zeile 31c**, Vorspalte einzutragen, wobei höchstens der Bestand des steuerlichen Einlagekontos lt. Zeile 29, Spalte 3 zu berücksichtigen ist. Soweit allerdings die Verwendung des steuerlichen Einlagekontos in einer Steuerbescheinigung unzutreffend bescheinigt wurde, ist stattdessen der insoweit nach § 27 Abs. 5 KStG maßgebende Betrag einzutragen (→ Rz. 937). In Höhe des jeweiligen Betrags gilt das steuerliche Einlagekonto für die vGA als verwendet, sodass er in Zeile 31d, Spalte 3 zum Abzug zu bringen ist. Dadurch wird das Eigenkapital vermindert, obwohl die vGA das Eigenkapital nicht erhöht hat und durch die definitive Minderung des maßgeblichen Bilanzgewinns auch nicht erhöhen wird (vgl. Zeile 31b; → Rz. 941). Um den richtigen Bestand an Eigenkapital auszuweisen, muss der Betrag zur Korrektur in Zeile 31d, Spalte 4 den Neurücklagen hinzugerechnet werden. **943**

d) Nur für Betriebe gewerblicher Art: Herabsetzung des Nennkapitals (außerhalb einer Umwandlung oder einer Zusammenfassung mit einem anderen BgA) (Zeilen 31e–36a)

	Herabsetzung des Nennkapitals (außerhalb einer Umwandlung oder Zusammenfassung mit einem anderen Betrieb gewerblicher Art) (46)				
31e	Zwischensumme				
32	Betrag der Herabsetzung des Nennkapitals (ohne fiktive Herabsetzung bei Auflösung des Betriebs gewerblicher Art nach § 28 Absatz 2 KStG)	48.134			
33 und 34 frei 35	Ausstehende Einlagen in das Nennkapital (nur, soweit durch die Kapitalherabsetzung die Einzahlungsverpflichtung der Trägerkörperschaft entfällt)	48.137 –			
35a	Verringerung des Sonderausweises bis zu dessen Verbrauch; niedrigerer Betrag laut Zeile 31e oder dem Betrag laut Zeile 32 abzüglich Betrag laut Zeile 35; entsprechender Zugang zu den Neurücklagen	– ▸		+	–
36	Verbleibender Betrag: Gutschrift beim steuerlichen Einlagekonto	▸	+		
36a	Vom Betrag der Herabsetzung des Nennkapitals laut Zeile 32 sind zur Auszahlung vorgesehen (25)	48.121			

In **Zeile 31e**, Spalte 5 ist die **Zwischensumme** des **Sonderausweises** (Betrag lt. Zeile 7 zzgl. Betrag lt. Zeile 11) einzutragen. **944**

Haben BgA auf der Grundlage landesrechtlicher Regelungen ein Nennkapital oder eine hiermit vergleichbare Größe, gelten für die „Herabsetzung" und anschließende „Auskehrung" des Nennkapitals die für Kapitalgesellschaften geltenden Regelungen entsprechend. Dies setzt allerdings voraus, dass diese Maßnahmen nach den landesrechtlichen Regelungen auch zulässig sind.[1] **945**

Nach § 28 Abs. 2 Satz 1 KStG gilt bei **Herabsetzung des Nennkapitals oder Auflösung einer Körperschaft** vorrangig das Nennkapital als herabgesetzt bzw. zurückgezahlt, das aus Gesellschaftsmitteln stammt. Daher ist für den herabgesetzten bzw. zurückgezahlten Betrag des Nennkapitals zunächst der Sonderausweis nach § 28 Abs. 1 Satz 3 KStG zum Schluss des vorangegangenen Wj. bis zu dessen Verbrauch zu mindern, soweit die Nennkapitalherabsetzung bzw. -rückzahlung auf eingezahltes Nennkapital entfällt. Die Verminderung des Sonderausweises ist unabhängig davon vorzunehmen, ob die Nennkapitalherabsetzung an die Trägerkörperschaft ausgezahlt oder in die Rücklagen eingestellt wird. Da bei einer Umwandlung von Rücklagen in Nennkapital unter Bildung eines Sonderausweises der Bestand der Neurücklagen gemindert wird (→ Rz. 971), ist entsprechend bei einer Nennkapitalherabsetzung unter Minderung des Sonderausweises der Bestand der Neurücklagen zunächst um diesen Betrag wieder zu erhöhen. Soweit die Nennkapitalherabsetzung aus der Verminderung des Sonderausweises stammt, führt dies zu kapitalertragsteuerpflichtigen Bezügen i.S.d. § 20 Abs. 1 Nr. 10b Satz 2 EStG, soweit sie nicht aus dem steuerlichen Einlagekonto finanziert wird, und bei Auskehrung an die Trägerkörperschaft zu einer erneuten Minderung der Neurücklagen, da die ursprünglich erzielten und in Nennkapital umgewandelten Gewinne damit aus dem Vermögen des BgA ausgeschieden sind. Ein nach dieser Minderung des Sonderausweises verbleibender Betrag (oder wenn kein Sonderausweis bestand) an Nennkapitalherabsetzung ist dem steuerlichen Einlagekonto gutzuschreiben, soweit die Einlagen in das Nennkapital eingezahlt waren oder soweit für ausstehende Einlagen trotz der Kapitalherabsetzung die Einzahlungsverpflichtung der Trägerkörperschaft bestehen bleibt, da eine den

1) Vgl. BMF v. 28.1.2019, IV C 2 – S 2706-a/15/10001, 2019/0046925, BStBl I 2019, 97, Rz. 51 ff.

Sonderausweis übersteigende Rückzahlung von Nennkapital an die Trägerkörperschaft i.S.d. § 28 Abs. 2 Satz 2 und 3 KStG nach § 27 Abs. 1 Satz 3 KStG stets aus dem steuerlichen Einlagekonto zu finanzieren ist. Dies soll zum einen sicherstellen, dass Auszahlungen an die Trägerkörperschaft in Höhe des von ihr eingezahlten oder noch einzuzahlenden Nennkapitals nicht zu kapitalertragsteuerpflichtigen Leistungen führen. Zum anderen ist gem. § 27 Abs. 1 Satz 3 KStG bei Rückzahlung von Nennkapital i.S.d. § 28 Abs. 2 Satz 2 und 3 KStG ein Direktzugriff auf das steuerliche Einlagekonto möglich; d.h., dass die Höhe der Neurücklagen für die Verwendung des steuerlichen Einlagekontos in diesen Fällen unbeachtlich ist (→ Rz. 911, 1204). Das steuerliche Einlagekonto ist wieder zu mindern, wenn der den Sonderausweis übersteigende Teil der Herabsetzung des Nennkapitals an die Trägerkörperschaft ausgezahlt wurde, weil dieses Kapital dann nicht mehr im Vermögen des BgA vorhanden ist. Dies gilt jedoch nur, soweit die Rückzahlung des Nennkapitals im Herabsetzungsbeschluss vorgesehen war oder anderweitig erkennbar ist, dass die Rückzahlung des Nennkapitals beabsichtigt war.[1] Soweit die den Sonderausweis übersteigende **Nennkapitalrückzahlung** an die Trägerkörperschaft das steuerliche Einlagekonto übersteigt, führt dies bei der Trägerkörperschaft ebenfalls zu Einkünften nach § 20 Abs. 1 Nr. 10b Satz 2 EStG. Der Ermittlung der insgesamt aus der Herabsetzung und Rückzahlung des Nennkapitals resultierenden Einkünfte gem. § 20 Abs. 1 Nr. 10b EStG und der dadurch eintretenden Verwendung des steuerlichen Einlagekontos und der Neurücklagen trägt die Ermittlung der Zeilen 32 bis 37c Rechnung.

Die Zeilen 32 bis 37c sind wie ausgeführt jedoch nur auszufüllen, wenn die Herabsetzung und Rückzahlung des Nennkapitals nach landesrechtlichen Vorschriften zulässig sind und das herabgesetzte Nennkapital zur Rückzahlung vorgesehen war (→ Rz. 950). Während der Herabsetzung des Nennkapitals bei Regiebetrieben regelmäßig keine landesrechtlichen Regelungen entgegenstehen, liegen derartige Vorschriften für Eigenbetriebe in der Regel vor. Wird bei einem Eigenbetrieb Nennkapital zurückgezahlt, dessen Herabsetzung nach landesrechtlichen Vorschriften nicht zulässig war, ist diese Rückzahlung nicht in den Zeilen 32 bis 37c, sondern in Zeile 21 (→ Rz. 933) zu erfassen. Gleiches gilt, wenn zwar die Herabsetzung des Nennkapitals zulässig war, dessen Rückzahlung im Herabsetzungsbeschluss aber nicht vorgesehen war, da dann § 28 Abs. 2 KStG nicht anwendbar ist. War bei einem Regiebetrieb zwar die Herabsetzung des Nennkapitals zulässig, dessen Rückzahlung aber nicht vorgesehen, ist § 28 Abs. 2 KStG ebenfalls nicht einschlägig. Derartige Rückzahlungen sind dann in Zeile 16 (→ Rz. 929) zu erfassen.

946 In **Zeile 32**, Vorspalte ist bei einer **Nennkapitalherabsetzung** der **Betrag der Herabsetzung des Nennkapitals** einzutragen, soweit die Herabsetzung und die Rückzahlung des Nennkapitals nach landesrechtlichen Vorschriften zulässig sind. Die Umwandlung eines BgA oder die Zusammenfassung von BgA als umwandlungsähnlicher Vorgang mit fiktiver Nennkapitalherabsetzung sind nicht in Zeile 32, sondern in Zeile 51 ff. (→ Rz. 974 ff.) zu erfassen. Ebenso nicht zu erfassen ist die fiktive Herabsetzung des Nennkapitals bei Auflösung des BgA; in diesen Fällen sind die Zeilen 36b ff. (→ Rz. 951 ff.) zu verwenden. Der Betrag der Nennkapitalherabsetzung ist Ausgangsbetrag für die Ermittlung, inwieweit der Sonderausweis bzw. das steuerliche Einlagekonto nach § 28 Abs. 2 Satz 1 KStG zu verändern sind.

947 In **Zeile 35**, Vorspalte sind die **ausstehenden Einlagen** in das Nennkapital anzugeben und von der Herabsetzung des Nennkapitals lt. Zeile 32 abzuziehen, soweit die Einlageverpflichtung der Trägerkörperschaft durch die Kapitalherabsetzung entfällt. Ob dies der Fall ist, ergibt sich aus dem Herabsetzungsbeschluss. Ausstehende Einlagen in das Nennkapital, für die die Einzahlungsverpflichtung entfallen ist, können nicht im Eigenkapital und damit nicht im steuerlichen Einlagekonto enthalten sein und können dieses bei Kapitalherabsetzung daher auch nicht mindern. Ebenso wenig können sie nach § 28 Abs. 2 Satz 1 KStG das steuerliche Einlagekonto erhöhen. Die Berücksichtigung im steuerlichen Einlagekonto kann vielmehr nur erfolgen, soweit durch die Kapitalherabsetzung tatsächlich eingezahltes oder noch einzuzahlendes Nennkapital zurückgezahlt wird.

948 In **Zeile 35a**, **Vorspalte** und **Spalte 5** ist die **Herabsetzung des Nennkapitals** lt. Zeile 32 **vom Sonderausweis** bis zu dessen Verbrauch (also höchstens bis zum Betrag lt. Zeile 31e, Spalte 5) abzuziehen, soweit die Kapitalherabsetzung auf den **eingezahlten Teil des Nennkapitals** entfällt. Nicht eingezahltes Nennkapital kann hingegen nicht im Sonderausweis enthalten sein und kann daher im Falle einer Kapitalherabsetzung diesen auch nicht mindern. In Zeile 35a, Spalte 4 ist in gleicher Höhe ein Zugang bei den Neurücklagen zu erfassen, da der Sonderausweis ursprünglich aus den Neurücklagen (= erwirtschaftete Gewinne → Rz. 911) gebildet worden ist und dies nun wieder rückgängig gemacht wird.

949 In **Zeile 36**, **Vorspalte** ist der **verbleibende positive Betrag der Nennkapitalherabsetzung** lt. Zeile 32, Vorspalte nach Minderung um die ausstehenden Einlagen im Sinne der Zeile 35, Vorspalte und den Sonderausweises lt. Zeile 35a, Vorspalte anzugeben. Der Betrag ist in Zeile 36, Spalte 3 dem steuerlichen Einlagekonto gutzuschreiben.

950 Bei einer Nennkapitalherabsetzung (ohne Fälle der fiktiven Herabsetzung bei Auflösung des BgA nach § 28 Abs. 2 KStG) muss unterschieden werden, ob der Herabsetzungsbetrag an die Trägerkörperschaft ausgezahlt wurde (bzw. zur Auszahlung vorgesehen ist) oder im BgA verbleibt und in die Rücklagen eingestellt wird. Da für die Verminderung des Sonderausweises nach § 28 Abs. 2 Satz 1 KStG und die Verwendung des steuerlichen Einlagekontos bei tatsächlicher Rückzahlung zudem zu differenzieren ist zwischen dem Betrag der Herabsetzung des Nennkapitals (→ Rz. 945 ff.) und dem Umstand bzw. Zeitpunkt seiner tatsächlichen Rückzahlung (→ Rz. 957), ist in

1) Vgl. BFH v. 21.10.2014, I R 31/13, BStBl II 2016, 411. Durch die amtliche Veröffentlichung im BStBl ist das Urteil in allen noch offenen Fällen anzuwenden. Die zunächst gegenteilige Auffassung der FinVerw. im BMF-Schreiben v. 4.6.2003, IV A 2 – S 2836-2/03, BStBl I 2003, 366, Rz. 40 ist damit überholt.

Zeile 36a, Vorspalte der Betrag anzugeben, der von dem Betrag der Herabsetzung des Nennkapitals lt. Zeile 32 im Herabsetzungsbeschluss zur Auszahlung vorgesehen ist. Gemäß BMF-Schreiben vom 4.6.2003[1] erhöht sich das steuerliche Einlagekonto auch bei verspäteter Auszahlung des im Beschluss über die Kapitalherabsetzung vorgesehenen Auskehrungsbetrags nach § 28 Abs. 2 Satz 1 2. Halbsatz KStG um den den Sonderausweis übersteigenden Herabsetzungsbetrag in dem Wj., in dem der Beschluss wirksam wird. Die Verringerung des steuerlichen Einlagekontos um diesen übersteigenden Auskehrungsbetrag erfolgt dagegen erst im Wj. der Auszahlung. Wird hingegen das Kapital vorerst nur herabgesetzt, ohne dass ein Beschluss über die Auszahlung gefasst wird, und erfolgt später eine Auskehrung an die Trägerkörperschaft, liegt in dieser Leistung nur dann eine Rückzahlung von Nennkapital i.S.d. § 28 Abs. 2 Satz 2 KStG, wenn die Auskehrung trotz des fehlenden ursprünglichen Auszahlungsbeschlusses anderweitig und unmissverständlich als Auszahlung des Herabsetzungsbetrags qualifiziert werden kann.[2] Kann die Leistung hingegen nicht als Rückzahlung von Nennkapital i.S.d. § 28 Abs. 2 Satz 2 KStG angesehen werden, ist eine direkte Minderung des steuerlichen Einlagekontos nach § 27 Abs. 1 Satz 3 KStG nicht möglich. Die Auskehrung ist in diesen Fällen entsprechend den allgemeinen Regelungen (= Verwendung des steuerlichen Einlagekontos, soweit die Auskehrung den ausschüttbaren Gewinn, also die Neurücklagen, übersteigt) zu beurteilen. Derartige Zahlungen sind bei Regiebetrieben in Zeile 16 (→ Rz. 929) und bei Eigenbetrieben in Zeile 21 (→ Rz. 933) zu erfassen.

e) Nur für Betriebe gewerblicher Art: Auflösung des Betriebs gewerblicher Art (Zeilen 36b–36f)

	Auflösung des Betriebs gewerblicher Art				
36b	Zwischensumme				
36c	Betrag des Nennkapitals bei Auflösung des Betriebs gewerblicher Art nach § 28 Absatz 2 KStG	48.284			

Steuernummer

- 4 -

Zeile		Vorspalte	Steuerliches Einlagekonto	Neurücklagen	Sonderausweis
		EUR	EUR	EUR	EUR
	1	2	3	4	5
36d	Ausstehende Einlagen in das Nennkapital	48.287 –			
36e	Verringerung des Sonderausweises bis zu dessen Verbrauch; niedrigerer Betrag laut Zeile 36b oder dem Betrag laut Zeile 36c abzüglich Betrag laut Zeile 36d; entsprechender Zugang zu den Neurücklagen	– ▸		+	–
36f	Verbleibender Betrag: Gutschrift beim steuerlichen Einlagekonto	▸	+		

In **Zeile 36b**, Spalte 5 ist die **Zwischensumme** für den **Sonderausweis** (Betrag lt. Zeile 31e abzgl. Betrag lt. Zeile 35a) **951**
einzutragen.

Die Auflösung eines BgA führt gem. § 28 Abs. 2 KStG zu einer **fiktiven Herabsetzung des gesamten Nennkapitals** **952**
(→ Rz. 945). Dieses ist in **Zeile 36c**, Vorspalte einzutragen.

In **Zeile 36d**, Vorspalte sind die **ausstehenden Einlagen** in das Nennkapital anzugeben und von der fiktiven Herab- **953**
setzung des Nennkapitals lt. Zeile 36c abzuziehen. Ausstehende Einlagen in das Nennkapital, für die die Einzahlungsverpflichtung durch die Auflösung entfallen ist, können nicht im Eigenkapital und damit nicht im steuerlichen Einlagekonto enthalten sein und können dieses bei Kapitalherabsetzung daher auch nicht mindern. Ebenso wenig können sie nach § 28 Abs. 2 Satz 1 KStG das steuerliche Einlagekonto erhöhen. Die Berücksichtigung im steuerlichen Einlagekonto kann vielmehr nur erfolgen, soweit durch die Kapitalherabsetzung tatsächlich eingezahltes oder noch einzuzahlendes Nennkapital zurückgezahlt wird.

In **Zeile 36e, Vorspalte** und **Spalte 5** ist die **fiktive Herabsetzung des Nennkapitals** lt. Zeile 36c vom **Sonderausweis** **954**
bis zu dessen Verbrauch (also höchstens bis zum Betrag lt. Zeile 36b, Spalte 5) abzuziehen. Nicht eingezahltes Nennkapital kann nicht im Sonderausweis enthalten sein und kann daher im Falle einer Kapitalherabsetzung diesen auch nicht mindern. In Zeile 36e, Spalte 4 ist in gleicher Höhe ein Zugang bei den Neurücklagen zu erfassen, da der Sonderausweis ursprünglich aus den Neurücklagen (= erwirtschaftete Gewinne → Rz. 911) gebildet worden ist und dies nun wieder rückgängig gemacht wird.

1) BMF v. 4.6.2003, IV A 2 – S 2836-2/03, BStBl I 2003, 366, Rz. 42.
2) Vgl. BFH v. 21.10.2014, I R 31/13, BStBl II 2016, 411. Durch die amtliche Veröffentlichung im BStBl ist das Urteil in allen noch offenen Fällen anzuwenden. Die zunächst gegenteilige Auffassung der FinVerw. im BMF v. 4.6.2003, IV A 2 – S 2836-2/03, BStBl I 2003, 366, Rz. 40 ist damit überholt.

955 In **Zeile 36f**, **Vorspalte** ist der **verbleibende positive Betrag der Nennkapitalherabsetzung** lt. Zeile 36c, Vorspalte nach Minderung um die ausstehenden Einlagen lt. Zeile 36d, Vorspalte und die Minderung um den Sonderausweis lt. Zeile 36e, Vorspalte anzugeben. Der Betrag ist in Zeile 36f, Spalte 3 dem steuerlichen Einlagekonto gutzuschreiben.

f) Nur für Betriebe gewerblicher Art: Rückzahlung des Nennkapitals (§ 28 Abs. 2 KStG) (Zeilen 36g–37c)

	Rückzahlung des Nennkapitals (§ 28 Absatz 2 KStG)				
36g	Zwischensumme				
37	Betrag der Rückzahlung des Nennkapitals, soweit hierauf § 28 Absatz 2 KStG anzuwenden ist (25)	48.139			
37a	Betrag laut Zeile 37, soweit der Sonderausweis im Jahr der Kapitalherabsetzung gemindert wurde; entsprechender Abzug von den Neurücklagen	–		–	
37b	Zwischensumme				
37c	Abzug vom steuerlichen Einlagekonto (höchstens in Höhe des positiven Betrages laut Zeile 36g)		–		

956 In **Zeile 36g**, Spalte 3 ist die **Zwischensumme** für das **steuerliche Einlagekonto** (Betrag lt. Zeile 29 abzgl. Betrag lt. Zeile 31d und zzgl. Beträge lt. Zeilen 36 und 36f) einzutragen.

957 In **Zeile 37**, Vorspalte ist der Betrag der erfolgten **Nennkapitalrückzahlung** anzugeben, soweit hierauf § 28 Abs. 2 Satz 2 ff. KStG anzuwenden ist (→ Rz. 950). Dies ist immer dann der Fall, wenn die Rückzahlung des Nennkapitals im Herabsetzungsbeschluss vorgesehen war oder wenn die Auskehrung an die Trägerkörperschaft trotz des fehlenden ursprünglichen Auszahlungsbeschlusses anderweitig und unmissverständlich als Auszahlung des Herabsetzungsbetrags qualifiziert werden kann.[1] Nach dem BMF-Schreiben vom 4.6.2003[2] verringert sich bei im Herabsetzungsbeschluss vereinbarten Nennkapitalrückzahlungen an die Anteilseigner das steuerliche Einlagekonto um den den Sonderausweis übersteigenden **Auskehrungsbetrag** stets im Wj. der tatsächlichen Rückzahlung. Bei verspätet erfolgten Auskehrungen kann dies ein anderes Wj. als das der Kapitalherabsetzung sein. Einzutragen ist der Betrag des (fiktiv) herabgesetzten Nennkapitals, der in dem Wj. tatsächlich an die Trägerkörperschaft ausgekehrt wurde. Dies ist bei einer Herabsetzung des Nennkapitals (ohne Fälle der Auflösung des BgA) in der Regel der Betrag lt. Zeile 32 und in Fällen der Auflösung des BgA in der Regel der Betrag lt. Zeile 36c. Hierbei ist aber zu beachten, dass es sich um abgeflossene Beträge im Sinne der Zeile 32 bzw. 36c handelt und damit nicht zwingend (nur) um Beträge, die in Zeile 32 bzw. 36c enthalten sind. Neben den (fiktiven) Nennkapitalherabsetzungen, die auf das Wj. entfallen, für das die Anlage ausgefüllt wird, und daher in Zeile 32 bzw. 36c anzugeben waren, können zusätzlich in Zeile 32 bzw. 36c der Anlage KSt 1 Fa früherer Wj. erfasste Beträge zu berücksichtigen sein, die erst in dem Wj. für das die Anlage ausgefüllt wird ausgezahlt wurden. Der in Zeile 37 einzutragende Betrag muss somit nicht zwangsläufig dem Betrag lt. Zeile 32 bzw. 36c des laufenden Wj. entsprechen und kann diesen sogar übersteigen. Der in Zeile 37 einzutragende Wert führt bei der Trägerkörperschaft zu Einnahmen i.S.d. § 20 Abs. 1 Nr. 10b EStG, die zum Kapitalertragsteuerabzug verpflichten, soweit nicht das steuerliche Einlagekonto als verwendet gilt.

958 In **Zeile 37a**, Vorspalte, ist anzugeben, in welcher Höhe der Betrag lt. Zeile 37 im Jahr der (fiktiven) Kapitalherabsetzung den **Sonderausweis gemindert** hat; dieser Betrag ist vom Betrag lt. Zeile 37, Vorspalte abzuziehen. Soweit der (fiktive) Kapitalherabsetzungsbeschluss und dessen Vollzug durch Auszahlung sowohl zeitlich als auch betragsmäßig in demselben Wj. erfolgten, ist hier der Betrag lt. Zeile 35a bzw. 36e einzutragen. Sofern jedoch im laufenden Wj. auch (fiktive) Kapitalherabsetzungsbeschlüsse früherer Wj. durch Auszahlung vollzogen wurden, sind insoweit die in diesen früheren Wj. erfolgten Minderungen des Sonderausweises i.S.d. Zeile 35a bzw. 36e (zusätzlich) zu erfassen. Der Betrag lt. Zeile 37a, Vorspalte ist in Zeile 37a, Spalte 4 von den Neurücklagen abzuziehen, weil das ursprünglich aus laufenden Gewinnen gebildete und nunmehr ausgezahlte Nennkapital nicht mehr im Vermögen der Körperschaft vorhanden ist.

959 In **Zeile 37b** ist die **Zwischensumme** aus den Beträgen lt. Zeilen 37 und 37a zu bilden. Dies ist der Betrag der (fiktiven) Nennkapitalherabsetzung, für den die Verwendung des steuerlichen Einlagekontos in Betracht kommt.

960 In Höhe der Zwischensumme lt. Zeile 37b, Vorspalte ist in **Zeile 37c**, Spalte 3 das **steuerliche Einlagekonto zu mindern**, aber höchstens bis zu dessen Verbrauch, also maximal in Höhe des Betrags lt. Zeile 36g, Spalte 3. Der Betrag ist in Zeile 37c, Spalte 3 einzutragen und abzuziehen.

1) Vgl. BFH v. 21.10.2014, I R 31/13, BStBl II 2016, 411. Durch die amtliche Veröffentlichung im BStBl ist das Urteil in allen noch offenen Fällen anzuwenden. Die zunächst gegenteilige Auffassung der FinVerw. im BMF v. 4.6.2003, IV A 2 – S 2836-2/03, BStBl I 2003, 366, Rz. 40 ist damit überholt.

2) BMF v. 4.6.2003, IV A 2 – S 2836-2/03, BStBl I 2003, 366, Rz. 42.

g) Eigenkapitalveränderungen auf Grund des Steuerbilanzgewinns/-verlustes des laufenden Wirtschaftsjahres (Zeilen 38a–39b)

Zeile	1	2	3	4	5
	Eigenkapitalveränderungen aufgrund des Steuerbilanzgewinns/-verlustes des laufenden Wirtschaftsjahres				
38 frei 38a	Zeilen 38a bis 39a: Nicht in den Fällen, in denen Zeile 39b auszufüllen ist Steuerbilanzgewinn/Steuerbilanzverlust des laufenden Wirtschaftsjahres (gegebenenfalls geschätzt laut Randnummer 27 des BMF-Schreibens vom 28.01.2019, BStBl I 2019, 97): vor Rücklagenbildung; bei Eigenbetrieben vor Verlustverrechnung und bei Regiebetrieben / wirtschaftlichen Geschäftsbetrieben vor Ausgleich des Verlustes des laufenden Wirtschaftsjahres aus dem Haushalt der Trägerkörperschaft beziehungsweise aus dem sonstigen Vermögen der Körperschaft			48.163 +/–	
38b	Bei Regiebetrieben und bei wirtschaftlichen Geschäftsbetrieben: In steuerlich unzulässige Rücklagen eingestellter Gewinn des laufenden Wirtschaftsjahres		48.169 +		
38c	Bei Regiebetrieben und bei wirtschaftlichen Geschäftsbetrieben: Ausgleich des Verlustes des laufenden Wirtschaftsjahres aus dem Haushalt der Trägerkörperschaft beziehungsweise aus dem sonstigen Vermögen der Körperschaft; im Falle der Beteiligung an einer Personengesellschaft: Verlust aus dem Sonderbetriebsvermögen, soweit dieser den entnommenen Gewinn aus dem Gesamthandsvermögen übersteigt		48.221 +		

Steuernummer - 5 -

Zeile		Vorspalte	Steuerliches Einlagekonto	Neurücklagen	Sonderausweis
		EUR	EUR	EUR	EUR
	1	2	3	4	5
38d	Bei wirtschaftlichen Geschäftsbetrieben: - Zuführungen von Vermögensmitteln aus dem steuerfreien Bereich der Körperschaft und aus wirtschaftlichen Geschäftsbetrieben der Körperschaft, die nicht unter § 20 Absatz 1 Nummer 10 Buchstabe b Satz 4 EStG fallen; - vorhandene Eigenkapitalanteile von weiteren wirtschaftlichen Geschäftsbetrieben, die erstmals unter § 20 Absatz 1 Nummer 10 Buchstabe b Satz 4 EStG fallen		48.262 +		
39	Im laufenden Wirtschaftsjahr geleistete sonstige Einlagen		48.164 +		
39a	Im laufenden Wirtschaftsjahr gewinnwirksam gebuchte Beträge im Sinne der Zeilen 38d und 39			48.148 –	
39b	Bei Regiebetrieben und bei wirtschaftlichen Geschäftsbetrieben in Wirtschaftsjahren, in denen die Tatbestandsvoraussetzungen (insbesondere Umsatz- und Gewinngrenzen) des § 20 Absatz 1 Nummer 10 Buchstabe b EStG nicht erfüllt sind: Zu berücksichtigende Eigenkapitalveränderungen nach Randnummer 45 des BMF-Schreibens vom 04.04.2022, BStBl I 2022, 645 (zum Beispiel nicht an die Trägerkörperschaft abgeführte Gewinne, von der Trägerkörperschaft übernommene Verluste; ohne Beträge laut Zeile 16)		48.227 +		

In **Zeile 38a**, Spalte 4 ist der **Steuerbilanzgewinn/Steuerbilanzverlust des laufenden Wj. vor Rücklagenbildung** und bei Eigenbetrieben vor Verlustverrechnung bzw. bei Regiebetrieben und wirtschaftlichen Geschäftsbetrieben vor Ausgleich des Verlustes aus dem Haushalt bzw. aus dem sonstigen Vermögen der Trägerkörperschaft anzuge- 961 ben. Es ist allein der bilanzielle Gewinn bzw. Verlust maßgeblich und nicht steuerrechtliche Größen wie der steuerliche Gewinn aus Gewerbebetrieb oder das zu versteuernde Einkommen.[1] Wird der Gewinn gem. § 4 Abs. 3 EStG durch Einnahme-Überschuss-Rechnung ermittelt,[2] ist der maßgebende Steuerbilanzgewinn ggf. zu schätzen.[3] Der Gewinn bzw. Verlust erhöht bzw. vermindert den Bestand der Neurücklagen. Da die Neurücklagen eine Ersatzvergleichsgröße für den ausschüttbaren Gewinn i.S.d. § 27 Abs. 1 Satz 3 KStG darstellen (→ Rz. 911) und dieser anhand des Eigenkapitals lt. Steuerbilanz zu ermitteln ist, ist hier anders als bei der (fiktiven) Leistung der Gewinnverwendung des laufenden Wj. (→ Rz. 931) auf den Steuerbilanzgewinn und nicht auf den Handelsbilanzgewinn abzustellen. Die Eintragungen in Zeilen 38a bis 39a sind jedoch nur vorzunehmen, wenn im Wj. die **Tatbestandsvoraussetzungen des § 20 Abs. 1 Nr. 10b EStG grds. erfüllt** sind und damit der nicht den zulässigen Rücklagen zugeführte Gewinn kapitalertragsteuerpflichtig ist (→ Rz. 930). Sind diese Voraussetzungen nicht erfüllt, erfolgen ausschließlich Eintragungen in Zeile 39b (→ Rz. 967).

962 In **Zeile 38b**, Spalte 3 ist bei Regiebetrieben und wirtschaftlichen Geschäftsbetrieben der in **steuerlich unzulässige Rücklagen**[4] **eingestellte Gewinn** des laufenden Wj. anzugeben. Werden unzulässige Rücklagen gebildet, so gelten diese als ausgeschüttet und wieder eingelegt, so dass das steuerliche Einlagekonto zu erhöhen ist.[5]

963 In **Zeile 38c**, Spalte 3 ist bei Regiebetrieben und wirtschaftlichen Geschäftsbetrieben der Betrag des Ausgleichs des Verlustes des laufenden Wj. aus dem Haushalt bzw. aus dem sonstigen Vermögen der Trägerkörperschaft anzugeben, weil insoweit ein einlagegleicher Vorgang vorliegt, der das steuerliche Einlagekonto erhöht, da der Verlust als zum Schluss des Wj. der Verlustentstehung durch die Trägerkörperschaft als ausgeglichen gilt.[6] Anzusetzen ist der handelsrechtliche Jahresfehlbetrag; wird nur eine Steuerbilanz aufgestellt, ist der Verlust nach § 4 Abs. 1 EStG maßgeblich.[7] Im Falle der Beteiligung an einer Personengesellschaft ist der Verlust aus dem Sonderbetriebsvermögen einzutragen, soweit dieser den entnommenen Gewinn aus dem Gesamthandsvermögen übersteigt.[8] Bei Eigenbetrieben ist ein Zugang zum steuerlichen Einlagekonto erst im Zeitpunkt und in der Höhe des tatsächlichen Verlustausgleichs anzunehmen;[9] dieser ist in Zeile 39 (→ Rz. 965) zu erfassen.

964 Bei **wirtschaftlichen Geschäftsbetrieben** sind in **Zeile 38d**, Spalte 3 folgende Sachverhalte dem steuerlichen Einlagekonto gutzuschreiben:[10]

- Zuführungen von Vermögensmitteln aus dem steuerfreien Bereich der Körperschaft und aus wirtschaftlichen Geschäftsbetrieben, die nicht unter § 20 Abs. 1 Nr. 10 Buchst. b Satz 4 EStG fallen, und
- vorhandene Eigenkapitalanteile von weiteren wirtschaftlichen Geschäftsbetrieben, die erstmals unter § 20 Abs. 1 Nr. 10 Buchst. b Satz 4 EStG fallen.

Sofern die Zuführung gewinnwirksam erfolgte, ist zusätzlich Zeile 39a auszufüllen.

965 **In Zeile 39**, Spalte 3 sind im laufenden Wj. **geleistete sonstige Einlagen** anzugeben. Hierbei handelt es sich um tatsächlich geleistete Beträge, die das steuerliche Einlagekonto erhöhen. Bei Eigenbetrieben zählt hierzu auch der tatsächliche geleistete Verlustausgleich.[11] Wurden die Einlagen gewinnwirksam erfasst, sind sie zusätzlich in Zeile 39a zu erfassen.

966 In **Zeile 39a**, **Spalte 4** sind die im Wj. **geleisteten sonstigen Einlagen** im Sinne der Zeilen 38d und 39, die **gewinnwirksam erfasst** wurden, von den Neurücklagen abzuziehen. Dies ist erforderlich, weil die gewinnwirksam geleisteten Einlagen im Steuerbilanzgewinn/-verlust lt. Zeile 38a gewinnerhöhend und damit die Neurücklagen erhöhend enthalten sind. Da die gewinnwirksam erfasste Einlage jedoch bei der Einkommensermittlung als verdeckte Einlage gem. § 8 Abs. 3 Satz 3 KStG einkommensmindernd berücksichtigt wird, muss sie aus dem für Leistungen zur Verfügung stehenden und aus den Neurücklagen ermittelten ausschüttbaren Gewinn wieder ausgeschieden werden.

967 Waren im Wj. die **Tatbestandsvoraussetzungen des § 20 Abs. 1 Nr. 10b EStG nicht erfüllt**, bleiben an die Trägerkörperschaft (ggf. fiktiv) überführte Gewinne des Wj. bei der Ermittlung der kapitalertragsteuerpflichtigen Leistungen unberücksichtigt (→ Rz. 930). Daher sind in solchen Wj. bei Regiebetrieben und wirtschaftlichen Geschäftsbetrieben neben der Auflösung bestehender Rücklagen, die in Zeile 16 (→ Rz. 929) zu erfassen sind, in **Zeile 39b** nur bestimmte **Eigenkapitalveränderungen**[12] zu erfassen. Hierzu zählen **nicht an die Trägerkörperschaft abgeführte Gewinne** oder Eigenkapitalminderungen durch einen **übernommenen Verlust** (→ Rz. 963) als Zugang im steuerlichen Einlagekonto. Sowohl die nicht abgeführten **Eigenkapitalerhöhungen** als auch ein übernommener Verlust sind in **Zeile 39b, Spalte 3 hinzuzurechnen**.

1) Vgl. BMF v. 28.1.2019, IV C 2 – S 2706-a/15/10001, 2019/0046925, BStBl I 2019, 97, Rz. 26.
2) Vgl. BMF v. 3.1.2013, IV C 2 – S 2706/09/10005, BStBl I 2013, 59.
3) Vgl. BMF v. 28.1.2019, IV C 2 – S 2706-a/15/10001, 2019/0046925, BStBl I 2019, 97, Rz. 27.
4) Vgl. BMF v. 28.1.2019, IV C 2 – S 2706-a/15/10001, 2019/0046925, BStBl I 2019, 97, Rz. 33 ff.
5) Vgl. BMF v. 28.1.2019, IV C 2 – S 2706-a/15/10001, 2019/0046925, BStBl I 2019, 97, Rz. 54.
6) BFH v. 23.1.2008, I R 18/07, BStBl II 2008, 573.
7) Vgl. BMF v. 28.1.2019, IV C 2 – S 2706-a/15/10001, 2019/0046925, BStBl I 2019, 97, Rz. 55.
8) Vgl. BMF v. 21.6.2017, IV C 2 – S 2706/14/10001, BStBl I 2017, 880.
9) Vgl. BMF v. 28.1.2019, IV C 2 – S 2706-a/15/10001, 2019/0046925, BStBl I 2019, 97, Rz. 55.
10) Vgl. BMF v. 2.2.2016, IV C 2 – S 2706-a/14/10001, 2016/0089621, BStBl I 2016, 200.
11) Vgl. BMF v. 28.1.2019, IV C 2 – S 2706-a/15/10001, 2019/0046925, BStBl I 2019, 97, Rz. 55.
12) Vgl. BMF v. 28.1.2019, IV C 2 – S 2706-a/15/10001, 2019/0046925, BStBl I 2019, 97, Rz. 45 i.d.F. BMF v. 4.4.2022, IV C 2 – S 2836/21/10001 :001, BStBl I 2022, 645.

Soweit bei einem Regiebetrieb eine vGA nicht zu Leistungen i.S.d. § 20 Abs. 1 Nr. 10b Satz 1 EStG führt, weil die Buchführungs- oder Betragsvoraussetzungen des § 20 Abs. 1 Nr. 10b EStG nicht erfüllt sind (→ Rz. 929; → Rz. 940 ff.) wird die fiktive Verlusteinlage jedoch durch die vGA verbraucht; eine Erhöhung des steuerlichen Einlagekontos erfolgt insoweit nicht.

h) Nur für Betriebe gewerblicher Art: Erhöhungen des Nennkapitals durch Umwandlung von Rücklagen (Zeilen 40–49)

	Erhöhung des Nennkapitals eines Betriebs gewerblicher Art durch Umwandlung von Rücklagen nach § 28 Absatz 1 KStG				
40	Zwischensumme				
41 bis 46 frei 47	Betrag der Erhöhung des Nennkapitals (ohne Fälle im Sinne der Zeile 9)	48.115			
48	Hierfür Minderung des positiven steuerlichen Einlagekontos bis zu dessen Verbrauch	– ▸	–		
49	Verbleibender Betrag: Nennkapitalerhöhung aus sonstigen Rücklagen, entsprechender Abgang bei den Neurücklagen	▸		–	+

In **Zeile 40**, Spalte 3 ist die **Zwischensumme des steuerlichen Einlagekontos** aus den Zeilen 36g, 37c, 38b, 38c bis 39 und 39b anzugeben. **968**

In **Zeile 47**, Vorspalte ist der **Betrag der Erhöhung des Nennkapitals** in Fällen der Erhöhung des Nennkapitals **durch Umwandlung von Rücklagen** anzugeben. Gemäß § 28 Abs. 1 Satz 1 KStG gilt bei einer Nennkapitalerhöhung durch Umwandlung von Rücklagen zunächst ein positiver Bestand des steuerlichen Einlagekontos als vor den sonstigen Rücklagen verwendet. Übersteigt der Betrag der Nennkapitalerhöhung den Bestand des steuerlichen Einlagekontos, ist für den übersteigenden Betrag ein Sonderausweis nach § 28 Abs. 1 Satz 3 KStG zu bilden. Fälle der Zusammenfassung von BgA nach § 4 Abs. 6 KStG sind nicht in Zeile 47 ff., sondern in den Zeilen 8 ff. (→ Rz. 924 ff.) zu erfassen. **969**

In **Zeile 48** ist die **Nennkapitalerhöhung** anzugeben, für die das **steuerliche Einlagekonto** bis zu dessen Verbrauch **als verwendet gilt**. Dabei ist höchstens der Bestand des steuerlichen Einlagekontos lt. Zeile 40, Spalte 3 zu berücksichtigen. Der Betrag ist in der Vorspalte vom Betrag der Nennkapitalerhöhung und in Spalte 3 vom steuerlichen Einlagekonto abzuziehen. **970**

In **Zeile 49**, **Vorspalte** ist der nach der **Differenzbildung** der Zeilen 47 und 48 **eventuell verbleibende Betrag der Nennkapitalerhöhung** anzugeben, für den eine Nennkapitalerhöhung aus sonstigen Rücklagen unterstellt wird. Daher sind in **Spalte 5** der Sonderausweis um diesen Betrag zu erhöhen und der Bestand der Neurücklagen in **Spalte 4** um diesen Betrag zu mindern. **971**

i) Fiktive Herabsetzung des Nennkapitals bei BgA bei Zusammenfassung von BgA und Abspaltung (Zeilen 50–54)

	Fiktive Herabsetzung des Nennkapitals bei Betrieben gewerblicher Art bei Zusammenfassung von Betrieben gewerblicher Art und Abspaltung				
50	Zwischensumme				
51	Betrag des Nennkapitals am steuerlichen Übertragungsstichtag	48.136			
52 frei 53	Ausstehende Einlagen in das Nennkapital	48.132 –			
53a	Verringerung des Sonderausweises bis zu dessen Verbrauch; niedrigerer Betrag laut Zeile 50 oder dem Betrag laut Zeile 51 abzüglich Betrag laut Zeile 53; entsprechender Zugang bei den Neurücklagen	– ▸		+	–
54	Verbleibender Betrag: Gutschrift beim steuerlichen Einlagekonto	▸	+		

In **Zeile 50**, Spalte 5 ist die **Zwischensumme des Sonderausweises** aus den Zeilen 36b, 36e und 49 anzugeben. **972**

973 Die **Zeilen 51 bis 54** sind auszufüllen, wenn ein BgA gem. § 4 Abs. 6 KStG im bzw. zum Ende des laufenden Wj. mit (einem) anderen BgA zu einem neuen einheitlichen BgA zusammengefasst oder der BgA durch Abspaltung teilweise auf einen anderen Rechtsträger übertragen wurde. In diesen Fällen gilt gem. § 29 Abs. 1 Satz 1 KStG das Nennkapital als in vollem Umfang nach § 28 Abs. 2 Satz 1 KStG herabgesetzt. Dazu wird zunächst der Sonderausweis beim übertragenden BgA bis zu dessen Verbrauch gemindert und im Anschluss ein ggf. übersteigender Betrag an Nennkapital dem steuerlichen Einlagekonto gutgeschrieben, soweit die Einlage in das Nennkapital geleistet ist (§ 28 Abs. 2 Satz 1 KStG).

974 In **Zeile 51**, Vorspalte ist der **Betrag des Nennkapitals des übertragenden BgA** am steuerlichen Übertragungsstichtag anzugeben. Insoweit gilt das Nennkapital als herabgesetzt (§ 29 Abs. 1 Satz 1 KStG). Die fiktive Herabsetzung des gesamten Nennkapitals ist an dieser Stelle auch dann vorzunehmen, wenn der BgA im Falle der Abspaltung nur einen Teil seines Nennkapitals auf den übernehmenden Rechtsträger übertragen hat. Die bei einer Abspaltung insoweit erforderliche Neubildung des bei dem übertragenden BgA verbleibenden Nennkapitals erfolgt in den Zeilen 58 ff. (→ Rz. 997 ff.)

975 In **Zeile 53**, Vorspalte sind die **ausstehenden Einlagen in das Nennkapital** anzugeben und abzuziehen. Dieser Betrag ist abzuziehen, da nach § 28 Abs. 2 Satz 1 KStG nur insoweit eine Gutschrift beim steuerlichen Einlagekonto erfolgt, als die Einlage in das Nennkapital geleistet ist.

976 In **Zeile 53a, Vorspalte** ist der **Betrag** anzugeben und abzuziehen, **um den sich bei einer Nennkapitalherabsetzung zunächst der Sonderausweis mindert** (§ 28 Abs. 2 Satz 1 KStG). Der Betrag ist begrenzt auf den Bestand des Sonderausweises lt. Zeile 50, Spalte 5. In **Spalte 5** sind insoweit der Bestand des Sonderausweises zu vermindern und in **Spalte 4** entsprechend der Bestand der Neurücklagen zu erhöhen, da der Sonderausweis ursprünglich aus den Neurücklagen (= erwirtschaftete Gewinne → Rz. 911) gebildet worden ist und dies nun wieder rückgängig gemacht wird.

977 In **Zeile 54, Vorspalte** ist der nach der Differenzbildung der Zeilen 51 bis 53a, jeweils Vorspalte, **verbleibende Betrag des Nennkapitals** am steuerlichen Übertragungsstichtag anzugeben. Dieser Betrag wird dem steuerlichen Einlagekonto in **Zeile 54, Spalte 3** gutgeschrieben.

j) Einbringung eines gesamten BgA oder eines wirtschaftlichen Geschäftsbetriebs in eine Kapitalgesellschaft (Zeilen 54a–54g)

Steuernummer

- 6 -

Zeile		Vorspalte	Steuerliches Einlagekonto	Neurücklagen	Sonderausweis
		EUR	EUR	EUR	EUR
	1	2	3	4	5
	Einbringung eines gesamten Betriebs gewerblicher Art oder eines wirtschaftlichen Geschäftsbetriebs in eine Kapitalgesellschaft (71)				
54a	Zwischensumme				
54b	Betrag des Nennkapitals am steuerlichen Übertragungsstichtag	48.237			
54c frei 54d	Ausstehende Einlagen in das Nennkapital	48.238 –			
54e	Verringerung des Sonderausweises bis zu dessen Verbrauch; niedrigerer Betrag laut Zeile 54a, Spalte 5 oder dem Betrag laut Zeile 54b abzüglich Betrag laut Zeile 54d; entsprechender Zugang bei den Neurücklagen	– ▸		+	–
54f	Verbleibender Betrag: Gutschrift beim steuerlichen Einlagekonto	▸	+		
54g	Verbleibender Betrag des Nennkapitals am steuerlichen Übertragungsstichtag (laut Zeile 54f); Abzug vom steuerlichen Einlagekonto, soweit die Rückzahlung nicht aus der Minderung des Sonderausweises stammt; im Übrigen Abzug von den Neurücklagen		–	–	

978 In **Zeile 54a**, Spalte 3 ist die **Zwischensumme des steuerlichen Einlagekontos** aus den Zeilen 40, 48 und 54 anzugeben. In Zeile 54a, Spalte 5 ist die **Zwischensumme des Sonderausweises** aus den Zeilen 50 und 53a zu erfassen.

979 In Umwandlungsfällen i.S.d. § 1 UmwG gilt gem. § 29 Abs. 1 Satz 1 KStG das Nennkapital als in vollem Umfang nach § 28 Abs. 2 Satz 1 KStG herabgesetzt. Wird ein gesamter **BgA in eine Kapitalgesellschaft eingebracht**, wird zunächst der Sonderausweis beim übertragenden BgA bis zu dessen Verbrauch gemindert und im Anschluss ein ggf. übersteigender Betrag an Nennkapital dem steuerlichen Einlagekonto gutgeschrieben, soweit die Einlage in das Nennkapital geleistet ist (§ 28 Abs. 2 Satz 1 KStG). Soweit die den Sonderausweis übersteigende fiktive Nennkapitalherabsetzung das steuerliche Einlagekonto übersteigt, führt dies bei der Trägerkörperschaft zu Einkünften

nach § 20 Abs. 1 Nr. 10b Satz 2 EStG. Die Berechnung dieser kapitalertragsteuerpflichtigen fiktiven Nennkapitalherabsetzung erfolgt in den **Zeilen 54b bis 54g**. Als Einbringung des gesamten BgA in eine Kapitalgesellschaft gilt auch der Formwechsel einer Personengesellschaft in eine Kapitalgesellschaft, wenn die Beteiligung einer j.P.d.ö.R. an dieser Personengesellschaft einen BgA darstellt. Gleiches gilt, wenn die Beteiligung einer steuerbefreiten Körperschaft an einer Personengesellschaft einen wirtschaftlichen Geschäftsbetrieb darstellt.

In **Zeile 54b**, Vorspalte ist der Betrag des Nennkapitals am steuerlichen Übertragungsstichtag anzugeben, das nach **980**
§ 29 Abs. 1 KStG fiktiv herabgesetzt wird.

In **Zeile 54d**, Vorspalte sind die **ausstehenden Einlagen in das Nennkapital** anzugeben und vom Betrag lt. Zei- **981**
le 54b, Vorspalte abzuziehen. Ausstehende Einlagen in das Nennkapital können nicht im steuerlichen Einlagekonto enthalten sein und können dieses bei fiktiver Kapitalherabsetzung daher auch nicht mindern. Ebenso wenig können sie nach § 28 Abs. 2 Satz 1 KStG das steuerliche Einlagekonto erhöhen.

In **Zeile 54e, Vorspalte** und **Spalte 5** ist der **Sonderausweis** (§ 28 Abs. 1 Satz 3 KStG) lt. Zeile 54a anzugeben und **982**
von Zeile 54b, Vorspalte und Zeile 54a, Spalte 5 abzuziehen. Da das Nennkapital fiktiv auf 0 € herabsetzt wird, ist infolgedessen auch der Sonderausweis bis auf einen Bestand von 0 € zu vermindern (§ 28 Abs. 2 Satz 1 KStG). Zugleich ist in Zeile 54e, Spalte 4 ein entsprechender Zugang bei den Neurücklagen zu erfassen, da der Sonderausweis ursprünglich aus den Neurücklagen (= erwirtschaftete Gewinne → Rz. 911) gebildet worden ist und dies nun wieder rückgängig gemacht wird.

In **Zeile 54f, Vorspalte** ist in Höhe der **Differenz** zwischen den Beträgen lt. Zeilen 54b bis 54e, jeweils Vorspalte, **983**
der verbleibende Betrag des Nennkapitals am steuerlichen Übertragungsstichtag nach Abzug des Sonderausweises und der ausstehenden Einlagen anzugeben, der in **Zeile 54f, Spalte 3** dem steuerlichen Einlagekonto gutzuschreiben ist.

In **Zeile 54g**, Vorspalte ist das **verbleibende Nennkapital am steuerlichen Übertragungsstichtag** lt. Zeile 54f, Vor- **984**
spalte vom steuerlichen Einlagekonto in Zeile 54f, Spalte 3 abzuziehen, soweit die fiktive Nennkapitalherabsetzung nicht aus der Minderung des Sonderausweises lt. Zeile 54e stammt. Einzutragen ist daher der Betrag lt. Zeile 54f abzgl. des Betrags lt. Zeile 54e, Spalte 5. Die aus der Minderung des Sonderausweises stammende fiktive Nennkapitalherabsetzung, also der Betrag lt. Zeile 54e, Spalte 5, ist in Zeile 54g, Spalte 4 von den Neurücklagen abzuziehen. Insoweit liegen unter den übrigen Voraussetzungen des § 20b Abs. 1 Nr. 10b EStG kapitalertragsteuerpflichtige Leistungen vor.

k) Fiktive Rückzahlung der offenen Rücklagen bei Einbringung eines gesamten BgA oder eines wirtschaftlichen Geschäftsbetriebs in eine Kapitalgesellschaft (Zeilen 55–55e)

	Fiktive Rückzahlung der offenen Rücklagen bei Einbringung eines gesamten Betriebs gewerblicher Art oder eines wirtschaftlichen Geschäftsbetriebs in eine Kapitalgesellschaft 71				
55	Zwischensumme				
55a	Zum Zeitpunkt der Umwandlung vorhandene offene Rücklagen	48.154			
55b	Abzug des Betrages laut Zeile 55a, höchstens in Höhe eines positiven Betrages laut Zeile 55 Spalte 4	– ▸		–	
55c	Verbleibender Betrag				
55d	Abzug des Betrages laut Zeile 55c oder ein nach § 27 Absatz 5 KStG zu berücksichtigender Betrag, höchstens in Höhe des Betrages laut Zeile 55 Spalte 3	– ▸	–		
55e	Abzug des übersteigenden Betrages	▸		–	

In Zeile 55, Spalten 3 und 4 ist als Zwischensumme **des steuerlichen Einlagekontos** der Saldo aus den Zeilen 54a, **985**
54f und 54g und als Zwischensumme **der Neurücklagen** der Saldo aus den Zeilen 7 bzw. 8 und den Zeilen 11, 25, 28, 31d, 35a, 36e, 37a, 38a, 39a, 49, 53a, 54e und 54g anzugeben.

In **Zeile 55a**, Vorspalte sind im Falle der Einbringung eines gesamten BgA oder eines wirtschaftlichen Geschäftsbe- **986**
triebs in eine Kapitalgesellschaft **die zum Zeitpunkt der Umwandlung vorhandenen offenen Rücklagen** anzugeben. Der in Zeile 55a eingetragene Wert führt bei der Trägerkörperschaft zu Einnahmen i.S.d. § 20 Abs. 1 Nr. 10b Satz 2 EStG, die zum Kapitalertragsteuerabzug verpflichten, sofern nicht das steuerliche Einlagekonto als verwendet gilt, da die Rücklagen mit der Umwandlung als aufgelöst gelten.[1] Die weiteren Zeilen dienen der Ermittlung,

1) Vgl. BMF v. 28.1.2019, IV C 2 – S 2706-a/15/10001, 2019/0046925, BStBl I 2019, 97, Rz. 39.

inwieweit durch die Auflösung der Rücklagen Neurücklagen und steuerliches Einlagekonto als verwendet gelten, wobei hinsichtlich der Verwendung des steuerlichen Einlagekontos (das erst nach Auskehrung der Neurücklagen als verwendet gilt) gem. § 20 Abs. 1 Nr. 1 Satz 3 EStG keine steuerpflichtigen Einnahmen i.S.d. § 20 Abs. 1 Nr. 10b EStG vorliegen. Als Einbringung eines gesamten BgA oder eines wirtschaftlichen Geschäftsbetriebs in eine Kapitalgesellschaft gilt auch der Formwechsel einer Personengesellschaft in eine Kapitalgesellschaft, wenn die Beteiligung einer j.P.d.ö.R an dieser Personengesellschaft einen BgA darstellt. Gleiches gilt, wenn die Beteiligung einer steuerbefreiten Körperschaft an einer Personengesellschaft einen wirtschaftlichen Geschäftsbetrieb darstellt.

987 In **Zeile 55b**, Vorspalte erfolgt der Abzug der im Zeitpunkt der Umwandlung vorhandenen offenen Rücklagen lt. Zeile 55a in der **Vorspalte** und zusätzlich in **Spalte 4** von den Neurücklagen, jedoch begrenzt auf den Betrag der Neurücklagen lt. Zeile 55, Spalte 4.

988 In **Zeile 55c** ist der **verbleibende Betrag** der im Zeitpunkt der Umwandlung vorhandenen offenen Rücklagen aus der Differenz der Zeilen 55a und 55b, jeweils Vorspalte anzugeben.

989 In **Zeile 55d**, **Vorspalte** erfolgt der Abzug des Betrags der Zeile 55c, Vorspalte, jedoch begrenzt auf den positiven Betrag des steuerlichen Einlagekontos lt. Zeile 55, Spalte 3. Soweit allerdings die Verwendung des steuerlichen Einlagekontos unzutreffend bescheinigt wurde, ist insoweit stattdessen der nach § 27 Abs. 5 KStG maßgebende Betrag einzutragen (→ Rz. 937). Zusätzlich ist der jeweils entsprechende Betrag in **Zeile 55d, Spalte 3** anzugeben und das steuerliche Einlagekonto zu vermindern.

990 In **Zeile 55e, Vorspalte** ist der Betrag anzugeben, um den die offenen Rücklagen den Bestand der Neurücklagen und des steuerlichen Einlagekontos übersteigen (Differenzbildung der Zeilen 55c und 55d). Dieser übersteigende Betrag ist in **Zeile 55e**, **Spalte 4** von den Neurücklagen abzuziehen.

l) Abspaltung (Zeilen 55f–62)

	Abspaltung				
55f	Zwischensumme				
55g	Der für die Abspaltung maßgebende Zähler nach § 29 Absatz 3 KStG	48.341			
55h	Der für die Abspaltung maßgebende Nenner nach § 29 Absatz 3 KStG	48.342			
56	Verringerung des steuerlichen Einlagekontos nach § 29 Absatz 3 KStG und der Neurücklagen (Betrag laut Zeile 55f multipliziert mit dem Betrag laut Zeile 55g dividiert durch den Betrag laut Zeile 55h)		–	–	

Steuernummer

- 7 -

Zeile		Vorspalte	Steuerliches Einlagekonto	Neurücklagen	Sonderausweis
		EUR	EUR	EUR	EUR
	1	2	3	4	5
	Anpassung des Nennkapitals bei einem Betrieb gewerblicher Art im Falle der Abspaltung (Nicht bei Zusammenfassung von Betrieben gewerblicher Art nach § 8 Absatz 8 KStG im laufenden Wirtschaftsjahr)				
57	Zwischensumme				
58	Höhe des Nennkapitals nach Abspaltung	48.118			
59	Ausstehende Einlagen in das Nennkapital	48.180 –			
60	Zwischensumme				
61	Hierfür Minderung des positiven steuerlichen Einlagekontos bis zu dessen Verbrauch	– ▸	–		
62	Verbleibender Betrag: Nennkapitalerhöhung aus sonstigen Rücklagen; entsprechender Abgang bei den Neurücklagen	▸		–	+

In **Zeile 55f** ist in den Spalten 3 und 4 die **Zwischensumme** des steuerlichen Einlagekontos und der Neurücklagen aus den Zeilen 55 und 55d bzw. Zeilen 55, 55b und 55e anzugeben. **991**

In **Zeile 55g**, Vorspalte ist der für die **Abspaltung** maßgebende **Zähler** nach § 29 Abs. 3 KStG einzutragen. **993**

In **Zeile 55h**, Vorspalte ist der für die **Abspaltung** maßgebende **Nenner** nach § 29 Abs. 3 KStG einzutragen. **994**

In **Zeile 56** ist in Fällen der **Abspaltung** die Verringerung des steuerlichen Einlagekontos in Spalte 3 und der Neurücklagen in Spalte 4 anzugeben. Gemäß § 29 Abs. 3 Satz 1 KStG geht das steuerliche Einlagekonto einer übertragenden Körperschaft bei einer Abspaltung im Verhältnis der übergehenden Vermögensteile zum bestehenden Vermögen des übertragenden Rechtsträgers vor der Übertragung auf den übernehmenden Rechtsträger über. Für steuerliche Zwecke ist vom Verhältnis der gemeinen Werte der Vermögensteile zueinander auszugehen (§ 29 Abs. 3 Satz 3 KStG). Der Betrag ergibt sich aus dem Produkt des Betrags lt. Zeile 55f mit dem Quotienten aus den Zeilen 55g und 55h. Bei einer Verschmelzung oder Aufspaltung geht die übertragende Körperschaft unter, so dass für steuerliche Zwecke eine Fortführung der Werte entbehrlich ist. **995**

In **Zeile 57, Spalte 3** ist die **Zwischensumme des steuerlichen Einlagekontos** aus den Zeilen 55f und 56 anzugeben. **996**

Die **Zeilen 58 bis 62** sind **nur bei BgA** auszufüllen, jedoch auch nur dann, wenn der BgA nicht gem. § 4 Abs. 6 KStG mit (einem) anderen BgA zu einem neuen einheitlichen BgA zusammengefasst wurde. In diesen Fällen sind die Zeilen 8 ff. (→ Rz. 924 ff.) zu verwenden. In **Zeile 58**, Vorspalte ist die **Höhe des Nennkapitals des übertragenden BgA nach der Abspaltung** anzugeben, um das nach der Abspaltung noch vorhandene Nennkapital wieder neu zu bilden, das zunächst in voller Höhe fiktiv herabgesetzt wurde (→ Rz. 974). Gemäß § 29 Abs. 4 KStG erfolgt die **Anpassung des Nennkapitals** entsprechend den Regelungen des § 28 Abs. 1 und 3 KStG. Danach gilt der positive Bestand des steuerlichen Einlagekontos als vor den sonstigen Rücklagen verwendet. **997**

In **Zeile 59**, Vorspalte sind die **ausstehenden Einlagen in das Nennkapital** anzugeben und vom Betrag lt. Zeile 58, Vorspalte abzuziehen. Der Abzug erfolgt, damit das steuerliche Einlagekonto nicht gemindert bzw. der Sonderausweis nicht erhöht werden, ohne dass die entsprechenden Mittel dem Nennkapital tatsächlich auch zugeflossen sind. **998**

In **Zeile 60**, Vorspalte ist als **Zwischensumme** die Differenz der Zeilen 58 und 59 anzugeben. **999**

In **Zeile 61, Vorspalte** ist die **Verwendung des steuerlichen Einlagekontos** bis zu dessen Verbrauch anzugeben, also höchstens der Betrag lt. Zeile 57, Spalte 3 zu berücksichtigen und von der Zwischensumme lt. Zeile 60 abzuziehen. In gleicher Höhe wird der Bestand des steuerlichen Einlagekontos in **Zeile 61, Spalte 3** gemindert. **1000**

In **Zeile 62, Vorspalte** ist der nach der Differenzbildung der Zeilen 60 und 61 verbleibende Betrag anzugeben, der die **Nennkapitalerhöhung aus sonstigen Rücklagen** darstellt. Daher wird der Betrag dem Bestand des Sonderausweises in **Zeile 62, Spalte 5** hinzugerechnet und von den Neurücklagen in **Zeile 62, Spalte 4** entsprechend abgezogen. **1001**

m) Verminderung des Sonderausweises und des steuerlichen Einlagekontos nach § 28 Abs. 3 KStG (Zeilen 63 und 64)

	Verminderung des Sonderausweises und des steuerlichen Einlagekontos nach § 28 Absatz 3 KStG				
63	Zwischensumme				
64	Abzug des Betrages laut Zeile 63 Spalte 5 - maximal in Höhe des positiven Betrages laut Zeile 63 Spalte 3 - jeweils abzuziehen in Spalten 3 und 5 und hinzuzurechnen in Spalte 4		–	+	–

In **Zeile 63, Spalten 3 und 5** ist jeweils die **Zwischensumme** des **steuerlichen Einlagekontos** und des **Sonderausweises** aus den Zeilen 57 und 61 bzw. 54a, 54e und 62 anzugeben. **1002**

In **Zeile 64** erfolgt die **Verrechnung des Sonderausweises mit dem steuerlichen Einlagekonto** gem. § 28 Abs. 3 KStG, um möglichst den Sonderausweis nach § 28 Abs. 1 Satz 3 KStG zu vermeiden. Dazu ist der Sonderausweis bis zu dessen Verbrauch um den positiven Bestand des steuerlichen Einlagekontos lt. Zeile 63, Spalte 3 zu vermindern. Das steuerliche Einlagekonto ist in **Spalte 3** entsprechend zu mindern. In Zeile 64, **Spalte 4** sind die Neurücklagen entsprechend zu erhöhen, da der Betrag, um den das steuerliche Einlagekonto und der Sonderausweis gemindert wurden, dem BgA als ausschüttbares Eigenkapital wieder zur Verfügung steht. **1003**

n) Endbestände des steuerlichen Einlagekontos, der Neurücklagen und des Sonderausweises (Zeile 65)

	Endbestände				
65	Endbestände zum Schluss des Wirtschaftsjahres				

1004 In **Zeile 65** sind die **Endbestände des steuerlichen Einlagekontos** in Spalte 3 (Differenz der Beträge lt. Zeilen 63 und 64), der **Neurücklagen** in Spalte 4 (Saldo der Beträge lt. Zeilen 55f, 56, 62 und 64) und des **Sonderausweises** in Spalte 5 (Differenz der Beträge lt. Zeilen 63 und 64) zum Schluss des Wj. anzugeben. Das steuerliche Einlagekonto und der Sonderausweis werden gesondert festgestellt (§ 27 Abs. 2 KStG bzw. § 28 Abs. 1 Satz 4 KStG); die Neurücklagen werden nur nachrichtlich ermittelt.

5. Angaben zu ausgestellten Steuerbescheinigungen (Zeilen 65a–65c)

	Angaben zu ausgestellten Bescheinigungen über die Minderung des steuerlichen Einlagekontos	EUR
65a	Die Minderung des steuerlichen Einlagekontos für die in Zeile 24 eingetragenen Leistungen wurde im Wirtschaftsjahr bescheinigt in Höhe von	19.287
65b	Die Minderung des steuerlichen Einlagekontos für die in Zeile 31a eingetragenen Leistungen wurde im Wirtschaftsjahr bescheinigt in Höhe von	19.288
65c	Die Minderung des steuerlichen Einlagekontos für die in Zeile 55a eingetragenen Leistungen wurde im Wirtschaftsjahr bescheinigt in Höhe von	19.289

1005 Die **Verwendung des steuerlichen Einlagekontos** für Leistungen der Körperschaft setzt voraus, dass die rechnerisch gem. § 27 Abs. 1 Satz 3 KStG mögliche Verwendung gem. § 27 Abs. 3 KStG auch entsprechend in **erteilten Steuerbescheinigungen** bescheinigt wird. Ist für eine Leistung der Kapitalgesellschaft die Minderung des Einlagekontos zu niedrig bescheinigt worden, bleibt die der Bescheinigung zu Grunde gelegte Verwendung gem. § 27 Abs. 5 Satz 1 KStG unverändert. Ist für eine Leistung bis zum Tag der Bekanntgabe der erstmaligen Feststellung i.S.d. § 27 Abs. 2 KStG zum Schluss des Wj. der Leistung eine Steuerbescheinigung i.S.d. § 27 Abs. 3 KStG nicht erteilt worden, gilt der Betrag der Einlagenrückgewähr gem. § 27 Abs. 5 Satz 2 KStG als mit 0 € bescheinigt. In diesen Fällen ist gem. § 27 Abs. 5 Satz 3 KStG eine Berichtigung oder erstmalige Erteilung von Steuerbescheinigungen nicht zulässig. Ist die Verwendung des steuerlichen Einlagekontos zu hoch bescheinigt worden, ist die auf den überhöht ausgewiesenen Betrag der Einlagenrückgewähr entfallende Kapitalertragsteuer gem. § 27 Abs. 5 Satz 4 KStG durch Haftungsbescheid geltend zu machen, sofern die Steuerbescheinigungen nicht nach § 27 Abs. 5 Satz 5 KStG berichtigt werden. In den **Zeilen 65a bis 65c** ist daher anzugeben, inwieweit für die einzelnen Leistungen der Körperschaft die Verwendung des steuerlichen Einlagekontos in entsprechenden Steuerbescheinigungen bescheinigt wurde.

1006 In **Zeile 65a** sind die bescheinigten Beträge für die im Wj. (ggf. fiktiv) **erbrachten Leistungen** lt. Zeile 24 (→ Rz. 934) anzugeben.

1007 In **Zeile 65b** sind **bei BgA** die bescheinigten Beträge für die im Wj. erbrachten **vGA an die Trägerkörperschaft** lt. Zeile 31a (→ Rz. 940) einzutragen.

1008 In **Zeile 65c** sind die bescheinigten Beträge für die im Zeitpunkt der Umwandlung vorhandenen **offenen Rücklagen** lt. Zeile 55a (→ Rz. 986) zu erklären.

6. Ermittlung der kapitalertragsteuerpflichtigen Leistungen (Zeilen 66–68)

	Ermittlung der kapitalertragsteuerpflichtigen Leistungen	
66	Summe der Beträge laut Zeile 24 Spalte 2, Zeile 31a Spalte 2, Zeile 37, Zeile 54g Spalte 4 und Zeile 55a	
67	Minderung des steuerlichen Einlagekontos (Summe der Beträge laut Zeile 27 Spalte 3, Zeile 31d Spalte 3, Zeile 37c Spalte 3 und Zeile 55d Spalte 3)	–
68	Kapitalertragsteuerpflichtige Leistungen, sofern die sonstigen Voraussetzungen des § 20 Absatz 1 Nummer 10 Buchstabe b EStG erfüllt sind (66)	

1009 In **Zeile 66** sind die nach § 20 Abs. 1 Nr. 10b EStG dem Grunde nach **kapitalertragsteuerpflichtigen Leistungen** anzugeben. Hierbei handelt es sich um die Summe der Beträge aus Zeile 24, Vorspalte (**als ausgeschüttet geltender Gewinn** des laufenden Wj.), Zeile 31a, Vorspalte (**vGA**), Zeile 37 (im Wj. **ausgezahlte Beträge bei Herabsetzung des Nennkapitals**, soweit sie aus dem Sonderausweis stammen), Zeile 54g, Spalte 4 (aus der Minderung des Sonderausweises stammender Betrag der **fiktiven Nennkapitalherabsetzung bei Umwandlung**) und der Zeile 55a (zum Zeitpunkt der Umwandlung vorhandener **Bestand der offenen Rücklagen**). Von dieser Gesamtsumme der Leistungen ist in Zeile 67 der Teil der Leistungen abzuziehen, für die das steuerliche Einlagekonto als verwendet gilt und die damit gem. § 20 Abs. 1 Nr. 1 Satz 3 EStG nicht steuerpflichtig sind. Bei dem dadurch entstehenden Differenzbetrag handelt es sich um Leistungen, die nach § 20 Abs. 1 Nr. 10b EStG kapitalertragsteuerpflichtig sein können.

1010 In **Zeile 67** ist die Summe der Beträge (jeweils Spalte 3) lt. Zeile 27, Zeile 31d, Zeile 37c und der Zeile 55d anzugeben. Diese Leistungen, für die **das steuerliche Einlagekonto als verwendet gilt**, sind von den Leistungen lt. Zeile 66 abzuziehen.

In **Zeile 68** sind nach der Differenzbildung der Zeilen 66 und 67 die **verbleibenden Leistungen** anzugeben, die bei Vorliegen der sonstigen Voraussetzungen des § 20 Abs. 1 Nr. 10b EStG kapitalertragsteuerpflichtige Leistungen darstellen. 1011

Praxishinweis:

Diese Ermittlung ersetzt nicht die ggf. erforderliche Kapitalertragsteuer-Anmeldung. Vielmehr ist noch zu prüfen, ob und zu welchen Zeitpunkten die jeweiligen Leistungen nach § 44 Abs. 6 EStG eine Kapitalertragsteuer-Anmeldung erfordern. Die weiteren Voraussetzungen des § 20 Abs. 1 Nr. 10b EStG müssen ebenfalls vorliegen (vgl. Ausführungen zu Inhalt und Bedeutung der Anlage KSt 1 Fa, → Rz. 913). So entsteht die Kapitalertragsteuer nach § 44 Abs. 6 Satz 2 EStG im Zeitpunkt der Bilanzerstellung, spätestens aber acht Monate nach Ablauf des Wj. Werden zulässige Rücklagen für Zwecke außerhalb des BgA bzw. des wirtschaftlichen Geschäftsbetriebs aufgelöst, so entsteht die Kapitalertragsteuer zum Ende des Wj.

XIV. Anlage OG – Hinzurechnungen und Kürzungen bei Organgesellschaften

1. Anwendungsbereich des Vordrucks

Bezeichnung des Steuerpflichtigen	Enden in einem Veranlagungszeitraum zwei Wirtschaftsjahre, ist für jedes Wirtschaftsjahr die Anlage OG gesondert auszufüllen.	**Anlage OG**	**2025**
Steuernummer	Die mit einem Kreis versehenen Zahlen bezeichnen die Erläuterungen in der Anleitung zur Körperschaftsteuererklärung.	☐ zur Steuererklärung ☐ zum Bescheid	

Hinzurechnungen/Kürzungen bei Organgesellschaften

1012 Die **Anlage OG** dient der Ermittlung des dem Organträger zuzurechnenden Einkommens der Organgesellschaft. Sie ist daher nur **von Organgesellschaften auszufüllen**. Die Ermittlung des dem Organträger zuzurechnenden Einkommens der Organgesellschaft bildet damit den zweiten Schritt (die Einkommensermittlung) ab. In einem ersten Schritt sind zunächst die bilanziellen Auswirkungen der Gewinnabführung bzw. Verlustübernahme in den Zeilen 281 bis 285 auf der Anlage GK zu neutralisieren.

Ist die Körperschaft Organgesellschaft und zugleich Organträger einer oder mehreren anderen Organgesellschaft(en), hat sie sowohl die Anlage OG als auch (jeweils) die Anlage(n) OT (→ Rz. 1121 ff.) auszufüllen.

1013 Eine Anlage OG darf folglich nur abgegeben werden, wenn in dem VZ, für den die Körperschaftsteuererklärung abgegeben wird, die Voraussetzungen für die Organschaft vorliegen und es sich bei der Körperschaft, die die Steuererklärung ausfüllt, um die Organgesellschaft handelt.

Wesentlich für das Vorliegen der Organschaft ist der Abschluss eines (handelsrechtlichen) **Gewinnabführungsvertrags (GAV)**. Zur Begründung der Organschaft muss sich eine Kapitalgesellschaft mit einem auf mindestens fünf Jahre abgeschlossenen GAV verpflichten, den ganzen Gewinn an ein anderes gewerbliches Unternehmen (Kapitalgesellschaft, originär gewerblich tätige Personengesellschaft oder gewerbliches Einzelunternehmen) abzuführen. Der GAV muss für seine Wirksamkeit in das Handelsregister der Organgesellschaft eingetragen werden, vgl. § 294 Abs. 2 HGB.

Ist der Organträger keine Aktiengesellschaft, muss in dem GAV auch eine Verlustübernahme durch Verweis auf die Vorschriften des § 302 AktG in seiner jeweils gültigen Fassung vereinbart werden, vgl. § 17 Abs. 1 Nr. 2 KStG.

Praxishinweis:
Es empfiehlt sich, die Verlustübernahme im GAV wie folgt zu fassen: „Für die Verlustübernahme gilt § 302 des Aktiengesetzes in seiner jeweils gültigen Fassung." Hiervon abweichende Formulierungen bergen das Risiko, dass bei Änderung des § 302 AktG der GAV angepasst werden muss und ggf. als Neuabschluss (mit wiederum fünfjähriger Mindestlaufzeit) gewertet wird.

Neben dem GAV muss die Gewinnabführung aber auch tatsächlich durchgeführt worden sein. Das bedeutet, dass ein Gewinn in voller Höhe an den Organträger abgeführt und ein Verlust in voller Höhe vom Organträger übernommen werden muss. In der Regel werden Gewinne oder Verluste nicht sofort ausgeglichen, sondern auf Verrechnungskonten verbucht. In der Handelsbilanz muss die Gewinnabführung als Aufwand, die Verlustübernahme als Ertrag gebucht worden sein. Handelsrechtlich beträgt der Jahresüberschuss beim Vorliegen eines GAV also regelmäßig „0". Durch Mehr- und Minderabführungen kann sich ein in Zeile 11 der Anlage GK einzutragender steuerbilanzieller Jahresüberschuss/-fehlbetrag ergeben, der nicht „0" ist (→ Rz. 345).

Ist der (handelsrechtliche) Gewinn nicht in zutreffender Höhe abgeführt bzw. ein Verlust nicht in zutreffender Höhe ausgeglichen worden, führt dies grundsätzlich zum Scheitern der Organschaft. Mit § 14 Abs. 1 Nr. 3 Satz 4 KStG hat der Gesetzgeber jedoch eine Möglichkeit geschaffen, Fehler bei der Gewinnabführung bzw. Verlustübernahme zu heilen.

Der **Organträger** muss gem. § 14 Abs. 1 Satz 1 Nr. 2 Satz 1 KStG eine natürliche Person oder eine nicht von der Körperschaftsteuer befreite Körperschaft, Personenvereinigung oder Vermögensmasse i.S.d. § 1 KStG sein. Weitere Voraussetzung ist, dass der Organträger ein **gewerbliches Unternehmen** betreibt (§ 14 Abs. 1 Satz 1 KStG). Organträger kann gem. § 14 Abs. 1 Satz 1 Nr. 2 Satz 2 KStG auch eine Personengesellschaft i.S.d. § 15 Abs. 1 Satz 1 Nr. 2 EStG sein, wenn sie eine originär gewerbliche Tätigkeit i.S.d. § 15 Abs. 1 Satz 1 Nr. 1 EStG ausübt. Ein inländischer Sitz oder eine Geschäftsleitung im Inland sind für den Organträger jeweils nicht erforderlich. Hat der Organträger im Inland weder Sitz noch Ort der Geschäftsleitung, muss die unmittelbare oder mittelbare Beteiligung an der Organgesellschaft gem. § 14 Abs. 1 Satz 1 Nr. 2 Satz 4 KStG ununterbrochen während der gesamten Dauer der Organschaft einer inländischen Betriebsstätte i.S.d. § 12 AO des Organträgers zuzurechnen sein. Diese Voraussetzung ist nur dann erfüllt, wenn die dieser Betriebsstätte zuzurechnenden Einkünfte sowohl nach innerstaatlichem Recht als auch nach dem jeweils anzuwendenden DBA der inländischen Besteuerung unterliegen (§ 14 Abs. 1 Satz 1 Nr. 2 Satz 7 KStG). Ist eine Organgesellschaft Mitunternehmer einer Personengesellschaft, die Organträger ist, ist die Organgesellschaft für ihre Einkommensermittlung insoweit wie ein Organträger zu behandeln. Dies bedeutet, dass die Organgesellschaft für das ihr über die Organträger-Personengesellschaft zuzurechnende Einkommen von deren Organgesellschaft(en) (jeweils) eine Anlage OT (→ Rz. 1121 ff.) einzureichen hat.

Als Organgesellschaft kommen gem. § 14 Abs. 1 Satz 1 KStG eine AG, eine KGaA, eine Europäische Gesellschaft bzw. nach § 17 Abs. 1 Satz 1 KStG eine GmbH, eine Unternehmergesellschaft (haftungsbeschränkt) i.S.d. § 5a GmbHG oder eine nach ausländischem Recht gegründete Gesellschaft, die nach dem sog. Typenvergleich[1)] mit einer inländischen Kapitalgesellschaft vergleichbar ist, mit Geschäftsleitung im Inland und Sitz in einem Mitgliedstaat der Europäischen Union oder in einem Vertragsstaat des EWR-Abkommens in Betracht. **1014**

Weitere Voraussetzungen für die Anerkennung einer ertragsteuerlichen Organschaft sind das Vorliegen einer ununterbrochenen unmittelbaren finanziellen Eingliederung (Mehrheit der Stimmrechte) vom Beginn des Wj. der Organgesellschaft an (§ 14 Abs. 1 Satz 1 Nr. 1 Satz 1 KStG) und ein GAV i.S.d. § 291 Abs. 1 AktG, der die Abführung des gesamten Gewinns beinhalten muss (§ 14 Abs. 1 Satz 1 KStG). Mittelbare Beteiligungen sind zu berücksichtigen, wenn die Beteiligung an jeder vermittelnden Gesellschaft die Mehrheit der Stimmrechte gewährt (§ 14 Abs. 1 Satz 1 Nr. 1 Satz 2 KStG). Die Gewinnabführungsverpflichtung muss auf mindestens fünf Jahre abgeschlossen und während dieser Zeit durchgeführt werden (§ 14 Abs. 1 Satz 1 Nr. 3 Satz 1 KStG). Hierbei ist eine Mindestlaufzeit von fünf Zeitjahren, entsprechend 60 Monaten, gemeint, die im GAV vereinbart werden muss.[2)] Daher muss der GAV bei Beginn in einem Rumpfwirtschaftsjahr grundsätzlich nicht nur fünf Wj., sondern fünf Zeitjahre umfassen und sollte in solchen Fällen also das sechste Wj. einschließen. Da es sich aber um eine zukunftsgerichtete Verpflichtung handelt, wird es nicht beanstandet, wenn bei zwischenzeitlichem Wechsel des Abschlussstichtags gewährleistet ist, dass der frühestmögliche Zeitpunkt der Kündigung erst nach Ablauf von 60 Monaten nach Beginn des GAVs liegt. Die tatsächliche Durchführung des GAVs muss stets die Mindestlaufzeit erfüllen. **1015**

Beispiel:

Der GAV wurde mit Beginn des Wj. zum 1.4.01 wirksam und kann daher gem. § 14 Abs. 1 Satz 1 Nr. 3 Satz 1 KStG frühestens mit Ablauf des 31.3.06 gekündigt werden. Am 30.11.01 wurde beschlossen, das Wj. zum 31.12.01 auf ein kalendergleiches Wj. umzustellen.

Durch das Rumpf-Wj. 1.4.01–31.12.01 unterlagen mit Ablauf des 31.12.05 fünf Wj. dem Organschaftsverhältnis. Das bedeutet aber nicht, dass damit der GAV bereits zum 31.12.05 gekündigt werden könnte. Der Vertrag muss weiterhin auf mindestens fünf Zeitjahre abgeschlossen bleiben, da die Gewinnabführungsverpflichtung den Zeitraum vom 1.4.01 bis zum 31.3.06 umfasst. Wird der gesamte Gewinn für 06 (Wj. 1.1.–31.12.06) bzw. der gesamte in einem vom 1.1.06 bis 31.3.06 gebildeten Rumpfwirtschaftsjahr erzielte Gewinn abgeführt, ist die Organschaft anzuerkennen, wenn die weiteren Voraussetzungen erfüllt sind.

Erfüllt der GAV von Anfang an die o.g. Voraussetzungen nicht, kann die ertragsteuerliche Organschaft von Beginn an nicht anerkannt werden. Wird der GAV nicht während der gesamten Mindestlaufzeit durchgeführt, ist er rückwirkend nicht anzuerkennen, es sei denn, die Beendigung der Gewinnabführung beruht auf einem wichtigen, die Kündigung rechtfertigenden Grund (§ 14 Abs. 1 Satz 1 Nr. 3 Satz 2 KStG). In diesem Fall bleibt die Organschaft für die zurückliegenden Wj. der Organgesellschaft erhalten. Im betreffenden Wj. wirkt die Kündigung oder Aufhebung des GAVs allerdings auf den Beginn des Wj. zurück mit der Folge, dass das Organschaftsverhältnis für dieses Wj. nicht mehr anzuerkennen ist (§ 14 Abs. 1 Satz 1 Nr. 3 Satz 3 KStG). **1016**

Für Gewinnabführungsverträge, die nach dem 26.2.2013 abgeschlossen oder geändert werden, muss bei anderen Kapitalgesellschaften als Organgesellschaften i.S.d. § 17 Abs. 1 Satz 1 KStG in dem **Gewinnabführungsvertrag** die **Verlustübernahme** gem. § 17 Abs. 1 Satz 2 Nr. 2 KStG unter dynamischem Verweis auf **§ 302 AktG** in seiner jeweils geltenden Fassung vereinbart werden.[3)] Diese nunmehr gesetzliche Regelung entspricht in Übereinstimmung mit der Auffassung der FinVerw. der gefestigten Rechtsprechung des BFH, wonach der GAV hinsichtlich der Verlustübernahme entweder einen allgemeinen Bezug auf § 302 AktG oder einen Verweis auf § 302 Abs. 1 AktG und zwingend auch auf § 302 Abs. 3 AktG enthalten oder alternativ der Vertragstext entsprechend dem Inhalt des § 302 Abs. 1 AktG und § 302 Abs. 3 AktG gestaltet werden musste.[4)] **1017**

Wegen weiterer Einzelheiten zur Anerkennung der körperschaftsteuerlichen Organschaft, der Behandlung von Ausgleichszahlungen an außenstehende Anteilseigner und der Behandlung bei ausländischen Organträgern bzw. zum Steuerabzug beim Organträger vgl. §§ 14 bis 17 und 19 KStG, R 14.1 bis R 19 KStR 2022 sowie die BMF-Schreiben v. 26.8.2003,[5)] v. 10.11.2005[6)] und v. 20.8.2015.[7)] **1018**

Liegen die Voraussetzungen für die Anerkennung einer körperschaftsteuerlichen Organschaft vor, so ist das Einkommen der Organgesellschaft dem Organträger zuzurechnen, soweit sich aus § 16 KStG (betreffend die Ausgleichszahlungen an außenstehende Anteilseigner) oder anderen Vorschriften nichts anderes ergibt. Die Zurechnung des Einkommens der Organgesellschaft beim Organträger erfolgt gem. § 14 Abs. 1 Satz 2 KStG erstmals in dem Jahr, in dem das Wj. der Organgesellschaft endet, in dem der GAV wirksam wird, wofür unter anderem regelmäßig die Eintragung in das Handelsregister erforderlich ist.[8)] **1019**

---

1) Vgl. H 2 KStH 2022.
2) Vgl. R 14.5 Abs. 2 KStR 2022.
3) Vgl. § 17 Satz 2 Nr. 2 i.V.m. § 34 Abs. 10b Satz 1 KStG i.d.F. des Gesetzes zur Änderung und Vereinfachung der Unternehmensbesteuerung und des steuerlichen Reisekostenrechts v. 20.2.2013, BGBl. I 2013, 285 = BStBl I 2013, 188 bzw. § 17 Abs. 2 KStG i.d.F. des Gesetzes zur Anpassung des nationalen Steuerrechts an den Beitritt Kroatiens zur EU und zur Änderung weiterer steuerlicher Vorschriften v. 25.7.2014, BGBl. I 2014, 1266 = BStBl I 2014, 1126; R 17 Abs. 3 KStR 2022.
4) Vgl. R 66 Abs. 3 Satz 2 und 3 KStR 2004; bestätigt durch BFH v. 22.2.2006, I R 74/05, BFH/NV 2006, 1513.
5) BMF v. 26.8.2003, IV A 2 – S 2770-18/03, BStBl I 2003, 437.
6) BMF v. 10.11.2005, IV B 7 – S 2770-24/05, BStBl I 2005, 1038.
7) BMF v. 20.8.2015, IV C 2 – S 2770/12/10001, BStBl I 2015, 649.
8) Vgl. R 14.5 Abs. 1 Satz 2 KStR 2022.

Bei der Einkommensermittlung der Organgesellschaft gelten gem. § 15 KStG folgende Besonderheiten:

- Der Verlustabzug i.S.d. § 10d EStG ist bei der Organgesellschaft nicht zulässig (§ 15 Satz 1 Nr. 1 KStG).
- Auf einen sich nach § 3a Abs. 3 Satz 4 EStG ergebenden verbleibenden Sanierungsertrag einer Organgesellschaft ist § 3a Abs. 3 Satz 2, 3 und 5 EStG beim Organträger anzuwenden (§ 15 Satz 1 Nr. 1a KStG).
- § 8b Abs. 1 bis 6 KStG, § 4 Abs. 6 UmwStG und § 12 Abs. 2 Satz 1 UmwStG sind bei der Organgesellschaft nicht anzuwenden (sog. Bruttomethode; § 15 Satz 1 Nr. 2 Satz 1 KStG). § 8b Abs. 1 bis 6 KStG, § 4 Abs. 6 UmwStG, § 12 Abs. 2 UmwStG, § 3 Nr. 40 EStG und § 3c Abs. 2 EStG finden erst bei der Ermittlung des Einkommens des (obersten) Organträgers Anwendung; § 8b KStG, § 3 Nr. 40 EStG und § 3c Abs. 2 EStG sind auch für Gewinne oder Verluste im Sinne des § 12 Abs. 2 Satz 2 UmwStG erst beim obersten Organträger zu berücksichtigen (§ 15 Satz 1 Nr. 2 Satz 2 KStG). Die Bruttomethode gilt entsprechend für Gewinnanteile aus der Beteiligung an einer ausländischen Gesellschaft, die nach den Vorschriften eines Abkommens zur Vermeidung der Doppelbesteuerung von der Besteuerung auszunehmen sind (§ 15 Satz 2 KStG). Die Bruttomethode greift jedoch nicht, soweit bei der Organgesellschaft § 8b Abs. 7, 8 oder 10 KStG anzuwenden ist (§ 15 Satz 1 Nr. 2 Satz 3 KStG).
- Die Teilfreistellungen nach dem InvStG sind bei einer Organgesellschaft nicht anzuwenden (§ 15 Satz 1 Nr. 2a KStG).
- Gemäß § 15 Satz 1 Nr. 3 KStG ist die Zinsschranke nach § 4h EStG i.V.m. § 8a KStG bei der Organgesellschaft nicht anzuwenden. Organträger und Organgesellschaften gelten als ein Betrieb i.S.d. § 4h EStG. Bei der Organgesellschaft angefallene Zinsaufwendungen und Zinserträge sowie bei der Organgesellschaft vorgenommene Abschreibungen sind in die Anwendung des § 4h EStG beim Organträger einzubeziehen.
- Gesellschaftsrechtlich veranlasste Dauerverlustgeschäfte i.S.d. § 8 Abs. 7 Satz 2 KStG führen bei der Organgesellschaft nicht zu einer vGA i.S.d. § 8 Abs. 3 Satz 2 KStG. Die Regelungen zur Nichtannahme von vGA bei im Interesse des Gesellschafters ausgeübten Dauerverlustgeschäften i.S.d. § 8 Abs. 7 Satz 2 KStG und die daraus für Kapitalgesellschaften vorzunehmende Einkommensermittlung nach § 8 Abs. 9 KStG sind nicht bei der Organgesellschaft, sondern erst bei Ermittlung des Einkommens des obersten Organträgers anzuwenden (§ 15 Satz 1 Nr. 4 und 5 KStG).

Erfüllt die Organgesellschaft die besonderen Tarifvorschriften für den Steuerabzug, finden diese erst auf Ebene des Organträgers in Abhängigkeit von dessen Rechtsform Anwendung (§ 19 KStG).

Auch die Verlustverrechnungsbeschränkungen des § 2 Abs. 4 Satz 3 UmwStG bei Umwandlungen mit steuerlicher Rückwirkung auf eine Organgesellschaft gelten für den Organträger entsprechend (§ 2 Abs. 4 Satz 4 UmwStG).

Das dem Organträger zuzurechnende Einkommen der Organgesellschaft und damit zusammenhängende Besteuerungsgrundlagen werden gem. § 14 Abs. 5 KStG gesondert und einheitlich festgestellt. Die Feststellungen nach § 14 Abs. 5 Satz 1 KStG sind für die Besteuerung des Einkommens des Organträgers und der Organgesellschaft bindend. Dies gilt entsprechend für von der Organgesellschaft geleistete Steuern, die auf die Steuer des Organträgers anzurechnen sind. Zuständig für diese Feststellungen ist das FA, das für die Besteuerung nach dem Einkommen der Organgesellschaft zuständig ist. Die Erklärung zu den gesonderten und einheitlichen Feststellungen nach § 14 Abs. 5 KStG soll mit der Körperschaftsteuererklärung der Organgesellschaft verbunden werden. Die Anlage OG kann daher sowohl Anlage zur Körperschaftsteuererklärung KSt 1 als auch zur Feststellungserklärung nach § 14 Abs. 5 KStG (KSt 1) der Organgesellschaft sein. Im Kopf der Anlage OG ist dies entsprechend anzukreuzen.

2. Allgemeine Angaben (Zeilen 1–17)

a) Angaben zum Organträger (Zeilen 1–5)

Zeile	Allgemeine Angaben	
	Die Steuerpflichtige ist Organgesellschaft:	
1	Bezeichnung des Organträgers	
2	Straße, Hausnummer	
3	Postleitzahl / Ort	
4	Steuernummer des Organträgers	Wirtschafts-Identifikationsnummer des Organträgers (29) D E
5	Wirtschaftsjahr der Organgesellschaft vom	Wirtschaftsjahr der Organgesellschaft bis

Zunächst ist der Organträger der Organgesellschaft zu bezeichnen. Die Angabe ist wichtig, weil der Feststellungsbescheid nach § 14 Abs. 5 KStG nicht nur der Organgesellschaft, sondern auch dem Organträger bekannt gegeben werden muss. **1020**

In den **Zeilen 1 bis 3** sind der **Name des Organträgers** sowie dessen **vollständige Anschrift** anzugeben.

In **Zeile 4** sind die **Steuernummer und die Wirtschafts-Identifikationsnummer des Organträgers** einzutragen. Zur Vergabe der Wirtschafts-Identifikationsnummer siehe → Rz. 68. **1021**

In **Zeile 5** ist das **Wj. der Organgesellschaft** zu erklären. **1022**

b) Finanzielle Eingliederung (Zeilen 6–10)

	Finanzielle Eingliederung [76] [77]	
6	Unmittelbare Beteiligung des Organträgers an den Stimmrechten der Organgesellschaft zum Ende des Wirtschaftsjahres der Organgesellschaft	17.216
7	Mittelbare Beteiligung des Organträgers an den Stimmrechten der Organgesellschaft über Kapitalgesellschaften zum Ende des Wirtschaftsjahres der Organgesellschaft	17.217
8	Mittelbare Beteiligung des Organträgers an den Stimmrechten der Organgesellschaft über Personengesellschaften zum Ende des Wirtschaftsjahres der Organgesellschaft	17.218
9	Stimmrechte, die nicht unmittelbar oder mittelbar dem Organträger zugerechnet werden	17.219
10	Anzahl der Stimmrechte, die mindestens für die finanzielle Eingliederung nach § 14 Absatz 1 Satz 1 Nummer 1 KStG erforderlich sind	17.220

In diesem Abschnitt sind Angaben zur finanziellen Eingliederung zu machen. Nach § 14 Abs. 1 Nr. 1 Satz 1 KStG muss zwischen dem Organträger und der Organgesellschaft eine ununterbrochen finanzielle Eingliederung bestehen. Die Angaben in diesem Abschnitt dienen zwar auch der Überprüfung der finanziellen Eingliederung, vor allem sind sie aber für die steuerliche Berücksichtigung von Mehr- und Minderabführungen nach Einführung der Einlagelösung im VZ 2022 relevant. **1023**

Die für die Anerkennung eines ertragsteuerlichen Organschaftsverhältnisses erforderliche finanzielle Eingliederung setzt nicht voraus, dass diese unmittelbar zwischen Organträger und Organgesellschaft bestehen muss. Auch mittelbare Beteiligungen sind unter gewissen Voraussetzungen zu berücksichtigen. Eine **mittelbare Organschaft** liegt vor, wenn sich die finanzielle Eingliederung der Organgesellschaft in den Organträger entweder ausschließlich durch eine mittelbare Beteiligung des Organträgers an der Organgesellschaft über eine vermittelnde Gesellschaft (Zwischengesellschaft) ergibt oder durch Addition einer unmittelbaren und einer mittelbaren Beteiligung über eine vermittelnde Gesellschaft (Zwischengesellschaft) ergibt. Bei einer mittelbaren Organschaft sind Mehr- und Minderabführungen der Organgesellschaft ggf. auf mehrere Beteiligungsstränge im Verhältnis der Höhe der unmittelbaren Beteiligung des Organträgers an den Stimmrechten der Organgesellschaft zu der Höhe der mittelbaren Beteiligung des Organträgers über die vermittelnden Gesellschaften (Zwischengesellschaften) an den Stimmrechten der Organgesellschaft aufzuteilen. Die Aufteilung gilt auch für das steuerliche Einlagekonto (→ Rz. 739 ff.).[1] Maßgebend hierfür sind die Verhältnisse zum Ende des Wj. der Organgesellschaft.[2]

In **Zeile 6** sind die **Stimmrechte** an der Organgesellschaft anzugeben, die der Organträger **unmittelbar** zum Ende des Wj. der Organgesellschaft hält. Ist die Organgesellschaft eine Aktiengesellschaft, wäre dies z.B. die Zahl der gehaltenen (stimmberechtigten) Aktien. Bei GmbH-Anteilen wäre dies die Summe der Nennbeträge der vom Organträger unmittelbar gehaltenen Geschäftsanteile. **1024**

Zu den Auswirkungen der Angaben in dieser Zeile auf die Berücksichtigung der Mehr- und Minderabführungen siehe → Rz. 766.

In **Zeile 7** sind die Stimmrechte einzutragen, die der Organträger an der Organgesellschaft **mittelbar über Kapitalgesellschaften** zum Ende des Wj. der Organgesellschaft hält. Mittelbare Beteiligungen sind zu berücksichtigen, wenn die Beteiligung an jeder vermittelnden Gesellschaft die Mehrheit der Stimmrechte gewährt, also der Organträger die Mehrheit der Stimmrechte an der vermittelnden Gesellschaft (Zwischengesellschaft) hat (§ 14 Abs. 1 Satz 1 Nr. 1 Satz 2 KStG).[3] Eine mittelbare Beteiligung kann auch über eine Gesellschaft bestehen, die nicht selbst Organgesellschaft sein kann.[4] Beteiligungen an der Organgesellschaft, die nicht durchgängig einer inländischen Betriebsstätte zuzurechnen sind, werden nach § 14 Abs. 1 Satz 1 Nr. 2 Satz 4 und 5 KStG für die Prüfung der finanziellen Eingliederung nicht berücksichtigt. Ergibt sich die finanzielle Eingliederung der Organgesellschaft hingegen bereits durch eine unmittelbare Beteiligung des Organträgers an der Organgesellschaft, liegt auch bei zusätzlicher mittelbarer Beteiligung keine mittelbare Organschaft vor. **1025**

Zu den Auswirkungen der Angaben in dieser Zeile auf die Berücksichtigung der Mehr- und Minderabführungen siehe → Rz. 766.

---

1) Zu den Einzelheiten vgl. BMF v. 29.9.2022, IV C 2 – S 2770/19/10004 :007, 2022/0912541, BStBl I 2022, 1412, Rz. 27 ff.
2) Vgl. § 14 Abs. 4 Satz 4 i.V.m. § 34 Abs. 6e Satz 6 KStG i.d.F. des Art. 1 des KöMoG v. 25.6.2021, BGBl. I 2021, 2050 = BStBl I 2021, 889.
3) Vgl. R 14.2 KStR 2022.
4) Vgl. BFH v. 2.11.1977, I R 143/75, BStBl II 1978, 74.

1026 In **Zeile 8** sind die Stimmrechte einzutragen, die der Organträger **mittelbar über Personengesellschaften** zum Ende des Wj. der Organgesellschaft hält. Hinsichtlich der zu berücksichtigenden Beteiligungen siehe → Rz. 1025. Zu den Auswirkungen der Angaben in dieser Zeile auf die Berücksichtigung der Mehr- und Minderabführungen siehe → Rz. 766.

1027 In **Zeile 9** ist die **Anzahl der Stimmrechte** anzugeben, die **nicht** unmittelbar oder mittelbar **dem Organträger zugerechnet** werden.

1028 In **Zeile 10** ist die **Anzahl der Stimmrechte** einzutragen, die mindestens für die **finanzielle Eingliederung** nach § 14 Abs. 1 Satz 1 Nr. 1 KStG erforderlich ist. Nach Gesellschaftsrecht[1] genügt normalerweise die absolute Mehrheit, d.h. die Hälfte der Stimmrechte plus einer. Es ist jedoch möglich, in der Satzung höhere Quoten (qualifizierte Mehrheit) festzulegen. Die Rechtsprechung tendiert dazu, in diesen Fällen die qualifizierte Mehrheit als erforderlich anzusehen. Die in Zeile 10 einzutragenden Stimmrechte, die für die finanzielle Eingliederung benötigt werden, müssen also mindestens die Hälfte plus eine Stimme der Summe der in den Zeilen 6 bis 9 Stimmrechte betragen, können jedoch auch höher liegen.

Sollte die Summe der in den Zeilen 6 bis 8 eingetragenen Stimmrechte unter dem in Zeile 10 eingetragenen Wert liegen, ist davon auszugehen, dass die finanzielle Eingliederung nicht gegeben ist und das FA die Organschaft nicht anerkennen wird.

c) Empfangsbevollmächtigter für die Ausfertigung des Organträgers (Zeilen 11–17)

Der Feststellungsbescheid nach § 14 Absatz 5 KStG für den Organträger soll folgendem von den Zeilen 1 bis 3 abweichenden Empfangsbevollmächtigten/Postempfänger zugesandt werden:

Zeile	
11	Namenszeile 1 17.301
12	Namenszeile 2 17.302
13	Namenszeile 3 17.303
14	Namenszeile 4 17.304
15	Straße/Postfach 17.305
16	Straße 17.306

Anlage OG - Oktober 2025 - Version 2.9.1.0 Bekanntgabe

Steuernummer

- 2 -

Zeile	
17	Postleitzahl und Ort 17.307

1029 Der gesonderte und einheitliche Feststellungsbescheid i.S.d. § 14 Abs. 5 KStG ist sowohl der Organgesellschaft als auch dem Organträger bekannt zu geben. Sofern der für den Organträger bestimmte Feststellungsbescheid nicht unmittelbar an diesen bekannt gegeben werden soll, sind in den **Zeilen 11 bis 17** Angaben zum **Empfangsbevollmächtigten/Postempfänger des Organträgers** (Name, Anschrift) zu machen.

1) Z.B. § 47 Abs. 1 GmbHG, § 133 AktG.

3. Ermittlung des dem Organträger zuzurechnenden Einkommens (Zeilen 25–31)

	Ermittlung des dem Organträger zuzurechnenden Einkommens	EUR
18 bis 24 frei		
25	Einkommen der Organgesellschaft vor Zurechnung an den Organträger (Betrag laut Zeile 43 der Anlage ZVE)	
26	Davon ab: 20/17 der eigenen Ausgleichszahlungen der Organgesellschaft an ihre außenstehenden Anteilseigner (§ 16 Satz 1 KStG)	17.134
27	Davon ab: 20/17 der verdeckten Gewinnausschüttungen der Organgesellschaft an ihre außenstehenden Anteilseigner (§ 16 Satz 1 KStG in Verbindung mit R 14.6 Absatz 4 Satz 4 KStR 2022)	17.225
28	Davon ab: Ausgleichszahlungen des Organträgers an außenstehende Anteilseigner der Organgesellschaft nach § 16 Satz 2 KStG (Übertrag nach Zeile 45 der Anlage ZVE)	17.122
29	Dazu: 14/17 des Betrages aus Zeile 28 (§ 16 Satz 2 KStG)	
30 frei 31	Dem Organträger zuzurechnendes Einkommen (Übertrag nach Zeile 44 der Anlage ZVE mit umgekehrtem Vorzeichen)	

1030 In **Zeile 25** ist das **Einkommen der Organgesellschaft vor Zurechnung** beim Organträger anzugeben. Der Betrag ergibt sich aus Zeile 43 der Anlage ZVE. Er dient als Ausgangsgröße, um bei der Organgesellschaft das dem Organträger nach § 14 Abs. 1 Satz 1 KStG zuzurechnende Einkommen ermitteln zu können.

1031 In **Zeile 26** sind **$^{20}/_{17}$ der von der Organgesellschaft selbst geleisteten Ausgleichszahlungen** i.S.d. § 16 KStG an ihre außenstehenden Anteilseigner anzugeben. Der Betrag ist vom Betrag lt. Zeile 25 abzuziehen, da er als nichtabziehbare Betriebsausgabe nach § 4 Abs. 5 Satz 1 Nr. 9 EStG dem Einkommen der Organgesellschaft hinzugerechnet wurde und damit im Betrag lt. Zeile 25 enthalten ist. Gemäß § 16 Satz 1 KStG hat die Organgesellschaft ein Einkommen i.H.v. $^{20}/_{17}$ der von ihr geleisteten Ausgleichszahlungen an ihre außenstehenden Anteilseigner selbst zu versteuern. Der Abzug erfolgt einschließlich der auf die Ausgleichszahlungen entfallenden Körperschaftsteuerbelastung, weil die auf die Ausgleichszahlung entfallende Körperschaftsteuer bereits als nach § 10 Nr. 2 KStG nichtabziehbare Betriebsausgabe das Einkommen der Organgesellschaft erhöht hat und damit ebenfalls im Betrag lt. Zeile 25 enthalten ist.

1032 In **Zeile 27** sind **$^{20}/_{17}$ der von der Organgesellschaft geleisteten vGA** an ihre außenstehenden Anteilseigner zu erklären und vom Betrag lt. Zeile 25 abzuziehen, da sie in Zeile 285 der Anlage GK dem Einkommen der Organgesellschaft hinzugerechnet wurden und damit im Betrag lt. Zeile 25 enthalten sind. Gem. § 16 Satz 1 KStG i.V.m. R 14.6 Abs. 4 Satz 4 KStR 2022 hat die Organgesellschaft ein Einkommen i.H.v. $^{20}/_{17}$ der von ihr geleisteten vGA an ihre außenstehenden Anteilseigner selbst zu versteuern. Der Abzug erfolgt einschließlich der auf die vGA entfallenden Körperschaftsteuerbelastung, weil die auf die vGA entfallende Körperschaftsteuer bereits als nach § 10 Nr. 2 KStG nichtabziehbare Betriebsausgabe das Einkommen der Organgesellschaft erhöht hat und damit ebenfalls im Betrag lt. Zeile 25 enthalten ist.

1033 In **Zeile 28** sind die **Ausgleichszahlungen an außenstehende Anteilseigner** der Organgesellschaft anzugeben, die vom **Organträger geleistet** wurden (§ 16 Satz 2 KStG), jedoch ohne die darauf entfallende Körperschaftsteuerbelastung. Dieser Betrag ist vom Einkommen in Zeile 25 abzuziehen, nach Zeile 43 der Anlage ZVE der Organgesellschaft zu übertragen und erhöht das Einkommen der Organgesellschaft. Gemäß § 16 Satz 2 KStG hat die Organgesellschaft ein Einkommen i.H.v. $^{20}/_{17}$ der Ausgleichszahlungen an ihre außenstehenden Anteilseigner auch dann selbst zu versteuern, wenn der Organträger die Ausgleichszahlung geleistet hat. Die auf die Ausgleichszahlungen entfallende Körperschaftsteuerbelastung ist in Zeile 29 einzutragen.

1034 In **Zeile 29** sind $^{14}/_{17}$ des Betrags aus Zeile 28 anzugeben und dem Betrag lt. Zeile 25 hinzuzurechnen. Hierdurch wird der in Zeile 28 vorgenommene Abzug der Ausgleichszahlung bis auf $^{3}/_{7}$ wieder rückgängig gemacht. Der in Zeile 28 vorgenommene Abzug vom Einkommen der Organgesellschaft hätte rechtlich und mathematisch nicht vorgenommen werden müssen, weil die Hinzurechnung der Ausgleichszahlungen als nichtabziehbare Betriebsausgabe nach § 4 Abs. 5 Satz 1 Nr. 9 EStG dem Einkommen des leistenden Organträgers und nicht dem Einkommen der Organgesellschaft hinzugerechnet wurde. Die Rechenoperation dient vielmehr ausschließlich dem technischen Programmablauf.

Da in Zeile 28 $^{17}/_{17}$ der Ausgleichszahlungen abgezogen, in Zeile 29 jedoch $^{14}/_{17}$ wieder hinzugerechnet werden, verbleibt in der Summe der Zeilen 28 und 29 ein Abzug von $^{3}/_{17}$ der Ausgleichszahlungen. Das ist die **auf die Ausgleichszahlung entfallende Körperschaftsteuerbelastung**. Der Abzug ist an dieser Stelle erforderlich, weil die auf die Ausgleichszahlung entfallende Körperschaftsteuer bereits als nach § 10 Nr. 2 KStG nichtabziehbare Betriebsausgabe das Einkommen der Organgesellschaft erhöht hat und damit im Betrag lt. Zeile 25 enthalten ist. Da aber auch die auf die Ausgleichszahlung entfallende Körperschaftsteuer von der Organgesellschaft als eigenes Einkommen zu versteuern ist, muss sie aus dem dem Organträger zuzurechnenden Einkommen ausgeschieden werden.

1035 In **Zeile 31** ist das dem Organträger gem. § 14 Abs. 1 KStG **zuzurechnende Einkommen der Organgesellschaft anzugeben** (Zeile 25 abzgl. Zeilen 26-28 und zzgl. Zeile 29) und mit umgekehrtem Vorzeichen in Zeile 44 der Anlage ZVE zu übertragen.

4. Werte, die für die Besteuerung des Organträgers von Bedeutung sind (Zeilen 40–68)

1036 In den Zeilen 40 bis 68 sind weitere Besteuerungsgrundlagen der Organgesellschaft anzugeben, die insb. wegen § 15 KStG (→ Rz. 1019) für die Besteuerung des Organträgers von Bedeutung sind. Hierbei ist zu unterscheiden zwischen von der Organgesellschaft unmittelbar selbst verwirklichter Tatbestände (Zeilen 40 bis 51) und solchen, die die Organgesellschaft mittelbar über Beteiligungen an einer Personengesellschaft verwirklicht hat (Zeilen 59 bis 62). Die Eintragungen erfolgen ohne die entsprechenden Werte vorgelagerter Organgesellschaften.

a) Von der Organgesellschaft unmittelbar verwirklichte Tatbestände (Zeilen 40–51)

Zeile	Werte, die für die Besteuerung des Organträgers von Bedeutung sind - ohne die Werte der vorgelagerten Organgesellschaften - **Von der Organgesellschaft unmittelbar verwirklichte Tatbestände**	
32 bis 39 frei 40	Bezüge nach § 20 Absatz 1 Nummer 1, 2 und 9 EStG, die nicht in Zeile 156 der Anlage GK enthalten sind	17.227
41	Betriebsvermögensminderungen (Aufwendungen) und weitere Beträge nach § 3c Absatz 2 EStG, die mit den Bezügen nach § 20 Absatz 1 Nummer 1, 2 und 9 EStG in wirtschaftlichem Zusammenhang oder einem Veranlassungszusammenhang nach § 3c Absatz 2 Satz 6 EStG stehen	17.228
42 bis 45 frei 46	Positiver/negativer Anleger-Teilfreistellungsgewinn nach § 49 Absatz 1 Satz 1 Nummer 3 in Verbindung mit § 49 Absatz 1 Satz 2 InvStG für natürliche Personen als Anleger, die ihre Spezial-Investmentanteile im Betriebsvermögen halten und nicht die Voraussetzungen des § 20 Absatz 1 Satz 4 und Satz 5 InvStG erfüllen	17.292
47	Im Falle einer Umwandlung mit steuerlicher Rückwirkung auf/in die Organgesellschaft (übernehmender Rechtsträger): In dem dem Organträger zuzurechnenden Einkommen enthaltene positive Einkünfte des übertragenden oder einbringenden Rechtsträgers im Rückwirkungszeitraum (§ 2 Absatz 4 Satz 4 UmwStG)	17.236
48	Zinsaufwendungen des laufenden Wirtschaftsjahres nach § 4h Absatz 3 Satz 2 EStG (1) (2) (65)	17.285
49	Zinserträge des laufenden Wirtschaftsjahres nach § 4h Absatz 3 Satz 3 EStG (1) (2) (65)	17.286
50 frei 51	Nach § 6 Absatz 2 Satz 1, § 6 Absatz 2a Satz 2 und § 7 EStG abgesetzte Beträge (Abschreibungen) (2) (65)	17.287

1037 In **Zeile 40** sind **Bezüge nach § 20 Abs. 1 Nr. 1, 2 und 9 EStG** anzugeben, die nicht § 8b Abs. 1 und 4 KStG oder auf Grund eines DBA steuerfrei sind und damit nicht bereits in Zeile 156 der Anlage GK erklärt wurden. Die Erfassung dieser Bezüge ist wichtig, da sich die Steuerbefreiungen dieser Bezüge zwischen Körperschaften und natürlichen Personen, die die Erträge im Betriebsvermögen beziehen unterscheiden. Für Körperschaften wird eine Steuerbefreiung nach § 8b KStG nur gewährt, wenn – vereinfacht – eine Mindestbeteiligung von 10 % zum Beginn des Kalenderjahres besteht oder ein begünstigter Erwerb vorliegt (§ 8b Abs. 4 KStG). Eine solche Mindestbeteiligung ist für die Steuerfreistellung nach § 3 Nr. 40 EStG nicht erforderlich. Um dennoch den für natürliche Personen maßgebenden Korrekturbetrag ermitteln zu können, ist die Nacherfassung dieser für Körperschaften nicht begünstigten Bezüge in Zeile 40 notwendig.

Die Bezüge sind ungekürzt, d.h. einschließlich des ggf. nach § 3 Nr. 40 EStG steuerfreien Teils (40 %), anzugeben. Die Kürzung um den steuerfreien Teil erfolgt im Zuge der Berechnung des Korrekturbetrags für natürliche Personen im Rahmen der Feststellung nach § 14 Abs. 5 KStG und ist in den Erklärungsformularen nicht dargestellt. Die mit den Einnahmen in wirtschaftlichem Zusammenhang stehenden Betriebsvermögensminderungen, Betriebsausgaben, Veräußerungskosten usw. sind ebenfalls nicht abzuziehen, sondern in Zeile 41 zu erfassen.

1038 In **Zeile 41** sind die **Betriebsvermögensminderungen, Betriebsausgaben, Veräußerungskosten und weitere Aufwendungen i.S.d. § 3c Abs. 2 EStG** anzugeben, z.B. Finanzierungskosten für die Anschaffung des Anteils, die **in wirtschaftlichem Zusammenhang** oder einem Veranlassungszusammenhang nach § 3c Abs. 2 Satz 6 EStG mit den dem **§ 3 Nr. 40 EStG** unterliegenden Bezügen nach § 20 Abs. 1 Nr. 1, 2 und 9 EStG stehen. Diese sind nach § 3c Abs. 2 EStG zu 40 % nicht abziehbar. Hierbei ist darauf zu achten, dass nicht nur Aufwendungen im Zusammenhang mit Bezügen lt. Zeile 40 einzutragen sind, sondern auch solche im Zusammenhang mit Bezügen, die in Zeile 156 der Anlage GK eingetragen wurden. Die Eintragung ist ungekürzt, d.h. ohne Abzug des nach § 3c Abs. 2 EStG nicht abzugsfähigen Teils (40 %), vorzunehmen.

1039 Die bisher in den Zeilen 42 bis 46 zu erfassenden Angaben zu Investmentfonds sind ab dem VZ 2023 in die Anlagen SPIF und SPIFA ausgegliedert worden. In **Zeile 46** ist allerdings ein positiver oder negativer **Anleger-Teilfreistellungsgewinn** bei Teilwertab- und -zuschreibungen auf Anteile an Spezial-Investmentfonds einzutragen, soweit er auf natürliche Personen als Anleger entfällt, die ihre Anteile im Betriebsvermögen halten. Für Erläuterungen zum Anleger-Teilfreistellungsgewinn siehe → Rz. 603. Die Zeile stellt damit den Parallelwert zur Zeile 267 der Anlage GK für natürliche Personen als (ggf. anteilige) Organträger dar. Das InvStG knüpft die Höhe des Anleger-Teilfreistellungsgewinns an die Person des Anlegers. Es unterscheidet zwischen Körperschaften und natürlichen Personen, die die Anteile im Privat- oder Betriebsvermögen halten. Außerdem knüpft es an das Vorliegen der Voraussetzungen des § 20 Abs. 1 Satz 4 oder Satz 5 InvStG an. Hier einzutragen ist die Höhe des Teilfreistellungsgewinns für natürliche Personen, die ihre Anteile im Betriebsvermögen halten und nicht unter § 20 Abs. 1 Satz 4 oder Satz 5 InvStG fallen.

1040 Im Falle einer **Umwandlung mit steuerlicher Rückwirkung** auf/in die Organgesellschaft als übernehmenden Rechtsträger sind in **Zeile 47** die in dem dem Organträger zuzurechnenden Einkommen enthaltenen positiven Einkünfte des übertragenden oder einbringenden Rechtsträgers im Rückwirkungszeitraum anzugeben. Gemäß § 2 Abs. 4 Satz 3 UmwStG ist der Ausgleich oder die Verrechnung von positiven Einkünften des übertragenden Rechtsträgers im Rückwirkungszeitraum mit verrechenbaren Verlusten, verbleibenden Verlustvorträgen, nicht ausgeglichenen negativen Einkünften und einem Zinsvortrag nach § 4h Abs. 1 Satz 5 EStG des übernehmenden Rechtsträgers nicht zulässig. Ist übernehmender Rechtsträger eine Organgesellschaft, gilt § 2 Abs. 4 Satz 3 UmwStG auch für einen Ausgleich oder eine Verrechnung beim Organträger entsprechend (vgl. § 2 Abs. 4 Satz 4 UmwStG). Für weitere Informationen zu den positiven Einkünften im Rückwirkungszeitraum siehe → Rz. 1529.

1041 Da die Vorschriften der Zinsschranke nach § 4h EStG i.V.m. § 8a KStG gem. § 15 Satz 1 Nr. 3 KStG bei Organgesellschaften nicht anwendbar sind (→ Rz. 1019), sind in **Zeile 48** die **Zinsaufwendungen des laufenden Wj.** i.S.d. § 4h Abs. 3 Satz 2 EStG anzugeben, die den Gewinn der Organgesellschaft gemindert haben. Dabei sind auch die Zinsaufwendungen zu berücksichtigen, die auf Grund von Darlehensverhältnissen zwischen Organträger und Organgesellschaften innerhalb des Organkreises geleistet wurden. Zum Begriff des Zinsaufwands siehe → Rz. 1388. Hier sind auch Beträge einzutragen, die der Organgesellschaft mittelbar über eine vermögensverwaltende Personengesellschaft anteilig zuzurechnen sind. Gegebenenfalls sind hier die um die Kürzung des laufenden Verlusts nach § 8c KStG modifizierten Werte einzutragen, sofern eine Kürzung des laufenden Verlusts nach § 8c KStG auf Grund eines schädlichen Beteiligungserwerbs vorgenommen wurde (→ Rz. 1496 ff.).

1042 In **Zeile 49** sind die **Zinserträge des laufenden Wj.** i.S.d. § 4h Abs. 3 Satz 3 EStG anzugeben, die den Gewinn der Organgesellschaft erhöht haben. Zum Begriff der Zinserträge siehe → Rz. 1388. Dabei sind auch die Zinserträge zu berücksichtigen, die auf Grund von Darlehensverhältnissen zwischen Organträger und Organgesellschaften innerhalb des Organkreises geleistet wurden. Hier sind auch Beträge einzutragen, die der Organgesellschaft mittelbar über eine vermögensverwaltende Personengesellschaft anteilig zuzurechnen sind. Gegebenenfalls sind hier die um die Kürzung des laufenden Verlusts nach § 8c KStG modifizierten Werte einzutragen, sofern eine Kürzung des laufenden Verlusts nach § 8c KStG auf Grund eines schädlichen Beteiligungserwerbs vorgenommen wurde (→ Rz. 1496 ff.). Soweit die Zinsaufwendungen die Zinserträge nicht übersteigen, kommt es beim obersten Organträger, der nicht zugleich Organgesellschaft ist, gemäß den Regelungen zur Zinsschranke nicht zu einer Abzugsbeschränkung der Zinsaufwendungen (vgl. § 4h Abs. 1 Satz 1 EStG).

1043 Die **Zinserträge** i.S.d. § 46 Abs. 1 Satz 1 InvStG i.V.m. § 4h Abs. 1 EStG aus **Spezial-Investmentanteilen** werden ab dem VZ 2023 auf der Anlage SPIF erfasst.

1044 In **Zeile 51** sind die von der Organgesellschaft nach § 6 Abs. 2 Satz 1 EStG, § 6 Abs. 2a Satz 2 EStG und § 7 EStG abgesetzten Beträge (**Abschreibungen**) anzugeben, die gemäß den Regelungen der **Zinsschranke** beim obersten Organträger, der nicht zugleich Organgesellschaft ist, für die Berechnung der nicht einer Abzugsbeschränkung zu unterwerfenden Zinsen nach § 4h Abs. 1 Satz 1 EStG erforderlich sind. Hier sind auch Beträge einzutragen, die der Organgesellschaft mittelbar über eine vermögensverwaltende Personengesellschaft anteilig zuzurechnen sind. Gegebenenfalls sind hier die um die Kürzung des laufenden Verlusts nach § 8c KStG modifizierten Werte einzutragen, sofern eine Kürzung des laufenden Verlusts nach § 8c KStG auf Grund eines schädlichen Beteiligungserwerbs vorgenommen wurde (→ Rz. 1496 ff.).

b) Von der Organgesellschaft mittelbar über eine Personengesellschaft verwirklichte Tatbestände (Zeilen 59–62)

	Von der Organgesellschaft mittelbar über eine Personengesellschaft verwirklichte Tatbestände 28 30 70 laut gesonderter Einzelaufstellung	
52 bis 58 frei 59	Betrag, um den die Einkünfte aus der Mitunternehmerschaft zu korrigieren sind, wenn der Organträger der Körperschaftsteuer unterliegt (ein abzuziehender Betrag ist mit negativem Vorzeichen einzugeben)	17.377
59a	Betrag, um den die Einkünfte aus der Mitunternehmerschaft zu korrigieren sind, wenn der Organträger der Einkommensteuer unterliegt (ein abzuziehender Betrag ist mit negativem Vorzeichen einzugeben)	17.378
60	Betrag, um den die Einkünfte aus der Personengesellschaft aus vermögensverwaltenden Tätigkeiten zu korrigieren sind, wenn der Organträger der Körperschaftsteuer unterliegt (ein abzuziehender Betrag ist mit negativem Vorzeichen einzugeben)	17.387
60a	Betrag, um den die Einkünfte aus der Personengesellschaft aus vermögensverwaltenden Tätigkeiten zu korrigieren sind, wenn der Organträger der Einkommensteuer unterliegt (ein abzuziehender Betrag ist mit negativem Vorzeichen einzugeben)	17.388
61	Steuerfreier Teil der Einkünfte nach §§ 3 Nummer 40, 3c Absatz 2 EStG und § 4 Absatz 7 UmwStG	17.371
62	Im Falle einer Umwandlung mit steuerlicher Rückwirkung auf/in eine Personengesellschaft (übernehmender Rechtsträger), an der die Organgesellschaft beteiligt ist: In dem dem Organträger zuzurechnenden Einkommen enthaltene positive Einkünfte des übertragenden oder einbringenden Rechtsträgers im Rückwirkungszeitraum (laut gesonderter und einheitlicher Feststellung) 50	17.237

1045 In den **Zeilen 59 bis 62** sind dem § 15 KStG unterliegende Sachverhalte (→ Rz. 1019) einzutragen, die die Organgesellschaft **mittelbar über eine Personengesellschaft** verwirklicht hat.

Die Feststellung des dem Organträger zuzurechnenden Einkommens der Organgesellschaft erfolgt zunächst ohne die Anwendung der der sog. Bruttomethode unterliegenden Vorschriften (→ Rz. 1019). Zusätzlich werden zwei Korrekturposten ermittelt, in denen die Höhe der zu korrigierenden Beträge für zum einen der Körperschaftsteuer und zum anderen der Einkommensteuer unterliegende Organträger dargestellt wird. Durch Berücksichtigung des jeweils zutreffenden Korrekturpostens wird auf Ebene des letzten Organträgers, der nicht zugleich Organgesellschaft ist, sein zu versteuerndes Einkommen aus dem Organschaftsverhältnis ermittelt (**optimiertes Bruttoverfahren**). Erzielt eine Organgesellschaft Einkünfte aus der Beteiligung an einer Personengesellschaft, sind bereits bei der Ermittlung des dem Organträger zuzurechnenden Einkommens für die Einkünfte aus der Beteiligung an der Personengesellschaft entsprechende **Korrekturposten** zu erfassen. Ist eine Organgesellschaft Mitunternehmer einer Personengesellschaft, die Organträger ist, ist die Organgesellschaft für ihre Einkommensermittlung insoweit wie ein Organträger zu behandeln. Dies bedeutet, dass die Organgesellschaft für das Einkommen von anderen Organgesellschaften, das ihr über eine Organträger-Personengesellschaft zuzurechnen ist, (jeweils) eine Anlage OT (→ Rz. 1121 ff.) einzureichen hat; Eintragungen in Zeile 59 ff. erfolgen insoweit nicht.

1046 In **Zeile 59** ist der **Korrekturbetrag** einzugeben, um den im optimierten Bruttoverfahren die Einkünfte aus der gewerblichen Personengesellschaft zu korrigieren sind, wenn der oberste **Organträger** der **Körperschaftsteuer** unterliegt (→ Rz. 1045). Ein abzuziehender Betrag ist mit negativem Vorzeichen einzutragen. Der Wert ist immer zu erfassen, auch wenn bekannt ist, dass der oberste Organträger nicht der Körperschaftsteuer unterliegt.

1047 In **Zeile 59a** ist der **Korrekturbetrag** einzugeben, um den im optimierten Bruttoverfahren die Einkünfte aus der gewerblichen Personengesellschaft zu korrigieren sind, wenn der oberste **Organträger** der **Einkommensteuer** unterliegt (→ Rz. 1045). Ein abzuziehender Betrag ist mit negativem Vorzeichen einzutragen. Der Wert ist immer zu erfassen, auch wenn bekannt ist, dass der oberste Organträger nicht der Einkommensteuer unterliegt.

1048 In **Zeile 60** ist der Korrekturbetrag einzugeben, wenn die Organgesellschaft (Körperschaft, für die die Erklärung ausgefüllt wird) an einer **vermögensverwaltenden Personengesellschaft** beteiligt ist und der oberste **Organträger der Körperschaftsteuer** unterliegt. Der Wert ist immer zu erfassen, auch wenn bekannt ist, dass der oberste Organträger nicht der Körperschaftsteuer unterliegt.

1049 In **Zeile 60a** ist der Korrekturbetrag einzugeben, wenn die Organgesellschaft (Körperschaft, für die die Erklärung ausgefüllt wird) an einer **vermögensverwaltenden Personengesellschaft** beteiligt ist und der **oberste Organträger der Einkommensteuer** unterliegt. Der Wert ist immer zu erfassen, auch wenn bekannt ist, dass der oberste Organträger nicht der Einkommensteuer unterliegt.

1050 In **Zeile 61** ist der **steuerfreie** Teil der **Einkünfte** der Organgesellschaft i.S.d. **§§ 3 Nr. 40, 3c Abs. 2 EStG** und **§ 4 Abs. 7 UmwStG** anzugeben, die die Organgesellschaft über eine Personengesellschaft bezogen hat. Nach **§ 3 Nr. 41 Buchst. a EStG sind steuerfreie Einnahmen** ebenfalls zu berücksichtigen, da es sich zugleich um Einkünfte i.S.d. § 3 Nr. 40 EStG handelt. Dieser steuerfreie Teil der Einkünfte ist von Bedeutung, wenn oberster Organträger, der nicht zugleich Organgesellschaft ist, eine natürliche Person oder eine Personengesellschaft ist, an der natürliche Personen beteiligt sind (→ Rz. 1142 ff.). Die mit den Einnahmen in wirtschaftlichem Zusammenhang stehenden nach § 3c Abs. 2 EStG nicht berücksichtigten Betriebsvermögensminderungen, Betriebsausgaben, Veräußerungskosten usw. sind dabei abzuziehen. Die Angaben werden benötigt für die Bemessungsgrundlage zur Festsetzung und Erhebung von Zuschlagsteuern zur Einkommensteuer, wie z.B. der Kirchensteuer (§ 51a Abs. 2 Satz 2 EStG).

1051 Ist die Organgesellschaft an einer Personengesellschaft beteiligt, auf/in die als übernehmenden Rechtsträger eine **Umwandlung mit steuerlicher Rückwirkung** erfolgt ist, sind in **Zeile 62** die in dem dem Organträger zuzurechnenden Einkommen enthaltenen **positiven Einkünfte des übertragenden oder einbringenden Rechtsträgers** im Rückwirkungszeitraum lt. einheitlicher und gesonderter Feststellung der Personengesellschaft einzutragen (vgl. § 2 Abs. 4 Satz 3 und 4 UmwStG; → Rz. 1040). Falls die gesonderte und einheitliche Feststellung noch nicht durchgeführt wurde, ist der auf die Körperschaft entfallende Wert lt. Feststellungserklärung oder der voraussichtlich zu berücksichtigende Wert einzutragen.

c) Angaben zum Progressionsvorbehalt bei nach DBA steuerfreien Einkünften und verbleibender Sanierungsertrag (Zeilen 63–68)

	Angaben zum Progressionsvorbehalt bei nach DBA steuerfreien Einkünften	
63	Nach DBA steuerfreie ausländische Einkünfte, die für Zwecke des Progressionsvorbehalts nach deutschem Steuerrecht ermittelt wurden (ohne ausländische Einkünfte, die dem § 2a EStG unterliegen, laut gesonderter Ermittlung) 74	17.238

- 3 -

Steuernummer

Zeile		
64	Es liegen nach DBA steuerfreie ausländische Einkünfte vor, die dem § 2a EStG unterliegen (laut gesonderter Einzelaufstellung) 24	17.279 1 = Ja
	Verbleibender Sanierungsertrag	EUR
65 bis 67 frei		
68	Verbleibender Sanierungsertrag nach § 3a Absatz 3 Satz 4 EStG (Betrag laut Zeile 44 der Anlage SAN)	17.290

Sofern der Organträger oder der Mitunternehmer einer Organträger-Personengesellschaft eine natürliche Person ist, unterliegen bei dieser gem. § 32b Abs. 1 Satz 1 Nr. 3 EStG die bei der Organgesellschaft **nach DBA steuerfreien Einkünfte** dem Progressionsvorbehalt. Der Gesamtbetrag der nach DBA steuerfreien Einkünfte ergibt sich aus Zeile 131 der Anlage GK. Für die Ermittlung der dem Progressionsvorbehalt unterliegenden Einkünfte ist § 2a EStG grundsätzlich anzuwenden.[1] **1052**

In **Zeile 63** ist der Teil der nach DBA steuerfreien Einkünfte einzutragen, der nicht unter die Ausgleichsbeschränkung des § 2a EStG fällt. Hierüber ist dem FA eine gesonderte Einzelaufstellung einzureichen. Die Einzelaufstellung ist möglichst elektronisch (Belegnachreichung zur Steuererklärung) zu übermitteln. Dies ist sowohl über Elster als auch über andere Softwareanbieter möglich. Die Eintragung erfolgt ohne ausländische Einkünfte, die dem § 2a EStG unterliegen; diese sind in Zeile 64 einzutragen.

In **Zeile 64** ist hingegen eine „1" einzutragen, ob es nach DBA steuerfreie Einkünfte gibt, die § 2a EStG unterliegen. **1053**
Im elektronischen Datensatz sind zu den Einkünften nähere Angaben zu machen.

In **Zeile 68** ist ein **verbleibender Sanierungsertrag** der Organgesellschaft nach § 3a Abs. 3 Satz 4 EStG anzugeben. **1054**
Dies ist der Wert lt. Zeile 44 der Anlage SAN (→ Rz. 1203).

1) Vgl. H 2a EStH 2022 „Allgemeines".

XV. Anlage ÖHK – Anlage zur Spartentrennung

1. Übersicht über Inhalt und Bedeutung der Anlage ÖHK

Bezeichnung des Steuerpflichtigen

Steuernummer

Die mit einem Kreis versehenen Zahlen bezeichnen die Erläuterungen in der Anleitung zur Körperschaftsteuererklärung.

Anlage ÖHK zur Spartentrennung **2025**

☐ zur Steuererklärung

☐ zum Bescheid

für Gesellschaften nach § 8 Absatz 7 Satz 1 Nummer 2 Satz 2 KStG (auch soweit Organgesellschaft) und für Gesellschaften oder Betriebe gewerblicher Art (BgA), die Organträger solcher Gesellschaften sind

53 81

1055 Die Anlage ÖHK zur Spartentrennung ist abzugeben, wenn für eine **Kapitalgesellschaft § 8 Abs. 7 Satz 1 Nr. 2 KStG** zur Anwendung kommt und diese

- mehr als eine Tätigkeit ausübt, die bei einer j.P.d.ö.R. jeweils zu einem BgA führen würde, die ggf. aber nach § 4 Abs. 6 KStG zusammengefasst werden könnten,
- neben mindestens einer wirtschaftlichen Tätigkeit auch eine Tätigkeit i.S.d. § 8 Abs. 7 Satz 2 letzter Halbsatz KStG ausübt oder
- mehrere Tätigkeiten i.S.d. § 8 Abs. 7 Satz 2 letzter Halbsatz KStG ausübt.

Die Anlage ÖHK ist ebenfalls abzugeben von Gesellschaften oder BgA, die **Organträger** einer solchen Kapitalgesellschaft sind.

In Fällen mit steuerlich anzuerkennender **Organschaft**, in denen beim (ggf. mittelbaren) Organträger gem. § 15 Satz 1 Nr. 5 KStG die Spartenrechnung nach § 8 Abs. 9 KStG durchzuführen ist, ist von sämtlichen Organgesellschaften für jede von ihnen ausgeübte Tätigkeit ebenfalls eine Anlage ÖHK einzureichen.

Organträger, die zugleich Organgesellschaft sind, haben für die von ihren Organgesellschaften ausgeübten Tätigkeiten jeweils eine eigene Anlage ÖHK abzugeben. Über eine mögliche Zusammenfassung von Tätigkeiten zu Sparten nach Maßgabe des § 8 Abs. 9 KStG ist erst auf Ebene des letzten Organträgers, der nicht zugleich Organgesellschaft ist, zu entscheiden.

Praxishinweis:
Das FA führt die Prüfung hinsichtlich der Angaben in dieser Anlage außerhalb des maschinellen Verfahrens durch. Daher sind in der Anlage keine Kennzahlen für die maschinelle Erfassung enthalten.

1056 Nach **Zusammenfassungsregeln für BgA in § 4 Abs. 6 KStG** können gleichartige BgA stets zusammengefasst werden (§ 4 Abs. 6 Satz 1 Nr. 1 KStG). Eine Zusammenfassung von Versorgungsbetrieben (Gas, Wasser, Strom, Wärme) mit Verkehrsbetrieben (ÖPNV, Häfen, Flughäfen) ist zulässig (§ 4 Abs. 6 Satz 1 Nr. 3 KStG i.V.m. § 4 Abs. 3 KStG). Daneben können BgA zusammengefasst werden, wenn zwischen ihnen nach dem Gesamtbild der tatsächlichen Verhältnisse objektiv eine enge wechselseitige technisch-wirtschaftliche Verflechtung von einigem Gewicht besteht (§ 4 Abs. 6 Satz 1 Nr. 2 KStG; z.B. die Zusammenfassung eines Versorgungsbetriebes mit einem Schwimmbadbetrieb, welches über ein Blockheizkraftwerk verfügt). Die Zusammenfassung von BgA mit einem Hoheitsbetrieb ist nicht zulässig (§ 4 Abs. 6 Satz 2 KStG).

1057 Zum anderen stellt **§ 8 Abs. 1 Satz 2 KStG** klar, dass eine fehlende Gewinnerzielungsabsicht bei der Ermittlung des Einkommens des BgA **nicht zur Anwendung der sog. Liebhabereigrundsätze** führt, nach denen eine ohne Gewinnerzielungsabsicht ausgeübte Tätigkeit steuerlich irrelevant und insoweit kein (negatives) Einkommen zu ermitteln ist.

1058 In **§ 8 Abs. 7 KStG** ist geregelt, dass für bestimmte sog. **Dauerverlusttätigkeiten** die **Konsequenzen einer vGA**, die sich aus dem BFH-Urteil v. 22.8.2007[1)] ergeben, **nicht eintreten**. Bei BgA sind die Rechtsfolgen der vGA nicht bereits deshalb zu ziehen, weil sie ein sog. Dauerverlustgeschäft ausüben (§ 8 Abs. 7 Satz 1 Nr. 1 KStG). Für Kapitalgesellschaften gilt dies unter der Voraussetzung, dass die mehrheitlichen Stimmrechte bei j.P.d.ö.R. liegen und nachweislich nur diese Gesellschafter die Verluste aus dem Dauerverlustgeschäft tragen (§ 8 Abs. 7 Satz 1 Nr. 2 Satz 2 KStG). Das sog. Dauerverlustgeschäft ist in § 8 Abs. 7 Satz 2 KStG definiert, wobei zwei Fallalternativen zu unterscheiden sind. Ein Dauerverlustgeschäft liegt in der ersten Alternative demnach vor, soweit aus verkehrs-, umwelt-, sozial-, kultur-, bildungs- oder gesundheitspolitischen Gründen eine wirtschaftliche Betätigung ohne kostendeckendes Entgelt betrieben wird. Die Annahme einer vGA aus anderen Gründen, weil z.B. aus gesellschaftsrechtlichen Gründen ein die marktübliche Vergütung unterschreitendes Entgelt vereinbart wird, bleibt

1) BFH v. 22.8.2007, I R 32/06, BStBl II 2007, 961.

jedoch unberührt. Der zweiten Alternative sind alle Dauerverlustgeschäfte der o.a. Kapitalgesellschaften zuzuordnen, die im Fall der unmittelbaren Unterhaltung durch eine j.P.d.ö.R. zu einem Hoheitsbetrieb gehören würden.

Durch **§ 8 Abs. 8 KStG** wird in Fällen nicht nach § 4 Abs. 6 KStG zulässigerweise zusammengefasster **BgA** die **Verrechnung von Verlusten** (aus Dauerverlustgeschäften i.S.d. § 8 Abs. 7 Satz 2 KStG i.V.m. § 8 Abs. 7 Satz 1 Nr. 1 KStG und aus anderen defizitären Tätigkeiten) mit Gewinnen aus anderen Tätigkeiten verhindert. Danach ist eine steuerliche Verrechnung von Gewinnen und Verlusten aus verschieden Tätigkeiten bei BgA nur möglich, wenn diese nach § 4 Abs. 6 KStG zusammengefasst werden dürfen (§ 8 Abs. 8 Satz 1 KStG). Verlustvorträge aus der Zeit vor Begründung der Zusammenfassung können nicht mit Gewinnen des zusammengefassten BgA verrechnet werden (§ 8 Abs. 8 Satz 2 KStG). Sie können erst in Jahren nach Beendigung der Zusammenfassung wieder genutzt werden (§ 8 Abs. 8 Satz 4 KStG). Ebenso dürfen Verluste der zusammengefassten BgA nicht in das Jahr vor Zusammenfassung zurückgetragen werden (§ 8 Abs. 8 Satz 3 KStG). Soweit die Zusammenfassung bereits vor 2009 begründet wurde, gilt der zum 31.12.2008 für den zusammengefassten BgA festgestellte Verlustvortrag als in dem zusammengefassten BgA entstanden (§ 34 Abs. 6 Satz 8 KStG).[1] Die Einschränkungen der Verlustrechnung nach § 8 Abs. 8 Satz 2 bis 4 KStG gelten nicht, wenn gleichartige BgA zusammengefasst oder getrennt werden (§ 8 Abs. 8 Satz 5 KStG). 1059

Für den Fall der Anwendung des § 8 Abs. 7 Satz 1 Nr. 2 KStG auf **Kapitalgesellschaften** sieht **§ 8 Abs. 9 KStG** eine segmentierte **Spartentrennung** vor: 1060

- **Gruppe 1** (§ 8 Abs. 9 Satz 1 Nr. 1 KStG) beinhaltet **Dauerverlusttätigkeiten** i.S.d. § 8 Abs. 7 Satz 2 letzter Halbsatz KStG, die bei unmittelbarem Betrieb durch die j.P.d.ö.R. einen **Hoheitsbetrieb** darstellen würden (z.B. Betrieb eines Schulschwimmbads). Hier ist jede Tätigkeit einer eigenen Sparte zuzuordnen.
- **Gruppe 2** (§ 8 Abs. 9 Satz 1 Nr. 2 KStG) umfasst
  - **alle nach § 4 Abs. 6 KStG zusammenfassbaren Tätigkeiten** (→ Rz. 1056; unabhängig davon, ob es sich um Dauerverlustgeschäfte i.S.d. § 8 Abs. 7 Satz 2 KStG, Gewinntätigkeiten oder Verluste aus Tätigkeiten, die keine Dauerverlustgeschäfte i.S.d. § 8 Abs. 7 Satz 2 KStG sind, handelt) und
  - **nicht hoheitliche Dauerverlusttätigkeiten** i.S.d. § 8 Abs. 7 Satz 2 erster Halbsatz KStG (z.B. Betrieb eines öffentlichen Schwimmbads).

Auch hier ist jede Tätigkeit einer eigenen Sparte zuzuordnen, wobei die jeweils nach § 4 Abs. 6 KStG zusammenfassbaren Tätigkeiten immer eine einheitliche Sparte bilden.

- **Gruppe 3** (§ 8 Abs. 9 Satz 1 Nr. 3 KStG) erfasst **alle übrigen Tätigkeiten**. Dies sind
  - **hoheitliche Gewinntätigkeiten**,
  - übrige **nicht nach § 4 Abs. 6 KStG zusammenfassbare Gewinntätigkeiten**,
  - **nicht nach § 4 Abs. 6 KStG zusammenfassbare Verlusttätigkeiten**, die auch **keine Dauerverlustgeschäfte** i.S.d. § 8 Abs. 7 Satz 2 KStG sind, und
  - **übrige Tätigkeiten**, die in einzelnen Wj. Verluste, Anfangsverluste oder Gewinne erzielen.

Alle der Gruppe 3 zuzuordnenden Tätigkeiten bilden eine einheitliche Sparte.

Für **jede** einzelne **Sparte** ist der **Gesamtbetrag der Einkünfte getrennt zu ermitteln** (§ 8 Abs. 9 Satz 2 KStG). Verlustverrechnungen nach Maßgabe des § 10d EStG dürfen nur innerhalb der jeweiligen Sparte vorgenommen werden (§ 8 Abs. 9 Satz 4 und 5 KStG). Der am Schluss des VZ verbleibende negative Gesamtbetrag der Einkünfte einer Sparte ist gesondert festzustellen (§ 8 Abs. 9 Satz 8 KStG). Für die Ermittlung des Gewerbeertrags und des vortragsfähigen Gewerbeverlustes gilt dies gem. § 7 Satz 5 bzw. § 10a Satz 9 GewStG entsprechend. Ein auf den Schluss des VZ 2008 festgestellter Verlustvortrag war sachgerecht nach Maßgabe des § 8 Abs. 9 KStG aufzuteilen; die sich hiernach ergebenden jeweiligen Beträge gelten als Ausgangsbetrag bei der Anwendung des § 10d EStG in dem folgenden VZ (§ 34 Abs. 6 Satz 10 KStG).[2] 1061

Jede **Änderung in der Tätigkeitsstruktur** der Kapitalgesellschaft ist auf ihre Auswirkung auf die Spartenzuordnung zu überprüfen; eine Änderung der Tätigkeitsstruktur kann auch über Umwandlungsvorgänge bewirkt werden. Wird in einer bestehenden Sparte eine gleichartige Tätigkeit aufgenommen oder fällt eine solche Tätigkeit weg, wird die betreffende Sparte in ihrer veränderten Form weitergeführt. Veränderungen in der Sparte der o.a. Gruppe 3 führen zu Änderungen in dieser Sparte und Fortführung dieser Sparte in der veränderten Form. Übrige Veränderungen in Form der Aufnahme neuer Tätigkeiten oder dem Wegfall bisheriger Tätigkeiten führen zu neuen Sparten unter Berücksichtigung der aktuellen Tätigkeitsstruktur. Wenn von dieser Veränderung bisherige Sparten betroffen sind, fallen diese weg (§ 8 Abs. 9 Satz 2 KStG). Ein in einer dieser Sparten festgestellter Verlustvortrag ist festzuschreiben. Kommt es künftig wieder zu einer Tätigkeitsstruktur, die dieser Sparte entspricht, ist dieser festgeschriebene Betrag als Anfangsbestand der neuen Sparte maßgebend. 1062

Sollten die **Voraussetzungen des § 8 Abs. 7 Satz 1 Nr. 2 Satz 2 KStG** (mehrheitliche Stimmrechte bei j.P.d.ö.R. und/oder ausschließliche Verlusttragung durch diese) innerhalb eines VZ **entfallen**, so entfallen auch die bisher nicht ausgeglichenen Verluste und Verlustvorträge aus den Sparten der jeweiligen Dauerverlusttätigkeit (§ 8 Abs. 9 1063

1) I.d.F. des JStG 2009 v. 19.12.2008, BGBl. I 2008, 2794 = BStBl I 2009, 74.
2) I.d.F. des JStG 2009 v. 19.12.2008, BGBl. I 2008, 2794 = BStBl I 2009, 74.

Satz 6 KStG). Werden diese **Voraussetzungen** erst innerhalb des VZ **begründet**, so sind ab diesem Zeitpunkt erstmals die entsprechenden Sparten zu bilden. Noch nicht ausgeglichene Verluste und Verlustvorträge werden in diesem Fall mit Gewinnen der o.a. Gruppe 2 und 3 verrechnet; ein danach noch verbleibender Verlust(-vortrag) ist der Gruppe 3 zuzuordnen (§ 8 Abs. 9 Satz 7 KStG).

1064 Erfolgt die Zusammenfassung von Dauerverlustgeschäften über **ertragsteuerliche Organschaften**, so sind die Regelungen des § 8 Abs. 3 Satz 2 und Abs. 7 KStG erst **auf Ebene des obersten Organträgers**, der nicht zugleich Organgesellschaft ist, anzuwenden (§ 15 Satz 1 Nr. 4 KStG). Entsprechend gelten die Regelungen der Spartenrechnung des § 8 Abs. 9 KStG erst auf Ebene des obersten Organträgers, der nicht zugleich Organgesellschaft ist (§ 15 Satz 1 Nr. 5 KStG). Daher haben Organgesellschaften die Beschreibung der Sparte bezogen auf jede einzelne Tätigkeit vorzunehmen.

1065 Hinsichtlich der Einzelheiten und Anwendungsfragen zu den Regelungen des JStG 2009 zur Besteuerung von BgA und Eigengesellschaften von j.P.d.ö.R. wird auf das BMF-Schreiben v. 12.11.2009[1)] verwiesen.

1066 Die getrennte Ermittlung des jeweiligen Gesamtbetrages der Einkünfte und der jeweils abziehbaren Verluste bzw. Verlustvorträge erfolgt für die Körperschaftsteuer über die Anlage ÖHK. Für die Gewerbesteuer ist insoweit die Anlage ÖHG zur Spartentrennung (→ Rz. 2029 ff.) zu verwenden.

1067 Die Anlage ÖHK ist als **Anlage zur Körperschaftsteuererklärung KSt 1** und zur Feststellungserklärung nach § 14 Abs. 5 KStG bei Organgesellschaften zu verwenden. Das entsprechende Kästchen ist anzukreuzen. Die Anlage wird im Bedarfsfall auch vom FA als Anlage zum Körperschaftsteuerbescheid, zum Verlustfeststellungsbescheid oder zum Feststellungsbescheid nach § 14 Abs. 5 KStG benutzt und entsprechend gekennzeichnet.

1068 Für jede einzelne Sparte i.S.d. § 8 Abs. 9 KStG (→ Rz. 1060) ist eine gesonderte Anlage ÖHK abzugeben.

1069 Die Anlage ÖHK ist in **fünf Teilbereiche** gegliedert:

- In den Zeilen 1 bis 11 ist in den **allgemeinen Angaben** die **jeweilige Sparte** zu beschreiben.
- In den Zeilen 21 bis 211 ist der **Gesamtbetrag der Einkünfte** der Sparte zu ermitteln.
- In den Zeilen 212 bis 214 sind für Organgesellschaften Angaben zur **Anwendung des § 2 Abs. 4 Satz 3 und 4 UmwStG** beim Organträger zu machen.
- In den Zeilen 215 bis 233 erfolgt die Berechnung des **abziehbaren Verlustes** und des **verbleibenden Verlustvortrags** der einzelnen Sparte.
- In den Zeilen 234 bis 239 wird der **fortführungsgebundene Verlustvortrag** nach § 8d KStG ermittelt.

1) BMF v. 12.11.2009, IV C 7 – S 2706/08/10004, BStBl I 2009, 1303.

2. Allgemeine Angaben zu der einzelnen Sparte (Zeilen 1–11)

Zeile	Allgemeine Angaben (57)	
1	Laufende Nummer der Sparte (58)	
2	Kurzbezeichnung der Sparte (bei Organgesellschaften: der Tätigkeit)	
3	Art der Tätigkeit	
4	Straße, Hausnummer	
5	Postleitzahl / Ort / Auslands-Postleitzahl	
6	Name der Organgesellschaft(en)/Personengesellschaft(en), deren Tätigkeit in die Sparte einbezogen wurde:	
7	Die von der/den Gesellschaft(en) laut Zeile 6 ausgeübte Tätigkeit, besteht auch beim Steuerpflichtigen.	1 = Ja
8	Die Sparte ist in 2025 neu entstanden.	1 = Ja
9	Die Sparte ist in 2025 gegenüber dem Vorjahr verändert worden.	1 = Ja
10	Die Sparte ist in 2025 beendet worden zum	
11	Die Tätigkeit erfüllt die Voraussetzungen für die Annahme eines begünstigten Dauerverlustgeschäfts nach § 8 Absatz 7 Satz 2 KStG.	1 = Ja

In **Zeile 1** ist die **laufende Nr.** der Sparte einzutragen. Die laufende Nummer ist der Sparte fest zugeordnet und darf daher in folgenden Veranlagungszeiträumen weder verändert noch einer anderen Sparte zugeordnet werden. Sofern die Sparte bereits in den vorangegangenen VZ bestanden haben sollte, ist die bisher gewählte Nummerierung der Sparte zwingend zu übernehmen. Der einzelnen Sparte ist in den Anlagen ÖHK und ÖHG zur Spartentrennung immer jeweils dieselbe laufende Nummer zuzuweisen. In **Zeile 2** ist eine **Kurzbezeichnung für diese Sparte** (bei Organgesellschaften: der Tätigkeit) zu benennen. Auch diese Kurzbezeichnung ist bei bereits in den Vj. vorhandenen Sparten unverändert zu übernehmen. Zu Änderungen in der Tätigkeitsstruktur und den sich daraus ggf. ergebenden Folgen für bereits in den Vorjahren bestandene Sparten → Rz. 1062. **1070**

In den **Zeilen 3 bis 6** erfolgt die **genaue Bezeichnung der Sparte**. Im Einzelnen sind anzugeben: **1071**

- Art der Tätigkeit(en),
- Straße/Hausnummer,
- Postleitzahl, Ort, ggf. Auslands-Postleitzahl,
- Bezeichnung der Organgesellschaft(en)/Personengesellschaft(en), deren Tätigkeit in die Sparte einbezogen wurde (**Zeile 6**). In **Zeile 7** ist hierzu die Angabe der Ziffer „1 = Ja" zu verwenden, wenn die gleiche Tätigkeit beim Stpfl. ausgeübt wird.

In den **Zeilen 8 und 9** ist durch Angabe der Ziffer „1 = Ja" anzugeben, wenn die Sparte im laufenden VZ **1072**

- neu entstanden oder
- gegenüber dem Vj. verändert worden ist.

Ist die Sparte im laufenden VZ beendet worden, ist in **Zeile 10** das diesbezügliche Datum anzugeben.

Erfüllt die Tätigkeit lt. Zeilen 3 bis 10 die Voraussetzungen zur **Annahme eines begünstigten Dauerverlustgeschäfts** i.S.d. § 8 Abs. 7 Satz 2 KStG (→ Rz. 1058), ist dies in **Zeile 11** durch Angabe der Ziffer „1 = Ja" anzuzeigen. Bei Organgesellschaften ist diese Entscheidung Bestandteil der für den Organträger bindenden Feststellung nach § 14 Abs. 5 KStG. **1073**

3. Ermittlung des Gesamtbetrags der Einkünfte (vor Zurechnung an einen evtl. Organträger) (Zeilen 21–151)

Zeile	Ermittlung des Gesamtbetrags der Einkünfte (§ 31 Absatz 1, § 8 Absatz 1 KStG) 81	
	Ermittlung des Gesamtbetrags der Einkünfte für die einzelne Sparte entsprechend der Berechnungsreihenfolge der Anlage GK und der Anlage ZVE	EUR
12 bis 20 frei 21	Jahresüberschuss/-fehlbetrag laut Handels- oder Steuerbilanz (bei Handelsbilanz: nach Berücksichtigung der Überleitungsrechnung nach § 5b Absatz 1 Satz 2 EStG beziehungsweise § 60 Absatz 2 EStDV zur Anpassung an die steuerlich maßgeblichen Wertansätze) (Zeile 11 der Anlage GK)	
22	Davon ab / Dazu: Im Betrag laut Zeile 11 der Anlage GK enthaltener Gewinn/Verlust aus der Beteiligung an Personengesellschaften (Zeile 21 der Anlage GK)	
23	Nicht bei Organgesellschaften: Dazu / Davon ab: Steuerpflichtige Einkünfte aus der Beteiligung an Mitunternehmerschaften laut gesonderter und einheitlicher Feststellung nach Anwendung aller außerbilanziellen Korrekturen (zum Beispiel § 8b KStG) sowie von Verlustverrechnungsbeschränkungen, die auf Ebene der Mitunternehmerschaft anzuwenden sind (zum Beispiel § 15a EStG) (Zeile 22 der Anlage GK)	
24	Nur bei Organgesellschaften: Dazu / Davon ab: Einkünfte aus der Beteiligung an Mitunternehmerschaften laut gesonderter und einheitlicher Feststellung vor Anwendung der aufgrund § 15 Satz 1 Nummer 2 und 2a und § 15 Satz 2 KStG nicht vorzunehmenden außerbilanziellen Korrekturen (Zeile 23 der Anlage GK)	
25	Nicht bei Organgesellschaften: Dazu / Davon ab: Steuerpflichtige Einkünfte aus der Beteiligung an vermögensverwaltenden Personengesellschaften (Überleitung nach Maßgabe des BMF-Schreibens vom 29.04.1994, BStBl I 1994, 282) nach Anwendung aller außerbilanziellen Korrekturen (zum Beispiel § 8b KStG) sowie von Verlustverrechnungsbeschränkungen, die auf Ebene der Personengesellschaft anzuwenden sind (Zeile 24 der Anlage GK)	

Anlage ÖHK zur Spartentrennung - Oktober 2025 - Version 2.9.1.0 Bekanntgabe

- 2 -

Steuernummer

Zeile		EUR
26	Nur bei Organgesellschaften: Dazu / Davon ab: Einkünfte aus der Beteiligung an vermögensverwaltenden Personengesellschaften (Überleitung nach Maßgabe des BMF-Schreibens vom 29.04.1994, BStBl I 1994, 282) vor Anwendung der aufgrund § 15 Satz 1 Nummer 2 und 2a und § 15 Satz 2 KStG nicht vorzunehmenden außerbilanziellen Korrekturen (Zeile 25 der Anlage GK)	
27	Davon ab / Dazu: Im Betrag laut Zeile 11 der Anlage GK enthaltener (tatsächlicher) Gewinn/Verlust aus dem Betrieb von Handelsschiffen im internationalen Verkehr, der nach § 5a EStG pauschal zu ermitteln ist (Zeile 26 der Anlage GK)	
28	Dazu / Davon ab: Pauschaler Gewinn/Verlust aus dem Betrieb von Handelsschiffen und Hinzurechnungen bei gesonderter Gewinnermittlung nach § 5a EStG (Zeile 27 der Anlage GK)	
29	Davon ab: Einnahmen aus der Verwertung von Altpapier, das unentgeltlich außerhalb einer ständig dafür vorgehaltenen Verkaufsstelle erworben wurde (ohne Umsatzsteuer) (Zeile 28 der Anlage GK)	
30	Davon ab: Einnahmen aus der Verwertung von Altmaterial (außer Altpapier), das unentgeltlich außerhalb einer ständig dafür vorgehaltenen Verkaufsstelle erworben wurde (ohne Umsatzsteuer) (Zeile 30 der Anlage GK)	
31	Dazu: Mit den Einnahmen laut Zeilen 28 und 30 der Anlage GK in Zusammenhang stehende tatsächliche Aufwendungen (Zeile 32 der Anlage GK)	
32	Dazu: Anzusetzender branchenüblicher Reingewinn aus der Verwertung von Altmaterial nach § 64 Absatz 5 AO (5 % des Betrages laut Zeile 28 der Anlage GK zuzüglich 20 % des Betrages laut Zeile 30 der Anlage GK) (Zeile 33 der Anlage GK)	
33	Davon ab: Einnahmen aus Tätigkeiten nach § 64 Absatz 6 AO (ohne Umsatzsteuer) (Zeile 34 der Anlage GK)	
34	Dazu: Mit den Einnahmen laut Zeile 34 der Anlage GK in Zusammenhang stehende tatsächliche Aufwendungen (Zeile 36 der Anlage GK)	
35	Dazu: Pauschalierter Gewinn nach § 64 Absatz 6 AO (15 % des Betrages laut Zeile 34 der Anlage GK) (Zeile 37 der Anlage GK)	
35a	Dazu: Aufwendungen nach § 8 Steueroasen-Abwehrgesetz aus Geschäftsvorgängen in oder mit Bezug zu einem nicht kooperativen Steuerhoheitsgebiet (Zeile 37a der Anlage GK)	
36	Dazu / Davon ab: Betrag nach § 4e Absatz 3 EStG (Zeile 38 der Anlage GK)	
37	Dazu / Davon ab: Betrag nach § 4f EStG (Zeile 39 der Anlage GK)	
37a	Dazu: Nichtabziehbare Aufwendungen bei Besteuerungsinkongruenzen nach § 4k EStG (Zeile 40 der Anlage GK)	
38	Dazu: Nichtabziehbare Aufwendungen für Rechteüberlassungen nach § 4j Absatz 3 EStG (Zeile 46 der Anlage GK)	
39	Dazu: Nicht ausgleichsfähige Verluste nach § 15b EStG gegebenenfalls in Verbindung mit § 2 Absatz 4 Satz 1 und 2 UmwStG und des § 20 Absatz 6 Satz 4 UmwStG (ohne Beträge aus Beteiligungen an Personengesellschaften) (Zeile 47 der Anlage GK)	
40	Davon ab: Verlustverrechnung nach § 15b EStG, gegebenenfalls unter Berücksichtigung von § 2 Absatz 4 Satz 3 und 4 UmwStG (ohne Beträge aus Beteiligungen an Personengesellschaften) (Zeile 48 der Anlage GK)	
41	Dazu: Nicht ausgleichsfähige Verluste aus gewerblicher Tierzucht/-haltung nach § 15 Absatz 4 Satz 1 EStG gegebenenfalls in Verbindung mit § 2 Absatz 4 Satz 1 und 2 UmwStG und § 20 Absatz 6 Satz 4 UmwStG (Zeile 49 der Anlage GK)	
42	Davon ab: Verrechnung von Gewinnen aus gewerblicher Tierzucht/-haltung des laufenden Jahres mit dem Verlustvortrag und dem Verlustrücktrag aus dem folgenden Veranlagungszeitraum nach § 15 Absatz 4 Satz 2 EStG, gegebenenfalls unter Berücksichtigung von § 2 Absatz 4 Satz 3 und 4 UmwStG (Zeile 50 der Anlage GK)	
43	Dazu: Nicht ausgleichsfähige Verluste aus Termingeschäften nach § 15 Absatz 4 Satz 3 EStG gegebenenfalls in Verbindung mit § 2 Absatz 4 Satz 1 und 2 UmwStG und § 20 Absatz 6 Satz 4 UmwStG (Zeile 51 der Anlage GK)	
44	Davon ab: Verrechnung von Gewinnen aus Termingeschäften des laufenden Jahres mit dem Verlustvortrag und dem Verlustrücktrag aus dem folgenden Veranlagungszeitraum nach § 15 Absatz 4 Satz 3 in Verbindung mit Satz 2 EStG, gegebenenfalls unter Berücksichtigung von § 2 Absatz 4 Satz 3 und 4 UmwStG (Zeile 52 der Anlage GK)	
45	Dazu: Nicht ausgleichsfähige Verluste als atypisch stiller Gesellschafter nach § 15 Absatz 4 Satz 6 bis 8 EStG gegebenenfalls in Verbindung mit § 2 Absatz 4 Satz 1 und 2 UmwStG und § 20 Absatz 6 Satz 4 UmwStG (Zeile 57 der Anlage GK)	
46	Davon ab: Verrechnung von Gewinnen als atypisch stiller Gesellschafter mit dem Verlustvortrag und dem Verlustrücktrag aus dem folgenden Veranlagungszeitraum nach § 15 Absatz 4 Satz 6 bis 8 EStG, gegebenenfalls unter Berücksichtigung von § 2 Absatz 4 Satz 3 und 4 UmwStG (Zeile 58 der Anlage GK)	
47	Dazu: Nicht ausgleichsfähige Verluste als typisch stiller Gesellschafter nach § 20 Absatz 1 Nummer 4 Satz 2 EStG in Verbindung mit § 15 Absatz 4 Satz 6 und 8 und § 15a EStG und gegebenenfalls § 2 Absatz 4 Satz 1 und 2 UmwStG und § 20 Absatz 6 Satz 4 UmwStG (Zeile 63 der Anlage GK)	
48	Davon ab: Verrechnung von Gewinnen als typisch stiller Gesellschafter nach § 20 Absatz 1 Nummer 4 Satz 1 EStG mit dem Verlustvortrag und dem Verlustrücktrag aus dem folgenden Veranlagungszeitraum nach § 20 Absatz 1 Nummer 4 Satz 2 EStG in Verbindung mit § 15 Absatz 4 Satz 6 bis 8 EStG oder mit dem Verlustvortrag nach § 15a EStG und gegebenenfalls unter Berücksichtigung von § 2 Absatz 4 Satz 3 und 4 UmwStG (Zeile 64 der Anlage GK)	
49	Dazu: Nicht ausgleichsfähige Verluste aus Anteilen an REIT-Körperschaften nach § 19 Absatz 4 REITG gegebenenfalls in Verbindung mit § 2 Absatz 4 Satz 1 und 2 UmwStG und § 20 Absatz 6 Satz 4 UmwStG (vorbehaltlich des § 19a Absatz 1 Satz 2 REITG) (Zeile 65 der Anlage GK)	

- 3 -

Steuernummer

Zeile		EUR
50	Davon ab: Verrechnung von Gewinnen aus Anteilen an REIT-Körperschaften des laufenden Jahres nach § 19 Absatz 4 REITG gegebenenfalls unter Berücksichtigung von § 2 Absatz 4 Satz 3 und 4 UmwStG (Zeile 66 der Anlage GK)	
51 frei 52	Davon ab: Investitionsabzugsbeträge des laufenden Wirtschaftsjahres nach § 7g Absatz 1 EStG (Zeile 67 der Anlage GK)	
53	Dazu: Im Wirtschaftsjahr der Anschaffung/Herstellung: Investitionsabzugsbeträge nach § 7g Absatz 2 Satz 1 EStG aus 2022 (Zeile 70 der Anlage GK)	
54	Dazu: Im Wirtschaftsjahr der Anschaffung/Herstellung: Investitionsabzugsbeträge nach § 7g Absatz 2 Satz 1 EStG aus 2023 (Zeile 71 der Anlage GK)	
55	Dazu: Im Wirtschaftsjahr der Anschaffung/Herstellung: Investitionsabzugsbeträge nach § 7g Absatz 2 Satz 1 EStG aus 2024 (Zeile 72 der Anlage GK)	
56	Nicht bei Organgesellschaften: Dazu: Verdeckte Gewinnausschüttungen nach § 8 Absatz 3 Satz 2 KStG (Zeile 75 der Anlage GK)	
56a	Dazu: Ausschüttungen jeder Art auf Genussrechte, mit denen das Recht auf Beteiligung am Gewinn und am Liquidationserlös der Kapitalgesellschaft verbunden ist, nach § 8 Absatz 3 Satz 2 zweite Alternative KStG (Zeile 75c der Anlage GK)	
57	Davon ab: Gewinnerhöhungen im Zusammenhang mit versteuerten verdeckten Gewinnausschüttungen (gemäß BMF-Schreiben vom 28.05.2002, BStBl I 2002, 603) (Zeile 76 der Anlage GK)	
58	Dazu: Nichtabziehbare genossenschaftliche Rückvergütungen - verdeckte Gewinnausschüttungen nach R 22 Absatz 13 KStR 2022 (Zeile 77 der Anlage GK)	
59	Dazu: Nicht erfolgswirksam gebuchte Einlagen nach § 8 Absatz 3 Satz 4 KStG (Zeile 78 der Anlage GK)	
59a	Dazu: Gewinnzuschlag nach § 6b Absatz 7 EStG gegebenenfalls in Verbindung mit § 6c EStG (Zeile 79 der Anlage GK)	
60	Dazu: Aufwendungen für satzungsmäßige Zwecke (§ 10 Nummer 1 KStG) (Zeile 80 der Anlage GK)	
61	Dazu: Körperschaftsteuer (Zeile 81 der Anlage GK)	
62	Dazu: Solidaritätszuschlag (Zeile 82 der Anlage GK)	
63	Dazu: Kapitalertragsteuer auf vereinnahmte Kapitalerträge (Zeile 83 der Anlage GK)	
64	Dazu: Gewerbesteuer ab Erhebungszeitraum 2008 (Zeile 84 der Anlage GK)	
64a frei 64b	Dazu: Mindeststeuer (MinStG) (Zeile 84b der Anlage GK)	
64c	Dazu / Davon ab: Nach § 3 Absatz 6 Satz 3 MinStG nicht abziehbare Aufwendungen beziehungsweise nicht steuerpflichtige Erträge für Ausgleichsansprüche (Zeile 84c der Anlage GK)	
65	Dazu: Sonstige Personensteuern (zum Beispiel Vermögensteuer, Erbschaft- und Schenkungsteuer) (Zeile 85 der Anlage GK)	
66	Dazu: Nach § 10 Nummer 2 KStG nichtabziehbarer Teil der Umsatzsteuer und Vorsteuerbeträge (Zeile 86 der Anlage GK)	
67	Dazu: Ausländische Personensteuern und ausländische Steuern vom Einkommen nach § 10 Nummer 2 KStG (Zeile 87 der Anlage GK)	
68	Dazu: Nebenleistungen zu den Steuern laut Zeilen 81 bis 87 der Anlage GK (zum Beispiel Säumnis- und Verspätungszuschläge, Zwangsgelder, Zinsen nach §§ 234 bis 237 AO, Nachzahlungszinsen nach § 233a AO, Zuschläge nach § 162 Absatz 4 AO, Gebühren nach §§ 89 und 89a AO) (Zeile 88 der Anlage GK)	
69	Dazu: Die Hälfte der Vergütungen aller Art, die an Mitglieder des Aufsichtsrats, Verwaltungsrats oder andere mit der Überwachung der Geschäftsführung beauftragte Personen gewährt werden (einschließlich des von der Körperschaft getragenen Steuerabzugs nach § 50a Absatz 1 Nummer 4 EStG und des Solidaritätszuschlags; § 10 Nummer 4 KStG) (Zeile 89 der Anlage GK)	
70	Dazu: Sonstige nichtabziehbare Aufwendungen; insbesondere nach § 4 Absatz 5 Satz 1 Nummer 1 bis 4, 7, 8, 8a, 10 und Absatz 6 bis 8 EStG, §§ 4c und 4d EStG, § 160 Absatz 1 AO, § 10 Nummer 3 KStG (Zeile 90 der Anlage GK)	
71	Dazu: Nichtabziehbare Beitragsrückerstattungen nach § 21 KStG (Zeile 91 der Anlage GK)	
72	Dazu: Sämtliche Spenden und nicht als Betriebsausgaben abziehbare Beiträge (Zeile 92 der Anlage GK)	
73	Davon ab: Einlagen der Gesellschafter (§ 8 Absatz 3 Satz 3 KStG), die erfolgswirksam gebucht und bis zum Ende des Wirtschaftsjahres geleistet wurden (einschließlich eines Erhöhungsbetrages nach § 23 Absatz 2 und 3 UmwStG) (Zeile 93 der Anlage GK)	
74	Davon ab: Einlagen der Gesellschafter (§ 8 Absatz 3 Satz 3 KStG), die erfolgswirksam gebucht aber nicht bis zum Ende des Wirtschaftsjahres geleistet wurden (Zeile 94 der Anlage GK)	

Steuernummer

- 4 -

Zeile		EUR
75	Davon ab: Gewinnerhöhung aus der Begründung des Besteuerungsrechts der Bundesrepublik Deutschland hinsichtlich des Gewinns aus der Veräußerung eines Wirtschaftsgutes (§ 4 Absatz 1 Satz 8 zweiter Halbsatz EStG) (Zeile 95 der Anlage GK)	
76	Davon ab: Investitionszulage (zurückgeforderte Investitionszulage mit negativem Vorzeichen eintragen) (Zeile 96 der Anlage GK)	
77	Dazu: Einkommenserhöhung aus der Steuerentstrickung nach § 12 Absatz 1 Satz 1 und 2 KStG, § 16 Absatz 3a EStG (soweit im Betrag laut Zeilen 11 und 12 der Anlage GK nicht erfasst) (Zeile 97 der Anlage GK)	
77a	Davon ab / Dazu: Nach § 3 Nummer 72 EStG steuerfreie Einnahmen und Entnahmen aus dem Betrieb von Photovoltaikanlagen, vermindert um damit im Zusammenhang stehende Betriebsausgaben nach § 3c Absatz 1 EStG (Zeile 97a der Anlage GK)	
78	Davon ab: Sonstige steuerfreie Einnahmen, vermindert um damit im Zusammenhang stehende nicht abzugsfähige Betriebsausgaben nach § 3c Absatz 1 EStG (Zeile 102 der Anlage GK)	
78a	Dazu / Davon ab: Betrag des in der Steuerbilanz erfolgsneutral angesetzten übernommenen Vermögens (Zeile 115 der Anlage GK)	
79	Übernahmegewinn nach § 12 Absatz 2 Satz 2 UmwStG in Verbindung mit § 8b Absatz 2 KStG (Zeile 116 der Anlage GK)	
80	Übernahmegewinne/-verluste nach § 12 Absatz 2 Satz 1 UmwStG (Zeile 117 der Anlage GK)	
81 und 82 frei 83	Dazu: Im laufenden Wirtschaftsjahr zu versteuernder "Einbringungsgewinn I" nach § 22 Absatz 1 UmwStG (Zeile 118 der Anlage GK)	
84	Davon ab / Dazu: In einem anderen Wirtschaftsjahr entstandene Aufwendungen beziehungsweise Erträge, die im Zusammenhang mit dem im laufenden Wirtschaftsjahr nach § 12 Absatz 2 Satz 1 UmwStG zu berücksichtigenden Übernahmegewinn/-verlust und/oder zu versteuernden "Einbringungsgewinn I" nach § 22 Absatz 1 UmwStG stehen (Zeile 122 der Anlage GK)	
85	Dazu / Davon ab: Im laufenden Wirtschaftsjahr entstandene Aufwendungen beziehungsweise Erträge, die im Zusammenhang mit dem in einem anderen Wirtschaftsjahr nach § 12 Absatz 2 Satz 1 UmwStG zu berücksichtigenden Übernahmegewinn/-verlust und/oder zu versteuernden "Einbringungsgewinn I" nach § 22 Absatz 1 UmwStG stehen (Zeile 126 der Anlage GK)	
86	Davon ab: Ausländische Einkünfte, die aufgrund von DBA steuerfrei sind (ohne Bezüge nach § 20 Absatz 1 Nummer 1, 2, 9 und 10 Buchstabe a EStG aus der Beteiligung an einer ausländischen Körperschaft) (Zeile 131 der Anlage GK)	
87	Dazu: Mit den ausländischen Einkünften laut Zeile 131 der Anlage GK im Zusammenhang stehende nichtabziehbare inländische Betriebsausgaben (Zeile 132 der Anlage GK)	
88 und 89 frei 90	Dazu / Davon ab: Berichtigungsbetrag nach § 1 AStG laut gesonderter Ermittlung (Zeile 142 der Anlage GK)	
91	Davon ab / Dazu: In einem anderen Wirtschaftsjahr entstandene Aufwendungen beziehungsweise Erträge, die im Zusammenhang mit der nach § 8b Absatz 2 und 3 KStG steuerfreien Veräußerung von Anteilen an anderen Körperschaften im laufenden Wirtschaftsjahr stehen (Zeile 146 der Anlage GK)	
92	Dazu / Davon ab: Im laufenden Wirtschaftsjahr entstandene Aufwendungen beziehungsweise Erträge, die im Zusammenhang mit der nach § 8b Absatz 2 und 3 KStG steuerfreien Veräußerung von Anteilen an anderen Körperschaften in einem anderen Wirtschaftsjahr stehen. (Zeile 150 der Anlage GK)	
93	Nicht bei Organgesellschaften: Korrekturbetrag nach § 8b KStG (Zeile 201 der Anlage GK)	
94	Nur bei Organgesellschaften: Korrekturbetrag nach § 8b KStG (Zeile 202 der Anlage GK)	
94a bis 94b frei 94c	Davon ab: Auflösung der Rücklage nach § 34 Absatz 6e Satz 17 bis 19 KStG im laufenden Wirtschaftsjahr (nicht bei Organgesellschaften: Betrag der Hauptspalte in Zeile 217 der Anlage GK)	
94d	Dazu: Nichtabziehbare Ausgaben nach § 8b Absatz 3 Satz 1 in Verbindung mit § 34 Absatz 6e Satz 14 und Satz 20 KStG (Zeile 218 der Anlage GK)	
95	Nach § 20 Absatz 1 InvStG freizustellender Betrag für Aktienfonds (nicht bei Organgesellschaften: 80 % des Wertes der Vorspalte in Zeile 221 der Anlage GK mit umgekehrtem Vorzeichen)	
96	Nach § 20 Absatz 1 InvStG freizustellender Betrag für Aktienfonds, die den Kapitalanlagen eines Lebens- oder Krankenversicherungsunternehmens beziehungsweise einem Pensionsfonds zuzurechnen sind oder die Voraussetzungen des § 20 Absatz 1 Satz 4 Nummer 2 InvStG erfüllen (30 % des Wertes der Vorspalte in Zeile 224 der Anlage GK mit umgekehrtem Vorzeichen)	
97	Nach § 20 Absatz 2 in Verbindung mit Absatz 1 InvStG freizustellender Betrag für Mischfonds (nicht bei Organgesellschaften: 40 % des Wertes der Vorspalte in Zeile 227 der Anlage GK mit umgekehrten Vorzeichen)	
98	Nach § 20 Absatz 2 in Verbindung mit Absatz 1 InvStG freizustellender Betrag für Mischfonds, die den Kapitalanlagen eines Lebens- oder Krankenversicherungsunternehmens beziehungsweise einem Pensionsfonds zuzurechnen sind oder die Voraussetzungen des § 20 Absatz 1 Satz 4 Nummer 2 InvStG erfüllen (15 % des Wertes der Vorspalte in Zeile 230 der Anlage GK mit umgekehrtem Vorzeichen)	
99	Nach § 20 Absatz 3 Satz 1 InvStG freizustellender Betrag für Immobilienfonds (nicht bei Organgesellschaften: 60 % des Wertes der Vorspalte in Zeile 233 der Anlage GK mit umgekehrtem Vorzeichen)	
100	Nach § 20 Absatz 3 Satz 2 InvStG freizustellender Betrag für Auslands-Immobilienfonds nach § 2 Absatz 9 Satz 2 InvStG (nicht bei Organgesellschaften: 80 % des Wertes der Vorspalte in Zeile 236 der Anlage GK mit umgekehrtem Vorzeichen)	
101	Dazu / Davon ab: Unterschiedsbeträge nach § 5 Absatz 1 Satz 1 Nummer 5 Satz 5 beziehungsweise § 13 Absatz 4a Satz 2 InvStG 2004 (Zeile 237 der Anlage GK)	

Steuernummer

- 5 -

Zeile		EUR
102	Davon ab: Im Betrag laut Zeile 11 der Anlage GK enthaltene laufende Erträge als Anleger an einem Spezial-Investmentfonds (nicht bei Organgesellschaften: Betrag der Hauptspalte in Zeile 237a der Anlage GK)	
103	Nicht bei Organgesellschaften: Dazu: Steuerpflichtige laufende Spezial-Investmenterträge nach § 20 Absatz 1 Nummer 3a EStG in Verbindung mit § 34 Absatz 1 Nummer 1 und 2 InvStG (Zeile 237b der Anlage GK)	
104	Nicht bei Organgesellschaften: Davon ab / Dazu: Außerbilanzieller Korrekturbetrag bei Veräußerung von Anteilen an Spezial-Investmentfonds (Zeile 237c der Anlage GK)	
105 bis 113 frei 114	Davon ab / Dazu: Positiver/negativer Anleger-Abkommensgewinn nach § 49 Absatz 1 Satz 1 Nummer 2 in Verbindung mit § 49 Absatz 1 Satz 2 InvStG (Zeile 266 der Anlage GK)	
115	Positiver/negativer Anleger-Teilfreistellungsgewinn nach § 49 Absatz 1 Satz 1 Nummer 3 in Verbindung mit § 49 Absatz 1 Satz 2 InvStG für Anleger, die dem KStG unterliegen (nicht bei Organgesellschaften: Betrag der Hauptspalte in Zeile 267 der Anlage GK)	
116	Davon ab / Dazu: Positiver/negativer Anleger-Teilfreistellungsgewinn nach § 49 Absatz 1 Satz 1 Nummer 3 in Verbindung mit § 49 Absatz 1 Satz 2 InvStG in den Fällen des § 20 Absatz 1 Satz 4 und 5 InvStG (Zeile 268 der Anlage GK)	
117 frei 118	Davon ab: Erträge aus der Gewinnabführung der Organgesellschaft(en) (Zeile 270 der Anlage GK)	
119	Dazu: Aufwendungen des Organträgers aus der Verlustübernahme von Organgesellschaft(en) (Zeile 271 der Anlage GK)	
120	Dazu: Ausgleichszahlungen des Organträgers an außenstehende Anteilseigner der Organgesellschaft(en) (§ 4 Absatz 5 Satz 1 Nummer 9 EStG) (Zeile 272 der Anlage GK)	
121 und 122 frei 123	Dazu: Mehrabführungen, die ihre Ursache in vororganschaftlicher Zeit haben (§ 14 Absatz 3 Satz 1 KStG) (Zeile 275 der Anlage GK)	
124	Davon ab: Minderabführungen, die ihre Ursache in vororganschaftlicher Zeit haben (§ 14 Absatz 3 Satz 2 KStG) (Zeile 276 der Anlage GK)	
124a	Davon ab: Minderabführungen, die ihre Ursache in organschaftlicher Zeit haben (§ 14 Absatz 4 Satz 1 KStG) (Zeile 277 der Anlage GK)	
124b	Dazu: Mehrabführungen, die ihre Ursache in organschaftlicher Zeit haben (§ 14 Absatz 4 Satz 2 KStG) (Zeile 278 der Anlage GK)	
124c	Dazu / Davon ab: Saldo der Mehr- und Minderabführungen, die im laufenden Wirtschaftsjahr bilanziell berücksichtigt wurden, aus Feststellungen für den vorangegangenen Veranlagungszeitraum (Zeile 279 der Anlage GK)	
125	Davon ab: Verdeckte Gewinnausschüttungen der Organgesellschaft(en) (Zeile 280 der Anlage GK)	
126	Dazu: Von der Organgesellschaft an den Organträger abzuführender Gewinn (Zeile 281 der Anlage GK)	
127	Davon ab: Vom Organträger an die Organgesellschaft zum Ausgleich eines sonst entstehenden Jahresfehlbetrages zu leistender Betrag (Zeile 282 der Anlage GK)	
128	Dazu: Von der Organgesellschaft geleistete Ausgleichszahlungen an außenstehende Anteilseigner (§ 4 Absatz 5 Satz 1 Nummer 9 EStG) (Zeile 283 der Anlage GK)	
129	Dazu: An den Organträger geleistete verdeckte Gewinnausschüttungen (R 14.6 Absatz 4 Satz 1 KStR 2022) (Zeile 284 der Anlage GK)	
130	Dazu: Von der Organgesellschaft geleistete verdeckte Gewinnausschüttungen an außenstehende Anteilseigner (R 14.6 Absatz 4 Satz 4 KStR 2022) (Zeile 285 der Anlage GK)	
130a	Dazu: Mehrabführungen, die ihre Ursache in vororganschaftlicher Zeit haben (§ 14 Absatz 3 Satz 1 KStG) (Zeile 292 der Anlage GK)	
130b	Davon ab: Minderabführungen, die ihre Ursache in vororganschaftlicher Zeit haben (§ 14 Absatz 3 Satz 2 KStG) (Zeile 293 der Anlage GK)	
130c	Davon ab: Minderabführungen, die ihre Ursache in organschaftlicher Zeit haben (§ 14 Absatz 4 Satz 1 KStG) (Zeile 294 der Anlage GK)	
130d	Dazu: Mehrabführungen, die ihre Ursache in organschaftlicher Zeit haben (§ 14 Absatz 4 Satz 2 KStG) (Zeile 295 der Anlage GK)	
131	Dazu: Zinsaufwendungen nach § 4h Absatz 3 Satz 2 EStG des laufenden Wirtschaftsjahres (Zeile 296 der Anlage GK)	
132	Dazu: Zinsaufwendungen nach § 4h Absatz 3 Satz 2 EStG des laufenden Wirtschaftsjahres der Organgesellschaft(en) (Zeile 297 der Anlage GK)	
133	Davon ab: Nach Anwendung des § 4h EStG in Verbindung mit § 8 Absatz 1, § 8a KStG als Betriebsausgaben abziehbare Zinsaufwendungen (Zeile 298 der Anlage GK)	
133a	Davon ab: Verrechnung mit verrechenbaren Verlusten nach § 15a EStG, die aufgrund einer Anwachsung bei der Körperschaft zu berücksichtigen sind (Zeile 299 der Anlage GK)	
134	Einkünfte aus Gewerbebetrieb der Sparte (Zeile 300 der Anlage GK)	

- 6 -

Steuernummer

Zeile		EUR
135	Nicht bei Organgesellschaften: Davon ab: Abzuziehende ausländische Steuern nach § 26 Absatz 1 Satz 1 Nummer 1 KStG in Verbindung mit § 34c Absatz 2 EStG (Zeile 20 der Anlage ZVE)	
136	Nicht bei Organgesellschaften: Davon ab: Abzuziehende ausländische Steuern nach § 26 Absatz 1 Satz 1 Nummer 1 KStG in Verbindung mit § 34c Absatz 3 EStG (Zeile 21 der Anlage ZVE)	
137	Dazu: Nicht zu berücksichtigende negative Einkünfte / Gewinnminderungen nach § 2a Absatz 1 EStG (Zeile 26 der Anlage ZVE)	
138	Davon ab: Verlustabzug nach § 2a Absatz 1 Satz 3 EStG (Zeile 27 der Anlage ZVE)	
139	Davon ab: Abzuziehende Kapitalertragsteuer nach § 36a Absatz 1 Satz 3 EStG (Zeile 28 der Anlage ZVE)	
140	Davon ab: Betriebsvermögensmehrungen oder Betriebseinnahmen aus einem Schuldenerlass zum Zwecke einer unternehmensbezogenen Sanierung nach § 3a Absatz 2 EStG (Sanierungsertrag) (Zeile 29 der Anlage ZVE)	
141	Dazu: Mit dem steuerfreien Sanierungsertrag in unmittelbarem wirtschaftlichen Zusammenhang stehende Betriebsvermögensminderungen oder Betriebsausgaben nach § 3c Absatz 4 EStG des Sanierungsjahres (Zeile 30 der Anlage ZVE)	
142	Dazu: Mit einem in einem anderen Veranlagungszeitraum steuerfreien Sanierungsertrag nach § 3a Absatz 1 EStG in unmittelbarem wirtschaftlichen Zusammenhang stehende Betriebsvermögensminderungen oder Betriebsausgaben nach § 3c Absatz 4 EStG des laufenden Veranlagungszeitraums (Zeile 31 der Anlage ZVE)	
142a	Dazu: Summe der Hinzurechnungsbeträge nach § 10 AStG, die der Körperschaft als Feststellungsbeteiligte der Feststellung nach § 18 AStG zuzurechnen sind (Zeile 31a der Anlage ZVE)	
142b	Nicht bei Organgesellschaften: Davon ab: Summe der Kürzungsbeträge nach § 11 Absatz 2 AStG (Zeile 31b der Anlage ZVE)	
143	Summe der Einkünfte der Sparte (Zeile 32 der Anlage ZVE)	
144	Davon ab: Abziehbare Zuwendungen nach § 9 Absatz 1 Nummer 2 KStG zur Förderung steuerbegünstigter Zwecke (Zeile 34 der Anlage ZVE)	
145	Hinzurechnung nach § 2a Absatz 3 Satz 3 und Absatz 4 in Verbindung mit § 52 Absatz 2 Satz 3 und 4 EStG, § 2 Absatz 1 Satz 3 und Absatz 2 AuslInvG: Dazu: Hinzurechnungsbetrag (Zeile 35 der Anlage ZVE)	
145a	Dazu: Negative Einkünfte des übernehmenden Rechtsträgers nach § 2 Absatz 5 UmwStG (Zeile 35b der Anlage ZVE)	
146	Verlustabzugsbeschränkung nach § 8c KStG: Dazu: Nach § 8c KStG nicht berücksichtigungsfähiger Verlust des laufenden Veranlagungszeitraums (gegebenenfalls in Verbindung mit § 2 Absatz 4 Satz 1 und 2, § 20 Absatz 6 Satz 4 UmwStG) (ohne Vorzeichen eintragen) (Zeile 37 der Anlage ZVE)	
147	Einkommenszurechnung bei einem Organträger: Dazu / Davon ab: Korrigierte zuzurechnende Einkommen der Organgesellschaften (Zeile 38 der Anlage ZVE)	
148	Dazu: Im Falle einer Abspaltung bei der übertragenden Körperschaft: wegfallender Verlust aus dem laufenden Veranlagungszeitraum nach § 15 Absatz 3, § 16 UmwStG (ohne Vorzeichen eintragen) (Zeile 40 der Anlage ZVE)	
149	Dazu: Minderung des laufenden Verlustes des Sanierungsjahres des zu sanierenden Unternehmens nach § 3a Absatz 3 Satz 2 Nummer 8 EStG (Zeile 41 der Anlage ZVE)	
150	Dazu: Minderung des ausgleichsfähigen Verlustes aus allen anderen Einkunftsarten des Veranlagungszeitraumes, in dem das Sanierungsjahr endet nach § 3a Absatz 3 Satz 2 Nummer 9 EStG (Zeile 42 der Anlage ZVE)	
151	Zwischensumme (bei einer Organgesellschaft: Gesamtbetrag der Einkünfte vor Zurechnung an den Organträger) (Zeile 43 der Anlage ZVE)	

In den **Zeilen 21 bis 151** erfolgt die **Ermittlung des Gesamtbetrags der Einkünfte** für die jeweilige Sparte vor der Berücksichtigung von Ausgleichszahlungen bei Organgesellschaften nach § 16 KStG und der Korrekturen nach § 2 Abs. 4 Satz 3 und 4 UmwStG. Diese hat entsprechend der Berechnungsreihenfolge der Anlage GK und der Anlage ZVE zu erfolgen, die in den Zeilen 21 bis 150 – soweit für die Berechnung des Gesamtbetrags der Einkünfte erforderlich – vollständig wiederholt werden, so dass die dort eingetragenen Sachverhalte entsprechend auf die Anlage ÖHK zu übertragen sind. Die Summe der einzelnen Zeilen aller Anlagen ÖHK entspricht dabei jeweils dem Wert der entsprechenden Zeile auf der Anlage GK bzw. der Anlage ZVE. Hinsichtlich der Erläuterungen zu den vorzunehmenden Eintragungen wird daher auf die Kommentierung der Anlage GK (→ Rz. 327 ff.) und der Anlage ZVE (→ Rz. 1441 ff.) verwiesen. **1074**

In **Zeile 151** ist die Zwischensumme der Zeilen 21 bis 150 einzutragen. Bei einer Organgesellschaft ist dies der Gesamtbetrag der Einkünfte vor Zurechnung an den Organträger lt. Zeile 43 der Anlage ZVE.

4. Ausgleichszahlungen bei Organgesellschaften nach § 16 KStG (Zeilen 200–202)

	Ausgleichszahlungen bei Organgesellschaften nach § 16 KStG	
152 bis 199 frei 200	Davon ab: 20/17 der eigenen Ausgleichszahlungen der Organgesellschaft an ihre außenstehenden Anteilseigner (§ 16 Satz 1 KStG)	
201	Davon ab: 20/17 der verdeckten Gewinnausschüttungen der Organgesellschaft an ihre außenstehenden Anteilseigner (§ 16 Satz 1 KStG in Verbindung mit R 14.6 Absatz 4 Satz 4 KStR 2022)	
202	Davon ab: 3/17 der Ausgleichszahlungen des Organträgers an außenstehende Anteilseigner der Organgesellschaft nach § 16 Satz 2 KStG	

1075 In **Zeile 200** sind $^{20}/_{17}$ **der von der Organgesellschaft selbst geleisteten Ausgleichszahlungen** i.S.d. § 16 KStG an ihre außenstehenden Anteilseigner anzugeben, soweit sie auf die jeweilige Sparte entfallen. Der Betrag ist bei der Ermittlung des Gesamtbetrags der Einkünfte abzuziehen, da er als nichtabziehbare Betriebsausgabe nach § 4 Abs. 5 Satz 1 Nr. 9 EStG in Zeile 128 dem Einkommen der Organgesellschaft hinzugerechnet wurde und damit noch in der Summe der Einkünfte enthalten ist. Gemäß § 16 Satz 1 KStG hat die Organgesellschaft ein Einkommen i.H.v. $^{20}/_{17}$ der von ihr geleisteten Ausgleichszahlungen an ihre außenstehenden Anteilseigner selbst zu versteuern. Der Abzug erfolgt einschließlich der auf die Ausgleichszahlungen entfallenden Körperschaftsteuerbelastung, weil diese bereits als nach § 10 Nr. 2 KStG nichtabziehbare Betriebsausgabe in Zeile 61 das Einkommen der Organgesellschaft erhöht hat und damit ebenfalls noch in der Summe der Einkünfte enthalten ist. Die Summe der Zeilen 200 aller Anlagen ÖHK der Organgesellschaft entspricht dem Wert lt. Zeile 26 der Anlage OG.

1076 In **Zeile 201** sind $^{20}/_{17}$ **der von der Organgesellschaft geleisteten vGA** an ihre außenstehenden Anteilseigner zu erklären, soweit sie auf die jeweilige Sparte entfallen. Der Betrag ist bei der Ermittlung des Gesamtbetrags der Einkünfte abzuziehen, da er in Zeile 130 dem Einkommen der Organgesellschaft hinzugerechnet wurde und damit noch in der Summe der Einkünfte enthalten ist. Gemäß § 16 Satz 1 KStG i.V.m. R 14.6 Abs. 4 Satz 4 KStR 2022 hat die Organgesellschaft ein Einkommen i.H.v. $^{20}/_{17}$ der von ihr geleisteten vGA an ihre außenstehenden Anteilseigner selbst zu versteuern. Der Abzug erfolgt einschließlich der auf die vGA entfallenden Körperschaftsteuerbelastung, weil diese bereits als nach § 10 Nr. 2 KStG nichtabziehbare Betriebsausgabe in Zeile 61 das Einkommen der Organgesellschaft erhöht hat und damit ebenfalls noch in der Summe der Einkünfte enthalten ist. Die Summe der Zeilen 201 aller Anlagen ÖHK der Organgesellschaft entspricht dem Wert lt. Zeile 27 der Anlage OG.

1077 In **Zeile 202** sind $^{3}/_{17}$ der **Ausgleichszahlungen an außenstehende Anteilseigner** der Organgesellschaft anzugeben, die vom **Organträger geleistet** wurden (§ 16 Satz 2 KStG), soweit sie auf die jeweilige Sparte entfallen, und bei der Ermittlung des Gesamtbetrags der Einkünfte abzuziehen. Es handelt sich um die **auf die Ausgleichszahlung entfallende Körperschaftsteuerbelastung**. Der Abzug ist an dieser Stelle erforderlich, weil diese bereits als nach § 10 Nr. 2 KStG nichtabziehbare Betriebsausgabe in Zeile 61 das Einkommen der Organgesellschaft erhöht hat und damit noch in der Summe der Einkünfte enthalten ist. Da aber auch die auf die Ausgleichszahlung entfallende Körperschaftsteuer von der Organgesellschaft als eigenes Einkommen zu versteuern ist, muss sie aus dem dem Organträger zuzurechnenden Einkommen ausgeschieden werden. Die Summe der Zeilen 202 aller Anlagen ÖHK der Organgesellschaft entspricht der Differenz der Zeilen 28 und 29 der Anlage OG.

5. Korrekturen nach § 2 Abs. 4 Satz 3 und 4 UmwStG (nicht bei Organgesellschaften) (Zeilen 203–208)

	Korrekturen nach § 2 Absatz 4 Satz 3 und 4 UmwStG Zeilen 204 bis 208: Nur im Falle von Umwandlungen mit steuerlicher Rückwirkung zur Anwendung des § 2 Absatz 4 Satz 3 und 4 UmwStG beim übernehmenden Rechtsträger; nicht bei Organgesellschaften	
203	Zwischensumme	

- 7 -

Steuernummer

Zeile		EUR	EUR
204	Betrag laut Zeile 203		
205	Davon ab: Im Betrag laut Zeile 204 enthaltene positive Einkünfte des übertragenden oder einbringenden Rechtsträgers im Rückwirkungszeitraum aus eigenen Übernahmen		
206	Davon ab: Im Betrag laut Zeile 204 enthaltene positive Einkünfte des übertragenden oder einbringenden Rechtsträgers im Rückwirkungszeitraum laut gesonderter und einheitlicher Feststellung einer Personengesellschaft (50)		
207	Davon ab: Im Betrag laut Zeile 204 enthaltene positive Einkünfte des übertragenden oder einbringenden Rechtsträgers im Rückwirkungszeitraum laut gesonderter und einheitlicher Feststellung(en) nach § 14 Absatz 5 KStG (Summe der Beträge laut Zeile 27 aller Anlagen OT) (50)		
208	Zwischensumme: Wenn negativ: Nach § 2 Absatz 4 Satz 3 und 4 UmwStG nicht ausgleichsfähiger Verlust des übernehmenden Rechtsträgers (Übertrag eines negativen Betrages mit umgekehrtem Vorzeichen in die Hauptspalte und in Zeile 52 der Anlage ZVE)		▸

1078 In **Zeile 203** ist die Zwischensumme der Zeilen 151 bis 202 zu bilden; diese entspricht dem Gesamtbetrag der Einkünfte der Sparte/Tätigkeit vor Anwendung von § 2 Abs. 4 Satz 3 und 4 UmwStG.

1079 Im Falle einer **Umwandlung mit steuerlicher Rückwirkung** sind der **Ausgleich** oder die Verrechnung **von positiven Einkünften des übertragenden Rechtsträgers** im Rückwirkungszeitraum **mit verrechenbaren Verlusten**, verbleibenden Verlustvorträgen und nicht ausgeglichenen negativen Einkünften **des übernehmenden Rechtsträgers nicht zulässig** (§ 2 Abs. 4 Satz 3 UmwStG). Ist der **übernehmende Rechtsträger eine Organgesellschaft**, gilt § 2 Abs. 4 Satz 3 UmwStG auch für einen Ausgleich oder eine Verrechnung beim Organträger entsprechend (§ 2 Abs. 4 Satz 4 UmwStG). In den **Zeilen 204 bis 208** sind daher in diesen Fällen beim übernehmenden Rechtsträger die positiven Einkünfte des übertragenden oder einbringenden Rechtsträgers im Rückwirkungszeitraum aus der in Zeile 203 ermittelten Zwischensumme auszuscheiden. Die Zeilen 204 bis 208 sind jedoch nicht von Organgesellschaften als übernehmendem Rechtsträger auszufüllen, da die Hinzurechnung der nicht verrechenbaren negativen Gesamtbeträge der Einkünfte gem. § 15 Satz 1 Nr. 5 KStG erst auf Ebene des obersten Organträgers, der nicht zugleich Organgesellschaft ist, erfolgt. Die Erklärung der insoweit für den Organträger maßgebenden Werte erfolgt in den Zeilen 212 bis 214 (→ Rz. 1088 ff.). Bei Organgesellschaften ist daher in Zeile 209 fortzufahren.

1080 In **Zeile 204, Vorspalte** ist der **Betrag lt. Zeile 203** (Gesamtbetrag der Einkünfte der Sparte vor Anwendung von § 2 Abs. 4 Satz 3 und 4 UmwStG) einzutragen.

1081 In **Zeile 205, Vorspalte** sind beim **übernehmenden Rechtsträger** die im Betrag lt. Zeile 204 **aus eigenen Übernahmen** enthaltenen positiven Einkünfte des übertragenden oder einbringenden Rechtsträgers im Rückwirkungszeitraum abzuziehen.

1082 In **Zeile 206, Vorspalte** sind die im Betrag lt. Zeile 204 enthaltenen positiven Einkünfte des übertragenden oder einbringenden Rechtsträgers im Rückwirkungszeitraum, die im Gesamtbetrag der Einkünfte aus einer gesonderten und einheitlichen Feststellung einer **Personengesellschaft** als übernehmendem Rechtsträger enthalten sind, abzuziehen. Falls die gesonderte und einheitliche Feststellung für die Personengesellschaft noch nicht durchgeführt wurde, ist der auf die Körperschaft entfallende Wert lt. Feststellungserklärung oder der voraussichtlich zu berücksichtigende Wert einzutragen.

1083 In **Zeile 207, Vorspalte** sind bei einem Organträger (der nicht zugleich Organgesellschaft ist; → Rz. 1079) die im Betrag lt. Zeile 204 enthaltenen positiven Einkünfte des übertragenden oder einbringenden Rechtsträgers im Rückwirkungszeitraum, die in gesonderten und einheitlichen Feststellungen nach § 14 Abs. 5 KStG seiner **Organgesellschaft(en)** als übernehmendem Rechtsträger enthalten sind, abzuziehen. Falls die gesonderte und einheitliche Feststellung für die Organgesellschaft nach § 14 Abs. 5 KStG noch nicht durchgeführt wurde, ist der auf den Organträger entfallende Wert lt. Feststellungserklärung oder der voraussichtlich zu berücksichtigende Wert einzutragen. Die Summe der Zeilen 207 aller Anlagen ÖHK entspricht dem Wert lt. Zeile 27 aller Anlagen OT.

1084 In **Zeile 208, Vorspalte** wird in der Differenz der Zeilen 204 bis 207 der sich unter Berücksichtigung von § 2 Abs. 4 Satz 3 und 4 UmwStG ergebende **Gesamtbetrag der Einkünfte** des übernehmenden Rechtsträgers ermittelt. Wenn dieser Betrag negativ ist, ist dies der nach § 2 Abs. 4 Satz 3 und 4 UmwStG nicht ausgleichsfähige Verlust des übernehmenden Rechtsträgers. Dieser ist mit umgekehrtem Vorzeichen in Zeile 208, Hauptspalte der Anlage ÖHK und in Zeile 52 der Anlage ZVE zu übertragen und dem Wert lt. Zeile 203 der Anlage ÖHK bzw. der Summe der Einkünfte lt. Zeile 32 der Anlage ZVE hinzuzurechnen.

6. Gesamtbetrag der Einkünfte der Sparte (Zeilen 209–211)

	Gesamtbetrag der Einkünfte der Sparte	
209	Gesamtbetrag der Einkünfte der Sparte/Tätigkeit	
210	Nicht bei Organgesellschaften: Negativer Gesamtbetrag der Einkünfte der einzelnen Sparte nach § 8 Absatz 9 Satz 1 Nummer 1 bis 3 KStG; negativer Betrag laut Zeile 209; Übertrag des Betrages nach Zeile 54 der Anlage ZVE ohne Vorzeichen	
211	Nicht bei Organgesellschaften: Positiver Gesamtbetrag der Einkünfte der einzelnen Sparte nach § 8 Absatz 9 Satz 1 Nummer 1 bis 3 KStG; positiver Betrag laut Zeile 209	

1085 In **Zeile 209** ist der **Gesamtbetrag der Einkünfte** der Sparte/Tätigkeit anzugeben. Dieser ergibt sich aus der Summe der Zeilen 143 bis 208 (bei Organgesellschaften: Zeilen 143 bis 202).

1086 Sofern der **Gesamtbetrag der Einkünfte** lt. Zeile 209 für die Sparte **negativ** und die Kapitalgesellschaft **keine Organgesellschaft** ist, ist dieser negative Gesamtbetrag der Einkünfte in **Zeile 210** auszuweisen und ohne Vorzeichen nach Zeile 54 der Anlage ZVE zu übertragen. Dieser negative Gesamtbetrag der Einkünfte darf gem. § 8 Abs. 9 Satz 1 Nr. 1 bis 3 KStG nicht mit positiven Einkünften aus anderen Tätigkeitssparten verrechnet werden und wird daher dem Gesamtbetrag der Einkünfte lt. Zeile 53 der Anlage ZVE hinzugerechnet. Für **Organgesellschaften** ist der negative Gesamtbetrag der Einkünfte der Sparte/Tätigkeit nicht in Zeile 210 einzutragen, da die Hinzurechnung der nicht verrechenbaren negativen Gesamtbeträge der Einkünfte gem. § 15 Satz 1 Nr. 5 KStG erst auf Ebene des obersten Organträgers, der nicht zugleich Organgesellschaft ist, erfolgt (→Rz. 1064), so dass Zeile 210 bei Organgesellschaften nicht auszufüllen ist.

1087 Sofern der **Gesamtbetrag der Einkünfte** lt. Zeile 209 für die Sparte **positiv** und die Kapitalgesellschaft **keine Organgesellschaft** ist, ist er in **Zeile 211** zu übertragen. Für **Organgesellschaften** ist der positive Gesamtbetrag der Einkünfte der Sparte/Tätigkeit nicht in Zeile 211 einzutragen, da über eine mögliche Zusammenfassung von Tätigkeiten zu Sparten nach Maßgabe des § 8 Abs. 9 KStG erst auf Ebene des obersten Organträgers, der nicht zugleich Organgesellschaft ist, zu entscheiden ist (§ 15 Satz 1 Nr. 5 KStG; →Rz. 1064).

7. Angaben zu § 2 Abs. 4 Satz 3 und 4 UmwStG bei Organgesellschaften (Zeilen 212–214)

	Angaben zu § 2 Absatz 4 Satz 3 und 4 UmwStG bei Organgesellschaften Im Falle von Umwandlungen mit steuerlicher Rückwirkung zur Anwendung des § 2 Absatz 4 Satz 3 und 4 UmwStG beim Organträger	
212	Im Betrag laut Zeile 209 enthaltene positive Einkünfte des auf die Organgesellschaft übertragenden oder einbringenden Rechtsträgers im Rückwirkungszeitraum aus eigenen Übernahmen (Betrag laut Zeile 47 der Anlage OG)	
213	Im Betrag laut Zeile 209 enthaltene positive Einkünfte des übertragenden oder einbringenden Rechtsträgers im Rückwirkungszeitraum laut gesonderter und einheitlicher Feststellung einer Personengesellschaft (Betrag laut Zeile 62 der Anlage OG) [50]	
214	Wenn die Organgesellschaft gleichzeitig Organträger ist: Im Betrag laut Zeile 209 enthaltene positive Einkünfte des auf die der Organgesellschaft vorgelagerte(n) Organgesellschaft(en) übertragenden oder einbringenden Rechtsträgers im Rückwirkungszeitraum laut gesonderter und einheitlicher Feststellung(en) nach § 14 Absatz 5 KStG (Summe der Beträge laut Zeile 27 aller Anlagen OT) [50]	

1088 Im Falle einer **Umwandlung mit steuerlicher Rückwirkung** sind der **Ausgleich** oder die Verrechnung **von positiven Einkünften des übertragenden Rechtsträgers** im Rückwirkungszeitraum **mit verrechenbaren Verlusten**, verbleibenden Verlustvorträgen und nicht ausgeglichenen negativen Einkünften **des übernehmenden Rechtsträgers nicht zulässig** (§ 2 Abs. 4 Satz 3 UmwStG). Ist der **übernehmende Rechtsträger eine Organgesellschaft**, gilt § 2 Abs. 4 Satz 3 UmwStG auch für einen Ausgleich oder eine Verrechnung beim Organträger entsprechend (§ 2 Abs. 4 Satz 4 UmwStG). In den Zeilen 212 und 213 sind daher bei Organgesellschaften als übernehmendem Rechtsträger die positiven Einkünfte des auf die Organgesellschaft übertragenden oder einbringenden Rechtsträgers im Rückwirkungszeitraum anzugeben. Für Organgesellschaften, die zugleich Organträger sind, sind in Zeile 214 entsprechende Angaben zu vorgelagerten Organgesellschaften zu machen.

1089 In **Zeile 212** sind bei der Organgesellschaft als **übernehmendem Rechtsträger** die im Betrag lt. Zeile 209 **aus eigenen Umwandlungen** enthaltenen positiven Einkünfte des unmittelbar auf die Organgesellschaft übertragenden oder einbringenden Rechtsträgers im Rückwirkungszeitraum anzugeben, soweit sie auf die jeweilige Sparte/Tätigkeit entfallen. Die Summe der Zeilen 212 aller Anlagen ÖHK der Organgesellschaft entspricht dem Wert lt. Zeile 47 der Anlage OG der Organgesellschaft.

1090 In **Zeile 213** sind bei der Organgesellschaft die im Betrag lt. Zeile 209 enthaltenen positiven Einkünfte des mittelbar auf die Organgesellschaft übertragenden oder einbringenden Rechtsträgers im Rückwirkungszeitraum, die im Gesamtbetrag der Einkünfte der Organgesellschaft aus einer gesonderten und einheitlichen Feststellung einer **Personengesellschaft** als übernehmendem Rechtsträger enthalten sind, anzugeben. Die Summe der Zeilen 213 aller Anlagen ÖHK der Organgesellschaft entspricht dem Wert lt. Zeile 62 der Anlage OG der Organgesellschaft. Falls die gesonderte und einheitliche Feststellung der Personengesellschaft noch nicht durchgeführt wurde, ist der auf die Organgesellschaft entfallende Wert lt. Feststellungserklärung oder der voraussichtlich zu berücksichtigende Wert einzutragen.

Ist die Organgesellschaft zugleich Organträger, sind in **Zeile 214** die in Zeile 209 enthaltenen positiven Einkünfte des auf die der Organgesellschaft **vorgelagerte(n) Organgesellschaft(en)** übertragenden oder einbringenden Rechtsträgers anzugeben, die in der/den gesonderten und einheitlichen Feststellung(en) nach § 14 Abs. 5 KStG der vorgelagerten Organgesellschaft(en) als übernehmendem Rechtsträger für den Rückwirkungszeitraum enthalten sind. Die Summe der Zeilen 214 aller Anlagen ÖHK der Organgesellschaft entspricht dem Wert lt. Zeile 27 aller Anlagen OT der Organgesellschaft. Falls die gesonderte und einheitliche Feststellung nach § 14 Abs. 5 KStG für die vorgelagerte(n) Organgesellschaft(en) noch nicht durchgeführt wurde, ist der auf die Organgesellschaft entfallende Wert lt. Feststellungserklärung oder der voraussichtlich zu berücksichtigende Wert einzutragen. 1091

8. Ermittlung des abziehbaren Verlustes und des Verlustvortrags der einzelnen Sparte (Zeilen 215–233)

	Ermittlung des abziehbaren Verlustes und des Verlustvortrags der einzelnen Sparte (§ 10d EStG in Verbindung mit § 31 Absatz 1 und § 8 Absatz 9 KStG) (81)	
	Bei Organgesellschaften: Nur in den Fällen des § 15 Satz 1 Nummer 1 KStG	
	Anfangsbestand	
215	Verbleibender Verlustvortrag zum Schluss des vorangegangenen Veranlagungszeitraums für die Sparte (27)	
216	Davon ab: Untergang des fortführungsgebundenen Verlustvortrags aufgrund eines schädlichen Ereignisses nach § 8d Absatz 2 KStG (Betrag laut Zeile 234)	
217	Dazu: Erhalt des fortführungsgebundenen Verlustvortrags nach § 8d Absatz 2 Satz 1 zweiter Halbsatz KStG durch entsprechende Anwendung des § 8c Absatz 1 Satz 5 bis 8 KStG bezogen auf die zum Schluss des vorangegangenen Veranlagungszeitraums vorhandenen stillen Reserven (höchstens Betrag laut Zeile 216; laut gesonderter Ermittlung) (74)	
218	Nur für Betriebe gewerblicher Art: Dazu: Zu übernehmender verbleibender Verlustvortrag (§ 8 Absatz 8 KStG) (11)	
219	Davon ab: Nicht zu berücksichtigender Verlustabzug nach § 8c KStG (gegebenenfalls in Verbindung mit § 2 Absatz 4 Satz 1 und 2, § 20 Absatz 6 Satz 4 UmwStG) (laut gesonderter Ermittlung) (22) (74)	
220	Im Falle der Abspaltung: Davon ab: Verringerung des verbleibenden Verlustvortrags bei der übertragenden Körperschaft (§ 15 Absatz 3, § 16 UmwStG)	
221	Davon ab: Minderung des Verlustvortrags nach § 3a Absatz 3 Satz 2 Nummer 10 EStG (Betrag laut Zeile 21 der Anlage SAN)	
	Negativer Gesamtbetrag der Einkünfte	
222	Dazu: Berücksichtigungsfähiger steuerlicher Verlust des laufenden Veranlagungszeitraums Betrag laut Zeile 210 beziehungsweise wenn Betrag laut Zeile 208 Vorspalte negativ: Betrag laut Zeile 208 Vorspalte (Betrag ohne Vorzeichen eintragen)	

Steuernummer - 8 -

Zeile		EUR	EUR
223	Davon ab: Minderung der negativen Einkünfte nach § 3a Absatz 3 Satz 2 Nummer 12 EStG aufgrund eines Sanierungsertrags in 2024		
223a	Davon ab: Minderung der negativen Einkünfte nach § 3a Absatz 3 Satz 2 Nummer 12 EStG aufgrund eines Sanierungsertrags in 2023		
224	Davon ab: Verlustrücktrag auf den positiven Gesamtbetrag der Einkünfte der Sparte im Veranlagungszeitraum 2024 und 2023 (höchstens 1 Million € und höchstens Betrag laut Zeile 222 abzüglich der Summe der Beträge laut Zeile 223 und 223a; bei Verzicht auf Verlustrücktrag: Eintrag mit 0) (10)		
225	Zwischensumme		
	Positiver Gesamtbetrag der Einkünfte		
226	Positiver Gesamtbetrag der Einkünfte der Sparte (Betrag laut Zeile 211)		
227	Im Falle von Umwandlungen mit steuerlicher Rückwirkung beim übernehmenden Rechtsträger: Davon ab: Im Betrag laut Zeile 226 enthaltene positive Einkünfte des übertragenden oder einbringenden Rechtsträgers im Rückwirkungszeitraum (vergleiche § 2 Absatz 4 Satz 3 und 4 UmwStG) - Summe der Beträge laut Zeilen 205 bis 207		
228	Zwischensumme		
229	Davon ab: Niedrigerer Betrag aus Zeile 225 oder 228 (höchstens 1 Million €)	▸	
230	Zwischensumme		
231	Davon ab: Betrag laut Zeile 230 Hauptspalte, höchstens 70 % vom Betrag laut Zeile 230 Vorspalte		
	Endbestand		
232	Verbleibender Verlustvortrag zum Schluss des Veranlagungszeitraums für die Sparte		
233	Insgesamt vorzunehmender Verlustabzug (Summe der Beträge laut Zeilen 229 und 231; Übertrag nach Zeile 57 der Anlage ZVE)		

1092 In den Zeilen 215 bis 233 erfolgt für die Sparte die Ermittlung des für den laufenden VZ vorzunehmenden **Verlustabzugs** und des **verbleibenden Verlustvortrags** gem. § 10d EStG i.V.m. § 31 Abs. 1 KStG und § 8 Abs. 9 KStG zum Ende des VZ. Bei Organgesellschaften kommt wegen § 15 Satz 1 Nr. 1 KStG in die Zeilen 215 bis 217, 219 bis 221 und 232 nur ein Eintrag in Betracht, wenn die Organgesellschaft über einen vororganschaftlichen (ggf. fortführungsgebundenen) Verlustvortrag aus dieser Sparte verfügt. Die Zeilen 222 bis 231 und 233 sind bei Organgesellschaften wegen § 15 Satz 1 Nr. 1 KStG nicht auszufüllen.

1093 In **Zeile 215** ist der **verbleibende Verlustvortrag zum Ende des vorangegangenen VZ** (Anfangsbestand) einzutragen. Lebt ein festgeschriebener Verlustvortrag wieder auf (→ Rz. 1062),[1] ist dieser hier einzutragen.

1094 In **Zeile 216** ist der als Teil des verbleibenden Verlustvortrags i.S.d. § 10d Abs. 4 EStG lt. Zeile 215 (→ Rz. 1093) vorhandene sog. **fortführungsgebundene Verlustvortrag** i.S.d. § 8d Abs. 1 Satz 7 KStG zum Ende des vorangegangenen VZ einzutragen und abzuziehen, der auf Grund eines **schädlichen Ereignisses** i.S.d. § 8d Abs. 2 KStG im laufenden VZ **wegfällt**. Da im Falle eines solchen schädlichen Ereignisses gem. § 8d Abs. 2 Satz 1 KStG der gesamte fortführungsgebundene Verlustvortrag wegfällt, ist der Betrag lt. Zeile 234 (→ Rz. 1170) anzugeben.

1095 In **Zeile 217** ist der Teil des **fortführungsgebundenen Verlustvortrags** i.S.d. § 8d KStG lt. Zeile 216 (→ Rz. 1094) einzutragen und hinzuzurechnen, der nach § 8d Abs. 2 Satz 1 2. Halbsatz KStG durch entsprechende Anwendung des § 8c Abs. 1 Satz 5 bis 8 KStG bezogen auf die zum Schluss des vorangegangenen VZ vorhandenen stillen Reserven erhalten bleibt. Anzugeben ist höchstens der Betrag lt. Zeile 216 (→ Rz. 1094). Die Ermittlung des Werts ist dem FA gesondert mitzuteilen. Die Ermittlung ist möglichst elektronisch (Belegnachreichung zur Steuererklärung) zu übermitteln. Dies ist sowohl über Elster als auch über andere Softwareanbieter möglich.

1096 § 8 Abs. 7 KStG ist auch anzuwenden auf einen BgA, der Organträger einer Kapitalgesellschaft i.S.d. § 8 Abs. 7 Satz 1 Nr. 2 KStG ist (→ Rz. 1055). Ist oberster **Organträger ein BgA**, der im VZ gem. § 4 Abs. 6 KStG mit (einem) anderen BgA zusammengefasst wurde, in dem/denen vor der **Zusammenfassung** eine derselben Sparte zuzuordnende Tätigkeit ausgeübt wurde und aus dem/denen ein Verlustvortrag vorhanden ist, ist der nach § 8 Abs. 8 KStG **zu übernehmende verbleibende Verlustvortrag** des/der untergegangenen BgA in **Zeile 218** einzutragen und hin-

1) Vgl. BMF v. 12.11.2009, IV C 7 – S 2706/08/10004, BStBl I 2009, 1303, Rz. 75.

zuzurechnen. Nicht ausgeglichene Verlustvorträge einzelner gleichartiger BgA aus der Zeit vor einer Zusammenfassung i.S.d. § 4 Abs. 6 Satz 1 Nr. 1 KStG können auch bei dem zusammengefassten BgA abgezogen werden. Einzutragen sind die auf VZ vor der Zusammenfassung entfallenden Verlustvorträge der bisher einzelnen gleichartigen untergegangenen BgA.

In **Zeile 219** ist der Teil des verbleibenden Verlustabzugs zum Ende des vorangegangenen VZ aufzuführen und abzuziehen, der im laufenden VZ auf Grund eines **schädlichen Beteiligungserwerbs** i.S.d. § 8c KStG (ggf. im Zusammenhang mit einer Umwandlung i.V.m. § 2 Abs. 4 Satz 1 und 2 UmwStG, § 20 Abs. 6 Satz 4 UmwStG) untergeht. Hier sind auch Eintragungen für Verluste i.S.d. § 8d Abs. 1 Satz 2 Nr. 1 KStG vorzunehmen, für die die Anwendung des § 8d Abs. 1 Satz 1 KStG nicht in Betracht kommt. Einzutragen sind auch Verluste, die bei einer früheren Einstellung oder Ruhendstellung vor dem 1.1.2016 entstanden sind.[1] Die Ermittlung des untergehenden Verlustvortrags ist dem FA gesondert zu übersenden. Die Ermittlung ist möglichst elektronisch (Belegnachreichung zur Steuererklärung) zu übermitteln. Dies ist sowohl über Elster als auch über andere Softwareanbieter möglich. **1097**

In **Zeile 220** ist der Teil des verbleibenden Verlustvortrags zum Ende des vorangegangenen VZ anzugeben und abzuziehen, der sich im laufenden VZ auf Grund einer **Abspaltung** bei der übertragenden Körperschaft nach §§ 15 Abs. 3, 16 UmwStG verringert. **1098**

In **Zeile 221** ist die **Minderung des Verlustvortrags** infolge eines **Sanierungsertrags** nach § 3a Abs. 3 Satz 2 Nr. 10 EStG einzutragen. Der Wert entspricht dem Betrag lt. Zeile 21 der Anlage SAN. **1099**

In **Zeile 222** ist der **negative Gesamtbetrag der Einkünfte** ohne Vorzeichen anzugeben und hinzuzurechnen. Bei Organgesellschaften hat gem. § 15 Satz 1 Nr. 1 KStG kein Eintrag zu erfolgen. Der hinzuzurechnende negative Gesamtbetrag der Einkünfte ergibt sich grds. aus dem Betrag lt. Zeile 210 (→ Rz. 1086). Bei einem Organträger, der nicht zugleich Organgesellschaft ist und der im VZ als übernehmender Rechtsträger nach § 2 Abs. 4 Satz 3 und 4 UmwStG nicht ausgleichsfähige Verluste erzielt hat, ist jedoch der Betrag lt. Zeile 208, Vorspalte (→ Rz. 1084) ohne Vorzeichen einzutragen, wenn der Betrag lt. Zeile 208, Vorspalte negativ ist. **1100**

In **Zeile 223** ist die **Minderung der negativen Einkünfte** infolge eines **Sanierungsertrags** im vorangegangenen **VZ** nach § 3a Abs. 3 Satz 2 Nr. 12 EStG einzutragen. Bei Organgesellschaften sind gem. § 15 Satz 1 Nr. 1 KStG in Zeile 223 keine Eintragungen vorzunehmen. **1101**

In **Zeile 223a** ist die **Minderung der negativen Einkünfte** infolge eines **Sanierungsertrags** im **zweiten vorangegangenen VZ** nach § 3a Abs. 3 Satz 2 Nr. 12 EStG anzugeben. Bei Organgesellschaften sind gem. § 15 Satz 1 Nr. 1 KStG in Zeile 223 keine Eintragungen vorzunehmen. **1102**

In **Zeile 224** ist der auf den Gesamtbetrag der Einkünfte des vorangegangenen VZ vorzunehmende **Verlustrücktrag** einzutragen und abzuziehen. Der Verlustrücktrag ist zum einen begrenzt auf den negativen Gesamtbetrag der Einkünfte lt. Zeile 222 abzgl. der Beträge lt. Zeilen 223 und 223a und zum anderen maximal in Höhe des positiven Gesamtbetrags der Einkünfte der Sparte im vorangegangenen VZ vorzunehmen. Zudem darf er 1 Mio. € (vgl. → Rz. 1290) nicht übersteigen. **1103**

Nach § 10d Abs. 1 Satz 5 EStG kann auf den Verlustrücktrag ganz oder teilweise verzichtet werden. Sofern der Verlustrücktrag nicht beantragt wird, ist dies durch Eintragung des Werts „0" entsprechend zu erklären. Erfolgt kein Eintrag, wird der Verlustrücktrag nach § 10d Abs. 1 Satz 1 EStG in maximaler Höhe durchgeführt.

Bei Organgesellschaften sind gem. § 15 Satz 1 Nr. 1 KStG in Zeile 224 keine Eintragungen vorzunehmen.

In **Zeile 225** ist die **Zwischensumme** aus den Zeilen 222 bis 224 bilden. **1104**

In **Zeile 226, Vorspalte** ist der **positive Gesamtbetrag der Einkünfte** der Sparte lt. Zeile 211 einzutragen. Die Zeilen 226 bis 231 sind bei Organgesellschaften wegen § 15 Satz 1 Nr. 1 KStG nicht auszufüllen. In Zeile 232 ist bei Organgesellschaften nur dann ein Eintrag vorzunehmen, wenn sie über einen vororganschaftlichen Verlustvortrag verfügen (→ Rz. 1092). **1105**

In Fällen von **Umwandlungen mit steuerlicher Rückwirkung** sind beim **übernehmenden Rechtsträger** in **Zeile 227, Vorspalte** die im Betrag lt. Zeile 226 enthaltenen positiven Einkünfte des übertragenden oder einbringenden Rechtsträgers im Rückwirkungszeitraum nach § 2 Abs. 4 Satz 3 und 4 UmwStG einzutragen und abzuziehen. Dieser Betrag entspricht der Summe der Beträge lt. Zeilen 205 bis 207 (→ Rz. 1079 ff.). **1106**

In **Zeile 228, Vorspalte** ist die **Zwischensumme** aus den Zeilen 226 und 227 zu bilden. **1107**

In **Zeile 229** erfolgt der **Abzug des Verlustvortrags** zum Ende des vorangegangenen VZ vom positiven Gesamtbetrag der Einkünfte des laufenden VZ gem. § 10d Abs. 2 Satz 1 EStG. Der Verlustabzug ist vom positiven niedrigeren Betrag lt. Zeile 225 oder 228 vorzunehmen und beträgt an dieser Stelle max. 1 Mio. €. Der entsprechende Betrag ist sowohl in der Vorspalte als auch in der Hauptspalte abzuziehen. Der ggf. 1 Mio. € übersteigende abzuziehende Verlustvortrag ist in Zeile 231 (→ Rz. 1110) einzutragen. Ist der Betrag lt. Zeile 228 negativ, kann wegen § 2 Abs. 4 Satz 3 und 4 UmwStG kein Verlustabzug erfolgen, so dass jeweils 0 € einzutragen ist. **1108**

In **Zeile 230** ist in der Vorspalte die Differenz aus den Zeilen 228 und 229 zu bilden, sofern die Zeile 228 positiv ist. In der Hauptspalte ergibt sich die **Zwischensumme** aus der Differenz der Zeilen 225 und 229. **1109**

1) Vgl. BMF v. 18.3.2021, IV C 2 – S 2745-b/19/10002 :002, BStBl I 2021, 363, Rz. 79.

1110 In **Zeile 231** ist der über den in Zeile 229 vorgenommenen Verlustabzug i.H.v. max. 1 Mio. € mögliche **weitere Verlustabzug** gem. § 10d Abs. 2 Satz 1 EStG zu berechnen und abzuziehen, sofern in Zeile 230 ein positiver Betrag verblieben ist. Dies ist der Betrag lt. Zeile 230 Hauptspalte, höchstens jedoch 70 % des Betrags lt. Zeile 230, Vorspalte.

1111 In **Zeile 232** ist der **verbleibende Verlustvortrag zum Ende des laufenden VZ** für die Sparte einzutragen, der sich aus dem Saldo der Zeilen 215 bis 231 ergibt. Dieser Betrag wird vom FA nach § 8 Abs. 9 Satz 8 KStG gesondert festgestellt. Bei Organgesellschaften ist nur dann ein Eintrag vorzunehmen, wenn sie über einen vororganschaftlichen Verlustvortrag verfügen (→ Rz. 1092).

1112 In **Zeile 233** ist der **insgesamt vorzunehmende Verlustabzug** auszuweisen. Dies ist die Summe der Beträge aus den Zeilen 229 und 231. Der Betrag ist in Zeile 57 der Anlage ZVE zu übertragen. Bei Organgesellschaften ist wegen § 15 Satz 1 Nr. 1 KStG kein Eintrag vorzunehmen.

9. Ermittlung des fortführungsgebundenen Verlustvortrags nach § 8d KStG der einzelnen Sparte (Zeilen 234–239)

	Fortführungsgebundener Verlustvortrag nach § 8d KStG der einzelnen Sparte (81)	
	Bei Organgesellschaften: Nur in den Fällen des § 15 Satz 1 Nummer 1 KStG	
234	Verbleibender fortführungsgebundener Verlustvortrag zum Schluss des vorangegangenen Veranlagungszeitraums	
235	Davon ab: Untergang des fortführungsgebundenen Verlustvortrags aufgrund eines schädlichen Ereignisses nach § 8d Absatz 2 KStG (Betrag laut Zeile 234)	
235a	Davon ab: Wegfall der Fortführungsgebundenheit bei Vorliegen eines schädlichen Beteiligungserwerbs nach § 8c KStG (Betrag laut Zeile 234)	
236	Davon ab: Im wegfallenden Verlustvortrag enthaltener fortführungsgebundener Verlustvortrag (im Betrag laut Zeile 220 enthalten, höchstens Betrag laut Zeile 234 abzüglich Summe der Beträge laut Zeilen 235 und 235a)	
237	Davon ab: Verrechnung mit dem fortführungsgebundenen Verlust (Summe der Beträge laut Zeilen 221, 229 und 231, höchstens Betrag laut Zeile 234 abzüglich Summe der Beträge laut Zeilen 235 bis 236)	
238	Wenn im Veranlagungszeitraum ein schädlicher Beteiligungserwerb nach § 8c KStG erfolgte und die Voraussetzungen zur Anwendung des § 8d KStG erfüllt sind: Dazu: Zugang zum fortführungsgebundenen Verlustvortrag (Betrag laut Zeile 232 abzüglich Betrag laut Zeile 234 zuzüglich Summe der Beträge laut Zeilen 235 bis 237).	
239	Im Betrag laut Zeile 232 enthaltener zum Schluss des Veranlagungszeitraums verbleibender fortführungsgebundener Verlustvortrag	

1113 In den Zeilen 234 bis 239 erfolgt für die Sparte die Ermittlung des **fortführungsgebundenen Verlustvortrags** nach § 8d KStG. Bei Organgesellschaften sind die Zeilen 234 bis 239 wegen § 15 Satz 1 Nr. 1 KStG nur auszufüllen, sofern ein vororganschaftlicher fortführungsgebundener Verlustvortrag vorhanden ist.

1114 In **Zeile 234** ist der gem. § 8d Abs. 1 Satz 7 KStG verbleibende **fortführungsgebundene Verlustvortrag zum Ende des vorangegangenen VZ** einzutragen.

1115 In **Zeile 235** ist der **fortführungsgebundene Verlustvortrag** i.S.d. § 8d Abs. 1 Satz 7 KStG zum Ende des vorangegangenen VZ einzutragen und abzuziehen, der auf Grund eines **schädlichen Ereignisses** i.S.d. § 8d Abs. 2 KStG im laufenden VZ **wegfällt**. Da im Falle eines solchen schädlichen Ereignisses gem. § 8d Abs. 2 Satz 1 KStG der gesamte fortführungsgebundene Verlustvortrag wegfällt, ist der Betrag lt. Zeile 234 einzutragen.

1116 Da der **fortführungsgebundene Verlustvortrag** Teil des verbleibenden Verlustvortrags gem. § 10d Abs. 4 EStG ist, kann auch der fortführungsgebundene Verlustvortrag durch **schädlichen Beteiligungserwerb** i.S.d. § 8c KStG **untergehen**. In **Zeile 235a** ist daher der in den Beträgen lt. Zeile 219 (→ Rz. 1097) enthaltene fortführungsgebundene Verlustvortrag anzugeben. Da im Falle eines solchen schädlichen Beteiligungserwerbs i.S.d. § 8c KStG der gesamte fortführungsgebundene Verlustvortrag wegfällt, ist der Betrag lt. Zeile 234 einzutragen.

1117 Da der **fortführungsgebundene Verlustvortrag** Teil des verbleibenden Verlustvortrags gem. § 10d Abs. 4 EStG ist, kann auch der fortführungsgebundene Verlustvortrag durch **Abspaltung** (§§ 15 Abs. 3, 16 UmwStG) ganz oder teilweise **untergehen**. In **Zeile 236** ist daher der in dem Betrag lt. Zeile 220 (→ Rz. 1098) enthaltene fortführungsgebundene Verlustvortrag anzugeben, höchstens jedoch der Betrag lt. Zeile 234 abzgl. der Beträge lt. Zeilen 235 und 235a.

1118 Da der fortführungsgebundene Verlustvortrag gem. § 8d Abs. 1 Satz 8 KStG vor dem Verlustvortrag i.S.d. § 10d Abs. 4 EStG vom Gesamtbetrag der Einkünfte abzuziehen ist, ist in **Zeile 237** der gesamte **im laufenden VZ vorgenommene Verlustabzug** einzutragen und abzuziehen. Hierbei handelt es sich um die Summe der Beträge lt. Zeilen 221, 229 und 231. § 8d Abs. 1 Satz 8 KStG gilt auch für die Verrechnung des fortführungsgebundenen Verlustvortrags mit einem **Sanierungsertrag** nach § 3a Abs. 3 Satz 2 Nr. 10 EStG i.S.d. Zeile 221 (→ Rz. 1099), die ebenfalls hier abzuziehen ist. Einzutragen ist in beiden Fällen höchstens der Betrag lt. Zeile 234 abzgl. der Summe der Beträge lt. Zeilen 235 bis 236. Bei Organgesellschaften kann wegen § 15 Satz 1 Nr. 1 KStG nur die Verrechnung mit dem Sanierungsertrag i.S.d. § 3a Abs. 3 Satz 2 Nr. 10 EStG in Betracht kommen.

1119 Sofern im laufenden VZ ein schädlicher Beteiligungserwerb i.S.d. § 8c KStG erfolgte, die Voraussetzungen zur Anwendung des § 8d KStG erfüllt sind und auch ein entsprechender Antrag auf Anwendung des § 8d KStG gestellt wurde, ist in **Zeile 238** der **Zugang zum fortführungsgebundenen Verlustvortrag** anzugeben. Dieser Zugang errechnet sich aus der Differenz der Zeilen 232 (→ Rz. 1111) und 234 zzgl. der Summe der Beträge lt. Zeilen 235 bis 237.

In **Zeile 239** ist aus der Differenz bzw. Summe der Zeilen 234 bis 238 der im Betrag lt. Zeile 232 (→ Rz. 1111) enthaltene **verbleibende fortführungsgebundene Verlustvortrag zum Ende des laufenden VZ** zu erklären. Dieser wird gem. § 8d Abs. 1 Satz 7 KStG gesondert festgestellt. **1120**

XVI. Anlage OT – Hinzurechnungen und Kürzungen bei Organträgern

1. Übersicht über Inhalt und Bedeutung der Anlage OT

Bezeichnung des Steuerpflichtigen

Steuernummer

Für jede Organgesellschaft ist eine gesonderte Anlage OT auszufüllen! (28)

Die mit einem Kreis versehenen Zahlen bezeichnen die Erläuterungen in der Anleitung zur Körperschaftsteuererklärung.

Anlage OT **2025**

☐ zur Steuererklärung

☐ zum Bescheid

Hinzurechnungen/Kürzungen bei Organträgern

1121 Die **Anlage OT** dient der Berücksichtigung des Einkommens und weiterer Besteuerungsgrundlagen aus einer Organgesellschaft, die dem Organträger zuzurechnen sind, vgl. § 14 Abs. 1 KStG. Sie ist daher nur **von Körperschaften auszufüllen, die Organträger sind**. Ist die Körperschaft Organträger und zugleich auch Organgesellschaft eines anderen Organträgers, hat sie sowohl die Anlage OT als auch die Anlage OG (→ Rz. 1012 ff.) auszufüllen. Ist die Gesellschaft Organträger für mehrere Organgesellschaften, ist für jede Organgesellschaft eine gesonderte Anlage OT auszufüllen. Ist eine Körperschaft (ggf. mittelbar) Mitunternehmer einer Personengesellschaft, die Organträger ist, ist die Körperschaft für ihre Einkommensermittlung wie ein Organträger zu behandeln, d.h., sie hat hinsichtlich des ihr über die Organträger-Personengesellschaft zuzurechnenden Einkommens von deren Organgesellschaft(en) (jeweils) ebenfalls eine Anlage OT einzureichen.

Das auf der Anlage OT erfasste Einkommen der Organgesellschaft wird auf die Anlage ZVE übertragen und erhöht oder mindert dadurch das Einkommen des Organträgers. Mit der Zurechnung des Einkommens bildet die Anlage OT den zweiten Schritt der Berücksichtigung der Besteuerungsgrundlagen der Organgesellschaft ab (die Einkommenszurechnung). Im ersten Schritt sind die bilanziellen Auswirkungen der Organschaft in den Zeilen 270 bis 280 der Anlage GK zu neutralisieren.

1122 Die Anlage OT ist neben den allgemeinen Angaben in den Zeilen 1 bis 10 in die zwei folgenden Teilbereiche gegliedert:

- **Einkommenszurechnung** lt. gesonderter und einheitlicher Feststellung nach § 14 Abs. 5 KStG (Zeilen 13 bis 25);
- **Werte der Organgesellschaft, die für die Besteuerung des Organträgers von Bedeutung sind** lt. gesonderter und einheitlicher Feststellung nach § 14 Abs. 5 KStG (Zeilen 25a bis 40).

1123 Enden bei dem Organträger in einem VZ zwei Wj., so ist die Anlage OT für das Wj. auszufüllen, in dem das Wj. der Organgesellschaft endet. Ggf. sind für jedes Wj. gesonderte Anlagen OT einzureichen.

1124 Zu den Voraussetzungen zur **Anerkennung eines Organschaftsverhältnisses** vgl. Ausführungen zur Anlage OG (→ Rz. 1013 ff.).

1125 Das dem Organträger zuzurechnende Einkommen der Organgesellschaft und damit zusammenhängende Besteuerungsgrundlagen werden gem. § 14 Abs. 5 KStG gesondert und einheitlich festgestellt. Die Feststellungen nach § 14 Abs. 5 Satz 1 KStG sind für die Besteuerung des Einkommens des Organträgers und der Organgesellschaft bindend. Dies gilt entsprechend für von der Organgesellschaft geleistete Steuern, die gem. § 19 KStG auf die Steuer des Organträgers anzurechnen sind. Zuständig für diese Feststellungen ist das FA, das für die Besteuerung nach dem Einkommen der Organgesellschaft zuständig ist. Die Erklärung zu den gesonderten und einheitlichen Feststellungen nach § 14 Abs. 5 KStG soll mit der Körperschaftsteuererklärung KSt 1 der Organgesellschaft verbunden werden. Die Anlage OT kann daher sowohl Anlage zur Körperschaftsteuererklärung KSt 1 des Organträgers als auch zur Feststellungserklärung nach § 14 Abs. 5 KStG (KSt 1) eines Organträgers, der zugleich Organgesellschaft ist, sein. Im Kopf der Anlage OT ist dies entsprechend anzukreuzen. Die Feststellung nach § 14 Abs. 5 KStG umfasst bei einer mehrstufigen Organschaft auch die entsprechenden Beträge der Gesellschaft(en), die der Organgesellschaft als deren Organgesellschaft(en) vorgelagert sind (ggf. mittelbar über die Beteiligung an einer Organträger-Personengesellschaft → Rz. 1121).

2. Allgemeine Angaben (Zeilen 1–10)

Zeile	Allgemeine Angaben	
1	Laufende Nummer der Anlage	
2	Bezeichnung der Organgesellschaft oder der Personengesellschaft 36.301	
3	Steuernummer 36.300	Wirtschafts-Identifikationsnummer 29 36.309 D E
3a	Wirtschaftsjahr der Organgesellschaft vom	Wirtschaftsjahr der Organgesellschaft bis 36.303
4	Diese Anlage OT enthält die Werte des Feststellungsbescheides vom 28	36.302
5	Ein Feststellungsbescheid nach § 14 Absatz 5 KStG ist noch nicht ergangen. 50	36.310 1 = Ja
6	Die hier eingetragenen Werte stammen aus einer Personengesellschaft, die (gegebenenfalls mittelbar) Organträger nach § 14 KStG ist. 28	36.311 1 = Ja
7	Es liegt eine unmittelbare Organschaft nach § 14 Absatz 1 Satz 1 Nummer 1 Satz 1 KStG vor. 76	36.312 1 = Ja 2 = Nein
	Mittelbare Organschaft nach § 14 Absatz 1 Satz 1 Nummer 1 Satz 2 KStG 76 77	
8	Unmittelbare Beteiligung des Organträgers an den Stimmrechten der Organgesellschaft zum Ende des Wirtschaftsjahres der Organgesellschaft	36.313
9	Mittelbare Beteiligung des Organträgers an den Stimmrechten der Organgesellschaft über Kapitalgesellschaften zum Ende des Wirtschaftsjahres der Organgesellschaft	36.314
10	Mittelbare Beteiligung des Organträgers an den Stimmrechten der Organgesellschaft über Personengesellschaften zum Ende des Wirtschaftsjahres der Organgesellschaft	36.315

1126 Für jede Organgesellschaft bzw. für jede Beteiligung an einer Organträger-Personengesellschaft (→ Rz. 1121) ist eine eigene Anlage OT abzugeben. In **Zeile 1** ist daher die **lfd. Nr.** der Anlage OT einzutragen.

1127 In **Zeile 2** sind der **Name der Organgesellschaft** bzw. der Organträger-Personengesellschaft, an der die Körperschaft beteiligt ist (→ Rz. 1121), anzugeben.

1128 In **Zeile 3** ist die **Steuernummer** der Organgesellschaft bzw. der Organträger-Personengesellschaft, an der die Körperschaft beteiligt ist (→ Rz. 1121), einzutragen. Ebenfalls einzutragen ist hier die Wirtschafts-Identifikationsnummer. Zur Wirtschafts-Identifikationsnummer siehe → Rz. 68.

1129 In **Zeile 3a** ist das **Wj.** der Organgesellschaft anzugeben.

1130 In **Zeile 4** ist das **Datum des Feststellungsbescheids** nach § 14 Abs. 5 KStG der Organgesellschaft anzugeben. Ist der Feststellungsbescheid noch nicht ergangen, ist Zeile 5 auszufüllen.

1131 In **Zeile 5** ist durch Angabe der Ziffer „1 = Ja" zu erklären, dass der **Feststellungsbescheid** nach § 14 Abs. 5 KStG der Organgesellschaft noch **nicht ergangen** ist.

1132 In **Zeile 6** ist durch Angabe der Ziffer „1 = Ja" zu erklären, dass die auf der Anlage OT eingetragenen Werte aus der **Beteiligung** an einer **Personengesellschaft** stammen, die (ggf. mittelbar) **Organträger** i.S.d. § 14 KStG ist (→ Rz. 1121).

1133 Durch das KöMoG[1)] wurde bei ertragsteuerlicher Organschaft für den Organträger ein Wechsel der bisherigen steuerlichen Behandlung von **organschaftlich bedingten Mehr- oder Minderabführungen** der Organgesellschaft an den Organträger vollzogen und die **Bildung steuerlicher Ausgleichsposten** durch die **Einlagelösung** ersetzt. Gemäß § 14 Abs. 4 Satz 1 KStG sind **Minderabführungen** der Organgesellschaft, die ihre Ursache in organschaftlicher Zeit haben, als **Einlage** durch den Organträger in die Organgesellschaft zu behandeln. **Mehrabführungen** der Organgesellschaft, die ihre Ursache in organschaftlicher Zeit haben, gelten gem. § 14 Abs. 4 Satz 2 KStG als **Einlagenrückgewähr** der Organgesellschaft an den Organträger. Minder- oder Mehrabführungen i.S.v. § 14 Abs. 4 Satz 1 und 2 KStG liegen insb. vor, wenn der an den Organträger abgeführte Gewinn von dem Steuerbilanzgewinn der Organgesellschaft abweicht und diese Abweichung in organschaftlicher Zeit verursacht ist (§ 14 Abs. 4 Satz 3 KStG; s. hierzu auch → Rz. 1149). In organschaftlicher Zeit verursachte Mehr- oder Minderabführungen gelten in dem Zeitpunkt als erfolgt, in dem das Wj. der Organgesellschaft endet (§ 14 Abs. 4 Satz 4 KStG).[2)] Organschaftlich

1) Gesetz zur Modernisierung des Körperschaftsteuerrechts (KöMoG) v. 25.6.2021, BGBl. I 2021, 2050 = BStBl I 2021, 889.
2) Vgl. § 14 Abs. 4 Satz 4 KStG i.d.F. des Art. 1 des KöMoG v. 25.6.2021, BGBl. I 2021, 2050 = BStBl I 2021, 889. Zu den Einzelheiten vgl. BMF v. 29.9.2022, IV C 2 – S 2770/19/10004 :007, 2022/0912541, BStBl I 2022, 1412.

bedingte Mehrabführungen mindern das steuerliche Einlagekonto der Organgesellschaft gem. § 27 Abs. 6 Satz 2 KStG vor allen anderen Leistungen und auch unabhängig davon, ob sie den ausschüttbaren Gewinn übersteigen (§ 27 Abs. 1 Satz 3 KStG). Die §§ 14 Abs. 4, 27 Abs. 1 Satz 3 und 27 Abs. 6 Satz 2 KStG sind erstmals auf Minder- und Mehrabführungen anzuwenden, die nach dem 31.12.2021 erfolgen. Hinsichtlich des Zeitpunkts der Minder- und Mehrabführungen ist dabei auf das Ende des Wj. der Organgesellschaft abzustellen.

Die Regelungen zur Beurteilung **vororganschaftlich veranlasster Mehr- oder Minderabführungen** beim Organträger nach § 14 Abs. 3 KStG (→ Rz. 1152 f.) und zu den übrigen Folgen für das steuerliche Einlagekonto der Organgesellschaft nach § 27 Abs. 6 Satz 1 KStG gelten unverändert fort.

1134 Die für die Anerkennung eines ertragsteuerlichen Organschaftsverhältnisses erforderliche **finanzielle Eingliederung** setzt nicht voraus, dass diese **unmittelbar** zwischen Organträger und Organgesellschaft bestehen muss. Mittelbare Beteiligungen sind zu berücksichtigen, wenn die Beteiligung an jeder vermittelnden Gesellschaft die Mehrheit der Stimmrechte gewährt, also der Organträger die Mehrheit der Stimmrechte an der vermittelnden Gesellschaft (Zwischengesellschaft) hat (§ 14 Abs. 1 Satz 1 Nr. 1 Satz 2 KStG).[1] Eine **mittelbare Organschaft** liegt vor, wenn sich die finanzielle Eingliederung der Organgesellschaft in den Organträger entweder ausschließlich durch eine mittelbare Beteiligung des Organträgers an der Organgesellschaft über eine vermittelnde Gesellschaft (Zwischengesellschaft) ergibt oder durch Addition einer unmittelbaren und einer mittelbaren Beteiligung über eine vermittelnde Gesellschaft (Zwischengesellschaft) ergibt. Eine mittelbare Beteiligung kann auch über eine Gesellschaft bestehen, die nicht selbst Organgesellschaft sein kann.[2] Beteiligungen an der Organgesellschaft, die nicht durchgängig einer inländischen Betriebsstätte zuzurechnen sind, werden nach § 14 Abs. 1 Satz 1 Nr. 2 Satz 4 und 5 KStG für die Prüfung der finanziellen Eingliederung nicht berücksichtigt. Ergibt sich die finanzielle Eingliederung der Organgesellschaft hingegen bereits durch eine unmittelbare Beteiligung des Organträgers an der Organgesellschaft, liegt auch bei zusätzlicher mittelbarer Beteiligung keine mittelbare Organschaft vor.

1135 Bei einer **mittelbaren Organschaft** sind organschaftlich bedingte Mehr- und Minderabführungen der Organgesellschaft ggf. auf mehrere Beteiligungsstränge im Verhältnis der Höhe der unmittelbaren Beteiligung des Organträgers an den Stimmrechten der Organgesellschaft zu der Höhe der mittelbaren Beteiligung des Organträgers über die vermittelnden Gesellschaften (Zwischengesellschaften) an den Stimmrechten der Organgesellschaft aufzuteilen.[3] Die Aufteilung gilt auch für das steuerliche Einlagekonto.[4] In den Zeilen 7 bis 10 ist daher zu erklären, ob ein unmittelbares oder ein mittelbares Organschaftsverhältnis vorliegt.

1136 In **Zeile 7** ist durch Angabe der Ziffer „1 = Ja" oder „2 = Nein" zu erklären, ob eine **unmittelbare Organschaft** nach § 14 Abs. 1 Satz 1 Nr. 1 Satz 1 KStG vorliegt. Der hier einzutragende Wert ergibt sich aus der gesonderten und einheitlichen Feststellung nach § 14 Abs. 5 KStG. Sollte diese noch nicht vorliegen, ist eine „1" einzutragen, wenn sich die finanzielle Eingliederung der Organgesellschaft durch die unmittelbare Beteiligung des Organträgers an der Organgesellschaft ergibt (§ 14 Abs. 1 Satz 1 Nr. 1 Satz 1 KStG). Sollten daneben noch weitere mittelbare Beteiligungen vorliegen, ist trotzdem eine unmittelbare Organschaft gegeben. Andernfalls ist eine „2" einzutragen. Liegt keine unmittelbare Organschaft vor, sind ergänzend die Zeilen 8 bis 10 auszufüllen.

1137 In **Zeile 8** ist bei mittelbarer Organschaft die **unmittelbare Beteiligung** des Organträgers an den Stimmrechten der Organgesellschaft zum Ende des Wj. der Organgesellschaft anzugeben. Der Wert ergibt sich bindend aus der gesonderten Feststellung nach § 14 Abs. 5 KStG (→ Rz. 1024).

1138 In **Zeile 9** ist die **mittelbare Beteiligung** des Organträgers an den Stimmrechten der Organgesellschaft **über Kapitalgesellschaften** zum Ende des Wj. der Organgesellschaft einzutragen. Der Wert ergibt sich bindend aus der gesonderten Feststellung nach § 14 Abs. 5 KStG (→ Rz. 1024).

1139 In **Zeile 10** ist die **mittelbare Beteiligung** des Organträgers an den Stimmrechten der Organgesellschaft **über Personengesellschaften** zum Ende des Wj. der Organgesellschaft anzugeben. Der Wert ergibt sich bindend aus der gesonderten Feststellung nach § 14 Abs. 5 KStG (→ Rz. 1024).

Die Angaben zur mittelbaren Organschaft sind für die Korrektur der bilanziellen Auswirkungen der Mehr- und Minderabführungen in den Zeilen 275 bis 278 der Anlage GK von Bedeutung (→ Rz. 612).

1) Vgl. R 14.2 KStR 2022.
2) Vgl. BFH v. 2.11.1977, I R 143/75, BStBl II 1978, 74.
3) Zu den Einzelheiten vgl. BMF v. 29.9.2022, IV C 2 – S 2770/19/10004 :007, 2022/0912541, BStBl I 2022, 1412, Rz. 2 ff.
4) Zu den Einzelheiten vgl. BMF v. 29.9.2022, IV C 2 – S 2770/19/10004 :007, 2022/0912541, BStBl I 2022, 1412, Rz. 27 ff.

3. Einkommenszurechnung (Zeilen 13–25)

Zeile	Einkommenszurechnung (39) (50) (70) (laut gesonderter und einheitlicher Feststellung nach § 14 Absatz 5 KStG)		EUR
11 und 12 frei			
13	Dem Organträger zuzurechnendes Einkommen der Organgesellschaft		36.320
14	Betrag, um den das zuzurechnende Einkommen zu korrigieren ist, wenn der Organträger der Körperschaftsteuer unterliegt (ein abzuziehender Betrag ist mit negativem Vorzeichen einzugeben; Übertrag in Hauptspalte, wenn der Organträger nicht zugleich Organgesellschaft ist)	EUR 36.321	▸
14a	Betrag, um den das zuzurechnende Einkommen zu korrigieren ist, wenn der Organträger der Einkommensteuer unterliegt (ein abzuziehender Betrag ist mit negativem Vorzeichen einzugeben)	36.322	
15 bis 23 frei			
24	Davon ab: Der Organgesellschaft nach § 16 Satz 2 KStG zuzurechnendes Einkommen des Organträgers (Ausgleichszahlungen des Organträgers an außenstehende Anteilseigner der Organgesellschaft ohne darauf entfallende Belastung mit Körperschaftsteuer)		36.323
25	Korrigiertes dem Organträger zuzurechnendes Einkommen der Organgesellschaft		

In den **Zeilen 13 bis 25** ist das dem Organträger zuzurechnende Einkommen zu ermitteln. Für die Eintragungen sind die **Werte lt. gesonderter und einheitlicher Feststellung der Organgesellschaft gem. § 14 Abs. 5 KStG** maßgebend. Die Feststellung nach § 14 Abs. 5 KStG umfasst bei einer mehrstufigen Organschaft auch die entsprechenden Beträge der Gesellschaft(en), die der Organgesellschaft als deren Organgesellschaft(en) vorgelagert sind. Die Eintragungen sind daher einschließlich aller der jeweiligen Organgesellschaft vorgelagerten Organgesellschaften einzutragen. **1140**

Falls die gesonderte und einheitliche Feststellung noch nicht durchgeführt wurde, ist der auf die Körperschaft entfallende Wert lt. Feststellungserklärung gem. § 14 Abs. 5 KStG der Organgesellschaft oder der voraussichtlich zu berücksichtigende Wert einzutragen.

In **Zeile 13** ist das dem Organträger gem. § 14 Abs. 1 Satz 1 KStG **zuzurechnende Einkommen der Organgesellschaft** anzugeben. Der Wert ergibt sich bindend aus der gesonderten und einheitlichen Feststellung nach § 14 Abs. 5 KStG. **1141**

Der Gesetzgeber hat die Anwendung einer Reihe von Vorschriften von der Ebene der Organgesellschaft auf die Ebene des Organträgers verschoben. Organträger können nicht nur Körperschaften, sondern auch natürliche Personen und Personengesellschaften sein. Ist der Organträger eine Personengesellschaft, ist diese für die Ertragsteuern transparent zu behandeln. In diesem Fall wird die Anwendung der Vorschriften dann sogar auf die Mitunternehmer des Personengesellschafts-Organträgers verschoben. Diese können wiederum Körperschaften, Personengesellschaften und natürliche Personen sein. **1142**

Ist der Organträger oder der Mitunternehmer des Organträgers eine natürliche Person, kommen andere Steuerbefreiungssysteme zur Anwendung als bei Körperschaften.

Im Einzelnen sind dies:

- Dividenden und ähnliche Erträge nach § 20 Abs. 1 Nr. 1, 2, 9 und 10 EStG, die bei Körperschaften nach § 8b Abs. 1 und Abs. 4 KStG und bei natürlichen Personen nach § 3 Nr. 40 Buchst. d EStG und § 3c Abs. 2 EStG steuerbefreit sind;
- Gewinne aus der Veräußerung von Anteilen an anderen Körperschaften. Diese sind für Körperschaften nach § 8b Abs. 2 KStG, für natürliche Personen nach § 3 Nr. 40 Buchst. a EStG und § 3c Abs. 2 EStG steuerbefreit;
- Übernahmegewinn nach § 12 Abs. 2 Satz 1 UmwStG. Diese sind für Körperschaften nach § 8b Abs. 2 KStG, für natürliche Personen nach § 3 Nr. 40 Buchst. a EStG und § 3c Abs. 2 EStG steuerbefreit;
- Verluste aus der Veräußerung von Anteilen an anderen Körperschaften. Diese sind für Körperschaften nicht abziehbar, vgl. § 8b Abs. 3 Satz 3 KStG. Für natürliche Personen sind sie i.H.v. 40 % nicht abziehbar, vgl. § 3c Abs. 2 EStG;
- Übernahmeverluste nach § 12 Abs. 2 Satz 1 UmwStG, die nach § 8b Abs. 3 KStG nicht abziehbar sind, für natürliche Personen nach § 3c Abs. 2 EStG jedoch zu 60 % abziehbar;
- Teilfreistellungen nach § 20 InvStG für Investmenterträge nach § 20 Abs. 1 Nr. 3 EStG. Hier weicht die Höhe der Steuerfreistellung für Körperschaften von denen von natürlichen Personen ab. Darüber hinaus wird differenziert, ob die Anteile unter § 20 Abs. 1 Satz 4 oder 5 InvStG fallen;
- die Besteuerungssysteme von Spezial-Investmenterträgen nach § 20 Abs. 1 Nr. 3a EStG differenzieren ebenfalls zwischen Körperschaften und natürlichen Personen. Darüber hinaus wird differenziert, ob die Anteile unter § 20 Abs. 1 Satz 4 oder 5 InvStG fallen;

- da die o.g. Regelungen auch auf die Einkommensermittlung ausländischer Einkünfte Auswirkung haben, unterscheidet sich die nach § 34c Abs. 3 EStG abzuziehende ausländische Steuer ebenfalls zwischen Körperschaften und natürlichen Personen als Organträger (oder Mitunternehmer des Organträgers);
- der Kürzungsbetrag nach § 11 Abs. 2 AStG unterscheidet sich ebenfalls je nachdem, ob die Bezüge unter § 8b KStG oder § 3 Nr. 40 EStG fallen.

1143 Organschaftsstrukturen verfügen in der Praxis oft über mehrere Ebenen. Im Rahmen der Organschaft wendet die FinVerw. seit vielen Jahren das sog. Bruttoverfahren an. Dies bedeutet, dass auf Ebene der Organgesellschaft nicht bekannt sein muss, wer die Besteuerungsgrundlagen letztlich versteuert. Bekannt ist nur der unmittelbar übergeordnete Organträger. Dieser kann selbst aber wiederum Organgesellschaft sein, sodass die Besteuerungsgrundlagen unter Umständen von einer ganz anderen Person als dem direkten Organträger versteuert werden müssen. Der Vorteil des Bruttoverfahrens ist, dass die Ermittlung der letztlich versteuernden Personen unterbleiben kann. Der Nachteil ist allerdings, dass Besteuerungsgrundlagen für alle in Betracht kommenden Besteuerungsarten ermittelt und festgestellt werden müssen.

Im Fall der Organschaft sind dies die Körperschaft und die natürliche Person als Organträger (oder als Mitunternehmer des Personengesellschaft-Organträgers).

Bis 2018 stellte das FA sehr viele einzelne Besteuerungsgrundlagen fest. Durch die Einführung der Teilfreistellungen (und weiterer Freistellungen) nach dem InvStG war dieses System aber nicht mehr praktikabel. Ab 2019 wendet das FA im Rahmen der gesonderten und einheitlichen Feststellung nach § 14 Abs. 5 KStG das sog. „optimierte Bruttoverfahren" an. Statt sehr viele einzelne Besteuerungsgrundlagen festzustellen, werden nur noch zwei Korrekturposten festgestellt: Einer für Körperschaften und einer für natürliche Personen. In diese Korrekturposten fließen alle o.g. Besteuerungsgrundlagen ein und werden dort mit ihren spezifischen rechnerischen Auswirkungen für Körperschaften bzw. natürliche Personen berücksichtigt.

1144 In **Zeile 14, Vorspalte** ist der gesondert und einheitlich festgestellte Korrekturbetrag für Körperschaften einzutragen. Ist die Körperschaft, für die die Erklärung abgegeben wird, zugleich Organgesellschaft, wird der Korrekturbetrag nicht in die Hauptspalte übertragen, sondern fließt in die Berechnung des auf Ebene dieser Zwischengesellschaft (Organgesellschaft und Organträger) festgestellten Korrekturbetrags für Körperschaften mit ein. Die Berechnung des Korrekturbetrags ist in der Körperschaftsteuererklärung nicht dargestellt und wird vom FA eigenständig berechnet. Ein abzuziehender Betrag ist mit negativem Vorzeichen anzugeben. Ist der Organträger nicht zugleich Organgesellschaft, ist der Betrag in Zeile 14, Hauptspalte zu übertragen und vom zuzurechnenden Einkommen lt. Zeile 13 abzuziehen.

1145 In **Zeile 14a, Vorspalte** ist der Betrag einzutragen, um den das zuzurechnende Einkommen der Organgesellschaft zu korrigieren ist (→ Rz. 1142 ff.), wenn der oberste **Organträger**, der nicht zugleich Organgesellschaft ist, der **Einkommensteuer** unterliegt. Der eingetragene Wert ergibt sich ebenfalls aus der gesonderten und einheitlichen Feststellung nach § 14 Abs. 5 KStG. Er ist jedoch nur relevant, wenn die Körperschaft, für die die Steuererklärung abgegeben wird, gleichzeitig Organgesellschaft ist. Ein abzuziehender Betrag ist mit negativem Vorzeichen anzugeben. Ein Übertrag in die Hauptspalte erfolgt nicht, weil es sich in diesen Fällen bei der Organträger-Körperschaft nicht um den obersten Organträger handelt und damit § 15 KStG weiterhin anzuwenden ist.

1146 In **Zeile 24** sind die von der Organgesellschaft gem. § 16 Satz 2 KStG als eigenes Einkommen zu versteuernden **Ausgleichszahlungen des Organträgers an außenstehende Anteilseigner** der Organgesellschaft einzutragen und vom Betrag lt. Zeile 13 abzuziehen, da diese Zahlungen beim Organträger nach § 4 Abs. 5 Satz 1 Nr. 9 EStG dem Einkommen hinzugerechnet wurden und ansonsten doppelt versteuert würden. Die Eintragung erfolgt ohne die auf die Ausgleichszahlung entfallende und von der Organgesellschaft zu leistende Körperschaftsteuerbelastung, da diese das Einkommen des Organträgers nicht beeinflusst hat.

1147 In **Zeile 25** ergibt aus der Differenz der Zeilen 13, 14 und 24 das korrigierte dem **Organträger zuzurechnende Einkommen** der Organgesellschaft. Der Wert ist in Zeile 38 der Anlage ZVE zu übertragen.

4. Werte der Organgesellschaft, die für die Besteuerung des Organträgers von Bedeutung sind (Zeilen 25a–40)

Zeile		
	Werte der Organgesellschaft, die für die Besteuerung des Organträgers von Bedeutung sind (39) (50)	
	(laut gesonderter und einheitlicher Feststellung nach § 14 Absatz 5 KStG)	
	Mehr-/Minderabführungen	
25a	Mehrabführungen, die ihre Ursache in organschaftlicher Zeit haben (§ 14 Absatz 4 KStG)	36.341
25b	Minderabführungen, die ihre Ursache in organschaftlicher Zeit haben (§ 14 Absatz 4 KStG)	36.342

Anlage OT - Oktober 2025 - Version 2.9.1.0 Bekanntgabe

Steuernummer

\- 2 -

Zeile			
		EUR	
25c	Mehrabführungen, die ihre Ursache in vororganschaftlicher Zeit haben (§ 14 Absatz 3 KStG)	36.343	
25d	Minderabführungen, die ihre Ursache in vororganschaftlicher Zeit haben (§ 14 Absatz 3 KStG)	36.344	
	Weitere Werte		
26	Summe der Einkünfte für Zwecke der Höchstbetragsberechnung nach § 26 Absatz 2 KStG beim Organträger	36.325	
27	Im Falle einer Umwandlung mit steuerlicher Rückwirkung: In dem dem Organträger zuzurechnenden Einkommen enthaltene positive Einkünfte eines übertragenden oder einbringenden Rechtsträgers im Rückwirkungszeitraum (§ 2 Absatz 4 Satz 4 UmwStG)	36.326	
28	Steuerfreier Teil der Einkünfte nach §§ 3 Nummer 40, 3c Absatz 2 EStG und § 4 Absatz 7 UmwStG	36.331	
29 bis 29a frei 29b	Verbleibender Sanierungsertrag der Organgesellschaft nach § 3a Absatz 3 Satz 4 EStG (Übertrag nach Zeile 5 der Anlage SAN)	36.327	
	Zur Ermittlung der Zinsschranke beim Organträger		
30	Zinsaufwendungen des laufenden Wirtschaftsjahres nach § 4h Absatz 3 Satz 2 EStG	36.328	
31	Zinserträge des laufenden Wirtschaftsjahres nach § 4h Absatz 3 Satz 3 EStG	36.329	
32	Nach § 6 Absatz 2 Satz 1, § 6 Absatz 2a Satz 2 und § 7 EStG abgesetzte Beträge (Abschreibungen)	36.330	
33 frei 34	Zu versteuernde(s) Einkommen der Organgesellschaft(en) aus dem Organschaftsverhältnis	36.332	
35	Berücksichtigter Zuwendungsabzug nach § 9 Absatz 1 Nummer 2 KStG der Organgesellschaft	36.333	
35a	Einkünfte aus Mitunternehmerschaften der Organgesellschaften, wenn der Organträger der Körperschaftsteuer unterliegt	36.345	
35b	Einkünfte aus Mitunternehmerschaften der Organgesellschaften, wenn der Organträger der Einkommensteuer unterliegt	36.346	
	Zur Ermittlung des Progressionsvorbehalts		
36	Nach DBA steuerfreie ausländische Einkünfte, die für Zwecke des Progressionsvorbehalts nach deutschem Steuerrecht ermittelt wurden	36.334	
36a	Es liegen nach DBA steuerfreie ausländische Einkünfte vor, die dem § 2a EStG unterliegen (laut gesonderter Einzelaufstellung)	36.335	1 = Ja
	Beim Organträger anzurechnende Steuern der Organgesellschaft (§ 19 Absatz 5 KStG)		
		EUR	Ct
37 und 38 frei 39	Kapitalertragsteuer	36.338	
40	Solidaritätszuschlag zur Kapitalertragsteuer	36.339	

1148 In die **Zeilen 25a bis 40** sind **weitere Besteuerungsgrundlagen der Organgesellschaft** einzutragen, die für die Besteuerung des Organträgers von Bedeutung sind. Die Werte sind der gesonderten und einheitlichen Feststellung nach § 14 Abs. 5 KStG der Organgesellschaft zu entnehmen. Die Feststellung nach § 14 Abs. 5 KStG umfasst bei einer mehrstufigen Organschaft auch die entsprechenden Beträge der Gesellschaft(en), die der Organgesellschaft als deren Organgesellschaft(en) vorgelagert sind. Die Eintragungen sind daher einschließlich aller der jeweiligen Organgesellschaft vorgelagerten Organgesellschaften einzutragen. Ebenfalls einzutragen sind die Besteuerungsgrundlagen, die die Organgesellschaft – ggf. über ihre vorgelagerten Organgesellschaften – (un)mittelbar über eine Personengesellschaft bezogen hat. Falls die gesonderte und einheitliche Feststellung nach § 14 Abs. 5 KStG noch nicht durchgeführt wurde, ist der auf die Körperschaft entfallende Wert lt. Feststellungserklärung oder der voraussichtlich zu berücksichtigende Wert einzutragen.

1149 In den **Zeilen 25a bis 25d** sind **Mehr- oder Minderabführungen** anzugeben, die der Organträger von seiner/seinen Organgesellschaft(en) erhalten hat. Diese sind der gesonderten und einheitlichen Feststellung nach § 14 Abs. 5 KStG zu entnehmen. Falls die gesonderte und einheitliche Feststellung noch nicht durchgeführt wurde, ist der auf den Organträger entfallende Wert laut Feststellungserklärung oder der voraussichtlich zu berücksichtigende Wert einzutragen. Die Feststellung nach § 14 Abs. 5 KStG umfasst bei einer mehrstufigen Organschaft auch die entsprechenden Beträge der Gesellschaft(en), die der Organgesellschaft laut Zeile 2 der Anlage OT als deren Organgesellschaft(en) vorgelagert sind.

Mehr- oder Minderabführungen fallen bei der Organgesellschaft immer dann an, wenn die handelsrechtliche Gewinnabführung von der steuerrechtlich bei der Organgesellschaft eingetretenen Vermögensmehrung (= grds. der Steuerbilanzgewinn) abweicht. Ist die steuerliche Vermögensmehrung niedriger (z.B. durch steuerlich höhere Abschreibungsbeträge als handelsrechtliche), führt dies zu einer Mehrabführung. Ist die steuerliche Vermögensmehrung hingegen höher als die handelsrechtliche Gewinnabführung (z.B., weil die Organgesellschaft eine Rücklage gebildet und diesen Teil des Gewinns nicht an den Organträger abgeführt hat), liegt eine Minderabführung vor.

Minderabführungen der Organgesellschaft, die ihre Ursache in organschaftlicher Zeit haben, sind gem. § 14 Abs. 4 Satz 1 KStG als Einlage durch den Organträger in die Organgesellschaft zu behandeln (→ Rz. 1132 ff.). Mehrabführungen der Organgesellschaft, die ihre Ursache in organschaftlicher Zeit haben, gelten gem. § 14 Abs. 4 Satz 2 KStG als Einlagenrückgewähr der Organgesellschaft an den Organträger (→ Rz. 1132 ff.).

Mehrabführungen, die während des Organschaftsverhältnisses anfallen, ihre Ursache aber in vororganschaftlicher Zeit haben, gelten hingegen nach § 14 Abs. 3 Satz 1 KStG als Gewinnausschüttung. Minderabführungen, die während des Organschaftsverhältnisses anfallen, ihre Ursache aber in vororganschaftlicher Zeit haben, sind nach § 14 Abs. 3 Satz 2 KStG als Einlage des Organträgers in die Organgesellschaft zu behandeln.

1150 In **Zeile 25a** sind die **Mehrabführungen**, die ihre Ursache in **organschaftlicher Zeit** haben (§ 14 Abs. 4 Satz 2 KStG), einzutragen (→ Rz. 1133). Der hier eingetragene Wert erhöht den Gewinn in Zeile 278 der Anlage GK in voller Höhe, wenn es sich um eine unmittelbare Organschaft (Zeile 7) handelt und das Ende des Wj. der Organgesellschaft im Wj. des Organträgers liegt. Liegt hingegen nur eine mittelbare Organschaft vor, darf eine Korrektur auf der Anlage GK nur im Verhältnis der unmittelbaren Beteiligung (Zeile 7) zur Summe der Beteiligung (Zeilen 7 bis 9) erfolgen. Für weitere Erläuterungen siehe → Rz. 615.

1151 In **Zeile 25b** sind die **Minderabführungen**, die ihre Ursache in **organschaftlicher Zeit** haben (§ 14 Abs. 4 Satz 1 KStG), anzugeben (→ Rz. 1133). Der hier eingetragene Wert mindert den Gewinn in Zeile 277 der Anlage GK in voller Höhe, wenn es sich um eine unmittelbare Organschaft (Zeile 7) handelt und das Ende des Wj. der Organgesellschaft im Wj. des Organträgers liegt. Liegt hingegen nur eine mittelbare Organschaft vor, darf eine Korrektur auf der Anlage GK nur im Verhältnis der unmittelbaren Beteiligung (Zeile 7) zur Summe der Beteiligung (Zeilen 7 bis 9) erfolgen. Für weitere Erläuterungen siehe → Rz. 614.

1152 In **Zeile 25c** sind die **Mehrabführungen**, die ihre Ursache in **vororganschaftlicher Zeit** haben, einzutragen. Gemäß § 14 Abs. 3 Satz 1 KStG gelten diese Mehrabführungen als Gewinnausschüttungen der Organgesellschaft an den Organträger. Sie gelten in dem Zeitpunkt als erfolgt, in dem das Wj. der Organgesellschaft endet (§ 14 Abs. 3 Satz 3 KStG). Da Gewinnausschüttungen fingiert werden, liegen beim Organträger Einnahmen nach § 20 Abs. 1 Nr. 1 EStG vor, so dass von der Organgesellschaft Kapitalertragsteuer einzubehalten und an das FA abzuführen ist. Gemäß § 44 Abs. 7 EStG entsteht die Kapitalertragsteuer im Zeitpunkt der Feststellung der Handelsbilanz, spätestens aber acht Monate nach Ablauf des Wj. der Organgesellschaft. Die Mehrabführungen i.S.d. § 14 Abs. 3 Satz 1 KStG sind getrennt von den Mehrabführungen, die ihre Ursache in organschaftlicher Zeit haben, i.S.d. § 14 Abs. 4 Satz 2 KStG zu erfassen. Eine Saldierung der Mehrabführungen als Folgewirkung von Geschäftsvorfällen in vororganschaftlicher Zeit mit Minderabführungen als Folgewirkung von Geschäftsvorfällen in vororganschaftlicher Zeit kommt auf Grund der unterschiedlichen steuerlichen Rechtsfolgen (→ Rz. 1153) ebenfalls nicht in Betracht.

Der hier eingetragene Wert erhöht den Gewinn in Zeile 275 der Anlage GK in voller Höhe, wenn es sich um eine unmittelbare Organschaft (Zeile 7) handelt und das Ende des Wj. der Organgesellschaft im Wj. des Organträgers liegt. Liegt hingegen nur eine mittelbare Organschaft vor, darf eine Korrektur auf der Anlage GK nur im Verhältnis der unmittelbaren Beteiligung (Zeile 7) zur Summe der Beteiligung (Zeilen 7 bis 9) erfolgen. Für weitere Erläuterungen siehe → Rz. 612.

1153 In **Zeile 25d** sind die **Minderabführungen**, die ihre Ursache in **vororganschaftlicher Zeit** haben, anzugeben. Diese sind nach § 14 Abs. 3 Satz 2 KStG als Einlagen durch den Organträger in die Organgesellschaft zu behandeln. Sie sind getrennt von den Minderabführungen, die ihre Ursache in organschaftlicher Zeit haben, i.S.d. § 14 Abs. 4 Satz 1 KStG zu erfassen. Eine Saldierung der Minderabführungen als Folgewirkung von Geschäftsvorfällen in vororganschaftlicher Zeit mit Mehrabführungen als Folgewirkung von Geschäftsvorfällen in vororganschaftlicher Zeit kommt auf Grund der unterschiedlichen steuerlichen Rechtsfolgen (→ Rz. 1152) ebenfalls nicht in Betracht.

Der hier eingetragene Wert mindert den Gewinn in Zeile 276 der Anlage GK in voller Höhe, wenn es sich um eine unmittelbare Organschaft (Zeile 7) handelt und das Ende des Wj. der Organgesellschaft im Wj. des Organträgers liegt. Liegt hingegen nur eine mittelbare Organschaft vor, darf eine Korrektur auf der Anlage GK nur im Verhältnis der unmittelbaren Beteiligung (Zeile 7) zur Summe der Beteiligung (Zeilen 7 bis 9) erfolgen. Für weitere Erläuterungen siehe → Rz. 612.

In **Zeile 26** ist die **Summe der Einkünfte der Organgesellschaft** für Zwecke der Steueranrechnung anzugeben. Im Rahmen der Anrechnung ausländischer Steuern nach § 34c Abs. 1 EStG ist das Verhältnis der ausländischen Steuer zur Summe der Einkünfte wichtig. In der Summe der Einkünfte des Organträgers sind Werte aus Organgesellschaften nicht enthalten, da sie zunächst neutralisiert werden. Die Berücksichtigung des Einkommens der Organgesellschaften erfolgt erst später auf der Anlage ZVE. Für Zwecke der Steueranrechnung ist daher für den Fall des Organträgers eine besondere Summe der Einkünfte zu ermitteln, die sich aus der Summe der Einkünfte laut Zeile 32 und der Summe der Einkünfte der Organgesellschaften laut dieser Zeile zusammensetzt. **1154**

Sind in dem dem Organträger zuzurechnenden Einkommen der Organgesellschaft **positive Einkünfte eines übertragenden oder einbringenden Rechtsträgers** enthalten, die dieser im Falle einer Umwandlung mit steuerlicher Rückwirkung im Rückwirkungszeitraum erzielt hat, sind diese in **Zeile 27** einzutragen. Gemäß § 2 Abs. 4 Satz 3 UmwStG ist der Ausgleich oder die Verrechnung von positiven Einkünften des übertragenden Rechtsträgers im Rückwirkungszeitraum mit verrechenbaren Verlusten, verbleibenden Verlustvorträgen, nicht ausgeglichenen negativen Einkünften und einem Zinsvortrag nach § 4h Abs. 1 Satz 5 EStG des übernehmenden Rechtsträgers nicht zulässig. Ist übernehmender Rechtsträger eine Organgesellschaft, gilt § 2 Abs. 4 Satz 3 UmwStG auch für einen Ausgleich oder eine Verrechnung beim Organträger entsprechend (§ 2 Abs. 4 Satz 4 UmwStG). **1155**

In **Zeile 28** ist der **steuerfreie** Teil der **Einkünfte** der Organgesellschaft **i.S.d. §§ 3 Nr. 40, 3c Abs. 2 EStG** und **§ 4 Abs. 7 UmwStG** anzugeben. Der hier eingetragene Wert hat für die Besteuerung nur dann eine Relevanz, wenn die Körperschaft, für die die Steuererklärung ausgefüllt wird, gleichzeitig Organgesellschaft und Organträger ist. Wenn die Person, die das Einkommen letztlich versteuern muss, (anteilig) eine natürliche Person ist, die gleichzeitig einer steuererhebenden Religionsgemeinschaft angehört, wird der hier ermittelte Betrag im Rahmen der Festsetzung der Kirchensteuer berücksichtigt werden, vgl. § 51a Abs. 2 Satz 2 EStG. **1156**

In **Zeile 29b** ist ein **verbleibender Sanierungsertrag** der Organgesellschaft nach § 3a Abs. 3 Satz 4 EStG anzugeben und nach Zeile 5 der Anlage SAN zu übertragen. Auf einen sich nach § 3a Abs. 3 Satz 4 EStG ergebenden verbleibenden Sanierungsertrag einer Organgesellschaft ist gem. § 15 Satz 1 Nr. 1a Satz 1 KStG, § 3a Abs. 3 Satz 2, 3 und 5 EStG beim Organträger anzuwenden, d.h., beim Organträger führt der verbleibende Sanierungsertrag der Organgesellschaft zu einer Minderung seiner Steuerminderungspotenziale, insb. bestehender Verlustvorträge. Dies gilt auch, wenn die Voraussetzungen des § 14 Abs. 1 KSG im Sanierungsjahr der Organgesellschaft nicht vorliegen, aber das Einkommen der Organgesellschaft in einem innerhalb der letzten fünf Jahre vor dem Sanierungsjahr liegenden VZ dem Organträger gem. § 14 Abs. 1 Satz 1 KStG zugerechnet worden ist (§ 15 Satz 1 Nr. 1a Satz 3 KStG). **1157**

Gemäß § 15 Satz 1 Nr. 3 KStG gilt der gesamte Organkreis als ein Betrieb i.S.d. **Zinsschranke** i.S.d. § 4h EStG. Daher sind Zinsaufwendungen bei Organgesellschaften stets in voller Höhe Betriebsausgaben. Über die Anwendung der Zinsschranke wird erst beim obersten Organträger, der nicht zugleich Organgesellschaft ist, entschieden. Daher sind in den Zeilen 30 bis 32, 34 und 35 sowie 41 die für den Organträger zur Anwendung der Zinsschranke relevanten Besteuerungsgrundlagen anzugeben. **1158**

In **Zeile 30** sind die **Zinsaufwendungen des laufenden Wj.** i.S.d. § 4h Abs. 3 Satz 24 EStG anzugeben, die den Gewinn der Organgesellschaft gemindert haben. Sie fließen durch Übertrag auf Zeile 12 der Anlage Zinsschranke in die Ermittlung des Zinsvortrags ein. **1159**

In **Zeile 31** sind die **Zinserträge des laufenden Wj.** i.S.d. § 4h Abs. 3 Satz 3 EStG anzugeben, die den Gewinn der Organgesellschaft erhöht haben. Sie fließen durch Übertrag auf Zeile 15 der Anlage Zinsschranke in die Ermittlung des Zinsvortrags ein und führen im Regelfall zur Abzugsfähigkeit von Zinsaufwendungen. **1160**

In **Zeile 32** sind die nach § 6 Abs. 2 Satz 1 EStG, § 6 Abs. 2a Satz 2 EStG und § 7 EStG abgesetzten Beträge (**Abschreibungen**) der Organgesellschaft anzugeben. Dieser Wert fließt durch Übertrag in Zeile 37a der Anlage Zinsschranke in die Berechnung des verrechenbaren EBITDA mit ein. **1161**

In den Zeilen 34 und 35 sind ergänzende Angaben zur **Ermittlung des EBITDA** im Rahmen der Zinsschranke des Organträgers zu machen. In **Zeile 34** ist die Summe des **zu versteuernden Einkommens** der Organgesellschaft inkl. der zu versteuernden Einkommen aller dieser vorgelagerten Organgesellschaften einzutragen. Dies gilt insbesondere, wenn im Organkreis Ausgleichszahlungen an außenstehende Anteilseigner geleistet wurden, da dann das zu versteuernde Einkommen der jeweiligen Organgesellschaft nicht 0 € beträgt. Dieser Wert fließt durch Übertrag in Zeile 42 der Anlage Zinsschranke in die Berechnung des verrechenbaren EBITDA mit ein. **1162**

1163 In **Zeile 35** ist der berücksichtigte **Zuwendungsabzug** i.S.d. § 9 Abs. 1 Nr. 2 KStG der Organgesellschaft anzugeben, da dieser gem. § 8a Abs. 1 Satz 2 KStG das für die Anwendung der Zinsschranke beim Organträger maßgebende Einkommen erhöht.

1164 Für die Berechnung der Zinsschranke gilt der Betrieb einer Personengesellschaft als Betrieb im Sinne der Zinsschranke. Obwohl die Einkünfte der Mitunternehmer diesen transparent zugerechnet werden, wird die Zinsschranke als Einkünfteermittlungsvorschrift auf Ebene der Personengesellschaft angewendet. Nicht abziehbare Zinsaufwendungen erhöhen die Einkünfte aus der Personengesellschaft (Mitunternehmerschaft). Nach Auffassung der FinVerw. haben sich Zinsaufwendungen und -erträge auf Ebene der Personengesellschaft bereits ausgewirkt und dürfen nicht zusätzlich bei der Berechnung der Zinsschranke bei den Mitunternehmern berücksichtigt werden. Außerdem sollen die Einkünfte aus der Personengesellschaft auch nicht bei der Berechnung des verrechenbaren EBITDA berücksichtigt werden.[1)]

Soweit der Organträger selbst die Einkünfte aus der Mitunternehmerschaft bezieht, werden diese durch Eintragung in Zeile 22 bzw. 24 der Anlage GK und in Zeile 43 der Anlage Zinsschranke bei der Berechnung des verrechenbaren EBITDA neutralisiert. Für Organgesellschaften werden die entsprechenden Beträge im Rahmen der Feststellung nach § 14 Abs. 5 KStG gesondert und einheitlich festgestellt.

In **Zeile 35a** sind die Einkünfte aus Mitunternehmerschaften der Organgesellschaften einzutragen, wenn der Organträger der Körperschaftsteuer unterliegt. In **Zeile 35b** sind bei Organträgern, die zugleich Organgesellschaft sind, die Einkünfte aus Mitunternehmerschaften einzutragen, wenn der (letzte) Organträger der Einkommensteuer unterliegt.

Beratungshinweis:

Nach Auffassung des FG Köln[2)] sind die EBITDA-Bestandteile vorgelagerter Mitunternehmerschaften bei der Berechnung des steuerlichen EBITDA der beteiligten Körperschaft nicht zu neutralisieren. Das Revisionsverfahren ist vor dem BFH unter dem Aktenzeichen IV R 4/14 anhängig. Zu berücksichtigen ist allerdings, dass bei Anwendung dieser Rechtsauffassung auch ein negatives steuerliches EBITDA der vorgelagerten Mitunternehmerschaften zu berücksichtigen ist. Einwendungen gegen die Feststellung müssen mit Rechtsbehelf gegen den Feststellungsbescheid nach § 14 Abs. 5 KStG geltend gemacht werden.

1165 Sofern der Organträger oder der Mitunternehmer einer Organträger-Personengesellschaft eine natürliche Person ist, unterliegen bei dieser gem. § 32b Abs. 1 Satz 1 Nr. 3 EStG die bei der Organgesellschaft nach DBA steuerfreien Einkünfte dem Progressionsvorbehalt. Daher sind die bei der Organgesellschaft **nach DBA steuerfreien Einkünfte** in **Zeile 36** einzutragen. Die Einkünfte sind nach deutschem Steuerrecht zu ermitteln. Sofern es sich um Einkünfte i.S.d. § 2a EStG handelt, ist zusätzlich die **Zeile 36a** auszufüllen.

1166 Unterliegen die **nach DBA steuerfreien Einkünfte** lt. Zeile 36 dem **§ 2a EStG**, ist zusätzlich **Zeile 36a** auszufüllen mit der Maßgabe, dass dort die Ziffer „1" einzutragen und eine gesonderte Einzelaufstellung dieser Einkünfte einzureichen ist. Dem § 2a EStG unterfallende negative Einkünfte aus Drittstaaten sind bei einer natürlichen Person als Organträger oder Mitunternehmer einer Organträger-Personengesellschaft nur nach Maßgabe des § 2a EStG verrechenbar; § 32b Abs. 1 Satz 1 Nr. 3 EStG kommt insoweit nicht zur Anwendung.

1167 In den **Zeilen 39 und 40** sind die nach § 19 Abs. 5 KStG anzurechnenden inländischen Steuern der Organgesellschaft anzugeben. In **Zeile 39** erfolgt der Eintrag der **anrechenbaren Kapitalertragsteuer**.

1168 In **Zeile 40** ist der auf die anzurechnende Kapitalertragsteuer lt. Zeile 39 entfallende **anrechenbare Solidaritätszuschlag** einzutragen.

1) Vgl. Rz. 42 des BMF v. 4.7.2008, IV C 7 – S 2742-a/07/10001, BStBl I 2008, 718.
2) FG Köln v. 19.12.2013, 10 K 1916/12, EFG 2014, 521 (Rev. BFH: IV R 4/14).

XVII. Anlage SAN – Steuerbefreiung von Sanierungserträgen nach § 3a EStG

1. Allgemeine Vorbemerkungen

Gerät ein Unternehmen in eine Krise, kommt es in manchen Fällen zur Vermeidung einer Insolvenz oder im Rahmen der Insolvenz zu einem (teilweisen) Verzicht der Gläubiger auf Forderungen gegenüber dem zu sanierenden Unternehmen. Diese Schulden sind in der Handels- und Steuerbilanz als Verbindlichkeiten mit ihrem Rückzahlungsbetrag passiviert. Fallen diese Verbindlichkeiten auf Grund eines Schuldenerlasses weg, führt dies zu einem steuerpflichtigen Ertrag (Buchungssatz: Verbindlichkeiten an Ertrag). Diesem Ertrag steht aber kein tatsächlicher Zufluss liquider Mittel gegenüber. Müsste das Unternehmen auf diesen steuerpflichtigen Ertrag eine Steuer entrichten, könnte dies die Krise des Unternehmens wiederum verstärken und am Ende doch zur Insolvenz und Einstellung des Betriebs führen. 1169

Der Staat will der erfolgreichen Sanierung von Unternehmen nicht im Wege stehen und deshalb auf die – im Regelfall auch nicht zu realisierende – Steuerforderung aus der Ertragsbuchung im Sanierungsfall verzichten. Mit § 3 Nr. 66 EStG bestand bis einschließlich VZ 1997 eine Steuerbefreiungsregelung, die jedoch ab dem VZ 1998 durch den sog. „Sanierungserlass"[1] ersetzt wurde. Lag nach den Grundsätzen des Sanierungserlasses eine unternehmensbezogene Sanierung vor, wurden auf Antrag des Stpfl.: 1170

1. der Sanierungsertrag mit bestehenden Verlustvorträgen – ohne Berücksichtigung von Verlustverrechnungsbeschränkungen wie z.B. der Mindestbesteuerung – verrechnet;
2. die auf Grund eines verbleibenden Sanierungsertrags entstehende Steuer entweder abweichend festgesetzt, erlassen bzw. bis zu einem späteren Erlass zinslos gestundet.

Der Große Senat des BFH[2] sieht die im Sanierungserlass beschriebenen Voraussetzungen für einen Steuerlass bzw. eine abweichende Steuerfestsetzung nicht als sachliche Unbilligkeiten i.S.d. §§ 163, 227 AO an. Der Sanierungserlass verstößt daher gegen den Grundsatz der Gesetzmäßigkeit der Verwaltung (Art. 20 Abs. 3 GG). Auf Grund des Sanierungserlasses dürfen daher nach seiner Auffassung keine Billigkeitsmaßnahmen mehr ausgesprochen werden. Ein Steuerlass dürfe nur auf Grund einer gesetzlichen Regelung erfolgen.

Der Aufforderung des Großen Senats des BFH, die Behandlung eines Sanierungsgewinns auf eine gesetzliche Grundlage zu stellen, ist der Gesetzgeber durch Einführung des § 3a EStG und weiterer Vorschriften mit dem Gesetz gegen schädliche Steuerpraktiken im Zusammenhang mit Rechteüberlassungen[3] nachgekommen. 1171

Zu berücksichtigen ist allerdings, dass die entsprechenden Vorschriften zum Sanierungsertrag erst in Kraft treten, nachdem die EU-Kommission durch Beschluss festgestellt hat, dass die Regelungen entweder keine oder eine mit dem gemeinsamen Binnenmarkt vereinbare staatliche Beihilfe darstellen, vgl. Art. 6 Abs. 2 des Gesetzes gegen schädliche Steuerpraktiken im Zusammenhang mit Rechteüberlassungen. Einen solchen Beschluss hat die Europäische Kommission jedoch nicht gefasst, sondern nur in einem sog. „Comfort-Letter" mitgeteilt, dass die Regelung aus ihrer Sicht beihilferechtlich unproblematisch sei. Mit Art. 19 des Gesetzes zur Vermeidung von Umsatzsteuerausfällen beim Handel mit Waren im Internet und zur Änderung weiterer steuerlicher Vorschriften[4] hat man die bisherige Einschränkung der Anwendung aufgehoben. Die Regelungen des § 3a und § 3c Abs. 4 EStG sind daher auf alle nach dem 8.2.2017 durchgeführten Schuldenerlasse anzuwenden. Auf bis zu diesem Zeitpunkt durchgeführte Erlasse sind sie auf Antrag anwendbar, vgl. § 52 Abs. 4a Satz 3 EStG. 1172

Die gesetzliche Regelung zum Sanierungsgewinn **befreit** im **ersten Schritt** den **Sanierungsertrag von der Steuerpflicht**, lässt aber im Umkehrschluss damit im Zusammenhang stehende Aufwendungen – egal in welchem Zeitraum sie angefallen sind – nicht zum Abzug zu. Der Sanierungsertrag wird in Zeile 29 der Anlage ZVE vom Einkommen abgezogen. Damit im Zusammenhang stehende Betriebsausgaben des laufenden Jahres erhöhen in Zeile 30 der Anlage ZVE, die anderer VZ in Zeile 31 der Anlage ZVE das Einkommen. 1173

Im **zweiten Schritt** wird der um die im Zusammenhang stehenden Betriebsausgaben gekürzte Sanierungsertrag (sog. verbleibender Sanierungsertrag) mit bestehenden Verlustvorträgen und anderen jahresübergreifenden Tatbeständen nach Maßgabe des § 3a Abs. 3 EStG verrechnet.

In einem **dritten** und **vierten** Schritt mindert ein nach dem zweiten Schritt verbleibender Sanierungsertrag Verlustvorträge von **nahestehenden Personen oder einem Organträger**.

1) BMF v. 27.3.2003, IV A 6 – S 2140-8/03, BStBl I 2003, 240 ergänzt durch BMF v. 22.12.2009, IV C 6 – S 2140/07/10001-01, BStBl I 2010, 18; v. 27.4.2017, IV C 6 – S 2140/13/10003, BStBl I 2017, 741 und v. 8.4.2022, IV C 6 – S 2242/20/10002 :001, BStBl I 2022, 632.
2) BFH-Beschluss v. 28.11.2016, GrS 1/15, BStBl II 2017, 393.
3) BGBl. I 2017, 2074.
4) BGBl. I 2018, 2338 = BStBl I 2018, 1377.

2. Anwendungsbereich des Vordrucks

Bezeichnung des Steuerpflichtigen	Die mit einem Kreis versehenen Zahlen bezeichnen die Erläuterungen in der Anleitung zur Körperschaftsteuererklärung.	**Anlage SAN** **2025**
Steuernummer		☐ zur Steuererklärung ☐ zum Bescheid
Verbleibender Sanierungsertrag nach § 3a EStG		

1174 Die Anlage SAN dient im Wesentlichen der Berechnung der Minderung von Verlustvorträgen und anderen jahresübergreifenden Tatbeständen nach § 3a Abs. 3 EStG (Schritte zwei bis vier der → Rz. 1173). Die Anlage SAN muss abgegeben werden, wenn:

1. im laufenden VZ für die Körperschaft eine unternehmensbezogene Sanierung nach § 3a Abs. 2 EStG vorliegt oder
2. im Rahmen einer Feststellung für die Körperschaft, für die Steuererklärung ausgefüllt wird, als Mitunternehmerin ein Sanierungsertrag festgestellt wurde oder
3. die Körperschaft, für die die Steuererklärung ausgefüllt wird, eine nahestehende Person eines zu sanierenden Unternehmens ist und bei ihr ein verbleibender Sanierungsertrag nach § 3a Abs. 3 Satz 3 EStG zu berücksichtigen ist oder
4. die Körperschaft, für die die Steuererklärung ausgefüllt wird, Organträgerin eines sanierten Unternehmens ist und bei ihr ein verbleibender Sanierungsertrag nach § 15 Satz 1 Nr. 1a KStG zu berücksichtigen ist.

Wie man sieht, wirken die Regelungen zur Behandlung von Sanierungserträgen nicht mehr nur auf das sanierte Unternehmen, sondern weit darüber hinaus. Bei der Sanierung mittlerer und größerer Konzernstrukturen ist das Ausfüllen der Anlage SAN mit erheblichen praktischen Schwierigkeiten verbunden.

3. Ermittlung des bereinigten Sanierungsertrags (Zeilen 1–5d)

1175 Im ersten Teil der Anlage SAN (Zeilen 1 bis 5d) wird zunächst der Ausgangswert für die Minderung von Verlustvorträgen, laufenden Verlusten und anderen jahresübergreifenden Tatbeständen ermittelt. Der in Zeile 6 bereinigte Sanierungsertrag wird dann im zweiten Schritt in den Zeilen 9 bis 42 mit den auf Ebene der Körperschaft bestehenden laufenden Verlusten, Verlustvorträgen und anderen jahresübergreifenden Tatbeständen verrechnet.

a) Sanierung der Körperschaft, für die die Steuererklärung ausgefüllt wird (Zeilen 1–3)

Zeile	Ermittlung des verbleibenden Sanierungsertrags nach § 3a Absatz 3 Satz 4 EStG	EUR
1	Betriebsvermögensmehrungen oder Betriebseinnahmen aus einem Schuldenerlass zum Zwecke einer unternehmensbezogenen Sanierung nach § 3a Absatz 2 EStG (Betrag laut Zeile 29 der Anlage ZVE)	
2	Davon ab: Mit dem steuerfreien Sanierungsertrag in unmittelbarem wirtschaftlichen Zusammenhang stehende Betriebsvermögensminderungen oder Betriebsausgaben nach § 3c Absatz 4 EStG des Sanierungsjahres (Betrag laut Zeile 30 der Anlage ZVE)	
3	Davon ab: Mit dem steuerfreien Sanierungsertrag in unmittelbarem wirtschaftlichen Zusammenhang stehende Betriebsvermögensminderungen oder Betriebsausgaben nach § 3c Absatz 4 EStG der dem Sanierungsjahr vorangehenden Jahre, soweit diese nicht in den festgestellten Verlustvorträgen enthalten sind	

1176 In **Zeile 1** ist der Ertrag aus dem Schuldenerlass zum Zwecke einer unternehmensbezogenen Sanierung i.S.d. § 3a Abs. 2 EStG einzutragen. Der hier einzutragende Wert entspricht dem Wert lt. Zeile 29 der Anlage ZVE. Da Verbindlichkeiten in der Handels- und Steuerbilanz mit ihrem Rückzahlungsbetrag zu passivieren sind, muss bei (teilweisem) Wegfall dieser Verbindlichkeiten ein entsprechender Ertrag verbucht werden (Sanierungsertrag).

Eine unternehmensbezogene Sanierung liegt nach § 3a Abs. 2 EStG vor, wenn die Körperschaft, für die die Steuererklärung ausgefüllt wird, für den Zeitpunkt des Schuldenerlasses:

1. die Sanierungsbedürftigkeit,
2. die Sanierungsfähigkeit,
3. die Sanierungseignung des betrieblich begründeten Schuldenerlasses und
4. die Sanierungsabsicht der Gläubiger

nachweist. Die hier genannten Kriterien entsprechen den Voraussetzungen des Sanierungserlasses.[1] Erträge aus einer im Insolvenzverfahren erteilten **Restschuldbefreiung** nach §§ 286 ff. InsO sind nach § 3a Abs. 5 i.V.m. Abs. 1 EStG immer steuerfrei.[2]

Mangels anderer Eintragungsmöglichkeiten sind in dieser Zeile auch Sanierungserträge einzutragen, die der Körperschaft, für die die Steuererklärung auszufüllen ist, mittelbar aus Beteiligungen an Mitunternehmerschaften zuzurechnen sind. Soweit solche Sanierungserträge nicht mit auf Ebene der Personengesellschaft festgestellten Verlusten verrechnet werden können, sind sie (anteilig) bei den Mitunternehmern zu berücksichtigen.

Praxishinweis:
Die Höhe des noch bei den Mitunternehmern zu berücksichtigenden Sanierungsertrags ist als sonstige Besteuerungsgrundlage gesondert und einheitlich festzustellen. Sie entspricht – leider – nicht dem in § 3a Abs. 4 Satz 1 EStG festgestellten Betrag. Auch hier kann mangels konkreter Äußerungen der FinVerw. noch keine Aussage über die konkrete Ausgestaltung des Feststellungsverfahrens getroffen werden.

Die mit dem Sanierungsertrag **im Zusammenhang stehenden Betriebsausgaben** des laufenden VZ (= Sanierungsjahr) sind in **Zeile 2** einzutragen. Der hier einzutragende Wert entspricht der Eintragung zur Zeile 30 der Anlage ZVE. Dies sind regelmäßig Rechtsanwalts-, Notar- und weitere Beratungskosten. **1177**

In **Zeile 3** sind dagegen solche **Betriebsausgaben** einzutragen, die in **anderen VZ** entstanden sind. Der hier einzutragende Wert darf **nicht** aus Zeile 31 der Anlage ZVE des laufenden Jahres übernommen werden. Vielmehr muss hier die Summe der Betriebsausgaben eingetragen werden, die in anderen Jahren hinzugerechnet wurden. Hier sind allerdings keine Betriebsausgaben einzutragen, die zu einer Erhöhung von Verlustvorträgen geführt haben, die nach § 3a Abs. 3 EStG weggefallen sind, vgl. § 3c Abs. 4 Satz 2 EStG. Entstehen Betriebsausgaben erst in VZ nach der Sanierung, sind Eintragungen hier nicht zu machen, soweit bei der Sanierung kein verbleibender Sanierungsertrag mehr besteht, vgl. § 3a Abs. 4 Satz 4 EStG. **1178**

Die im Zusammenhang stehenden Betriebsausgaben werden vom Sanierungsertrag abgezogen und bilden grundsätzlich den bereinigten Sanierungsertrag in Zeile 6, der mit bestehenden laufenden Verlusten, Verlustvorträgen und anderen jahresübergreifenden Tatbeständen nach § 3a Abs. 3 EStG verrechnet wird, vgl. § 3a Abs. 3 Satz 1 EStG.

b) Von nahestehenden Personen und Organgesellschaften zu übernehmende verbleibende Sanierungserträge (Zeilen 4–5a)

4	Dazu: Nach § 3a Absatz 3 Satz 3 EStG bei der Körperschaft als nahestehende Person eines zu sanierenden Unternehmens zu berücksichtigender geminderter Sanierungsertrag	19.271
5	Nur bei Organträgern: Dazu: Verbleibender Sanierungsertrag der Organgesellschaft(en) nach § 15 Satz 1 Nummer 1a KStG laut gesonderter und einheitlicher Feststellung (Betrag laut Zeile 29b der Anlage OT) 50	
5a	Dazu: Verbleibender Sanierungsertrag einer anderen Gesellschaft, deren Einkommen in einem innerhalb der letzten fünf Jahre vor dem Sanierungsjahr liegenden Veranlagungszeitraum der Körperschaft nach § 14 Absatz 1 Satz 1 KStG als Organträger zugerechnet worden ist (§ 15 Satz 1 Nummer 1a Satz 3 KStG)	19.276

In **Zeile 4** ist ein nach § 3a Abs. 3 Satz 3 EStG bei der Körperschaft, für die die Steuererklärung ausgefüllt wird, zur Minderung von laufenden Verlusten, Verlustvorträgen und anderen jahresübergreifenden Tatbeständen zu berücksichtigender Sanierungsertrag eines anderen sanierten Unternehmens einzutragen. Danach mindert der beim zu sanierenden Unternehmen nicht zur Minderung von Verlustvorträgen und weiteren Tatbeständen verwendete Sanierungsertrag gleichartige Tatbestände von **nahestehenden Personen**, wenn diese die **erlassenen Schulden** innerhalb eines Zeitraums von fünf Jahren **vor dem Schuldenerlass auf das zu sanierende Unternehmen übertragen** hat. **1179**

Eine Minderung kommt aber nur insoweit in Betracht, als die Verlustvorträge, Verluste und sonstigen jahresübergreifenden Tatbestände zum Zeitpunkt der Übertragung der Schulden bereits entstanden waren. Das bedeutet, dass bei der Verlustminderung in den Zeilen 7 bis 42 immer geprüft werden muss, ob die so verrechneten Verluste, Verlustvorträge und sonstigen jahresübergreifenden Tatbestände schon entstanden waren. Der in Zeile 4 bei der nahestehenden Person einzutragende Wert entspricht dem Wert, der in Zeile 42 der Anlage SAN des sanierten Unternehmens verbleibt. Soweit es zu einer Minderung der Verluste, Verlustvorträge und sonstigen jahresübergreifenden Tatbestände bei der nahestehenden Person kommt, muss der Gesamtbetrag an das sanierte Unternehmen zurückgemeldet und dort in Zeile 43 der Anlage SAN eingetragen werden.

Erhält eine Organgesellschaft einen Schuldenerlass zum Zwecke einer unternehmensbezogenen Sanierung, mindert ein verbleibender Sanierungsertrag die Verluste, Verlustvorträge und sonstigen jahresübergreifenden Tatbeständen des Organträgers, vgl. § 15 Satz 1 Nr. 1a KStG. Dies ist folgerichtig, da die Verluste, die zur Entstehung des Sanierungsfalls geführt haben, auf Grund des Organschaftsverhältnisses dem Organträger zugerechnet wurden und dort ggf. zum Entstehen von Verlustvorträgen geführt haben. So ist es nur konsequent, dass derartige Verlustvorträge um Sanierungsgewinne, die bei der Organgesellschaft entstehen, gemindert werden. **1180**

---

1) Rz. 4 des BMF v. 27.3.2003, IV A 6 – S 2140-8/03, BStBl I 2003, 240.
2) Die übrigen in § 3a Abs. 5 EStG genannten Schuldbefreiungen betreffen nur das Verbraucherinsolvenzverfahren, was für Körperschaften grundsätzlich nicht anwendbar ist.

Der beim **Organträger** in **Zeile 5** einzutragende Wert entspricht dem Betrag lt. Zeile 42, vermindert um Zeile 43 bei der Organgesellschaft. Der Betrag wird allerdings gesondert und einheitlich nach § 14 Abs. 5 KStG festgestellt. Der in Zeile 5 einzutragende Wert muss daher mit dem festgestellten Wert übernommen werden. Das FA des Organträgers hat hier keine eigenständige Entscheidungsmöglichkeit.

Nach § 15 Satz 1 Nr. 1a Satz 3 KStG ist die in → Rz. 1180 beschriebene Minderung von Verlustvorträgen und weiteren jahresübergreifenden Tatbeständen aber auch vorzunehmen, **wenn das Organschaftsverhältnis im Sanierungsjahr nicht mehr besteht**, jedoch innerhalb eines Zeitraums von fünf Jahren vor dem Sanierungsjahr bestanden hat. Ob das dem Organträger zugerechnete Einkommen der Organgesellschaft negativ war, ist für die Anwendung der Kürzung der Verlustvorträge auf Ebene des Organträgers irrelevant. Ein solcher beim (ehemaligen) Organträger zu berücksichtigender verbleibender Sanierungsertrag unterliegt nicht der Feststellung nach § 14 Abs. 5 KStG, weil das Organschaftsverhältnis nicht mehr besteht. Ist die Körperschaft, für die die Steuererklärung ausgefüllt wird, innerhalb der **letzten fünf Jahre Organträger** einer Körperschaft gewesen, die einen Sanierungsgewinn erzielt und kann dieser Sanierungsgewinn auf Ebene der Organgesellschaft nicht vollständig zu Minderung von Verlustvorträgen und laufenden negativen Einkünften verwendet werden, ist er in **Zeile 5a** einzutragen und führt zum eigenständigen „Durchlaufen" der Anlage SAN beim **(ehemaligen) Organträger**.

Beratungshinweis:

Hat die Organgesellschaft in den Jahren wenigstens teilweise Gewinne erzielt, erscheint es überschießend, die Verlustkürzung auf Ebene des Organträgers unabhängig davon vorzunehmen, in welchem Umfang die (damalige) Organgesellschaft zum Entstehen der Verlustvorträge beigetragen hat.

c) Von Mitunternehmerschaften zu übernehmende Werte (Zeilen 5b–5d)

	Bei Beteiligung der Körperschaft an einer Mitunternehmerschaft, die selbst einen Sanierungsertrag nach § 3a Absatz 2 EStG erzielt hat, zu berücksichtigende Beträge (50)	
5b	Dazu: Summe der Sanierungserträge nach § 3a Absatz 1 Satz 1 EStG aus Mitunternehmerschaft(en) laut gesonderter und einheitlicher Feststellung	19.272
5c	Davon ab: Summe der nichtabziehbaren Beträge nach § 3c Absatz 4 EStG aus Mitunternehmerschaft(en) laut gesonderter und einheitlicher Feststellung	19.273
5d	Davon ab: Summe der Beträge nach § 3a Absatz 3 Satz 2 Nummer 1 bis 6 EStG aus Mitunternehmerschaft(en) laut gesonderter und einheitlicher Feststellung	19.274

1181 Für die Übernahme eines verbleibenden Sanierungsertrags von Mitunternehmerschaften sieht die Anlage SAN die Zeilen 5b bis 5d vor.

Beratungshinweis:

Anders als bei Organgesellschaften (§ 15 Satz 1 Nr. 1a KStG) oder bei nahestehenden Personen (§ 3a Abs. 3 Satz 3 EStG) existiert für Mitunternehmerschaften keine Rechtsnorm, die das „Überspringen" eines verbleibenden Sanierungsertrags von der Mitunternehmerschaft auf den Mitunternehmer anordnen würde. Dieses „Überspringen" kann auch nicht mit dem Transparenzprinzip begründet werden. Das Transparenzprinzip gilt für die Ermittlung der Einkünfte, nicht für Verlustvorträge. Auch aus der verfahrensrechtlichen Pflicht zur Feststellung der entsprechenden Beträge (§ 3a Abs. 4 EStG) ergibt sich kein materiell-rechtliches Verrechnungsverbot beim Mitunternehmer. Dennoch sehen die Vordrucke die Erfassung der verbleibenden Sanierungsgewinne beim Mitunternehmer vor, woraus gefolgert werden kann, dass die FinVerw. eine solche Minderung beim Mitunternehmer als erforderlich ansieht. In gleichgelagerten Fällen ist ein Rechtsbehelfsverfahren zu prüfen.

1182 In **Zeile 5b** ist die Summe der **Sanierungserträge aus allen Mitunternehmerschaften**, an denen die Körperschaft beteiligt ist, einzutragen. Der Wert ergibt sich aus der gesonderten und einheitlichen Feststellung nach § 3a Abs. 4 Satz 1 EStG. Die gesonderte Feststellung nach § 3a Abs. 4 EStG ist von der Feststellung nach § 180 Abs. 1 Nr. 2 Buchst. a AO nicht abhängig. Das für die Besteuerung der Körperschaft (Mitunternehmer) zuständige FA ist an die gesonderte Feststellung gebunden und hat insoweit keine eigene Entscheidungsbefugnis.

1183 Die **nicht abziehbaren Betriebsausgaben nach § 3c Abs. 4 EStG** zu den Sanierungserträgen aus Mitunternehmerschaften sind in **Zeile 5c** einzutragen. Der Wert ergibt sich aus der gesonderten und einheitlichen Feststellung nach § 3a Abs. 4 Satz 1 EStG. Die gesonderte Feststellung nach § 3a Abs. 4 EStG ist von der Feststellung nach § 180 Abs. 1 Nr. 2 Buchst. a AO nicht abhängig. Das für die Besteuerung der Körperschaft (Mitunternehmer) zuständige FA ist an die gesonderte Feststellung gebunden und hat insoweit keine eigene Entscheidungsbefugnis.

1184 In **Zeile 5d** ist die Summe der Verlustminderungen, die auf Ebene der Personengesellschaft vorgenommen werden können, einzutragen. Im Einzelnen sind dies:

Nr. 1 Verpflichtungsübertragungen nach § 4f Abs. 1 Satz 1 EStG, die auf Ebene der Personengesellschaft bestehen.

Nr. 2 Laufende Verluste aus der Mitunternehmerschaft, die nach § 15a EStG ausgleichsfähig oder verrechenbar sind.

Nr. 3 Verrechenbare Verluste nach § 15a EStG, die für die Körperschaft als Mitunternehmer zum vorangegangenen Wj. festgestellt worden sind.

Nr. 4 Laufende Verluste aus der Mitunternehmerschaft, die nach § 15b EStG ausgleichsfähig oder verrechenbar sind.

Nr. 5 Verrechenbare Verluste nach § 15b EStG, die für die Körperschaft als Mitunternehmer zum vorangegangenen Wj. festgestellt worden sind.

Nr. 6 Laufende Verluste nach § 15 Abs. 4 EStG.

Der Wert sollte sich saldiert aus der gesonderten Feststellung nach § 3a Abs. 4 EStG ergeben. Das für die Besteuerung der Körperschaft (Mitunternehmer) zuständige FA ist an die gesonderte Feststellung gebunden und hat insoweit keine eigene Entscheidungsbefugnis.

In **Zeile 6** verbleibt nunmehr der **bereinigte Sanierungsertrag**, der die laufenden Verluste, Verlustvorträge und andere jahresübergreifenden Tatbeständen der Körperschaft, für die die Steuererklärung ausgefüllt wird, nach dem gesetzlichen Schema des § 3a Abs. 3 Satz 2 EStG mindert. **1185**

4. Minderung von Verlustvorträgen, laufenden Verlusten und anderen jahresübergreifenden Tatbeständen (Zeilen 6–42b)

Die Minderung der laufenden Verluste, Verlustvorträge und sonstigen jahresübergreifenden Tatbestände erfolgt nach dem in § 3a Abs. 3 Satz 2 EStG festgelegten Schema. Das gesetzliche Schema lässt sich grob in folgende Gruppen unterteilen: **1186**

1. Verluste und Verlustvorträge, die die Körperschaft aus dem zu sanierenden Betrieb (im Regelfall der einheitliche Gewerbebetrieb nach § 8 Abs. 2 KStG) selbst erzielt hat;
2. Verluste und Verlustvorträge, die die Körperschaft mittelbar über eine Personengesellschaft erzielt hat;
3. Verluste und Verlustvorträge aus speziellen gewerbebetriebsübergreifenden Verlustverrechnungsvorschriften;
4. sonstige Verlustverrechnungsvorschriften;
5. Minderung des Verlustes des Folgejahres;
6. Zins- und EBITDA-Vortrag.

Innerhalb dieser Gruppen werden im Regelfall – aber nicht immer – die spezielleren Verluste vor den allgemeineren (§ 10d EStG) gemindert. Außerdem wird in der Gruppe 1 der laufende Verlust immer vor dem Verlustvortrag gemindert. Bei den übrigen Gruppen sieht § 3a Abs. 3 Satz 2 Nr. 11 EStG nach dem Wortlaut die Minderung des Vortrags vor dem laufenden Ergebnis vor. Ob es sich hierbei um ein Redaktionsversehen handelt oder tatsächlich abweichende Reihenfolgen vorgegeben sein sollen, bleibt wohl einem erläuternden BMF-Schreiben vorbehalten. Im Folgenden wird davon ausgegangen, dass das laufende Ergebnis immer vor dem Vortrag zu mindern ist.

a) Minderung des verteilt abziehbaren Aufwands nach § 4f EStG (Zeilen 6–7)

	Minderung nach § 3a Absatz 3 EStG	
6	Zwischensumme	
7	Davon ab: Minderung des zum 31.12. des Sanierungsjahres vorhandenen verteilt abziehbaren Aufwands nach § 4f Absatz 1 Satz 1 EStG der übrigen Jahre nach § 3a Absatz 3 Satz 2 Nummer 1 EStG (höchstens Betrag laut Zeile 6)	

Der bereinigte Sanierungsertrag wird zunächst mit dem verteilt abziehbaren Aufwand nach § 4f Abs. 1 Satz 1 EStG verrechnet. Ein verteilt abziehbarer Aufwand entsteht, wenn die Körperschaft, für die die Steuererklärung auszufüllen ist, Verpflichtungen, die mit Ansatzverboten oder -beschränkungen belegt sind (im Regelfall Pensionsrückstellungen), gegen Zahlung einer Gebühr auf einen Dritten übertragen. Der Aufwand, der durch die Differenz zwischen dem Verkaufspreis und dem Buchwert entsteht, wird außerbilanziell auf das laufende und die folgenden vierzehn Wj. verteilt. **1187**

Nach § 3a Abs. 3 Satz 2 Nr. 1 EStG mindert der bereinigte Sanierungsertrag den noch nicht abgezogenen Aufwand nach § 4f Abs. 1 Satz 1 EStG. Dies gilt jedoch nicht, wenn die zu sanierende Körperschaft[1] den nicht abgezogenen Aufwand als Rechtsnachfolgerin des eigentlich verpflichteten Unternehmens übernommen hat und der Regelung des § 5 Abs. 7 EStG unterliegt, vgl. § 3a Abs. 3 Satz 2 Nr. 1 Satz 1 zweiter Halbsatz EStG i.V.m. § 4f Abs. 1 Satz 7 EStG.

Beispiel:

Die A-GmbH überträgt zum 30.11.01 ihre Pensionsverpflichtungen (BW: 10 Mio. €) auf B-AG. Hierfür zahlt die A-GmbH einen (angemessenen) Preis von 11,5 Mio. €. Die A-GmbH bucht zutreffend:

1. Pensionsrückstellungen an Ertrag 10 Mio. €
2. Aufwand an Bank 11,5 Mio. €

Im Saldo beträgt die Auswirkung auf den Jahresüberschuss -1,5 Mio. €. Nach § 4f Abs. 1 Satz 1 EStG ist dieser Aufwand auf das laufende und die folgenden vierzehn Wj. gleichmäßig zu verteilen. Daraus folgt, dass 14/15tel der 1,5 Mio. € (1,4 Mio. €) in 01 außerbilan-

1) Oder eine an ihre Stelle tretende nahestehende Person nach § 3a Abs. 3 Satz 3 EStG oder ein Organträger.

ziell hinzugerechnet werden müssen. In 02 bis 15 müssen außerbilanziell wiederum jeweils 1/15tel der 1,5 Mio. € (= 100 000 €) außerbilanziell abgezogen werden.

Falls die GmbH im Wj. 01 saniert wird, müsste neben der Hinzurechnung der 1,4 Mio. € noch der verbleibende Aufwand von 100 000 € nach § 3a Abs. 3 Satz 2 Nr. 1 EStG hinzugerechnet werden. Der Zeile 41 der Anlage ZVE zum laufenden Verlust vergleichbare Eintragungen fehlen jedoch für § 4f EStG. Um das richtige Ergebnis zu erreichen, muss in Zeile 27 der Anlage GK dann ein Betrag von 1,5 Mio. €, statt normalerweise 1,4 Mio. € eingetragen werden. Falls die A-GmbH in den Jahren 02 bis 15 saniert wird, sind die jeweils verbleibenden nicht abgezogenen Aufwendungen in Zeile 7 einzutragen. In diesem Fall ist sicherzustellen, dass in Zeile 27 der Anlage GK keine Eintragungen gemacht werden, da sich der auf das laufende Wj. entfallende Abzugsbetrag nach § 3a Abs. 3 Satz 2 Nr. 1 EStG nicht mehr auswirken darf.

b) Minderung der auf Ebene der Körperschaft festgestellten verrechenbaren Verluste nach § 15b, § 15 Abs. 4 EStG (Zeilen 8–15)

8	Zwischensumme	
9	Davon ab: Minderung des nach § 15b EStG ausgleichsfähigen oder verrechenbaren Verlustes derselben Einkunftsquelle des Sanierungsjahres nach § 3a Absatz 3 Satz 2 Nummer 4 EStG (höchstens Betrag laut Zeile 8)	
10	Zwischensumme	
11	Davon ab: Minderung des zum Ende des dem Sanierungsjahr vorangegangenen Jahres nach § 15b EStG festgestellten verrechenbaren Verlustes derselben Einkunftsquelle nach § 3a Absatz 3 Satz 2 Nummer 5 EStG (höchstens Betrag laut Zeile 10)	
12	Zwischensumme	
13	Davon ab: Minderung des nach § 15 Absatz 4 EStG ausgleichsfähigen oder nichtabziehbaren Verlustes des zu sanierenden Unternehmens des Sanierungsjahres nach § 3a Absatz 3 Satz 2 Nummer 6 EStG (höchstens Betrag laut Zeile 12)	
14	Zwischensumme	
15	Davon ab: Minderung des zum Ende des dem Sanierungsjahr vorangegangenen Jahres nach § 15 Absatz 4 EStG festgestellten in Verbindung mit § 10d Absatz 4 EStG verbleibenden Verlustvortrags, soweit er auf das zu sanierende Unternehmen entfällt nach § 3a Absatz 3 Satz 2 Nummer 7 EStG (höchstens Betrag laut Zeile 14)	

1188 In **Zeile 8** ist zunächst eine **Zwischensumme** zu bilden. Diese Zwischensumme ist gleichzeitig der **Ausgangspunkt** für eine Minderung der **gewerbesteuerlichen Verluste und Verlustvorträge**, vgl. § 7b Abs. 2 Satz 1 GewStG.

Die Minderungen nach § 3a Abs. 3 Satz 2 Nr. 2 und 3 EStG sind für Körperschaften unbeachtlich, da § 15a EStG nur auf Ebene der Personengesellschaften angewandt werden kann, folglich die Körperschaft keine unmittelbaren Verluste und Verlustvorträge aus eigener Tätigkeit nach § 15a EStG verwirklichen kann. Zur Verrechnung mit solchen Verlusten bei Mitunternehmerschaften siehe Zeile 23 (→ Rz. 1195).

1189 Soweit die Körperschaft, für die die Steuererklärung auszufüllen ist, selbst Steuerstundungsmodelle i.S.v. § 15b EStG verwirklicht hat, sind diese zunächst mit dem in Zeile 8 verbliebenen Sanierungsertrag zu verrechnen. Im Regelfall werden Steuerstundungsmodelle aber nicht von der Körperschaft selbst, sondern von zwischengeschalteten Personengesellschaften (geschlossene Fonds) verwirklicht. Die Verlustverrechnung von Verlusten nach § 15b EStG aus Personengesellschaften ist aber nicht hier, sondern in Zeile 25 (→ Rz. 1196) vorzunehmen.

Die Anwendung des § 15b EStG ist jedoch nicht – wie z.B. bei § 15a EStG – auf Personengesellschaften beschränkt. Die Erfüllung der Tatbestandsvoraussetzungen ist auch für Körperschaften aus ihrer eigenen Tätigkeit möglich. In diesen Fällen sind laufende Verluste grundsätzlich in Zeile 28 der Anlage GK zu erfassen.

In **Zeile 9** sind die **laufenden Verluste nach § 15b EStG** aus **eigener Tätigkeit** einzutragen, **soweit** sie den in Zeile 8 **verbliebenen Sanierungsertrag nicht übersteigen**. Die laufenden Verluste entsprechen dem in Zeile 47 der Anlage GK einzutragenden Wert.

In **Zeile 10** ist wiederum eine Zwischensumme zu bilden. In **Zeile 11** ist die Minderung des zum Ende des der unternehmensbezogenen Sanierung vorangehenden Wj. **festgestellten verrechenbaren Verlustes nach § 15b EStG** einzutragen. Der Wert entspricht dem kleineren Wert des festgestellten verrechenbaren Verlustes und dem in Zeile 10 verbliebenen Sanierungsertrag.

Beispiel:

Die A-GmbH betreibt selbst ein Steuerstundungsmodell, für das ein verrechenbarer Verlust nach § 15b EStG zum 31.12.01 i.H.v. 100 000 € festgestellt wurde. Im laufenden VZ 02 ergibt sich ein Verlust aus diesem Steuerstundungsmodell von 10 000 €. In 02 ergibt sich ein Sanierungsertrag von 60 000 €. Damit im Zusammenhang stehende Betriebsausgaben fallen aus Vereinfachungsgründen nicht an. Weitere Sachverhalte liegen aus Vereinfachungsgründen ebenfalls nicht vor.

Veräußerungsgewinn

Jahresüberschuss (Sanierungsertrag ./. Verlust aus dem Steuerstundungsmodell)	50 000 €	Zeile 11 Anlage GK
+ n. a. Verlust nach § 15b EStG	+ 10 000 €	Zeile 47 Anlage GK
./. Sanierungsertrag nach § 3a Abs. 1 EStG	–60 000 €	Zeile 29 Anlage ZVE
zu versteuerndes Einkommen	0 €	

Auf der Anlage SAN ist folgende Berechnung vorzunehmen:

bereinigter Sanierungsertrag	60 000 €	Zeile 1/8 Anlage SAN
./. Minderung des laufenden Verlusts nach § 15b EStG	–10 000 €	Zeile 9 Anlage SAN
Zwischensumme	50 000 €	Zeile 10 Anlage SAN
./. Minderung des verrechenbaren Verlust nach § 15b EStG zum 31.12.01	–50 000 €	Zeile 11 Anlage SAN
= verbleibender Sanierungsertrag	0 €	Zeile 44 Anlage SAN

Der verrechenbare Verlust nach § 15b EStG ist zum 31.12.02 in folgender Höhe festzustellen:

Anfangsbestand zum 31.12.01	100 000 €
+ laufender Verlust	+10 000 €
./. Minderung nach § 3a Abs. 1 Satz 2 Nr. 4 EStG	–10 000 €
./. Minderung nach § 3a Abs. 1 Satz 2 Nr. 5 EStG	–50 000 €
= Stand zum 31.12.02	50 000 €

Nach § 3a Abs. 3 Satz 2 Nr. 6 EStG mindern die in **Zeile 12** verbliebenden Sanierungserträge zunächst die **laufenden Verluste nach § 15 Abs. 4 EStG** und danach die gesonderte festgestellten **verrechenbaren Verluste** nach § 15 Abs. 4 EStG in **Zeile 14**. Unter § 15 Abs. 4 EStG fallen drei unterschiedliche Verlustverrechnungsvorschriften: **1190**

Satz 1 bis 2: Verluste aus gewerblicher Tierzucht oder Tierhaltung;

Satz 3 bis 5: Verluste aus Termingeschäften u.Ä.;

Satz 6 bis 8: Verluste aus atypisch stillen Gesellschaften und anderen Innengesellschaften, soweit sie Körperschaften als Mitunternehmer betreffen.

Hinsichtlich der Reihenfolge der Verlustverrechnung und der Eintragung gelten die Ausführungen zu → Rz. 1189 entsprechend. Treten diese Verlustverrechnungsvorschriften nebeneinander auf, gibt das Gesetz keine klare Reihenfolge der Verrechnung vor. Der Vordruck sieht entsprechend der gesetzlichen Regelung die Eintragung der Minderung von Verlusten nach § 15 Abs. 4 EStG sowohl in Zeile 13 als auch in Zeile 27 vor. Während in Zeile 13 nur der nach § 15 Abs. 4 EStG nicht abziehbare Verlust des zu sanierenden Unternehmens eingetragen werden darf, müsste in Zeile 27 der nicht abziehbare Verlust anderer Betriebe oder Mitunternehmeranteile eingetragen werden.

Dies ist insofern problematisch, als für Verluste aus gewerblicher Tierzucht und -haltung und aus Termingeschäften nach § 15 Abs. 4 Satz 1 bis 5 EStG nur ein einziger Verlust aus allen Mitunternehmerschaften und Betrieben festgestellt wird.[1] Er ist also weder dem eigenen Betrieb noch anderen Betrieben zuzuordnen. Für verrechenbare Verluste nach § 15 Abs. 4 Satz 6 bis 8 EStG aus atypisch stillen Gesellschaften, muss der verrechenbare Verlust pro atypisch stiller Gesellschaft ermittelt und festgestellt werden.[2] Die Minderung von Verlusten nach § 15 Abs. 4 Satz 6 bis 8 EStG sollte daher ausschließlich in Zeile 27 eingetragen werden. Wie die Minderung der übrigen Verluste des § 15 Abs. 4 EStG eingetragen werden soll, ergibt sich aus dem Vordruck nicht.

c) Minderung des laufenden Verlusts und des Verlustvortrags nach § 10d EStG (Zeilen 16–21)

16	Zwischensumme	
17	Davon ab: Minderung des Verlustes des Sanierungsjahres nach § 3a Absatz 3 Satz 2 Nummer 8 EStG (höchstens Betrag laut Zeile 16)	

Anlage SAN - Oktober 2025 - Version 2.9.1.0 Bekanntgabe

- 2 -

Steuernummer

Zeile		EUR
18	Zwischensumme	
19	Davon ab: Minderung des ausgleichsfähigen Verlustes aus allen anderen Einkunftsarten des Veranlagungszeitraums, in dem das Sanierungsjahr endet § 3a Absatz 3 Satz 2 Nummer 9 EStG (höchstens Betrag laut Zeile 18) 47	
20	Zwischensumme	
21	Davon ab: Minderung des zum Ende des Vorjahres festgestellten Verlustvortrags nach § 10d Absatz 4 EStG nach § 3a Absatz 3 Satz 2 Nummer 10 EStG (höchstens Betrag laut Zeile 20)	

1) Vgl. R 15.10 EStR 2012, wonach eine umfassende Verlustverrechnung über mehrere Betriebe möglich ist.
2) BMF v. 19.11.2008, IV C 6 – S 2119/07/10001, BStBl I 2008, 970, Rz. 11.

1191 In der **Zeile 17** ist die Minderung des **laufenden Verlusts** des laufenden Jahres nach § 3a Abs. 3 Satz 2 Nr. 8 EStG einzutragen. Eine Eintragung ist notwendig, wenn sich im VZ in der gedanklichen Zwischensumme vor Zeile 41 der Anlage ZVE ein negativer Betrag ergibt. Die gedankliche Zwischensumme vor Zeile 41 der Anlage ZVE entspricht dem Gesamtbetrag der Einkünfte vor Berücksichtigung der Zurechnung des Einkommens an den Organträger. Da § 3a EStG auch auf Organgesellschaften anzuwenden ist, ist dies der zutreffende Ausgangswert für die Frage, ob im laufenden Jahr ein Verlust (= negativer Gesamtbetrag der Einkünfte) erzielt wurde. Der in Zeile 17 einzutragende Wert ergibt sich daher als kleinerer Betrag dieses negativen Gesamtbetrags der Einkünfte und dem in Zeile 16 noch verbleibenden Sanierungsertrag. Ein so geminderter laufender Verlust geht dann nicht mehr in die Berechnung des Verlustvortrags auf der Anlage Verluste mit ein. Der hier ermittelte Wert ist in Zeile 41 der Anlage ZVE zu übertragen.

1192 Für die Minderung laufender Verluste **anderer Einkunftsarten** wurde **Zeile 19** vorgesehen. Sie ist jedoch für die allermeisten Körperschaften, die nur Einkünfte aus einem Gewerbebetrieb beziehen (Kapitalgesellschaften nach § 8 Abs. 2 KStG, gemeinnützige Körperschaften aus dem einheitlichen wirtschaftlichen Geschäftsbetrieb und Betriebe gewerblicher Art) **gegenstandslos**, da keine weiteren Einkünfte vorliegen können.

1193 In **Zeile 21** ist dann die **Minderung** eines **bestehenden Verlustvortrags nach § 10d EStG** einzutragen. Der hier einzutragende Wert ist der kleinere Betrag des verbleibendenden Verlustvortrags lt. Zeile 17 der Anlage Verluste und dem in Zeile 20 verbliebenen Sanierungsertrag.

Beispiel:

Für die A-GmbH wurde zum 31.12.01 ein Verlustvortrag nach § 10d EStG i.H.v. 10 Mio. € festgestellt. Im laufenden VZ ergibt sich ein Jahresüberschuss lt. HB/StB von 4 Mio. €. Darin enthalten ist ein Sanierungsertrag von 5 Mio. €.

Das zu versteuernde Einkommen ermittelt sich wie folgt:

Jahresüberschuss (Sanierungsertrag ./. Verlust aus dem Steuerstundungsmodell)	4 Mio. €	Zeile 11 Anlage GK
./. Sanierungsertrag nach § 3a Abs. 1 EStG	–5 Mio. €	Zeile 29 Anlage ZVE
Zwischensumme	–1 Mio. €	vor Zeile 41 Anlage ZVE
+ Minderung des laufenden Verlusts	+1 Mio. €	Zeile 41 Anlage ZVE
zu versteuerndes Einkommen	0 €	

Auf der Anlage SAN ist folgende Berechnung vorzunehmen:

bereinigter Sanierungsertrag	5 Mio. €	Zeile 1/8 Anlage SAN
./. Minderung des laufenden Verlusts	–1 Mio. €	Zeile 17 Anlage SAN
Zwischensumme	3 Mio. €	Zeile 18 Anlage SAN
./. Minderung des Verlustvortrags nach § 10d EStG	–3 Mio. €	Zeile 21 Anlage SAN
zum 31.12.01		
= verbleibender Sanierungsertrag	0 €	Zeile 44 Anlage SAN

Der verrechenbare Verlust nach § 15b EStG ist zum 31.12.02 in folgender Höhe festzustellen:

Anfangsbestand zum 31.12.01	10 Mio. €	Zeile 11 Anlage Verluste
./. Minderung nach § 3a Abs. 1 Satz 2 Nr. 4 EStG	–3 Mio. €	Zeile 18 Anlage Verluste
+ laufender Verlust	+ 0 €	Zeile 19 Anlage Verluste
= Stand zum 31.12.02	7 Mio. €	Zeile 28 Anlage Verluste

d) Minderung der verrechenbaren Verluste nach §§ 15a und 15b EStG aus Mitunternehmerschaften (Zeilen 22–25)

22	Zwischensumme	
23	Davon ab: Minderung des zum Ende des Vorjahres festgestellten und des im Sanierungsjahr entstehenden verrechenbaren Verlustes nach § 15a EStG nach § 3a Absatz 3 Satz 2 Nummer 11 Buchstabe a EStG (höchstens Betrag laut Zeile 22)	
24	Zwischensumme	
25	Davon ab: Minderung des zum Ende des Vorjahres festgestellten und des im Sanierungsjahr entstehenden verrechenbaren Verlustes nach § 15b EStG anderer Einkunftsquellen nach § 3a Absatz 3 Satz 2 Nummer 11 Buchstabe b EStG (höchstens Betrag laut Zeile 24)	

1194 In den Zeilen 22 bis 25 wird ein eventuell noch verbleibender Sanierungsertrag mit verrechenbaren Verlusten verrechnet, die der Körperschaft als Mitunternehmerin zugerechnet werden, jedoch auf Ebene der Mitunternehmerschaft berechnet und gesondert und einheitlich festgestellt werden. Die Minderung dieser Verlustvorträge kann nicht durch das FA, das für die Besteuerung der Körperschaft zuständig ist, durchgeführt werden, sondern muss von dem FA erfolgen, das für die Besteuerung der Mitunternehmerschaft zuständig ist.

Mangels konkreter Äußerungen der FinVerw. ist die praktische Ausgestaltung dieses Verfahrens unklar. Das für die Besteuerung der Körperschaft zuständige FA hat durch die Feststellungsbescheide Kenntnis über die Feststellung von verrechenbaren Verlusten nach §§ 15a und 15b EStG. Liegen verrechenbare Verluste aus mehreren Beteiligungen vor, gibt das Gesetz keine Verrechnungsreihenfolge vor. Soweit Feststellungen für die betroffenen Jahre bereits bestandskräftig sind, sind diese nach § 3a Abs. 4 Satz 3 und 4 EStG zu ändern.

Beratungshinweis:

Liegen verrechenbare Verluste nach § 15a EStG aus mehreren Beteiligungen vor, empfiehlt es sich, die Minderung der verrechenbaren Verluste dort vorzunehmen, wo in absehbarer Zukunft keine Gewinne erwartet werden. Zu berücksichtigen ist, dass auch die Veräußerung oder Aufgabe eines Mitunternehmeranteils zu einem Gewinn i.H. des negativen Kapitalkontos führt.

In **Zeile 23** ist der Gesamtbetrag der Minderung der **Verluste nach § 15a EStG** einzutragen. Er setzt sich zusammen aus der Minderung der laufenden Verluste und der Verlustvorträge aller Mitunternehmerschaften, bei denen verrechenbare Verluste nach § 15a EStG festgestellt wurden. Die Minderung darf allerdings den in Zeile 22 verbliebenen Sanierungsertrag nicht übersteigen. **1195**

Der Gesamtbetrag der **Minderung der Verluste nach § 15b EStG** ist in **Zeile 25** einzutragen. Genauso wie bei § 15a EStG setzt er sich zusammen aus den laufenden Verlusten des VZ und der Verlustvorträge aller Mitunternehmerschaften und ggf. anderer Einkunftsquellen, bei denen verrechenbare Verluste nach § 15b EStG festgestellt wurden. Die Minderung darf allerdings den in Zeile 24 verbliebenen Sanierungsertrag nicht übersteigen. **1196**

e) Minderung spezieller Verlustverrechnungskreise nach § 15 Abs. 4, §§ 2a, 2b und nach § 23 Abs. 3 Satz 7 und 8 EStG (Zeilen 26–35)

26	Zwischensumme	
27	Davon ab: Minderung des zum Ende des Vorjahres festgestellten und des im Sanierungsjahr entstehenden verrechenbaren Verlustes nach § 15 Absatz 4 EStG anderer Betriebe und Mitunternehmeranteile nach § 3a Absatz 3 Satz 2 Nummer 11 Buchstabe c EStG (höchstens Betrag laut Zeile 26)	
28	Zwischensumme	
29	Davon ab: Minderung der zum Ende des Vorjahres festgestellten und der im Sanierungsjahr entstehenden verbleibenden negativen Einkünfte nach § 2a EStG nach § 3a Absatz 3 Satz 2 Nummer 11 Buchstabe d EStG (höchstens Betrag laut Zeile 28)	
30	Zwischensumme	
31	Davon ab: Minderung der zum Ende des Vorjahres festgestellten negativen Einkünfte nach § 2b EStG 2002[1] nach § 3a Absatz 3 Satz 2 Nummer 11 Buchstabe e EStG (höchstens Betrag laut Zeile 30)	
32	Zwischensumme	
33	Davon ab: Minderung der Verluste aus privaten Veräußerungsgeschäften nach § 23 Absatz 3 Satz 7 und 8 EStG des vorangegangenen Veranlagungszeitraums und des Sanierungsjahres nach § 3a Absatz 3 Satz 2 Nummer 11 Buchstabe f EStG (höchstens Betrag laut Zeile 32) 47	
34	Zwischensumme	
35	Davon ab: Minderung des zum Ende des Vorjahres festgestellten und des im Sanierungsjahr entstehenden verrechenbaren Verlustes oder der negativen Einkünfte nach sonstigen Vorschriften nach § 3a Absatz 3 Satz 2 Nummer 11 Buchstabe g EStG (höchstens Betrag laut Zeile 34)	

In den Zeilen 26 bis 35 wird die Minderung von Verlusten und negativen Einkünften, sowie der entsprechenden Vorträge aus speziellen Verlustverrechnungskreisen umgesetzt. **1197**

Die Minderung der **verrechenbaren Verluste nach § 15 Abs. 4 EStG** ist entsprechend § 3a Abs. 3 Satz 2 Nr. 11 Buchst. c EStG in **Zeile 27** einzutragen. Der Vordruck sieht entsprechend der gesetzlichen Regelung die Eintragung der Minderung von Verlusten nach § 15 Abs. 4 EStG sowohl in Zeile 13 als auch in Zeile 27 vor. Während in Zeile 13 nur der nach § 15 Abs. 4 EStG nicht abziehbare Verlust des zu sanierenden Unternehmens eingetragen werden darf, müsste in Zeile 27 der nicht abziehbare Verlust anderer Betriebe oder Mitunternehmeranteile eingetragen werden.

Dies ist insofern problematisch, als für Verluste aus gewerblicher Tierzucht und -haltung und aus Termingeschäften nach § 15 Abs. 4 Satz 1 bis 5 EStG nur ein einziger Verlust aus allen Mitunternehmerschaften und Betrieben festgestellt wird.[1] Er ist also weder dem eigenen Betrieb noch anderen Betrieben zuzuordnen. Für verrechenbare Verluste nach § 15 Abs. 4 Satz 6 bis 8 EStG aus atypisch stillen Gesellschaften muss der verrechenbare Verlust pro atypisch stiller Gesellschaft ermittelt und festgestellt werden.[2] Die Minderung von Verlusten nach § 15 Abs. 4 Satz 6 bis 8 EStG sollten daher ausschließlich in Zeile 27 eingetragen werden. Wie die Minderung der übrigen Verluste des § 15 Abs. 4 EStG eingetragen werden soll, ergibt sich aus dem Vordruck nicht.

1) Vgl. R 15.10 EStR 2012, wonach eine umfassende Verlustverrechnung über mehrere Betriebe möglich ist.
2) BMF v. 19.11.2008, BStBl I 2008, 970, Rz. 11.

1198 In der **Zeile 29** ist die Minderung von negativen Einkünften **nach § 2a EStG** einzutragen. Der hier einzutragende Wert ergibt sich aus der Summe der Zeilen 8a und 10a aller Anlagen AEV. In welcher Reihenfolge die nach Art und Staat ermittelten negativen Einkünfte nach § 2a EStG zu mindern sind, gibt das Gesetz nicht vor.

1199 Die Minderung von nach **§ 2b EStG festgestellten negativen Einkünften** in **Zeile 31** dürfte nur sehr selten erforderlich sein, da die Vorschrift bereits seit Jahren aufgehoben wurde und es wenige bis keine Praxisfälle geben dürfte.

Ebenfalls selten dürften Eintragungen in **Zeile 33** sein, da nur für sehr wenige Körperschaften **Verlustvorträge aus privaten Veräußerungsgeschäften** nach § 23 Abs. 3 Satz 7 und 8 EStG festgestellt wurden.

In **Zeile 35** sieht der Vordruck die Verrechnung mit **sonstigen Verlustverrechnungsvorschriften** vor. Damit ist sowohl § 3a Abs. 3 Satz 2 EStG, als auch der Vordruck für die kommenden Legislaturperioden vorausschauend gestaltet worden.

f) Minderung der negativen Einkünfte des Folgejahres (Zeilen 36–37b)

36	Zwischensumme	
37	Davon ab: Minderung der negativen Einkünfte nach § 10d Absatz 1 Satz 1 EStG des Folgejahres nach § 3a Absatz 3 Satz 2 Nummer 12 EStG (höchstens Betrag laut Zeile 36)	
37a	Zwischensumme	
37b	Davon ab: Minderung der negativen Einkünfte nach § 10d Absatz 1 Satz 2 EStG des zweiten Folgejahres nach § 3a Absatz 3 Satz 2 Nummer 12 EStG (höchstens Betrag laut Zeile 37a)	

1200 Entstehen nach dem Jahr, in dem der Schuldenerlass zum Zweck der Sanierung der Körperschaft ausgesprochen wurde, wieder Verluste, führen diese wiederum zum Entstehen neuer Verlustvorträge. Mit § 3a Abs. 3 Satz 2 Nr. 12 EStG begrenzt das Gesetz dies für den laufenden Verlust (negativen Gesamtbetrag der Einkünfte) des Folgejahres. Der negative Gesamtbetrag der Einkünfte des Folgejahres ergibt sich – wie im laufenden Jahr – aus der gedanklichen Zwischensumme vor Zeile 41 der Anlage ZVE. Da das Folgejahr bei Abgabe der Steuererklärung für das Sanierungsjahr in der Regel noch nicht abgelaufen sein dürfte, sollten in dieser Zeile Eintragungen nur in seltenen Fällen möglich sein. In der **Zeile 37** ist der Verlust des Folgejahres einzutragen, höchstens jedoch der sich aus der Zwischensumme in **Zeile 36** ergebende verbleibende Sanierungsertrag.

Ab dem VZ 2022 (Verlustentstehungsjahr) hat der Gesetzgeber den zweijährigen Verlustrücktrag eingeführt.[1] In diesem Zuge wurde auch § 3a Abs. 3 Satz 2 Nr. 12 EStG angepasst. Der verbleibende Sanierungsertrag ist nun auch um negative Einkünfte des zweiten Folgejahrs zu kürzen. Auch dieser Wert wird i.R. der Erstellung der Körperschaftsteuererklärung regelmäßig noch nicht bekannt sein. In der **Zeile 37b** ist der **Verlust des zweiten Folgejahres** einzutragen, höchstens jedoch der sich aus der Zwischensumme in **Zeile 37a** ergebende verbleibende Sanierungsertrag.

g) Minderung des Zins- oder EBITDA-Vortrags (Zeilen 38–42b)

38	Zwischensumme	
39	Davon ab: Minderung des zum Ende des Vorjahres festgestellten und des im Sanierungsjahrs entstehenden Zinsvortrags nach § 4h Absatz 1 Satz 5 EStG nach § 3a Absatz 3 Satz 2 Nummer 13 Buchstabe a EStG (höchstens Betrag laut Zeile 38)	
40	Zwischensumme	
41	Davon ab: Minderung des zum Ende des Vorjahres festgestellten und des im Sanierungsjahr entstehenden EBITDA-Vortrags nach § 4h Absatz 1 Satz 3 EStG nach § 3a Absatz 3 Satz 2 Nummer 13 Buchstabe b EStG (höchstens Betrag laut Zeile 40)	
42	Zwischensumme	

Steuernummer

- 3 -

Zeile		EUR
42a	Davon ab: Summe der Beträge nach § 3a Absatz 3 Satz 2 Nummer 13 EStG aus Mitunternehmerschaft(en) laut gesonderter und einheitlicher Feststellung (höchstens Betrag laut Zeile 42) 50	19.275
42b	Zwischensumme	

1) Vgl. Art. 3 Nr. 5 des Vierten Gesetzes zur Umsetzung steuerlicher Hilfsmaßnahmen zur Bewältigung der Corona-Krise (Viertes Corona-Steuerhilfegesetz) v. 19.6.2022, BGBl. I 2022, 911 = BStBl I 2022, 931.

Nach § 3a Abs. 3 Nr. 13 EStG ist ein verbleibender Sanierungsertrag mit einem Zins- oder EBITDA-Vortrag oder einem im laufenden Sanierungsjahr entstehenden Zins- oder EBITDA-Vortrag zu verrechnen. Die FinVerw. scheint davon auszugehen, dass ein verbleibender Zins- oder EBITDA-Vortrag auf die Beteiligung der Körperschaft, für die die Steuererklärung ausgefüllt wird, an Mitunternehmerschaften auf diese überspringt und mit dort bestehenden Zins- oder EBITDA-Vorträgen zu verrechnen ist. 1201

Die **Minderung** eines bei der Körperschaft bestehenden **Zinsvortrags ist in Zeile 39, die Minderung eines EBITDA-Vortrags in Zeile 41 einzutragen.**

Die Minderung des auf Ebene einer **Mitunternehmerschaft** bestehenden Zins- oder EBITDA-Vortrags, an der die Körperschaft beteiligt ist, ist in **Zeile 42a** einzutragen. Der einzutragende Wert ergibt sich bindend aus der gesonderten und einheitlichen Feststellung nach § 3a Abs. 4 EStG. Springt der verbleibende Sanierungsertrag auf die Mitunternehmerschaft über, muss dort erst ein entsprechendes Feststellungsverfahren eingeleitet werden. Dieses ist von der gesonderten und einheitlichen Feststellung nach § 180 Abs. 1 Nr. 2 Buchst. a AO unabhängig.

5. Minderung der Verluste nahestehender Personen und des Organträgers (Zeilen 43–44)

43	Davon ab: Nach § 3a Absatz 3 Satz 3 EStG bei einer der sanierten Körperschaft nahestehenden Person zu berücksichtigender geminderter Sanierungsertrag (höchstens Betrag laut Zeile 42b)	
44	Verbleibender Sanierungsertrag nach § 3a Absatz 3 Satz 4 EStG (bei Organgesellschaften: Übertrag nach Zeile 68 der Anlage OG)	

In **Zeile 43** ist die Minderung der Verluste einer der Körperschaft, für die die Steuererklärung auszufüllen ist, nahestehenden Person einzutragen. Danach mindert der beim zu sanierenden Unternehmen nicht zur Minderung von Verlustvorträgen und weiteren Tatbeständen verwendete Sanierungsertrag gleichartige Tatbestände von **nahestehenden Personen**, wenn diese die **erlassenen Schulden** innerhalb eines Zeitraums von fünf Jahren **vor dem Schuldenerlass auf das zu sanierende Unternehmen übertragen** haben. 1202

Eine Minderung kommt aber nur insoweit in Betracht, als die Verlustvorträge, Verluste und sonstigen jahresübergreifenden Tatbestände zum Zeitpunkt der Übertragung der Schulden bereits entstanden waren. Das bedeutet, dass bei der Verlustminderung in den Zeilen 7 bis 42 immer geprüft werden muss, ob die so verrechneten Verluste, Verlustvorträge und sonstigen jahresübergreifenden Tatbestände schon entstanden waren.

Die Minderung von Verlusten, Verlustvorträgen und sonstigen jahresübergreifenden Tatbeständen ist bei der nahestehenden Person mit einer eigenen Anlage SAN vorzunehmen. Der in Zeile 42 ermittelte verbleibende Sanierungsertrag ist dort in die Zeile 4 einzutragen. Die Summe der dort ermittelten Minderungsbeträge ist dann wiederum in Zeile 43 des sanierten Unternehmens einzutragen.

In **Zeile 44** ergibt sich dann der verbleibende Sanierungsertrag nach § 3a Abs. 3 Satz 4 EStG. Handelt es sich um eine **Organgesellschaft**, ist dieser verbleibende Sanierungsertrag mit Verlusten, Verlustvorträgen und sonstigen jahresübergreifenden Tatbeständen des Organträgers zu verrechnen. Der verbleibende Sanierungsertrag ist als sonstige Besteuerungsgrundlage nach § 14 Abs. 5 KStG gesondert und einheitlich festzustellen. Die Minderung der Verluste, Verlustvorträge und sonstigen jahresübergreifenden Tatbestände ist mit einer eigenen Anlage SAN mit Organträger durchzuführen. Der verbleibende Sanierungsertrag ist in Zeile 5 der Anlage SAN des Organträgers einzutragen. 1203

XVIII. Anlage SPIF – Anteile an Spezial-Investmentfonds

1. Anwendungsbereich des Vordrucks

Bezeichnung des Steuerpflichtigen	**Anlage SPIF**	**2025**
Steuernummer	☐ zur Steuererklärung ☐ zum Bescheid	

Unmittelbar gehaltene Anteile an einem Spezial-Investmentfonds

Diese Anlage ist für jede Ertragsverwendung gesondert auszufüllen.

1204 Diese Anlage dient der Erfassung der Besteuerungsgrundlagen aus der gesonderten und einheitlichen Feststellung nach § 51 Abs. 1 InvStG und der daraus folgenden Berechnung der außerbilanziellen Korrekturen des Einkommens. Sie wurde im VZ 2023 erstmalig eingeführt. Auf dieser Anlage sind nur Besteuerungsgrundlagen aus der unmittelbaren Beteiligung an einem Spezial-Investmentfonds einzutragen, für die Anrechnung bzw. den Abzug ausl. Steuern aus Spezial-Investmentfonds, die über Personen- oder Organgesellschaften zu berücksichtigen sind, ist die Anlage SPIFA vorgesehen (→ Rz. 1251 ff.).

Eine gesonderte Feststellung nach § 51 Abs. 1 InvStG ist für sog. Spezial-Investmentfonds vorzunehmen. Spezial-Investmentfonds sind Investmentfonds, die besondere Voraussetzungen erfüllen und für die von „normalen" Investmentfonds (Publikumsfonds) abweichende Besteuerungsregeln existieren. Spezial-Investmentfonds müssen die Voraussetzungen des § 26 InvStG erfüllen, die hier nicht in ganzer Fülle wiedergegeben werden können. Wesentlich ist, dass an einem Spezial-Investmentfonds nicht mehr als 100 Anteilseigner beteiligt sein dürfen, die die Anteile im Betriebsvermögen halten.

Anleger eines Spezial-Investmentfonds müssen Spezial-Investmenterträge nach § 20 Abs. 1 Nr. 3a EStG versteuern. Dies sind nach § 34 Abs. 1 InvStG:

1. ausgeschüttete Erträge,
2. ausschüttungsgleiche Erträge und
3. Gewinne/Verluste aus der Veräußerung von Spezial-Investmentanteilen.

Daneben kann der Anleger noch folgende Erträge zu versteuern haben:

a) Beteiligungseinnahmen bei Ausübung der Transparenzoption nach § 30 Abs. 1 InvStG und

b) sonstige inl. Einkünfte des Spezial-Investmentfonds, die bei Vereinnahmung durch den Spezial-Investmentfonds einem Steuerabzug unterliegen und die Transparenzoption nach § 30 Abs. 4 i.V.m. Abs. 1 InvStG ausgeübt wurde.

Bei Körperschaften sind derartige Spezial-Investmenterträge i.d.R. in Einkünfte aus Gewerbebetrieb umzuqualifizieren.

1205 Die Anlage folgt in ihrer Gestaltung dem Aufbau der Anlage OT und dem sog. optimierten Bruttoverfahren → Rz. 1142. Dabei steht jeder festgestellten Besteuerungsgrundlage genau eine Eintragungszeile auf der Anlage SPIF gegenüber.

Dabei ist zu beachten, dass der Feststellungsbescheid nach § 51 Abs. 1 InvStG Feststellungen enthält,

1. die den Zeitraum des Geschäftsjahres des Spezial-Investmentfonds umfassen (sog. „geschäftsjahresbezogene Feststellungen", Zeilen 19 bis 79 der Anlage FB der Feststellungserklärung zu § 51 Abs. 1 InvStG),
2. die sich nach den Bilanzstichtagen des Anlegers richten (Zeilen 80 bis 100 der Anlage FB der Feststellungserklärung zu § 51 Abs. 1 InvStG) und
3. die bezogen auf einen Zeitpunkt (Ereignis) erfolgen (Anlage ATV der Feststellungserklärung zu § 51 Abs. 1 InvStG).

Die Feststellungen nach Nr. 1 und Nr. 2 erfolgen pro Anleger nur einmal, während die Feststellungen nach Nr. 3 pro Anleger und pro Ereignis erfolgen. Das heißt es kann für einen Anleger mehrere Feststellungen nach Nr. 3 geben, jedoch nur eine aus der Kombination aus Anleger und dem Zeitpunkt, für den sie festgestellt werden.

Die Berücksichtigung dieser Feststellungen beim Anleger richtet sich dem Zeitpunkt und dem Wj. des Anlegers. Feststellungen, die in einem Feststellungsbescheid nach § 51 Abs. 1 InvStG festgestellt werden, können demnach beim Anleger in unterschiedlichen VZ zu berücksichtigen sein.

Beispiel:

Die GmbH ist an dem Spezial-Investmentfonds A und B beteiligt. Wj. ist das Kj. Der Spezial-Investmentfonds A schüttet am 4.4.04 aus. Das Geschäftsjahr des A-Fonds ist ebenfalls kalenderjahrgleich. Zum 5.5.04 veräußert die GmbH Anteile am B-Spezial-Investmentfonds. Der B-Spezial-Investmentfonds hat ein abweichendes Wj. vom 1.5.-30.4.

Für den Spezial-Investmentfonds A werden sowohl Besteuerungsgrundlagen zum Zeitpunkt der Zwischenausschüttung am 4.4.04 festgestellt als auch zum Ende des Geschäftsjahres am 31.12.04. Folglich sind auch zwei Anlagen SPIF für den Spezial-Investmentfonds A abzugeben. Für den Spezial-Investmentfonds B werden Besteuerungsgrundlagen zu dem am 30.4.04 endenden Geschäftsjahr festgestellt, als auch zum Zeitpunkt der Veräußerung der Anteile zum 5.5.04. Für den Spezial-Investmentfonds B sind also ebenfalls zwei Anlagen SPIF abzugeben, sodass insgesamt vier Anlagen SPIF abzugeben sind.

Die festgestellten Besteuerungsgrundlagen sind i.R. der Veranlagung des Anlegers bindend. Es muss jedoch 1206
darauf hingewiesen werden, dass dem Zusammenspiel der Buchungen in der handels- und steuerbilanziellen Buchführung mit den gesondert und einheitlich festgestellten Besteuerungsgrundlagen erhebliche Bedeutung zukommt.

Dabei trennt die Körperschaftsteuererklärung strikt zwischen laufenden Spezial-Investmenterträgen und der Veräußerung von Anteilen an Spezial-Investmentfonds. Die laufenden Spezial-Investmenterträge werden nach der auch bei Personengesellschaften und bei Organträgern angewandten Systematik behandelt. In einem ersten Schritt werden dabei die in der steuerlichen Buchführung berücksichtigten Erträge oder Aufwendungen neutralisiert (Zeile 237a der Anlage GK) und in einem zweiten Schritt durch die festgestellten Besteuerungsgrundlagen ersetzt.

Bei den Veräußerungsgewinnen/-verlusten bleibt es hingegen grundsätzlich bei den in der steuerlichen Buchführung angesetzten Werten. Eine außerbilanzielle Korrektur erfolgt – basierend auf der gesonderten und einheitlichen Feststellung – nur um den Anleger-Teilfreistellungs- und Anleger-Abkommensgewinn.

2. Allgemeine Angaben (Zeilen 1–7)

Zeile	Allgemeine Angaben	
1	Bezeichnung des Spezial-Investmentfonds (36.501)	
2	ISIN (36.503)	
3	Steuernummer des Spezial-Investmentfonds (36.500)	Wirtschafts-Identifikationsnummer (29) (36.597) D E
4	Die nachfolgenden Besteuerungsgrundlagen ergeben sich aus der Feststellung vom	36.502
5	Eine Feststellung ist noch nicht erfolgt. (50)	36.510 1 = Ja
6	Zeitpunkt, zu dem die Besteuerungsgrundlagen zu berücksichtigen sind	36.512
7	Art der Ertragsverwendung	36.513 1 = Zwischenausschüttung 2 = Zuflussfiktion aufgrund Veräußerung 3 = Schlussausschüttung 4 = Thesaurierung 5 = Teilausschüttung

In **Zeile 1** ist zunächst die **Bezeichnung des Spezial-Investmentfonds** einzutragen, für den die Anlage SPIF ausge- 1207
füllt wird. Bei Bildung des Spezial-Investmentfonds muss eine eindeutige Bezeichnung für den Spezial-Investmentfonds vergeben werden. Auch wenn ein Spezial-Investmentfonds nach § 26 Nr. 8 InvStG lediglich 100 Anleger haben darf und i.d.R. tatsächlich deutlich weniger Anleger hat, wird im Regelfall trotzdem für jeden Spezialinvestmentfonds eine eindeutige International Securities Identification Number (ISIN) vergeben. Diese ist in **Zeile 2** einzutragen.

In **Zeile 3** ist darüber hinaus die **Steuernummer des Spezial-Investmentfonds** einzutragen. Die Eintragung erfolgt 1208
im bundeseinheitlichen Steuernummernformat und bezeichnet den Spezial-Investmentfonds ebenfalls eindeutig. Außerdem ist – soweit bekannt und vergeben – die **Wirtschafts-Identifikationsnummer** einzutragen. Zu Einzelheiten → Rz. 68. Auch für Spezial-Investmentfonds werden Wirtschafts-Identifikationsnummern vergeben.

Die Zeilen 4 und 5 sind alternativ auszufüllen. Wie bereits ausgeführt, werden die maßgebenden Besteuerungs- 1209
grundlagen gesondert und einheitlich festgestellt. Eine Besonderheit ist, dass die Abgabe einer Feststellungserklärung bereits als gesonderte und einheitliche Feststellung gilt, vgl. § 51 Abs. 5 Satz 1 InvStG. Wurde also die Feststellungserklärung des Spezial-Investmentfonds bereits abgegeben, ist in **Zeile 4** das **Datum der Feststellungserklärung für den Spezial-Investmentfonds** einzutragen. Änderungsbescheide werden i.d.R. erst nach Abgabe der Körperschaftsteuererklärung des Anlegers erlassen werden. Falls die Feststellungserklärung noch nicht abgegeben worden ist, ist in **Zeile 5** anzugeben, dass bisher noch **kein Feststellungsbescheid** ergangen ist.

In **Zeile 6** ist das Datum einzutragen, zu dem die **Besteuerungsgrundlagen** zu berücksichtigen sind. Das Datum 1210
ergibt sich aus dem gesonderten Feststellungsbescheid nach § 51 Abs. 1 InvStG bzw. der als Feststellungsbescheid geltenden Feststellungserklärung nach § 51 Abs. 5 Satz 1 InvStG. Das hier einzutragende Datum ergibt sich bei bilanzierenden Körperschaften (Regelfall) aus Zeile 104 der Anlage FB/ATV der Feststellungserklärung nach

§ 51 Abs. 2 InvStG. Das hier eingetragene Datum muss innerhalb eines Wj. liegen, das im laufenden VZ endet. Die Kombination aus Steuernummer des Spezial-Investmentfonds und des Datums der Berücksichtigung müssen eindeutig sein, d.h., pro Steuererklärung darf die Kombination nur einmal vorhanden sein.

1211 Über die **Zeile 7** ist kenntlich zu machen, für welche Ertragsverwendung die Anlage SPIF ausgefüllt wird. Die Anlage SPIF definiert hier die gleichen fünf Eintragungsmöglichkeiten, die auch auf der Zeile 103 der Anlage ATV angeboten werden. Sie sind daher aus dieser zu übernehmen.

3. Gesondert festgestellte Besteuerungsgrundlagen (Zeilen 10–58)

1212 Die in diesem Abschnitt einzutragenden Besteuerungsgrundlagen ergeben sich – von wenigen Ausnahmen abgesehen – aus der Anlage ATV der gesonderten und einheitlichen Feststellung nach § 51 Abs. 1 InvStG. Zu berücksichtigen ist, dass die Feststellungserklärung i.d.R. als gesonderte und einheitliche Feststellung gilt, vgl. § 51 Abs. 5 InvStG. Falls die Feststellungserklärung des Spezial-Investmentfonds noch nicht abgegeben worden ist, sind hier die Werte einzutragen, die voraussichtlich festgestellt werden.

Praxishinweis:
Das Ausfüllen der Anlage SPIF ohne Mitteilung der entsprechenden Werte durch den Spezial-Investmentfonds wird regelmäßig nicht möglich sein. Wenn die Werte dem Spezial-Investmentfonds bekannt sind, wird die Feststellungserklärung jedoch regelmäßig auch abgegeben worden sein und gilt dann als gesonderte und einheitliche Feststellung. Sollten sie dennoch nicht vorliegen, bietet es sich an, in diesen Fällen das FA darauf hinzuweisen, dass die benötigten Daten bisher nicht zur Verfügung stehen und um eine Berücksichtigung von Amts wegen gebeten wird.

Der nachfolgende Abschnitt spiegelt die entsprechenden Angaben auf der Anlage ATV der Feststellungserklärung nach § 51 Abs. 2 InvStG. Im sog. „optimierten Bruttoverfahren" erfolgen Feststellungen auf Grundlage der persönlichen Merkmale der potenziellen Anleger. Auf Ebene des Feststellungsverfahrens nach § 51 InvStG werden Feststellungen für sechs potenzielle Anlegergruppen vorgenommen:

	Bezeichnung	BV	PV	§ 20 Abs. 1 Satz 4 oder 5 InvStG
I	**Unbeschränkt steuerpflichtige Körperschaften**, die die Voraussetzungen nach § 20 Abs. 1 Satz 4 oder 5 InvStG nicht erfüllen	Ja	Ja	Nein
II	**Natürliche Person**, die die Anteile im **Betriebsvermögen** hält und die Voraussetzungen nach § 20 Abs. 1 Satz 4 oder 5 InvStG nicht erfüllt	Ja	Nein	Nein
III	**Natürliche Person**, die die Anteile im **Privatvermögen** hält oder die Voraussetzungen nach § 20 Abs. 1 Satz 4 oder 5 InvStG erfüllt	Nein und Ja[1]	Ja	Ja
IV	**Unbeschränkt steuerpflichtige Körperschaften**, die die Voraussetzungen nach § 20 Abs. 1 Satz 4 oder 5 InvStG nicht erfüllen	Ja	Ja	Ja
V	**Beschränkt Steuerpflichtige** (sowohl Einkommen- als auch Körperschaftsteuer)	Ja	Ja	Ja
VI	Feststellungen, wenn der Anleger ein Investmentfonds oder ein Dach-Spezial-Investmentfonds ohne wirksam ausgeübte Immobilien-Transparenzoption ist			

Im Rahmen der Körperschaftsteuererklärung werden jedoch nur die Fallgruppen I, II und IV erfasst. Die Fallgruppe III ist offensichtlich für die Körperschaftsteuer irrelevant, weil natürliche Personen keine Körperschaften sind. Dennoch werden Werte zur Fallgruppe II (natürliche Person mit Anteilen im Betriebsvermögen) erfasst, allerdings nur, wenn die Körperschaft, für die die Steuererklärung ausgefüllt wird, eine Organgesellschaft ist. Natürliche Personen können direkt oder häufiger als Mitunternehmer einer Personengesellschaft die Person sein, die das Einkommen der Organgesellschaft letztlich versteuert. In diesem Fall sind über § 15 Satz 1 Nr. 2a KStG die für natürliche Personen maßgebenden Vorschriften anzuwenden.

Die Fallgruppe V (beschränkt steuerpflichtige Körperschaften) wird i.R. der Körperschaftsteuererklärung nicht erfasst, weil die entsprechenden Einkünfte durch den Steuerabzug abgegolten sind, vgl. § 50 Abs. 2 Satz 1 EStG. Die Fallgruppe VI richtet sich wiederum nur an Investmentfonds und ist i.R. der Feststellungserklärung des Dach-Spezial-Investmentfonds zu berücksichtigen.

Wenn es sich nicht um eine Organgesellschaft handelt, richtet es sich nach der Angabe in Zeile 60, ob die Werte des ersten Abschnitts (Zeilen 10 bis 13) berücksichtigt werden oder die des dritten Abschnitts (Zeilen 30 bis 33). Nur die jeweils benötigten Werte müssen eingetragen werden. Es ist aber auch möglich, alle Werte aus dem Feststellungsbescheid bzw. der als Feststellungsbescheid geltenden Feststellungserklärung nach § 51 InvStG zu übernehmen.

1213 Die hier eingetragenen Werte ergeben sich aus der gesonderten und einheitlichen Feststellung nach § 51 Abs. 1 InvStG. Sie werden ergänzt durch Besteuerungsgrundlagen, die auf Ebene des Anlegers, also der Körperschaft, für die die Steuererklärung ausgefüllt wird, vorliegen (Zeilen 60 ff.). Dort wird auch der letztlich maßgebende Wert, der im Einkommen zu berücksichtigen ist, ermittelt. Einwendungen hiergegen müssen durch Rechtsbehelfe gegen

1) Erfüllt die natürliche Person die Voraussetzungen des § 20 Abs. 1 Satz 4 oder 5 InvStG, ist es für die weitere steuerliche Behandlung irrelevant, ob die Anteile im Betriebsvermögen gehalten werden.

den Feststellungsbescheid nach § 51 Abs. 1 InvStG geltend gemacht werden. Das für die Besteuerung der Körperschaft zuständige FA hat hier keine eigene Entscheidungskompetenz.

a) Feststellungen, wenn der Anleger der unbeschränkten Körperschaftsteuerpflicht unterliegt und nicht die Voraussetzungen nach § 20 Abs. 1 Satz 4 und 5 InvStG erfüllt (Zeilen 10–13)

Gesondert festgestellte Besteuerungsgrundlagen

Feststellungen, wenn der Anleger der unbeschränkten Körperschaftsteuerpflicht unterliegt und nicht die Voraussetzungen nach § 20 Absatz 1 Satz 4 und 5 InvStG erfüllt

Zeile		Kz.	EUR	Ct
8 und 9 frei				
10	Steuerpflichtige Spezial-Investmenterträge nach § 20 Absatz 1 Nummer 3a EStG in Verbindung mit § 34 Absatz 1 Nummer 1 und 2 InvStG	36.520		
11	Für die Steueranrechnung nach § 47 Absatz 1 InvStG maßgebende ausländische Einkünfte (vor Berücksichtigung von Betriebsausgaben nach § 47 Absatz 4 Satz 1 InvStG in Verbindung mit § 34c Absatz 1 Satz 4 EStG)	36.521		
12	Für die Steueranrechnung nach § 47 Absatz 1 InvStG maßgebende ausländische Steuer	36.522		
13	Für den Steuerabzug nach § 47 Absatz 4 Satz 1 InvStG in Verbindung mit § 34c Absatz 2 EStG maßgebende ausländische Steuer	36.523		

In **Zeile 10** sind die **steuerpflichtigen laufenden Spezial-Investmenterträge** zu erfassen. Diese umfassen die ausgeschütteten Erträge und die ausschüttungsgleichen Erträge, vgl. § 34 Abs. 1 Nr. 1 und 2 InvStG. Die Gewinne (und Verluste) aus der Veräußerung von Spezial-Investmentanteilen (§ 34 Abs. 1 Nr. 3 InvStG) sind in dieser Zeile nicht zu berücksichtigen. Der hier einzutragende Wert ergibt sich aus Zeile 108 der für diese Anlage SPIF maßgebenden Anlage ATV der Feststellungserklärung nach § 51 Abs. 2 InvStG. Die Berechnungsgrundlagen für diesen Wert sind komplex und ergeben sich aus den weiteren Rechenschritten, die auf der Anlage ATV der Feststellungserklärung nach § 51 Abs. 2 InvStG definiert sind. Wichtig ist, dass die ausgeschütteten und die ausschüttungsgleichen Erträge i.R. der steuerlichen Buchführung korrekt berücksichtigt wurden und i.R. des in Zeile 237a der Anlage GK zu berücksichtigenden Neutralisierungswerts berücksichtigt sind. Zur bilanziellen Behandlung laufender Spezial-Investmenterträge siehe → Rz. 1249 ff. Bei Einwendungen gegen den hier einzutragenden Wert siehe → Rz. 1213. 1214

Die laufenden Spezial-Investmenterträge sind bereits um Betriebsausgaben, die auf Fonds-Ebene entstanden sind, gekürzt worden. Soweit aber Betriebsausgaben, die auf Ebene der Körperschaft, für die die Steuererklärung ausgefüllt wird, entstanden sind, haben diese den steuerbilanziellen Jahresüberschuss/-fehlbetrag bereits gemindert. Soweit diese nicht abziehbar sind, müssen sie in Zeile 62 dieser Anlage erfasst werden.

Die nachfolgenden Zeilen 11 bis 13 dienen der Erfassung der Besteuerungsgrundlagen für die Anrechnung ausl. Steuern. Nach § 47 Abs. 1 InvStG erfolgt die Anrechnung ausl. Steuern nach Maßgabe des § 34c EStG. Allerdings werden alle ausl. Einkünfte sowie die ausl. Steuern des Spezial-Investmentfonds zusammengerechnet. Die Steueranrechnung bzw. der -abzug erfolgt dann bezogen auf den jeweiligen Spezial-Investmentfonds, nicht bezogen auf den jeweiligen Staat, aus dem die ausl. Einkünfte stammen. Das hier zur Anwendung kommende Schema entspricht dem Schema, das auch zur Anrechnung ausl. Einkünfte aus Personen- und Organgesellschaften auf der Anlage AESt verwendet wird. 1215

Ausgangspunkt für die Steueranrechnung sind die in **Zeile 11** einzutragenden **ausl. Einkünfte**. Diese ergeben sich aus Zeile 109 der Anlage ATV zur Feststellungserklärung nach § 51 Abs. 2 InvStG. Bei Einwendungen gegen den festgestellten Wert → Rz. 1213. Die Berechnung der ausl. Einkünfte ist komplex und ergibt sich aus den Einzelfeststellungen der Anlage FB/ATV/WAGE, auf die hier im Detail nicht eingegangen werden kann. Eintragungen sind nur erforderlich, wenn eine Anrechnung vorgenommen werden soll, also bei Organgesellschaften oder wenn nicht der Abzug (Zeile 68 der Anlage SPIF) beantragt wurde und die Anteile nicht unter § 20 Abs. 1 Satz 4 oder 5 InvStG fallen. Abziehbare Betriebsausgaben zu diesen ausl. Einkünften, die auf Ebene der Körperschaft, für die die Steuererklärung ausgefüllt wird, entstanden sind, dürfen hier nicht gekürzt werden, sondern sind in Zeile 66 der Anlage SPIF zu erfassen. 1216

In **Zeile 12** ist die für die **Anrechnung maßgebende ausl. Steuer** anzugeben. Sie ergibt sich bindend aus der Zeile 110 der Anlage ATV zur Feststellungserklärung nach § 51 Abs. 2 InvStG. Eine Eintragung muss immer zusammen mit der vorangehenden Zeile erfolgen. Bei Einwendungen gegen den hier einzutragenden Wert siehe → Rz. 1213.

Schließlich werden die für einen etwaigen **Abzug maßgebenden ausl. Steuern** in **Zeile 13** eingetragen. Diese ergeben sich aus Zeile 111 der Anlage ATV zur Feststellungserklärung nach § 51 Abs. 2 InvStG. Bei Einwendungen gegen den hier einzutragenden Wert siehe → Rz. 1213. Eine Eintragung ist nur erforderlich, wenn es sich um eine Organgesellschaft handelt oder der Abzug (Zeile 68 der Anlage SPIF) beantragt wurde.

b) Nur für Organgesellschaften: Feststellungen, wenn der Anleger der unbeschränkten Einkommensteuerpflicht unterliegt (Zeilen 20–23)

	Nur bei Organgesellschaften: Feststellungen, wenn der Anleger der unbeschränkten Einkommensteuerpflicht unterliegt und die Spezial-Investmentanteile im Betriebsvermögen hält, aber nicht die Voraussetzungen nach § 20 Absatz 1 Satz 4 und 5 InvStG erfüllt	
14 bis 19 frei 20	Steuerpflichtige Spezial-Investmenterträge nach § 20 Absatz 1 Nummer 3a EStG in Verbindung mit § 34 Absatz 1 Nummer 1 und 2 InvStG	36.530
21	Für die Steueranrechnung nach § 47 Absatz 1 InvStG maßgebende ausländische Einkünfte (vor Berücksichtigung von Betriebsausgaben nach § 47 Absatz 4 Satz 1 InvStG in Verbindung mit § 34c Absatz 1 Satz 4 EStG)	36.531
22	Für die Steueranrechnung nach § 47 Absatz 1 InvStG maßgebende ausländische Steuer	36.532
23	Für den Steuerabzug nach § 47 Absatz 4 Satz 1 InvStG in Verbindung mit § 34c Absatz 2 EStG maßgebende ausländische Steuer	36.533

1217 Handelt es sich bei der Körperschaft um eine Organgesellschaft, und wurden Angaben zum vorhergehenden Abschnitt gemacht, sind immer auch die korrespondierenden Angaben in diesem Abschnitt erforderlich. Dies ist notwendig, da die FinVerw. im Bereich der Organgesellschaft das sog. Bruttoverfahren anwendet. Das bedeutet, dass auf Ebene des Feststellungsverfahrens nach § 14 Abs. 5 KStG der- oder diejenigen, die die festgestellten Besteuerungsgrundlagen letztlich versteuern müssen (Organträger) nicht abschließend bekannt sind. Dieses Verfahren hat insb. bei mehrstufigen Organschaften den Vorteil, dass der Ermittlungsaufwand reduziert werden kann. Im Gegenzug müssen jedoch alle Feststellungen getroffen werden, damit jeder potenzielle Organträger auch korrekt besteuert werden kann. Im Rahmen der körperschaftsteuerlichen Organschaft gibt es hier zwei relevante Fallgruppen: Die Körperschaft als Organträger und eine natürliche Person als Organträger. Zwar können natürliche Personen auch direkt Organträger sein, in der Praxis sind sie es jedoch nur als Mitunternehmer einer Personengesellschaft, die Organträgerin ist. Da eine Voraussetzung der Organschaft ist, dass der Organträger ein gewerbliches Unternehmen ist, müssen die Anteile an der Organgesellschaft immer im Betriebsvermögen gehalten werden.

Wenn die Körperschaft, für die die Steuererklärung ausgefüllt wird, eine Organgesellschaft ist, sind viele Regelungen des InvStG auf Ebene der Organgesellschaft nicht anwendbar, sondern werden auf die Ebene des Organträgers verschoben, vgl. § 15 Satz 1 Nr. 2a KStG. Die in diesem Abschnitt eingetragenen Besteuerungsgrundlagen werden demgemäß bei der Ermittlung des gesondert und einheitlich festgestellten Korrekturbetrags für natürliche Personen (Zeile 14a der Anlage OT) berücksichtigt.

Folgende Übersicht zeigt die Zeilen der Anlage ATV zur Feststellungserklärung nach § 51 Abs. 2 InvStG, aus der die Eintragungen auf der Anlage SPIF zu bilden sind:

SPIF	Bezeichnung	ATV
20	Steuerpflichtige Spezial-Investmenterträge nach § 20 Abs. 1 Nr. 3a EStG i.V.m. § 34 Abs. 1 Nr. 1 und 2 InvStG	115
21	Für die Steueranrechnung nach § 47 Abs. 1 InvStG maßgebende ausl. Einkünfte (vor Berücksichtigung von Betriebsausgaben nach § 47 Abs. 4 Satz 1 InvStG i.V.m. § 34c Abs. 1 Satz 4 EStG)	116
22	Für die Steueranrechnung nach § 47 Abs. 1 InvStG maßgebende ausl. Steuer	117
23	Für den Steuerabzug nach § 47 Abs. 4 Satz 1 InvStG i.V.m. § 34c Abs. 2 EStG maßgebende ausl. Steuer	118

Soweit nicht abziehbare Betriebsausgaben zu den steuerpflichtigen Spezial-Investmenterträgen der Zeile 20 vorliegen, dürfen diese bei den Eintragungen nicht berücksichtigt werden. Sie sind vielmehr in Zeile 65 einzutragen.

Abziehbare Betriebsausgaben der Körperschaft, für die die Steuererklärung ausgefüllt wird, die im Zusammenhang mit den ausl. Einkünften stehen, sind in Zeile 70 zu erfassen und dürfen den in Zeile 21 einzutragenden Wert nicht gemindert haben.

c) Feststellungen, wenn der Anleger der unbeschränkten Körperschaftsteuerpflicht unterliegt und die Voraussetzungen nach § 20 Abs. 1 Satz 4 und 5 InvStG erfüllt (Zeilen 30–33)

	Feststellungen, wenn der Anleger der unbeschränkten Körperschaftsteuerpflicht unterliegt und die Voraussetzungen nach § 20 Absatz 1 Satz 4 und 5 InvStG erfüllt	
24 bis 29 frei 30	Steuerpflichtige Spezial-Investmenterträge nach § 20 Absatz 1 Nummer 3a EStG in Verbindung mit § 34 Absatz 1 Nummer 1 und 2 InvStG	36.540
31	Für die Steueranrechnung nach § 47 Absatz 1 InvStG maßgebende ausländische Einkünfte (vor Berücksichtigung von Betriebsausgaben nach § 47 Absatz 4 Satz 1 InvStG in Verbindung mit § 34c Absatz 1 Satz 4 EStG)	36.541

Anlage SPIF - Oktober 2025 - Version 2.9.1.0 Bekanntgabe

Zeile	Steuernummer -2-	EUR Ct
32	Für die Steueranrechnung nach § 47 Absatz 1 InvStG maßgebende ausländische Steuer	36.542
33	Für den Steuerabzug nach § 47 Absatz 4 Satz 1 InvStG in Verbindung mit § 34c Absatz 2 EStG maßgebende ausländische Steuer	36.543

Dieser Abschnitt dient der Erfassung von Besteuerungsgrundlagen, wenn die Körperschaft die Voraussetzungen nach § 20 Abs. 1 Satz 4 oder 5 InvStG erfüllt. Ob dies der Fall ist, richtet sich nach der Eintragung in Zeile 60 der Anlage SPIF. Folgende Übersicht zeigt die Zeilen der Anlage ATV zur Feststellungserklärung nach § 51 Abs. 2 InvStG, aus der die Eintragungen auf der Anlage SPIF zu bilden sind: 1218

SPIF	Bezeichnung	ATV
30	Steuerpflichtige Spezial-Investmenterträge nach § 20 Abs. 1 Nr. 3a EStG i.V.m. § 34 Abs. 1 Nr. 1 und 2 InvStG	127
31	Für die Steueranrechnung nach § 47 Abs. 1 InvStG maßgebende ausl. Einkünfte (vor Berücksichtigung von Betriebsausgaben nach § 47 Abs. 4 Satz 1 InvStG i.V.m. § 34c Abs. 1 Satz 4 EStG)	128
32	Für die Steueranrechnung nach § 47 Abs. 1 InvStG maßgebende ausl. Steuer	129
33	Für den Steuerabzug nach § 47 Abs. 4 Satz 1 InvStG i.V.m. § 34c Abs. 2 EStG maßgebende ausl. Steuer	130

Soweit nicht abziehbare Betriebsausgaben zu den steuerpflichtigen Spezial-Investmenterträgen der Zeile 30 vorliegen, dürfen diese bei den Eintragungen nicht berücksichtigt werden. Sie sind vielmehr in Zeile 62 einzutragen.

Abziehbare Betriebsausgaben der Körperschaft, für die die Steuererklärung ausgefüllt wird, die im Zusammenhang mit den ausl. Einkünften stehen, sind in Zeile 67 zu erfassen und dürfen den in Zeile 31 einzutragenden Wert nicht gemindert haben.

d) Feststellungen, wenn der Anleger der beschränkten Körperschaftsteuerpflicht unterliegt (Zeilen 40–41)

Zeile	Feststellungen, wenn der Anleger der beschränkten Körperschaftsteuerpflicht unterliegt	
34 bis 39 frei 40	Steuerpflichtige Einkünfte nach § 33 Absatz 3 InvStG in Verbindung mit § 49 Absatz 1 Nummer 2 Buchstabe f, Nummer 6 oder 8 EStG sowie nach § 33 Absatz 4 InvStG in Verbindung mit § 49 Absatz 1 EStG, wenn der Anleger dem Körperschaftsteuergesetz unterliegt und nicht die Voraussetzungen nach § 20 Absatz 1 Satz 4 und 5 InvStG erfüllt	36.550
41	Steuerpflichtige Einkünfte nach § 33 Absatz 3 InvStG in Verbindung mit § 49 Absatz 1 Nummer 2 Buchstabe f, Nummer 6 oder 8 EStG sowie nach § 33 Absatz 4 InvStG in Verbindung mit § 49 Absatz 1 EStG, wenn der Anleger eine natürliche Person ist, die die Spezial-Investmentanteile im Privatvermögen hält, oder wenn der Anleger dem Körperschaftsteuergesetz unterliegt und die Voraussetzungen nach § 20 Absatz 1 Satz 4 und 5 InvStG erfüllt	36.552

In diesem Abschnitt sind die Besteuerungsgrundlagen zu erfassen, wenn der Anleger der beschränkten Körperschaftsteuerpflicht unterliegt. Zu den Voraussetzungen der beschränkten Steuerpflicht siehe →Rz. 72. Für beschränkt Steuerpflichtige ist die Körperschafteuer grundsätzlich durch den Steuerabzug abgegolten, vgl. § 50 Abs. 2 Satz 1 EStG. Dies gilt jedoch nicht für ausgeschüttete und ausschüttungsgleiche inländische Immobilienerträge des Spezial-Investmentfonds, vgl. § 33 Abs. 3 Satz 1 InvStG. Sie sind beim Anleger steuerpflichtig, vgl. § 33 Abs. 3 Satz 1 InvStG. Das Gleiche gilt für sonstige inländische Einkünfte, die keinem Steuerabzug unterlagen, vgl. § 33 Abs. 4 InvStG.

Falls die Spezial-Investmentanteile bei der Körperschaft, für die die Steuererklärung ausgefüllt wird (Anleger) einer inländischen Betriebsstätte zuzuordnen sind, können die Angaben in diesem Abschnitt entfallen, da hier ohnehin die Abgeltungswirkung nach § 50 Abs. 2 Satz 1 Nr. 2 EStG nicht eintritt. Für diese Fälle sind die Angaben der vorangehenden Zeilen relevant. In diesem Abschnitt sind Angaben daher nur erforderlich, wenn die Anteile keiner inländischen Betriebsstätte zugeordnet werden.

In **Zeile 40** sind die **steuerpflichtigen Einkünfte nach § 33 Abs. 3 und Abs. 4 InvStG** zu erfassen, wenn der Anleger der Körperschaftsteuer unterliegt und die Voraussetzungen des § 20 Abs. 1 Satz 4 oder 5 InvStG nicht (!) vorliegen. Unterliegen die **Anteile dem § 20 Abs. 1 Satz 4 oder 5 InvStG,** sind die entsprechenden Einkünfte in **Zeile 41** zu erfassen.

Im Rechenwerk der Anlage SPIF sind die hier genannten Werte nicht weitergehend berücksichtigt worden. Da es sich im Regelfall um Immobilienerträge handelt, sollten sie bei der Eintragung der Einkünfte aus Vermietung und Verpachtung in Zeile 12 der Anlage ZVE berücksichtigt werden.

e) Zinserträge (Zeile 42)

	Zinserträge	
42	In den ausgeschütteten und ausschüttungsgleichen Erträgen enthaltener Zinsertrag nach § 46 Absatz 1 Satz 1 InvStG für Zwecke des § 4h Absatz 1 EStG	36.553

1219 In **Zeile 42** sind die gesondert festgestellten **laufenden Zinserträge der Spezial-Investmentfonds** einzutragen, da diese nach § 46 Abs. 1 InvStG beim Anleger bei der Anwendung der Zinsschranke (§ 4h EStG) zu berücksichtigen sind. Sie ergeben sich aus Zeile 145 der Anlage ATV zur Feststellungserklärung nach § 51 Abs. 2 InvStG, die dieser Anlage SPIF zuzuordnen ist. Es ist nicht ersichtlich, weshalb diese Angaben nur nachrichtlich mitgeteilt werden und nicht gesondert und einheitlich festgestellt sind. Der hier eingetragene Wert fließt in die Berechnung der Zinsschranke ein. Die zeitliche Zuordnung der Zinserträge bei zwei Wj., die im Kj. der Körperschaft enden, erfolgt auf Basis des in Zeile 6 eingetragenen Datums.

f) Zusätzliche Feststellungen bei Veräußerung (Zeilen 50–58)

	Zusätzliche Feststellungen bei Veräußerung	
43 bis 49 frei		
50	Veräußerung nach § 2 Absatz 13 InvStG am	36.560
51	Fiktive Veräußerung nach § 52 Absatz 2 InvStG am	36.561
52	Anzahl der veräußerten Anteile	36.562
53	Anzahl der Anteile des Anlegers bis zum Zeitpunkt der Veräußerung	36.563
54	Fonds-Aktiengewinn je Anteil nach § 48 Absatz 3 InvStG zum maßgeblichen Zeitpunkt	36.583
55	Fonds-Abkommensgewinn je Anteil nach § 48 Absatz 5 InvStG zum maßgeblichen Zeitpunkt	36.584
56	Fonds-Teilfreistellungsgewinn je Anteil nach § 48 Absatz 6 InvStG zum maßgeblichen Zeitpunkt für Anleger, die dem Körperschaftsteuergesetz unterliegen und nicht die Voraussetzungen nach § 20 Absatz 1 Satz 4 und 5 InvStG erfüllen	36.585
57	Nur bei Organgesellschaften: Fonds-Teilfreistellungsgewinn je Anteil nach § 48 Absatz 6 InvStG zum maßgeblichen Zeitpunkt für natürliche Personen, die die Spezial-Investmentanteile im Betriebsvermögen halten und nicht die Voraussetzungen nach § 20 Absatz 1 Satz 4 und 5 InvStG erfüllen	36.586
58	Fonds-Teilfreistellungsgewinn je Anteil nach § 48 Absatz 6 InvStG zum maßgeblichen Zeitpunkt für natürliche Personen, die die Spezial-Investmentanteile im Privatvermögen halten, und für Anleger, die die Voraussetzungen nach § 20 Absatz 1 Satz 4 und 5 InvStG erfüllen	36.587

1220 Veräußert der Anleger Anteile am Spezial-Investmentfonds, wird hierfür über die Anlage ATV zur Feststellungserklärung nach § 51 Abs. 2 InvStG sowohl eine Feststellung der laufenden Erträge (Zeilen 10 bis 41) als auch eine Reihe zusätzlicher Feststellungen für die Veräußerung in diesem Abschnitt vorgenommen. Eine Feststellung der laufenden Erträge ist notwendig, weil bis zur Veräußerung entstandene ausschüttungsgleiche Erträge nach § 36 Abs. 4 Satz 3 InvStG mit der Veräußerung als ausgeschüttet gelten.

Zu den Auswirkungen der Veräußerung von Anteilen an Spezial-Investmentfonds auf den steuerlichen Jahresüberschuss/-fehlbetrag → Rz. 598.

Die Steuerbefreiung von Anleger-Teilfreistellungs- und -Abkommensgewinn nach § 49 InvStG richten sich nach den hier einzutragenden gesondert festgestellten Besteuerungsgrundlagen.

1221 In **Zeile 50** ist zunächst das **Datum der Veräußerung** zu erfassen. Es ergibt sich aus der Zeile 137 der Anlage FB/ATV zur Feststellungserklärung nach § 51 Abs. 2 InvStG. Dieses Datum ist auch für die zeitliche Zuordnung relevant. **Alternativ** zur Zeile 50 kann in **Zeile 51** das Datum der **fiktiven Veräußerung** nach § 52 Abs. 2 InvStG eingetragen werden. Dieses ergibt sich aus der Zeile 138 der Anlage FB/ATV zur Feststellungserklärung nach § 51 Abs. 2 InvStG. Dieses Datum wird gesondert festgestellt, wenn der Investmentfonds seine **Eigenschaft als Spezial-Investmentfonds verloren** hat. In diesem Fall gelten alle Anteile an dem Spezial-Investmentfonds als veräußert, vgl. § 52 Abs. 2 Satz 1 InvStG.

Die in Zeile 52 eingetragene Anzahl der veräußerten Anteile sind die Basis für die spätere Berechnung der Anleger-Teilfreistellungs- und Abkommensgewinne. Er ergibt sich aus der Zeile 139 der Anlage FB/ATV zur Feststellungserklärung nach § 51 Abs. 2 InvStG. Dieser Wert ist gesondert festgestellt worden und ist auch maßgeblich, wenn auf Ebene des Anlegers bekannt ist, dass eine andere Anzahl von Anteilen veräußert wurde. Zu Einwendungen gegen den festgestellten Wert → Rz. 1213.

Die Eintragung der veräußerten Anteile wird durch die **zum Zeitpunkt der Veräußerung** der Anteile **gehaltenen Anteile** ergänzt, die in **Zeile 53** einzutragen sind. Durch den Vergleich der Eintragungen zu Zeile 53 und Zeile 52 kann nunmehr ermittelt werden, ob es sich um eine vollständige Veräußerung handelt oder nur eine anteilige. **1222**

In **Zeile 54** ist der **Fonds-Aktiengewinn** pro Anteil zum Veräußerungszeitpunkt zu erfassen. Der Fonds-Aktiengewinn bildet ab, in welcher Höhe das Nettovermögen des Fonds (= Kurswert) auf nicht ausgeschüttete bzw. nicht als ausgeschüttet geltende Dividenden (Bezüge nach § 20 Abs. 1 Nr. 1 EStG) und auf (ggf. auch noch nicht realisierte) Wertveränderungen aus der Anschaffung von Beteiligungen an Körperschaften (vor allem Aktien) entfällt, vgl. § 48 Abs. 3 InvStG. Der Wert ist vom Fonds bei jeder Bewertung des Fonds (also auch bei Veräußerung) den Anlegern mitzuteilen. Er wird anlegerindividuell ermittelt. Maßgebend für den Anleger ist allerdings der gesondert festgestellte Fonds-Aktiengewinn, der sich aus der Zeile 141 der Anlage FB/ATV zur Feststellungserklärung nach § 51 Abs. 2 InvStG ergibt. Auf den Fonds-Aktiengewinn ist § 8b KStG anzuwenden. Der hier eingetragene Wert fließt in die Berechnung des außerbilanziellen Korrekturbetrags in den Zeilen 80 bis 82 mit ein. **1223**

In **Zeile 55** ist der **Fonds-Abkommensgewinn** zum Veräußerungszeitpunkt einzutragen. Der Fonds-Abkommensgewinn bildet ab, in welcher Höhe das Nettovermögen des Fonds (= Kurswert) auf nicht ausgeschüttete bzw. als nicht ausgeschüttet geltende Erträge entfällt, die auf Grund eines Doppelbesteuerungsabkommens steuerfrei sind. Ebenfalls einzubeziehen sind Wertveränderungen auf Vermögensgegenstände, die auf Grund eines Doppelbesteuerungsabkommens steuerfrei sind oder steuerfrei wären, vgl. § 48 Abs. 5 InvStG. Maßgebend ist auch hier der gesondert festgestellte Wert, der sich aus der Zeile 142 der Anlage FB/ATV zur Feststellungserklärung nach § 51 Abs. 2 InvStG ergibt. Er fließt in die Berechnung des außerbilanziellen Korrekturbetrags in den Zeilen 83 bis 85 mit ein. **1224**

Die nächsten drei Zeilen dienen der Erfassung der Fonds-Teilfreistellungsgewinne. Analog zu den Fonds-Aktiengewinnen, auf die § 8b KStG anwendbar ist, bildet der Fonds-Teilfreistellungsgewinn nicht ausgeschüttete und nicht als ausgeschüttet geltende Investmenterträge ab, für die die Teilfreistellung nach § 20 InvStG angewendet wird. Ebenfalls einzubeziehen sind auch hier Wertveränderungen auf Anteile an anderen Investmentfonds, soweit diese nach § 20 InvStG steuerfrei sind, vgl. § 48 Abs. 6 InvStG. Die Teilfreistellung nach § 20 InvStG ist abhängig davon, ob auf die Anteile § 20 Abs. 1 Satz 4 oder 5 InvStG anzuwenden ist.

Der **Fonds-Teilfreistellungsgewinn** zum Veräußerungszeitpunkt für Anteile, die nicht unter § 20 Abs. 1 Satz 4 und Satz 5 InvStG fallen, ist in **Zeile 56** einzutragen. Er ergibt sich bindend aus Zeile 142 der Anlage FB/ATV zur Feststellungserklärung nach § 51 Abs. 2 InvStG. Er ist zwingend einzutragen, wenn die Anteile nicht § 20 Abs. 1 Satz 4 oder Satz 5 InvStG unterliegen (Zeile 60). **1225**

Bei **Organgesellschaften** ist in diesen Fällen zusätzlich eine Eintragung zur **Zeile 57** vorzunehmen. Einzutragen ist der Fonds-Teilfreistellungsgewinn, soweit er auf **natürliche Personen** entfällt, die die Anteile im Betriebsvermögen halten. Er ergibt sich bindend aus Zeile 143 der Anlage FB/ATV zur Feststellungserklärung nach § 51 Abs. 2 InvStG.

Falls die Anteile **§ 20 Abs. 1 Satz 4 oder 5 InvStG** unterliegen, ist der **Fonds-Teilfreistellungsgewinn** aus Zeile 144 der Anlage FB/ATV zur Feststellungserklärung nach § 51 Abs. 2 InvStG in **Zeile 58** einzutragen.

4. Nicht gesondert festgestellte Besteuerungsgrundlagen (Zeilen 60–105)

In diesem Teil der Anlage SPIF werden basierend auf den Eintragungen im Abschnitt für die gesondert festgestellten Besteuerungsgrundlagen die konkreten Korrekturbeträge für das Einkommen der Körperschaft, für die die Steuererklärung ausgefüllt wird (Anleger), berechnet. Zu den gesondert festgestellten Besteuerungsgrundlagen können weitere Besteuerungsgrundlagen auf Ebene des Anlegers hinzutreten, die nicht der gesonderten Feststellung unterliegen. Die hier eingetragenen Werte ergeben sich nicht aus der gesonderten und einheitlichen Feststellung nach § 51 Abs. 1 InvStG. **1226**

a) **Berechnung der laufenden steuerpflichtigen Spezial-Investmenterträge (Zeilen 60–65)**

Nicht gesondert festgestellte Besteuerungsgrundlagen

Berechnung der laufenden steuerpflichtigen Spezial-Investmenterträge nach § 20 Absatz 1 Nummer 3a EStG in Verbindung mit § 34 Absatz 1 Nummer 1 und 2 InvStG

59 frei			
60	Die Anteile unterliegen § 20 Absatz 1 Satz 4 oder 5 InvStG	36.570	1 = Ja
60a	Bei beschränkter Steuerpflicht oder bei mehreren Betrieben/Einkunftsarten: Die Anteile sind einer inländischen Betriebsstätte oder einem Gewerbebetrieb zuzuordnen	36.571	1 = Ja 2 = Nein
61	Ausgangsbetrag (falls die Anteile bei beschränkter Körperschaftsteuerpflicht keinem inländischen Betrieb zugeordnet sind: falls die Anteile laut Zeile 60 § 20 Absatz 1 Satz 4 oder 5 InvStG unterliegen: Betrag laut Zeile 41, sonst Betrag laut Zeile 40; andernfalls: falls die Anteile laut Zeile 60 § 20 Absatz 1 Satz 4 oder 5 InvStG unterliegen: Betrag laut Zeile 30, sonst Betrag laut Zeile 10)		EUR
62	Dazu: Nach § 44 InvStG nichtabziehbarer Teil der mit den Erträgen laut Zeile 61 im Zusammenhang stehenden Betriebsausgaben für Körperschaften	36.572	
63	Dazu: Als Spezial-Investmenterträge geltende Substanzbeträge nach § 56 Absatz 9 InvStG	36.582	
64	Steuerpflichtige laufende Spezial-Investmenterträge nach § 20 Absatz 1 Nummer 3a EStG in Verbindung mit § 34 Absatz 1 Nummer 1 und 2 InvStG für Körperschaften		
65	Nur bei Organgesellschaften: Nach § 44 InvStG nichtabziehbarer Teil der mit den Erträgen laut Zeile 61 im Zusammenhang stehenden Betriebsausgaben für natürliche Personen	36.573	

1227 In diesem Abschnitt werden die laufenden steuerpflichtigen Spezial-Investmenterträge berechnet. Da die Teilfreistellung nach § 20 InvStG auch für solche Investmenterträge gilt, die ein Spezial-Investmentfonds ausschüttet bzw. die als ausgeschüttet gelten, muss in **Zeile 60** angegeben werden, ob die Anteile unter **§ 20 Abs. 1 Satz 4 oder 5 InvStG fallen**. Diese Entscheidung unterliegt nicht der gesonderten Feststellung, sondern ist auf Ebene des Anlegers zu entscheiden. Auf die Anteile ist § 20 Abs. 1 Satz 4 oder 5 InvStG anzuwenden, wenn die Körperschaft, für die die Steuererklärung ausgefüllt wird:

1. ein **Lebens- oder Krankenversicherungsunternehmen** ist[1] (§ 20 Abs. 1 Satz 4 Nr. 1 InvStG),
2. ein **Pensionsfonds** ist (§ 20 Abs. 1 Satz 5 InvStG),
3. ein **Kredit- oder Finanzdienstleistungsinstitut** ist und der Investmentanteil dem **Handelsbuch** zuzurechnen ist (§ 20 Abs. 1 Satz 4 Nr. 2 InvStG i.V.m. § 8b Abs. 7 Satz 1 KStG) oder
4. ein Finanzunternehmen i.S.d. Kreditwesengesetzes ist, an dem Kredit- oder Finanzdienstleistungsinstitute zu mindestens 50 % beteiligt sind und der Investmentanteil dem Handelsbuch zuzurechnen ist (§ 20 Abs. 1 Satz 4 Nr. 2 InvStG i.V.m. § 8b Abs. 7 Satz 2 KStG).

Die Entscheidung ist auch bei Organgesellschaften abschließend auf Ebene der Organgesellschaft zu treffen, da nach § 15 Satz 1 Nr. 2a Satz 5 KStG die Verlagerung der Steuerbefreiung auf den Organträger nur erfolgt, wenn die Anteile bei der Organgesellschaft nicht unter § 20 Abs. 1 Satz 4 oder 5 InvStG fallen. Da in diesen Fällen die Steuerbefreiung für natürliche Personen und Körperschaften gleich ist, bedarf es hier keiner Verschiebung auf die Ebene des Organträgers.

1228 Liegt im laufenden VZ eine **beschränkte Steuerpflicht** vor, muss in **Zeile 60a** angegeben werden, ob die Anteile einer **inl. Betriebsstätte** zugeordnet sind. Bei beschränkt Stpfl. hat die KapESt abgeltendene Wirkung, § 50 Abs. 2 Satz 1 EStG. Dies gilt jedoch nicht, wenn die Anteile einem inl. Betrieb oder einer Betriebsstätte zuzuordnen sind, vgl. § 50 Abs. 2 Satz 2 EStG. In diesen Fällen sind die Eintragungen zu den Zeilen 10 bis 33 relevant. Werden die Einkünfte jedoch keiner Betriebsstätte zugeordnet, sind sie (weitestgehend) durch die KapESt abgegolten. Das gilt jedoch nicht für ausgeschüttete und ausschüttungsgleiche inl. Immobilienerträge und für sonstige inl. Einkünfte, für die keine Steuerabzugsbeträge einbehalten wurden, vgl. § 33 Abs. 3 und Abs. 4 InvStG. Diese sind so anzusehen, als hätten die Anleger sie direkt vereinnahmt, vgl. § 33 Abs. 3 Satz 1 InvStG. Das heißt, die Eintragungen in Zeilen 40 und 41 müssen bei Eintragung der privaten Einkunftsarten (i.d.R. Vermietung und Verpachtung) berücksichtigt werden. Wird hier eine „1" (= Ja) eingetragen, werden die Eintragungen für die Zeilen 10 bis 33 für die weitere Berechnung verwendet. Bei Eintragung einer „2" (= Nein) werden die für die beschränkte Steuerpflicht festgestellten Werte für die weitere Berechnung verwendet und nicht auf die Anlage GK, sondern in Zeile 12b der Anlage ZVE übertragen.

Erzielt die Körperschaft auch **andere Einkünfte** als solche aus Gewerbebetrieb, ist in dieser Zeile ebenfalls einzutragen, ob die **Anteile** einem **Betriebsvermögen zuzuordnen** sind. Falls nicht, werden die steuerpflichtigen Einkünfte in die Zeile 12b der Anlage ZVE übertragen.

1) Das Gesetz erweitert die Voraussetzung um Zuordnung der Anteile zu den Kapitalanlagen. Auf Grund der Kreditinstituts-Rechnungslegungsverordnung (RechKredV), sind aber alle Anteile immer den Kapitalanlagen zuzuordnen, sodass diese Voraussetzung immer gegeben ist.

In **Zeile 61** wird nun zunächst ein **Ausgangsbetrag** für die weitere Berechnung der steuerpflichtigen Einkünfte ermittelt. Welcher Betrag als Ausgangsbetrag zu verwenden ist, richtet sich danach, ob auf die Anteile § 20 Abs. 1 Satz 4 oder 5 InvStG (Zeile 60) anzuwenden ist und ob die Anteile im Betriebsvermögen gehalten werden (Zeile 60a). Letzteres ist der Regelfall, da die meisten Körperschaften ausschließlich Einkünfte aus Gewerbebetrieb erzielen, vgl. § 8 Abs. 2 KStG. 1229

Die Nichtzuordnung zum Betriebsvermögen ist nur für die Ausnahmefälle der beschränkten Steuerpflicht und für Körperschaften, die nicht unter § 8 Abs. 2 KStG fallen und keine BgA bzw. nicht steuerbefreit sind, denkbar.

Bei beschränkter Steuerpflicht und Nichtzugehörigkeit zum Betriebsvermögen ist als Ausgangsbetrag der Wert laut Zeile 40 einzutragen (Einzelheiten → Rz. 1228). Außer die Anteile unterliegen § 20 Abs. 1 Satz 4 oder 5 InvStG (Zeile 60 = „1"), dann ist der Wert laut Zeile 41 zu übernehmen.

In allen anderen Fällen (Regelfall und mehrere Einkunftsarten) ist die Anwendung von § 20 Abs. 1 Satz 4 oder 5 InvStG maßgebend. Liegt dieser vor, bildet der Wert in Zeile 30 den Ausgangsbetrag. Regelfall dürfte jedoch die Übernahme des Werts aus Zeile 10 sein.

Vom Ausgangsbetrag sind in **Zeile 62** die nichtabziehbaren Betriebsausgaben einzutragen, die mit den laufenden Spezial-Investmenterträgen im Zusammenhang stehen. Einzutragen sind hier nicht die Betriebsausgaben des Spezial-Investmentfonds, diese wurden bei der gesonderten Feststellung der Spezial-Investmenterträge bereits berücksichtigt. Hier sind Betriebsausgaben gemeint, die auf Ebene der Körperschaft, für die die Steuererklärung ausgefüllt wird (Anleger), entstanden sind. 1230

Betriebsausgaben, die mit Spezial-Investmenterträgen in wirtschaftlichem Zusammenhang stehen, dürfen unabhängig davon, in welchem VZ sie anfallen, in dem prozentualen Umfang nicht abgezogen werden, in dem die Spezial-Investmenterträge steuerfrei sind, vgl. § 21 Satz 1 i.V.m. § 44 InvStG. Maßgebend für den prozentualen Umfang ist auch, ob die Voraussetzungen des § 20 Abs. 1 Satz 4 oder 5 InvStG vorliegen (→ Rz. 1227). Je nachdem sind die Freistellungssätze für natürliche Personen, die die Anteile im Privatvermögen halten, oder die Freistellungssätze für Körperschaften anzuwenden. 1231

§ 21 Satz 1 InvStG ist ähnlich § 3c Abs. 2 EStG formuliert, von daher gesehen gelten hinsichtlich dem „wirtschaftlichen Zusammenhang" die gleichen Grundsätze.[1] In Betracht kommen vor allem Finanzierungskosten und Depotführungsgebühren.

Die FinVerw. verzichtet bei Körperschaften über den eindeutigen Wortlaut hinaus auf die Hinzurechnung von Betriebsausgaben, die in wirtschaftlichem Zusammenhang mit laufenden Bezügen nach § 20 Abs. 1 Nr. 1 EStG (Ausschüttungen) stehen, wenn auf diese § 8b Abs. 1 und Abs. 4 KStG über § 42 Abs. 2 Satz 1 InvStG Anwendung findet oder sie nach § 42 Abs. 4 Satz 2 InvStG teilweise steuerbefreit sind. Dies gilt ebenfalls für Betriebsausgaben, die mit ausgeschütteten Veräußerungsgewinnen aus Beteiligungen an Körperschaften entstehen, auf die § 8b Abs. 2 KStG anwendbar wäre.[2] Begründet wird dies mit der Regelungssystematik des § 8b KStG, bei dem die laufenden Betriebsausgaben anders als bei § 3c Abs. 2 EStG abziehbar bleiben. Aus dem Wortlaut des § 44 und des § 21 InvStG ist dies nicht begründbar.

Ebenfalls nicht hinzugerechnet werden Betriebsausgaben, die mit bereits auf Ebene des Spezial-Investmentfonds versteuerten inl. Beteiligungseinnahmen nach § 42 Abs. 4 Satz 2 InvStG, für auf Ebene des Spezial-Investmentfonds versteuerte inl. Immobilienerträge und sonstige inl. Einkünfte.[3]

Um den hier einzutragenden Wert zu ermitteln, sind im ersten Schritt alle Betriebsausgaben zu identifizieren, die mit den Spezial-Investmenterträgen in wirtschaftlichem Zusammenhang stehen. In einem zweiten Schritt sind diese Aufwendungen den jeweiligen Erträgen nach Maßgabe des jeweiligen Quellvermögens am gesamten Vermögen des Spezial-Investmentfonds zuzuordnen.[4]

Oftmals werden diese Angaben aber nicht vorliegen, da hier nach den steuerlichen Wirkungen aufgeteilt werden muss, die standardmäßig nicht veröffentlicht werden. Alternativ hierzu lässt es die FinVerw. aber aus Vereinfachungsgründen zu, die Aufteilung anhand dem Verhältnis der steuerfreien zu den steuerpflichtigen Spezial-Investmenterträgen vorzunehmen.[5]

Beispiel:

Die A-GmbH ist am F Spezial-Investmentfonds beteiligt. Hierfür nimmt die A-GmbH ein Darlehen auf, für das im Wj. Zinsaufwendungen von 30 000 € anfallen. Der F Spezial-Investmentfonds schüttet im Geschäftsjahr einen Betrag von 100 000 € aus. Ausschüttungsgleiche Erträge fallen keine an. Der ausgeschüttete Betrag setzt sich wie folgt zusammen:

Zinserträge aus festverzinslichen Wertpapieren	37 000 €
Gewinn aus der Veräußerung von Aktien	45 000 €
Investmenterträge aus einem Aktienfonds	10 000 €
Auf Grund eines Doppelbesteuerungsabkommens steuerfreie Erträge	8 000 €

1) So auch Rz. 21.5 InvStE.
2) Vgl. Rz. 44.3 InvStE.
3) Vgl. Rz. 44.3 InvStE.
4) Vgl. Rz. 44.7 InvStE.
5) Vgl. Rz. 44.8 InvStE.

Der Kurswert eines Anteils zum Ende des Geschäftsjahres des Spezial-Investmentfonds beträgt 150 €. Davon entfallen

60 € auf festverzinsliche Wertpapiere,

50 € auf Aktien,

10 € auf Aktienfonds und

22 € auf Investments, deren Erträge nach DBA steuerfrei sind.

Lösung:

Zunächst wird die Aufteilung nach den Quellvermögen vorgenommen. Soweit das Quellvermögen auf festverzinsliche Wertpapiere entfällt (60 € / 150 € = 40 %), bleiben die Betriebsausgaben abziehbar, da die Zinserträge voll steuerpflichtig sind. Soweit das Quellvermögen des Fonds auf die Aktien (50 € / 150 € = 1/3) entfällt, wäre grundsätzlich eine 95-prozentige Nichtabziehbarkeit anzunehmen. Da die FinVerw. jedoch aus Symmetriegründen zu § 8b Abs. 5 Satz 2 KStG auf eine Nichtabziehbarkeit verzichtet, bleiben auch diese Betriebsausgaben abziehbar, weil die A-GmbH eine Körperschaft ist. Das auf Investments, deren Erträge auf Grund eines DBA steuerfrei sind, entfallende Quellvermögen von 22 € / 150 € ist in voller Höhe steuerbefreit. Folglich sind die darauf entfallenden Betriebsausgaben nicht abziehbar.

Da die Teilfreistellungen nach § 20 InvStG für Investmenterträge, die der Spezial-Investmentfonds selbst vereinnahmt, nach § 43 Abs. 5 InvStG an die Anleger des Spezial-Investmentfonds weitergeleitet werden, ergibt sich eine unterschiedliche Teilfreistellung, je nachdem ob der Anteil an dem Spezial-Investmentfonds unter § 20 Abs. 1 Satz 4 oder 5 InvStG fällt oder nicht. Ist § 20 Abs. 1 Satz 4 oder 5 InvStG auf den Anteil nicht anwendbar, beträgt der Freistellungssatz nach § 20 Abs. 1 Satz 3 InvStG 80 %. Angewendet auf ein Quellvermögen von 10 € wären das 80 % von 10 €, also 8 €. Insgesamt wären folglich 22 € aus DBA und 8 €, also 30 € von 150 € = 20 % der Betriebsausgaben von 30 000 €, nicht abziehbar und in Zeile 62 einzutragen.

Wäre auf den Anteil allerdings § 20 Abs. 1 Satz 4 oder 5 InvStG anwendbar, betrüge die Teilfreistellung nur noch 30 % von 10 €, also 3 €. In der Folge wären nur noch 22 € aus DBA und 3 € aus Teilfreistellungen, also 25 € von 150 € = 1/6 nicht abziehbar.

Alternativ wäre auch die Möglichkeit einer Aufteilung über das Verhältnis der steuerfreien zu den steuerpflichtigen Erträgen gegeben. In die Quote sind auch hier die nach DBA steuerfreien Erträge (8 000 €) und 80 % der Investmenterträge aus Aktienfonds (also 80 % von 10 000 € = 8 000 €, insgesamt also 16 000 € von 100 000 € = 16 %) nicht abziehbar. Bei Anwendung von § 20 Abs. 1 Satz 4 oder 5 InvStG müsste der Betrag nur noch 30 % von 10 000 €, also 3 000 €, lauten, was sich auf 11 000 € von 100 000 €, mithin 11 % Nichtabziehbarkeit addieren würde.

Bei Organgesellschaften sind die nicht abziehbaren Betriebsausgaben für Anleger, die der Einkommensteuer unterliegen und die Anteile im Betriebsvermögen halten, in Zeile 65 einzutragen. Dies gilt aber nur, wenn die Anteile nicht unter § 20 Abs. 1 Satz 4 oder 5 InvStG fallen. Falls dies so ist, ist keine Eintragung erforderlich, weil der Freistellungssatz dann ohnehin gleich ist und die Verschiebung der Teilfreistellung auf Ebene des Organträgers ohnehin durch § 15 Satz 1 Nr. 2a Satz 5 KStG suspendiert ist.

1232 In **Zeile 63** sind die als Spezial-Investmenterträge geltenden **Substanzbeträge nach § 56 Abs. 9 InvStG** einzutragen. Im Zuge der Reform der Investmentbesteuerung im VZ 2018 galten alle im Vermögen des Anlegers befindlichen Anteile an Investmentfonds als veräußert und neu angeschafft, vgl. § 56 Abs. 2 Satz 1 InvStG. Für die fiktive Veräußerung war ein Gewinn oder Verlust nach Maßgabe der § 56 Abs. 3 InvStG zu ermitteln und nach § 56 Abs. 5 InvStG gesondert festzustellen. Der so ermittelte Gewinn oder Verlust darf sich aber erst bei der tatsächlichen Veräußerung der Anteile auswirken. Bei der fiktiven Veräußerung war ein Ausgleichsposten zu bilden, der bei der tatsächlichen Veräußerung aufzulösen ist und sich auf den steuerlichen Jahresüberschuss/-fehlbetrag auswirkt (→ Rz. 558).

Nach § 56 Abs. 9 Satz 1 InvStG sind Substanzbeträge in steuerpflichtige Spezial-Investmenterträge umzuqualifizieren, soweit ein Gewinn aus der fiktiven Veräußerung nach § 56 Abs. 3 InvStG anzusetzen ist. Das gilt nicht nur für Substanzbeträge, die in der laufenden Ausschüttung enthalten sein mögen (Zeile 154 der Anlage FB/ATV zur Feststellungserklärung nach § 51 Abs. 2 InvStG), sondern auch für ausgeschüttete Substanzbeträge der Vorjahre, für die ein Ausgleichsposten gebildet sein müsste.

1233 Schließlich ergibt sich in **Zeile 64** der Betrag, um den die **Einkünfte aus den laufenden Spezial-Investmenterträgen** aus der Eintragung auf dieser Anlage SPIF **zu korrigieren** sind. Soweit die Anteile an dem Spezial-Investmentfonds den Einkünften aus Gewerbebetrieb zuzuordnen sind (Regelfall), fließt dieser Betrag über die Zeile 237a der Anlage GK in die Berechnung der Einkünfte aus Gewerbebetrieb ein. Die Zuordnung erfolgt über die Zeile 60a. Ist hier nichts eingetragen oder „1 = ja", erfolgt der Übertrag auf die Anlage GK. Enden im VZ mehrere Wj., erfolgt der Übertrag auf die Anlage GK, in deren Wj. das in Zeile 6 eingetragene Datum liegt. Ist in Zeile 60a hingegen „2 = Nein" eingetragen, sind die Anteile nicht dem Betrieb zuzuordnen. Der Übertrag dieser Zeile erfolgt dann in die Zeile 12b der Anlage ZVE und fließt so in die Berechnung des Gesamtbetrags der Einkünfte ein.

1234 Bei Organgesellschaften sind in **Zeile 65** zusätzlich die **nichtabziehbaren Betriebsausgaben**, die mit den Spezial-Investmenterträgen in wirtschaftlichem Zusammenhang stehen, für **natürliche Personen, die die Anteile im Betriebsvermögen** halten und nicht unter § 20 Abs. 1 Satz 4 oder 5 InvStG fallen, einzutragen. Unterliegen die Anteile § 20 Abs. 1 Satz 4 oder 5 InvStG, sind keine Eintragungen erforderlich, andernfalls schon. Zur Berechnung siehe → Rz. 1231.

b) Anrechnung/Abzug ausländischer Steuern (Zeilen 66–70)

Steuernummer - 3 -

Zeile	Anrechnung/Abzug ausländischer Steuern	EUR
66	Abziehbare Betriebsausgaben nach § 47 Absatz 4 Satz 1 InvStG in Verbindung mit § 34c Absatz 1 Satz 4 EStG zu den ausländischen Einkünften laut Zeile 11	36.574
67	Abziehbare Betriebsausgaben nach § 47 Absatz 4 Satz 1 InvStG in Verbindung mit § 34c Absatz 1 Satz 4 EStG zu den ausländischen Einkünften laut Zeile 31	36.576
68	Nicht bei Organgesellschaften: Der Antrag auf Abzug vom Einkommen nach § 47 Absatz 4 Satz 1 InvStG in Verbindung mit § 34c Absatz 2 EStG wird gestellt.	36.577 1 = Ja
69	Nicht bei Organgesellschaften: Nach § 47 Absatz 4 Satz 1 in Verbindung mit § 34c Absatz 2 EStG abzuziehende ausländische Steuer (wenn Antrag in Zeile 68 gestellt: Betrag laut Zeile 33 wenn die Anteile unter § 20 Absatz 1 Satz 4 oder 5 InvStG fallen, sonst Betrag laut Zeile 13)	EUR
70	Nur bei Organgesellschaften: Abziehbare Betriebsausgaben nach § 47 Absatz 4 Satz 1 InvStG in Verbindung mit § 34c Absatz 1 Satz 4 EStG zu den ausländischen Einkünften laut Zeile 21	36.578

In diesem Abschnitt werden Besteuerungsgrundlagen erfasst, die für die Anrechnung ausl. Steuern wichtig sind. **1235**
Außerdem kann hier der Antrag auf Abzug ausl. Steuern gestellt werden. Die Anrechnung der ausl. Steuern wird – wie auch bei der Anlage AESt und der Anlage ZwiG – nicht i.R. der Körperschaftsteuererklärung dargestellt.

Nach § 47 Abs. 1 InvStG gelten die körperschaftsteuerlichen Regelungen zur Anrechnung und zum Abzug ausl. Steuern auch für ausgeschüttete oder ausschüttungsgleiche Erträge aus Spezial-Investmentfonds, soweit ausl. Steuern enthalten sind. Besonders ist hier, dass die Anrechnung nicht für einen Staat, sondern für den Spezial-Investmentfonds vorgenommen wird. Der Anrechnungshöchstbetrag des § 34c Abs. 1 EStG wird also für den Spezial-Investmentfonds, nicht für den ausl. Staat ermittelt. Zahlt der Spezial-Investmentfonds ausl. Steuern aus mehreren Staaten, werden diese für die Anrechnung zusammengefasst.

Die Steueranrechnung richtet sich zunächst danach, ob in Zeile 60 angegeben wurde, ob die Anteile unter § 20 Abs. 1 Satz 4 oder 5 InvStG fallen. Falls nicht, sind für die Steueranrechnung zunächst die in Zeile 11 eingetragenen ausl. Einkünfte und die in Zeile 12 eingetragene ausl. Steuer nach § 34c Abs. 1 EStG maßgebend. Falls auf die Anteile § 20 Abs. 1 Satz 4 oder 5 InvStG anwendbar ist, sind die in Zeilen 31 und 32 eingetragenen Werte maßgebend.

Im Falle der Anrechnung ausl. Steuern sind in **Zeile 66** die **abziehbaren Betriebsausgaben** einzutragen, die mit den **1236**
ausl. Einkünften laut Zeile 11 in **wirtschaftlichem Zusammenhang stehen**. Die Eintragung ist also nur relevant, wenn die Anteile an dem Spezial-Investmentfonds nicht § 20 Abs. 1 Satz 4 oder 5 InvStG unterliegen. Der hier einzutragende Wert ermittelt sich nach den gleichen Grundsätzen wie zur Zeile 61 → Rz. 1231, nur das hier der abziehbare, nicht der nicht abziehbare Anteil eingetragen wird.

Falls der Anteil der Anwendung des **§ 20 Abs. 1 Satz 4 oder 5 InvStG** (Zeile 60) unterliegt, sind in **Zeile 67** die mit **1237**
den ausl. Einkünften laut Zeile 31 in **wirtschaftlichem Zusammenhang** stehenden **abziehbaren Betriebsausgaben** einzutragen. Eine Trennung dieses Wertes auf zwei Felder ist im Prinzip nicht notwendig, da nur eine der beiden Zeilen ausgefüllt werden darf. Bei der Ermittlung der laufenden Einkünfte werden diese Werte auch nur in einer Zeile (Zeile 62) abgefragt.

Wird in **Zeile 68** der Antrag auf Abzug nicht gestellt, kommt es zur Anrechnung der ausl. Steuer. Die Anrechnung **1238**
der ausl. Steuer erfolgt auf die ausl. Einkünfte aus diesem Spezial-Investmentfonds entfallende Körperschaftsteuer.

Die Anrechnung erfolgt in einem Spezial-Investmentfonds für alle ausl. Steuern aus dem gleichen Spezial-Investmentfonds. Da für den gleichen Spezial-Investmentfonds durchaus mehrere Anlagen SPIF abgegeben werden können, weil mehrere Ereignisse vorliegen (z.B. Veräußerungen oder Zwischenausschüttungen) können, müssen für die Anrechnung alle ausl. Einkünfte und ausl. Steuern aus allen Anlagen SPIF zusammengefasst werden, die zum gleichen Spezial-Investmentfonds abgegeben werden. Darüber hinaus sind noch ausl. Steuern und ausl. Einkünfte zum gleichen Spezial-Investmentfonds aus den Anlagen SPIFA zusammenzufassen. Die Zusammenfassung erfolgt auf Basis der Steuernummer oder ISIN.

Die ausl. Einkünfte ermitteln sich, wenn die Anteile nicht unter § 20 Abs. 1 Satz 4 oder 5 InvStG fallen, nach folgender Formel:

ausl. Einkünfte laut Zeile 11

./. abziehbare Betriebsausgaben laut Zeile 66

= maßgebende ausl. Einkünfte

Fallen die Anteile unter § 20 Abs. 1 Satz 4 oder 5 InvStG, ergeben sich die maßgebenden ausl. Einkünfte nach folgender Formel:

ausl. Einkünfte laut Zeile 31

./. abziehbare Betriebsausgaben laut Zeile 67

= maßgebende ausl. Einkünfte

Die Anrechnung der ausl. Steuer wird nach § 47 Abs. 2 InvStG nach folgender Formel vorgenommen:

$$\frac{\text{maßgebende ausl. Einkünfte}}{\text{Summe der Einkünfte}} \times \text{Körperschaftsteuer}$$

Körperschaftsteuer ist dabei die Körperschaftsteuer, die sich ohne Berücksichtigung von KSt-Erhöhungs- oder -Minderungsbeträge nach §§ 37, 38 KStG und ohne Anrechnung der ausl. Steuer ergibt, vgl. § 47 Abs. 2 Nr. 2 InvStG.

1239 Handelt es sich bei der Körperschaft, für die die Steuererklärung ausgefüllt wird, um eine Organgesellschaft, wird die Anrechnung auf Ebene der Organgesellschaft nicht durchgeführt. Die Berechnung der ausl. Einkünfte erfolgt jedoch nach den in → Rz. 1238 beschriebenen Grundsätzen. Die ausl. Einkünfte und die ausl. Steuer nach § 34c Abs. 1 und Abs. 2 EStG werden pro Spezial-Investmentfonds gesondert nach § 14 Abs. 5 KStG festgestellt. Sie sind in diesen Fällen beim Organträger auf der Anlage SPIFA (!) pro Spezial-Investmentfonds und Organgesellschaft getrennt zu erfassen.

1240 In **Zeile 68** kann der Antrag auf Abzug der ausl. Steuern durch Eintragung einer „1" gestellt werden. Der Antrag kann nur gestellt werden, wenn es sich nicht um eine Organgesellschaft handelt. In diesen Fällen wird über dem Abzug auf Ebene des letzten Organträgers entschieden (→ Rz. 164 ff.). Hinsichtlich der Frage, wann es sinnvoll ist, dass Abzugswahlrecht auszuüben, wird auf → Rz. 155 ff. verwiesen. Die dortigen Ausführungen können auf das Abzugswahlrecht für ausl. Steuern auf Spezial-Investmenterträge übertragen werden. Der Antrag auf Abzug muss für alle Anlagen SPIF und Anlagen SPIFA zum gleichen Spezial-Investmentfonds auch gleich ausgeübt werden.

1241 Ist der Antrag zum Abzug in Zeile 68 gestellt worden, ist in **Zeile 69** die **abzuziehende ausl. Steuer** zu ermitteln. Je nachdem, ob in **Zeile 60** angegeben wurde, dass die Voraussetzungen des § 20 Abs. 1 Satz 4 oder 5 InvStG vorliegen, ist der Wert aus Zeile 33 oder aus Zeile 13 zu übertragen. Der hier eingetragene Wert wird nach Zeile 20 der Anlage ZVE übertragen und mindert zusammen mit anderen abziehbaren ausl. Steuern nach § 34c Abs. 2 EStG aus der Anlage AESt das Einkommen.

In der **Zeile 70** sind die abziehbaren Betriebsausgaben einzutragen, die mit den ausländischen Einkünften für Anleger, die natürliche Personen sind und die Anteile im Betriebsvermögen halten, im Zusammenhang stehen. Eine Eintragung ist nur erforderlich, wenn es sich um eine Organgesellschaft handelt. Der hier eingetragene Wert geht in diesem Fall in die Ermittlung der ausländischen Einkünfte für Organträger ein, die natürliche Personen sind (ggf. mittelbar über eine Personengesellschaft).

c) Außerbilanzielle Korrekturen bei Veräußerung

1242 Die Veräußerung von Anteilen an Spezial-Investmentfonds wird hauptsächlich in der handels- und steuerbilanziellen Buchführung abgewickelt (→ Rz. 598). Dort sind insb. auch die zahlreichen steuerbilanziellen Ausgleichsposten aufzulösen. Mit diesen soll das Gleiche erreicht werden, wie in § 49 Abs. 3 InvStG für Anleger beschrieben wird, die die Anteile im Privatvermögen halten. In diesem Abschnitt werden die außerbilanziellen Korrekturen ermittelt, die auf Grund von Anleger-Aktiengewinnen (→ Rz. 1223), Anleger-Abkommensgewinnen (→ Rz. 1224) und Anleger-Teilfreistellungsgewinnen (→ Rz. 1225) vorzunehmen sind. Diese dürfen im steuerbilanziellen Jahresüberschuss/-fehlbetrag noch nicht enthalten sein. Die maßgebenden Gewinne ergeben sich aus den Zeilen 54 bis 58 dieser Anlagen.

Das Schema der Ermittlung ist bei allen Gewinnen gleich und wird beim Anleger-Aktiengewinn ausführlich erläutert. In den folgenden Abschnitten werden nur noch Besonderheiten erläutert.

aa) Anleger-Aktiengewinn (Zeilen 80–82)

	Außerbilanzielle Korrekturen bei Veräußerung **Ermittlung des Anleger-Aktiengewinns nach § 49 Absatz 2 InvStG**	
71 bis 79 frei		
80	Fonds-Aktiengewinn laut Zeile 54 multipliziert mit der Anzahl der Anteile laut Zeile 52	
81	Dazu / Davon ab: Berichtigung nach § 49 Absatz 2 Satz 4 und 5 InvStG	36.590
82	Anleger-Aktiengewinn nach § 49 Absatz 2 Satz 1 InvStG	

1243 In **Zeile 80** ist zunächst der **Ausgangsbetrag** für die Ermittlung des Anleger-Aktiengewinns einzutragen. Er wird aus dem in Zeile 54 eingetragenen und gesondert festgestellten Fonds-Aktiengewinn abgeleitet. Dies geschieht durch Multiplikation des festgestellten Fonds-Gewinns mit der Anzahl der veräußerten Anteile laut Zeile 52. Nach § 49 Abs. 2 Satz 1 InvStG ist der Anleger-Aktiengewinn als Differenz des Fonds-Gewinns zum Zeitpunkt der Veräußerung mit dem Fonds-Aktiengewinn zum Erwerbszeitpunkt definiert. Nach Auffassung der FinVerw. betragen die Fonds-Gewinne zum Zeitpunkt des Erwerbs jedoch immer 0,[1] sodass für die weitere Berechnung auf den Fonds-Gewinnen zum Veräußerungszeitpunkt abzustellen ist. Die Übergangsregelung für andere Werte ist bereits in 2019 ausgelaufen.[2]

Im zweiten Schritt wird dieser Ausgangsbetrag in **Zeile 81** um einen **Berichtigungsbetrag nach § 49 Abs. 2 Satz 4** 1244
und 5 InvStG korrigiert. Diese Korrektur ist nur notwendig, wenn die Anteile an dem Spezial-Investmentfonds zum Ende des vorangegangenen Wj. nicht mit den Anschaffungskosten, sondern einem niedrigeren Teilwert angesetzt worden sind. Die Berücksichtigung von Anleger-Aktiengewinnen bei Teilwertabschreibung ist in → Rz. 601 ff. beschrieben. Vereinfacht gesagt, ist die steuerliche Auswirkung von Anleger-Aktiengewinnen bei Teilwertabschreibungen bereits vorab zu berücksichtigen. Dies beschränkt sich vor allem auf negative Anleger-Gewinne. Falls also in den Vorjahren i.R. von Teilwertabschreibungen bereits Anleger-Gewinne berücksichtigt wurden, sind diese hier zu korrigieren, weil die steuerliche Auswirkung ja bereits hergestellt wurde. Der Berichtigungsbetrag ist immer mit dem entgegengesetzten Vorzeichen zur ursprünglichen Berücksichtigung einzutragen.

In **Zeile 82** ergibt sich nun der anzusetzende Anleger-Teilfreistellungsgewinn aus der Summe der Zeilen 80 und 1245
81. Wenn die Anteile unter § 20 Abs. 1 Satz 4 oder 5 InvStG (Zeile 60) fallen, fallen sie auch unter § 8b Abs. 7 oder Abs. 8 KStG. Das bedeutet, dass § 8b KStG auf sie nicht anwendbar ist. Der hier eingetragene Betrag fließt daher in die weitere Berechnung nicht ein. Wenn die Anteile aber nicht unter § 20 Abs. 1 Satz 4 oder 5 InvStG fallen, gilt Folgendes: Ein positiver Wert führt zu einer Steuerbefreiung i.H.v. 95 % durch Übertrag in Zeile 104. Ein negativer Betrag wird in voller Höhe dem Einkommen wieder hinzugerechnet (ebenfalls durch Übertrag in Zeile 104).

Beispiel:

Die A-GmbH ist am F Spezial-Investmentfonds beteiligt. Die Anschaffungskosten betrugen 400 000 €. Zum 31.12.03 nahm die A-GmbH eine Teilwertabschreibung i.H.v. 250 000 € vor. Der Anleger-Teilfreistellungsgewinn zu diesem Zeitpunkt betrug -20 000 €, weshalb damals die Teilwertabschreibung von 250 000 € i.H.v. 20 000 € außerbilanziell wieder hinzugerechnet wurde.

Zum 4.4.04 veräußert die A-GmbH alle Anteile an dem Spezial-Investmentfonds zu einem Veräußerungspreis von 200 000 €. Der Anleger-Teilfreistellungsgewinn zu diesem Zeitpunkt beträgt -45 000 €. Dieser wäre vom Grundsatz her dem bilanziellen Veräußerungsgewinn von 50 000 € (200 000 € ./. 150 000 € Buchwert) außerbilanziell hinzuzurechnen. Allerdings wurden ja bisher bereits 20 000 € berücksichtigt. Diese sind also als Berichtigungsbetrag (positiv) zu berücksichtigen, sodass der Anleger-Teilfreistellungsgewinn lediglich -15 000 € beträgt.

bb) Anleger-Abkommensgewinn (Zeilen 83–85)

	Ermittlung des Anleger-Abkommensgewinns nach § 49 Absatz 2 InvStG	
83	Fonds-Abkommensgewinn laut Zeile 55 multipliziert mit der Anzahl der Anteile laut Zeile 52	
84	Dazu / Davon ab: Berichtigung nach § 49 Absatz 2 Satz 4 und 5 InvStG	36.591
85	Anleger-Abkommensgewinn nach § 49 Absatz 2 Satz 1 InvStG	

Die **Zeile 83** ist mit der Zeile 80 vergleichbar. Die Ausführungen der → Rz. 1243 gelten sinngemäß. Das Gleiche gilt 1246
für **Zeile 84**, die mit Zeile 81 vergleichbar ist. Die Ausführungen der → Rz. 1244 gelten sinngemäß.

In **Zeile 85** wird der Anleger-Abkommensgewinn ermittelt. Ein negativer Anleger-Abkommensgewinn erhöht das Einkommen, ein positiver Anleger-Abkommensgewinn mindert es jeweils durch Übertrag in Zeile 104.

1) Vgl. Rz. 49.16 InvStE.
2) Vgl. Rz. 48.40 InvStE.

cc) Anleger-Teilfreistellungsgewinne (Zeilen 86–103)

	Ermittlung des Anleger-Teilfreistellungsgewinns nach § 49 Absatz 2 InvStG für Anleger, die dem Körperschaftsteuergesetz unterliegen und nicht die Voraussetzungen nach § 20 Absatz 1 Satz 4 und 5 InvStG erfüllen	
86	Fonds-Teilfreistellungsgewinn laut Zeile 56 multipliziert mit der Anzahl der Anteile laut Zeile 52	
87	Dazu / Davon ab: Berichtigung nach § 49 Absatz 2 Satz 4 und 5 InvStG	36.592
88	Anleger-Teilfreistellungsgewinn nach § 49 Absatz 2 InvStG für Anleger, die dem Körperschaftsteuergesetz unterliegen und nicht die Voraussetzungen nach § 20 Absatz 1 Satz 4 und 5 InvStG erfüllen	
	Ermittlung des Anleger-Teilfreistellungsgewinns nach § 49 Absatz 2 InvStG für natürliche Personen, die die Spezial-Investmentanteile im Betriebsvermögen halten und nicht die Voraussetzungen nach § 20 Absatz 1 Satz 4 und 5 InvStG erfüllen Nur bei Organgesellschaften:	
89	Fonds-Teilfreistellungsgewinn laut Zeile 57 multipliziert mit der Anzahl der Anteile laut Zeile 52	
90	Dazu / Davon ab: Berichtigung nach § 49 Absatz 2 Satz 4 und 5 InvStG	36.593
91	Anleger-Teilfreistellungsgewinn nach § 49 Absatz 2 InvStG für natürliche Personen, die die Spezial-Investmentanteile im Betriebsvermögen halten und nicht die Voraussetzungen nach § 20 Absatz 1 Satz 4 und 5 InvStG erfüllen	
	Ermittlung des Anleger-Teilfreistellungsgewinns nach § 49 Absatz 2 InvStG für natürliche Personen, die die Spezial-Investmentanteile im Privatvermögen halten, und für Anleger, die die Voraussetzungen nach § 20 Absatz 1 Satz 4 und 5 InvStG erfüllen	
92 bis 99 frei 100	Fonds-Teilfreistellungsgewinn laut Zeile 58 multipliziert mit der Anzahl der Anteile laut Zeile 52	
101 frei 102	Dazu / Davon ab: Berichtigung nach § 49 Absatz 2 Satz 4 und 5 InvStG	36.594
103	Anleger-Teilfreistellungsgewinn nach § 49 Absatz 2 InvStG für natürliche Personen, die die Spezial-Investmentanteile im Privatvermögen halten, und für Anleger, die die Voraussetzungen nach § 20 Absatz 1 Satz 4 und 5 InvStG erfüllen	

1247 Die **Zeile 86** ist mit der Zeile 80 vergleichbar. Die Ausführungen der → Rz. 1243 gelten sinngemäß. Das Gleiche gilt für **Zeile 87**, die mit Zeile 81 vergleichbar ist. Die Ausführungen der → Rz. 1244 gelten sinngemäß.

In **Zeile 88** wird der **Anleger-Teilfreistellungsgewinn** für Körperschaften ermittelt. Dieser ist maßgebend, wenn die Anteile nicht unter § 20 Abs. 1 Satz 4 oder 5 InvStG fallen und es sich nicht um eine Organgesellschaft handelt. Der Wert kann positiv oder negativ sein. Ein negativer Anleger-Teilfreistellungsgewinn erhöht das Einkommen, ein positiver mindert es jeweils durch Übertrag in Zeile 104. Handelt es sich um eine Organgesellschaft und unterliegen die Anteile nicht dem § 20 Abs. 1 Satz 4 oder 5 InvStG, fließt der hier ermittelte Betrag in die gesonderte und einheitliche Feststellung nach § 14 Abs. 5 KStG des Korrekturbetrags für Körperschaften mit ein.

Unterliegen die Anteile § 20 Abs. 1 Satz 4 oder 5 InvStG, ist der Anleger-Teilfreistellungsgewinn laut Zeile 103 maßgebend.

Eintragungen in den Zeilen 89 bis 91 sind nur erforderlich, wenn es sich um eine Organgesellschaft handelt und die Anteile nicht unter § 20 Abs. 1 Satz 4 oder 5 InvStG fallen. Die **Zeile 89** ist mit der Zeile 80 vergleichbar. Die Ausführungen der → Rz. 1243 gelten sinngemäß. Das Gleiche gilt für **Zeile 90**, die mit Zeile 81 vergleichbar ist. Die Ausführungen der → Rz. 1244 gelten sinngemäß.

Der in **Zeile 91** ermittelte **Anleger-Teilfreistellungsgewinn für natürliche Personen**, die die Anteile im Betriebsvermögen halten, fließt in die gesonderte und einheitliche Feststellung nach § 14 Abs. 5 KStG des **Korrekturbetrags für natürliche Personen** mit ein.

In den Zeilen 100 bis 103 sind Eintragungen nur erforderlich, wenn die Anteile unter § 20 Abs. 1 Satz 4 oder 5 InvStG fallen. In diesem Fall gelten abweichende Teilfreistellungssätze, was eine separate Gewinnermittlung notwendig macht. Die **Zeile 100** ist mit der Zeile 80 vergleichbar. Die Ausführungen der → Rz. 1243 gelten sinngemäß. Das Gleiche gilt für **Zeile 101**, die mit Zeile 81 vergleichbar ist. Die Ausführungen der → Rz. 1244 gelten sinngemäß. Handelt es sich um eine Organgesellschaft und unterliegen die Anteile nicht dem § 20 Abs. 1 Satz 4 oder 5 InvStG, fließt der hier ermittelte Betrag in die gesonderte und einheitliche Feststellung nach § 14 Abs. 5 KStG des Korrekturbetrags für Körperschaften mit ein.

In **Zeile 104** wird nun wie oben beschrieben der außerbilanzielle Korrekturbetrag bei Veräußerung von Anteilen an Spezial-Investmentfonds ermittelt. Durch Übertrag auf Zeile 237c der Anlage GK wird die außerbilanzielle Einkommensänderung bewirkt.

dd) Korrekturbetrag bei Veräußerung (Zeilen 103a–105)

Steuernummer	- 4 -

Zeile	Korrekturbetrag bei Veräußerung	EUR
103a	Nach § 44 InvStG nicht abziehbarer Teil der mit den Anleger-Gewinnen laut Zeilen 80 bis 103 im Zusammenhang stehenden Veräußerungskosten	36.595
104	Außerbilanzieller Korrekturbetrag bei Veräußerung von Anteilen an Spezial-Investmentfonds (Wenn die Anteile § 20 Absatz 1 Satz 4 oder 5 InvStG unterliegen: Betrag laut Zeile 85 zuzüglich Betrag laut Zeile 103 und abzüglich Betrag laut Zeile 103a; falls nicht: 95 % des positiven Betrags laut Zeile 82 oder negativer Betrag laut Zeile 82 zuzüglich Beträge laut Zeilen 85 und 88 und abzüglich Betrag laut Zeile 103a)	
105	Nur bei Organgesellschaften: Nach § 44 InvStG nicht abziehbarer Teil der mit den Anleger-Gewinnen laut Zeilen 80 bis 103 im Zusammenhang stehenden Veräußerungskosten für natürliche Personen	36.596

Zur Berechnung des außerbilanziellen Korrekturbetrags ist in **Zeile 103a** der **nicht abziehbare Teil der mit den Anleger-Gewinnen im Zusammenhang stehenden Veräußerungskosten** einzutragen. Die Veräußerungskosten sind insoweit nicht abziehbar, als die Veräußerung nach § 43 Abs. 3 InvStG steuerfrei ist.[1)] § 21 InvStG – auf den § 44 InvStG verweist – sieht grundsätzlich eine Aufteilung nach dem Quellvermögen vor. Die Verwaltung eröffnet dem Anleger jedoch eine Aufteilung nach Maßstab der steuerpflichtigen und steuerfreien Erträge.[2)] Der Anleger kann die Regelung für jede Beteiligung individuell in Anspruch nehmen. Sofern der Anleger in einem VZ nicht mehr von dieser Vereinfachungsregelung Gebrauch macht, ist eine Rückkehr zur Vereinfachungsregelung in den folgenden VZ ausgeschlossen. 1248

In der **Zeile 104** werden nun die **rechnerischen Auswirkungen der Anleger-Gewinne summiert.** Je nachdem, ob für den Anteil § 20 Abs. 1 Satz 4 oder 5 InvStG Anwendung findet (Zeile 60), sind andere Zeilen hierfür maßgebend. Bei Anwendung des § 20 Abs. 1 Satz 4 oder 5 InvStG auf die Anteile ergibt sich der hier einzutragende Wert aus dem Anleger-Abkommensgewinn aus Zeile 85 und dem Anleger-Teilfreistellungsgewinn laut Zeile 103. Anleger-Aktiengewinne werden nicht berücksichtigt, da § 20 Abs. 1 Satz 1 4 oder 5 InvStG anwendbar ist. 1249

Ist § 20 Abs. 1 Satz 4 oder 5 InvStG nicht anwendbar, ist der Anleger-Abkommensgewinn (Zeile 85) ebenfalls zu berücksichtigen. Hinzu kommt der Anleger-Teilfreistellungsgewinn für Körperschaften, die nicht unter § 20 Abs. 1 Satz 4 oder 5 InvStG fallen laut Zeile 88. Darüber hinaus ist auch der Anleger-Aktiengewinn zu berücksichtigen. Ist dieser positiv, darf er jedoch nur zu 95 % abgezogen werden, weil § 8b Abs. 3 Satz 1 KStG insoweit anzuwenden ist. Ist er negativ ist er jedoch in voller Höhe hinzuzurechnen, vgl. § 8b Abs. 3 Satz 3 KStG. Außerdem ist der Teil der nicht abziehbaren Veräußerungskosten laut Zeile 103a wieder zu neutralisieren.

Wenn es sich bei der Körperschaft, für die die Steuererklärung ausgefüllt wird, nicht um eine Organgesellschaft handelt, fließt der hier eingetragene Wert über die Zeile 237c der Anlage GK in die Ermittlung der Einkünfte ein. Bei Organgesellschaften werden die hier eingetragenen Werte bei der Ermittlung der Korrekturbeträge für natürliche Personen und Körperschaften berücksichtigt.

In **Zeile 105** ist bei **Organgesellschaften** einzutragen, in welcher Höhe mit Anleger-Gewinnen im Zusammenhang stehende Veräußerungskosten nicht abziehbar sind. Der hier eingetragene Wert fließt in die Berechnung der Korrekturbeträge zur gesonderten und einheitlichen Feststellung nach § 14 Abs. 5 KStG ein. 1250

1) Vgl. Rz. 44.4 InvStE.
2) Vgl. Rz. 44.8 InvStE.

XIX. Anlage SPIFA – Anrechnung oder Abzug ausländischer Steuern aus Spezial-Investmentanteilen über Personen- oder Organgesellschaften

1. Anwendungsbereich des Vordrucks

Bezeichnung des Steuerpflichtigen	**Anlage SPIFA** **2025**
Steuernummer	☐ zur Steuererklärung ☐ zum Bescheid

Anrechnung oder Abzug ausländischer Steuern aus Spezial-Investmentfonds über Personen- und Organgesellschaften

Die Anlage ist pro Personengesellschaft oder Organgesellschaft für jede mittelbare Beteiligung an einem Spezial-Investmentfonds abzugeben, soweit ausländische Steuern angerechnet oder abgezogen werden sollen.

1251 In der Überschrift der Anlage wird bereits deutlich, dass die Anlage SPIFA einen Spezialfall abdeckt. Sie erfasst ausl. Steuern aus Spezial-Investmentfonds, die entweder nach § 34c Abs. 1 EStG angerechnet oder nach § 34c Abs. 2 EStG abgezogen werden können. Besonderheit ist jedoch, dass sie nicht bei der Körperschaft, für die die Steuererklärung ausgefüllt wird, angefallen sind, sondern dieser mittelbar über die Beteiligung an einer Personengesellschaft oder als Organträger zugerechnet werden. Die in den Zeilen 1 bis 14 einzutragenden Werte ergeben sich daher zwingend aus gesonderten und einheitlichen Feststellungen. Einwendungen sind mit Rechtsbehelfen gegen die gesonderte und einheitliche Feststellung nach § 180 Abs. 1 Nr. 2 Buchst. a AO bzw. § 14 Abs. 5 KStG geltend zu machen. Soweit eine gesonderte und einheitliche Feststellung noch nicht ergangen ist, sind die Werte einzutragen, die voraussichtlich anzusetzen sind.

Die Anlage SPIFA tritt neben die Anlage SPIF, auf der Eintragungen für Spezial-Investmentfonds zu machen sind, an denen die Körperschaft, für die die Steuererklärung ausgefüllt wird, unmittelbar beteiligt ist. Sie umfasst deutlich mehr Besteuerungsgrundlagen als die Anlage SPIFA, weil auf ihr auch die steuerpflichtigen laufenden Einkünfte sowie die außerbilanziellen Korrekturen bei Veräußerung von Anteilen erfasst werden. Diese Angaben sind auf der Anlage SPIFA nicht vorhanden, weil sie bei der Ermittlung der Einkünfte von Personengesellschaften, genauso wie bei der Ermittlung des dem Organträger zuzurechnenden Einkommens der Organgesellschaften (bzw. bei den Korrekturbeträgen), bereits berücksichtigt sein müssen.

Bei der ausl. Steuer nach § 34c Abs. 1 EStG gewährt der Gesetzgeber ein Wahlrecht zum Abzug der ausl. Steuer, vgl. § 34c Abs. 2 EStG. Die Anrechnung selbst ist eine Tarifvorschrift, während der Abzug eine Einkünfteermittlungsvorschrift ist. Da weder bei Personengesellschaften noch bei Organgesellschaften Tarifvorschriften sinnvoll angewendet werden können, muss die Anwendung der Tarifvorschrift systematisch auf der Ebene erfolgen, auf der auch tatsächlich die Steuer festgesetzt wird.

1252 Im Rahmen der gesonderten und einheitlichen Feststellung nach § 14 Abs. 5 KStG werden für jede Beteiligung der Organgesellschaft an einem Spezial-Investmentfonds die notwendigen Angaben (Zeilen 9 bis 14) gesondert und einheitlich festgestellt. Da die Organgesellschaft an mehreren Spezial-Investmentfonds beteiligt sein kann, kann es auch mehrere Feststellungen geben, pro Spezial-Investmentfonds jedoch nur eine. Die Anlage SPIF wird pro Spezial-Investmentfonds und dem zu berücksichtigenden Ereignis abgegeben (→ Rz. 1205). Pro Spezial-Investmentfonds kann es also mehrere Anlagen SPIF geben. Für die Steueranrechnung werden diese Angaben jedoch zusammengefasst. Handelt es sich um eine Organgesellschaft, wird i.R. der Feststellung nach § 14 Abs. 5 KStG also auch nur eine Feststellung der für die Anrechnung bzw. den Abzug benötigten Angaben vorgenommen. Im Rahmen der gesonderten und einheitlichen Feststellung nach § 180 Abs. 1 Nr. 2 Buchst. a EStG müsste gleich verfahren werden. Für jede dieser Feststellungen ist eine Anlage SPIFA abzugeben.

1253 Es können für die gleiche Personen- oder Organgesellschaft jeweils mehrere Anlagen SPIFA abgegeben werden. Für den gleichen Spezial-Investmentfonds können auch mehrere Anlagen SPIFA aus Personen- oder Organgesellschaften abgegeben werden. Pro Personen- oder Organgesellschaft können jedoch nicht mehrere Anlagen SPIFA für den gleichen Spezial-Investmentfonds abgegeben werden. Die Kombination aus Steuernummer der Organ- und Personengesellschaft (Zeile 3) und Spezial-Investmentfonds (Zeile 7) darf nur einmal pro VZ abgegeben werden.

2. Allgemeine Angaben (Zeilen 1–8)

Zeile	**Allgemeine Angaben**	
1	Die Angaben auf dieser Anlage stammen aus der Feststellung	36.611 — 1 = einer Organgesellschaft 2 = einer Personengesellschaft
2	Bezeichnung der Organgesellschaft oder der Personengesellschaft 36.612	
3	Steuernummer der Organgesellschaft oder Personengesellschaft 36.613	Wirtschafts-Identifikationsnummer der Organgesellschaft oder Personengesellschaft (29) 36.634 D E
4	Bezeichnung des Spezial-Investmentfonds 36.601	
5	ISIN 36.603	
6	Steuernummer des Spezial-Investmentfonds 36.600	Wirtschafts-Identifikationsnummer des Spezial-Investmentfonds (29) 36.634
7	Die nachfolgenden Angaben der Anlage SPIFA ergeben sich aus der Feststellung vom	36.602
8	Eine Feststellung ist noch nicht erfolgt. (50)	36.610 — 1 = Ja

1254 In **Zeile 1** ist zunächst anzugeben, ob die in dieser Anlage SPIFA angegebenen Besteuerungsgrundlagen aus einer **Organ- oder Personengesellschaft** stammen. Dies erleichtert die Zuordnung und Auswertung der entsprechenden Feststellungsbescheide. Diesem Zweck dient auch die Erfassung der **Bezeichnung der Organgesellschaft oder der Personengesellschaft** in **Zeile 2** und die Erfassung der **Steuernummer** sowie der **Wirtschafts-Identifikationsnummer** der Organ- oder Personengesellschaft in **Zeile 3**. Zur Wirtschafts-Identifikationsnummer siehe → Rz. 68.

1255 In den folgenden Zeilen ist nun der Spezial-Investmentfonds zu bezeichnen, für den die Feststellungen getroffen werden. Dies ist notwendig, weil die Anrechnung der ausl. Steuer nicht staatenbezogen, sondern bezogen auf den Spezial-Investmentfonds erfolgt. Hierzu sind Besteuerungsgrundlagen aus der direkten Beteiligung am gleichen Spezial-Investmentfonds mit denen über Personen- und Organgesellschaften zusammenzufassen (→ Rz. 1235 und → Rz. 1238). Diese Zusammenfassung geschieht auf Basis der in den folgenden Zeilen getätigten Angaben.

1256 In **Zeile 4** ist die **Bezeichnung des Spezial-Investmentfonds** einzutragen, für die im folgenden Besteuerungsgrundlagen angegeben werden. Ergänzend hierzu ist in **Zeile 5** die International Securities Identification Number (**ISIN**) einzutragen. Diese wird i.d.R. auch für Spezial-Investmentfonds vergeben. Die eindeutige Zuordnung erfolgt jedoch über die in **Zeile 6** einzutragende **Steuernummer des Spezial-Investmentfonds**. Die Eintragung erfolgt im bundeseinheitlichen Steuernummernformat. Ebenfalls in Zeile 6 ist die **Wirtschafts-Identifikationsnummer des Spezial-Investmentfonds** einzutragen. Auch für diese wird eine Wirtschafts-Identifikationsnummer vergeben. Da Spezial-Investmentfonds meistens nicht über Umsatzsteuer-Identifikationsnummern verfügen, ist eher mit einer späteren Zuteilung zu rechnen. Zur Wirtschafts-Identifikationsnummer siehe → Rz. 68.

1257 Die Zeilen 7 und 8 sind alternativ auszufüllen. Wie bereits ausgeführt, werden die maßgebenden Besteuerungsgrundlagen gesondert und einheitlich festgestellt. Ist der Feststellungsbescheid zum Zeitpunkt der Erstellung der Körperschaftsteuererklärung bereits ergangen, ist das **Datum des Feststellungsbescheids** in **Zeile 7** einzutragen. Maßgebendes Datum ist das des Feststellungsbescheids nach § 180 Abs. 1 Nr. 2 Buchst. a AO oder des nach § 14 Abs. 5 KStG, nicht (!) jedoch das Datum des Feststellungsbescheids nach § 51 Abs. 1 InvStG (bzw. regelmäßig das Datum der Abgabe der Feststellungserklärung nach § 51 Abs. 2 i.V.m. § 51 Abs. 5 Satz 1 InvStG). Letzteres ist für die Feststellungsbescheide nach § 180 Abs. 1 Nr. 2 Buchst. a AO bzw. § 14 Abs. 5 KStG maßgeblich, nicht jedoch für die ihnen folgenden Körperschaftsteuer- bzw. Einkommensteuerfestsetzungen.

Falls **noch kein Feststellungsbescheid** nach § 180 Abs. 1 Nr. 2 Buchst. a AO bzw. § 14 Abs. 5 KStG ergangen ist, ist in **Zeile 8** eine „1" einzutragen.

Das FA ist von Amts wegen verpflichtet, den jeweils letzten Feststellungsbescheid zu berücksichtigen. Die Angaben in Zeilen 7 und 8 dienen zur Erleichterung des Abgleichs der angesetzten Besteuerungsgrundlagen mit den Feststellungsbescheiden.

3. Feststellungen, wenn der Anleger der unbeschränkten Körperschaftsteuerpflicht unterliegt (Zeilen 9–11)

	Feststellungen, wenn der Anleger der unbeschränkten Körperschaftsteuerpflicht unterliegt	EUR	Ct
9	Für die Steueranrechnung nach § 47 Absatz 1 InvStG maßgebende ausländische Einkünfte	36.621	
10	Für die Steueranrechnung nach § 47 Absatz 1 InvStG maßgebende ausländische Steuer	36.622	
11	Für den Steuerabzug nach § 47 Absatz 4 Satz 1 InvStG in Verbindung mit § 34c Absatz 2 EStG maßgebende ausländische Steuer	36.623	

1258 In diesem Block werden drei Besteuerungsgrundlagen erfasst, die für die Steueranrechnung bzw. den Abzug wichtig sind. Sie werden gleichartig auch für die Anrechnung bzw. den Abzug der ausl. Steuer über die Anlage AESt, die Anlage ZwiG und die Anlage SPIF erfasst.

1259 Ausgangspunkt für die Steueranrechnung sind die in **Zeile 9** einzutragenden **ausl. Einkünfte aus dem Spezial-Investmentfonds**, die der Körperschaft, für die die Steuererklärung ausgefüllt wird, zuzurechnen sind. Der hier einzutragende Wert ergibt sich bindend aus der gesonderten und einheitlichen Feststellung nach § 180 Abs. 1 Nr. 2 Buchst. a EStG (Personengesellschaften) bzw. § 14 Abs. 5 KStG (Organträger). Die Entscheidung über die Anwendung der Teilfreistellungssätze im Hinblick auf § 20 Abs. 1 Satz 4 oder 5 KStG (Lebens- und Krankenversicherungsunternehmen, Kreditinstitute und Pensionsfonds) wird auf Ebene dieser Feststellungen getroffen.

In **Zeile 10** ist die für die **Anrechnung maßgebende ausl. Steuer** anzugeben, die der Körperschaft, für die die Steuererklärung ausgefüllt wird, zuzurechnen sind. Schließlich werden die für einen etwaigen **Abzug maßgebenden ausl. Steuern** in **Zeile 11** eingetragen.

4. Zusätzliche Feststellungen für natürliche Personen bei Organgesellschaften (Zeilen 12–14)

	Nur bei Organgesellschaften: Feststellungen, wenn der Anleger der unbeschränkten Einkommensteuerpflicht unterliegt und die Spezial-Investmentanteile im Betriebsvermögen hält		
12	Für die Steueranrechnung nach § 47 Absatz 1 InvStG maßgebende ausländische Einkünfte	36.631	
13	Für die Steueranrechnung nach § 47 Absatz 1 InvStG maßgebende ausländische Steuer	36.632	
14	Für den Steuerabzug nach § 47 Absatz 4 Satz 1 InvStG in Verbindung mit § 34c Absatz 2 EStG maßgebende ausländische Steuer	36.633	

1260 Eine Körperschaft kann an Personengesellschaften beteiligt sein, wenn sie selbst Organgesellschaft ist. Sie kann sogar Organgesellschaft sein und gleichzeitig Organträger einer anderen Körperschaft sein. In diesen Fällen kann bei der Organgesellschaft keine Anrechnung erfolgen, da § 19 KStG die Anwendung von Tarifvorschriften auf die Ebene des (letzten) Organträgers verschiebt.

Da die FinVerw. i.R. der Organschaft das sog. Bruttoverfahren anwendet, d.h. Feststellungen ohne Kenntnis der Person, die letztlich die Besteuerungsgrundlagen versteuern muss, trifft, müssen auch Feststellungen zu natürlichen Personen getroffen werden. Diese können (i.d.R. mittelbar über eine Personengesellschaft) Besteuerungsgrundlagen als Organträger zu versteuern haben.

Handelt es sich bei der Körperschaft, für die die Steuererklärung ausgefüllt wird, um eine Organgesellschaft, müssen die im vorigen Abschnitt erfassten Angaben nochmal zusätzlich für natürliche Personen erfasst werden, die die Anteile im Betriebsvermögen halten. Die Angaben können sich unterscheiden, weil für natürliche Personen anderer Steuerbefreiungsvorschriften gelten als für Körperschaften. Die hier zu erfassenden Besteuerungsgrundlagen ergeben sich bindend aus den Feststellungsbescheiden nach § 180 Abs. 1 Nr. 2 Buchst. a AO und § 14 Abs. 5 KStG.

Die in **Zeile 12** einzutragenden **ausl. Einkünfte** entsprechen systematisch der Eintragung zu Zeile 9, nur eben mit den für natürliche Personen, die ihre Anteile im Betriebsvermögen halten, maßgebenden Ermittlungsvorschriften (→ Rz. 1259).

In **Zeile 13** ist die **ausl. Steuer** einzutragen, die für die Anrechnung maßgebend ist (→ Rz. 1259). In **Zeile 14** die ausl. Steuer, die für einen möglichen Abzug relevant ist (→ Rz. 1205). Die hier eingetragenen Werte fließen in die gesonderte Feststellung nach § 14 Abs. 5 KStG der Körperschaft, für die die Steuererklärung ausgefüllt wird und die gleichzeitig Organgesellschaft ist, mit ein. Im Rahmen der Feststellung nach § 14 Abs. 5 KStG werden alle ausl. Einkünfte und ausl. Steuern, die auf den Anlagen SPIF und SPIFA zum gleichen Spezial-Investmentfonds erklärt werden, zusammengefasst.

5. Anrechnung/Abzug ausländischer Steuern (Zeilen 20–21)

	Anrechnung/Abzug ausländischer Steuern	
15 bis 19 frei 20	Nicht bei Organgesellschaften: Der Antrag auf Abzug vom Einkommen nach § 47 Absatz 4 Satz 1 InvStG in Verbindung mit § 34c Absatz 2 EStG wird gestellt.	36.677 1 = Ja
21	Nicht bei Organgesellschaften: Nach § 47 Absatz 4 Satz 1 in Verbindung mit § 34c Absatz 2 EStG abzuziehende ausländische Steuer (wenn Antrag in Zeile 20 gestellt: Betrag laut Zeile 11)	EUR

Anlage SPIFA - Oktober 2025 - Version 2.9.1.0 Bekanntgabe

In **Zeile 20** kann das Antragsrecht auf Abzug der ausl. Steuern ausgeübt werden, vgl. § 34c Abs. 2 EStG. Nach § 47 Abs. 4 Satz 1 InvStG ist § 34c Abs. 2 EStG anzuwenden. Das Antragswahlrecht ist dabei einheitlich für alle ausl. Steuern aus einem Spezial-Investmentfonds (nicht aus einem Staat) auszuüben. Werden zum gleichen Spezial-Investmentfonds Anlagen SPIFA und SPIFA abgegeben, muss das Antragswahlrecht also in allen Fällen gleich ausgeübt werden. Ein Antrag ist nur möglich, wenn es sich nicht um eine Organgesellschaft handelt. Bei Organgesellschaften wird das Wahlrecht nach zutreffender Ansicht der FinVerw. erst auf Ebene des Organträgers ausgeübt. Bei Personengesellschaften wird auf die Erläuterung zu → Rz. 161 ff. verwiesen. **1261**

Die Anrechnung selbst wird in den Vordrucken nicht dargestellt. Hinsichtlich weiterer Erläuterungen zur Anrechnung siehe → Rz. 1238. Wird jedoch ein Abzug beantragt, wird der Betrag laut Zeile 11 in die **Zeile 21** übertragen und fließt von dort in den Abzug der ausl. Steuer in Zeile 20 der Anlage ZVE mit ein. **1262**

XX. Anlage Steuergestaltung (Zeilen 1–5)

Bezeichnung des Steuerpflichtigen

Steuernummer

2025

Anlage Steuergestaltung

☐ zur Steuererklärung

☐ zum Bescheid

Nutzung grenzüberschreitender Steuergestaltungen

Zeile	**Mitteilung einer grenzüberschreitenden Steuergestaltung**
	Es wird eine grenzüberschreitende Steuergestaltung nach §§ 138d folgende AO genutzt, deren steuerlicher Vorteil sich erstmals im laufenden Veranlagungszeitraum auswirken soll.
1	Laufende Nummer der Anlage (Für jede Steuergestaltung ist eine gesonderte Mitteilung zu erstatten.)
2	Registriernummer 36.397
3	Offenlegungsnummer 36.398
4	Es liegen noch keine Registriernummer und Offenlegungsnummer vor. 36.399 1 = Ja
5	Bezeichnung der Steuergestaltungen, soweit noch keine Registrier- und Offenlegungsnummer vorliegen

1263 Im VZ 2021 wurden die Angaben zu Steuergestaltungsmodellen aus der Anlage WA ausgegliedert und in eine eigene Anlage verschoben. Pro Steuergestaltungsmodell ist eine eigene Anlage abzugeben.

1264 In dieser Anlage sind grenzüberschreitende Steuergestaltungen einzutragen, für die eine Meldepflicht besteht und bei denen sich im laufenden VZ der steuerliche Vorteil erstmals auswirkt, vgl. § 138k AO. Durch die EU-Richtlinie 2018/822 war Deutschland zur Einführung einer solchen Mitteilungspflicht verpflichtet. Die Richtlinie ist wiederum Ausfluss der internationalen BEPS-Vereinbarungen (BEPS-Aktionspunkt 12 „Mandatory Disclosure Rules"). Im Folgenden wird ein kurzer Überblick über die Meldeverpflichtung gegeben.

Nach § 138d AO müssen grenzüberschreitende Steuergestaltungen an das Bundeszentralamt für Steuern (BZSt) gemeldet werden. Was eine grenzüberschreitende Steuergestaltung ist, bestimmt sich nach § 138d Abs. 2 und Abs. 3 und § 138e AO. Neben weiteren komplexen Regelungen ist Voraussetzung, dass die Steuergestaltung mindestens zwei Staaten betrifft, vgl. § 138d Abs. 2 Nr. 2 AO.

Meldeverpflichtet ist grundsätzlich derjenige, der die grenzüberschreitende Steuergestaltung für Dritte konzipiert, organisiert oder zur Nutzung bereitstellt oder ihre Umsetzung durch Dritte verwaltet (sog. „Intermediär"), vgl. § 138d Abs. 1 AO. Dies dürfte im Regelfall der steuerliche Berater sein. Da dieser in der Regel einer gesetzlichen Verschwiegenheitspflicht unterliegt, muss er den Nutzer über die Möglichkeit der Entbindung von der Schweigepflicht informieren und ihm weitere Informationen mitteilen (§ 138f Abs. 6 Satz 1 Nr. 1 und 2 AO). Entbindet der Nutzer den Intermediär nicht von einer bestehenden Schweigepflicht, geht die Meldepflicht auf den Nutzer der Steuergestaltung über, vgl. § 138f Abs. 6 Satz 1 AO. Entbindet der Nutzer den Intermediär für die Meldung jedoch von der Verschwiegenheitspflicht, bleibt der Intermediär meldeverpflichtet.

§ 138f Abs. 2 AO definiert drei für den Fristbeginn maßgebende Ereignisse:

1. die grenzüberschreitende Steuergestaltung wird zur Nutzung bereitgestellt,
2. der Nutzer der grenzüberschreitenden Steuergestaltung ist zu deren Umsetzung bereit oder
3. mindestens ein Nutzer der grenzüberschreitenden Steuergestaltung hat den ersten Schritt der Umsetzung dieser Steuergestaltung gemacht.

Tritt eines dieser Ereignisse ein, beginnt eine Frist von dreißig Tagen zur Meldung der grenzüberschreitenden Steuergestaltung an das BZSt. Meldepflichtig sind grenzüberschreitende Steuergestaltungen, in denen das erste der o.g. Ereignisse nach dem 30.6.2020 eingetreten ist, vgl. Art. 97 § 33 Abs. 1 EGAO. Nach Art. 97 § 33 Abs. 2 EGAO sind jedoch auch grenzüberschreitende Steuergestaltungen meldepflichtig, bei denen der erste Schritt der Umsetzung nach dem 25.6.2018 und vor dem 1.7.2020 gemacht wurde.

Die Meldung erfolgt mit elektronischem Datensatz an das BZSt und ist nicht Teil der Körperschaftsteuererklärung.[1] Zum Zeitpunkt der Erstellung der Körperschaftsteuererklärung muss die grenzüberschreitende Steuergestaltung bereits an das BZSt gemeldet worden sein.

Das BZSt teilt dem Intermediär für jeden eingegangenen Datensatz eine Registriernummer und eine Offenlegungsnummer mit, vgl. § 138f Abs. 5 AO. Mit der Registriernummer wird die grenzüberschreitende Steuergestaltung im Idealfall europaweit bezeichnet. Die Offenlegungsnummer bezeichnet dagegen den konkreten Fall (Nutzer), für den die Steuergestaltung genutzt wird. Registrier- und Offenlegungsnummer sind dem Nutzer, also der Körperschaft, für die die Steuererklärung ausgefüllt wird, mitzuteilen, vgl. § 138f Abs. 5 letzter Satz AO.

Neben der elektronischen Meldung an das BZSt muss der Stpfl. die grenzüberschreitende Steuergestaltung in der Steuererklärung, in der sich der **steuerliche Vorteil** der **grenzüberschreitenden Steuergestaltung erstmals auswirken soll**, angeben, vgl. § 138k Satz 1 AO. Diese Verpflichtung gilt für jede grenzüberschreitende Steuergestaltung selbständig. In diesem Abschnitt sind also nur Angaben zu machen, wenn sich der steuerliche Vorteil der konkreten grenzüberschreitenden Steuergestaltung erstmals im laufenden VZ auswirken soll. Durch das Wort „soll" wird angedeutet, dass es nicht darauf ankommt, ob sich der steuerliche Vorteil tatsächlich auswirkt. So kann es z.B. sein, dass der grenzüberschreitenden Steuergestaltung eine Rechtsauffassung zu Grunde liegt, die das FA nicht teilt und ggf. am Ende mit dieser Rechtsauffassung auch obsiegt. Der steuerliche Vorteil würde sich dann tatsächlich nicht auswirken, die Meldeverpflichtung nach § 138k AO wäre aber für den VZ gegeben, in dem sich der steuerliche Vorteil nach den Planungen desjenigen, der das Modell konzipiert hat, hätte auswirken sollen. **1265**

Es steht dem Stpfl. frei, mehrere grenzüberschreitende Steuergestaltungen zu realisieren. Pro Steuererklärung können sich folglich mehrere grenzüberschreitende Steuergestaltungen erstmalig auswirken. Aus diesem Grund sieht der elektronische Datensatz auch die Angabe mehrerer Meldungen vor. Wird die Steuererklärung auf Papier abgegeben, sollten entsprechende Angaben auf einem gesonderten Blatt erfolgen. Der Vordruck ist also pro grenzüberschreitender Steuergestaltung auszufüllen.

In **Zeile 2** ist die **Registriernummer der grenzüberschreiten Steuergestaltung** einzutragen. Die Registriernummer bezeichnet die grenzüberschreitende Steuergestaltung eindeutig. Sie entspricht der sog. „ArrangementID" der EU-Amtshilferichtlinie.[2] Sie muss zum Zeitpunkt der Erstellung der Steuererklärung grundsätzlich vorliegen (→ Rz. 1268). Über die Registriernummer sollen grenzüberschreitende Steuergestaltungen über mehrere Meldungen an das BZSt oder an die Behörden der anderen EU-Mitgliedsstaaten zusammengeführt werden können. Die Registriernummer wird durch das BZSt oder vergleichbare Behörden anderer EU-Mitgliedsstaaten zugeteilt, vgl. § 138f Abs. 4 Nr. 1 AO. Ist die Registriernummer bereits bekannt und wird die gleiche Gestaltung mehrmals verwendet, ist die Registriernummer bei der elektronischen Meldung an das BZSt anzugeben, vgl. § 138f Abs. 5 Satz 2 AO. Eine neue Registriernummer wird für eine solche Gestaltung nicht vergeben (allerdings eine neue Offenlegungsnummer). **1266**

Die Registriernummer ist 17-stellig und wie folgt aufgebaut:

Stellen	Beschreibung
1-2	Zweistelliger Ländercode nach ISO-3166-1 der Behörde, die die Registriernummer (ArrangementID) erstmals erteilt. Zulässige Werte sind momentan: AT – Österreich BE – Belgien BG – Bulgarien CY – Zypern CZ – Tschechien DE – Deutschland DK – Dänemark EE – Estland ES – Spanien FI – Finnland FR – Frankreich GR – Griechenland HR – Kroatien HU – Ungarn IE – Irland IT – Italien LT – Litauen LU – Luxemburg LV – Lettland MT – Malta NL – Niederlande PL – Polen PT – Portugal RO – Rumänien SE – Schweden

1) Weitere Informationen unter www.bzst.de.
2) Richtlinie 2011/16/EU v. 15.11.2011, ABl.EU 2011 Nr. L 64, 1 (EU-Amtshilferichtlinie), geändert durch die Richtlinie (EU) 2021/514 v. 22.3.2021, ABl.EU 2021 Nr. L 140, 1.

Stellen	Beschreibung
	SI – Slowenien SK – Slowakei
3	Immer ein „A" für ArrangementID
4-11	Das Datum der Zuteilung im Format JJJJMMDD, also z.B. 20221121 für den 21.11.2022.
12-17	Eine Kombination aus Großbuchstaben und Ziffern.

Es ist davon auszugehen, dass das FA mit der Registriernummer prüfen wird, ob sich die FinVerw. der rechtlichen Beurteilung des „Erfinders" der Steuergestaltung anschließt oder ob eine andere Rechtsauffassung vertreten wird.

1267 Die **Offenlegungsnummer** wird vom BZSt für jede elektronische Meldung zugewiesen und mitgeteilt. Einzutragen ist sie in **Zeile 3**. Sie ist aufgebaut, wie die Registriernummer, nur dass an der 3. Stelle ein „D" statt dem „A" einzufügen ist. Sie ist mit der „DisclosureID" der EU-Amtshilferichtlinie identisch.[1] Mit ihr kann die einzelne Meldung an das BZSt identifiziert werden. Welchen Nutzen diese Nummer für das FA hat, ist nicht ersichtlich.

1268 Ist die **Registrier- und Offenlegungsnummer noch nicht erteilt** worden, ist dies in **Zeile 4** zur Eintragung einer „1" kenntlich zu machen.

Praxishinweis:

Eine Eintragung in diesem Feld dürfte eigentlich niemals notwendig sein, da alle grenzüberschreitenden Steuergestaltungen an das BZSt meldepflichtig sind. Die Frist zur elektronischen Meldung an das BZSt beträgt lediglich 30 Tage nachdem die Gestaltung zur Nutzung bereitgestellt wurde, der Nutzer zur Umsetzung bereit ist oder den ersten Schritt zur Umsetzung getätigt hat, vgl. § 138f Abs. 2 AO. Die Meldung an das BZSt muss also weit vor Einreichung der Steuererklärung erfolgt sein, sodass bei Erstellung der Steuererklärung Registrier- und Offenlegungsnummer bekannt sein müssten. Wird eine meldepflichtige grenzüberschreitende Steuergestaltung vorsätzlich oder grob fahrlässig nicht innerhalb der Frist elektronisch gemeldet, ist dies als Ordnungswidrigkeit mit einem Bußgeld von bis zu 25 000 € bedroht, vgl. § 379 Abs. 2 und Abs. 7 AO.

Sollte im Ausnahmefall tatsächlich keine Registrier- oder Offenlegungsnummer vorhanden sein, ist das Steuergestaltungsmodell **in Zeile 5** zu beschreiben. Hier wird im Regelfall auf ein **gesondert zu übermittelndes Dokument zu verweisen** sein.

1) Richtlinie 2011/16/EU v. 15.11.2011, ABl.EU 2011 Nr. L 64, 1 (EU-Amtshilferichtlinie), geändert durch die Richtlinie (EU) 2021/514 v. 25.3.2021, ABl.EU 2021 Nr. L 140, 1.

XXI. Anlage Verluste

1. Anwendungsbereich des Vordrucks

Bezeichnung des Steuerpflichtigen / Steuernummer	Nicht zu verwenden in den Fällen des § 8 Absatz 9 KStG! Die mit einem Kreis versehenen Zahlen bezeichnen die Erläuterungen in der Anleitung zur Körperschaftsteuererklärung.	**Anlage Verluste** ☐ zur Steuererklärung ☐ zum Bescheid	**2025**

Verbleibender Verlustvortrag nach § 10d EStG in Verbindung mit § 31 Absatz 1 KStG

Die Anlage Verluste dient zuerst der Ermittlung des verbleibenden Verlustvortrags i.S.d. § 10d Abs. 4 Satz 2 EStG. **1269**
Außerdem wird auf der Anlage Verluste der Teil eines positiven Gesamtbetrags der Einkünfte des laufenden Jahres ermittelt, der mit einem evtl. bestehenden Verlustvertrag verrechnet wird (Verlustabzug). Insoweit ergänzt die Anlage Verluste die Anlage ZVE. Der zum Schluss des VZ verbleibende Verlustvortrag ist definiert als die bei der Ermittlung des Gesamtbetrags der Einkünfte des abgelaufenen VZ nicht ausgeglichenen negativen Einkünfte, vermindert um die im Wege des Verlustrücktrags nach § 10d Abs. 1 EStG abgezogenen und die im abgelaufenen VZ nach § 10d Abs. 2 EStG abziehbaren Beträge, vermehrt um den auf den Schluss des vorangegangenen VZ festgestellten verbleibenden Verlustvortrag, vgl. § 10d Abs. 4 Satz 2 EStG.

Ergänzt wird die Vorschrift durch § 57 Abs. 4 EStG, wonach der Verlustvortrag auch für Verluste anzuwenden ist, die in dem in Art. 3 des Einigungsvertragsgebiets genannten Gebiet im VZ 1990 entstanden sind.

Maßgeblichen Einfluss auf den verbleibenden Verlustvortrag hat § 8c KStG, wonach dieser ganz oder teilweise entfällt, wenn ein schädlicher Beteiligungserwerb vorliegt. Ab dem VZ 2016 ist der fortführungsgebundene Verlustvortrag nach § 8d KStG noch dazugekommen. Daneben ist im Falle der Abspaltung auf andere Körperschaften § 15 Abs. 3 UmwStG und im Falle der Abspaltung auf eine Personengesellschaft § 16 UmwStG zu beachten. Außerdem hat die Regelung des § 2 Abs. 4 Satz 3 ff. UmwStG maßgeblichen Einfluss auf die Verlustverrechnung, wenn ein übernehmender Rechtsträger im Rückwirkungszeitraum positive Einkünfte erzielt.

Die Anlage Verlust ist **abzugeben**, wenn ein **negativer Gesamtbetrag der Einkünfte** (Zeile 53 der Anlage ZVE) vorliegt oder zum Schluss des vorangegangenen VZ ein verbleibender Verlustvortrag gesondert festgestellt wurde und es sich bei der Körperschaft, für die die Steuererklärung ausgefüllt wird, nicht um einen Investmentfonds oder einen Spezial-Investmentfonds handelt. Investmentfonds und Spezial-Investmentfonds geben hierfür die Anlage Invest-Verluste (→ Rz. 684) ab.

Sie ist außerdem abzugeben, wenn ein Fall des § 2 Abs. 4 Satz 3 und 4 UmwStG vorliegt und positive Einkünfte des übertragenden Rechtsträgers nicht mit negativen Einkünften des übernehmenden Rechtsträgers verrechnet werden können. Diese negativen Einkünfte des übernehmenden Rechtsträgers fließen in einen verrechenbaren Verlustvortrag mit ein.

Keine Verwendung findet der zur Ermittlung des verbleibenden Verlustvortrags dienende Erklärungsabschnitt **in den Anwendungsfällen des § 8 Abs. 9 KStG**, in denen ein Verlustabzug nur innerhalb der jeweiligen Sparte in Betracht kommt. Hier ist die Berechnung unter Verwendung der gesonderten Anlage ÖHK (→ Rz. 1055) durchzuführen.

2. Anfangsbestand (Zeilen 11–18)

Zeile	**Anfangsbestand**	EUR
1 bis 10 frei		
11	Verbleibender Verlustvortrag zum Schluss des vorangegangenen Veranlagungszeitraums	
12 frei 13	Davon ab: Untergang des fortführungsgebundenen Verlustvortrags aufgrund eines schädlichen Ereignisses nach § 8d Absatz 2 KStG (Betrag laut Zeile 29)	
14	Dazu: Erhalt des fortführungsgebundenen Verlustvortrags nach § 8d Absatz 2 Satz 1 zweiter Halbsatz KStG durch entsprechende Anwendung des § 8c Absatz 1 Satz 5 bis 8 KStG bezogen auf die zum Schluss des vorangegangenen Veranlagungszeitraums vorhandenen stillen Reserven (höchstens Betrag laut Zeile 13; laut gesonderter Ermittlung) (74)	37.39
14a	Nur für Betriebe gewerblicher Art: Dazu: Zu übernehmender verbleibender Verlustvortrag (§ 8 Absatz 8 KStG) (11)	37.25
15	Davon ab: Nicht zu berücksichtigender Verlustvortrag nach § 8c KStG (gegebenenfalls in Verbindung mit § 2 Absatz 4 Satz 1, § 20 Absatz 6 Satz 4 UmwStG; laut gesonderter Ermittlung) (22) (74)	37.36
16	Davon ab: Verringerung des Verlustvortrags durch Abspaltung (§ 15 Absatz 3, § 16 UmwStG)	37.21
17	Zwischensumme	
18	Davon ab: Minderung des Verlustvortrags nach § 3a Absatz 3 Satz 2 Nummer 10 EStG (Betrag laut Zeile 21 der Anlage SAN)	37.54

1270 Die Ermittlung des verbleibenden Verlustvortrags knüpft in **Zeile 11** an den **zum Schluss des vorangegangenen VZ** nach § 31 Abs. 1 KStG i.V.m. § 10d Abs. 4 Satz 1 EStG **gesondert festgestellten verbleibenden Verlustvortrag** an. Einwendungen hiergegen können nur im Rechtsbehelfsverfahren gegen den als Grundlagenbescheid anzusehenden Feststellungsbescheid auf den Schluss des vorangegangenen VZs geltend gemacht werden.

1271 In **Zeile 13** ist der **Untergang des fortführungsgebundenen Verlusts** auf Grund eines schädlichen Ereignisses nach § 8d Abs. 2 KStG einzutragen. Hinsichtlich der Entstehung eines fortführungsgebundenen Verlustvortrags siehe → Rz. 1333 ff. Der Eintritt eines oder mehrerer schädlicher Ereignisse nach § 8d Abs. 2 KStG ist in Zeilen 13 und 14 der Anlage WA zu erklären. Erläuterungen zu den einzelnen schädlichen Ereignissen siehe → Rz. 1337. Ist ein schädliches Ereignis eingetreten, geht der zum Ende des vorangegangenen Jahres festgestellte fortführungsgebundene Verlust in voller Höhe unter, vgl. § 8d Abs. 2 Satz 1 erster Halbsatz KStG.

1272 Der fortführungsgebundene Verlust zum Ende des vorangegangenen VZ ergibt sich aus Zeile 29. Soweit zum Zeitpunkt des schädlichen Ereignisses stille Reserven bestanden, ist die Stille-Reserve-Klausel des § 8c KStG sinngemäß anzuwenden. Im Rahmen des § 8c KStG ist die Stille-Reserve-Klausel vor der Eintragung in Zeile 15 anzuwenden. Dort wird nur ein saldierter Wert eingetragen. Bei Anwendung der Stille-Reserve-Klausel auf den fortführungsgebundenen Verlustvortrag weicht der Vordruck hiervon ab. In einem ersten Schritt (Zeilen 13 und 30) fällt der fortführungsgebundene Verlustvortrag in voller Höhe weg, während im zweiten Schritt (Zeile 14) der auf Grund der stillen Reserven erhaltene Verluste wieder hinzuaddiert wird.

1273 In **Zeile 14** ist einzutragen, inwieweit ein lt. Zeile 13 auf Grund eines schädlichen Ereignisses wegfallender **Verlustvortrag** durch **stille Reserven i.S.d. § 8c Abs. 1 Satz 6 bis 9 KStG** gedeckt ist. Der Erhalt des Verlustvortrags wird im Vordruck nur für den normalen Verlustvortrag, nicht jedoch für den fortführungsgebundenen Verlust (Zeilen 29 ff.) abgebildet. Daraus folgt, dass bei einem schädlichen Ereignis ein fortführungsgebundener Verlust diese Eigenschaft insoweit verliert, als stille Reserven zu berücksichtigen sind.[1] Diese Vorgehensweise ist begünstigend, da so der durch stille Reserven gedeckte Verlustvortrag nicht mehr durch in späteren Jahren eintretende schädliche Ereignisse wegfallen kann.

1274 Im Fall der **Zusammenfassung von BgA** ist § 10d EStG auf den BgA anzuwenden, der sich durch die Zusammenfassung ergibt. Nicht ausgeglichene negative Einkünfte der einzelnen BgA aus der Zeit vor der Zusammenfassung können nicht beim zusammengefassten BgA abgezogen werden. Ebenso ist ein Rücktrag von Verlusten des zusammengefassten BgA auf die einzelnen BgA vor Zusammenfassung unzulässig. Ein bei einem BgA vor der Zusammenfassung festgestellter Verlustvortrag kann nur nach Maßgabe des § 10d EStG vom Gesamtbetrag der Einkünfte abgezogen werden, den dieser BgA nach Beendigung der Zusammenfassung erzielt (§ 8 Abs. 8 KStG).

Nicht ausgeglichene Verlustvorträge einzelner gleichartiger BgA aus der Zeit vor einer Zusammenfassung i.S.d. § 4 Abs. 6 Satz 1 Nr. 1 KStG können auch bei dem zusammengefassten BgA abgezogen werden. In diesem Fall sind die auf die VZ vor der Zusammenfassung entfallenden Verlustvorträge der bisher einzelnen gleichartigen BgA in **Zeile 14a** einzutragen.

1275 Da § 8c KStG auf alle Arten von nicht ausgeglichenen Einkünften und Verlustvorträgen wirkt, sind fortführungsgebundene Verlustvorträge auch dort möglich. Gerade wenn mehrere Verlustverrechnungskreise oder laufende negative Einkünfte bestehen, ist die Reihenfolge der Berücksichtigung stiller Reserven im Gesetz nicht geregelt. Nach Auffassung der FinVerw. ist die Nutzung stiller Reserven für mehrere Verlustverrechnungskreise nicht zulässig.[2] Stille Reserven sind zunächst zur Erhaltung eines laufenden Verlusts und danach in der gleichen Reihenfolge zum Erhalt von Verlustvorträgen zu verwenden, in der im Fall der Realisierung der stillen Reserven die Verluste aufgebraucht werden würden. Es empfiehlt sich, die Ermittlung und Zuordnung der stillen Reserven auf einer formlosen Anlage zu erläutern.

1276 In **Zeile 15** ist die Minderung des Verlustvortrags einzutragen, der auf Grund eines schädlichen Beteiligungserwerbs nach § 8c KStG wegfällt. Ein schädlicher Beteiligungserwerb liegt vor, wenn **innerhalb von fünf Jahren** mittelbar oder unmittelbar **mehr als 50 %**[3] des gezeichneten Kapitals, der Mitgliedschaftsrechte, Beteiligungsrechte oder der Stimmrechte an einer Körperschaft an **einen** Erwerber oder diesem nahestehende Personen **übertragen** werden oder ein vergleichbarer Sachverhalt vorliegt. Als **ein** Erwerber gilt auch eine Gruppe von Erwerbern mit gleichgerichteten Interessen (§ 8c Abs. 1 Satz 3 KStG). Eine Kapitalerhöhung steht der Übertragung des gezeichneten Kapitals gleich, soweit sie zu einer Veränderung der Beteiligungsquoten führt (§ 8c Abs. 1 Satz 4 KStG). Zu weiteren Einzelheiten vgl. auch BMF-Schreiben v. 28.11.2017.[4] Weitere Angaben zu § 8c KStG sind ab Zeile 11a der Anlage WA zu machen.

1277 Bei abweichendem Wj. ist die Kürzung der Verlustvorträge nach der Verwaltungsauffassung immer in dem VZ zu berücksichtigen, in dessen Kj, der schädliche Beteiligungserwerb fällt. In welchem VZ das Wj. berücksichtigt wird, ist – entgegen allen sonst üblichen Vorgehensweisen – nach der Verwaltungsauffassung unbeachtlich.[5] Dies gilt jedoch nur für die Verlustvorträge, für den laufenden, bis zum schädlichen Beteiligungserwerb entstandenen posi-

1) Vgl. Rz. 75 des BMF v. 18.3.2021, IV C 2 – S 2745-b/19/10002 :002, BStBl I 2021, 363.
2) BMF v. 28.11.2017, IV C 2 – S 2745-a/09/10002 :004, BStBl I 2017, 1645, Rz. 61.
3) Der anteilige Wegfall von Verlusten beim Erwerb von mehr als 25 % bis 50 % nach § 8c Abs. 1 Satz 1 KStG a.F. wurde durch das Gesetz zur Vermeidung von Umsatzsteuerausfällen beim Handel mit Waren im Internet und zur Änderung weiterer steuerlicher Vorschriften v. 11.12.2018, BGBl. I 2018, 2338 = BStBl I 2018, 1377 rückwirkend ab Einführung des § 8c KStG aufgehoben.
4) BMF v. 28.11.2017, IV C 2 – S 2745-a/09/10002 :004, BStBl I 2017, 1645.
5) BMF v. 28.11.2017, IV C 2 – S 2745-a/09/10002 :004, BStBl I 2017, 1645, Rz. 36.

tiven oder negativen Gesamtbetrag der Einkünfte bleibt es bei der Berücksichtigung in dem VZ, dem das jeweilige Wj. zugeordnet wird.

Nach § 8c Abs. 1 Satz 4 KStG (sog. „**Konzernklausel**") liegt jedoch kein schädlicher Beteiligungserwerb vor, wenn: **1278**

1. an dem übertragenden Rechtsträger der Erwerber zu 100 % mittelbar oder unmittelbar beteiligt ist oder
2. an dem übernehmenden Rechtsträger der Veräußerer zu 100 % mittelbar oder unmittelbar beteiligt ist oder
3. an dem übertragenden und an dem übernehmenden Rechtsträger dieselbe natürliche oder juristische Person oder dieselbe Personenhandelsgesellschaft zu jeweils 100 % mittelbar oder unmittelbar beteiligt ist.

Die Konzernklausel erleichtert die Übertragung von Beteiligungen innerhalb eines Konzerns.

Die in **§ 8c Abs. 1a KStG** enthaltene **Sanierungsklausel** wurde rückwirkend für schädliche Beteiligungserwerbe **1279**
nach dem 31.12.2007 in Kraft gesetzt.[1] Nach einem langjährigen Verfahren unter Beteiligung der Europäischen Kommission vor dem Gericht erster Instanz hat der EuGH schließlich entschieden, dass § 8c Abs. 1a KStG beihilferechtlich nicht zu beanstanden ist.[2] Die Sanierungsklausel soll es Unternehmen in der Krise trotz Gesellschafterwechsels ermöglichen, Verluste mit künftigen Gewinnen zu verrechnen.

Da die Sanierungsklausel von Amts wegen zu prüfen ist, ist sie der Anwendung des § 8d KStG vorrangig, der ein reiner Antragstatbestand ist. Ungelöst ist bisher das Verhältnis eines Sanierungsertrags nach § 3a EStG und dem Vorliegen der Sanierungsklausel nach § 8c Abs. 1a KStG. Da beide Vorschriften grundsätzlich[3] von Amts wegen anzuwenden sind, stellt sich hier die Frage des Anwendungsvorrangs.

Nach § 8c Abs. 1a Satz 1 KStG soll ein Beteiligungserwerb von mehr als 50 % innerhalb von fünf Jahren nun nicht mehr als schädlicher Beteiligungserwerb gelten, wenn dieser zum Zweck der Sanierung des Geschäftsbetriebs erfolgt. Eine Sanierung ist eine Maßnahme, die darauf gerichtet ist, die Zahlungsunfähigkeit oder Überschuldung zu verhindern oder zu beseitigen und zugleich die wesentlichen Betriebsstrukturen zu erhalten, vgl. § 8c Abs. 1a Satz 2 KStG. Keine Sanierung liegt vor, wenn die Körperschaft ihren Geschäftsbetrieb bei Erwerb im Wesentlichen eingestellt hat oder nach dem Beteiligungserwerb ein Branchenwechsel innerhalb eines Zeitraums von fünf Jahren erfolgt, vgl. § 8c Abs. 1a Satz 4 KStG. So sollen Mantelkäufe verhindert werden.

Das Gesetz knüpft die Erfüllung des Tatbestandsmerkmals der Erhaltung der wesentlichen Betriebsstrukturen an folgende Bedingungen:

1. Die Körperschaft befolgt eine geschlossene Betriebsvereinbarung mit einer Arbeitsplatzregelung oder
2. die Summe der maßgebenden jährlichen Lohnsumme der Körperschaft unterschreitet innerhalb von fünf Jahren nach dem Beteiligungserwerb nicht das Vierfache der Ausgangslohnsumme (→ Rz. 1280) oder
3. der Körperschaft wird durch Einlagen wesentliches Betriebsvermögen zugeführt (→ Rz. 1281).

Dabei genügt es, wenn eine der drei genannten Bedingungen erfüllt wird, vgl. § 8c Abs. 1a Satz 3 KStG.

Hinsichtlich der Lohnsummenregelung sind weitere Vorschriften zu beachten. Nach § 8c Abs. 1a Satz 3 Nr. 2 KStG **1280**
sind § 13a Abs. 1 Satz 3 und 4 und Abs. 4 ErbStG sinngemäß anzuwenden. Durch das Gesetz zur weiteren steuerlichen Förderung der Elektromobilität und zur Änderung weiterer steuerlicher Vorschriften[4] wurde mittlerweile klargestellt, dass es sich um das Erbschaftsteuergesetz in der Fassung des Gesetzes vom 24.12.2008 handelt, mithin also die alte erbschaftsteuerliche Regelung für die Sanierungsklausel weiter gilt.

Die Zuführung von wesentlichem Betriebsvermögen ist in § 8c Abs. 1a Satz 3 Nr. 3 Satz 2 KStG näher definiert als **1281**
Zuführung von neuem Betriebsvermögen von mindestens 25 % des in der Steuerbilanz zum Schluss des dem Erwerb vorausgehenden Wj. bilanzierten Vermögens. Die Zuführung muss innerhalb von zwölf Monaten nach dem Beteiligungserwerb erfolgen. Bei nicht vollständigem Erwerb der Körperschaft genügt auch eine anteilige Vermögenszuführung, vgl. § 8c Abs. 1a Satz 3 Nr. 3 Satz 3 KStG. Das zugeführte Betriebsvermögen darf nicht innerhalb von fünf Jahren nach dem Erwerb wieder ausgeschüttet werden, vgl. § 8c Abs. 1a Satz 3 Nr. 4 Satz 5 KStG.

Ist die Sanierungsklausel erfüllt, sind die negativen Rechtsfolgen des § 8c Abs. 1 Satz 1 KStG nicht zu ziehen, d.h., Verlustvorträge bleiben bestehen und laufende negative Einkünfte bleiben abzugsfähig. Entsprechende Erklärungen sind in der Steuererklärung nicht möglich, weil das Gesetz zur Vermeidung von Umsatzsteuerausfällen beim Handel mit Waren im Internet und zur Änderung weiterer steuerlicher Vorschriften[5] erst nach der Freigabe der Erklärungsvordrucke verabschiedet wurde. Es empfiehlt sich, das FA auf das Vorliegen der Voraussetzungen der Sanierungsklausel gesondert hinzuweisen.

1) Vgl. Art. 6 Nr. 2 des Gesetzes zur Vermeidung von Umsatzsteuerausfällen beim Handel mit Waren im Internet und zur Änderung weiterer steuerlicher Vorschriften v. 11.12.2018, BGBl. I 2018, 2338 = BStBl I 2018, 1377.
2) EuGH v. 28.6.2018, C-203/16 P, HFR 2018, 744.
3) Bei § 3a EStG gilt dies erst für Schuldenerlasse nach dem 28.2.2017. Für Schuldenerlasse bis zu diesem Zeitpunkt ist § 3a EStG nur auf Antrag anzuwenden, vgl. § 52 Abs. 4a Satz 3 EStG.
4) BGBl. I 2019, 2451 = BStBl I 2020, 17.
5) BGBl. I 2018, 2338 = BStBl I 2018, 1377.

1282 Liegt ein schädlicher Beteiligungserwerb vor (Erwerb von mehr als 50 %), gehen die nicht ausgeglichenen oder abgezogenen Einkünfte in voller Höhe unter (§ 8c Abs. 1 Satz 2 KStG). Erwerbe von mehr als 25 % bis 50 % führen nach der Aufhebung des § 8c Abs. 1 Satz 1 KStG[1] nicht mehr – auch nicht mehr anteilig – zum Untergang von Verlusten.

Beratungshinweis:

Das BVerfG hat § 8c Abs. 1 Satz 1 KStG a.F. für die VZ vor Einführung des § 8d KStG (also einschließlich VZ 2015) für unvereinbar mit Art. 3 GG erklärt. § 8c Abs. 1 Satz 1 KStG ordnete den anteiligen Untergang von Verlusten und laufenden negativen Einkünften für schädliche Beteiligungserwerbe von 25-50 % an. Als Reaktion hierauf hat der Gesetzgeber § 8c Abs. 1 Satz 1 KStG a.F. aufgehoben. Da die inhaltliche Begründung der Durchbrechung des Trennungsprinzips ohne hinreichenden Grund (Missbrauchsregelung) auch für den Erwerb von mehr als 50 % der Anteile gilt, hat das FG Hamburg dem BVerfG[2] die Frage vorgelegt, ob der vollständige Untergang von Verlusten und laufenden negativen Einkünften auch bei Erwerben von mehr als 50 % ebenfalls verfassungswidrig ist (Az.: 2 BvL 19/17). In einschlägigen Fällen sollte auf jeden Fall Einspruch eingelegt werden. Einsprüche ruhen nach § 363 Abs. 2 Satz 2 AO.

1283 Entsteht im laufenden VZ bis zum schädlichen Beteiligungserwerb ein positiver Gesamtbetrag der Einkünfte, kann dieser noch mit einem bestehenden Verlustvortrag unter Berücksichtigung der Mindestbesteuerung verrechnet werden.[3] Dies ist insofern problematisch, als der bis zum schädlichen Beteiligungserwerb erzielte Gesamtbetrag der Einkünfte grundsätzlich nicht ermittelt wird. Vielmehr wird der Gesamtbetrag der Einkünfte für den ganzen VZ in der Steuererklärung ermittelt. Um den bis zu einem schädlichen Beteiligungserwerb entstandenen fiktiven Gesamtbetrag der Einkünfte korrekt ermitteln zu können, muss ein Zwischenabschluss auf den Stichtag des schädlichen Beteiligungserwerbs und darauf aufbauend eine komplett eigenständige Ermittlung des Gesamtbetrags der Einkünfte erstellt werden. Soweit dies nicht geschieht, kann der bis zum schädlichen Beteiligungserwerb entstandene Gesamtbetrag der Einkünfte aber auch – sachlich und wirtschaftlich begründet – geschätzt werden (z.B. durch betriebswirtschaftliche Auswertung oder aber durch zeitanteilige Aufteilung).[4] Ein bis zum schädlichen Beteiligungserwerb erzielter positiver Gesamtbetrag der Einkünfte kann mit noch nicht genutzten Verlusten der Vorzeit verrechnet werden.[5]

Obwohl es die logische Schlussfolgerung wäre, einen positiven Gesamtbetrag der Einkünfte mit dem Verlustvortrag noch zu verrechnen, wenn der schädliche Beteiligungserwerb auf das Ende des Kj. (und erst recht auf das Ende eines abweichenden Wj.) fällt, soll dies nach der Veraltungsauffassung nicht möglich sein.[6]

Beratungshinweis:

Die Ansicht der FinVerw., bei schädlichem Beteiligungserwerb zum Ende des VZ könne ein positiver Gesamtbetrag der Einkünfte nicht mehr mit dem Verlustvortrag verrechnet werden, während bei Erwerb einen Tag vorher ein Gesamtbetrag der Einkünfte bis zum schädlichen Beteiligungserwerb noch voll verrechnet werden kann, entbehrt einer tragfähigen Begründung. In gleichgelagerten Fällen sollte ein Rechtsbehelf in Betracht gezogen werden. Vorbeugend empfiehlt es sich, beim Erwerb von Anteilen an Kapitalgesellschaften darauf zu achten, dass der Zeitpunkt dinglichen Eigentumsübergangs vor Ende des Kj./Wj. vereinbart wird.

Beispiel:

Die V-GmbH hat einen vortragsfähigen Verlust von 17 Mio. €. Im laufenden VZ erzielt sie einen Jahresüberschuss von 1,2 Mio. €. Außerbilanzielle Korrekturen sollen aus Vereinfachungsgründen nicht vorliegen. Zum 1.4. des laufenden Jahres tritt ein schädlicher Beteiligungserwerb i.H.v. 100 % der Anteile ein. Einzelabschlüsse auf den Zeitpunkt des schädlichen Beteiligungserwerbs liegen nicht vor. Stille Reserven liegen ebenfalls nicht vor.

Die Einkünfte des laufenden Jahres sind mangels eines besseren Maßstabs zeitanteilig aufzuteilen. Auf den Zeitraum vor dem schädlichen Beteiligungserwerb entfallen demnach 3/12 = 300 000 €, auf die Zeit danach 900 000 €.

Nach dem BFH-Urteil v. 30.11.2011[7] sind die positiven Einkünfte bis zum Zeitpunkt des schädlichen Beteiligungserwerbs noch mit dem Verlustvortrag zu verrechnen. Obwohl nach § 8c Abs. 1 Satz 2 KStG der Vortrag in voller Höhe wegfällt, darf in Zeile 15 nur ein Betrag von 16,7 Mio. € eingetragen werden. Die verbleibenden 300 000 € des Verlustvortrags können im weiteren Verlauf des Vordrucks (Zeile 22) mit den positiven Einkünften des Jahres (insgesamt 1,2 Mio. €) verrechnet werden. Durch die Eintragung von 16,7 Mio. € in Zeile 13 wird sichergestellt, dass nicht mehr als dieser Betrag zur Verlustverrechnung verwendet wird. Der hier vertretene Lösungsvorschlag lässt einen vollständigen Ausgleich der verbleibenden 300 000 € zu.

Denkbar wäre jedoch auch, die Regelungen zur Mindestbesteuerung nur zeitanteilig anzuwenden. Dann wäre der verbleibende Verlust von 300 000 € nur i.H.v. 3/12 von 1 Mio. € (250 000 €) unbegrenzt abziehbar. Vom Restbetrag von 50 000 € wären nur noch 60 %, d.h. 30 000 €. 20 000 € könnten nicht verrechnet werden und würden das Schicksal der übrigen Verluste (Wegfall) teilen. Vertritt man diese Auffassung, muss – um zum richtigen Ergebnis zu gelangen – in Zeile 15 ein Betrag von 16,72 Mio. € eingetragen werden.

1284 Besteht ein Verlustvortrag nach § 10d EStG und liegt im VZ ein schädlicher Beteiligungserwerb vor, bleibt dieser ausgleichsfähig, soweit er die vorhandenen (bei § 8c Abs. 1 Satz 1 KStG anteiligen) stillen Reserven im Zeitpunkt des schädlichen Beteiligungserwerbs nicht übersteigt. Da § 8c KStG nicht nur auf Verluste und Verlustvorträge nach § 10d EStG wirkt, sondern auf alle Arten von Verlustverrechnungsbeschränkungen und auf den Zinsvortrag, war bisher unklar, in welcher Reihenfolge stille Reserven zum Erhalt von Verlustvorträgen zu verwenden sind. Die FinVerw. vertritt hierzu mittlerweile die Auffassung, dass stille Reserven in der Reihenfolge zu verrechnen sind,

1) Geändert durch Art. 6 Nr. 2 des Gesetzes zur Vermeidung von Umsatzsteuerausfällen beim Handel mit Waren im Internet und zur Änderung weiterer steuerlicher Vorschriften v. 11.12.2018, BGBl. I 2018, 2338 = BStBl I 2018, 1377.
2) FG Hamburg v. 29.8.2017, 2 K 245/17, EFG 2017, 1906 (Az. beim BVerfG: 2 BvL 19/17).
3) BFH v. 30.11.2011, I R 14/11, BStBl II 2012, 360; Rz. 33 des BMF v. 28.11.2017, BStBl I 2017, 1645.
4) Rz. 35 des BMF v. 28.11.2017, IV C 2 – S 2745-a/09/10002 :004, BStBl I 2017, 1645.
5) BFH v. 30.11.2011, I R 14/11, BStBl II 2012, 360.
6) Rz. 33 des BMF v. 28.11.2017, IV C 2 – S 2745-a/09/10002 :004, BStBl I 2017, 1645.
7) BFH v. 30.11.2011, I R 14/11, BStBl II 2012, 360.

in der sie bei ihrer Realisierung verrechnet werden würden.[1] Laufende Verluste sind vor den Verlustvorträgen zu erhalten.[2] Es empfiehlt sich, die Wirtschaftsgüter/Beteiligungen, in denen stille Reserven enthalten sind, auf einer formlosen Anlage zu erläutern und die Details der Wertfindung der FinVerw. zu übermitteln.

Ist im VZ ein schädlicher Beteiligungserwerb eingetreten und ist die Konzernklausel nicht erfüllt, ist der in Zeile 15 einzutragende Wert nach folgendem Schema zu ermitteln: **1285**

	nach § 8c Abs. 1 Satz 1 und 2 KStG wegfallender Verlustvortrag (Betrag lt. Zeile 11)
./.	bis zum schädlichen Beteiligungserwerb realisierter positiver Gesamtbetrag der Einkünfte des laufenden VZ, soweit dieser mit dem Verlustvortrag zu verrechnen ist (→ Rz. 1278)
	Zwischensumme
./.	stille Reserven, soweit diese beim Verlustvortrag nach § 10d EStG zu berücksichtigen sind (→ Rz. 1284)
=	in Zeile 15 einzutragender Wert

In den Vordrucken wird zwischen dem Wegfall des Verlustvortrags (Eintrag in Zeile 15) und den im laufenden VZ erzielten negativen Einkünfte (Verluste, negativer Gesamtbetrag der Einkünfte) getrennt. Nicht zu verrechnende negative Einkünfte des laufenden Jahres sind in Zeile 37 der Anlage ZVE einzutragen.

Im Fall der **Abspaltung** mindert sich dieser Betrag bei der übertragenden Körperschaft noch in dem Verhältnis, in dem bei Zugrundelegung des gemeinen Werts das Vermögen auf eine andere Körperschaft oder eine Personengesellschaft übergeht (§ 15 Abs. 3, § 16 UmwStG). Dieser **Kürzungsbetrag** ist **in Zeile 16** in Abzug zu bringen. Hinsichtlich der Verrechnung eines bis zum Abspaltungsstichtag entstandenen positiven Gesamtbetrags der Einkünfte ist wie bei § 8c KStG zu verfahren (→ Rz. 1283). **1286**

Beratungshinweis:

In Fällen der Verschmelzung oder Aufspaltung geht der übertragende Rechtsträger unter. Ein verbleibender Verlustvortrag kann somit nicht mehr genutzt werden und ist daher gegenstandslos.

Wenn die Körperschaft im laufenden VZ einen Schuldenerlass zum Zwecke einer unternehmensbezogenen Sanierung erhalten hat (Sanierungsertrag) ist dieser nach § 3a Abs. 1 EStG grundsätzlich steuerfrei. Er mindert jedoch nach Abzug der im Zusammenhang stehenden Betriebsausgaben nach dem in § 3a Abs. 3 EStG festgelegten Schema Verlustvorträge. Die Minderung der Verlustvorträge und sonstigen jahresübergreifende Vorträge sind auf der Anlage SAN (→ Rz. 1193) abgebildet. Soweit der **verbleibende Sanierungsertrag den Verlustvortrag nach § 10d EStG mindert**, ist dieser in **Zeile 18** einzutragen. **1287**

3. Negativer Gesamtbetrag der Einkünfte (Zeilen 19–21)

	Negativer Gesamtbetrag der Einkünfte	
19	Dazu: Berücksichtigungsfähiger Verlust des laufenden Veranlagungszeitraums (negativer Betrag laut Zeile 53 der Anlage ZVE oder wenn Betrag laut Zeile 51 Vorspalte der Anlage ZVE negativ: Betrag laut Zeile 51 Vorspalte der Anlage ZVE)	
19a	Davon ab: Minderung der negativen Einkünfte nach § 3a Absatz 3 Satz 2 Nummer 12 EStG aufgrund eines Sanierungsertrags in 2024	37.55
19b	Davon ab: Minderung der negativen Einkünfte nach § 3a Absatz 3 Satz 2 Nummer 12 EStG aufgrund eines Sanierungsertrags in 2023	37.56
20	Davon ab: Verlustrücktrag auf das Einkommen 2024 und 2023 (höchstens 1 Million €; bei Verzicht auf den Verlustrücktrag: Eintrag mit 0) ⑩	37.28
21	Zwischensumme	

In **Zeile 19** ist der **steuerliche Verlust des VZ** zu erfassen. Er entspricht im Regelfall dem negativen Gesamtbetrag der Einkünfte lt. Zeile 53 der Anlage ZVE. Er erhöht den verbleibenden Verlustvortrag, soweit er nicht in das Vorjahr zurückgetragen wird. Dies gilt jedoch nicht in den Fällen, in denen die Körperschaft, für die die Steuererklärung auszufüllen ist, übernehmender Rechtsträger ist und im Rückwirkungszeitraum positive Einkünfte erzielt, die nicht mit laufenden negativen Einkünften des übernehmenden Rechtsträgers verrechnet werden dürfen, vgl. § 2 Abs. 4 Satz 3 und 4 UmwStG. In diesen Fällen muss der Verlustvortrag um den nicht mit den positiven Einkünften im Rückwirkungszeitraum verrechneten Betrag erhöht werden, da § 2 Abs. 4 Satz 3 und 4 KStG nur den Ausgleich mit laufenden Verlusten bzw. die Verrechnung mit einem Verlustvortrag verbietet, nicht jedoch die Verrechnung eines laufenden Verlusts mit Gewinnen in späteren VZ. Der Betrag kann aus der Vorspalte der Zeile 51 der Anlage ZVE übernommen werden. **1288**

1) Rz. 63 des BMF v. 28.11.2017, IV C 2 – S 2745-a/09/10002 :004, BStBl I 2017, 1645.
2) Rz. 62 des BMF v. 28.11.2017, IV C 2 – S 2745-a/09/10002 :004, BStBl I 2017, 1645.

Beispiel:

Die Körperschaft, für die die Steuererklärung zu erstellen ist, erzielt einen Verlust lt. Steuerbilanz von 1 Mio. €. Darin enthalten sind positive Einkünfte im Rückwirkungszeitraum i.H.v. 200 000 €, die der Körperschaft als übernehmender Rechtsträger in einem Umwandlungsvorgang zuzurechnen sind. Außerbilanzielle Korrekturen liegen aus Vereinfachungsgründen nicht vor. Ein Verlustvortrag zum Ende des vorangegangenen VZ besteht nicht.

Im Ausgangswert lt. Zeile 46 wurden die positiven Einkünfte im Rückwirkungszeitraum mit den laufenden Einkünften der Körperschaft bereits berücksichtigt. Das eigene Ergebnis der Körperschaft beträgt -1,2 Mio. € (1 Mio. € lt. Zeile 46 der Anlage ZVE erhöht um die positiven Einkünfte im Rückwirkungszeitraum von 200 000 € (Zeile 48 der Anlage ZVE)). Dieses wird in Zeile 51 der Anlage ZVE hinzugerechnet, sodass die Körperschaft lt. Zeile 53 der Anlage ZVE einen Betrag von 200 000 € zu versteuern hat. Zum Ende des VZ ist ein Verlustvortrag i.H.v. 1,2 Mio. € festzustellen.

1289 Kommt es zur Steuerbefreiung eines Sanierungsgewinns nach § 3a EStG, mindert ein verbleibender Sanierungsertrag die negativen Einkünfte des Folgejahres. In **Zeile 19a** ist also ein **verbleibender Sanierungsertrag des vorangegangenen VZ** einzutragen, wenn im laufenden Jahr ein Verlust entsteht. Der hier maximal zu berücksichtigende Wert ergibt sich aus Zeile 36 der Anlage SAN des Vorjahres. Die Eintragung hat zur Folge, dass insoweit kein Verlustvortrag festgestellt wird. Wurde ein verbleibender Sanierungsertrag im Vorjahr zu Verrechnung an nahestehende Personen oder an den Organträger weitergeleitet, sind die entsprechenden Steuerfestsetzungen oder die Feststellung nach § 14 Abs. 5 KStG auf Grund eines rückwirkenden Ereignisses zu ändern.

Ab dem VZ 2022 (Verlustentstehungsjahr) hat der Gesetzgeber den zweijährigen Verlustrücktrag eingeführt.[1)] In diesem Zuge wurde auch § 3a Abs. 3 Satz 2 Nr. 12 EStG angepasst und auf zwei Jahre erweitert. In **Zeile 19b** ist daher der sich aus der Anlage SAN des **zweiten vorangegangenen VZ in Zeile 37b gekürzte Verlust** hier einzutragen.

1290 **Zeile 20** dient der Erfassung des **Verlustrücktrags auf das Einkommen des vorangegangenen und des zweiten vorangegangenen VZ**. Der hier eingetragene Wert wird wieder vom Verlustvortrag abgezogen, da er – weil zurückgetragen – für künftige VZ nicht mehr zur Verrechnung zur Verfügung steht. Der Verlustrücktrag ist von Amts wegen vorzunehmen, d.h., wenn ein Verlust entsteht und in dieser Zeile keine Eintragung erfolgt, ist das FA verpflichtet, den Verlust soweit möglich auf die vorangegangenen beiden VZ zurückzutragen.

Es ist ab dem VZ 2022 nur noch möglich auf den Verlustrücktrag in voller Höhe zu verzichten, vgl. § 10d Abs. 1 Satz 6 EStG. Soll auf den Verlustrücktrag verzichtet werden, ist in Zeile 20 eine „0" einzutragen.

Beratungshinweis:

Ein vollständiger Verzicht auf die Geltendmachung eines Verlustrücktrags ist stets dann zu empfehlen, wenn andernfalls die Berücksichtigung eines Verlustrücktrags mangels steuerlicher Entlastung ins Leere ginge.

Dies würde z.B. eintreten, wenn die Belastung mit inl. Körperschaftsteuer auch ohne Verlustrücktrag durch Anrechnung ausl. Steuern in gleicher Höhe auf 0 € reduziert werden könnte. Durch den Wegfall der Möglichkeit auf einen teilweisen Verzicht auf den Verlustrücktrag sind nur noch wenige Fälle des Verzichts auf den Verlustrücktrag sinnvoll.

Soll der Verlust jedoch zurückgetragen werden, ist der Verlustrücktrag auf mehrere Weisen beschränkt:

1. Der Verlustrücktrag darf (für beide Jahre) maximal 1 Mio. €[2)] betragen. Ist der tatsächliche Verlust des laufenden Jahres (Betrag lt. Zeile 19) größer als 1 Mio. € ist der rücktragbare Verlust in einem ersten Schritt auf 1 Mio. € zu begrenzen.
2. Als nächstes ist zu prüfen, wie hoch der Gesamtbetrag der Einkünfte des vorangegangenen Jahres ist (Betrag lt. Zeile 53 der Anlage ZVE des Vorjahres). Soweit der rücktragbare Verlust kleiner oder gleich dem Gesamtbetrag der Einkünfte des vorangegangenen Jahres ist, ist das Einkommen des vorangegangenen Veranlagungszeitraums zu mindern. In Zeile 20 des laufenden Jahres ist dann der Minderungsbetrag des Vorjahres einzutragen. Soweit der rücktragbare Verlust größer als der Gesamtbetrag der Einkünfte des vorangegangenen Jahres ist, ist das Einkommen des vorangegangenen Jahres in voller Höhe zu mindern. Der übersteigende Betrag ist auf den zweiten vorangegangenen VZ zurückzutragen (Restbetrag). Falls der Gesamtbetrag der Einkünfte des vorangegangenen Jahres negativ ist, ist zu prüfen, ob der rücktragbare Verlust noch in den zweiten vorangegangenen Veranlagungszeitraum zurückzutragen ist (Restbetrag).
3. Verbleibt ein Restbetrag, ist zu prüfen, ob der Gesamtbetrag der Einkünfte des zweiten vorangegangenen Veranlagungszeitraums negativ ist. Falls ja, kann nichts in den zweiten vorangegangenen Veranlagungszeitraum zurückgetragen werden. Der in Zeile 20 einzutragende Wert beschränkt sich auf den für den vorangegangenen Veranlagungszeitraum rücktragbaren Betrag. Soweit ein positiver Gesamtbetrag der Einkünfte im zweiten vorangegangenen Veranlagungszeitraum vorliegt, kann der Restbetrag mit ihm verrechnet werden. Der in Zeile 20 einzutragende Wert entspricht der Summe der für die beiden vorangegangenen VZ abziehbaren Beträge.

Praxishinweis:

Der Verlustrücktrag ist von Amts wegen vorzunehmen. Die FinVerw. hat bisher durch Plausibilitätsregeln im elektronischen Datensatz die Angabe der Höhe des Verlustrücktrags erzwungen, wenn negative Einkünfte vorlagen. Für die alte Rechtslage war dies auch sinnvoll, weil der Verlustrücktrag auch der Höhe nach beschränkt werden konnte und dadurch eine umständliche Nachfrage vermieden werden konnte. Nach der neuen Rechtslage ist der Verzicht auf den Verlustrücktrag für den Steuerpflichtigen nur noch

1) Vgl. Art. 3 Nr. 5 des Vierten Gesetzes zur Umsetzung steuerlicher Hilfsmaßnahmen zur Bewältigung der Corona-Krise (Viertes Corona-Steuerhilfegesetz) v. 19.6.2022, BGBl. I 2022, 911 = BStBl I 2022, 931.

2) Die für die VZ 2022 bis 2023 geltende Grenze von 10 Mio. € wurde durch Art. 4 des Vierten Corona-Steuerhilfegesetzes v. 19.6.2022, BGBl. I 2022, 911 = BStBl I 2022, 931 wieder auf die vorher geltende 1 Mio. € herabgesetzt.

selten angeraten. Bei der Eintragung einer „0" in Zeile 20 kann nun nicht mehr differenziert werden, ob auf den Verlustrücktrag verzichtet werden soll oder ob auf Grund der aktuellen Datenlage der tatsächliche Verlustrücktrag 0 beträgt (z.B., weil beide vorangegangene Vorjahre auch negative Gesamtbeträge der Einkünfte aufwiesen). In Änderungsfällen kann es zur Änderung der relevanten Parameter kommen, sodass ein Verlustrücktrag auf einmal wieder sinnvoll erscheint. In diesen Fällen sollte in Änderungsanträgen gegenüber der FinVerw. klargestellt werden, ob ein Verlustrücktrag gewünscht wird oder verzichtet wird.

Die **Zwischensumme** in **Zeile 21** enthält den verbleibenden Verlustvortrag vor Verrechnung mit einem positiven Gesamtbetrag der Einkünfte.

4. Positiver Gesamtbetrag der Einkünfte und Endbestand (Zeilen 22–28)

	Positiver Gesamtbetrag der Einkünfte	EUR	
22	Positiver Gesamtbetrag der Einkünfte (positiver Betrag laut Zeile 53 der Anlage ZVE)		
23	Im Falle von Umwandlungen mit steuerlicher Rückwirkung beim übernehmenden Rechtsträger: Davon ab: Im Betrag laut Zeile 22 enthaltene positive Einkünfte des übertragenden oder einbringenden Rechtsträgers im Rückwirkungszeitraum (vergleiche § 2 Absatz 4 Satz 3 und 4 UmwStG) - Summe der Beträge laut Zeilen 48 bis 50 Vorspalte der Anlage ZVE		
24	Zwischensumme		
25	Davon ab: Niedrigerer Betrag aus Zeile 21 und 24, höchstens 1 Million € (Übertrag des Betrages laut Hauptspalte nach Zeile 56 der Anlage ZVE)	▸	
26	Zwischensumme		
27	Davon ab: Betrag laut Zeile 26 Hauptspalte, höchstens 70 % des Betrages laut Zeile 26 Vorspalte (Übertrag des Betrages laut Hauptspalte nach Zeile 56 der Anlage ZVE)		
	Endbestand		
28	Verbleibender Verlustvortrag zum Schluss des Veranlagungszeitraums		

Anlage Verluste - Oktober 2025 - Version 2.9.1.0 Bekanntgabe

Die nachfolgenden Zeilen 22 bis 27 dienen der Verrechnung eines positiven Gesamtbetrags der Einkünfte mit **1291**
einem verbleibenden Verlustvortrag lt. Zeile 21 unter Beachtung der in § 10d Abs. 2 EStG enthaltenen Vorschriften zur Mindestbesteuerung. Diese Berechnung erfolgt in zwei Rechenschritten.

Hierzu ist zunächst in die **Vorspalte der Zeile 22** ein positiver Gesamtbetrag der Einkünfte aus Zeile 53 der Anlage ZVE zu übertragen, den man sinngemäß zu Zeile 19 als „steuerlichen Gewinn" bezeichnen könnte. Ist die Körperschaft, für die die Steuererklärung auszufüllen ist, übernehmender Rechtsträger und sind ihr im Rückwirkungszeitraum positive Einkünfte zuzurechnen, die nicht mit laufenden Verlusten verrechnet worden sind, kommt es zum Vorliegen eines steuerlichen Verlusts (Zeile 19) und eines steuerlichen Gewinns (Zeile 22) in einem VZ.

Der positive Gesamtbetrag der Einkünfte (steuerlicher Gewinn) wird in **Zeile 23** um **positive Einkünfte** gemindert, **1292**
die die Körperschaft, für die die Steuererklärung zu erstellen ist, **im Rückwirkungszeitraum** bezogen hat (Summe der Zeilen 48 bis 50 der Anlage ZVE). Dadurch wird erreicht, dass diese Einkünfte nicht mit einem Verlustvortrag verrechnet werden, vgl. § 2 Abs. 4 Satz 3 UmwStG.

In Zeile 24 ist eine Zwischensumme zu bilden. Diese Zwischensumme entspricht dem Maximalbetrag, der zur Ver- **1293**
rechnung mit dem Verlustvortrag zur Verfügung steht.

In der nachfolgenden **Zeile 25** wird dann die **unbeschränkte Verlustverrechnung** nach § 10d Abs. 2 Satz 1 erster Halbsatz EStG vorgenommen. Die Verrechnung ist dabei durch drei Faktoren begrenzt. Sie darf

1. nicht höher sein als der (verbleibende) positive Gesamtbetrag der Einkünfte (Betrag lt. Zeile 24),
2. nicht höher sein als der verbleibende Verlustvortrag lt. Zeile 21 und
3. nicht den in § 10d Abs. 2 Satz 1 erster Halbsatz EStG genannten Betrag von 1 Mio. € überschreiten.

Der kleinste dieser drei Beträge entspricht dem Betrag, der nach § 10d Abs. 2 Satz 1 erster Halbsatz EStG abzuziehen ist. Er ist sowohl in der Vor- als auch der Hauptspalte der Zeile 25 einzutragen.

In den in **Zeile 26** zu bildenden Zwischensummen erscheint dann in der Vorspalte der bis dato noch nicht durch Verlustabzug ausgeglichene Restbetrag des Gesamtbetrags der Einkünfte und in der Hauptspalte der bis dato noch nicht verrechnete Teil des verbleibenden Verlustvortrags.

In **Zeile 27** wird dann der beschränkte Teil des Verlustabzugs nach § 10d Abs. 2 Satz 1 zweiter Halbsatz EStG umgesetzt. Der beschränkte Verlustabzug ist durch zwei Faktoren begrenzt:

1. der verbleibende Verlustvortrag (nach Verrechnung mit dem unbegrenzten Verlustvortrag) lt. Zeile 26 Hauptspalte und
2. 70 %[1] des Betrages des bisher nicht verrechneten positiven Gesamtbetrags der Einkünfte lt. Zeile 26 Vorspalte.

Der kleinere der beiden Beträge ist in Zeile 27 einzutragen und mit dem Verlustvortrag zu verrechnen. Die Summe, der in Zeile 25 Hauptspalte und Zeile 27 eingetragenen Beträge, ist nach Zeile 56 des Hauptvordrucks zu übertragen und mindert dadurch das zu versteuernde Einkommen.

1294 In **Zeile 28** wird als Ergebnis der steuerlich noch für nachfolgende VZ berücksichtigungsfähige **verbleibende Verlustvortrag zum Schluss des laufenden VZ** ermittelt. Er ist vom FA gem. § 31 Abs. 1 KStG i.V.m. § 10d Abs. 4 EStG gesondert festzustellen. Er ist Grundlagenbescheid für das Folgejahr.

Beratungshinweis:

Ist der Gesamtbetrag der Einkünfte negativ, wird die Körperschaftsteuer auf 0 € festgesetzt. Das eigentliche Ergebnis der Veranlagung ist dann der Verlustfeststellungsbescheid. Ist die Höhe des Verlustes streitig, weil das FA einen niedrigeren Verlust festgestellt hat als vom Stpfl. erklärt, ist ein Einspruch dennoch gegen den Körperschaftsteuerbescheid zu richten. Nach § 10d Abs. 4 Satz 4 EStG müssen die Besteuerungsgrundlagen bei der Verlustfeststellung so berücksichtigt werden, wie sie bei der Körperschaftsteuerfestsetzung berücksichtigt wurden.

Eine abweichende Berücksichtigung ist nur möglich, wenn die Steuerfestsetzung mangels Auswirkung nicht geändert wird, vgl. § 10d Abs. 3 Satz 5 EStG. Dies legt die FinVerw. so aus, dass der Einspruch gegen die Körperschaftsteuerfestsetzung gerichtet werden muss. Dieser Einspruch ist zwar im Prinzip unzulässig, weil keine Beschwer besteht (eine niedrigere Körperschaftsteuer als 0 € kann nicht festgesetzt werden), der Einspruch soll jedoch nach Tz. 3 Buchst. b zu § 350 AEAO dennoch zulässig sein. Wird der Einspruch nur gegen den Verlustfeststellungsbescheid eingelegt, ist er nach Verwaltungsauffassung unbegründet.

5. Fortführungsgebundener Verlustvortrag nach § 8d KStG (Zeilen 29–37)

Steuernummer - 2 -

Zeile	Fortführungsgebundener Verlustvortrag nach § 8d KStG	EUR
29	Verbleibender fortführungsgebundener Verlustvortrag zum Schluss des vorangegangenen Veranlagungszeitraums	
30	Davon ab: Untergang des fortführungsgebundenen Verlustvortrags aufgrund eines schädlichen Ereignisses nach § 8d Absatz 2 KStG (Betrag laut Zeile 29)	
31	Davon ab: Wegfall der Fortführungsgebundenheit bei Vorliegen eines schädlichen Beteiligungserwerbs nach § 8c KStG (Betrag laut Zeile 29)	
32	Davon ab: Im wegfallenden Verlustvortrag enthaltener fortführungsgebundener Verlustvortrag (im Betrag laut Zeile 16 enthalten, höchstens Betrag laut Zeile 29 abzüglich Summe der Beträge laut Zeilen 30 und 31)	
33 frei 34	Davon ab: Verrechnung mit dem fortführungsgebundenen Verlust (Summe der Beträge laut Zeilen 18, 25 und 27, höchstens Betrag laut Zeile 29 abzüglich Summe der Beträge laut Zeilen 30 bis 32)	
35 frei 36	Wenn im Veranlagungszeitraum ein schädlicher Beteiligungserwerb nach § 8c KStG erfolgte und die Voraussetzungen zur Anwendung des § 8d KStG erfüllt sind: Dazu: Zugang zum fortführungsgebundenen Verlustvortrag (Betrag laut Zeile 28 abzüglich Betrag laut Zeile 29 zuzüglich Summe der Beträge laut Zeilen 30 bis 34)	
37	Im Betrag laut Zeile 28 enthaltener zum Schluss des Veranlagungszeitraums verbleibender fortführungsgebundener Verlustvortrag	

1295 Die Zeilen 29 bis 37 dienen der Berechnung des fortführungsgebundenen Verlustvortrags nach § 8d KStG. Nach § 8d KStG ist § 8c KStG auf Antrag des Stpfl. unter weiteren Voraussetzungen nicht anzuwenden. Der Antrag wird in Zeile 12 der Anlage WA gestellt. Zu den weiteren Voraussetzungen siehe die Erläuterungen dort.

1296 In **Zeile 29** ist der auf das Ende des vorangegangenen VZ **festgestellte fortführungsgebundene Verlustvortrag** einzutragen. Nach Auffassung der FinVerw. ist der fortführungsgebundene Verlustvortrag integraler Bestandteil des verbleibenden Verlustvortrags und nicht eigenständig.[2]

Beratungshinweis:

Diese Verwaltungsauffassung ergibt sich nicht aus der Formulierung des § 8d KStG. Nach § 8d Abs. 1 Satz 8 KStG ist der fortführungsgebundene Verlust vor dem nach § 10d Abs. 4 EStG festgestellten Verlustvortrag abzuziehen. Wenn der fortführungsgebundene Verlustvortrag aber im Verlustvortrag nach § 10d EStG enthalten ist, kann er nicht vorrangig abgezogen werden. Ob es sich beim fortführungsgebundenen Verlustvortrag um einen eigenständigen Verlustvortrag oder um einen enthaltenen Verlustvortrag handelt, hat vor allem Auswirkung auf die Frage der Anwendung der Mindestbesteuerung und des Verlustrücktrags. Wäre der fortführungsgebundene Verlustvortrag eigenständig, wäre die Mindestbesteuerung auf ihn nicht anzuwenden. In einschlägigen Fällen ist ein Rechtsbehelfsverfahren in Betracht zu ziehen.

1) Ab dem VZ 2024 von 60 % auf 70 % erhöht durch Art. 2 Nr. 4 des Gesetzes zur Stärkung von Wachstumschancen, Investitionen und Innovation sowie Steuervereinfachung und Steuerfairness (Wachstumschancengesetz) v. 27.3.2024, BGBl. I 2024 Nr. 108 = BStBl I 2024, 666.

2) Vgl. Rz. 56 des BMF v. 18.3.2021, IV C 2 – S 2745-b/19/10002 :002, BStBl I 2021, 363.

Liegt im laufenden Jahr ein **schädliches Ereignis nach § 8d Abs. 2 KStG** vor, fallen die fortführungsgebundenen negativen Einkünfte weg, vgl. § 8d Abs. 2 Satz 1 KStG. Das Vorliegen eines schädlichen Ereignisses ist nicht hier, sondern in Zeile 13 der Anlage WA einzutragen. In **Zeile 30** der Anlage Verluste ist bei Vorliegen eines schädlichen Ereignisses immer der Betrag lt. Zeile 29 der Anlage Verluste einzutragen. Soweit der Verlustvortrag auf Grund von stillen Reserven erhalten bleibt, muss in Zeile 30 der Anlage Verluste trotzdem der ungekürzte Betrag der Zeile 29 der Anlage Verluste eingetragen werden. Sie sind vielmehr in Zeile 13 der Anlage Verluste einzutragen und führen – nach der Verwaltungsauffassung – dazu, dass der Verlustvortrag in Höhe der stillen Reserven seine Eigenschaft als fortführungsgebundener Verlust wieder verliert. **1297**

Tritt nach Antragstellung nach § 8d KStG in den Folgejahren erneut ein schädlicher Beteiligungserwerb nach § 8c KStG ein, führt dies zum Wegfall des Verlustvortrags nach § 10d EStG und damit auch zum Wegfall des fortführungsgebundenen Verlustvortrags. Soweit also ein schädlicher Beteiligungserwerb vorliegt und kein (erneuter) Antrag nach § 8d KStG gestellt wird, ist der in Zeile 29 eingetragene Bestand zusätzlich in **Zeile 31** einzutragen. Dies kann aber auch vorteilhaft sein: Kommt es auf Grund der Stille-Reserve-Klausel oder der Konzernklausel nicht oder nur zum anteiligen Wegfall von Verlusten, fällt die Fortführungsgebundenheit des fortführungsgebundenen Verlustvortrags trotzdem in voller Höhe weg.[1)]

Beratungshinweis:

Die „Rückqualifizierung" eines fortführungsgebundenen Verlusts zu einem „normalen" Verlustvortrag ist unter Berücksichtigung der Auffassung der FinVerw. ausschließlich begünstigend, kann jedoch nicht direkt aus dem Gesetz abgeleitet werden. Geht man davon aus, dass für den fortführungsgebundenen Verlustvortrag die Mindestbesteuerung (und der Verlustrücktrag) nicht gelten (→ Rz. 1296), kann die Regelung jedoch auch nachteilig für den Stpfl. sein.

In der **Zeile 32** wird die **Minderung des fortführungsgebundenen Verlustvortrags** auf Grund von schädlichen Beteiligungserwerben nach § 8c KStG, von Abspaltungen und auf Grund der Verrechnung mit einem verbleibenden Sanierungsertrag eingetragen. Es handelt sich dabei um alle **Kürzungen, die grundsätzlich auf den Anfangsbestand** vorzunehmen sind.

Das Vorliegen eines schädlichen Beteiligungserwerbs nach § 8c KStG ist selbst kein schädliches Ereignis nach § 8d Abs. 2 KStG, so dass ein fortführungsgebundener Verlust auch nach § 8c KStG gekürzt werden kann. Allerdings ist – unter den weiteren Voraussetzungen – eine erneute Antragstellung nach § 8d KStG möglich.

Unklar ist das Verhältnis der Minderung des Verlustvortrags nach § 10d EStG zu dem – nach Verwaltungsauffassung – enthaltenen fortführungsgebundenen Verlust.

Beispiel:

Es wurde ein Verlustvortrag nach § 10d EStG i.H.v. 10 Mio. € zum 31.12.10 festgestellt. Darin enthalten ist ein fortführungsgebundener Verlustvortrag i.H.v. 2 Mio. € enthalten, der ebenfalls zum 31.12.10 gesondert festgestellt wurde. Zum 01.04.11 erfolgt ein schädlicher Beteiligungserwerb i.H.v. 42 %. Ein weiterer Antrag nach § 8d KStG wird nicht gestellt.

Hinsichtlich der Auswirkung auf den Verlustvortrag nach § 10d EStG sind die Rechtsfolgen klar. Der Verlustvortrag geht nach § 8d Abs. 1 Satz 1 KStG i.H.v. 42 %, also i.H.v. 4,2 Mio. € unter. Da § 8d Abs. 1 Satz 8 KStG eine Reihenfolge nur für den Verlustabzug vorsieht, ergibt sich keine gesetzliche Reihenfolge.

Für die Auswirkung auf den fortführungsgebundenen Verlustvortrag ergeben sich nunmehr zwei mögliche Alternativen:

1. Die Minderung erfolgt im Verhältnis des fortführungsgebundenen Verlustvortrags zum Gesamt-Verlustvortrag, also i.H.v. 2 Mio. € zu 10 Mio. €, also 20 % von 4,2 Mio. € = 840 000 € oder
2. die Verlustkürzung entfällt zuerst auf den fortführungsgebundenen Verlust. Folglich wäre in Zeile 32 ein Betrag von 4,2 Mio. €, höchstens jedoch der Bestand, mithin also 2 Mio. € einzutragen.

Welche der beiden Varianten für den Stpfl. günstiger ist, kann nicht pauschal beantwortet werden. Geht man mit der FinVerw. davon aus, dass der fortführungsgebundene Verlustvortrag im normalen Verlustvortrag enthalten ist, ist die Alternative 1 tendenziell nachteilig, da der fortführungsgebundene Verlustvortrag ein höheres Risiko des Wegfalls auf Grund eines schädlichen Ereignisses nach § 8d Abs. 2 KStG trägt. Geht man hingegen davon aus, dass eine unbeschränkte Verrechnung des fortführungsgebundenen Verlustvortrags vorliegt, ist der Erhalt des fortführungsgebundenen Verlustvortrags unter Umständen vorteilhafter.

In der **Zeile 34** wird der fortführungsgebundene Verlustvortrag um den **Verlustabzug des laufenden Jahres** gemindert. Nach § 8d Abs. 1 Satz 8 KStG ist dieser vor dem Verlust nach § 10d EStG abzuziehen. Die FinVerw. hat dies so ausgelegt, dass der Verlustabzug nach § 10d Abs. 2 EStG den fortführungsgebundenen Verlustvortrag mindert, bis dieser vollständig aufgebraucht ist (zur abweichenden Rechtsansicht siehe → Rz. 1296). Der hier einzutragende Betrag entspricht der Summe des in den Zeilen 25 und 27 eingetragenen Verlustabzugs nach § 10d Abs. 2 EStG, höchstens jedoch den verbleibenden fortführungsgebundenen Verlustvortrag lt. **Zeile 29 abzüglich der Summe der Beträge laut Zeile 30 und Zeile 32**. **1298**

Wurde in Zeile 12 der Anlage WA ein Antrag nach § 8d Abs. 1 KStG gestellt und sind die entsprechenden Voraussetzungen des § 8d Abs. 1 KStG erfüllt, wird der zum **Ende des VZ ermittelte Verlustvortrag zum fortführungsgebundenen Verlust**. Der in **Zeile 28** ermittelte Wert ist dann in **Zeile 36** zu erfassen, muss jedoch um einen bereits bisher festgestellten fortgeschriebenen fortführungsgebundenen Verlust gem. **Zeile 29** gemindert werden. Zur grundsätzlichen Kritik an dieser Vorgehensweise siehe → Rz. 1296. **1299**

1) Vgl. Rz. 75 des BMF v. 18.3.2021, IV C 2 – S 2745-b/19/10002 :002, BStBl I 2021, 363.

Nach dem Wortlaut des § 8d Abs. 1 Satz 6 KStG wird der verbleibende Verlustvortrag zum Ende des VZ zum fortführungsgebundenen Verlustvortrag. In diesem können auch Verluste enthalten sein, die nach dem schädlichen Beteiligungserwerb nach § 8c KStG entstanden sind und ansonsten als ganz normaler Verlustvortrag zu behandeln gewesen wären.

1300 In **Zeile 37** ergibt sich dann der fortführungsgebundene Verlustvortrag nach § 8d KStG, der vom FA gesondert festzustellen ist. Die gesonderte Feststellung wird regelmäßig mit der Feststellung des „normalen" Verlustvortrags nach § 10d EStG verbunden werden. Dieser Feststellungsbescheid ist Grundlagenbescheid für die Feststellung des fortführungsgebundenen Verlustvortrags für den folgenden VZ. Soweit die Höhe des fortführungsgebundenen Verlustvortrags bestritten wird, sind Rechtsmittel gegen diesen Bescheid einzulegen.

6. Verlust aus dem Beitrittsgebiet i.S.d. § 57 Abs. 4 EStG (Zeilen 38–43)

	Verlust aus dem Beitrittsgebiet nach § 57 Absatz 4 EStG	
38	Von den Beträgen laut Zeile 11 beziehungsweise 14a entfällt auf den in 1990 entstandenen Verlust aus dem Beitrittsgebiet nach § 57 Absatz 4 EStG	
39	Davon ab: Untergang des fortführungsgebundenen Verlustvortrags aufgrund eines schädlichen Ereignisses nach § 8d Absatz 2 KStG (Betrag laut Zeile 38)	
40	Dazu: Erhalt des fortführungsgebundenen Verlustvortrags nach § 8d Absatz 2 Satz 1 zweiter Halbsatz KStG durch entsprechende Anwendung des § 8c Absatz 1 Satz 5 bis 8 KStG bezogen auf die zum Schluss des vorangegangenen Veranlagungszeitraums vorhandenen stillen Reserven (Betrag laut Zeile 14 höchstens Betrag laut Zeile 38)	
41	Davon ab: In den Beträgen laut Zeilen 15, 16 und 18 enthaltener, in 1990 entstandener Verlust aus dem Beitrittsgebiet nach § 57 Absatz 4 EStG	
42	Davon ab: Summe der Beträge laut Zeilen 25 und 27, höchstens Betrag laut Zeile 38 abzüglich der Beträge laut Zeilen 39 und 41 zuzüglich Betrag laut Zeile 40	
43	Zum Schluss des Veranlagungszeitraums verbleibender Verlust aus dem Beitrittsgebiet nach § 57 Absatz 4 EStG	

1301 In **Zeile 38** ist anzugeben, mit welchem **Anteil** der verbleibende Verlustvortrag zum 31.12.2012 **auf im Jahr 1990 entstandene Verluste aus dem Beitrittsgebiet i.S.d. § 57 Abs. 4 EStG** („Beitrittsverluste") entfällt. Der Beitrittsverlust ist zwar im „normalen" Verlustvortrag enthalten, muss aber dennoch gesondert geführt werden, da ein positiver Gesamtbetrag der Einkünfte des laufenden VZ, der mit dem Beitrittsverlust verrechnet wird, zu einem Zugang zum steuerlichen Einlagekonto führt, vgl. § 35 KStG (vgl. hierzu Zeile 115 des Vordrucks KSt 1 F, → Rz. 811). Der hier einzutragende Verlust entspricht dem zum Schluss des vorangegangenen VZ ermittelten Wert. Anders als bei Zeile 11, ist der zum Schluss des vorangegangenen VZ ermittelte Betrag nicht gesondert festgestellt worden. Abweichungen vom Vorjahreswert sind also verfahrensrechtlich möglich, wobei der in Zeile 38 eingetragene Wert den Wert lt. Zeile 11 nicht überschreiten darf.

1302 Wird bei Vorliegen von Verlusten aus dem Beitrittsgebiet ein Antrag nach § 8d Abs. 2 KStG (fortführungsgebundener Verlustvortrag) gestellt, geht der Beitrittsverlust immer in den fortführungsgebundenen Verlustvortrag ein. Falls ein schädliches Ereignis nach § 8d Abs. 2 KStG vorliegt, fällt folglich der Beitrittsverlust ebenfalls weg. Der **wegfallende Beitrittsverlust auf Grund eines schädlichen Ereignisses** entspricht dem Wert lt. Zeile 38 und ist **in Zeile 39** einzutragen. Die Zeile entspricht systematisch der Zeile 13.

Der **Erhalt des Beteiligungsverlusts** bei wegfallendem Verlustvortrag auf Grund eines schädlichen Ereignisses nach § 8d Abs. 2 KStG auf Grund von **stillen Reserven** ist in **Zeile 40** einzutragen und entspricht systematisch den Eintragungen zur Zeile 14.

1303 Genauso wie der Verlustvortrag nach § 10d EStG ist auch der Beitrittsverlust bei schädlichen Beteiligungserwerben nach § 8c KStG (Zeile 15), im Falle der Abspaltung (Zeile 16) und bei Verrechnung mit einem verbleibenden Sanierungsertrag (Zeile 18), zu kürzen. Deshalb sind in **Zeile 41** die auf die Kürzung nach § 8c KStG, auf Grund Abspaltung bzw. Verrechnung mit dem verbleibenden Sanierungstrag entfallenden Beitrittsverluste einzutragen. Das Gesetz gibt insoweit keinen Aufteilungsmaßstab vor, aus dem sich ableiten ließe, inwieweit eine Verlustkürzung auf die Beitrittsverluste entfällt.

Beratungshinweis:

Für den Stpfl. ist es am günstigsten, wenn der wegfallende Verlustvortrag erst dann den Beitrittsverlust mindert, wenn die übrigen Verlustvorträge in voller Höhe aufgebraucht sind. Die verbleibenden Beitrittsverluste führen bei ihrer ggf. später erfolgenden Verrechnung mit positiven Einkünften nämlich noch zur Erhöhung des steuerlichen Einlagekontos.

1304 In **Zeile 42** ist der Betrag der **Verlustverrechnung** (Summe Zeilen 25 und 27) vom Beitrittsverlust abzuziehen. In dieser Höhe kommt es auch zur Erhöhung des steuerlichen Einlagekontos. Der Betrag kann logischerweise nicht höher sein als der verbleibende Beitrittsverlust.

1305 Abschließend ist in **Zeile 43** anzugeben, welcher Betrag des Beitrittsverlustes zum Ende des VZ nach Abzug der nach § 8c KStG bzw. auf Grund einer Abspaltung zu kürzende Beträge und Minderung den Betrag der Verlustverrechnung noch verbleibt. Dieser Betrag ist gleichzeitig Ausgangspunkt für die Berechnung des Beitrittsverlustes im Folgejahr. Er wird allerdings – mangels entsprechender verfahrensrechtlicher Norm – nicht gesondert festgestellt.

XXII. Anlage WA – Weitere Angaben – Anträge

1. Vorbemerkung

Bezeichnung des Steuerpflichtigen	Die mit einem Kreis versehenen Zahlen bezeichnen die Erläuterungen in der Anleitung zur Körperschaftsteuererklärung.	**Anlage WA**	**2025**
Steuernummer		☐ zur Steuererklärung ☐ zum Bescheid	
Weitere Angaben / Anträge			

Wie bereits die Bezeichnung des Vordrucks erahnen lässt, werden mit ihm Angaben und Anträge der unterschiedlichsten Art abgefragt, die zwar für die Durchführung der Besteuerung erforderlich, thematisch aber weder Gegenstand des Mantelbogens noch der diversen anderen Anlagen zur Steuererklärung sind. **1306**

Einzutragen sind daher:

- die auf die Körperschaftsteuer **anzurechnenden Steuerabzugsbeträge**,
- Angaben zum **schädlichen Beteiligungserwerb nach § 8c KStG**,
- Angaben zum **fortführungsgebundenen Verlust- und Zinsvortrag nach § 8d KStG**,
- Aufzählung der **vertraglichen Beziehungen mit Anteilseignern und ihnen nahestehenden Personen**,
- Angaben zu **an unbeschränkt Stpfl. geleistete Aufsichtsratsvergütungen**,
- Angaben zum **länderbezogenen Bericht multinationaler Unternehmensgruppen** nach § 138a AO,
- Aufzählung der **an beschränkt Stpfl. geleisteten Aufsichtsratsvergütungen** sowie sonstiger **Vergütungen i.S.d. § 50a Abs. 1 Nr. 1 bis 4 und Abs. 7 EStG**, auf die ein Steuerabzug erhoben wurde und
- **Rückgängigmachung von Investitionsabzugsbeträgen nach § 7g EStG**.

In der **Kopfzeile** des Vordrucks sind die **Bezeichnung der Körperschaft** sowie die **Steuernummer**, unter der sie zur Körperschaftsteuer veranlagt wird, anzugeben. **1307**

2. Anrechnung von Abzugssteuern (Zeilen 2–9)

Zeile	**Anrechnung von Abzugssteuern nach § 36 Absatz 2 Nummer 2 in Verbindung mit § 36a EStG** ⑬	EUR	Ct
	Bei Organträgern: Ohne entsprechende Beträge der Organgesellschaften (laut gesonderter und einheitlicher Feststellung nach § 14 Absatz 5 KStG); diese sind auf der Anlage OT einzutragen		
1 frei			
2	Kapitalertragsteuer laut gesondert übermittelten Steuerbescheinigungen (ohne Beträge laut Zeile 6) ⑭	19.131	
3	Solidaritätszuschlag zur Kapitalertragsteuer laut Zeile 2	19.133	
4	Kapitalertragsteuer laut gesonderter und einheitlicher Feststellung aus Beteiligungen an Personengesellschaften (ohne Beträge laut Zeile 6) ⑮	19.231	
5	Solidaritätszuschlag zur Kapitalertragsteuer laut Zeile 4 (laut gesonderter und einheitlicher Feststellung aus Beteiligungen an Personengesellschaften) ⑮	19.233	
6	Kapitalertragsteuer, für die die Voraussetzungen des § 36a Absatz 1 Satz 1 EStG nicht erfüllt sind und die Anrechnung auf zwei Fünftel beschränkt ist (laut gesondert übermittelten Steuerbescheinigungen und laut gesonderter und einheitlicher Feststellung aus Beteiligungen an Personengesellschaften; die Kapitalertragsteuer ist in voller Höhe einzutragen; die Beschränkung der Anrechnung erfolgt von Amts wegen) ⑭	19.261	
7	Solidaritätszuschlag zur Kapitalertragsteuer laut Zeile 6	19.263	
	Anrechnung von Steuerabzugsbeträgen nach § 50a EStG bei beschränkt Steuerpflichtigen		
8	Anrechenbarer Steuerabzugsbetrag nach § 50a Absatz 1 Nummer 1 und 2 EStG sowie nach § 50a Absatz 7 EStG (laut gesondert übermitteltem Nachweis) (nur bei beschränkt steuerpflichtigen Vergütungsgläubigern auszufüllen; wenn während des Kalenderjahres sowohl unbeschränkte als auch beschränkte Steuerpflicht bestanden hat: für die Zeit der beschränkten Steuerpflicht einbehaltener Steuerabzugsbetrag) ⑭	19.134	
9	Solidaritätszuschlag zum Abzugsbetrag laut Zeile 8	19.234	

Die Zeilen 2 bis 9 betreffen allesamt Angaben über anzurechnende Steuerabzugsbeträge. Die Eintragungen sind in Euro und Cent vorzunehmen. Dabei ist materiell-rechtliche Voraussetzung für die Steueranrechnung die Vorlage einer Steuerbescheinigung oder eine gesonderte Feststellung der anzurechnenden Steuerabzugsbeträge (§ 36 Abs. 2 Nr. 2 Satz 2 EStG). Sämtliche Steuerbescheinigungen der Körperschaft, für die die Steuererklärung erstellt wird, sind daher im Original der Steuererklärung beizufügen. **1308**

1309 Sind in dem Einkommen einer **Organgesellschaft** Betriebseinnahmen enthalten, die einem Steuerabzug unterlegen haben, so ist die **einbehaltene Steuer auf die Körperschaftsteuer des Organträgers** anzurechnen, vgl. § 19 Abs. 5 KStG. Ist Organträger eine Personengesellschaft, erfolgt die Anrechnung anteilig auf die Körperschaftsteuer oder Einkommensteuer der beteiligten Mitunternehmer.

Die in den Zeilen 2 bis 9 eingetragenen Werte werden bei Organgesellschaften in die gesonderte und einheitliche Feststellung nach § 14 Abs. 5 KStG einbezogen. **Organträger** (auch Zwischengesellschaften) dürfen zu den Zeilen 2 bis 9 nur **eigene** anrechenbare Steuern eintragen. Die anrechenbaren Steuern vorgelagerter Organgesellschaften sind in den Zeilen 39 und 40 der Anlage OT zu erfassen.

Die anzurechnenden Steuern werden nun in fünf Gruppen abgefragt:

1. Kapitalertragsteuer und darauf entfallender Solidaritätszuschlag aus eigener Tätigkeit (ohne nach § 36a EStG teilweise nicht anzurechnende Beträge, Zeilen 2 und 3),
2. Kapitalertragsteuer und Solidaritätszuschlag aus der Beteiligung an Personengesellschaften (Zeilen 4 und 5),
3. Kapitalertragsteuer und darauf entfallender Solidaritätszuschlag, wenn die Anrechnung der Kapitalertragsteuer auf Grund von § 36a EStG nur teilweise erfolgen darf („cum/cum-Geschäfte"; Zeilen 6 und 7),
4. Abzugsbetrag nach § 50a Abs. 1 Nr. 1 und 2 EStG und nach § 50a Abs. 7 EStG und darauf entfallender Solidaritätszuschlag (Zeilen 8 und 9) und
5. Kapitalertragsteuer und darauf entfallender Solidaritätszuschlag aus vorgelagerten Organgesellschaften lt. gesonderter und einheitlicher Feststellung nach § 14 Abs. 5 KStG (einzutragen in den Zeilen 39 und 40 auf der Anlage OT).

1310 In **Zeile 2** ist die anrechenbare **Kapitalertragsteuer** einzutragen, die auf **eigene** Erträge der Körperschaft einbehalten wurde. Diese ist durch Vorlage der Originalsteuerbescheinigungen glaubhaft zu machen. In **Zeile 3** ist der darauf entfallende **Solidaritätszuschlag** einzutragen.

1311 In **Zeile 4** ist die anrechenbare **Kapitalertragsteuer** einzutragen, die auf die Körperschaft lt. gesonderter und einheitlicher Feststellung einer **Beteiligung an einer Personengesellschaft** entfällt. Nicht einzutragen sind allerdings Steuerabzugsbeträge von Personengesellschaften, die einem teilweisen Abzugsverbot nach § 36a EStG unterliegen. Diese sind vielmehr in Zeile 6 zu berücksichtigen. Hier einzutragen ist allerdings Kapitalertragsteuer, die nicht die Voraussetzungen des § 36a Abs. 1 bis 3 EStG erfüllt, jedoch den Schwellenwert der Kapitalerträge nach § 36a Abs. 5 Nr. 1 EStG von 20 000 € nicht überschreitet (zu den Einzelheiten siehe → Rz. 1315). In **Zeile 5** ist der hierzu festgestellte anrechenbare Solidaritätszuschlag einzutragen.

Die anrechenbare Kapitalertragsteuer und der Solidaritätszuschlag ist in den **Zeilen 41, 42, 47 und 48 der Anlage FE-KAP der Feststellungserklärung der Personengesellschaft** einzutragen, soweit sie die gesamte Gesellschaft betreffen. Sie werden nach Maßgabe des allgemeinen Gewinnverteilungsschlüssels auf die Gesellschafter aufgeteilt. Greift der allgemeine Gewinnverteilungsschlüssel nicht, sind die den jeweiligen Mitunternehmer (Gesellschafter) betreffenden Werte in den Zeilen 98, 99 sowie 104 und 105 der Anlage FE-KAP einzutragen. Dieser Abschnitt ist pro Mitunternehmer (Gesellschafter) abzugeben. Die betreffenden Steuerbescheinigungen sind der Feststellungserklärung beizufügen. Über die anzurechnenden Steuern der Personengesellschaft wird abschließend i.R. der gesonderten und einheitlichen Feststellung der Personengesellschaft entschieden. Das für die Besteuerung der beteiligten Körperschaft zuständige FA hat hier keine eigene Entscheidungskompetenz.

Praxishinweis:
Werden Steuerabzugsbeträge für Einnahmen einbehalten, die dem Sonderbetriebsvermögen einer Beteiligung an einer Mitunternehmerschaft zuzuordnen sind, müssen diese i.R. der Feststellungserklärung der Personengesellschaft geltend gemacht werden. Eine Berücksichtigung als eigene Anrechnungsbeträge in den Zeilen 2 und 3 der Anlage WA ist nicht möglich.

1312 Die Zeilen 6 und 7 dienen der Erfassung von Kapitalertragsteuer, die nur i.H.v. zwei Fünfteln auf die Körperschaftsteuer angerechnet werden darf, vgl. § 36a Abs. 1 Satz 2 EStG. Die nicht angerechnete Kapitalertragsteuer darf aber nach § 36a Abs. 1 Satz 3 EStG auf Antrag von der Körperschaftsteuer abgezogen werden. Die abzuziehende Kapitalertragsteuer ist in Zeile 28 der Anlage ZVE zu erklären. Sie wird nicht von Amts wegen abgezogen, da das Gesetz ausdrücklich einen Antrag des Steuerpflichtigen für den Abzug erwartet.

1313 Durch § 36a EStG sollen sog. „cum/cum-Geschäfte" (Dividendenstripping) verhindert werden. Bei diesem Geschäftsmodell veräußert ein Anteilseigner, bei dem die Körperschaftsteuer/Einkommensteuer durch die Kapitalertragsteuer abgegolten ist (z.B. eine im Drittstaat ansässige Körperschaft, vgl. § 32 Abs. 1 KStG) Aktien kurz vor dem Dividendenstichtag an eine unbeschränkt steuerpflichtige Körperschaft inklusive des Dividendenbezugsrechts („cum/cum"). Die Dividende wird dann durch die unbeschränkt steuerpflichtige Körperschaft vereinnahmt. Die Dividende ist nach § 8b Abs. 1 und 4 KStG zu 95 % steuerfrei, wenn die unbeschränkt steuerpflichtige Körperschaft zum Beginn des Kj. zu mindestens 10 % beteiligt war. Da jedoch Kapitalertragsteuer i.H.v. 25 % vereinnahmt wurde, ergibt sich regelmäßig eine Erstattung für die unbeschränkte steuerpflichtige Körperschaft. Anschließend werden die Aktien von der ursprünglichen Eigentümerin zurückerworben. Die Steuererstattung wird durch einen entsprechend niedrigeren Rückkaufspreis zwischen der ursprünglichen Eigentümerin und dem zwischenzeitlichen Eigentümer wirtschaftlich geteilt.

Durch § 36a EStG soll dieses Gestaltungsmodell nun verhindert werden. Zu berücksichtigen ist allerdings, dass die Rechtsfolgen des **§ 36a Abs. 1 EStG nicht greifen**, wenn die Körperschaft, die die Anrechnung begehrt, zum Zeitpunkt des Zuflusses **seit mindestens einem Jahr wirtschaftlicher Eigentümer der Anteile** war, vgl. § 36a Abs. 5 Nr. 2 EStG. Die Frist ist taggenau zu berechnen. Ebenfalls nicht anzuwenden ist § 36a Abs. 1 EStG, wenn die Kapitalerträge nach § 20 Abs. 1 Nr. 1 EStG im laufenden VZ weniger als 20 000 € betragen, vgl. § 36a Abs. 5 Nr. 1 EStG.

Sind die Einnahmen nach § 20 Abs. 1 Nr. 1 EStG höher als 20 000 € und hat die Körperschaft die Anteile innerhalb eines Jahres vor der Auszahlung der Dividenden erworben, so ist eine unbeschränkte Anrechnung der Kapitalertragsteuer auf die Dividende nur möglich, wenn die Körperschaft

1. während eines Zeitraums von 45 Tagen vor und nach Fälligkeit der Dividende mindestens 45 Tage ununterbrochen wirtschaftlicher Eigentümer der Anteile war (§ 36a Abs. 1 Nr. 1 i.V.m. Abs. 2 EStG) und
2. 45 Tage vor und nach Fälligkeit der Dividende an mindestens 45 Tagen ununterbrochen das Mindestwertrisiko getragen hat und
3. nicht verpflichtet ist, die Kapitalerträge Dritten unmittelbar oder mittelbar zu vergüten.

Das Mindestwertrisiko ist in § 36a Abs. 3 EStG näher definiert. Vereinfacht gesagt muss die Körperschaft, die Kapitalertragsteuer anrechnen will das Kursrisiko zu mindestens 70 % tragen. Insbesondere der Abschluss von Kurssicherungsgeschäften kann in diesem Zusammenhang schädlich sein.

Ist nur eine der vorgenannten Bedingungen nicht erfüllt, tritt die Rechtsfolge des § 36a Abs. 1 Satz 2 EStG ein. Die **1314** Kapitalertragsteuer ist nur zu zwei Fünfteln anrechenbar. Die Kürzung der Anrechnung wird von Amts wegen vorgenommen.

In **Zeile 6** ist in diesen Fällen der **ungekürzte Betrag** (100 %) der Kapitalertragsteuer einzutragen, die die **Voraussetzungen des § 36a Abs. 1 EStG nicht erfüllt**. Neben den selbst verwirklichten Tatbeständen sind hier auch Tatbestände einzutragen, die mittelbar über Personengesellschaften verwirklicht wurden. Die Kürzung i.R. der Anrechnung erfolgt von Amts wegen.

Die nicht anrechenbare Kapitalertragsteuer i.S.d. § 36a Abs. 1 Satz 1 EStG aus eigener Tätigkeit muss durch Vorlage von Originalsteuerbescheinigungen nachgewiesen werden. Ohne Vorlage der Steuerbescheinigungen kann weder eine teilweise Anrechnung noch ein Abzug der Kapitalertragsteuer erfolgen.

Nach Auffassung der FinVerw. ist i.R. der gesonderten und einheitlichen Feststellung nach § 180 Abs. 1 Nr. 2 **1315** Buchst. a AO auf Ebene der **Personengesellschaft** darüber zu entscheiden, ob die Anrechnungsvoraussetzungen nach § 36a Abs. 1 bis 3 EStG nicht erfüllt sind und der Ausnahmetatbestand des § 36a Abs. 5 Nr. 2 EStG (ununterbrochener wirtschaftlicher Eigentümer seit mehr als einem Jahr) nicht greift.[1] Ob es tatsächlich zu einer teilweisen Nichtabzugsfähigkeit kommt, hängt davon ab, ob die vereinnahmten Kapitalerträge nach § 43 Abs. 1 Satz 1 Nr. 1a und Abs. 1 Satz 4 EStG 20 000 € überschreiten. Dazu sind neben den Kapitalerträgen aus der Personengesellschaft auch weitere eigene Kapitalerträge aus eigener Tätigkeit zu berücksichtigen. Auf Ebene der Personengesellschaft muss daher betragsmäßig festgestellt werden:

1. Der Betrag der Kapitalertragsteuer, für die die Voraussetzungen des § 36a Abs. 1 bis 3 EStG nicht gegeben sind und der Ausnahmetatbestand des § 36a Abs. 5 Nr. 2 EStG nicht greift, und
2. die Einnahmen i.S.d. § 36a Abs. 5 Nr. 1 EStG.

Soweit also lt. gesonderter und einheitlicher Feststellung einer oder mehrerer Personengesellschaften die Voraussetzungen des § 36a Abs. 1 bis 3 EStG nicht erfüllt sind, jedoch der Schwellenwert der Erträge i.S.d. § 36a Abs. 5 Nr. 1 EStG von 20 000 € nicht überschritten wird, ist die so festgestellte Kapitalertragsteuer und der darauf entfallende Solidaritätszuschlag nicht in Zeile 6, sondern in Zeile 4 einzutragen. Wird der Schwellenwert insgesamt jedoch überschritten, ist in Zeile 6 sowohl die Kapitalertragsteuer, die die Voraussetzungen des § 36a Abs. 1 bis 3 EStG nicht erfüllt, aus eigener Tätigkeit einzutragen, als auch solche aus Personengesellschaften.

Über die (teilweise) Anrechnung von Kapitalertragsteuer nach § 36a EStG bei **Organgesellschaften** soll nach der **1316** Verwaltungsauffassung jedoch i.R. der Feststellung nach § 14 Abs. 5 KStG entschieden werden, da weder § 15 noch § 19 KStG Spezialregelungen für Organgesellschaften enthalten.[2] Im nach § 14 Abs. 5 KStG festgestellten Anrechnungsbetrag muss eine eventuelle Kürzung nach § 36a Abs. 1 Satz 2 EStG bereits vorgenommen worden sein. Auf Antrag abzuziehende, nicht angerechnete Kapitalertragsteuer muss das zuzurechnende Einkommen (Organgesellschaften) bereits gemindert haben. Im Rahmen der gesonderten und einheitlichen Feststellungen nach § 14 Abs. 5 KStG wird nicht mehr zwischen Anrechnung in voller bzw. beschränkter Höhe unterschieden. Die entsprechenden Rechenschritte werden vom FA von Amts wegen vorgenommen. Der hier festgestellte Betrag ist ohne Abweichungen in die Körperschaftsteuererklärung zu übernehmen.

In **Zeile 7** ist der anrechenbare **Solidaritätszuschlag,** auf die nach **§ 36a EStG** nur teilweise anrechenbaren Kapital- **1317** ertragsteuer einzutragen. Die Kürzungsregel des § 36a EStG gilt nicht für den Solidaritätszuschlag. Dieser ist weiterhin **in voller Höhe anzurechnen**.

In **Zeile 8** ist die von Vergütungen nach **§ 50a Abs. 1 Nr. 1 und 2 EStG** bzw. nach Anordnung durch das FA nach **1318** **§ 50a Abs. 7 EStG** vom Vergütungsschuldner einbehaltene und abgeführte **Körperschaftsteuer** einzutragen, soweit

---

1) BMF v. 3.4.2017, IV C 1 – S 2299/16/10002, BStBl I 2017, 726, Rz. 123.
2) Vgl. BMF v. 3.4.2017, IV C 1 – S 2299/16/10002, BStBl I 2017, 726, Rz. 129.

diese nach den gesetzlichen Bestimmungen auf veranlagte Steuern in Anrechnung zu bringen ist. Der auf die Abzugssteuer entfallende Solidaritätszuschlag ist in **Zeile 9** einzutragen. Eintragungen in Zeile 8 der Anlage WA kommen **nur bei beschränkt steuerpflichtigen Vergütungsgläubigern** in Betracht.

3. Anrechnung ausländischer Steuer nach § 50d Abs. 10 Satz 5 EStG i.V.m. § 26 Abs. 1 KStG (Zeilen 10 und 11)

	Anrechnung ausländischer Steuer nach § 50d Absatz 10 Satz 5 EStG in Verbindung mit § 26 Absatz 1 KStG [16] [37]	EUR
10	Inländische Einkünfte nach § 50d Absatz 10 EStG	16.239
11	Darauf entfallende festgesetzte, gezahlte, um einen entstandenen Ermäßigungsanspruch gekürzte, anteilige ausländische Steuer (laut Nachweis), die der deutschen Einkommensteuer beziehungsweise Körperschaftsteuer entspricht und auf die die deutsche Steuer nicht angerechnet wurde (§ 50d Absatz 10 Satz 5 EStG) [74]	16.249

1319 Nach § 15 Abs. 1 Nr. 2 Satz 1 zweiter Halbsatz EStG sind Vergütungen, die ein Mitunternehmer für die Tätigkeit im Dienst der Gesellschaft, die Hingabe von Darlehen oder die Überlassung von Wirtschaftsgütern erhält, den Einkünften aus Gewerbebetrieb zuzurechnen (Sonderbetriebseinnahmen). Diese Umqualifizierung eigentlich vermögensverwaltender Tätigkeiten in Einkünfte aus Gewerbebetrieb ist international nicht üblich und gilt insb. nicht für die Einkünftequalifikation nach DBA.

Während die DBA das Besteuerungsrecht von Unternehmensgewinnen (Einkünfte aus Gewerbebetrieb) im Regelfall ausschließlich dem Staat zuweisen, in dem die Betriebsstätte liegt, dem ein Unternehmensgewinn zuzuordnen ist,[1] verhält sich dies bei Einkünften aus vermögensverwaltenden Tätigkeiten u.U. anders. Dies gilt insb. für Zinsen aus Gesellschafterdarlehen.

Ein abkommensrechtlich im Ausland ansässiger Mitunternehmer einer im Inland abkommensrechtlich ansässigen Personengesellschaft muss seine Einkünfte aus Unternehmensgewinnen grundsätzlich ausschließlich in Deutschland besteuern. Erhält er jedoch für Gesellschafterdarlehen Zinsen (Sonderbetriebseinnahmen), sind diese abkommensrechtlich keine Unternehmensgewinne, sondern Zinsen. Für diese Sonderbetriebseinnahmen stünde Deutschland nach dem DBA kein unbeschränktes, sondern lediglich ein beschränktes Besteuerungsrecht zu.[2]

Nach § 50d Abs. 10 Satz 1 EStG ist die einkommensteuerrechtliche Umqualifizierung auch für das DBA anzuwenden (treaty-override). Die Regelung wirkt jedoch nur einseitig für die Bundesrepublik Deutschland. Der ausl. Staat kann die Zinseinnahmen weiterhin bei seiner Steuerfestsetzung berücksichtigen.

Die so entstehende Doppelbesteuerung wird durch Anrechnung der im Ausland erhobenen Steuer auf die deutsche Körperschaftsteuer systematisch vermieden, vgl. § 50d Abs. 10 Satz 5 KStG.

1320 In **Zeile 10** sind die nach § 50d Abs. 10 Satz 1 bis 4 EStG im Inland steuerpflichtigen Sonderbetriebseinnahmen vermindert um die Sonderbetriebsausgaben einzutragen, also sind die Sonderbetriebseinkünfte einzutragen, wenn auf diese ein DBA anzuwenden ist. Ein DBA wird angewendet, wenn

- die Körperschaft, für die die Steuererklärung auszufüllen ist, ihren Sitz und ihre Geschäftsleitung in einem Staat hat, mit dem Deutschland ein im VZ anzuwendendes DBA geschlossen hat und an einer Mitunternehmerschaft beteiligt ist, die im Inland Betriebsstätten unterhält (beschränkte Steuerpflicht),
- die Körperschaft, für die die Steuererklärung auszufüllen ist, doppelansässig (entweder Sitz oder Geschäftsleitung im Inland) und damit unbeschränkt steuerpflichtig ist und darüber hinaus
  - mit dem anderen Staat ein DBA besteht, nach dem die Körperschaft als im Ausland ansässig gilt, und
  - die Körperschaft an einer Mitunternehmerschaft beteiligt ist, die im Inland Betriebsstätten unterhält.

Enthält das DBA jedoch spezielle Regelungen zu Sonderbetriebseinnahmen oder -ausgaben, darf keine Anrechnung erfolgen. DBA mit speziellen Regelungen zu Sonderbetriebseinnahmen oder -ausgaben weisen das Besteuerungsrecht im Regelfall ausschließlich dem Betriebsstättenstaat zu, so dass ohnehin kein Raum für eine Steueranrechnung verbleibt.

1321 In **Zeile 11** ist die festgesetzte, gezahlte und um einen entstandenen Ermäßigungsanspruch gekürzte anteilige ausl. Steuer einzutragen, die der deutschen Einkommen- bzw. Körperschaftsteuer entspricht. Nicht berücksichtigt werden dürfen ausl. Steuern, auf die die deutsche Einkommen- oder Körperschaftsteuer angerechnet wurde, vgl. § 50d Abs. 10 Satz 5 EStG. Die entsprechenden Beträge sind durch Vorlage entsprechender Nachweise glaubhaft zu machen.

Bei Organträgern (auch Zwischengesellschaften) müssen die Eintragungen in den Zeilen 10 und 11 jeweils auch die Beträge vorgelagerter Organgesellschaften enthalten. Dies weicht von der durchgängigen Trennung eigener Tatbestände von denen vorgelagerter Organgesellschaften ab.

1) Vgl. Art. 7 OECD-MA.
2) Vgl. Art. 11 OECD-MA. Die Höhe des Besteuerungsrechts ist im jeweiligen DBA festgelegt. Nach OECD-MA beträgt sie 10 % der Zinseinnahmen.

Beratungshinweis:

Über das Besteuerungsrecht für die Sonderbetriebseinnahmen wird verfahrensrechtlich i.R. der gesonderten und einheitlichen Feststellung der Mitunternehmerschaft entschieden. Im gesonderten und einheitlichen Feststellungsbescheid werden jedoch die nach § 50d Abs. 10 Satz 1 EStG umqualifizierten Sonderbetriebseinnahmen nicht getrennt von denjenigen ausgewiesen, für die das Besteuerungsrecht originär Deutschland lt. DBA zusteht. Über die Anrechnung soll nach Verwaltungsauffassung,[1] jedoch ohne Bindungswirkung des Feststellungsbescheids i.R. der Festsetzung der Körperschaftsteuer (bzw. Einkommensteuer) des Mitunternehmers entschieden werden. Es empfiehlt sich in einschlägigen Fällen, sowohl die umqualifizierten Sonderbetriebseinnahmen als auch die darauf entfallende ausl. Steuer detailliert gegenüber dem für die Besteuerung der Körperschaft zuständigen FA nachzuweisen.

4. Angaben zum schädlichen Beteiligungserwerb nach § 8c KStG (Zeilen 11a–11g)

Angaben zum schädlichen Beteiligungserwerb nach § 8c KStG

Zeile			
11a	Die Voraussetzungen des § 8c Absatz 1 Satz 1 KStG wurden in diesem Veranlagungszeitraum erfüllt, weil innerhalb der letzten fünf Jahre mittelbar oder unmittelbar mehr als 50 % des gezeichneten Kapitals, der Mitgliedschaftsrechte, der Beteiligungsrechte oder der Stimmrechte an der Körperschaft an einen Erwerber oder diesem nahe stehende Personen übertragen wurden oder ein vergleichbarer Sachverhalt vorliegt.	19.264	1 = Ja 2 = Nein
11b	Die Anwendung des § 8c KStG ist ausgeschlossen, weil ein Erwerb seitens einer natürlichen Person durch Erbfall einschließlich der in vollem Umfang unentgeltlichen Erbauseinandersetzung und der in vollem Umfang unentgeltlichen vorweggenommenen Erbfolge zwischen Angehörigen nach § 15 AO vorliegt; vergleiche Randnummer 4 des BMF-Schreibens vom 28.11.2017, BStBl I 2017, 1645.	19.265	1 = Ja
11c	**Konzernklausel nach § 8c Absatz 1 Satz 4 KStG** Die Voraussetzungen der Konzernklausel nach § 8c Absatz 1 Satz 4 KStG sind erfüllt. 19.266 1 = Der Erwerber ist eine natürliche oder juristische Person oder eine Personenhandelsgesellschaft und ist zu 100 Prozent mittelbar oder unmittelbar an dem übertragenden Rechtsträger beteiligt (§ 8c Absatz 1 Satz 4 Nummer 1 KStG) 2 = Der Veräußerer ist eine natürliche oder juristische Person oder eine Personenhandelsgesellschaft und ist zu 100 Prozent mittelbar oder unmittelbar an dem übernehmenden Rechtsträger beteiligt (§ 8c Absatz 1 Satz 4 Nummer 2 KStG) 3 = Dieselbe natürliche oder juristische Person oder dieselbe Personenhandelsgesellschaft ist an dem übertragenden und an dem übernehmenden Rechtsträger zu jeweils 100 Prozent mittelbar oder unmittelbar beteiligt (§ 8c Absatz 1 Satz 4 Nummer 3 KStG)		
11d	**Stille-Reserven-Klausel nach § 8c Absatz 1 Satz 5 KStG** Bei der Ermittlung der nichtabziehbaren nicht genutzten Verluste nach § 8c Absatz 1 Satz 1 KStG wurde die Stille-Reserven-Klausel berücksichtigt, vergleiche § 8c Absatz 1 Satz 5 folgende KStG.	19.267	1 = Ja

Anlage WA - Oktober 2025 - Version 2.9.1.0 Bekanntgabe

- 2 -

Steuernummer

Zeile			
11e	Höhe der gesamten zum Zeitpunkt des schädlichen Beteiligungserwerbs vorhandenen im Inland steuerpflichtigen stillen Reserven des Betriebsvermögens der Körperschaft bei Anwendung der Stille-Reserven-Klausel; vergleiche Randnummer 50 folgende des BMF-Schreibens vom 28.11.2017, BStBl I 2017, 1645 (laut gesonderter Ermittlung) 74	19.268	EUR
11f	**Sanierungsklausel nach § 8c Absatz 1a KStG** Es liegt ein Beteiligungserwerb zum Zweck der Sanierung des Geschäftsbetriebs der Körperschaft nach § 8c Absatz 1a KStG vor.	19.269	1 = Ja
11g	Erforderliche Angaben zu § 8c Absatz 1a KStG, wenn innerhalb der letzten fünf vorangegangenen Veranlagungszeiträume die Sanierungsklausel angewendet wurde: Die Voraussetzungen für die Anwendung der Sanierungsklausel liegen weiterhin vor.	19.270	1 = Ja 2 = Nein

Mit diesem Abschnitt fragt die FinVerw. an zentraler Stelle Angaben zum schädlichen Beteiligungserwerb ab. **1322**
Grund hierfür mag – neben der Rechtsprechung des BVerfG – die Inkraftsetzung der Sanierungsklausel des § 8c Abs. 1a KStG sein. In **Zeile 11a** ist zunächst eine „1" einzutragen, wenn ein **schädlicher Beteiligungserwerb im VZ vorliegt**. Liegt kein schädlicher Beteiligungserwerb vor, ist eine „2" einzutragen. Es ist davon auszugehen, dass i.R. der Prüfung des elektronischen Datensatzes immer Angaben zu § 8c KStG zu machen sind, wenn in Zeile 27 des KSt 1 angegeben wurde, dass sich die Beteiligungsverhältnisse im Vergleich zum Vorjahr geändert haben.

Ein schädlicher Beteiligungserwerb liegt vor, wenn **innerhalb von fünf Jahren** mittelbar oder unmittelbar **mehr als 50 %**[2] des gezeichneten Kapitals, der Mitgliedschaftsrechte, Beteiligungsrechte oder der Stimmrechte an einer Körperschaft an **einen** Erwerber oder diesem nahestehende Personen **übertragen** werden oder ein vergleichbarer Sachverhalt vorliegt. Als **ein** Erwerber gilt auch eine Gruppe von Erwerbern mit gleichgerichteten Interessen (§ 8c Abs. 1 Satz 3 KStG). Eine Kapitalerhöhung steht der Übertragung des gezeichneten Kapitals gleich, soweit sie zu

1) Vgl. Rz. 5.1.3.1 des BMF v. 26.9.2014, IV B 5 – S 1300/09/10003, BStBl I 2014, 1258.
2) Der anteilige Wegfall von Verlusten beim Erwerb von mehr als 25 % bis 50 % nach § 8c Abs. 1 Satz 1 KStG a.F. wurde durch das Gesetz zur Vermeidung von Umsatzsteuerausfällen beim Handel mit Waren im Internet und zur Änderung weiterer steuerlicher Vorschriften v. 11.12.2018, BGBl. I 2018, 2338 = BStBl I 2018, 1377, rückwirkend ab Einführung des § 8c KStG aufgehoben.

einer Veränderung der Beteiligungsquoten führt (§ 8c Abs. 1 Satz 4 KStG). Zu weiteren Einzelheiten siehe BMF-Schreiben v. 28.11.2017.[1]

Auch ein mittelbarer Erwerb kann zu einem schädlichen Beteiligungserwerb führen. Die Beteiligungsquote ist auf die Verlustgesellschaft nach Auffassung der FinVerw. „durchzurechnen".[2]

Beispiel:

Folgende Beteiligungsstruktur ist gegeben:

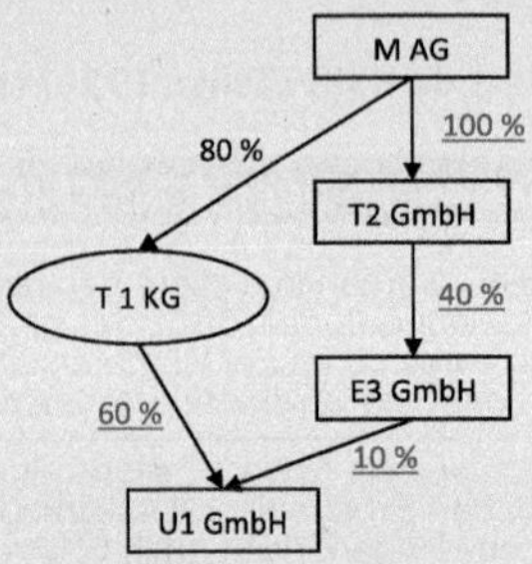

Alle Anteile an der M AG werden an einen Erwerber veräußert. Es liegt offensichtlich ein schädlicher Beteiligungserwerb bei der M AG vor, da 100 % der Anteile erworben werden. Bei der T1 KG selbst kann kein schädlicher Beteiligungserwerb vorliegen, da sie selbst als Personengesellschaft nicht körperschaftsteuerpflichtig ist. Allerdings liegt (über die T1 KG) ein mittelbarer schädlicher Beteiligungserwerb an der U1 GmbH i.H.v. 80 % x 60 % = 48 % vor. Dieser wäre für sich genommen noch nicht schädlich (s.u.).

Auch an der T2 GmbH liegt ein mittelbarer schädlicher Beteiligungserwerb vor, da eine Beteiligung von 100 % vorliegt. Demgegenüber liegt kein (!) schädlicher Beteiligungserwerb der E3 GmbH vor, da mittelbar nur 100 % x 40 % = 40 % erworben wurden. Allerdings wurden (über T2) mittelbar 100 % x 40 % x 10 % = 4 % der Anteile an der U1 GmbH erworben. Zusammen mit T1 ergibt sich ein mittelbarer Erwerb von insgesamt 52 % und damit ein schädlicher Beteiligungserwerb i.S.v. § 8c Abs. 1 Satz 1 KStG.

1323 Bei abweichendem Wj. ist die Kürzung der Verlustvorträge nach der Verwaltungsauffassung immer in dem VZ zu berücksichtigen, in das der schädliche Beteiligungserwerb fällt. In welchem VZ das Wj. berücksichtigt wird, ist – entgegen allen sonst üblichen Vorgehensweisen – nach der Verwaltungsauffassung unbeachtlich.[3] Dies gilt jedoch nur für die Verlustvorträge, für den laufenden, bis zum schädlichen Beteiligungserwerb entstandenen positiven oder negativen Gesamtbetrag der Einkünfte bleibt es bei der Berücksichtigung in dem VZ, dem das jeweilige Wj. zugeordnet wird.

1324 Liegt ein schädlicher Beteiligungserwerb vor, sind laufende negative Einkünfte bis zum Zeitpunkt des schädlichen Beteiligungserwerbs nicht ausgleichsfähig. Verlustvorträge fallen weg. Auch ein Zinsvortrag entfällt, vgl. § 8a Abs. 1 Satz 3 KStG. Diese Rechtsfolgen können jedoch u.U. wie folgt vermieden werden:

1. Der Erwerb erfolgt vollumfänglich unentgeltlich i.R. einer vorwerggenommenen Erbfolge (Zeile 11b).
2. Der Erwerb erfolgt innerhalb eines Konzerns (Zeile 11c).
3. Der Erwerb erfolgt i.R. einer Sanierung (Zeilen 11f und 11g).
4. Es wird ein Antrag zum fortführungsgebundenen Verlust und/oder Zinsvortrag nach § 8d KStG gestellt (Zeilen 12 bis 14).

Greift dies alles nicht, ist darüber hinaus noch das Vorliegen von stillen Reserven für die sog. Stille-Reserve-Klausel (Zeilen 11d und 11e) zu prüfen.

1325 In **Zeile 11b** ist eine „1" einzutragen, wenn der schädliche Beteiligungserwerb **unentgeltlich von Todes wegen** oder durch **vorweggenommene Erbfolge** zwischen Angehörigen i.S.d. § 15 AO erfolgt. Zwar differenziert das Gesetz beim schädlichen Beteiligungserwerb nicht zwischen entgeltlichen und unentgeltlichen Erwerben. Grundsätzlich würde daher auch der unentgeltliche oder teilentgeltliche Erwerb die Voraussetzungen eines schädlichen Beteiligungserwerbs erfüllen. Die FinVerw. nimmt jedoch keinen schädlichen Beteiligungserwerb an, soweit eine natürliche Person Anteile unentgeltlich von Todes wegen oder durch eine vorweggenommene Erbfolge zwischen Angehörigen erwirbt.[4]

Voraussetzung ist jedoch, dass der Erwerb in voller Höhe unentgeltlich erfolgt. Bereits kleinste Zuzahlungen führen zum Verlust dieser Billigkeitsregelung. Soweit ein unentgeltlicher Erwerb von Todes wegen oder durch vorweggenommene Erbfolge vorliegt, sind die Rechtsfolgen des § 8c KStG nicht zu ziehen. Weitere Angaben in diesem Abschnitt sind nicht erforderlich.

1326 In **Zeile 11c** sind Eintragungen zu machen, wenn die **Konzernklausel** des § 8c Abs. 1 Satz 4 KStG greift. Die Konzernklausel führt dazu, dass die Rechtsfolgen des § 8c Abs. 1 Satz 1 KStG nicht gezogen werden. Mit der Konzernklausel verfolgt der Gesetzgeber den Zweck, Umstrukturierungen im Konzern möglich zu machen. Das Gesetz dif-

1) BMF v. 28.11.2017, IV C 2 – S 2745-a/09/10002 :004, BStBl I 2017, 1645.
2) BMF v. 28.11.2017, IV C 2 – S 2745-a/09/10002 :004, BStBl I 2017, 1645, Rz. 12 und Dötsch in Dötsch/Pung/Möhlenbrock, Rz. 86 zu § 8c KStG, a.A. Suchanek/Herbst, FR 2007, 863.
3) BMF v. 28.11.2017, IV C 2 – S 2745-a/09/10002 :004, BStBl I 2017, 1645, Rz. 36.
4) Vgl. Rz. 4 des BMF v. 28.11.2017, IV C 2 – S 2745-a/09/10002 :004, BStBl I 2017, 1645.

ferenziert drei Unterfälle für die Konzernklausel, die durch die entsprechenden Eintragungswerte in Zeile 11c abgebildet werden. Einzutragen ist:

- eine „1", wenn an dem übertragenden Rechtsträger der Erwerber zu 100 % mittelbar oder unmittelbar beteiligt ist,
- eine „2", wenn an dem übernehmenden Rechtsträger der Veräußerer zu 100 % mittelbar oder unmittelbar beteiligt ist, oder
- eine „3", wenn an dem übertragenden und an dem übernehmenden Rechtsträger dieselbe natürliche oder juristische Person oder dieselbe Personenhandelsgesellschaft zu jeweils 100 % mittelbar oder unmittelbar beteiligt ist.

Mit „übertragendem Rechtsträger" bzw. „Veräußerer" meint das Gesetz die Person, der die Anteile an der Körperschaft, für die die Steuererklärung ausgefüllt wird, vor der Anteilsübertragung unmittelbar oder mittelbar hält.[1] „Übernehmender Rechtsträger" bzw. „Erwerber" ist die Person, die die Anteile an der Körperschaft, für die die Steuererklärung ausgefüllt wird, unmittelbar oder mittelbar erwirbt. Die Begriffe dürfen nicht im umwandlungssteuerrechtlichen Sinne verstanden werden.

In **Zeile 11d** ist eine „1" einzutragen, wenn ein schädlicher Beteiligungserwerb vorliegt, keine Ausnahmetatbe- **1327**
stände (unentgeltlicher Erwerb, Konzernklausel, Sanierungsklausel, fortführungsgebundener Verlustvortrag) greifen und es damit tatsächlich zu einer Kürzung laufender Verluste oder von Verlustvorträgen kommt und hierbei stille Reserven nach § 8c Abs. 1 Satz 5 KStG gegengerechnet wurden (**Stille-Reserve-Klausel**). Nach § 8c Abs. 1 Satz 5 KStG kommt es nicht zur Kürzung laufender Verluste und Verlustvorträge, soweit zum Zeitpunkt des schädlichen Beteiligungserwerbs stille Reserven vorhanden sind.

Der **Gesamtbetrag der stillen Reserven** zum Zeitpunkt des schädlichen Beteiligungserwerbs ist in **Zeile 11e** einzutragen. Die Ermittlung der stillen Reserven zum Zeitpunkt des schädlichen Beteiligungserwerbs richtet sich nach § 8c Abs. 1 Satz 6 KStG. Demnach dürfen nur stille Reserven berücksichtigt werden, die im Inland steuerpflichtig sind. Die FinVerw. leitet die stillen Reserven aus dem Entgelt ab, dass für den Erwerb der Anteile gezahlt wurde. Kann dieser Wert auf Grund der Umstände des Einzelfalls (z.B. gesellschaftsrechtliche Veranlassung) hierdurch nicht abgeleitet werden, ist eine Unternehmensbewertung nach §§ 11, 95 bis 109 und 199 ff. BewG durchzuführen.[2] Die FinVerw. will stille Reserven aus Beteiligungen an Kapitalgesellschaften nicht berücksichtigen, weil diese wiederum nach § 8b Abs. 2 KStG steuerbefreit sind.[3]

Beratungshinweis:
Die Begründung, wonach stille Reserven aus der Beteiligung an anderen Kapitalgesellschaften nicht mit einzubeziehen sind, überzeugt nicht, da eine Veräußerung dieser Anteile auch bei Berücksichtigung der Steuerbefreiung nach § 8b Abs. 2 i.V.m. Abs. 3 Satz 1 KStG zu 5 % steuerpflichtig wäre. Das Gesetz stellt auf eine inl. Steuerpflicht in Abgrenzung zu Wirtschaftsgütern ab, deren stille Reserven auf Grund von Regelungen in DBA im Inland nicht versteuert werden müssen. Es ist nicht sachgerecht, auch hier stille Reserven nicht zu berücksichtigen, in denen Deutschland auf Grund innerstaatlicher Regelungen sein Besteuerungsrecht nicht ausübt.[4] In relevanten Fällen sollte die Einlegung eines Rechtsmittels geprüft werden.

Da § 8c KStG nicht nur auf Verluste und Verlustvorträge nach § 10d EStG wirkt, sondern auf alle Arten von Verlustverrechnungsbeschränkungen und auf den Zinsvortrag, war bisher unklar, in welcher Reihenfolge stille Reserven zum Erhalt von Verlustvorträgen zu verwenden sind. Die FinVerw. vertritt hierzu mittlerweile die Auffassung, dass stille Reserven in der Reihenfolge zu verrechnen sind, in der sie bei ihrer Realisierung verrechnet werden würden.[5] Laufende Verluste sind vor den Verlustvorträgen zu erhalten.[6] Es empfiehlt sich, die Wirtschaftsgüter/Beteiligungen, in denen stille Reserven enthalten sind, auf einer formlosen Anlage zu erläutern und die Details der Wertfindung der FinVerw. zu übermitteln. Die eigentliche Berücksichtigung muss jedoch bei den konkreten Verlustkürzungen erfolgen (also Anlage Zinsschranke, Anlage AEV, Anlage Verluste).

In den Zeilen 11f und 11g werden Angaben zur Sanierungsklausel nach § 8c Abs. 1a KStG abgefragt. Die Sanie- **1328**
rungsklausel wurde nunmehr rückwirkend für schädliche Beteiligungserwerbe nach dem 31.12.2007 in Kraft gesetzt.[7] Nach langjährigen Verfahren vor der Europäischen Kommission und dem Gericht erster Instanz hat schließlich der EuGH entschieden, dass § 8c Abs. 1a KStG beihilferechtlich nicht zu beanstanden ist.[8] Die Sanierungsklausel soll es Unternehmen in der Krise trotz Gesellschafterwechsels ermöglichen, Verluste mit künftigen Gewinnen zu verrechnen.

In **Zeile 11f** ist eine „1" einzutragen, wenn im laufenden VZ ein schädlicher Beteiligungserwerb vorliegt, jedoch **1329**
die Voraussetzungen der **Sanierungsklausel** des § 8c Abs. 1a KStG gegeben sind. Zwar ist für die Anwendung der Sanierungsklausel grundsätzlich kein Antrag vorgesehen, sodass der Sachverhalt von Amts wegen zu prüfen wäre.

1) BMF v. 28.11.2017, IV C 2 – S 2745-a/09/10002 :004, BStBl I 2017, 1645, Rz. 41.
2) BMF v. 22.9.2011, IV C 6 – S 2170/10/10001, BStBl I 2011, 859.
3) BMF v. 28.11.2017, IV C 2 – S 2745-a/09/10002 :004, BStBl I 2017, 1645, Rz. 52.
4) So auch BB 2009, 2627; Ubg 2013, 1; DStZ 2014, 419, 424; Herrmann/Heuer/Rapach, § 8c KStG Rz. 57 und FR 2010, 58, 60; a.A.: Dötsch/Pung/Möhlenbrock, § 8c KStG Rz. 194; Ubg 2010, 73; GmbHR 2014, 673; Frotscher/Drüen, § 8c KStG Rz. 140.
5) Rz. 63 des BMF v. 28.11.2017, IV C 2 – S 2745-a/09/10002 :004, BStBl I 2017, 1645.
6) Rz. 62 des BMF v. 28.11.2017, IV C 2 – S 2745-a/09/10002 :004, BStBl I 2017, 1645.
7) Vgl. Art. 6 Nr. 2 des Gesetzes zur Vermeidung von Umsatzsteuerausfällen beim Handel mit Waren im Internet und zur Änderung weiterer steuerlicher Vorschriften v. 11.12.2018, BGBl. I 2018, 2338 = BStBl I 2018, 1377.
8) EuGH-Urteil v. 28.6.2018, C-203/16, ABl.EU 2018 Nr. C 294, 2.

Es empfiehlt sich aber dennoch hier Angaben zu machen, wenn die Voraussetzungen der Sanierungsklausel vorliegen und ihre Anwendung gewünscht wird. Zu berücksichtigen ist jedoch, dass die Sanierungsklausel nicht in jedem Fall „günstiger" ist als der Antrag auf den fortführungsgebundenen Verlustvortrag.

Da die Sanierungsklausel von Amts wegen zu prüfen ist, ist sie gegenüber der Anwendung des § 8d KStG vorrangig, der ein reiner Antragstatbestand ist. Ungelöst ist bisher das Verhältnis eines Sanierungsertrags nach § 3a EStG und dem Vorliegen der Sanierungsklausel nach § 8c Abs. 1a KStG. Da beide Vorschriften grundsätzlich[1] von Amts wegen anzuwenden sind, stellt sich hier die Frage des Anwendungsvorrangs.

Nach § 8c Abs. 1a Satz 1 KStG soll ein Beteiligungserwerb von mehr als 50 % innerhalb von fünf Jahren nun nicht mehr als schädlicher Beteiligungserwerb gelten, wenn dieser zum Zweck der Sanierung des Geschäftsbetriebs erfolgt. **Sanierung** ist eine Maßnahme, die darauf gerichtet ist, die Zahlungsunfähigkeit oder Überschuldung zu verhindern oder zu beseitigen und zugleich die wesentlichen Betriebsstrukturen zu erhalten, vgl. § 8c Abs. 1a Satz 2 KStG. **Keine Sanierung** liegt vor, wenn die Körperschaft ihren Geschäftsbetrieb bei Erwerb im Wesentlichen eingestellt hat oder nach dem Beteiligungserwerb ein Branchenwechsel innerhalb eines Zeitraums von fünf Jahren erfolgt, vgl. § 8c Abs. 1a Satz 4 KStG. So sollen Mantelkäufe verhindert werden.

Das Gesetz knüpft die Erfüllung des Tatbestandsmerkmals der Erhaltung der wesentlichen Betriebsstrukturen an folgende Bedingungen:

1. Die Körperschaft befolgt eine geschlossene Betriebsvereinbarung mit einer Arbeitsplatzregelung oder
2. die Summe der maßgebenden jährlichen Lohnsumme der Körperschaft unterschreitet innerhalb von fünf Jahren nach dem Beteiligungserwerb das Vierfache der Ausgangslohnsumme nicht (→ Rz. 1280) oder
3. der Körperschaft wird durch Einlagen wesentliches Betriebsvermögen zugeführt (→ Rz. 1281).

Dabei genügt es, wenn eine der drei genannten Bedingungen erfüllt wird, vgl. § 8c Abs. 1a Satz 3 KStG. Daneben darf der Geschäftsbetrieb der Körperschaft, für die die Steuererklärung ausgefüllt wird, zum Zeitpunkt des schädlichen Beteiligungserwerbs nicht im Wesentlichen eingestellt worden sein.

1330 Hinsichtlich der Lohnsummenregelung verweist das Gesetz nunmehr ausdrücklich auf § 13a Abs. 1 Satz 3 und 4 und Abs. 4 ErbStG in der Fassung des Gesetzes v. 24.12.2008.[2] Nach mehreren Gesetzesänderungen des ErbStG sind in den genannten Verweisen keine Regelungen zur Lohnsumme mehr enthalten. Gleiches gilt für den § 13a Abs. 4 ErbStG. Für die Anwendung der Sanierungsklausel soll demnach ausdrücklich die überholte Regelung des ErbStG weiter anzuwenden sein.

1331 Die Zuführung von wesentlichem Betriebsvermögen ist in § 8c Abs. 1a Satz 3 Nr. 3 Satz 2 KStG näher definiert als Zuführung von neuem Betriebsvermögen von mindestens 25 % des in der Steuerbilanz zum Schluss des dem Erwerb vorausgehenden Wj. bilanzierten Vermögen. Die Zuführung muss innerhalb von zwölf Monaten nach dem Beteiligungserwerb erfolgen. Bei nicht vollständigem Erwerb der Körperschaft genügt auch eine anteilige Vermögenszuführung, vgl. § 8c Abs. 1a Satz 3 Nr. 3 Satz 3 KStG. Das zugeführte Betriebsvermögen darf nicht innerhalb von fünf Jahren nach dem Erwerb wieder ausgeschüttet werden, vgl. § 8c Abs. 1a Satz 3 Nr. 4 Satz 5 KStG.

Ist die Sanierungsklausel erfüllt, sind die negativen Rechtsfolgen des § 8c Abs. 1 Satz 1 KStG nicht zu ziehen, d.h., Verlustvorträge bleiben bestehen und laufende negative Einkünfte bleiben abzugsfähig.

Beratungshinweis:
Nicht in allen Fällen ist die Sanierungsklausel jedoch günstiger als ein Antrag auf Feststellung des fortführungsgebundenen Verlusts nach § 8d KStG. Je nach Einzelfall sind Verstöße gegen die Bedingungen des § 8c Abs. 1a Satz 3 KStG wahrscheinlicher als gegen die des § 8d Abs. 2 KStG oder umgekehrt. Zwar ist § 8c Abs. 1a KStG grundsätzlich von Amts wegen zu beachten, die Sachverhaltsermittlung des FA wird sich de facto jedoch auf Fälle beschränken, in denen die Sanierungsklausel durch Eintragung in Zeile 11f geltend gemacht wird.

1332 Eintragungen in **Zeile 11g** sind nur erforderlich, wenn in einem der **fünf vorangegangenen VZ** die Sanierungsklausel angewendet wurde. Hier ist anzugeben, ob die Voraussetzungen für die Sanierungsklausel weiterhin vorliegen. Eintragungsmöglichkeiten sind „1" für ja, die Voraussetzungen liegen vor bzw. „2" für nein, die Voraussetzungen liegen nicht mehr vor. Falls die Voraussetzungen nicht mehr vorliegen, wird das FA dies als **rückwirkendes Ereignis** werten und die Rechtsfolgen des § 8c Abs. 1 KStG in dem VZ ziehen, in den der schädliche Beteiligungserwerb fällt.

Mit den hier genannten Voraussetzungen ist wohl konkret die Erhaltung der wesentlichen Betriebsgrundlagen nach § 8c Abs. 1a Satz 3 KStG gemeint (Befolgung der Betriebsvereinbarung, Lohnsummenregelung, Zuführung wesentlichen Betriebsvermögens). Darüber hinaus darf auch kein Branchenwechsel i.S.d. § 8c Abs. 1 Satz 4 KStG erfolgt sein. Eine erneute Überprüfung der grundsätzlichen Voraussetzungen nach § 8c Abs. 1a Satz 1, 2 und 4 KStG ist hier weder gemeint noch zulässig. Diese Voraussetzungen müssen bei der Veranlagung des VZ geprüft werden, in den der schädliche Beteiligungserwerb fällt. Die Befolgung der Betriebsvereinbarung nach § 8c Abs. 1 Satz 3 Nr. 1 KStG kennt im Übrigen keine zeitliche Befristung, während die übrigen Bedingungen alle von einem Fünfjahreszeitraum abhängig sind. Da lt. amtlichem Datensatz/Vordruck jedoch nur Angaben innerhalb von fünf Jahren zu machen sind, bleibt fraglich, ob die FinVerw. davon ausgeht, dass nach fünf Jahren die Nichtbefolgung der Betriebsvereinbarung nicht zum Wegfall der Sanierungsklausel führt.

1) Bei § 3a EStG gilt dies erst für Schuldenerlasse nach dem 28.2.2017. Für Schuldenerlasse bis zu diesem Zeitpunkt ist § 3a EStG nur auf Antrag anzuwenden, vgl. § 52 Abs. 4a Satz 3 EStG.
2) BGBl. I 2008, 30.

5. Angaben zum fortführungsgebundenen Verlust- und/oder Zinsvortrag nach § 8d KStG (Zeilen 12–14)

Zeile	Angaben zum fortführungsgebundenen Verlust- und/oder Zinsvortrag nach § 8d KStG	Kz.	
12	Der Antrag nach § 8d KStG wird gestellt. Die gesetzlichen Voraussetzungen hierfür liegen vollumfänglich vor; insbesondere wurde seit dem Beginn des dritten Veranlagungszeitraums, der dem schädlichen Beteiligungserwerb vorausgeht, ausschließlich derselbe Geschäftsbetrieb unterhalten und zusätzlich hat in diesem Zeitraum bis zum Schluss des Veranlagungszeitraums 2025 kein Ereignis nach § 8d Absatz 2 KStG stattgefunden. (75)	19.237	1 = Ja
	Erforderliche Angaben zu § 8d Absatz 2 KStG, wenn zum Schluss des vorangegangenen Veranlagungszeitraums oder Wirtschaftsjahrs ein fortführungsgebundener Verlust- oder Zinsvortrag festgestellt wurde		
13	Im Veranlagungszeitraum sind Ereignisse nach § 8d Absatz 2 KStG eingetreten. Die festgestellten fortführungsgebundenen Verlustvorträge gehen unter.	19.238	1 = Ja 2 = Nein
14	Es liegen stille Reserven zum Schluss des vorangegangenen Veranlagungszeitraums (§ 8d Absatz 2 Satz 1 zweiter Halbsatz KStG) vor.	19.239	1 = Ja 2 = Nein

In diesem Abschnitt werden die zentral für alle laufenden Verluste/negative Einkünfte und Verlustvorträge notwendigen Angaben zu § 8d KStG abgefragt. Mit § 8d KStG hat der Gesetzgeber eine Möglichkeit geschaffen, die negativen Folgen eines schädlichen Beteiligungserwerbs nach § 8c KStG auf Antrag zu vermeiden. Ein bestehender Verlustvortrag wird allerdings zum sog. „fortführungsgebundenen Verlustvortrag" und kann durch später eintretende schädliche Ereignisse i.S.d. § 8d Abs. 2 KStG wegfallen. Der Antrag auf Nichtanwendung des § 8c KStG wird in Zeile 12 gestellt. Angaben zum schädlichen Ereignis nach § 8d Abs. 2 KStG werden in den Zeilen 13 und 14 gemacht. **1333**

In **Zeile 12** wird der **Antrag auf Nichtanwendung des § 8c KStG** durch Eintragung einer „1" gestellt. Mit dieser Eintragung wird gleichzeitig versichert, dass die gesetzlichen Voraussetzungen für die Antragstellung vorliegen. Diese sind gegeben, wenn die Körperschaft seit Gründung oder zumindest seit Beginn des dritten VZs, der dem schädlichen Beteiligungserwerb vorangeht, und bis zum Ende des laufenden VZs **1334**

a) ausschließlich denselben Geschäftsbetrieb unterhält (§ 8d Abs. 1 Satz 1 KStG),

b) den Geschäftsbetrieb nicht eingestellt oder ruhend gestellt hat (§ 8d Abs. 1 Satz 1 i.V.m. Abs. 2 Satz 1 und Satz 2 Nr. 1 KStG),

c) den Geschäftsbetrieb keiner andersartigen Zweckbestimmung zugeführt hat (§ 8d Abs. 1 Satz 1 i.V.m. Abs. 2 Satz 2 Nr. 2 KStG),

d) keinen zusätzlichen Geschäftsbetrieb aufgenommen hat (§ 8d Abs. 1 Satz 1 i.V.m. Abs. 2 Satz 2 Nr. 3 KStG),

e) keine Beteiligung an einer Mitunternehmerschaft hat (§ 8d Abs. 1 Satz 2 Nr. 2 KStG) oder begründet (§ 8d Abs. 1 Satz 1 i.V.m. Abs. 2 Satz 2 Nr. 4 KStG),

f) nicht Organträger (§ 8d Abs. 1 Satz 2 Nr. 2 KStG) ist oder wird (§ 8d Abs. 1 Satz 1 i.V.m. Abs. 2 Satz 2 Nr. 5 KStG) und

g) keine Wirtschaftsgüter unter dem gemeinen Wert übertragen hat (§ 8d Abs. 1 Satz 1 i.V.m. Abs. 2 Satz 2 Nr. 6 KStG).

Wesentliches Tatbestandsmerkmal des § 8d KStG ist der Begriff des Geschäftsbetriebs. Der Gesetzgeber hat bewusst nicht den Begriff „Gewerbebetrieb" verwendet, da die meisten Körperschaften nach § 8 Abs. 2 KStG nur über einen einheitlichen Gewerbebetrieb verfügen und Änderungen an diesem grundsätzlich nicht vorliegen können. Was nun unter einem Geschäftsbetrieb genau zu verstehen ist, beschreibt § 8d Abs. 1 Satz 3 KStG als eine von einer einheitlichen Gewinnerzielungsabsicht getragene, nachhaltige, sich gegenseitig ergänzende und fördernde Betätigung der Körperschaft und bestimmt sich nach qualitativen Merkmalen in einer Gesamtbetrachtung. Qualitative Merkmale sind insb. die angebotenen Dienstleistungen oder Produkte, der Kunden- und Lieferantenkreis, die bedienten Märkte und die Qualifikation der Arbeitnehmer. Die FinVerw. will an die von der Rechtsprechung zur Gewerbesteuer entwickelten Grundsätze zur Unternehmensidentität anknüpfen.[1] Ob sich die Rechtsprechung der Auffassung der FinVerw. anschließt, bleibt abzuwarten. Die FinVerw. definiert weitere Grundsätze zum Vorliegen mehrerer bzw. eines einheitlichen Geschäftsbetriebs.[2] **1335**

Hinzuweisen ist noch darauf, dass nach § 34 Abs. 6a Satz 1 zweiter Halbsatz KStG nur dann anzuwenden ist, wenn die Körperschaft keinen ihrer Geschäftsbetriebe vor dem 1.1.2016 ruhend oder eingestellt hat. Hat die Körperschaft zum 1.1.2016 bereits bestanden, muss also bis zu ihrer Gründung zurück ermittelt werden, ob eine Einstellung oder Ruhendstellung vorliegt. Dies dürfte mit erheblichen praktischen Problemen verbunden sein. Sollte eine solche **Ruhendstellung oder Einstellung vor dem 1.1.2016** vorliegen, ist eine Antragstellung nach § 8d Abs. 2 KStG nach dem Gesetzeswortlaut **niemals** möglich. Dies soll verhindern, dass noch nicht genutzte Verlustvorträge aus dem früher möglichen Handel mit Verlustmänteln weiterhin genutzt werden können. Die FinVerw. lässt abweichend vom eindeutigen Gesetzeswortlaut die Inanspruchnahme des § 8d KStG für Verluste, die nach dem 31.12.2015 ent-

1) Vgl. Rz. 18 des BMF v. 18.3.2021, IV C 2 – S 2745-b/19/10002 :002, BStBl I 2021, 363.
2) Vgl. Rz. 21 ff. des BMF v. 18.3.2021, IV C 2 – S 2745-b/19/10002 :002, BStBl I 2021, 363.

standen sind, jedoch zu. Dies widerspricht zwar rechtsstaatlichen Grundsätzen, wird jedoch, da es zu Gunsten des Stpfl. erfolgt, wohl so angewendet werden.[1]

Der Antrag nach § 8d Abs. 1 KStG führt dazu, dass § 8c KStG für den schädlichen Beteiligungserwerb nicht anzuwenden ist. Das bedeutet, dass die Folgen des § 8c KStG nicht zu ziehen sind. Da § 8c KStG nicht nur auf einen negativen Gesamtbetrag der Einkünfte und den Verlustvortrag nach § 10d EStG wirkt, sind von der Antragstellung folgende Vorträge und laufende Tatbestände betroffen:[2]

- § 10d EStG (Anlage Verluste, Anlage ZVE),
- § 2a EStG (Anlage AEV),
- §§ 15a und 15b EStG (Feststellungserklärung für Personengesellschaften),
- § 15 Abs. 4 EStG (Anlage GK),
- Zinsvortrag (Anlage Zinsschranke); der EBITDA-Vortrag ist in § 8a Abs. 1 Satz 3 KStG nicht erwähnt und daher von § 8c KStG nicht betroffen,
- § 20 Abs. 6 Satz 3 EStG (Verlustvortrag bei Kapitalvermögen),
- Gewerbeverluste nach § 10a GewStG (§ 10a Satz 10 GewStG).

Der Antrag nach § 8d Abs. 1 KStG führt zwar zur Vermeidung der Kürzung des laufenden Verlusts und der Verlustvorträge, dafür wird der jeweilige Verlustvortrag zum fortführungsgebundenen Verlust. Der fortführungsgebundene Verlust wiederum kann durch schädliche Ereignisse nach § 8d Abs. 2 KStG wegfallen.

1336 Bei Erfüllung der vorgenannten Voraussetzungen ist bei einem schädlichen Beteiligungserwerb ein Antrag nach § 8d Abs. 1 KStG immer sinnvoll, wenn es zur Kürzung der Verluste kommt, also die Stille-Reserve-Klausel oder die Konzernklausel nicht greift und auch kein Antrag nach § 8c Abs. 1a KStG (Sanierungsklausel) möglich ist. Selbst wenn in den Folgejahren ein schädliches Ereignis nach § 8d Abs. 2 KStG eintritt, wäre wenigstens noch eine Verlustverrechnung bis zum schädlichen Ereignis möglich, was günstiger ist als der sofortige Wegfall.

Liegen stille Reserven vor, die zum Erhalt der Verlustvorträge/negativen Einkünfte führen, ist ein Antrag nach § 8d Abs. 1 KStG grundsätzlich nicht sinnvoll, da die Verluste ja bereits durch die stillen Reserven nicht wegfallen. Dies gilt jedoch nicht unbedingt, wenn man von der Nichtanwendung der Mindestbesteuerung auf fortführungsgebundene Verlustvorträge nach § 10d und § 15 Abs. 4 EStG ausgeht.

Beratungshinweis:

Die FinVerw. geht davon aus, dass der fortführungsgebundene Verlustvortrag Teil des eigentlichen Verlustvortrags (nach § 10d EStG oder nach anderen Vorschriften) ist. Demzufolge soll auf den fortführungsgebundenen Verlustvortrag auch die Mindestbesteuerung anzuwenden sein. Diese Verwaltungsauffassung ergibt sich nicht aus der Formulierung des § 8d KStG. Nach § 8d Abs. 1 Satz 8 KStG ist der fortführungsgebundene Verlust vor dem nach § 10d Abs. 4 EStG festgestellten Verlustvortrag abzuziehen. Wenn der fortführungsgebundene Verlustvortrag aber im Verlustvortrag nach § 10d EStG enthalten ist, kann er nicht vorrangig abgezogen werden.

Nach § 8d Abs. 1 Satz 7 KStG ist lediglich § 10d Abs. 4 EStG entsprechend anzuwenden. Fehlt ein Verweis auf § 10d EStG oder beschränkt er sich auf § 10d Abs. 4 EStG, wird für diverse andere Verlustverrechnungskreise (z.B. §§ 2a, 15a und 15b EStG) gefolgert, dass keine Mindestbesteuerung nach § 10d Abs. 2 EStG anzuwenden ist. Sofern dies gewollt ist, verweisen andere Verlustverrechnungsbeschränkungen explizit auf die Verlustverrechnung nach Maßgabe des § 10d EStG (z.B. § 15 Abs. 4 EStG). Demnach unterlägen fortführungsgebundene Verluste nicht der Mindestbesteuerung und könnten unbeschränkt verrechnet werden.

Vertritt man entgegen der FinVerw. die Auffassung, dass die Mindestbesteuerung nicht greift, kann ein Antrag nach § 8d Abs. 1 KStG selbst bei Vorliegen von stillen Reserven in Höhe der entfallenden Verluste sinnvoll sein, da die Verlustverrechnung schneller als im Normalfall erreicht werden kann. Außerdem sind stille Reserven – so sie zum Schluss des dem schädlichen Ereignis vorangehenden VZ noch vorhanden sind – bei einem schädlichen Ereignis nach § 8d Abs. 2 KStG ebenfalls verlusterhaltend zu berücksichtigen, vgl. § 8d Abs. 2 Satz 1 KStG.

1337 In **Zeile 13** ist einzutragen, ob im VZ ein **schädliches Ereignis nach § 8d Abs. 2 KStG** eingetreten ist. Angaben sind immer dann erforderlich, wenn zum Ende des vorangegangenen VZ ein fortführungsgebundener Verlustvortrag festgestellt wurde. Beim Zinsvortrag ist auf das Ende des vorangegangenen Wj. abzustellen.

Es ist eine „1" einzutragen, wenn mindestens ein schädliches Ereignis im VZ eingetreten ist. Falls kein schädliches Ereignis eingetreten ist, ist eine „2" einzutragen. Schädliche Ereignisse i.S.d. § 8d Abs. 2 KStG sind:

1. die Einstellung des Geschäftsbetriebs (§ 8d Abs. 1 Satz 1 KStG),
2. die Ruhendstellung des Geschäftsbetriebs (§ 8d Abs. 2 Satz 2 Nr. 1 KStG),
3. die Zuführung des Geschäftsbetriebs zu einer andersartigen Zweckbestimmung (§ 8d Abs. 2 Satz 2 Nr. 2 KStG),
4. die Aufnahme eines zusätzlichen Geschäftsbetriebs (§ 8d Abs. 2 Satz 2 Nr. 3 KStG),
5. die Begründung einer Beteiligung an einer Mitunternehmerschaft (§ 8d Abs. 2 Satz 2 Nr. 4 KStG),
6. die Einnahme der Stellung eines Organträgers (§ 8d Abs. 2 Satz 2 Nr. 5 KStG) und
7. die Übertragung von Wirtschaftsgütern auf die Körperschaft unter dem gemeinen Wert (§ 8d Abs. 2 Satz 2 Nr. 6 KStG).

1) Vgl. Rz. 79 des BMF v. 18.3.2021, IV C 2 – S 2745-b/19/10002 :002, BStBl I 2021, 363.
2) So auch Rz. 55 des BMF v. 18.3.2021, IV C 2 – S 2745-b/19/10002 :002, BStBl I 2021, 363.

Während die Voraussetzungen der Nummern 4 bis 6 leicht zu prüfen sind, bleibt die genaue Auslegung des Begriffs des Geschäftsbetriebs, seiner Einstellung oder Ruhendstellung genauso unklar wie die Frage, wann ein neuer Geschäftsbetrieb aufgenommen oder ein Geschäftsbetrieb einer andersartigen Zweckbestimmung zugeführt wird.

Wird hier eine „1" eingetragen, gehen fortführungsgebundene Verlustvorträge nach § 8d Abs. 2 Satz 1 KStG unter. Der Verlustuntergang wird jedoch nicht hier, sondern auf dem Vordruck des jeweils betroffenen Verlustvortrags eingetragen (Anlage Verluste, Anlage Zinsschranke, Anlage AEV). Soweit die FinVerw. auf keine amtliche Anlage zur Ermittlung des Verlustvortrags besteht (z.B. § 15 Abs. 4 EStG), sind die entsprechenden Folgen bei der formlosen Ermittlung des Verlustvortrags zu ziehen.

Wird in Zeile 13 eine „1" eingetragen, muss in **Zeile 14** angegeben werden, ob **stille Reserven** zum Schluss des vorangegangenen VZ vorhanden waren. Hintergrund der Frage ist die sinngemäße Anwendung der Stille-Reserve-Klausel auf die auf Grund des schädlichen Ereignisses wegfallenden Verluste und Verlustvorträge nach § 8d Abs. 2 Satz 1 letzter Halbsatz KStG. Die Berücksichtigung der stillen Reserven der Höhe nach erfolgt jedoch nicht hier, sondern auf der Anlage des jeweils betroffenen Verlusts (z.B. Anlage Verluste, AEV, Zinsschranke). **1338**

6. Vertragliche Vereinbarungen mit Anteilseignern und diesen nahestehenden Personen (Zeilen 15–16)

Vertragliche Vereinbarungen mit Anteilseignern und diesen nahe stehenden Personen

15 Sind vertragliche Vereinbarungen (Anstellungsverträge, Mietverträge, Darlehensverträge, Pensionszusagen) mit Anteilseignern und/oder diesen nahe stehenden Personen im Veranlagungszeitraum abgeschlossen beziehungsweise geändert worden? Entsprechende Verträge sind dem Finanzamt vorzulegen. (74) — 19.211 — 1 = Ja, 2 = Nein

Einzelaufstellung zu den Verträgen

	Vertragsart	Datum der letzten Vertragsänderung oder des Vertragsabschlusses	Name des Vertragspartners	Höhe der Vergütung EUR
16				

Sind weitere Eintragungen erforderlich, sind diese nach dem gleichen Schema gesondert zu erläutern.

In Zeile 15 und den folgenden beiden Zeilen sind **Angaben zu schuldrechtlichen Verträgen mit Anteilseignern und diesen nahestehenden Personen** zu machen. Wie die beispielhafte Aufzählung im Vordruck entnehmen lässt, sind hiervon u.a. folgende Vertragsarten betroffen: **1339**

- Anstellungsverträge,
- Verträge über Pensionszusagen,
- Miet- und Pachtverträge und
- Darlehensverträge.

Praxishinweis:

Zu den nahestehenden Personen eines Anteilseigners zählen insb. nahe Verwandte, wie z.B. Ehegatten, Eltern, Geschwister und Kinder; aber auch gesellschaftsrechtlich verbundene Firmen, wie z.B. Mutter-, Tochter- und Schwestergesellschaften.

Zunächst ist in **Zeile 15** eine „1" einzutragen, wenn sich die vertraglichen Vereinbarungen geändert haben oder im Wj. Verträge mit Anteilseignern geschlossen wurden, andernfalls eine „2".

Anschließend sind in den **Zeilen 16 bis 18** die im VZ mit Anteilseignern oder diesen nahestehenden Personen **neu abgeschlossenen Verträge sowie Verträge** aus früheren VZ, **die während des abgelaufenen VZ noch Gültigkeit besaßen**, anzugeben.

Zu den genannten Verträgen sind Angaben zur **Vertragsart** (z.B. Mietvertrag), zum **Datum des Vertragsabschlusses** bzw. der letzten Vertragsänderung, der Person des **Vertragspartners** und zur Höhe der geleisteten **Vergütung** erforderlich. Reichen die hierzu vorgesehenen Zeilen des Vordrucks nicht aus, sind weitere Angaben auf einer formlosen Anlage zu machen. Bei Verwendung des elektronischen Datensatzes können die Einzelangaben direkt in der Erklärung gemacht werden. **1340**

Soweit die betreffenden **Verträge** dem FA noch nicht vorliegen, sind sie der Steuererklärung **in Kopie vorzulegen**.

Beratungshinweis: **1341**

Auf der Basis der in den Zeilen 15 bis 18 der Anlage WA gemachten Angaben und der hierzu eingereichten Verträge prüft das FA, ob die schuldrechtlich vereinbarten Vergütungen im Fremdvergleich angemessen sind und ob die den beherrschenden Gesellschaftern gegenüber gezahlten Vergütungen klar und eindeutig im Vorhinein vereinbart wurden. Verneint die Finanzbehörde dies nach Prüfung, wird es die geleisteten Vergütungen i.R. der Einkommensermittlung ganz oder teilweise als **vGA** dem Betriebsergebnis hinzurechnen (§ 8 Abs. 3 Satz 2 KStG).

Ferner muss damit gerechnet werden, dass das für die Besteuerung der Körperschaft zuständige Betriebsfinanzamt auch über die als angemessen erachteten Vergütungen **Kontrollmitteilungen an die Wohnsitzfinanzämter der Vergütungsempfänger** versendet. Es empfiehlt sich daher, rechtzeitig Vorsorge zu treffen, dass die erhaltenen Vergütungen in den von den Vergütungsempfängern eingereichten Steuererklärungen auch vollständig enthalten sind.

7. Aufsichtsratsvergütungen an unbeschränkt Steuerpflichtige (Zeilen 20–20h)

Zeile	Aufsichtsratsvergütungen an unbeschränkt Steuerpflichtige	
	Empfänger der Vergütung	
17 bis 19 frei	Vor- und Nachname	
20		
	Straße und Hausnummer	
20a		
	Postleitzahl und Wohnort	
20b		
20c frei		
20d	Identifikationsnummer	
	Steuernummer	
20e		
20f	Wirtschafts-Identifikationsnummer	
		EUR
20g	Im Kalenderjahr geleistete Vergütungen	
20h	Darin enthaltene Umsatzsteuer	
	Sind weitere Eintragungen erforderlich, sind diese nach dem gleichen Schema gesondert zu erläutern.	

1342 Die **Zeilen 20 bis 20h** betreffen die von der Körperschaft **an unbeschränkt Stpfl. geleisteten Aufsichtsratsvergütungen**. Dabei sind die Empfänger mit Namen, Vornamen und Anschrift zu bezeichnen und Angaben zur jeweiligen Höhe der gezahlten Bruttovergütung sowie zu der darin enthaltenen Umsatzsteuer zu machen. Darüber hinaus wird die Benennung der Identifikationsnummer, Wirtschafts-Identifikationsnummer und der Steuernummer der aufgeführten Stpfl. erbeten.

Da die im Wj. als Aufwand erfassten Zahlungen den Empfängern möglicherweise erst zu einem späteren Zeitpunkt zugeflossen sind, für deren Einkommensbesteuerung aber in der Regel auf den Zuflusszeitpunkt abzustellen ist, fordert die FinVerw. ferner Angaben zum Zahlungstag.

Praxishinweis:

Reicht der auf dem Vordruck vorhandene Platz nicht zur Angabe aller Zahlungen aus, sind Ausführungen auf einer formlosen Anlage erforderlich. Auf diese ist im Vordruck hinzuweisen.

Werden **Reisekosten** (Tagegelder für Verpflegungsmehraufwand und Fahrtauslagen) besonders gewährt, so gehören sie nur insoweit zu den Aufsichtsratsvergütungen, als sie die nachgewiesenen Auslagen übersteigen.

Die Angaben in diesen Zeilen sind auf Zahlungen an **unbeschränkt steuerpflichtige Aufsichtsratsmitglieder** zu beschränken. Die Zahlungen an **beschränkt steuerpflichtige Aufsichtsratsmitglieder** werden, da diese nach § 50a Abs. 1 Nr. 4 EStG dem Steuerabzug unterliegen, gesondert in den **Zeilen 30 bis 32** abgefragt.

1343 **Beratungshinweis:**

Die Angaben in diesem Abschnitt dienen in erster Linie der Sicherstellung der Besteuerung empfangener Bezüge beim Empfänger der Aufsichtsratsvergütung. Die Finanzämter sind angewiesen, hierüber regelmäßig **Kontrollmitteilungen an die zuständigen Wohnsitzfinanzämter** zu versenden. Es empfiehlt sich daher, rechtzeitig Vorsorge zu treffen, dass die erhaltenen Vergütungen in den von den Vergütungsempfängern eingereichten Steuererklärungen auch vollständig enthalten sind und eine eventuell erforderliche Umsatzbesteuerung vorgenommen wurde.

Daneben dienen die Angaben, ergänzt um die in den Zeilen 30 bis 32 vorzunehmenden Eintragungen zu den an beschränkt Stpfl. geflossenen Aufsichtsratsvergütungen, dem Betriebsfinanzamt der Körperschaft zur **Verprobung mit den Angaben in Zeile 89 der Anlage GK** zur hälftigen Hinzurechnung der als Aufwand erfasster Aufsichtsratsvergütungen bei Ermittlung des Einkommens der Körperschaft (§ 10 Nr. 4 KStG).

1344 Die FinVerw. hat die Meldungen nach § 138 Abs. 2 AO ab dem VZ 2018 von der Anlage WA entfernt und fragt sie auch sonst nicht mehr in der Körperschaftsteuererklärung ab. Die Anzeigeverpflichtungen bestehen aber unabhängig von der Angabe in der Körperschaftsteuererklärung weiter.

8. Länderbezogener Bericht multinationaler Unternehmensgruppen nach § 138a AO (Zeilen 27–29)

Steuernummer - 3 -

Zeile	**Länderbezogener Bericht multinationaler Unternehmensgruppen nach § 138a AO** (48)
21 bis 26 frei 27	Die Körperschaft 19.212 1 = ist eine inländische Konzernobergesellschaft im Sinne des § 138a Absatz 1 Satz 1 AO. 2 = ist eine beauftragte Gesellschaft im Sinne des § 138a Absatz 3 AO. 3 = ist eine einbezogene inländische Konzerngesellschaft eines Konzerns mit ausländischer Konzernobergesellschaft. 4 = ist eine einbezogene Betriebsstätte eines ausländischen Unternehmens, das als ausländische Konzernobergesellschaft oder als einbezogene ausländische Konzerngesellschaft in einen Konzernabschluss einbezogen ist.
28	Bezeichnung des Unternehmens, das den länderbezogenen Bericht des Konzerns übermitteln wird: 19.214
29	Länderschlüssel der Finanzbehörde, an die der länderbezogene Bericht des Konzerns übermittelt wird: (49) 19.215

1345 Der Abschnitt zum länderbezogenen Bericht multinationaler Unternehmensgruppen wurde auf Grund der Einführung des § 138a AO durch das Gesetz zur Umsetzung der Änderungen der EU-Amtshilferichtlinie und von weiteren Maßnahmen gegen Gewinnkürzungen und -verlagerungen[1] neu aufgenommen. Mit dieser Vorschrift setzt der Gesetzgeber die internationale Vereinbarung zum sog. „Country-by-Country-Reporting" (CbCR) um, wonach **multinational tätige Unternehmen staatenbezogen** ihre **Steuerlast** anhand eines sog. **„länderbezogenen Berichts" darlegen** müssen (BEPS-Aktionspunkt 13).

Der länderbezogene Bericht sollte regelmäßig von der Konzernobergesellschaft (Konzernspitze) an die jeweils zuständige Finanzbehörde übermittelt werden, die die Informationen dann in einem automatisierten Verfahren mit den betroffenen Staaten austauscht. Die Angaben in den Zeilen 27 bis 29 dienen der FinVerw. zur Überprüfung, ob die länderbezogenen Berichte von der Körperschaft tatsächlich beim Bundeszentralamt für Steuern eingereicht bzw. von anderen Staaten dem Bundeszentralamt für Steuern übermittelt wurden.

1346 In **Zeile 27** ist einzutragen, ob überhaupt eine Übermittlungsverpflichtung besteht. Hier sind folgende Fallgruppen zu unterscheiden:

- „1" die Körperschaft ist **im Inland** ansässig und
  a) nach Handelsrecht (§§ 290 ff. HGB) verpflichtet, einen **Konzernabschluss** aufzustellen und
  b) in den Konzernabschluss sind auch **Unternehmen** einzubeziehen, die **im Ausland ansässig** sind, und
  c) die im Konzernabschluss ausgewiesenen **konsolidierten Umsatzerlöse** betragen **mindestens 750 Mio. €**.
- „2" die Körperschaft ist nach § 138a Abs. 3 AO von der Konzernobergesellschaft beauftragt, einen länderbezogenen Bericht beim Bundeszentralamt für Steuern einzureichen (Details →Rz. 1347).
- „3" die Körperschaft ist im Inland ansässig oder beschränkt steuerpflichtig, wird jedoch in einen Konzernabschluss eines anderen Unternehmens einbezogen (ist also Tochtergesellschaft). Der länderbezogene Bericht wird nicht von der Körperschaft, für die die Steuererklärung ausgefüllt wird, sondern von der Konzernobergesellschaft oder von einem anderen beauftragten Unternehmen abgegeben.
- „4" es handelt sich um eine im Ausland ansässige Körperschaft, die im Inland nur mit ihrer Betriebsstätte steuerpflichtig ist (beschränkte Steuerpflicht). Die Betriebsstätte wird in einen Konzernabschluss eines anderen Unternehmens einbezogen. Der länderbezogene Bericht wird entweder von dieser Körperschaft der Finanzbehörde eines anderen Staats übermittelt oder von der Konzernobergesellschaft oder von einem anderen beauftragten Unternehmen abgegeben.

1347 Nach den internationalen Vereinbarungen erfolgt der Austausch der länderbezogenen Berichte nur auf Gegenseitigkeit, d.h., nur Staaten, die die länderbezogenen Berichte ihrer Konzerne mit einem anderen Staat austauschen, erhalten im Gegenzug auch länderbezogene Berichte der Konzerne anderer Staaten. Nimmt ein Staat nicht an diesem Austausch teil oder übermittelt die Konzernobergesellschaft tatsächlich keinen länderbezogenen Bericht, bleiben die im Inland ansässigen Tochterunternehmen zur Abgabe des länderbezogenen Berichts verpflichtet (§ 138a Abs. 4 AO). Der Konzern kann jedoch nach § 138a Abs. 3 AO eine Tochtergesellschaft mit der Übermittlung des länderbezogenen Berichts für den Konzern beauftragen. Falls die Körperschaft, für die die Steuererklärung erstellt wird, eine solche beauftragte Gesellschaft ist, ist hier eine „2" einzutragen.

1348 In den Fällen der Nummern 1 und 2 muss die Körperschaft den länderbezogenen Bericht an das Bundeszentralamt für Steuern nach amtlich vorgeschriebenem Datensatz durch Datenfernübertragung übermitteln, vgl. § 138a Abs. 6 Satz 3 AO. Der länderbezogene Bericht ist wirtschaftsjahrbezogen zu erstellen und spätestens ein Jahr nach Ablauf des Wj. zu übermitteln.

Das BMF hat den amtlichen Datensatz in Form einer XML-Schnittstelle veröffentlicht.[2] Der länderbezogene Bericht ist in englischer Sprache zu veröffentlichen und an das BZSt als Anlage zu einer De-Mail zu übersenden.

1) BGBl. I 2016, 3000.
2) BMF v. 11.7.2017, IV B 5 – S 1300/16/10010 :002, BStBl I 2017, 974.

Die Abgabe in Papier soll danach nicht zulässig sein. Details zu dem Verfahren können beim BZSt[1]) abgerufen werden.

1349 In den Fällen der Nummern 3 und 4 wird der länderbezogene Bericht von einem anderen Unternehmen abgegeben. In diesen Fällen muss das andere Unternehmen in **Zeile 28** angegeben werden. In **Zeile 29** ist der Länderschlüssel der Finanzbehörde anzugeben, an den der länderbezogene Bericht übermittelt wird. Einzutragen ist der Länderkürzel nach ISO-3166. Eine Übersicht der teilnehmenden Staaten mit Länderkürzel findet sich auf der Webseite des BZSt.[2])

9. Vergütungen i.S.d. § 50a Abs. 1 Nr. 1 bis 4 und Abs. 7 EStG an beschränkt Steuerpflichtige (Zeilen 30–37)

Vergütungen nach § 50a Absatz 1 Nummer 1 bis 4 und Absatz 7 EStG an beschränkt Steuerpflichtige (zum Beispiel Aufsichtsratsvergütungen, Lizenzvergütungen) oder in den Fällen des § 10 Steueroasen-Abwehrgesetz

Empfänger der Vergütung

Zeile		
30	Vor- und Nachname	
30a	Straße und Hausnummer	
30b	Postleitzahl und Ort	
30c	Weitere Adressangaben	
30d	Staat	
30e	Ausländisches Identifikationsmerkmal	
		EUR
30f	Geleistete Vergütung	
30g	Einbehaltener und abgeführter Steuerabzug	
30h	Einbehaltener und abgeführter Solidaritätszuschlag auf den Steuerabzug	
31	Der Steuerabzug wurde aus folgenden Gründen nicht oder nicht in voller Höhe vorgenommen, da auf die Vergütung folgende Befreiungsvorschrift anzuwenden ist:	1 = § 73f EStDV 2 = § 50c Absatz 2 Satz 1 Nummer 1 EStG 3 = § 50c Absatz 2 Satz 1 Nummer 2 EStG
32	Bezeichnung der Verwertungsgesellschaft nach § 73f EStDV, an die die Vergütung geleistet wurde	
	Bei Anwendung des § 50c Absatz 2 Satz 1 Nummer 1 EStG	
33 und 34 frei		
35	In den Fällen des § 50c EStG: auf Grund der Bescheinigung des Bundeszentralamts für Steuern vom	
35a	Aktenzeichen der Bescheinigung des Bundeszentralamts für Steuern für den Steuerabzug	
	Sind weitere Eintragungen erforderlich, sind diese nach dem gleichen Schema gesondert zu erläutern.	
	Steueranmeldung	
36 frei		
37	Steuernummer beim Bundeszentralamt für Steuern	

1) https://www.bzst.de/DE/Unternehmen/Intern_Informationsaustausch/CountryByCountryReporting/countrybycountryreporting_node.html.
2) Siehe vorherige Fußnote.

Bei den unter diesem Abschnitt einzutragenden Vergütungen handelt es sich sämtlich um **Vergütungen an beschränkt Stpfl.**, für die die **Steuer gem. § 50a EStG im Abzugsverfahren einzubehalten und abzuführen** ist. 1350

In Betracht kommen zunächst die an beschränkt steuerpflichtige Mitglieder des Aufsichtsrats (Verwaltungsrats) von inl. Kapitalgesellschaften, Genossenschaften und Personenvereinigungen des privaten und des öffentlichen Rechts, bei denen die Gesellschafter nicht als Mitunternehmer anzusehen sind, für die Überwachung der Geschäftsführung geleisteten **Aufsichtsratsvergütungen**. Sie unterliegen gem. § 50a Abs. 1 Nr. 4 EStG der sog. **Aufsichtsratssteuer**. Diese beträgt **30 %** der Aufsichtsratsvergütungen (§ 50a Abs. 2 EStG). 1351

Praxishinweis:

Werden Reisekosten wie z.B. Tagegelder und Fahrtkosten gesondert gewährt, zählen sie unter den Voraussetzungen des § 50a Abs. 3 EStG nur insoweit zu den Aufsichtsratsvergütungen, als sie die tatsächlichen Auslagen übersteigen.

Daneben wird die Einkommensteuer gem. **§ 50a Abs. 1 Nr. 1 bis 3 EStG** bei beschränkt Stpfl. im Wege des Steuerabzugs erhoben 1352

- bei Einkünften, die durch im Inland ausgeübte künstlerische, sportliche, artistische, unterhaltende oder ähnliche Darbietungen erzielt werden, einschließlich der Einkünfte aus anderen mit diesen Leistungen zusammenhängenden Leistungen, unabhängig davon, wem die Einkünfte zufließen (§ 49 Abs. 1 Nr. 2 bis 4 und 9 EStG), es sei denn, es handelt sich um Einkünfte aus nichtselbständiger Arbeit, die dem Steuerabzug vom Arbeitslohn nach § 38 Abs. 1 Satz 1 Nr. 1 EStG unterliegen,
- bei Einkünften aus der inl. Verwertung von Darbietungen vorgenannter Art (§ 49 Abs. 1 Nr. 2 bis 4 und 6 EStG),
- bei Einkünften, die aus Vergütungen für die Überlassung der Nutzung oder des Rechts auf Nutzung von Rechten, insb. von Urheberrechten und gewerblichen Schutzrechten, von gewerblichen, technischen, wissenschaftlichen und ähnlichen Erfahrungen, Kenntnissen und Fertigkeiten, z.B. Plänen, Mustern und Verfahren, herrühren (§ 49 Abs. 1 Nr. 2, 3, 6 und 9 EStG).

Der **Steuerabzug** beträgt hier **15 %** (§ 50a Abs. 2 EStG).

Anzugeben sind schließlich auch die Vergütungen an beschränkt Stpfl., für die auf Grund besonderer Anordnung durch die Finanzbehörde zum Zwecke der Sicherung des Steueranspruchs ein Steuerabzug nach **§ 50a Abs. 7 EStG** angeordnet wurde. Der Steuerabzug beträgt hier im Allgemeinen 25 %, bei Körperschaften, Personenvereinigungen oder Vermögensmassen 15 % der gesamten Einnahmen (§ 50a Abs. 7 Satz 2 EStG). 1353

Die in den Zeilen 30 bis 35a geforderten Angaben sind pro Vergütungsempfänger zu machen. Im elektronischen Datensatz können sie mehrfach angegeben werden. Bei Abgabe auf dem Papiervordruck sind die Angaben nach dem gleichen Schema wie in den Zeilen 30 bis 35a zu erläutern. 1354

In den **Zeilen 30 bis 30d** ist zunächst der Empfänger der Zahlungen zu bezeichnen. Unter dem ausl. Identifikationsmerkmal ist eine der deutschen Identifikationsnummer oder der Wirtschafts-Identifikationsnummer vergleichbares Merkmal zu verstehen.

In **Zeile 30f** ist die **geleistete Bruttovergütung** anzugeben, also die Vergütung vor Einbehalt der Steuer nach § 50a EStG. In **Zeile 30g** ist die Höhe des **einbehaltenen und abgeführten Steuerabzugsbetrags**, in **Zeile 30h** der hierauf einbehaltene und abgeführte **Solidaritätszuschlag** einzutragen. Wird kein Steuerabzugsbetrag einbehalten, weil einer der in Zeile 31 zu erklärenden Ausnahmetatbestände vorliegt, sind trotzdem Angaben für den entsprechenden Empfänger zu machen und in den Zeilen 30g und 30h eine „0" einzutragen.

In **Zeile 31** sind Ausnahmetatbestände zu erklären, die zum Verzicht auf den Steuerabzug geführt haben. 1355

Der Leistungsempfänger (Auftraggeber) kann auf den Einbehalt der Steuer verzichten, wenn die Vergütung für die **Nutzung von Urheberrechten** an eine besondere **Verwertungsgesellschaft** (z.B. GEMA) gezahlt wird, die den Steuereinbehalt vornimmt, vgl. § 73f EStDV. Liegt ein solcher Fall vor, ist hier eine „1" einzutragen. In **Zeile 32** ist die Verwertungsgesellschaft zu benennen, die den Steuerabzug vorgenommen hat.

Soweit Kapitalerträge und andere Vergütungen nach einem DBA steuerbefreit sind, kann beim BZSt eine Bescheinigung beantragt werden. Wird diese Bescheinigung ausgestellt, kann ebenfalls vom Steuereinbehalt abgesehen werden. In diesen Fällen ist in Zeile 31 eine „2" einzutragen. Darüber hinaus ist in **Zeile 35** das **Datum der Bescheinigung des BZSt** und in **Zeile 35a** das **Aktenzeichen der Bescheinigung einzutragen**. Mit diesen Angaben kann das FA die Ausstellung der Bescheinigung überprüfen.

Nach **§ 50c Abs. 2 Nr. 2 EStG** muss der Steuereinbehalt nach § 50a EStG nicht vorgenommen werden, wenn die Einkünfte des beschränkt steuerpflichtigen Leistungsempfängers vom **gleichen Schuldner** im laufenden Kj. **insgesamt 10 000 € nicht übersteigen** und zusätzlich nach einem DBA steuerfrei sind. Wird aus diesem Grund vom Steuereinbehalt abgesehen, ist in Zeile 31 eine „3" einzutragen.

Kommt es zur Steueranmeldung, ist in **Zeile 37** die **Steuernummer** der Körperschaft **beim BZSt für Steuern** einzutragen. Diese Angabe dient der Kontaktaufnahme mit dem BZSt. So kann die Steueranmeldung überprüft werden.

10. Steuerabzug bei Bauleistungen (Zeile 40a)

Steuernummer - 4 -

Zeile	Steuerabzug bei Bauleistungen nach § 48 folgende EStG		
38 bis 40 frei		19.243	
40a	Es liegt anrechenbare Bauabzugsteuer vor.		1 = Ja

1356 In der **Zeile 40a** ist durch Eintragung einer „1" deutlich zu machen, dass **anrechenbare Bauabzugssteuer** vorliegt. Die Bauabzugssteuer ist von Unternehmern i.S.d. § 2 UStG oder von j.P.d.ö.R. für inl. Bauleistungen einzubehalten, vgl. § 48 Abs. 1 Satz 1 EStG. Bauleistungen sind alle Leistungen, die der Herstellung, Instandsetzung, Instandhaltung, Änderung oder Beseitigung von Bauwerken dienen, vgl. § 48 Abs. 1 Satz 3 EStG. Hierdurch soll die Schwarzarbeit bekämpft werden. Die Abzugssteuer beträgt 15 % der Brutto-Gegenleistung.[1] Zwar wird auf die Unternehmereigenschaft des Empfängers der Leistung abgestellt, die Leistung selbst muss jedoch nicht zwingend umsatzsteuerpflichtig sein.

Die Bauabzugssteuer ist vom Empfänger der Leistung (Bauherr) einzubehalten und abzuführen. Die Anmeldung erfolgt elektronisch, vgl. § 48a EStG. Legt der Leistende (Bauunternehmer) eine Freistellungsbescheinigung vor, ist keine Bauabzugssteuer einzubehalten, vgl. § 48 Abs. 2 EStG.

Ist eine Bauabzugssteuer einbehalten worden, kann der Leistende (Bauunternehmer) die angemeldete, einbehaltene und abgeführte Bauabzugssteuer auf die eigene Körperschafteuer (oder Einkommensteuer) anrechnen, vgl. § 48 Abs. 1 Satz 1 EStG[2].

Der Leistungsempfänger hat mit dem Leistenden abzurechnen, vgl. § 48a Abs. 2 EStG. Da die Bauabzugssteuer bei dem für die Besteuerung des Leistenden zuständigen FA abzuführen ist, empfiehlt es sich, dem FA die entsprechende Steuernummer mitzuteilen, so dass die Anrechnung schneller abgewickelt werden kann.

11. Forschungszulage (Zeilen 41–44)

	Forschungszulage		
41	Für die Körperschaft wurde ein Antrag auf Festsetzung einer Forschungszulage gestellt. Es wird beantragt, die Festsetzung der Körperschaftsteuer bis zur Festsetzung der Forschungszulage zurückzustellen.	19.241	1 = Ja
42	Für die nachfolgend aufgeführten Personengesellschaften besteht ein Anspruch auf Festsetzung oder Feststellung einer Forschungszulage. Es wird beantragt, die Festsetzung der Körperschaftsteuer bis zur gesonderten und einheitlichen Feststellung nach § 10 Absatz 2 Satz 2 FZulG zurückzustellen.	19.242	1 = Ja
	Einzelangaben		
43	Steuernummer der Personengesellschaft	Wirtschafts-Identifikationsnummer der Personengesellschaft (29): D E	
44	Name der Personengesellschaft		
	Sind weitere Eintragungen erforderlich, sind diese nach dem gleichen Schema gesondert zu erläutern.		

1357 Die Forschungszulage wurde eingeführt, um die Forschung durch Wirtschaftsunternehmen zu fördern. Ein Antrag auf Forschungszulage kann von natürlichen Personen, Körperschaften und Personengesellschaften gestellt werden, vgl. § 1 FZulG.

Begünstigt sind Forschungs- und Entwicklungsvorhaben, die der Grundlagenforschung, der industriellen Forschung oder der experimentellen Entwicklung zuzuordnen sind, vgl. § 2 Abs. 1 FZulG. Die Herstellung der Marktreife ist hingegen nicht begünstigt, vgl. § 2 Abs. 2 FZulG. Die Forschung muss nicht notwendigerweise selbst (also eigenbetrieblich) erbracht werden, sondern kann auch als Auftragsforschung oder durch § 2 Abs. 4 FZulG näher definierte Kooperationen erbracht werden. Auftragsforschung ist allerdings nur dann begünstigt, wenn der Auftragnehmer seinen Sitz im EU/EWR-Raum hat und Amtshilfe geleistet wird, vgl. § 2 Abs. 5 FZulG.

Gefördert werden die Bruttoarbeitslöhne einschließlich der Arbeitgeberanteile zur Sozialversicherung von Beschäftigten, die mit der begünstigten Forschungs- und Entwicklungstätigkeit betraut sind, bis zu einem Höchstbetrag von 10 Mio. €, vgl. § 3 Abs. 1 und Abs. 5 FZulG. In Konzernstrukturen gilt diese Obergrenze für den ganzen Konzern, vgl. § 3 Abs. 6 FZulG.

1) Vgl. BMF v. 19.7.2022, IV C 8 – S 2272/19/10003 :002, BStBl I 2022, 1229, Rz. 79.
2) „Auf Rechnung des Leistenden", BMF v. 19.7.2022, IV C 8 – S 2272/19/10003 :002, BStBl I 2022, 1229, Rz. 86.

Die Forschungszulage beträgt 25 % der begünstigten Aufwendungen, wobei die begünstigten Aufwendungen pro Jahr auf 10 Mio. € begrenzt sind. Insgesamt darf die Summe der für ein Forschungs- oder Entwicklungsvorhaben gewährten staatlichen Beihilfen einschließlich der Forschungszulage über alle Jahre 15 Mio. € nicht überschreiten, vgl. § 4 FZulG.

Um einen Antrag auf Forschungszulage stellen zu können, muss zunächst eine Bescheinigung nach § 6 FZulG erteilt werden. Mit der Bescheinigung nach § 6 FZulG wird nachgewiesen, dass ein Forschungs- und Entwicklungsvorhaben nach Maßgabe des FZulG grundsätzlich förderungsfähig ist.

Der Antrag auf Forschungszulage muss nach amtlich vorgeschriebenem Datensatz elektronisch beim zuständigen FA gestellt werden.[1] Die Forschungszulage wird durch Forschungszulagenbescheid festgesetzt, vgl. § 10 Abs. 1 Satz 1 FZulG. Diese wird allerdings nicht ausgezahlt, sondern i.R. der nächsten erstmaligen Festsetzung der Körperschaftsteuer angerechnet, vgl. § 10 Abs. 1 Satz 2 FZulG. Da der Antrag auf Forschungszulage erst nach Ablauf des Wj., in dem die Aufwendungen entstanden sind, abgegeben werden kann und die Körperschaftsteuererklärung ggf. ebenfalls zeitnah abgegeben wird, hat die FinVerw. mit **Zeile 41** die Möglichkeit geschaffen, eine **Zurückstellung** der Bearbeitung der Körperschaftsteuererklärung **bis zur Erteilung des Forschungszulagenbescheids** zu beantragen.

Wird die Körperschaftsteuer vor der Erteilung des Forschungszulagenbescheids festgesetzt, muss bis zur Körperschaftsteuerfestsetzung des nächsten Jahres gewartet werden, bis es zur Anrechnung und damit de facto zur Auszahlung der Forschungszulage kommt.

Ist die Körperschaft (ggf. mittelbar) an einer Personengesellschaft beteiligt, die Forschungszulage erhält, erfolgt die Auszahlung ebenfalls durch die Anrechnung auf die Körperschaftsteuer des Mitunternehmers, vgl. § 10 Abs. 2 Satz 2 FZulG. In **Zeile 42** ist es möglich, die Zurückstellung der Bearbeitung der Körperschaftsteuererklärung bis zur gesonderten und einheitlichen Feststellung des auf den Mitunternehmer entfallenden Anteils der Forschungszulage nach § 10 Abs. 2 Satz 2 FZulG zurückzustellen.

Die Zeilen 43 und 44 sind im elektronischen Datensatz mehrfach abzugeben. Für jede Personengesellschaft, an der die Körperschaft beteiligt ist und von der die Auszahlung von Forschungszulage erwartet wird, ist eine Eintragung vorzunehmen. In **Zeile 43** ist die **Steuernummer**, sowie die **Wirtschafts-Identifikationsnummer** und in **Zeile 44** der **Name** der **Personengesellschaft** anzugeben.

1) Eine Antragstellung ist kostenlos über www.elster.de möglich.

XXIII. Anlage Z – Verbleibender Zuwendungsvortrag

1. Anwendungsbereich des Vordrucks

Bezeichnung des Steuerpflichtigen	Die mit einem Kreis versehenen Zahlen bezeichnen die Erläuterungen in der Anleitung zur Körperschaftsteuererklärung.	Anlage Z	2025
Steuernummer		☐ zur Steuererklärung ☐ zum Bescheid	

Verbleibender Zuwendungsvortrag nach § 9 Absatz 1 Nummer 2 Satz 9 und 10 KStG in Verbindung mit § 10d Absatz 4 EStG

1358 Die Anlage Z dient der Berechnung der abzugsfähigen Zuwendungen (Spenden) und ggf. der Berechnung eines verbleibenden Zuwendungsvortrags nach § 9 Abs. 1 Nr. 2 Satz 9 und 10 KStG auf das Ende des laufenden VZ. Sie ergänzt die Anlage ZVE (→Rz. 1441) und kann nur einmal abgegeben werden.

2. Anfangsbestand (Zeilen 1–3)

Zeile	Ermittlung des verbleibenden Zuwendungsvortrags	EUR
1	Verbleibender Zuwendungsvortrag zum Schluss des vorangegangenen Veranlagungszeitraums	
2	Davon ab: Im Falle einer Abspaltung oder Teilübertragung im laufenden Veranlagungszeitraum: Verringerung des verbleibenden Zuwendungsvortrags bei der übertragenden Körperschaft (§ 12 Absatz 3 UmwStG in Verbindung mit § 15 Absatz 1, § 16 UmwStG)	15.66
3	Dazu: Bei der übernehmenden Körperschaft im Jahr der Vermögensübernahme: Auf die übernehmende Körperschaft im laufenden Veranlagungszeitraum übergegangener Zuwendungsvortrag nach § 9 Absatz 1 Nummer 2 Satz 9 KStG in Verbindung mit § 12 Absatz 3 UmwStG (gegebenenfalls in Verbindung mit § 15 Absatz 1 UmwStG)	15.46

1359 Nach § 9 Abs. 1 Nr. 2 Satz 9 KStG sind abziehbare Zuwendungen zur Förderung steuerbegünstigter Zwecke i.S.d. §§ 52 bis 54 AO, die die Höchstbeträge des § 9 Abs. 1 Nr. 2 Satz 1 KStG übersteigen, in den folgenden VZ abzuziehen. Dabei gilt hinsichtlich der Verfahrensweise § 10d Abs. 4 EStG entsprechend. Der verbleibende **Zuwendungsvortrag** ist mithin **gesondert festzustellen** (§ 10d Abs. 4 Satz 1 EStG).

Dies bedingt, dass der verbleibende Zuwendungsvortrag zwingend aus dem entsprechenden Vorjahreswert abzuleiten ist. Seine Ermittlung knüpft in **Zeile 1** an den **zum Schluss des vorangegangenen VZ gesondert festgestellten verbleibenden Zuwendungsvortrag** an. Einwendungen gegen die Höhe dieses Zuwendungsvortrags können nur im Rechtsbehelfsverfahren gegen den als Grundlagenbescheid anzusehenden Feststellungsbescheid auf den Schluss des vorangegangenen VZ geltend gemacht werden.

1360 Da im Falle der **Verschmelzung oder Vermögensübertragung auf eine andere Körperschaft** der übernehmende Rechtsträger in die steuerliche Rechtsstellung der übertragenden Körperschaft eintritt (**§ 12 Abs. 3 UmwStG**), geht auf ihn auch dessen Zuwendungsvortrag über.

Im Fall der **Aufspaltung, Abspaltung und Teilübertragung** erfolgt der Übergang anteilig nach dem Verhältnis der gemeinen Werte der übergehenden Vermögensteile zum gemeinen Wert des bei der übertragenden Körperschaft vor der Übertragung bestehenden Vermögens (**§ 12 Abs. 3 i.V.m. § 15 Abs. 1 UmwStG**).

In **Zeile 2** ist daher für den Fall, dass die Körperschaft im VZ Teile ihres Vermögens im Wege der **Abspaltung oder Teilübertragung auf eine andere Körperschaft oder auf eine Personengesellschaft** übertragen hat, eine **anteilige Kürzung** des aus dem Vorjahr resultierenden Zuwendungsvortrags vorzunehmen (**§ 15 Abs. 1, § 16 UmwStG i.V.m. § 12 Abs. 3 UmwStG**). Bei der Berechnung dieser Kürzung ist auf das Verhältnis des gemeinen Werts des übergehenden Vermögens zum gemeinen Wert des beim übertragenden Rechtsträger unmittelbar vor dem Übergang vorhandenen Vermögens abzustellen.

Der auf den **übernehmenden Rechtsträger** in Fällen der Verschmelzung, Vermögensübertragung, Aufspaltung, Abspaltung oder Teilübertragung durch eine im laufenden VZ wirksame Vermögensübernahme nach § 12 Abs. 3 i.V.m. § 15 Abs. 1 UmwStG ganz oder teilweise **übergehende Zuwendungsvortrag** ist in **Zeile 3** einzutragen.

3. Zuwendungen des laufenden Wirtschaftsjahres und Stand zum Schluss des Veranlagungszeitraums (Zeilen 4–11)

Zeile		Kz.
	Zuwendungen für steuerbegünstigte Zwecke	
	laut gesonderter Einzelaufstellung	
4	Dazu: Im Kalenderjahr 2025 beziehungsweise im Wirtschaftsjahr 2024/2025 geleistete Zuwendungen (Spenden und Mitgliedsbeiträge) für steuerbegünstigte Zwecke nach §§ 52 bis 54 AO aus Beteiligung an einer Personengesellschaft (laut gesonderter und einheitlicher Feststellung) 50	15.48
5	Dazu: Im Kalenderjahr 2025 beziehungsweise im Wirtschaftsjahr 2024/2025 geleistete Zuwendungen (Spenden und Mitgliedsbeiträge) für steuerbegünstigte Zwecke nach §§ 52 bis 54 AO laut Zuwendungsbestätigungen 69	15.40
	Fortführung der Ermittlung des verbleibenden Zuwendungsvortrags	
6	Zwischensumme	
7	Davon ab: Unter Beachtung der Höchstbeträge abziehbare Zuwendungen (Übertrag nach Zeile 34 der Anlage ZVE) 6	
7a	Davon ab: Minderung des verbleibenden Zuwendungsvortrags durch Abspaltung oder Teilübertragung zum Ende des Veranlagungszeitraums (§ 12 Absatz 3 UmwStG in Verbindung mit § 15 Absatz 1, § 16 UmwStG)	15.65
7b	Dazu: Bei der übernehmenden Körperschaft im Jahr der Vermögensübernahme: Auf die übernehmende Körperschaft zum Ende des Veranlagungszeitraums übergegangener Zuwendungsvortrag nach § 9 Absatz 1 Nummer 2 Satz 9 KStG in Verbindung mit § 12 Absatz 3 UmwStG (gegebenenfalls in Verbindung mit § 15 Absatz 1 UmwStG)	15.64
8	Verbleibender Zuwendungsvortrag zum Schluss des Veranlagungszeitraums	
9	In Zeile 5 enthaltene Zuwendungen an Empfänger im EU-/EWR-Ausland	15.42
	Angaben zur Höchstbetragsberechnung	
10	Summe der gesamten Umsätze sowie der im Kalenderjahr 2025 aufgewendeten Löhne und Gehälter	15.18
11	Summe der gesamten Umsätze sowie der im Kalenderjahr 2025 aufgewendeten Löhne und Gehälter aus Beteiligung an einer Personengesellschaft 50	15.84

Anlage Z - Oktober 2025 - Version 2.9.1.0 Bekanntgabe

In Zeilen 4 und 5 ist die Summe der im Kj. bzw. – im Falle eines vom Kj. abweichenden Wj. – die Summe aller im Kj. endenden Wj. geleisteten und dem Grunde nach berücksichtigungsfähigen Zuwendungen (Spenden und Mitgliedsbeiträge) für steuerbegünstigte Zwecke i.S.d. §§ 52 bis 54 AO einzutragen. **1361**

In **Zeile 4** sind dabei **Zuwendungen** einzutragen, die der Körperschaft über **Beteiligungen an Personengesellschaften** zuzurechnen sind. Diese sind als sonstige Besteuerungsgrundlagen in die gesonderte und einheitliche Feststellung der Personengesellschaft einzubeziehen. Das für die Besteuerung der Körperschaft zuständige FA ist dabei an die gesonderte und einheitliche Feststellung der Personengesellschaft gebunden. Die hier eingetragenen Zuwendungen dürfen nicht auf der Anlage GK hinzugerechnet werden, da sie bereits bei der Einkünfteermittlung der Personengesellschaft außerbilanziell hinzugerechnet werden müssen. In den Detailangaben des elektronischen Datensatzes sind die übernommenen Werte getrennt nach der jeweiligen Personengesellschaft aufzuführen. Die Personengesellschaft ist durch Steuer- und Wirtschafts-Identifikationsnummer zu bezeichnen. Zur Wirtschafts-Identifikationsnummer siehe → Rz. 68.

In **Zeile 5** sind die **Zuwendungen** einzutragen, die die **Körperschaft selbst** geleistet hat und für die ihr Zuwendungsbestätigungen vorliegen. Die Zuwendungsbestätigungen sind dem FA vorzulegen.

Ist der Stpfl. **Organträger**, sind in seiner Steuererklärung **nur die von ihm selbst geleisteten Zuwendungen** einzutragen. **Zuwendungen der Organgesellschaften** sind **in der Steuererklärung der jeweiligen Organgesellschaft geltend zu machen**. Es erfolgt dort auch eine separate Höchstbetragsberechnung und eine separate Ermittlung des verbleibenden Zuwendungsvortrags.

1362 In **Zeile 6** ist eine **Zwischensumme** zu bilden, die für die anschließende **Höchstbetragsberechnung** erforderlich ist.

1363 **§ 9 Abs. 1 Nr. 2 KStG** erlaubt einen jährlichen **Abzug** begünstigter Zuwendungen (einschließlich des Zuwendungsvortrags aus Vorjahren) **bis zur Höhe von 20 % des Einkommens**. Dabei ist auf den **Wert lt. Zeile 32** (Einkommen vor Abzug der steuerbegünstigten Zuwendungen, vor organschaftlicher Zuteilung des Einkommens und vor Verlustabzug) abzustellen.

Alternativ zur Höchstbetragsberechnung mit 20 % des Einkommens sieht der Gesetzeswortlaut eine **Höchstbetragsberechnung mit 4 % der Umsatz- und Lohnsumme** vor. Zu diesem Zweck wird in der ersten Spalte der **Zeile 10** die **Summe der gesamten Umsätze sowie der im Kj. aufgewendeten Löhne und Gehälter** abgefragt.

Die Günstigerprüfung erfolgt dann von Amts wegen. Angaben zur Zeile 10 sind entbehrlich, wenn die Alternativberechnung nach der Umsatz- und Lohnsumme offensichtlich nicht zum Tragen kommt, da die auf der Basis des Einkommens beruhende Höchstbetragsberechnung bereits den vollen Spendenabzug ermöglicht.

Die in Zeile 10 einzutragende Umsatz- und Lohnsumme bezieht sich auch im Falle umsatzsteuerlicher Organschaft ausschließlich auf die im eigenen Betrieb des Stpfl. bewirkten Umsätze bzw. die in seinem Betrieb angefallenen Lohn- und Gehaltsaufwendungen.

1364 In **Zeile 7** ist das **Ergebnis der Höchstbetragsberechnung** einzutragen. Die hierfür erforderlichen Rechenschritte sind aus dem Vordruck selbst nicht zu entnehmen.

Wird der Höchstbetrag mit **20 % des Einkommens** vor Abzug der Zuwendungen, vor organschaftlicher Zuteilung des Einkommens und vor Verlustabzug nach § 10d EStG ermittelt, ist als Bemessungsgrundlage auf den **Wert laut Zeile 32** zurückzugreifen.

1365 In **Zeile 7a** ist die Minderung des Zuwendungsvortrags durch **Abspaltung oder Teilübertragung im sog. „Mitternachtsfall"** einzutragen. Grundsätzlich sind Vorträge wie der Zinsvortrag zum Beginn des VZ zu mindern. Die FinVerw. vertritt beim schädlichen Anteilserwerb die Auffassung, dass bei Vollendung des schädlichen Anteilswerbs zum Ende des Wj. keine Minderung des Anfangsbestands, sondern des Endbestands vorzunehmen ist.[1] Diesen Rechtsgedanken überträgt die FinVerw. offensichtlich auch auf Abspaltung und Teilübertragung, weshalb die Zeile hier aufgenommen worden ist.

1366 Ist der Höchstbetrag dagegen nach der Günstigerprüfung mit **4 % der Umsatz- und Lohnsumme** zu berechnen, ist hierfür der Wert laut Zeile 10 maßgebend.

In Zeile 7 einzutragen ist stets der **höhere Wert aus beiden Alternativen,** höchstens der Betrag laut Zeile 6. Dieser Betrag ist zur Ermittlung des Gesamtbetrags der Einkünfte des VZ auch **in Zeile 34** des Hauptvordrucks **zu übertragen**.

1367 Nach Abzug des Höchstbetrags der abzugsfähigen Zuwendungen in Zeile 7 von der in Zeile 6 ausgewiesenen Summe ist sodann in **Zeile 8** der für künftige Jahre **verbleibende Zuwendungsvortrag zum Ende des laufenden VZ** auszuweisen. Der **verbleibende Zuwendungsvortrag** ist vom FA nach § 9 Abs. 1 Nr. 2 Satz 10 KStG i.V.m. § 10d Abs. 4 EStG **gesondert festzustellen**.

1368 In **Zeile 9** ist nachrichtlich anzugeben, in welchem Umfang in den unter Zeilen 5 eingetragenen Zuwendungen für steuerbegünstigte Zwecke **Zuwendungen an Empfänger im EU- und EWR-Ausland i.S.d. § 9 Abs. 1 Nr. 2 Satz 2 KStG** enthalten sind.

1369 In **Zeile 10** sind die im laufenden VZ erzielten **Umsätze** zzgl. aufgewendeter **Löhne und Gehälter** aus eigener Tätigkeit einzutragen. Werte von Organgesellschaften dürfen hier nicht berücksichtigt werden. Eine Eintragung ist nur notwendig, wenn der Spendenbetrag nicht bereits auf Grund der Abzugsfähigkeit i.H.v. 20 % des Einkommens möglich ist.

1370 Während Zeile 10 die Umsätze, Löhne und Gehälter aus eigener Tätigkeit abdeckt, sind in **Zeile 11** Löhne und Gehälter sowie Umsätze einzutragen, die die Körperschaft, für die die Steuererklärung ausgefüllt wird, mittelbar über Personengesellschaften verwirklicht. Der hier einzutragende Wert ergibt sich mit bindender Wirkung aus der gesonderten und einheitlichen Feststellung bei der Personengesellschaft. Etwaige Einwendungen sind mit Rechtsbehelfen gegen die gesonderte und einheitliche Feststellung nach § 180 Abs. 1 Nr. 2 Buchst. a AO geltend zu machen. Während der Organgesellschaft ein eigener Spendenabzug möglich ist, fehlt dieser bei Personengesellschaften mangels Ertragsteuerpflicht.

---

1) Rz. 32 des BMF v. 28.11.2017, IV C 2 – S 2745-a/09/10002: 004, BStBl I 2017, 1645.

XXIV. Anlage Zinsschranke (KSt) – Betriebsausgabenabzug für Zinsaufwendungen

1. Die gesetzlichen Vorschriften zur Zinsschranke

Im Rahmen der Einkommensermittlung sind die gesetzlichen Regelungen des **§ 8a KStG i.V.m. § 4h EStG** zur Beschränkung des Betriebsausgabenabzugs für Zinsaufwendungen (**Zinsschranke**) zu beachten. **1371**

Nach diesen Vorschriften sind **Zinsaufwendungen** eines Betriebs nur **bis zur Höhe der** im gleichen Wj. anfallenden **Zinserträge unbeschränkt abzugsfähig**; **darüber hinaus** nur **bis zur Höhe des verrechenbaren EBITDA**.

Das **verrechenbare EBITDA** beträgt 30 % des um die Zinsaufwendungen und die Abschreibungen nach § 6 Abs. 2 Satz 1 und Abs. 2a Satz 2 sowie § 7 EStG erhöhten sowie um die Zinserträge geminderten maßgeblichen Einkommens. Soweit das verrechenbare EBITDA die um die Zinserträge geminderten Zinsaufwendungen des Betriebs übersteigt, ist der übersteigende Betrag in die folgenden fünf Wj. vorzutragen (**EBITDA-Vortrag**).

Zinsaufwendungen, die nach Saldierung mit den Zinserträgen und dem verrechenbaren EBITDA nicht abgezogen werden können, sind dann noch **bis zur Höhe der EBITDA-Vorträge aus vorangegangenen Wj.** abziehbar und mindern diese in der zeitlichen Reihenfolge ihrer Entstehung. Ein solcher **EBITDA-Vortrag** entsteht allerdings nicht in Wj., in denen die Anwendung der Zinsschrankenregelung nach § 4h Abs. 2 EStG ausgeschlossen ist (→ Rz. 1372).

Danach verbleibende nicht abziehbare Zinsaufwendungen sind in die folgenden Wj. vorzutragen (**Zinsvortrag**), wobei der Zinsvortrag gesondert festzustellen ist. Der vortragsfähige Zinsaufwand erhöht dann die Zinsaufwendungen künftiger Wj., nicht aber den maßgeblichen Gewinn.

Die **Abzugsbeschränkung greift nach § 4h Abs. 2 EStG nicht ein, wenn** **1372**

- der Betrag der Zinsaufwendungen, soweit er den Betrag der Zinserträge übersteigt, weniger als 3 Mio. € beträgt (**Freigrenze nach § 4h Abs. 2 Buchst. a EStG**),
- der Betrieb zu einem Konzern gehört und seine **Eigenkapitalquote** nach dem Eigenkapitalvergleich am Schluss des vorangegangenen Abschlussstichtags **gleich hoch oder höher** ist als die des Konzerns. Ein **Unterschreiten der Konzern-Eigenkapitalquote bis zu zwei Prozentpunkte** ist **unschädlich (Escape-Klausel nach § 4h Abs. 2 Buchst. c EStG)**.

Neben diesen beiden Ausnahmen gibt es noch die Ausnahme des § 4h Abs. 2 Buchst. b EStG. Im alten Recht, das im VZ 2024 noch für abweichende Wj. gilt, die vor dem 14.12.2023 begonnen haben, galt die sog. **Konzernklausel**. Das bedeutet, dass die Zinsschranke nicht für Betriebe anzuwenden war, die nicht oder nur anteilmäßig zu einem Konzern gehörten.

Die Konzernklausel wurde im neuen Recht durch eine neue Regelung ersetzt (**Stand-Alone-Klausel** nach § 4h Abs. 2 Buchst. b EStG n.F.). Die Zinsschranke ist demnach nicht anzuwenden, wenn die steuerpflichtige Körperschaft keine nahestehende Person i.S.d. § 1 Abs. 2 AStG hat und nicht über Betriebsstätten außerhalb des Sitzstaates (i.d.R. Deutschland) verfügt.

Die Konzern- und Escape-Klausel werden durch § 8a Abs. 2 und 3 KStG in ihrer Anwendung eingeschränkt, sodass die Zinsschranke bei Körperschaften auch greifen kann, wenn die Körperschaft nicht zu einem Konzern gehört oder die Eigenkapitalquote höher als die um zwei Prozentpunkte geminderte durchschnittliche Eigenkapitalquote des Konzerns ist. Mit dem Wegfall der Konzernklausel im neuen Recht ist allerdings auch § 8a Abs. 2 KStG als Rückausnahme entfallen.

Beratungshinweis:
Der BFH hat dem BVerfG (Az. 2 BvL 1/16) die Frage vorgelegt, ob § 4h EStG gegen den Gleichbehandlungsgrundsatz des Art. 3 Abs. 1 GG verstößt. Da die FinVerw. von Amts wegen die Feststellung des Zins-/EBITDA-Vortrags nicht vorläufig erlässt, sollte in allen Fällen der Feststellung eines Zinsvortrags Einspruch eingelegt werden. Dieser ruht von Gesetzes wegen. Eine Aussetzung der Vollziehung wird die FinVerw. jedoch im Regelfall nicht gewähren.

2. Anwendungsbereich des Vordrucks

Der Vordruck ist auszufüllen, wenn die Zinsaufwendungen mindestens 3 Mio. € betragen oder ein Zins- oder EBITDA-Vortrag zum Ende des vorangegangenen Wj. festgestellt wurde. Organträger müssen ausweislich der Überschrift der Anlage immer eine Anlage Zinsschranke ausfüllen, da das Überschreiten der 3-Mio.-€-Grenze nur für den ganzen Organkreis unter Zusammenfassung aller Zinsaufwendungen und Zinserträge aller Organgesellschaften und des Organträgers selbst möglich ist. **1373**

Die Anlage Zinsschranke (KSt) ergänzt die Anlage GK und ist wirtschaftsjahrbezogen auszufüllen. Ist der Vordruck auszufüllen, müssen zunächst in Zeile 296 und 297 der Anlage GK die Zinsaufwendungen dem Einkommen hinzugerechnet werden. Im Rahmen der Anlage Zinsschranke werden dann die abzugsfähigen Zinsaufwendungen ermittelt. Diese werden dann wiederum durch Eintrag in Zeile 298 der Anlage GK vom Einkommen abgezogen.

Darüber hinaus **dient** der Vordruck **auch als Anlage zum Bescheid** über die gesonderte Feststellung des EBITDA-Vortrags. Dies ist in der Praxis jedoch nahezu irrelevant, da dies nur für den Fall greift, dass das FA den Zins- oder EBITDA-Vortrag ohne EDV-Berechnungsprogramm feststellt. **1374**

1375 Die Regelungen der Zinsschranke sind auf Ebene der Organgesellschaft nicht anzuwenden. Die Zinsschranke wird auf Ebene des Organträgers, dort aber für den ganzen Organkreis angewendet, vgl. § 15 Satz 1 Nr. 3 KStG. Für **Organgesellschaften** (auch Zwischengesellschaften) ist die Anlage Zinsschranke daher grundsätzlich nicht abzugeben. Die entsprechenden, i.R. der Berechnung der Zinsschranke auf Ebene des Organträgers zu berücksichtigen Tatbestände der Organgesellschaft sind auf der Anlage OG einzutragen.

Für eine **Organgesellschaft** kommt auf der Anlage Zinsschranke allenfalls die Eintragung eines **Zinsvortrags aus vororganschaftlicher Zeit** in Betracht, der dann in Wj., in denen das Organschaftsverhältnis besteht, unverändert fortzuführen ist.

1376 Die Anlage Zinsschranke (KSt) gliedert sich im weiteren Verlauf in drei Abschnitte:

Der **erste Abschnitt** (Zeilen 5 bis 27) hat die Berechnung der aus dem Zinsvortrag früherer Wj. sowie aus den Zinsaufwendungen des laufenden Wj. nach § 8a KStG i.V.m. § 4h EStG **insgesamt abziehbaren Zinsaufwendungen** zum Ziel. Das in der dortigen Zeile 24 auszuweisende Ergebnis dieser Berechnung ist sodann für Zwecke der weiteren Einkommensermittlung als **Abzugsbetrag in Zeile 298 der Anlage GK** zu übertragen. Die danach verbleibenden **nicht abziehbaren Zinsaufwendungen** stellen zugleich den **Zinsvortrag zum Schluss des Wj.** dar.

Die Ermittlung des **fortführungsgebundenen Zinsvortrags** auf Grund eines Antrags nach § 8d KStG ist Gegenstand des **zweiten Abschnitts** (Zeilen 32 bis 38).

Im **dritten Abschnitt** (Zeilen 39 bis 104) werden die **EBITDA-Vorträge früherer Wj.** und der **Zugang des verrechenbaren EBITDA des laufenden Wj. getrennt nach Wj. dargestellt**, eventuelle Verringerungen der Vorträge sowie der **Verbrauch der verrechenbaren EBITDA-Werte im laufenden Wj.** vorgenommen und daraus abgeleitet ein eventueller **EBITDA-Vortrag zum Schluss des Wj.** ermittelt.

3. Formularkopf

Bezeichnung des Steuerpflichtigen

Steuernummer

Enden in einem Veranlagungszeitraum zwei Wirtschaftsjahre, ist für jedes Wirtschaftsjahr die Anlage Zinsschranke (KSt) gesondert auszufüllen.

Die mit einem Kreis versehenen Zahlen bezeichnen die Erläuterungen in der Anleitung zur Körperschaftsteuererklärung.

Anlage Zinsschranke

2025

☐ zur Steuererklärung

☐ zum Bescheid

Betriebsausgabenabzug für Zinsaufwendungen (§ 4h EStG in Verbindung mit § 8a KStG) für Wirtschaftsjahre, die nach dem 14. Dezember 2023 beginnen

Die Anlage ist auszufüllen:
- von Organträgern, die nicht zugleich Organgesellschaft sind oder
- wenn ein Zins- oder EBITDA-Vortrag zum Schluss des vorangegangenen Wirtschaftsjahres festgestellt wurde oder
- wenn die Zinsaufwendungen (Betrag lt. Zeile 11) mindestens 3 Mio. € betragen

Wirtschaftsjahr vom

Wirtschaftsjahr bis

1377 Nach § 8a Abs. 1 Satz 4 KStG gelten bei Körperschaften alle Einkünfte als aus einem Betrieb erzielt. Diese Änderung wurde durch das Kreditzweitmarktförderungsgesetz[1)] eingeführt. Im alten Recht waren für Körperschaften, die mehrere Betriebe unterhalten haben (z.B. nicht steuerbefreite sonstige Körperschaften des privaten Rechts nach § 1 Abs. 1 Nr. 4 und 5 KStG), auch ggf. mehrere Zinsschranken zu ermitteln. Dies ist im neuen Recht entfallen, weshalb auch keine Angaben zur Bezeichnung des Betriebs und zur Zahl der übermittelten Anlagen zu machen sind.

Enden in einem VZ bei Zwischenschaltung eines Rumpfwirtschaftsjahres ausnahmsweise zwei Wj., ist die Anlage Zinsschranke (KSt) grundsätzlich **für jedes Wj. gesondert auszufüllen**. Insbesondere ist darauf zu achten, dass die **Freigrenze** des § 4h Abs. 2 Satz 1 Buchst. a EStG i.H.v. 3 Mio. € **für jedes Wj.** erneut zu berücksichtigen ist, wobei für das Rumpfwirtschaftsjahr keine zeitanteilige Kürzung in Betracht kommt. Das Wj., für das die Anlage Zinsschranke ausgefüllt wird, ist im Kopf zu bezeichnen.

1) Vgl. Art. 20 und Art. 21 Nr. 5 des Kreditzweitmarktförderungsgesetzes v. 22.12.2023, BGBl. I 2023 Nr. 411 = BStBl I 2024, 144 (Auszug).

4. Ermittlung der abziehbaren Zinsaufwendungen und des Zinsvortrags (Zeilen 5–27)

a) Anfangsbestand (Zeilen 5–9)

Zeile	**Abziehbare Zinsen und Zinsvortrag (§ 4h EStG in Verbindung mit § 8a KStG)** (79)	
	Zeilen 11 bis 25a: Nicht bei Organgesellschaften	EUR
1 bis 4 frei		
5	Zinsvortrag zum Schluss des vorangegangenen Wirtschaftsjahres	33.101
6	Davon ab: Untergang des fortführungsgebundenen Zinsvortrags aufgrund eines schädlichen Ereignisses nach § 8d Absatz 2 KStG (Betrag laut Zeile 32)	
7	Dazu: Erhalt des fortführungsgebundenen Zinsvortrags nach § 8a Absatz 1 Satz 3 in Verbindung mit § 8d Absatz 2 Satz 1 zweiter Halbsatz KStG durch entsprechende Anwendung des § 8c Absatz 1 Satz 5 bis 8 KStG bezogen auf die zum Schluss des vorangegangenen Wirtschaftsjahres vorhandenen stillen Reserven (höchstens Betrag laut Zeile 6; laut gesonderter Ermittlung) (74)	33.109
8	Davon ab: Verringerung des Zinsvortrags aufgrund eines schädlichen Beteiligungserwerbs (§ 8a Absatz 1 Satz 3 KStG, § 8c KStG) (22)	33.110
8a	Davon ab: Verringerung des Zinsvortrags durch Abspaltung (§ 15 Absatz 3, § 16 UmwStG)	33.113
9	Davon ab: Verringerung des Zinsvortrags (gegebenenfalls unter Beachtung der § 2 Absatz 4 Satz 1, § 20 Absatz 6 Satz 4 UmwStG), insbesondere durch: Aufgabe oder Übertragung eines Betriebs oder Teilbetriebs (§ 4h Absatz 5 EStG in Verbindung mit § 8a Absatz 1 KStG) oder Ausscheiden einer Organgesellschaft aus dem Organkreis (§ 15 Satz 1 Nummer 3 KStG, § 4h Absatz 5 EStG in Verbindung mit § 8a Absatz 1 KStG)	33.102

1378 In **Zeile 5** der Anlage ist der **zum Schluss des vorangegangenen Wj.** gesondert **festgestellte Zinsvortrag** einzutragen. Der zum Ende des vorangegangenen Wj. festgestellte Zinsvortrag ist Grundlagenbescheid für die Ermittlung der abzugsfähigen Zinsaufwendungen und des verbleibenden Zinsvortrags dieses Wj. Einwendungen hiergegen können ausschließlich mit Rechtsbehelfen gegen den vorangegangenen Feststellungsbescheid geltend gemacht werden.

1379 In **Zeile 6** ist der **Untergang des fortführungsgebundenen Zinsvortrags** auf Grund eines schädlichen Ereignisses nach § 8d Abs. 2 KStG einzutragen. Hinsichtlich der Entstehung eines fortführungsgebundenen Zinsvortrags siehe → Rz. 1410 ff. Der Eintritt eines oder mehrerer schädlicher Ereignisse nach § 8d Abs. 2 KStG ist in Zeilen 13 und 14 der Anlage WA zu erklären. Erläuterungen zu den einzelnen schädlichen Ereignissen siehe → Rz. 1337. Ist ein schädliches Ereignis eingetreten, geht der zum Ende des vorangegangenen Jahres festgestellte fortführungsgebundene Zinsvortrag in voller Höhe unter, vgl. § 8a Abs. 1 Satz 3 i.V.m. § 8d Abs. 2 Satz 1 erster Halbsatz KStG.

1380 Der fortführungsgebundene Zinsvortrag zum Ende des vorangegangenen VZ ergibt sich aus Zeile 32. Soweit zum Zeitpunkt des schädlichen Ereignisses stille Reserven bestanden, ist die Stille-Reserve-Klausel des § 8c KStG sinngemäß anzuwenden. Allerdings ist zu berücksichtigen, dass nach § 8a Abs. 1 Satz 3 KStG stille Reserven zuerst zum Erhalt von Verlustvorträgen zu verwenden sind. Nur die nach Erhalt aller Verlustvorträge verbleibenden stillen Reserven dürfen zum Erhalt eines Zinsvortrags eingesetzt werden. Im Rahmen des § 8c KStG ist die Stille-Reserve-Klausel vor der Eintragung in Zeile 8 anzuwenden. Dort wird nur ein saldierter Wert eingetragen. Bei Anwendung der Stille-Reserve-Klausel auf den fortführungsgebundenen Zinsvortrag weicht der Vordruck hiervon ab. In einem ersten Schritt (Zeilen 6 und 29) fällt der fortführungsgebundene Zinsvortrag in voller Höhe weg, während im zweiten Schritt (Zeile 7) der auf Grund der stillen Reserven erhaltene Zinsvortrag wieder hinzuaddiert wird.

1381 In **Zeile 7** ist einzutragen, inwieweit ein lt. Zeile 6 auf Grund eines schädlichen Ereignisses wegfallender **Zinsvortrag** durch **stille Reserven i.S.d. § 8c Abs. 1 Satz 5 bis 8 KStG** gedeckt ist. Allerdings ist zu berücksichtigen, dass nach § 8a Abs. 1 Satz 3 KStG stille Reserven zuerst zum Erhalt von Verlustvorträgen zu verwenden sind. Nur die nach Erhalt aller Verlustvorträge verbleibenden stillen Reserven dürfen zum Erhalt eines Zinsvortrags eingesetzt werden. Es empfiehlt sich, die Ermittlung und Zuordnung der stillen Reserven auf einer formlosen Anlage zu erläutern.

Der Erhalt des Zinsvortrags wird im Vordruck nur für den normalen Zinsvortrag, nicht jedoch für den fortführungsgebundenen Zinsvortrag (Zeilen 28 ff.) abgebildet. Daraus folgt, dass bei einem schädlichen Ereignis ein fortführungsgebundener Zinsvortrag diese Eigenschaft insoweit verliert, als stille Reserven zu berücksichtigen sind. Diese Vorgehensweise ist begünstigend, da so der durch stille Reserven gedeckte Zinsvortrag nicht mehr durch in späteren Jahren eintretende schädliche Ereignisse wegfallen kann.

1382 In **Zeile 8** ist die **Verringerung des Zinsvortrags** auf Grund eines schädlichen Beteiligungserwerbs nach § 8c KStG einzutragen, der unterjährig eintritt. Tritt der schädliche Beteiligungserwerb zum Ende des Wj. ein, ist die Verringerung in Zeile 25a einzutragen. § 8c KStG ist auf den Zinsvortrag – nicht jedoch den EBITDA-Vortrag – nach § 8a Abs. 1 Satz 3 KStG entsprechend anzuwenden.

Ein schädlicher Beteiligungserwerb liegt vor, wenn **innerhalb von fünf Jahren** mittelbar oder unmittelbar **mehr als 50 %** des gezeichneten Kapitals, der Mitgliedschaftsrechte, Beteiligungsrechte oder der Stimmrechte an einer Körperschaft an **einen** Erwerber oder diesem nahestehende Personen **übertragen** werden oder ein vergleichbarer Sachverhalt vorliegt. Als **ein** Erwerber gilt auch eine Gruppe von Erwerbern mit gleichgerichteten Interessen (§ 8c Abs. 1 Satz 3 KStG). Eine Kapitalerhöhung steht der Übertragung des gezeichneten Kapitals gleich, soweit sie zu einer Veränderung der Beteiligungsquoten führt (§ 8c Abs. 1 Satz 4 KStG). Zu weiteren Einzelheiten vgl. auch BMF-Schreiben v. 28.11.2017.[1] Hinsichtlich der Stille-Reserve-Klausel und der Sanierungsklausel siehe →Rz. 1279 ff.

1383 Die **Kürzung des Zinsvortrags** im Falle einer **Abspaltung** ist in **Zeile 8a** einzutragen. Die Kürzung des Zinsvortrags erfolgt bei Abspaltung gem. § 15 Abs. 3 UmwStG im Verhältnis des gemeinen Werts des übertragenen Vermögens zum gemeinen Wert des Gesamtvermögens. Wird der Zinsvortrag auf Grund eines schädlichen Beteiligungserwerbs nach § 8c KStG gekürzt, mindert sich der Zinsvortrag nach der Quote, die auch der Verlustkürzung zu Grunde gelegt wird. Stille Reserven sind dabei nur insoweit zu berücksichtigen, als sie nicht zur Erhaltung nicht genutzter Verluste verwendet wurden, vgl. § 8a Abs. 1 Satz 3 KStG.

Bei Aufgabe oder Übertragung eines Teilbetriebs oder beim Ausscheiden einer Organgesellschaft aus dem Organkreis gibt es keinen gesetzlichen Maßstab, nach dem die Kürzung vorzunehmen ist.

Beratungshinweis:

Am einfachsten kann für die Aufgabe/Übertragung eines Teilbetriebs bzw. dem Ausscheiden einer Organgesellschaft auf das Verhältnis des gemeinen Werts des übertragenden Vermögens zum gemeinen Wert des gesamten Betriebsvermögens abgestellt werden. Denkbar wäre jedoch auch darauf abzustellen, wie der Teilbetrieb bzw. die Organgesellschaft in den letzten fünf Jahren zum Entstehen des Zins- oder EBITDA-Vortrags beigetragen hat.

1384 In **Zeile 9** verbleiben dann nur noch Minderungen des Zinsvortrags auf Grund einer:

- **Aufgabe oder Übertragung eines Betriebs** (§ 4h Abs. 5 Satz 1 EStG),
- **Aufgabe oder Übertragung eines Teilbetriebs** (§ 4h Abs. 5 Satz 4 EStG)[2] oder
- **Ausscheiden einer Organgesellschaft aus dem Organkreis**[3]

ergeben.

Praxishinweis:

Für die Kürzung des Zinsvortrags bei Aufgabe oder Übertragung eines Teilbetriebs hat der Gesetzgeber durch das Kreditzweitmarktförderungsgesetz nunmehr mit § 4h Abs. 5 Satz 4 EStG eine gesetzliche Regelung eingeführt und damit die bisherige Verwaltungsauffassung[4] festgeschrieben. Für die Organgesellschaft hat er dies nicht getan, sodass die Kürzung des Zins- bzw. EBITDA-Vortrags beim Ausscheiden einer Organgesellschaft aus dem Organkreis nur auf der Regelung im BMF-Schreiben[5] beruht. Es existiert jedoch in der Körperschaftsteuer kein allgemeiner Grundsatz, der die Organgesellschaft als Teilbetrieb einstufen würde. In einschlägigen Fällen sollte deshalb ein Rechtsbehelfsverfahren geprüft werden.

1385 Wird der ganze Betrieb aufgegeben oder übertragen, ist – entgegen dem Wortlaut des Vordrucks – keine Kürzung in Zeile 9 vorzunehmen. Nach § 4 Abs. 5 Satz 1 EStG geht nur ein nicht verbrauchter Zinsvortrag unter. Dies bedeutet, dass im laufenden Wj. der zum Beginn des vorangegangenen Wj. festgestellte Zinsvortrag noch voll zur Verrechnung zur Verfügung steht. Erst der zum Ende des Wj. verbleibende Zinsvortrag geht unter. Dies ist im Vordruck zutreffend nicht dargestellt, da bei allen Vorträgen (Verlustvortrag, Zuwendungsvortrag usw.) bei Untergang der Körperschaft der Vortrag zum Ende zwar festgestellt wird, mangels eines nachfolgenden Besteuerungszeitraums (Untergang der Körperschaft) keine Nutzung mehr möglich ist.

1386 Handelt es sich bei der Körperschaft um eine **Organgesellschaft**, endet hier bereits die weitere Berechnung, da **lediglich der Zinsvortrag** (siehe Eintragung in Zeile 5) **aus vororganschaftlicher Zeit fortzuführen** ist. Dieser kann sich erst wieder in einem Wj. nach Beendigung des körperschaftsteuerlichen Organschaftsverhältnisses steuerlich auswirken, da sämtliche Zinsaufwendungen und Zinserträge einer Organgesellschaft während des Bestehens der körperschaftsteuerlichen Organschaft dem Organträger zuzurechnen sind (§ 15 Satz 1 Nr. 3 KStG). § 4h EStG findet hier keine Anwendung. Sämtliche Zeilen zur Verrechnung der Zinsaufwendungen (Zeilen 11 bis 25) sind bei Organgesellschaften nicht auszufüllen.

1) BMF v. 28.11.2017, IV C 2 – S 2745-a/09/10002 :004, BStBl I 2017, 1645.
2) Rz. 47 des BMF v. 4.7.2008, IV C 7 – S 2742-a/07/10001, BStBl I 2008, 718.
3) Rz. 47 des BMF v. 4.7.2008, IV C 7 – S 2742-a/07/10001, BStBl I 2008, 718.
4) Rz. 47 des BMF v. 4.7.2008, IV C 7 – S 2742-a/07/10001, BStBl I 2008, 718.
5) Rz. 47 des BMF v. 4.7.2008, IV C 7 – S 2742-a/07/10001, BStBl I 2008, 718.

b) Laufende Zinsaufwendungen und Erträge, abzugsfähige Zinsaufwendungen auf Grund von Zinserträgen (Zeilen 11–18)

10 frei 11	Dazu: Zinsaufwendungen des laufenden Wirtschaftsjahres nach § 4h Absatz 3 Satz 2 EStG (Übertrag nach Zeile 296 Anlage GK) ❶	33.107
12	Dazu: Zinsaufwendungen des laufenden Wirtschaftsjahres nach § 4h Absatz 3 Satz 2 EStG der Organgesellschaft(en) laut gesonderter und einheitlicher Feststellung(en) nach § 14 Absatz 5 KStG (Summe der Beträge laut Zeile 30 aller Anlagen OT; Übertrag nach Zeile 297 Anlage GK) ❺⓿	
13	Zwischensumme	
14	Zinserträge des laufenden Wirtschaftsjahres nach § 4h Absatz 3 Satz 3 EStG	33.103
15	Zinserträge des laufenden Wirtschaftsjahres nach § 4h Absatz 3 Satz 3 EStG der Organgesellschaft(en) laut gesonderter und einheitlicher Feststellung(en) nach § 14 Absatz 5 KStG (Summe der Beträge laut Zeile 31 aller Anlagen OT) ❺⓿	
16	Zinserträge nach § 46 Absatz 1 Satz 1 InvStG in Verbindung mit § 4h Absatz 1 EStG aus Spezial-Investmentanteilen (Summe der Beträge laut Zeile 42 aller Anlagen SPIF, die in diesem Wirtschaftsjahr zu berücksichtigen sind) ❺⓿	
16a	Nettozinsaufwendungen nach § 4h Absatz 1 Satz 3 EStG (Betrag laut Zeile 13 abzüglich Summe der Beträge laut Zeilen 14 bis 16)	
17	Nach § 4h Absatz 1 Satz 1 erster Halbsatz EStG abziehbarer Betrag: Niedrigerer Betrag aus Zeile 13 und der Summe der Beträge laut Zeilen 14 bis 16	
18	Verbleibende Zinsaufwendungen (Betrag laut Zeile 13 abzüglich Betrag laut Zeile 17)	

In den **Zeilen 11 und 12** sind die **Zinsaufwendungen** i.S.d. § 4h Abs. 3 Satz 2 EStG **des laufenden Wj.** einzutragen. **1387**

Der Begriff der Zinsaufwendungen wurde durch das Kreditzweitmarktförderungsgesetz verändert. Zinsaufwendungen sind nach § 4h Abs. 3 Satz 2 EStG nunmehr Vergütungen für Fremdkapital, wirtschaftlich gleichwertige Aufwendungen und sonstige Aufwendungen im Zusammenhang mit der Beschaffung von Fremdkapital i.S.d. Art. 2 Abs. 1 der Steuervermeidungsrichtlinie.[1] Vorher waren sie nur als Vergütung für Fremdkapital definiert gewesen. Mit dem erweiterten Zinsbegriff dürfte die bereits vorher sehr weite Auslegung des Zinsaufwandsbegriffs nunmehr auch gesetzlich abgesichert sein. Voraussetzung für die Anwendung der Zinsschranke ist, dass die Zinsaufwendungen den Gewinn gemindert haben. **1388**

Zinserträge sind Erträge aus Kapitalforderungen jeder Art und wirtschaftlich gleichwertige Erträge im Zusammenhang mit Kapitalforderungen, die den maßgeblichen Gewinn erhöht haben. Obwohl Zinsertrag und Zinsaufwand nunmehr leicht abweichend definiert sind, ist weiterhin davon auszugehen, dass das, was auf der einen Seite Zinsaufwand ist, auf der anderen Seite Zinsertrag sein muss. Unter den Zinsbegriff fallen nach Verwaltungsauffassung[2] auch:

- Agio/Disagio,
- Damnum,
- Diskontaufwendungen,
- Gebühren, die an den Fremdkapitalgeber geleistet werden,
- Mahngebühren,
- Provisionen (z.B. Aval-/Bürgschaftsprovisionen),
- Vorfälligkeitsentschädigungen.

Keine Zinsaufwendungen sind:

- Bereitstellungszinsen,[3]
- Zinsen nach § 233a AO,[4]
- Skonti und Boni.[5]

Beratungshinweis:

Die Behandlung von Aval- und Bürgschaftsprovisionen ist umstritten, da die Provision nicht für die Zurverfügungstellung von Kapital, sondern für die Besicherung des Kapitals gezahlt wird und – zumindest bei Avalprovisionen – die Provision nicht an den Darlehensgeber, sondern einen Dritten (die Bank) gezahlt wird. Man könnte also durchaus die Auffassung vertreten, dass Aval- und Bürgschaftsprovisionen keinen Zinscharakter haben.[6] In einschlägigen Fällen sollte ein Rechtsbehelfsverfahren in Erwägung gezogen werden.

1) Richtlinie (EU) 2016/1164, ABl.EU Nr. L 193 v. 19.7.2016, 1-14.
2) Vgl. Rz. 15 ff. des BMF v. 4.7.2008, IV C 7 – S 2742-a/07/10001, BStBl I 2008, 718.
3) So R 8.1 Abs. 1 Satz 7 GewStR; Heuermann in Brandis/Heuermann, § 4h EStG Rz. 35; Frotscher in Frotscher/Drüen, § 8a KStG Rz. 194a; BFH v. 10.7.1996, BStBl II 1997, 253; a.A. Möhlenbrock/Pung in Dötsch/Pung/Möhlenbrock, § 8a KStG Rz. 218.
4) Vgl. Rz. 16 des BMF v. 4.7.2008, IV C 7 – S 2742-a/07/10001, BStBl I 2008, 718.
5) Vgl. Rz. 16 des BMF v. 4.7.2008, IV C 7 – S 2742-a/07/10001, BStBl I 2008, 718.
6) So Stangl/Hageböke in Schaumburg/Rödder, Unternehmensteuerreformgesetz 2008, 460; Schmidt-Fehrenbacher, Ubg 2008, 469, 471; a.A. Möhlenbrock/Pung in Dötsch/Pung/Möhlenbrock, § 8a KStG Rz. 218.

Die jeweils eigenen Zinsaufwendungen sind in Zeile 11 einzutragen, während die Zinsaufwendungen vorgelagerter Organgesellschaften in **Zeile 12** einzutragen sind. Die Eintragungen in Zeile 12 müssen dabei der Summe der Beträge lt. Zeile 30 aller Anlagen OT entsprechen. Dies dient der besseren Nachvollziehbarkeit, welche Zinsaufwendungen durch den Organträger selbst und welche durch seine Organgesellschaften verursacht wurden. Daneben werden die Zinsaufwendungen der vorgelagerten Organgesellschaften in das gesonderte und einheitliche Feststellungsverfahren des dem Organträger zuzurechnenden Einkommens der Organgesellschaft einbezogen, sodass diese Beträge beim Organträger ohne weitere Prüfung übernommen werden müssen (Folgebescheid). Hinsichtlich der eigenen Zinsaufwendungen verbleibt es jedoch bei einer Prüfung durch das FA des Organträgers. Nicht einzutragen sind hier Zinsaufwendungen vorgelagerter Personengesellschaften, da die Zinsschranke bereits auf Ebene der Personengesellschaft anzuwenden ist. Die Summe der Zinsaufwendungen aus eigener Tätigkeit ist in Zeile 296, die aus vorgelagerten Organgesellschaften in Zeile 297 der Anlage GK dem Einkommen zunächst hinzuzurechnen. Sollten die Zinsaufwendungen ausgleichsfähig sein, mindern sie durch Übertrag in Zeile 298 der Anlage GK wiederum das Einkommen.

1389 Nach Hinzurechnung der Zinsaufwendungen des laufenden Wj. ist in **Zeile 13** erneut eine **Zwischensumme** zu bilden.

1390 In **Zeile 14** erfolgt dann die Eintragung der **eigenen Zinserträge des laufenden Wj.** i.S.d. § 4h Abs. 3 Satz 3 EStG. Die **Zinserträge vorgelagerter Organgesellschaften** sind dagegen in **Zeile 15** einzutragen. Der Wert entspricht der Summe der Beträge lt. Zeile 31 der Anlage OT. Hier erfolgt wie bei den Zeilen 11 und 12 eine Trennung der selbst verwirklichten Tatbestände von denen der vorgelagerten Organgesellschaften. Zum Zinsbegriff vgl. → Rz. 1388.

1391 In der **Zeile 16** sind die Zinserträge einzutragen, die der Körperschaft, für die die Steuererklärung ausgefüllt wird, auf Grund einer Feststellung nach § 51 Abs. 1 InvStG aus Anteilen an Spezial-Investmentfonds zuzurechnen sind, vgl. § 46 Abs. 1 Satz 1 InvStG. Einwendungen hiergegen sind ggf. mit Rechtsbehelfen gegen den Feststellungsbescheid geltend zu machen. Die hier einzutragenden Zinserträge sind durch Summierung der Werte laut Zeile 42 aller Anlagen SPIF zu bilden, die nach Maßgabe der Zeile 6 der Anlage SPIF im Wj. liegen, für das die Anlage Zinsschranke abgegeben wird.

1392 In **Zeile 16a** sind nunmehr die Nettozinsaufwendungen nach § 4h Abs. 1 Satz 3 EStG zu ermitteln. Die Nettozinsaufwendungen sind der Saldo des Zinsvortrags (§ 4h Abs. 1 Satz 6 EStG) und der laufenden Zinsaufwendungen sowie der laufenden Zinserträge. Mit den Änderungen des Kreditzweitmarktförderungsgesetzes ist dieser vorher schon verwendete Begriff nunmehr gesetzlich normiert worden.

1393 In Höhe der Zinserträge des laufenden Jahres sind die Zinsaufwendungen (Zinsvortrag und Zinsaufwendungen des laufenden Wj.) abzugsfähig. Dies wird in **Zeile 17** berechnet, indem auf den niedrigeren Wert der Zeile 13 (bereinigte Summe der Zinsaufwendungen) und der Summe aller Zinserträge (Summe der Zeilen 14 bis 16) abgestellt wird. In der **Zeile 17** ergibt sich der **vorläufig abziehbare Betrag** nach § 4h Abs. 1 Satz 1 erster Halbsatz EStG. Übersteigt der Wert der Zinsaufwendungen einschließlich eines eventuellen Zinsvortrags lt. Zeile 13 nicht den Wert der Zinserträge des laufenden Wj. lt. Zeile 16, gelangt der Wert lt. Zeile 13 voll zum Abzug, andernfalls begrenzt sich der Abzug auf die Höhe des Zinsertrags (Betrag lt. Zeile 16).

1394 In **Zeile 18** ist als **verbleibender Zinsaufwand** der um den abziehbaren Zinsaufwand lt. Zeile 17 geminderte Betrag der Zwischensumme lt. Zeile 13 einzutragen.

c) Abziehbare Zinsaufwendungen auf Grund des § 4h Abs. 2 EStG (Zeilen 19a–19b)

19 frei 19a	Die Voraussetzungen zum uneingeschränkten Abzug der Zinsaufwendungen liegen vor nach:	33.104	1 = § 4h Absatz 2 Satz 1 Buchstabe b EStG (Stand-alone-Klausel) 2 = § 4h Absatz 2 Satz 1 Buchstabe c EStG in Verbindung mit § 8a Absatz 3 KStG (Escape-Klausel)
19b	Abziehbare verbleibende Zinsaufwendungen aufgrund von § 4h Absatz 2 Satz 1 in Verbindung mit § 4h Absatz 1 Satz 7 EStG (wenn Betrag laut Zeile 16a kleiner als drei Millionen Euro oder in den Fällen der Zeile 19a) (Summe der Beträge laut Zeilen 11 und 12 abzüglich Betrag laut Zeile 17)		EUR

Anlage Zinsschranke - Oktober 2025 - Version 2.9.1.0 Bekanntgabe

1395 In diesem Abschnitt wird die Anwendung der Abzugsregeln des § 4h Abs. 2 EStG geprüft. Ab der Neuregelung durch das Kreditzweitmarktförderungsgesetz sind hier drei Ausnahmetatbestände möglich (Freigrenze, Stand-Alone-Klausel und Escape-Klausel). Anders als in der alten Rechtslage führt das Greifen eines Ausnahmetatbestands aber nicht mehr zur Abzugsfähigkeit der laufenden Nettozinsaufwendungen und des bestehenden Zinsvortrags, sondern ist nur noch auf den Nettozinsaufwand des laufenden Wj. beschränkt, vgl. § 4h Abs. 1 Satz 7 EStG.

Die Prüfung der Freigrenze nach § 4h Abs. 2 Satz 1 Buchst. a EStG erfolgt automatisch (Zeile 19b). Ob die Stand-Alone-Klausel bzw. die Escape-Klausel greift, ist nur zu prüfen, wenn nach Anwendung der Freigrenze noch laufender Nettozinsaufwand verbleibt.

1396 Mit dem Kreditzweitmarktförderungsgesetz wurde die Konzernklausel durch die sog. **Stand-Alone-Klausel** ersetzt. In **Zeile 19a** ist also eine „1" einzutragen, wenn die Körperschaft, für die die Steuererklärung ausgefüllt wird, keiner Person i.S.d. § 1 Abs. 2 (ggf. i.V.m. § 1 Abs. 1 Satz 2) AStG nahesteht und über keine Betriebsstätten außerhalb des Sitzstaats bzw. Staats des Orts der Geschäftsleitung verfügt. Bei beschränkt steuerpflichtigen Körperschaften kann die Stand-Alone-Klausel also nie greifen, da ein Betrieb, für den die Zinsschranke ermittelt wird, auch eine Betriebsstätte in Deutschland und damit außerhalb des Staats der unbeschränkten Körperschaftsteuerpflicht voraussetzt.

Die Körperschaft, für die die Steuererklärung ausgefüllt wird, darf also keiner Person nach § 1 Abs. 2 AStG nahestehen. Das bedeutet:

1. Die Körperschaft, für die die Steuererklärung ausgefüllt wird, darf
   a. an keiner Personen- oder Kapitalgesellschaft mit mindestens 25 % (oder mehr) beteiligt sein (§ 1 Abs. 2 Nr. 1 AStG),[1)]
   b. auf keine Personen mittel- oder unmittelbar einen beherrschenden Einfluss ausüben (§ 1 Abs. 2 Nr. 2 AStG),
   c. bei keiner Geschäftsbeziehung zu einer Person einen außerhalb der Geschäftsbeziehung begründeten Einfluss ausüben,
   d. bei keiner anderen Person ein eigenes Interesse an der Erzielung von Einkünften dieser Person haben (§ 1 Abs. 2 Nr. 4 AStG).
2. An der Körperschaft, für die die Steuererklärung ausgefüllt wird, darf keine andere Person mit mindestens 25 % beteiligt sein (§ 1 Abs. 2 Nr. 1 AStG) und es darf auch keine Person mittel- oder unmittelbar einen beherrschenden Einfluss ausüben.
3. Es darf keine Person geben, die eine Geschäftsbeziehung mit der Körperschaft, für die die Steuererklärung ausgefüllt wird, unterhält und auf die Körperschaft einen außerhalb der Geschäftsbeziehung begründeten Einfluss ausübt.
4. Es darf keine Person geben, die ein eigenes Interesse an der Erzielung der Einkünfte der Körperschaft, für die die Steuererklärung ausgefüllt wird, hat.

Die Voraussetzungen des § 1 Abs. 2 Nr. 3 AStG sind für die Zinsschranke unbeachtlich, da sie bereits eine wesentliche Beteiligung nach § 1 Abs. 2 Nr. 1 AStG der dritten Person voraussetzen.

Um nicht unter § 1 Abs. 2 Nr. 1 AStG zu fallen, muss die Körperschaft bereits über mehr als vier Gesellschafter verfügen, damit keiner der Gesellschafter auch nur theoretisch mindestens 25 % der Anteile hält. Die Stand-Alone-Klausel wird nur selten zur Anwendung kommen. Insbesondere greift sie nicht mehr – wie bisher die Konzernklausel – für die „Ein-Mann-GmbH". Die Rückausnahme nach § 8a Abs. 2 KStG gibt es für die Stand-Alone-Klausel nicht mehr.

Neben der Stand-Alone-Klausel steht die **Escape-Klausel** des § 4h Abs. 2 Buchst. c EStG. Sind die Voraussetzungen gegeben, ist in **Zeile 19a** eine „2" einzutragen. Bei der Escape-Klausel wird die Eigenkapitalquote der Körperschaft, für die die Steuererklärung ausgefüllt wird, mit der Eigenkapitalquote des Konzerns verglichen. Ist die Eigenkapitalquote des Stpfl. **gleich hoch oder höher** als die des Konzerns, können die laufenden Nettozinsaufwendungen abgezogen werden. Ein **Unterschreiten der Konzern-Eigenkapitalquote bis zu zwei Prozentpunkte** ist **unschädlich (Escape-Klausel des § 4h Abs. 2 Satz 1 Buchst. c EStG)**. Für die Escape-Klausel ist die Rückausnahme des § 8a Abs. 3 KStG zu prüfen. Danach kommt die Escape-Klausel (vereinfacht) nur zur Anwendung, wenn die Vergütungen für Fremdkapital der Körperschaft, für die Steuererklärung ausgefüllt wird, oder eines anderen demselben Konzern zugehörenden Rechtsträgers zu mehr als einem Viertel an konzernexterne, nahestehende Personen gezahlt werden. Die Regelungen des § 4h Abs. 2 Buchst. c EStG i.V.m. § 8a Abs. 3 KStG sind komplex und können hier nicht vollständig dargestellt werden. **1397**

Sind die Nettozinsaufwendungen (also Zinsvortrag erhöht um laufende Zinsaufwendungen gemindert um laufende Zinserträge, Betrag laut Zeile 16a) kleiner als 3 Mio. € oder liegt eine Eintragung zur Stand-Alone- oder Escape-Klausel vor, werden in Zeile 19b die verbleibenden laufenden Zinsaufwendungen abgezogen. Nach § 4h Abs. 1 Satz 7 EStG wird ein Zinsvortrag bei der Anwendung des § 4h Abs. 2 EStG nicht mehr berücksichtigt. Der Abzug bezieht sich also nur noch auf die laufenden Zinsaufwendungen (gemindert um die laufenden Zinserträge). **1398**

1) Das Gesetz erwähnt ausdrücklich mittel- und unmittelbare Beteiligungen. Da jedoch eine mittelbare Beteiligung zuvor eine unmittelbare Beteiligung voraussetzt und schon bei der unmittelbaren Beteiligung von mindestens 25 % die Anwendung des § 4h Abs. 2 Buchst. b EStG ausgeschlossen ist, müssen mittelbare Beteiligungen nicht mehr geprüft werden.

d) Berücksichtigung des EBITDA und Ermittlung des Endbestands des Zinsvortrags (Zeilen 20-27)

Steuernummer	- 2 -

Zeile		EUR
20	Zwischensumme: Verbleibende Zinsaufwendungen (laufende Aufwendungen und Zinsvortrag) nach Verrechnung mit Zinserträgen und der Anwendung von § 4h Absatz 2 EStG (Betrag laut Zeile 18 abzüglich Betrag laut Zeile 19b)	
21	Nach § 4h Absatz 1 Satz 1 zweiter Halbsatz EStG in Verbindung mit § 8a KStG berücksichtigungsfähiges verrechenbares EBITDA des laufenden Wirtschaftsjahres (Betrag laut Zeile 51, jedoch höchstens Betrag laut Zeile 20)	
22	Zwischensumme (Betrag laut Zeile 20 abzüglich Betrag laut Zeile 21)	
23	Nach § 4h Absatz 1 Satz 4 EStG in Verbindung mit § 8a KStG abziehbarer EBITDA-Vortrag zum Schluss des vorangegangenen Wirtschaftsjahres (Betrag laut Zeile 52 abzüglich Beträge laut Zeilen 53 und 54, jedoch höchstens Betrag laut Zeile 22)	
24	Im Wirtschaftsjahr insgesamt abziehbare Zinsaufwendungen (Summe der Beträge laut Zeilen 17, 19b, 21 und 23; Übertrag nach Zeile 298 der Anlage GK)	
25	Nichtabziehbare Zinsaufwendungen (Betrag laut Zeile 13 abzüglich Betrag laut Zeile 24)	
25a	Davon ab: Minderung der nichtabziehbaren Zinsaufwendungen des laufenden Wirtschaftsjahres aufgrund eines schädlichen Beteiligungserwerbs (§ 8a Absatz 1 Satz 3, § 8c KStG) oder durch Abspaltung (§ 15 Absatz 3, § 16 UmwStG) zum Ende des Wirtschaftsjahres	33.114
26	Davon ab: Minderung der nichtabziehbaren Zinsaufwendungen (Zeile 25) nach § 3a Absatz 3 Satz 2 Nummer 13 Buchstabe a EStG (Betrag laut Zeile 39 der Anlage SAN)	33.111
27	Zinsvortrag zum Schluss des laufenden Wirtschaftsjahres (Betrag laut Zeile 25 abzüglich Beträge laut Zeilen 25a und 26)	

1399 In der **Zeile 20** verbleiben nun die **bisher nicht abziehbaren Zinsaufwendungen**.

Das **verrechenbare EBITDA des laufenden Wj.** wird in Zeile 51 berechnet. Es wird in **Zeile 21** mit den verbleibenden nicht abziehbaren Zinsaufwendungen verrechnet. Der Abzug ist auf die Höhe der verbleibenden nicht abziehbaren Zinsaufwendungen laut Zeile 20 begrenzt.

1400 Im Anschluss daran ist in **Zeile 22** eine **Zwischensumme** zu bilden.

1401 Hiervon sind **in Zeile 23** noch gem. § 8a KStG i.V.m. § 4h Abs. 1 Satz 4 EStG **verbliebene EBITDA-Vorträge aus vorangegangenen Wj.** in Abzug zu bringen. Dieser Abzug **darf den Betrag der Zwischensumme lt. Zeile 22 nicht übersteigen**. Der für einen Abzug in Betracht kommende EBITDA-Vortrag ergibt sich aus dem Betrag lt. Zeile 52 abzüglich der Beträge lt. Zeile 53 und 54.

1402 Die **Summe der im Wj. insgesamt abziehbaren Zinsaufwendungen** ergibt sich dann durch Addition der Beträge lt. Zeilen 17, 19b, 21 und 23. Sie sind in **Zeile 24** einzutragen und für Zwecke der weiteren Einkommensermittlung auch in die Zeile 298 der zugehörigen Anlage GK zu übertragen.

1403 In **Zeile 25** ergibt sich aus dem Saldo der Zwischensumme lt. Zeile 13 und der davon im Wj. insgesamt abziehbaren Zinsaufwendungen aus der vorangegangenen Zeile 24 die **Summe der nicht abziehbaren Zinsaufwendungen**.

1404 Diese sind zu mindern, wenn zum Ende des Wj. ein schädlicher Beteiligungserwerb oder eine Abspaltung vorliegt (sog. „Mitternachtsfall“). Normalerweise werden bei Umwandlungsvorgängen und beim schädlichen Beteiligungserwerb die Anfangsbestände eines Vortrags – wie z.B. dem Zinsvortrag – gekürzt. Die FinVerw. ist jedoch der Auffassung, dass bei einem schädlichen Beteiligungserwerb zum Ende des Wj. ausnahmsweise der Endbestand gekürzt wird.[1)] Dieser Rechtsgedanke wird von der FinVerw. ausweislich der Formulierung in **Zeile 25a** auch auf Abspaltungen übertragen. Zu den Grundsätzen der Berechnung des Kürzungsbetrags siehe → Rz. 1382 f.

1405 Wenn die Körperschaft im laufenden VZ einen Schuldenerlass zum Zwecke einer unternehmensbezogenen Sanierung erhalten hat (Sanierungsertrag), ist dieser nach § 3a Abs. 1 EStG grundsätzlich steuerfrei. Er mindert jedoch nach Abzug der im Zusammenhang stehenden Betriebsausgaben nach dem in § 3a Abs. 3 EStG festgelegten Schema ggf. den Zinsvortrag. Die Minderung der Verlustvorträge und des Zinsvortrags sind auf der Anlage SAN abgebildet. Soweit der **verbleibende Sanierungsertrag den Zinsvortrag mindert**, ist dieser in **Zeile 26** einzutragen.

1406 Anschließend verbleibt in **Zeile 27** der Zinsvortrag zum Schluss des laufenden Wj., der **vom FA** nach § 8a Abs. 1 KStG i.V.m. § 4h Abs. 4 EStG **gesondert festzustellen** ist.

1) Vgl. Rz. 32 des BMF v. 28.11.2017, IV C 2 – S 2745-a/09/10002 :004, BStBl I 2017, 1645.

5. Fortführungsgebundener Zinsvortrag nach § 8d KStG i.V.m. § 8a KStG (Zeilen 32–38)

Zeile	Fortführungsgebundener Zinsvortrag nach § 8d in Verbindung mit § 8a KStG	
28 bis 31 frei		33.108
32	Verbleibender fortführungsgebundener Zinsvortrag zum Schluss des vorangegangenen Wirtschaftsjahres	
33	Davon ab: Untergang des fortführungsgebundenen Zinsvortrags aufgrund eines schädlichen Ereignisses nach § 8d Absatz 2 KStG (Betrag laut Zeile 32)	
34	Davon ab: Wegfall der Fortführungsgebundenheit bei Vorliegen eines schädlichen Beteiligungserwerbs nach § 8c KStG (Betrag laut Zeile 32)	
35	Davon ab: Im wegfallenden Zinsvortrag enthaltener fortführungsgebundener Zinsvortrag (in den Beträgen laut Zeilen 8a und 9 enthalten, höchstens Betrag laut Zeile 32 abzüglich Summe der Beträge laut Zeilen 33 und 34)	
36	Davon ab: Verrechnung mit dem fortführungsgebundenen Zinsvortrag (Beträge laut Zeilen 24 und 26 abzüglich Beträge laut Zeilen 11 und 12, höchstens Betrag laut Zeile 32 abzüglich Summe der Beträge laut Zeilen 33 bis 35)	
37	Wenn im Wirtschaftsjahr ein schädlicher Beteiligungserwerb nach § 8c KStG erfolgte und die Voraussetzungen zur Anwendung des § 8d KStG erfüllt sind: Dazu: Zugang zum fortführungsgebundenen Zinsvortrag (Betrag laut Zeile 27 abzüglich Betrag laut Zeile 32 zuzüglich Summe der Beträge laut Zeilen 33 bis 36)	
38	Im Betrag laut Zeile 27 enthaltener zum Schluss des laufenden Wirtschaftsjahres verbleibender fortführungsgebundener Zinsvortrag	

1407 Nach § 8a Abs. 1 Satz 3 KStG ist § 8d KStG für den Zinsvortrag entsprechend anzuwenden. Zu fortführungsgebundenen Verlustvorträgen grundsätzlich (auch hinsichtlich ungeklärten Rechtsfragen und problematischen Verwaltungsauffassungen) siehe → Rz. 1295 ff.

In **Zeile 32** ist der Bestand der fortführungsgebundenen negativen Einkünfte aus dem **Vorjahr** einzutragen. Hier herrscht ein Grundlagen-/Folgebescheidverhältnis zur vorangegangenen Feststellung. Einwendungen gegen den hier einzutragenden Wert können nur mit Rechtsbehelfen gegen den vorangegangenen Feststellungsbescheid geltend gemacht werden.

1408 Liegt im laufenden Jahr ein **schädliches Ereignis nach § 8d Abs. 2 KStG** (→ Rz. 1337) vor, fallen die fortführungsgebundenen negativen Einkünfte weg, vgl. § 8d Abs. 2 Satz 1 KStG. In diesem Fall ist der verbleibende fortführungsgebundene Zinsvortrag lt. Zeile 32 auch in **Zeile 33** einzutragen. Das Vorliegen eines schädlichen Ereignisses ist nicht hier, sondern in Zeile 13 der Anlage WA einzutragen.

Soweit stille Reserven vorliegen und hier zu berücksichtigen sind, geht der fortführungsgebundene Zinsvortrag nicht unter, sondern wird nach Auffassung der FinVerw. wieder zu einem nicht-fortführungsgebundenen Zinsvortrag. Sie sind in Zeile 7 einzutragen (weitere Erläuterungen siehe dort).

Tritt nach Antragstellung nach § 8d KStG in den Folgejahren erneut ein schädlicher Beteiligungserwerb nach § 8c KStG ein, führt dies zum Wegfall des Zinsvortrags und damit auch zum Wegfall des fortführungsgebundenen Zinsvortrags. Soweit also ein schädlicher Beteiligungserwerb vorliegt und kein (erneuter) Antrag nach § 8d KStG gestellt wird, ist der in Zeile 32 eingetragene Bestand zusätzlich in **Zeile 34** einzutragen. Dies kann aber auch vorteilhaft sein: Kommt es auf Grund der Stille-Reserve-Klausel oder der Konzernklausel nicht oder nur zum anteiligen Wegfall von Verlusten, fällt die Fortführungsgebundenheit des fortführungsgebundenen Verlustvortrags trotzdem in voller Höhe weg.[1)]

1409 In **Zeile 35** wird die Minderung des fortführungsgebundenen Zinsvortrags auf Grund des § 8c KStG, von Abspaltungen und von Verrechnungen mit einem verbleibenden Sanierungsertrag eingetragen. Weitere Erläuterungen hierzu siehe → Rz. 1297.

Die **Zeile 36** ist hingegen für die Verrechnung des fortführungsgebundenen Zinsvortrags mit Zinserträgen des laufenden VZ vorgesehen.

1410 Liegt im laufenden VZ ein schädlicher Beteiligungserwerb vor und stellt die Körperschaft einen **Antrag nach § 8d Abs. 1 KStG** (zu den Voraussetzungen siehe Erläuterungen zur Zeile 12 der Anlage WA, → Rz. 1334) wird der am Ende des VZ verbleibende Zinsvortrag (Wert lt. Zeile 27) zum fortführungsgebundenen Zinsvortrag. Der Wert lt. Zeile 27 ist (gemindert um einen etwaigen Bestand lt. Zeile 32 zuzüglich Summe der Beträge laut Zeilen 33 bis 36) in **Zeile 37** einzutragen. Der Antrag nach § 8d Abs. 1 KStG wird auf der Anlage WA gestellt und wirkt auch für den Zinsvortrag.

In **Zeile 38** ergibt sich dann der fortführungsgebundene Zinsvortrag zum Schluss des VZ, der vom FA gesondert festzustellen ist.

1) Vgl. Rz. 75 des BMF v. 18.3.2021, IV C 2 – S 2745-b/19/10002 :002, BStBl I 2021, 363.

6. Verrechenbares EBITDA des laufenden Wirtschaftsjahres (Zeilen 39–51)

Zeile	Verrechenbares EBITDA des laufenden Wirtschaftsjahres Nicht bei Organgesellschaften	EUR
39	Ausgangsbetrag (Betrag laut Zeile 295a der Anlage GK)	
40	Dazu: Nach § 6 Absatz 2 Satz 1, § 6 Absatz 2a Satz 2 und § 7 EStG abgesetzte Beträge (Abschreibungen)	33.105
41	Dazu: Nach § 6 Absatz 2 Satz 1, § 6 Absatz 2a Satz 2 und § 7 EStG abgesetzte Beträge (Abschreibungen) der Organgesellschaften (Summe der Beträge laut Zeile 32 aller Anlagen OT)	
42	Dazu: Berücksichtigter Zuwendungsabzug nach § 9 Absatz 1 Nummer 2 KStG der Organgesellschaften (Summe der Beträge laut Zeile 35 aller Anlagen OT)	
43	Davon ab / Dazu: Einkünfte aus Mitunternehmerschaften (Betrag laut Zeile 22 der Anlage GK)	
43a	Davon ab / Dazu: Einkünfte aus Mitunternehmerschaften der Organgesellschaften (Summe der Beträge laut Zeile 35a aller Anlagen OT)	
44	Dazu: Zinsaufwendungen des laufenden Wirtschaftsjahres (Summe der Beträge laut Zeilen 11 und 12)	
45	Davon ab: Zinserträge des laufenden Wirtschaftsjahres (Summe der Beträge laut Zeilen 14 bis 16)	
46	Dazu / Davon ab: Weitere Korrekturen, um das nach § 8a Absatz 1 KStG maßgebliche Einkommen zu berechnen (Summe der Beträge laut Zeilen 26, 30, 31, 31a, 35, 35b und 38 der Anlage ZVE abzüglich der Summe der Beträge laut Zeilen 20, 21, 27, 28, 29 und 31b der Anlage ZVE)	
47	Dazu: Von Organgesellschaften selbst zu versteuerndes Einkommen aus dem Organschaftsverhältnis (Summe der Beträge laut Zeile 34 aller Anlagen OT)	

Steuernummer

- 3 -

Zeile		EUR
48 frei 49	Dazu / Davon ab: Sonstige Korrekturen (zum Beispiel bei mehreren im Veranlagungszeitraum endenden Wirtschaftsjahren oder in Fällen des § 4h Absatz 6 EStG)	33.166
50	Steuerliches EBITDA	
51	Verrechenbares EBITDA des laufenden Wirtschaftsjahres (30 % des Betrages laut Zeile 50)	

1411 In Höhe des laufenden verrechenbaren EBITDA sind Zinsaufwendungen abzugsfähig, vgl. § 4h Abs. 1 Satz 1 EStG. Ist das verrechenbare EBITDA höher als die Zinsaufwendungen, kann es in die folgenden fünf Wj. vorgetragen werden, vgl. § 4h Abs. 1 Satz 3 EStG. In diesem Abschnitt wird das laufende verrechenbare EBITDA ermittelt. Die Verrechnung mit laufenden Zinsaufwendungen erfolgt in Zeile 21, die Fortschreibung eines EBITDA-Vortrags ab Zeile 50.

Angaben in diesem Abschnitt sind nur erforderlich, wenn nichtabziehbare Zinsaufwendungen nach der Verrechnung mit Zinserträgen und nach Anwendung des § 4h Abs. 2 EStG verbleiben. Dies ist der Fall, wenn in Zeile 19b ein positiver Betrag verbleibt.

In diesem Abschnitt wird das verrechenbare EBITDA des laufenden Wj. aus den übrigen Angaben der Körperschaftsteuererklärung abgeleitet. Personelle Eintragungen sind nur wenige und nur für seltene Ausnahmefälle erforderlich.

1412 Das **verrechenbare EBITDA** ist in § 4h Abs. 1 Satz 2 EStG definiert als 30 % des um die Zinsaufwendungen und die Abschreibungen nach § 6 Abs. 2 Satz 1 und Abs. 2a Satz 2 sowie § 7 EStG erhöhten sowie um die Zinserträge geminderten maßgeblichen Gewinns. Der maßgebliche Gewinn sind die Einkünfte ohne Anwendung der Zinsschranke, vgl. § 4h Abs. 3 Satz 1 EStG. Diese sinnvolle Formulierung des Gesetzes wird für Körperschaften jedoch modifiziert, da bei Körperschaften nicht der maßgebliche Gewinn, sondern das maßgebliche Einkommen angesetzt werden muss, vgl. § 8a Abs. 1 Satz 2 KStG. Zu den hieraus folgenden Problemen siehe →Rz. 1417.

1413 Die Berechnung beginnt in **Zeile 39** mit dem **Ausgangsbetrag**, der aus Zeile 295a der Anlage GK zu übernehmen ist. Enden mehrere Wj. im VZ, ist die für die Zinsschranke maßgebende Anlage GK als Basis heranzuziehen. Der Ausgangsbetrag bildet die **Einkünfte aus Gewerbebetrieb vor** Anwendung der Regelungen der **Zinsschranke** ab. Ausgangsbetrag ist nicht – wie man meinen könnte – das Einkommen laut Anlage ZVE, sondern die Einkünfte aus Gewerbebetrieb. Die nach § 8a Abs. 1 Satz 2 KStG zu berücksichtigenden Tatbestände auf dem Weg zum Einkommen sind in Zeile 42 zu berücksichtigen.

1414 In **Zeile 40** sind die nach § 6 Abs. 2 Satz 1, § 6 Abs. 2a Satz 2 und § 7 EStG abgesetzten Beträge zu erfassen. Sie ergeben sich aus der steuerlichen Gewinnermittlung (Buchführung). Diese Beträge sind nach § 4h Abs. 1 Satz 1 EStG dem Einkommen wieder hinzuzurechnen. Es handelt sich dabei in allererster Linie um die **Absetzung für Abnut-**

zung, die wieder hinzugerechnet wird. Nicht erfasst sind Teilwertabschreibungen. Neben den Abschreibungen sind hier auch noch die Abschreibungen für geringwertige Wirtschaftsgüter und solche für den Sammelposten nach § 6 Abs. 2a EStG hinzuzurechnen.

Die in der vorgenannten Zeile eingetragenen **Abschreibungen** können auch bei Organgesellschaften anfallen. Auf die **Organgesellschaft** ist die Zinsschranke nach § 15 Satz 1 Nr. 3 Satz 1 KStG nicht anzuwenden. Sie sind aber nach § 15 Satz 1 Nr. 3 Satz 3 KStG bei der Anwendung der Zinsschranke auf Ebene des **Organträgers** anzuwenden. Der entsprechende Wert wird i.R. der Feststellung des dem Organträger zuzurechnenden Einkommens als weitere Besteuerungsgrundlage nach § 14 Abs. 5 KStG gesondert und einheitlich festgestellt. Er wird beim Organträger in Zeile 32 der Anlage OT eingetragen. Der dort eingetragene Wert ist aufzusummieren und in **Zeile 41** dieser Anlage einzutragen. 1415

Ebenfalls hinzuzurechnen ist in **Zeile 42** der **berücksichtigte Zuwendungsabzug der Organgesellschaften**, vgl. § 8a Abs. 1 KStG. In Zeile 46 wird u.a. das dem Organträger zuzurechnende Einkommen der Organgesellschaften hinzugerechnet. Dieses ist bereits um den Zuwendungsabzug gemindert worden. Der Zuwendungsabzug darf sich nach § 8a Abs. 1 KStG aber nicht auf das verrechenbare EBITDA auswirken, weshalb dies hier wieder hinzugerechnet wird. Der hier einzutragende Wert ergibt sich aus den Eintragungen in der Anlage OT. 1416

Durch Eintragung der **Einkünfte aus Mitunternehmerschaften** in der **Zeile 43** werden diese aus dem verrechenbaren EBITDA neutralisiert.[1] Auch wenn dies nicht aus dem Wortlaut des § 4h EStG ableitbar ist, ist dies dennoch folgerichtig, da die Mitunternehmerschaft einen eigenen Betrieb i.S. der Zinsschranke darstellt. Das steuerliche EBITDA der Mitunternehmerschaft fließt deshalb in die Zinsschrankenberechnung bei der Mitunternehmerschaft ein. Es nochmals bei der Berechnung der Zinsschranke bei der beteiligten Körperschaft zu berücksichtigen, würde zu einer Doppelberücksichtigung führen. Der Wert kann aus Zeile 22 der zugehörigen Anlage GK entnommen werden. 1417

Beratungshinweis:

Nach Auffassung des FG Köln[2] sind die EBITDA-Bestandteile vorgelagerter Mitunternehmerschaften bei der Berechnung des steuerlichen EBITDA der beteiligten Körperschaft nicht zu neutralisieren. Das Revisionsverfahren ist vor dem BFH unter dem Aktenzeichen IV R 4/14 anhängig. Zu berücksichtigen ist allerdings, dass bei Anwendung dieser Rechtsauffassung auch ein negatives steuerliches EBITDA der vorgelagerten Mitunternehmerschaften zu berücksichtigen ist. Die Prüfung eines Rechtsbehelfsverfahrens macht nur dann Sinn, wenn – im Saldo – ein positives steuerliches EBITDA aus den vorgelagerten Mitunternehmerschaften zu berücksichtigen ist.

Die **Zeile 43a** ergänzt die Neutralisierung von Einkünften aus Mitunternehmerschaften für die Berechnung des verrechenbaren EBITDAs laut Zeile 43. In Zeile 43 sind die Einkünfte einzutragen, die der Körperschaft für die die Steuererklärung ausgefüllt wird unmittelbar zuzurechnen sind. Handelt es sich bei dieser jedoch um einen **Organträger**, müssen auch **Einkünfte aus Mitunternehmerschaften** neutralisiert werden, die **vorgelagerten Organgesellschaften** zugerechnet wurden. Der entsprechende Wert wird gesondert und einheitlich nach § 14 Abs. 5 KStG festgestellt und wird in die Zeile 43a aus der Zeile 35a aller Anlagen OT übertragen. Einwendungen gegen den hier einzutragenden Wert müssen durch Rechtsbehelfe gegen den Feststellungsbescheid nach § 14 Abs. 5 KStG geltend gemacht werden. 1418

In **Zeile 44** sind die **Zinsaufwendungen des laufenden Wj.** wieder hinzuzurechnen. Der Wert ergibt sich aus der Eintragung in den Zeilen 11 und 12 dieser Anlage. Im Ausgangsbetrag wurde die Zinsschranke noch nicht angewendet. Folglich haben sich Zinsaufwendungen noch gewinnmindernd ausgewirkt. Nach § 4h Abs. 1 Satz 2 EStG muss das Einkommen um die Zinsaufwendungen erhöht werden. Die folgende **Zeile 40** dient der **Kürzung** um die **Zinserträge des laufenden Wj.**, die sich aus den Zeilen 14 bis 16 dieser Anlage ergeben. 1419

In **Zeile 45** wird das verrechenbare EBITDA um die **Rechenschritte** korrigiert, die **bis zum Einkommen** der Körperschaft vorzunehmen sind. Anders als bei Personengesellschaften[3] ist das verrechenbare EBITDA nicht auf Basis des Gewinns, sondern auf Basis des Einkommens vorzunehmen, vgl. § 8a Abs. 1 Satz 2 KStG. Ausgangspunkt in Zeile 39 sind jedoch die Einkünfte aus Gewerbebetrieb vor Anwendung der Zinsschranke. Folglich müssen in dieser Zeile die Rechenschritte berücksichtigt werden, die von § 8a Abs. 1 Satz 2 KStG nicht ausgeschlossen werden. Dies sind der Verlustabzug, die Zinsschranke selbst und der Spendenabzug nach § 9 Abs. 1 Nr. 2 KStG. Alle anderen Modifikationen des Einkommens sind also zu berücksichtigen. Falls im laufenden Wj. mehrere Wj. enden, siehe → Rz. 1423. 1420

In der **Zeile 46** sind nun eine ganze Reihe Beträge aus der Anlage ZVE zu übernehmen. Um das verrechenbare EBITDA zu berechnen, ist nach § 4h Abs. 3 Satz 1 EStG der maßgebliche Gewinn die Ausgangsgröße. Dieser ist der nach den Vorschriften des EStG ohne Anwendung der Zinsschranke ermittelte Gewinn. Aus diesem Grund entspricht der Ausgangsbetrag den Einkünften aus Gewerbebetrieb vor Anwendung der Zinsschranke. Allerdings ändert § 8a Abs. 1 Satz 1 KStG dies (ohne nachvollziehbaren Grund) für Körperschaften auf das **maßgebliche Einkommen** ab. Das maßgebliche Einkommen ist das nach den Vorschriften des Einkommen- und Körperschaftsteuergesetzes ermittelte Einkommen mit Ausnahme des § 4h EStG, des § 10d EStG und des Zuwendungsabzugs, vgl. § 8a Abs. 1 Satz 2 KStG. Zwischen den Einkünften aus Gewerbebetrieb und dem Einkommen liegen aber noch eine Menge anderer Rechenschritte, die nach § 8a Abs. 1 Satz 2 KStG nicht zu neutralisieren sind. In dieser Zeile werden 1421

1) Rz. 42 des BMF v. 4.7.2008, IV C 7 – S 2742-a/07/10001, BStBl I 2008, 718.
2) FG Köln v. 19.12.2013, 10 K 1916/12, EFG 2014, 521 (Rev. BFH: IV R 4/14).
3) Und (theoretisch) bei Einzelunternehmen.

also die Tatbestände berücksichtigt, die für das maßgebliche Einkommen noch nach der Anlage GK vorzunehmen sind. Wesentlich ist hier bei Organträgern das diesem zuzurechnende Einkommen aus Organgesellschaften zu benennen, was auch im Rahmen der EBITDA-Ermittlung berücksichtigt werden muss. Die auf der Anlage ZVE erfassten Beträge sind veranlagungszeitraumbezogen. Endet mehr als ein Wj. im VZ, müssen die Werte auf die einzelnen Wj. aufgeteilt werden (Zeile 49).

Im Einzelnen zu korrigieren sind:

Zeile der Anlage ZVE	Beschreibung
20, 21	Abzuziehende ausländische Steuern nach § 34c Abs. 2 und Abs. 3 EStG (negativ eintragen*)
26	Nicht zu berücksichtigende negative Einkünfte / Gewinnminderungen nach § 2a Abs. 1 EStG
27	Verlustabzug nach § 2a Abs. 1 Satz 3 EStG (negativ eintragen*)
28	Abzuziehende Kapitalertragsteuer nach § 36a Abs. 1 Satz 3 EStG (negativ eintragen*)
29	Steuerfreier Sanierungsertrag (negativ eintragen*)
30, 31	Mit dem steuerfreien Sanierungsertrag im Zusammenhang stehende Betriebsausgaben
31a	Hinzurechnungsbeträge nach § 10 AStG
31b	Kürzungsbeträge nach § 11 Abs. 2 AStG (negativ eintragen*)
35	Hinzurechnung nach § 2a EStG a.F.
35b	Negative Einkünfte des übernehmenden Rechtsträgers nach § 2 Abs. 5 UmwStG
38	Einkommen der Organgesellschaften

* In der Berechnung sind die Werte mit umgekehrtem Vorzeichen zu berücksichtigen.

1422 Das von der **Organgesellschaft selbst zu versteuernde Einkommen** (i.d.R. Ausgleichszahlungen) ist aus der Zeile 34 aller Anlagen OT zu übernehmen und in **Zeile 47** einzutragen. Wie bereits erläutert, ist die Zinsschranke unter Einbeziehung der bei Organgesellschaften verwirklichten Tatbestände beim Organträger anzuwenden, vgl. § 15 Satz 1 Nr. 3 Satz 3 KStG. Versteuert die Organgesellschaft Einkommen selbst, muss es auch bei der Berechnung des verrechenbaren EBITDA berücksichtigt werden. Dies ergibt sich zwar nicht unmittelbar aus dem Wortlaut des § 15 Satz 1 Nr. 3 Satz 3 KStG, ist aber systematisch überzeugend und – weil es nur positive Ausgleichszahlungen gibt – ausschließlich zugunsten des Stpfl.

1423 Da § 8a Abs. 1 Satz 2 KStG abweichend von § 4h Abs. 3 Satz 1 EStG den Ausgangspunkt des verrechenbaren EBITDA auf das Einkommen festlegt, ergibt sich bei zwei im VZ endenden Wj. ein Korrekturbetrag. Außerdem ergibt sich ein Korrekturbetrag, wenn mehrere Betriebe vorliegen. Die Zinsschranke ist eine Gewinnermittlungsvorschrift. Sie wird für ein Wj. ermittelt, auch Zinsvortrag und EBITDA-Vortrag werden zum Ende des Wj. festgestellt. Das Einkommen hingegen ist eine Rechengröße, die erst nach der Summe der Einkünfte und dem Gesamtbetrag der Einkünfte ermittelt wird, vgl. § 2 Abs. 4 EStG. Der Gesamtbetrag der Einkünfte kann nicht mehr einem einzelnen Wj. zugeordnet werden, sondern ist dem VZ zuzuordnen. Ebenso sind es alle zwischen den Einkünften aus dem jeweiligen Wj. des Gewerbebetriebs und dem Einkommen liegenden Rechenschritte (Zeilen 20 bis 67 der Anlage ZVE – insgesamt ca. 50 Rechenschritte). Folglich sind die in Zeile 41 erfassten **Rechenschritte** auf die einzelnen Wj. bzw. Betriebe aufzuteilen. In **Zeile 49** sind sie insoweit einzutragen, als sie **nicht** auf das **Wj.** bzw. den Betrieb **entfallen**, für den die Anlage Zinsschranke ausgefüllt wird.

1424 Schließlich ergibt sich in **Zeile 50** das **steuerliche EBITDA**. In **Zeile 51** ist anschließend das **verrechenbare EBITDA** zu ermitteln. Es entspricht 30 % des Werts laut Zeile 50. Dieses ist Ausgangspunkt für die Ermittlung der ausgleichsfähigen Zinsaufwendungen in Zeile 55 dieser Anlage und fließt ggf. in die Berechnung des EBITDA-Vortrags mit ein.

7. EBITDA-Vortrag (Zeilen 52–104)

1425 Wird das laufende verrechenbare EBITDA nicht zur Verrechnung mit Zinsaufwendungen verwendet, kann es in die folgenden fünf Wj. vorgetragen werden (sog. **EBITDA-Vortrag**), vgl. **§ 4h Abs. 1 Satz 1 bis 3 EStG**. Ein **EBITDA-Vortrag** kann allerdings **nicht in Wj. entstehen, für die § 4h Abs. 2 EStG die Anwendung von § 4h Abs. 1 Satz 1 EStG ausschließt** (d.h. in denen die Freigrenze, die Stand-Alone-Klausel oder die Escape-Klausel zur Anwendung kommen).

Ebenso wie der Zinsvortrag ist der EBITDA-Vortrag gem. § 4h Abs. 4 EStG jährlich gesondert festzustellen, wofür § 10d Abs. 4 EStG sinngemäß Anwendung findet. Verfahrensrechtlich wird pro Wj. nur ein EBITDA-Vortrag festgestellt. Die Verteilung (und damit auch die Grundlage für den Wegfall des EBITDA-Vortrags) auf die Wj. unterliegt nicht der gesonderten Feststellung.

a) Gesamtberechnung (Zeilen 52–60)

Zeile	EBITDA-Vortrag (Gesamtbetrag) (§ 4h EStG in Verbindung mit § 8a KStG)	Kz.
	Anfangsbestand	
52	EBITDA-Vortrag zum Schluss des vorangegangenen Wirtschaftsjahres	33.150
53	Davon ab: Verringerung des EBITDA-Vortrags bei Abspaltung (§ 15 Absatz 3, § 16 UmwStG)	33.180
54	Davon ab: Verringerung des EBITDA-Vortrags in anderen Fällen (gegebenenfalls unter Beachtung der § 2 Absatz 4 Satz 1, § 20 Absatz 6 Satz 4 UmwStG), insbesondere durch: Aufgabe oder Übertragung eines Betriebs oder Teilbetriebs (§ 8a Absatz 1 KStG in Verbindung mit § 4h Absatz 5 EStG), Ausscheiden einer Organgesellschaft aus dem Organkreis (§ 15 Satz 1 Nummer 3 KStG, § 8a Absatz 1 KStG in Verbindung mit § 4h Absatz 5 EStG)	33.170
	Laufendes Wirtschaftsjahr	
55	Nicht bei Organgesellschaften: Dazu: Verbleibendes verrechenbares EBITDA des laufenden Wirtschaftsjahres (Betrag laut Zeile 51 abzüglich Zeile 21; nur wenn Beträge laut Zeilen 16a und 20 größer als 0)	
	Verrechnung von verrechenbarem EBITDA	
56	Nicht bei Organgesellschaften: Davon ab: Verbrauch des EBITDA-Vortrags aus vorangegangenen Wirtschaftsjahren im laufenden Wirtschaftsjahr (Betrag laut Zeile 23)	
57	Davon ab: Minderung des EBITDA-Vortrags nach § 3a Absatz 3 Satz 2 Nummer 13 Buchstabe b EStG (Summe der Beträge laut Zeilen 67, 75, 83, 91, 99 und 102; Übertrag in Zeile 41 der Anlage SAN)	33.162
	Endbestand	
58	Davon ab: Verringerung des verrechenbaren EBITDA des laufenden Wirtschaftsjahres durch Abspaltung zum Ende des Wirtschaftsjahres (§ 15 Absatz 3, § 16 UmwStG)	33.164
59	Davon ab: Wegfall des EBITDA-Vortrags des fünften vorangegangenen Wirtschaftsjahres	
60	EBITDA-Vortrag zum Schluss des laufenden Wirtschaftsjahres	

In diesem Abschnitt wird die festzustellende Gesamtsumme des EBITDA-Vortrags und ggf. eine Verrechnung mit Zinsaufwendungen ermittelt. Die Aufteilung des EBITDA-Vortrags auf die fünf vorangegangenen Wj. erfolgt ab Zeile 61. Die Ermittlung erfolgt nicht für Organgesellschaften, da die Zinsschranke auf Ebene der Organgesellschaft nicht angewendet wird, vgl. § 15 Satz 1 Nr. 3 KStG. Das verrechenbare EBITDA fließt in die Feststellung nach § 14 Abs. 5 KStG ein. **1426**

In **Zeile 52** ist der zum **Ende des vorangegangenen Wj.** festgestellte **EBITDA-Vortrag** einzutragen. Der vorangegangene Feststellungsbescheid hat Grundlagenwirkung für den hier einzutragenden Betrag.

In **Zeile 53** ist der EBITDA-Vortrag im Falle einer **Abspaltung** im **Verhältnis des gemeinen Werts des übertragenden Vermögens** zum **Gesamtvermögen** zu mindern, vgl. § 15 Abs. 3 UmwStG. Der hier einzutragende Wert berechnet sich aus dem Wert lt. Zeile 52 multipliziert mit dem Verhältnis des gemeinen Werts des übertragenden Vermögens zum Gesamtvermögen.

In **Zeile 54** ist die Minderung des EBITDA-Vortrags bei

- **Aufgabe oder Übertragung** eines **Betriebs**, § 4h Abs. 5 Satz 1 EStG,
- **Aufgabe oder Übertragung** eines **Teilbetriebs**,
- **Ausscheiden einer Organgesellschaft** aus dem Organkreis

einzutragen. Der hier einzutragende Wert ist individuell in den einzelnen Wj. zu ermitteln und ergibt sich aus der Addition der Eintragungen zu den Zeilen 63, 71, 79, 87 und 95.

Während sich die ersten beiden Tatbestände ausdrücklich aus dem Gesetz ergeben, ergibt sich die Kürzung bei Ausscheiden einer Organgesellschaft nur aus der Verwaltungsauffassung.[1] Zu den hiergegen vorzubringenden Einwendungen siehe → Rz. 1378. Hinsichtlich der nicht in Zeile 21 einzutragenden Kürzung bei Aufgabe oder Übertragung eines Betriebs siehe → Rz. 1385.

Ein schädlicher Beteiligungserwerb nach § 8c KStG findet nach § 4h Abs. 5 Satz 3 EStG nur auf den Zinsvortrag Anwendung, sodass der EBITDA-Vortrag ungemindert bestehen bleibt.

In **Zeile 55** wird das **verrechenbare EBITDA des laufenden Wj.** hinzugerechnet, soweit es nicht zur Verrechnung mit Zinsaufwendungen verwendet wurde. Dies gilt allerdings nur, wenn im Wj. kein Anwendungsfall des § 4h **1427**

1) Sinngemäße Anwendung der Rz. 47 des BMF v. 4.7.2008, IV C 7 – S 2742-a/07/10001, BStBl I 2008, 718.

Abs. 2 EStG vorliegt, d.h. die Beträge in Zeile 16a und Zeile 20 größer als 0 sind. Der Wert ergibt sich aus dem in Zeile 51 ermittelten Betrag vermindert um die Verrechnung mit den laufenden Zinsaufwendungen laut Zeile 21.

1428 Soweit der **EBITDA-Vortrag** (nicht das laufende verrechenbare EBITDA) zur **Verrechnung** mit Zinsaufwendungen verwendet wird, ist er in **Zeile 56** einzutragen. Der Wert wird in Zeile 23 ermittelt und ist hierhin nur zu übertragen.

1429 Wenn die Körperschaft im laufenden VZ einen Schuldenerlass zum Zwecke einer unternehmensbezogenen Sanierung erhalten hat (Sanierungsertrag) ist dieser nach § 3a Abs. 1 EStG grundsätzlich steuerfrei. Er mindert jedoch nach Abzug der im Zusammenhang stehenden Betriebsausgaben nach dem in § 3a Abs. 3 EStG festgelegten Schema Verlustvorträge. Die Minderung der Verlustvorträge und sonstigen jahresübergreifende Vorträge sind auf der Anlage SAN abgebildet. Soweit der verbleibende Sanierungsertrag den EBITDA-Vortrag mindert, ist dies in **Zeile 57** einzutragen.

In **Zeile 58** ist ein Wegfall des EBITDA-Vortrags auf Grund einer Abspaltung zum Ende des Wj. einzutragen (sog. Mitternachtsfall). Normalerweise werden bei Umwandlungsvorgängen und beim schädlichen Beteiligungserwerb die Anfangsbestände eines Vortrags – wie z.B. dem Zinsvortrag – gekürzt. Die FinVerw. ist jedoch der Auffassung, dass bei einem schädlichen Beteiligungserwerb zum Ende des Wj. ausnahmsweise der Endbestand gekürzt wird.[1] Dieser Rechtsgedanke wird von der FinVerw. ausweislich der Formulierung in Zeile 25a auch auf Abspaltungen übertragen.

1430 Soweit ein **EBITDA-Vortrag** nach Ablauf des **fünften Wj. wegfällt**, ist dieser in **Zeile 59** einzutragen. Der Wert wird in Zeile 68 ermittelt. Weitere Erläuterungen siehe dort.

1431 In **Zeile 60** verbleibt der Gesamtbetrag des EBITDA-Vortrags zum Ende des Wj., der vom FA gesondert festzustellen ist. Nur dieser Feststellung erwächst nach § 4h Abs. 4 Satz 1 EStG Bestandskraft.

b) Ermittlung des EBITDA-Vortrags bezogen auf das jeweilige Wj. (Zeilen 61–104)

	EBITDA-Vortrag bezogen auf das fünfte vorangegangene Wirtschaftsjahr	
61	Abschlusszeitpunkt des Wirtschaftsjahres	
		EUR
62	EBITDA-Vortrag zum Schluss des sechsten vorangegangenen Wirtschaftsjahres	33.155
63	Davon ab: Verringerung des EBITDA-Vortrags bei Abspaltung (§ 15 Absatz 3, § 16 UmwStG)	33.185
64	Davon ab: Verringerung des EBITDA-Vortrags in anderen Fällen (gegebenenfalls unter Beachtung der § 2 Absatz 4 Satz 1, § 20 Absatz 6 Satz 4 UmwStG), insbesondere durch: Aufgabe oder Übertragung eines Betriebs oder Teilbetriebs (§ 8a Absatz 1 KStG in Verbindung mit § 4h Absatz 5 EStG), Ausscheiden einer Organgesellschaft aus dem Organkreis (§ 15 Satz 1 Nummer 3 KStG, § 8a Absatz 1 KStG in Verbindung mit § 4h Absatz 5 EStG)	33.175
65	Nicht bei Organgesellschaften: Davon ab: Verbrauch des EBITDA-Vortrags im laufenden Wirtschaftsjahr (Betrag laut Zeile 56 höchstens Betrag laut Zeile 62 abzüglich Beträge laut Zeilen 63 und 64)	
66	Zwischensumme	
67	Davon ab: Minderung des EBITDA-Vortrags nach § 3a Absatz 3 Satz 2 Nummer 13 Buchstabe b EStG (gegebenenfalls anteiliger Betrag laut Zeile 40 der Anlage SAN, höchstens Betrag laut Zeile 66)	
68	Wegfall des EBITDA-Vortrags des fünften vorangegangenen Wirtschaftsjahres (Übertrag in Zeile 59)	
	EBITDA-Vortrag bezogen auf das vierte vorangegangene Wirtschaftsjahr	
69	Abschlusszeitpunkt des Wirtschaftsjahres	

1) Vgl. Rz. 32 des BMF v. 28.11.2017, IV C 2 – S 2745-a/09/10002: 004, BStBl I 2017, 1645.

Steuernummer

- 4 -

Zeile		EUR
70	EBITDA-Vortrag zum Schluss des fünften vorangegangenen Wirtschaftsjahres	33.154
71	Davon ab: Verringerung des EBITDA-Vortrags bei Abspaltung (§ 15 Absatz 3, § 16 UmwStG)	33.184
72	Davon ab: Verringerung des EBITDA-Vortrags in anderen Fällen (gegebenenfalls unter Beachtung der § 2 Absatz 4 Satz 1, § 20 Absatz 6 Satz 4 UmwStG), insbesondere durch: Aufgabe oder Übertragung eines Betriebs oder Teilbetriebs (§ 8a Absatz 1 KStG in Verbindung mit § 4h Absatz 5 EStG), Ausscheiden einer Organgesellschaft aus dem Organkreis (§ 15 Satz 1 Nummer 3 KStG, § 8a Absatz 1 KStG in Verbindung mit § 4h Absatz 5 EStG)	33.174
73	Nicht bei Organgesellschaften: Davon ab: Verbrauch des EBITDA-Vortrags im laufenden Wirtschaftsjahr (Betrag laut Zeile 56 abzüglich Betrag laut Zeile 65, höchstens Betrag laut Zeile 70 abzüglich Beträge laut Zeilen 71 und 72)	
74	Zwischensumme	
75	Davon ab: Minderung des EBITDA-Vortrags nach § 3a Absatz 3 Satz 2 Nummer 13 Buchstabe b EStG (gegebenenfalls anteiliger Betrag laut Zeile 40 der Anlage SAN abzüglich Betrag laut Zeile 67, höchstens Betrag laut Zeile 74)	
76	EBITDA-Vortrag zum Schluss des Wirtschaftsjahres bezogen auf das vierte vorangegangene Wirtschaftsjahr	
	EBITDA-Vortrag bezogen auf das dritte vorangegangene Wirtschaftsjahr	
77	Abschlusszeitpunkt des Wirtschaftsjahres	
		EUR
78	EBITDA-Vortrag zum Schluss des vierten vorangegangenen Wirtschaftsjahres	33.153
79	Davon ab: Verringerung des EBITDA-Vortrags bei Abspaltung (§ 15 Absatz 3, § 16 UmwStG)	33.183
80	Davon ab: Verringerung des EBITDA-Vortrags in anderen Fällen (gegebenenfalls unter Beachtung der § 2 Absatz 4 Satz 1, § 20 Absatz 6 Satz 4 UmwStG), insbesondere durch: Aufgabe oder Übertragung eines Betriebs oder Teilbetriebs (§ 8a Absatz 1 KStG in Verbindung mit § 4h Absatz 5 EStG), Ausscheiden einer Organgesellschaft aus dem Organkreis (§ 15 Satz 1 Nummer 3 KStG, § 8a Absatz 1 KStG in Verbindung mit § 4h Absatz 5 EStG)	33.173
81	Nicht bei Organgesellschaften: Davon ab: Verbrauch des EBITDA-Vortrags im laufenden Wirtschaftsjahr (Betrag laut Zeile 56 abzüglich Beträge laut Zeilen 65 und 73, höchstens Betrag laut Zeile 78 abzüglich Beträge laut Zeilen 79 und 80)	
82	Zwischensumme	
83	Davon ab: Minderung des EBITDA-Vortrags nach § 3a Absatz 3 Satz 2 Nummer 13 Buchstabe b EStG (gegebenenfalls anteiliger Betrag laut Zeile 40 der Anlage SAN abzüglich Beträge laut Zeilen 67 und 75, höchstens Betrag laut Zeile 82)	
84	EBITDA-Vortrag zum Schluss des Wirtschaftsjahres bezogen auf das dritte vorangegangene Wirtschaftsjahr	
	EBITDA-Vortrag bezogen auf das zweite vorangegangene Wirtschaftsjahr	
85	Abschlusszeitpunkt des Wirtschaftsjahres	
		EUR
86	EBITDA-Vortrag zum Schluss des dritten vorangegangenen Wirtschaftsjahres	33.152
87	Davon ab: Verringerung des EBITDA-Vortrags bei Abspaltung (§ 15 Absatz 3, § 16 UmwStG)	33.182
88	Davon ab: Verringerung des EBITDA-Vortrags in anderen Fällen (gegebenenfalls unter Beachtung der § 2 Absatz 4 Satz 1, § 20 Absatz 6 Satz 4 UmwStG), insbesondere durch: Aufgabe oder Übertragung eines Betriebs oder Teilbetriebs (§ 8a Absatz 1 KStG in Verbindung mit § 4h Absatz 5 EStG), Ausscheiden einer Organgesellschaft aus dem Organkreis (§ 15 Satz 1 Nummer 3 KStG, § 8a Absatz 1 KStG in Verbindung mit § 4h Absatz 5 EStG)	33.172
89	Nicht bei Organgesellschaften: Davon ab: Verbrauch des EBITDA-Vortrags im laufenden Wirtschaftsjahr (Betrag laut Zeile 56 abzüglich Beträge laut Zeilen 65, 73 und 81, höchstens Betrag laut Zeile 86 abzüglich Beträge laut Zeilen 87 und 88)	
90	Zwischensumme	
91	Davon ab: Minderung des EBITDA-Vortrags nach § 3a Absatz 3 Satz 2 Nummer 13 Buchstabe b EStG (gegebenenfalls anteiliger Betrag laut Zeile 40 der Anlage SAN abzüglich Beträge laut Zeilen 67, 75 und 83, höchstens Betrag laut Zeile 90)	
92	EBITDA-Vortrag zum Schluss des Wirtschaftsjahres bezogen auf das zweite vorangegangene Wirtschaftsjahr	

Zeile	Steuernummer - 5 -	EUR
	EBITDA-Vortrag bezogen auf das erste vorangegangene Wirtschaftsjahr	
93	Abschlusszeitpunkt des Wirtschaftsjahres	
94	EBITDA-Vortrag zum Schluss des zweiten vorangegangenen Wirtschaftsjahres	33.151
95	Davon ab: Verringerung des EBITDA-Vortrags bei Abspaltung (§ 15 Absatz 3, § 16 UmwStG)	33.181
96	Davon ab: Verringerung des EBITDA-Vortrags in anderen Fällen (gegebenenfalls unter Beachtung der § 2 Absatz 4 Satz 1, § 20 Absatz 6 Satz 4 UmwStG), insbesondere durch: Aufgabe oder Übertragung eines Betriebs oder Teilbetriebs (§ 8a Absatz 1 KStG in Verbindung mit § 4h Absatz 5 EStG), Ausscheiden einer Organgesellschaft aus dem Organkreis (§ 15 Satz 1 Nummer 3 KStG, § 8a Absatz 1 KStG in Verbindung mit § 4h Absatz 5 EStG)	33.171
97	Nicht bei Organgesellschaften: Davon ab: Verbrauch des EBITDA-Vortrags im laufenden Wirtschaftsjahr (Betrag laut Zeile 56 abzüglich Beträge laut Zeilen 65, 73, 81 und 89, höchstens Betrag laut Zeile 94 abzüglich Beträge laut Zeilen 95 und 96)	
98	Zwischensumme	
99	Davon ab: Minderung des EBITDA-Vortrags nach § 3a Absatz 3 Satz 2 Nummer 13 Buchstabe b EStG (gegebenenfalls anteiliger Betrag laut Zeile 40 der Anlage SAN abzüglich Beträge laut Zeilen 67, 75, 83 und 91, höchstens Betrag laut Zeile 98)	
100	EBITDA-Vortrag zum Schluss des Wirtschaftsjahres bezogen auf das erste vorangegangene Wirtschaftsjahr	
	EBITDA-Vortrag bezogen auf das laufende Wirtschaftsjahr	
101	Verbleibendes EBITDA des laufenden Wirtschaftsjahres (Betrag laut Zeile 55)	
102	Davon ab: Minderung des verbleibenden EBITDA nach § 3a Absatz 3 Satz 2 Nummer 13 Buchstabe b EStG (gegebenenfalls anteiliger Betrag laut Zeile 40 der Anlage SAN abzüglich Beträge laut Zeilen 67, 75, 83, 91 und 99, höchstens Betrag laut Zeile 101)	
103	Davon ab: Verringerung des verrechenbaren EBITDA des laufenden Wirtschaftsjahres durch Abspaltung zum Ende des Wirtschaftsjahres (§ 15 Absatz 3, § 16 UmwStG; Betrag laut Zeile 58)	
104	EBITDA-Vortrag zum Schluss des Wirtschaftsjahres bezogen auf das laufende Wirtschaftsjahr	

1432 Die Ermittlung des EBITDA-Vortrags bezogen auf die einzelnen Wj. ist notwendig, da eine EBITDA-Vortrag nach fünf Wj. wieder entfällt, vgl. § 4h Abs. 1 Satz 3 erster Halbsatz EStG. Die Ermittlungen des EBITDA-Vortrags gleichen sich inhaltlich für das erste bis zum vierten vorangegangenen Wj. (Zeilen 69 bis 104). Das fünfte vorangegangene Wj. (**Zeilen 61 bis 68**) weicht ab, da hier der Wegfall des EBITDA-Vortrags abgebildet werden muss.

Die Ermittlung der EBITDA-Vorträge des vierten bis ersten vorangegangenen Wj. sind systematisch gleich. Im Folgenden wird das vierte vorangegangene Wj. (Zeilen 69 bis 76) beschrieben, die Grundsätze sind ohne Einschränkungen auf das dritte bis erste vorangegangene Wj. sinngemäß zu übertragen. Sie können auch auf das fünfte vorangegangene Wj. übertragen werden, nur, dass der so ermittelte Endbestand des fünften Wj. gleichzeitig der Betrag ist, um den der EBITDA-Vortrag in Zeile 59 zu mindern ist.

1433 In der **Zeile 69** ist der **Abschlusszeitpunkt des jeweiligen Wj.** anzugeben.

1434 **Zeile 70** dient der Erfassung des Anfangsbestands des auf das jeweilige Wj. entfallenden EBITDA-Vortrags. Die Verteilung auf die einzelnen Wj. unterliegt nicht der Bestandskraft der Feststellung des EBITDA-Vortrags. Es ist allerdings sicherzustellen, dass die zu den Zeilen 62, 70, 78, 86 und 94 eingetragenen Werte den in Zeile 52 eingetragenen Gesamtbetrag nicht übersteigen.

1435 In **Zeile 71 ist der EBITDA-Vortrag bei Abspaltung** zu mindern. Der hier einzutragende Wert berechnet sich aus dem Wert lt. Zeile 70 multipliziert mit dem gemeinen Wert des übertragenden Vermögens im Verhältnis zum Gesamtvermögen. Die Abspaltung wirkt auf die EBITDA-Vorträge der vorangegangenen Wj. gleichmäßig.

1436 In **Zeile 72** sind hingegen Minderungstatbestände einzutragen, die nicht gleichmäßig alle Wj. betreffen müssen. Dies sind im Einzelnen:

- Aufgabe oder Übertragung eines Betriebs, § 4h Abs. 5 Satz 1 EStG,
- Aufgabe oder Übertragung eines Teilbetriebs,
- Ausscheiden einer Organgesellschaft aus dem Organkreis.

1437 Bei Ausscheiden einer Organgesellschaft aus dem Organkreis gibt es keinen gesetzlichen Maßstab, nach dem die Kürzung vorzunehmen ist. Im Gegensatz zur Zeile 71 erfolgt hier die Kürzung nicht unbedingt gleichmäßig auf alle vorangegangenen Wj. Die hier ermittelten wirtschaftsjahrbezogenen Kürzungsbeträge sind zu addieren und in Zeile 54 zu erfassen.

Beratungshinweis:
Die einfachste Möglichkeit ist, auch für die Aufgabe/Übertragung eines Teilbetriebs bzw. das Ausscheiden einer Organgesellschaft auf das Verhältnis des gemeinen Werts des übertragenen Vermögens zum gemeinen Wert des gesamten Betriebsvermögens abzustellen. Denkbar wäre jedoch auch, darauf abzustellen, wie der Teilbetrieb bzw. die Organgesellschaft in den letzten fünf Jahren zum Entstehen des Zins- oder EBITDA-Vortrags beigetragen hat. Zu berücksichtigen ist, dass es tendenziell positiv ist, wenn Kürzungsbeträge auf ältere Wj. entfallen, da diese auf Grund der fünfjährigen Begrenzung des EBITDA-Vortrags als erstes wegfallen.

In **Zeile 73** ist die **Verrechnung von Zinsaufwendungen mit dem EBITDA-Vortrag** einzutragen, soweit er auf dieses Wj. entfällt. Der Gesamtbetrag der Verrechnung wird zunächst in Zeile 56 ermittelt und dann beginnend vom ältesten Wj. mit bestehenden wirtschaftsjahrbezogenen EBITDA-Vorträgen verrechnet. Dies ist für den Stpfl. begünstigend, da der älteste wirtschaftsjahrbezogene EBITDA-Vortrag zuerst wegfällt. **1438**

In **Zeile 74** ist eine Zwischensumme zu bilden, wenn es zu einer Minderung des EBITDA-Vortrags auf Grund einer Verrechnung mit dem verbleibenden Sanierungsertrag kommt. Zu den Einzelheiten vgl. Erläuterungen zur Zeile 58. Auch hier geht die FinVerw. zu Gunsten des Stpfl. davon aus, dass der verbleibende Sanierungsertrag beginnend mit dem verbleibenden EBITDA-Vortrag bezogen auf das älteste Wj. verrechnet wird. Soweit es bezogen auf das jeweilige Wj. zu einer Minderung des EBITDA-Vortrags kommt, ist die Eintragung in **Zeile 75** vorzunehmen. **1439**

Nachfolgend verbleibt in **Zeile 76** der **EBITDA-Vortrag zum Schluss des Wj.** Dieser Betrag wird nicht gesondert festgestellt, sondern dient nur der materiell-rechtlichen Aufteilung des EBITDA-Vortrags. Im fünften vorangegangenen Wj. (Zeile 68) entspricht der ermittelte Wert dem Wegfall des EBITDA-Vortrags. **1440**

Im laufenden Wj. erhöht das verrechenbare EBITDA den EBITDA-Vortrag in **Zeile 104**, soweit es nicht zur Verrechnung mit Zinsaufwendungen aufgebraucht wurde.

XXV. Anlage ZVE – Ermittlung des zu versteuernden Einkommens

1. Anwendungsbereich des Vordrucks

Bezeichnung des Steuerpflichtigen

Steuernummer

Die mit einem Kreis versehenen Zahlen bezeichnen die Erläuterungen in der Anleitung zur Körperschaftsteuererklärung.

Anlage ZVE **2025**

☐ zur Steuererklärung

☐ zum Bescheid

Ermittlung des zu versteuernden Einkommens

1441 Die Anlage ZVE ist neben dem Hauptvordruck und der Anlage GK der **wichtigste Vordruck** des Körperschaftsteuererklärungssatzes. Die Anlage ZVE ist jeder Körperschaftsteuererklärung beizufügen, es sei denn, dass eine vollständige Steuerbefreiung (Zeilen 10 und 11 des Hauptvordrucks) besteht. Bei vollständiger Steuerbefreiung darf die Anlage ZVE nicht abgegeben werden.

Auf der Anlage ZVE wird die Summe der Einkünfte, der Gesamtbetrag der Einkünfte bis hin zum zu versteuernden Einkommen und der Körperschaftsteuer ermittelt. Auf dem Vordruck wird die Ermittlung des zu versteuernden Einkommens für alle Körperschaften vorgenommen, also sowohl für solche, die nach § 8 Abs. 2 KStG nur Einkünfte aus Gewerbebetrieb erzielen können, als auch für andere. Auch beschränkt Stpfl. verwenden die Anlage ZVE zur Ermittlung des zu versteuernden Einkommens.

Körperschaften, die nicht unter § 8 Abs. 2 KStG fallen, können grundsätzlich steuerpflichtige **Einkünfte** – mit Ausnahme der Einkunftsart „Einkünfte aus nichtselbständiger Arbeit" – **aus nahezu allen Einkunftsarten** beziehen.

2. Ermittlung der Summe der Einkünfte (Zeilen 1–32)

1442 Die **meisten unbeschränkt steuerpflichtigen Körperschaften** erzielen **ausschließlich Einkünfte aus Gewerbebetrieb. Kapitalgesellschaften**, Genossenschaften und Pensions- und Versicherungsvereine auf Gegenseitigkeit fallen unter **§ 8 Abs. 2 KStG**, d.h., sie erzielen ausschließlich **Einkünfte aus Gewerbebetrieb**, selbst wenn die einzelnen Tätigkeiten für sich genommen unter andere Einkunftsarten fallen würden.

Körperschaften des öffentlichen Rechts sind nur mit ihren BgA steuerpflichtig. Zwar existieren in § 4 KStG besondere – von der normalen Definition eines Gewerbebetriebs abweichende – Regelungen zum Vorliegen eines **BgA**. Wenn diese jedoch vorliegen, sind immer und ausschließlich **Einkünfte aus Gewerbebetrieb** gegeben. Hoheitliche Tätigkeit und Vermögensverwaltung sind steuerfrei. Dasselbe gilt auch für steuerbefreite Körperschaften. **Steuerbefreite Körperschaften** sind in aller Regel nur mit ihren **wirtschaftlichen Geschäftsbetrieben** steuerpflichtig, die wiederum **ausschließlich Einkünfte aus Gewerbebetrieb** erzielen können. Die Vermögensverwaltung ist wiederum steuerfrei. Bei gemeinnützigen Körperschaften (Steuerbefreiung nach § 5 Abs. 1 Nr. 9 KStG) besteht die Besonderheit, dass nur ein einheitlicher wirtschaftlicher Geschäftsbetrieb besteht, vgl. § 64 Abs. 2 AO.

1443 Daraus folgt, dass **andere Einkünfte als solche aus Gewerbebetrieb nur** von **sonstigen juristischen Personen des privaten Rechts** (§ 1 Abs. 1 Nr. 4 KStG) und von Vereinen ohne Rechtspersönlichkeit, **nichtrechtsfähigen** Anstalten, Stiftungen und anderen Zweckvermögen des privaten Rechts (§ 1 Abs. 1 Nr. 5 KStG) erzielt werden können, die **nicht steuerbefreit** sind.

1444 Bei **beschränkter Steuerpflicht** können ebenfalls **grundsätzlich mehrere Einkunftsarten** erzielt werden, allerdings nur, soweit es sich um **inl. Einkünfte i.S.d. § 49 EStG** handelt. Weitere Einschränkungen erfährt die beschränkte Steuerpflicht durch zahlreiche Regelungen in den bestehenden DBA. Nach der isolierenden Betrachtungsweise bleiben die lediglich im Ausland gegebenen Besteuerungsgrundlagen bei der Besteuerung im Inland außer Betracht, soweit bei ihrer Berücksichtigung inl. Einkünfte nicht angenommen werden könnten (§ 49 Abs. 2 EStG). Als Betriebsausgaben oder Werbungskosten dürfen nur solche abgezogen werden, die mit inl. Einkünften in wirtschaftlichem Zusammenhang stehen (§ 50 Abs. 1 Satz 1 EStG).

Für beschränkt steuerpflichtige Kapitalgesellschaften sind in der Körperschaftsteuererklärung jedoch i.d.R. auch nur Einkünfte aus Gewerbebetrieb einzutragen. Falls auf Einkünfte ein Steuerabzug einbehalten wurde (z.B. regelmäßig bei Einkünften aus Kapitalvermögen) ist die Körperschaftsteuer damit abgegolten, soweit die Einnahmen keiner inl. Betriebsstätte zuzuordnen sind, vgl. § 32 Abs. 1 Nr. 2 KStG. Gewinne aus der Veräußerung von Aktien stellen keine inl. Einkünfte i.S.d. § 49 EStG dar. Einkünfte aus Vermietung und Verpachtung und aus Veräußerung von Grundbesitz (ggf. private Veräußerungsgeschäfte) gelten nach § 49 Abs. 1 Nr. 2 Buchst. f EStG ebenfalls als Einkünfte aus Gewerbebetrieb und sind in Zeile 8 zu erfassen. Für beschränkt steuerpflichtige Kapitalgesellschaften verbleiben folglich nur noch Einkünfte aus einer inl. land- und forstwirtschaftlichen Betriebsstätte, aus der inl. Ausübung oder Verwertung der in § 18 Abs. 1 Nr. 2 bis 4 EStG genannten Tätigkeiten, die jedoch kaum Praxisrelevanz haben. Für Einkünfte, die dem Steuerabzug nach § 50a EStG unterlegen haben, bestehen Sonderregelungen nach § 32 Abs. 2 Nr. 2 KStG, die in den Zeilen 17 und 18 gesondert erläutert werden.

Für Investmentfonds[1] muss eine dritte Art der Steuerpflicht[2] berücksichtigt werden (weitere Informationen → Rz. 668 ff.). Investmentfonds gelten nach § 6 Abs. 1 Satz 1 und 2 InvStG als Zweckvermögen i.S.d. § 1 Abs. 1 Nr. 5 KStG. In § 6 Abs. 2 InvStG werden jedoch drei Einkunftsarten definiert, die von den „normalen" Einkunftsarten zu unterscheiden sind: **1445**

- inl. Beteiligungseinnahmen,
- inl. Immobilienerträge (Zeile 12a) und
- sonstige inl. Einkünfte (Zeile 12a).

Die besondere Steuerpflicht von Investmentfonds ist mit der beschränkten Steuerpflicht vergleichbar, weil nur inl. Einnahmen der Besteuerung unterliegen. Selbst bei im Inland ansässigen Investmentfonds gilt daher das Welteinkommensprinzip nicht.

Liegt in einem VZ sowohl beschränkte als auch unbeschränkte Steuerpflicht vor, können auch bei Kapitalgesellschaften für die Zeit der beschränkten Steuerpflicht mehrere Einkunftsarten nach Maßgabe der vorhergehenden Erläuterungen vorliegen. Nur in diesen Fällen ist auch eine Eintragung in den Zeilen 1, 5 bis 8, 9 bis 10, 11 und 13 bis 19 möglich. **1446**

a) Einkünfte aus Land- und Forstwirtschaft (Zeilen 1–1b)

Zeile	Ermittlung der Summe der Einkünfte	
	Einkünfte aus Land- und Forstwirtschaft 44 47	EUR
1	Gewinn aus eigenen Betrieben (einschließlich Veräußerungsgewinn; laut gesonderter Ermittlung): Auf das Kalenderjahr 2025 entfallender Gewinn aus dem Wirtschaftsjahr 2024/2025 (2025) 74	20.10
1a	Dazu / Davon ab: Gewinn aus eigenen Betrieben (einschließlich Veräußerungsgewinn; laut gesonderter Ermittlung): Auf das Kalenderjahr 2025 entfallender Gewinn aus dem Wirtschaftsjahr 2025/2026 74	20.12
	Beteiligungen an Personengesellschaften	
	laut gesonderter Einzelaufstellung (Gesellschaft, Finanzamt, Steuernummer, Wirtschafts-Identifikationsnummer) 29	
1b	Dazu / Davon ab: Einkünfte aus Land- und Forstwirtschaft aus Beteiligungen an Personengesellschaften 18 50	20.38

Die Einkünfte aus Land- und Forstwirtschaft werden in drei Zeilen abgefragt. Körperschaften erzielen nur in sehr seltenen Fällen Einkünfte aus Land- und Forstwirtschaft. Land- und forstwirtschaftliche Produktionsgenossenschaften haben als Genossenschaften ausschließlich Einkünfte aus Gewerbebetrieb, vgl. § 8 Abs. 2 KStG. Nach § 5 Abs. 1 Nr. 9 KStG steuerfreie Körperschaften (vor allem gemeinnützige Vereine), die einen forstwirtschaftlichen wirtschaftlichen Geschäftsbetrieb betreiben, sind ebenfalls unabhängig von den erwirtschafteten Gewinnen steuerfrei, vgl. § 5 Abs. 1 Nr. 9 Satz 3 KStG. Der Freibetrag nach § 14 Satz 2 EStG i.V.m. § 16 Abs. 4 EStG wird nur personenbezogen gewährt und steht Körperschaften, Personenvereinigungen und Vermögensmassen nicht zu. **1447**

Die Körperschaftsteuererklärung erfasst die Einkünfte in drei Zeilen. Die ersten beiden Zeilen dienen der Aufnahme von Gewinnen aus einem (oder mehreren) eigenen Betrieben der Land- und Forstwirtschaft. Die dritte Zeile dient hingegen der Erfassung von Einkünften aus Land- und Forstwirtschaft, die die Körperschaft mittelbar über die Beteiligung an Mitunternehmerschaften verwirklicht.

In **Zeile 1** ist der **Gewinn** oder Verlust (Einkünfte) aus **eigenen Betrieben der Land- und Forstwirtschaft** einzutragen, der **zeitanteilig** auf das im laufenden VZ **endende Wj.** entfällt. In **Zeile 1a** ist hingegen der zeitanteilige Gewinn des im laufenden VZ beginnenden Wj. einzutragen. Nach § 4a Abs. 1 Nr. 1 EStG beginnt für Betriebe der Land- und Forstwirtschaft das Wj. am 1.7. und endet am 30.6. Für diverse Arten der Land- und Forstwirtschaft werden mit § 8c EStDV abweichende Zeiträume festgelegt. Nach § 4a Abs. 2 Nr. 1 EStG sind sowohl der Gewinn des Wj., das im VZ endet, als auch der Gewinn des Wj., das im VZ beginnt, jeweils zeitanteilig zu berücksichtigen. Obwohl die Regelung des § 4a EStG hinsichtlich der Betriebe aus Land- und Forstwirtschaft nicht in § 7 Abs. 4 KStG übernommen wurde, geht die FinVerw. davon aus, dass sie auch für Körperschaften anzuwenden ist.[3] Lediglich Veräußerungsgewinne i.S.d. § 14 EStG werden ausschließlich dem Kj. zugerechnet, in dem sie entstanden sind (§ 4a Abs. 2 Nr. 1 EStG).

In **Zeile 1b** sind die **Einkünfte aus Land- und Forstwirtschaft** einzutragen, die die Körperschaft über **Beteiligungen an Mitunternehmerschaften** verwirklicht. Die hier einzutragenden Werte ergeben sich aus der gesonderten und einheitlichen Feststellung nach § 180 Abs. 1 Nr. 2 Buchst. a AO. Einwendungen hiergegen müssen mit Rechtsmitteln gegen die gesonderte Feststellung geltend gemacht werden. Im elektronischen Datensatz sind die einzelnen Mitunternehmerschaften, aus denen die Einkünfte bezogen werden, einzutragen und mit der Steuernummer sowie der Wirtschafts-Identifikationsnummer zu bezeichnen. Zur Wirtschafts-Identifikationsnummer siehe → Rz. 68.

1) Investmentfonds und Spezial-Investmentfonds.
2) Neben unbeschränkter und beschränkter Steuerpflicht.
3) Vgl. R 8.1 KStR 2022.

Einzutragen ist der Wert vor Abzug des **Freibetrags nach § 13 Abs. 3 EStG**. Da dieser nur gewährt wird, wenn die Summe der Einkünfte 30 700 € nicht übersteigt, kann er erst i.R. der Ermittlung des Gesamtbetrags der Einkünfte in **Zeile 33** abgesetzt werden.

Bei Vorliegen außerordentlicher Holznutzungen sind ggf. weitere Eintragungen in Zeile 72 erforderlich. Wenn keine Gewinnermittlung nach § 13a EStG erfolgt, sind die Einkünfte aus Land- und Forstwirtschaft mit der Anlage EÜR zu ermitteln. Die Anlage EÜR ist elektronisch an die FinVerw. zu übermitteln.

b) Einkünfte aus Gewerbebetrieb (Zeilen 2–7a)

Zeile	Einkünfte aus Gewerbebetrieb	Kz.
	Laufender Gewinn	
2	Dazu / Davon ab: Einkünfte aus Gewerbebetrieb laut Zeile 300 der Anlage GK; bei zusätzlichem Rumpfwirtschaftsjahr: Einkünfte aus Gewerbebetrieb des zweiten im Veranlagungszeitraum endenden Wirtschaftsjahres; bei mehreren Betrieben: Einkünfte aus Gewerbebetrieb der ersten Anlage GK	
3	Dazu / Davon ab: Bei zusätzlichem Rumpfwirtschaftsjahr: Einkünfte aus Gewerbebetrieb des ersten im Veranlagungszeitraum endenden Wirtschaftsjahres (laut Zeile 300 der Anlage GK für das erste Wirtschaftsjahr)	13.211
4	Bei mehreren Betrieben: Dazu / Davon ab: Einkünfte aus Gewerbebetrieb laut Zeile 300 der übrigen Anlagen GK (47)	13.151
	Veräußerungs- / Aufgabegewinn (44) (47)	
5	Dazu: Veräußerungspreis aller im laufenden Veranlagungszeitraum veräußerten/aufgegebenen Betriebe	13.251
6	Davon ab: Veräußerungskosten	13.252
7	Davon ab: Wert des Betriebsvermögens	13.253
7a	Dazu: Einkünfte aus Gewerbebetrieb nach § 17 EStG (44) (47)	13.249

1448 Die Einkünfte aus Gewerbebetrieb sind auf der Anlage GK zu ermitteln. Das Ergebnis ist auf die Anlage ZVE zu übertragen. Die Anlage GK ist pro Betrieb und Wj. auszufüllen. In den allermeisten Fällen werden nur **ein Gewerbebetrieb und ein Wj.** vorliegen (siehe → Rz. 1442). Die auf der Anlage GK ermittelten Einkünfte aus Gewerbebetrieb sind in diesen Fällen in **Zeile 2** einzutragen. Existiert nur ein (einheitlicher) Gewerbebetrieb und enden zwei Wj. im VZ, sind hier die Ergebnisse des zweiten Wj. einzutragen. Existieren dagegen mehrere Gewerbebetriebe, sind in Zeile 2 die Einkünfte aus Gewerbebetrieb der ersten Anlage GK einzutragen. Die Reihenfolge der Gewerbebetriebe ist hierbei beliebig. Die Eintragungsanweisungen haben vorwiegend technische Gründe.

In **Zeile 3** ist demnach beim Vorliegen **eines Gewerbebetriebs und** dem Enden von **zwei Wj.** in diesem VZ das Ergebnis der Anlage GK für das **erste Wj.** einzutragen.

In **Zeile 4** sind – wenn **mehrere Betriebe** vorliegen – die Ergebnisse der **zweiten bis letzten Anlage GK** einzutragen. Mehrere Betriebe können nur bei unbeschränkt steuerpflichtigen Körperschaften i.S.d. § 1 Abs. 1 Nr. 4 und 5 KStG vorliegen, die nicht nach § 5 Abs. 1 Nr. 9 KStG steuerbefreit sind.

Bei **beschränkter Steuerpflicht** können grundsätzlich mehrere Betriebe vorliegen. In der Praxis wird dies jedoch selten vorkommen. Aus der Tatsache, dass im Inland mehrere Betriebsstätten vorliegen, kann noch nicht automatisch das Vorliegen mehrerer Betriebe geschlossen werden. Ob mehrere Betriebe vorliegen, ist nach den allgemeinen ertragsteuerlichen Grundsätzen zu prüfen. Inländische Einkünfte aus Gewerbebetrieb liegen regelmäßig nur dann vor, wenn im Inland eine Betriebsstätte unterhalten wird, vgl. § 49 Abs. 1 Nr. 2 Buchst. a EStG. Darüber hinausgehende Sonderfälle vgl. § 49 Abs. 1 Nr. 2 Buchst. b bis e EStG (siehe aber → Rz. 1451).

Beratungshinweis:

Waren- und Auslieferungslager gelten nach vielen DBA nicht als Betriebsstätten, sind jedoch Betriebsstätten nach § 12 AO. Maßgebend für die beschränkte Steuerpflicht ist § 12 AO. Unterhält eine im Ausland ansässige Körperschaft im Inland ein solches Waren- oder Auslieferungslager, besteht zwar grundsätzlich eine beschränkte Steuerpflicht, durch das DBA hat Deutschland jedoch in diesen Fällen kein Besteuerungsrecht. In der Zeile 23 dürfen nur Beträge berücksichtigt werden, für die ein deutsches Besteuerungsrecht besteht.

Die Zeilen 5 bis 7 dienen der Erfassung von Veräußerungsgewinnen/-verlusten von Körperschaften, die nicht unter § 8 Abs. 2 KStG fallen. Diese können, soweit sie nicht nach § 5 Abs. 1 Nr. 9 KStG steuerbefreit sind, parallel mehrere Betriebe unterhalten. Während es bei Kapitalgesellschaften und weiteren Körperschaften, die unter § 8 Abs. 2 KStG fallen, nicht möglich ist, den einheitlichen Gewerbebetrieb zu veräußern oder aufzugeben, ist dies bei Körperschaften möglich, die nicht unter § 8 Abs. 2 KStG fallen.

Erlöse aus der Veräußerung des ganzen Betriebs können in der Bilanz nicht abgebildet werden, weil sie außerhalb des Betriebs anfallen. Die Ermittlung des Veräußerungsgewinns folgt dem in § 16 Abs. 2 EStG genannten Schema.

In **Zeile 5** ist der **Veräußerungspreis** aller im laufenden VZ veräußerten Betriebe einzutragen. Wird der Betrieb aufgegeben, ist hier der gemeine Wert aller im Betriebsvermögen befindlicher Wirtschaftsgüter anzusetzen. In **Zeile 6** sind die mit der Veräußerung/Aufgabe im Zusammenhang stehenden **Veräußerungskosten** einzutragen. Der **Wert des Betriebsvermögens** zum Zeitpunkt der Veräußerung/Aufgabe ist in **Zeile 7** einzutragen. Soweit für den veräußerten/aufgegebenen Betrieb der Gewinn nach § 4 Abs. 3 EStG ermittelt wurde, ist zunächst ein Wechsel der Gewinnermittlungsart auf die Gewinnermittlung nach § 4 Abs. 1 EStG vorzunehmen, vgl. § 16 Abs. 2 Satz 2 EStG.

Auch wenn der Vordruck der Berechnung des § 16 Abs. 2 EStG folgt, ist der Veräußerungs-/Aufgabegewinn körperschaftsteuerlich nicht begünstigt. Auf Grund des linearen Tarifs ist eine ermäßigte Besteuerung nicht möglich. Die Körperschaft kann auch keinen Freibetrag nach § 16 Abs. 4 EStG erhalten, da dieser von der Vollendung des 55. Lebensjahres bzw. einer dauernden sozialversicherungsrechtlichen Berufsunfähigkeit abhängt, die nur für natürliche Personen vorliegen kann.

Die Einkünfte aus Gewerbebetrieb aus einer Beteiligung an einer Personengesellschaft werden nur noch auf der **1449**
Anlage GK abgefragt. In Betracht kommen hierfür eigentlich nur Beteiligungen an Mitunternehmerschaften von Körperschaften des öffentlichen Rechts, die einen eigenen BgA bilden. Für diese ist eine eigene Steuererklärung mit eigener Anlage GK zu erstellen.

In der **Zeile 7a** werden die **Einkünfte aus Gewerbebetrieb nach § 17 EStG** abgefragt. Gewerbliche Einkünfte aus **1450**
der Veräußerung von Anteilen i.S.d. § 17 EStG liegen vor, wenn im Privatvermögen gehaltene Anteile an Kapitalgesellschaften veräußert werden und der Veräußernde an der Gesellschaft in den letzten fünf Jahren zu mindestens 1 % beteiligt war, vgl. § 17 Abs. 1 Satz 1 EStG. Der BFH hat entschieden,[1] dass der Gewinn aus der Veräußerung von Anteilen an einer inl. Körperschaft durch eine beschränkt steuerpflichtige Körperschaft zwar nach § 49 Abs. 1 Nr. 2 Buchst. e EStG steuerpflichtig ist. Auf den Gewinn ist allerdings § 8b Abs. 2 KStG anwendbar mit der Folge, dass eine Steuerbefreiung zu 100 % eintritt. Die Voraussetzung von 5 % nach § 8b Abs. 3 Satz 1 KStG sieht der BFH jedoch nicht als erfüllt an. Dies hat zur Folge, dass eine beschränkt steuerpflichtige Körperschaft wesentliche Beteiligungen an Kapitalgesellschaften vollständig steuerfrei veräußern kann, wenn die Beteiligung keiner Betriebsstätte zuzurechnen ist. Üblicherweise werden beschränkt steuerpflichtige Körperschaften, die im Inland keine Betriebsstätte oder Immobilie halten, auch keine Körperschaftsteuererklärung abgeben. Sollte dies aber doch einmal der Fall sein, darf in Zeile 7a immer nur der Wert 0 eingetragen werden, weil lt. der amtlichen Anmerkung Nr. 44 zur Körperschaftsteuererklärung § 8b KStG bereits berücksichtigt sein muss. Da in diesen Fällen die Steuerbefreiung auf die Bezüge aber immer 100 % beträgt, darf der hier einzutragende Wert auch nur 0 € betragen. Werden Beteiligungen veräußert, die einer inl. Betriebsstätte zugeordnet werden, sind diese auf der Anlage GK zu erfassen.

Beschränkt steuerpflichtige Kapitalgesellschaften und Genossenschaften,[2] die Einkünfte aus der **Vermietung,** **1451**
Verpachtung und Veräußerung von inl. unbeweglichen Vermögen, Sachinbegriffen oder Rechten erzielen, werden durch § 49 Abs. 1 Nr. 2 Buchst. f EStG unbeschränkt Stpfl., die unter § 8 Abs. 2 KStG fallen, gleichgestellt. Sie erzielen also keine vermögensverwaltenden, sondern gewerbliche Einkünfte. Durch die Vorschrift wird eine Diskriminierung inl. Kapitalgesellschaften verhindert, die Kraft ihrer Rechtsform Einkünfte aus Gewerbebetrieb erzielen, selbst wenn sie nur vermögensverwaltend tätig sind. Lediglich bei anderen Körperschaften (d.h. ausl. Körperschaften, die den Körperschaften nach § 1 Abs. 1 Nr. 4 bis 6 KStG vergleichbar sind) können unter den tatbestandsmäßigen Voraussetzungen des § 49 Abs. 1 Nr. 6 EStG Einkünfte aus Vermietung und Verpachtung oder unter den Voraussetzungen des § 49 Abs. 1 Nr. 8 EStG Einkünfte aus privaten Veräußerungsgeschäften vorliegen (hierzu → Rz. 1466). Für solche Einkünfte ist ab dem VZ 2021 keine eigenständige Erfassung auf der Anlage ZVE mehr vorgesehen. Vielmehr ist auch in diesen Fällen eine Gewinnermittlung nach § 4 Abs. 3 EStG (Anlage EÜR) oder ein Jahresabschluss (Bilanz) zu erstellen und die Anlage GK zu verwenden.

c) Einkünfte aus selbständiger Arbeit (Zeilen 9–10)

	Einkünfte aus selbständiger Arbeit (44) (47)	
	laut gesonderter Einzelaufstellung	
8 frei 9	Dazu / Davon ab: Einkünfte (einschließlich Veräußerungsgewinn) aus selbständiger Arbeit aus eigenen Betrieben (laut gesonderter Ermittlung) (74)	13.160
	Beteiligungen an Personengesellschaften	
	laut gesonderter Einzelaufstellung (Gesellschaft, Finanzamt, Steuernummer, Wirtschafts-Identifikationsnummer) (29)	
10	Dazu / Davon ab: Einkünfte aus selbständiger Arbeit aus Beteiligungen an Personengesellschaften (18) (50)	13.161

Einkünfte aus selbständiger Arbeit können bei Körperschaften nur aus sonstiger selbständiger Tätigkeit, wie z.B. **1452**
der **Vermögensverwaltung für Dritte** erzielt werden. Eine freiberufliche Tätigkeit (§ 18 Abs. 1 Nr. 1 EStG) scheidet aus. Eintragungen sind hier bei Kapitalgesellschaften und anderen Körperschaften, die unter § 8 Abs. 2 KStG fal-

1) Vgl. BFH v. 31.5.2017, I R 37/15, BStBl I 2018, 144.
2) Und Pensions- oder Versicherungsvereinen auf Gegenseitigkeit.

len, nur zulässig, wenn im laufenden VZ sowohl beschränkte als auch unbeschränkte Körperschaftsteuerpflicht besteht. In diesem Fall dürfen hier nur die während der beschränkten Steuerpflicht erzielten Einkünfte eingetragen werden. Die während der unbeschränkten Steuerpflicht erzielten Einkünfte fallen unter § 8 Abs. 2 KStG und sind bei den Einkünften aus Gewerbebetrieb zu berücksichtigen.

Dabei sind laufende Gewinne und Veräußerungsgewinne zusammenzufassen. Hinsichtlich des Veräußerungsgewinns bedarf es keines separaten Ausweises, weil Körperschaften hierauf weder einen Freibetrag nach § 18 Abs. 3 i.V.m. § 16 Abs. 4 EStG noch sonstige Steuerermäßigungen erhalten. Veräußerungsgewinne unterliegen vielmehr dem ganz normalen Steuersatz. In diesem Zusammenhang ist lediglich § 8b Abs. 2 KStG zu beachten.

1453 Unterhält die Körperschaft zur Erzielung von Einkünften aus selbständiger Arbeit einen **eigenen Betrieb,** ist in **Zeile 9** die Art der ausgeübten Tätigkeit und der hieraus erzielte Gewinn anzugeben. Maßgeblich ist das nach steuerlichen Vorschriften ermittelte Betriebsergebnis.

1454 **Einkünfte aus selbständiger Arbeit aus** der mitunternehmerischen **Beteiligung an einer Personengesellschaft** sind als Gesamtbetrag in **Zeile 10** einzutragen. Im elektronischen Datensatz sind pro Beteiligung Angaben zur Steuernummer, Wirtschafts-Identifikationsnummer, dem Namen der Personengesellschaft und zu den Einkünften hieraus zu machen. Zur Wirtschafts-Identifikationsnummer siehe → Rz. 68. Bei Verwendung des Papiervordrucks sind die entsprechenden Angaben auf einer formlosen Anlage zu machen und der Erklärung beizufügen.

d) Einkünfte aus Kapitalvermögen (Zeilen 11–11a)

	Einkünfte aus Kapitalvermögen [7] [44] [47]	
11	Dazu: Einkünfte aus Kapitalvermögen ohne Beträge laut Zeile 11a (unter Berücksichtigung des § 20 Absatz 6 und 9 EStG; laut gesonderter Ermittlung) [74]	26.40
11a	Dazu / Davon ab: Einkünfte aus Kapitalvermögen, bei denen § 8 Absatz 10 Satz 2 KStG in Verbindung mit § 32d Absatz 2 Nummer 1 oder 3 EStG erfüllt ist [7]	26.41

1455 In den **Zeilen 11 und 11a** sind die **Einkünfte aus Kapitalvermögen** einzutragen. Eintragungen sind hier bei Kapitalgesellschaften und anderen Körperschaften, die unter § 8 Abs. 2 KStG fallen, nur zulässig, wenn im laufenden VZ sowohl beschränkte als auch unbeschränkte Körperschaftsteuerpflicht besteht. In diesem Fall dürfen hier nur die während der beschränkten Steuerpflicht erzielten Einkünfte eingetragen werden. Die während der unbeschränkten Steuerpflicht erzielten Einkünfte fallen unter § 8 Abs. 2 KStG und sind bei den Einkünften aus Gewerbebetrieb zu berücksichtigen. Nach § 5 KStG steuerbefreite Körperschaften dürfen hier keine Eintragungen vornehmen, da die Steuerbefreiung nur hinsichtlich wirtschaftlicher Geschäftsbetriebe ausgeschlossen wird (vgl. beispielhaft § 5 Abs. 1 Nr. 9 Satz 2 KStG). Das bedeutet im Umkehrschluss, dass die privaten Einkunftsarten von der Steuerbefreiung erfasst sind.

1456 Bei (ausschließlich) **beschränkter Steuerpflicht** tritt durch den Steuerabzug nach § 32 Abs. 1 KStG eine Abgeltungswirkung stets ein, wenn

- die Einkünfte nach § 5 Abs. 2 Nr. 1 KStG von der Steuerbefreiung ausgenommen sind oder
- der Bezieher der Einkünfte beschränkt steuerpflichtig ist und die Einkünfte nicht in einem inl. gewerblichen Betrieb oder land- und forstwirtschaftlichen Betrieb angefallen sind.

Für eine Eintragung in **Zeilen 11 und 11a** verbleiben bei beschränkter Steuerpflicht dann nur noch Einkünfte aus Kapitalvermögen nach § 49 Abs. 1 Nr. 5 KStG, die keinem Steuerabzug unterlegen haben.

1457 Die Einkünfte aus Kapitalvermögen entsprechen den Einnahmen aus Kapitalvermögen nach § 20 Abs. 1 EStG erhöht bzw. vermindert um Veräußerungsgewinne oder -verluste aus § 20 Abs. 2 EStG und vermindert um einen etwaigen Sparer-Pauschbetrag von 1 000 € und vermindert um einen Verlustvortrag nach § 20 Abs. 6 EStG. Der Abzug der tatsächlichen Werbungskosten ist nach § 20 Abs. 9 Satz 1 zweiter Halbsatz EStG ausgeschlossen. § 8b KStG ist auch für Einkünfte aus Kapitalvermögen anwendbar. Dies gilt allerdings auch für die Beschränkung der Steuerfreistellung nach § 8b Abs. 4 KStG. § 8b KStG muss auf den in Zeile 11 einzutragenden Betrag bereits angewendet worden sein. Zu den unterschiedlichen Fallgruppen von § 8b KStG vgl. die Erläuterungen auf der Anlage GK. Für bestimmte Erträge aus typisch stiller Beteiligung und bei Dividenden von bestimmten Gesellschaften ist eine Eintragung in Zeile 11a vorzunehmen (Erläuterungen siehe dort).

1458 Bei der **Verrechnung von Einkünften aus Kapitalvermögen** mit anderen Einkünften sind die Grundsätze des **§ 20 Abs. 6 EStG** zu beachten.

Verluste aus Kapitalvermögen dürfen nicht mit Einkünften aus anderen Einkunftsarten ausgeglichen werden. Sie dürfen auch nicht nach § 10d EStG abgezogen werden. Sie mindern jedoch Einkünfte aus Kapitalvermögen, die die Körperschaft in nachfolgenden VZ erzielt.

Für einen speziellen Verlustvortrag für Verluste aus der Veräußerung von Aktien nach § 20 Abs. 6 Satz 4 EStG verbleibt kein Raum, da derartige Verluste (auch aus der Veräußerung von Anteilen an anderen Körperschaften) generell nach § 8b Abs. 3 Satz 3 ff. KStG nicht ausgleichsfähig sind. § 20 Abs. 6 Satz 4 EStG wird durch § 8b Abs. 3 Satz 3 ff. KStG (bei Körperschaften) vollständig verdrängt.

Die **Ermittlung der Einkünfte aus Kapitalvermögen** ist in Ermangelung detaillierter Angaben im Erklärungsvordruck zweckmäßigerweise **in einer formlosen Anlage** näher zu erläutern. Dabei kann die Ermittlung nach folgendem Schema erfolgen: **1459**

1		Einnahmen nach § 20 Abs. 1 Nr. 1, 2, 9 und 10 Buchst. a EStG (Dividenden und ähnliche Erträge)
2	./.	Werbungskosten in bestimmten Fällen (siehe → Rz. 1460)
3	./.	steuerfreie Beträge nach § 8b Abs. 1 und Berücksichtigung von § 8b Abs. 4 KStG[1]
4	+	fiktive nicht abzugsfähige Betriebsausgaben nach § 8b Abs. 5 KStG (5 % des Betrags lt. Zeile 3)
5	+	andere Einnahmen nach § 20 Abs. 1 EStG
6	=	steuerpflichtige Einnahmen nach § 20 Abs. 1 EStG
7	+	positive Einkünfte aus der Veräußerung von Anteilen an anderen Körperschaften i.S.d. § 20 Abs. 2 Nr. 1 EStG
8	./.	steuerfreie Veräußerungsgewinne nach § 8b Abs. 2 KStG (Betrag lt. Zeile 7)
9	+	fiktive nicht abzugsfähige Betriebsausgaben (5 % der Bezüge lt. Zeile 7)
10	./.	negative Einkünfte aus der Veräußerung von Anteilen an anderen Körperschaften i.S.d. § 20 Abs. 2 Nr. 1 EStG
11	+	Gewinnminderungen nach § 8b Abs. 3 Satz 3 ff. KStG (Betrag lt. Zeile 10)
12	+/-	übrige Einkünfte nach § 20 Abs. 2 EStG
13		Zwischensumme
14	./.	Einstellung in Verlustvortrag nach § 20 Abs. 6 EStG (Betrag lt. Zeile 13; aber nur, wenn Betrag lt. Zeile 13 negativ)
15	./.	Verrechnung mit Verlustvortrag nach § 20 Abs. 6 EStG (kleinerer Betrag lt. Zeile 13 oder Verlustvortrag)
16		Zwischensumme
17	./.	Sparerpauschbetrag (kleinerer Betrag lt. Zeile 16 und 1 000 €)
18		Einkünfte aus Kapitalvermögen

Die so ermittelten Einkünfte sind in Zeile 11 einzutragen. Es dürfen keine Einkünfte aus typisch stiller Beteiligung, die unter § 32d Abs. 2 Satz 1 Nr. 1 EStG oder aus Dividenden, für die ein Antrag nach § 32d Abs. 2 Satz 1 Nr. 3 EStG gestellt wurde, enthalten sein. Diese sind in Zeile 11a einzutragen.

Für Körperschaften ist der spezielle Steuertarif des § 32d EStG nicht anwendbar, weil es sich um eine Tarifvorschrift handelt. Nach § 8 Abs. 10 Satz 2 KStG ist jedoch § 32d Abs. 2 Satz 1 Nr. 1 wie auch Nr. 3 EStG entsprechend anzuwenden. Nach § 32d Abs. 2 Satz 1 Nr. 1 EStG ist die Abgeltungsteuer – vereinfacht ausgedrückt – nicht anzuwenden, wenn der Gläubiger und der Schuldner von Gewinnanteilen aus einer typisch stillen Gesellschaft oder von Kapitalforderungen aller Art nahestehende Personen sind. In diesen Fällen ist der Abzug tatsächlicher Werbungskosten möglich. **1460**

Außerdem ist es nach § 8 Abs. 10 Satz 1 Nr. 3 EStG möglich, einen Antrag auf Verzicht auf die Abgeltungswirkung der Kapitalertragsteuer zu stellen, wenn die Körperschaft, für die die Steuererklärung ausgefüllt wird, zu mindestens 25 % an der Ausschüttenden beteiligt ist. Außerdem können – anders als im Normalfall – Werbungskosten abgezogen werden. Nach Widerruf des Antrags nach § 32d Abs. 2 Nr. 3 Satz 1 EStG ist eine erneute Antragstellung für diese Beteiligung nicht mehr möglich. Die Stellung eines Antrags nach § 32d Abs. 2 Nr. 3 Satz 1 EStG ist für Körperschaften immer sinnvoll, da Werbungskosten für laufenden Bezüge (z.B. Depotkosten) hierdurch abziehbar werden. Veräußerungskosten und weitere Kosten, die mit der Vermögensebene im Zusammenhang stehen, bleiben nach § 8b Abs. 3 Satz 3 ff. KStG jedoch nicht abzugsfähig.

In **Zeile 11a** sind daher Einkünfte aus Kapitalvermögen einzutragen, die nach § 32d Abs. 2 Satz 1 Nr. 1 EStG **nicht der Abgeltungswirkung** unterliegen oder für die nach § 32d Abs. 2 Satz 1 Nr. 3 EStG ein **Antrag auf Nichtanwendung der Abgeltungswirkung** gestellt wurde. § 8b KStG ist – soweit die Voraussetzungen des § 8b Abs. 4 KStG vorliegen – anzuwenden und bei dem hier einzutragenden Wert bereits abzuziehen. Das Verrechnungsverbot von Verlusten mit anderen Einkünften (§ 20 Abs. 6 EStG) sowie der Sparer-Pauschbetrag und das Verbot des Abzugs von Werbungskosten (§ 20 Abs. 9 EStG) gelten insoweit nicht, vgl. § 8 Abs. 10 Satz 2 zweiter Halbsatz KStG.

Beispiel:

Der wirtschaftliche Verein ist an der GmbH zu 50 % beteiligt. Die Beteiligung ist keinem Betriebsvermögen zuzurechnen. Zur Finanzierung hat er ein Darlehen aufgenommen, dass mit 20 000 € im VZ verzinst werden musste. Die GmbH schüttet brutto einen Betrag von 100 000 € im VZ aus. Der Verein stellt einen Antrag nach § 32d Abs. 2 Satz 1 Nr. 3 EStG.

Lösung:

Der Antrag nach § 32d Abs. 2 Satz 1 Nr. 3 EStG ist zulässig, da der Verein zu 50 % und damit mindestens zu 2 % an der ausschüttenden GmbH beteiligt ist. Der in Zeile 11a einzutragende Wert berechnet sich wie folgt:

	Dividende	100 000 €
./.	Zinsaufwendungen	-20 000 €
./.	§ 8b Abs. 1 und 4 KStG	-100 000 €
+	§ 8b Abs. 5 KStG	+5 000 €
=	in Zeile 11a einzutragender Wert	-15 000 €

1) Vgl. im Einzelnen die Ausführungen zur Anlage GK → Rz. 327.

e) Einkünfte aus Vermietung und Verpachtung (Zeile 12)

Zeile	Einkünfte aus Vermietung und Verpachtung (44) (47)	
12	Dazu / Davon ab: Einkünfte aus Vermietung und Verpachtung (laut gesonderter Ermittlung) (74)	25.120

Anlage ZVE - Oktober 2025 - Version 2.9.1.0 Bekanntgabe

1461 In **Zeile 12** sind die **Einkünfte aus Vermietung und Verpachtung** anzugeben. Eintragungen sind hier bei Kapitalgesellschaften und anderen Körperschaften, die unter § 8 Abs. 2 KStG fallen, nur zulässig, wenn im laufenden VZ sowohl beschränkte als auch unbeschränkte Körperschaftsteuerpflicht besteht. In diesem Fall dürfen hier nur die während der beschränkten Steuerpflicht erzielten Einkünfte eingetragen werden. Die während der unbeschränkten Steuerpflicht erzielten Einkünfte fallen unter § 8 Abs. 2 KStG und sind bei den Einkünften aus Gewerbebetrieb zu berücksichtigen. Nach § 5 KStG steuerbefreite Körperschaften dürfen hier keine Eintragungen vornehmen, da die Steuerbefreiung nur hinsichtlich wirtschaftlicher Geschäftsbetriebe ausgeschlossen wird (vgl. beispielhaft § 5 Abs. 1 Nr. 9 Satz 2 KStG). Das bedeutet im Umkehrschluss, dass die privaten Einkunftsarten von der Steuerbefreiung erfasst sind.

Einkünfte aus Vermietung und Verpachtung, die von **beschränkt steuerpflichtigen Kapitalgesellschaften** erzielt werden, sind nicht hier, sondern in Zeile 8 einzutragen.

Die Ermittlung der Einkünfte aus Vermietung und Verpachtung erfolgt formlos ohne entsprechenden Erklärungsvordruck. Es empfiehlt sich aber, die Ermittlung anhand der Anlage V der Einkommensteuererklärung aufzubauen. Enthalten sein müssen auch Einkünfte aus Vermietung und Verpachtung, die die Körperschaft mittelbar über die Beteiligung an Personengesellschaften bezieht. Handelt es sich um einen Investmentfonds, sind die Eintragungen zu Einkünften aus Vermietung und Verpachtung (dort Immobilienerträge genannt) in Zeile 12a vorzunehmen.

f) Nicht dem Steuerabzug unterliegende Einkünfte i.S.d. § 6 Abs. 2 InvStG von (Spezial-)Investmentfonds (Zeile 12a)

Steuernummer

- 2 -

Zeile	Nicht dem Steuerabzug unterliegende Einkünfte nach § 6 Absatz 2 Satz 2 InvStG von (Spezial-)Investmentfonds	EUR
12a	Dazu / Davon ab: Inländische Immobilienerträge nach § 6 Absatz 4 InvStG sowie sonstige inländische Einkünfte nach § 6 Absatz 5 InvStG, die keinem Steuerabzug unterliegen	13.330

1462 Eintragungen in Zeile 12a sind nur zulässig, wenn die Körperschaft, für die die Steuererklärung ausgefüllt wird, ein Investmentfonds[1] ist. Investmentfonds unterliegen nur mit den inl. Beteiligungseinnahmen, inl. Beteiligungserträgen und sonstigen Einkünfte der Körperschaftsteuer. In Zeile 12a sind die inl. Immobilienerträge (Einkünfte aus Vermietung und Verpachtung) sowie sonstige inl. Einkünfte i.S.d. § 6 Abs. 5 InvStG einzutragen, die keinem Steuerabzug unterlegen haben. Hinsichtlich der Voraussetzungen und der Ermittlung des hier einzutragenden Werts siehe → Rz. 671 ff. und → Rz. 675 ff.

g) Laufende Spezial-Investmenterträge (Zeile 12b)

Zeile	Laufende Spezial-Investmenterträge	
12b	Dazu: Steuerpflichtige laufende Spezial-Investmenterträge nach § 20 Absatz 1 Nummer 3a EStG in Verbindung mit § 34 Absatz 1 Nummer 1 und 2 InvStG (Summe der Beträge laut Zeile 64 aller Anlagen SPIF, bei denen die Anteile keinem inländischen Betrieb zuzuordnen sind)	

1463 In der **Zeile 12b** sind die **laufenden Spezial-Investmenterträge** dem Einkommen hinzuzurechnen, wenn diese **nicht** im Rahmen der **Einkünfte aus Gewerbebetrieb** auf der Anlage GK zu berücksichtigen sind. Spezial-Investmenterträge werden auf den Anlagen SPIF erfasst. Die meisten laufenden Bezüge sind den Einkünften aus Gewerbebetrieb zuzuordnen, da die meisten Körperschaften nur Einkünfte aus Gewerbebetrieb erzielen können (unbeschränkt steuerpflichtige Körperschaften nach § 1 Abs. 1 Nr. 1 bis 3 KStG (z.B. GmbH und AG), die unter § 8 Abs. 2 KStG fallen und Betriebe gewerblicher Art). Soweit beschränkt Stpfl. eine Betriebsstätte oder einen Gewerbebe-

1) Auch Spezial-Investmentfonds.

trieb im Inland unterhalten und die Anteile dieser Betriebsstätte zuzurechnen sind, erzielen sie auch Einkünfte aus Gewerbebetrieb. Sind die Anteile an einem Spezial-Investmentfonds aber keinem Betrieb zuzuordnen (z.B. bei beschränkter Steuerpflicht ohne inl. Betriebsstätte oder wenn die Körperschaft mehrere Einkunftsarten erzielen kann, z.B. nicht steuerbefreite Stiftungen), sind Spezial-Investmenterträge nicht in der Buchführung und der Anlage GK berücksichtigt. Sie müssen noch das Einkommen erhöhen (oder mindern). In dieser Zeile sind folglich die Beträge der Zeile 64 aller Anlagen SPIF zu summieren, bei denen in Zeile 60a der jeweiligen Anlage SPIF „2 = Nein" ausgewählt wurde.

h) Sonstige Einkünfte / Summe der Einkünfte (Zeilen 13–16c)

	Sonstige Einkünfte	
	Einnahmen aus wiederkehrenden Bezügen (60)	
13	Dazu: Einnahmen	26.58
14	Davon ab: Werbungskosten	26.60
	Private Veräußerungsgeschäfte (47)	
15	Dazu / Davon ab: Einkünfte aus privaten Veräußerungsgeschäften vor Berücksichtigung der Freigrenze nach § 23 Absatz 3 Satz 5 EStG	26.62
15a	Davon ab: Freigrenze nach § 23 Absatz 3 Satz 5 EStG (nur wenn Betrag laut Zeile 15 größer als 0 €, aber kleiner als 1.000 €: Betrag laut Zeile 15)	
15b	Davon ab: Verrechnung mit einem vortragsfähigen Verlust oder Berücksichtigung eines Verlustrücktrags	26.63
15c	Dazu: Negativer Betrag laut Zeile 15 (mit umgekehrtem Vorzeichen eintragen)	
	Leistungen (47)	
16	Dazu / Davon ab: Einkünfte aus Leistungen nach § 22 Nummer 3 EStG vor Berücksichtigung der Freigrenze nach § 22 Nummer 3 Satz 2 EStG	26.64
16a	Davon ab: Freigrenze nach § 22 Nummer 3 Satz 2 EStG (nur wenn Betrag laut Zeile 16 größer als 0 €, aber kleiner als 256 €: Betrag laut Zeile 16)	
16b	Davon ab: Verrechnung mit einem vortragsfähigen Verlust oder Berücksichtigung eines Verlustrücktrags	26.65
16c	Dazu: Negativer Betrag laut Zeile 16 (mit umgekehrtem Vorzeichen eintragen)	

In den **Zeilen 13 bis 16** sind die vom Stpfl. bezogenen **sonstigen Einkünfte i.S.d. § 22 EStG** einzutragen. Hierunter fallen bei Körperschaften u.a. Einkünfte aus wiederkehrenden Bezügen (§ 22 Nr. 1 EStG), Einkünfte aus privaten Veräußerungsgeschäften (§ 22 Nr. 2 i.V.m. § 23 EStG) sowie Einkünfte aus Leistungen (§ 22 Nr. 3 EStG). Eintragungen sind hier bei Kapitalgesellschaften und anderen Körperschaften, die unter § 8 Abs. 2 KStG fallen, nur zulässig, wenn im laufenden VZ sowohl beschränkte als auch unbeschränkte Körperschaftsteuerpflicht besteht. In diesem Fall dürfen hier nur die während der beschränkten Steuerpflicht erzielten Einkünfte eingetragen werden. Die während der unbeschränkten Steuerpflicht erzielten Einkünfte fallen unter § 8 Abs. 2 KStG und sind bei den Einkünften aus Gewerbebetrieb zu berücksichtigen. Nach § 5 KStG steuerbefreite Körperschaften dürfen hier keine Eintragungen vornehmen, da die Steuerbefreiung nur hinsichtlich wirtschaftlicher Geschäftsbetriebe ausgeschlossen wird (vgl. beispielhaft § 5 Abs. 1 Nr. 9 Satz 2 KStG). Das bedeutet im Umkehrschluss, dass die privaten Einkunftsarten von der Steuerbefreiung erfasst sind. **1464**

aa) Einnahmen aus wiederkehrenden Bezügen (Zeilen 13–14)

Einkünfte aus wiederkehrenden Bezügen i.S.d. § 22 Nr. 1 EStG sind auf Grund der Subsidiaritätsklausel der Rechtsnorm nur dann unter § 22 EStG zu fassen, wenn sie keiner anderen Einkunftsart zuzuordnen sind. Hierunter fallen Bezüge, die Einkünfte aus Erträgen des Rentenrechts enthalten, sowie Zuschüsse und sonstige Leistungen, die als wiederkehrende Bezüge gewährt werden. **1465**

Dabei sind in **Zeile 13** die **Einnahmen aus wiederkehrenden Bezügen** und in **Zeile 14** die damit in Verbindung stehenden **Werbungskosten** zu erfassen. Fallen keine höheren Werbungskosten an, ist in Zeile 14 nach § 9a Nr. 3 EStG ein Werbungskosten-Pauschbetrag bis zu einer Höhe von 102 € zu berücksichtigen.

bb) Private Veräußerungsgeschäfte (Zeilen 15–15c)

In den **Zeilen 15 bis 15c** werden Einkünfte aus privaten Veräußerungsgeschäften i.S.d. § 22 Nr. 2 EStG i.V.m. § 23 EStG erfasst, die ggf. greifende Freigrenze wird abgezogen und eine Verlustverrechnung vorgenommen. **1466**

In **Zeile 15** ist zunächst der **Saldo** der **Gewinne und Verluste aus privaten Veräußerungsgeschäften** einzutragen. Hierunter fallen:

- Grundstücksgeschäfte, bei denen der Zeitraum zwischen Anschaffung und Veräußerung nicht mehr als zehn Jahre beträgt (§ 23 Abs. 1 Satz 1 Nr. 1 EStG),
- Veräußerungsgeschäfte bei anderen Wirtschaftsgütern, bei denen der Zeitraum zwischen Anschaffung und Veräußerung nicht mehr als ein Jahr beträgt (§ 23 Abs. 1 Satz 1 Nr. 2 EStG). Der Zeitraum erhöht sich auf zehn Jahre, wenn aus der Nutzung des Wirtschaftsguts als Einkunftsquelle zumindest in einem Kj. Einkünfte erzielt werden. Auf Wirtschaftsgüter, die vor dem 1.1.2009 erworben wurden, findet noch § 23 Abs. 1 Nr. 2 EStG in der am 1.1.1999 geltenden Fassung Anwendung (§ 52a Abs. 11 Satz 4 EStG).

Gewinn oder Verlust aus Veräußerungsgeschäften ist der **Unterschied zwischen Veräußerungspreis einerseits und den Anschaffungs- oder Herstellungskosten sowie den Werbungskosten** andererseits. Dabei mindern sich die Anschaffungs- oder Herstellungskosten um Absetzungen für Abnutzung, soweit sie bei Ermittlung der laufenden Einkünfte in Abzug gebracht wurden. Da im elektronischen Datensatz keine detaillierten Angaben gefordert sind, können hier alle Veräußerungsgeschäfte zusammengefasst werden.

1467 In **Zeile 15a** ist die **Freigrenze nach § 23 Abs. 3 Satz 5 EStG** abzuziehen, wenn der in Zeile 15 eingetragene Betrag weniger als 1 000 €[1)] betragen hat. Sie ist allerdings nur abzuziehen, wenn der in Zeile 15 eingetragene Betrag nicht negativ ist. Diese **Freigrenze wird von Amts wegen berücksichtigt**.

1468 Ergibt sich ein **Verlust**, mindert dieser nach Maßgabe des § 10d EStG die Einkünfte, die der Stpfl. in dem unmittelbar vorangegangenen VZ oder in den folgenden VZ aus privaten Veräußerungsgeschäften erzielt hat oder erzielt, vgl. § 23 Abs. 3 Satz 8 EStG. Einen **Verlustrücktrag** muss das FA grundsätzlich von Amts wegen vornehmen. Ist jedoch kein Verlustrücktrag gewünscht oder soll er der Höhe nach begrenzt werden, ist der entsprechend beantragte Wert in **Zeile 15b** einzutragen. Wurde im Vorjahr ein gesondert festgestellter Verlust aus privaten Veräußerungsgeschäften erzielt und kommt es zur **Verlustverrechnung**, ist diese ebenfalls hier einzutragen.

1469 Wurde **im laufenden VZ** ein **Verlust aus privaten Veräußerungsgeschäften** erzielt, der nicht zurückgetragen werden kann, darf dieser mit anderen Einkünften – außer solchen aus privaten Veräußerungsgeschäften – nicht verrechnet werden. Er ist in **Zeile 15c** einzutragen und dem Einkommen wieder hinzuzurechnen, sodass er im Saldo neutralisiert wird. Der verbleibende Verlustvortrag aus privaten Veräußerungsgeschäften ist vom FA gesondert und einheitlich festzustellen. Unterbleibt eine Feststellung, geht der Verlust verloren und kann in den Folgejahren nicht mehr genutzt werden.

cc) Leistungen (Zeilen 16–16c)

1470 **In den Zeilen 16 bis 16c werden Einkünfte aus Leistungen i.S.d. § 22 Nr. 3 EStG erfasst, die ggf. greifende Freigrenze wird abgezogen und eine Verlustverrechnung vorgenommen.** Einkünfte aus Leistungen sind alle Leistungen, die nicht zu anderen Einkunftsarten gehören, jedoch trotzdem steuerbar sind. Die Erfassung ist ähnlich der Erfassung von privaten Veräußerungsgeschäften gestaltet.

In **Zeile 16** ist zunächst der **Saldo** der **Gewinne und Verluste aus Leistungen nach § 22 Nr. 3 EStG** einzutragen. Diese berechnen sich wie folgt:

	Einnahmen aus sonstigen Leistungen i.S.d. § 22 Nr. 3 EStG
./.	damit im Zusammenhang stehende Werbungskosten
=	in Zeile 16 einzutragender Wert

1471 In **Zeile 16a** ist die **Freigrenze nach § 22 Nr. 3 Satz 2 EStG** abzuziehen, wenn der in Zeile 16 eingetragene Betrag weniger als 256 € betragen hat. Sie ist allerdings nur abzuziehen, wenn der in Zeile 16 eingetragene Betrag nicht negativ ist. Diese **Freigrenze wird von Amts wegen berücksichtigt**.

1472 Ergibt sich ein **Verlust**, mindert dieser nach Maßgabe des § 10d EStG die Einkünfte, die der Stpfl. in dem unmittelbar vorangegangenen VZ oder in den folgenden VZ aus Leistungen i.S.d. § 22 Abs. 1 Nr. 3 EStG erzielt hat oder erzielt, vgl. § 22 Nr. 3 Satz 4 EStG. Einen **Verlustrücktrag** muss das FA grundsätzlich von Amts wegen vornehmen. Ist jedoch kein Verlustrücktrag gewünscht oder soll er der Höhe nach begrenzt werden, ist der entsprechend beantragte Wert in **Zeile 16b** einzutragen. Wurde im Vorjahr ein gesondert festgestellter Verlust aus Leistungen i.S.d. § 22 Abs. 1 Nr. 3 EStG erzielt und kommt es zur **Verlustverrechnung**, ist diese ebenfalls hier einzutragen.

1473 Wurde **im laufenden VZ** ein **Verlust aus Leistungen i.S.d. § 22 Abs. 1 Nr. 3 EStG** erzielt, der nicht zurückgetragen werden kann, darf dieser mit anderen Einkünften – außer solchen aus privaten Veräußerungsgeschäften – nicht verrechnet werden. Er ist in **Zeile 16c** einzutragen und dem Einkommen wieder hinzuzurechnen, sodass er im Saldo neutralisiert wird. Der verbleibende Verlustvortrag nach § 22 Abs. 1 Nr. 3 EStG ist vom FA gesondert und einheitlich festzustellen. Unterbleibt eine Feststellung, geht der Verlust verloren und kann in den Folgejahren nicht mehr genutzt werden.

1) Ab dem VZ 2024 von 600 € auf 1 000 € erhöht durch Art. 2 Nr. 5 des Wachstumschancengesetzes v. 27.3.2024, BGBl. I 2024 Nr. 108 = BStBl I 2024, 666.

i) Einkünfte, für die der Antrag nach § 32 Abs. 2 Nr. 2 KStG gestellt wird (Zeilen 17–18)

Zeile		
	Einkünfte, für die der Antrag nach § 32 Absatz 2 Nummer 2 KStG gestellt wird (34) (51)	
	Steuerabzug nach § 50a Absatz 1 Nummer 1 EStG	
	laut gesonderter Einzelaufstellung	
17	Dazu / Davon ab: Einkünfte, die dem Steuerabzug nach § 50a Absatz 1 Nummer 1 EStG unterlegen haben (laut gesonderter Einzelaufstellung)	13.260
	Steuerabzug nach § 50a Absatz 1 Nummer 2 EStG	
	laut gesonderter Einzelaufstellung	
18	Dazu / Davon ab: Einkünfte, die dem Steuerabzug nach § 50a Absatz 1 Nummer 2 EStG unterlegen haben (laut gesonderter Einzelaufstellung)	13.261

Eintragungen zu diesem Abschnitt sind nur für beschränkt Stpfl. zulässig, vgl. Nr. 51 der Amtlichen Erläuterungen **1474** zur Körperschaftsteuererklärung. Bei beschränkt steuerpflichtigen Körperschaften ist die Körperschaftsteuer für Einkünfte, die dem Steuerabzug unterliegen, durch die Vornahme des Steuerabzugs abgegolten,

- wenn die Einkünfte nach § 5 Abs. 2 Nr. 1 KStG von der Steuerbefreiung ausgenommen sind oder
- wenn die Körperschaft, die die Einkünfte bezieht, beschränkt steuerpflichtig ist und die Einkünfte nicht in einem inl. gewerblichen oder land- und forstwirtschaftlichen Betrieb angefallen sind (§ 32 Abs. 1 KStG).

Unterliegt die Körperschaft während eines Kj. teilweise der unbeschränkten und teilweise der beschränkten Steuerpflicht, sind auch die während der beschränkten Steuerpflicht erzielten Einkünfte in eine Veranlagung zur unbeschränkten Steuerpflicht einzubeziehen (§ 32 Abs. 2 Nr. 1 KStG).

Soweit keine der vorgenannten Ausnahmen greift, trifft die Abgeltungswirkung somit bei einer beschränkt steuer- **1475** pflichtigen Körperschaft auch die dem Steuerabzug unterliegenden Einkünfte, die durch **im Inland ausgeübte künstlerische, sportliche, artistische, unterhaltende oder ähnliche Darbietungen** (§ 50a Abs. 1 Nr. 1 EStG) und die aus der **inl. Verwertung von Darbietungen** der vorgenannten Art erzielt werden (§ 50a Abs. 1 Nr. 2 EStG).

Da der mit 15 % erhobene Steuerabzug in diesen Fällen aber nicht nach den Einkünften, sondern nach den Einnahmen berechnet wird (§ 50a Abs. 2 EStG), kann es vielfach zu einer übermäßigen Besteuerung des verbleibenden Nettoeinkommens kommen.

§ 32 Abs. 2 Nr. 2 KStG eröffnet daher der beschränkt steuerpflichtigen Körperschaft die Möglichkeit, für die vorgenannten Einkünfte einen **Antrag auf Einbeziehung in eine Veranlagung zur Körperschaftsteuer** zu beantragen.

Entschließt sich die Körperschaft hierzu hat sie die Einkünfte, die dem **Steuerabzug nach § 50a Abs. 1 Nr. 1 EStG** unterlegen haben, **in Zeile 17** und Einkünfte, die dem **Steuerabzug nach § 50a Abs. 1 Nr. 2 EStG** unterlegen haben, **in Zeile 18** einzutragen. Falls die Körperschaft nur Einkünfte erzielt hat, die dem Steuerabzug nach § 50a Abs. 1 Nr. 1 oder 2 EStG unterliegen, ist das Bundeszentralamt für Steuern für die Veranlagung zuständig, vgl. § 5 Abs. 1 Nr. 12 FVG. Liegen noch weitere Einkünfte vor, bleibt das örtlich zuständige FA für die Veranlagung zuständig.

j) Abzug ausl. Steuern, negative ausl. Einkünfte nach § 2a EStG (Zeilen 20–27)

Zeile		
	Abzug ausländischer Steuern	
19 frei 20	Nicht bei Organgesellschaften: Davon ab: Abzuziehende ausländische Steuern nach § 26 Absatz 1 Satz 1 Nummer 1 KStG in Verbindung mit § 34c Absatz 2 EStG (Summe der Beträge laut Zeile 42 aller Anlagen AESt zuzüglich Summe der Beträge laut Zeile 69 aller Anlagen SPIF zuzüglich Summe der Beträge laut Zeile 21 aller Anlagen SPIFA)	
21	Nicht bei Organgesellschaften: Davon ab: Abzuziehende ausländische Steuern nach § 26 Absatz 1 Satz 1 Nummer 1 KStG in Verbindung mit § 34c Absatz 3 EStG (Summe aus 20 % des Betrages laut Zeile 11, 70 % des Betrages laut Zeile 14, 60 % des Betrages laut Zeile 17, 85 % des Betrages laut Zeile 20, 40 % des Betrages laut Zeile 23 und 20 % des Betrages laut Zeile 26 aller Anlagen AESt zuzüglich Summe der Beträge laut Zeilen 5a und 30 aller Anlagen AESt)	
	Nicht nach DBA steuerfreie negative Einkünfte / Nicht zu berücksichtigende Gewinnminderungen nach § 2a Absatz 1 EStG	
22 bis 25 frei 26	Dazu: Nicht zu berücksichtigende negative Einkünfte / Gewinnminderungen nach § 2a Absatz 1 EStG (Summe der Beträge laut Zeilen 9 und 10 aller Anlagen AEV)	16.127

Steuernummer - 3 -

Zeile		EUR
27	Davon ab: Verlustabzug nach § 2a Absatz 1 Satz 3 EStG (Summe der Beträge laut Zeile 15 aller Anlagen AEV)	16.128

1476 In **Zeile 20** ist der Gesamtbetrag der nach § 34c **Abs. 2** EStG vom Einkommen **abzuziehenden ausl. Steuern** einzutragen. Bei den nach § 34c Abs. 2 EStG abzuziehenden Steuern handelt es sich um Steuern, die grundsätzlich anrechenbar sind, für die der Stpfl. jedoch einen Antrag auf Abzug der ausländischen Steuern gestellt hat. Die notwendigen Einzelangaben hierzu sind auf der Anlage AESt und auf der Anlage SPIF sowie der Anlage SPIFA vorzunehmen. Zur Zusammenfassung der ausländischen Steuer pro Spezial-Investmentfonds über alle Anlagen SPIF und SPIFA siehe →Rz. 1240. Alle ausl. Personensteuern dürfen das Einkommen bis zu diesem Punkt nicht gemindert haben. Bei Verwendung der Anlage GK müssen die als Aufwand gebuchten ausl. Steuern aus eigener Tätigkeit durch Hinzurechnung in Zeile 57 der Anlage GK wieder neutralisiert worden sein.[1] Der Abzug der ausl. Einkünfte nach § 34c Abs. 2 EStG gehört eigentlich zur Einkünfteermittlung und müsste grundsätzlich auf der Anlage GK erfolgen. Da die Angaben zur anrechenbaren bzw. abzuziehenden ausl. Steuer jedoch nicht nach Wj. getrennt auf der Anlage AESt abgefragt werden, erfolgt die Kürzung auf dem Hauptvordruck für alle Wj. einheitlich. Der hier einzutragende Wert ergibt sich durch Addition der Beträge in Zeile 42 aller Anlagen AESt.

Für **beschränkt Stpfl.** sind hier nur dann Eintragungen zulässig, wenn die ausl. Steuer auf Einkünfte anfällt, die einer **inl. Betriebsstätte** zuzuordnen sind und diese ausl. Einkünfte im Ausland keiner unbeschränkten Steuerpflicht unterliegen, vgl. § 50 Abs. 3 Satz 1 EStG.

1477 In **Zeile 21** ist der Gesamtbetrag der nach § 34c **Abs. 3** EStG vom Einkommen **abzuziehenden ausl. Steuern** aus **eigener Tätigkeit** einzutragen. Die notwendigen Einzelangaben hierzu sind auf der Anlage AESt vorzunehmen. Alle ausl. Personensteuern dürfen das Einkommen bis zu diesem Punkt nicht gemindert haben. Bei Verwendung der Anlage GK müssen die als Aufwand gebuchten ausl. Steuern aus eigener Tätigkeit durch Hinzurechnung in Zeile 57 der Anlage GK wieder neutralisiert worden sein. Da die ausl. Steuern nur insoweit abgezogen werden, wie sie auf steuerpflichtige Einkünfte entfallen, werden die auf Bezüge und Veräußerungsgewinne entfallenden Steuern in voller Höhe nicht berücksichtigt. Die auf Investmenterträge entfallenden ausl. Steuern werden entsprechend dem Teilfreistellungssatz des § 20 InvStG nicht berücksichtigt.

Beratungshinweis:
Diese Vorgehensweise übersieht, dass steuerfreie Tatbestände nach § 8b KStG zwar zu 100 % steuerfrei sind (§ 8b Abs. 1 und 2 KStG), jedoch fiktive nicht abziehbare Betriebsausgaben von 5 % (§ 8b Abs. 5 und 3 KStG) berücksichtigt werden müssen. Im Ergebnis beträgt die Freistellung also lediglich 95 %, was zur Abzugsfähigkeit von 5 % der ausl. Quellensteuer im Abzugsfalle führen müsste. In gleichgelagerten Fällen ist ein Rechtsbehelfsverfahren in Betracht zu ziehen.

Der Abzug der ausl. Einkünfte nach § 34c Abs. 3 EStG gehört eigentlich zur Einkünfteermittlung und müsste grundsätzlich auf der Anlage GK erfolgen. Da die Angaben zur anrechenbaren bzw. abzuziehenden ausl. Steuer jedoch nicht nach Wj. getrennt auf der Anlage AESt abgefragt werden, erfolgt die Kürzung auf dem Hauptvordruck für alle Wj. einheitlich. Der hier einzutragende Wert ergibt sich durch Addition der Beträge in Zeile 11 aller Anlagen AESt. Ist die Körperschaft, für die die Steuererklärung auszufüllen ist, eine Organgesellschaft, darf hier kein Abzug erfolgen. Die FinVerw. nimmt den Abzug der ausl. Steuern erst auf Ebene des (letzten) Organträgers vor, da erst dort abschließend entschieden werden kann, in welcher Höhe Quellensteuern auf nach § 3 Nr. 40 EStG bzw. § 8b KStG steuerfreie Tatbestände abgezogen werden können.

Für **beschränkt Stpfl.** sind hier nur dann Eintragungen zulässig, wenn die ausl. Steuer auf Einkünfte anfällt, die einer **inl. Betriebsstätte** zuzuordnen sind und diese ausl. Einkünfte im Ausland keiner unbeschränkten Steuerpflicht unterliegen, vgl. § 50 Abs. 3 Satz 1 EStG.

1478 In **Zeile 26** ist der Gesamtbetrag der nicht zu berücksichtigenden negativen Einkünfte[2] nach § 2a EStG einzutragen. Die Angaben zu den einzelnen Staaten und Arten der Einkünfte sind jeweils getrennt auf der Anlage AEV zu tätigen. In Zeile 26 ist die Summe der Beträge lt. Zeile 9 und 10 aller Anlagen AEV einzutragen. Da die Berechnung des § 2a EStG für einen VZ erfolgt, darf die außerbilanzielle Korrektur nicht auf der wirtschaftsjahrbezogenen Anlage GK erfolgen, sondern muss auf dem Hauptvordruck erfolgen.

1479 Während in Zeile 26 die nicht zu berücksichtigenden laufenden negativen Einkünfte nach § 2a EStG einzutragen sind, müssen in **Zeile 27 positive Einkünfte i.S.d. § 2a EStG** eingetragen werden, die mit in den Vorjahren nicht ausgeglichenen negativen Einkünften (ähnlich eines Verlustvortrages) **verrechnet** wurden. Auch dieser Wert ist detailliert auf der Anlage AEV zu berechnen. Einzutragen ist die Summe der Beträge laut Zeile 15 aller Anlagen AEV.

k) Abzug von Kapitalertragsteuer nach § 36a Abs. 1 Satz 3 EStG (Zeile 28)

	Abzug von Kapitalertragsteuer gemäß Antrag nach § 36a Absatz 1 Satz 3 EStG	
28	Davon ab: Abzuziehende Kapitalertragsteuer nach § 36a Absatz 1 Satz 3 EStG	15.62

1480 Mit § 36a EStG hat der Gesetzgeber die Anrechnung der Kapitalertragsteuer für Ausschüttungen börsennotierter Aktiengesellschaften für bestimmte Fallgestaltungen eingeschränkt (detailliert dazu →Rz. 1312 ff.). Die eigentlichen Angaben zur Anrechnung sind auf der Anlage WA zu machen. Liegen die Voraussetzungen des § 36a Abs. 1 Satz 1 EStG nicht vor, sind drei Fünftel der einbehaltenen Kapitalertragsteuer nicht anzurechnen, § 36a Abs. 1

1) Beim Vorliegen von anderen Einkunftsarten.
2) Gewinnminderungen nach § 2a EStG kommen bei Körperschaften auf Grund des § 8b Abs. 3 KStG nur sehr selten vor.

Satz 2 EStG. Sie können aber auf Antrag bei der Ermittlung der Einkünfte abgezogen werden, vgl. § 36a Abs. 1 Satz 3 EStG. Der Antrag auf Abzug wird durch Eintragung in **Zeile 28** gestellt.

Praxishinweis:

Der Abzug der nach § 36a EStG nicht angerechneten Kapitalertragsteuer erfolgt nicht von Amts wegen. Dies verwundert, da kein Fall erkennbar ist, in dem es wirtschaftlich nicht sinnvoll wäre, diesen Antrag zu stellen. Umso wichtiger ist es, dass nicht angerechnete Beträge nach § 36a EStG hier eingetragen werden.

l) Steuerbefreiung nach § 8 Abs. 1 und 2 sowie § 10 InvStG (Zeile 28a)

	Steuerbefreiung nach § 8 Absatz 1 und 2 sowie § 10 InvStG	
28a	Davon ab / Dazu: Nach § 8 Absatz 1 und 2 sowie § 10 InvStG steuerfreie Einkünfte, die keinem Steuerabzug unterliegen	15.63

In **Zeile 28a** sind steuerfreie Einkünfte des Investmentfonds auf Grund steuerbegünstigter Anleger nach § 8 Abs. 1 **1481**
und 2 sowie § 10 InvStG einzutragen. Eine Eintragung ist folglich nur bei Investmentfonds[1] zulässig. Zum Hintergrund der Steuerbefreiung nach § 8 Abs. 2 InvStG siehe → Rz. 674. Steuerbefreiungen nach § 8 Abs. 1 InvStG erfolgen grundsätzlich i.R. der Kapitalertragsteuer und sind von Gesetzes wegen nicht denkbar. Möglicherweise hat die FinVerw. § 8 Abs. 1 InvStG hier erwähnt, weil sie die Möglichkeit der Geltendmachung der Steuerbefreiung außerhalb des Erstattungsverfahrens nach § 7 Abs. 5 InvStG ermöglichen will (siehe → Rz. 680). Außerdem sind hier noch Steuerbefreiungen auf Grund von § 10 InvStG zu erfassen. Siehe hierzu → Rz. 679 ff.

m) Sanierungserträge nach § 3a EStG (Zeilen 29–31)

	Sanierungserträge nach § 3a EStG	
29	Davon ab: Betriebsvermögensmehrungen oder Betriebseinnahmen aus einem Schuldenerlass zum Zwecke einer unternehmensbezogenen Sanierung nach § 3a Absatz 2 EStG (Sanierungsertrag) (Übertrag nach Zeile 1 der Anlage SAN)	15.71
30	Dazu: Mit dem steuerfreien Sanierungsertrag in unmittelbarem wirtschaftlichen Zusammenhang stehende Betriebsvermögensminderungen oder Betriebsausgaben nach § 3c Absatz 4 EStG des Sanierungsjahres (Übertrag nach Zeile 2 der Anlage SAN)	15.72
31	Dazu: Mit einem in einem anderen Veranlagungszeitraum steuerfreien Sanierungsertrag nach § 3a Absatz 1 EStG in unmittelbarem wirtschaftlichen Zusammenhang stehende Betriebsvermögensminderungen oder Betriebsausgaben nach § 3c Absatz 4 EStG des laufenden Veranlagungszeitraums (59)	15.73

Mit der Einführung des § 3a EStG hat der Gesetzgeber versucht, eine gesetzliche Regelung zu schaffen, mit der **1482**
ein i.R. eines Schuldenerlasses zum Zweck der Sanierung des Unternehmens entstehende Ertrag steuerfrei gestellt werden kann. Dies war erforderlich, da die bisherigen Regelungen des sog. „Sanierungserlasses"[2] nach Auffassung des Großen Senats des BFH[3] gegen den verfassungsrechtlichen Grundsatz der Gesetzmäßigkeit der Verwaltung verstoßen. Die Regelung stand ursprünglich unter dem Vorbehalt eines Beschlusses der EU-Kommission, dass es sich nicht um eine mit dem Binnenmarkt unvereinbare Beihilfe handele. Einen solchen Beschluss hat die Europäische Kommission jedoch nicht gefasst, sondern nur in einem sog. „Comfort-Letter" mitgeteilt, dass die Regelung aus ihrer Sicht beihilferechtlich unproblematisch sei. Mit Art. 19 des Gesetzes zur Vermeidung von Umsatzsteuerausfällen beim Handel mit Waren im Internet und zur Änderung weiterer steuerlicher Vorschriften,[4] hat man die bisherige Einschränkung der Anwendung aufgehoben. Die Regelungen des § 3a und § 3c Abs. 4 EStG sind daher auf alle nach dem 8.2.2017 durchgeführten Schuldenerlasse anzuwenden. Auf bis zu diesem Zeitpunkt durchgeführte Erlasse, sind sie auf Antrag anwendbar, vgl. § 52 Abs. 4a Satz 3 EStG.

Verbindlichkeiten sind in der Handels- und Steuerbilanz mit dem Rückzahlungsbetrag zu passivieren. Dies gilt **1483**
auch, wenn auf Grund der Überschuldung oder sonstige Situation der Körperschaft absehbar ist, dass die Rückzahlung tatsächlich nicht erfolgen kann. Verzichten die Gläubiger vollständig oder teilweise auf Forderungen gegenüber der Körperschaft, müssen diese ausgebucht werden. Dies kann nur gewinnwirksam geschehen.

Im Rahmen von Sanierungen kann es nun dazu kommen, dass dieser Ertrag aus dem Erlass der Verbindlichkeit zur Entstehung von Steuerforderungen führt, die die Existenz des Unternehmens wiederum gefährden. Dies will der Gesetzgeber durch die Regelung des § 3a EStG und den damit zusammenhängenden Folgeregelungen vermeiden.

In **Zeile 29** ist der **Ertrag aus dem Schuldenerlass** zum Zwecke einer **unternehmensbezogenen Sanierung** i.S.d. **1484**
§ 3a Abs. 1 Satz 1 und Abs. 2 EStG einzutragen. Es muss sich dabei um einen Betrag handeln, der im Jahresüberschuss/-fehlbetrag lt. Zeile 10 der Anlage GK gewinnerhöhend berücksichtigt wurde. Falls Verlustvorträge beste-

1) Einschließlich Spezial-Investmentfonds.
2) BMF v. 27.3.2003, IV A 6 – S 2140-8/03, BStBl I 2003, 240, ergänzt durch das BMF v. 22.12.2009, IV C 6 – S 2140/07/10001-01, BStBl I 2010, 18, wiederum ergänzt durch das BMF v. 8.4.2022, IV C 6 – S 2242/20/10002 :001, BStBl I 2022, 632.
3) Beschluss des Großen Senats des BFH v. 28.11.2016, GrS 1/15, BStBl II 2017, 393.
4) BGBl. I 2018, 2338 = BStBl I 2018, 1377.

hen, ist die Abgabe der Anlage SAN zwingend erforderlich. Eine unternehmensbezogene Sanierung liegt nach § 3a Abs. 2 EStG vor, wenn die Körperschaft für den Zeitpunkt des Schuldenerlasses:

1. die Sanierungsbedürftigkeit,
2. die Sanierungsfähigkeit,
3. die Sanierungseignung des betrieblich begründeten Schuldenerlasses und
4. die Sanierungsabsicht der Gläubiger

nachweist. Die hier genannten Kriterien entsprechen den Voraussetzungen des Sanierungserlasses.[1] Erträge aus einer im Insolvenzverfahren erteilten **Restschuldbefreiung** nach §§ 286 ff. InsO sind nach § 3a Abs. 5 i.V.m. Abs. 1 EStG immer steuerfrei.[2] Da die Steuerbefreiung – und die nach § 3a Abs. 3 EStG daraus folgende Minderung von Verlustvorträgen – nur dann greift, wenn die genannten Voraussetzungen durch den Stpfl. nachgewiesen werden, handelt es sich de facto um ein Antragsrecht. Durch einfaches Unterlassen des Nachweises kommt es nicht zur Steuerbefreiung.

Praxishinweis:
Der Aufwand des Nachweises einer unternehmensbezogenen Sanierung ist insb. in den Fällen entbehrlich, in denen es auch ohne Steuerbefreiung zu einer vollständigen Verrechnung des Sanierungsertrages mit Verlustvorträgen kommt (bei Verlustvorträgen nach § 10d EStG z.B. immer, wenn der Sanierungsertrag maximal 1 Mio. € beträgt).

Im Regelfall werden i.R. einer Sanierung Kosten entstehen (z.B. Rechtsanwalts-, Notar- und weitere Beratungskosten). Nach § 3c Abs. 4 EStG sind diese nicht abzugsfähig und zwar unabhängig von dem VZ, dem sie zugerechnet werden. In **Zeile 30** sind die **Sanierungskosten** einzutragen, die **im Sanierungsjahr** entstanden sind, in **Zeile 31** die Sanierungskosten, die mit einer Sanierung in einem **anderen VZ** im Zusammenhang stehen. Da sie nicht abziehbar sind, müssen sie dem Einkommen wieder hinzugerechnet werden. Hier sind allerdings keine Betriebsausgaben einzutragen, die zu einer Erhöhung von Verlustvorträgen geführt haben, die nach § 3a Abs. 3 EStG weggefallen sind, vgl. § 3c Abs. 4 Satz 2 EStG. Entstehen Betriebsausgaben erst in VZ nach der Sanierung, sind Eintragungen hier nicht zu machen, soweit bei der Sanierung kein verbleibender Sanierungsertrag mehr besteht, vgl. § 3a Abs. 4 Satz 4 EStG.

n) Hinzurechnungsbeträge nach § 10 AStG und Kürzungsbeträge nach § 11 Abs. 2 AStG (Zeilen 31a–32)

	Hinzurechnungsbeträge nach § 10 AStG und Kürzungsbeträge nach § 11 Absatz 2 AStG	
31a	Dazu: Summe der Hinzurechnungsbeträge nach § 10 AStG, die der Körperschaft als Feststellungsbeteiligte der Feststellung nach § 18 AStG zuzurechnen sind (Summe der Beträge laut Zeile 11 abzüglich Summe der Beträge laut Zeile 13 aller Anlagen ZwiG, auf denen keine Eintragungen in Zeile 6 vorgenommen wurden)	
31b	Nicht bei Organgesellschaften: Davon ab: Summe der Kürzungsbeträge nach § 11 Absatz 2 AStG (Summe der Beträge laut Zeile 33 gekürzt um die Summe der Beträge laut Zeilen 34 und 35 aller Anlagen ZwiG, auf denen keine Eintragungen in Zeile 6 vorgenommen wurden)	
	Summe der Einkünfte	
32	Summe der Einkünfte	

1485 Dieser Abschnitt dient der Einkünftekorrektur aus der Hinzurechnungbesteuerung nach §§ 7 ff. AStG. Die hier einzutragenden Werte ergeben sich aus den Anlagen ZwiG (→ Rz. 1534).
In der **Zeile 31a** ist die Summe der Hinzurechnungsbeträge nach § 10 AStG einzutragen, die auf der Anlage ZwiG erklärt wurden. Zu summieren sind allerdings nur Hinzurechnungsbeträge lt. Zeile 13 der Anlage ZwiG, die nicht über eine Personen- oder Organgesellschaft bezogen worden. Auf die Einkünfte wirken sich also nur Hinzurechnungsbeträge aus Zwischengesellschaften aus, an denen die Körperschaft, für die die Steuererklärung ausgefüllt wird, unmittelbar beteiligt ist. Die Erhöhung der Einkünfte erfolgt auch, wenn die Körperschaft, für die die Steuererklärung ausgefüllt wird, eine Organgesellschaft ist. Es mag verwundern, dass die Summe der Hinzurechnungsbeträge auf der Anlage ZVE hinzugerechnet wird und nicht – wie früher – auf der Anlage GK. Tatsächlich ist die Hinzurechnung des Hinzurechnungsbetrages eine Einkünfteermittlungsvorschrift und müsste grundsächlich bei der Ermittlung der Einkünfte jeder Einkunftsart berücksichtigt werden. Berücksichtigt man allerdings, dass die allermeisten Körperschaften lediglich Einkünfte aus einer Einkunftsart (Gewerbebetrieb, § 8 Abs. 2 KStG) beziehen und noch dazu die hier einzutragenden Werte aus einer anderen Anlage ermittelt werden, überzeugt die Entscheidung der FinVerw. Sie folgt auch der bisher praktizierten Ansiedelung der nach § 34c Abs. 2 und 3 EStG abzuziehenden Einkünfte, sowie der Hinzurechnung der nach § 2a EStG nicht ausgleichsfähigen negativen Einkünfte, die allesamt ebenfalls Einkünfteermittlungsvorschriften darstellen im Hinblick auf den reibungslosten Verfahrensablauf aber besser zentral auf der Anlage ZVE hinzugerechnet werden.

1) Rz. 4 des BMF v. 27.3.2003, IV A 6 – S 2140-8/03, BStBl I 2003, 240, ergänzt durch BMF v. 22.12.2009, IV C 6 – S 2140/07/10001-01, BStBl I 2010, 18, wiederum ergänzt durch das BMF v. 8.4.2022, IV C 6 – S 2242/20/10002 :001, BStBl I 2022, 632.
2) Die übrigen in § 3a Abs. 5 EStG genannten Schuldbefreiungen betreffen nur das Verbraucherinsolvenzverfahren, was für Körperschaften grundsätzlich nicht anwendbar ist.

In der **Zeile 31b** ist der Kürzungsbetrag nach § 11 Abs. 2 AStG abzuziehen. Anders als bei § 10 AStG ist der Kürzungsbetrag nicht bei der Ermittlung der Einkünfte, sondern bei der Ermittlung der Summe der Einkünfte abzuziehen, vgl. § 11 Abs. 1 Satz 1 AStG. Durch diese Formulierung wollte der Gesetzgeber einen Abzug bei der Einkünfteermittlung verhindern, da diese auf die Ermittlung der für die Anrechnung nach § 12 AStG i.V.m. § 34c Abs. 1 EStG maßgebenden ausländischen Einkünfte durchschlagen würde. **1486**

Der Kürzungsbetrag ermittelt sich pro abgegebener Anlage ZwiG wie folgt:

	Bezüge nach § 11 Abs. 1 AStG (Zeile 33)
./.	Nach § 8b KStG steuerfreie Bezüge und Gewinne (Zeile 34)
./.	Steuerfreier Teil, wenn die Bezüge Investment- oder Spezial-Investmenterträge sind (Zeile 35)
=	Kürzungsbetrag nach § 11 Abs. 2 KStG

Ein Übertrag in die Zeile 31b ist jedoch nur zulässig, wenn der Kürzungsbetrag aus einer direkten Beteiligung an der ausländischen Zwischengesellschaft herrührt. Sobald in den Zeilen 10 bis 13 der Anlage ZwiG Eintragungen gemacht wurden, ist eine Einbeziehung in die Summierung folglich unzulässig.

Der Eintrag der Zeile 31b soll entsprechend der Ausfüllanleitung für Organgesellschaften unzulässig sein.

Praxishinweis:

Der Gesetzgeber hat – anders als bei § 8b KStG, beim Sanierungsertrag und bei den Teilfreistellungen nach dem InvStG – keine Verschiebung der Einkünftekorrektur von der Ebene der Organgesellschaft auf die Ebene des Organträgers angeordnet, vgl. § 15 Satz 1 Nr. 1a, 2 und 2a KStG. Hieraus ist zu folgern, dass der Kürzungsbetrag auf Ebene der Organgesellschaft Anwendung findet.[1] Da die Anwendung des § 8b KStG nach § 15 Satz 1 Nr. 2 KStG auf Ebene der Organgesellschaft nicht anzuwenden ist, müsste ein Kürzungsbetrag von 100 % in diesen Fällen abgezogen werden. Andererseits ist es aber auch möglich, dass die FinVerw. den Abzug des Kürzungsbetrags auf Grund des Wortlauts von § 11 Abs. 1 Satz 1 AStG ablehnt. Demnach ist ein Abzug des Kürzungsbetrages nämlich nur zulässig, wenn bei „dem Steuerpflichtigen", also der Organgesellschaft Hinzurechnungsbeträge der Einkommen- oder Körperschaftsteuer unterlegen haben. Da der Hinzurechnungsbetrag das Einkommen der Organgesellschaft erhöht, dieses jedoch beim Organträger der Körperschaftsteuer unterliegt, wäre der Abzug des Kürzungsbetrages bei der Organgesellschaft in vielen Fällen ausgeschlossen. Es wäre dann aber die Frage zu beantworten, weshalb die Nutzung eines vom Gesetzgeber geschaffenen Rechtsinstituts (Organschaft) den Ausschluss des Abzugs eines Kürzungsbetrags zur Folge haben sollte. In einschlägigen Fällen ist die Einlegung eines Rechtmittels zu prüfen.

Der Kürzungsbetrag ist nur abzuziehen, wenn eine direkte Beteiligung an der ausschüttenden Zwischengesellschaft besteht.

In der nachfolgenden **Zeile 32** wird nun die „**Summe der Einkünfte**" – also das zusammengefasste Ergebnis der vorhergehenden Zeilen gebildet. **1487**

3. Ermittlung des Gesamtbetrags der Einkünfte (Zeilen 33–55)

a) Allgemeine Korrekturen (Zeilen 33–45)

	Ermittlung des Gesamtbetrags der Einkünfte	
	Freibetrag für Land- und Forstwirte	
33	Davon ab: Freibetrag für Land- und Forstwirtschaft (§ 13 Absatz 3 EStG)	
	Zuwendungen	
34	Davon ab: Abziehbare Zuwendungen nach § 9 Absatz 1 Nummer 2 KStG zur Förderung steuerbegünstigter Zwecke (Betrag laut Zeile 7 der Anlage Z)	
	Hinzurechnung nach § 2a Absatz 3 Satz 3 und Absatz 4 in Verbindung mit § 52 Absatz 2 Satz 3 und 4 EStG, § 2 Absatz 1 Satz 3 und Absatz 2 AuslInvG	
35	Dazu: Hinzurechnungsbetrag (14)	16.121
	Negative Einkünfte aus der Veräußerung oder der Bewertung von Finanzinstrumenten oder Anteilen an einer Körperschaft nach § 2 Absatz 5 UmwStG	
35a	Zwischensumme	
35b	Dazu: Negative Einkünfte des übernehmenden Rechtsträgers nach § 2 Absatz 5 UmwStG	15.59
	Verlustabzugsbeschränkung nach § 8c KStG	
36	Zwischensumme	
37	Dazu: Nach § 8c KStG nicht berücksichtigungsfähiger Verlust des laufenden Veranlagungszeitraums (gegebenenfalls in Verbindung mit § 2 Absatz 4 Satz 1 und 2, § 20 Absatz 6 Satz 4 UmwStG) (ohne Vorzeichen eintragen; laut gesonderter Ermittlung) (31) (67) (74)	15.51

1) BFH v. 26.9.2018, I R 16/16, BStBl II 2020, 206.

Steuernummer - 4 -

Zeile			EUR
	Einkommenszurechnung bei einem Organträger		
38	Dazu / Davon ab: Korrigierte zuzurechnende Einkommen der Organgesellschaften (Summe der Beträge aus Zeile 25 aller Anlagen OT)		
	Wegfallender Verlust des laufenden Veranlagungszeitraums bei Abspaltung		
39	Zwischensumme		
40	Dazu: Im Falle einer Abspaltung bei der übertragenden Körperschaft: wegfallender Verlust aus dem laufenden Veranlagungszeitraum nach § 15 Absatz 3, § 16 UmwStG (ohne Vorzeichen eintragen)	15.52	
	Minderung der laufenden Verluste nach § 3a Absatz 3 Satz 2 Nummer 8 EStG		
41	Dazu: Minderung des laufenden Verlustes des Sanierungsjahres des zu sanierenden Unternehmens nach § 3a Absatz 3 Satz 2 Nummer 8 EStG (Betrag laut Zeile 17 der Anlage SAN)	15.78	
42	Dazu: Minderung des ausgleichsfähigen Verlustes aus allen anderen Einkunftsarten des Veranlagungszeitraums, in dem das Sanierungsjahr endet nach § 3a Absatz 3 Satz 2 Nummer 9 EStG (Betrag laut Zeile 19 der Anlage SAN) 47	15.79	
	Einkommenskorrekturen bei einer Organgesellschaft		
43	Zwischensumme (Bei einer Organgesellschaft: Einkommen der Organgesellschaft vor Zurechnung an den Organträger)		
44	Davon ab / Dazu: Dem Organträger zuzurechnendes Einkommen (Betrag laut Zeile 31 der Anlage OG; einzutragen mit umgekehrtem Vorzeichen)		
45	Dazu: Vom Organträger zu leistende Ausgleichszahlungen nach § 16 Satz 2 KStG (Betrag laut Zeile 28 der Anlage OG)		

1488 Eintragungen zum Freibetrag aus Land- und Forstwirtschaft sind nur zulässig, wenn die Körperschaft auch Einkünfte aus Land- und Forstwirtschaft erzielt hat, was nur in seltenen Fällen tatsächlich vorkommt (→Rz. 1447). Der abzuziehende **Freibetrag** nach **§ 13 Abs. 3 EStG** ist in **Zeile 33** einzutragen. Er beträgt maximal 900 € und ist der Höhe nach auf die in Zeile 1 eingetragenen Einkünfte aus Land- und Forstwirtschaft begrenzt. Er wird jedoch nicht gewährt, wenn die Summe der Einkünfte lt. Zeile 32 die Grenze von 30 700 € übersteigt (**§ 13 Abs. 3 EStG**).

1489 In **Zeile 34** wird unter Berücksichtigung der gesetzlich vorgegebenen Höchstbeträge der Abzug von **Zuwendungen nach § 9 Abs. 1 Nr. 2 KStG** zur **Förderung steuerbegünstigter Zwecke** von der Summe der Einkünfte zugelassen.

In der handels- und steuerrechtlichen Buchführung werden Spenden zunächst als Aufwand erfasst. Um die zutreffende Berechnungsgrundlage für die vorzunehmende Höchstbetragsberechnung zu erhalten, sind zunächst sämtliche Spenden und nicht als Betriebsausgaben abziehbare Beträge, die aufwands- oder ausgabewirksam verbucht wurden, i.R. der Einkünfteermittlung wieder hinzuzurechnen (Zeile 61 der Anlage GK). Sie haben somit die Summe der Einkünfte nicht gekürzt. Die Höhe des steuerlich zulässigen Abzugs wird auf der Anlage Z berechnet und durch Übertrag dieses Ergebnisses in Zeile 34 vom Einkommen abgezogen.

Praxishinweis:

Falls nicht abzugsfähige Zuwendungen verbleiben und gleichzeitig positive Einkünfte im Rückwirkungszeitraum nach § 2 Abs. 4 Satz 3 und 4 UmwStG (Zeilen 47 bis 51) vorliegen, kommt das Rechenschema des Vordrucks zu einem falschen Ergebnis. Die positiven Einkünfte des Rückwirkungszeitraums müssten die Bemessungsgrundlage für den Zuwendungsabzug erhöhen, da § 2 Abs. 4 Satz 3 und 4 UmwStG die Verrechnung mit negativen Einkünften des laufenden VZs verbietet. Es handelt sich somit um eine Einkünfteermittlungsvorschrift, die bereits die Summe der Einkünfte erhöhen müsste. In einschlägigen Fällen ist ein Rechtsbehelfsverfahren in Betracht zu ziehen.

1490 In **Zeile 35** sind Fälle der **Hinzurechnungen nach § 2a Abs. 3 Satz 3 und Abs. 4 EStG 1997**[1)] **i.V.m. § 52 Abs. 3 EStG sowie nach § 2 Abs. 1 Satz 3 und Abs. 2 AuslInvG** einzutragen.

Bis einschließlich VZ 1998 konnten unbeschränkt steuerpflichtige Körperschaften, deren aus einer in einem ausl. Staat belegenen Betriebsstätte stammende Einkünfte aus gewerblicher Tätigkeit nach einem DBA von der Körperschaftsteuer befreit waren, nach der bis VZ 1989 geltenden Regelung des § 2 Abs. 1 Satz 1 AuslInvG bzw. nach der später an deren Stelle getretenen Regelung des § 2a Abs. 3 EStG 1997 Verluste, die sich aus der ausl. Betriebsstätte ergaben, bei der Ermittlung des Gesamtbetrags der Einkünfte abziehen. Die nach dieser Vorschrift abgezogenen Beträge mussten in den folgenden VZ, soweit sich bei den nach diesem Abkommen zu befreienden Einkünften aus gewerblicher Tätigkeit aus in diesem ausl. Staat belegenen Betriebsstätten insgesamt ein positiver Betrag ergab, bei der Ermittlung des Gesamtbetrags der Einkünfte jedoch wieder hinzugerechnet werden.

1) EStG i.d.F. v. 2.8.2000, BGBl. I 2000, 1270 = BStBl I 2000, 1235.

Nach Aufhebung der Regelungen in § 2 Abs. 1 AuslInvG und § 2a Abs. 3 EStG 1997 konnte ein Verlustabzug für solche Einkünfte zwar nicht mehr in Anspruch genommen werden, der die spätere Hinzurechnung regelnde Teil der Vorschriften (§ 2 Abs. 1 Satz 3 und Abs. 2 AuslInvG bzw. § 2a Abs. 3 Satz 3 EStG) ist aber für die Folgejahre bis zu einem vollständigen Ausgleich der bis einschließlich 1998 berücksichtigten Verluste weiterhin anwendbar, soweit sich in diesen Jahren aus demselben Staat Gewinne ergeben (§ 52 Abs. 3 EStG). Die Hinzurechnung unterbleibt, wenn der Nachweis erbracht wird, dass nach den Vorschriften des ausl. Staates ein Abzug von Verlusten in anderen Jahren als dem Verlustjahr allgemein nicht beansprucht werden kann. 1491

Der oder die Hinzurechnungsbeträge sind in Zeile 35 einzutragen. 1492

Praxishinweis:
Im Fall der Nachversteuerung dürfen die ihr unterliegenden ausl. Einkünfte sowie die darin enthaltene ausl. Steuer nicht bei den anrechenbaren Steuern auf der Anlage AESt enthalten sein.

Hinzurechnungsbeträge einer **Organgesellschaft** sind bei der Steuererklärung der Organgesellschaft einzutragen und werden über das Einkommen der Organgesellschaft dem Organträger zugerechnet. 1493

Praxishinweis: 1494
Die positiven ausl. Einkünfte, die hinzuzurechnen sind, haben den als Ausgangsgröße für die Einkommensermittlung dienenden bilanziellen Jahresüberschuss (Zeile 11 Anlage GK) erhöht, hierauf lastende ausl. Steuern haben ihn dagegen vermindert. Über die Erfassung der ausl. Steuer in Zeile 56 der Anlage GK wird die in Höhe der ausl. Steuer eingetretene Gewinnminderung i.R. der Einkommensermittlung wieder rückgängig gemacht. Über die Eintragung des Bruttobetrags dieser Einkünfte in der Zeile 75 der Anlage GK werden diese zwar zunächst einkommensmindernd berücksichtigt, die Erfassung des Hinzurechnungsbetrags in Zeile 35 der Anlage ZVE sorgt jedoch dafür, dass letztlich der Hinzurechnungsbetrag der Besteuerung unterliegt.

Die steuerliche Rückwirkung von Umwandlungen ist Hauptquelle für nahezu alle Steuergestaltungsmodelle im Zusammenhang mit dem Umwandlungssteuergesetz. Statt die steuerliche Rückwirkung insgesamt abzuschaffen – was Steuergestaltungsmodellen einen effektiven Riegel vorschieben würde – hat der Gesetzgeber mit § 2 Abs. 5 UmwStG nun eine weitere Spezialvorschrift für ein weiteres Gestaltungsmodell geschaffen. Dieses soll anhand des folgenden Beispiels dargestellt werden: 1495

Beispiel:
Die A-GmbH gründet zum 1.2.02 zwei GmbHs, die G-GmbH und die V-GmbH. Beide GmbHs werden mit Eigenkapital von 5 Mio. € ausgestattet. Die G-GmbH und die V-GmbH schließen ein jeweils gegenläufiges Finanzmarktinstrument ab, dass zum 1.6.02 bei Eintritt bestimmter Ereignisse auf dem Finanzmarkt bei der einen GmbH zu einem Gewinn von 10 Mio. € und bei der anderen GmbH zu einem gleich hohen Verlust führt. Im Laufe des Jahres 02 wird auf Grund der Kursentwicklung absehbar, dass die G-GmbH den Gewinn erzielen wird und die V-GmbH den Verlust. Die A-GmbH veräußert daher am 1.5.02 alle Anteile an der V-GmbH an die D-AG, die hohe Gewinne erzielt. Der Verkaufspreis beträgt 2 Mio. €.

Am 1.6.02 kommt es zur Realisierung des Finanzmarktinstruments. Die G-GmbH erzielt einen Gewinn von 10 Mio. €, die sie versteuern muss. Die V-GmbH muss 10 Mio. € zahlen. Auf Grund der steuerlichen Rückwirkung wird der Verlust der V-GmbH aber der D-AG zugerechnet, die den Verlust mit positiven Einkünften ausgleichen kann. § 2 Abs. 4 Satz 2 UmwStG ist nach der Auffassung der FinVerw. nicht anzuwenden, da der Verlust erst zum 1.6.02 und damit nach dem schädlichen Beteiligungserwerb nach § 8c KStG zum 1.5.02 erfolgt ist.

In der Gesamtschau hat die A-GmbH zweimal 5 Mio. € investiert. Sie hat aus diesem Investment folgendes Gesamtergebnis erzielt:

Gewinn der G-GmbH	10 000 000
./. KSt hierauf	–150 000
./. GewSt hierauf	–140 000
+ Verkaufserlös	+2 000 000
./. Buchwertabgang Beteiligung V-GmbH	–5 000 000
Gesamtergebnis	6 710 000

Für die D-GmbH rechnet sich der Erwerb ebenfalls. Sie hat einen Betrag von 2 Mio. € aufgewendet, um einen Verlust i.H.v. 10 Mio. € zu erwerben, der durch die Verrechnung mit den übrigen Einkünften einem wirtschaftlichen Vorteil von 2,9 Mio. € entspricht.

Das Modell kann noch optimiert werden, wenn nicht mit Finanzinstrumenten gearbeitet wird, sondern mit Aktien, da auf entsprechende Veräußerungsgewinne § 8b Abs. 2 KStG anwendbar ist. Auf die entsprechenden Verluste ist zwar grundsätzlich § 8b Abs. 3 Satz 3 KStG anwendbar, handelt es sich beim übernehmenden Rechtsträger aber um eine Körperschaft, die unter § 8b Abs. 7 oder 8 KStG fällt, sind die entsprechenden Verluste voll gewinnwirksam.

Der § 2 Abs. 5 Satz 1 UmwStG setzt beim Dritten (übernehmender Rechtsträger) an. Zu Korrekturen bei der veräußernden Muttergesellschaft kommt es durch § 2 Abs. 5 UmwStG nicht. Die durch die Realisierung des Finanzinstruments entstehenden Verluste dürfen nach § 2 Abs. 5 Satz 1 UmwStG nicht mit den übrigen Einkünften des übernehmenden Rechtsträgers verrechnet werden. Dies ist aber steuerbilanziell durch Übernahme der Wirtschaftsgüter im Zuge der Rückwirkung geschehen. Solche **negativen Einkünfte** aus der **Realisierung** oder Bewertung von Anteilen an anderen Körperschaften oder **Finanzinstrumenten** sind demzufolge in der **Zeile 35b** wieder **außerbilanziell hinzuzurechnen**.

Darüber hinaus sind hier negative Einkünfte einzutragen, die außerhalb des Rückwirkungszeitraums entstanden sind, wenn die Anteile oder Finanzmarktinstrumente bis zum Ende des Wj. des übernehmenden Rechtsträgers veräußert werden oder als veräußert gelten, vgl. § 2 Abs. 5 Satz 2 UmwStG.

Hintergrund sind Fälle, in denen eine Tochtergesellschaft aus Finanzinstrumenten oder Beteiligungen an anderen Körperschaften Verluste realisiert. Die Muttergesellschaft veräußert die Anteile an der Tochtergesellschaft an einen Dritten, der diese rückwirkend auf sich selbst verschmilzt. Die entstandenen Verluste sind dann mit positiven Einkünften des Dritten verrechenbar. Es ist jedoch möglich nachzuweisen, dass die Entstehung der negativen Einkünfte weder Haupt- noch Nebenzweck der Umwandlung war, vgl. § 2 Abs. 5 Satz 6 UmwStG. Ist dies der Fall, kommt es nicht zu einer Hinzurechnung in dieser Zeile. Eintragungen sind dann nicht erforderlich.

Praxishinweis:
Kommt die Escape-Regelung des § 2 Abs. 5 Satz 6 UmwStG zur Anwendung, sind zwar keine Eintragungen in Zeile 35b erforderlich, dennoch sollte der Sachverhalt gegenüber dem FA umfangreich erläutert werden. Soweit solche negativen Einkünfte aus Beteiligungen an anderen Körperschaften oder an Finanzmarktinstrumenten entstehen, muss hinreichend festgehalten werden, dass der Vorgang geprüft wurde und man zu dem Schluss gekommen ist, dass die Voraussetzungen nach § 2 Abs. 5 Satz 6 UmwStG vorlagen. Durch die Offenlegung des Prüfungsergebnisses gegenüber der FinVerw. wird späteren Steuerhinterziehungsvorwürfen wirksam begegnet.

1496 In der **Zeile 37** wird der **Verlust des laufenden VZs** eingetragen, der auf Grund eines schädlichen Beteiligungserwerbs nach § 8c KStG nicht zu berücksichtigen ist. Zu den Einzelheiten, wann ein schädlicher Beteiligungserwerb vorliegt, siehe → Rz. 1322.

1497 Im Falle eines schädlichen Beteiligungserwerbs während des laufenden Wj. unterliegt auch ein bis zu diesem Zeitpunkt erzielter Verlust der Verlustabzugsbeschränkung nach § 8c KStG. Dies ist insofern problematisch, als der bis zum schädlichen Beteiligungserwerb erzielte Gesamtbetrag der Einkünfte grundsätzlich nicht ermittelt wird. Vielmehr wird der Gesamtbetrag der Einkünfte für den ganzen VZ in der Steuererklärung ermittelt. Um den bis zu einem schädlichen Beteiligungserwerb entstandenen fiktiven Gesamtbetrag der Einkünfte korrekt ermitteln zu können, muss ein Zwischenabschluss auf den Stichtag des schädlichen Beteiligungserwerbs und darauf aufbauend eine komplett eigenständige Ermittlung des Gesamtbetrags der Einkünfte erstellt werden. Soweit dies nicht geschieht, kann der bis zum schädlichen Beteiligungserwerb entstandene Gesamtbetrag der Einkünfte aber auch sachlich und wirtschaftlich begründet geschätzt werden (z.B. durch betriebswirtschaftliche Auswertung oder aber durch zeitanteilige Aufteilung).[1] Ein bis zum schädlichen Beteiligungserwerb erzielter positiver Gesamtbetrag der Einkünfte kann mit noch nicht genutzten Verlusten der Vorzeit verrechnet werden.[2] Unklar ist, ob ein bis zum schädlichen Beteiligungserwerb erzielter negativer Gesamtbetrag der Einkünfte bis zur Höhe von 1 Mio. € auf einen positiven Gesamtbetrag der Einkünfte des Vorjahres zurückgetragen werden kann.

1498 Ergibt sich nach diesen Grundsätzen ein negativer Gesamtbetrag der Einkünfte bis zum schädlichen Beteiligungserwerb, bleibt dieser ausgleichsfähig, soweit er die vorhandenen (bei § 8c Abs. 1 Satz 1 KStG anteiligen) stillen Reserven im Zeitpunkt des schädlichen Beteiligungserwerbs nicht übersteigt. Unklar war bisher, in welcher Reihenfolge stille Reserven zu verwenden waren. Die FinVerw. vertritt hierzu die Auffassung, dass stille Reserven in der Reihenfolge zu verrechnen sind, in der sie bei ihrer Realisierung verrechnet werden würden.[3] Laufende Verluste sind vor den Verlustvorträgen zu erhalten.[4]

1499 Der danach im laufenden Wj. bis zum Eintritt des schädlichen Beteiligungserwerbs angefallene Verlust ist in **Zeile 37** hinzuzurechnen. Es empfiehlt sich die hierzu erforderliche Berechnung auf einer formlosen Anlage näher zu erläutern. Zur **Kürzung des verbleibenden Verlustvortrags** im Falle eines schädlichen Beteiligungserwerbs nach § 8c KStG vgl. Anmerkungen zu **Zeile 13 der Anlage Verluste** (→ Rz. 1271).

1500 Wie bereits unter den Erläuterungen zum Abschnitt „Gewinnkorrekturen bei Organschaft" der Anlage GK (→ Rz. 604 ff.) dargelegt, sind im Falle eines **körperschaftsteuerlichen Organschaftsverhältnisses** in einem ersten Rechenschritt sowohl bei der Einkommensermittlung der Organgesellschaft als auch bei der Einkommensermittlung des Organträgers die handelsrechtliche Gewinnabführung bzw. Verlustübernahme zu neutralisieren. Diese Korrekturen erfolgen in den Zeilen 270 bis 285 der Anlage GK.

Die handelsrechtliche Ergebnisübernahme wird dann in einem zweiten Rechenschritt durch die in § 14 Abs. 1 KStG gebotene **steuerrechtliche Einkommenszurechnung** ersetzt. Dieser zweite Rechenschritt erfolgt für Organträger in Zeile 38 der Anlage ZVE.

1501 In **Zeile 38** wird dem Organträger das **Einkommen der ihm vorgelagerten Organgesellschaften** zugerechnet. Der hier einzutragende Wert ist durch Addition der Werte lt. Zeile 25 aller Anlagen OT zu ermitteln. Er ist bereits um $^{20}/_{17}$ der von der Organgesellschaft geleisteten Ausgleichszahlungen (einschließlich der vGA an außenstehende Anteilseigner) gemindert. Hierbei handelt es sich um den gem. § 16 KStG von der Organgesellschaft als eigenes Einkommen zu versteuernden Betrag.

1502 Nach Hinzurechnung bzw. Abzug des dem Organträger zuzurechnenden positiven bzw. negativen Einkommens der Organgesellschaften ist in **Zeile 39** eine **Zwischensumme** zu bilden. Ergibt sich hier ein Negativsaldo, bildet dieser im Falle einer Abspaltung bei der übertragenden Körperschaft die Ausgangsgröße für die Berechnung des nach §§ 15 Abs. 3, 16 UmwStG unter der Zeile 39 anteilig zu kürzenden Verlusts aus dem laufenden VZ.

1) BMF v. 28.11.2017, IV C 2 – S 2745-a/09/10002 :004, BStBl I 2017, 1645, Rz. 35.
2) BMF v. 28.11.2017, IV C 2 – S 2745-a/09/10002 :004, BStBl I 2017, 1645.
3) BMF v. 28.11.2017, IV C 2 – S 2745-a/09/10002 :004, BStBl I 2017, 1645, Rz. 63.
4) BMF v. 28.11.2017, IV C 2 – S 2745-a/09/10002 :004, BStBl I 2017, 1645, Rz. 62.

Bei einer **Abspaltung auf andere Körperschaften** tritt bei der übertragenden Körperschaft gem. **§ 15 Abs. 3 UmwStG** nicht nur eine anteilige Minderung der verbleibenden Verlustvorträge, sondern auch eine **anteilige Minderung** der bis zum Zeitpunkt der Abspaltung **nicht ausgeglichenen negativen Einkünfte des laufenden VZ** in dem Verhältnis ein, in dem bei Zugrundelegung des gemeinen Werts das Vermögen auf eine andere Körperschaft übergeht. Entsprechendes gilt im Fall der **Abspaltung auf eine Personengesellschaft (§ 16 UmwStG)**. 1503

Die ausgehend von einem Negativbetrag lt. Zeile 39 nach dem vorgenannten Verhältnis zu berechnende Verlustkürzung ist mittels **Hinzurechnung in Zeile 40** vorzunehmen.

Zur Verringerung des verbleibenden Verlustvortrags im Fall der Abspaltung siehe Anmerkungen zu Zeile 15 der Anlage Verluste.

Die Zeilen 41 und 42 dienen der Neutralisierung eines laufenden Verlusts auf Grund der Steuerbefreiung eines Sanierungsgewinns. Die eigentliche Steuerbefreiung des Sanierungsgewinns wird nicht in den Zeilen 41 und 42, sondern in den Zeilen 29 bis 31 vorgenommen. 1504

Sanierungsgewinne sind nach § 3a Abs. 1 EStG zwar grundsätzlich von der Körperschaftsteuer befreit, jedoch mindert der Sanierungsgewinn bestehende Verlustvorträge, aber auch laufende Verluste, vgl. § 3a Abs. 3 Satz 2 EStG. Inwieweit ein **laufender Verlust nach dem Rechenschema des § 3a Abs. 3 Satz 2 Nr. 8 EStG neutralisiert wird**, ergibt sich aus den Eintragungen auf der **Anlage SAN**. Der dort in Zeile 17 errechnete Wert ist in die **Zeile 41** zu übertragen.

In **Zeile 42** sind **laufende Verluste aus anderen Einkunftsarten** zu neutralisieren. Bei Kapitalgesellschaften und anderen Körperschaften des § 1 Abs. 1 Nr. 1–3 KStG sind Eintragungen mangels anderer Einkunftsarten nicht vorstellbar.

Nach Vollzug dieses Rechenschritts ist in **Zeile 43** eine weitere **Zwischensumme** zu bilden. Der hier ermittelte Wert ist bei Organgesellschaften in Zeile 25 der Anlage OG zu übertragen. Im Regelfall (d.h. keine Ausgleichszahlungen oder sonstiges selbst zu versteuerndes Einkommen der Organgesellschaft) entspricht er dem dem Organträger zuzurechnenden Einkommen der Organgesellschaft. 1505

Zeile 44 ist lediglich von **Organgesellschaften** auszufüllen. Hierin werden diejenigen Ausgleichszahlungen an außenstehende Anteilseigner abgefragt, die unmittelbar durch den Organträger erbracht wurden. Die Besteuerung der Ausgleichszahlung hat auch in diesem Fall nicht beim Organträger, sondern bei der Organgesellschaft zu erfolgen (§ 16 Satz 2 KStG). 1506

Der in Zeile 44 einzutragende Wert ist **der Zeile 31 der Anlage OG zu entnehmen**.

Auch **Zeile 45** ist nur für Körperschaften bestimmt, die **Organgesellschaften** sind. In ihr wird der Teil des zuvor in der Steuererklärung der Organgesellschaft separat ermittelten Einkommens der Organgesellschaft ausgeschieden, der gem. § 14 KStG dem Organträger zuzurechnen ist. Dieser Betrag ist **der Zeile 28 der Anlage OG** zu entnehmen. 1507

Nach Durchführung der organschaftlich bedingten Einkommenszurechnungen der Zeilen 44 bis 45 darf bei einer Organgesellschaft lediglich noch ein eigenes Einkommen i.H.v. $^{20}/_{17}$ der geleisteten Ausgleichszahlungen an außenstehende Anteilseigner verbleiben. Sind derartige Ausgleichszahlungen nicht zu leisten, ergibt sich für die Organgesellschaft regelmäßig ein Einkommen von 0 €. 1508

b) Korrekturen nach § 2 Abs. 4 Satz 3 und 4 UmwStG und Gesamtbetrag der Einkünfte (Zeilen 46–55)

Zeile		EUR	
	Korrekturen nach § 2 Absatz 4 Satz 3 und 4 UmwStG Zeilen 47 bis 51: Nur im Falle von Umwandlungen mit steuerlicher Rückwirkung zur Anwendung des § 2 Absatz 4 Satz 3 und 4 UmwStG beim übernehmenden Rechtsträger; nicht bei Organgesellschaften und nicht in Fällen laut Zeile 52		
46	Zwischensumme		
47	Betrag laut Zeile 46		
48	Davon ab: Im Betrag laut Zeile 47 enthaltene positive Einkünfte des übertragenden oder einbringenden Rechtsträgers im Rückwirkungszeitraum aus eigenen Übernahmen	15.53	
49	Davon ab: Im Betrag laut Zeile 47 enthaltene positive Einkünfte des übertragenden oder einbringenden Rechtsträgers im Rückwirkungszeitraum laut gesonderter und einheitlicher Feststellung einer Personengesellschaft (50)	15.54	
50	Davon ab: Im Betrag laut Zeile 47 enthaltene positive Einkünfte des übertragenden oder einbringenden Rechtsträgers im Rückwirkungszeitraum laut gesonderter und einheitlicher Feststellung(en) nach § 14 Absatz 5 KStG (Summe der Beträge laut Zeile 27 aller Anlagen OT) (50)		
51	Zwischensumme: Wenn negativ: Nach § 2 Absatz 4 Satz 3 und 4 UmwStG nicht ausgleichsfähiger Verlust des übernehmenden Rechtsträgers (Übertrag eines negativen Betrages in die Hauptspalte mit umgekehrtem Vorzeichen)	▸	
	Korrekturen nach § 2 Absatz 4 Satz 3 und 4 UmwStG bei Verwendung der Anlage ÖHK		
52	Nicht bei Organgesellschaften: Dazu: Nach § 2 Absatz 4 Satz 3 und 4 UmwStG nicht ausgleichsfähiger Verlust des übernehmenden Rechtsträgers (Betrag laut Zeile 208 Hauptspalte aller Anlagen ÖHK)		15.74
	Gesamtbetrag der Einkünfte		
53	Gesamtbetrag der Einkünfte		
54	Bei Gesellschaften, die unter § 8 Absatz 7 Satz 1 Nummer 2 Satz 2 KStG fallen, und bei Gesellschaften und Betrieben gewerblicher Art, die Organträger solcher Gesellschaften sind; nicht bei Organgesellschaften: Dazu: Summe der negativen Gesamtbeträge der Einkünfte aus den einzelnen Sparten nach § 8 Absatz 9 Satz 1 Nummer 1 bis 3 KStG (Betrag laut Zeile 210 aller Anlagen ÖHK)		15.75
55	Maßgeblicher Gesamtbetrag der Einkünfte in den Fällen des § 8 Absatz 9 KStG		

1509 In **Zeile 46** ist dann eine weitere Zwischensumme zu ermitteln, die ggf. Ausgangsbetrag für die Ermittlung nach § 2 Abs. 4 Satz 3 ff. UmwStG ist.

Die folgenden Zeilen dienen der Beschränkung der Verrechnung von positiven Einkünften, die der Körperschaft als übernehmendem Rechtsträger i.R. eines Umwandlungsvorgangs im Rückwirkungszeitraum zugerechnet wurden mit eigenen negativen Einkünften oder einem bestehenden Verlustvortrag. Nach § 2 Abs. 4 Satz 3 und 4 UmwStG ist der Ausgleich von positiven Einkünften des übertragenden Rechtsträgers im Rückwirkungszeitraum mit verrechenbaren Verlusten, verbleibenden Verlustvorträgen, nicht ausgeglichenen negativen Einkünften und einem Zinsvortrag nicht zulässig.

Die Regelung wurde zur Verhinderung der Monetarisierung von Verlusten eingeführt. In diesem Gestaltungsmodell wird eine Gewinn erzielende Gesellschaft rückwirkend auf eine Gesellschaft mit Verlustvorträgen verschmolzen. Der im Rückwirkungszeitraum erzielte Gewinn fließt in die Gewinnermittlung des übernehmenden Rechtsträgers ein und konnte so wie ein selbst erzielter Gewinn zur Verlustverrechnung genutzt werden.

Durch § 2 Abs. 4 Satz 3 und 4 UmwStG wird nun eine Verrechnung der positiven Einkünfte im Rückwirkungszeitraum mit laufenden Verlusten und Verlustvorträgen verhindert. In den Zeilen 47 bis 51 erfolgt die Rückgängigmachung der laufenden Verlustverrechnung, während die Verhinderung der Verrechnung der positiven Einkünfte im Rückwirkungszeitraum mit Verlustvorträgen in der Zeile 43 der Anlage Verluste vorgenommen wird.

Eintragungen in den Zeilen 47 bis 51 sind unzulässig, wenn die Körperschaft, für die die Steuererklärung ausgefüllt wird, Organgesellschaft ist. In diesen Fällen erfolgt die Anwendung des § 2 Abs. 4 Satz 3 UmwStG auf Ebene des Organträgers. Die positiven Einkünfte im Rückwirkungszeitraum werden als sonstige Besteuerungsgrundlage i.S.d. § 14 Abs. 5 KStG gesondert und einheitlich festgestellt. Die positiven Einkünfte im Rückwirkungszeitraum sind in Zeile 62 der Anlage OG einzutragen. Eintragungen sind ebenfalls unzulässig, wenn es sich um eine Kapitalgesellschaft i.S.d. § 8 Abs. 7 Satz 1 Nr. 2 KStG (Eigengesellschaft der öffentlichen Hand) handelt. Das Ausgleichs- und Verrechnungsverbot ist in diesen Fällen spartenbezogen in den Zeilen 203 bis 208 der Anlage ÖHK zu berechnen.

Im Ausgangswert der Einkommensermittlung (Zeile 11 und 12) wurden laufende Gewinne, die im Rückwirkungszeitraum angefallen sind, bereits mit laufenden Verlusten verrechnet, da die Rückwirkung auch handelsrechtlich gilt und die Geschäftsvorfälle des übertragenden Rechtsträgers im Rückwirkungszeitraum in die Buchführung des übernehmenden Rechtsträgers übernommen werden.

Die in Zeile 46 zu bildende Zwischensumme enthält daher ebenfalls einen verrechneten Wert. Der in Zeile 46 berechnete Wert ist zunächst in **Zeile 47** zu übertragen.

In **Zeilen 48 und 49** sind die positiven Einkünfte des übertragenden oder einbringenden Rechtsträgers im Rückwirkungszeitraum einzutragen. Die beiden Zeilen unterscheiden sich insoweit, als in **Zeile 48** die eigenen Übernahmen einzutragen sind, d.h. die Übernahmen, bei denen die **Körperschaft**, für die die Steuererklärung auszufüllen ist, **übernehmender Rechtsträger** ist.

In **Zeile 49** sind dagegen die Übernahmen einzutragen, bei denen eine **Personengesellschaft**, an der die Körperschaft, für die die Steuererklärung auszufüllen ist, als Mitunternehmer beteiligt ist, **übernehmender Rechtsträger** ist, vgl. § 2 Abs. 4 Satz 5 UmwStG. Die entsprechenden positiven Einkünfte im Rückwirkungszeitraum der Personengesellschaft sind als sonstige Besteuerungsgrundlagen Teil der gesonderten und einheitlichen Feststellung nach § 180 Abs. 1 Nr. 2 Buchst. a AO. Zwischen der gesonderten und einheitlichen Feststellung der Personengesellschaft und der Körperschaftsteuerfestsetzung besteht ein Grundlagen-/Folgebescheidverhältnis.

In **Zeile 50** sind beim Organträger die positiven Einkünfte des Rückwirkungszeitraums einzutragen, bei denen eine **Organgesellschaft übernehmender Rechtsträger** ist, vgl. § 2 Abs. 4 Satz 4 UmwStG. Der hier einzutragende Wert ergibt sich als Summe aller Beträge lt. Zeile 27 der Anlage OT. Die entsprechenden positiven Einkünfte im Rückwirkungszeitraum der Organgesellschaft sind als sonstige Besteuerungsgrundlagen Teil der gesonderten und einheitlichen Feststellung nach § 14 Abs. 5 KStG. Zwischen der gesonderten und einheitlichen Feststellung nach § 14 Abs. 5 KStG und der Körperschaftsteuerfestsetzung des Organträgers besteht ein Grundlagen-/Folgebescheidverhältnis.

Zu beachten ist, dass nach dem Wortlaut des § 2 Abs. 4 Satz 3 und 4 UmwStG die positiven „Einkünfte" nicht verrechnet oder ausgeglichen werden dürfen. Die Einkünfte entsprechen nicht dem Saldo der Geschäftsvorfälle, der aus der Buchführung des übertragenden Rechtsträgers in die Buchführung des übernehmenden Rechtsträgers überführt wurde. Vielmehr muss eine eigene Einkünfteermittlung bestehend aus dem (fiktiven) bilanziellen Ergebnis im Rückwirkungszeitraum und aller außerbilanziellen Korrekturen (gedanklich eine eigene Einkünfteermittlung i.S.d. Anlage GK) für den Rückwirkungszeitraum vorgenommen werden.

In **Zeile 51** ergibt sich das um die positiven Einkünfte im Rückwirkungszeitraum neutralisierte **laufende Ergebnis des übernehmenden Rechtsträgers**. Soweit es sich um einen positiven Betrag handelt, sind keine weiteren Korrekturen am Einkommen notwendig, da ein positives eigenes Ergebnis nicht mit positiven Einkünften im Rückwirkungszeitraum verrechnet werden kann, da sich beide Werte addieren. Ein negatives laufendes eigenes Ergebnis darf jedoch nicht mit positiven Einkünften im Rückwirkungszeitraum verrechnet werden und muss folglich in der Hauptspalte addiert werden, vgl. § 2 Abs. 4 Satz 3 UmwStG. In Zeile 53 verbleiben in diesen Fällen dann die positiven Einkünfte im Rückwirkungszeitraum, die der normalen Besteuerung unterworfen werden.

Zunächst werden in **Zeile 52** die nach § 2 Abs. 4 Satz 3 UmwStG nicht mit **positiven Einkünften im Rückwirkungszeitraum** ausgleichsfähigen **laufenden Verluste** des übernehmenden Rechtsträgers abgefragt. Die Zeile 52 entspricht systematisch damit der Zeile 51 bei Nicht-Spartenfällen. Die den Zeilen 47 bis 51 vergleichbare Berechnung für Spartenfälle ist auf die Anlage ÖHK „ausgelagert" worden. Der Wert kann daher auch aus der Summe der Werte lt. Zeile 208 aller Anlagen ÖHK ermittelt werden. Eintragungen sind jedoch unzulässig, wenn es sich um eine Organgesellschaft handelt, da die Ausgleichs- und Verrechnungsbeschränkung auf Ebene des Organträgers anzuwenden ist, vgl. § 2 Abs. 4 Satz 4 UmwStG. **1510**

In **Zeile 53** ergibt sich als nächste Zwischensumme der **Gesamtbetrag der Einkünfte**. Ist dieser Betrag negativ, ist er im Regelfall zur Ermittlung des verbleibenden Verlustvortrags in die Zeile 18 der Anlage Verluste zu übertragen. Ist er positiv, so ist er – bei Bestehen eines Verlustvortrages – in Zeile 22 der Anlage Verluste zu übertragen. **1511**

Nach § 8 Abs. 7 Satz 1 Nr. 2 KStG sind bei Kapitalgesellschaften, bei denen die Mehrheit der Stimmrechte unmittelbar oder mittelbar auf juristische Personen des öffentlichen Rechts entfällt, die Rechtsfolgen einer verdeckten Gewinnausschüttung nicht bereits deshalb zu ziehen, weil die Kapitalgesellschaft ein Dauerverlustgeschäft ausübt und nachweislich ausschließlich diese Gesellschafter die Verluste des Dauerverlustgeschäfts tragen. Ein solches Dauerverlustgeschäft liegt nach der Legaldefinition des § 8 Abs. 7 Satz 2 KStG vor, soweit aus verkehrs-, umwelt-, sozial-, kultur-, bildungs- oder gesundheitspolitischen Gründen eine wirtschaftliche Tätigkeit ohne kostendeckendes Entgelt unterhalten wird oder das Geschäft Ausfluss einer Tätigkeit ist, die bei juristischen Personen des öffentlichen Rechts zu einem Hoheitsbetrieb gehört. **1512**

In den vorgenannten Fällen sind aber die unterschiedlichen Tätigkeiten der Gesellschaft nach dem **Prinzip der Spartentrennung** folgenden Sparten zuzuordnen: **1513**

1. Tätigkeiten, die als Dauerverlustgeschäfte Ausfluss einer Tätigkeit sind, die bei juristischen Personen des öffentlichen Rechts zu einem Hoheitsbetrieb gehören, sind jeweils gesonderten Sparten zuzuordnen.
2. Tätigkeiten, die nach § 4 Abs. 6 Satz 1 KStG zusammenfassbar sind oder aus den übrigen, nicht in Nummer 1 bezeichneten Dauerverlustgeschäften stammen, sind jeweils gesonderten Sparten zuzuordnen, wobei zusammenfassbare Tätigkeiten jeweils eine einheitliche Sparte bilden.
3. Alle übrigen Tätigkeiten sind einer einheitlichen Sparte zuzuordnen.

Für jede sich hiernach ergebende Sparte ist unter Verwendung der **Anlage ÖHK** (→ Rz. 1055) der **Gesamtbetrag der Einkünfte getrennt zu ermitteln**.

1514 Ein negativer Gesamtbetrag der Einkünfte einer Sparte darf nicht mit einem positiven Gesamtbetrag der Einkünfte einer anderen Sparte ausgeglichen oder nach Maßgabe des § 10d EStG in einem anderen VZ abgezogen werden (**Verbot des spartenübergreifenden Verlustausgleichs bzw. -abzugs**). Er mindert jedoch nach Maßgabe des § 10d EStG die positiven Gesamtbeträge der Einkünfte, die sich in dem unmittelbar vorangegangenen und in den folgenden VZ für diese Sparte ergeben. Gesetzliche Grundlage hierfür ist die Regelung in **§ 8 Abs. 9 KStG**. Zur Anwendung des Verlustvortrags und -rücktrags in Fällen des § 8 Abs. 9 KStG siehe Erläuterungen zu den Zeilen 57 und 59 (→ Rz. 1517). Bei Umwandlungsvorgängen mit Rückwirkung, bei denen übernehmender Rechtsträger eine Kapitalgesellschaft i.S.d. § 8 Abs. 7 Satz 1 Nr. 2 KStG ist, ist das Ausgleichs- und Verrechnungsverbot eines negativen eigenen Ergebnisses oder einer Verrechnung mit Verlustvorträgen spartenbezogen vorzunehmen.

1515 Zur Umsetzung des Verbots des spartenübergreifenden Verlustausgleichs ist bei Kapitalgesellschaften i.S.d. § 8 Abs. 7 Satz 1 Nr. 2 KStG und bei Gesellschaften und Betrieben gewerblicher Art, die Organträger solcher Gesellschaften sind, in **Zeile 54** die Summe aller negativen Gesamtbeträge der Einkünfte aus den einzelnen Sparten i.S.d. § 8 Abs. 9 Satz 1 Nr. 1 bis 3 KStG dem Gesamtbetrag der Einkünfte lt. Zeile 53 hinzuzurechnen. Da im Falle körperschaftsteuerlicher Organschaft die Hinzurechnung erst auf der Ebene des Organträgers erfolgt, ist die Hinzurechnung in der Steuererklärung der Organgesellschaft selbst zu unterlassen.

Zur Ermittlung der hinzuzurechnenden Summe aller negativen Gesamtbeträge der Einkünfte aus den o.a. Sparten dient die **Anlage ÖHK**. Der in **Zeile 54** einzusetzende Betrag berechnet sich aus der Summe der Beträge lt. Zeile 210 aller Anlagen ÖHK.

1516 Nach Hinzurechnung der nicht ausgleichsfähigen negativen Gesamtbeträge der Einkünfte aus den Sparten i.S.d. § 8 Abs. 9 Satz 1 Nr. 1 bis 3 KStG ergibt sich in **Zeile 55** der **in Fällen des § 8 Abs. 9 KStG maßgebliche Gesamtbetrag der Einkünfte**.

Bei Körperschaften, die nicht von der Spartenregelung betroffen sind, bleiben die Zeilen 54 und 55 ohne Eintragung.

4. Ermittlung des zu versteuernden Einkommens (Zeilen 56–70)

a) Verlustabzug und Abzugsbetrag nach § 10g EStG (Zeilen 56–60)

Steuernummer - 5 -

Zeile	Ermittlung des zu versteuernden Einkommens	
	Verlustabzug	EUR
56	Davon ab: Verlustabzug aufgrund der Verrechnung mit dem Verlustvortrag (nicht in den Fällen des § 8 Absatz 9 KStG); (Summe der Beträge laut Zeilen 25 und 27 der Anlage Verluste oder des Betrages laut Zeile 5 der Anlage Invest-Verluste)	
57	Davon ab: Verlustabzug aufgrund der Verrechnung mit dem Verlustvortrag (in den Fällen des § 8 Absatz 9 KStG); (Betrag laut Zeile 233 aller Anlagen ÖHK)	15.76
58	Davon ab: Verlustabzug aufgrund eines Verlustrücktrags aus dem folgenden Veranlagungszeitraum, gegebenenfalls unter Berücksichtigung des § 2 Absatz 4 Satz 3 UmwStG und des § 3a Absatz 3 Satz 2 Nummer 12 Satz 2 EStG (nicht in den Fällen des § 8 Absatz 9 KStG)	
58a	Davon ab: Verlustabzug aufgrund eines Verlustrücktrags aus dem zweiten folgenden Veranlagungszeitraum, gegebenenfalls unter Berücksichtigung des § 2 Absatz 4 Satz 3 UmwStG und des § 3a Absatz 3 Satz 2 Nummer 12 Satz 2 EStG (nicht in den Fällen des § 8 Absatz 9 KStG)	
59	Davon ab: Verlustabzug aufgrund eines Verlustrücktrags aus dem folgenden Veranlagungszeitraum, gegebenenfalls unter Berücksichtigung des § 2 Absatz 4 Satz 3 UmwStG und des § 3a Absatz 3 Satz 2 Nummer 12 Satz 2 EStG (in den Fällen des § 8 Absatz 9 KStG)	
59a	Davon ab: Verlustabzug aufgrund eines Verlustrücktrags aus dem zweiten folgenden Veranlagungszeitraum, gegebenenfalls unter Berücksichtigung des § 2 Absatz 4 Satz 3 UmwStG und des § 3a Absatz 3 Satz 2 Nummer 12 Satz 2 EStG (in den Fällen des § 8 Absatz 9 KStG)	
	Abzugsbetrag nach § 10g EStG	
60	Davon ab: Abzugsbetrag nach § 10g EStG (Abzug höchstens bis auf 0 €) 47	15.43

1517 Der Gesamtbetrag der Einkünfte ist in **Zeile 56** zunächst mit einem bestehenden Verlustvortrag zu verrechnen (**Verlustabzug**). Der Gesamtbetrag der Einkünfte wird mit dem Verlustvortrag nach § 10d EStG verrechnet. Für Investmentfonds kommt abweichend hiervon jedoch nur eine Verrechnung mit den verbleibenden negativen Einkünften nach § 6 Abs. 8 InvStG in Betracht. Hierfür hat die FinVerw. eine eigene Anlage Invest-Verluste geschaffen.

Die Rechtsgrundlagen für die **Berücksichtigung eines** Verlustabzugs im Wege des **Verlustvortrags** sind in § 8 Abs. 1 KStG i.V.m. § 10d Abs. 2 EStG und § 8c KStG zu finden. Danach sind – sofern die körperschaftsteuerlichen

Sonderregelungen des § 8c KStG nicht greifen – nicht ausgeglichene negative Einkünfte, die nicht bereits im Wege des Verlustrücktrags Berücksichtigung gefunden haben, in den folgenden VZ bis zu einem Gesamtbetrag der Einkünfte von 1 Mio. € unbeschränkt und darüber hinaus bis zu 70 % des 1 Mio. € übersteigenden Gesamtbetrags der Einkünfte im Wege des Verlustvortrags abzuziehen. Die zu der sog. Mindestbesteuerung führende Begrenzung des Verlustvortrags wird auf der Anlage Verluste in den Zeilen 25 und 27 rechnerisch ermittelt. Eine weitere Begrenzung erfährt der Verlustvortrag durch die Höhe des in Zeile 53 dargestellten und in Zeile 22 der Anlage Verluste übernommenen positiven Gesamtbetrags der Einkünfte des Verlustabzugsjahres.

Die Summe der sich aus der Höchstbetragsberechnung ergebenden Abzugsbeträge lt. Zeilen 25 und 27 der Anlage Verluste ist in **Zeile 56** zu übertragen.

Bei Investmentfonds erfolgt die Verrechnung mit verbleibenden negativen Einkünften nach § 6 Abs. 8 InvStG der Höhe nach unbegrenzt. Der in Zeile 5 der Anlage Invest-Verluste ermittelte Betrag ist bei Investmentfonds in die Zeile 56 zu übertragen.

Findet auf die Körperschaft die Regelung des **§ 8 Abs. 9 KStG** Anwendung, kann ein **Verlustvortrag nur spartenbezogen** gewährt werden (→ Rz. 1443). Die Berechnung des zulässigen Verlustabzugs wird in diesen Fällen unter Verwendung der **Anlage ÖHK** vorgenommen. Das in Zeile 233 der jeweiligen Anlage ausgewiesene Ergebnis ist über alle Anlagen ÖHK zu summieren und in **Zeile 57** der Anlage ZVE zu übertragen. Die Zeile 56 ist in diesen Fällen nicht auszufüllen. **1518**

In **Zeile 58** ist die Minderung des Gesamtbetrags der Einkünfte auf Grund eines **Verlustrücktrags** aus dem folgenden VZ einzutragen. Rechtsgrundlage für die **Berücksichtigung eines Verlustrücktrags** aus dem Folgejahr ist § 8 Abs. 1 KStG i.V.m. § 10d Abs. 1 EStG. Danach sind negative Einkünfte, die bei der Ermittlung des Gesamtbetrags der Einkünfte nicht ausgeglichen werden, bis zu einem Gesamtbetrag von 1 Mio. € vom Gesamtbetrag der Einkünfte des unmittelbar vorangegangenen VZ abzuziehen. **1519**

Über die **Ausübung des Wahlrechts auf Verzicht des Verlustrücktrags** entscheidet die Körperschaft regelmäßig erst **in Zeile 20 der für das Folgejahr (Verlustentstehungsjahr) einzureichenden Anlage Verluste**. Dort ist eine „0" einzutragen, wenn auf den Verlustrücktrag verzichtet werden soll. Für Beratungshinweise zur Optimierung der Wahlrechtsausübung siehe → Rz. 1290.

Der Wert laut Zeile 20 der Anlage Verluste des Folgejahres ist dann in **Zeile 58 der Steuererklärung des Vorjahres** (Verlustabzugsjahres) zu übertragen. Dies gilt freilich nur, wenn beide Steuererklärungen gleichzeitig beim FA eingereicht werden. Liegt die Steuererklärung für das Vorjahr bereits dem FA vor, bedarf diese keiner Korrektur mehr. Die durch den Verlustrücktrag erforderliche Änderung wird seitens des FA nach den Angaben im Erklärungsvordruck des Verlustentstehungsjahres von Amts wegen berücksichtigt. Das gilt auch für den Fall, dass für das Vorjahr bereits ein Steuerbescheid ergangen ist. Änderungsgrundlage ist hier – soweit der Bescheid nicht nach § 164 Abs. 1 AO unter dem Vorbehalt der Nachprüfung ergangen ist – § 10d Abs. 1 Satz 2 EStG.

Ab dem Verlustentstehungsjahr 2022 ist darüber hinaus der Verlustrücktrag auf zwei Jahre ausgeweitet worden. In **Zeile 58a** ist demzufolge ein **Verlustrücktrag aus dem zweiten Folgejahr** einzutragen. Der Verlustrücktrag ist insgesamt auf 1 Mio. € beschränkt. Nach § 10d Abs. 1 Satz 2 EStG ist zunächst so viel wie möglich in unmittelbar vorangegangenen VZ zurückzutragen. Nur ein übersteigender Betrag kann auf den zweiten vorangegangenen VZ (also in die Zeile 58a) übertragen werden. Für weitere Details siehe → Rz. 1290.

Findet auf die Körperschaft die Regelung des **§ 8 Abs. 9 KStG** Anwendung, kann auch ein **Verlustrücktrag aus dem nachfolgenden VZ in den laufenden VZ nur spartenbezogen** gewährt werden (→ Rz. 1443). Die Berechnung des zulässigen Verlustrücktrags wird in diesen Fällen unter Verwendung der **Anlage ÖHK** des Folgejahres vorgenommen. Das Ergebnis dieser Berechnung ist dann **in Zeile 59 der Anlage ZVE für das Rücktragsjahr** (Rücktrag aus dem Vorjahr) bzw. in die **Zeile 59a** der Anlage ZVE für einen **Rücktrag in den zweiten vorangegangenen VZ** zu übertragen. Die Zeile 58 ist in diesen Fällen nicht auszufüllen. **1520**

In **Zeile 60** des Erklärungsvordrucks ist noch die Kürzung um einen eventuellen **Abzugsbetrag nach § 10g EStG (Steuerbegünstigung für schutzwürdige Kulturgüter)** zu berücksichtigen. Durch diesen Abzugsbetrag darf sich kein negatives Einkommen ergeben bzw. sich ein negatives Einkommen nicht erhöhen. Die Zeile darf für Kapitalgesellschaften und andere Körperschaften nach § 1 Abs. 1 Nr. 1 bis 3 KStG nicht ausgefüllt werden, da der Abzug bei Vorliegen des einheitlichen Gewerbebetriebs nach § 8 Abs. 2 KStG nicht möglich ist. **1521**

b) Rechtsfähige Pensions-, Sterbe-, Kranken- und Unterstützungskassen (Zeilen 61–66)

	Rechtsfähige Pensions-, Sterbe-, Kranken- und Unterstützungskassen		
	Zeilen 61 bis 66: Nur bei Überdotierung von rechtsfähigen Pensions-, Sterbe-, Kranken- und Unterstützungskassen		
61	Zwischensumme		
62	Davon steuerpflichtiges Einkommen in Höhe der Überdotierung (Betrag laut Zeile 61 multipliziert mit dem Wert laut Zeile 45 der Anlage Kassen, dividiert durch den Wert laut Zeile 43 der Anlage Kassen beziehungsweise Betrag laut Zeile 61 multipliziert mit dem Wert laut Zeile 62 der Anlage Kassen, dividiert durch Wert laut Zeile 60 der Anlage Kassen)		
	Unterstützungskassen, die Kapitalgesellschaften sind	EUR	
63	Höhe der im Wirtschaftsjahr getätigten Versorgungsleistungen		
64	Festgestellter Betrag nach § 6 Absatz 5a Satz 6 Nummer 2 KStG zum Ende des vorangegangenen Veranlagungszeitraums		
65	Davon ab: Betrag nach § 6 Absatz 5a Satz 4 und 5 KStG (wenn Betrag laut Zeile 62 positiv: niedrigerer Betrag aus den Zeilen 62, 63 oder 64)	▸	15.58
66	Festzustellender Betrag nach § 6 Absatz 5a Satz 6 Nummer 2 KStG zum Ende des laufenden Veranlagungszeitraums (Betrag laut Zeile 64 abzüglich Betrag laut Zeile 65)		

1522 Rechtsfähige Pensions-, Sterbe-, Kranken- und Unterstützungskassen können nach § 5 Abs. 1 Nr. 3 KStG steuerbefreit sein. In diesen Fällen ist in Zeile 10 des Hauptvordrucks eine „3" einzutragen und weitere Erläuterungen auf der Anlage Kassen zu machen. Neben weiteren Voraussetzungen dürfen diese Kassen nicht überdotiert sein, d.h. über zu viel Vermögen verfügen (zu den Einzelheiten siehe Anlage Kassen → Rz. 691). Folge einer Überdotierung ist jedoch nicht der vollständige Verlust der Steuerbefreiung, vielmehr fällt die Steuerbefreiung nur insoweit weg, als die Überdotierung besteht, vgl. § 6 KStG. Kommt es zu einer Überdotierung, muss eine nach § 5 Abs. 1 Nr. 3 KStG steuerbefreite Kasse die Anlage ZVE ohne Berücksichtigung der Steuerbefreiung ausfüllen.

In der Zwischensumme in **Zeile 61** ergibt sich dann das **Einkommen der Kasse ohne Anwendung der Steuerbefreiung**.

In **Zeile 62** wird auf dieses Brutto-Einkommen der Kasse das Verhältnis der Überdotierung angewendet, sodass sich das **steuerpflichtige Einkommen der Unterstützungskasse** ergibt. Die Zeilen 63 bis 66 dienen der Ermittlung und Berücksichtigung des nach § 6 Abs. 5a Satz 6 Nr. 2 KStG festzustellenden Betrags. Eintragungen sind nur für Unterstützungskassen zulässig, die in der Rechtsform einer Kapitalgesellschaft betrieben werden und sind damit nur sehr selten.

Bei § 6 Abs. 5a Satz 6 Nr. 2 KStG handelt es sich um eine Übergangsregelung. Im VZ 2016 konnte die Feststellung eines sog. „Zuwendungsvortrags" beantragt werden. Dieser setzte sich aus den Zuwendungen des Trägerunternehmens der VZ 2006 bis 2015 gekürzt um die in dieser Zeit geleisteten Versorgungsleistungen zusammen, soweit die Zuwendungen und Versorgungsleistungen im steuerpflichtigen Einkommen der Unterstützungskasse enthalten waren.

Ein so festgestellter (und ggf. **fortgeschriebener) Zuwendungsvortrag** ist mit dem zum Ende des vorangegangenen VZ festgestellten Wert in **Zeile 64** einzutragen. Die Höhe der im Wj. getätigten Versorgungsleistungen ist in Zeile 63 einzutragen.

Soweit die **laufenden Versorgungsleistungen den fortgeschriebenen Zuwendungsvortrag nicht übersteigen**, mindern sie durch Eintragung in **Zeile 65** das zu versteuernde Einkommen.

In Zeile 66 ist der um die Minderung des Einkommens lt. **Zeile 65** gekürzte Betrag einzutragen. Dieser Betrag ist nach **§ 6 Abs. 5a Satz 6 Nr. 2 KStG gesondert festzustellen**. Er hat Bindungswirkung für die Folgebescheide. Es ist darauf zu achten, dass der Betrag auch tatsächlich durch das FA mit eigenem Bescheid gesondert festgestellt wird.

c) Inl. öffentlich-rechtliche Rundfunkanstalten (Zeile 67)

	Inländische öffentlich-rechtliche Rundfunkanstalten	
67	Dazu: Einkommen nach § 8 Absatz 1 Satz 3 KStG	15.55

1523 In **Zeile 67** ist das Einkommen des BgA „Veranstaltung von Werbesendungen" einer inl. öffentlich-rechtlichen Rundfunkanstalt einzutragen. Öffentlich-rechtliche Rundfunkanstalten sind – wie alle Körperschaften des öffentlichen Rechts – nur mit ihren BgA steuerpflichtig. Wie alle öffentlich-rechtlichen Körperschaften können auch Rundfunkanstalten mehrere BgA betreiben, für die jeweils getrennte Körperschaftsteuerfestsetzungen und -erklärungen zu erstellen sind. Die Veranstaltung von Werbesendungen stellt einen eigenen BgA dar.

Für diesen speziellen BgA besteht mit § 8 Abs. 1 Satz 3 KStG eine spezielle Pauschalierungsregelung zur Ermittlung des Einkommens. Das Einkommen beträgt nach § 8 Abs. 1 Satz 3 KStG 16 % des umsatzsteuerlichen Entgelts. Entgelt ist nach § 10 Abs. 1 Satz 2 UStG alles, was die Auftraggeber der Werbesendungen aufwenden, um die Werbesendung ausstrahlen zu dürfen, jedoch ohne die Umsatzsteuer. Mithin sind in **Zeile 67 16 % die Nettoeinnahmen aus den Werbesendungen** einzutragen. Weitere Eintragungen vor Zeile 67 dürfen auf der Anlage ZVE nicht gemacht werden. Auch eine Anlage GK darf nicht abgegeben werden.

d) Einkommen und zu versteuerndes Einkommen (Zeilen 68–70)

	Einkommen	
68	Einkommen	
68a	Nur bei Genossenschaften und steuerpflichtigen Vereinen, die ausschließlich Einkünfte aus Land- und Forstwirtschaft erzielen: Die Voraussetzungen für einen Freibetrag nach § 25 KStG liegen vor	15.28 2 = Ja
		EUR
68b	Davon ab: Freibetrag nach § 25 KStG	
69	Davon ab: Freibetrag nach § 24 KStG für bestimmte Körperschaften (Betrag laut Zeile 68, höchstens 5.000 €) 8	
	Zu versteuerndes Einkommen	
70	Zu versteuerndes Einkommen	

Nach Minderung um einen in Anspruch genommenen Abzugsbetrag nach § 10g EStG ergibt sich in **Zeile 68** das **Einkommen**. Es stellt zugleich den **Höchstbetrag für** den Abzug eventueller **Freibeträge nach §§ 24 und 25 KStG** dar. **1524**

In **Zeile 68a** wird abgefragt, ob die **Voraussetzungen** für einen **Freibetrag nach § 25 KStG** erfüllt sind. Nach **§ 25 KStG** kommt für steuerpflichtige Genossenschaften sowie steuerpflichtige Vereine, deren Tätigkeit sich auf den Betrieb der Land- und Forstwirtschaft beschränkt oder die eine gemeinschaftliche Tierhaltung i.S.d. § 51a BewG betreiben, unter den weiteren Voraussetzungen des § 25 Abs. 1 Satz 2 KStG im VZ ihrer Gründung und in den folgenden neun VZ ein **Freibetrag i.H.v. bis zu 15 000 €** zum Abzug. Eintragungen sind daher nur zulässig, wenn in Zeile 9 des Hauptvordrucks eine Rechtsform der Genossenschaft oder die eines Vereins eingetragen wurde. Handelt es sich um einen Verein, müssen auch Einkünfte aus Land- und Forstwirtschaft erklärt werden. Bei Genossenschaften ist auf Grund des § 1 Abs. 1 Nr. 2 i.V.m. § 8 Abs. 2 KStG ausschließlich die Einkunftsart Gewerbebetrieb zulässig, sodass in diesen Fällen auch ein Freibetrag abgezogen werden kann. **1525**

Wurde in Zeile 68a eine „2" eingetragen und liegen demnach die Voraussetzungen des § 25 KStG vor, erfolgt in **Zeile 68b** die **Minderung des Einkommens um den Freibetrag**. Der Freibetrag ermittelt sich aus dem kleineren Wert des in Zeile 68 ausgewiesenen Einkommens und dem Höchstbetrag von 15 000 €.

Wurde kein Freibetrag nach § 25 EStG abgezogen (Regelfall) kann u.U. in **Zeile 69** der **Freibetrag nach § 24 KStG** abgezogen werden. Nach § 24 KStG ist vom Einkommen steuerpflichtiger Körperschaften, Personenvereinigungen und Vermögensmassen ein **Freibetrag i.H.v. bis zu 5 000 €** in Abzug zu bringen. Der Freibetrag wird jedoch höchstens bis zur Höhe des positiven Einkommens gewährt. Gemäß § 24 Satz 2 KStG scheidet die Anwendung der Freibetragsregelung für Körperschaften und Personenvereinigungen, deren Leistungen bei den Empfängern zu den Einnahmen i.S.d. § 20 Abs. 1 Nr. 1 oder 2 EStG (Kapitalgesellschaften, Genossenschaften) gehören, sowie für Genossenschaften und Vereine i.S.d. § 25 KStG aus. Er kommt also insb. zum Abzug für: **1526**

- steuerbefreite eingetragene Vereine und sonstige Körperschaften des privaten Rechts, soweit sie steuerpflichtige wirtschaftliche Geschäftsbetriebe betreiben,
- nicht steuerbefreite sonstige Körperschaften des privaten Rechts nach § 1 Abs. 1 Nr. 4 und 5 KStG,
- Versicherungs- und Pensionsfondsvereine auf Gegenseitigkeit[1] und
- BgA von j.P.d.ö.R. (auch bei Werbesendungen von öffentlich-rechtl. Rundfunkanstalten).

Beschränkt steuerpflichtige Körperschaften können den Freibetrag unter den gleichen Voraussetzungen wie unbeschränkt Stpfl. in Anspruch nehmen.

Nach Abzug eventuell in Betracht kommender Freibeträge nach §§ 24, 25 KStG ergibt sich in **Zeile 70** das zu versteuernde Einkommen. **1527**

1) Zu weiteren Beispielen für die Anwendung oder den Ausschluss des § 24 KStG vgl. R 24 KStR 2022.

5. Aufteilung des zu versteuernden Einkommens nach Steuersätzen (Zeilen 71–73)

Steuernummer

- 6 -

Zeile

Aufteilung des zu versteuernden Einkommens nach Steuersätzen

Regelsteuersatz

Zeile		
71	Von dem zu versteuernden Einkommen (Betrag laut Zeile 70) unterliegen dem Regelsteuersatz von 15 % EUR	Körperschaftsteuer (15 % des Betrages laut Vorspalte) EUR

Besonderer Steuersatz

Zeile		
72	Besonderer Steuersatz in Höhe von 15.81	Besonderer Steuersatz nach §
72a	Von dem zu versteuernden Einkommen (Betrag laut Zeile 70) unterliegen dem besonderen Steuersatz laut Zeile 72 EUR 15.82	Körperschaftsteuer (Prozentsatz laut Zeile 72 multipliziert mit dem Betrag laut Vorspalte) EUR
73	Betrag der aufgelösten Rücklage nach § 3 Absatz 4 Satz 2 Forstschäden-Ausgleichsgesetz EUR 15.85	Körperschaftsteuer (10 % des Betrages laut Vorspalte) EUR

1528 In diesem und den nächsten beiden Abschnitten wird die **tarifliche Körperschaftsteuer** berechnet. Im Regelfall sind nur Eintragungen zur Zeile 71 erforderlich.

Im **Regelfall** beträgt diese einheitlich **15 % des zu versteuernden Einkommens** (§ 23 Abs. 1 KStG). Daneben bestehen noch wenige besondere Tarifvorschriften, die außerhalb des KStG geregelt sind und zwei besondere tarifliche Regelungen im Körperschaftsteuergesetz, die in Zeilen 74 und 75 (Unterstützung und Förderung politischer Parteien durch Berufsverbände) und in Zeilen 76 und 77 (Investmentfonds) einzutragen sind.

Die **außerhalb** des **Körperschaftsteuergesetzes** geregelten **besonderen Tarifvorschriften** sind in den Zeilen 72 bis 73 einzutragen. Es handelt sich um die besonderen Steuersätze nach § 4 WasserkraftwerkVO, nach dem Forstschädenausgleichsgesetz und nach § 34b Abs. 1, Abs. 3 EStG i.V.m. R 23 KStR 2022 für Kalamitäts-Holznutzungen. Bei Vorliegen entsprechender Fallgestaltungen muss daher eine Aufteilung des zu versteuernden Einkommens auf die dem Regeltarif unterliegenden Einkommensteile und die einem ermäßigten Steuersatz unterliegenden Einkommensteile erfolgen.

Liegen keine besonderen Tarifermäßigungen (Regelfall) vor, ist das zu versteuernde Einkommen im ersten Betragsfeld der **Zeile 71** einzutragen. Im zweiten Betragsfeld ist die hierauf entfallende Körperschaftsteuer zu ermitteln (15 % des zu versteuernden Einkommens).

Liegen besondere Tarifermäßigungen vor, ist das zu versteuernde Einkommen, das dem Regelsteuersatz unterliegt, in das erste Betragsfeld der Zeile 71 einzutragen. Die im zweiten Betragsfeld einzutragende Körperschaftsteuer entspricht 15 % des dem Regelsteuersteuersatz unterliegenden Teils des zu versteuernden Einkommens.

Der Teil des Einkommens, der einem besonderen Tarif unterliegt, ist im ersten Betragsfeld der **Zeile 72** einzutragen. Außerdem ist anzugeben, auf welchen Rechtsgrundlagen der besondere Steuersatz beruht. Mögliche Eintragungen sind:

„§ 4 WasserkraftwerkVO“: Nach § 4 Abs. 1 WasserkraftwerkVO beträgt die Körperschaftsteuer, die auf den Betrieb einer begünstigten Anlage entfällt, für die ersten 20 Jahre nach Betriebsbeginn die Hälfte des gesetzlichen Körperschaftsteuersatzes (also 7,5 %, die dann in Zeile 72 erstes Eintragungsfeld einzutragen sind). Wirkliche Anwendungsfälle dürfte es hier jedoch nicht mehr geben, da nur Anlagen begünstigt sind, mit deren Bau nach dem 1.1.1938 und vor dem 31.12.1990 begonnen wurde.

„§ 34b EStG“: Nach R 23 KStR 2022 ist § 34b Abs. 1 und Abs. 3 EStG auch auf Körperschaften anzuwenden, obwohl die Kalamitätsregelungen des § 34b EStG auf die Minderung der Progression ausgerichtet sind, die es in der Körperschaftsteuer aber gar nicht gibt. Liegen die Voraussetzungen für außerordentliche Holznutzungen nach § 34b EStG vor (beispielsweise bei erhöhtem Einschlag auf Grund von Windbruch), beträgt der Steuersatz die Hälfte des gesetzlichen Steuersatzes (also ebenfalls 7,5 %).

Gewinne aus der Auflösung von Rücklagen nach dem Forstschutzausgleichsgesetz sind in Zeile 73 einzutragen.

Die Körperschaftsteuer für diesen Einkommensteil ergibt sich durch Multiplikation des besonderen Steuersatzes lt. Zeile 72 mit dem Einkommen, das besonderen Tarifvorschriften unterliegt und ist im ersten Betragsfeld der Zeile 72a einzutragen. Das Ergebnis ist in Zeile 72a zweites Eintragungsfeld einzutragen.

Liegen mehrere besondere Tarifvorschriften vor, empfiehlt es sich, die Berechnung des besonderen Steuersatzes und des Einkommens gegenüber dem FA gesondert zu erläutern.

Die **Zeile 73** ist zur Berechnung der besonderen Steuer auf die Auflösung steuerfreier Rücklagen nach § 3 Abs. 4 **1529**
Satz 2 Forstschäden-Ausgleichsgesetz (ForstSchAusglG) gedacht. Im ersten Betragsfeld ist der Betrag der aufgelösten Rücklage einzutragen. Solche den Gewinn mindernde Rücklagen können Körperschaften bilden, wenn sie einen betrieblichen Ausgleichsfonds bilden und weitere Voraussetzungen nach § 3 Abs. 1 und 2 ForstSchAusglG erfüllen.

Die Rücklage darf unter den Voraussetzungen des § 3 Abs. 3 ForstSchAusglG wiederum gewinnwirksam aufgelöst werden. Wird die Rücklage zu anderen als den in § 3 Abs. 3 ForstSchAusglG genannten Zwecken aufgelöst, kommt es zu einer Strafbesteuerung von zusätzlichen 10 %, vgl. § 3 Abs. 4 Satz 2 KStG. Der so **zweckwidrig verwendete Auflösungsbetrag** ist in **Zeile 73** erstes Eintragungsfeld einzutragen. Die hierauf zu zahlende Körperschaftsteuer beträgt nochmals 10 % und ist in das zweite Betragsfeld einzutragen.

Die „Anrechnung" ausl. Steuern, die systematisch aber keine Anrechnung, sondern eine Tarifermäßigung darstellt, ist in den Vordrucken rechnerisch nicht dargestellt. Die entsprechenden Angaben auf der Anlage AESt werden durch die FinVerw. aber zur Berechnung verwendet.

6. Unterstützung oder Förderung politischer Parteien durch Berufsverbände (Zeilen 74 und 75)

Unterstützung oder Förderung politischer Parteien durch Berufsverbände

		EUR
74	Mittel, die für die unmittelbare oder mittelbare Unterstützung oder Förderung politischer Parteien verwendet wurden	15.80
75	Körperschaftsteuer (50 % des Betrages aus Zeile 74)	

Die Steuerfreiheit von Berufsverbänden ist gem. § 5 Abs. 1 Nr. 5 Satz 2 KStG ausgeschlossen, soweit sie **1530**

- einen wirtschaftlichen Geschäftsbetrieb unterhalten oder
- Mittel von mehr als 10 % der Einnahmen für die unmittelbare oder mittelbare Unterstützung oder Förderung politischer Parteien verwenden.

Verwenden Berufsverbände Mittel für die unmittelbare oder mittelbare Unterstützung oder Förderung politischer Parteien, wird eine zusätzliche Körperschaftsteuer von 50 % dieser Zuwendungen erhoben (§ 5 Abs. 1 Nr. 5 Satz 4 KStG). Dies gilt unabhängig davon, ob der Verband wegen Überschreitens der 10 %-Grenze seine Steuerfreiheit gänzlich einbüßt oder nur der partiellen Steuerpflicht unterliegt.

Zur Sicherstellung dieser Besteuerung hat jeder Berufsverband in diesem Abschnitt zusätzliche Angaben zu machen.

In **Zeile 74** ist die Summe aller verausgabten **Mittel** anzugeben, **die für die unmittelbare oder mittelbare Unter-** **1531**
stützung oder Förderung politischer Parteien verwendet wurden. Diese Mittel unterliegen unabhängig davon, ob sie mehr oder weniger als 10 % der Summe sämtlicher Einnahmen betragen, einer besonderen Besteuerung mit einem Körperschaftsteuersatz von 50 %. Diese Körperschaftsteuer tritt im Falle des Wegfalls der Steuerfreiheit wegen Überschreitens der 10 %-Grenze oder im Falle einer partiellen Steuerpflicht nach § 5 Abs. 1 Nr. 5 Satz 2 Buchst. a KStG neben die tarifliche Steuer nach § 23 Abs. 1 KStG.

In **Zeile 75** ist die auf die zugewandten Mittel lt. Zeile 74 **mit 50 % berechnete Körperschaftsteuer** einzutragen. **1532**
Auch hier ist die Steuer auf volle Euro abzurunden.

7. Nachzuholender Steuerabzug bei Investmentfonds (Zeilen 76 und 77)

	Nachzuholender Steuerabzug bei Investmentfonds 63	EUR
76	Inländische Beteiligungseinnahmen und sonstige inländische Einkünfte, für die ein Steuerabzug nachzuholen ist (§ 6 Absatz 3 und 5 in Verbindung mit § 7 InvStG) (laut gesonderter Ermittlung) 74	15.83
77	Körperschaftsteuer auf den Betrag laut Zeile 76 (Steuersatz nach § 7 Absatz 1 InvStG)	

1533 Eintragungen sind nur für Investmentfonds zulässig. Die FinVerw. hat die Zeilen 76 und 77 geschaffen, um im Veranlagungsverfahren Fehler beim Einbehalt der Kapitalertragsteuer zu korrigieren, vgl. → Rz. 669 f. In **Zeile 76** sind die inl. Beteiligungseinnahmen und sonstigen inl. Einkünfte einzutragen, für die die Verpflichtung zum Kapitalertragsteuerabzug bestand, der **Kapitalertragsteuereinbehalt aber tatsächlich nicht vorgenommen wurde**. Eigentlich wären derartige Fehler durch Nachforderungsbescheide zu erheben.

Eine gesonderte Erfassung dieser Erträge ist notwendig, weil nach § 7 Abs. 1 InvStG der Steuersatz auf solche Einkünfte lediglich 15 % inklusive Solidaritätszuschlag beträgt. Die Körperschaftsteuer in **Zeile 77** errechnet sich daher als das 14,215-fache des in Zeile 76 eingetragenen Werts.

XXVI. Anlage ZwiG – Besteuerungsgrundlagen von ausländischen Zwischengesellschaften nach § 7 AStG

1. Anwendungsbereich des Vordrucks

Bezeichnung des Steuerpflichtigen

Steuernummer

Die mit einem Kreis versehenen Zahlen bezeichnen die Erläuterungen in der Anleitung zur Körperschaftsteuererklärung.

Anlage ZwiG **2025**

☐ zur Steuererklärung

☐ zum Bescheid

Angaben zu Besteuerungsgrundlagen aus ausländischen Zwischengesellschaften § 7 AStG

Für jede Ausschüttung, Veräußerung oder Einlagenrückgewähr ist eine gesonderte Anlage ZwiG auszufüllen.

Bis zum VZ 2021 waren Besteuerungsgrundlagen von ausl. Zwischengesellschaften auf der Anlage GK zu erklä- 1534
ren. Dies war ungenau, da für die Eintragungen auf der Anlage GK sämtliche Besteuerungsgrundlagen aus der Beteiligung an allen Zwischengesellschaften summiert werden mussten. Der Gesetzgeber hat durch das ATADUmsG[1] die Hinzurechnungsbesteuerung (§§ 7–14 AStG) neu geregelt. Dies hat die FinVerw. dazu genutzt, ab dem VZ 2022 die Besteuerungsgrundlagen pro Beteiligung an einer ausl. Zwischengesellschaft auf der Anlage ZwiG zu erfassen. Der Grundaufbau des Vordrucks orientiert sich an der Anlage OT.

Sowohl bei der Hinzurechnungsbesteuerung nach §§ 7–14 AStG, als auch bei der körperschaftsteuerlichen Organschaft werden die bei Anteilseigner bzw. Organträger zu berücksichtigenden Besteuerungsgrundlagen gesondert festgestellt. Insofern ist es begrüßenswert, dass die FinVerw. hinsichtlich der Erfassung der Ergebnisse aus gesonderten Feststellungen jedenfalls bei §§ 7–14 AStG und § 14 Abs. 5 KStG gleich verfährt. Es wäre allerdings wünschenswert, wenn auch für Personengesellschaften (der Hauptfallgruppe der gesonderten Feststellung) vergleichbar verfahren werden würde.

Im ersten Abschnitt (Zeile 1 bis Zeile 4) ist zunächst die ausl. Zwischengesellschaft zu bezeichnen. Der zweite Abschnitt (Zeile 6 bis Zeile 7) dient der Erfassung von Besteuerungsgrundlagen einer Zwischengesellschaft, die der Körperschaft, für die die Steuererklärung ausgefüllt wird, mittelbar über eine Organgesellschaft oder über eine Personengesellschaft zuzurechnen sind. Die Ergebnisse der eigentlichen Hinzurechnungsbesteuerung einschließlich der Steueranrechnung sind im dritten Abschnitt (Zeile 10 bis Zeile 13) zu erfassen. Im letzten Abschnitt (Zeile 30 bis Zeile 37) sind Angaben zum Kürzungsbetrag nach § 11 AStG zu erfassen. Der Kürzungsbetrag nach § 11 AStG ersetzt die bisherige Steuerfreistellungssystematik nach § 3 Nr. 41 EStG.

Wie bereits ausgeführt, ist die Anlage ZwiG pro direkter Beteiligung an einer Zwischengesellschaft nach §§ 7 ff. 1535
AStG auszufüllen. Genauer gesagt muss die Anlage ZwiG

1. pro Beteiligung (ggf. mittelbar über Organ- oder Personengesellschaft), für die
2. ein Hinzurechnungsbetrag gesondert festgestellt wurde und für die das Wj. der Zwischengesellschaft in einem Wj. des Anteilseigners endet oder
3. ein Kürzungsbetrag nach § 11 AStG zu berücksichtigen ist, ausgefüllt werden.

Ein Kürzungsbetrag ist für Ausschüttungen und Einlagenrückgewähr der Zwischengesellschaft, sowie für Veräußerung der Anteile an der Zwischengesellschaft zu berücksichtigen.

Beispiel:

Die GmbH ist Anteilseignerin der Z Ltd., die auf Guernsey ansässig ist. Das Wj. der Z Ltd. geht vom 1.4.-31.3. In 10 wird das Wj. wieder auf ein kalenderjahrgleiches Wj. umgestellt. Das Wj. der GmbH läuft vom 1.2.-31.1. In 10 wird auch hier das Wj. wieder auf ein kalenderjahrgleiches Wj. umgestellt.

Die Z Ltd. schüttet am 28.1.2010 und am 5.5.2010 einen Betrag von jeweils 100 000 € aus. Für das am 31.3.2010 und das am 31.12.10 endende Wj. wird ein Hinzurechnungsbetrag von jeweils 2,5 Mio. € gesondert und einheitlich nach § 18 AStG festgestellt.

Lösung:

Für die Besteuerungsgrundlagen der Zwischengesellschaft Z Ltd. liegen im VZ 10 vier zu berücksichtigende Ereignisse vor:

1. Die Ausschüttung der Z Ltd. am 28.1.2010, die im Wj. des Anteilseigners vom 1.2.2009-31.1.2010 zu berücksichtigen ist und für die (ggf.) ein Kürzungsbetrag nach § 11 AStG abzuziehen ist.
2. Der zum 31.3.2010 festgestellte Hinzurechnungsbetrag, der im Wj. vom 1.3.-31.12.10 des Anteilseigners zu berücksichtigen ist.
3. Die Ausschüttung der Z Ltd. am 5.5.2010, die im Wj. des Anteilseigners vom 1.3.-31.12.10 zu berücksichtigen ist und für die (ggf.) ein Kürzungsbetrag nach § 11 AStG abzuziehen ist.
4. Der zum 31.12.10 festgestellte Hinzurechnungsbetrag, der ebenfalls im Wj. vom 1.3.-31.12.10 zu berücksichtigen ist.

Es bestehen keine Bedenken für jedes Ereignis eine eigene Anlage ZwiG abzugeben. Es ist aber auch möglich, die im gleichen Wj. des Anteilseigners zu berücksichtigenden Ereignisse auf einer gemeinsamen Anlage zu erklären. So können beispielsweise die Ereignisse # 2 und # 3 in der gleichen Anlage ZwiG erklärt werden. Für das Ereignis # 4 müsste dann wiederum eine weitere Anlage ZwiG abgegeben werden, weil nicht zwei Hinzurechnungsbeträge auf der gleichen Anlage ZwiG erfasst werden können.

---

1) ATAD-Umsetzungsgesetz – ATADUmsG v. 25.6.2021, BGBl. I 2021, 2035 = BStBl I 2021, 874.

1536 Bei direkter Beteiligung der Körperschaft, für die die Steuererklärung ausgefüllt wird, an der Zwischengesellschaft ergeben sich die auf der Anlage ZwiG einzutragenden Besteuerungsgrundlagen nahezu vollständig aus der gesonderten Feststellung nach § 18 AStG.

Die Anlage ZwiG ist aber auch auszufüllen, wenn es sich bei der Körperschaft, für die die Steuererklärung ausgefüllt wird, um einen Organträger handelt und für (ggf. über mehrere Ebenen) nachgeordnete Organgesellschaften Feststellungen zur Hinzurechnungsbesteuerung getroffen wurden. In diesen Fällen werden die für die Anwendung der Hinzurechnungsbesteuerung nach §§ 7 ff. AStG notwendigen Besteuerungsgrundlagen i.R. der Feststellung nach § 14 Abs. 5 KStG nochmals gesondert und einheitlich festgestellt. Die hier einzutragenden Angaben ergeben sich in diesen Fällen aus der Feststellung nach § 14 Abs. 5 KStG. Ebenfalls eine eigene Anlage ZwiG ist auszufüllen, wenn der Körperschaft Besteuerungsgrundlagen nach §§ 7 ff. AStG über eine Personengesellschaft zugerechnet werden. In diesen Fällen ergeben sich die hier einzutragenden Besteuerungsgrundlagen größtenteils aus der gesonderten und einheitlichen Feststellung nach § 180 Abs. 1 Nr. 2 Buchst. a AO.

Die Anlage ZwiG ist auch auszufüllen, wenn die Körperschaft, für die die Steuererklärung ausgefüllt wird, Organgesellschaft i.S.d. § 14 KStG ist. Die hier eingetragenen Werte beeinflussen entweder das dem Organträger zuzurechnende Einkommen oder fließen anderweitig in die gesonderte und einheitliche Feststellung nach § 14 Abs. 5 KStG mit ein.

Die auf dieser Anlage einzutragenden Besteuerungsgrundlagen sind also in fast allen Fällen bindend aus den gesonderten Feststellungen zu übernehmen. Einwendungen gegen die jeweiligen Feststellungen sind mit Rechtsbehelfen gegen die Feststellungsbescheide geltend zu machen.

Praxishinweis:
Die Frist zur Abgabe der Feststellungserklärungen nach dem AStG wurde allgemein bis zum 31.10.2024 verlängert.[1)]

1537 Über das Vorliegen der Voraussetzungen der Hinzurechnungsbesteuerung wird i.R. des Feststellungsverfahrens nach § 18 AStG entschieden. Dennoch sollen hier kurz die Voraussetzungen beschrieben werden, unter denen es zu einer Hinzurechnungsbesteuerung kommt.

Eine Zwischengesellschaft ist (vereinfacht) gegeben, wenn ein im Inland ansässiger Stpfl. eine im Ausland ansässige Körperschaft beherrscht, vgl. § 7 Abs. 1 Satz 1 AStG.[2)] Eine Beherrschung ist gegeben, wenn der Stpfl. (ggf. zusammen mit nahestehenden Personen) zum Ende des Wj. der ausl. Körperschaft unmittelbar oder mittelbar mehr als die Hälfte der Stimmrechte hält, vgl. § 7 Abs. 2 AStG.

Sehr viele Tochtergesellschaften deutscher Körperschaften erfüllen also die Voraussetzungen des § 7 AStG. Eine Zwischengesellschaft liegt jedoch nur vor, wenn die ausl. Körperschaft i.S.d. § 7 AStG auch Einkünfte nach § 8 AStG erzielt. Grundlegende Voraussetzung für eine Steuerpflicht nach § 8 AStG ist, dass niedrig besteuerte Einkünfte vorliegen. Niedrig besteuerte Einkünfte liegen vor, wenn die maßgebenden ausl. Einkünfte der ausl. Körperschaft mit einem Steuersatz von weniger als 15 % besteuert werden, vgl. § 8 Abs. 5 AStG.

Darüber hinaus definiert § 8 Abs. 1 AStG einen breiten Katalog von Einkünften, die nicht nach § 8 AStG steuerpflichtig sein sollen. Sofern nach diesen Grundsätzen also steuerpflichtige Einkünfte nach § 8 AStG verbleiben, sind diese dem Anteilseigner im Verhältnis seiner (ggf. mittelbaren) Beteiligung an der Zwischengesellschaft als Hinzurechnungsbetrag nach § 10 Abs. 1 AStG zuzurechnen. Der Hinzurechnungsbetrag erhöht als Leistung nach § 20 Abs. 1 Nr. 1 EStG wie Dividenden die Einkünfte aus Gewerbebetrieb[3)] und stellt eine außerbilanzielle Hinzurechnung dar. Obwohl es sich beim Hinzurechnungsbetrag um fiktive Dividenden handelt, sind § 8b KStG und § 3 Nr. 40 EStG insoweit nicht anwendbar, vgl. § 10 Abs. 2 Satz 4 AStG.

2. Allgemeine Angaben (Zeilen 1–4)

Zeile	**Allgemeine Angaben**	
	Bezeichnung der Zwischengesellschaft	
1	36.401	
	Steuernummer der Zwischengesellschaft	
2	36.400	
3	Diese Anlage ZwiG enthält die Werte des Feststellungsbescheids vom	36.402
4	Ein Feststellungsbescheid ist bisher nicht ergangen. 50	36.410 1 = Ja

1) BMF v. 18.6.2024, IV B 5 – S 1365/21/10001 :003, BStBl I 2024, 983.
2) Weiterführend Rz. 261 ff. des BMF-Schreibens v. 22.12.2023, IV B 5 – S 1340/23/10001 :001, BStBl I 2023, Nr. S1, 2.
3) Formal führt der Hinzurechnungsbetrag zu Bezügen nach § 20 Abs. 1 Nr. 1 EStG, vgl. § 10 Abs. 2 Satz 1 AStG. Im Kontext von Körperschaften sind die Anteile an der ausl. Zwischengesellschaft jedoch regelmäßig dem Betriebsvermögen zuzuordnen, so dass es sich auch hier um Einkünfte aus Gewerbebetrieb handelt, vgl. § 10 Abs. 2 Satz 2 AStG.

Zu Beginn der Anlage ist die ausl. Zwischengesellschaft nach § 7 AStG zunächst durch Angabe des **Namens** in **Zeile 1** und der **Steuernummer** in **Zeile 2** zu bezeichnen. Beide Eintragungen können dem jeweils relevanten Feststellungsbescheid (→ Rz. 1536) entnommen werden. Für eine Zwischengesellschaft können ggf. mehrere Anlagen ZwiG abzugeben sein, wenn die Körperschaft an der gleichen Zwischengesellschaft unmittelbar und mittelbar über Personen- oder Organgesellschaft beteiligt ist. Die FinVerw. wird diese Angaben für die Steueranrechnung nach § 12 AStG über die Angaben in Zeile 2 zusammenfassen. 1538

Interessant ist, dass hier keine Wirtschafts-Identifikationsnummer einzutragen ist. Es ist unklar, ob die FinVerw. davon ausgeht, dass für ausl. Zwischengesellschaften keine Wirtschafts-Identifikationsnummer (→ Rz. 68) vergeben wird. Nach § 139a Abs. 1 Satz 1 AO teilt das BZSt jedem Stpfl. zum Zweck der eindeutigen Identifizierung ein Identifikationsmerkmal zu. Nun ist die ausl. Zwischengesellschaft selbst nicht steuerpflichtig, sondern die an ihr Beteiligten. Vor diesem Hintergrund wäre eine Nicht-Zuteilung für ausl. Zwischengesellschaften nachvollziehbar. Allerdings sind auch Personengesellschaften selbst nicht einkommen- oder körperschaftsteuerpflichtig und erhalten trotzdem eine Wirtschafts-Identifikationsnummer, selbst wenn sie weder gewerbe- noch umsatzsteuerpflichtig sind, vgl. § 1 WIdV. Vor diesem Hintergrund wäre eine Vergabe auch für ausl. Zwischengesellschaften vorzunehmen. Sinnvoll wäre sie allemal, da so eine leichtere Identifizierung von Zwischengesellschaften möglich wäre.

Wie bereits ausgeführt (→ Rz. 1536) ergeben sich die auf der Anlage ZwiG einzutragenden Besteuerungsgrundlagen normalerweise aus einem Feststellungsbescheid. Es ist aber auch möglich, dass die Körperschaftsteuererklärung des Anteilseigners vor dem Ergehen des Feststellungsbescheids abgegeben wird. In diesen Fällen sind die auf der Anlage ZwiG einzutragenden Besteuerungsgrundlagen zu schätzen (siehe auch Amtlichen Hinweis Nr. 50). Falls die Besteuerungsgrundlagen **mangels Vorliegens** eines **Feststellungsbescheids geschätzt** werden, ist in **Zeile 4** eine „1" einzutragen und die Zeile 3 nicht auszufüllen. Falls die Eintragungen auf der Anlage ZwiG auf einem Feststellungsbescheid beruhen, ist das **Datum des Feststellungsbescheids** in **Zeile 3** einzutragen. Wird die Anlage ZwiG für eine direkte Beteiligung der Körperschaft, für die die Steuererklärung ausgefüllt wird erstellt, ergibt sich das Datum aus dem Feststellungsbescheid nach § 18 AStG. Bei mittelbarer Beteiligung über eine Organgesellschaft ist das Datum des Feststellungsbescheids nach § 14 Abs. 5 KStG einzutragen. Bei Beteiligung über eine Personengesellschaft das Datum des Feststellungsbescheids nach § 180 Abs. 1 Nr. 2 Buchst. a AO. 1539

3. Mittelbare Zurechnung über Organgesellschaften (Zeilen 6–7)

Weitere Angaben, wenn Besteuerungsgrundlagen nach §§ 7 bis 13 AStG über eine Organgesellschaft zu berücksichtigen sind

Zeile		
	Name der Organgesellschaft	
5 frei 6	36.412	
	Steuernummer der Organgesellschaft	Wirtschafts-Identifikationsnummer der Organgesellschaft 29
7	36.413	D E

Angaben sind hier nur vorzunehmen, wenn die Besteuerungsgrundlagen nach §§ 7 ff. AStG über eine Organgesellschaft zu berücksichtigen sind. 1540

Für die mittelbare Berücksichtigung über eine **Organgesellschaft** ist folgendes zu Bedenken: Der Hinzurechnungsbetrag erhöht das Einkommen des Anteilseigners nach § 10 Abs. 1 AStG. Die Erhöhung nach § 10 AStG ist also eine Einkommensermittlungsvorschrift. Die Erhöhung des Einkommens ist bei der Organgesellschaft mangels einer abweichenden Regelung in § 15 KStG also unmittelbar vorzunehmen. 1541

Die auf die relevanten Einkünfte der Zwischengesellschaft erhobene ausl. Steuer ist nach § 12 AStG beim Anteilseigner anzurechnen. Bei der Anrechnung ausl. Steuern handelt es sich um eine Tarifermäßigung. Diese ist bei Organgesellschaften nach § 19 KStG auf die Ebene des Organträgers verschoben. Eine Anrechnung auf Ebene der Organgesellschaft liefe auch ins Leere, weil die Körperschafteuer der Organgesellschaft i.d.R. 0 € beträgt, weil das Einkommen (und damit auch der Hinzurechnungsbetrag) vom Organträger versteuert wird. Folglich wird die Einkommenserhöhung bereits auf Ebene der Organgesellschaft vorgenommen, auf Ebene des Organträgers kommt es nur noch zur Anrechnung. Der bis 2021 auf Antrag mögliche Abzug der ausl. Steuer ist durch die Änderungen des ATADUmsG[1] entfallen.

Die bisher hier vorgesehene Möglichkeit, auch Hinzurechnungstatbestände über mittelbare Personengesellschaften einzutragen, wurde im VZ 2024 entfernt. Nach § 7 Abs. 1 AStG kann nur ein unbeschränkt Stpfl.[2] eine ausl. Zwischengesellschaft beherrschen. Personengesellschaften (Mitunternehmerschaften) sind jedoch nicht selbst ertragsteuerpflichtig. Nach Auffassung der FinVerw. sind sie kein unbeschränkt Steuerpflichtiger im Sinne des 1542

1) ATAD-Umsetzungsgesetz – ATADUmsG v. 25.6.2021, BGBl. I 2021, 2035 = BStBl I 2021, 874.

2) Oder (vereinfacht) ein beschränkt Stpfl., bei dem die Beteiligung an der (möglichen) Zwischengesellschaft einer inländischen Betriebsstätte zugeordnet wird, vgl. § 7 Abs. 1 Satz 4 AStG. Für die hier zu behandelnde Frage, ob ein Hinzurechnungsbetrag gegenüber einer Personengesellschaft festgestellt werden kann, sind beschränkt und unbeschränkt Stpfl. gleich zu behandeln.

§ 7 Abs. 1 Satz 1 AStG.[1] Soweit die an ihr Beteiligten selbst die Voraussetzungen des § 7 AStG erfüllen muss ein Hinzurechnungsbetrag gegenüber den Beteiligten festgestellt werden. Das Zusammenwirken der an einer Personengesellschaft beteiligten Personen wird widerlegbar vermutet, vgl. § 7 Abs. 4 Satz 2 AStG. Die Feststellung eines Hinzurechnungsbetrags gegenüber einer Personengesellschaft ist folglich nicht zulässig.

1543 Die Organgesellschaft ist durch Angabe des **Namens** in **Zeile 6** bzw. der **Steuernummer** in **Zeile 7** zu bezeichnen. Dies ist insb. für die Auswertung bzw. den Abgleich mit den Feststellungsbescheiden notwendig. Außerdem ist die Wirtschafts-Identifikationsnummer der Organgesellschaft einzutragen. Zur Wirtschafts-Identifikationsnummer siehe → Rz. 68.

4. Hinzurechnungsbesteuerung (Zeilen 10–13)

Hinzurechnungsbesteuerung (§ 10 und § 12 AStG)

Zeile		
8 und 9 frei	Beginn des Wirtschaftsjahres der Zwischengesellschaft; laut gesonderter (und gegebenenfalls einheitlicher) Feststellung	Ende des Wirtschaftsjahres der Zwischengesellschaft; laut gesonderter (und gegebenenfalls einheitlicher) Feststellung
10		36.420
		EUR
11	Hinzurechnungsbetrag nach § 10 Absatz 1 AStG; laut gesonderter (und gegebenenfalls einheitlicher) Feststellung	36.421
12	Ausländische Steuern nach § 12 AStG; laut gesonderter (und gegebenenfalls einheitlicher) Feststellung	36.422
13	Betrag nach § 10 Absatz 6 AStG	36.423

1544 In diesem Abschnitt sind Eintragungen zu machen, wenn ein Hinzurechnungsbetrag nach § 10 AStG gesondert festgestellt worden ist. Über das Vorliegen der Voraussetzungen des § 7 AStG (Beherrschung) und die Höhe der Einkünfte der Zwischengesellschaft, die als Hinzurechnungsbetrag beim Anteilseigner zu versteuern sind, wird verfahrensrechtlich im Feststellungsverfahren nach § 18 AStG entschieden. Die dort getroffenen Feststellungen sind für die weitere Berücksichtigung bindend.

1545 Zunächst ist in **Zeile 10** der **Beginn und** das **Ende des Wj. der ausl. Zwischengesellschaft** einzutragen. Der Hinzurechnungsbetrag gilt bei Bilanzierung als mit dem Ende des Wj. der Zwischengesellschaft entstanden, vgl. § 10 Abs. 2 Satz 2 AStG. Er ist beim Anteilseigner also in dem Wj. zu berücksichtigen, in das, das Ende des Wj. der Zwischengesellschaft fällt.

1546 In der **Zeile 11** ist dann der **Hinzurechnungsbetrag nach § 10 Abs. 1 AStG** einzutragen, der – wie bereits gesagt – gesondert und einheitlich festgestellt wird. Zum maßgebenden Feststellungsbescheid siehe → Rz. 1536. Der Hinzurechnungsbetrag entspricht den Einkünften der Zwischengesellschaft nach § 8 AStG. Nicht alle Einkünfte der Zwischengesellschaft unterliegen § 8 AStG.

Der Hinzurechnungsbetrag stellt einen Einkünfteerhöhungsbetrag eigener Art dar, der außerhalb der Gewinnermittlung berücksichtigt wird.[2] Nach § 10 Abs. 2 Satz 1 AStG ist er grundsätzlich den Einkünften aus Kapitalvermögen zuzurechnen, allerdings ist die Zuordnung zu betrieblichen Einkünften vorrangig, wenn die Anteile an der Zwischengesellschaft im Betriebsvermögen gehalten werden, vgl. § 10 Abs. 2 Satz 1 AStG. Für Körperschaften stellt letzteres den Regelfall dar. Der Körperschaftsteuererklärungsvordruck berücksichtigt den Hinzurechnungsbetrag jedoch nach der Einkünfteermittlung und vor Bildung des Gesamtbetrags der Einkünfte in Zeile 31a der Anlage ZVE. Dieses Vorgehen bildet zwar die gesetzlichen Formulierungen nicht exakt ab, dies hat jedoch keine Konsequenzen, da der Gesamtbetrag der Einkünfte in beiden Fällen gleich bleibt. Die Abweichung ist allerdings zu berücksichtigen, wenn die Einkünfte aus Gewerbebetrieb (oder andere Einkunftsarten) für andere Steuerarten – wie z.B. die Gewerbesteuer – von Bedeutung sind.

Eine Eintragung darf in dieser Zeile jedoch nicht erfolgen, wenn die Eintragungen hier für eine mittelbare Beteiligung über eine Personen- oder Organgesellschaft gemacht werden, da die Einkommenserhöhung in diesen Fällen bereits auf Ebene der Personen- oder Organgesellschaft erfolgen musste. Ein Übertrag ist jedoch erforderlich, wenn es sich bei der Körperschaft um eine Organgesellschaft handelt.

1547 In den Hinzurechnungsbetrag sind zwar nur niedrig besteuerte Einkünfte eingeflossen, bedenkt man jedoch, dass nach § 8 Abs. 5 AStG eine niedrige Besteuerung bereits bei einem Steuersatz von weniger als 15 % greift, kann im Ausland durchaus Steuer angefallen sein. Eine Steueranrechnung vergleichbar der Anrechnung nach § 34c Abs. 1 EStG ist für den Hinzurechnungsbetrag also unumgänglich. Soweit die Zwischengesellschaft auf die nach § 8 AStG steuerpflichtigen Einkünfte ausl. Steuern gezahlt hat, sind diese nach § 12 Abs. 1 AStG anzurechnen. Die maßgebende ausl. Steuer kann sich durch einen Antrag nach § 12 Abs. 2 AStG noch erhöhen. Über die Höhe der insgesamt nach § 12 AStG anrechenbaren Steuern wird i.R. des Feststellungsverfahrens bindend entschieden. Zum

1) So Rz. 220 des BMF v. 22.12.2023, IV B 5 – S 1340/23/10001 :001, BStBl I 2023, Nr. S1, 2.
2) Vgl. Rz. 522 des BMF v. 22.12.2023, IV B 5 – S 1340/23/10001 :001, BStBl I 2023, Nr. S1, 2.

maßgebenden Feststellungsbescheid siehe →Rz. 1536. In der **Zeile 12** ist der i.R. des maßgebenden Feststellungsverfahrens festgestellte Betrag der ausl. Steuern nach § 12 AStG einzutragen.

Die Anrechnung erfolgt nach den allgemeinen Grundsätzen des § 34c Abs. 1 EStG, vgl. § 12 Abs. 3 AStG. Siehe hierzu →Rz. 153 ff. Im Unterschied zu § 34c EStG gibt es bei der Anrechnung nach § 12 AStG keine Möglichkeit zum Abzug der ausl. Steuer auf Antrag des Stpfl. Die Anrechnung erfolgt pro ausl. Zwischengesellschaft und wird in der Körperschaftsteuererklärung (wie alle Anrechnungen ausl. Steuern) nicht dargestellt. Für die Anrechnung müssen die für die gleiche Zwischengesellschaft auf Grund unterschiedlicher Wj. oder mittelbaren Beteiligungen über Organ- oder Personengesellschaften auf mehreren Anlagen erklärten Hinzurechnungsbeträge pro ausl. Zwischengesellschaft zusammengefasst werden. Es ist davon auszugehen, dass die FinVerw. dies über die in Zeile 2 eingetragene Steuernummer der Zwischengesellschaft vornehmen wird.

Die **Zeile 13** dient der Erfassung des Spezialfalles, dass es sich bei der ausl. Zwischengesellschaft um einen Publikums-Investmentfonds oder einen Spezial-Investmentfonds handelt. Auf Grund der Vorabpauschale (→Rz. 555) bei Publikums-Investmentfonds bzw. von ausschüttungsgleichen Erträgen bei Spezial-Investmentfonds kann es auch ohne Anwendung der Hinzurechnungsbesteuerung zu einer sofortigen Versteuerung von Erträgen des Fonds kommen. Würde man derartige Einkünfte nun auf Grund der Hinzurechnungsbesteuerung noch einmal versteuern käme es zu einer Doppelbesteuerung. Aus diesem Grund sind derartige Einkünfte vom Hinzurechnungsbetrag abzuziehen, vgl. § 10 Abs. 6 AStG. Grundsätzlich sollten Beträge nach § 10 Abs. 6 AStG bereits i.R. der Feststellung nach § 18 AStG vom Hinzurechnungsbetrag abgezogen werden. Wobei sich insb. bei Spezial-Investmentfonds das Verhältnis der Feststellungen nach § 18 AStG und des § 51 Abs. 1 InvStG stellt. Die FinVerw. sieht hier jedenfalls die Möglichkeit eines Eintrags des Kürzungsbetrags nach § 10 Abs. 6 AStG vor und versieht diesen nicht mit dem Zusatz „lt. gesonderter (und ggf. einheitlicher) Feststellung“, was darauf hindeutet, dass sie nicht von einer Einbeziehung in das Feststellungsverfahren ausgeht. **1548**

5. Kürzungsbetrag nach § 11 AStG (Zeilen 30–37)

	Kürzungsbetrag nach § 11 AStG	
14 bis 29 frei 30	Art des Vorgangs	36.447 1 = Ausschüttung 2 = Veräußerung 3 = Einlagenrückgewähr
31	Maßgebendes Datum für die zeitliche Zurechnung bei Bilanzierung	36.440
32	Maßgebendes Datum für die zeitliche Zurechnung bei Gewinnermittlung nach § 4 Absatz 3 EStG oder für Einkunftsarten nach § 2 Absatz 1 Nummer 4 bis 7 EStG	36.441
		EUR
33	Bezüge nach § 11 Absatz 1 AStG beziehungsweise Gewinne nach § 11 Absatz 4 AStG (Betrag nach § 11 Absatz 2 AStG vor Berücksichtigung von Steuerbefreiungen beim Feststellungsbeteiligten) 78	36.442
34	Nach § 8b KStG (gegebenenfalls auch aufgrund eines DBA) steuerfreie Bezüge und Gewinne laut Zeile 33	36.443
35	Steuerfreier Teil des Bezugs nach § 20 Absatz 1 Nummer 3 oder 3a EStG, wenn der Anleger der Körperschaftsteuer unterliegt	36.444
	Nur bei Organgesellschaften	
36	In Zeile 34 nicht enthaltene Beträge, die nach § 3 Nummer 40 EStG steuerfrei sind	36.445

Anlage ZwiG - Oktober 2025 - Version 2.9.1.0 Bekanntgabe

Steuernummer

- 2 -

Zeile		EUR
37	Steuerfreier Teil des Bezugs nach § 20 Absatz 1 Nummer 3 oder 3a EStG, wenn der Anleger der Einkommensteuer unterliegt	36.446

Kommt es zu einer Hinzurechnungsbesteuerung nach § 10 AStG handelt es sich hierbei um eine außerbilanzielle Korrektur beim Anteilseigner. Er muss die Einkünfte der Zwischengesellschaft zwar versteuern, hat jedoch keinen wirklichen Geldzufluss erhalten. Die Einkünfte verbleiben in der Zwischengesellschaft. Schüttet die Zwischengesellschaft später tatsächlich an den Anteilseigner aus, handelt es sich beim Anteilseigner wiederum um Bezüge nach § 20 Abs. 1 Nr. 1 EStG. Für Körperschaften sind diese Ausschüttungen i.d.R. zu 95 % steuerfrei, weil im Regelfall § 8b Abs. 1 KStG anwendbar ist. Bei natürlichen Personen wäre eine Ausschüttung grundsätzlich zu 60 % steuerpflichtig, weil hier § 3 Nr. 40 EStG greift. **1549**

Um eine doppelte Besteuerung durch den Hinzurechnungsbetrag und die spätere Ausschüttung zu vermeiden, gab es bis zum VZ 2021 die Steuerbefreiung nach § 3 Nr. 41 EStG. Ausschüttungen aus Zwischengesellschaften und Gewinne aus der Veräußerung von Anteilen an Zwischengesellschaften waren steuerfrei, soweit in den letzten sieben Wj. Hinzurechnungsbeträge versteuert wurden. Auf Grund der parallelen Anwendung zur Hinzurechnung von fiktiven Betriebsausgaben in § 8b Abs. 5 und § 8b Abs. 3 Satz 1 KStG griff die Steuerbefreiung nach § 3 Nr. 41 EStG bei Anwendung des § 8b KStG nicht, so dass im Endeffekt eine 105-prozentige Besteuerung der Erträge vorlag. Dies widerspricht dem objektiven Nettoprinzip.[1] Die Praxis der FinVerw. ist jedoch durch den BFH bestätigt worden.[2]

Die Regelung des § 3 Nr. 41 EStG wird ab dem VZ 2022 aufgehoben und durch den Kürzungsbetrag nach § 11 AStG ersetzt. Wesentlicher Inhalt der Neuregelung ist ein eigenes Feststellungsverfahren und der Wegfall der zeitlichen Beschränkung von sieben Jahren. Auch im neuen Verfahren bleibt es im Ergebnis bei der 105-prozentigen Besteuerung von Ausschüttungen.

1550 Auf Ebene der Zwischengesellschaft wird künftig das sog. „Hinzurechnungskorrekturvolumen" zum Ende eines jeden VZs gesondert festgestellt, vgl. § 11 Abs. 3 AStG. Hinzurechnungsbeträge erhöhen das Hinzurechnungskorrekturvolumen, Ausschüttungen und Gewinne aus der Veräußerung von Anteilen an der Zwischengesellschaft mindern es.

Auf Ebene des Anteilseigners kann ein sog. Kürzungsbetrag abgezogen werden, wenn die Ausschüttung bzw. der Gewinn aus der Veräußerung durch Hinzurechnungskorrekturvolumen gedeckt sind, vgl. § 11 Abs. 1 und Abs. 2 sowie Abs. 4 AStG. Für Körperschaften läuft dieser Betrag aber wiederum ins Leere, wenn auf die Ausschüttung bzw. den Veräußerungsgewinn § 8b KStG anwendbar ist. Eintragungen in diesem Abschnitt sind daher nur sinnvoll, wenn:

1. § 8b KStG nicht anwendbar ist, weil
   a) bei Ausschüttungen die Voraussetzungen des § 8b Abs. 4 KStG nicht (mehr) erfüllt sind,
   b) das materielle Korrespondenzprinzip greift,
   c) § 8b Abs. 7 oder Abs. 8 KStG greift,

   oder
2. die Körperschaft, für die die Steuererklärung ausgefüllt wird, eine Organgesellschaft ist, deren Einkommen (ggf. teilweise) von einer natürlichen Person (ggf. mittelbar über Personengesellschaften) zu versteuern ist, oder
3. die Zwischengesellschaft ein Publikums- oder Spezial-Investmentfonds ist.

Andererseits ist der Abzug eines Kürzungsbetrages nach Auffassung der FinVerw. zwingend vorzunehmen.[3]

Praxishinweis:

Es fällt auf, dass in diesem Abschnitt der in den anderen Abschnitten oft verwendete Zusatz „lt. gesonderter (und ggf. einheitlicher) Feststellung" fehlt. Die FinVerw. sieht die Bezüge nach § 11 Abs. 1 AStG und die Gewinne nach § 11 Abs. 4 AStG nicht als im Rahmen des § 18 AStG festzustellende Besteuerungsgrundlagen.[4] Dies ist schwer nachzuvollziehen, da die Werte für die Anwendung des § 11 AStG beim Anteilseigner zwingend benötigt werden und damit die Voraussetzungen für eine gesonderte Feststellung gegeben sind, vgl. § 18 Abs. 1 Satz 1 AStG.

1551 In **Zeile 30** ist zunächst die **Art des Vorgangs** anzugeben, für den dieser Abschnitt ausgefüllt wird. Liegen mehrere Ausschüttungen bzw. Veräußerungen vor, müssen auch mehre Anlagen ZwiG abgegeben werden (→ Rz. 1535). Die Prüfung des Kürzungsbetrages nach § 11 Abs. 2 AStG muss immer pro Vorgang erfolgen. Eine Zusammenrechnung der einzelnen Vorgänge ist unzulässig.

Kürzungsbeträge sind für Ausschüttungen und Veräußerungen abzuziehen, vgl. § 11 Abs. 1, Abs. 2 und Abs. 4 AStG. Bei den Ausschüttungen ist nochmals zu unterscheiden, ob es sich um Veräußerungen im engeren Sinne oder um die Einlagenrückgewähr handelt. Eine „1" ist einzutragen, wenn es sich um einen Bezug nach § 20 Abs. 1 Nr. 1 EStG handelt, also eine **Gewinnausschüttung**.

Eine **Einlagenrückgewähr** (einzutragender Wert „3") führt grundsätzlich zu einer Minderung des Buchwerts der Beteiligung des Anteilseigners an der ausl. Zwischengesellschaft. Dieser Vorgang ist steuerbilanziell gewinnneutral. Eine Eintragung auf der Anlage ZwiG erübrigt sich in diesen Fällen. Übersteigt jedoch der Betrag der Einlagenrückgewähr den Buchwert kommt es zu einem Ertrag. Für diesen Ertrag kommt es ggf. zum Abzug eines Kürzungsbetrages nach § 11 Abs. 2 AStG. Kommt allerdings § 8b KStG zur Anwendung läuft die Kürzung nach Auffassung der FinVerw. auch hier ins Leere. Die Einlagenrückgewähr kann für im EWR-Ausland und in Drittstatten ansässige Körperschaften im Veranlagungsverfahren geltend gemacht werden.[5] Für im EU-Ausland ansässige Körperschaften ist sie in einem Feststellungsverfahren nach § 27 Abs. 8 KStG geltend zu machen.

Veräußert der Anteilseigner die Beteiligung an der Zwischengesellschaft ganz oder teilweise kann ein **Gewinn** zum Abzug eines Kürzungsbetrages nach § 11 Abs. 4 AStG führen. In diesen Fällen ist in Zeile 30 eine „2" einzutragen.

1552 Im nächsten Schritt ist das für die zeitliche Berücksichtigung des Ereignisses (Gewinnausschüttung, Veräußerung, Einlagenrückgewähr) maßgebende Datum zu ermitteln. In der Regel wird das in **Zeile 31** für **Bilanzierende einzutragende Datum** maßgebend sein. Wenn es maßgebend ist, muss es in einem im laufenden VZ endenden Wj. lie-

1) Vgl. Schönfeld, DStR 2006, 1216.
2) BFH v. 26.4.2017, I R 84/15, BStBl II 2018, 49.
3) Vgl. Rz. 606 des BMF v. 22.12.2023, IV B 5 – S 1340/23/10001 :001, BStBl I 2023, Nr. S1, 2.
4) Vgl. Rz. 607 des BMF v. 22.12.2023, IV B 5 – S 1340/23/10001 :001, BStBl I 2023, Nr. S1, 2.
5) Vgl. BMF v. 21.4.2022, IV C 2 – S 2836/20/10001 :002, BStBl I 2022, 647.

gen. Fällt das Datum in kein im laufenden VZ endendes Wj., ist es in der für den anderen VZ zu erstellenden Körperschaftsteuererklärung anzugeben. Es gelten die allgemeinen Regelungen, d.h., bei einer Ausschüttung ist es das Datum der Beschlussfassung. Bei der Veräußerung der Übergang von Nutzen und Lasten. In allen anderen Fällen ist das in **Zeile 32** eingetragene Datum maßgebend, dass auf die **tatsächliche Zahlung** abstellt.

In **Zeile 33** sind nun die für die Berechnung des Kürzungsbetrags maßgebenden Bezüge und Veräußerungsgewinne einzutragen. Nach § 11 Abs. 1 AStG ist ein Kürzungsbetrag für Gewinnausschüttungen nach § 20 Abs. 1 Nr. 1 KStG abzuziehen. Darüber hinaus fallen Investmenterträge nach § 20 Abs. 1 Nr. 3 EStG und Spezial-Investmenterträge nach § 20 Abs. 1 Nr. 3a EStG unter § 11 Abs. 1 AStG. Voraussetzung ist, dass die Gewinnausschüttungen, Investmenterträge oder Spezial-Investmenterträge von einer ausl. Körperschaft gezahlt werden, für die die Körperschaft, für die die Steuererklärung ausgefüllt wird, Hinzurechnungsbeträge der Einkommen- oder Körperschaftsteuer unterlegen haben. **1553**

Der hier einzutragende Wert wird nicht gesondert und einheitlich nach § 18 AStG festgestellt,[1] wird sich (wahrscheinlich) aber aus den nachrichtlichen Angaben des Feststellungsbescheids ergeben. Da er nicht gesondert und einheitlich festgestellt wird (wohl aber das Hinzurechnungskorrekturvolumen mindert) kann der hier angesetzte Wert verfahrensrechtlich eigenständig ermittelt werden. Fehler in diesem Zusammenhang müssen nicht durch Rechtsbehelfsverfahren gegen den Feststellungsbescheid nach § 18 AStG geltend gemacht werden.

Der hier einzutragende Wert wird durch das Hinzurechnungskorrekturvolumen beschränkt, vgl. § 11 Abs. 2 Satz 2 AStG. Da es keine Eintragungsmöglichkeit für diesen Maximalwert gibt, muss er bereits bei der Eintragung in Zeile 33 berücksichtigt werden.

Beispiel:

Die GmbH ist alleinige Anteilseignerin der Z Ltd., die auf der Isle of Man ansässig ist. Die Z hat ein abweichendes Wj. vom 1.7.-30.6. Die GmbH hat ein abweichendes Wj. vom 1.6.-31.5. Zum 30.6.08 wird erstmalig ein Hinzurechnungsbetrag von 10 Mio. € gesondert festgestellt. Zum Ende des VZ, also zum 31.12.08 wird das Hinzurechnungskorrekturvolumen ebenfalls auf 10 Mio. € gesondert festgestellt. Am 1.2.09 schüttet die Z Ltd. einen Betrag von 25 Mio. € aus.

Wie hoch ist der Kürzungsbetrag nach § 11 Abs. 2 AStG, der im VZ 09 zu berücksichtigen ist, wenn die Steuerbefreiung nach § 8b KStG nicht angewendet wird, weil die GmbH dem § 8b Abs. 8 KStG unterliegt?

Lösung:

Der zum 30.6.08 gesondert festgestellte Hinzurechnungsbetrag ist bei der GmbH dem Wj. 1.6.08-31.5.09 zuzuordnen und damit erst im VZ 09 zu versteuern, vgl. § 10 Abs. 2 Satz 1 AStG. Die Ausschüttung am 1.2.09 fällt beim Anteilseigner in das gleiche Wj. und erhöht dort ebenfalls das Einkommen.

Bei der Ausschüttung handelt es sich um einen Bezug nach § 10 Abs. 1 AStG i.V.m. § 20 Abs. 1 Nr. 1 EStG. Der Kürzungsbetrag entspricht diesem Bezug, soweit er steuerpflichtig ist, vgl. § 11 Abs. 2 Satz 1 AStG. Da § 8b KStG nicht zur Anwendung kommen soll, beträgt er also 25 Mio. €. Allerdings ist der Bezug nach § 11 Abs. 2 Satz 2 AStG beschränkt auf den Betrag, der steuerpflichtig wäre, wenn das Hinzurechungskorrekturvolumen zum Ende des vorangegangenen VZ und der im laufenden VZ zu besteuernde Hinzurechnungsbetrag in voller Höhe ausgeschüttet werden würde, vgl. § 11 Abs. 2 Satz 2 AStG. Da die Ausschüttung dem in 09 endenden Wj. zuzuordnen ist, ist zweifellos der VZ 09 betroffen. Demnach ist nach dem Wortlaut das zum 31.12.08 festgestellte Hinzurechnungskorrekturvolumen (10 Mio. €) um das im laufenden VZ zu berücksichtigende Hinzurechnungskorrekturvolumen (ebenfalls 10 Mio. €) zu erhöhen. Folglich betrüge der Kürzungsbetrag nach § 11 Abs. 2 AStG maximal 20 Mio. €.

Dass dies dem gesetzgeberischen Zweck zuwiderläuft, ist offensichtlich, da der Hinzurechnungsbetrag aus 08 im Endeffekt zum doppelten Abzug geführt hat. Der Wortlaut ist jedoch eindeutig. Wären die Wj. zwischen der Z Ltd. und der GmbH vertauscht, ergäbe sich hingegen ein System, bei dem niemals ein Kürzungsbetrag abzuziehen wäre.

Neben laufenden Ausschüttungen kann ein Kürzungsbetrag auch abgezogen werden, wenn die Anteile an der Zwischengesellschaft veräußert werden und bei einer Nennkapitalherabsetzung, vgl. § 11 Abs. 4 AStG. Für die Veräußerung ist der Veräußerungspreis um die Veräußerungskosten und den Buchwert zu kürzen. Ergibt sich ein Verlust ergibt sich keine Kürzung. Eintragungen sind dann auf der Anlage ZwiG nicht erforderlich. Bei einem Gewinn kann dieser – beschränkt auf das Hinzurechnungskorrekturvolumen des vorangegangenen VZs zzgl. eines im laufenden VZ zu versteuernden Hinzurechnungsbetrages – hier in die Zeile 33 eingetragen werden. **1554**

Im Gegensatz zur Höhe der Ausschüttung sind die für die Bestimmung des Veräußerungsgewinns maßgebenden Parameter (Veräußerungspreis, Veräußerungskosten und Buchwert) auf Ebene der Zwischengesellschaft nicht bekannt. Nichtsdestotrotz muss das Hinzurechnungskorrekturvolumen um den relevanten Veräußerungsgewinn gemindert werden. Insbesondere, wenn nur eine teilweise Veräußerung von Anteilen stattfindet, kann dies für Folgejahre erhebliche Auswirkungen haben.

In der **Zeile 34** ist einzutragen, ob die in Zeile 33 eingetragenen **Bezüge** oder der Veräußerungsgewinn **nach § 8b KStG steuerfrei** sind. In der Regel dürfte der in Zeile 34 einzutragenden Wert dem in Zeile 33 einzutragenden Wert entsprechen, da Bezüge nach § 20 Abs. 1 Nr. 1 EStG in aller Regel unter § 8b Abs. 1 KStG fallen. Die Beteiligungsvoraussetzungen (Beteiligung zum Beginn des Kj. von mindestens 10 %) des § 8b Abs. 4 KStG sind bei Zwischengesellschaften auf Grund der Beherrschung i.d.R. ebenfalls erfüllt. Hinzuweisen ist allerdings auf Abweichungen auf Grund von mittelbaren Beteiligungen, die für die Beherrschung des AStG zwar u.U. genügen, jedoch nicht für § 8b Abs. 4 KStG. Nach Auffassung der FinVerw.[2] und der Rspr. erfolgt nach § 8b KStG eine vollständige Steuerbefreiung. Die partielle Rückgängigmachung der Steuerbefreiung durch die Hinzurechnung fiktiver nicht abziehbarer **1555**

1) Vgl. Rz. 607 des BMF v. 22.12.2023, IV B 5 – S 1340/23/10001 :001, BStBl I 2023, Nr. S1, 2.
2) Vgl. Rz. 628 des BMF v. 22.12.2023, IV B 5 – S 1340/23/10001 :001, BStBl I 2023, Nr. S1, 2.

Betriebsausgaben in § 8b Abs. 3 Satz 1 und § 8b Abs. 5 KStG wird ignoriert. In der Zeile 34 sind die Bezüge und Veräußerungsgewinne daher zu 100 % einzutragen, nicht lediglich zu 95 %. Zu den Ausnahmefällen, bei denen Bezüge nach § 20 Abs. 1 Nr. 1 EStG nicht nach § 8b KStG steuerbefreit sind → Rz. 484 ff. Die Ausschüttungen aus Zwischengesellschaften müssen – soweit § 8b KStG anwendbar ist – in Zeile 156 der Anlage GK berücksichtigt werden. Die Steuerbefreiung nach § 8b KStG geht dem Kürzungsbetrag vor.

1556 Handelt es sich bei der Zwischengesellschaft um einen Investmentfonds oder einen Spezial-Investmentfonds sind die hieraus ausgeschütteten Investmenterträge bzw. Spezial-Investmenterträge nicht nach § 8b KStG steuerbefreit. Allerdings kommen für Ausschüttungen aus Investmentfonds eine Vielzahl von Steuerbefreiungsregeln in Betracht (z.B. § 20 InvStG). Für Investmenterträge nach § 20 Abs. 1 Nr. 3 EStG und Spezial-Investmenterträge nach § 20 Abs. 1 Nr. 3a EStG ist also in **Zeile 35** einzutragen, inwieweit sie **steuerbefreit** sind.

1557 Der abzuziehende Kürzungsbetrag wird also durch Abzug der in Zeile 34 und Zeile 35 eingetragenen Beträge von der Zeile 33 ermittelt. Der Betrag wird nach § 11 Abs. 1 Satz 1 AStG bei der Ermittlung der Summe der Einkünfte abgezogen (siehe Zeile 31b der Anlage ZVE). Er ist nicht bei der Berechnung der ausl. Einkünfte zu berücksichtigen, so dass etwaige Quellensteuer auf die Ausschüttung nach den allgemeinen Grundsätzen angerechnet werden kann.

1558 Die Angaben in den Zeilen 36 und 37 sind nur erforderlich, wenn die Körperschaft, für die die Steuerklärung ausgefüllt wird, eine Organgesellschaft ist. Wie oben bereits ausgeführt ist der Kürzungsbetrag für natürliche Personen häufiger relevant als für Körperschaften. Nach § 3 Nr. 40 EStG beträgt die Steuerbefreiung lediglich 40 %, weshalb der Abzug eines Kürzungsbetrags nach § 11 Abs. 2 AStG in diesen Fällen im Endeffekt tatsächlich zu einer vollständigen Steuerbefreiung führt.

Die hier eingetragenen Werte werden bei der Berechnung der Korrekturbeträge (Zeile 14 und Zeile 14a der Anlage OT) berücksichtigt. In der **Zeile 36** sind **Bezüge** nach § 20 Abs. 1 Nr. 1 EStG einzutragen, die **nicht** nach **§ 8b Abs. 4 KStG, aber** nach **§ 3 Nr. 40 EStG** steuerbefreit sind.

In der **Zeile 37** sind hingegen bei Investmenterträgen und Spezial-Investmenterträgen die Steuerfreistellung für natürliche Personen einzutragen.

XXVII. KSt 1 F – 27 (8) – Antrag auf Feststellung der Einlagenrückgewähr i.S.d. § 27 Abs. 8 KStG

1. Übersicht über den Inhalt und die Bedeutung des Vordrucks KSt 1 F – 27 (8)

An das Finanzamt / Bundeszentralamt für Steuern	Steuernummer

☐ **Antrag auf Feststellung der Einlagenrückgewähr im Sinne des § 27 Absatz 8 KStG** ❶

Informationen zur Antragstellung – siehe https://www.bzst.de/DE/Unternehmen/Kapitalertraege/Einlagenrueckgewaehr/einlagenrueckgewaehr_node.html

— Eingangsstempel —

Beginn des Wirtschaftsjahres, für das der Antrag gestellt wird ⓬

Ende des Wirtschaftsjahres, für das der Antrag gestellt wird ⓬

Leistet eine **unbeschränkt steuerpflichtige** Körperschaft eine **Einlagenrückgewähr** aus dem steuerlichen Einlage- 1559
konto an ihre Anteilseigner, ist diese Leistung nach § 27 Abs. 1 Satz 3 KStG i.V.m. § 20 Abs. 1 Nr. 1 Satz 3 EStG (ggf. i.V.m. § 20 Abs. 1 Nr. 9 Satz 1 EStG) **nicht steuerbar**. Dies ist nachvollziehbar, da die Rückzahlung einer vorher geleisteten Einlage keinen Vermögenszuwachs bedeutet und somit nicht i.R. der Ertragsbesteuerung besteuert werden kann.

Ob eine Leistung eine Einlagenrückgewähr ist, richtet sich zunächst danach, ob sie den ausschüttbaren Gewinn (also die thesaurierten Gewinne) übersteigt, vgl. § 27 Abs. 1 KStG. Im nächsten Schritt ist zu prüfen, ob überhaupt nicht in das Nennkapital geleistete Einlagen (steuerliches Einlagekonto) zum Beginn des Wj. gesondert festgestellt worden sind. Nur soweit ein steuerliches Einlagekonto vorhanden ist, kann eine Einlagenrückgewähr vorliegen. Im dritten Schritt kommt es nur dann zu einer Verwendung des steuerlichen Einlagekontos und damit zu einer Einlagenrückgewähr, wenn die leistende Körperschaft dies bescheinigt, vgl. § 27 Abs. 3 und Abs. 4 KStG. Die Ermittlung der möglichen Verwendung des steuerlichen Einlagekontos ist Gegenstand der Anlage KSt 1 F und der Anlage KSt 1 Fa zur Körperschaftsteuererklärung.

Das zuvor beschriebene Verfahren ist auf Körperschaften, die nicht unbeschränkt körperschaftsteuerpflichtig sind, nicht anwendbar, weil für sie kein Einlagekonto gesondert festgestellt wird, vgl. § 27 Abs. 1 Satz 1 KStG (Umkehrschluss). Wirtschaftlich können im Ausland ansässige Körperschaften aber ebenfalls Einlagen zurückzahlen.

Mit § 27 Abs. 8 KStG hat der Gesetzgeber ein eigenständiges Verfahren geschaffen, das für Körperschaften anwendbar ist, die nicht unbeschränkt körperschaftsteuerpflichtig sind. Hierunter fallen beschränkt steuerpflichtige Körperschaften und solche, die in Deutschland überhaupt nicht körperschaftsteuerpflichtig sind. Das Verfahren war zunächst nur für Körperschaften, die im EU/EWR-Ausland ansässig waren, anwendbar. Nachdem die FinVerw. jedoch alle Verfahren vor dem BFH[1)] verloren hat, wurde das Gesetz geändert, sodass nunmehr alle nicht unbeschränkt körperschaftsteuerpflichtigen Körperschaften dieses Verfahren nutzen können.[2)]

Anders als bei unbeschränkt steuerpflichtigen Körperschaften wird in dem besonderen Verfahren nach § 27 Abs. 8 KStG nicht das Einlagekonto, sondern die Höhe der Einlagenrückgewähr festgestellt, vgl. § 27 Abs. 8 Satz 3 KStG. Um die tatsächliche Steuerfreiheit der Einlagenrückgewähr nach § 20 Abs. 1 Satz 1 Nr. 1 Satz 3 EStG zu erlangen, muss die Verwendung des steuerlichen Einlagekontos gegenüber dem Anteilseigner auch noch nach § 27 Abs. 8 Satz 8 KStG bescheinigt werden.

Die Feststellung erfolgt **nur auf Antrag der ausschüttenden Körperschaft** für den jeweiligen VZ der Leistung (§ 27 Abs. 8 Satz 3 KStG). Der Antrag ist gem. § 27 Abs. 8 Satz 4 KStG nicht mittels der Anlage KSt 1 F, sondern mit dem **Vordruck KSt 1 F – 27 (8)** zu stellen. Der Antrag muss spätestens bis zum Ablauf von zwölf Monaten nach Ende des Wj., in dem die Einlagenrückgewähr erfolgt ist, gestellt werden, vgl. § 27 Abs. 8 Satz 4 KStG. Es handelt sich hierbei um eine nicht verlängerbare Ausschlussfrist.[3)] Wird kein Antrag auf gesonderte Feststellung nach § 27 Abs. 8 KStG gestellt, ist die Leistung nach § 27 Abs. 8 Satz 9 KStG steuerpflichtig.[4)]

Bei beschränkt steuerpflichtigen ausschüttenden Körperschaften ist der Antrag an das für die Besteuerung der Körperschaft vom Einkommen nach § 20 AO örtlich zuständige FA zu richten (§ 27 Abs. 8 Satz 5 KStG). Für Körperschaften, die in Deutschland weder beschränkt noch unbeschränkt körperschaftsteuerpflichtig sind, ist das BZSt zuständig (§ 5 Abs. 1 Nr. 29 FVG i.V.m. § 27 Abs. 8 Satz 6 KStG).

1) Vgl. BFH v. 13.6.2016, VIII R 47/13, BStBl II 2022, 263; v. 13.7.2016, VIII R 73/13, BStBl II 2022, 271.
2) Vgl. Art. 9 Nr. 1 des JStG 2022 v. 16.12.2022, BGBl. I 2022, 2294 = BStBl I 2023, 7.
3) Vgl. BMF v. 4.4.2016, IV C 2 – S 2836/08/10002, 2016/0316743, BStBl I 2016, 468; FG Köln v. 15.2.2017, 2 K 803/15, EFG 2017, 769; bestätigt durch BFH v. 27.2.2018, I B 37/17, BB 2018, 2470.
4) Vgl. BMF v. 4.4.2016, IV C 2 – S 2836/08/10002, 2016/0316743, BStBl I 2016, 468.

Im Antrag müssen die zur Berechnung der Einlagenrückgewähr unter Anwendung der § 27 Abs. 1 bis 6, §§ 28 und 29 KStG ermittelten maßgebenden Umstände dargelegt und durch geeignete Unterlagen nachgewiesen werden (§ 27 Abs. 8 Satz 7 KStG i.V.m. § 27 Abs. 8 Satz 2 KStG). Aus den Unterlagen muss sich zweifelsfrei ergeben, in welcher Höhe Einlagen in die Gesellschaft geleistet worden sind und in welcher Höhe diese Einlagen zum Schluss des der Leistung vorangegangenen Wj. noch vorhanden waren. Das kann zu erheblichen faktischen Schwierigkeiten führen, weil Einlagen und Leistungen (Ausschüttungen und Einlagenrückgewähr) seit Gründung der Körperschaft nachvollzogen werden müssen. Wurde bereits zu einem früheren Zeitpunkt ein steuerliches Einlagekonto nach § 27 Abs. 2 Satz 1 KStG oder ein als Leistung i.S.d. § 27 Abs. 8 KStG zu berücksichtigender Betrag festgestellt, ist die Ermittlung nur ab diesem Zeitpunkt vorzunehmen. Gelingt die Darlegung dieser Umstände nicht, führen die Leistungen zu steuerbaren Einnahmen i.S.d. § 20 Abs. 1 Nr. 1 bzw. 9 EStG (§ 27 Abs. 8 Satz 9 KStG). Wird die Einlagenrückgewähr hingegen festgestellt, hat die Körperschaft hierüber nach § 27 Abs. 3 KStG eine Steuerbescheinigung zu erteilen und darauf zur Überprüfung der vom inländischen Anteilseigner erklärten Einlagenrückgewähr das Aktenzeichen des BZSt bzw. des nach § 20 AO zuständigen FA anzugeben.

1560 Zur Bearbeitung des Antrags auf die gesonderte Feststellung der Einlagenrückgewähr sind von der antragstellenden Körperschaft grundsätzlich auch folgende Angaben und Unterlagen inklusive einer Übersetzung in deutscher Sprache vorzulegen:

- Angabe über Vermögen und Tätigkeiten in Deutschland;
- aktueller Handelsregisterauszug o.Ä.;
- eine Firmenübersicht, aus der sich ergibt, wie die einzelnen Firmen entstanden und miteinander verbunden sind und wie lange sie schon Bestand haben (z.B. in Form eines Organigramms);
- Jahresabschlüsse für den fraglichen Zeitraum mit Überleitungsrechnungen ins deutsche Steuerrecht in analoger Anwendung des § 60 EStDV;
- Darstellung der nicht in das Nennkapital geleisteten Einlagen, der Veränderungen des Nennkapitals und der erbrachten Leistungen;
- Entwicklung des Beteiligungsbuchwerts sowie die Höhe des Anteils;
- sämtliche Beschlüsse über Ausschüttungen, Einlagen, Veränderungen des gezeichneten Kapitals, Umwandlungen;
- Gutachten o.Ä. zur Wertermittlung eingebrachter Anteile, Forderungen oder anderer Wirtschaftsgüter;
- Nachweis sämtlicher durchgeführter Ausschüttungen und Einlagen, bei Bareinlagen und Barleistungen durch Kontoauszüge (Bankbelege, aus welchen Zahlungsleistender und Zahlungsempfänger ersichtlich sind), bei Sacheinlagen und Sachleistungen durch Übertragungsverträge und Buchungsnachweise.

1561 Der Vordruck ist in **sechs Teilbereiche** gegliedert:

- In den Zeilen 1 bis 13 sind **allgemeine Angaben** zur antragstellenden Körperschaft und einem evtl. Empfangsbevollmächtigten zu machen.
- In den Zeilen 15 bis 20 sind evtl. **vorhergehende Feststellungen** nach § 27 Abs. 8 KStG anzugeben.
- In Zeile 21 ist die **beantragte festzustellende Einlagenrückgewähr** einzutragen.
- In den Zeilen 30 bis 35 sind **Angaben zu den erbrachten Leistungen** zu machen.
- In den Zeilen 40 bis 56 sind Angaben zur gesonderten **Übermittlung von Anlagen** als Nachweis zum Antrag zu machen.
- In den Zeilen 100 bis 103 sind evtl. Mitwirkende an der Antragstellung anzugeben und der Antrag zu unterschreiben.

Für die Angaben zum **inländischen Anteilseigner** ist zusätzlich die Anlage AE (→ Rz. 1581 ff.) auszufüllen.

2. Allgemeine Angaben (Zeilen 1–13)

Zeile	
	Allgemeine Angaben
	Bezeichnung der Körperschaft oder Personenvereinigung
1 frei	
2	
	Die Rechtsform der antragstellenden Körperschaft oder Personenvereinigung ist vergleichbar mit folgender Rechtsform nach deutschem Recht: (10)
3	
	Straße / Hausnummer / Hausnummerzusatz
4	
	Postleitzahl / Ort
5	
	Postleitzahl und Ort im Ausland
6	
	Staat
7	
	Ort der Geschäftsleitung (wenn von den Angaben laut Zeilen 4 bis 6 abweichend)
8	
	Ort des Sitzes (wenn von den Angaben laut Zeile 4 bis 6 abweichend)
9	
10	Das Nennkapital (Stamm- oder Grundkapital) der Gesellschaft wird in folgender Währung geführt:
	Empfangsbevollmächtigter
	Der Feststellungsbescheid soll folgendem Empfangsbevollmächtigten zugesandt werden:
	(Nur ausfüllen, wenn dem BZSt/Finanzamt keine entsprechende Empfangsvollmacht vorliegt.)
	Name
11	
	Straße, Hausnummer
12	
	Postleitzahl und Ort
13	

Vor Zeile 1 ist zunächst anzugeben, ob der Antrag beim BZSt oder bei beschränkter Steuerpflicht bei dem nach § 20 AO zuständigen FA gestellt wird. Bei beschränkt steuerpflichtigen ausschüttenden Körperschaften ist der Antrag an das für die Besteuerung der Körperschaft vom Einkommen nach § 20 AO örtlich zuständige FA zu richten (§ 27 Abs. 8 Satz 5 KStG). Für Körperschaften, die in Deutschland weder beschränkt noch unbeschränkt körperschaftsteuerpflichtig sind, ist das BZSt zuständig (§ 5 Abs. 1 Nr. 29 FVG i.V.m. § 27 Abs. 8 Satz 6 KStG). 1562

Bei Antragstellung bei dem nach § 20 AO zuständigen FA ist zusätzlich die dortige Steuernummer einzutragen. Außerdem sind der **Beginn** und das **Ende des Wj.** der Gesellschaft einzutragen, für die die Einlagenrückgewähr geltend gemacht wird.

In der **Zeile 2** ist die Bezeichnung der Körperschaft oder Personenvereinigung einzutragen, für deren Zahlungen die Einlagenrückgewähr geltend gemacht werden soll. 1563

Da ein entsprechender Antrag nur für Körperschaften gestellt werden kann, die dem Grunde nach auch eine Einlagenrückgewähr leisten können, ist in **Zeile 3** die **deutsche Rechtsform** einzutragen, mit der die ausl. Rechtsform vergleichbar ist. Die Ableitung erfolgt nach den Grundsätzen des **Rechtstypenvergleichs.**[1] Zu berücksichtigen ist, dass nach Auffassung der FinVerw. eine Einlagenrückgewähr bei Stiftungen nicht möglich ist, da sie keine Anteilseigner haben.

1) Vgl. BMF v. 19.3.2004, IV B 4 – S 1301 USA-22/04, BStBl I 2004, 411.

In den **Zeilen 4 bis 9** sind weitere **persönliche Angaben** zur antragstellenden Körperschaft (Anschrift, Staat, Ort der Geschäftsleitung, Ort des Sitzes) zu machen.

1564 In **Zeile 10** ist anzugeben, in welcher **Währung** das **Nennkapital** (Stamm- oder Grundkapital) geführt wird.

1565 Soll der Feststellungsbescheid an einen Empfangsbevollmächtigten bekannt gegeben werden und liegt dem BZSt bzw. dem FA keine Empfangsvollmacht vor, sind in die **Zeilen 11 bis 13 Name und Anschrift des Empfangsbevollmächtigten** einzutragen.

3. Vorhergehende Feststellungen (Zeilen 15–20)

	Vorhergehende Feststellungen
14 frei 15	Für Vorjahre ist weder eine gesonderte Feststellung des Bestands des steuerlichen Einlagekontos nach § 27 Absatz 2 Satz 1 KStG noch eine gesonderte Feststellung der Einlagenrückgewähr nach § 27 Absatz 8 KStG erfolgt oder beantragt worden. 1 = Ja

KSt1F_27_8 - November 2025 - Version 2.9.1.1 Bekanntgabe Nov. 2025

Steuernummer

- 2 -

Zeile	
	Feststellung des Bestands des steuerlichen Einlagekontos für Vorjahre
16	Eine gesonderte Feststellung des Bestands des steuerlichen Einlagekontos nach § 27 Absatz 2 Satz 1 KStG ist zuletzt erfolgt beziehungsweise erklärt worden zum ⓬
17	Steuernummer des Finanzamtes
	Feststellung der Einlagenrückgewähr für Vorjahre
18	Ende des letzten Wirtschaftsjahres, für das eine Feststellung nach § 27 Absatz 8 KStG erfolgt ist oder beantragt wurde ⓬
19	Aktenzeichen des BZSt
20	Steuernummer des Finanzamtes

1566 **Sofern in der Vergangenheit weder eine Feststellung des steuerlichen Einlagekontos** nach § 27 Abs. 2 Satz 1 KStG **noch eine Feststellung von Leistungen als Einlagenrückgewähr i.S.d. § 27 Abs. 8 Satz 1 KStG** erfolgte bzw. beantragt wurde, ist dies in **Zeile 15** durch Angabe der Ziffer „1" = Ja" zu erklären.

1567 Sofern **in der Vergangenheit eine Feststellung des steuerlichen Einlagekontos** nach § 27 Abs. 2 Satz 1 KStG auf Grund unbeschränkter Steuerpflicht erfolgte bzw. erklärt wurde, ist **Zeile 16** der entsprechende **Stichtag** anzugeben. In **Zeile 17** ist die **Steuernummer** einzutragen, unter der die Feststellung erfolgte bzw. erklärt wurde.

1568 Sofern **in der Vergangenheit eine Feststellung von Leistungen als Einlagenrückgewähr** i.S.d. § 27 Abs. 8 Satz 1 KStG vorgenommen bzw. beantragt wurde, ist in **Zeile 18** der **VZ** anzugeben, für den diese Feststellung zuletzt durchgeführt bzw. beantragt wurde. Ergänzend sind in **Zeile 19** entweder das **Az. des BZSt** oder in **Zeile 20** die **Steuernummer des FA** einzutragen.

4. Festzustellender Betrag (Zeile 21)

	Festzustellender Betrag	
21	Es wird beantragt, den als Einlagenrückgewähr im Sinne des § 27 Absatz 8 Satz 1 KStG zu berücksichtigenden Betrag festzustellen in Höhe von	EUR

1569 In **Zeile 21** ist anzugeben, **in welcher Höhe die Feststellung der Einlagenrückgewähr** i.S.d. § 27 Abs. 8 Satz 1 i.V.m. § 27 Abs. 1 Satz 3 KStG **beantragt** wird. Die Berechnung der Einlagenrückgewähr ist nach § 27 Abs. 8 Satz 7 KStG darzulegen und durch geeignete Unterlagen nachzuweisen (→ Rz. 1559 f.).

5. Leistungen im Kalenderjahr (Zeilen 30–35)

	Leistungen im Kalenderjahr	
	Leistung ⑬	
	Bezeichnung der Leistung	
22 bis 29 frei 30		
31	Datum des gesellschaftsrechtlichen Beschlusses (zum Beispiel Gewinnverteilungs- oder Kapitalherabsetzungsbeschluss) ⑫	
32	Datum des Abflusses bei der Körperschaft ⑫	
		EUR
33	Leistung im Sinne des § 27 Absatz 1 KStG	
34	Nennkapitalrückzahlung im Sinne des § 28 Absatz 2 KStG	
35	Vom Betrag laut Zeile 33 oder 34 entfallen auf die Einlagenrückgewähr nach § 27 Absatz 8 KStG	
	Sind weitere Eintragungen erforderlich, sind diese nach dem gleichen Schema gesondert zu erläutern.	

In den **Zeilen 30 bis 35** sind für den VZ, in dem die Leistung erfolgte, Einzelangaben zu der erbrachten Leistung zu machen: **1570**

- in **Zeile 30** ist die **erbrachte Leistung** zu bezeichnen (z.B. offene Gewinnausschüttung, Nennkapitalrückzahlung,[1] verdeckte Gewinnausschüttung);
- in **Zeile 31** ist das **Datum des gesellschaftsrechtlichen Beschlusses** (Gewinnverteilungs- oder Kapitalherabsetzungsbeschluss o.Ä.) anzugeben;
- in **Zeile 32** ist der **Zeitpunkt des Abflusses** bei der Körperschaft einzutragen;
- in **Zeile 33** ist die **Höhe der Leistung** nach § 27 Abs. 1 KStG bzw. § 28 Abs. 2 KStG anzugeben;
- in **Zeile 34** ist der **Betrag der Nennkapitalrückzahlung** i.S.d. § 28 Abs. 2 KStG anzugeben,
- in **Zeile 35** ist der **Gesamtbetrag der für die Leistung in Anspruch genommenen Einlagenrückgewähr** nach § 27 Abs. 8 KStG einzutragen. Die Summe der hier gemachten Eintragungen muss dem Betrag laut Zeile 21 entsprechen.

Sind im VZ mehrere Leistungen erfolgt, sind die entsprechenden Eintragungen nach dem gleichen Schema gesondert zu erläutern.

6. Gesonderte Übermittlung von Anlagen (Zeilen 40–45)

	Gesonderte Übermittlung von Anlagen ⑧ ⑨ ⑪	
	Die Berechnung der Einlagenrückgewähr ist darzulegen und durch geeignete Unterlagen nachzuweisen, vergleiche § 27 Absatz 8 Satz 7 KStG. Aus den Unterlagen muss sich zweifelsfrei ergeben, in welcher Höhe Einlagen in die Gesellschaft geleistet worden sind und in welcher Höhe diese Einlagen zum Schluss des der Leistung vorangegangenen Wirtschaftsjahrs noch vorhanden waren.	
	Wurde bereits zu einem früheren Zeitpunkt ein Bestand des steuerlichen Einlagekontos nach § 27 Absatz 2 Satz 1 KStG oder ein als Leistung im Sinne des § 27 Absatz 8 KStG zu berücksichtigender Betrag festgestellt, ist die Ermittlung nur noch ab diesem Zeitpunkt vorzunehmen.	
	Folgende Anlagen sind als Nachweis diesem Antrag beizufügen oder gesondert elektronisch zu übermitteln:	
36 bis 39 frei 40	Aktueller Handelsregisterauszug der Antragstellerin	1 = ist beigefügt. 2 = wird innerhalb von zwei Monaten nachgereicht/übermittelt.
41	Unternehmensübersicht ④	1 = ist beigefügt. 2 = wird innerhalb von zwei Monaten nachgereicht/übermittelt.
42	Gesellschaftsvertrag (Gründungsvertrag) / Satzung der Antragstellerin	1 = ist beigefügt. 2 = wird innerhalb von zwei Monaten nachgereicht/übermittelt.

1) Vgl. BMF v. 4.4.2016, IV C 2 – S 2836/08/10002, 2016/0316743, BStBl I 2016, 468.

- 3 -

Steuernummer

Zeile	
43	Kontoauszüge zum Nachweis der Höhe und der tatsächlichen Durchführung der Bareinlagen und Barleistungen (Bankbelege, aus welchen Zahlungsleistender und Zahlungsempfänger ersichtlich sind) 1 = sind beigefügt. 2 = werden innerhalb von zwei Monaten nachgereicht/übermittelt. 3 = sind mangels Bareinlagen/Barleistungen nicht erforderlich.
44	Vertragsunterlagen (zum Beispiel Übertragungs-, Darlehens- oder Verschmelzungsvertrag) und Buchungsnachweise zum Nachweis von Sacheinlagen und Sachleistungen 1 = sind beigefügt. 2 = werden innerhalb von zwei Monaten nachgereicht/übermittelt. 3 = sind mangels Sacheinlagen/Sachleistungen nicht erforderlich.
45	Nachweise zur Wertermittlung der Höhe von Sacheinlagen und Sachleistungen (zum Beispiel in Form eines Wertgutachtens) 1 = sind beigefügt. 2 = werden innerhalb von zwei Monaten nachgereicht/übermittelt. 3 = sind mangels Sacheinlagen/Sachleistungen nicht erforderlich.

1571 Die Einlagenminderung ist durch die Gesellschaft nachzuweisen. Die Sachlage wird dadurch erschwert, dass das ausl. Recht im Regelfall keine mit dem deutschen Steuerrecht vergleichbare Regelung zur Einlagenrückgewähr hat. Es muss daher eine fiktive Vergleichsrechnung vorgenommen und die Voraussetzungen hierfür nachgewiesen werden. Es muss nachgewiesen werden, welche Einlagen in die Gesellschaft geleistet wurden und welche zum Schluss des der Leistung vorausgehenden Wj. noch vorhanden waren. Falls bisher noch keine Feststellung nach § 27 Abs. 8 KStG durchgeführt wurde, müssen die Einlagen und Ausschüttungen seit Gründung der Gesellschaft nachgewiesen werden. Bei vorangehender Feststellung erfolgt die Ermittlung von Einlagen und Ausschüttungen ab dem Zeitpunkt der letzten vorangehenden Feststellung.

Die FinVerw. gibt an, welche Unterlagen regelmäßig mit zu übermitteln sind:

1572 Ein aktueller **Handelsregisterauszug** wird immer benötigt, damit nachvollzogen werden kann, dass die Gesellschaft tatsächlich im Ausland registriert ist. Die Auszug sollte entweder dem Antrag beigefügt oder zeitnah übermittelt werden. In **Zeile 40** ist daher eine „1" einzutragen, wenn der Auszug beigefügt wird oder eine „2", wenn er innerhalb von zwei Monaten übermittelt wird.

1573 Daneben erwartet die FinVerw. eine **Unternehmensübersicht**. Ausweislich der amtlichen Erläuterung Nr. 4 zum Antrag ist dies eine grafische Übersicht der Beteiligungsstrukturen und der ggf. vorhandenen Einbindung in einen Konzern. In **Zeile 41** ist daher eine „1" einzutragen, wenn der Auszug beigefügt wird, oder eine „2", wenn er innerhalb von zwei Monaten übermittelt wird.

1574 Außerdem muss eine **aktuelle Fassung** des **Gesellschaftsvertrages** oder der **Satzung** eingereicht werden. In **Zeile 42** ist daher eine „1" einzutragen, wenn der Auszug beigefügt wird, oder eine „2", wenn er innerhalb von zwei Monaten übermittelt wird.

1575 Nach dem gleichen Schema müssen in den **Zeilen 43 bis 45** die **Zahlungsströme** der Einlagen und Ausschüttungen durch **Kontoauszüge** nachgewiesen werden und bei Sacheinlagen entsprechende **Verträge** vorgelegt werden. Bei Sacheinlagen müssen darüber hinaus Unterlagen zur Ermittlung der Höhe der Sacheinlage (z.B. **Wertgutachten**) eingereicht werden.

a) Unterlagen bei ausschließlicher Nennkapitalrückzahlung (Zeilen 46–49)

	Weitere Unterlagen, wenn die beantragte Feststellung der Einlagenrückgewähr ausschließlich auf einer Nennkapitalrückzahlung beruht
46	Entwicklung des Nennkapitals ab dem Zeitpunkt, ab dem Einlagen erbracht wurden, deren Rückzahlung geltend gemacht wird, frühestens seit dem 01.01.1977 ❺ 1 = ist beigefügt. 2 = wird innerhalb von zwei Monaten nachgereicht/übermittelt.
47	Beschlüsse und Nachweise über die tatsächliche Durchführung von Einlagen des Nennkapitals, deren Rückzahlung geltend gemacht wird, frühestens seit dem 01.01.1977 1 = sind beigefügt. 2 = werden innerhalb von zwei Monaten nachgereicht/übermittelt.
48	Beschlüsse und Nachweise über die tatsächliche Durchführung der Rückzahlung des Nennkapitals 1 = sind beigefügt. 2 = werden innerhalb von zwei Monaten nachgereicht/übermittelt.
49	Beschlüsse und Nachweise über die tatsächliche Durchführung von Veränderungen des Nennkapitals für den Zeitraum, ab dem Einlagen ins Nennkapital erbracht wurden, deren Rückzahlung geltend gemacht wird, frühestens seit dem 01.01.1977 1 = sind beigefügt. 2 = werden innerhalb von zwei Monaten nachgereicht/übermittelt.

Wird das Nennkapital zurückgezahlt, handelt es sich bei einem inl. Fall begrifflich nicht um eine Einlagenrückgewähr. Im Falle der Feststellung nach § 27 Abs. 8 KStG fällt diese jedoch in den Begriff der Einlagenrückgewähr und wird auch gesondert festgestellt, da sie andernfalls steuerpflichtig nach § 27 Abs. 8 Satz 8 KStG ist. Wird ausschließlich eine Einlagenrückgewähr geltend gemacht, muss auch nur die Entwicklung des Nennkapitals nachgewiesen werden. **1576**

Dieser Nachweis besteht aus der:

- Entwicklung des Nennkapitals ab dem Zeitpunkt, ab dem Einlagen erbracht wurden, deren Rückzahlung geltend gemacht wird (**Zeile 46**),
- Beschlüsse über die Herabsetzung oder die Erhöhung des Nennkapitals für diesen Zeitraum (**Zeile 47**),
- Beschlüsse und Nachweise über die tatsächliche Durchführung der Rückzahlung des Nennkapitals (**Zeile 48**) und
- Beschlüsse und Nachweise über die tatsächliche Durchführung von Veränderungen des Nennkapitals (also i.d.R. Erhöhung des Nennkapitals) im oben beschriebenen Zeitraum (**Zeile 49**).

Hier ist nach dem Schema jeweils eine „1" einzutragen, wenn die entsprechenden Nachweise dem Antrag beigefügt werden, oder eine „2", wenn die Unterlagen innerhalb von zwei Monaten nachgereicht werden, einzutragen.

b) Unterlagen bei nicht ausschließlicher Nennkapitalrückzahlung (Zeilen 50–56)

Zeile	
	Weitere Unterlagen, wenn die beantragte Feststellung der Einlagenrückgewähr nicht ausschließlich auf einer Nennkapitalrückzahlung beruht ❸
50	Entwicklung der verschiedenen Bestandteile des Eigenkapitals ab dem Zeitpunkt, ab dem Einlagen erbracht wurden, deren Rückzahlung geltend gemacht wird, frühestens seit dem 01.01.1977 ❻ 1 = ist beigefügt. 2 = wird innerhalb von zwei Monaten nachgereicht/übermittelt.
51	Ermittlung der Einlagenrückgewähr ❼ 1 = ist beigefügt. 2 = wird innerhalb von zwei Monaten nachgereicht/übermittelt.
52	Jahresabschlüsse mit Überleitungsrechnungen ins deutsche Steuerrecht in analoger Anwendung des § 60 Absatz 2 EStDV, frühestens seit dem 01.01.2006 1 = sind beigefügt. 2 = werden innerhalb von zwei Monaten nachgereicht/übermittelt.
53	Beschlüsse und Nachweise über die tatsächliche Durchführung von Einlagen, deren Rückzahlung geltend gemacht wird, frühestens seit dem 01.01.1977 1 = sind beigefügt. 2 = werden innerhalb von zwei Monaten nachgereicht/übermittelt.
54	Beschlüsse und Nachweise über die tatsächliche Durchführung von Leistungen 1 = sind beigefügt. 2 = werden innerhalb von zwei Monaten nachgereicht/übermittelt.
55	Beschlüsse und Nachweise über die tatsächliche Durchführung von Veränderungen des Nennkapitals für den Zeitraum, ab dem Einlagen erbracht wurden, deren Rückzahlung geltend gemacht wird, frühestens seit dem 01.01.1977 1 = sind beigefügt. 2 = werden innerhalb von zwei Monaten nachgereicht/übermittelt.
56	Beschlüsse und Nachweise über die tatsächliche Durchführung von Umwandlungen in dem Zeitraum, ab dem Einlagen erbracht wurden, deren Rückzahlung geltend gemacht wird, frühestens seit dem 01.01.1977 1 = sind beigefügt. 2 = werden innerhalb von zwei Monaten nachgereicht/übermittelt. 3 = sind mangels Umwandlungen nicht erforderlich.

Wird die Rückzahlung des Nennkapitals gar nicht oder nur teilweise geltend gemacht, müssen weitere Unterlagen nachgereicht werden. Neben dem Nennkapital muss nun auch die Entwicklung des (fiktiven) steuerlichen Einlagekontos, also der Einlagen und Ausschüttungen außerhalb des Nennkapitals, beschrieben und nachgewiesen werden. **1577**

Vorzulegen sind:

- Entwicklung der Bestandteile des Eigenkapitals, ab dem Einlagen erbracht wurden, deren Rückzahlung geltend gemacht wird (**Zeile 50**),
- Ermittlung der Einlagenrückgewähr (also insbesondere die Abgrenzung der Einlagenrückgewähr von normalen Gewinnausschüttungen) (**Zeile 51**),
- Jahresabschlüsse mit Überleitungsrechnung ins deutsche Steuerrecht zur Bestimmung der Höhe des ausschüttbaren Gewinns (**Zeile 52**),
- Beschlüsse und Nachweise über die tatsächliche Durchführung von Einlagen (**Zeile 53**),

- Beschlüsse und Nachweise über die tatsächliche Durchführung von Leistungen (**Zeile 54**),
- Beschlüsse und Nachweise über die tatsächliche Durchführung von Veränderungen des Nennkapitals (**Zeile 55**),
- Beschlüsse und Nachweise über die tatsächliche Durchführung von Umwandlungen (**Zeile 56**).

Hier ist nach dem Schema jeweils eine „1" einzutragen, wenn die entsprechenden Nachweise dem Antrag beigefügt werden, eine „2", wenn die Unterlagen innerhalb von zwei Monaten nachgereicht werden, einzutragen oder eine „3", wenn die Unterlagen nicht einzureichen sind, weil der entsprechende Tatbestand nicht verwirklicht wurde.

7. Unterschrift (Zeilen 100–105)

Steuernummer

- 4 -

Zeile		
	Bei der Anfertigung dieses Antrags hat mitgewirkt	
57 bis 99 frei	Name	Vorname
100		
	Straße, Hausnummer	
101		
	Postleitzahl, Ort	
102		
	Telefon	zusätzliche Angaben
103		
	Unterschrift	
	Datenschutzhinweis: Informationen über die Verarbeitung personenbezogener Daten in der Steuerverwaltung und über Ihre Rechte nach der Datenschutz-Grundverordnung sowie über Ihre Ansprechpartner in Datenschutzfragen entnehmen Sie bitte dem allgemeinen Informationsschreiben der Finanzverwaltung. Dieses Informationsschreiben finden Sie unter www.bzst.de/Datenschutzinfo, www.finanzamt.de (unter der Rubrik "Datenschutz") oder erhalten Sie bei Ihrem Finanzamt.	
	Datum 12	Ort
104		
	Unterschrift	
105		

1578 Sofern ein Dritter (z.B. ein Angehöriger der steuerberatenden Berufe) an der Anfertigung des Antrags mitgewirkt hat, ist dieser in den **Zeilen 100 bis 103** mit Namen, Adresse, Telefonnummer und ggf. zusätzlichen Angaben einzutragen.

1579 In **Zeile 104** sind **Ort** und **Datum der Antragstellung** anzugeben.

1580 In **Zeile 105** ist der Antrag zu **unterschreiben**. Der Antrag ist von den **Vertretern der Gesellschaft** i.S.d. § 34 AO zu unterzeichnen. Die **Vertretungsbefugnis** ist durch entsprechende Nachweise (z.B. Handelsregisterauszug, Vollmacht usw.) darzulegen. Wird der Antrag von einem **gewillkürten Vertreter** unterzeichnet, so ist eine entsprechende Vollmacht des Antragstellers beizufügen.

XXVIII. Anlage AE zum Antrag auf Feststellung der Einlagenrückgewähr i.S.d. § 27 Abs. 8 KStG

Bezeichnung des Steuerpflichtigen	**Anlage AE**
Steuernummer	zum Antrag auf Feststellung der Einlagenrückgewähr im Sinne des § 27 Absatz 8 KStG Ende des Wirtschaftsjahres 12

Angaben zum inländischen Anteilseigner

Auf der **Anlage AE** sind Angaben zum **inländischen Anteilseigner** zu machen, für den die erhaltenen Leistungen der ausländischen Körperschaft durch die Antragstellung nach § 27 Abs. 8 KStG als Einlagenrückgewähr gelten sollen (→ Rz. 1559 ff.). Für jeden betroffenen inländischen Anteilseigner ist eine gesonderte Anlage AE auszufüllen. **1581**

1. Allgemeine Angaben (Zeilen 1–4)

Zeile	**Allgemeine Angaben**	
1	Identifikationsnummer	Steuernummer
2	Name (bei natürlichen Personen: Vor- und Nachname)	
3	Straße und Hausnummer	
4	Postleitzahl und Wohnort	

In den **Zeilen 1 bis 4** der Anlage AE sind Identifikationsnummer, Steuernummer, Name (bei natürlichen Personen Vor- und Nachname) und Anschrift des die Einlagenrückgewähr erhaltenen **inländischen Anteilseigners** anzugeben. **1582**

2. Angaben zur Beteiligung (Zeilen 10–24)

	Angaben zur Beteiligung
	Höhe der Beteiligung zum Beginn des Wirtschaftsjahres
5 bis 9 frei 10	Auf den Anteilseigner entfallender Anteil am Nenn-/Stammkapital zum Beginn des Wirtschaftsjahres in der Währung laut Zeile 10 des Hauptvordrucks
11	Gesamtbetrag des Nenn-/Stammkapitals der Körperschaft zum Beginn des Wirtschaftsjahres in der Währung laut Zeile 10 des Hauptvordrucks
	Änderung im Laufe des Wirtschaftsjahres [13]
12 bis 19 frei 20	Art — 1 = Zugang, 2 = Abgang
21	Datum
22	Anteil am Nenn-/Stammkapital, der zu- oder abgeht, in der Währung laut Zeile 10 des Hauptvordrucks
23	Gesamtbetrag des Nenn-/Stammkapitals der Körperschaft zum Datum laut Zeile 21 in der Währung laut Zeile 10 des Hauptvordrucks
24	Änderung der Beteiligungshöhe des Anteilseigners in Prozent
	Sind weitere Eintragungen erforderlich, sind diese nach dem gleichen Schema gesondert zu erläutern.

Anlage AE - November 2025 - Version 2.9.1.1 Bekanntgabe Nov. 2025

1583 In den **Zeilen 10 und 11** ist zu erklären, in welchem Umfang der **Anteilseigner zum Beginn des VZ** nominal und prozentual an der Körperschaft **beteiligt** war. In Zeile 10 ist der auf den Anteilseigner entfallende Anteil am Nenn-/Stammkapital einzutragen und in Zeile 11 der Gesamtbetrag des Nenn-/Stammkapitals der Körperschaft. Die Beträge sind jeweils in der Währung lt. Zeile 10 des Hauptvordrucks (→ Rz. 1564) anzugeben. Haben sich die Beteiligungsverhältnisse im Laufe des VZ verändert, sind zusätzlich die Zeilen 20 bis 24 auszufüllen.

1584 Bei Veränderungen der Beteiligungsverhältnisse im Laufe des VZ ist in den Zeilen 20 bis 24 die Art der Veränderung anzugeben. In **Zeile 20** ist zunächst anzugeben, ob sich der Beteiligungsumfang erhöht (Ziffer „1") oder vermindert (Ziffer „2") hat. Haben sich die Beteiligungsverhältnisse im VZ mehrfach geändert, sind die entsprechenden Eintragungen nach dem gleichen Schema gesondert zu erläutern.

1585 In **Zeile 21** ist das **Datum** einzutragen, an dem die Änderung des Beteiligungsumfangs mit steuerrechtlicher Wirksamkeit erfolgte.

1586 In **Zeile 22** ist der **Anteil am Nenn-/Stammkapital**, der zu- oder abgegangen ist, in der Währung lt. Zeile 10 des Hauptvordrucks (→ Rz. 1564) einzutragen.

1587 In **Zeile 23** ist der **Gesamtbetrag des Nenn-/Stammkapitals** der Körperschaft zum Datum lt. Zeile 21 in der Währung lt. Zeile 10 des Hauptvordrucks (→ Rz. 1564) anzugeben.

1588 In **Zeile 24** ist in Prozent einzutragen, in welchem Verhältnis sich die Beteiligungsverhältnisse im VZ geändert haben.

XXIX. Antrag auf Option zur Körperschaftsbesteuerung nach § 1a Abs. 1 KStG und Antrag auf Rückoption nach § 1a Abs. 4 KStG

1. Anwendungsbereich des Vordrucks

Der Gesetzgeber hat mit dem Gesetz zur Modernisierung des Körperschaftsteuerrechts (KöMoG)[1] der Wirtschaft 1589
einen schon lange gehegten Wunsch erfüllt.[2] Personenhandels- und Partnerschaftsgesellschaften wurde die Möglichkeit eröffnet, sich auf Antrag wie Kapitalgesellschaften besteuern zu lassen. Die Möglichkeit wurde auf die eingetragene Gesellschaft bürgerlichen Rechts erweitert.[3] Hierzu müssen sie gegenüber dem FA einen unwiderruflichen Antrag auf Behandlung als Kapitalgesellschaft stellen, vgl. § 1a Abs. 1 Satz 1 KStG.

Mit dem im Folgenden besprochenen Datensatz kann ein Antrag auf Option zur Körperschaftsteuer oder ein Antrag auf Rückoption zur Besteuerung als Personengesellschaft gestellt werden.

Wird der Optionsantrag form- und fristgerecht gestellt und liegen weitere Voraussetzungen vor, kommt es zur wirksamen Ausübung der Option. Die optionsfähige Personengesellschaft gilt als in eine Kapitalgesellschaft formgewechselt (fiktiver Formwechsel), § 1a Abs. 2 Satz 1 KStG. Die entsprechenden Vorschriften des Umwandlungssteuergesetzes sind anwendbar und müssen eigenständig geprüft werden.

Ist das FA der Auffassung, dass die Voraussetzungen für einen wirksamen Antrag nicht vorliegen, wird es den Antrag ablehnen. Nach Auffassung der FinVerw. ist diese Entscheidung mit Rechtsmitteln angreifbar.[4]

Die Körperschaft wird ab dem ersten Wj., für das die Option gilt, wie eine Kapitalgesellschaft besteuert. Die Gesellschafter werden steuerlich wie Anteilseigner einer Kapitalgesellschaft behandelt, vgl. § 1a Abs. 1 Satz 1 und Abs. 3 KStG.

Es gibt bestimmte Konstellationen, in denen die Option automatisch endet und die Personengesellschaft wieder zur Besteuerung als Personengesellschaft zurückkehrt. Daneben gibt es aber auch die Möglichkeit, freiwillig zur Behandlung als Personengesellschaft zurückzukehren. Hierfür ist ebenfalls ein Antrag erforderlich (Rückoptionsantrag), vgl. § 1a Abs. 4 Satz 1 KStG. Die Rückkehr zur Personengesellschaftsbesteuerung gilt als fiktiver Formwechsel einer Kapitalgesellschaft in eine Personengesellschaft, § 1a Abs. 4 Satz 2 KStG. Mit dem Antrag KStOpt kann auch ein Antrag auf Rückoption gestellt werden.

2. Form des Antrags und Erklärungskopf

An das Finanzamt / Bundeszentralamt für Steuern	Steuernummer	
☐ Antrag auf Option zur Körperschaftsbesteuerung nach § 1a Absatz 1 KStG oder Antrag auf Rückoption nach § 1a Absatz 4 KStG		— Eingangsstempel —

Zunächst muss bestimmt werden, bei wem der Antrag auf Option oder Rückoption nach § 1a KStG gestellt werden 1590
muss. Dies ist zunächst abhängig davon, ob es sich um einen Antrag nach § 1a Abs. 1 KStG oder um einen Antrag auf Rückoption nach § 1a Abs. 4 KStG handelt.

Der **Antrag auf Option** zur Behandlung als Körperschaft ist bei dem für die gesonderte und einheitliche Feststellung der Einkünfte nach § 180 Abs. 1 Nr. 2 Buchst. a AO zu stellen, also dem Feststellungsfinanzamt der Personengesellschaft. Die entsprechende Steuernummer der Personengesellschaft ist im Antrag anzugeben (Kopfzeile).

Bei ausl. Personengesellschaften, die nur einen im Inland ansässigen Gesellschafter haben, ist abweichend davon 1591
das für die Besteuerung nach dem Einkommen zuständige FA das FA, bei dem der Antrag nach § 1a Abs. 1 KStG zu stellen ist, vgl. § 1a Abs. 1 Satz 3 KStG. In solchen Fällen kommt es nämlich nicht zu einer gesonderten und einheitlichen Feststellung, weil nur ein Feststellungsbeteiligter vorhanden wäre. In diesen Fällen ist das für die Besteuerung nach dem Einkommen auch für die Ermittlung der Einkünfte aus der ausl. Personengesellschaft (Mitunternehmerschaft) zuständig, vgl. § 180 Abs. 3 Nr. 1 AO.

Die dritte Fallgruppe bilden im Ausland ansässige Personengesellschaften, bei denen die Einkommen- bzw. Kör- 1592
perschaftsteuer bereits durch den Steuerabzug nach § 50a EStG abgegolten ist, vgl. § 50 Abs. 2 Satz 1 EStG und § 32 Abs. 1 KStG. Betroffen sind Einkünfte aus der beschränkten Steuerpflicht, vor allem die aus

1. Ausübung oder Verwertung von künstlerischen, sportlichen, unterhaltenden oder ähnlichen Darbietungen und
2. Einkünften aus der Rechteüberlassung (einschließlich Lizenzen).

1) Gesetz zur Modernisierung des Körperschaftsteuerrechts v. 25.6.2021, BGBl. I 2021, 2050 = BStBl I 2021, 889.
2) Siehe Fochmann, Rz. 2 ff. in WKGT/BDI, Modernisierung des Körperschaftsteuerrechts, 2. Aufl. 2021.
3) Vgl. Art. 18 Nr. 1 des Wachstumschancengesetzes v. 27.3.2024, BGBl. I 2024 Nr. 108 = BStBl I 2024, 666.
4) Vgl. Rz. 22 des BMF v. 10.11.2021, IV C 2 – S 2707/21/10001 :004, BStBl I 2021, 2212.

Diese müssen den Antrag beim BZSt stellen, vgl. § 1a Abs. 1 Satz 4 KStG. Eine Steuernummer wird hier regelmäßig nicht vergeben worden sein. Andere im Ausland ansässige Personengesellschaften stellen den Antrag – wie inl. Personengesellschaften – bei dem für die Besteuerung nach § 180 Abs. 1 Nr. 2 Buchst. a AO zuständigen FA.

Die Verhältnisse zum Zeitpunkt der Antragstellung sind für die Bestimmung des Adressaten des Antrags maßgebend.[1)]

Der **Antrag auf Rückoption** ist bei dem FA zu stellen, bei dem die Veranlagung zur Körperschaftsteuer bisher erfolgt ist, vgl. § 1a Abs. 4 Satz 3 KStG. Er ist beim BZSt zu stellen, wenn ausschließlich Einkünfte die dem Steuerabzug unterliegen erzielt werden und die Körperschaftsteuer durch den Steuerabzug abgegolten ist, vgl. § 1a Abs. 4 Satz 3 i.V.m. Abs. 1 Satz 4 KStG.

1593 Der Optionsantrag muss nach amtlichem Datensatz über die amtlich bestimmte Schnittstelle elektronisch an die zuständige Behörde übermittelt werden, vgl. § 1a Abs. 1 Satz 2 KStG. Zwar verweist § 1a Abs. 1 Satz 2 KStG auf die Härtefallregelung des § 31 Abs. 1a Satz 2 KStG, dennoch sind Härtefälle im Zusammenhang mit der Option nach § 1a KStG nur schwer vorstellbar. Schon für „normale" Körperschaftsteuererklärungen gibt es sie de facto nicht (→ Rz. 19).

Ist der Optionsantrag bei einem FA abzugeben, kann hierzu die kostenfreie Möglichkeit unter www.elster.de (Formulare & Leistungen / Alle Formulare / Anträge, Einspruch und Mitteilungen / Antrag auf Option zur Körperschaftsbesteuerung nach § 1a Abs. 1 KStG oder Antrag auf Rückoption nach § 1a Abs. 4 KStG) genutzt werden. Darüber hinaus stellen auch weitere kostenpflichtige Anbieter die Antragstellung in ihrer Software bereit.

Das BZSt hat ebenfalls über sein Online-Portal eine Möglichkeit geschaffen, den Antrag elektronisch zu übermitteln.[2)]

1594 In der Kopfzeile des Antrags ist die **Steuernummer** einzutragen. Handelt es sich um einen Optionsantrag nach § 1a Abs. 1 KStG, ist diese im Normalfall die bisher für die Abgabe der Feststellungserklärung nach § 180 Abs. 1 Nr. 2 Buchst. a AO verwendet wurde. Ist der Antrag beim BZSt abzugeben, bleibt dieses Feld leer, da die Personengesellschaft bisher steuerlich nicht geführt wird. Wurde bei ausl. Gesellschaften bisher keine inl. Feststellung durchgeführt, weil nur ein im Inland ansässiger Gesellschafter bestand, ist hier die für die Einkommensteuer bzw. Körperschaftsteuer des einzelnen Gesellschafters maßgebende Steuernummer einzutragen. Handelt es sich um einen Rückoptionsantrag nach § 1a Abs. 4 KStG, ist hier die Steuernummer einzutragen, die für die Abgabe der Körperschaftsteuererklärung der optierten Gesellschaft verwendet wurde.

1) Vgl. Rz. 15 des BMF v. 10.11.2021, IV C 2 – S 2707/21/10001 :004, BStBl I 2021, 2212.
2) Siehe https://www.bzst.de/DE/Unternehmen/EUInternational/Option_nach_1a_KStG/option_nach_1a_kstg_node.html, unter „Fragen und Antworten Formell".

3. Allgemeine Angaben (Zeilen 2–11)

Zeile			
	Allgemeine Angaben		
1 frei	Bezeichnung der Personengesellschaft		
2			
2a	Es handelt sich um	1 = eine Neugründung einer Personengesellschaft 2 = den Formwechsel einer Körperschaft in eine Personengesellschaft 3 = eine bereits bestehende Personengesellschaft	
3	Beginn des ersten Wirtschaftsjahres, für das der Antrag gestellt wird		
4	Ende des ersten Wirtschaftsjahres, für das der Antrag gestellt wird		
5	Für die in Zeile 2 bezeichnete Gesellschaft wird bisher keine gesonderte und einheitliche Feststellung der Einkünfte vorgenommen.	1 = Ja	
6	Die in Zeile 2 bezeichnete Gesellschaft erzielt ausschließlich Einkünfte, die dem Steuerabzug unterliegen und für die infolgedessen die Körperschaft- und Einkommensteuer abgegolten ist.	1 = Ja	
7	Ort des Sitzes nach § 11 AO	Staat (nur angeben, wenn im Ausland)	
	Geschäftsanschrift		
8	Straße	Hausnummer	Hausnummerzusatz
9	Adressergänzung		
10	Postleitzahl	Ort	
11	Postleitzahl und Ort (Ausland)	Staat (nur angeben, wenn im Ausland)	

Der **Name** der Personengesellschaft ist in **Zeile 2** einzutragen. Er ergibt sich in aller Regel aus der Eintragung im Handelsregister. Die Option zur Körperschaftsbesteuerung ist nur für Personenhandels- und Partnerschaftsgesellschaften und für eingetragene Gesellschaften bürgerlichen Rechts[1] möglich. Hierunter fallen: **1595**

1. die offene Handelsgesellschaft (OHG),
2. die Kommanditgesellschaft (KG),
3. die Europäische Wirtschaftliche Interessenvereinigung, da auf sie im Wesentlichen die Vorschriften der offenen Handelsgesellschaft anzuwenden sind, vgl. § 1 des EWIV-Ausführungsgesetzes,[2]
4. die Partnerschaftsgesellschaft nach dem Partnerschaftsgesellschaftsgesetz, sowie die
5. eingetragene Gesellschaft bürgerlichen Rechts.

Die Antragstellung ist auch vergleichbaren Gesellschaften ausl. Rechts möglich. Nach Auffassung der FinVerw. soll eine Antragstellung möglich sein, wenn die ausl. Gesellschaft nach dem Rechtstypenvergleich als Personengesellschaft (nicht Personenhandelsgesellschaft) zu qualifizieren ist und zusätzlich tatsächlich ein Handelsgewerbe i.S.d. § 1 HGB betrieben wird.[3] Die Auffassung wirkt einerseits verschärfend, da eine im deutschen Handelsregister eingetragene Personenhandelsgesellschaft tatsächlich kein Handelsgewerbe mehr betreiben muss und trotzdem Personenhandelsgesellschaft ist. Andererseits wirkt dies erleichternd, weil eine im Ausland ansässige Gesellschaft nur Personengesellschaft sein muss, keine Personenhandelsgesellschaft.

Andere Personengesellschaften – auch die Kommanditgesellschaft auf Aktien – und Einzelunternehmen können keinen Antrag auf Besteuerung als Kapitalgesellschaft stellen.

Der Antrag muss nach § 1a Abs. 1 Satz 2 KStG von der Personengesellschaft selbst gestellt werden.[4] Er kann nicht durch ihre Gesellschafter gestellt werden.

1) Die eingetragene Gesellschaft bürgerlichen Rechts war zunächst nicht optionsfähig. Mit Art. 18 Nr. 1 des Wachstumschancengesetzes v. 27.3.2024, BGBl. I 2024 Nr. 108 = BStBl I 2024, 666 wurde die Optionsfähigkeit auf diese ausgeweitet.
2) So auch Rz. 2 des BMF v. 10.11.2021, IV C 2 – S 2707/21/10001 :004, BStBl I 2021, 2212.
3) Vgl. Rz. 3 des BMF v. 10.11.2021, IV C 2 – S 2707/21/10001 :004, BStBl I 2021, 2212.
4) Vgl. Rz. 2 des BMF v. 10.11.2021, IV C 2 – S 2707/21/10001 :004, BStBl I 2021, 2212.

1596 In der **Zeile 2a** ist anzugeben, ob es sich um:

„1" – eine Neugründung einer Personengesellschaft,

„2" – den Formwechsel einer Körperschaft in eine Personengesellschaft oder

„3" – eine bereits bestehende Personengesellschaft handelt.

Die unmittelbare Option im Rahmen der Gründung war ursprünglich nicht vorgesehen. Sie wurde nachträglich hinzugefügt.[1] Es ist nunmehr sowohl bei Neugründung der Personengesellschaft (Eintragungswert „1") und sogar bei (echter) Umwandlung einer Körperschaft in eine Personengesellschaft unmittelbar den Antrag auf Option zu stellen. Zu berücksichtigen ist allerdings, dass der Antrag bei einer Neugründung einen Monat nach Abschluss das Gesellschaftsvertrags und bei einem Formwechsel einen Monat nach Anmeldung des Formwechsels bei zuständigen Register erfolgen muss, vgl. § 1a Abs. 1 Satz 7 KStG. Der bisherige Regelfall (bestehende Personengesellschaft) ist mit dem Eintragungswert „3" einzutragen.

1597 In den **Zeilen 3 und 4** wird das **erste Wj.** bezeichnet, für das die Option oder die Rückoption ausgeübt wird. Der Antrag ist spätestens einen Monat vor dem Beginn des dort bezeichneten Wj. zu stellen, vgl. § 1a Abs. 1 Satz 2 KStG. Zur Sonderregelung für eine Option im Rahmen der Gründung (oder des Formwechsels) der Personengesellschaft siehe → Rz. 1596.

Wird der Antrag verspätet oder nicht in der richtigen Form gestellt, liegen die Voraussetzungen für eine Option nicht vor. Es bleibt bei der Besteuerung als Personengesellschaft.

Kann der Antrag nicht mehr rechtzeitig vor Beginn des nächsten Wj. gestellt werden, sollte geprüft werden, ob ein Rumpfwirtschaftsjahr gebildet wird. Für die Option von Personenhandelsgesellschaften ist hierfür § 4a Abs. 1 Nr. 2 Satz 2 EStG maßgebend, wonach die Bildung des Rumpfwirtschaftsjahres im Einvernehmen mit dem FA erfolgen muss. Für eine Umstellung bedarf es zunächst eines entsprechenden handelsrechtlichen Beschlusses der Gesellschaft.

Es ist höchstrichterlich noch nicht geklärt, ob die Ausübung der Option ein wichtiger Grund ist, für den das FA sein Einverständnis erteilen muss. Die FinVerw. äußert sich zu dieser wichtigen Frage bisher nicht.[2] Zweck der Herstellung des Einvernehmens ist die Missbrauchsvermeidung.[3] Da der Gesetzgeber die Möglichkeit geschaffen hat, zur Besteuerung als Kapitalgesellschaft zu optieren, stellt die Bildung des Rumpfwirtschaftsjahres für den Umstieg im Regelfall keinen Missbrauch dar, sodass das FA die Zustimmung erteilen müsste. Dies geschieht durch ausdrückliche Erklärung des FA (Verwaltungsakt).

Partnerschaftsgesellschaften erzielen im Regelfall freiberufliche Einkünfte und ermitteln den Gewinn nach § 4 Abs. 3 EStG. Auf sie ist § 4a EStG nicht anwendbar, weshalb auch die Bildung eines Rumpfwirtschaftsjahres nicht möglich ist.

Im Falle der **Rückoption** ist für die Bildung eines Rumpfwirtschaftsjahres § 8 Abs. 4 Satz 3 KStG maßgebend. Auch hier ist die Bildung nur im Einvernehmen mit dem FA möglich.

1598 In **Zeile 5** muss angegeben werden, ob bisher keine gesonderte und einheitliche Feststellung der Einkünfte vorgenommen wird. Eine Angabe ist nur erforderlich, wenn ein Optionsantrag gestellt wird, nicht für die Rückoption. Dies kommt für im Ausland ansässige Personengesellschaften in Betracht und für Personengesellschaften, die bereits in ihrem ersten Wj. optieren, siehe → Rz. 1596.

Bei im Ausland ansässigen Personengesellschaften ist keine gesonderte und einheitliche Feststellung nach § 180 Abs. 1 Nr. 2 Buchst. a AO durchzuführen, wenn nur einer der Gesellschafter im Inland steuerpflichtig ist, vgl. § 180 Abs. 5 Nr. 1 AO. Wird hier also „ja" angegeben und die Zeile 6 mit „nein" ausgefüllt, ist der Antrag entweder abzulehnen (Vorgründungsgesellschaft) oder bei dem für die Besteuerung nach dem Einkommen des Gesellschafters zuständigen FA zu stellen.

1599 Die **Zeile 6** ist bei im **Ausland** ansässigen Personengesellschaften auszufüllen. Anzugeben ist, ob die Gesellschaft **ausschließlich beschränkt steuerpflichtige Einkünfte** erzielt, bei denen die Einkommen- und Körperschaftsteuer der Gesellschafter (Mitunternehmer) bereits durch den **Kapitalertragsteuerabzug** oder den Steuerabzug nach § 50a EStG **abgegolten** ist. Dies ist der Fall, wenn keine der Ausnahmen des § 50 Abs. 2 Satz 2 EStG vorliegt, also insb. dann, wenn die im Ausland ansässige Personengesellschaft im Inland keine Betriebsstätte unterhält (§ 50 Abs. 2 Satz 2 Nr. 1 EStG). Wird hier „ja" angekreuzt, ist der Antrag nicht beim FA, sondern beim BZSt zu stellen.

1600 In **Zeile 7** sind **Sitz** und – wenn es nicht Deutschland ist – der **Sitzstaat** anzugeben. Der Sitz ist der Ort, der für die Personengesellschaft durch den Gesellschaftsvertrag oder dergleichen als solcher bestimmt ist (§ 11 AO). Liegt der Sitz im Ausland, wird das FA die besonderen Voraussetzungen der Optionsausübung für ausl. Gesellschaften anwenden.

Die **Geschäftsanschrift** in den **Zeilen 8 bis 11** ist nur bei Gesellschaften anzugeben, bei denen der Antrag beim BZSt geführt wird und bei Fällen, in denen der Antrag bei dem für die Besteuerung des einzigen im Inland ansässigen Gesellschafters gestellt wird. Für im Inland für eine Feststellung nach § 180 Abs. 1 Nr. 2 Buchst. a AO geführten

1) Vgl. Art. 18 Nr. 1 des Wachstumschancengesetzes v. 27.3.2024, BGBl. I 2024 Nr. 108 = BStBl I 2024, 666.
2) Zwar wird in Rz. 17 auf die gesetzliche Regelung des § 4a Abs. 1 Satz 2 Nr. 2 EStG verwiesen, jedoch werden keine ermessenleitenden Vorgaben zur Entscheidung die Bildung eines Rumpfwirtschaftsjahres für Zwecke der Option gemacht.
3) Vgl. Schober in Hermann/Heuer/Raupach, § 4a EStG Rz. 25.

Gesellschaften sind die entsprechenden Daten ohnehin bekannt. Im Übrigen sind die dort einzutragenden Angaben selbsterklärend.

4. Antrag auf Option zur Körperschaftsbesteuerung (Zeilen 12–16)

	Antrag auf Option zur Körperschaftsbesteuerung nach § 1a Absatz 1 KStG	
12	Es wird unwiderruflich beantragt, die in Zeile 2 bezeichnete Gesellschaft ab dem in Zeile 3 benannten Zeitpunkt wie eine Kapitalgesellschaft und ihre Gesellschafter wie nicht persönlich haftende Gesellschafter einer Kapitalgesellschaft zu behandeln.	1 = Ja
13	Der Antragstellung haben alle Gesellschafter zugestimmt. Soweit im Gesellschaftsvertrag eine Mehrheitsentscheidung vorgesehen ist, liegt die Zustimmung der erforderlichen Mehrheit (mindestens drei Viertel der abgegebenen Stimmen) der Gesellschafter vor.	1 = Ja 2 = Nein
14	Wenn sich die Geschäftsleitung der Gesellschaft im Ausland befindet: Die Gesellschaft unterliegt in dem Staat, in dem sich die Geschäftsleitung befindet, einer der deutschen unbeschränkten Körperschaftsteuerpflicht vergleichbaren Steuerpflicht.	1 = Ja 2 = Nein
15	Bei ausländischen Rechtsformen: Die Rechtsform der Gesellschaft ist vergleichbar mit einer Personenhandelsgesellschaft, Partnerschaftsgesellschaft oder eingetragenen Gesellschaft bürgerlichen Rechts nach deutschem Recht	1 = Ja 2 = Nein
16	Die Gesellschaft ist ein Investmentfonds im Sinne des Investmentsteuergesetzes.	1 = Ja 2 = Nein

Mit dem Antrag KStOpt kann sowohl der Optionsantrag zur Körperschaftsbesteuerung als auch der Rückoptions- 1601
antrag zur Besteuerung als Personengesellschaft gestellt werden. Die Zeilen 12 bis 16 sind für den Optionsantrag nach § 1a Abs. 1 Satz 1 KStG gedacht.

In **Zeile 12** ist zunächst eine „1" einzutragen, wenn der Antrag auf Besteuerung als Kapitalgesellschaft gestellt wird.

Beratungshinweis:

Die Stellung eines Optionsantrags ist nur aus außersteuerlichen Gründen sinnvoll. Wird die Körperschaftsbesteuerung präferiert, bietet das Umwandlungsgesetz und das Umwandlungssteuergesetz Möglichkeiten einer „echten" und meist steuerneutralen Umwandlung. Die Option zur Körperschaftsbesteuerung nach § 1a Abs. 1 KStG stellt in diesem Sinne eine „unechte" Umwandlung dar, die sich nur lohnen kann, wenn außersteuerliche Gründe hierfür sprechen. Solche können in niedrigeren Publizitätspflichten und einer im Vergleich zu Kapitalgesellschaften leicht anpassbaren gesellschaftsrechtlichen Regelung gesehen werden.[1]

Zwar kann in Zeile 12 ein Antrag auf Besteuerung als Kapitalgesellschaft gestellt werden, dies bedeutet aber noch nicht, dass ein solcher Antrag auch tatsächlich wirksam ist. Die Wirksamkeit des Antrags und damit auch die künftige Besteuerung als Kapitalgesellschaft hängt von folgenden Voraussetzungen ab:

1. Der Antrag muss elektronisch über die amtlich bestimmte Schnittstelle mit dem amtlichen Datensatz übermittelt worden sein (→ Rz. 1593). Nur im Härtefall ist eine Antragstellung in Papier zulässig.
2. Der Antrag muss mindestens einen Monat vor dem Beginn des Wj. (Zeile 3), für das die Option erstmalig ausgeübt werden soll, bei der zuständigen Behörde (→ Rz. 1597) eingegangen sein. In Neugründungsfällen muss der Antrag innerhalb eines Monats nach Abschluss des Gesellschaftsvertrags (§ 1a Abs. 1 Satz 7 Nr. 1 KStG) und beim Formwechsel einer Körperschaft in eine Personengesellschaft innerhalb eines Monats nach Anmeldung des Formwechsels beim Registergericht (§ 1a Abs. 1 Satz 7 Nr. 2 KStG) eingegangen sein.
3. Die Antragstellerin muss eine Personengesellschaft sein, die optionsfähig ist (Personenhandels- und Partnerschaftsgesellschaften, sowie eingetragene Gesellschaften bürgerlichen Rechts), und muss den Antrag selbst gestellt haben (nicht einer ihrer Gesellschafter; → Rz. 1595).
4. Die Gesellschafter müssen dem Antrag mit der erforderlichen Mehrheit der Stimmen zugestimmt haben (Zeile 13, → Rz. 1602).
5. Die Gesellschaft darf kein Investmentfonds sein (Zeile 16, → Rz. 1605).
6. Für im Ausland ansässige Personengesellschaften gelten weitere Voraussetzungen (→ Rz. 1603).

Innerhalb des FA führt ein wirksam ausgeübter Optionsantrag regelmäßig zu einem Zuständigkeitswechsel, da die für die Besteuerung von Personengesellschaften zuständigen Amtsträger von denen für die Besteuerung von Körperschaften zuständigen Amtsträgern organisatorisch getrennt sind. In einigen Bundesländern kann mit der Wirksamkeit der Option ein Zuständigkeitswechsel des FA einhergehen, da nicht jedes FA auch für die Besteuerung von Körperschaften zuständig ist.[2]

Das Gesetz sieht für die Entscheidung über den Antrag kein formelles Verfahren vor. Dementsprechend erfolgt kein Bescheid über die Wirksamkeit des Antrags. Es ist auch nicht geregelt, welcher Amtsträger bzw. welches FA (bei Zuständigkeitswechsel) über die Wirksamkeit des Antrags entscheidet. Der Adressat des Antrags soll das Vorliegen der gesetzlichen Voraussetzungen „summarisch" prüfen.[3] Kommt der Adressat (also im Regelfall das für die

1) So auch Fochmann, Rz. 501 in WKGT/BDI, Modernisierung des Körperschaftsteuerrechts, 2. Aufl. 2021.
2) Z.B. in Hessen, vgl. § 6 der Verordnung über die Zuständigkeiten der hessischen Finanzämter, GVBl. 2019, 249.
3) Vgl. Rz. 20 des BMF v. 10.11.2021, IV C 2 – S 2707/21/10001 :004, BStBl I 2021, 2212.

Besteuerung als Personengesellschaft zuständige FA/Arbeitsbereich zum Schluss, dass der Antrag wirksam ist, wird er den Fall an das nunmehr für die Besteuerung als Körperschaft zuständige FA/Arbeitsbereich abgeben. Aus der Zuteilung einer neuen, für die Körperschaftsteuerfestsetzung gültigen Steuernummer kann jedoch geschlossen werden, dass das FA von der Wirksamkeit des Antrags ausgeht.[1)]

Nicht nachzuvollziehen ist die Auffassung der FinVerw., wonach ein unwirksamer Antrag durch einen Verwaltungsakt abgelehnt werden soll.[2)] Wenn das Gesetz für das Vorliegen der Voraussetzungen kein formelles Verfahren vorsieht, kann auch die Ablehnung kein formelles Verfahren sein. Nach Auffassung der FinVerw. kann gegen den ablehnenden Bescheid Einspruch eingelegt werden. Ob dies vor den Finanzgerichten Bestand hat, bleibt abzuwarten.

1602 In **Zeile 13** ist anzugeben, ob die **notwendige Mehrheit der Gesellschafter der Antragstellung** zugestimmt hat. Nach § 1a Abs. 1 Satz 1 KStG ist die gleiche Zustimmung der Gesellschafter erforderlich, die auch für eine „echten" Formwechsel in eine Kapitalgesellschaft notwendig wäre. Dies ist nachvollziehbar, da die Option nicht nur für die Personengesellschaft, sondern auch für ihre Gesellschafter (Mitunternehmer) wirkt. Sie werden im Folgenden nicht mehr als Gesellschafter (Mitunternehmer) einer Personengesellschaft (Mitunternehmerschaft) behandelt, sondern als Anteilseigner einer Kapitalgesellschaft.

Das Gesetz verweist auf § 217 Abs. 1 UmwG. Danach bedarf der Antrag nach § 1a Abs. 1 KStG grundsätzlich der Zustimmung aller Gesellschafter, vgl. § 217 Abs. 1 Satz 1 UmwG. Allerdings ist auch eine niedrigere Zustimmung ausreichend, soweit diese im Gesellschaftsvertrag vorgesehen ist, vgl. § 217 Abs. 1 Satz 2 UmwG. Die Mehrheit muss allerdings mindestens drei Viertel der abgegebenen Stimmen betragen, vgl. § 217 Abs. 1 Satz 3 UmwG. Es ist nicht zu beanstanden, wenn der Gesellschaftsvertrag nur für den Formwechsel, nicht jedoch für die Option nach § 1a KStG eine Mehrheitsentscheidung vorsieht und nur die für einen Formwechsel maßgebende Mehrheit der Gesellschafter zugestimmt hat.[3)] Der Beschluss ist nach den für die Gesellschaft zivilrechtlich maßgebenden Formvorschriften zu fassen. Im Regelfall ist daher eine notarielle Beurkundung nicht erforderlich.[4)] Der Beschluss ist als Anlage dem Antrag beizufügen.[5)]

Praxishinweis:

Es empfiehlt sich, den Beschluss von allen Gesellschaftern, die für den Antrag gestimmt haben, unterschreiben zu lassen und als eingescannte Anlage dem Beschluss beizufügen. Auch eine elektronische Signatur des Beschlusses ist möglich. Der elektronische Datensatz sieht für den KStOpt die Beifügung von Dateien vor. Haben nicht alle Gesellschafter zugestimmt, empfiehlt es sich – um unnötige Nachfragen zu vermeiden –, den Gesellschaftsvertrag erneut beizufügen (ebenfalls als elektronische Anlage zum Antrag möglich).

1603 Die **Zeile 14** ist nur auszufüllen, wenn sich der Ort der Geschäftsleitung der Personengesellschaft im Ausland befindet. Nach § 1a Abs. 1 Satz 6 Nr. 2 KStG müssen solche Gesellschaften auch **im Ausland** als **unbeschränkt steuerpflichtige Körperschaften** behandelt werden. Andernfalls ist die Option ausgeschlossen. Maßgebend für die Beurteilung ist der Zeitpunkt, ab dem die Option wirken soll, also der Beginn des Wj. laut Zeile 2.

Ist der Ort der Geschäftsleitung der Personengesellschaft im Ausland, liegt im Inland regelmäßig eine nur beschränkte Steuerpflicht vor. Dies gilt auch nach Ausübung der Option. Durch § 1a Abs. 1 Satz 6 Nr. 2 KStG soll **vermieden** werden, dass **hybride Gesellschaften** entstehen, die im Ausland als Personengesellschaften, im Inland jedoch als Körperschaften gelten. Hierdurch könnten Einkünfte entstehen, die weder im Inland noch im Ausland besteuert werden. Sieht das ausl. Recht keine Möglichkeit vor, die Personengesellschaft als Körperschaft zu behandeln, kann auch nicht nach § 1a KStG optiert werden. Es ist fraglich, ob § 1a Abs. 1 Satz 6 Nr. 2 KStG der Ausübung der Option entgegensteht, wenn das ausl. Steuerrecht nicht zwischen Personen- und Kapitalgesellschaften differenziert, sondern sie generell gleichbehandelt.

Nach der Amtlichen Anleitung zum KStOpt soll ein Nachweis darüber geführt werden, dass die Gesellschaft im Ausland einer der unbeschränkten Körperschaftsteuerpflicht vergleichbaren Steuerpflicht unterliegt. Außerdem ist eine Ansässigkeitsbescheinigung beizufügen. Im elektronischen Antrag sind diese Nachweise als elektronische Anlagen beizufügen. Auf Anforderung der zuständigen Behörde sind diese Nachweise jährlich zu erbringen.[6)]

1604 Im Ausland ansässige Personengesellschaften müssen in **Zeile 15** angeben, ob sie mit einer optionsfähigen inländischen Rechtsform vergleichbar sind. Die FinVerw. hat zu den nach ihrer Auffassung maßgebenden Kriterien für einen Rechtstypenvergleich ausführlich Stellung genommen[7)] und darüber hinaus für eine Vielzahl ausl. Rechtsformen die Vergleichbarkeit mit inl. Rechtsformen festgelegt.[8)] Soweit die FinVerw. die Vergleichbarkeit der ausl. Rechtsform nicht eindeutig festgelegt hat oder die Festlegung der FinVerw. bestritten wird, empfiehlt es sich, die Vergleichbarkeit umfangreich zu begründen und als Anlage dem Antrag beizufügen.

Für eine Optionsfähigkeit genügt es nach der Verwaltungsauffassung, wenn die ausländische Gesellschaft einer Personengesellschaft vergleichbar ist. Eine exakte Zuordnung zu den optionsfähigen Rechtsform des § 1a KStG ist

---

1) Vgl. Rz. 21 des BMF v. 10.11.2021, IV C 2 – S 2707/21/10001 :004, BStBl I 2021, 2212.
2) Vgl. Rz. 22 des BMF v. 10.11.2021, IV C 2 – S 2707/21/10001 :004, BStBl I 2021, 2212.
3) Vgl. Rz. 12 des BMF v. 10.11.2021, IV C 2 – S 2707/21/10001 :004, BStBl I 2021, 2212.
4) Vgl. Rz. 12 des BMF v. 10.11.2021, IV C 2 – S 2707/21/10001 :004, BStBl I 2021, 2212.
5) Siehe Amtliche Anleitung zum KStOpt.
6) Vgl. Rz. 6 des BMF v. 10.11.2021, IV C 2 – S 2707/21/10001 :004, BStBl I 2021, 2212.
7) Vgl. BMF v. 19.3.2004, IV B 4 – S 1301 USA-22/04, BStBl I 2004, 411.
8) Vgl. Tabelle 1 und Tabelle 2 zum BMF v. 24.11.1999, BStBl I 1999, 1076 zuletzt geändert durch BMF v. 22.12.2016, BStBl I 2017, 182.

nicht notwendig.[1] Anders als bei den optionsfähigen inl. Personengesellschaften muss die ausl. Gesellschaft aber tatsächlich ein Handelsgewerbe betreiben.

Im Umkehrschluss ist die Optionsausübung für im Ausland ansässige Partnerschaftsgesellschaften nach den Grundsätzen der FinVerw. nur schwer möglich. Zwar sind sie nach als Personengesellschaften zu qualifizieren, da sie jedoch im Regelfall freiberuflich tätig sind, dürften die Voraussetzungen für das Vorliegen eines Handelsgewerbes regelmäßig nicht erfüllt sein.

In **Zeile 16** ist zu bestätigen, dass es sich bei der Personengesellschaft nicht um einen Investmentfonds i.S.d. InvStG handelt. Wird hier ein „Ja" eingetragen, ist die Option nach § 1a Abs. 1 Satz 6 Nr. 1 KStG ausgeschlossen. **1605**

5. Antrag auf Rückoption zur Besteuerung als Personengesellschaft nach § 1a Abs. 4 KStG (Zeile 30)

	Antrag auf Rückoption zur Besteuerung als Personengesellschaft nach § 1a Absatz 4 KStG
17 bis 29 frei 30	Es wird beantragt, die in Zeile 2 bezeichnete Gesellschaft ab dem in Zeile 3 bezeichneten Zeitpunkt nicht mehr wie eine Kapitalgesellschaft und ihre Gesellschafter nicht mehr wie die nicht persönlich haftenden Gesellschafter einer Kapitalgesellschaft zu behandeln. 1 = Ja

KStOpt - März 2024 - Version 2.2.1.1 Bekanntgabe

Der Antrag KStOpt kann auch zur Stellung eines Rückoptionsantrags genutzt werden. Die Voraussetzungen hierfür sind wesentlich weniger umfangreich als zur Ausübung der Option. Nach dem Wortlaut des Gesetzes ist für den Antrag kein entsprechender Beschluss – wie bei der Option – der Gesellschafter erforderlich. Es ist aber davon auszugehen, dass auf Grund der gesellschaftsrechtlichen Regelungen ein Beschluss zivilrechtlich erforderlich ist. Allerdings muss dieser nicht die Zustimmung aller Gesellschafter bzw. einer Mehrheit von mindestens drei Vierteln der Gesellschafter nach § 217 UmwG erfüllen. Ein Mehrheitsbeschluss sollte – soweit nicht individualrechtliche Regelungen des Gesellschaftsvertrags dagegenstehen – ausreichen. Der Beschluss muss gegenüber dem FA jedoch nicht nachgewiesen werden. **1606**

Die Rückoption gilt als Formwechsel einer Körperschaft zu einer Personengesellschaft. Geschieht sie innerhalb eines Zeitraums von sieben Jahren nach der Option, führt dies zu einer Sperrfristverletzung nach § 22 Abs. 1, Abs. 2 und ggf. § 23 Abs. 2 UmwStG, die Nachversteuerungstatbestände auslöst. Außerdem kommt es beim Formwechsel zur Versteuerung thesaurierter Gewinne. Die entsprechenden Folgen sollten vor Stellung des Antrags berücksichtigt werden.

Der Antrag auf Rückoption wird gestellt, indem in **Zeile 30** eine „1" eingetragen. Genau wie beim Optionsantrag erteilt das FA keine ausdrückliche Information darüber, dass der Rückoptionsantrag wirksam ist. Es wird in diesen Fällen wahrscheinlich eine neue Steuernummer (nun wieder für die Feststellung nach § 180 Abs. 1 Nr. 2 Buchst. a AO) erteilen. Sollte das FA davon ausgehen, dass der Rückoptionsantrag nicht wirksam ist (z.B., weil zu spät eingegangen) müsste es – analog dem Optionsantrags – hierüber einen Bescheid erlassen, der die Nichtwirksamkeit des Antrags bekannt gibt. Hiergegen müsste wiederum der Einspruch gegeben sein (siehe → Rz. 1601).

1) Vgl. Rz. 3 des BMF v. 10.11.2021, IV C 2 – S 2707/21/10001 :004, BStBl I 2021, 2212.

6. Schlussangaben (Zeilen 100–103)

Steuernummer

\- 2 -

Zeile

Unterschrift

Datenschutzhinweis:

Informationen über die Verarbeitung personenbezogener Daten in der Steuerverwaltung und über Ihre Rechte nach der Datenschutz-Grundverordnung sowie über Ihre Ansprechpartner in Datenschutzfragen entnehmen Sie bitte dem allgemeinen Informationsschreiben der Finanzverwaltung. Dieses Informationsschreiben finden Sie unter www.bzst.de/Datenschutzinfo, www.finanzamt.de (unter der Rubrik "Datenschutz") oder erhalten Sie bei Ihrem Finanzamt.

Bei der Anfertigung dieses Antrags hat mitgewirkt:

Zeile				
31 bis 99 frei 100	Name	Vorname	Straße, Hausnummer	Postleitzahl, Ort
101	Telefon		zusätzliche Angaben	
102	Ort			Datum
103	Unterschrift			

Der Antrag ist von einer zur Vertretung der Gesellschaft ermächtigten Person eigenhändig zu unterschreiben.

1607 In den **Zeilen 100 und 101** wird nach üblichen Grundsätzen mitgeteilt, dass der Antrag durch eine zur steuerlichen Hilfeleistung befugte Person erstellt wurde. Weitere Konsequenzen für das Verfahren ergeben sich hierdurch nicht. Bei Rückfragen kann die FinVerw. so den fachlichen Ansprechpartner leichter ermitteln.

Nur wenn der Antrag in Papierform abgegeben wird, ist er vom gesetzlichen Vertreter der Personengesellschaft eigenhändig zu unterschreiben, vgl. § 1a Abs. 1 Satz 2 i.V.m. § 31 Abs. 1a Satz 2 KStG (**Zeilen 102 und 103**). Wer der gesetzliche Vertreter einer Personengesellschaft ist, ergibt sich aus dem Handelsrecht. Bei Kommanditgesellschaften sind in aller Regel die Komplementäre vertretungsberechtigt, vgl. § 125 i.V.m. § 170 HGB. Ob eine Einzelvertretungsberechtigung oder nur eine Gesamtvertretung möglich ist, richtet sich nach den Regelungen des Gesellschaftsvertrags. Ist der Komplementär wiederum eine GmbH (Regelfall), wird diese wiederum von ihrem Geschäftsführer vertreten. Auch hier können durch Gesellschaftsvertrag der GmbH Regelungen zur Gesamt- oder Einzelvertretungsberechtigung getroffen werden.

Bei einer elektronischen Übermittlung gelten die allgemeinen Grundsätze (→ Rz. 97).

B. Gewerbesteuererklärung

I. GewSt 1 A – Gewerbesteuererklärung

1. Vorbemerkung

Eine Gewerbesteuererklärung haben abzugeben **1608**

- alle gewerbesteuerpflichtigen Unternehmen, deren Gewerbeertrag im EZ 24 500 € überstiegen hat;
- nicht steuerbefreite Kapitalgesellschaften (vgl. § 1 Abs. 1 Nr. 1 KStG);
- nicht steuerbefreite Genossenschaften (vgl. § 1 Abs. 1 Nr. 2 KStG);
- nicht steuerbefreite Versicherungs- und Pensionsfondsvereine auf Gegenseitigkeit (vgl. § 1 Abs. 1 Nr. 3 KStG);
- sonstige juristischen Personen des privaten Rechts und Vereine ohne Rechtspersönlichkeit, wenn diese einen wirtschaftlichen Geschäftsbetrieb (§ 14 AO) unterhalten, dessen Gewerbeertrag im EZ den Betrag von 5 000 € überstiegen hat;
- Unternehmen von juristischen Personen des öffentlichen Rechts, wenn diese als stehende Gewerbebetriebe anzusehen sind und ihr Gewerbeertrag im EZ den Betrag von 5 000 € überstiegen hat;
- Unternehmen i.S.d. § 3 Nr. 5, 6, 8, 9, 15, 17, 21, 26, 27, 28 und 29 GewStG, wenn sie neben ihrer steuerbefreiten Tätigkeit auch eine der Gewerbesteuer unterliegende Tätigkeit ausgeübt haben und ihr steuerpflichtiger Gewerbeertrag im EZ den Betrag von 5 000 € überstiegen hat;
- Unternehmen, für die zum Schluss des vorangegangenen EZ vortragsfähige Fehlbeträge festgestellt worden sind;
- alle gewerbesteuerpflichtigen Unternehmen, für die vom FA eine Gewerbesteuererklärung besonders verlangt wird (§ 14a GewStG, § 25 GewStDV).

Seit dem EZ 2011 müssen die steuerpflichtigen Gewerbebetriebe ihre Erklärung zur Festsetzung des Steuermessbetrags (Gewerbesteuererklärung) und in den Fällen der Gewerbesteuerzerlegung (§ 28 GewStG) die Zerlegungserklärung grundsätzlich **nach amtlich vorgeschriebenen Datensatz durch Datenfernübertragung** übermitteln (§ 14a Satz 1 GewStG).[1] Eine Datenübermittlung durch **Übergabe eines Datenträgers** (z.B. CD oder USB-Stick) ist nicht zulässig, weil die Steuergesetze diese Form der Datenübertragung nicht vorsehen. Auch der verfassungsrechtliche Grundsatz der Verhältnismäßigkeit gebietet nicht die Zulassung dieses alternativen Übertragungswegs.[2] **1609**

Die elektronische Steuererklärung unterscheidet sich in ihrer Bezeichnung, Aufbau und Gliederung nicht von der Erklärung in Papierform. Elektronische Gewerbesteuererklärungen können über das von der FinVerw. unterhaltene Elster-Online-Portal unentgeltlich erstellt und per Datenfernübertragung an die zuständige Finanzbehörde übermittelt werden.[3] Daneben bietet eine Vielzahl kommerzieller Steuersoftware die Möglichkeit, entsprechende Steuererklärungsdaten an die Finanzbehörden zu übermitteln.

Für eine elektronisch authentifizierte Übermittlung der Gewerbesteuererklärung, welche die Unterschrift unter der Steuererklärung ersetzt, ist ein Zertifikat erforderlich, welches nach einer Registrierung auf www.elster.de dort angefordert werden kann.

Auf Antrag kann die Finanzbehörde zur Vermeidung unbilliger Härten auf die Abgabe einer elektronischen Erklärung verzichten. In diesem Fall ist die Erklärung **nach amtlich vorgeschriebenem Vordruck** abzugeben (§ 14a Satz 2 GewStG). **1610**

Das FA kann u.a. dann auf die elektronische Datenübermittlung verzichten, wenn sie für den Stpfl. wirtschaftlich oder persönlich unzumutbar ist. Das ist insb. der Fall, wenn der Stpfl. nicht über die erforderliche technische Ausstattung verfügt und die Schaffung der technischen Möglichkeiten für eine Datenfernübertragung des amtlich vorgeschriebenen Datensatzes nur mit einem nicht unerheblichen finanziellen Aufwand möglich wäre. Darüber hinaus ist eine unbillige Härte anzunehmen, wenn der Stpfl. nach seinen individuellen Kenntnissen und Fähigkeiten nicht oder nur eingeschränkt in der Lage ist, die Möglichkeiten der Datenfernübertragung zu nutzen (§ 150 Abs. 8 AO).

Liegt z.B. eine persönliche Unzumutbarkeit der elektronischen Übermittlung auf Grund einer Medieninkompetenz des Steuererklärungspflichtigen vor, ist eine wirtschaftliche Zumutbarkeit der Inanspruchnahme entgeltlicher Unterstützung daneben nicht mehr zu prüfen. Eine persönliche Unzumutbarkeit der elektronischen Übermittlung auf Grund Medieninkompetenz entfällt nicht dadurch, dass der Steuererklärungspflichtige auf medienkompetente, gelegentlich unentgeltlich in seinem Betrieb mithelfende Familienangehörige zurückgreifen könnte.

Bei der Ermessensentscheidung über einen Antrag auf Befreiung von der Pflicht zur elektronischen Abgabe ist insb. der Erfassungsaufwand des FA dem Aufwand für die elektronische Übermittlung beim Steuerpflichtigen gegenüberzustellen.

---

1) Gesetz zur Modernisierung und Entbürokratisierung des Steuerverfahrens v. 19.12.2008, BGBl. I 2008, 2850 = BStBl I 2009, 124.
2) BFH v. 17.8.2015, I B 133/14, BFH/NV 2016, 72.
3) www.elster.de.

Nach erklärungsgemäßer Veranlagung auf Grund einer in Papierform abgegebener Steuererklärung kann die zwangsweise Durchsetzung der elektronischen Übermittlung rechtsmissbräuchlich sein.[1)]

In der Praxis dürften diese Voraussetzungen insb. bei **Kleinstbetrieben** gegeben sein. Der Härtefall-Antrag kann auch konkludent (z.B. in Gestalt der Abgabe einer herkömmlichen Steuer- oder Feststellungserklärung auf Papier) gestellt werden. In diesem Fall sind Sachverhaltsermittlungen der Finanzbehörde nur geboten, wenn das Vorliegen eines Härtefalls nicht als glaubhaft angesehen werden kann.[2)]

Es gibt keine unterschiedlichen Erklärungsvordrucke für Einzelunternehmen, Personengesellschaften oder Körperschaften, Personenvereinigungen und Vermögensmassen. Für die Erklärung sind die **amtlichen Vordrucke** zu verwenden (§ 25 Abs. 2 Satz 2 GewStDV).

1611 **Amtlich vorgeschriebene Vordrucke** sind Vordrucke, die mit den von den zuständigen Finanzbehörden freigegebenen Druckvorlagen hergestellt worden sind (amtliche Vordrucke), einschließlich der Formulare, die auf den Internetseiten der Steuerverwaltungen angeboten werden (Internetformulare)[3)] sowie die Vordrucke, die i.R. einer elektronischen Übermittlung von Steuererklärungsdaten erstellt und ausgefüllt worden sind (komprimierte Vordrucke).[4)]

Vordrucke, die nach dem Muster einer amtlichen Druckvorlage durch Druck, Ablichtung oder mit Hilfe von Datenverarbeitungsanlagen hergestellt worden sind **nichtamtliche Vordrucke**.[5)]

1612 Ein **Einzelunternehmer** muss für jeden von ihm betriebenen Gewerbebetrieb eine eigene Gewerbesteuererklärung abgeben. Dabei ist jedoch zu prüfen, ob es sich tatsächlich um mehrere Betriebe verschiedener Art oder nicht um einen einheitlichen Gewerbebetrieb handelt. So ist immer dann von einem einheitlichen Gewerbebetrieb auszugehen, wenn zwar ein Gewerbetreibender verschiedene gewerbliche Tätigkeiten ausübt, diese jedoch nach der Verkehrsauffassung und nach den Betriebsverhältnissen als Teil eines Gewerbebetriebs anzusehen sind. Betriebe sind als gleichartig anzusehen, wenn sie sachlich, insb. wirtschaftlich, finanziell oder organisatorisch innerlich zusammenhängen.[6)]

1613 Wenn eine **Personengesellschaft** verschiedene gewerbliche Tätigkeiten ausübt, bilden diese einen einheitlichen Gewerbebetrieb. So hat eine Personengesellschaft nur einen (einheitlichen) Gewerbebetrieb.[7)] Häufig kann jedoch festgestellt werden, dass die unterschiedlichen Betätigungen in getrennten Personengesellschaften durchgeführt werden.[8)]

Nicht als Gewerbebetrieb gilt jedoch die Tätigkeit einer **Arbeitsgemeinschaft**, wenn ihr alleiniger Zweck in der Erfüllung eines einzigen Werk- oder Werklieferungsvertrags besteht (§ 2a GewStG). Arbeitsgemeinschaften sind zwar dem Grunde nach gewerblich tätige Personengesellschaften i.S.d. § 15 Abs. 1 Nr. 2 EStG, die jedoch auf Grund einer gesetzlichen Sonderregelung (§ 180 Abs. 4 AO, § 2a GewStG) von der steuerlichen Behandlung als Personengesellschaft ausgenommen werden. Stattdessen treten die Besteuerungsfolgen unmittelbar bei den Mitgliedern der Arbeitsgemeinschaft ein.

Praxishinweis:

Ob es sich um eine entsprechende Arbeitsgemeinschaft handelt, ist im Einzelfall durch Auslegung des Werk- oder Werklieferungsvertrags zu ermitteln.[9)] Gemeinschaften, die einen gemeinsamen Ein- oder Verkauf betreiben, unterliegen demgegenüber selbständig der Gewerbesteuer.[10)]

1614 **Kapitalgesellschaften** (= Gesellschaften mit beschränkter Haftung, Aktiengesellschaften, Kommanditgesellschaften auf Aktien, Europäische Gesellschaften), Genossenschaften sowie Versicherungs- und Pensionsfondsvereine auf Gegenseitigkeit gelten kraft Rechtsform als Gewerbebetrieb, so dass ihre sämtlichen (ggf. verschiedenen) Tätigkeiten als einheitlicher Gewerbebetrieb der Gewerbesteuer unterliegt (§ 2 Abs. 2 Satz 1 GewStG).

1615 Das BVerfG hat am 15.1.2008[11)] – wie bereits in der Vergangenheit[12)] – entschieden, dass gegen die Erhebung der Gewerbesteuer keine verfassungsmäßigen Bedenken bestehen. Auch hat das BVerfG in seinem Urteil ausgeführt, dass es durchaus mit dem Gleichheitsgrundsatz vereinbar ist, dass die Einkünfte der freien Berufe, anderer Selbständiger und der Land- und Forstwirtschaft nicht der Gewerbesteuer unterliegen.

1) FG Berlin-Brandenburg v. 14.2.2018, 3 K 3249/17, EFG 2018, 706 (rkr.).
2) Bayerisches Landesamt für Steuern v. 30.7.2014, AO-Kartei BY § 150 AO Karte 2.
3) BMF v. 12.8.2022, IV A 5 – O 1561/19/10001 :004, BStBl I 2022, 1334.
4) BMF v. 16.11.2011, IV A 7 – O 2200/09/10009 :001, BStBl I 2011, 1063.
5) BMF v. 12.8.2022, IV A 5 – O 1561/19/10001 :004, BStBl I 2022, 1334.
6) R 2.4 Abs. 1 GewStR 2009.
7) BFH v. 7.9.2016, IV R 31/13, BStBl II 2017, 482; v. 22.2.2024, IV R 14/21, BStBl II 2024, 408.
8) R 2.4 Abs. 3 GewStR 2009.
9) BFH v. 2.12.1992, I R 165/90, BStBl II 1993, 577.
10) R 2a GewStR 2009.
11) BVerfG v. 15.1.2008, 1 BvL 2/04, BGBl. I 2008, 1006, DB 2008, 1243.
12) BVerfG v. 17.11.1998, 1 BvL 10/98, BStBl II 1999, 509; v. 14.2.2001, 2 BvR 460/93, Beilage zu BFH/NV 5/2001, 66.

2. Steuergegenstand

a) Gewerbesteuerpflichtige Unternehmen

Der Gewerbesteuer unterliegt jeder Gewerbebetrieb, soweit er im Inland betrieben wird. Das heißt, steuerpflichtig sind Gewerbebetriebe, für die im Inland oder auf einem in einem inländischen Schiffsregister eingetragenen Kauffahrteischiff eine Betriebsstätte unterhalten wird. **1616**

Dabei ist auch das deutsche Küstenmeer dem Inland zuzuordnen, sodass eine darin belegene Betriebsstätte (z.B. ein Windpark) ebenfalls der Gewerbesteuer unterliegt.[1)]

Ein Gewerbebetrieb unterliegt der Gewerbesteuer in der Gemeinde, in der eine Betriebsstätte unterhalten wird (§ 4 Abs. 1 GewStG).

Bei der Frage, welche Unternehmen verpflichtet sind, eine Gewerbesteuererklärung abzugeben, sind drei Gruppen zu unterscheiden:

Gewerbebetriebe kraft

eigener Tätigkeit (§ 2 Abs. 1 GewStG)	**Rechtsform** (§ 2 Abs. 2 GewStG)	**wirtschaftlichem Geschäftsbetrieb** (§ 2 Abs. 3 GewStG)
• **Einzelunternehmen** • **Personengesellschaften** • **Betriebe gewerblicher Art von KdÖR**	• **Kapitalgesellschaften** (AG, GmbH, KGaA) • **Genossenschaften** • **Versicherungs- / Pensionsfondsvereine a.G.** • **optierende Personenhandels-/Partnerschaftsgesellschaften oder eGbR nach § 1a KStG**	• **juristische Personen** des **privaten Rechts** • **Vereine ohne Rechtspersönlichkeit** (s. § 8 GewStDV)

Daneben gelten Besonderheiten für Reisegewerbetreibende (→ Rz. 1652).

aa) Gewerbebetrieb kraft eigener Tätigkeit (§ 2 Abs. 1 GewStG)

Der Gewerbesteuer unterliegt jeder **stehende Gewerbebetrieb**, soweit er im Inland betrieben wird (§ 2 Abs. 1 Satz 1 GewStG). **1617**

Ein stehender Gewerbebetrieb ist jeder Gewerbebetrieb, der **kein Reisegewerbebetrieb** i.S.d. § 35a Abs. 2 GewStG ist (§ 1 GewStDV).

Unter Gewerbebetrieb ist ein gewerbliches Unternehmen i.S.d. § 15 Abs. 2 EStG zu verstehen. Ein Gewerbebetrieb liegt danach vor, wenn folgende vier Voraussetzungen (positiv) gegeben sind:

- Selbständigkeit,
- Nachhaltigkeit der Betätigung,
- Gewinnerzielungsabsicht,
- Beteiligung am allgemeinen wirtschaftlichen Verkehr

und die Betätigung

- keine Land- und Forstwirtschaft,
- keine selbständige Arbeit,
- keine Vermögensverwaltung ist.[2)]

Eine Tätigkeit ist nachhaltig, wenn sie auf Wiederholung angelegt ist.[3)]

1) BFH v. 3.12.2024, IV R 5/22, BStBl II 2025, 596.
2) H 2.1 (1) (Begriffsmerkmale) GewStH 2024.
3) BFH v. 10.12.1998, III R 61/97, BStBl II 1999, 390.

Die Beteiligung am allgemeinen wirtschaftlichen Verkehr erfordert, dass eine Tätigkeit am Markt gegen Entgelt und für Dritte äußerlich erkennbar angeboten wird.[1)] Maßgeblich ist dabei die Erkennbarkeit für einen oder mehrere Auftraggeber.[2)]

(1) Abgrenzung gegenüber der Land- und Forstwirtschaft

1618 Nach § 15 Abs. 2 EStG ist die **Land- und Forstwirtschaft** keine gewerbliche Tätigkeit. Der Begriff der Landwirtschaft ist nicht statisch zu sehen, sondern es sind bei der Ausgestaltung Fortentwicklungen zu berücksichtigen, die sich aus dem Wandel der Verhältnisse ergeben.

Die **Land- und Forstwirtschaft** ist die planmäßige Nutzung der natürlichen Kräfte des Bodens zur Erzeugung von Pflanzen und Tieren sowie die Verwertung der dadurch selbstgewonnenen Erzeugnisse. Dazu zählt der Betrieb von Landwirtschaft, Forstwirtschaft, Weinbau, Gartenbau und allen anderen Betrieben, die Pflanzen und Pflanzenteile mit Hilfe der Naturkräfte gewinnen.

Zur Abgrenzung der Land- und Forstwirtschaft vom Gewerbe im Bereich des Weinbaus wird ergänzend auf das BMF-Schreiben v. 19.10.2017 verwiesen.[3)]

Liegen teils gewerbliche und teils land- und forstwirtschaftliche Tätigkeiten vor, sind die Tätigkeiten zu trennen, wenn dies nach der Verkehrsauffassung möglich ist. Sind die verschiedenen Tätigkeiten jedoch derart miteinander verflochten, dass sie sich unlösbar gegenseitig bedingen, liegt eine einheitliche Tätigkeit vor. Eine solche einheitliche Tätigkeit ist danach zu qualifizieren, ob das land- und forstwirtschaftliche oder das gewerbliche Element überwiegt.[4)]

1619 Zu den Einkünften aus Land- und Forstwirtschaft gehören auch die Einkünfte aus der **Tierzucht und Tierhaltung**, sofern der Betrieb über eine hinreichende Futtergrundlage in Gestalt von landwirtschaftlichen Nutzflächen verfügt. Fehlt es an dieser Voraussetzung, handelt es sich um einen Gewerbebetrieb.[5)] Die Zucht und Haltung von Tieren gehört jedoch nur dann zur Landwirtschaft, wenn die Tiere dort entweder als **Arbeitstiere** gehalten bzw. **bodenunabhängig** sind und der menschlichen Ernährung dienen oder **bodenabhängig** sind und nach der Verkehrsanschauung der Land- und Forstwirtschaft zugerechnet werden. Die Verwendung selbsterzeugter Pflanzen als Futter zur Tierzucht und Tierhaltung ist landwirtschaftliche Veredelung und rechtfertigt eine Zuordnung dieser Tätigkeit zur Urproduktion, durch die sich der land- und forstwirtschaftliche Betrieb vom Gewerbebetrieb unterscheidet. Dementsprechend wird der Bezug zur Urproduktion bei der flächenunabhängigen Tierzucht und -haltung durch ihren Zweck der Versorgung der Bevölkerung hergestellt. Aus diesem Grund sind die Tiere einer **Wanderschäferei** als Woll- und Fleischlieferanten der landwirtschaftlichen Nutzung zuzurechnen, während die **Zucht von Zierfischen** nach dem Willen des Gesetzgebers gewerblich ist.[6)]

Praxishinweis:
Zum Zweck der Abgrenzung der landwirtschaftlichen Tierzucht und Tierhaltung von der gewerblichen ist es daher notwendig, den Tierbestand des Betriebs in **Vieheinheiten** umzurechnen.

1620 So stellt auch der Betrieb eines **Reiterhofs** einen landwirtschaftlichen Betrieb dar, wenn außer der Vermietung der Pferde keine weiteren ins Gewicht fallenden Leistungen erbracht werden und dieser die zulässigen Vieheinheiten nicht überschreitet.[7)]

Die Züchtung und Abgabe von **Haustieren**, wie Hunde, Katzen oder Singvögel, liegt außerhalb land- und forstwirtschaftlicher Übung und begründet einen Gewerbebetrieb.[8)]

Da die **Zucht** von **Meerschweinchen**, **Zwergkaninchen**, **Hamstern**, **Ratten** und **Mäusen** weder der Versorgung der Bevölkerung dient noch nach der Verkehrsanschauung der Land- und Forstwirtschaft zuzurechnen ist, wird auch damit ein Gewerbebetrieb begründet.[9)]

1621 Durch **Strukturwandel** einer bisher der Land- und Forstwirtschaft zugerechneten Tätigkeit kann neben der Land- und Forstwirtschaft ein Gewerbebetrieb entstehen. Der Gewerbebetrieb beginnt in dem Zeitpunkt, zu dem diese Tätigkeit **dauerhaft** umstrukturiert wird. Hiervon ist z.B. auszugehen, wenn Investitionen vorgenommen, vertragliche Verpflichtungen eingegangen oder Wirtschaftsgüter angeschafft werden, die dem bisherigen Charakter des Betriebs nicht mehr entsprechen und die jeweils dauerhaft dazu führen, dass die in den folgenden Absätzen genannten Grenzen erheblich überschritten werden. In allen übrigen Fällen liegt nach **Ablauf eines Zeitraums von drei Jahren** ein Gewerbebetrieb vor. Der Drei-Jahres-Zeitraum ist objektbezogen und beginnt beim Wechsel des Betriebsinhabers nicht neu. Entsprechendes gilt für den Strukturwandel einer gewerblichen Tätigkeit zu einer land- und forstwirtschaftlichen Tätigkeit.[10)]

1) BFH v. 22.1.2003, X R 37/00, BStBl II 2003, 464 m.w.N.
2) BFH v. 26.6.2007, IV R 49/04, BFH/NV 2007, 2004.
3) BMF v. 19.10.2017, IV C 7 – S 2233/17/10002, BStBl I 2017, 1431.
4) R 15.5 Abs. 1 Sätze 4-7 EStR 2012.
5) BFH v. 14.9.1989, IV R 88/88, BStBl II 1990, 152.
6) BFH v. 16.12.2004, IV R 4/04, BStBl II 2005, 347.
7) BFH v. 24.1.1989, VIII R 91/83, BStBl II 1989, 416.
8) BFH v. 30.9.1980, VIII R 22/79, BStBl II 1981, 210.
9) BFH v. 16.12.2004, IV R 4/04, BStBl II 2005, 347.
10) R 15.5 Abs. 2 EStR 2012.

Ein **Nebenbetrieb** der Land- und Forstwirtschaft muss den Hauptbetrieb fördern und ergänzen und durch den Hauptbetrieb geprägt werden. Der Nebenbetrieb muss in funktionaler Hinsicht vom Hauptbetrieb abhängig sein. 1622

So ist ein Nebenbetrieb eines land- und forstwirtschaftlichen Betriebs dann anzunehmen, wenn darin überwiegend die im eigenen Hauptbetrieb erzeugten Rohstoffe be- oder verarbeitet werden. Dazu gehören beispielsweise Molkereien, Mühlen, Kellereien oder Sägewerke. Die Be- und Verarbeitung eigener Erzeugnisse i.R. einer zweiten Stufe der Be- oder Verarbeitung ist eine gewerbliche Tätigkeit. Die Bearbeitung fremder Erzeugnisse ist stets eine gewerbliche Tätigkeit. Sie können jedoch der Land- und Forstwirtschaft zugerechnet werden, wenn die Umsätze aus diesen Tätigkeiten dauerhaft insg. nicht mehr als ein Drittel des Gesamtumsatzes und nicht mehr als 51 500 € (= Nettoeinnahmen) betragen.[1]

Ein Nebenbetrieb kann auch vorliegen, wenn er ausschließlich von Land- und Forstwirten gemeinschaftlich betrieben wird und nur in deren Hauptbetrieben erzeugte Rohstoffe be- oder verarbeitet werden oder nur Erzeugnisse gewonnen werden, die ausschließlich in diesen Betrieben verwendet werden.

Zu den Nebenbetrieben zählen auch **Substanzbetriebe**, z.B. Sandgruben, Kiesgruben, Torfstiche, wenn die gewonnene Substanz überwiegend im eigenen land- und forstwirtschaftlichen Betrieb verwendet wird.[2] 1623

Häufig werden von land- und forstwirtschaftlichen Betrieben nicht nur **eigene**, sondern auch **fremde Erzeugnisse** zugekauft und i.R.d. landwirtschaftlichen Betriebs veräußert. 1624

Eigene Erzeugnisse sind alle land- und forstwirtschaftlichen Urprodukte, die i.R.d. Erzeugungsprozesses im eigenen Betrieb gewonnen werden. Hierzu gehören auch zugekaufte Waren, die als Roh-, Hilfs- oder Betriebsstoffe im Erzeugungsprozess des Hauptbetriebs verwendet werden.

Rohstoffe sind zugekaufte Waren, die i.R. der Urproduktion weiterkultiviert werden (z.B. Jungtiere, Saatgut oder Jungpflanzen). Hilfsstoffe sind zugekaufte Waren, die als nicht wesentlicher Bestandteil in ein Urprodukt eingehen (z.B. Futtermittelzusätze, Siliermittel, Starterkulturen und Lab zur Milchverarbeitung, Trauben und Traubensaftkonzentrat zur Weinerzeugung, Verpackungsmaterial, Blumentöpfe für die eigene Produktion oder als handelsübliche Verpackung. Betriebsstoffe sind Waren, die im Erzeugungsprozess verwendet werden und nicht in das Urprodukt eingehen (z.B. Düngemittel, Treibstoff, Heizöl). Unerheblich ist, ob die zugekaufte Ware bereits ein land- und forstwirtschaftliches Urprodukt im engeren Sinne oder ein gewerbliches Produkt darstellt.

Als **Zukaufsware** gelten alle zur Weiterveräußerung zugekauften Erzeugnisse, Produkte oder Handelswaren, die nicht im Erzeugungsprozess des eigenen Betriebs verwendet werden. Dies gilt unabhängig davon, ob es sich um betriebstypische bzw. -untypische Erzeugnisse, Handelsware zur Vervollständigung einer für die Art des Erzeugungsbetriebs üblichen Produktpalette oder andere Waren aller Art handelt. Werden zugekaufte Roh-, Hilfs- oder Betriebsstoffe weiterveräußert, gelten diese im Zeitpunkt der Veräußerung als Zukaufsware. Dies gilt unabhängig davon, ob die Veräußerung gelegentlich (z.B. Verkauf von Diesel i.R. der Nachbarschaftshilfe) oder laufend (z.B. Verkauf von Blumenerde) erfolgt. Die hieraus erzielten Umsätze sind bei der Abgrenzung entsprechend zu berücksichtigen.

Werden **ausschließlich eigene Erzeugnisse abgesetzt**, stellt dies eine Vermarktung land- und forstwirtschaftlicher Urprodukte dar, selbst wenn sie über ein eigenständiges Handelsgeschäft oder eine Verkaufsstelle (z.B. Großhandelsbetrieb, Einzelhandelsbetrieb, Ladengeschäft, Marktstand oder Verkaufswagen) erfolgt. Unerheblich ist die Anzahl der Verkaufsstellen oder ob die Vermarktung in räumlicher Nähe zum Betrieb erfolgt. Werden dagegen **ausschließlich zugekaufte Waren** abgesetzt, ist die Veräußerung der Zukaufsware von Beginn an eine gewerbliche Tätigkeit. Auf die Art und den Umfang der Veräußerung kommt es dabei nicht an. 1625

Werden **neben eigenen Erzeugnissen auch zugekaufte Waren abgesetzt**, liegt insoweit neben dem Betrieb der Land- und Forstwirtschaft auch ein selbständiger Gewerbebetrieb vor. Aus Vereinfachungsgründen kann die gewerbliche Tätigkeit der Land- und Forstwirtschaft zugerechnet werden, wenn die Umsätze der gewerblichen Tätigkeiten dauerhaft insg. nicht mehr als ein Drittel des Gesamtumsatzes und nicht mehr als 51 500 € betragen.[3] 1626

Der Stpfl. trägt für die Zuordnung der Betriebseinnahmen zu den eigenen Erzeugnissen und den Zukaufswaren die Beweislast. Er hat die Zuordnung durch leicht und einwandfrei nachprüfbare Aufzeichnungen nachzuweisen und entsprechende Beweisvorsorge zu treffen.

Eine **Dienstleistung** im Zusammenhang mit dem Absatz eigener land- und forstwirtschaftlicher Erzeugnisse, die über den Transport und das Einbringen von Pflanzen hinausgeht (z.B. Grabpflege, Gartengestaltung), stellt grundsätzlich eine einheitlich zu beurteilende Tätigkeit dar. Wenn nach dem jeweiligen Vertragsinhalt der Umsatz aus den Dienstleistungen und den fremden Erzeugnissen überwiegt, ist von einer einheitlichen gewerblichen Tätigkeit auszugehen.[4] Aus Vereinfachungsgründen kann die gewerbliche Tätigkeit der Land- und Forstwirtschaft zugerechnet werden, wenn die Umsätze der gewerblichen Tätigkeiten dauerhaft insg. nicht mehr als ein Drittel des Gesamtumsatzes und nicht mehr als 51 500 € betragen.[5] 1627

1) R 15.5 Abs. 11 EStR 2012.
2) R 15.5 Abs. 3 EStR 2012.
3) R 15.5 Abs. 6 Satz 4 i.V.m. Abs. 11 EStR 2012.
4) R 15.5 Abs. 7 EStR 2012.
5) R 15.5 Abs. 7 i.V.m. Abs. 11 EStR 2012.

1628 Der Ausschank von **selbsterzeugten Getränken** ist eine besondere Form der Vermarktung eigener Produkte und kann daher noch dem Betrieb der Land- und Forstwirtschaft zugerechnet werden. Werden daneben jedoch **Speisen und zugekaufte Getränke** verabreicht, z.B. in einer Besen- oder Straußwirtschaft, liegt mit diesen besonderen Leistungen insoweit eine gewerbliche Tätigkeit vor. Aus **Vereinfachungsgründen** können diese besonderen Leistungen noch der Land- und Forstwirtschaft zugerechnet werden, wenn der Umsatz den gewerblichen Tätigkeiten nicht mehr als ein Drittel des Gesamtumsatzes und nicht mehr als 51 500 € im Wj. betragen.[1]

1629 **Verwendet** ein Land- und Forstwirt **Wirtschaftsgüter** auch außerhalb seines Betriebs, indem er sie Dritten entgeltlich überlässt oder mit ihnen für Dritte Dienstleistungen verrichtet, stellt diese Betätigung entweder eine land- und forstwirtschaftliche oder eine gewerbliche Tätigkeit dar. Dies gilt auch, wenn in diesem Zusammenhang fremde Erzeugnisse verwendet werden. Wenn der Einsatz der Wirtschaftsgüter für eigene land- und forstwirtschaftliche Zwecke 10 % nicht unterschreitet, kann diese Tätigkeit noch der Land- und Forstwirtschaft zugerechnet werden, wenn der Umsatz aus den gewerblichen Tätigkeiten nicht mehr als ein Drittel des Gesamtumsatzes und nicht mehr als 51 500 € im Wj. beträgt.[2]

1630 Die Erbringung von **Dienstleistungen** ohne Verwendung von eigenen Erzeugnissen oder eigenen Wirtschaftsgütern durch einen Land- und Forstwirt ist eine gewerbliche Tätigkeit. Wenn jedoch ein funktionaler Zusammenhang mit typisch land- und forstwirtschaftlichen Tätigkeiten besteht, können aus Vereinfachungsgründen diese Leistungen der Land- und Forstwirtschaft zugerechnet werden, wenn der Umsatz aus den gewerblichen Tätigkeiten nicht mehr als ein Drittel des Gesamtumsatzes und nicht mehr als 51 500 € im Wj. beträgt.[3]

1631 Die **Erzeugung von Energie**, z.B. durch Wind-, Solar- oder Wasserkraft, und der anschließende Verkauf begründen einen Gewerbebetrieb, da es sich hierbei nicht um die planmäßige Nutzung der natürlichen Kräfte des Bodens handelt. Sind Energieerzeugungsanlagen an ein Versorgungsnetz angeschlossen, sind sie einem gewerblichen Betrieb zuzuordnen, wenn die Erzeugung für den eigenen Betrieb nicht überwiegt. Lediglich die Erzeugung von **Strom aus Biogas** führt zur Annahme eines Nebenbetriebs, wenn die übrigen Voraussetzungen hierfür erfüllt sind (→ Rz. 1622).

1632 Die Frage, ob die **Beherbergung von Fremden** eine gewerbliche Tätigkeit darstellt, ist nach den allgemeinen Grundsätzen zu entscheiden. Aus Vereinfachungsgründen ist jedoch keine gewerbliche Tätigkeit anzunehmen, wenn weniger als vier Zimmer und weniger als sechs Betten zur Beherbergung von Fremden bereitgehalten werden und keine Hauptmahlzeit gewährt wird.[4]

(2) Abgrenzung gegenüber der selbständigen Arbeit

1633 Die Einkünfte aus **selbständiger Arbeit** begründen ebenfalls keinen Gewerbebetrieb (§ 15 Abs. 2 Satz 1 EStG).

Zu den Einkünften aus selbständiger Arbeit zählen die Tätigkeiten der freien Berufe, der Einnehmer staatlicher Lotterien und der sonstigen selbständigen Arbeit. Zu den Wesensmerkmalen der selbständigen Tätigkeit gehört, dass sie in ihrem Kernbereich auf der eigenen persönlichen Arbeitskraft des Berufsträgers beruht.

Zu den **freiberuflichen Tätigkeiten** gehört die selbständig ausgeübte wissenschaftliche, künstlerische, schriftstellerische, unterrichtende oder erzieherische Tätigkeit sowie die selbständige Berufstätigkeit der Ärzte, Zahnärzte, Tierärzte, Rechtsanwälte, Notare, Patentanwälte, Vermessungsingenieure, Ingenieure, Architekten, Handelschemiker, Wirtschaftsprüfer, Steuerberater, beratende Volks- und Betriebswirte, vereidigte Buchprüfer, Steuerbevollmächtigte, Heilpraktiker, Dentisten, Krankengymnasten, Journalisten, Bildberichterstatter, Dolmetscher, Übersetzer, Lotsen und ähnlicher Berufe.

1634 Die Berufstätigkeit des **Journalisten** ist auf Informationen über gegenwartsbezogene Geschehnisse ausgerichtet; die Sammlung und Verarbeitung von Informationen des Tagesgeschehens, die kritische Auseinandersetzung mit diesen Informationen und die Stellungnahme zu den Ereignissen auf politischem, gesellschaftlichem, wirtschaftlichem oder kulturellem Gebiet machen das Berufsbild aus. Es gehört zum Wesen der selbständig ausgeübten journalistischen Tätigkeit, dass der Journalist sich mit den Ergebnissen seiner Arbeit unmittelbar oder mittelbar über ein Medium (Zeitung, Zeitschrift, Film, Rundfunk, Fernsehen oder Internet) schriftlich oder mündlich an die Öffentlichkeit wendet. Die Berufstätigkeit des Journalisten erfordert keine bestimmte Vorbildung (Hochschulstudium, Journalistenschule o.Ä.). Die Vorbildung kann nur als Beweisanzeichen gewertet werden.[5]

1635 Voraussetzung für die Annahme einer **wissenschaftlichen Tätigkeit** ist, dass eine hochstehende, besonders qualifizierte Arbeit ausgeübt wird, die dazu geeignet ist, schwierige Streit- oder Grenzfälle nach streng objektiven und sachlichen Gesichtspunkten zu lösen. Der Begriff der Wissenschaft ist dabei in besonderem Maße mit den Disziplinen verbunden, die an den Hochschulen gelehrt werden. Eine wissenschaftliche Tätigkeit setzt zwar kein Hochschulstudium, wohl aber wissenschaftliche Kenntnisse im Sinne dieser Betrachtungsweise voraus.[6] Wissenschaftlich tätig wird nicht nur, wer schöpferische oder forschende Arbeit leistet, sondern auch, wer das aus der Forschung hervorgegangene Wissen und die Erkenntnisse auf konkrete Vorgänge anwendet.[7]

---

1) R 15.5 Abs. 8 i.V.m. Abs. 11 EStR 2012.
2) R 15.5 Abs. 9 i.V.m. Abs. 11 EStR 2012.
3) R 15.5 Abs. 10 i.V.m. Abs. 11 EStR 2012.
4) R 15.5 Abs. 13 EStR 2012.
5) BFH v. 14.5.2014, VIII R 18/11, BStBl II 2015, 128.
6) BFH v. 11.6.1997, XI R 2/95, BStBl II 1997, 687.
7) H 15.6 (Wissenschaftliche Tätigkeit) EStH 2024.

Eine **künstlerische Tätigkeit** liegt nur vor, wenn der Künstler eine eigenschöpferische Leistung vollbringt, in der seine individuelle Anschauungsweise und Gestaltungskraft zum Ausdruck kommt und die über eine hinreichende Beherrschung der Technik hinaus eine gewisse Gestaltungshöhe erreicht. Das Wesentliche der künstlerischen Betätigung liegt in der freien schöpferischen Gestaltung, in der Eindrücke, Erfahrungen und Erlebnisse des Künstlers durch das Medium einer bestimmten Formensprache zu unmittelbarer Anschauung gebracht werden. **1636**

Für das Merkmal „künstlerische Tätigkeit" ist unerheblich, aus welcher Zielsetzung heraus der Künstler schafft und wozu das von ihm Geschaffene verwendet wird. So verliert eine künstlerisch gestaltete schauspielerische Leistung allein dadurch, dass sie einem gewerblichen Zweck dient, nicht die Eigenschaft einer künstlerischen Leistung. Da die künstlerische Tätigkeit in besonderem Maße persönlichkeitsbezogen ist, kann sie als solche nur anerkannt werden, wenn der Künstler auf sämtliche zur Herstellung eines Kunstwerks erforderlichen Tätigkeiten den entscheidenden gestaltenden Einfluss ausübt.[1)]

Praxishinweis:

Eine künstlerische Tätigkeit ist jedoch dann nicht gegeben, wenn sich der Künstler an ins Einzelne gehende Angaben und Weisungen seines Auftraggebers zu halten hat und ihm infolgedessen kein oder kein genügender Spielraum für eine eigenschöpferische Leistung bleibt.[2)]

Eine **unterrichtende Tätigkeit** ist die Vermittlung von Wissen, Fähigkeiten, Fertigkeiten, Handlungsweisen und Einstellungen durch Lehrer an Schüler in organisierter und institutionalisierter Form. Die organisierte und institutionalisierte Form des Unterrichts setzt u.a. ein auf ein bestimmtes Fachgebiet bezogenes schulmäßiges Programm zur Vermittlung von Kenntnissen an den/die Lernwilligen voraus. Dies schließt einen Individualunterricht nicht aus. In diesen Fällen wird bei der Durchführung eines nach Lehrziel und Lehrmethode feststehenden Programms der Unterricht auf die besonderen Bedürfnisse des Einzelnen abgestellt. Lassen sich jedoch Kenntnisse nicht auf Grund eines für das bestimmte Fachgebiet allgemeingültigen, im Einzelfall abwandlungsfähigen Lehrprogramms vermitteln, sondern erfordert die Tätigkeit die Erarbeitung und Entwicklung eines auf die speziellen Bedürfnisse einer Person abgestellten, nicht auf einen Fachbereich beschränkten Programms, so stellt dies keine Lehrtätigkeit in organisierter und institutionalisierter Form mehr dar. Es handelt sich dann um eine beratende Tätigkeit, die nicht mehr unter § 18 EStG gefasst werden kann.[3)] **1637**

Eine **erzieherische Tätigkeit** ist die planmäßige körperliche, geistige und charakterliche Formung junger Menschen zu tüchtigen, mündigen Menschen, wobei unter Mündigkeit die Fähigkeit verstanden wird, selbständig und verantwortlich die Aufgaben des Lebens zu bewältigen. Erziehung erfasst damit alle Bestrebungen, Vorgänge und Tätigkeiten, die den Erziehungsvorgang (Entwicklungsvorgang) beeinflussen. Zur Erziehung gehören außer der – regelmäßig im Wege des Unterrichts dargebotenen – Wissensvermittlung die Willensbildung und die Charakterbildung (Wissensbildung; Tätigkeiten, die darauf zielen, dass sich der Erzogene selbst zu sehen und zu beurteilen lernt; Bildung der Entscheidungsfähigkeit; das Lernen, Entscheidungen als rationale Akte zu steuern, Folgen zu bedenken usw.).[4)] So ist eine erzieherische Tätigkeit – über die Vermittlung von Kenntnissen und Fähigkeiten hinaus – auf die umfassende Schulung des menschlichen Charakters und die Bildung der Persönlichkeit im Ganzen gerichtet.[5)] **1638**

Eine freiberufliche erzieherische Tätigkeit kann auch ohne Ablegung einer fachlichen Prüfung ausgeübt werden.[6)]

Bei der Zuordnung der Tätigkeiten i.R. eines **Heil- oder Heilhilfsberufs** zu den Einkünften aus freiberuflicher Tätigkeit (§ 18 Abs. 1 Nr. 1 EStG) oder zu den Einkünften aus Gewerbebetrieb (§ 15 EStG) ist Folgendes zu beachten: **1639**

Einen Heil- oder Heilhilfsberuf übt derjenige aus, dessen Tätigkeit der Feststellung, Heilung oder Linderung von Krankheiten, Leiden oder Körperschäden beim Menschen dient. Dazu gehören auch Leistungen der vorbeugenden Gesundheitspflege.

Soweit Heil- oder Heilhilfsberufe nicht zu den Katalogberufen zählen, ist ein solcher Beruf einem der in § 18 Abs. 1 Nr. 1 Satz 2 EStG genannten Katalogberufe ähnlich, wenn das typische Bild des Katalogberufs mit seinen wesentlichen Merkmalen dem Gesamtbild des zu beurteilenden Berufs vergleichbar ist. Dazu gehört die Vergleichbarkeit der jeweils ausgeübten Tätigkeit nach den für sie charakteristischen Merkmalen, die Vergleichbarkeit der Ausbildung und die Vergleichbarkeit der Bedingungen, an die das Gesetz die Ausübung des zu vergleichenden Berufs knüpft.

Bei der Prüfung der Vergleichbarkeit ist regelmäßig auf die Katalogberufe des Heilpraktikers oder Krankengymnasten abzustellen. Danach ist die ausgeübte Tätigkeit mit einem Katalogberuf ähnlich, wenn sie der Ausübung der Heilkunde dient. Daneben muss eine mehrjährige theoretische und praktische Ausbildung auf Grund eines bundeseinheitlichen Berufsgesetzes absolviert werden sowie vergleichbare berufsrechtliche Regelungen über Ausbildung, Prüfung, staatliche Anerkennung sowie staatliche Erlaubnis und Überwachung der Berufsausübung vorliegen. Für den zu beurteilenden Beruf muss ein bundeseinheitliches Berufsgesetz existieren, in dem Ausbil-

1) H 15.6 (Künstlerische Tätigkeit) EStH 2024.
2) BFH v. 11.7.1997, IV R 33/90, BStBl II 1991, 353.
3) BFH v. 11.6.1997, XI R 2/95, BStBl II 1997, 687.
4) BFH v. 21.11.1974, II R 107/68, BStBl II 1975, 389.
5) BFH v. 29.9.2020, VIII R 10/17, BStBl II 2021, 387.
6) BFH v. 25.4.1974, VIII R 166/73, BStBl II 1974, 642.

dung und Ausübung geregelt sind. Auch muss es für die Ausübung des zu beurteilenden Berufs einer gesetzlich vorgeschriebenen Erlaubnis bedürfen, welche einer staatlichen Überwachung durch die zuständige Behörde (z.B. Gesundheitsamt) unterliegen.

Die Zulassung des jeweiligen Stpfl. oder die regelmäßige Zulassung seiner Berufsgruppe nach § 124 Abs. 1 SGB V durch die zuständigen Stellen der gesetzlichen Krankenkassen gilt als ein ausreichendes Indiz für das Vorliegen einer dem Katalogberuf des Krankengymnasten ähnlichen Tätigkeit. Gleiches gilt für die Zulassung zur Teilnahme an Verträgen zur Integrierten Versorgung mit Anthroposophischer Medizin nach §§ 140a ff. SGB V.

Fehlt es an einer solchen Zulassung, kann durch ein Gutachten nachgewiesen werden, ob die Ausbildung, die Erlaubnis und die Tätigkeit des Stpfl. mit den Erfordernissen des § 124 Abs. 1 Satz 1 Nr. 1 bis 3 SGB V oder §§ 140a ff. SGB V vergleichbar sind.[1]

1640 Ob ein **ähnlicher Beruf** vorliegt, ist durch Vergleich mit einem bestimmten Katalogberuf festzustellen.[2] Ein Beruf ist einem der Katalogberufe ähnlich, wenn er in wesentlichen Punkten mit ihm verglichen werden kann. Dazu gehört die Vergleichbarkeit der Ausbildung und der beruflichen Tätigkeit.[3]

Ist für die Ausübung des Katalogberufs eine **staatliche Erlaubnis** erforderlich, kann die ohne staatliche Erlaubnis entfaltete Tätigkeit nicht ähnlich sein.[4]

1641 Verfügt der Unternehmer nicht über einen entsprechenden Studienabschluss (**Autodidakt**), muss er eine diesem vergleichbare Tiefe und Breite seiner Vorbildung nachweisen. Das kann einmal dadurch geschehen, dass er im Einzelnen darlegt und beweist, welche außerhalb der üblichen Studiengänge angebotenen Kurse er besucht und welche Werke er im Selbststudium durchgearbeitet hat. Da der Nachweis auch den Erfolg der autodidaktischen Ausbildung mit umfasst, wird dieser Beweis in der Regel allerdings schwer zu erbringen sein. Daher hat die Rechtsprechung zugelassen, dass der Unternehmer den erforderlichen Nachweis der theoretischen Kenntnisse anhand eigener praktischer Arbeiten führt.[5] Die praktischen Arbeiten müssen so beschaffen sein, dass aus ihnen auf eine Ausbildung, einen Kenntnisstand und eine Qualifikation geschlossen werden kann, die durch den Kernbereich eines Fachstudiums vermittelt wird.[6] Für diese Form des Nachweises ist es jedoch erforderlich, dass die Tätigkeit des Unternehmers besonders anspruchsvoll ist und nicht nur der Tiefe, sondern auch der Breite nach zumindest das Wissen des Kernbereichs eines Fachstudiums voraussetzt. Demgegenüber werden an die Breite der Tätigkeit geringere Anforderungen gestellt als an die der Ausbildung oder der autodidaktisch erworbenen Kenntnisse. Damit wird der Tatsache Rechnung getragen, dass auch bei Freiberuflern vielfach ein wirtschaftliches Bedürfnis für eine Spezialisierung besteht. Das heißt jedoch nicht, dass die theoretischen Kenntnisse eines Autodidakten bereits dann die erforderliche fachliche Breite aufweisen, wenn sie für das Spezialgebiet, auf dem der Stpfl. tätig ist, ausreichen. Das gilt selbst dann, wenn dieselbe Spezialisierung auch bei Angehörigen des Vergleichsberufs mit umfassender Ausbildung anzutreffen ist.[7] Es ist unschädlich, wenn die Kenntnisse in einem Hauptbereich des Fachstudiums unzureichend sind, der Stpfl. jedoch insg. eine entsprechende Abschlussprüfung an einer Hochschule, Fachhochschule oder Berufsakademie bestehen würde.[8] Der Nachweis der erforderlichen theoretischen Kenntnisse kann auch mittels einer Wissensprüfung durch einen Sachverständigen erbracht werden.[9]

Praxishinweis:
Ein abgebrochenes Studium reicht zum Nachweis einer autodidaktischen Ausbildung nicht aus.[10]

1642 Folgende Tätigkeiten wurden als ähnliche Berufe anerkannt:[11]

- **Altenpfleger**, soweit keine hauswirtschaftliche Verpflegung der Patienten erfolgt; siehe jedoch auch „Krankenpfleger";[12]
- **Audio-Psycho-Phonologen**, wenn Ausbildung, Erlaubnis und Tätigkeit mit den Anforderungen des § 124 Abs. 2 Satz 1 Nr. 1 bis 3 SGB V vergleichbar sind;[13]
- medizinische **Bademeister**, soweit sie auch zur Feststellung des Krankheitsbefunds tätig werden oder persönliche Heilbehandlungen am Körper des Patienten vornehmen;[14]
- **Bauleiter**, wenn ihre Kenntnisse und Tätigkeiten mit denen eines Architekten vergleichbar sind;[15]
- **Berufsbetreuer** i.S.d. §§ 1814 ff. BGB;[16]

1) BMF v. 20.11.2019, IV C 6 – S 2246/19/10001, BStBl I 2019, 1298; BFH v. 20.11.2018, VIII R 26/15, BStBl II 2019, 776.
2) BFH v. 5.7.1973, IV R 127/69, BStBl II 1973, 730.
3) BFH v. 12.10.1989, IV R 118-119/87, BStBl II 1990, 64; v. 11.11.2014, VIII R 17/12.
4) BFH v. 13.2.2003, IV R 49/01, BStBl II 2003, 721.
5) BFH v. 18.6.1980, I R 109/77, BStBl II 1981, 118.
6) BFH v. 11.8.1999, XI R 47/98, BStBl II 2000, 31.
7) BFH v. 14.3.1991, IV R 135/90, BStBl II 1991, 769.
8) BFH v. 19.9.2002, VI R 74/00, BStBl II 2003, 27; v. 28.8.2003, IV R 21/02, BStBl II 2003, 919.
9) BFH v. 26.6.2002, IV R 56/00, BStBl II 2002, 768.
10) BFH v. 4.5.2000, IV R 51/99, BStBl II 2000, 616.
11) H 15.6 (Beispiele für selbständige Arbeit) EStH 2024.
12) BMF v. 20.11.2019, IV C 6 – S 2246/19/10001, BStBl I 2019, 1298.
13) BFH v. 28.8.2003, IV R 69/00, BStBl II 2004, 954.
14) BMF v. 20.11.2019, IV C 6 – S 2246/19/10001, BStBl I 2019, 1298.
15) BFH v. 12.10.1989, IV R 118-119/87, BStBl II 1990, 64.
16) BFH v. 15.6.2010, VIII R 10/09, BStBl II 2010, 906.

- **Betriebswirte**, staatlich geprüfte, als selbständige Berater;
- **Diätassistenten**;[1]
- **EDV-Berater** für **Anwendungssoftware**, wenn sie über ein ausreichendes theoretisches Grundwissen durch ein Studium als Ingenieur, Mathematiker oder Informatiker verfügen. Verfügt der Stpfl. nicht über einen Abschluss als Absolvent einer Hochschule oder Fachhochschule, muss er eine vergleichbare Tiefe und Breite seiner Vorbildung nachweisen. Auch ist erforderlich, dass die Software durch eine klassische ingenieurmäßige Vorgehensweise (Planung, Konstruktion und Überwachung) entwickelt wurde und es sich **nicht** um **Trivialsoftware** handelt;[2]
- **Entbindungspfleger**;[3]
- **Ergotherapeuten**;[4]
- **Fachkrankenpfleger** für Krankenhaushygiene;[5]
- **Fußpflege**, medizinische;
- **Hebammen**;[6]
- **Heileurythmisten**;[7]
- **Industriedesigner**, auch im Bereich zwischen Kunst und Gewerbe kann ein gewerblicher Verwendungszweck eine künstlerische Tätigkeit nicht ausschließen;
- **Insolvenzverwalter**, ein Wirtschaftsprüfer/Steuerberater ist als Insolvenzverwalter freiberuflich tätig, wenn diese Tätigkeit isoliert als eine sonstige selbständige Tätigkeit anzusehen ist (auch → Rz. 1647);[8]
- **IT-Projektleiter**, wenn dieser über Kenntnisse und Fähigkeiten verfügt, die in Breite und Tiefe denen eines Diplom-Informatikers entsprechen;[9]
- **Kindererholungsheim**, wenn die Kinder in erster Linie zum Zweck einer planmäßigen körperlichen, geistigen und sittlichen Erziehung auswärts untergebracht sind, kann der Betrieb eines Kindererholungsheims ausnahmsweise eine freiberufliche Tätigkeit darstellen, wenn die freiberufliche Tätigkeit der Gesamtleistung des Heims das Gepräge gibt;[10]
- **Kinder**- und **Jugendlichenpsychotherapeuten**;[11]
- **Kfz-Sachverständige**, wenn die Gutachtertätigkeit mathematisch-technische Kenntnisse voraussetzt, wie sie üblicherweise nur durch eine Berufsausbildung als Ingenieur erlangt werden;[12]
- **Krankenpfleger/Krankenschwester**, soweit keine hauswirtschaftliche Versorgung der Patienten erfolgt;[13]
- **Kunsthandwerker**, die von ihnen selbst entworfene Gegenstände herstellen. Es können handwerkliche und künstlerische Tätigkeiten nebeneinander vorliegen;[14]
- **Kompasskompensierer** auf Seeschiffen;[15]
- **Logopäden**;[16]
- **Managementtrainer**, wenn sie entsprechenden Gruppenunterricht – keinen Einzelunterricht – erteilen;[17]
- **Masseure** (staatlich geprüft), Heilmasseure, soweit sie nicht lediglich oder überwiegend kosmetische oder Schönheitsmassagen durchführen;[18]
- **Medizinisch-technische Assistenten**;[19]
- **Modeschöpfer**, beratende Tätigkeit eines im Übrigen als Künstler anerkannten Modeschöpfers kann künstlerisch sein;[20]
- **Orthoptisten**;[21]

---

1) BMF v. 20.11.2019, IV C 6 – S 2246/19/10001, BStBl I 2019, 1298.
2) BFH v. 4.5.2004, XI R 9/03, BStBl II 2004, 989; v. 22.9.2009, VIII R 63/06, BStBl II 2010, 466.
3) BMF v. 20.11.2019, IV C 6 – S 2246/19/10001, BStBl I 2019, 1298.
4) BMF v. 20.11.2019, IV C 6 – S 2246/19/10001, BStBl I 2019, 1298.
5) BFH v. 6.9.2006, XI R 64/05, BStBl II 2007, 177.
6) BMF v. 20.11.2019, IV C 6 – S 2246/19/10001, BStBl I 2019, 1298.
7) BFH v. 20.11.2018, VIII R 26/15, BStBl II 2019, 776; BMF v. 20.11.2019, IV C 6 – S 2246/19/10001, BStBl I 2019, 1298.
8) BFH v. 11.8.1994, IV R 126/91, BStBl II 1994, 936; v. 15.12.2010, VIII R 50/09, BStBl II 2011, 506.
9) BFH v. 22.9.2009, VIII R 79/06, BStBl II 2010, 404.
10) BFH v. 9.4.1975, I R 107/73, BStBl II 1975, 610.
11) BMF v. 20.11.2019, IV C 6 – S 2246/19/10001, BStBl I 2019, 1298.
12) BFH v. 10.11.1988, IV R 63/86, BStBl II 1988, 198.
13) BMF v. 20.11.2019, IV C 6 – S 2246/19/10001, BStBl I 2019, 1298.
14) BFH v. 11.7.1991, IV R 15/90, BStBl II 1991, 889.
15) BFH v. 14.11.1957, IV 84/57 U, BStBl III 1958, 3.
16) BMF v. 20.11.2019, IV C 6 – S 2246/19/10001, BStBl I 2019, 1298.
17) FG Nürnberg v. 15.1.2003, V 147/2000, DStRE 2003, 586.
18) BMF v. 20.11.2019, IV C 6 – S 2246/19/10001, BStBl I 2019, 1298.
19) BMF v. 20.11.2019, IV C 6 – S 2246/19/10001, BStBl I 2019, 1298.
20) BFH v. 2.10.1968, I R 1/66, BStBl II 1969, 138.
21) BMF v. 20.11.2019, IV C 6 – S 2246/19/10001, BStBl I 2019, 1298.

- **Patentberichterstatter mit wertender Tätigkeit**;[1)]
- **Podologen/medizinische Fußpfleger**;[2)]
- **Prozessagenten**;[3)]
- **Prüfingenieure**, für Hauptuntersuchungen und Sicherheitsprüfungen;[4)]
- **psychologische Psychotherapeuten**, Kinder- und Jugendlichenpsychotherapeuten;[5)]
- **Rettungsassistenten**;[6)]
- **Schiffseichaufnehmer**;[7)]
- **Synchronsprecher**, die bei der Synchronisierung ausländischer Spielfilme mitwirken;[8)]
- **Tätowierer**, wenn eigenschöpferisch tätig;[9)]
- **Tanz- und Unterhaltungsorchester**, wenn sie einen bestimmten Qualitätsstandard erreichen;[10)]
- **Umweltauditor** mit einem abgeschlossenen Chemiestudium;[11)]
- **Verfahrenspfleger** im Sinne des FamFG;[12)]
- **Werbung**, Tätigkeit eines **Künstlers** im Bereich der Werbung kann künstlerisch sein, wenn sie als eigenschöpferische Leistung zu werten ist;[13)]
- **Zahnpraktiker**;[14)]
- **Zwangsverwalter**, die Tätigkeit fällt in der Regel unter § 18 Abs. 1 Nr. 3 EStG.[15)]

1643 **Nicht** als selbständige Einkünfte anerkannt wurden:[16)]

- **Altenpfleger**, soweit auch eine hauswirtschaftliche Versorgung der Patienten erfolgt;[17)]
- **Anlageberater**/Finanzanalysten;[18)]
- **Ärztepropagandisten**;[19)]
- **Apotheken-Inventurbüros**;[20)]
- **Apothekenrezeptabrechner**;[21)]
- **Arbeitsmediziner**, die im Bereich der Arbeitssicherheit tätig sind, ohne dass sie die Kenntnisse eines Ingenieurs nachweisen können;[22)]
- **Architekten**, die bei Ausübung einer beratenden Tätigkeit an der Vermittlung von Geschäftsabschlüssen mittelbar beteiligt sind;[23)]
- **Artisten**;[24)]
- **Auktionatoren**, siehe „Versteigerer";
- **Baubetreuer** (Bauberater), die sich lediglich mit der wirtschaftlichen (finanziellen) Betreuung von Bauvorhaben befassen;[25)]
- **Bauleiter**,[26)] es sei denn, seine Ausbildung entspricht der eines Architekten[27)] oder eines Wirtschaftsingenieurs;[28)]

1) BFH v. 2.12.1970, I R 23/67, BStBl II 1971, 233.
2) BMF v. 20.11.2019, IV C 6 – S 2246/19/10001, BStBl I 2019, 1298.
3) RFH v. 7.12.1938, IV R 774/37, RStBl 1939, 215.
4) BFH v. 14.5.2019, VIII R 35/16, BStBl II 2019, 580.
5) BMF v. 20.11.2019, IV C 6 – S 2246/19/10001, BStBl I 2019, 1298.
6) BMF v. 20.11.2019, IV C 6 – S 2246/19/10001, BStBl I 2019, 1298.
7) BFH v. 5.11.1970, IV R 127/70, BStBl II 1971, 319.
8) BFH v. 3.8.1978, VI R 212/75, BStBl II 1979, 131; v. 12.10.1978, VI R 1/77, BStBl II 1981, 706.
9) FG Düsseldorf v. 18.2.2025, 4 K 1875/23 G, AO, EFG 2025, 573.
10) BFH v. 19.8.1982, IV R 64/79, BStBl II 1983, 7.
11) BFH v. 17.1.2007, XI R 5/06, BStBl II 2007, 519.
12) BFH v. 15.6.2010, VIII R 10/09, BStBl II 2010, 906.
13) BFH v. 11.7.1991, IV R 33/90, BStBl II 1992, 353.
14) BMF v. 20.11.2019, IV C 6 – S 2246/19/10001, BStBl I 2019, 1298.
15) BFH v. 12.12.2001, XI R 56/00, BStBl II 2002, 202.
16) H 15.6 (Abgrenzung selbständige Arbeit/Gewerbebetrieb) EStH 2024.
17) BMF v. 20.11.2019, IV C 6 – S 2246/19/10001, BStBl I 2019, 1298.
18) BFH v. 2.9.1988, III R 58/85, DB 1988, 2610.
19) BFH v. 27.4.1961, IV 329/58 U, BStBl III 1961, 315.
20) BFH v. 15.6.1965, IV 283/63 U, BStBl III 1965, 556.
21) BFH v. 28.3.1974, IV R 153/73, BStBl II 1974, 515.
22) BFH v. 11.4.2005, IV B 106/03, BFH/NV 2005, 1544.
23) BFH v. 14.6.1984, I R 204/81, BStBl II 1985, 15.
24) BFH v. 16.3.1951, IV 197/50 U, BStBl III 1951, 97.
25) BFH v. 29.5.1973, VIII R 55-56/70, BStBl II 1974, 447; v. 30.5.1973, I R 35/71, BStBl II 1973, 668.
26) BFH v. 22.1.1988, III R 43-44/85, BStBl II 1988, 497; v. 11.8.1999, XI R 47/98, BStBl II 2000, 31.
27) BFH v. 12.10.1989, IV R 118-119/87, BStBl II 1990, 64.
28) BFH v. 6.9.2006, XI R 3/06, BStBl II 2007, 118.

- **Beratungsstellenleiter** von **Lohnsteuerhilfevereinen**;[1]
- **Berufsbetreuer i.S.d. §§ 1814 ff. BGB**, die Tätigkeit fällt in der Regel unter § 18 Abs. 1 Nr. 3 EStG;[2]
- **Berufssportler**;[3]
- **Bezirksschornsteinfegermeister**;[4]
- **Blindenführhundeschule**;[5]
- **Bodybuilding-Studios**, wenn die unterrichtende Tätigkeit nur die Anfangsphase der Kurse prägt und im Übrigen den Kunden Trainingsgeräte zur freien Verfügung stehen;[6]
- **Buchhalter**;[7]
- **Buchmacher**;[8]
- **Bühnenvermittler**;[9]
- **Datenschutzbeauftragte**;[10]
- **Detektive**;[11]
- **Dispacheure**;[12]
- **EDV-Berater** üben keine ingenieurähnliche Tätigkeit aus, wenn sie im Bereich der Anwendersoftware die Entwicklung qualifizierter Software nicht durch eine klassische ingenieurmäßige Vorgehensweise (Planung, Konstruktion, Überwachung) betreiben und wenn sie keine Ausbildung, die der eines Ingenieurs vergleichbar ist, besitzen;[13]
- **Ehevermittler**;[14]
- **Erbensucher**;[15]
- **Fahrschulen**, wenn der Inhaber nicht die Fahrlehrererlaubnis besitzt;[16]
- **Finanz- und Kreditberater**;[17]
- **Fitness-Studios**; keine unterrichtende Tätigkeit, wenn Kunden im Wesentlichen in Gerätebedienung eingewiesen werden und Training in Einzelfällen überwacht wird;[18]
- **Fotografen**, die Werbeaufnahmen machen; Werbeaufnahmen macht auch, wer für Zeitschriften Objekte auswählt und zum Zweck der Ablichtung arrangiert, um die von ihm oder einem anderen Fotografen dann hergestellten Aufnahmen zu veröffentlichen;[19]
- **Fotomodelle**;[20]
- **Gutachter** auf dem Gebiet der Schätzung von Einrichtungsgegenständen und Kunstwerken;[21]
- **Havariesachverständige**;[22]
- **Hellseher**;[23]
- **Hersteller künstlicher Menschenaugen**;[24]
- **Industriepropagandisten**;[25]
- **Ingenieure** als Werber für Lieferfirmen;[26]

1) BFH v. 10.12.1987, IV R 176/85, BStBl II 1988, 273.
2) BFH v. 15.6.2010, VIII R 10/09, BStBl II 2010, 906.
3) BFH v. 22.1.1964, I 398/60 U, BStBl III 1964, 207.
4) BFH v. 13.11.1996, XI R 53/95, BStBl II 1997, 295.
5) BFH v. 9.5.2017, VIII R 11/15, BStBl II 2017, 911.
6) BFH v. 18.4.1996, IV R 35/95, BStBl II 1996, 573.
7) BFH v. 28.6.2001, IV R 10/00, BStBl II 2002, 338.
8) RFH v. 22.2.1939, VI 822/38, RStBl 1939, 576.
9) BFH v. 15.4.1970, I R 107/68, BStBl II 1970, 517.
10) BFH v. 5.6.2003, IV R 34/01, BStBl II 2003, 761; v. 14.1.2020, VIII R 27/17, BStBl II 2020, 222.
11) RFH v. 15.7.1942, VI 192/42, RStBl 1942, 989.
12) BFH v. 26.11.1992, IV R 109/90, BStBl II 1993, 235.
13) BFH v. 4.5.2004, XI R 9/03, BStBl II 2004, 989; v. 18.4.2007, XI R 29/06, BStBl II 2007, 781.
14) BFH v. 28.8.1968, I 242/65, BStBl II 1969, 145.
15) BFH v. 24.2.1965, I 349/61 U, BStBl III 1965, 263.
16) BFH v. 4.10.1966, I 249/63, BStBl III 1966, 685.
17) BFH v. 13.4.1988, I R 300/83, BStBl II 1988, 666.
18) BFH v. 13.1.1994, IV R 79/92, BStBl II 1994, 362.
19) BFH v. 19.2.1998, IV R 50/96, BStBl II 1998, 441.
20) BFH v. 8.6.1967, IV 62/65, BStBl III 1967, 618.
21) BFH v. 22.6.1971, VIII 23/65, BStBl II 1971, 749.
22) BFH v. 22.6.1965, I 347/60 U, BStBl III 1965, 593.
23) BFH v. 30.3.1976, VIII R 137/75, BStBl II 1976, 464.
24) BFH v. 25.7.1968, IV R 251/66, BStBl II 1968, 662.
25) RFH v. 25.3.1938, RStBl 1938, 733.
26) RFH v. 30.8.1939, RStBl 1940, 14.

- **Inkassotätigkeiten** eines Rechtsanwalts, der dieses massenhaft und vollautomatisiert betreibt;[1]
- **Inventurbüros**;[2]
- **Kfz-Sachverständige** ohne Ingenieurexamen, deren Tätigkeit keine mathematisch-technischen Kenntnisse wie die eines Ingenieurs voraussetzt;[3]
- **Klavierstimmer**;[4]
- **Konstrukteure**, die überwiegend Bewehrungspläne fertigen;[5]
- **Krankenpfleger/Krankenschwestern**, soweit auch eine hauswirtschaftliche Versorgung der Patienten erfolgt;[6]
- **Kükensortierer**;[7]
- **Künstleragenten**;[8]
- **Makler**;[9]
- **Management-Berater**;[10]
- **Marktforschungsberater**;[11]
- **Masseure** (staatlich geprüft), Heilmasseure, wenn sie lediglich oder überwiegend kosmetische oder Schönheitsmassagen durchführen;[12]
- **Personalberater**, die ihren Auftraggebern von ihnen ausgesuchte Kandidaten für eine zu besetzende Stelle vermitteln;[13]
- **Piloten**;[14]
- **Politikberater**;[15]
- **Probennehmer** für Erze, Metalle und Hüttenerzeugnisse;[16]
- **Promotionsberater**, zum Finden eines Dissertationsthemas und eines Doktorvaters;[17]
- **Prostituierte**, selbständige;[18]
- **Rechtsbeistände**, die mit Genehmigung des Landgerichtspräsidenten Auszüge aus Gerichtsakten für Versicherungsgesellschaften fertigen;[19]
- **Rentenberater**;[20]
- **Restauratoren**, es sei denn, sie beschränken sich auf die Erstellung von Gutachten und Veröffentlichungen und werden daher wissenschaftlich tätig oder die Tätigkeit betrifft ein Kunstwerk, dessen Beschädigung ein solches Ausmaß aufweist, dass seine Wiederherstellung eine eigenschöpferische Leistung des Restaurators erfordert;[21]
- **Rundfunkermittler**, die im Auftrag einer Rundfunkanstalt Schwarzhörer aufspüren;[22]
- **Rundfunksprecher** entfalten in der Regel keine künstlerische Tätigkeit;[23]
- **Schadensregulierer** im Auftrag einer Versicherungsgesellschaft;[24]
- **Schiffssachverständige**, wenn sie überwiegend reine Schadensgutachten (im Unterschied zu Gutachten über Schadens- und Unfallursachen) erstellen;[25]
- **Sozialerbeiter (Dipl.)**, die i.R. der ambulanten Eingliederungshilfe Menschen mit Behinderungen und Menschen mit Krankheiten bei einer selbstbestimmten Lebensführung unterstützen;[26]

1) BFH v. 20.8.2012, III B 246/11, BFH/NV 2012, 1959.
2) BFH v. 28.11.1968, IV R 240/67, BStBl II 1969, 164.
3) BFH v. 9.7.1992, IV R 116/90, BFH/NV 1993, 357.
4) BFH v. 22.3.1990, IV R 145/88, BStBl II 1990, 643.
5) BFH v. 5.10.1989, IV R 154/86, BStBl II 1990, 73.
6) BMF v. 20.11.2019, IV C 6 – S 2246/19/10001, BStBl I 2019, 1298.
7) BFH v. 16.8.1955, I 237/54 U, BStBl III 1955, 295.
8) BFH v. 18.4.1972, VIII R 50-51/66, VIII R 162/70, BStBl II 1972, 624.
9) RFH v. 1.6.1938, VI R 273/38, RStBl 1938, 842.
10) BFH v. 11.6.1997, XI R 2/95, BStBl II 1997, 687.
11) BFH v. 27.2.1992, IV R 27/90, BStBl II 1992, 826.
12) BFH v. 26.11.1970, IV 60/65, BStBl II 1971, 249.
13) BFH v. 19.9.2002, IV R 70/00, BStBl II 2003, 25.
14) BFH v. 16.5.2002, IV R 94/99, BStBl II 2002, 565.
15) BFH v. 14.5.2014, VIII R 18/11, BStBl II 2015, 128.
16) BFH v. 14.11.1972, VIII R 18/67, BStBl II 1973, 183.
17) BFH v. 8.10.2008, VIII R 74/05, BStBl II 2009, 238.
18) BFH v. 20.2.2013, GrS 1/12, BStBl II 2013, 441.
19) BFH v. 18.3.1970, I R 147/67, BStBl II 1970, 455.
20) BFH v. 7.5.2019, VIII R 2/16, BStBl II 2019, 528.
21) BFH v. 4.11.2004, IV R 63/02, BStBl II 2005, 362.
22) BFH v. 2.12.1998, X R 83/96, BStBl II 1999, 534.
23) BFH v. 20.6.1962, IV 359/61 U, BStBl III 1962, 385; v. 24.10.1963, V 52/61 U, BStBl III 1963, 589.
24) BFH v. 29.8.1961, I 21/61 U, BStBl III 1961, 505.
25) BFH v. 21.3.1996, XI R 82/94, BStBl II 1996, 518.
26) BFH v. 29.9.2020, VIII R 10/17, BStBl II 2021, 387.

- **Spielerberater** von Berufsfußballspielern;[1)]
- **Treuhänderische Tätigkeit** eines Rechtsanwalts für Bauherrengemeinschaften;[2)]
- **Vereidigte Kursmakler**;[3)]
- **Versicherungsberater**;[4)]
- **Versicherungsvertreter**, selbständige, üben auch dann eine gewerbliche Tätigkeit aus, wenn sie nur für ein einziges Versicherungsunternehmen tätig sein dürfen;[5)]
- **Versteigerer**;[6)]
- **Vortragswerber**;[7)]
- **Werbeberater**;[8)]
- **Wirtschaftswissenschaftler**, die sich auf ein eng begrenztes Tätigkeitsgebiet, z.B. die Aufnahme und Bewertung von Warenbeständen in einem bestimmten Wirtschaftszweig, spezialisiert haben und diese Tätigkeit im Wesentlichen von zahlreichen Hilfskräften in einem unternehmensartig organisierten Großbüro ausführen lassen;[9)]
- **Zolldeklaranten**.[10)]

Nach § 18 Abs. 1 Nr. 2 EStG gehört zu den Einkünften aus selbständiger Arbeit auch die Tätigkeit der **Lotterieein-** 1644
nehmer einer **staatlichen Lotterie**. Aber selbst, wenn einkommensteuerlich die Tätigkeit eines Lotterieeinnehmers einer staatlichen Lotterie i.R. eines Gewerbebetriebs ausgeübt würde, unterläge sie nicht der Gewerbesteuer (§ 13 GewStDV).

Wird jedoch die Lotterie von einer Kapitalgesellschaft betrieben, entfällt für den Lotterieeinnehmer die Befreiung nach § 13 GewStDV. Das gilt selbst dann, wenn die Anteile an der Kapitalgesellschaft ausschließlich von Körperschaften des öffentlichen Rechts gehalten werden.

Auch ist ein Bezirksstellenleiter einer staatlichen Lotterie, der keine Lotteriegeschäfte mit Kunden abschließt, kein von der Gewerbesteuer befreiter Lotterieeinnehmer.

Ebenfalls zu den Einkünften aus selbständiger Arbeit gehören die Einkünfte aus **sonstiger selbständiger Arbeit**. 1645
Dazu zählen z.B. Vergütungen für die Vollstreckung von Testamenten, für Vermögensverwaltung und für die Tätigkeit als Aufsichtsratsmitglied (§ 18 Abs. 1 Nr. 3 EStG).

Aus den exemplarisch aufgezählten Aktivitäten wird deutlich, dass es sich um eine **vermögensverwaltende Tätigkeit** handeln muss, damit die Voraussetzungen zur Annahme sonstiger selbständiger Arbeit erfüllt werden.[11)] Eine Tätigkeit ist den in § 18 Abs. 1 Nr. 3 EStG beispielhaft genannten Tätigkeiten ähnlich, wenn sie im Kern die Verwaltung fremden Vermögens betrifft; es ist nicht erforderlich, dass sie einer bestimmten der im Gesetz konkret genannten Tätigkeiten ähnlich ist.[12)]

Die sonstige selbständige Tätigkeit muss vom Stpfl. ausschließlich oder fast ausschließlich in eigener Person erbracht werden. Die Einschaltung qualifizierten Personals oder die Beauftragung von Subunternehmern ist nach der sog. **Vervielfältigungstheorie** schädlich und hat zur Folge, dass die Tätigkeit als gewerblich beurteilt wird. Es gehört zu den Wesensmerkmalen der selbständigen Tätigkeit, dass sie in ihrem Kernbereich auf der eigenen persönlichen Arbeitskraft des Berufsträgers beruht. Nimmt die Tätigkeit einen Umfang an, der die ständige Beschäftigung mehrerer Angestellter oder die Einschaltung von Subunternehmern erfordert, und werden den genannten Personen nicht nur untergeordnete, insb. vorbereitende oder mechanische Arbeiten übertragen, so beruht die betreffende Tätigkeit nicht mehr im Wesentlichen auf der persönlichen Arbeitskraft des Berufsträgers und ist deshalb steuerrechtlich als eine gewerbliche zu qualifizieren. Selbst wenn nur Hilfskräfte beschäftigt werden, die ausschließlich untergeordnete Arbeiten erledigen, kann der Umfang des Betriebs im Einzelfall den gewerblichen Charakter der Tätigkeit begründen. Wann diese Voraussetzungen vorliegen, ist im Einzelfall nach dem Gesamtbild der Verhältnisse zu entscheiden.[13)]

Allein die Tatsache, dass ein Stpfl. „selbständig und eigenverantwortlich" tätig wird, reicht nicht aus, die Tätigkeit als selbständige Arbeit i.S.d. § 18 Abs. 1 Nr. 3 EStG zu qualifizieren.[14)]

---

1) BFH v. 26.11.1998, IV R 59/97, BStBl II 1999, 167.
2) BFH v. 1.2.1990, IV R 42/89, BStBl II 1990, 534.
3) BFH v. 13.9.1955, I 250/54 U, BStBl III 1955, 325.
4) BFH v. 16.10.1997, IV R 19/97, BStBl II 1998, 139.
5) BFH v. 26.10.1977, I R 110/76, BStBl II 1978, 137.
6) BFH v. 24.1.1957, IV 696/54 U, IV 697/54 U, BStBl III 1957, 106.
7) BFH v. 5.7.1956, IV 617/54 U, BStBl III 1956, 255.
8) BFH v. 16.1.1974, I R 16/72, BStBl II 1974, 293.
9) BFH v. 28.11.1968, IV R 240/67, BStBl II 1969, 164.
10) BFH v. 21.9.1989, IV R 117/87, BStBl II 1990, 153.
11) BFH v. 28.8.2003, IV R 1/03, BStBl II 2004, 112; v. 2.9.1988, III R 58/85, BStBl II 1989, 24.
12) BFH v. 4.11.2004, IV R 26/03, BStBl II 2005, 288.
13) BFH v. 23.5.1984, I R 122/81, BStBl II 1984, 823; v. 11.8.1994, IV R 126/91, BStBl II 1994, 936; v. 12.12.2001, XI R 56/00, BStBl II 2002, 202.
14) BFH v. 12.12.2001, XI R 56/00, BStBl II 2002, 202.

1646 Die Tätigkeit eines **Berufsbetreuers** i.S.d. §§ 1814 ff. BGB ist den Einkünften aus sonstiger selbständiger Arbeit zuzuordnen, weil sie ebenso wie die in § 18 Abs. 1 Nr. 3 EStG i.V.m. § 19 Abs. 2 Betreuungsorganisationsgesetz bezeichneten Regelbeispiele – berufsbildtypisch – durch eine selbständige fremdnützige Tätigkeit in einem fremden Geschäftskreis sowie durch Aufgaben der Vermögensverwaltung geprägt ist.

Die in § 18 Abs. 1 Nr. 3 EStG aufgeführten Regelbeispiele erschöpfen sich nicht in der bloßen Vermögensverwaltung, sondern umfassen zusätzliche Aufgaben, wie etwa Leistung von Rechtsbeistand durch den **Testamentsvollstrecker** oder unternehmerische Kontrolle durch das **Aufsichtsratsmitglied**.[1)]

1647 Einkünfte aus einer Tätigkeit als **Insolvenzverwalter** oder aus der Zwangsverwaltung von Liegenschaften sind, auch wenn sie von Rechtsanwälten erzielt werden, grundsätzlich den Einkünften aus sonstiger selbständiger Arbeit i.S.d. § 18 Abs. 1 Nr. 3 EStG zuzurechnen. Dies gilt auch dann, wenn der Insolvenzverwalter oder Zwangsverwalter die Tätigkeit unter Einsatz vorgebildeter Mitarbeiter ausübt, sofern er dabei selbst leitend und eigenverantwortlich tätig bleibt; insoweit ist § 18 Abs. 1 Nr. 1 Satz 3 und 4 EStG entsprechend anzuwenden.[2)]

1648 Eine selbständige und eigenverantwortliche Tätigkeit i.S.d. § 18 Abs. 1 Nr. 3 EStG übt nur derjenige aus, der unmittelbar zur Verwaltung fremden Vermögens berechtigt und verpflichtet ist. Ein Subunternehmer erfüllt diese Voraussetzung nicht.[3)]

(3) Abgrenzung gegenüber der Vermögensverwaltung

1649 Die bloße Verwaltung eigenen Vermögens ist regelmäßig keine gewerbliche Tätigkeit. Vermögensverwaltung ist immer dann gegeben, wenn sich die Betätigung noch als Nutzung von Vermögen im Sinne einer Fruchtziehung aus zu erhaltenen Substanzen darstellt und die Ausnutzung substanzieller Vermögenswerte durch Umschichtung nicht entscheidend in den Vordergrund tritt.

1650 Neben der persönlichen Selbständigkeit eines Gewerbebetriebs setzt die Annahme eines Gewerbebetriebs auch die **sachliche Selbständigkeit** voraus. Die sachliche Selbstständigkeit ist gegeben, wenn ein Unternehmen für sich eine wirtschaftliche Einheit bildet, es also nicht ein unselbständiger Teil eines anderen Unternehmens oder eines Gesamtunternehmens ist.[4)]

1651 Im **Inland** betrieben wird ein Gewerbebetrieb, soweit für ihn im Inland oder auf einem in einem inländischen Schiffsregister eingetragenen Kauffahrtschiff eine Betriebsstätte unterhalten wird (§ 2 Abs. 1 Satz 3 GewStG).

(4) Reisegewerbebetriebe

1652 Der Gewerbesteuer unterliegen auch die Reisegewerbebetriebe (§ 35a Abs. 1 GewStG).

Ein Reisegewerbebetrieb ist ein Betrieb, dessen Inhaber zur Ausübung seiner Tätigkeit eine Reisegewerbekarte braucht (§ 35a Abs. 2 GewStG).

Ein Reisegewerbe betreibt, wer außerhalb seiner gewerblichen Niederlassung oder ohne eine solche zu haben gewerbsmäßig Waren feilbietet, Bestellungen vertreibt oder ankauft, Leistungen anbietet oder Bestellungen auf Leistungen vertreibt oder unterhaltende Tätigkeiten als Schausteller oder nach Schaustellerart ausübt (§ 55 Abs. 1 GewO).

1653 **Selbständige Handelsvertreter**, die andere gewerblich tätige Personen in deren Geschäftsräumen aufsuchen, benötigen keine Reisegewerbekarte. Diese zählen zu den stehenden Gewerbebetrieben (vgl. § 55b Abs. 1 Satz 1 GewO).

Wird i.R. eines einheitlichen Gewerbebetriebs sowohl ein stehendes als auch ein Reisegewerbe betrieben, so ist der Betrieb insg. als ein stehender Gewerbebetrieb zu behandeln (§ 35a Abs. 2 Satz 2 GewStG).

1654 Zwar unterliegen auch Reisegewerbebetriebe der Gewerbesteuer, jedoch erfolgt für diese in der Regel **keine Gewerbesteuerzerlegung**. Für Reisegewerbebetriebe hat die Gemeinde das Heberecht, in der sich der Mittelpunkt der Tätigkeit befindet (§ 35a Abs. 1 und Abs. 3 GewStG).

Nur wenn im Laufe eines EZ von einem Reisegewerbebetrieb der Mittelpunkt der Tätigkeit in eine andere Gemeinde verlegt worden ist, erfolgt eine Zerlegung des Steuermessbetrags anteilig nach Kalendermonaten auf die beteiligten Gemeinden (§ 35a Abs. 4 GewStG; → Rz. 1935).

(5) Einzelunternehmen

1655 Ein Unternehmen eines Stpfl. wird zum Steuergegenstand, wenn es sich um ein gewerbliches Unternehmen i.S.d. § 15 Abs. 2 EStG handelt. Es gelten die gleichen Abgrenzungskriterien wie bei der Einkommensteuer.

Hat ein Gewerbetreibender **mehrere Betriebe** verschiedener Art (z.B. Metzgerei und Schuhladen), ist jeder Betrieb für sich zu besteuern. Das gilt auch dann, wenn die Betriebe in einer Gemeinde liegen.[5)]

---

1) BFH v. 15.6.2010, VIII R 10/09, BStBl II 2010, 906.
2) BFH v. 15.12.2010, VIII R 50/09, BStBl II 2011, 506.
3) BFH v. 28.4.2004, IV R 41/03, BStBl II 2005, 611.
4) R 2.1 Abs. 1 GewStR 2009.
5) R 2.4 Abs. 1 GewStR 2009.

Die **Zusammenfassung** mehrerer Betätigungen zu einem einzigen Gewerbebetrieb im Sinne des GewStG erfordert einen wirtschaftlichen, organisatorischen und finanziellen Zusammenhang zwischen den Betätigungen. Dabei ist die Gewichtung der genannten Merkmale von den Umständen des Einzelfalls abhängig. Der Gleichartigkeit der Betätigungen – bzw. bei ungleichartigen Betätigungen der Möglichkeit einer Ergänzung der verschiedenen Tätigkeiten – und damit dem wirtschaftlichen Zusammenhang kommt aber eine besondere Bedeutung zu. Beim Fehlen eines wirtschaftlichen Zusammenhangs können ungleichartige Betätigungen aber nur in besonderen Ausnahmefällen – die durch eine außergewöhnlich hohe Intensität des organisatorischen und finanziellen Zusammenhangs gekennzeichnet sein müssten – zusammengefasst werden. Ein finanzieller oder organisatorischer Zusammenhang, der lediglich auf der Identität des Unternehmers beruht, genügt nicht, weil bei der Gewerbesteuer der Charakter als Objektsteuer im Vordergrund steht.[1] Die Prüfung des für eine Zusammenfassung mehrerer Betätigungen erforderlichen Zusammenhangs hat sich vorrangig an objektiven Merkmalen zu orientieren. Dem Willen des Unternehmers und seiner Rechtsauffassung – die sich an der Gestaltung seiner Buchhaltung und seines Jahresabschlusses dokumentieren kann – kommt nur nachrangige Bedeutung zu. Der subjektive Wille darf – wenn er für die Gesamtwürdigung berücksichtigt werden soll – nicht in Widerspruch zu den objektiven äußeren Merkmalen stehen. Der Unternehmer kann beim objektiven Fehlen eines wirtschaftlichen und organisatorischen Zusammenhangs die Zusammenfassung mehrerer Betätigungen nicht dadurch erreichen, dass er einen gemeinsamen Jahresabschluss erstellt.[2] **1656**

Wenn die verschiedenen Betätigungen nach der Verkehrsauffassung und nach den Betriebsverhältnissen als Teil eines Gewerbebetriebs anzusehen sind, ist ein einheitlicher Gewerbebetrieb anzunehmen.

Beispiele:

Brauerei und Schankwirtschaft; Fleischerei und Speisewirtschaft.

Kein einheitlicher Gewerbebetrieb ist beispielsweise der Betrieb einer Photovoltaikanlage auf dem Dach eines Einzelhandels.[3]

Hat ein Gewerbetreibender mehrere Betriebe gleicher Art, ist zu prüfen, ob es sich um einen einheitlichen Gewerbebetrieb handelt. Dies ist regelmäßig der Fall, wenn sich die Betriebe in derselben Gemeinde befinden.[4] **1657**

Beispiel:

Der Metzgermeister D hat in der R-Gemeinde mehrere Verkaufsstellen.

Wird **neben** einer **freiberuflichen** eine gewerbliche Tätigkeit ausgeübt, sind die beiden Tätigkeiten steuerlich entweder getrennt oder einheitlich zu behandeln. Die Tätigkeiten sind zu trennen, soweit dies nach der Verkehrsauffassung möglich ist. Eine einheitliche Tätigkeit liegt vor, wenn die verschiedenen Tätigkeiten derart miteinander verflochten sind, dass sie sich gegenseitig unlösbar bedingen. Werden in einem Betrieb nur gemischte Leistungen erbracht, ist der Betrieb danach zu qualifizieren, welche der einzelnen Tätigkeiten der Gesamttätigkeit das Gepräge gibt.[5] **1658**

Unterhält ein Unternehmer mehrere Betriebe und erlässt das FA daher mehrere Gewerbesteuermessbescheide, sind diese nur dann inhaltlich hinreichend bestimmt, wenn sie – jedenfalls im Wege der Auslegung – erkennen lassen, welchen Steuergegenstand sie jeweils betreffen. Allein die Bezeichnung des Unternehmers (Steuerschuldners) reicht hierfür nicht aus.[6] **1659**

(6) Betriebsverpachtung im Ganzen

(6.1) Beginn der Betriebsverpachtung im Ganzen vor dem 5.11.2011

Verpachtet ein Unternehmer die wesentlichen Betriebsgrundlagen eines Gewerbebetriebs **vor dem 5.11.2011** im Ganzen **und** besteht für ihn oder seinen Rechtsnachfolger objektiv die Möglichkeit, den Betrieb oder Teilbetrieb später fortzuführen, kann er entweder eine Betriebsaufgabe nach § 16 Abs. 3 EStG erklären oder die aus der Verpachtung erzielten Einkünfte weiterhin als Gewinn aus Gewerbebetrieb erfassen (**Verpächterwahlrecht**). Die Aufgabeerklärung kann sowohl zu Beginn der Verpachtung als auch während der laufenden Verpachtung abgegeben werden. **1660**

Da es sich bei der Einstellung der werbenden Tätigkeit nach § 16 Abs. 3 EStG grundsätzlich um eine Betriebsaufgabe handelt, sind die Voraussetzungen für die Ausübung des Wahlrechts eng auszulegen. Die Voraussetzungen für eine Betriebsverpachtung im Ganzen müssen daher nicht nur zu Beginn der Verpachtung, sondern während der gesamten Dauer des Pachtverhältnisses vorliegen.

Die Betriebsverpachtung im Ganzen bzw. die Verpachtung eines Teilbetriebs unterliegt grundsätzlich nicht der Gewerbesteuer. Dies gilt selbst dann, wenn die Pachteinnahmen bei dem Verpächter weiterhin als gewerbliche Einkünfte behandelt werden.[7]

1) BFH v. 16.2.2020, X R 15/18, BStBl II 2021, 157.
2) BFH v. 24.10.2012, X R 36/10, BFH/NV 2013, 252 = HFR 2013, 152; v. 20.3.2013, X R 38/11, BFH/NV 2013, 1125.
3) BFH v. 24.10.2012, X R 36/10, BFH/NV 2013, 252 = HFR 2013, 152.
4) R 2.4 Abs. 2 GewStR 2009.
5) H 15.6 (Gemischte Tätigkeit) EStH 2024; BFH v. 2.10.2003, IV R 48/01, BStBl II 2004, 363.
6) BFH v. 20.3.2013, X R 38/11, BFH/NV 2013, 1125 = HFR 2013, 152.
7) R 2.2 GewStR 2009.

Für das Wj., in dem die Verpachtung beginnt, ist der auf die Zeit bis zum Pachtbeginn entfallende Gewinn gesondert zu ermitteln. Dies kann aus Vereinfachungsgründen durch eine zeitanteilige Zuordnung des Gewinns des Wj. erfolgen.[1)]

Ist der Gewinn vor der Verpachtung nach § 4 Abs. 3 EStG ermittelt worden, ist zu Beginn der Verpachtung ein Übergang zum Vermögensvergleich zu unterstellen. Die dabei erforderlichen Zu- und Abrechnungen sind dem laufenden Gewinn aus Gewerbebetrieb zuzurechnen.[2)]

(6.2) Beginn der Betriebsverpachtung im Ganzen nach dem 4.11.2011

1661 Für eine Betriebsverpachtung im Ganzen, welche erst **nach dem 4.11.2011** (§ 52 Abs. 34 Satz 9 EStG) begonnen hat, gilt der Gewerbebetrieb erst dann als aufgegeben, bis der Stpfl. die Aufgabe i.S. des § 16 Abs. 3 Satz 1 EStG ausdrücklich gegenüber dem FA erklärt oder dem FA Tatsachen bekannt werden, aus denen sich ergibt, dass die Voraussetzungen für eine Aufgabe i.S. des § 16 Abs. 3 EStG erfüllt sind (§ 16 Abs. 3b Satz 1 EStG). Die Aufgabe des Gewebebetriebs ist im Fall der Erklärung durch den Stpfl. rückwirkend für den vom Stpfl. gewählten Zeitpunkt anzuerkennen, wenn dieser nicht mehr als drei Monate nach Abgabe der Aufgabeerklärung liegt. Ansonsten gilt der Betrieb erst im Zeitpunkt des Eingangs der Aufgabeerklärung als aufgegeben (§ 16 Abs. 3b Sätze 2 und 3 EStG).

Anders als bei dem Beginn einer Betriebsverpachtung im Ganzen vor dem 5.11.2011 führt also der bloße Wegfall der Möglichkeit, den Betrieb oder Teilbetrieb später fortführen zu können, nicht mehr zu einem stillen Ausstieg aus dem Gewerbebetrieb.

Auch nach dem 4.11.2011 unterliegt ein Gewinn aus Gewerbebetrieb aus einer Betriebsverpachtung im Ganzen, für die noch keine Aufgabeerklärung abgegeben wurde, nicht der Gewerbesteuer, da es an einem laufenden Gewerbebetrieb mangelt.

(7) Betriebsaufspaltung

1662 Eine Betriebsaufspaltung liegt vor, wenn

- ein Unternehmen (**Besitzunternehmen**) eine wesentliche Betriebsgrundlage an eine gewerblich tätige Personen- oder Kapitalgesellschaft (Betriebsunternehmen) zur Nutzung überlässt (**sachliche Verflechtung**) und
- eine Person oder mehrere Personen zusammen (Personengruppe) sowohl beim Besitzunternehmen als auch beim Betriebsunternehmen einen einheitlichen geschäftlichen Betätigungswillen durchsetzen können (**personelle Verflechtung**).

Liegen die Voraussetzungen einer Betriebsaufspaltung vor, erzielt das Besitzunternehmen gewerbliche Einkünfte.[3)]

1663 **Wesentliche Grundlagen** eines Betriebs sind Wirtschaftsgüter vor allem des Anlagevermögens, die zur Erreichung des Betriebszwecks erforderlich sind und ein besonderes wirtschaftliches Gewicht für die Betriebsführung bei dem Betriebsunternehmen haben.[4)]

Die sachlichen Voraussetzungen einer Betriebsaufspaltung liegen auch dann vor, wenn das überlassene Wirtschaftsgut bei dem Betriebsunternehmen nur eine der wesentlichen Betriebsgrundlagen darstellt.[5)]

1664 Ein **Büro- und Verwaltungsgebäude** ist immer dann eine wesentliche Betriebsgrundlage, wenn es die räumliche und funktionale Grundlage für die Geschäftstätigkeit des Betriebsunternehmens bildet.[6)]

Es ist hierbei nicht erforderlich, dass das Gebäude eine **besondere Gestaltung** für den jeweiligen Unternehmenszweck der Betriebsgesellschaft (branchenspezifische Herrichtung und Ausgestaltung) erhält; notwendig ist allein, dass das Grundstück die räumliche und funktionale Grundlage für die Geschäftstätigkeit der Betriebsgesellschaft bildet und es ihr ermöglicht, ihren Geschäftsbetrieb aufzunehmen und auszuüben.[7)]

Ein Grundstück ist auch dann eine wesentliche Betriebsgrundlage, wenn das Betriebsunternehmen jederzeit am Markt ein für seine Belange gleichwertiges Grundstück mieten oder kaufen kann.[8)]

Grundstücke, die der Fabrikation dienen, gehören regelmäßig zu den wesentlichen Betriebsgrundlagen i.R. einer Betriebsaufspaltung.[9)]

Ein Grundstück ist nur dann keine wesentliche Betriebsgrundlage, wenn es für das Betriebsunternehmen lediglich von geringer wirtschaftlicher Bedeutung ist.

1) R 2.2 Satz 5 GewStR 2009.
2) BFH v. 24.10.1972, VIII R 32/67, BStBl II 1973, 233.
3) H 15.7 (4) Allgemeines EStH 2024.
4) BFH v. 26.1.1989, IV R 151/86, BStBl II 1989, 455; v. 24.8.1989, IV R 135/86, BStBl II 1989, 1014.
5) BFH v. 21.5.1974, VIII R 57/70, BStBl II 1974, 613.
6) BFH v. 23.5.2000, VIII R 11/99, BStBl II 2000, 621.
7) BFH v. 13.7.2006, IV R 25/05, BStBl II 2006, 804.
8) BFH v. 26.5.1993, X R 78/91, BStBl II 1993, 718.
9) BFH v. 12.9.1991, IV R 8/90, BStBl II 1992, 347; v. 26.3.1992, IV R 50/91, BStBl II 1992, 830.

So stellt das einzelne **Geschäftslokal** eines Filialeinzelhandelsbetriebs in aller Regel auch dann eine wesentliche Betriebsgrundlage dar, wenn auf das Geschäftslokal weniger als 10 % der gesamten Nutzfläche des Unternehmens entfällt.[1]

Nur weil in einem Wirtschaftsgut **erhebliche stille Reserven** ruhen, ist das allein noch kein Grund für die Annahme einer wesentlichen Betriebsgrundlage i.R. einer Betriebsaufspaltung.[2]

Für die Begründung einer Betriebsaufspaltung ist ausreichend, wenn dem Betriebsunternehmen **immaterielle** **1665** **Wirtschaftsgüter**, z.B. Werberechte, der Firmenname oder Erfindungen, überlassen werden, die dem Besitzunternehmen gehören, wenn diese bei dem Betriebsunternehmen eine wesentliche Betriebsgrundlage darstellen.[3]

Eine **personelle Verflechtung** liegt vor, wenn die hinter beiden Unternehmen stehenden Personen einen einheitli- **1666** chen geschäftlichen Betätigungswillen haben.[4]

Ein einheitlicher geschäftlicher Betätigungswille setzt nicht voraus, dass an beiden Unternehmen die gleichen Beteiligungen derselben Personen bestehen.[5] Es genügt, dass die Personen, die das Besitzunternehmen tatsächlich beherrschen, in der Lage sind, auch in dem Betriebsunternehmen ihren Willen durchzusetzen.[6] Ein einheitlicher geschäftlicher Betätigungswille ist auch bei wechselseitiger Mehrheitsbeteiligung von zwei Personen am Besitzunternehmen und am Betriebsunternehmen anzunehmen.[7]

In den Fällen der Betriebsaufspaltung unterliegt auch das verpachtende Besitzunternehmen der Gewerbesteuer.[8] **1667** Wenn jedoch das Betriebsunternehmen nach § 3 GewStG von der Gewerbesteuer befreit ist, erstreckt sich diese Befreiung auch auf das Besitzunternehmen (so der BFH zur Befreiung für die Besitzgesellschaft eines Krankenhauses (§ 3 Nr. 20 Buchst. b GewStG),[9] eines Altenheims (§ 3 Nr. 20 Buchst. c GewStG)[10] und einer steuerbegünstigten Einrichtung i.S.d. § 3 Nr. 6 GewStG), sog. „**Merkmalsübertragung**".[11]

Beratungshinweis:

Die FinVerw. wendet jedoch das Urteil des BFH v. 19.10.2006 bzgl. der Merkmalsübertragung einer steuerbegünstigten Betriebsgesellschaft (§ 3 Nr. 6 GewStG) auf eine nicht steuerbegünstigte Besitzgesellschaft – m.E. zutreffend – nicht an.[12]

(8) Personengesellschaften

Personengesellschaften (z.B. Offene Handelsgesellschaft, Kommanditgesellschaft), die eine Tätigkeit i.S.d. § 15 **1668** Abs. 2 EStG ausüben und deren Gesellschafter als Mitunternehmer anzusehen sind (§ 15 Abs. 1 Nr. 2 EStG), sind Gewerbebetriebe i.S.d. § 2 Abs. 1 GewStG. Dabei kann eine Mitunternehmerschaft auch für lediglich eine juristische Sekunde bestehen und damit auch für diese juristische Sekunde sachlich gewerbesteuerpflichtig sein.[13]

Hinweis:

Optiert eine Personenhandels-, eine Partnerschaftsgesellschaft oder eine eGbR nach § 1a KStG zur Körperschaftsbesteuerung, gelten diese dann auch gewerbesteuerlich als Kapitalgesellschaft (**§ 2 Abs. 8 GewStG**). Ihre sachliche Gewerbesteuerpflicht richtet sich dann nicht mehr nach ihrer Tätigkeit (§ 2 Abs. 1 GewStG), sondern nach § 2 Abs. 2 GewStG.

Personengesellschaften, die neben anderen Tätigkeiten (z.B. **Vermögensverwaltung**) auch eine gewerbliche **1669** Tätigkeit ausüben, gelten nach § 15 Abs. 3 Nr. 1 Alt. 1 EStG in vollem Umfang als Gewerbebetrieb (= sog. „**Seitwärtsabfärbung**"). Das heißt, eine (auch geringe) gewerbliche Betätigung „infiziert" die Tätigkeit der gesamten Personengesellschaft. Eine gewerbliche Infektion tritt jedoch nicht ein, wenn die originär gewerblichen Nettoumsatzerlöse **3 % der Gesamtnettoumsatzerlöse** der Gesellschaft und den Betrag von **24 500 €** im VZ als Obergrenze nicht übersteigen (**Geringfügigkeitsgrenze/Bagatellgrenze**).[14] Es handelt sich hierbei um eine **relative** und **absolute Grenze**. Wird nur eine der beiden Grenzen überschritten, erzielt die Personengesellschaft insgesamt gewerbliche Einkünfte.

Beispiel:

Eine Musiker-GbR verkauft i.R. ihrer Konzerte (§ 18 EStG) auch selbst hergestellte Musik-CDs (= gewerbliche Tätigkeit; § 15 Abs. 2 EStG). In 2025 erzielt die GbR einen Nettoumsatz von 1 000 000 €. Darin enthalten sind (Netto-)Einnahmen aus den CD-Verkäufen in Höhe von 28 000 €.

Zwar liegen die (Netto-)Einnahmen aus der gewerblichen Betätigung (CD-Verkauf) unter der relativen Grenze von 3 % der Gesamtumsätze. Da sie jedoch 24 500 € (= absolute Grenze) übersteigen, ist die Tätigkeit der GbR insg. gewerblich (§ 15 Abs. 3 Nr. 1 EStG).

1) BFH v. 19.3.2009, IV R 78/06, BStBl II 2009, 803.
2) BFH v. 24.8.1989, IV R 135/86, BStBl II 1989, 1014.
3) BFH v. 6.11.1991, XI R 12/87, BStBl II 1992, 415; v. 21.5.1997, I R 164/94, BFH/NV 1997, 825.
4) BFH v. 8.11.1971, GrS 2/71, BStBl II 1972, 63.
5) BFH v. 8.11.1971, GrS 2/71, BStBl II 1972, 63.
6) BMF v. 7.10.2002, IV A 6 – S 2240 – 134/02, BStBl I 2002, 1028.
7) BFH v. 24.2.2000, IV R 62/98, BStBl II 2000, 417.
8) H 2.2 (Allgemeines) GewStH 2024.
9) BFH v. 20.8.2015, IV R 26/13, BStBl II 2016, 408.
10) H 3.20 (Merkmalserstreckung bei Betriebsaufspaltung) GewStH 2024; BFH v. 29.3.2006, X R 59/00, BStBl II 2006, 661.
11) BFH v. 19.10.2006, IV R 22/02, BFH/NV 2007, 149, die gegen das Urteil eingelegte Verfassungsbeschwerde wurde vom BVerfG (Az.: 1 BvR 19/07) mit Beschluss v. 14.2.2008 nicht zur Entscheidung aufgenommen, BFH/NV-Beilage 2008, 228.
12) FinMin NRW v. 6.10.2010, G 1410-7-V B 4, FMNR528400010.
13) BFH v. 15.6.2023, IV R 30/19, BStBl II 2023, 1050.
14) BFH v. 27.8.2014, VIII R 16/11, BStBl II 2015, 996; v. 27.8.2014, VIII R 41/11, BStBl II 2015, 999; v. 27.8.2014, VIII R 6/12, BStBl II 2015, 1002; H 15.8 (5) Bagatellgrenze EStH 2024.

Die Regelung, dass nach § 15 Abs. 3 Nr. 1 EStG die gesamten Einkünfte einer Personengesellschaft als Einkünfte aus Gewerbebetrieb gelten, wenn die Gesellschaft auch nur teilweise eine gewerbliche Tätigkeit ausübt, verstößt nicht gegen den Gleichheitsgrundsatz.[1)]

1670 Wenn sich Angehörige eines freien Berufs zu einer Personengesellschaft zusammenschließen, erzielt die Gesellschaft nur dann freiberufliche Einkünfte, **wenn alle Gesellschafter** die Merkmale eines freien Berufs erfüllen. Sobald ein Gesellschafter nicht diese Merkmale erfüllt, wird die dem Grunde nach selbständige Tätigkeit als gewerbliche Betätigung angesehen.[2)]

Beispiel:

Eine Steuerberatungs GbR, bestehend aus den Steuerberatern B und D, nimmt 2025 als neue Gesellschafterin die Steuerfachwirtin O auf.

O beabsichtigt, 2026 an der Steuerberaterprüfung teilzunehmen.

Die GbR erzielt ab Aufnahme der O gewerbliche Einkünfte, da nun eine „berufsfremde" Mitgesellschafterin in der Gesellschaft tätig ist. Erst nach bestandener StB-Prüfung und Zulassung ist die GbR in der Lage, freiberufliche Einkünfte zu erzielen.

Eine Aufteilung der Einkünfte in freiberufliche und – für den Berufsfremden – in solche aus Gewerbebetrieb scheidet aus.[3)]

1671 Der Beteiligung eines Berufsfremden gleichgestellt ist die mitunternehmerische Beteiligung einer Kapitalgesellschaft, und zwar unabhängig von der Qualifikation der anderen Gesellschafter und ohne Rücksicht auf die Voraussetzungen des § 15 Abs. 3 Nr. 2 EStG.[4)]

Da eine Kapitalgesellschaft immer im vollem Umfang Einkünfte aus Gewerbebetrieb (§ 15 EStG) erzielt (vgl. § 8 Abs. 2 KStG), kann diese selbst dann keine freiberuflichen Einkünfte erzielen, wenn sie durch ihre Organe, insb. durch ihre(n) Geschäftsführer, der Art nach ausschließlich freiberuflich tätig ist und sowohl diese als auch sämtliche Gesellschafter die persönliche Qualifikation für eine freiberufliche Tätigkeit besitzen. Eine Kapitalgesellschaft ist deshalb einkommen- und gewerbesteuerlich bei der Qualifikation der Tätigkeit einer Personengesellschaft als „berufsfremde Person" zu werten. Ein Durchgriff durch die Kapitalgesellschaft bei der Beurteilung der Tätigkeit einer Personengesellschaft, an der eine Kapitalgesellschaft mitunternehmerisch beteiligt ist, scheidet aus.

1672 Ist an einer Personengesellschaft (Untergesellschaft) eine andere Personengesellschaft (Obergesellschaft) beteiligt, entfaltet die Untergesellschaft nur dann eine freiberufliche Tätigkeit, wenn neben den unmittelbar beteiligten Gesellschaftern auch sämtliche mittelbar beteiligten Gesellschafter der Obergesellschaft die Merkmale eines freien Berufs erfüllen. Eine sog. **interprofessionelle Freiberufler-Personengesellschaft** zwischen einem Diplom-Kaufmann und Ingenieuren ist nur dann anzuerkennen, wenn auch der Kaufmann-Gesellschafter die Merkmale eines freien Berufs in eigener Person erfüllt. Der Kaufmann-Gesellschafter ist aber weder als beratender Betriebswirt noch sonst freiberuflich tätig, wenn er lediglich kaufmännische Leitungs- und sonstige Managementaufgaben innerhalb des Unternehmens, an dem er beteiligt ist, wahrnimmt und die Ingenieur-Gesellschafter insoweit von diesen Aufgaben entlastet. Gilt wegen der Beteiligung eines Berufsfremden an einer im Übrigen aus Freiberuflern bestehenden Personengesellschaft diese Gesellschaft gem. § 15 Abs. 3 Nr. 1 Alt. 1 EStG als Gewerbebetrieb, ist der relativ geringe Beteiligungsumfang des Berufsfremden (hier: 3,35 %) kein Grund, von dieser Rechtsfolge im Wege einschränkender Auslegung abzusehen.[5)]

1673 Unterhält eine Personengesellschaft **mehrere Betriebe**, so liegt grundsätzlich ein einheitlicher Gewerbebetrieb vor.[6)] Es ist jedoch in diesen Fällen zu prüfen, ob nicht die verschiedenen Tätigkeiten in getrennten Personengesellschaften betrieben werden.[7)]

1674 Bei der Ermittlung des Gewerbeertrags einer Personengesellschaft werden entsprechend der einkommensteuerlichen Handhabung auch die Wirtschaftsgüter des **Sonderbetriebsvermögens** sowie die Sonderbetriebseinnahmen und die Sonderbetriebsausgaben einbezogen. Dazu gehört sowohl der Gewinn aus der Veräußerung von Sonderbetriebsvermögen I als auch der Gewinn aus der Veräußerung von Sonderbetriebsvermögen II. Die Einbeziehung des Sonderbetriebsvermögens in die Ermittlung des Gewinns und des Gewerbeertrags beruht auf der Wertung der Gesellschafter als (Mit-)Unternehmer des Betriebs. Das gilt nicht nur für die Einkommensteuer, sondern ebenso für die Gewerbesteuer.[8)]

1675 Die Beteiligung einer **vermögensverwaltenden Personengesellschaft** an einer anderen gewerblichen Personengesellschaft (= sog. „**Aufwärtsabfärbung**") führt zur Annahme gewerblicher Einkünfte (§ 15 Abs. 3 Nr. 1 **2. Alt.** EStG). Anders als bei der Seitwärtsabfärbung (→ Rz. 1669) nach § 15 Abs. 3 Nr. 1 1. Alt. EStG gibt es bei der Aufwärtsabfärbung **keine Geringfügigkeitsgrenze**.[9)]

---

1) BVerfG v. 15.1.2008, 1 BvL 2/04, BGBl. I 2008, 1006.
2) H 15.6 (Gesellschaft) EStH 2024.
3) BFH v. 4.7.2007, VIII R 77/05, BFH/NV 2008, 53.
4) BFH v. 3.12.2003, IV B 192/03, BStBl II 2004, 303.
5) BFH v. 28.10.2008, VIII/R 69/06, BStBl II 2009, 642.
6) R 2.4 Abs. 3 GewStR 2009; BFH v. 22.2.2024, IV R 14/21, BStBl II 2024, 408.
7) H 2.4 (3) (Einheitlicher Gewerbebetrieb) GewStH 2024.
8) BFH v. 3.4.2008, IV R 54/04, BStBl II 2008, 742.
9) BFH v. 6.6.2019, IV R 30/16, BStBl II 2020, 649.

Auch kommt es für den Eintritt einer Aufwärtsabfärbung nach § 15 Abs. 3 Nr. 1 2. Alt. EStG nur auf den Bezug gewerblicher Beteiligungseinkünfte, nicht aber auf deren Höhe oder darauf an, ob ein zugewiesener Verlust der Ausgleichsbeschränkung des § 15a Abs. 1 EStG unterliegt.[1)]

Eine **Aufwärtsabfärbung** nach § 15 Abs. 3 Nr. 1 2. Alt. EStG **führt** jedoch lediglich zu gewerblichen Einkünften i.S.d. § 15 EStG und **nicht zur Begründung eines Gewerbebetriebs** i.S.d. § 2 Abs. 1 GewStG.[2)] **1676**

Nach § 2 Abs. 1 GewStG unterliegt jeder stehende Gewerbebetrieb, soweit er im Inland betrieben wird, der Gewerbesteuer. Als Gewerbebetrieb definiert § 2 Abs. 1 Satz 2 GewStG ein gewerbliches Unternehmen im Sinne des EStG. Diese Bestimmung ist lt. BFH[3)] verfassungskonform dahin auszulegen, dass danach ein gewerbliches Unternehmen i.S.d. § 15 Abs. 3 Nr. 1 2. Alt. EStG **nicht** als ein dem § 2 Abs. 1 GewStG unterliegender Gewerbebetrieb gilt. Denn in diesem Fall fingiert das Einkommensteuerrecht über § 15 Abs. 3 Nr. 1 2. Alt. EStG – allein aus Vereinfachungsgründen – einen Gewerbebetrieb. Dies würde nach § 2 Abs. 1 Satz 2 GewStG dazu führen, dass ausschließlich dem Grunde nach nicht gewerbliche Einkünfte der Gewerbesteuer zu unterwerfen wären – mit unverhältnismäßigen Folgen; dies ist auch gewerbesteuerrechtlich nicht geboten. Denn anders als in den anderen Fällen des § 15 Abs. 3 EStG ist eine Einbeziehung von dem Grunde nach nicht gewerblicher Einkünfte in diesem Fall nicht erforderlich. Anders als in den Fällen des § 15 Abs. 3 Nr. 1 1. Alt. EStG geht es im Anwendungsbereich des § 15 Abs. 3 Nr. 1 2. Alt. EStG nicht um die Einbeziehung nicht gewerblicher Einkünfte zum Schutz des Gewerbesteueraufkommens; es geht auch, anders als in den Fällen des § 15 Abs. 3 Nr. 2 EStG nicht um gewerblich geprägte Personengesellschaften, bei denen die Prägung durch eine Kapitalgesellschaft es sachlich rechtfertigt, die dergestalt geprägte Personengesellschaft als Gewerbebetrieb anzusehen und die erzielten Einkünfte als solche aus Gewerbebetrieb der Gewerbesteuer zu unterwerfen. Die Finanzverwaltung hat sich dieser Rechtsauffassung angeschlossen und den dagegen stehenden Nichtanwendungserlass v. 1.10.2020 aufgehoben.[4)]

Praxishinweis:

Unklar ist in diesen Fällen die Behandlung der Einkünfte bei den Mitunternehmern dieser (nur einkommensteuerlich gewerblich geprägten) Personengesellschaften. So stellt sich bei einem gewerblichen Mitunternehmer, der die Beteiligung in seinem Betriebsvermögen hält, wie z.B. einem gewerblichen Einzelunternehmer, eine Kapitalgesellschaft oder einer gewerblichen Personengesellschaft, die Frage, ob die auf sie entfallenden festgestellten anteiligen Einkünfte bei Verlusten nach § 8 Nr. 8 GewStG hinzugerechnet bzw. bei Gewinnen nach § 9 Nr. 2 GewStG gekürzt werden können. Diese Frage lässt der BFH in seinem Beschluss v. 28.5.2025 ausdrücklich offen.[5)]

Meines Erachtens ist eine Hinzurechnung/Kürzung nach den §§ 8 Nr. 8, 9 Nr. 2 GewStG bei einem gewerblichen Mitunternehmer nicht möglich, da dies eine Beteiligung an einer – auch gewerbesteuerlich – gewerblichen Personengesellschaft voraussetzt. Gewerbesteuerlich ist jedoch bei einer lediglich aufwärtsgeprägten Personengesellschaft noch kein Gewerbesteuersubjekt gegeben.

(9) Gewerblich geprägte Personengesellschaft

Auch eine gewerbliche geprägte Personengesellschaft i.S.d. § 15 Abs. 3 Nr. 2 EStG ist Steuergegenstand bei der Gewerbesteuer.[6)] **1677**

So führt die Tätigkeit einer i.S.d. § 15 Abs. 3 Nr. 2 EStG gewerblich geprägten, vermögensverwaltenden Personengesellschaft zu einem stehenden Gewerbebetrieb i.S.d. § 2 Abs. 1 Satz 1 GewStG, obwohl diese Gesellschaft keine originär gewerblichen Einkünfte erzielt. Denn auch hierbei handelt es sich um ein gewerbliches Unternehmen i.S.d. EStG (§ 2 Abs. 1 Satz 2 GewStG), weil die Tätigkeit der Personengesellschaft in Folge der steuerlichen Fiktion des § 15 Abs. 3 Nr. 2 EStG als Gewerbebetrieb gilt.[7)] Eine gewerblich geprägte Personengesellschaft i.S.d. § 15 Abs. 3 Nr. 2 Satz 1 EStG ist gegeben, wenn bei einer Personengesellschaft, die keine gewerbliche Tätigkeit i.S.d. § 15 Abs. 1 Nr. 1 EStG ausübt, ausschließlich eine oder mehrere Kapitalgesellschaften persönlich haftend und zur Geschäftsführung befugt sind.

Eine gewerblich geprägte Personengesellschaft muss mit Einkunftserzielungsabsicht betrieben werden. Wenn keine Anhaltspunkte dafür bestehen, dass eine Tätigkeit verlustgeneigt ist bzw. dass die gewerbliche Prägung später hätte entfallen sollen, ist zu vermuten, dass die von einer gewerblich geprägten Personengesellschaft angestrebte, aber bis zur Liquidation der Gesellschaft niemals aufgenommene wirtschaftliche Tätigkeit auf Erzielung eines Gewinns ausgerichtet war.[8)]

1) BFH v. 11.7.2024, IV R 18/22, BStBl II 2024, 765.
2) BFH v. 6.6.2019, IV R 30/16, BStBl II 2020, 649; v. 5.9.2023, IV R 24/20, BFH/NV 2024, 88; v. 4.2.2025, VIII R 1/22, BFH/NV 2025, 513.
3) BFH v. 6.6.2019, IV R 30/16, BStBl II 2020, 649; v. 5.9.2023, IV R 24/20, BStBl II 2025, 778.
4) Gleich lautende Ländererlasse v. 5.11.2025, G 1401-2-2023-10843-VB4 (FM Nordrhein-Westfalen), BStBl I 2025, 1838.
5) BFH v. 28.5.2025, IV B 13/24, BFH/NV 2025, 1023, Rz. 19.
6) H 2.1 (2) (Umfassender Gewerbebetrieb einer Personengesellschaft) GewStH 2024.
7) BFH v. 12.5.2016, IV R 1/13, BStBl II 2017, 489.
8) BFH v. 30.10.2014, IV R 34/11, BStBl II 2015, 380; H 15.8 (6) Einkünfteerzielungsabsicht EStH 2024.

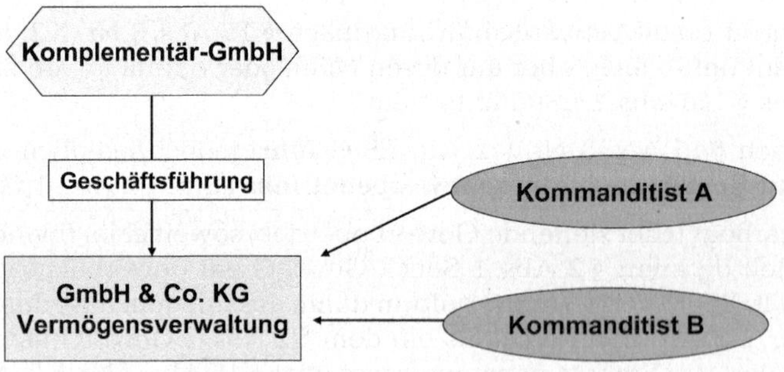

Ist eine gewerblich geprägte Personengesellschaft als persönlich haftender Gesellschafter an einer anderen Personengesellschaft beteiligt, so steht für die Beurteilung, ob die Tätigkeit dieser Personengesellschaft als Gewerbebetrieb gilt, die gewerblich geprägte Personengesellschaft einer Kapitalgesellschaft gleich (§ 15 Abs. 3 Nr. 2 Satz 2 EStG).

(10) Treuhandmodell

1678 Das sog. Treuhandmodell gilt als eine Gestaltungsalternative zur ertragsteuerlichen Organschaft.[1] Das Treuhandmodell soll hierbei die ertragsteuerliche Konsolidierung innerhalb einer Unternehmensgruppe ermöglichen, ohne dass die einschränkenden Regelungen zur körperschaftsteuerlichen und gewerbesteuerlichen Organschaft zu beachten seien.

Im Treuhandmodell besteht eine gewerbliche tätige (GmbH & Co.) KG, an der eine AG, GmbH oder GmbH & Co. KG („Muttergesellschaft") als Komplementärin vermögensmäßig beteiligt ist. Kommanditistin dieser (GmbH & Co.) KG ist eine Beteiligungs-GmbH, deren Anteile wiederum ausschließlich von der Muttergesellschaft gehalten werden. Die Besonderheit des Treuhandmodells besteht darin, dass die Beteiligungs-GmbH ihre Kommanditbeteiligung an der (GmbH & Co.) KG lediglich treuhänderisch für die Muttergesellschaft hält. Die Muttergesellschaft ist wirtschaftlich betrachtet damit alleinige vermögensmäßig beteiligte Gesellschafterin der (GmbH & Co.) KG.

Da die Muttergesellschaft nach den vertraglichen Vereinbarungen eine derart beherrschende Stellung innehat, dass sie wirtschaftlich die mit der Verwaltung des Treuguts (Kommanditbeteiligung) verbundenen Rechte und Pflichten trägt, ist das Treuhandverhältnis auch steuerlich anzuerkennen.[2]

1679 **Einkommensteuerlich** begründet die (GmbH & Co.) KG (Treuhand-KG) keine Mitunternehmerschaft, da die Beteiligungs-GmbH als fremdnützige Treuhänderin mangels Mitunternehmerinitiative und Mitunternehmerrisiko nicht als Mitunternehmerin angesehen werden kann. Da die Einkünfte aus dem Unternehmen der Treuhand-KG lediglich der Muttergesellschaft zuzurechnen sind, ist gem. § 179 Abs. 1 AO i.V.m. § 180 Abs. 1 Nr. 2a AO keine gesonderte und einheitliche Gewinnfeststellung durchzuführen.[3]

1680 **Gewerbesteuerlich** haben die Gesellschafter der Treuhand-KG ebenfalls nicht die Stellung von Mitunternehmern erlangt. Das hat zur Folge, dass das Vermögen der Treuhand-KG in die originäre Gewinnermittlung der Treugeber einzubeziehen ist. Dies schließt eine gewerbesteuerrechtliche Steuerschuldnerschaft der Treuhand-KG aus. So erfasst der Begriff des Gewerbebetriebs i.S.d. § 15 Abs. 2 EStG nicht nur die sachlichen Grundlagen des Betriebs, sondern i.V.m. § 15 Abs. 1 Satz 1 Nr. 1 und Nr. 2 EStG auch die Beziehung zu der Person/den Personen, auf dessen/deren Rechnung und Gefahr die gewerbliche Tätigkeit ausgeübt wird (Unternehmer/Mitunternehmer). Nach ständiger Rechtsprechung kann eine Personengesellschaft – als eigenständiger Rechtsträger – nicht im Sinne des Ertragssteuerrechts rechtsfähig sein und kann deshalb auch nicht Unternehmerin des Betriebs sein. Unternehmer sind vielmehr nur die Gesellschafter, die (mit-)unternehmerisches Risiko tragen und (mit-)unternehmerische Initiative entfalten können (§ 15 Abs. 1 Satz 1 Nr. 2 EStG). Sie sind insoweit einem Einzelunternehmer gleichrangig (§ 15 Abs. 1 Satz 1 Nr. 1 EStG). Der Mitunternehmer unterscheidet sich von diesem nur dadurch, dass er seine unternehmerische Tätigkeit nicht allein, sondern zusammen mit anderen (Mit-)Unternehmern in gesellschaftsrechtlicher Verbundenheit ausübt. Demgemäß werden die Einkünfte aus Gewerbebetrieb selbst dann nicht von der Personengesellschaft, sondern – wiederum strukturell gleich der Beurteilung von Einzelunternehmern – originär von den Mitunternehmern erzielt, wenn die sachlichen Grundlagen des Betriebs (ganz oder teilweise) zum Gesamthandsvermögen einer Außenpersonengesellschaft mit eigener Rechtspersönlichkeit im zivilrechtlichen Sinne gehören. Nur der Mitunternehmer ist – sozusagen – Subjekt der Einkünfteerzielung.[4]

(11) Betriebe gewerblicher Art

1681 Betriebe der öffentlichen Hand (= Betriebe gewerblicher Art i.S.d. § 4 KStG) sind gewerbesteuerpflichtig, wenn sie als stehende Gewerbebetriebe anzusehen und keine Hoheitsbetriebe (mit Ausnahme der Versorgungsbetriebe) sind (§ 2 GewStDV).

---

1) Stegemann, INF 2003, 629; Berg/Trompeter, FR 2003, 903; Gosch in Brandis/Heuermann, § 5 GewStG Rz. 49.
2) BFH v. 27.1.1993, IX R 269/87, BStBl II 1994, 615.
3) BFH v. 1.10.1992, IV R 130/90, BStBl II 1993, 574.
4) BFH v. 3.2.2010, IV R 26/07, BStBl II 2010, 751 u. GmbH-StB 2010, 158 m. Anm.

Ein Betrieb gewerblicher Art einer j.P.d.ö.R. sind alle Einrichtungen, die

- einer nachhaltigen wirtschaftlichen Tätigkeit
- zur Erzielung von Einnahmen
- außerhalb der Land- und Forstwirtschaft dienen und
- sich innerhalb der Gesamtbetätigung der juristischen Person wirtschaftlich herausheben (§ 4 KStG).

Für die Annahme eines Betriebs gewerblicher Art bedarf es jedoch keiner **Gewinnerzielungsabsicht** sowie auch keiner Beteiligung am allgemeinen wirtschaftlichen Verkehr (§ 4 Abs. 1 Satz 2 KStG).

Ein Betrieb gewerblicher Art erzielt stets Einkünfte aus Gewerbebetrieb i.S.d. § 15 EStG.[1]

Der Betrieb gewerblicher Art nach § 4 KStG unterliegt mit seinem Ergebnis jedoch nur dann auch der Gewerbesteuer, wenn er zusätzlich die Voraussetzungen des § 2 Abs. 1 GewStG erfüllt. Hierfür muss er sich auch am allgemeinen wirtschaftlichen Verkehr beteiligen und mit Gewinnerzielungsabsicht betrieben werden (s.a. § 2 Abs. 1 Satz 2 GewStG i.V.m. § 15 Abs. 2 EStG). 1682

Beispiele:
Die Kantine der D-Stadtverwaltung steht nur den Beschäftigten der Stadt offen.
Die Schwimmbäder der F-Gemeinde erwirtschaften dauerhaft Verluste.
Diese Betriebe gewerblicher Art unterliegen nicht der Gewerbesteuer.

§ 2 Abs. 1 Satz 1 GewStDV stellt klar, dass für die Frage, ob ein Betrieb der öffentlichen Hand als stehender Gewerbebetrieb anzusehen ist, die Zusammenfassungsgrundsätze des § 4 Abs. 6 Satz 1 KStG maßgebend sind. Ausschlaggebend ist danach, ob das nach diesen Grundsätzen zusammengefasste Unternehmen mit Gewinnerzielungsabsicht betrieben wird.[2]

bb) Gewerbebetrieb kraft Rechtsform (§ 2 Abs. 2 GewStG)

Nach § 2 Abs. 2 GewStG gilt die Tätigkeit der Kapitalgesellschaften (= Europäische Gesellschaften, Aktiengesellschaften, Gesellschaften mit beschränkter Haftung, Kommanditgesellschaften auf Aktien), der Genossenschaften einschließlich Europäischer Genossenschaften sowie der Versicherungs- und Pensionsfondsvereine auf Gegenseitigkeit stets und in vollem Umfang als Gewerbebetrieb.[3] 1683

Hier knüpft die Gewerbesteuerpflicht ausschließlich an die Rechtsform, mit der Folge, dass nicht nur gewerbliche Tätigkeiten, sondern jegliche Tätigkeit die Gewerbesteuerpflicht auslöst.

Beispiel:
Die A-GmbH betreibt einzig Vermögensverwaltung (Vermietung eines Mehrfamilienhauses).
Es besteht eine Gewerbesteuerpflicht nach § 2 Abs. 2 GewStG.

Gewerbebetriebe i.S.d. § 2 Abs. 2 GewStG mit mehreren Betrieben bilden immer nur einen Gewerbebetrieb.

Hinweis:
Personenhandels-, Partnerschaftsgesellschaften oder eGbR, die nach § 1a KStG zur Körperschaftsbesteuerung optieren, gelten auch gewerbesteuerlich als Kapitalgesellschaft (**§ 2 Abs. 8 GewStG**). Ihre sachliche Gewerbesteuerpflicht richtet sich dann nicht mehr nach ihrer Tätigkeit (§ 2 Abs. 1 GewStG), sondern nach § 2 Abs. 2 GewStG.

Bei Kapitalgesellschaften gehört auch der Gewinn aus der Veräußerung oder Aufgabe eines Betriebs, eines Teilbetriebs oder einer betrieblichen Beteiligung zum Gewerbeertrag.[4] 1684

Gesellschaften, die sowohl im Inland als auch im EU-Ausland einen Sitz der Geschäftsleitung haben (doppelt ansässige Gesellschaften) gelten auch im Inland als voll rechtsfähig, mit der Folge, dass sie in vollem Umfang nach § 2 Abs. 2 GewStG gewerbesteuerpflichtig sind.[5] Auf die Eintragung im deutschen Handelsregister kommt es nicht an. 1685

cc) Gewerbebetrieb kraft wirtschaftlichen Geschäftsbetriebs (§ 2 Abs. 3 GewStG)

Nach § 2 Abs. 3 GewStG gelten die von sonstigen juristischen Personen des privaten Rechts oder die von den Vereinen ohne Rechtspersönlichkeit betriebenen wirtschaftlichen Geschäftsbetriebe (mit Ausnahme der Land- und Forstwirtschaft) als Gewerbebetrieb. 1686

1) H 8.2 (Einkunftsart) KStH 2022.
2) BMF v. 12.11.2009, IV C 7 – S 2706/08/10004, BStBl I 2009, 1303, Rz. 98.
3) R 2.1 Abs. 4 GewStR 2009.
4) R 2.6 Abs. 2 GewStR 2009; H 7.1 (4) (Veräußerung eines Betriebs, Teilbetriebs oder einer betrieblichen Beteiligung bei Kapitalgesellschaften) GewStH 2024.
5) EuGH v. 9.3.1999, Centros, C-212/97, NJW 1999, 2027; R 2.1 Abs. 4 Satz 4 GewStR 2009; H 2.1 (4) (Gewerbesteuerpflicht kraft Rechtsform) GewStH 2024.

1687 Zu den sonstigen juristischen Personen des privaten Rechts zählen:

- rechtsfähige Stiftungen,
- eingetragene Vereine,
- Verbände,
- Anstalten des Privatrechts.

1688 **Nicht** unter § 2 Abs. 3 GewStG fallen die **nichtrechtsfähigen Stiftungen** und **Zweckvermögen**. Diese unterliegen nur mit den von ihnen betriebenen Gewerbebetrieben nach den Grundsätzen des § 2 Abs. 1 GewStG der Gewerbesteuer.[1]

Im Gegensatz zum sonst üblichen Begriff des Gewerbebetriebs bedarf es für die Annahme eines wirtschaftlichen Geschäftsbetriebs weder einer Beteiligung am allgemeinen wirtschaftlichen Verkehr noch einer Gewinnerzielungsabsicht (vgl. § 14 AO).

1689 Anders als z.B. bei den Kapitalgesellschaften unterliegt bei Körperschaften i.S.d. § 2 Abs. 3 GewStG nur der wirtschaftliche Geschäftsbetrieb der Gewerbesteuer.

Beispiel:

Die rechtsfähige steuerpflichtige E-Stiftung betreibt eine Tierhandlung und erzielt daneben noch Einkünfte aus der Vermögensverwaltung.

Die Tierhandlung ist ein wirtschaftlicher Geschäftsbetrieb i.S.d. § 14 AO der nach § 2 Abs. 3 GewStG der Gewerbesteuer unterliegt.

Die Erlöse aus der Vermögensverwaltung bleiben bei der Gewerbesteuer unberücksichtigt.

1690 Werden von einer sonstigen juristischen Person des privaten Rechts oder einem Verein ohne Rechtspersönlichkeit **mehrere wirtschaftliche Geschäftsbetriebe** unterhalten, gelten diese als ein einheitlicher Gewerbebetrieb (§ 8 GewStDV), d.h., die Ergebnisse der verschiedenen wirtschaftlichen Geschäftsbetriebe werden für Zwecke der Gewerbesteuer zusammengefasst.

b) Beginn und Ende der Gewerbesteuerpflicht

aa) Einzelunternehmen und Personengesellschaften

1691 Während die Einkommensteuer als Personensteuer beim gewerblichen Gewinn alle betrieblichen Vorgänge von den ersten Vorbereitungshandlungen zur Betriebseröffnung bis zur Veräußerung oder Entnahme des letzten betrieblichen Wirtschaftsguts berücksichtigt, ist Gegenstand der Gewerbesteuer nur der auf den laufenden Betrieb entfallende Gewinn.[2]

Nach § 2 Abs. 1 Satz 1 GewStG unterliegt der Gewerbesteuer der stehende Gewerbebetrieb. Danach beginnt die Gewerbesteuerpflicht erst, wenn alle tatbestandlichen Voraussetzungen eines Gewerbebetriebs vorliegen und der Gewerbebetrieb in Gang gesetzt worden ist. **Vorbereitungstätigkeiten** lassen den Steuergegenstand noch nicht entstehen.

Durch die unterschiedlichen Steuergegenstände bei Einkommen- und Gewerbesteuer ergeben sich Abweichungen von dem Grundsatz des § 7 GewStG, nach dem der Gewerbeertrag dem einkommensteuerlichen Gewinn entspricht.[3]

1692 Entscheidend ist, wann die Voraussetzungen für die erforderliche Beteiligung am allgemeinen wirtschaftlichen Verkehr tatsächlich erfüllt sind, so dass das Unternehmen sich mit eigenen gewerblichen Leistungen beteiligen kann.

Zu den bloßen, gewerbesteuerrechtlich noch **unbeachtlichen, Vorbereitungshandlungen** gehört z.B. die Anmietung eines Geschäftslokals oder die Errichtung eines Fabrikgebäudes und Ähnliches, wenn der Geschäftsbetrieb erst später nach der Her-/Fertigstellung des Gebäudes/Produktionsbetriebs aufgenommen wird.

Bei einem **Dienstleistungsunternehmen** beginnt die werbende Tätigkeit regelmäßig mit der tatsächlichen Tätigkeitsaufnahme. So beginnt beispielsweise die sachliche Gewerbesteuerpflicht eines Hotelbetriebs erst mit der Eröffnung des Hotels. Vorbereitende Baumaßnahmen sind nicht gewerbesteuerbare Vorbereitungshandlungen.[4]

Der Zeitpunkt des Beginns bzw. der Einstellung der werbenden Tätigkeit kann nicht weitergehend generell definiert werden. Er ist vielmehr unter Berücksichtigung der Verkehrsauffassung nach den jeweiligen Umständen des Einzelfalls zu ermitteln und kann für die verschiedenen Betriebsarten ebenfalls unterschiedlich zu bestimmen sein.[5]

1) H 2.1 (5) (Gewerbesteuerpflicht nichtrechtsfähiger Stiftungen und nichtrechtsfähiger Zweckvermögen) GewStH 2024.
2) BFH v. 17.4.1986, IV R 100/84, BStBl II 1986, 527.
3) BFH v. 27.10.1992, VIII R 30/90, BFH/NV 1993, 264.
4) BFH v. 20.2.2025, IV R 23/22, BFH/NV 2025, 686.
5) BFH v. 22.11.1994, VIII R 44/92, BStBl II 1995, 900; v. 30.8.2012, IV R 54/10, BStBl II 2012, 927.

Die sachliche Gewerbesteuerpflicht eines **gewerblichen Grundstückshändlers** beginnt frühestens mit dem Abschluss eines (wirksamen) Kaufvertrags über eine erste Immobilie, denn erst hierdurch wird er in die Lage versetzt, seine Leistung am Markt anzubieten.[1)]

Diese Rechtsgrundsätze gelten gleichermaßen für Einzelgewerbetreibende wie für Personengesellschaften, und zwar unabhängig von der Rechtsform ihrer Gesellschafter.[2)] Maßgebend für den Beginn des rechtsformunabhängigen Gewerbebetriebs nach dem GewStG ist der Beginn der werbenden Tätigkeit.[3)] **1693**

Die Handelsregistereintragung einer ausschließlich aus Kapitalgesellschaften bestehenden Personengesellschaft führt deshalb nicht – wie bei einer Kapitalgesellschaft – bereits zum Beginn der Gewerbesteuerpflicht.[4)] Auch ist weder die den Umfang der gewerblichen Tätigkeit von Personengesellschaften betreffende Regelung in § 15 Abs. 3 Nr. 1 EStG noch die sog. Geprägerechtsprechung geeignet, den Beginn der sachlichen Gewerbesteuerpflicht zeitlich vorzuverlegen.[5)] **1694**

Bei **gewerblich geprägten Personengesellschaften** i.S.d. § 15 Abs. 3 Nr. 2 EStG beginnt die Steuerpflicht mit Aufnahme der vermögensverwaltenden Tätigkeit.[6)] Da die Tätigkeit einer gewerblich geprägten, vermögensverwaltenden Personengesellschaft nicht die Aufnahme einer originär gewerblichen Tätigkeit voraussetzt, hängt der Beginn der Gewerbesteuerpflicht bei einer solchen Personengesellschaft indes nicht davon ab, dass diese die in § 15 Abs. 2 EStG aufgeführten Tatbestandsmerkmale verwirklicht. Vielmehr ist hier für den Beginn des Gewerbebetriebs (nur) auf den Beginn der werbenden Tätigkeit abzustellen, so dass die (sachliche) Gewerbesteuerpflicht einer gewerblich geprägten Personengesellschaft mit der Aufnahme ihrer vermögensverwaltenden Tätigkeit beginnt. Was als werbende Tätigkeit anzusehen ist, richtet sich auch hier nach dem von der Gesellschaft verfolgten Gegenstand ihrer Tätigkeit. Dabei kann auch – als Indiz – auf den im Gesellschaftsvertrag beschriebenen Gegenstand des Unternehmens zurückgegriffen werden. Letztlich ist auch bei der gewerblich geprägten Personengesellschaft die tatsächlich ausgeübte Tätigkeit maßgeblich.[7)] **1695**

Ist eine Personengesellschaft allerdings zu dem Zweck gegründet worden, eine originär gewerbliche Tätigkeit zu entfalten, und erfüllt diese Gesellschaft im Übrigen die Merkmale des § 15 Abs. 3 Nr. 2 EStG, beginnt der Gewerbebetrieb nicht allein mit der Aufnahme der in der Vorbereitungsphase üblicherweise anfallenden vermögensverwaltenden Tätigkeiten.[8)]

Die Gewerbesteuerpflicht erlischt mit der tatsächlichen Einstellung des Betriebs. Eine Einstellung liegt bereits dann vor, wenn der Gewerbebetrieb für eine gewisse Dauer eingestellt wird, wenn die Einstellung von vorneherein nicht nur als vorübergehend gedacht war. Ob im Einzelfall der bisherige Gewerbebetrieb eingestellt und (ggf.) ein neuer Gewerbebetrieb in Gang gesetzt wird, bestimmt sich danach, ob der „bisherige" und der „neue" Betrieb bei wirtschaftlicher Betrachtung und nach der Verkehrsauffassung identisch sind.[9)] **1696**

Eine tatsächliche Einstellung ist anzunehmen, wenn die werbende Tätigkeit aufgegeben wird.

Die sachliche Gewerbesteuerpflicht einer gewerblich geprägten Personengesellschaft endet mit der dauerhaften Einstellung der werbenden Tätigkeit. Maßnahmen zur Vermögensverwertung nach Einstellung des Betriebs werden – anders als bei Kapitalgesellschaften, deren Tätigkeit nach § 2 Abs. 2 Satz 1 GewStG stets und in vollem Umfang als Gewerbebetrieb gilt – nicht mehr von der Steuerpflicht erfasst.[10)]

bb) Gewerbebetriebe kraft Rechtsform

Bei Gewerbebetrieben kraft Rechtsform beginnt die Gewerbesteuerpflicht mit der **1697**

- **Eintragung** in das **Handelsregister** bei Kapitalgesellschaften;
- **Eintragung** in das **Genossenschaftsregister** bei Erwerbs- und Wirtschaftsgenossenschaften;
- **aufsichtsrechtlichen Erlaubnis** zum Geschäftsbetrieb bei Versicherungsvereinen auf Gegenseitigkeit.[11)]

Auf die Art und den Umfang der Tätigkeiten kommt es bei diesen Gesellschaften nicht an.

Bei einer Kapitalgesellschaft bildet die nach außen tätig gewordene Vorgesellschaft zusammen mit der später eingetragenen Kapitalgesellschaft einen einheitlichen Steuergegenstand.[12)]

Bei Kapitalgesellschaften und anderen Unternehmen i.S.d. § 2 Abs. 2 GewStG erlischt die Gewerbesteuerpflicht erst mit der Verteilung des Vermögens an die Gesellschafter.[13)] **1698**

1) BFH v. 1.9.2022, IV R 13/20, BStBl II 2024, 121.
2) BFH v. 30.8.2012, IV R 54/10, BStBl II 2012, 927.
3) BFH v. 24.4.1980, IV R 68/77, BStBl II 1980, 658.
4) BFH v. 17.4.1986, IV R 100/84, BStBl II 1986, 527; ebenfalls R 2.5 Abs. 1 Satz 3 GewStR 2009.
5) BFH v. 5.3.1998, IV R 23/97, BStBl II 1998, 745.
6) R 2.5 Abs. 1 Satz 4 GewStR 2009.
7) BFH v. 12.5.2016, IV R 1/13, BStBl II 2017, 489.
8) BFH v. 13.4.2017, IV R 49/15, BStBl II 2022, 674; v. 20.2.2025, IV R 23/22, BFH/NV 2025, 686.
9) BFH v. 19.12.2019, IV R 8/17, BStBl II 2020, 401.
10) BFH v. 18.5.2017, IV R 30/15, BFH/NV 2017, 1191, HFR 2017, 842.
11) R 2.5 Abs. 2 Satz 1 GewStR 2009.
12) H 2.5 (2) (Beginn der Steuerpflicht kraft Rechtsform) GewStH 2024.
13) R 2.6 Abs. 2 GewStR 2009.

cc) Gewerbebetriebe kraft wirtschaftlichen Geschäftsbetriebs

1699 Bei den Gewerbebetrieben kraft wirtschaftlichen Geschäftsbetriebs beginnt die Steuerpflicht mit der Aufnahme des wirtschaftlichen Geschäftsbetriebs. Sie endet mit der tatsächlichen Einstellung des wirtschaftlichen Geschäftsbetriebs.

3. Steuerschuldner

1700 Schuldner der Gewerbesteuer (= **persönliche Steuerpflicht**) ist der Unternehmer, d.h. der, für dessen Rechnung das Unternehmen betrieben wird. Bei einer Personengesellschaft ist Steuerschuldner die Gesellschaft. Bei einer Europäischen wirtschaftlichen Interessenvereinigung (EWIV) sind die Mitglieder Gesamtschuldner (§ 5 Abs. 1 GewStG).

Geht ein Unternehmen auf einen anderen Unternehmer im Ganzen über (§ 2 Abs. 5 GewStG), endet sowohl die sachliche als auch die persönliche Steuerpflicht. So ist in diesen Fällen der bisherige Unternehmer bis zum Zeitpunkt des Übergangs Steuerschuldner. Der übernehmende Unternehmer schuldet ab dem Zeitpunkt des Übergangs die Gewerbesteuer.

Endet die sachliche Steuerpflicht (§ 2 Abs. 5 GewStG) im laufenden EZ, ist der Gewerbeertrag im Jahr der Übertragung für einen abgekürzten EZ zu ermitteln (§ 14 GewStG).[1] Für den Übernehmer beginnt mit der Übernahme des Betriebs die sachliche Gewerbesteuerpflicht (soweit der übernommene Betrieb nicht einem bereits bestehenden Gewerbebetrieb zugefügt wird).

Beispiel:

Am 1.8.2025 überträgt der Einzelunternehmer A seinen Betrieb auf B, der diesen Betrieb fortsetzt.

A erzielt in der Zeit vom 1.1.–1.7.2025 einen Gewerbeertrag von 120 000 €. B erzielt in der Zeit vom 1.8.–1.12.2025 einen Gewerbeertrag i.H.v. 40 000 €.

Mit der Übertragung des Unternehmens gilt der Betrieb nach § 2 Abs. 5 GewStG als eingestellt (= Ende der sachlichen Steuerpflicht) und durch B als neu eröffnet (= Beginn der sachlichen Steuerpflicht). Die persönliche Steuerpflicht des A endet mit der Übertragung zum 31.7.2025 (= Einstellung des Unternehmens) und die persönliche Steuerpflicht des B beginnt mit der Übertragung des Unternehmens am 1.8.2025. A und B haben entsprechend abgekürzte EZ (§ 14 Satz 3 GewStG).

Insbesondere erfolgt keine einheitliche Ermittlung des Gewerbeertrags des Unternehmens für 2025, da es sich nicht um einen bloßen Wechsel der Steuerschuldnerschaft handelt.

A hat den von ihm erzielten Gewerbeertrag (120 000 €) zu besteuern (§ 5 Abs. 1 GewStG). Er erhält für den abgekürzten EZ 1.1.–31.7.2025 gleichwohl den ungekürzten Freibetrag von 24 500 € (§ 11 GewStG).[2] A schuldet nach § 5 Abs. 1 GewStG die darauf entfallende Gewerbesteuer.

B unterliegt mit dem von ihm erzielten Gewerbeertrag (40 000 €) der Gewerbesteuer. Auch er erhält den ungekürzten Freibetrag nach § 11 GewStG von 24 500 € und schuldet die auf seinen Gewerbeertrag entfallende Gewerbesteuer (§ 5 Abs. 1 GewStG).

1701 **Wechselt** jedoch lediglich die **persönliche Steuerpflicht**, z.B. weil aus einer Personengesellschaft der vorletzte Mitunternehmer ausscheidet und der verbleibende Mitunternehmer das Unternehmen nun als Einzelunternehmer fortsetzt, besteht die sachliche Steuerpflicht den ganzen EZ über fort.

In diesen Fällen ist der Gewerbesteuermessbetrag für den gesamten EZ einheitlich unter Berücksichtigung des vollen Gewerbesteuerfreibetrags zu berechnen. Jedoch ist für den EZ des Rechtsformwechsels für jeden Steuerschuldner ein gesonderter Gewerbesteuermessbescheid zu erlassen. Hierfür ist der einheitlich ermittelte Gewerbesteuermessbetrag im prozentualen Verhältnis der von den beiden Steuerschuldnern erzielten Gewerbeerträge nebst den auf sie entfallenden Hinzurechnungen und Kürzungen aufzuteilen.[3]

1) BFH v. 19.12.2019, IV R 8/17, BStBl II 2020, 401.
2) R 11.1 Satz 2 GewStR 2009.
3) BFH v. 25.4.2018, IV R 8/16, BStBl II 2018, 484.

4. Allgemeine Angaben (Zeilen 1–5)

a) Finanzamt/Steuernummer (Zeilen 1–2)

2025

Gewerbesteuererklärung

Erklärung zur gesonderten Feststellung des Gewerbeverlustes und zur gesonderten Feststellung des Zuwendungsvortrags

— Eingangsstempel —

(1)

An das Finanzamt

1

2 **Steuernummer**

Die mit einem Kreis versehenen Zahlen bezeichnen die Erläuterungen in der Anleitung zur Gewerbesteuererklärung.

In die **Zeile 1** ist das FA einzutragen, bei dem der Gewerbebetrieb steuerlich geführt wird und in die **Zeile 2** die Steuernummer des Gewerbebetriebs. **1702**

Nach § 22 Abs. 1 Satz 1 AO ist für die Festsetzung und Zerlegung der Steuermessbeträge bei der Gewerbesteuer das Betriebsfinanzamt örtlich zuständig. Das ist das FA, in dessen Bezirk sich die Geschäftsleitung befindet. Bei gewerblichen Betrieben ohne Geschäftsleitung im Inland ist das FA zuständig, in dessen Bezirk eine Betriebsstätte – bei mehreren Betriebsstätten die wirtschaftlich bedeutendste – unterhalten wird (§ 18 Abs. 1 Nr. 2 AO).

Bei Unternehmen, die Bauleistungen i.S.v. § 48 Abs. 1 Satz 3 EStG erbringen, ist, wenn der Unternehmer seinen Wohnsitz bzw. das Unternehmen seine Geschäftsleitung oder seinen Sitz im Ausland hat, das FA zuständig, das für die Besteuerung der entsprechenden Umsätze nach § 21 Abs. 1 AO zuständig ist (§ 22 Abs. 1 Satz 2 AO).

b) Unternehmen/Firma (Zeile 3)

Allgemeine Angaben (25)

Unternehmen/Firma

3

In **Zeile 3** ist bei den in einem Handels- bzw. Genossenschaftsregister eingetragenen Gewerbebetrieben der Firmenname einzutragen. Eingetragen sind Vollkaufleute sowie offene Handelsgesellschaften, Kommanditgesellschaften, Gesellschaften mit beschränkter Haftung, Aktiengesellschaften sowie Erwerbs- und Wirtschaftsgenossenschaften. **1703**

Die übrigen Gewerbebetriebe tragen regelmäßig ihren Namen bzw. die Namen der beteiligten Gesellschafter ein. Bei einem Betrieb gewerblicher Art sollte die Bezeichnung (z.B. Verkehrsbetrieb der Stadt X) unter der dieser geführt wird, eingetragen werden.

c) Gegenstand des Unternehmens (Zeile 4)

Gegenstand des Unternehmens

4

In **Zeile 4** sollte die Art der Betätigung, soweit sich dies nicht aus dem Namen lt. Zeile 3 ergibt, genau bezeichnet werden, z.B. Gastwirtschaft. Das dient unter anderen dazu, die Gewerblichkeit des Unternehmens ggf. nochmals zu prüfen und das Gewerbesteuerobjekt zu identifizieren. So kann ein Einzelunternehmer auch mehrere verschiedene Gewerbebetriebe unterhalten, die getrennt voneinander der Gewerbesteuer unterliegen. **1704**

d) Wirtschafts-Identifikationsnummer (Zeile 5)

Wirtschafts-Identifikationsnummer (39)

5 **D E**

In **Zeile 5** ist die Wirtschafts-Identifikationsnummer (§ 139c AO) des Unternehmens einzutragen. **1705**

Da die Wirtschafts-Identifikationsnummer ab November 2024 bis in das Jahr 2025 stufenweise vergeben wird, ist die Angabe der W-IdNr. vorerst **bis zum 31.12.2026** nicht verpflichtend.[1]

5. Rechtsform/Art der Tätigkeit (Zeilen 10–18)

a) Einzelunternehmen (Zeile 10)

	Rechtsform / Art der Tätigkeit	30
6 bis 9 frei		
10	Der Gewerbebetrieb wird als Einzelunternehmen betrieben.	1 = Ja

1706 In **Zeile 10** ist durch Eintragung einer „1 = Ja" mitzuteilen, ob das Unternehmen in 2025 als Einzelunternehmen betrieben wird.

b) Hausgewerbetreibende (Zeile 11)

11	Das Unternehmen wurde im Kalenderjahr 2025 überwiegend oder ausschließlich als Hausgewerbe betrieben (§ 11 Absatz 3 GewStG).	1 = Ja

1707 In **Zeile 11** ist durch Eintragung einer „1 = Ja" mitzuteilen, ob das Unternehmen in 2025 überwiegend als Hausgewerbe betrieben wurde oder nicht.

Für **Hausgewerbetreibende** und ihnen gleichgestellte Personen ermäßigt sich der Steuermessbetrag auf 56 % (§ 11 Abs. 3 GewStG).

Hausgewerbetreibender ist, wer in eigener Arbeitsstätte (eigener Wohnung oder Betriebsstätte) mit nicht mehr als zwei fremden Hilfskräften oder Heimarbeitern im Auftrag von Gewerbetreibenden oder Zwischenmeistern Waren herstellt, bearbeitet oder verpackt, wobei er selbst wesentlich am Stück mitarbeitet, jedoch die Verwertung der Arbeitsergebnisse dem unmittelbar oder mittelbar auftraggebenden Gewerbetreibenden überlässt. Beschafft der Hausgewerbetreibende die Roh- oder Hilfsstoffe selbst oder arbeitet er vorübergehend unmittelbar für den Absatzmarkt, so wird hierdurch seine Eigenschaft als Hausgewerbetreibender nicht beeinträchtigt (§ 2 Abs. 2 HAG).

Als den Hausgewerbetreibenden **gleichgestellte Personen** gelten (§ 1 Abs. 2 HAG):

- Hausgewerbetreibende, die mit mehr als zwei fremden Hilfskräften oder Heimarbeitern arbeiten. Fremde Hilfskräfte sind alle vom Hausgewerbetreibenden beschäftigten Arbeitnehmer, einschließlich der von ihm beschäftigten nahen Angehörigen, die mit ihm in häuslicher Gemeinschaft leben;[2]
- andere im Lohnauftrag arbeitende Gewerbetreibende, die infolge ihrer wirtschaftlichen Abhängigkeit eine ähnliche Stellung wie Hausgewerbetreibende einnehmen;
- Zwischenmeister, d.h. Personen, die ihnen von Gewerbetreibenden übertragene Arbeit an Heimarbeiter oder Hausgewerbetreibende weitergeben, ohne Arbeitnehmer zu sein (§ 2 Abs. 3 HAG).

Über die Gleichstellung mit Hausgewerbetreibenden entscheiden die von den zuständigen Arbeitsbehörden errichteten Heimarbeitsausschüsse.

Den nach dem Heimarbeitsgesetz gleichgestellten Personen, die infolge ihrer wirtschaftlichen Abhängigkeit eine ähnliche Stellung wie Hausgewerbetreibende einnehmen, wird jedoch die Ermäßigung der Steuermesszahl nur gewährt, wenn die von ihnen erzielten Entgelte i.S.d. § 10 Abs. 1 UStG 25 000 € nicht übersteigen (§ 11 Abs. 3 Satz 2 GewStG).

Betreibt ein Hausgewerbetreibender oder eine ihm gleichgestellte Person noch eine andere gewerbliche Tätigkeit, z.B. als selbständiger Schneidermeister, und sind beide Tätigkeiten als eine Einheit zu behandeln, kann die Vergünstigung des § 11 Abs. 3 GewStG nur gewährt werden, wenn die andere Tätigkeit nicht überwiegt.[3]

c) Reisegewerbebetriebe (§ 35a GewStG) (Zeilen 12–13)

12	Das Unternehmen wurde im Kalenderjahr 2025 als Reisegewerbebetrieb nach § 35a Absatz 1 GewStG betrieben.	1 = Ja
13	Der Mittelpunkt der gewerblichen Tätigkeit des Reisegewerbebetriebs (zum Beispiel Wohnsitzgemeinde des Reisegewerbetreibenden) wurde im Kalenderjahr 2025 verlegt.	1 = Ja

1708 Zwar werden Reisegewerbebetriebe von § 2 Abs. 1 GewStG nicht erfasst, gleichwohl unterliegen sie mit ihrem Unternehmen der Gewerbesteuer (§ 35a Abs. 1 und Abs. 3 GewStG; → Rz. 1652).

Daher ist bei einem Unternehmen, welches in 2025 als Reisegewerbebetrieb nach § 35a Abs. 1 GewStG betrieben wurde, in **Zeile 12** eine „1 = Ja" einzutragen.

---

1) https://www.bzst.de/DE/Unternehmen/Identifikationsnummern/Wirtschafts-Identifikationsnummer/wirtschaftsidentifikationsnummer_node.html Abgrenzung zur USt-IdNr., IdNr., Steuernummer und bundeseinheitlichen Wirtschaftsnummer, Stand 6.1.2025.
2) H 11.2 (Fremde Hilfskraft) GewStH 2024; BFH v. 26.2.2002, X R 61/99, BStBl II 2003, 31.
3) R 11.2 GewStR 2009.

Für Reisegewebebetriebe hat die Gemeinde das Heberecht, in der sich der Mittelpunkt der Tätigkeit befindet. In welchen Gemeinden die Tätigkeiten tatsächlich ausgeübt werden, ist unerheblich. Der **Wohnsitz** eines Reisegewerbetreibenden gilt regelmäßig als Mittelpunkt der gewerblichen Tätigkeit (§ 35 Abs. 1 Satz 2 GewStDV).

Wenn im Laufe eines EZ von einem Reisegewerbebetrieb der Mittelpunkt der Tätigkeit in eine andere Gemeinde verlegt worden ist, erfolgt eine Zerlegung des Steuermessbetrags anteilig nach Kalendermonaten auf die beteiligten Gemeinden (§ 35a Abs. 4 GewStG).

Wurde bei einem Reisegewerbebetrieb der Mittelpunkt der gewerblichen Tätigkeit (wie Wechsel der Wohnsitzgemeinde des Reisegewerbetreibenden) verlegt, ist in **Zeile 13** eine „1 = Ja" einzutragen.

d) Personengesellschaften und Körperschaften (Zeilen 14–14a)

	Nur bei Personengesellschaften und Körperschaften: Rechtsform des Unternehmens (37)
14	
14a	Es handelt sich um eine optierende Gesellschaft nach § 1a KStG. Das Unternehmen ist im Weiteren wie eine Körperschaft in Form einer Kapitalgesellschaft zu behandeln. 1 = Ja

Bei **Personengesellschaften** oder **Körperschaften** ist in **Zeile 14** die **Rechtsform** des Unternehmens einzutragen. **1709**

Handelt es sich um eine Personenhandelsgesellschaft, Partnerschaftsgesellschaft oder eGbR, die nach § 1a KStG **1710** zur Körperschaftsbesteuerung optiert hat, ist dies in **Zeile 14a** durch Eintrag einer 1 (= „Ja") anzuzeigen.

Damit wird erreicht, dass die optierende Gesellschaft auch gewerbesteuerlich wie eine Körperschaft behandelt wird.

Betreibt ein Einzelunternehmer eine Personengesellschaft oder eine Körperschaft ein gewerbliches Unternehmen **1711** i.S.d. § 15 EStG, an dem sich ein anderer **atypisch still** beteiligt, unterhält sowohl die **atypisch stille Gesellschaft**, der dieses Unternehmen für die Dauer ihres Bestehens zugeordnet wird, als auch der Einzelunternehmer, die Personengesellschaft oder Körperschaft jeweils einen selbständigen Gewerbebetrieb.[1]

Daher hat der Inhaber des Handelsgewerbes für jeden dieser Gewerbebetriebe jeweils eine eigenständige Gewerbesteuererklärung abzugeben.

Für die atypisch stille Gesellschaft sind der Gewerbesteuer-Messbescheid und der Gewerbesteuerbescheid an den Inhaber des Handelsgeschäfts als Steuerschuldner bekannt zu geben.[2]

e) Rechtsformwechsel (Zeilen 16–17a)

15 frei 16	Das Einzelunternehmen / die Personengesellschaft ist durch einen unterjährigen Rechtsformwechsel im Kalenderjahr 2025 aus einer Personengesellschaft / einem Einzelunternehmen hervorgegangen am (2)
	Steuernummer des anderen Steuerschuldners im Falle des Rechtsformwechsels im Sinne der Zeile 16
17	
	Wirtschafts-Identifikationsnummer des anderen Steuerschuldners im Falle des Rechtsformwechsels im Sinne der Zeile 16 (39)
17a	D E

Sollte im Laufe des EZ durch Ausscheiden von Gesellschaftern eine **Personengesellschaft in ein Einzelunternehmen** umgewandelt worden sein, bzw. durch Aufnahme von Gesellschaftern eine Umwandlung eines **Einzelunternehmens in eine Personengesellschaft** erfolgt sein, endet oder beginnt die Steuerschuldnerschaft und damit die persönliche Steuerpflicht des Einzelunternehmens oder der Personengesellschaft im Zeitpunkt des Rechtsformwechsels.[3] Ein etwaiger Rechtsformwechsel ist mit Datumsangabe in **Zeile 16** zu vermerken. Daneben ist im Fall des Rechtsformwechsels in **Zeile 17** die Steuernummer und in **Zeile 17a** die Wirtschafts-Identifikationsnummer des anderen Steuerschuldners einzutragen. **1712**

Ungeachtet von dem Wechsel der Steuerschuldnerschaft ist der Gewerbesteuermessbetrag für den gesamten EZ **1713** einheitlich unter Berücksichtigung des vollen Gewerbesteuerfreibetrags zu berechnen.

Die Steuerpflicht gemäß § 14 Satz 3 GewStG knüpft ausschließlich an die sachliche Steuerpflicht und nicht an die persönliche Steuerpflicht (= Steuerschuldnerschaft) an. Der Rechtsformwechsel einer Personengesellschaft in ein Einzelunternehmen bzw. der Wechsel eines Einzelunternehmens in eine Personengesellschaft führt – soweit ein bisheriger Mitunternehmer den Betrieb als Einzelunternehmer fortsetzt bzw. der bisherige Einzelunternehmer an der Personengesellschaft als Mitunternehmer beteiligt ist – lediglich zu einem Wechsel der persönlichen Steuerschuldnerschaft (§ 5 GewStG), die sachliche Steuerpflicht des Betriebs (§ 2 GewStG) bleibt davon unberührt.

1) BFH v. 8.12.2016, IV R 8/14, BStBl II 2017, 538.
2) R 5.1 Abs. 2 Satz 2 GewStR 2009.
3) BFH v. 13.10.2005, IV R 55/04, BStBl II 2006, 404; R 5.1 Abs. 1 Satz 2 GewStR 2009.

Lediglich ein Übergang eines Unternehmens im Ganzen i.R.d. § 2 Abs. 5 GewStG würde zu einer Beendigung sowohl der sachlichen als auch persönlichen Steuerpflicht führen.

Für den EZ des Rechtsformwechsels ist für jeden Steuerschuldner ein Gewerbesteuermessbescheid zu erlassen. In den Bescheiden ist der einheitlich ermittelte Gewerbesteuermessbetrag im prozentualen Verhältnis der von den beiden Steuerschuldnern erzielten Gewerbeerträge nebst den auf sie entfallenden Hinzurechnungen und Kürzungen zu berücksichtigen.[1] Dabei ist der Freibetrag nach § 8 Nr. 1 GewStG im prozentualen Verhältnis der von beiden Schuldnern getragenen hinzurechnungspflichtigen Aufwendungen aufzuteilen, da dieser betriebsbezogen ist und nicht an die persönliche Steuerpflicht anknüpft.[2]

Eine personenbezogene Aufteilung des Freibetrags gem. § 11 Abs. 1 Satz 3 Nr. 1 GewStG kommt nicht in Betracht.[3]

Die bis zu dem BFH-Urteil v. 25.4.2018[4] vorgenommene zeitanteilige Aufteilung des Freibetrags von 24 500 € nach § 11 Abs. 1 Satz 3 Nr. 1 GewStG im Jahr des Rechtsformwechsels auf das Einzelunternehmen und der Personengesellschaft[5] findet keine Anwendung mehr.

Entsprechendes gilt bei einem Wechsel eines Einzelunternehmens in eine Personengesellschaft.

Beispiel:

Am 1.8.2025 wird durch Aufnahme eines neuen Mitunternehmers aus dem bisher als Einzelunternehmen betriebenen Gewerbebetrieb des A eine Personengesellschaft. Im Jahr 2025 wird von beiden Betrieben zusammengefasst ein Gewerbeertrag nach Abzug des Freibetrags von 24 500 € von insg. 150 000 € erwirtschaftet. Daraus ergibt sich ein Gewerbesteuermessbetrag von 5 250 €.

Isoliert berechnet erzielt das Einzelunternehmen einen Gewerbeertrag (inkl. Hinzurechnungen und Kürzungen) von 80 000 € und die Personengesellschaft einen Gewerbeertrag (inkl. Hinzurechnungen und Kürzungen) i.H.v. 90 000 €.

Bei der Gewerbesteuerveranlagung des Einzelunternehmens und der Personengesellschaft ist der einheitlich ermittelte Gewerbesteuermessbetrag ins Verhältnis zu den aufaddierten Gewerbeerträgen des Einzelunternehmens und der Personengesellschaft zu setzen. Das heißt auf das Einzelunternehmen entfällt (80 000/170 000 von 5 250 € =) 2 471 € und auf die Personengesellschaft entfällt (90 000/170 000 von 5 250 € =) 2 779 € des Gewerbesteuermessbetrags.

Die entsprechenden Eintragungen sind in den **Zeilen 145 bis 147** (→ Rz. 1929) vorzunehmen.

f) Unternehmen i.S.d. § 7 Satz 5 GewStG (Zeile 18)

18	Es handelt sich um ein Unternehmen im Sinne des § 7 Satz 5 GewStG in Verbindung mit § 8 Absatz 9 KStG (auch soweit Organgesellschaft). 32	55		1 = Ja

1714 Bei einer Kapitalgesellschaft, bei der die Mehrheit der Stimmrechte unmittelbar oder mittelbar auf j.P.d.ö.R. entfällt (= sog. **Eigengesellschaft**) und die ein Dauerverlustgeschäft unterhält, dessen Verlust nachweislich die Mehrheitsgesellschafter tragen, ist § 8 Nr. 9 Satz 1–3 KStG entsprechend anzuwenden (§ 7 Satz 5 GewStG).

Das heißt, es ist eine Spartentrennung vorzunehmen und ein sich bei der jeweiligen Sparte i.S.d. § 8 Abs. 9 Satz 1 KStG ergebender negativer Gewerbeertrag darf nicht mit einem positiven Gewerbeertrag aus einer anderen Sparte i.S.d. § 8 Abs. 9 Satz 1 KStG ausgeglichen werden. Daher ist in **Zeile 18** durch Eintragung einer „1 = Ja“ anzugeben, ob es sich um ein entsprechendes Unternehmen handelt.

Die Eintragung ist auch in den Fällen vorzunehmen, wenn die Eigengesellschaft zugleich auch eine Organgesellschaft ist.

Der Gewerbeertrag der einzelnen Sparten wird getrennt über die Anlagen ÖHG ermittelt (→ Rz. 2029 ff.).

Beratungshinweis:

Die Zusammenfassung von Betrieben gewerblicher Art kann nur nach den Vorschriften des § 4 Abs. 6 Satz 1 KStG gewerbesteuerlich als ein Unternehmen anerkannt werden (§ 2 Abs. 1 GewStDV). Daher stellt sich bei Betrieben gewerblicher Art das Problem der Spartentrennung nicht.

1) BFH v. 25.4.2018, IV R 8/16, BStBl II 2018, 484.
2) Anleitung zur GewSt-Erklärung 2025 (Vordruck GewSt 1 A), Erläuterung Nr. 36.
3) BFH v. 25.4.2018, IV R 8/16, BStBl II 2018, 484.
4) BFH v. 25.4.2018, IV R 8/16, BStBl II 2018, 484.
5) R 11 Abs. 1 Satz 6 GewStR 2009.

6. Ergänzende Angaben zur Steuererklärung (Zeile 21)

Ergänzende Angaben zur Steuererklärung 86

Eine Eintragung ist in Zeile 21 nur vorzunehmen, wenn einer der dort genannten Sachverhalte vorliegt. In diesem Fall erläutern Sie bitte diese Sachverhalte in den „Ergänzenden Angaben zur Steuererklärung". Die ergänzenden Angaben werden gesondert geprüft. Dies kann die Bearbeitungsdauer verlängern. Falls Sie mit der Abgabe der Steuererklärung lediglich Belege und Aufstellungen übermitteln, ist in Zeile 21 keine Eintragung vorzunehmen.

19 und 20 frei

21 In dieser Steuererklärung 500

1 = konnten steuererhebliche Sachverhalte nicht erklärt werden.
2 = wird bewusst eine von der Verwaltungsauffassung abweichende Rechtsauffassung vertreten.
3 = sollen Sachverhalte personell vertieft geprüft werden.
4 = liegen mehrere der vorgenannten Gründe vor (Mehrfachauswahl).

Hinweis: Bitte übermitteln Sie Ihre ergänzenden Angaben nur für die vorstehend genannten Sachverhalte mit einer gesonderten Anlage mit der Überschrift „**Ergänzende Angaben zur Steuererklärung**".

In **Zeile 21** sind bestimmte Sachverhalte wie folgt anzuzeigen: 1715

1 = Es konnten steuerlich erhebliche Sachverhalte nicht erklärt werden.

2 = Es wird bewusst eine von der Verwaltungsauffassung abweichende Rechtsauffassung vertreten.

3 = Es sollten Sachverhalte personell vertieft geprüft werden.

4 = Es liegen mehrere der vorgenannten Gründe vor (Mehrfachauswahl).

Die angezeigten Sachverhalte sollten in einer der Steuererklärung beigefügten Anlage erläutert werden. Diese Erläuterungen sollten dabei mit „Ergänzende Angaben zur Steuererklärung" gekennzeichnet sein.

In ELSTER kann die erläuternde Anlage „Ergänzende Angaben zur Steuererklärung" über die Funktion „Belegnachreichung zur Steuererklärung" elektronisch abgegeben werden.

Da eine Eintragung in der Zeile 21 zu einer Verlängerung der Bearbeitungszeit führt, sollte darin keine Eintragung vorgenommen werden, wenn kein entsprechend abgefragter Sachverhalt vorliegt. Insbesondere bedarf es keiner Eintragung einer Ziffer in Zeile 21, wenn mit der Steuererklärung lediglich ergänzende Belege und Aufstellungen übermittelt werden, wie beispielsweise die Einzelaufstellung der Anteile am Verlust (Zeile 67 ff.) bzw. am Gewinn (Zeile 89 ff.) an in- oder ausländischen Personengesellschaften, die Auflistung der Spendenempfänger (Zeile 92a ff.), die Auflistung der Zwischengesellschaften nach AStG (Zeile 99a ff.) usw., die keinen derartigen Sachverhalt betreffen.

7. Mitteilung von grenzüberschreitenden Steuergestaltungen (Zeilen 22–25)

Mitteilung von grenzüberschreitenden Steuergestaltungen 20

Es wird eine grenzüberschreitende Steuergestaltung nach §§ 138d folgende AO genutzt, deren steuerlicher Vorteil sich erstmals im laufenden Erhebungszeitraum auswirken soll.

22 Registriernummer 800

23 Offenlegungsnummer 810

24 Es liegen noch keine Registriernummer und Offenlegungsnummer vor. 820 1 = Ja

2025GewSt1A701 - Oktober 2025 - 2025GewSt1A701

- 2 -

Bezeichnung der Steuergestaltungen, soweit noch keine Registrier- und Offenlegungsnummer vorliegen

25

Sind weitere Eintragungen erforderlich, sind diese nach dem gleichen Schema gesondert zu erläutern.

Verwirklicht ein Unternehmen eine grenzüberschreitende Steuergestaltung i.S.d. § 138d Abs. 2 AO oder einer vergleichbaren Regelung in einem anderen EU-Mitgliedsstaat, hat es diese Gestaltung in der Steuererklärung für die von der Gestaltung betroffenen Steuerart anzugeben (§ 138k AO). Daher sind in den **Zeilen 22 bis 25** die im EZ 2025 genutzten grenzüberschreitenden Steuergestaltungen nach §§ 138d ff. AO anzugeben. 1716

Hierfür ist zum einen in **Zeile 22** die von dem BZSt (oder einer anderen Behörde eines EU-Mitgliedsstaats) vergebene Registrierungsnummer und in **Zeile 23** die Offenlegungsnummer einzutragen (§ 138k Satz 2 AO). Damit wird es dem FA ermöglicht, die Art der grenzüberschreitenden Steuergestaltung schnell zu identifizieren. Wenn im Zeitpunkt der Abgabe der Steuererklärung noch keine Registrierungs- und Offenlegungsnummer vorliegt, ist dies durch Eintragung einer „1 = Ja" in **Zeile 24** anzuzeigen. Dazu ist in **Zeile 25** in diesen Fällen noch die Bezeichnung der gewählten Steuergestaltungen einzutragen.

8. Angaben zum Gewerbebetrieb (Zeilen 26–37)

a) Angaben zur Betriebsstätte (Zeilen 26–32)

Angaben zum Gewerbebetrieb 30

Angaben zur Betriebsstätte
Nicht bei Reisegewerbebetrieben nach § 35a GewStG

26 Betriebsstätten bestanden im Kalenderjahr 2025 in mehreren Gemeinden. ❸ 1 = Ja 2 = Nein

27 Betriebsstätte(n) erstreckte(n) sich im Kalenderjahr 2025 über mehrere Gemeinden. ❸ 1 = Ja 2 = Nein

28 Die einzige Betriebsstätte wurde im Laufe des Kalenderjahrs 2025 in eine andere Gemeinde verlegt ❸ 1 = Ja 2 = Nein

29 Wenn ja: Die Betriebsstätte wurde verlegt am

Ort der einzigen Betriebsstätte (bisher) Ort der einzigen Betriebsstätte (neu)

30

Wenn nein: Postleitzahl der einzigen Betriebsstätte

31

Ort der einzigen Betriebsstätte

32

1717 Der Gewerbesteuermessbetrag ist auf einzelne Gemeinden zu **zerlegen**, wenn im EZ

- Betriebsstätten in **mehreren Gemeinden** unterhalten wurden,
- sich eine Betriebsstätte **über mehrere Gemeinden** erstreckt oder
- die Betriebsstätte **von einer Gemeinde in eine andere Gemeinde verlegt** wurde (§ 28 Abs. 1 GewStG).

> **Beratungshinweis:**
> In diesen Fällen ist neben der Gewerbesteuererklärung (GewSt 1 A) auch die **Erklärung über die Zerlegung des einheitlichen Steuermessbetrags = Vordruck GewSt 1 D** auszufüllen (→ Rz. 1935).

1718 Betriebsstätten, die im **Ausland** belegen sind, werden bei der Ermittlung des Gewerbeertrags nicht berücksichtigt und scheiden deshalb auch für die Zerlegung des Steuermessbetrags aus.[1]

1719 Zum **Inland** zählt auch ein nicht zur Bundesrepublik Deutschland gehörender Teil eines **grenzüberschreitenden Gewerbegebiets**, das nach den Vorschriften eines Doppelbesteuerungsabkommens als solches bestimmt ist. Daher begründet ein Unternehmen auch dann eine inländische Betriebsstätte, wenn sich das Unternehmen im ausländischen Teil des grenzüberschreitenden Gewerbegebietes befindet. Insoweit liegt auch keine mehrgemeindliche Betriebsstätte vor (§ 2 Abs. 7 Nr. 2 GewStG).

Die Eintragungen zur Betriebsstätte haben Organgesellschaften und Reisegewerbebetriebe nach § 35a GewStG nicht vorzunehmen.

In **Zeile 26** ist durch Eintragen einer „1 = Ja" zu vermerken, ob in 2025 Betriebsstätten in mehreren Gemeinden bestand bzw. durch Eintragung einer „1 = Ja" in **Zeile 27**, ob sich Betriebsstätten über mehrere Gemeinden erstreckt haben. Ist dies nicht der Fall, ist dies durch Eintragung einer „2 = Nein" zu vermerken.

Über die Verlegung bzw. Nichtverlegung der einzigen Betriebsstätte sind Angaben in den **Zeilen 28 bis 30** zu machen. Zum einen ist die Verlegung der einzigen Betriebsstätte durch Eintragung einer „1 = Ja" bzw. „2 = Nein" in **Zeile 28** anzuzeigen.

Bei einer Verlegung der einzigen Betriebsstätte ist das Datum der Verlegung (**Zeile 29**) sowie die betroffenen Gemeinden (**Zeile 30**) anzugeben.

Wurde die einzige Betriebsstätte in 2025 nicht verlegt, ist die Postleitzahl in **Zeile 31** und der Ort der einzigen Betriebsstätte in **Zeile 32** einzutragen.

b) Hebenummer der Gemeinde (Zeile 33)

Hebenummer
Nicht in Zerlegungsfällen und nicht bei Organgesellschaften
Hebenummer (Steuernummer) der Gemeinde

33

1) R 28 Abs. 3 GewStR 2009.

Bei nicht zerlegungspflichtigen Unternehmen ist in **Zeile 33** die Hebenummer oder die Steuernummer der Gemeinde einzutragen, der der Gewerbesteuermessbetrag zuzurechnen ist. Organgesellschaften haben in Zeile 33 keine Eintragungen vorzunehmen. **1720**

Wird der Gewerbesteuermessbetrag nach §§ 31 ff. GewStG zerlegt, erfolgen die Angaben über die Eintragungen in dem Vordruck GewSt 1 D.

c) Betriebseröffnung/Betriebsbeendigung (Zeilen 34–35)

	Bei Betriebseröffnung beziehungsweise Betriebsbeendigung im Erhebungszeitraum bei einer Personengesellschaft oder einem Einzelunternehmen:		
34	Die werbende Tätigkeit wurde begonnen am	70	
35	Die werbende Tätigkeit wurde in 2025 beendet am	71	

Die Gewerbesteuerpflicht bei Einzelunternehmen und Personengesellschaften beginnt mit Aufnahme und endet mit Beendigung der werbenden Tätigkeit. Also unterliegen Anlaufverluste und Aufgabe- bzw. Veräußerungsgewinne in der Regel nicht der Gewerbesteuer. Wegen weiterer Einzelheiten wird auf → Rz. 1691 ff. hingewiesen. **1721**

Daher ist bei einer in 2025 erfolgten **Betriebseröffnung** eines Einzelunternehmens bzw. einer Personengesellschaft in **Zeile 34** der Tag des Beginns der werbenden Tätigkeit einzutragen.

Bei einer in 2025 erfolgten **Betriebsbeendigung** eines Einzelunternehmens bzw. einer Personengesellschaft, ist in **Zeile 35** der Tag der Beendigung der werbenden Tätigkeit einzutragen.

d) Organschaft (Zeilen 36–37)

	Organschaft		
36	Das Unternehmen ist Organträger.		1 = Ja
37	Das Unternehmen ist Organgesellschaft.		1 = Ja

Eine Organschaft liegt vor, wenn eine Kapitalgesellschaft (**Organgesellschaft**) mit Geschäftsleitung oder Sitz im Inland **finanziell** in ein anderes gewerbliches Unternehmen (**Organträger**) **eingegliedert** ist und durch einen **Gewinnabführungsvertrag** i.S.d. § 291 Abs. 1 AktG verpflichtet ist, ihren ganzen Gewinn an den Organträger abzuführen. **1722**

Die **finanzielle Eingliederung** liegt vor, wenn dem Organträger von Beginn seines Wj. ununterbrochen die Mehrheit der Stimmrechte aus den Anteilen an der Organgesellschaft zusteht. Hierbei können mittelbare Beteiligungen nur dann berücksichtigt werden, wenn die Beteiligung an jeder vermittelnden Gesellschaft die Mehrheit der Stimmrechte gewährt (§ 14 Abs. 1 Nr. 1 KStG).

Die **Organgesellschaft** gilt gewerbesteuerlich als **Betriebsstätte** des Organträgers (§ 2 Abs. 2 Satz 2 GewStG), was jedoch nicht dazu führt, dass Organträger und Organgesellschaft als einheitliches Unternehmen anzusehen sind. So behalten Organträger und Organgesellschaft vielmehr ihre Selbständigkeit für Zwecke der Ermittlung des Gewerbeertrags. Auch weiterhin bilanzieren sie jeweils für sich und ermitteln ihre Gewinne zur Errechnung des Gewerbeertrags voneinander getrennt. Die Organschaft führt jedoch dazu, dass die persönliche Gewerbesteuerpflicht der Organgesellschaften für die Dauer der Organschaft dem Organträger zugerechnet wird. Deshalb ist der einheitliche Gewerbesteuermessbetrag für die zum Organkreis gehörenden Gewerbebetriebe allein gegenüber dem Organträger festzusetzen.[1)]

Gesellschaften, die Organträger sind, haben dies durch Eintragung einer „1 = Ja" in **Zeile 36** anzuzeigen.

Ist eine Gesellschaft Organgesellschaft, hat sie dieses in **Zeile 37** durch Eintragung einer „1 = Ja" anzuzeigen.

Sollte eine Gesellschaft sowohl Organträger als auch Organgesellschaft sein, müssen beide Zeilen ausgefüllt werden (→ Rz. 1871).

1) R 2.3 Abs. 1 Satz 4 GewStR 2009; BFH v. 18.5.2011, X R 4/10, BStBl II 2011, 887.

9. Gewinn aus Gewerbebetrieb (Zeilen 39–49)

Gewinn aus Gewerbebetrieb 21

(Im Fall der Zeile 103 ist eine Eintragung nur in Zeile 103 zulässig;
bei einem Spartenfall (Anlagen ÖHG) sind Eintragungen nur in den Zeilen 70, 71, 72, 104, 127 und 128 zulässig;
im Fall der Einbringung nach § 24 UmwStG durch eine Körperschaft sind Eintragungen nur in den Zeilen 147a bis 147c zulässig;
Zeilen 39 bis 41, 43, 44 und 48: Negative Beträge mit Minuszeichen eintragen)

Zeile			EUR
38 frei			
39	Gewinn aus Gewerbebetrieb vor Anwendung des § 7 Satz 4 GewStG (ohne Beträge laut Zeilen 46 und 100 bis 102) ❹ ❺	10	,—
40	Nur bei Personengesellschaften: Steuerfreie Einnahmen nach § 3 Nummer 40 EStG und § 8b KStG vermindert um nichtabziehbare Beträge nach § 3c Absatz 2 EStG und § 8b KStG (§ 7 Satz 4 GewStG)	18	,—
41	Nur bei Personengesellschaften: Nach §§ 20, 42 und 43 InvStG steuerfreie Erträge vermindert um Beträge nach §§ 21 und 44 InvStG (Randziffer 20.20 des BMF-Schreibens vom 21.05.2019, BStBl I 2019, 527)	23	,—
42	Der Gewerbebetrieb ist nach folgender Nummer des § 3 GewStG vollständig oder partiell von der Gewerbesteuer befreit:	51	
			EUR
43	Von der Gewerbesteuer befreiter Gewinn aus Gewerbebetrieb laut Zeile 39	52	,—
44	Von der Gewerbesteuer nach § 13 GewStDV befreiter Anteil am Gewinn aus Gewerbebetrieb laut Zeile 39	55	,—
45	Korrektur des Gewinns aus Gewerbebetrieb aufgrund der Erstattung von Aufwendungen, die in einem vorangegangenen Erhebungszeitraum der Hinzurechnung unterlegen haben (Eintrag mit negativem Vorzeichen) ⓴	21	,—
46	Gewinn des wirtschaftlichen Geschäftsbetriebs nach § 15 Absatz 4 InvStG	29	,—
47	Nur bei Personengesellschaften: Abzug von Kapitalertragsteuer gemäß Antrag nach § 36a Absatz 1 Satz 3 EStG: Abzuziehende nicht anrechenbare Kapitalertragsteuer nach § 36a Absatz 1 Satz 3 EStG	20	,—

2025GewSt1A702 2025GewSt1A702

- 3 -

Zeile			EUR
48	Anwendung des § 20 Absatz 5 InvStG: Gesamtbetrag der bei der Ermittlung des Gewinns aus Gewerbebetrieb vorgenommenen Teilfreistellungen aus unmittelbaren Beteiligungen nach §§ 20 und 21 InvStG ❻ ㉞	53	,—
48a	Anwendung des § 45 Absatz 2 InvStG: Korrekturbetrag nach § 45 Absatz 2 InvStG	56	,—
49	Anwendung des § 45 Absatz 1 InvStG: Korrekturbetrag nach § 45 Absatz 1 Satz 1 InvStG	54	,—

a) Grundsätze

1723 Besteuerungsgrundlage für die Gewerbesteuer ist der Gewerbeertrag (§ 6 GewStG); vgl. auch Übersicht zur Berechnung der Gewerbesteuer in Anhang 1 → Rz. 1932.

Der Gewerbeertrag wird nach § 7 Abs. 1 Satz 1 GewStG wie folgt ermittelt:

- Ausgangpunkt ist der **Gewinn aus dem Gewerbebetrieb**, der nach den Vorschriften des Einkommensteuer- oder des Körperschaftsteuergesetzes zu ermitteln ist;
- dieser wird um **Hinzurechnungen** i.S.d. § 8 GewStG erhöht und
- um **Kürzungen** i.S.d. § 9 GewStG vermindert.

Ziel ist es, den Gewinn aus dem Gewerbebetrieb durch Hinzurechnungen und Kürzungen nach den §§ 8 und 9 GewStG zu objektivieren.

Der Gewerbeertrag ist also nicht identisch mit dem bei der Einkommen- bzw. Körperschaftsteuer ermittelten Gewinn aus Gewerbebetrieb.

Hinweis:

- Bei **öffentlich-rechtlichen Rundfunkanstalten** erfolgt keine Hinzurechnung und Kürzung nach den §§ 8 u. 9 GewStG (§ 7 Satz 3 GewStG). Daher haben diese ihren pauschal ermittelten Gewinn nach § 8 Abs. 1 Satz 3 KStG **nur** in **Zeile 103** (→ Rz. 1858) einzutragen.
- Bei einem **Spartenfall** (Anlage ÖHG) sind Eintragungen nur in den **Zeilen 70, 71, 72, 104, 127 und 128** zulässig.
- Bei einer **Einbringung eines Betriebs** durch eine Körperschaft **nach § 24 UmwStG** ist der in 2025 erzielte Gewinn nur in den **Zeilen 147a und 147b** (→ Rz. 1930) einzutragen.

b) Gewinn aus Gewerbebetrieb (Zeile 39)

In **Zeile 39** ist der **Gewinn** aus Gewerbebetrieb vor Anwendung des § 7 Satz 4 GewStG (betrifft Personengesellschaften) einzutragen, und zwar ohne 1724

- den Gewinn eines wirtschaftlichen Geschäftsbetriebs nach § 15 Abs. 4 InvStG (Eintragung in Zeile 46 → Rz. 1751),
- den nach § 5a Abs. 1 EStG ermittelten Gewinn für Handelsschiffe im internationalen Verkehr (Eintragung in Zeile 100 → Rz. 1862),
- den Unterschiedsbetrag nach § 5a Abs. 4 EStG (Eintragung in Zeile 101 → Rz. 1865),
- die Sondervergütungen nach § 5a Abs. 4a EStG (Eintragung in Zeile 102 → Rz. 1866).

Ein **negativer Betrag** (Verlust) ist mit Minuszeichen einzutragen.

Obwohl in der Regel der bei Einkommen- oder Körperschaftsteuer maßgebliche Gewinn mit dem für Zwecke der Gewerbesteuer zu Grunde zu legenden Gewinn übereinstimmen wird, ist der Gewinn aus Gewerbebetrieb für gewerbesteuerliche Zwecke grundsätzlich selbständig zu ermitteln. 1725

Es besteht **keine Bindungswirkung** hinsichtlich des bei der Einkommen- bzw. Körperschaftsteuer zu Grunde gelegten Gewinns. So ist insb. der Einkommensteuer-, der Körperschaftsteuer- oder der Gewinnfeststellungsbescheid kein Grundlagenbescheid i.S.d. § 182 AO für die Gewerbesteuer.[1)]

Beispiel:

Bei A wurden die Einkünfte aus seiner von ihm betriebenen Werbeagentur bei der Einkommensteuer fälschlich als Einkünfte aus selbständiger Tätigkeit erfasst. Der Einkommensteuerbescheid ist bestandskräftig und nicht mehr änderbar.

Es kann gleichwohl eine Gewerbesteuerfestsetzung erfolgen, da der Gewinn aus dieser Tätigkeit als Gewerbeertrag angesetzt werden kann.[2)]

Ist die Frage der Einkunftsart (freiberuflich oder gewerblich) streitig, so darf der Stpfl. erst von dem Zeitpunkt ab darauf vertrauen, nicht mehr für Gewerbesteuer eines Jahres in Anspruch genommen zu werden, zu dem er den Einkommensteuerbescheid für das Folgejahr erhält. Eine Veranlagung unter dem Vorbehalt der Nachprüfung ist einer noch nicht erfolgten Veranlagung gleichzusetzen. Eine Ausnahme von diesem Grundsatz gilt nur dann, wenn das FA eine Zusage erteilt oder durch sein früheres Verhalten außerhalb einer Zusage einen Vertrauenstatbestand geschaffen hat.[3)] 1726

Trotz der fehlenden Grundlagenfunktion besteht jedoch nach **§ 35b Abs. 1 GewStG** bei einer Änderung des Einkommensteuer-/Körperschaftsteuer-/Feststellungsbescheids die Möglichkeit, entsprechende Änderungen bei der Festsetzung des Gewerbesteuermessbetrags durchzuführen, soweit sich die Änderung auf die Höhe des gewerblichen Gewinns bezieht.[4)] 1727

aa) Gewinnermittlung

Die Ermittlung des Gewinns aus Gewerbebetrieb bei der Gewerbesteuer erfolgt nach den Vorschriften des Einkommensteuer- bzw. des Körperschaftsteuergesetzes, soweit diese nicht ausdrücklich nur auf diese Steuerarten beschränkt sind oder sich deren Nichtanwendbarkeit aus dem Gewerbesteuergesetz oder aus dem Wesen der Gewerbesteuer ergibt. 1728

Gegenstand der Gewerbesteuer soll nur der durch den laufenden Betrieb anfallende Gewinn sein. Vorgänge aus Anlass der Gründung und der Veräußerung des Betriebs oder Teilbetriebs werden grundsätzlich nicht erfasst.

Gewerbesteuerrechtlich führt jedoch die Veräußerung von Grundstücken eines gewerblichen Grundstückshändlers anlässlich der Betriebsaufgabe zu einem laufenden Gewinn und nicht zu einem Aufgabegewinn.[5)]

Zu den Ausnahmen siehe jedoch auch → Rz. 1734 ff.

Nicht zu den gewerbesteuerpflichtigen Einkünften zählen demnach: 1729

- in der Regel **Gewinne i.S.d. § 16 Abs. 1 Nr. 1 Satz 1, Nr. 2 und 3 EStG** (Veräußerung oder Aufgabe des Betriebs);[6)] zu Ausnahmen → Rz. 1734 ff.;
- Veräußerungen nach **§ 17 EStG**;
- **Entschädigungen** (§ 24 EStG), wenn diese nicht unmittelbar Erträge des werbenden Betriebs sind, wie z.B. Ausgleichszahlungen nach § 89b HGB bei Handelsvertretern.[7)]

---

1) BFH v. 17.12.2003, XI R 83/00, BStBl II 2004, 699.
2) H 14.1 (Gewerbliche Einkünfte – Keine Bindung an den Einkommensteuerbescheid) GewStH 2024.
3) BFH v. 14.3.1991, IV R 135/90, BStBl II 1991, 769; v. 18.12.2002, XI B 150/00, BFH/NV 2003, 505.
4) H 35b.1 (Allgemeines) GewStH 2024.
5) BFH v. 28.10.2015, X R 22/13, BStBl II 2016, 95.
6) BFH v. 22.10.2015, IV R 17/12, BFH/NV 2016, 209 m.w.N.
7) BFH v. 9.3.2016, X B 142/15, BFH/NV 2016, 1030.

Die Regelungen über die

- Verluste aus gewerblicher Tierzucht und Tierhaltung (§ 15 Abs. 4 EStG),
- Verluste bei beschränkter Haftung (§ 15a EStG) und die
- Verlustbeschränkungen aus Steuerstundungsmodellen (§ 15b EStG)

finden bei der Ermittlung des Gewinns aus Gewerbebetrieb keine Anwendung.[1)]

1730 Da (grundsätzlich) nur die inl. Erträge von der Gewerbesteuer erfasst werden sollen, sind die positiven wie negativen **ausl. Betriebsstätteneinkünfte** im Fall einer abkommensrechtlichen Freistellung auf Grund des Verweises des § 7 Satz 1 GewStG auf die einkommen- bzw. körperschaftsteuerliche Gewinnermittlung nicht in die Bemessungsgrundlage der Gewerbesteuer mit einzubeziehen. Fehlt es an einem entsprechenden DBA kommt eine Kürzung nach § 9 Nr. 3 GewStG in Betracht.

Ein auf einem DBA beruhender Ausschluss der Berücksichtigung von Verlusten einer in einem anderen Mitgliedstaat belegenen Betriebsstätte (sog. Symmetriethese) verstößt auch im Hinblick auf endgültige („**finale**") Verluste nicht gegen die unionsrechtliche Niederlassungsfreiheit.[2)]

Jedoch sind Einkünfte einer ausländischen Betriebsstätte im Gewinn aus Gewerbebetrieb zu erfassen, wenn diese nach den §§ 7 bis 13 AStG der **Hinzurechnungsbesteuerung** unterlägen, falls diese Betriebsstätte eine ausl. Gesellschaft wäre. Diese Einkünfte gelten als in einer inl. Betriebsstätte erzielt (**§ 7 Satz 8 GewStG**) und sind von einer Kürzung nach § 9 Nr. 2 und 3 GewStG ausgeschlossen. Durch die Neufassung des § 7 Satz 8 GewStG[3)] rückwirkend für alle offenen EZ (§ 36 Abs. 3 Satz 4 GewStG) wurde klargestellt, dass dies auch für die ausl. Betriebsstätten gilt, für die Deutschland bereits im Rahmen eines DBAs das Besteuerungsrecht zusteht.

Entsprechend regelt **§ 7 Satz 7 GewStG**, dass Hinzurechnungsbeträge nach § 10 Abs. 1 AStG für ausl. Zwischengesellschaften ebenfalls in einer inl. Betriebsstätte anfallen. Für einen im gewerblichen Gewinn enthaltenen Hinzurechnungsbetrag ist **keine Kürzung** nach § 9 Nr. 3 und 7 GewStG möglich → Rz. 1502.

bb) Besonderheiten bei Einzel- und Personenunternehmen

(1) Beteiligungen an Mitunternehmerschaften

1731 Zum Gewerbeertrag gehört nach **§ 7 Satz 2 GewStG** auch der Gewinn aus der Veräußerung oder Aufgabe

- des (Teil-)Betriebs einer Mitunternehmerschaft,
- des Mitunternehmeranteils oder
- des Anteils des persönlich haftenden Gesellschafters an einer KGaA,

soweit er nicht auf eine natürliche Person als unmittelbar beteiligter Mitunternehmer entfällt.

Beispiel:

An der AB-OHG sind die natürliche Person A und die B-GmbH zu je $^1/_2$ beteiligt. 2025 veräußert die B-GmbH ihren Mitunternehmeranteil an C. Sie erzielt aus der Veräußerung einen Gewinn von 200 000 €.

Im Rahmen der gesonderten und einheitlichen Feststellung der Einkünfte aus Gewerbebetrieb wird der B-GmbH neben den anteiligen laufenden Einkünften noch der Veräußerungsgewinn zugewiesen.

Bei der Ermittlung des Gewerbeertrags der AB-OHG ist der erzielte Veräußerungsgewinn in voller Höhe mit zu erfassen, da er zu 100 % auf eine Kapitalgesellschaft entfällt (§ 7 Satz 2 Nr. 2 GewStG).

Hinweis:

Bei der Ermittlung des Gewerbeertrags bei der B-GmbH wird der ihr zugewiesene Gewinnanteil nach § 9 Nr. 2 GewStG gekürzt, soweit er im Gewinn enthalten ist (→ Rz. 1847).

Mit der Regelung des § 7 Satz 2 GewStG soll verhindert werden, dass Kapitalgesellschaften Gewinne aus der Veräußerung oder Aufgabe eines Betriebs, eines Teilbetriebs oder einer betrieblichen Beteiligung durch eine vorhergehende Einbringung in eine Personengesellschaft der Gewerbesteuer entziehen können.

1732 Ein nach § 7 Satz 2 Nr. 2 GewStG gewerbesteuerpflichtiger Gewinn aus der Veräußerung eines Anteils an einer Oberpersonengesellschaft ist nicht auf die stillen Reserven der Oberpersonengesellschaft und die stillen Reserven der Unterpersonengesellschaft aufzuteilen. Auch kann ein – rechnerisch – auf die Unterpersonengesellschaft entfallender anteiliger Veräußerungsgewinn bei der Oberpersonengesellschaft nicht nach § 9 Nr. 2 GewStG gekürzt werden.[4)]

1733 Bei einer doppelstöckigen Personengesellschaft gehört zum Gewerbeertrag der Untergesellschaft nach § 7 Satz 2 Nr. 2 GewStG der Gewinn der Obergesellschaft aus der Veräußerung ihres Mitunternehmeranteils auch dann, wenn die Obergesellschaft nur in Folge ihrer gewerblichen Beteiligungseinkünfte insgesamt gewerbliche Einkünfte erzielt und an ihr ausschließlich natürliche Personen beteiligt sind.

1) R 7.1 Abs. 3 GewStR 2009.
2) EuGH v. 22.9.2022, C-538/20, DStR 2022, 1993; BFH v. 22.2.2023, I R 35/22 (I R 32/18), BStBl II 2023, 761.
3) JStG 2024 v. 2.12.2024, BGBl. I 2024 Nr. 387 = BStBl I 2024, 1484.
4) BFH v. 8.5.2025, IV R 40/22, BStBl II 2025, 603.

Beispiel:
An der AB-OHG ist neben A die B-GbR zu je 1/2 beteiligt. 2025 veräußert die B-GbR ihren Mitunternehmeranteil an D. Sie erzielt aus der Veräußerung einen Gewinn von 200 000 €.

Im Rahmen der gesonderten und einheitlichen Feststellung der Einkünfte aus Gewerbebetrieb der AB-OHG wird neben den anteiligen laufenden Einkünften auch noch der Gewinn aus der Veräußerung des Mitunternehmeranteils durch die B-GbR festgestellt und der B-GbR zugewiesen.

Bei der Ermittlung des Gewerbeertrags der AB-OHG ist der von der B-GbR erzielte Veräußerungsgewinn in voller Höhe als laufender Gewerbeertrag zu erfassen, da er zu 100 % auf eine nicht natürliche Person entfällt (§ 7 Satz 2 Nr. 2 GewStG).

Für mittelbar beteiligte natürliche Personen ist weder nach dem Wortlaut der Vorschrift noch nach dem in den Gesetzesmaterialien zum Ausdruck gebrachten Normzweck eine solche Einschränkung (Gewerbesteuerfreiheit) vorgesehen. Vielmehr ist der Gewinn Teil des Gewerbeertrags der Untergesellschaft, soweit er auf eine als Mitunternehmer beteiligte Personengesellschaft (Obergesellschaft) entfällt.[1]

Die Regelung des § 7 Satz 2 GewStG stellt keinen Verstoß gegen Art. 3 Abs. 1 GG dar. Die mit der Wahl des Steuer- **1734**
gegenstands einmal getroffene Belastungsentscheidung hat der Gesetzgeber unter dem Gebot möglichst gleichmäßiger Belastung aller Stpfl. bei der Ausgestaltung des steuerrechtlichen Ausgangstatbestands folgerichtig umzusetzen. Dem Gesetzgeber ist es unbenommen, i.R. der Gewerbesteuer an die Rechtsform unterschiedliche Rechtsfolgen zu knüpfen. § 7 Satz 2 GewStG verstößt nicht gegen den Grundsatz der Besteuerung nach der Leistungsfähigkeit. Die unterschiedliche Behandlung von Personengesellschaften und natürlichen Personen in § 7 Satz 2 GewStG ist durch das Ziel des Gesetzgebers, Steuerumgehungen zu verhindern, gerechtfertigt. So ist es mit Art. 3 Abs. 1 GG vereinbar, dass Kapitalgesellschaften einerseits und natürliche Personen andererseits bei § 7 Satz 2 GewStG unterschiedlich behandelt werden, denn diese Vergleichsgruppen unterscheiden sich grundlegend voneinander.[2] Dem Gesetzgeber ist es insoweit unbenommen, i.R. der Gewerbesteuer an die Rechtsform unterschiedliche Rechtsfolgen zu knüpfen.[3]

(2) Veräußerung von Teilanteilen

Wenn ein Mitunternehmer (egal ob Körperschaft, natürliche Person oder Personengesellschaft) seinen **Anteil nur** **1735**
teilweise veräußert, gilt der daraus erzielte Veräußerungserlös als laufender Gewinn aus Gewerbebetrieb und unterliegt damit ebenfalls der Gewerbesteuer (§ 16 Abs. 1 Satz 2 EStG).

Beispiel:
A ist zu 40 % an der AB-OHG beteiligt. 2025 veräußert er 20 % seiner Beteiligung an C. A erzielt aus der Veräußerung einen Gewinn i.H.v. 60 000 €.

Der Veräußerungserlös aus dem Verkauf der anteiligen Beteiligung gilt nach § 16 Abs. 1 Satz 2 EStG als laufender gewerblicher Gewinn. Dieser unterliegt damit in vollem Umfang der Gewerbesteuer.

Da der Veräußerungsgewinn schon dem Grunde nach zum Gewerbeertrag der Mitunternehmerschaft gehört, bedarf es insoweit nicht mehr einer Prüfung, ob auch § 7 Satz 2 GewStG erfüllt wird.

(3) Gewerbesteuerpflichtige „In-sich-Veräußerungen"

Ein Veräußerungsgewinn i.S.d. § 16 EStG gilt als laufender und nicht als ein nach § 16 EStG begünstigter Gewinn, **1736**
soweit auf der Seite des Veräußerers und des Erwerbers eine Personenidentität besteht (§ 16 Abs. 2 Satz 3 und Abs. 3 Satz 5 EStG).

Praxishinweis:
Es soll verhindert werden, dass ein entsprechender Veräußerer sowohl einen nach §§ 16, 34 EStG begünstigten Veräußerungsgewinn erzielt und zusätzlich als Erwerber das aus den eigenen Anschaffungskosten geschaffene erhöhte Abschreibungspotenzial steuermindernd nutzen kann.

Folgende Fallgestaltungen sind hiervon betroffen:

- Veräußerung bzw. Einbringung (§ 24 UmwStG) eines Einzelunternehmens an eine ganz oder teilweise personenidentische Personengesellschaft;
- Aufgabe eines Einzelunternehmens unter gleichzeitiger Veräußerung von Teilen des Betriebsvermögens an eine ganz oder teilweise personenidentische Personengesellschaft;
- Betriebsveräußerung einer Personengesellschaft an einen Mitunternehmer oder eine Schwesterpersonengesellschaft;
- Aufgabe einer Personengesellschaft mit Einzelveräußerungen an einen oder mehrere Mitunternehmer.

Folge einer derartigen „**In-sich-Veräußerung**" ist, dass die daraus erzielten Erlöse nicht nach §§ 16, 34 EStG begünstigt sind und als laufender Gewinn sowohl der Einkommensteuer als auch der Gewerbesteuer unterliegen.[4]

1) BFH v. 19.7.2018, IV R 39/10, BStBl II 2019, 77.
2) BFH v. 5.9.2001, I R 27/01, BStBl II 2002, 155; BVerfG v. 21.3.1977, 1 BvR 1/77, HFR 1977, 255.
3) BFH v. 22.7.2010, IV R 29/07, BStBl II 2011, 511; die dagegen eingelegte Beschwerde wurde zwischenzeitlich vom BVerfG als unbegründet zurückgewiesen (BVerfG v. 10.4.2018, 1 BvR 1236/11, BStBl II 2018, 303).
4) H 7.1 (3) (Veräußerungs- und Aufgabegewinne) GewStH 2024; BFH v. 15.6.2004, VIII R 7/01, BStBl II 2004, 754.

So umfasst der nach § 7 Satz 1 GewStG zu ermittelnde Gewinn aus Gewerbebetrieb auch Gewinne aus der Veräußerung von Mitunternehmeranteilen, die gem. § 16 Abs. 2 Satz 3 bzw. Abs. 3 Satz 5 EStG als laufender Gewinn zu behandeln sind.[1]

Beispiel:

A betreibt ein Einzelunternehmen (Buchwert: 100 000 €; Teilwert: 300 000 €).

Zum 31.12.2025 veräußert A das Unternehmer für 300 000 € an die AB-OHG, an der er wiederum zu 30 % beteiligt ist.

Soweit A an der „erwerbenden" Personengesellschaft beteiligt ist, liegt zu 30 % eine „In-sich-Veräußerung" vor.

Damit ist der aus der Veräußerung erzielte Gewinn von 200 000 € nur zu 70 % (= 140 000 €) nach § 16 Abs. 1 Nr. 1, § 34c EStG begünstigt und unterliegt i.H.v. 60 000 € (= 30 %) bei dem Einzelunternehmer A als laufender Gewinn der Gewerbesteuer (§ 16 Abs. 2 Satz 3 EStG).

(4) Besondere Gewerbesteuerpflicht nach § 18 Abs. 3 UmwStG

1737 Anders als bei Kapitalgesellschaften unterliegt bei einem Personenunternehmen der Gewinn aus der Veräußerung oder Aufgabe eines Betriebs, Teilbetriebs oder Mitunternehmeranteils grundsätzlich nicht der Gewerbesteuer.[2] Hiervon macht § 18 Abs. 3 UmwStG eine Ausnahme.

Wenn eine Kapitalgesellschaft i.R. der §§ 3 bis 10 UmwStG in eine Personengesellschaft oder ein Einzelunternehmen umgewandelt wird, unterliegt bei einer anschließenden Veräußerung oder Aufgabe des umgewandelten Betriebs der daraus erzielte Gewinn der Gewerbesteuer, wenn die Veräußerung bzw. Aufgabe innerhalb von fünf Jahren nach der Umwandlung erfolgt. Entsprechendes gilt für die Aufgabe oder die Veräußerung eines Teilbetriebs oder eines Anteils an der Personengesellschaft (§ 18 Abs. 3 Satz 2 UmwStG; → Rz. 2030).

Beratungshinweis:

Erfolgt die Veräußerung oder Aufgabe erst nach Ablauf dieser Frist, unterliegt der daraus erzielte Gewinn grds. nicht der Gewerbesteuer. Dann ggf. die o.g. Ausnahmen wie § 7 Satz 2 GewStG prüfen!

Der Gewerbesteuer unterliegen innerhalb der Fünf-Jahres-Frist die Gewinne aus einer oder mehreren Veräußerungen einer der in § 18 Abs. 4 Sätze 1 und 2 UmwStG genannten Sachgesamtheiten, soweit hierin stille Reserven enthalten sind, die dem von der Kapitalgesellschaft zur Personengesellschaft übergegangenen Betriebsvermögen zuzuordnen sind. Die gewerbesteuerliche Verstrickung des von der Kapitalgesellschaft auf die Personengesellschaft übergegangenen Betriebsvermögens wird durch Veräußerungsvorgänge innerhalb der Fünf-Jahres-Frist nur insoweit gelöst, als dadurch die in dem übergegangenen Betriebsvermögen enthaltenen stillen Reserven aufgedeckt worden sind.[3]

Ein **Aufgabe-** oder **Veräußerungsverlust** ist gewerbesteuerlich nicht zu berücksichtigen.[4]

1738 Eine Gewerbesteuer ist auch dann festzusetzen, wenn die übernehmende Personengesellschaft/das übernehmende Einzelunternehmen selbst nicht gewerbesteuerpflichtig ist.[5]

Beispiel:

A wandelt die ihm gehörende A-Steuerberatungs GmbH zum 1.6.2022 zu Buchwerten in eine Steuerberatungskanzlei (Einzelfirma) um. Am 31.10.2025 veräußert er die Firma und erzielt einen Veräußerungsgewinn von 600 000 €.

Obwohl A mit seiner Steuerberatungskanzlei Einkünfte aus § 18 EStG erzielt, unterliegt der Veräußerungsgewinn nach § 18 Abs. 3 UmwStG der Gewerbesteuer.

Die **Fünf-Jahres-Frist** beginnt mit Ablauf des steuerlichen Übertragungsstichtags. Auf die Eintragung der Umwandlung ins Handelsregister kommt es nicht an.

1739 Es werden die stillen Reserven im Zeitpunkt der Veräußerung, nicht die im Zeitpunkt der Umwandlung besteuert, d.h. auch die nach der Umwandlung neu gebildeten stillen Reserven unterliegen der Gewerbesteuer.[6]

Beratungshinweis:

Nach Auffassung des BFH[7] umfasst § 18 Abs. 3 UmwStG jedoch nicht neu gebildetes Betriebsvermögen. Soweit Betriebsvermögen erst im Zuge der formwechselnden Umwandlung einer Kapitalgesellschaft in eine Personengesellschaft oder danach gebildet wird, unterliegen die stillen Reserven in den Wirtschaftsgütern des neu gebildeten Betriebsvermögens nicht § 18 Abs. 3 Satz 1 und 2 UmwStG.[8]

1740 Unterliegt ein Gewinn sowohl nach § 7 Satz 1 oder 2 GewStG als auch nach § 18 Abs. 3 UmwStG der Gewerbesteuer, ist § 18 Abs. 3 UmwStG vorrangig anzuwenden.[9]

1) BFH v. 18.12.2014, IV R 59/11, BFH/NV 2015, 520; v. 3.12.2015, IV R 4/13, BStBl II 2016, 544.
2) R 7.1 Abs. 3 Satz 4 GewStR 2009.
3) BFH v. 28.4.2016, IV R 6/13, BStBl II 2016, 725.
4) Rz. 18.10 UmwStE 2025.
5) Rz. 18.11 UmwStE 2025.
6) Rz. 18.09 UmwStE 2025.
7) BFH v. 14.3.2024, IV R 20/21, BFH/NV 2024, 863.
8) So auch Rz. 18.09 UmwStE 2025.
9) So auch Rz. 18.09 UmwStE 2025.

Der nach Umwandlung gem. § 18 Abs. 3 Satz 2 UmwStG i.V.m. § 7 Satz 1 GewStG in den Gewerbeertrag einzubeziehende Gewinn aus der Veräußerung eines Anteils an der Personengesellschaft ist auch dann nicht um den Freibetrag nach § 16 Abs. 4 Satz 1 EStG zu kürzen, wenn in der Person des veräußernden Mitunternehmers die persönlichen Voraussetzungen des § 16 Abs. 4 EStG vorliegen.[1] **1741**

Gewerbesteuer, die auf Grund des § 18 Abs. 3 UmwStG festgesetzt wird, kann nicht nach § 35 EStG auf die Einkommensteuer angerechnet werden (§ 18 Abs. 3 Satz 2 UmwStG). **1742**

cc) Besonderheiten bei Körperschaften

Bei Körperschaften i.S.d. § 1 Abs. 1 Nr. 1 bis 3 KStG (= Kapitalgesellschaften, Genossenschaften und Versicherungs- und Pensionsfondsvereine auf Gegenseitigkeit) gelten alle Einkünfte als Einkünfte aus Gewerbebetrieb (§ 8 Abs. 2 KStG). Daher gehören bei diesen auch die **Gewinne aus der Veräußerung eines Betriebs oder Teilbetriebs** zum Gewerbeertrag.[2] **1743**

Die Regelungen der § 16 Abs. 4 und § 34 EStG finden für Kapitalgesellschaften keine Anwendung.[3]

Gewinne aus der **Veräußerung von Kapitalbeteiligungen** sind zwar nach § 8b Abs. 2 KStG steuerfrei. Jedoch unterliegt der Veräußerungsgewinn in Höhe des 5 %igen Anteils, der nach § 8b Abs. 3 Satz 2 KStG als nichtabzugsfähige Betriebsausgabe gilt, im Ergebnis dann doch der Gewerbesteuer. **1744**

Beispiel:

Die A-GmbH veräußert in 2025 eine 60 %ige Beteiligung an der B-GmbH. Dabei erzielt sie einen Veräußerungsgewinn von 100 000 €.

Der Gewinn aus Gewerbebetrieb beträgt:

Veräußerungsgewinn	100 000 €	
steuerfrei nach § 8b Abs. 2 KStG	100 000 €	0 €
5 % nicht abzugsfähige Betriebsausgabe (§ 8b Abs. 2 Satz 2 KStG)		5 000 €
steuerpflichtiger gewerblicher Gewinn		**5 000 €**

dd) Besonderheiten bei Organschaften

Der Gewerbeertrag ist sowohl beim Organträger als auch bei den Organgesellschaften so zu ermitteln, als wenn jeder selbst Steuergegenstand wäre. **1745**

Um den für die Festsetzung des Steuermessbetrags maßgebenden Gewerbeertrag des Organkreises zu ermitteln, sind die – unter Beachtung der Hinzurechnungs- und Kürzungsvorschriften (§§ 8, 9 GewStG) – getrennt ermittelten Gewerbeerträge des Organträgers und der Organgesellschaften zusammenzurechnen; die Summe ist um die sich auf Grund der Zusammenrechnung etwa ergebenden steuerlichen Doppelbelastungen oder ungerechtfertigten steuerlichen Entlastungen zu korrigieren. Je nachdem, um welchen Rechenposten es sich handelt, sind die Korrekturen entweder bereits bei den selbständig ermittelten Gewerbeerträgen der zum Organkreis gehörenden Betriebe oder – auf einer zweiten Stufe – durch Hinzurechnungen zu bzw. Abzügen von der Summe der getrennt ermittelten Gewerbeerträge vorzunehmen. Rechtsgrundlage für diese Korrekturen ist § 2 Abs. 2 Satz 2 GewStG.[4]

In Anwendung dieser Grundsätze führen **Geschäftsbeziehungen innerhalb eines Organkreises nicht zu Hinzurechnungen und Kürzungen**.[5]

So werden etwa **Schuldzinsen**, die an eine andere Gesellschaft desselben Organkreises entrichtet werden, von der Hinzurechnung nach § 8 Nr. 1 GewStG ausgenommen.[6]

Beispiel:

Der Organträger hat der Organgesellschaft ein Darlehen gegeben, für das Zinsen gezahlt werden, die unter § 8 Nr. 1 Buchst. a GewStG fallen.

Da die Zinsen im Gewerbeertrag des Organträgers enthalten sind, bedarf es bei der Organgesellschaft keiner Hinzurechnung nach § 8 Nr. 1 Buchst. a GewStG mehr.

Auch ist der Gewerbeertrag des Organträgers nicht gem. § 9 Nr. 2a GewStG um **Gewinnausschüttungen** der Organgesellschaften zu kürzen; vielmehr ist die erforderliche Korrektur unmittelbar auf § 2 Abs. 2 Satz 2 GewStG zu stützen. Die Hinzurechnungs- und Kürzungsvorschriften sind innerhalb des Organkreises nur dann anzuwenden, wenn sich ihre Wirkungen ausgleichen, wie es bis 2007 bei der Hinzurechnung von Miet- und Pachtzinsen nach § 8 Nr. 7 GewStG einerseits bzw. ihrer Kürzung nach § 9 Nr. 4 GewStG andererseits der Fall war.[7]

1) BFH v. 26.3.2015, IV R 3/12, BStBl II 2016, 553.
2) H 7.1 (4) (Veräußerung eines Betriebs, Teilbetriebs oder einer betrieblichen Beteiligung bei Kapitalgesellschaften) GewStH 2024.
3) R 8.1 Abs. 1 Nr. 1 KStR 2022.
4) BFH v. 22.4.1998, I R 109/97, BStBl II 1998, 748.
5) R 7.1 Abs. 1 Satz 3 GewStR 2009.
6) BFH v. 23.10.1974, I R 182/72, BStBl II 1975, 46.
7) BFH v. 23.1.1992, XI R 47/89, BStBl II 1992, 630.

Auch verlustbedingte **Teilwertabschreibungen** auf die Beteiligung an der Organgesellschaft sind beim Organträger gewerbesteuerrechtlich zu neutralisieren.

Gleiches gilt für **Gewinne aus der Umwandlung** einer Organ-Kapitalgesellschaft in eine Personengesellschaft, soweit sie aus Erträgen stammen, die beim Organträger bereits der Gewerbesteuer unterlegen haben, sowie für Gewinne aus der Veräußerung von Anteilen an einer Organgesellschaft, die darauf beruhen, dass die Organgesellschaft frühere Gewinne, die dem Organträger bereits zugerechnet worden waren, thesauriert hat.

Eine **erweiterte Kürzung für Grundstücksunternehmen** (§ 9 Nr. 1 Satz 2 GewStG) ist nicht zulässig, wenn es sich bei dem Grundstücksunternehmen um eine Organgesellschaft handelt, die alle ihre Grundstücke an eine andere Organgesellschaft desselben Organkreises vermietet.[1] Auch wenn die Versagung der erweiterten Kürzung nach § 9 Nr. 1 Satz 2 GewStG bei Nutzungsüberlassungen von Grundbesitz unter Organgesellschaften zu einer Schlechterstellung des Organträgers im Vergleich zu einer nicht organschaftlich mit ihren Tochtergesellschaften verbundenen Muttergesellschaft führt, liegt darin kein Verstoß gegen Art. 3 Abs. 1 GG. Insoweit liegen unterschiedliche Sachverhalte vor, da Organgesellschaften im Gegensatz zu Schwester-Kapitalgesellschaften nicht Gewerbesteuerschuldner sind.[2]

c) Beteiligungserträge bei Personengesellschaften (Zeile 40)

1746 Ist eine Personengesellschaft an einer Kapitalgesellschaft beteiligt, ist auf Erträge/Aufwendungen im Zusammenhang mit der Beteiligung an einer Kapitalgesellschaft bei der Ermittlung des Gewerbeertrags das Teileinkünfteverfahren (§§ 3 Nr. 40 und 3c Abs. 2 EStG) insoweit anzuwenden, als an der Mitunternehmerschaft natürliche Personen unmittelbar oder mittelbar über eine oder mehrere Personengesellschaften beteiligt sind; ansonsten findet § 8b KStG Anwendung (**§ 7 Satz 4 GewStG**).

Damit findet bei Personengesellschaften für die Gewerbesteuer (anders als bei der gesonderten und einheitlichen Feststellung der Einkünfte) die sog. **Nettomethode** Anwendung.

Beispiel:

Die AB OHG hält eine Beteiligung an der D-GmbH. In 2025 veräußert die AB OHG ihre Beteiligung an einen Dritten unter Aufdeckung der stillen Reserven. A und B sind natürliche Personen.

Der auf Ebene der AB OHG erzielte Gewinn aus der Veräußerung der Beteiligung an der D-GmbH kann nach § 7 Satz 4 GewStG zu 40 % steuerfrei gestellt werden (§§ 3 Nr. 40 und 3c Abs. 2 EStG).

In **Zeile 40** sind die nach § 7 Satz 4 GewStG abzuziehenden steuerfreien Einnahmen nach § 3 Nr. 40 EStG und § 8b KStG bzw. die hinzuzurechnenden Beträge nach § 3c Abs. 2 EStG und § 8b KStG einzutragen.

Beispiel:

Die AB OHG hält eine Beteiligung an der Z-GmbH. In 2025 erhält die AB OHG eine Dividende von 100 000 €. A und B sind natürliche Personen.

Die von der AB OHG erhaltene Dividende ist in dem (bilanziellen) Gewinn ohne eine Freistellung nach § 3 Nr. 40 EStG in vollen Umfang enthalten. Da jedoch nach § 7 Satz 4 GewStG § 3 Nr. 40 EStG bei einer Personengesellschaft Anwendung findet, ist der steuerfrei zu stellende Betrag (40 % von 100 000 € = **40 000 €**) in **Zeile 40** einzutragen.

Damit findet bei Personengesellschaften für die Gewerbesteuer (anders als bei der gesonderten und einheitlichen Feststellung der Einkünfte) die sog. **Nettomethode** Anwendung.

d) Steuerfreie Erträge nach §§ 20, 42 und 43 InvStG bei Personengesellschaften (Zeile 41)

1747 Bei der Ermittlung des Gewerbeertrags einer Mitunternehmerschaft ist für die Berücksichtigung der Teilfreistellung nach § 20 InvStG und für die anteiligen Abzüge nach § 21 InvStG § 7 Satz 4 GewStG sinngemäß anzuwenden.[3] Daher sind bei Personengesellschaften die nach §§ 20, 42 und 43 InvStG abzuziehenden steuerfreien Erträge vermindert um die Beträge nach §§ 21, 44 InvStG in **Zeile 41** zu erfassen.

e) Partielle Steuerbefreiung (Zeilen 42–44)

1748 Ist der Gewerbebetrieb partiell von der Gewerbesteuer befreit, ist in **Zeile 42** die Nummer des § 3 GewStG einzutragen, auf Grund derer die Befreiung eintritt.

Dadurch werden bei einer sachlichen Gewerbesteuerbefreiung nur die Tätigkeiten steuerfrei gestellt, die von dem Steuerprivileg umfasst werden. So sind beispielsweise Altenheime nur mit den aus dem Betrieb, der die Voraussetzungen des § 3 Nr. 20 GewStG erfüllt, resultierenden Erträgen steuerbefreit. Bei der Befreiung nach § 3 Nr. 20 GewStG handelt es sich nämlich nicht um eine persönliche Steuerbefreiung, sondern um eine sachliche Steuerbefreiung. Erträge aus anderen Tätigkeiten sind nicht befreit.[4]

Die Befreiung nach § 3 Nr. 20 GewStG erstreckt sich daher auch nicht auf bezogene Dividenden, selbst wenn sowohl die ausschüttende Gesellschaft als auch die die Ausschüttung beziehende Gesellschaft Einrichtungen i.S.d.

1) BFH v. 18.5.2011, X R 4/10, BStBl II 2011, 887.
2) BFH v. 30.10.2014, IV R 9/11, BFH/NV 2015, 227.
3) BMF v. 21.5.2019, IV C 1 – S 1980-1/16/10010 :001, BStBl I 2019, 527, Rz. 20.20.
4) BFH v. 1.9.2021, III R 20/19, BStBl II 2022, 83.

§ 3 Nr. 20 Buchst. d GewStG betreiben. Die i.R. der Ermittlung des gewerblichen Gewinns ggf. vorgenommene Steuerbefreiung nach § 3 Nr. 40 EStG/§ 8b KStG wäre in diesem Fall wieder rückgängig zu machen (§ 8 Nr. 5 GewStG; kein § 9 Nr. 2a GewStG wegen der Steuerbefreiung der ausschüttenden Gesellschaft).[1]

In **Zeile 43** wird der von der Gewerbesteuer befreite Anteil am Gewinn lt. Zeile 39 aus Gewerbebetrieb eingetragen.

Beispiel:

Die A-GmbH betreibt ein Alten- und Pflegeheim, welche zu mindestens 40 % seine Leistungen an bedürftige Personen i.S.d. § 61 SGB XII/§ 53 Nr. 2 AO erbringt. Das Heim betreibt in seinen Räumlichkeiten auch eine – der Öffentlichkeit zugängliche – Cafeteria. In 2025 erzielt das Alten- und Pflegeheim einen Gewinn von 120 000 €. Davon entfällt ein Anteil von 25 000 € auf die Cafeteria.

Der Betrieb des Alten- und Pflegeheims ist nach § 3 Nr. 20 Buchst. c GewStG von der Gewerbesteuer befreit. Der Gewinn aus dem Betrieb der Cafeteria unterliegt der Gewerbesteuerpflicht.

Es ist daher in **Zeile 42** die „20" einzutragen und in **Zeile 43** der steuerbefreite Gewinn aus dem Betrieb des Alten- und Pflegeheims von 95 000 €. Das hat zur Folge, dass der verbleibende Restgewinn von 35 000 € (= Gewinn aus dem Betrieb der Cafeteria) der Gewerbesteuer unterworfen wird.

In **Zeile 44** ist der von der Gewerbesteuer befreite Gewinn i.S.d. § 13 GewStDV einzutragen. § 13 GewStDV befreit die Tätigkeit eines Einnehmers einer staatlichen Lotterie von der Gewerbesteuer, selbst wenn diese i.R. eines Gewerbetriebs ausgeübt wird. **1749**

f) Erstattung von Aufwendungen aus vorangegangenen EZ (Zeile 45)

In **Zeile 45** sind die Korrekturen auf Grund der Erstattung von Aufwendungen einzutragen, die in einem vorangegangenen EZ der Hinzurechnung unterlegen haben. Soweit diese Erstattungsbeträge in einem Vorjahr der Hinzurechnung unterworfen wurden, käme es im Jahr der Erstattung zu einer Doppelbesteuerung. Zur Vermeidung dieser doppelten Erfassung ist im Jahr der Erlösbuchung eine Kürzung insoweit vorzunehmen, als in den Vorjahren eine Hinzurechnung nach § 8 Nr. 1 GewStG erfolgt ist. **1750**

Auf H 7.1 (1) (Korrektur nach erfolgter Hinzurechnung) GewStH 2024 wird ergänzend hingewiesen.

g) Gewinn des wirtschaftlichen Geschäftsbetriebs nach § 15 Abs. 4 InvStG (Zeile 46)

Ein Investmentfonds gilt als sonstige juristische Personen des privaten Rechts nach § 2 Abs. 3 GewStG. Er ist grundsätzlich von der Gewerbesteuer befreit, wenn sein objektiver Geschäftszweck auf die Anlage und Verwaltung seiner Mittel für gemeinschaftliche Rechnung der Anteils- oder Aktieninhaber beschränkt ist und er seine Vermögensgegenstände nicht in wesentlichem Umfang aktiv unternehmerisch bewirtschaftet (§ 15 Abs. 1 und 2 InvStG). **1751**

Das ist immer dann erfüllt, wenn die Einnahmen aus einer aktiven unternehmerischen Bewirtschaftung in einem Geschäftsjahr weniger als 5 % der gesamten Einnahmen des Investmentfonds betragen (§ 15 Abs. 3 InvStG).

Übersteigen die Einnahmen aus einer aktiven unternehmerischen Bewirtschaftung diese Grenze, bildet diese (gewerbliche) Tätigkeit eines insoweit gewerbesteuerpflichtigen Investmentfonds einen wirtschaftlichen Geschäftsbetrieb. Der Gewinn des wirtschaftlichen Geschäftsbetriebs ist als Überschuss der Betriebseinnahmen über die Betriebsausgaben zu ermitteln. Der so ermittelte Gewinn ist der Gewinn nach § 7 Satz 1 GewStG zur Ermittlung des Gewerbeertrags (§ 15 Abs. 4 InvStG).

In **Zeile 46** wäre dann der Gewinn des wirtschaftlichen Geschäftsbetriebs i.S.d. § 15 Abs. 4 InvStG einzutragen.

h) Abzug von Kapitalertragsteuer bei Personengesellschaften nach § 36a Abs. 1 Satz 3 EStG (Zeile 47)

Bei einer Personengesellschaft ist in **Zeile 47** die nicht anrechenbare Kapitalertragsteuer auf Kapitalerträge aus Aktien und Genussscheinen gemäß **Antrag** nach § 36a Abs. 1 Satz 3 EStG einzutragen. **1752**

Voraussetzung für eine vollständige Anrechnung von Kapitalertragsteuer ist, dass der Stpfl.

1. während einer Mindesthaltedauer von 45 Tagen ununterbrochen wirtschaftlicher Eigentümer ist,
2. während der Mindesthaltedauer ununterbrochen das Mindestwertveränderungsrisiko trägt und
3. nicht verpflichtet ist, die Kapitalerträge ganz oder überwiegend anderen Personen zu vergüten.

Fehlt es an einer dieser Voraussetzungen, so sind drei Fünftel der Kapitalertragsteuer nicht anzurechnen. Der nichtanrechenbare Anteil ist auf Antrag bei der Ermittlung der Einkünfte abzuziehen (§ 36a Abs. 1 EStG).

Der Ausschluss von der vollständigen Anrechnung der Kapitalertragsteuer gilt jedoch nicht, wenn die entsprechenden Kapitalerträge im VZ nicht mehr als 20 000 € (**Schwellenwert**) betragen oder der Stpfl. bei Zufluss der Kapitalerträge mindestens ein Jahr ununterbrochen wirtschaftlicher Eigentümer der Aktien oder Genussscheine war (§ 36a Abs. 5 EStG).

Anders als bei einem Einzelunternehmer oder einer Kapitalgesellschaft werden bei einer Personengesellschaft die gewerblichen Einkünfte ohne Berücksichtigung der in § 36a Abs. 1 Satz 3 EStG enthaltenen Kürzungsmöglichkeit gesondert und einheitlich festgestellt. Jeder Mitunternehmer kann nämlich i.R. seines Veranlagungsverfahren

1) FG Berlin-Brandenburg v. 9.4.2025, 17 K 17002/24, EFG 2025, 1601.

einen Antrag auf Abzug der nicht anrechenbaren Kapitalertragsteuer bei der Ermittlung der Einkünfte nach § 36a Abs. 1 Satz 3 EStG stellen. So ist jeder Gesellschafter unabhängig von den anderen Gesellschaftern antragsbefugt und der Antrag hat nur Auswirkung auf die Höhe der Einkünfte des Antragstellers. So kann ein Gesellschafter unterhalb des Schwellenwerts von 20 000 € liegen, mit der Folge der vollen Anrechnung und ein anderer oberhalb des Schwellenwerts, mit der Folge der Kappung.

Für die Zwecke der Ermittlung des der Gewerbesteuer unterliegenden Gewinns einer Personengesellschaft hat die Personengesellschaft ein eigenes Antragsrecht nach § 36a Abs. 1 Satz 3 EStG und der Schwellenwert von 20 000 € nach § 36a Abs. 5 Nr. 1 EStG ist auf die Personengesellschaft selbst anzuwenden.

Wegen weiterer Einzelheiten wird auf § 36a EStG und das BMF-Schreiben v. 3.4.2017 (→Rz. 1314 ff.) ergänzend hingewiesen.[1)]

i) Anwendung des § 20 Abs. 5 InvStG (Zeile 48)

1753 Für Investmentfonds gilt ab 2018 ein neues intransparentes Besteuerungssystem, bei dem zwischen der Ebene des Investmentfonds und der des Anlegers getrennt wird. Danach ist ein Investmentfonds bereits auf der Fondsebene mit seinen erzielten Erträgen partiell körperschaftsteuerpflichtig (§ 6 Abs. 2 InvStG) und zwar unabhängig davon, ob diese bereits im Ausland versteuert worden sind oder Substanz darstellen. I.d.R. ist jedoch ein Investmentfonds von der Gewerbesteuer befreit (§ 15 Abs. 2 InvStG).

Darüber hinaus sind die Erträge aus einem Investmentfonds beim Anleger grundsätzlich in voller Höhe steuerpflichtig.

Zur Vermeidung einer Doppelbesteuerung sieht jedoch das InvStG – je nach Art des Investmentfonds – sog. **Teilfreistellungen** der erhaltenen Erträge von 15 % bis max. 80 % beim Anleger vor, wenn bestimmte Bedingungen erfüllt werden.

Soweit die Erträge aus einem Investmentfonds in einem Gewerbebetrieb anfallen, sind bei der Ermittlung des Gewerbeertrags die o.g. Freistellungen jedoch nur zur Hälfte zu berücksichtigen (§ 20 Abs. 5 InvStG).

In **Zeile 48** ist der Gesamtbetrag der bei der Ermittlung des Gewinns aus Gewerbebetrieb vorgenommen Teilfreistellungen aus unmittelbaren Beteiligungen nach §§ 20, 21 InvStG (ggf. i.V.m. § 43 Abs. 3 und § 44 InvStG) einzutragen.

j) Anwendung des § 45 InvStG (Zeilen 48a–49)

1754 Die nach § 43 Abs. 3 InvStG zu gewährenden Tariffreistellungen sind bei der Ermittlung des Gewerbeertrags nur zur Hälfte zu berücksichtigen (§ 45 Abs. 2 InvStG). Daher ist beim Anleger in **Zeile 48a** der Korrekturbetrag nach § 45 Abs. 2 InvStG für die Ermittlung des Gewerbeertrags einzutragen.

1755 In **Zeile 49** ist der Korrekturbetrag nach § 45 Abs. 1 Satz 1 InvStG für die Ermittlung des Gewerbeertrags beim Anleger einzutragen.

10. Hinzurechnungen nach § 8 GewStG (Zeilen 50–69)

a) Grundsätze

1756 Die Gewerbesteuer ist als **Objektsteuer** mit der ihr eigenen Ertragskraft ohne Rücksicht auf die persönlichen Merkmale des Steuersubjekts (= Unternehmer) und seine persönliche Beziehung zum Gewerbebetrieb zu ermitteln. Durch die Hinzurechnungen und Kürzungen nach den §§ 8 und 9 GewStG soll der Ertrag ermittelt werden, der sich ergibt, wenn man den Betrieb losgelöst von den Beziehungen zu dem jeweiligen Inhaber betrachtet.[2)]

Eine Hinzurechnung nach § 8 GewStG setzt immer voraus, dass die hinzuzurechnenden Beträge i.R. der Ermittlung des gewerblichen Gewinns **gewinnmindernd** berücksichtigt worden sind (§ 8 Satz 1 GewStG).

Durch die Hinzurechnung nach § 8 GewStG soll der Abzug von abzugsfähigen Betriebsausgaben für Zwecke der Gewerbesteuer wieder rückgängig gemacht werden.

1) BMF v. 3.4.2017, IV C 1 – 2299/16/10002, BStBl I 2017, 726.
2) Lenski/Steinberg, § 8 Nr. 1 GewStG Rz. 1.

b) Finanzierungsanteile nach § 8 Nr. 1 GewStG (Zeilen 50–65)

Hinzurechnungen

Finanzierungsanteile nach § 8 Nummer 1 GewStG des (ersten) Wirtschaftsjahres (ohne Kürzung um die Beträge laut Zeilen 79 und 80) ❼

(enden im Erhebungszeitraum zwei Wirtschaftsjahre, sind zusätzlich die Zeilen 58 bis 65 auszufüllen)

Beträge in voller Höhe eintragen, gegebenenfalls laut gesonderter Einzelaufstellung; der Hinzurechnungsbetrag wird von Amts wegen ermittelt.

Zeile		Kz.	Betrag
50	Entgelte für Schulden (§ 8 Nummer 1 Buchstabe a GewStG) ㉔	31	,—
51	Renten und dauernde Lasten (§ 8 Nummer 1 Buchstabe b GewStG)	32	,—
52	Gewinnanteile der stillen Gesellschafter (§ 8 Nummer 1 Buchstabe c GewStG)	33	,—
53	Miet- und Pachtzinsen (einschließlich Leasingraten) für die Benutzung fremder beweglicher Betriebsanlagegüter (§ 8 Nummer 1 Buchstabe d Satz 1 GewStG) (ohne Beträge laut Zeile 54)	34	,—
54	Miet- und Pachtzinsen (einschließlich Leasingraten) für Elektrofahrzeuge, begünstigte Hybridelektrofahrzeuge und Fahrräder im Sinne des § 8 Nummer 1 Buchstabe d Satz 2 GewStG aus Verträgen, die nach dem 31.12.2019 abgeschlossen worden sind	38	,—
55	Miet- und Pachtzinsen (einschließlich Leasingraten) für die Benutzung fremder unbeweglicher Betriebsanlagegüter (§ 8 Nummer 1 Buchstabe e GewStG)	35	,—
56	Aufwendungen für die zeitlich befristete Überlassung von Rechten, insbesondere Konzessionen und Lizenzen (§ 8 Nummer 1 Buchstabe f GewStG)	36	,—
57	Im Betrag laut Zeile 56 enthaltene Vergütungen im Sinne des § 50a Absatz 1 Nummer 3 EStG an beschränkt steuerpflichtige Zahlungsempfänger	37	,—

Finanzierungsanteile nach § 8 Nummer 1 GewStG für ein zweites, im Erhebungszeitraum endendes Wirtschaftsjahr (ohne Kürzung um die Beträge laut Zeilen 79 und 80)

Beträge in voller Höhe eintragen, gegebenenfalls laut gesonderter Einzelaufstellung; der Hinzurechnungsbetrag wird von Amts wegen ermittelt.

Zeile		Kz.	Betrag
58	Entgelte für Schulden (§ 8 Nummer 1 Buchstabe a GewStG) ㉔	41	,—
59	Renten und dauernde Lasten (§ 8 Nummer 1 Buchstabe b GewStG)	42	,—
60	Gewinnanteile der stillen Gesellschafter (§ 8 Nummer 1 Buchstabe c GewStG)	43	,—
61	Miet- und Pachtzinsen (einschließlich Leasingraten) für die Benutzung fremder beweglicher Betriebsanlagegüter (§ 8 Nummer 1 Buchstabe d Satz 1 GewStG) (ohne Beträge laut Zeile 62)	44	,—
62	Miet- und Pachtzinsen (einschließlich Leasingraten) für Elektrofahrzeuge, begünstigte Hybridelektrofahrzeuge und Fahrräder im Sinne des § 8 Nummer 1 Buchstabe d Satz 2 GewStG aus Verträgen, die nach dem 31.12.2019 abgeschlossen worden sind	48	,—
63	Miet- und Pachtzinsen (einschließlich Leasingraten) für die Benutzung fremder unbeweglicher Betriebsanlagegüter (§ 8 Nummer 1 Buchstabe e GewStG)	45	,—
64	Aufwendungen für die zeitlich befristete Überlassung von Rechten, insbesondere Konzessionen und Lizenzen (§ 8 Nummer 1 Buchstabe f GewStG)	46	,—
65	Im Betrag laut Zeile 64 enthaltene Vergütungen im Sinne des § 50a Absatz 1 Nummer 3 EStG an beschränkt steuerpflichtige Zahlungsempfänger	47	,—

Durch das Unternehmensteuerreformgesetz 2008[1] wurden u.a. die bisherigen Regelungen in § 8 Nr. 1 bis 3 und 7 **1757**
GewStG a.F. zur Hinzurechnung von Entgelten für die Nutzung von Betriebskapital durch die Regelung des § 8 Nr. 1 GewStG ersetzt. Mit der Regelung des § 8 Nr. 1 GewStG soll eine Vereinheitlichung der gewerbesteuerlichen Hinzurechnungen nach § 8 GewStG auf jeweils ein Viertel des Finanzierungsanteils der jeweiligen Vergütung für die Überlassung von Geld- und Sachkapital erfolgen.

Auf Grund des Urteils des EuGH v. 21.7.2011[2] ist davon auszugehen, dass die Hinzurechnung nach § 8 Nr. 1 GewStG kein Verstoß gegen EU-Recht darstellt. So hat der EuGH (noch zum alten § 8 Nr. 1 GewStG) entschieden, dass eine gewerbesteuerliche Hinzurechnung von Darlehenszinsen, die ein Unternehmen mit Sitz in einem Mitgliedstaat an ein in einem anderen Mitgliedstaat belegenes verbundenes Unternehmen zahlt, zulässig ist.

Zur Entlastung kleinerer und mittlerer Unternehmen werden die Hinzurechnungen nach § 8 Nr. 1 Buchst. a bis f GewStG zu einem Viertel nur vorgenommen, „soweit die Summe den Betrag von 200 000 € übersteigt.“ Es handelt sich um einen **Freibetrag**, der sich auf die Summe der in den betroffenen Vergütungen enthaltenen Finanzierungsanteile bezieht. Der Freibetrag wurde **ab dem EZ 2020** durch das Zweite Corona-Steuerhilfegesetz v. 29.6.2020[3] von 100 000 € auf 200 000 € angehoben.

1) UntStRefG 2007 v. 14.8.2007, BGBl. I 2007, 1912 = BStBl I 2007, 630.
2) EuGH v. 21.7.2011, Scheuten Solar Technology GmbH, C-397/09, BStBl I 2012, 528.
3) BGBl. I 2020, 1512 = BStBl I 2020, 563; zu weiteren gewerbesteuerlichen Maßnahmen zur Berücksichtigung der Auswirkungen des Coronavirus siehe auch gleich lautende Ländererlasse v. 19.3.2020, BStBl I 2020, 281 und v. 25.1.2021, G 1460 – 7 – V B 4 (FM Nordrhein-Westfalen), BStBl I 2021, 151.

Der danach verbleibende Betrag unterliegt zu einem Viertel der Hinzurechnung (siehe auch das Berechnungsschema in Anhang 2 → Rz. 1933).

Nach § 10 Abs. 2 GewStG ist bei einem vom Kj. abweichendem Wj. der Gewerbeertrag maßgebend, der auf das im EZ endende Wj. entfällt. Nach § 7 Satz 1 GewStG ermittelt sich der Gewerbeertrag auf der Grundlage des im Wj. bezogenen Gewinns unter Berücksichtigung der Hinzurechnungen nach § 8 GewStG. Diese Hinzurechnungen ermitteln sich unter Berücksichtigung des Freibetrags nach § 8 Nr. 1 GewStG.

1758 Enden auf Grund der Umstellung eines Wj. im EZ **zwei Wj.**, so ist für jedes dieser Wj. ein Gewinn zu ermitteln, der sich jeweils um Hinzurechnungen des § 8 GewStG erhöht. Der **Freibetrag** von 200 000 € ist dann **für jedes Wj.** zu gewähren.[1)]

Aus diesem Grund werden im Gewerbesteuererklärungsvordruck Angaben zu der Hinzurechnung von Finanzierungsanteilen für das erste bzw. einzige Wj. in den **Zeilen 50 bis 57** sowie für das zweite Wj. in den **Zeilen 58 bis 65** angefragt.

1759 Hinzugerechnet werden nach § 8 Nr. 1 GewStG vorbehaltlich des § 8 Nr. 1 Buchst. a Satz 3 GewStG nur die Beträge, die bei der Ermittlung des Gewinns abgesetzt worden sind. Maßgebend ist die Gewinnermittlung des Steuergegenstands (des Unternehmens) i.S.d. § 2 Abs. 1 bis 3 GewStG. Aufwendungen, die bei der Ermittlung des Gewinns abgesetzt wurden und Bestandteil von vertraglichen Gestaltungen sind (z.B. Umlageverträge bei verbundenen Unternehmen), sind unabhängig von dieser rechtlichen Gestaltung hinzuzurechnen, wenn sie ihrem wirtschaftlichen Gehalt nach die einzelnen Tatbestände des § 8 Nr. 1 GewStG erfüllen.

Für Aufwendungen, die am Bilanzstichtag als Anschaffungs- oder Herstellungskosten des Anlage- oder Umlaufvermögens aktiviert wurden, unterbleibt eine Hinzurechnung.

1760 Entgelte für die Nutzung des dem Betrieb überlassenen Betriebskapitals werden nur hinzugerechnet, wenn einer der Tatbestände des § 8 Nr. 1 Buchst. a bis f GewStG erfüllt ist. Enthält ein Vertrag Vereinbarungen über mehrere Leistungskomponenten (**gemischter Vertrag**) und sind diese trennbar, so ist jede Komponente für sich nach Maßgabe des § 8 Nr. 1 Buchst. a bis f GewStG zu beurteilen.[2)] Das Entgelt ist ggf. durch Schätzung auf die verschiedenen Leistungskomponenten aufzuteilen.

Es ist also zu prüfen, ob der Vertrag in seine durch die Hauptpflichten bestimmten wesentlichen Elemente zerlegt und teilweise als Mietvertrag angesehen werden kann – gemischter Vertrag mit trennbaren Hauptpflichten. Eine entsprechende Zerlegung ist möglich, wenn sich der Vertrag als ein Nebeneinander von Hauptpflichten verschiedener Vertragstypen darstellt, mithin (rechtlich) trennbare Leistungskomponenten enthält, die sich einer unterschiedlichen Beurteilung zuführen lassen. In einem Fall der rechtlichen Trennbarkeit der Hauptpflichten ist nur der Teil des Entgelts hinzuzurechnen, der auf die Gebrauchsüberlassung entfällt.

Eine Trennbarkeit scheidet hingegen aus, wenn der Vertrag wesentliche miet- oder pachtfremde Elemente enthält, die ihn einem anderen Vertragstyp zuordnen oder zu einer Einordnung als **Vertrag eigener Art** führen. Dies kann dann der Fall sein, wenn die verschiedenen Leistungspflichten so miteinander verschmolzen sind, dass ein Vertragsgebilde ganz eigener Art entsteht, welches nicht mehr nur als ein Nebeneinander von Leistungen verschiedener Vertragstypen charakterisiert werden kann. Insoweit wird teilweise von einem **Typenverschmelzungsvertrag** gesprochen; in einem solchen Fall scheidet auch eine nur teilweise Zuordnung der Vereinbarung zum Typus Miet- oder Pachtvertrag aus, mit der Folge, dass selbst die im Vertrag enthaltenen Elemente von Miete und Pacht i.R. der Hinzurechnung außer Betracht bleiben.[3)]

So handelt es sich z.B. bei einem **Sponsoringvertrag** regelmäßig um einen Vertrag eigener Art, bei dem eine Aufteilung nicht möglich ist.[4)]

Eine Hinzurechnung von Mieten, Pachten oder Aufwendungen für die Überlassung von Rechten nach § 8 Nr. 1 Buchst. d bis f GewStG setzt eine Überlassung voraus. Ist die Nutzungsvereinbarung als Übergang des wirtschaftlichen Eigentums an dem genutzten Wirtschaftsgut anzusehen, so liegt ein Ratenkauf vor. Dieser ist nach allgemeinen bilanzsteuerlichen Grundsätzen zu behandeln. Soweit für einen Kaufpreis eine Verbindlichkeit zu passivieren ist, ist der in der Rate enthaltene Zinsanteil nach den Grundsätzen des § 8 Nr. 1 Buchst. a GewStG hinzuzurechnen.

Die Hinzurechnung der Nutzungsentgelte für das dem Betrieb überlassene Geld- und Sachkapital (Betriebskapital) nach § 8 Nr. 1 GewStG ist unabhängig davon vorzunehmen, ob die Beträge beim Überlasser des Betriebskapitals der Gewerbesteuer unterliegen oder nicht. Damit unterliegen insb. auch die bei einer **Betriebsaufspaltung** vom Betriebsunternehmen an das Besitzunternehmen gezahlten Nutzungsentgelte für überlassenes Betriebskapital beim Betriebsunternehmen nach den Grundsätzen des § 8 Nr. 1 GewStG der Hinzurechnung.

1) Gleich lautende Ländererlasse v. 2.7.2012, G 1422 – 95 V B 4 (FM Nordrhein-Westfalen), BStBl I 2012, 654, Rz. 47; v. 28.10.2016, S 0338/67, (FM Baden-Württemberg), BStBl I 2016, 1114.
2) Gleich lautende Ländererlasse v. 2.7.2012, G 1422 – 95 V B 4 (FM Nordrhein-Westfalen), BStBl I 2012, 654, Rz. 6.
3) BFH v. 16.9.2024, III R 36/22, BStBl II 2025, 88.
4) BFH v. 23.3.2023, III R 5/22, BStBl II 2023, 923.

Beratungshinweis:

Der BFH[1] hat keine Zweifel an der Verfassungsmäßigkeit der Hinzurechnung nach § 8 Nr. 1 Buchst. a, d, e und f GewStG. Auch wurde die entsprechende Vorlage des FG Hamburg[2] vom BVerfG als unzulässig verworfen.[3]

Daher ergehen Gewerbesteuermessbetragsbescheide, bei denen sich eine Hinzurechnung nach § 8 Nr. 1 Buchst. a, d, e und f GewStG steuerlich ausgewirkt hat, endgültig.[4]

Finanzierungsanteile nach § 8 Nr. 1 GewStG, die nach § 9 Nr. 2a Satz 3 GewStG gekürzt werden können, sind nicht in Abzug zu bringen. Die Kürzung erfolgt über die Eintragungen auf den Anlagen BEG durch die Übernahme der Werte in den Zeilen 79 und 80. 1761

aa) Entgelte für Schulden (§ 8 Nr. 1 Buchst. a GewStG – Zeile 50)

Entgelte für Schulden gem. § 8 Nr. 1 Buchst. a GewStG sind in **Zeile 50** einzutragen. Für ein zweites Wj. erfolgt die Eintragung in **Zeile 58**. 1762

Bei den Entgelten für Schulden erfolgt keine Kürzung um die Beträge lt. Zeile 79 und 80 (→ Rz. 1811).

Für die Prüfung der Frage, ob und in welchem Umfang ein Entgelt für eine betriebliche Schuld für die Ermittlung des Gewerbeertrags hinzuzurechnen ist, kommt es (seit dem EZ 2008) nicht mehr an auf:

- die Laufzeit der Verbindlichkeit oder
- den Grund der Schuldaufnahme.

Der Finanzierungsanteil beträgt immer 100 % der Schuldentgelte. Typische Entgelte für Schulden sind:

(1) Kontokorrentschulden

Für die Hinzurechnung von Zinsen für kurzfristige Kreditaufnahmen, insb. solche für revolvierende Eurokredite, die keinen Dauerschuldcharakter haben,[5] sowie solche für Kontokorrentschulden, kommt es nicht darauf an, ob während des ganzen Wj. ein Mindestbetrag der Schuld bestanden hat. 1763

Unabhängig von der Laufzeit und einem durchschnittlichen Schuldenstand etc. sind die Zinsen für Kontokorrentschulden durch § 8 Nr. 1 Buchst. a GewStG zu erfassen.

(2) Durchlaufende Kredite

Bei einem Unternehmen, das einen Kredit aufgenommen und weitergeleitet hat, liegt ebenfalls ein hinzurechnungspflichtiger Zinsaufwand nach § 8 Nr. 1 Buchst. a GewStG vor. Eine Saldierung von Zinsaufwendungen und Zinserträgen im Zusammenhang mit durchgeleiteten Krediten ist nicht möglich. Das hat insb. bei Finanzierungen innerhalb eines Konzerns Folgen. 1764

Beispiel:

Die Holding AG nimmt ein Darlehen auf, welches sie unter Weiterberechnung der ihr entstandenen Aufwendungen (Zinsen, Verwaltungskosten etc.) an die im Konzern verbundenen Tochtergesellschaften weiterreicht.

In Höhe des bei der Holding AG entstandenen Zinsaufwands erfolgt eine Hinzurechnung nach § 8 Nr. 1 Buchst. a GewStG.

Entsprechend sind bei den Tochtergesellschaften die von diesen gezahlten Finanzierungsaufwendungen nach § 8 Nr. 1 Buchst. a GewStG hinzuzurechnen.

(3) Aufzinsungsbeträge nach § 6 Abs. 1 Nr. 3 und 3a EStG

Die i.R. der Abzinsung und der nachfolgenden Aufzinsung von unverzinslichen Verbindlichkeiten nach § 6 Abs. 1 Nr. 3 EStG und von Rückstellungen nach § 6 Abs. 1 Nr. 3a EStG oder § 6a Abs. 3 EStG erzielten Aufwendungen stellen jedoch keine Entgelte i.S.d. § 8 Nr. 1 GewStG dar.[6] 1765

(4) Aktivierung von Finanzierungsaufwendungen als Anschaffungs- oder Herstellungskosten

Soweit Finanzierungsaufwendungen, wie z.B. Mieten, Zinsen etc., zum Bilanzstichtag als Anschaffungs- oder Herstellungskosten aktiviert wurden, kommt es nicht zu einer Hinzurechnung nach § 8 Nr. 1 GewStG. Das gilt auch für die als Herstellungskosten aktivierte Bauzeitzinsen.[7] 1766

Diese sind dem Gewinn nach § 7 GewStG weder in dem EZ der Aktivierung noch in den Erhebungszeiträumen, in denen sie sich über Abschreibungen auf den Gewinn auswirken, als Entgelte für Schulden nach § 8 Nr. 1 Buchst. a GewStG hinzuzurechnen.[8]

Durch die Aktivierung als Anschaffungs- oder Herstellungskosten verlieren die entsprechenden Finanzierungsaufwendungen ihren ursprünglichen Charakter. Sie gelten in diesem Fall als Herstellungskosten des Vermögensgegenstands (vgl. § 255 Abs. 3 Satz 2 letzter Halbsatz HGB) und sind somit Teil des aktivierungspflichtigen Wirt-

1) BFH v. 16.10.2012, I B 128/12, BStBl II 2013, 30.
2) FG Hamburg v. 29.2.2012, 1 K 138/10, EFG 2012, 960.
3) BVerfG v. 15.2.2016, 1 BvL 8/12, BStBl II 2016, 557.
4) Gleich lautende Ländererlasse v. 6.2.2023, 37/33-S 0338-1/36 (FM Bayern), BStBl I 2023, 215.
5) BFH v. 4.6.2003, I R 89/02, BStBl II 2006, 328.
6) BMF v. 26.5.2005, IV B 2 – S 2175 – 7/05, BStBl I 2005, 699, Rz. 39; gleich lautende Ländererlasse v. 2.7.2012, G 1422 – 95 V B 4 (FM Nordrhein-Westfalen), BStBl I 2012, 654, Rz. 12.
7) Gleich lautende Ländererlasse v. 2.7.2012, G 1422 – 95 V B 4 (FM Nordrhein-Westfalen), BStBl I 2012, 654, Rz. 2.
8) BFH v. 30.4.2004, I R 19/02, BStBl II 2004, 192.

schaftsguts des Anlagevermögens. Über § 7 GewStG wirkt sich die handelsrechtliche Umqualifizierung der aktivierten Finanzierungsaufwendungen auf die Ermittlung des Gewerbeertrags aus und schlägt auch auf die gewerbesteuerrechtliche Behandlung als Dauerschuldzinsen durch. Sind die vormaligen Finanzierungsaufwendungen infolge der Ausübung des Aktivierungswahlrechts als Herstellungskosten zu behandeln, kann für die Zwecke der Hinzurechnung nach § 8 Nr. 1 GewStG nicht mehr auf die über die Abschreibung ergebniswirksam werdenden Finanzierungsaufwendungen zurückgegriffen werden, denn Abschreibungen können ungeachtet ihres Aufwandscharakters weder begrifflich noch wirtschaftlich Entgelte für Dauerschulden i.S.d. § 8 Nr. 1 GewStG sein.[1)]

1767 Das gilt auch dann, wenn eine Aktivierung von Finanzierungsaufwendungen wegen vorheriger Beendigung des Herstellungsvorgangs und Ausscheiden aus dem Betriebsvermögen am Bilanzstichtag nicht mehr möglich war. Eine Hinzurechnung dieser Aufwendungen nach § 8 Nr. 1 GewStG kann nicht erfolgen, wenn die Miet- und Pachtzinsen/die Finanzierungskosten als Herstellungskosten aktiviert worden wären, wenn sich das Wirtschaftsgut am Bilanzstichtag noch im Betriebsvermögen befunden und deshalb hätte aktiviert werden müssen.[2)]

Beratungshinweis (Aktivierung von Finanzierungsaufwendungen immaterieller Wirtschaftsgüter):
Für selbst hergestellte immaterielle Wirtschaftsgüter des Anlagevermögens gilt das jedoch nicht. Diese sind in der Steuerbilanz nicht nach § 255 Abs. 2a HGB zu bewerten; vielmehr ist ein Aktivposten in der Steuerbilanz nur anzusetzen, wenn sie entgeltlich erworben wurden (§ 5 Abs. 2 EStG).[3)] Damit unterliegen Finanzierungskosten, die bei der Herstellung eines immateriellen Wirtschaftsguts anfallen, regelmäßig der Hinzurechnung nach § 8 Nr. 1 Buchst. d und e GewStG.

(5) Zins-Swap-Geschäfte

1768 Bei einem Zins-Swap-Geschäft tauschen zwei Parteien ihre Zinszahlungen auf einen nominellen Kapitalbetrag (üblicherweise Festsatz gegen variablen Satz), ohne dabei den Kapitalbetrag auszutauschen. Üblicherweise dient der Zins-Swap-Vertrag der Absicherung des Zinsrisikos eines oder mehrerer anderer Darlehens- oder Kreditverträge. Ein Zins-Swap, der nicht mit dem kreditgebenden Institut, sondern mit einem Dritten abgeschlossen wird, ist eine Maßnahme, die einen Teil der mit der Kreditaufnahme verbundenen Risiken der auftretenden Zinsschwankungen abdeckt.[4)] Die Aufwendungen unterliegen in diesem Fall nicht der Hinzurechnung nach § 8 Nr. 1 Buchst. a GewStG, da i.R. von Zins-Swap-Geschäften i.d.R. keine Darlehensbeträge ausgetauscht werden, sondern nur die hierauf anfallenden Zinsen.[5)]

(6) Skonti und ähnliche Abzüge bei Forderungen aus Lieferungen und Leistungen

1769 Als Schuldentgelte gelten nach § 8 Nr. 1 Buchst. a Satz 2 GewStG auch die nicht im gewöhnlichen Geschäftsverkehr gewährten Skonti und wirtschaftlich vergleichbare Vorteile, die im Zusammenhang mit der Erfüllung von Forderungen aus Lieferungen und Leistungen vor Fälligkeit gewährt werden. Im gewöhnlichen Geschäftsverkehr gewährte Skonti, die lediglich als Anreiz für eine zügige Abwicklung des Zahlungsverkehrs zwischen dem leistenden Unternehmen und seinen Kunden zugesagt werden und als Erlösminderungen i.S.d. § 277 Abs. 1 HGB eher Rabattcharakter haben, fallen nicht darunter. Ebenfalls nicht erfasst werden Boni, die als Treue- oder Mengenrabatt gewährt werden.[6)]

(7) Verkauf von anderen Geldforderungen (Factoring)

1770 Als Schuldentgelte gelten nach § 8 Nr. 1 Buchst. a Satz 2 GewStG ferner die Diskontbeträge bei der Veräußerung von Wechsel- und anderen Geldforderungen, das sind insb. Abschläge aus dem Factoring oder der Forfaitierung von Forderungen. Hierbei handelt es sich um den Verkauf oder die Abtretung künftig fällig werdender Forderungen, z.B. aus Lieferungen und Leistungen sowie aus Miet- oder Leasingverträgen.

Es wird wie folgt unterschieden:

(7.1) Echtes Factoring

1771 Forderungsverkauf, bei dem das Delkredere- oder Bonitätsrisiko der wirtschaftlichen Verwertbarkeit der Forderung auf den Erwerber (Zessionar) übergeht. Der Verkäufer (Zedent) haftet lediglich für den rechtlichen Bestand oder das künftige Entstehen der Forderung (Verität). Bei der Veräußerung einer Forderung aus einem schwebenden Vertragsverhältnis – Abtretung von Miet- oder Leasingraten – gilt die Differenz zwischen dem Wert der Forderung aus dem schwebenden Vertragsverhältnis, wie ihn die Vertragsparteien im Zeitpunkt des Vertragsschlusses der Veräußerung zu Grunde gelegt haben, und dem vereinbarten Veräußerungserlös als bei der Ermittlung des Gewinns abgesetzt (§ 8 Nr. 1 Buchst. a Satz 3 GewStG) und ist in Höhe von einem Viertel dieses Finanzierungsanteils dem Gewerbeertrag hinzuzurechnen.

---

1) Gleich lautende Ländererlasse v. 2.7.2012, G 1422 – 95 V B 4 (FM Nordrhein-Westfalen), BStBl I 2012, 654, Rz. 13.
2) BFH v. 30.7.2020, III R 24/18, BStBl II 2022, 279; gleich lautende Ländererlasse v. 6.4.2022, G 1422 – 124 V B 4 (FM Nordrhein-Westfalen), BStBl I 2022, 636.
3) BFH v. 12.11.2020, III R 38/17, BStBl II 2022, 283.
4) BFH v. 4.6.2003, I R 89/02, BStBl II 2004, 517.
5) Gleich lautende Ländererlasse v. 2.7.2012, G 1422 – 95 V B 4 (FM Nordrhein-Westfalen), BStBl I 2012, 654, Rz. 14 f.
6) Gleich lautende Ländererlasse v. 2.7.2012, G 1422 – 95 V B 4 (FM Nordrhein-Westfalen), BStBl I 2012, 654, Rz. 16.

(7.2) Unechtes Factoring

Forderungsabtretung, bei der der Verkäufer bzw. Abtretende (Zedent) sowohl für die Verität der Forderung haftet als auch das Delkredere- oder Bonitätsrisiko trägt. Es handelt sich um eine bloße Vorfinanzierung der abgetretenen Forderung, deren Abtretung erfüllungshalber erfolgt (§ 364 Abs. 2 BGB) und die als Darlehensgewährung durch den Forderungserwerber (Zessionar) zu beurteilen ist.[1] Der Abzinsungsbetrag entspricht dem Finanzierungsanteil und ist mit einem Viertel dem Gewerbeertrag hinzuzurechnen. 1772

Beratungshinweis (Aufzinsung von Verbindlichkeiten und Rückstellungen):

Unverändert gilt, dass die Aufwendungen, die sich nach der Abzinsung einer Verbindlichkeit oder Rückstellung nach § 6 Abs. 1 Nr. 3 oder 3a EStG in den Folgejahren aus der vorzunehmenden Aufzinsung ergeben, keine Schuldentgelte i.S.d. § 8 Nr. 1 Buchst. a GewStG sind.[2]

(8) Teilwertabschreibung

Der Aufwand, der dem Unternehmen aus einer steuerlich zulässigen Abschreibung der Forderung auf den niedrigeren Teilwert entsteht, fällt nicht unter die Hinzurechnung nach § 8 Nr. 1 Buchst. a GewStG, auch dann nicht, wenn das Unternehmen die abgeschriebene Forderung im Folgenden zu diesem abgeschriebenen Wert verkauft. 1773

(9) Forfaitierung von Ansprüchen aus schwebenden Verträgen

Nach § 8 Nr. 1 Buchst. a Satz 3 GewStG fällt auch der rechnerische Aufwand im Zuge der Forfaitierung von Ansprüchen aus schwebenden Verträgen unter die Hinzurechnung. Der hinzuzurechnende Aufwand ergibt sich aus der Differenz zwischen der Summe der zu erwartenden Raten (jeweils zum Nominalwert), die der aus dem Vertrag Verpflichtete über die Laufzeit zu entrichten hat, und des vom Käufer der Ansprüche erhaltenen Erlöses. 1774

Bei der Ermittlung der Summe der zu erwartenden Raten sind die Werte maßgebend, die die Vertragsparteien bei der Forfaitierungsvereinbarung zu Grunde legen.

Der Erlös aus der Forfaitierung wird nicht im Zeitpunkt der Vereinnahmung, sondern verteilt über die Restlaufzeit des schwebenden Vertragsverhältnisses berücksichtigt. Ebenso ist der Aufwand i.S.d. § 8 Nr. 1 Buchst. a Satz 3 GewStG linear verteilt über die Restlaufzeit des schwebenden Vertrags hinzuzurechnen.

In den Fällen, in denen die Forfaitierung von Ansprüchen aus schwebenden Geschäften vor dem 1.1.2008 erfolgt ist, unterbleibt eine Hinzurechnung.[3]

(10) Nebenkosten beim Factoring und bei der Forfaitierung

Die in den Abschlägen enthaltenen Wertermittlungskosten oder ähnliche Gebühren (z.B. Risikoprämien) werden nicht nach § 8 Nr. 1 Buchst. a GewStG hinzugerechnet. 1775

Beispiel 1 (echte Forfaitierung):

Die V-GmbH überlässt der S-GmbH am 1.1.2025 ein Grundstück zur Miete. Der Mietvertrag ist bis zum 31.12.2034 befristet. Der jährlich auf den 1. Januar im Voraus zu entrichtende Mietzins beträgt 1 Mio. €. Die V-GmbH verkauft sämtliche Mietzinsansprüche aus dem Vertragsverhältnis am 30.12.2025 an die K-GmbH und tritt sie mit sofortiger Wirkung ab. Das Ausfallrisiko geht auf die K-GmbH über. Der Kaufpreis für die Forderung beträgt 7,5 Mio. €. Von dem Differenzbetrag zum Nennwert der Forderung (9 Mio. € abzgl. 7,5 Mio. € = 1,5 Mio. €) entfallen nachweislich 10 000 € auf Wertermittlungskosten und 300 000 € auf die Risikoübernahme.

Da es sich um eine echte Forfaitierung handelt, ist bei der V-GmbH der Forfaitierungserlös mittels eines passiven Rechnungsabgrenzungspostens auf die Jahre 2026 bis 2034 linear zu verteilen.[4] Ein gewinnmindernder Zinsaufwand in Höhe der Differenz zwischen dem Nennwert der abgetretenen Forderung und dem erzielten Verkaufserlös ist bei der V-GmbH bilanzsteuerrechtlich nicht zu erfassen.

Der Differenzbetrag abzgl. der Wertermittlungsgebühren und der Risikoprämie i.H.v. 1,19 Mio. € (1,5 Mio. € abzgl. 10 000 € und 300 000 €) ist aber nach § 8 Nr. 1 Buchst. a Satz 3 GewStG bei der Ermittlung des Hinzurechnungsbetrags zu erfassen – linear verteilt auf die Restlaufzeit des schwebenden Vertrags (Jahre 2026 bis 2034).

Beispiel 2 (unechte Forfaitierung):

Die V-GmbH überlässt der S-GmbH am 1.1.2025 ein Grundstück zur Miete. Der Mietvertrag ist bis zum 31.12.2034 befristet. Der jährlich auf den 1. Januar im Voraus zu entrichtende Mietzins beträgt 1 Mio. €. Die V-GmbH verkauft sämtliche Mietzinsansprüche aus dem Vertragsverhältnis am 30.12.2025 an die K-GmbH und tritt sie mit sofortiger Wirkung ab. Das Ausfallrisiko verbleibt bei der V-GmbH. Der Kaufpreis für die Forderung beträgt 7,8 Mio. €. In dem Differenzbetrag zum Nennwert (9 Mio. € abzgl. 7,8 Mio. € = 1,2 Mio. €) sind Wertermittlungskosten i.H.v. 10 000 € enthalten.

Bilanzsteuerlich handelt es sich um eine Darlehensaufnahme durch die V-GmbH (Buchungssatz: Bank 7,8 Mio. € und aktive RAP 1,2 Mio. € an Verbindlichkeiten 9 Mio. €). Gewerbesteuerlich kommt es zu einer Hinzurechnung nach § 8 Nr. 1 Buchst. a Satz 1 GewStG. Der aus der Auflösung des aktiven RAP resultierende jährliche Aufwand ist bei der Ermittlung des Hinzurechnungsbetrags anzusetzen, soweit er nicht auf die Wertermittlungskosten entfällt.

1) BMF v. 9.1.1996, IV B 2 – S 2170 – 135/95, BStBl I 1996, 9; BFH v. 5.5.1999, XI R 6/98, BStBl II 1999, 735; v. 8.11.2000, I R 37/99, BStBl II 2001, 722.
2) BMF v. 26.5.2005, IV B 2 – S 2175 – 7/05, BStBl I 2005, 699, Rz. 39.
3) Gleich lautende Ländererlasse v. 2.7.2012, G 1422 – 95 V B 4 (FM Nordrhein-Westfalen), BStBl I 2012, 654, Rz. 22.
4) BMF v. 9.1.1996, IV B 2 – S 2170 – 135/95, BStBl I 1996, 9.

(11) **Cash-Pooling**

1776 Die Grundsätze einer ausnahmsweise zulässigen Saldierung von Zinsaufwendungen bei wechselseitig gewährten Darlehen gelten bei der Ermittlung des Gewerbesteuermessbetrags auch für Darlehen innerhalb eines Cash-Pools.

Die vielfältigen wechselseitigen Schuldverhältnisse innerhalb eines Cash-Pools sind im Falle der Saldierung bankarbeitstäglich zusammenzufassen und fortzuschreiben. Nur der für einen dann ggf. verbleibenden Schuldsaldo entstehende Zins ist hinzurechnungsfähiges Entgelt i.S.d. § 8 Nr. 1 Buchst. a Satz 1 GewStG. Dieses hinzurechnungsfähige Entgelt ist nicht mit danach entstandenen Guthabenzinsen zu verrechnen.

Entscheidend ist danach, ob die Darlehen gleichartig sind, derselben Zweckbestimmung dienen und regelmäßig tatsächlich miteinander verrechnet werden.[1]

(12) **Negative Einlagezinsen**

1777 Die von einem Unternehmer entrichteten negativen Einlagezinsen stellen Betriebsausgaben (§ 4 Abs. 4 EStG) dar, die den Gewinn aus Gewerbebetrieb mindern. Die negativen Einlagenzinsen sind jedoch keine Finanzierungskosten i.S.d. § 8 Nr. 1 Buchst. a GewStG. Nach § 8 Nr. 1 Buchst. a GewStG unterliegen grundsätzlich nur solche Entgelte der Hinzurechnung, welche ein Unternehmen für das ihm zur Verfügung gestellte Fremdkapital zu entrichten hat. Diese Hinzurechnung setzt eine Schuld und ein Entgelt im Sinne einer Gegenleistung für die Nutzungsmöglichkeit des Fremdkapitals voraus. Die von einem gewerblichen Unternehmen an ein Geld- oder Kreditinstitut entrichteten negativen Einlagezinsen werden nicht für die Nutzung von Kapital eines Dritten (Fremdkapital), sondern für die Verwahrung von Eigenkapital entrichtet und erfüllen damit nicht die Voraussetzungen des § 8 Nr. 1 Buchst. a GewStG. Eine Hinzurechnung kommt daher nicht in Betracht.[2]

Dies gilt auch für die von einem Geld- oder Kreditinstitut an die Europäische Zentralbank entrichteten negativen Einlagezinsen. Die in den Abschlägen enthaltenen Wertermittlungskosten oder ähnliche Gebühren (z.B. Risikoprämien) werden nicht nach § 8 Nr. 1 Buchst. a GewStG hinzugerechnet.[3]

(13) **Hinzurechnung bei Versicherungsunternehmen**

1778 Versicherungsunternehmen unterliegen mit ihren versicherungstechnischen Rückstellungen sowie ihren aus Versicherungsverhältnissen entstandenen Verbindlichkeiten gegenüber Versicherungsunternehmen in der Anwartschaftsphase und der gesamten Leistungsphase der Versicherungsverträge auch künftig nicht der Hinzurechnung nach § 8 Nr. 1 Buchst. a GewStG, soweit die Rückstellungen und Verbindlichkeiten von Vermögenswerten des gebundenen Vermögens i.S.d. § 54 Abs. 1 Satz 1 VAG gedeckt werden. Das den Depotverbindlichkeiten aus dem in Rückdeckung gegebene Versicherungsgeschäft entsprechende Aktivgeschäft rechnet nach den in § 54 Abs. 1 Satz 1 i.V.m. § 66 Abs. 1a Satz 2 VAG genannten Vorgaben zu dem gebundenen Vermögen der Versicherung, womit die vorstehenden Grundsätze auch auf diese Depotverbindlichkeiten anzuwenden sind.[4]

(14) **Zinsen für betriebliche Steuerschulden nach §§ 233 ff. AO**

1779 Soweit Zinsen für betriebliche Steuerschulden nach §§ 233 ff. AO bei der Ermittlung des gewerblichen Gewinns abgesetzt worden sind, unterliegen auch diese der Hinzurechnung nach § 8 Nr. 1 Buchst. a GewStG.[5]

bb) **Renten und dauernde Lasten (§ 8 Nr. 1 Buchst. b GewStG – Zeile 51)**

1780 Renten und dauernde Lasten werden in die **Zeile 51** bzw. für das zweite Wj. in **Zeile 59** eingetragen. Die Hinzurechnungshöhe bei passivierten Renten und dauernden Lasten ergibt sich aus dem Unterschied zwischen den laufenden Zahlungen (= Aufwand) und der Verminderung des Passivpostens für die Verpflichtung (= Ertrag). Die Hinzurechnung beschränkt sich auf betriebliche Renten und dauernde Lasten.[6]

cc) **Gewinnanteile der stillen Gesellschafter (§ 8 Nr. 1 Buchst. c GewStG – Zeile 52)**

1781 Die Gewinnanteile der (typisch) stillen Gesellschafter sind dem Gewinn nach § 8 Nr. 1 Buchst. c GewStG hinzuzurechnen. Das erfolgt über die Eintragung in **Zeile 52** bzw. für das zweite Wj. in **Zeile 60**.

Der Begriff des stillen Gesellschafters i.S.d. § 8 Abs. 3 GewStG geht insofern über den handels- und einkommensteuerrechtlichen Begriff hinaus, als bereits die Beteiligung an einem Gewerbe genügt, wenn hierfür nach der getroffenen Vereinbarung die Regelungen der §§ 230 bis 237 HGB gelten sollen.

Eine stille Gesellschaft entsteht regelmäßig dadurch, dass sich eine natürliche oder juristische Person an einem Unternehmen mit einer Vermögenseinlage beteiligt.

Ein unverzichtbares Merkmal der stillen Gesellschaft ist die **Beteiligung** des stillen Gesellschafters **am Gewinn**. Eine Beteiligung am Geschäftsergebnis in der Form einer Beteiligung am Umsatz ist keine Gewinnbeteiligung

1) BFH v. 11.10.2018, III R 37/17, BStBl II 2019, 275.
2) Gleich lautende Ländererlasse v. 17.11.2015, G 1422 – 130 V B 4 (FM Nordrhein-Westfalen), BStBl I 2015, 896.
3) Gleich lautende Ländererlasse v. 17.11.2015, G 1422 – 130 V B 4 (FM Nordrhein-Westfalen), BStBl I 2015, 896.
4) Gleich lautende Ländererlasse v. 2.7.2012, G 1422 – 95 V B 4 (FM Nordrhein-Westfalen), BStBl I 2012, 654, Rz. 24.
5) Gleich lautende Ländererlasse v. 2.7.2012, G 1422 – 95 V B 4 (FM Nordrhein-Westfalen), BStBl I 2012, 654, Rz. 24a.
6) R 8.1 (2) GewStR 2009.

i.S.d. §§ 230, 231 HGB. „Gewinn" ist in der Bilanz der Überschuss der Aktivposten über die Passivposten, in der Gewinn- und Verlustrechnung der Überschuss der Erträge über die Aufwendungen. Die Beteiligung am Gewinn schließt somit das Risiko ein, dass durch Aufwendungen der Gewinn gemindert wird, und zwar bis auf 0 €. Nur das Risiko, dass die Aufwendungen die Erträge übersteigen und damit ein Verlust entsteht, kann dem stillen Gesellschafter abgenommen werden (§ 230 Abs. 2 HGB).[1)]

Als stiller Gesellschafter kann sich jemand auch an einem bestimmten, selbständig abgrenzbaren Geschäftszweig des Handelsgewerbes eines anderen beteiligen. In diesem Fall ist zur Berechnung des Gewinnanteils des stillen Gesellschafters der Gewinn des betreffenden Geschäftszweigs zu ermitteln. Dabei sind alle Aufwendungen und Erträge anzusetzen, die durch diesen Geschäftszweig verursacht sind. Dazu gehört auch ein angemessener Anteil an den allgemeinen Betriebs- und Verwaltungskosten des Handelsgewerbes, an dessen Geschäftszweig die stille Beteiligung besteht.[2)]

Es sind auch die Gewinnanteile eines stillen Gesellschafters eines Mitunternehmers (Unterbeteiligungen) nach § 8 Nr. 3 GewStG hinzuzurechnen.[3)]

Die gewerbesteuerliche Hinzurechnung der Gewinnanteile eines stillen Gesellschafters nach § 8 Nr. 3 GewStG fällt zwar grundsätzlich unter die auch für Drittstaaten geltende **Kapitalverkehrsfreiheit** (Art. 63 AEUV). Jedoch erfüllt § 8 Nr. 3 GewStG die Voraussetzungen der „Standstill-Klausel" (Art. 64 Abs. 1 AEUV), wonach bei Altregelungen (wie § 8 Nr. 3 GewStG) eine Beschränkung der Kapitalverkehrsfreiheit zulässig ist.[4)]

Der Begriff „Gewinnanteile des stillen Gesellschafters" umfasst alle gewinnabhängigen Bezüge des stillen Gesellschafters, die nach den Vorstellungen der Beteiligten den Charakter einer Gegenleistung für die vom stillen Gesellschafter in Erfüllung des Gesellschaftsverhältnisses erbrachten Leistungen haben.[5)] Er setzt indes nicht notwendig einen tatsächlich erwirtschafteten Gewinn voraus, sondern erfasst auch Mindestbeträge, die in Höhe eines bestimmten Prozentsatzes der Vermögenseinlage in Verlustjahren an den stillen Gesellschafter zu zahlen sind. Die Hinzurechnung ist in einem solchen Fall vorzunehmen, weil der Mindestbetrag ein Entgelt für die Bereitstellung von Fremdkapital darstellt und deshalb die gewerbesteuerrechtliche Gleichbehandlung mit Darlehenszinsen geboten ist.[6)]

Zu den Gewinnanteilen des stillen Gesellschafters gehören auch die gewinnabhängigen Bezüge, die nach Beendigung der stillen Gesellschaft für erbrachte Leistungen gewährt werden.[7)]

Eine stille Gesellschaft kann aber auch durch bloße **Einbringung der Arbeitskraft** begründet werden. **1782**

Die Frage, ob bei einer bloßen Einbringung der Arbeitskraft im Einzelfall ein **Arbeitsverhältnis** oder ein Gesellschaftsverhältnis gegeben ist, ist oft nicht einfach und kann nur anhand der Umstände eines jeden einzelnen Falles beantwortet werden. Auf den Umstand, dass das streitige Rechtsverhältnis von den Vertragsparteien schriftlich (vertraglich) oder mündlich als Arbeitsverhältnis bezeichnet wird, kommt es hierbei nicht an. Selbst die Zahlung einer (hohen) Umsatz- oder Gewinnbeteiligung an einen Angestellten, dem für seine Tätigkeit im Betrieb des Unternehmers laufend ein festes und zur Bestreitung seines Lebensunterhalts ausreichendes Gehalt gezahlt wird, macht diesen selbst dann nicht zum stillen Gesellschafter des Unternehmers, wenn er gleichzeitig kapitalmäßig (darlehnsweise) dem Unternehmen in erheblichem Ausmaß verbunden ist.[8)]

Etwas anderes wird demgegenüber nur dann zu gelten haben, wenn das für das Arbeitsverhältnis typische Verhältnis der Über- und Unterordnung zwischen Unternehmer und Angestelltem, die Weisungsgebundenheit des Angestellten, abgelöst wird durch ein **Verhältnis der Gleich- oder Nebenordnung**, d.h. wenn an die Stelle der Weisungsgebundenheit – auch bei Anerkennung eines weitgehenden Beratungs- und Entscheidungsrechts (Prokurist) – des Angestellten ein Überwachungs- und/oder Mitspracherecht tritt, das den (bisherigen) Unternehmer hindert, gegen den Einspruch des (bisherigen) Angestellten die Geschicke des Unternehmens zu bestimmen. So hat beispielsweise der BFH in einem Fall[9)] das Vorliegen einer stillen Gesellschaft anerkannt, in dem sich die Geschäftsführer – Sohn und Prokurist der verwitweten Inhaberin des Unternehmens – in leitenden Vertrauensstellungen befanden, ihre im wesentlichen gewinnabhängigen Gehaltsbezüge nur in geringem Umfang entnehmen durften, ihre als gebundene Sonderkonten ausgewiesenen Guthaben das Kapitalkonto des Unternehmers überstiegen und durch ihr ständiges weiteres Anwachsen kapitalmäßige Bindungen an das Unternehmen darstellten, die auch für gehobene Angestellte mit Gewinnbeteiligung als ungewöhnlich angesehen werden mussten.

Da der objektive Gewerbeertrag besteuert werden soll, ist bei einem **Verlust** aus dem Gewerbebetrieb auch der Verlustanteil des stillen Gesellschafters als **„negative" Hinzurechnung** zu berücksichtigen, wenn dieser den Verlust aus Gewerbebetrieb gemindert hat. **1783**

1) BFH v. 27.2.1975, I R 11/72, BStBl II 1975, 611.
2) BFH v. 27.2.1975, I R 11/72, BStBl II 1975, 611.
3) BFH v. 8.10.1970, I R 91/67, BStBl II 1970, 59.
4) BFH v. 26.2.2025, I R 33/21, BStBl II 2025, 633.
5) BFH v. 1.6.1978, IV R 139/73, BStBl II 1978, 570.
6) BFH v. 21.5.2014, I R 41/13, BFH/NV 2014, 1908.
7) Gleich lautende Ländererlasse v. 2.7.2012, G 1422 – 95 V B 4 (FM Nordrhein-Westfalen), BStBl I 2012, 654, Rz. 28 mit Verweis auf R 50 Abs. 2 Satz 3 GewStR 1998.
8) BFH v. 11.11.1965, IV 82/62 U, BStBl III 1966, 95.
9) BFH v. 7.2.1968, I 233/64, BStBl II 1968, 356.

Praxishinweis:

In diesem Fall ist in **Zeile 52 (für ein zweites Wj. = Zeile 60)** der Verlust des stillen Gesellschafters in **„rot"** bzw. mit einem **Minuszeichen** einzutragen.

Der Verlust eines stillen Gesellschafters ist zunächst mit den anderen positiven Hinzurechnungsbeträgen nach § 8 Nr. 1 GewStG zu verrechnen. Wird die Summe der Hinzurechnungsbeträge nach § 8 Nr. 1 GewStG hierdurch insg. negativ, führt dies in Höhe von $^1/_4$ der negativen Summe zu einer negativen Hinzurechnung nach § 8 Nr. 1 GewStG.[1] Hierbei ist die Beitragsgrenze für die Hinzurechnung nach § 8 Nr. 1 GewStG von 200 000 € im Fall einer negativen Summe der hinzuzurechnenden Finanzierungsanteile nicht spiegelbildlich anzuwenden.[2]

Beispiel:

A ist als stiller Gesellschafter an der B-GmbH beteiligt. In 2025 erzielt die B-GmbH einen Verlust. A muss einen Verlustausgleich i.H.v. 40 000 € leisten. Daneben hat die B-GmbH in 2025 noch einen Zinsaufwand für betriebliche Schulden von 10 000 €.

Die Zinsen sind nach § 8 Nr. 1 Buchst. a GewStG hinzuzurechnen. Für die Ermittlung des Hinzurechnungsbetrags nach § 8 Nr. 1 GewStG ist jedoch von dem Betrag nach § 8 Nr. 1 Buchst. a GewStG die Verlustübernahme des stillen Gesellschafters nach § 8 Nr. 1 Buchst. c GewStG abzuziehen. Da die nun ermittelte Summe negativ ist (./. 40 000 €) ist diese nach § 8 Nr. 1 GewStG zu $^1/_4$ (= ./. 10 000 €) bei der Ermittlung des Gewerbeertrags negativ hinzuzurechnen.

1784 Die Hinzurechnungsvorschrift des § 8 Nr. 1 Buchst. c GewStG gilt nicht für den atypisch stillen Gesellschafter. Der **atypisch stille Gesellschafter** ist nicht nur am Gewinn und Verlust, sondern zusätzlich am Vermögen der Gesellschaft beteiligt. Da atypische stille Gesellschaften steuerlich nach den Regelungen der Mitunternehmerschaft behandelt werden, stellen die Gewinnanteile des atypisch stillen Gesellschafters Teil des Gewinns aus Gewerbebetrieb dar und dürfen diesen nicht mindern.[3]

dd) Miet- und Pachtzinsen für bewegliche Wirtschaftsgüter (§ 8 Nr. 1 Buchst. d GewStG – Zeilen 53–54)

1785 Die in den gezahlten Miet- und Pachtzinsen für die Benutzung der beweglichen Wirtschaftsgüter des Anlagevermögens enthaltenen Finanzierungskosten werden typisierend mit 20 % (= $^1/_5$) der gezahlten Beträge angenommen und über § 8 Nr. 1 Buchst. d GewStG hinzugerechnet. Wegen der Absenkung des Hinzurechnungssatzes auf die Miet- und Pachtzinsen für bestimmte Elektro-/Hybridfahrzeuge und Fahrräder wird auf → Rz. 1792 hingewiesen.

Die Hinzurechnung nach § 8 Nr. 1 Buchst. d GewStG erfolgt unabhängig davon, wie die Miet- und Pachtzahlungen bei dem Zahlungsempfänger gewerbesteuerlich behandelt werden. Auch ist die Laufzeit von Miet- und Pachtverträgen für die Beurteilung, ob eine Hinzurechnung vorzunehmen ist, ohne Bedeutung.

Gezahlte Miet- und Pachtzinsen für bewegliche Wirtschaftsgüter des Anlagevermögens sind in voller Höhe in **Zeile 53** bzw. für ein zweites Wj. in **Zeile 61** einzutragen. Die Kürzung auf 20 % erfolgt automatisch.

1786 Miet- und Pachtzinsen werden dann für die Benutzung von Wirtschaftsgütern des Anlagevermögens gezahlt, wenn die Wirtschaftsgüter für den Fall, dass sie im Eigentum des Mieters oder Pächters stünden, dessen Anlagevermögen zuzurechnen wären. So unterliegen beispielsweise auch die von einem Bauunternehmer für die einmalige Anmietung von Baumaschinen geleisteten Mietaufwendungen der Hinzurechnung. Das gilt selbst dann, wenn die Anmietung lediglich stunden- oder tageweise erfolgt.

Die Frage, ob das fiktiv im Eigentum des Stpfl. stehende Wirtschaftsgut zu dessen **Anlagevermögen** gehören würde, orientiert sich maßgeblich an der Zweckbestimmung des Wirtschaftsguts in dem Betrieb, die einerseits subjektiv vom Willen des Stpfl. abhängt, sich andererseits aber an objektiven Merkmalen nachvollziehen lassen muss. Gemeint ist, dass es sich bei dem überlassenen Wirtschaftsgut der Art nach um Anlagevermögen handelt, wobei es ausreicht, wenn das Wirtschaftsgut dazu gewidmet ist, auf Dauer eine Nutzung im Geschäftsbetrieb zu ermöglichen. Insoweit spricht insb. die Verwendung des Wirtschaftsguts als Produktionsmittel für die Zuordnung zum Anlagevermögen, während der Einsatz als zu veräußerndes Produkt eine Zuordnung zum Umlaufvermögen nahelegt. Die Prüfung muss den Geschäftsgegenstand des Unternehmens berücksichtigen und sich so weit wie möglich an den betrieblichen Verhältnissen des Stpfl. orientieren. Insbesondere darf die Fiktion nicht weiter reichen, als es die Vorstellung eines das Miet- oder Pachtverhältnis ersetzenden Eigentums gebietet. Es ist zu fragen, ob der Geschäftszweck das dauerhafte Vorhandensein solcher Wirtschaftsgüter voraussetzt. Hierfür ist – i.S. einer Kontrollfrage – darauf abzustellen, ob sich die betreffende Tätigkeit, das Eigentum des Stpfl. an dem Wirtschaftsgut unterstellt, wirtschaftlich sinnvoll nur ausüben lässt, wenn das Eigentum an den Wirtschaftsgütern langfristig erworben wird.[4]

1787 Aufwendungen, die am Bilanzstichtag als Anschaffungs- oder Herstellungskosten des Anlage- oder Umlaufvermögens aktiviert wurden, sind nicht nach § 8 Nr. 1 Buchst. d GewStG hinzuzurechnen. Auch unterbleibt in Fällen bereits unterjährig ausgeschiedener Wirtschaftsgüter eine Hinzurechnung für solche Aufwendungen, die als Anschaffungs- oder Herstellungskosten aktiviert worden wären, wenn sich das Wirtschaftsgut am Bilanzstichtag noch im Betriebsvermögen befunden hätte.[5] Dies gilt jedoch nicht für Aufwendungen, die im Zusammenhang mit

1) BFH v. 1.10.2015, I R 4/14, BStBl II 2017, 59; v. 28.1.2016, I R 15/15, BStBl II 2017, 62; R 8.1 (3) Satz 3 GewStR 2009 ist damit nicht mehr gültig.
2) BFH v. 1.10.2015, I R 4/14, BStBl II 2017, 59; v. 28.1.2016, I R 15/15, BStBl II 2017, 62; R 8.1 (3) Satz 3 GewStR 2009 ist damit nicht mehr gültig.
3) BFH v. 12.11.1985, VIII R 364/83, BStBl II 1986, 311.
4) BFH v. 25.7.2019, III R 22/16, BStBl II 2020, 51; v. 8.12.2016, IV R 24/11, BStBl II 2022, 276.
5) BFH v. 30.8.2020, III R 24/18, BStBl II 2022, 279; v. 12.11.2020, III R 38/17, BStBl II 2022, 283.

der Herstellung eines selbst geschaffenen immateriellen Wirtschaftsguts des Anlagevermögens stehen. Diese sind auf Grund des Aktivierungsverbots in § 5 Abs. 2 EStG stets hinzuzurechnen.[1)]

Bei Verträgen über kurzfristige **Hotelnutzungen** oder bei kurzfristigen **Pkw-Mietverträgen** unterbleibt aus **Vereinfachungsgründen** eine Hinzurechnung.[2)] **1788**

Die vorstehenden Grundsätze gelten nach Verwaltungsauffassung auch bei **Leasingverträgen** mit der Folge, dass sich der Umfang der Hinzurechnung auf die den Gewinn mindernde Leasingrate erstreckt.[3)] **1789**

Neben der den Gewinn mindernden Leasingrate sind auch die sonstigen Aufwendungen des Leasingnehmers wie z.B. für Instandhaltung, Instandsetzung und Versicherung des Leasinggegenstandes bei der Hinzurechnung nach § 8 Nr. 1 Buchst. d GewStG zu berücksichtigen, soweit er vertraglich eine Verpflichtung übernimmt, die über die gesetzliche Verpflichtung nach bürgerlichem Recht (§§ 582 ff. BGB) hinausgeht.[4)]

Die im Zusammenhang mit der Anmietung von Fahrzeugflächen (z.B. Taxi- oder Busflächen für Werbezwecke) entrichteten Entgelte stellen Mietaufwendungen dar und unterliegen der Hinzurechnung nach § 8 Nr. 1 Buchst. d GewStG.[5)] **1790**

Im Fall der Weitervermietung von Wirtschaftsgütern liegt auf jeder Stufe der Überlassung eine Benutzung i.S.d. § 8 Nr. 1 Buchst. d oder e GewStG vor. Eine Saldierung von Mietaufwendungen und Mieterträgen kommt nicht in Betracht.[6)] **1791**

Für die als Aufwand erfassten Mieten/Pachten für **Elektrofahrzeuge**, begünstigte **Hybridelektrofahrzeuge** und **Fahrräder**, die keine Fahrzeuge sind, reduziert sich die Höhe der Hinzurechnung (ab dem EZ 2020) nach § 8 Nr. 1 Buchst. d Satz 1 GewStG von 20 % auf 10 % (§ 8 Nr. 1 Buchst. d Satz 2 GewStG). Ein Hybridelektrofahrzeug ist begünstigt, wenn das Fahrzeug eine Kohlendioxidemission vom höchstens 50 Gramm je gefahrenem Kilometer oder eine Reichweite, bei ausschließlicher Nutzung des Elektroantriebs, von mindestens 80 Kilometer hat (§ 8 Nr. 1 Buchst. d Satz 2 Buchst. bb GewStG). **1792**

Das gilt jedoch nur für die Aufwendungen, bei denen die den Entgelten zugrunde liegenden Verträge nach dem 31.12.2019 abgeschlossen wurden (§ 36 Abs. 4 GewStG). Bei den Hybridelektrofahrzeugen reicht bei den vor den 1.1.2025 abgeschlossenen Verträgen eine **Mindestreichweite von 60 km** aus (§ 36 Abs. 4 Satz 2 GewStG).

Die Aufwendungen für die nach § 8 Nr. 1 Buchst. d Satz 2 GewStG genannten Fahrzeuge sind (ungekürzt) in **Zeile 54** bzw. für ein zweites Wj. in **Zeile 62** einzutragen.

ee) Miet- und Pachtzinsen für unbewegliche Wirtschaftsgüter (§ 8 Nr. 1 Buchst. e GewStG – Zeile 55)

Die in den gezahlten Miet- und Pachtzinsen für die Benutzung von unbeweglichen Wirtschaftsgütern des Anlagevermögens enthaltenen Finanzierungskosten werden typisierend mit 50 % der gezahlten Beträge angenommen und über § 8 Nr. 1 Buchst. e GewStG hinzugerechnet. Eine Hinzurechnung erfolgt unabhängig davon, wie die Miet- und Pachtzahlungen bei dem Zahlungsempfänger gewerbesteuerlich behandelt werden. **1793**

Auch die Mieten und Pachten für weitervermietete oder -verpachtete Immobilien sind dem Gewinn aus Gewerbebetrieb des **gewerblichen Zwischenmieters** gemäß § 8 Nr. 1 Buchst. e GewStG hinzuzurechnen.[7)]

Gezahlte Miet- und Pachtzinsen für unbewegliche Wirtschaftsgüter des Anlagevermögens sind in voller Höhe in **Zeile 55** bzw. für ein zweites Wj. in **Zeile 63** einzutragen. Die Kürzung auf 50 % erfolgt automatisch.

Für die Frage, wann ein unbewegliches Wirtschaftsgut dem Anlagevermögen zuzurechnen ist, wird auf die Ausführungen in → Rz. 1786 verwiesen.

Der Begriff der Miet- und Pachtzinsen ist wirtschaftlich zu verstehen. Erfasst werden daher nicht nur die laufenden Zahlungen des Mieters oder Pächters an den Vermieter oder Verpächter. Vielmehr gehören auch die vom Mieter oder Pächter getragenen **Instandhaltungskosten** und z.B. die Kosten einer **Kaskoversicherung** zu den Miet- oder Pachtzinsen i.S.d. § 8 Nr. 1 Buchst. e GewStG, wenn und soweit diese Kosten nach den für diesen Vertragstyp gültigen zivilrechtlichen Vorschriften nicht ohnehin vom Mieter oder Pächter zu tragen sind.[8)] Nicht hinzuzurechnen sind daher die vom Mieter zu tragenden reinen Betriebskosten wie Wasser, Strom, Heizung.

Wurde die Umlage der **Grundsteuer** vereinbart, sind diese Aufwendungen ebenfalls hinzuzurechnen.[9)]

Bei einem einheitlichen Vertrag ist zu prüfen, ob Vertragsbestandteil nicht auch die Überlassung von beweglichen Wirtschaftsgütern (z.B. Betriebsvorrichtungen etc.) ist. Soweit Mietaufwendungen auch auf bewegliche Wirt-

---

1) BFH v. 12.11.2020, III R 38/17, BStBl II 2022, 283; gleich lautende Ländererlasse v. 2.7.2012, G 1422 – 95 V B 4 (FM Nordrhein-Westfalen), BStBl I 2012, 654, Rz. 2; Anpassung der Rz. 2 durch gleich lautende Ländererlasse v. 6.4.2022, G 1422 – 124 – V B 4 (FinMin Nordrhein-Westfalen), BStBl I 2022, 638.
2) Gleich lautende Ländererlasse v. 2.7.2012, G 1422 – 95 V B 4 (FM Nordrhein-Westfalen), BStBl I 2012, 654, Rz. 29b; Anpassung der Rz. 29b durch gleich lautende Ländererlasse v. 6.4.2022, G 1422 – 124 – V B 4 (FinMin Nordrhein-Westfalen), BStBl I 2022, 638.
3) Gleich lautende Ländererlasse v. 2.7.2012, G 1422 – 95 V B 4 (FM Nordrhein-Westfalen), BStBl I 2012, 654, Rz. 29 Satz 5; Anpassung der Rz. 29b durch gleich lautende Ländererlasse v. 6.4.2022, G 1422 – 124 – V B 4 (FinMin Nordrhein-Westfalen), BStBl I 2022, 638.
4) OFD Nordrhein-Westfalen v. 2.9.2013, G 1422-2013/0022, FR 2013, 1016.
5) Gleich lautende Ländererlasse v. 2.7.2012, G 1422 – 95 V B 4 (FM Nordrhein-Westfalen), BStBl I 2012, 654, Rz. 29.
6) Gleich lautende Ländererlasse v. 2.7.2012, G 1422 – 95 V B 4 (FM Nordrhein-Westfalen), BStBl I 2012, 654, Rz. 29a.
7) BFH v. 4.6.2014, I R 70/12, BStBl II 2015, 289; v. 8.12.2016, IV R 55/10, BStBl II 2017, 722.
8) BFH v. 18.8.2015, I R 43/14, BFH/NV 2016, 232.
9) BFH v. 2.2.2022, III R 65/19, BStBl II 2022, 426.

schaftsgüter entfallen, ist eine entsprechende Aufteilung der Miete bzw. Pacht vorzunehmen und insoweit erfolgt eine Hinzurechnung nach § 8 Nr. 1 Buchst. d GewStG.[1)]

Beratungshinweis (Reisevorleistungen bei Reiseveranstaltern):
Zu der Frage, in welchem Umfang bei Reiseveranstaltern Reisevorleistungen, wie Hotelleistungseinkäufe, nach § 8 Nr. 1 Buchst. e GewStG bei der Ermittlung des Gewerbeertrags hinzuzurechnen sind, hat der BFH am 25.7.2019 entschieden, dass die Hotelleistungseinkäufe nicht zu einer Hinzurechnung nach § 8 Nr. 1 Buchst. e GewStG führen. So wären die Hotelzimmer nicht dem Anlagevermögen, sondern dem Umlaufvermögen zuzurechnen, da sie als Teil des Produkts „Pauschalreise" kein Produktionsmittel sind.[2)] Es fehlt also insoweit an der Eignung „Anlagevermögen".

ff) Aufwendungen für die zeitlich befristete Überlassung von Rechten (§ 8 Nr. 1 Buchst. f GewStG – Zeilen 56–57)

1794 Dem Gewinn aus Gewerbebetrieb sind 25 % (= $^1/_4$) der Aufwendungen für die zeitlich befristete Überlassung von Rechten – insb. Konzessionen und Lizenzen – hinzuzurechnen (§ 8 Nr. 1 Buchst. f GewStG).

Rechte i.S.v. § 8 Nr. 1 Buchst. f Satz 1 GewStG sind **Immaterialgüterrechte**, also subjektive Rechte an unkörperlichen Gütern mit selbständigem Vermögenswert, die eine Nutzungsbefugnis enthalten und an denen eine geschützte Rechtsposition – ein Abwehrrecht – besteht. Unerheblich für die Qualifizierung als Recht i.S.v. § 8 Nr. 1 Buchst. f GewStG ist es, ob es sich hierbei um ein privates oder ein öffentliches Recht handelt.[3)]

Ungeschützte Positionen hingegen, die kein Abwehrrecht gegenüber nicht berechtigten Personen gewähren, wie bspw. durch die Überlassung ungeschützter Erfindungen, Know-how, Firmenwert, Kundenstamm und sonstiger ungeschützter geistiger Werte, werden nicht vom Rechtebegriff des § 8 Nr. 1 Buchst. f GewStG umfasst.

Eine **zeitlich befristete Überlassung** von Rechten liegt bereits vor, wenn bei Abschluss des Vertrags ungewiss ist, ob und wann die Überlassung zur Nutzung endet. Für die Annahme einer zeitlichen Begrenzung genügt bereits das Vorhandensein gesetzlicher Kündigungsmöglichkeiten, die auf bestimmte Fälle beschränkt sind.[4)]

Aufwendungen für die zeitlich befristete Überlassung von Rechten i.S.d. § 8 Nr. 1 Buchst. f GewStG sind in voller Höhe in **Zeile 56** bzw. für ein zweites Wj. in **Zeile 64** einzutragen. Die Kürzung auf 25 % erfolgt automatisch.

1795 Das Entgelt für die Einräumung eines **Kabelweitersenderechts** ist nach § 8 Nr. 1 Buchst. f GewStG hinzuzurechnen. Bei dem Kabelweitersenderecht handelt es sich um ein urheberrechtlich geschütztes Recht (= besondere Form des Senderechts).[5)]

1796 Auch die entgeltliche Überlassung gegen Lizenzzahlung eines **Sortenschutzrechts** nach § 10 Abs. 1 SortSchG begründet eine Rechteüberlassung nach § 8 Nr. 1 Buchst. f GewStG. So vermittelt die Überlassung eines Sortenschutzrechts nach § 10 Abs. 1 SortSchG dem Sortenschutzinhaber (§ 8 SortSchG) eine geschützte Rechtsposition, Vermehrungsmaterial der geschützten Sorte zu erzeugen, für Vermehrungszwecke aufzubereiten, in den Verkehr zu bringen, ein- oder auszuführen oder hierfür aufzubewahren. Hierbei handelt es sich nicht um eine sog. Vertriebslizenz i.S.d. § 8 Nr. 1 Buchst. f GewStG, da der Saatguthersteller die Lizenz zur Herstellung von Vermehrungsmaterial für den Verkauf nutzt. Es erfolgt also keine unveränderte Weitergabe des Rechts an die Landwirte, da diese im Gegensatz zum Saatguthersteller nicht befugt sind, Vermehrungsmaterial zu erzeugen.[6)]

1797 Erhält ein Filmverleiher (Lizenznehmer) von dem Produzenten eines Spielfilms (Lizenzgeber) auch das Recht, den lizenzierten Film in einer anderen Sprache zu synchronisieren oder zu untertiteln und diese (veränderte) Filmversion zu verwerten, handelt es sich nicht mehr um eine nicht der gewerbesteuerlichen Hinzurechnung unterliegende Vertriebslizenz i.S.d. § 8 Nr. 1 Buchst. f GewStG.[7)] Die dem Lizenznehmer entstandenen Lizenzaufwendungen unterliegen in diesen Fällen der Hinzurechnung nach § 8 Nr. 1 Buchst. f GewStG.

1798 Eine **endgültige Übertragung** eines Rechts liegt vor, wenn das Recht dem Berechtigten mit Gewissheit endgültig verbleiben wird, ein Rückfall des Rechts kraft Gesetzes oder Vertrags nicht in Betracht kommt oder das wirtschaftliche Eigentum an dem Recht auf den Berechtigten übergeht, weil es sich während der vereinbarten Nutzungsdauer in seinem wirtschaftlichen Wert erschöpft.[8)]

1799 In **Zeile 57** sind die in Zeile 56 bzw. für ein zweites Wj. sind in **Zeile 65** die in Zeile 64 enthaltenen Vergütungen i.S.d. § 50a Abs. 1 Nr. 3 EStG an beschränkt steuerpflichtige Zahlungsempfänger einzutragen. Hierbei handelt es sich insb. um gezahlte Vergütungen für die Überlassung der Nutzung oder des Rechts auf Nutzung von Rechten, insb. von Urheberrechten und gewerblichen Schutzrechten.

---

1) Gleich lautende Ländererlasse v. 2.7.2012, G 1422 – 95 V B 4 (FM Nordrhein-Westfalen), BStBl I 2012, 654, Rz. 29–31; Anpassung der Rz. 29b durch gleich lautende Ländererlasse v. 6.4.2022, G 1422 – 124 – V B 4 (FinMin Nordrhein-Westfalen), BStBl I 2022, 638.
2) BFH v. 25.7.2019, III R 22/16, BStBl II 2020, 51.
3) BFH v. 31.1.2012, I R 105/10, BFH/NV 2012, 996; v. 26.4.2018, III R 25/16, BStBl II 2024, 768.
4) BFH v. 19.12.2019, III R 39/17, BStBl II 2020, 397.
5) BFH v. 23.2.2023, IV R 37/18, BStBl II 2023, 917.
6) BFH v. 19.12.2019, III R 39/17, BStBl II 2020, 397.
7) BFH v. 29.6.2022, III R 2/21, BStBl II 2024, 477.
8) BFH v. 19.12.2019, III R 39/17, BStBl II 2020, 397.

c) Weitere Hinzurechnungen (Zeilen 66–69)

aa) Gewinnanteile persönlich haftender Gesellschafter von KGaA (Zeile 66)

	Hinzurechnung nach § 8 Nummer 4 GewStG		
66	Nur bei einer Kommanditgesellschaft auf Aktien: Gewinnanteile der in § 8 Nummer 4 GewStG bezeichneten Art an persönlich haftende Gesellschafter ❽	14	,–

Dem Gewinn aus Gewerbebetrieb sind durch einen Eintrag in der **Zeile 66** die Gewinnanteile hinzuzurechnen, die an persönlich haftende Gesellschafter einer Kommanditgesellschaft auf Aktien (KGaA) auf ihre nicht auf das Grundkapital gemachten Einlagen oder als Vergütung (Tantieme) für die Geschäftsführung gezahlt worden sind (§ 8 Nr. 4 GewStG). **1800**

Die KGaA ist eine Kapitalgesellschaft, die u.a. bei der Gewerbesteuer (teilweise) wie eine Personengesellschaft behandelt wird. So bezieht der Komplementär einer KGaA hinsichtlich der Zahlungen für die nicht auf das Grundkapital gemachten Einlagen oder der Tantiemen für die Geschäftsführung Einkünfte i.S.d. § 15 Abs. 1 Nr. 3 EStG.

Diese Zahlungen haben zwar das Ergebnis der KGaA gemindert (§ 9 Abs. 1 Nr. 1 KStG). Da jedoch der Komplementär mit den Einkünften i.S.d. § 15 Abs. 1 Nr. 3 EStG keinen Gewerbebetrieb i.S.d. § 2 GewStG begründet, ist die Hinzurechnung bei der Gewerbeertragsberechnung der KGaA nach § 8 Nr. 4 GewStG sachgerecht.

bb) Verlustanteile von Personengesellschaften (Zeilen 67–67d)

	Anteile am Verlust von in- und/oder ausländischen Personengesellschaften (§ 8 Nummer 8 GewStG) laut gesonderter Einzelaufstellung		
67	Name der Personengesellschaft		
67a	Steuernummer der Personengesellschaft		
67b	Wirtschafts-Identifikationsnummer der Personengesellschaft ㊴		D E
67c	Anteil am Verlust der in- oder ausländischen Personengesellschaft		EUR ,–
	Sind weitere Eintragungen erforderlich, sind diese nach dem gleichen Schema gesondert zu erläutern.		

2025GewSt1A703 2025GewSt1A703

- 4 -

67d	Summe der Anteile am Verlust von in- und/oder ausländischen Personengesellschaften (§ 8 Nummer 8 GewStG; Betrag ohne Minuszeichen eintragen) ❻❾	16	EUR ,–

Wenn zum Betriebsvermögen eines Gewerbebetriebs eine Beteiligung an einer in- oder ausländischen offenen Handelsgesellschaft, einer Kommanditgesellschaft oder einer anderen Gesellschaft, bei der die Gesellschafter als Mitunternehmer des Gewerbebetriebs anzusehen sind, gehört, sind bei der Ermittlung des Gewerbeertrags **Verlustanteile** aus dieser Beteiligung dem Gewinn aus Gewerbebetrieb hinzuzurechnen, soweit sie diesen gemindert haben (§ 8 Nr. 8 GewStG). **1801**

Beratungshinweis (Beteiligung an vermögensverwaltender Personengesellschaft):

Ist ein Gewerbebetrieb an einer **vermögensverwaltenden Personengesellschaft** beteiligt, wird ein daraus erzielter – den gewerblichen Gewinn mindernden – Verlustanteil, nicht nach § 8 Nr. 8 GewStG hinzugerechnet.

Soweit in den anteiligen Einkünften der vermögensverwaltenden Personengesellschaft den gewerblichen Gewinn des Mitunternehmers mindernde hinzurechnungspflichtige Aufwendungen (wie z.B. Zinsen, Mieten etc.) enthalten sind, sind diese nach § 8 Nr. 1 GewStG hinzuzurechnen.[1)]

Maßgebend für die Höhe der Hinzurechnung ist der sich nach § 15 Abs. 1 Nr. 2 EStG ergebende Verlustanteil.

Eine Kürzung ist selbst dann vorzunehmen, wenn das Beteiligungsunternehmen nicht, noch nicht oder nicht mehr gewerbesteuerpflichtig ist, weil es beispielsweise

– ein **ausländisches** Unternehmen ist,

– in der **Vorbereitung- oder Abwicklungsphase** ist oder

– ein **ruhender** (verpachteter) Gewerbebetrieb ist.[2)]

1) BFH v. 28.1.1975, I R 106/73, BStBl II 1975, 516.
2) R 8.4 GewStR 2009; BFH v. 23.10.1986, IV R 319/84, BStBl II 1987, 64.

Dazu ist in **Zeile 67** der Name, in **Zeile 67a** die StNr. und in **Zeile 67b** die Wirtschafts-Identifikationsnummer der Personengesellschaft einzutragen.

Der Anteil am Verlust, der nach § 8 Nr. 8 GewStG hinzuzurechnen ist, ist in **Zeile 67c** einzutragen.

Hat ein Gewerbebetrieb mehrere Beteiligungen an Personenhandelsgesellschaften, aus denen Verlustanteile zugerechnet werden, sind diese nach dem gleichen Muster in einer Anlage gesondert zu erläutern.

Die **Summe der Anteile** am Verlust von in- und/oder ausländischen Personengesellschaften ist in **Zeile 67d** einzutragen. Besteht nur eine Beteiligung, entspricht die Eintragung in Zeile 67d der Eintragung in Zeile 67c.

Hinsichtlich der **Gewinnanteile** wird auf die Kürzungsvorschrift des § 9 Nr. 2 GewStG (→ Rz. 1847) verwiesen.

cc) Ausschüttungsbedingte Gewinnminderungen (Zeile 68)

	Hinzurechnung nach § 8 Nummer 10 und 12 GewStG		
68	Ausschüttungs- und abführungsbedingte Gewinnminderungen bei Beteiligungsbesitz (§ 8 Nummer 10 GewStG); auch soweit die Gewinnminderung Folge einer Auskehrung von Liquidationsraten ist	19	,—

1802 Gewinnminderungen, die durch eine **Teilwertabschreibung** auf Anteile an einer Körperschaft, eine Veräußerung oder Entnahme solcher Anteile oder eine Auflösung oder Herabsetzung des Kapitals einer Körperschaft entstanden sind, sind, soweit sie auf nach § 9 Nr. 2a, 7 oder 8 GewStG zu kürzende Gewinnausschüttungen zurückzuführen sind, nach § 8 Nr. 10 GewStG hinzuzurechnen.

Die Gewinnminderung kann sowohl auf offene als auch auf verdeckte Gewinnausschüttungen zurückzuführen sein. Beruht die Gewinnminderung auf **anderen Umständen**, kommt keine Hinzurechnung nach § 8 Nr. 10 GewStG in Betracht. Wenn eine Gewinnminderung sowohl durch Gewinnausschüttungen als auch wegen anderer Umstände veranlasst ist, ist davon auszugehen, dass die anderen Umstände ursächlich für die Gewinnminderung sind.[1)]

Beratungshinweis:

Bei der Anwendung der Vorschrift des § 8 Nr. 10 GewStG muss geprüft werden, in welchem Umfang sich die ausschüttungsbedingte Teilwertabschreibung auf den Gewinn aus Gewerbebetrieb ausgewirkt hat.

1803 Bei einer **Kapitalgesellschaft** darf eine Teilwertabschreibung auf eine Beteiligung das körperschaftsteuerliche Einkommen nicht mindern (§ 8b Abs. 3 KStG). Es erfolgt also bei der Ermittlung des körperschaftsteuerlichen Gewinns bereits eine außerbilanzielle Zurechnung, so dass es einer Hinzurechnung bei der Gewerbesteuer insoweit nicht mehr bedarf.

1804 Bei **natürlichen Personen** greift auf Beteiligungserträge (wozu auch Verluste gehören) das Teileinkünfteverfahren (§§ 3 Nr. 40, 3c Abs. 2 EStG). Eine ausschüttungsbedingte Teilwertabschreibung auf eine Beteiligung wirkt sich daher i.R. der Ermittlung der Einkünfte aus Gewerbebetrieb lediglich zu 60 % aus. Daher kann eine Hinzurechnung, wenn die Beteiligung die Voraussetzungen des § 9 Nr. 2a GewStG erfüllt, nach § 8 Nr. 10 GewStG ebenfalls nur zu 60 % erfolgen.

dd) Ausländische Steuern (Zeile 69)

69	Ausländische Steuern, soweit sie auf Gewinne oder Gewinnanteile entfallen, die nach § 9 GewStG gekürzt werden oder sonst nicht im Gewerbeertrag enthalten sind (§ 8 Nummer 12 GewStG)	22	,—

1805 Nach § 8 Nr. 12 GewStG sind ausländische Steuern, die nach § 34c EStG bei der Ermittlung der Einkünfte abgezogen wurden, dem Gewerbeertrag hinzuzurechnen, soweit sie auf Gewinne oder Gewinnanteile entfallen, die bei der Ermittlung des Gewerbeertrags außer Ansatz gelassen oder nach § 9 GewStG gekürzt wurden.

Es soll im Ergebnis verhindert werden, dass nichtanrechenbare ausländische Steuern den inländischen Gewerbeertrag belasten, während die entsprechenden ausländischen Einkünfte nicht der Gewerbesteuer unterworfen werden.

1) R 8.6 Satz 4 GewStR 2009.

11. Gewinne aus Anteilen an bestimmten Körperschaften (Zeilen 70–82)

Gewinne aus Anteilen an bestimmten Körperschaften [12] [23] — 20 / 21

Zeile		Kz.	
70	Nur bei Mitunternehmerschaften: Anteil der an der Mitunternehmerschaft unmittelbar oder mittelbar über andere Mitunternehmerschaften beteiligten Körperschaften in Höhe von (Prozent)		%
71	Nur bei Organgesellschaften: Anteil der an der Organgesellschaft unmittelbar oder mittelbar über Mitunternehmerschaften beteiligten Körperschaften in Höhe von (Prozent) [21] [22] [26]		%
72	Bei Mitunternehmerschaften und Organgesellschaften: Anteil der an der Mitunternehmerschaft oder der Organgesellschaft unmittelbar oder mittelbar über andere Mitunternehmerschaften beteiligten natürlichen Personen (100 % abzüglich Prozentsatz laut Zeile 70 oder 71) [21]		%
			EUR
73	Nur bei Organgesellschaften: Steuerfreie Bezüge nach § 8b Absatz 1 und 4 KStG oder nach DBA (Summe der Beträge laut Zeile 13 aller Anlagen BEG)	63	,—
74 frei 75	Bezüge nach § 3 Nummer 40 EStG gekürzt um Betriebsausgaben nach § 3c Absatz 2 EStG vor Anwendung des Teileinkünfteverfahrens (Summe der positiven Beträge laut Zeile 22 aller Anlagen BEG)	64	,—
76	Bezüge nach § 3 Nummer 40 EStG gekürzt um Betriebsausgaben nach § 3c Absatz 2 EStG vor Anwendung des Teileinkünfteverfahrens (Summe der negativen Beträge laut Zeile 22 aller Anlagen BEG)	68	,—
77	Hinzurechnungsbetrag nach § 8 Nummer 5 GewStG, soweit auf Körperschaften entfallend (Summe der Beträge laut Zeile 15 aller Anlagen BEG)	26	,—
78	Hinzurechnungsbetrag nach § 8 Nummer 5 GewStG, soweit auf natürliche Personen entfallend (Summe der Beträge laut Zeile 23 aller Anlagen BEG)	69	,—
79	Kürzung des Hinzurechnungsbetrages nach § 8 Nummer 1 GewStG aufgrund des § 9 Nummer 2a Satz 3 zweiter Halbsatz GewStG, § 9 Nummer 7 Satz 2 beziehungsweise § 9 Nummer 8 Satz 2 GewStG (Summe der Beträge laut Zeile 20 aller Anlagen BEG)	65	,—
80	Kürzung des Hinzurechnungsbetrages nach § 8 Nummer 1 GewStG aufgrund des § 9 Nummer 2a Satz 3 zweiter Halbsatz GewStG, § 9 Nummer 7 Satz 2 beziehungsweise § 9 Nummer 8 Satz 2 GewStG (Summe der Beträge laut Zeile 28 aller Anlagen BEG)	66	,—
81	Kürzung nach § 9 Nummer 2a, 7 und 8 GewStG (Betrag laut Zeile 19 aller Anlagen BEG)	026	,—
82	Kürzung nach § 9 Nummer 2a, 7 und 8 GewStG vor Anwendung des Teileinkünfteverfahrens (Betrag laut Zeile 27 aller Anlagen BEG)	002	,—

Erträge aus den Beteiligungen an anderen Körperschaften, wie Dividenden, sind in der Anlage BEG (getrennt für jede einzelne Beteiligung) zu erklären. **1806**

a) Anteil der an einer Mitunternehmerschaft beteiligten Körperschaft (Zeile 70)

Bei einer Mitunternehmerschaft ist in **Zeile 70** der Anteil der an der Mitunternehmerschaft unmittelbar oder mittelbar über andere Mitunternehmerschaften beteiligten Körperschaften in Prozent (auf 6 Stellen hinter dem Komma) einzutragen. **1807**

Damit sollen die im Gewinn aus Gewerbebetrieb einer Mitunternehmerschaft enthaltenen Beteiligungserträge zutreffend nach § 3 Nr. 40 EStG bzw. § 8b KStG steuerfrei gestellt werden (§ 7 Satz 4 GewStG).

b) Anteil der an einer Organgesellschaft beteiligten Körperschaft (Zeile 71)

Bei einer Organgesellschaft ist in **Zeile 71** der Anteil der unmittelbar oder mittelbar über Mitunternehmerschaften an der Organgesellschaft beteiligten Körperschaften in Prozent (auf 6 Stellen hinter dem Komma) einzutragen. **1808**

c) Bei Mitunternehmerschaften und Organgesellschaften (Zeile 72)

Als Gegenpart zu den Anteilen der Kapitalgesellschaften (Zeilen 70 bzw. 71) ist in **Zeile 72** der Anteil der an der Mitunternehmerschaft oder der Organgesellschaft unmittelbar oder mittelbar über andere Mitunternehmerschaften beteiligten natürlichen Personen einzutragen (100 % abzgl. Prozentsatz der Zeilen 70 oder 71). **1809**

d) Bei Organgesellschaften (Zeile 73)

In **Zeile 73** ist die Summe der steuerfreien Bezüge nach § 8b Abs. 1 KStG lt. der Zeile 13 der Anlagen BEG einzutragen. **1810**

e) Bei Mitunternehmerschaften und Organgesellschaften (Zeilen 75–82)

In **Zeile 75** sind die steuerfreien Einkünfte nach § 3 Nr. 40 EStG i.V.m. § 3c Abs. 2 EStG aus der Summe der positiven Beträge lt. Zeile 22 aller Anlagen BEG einzutragen. **1811**

In **Zeile 76** ist der Hinzurechnungsbetrag nach § 8 Nr. 5 GewStG, soweit auf Körperschaften entfallend (Summe der negativen Beträge lt. Zeile 22 aller Anlagen BEG), einzutragen.

Aus der Summe der Zeile 15 aller Anlagen BEG ist die Summe der Hinzurechnungsbeträge nach § 8 Nr. 5 GewStG (Streubesitzdividenden) zu bilden und in **Zeile 77** zu erfassen.

Die Summe der Beträge lt. Zeile 23 aller Anlagen BEG ist in **Zeile 78** einzutragen.

Die Summe der Zeile 20 aller Anlagen BEG ist der Betrag, um den der Hinzurechnungsbetrag nach § 8 Nr. 1 GewStG (§ 9 Nr. 2a Satz 3, Nr. 7 Satz 2, Nr. 8 Satz 2 GewStG) zu kürzen ist. Dieser ist in **Zeile 79** einzutragen.

In **Zeile 80** ist die Summe der Beträge lt. Zeile 28 aller Anlagen BEG einzutragen.

In **Zeile 81** wird der Kürzungsbetrag nach § 9 Nr. 2a, 7 und 8 GewStG eingetragen, der sich aus der Summe der Zeile 19 aller Anlagen BEG ergibt.

Der Betrag lt. Zeile 27 aller Anlagen BEG ist in **Zeile 82** einzutragen.

12. Kürzungen nach § 9 GewStG (Zeilen 83–99)

1812 Zur Ermittlung eines objektiven Gewerbeertrags und zur Vermeidung einer doppelten Berücksichtigung von Erträgen ist der um die Hinzurechnungen nach § 8 GewStG erhöhte gewerbliche Gewinn um die in § 9 GewStG bestimmten Beträge zu kürzen.

a) Kürzung um die als Betriebsausgabe erfasste Grundsteuer (Zeile 87)

Kürzungen 20

83 bis 86 frei **Kürzung aufgrund des zum Betriebsvermögen gehörenden Grundbesitzes nach § 9 Nummer 1 Satz 1 GewStG**

87 Als Betriebsausgabe erfasste Grundsteuer 113 ,—

1813 Der Gewinn wird gekürzt um die als Betriebsausgabe erfasste **Grundsteuer** des zum Betriebsvermögen gehörenden Grundbesitzes (§ 9 Nr. 1 Satz 1 GewStG).

Durch die Kürzung soll vermieden werden, dass Grundbesitz doppelt mit einer Realsteuer (§ 3 Abs. 2 AO) belastet wird, d.h. mit einer Abgabe, die unmittelbar auf dem Steuerobjekt beruht. Es soll die auf die Nutzung des eigenen Grundstücks entfallende ersparte Miete (= erhöhter Gewinn) nicht zusätzlich als Ertrag eines grundsteuerpflichtigen Objekts erfasst werden. Bei einem angemieteten Grundstück wäre der gewerbliche Gewinn um die gezahlte Miete niedriger und würde mangels Hinzurechnungsvorschrift auch den Gewerbeertrag belasten.

1814 Die Zugehörigkeit eines Grundstücks zum Betriebsvermögen wird nach den einkommensteuerrechtlichen Maßstäben beurteilt.[1] Ein Grundstück bzw. Grundstücksteil gehört danach immer dann zum **notwendigen Betriebsvermögen**, wenn es ausschließlich und unmittelbar für die eigenbetrieblichen Zwecke des Stpfl. genutzt wird.

Aber selbst, wenn ein Grundstück wegen seiner **untergeordneten Bedeutung** noch nicht zum Betriebsvermögen zugerechnet wird, ist eine Kürzung nach § 9 Nr. 1 Satz 1 GewStG durchzuführen.[2]

Ein eigenbetrieblich genutztes Grundstück oder Grundstücksteil braucht dann nicht als Betriebsvermögen behandelt zu werden, wenn sein Wert **nicht mehr als ein Fünftel** des gemeinen Werts des gesamten Grundstücks und nicht mehr als **20 500 €** beträgt (§ 8 EStDV).[3] Dabei ist auf den Wert des Gebäudeteils zuzüglich des dazugehörenden Grund und Bodens abzustellen. Regelmaßstab ist hierbei das **Verhältnis der Nutzflächen** zueinander.

1815 Dient ein Grundstück oder Grundstücksteil **fremdbetrieblichen Zwecken** oder **fremden Wohnzwecken**, kann es als **gewillkürtes Betriebsvermögen** dem Gewerbebetrieb zugerechnet werden, wenn es in einem objektiven Zusammenhang mit dem Betrieb steht und ihn zu fördern bestimmt und geeignet ist.

Beratungshinweis:
Die Zuordnung zum gewillkürten Betriebsvermögen ist unmissverständlich so zu dokumentieren, dass ein sachverständiger Dritter ohne Weiteres die Zugehörigkeit des Grundstücks oder des Grundstücksteils zum Betriebsvermögen erkennen kann.[4]

1816 Ist nur ein **Teil eines Grundstücks** Teil des Betriebsvermögens, ist die Grundsteuer auch nur insoweit als Betriebsausgabe abzusetzen. Korrekturen wären dann ggf. bereits schon bei der Ermittlung des gewerblichen Gewinns nach § 7 Satz 1 GewStG vorzunehmen.

1817 Für die Zugehörigkeit zum Betriebsvermögen ist auf den Beginn des EZ (= Kj.) abzustellen (§ 20 Satz 2 GewStDV).

Beratungshinweis:
Beginnt die Steuerpflicht also erst im Laufe des Kj., kommt für ein Betriebsgrundstück noch keine Kürzung in Betracht, da es zu Beginn des Kj. noch nicht im Betriebsvermögen war.

Wird im Laufe des EZ ein Betriebsgrundstück erworben, ist eine Kürzung nach § 9 Nr. 1 Satz 1 GewStG nicht möglich. So ist Schuldner der Grundsteuer derjenige, dem der Grundsteuerwert zu Beginn des Kalenderjahres

1) H 9.1 (Grundbesitz als Betriebsvermögen) GewStH 2024.
2) R 9.1 Abs. 1 Satz 4 GewStR 2009.
3) R 4.2 Abs. 8 EStR 2012.
4) BMF v. 17.11.2004, IV B 2 – S 2134 – 2/04, BStBl I 2004, 1064.

zugerechnet wurde (§ 10 Abs. 1 GrStG). Das heißt selbst wenn sich bei einem unterjährigen Erwerb der Käufer verpflichtet, die noch ausstehende Grundsteuer zu übernehmen (und bei seiner Gewinnermittlung als Betriebsausgabe absetzt), kann diese nicht nach § 9 Nr. 1 Satz 1 GewStG gekürzt werden.

Ändern sich die Nutzungsanteile eines **gemischt genutzten Grundstücks**, ist auf die Verhältnisse zu Beginn des Kj. abzustellen (§ 20 Satz 2 GewStDV). **1818**

Beispiel:

Seit vielen Jahren wird das Grundstück des Gewerbetreibenden A zu 70 % für eigenbetriebliche Zwecke genutzt und ist entsprechend zum 1.1.2025 zu 70 % bilanziert. Ab dem 1.9.2025 ändert sich die betriebliche Nutzung. Das Grundstück wird nun zu 100 % für die eigenbetrieblichen Zwecke genutzt. Die für das Grundstück für 2025 festgesetzte Grundsteuer beträgt 1 400 €.

Nach § 9 Nr. 1 Satz 1 GewStG kann eine Kürzung in Höhe von max. 980 € (= 70 % von 1 400 €) erfolgen. Die Nutzungsänderung im EZ bleibt unberücksichtigt (§ 20 Satz 2 GewStDV).

Im Vordruck ist in die **Zeile 87** die als Aufwand erfasste und nach § 9 Nr. 1 Satz 1 GewStG kürzungsfähige Grundsteuer einzutragen. **1819**

b) Erweiterte Kürzung bei einem Grundstücksunternehmen (Zeile 88)

	Kürzung nach § 9 Nummer 1 Satz 2 GewStG		
88	Erweiterte Kürzung bei einem Grundstücksunternehmen im Sinne des § 9 Nummer 1 Satz 2 folgende GewStG (Die Voraussetzungen des § 9 Nummer 1 Satz 2 bis 6 GewStG sind anhand geeigneter Aufzeichnungen nachzuweisen.) 27 38	030	, —

aa) Ausschließliche Verwaltung eigenen Grundbesitzes

Unternehmen, die **ausschließlich eigenen Grundbesitz verwalten und nutzen**, können alternativ zur Kürzung um die als Aufwand erfasste Grundsteuer nach § 9 Nr. 1 Satz 1 GewStG auf Antrag ihren Gewerbeertrag um den Teil kürzen, der auf die Verwaltung und Nutzung des eigenen Grundbesitzes entfällt (§ 9 Nr. 1 Satz 2 GewStG). **1820**

In **Zeile 88** ist der zu kürzende Gewerbeertrag einzutragen. Mit der Gewährung der erweiterten Kürzung entfällt die Kürzung um die als Aufwand erfasste Grundsteuer.

Da die Kürzung **nur auf Antrag** des Stpfl. gewährt wird, sollte in diesen Fällen vor der Antragstellung immer auch geprüft werden, ob nicht die Grundsteuerkürzung nach § 9 Nr. 1 Satz 1 GewStG günstiger ist als eine Kürzung um die Erträge aus der Verwaltung eigenen Grundbesitzes. Das Vorliegen der Voraussetzungen für eine erweiterte Kürzung nach § 9 Nr. 1 Satz 2 GewStG ist – insb. im ersten Jahr – anhand geeigneter Aufzeichnungen nachzuweisen.

Beratungshinweis:

Die erweiterte Kürzung bei Grundstücksunternehmen ist unabhängig von der Rechtsform des Unternehmens. Sie kann sowohl von Einzelunternehmen und Personengesellschaften als auch von Kapitalgesellschaften in Anspruch genommen werden.

Voraussetzung für die erweiterte Kürzung ist eine ausschließliche Verwaltung **eigenen Grundbesitzes**. Eigener Grundbesitz ist nur der zum Betriebsvermögen des Unternehmens gehörende Grundbesitz. Dazu gehören auch das Erbbaurecht und die auf Grund solchen Rechts errichteten Gebäude.[1)]

Es muss sich um eine vermögensverwaltende Gesellschaft handeln. Eine Kürzung ist daher nicht möglich, wenn erst im **Laufe des EZ** von einer gewerblichen zur vermögensverwaltenden Tätigkeit übergegangen wird. In diesem Fall hätte die Gesellschaft nicht das ganze Jahr über ausschließlich eigenen Grundbesitz verwaltet.

Da Voraussetzung für die erweiterte Kürzung die ausschließliche Verwaltung und Nutzung eigenen Grundbesitzes ist, führt eine Tätigkeit außerhalb des ausdrücklich erlaubten Bereichs (wie z.B. die Vermietung von Betriebsvorrichtungen) regelmäßig zum Ausschluss der Begünstigung. Eine in § 9 Nr. 1 Satz 2 GewStG nicht ausdrücklich erlaubte Nebentätigkeit kann auch dann zum Ausschluss der erweiterten Grundstückskürzung führen, wenn mit ihr keine Einnahmen erzielt werden.[2)]

Beispiel:

Die A-GmbH verwaltet ausschließlich eigenes Immobilienvermögen. Im Anlagevermögen hält die A-GmbH u.a. zwei Oldtimer, die sie als Wertanlage mit Gewinnerzielungsabsicht angeschafft hat. Mit den Oldtimern wurden bislang keine Einnahmen erzielt.

Der Erwerb und das Halten von Wirtschaftsgütern allein zum Zweck der Wertanlage ist keine von § 9 Nr. 1 Satz 2 und 3 GewStG ausdrücklich erlaubte Tätigkeit. Die Oldtimer dienen weder der Verwaltung und Nutzung eigenen Grundbesitzes noch gehörten sie zum Kapitalvermögen. Auch verlangt § 9 Nr. 1 Satz 2 GewStG bei einer nicht begünstigten Tätigkeit keine Entgeltlichkeit als zusätzliches Tatbestandsmerkmal. Daher kann die A-GmbH keine erweiterte Kürzung nach § 9 Nr. 1 Satz 2 GewStG in Anspruch nehmen.[3)]

---

1) H 9.2 (2) (Eigener Grundbesitz) GewStH 2024.
2) BFH v. 24.7.2025, III R 23/23, BFH/NV 2026, 71.
3) BFH v. 24.7.2025, III R 23/23, BFH/NV 2026, 71.

Praxishinweis:
Ab dem EZ 2021 gibt es jedoch für – dem Grunde nach – schädliche Tätigkeiten gegenüber den Mietern eine **Geringfügigkeitsgrenze** (§ 9 Nr. 1 Satz 3 Buchst. c GewStG).[1]

Anders als bei der Grundsteuerkürzung nach § 9 Nr. 1 Satz 1 GewStG kommt es für die Beurteilung der Frage, ob der Grundbesitz zum Betriebsvermögen des Unternehmens gehört, nicht auf die Verhältnisse an einem bestimmten Stichtag an.[2]

1821 Sonstige der Grundstücksverwaltung dienende **Nebentätigkeiten** sind immer dann unschädlich für die erweiterte Kürzung, wenn es sich um unschädliche **Neben- oder Hilfsgeschäfte** handelt, die als zwingend notwendiger Teil einer wirtschaftlich sinnvoll gestalteten eigenen Grundstücksverwaltung und -nutzung anzusehen sind. Dabei ist das Merkmal „zwingend notwendig" mit „unentbehrlich" gleichzusetzen und die Prüfung anhand objektiver Umstände vorzunehmen.

Auch wenn eine Nebentätigkeit erforderlich ist, um die für die Grundstücksverwaltung und -nutzung benötigten Kredite zu beschaffen, wäre diese unschädlich für die erweiterte Kürzung. Entsprechendes gilt, wenn mit dem **Einkauf von Brennstoff** (z.B. Heizöl) zugleich auch für andere gleichartige Unternehmen die eigene Grundstückverwaltung verbilligt werden soll, wenn dieses Handeln keine gewerbliche Tätigkeit darstellt.[3]

1822 Ein **gelegentlicher Grundstücksverkauf** stellt die ausschließliche Tätigkeit als Grundstücksverwaltungsgesellschaft nicht in Frage. Wenn jedoch eine Grundstücksverwaltung durch den An- und Verkauf von Grundstücken einen gewerblichen Charakter erhält, scheidet die erweiterte Kürzung aus. Ob dies der Fall ist, ist nicht nach den Verhältnissen des einzelnen EZ, sondern nach dem Gesamtbild der Verhältnisse eines mehrjährigen Zeitraums zu beurteilen.[4]

1823 Die Verpachtung eines **Mineralgewinnungsrechts** ist nicht nach § 9 Nr. 1 Satz 2 GewStG begünstigt, da dieses nicht zum Grundbesitz i.S.d. § 9 Nr. 1 Satz 2 und 3 GewStG zählt.[5]

1824 Das **Halten einer Beteiligung an einer gewerblichen Mitunternehmerschaft** schließt die erweiterte Kürzung des Gewerbeertrags nach § 9 Nr. 1 Satz 2 GewStG aus. Der Umfang der Beteiligung spielt dabei keine Rolle. Selbst das Halten einer Beteiligung an einer gewerblich geprägten, grundstücksverwaltenden Personengesellschaft verstößt gegen das Ausschließlichkeitsgebot des § 9 Nr. 1 Satz 2 GewStG.[6] So ist das Halten einer Beteiligung an einer gewerblich geprägten, grundstücksverwaltenden Personengesellschaft keine Verwaltung und Nutzung eigenen Grundbesitzes.

Insoweit unterscheidet sich dieser Fall von der Beteiligung eines grundstücksverwaltenden, dem Grunde nach nicht gewerbesteuerpflichtigen, Unternehmens an einer ebenfalls vermögensverwaltenden und nicht gewerblich geprägten Personengesellschaft. Wird lediglich eine Beteiligung an einer anderen **vermögensverwaltenden Gesellschaft** gehalten, führt dies nicht zum Ausschluss der erweiterten Kürzung.[7]

1825 Die Beteiligung einer GmbH als Komplementärin an einer grundbesitzverwaltenden, nicht gewerblich geprägten Kommanditgesellschaft (**Zebragesellschaft**) führt nicht zu einer Verwaltung und Nutzung eigenen Grundbesitzes und berechtigt nicht zur erweiterten Kürzung des Gewerbeertrags bei der GmbH (§ 9 Nr. 1 Satz 2 GewStG), wenn die GmbH nicht auch am Vermögen der Zebragesellschaft beteiligt ist.[8]

1826 Übernimmt eine GmbH, in deren Gesellschaftsvermögen sich neben Grundbesitz und gegebenenfalls Kapitalvermögen auch Beteiligungen an vermögensverwaltenden, nicht gewerblich geprägten Personengesellschaften befinden, ohne Vermögensbeteiligung, aber gegen **Haftungsvergütung die Komplementärhaftung** in einer KG, stellt jedenfalls die Nutzung des Absicherungspotenzials ihres Beteiligungsvermögens eine für die erweiterte Kürzung schädliche Nebentätigkeit dar.[9]

1827 Bei Unternehmen, bei denen die Grundstücksverwaltung über den Rahmen einer Vermögensverwaltung hinausgeht und gewerblichen Charakter annimmt, wie beispielsweise beim **Besitzunternehmen** einer **Betriebsaufspaltung**, kann keine erweiterte Kürzung nach § 9 Nr. 1 Satz 2 GewStG erfolgen.[10]

Praxishinweis:
Die in 2021 erfolgte **Änderung der BFH-Rechtsprechung**[11] dahingehend, dass bereits die über eine Kapitalgesellschaft bestehende mittelbare Beteiligung an der Betriebsgesellschaft von den an der Besitz-Personengesellschaft beteiligten Personen zur Annahme

1) Eingefügt mit Wirkung zum 11.6.2021 durch Art. 9 Nr. 1 des Gesetzes zur Stärkung des Fondsstandorts Deutschland und zur Umsetzung der Richtlinie (EU) 2019/1160 zur Änderung der Richtlinie 2009/65/EG und 2011/61/EU im Hinblick auf den grenzüberschreitenden Vertrieb von Organismen für gemeinsame Anlagen (Fondstandortgesetz – FoStoG) v. 3.6.2021, BGBl. I 2021, 1498 = BStBl I 2021, 803 (Auszug).
2) R 9.2 Abs. 1 Satz 4 GewStR 2009.
3) H 9.2 (2) (Nebentätigkeiten) GewStH 2024.
4) H 9.2 (2) (Gewerblicher Grundstückshandel) GewStH 2024.
5) BFH v. 26.2.1992, I R 53/90, BStBl II 1992, 738.
6) BFH v. 27.6.2019, IV R 44/16, BStBl II 2020, 24.
7) BFH v. 25.9.2018, GrS 2/16, BStBl II 2019, 262; v. 6.6.2019, IV R 11/19, IV R 27/14, BFH/NV 2019, 1243.
8) BFH v. 20.4.2023, III R 53/20, BStBl II 2023, 933.
9) BFH v. 20.4.2023, III R 53/20, BStBl II 2023, 933.
10) H 9.2 (2) (Betriebsaufspaltung) GewStH 2024; BFH v. 16.9.2021, IV R 7/18, BStBl II 2022, 767.
11) BFH v. 16.9.2021, IV R 7/18, BStBl II 2022, 767.

einer – die erweiterte Kürzung ausschließende – Betriebsaufspaltung führt, wendet die FinVerw. erst **ab dem EZ 2024** an.[1] In der Vergangenheit wurde in diesen Fällen bislang wegen des Durchgriffsverbots weder die Beteiligung an der Besitzpersonengesellschaft noch eine damit verbundene Beherrschungsfunktion der Besitzgesellschaft zugerechnet.

Ein Besitzunternehmen, das i.R. einer Betriebsaufspaltung Grundbesitz an eine Betriebskapitalgesellschaft verpachtet, kann die erweiterte Kürzung nach § 9 Nr. 1 Satz 2 GewStG auch dann nicht in Anspruch nehmen, wenn die Betriebskapitalgesellschaft vermögensverwaltend tätig ist. Selbst wenn in einem derartigen Fall die Betriebskapitalgesellschaft die Voraussetzungen für die Inanspruchnahme der erweiterten Kürzung erfüllt, kommt eine Anwendung dieser Kürzungsvorschrift auf das Besitzunternehmen im Wege einer „Merkmalsübertragung" nicht in Betracht.[2]

Auch eine **gewerblich geprägte grundstücksverwaltende Personengesellschaft** nach § 15 Abs. 3 Nr. 2 EStG kann **1828**
die erweiterte Kürzung nach § 9 Nr. 1 Satz 2 GewStG beantragen.

Praxishinweis:

Veräußert ein Unternehmen, das die Voraussetzungen der erweiterten Kürzung erfüllt, Grundbesitz, umfasst die Kürzung auch den bei der Veräußerung erzielten Gewinn.

Die erweiterte Kürzung nach § 9 Nr. 1 Satz 2 GewStG ist nicht mehr möglich, wenn eine Grundstücksverwaltungs- **1829**
gesellschaft ihr (letztes) Grundstück im laufenden EZ veräußert hat, auch wenn sie im Anschluss an die Grundstücksveräußerung ausschließlich Vermögensverwaltung betreibt. Es fehlt an der ausschließlichen Verwaltung oder Nutzung von Grundbesitz.[3] So scheitert eine erweiterte Kürzung bereits dann, wenn eine Kapitalgesellschaft ihren gesamten Grundbesitz einen Tag vor Ablauf des EZ („zu Beginn des 31.12.") veräußert.[4]

Im Fall einer **Organschaft** sind die Voraussetzungen für die Gewährung der erweiterten Kürzung für die zum **1830**
Organkreis gehörenden Gesellschaften gesondert zu prüfen. Ob eine erweiterte Kürzung beim einzelnen Unternehmen eines Organkreises möglich ist, richtet sich allein nach den Verhältnissen des jeweiligen Unternehmens.[5]

Die erweiterte Kürzung für Grundstücksunternehmen nach § 9 Nr. 1 Satz 2 GewStG ist jedoch zu versagen, wenn es sich bei dem Grundstücksunternehmen um eine Organgesellschaft handelt, die alle ihre Grundstücke an eine andere Organgesellschaft desselben Organkreises vermietet.[6] Dies gilt auch, wenn die pachtende Organgesellschaft diesen Grundbesitz an außerhalb des Organkreises stehende Dritte weitervermietet oder weiterverpachtet (sog. „**Weitervermietungsmodell**").[7]

bb) Unschädliche Tätigkeiten

Unschädlich für die Gewährung der erweiterten Kürzung sind: **1831**

- die **Betreuung von Wohnungsbauten** (§ 9 Nr. 1 Satz 3 Buchst. a GewStG),
- die **Errichtung** und **Veräußerung** von Einfamilienhäusern, Zweifamilienhäusern oder Eigentumswohnungen (§ 9 Nr. 1 Satz 3 Buchst. a GewStG),
- die **Verwaltung eigenen Kapitalvermögens** (§ 9 Nr. 1 Satz 2 GewStG),
- den Betrieb von **Anlagen zur Stromerzeugung** aus erneuerbaren Energien (§ 9 Nr. 1 Satz 3 Buchst. b Doppelbuchst. aa GewStG),
- den Betrieb von **Ladestationen für Elektrofahrzeuge** oder Elektrofahrräder (§ 9 Nr. 1 Satz 3 Buchst. b Doppelbuchst. bb GewStG)

unter bestimmten Bedingungen und innerhalb bestimmter Grenzen und um

- eine **Geringfügigkeitsgrenze** für schädliche Tätigkeiten gegenüber den Mietern (§ 9 Nr. 1 Satz 3 Buchst. c GewStG).

Eine unschädliche Tätigkeit führt zwar nicht zu einer Nichtgewährung der erweiterten Kürzung, die daraus erzielten Erlöse sind jedoch gleichwohl gewerbesteuerpflichtig.

(1) Betreuung fremder Wohnungsbauten/Errichtung von Wohnraum

Eine **Betreuung von Wohnungsbauten** umfasst sowohl die Baubetreuung als auch die Bewirtschaftungsbetreuung **1832**
des bereits fertiggestellten Gebäudes.

Die Bewirtschaftungsbetreuung umfasst die Verwaltung der Immobilie und die praktische Betreuung des Gesamtobjekts vor Ort.[8]

1) Gleich lautende Ländererlasse v. 22.11.2022, G1425 A-004-II41 (FM Hessen), BStBl I 2022, 1528; BMF v. 21.11.2022, IV C 6 – S 2240/20/10006 :002, BStBl I 2022, 1515.
2) BFH v. 22.6.2016, X R 54/14, BStBl II 2017, 529.
3) BFH v. 19.10.2010, I R 1/10, BFH/NV 2011, 841.
4) BFH v. 17.10.2024, III R 1/23, BStBl II 2025, 158.
5) H 9.2 (2) (Organschaft) GewStH 2024.
6) BFH v. 18.5.2011, X R 4/10, BStBl II 2011, 887.
7) BFH v. 11.7.2024, III R 41/22, BStBl II 2024, 772.
8) BFH v. 23.3.2023, III R 49/20, BStBl II 2024, 126.

Eine unschädliche Betreuung von Wohnungsbauten ist selbst dann gegeben, wenn es sich um die Betreuung fremder, nicht von dem Grundstücksunternehmen errichteter Bauten handelt.[1)]

Wird in Verbindung mit der Errichtung und Veräußerung von Eigentumswohnungen Teileigentum im Sinne des Wohnungseigentumsgesetzes errichtet und veräußert, ist dies unschädlich, wenn das Gebäude zu mehr als 66 $^{2}/_{3}$ % Wohnzwecken dient (§ 9 Nr. 1 Satz 3 Buchst. a GewStG).

(2) Verwaltung eigenen Kapitalvermögens

1833 Soweit neben der Verwaltung von eigenem Grundbesitz auch **eigenes Kapitalvermögen** verwaltet wird, ist dies für die erweiterte Kürzung unschädlich, wenn die Verwaltung und Nutzung eigenen Kapitalvermögens für sich betrachtet keine gewerbliche Tätigkeit darstellt.[2)] Zum eigenen Kapitalvermögen können auch die von dritter Seite beschafften Gelder gehören.

Die erweiterte Kürzung nach § 9 Nr. 1 Satz 2 GewStG umfasst jedoch nur die Erlöse aus der Vermietung eigenen Grundvermögens und nicht die Erlöse aus dem eigenen Kapitalvermögen. Die Nutzung von Kapitalvermögen ist zwar in § 9 Nr. 1 Satz 2 GewStG erwähnt, sie spielt aber nur insoweit eine Rolle, als sie – anders als die in § 9 Nr. 1 Satz 2 GewStG nicht ausdrücklich genannten Einkünfte – der erweiterten Kürzung um die Erträge aus der Nutzung des Grundbesitzes nicht entgegensteht.[3)]

(3) Betrieb von Anlagen zur Stromerzeugung aus erneuerbaren Energien

1834 Die in Verbindung mit der Verwaltung und Nutzung eigenen Grundbesitz stehenden Einnahmen aus der Lieferung von Strom aus **Anlagen zur Stromerzeugung aus erneuerbaren Energien** (z.B. Photovoltaikanlagen) i.S.d. § 3 Nr. 21 EEG (§ 9 Nr. 1 Satz 3 Buchst. b Doppelbuchst. aa GewStG) sind unschädlich für die erweiterte Kürzung, wenn diese Einnahmen (zusammen mit den Einnahmen aus dem Betrieb von Ladestationen für Elektrofahrzeuge) nicht höher sind als **20 %**[4)] der Miet-/Pachteinnahmen. Dabei darf der Strom nur in das Netz eingespeist oder an die Mieter des Grundstücksunternehmens (sog. Mieterstromanlagen) geliefert werden. Bei einem Überschreiten dieser Grenze, ist eine erweiterte Grundstückkürzung insgesamt nicht mehr zulässig. Nicht begünstigt wären jedoch Einnahmen aus dem Betrieb eines Blockheizkraftwerks, da dieses nicht unter § 3 Nr. 21 EEG fällt.[5)]

Der Selbstverbrauch von erzeugtem Strom durch das Grundstücksunternehmen steht der erweiterten Kürzung grundsätzlich nicht entgegen.[6)]

(4) Betrieb von Ladestationen für Elektrofahrzeuge und Elektrofahrräder

1835 Die Einnahmen aus der Lieferung von Strom aus dem **Betrieb von Ladestationen** für Elektrofahrzeuge und Elektrofahrräder sind unschädlich für die erweiterte Kürzung, wenn die daraus erzielten Einnahmen (zusammen mit den Einnahmen aus dem Betrieb von Photovoltaikanlagen) **nicht höher** sind als **20 %**[7)] der Miet-/Pachteinnahmen (§ 9 Nr. 1 Satz 3 Buchst. b Doppelbuchst. bb GewStG). Bei einem Überschreiten dieser Grenze, ist eine erweiterte Grundstückkürzung insgesamt nicht mehr zulässig.

Die Lieferung von Strom aus dem Betrieb von Ladestationen für Elektrofahrzeuge ist auch dann zulässig, wenn sie nicht (ausschließlich) an Mieter erfolgt.[8)]

(5) Geringfügigkeitsgrenze

1836 Die Einnahmen aus unmittelbaren Vertragsbeziehungen mit den Mietern des Grundbesitzes aus anderen als den in den § 9 Nr. 1 Satz 3 Buchst. a und b GewStG (Errichtung von Wohnungsbauten, Einnahmen aus der Lieferung von Strom) bezeichneten Tätigkeiten sind (ab dem EZ 2021) unschädlich, wenn diese **nicht mehr als 5 %** der Miet-/Pachteinnahmen betragen (§ 9 Satz 3 Buchst. c GewStG).[9)]

Damit ist z.B. eine entgeltliche Überlassung von Betriebsvorrichtungen zulässig, wenn die dafür erhaltenen Entgelte sich innerhalb der 5-Prozentgrenze befinden, ohne dass damit die erweiterte Kürzung gefährdet wird. Für nicht begünstigte Tätigkeiten gegenüber Dritten, gilt diese Geringfügigkeitsgrenze jedoch nicht. In diesen Fällen würde auch eine geringfügige schädliche Tätigkeit zur Versagung der erweiterten Kürzung insgesamt führen.[10)]

1837 Die **Vermietung von Betriebsvorrichtungen und sonstigen beweglichen Wirtschaftsgütern** schließt (bis einschl. EZ 2020) die erweiterte Kürzung aus.

1) H 9.2 (2) (Betreuung von Wohnungsbauten) GewStH 2024; BFH v. 17.9.2003, I R 8/02, BStBl II 2004, 243.
2) H 9.2 (2) (Kapitalvermögen) GewStH 2024.
3) H 9.2 (3) (Kapitalerträge) GewStH 2024; BFH v. 20.9.2007, IV R 19/05, BStBl II 2010, 985.
4) Anhebung von 10 % auf 20 % ab VZ 2024 durch das Wachstumschancengesetz v. 27.3.2024, BGBl. I 2024 Nr. 108 = BStBl I 2024, 666.
5) Gleich lautende Ländererlasse v. 17.6.2022, G 1425 A – 028 – II 41 (FM Hessen), BStBl I 2022, 958, Rz. 11 u. 25.
6) Gleich lautende Ländererlasse v. 17.6.2022, G 1425 A – 028 – II 41 (FM Hessen), BStBl I 2022, 958, Rz. 16.
7) Anhebung von 10 % auf 20 % ab VZ 2024 durch das Wachstumschancengesetz v. 27.3.2024, BGBl. I 2024 Nr. 108 = BStBl I 2024, 666.
8) Gleich lautende Ländererlasse v. 17.6.2022, G 1425 A – 028 – II 41 (FM Hessen), BStBl I 2022, 958, Rz. 17.
9) Art. 9 Fondstandortgesetz (FoStoG) v. 3.6.2021, BGBl. I 2021, 1498 = BStBl I 2021, 803 (Auszug).
10) BFH v. 11.4.2019, III R 36/15, BStBl II 2019, 705.

Ab dem EZ 2021 führt die Vermietung von **Betriebsvorrichtungen und sonstigen beweglichen Wirtschaftsgütern** nur noch dann zu einer Versagung der erweiterten Grundstückskürzung, wenn die daraus erzielten Einnahmen von Nichtmietern stammen oder bei entsprechenden Leistungen gegenüber den Mietern die Grenze von 5 % überschritten wird (§ 9 Nr. 1 Satz 3 Buchst. c GewStG).

Auch ist eine Vermietung von Betriebsvorrichtungen immer dann unschädlich für die erweiterte Kürzung, wenn die Mitvermietung einer fest mit dem Grundstück bzw. dem Gebäude verbundene Betriebsvorrichtung (z.B. der Lastenaufzug in einem Kaufhausgebäude) noch als **begünstigungsunschädliches Nebengeschäft** anzusehen ist. Das ist dann gegeben, wenn es sich um einen zwingend notwendigen Teil einer wirtschaftlich sinnvoll gestalteten eigenen Grundstücksverwaltung und – nutzung handelt und die quantitativen Grenzen eines Nebengeschäfts nicht überschritten werden.[1] Gleichwohl umfasst die erweiterte Kürzung nicht den auf das unschädliche Nebengeschäft entfallenden Gewinn. Dieser bleibt gewerbesteuerpflichtig.[2]

Aus dem gesetzlichen Erfordernis der Zugehörigkeit „zu einer Betriebsanlage" ergibt sich, dass der Begriff der **1838**
Betriebsvorrichtung Gegenstände voraussetzt, durch die das Gewerbe unmittelbar betrieben wird. Entscheidend ist, ob die Gegenstände von ihrer Funktion her unmittelbar zur Ausübung des Gewerbes genutzt werden. Für die Abgrenzung zwischen Gebäudebestandteilen und Betriebsvorrichtungen kommt es deshalb darauf an, ob die Vorrichtung i.R. der allgemeinen Nutzung des Gebäudes erforderlich ist oder ob sie unmittelbar der Ausübung des Gewerbes dient.

Auf die gleich lautenden Ländererlasse zur Abgrenzung des Grundvermögens von den Betriebsvorrichtungen v. 5.6.2013 wird ergänzend hingewiesen.[3]

Zu den Betriebsvorrichtungen, die eine erweiterte Kürzung bei einem Überschreiten der Geringfügigkeitsgrenze ausschließen können, zählen u.a.

- Krananlagen in einer Lagerhalle;[4]
- Lackierkabinen bei einem Autohaus;[5]
- Portalwaschanlage, Hebebühnen, Druckluft-Kältetrockner, Werbeanlagen sowie einen Werbeturm bei einem Autohaus;[6]
- Bierkellerkühlanlage, Kühlräume, Kühlmöbel für Theken- und Büfettanlagen bei einem Hotel.[7]

cc) Ausschluss der erweiterten Kürzung (§ 9 Nr. 2 Sätze 5–6 GewStG)

Eine erweiterte Kürzung nach § 9 Nr. 1 Satz 2 GewStG kann (u.a.) in den Fällen des § 9 Nr. 1 Sätze 5 – 6 GewStG **1839**
nicht in Anspruch genommen werden, selbst wenn die Voraussetzungen für die erweiterte Kürzung nach § 9 Nr. 1 Satz 2 GewStG an sich erfüllt sind.[8]

So ist eine erweiterte Kürzung nach § 9 Nr. 1 Satz 2 GewStG nicht möglich, wenn der Grundbesitz ganz oder zum Teil dem Gewerbebetrieb eines Gesellschafters oder Genossen dient (**§ 9 Nr. 1 Satz 5 Nr. 1 GewStG**). Der Grundbesitz dient dann dem Gewerbebetrieb eines Gesellschafters, wenn er für die betrieblichen Zwecke des Gesellschafters dienlich oder von Nutzen ist und ohne die Zwischenschaltung einer Kapitalgesellschaft zum gewerblichen (Sonder-)Betriebsvermögen des Gesellschafters gehören würde.[9]

Beispiel:
Die vermögensverwaltende A-GmbH vermietet ein Grundstück an ihren Gesellschafter, der es i.R. seines Gewerbebetriebs nutzt.

Die Gewährung der erweiterten Kürzung ist nicht mehr möglich. Das Grundstück würde bei dem Gesellschafter notwendiges Betriebsvermögen darstellen, wenn dieser Eigentümer wäre.

Es soll verhindert werden, dass der ein eigenes Grundstück nutzende Einzelunternehmer schlechter gestellt wird als ein Gewerbetreibender, der ein Grundstück nutzt, das er einer zwischengeschalteten Gesellschaft überlassen hat. § 9 Nr. 1 Satz 5 Nr. 1 GewStG ist jedoch im Wege der teleologischen Reduktion in der Weise einzuschränken, dass dem Grundstücksunternehmen die erweiterte Kürzung nach § 9 Nr. 1 Satz 2 GewStG auch dann zu gewähren ist, wenn das überlassene Grundstück zwar dem Gewerbebetrieb eines Gesellschafters oder Genossen dient, dieses den Grundbesitz nutzende Unternehmen jedoch mit all seinen Einkünften von der Gewerbesteuer befreit ist.[10]

Selbst die Überlassung eines nur geringfügigen Anteils des Grundbesitzes an einen nur geringfügig beteiligten **1840**
Gesellschafter oder Genossen, bei dem der Gewerbeertrag den gewerbesteuerlichen Freibetrag zudem nicht übersteigt, steht einer erweiterten Kürzung entgegen. Eine Gesamtbetrachtung, die auf Grund verschiedener Bagatell-

1) BFH v. 25.9.2025, IV R 31/23, BStBl II 2026, 68.
2) BFH v. 25.9.2025, IV R 31/23, BStBl II 2026, 68.
3) Gleich lautende Ländererlasse v. 5.6.2013, S 3130 A-004-II 6a (FM Hessen), BStBl I 2013, 734.
4) BFH v. 26.8.1993, IV R 18/91, BFH/NV 1994, 338.
5) BFH v. 11.4.2019, III R 5/18, BFH/NV 2019, 1248.
6) BFH v. 11.4.2019, III R 6/18, BFH/NV 2019, 1250.
7) BFH v. 11.4.2019, III R 36/15, BStBl II 2019, 705.
8) BFH v. 13.6.2024, III R 26/21, BFH/NV 2024, 116.
9) BFH v. 18.12.2014, IV R 50/11, BStBl II 2015, 597; v. 13.6.2024, III R 26/21, BFH/NV 2024, 116.
10) H 9.2 (4) (Gewerbesteuerbefreiung des Betriebs des Gesellschafters) GewStH 2024; BFH v. 26.6.2007, IV R 9/05, BStBl II 2007, 893.

aspekte eine Nichtanwendung des § 9 Nr. 1 Satz 5 Nr. 1 GewStG rechtfertigt, scheidet aus, da es keine Geringfügigkeitsgrenze zu dieser Regelung gibt.[1)]

1841 Grundbesitz einer gewerblich geprägten Personengesellschaft dient i.S.d. § 9 Nr. 1 Satz 5 Nr. 1 GewStG auch dann dem Gewerbebetrieb des an der Gesellschaft beteiligten Lebensversicherungsunternehmens, wenn es die Anteile an der Personengesellschaft in einen Vermögensstock eingestellt hat, der die Bedeckung der noch nicht garantierten Rückstellungen für Beitragsrückerstattungen sicherstellen soll.[2)]

1842 Auch der **mittelbar** über eine Personengesellschaft an einer vermögensverwaltenden Kapitalgesellschaft Beteiligte ist „Gesellschafter" i.S.d. § 9 Nr. 1 Satz 5 Nr. 1 GewStG.[3)] Der mittelbar über eine Kapitalgesellschaft an einer vermögensverwaltenden Kapitalgesellschaft Beteiligte gilt – wegen des Durchgriffsverbots – demgegenüber jedoch **nicht** als „Gesellschafter" i.S.d. § 9 Nr. 1 Satz 5 Nr. 1 GewStG.[4)]

Schädlich für die erweiterte Kürzung ist auch, wenn eine grundstücksverwaltende Personengesellschaft ein Grundstück an eine **gewerblich tätige Personengesellschaft** i.S.d. § 15 Abs. 3 EStG verpachtet, an der ein an der Verpachtungsgesellschaft beteiligter Gesellschafter oder Genosse als Mitunternehmer beteiligt ist. Auf den Umfang der Beteiligung kommt es hierbei nicht an.[5)]

Ohne Bedeutung ist, in welchem Umfang das Grundstück dem Gewerbebetrieb eines Gesellschafters oder Genossen dient. So ist auch bei einem nur geringfügigen Überlassen eines Grundstücks(-teils) § 9 Nr. 1 Satz 5 Nr. 1 GewStG anwendbar.[6)]

1843 Eine erweiterte Kürzung wird für die im Gewerbeertrag enthaltenen Vergütungen i.S.d. § 15 Abs. 1 Satz 1 Nr. 2 Satz 1 EStG ausgeschlossen, die der Gesellschafter von der Gesellschaft für seine Tätigkeiten im Dienst der Gesellschaft oder für die Hingabe von Darlehen oder für die Überlassung von Wirtschaftsgütern, mit Ausnahme der Überlassung von Grundbesitz, bezogen hat (**§ 9 Nr. 1 Satz 5 Nr. 1a GewStG**). § 9 Nr. 1 Satz 5 Nr. 1a GewStG ist auch auf die entsprechenden Sondervergütungen an nicht der Gewerbesteuer unterliegende Mitunternehmer anzuwenden. Eine teleologische Reduktion des Anwendungsbereichs des § 9 Nr. 1 Satz 5 Nr. 1a GewStG ist nicht zulässig.[7)]

1844 Durch § 9 Nr. 1 Satz 5 Nr. 1a GewStG werden steuerliche Gestaltungen im Zusammenhang mit der erweiterten Kürzung für Grundstücksunternehmen in der Rechtsform der Personengesellschaft verhindert, nach denen Erträge, die die Gesellschaft gewerbesteuerpflichtigen Dritten für erbrachte Leistungen zahlt, in den Kürzungsumfang einbezogen werden, weil der Dritte Gesellschafter der Gesellschaft ist. Hierzu wird die erweiterte Kürzung auf Ebene der grundbesitzverwaltenden Personengesellschaft in Bezug auf Sondervergütungen des Mitunternehmers dahingehend eingeschränkt, dass nur die Sondervergütungen in die erweiterte Kürzung einzubeziehen sind, die auf die Überlassung von Grundbesitz an die Gesellschaft entfallen, d.h. die die Kerntätigkeit der Gesellschaft umfassen. Soweit der Mitunternehmer der Gesellschaft Darlehen überlässt oder andere Leistungen, wie z.B. Beratungsleistungen, erbringt, wird die erweiterte Kürzung ausgeschlossen.[8)]

§ 9 Nr. 1 Satz 5 Nr. 1a GewStG ist erstmals auf Vergütungen anzuwenden, die nach dem 18.6.2008 erstmals vereinbart worden sind, bzw. auf wesentliche Änderungen einer vor diesem Zeitpunkt getroffenen Vereinbarung über derartige Vergütungen (§ 36 Abs. 6a Satz 2 GewStG).

1845 Weiterhin wird die erweiterte Kürzung für den Teil des Gewerbeertrags ausgeschlossen, soweit

- der im Gewerbeertrag enthaltene Gewinn aus der Aufdeckung stiller Reserven aus Grundbesitz stammt, welcher innerhalb von drei Jahren vor der Aufdeckung der stillen Reserven zu einem unter dem Teilwert liegenden Wert in das Betriebsvermögen überführt oder übertragen wurde (**§ 9 Nr. 1 Satz 5 Nr. 2 GewStG**);
- es sich um Veräußerungs- und Aufgabegewinne i.S.d. § 7 Satz 2 Nr. 2 und 3 GewStG handelt (**§ 9 Nr. 1 Satz 6 GewStG**).

Auch diese Regelungen sollen Missbrauchsgestaltungen verhindern.

1846 Ist eine erweiterte Kürzung nach § 9 Nr. 1 Satz 2 und 3 GewStG nicht möglich, kommt gleichwohl für den betrieblichen Grundbesitz die Grundsteuerkürzung nach § 9 Nr. 1 Satz 1 GewStG in Betracht, wenn hierfür die entsprechenden Voraussetzungen erfüllt sind.

1) BFH v. 29.6.2022, III R 19/21, BStBl II 2023, 84; im Urteilsfall war die das Grundstück nutzende Genossin zu lediglich $^1/_{6000}$ an der Besitzgesellschaft beteiligt.
2) BFH v. 18.12.2014, IV R 50/11, BStBl II 2015, 597.
3) H 9.2 (4) (Mittelbare Beteiligung) GewStH 2024; BFH v. 15.12.1998, VIII R 77/93, BStBl II 1999, 168.
4) H 9.2 (4) (Mittelbare Beteiligung) GewStH 2024; BFH v. 15.4.1999, IV R 11/98, BStBl II 1998, 532; v. 16.9.2021, IV R 7/18, BStBl II 2022, 767.
5) H 9.2 (4) (Gewerbebetrieb eines Gesellschafters bei Beteiligung an einer Mitunternehmerschaft) GewStH 2024; BFH v. 7.4.2005, IV R 34/03, BStBl II 2005, 576.
6) H 9.2 (4) (Geringfügigkeit des überlassenen Grundbesitzes) GewStH 2024; BFH v. 26.6.2007, IV R 9/05, BStBl II 2007, 893; in dem Urteilsfall wurden nur 3,8 % der Gesamtfläche eines Grundstücks einem Gesellschafter überlassen.
7) BFH v. 9.3.2023, IV R 25/20, BStBl II 2023, 836.
8) So die Gesetzesbegründung v. 2.9.2008, BT-Drucks. 16/10189, 73.

c) Gewinnanteile von in- und ausländischen Personengesellschaften (Zeilen 89–89d)

Anteile am Gewinn von in- und/oder ausländischen Personengesellschaften (§ 9 Nummer 2 GewStG)
laut gesonderter Einzelaufstellung

89	Name der Personengesellschaft		
89a	Steuernummer der Personengesellschaft		
89b	Wirtschafts-Identifikationsnummer der Personengesellschaft (39)		D E
			EUR
89c	Anteil am Gewinn der in- oder ausländischen Personengesellschaft		,–
	Sind weitere Eintragungen erforderlich, sind diese nach dem gleichen Schema gesondert zu erläutern.		
89d	Summe der Anteile am Gewinn von in- und/oder ausländischen Personengesellschaften (§ 9 Nummer 2 GewStG) (6) (9)	031	,–

Gewinnanteile an in- oder ausländischen **Personengesellschaften** sind nach § 9 Nr. 2 GewStG bei der Ermittlung des Gewerbeertrags zu kürzen, wenn diese den Gewinn nach § 7 GewStG erhöht haben. **1847**

Beratungshinweis (Beteiligung an vermögensverwaltender Personengesellschaft):
Ist ein Gewerbebetrieb an einer **vermögensverwaltenden Personengesellschaft** beteiligt, wird ein daraus erzielter – den gewerblichen Gewinn erhöhender – Gewinnanteil, nicht nach § 9 Nr. 2 GewStG gekürzt.

Soweit in den anteiligen Einkünften der vermögensverwaltenden Personengesellschaft den gewerblichen Gewinn des Mitunternehmers mindernde hinzurechnungspflichtige Aufwendungen (wie z.B. Zinsen, Mieten etc.) enthalten sind, sind diese nach § 8 Nr. 1 GewStG hinzuzurechnen.[1)]

Dazu ist in **Zeile 89** der Name, in **Zeile 89a** die StNr. und in **Zeile 89b** die Wirtschafts-Identifikationsnummer der Personengesellschaft einzutragen.

Der Gewinnanteil, der nach § 9 Nr. 3 GewStG hinzuzurechnen ist, ist in **Zeile 89c** einzutragen.

Hat ein Gewerbebetrieb mehrere Beteiligungen an Personengesellschaften, aus denen Gewinnanteile zugerechnet werden, sind diese nach dem gleichen Muster in einer Anlage gesondert zu erläutern. Die Anlage ist der Steuererklärung elektronisch beizufügen. In ELSTER kann dies über die Funktion „Belegnachreichung zur Steuererklärung" erfolgen.

Die **Summe der Anteile** am Gewinn von in- und/oder ausländischen Personengesellschaften ist in **Zeile 89d** einzutragen. Besteht nur eine Beteiligung, entspricht die Eintragung in Zeile 89d der Eintragung in Zeile 89c.

Beispiel:
A hält in seinem Gewerbebetrieb eine Beteiligung an der ABC-OHG. Für 2025 wird A i.R. der einheitlichen und gesonderten Feststellung der Einkünfte ein Gewinnanteil i.H.v. 10 000 € nach § 15 Abs. 1 Nr. 2 EStG zugerechnet und von ihm als Erlös gebucht.

Nach § 9 Nr. 2 GewStG erfolgt bei der Ermittlung des Gewerbeertrags eine Kürzung um 10 000 €.

Für **Verlustanteile** aus der Beteiligung an in- oder ausländischen Personengesellschaften erfolgt eine entsprechende Hinzurechnung nach § 8 Nr. 8 GewStG (→ Rz. 1801). **1848**

d) Gewinnanteile persönlich haftender Gesellschafter einer KGaA (Zeile 90)

Kürzungen nach § 9 Nummer 2b und 3 GewStG

90	Die nach § 8 Nummer 4 GewStG dem Gewinn aus Gewerbebetrieb der Kommanditgesellschaft auf Aktien hinzugerechneten Gewinnanteile eines persönlich haftenden Gesellschafters (§ 9 Nummer 2b GewStG) (8)	053	,–

2025GewSt1A704 2025GewSt1A704

Bei einer KGaA kann der Gewinnanteil, der an persönlich haftende Gesellschafter auf ihre nicht auf das Grundkapital gemachten Einlagen oder als Vergütung (Tantieme) für die Geschäftsführung verteilt werden, körperschaftsteuerlich als Betriebsausgabe abgezogen werden (§ 9 Abs. 1 Nr. 1 KStG). **1849**

Diese Vergütungen sind bei dem Komplementär als gewerbliche Einkünfte (§ 15 Abs. 1 Nr. 3 EStG) zu besteuern, welche nicht zur Annahme eines Gewerbebetriebs nach § 2 Abs. 1 GewStG führen.

Wird jedoch die Beteiligung an einer KGaA in einem Betriebsvermögen eines Gewerbebetriebs gehalten, sind diese Einkünfte Teil des laufenden Gewinns des Gewerbebetriebs. Zur Vermeidung einer gewebesteuerlichen Doppelbelastung sind bei dem Komplementär einer KGaA die bei der KGaA nach § 8 Nr. 4 GewStG (→ Rz. 1800) hinzugerechneten Beträge zu kürzen (§ 9 Nr. 2b GewStG). Ziel der Regelung ist die Vermeidung einer gewerbesteuerlichen Doppelbesteuerung dieser Gewinnanteile. Dies erfolgt durch eine Eintragung in **Zeile 90**.

---

1) BFH v. 28.1.1975, I R 106/73, BStBl II 1975, 516.

Beispiel:

A ist Komplementärin bei der A-KGaA. Die Anteile an der A-KGaA sind als notwendiges Betriebsvermögen in der Bilanz des Einzelunternehmens aktiviert. Sie erhält für die Geschäftsführertätigkeit eine Vergütung, die bei der A-KGaA als Betriebsausgabe nach § 9 Abs. 1 Nr. 1 KStG und bei ihr als Betriebseinnahme i.R. der Gewinnermittlung erfasst wurde.

Soweit die gezahlte Vergütung bei der A-KGaA zu einer Hinzurechnung nach § 8 Nr. 4 GewStG führt, ist bei der Ermittlung des Gewerbeertrags der A eine entsprechende Kürzung nach § 9 Nr. 2b GewStG vorzunehmen.

e) Gewerbeerträge ausländischer Betriebsstätten (Zeile 91)

- 5 -

91	Teil des Gewerbeertrages, der auf Betriebsstätten im Ausland entfällt, ohne Einkünfte im Sinne des § 7 Satz 7 und 8 GewStG (§ 9 Nummer 3 GewStG); negative Beträge mit Minuszeichen eintragen ⓳	033	EUR ,—

1850 Da der Gewerbesteuer nur die Gewerbeerträge inländischer Betriebsstätten unterliegen (§ 2 Abs. 1 GewStG), ist die Summe des Gewinns und der Hinzurechnungen um den in dem Gewerbeertrag eines inländischen Unternehmens enthaltenen **Gewinn** zu mindern bzw. um einen darin enthaltenen **Verlust** zu erhöhen, der auf eine nicht im Inland belegene Betriebsstätte entfällt.

Ist das Ergebnis einer ausländischen Betriebsstätte nach einem DBA von der inländischen Besteuerung freigestellt, wird die DBA-Freistellung bereits i.R. der Ermittlung des gewerblichen Gewinns nach § 7 Satz 1 GewStG berücksichtigt. Erfolgt keine Freistellung i.R. des § 7 Satz 1 GewStG, werden die ausländischen Betriebsstättenergebnisse nach § 9 Nr. 3 Satz 1 GewStG gekürzt bzw. bei einem Verlust hinzugerechnet (negative Kürzung).

Kann der Teil des Gewebeertrags, der auf die im Ausland belegene Betriebsstätte entfällt, nicht aus der Buchführung festgestellt werden, ist er sachgerechter zu **schätzen**. Ein sachgerechter Maßstab könnte die Aufteilung der in- und ausländischen Gewinne nach den Grundsätzen des § 29 GewStG sein, also nach den Verhältnissen der Arbeitslöhne der inländischen und ausländischen Betriebsstätten.[1)]

Ein **Hinzurechnungsbetrag** nach § 10 Abs. 1 Satz 1 AStG gehört (ab dem EZ 2017) ebenfalls zu dem gewerbesteuerpflichtigen Gewinn aus Gewerbebetrieb. So gelten die Hinzurechnungsbeträge als Einkünfte, die in einer inländischen Betriebsstätte anfallen (§ 7 Satz 7 GewStG). Eine Kürzung nach § 9 Nr. 3 GewStG für diese Beträge ist insoweit nicht möglich (§ 9 Nr. 3 Satz 1 GewStG).[2)]

Beratungshinweis:

Für die Zeiträume **bis EZ 2016** können Hinzurechnungsbeträge nach § 10 AStG nach § 9 Nr. 3 GewStG gekürzt werden.[3)]

Offen ist derzeit noch die Frage, ob Hinzurechnungsbeträge nach § 10 AStG in den **EZ 2017 – 2022** nach § 9 Nr. 7 GewStG gekürzt werden dürfen, da der Hinzurechnungsbetrag nach § 10 Abs. 2 Satz 1 AStG zu den Einkünften i.S.d. § 20 Abs. 1 Nr. 1 EStG gehört.

Ab dem EZ 2022 wurde über § 10 Abs. 2 Satz 4 AStG eine Kürzung des Hinzurechnungsbetrags nach § 9 Nr. 7 GewStG gesetzlich ausgeschlossen.[4)]

In **Zeile 91** ist der Teil der Gewerbeertrags, der auf Betriebsstätten im Ausland entfällt, ohne die Einkünfte nach § 7 Satz 8 GewStG (s. § 9 Nr. 3 GewStG), einzutragen. Hierbei sind Gewinne mit positiven und Verluste mit negativen Vorzeichen anzusetzen.

1851 Mit § 9 Nr. 3 Sätze 2 ff. GewStG soll die Belastung inl. Schifffahrtsunternehmen mit Gewerbesteuer, soweit sie auf den Teil des inl. Gewerbeertrags entfällt, der durch den Betrieb von Handelsschiffen – bei denen es sich regelmäßig nicht um Betriebsstätten i.S.v. § 9 Nr. 3 Satz 1 GewStG handelt – im internationalen Verkehr erzielt wird, beseitigt werden. Dies geschieht durch eine pauschale Zuordnung der ausl. Gewerbeerträge zu einer fiktiven ausl. Betriebsstätte.

So gelten 80 % des Gewerbeertrags als auf eine nicht im Inland belegene Betriebsstätte entfallend (§ 9 Nr. 3 Satz 2 GewStG), soweit ein inländisches Unternehmen ausschließlich den Betrieb von eigenen und gecharterten **Handelsschiffen im internationalen Verkehr** zum Gegenstand hat.

Ist der Gegenstand eines Unternehmens **nicht ausschließlich** der Betrieb von Handelsschiffen im internationalen Verkehr, so gelten 80 % des Teils des Gewerbeertrags, der auf den Betrieb von Handelsschiffen im internationalen Verkehr entfällt, als auf eine nicht im Inland belegene Betriebsstätte entfallend, vorausgesetzt, dass dieser Teil gesondert ermittelt wird (§ 9 Nr. 3 Satz 3 GewStG).

1852 Trotz des weitgehend identischen Wortlauts ist der Vorschrift des § 9 Nr. 3 Satz 4 GewStG eine (von der Vorschrift des § 5a Abs. 2 Satz 1 EStG losgelöste) eigenständige, d.h. normspezifische Definition des Betreibens von Handelsschiffen im internationalen Verkehr zu entnehmen.[5)]

1) H 9.4 (Aufteilung des Gewerbeertrags) GewStH 2024.
2) So BFH v. 11.3.2015, I R 10/14, BStBl II 2015, 1049; Nichtanwendungserlass s. gleich lautende Ländererlasse v. 14.12.2015, 33 – G 1425 – 1/11 (FM Bayern), BStBl I 2015, 1090.
3) Gleich lautende Ländererlasse v. 4.2.2021, BStBl I 2021, 248.
4) Neuregelung durch das ATAD-Umsetzungsgesetz v. 25.6.2021, BGBl. I 2021, 2035 = BStBl I 2021, 874.
5) Niedersächsisches FG 15.11.2023, 9 K 311/21, EFG 2024, 480 (Rev. BFH: IV R 30/23).

Handelsschiffe werden im **internationalen Verkehr** betrieben, wenn

- eigene oder gecharterte Schiffe überwiegend zur **Beförderung von Personen und Gütern** im Verkehr mit oder zwischen ausländischen Häfen, innerhalb eines ausländischen Hafens oder zwischen einem ausländischen Hafen und der freien See eingesetzt werden (§ 9 Nr. 3 Satz 4 GewStG);
- **Schiffe**, die vom Vercharterer ausgerüstet sind, für die o.g. Zwecke **verchartert** werden (§ 9 Nr. 3 Satz 4 GewStG);
- die mit dem Betrieb und der Vercharterung der Schiffe unmittelbar zusammenhängenden **Hilfs- und Nebengeschäfte** (§ 5a Abs. 2 Satz 2 EStG);
- die **Veräußerung** von im internationalen Verkehr betriebenen Handelsschiffen (§ 5a Abs. 2 Satz 2 EStG).[1]

Bei eingecharterten Schiffen setzt das Betreiben von Handelsschiffen im internationalen Verkehr im Rahmen der gewerbesteuerrechtlichen Kürzung (§ 9 Nr. 3 Sätze 2 ff. GewStG) Verfügungsmacht über das jeweilige Schiff voraus.[2]

Wenn ein Unternehmen, welches den Betrieb von Handelsschiffen im internationalen Verkehr zum Gegenstand hat, seinen Gewinn pauschaliert i.R. des § 5a Abs. 1 EStG ermittelt (= **Tonnagebesteuerung**), gilt dieser Gewinn als Gewerbeertrag i.S.d. § 7 Satz 1 GewStG, so dass hierfür die Regelung des § 9 Nr. 3 Satz 2 ff. GewStG keine Anwendung mehr findet (§ 7 Satz 3 GewStG; auf → Rz. 1862 wird hingewiesen).

f) Gewerbesteuerlicher Spendenabzug (Zeilen 92a–99)

aa) Zuwendungen nach § 9 Nr. 5 GewStG (Zeilen 92a–92d)

Zuwendungen (Spenden und Mitgliedsbeiträge) nach § 9 Nummer 5 GewStG

Zuwendungen für steuerbegünstigte Zwecke
ohne Beträge laut Zeile 96d
laut gesonderter Einzelaufstellung

Einzelangaben

92 frei 92a	Name des Empfängers		
		EUR	Ct
92b	Betrag laut Bestätigung		
92c	Der Empfänger liegt im		1 = Inland 2 = EU-/EWR-Ausland

Summe

			EUR
92d	Zuwendungen im Kalenderjahr 2025 beziehungsweise im abweichenden Wirtschaftsjahr 2024/2025 zur Förderung steuerbegünstigter Zwecke im Sinne der §§ 52 bis 54 AO (§ 9 Nummer 5 Satz 1 GewStG)	071	, —

Zuwendungen (= Spenden und Mitgliedsbeiträge) können aus Mitteln des Gewerbebetriebs zur Förderung steuer- **1853**
begünstigter Zwecke i.S.d. §§ 52 bis 54 AO bis zur Höhe von **20 %** des um die Hinzurechnungen nach § 8 Nr. 9 GewStG erhöhten Gewinns aus Gewerbebetrieb oder alternativ **4 % der gesamten Umsätze und** der im Wj. aufgewendeten **Löhne und Gehälter** bei der Ermittlung des Gewerbeertrags abgezogen werden (§ 9 Nr. 5 Satz 1 GewStG; siehe auch das Berechnungsschema in Anhang 3 → Rz. 1934).

Zuwendungen sind jedoch nur begünstigt, wenn diese

- an eine j.P.d.ö.R. oder an eine öffentliche Dienststelle, die in einem Mitgliedstaat der EU bzw. des Europäischen Wirtschaftsraums (EWR) liegt, oder
- an eine nach § 5 Abs. 1 Nr. 9 KStG steuerbefreite Körperschaft oder
- an eine Körperschaft innerhalb der EU oder des EWR geleistet werden, wenn diese nach § 5 Abs. 1 Nr. 9 KStG i.V.m. § 5 Abs. 2 Nr. 2 KStG befreit wäre, wenn sie inländische Einkünfte erzielen würde.

Ein Zuwendungsabzug (Spendenabzug) ist jedoch ausgeschlossen, soweit auf die geleisteten Zuwendungen § 8 Abs. 3 KStG anzuwenden ist oder soweit Mitgliedsbeiträge an Körperschaften geleistet werden, die

- den Sport (§ 52 Abs. 2 Nr. 21 AO),
- kulturelle Betätigungen, die in erster Linie der Freizeitgestaltung dienen,
- die Heimatpflege und Heimatkunde (§ 52 Abs. 2 Nr. 22 AO) oder
- Zwecke i.S.d. § 52 Abs. 2 Nr. 23 AO (sog. Freizeitzwecke)

fördern (§ 9 Nr. 5 Satz 11 GewStG).

---

1) BMF v. 12.6.2002, IV A 6 – S 2133a – 11/02 / IV A 6 – S 2133a – 7/02, BStBl I 2002, 614 sowie OFD Rostock v. 20.3.1997, G 1300 A – 0/97 – St 242, DB 1997, 852.
2) Niedersächsisches FG v. 15.11.2023, 9 K 311/21, EFG 2024, 480 (Rev. BFH: IV R 30/23).

1854 Die Regelung zum Spendenabzug gilt unabhängig von der Rechtsform für alle Gewerbebetriebe. Voraussetzung für den Spendenabzug ist der Erhalt einer den formellen Voraussetzungen entsprechende **Zuwendungsbestätigung** (§ 50 Abs. 1 EStDV).

Über Zuwendungen im Kj. 2025 bzw. im abweichendem Wj. 2024/2025 an eine steuerbegünstigte Einrichtung, für die eine den formellen Anforderungen entsprechende Zuwendungsbestätigung vorliegt, ist eine gesonderte Einzelaufstellung vorzulegen, die folgende Angaben enthalten muss:

- Name des Empfängers,
- Betrag lt. Bestätigung,
- Angabe, ob der Empfänger im Inland (= 1) oder im EU/EWR-Ausland (= 2) liegt.

Die gesonderte Einzelaufstellung ist der Steuererklärung elektronisch beizufügen. In ELSTER kann dies über die Funktion „Belegnachreichung zur Steuererklärung" erfolgen.

Bei nur einer Zuwendung bedarf es keiner entsprechenden gesonderten Aufstellung, hier können diese Eintragungen in den **Zeilen 92a–92c** vorgenommen werden.

In der **Zeile 92d** ist die Summe der Zuwendungen einzutragen.

Zu den Abzugsmöglichkeiten von Zuwendungen in den Vermögensstock von steuerbegünstigten Stiftungen (Zeilen 96a–99) → Rz. 1860.

1855 Überschreitet eine begünstigte Zuwendung die Höchstsätze, ist der nichtabzugsfähige Teil der Zuwendung i.R. der Höchstsätze in den folgenden Erhebungszeiträumen abzuziehen. Über die Höhe des vortragsfähigen Zuwendungsbetrags erfolgt eine **gesonderte Feststellung** (§ 9 Nr. 5 Satz 12 GewStG). Dieser Feststellungsbescheid ist Grundlagenbescheid für die Folgejahre.

Beispiel:

Aus dem Gewerbebetrieb des A wird 2025 eine Zuwendung zur Förderung der Bildung i.H.v. 30 000 € an eine steuerbegünstigte Einrichtung getätigt. Über die Zuwendung liegt eine ordnungsgemäße Zuwendungsbestätigung vor. Der Gewinn aus Gewerbebetrieb des A für 2025 beträgt 100 000 €.

Nach § 9 Nr. 5 GewStG kann die Zuwendung i.H.v. 20 000 € (20 % von 100 000 €) berücksichtigt werden. Der 2025 nicht ausgeschöpfte Betrag von 10 000 € ist zum 31.12.2025 gesondert festzustellen und bei der nächsten Gewerbesteuerveranlagung i.R. der Höchstsätze zu berücksichtigen.

Praxishinweis:

Der gesondert festgestellte Spendenvortrag ist zeitlich unbegrenzt nutzbar.

bb) Angaben für die Höchstbetragsberechnung nach § 9 Nr. 5 GewStG (Zeile 94)

	Angaben für die Höchstbetragsberechnung nach § 9 Nummer 5 GewStG Nur ausfüllen, wenn für Höchstbetragsberechnung erforderlich		
93 frei 94	Summe der gesamten Umsätze und der im Wirtschaftsjahr aufgewendeten Löhne und Gehälter	057	,–

1856 Alternativ zum prozentualen Abzug bezogen auf den Gewerbeertrag können Zuwendungen i.S.d. § 9 Nr. 5 GewStG auch i.H.v. 4 % der gesamten Umsätze und der im Wj. aufgewendeten Löhne und Gehälter abgezogen werden. Der jeweils höhere Abzugsbetrag ist maßgeblich.

Beispiel:

Aus dem Gewerbebetrieb des C wird 2025 eine Zuwendung zur Förderung der Gesundheitsförderung i.H.v. 40 000 € an eine steuerbegünstigte Einrichtung getätigt. Über die Zuwendung liegt eine ordnungsgemäße Zuwendungsbestätigung vor. Der Gewinn aus Gewerbebetrieb für 2025 beträgt 100 000 €. Die Summe der Umsätze und der Löhne und Gehälter beträgt 8 Mio. €.

Nach § 9 Nr. 5 Satz 1 GewStG kann die Zuwendung im Jahr 2025 i.H.v. 32 000 € (20 % von 100 000 € = 20 000 €; 4 % von 8 Mio. € = 32 000 €) berücksichtigt werden. Der in 2025 nicht ausgeschöpfte Betrag von 8 000 € ist zum 31.12.2025 gesondert festzustellen und bei der nächsten Gewerbesteuerveranlagung i.R. der Höchstsätze zu berücksichtigen.

Die Summe der gesamten Umsätze und der im Wj. aufgewendeten Löhne und Gehälter ist in **Zeile 94** nur dann einzutragen, wenn sich diese für die Berechnung des Abzugs auswirkt.

cc) Zuwendungsvortrag (Zeile 95–95c)

	Zuwendungsvortrag		
95	Bei dem übernehmenden Unternehmen im Jahr der Vermögensübernahme: Auf das übernehmende Unternehmen im laufenden Erhebungszeitraum übergegangener Zuwendungsvortrag nach § 9 Nummer 5 Satz 13 GewStG in Verbindung mit § 12 Absatz 3 UmwStG (gegebenenfalls in Verbindung mit § 15 Absatz 1, § 16, § 18 UmwStG)	084	,—
95a	Bei dem übernehmenden Unternehmen im Jahr der Vermögensübernahme: Auf das übernehmende Unternehmen zum Ende des Erhebungszeitraums übergegangener Zuwendungsvortrag nach § 9 Nummer 5 Satz 13 GewStG in Verbindung mit § 12 Absatz 3 UmwStG (gegebenenfalls in Verbindung mit § 15 Absatz 1, § 16, § 18 UmwStG)	114	,—
95b	Im Falle einer Abspaltung oder Teilübertragung: Verringerung des verbleibenden Zuwendungsvortrags (§ 9 Nummer 5 Satz 13 GewStG) bei der übertragenden Körperschaft (§ 12 Absatz 3 in Verbindung mit § 15 Absatz 1, § 16, § 18 UmwStG)	089	,—
95c	Verringerung des verbleibenden Zuwendungsvortrags des laufenden Erhebungszeitraums durch Abspaltung oder Teilübertragung bei der übertragenden Körperschaft zum Ende des Erhebungszeitraums (§ 12 Absatz 3 in Verbindung mit § 15 Absatz 1, § 16, § 18 UmwStG)	083	,—

Ein im Fall einer Vermögensübernahme nach § 12 Abs. 3 UmwStG i.V.m. §§ 15 Abs. 1, 16, 18 UmwStG auf das übernehmende Unternehmen im laufenden EZ übergegangener Zuwendungsvortrag ist im Jahr der Vermögensübernahme in **Zeile 95** zu erfassen. **1857**

Ein im Rahmen der Vermögensübernahme auf das übernehmende Unternehmen zum Ende des EZ übergegangener Zuwendungsvortrag nach § 9 Nr. 5 Satz 13 GewStG ist im Jahr des Vermögensübergangs in **Zeile 95a** zu erfassen.

Im Fall der **Abspaltung bzw. Teilübertragung** ist bei der übertragenden Körperschaft in **Zeile 95b** der Betrag einzutragen, um den sich der verbleibende Zuwendungsvortrag verringert (vgl. § 12 Abs. 3 UmwStG i.V.m. § 15 Abs. 1, §§ 16, 18 UmwStG). **1858**

In **Zeile 95c** ist die Verringerung des laufenden Zuwendungsvortrags des laufenden EZ durch Abspaltung oder Teilübertragung zum Ende des EZ einzutragen (vgl. § 12 Abs. 3 UmwStG i.V.m. § 15 Abs. 1, § 16, § 18 UmwStG).

dd) Spenden in den Vermögensstock einer Stiftung (Zeilen 96a–99)

	Spenden in das zu erhaltende Vermögen (Vermögensstock) einer Stiftung (§ 9 Nummer 5 Satz 9 GewStG) Nur bei Einzelunternehmen und Personengesellschaften		
	Spenden in den Vermögensstock einer Stiftung laut gesonderter Einzelaufstellung		
	Einzelangaben		
96 frei 96a	Name des Empfängers		
96b	Betrag laut Bestätigung		EUR Ct
96c	Der Empfänger liegt im		1 = Inland 2 = EU-/EWR-Ausland
	Summe		
96d	Spenden im Kalenderjahr 2025 beziehungsweise im abweichenden Wirtschaftsjahr 2024/2025 in den Vermögensstock einer Stiftung, für die der besondere Abzug nach § 9 Nummer 5 Satz 9 bis 11 GewStG beantragt wird		EUR ,—
	Spendenabzug bei Spenden in den Vermögensstock einer Stiftung		
97 frei 98	Betrag der Vermögensstockspenden, die im Erhebungszeitraum 2025 abgezogen werden sollen	072	,—
	Vortrag von Vermögensstockspenden		
98a	Zum Ende des vorangegangenen Erhebungszeitraums gesondert festgestellter verbleibender Vortrag von Vermögensstockspenden nach § 9 Nummer 5 Satz 9 folgende GewStG		,—
99	Zum Ende des Erhebungszeitraums verbleibender Betrag der Vermögensstockspenden, der aufgrund des Ablaufs des zehnjährigen Abzugszeitraums im Folgejahr nicht mehr beansprucht werden kann	108	,—

Zuwendungen (Spenden) in den **Vermögensstock** einer öffentlich-rechtlichen Stiftung oder einer nach § 5 Abs. 1 Nr. 9 KStG anerkannten Stiftung können im Jahr der Zuwendung und in den folgenden neun Erhebungszeiträumen nach Antrag des Stpfl. zusätzlich bis zu einer Höhe von **1 Mio. €** abgezogen werden. Der besondere Abzugsbetrag kann also nach den Wünschen des Stpfl. auf maximal zehn Jahre verteilt und abgezogen werden. **1859**

Den zusätzlichen Abzugsbetrag können **nur Personengesellschaften und Einzelunternehmen** in Anspruch nehmen. **Körperschaften** steht dieser Abzugsbetrag nicht zu (§ 9 Nr. 5 Satz 9 GewStG).

Der besondere Abzugsbetrag von 1 Mio. € kann innerhalb des Zehn-Jahres-Zeitraums nur einmal in Anspruch genommen werden (§ 9 Nr. 5 Satz 10 GewStG).

Beispiel:

2025 werden aus dem Gewerbebetrieb des A 1,5 Mio. € i.R. der Errichtung der wegen Förderung der Bildung als gemeinnützig anerkannten A-Stiftung in den Vermögensstock gespendet. Eine ordnungsgemäße Zuwendungsbestätigung liegt vor. Der Gewinn aus Gewerbebetrieb beträgt 1 Mio. €. Es wird der höchstmögliche Abzug beantragt.

Nach § 9 Nr. 5 GewStG kann die Zuwendung wie folgt berücksichtigt werden:

Grundabzug 20 % von 1 Mio. €	200 000 €
Vermögensausstattungsabzug	1 000 000 €
Abzug insg.	**1 200 000 €**

Die Höhe des nicht ausgeschöpften Restbetrags von 300 000 € ist i.R. einer Feststellung über den verbleibenden Spendenabzug zum 31.12.2025 gesondert festzustellen, Dieser Betrag kann dann in den folgenden Erhebungszeiträumen nach den Regelungen des § 9 Nr. 5 GewStG abgezogen werden.

1860 Bei einer Zuwendung im EZ 2025 in den Vermögensstock einer Stiftung (§ 9 Nr. 5 Satz 9 GewStG) ist in **Zeile 96a** der Name des Empfängers und in **Zeile 96b** der Betrag der Zuwendung einzutragen. In **Zeile 96c** ist anzugeben, ob der Empfänger im Inland (= 1) oder im EU/EWR-Ausland (= 2) liegt.

Werden im EZ 2025 mehrere Zuwendungen in den Vermögensstock einer Stiftung geleistet, ist dies im Rahmen einer gesonderten Einzelaufstellung entsprechend darzulegen und der Steuererklärung beizufügen.

Die gesonderte Einzelaufstellung ist der Steuererklärung elektronisch beizufügen. In ELSTER kann dies über die Funktion „Belegnachreichung zur Steuererklärung" erfolgen.

In **Zeile 96d** ist die Summe der im Kj 2025 bzw. im abweichenden Wirtschaftsjahr 2024/2025 in den Vermögensstock einer Stiftung, für die der besondere Abzug nach § 9 Nr. 5 Satz 9–11 GewStG beantragt wird, einzutragen.

Hinweis:

Die Eintragung in Zeile 96d führt noch nicht zu einem gewerbesteuerlichen Abzug! Damit wird lediglich beantragt, dass eine Vermögensstockspende zugunsten einer Stiftung unter den besonderen Spendenabzug der § 9 Nr. 5 Satz 9–11 GewStG fällt und innerhalb von zehn Jahren genutzt werden kann. Die Höhe der im EZ 2025 tatsächlich abzuziehende Vermögensstockspende wird über die Eintragung in Zeile 98 gesteuert.

In **Zeile 98** ist die Höhe des Betrags der Vermögensstockspende, die im EZ abgezogen werden soll, einzutragen.

Besteht zum Ende des vorangegangenen EZ noch ein gesondert festgestellter Vortrag von Vermögensstockspenden, ist dieser Betrag in **Zeile 98a** einzutragen. Soweit in 2025 davon ein (Teil-)Betrag abgezogen werden soll, ist dieser in **Zeile 98** einzutragen.

Ein zum Ende des EZ 2025 verbleibender Betrag einer Vermögensstockspende, der auf Grund des Ablaufs des zehnjährigen Abzugszeitraums im Folgejahr nicht mehr beansprucht werden kann, ist in **Zeile 99** zu erfassen. Diese gehen in den allgemeinen unbefristeten Spendenvortrag nach § 10b Abs. 1 EStG über.[1)]

13. Kürzungsbetrag bei Beteiligung an Zwischengesellschaften nach dem AStG (Zeilen 99a–99c)

Kürzungsbetrag bei Beteiligung an Zwischengesellschaften nach dem AStG

laut gesonderter Einzelaufstellung

99a	Bezeichnung der Zwischengesellschaft	

2025GewSt1A705 2025GewSt1A705

- 6 -

			EUR
99b	Kürzungsbetrag nach § 11 Absatz 5 AStG		,—
	Sind weitere Eintragungen erforderlich, sind diese nach dem gleichen Schema gesondert zu erläutern.		
99c	Summe der Kürzungsbeträge nach § 11 Absatz 5 AStG	109	,—

1861 Ist ein Gewerbebetrieb an einer ausländischen Zwischengesellschaft beteiligt, ist in **Zeile 99a** die Bezeichnung der Zwischengesellschaft einzutragen.

Der sich aus § 11 Abs. 5 AStG ergebende Kürzungsbetrag ist in **Zeile 99b** zu erfassen.

Sind mehrere Eintragungen erforderlich, sind diese nach dem gleichen Schema in einer Anlage gesondert zu erläutern.

---

1) BMF v. 18.12.2008, IV C 4 – S 2223/07/0020, BStBl I 2009, 16.

In **Zeile 99c** ist die Summe der Kürzungsbeträge nach § 11 Abs. 5 AStG einzutragen. Diese sollte bei der Beteiligung an nur einer Zwischengesellschaft der Eintragung in Zeile 99b entsprechen.

14. Gewerbeertrag in besonderen Fällen (Zeilen 100–104)

Zeile	Gewerbeertrag in besonderen Fällen	Kz.	20 / 21 / 30
	Bei Handelsschiffen im internationalen Verkehr (§ 5a EStG in Verbindung mit § 7 Satz 3 GewStG): - Hinzurechnungen und Kürzungen entfallen -		
100	Nach § 5a Absatz 1 EStG ermittelter Gewinn	023	,—
101	Hinzuzurechnender Unterschiedsbetrag nach § 5a Absatz 4 EStG und sonstige Hinzurechnungen im Sinne des § 5a Absatz 5 EStG	27	,—
102	Hinzuzurechnende Vergütungen im Sinne des § 5a Absatz 4a Satz 3 EStG (gegebenenfalls gekürzt um damit im Zusammenhang stehende Aufwendungen)	28	,—
	Bei öffentlich-rechtlichen Rundfunkanstalten: - Hinzurechnungen und Kürzungen entfallen -		
103	Nach § 8 Absatz 1 Satz 3 KStG ermitteltes Einkommen aus dem Geschäft der Veranstaltung von Werbesendungen (§ 7 Satz 3 GewStG)	025	,—
	In Fällen der Spartentrennung bei Unternehmen im Sinne des § 7 Satz 5 GewStG:		
103a	Anzahl der beigefügten Anlage(n) ÖHG:	57	
104	Maßgebender verbleibender Gewerbeertrag in den Fällen des § 7 Satz 5 GewStG in Verbindung mit § 8 Absatz 9 KStG (Betrag laut Zeile 71 aller Anlagen ÖHG)	061	EUR ,—

a) Gewinne nach § 5a EStG – Tonnagebesteuerung (Zeile 100)

Für den Gewinn von **Handelsschiffen im internationalen Verkehr** kann auf unwiderruflichen **Antrag** des Stpfl. nach § 5a Abs. 1 EStG eine pauschalierte Gewinnermittlung nach der in seinem Betrieb geführten Tonnage erfolgen, wenn die Bereederung dieser Handelsschiffe im Inland durchgeführt wird (= **Tonnagebesteuerung**). **1862**

Der nach § 5a EStG ermittelte Gewinn gilt als der gewerbesteuerliche **Gewerbeertrag** (§ 7 Satz 3 GewStG).

Zu dem gewerbesteuerpflichtigen Gewinn gehören sowohl – wie sich aus § 5a Abs. 5 Satz 1 EStG ergibt – Veräußerungs- und Aufgabegewinne i.S.d. § 16 EStG als auch Gewinne aus der Auflösung des Unterschiedsbetrags nach § 5a Abs. 4 Satz 1 und 2 EStG.

So ist zum Schluss des letzten der Tonnagebesteuerung vorausgehenden Wj. für jedes unmittelbar dem Betrieb der Handelsschiffe dienende Wirtschaftsgut der Unterschiedsbetrag zwischen Buchwert und Teilwert gesondert und – bei Mitunternehmerschaften – einheitlich festzustellen (§ 5a Abs. 4 Satz 1 und 2 EStG). Der Unterschiedsbetrag ist dem Gewinn später hinzuzurechnen (§ 5a Abs. 4 Satz 3 EStG); das gilt u.a. dann, wenn das Wirtschaftsgut aus dem Betriebsvermögen ausscheidet oder nicht mehr unmittelbar dem Betrieb von Handelsschiffen im internationalen Verkehr dient (§ 5a Abs. 4 Satz 3 Nr. 2 EStG).[1]

Ist Gegenstand eines Gewerbebetriebs **nicht ausschließlich der Betrieb von Handelsschiffen im internationalen Verkehr (gemischter Betrieb)**, so müssen der Gewinn aus dem Betrieb von Handelsschiffen im internationalen Verkehr und der übrige Gewinn getrennt ermittelt werden. Das erfordert regelmäßig eine klare und einwandfreie buchmäßige Zuordnung der Betriebseinnahmen und Betriebsausgaben zu den verschiedenen Tätigkeitsbereichen. Betriebseinnahmen und Betriebsausgaben, die sowohl durch den Betrieb von Handelsschiffen im internationalen Verkehr als auch durch andere gewerbliche Betätigungen veranlasst sind, sind entsprechend den tatsächlichen Verhältnissen aufzuteilen. Hierbei sind die jeweiligen Anteile erforderlichenfalls zu schätzen.

Soweit der Gewinn nach § 5a EStG ermittelt worden ist, erfolgt **keine** Hinzurechnung und Kürzung nach den §§ 8 **1863**
und 9 GewStG.[2]

Eine **Anrechnung der Gewerbesteuer** nach § 35 EStG auf Gewinne, die der Tonnagebesteuerung nach § 5a EStG unterliegen, ist nicht möglich (§ 5a Abs. 5 EStG).

Wenn ein Unternehmen, welches den Betrieb von Handelsschiffen im internationalen Verkehr zum Gegenstand **1864**
hat, keine pauschalierte Gewinnermittlung nach § 5a Abs. 1 EStG beantragt, sondern seinen Gewinn nach den allgemeinen Grundsätzen ermittelt, wird auf → Rz. 1851 hingewiesen.

b) Unterschiedsbetrag nach § 5a Abs. 4 EStG (Zeile 101)

Soweit der **Unterschiedsbetrag** zwischen dem Buchwert und dem Teilwert der Wirtschaftsgüter, die dem Betrieb **1865**
von Handelsschiffen im internationalen Verkehr dienen, nach § 5a Abs. 4 EStG dem Gewinn hinzuzurechnen ist, erhöht dieser den Gewerbeertrag[3] und ist in **Zeile 101** einzutragen.

1) BFH v. 13.12.2007, IV R 92/05, BStBl II 2008, 583.
2) BMF v. 10.7.2023, IV C 6 – S 2133-a/20/10001 :003, BStBl I 2023, 1486, Rz. 37.
3) BMF v. 10.7.2023, IV C 6 – S 2133-a/20/10001 :003, BStBl I 2023, 1486, Rz. 37.

Wie bei dem nach § 5a Abs. 1 EStG pauschalierten Gewinn (= Tonnagebesteuerung; → Rz. 1862 ff.) sind auch bei einem Gewinn nach § 5a Abs. 4 EStG die Hinzurechnungs- und Kürzungsvorschriften der §§ 8 und 9 GewStG nicht anzuwenden.[1)]

c) Sondervergütungen nach § 5a Abs. 4a EStG (Zeile 102)

1866 In **Zeile 102** sind bei Personengesellschaften die Sondervergütungen nach § 5a Abs. 4a EStG einzutragen.

Die Gewinnermittlungsvorschrift i.S.d. § 5a Abs. 1 Satz 1 EStG stellt grundsätzlich auf den Gesamtgewinn der Mitunternehmerschaft ab. Die zusätzliche Berücksichtigung von Sonderbetriebsausgaben, z.B. für die Finanzierung des Anteilserwerbs, ist daher nicht zulässig. Eine Ausnahme gilt nur für Ausgaben, die im unmittelbaren Zusammenhang mit hinzuzurechnenden Sondervergütungen i.S.d. § 15 Abs. 1 Satz 1 Nr. 2 und Satz 2 EStG stehen.[2)]

d) Gewerbeertrag der Rundfunkanstalten (Zeile 103)

1867 Bei inländischen öffentlich-rechtlichen Rundfunkanstalten beträgt das Einkommen aus dem **Geschäft mit Werbesendungen** 16 % der Entgelte nach § 10 Abs. 1 UStG (§ 8 Abs. 1 Satz 3 KStG). Dieses pauschal ermittelte Einkommen gilt bei der Gewerbesteuer als Gewerbeertrag (§ 7 Satz 3 GewStG).

Hinzurechnungen und Kürzungen nach den §§ 8 und 9 GewStG erfolgen darauf nicht.

e) Fälle der Spartentrennung (Zeilen 103a–104)

1868 Bei Eigengesellschaften ist in Fällen der **Spartentrennung** (§ 7 Satz 5 GewStG i.V.m. § 8 Abs. 9 KStG) in **Zeile 103a** die Anzahl der beigefügten Anlagen ÖHG anzugeben.

In **Zeile 104** ist der maßgebende, verbleibende Gewerbeertrag einzutragen. Dieser ist die Summe aus den Zeilen 71 aller Anlagen ÖHG.

15. Angaben in Organschaftsfällen (Zeilen 105–118)

a) Gewerbeertrag der Organgesellschaft(en) (Zeilen 105–108)

Angaben in Organschaftsfällen 20

Gewerbeertrag der Organgesellschaft(en)

Zeilen 105 bis 107 und 108: Nur bei Organträgern
Zeilen 107a bis 107c und 109 bis 111: Nur bei Organträgern, soweit nicht selbst Organgesellschaft laut gesonderter Einzelaufstellung

Zeile			EUR
105	Name der Organgesellschaft		
106	Steuernummer der Organgesellschaft		
106a	Wirtschafts-Identifikationsnummer der Organgesellschaft 39		D E
107	Gewerbeertrag der Organgesellschaft		,—
107a	Korrekturbetrag nach § 3 Nummer 40 Buchstabe a, § 3c EStG und § 8b Absatz 2 und 3 KStG, § 12 Absatz 2 UmwStG in Verbindung mit § 15 Satz 1 Nummer 2 und Satz 2 KStG und § 34c Absatz 3 EStG		,—
107b	Korrekturbetrag nach §§ 20 und 21 InvStG		,—
107c	Nur bei Körperschaften: Korrekturbetrag nach § 45 Absatz 1 InvStG		,—
	Sind weitere Eintragungen erforderlich, sind diese nach dem gleichen Schema gesondert zu erläutern.		
108	Summe der Gewerbeerträge der Organgesellschaften	060	,—

1869 Ist der Stpfl. ein Organträger, ist in **Zeile 105** der Name der Organgesellschaft, in **Zeile 106** die StNr. und in **Zeile 106a** die Wirtschafts-Identifikationsnummer der Organgesellschaft eingetragen.

Der Gewerbeertrag der Organgesellschaft wird in **Zeile 107** erfasst. So ermitteln die Organgesellschaften ihren Gewerbeertrag getrennt voneinander.[3)]

In **Zeile 107a** ist der Korrekturbetrag nach § 3 Nr. 40 Buchst. a, § 3c EStG und § 8b Abs. 2 und 3 KStG; § 12 Abs. 2 UmwStG i.V.m. § 15 Satz 1 Nr. 2 Satz 2 KStG und § 34c Abs. 3 EStG einzutragen.

In **Zeile 107b** ist der Korrekturbetrag nach §§ 20 u. 21 InvStG einzutragen.

In **Zeile 107c** haben Körperschaften einen Korrekturbetrag nach § 45 Abs. 1 InvStG einzutragen.

1) BMF v. 10.7.2023, IV C 6 – S 2133-a/20/10001 :003, BStBl I 2023, 1486, Rz. 37.
2) BMF v. 10.7.2023, IV C 6 – S 2133-a/20/10001 :003, BStBl I 2023, 1486, Rz. 24.
3) R 7.1 Abs. 5 GewStR 2009.

Sind mehrere Eintragungen in diesen Zeilen vorzunehmen, sind diese nach einem gesonderten Schema einzeln zu erläutern.

In **Zeile 108** ist die Summe der Gewerbeerträge der Organgesellschaften zu erfassen.

b) Korrekturbeträge zum Gewerbeertrag der Organgesellschaft(en) (Zeile 109)

Zeile		Kz.	Betrag
109	Summe der Korrekturbeträge aufgrund der Anwendung des § 3 Nummer 40 Buchstabe a, § 3c EStG, § 8b Absatz 2 und 3 KStG, § 12 Absatz 2 UmwStG in Verbindung mit § 15 Satz 1 Nummer 2 und Satz 2 KStG und der Anwendung von § 34c Absatz 3 EStG (negative Beträge mit Minuszeichen eintragen)	079	,—

In **Zeile 109** ist die Summe der Korrekturbeträge auf Grund der Anwendung des § 3 Nr. 40 Buchst. a, § 3c EStG, § 8b Abs. 2 und 3 KStG, § 12 Abs. 2 UmwStG i.V.m. § 15 Satz 1 Nr. 2 und Satz 2 KStG und § 34c EStG bei Organträgern einzutragen, soweit diese nicht selbst Organgesellschaft sind. Negative Beträge sind mit einem Minuszeichen einzutragen. **1870**

Nach § 15 Satz 1 Nr. 2 KStG findet bei der Ermittlung des Einkommens einer Organgesellschaft § 8b Abs. 1 bis 6 KStG keine Anwendung mit der Folge, dass Erträge und Aufwendungen im Zusammenhang mit der Beteiligung an einer anderen Kapitalgesellschaft noch in voller Höhe im gewerblichen Gewinn der Organgesellschaft enthalten sind. Erst auf Ebene des Organträgers sind auf die im Einkommen der Organgesellschaft enthaltenen Dividenden und Veräußerungserlöse die Regelungen der § 3 Nr. 40, § 3c Abs. 2 EStG (bei natürlichen Personen als Organträger) oder des § 8b KStG (bei Körperschaften als Organträger) für Zwecke der Ermittlung des körperschaftsteuerlichen Einkommens anzuwenden (sog. **Bruttomethode**).[1] **1871**

Die Bruttomethode nach § 15 Satz 1 Nr. 2 KStG ist über § 7 Satz 1 GewStG auch bei der Gewerbesteuer anzuwenden. Das heißt, die Vorschriften § 8b KStG; § 3 Nr. 40 EStG, § 3c EStG finden bei der Ermittlung des Gewinns aus Gewerbebetrieb nach § 7 GewStG bei der Organgesellschaft keine Anwendung. **1872**

Bei **Streubesitzdividenden** (§ 8 Nr. 5 GewStG) führt die Anwendung der Bruttomethode bei der Gewerbesteuer zu keinen gewerbesteuerlichen Problemen.

Beispiel (Streubesitzdividende):

Die A-GmbH ist Organgesellschaft der B-GmbH. Sie erzielt 2025 einen Gewerbeertrag i.H.v. 100 000 €. Darin ist ungekürzt eine Dividende von 20 000 € aus einer 12-prozentigen Beteiligung an der K-AG enthalten.

Bei der A-GmbH wird ein Gewerbeertrag von 100 000 € ermittelt, der dem Organträger (B-GmbH) zugerechnet wird (Eintragung bei dieser in **Zeile 107**), da § 8b Abs. 1 KStG auf die Dividendenerträge nicht anzuwenden ist (§ 7 Satz 1 GewStG i.V.m. § 15 Satz 1 Nr. 2 KStG). Bei der A-GmbH bedarf es insb. keiner Anwendung des § 7a GewStG, da es sich um keine begünstigte Schachtelbeteiligung handelt. So beträgt die Beteiligungshöhe weniger als 15 %.

Eine weitere Korrektur ist daher nicht erforderlich.

Für Gewinne/Verluste aus der **Veräußerung** einer Beteiligung bei der Organgesellschaft sind Korrekturbeträge zu ermitteln, die beim Organträger zu berücksichtigen sind, um das steuerlich zutreffende Ergebnis abbilden zu können.

Beispiel (Veräußerungsgewinn):

Die A-GmbH ist Organgesellschaft der B-GmbH und zu 40 % an der C-GmbH beteiligt. In 2025 veräußert die A-GmbH die Beteiligung an der C-GmbH. In dem von der A-GmbH in 2025 erzielten Gewerbeertrag von 100 000 € ist ein Veräußerungsgewinn aus der Veräußerung der Beteiligung von 20 000 € enthalten.

Bei der A-GmbH wird ein Gewerbeertrag von 100 000 € ermittelt, der dem Organträger (B-GmbH) zugerechnet wird, da § 8b Abs. 2 KStG bei der Ermittlung des gewerblichen Gewinns einer Organgesellschaft nicht anzuwenden ist (§ 7 Satz 1 GewStG i.V.m. § 15 Satz 1 Nr. 2 KStG). Gewerbesteuerlich erfolgt bei der A-GmbH keine Kürzung nach § 9 Nr. 2a GewStG, da hierfür die Voraussetzungen nicht erfüllt sind (kein Dividendenbezug). Zusätzlich ist bei der A-GmbH jedoch ein Korrekturbetrag i.H.v. –19 000 € (Abzug des Veräußerungsgewinns nach § 8b Abs. 2 KStG von 20 000 € zzgl. 5 % pauschalierter BA-Abzug nach § 8b Abs. 3 KStG von 1 000 €; – 20 000 € + 1 000 € = –19 000 €) in **Zeile 113** einzutragen.

Bei der Gewerbesteuerveranlagung des Organträgers (B-GmbH) ist ein Gewerbeertrag von 100 000 € zu erfassen (Eintragung bei der B-GmbH in **Zeilen 107 und 108**).

Daneben wird bei der B-GmbH der bei der A-GmbH ermittelte **Korrekturbetrag i.H.v. –19 000 €** in **Zeile 109** eingetragen. Die zu Dividendenbezügen ergangene BFH-Rechtsprechung findet insoweit keine Anwendung.[2]

Im Ergebnis ergibt sich bei der B-GmbH ein von der A-GmbH bezogener Gewerbeertrag von 81 000 €.

c) Korrekturbeträge nach §§ 20 und 21 InvStG (Zeile 110)

Zeile		Kz.	Betrag
110	Summe der Korrekturbeträge aufgrund der Anwendung der §§ 20 und 21 InvStG in Verbindung mit § 15 Satz 1 Nummer 2a und Satz 2 KStG gegebenenfalls in Verbindung mit § 43 Absatz 3 und § 45 Absatz 2 InvStG (negative Beträge mit Minuszeichen eintragen)	101	,—

1) BMF v. 26.8.2003, IV A 2 – S 2770 – 18/03, BStBl I 2003, 437, Rz. 22.
2) BFH v. 17.12.2014, I R 39/14, BStBl II 2015, 1052.

1873 In **Zeile 110** ist die Summe der Korrekturbeträge auf Grund der Anwendung der §§ 20 und 21 InvStG i.V.m. § 15 Satz 1 Nr. 2a und Satz 2 KStG ggf. i.V.m. § 43 Abs. 3 und § 45 Abs. 2 InvStG bei Organträgern einzutragen, soweit diese nicht selbst Organgesellschaft sind. Negative Beträge sind mit einem Minuszeichen einzutragen.

d) Korrekturbeträge nach § 45 Abs. 1 InvStG (Zeile 111)

111	Nur bei Körperschaften: Summe der Korrekturbeträge aufgrund der Anwendung des § 45 Absatz 1 InvStG	102	,—

1874 Eine Körperschaft hat daneben die Summe der Korrekturbeträge zum Betrag lt. Zeile 108 auf Grund der Anwendung des § 45 Abs. 1 InvStG in **Zeile 111** zu erfassen.

Beratungshinweis:

Ist ein Organträger jedoch auch selbst Organgesellschaft, sind die Korrekturbeträge nicht in den Zeilen 109 bis 111, sondern in den **Zeilen 112 bis 114** einzutragen (→ Rz. 2031).

e) Werte, die bei Organgesellschaften von Bedeutung sind (Zeilen 112–118)

Werte, die für die Ermittlung des Gewerbeertrages des Organträgers von Bedeutung sind 16 27

Nur bei Organgesellschaften

Ist die Organgesellschaft gleichzeitig Organträger: Einschließlich entsprechender Beträge ihrer Organgesellschaften (laut gesonderter Ermittlung) - negative Beträge mit Minuszeichen eintragen -

			EUR
112	Wenn der Organträger eine natürliche Person ist: Zu berücksichtigender Korrekturbetrag zum Gewerbeertrag aufgrund der Anwendung des § 3 Nummer 40 Buchstabe a, § 3c EStG und § 12 Absatz 2 UmwStG in Verbindung mit § 15 Satz 1 Nummer 2 und Satz 2 KStG sowie § 34c Absatz 3 EStG	028	,—
113	Wenn der Organträger eine Körperschaft ist: Zu berücksichtigender Korrekturbetrag zum Gewerbeertrag aufgrund der Anwendung des § 8b Absatz 2 und 3 KStG und § 12 Absatz 2 UmwStG in Verbindung mit § 15 Satz 1 Nummer 2 und Satz 2 KStG sowie § 34c Absatz 3 EStG	029	,—

2025GewSt1A706 2025GewSt1A706

- 7 -

			EUR
114	Wenn der Organträger eine Personengesellschaft ist: Zu berücksichtigender Korrekturbetrag zum Gewerbeertrag aufgrund der Anwendung des § 3 Nummer 40 Buchstabe a, § 3c EStG, § 8b Absatz 2 und 3 KStG, § 12 Absatz 2 UmwStG in Verbindung mit § 15 Satz 1 Nummer 2 und Satz 2 KStG sowie § 34c Absatz 3 EStG	027	,—
115	Wenn der Organträger eine natürliche Person ist: Zu berücksichtigender Korrekturbetrag zum Gewerbeertrag aufgrund der Anwendung des § 15 Satz 1 Nummer 2a und Satz 2 KStG, insbesondere in den Fällen der §§ 20, 21 InvStG und § 43 Absatz 3 in Verbindung mit § 45 Absatz 2 InvStG	103	,—
116	Wenn der Organträger eine Körperschaft ist: Zu berücksichtigender Korrekturbetrag zum Gewerbeertrag aufgrund der Anwendung des § 15 Satz 1 Nummer 2a und Satz 2 KStG, insbesondere in den Fällen der §§ 20, 21 InvStG und § 43 Absatz 3 in Verbindung mit § 45 Absatz 2 InvStG	104	,—
117	Wenn der Organträger eine Personengesellschaft ist: Zu berücksichtigender Korrekturbetrag zum Gewerbeertrag aufgrund der Anwendung des § 15 Satz 1 Nummer 2a und Satz 2 KStG, insbesondere in den Fällen der §§ 20, 21 InvStG und § 43 Absatz 3 in Verbindung mit § 45 Absatz 2 InvStG	105	,—
118	Wenn der Organträger eine Körperschaft ist: Zu berücksichtigender Korrekturbetrag aufgrund der Anwendung des § 45 Absatz 1 InvStG	106	,—

1875 Für die Erfassung der Korrekturbeträge bei der Organgesellschaft ist entscheidend, welche Rechtsform der Organträger hat. Ist der Organträger eine natürliche Person, sind die Korrekturbeträge nach den Grundsätzen der §§ 3 Nr. 40 Buchst. a, 3c Abs. 2 EStG, § 12 Abs. 2 UmwStG i.V.m. § 15 Satz 1 Nr. 2 und Satz 2 KStG sowie § 34c Abs. 3 EStG zu ermitteln und in **Zeile 112** einzutragen; bei einer Körperschaft als Organträger, erfolgt die Eintragung des Korrekturbetrags in **Zeile 113**; ist der Organträger eine Personengesellschaft, ist der Korrekturbetrag in **Zeile 114** einzutragen.

Beispiel natürliche Person als OT (Veräußerung):

Die A-GmbH (= Organgesellschaft des E-Einzelunternehmens) erzielt in 2025 einen Gewerbeertrag von 100 000 €. Darin ist ein Gewinn aus der Veräußerung ihrer Beteiligung an der B-AG i.H.v. 20 000 € (BW 40 000 €; Veräußerungspreis 60 000 €) enthalten.

Bei der A-GmbH findet bei der Ermittlung des Gewinns aus Gewerbebetrieb § 8b Abs. 2 KStG keine Anwendung (§ 15 Satz 1 Nr. 2 KStG).

Damit auf den Gewinn aus der Veräußerung bei dem Organträger die Auswirkungen des Teileinkünfteverfahrens (§§ 3 Nr. 40, 3c Abs. 2 EStG) noch berücksichtigt werden können, ist bei der A-GmbH in **Zeile 112** ein Korrekturbetrag i.H.v. – 8 000 € (40 % von

20 000 €) einzutragen. Das BFH-Urteil v. 17.12.2014, in dem dieser den Ansatz von Korrekturbeträgen versagt hat, greift nicht bei Veräußerungsgewinnen/-verlusten.[1]

Bei dem Organträger (= E-Einzelunternehmen) werden 100 000 € als Gewerbeertrag der Organgesellschaft (= A-GmbH) erfasst (Eintragung in **Zeilen 107 und 108**). Der Korrekturbetrag von – 8 000 € ist in **Zeile 109** einzutragen, sodass sich im Ergebnis ein Gewerbeertrag der Organgesellschaft i.H.v. 92 000 € beim Einzelunternehmer niederschlägt.

Durch das Gesetz zur Umsetzung der Änderungen der EU-Amtshilferichtlinie und von weiteren Maßnahmen gegen Gewinnkürzungen und -verlagerungen v. 20.12.2016[2] wurde durch Einführung eines neuen § 7a GewStG geregelt, dass bei Organgesellschaft die Nettomethode bei Dividenden aus **Schachtelbeteiligungen** anzuwenden ist. Damit wird sichergestellt, dass sich die Schachtelstrafe (§ 8b Abs. 5 KStG) auch im Gewerbeertrag einer Organgesellschaft niederschlägt, wenn der Organträger eine Körperschaft ist. Die bisherigen gesetzlich nicht geregelten Korrekturbeträge auf Schachteldividenden sind damit nunmehr gesetzlich verankert (§ 7a GewStG). Die Änderung gilt für **Bezüge nach dem 31.12.2016** (§ 36 Abs. 2a GewStG). **1876**

Ergänzend wird auf die Ausführungen zur Anlage BEG (→ Rz. 1966 ff.) verwiesen.

Erzielt der Organträger **Erträge aus Investmentfonds**, sind die dafür zu berücksichtigenden Korrekturbeträge auf Grund der Anwendung der §§ 20, 21 InvStG i.V.m. § 15 Satz 1 Nr. 2a und Satz 2 KStG ggf. i.V.m. § 43 Abs. 3 und § 45 Abs. 2 InvStG je nach Rechtsform des Organträgers in die **Zeilen 115 bis 118** einzutragen. **1877**

Bei einer natürlichen Person als Organträger erfolgt die Eintragung in die **Zeile 115**. Ist der Organträger eine Körperschaft, erfolgt die Eintragung in der **Zeile 116**. Zusätzlich ist in den Fällen, in denen eine Körperschaft Organträger ist, in **Zeile 118** ein sich nach § 45 InvStG ergebender Korrekturbetrag zu erfassen.

Handelt es sich bei dem Organträger um eine Personengesellschaft, erfolgt die Eintragung in **Zeile 117**.

16. Fälle des § 2 Abs. 4 Satz 3 und 4 UmwStG (Zeilen 120–121)

	Fälle des § 2 Absatz 4 Satz 3 und 4 UmwStG		
119 frei 120	Beim übernehmenden Rechtsträger: Positiver Gewerbeertrag des übertragenden oder einbringenden Rechtsträgers im Rückwirkungszeitraum	021	,—
121	Nur bei Organträgern: Beim Organträger des übernehmenden Rechtsträgers: Positiver Gewerbeertrag des auf die Organgesellschaft(en) übertragenden oder einbringenden Rechtsträgers im Rückwirkungszeitraum	022	,—

Ein Ausgleich bzw. die Verrechnung von positiven Einkünften des übertragenden Rechtsträgers im Rückwirkungszeitraum mit verrechenbaren Verlusten, verbleibenden Verlustvorträgen, nicht ausgeglichenen negativen Einkünften oder einem Zinsvortrag nach § 4h Abs. 1 EStG des übernehmenden Rechtsträgers ist nicht zulässig (§ 2 Abs. 4 Satz 3 UmwStG). Daher ist beim **übernehmenden Rechtsträge**r ein **positiver Gewerbeertrag** des übertragenden oder einbringenden Rechtsträgers im Rückwirkungszeitraum in **Zeile 120** einzutragen. **1878**

Da Entsprechendes für eine Organgesellschaft als übernehmender Rechtsträger gilt (§ 2 Abs. 4 Satz 4 UmwStG), ist bei einem **Organträger des übernehmenden Rechtsträgers** in Fällen des § 2 Abs. 4 Satz 3 UmwStG der positive Gewerbeertrag des auf die Organgesellschaft(en) übertragenden oder einbringenden Rechtsträgers im Rückwirkungszeitraum in **Zeile 121** einzutragen.[3]

17. Negative Einkünfte aus Finanzinstrumenten (Zeile 122)

	Negative Einkünfte aus der Veräußerung oder der Bewertung von Finanzinstrumenten oder Anteilen an einer Körperschaft nach § 2 Absatz 5 UmwStG		
122	Negative Einkünfte des übernehmenden Rechtsträgers nach § 2 Absatz 5 UmwStG	024	,—

In **Zeile 122** sind die negativen Einkünfte des übernehmenden Rechtsträgers nach § 2 Abs. 5 UmwStG einzutragen. **1879**

1) BFH v. 17.12.2014, I R 39/14, BStBl II 2015, 1052.
2) BGBl. I 2016, 3000.
3) Rz. Org.27 UmwStE 2025.

18. Verlustabzugsbeschränkungen im laufenden EZ (Zeilen 123–126)

a) Stille Reserven bei einem schädlichen Beteiligungserwerb nach § 8c KStG (Zeile 123)

Verlustabzugsbeschränkungen im laufenden Erhebungszeitraum

Minderung des laufenden Gewerbeverlustes wegen schädlichem Beteiligungserwerb oder Abspaltung 27
laut gesonderter Ermittlung

Zeile		Kz.	Betrag
123	Nur bei Körperschaften und Personengesellschaften, soweit an diesen eine Körperschaft unmittelbar oder mittelbar über eine oder mehrere Personengesellschaft(en) beteiligt ist: Höhe der gesamten zum Zeitpunkt des schädlichen Beteiligungserwerbs im Sinne von § 10a Satz 10 GewStG in Verbindung mit § 8c KStG im Inland vorhandenen gewerbesteuerpflichtigen stillen Reserven des Betriebsvermögens bei Anwendung der Stille-Reserven-Klausel (vergleiche Gleich lautende Erlasse der obersten Finanzbehörden der Länder vom 29.11.2017, BStBl I 2017, 1643)	107	,–

1880 In **Zeile 123** ist (nur bei) Körperschaften und Personengesellschaften die Höhe der – gewerbesteuerpflichtigen – stillen Reserven einzutragen, welche im Zeitpunkt des schädlichen Beteiligungserwerbs nach § 8c KStG bei Anwendung der Stille-Reserven-Klausel gesondert ermittelt wurden. So kann bei einem dem Grunde nach schädlichen Beteiligungserwerb i.S.d. § 8c KStG der Untergang der körperschaftsteuerlichen Verluste insoweit vermieden werden, als die Körperschaft über stille Reserven verfügt (§ 8c Abs. 1 Satz 5 bis 8 KStG). Über § 10a Satz 10 GewStG gilt § 8c KStG für Körperschaften und für Personengesellschaften, soweit an dieser Körperschaften beteiligt sind.

b) Nur bei Körperschaften (Zeilen 124–125)

Zeile		Kz.	(Beträge ohne Vorzeichen eintragen)
124	Nur bei Körperschaften: Nach § 10a Satz 10 GewStG in Verbindung mit § 8c KStG nicht ausgleichsfähiger Gewerbeverlust des laufenden Erhebungszeitraums (gegebenenfalls in Verbindung mit § 2 Absatz 4 Satz 1 und 2, § 20 Absatz 6 Satz 4 UmwStG)	049	,–
125	Nur bei Körperschaften: Bei der übertragenden Körperschaft im Falle der Abspaltung wegfallender Gewerbeverlust des laufenden Erhebungszeitraums (§ 18 Absatz 1 beziehungsweise § 19 Absatz 1 in Verbindung mit § 15 Absatz 1 Satz 1, § 15 Absatz 3 und § 16 Satz 1 UmwStG)	078	,–

aa) Verlustuntergang nach § 10a GewStG i.V.m. § 8c KStG

1881 Da eine Kapitalgesellschaft ausschließlich Einkünfte aus Gewerbebetrieb erzielt (§ 2 Abs. 2 GewStG), führt bei ihr ein Wechsel der Tätigkeit grundsätzlich nicht zu einem Wegfall der Unternehmensidentität.[1] Anders als bei einer Personengesellschaft kommt es danach bei einer Kapitalgesellschaft für die Nutzung ihres Gewerbeverlusts nicht auf die Unternehmensidentität an, weil diese unabhängig von der Art ihrer gewerblichen Tätigkeit erhalten bleibt. Ein Verlust bleibt also selbst dann für eine Kapitalgesellschaft erhalten, wenn sich die Unternehmensidentität ändert.[2]

Für Zwecke der Gewerbesteuer findet bei Kapitalgesellschaften auf die entstandenen Fehlbeträge **§ 8c KStG** entsprechend Anwendung (§ 10a Satz 10 GewStG).

Nach dem durch das Gesetz zur Vermeidung von Umsatzsteuerausfällen beim Handel mit Waren im Internet und zur Änderung weiterer steuerlicher Vorschriften vom 11.12.2018[3] neu gefassten § 8c Abs. 1 KStG geht der Verlust einer Kapitalgesellschaft sowohl bei der KSt als auch bei der GewSt in voller Höhe unter, wenn innerhalb von fünf Jahren mehr als 50 % der Anteile übertragen werden.

Der Untergang des Verlusts nach § 8c KStG tritt jedoch nicht ein, wenn die Konzernklausel (§ 8c Abs. 1 Satz 4 KStG) oder die Stille-Reserven-Regelung (§ 8c Abs. 1 Satz 5 KStG) greift oder es sich um eine begünstigte **Sanierungsmaßnahme** handelt (§ 8c Abs. 1a KStG).

Ergänzend wird auf das BMF-Schreiben v. 28.11.2017[4] zum § 8c KStG hingewiesen.

Wegen der weiteren Einzelheiten zur Sanierungsklausel (§ 8c Abs. 1a KStG) wird auf die Ausführungen in → Rz. 1279 hingewiesen.

Praxishinweis:
Durch das Gesetz zur Vermeidung von Umsatzsteuerausfällen beim Handel mit Waren im Internet und zur Änderung weiterer steuerlicher Vorschriften v. 11.12.2018[5] wurde auf Grund des Beschlusses des BVerfG v. 29.3.2017[6] § 8c Abs. 1 KStG rückwirkend auf alle Übertragungen nach dem 31.12.2007 neu gefasst (§ 34 Abs. 6 KStG). Die bisherige Regelung des § 8c Abs. 1 Satz 1 KStG (schädliche Beteiligungserwerbe zwischen 25 und 50 %) wurde darin ersatzlos aufgehoben.

1) BFH v. 29.10.1986, I R 318-319/83, BStBl II 1987, 310; v. 25.11.2009, I R 18/08, BFH/NV 2010, 941.
2) BFH v. 25.4.2024, III R 30/21, BStBl II 2025, 56.
3) BGBl. I 2018, 2338 = BStBl I 2018, 1377.
4) BMF v. 28.11.2017, IV C 2 – S 2745-a/09/10002 :004, BStBl I 2017, 1645.
5) BGBl. I 2018, 2338 = BStBl I 2018, 1377.
6) BVerfG v. 29.3.2017, 2 BvL 6/11, BStBl II 2017, 1082.

Derzeit wird noch die Rechtmäßigkeit des § 8c Abs. 1 Satz 2 KStG a.F. (Beteiligungserwerbe > 50 %) durch das BVerfG auf Grund eines Vorlagebeschlusses des FG Hamburg geprüft.[1)]

Soweit ein gewerbesteuerlicher Verlust auf Grund der Anwendung des § 8c Abs. 1 Satz 2 KStG a.F. (= § 8c Abs. 1 Satz 1 KStG n.F.) nach § 10a Satz 10 GewStG von der FinVerw. gekürzt wird, sollte das Verfahren bis zu einer neuen gesetzlichen Regelung bzw. einer Entscheidung durch das BVerfG durch Rechtsbehelf offengehalten werden. Die Verfahren sind nach § 363 Abs. 2 Satz 2 AO zum Ruhen zu bringen.

Soweit die Voraussetzungen des § 8c KStG vorliegen, ist in **Zeile 124** der untergehende Verlust des laufenden EZ als Betrag einzutragen.

bb) Übertragung auf eine andere Kapitalgesellschaft

Bei einer Verschmelzung, Auf- oder Abspaltung, für die das Umwandlungssteuergesetz i.d.F. des Art. 6 des SEStEG[2)] gilt, vermindert sich bei der **übertragenden Körperschaft** der verbleibende Verlustvortrag in dem Verhältnis, in dem bei Zugrundelegung des gemeinen Werts das Vermögen auf eine andere Körperschaft übergeht (§ 19 Abs. 2 i.V.m. § 15 Abs. 3 UmwStG). **1882**

In **Zeile 125** ist der Betrag des wegfallenden Verlustes einzutragen, soweit er auf den laufenden EZ entfällt.

Die **übernehmende Körperschaft** kann keinen gewerbesteuerlichen Verlustvortrag übernehmen (§ 19 Abs. 2 i.V.m. § 4 Abs. 2 UmwStG).

Überträgt eine Kapitalgesellschaft einen Betrieb oder Teilbetrieb nach **§ 20 UmwStG**, kann der Gewerbeertrag der übernehmenden Kapitalgesellschaft nicht um die vortragsfähigen Fehlbeträge des Einbringenden i.S.d. § 10a GewStG gekürzt werden (§ 23 Abs. 5 UmwStG). **1883**

Wenn eine Körperschaft unmittelbar oder mittelbar über eine oder mehrere Personengesellschaften an einer Personengesellschaft beteiligt ist, ist § 8c KStG entsprechend anwendbar (§ 10a Satz 10 GewStG).[3)]

Beispiel:

An der AB-OHG sind A und die B-GmbH zu je 50 % beteiligt. Die AB-OHG verfügt zum 31.12.2024 über einen gewerbesteuerlichen Verlustvortrag von 100 000 €. Der Alleingesellschafter der B-GmbH veräußert am 1.1.2025 seine Beteiligung (100 %) an der B-GmbH an C.

Der bei der AB-OHG auf die B-GmbH entfallende Verlustvortrag von 50 000 € entfällt, da § 8c KStG hinsichtlich der Beteiligungsveräußerung greift (§ 10a Satz 10 GewStG).

c) Personengesellschaften, an denen Kapitalgesellschaften beteiligt sind, und § 8c KStG (Zeile 126)

126	Nur bei einer Personengesellschaft, soweit an dieser eine Körperschaft unmittelbar oder mittelbar über eine oder mehrere Personengesellschaft(en) beteiligt ist: Nach § 10a Satz 10 GewStG in Verbindung mit § 8c KStG nicht ausgleichsfähiger Gewerbeverlust des laufenden Erhebungszeitraums	013	,—

Wenn eine Körperschaft unmittelbar oder mittelbar über eine oder mehrere Personengesellschaften an einer Personengesellschaft beteiligt ist, ist § 8c KStG entsprechend anwendbar (§ 10a Satz 10 GewStG).[4)] Siehe auch Beispiel in → Rz. 1866. **1884**

In **Zeile 126** ist der nach § 10a Satz 10 GewStG i.V.m. § 8c KStG nicht ausgleichsfähige Verlust des laufenden EZ einzutragen (Eintragung des Betrages erfolgt nicht in Rot; nicht mit Minuszeichen).

Eine entsprechende Anwendung des § 8d KStG auf die Verluste bei der Personengesellschaft ist nicht zulässig. Dies wurde bisher ausdrücklich so in § 10a Satz 10 GewStG geregelt. Auch mit der durch das JStG 2020[5)] erfolgten Neufassung des fortführungsgebundenen gewerbesteuerlichen Verlustvortrags durch § 10a Satz 11 GewStG fehlt es an einer Anwendungsregelung des § 8d KStG auf die Gewerbeverluste von Personengesellschaften.

Der nichtabzugsfähige Gewerbeverlust aus vorangegangenen EZ ist in **Zeile 136** einzutragen.

19. Fortführungsgebundener Gewerbeverlust (Zeilen 127–128)

Angaben zum fortführungsgebundenen vortragsfähigen Gewerbeverlust nach § 10a Satz 11 und 12 GewStG in Verbindung mit § 8d KStG

127	Nur bei Körperschaften: § 8d KStG ist auf die Gewerbesteuerfehlbeträge entsprechend anzuwenden (§ 10a Satz 11 und 12 GewStG).	038	1 = Ja
128	Nur bei Körperschaften: Wenn zum Schluss des vorangegangenen Erhebungszeitraums ein fortführungsgebundener Gewerbeverlust festgestellt wurde: Im Erhebungszeitraum sind Ereignisse im Sinne des § 8d Absatz 2 KStG eingetreten.	035	1 = Ja 2 = Nein

1) FG Hamburg v. 29.8.2017, 2 K 245/17, EFG 2017, 1906 (BVerfG Az.: 2 BvL 19/17).
2) Gesetz über steuerliche Begleitmaßnahmen zur Einführung der Europäischen Gesellschaft und zur Änderung weiterer steuerlicher Vorschriften (SEStEG) v. 7.12.2006, BGBl. I 2006, 2782 = BStBl I 2007, 4.
3) Neu geregelt durch JStG 2009 v. 19.12.2008, BGBl. I 2008, 2794 = BStBl I 2009, 74.
4) Neu geregelt durch JStG 2009 v. 19.12.2008, BGBl. I 2008, 2794 = BStBl I 2009, 74.
5) JStG 2020 v. 21.12.2020, BGBl. I 2020, 3096 = BStBl I 2021, 6.

a) Verluste nach § 10a GewStG i.V.m. § 8d KStG

1885 § 8d KStG ermöglicht (ab VZ 2016), dass Körperschaften unter bestimmten Voraussetzungen – trotz eines schädlichen Beteiligungserwerbs nach § 8c KStG – ihren Verlust weiter nutzen können. So geht nach § 8d KStG ein Verlust dann nicht unter, sofern derselbe Geschäftsbetrieb nach einem schädlichen Anteilseignerwechsel fortgeführt wird (sog. „fortführungsgebundener Verlustvortrag"). Ob der Geschäftsbetrieb unverändert bleibt, ist nach qualitativen Merkmalen zu beurteilen. Dazu gehören v.a., dass die angebotenen Dienstleistungen oder Produkte, der Kunden- und Lieferantenkreis, die bedienten Märkte und die Qualifikation der Arbeitnehmer unverändert fortgeführt wird und dass ein seit der Gründung oder seit mindestens drei Jahren bestehender Geschäftsbetrieb unverändert bestehen bleibt. § 8d KStG setzt jedoch einen **Antrag** der Körperschaft voraus.

Die körperschaftsteuerlichen Regelungen gelten für die gewerbesteuerlichen Verluste entsprechend. Geregelt wurde dies zunächst über eine entsprechende Ergänzung in § 10a Satz 10 Halbs. 1 GewStG a.F. und später durch Aufnahme in § 10a Satz 11 GewStG.[1] Danach ist auf die Fehlbeträge § 8d KStG entsprechend anzuwenden, wenn bei der Körperschaftsteuerveranlagung ein fortführungsgebundener Verlust beantragt und festgestellt wurde. Ein gesonderter Antrag für die gewerbesteuerlichen Verluste ist nicht erforderlich.

§ 10a Satz 11 GewStG gilt rückwirkend auch für die EZ vor 2020 (§ 36 Abs. 5a GewStG).

Zusätzlich wurde durch Aufnahme eines neuen § 10a Satz 12 GewStG erstmalig eine gesetzliche Grundlage für ein eigenständiges gewerbesteuerliches Antragsrecht auf Anwendung des § 8d KStG für den Fall geschaffen, in dem es wegen fehlender körperschaftsteuerlicher Verluste nicht zu einer Anwendung des § 8d KStG kommt, jedoch gewerbesteuerliche Verluste vorhanden sind. Auch diese Regelung gilt rückwirkend für alle offenen EZ. Zu beachten ist, dass der Antrag nach § 10a Satz 12 GewStG auf entsprechende Anwendung des § 8d KStG auf die gewerbesteuerlichen Verluste in der GewSt-Erklärung für die Veranlagung des EZ gestellt werden muss, in dem der schädliche Beteiligungserwerb fällt (§ 8d Abs. 1 Satz 5 KStG).

b) Angaben zum fortführungsgebundenen Gewerbeverlustvortrag (Zeilen 127–128)

1886 Wird bei der Körperschaftsteuer ein fortführungsgebundener körperschaftsteuerlicher Verlustvortrag nach § 8d KStG beantragt und festgestellt, erfolgt durch Eintragung einer „1 = Ja" in **Zeile 127** die sinngemäße Anwendung des § 8d KStG auf die Gewerbesteuerfehlbeträge (§ 10a Satz 11 und 12 GewStG).

Wenn zum Schluss des vorangegangenen EZ ein fortführungsgebundener Gewerbeverlust festgestellt wurde, ist durch Angabe in **Zeile 128** mitzuteilen, ob ein (Eintragung der „1 = Ja") bzw. ob kein (Eintragung der „2 = Nein") schädliches Ereignis i.S.d. § 8d Abs. 2 KStG eingetreten ist. Ist im EZ ein schädliches Ereignis nach § 8d Abs. 2 KStG eingetreten, würde dies zum Untergang des fortführungsgebundenen Gewerbeverlustes zu Beginn des EZ führen.

20. Angaben zur Verlustfeststellung (Zeilen 129–142a)

Angaben zur Verlustfeststellung

Zeile		Kz.	EUR
129	Nur bei Personengesellschaften: Von einem Einzelunternehmen im Falle des Rechtsformwechsels übernommener Gewerbeverlust aus der Zeit vor dem Rechtsformwechsel, soweit nach § 10a GewStG vortragsfähig (15)	045	,—
130	Übernommener Gewerbeverlust im laufenden Erhebungszeitraum im Falle der - Einbringung des Betriebs einer Kapitalgesellschaft oder Personengesellschaft in eine Personengesellschaft oder - Verschmelzung von Personengesellschaften (R 10a.3 Absatz 3 Satz 9 Nummer 5 Satz 1 und 2 GewStR 2009) oder - Anwachsung oder der Verschmelzung einer Personengesellschaft auf einen Gesellschafter (R 10a.3 Absatz 3 Satz 9 Nummer 4 GewStR 2009) (41)	048	,—

2025GewSt1A707 2025GewSt1A707

1) JStG 2020 v. 21.12.2020, BGBl. I 2020, 3096 = BStBl I 2021, 6.

- 8 -

Zeile		Kz.	EUR
130a	Übernommener Gewerbeverlust zum Ende des Erhebungszeitraums im Falle der - Einbringung des Betriebs einer Kapitalgesellschaft oder Personengesellschaft in eine Personengesellschaft oder - Verschmelzung von Personengesellschaften (R 10a.3 Absatz 3 Satz 9 Nummer 5 Satz 1 und 2 GewStR 2009) oder - Anwachsung oder der Verschmelzung einer Personengesellschaft auf einen Gesellschafter (R 10a.3 Absatz 3 Satz 9 Nummer 4 GewStR 2009) (41)	110	,—
131	Nur bei Organgesellschaften: Im Falle der Anwachsung einer Personengesellschaft auf eine Organgesellschaft im laufenden Erhebungszeitraum: Im Betrag laut Zeile 130 enthaltener Verlust, der vor dem rechtswirksamen Abschluss des Gewinnabführungsvertrages bei der Personengesellschaft entstanden ist (R 10a.4 Satz 2 GewStR 2009)	018	,—
131a	Nur bei Organgesellschaften: Im Falle der Anwachsung einer Personengesellschaft auf eine Organgesellschaft zum Ende des Erhebungszeitraums: Im Betrag laut Zeile 130a enthaltener Verlust, der vor dem rechtswirksamen Abschluss des Gewinnabführungsvertrages bei der Personengesellschaft entstanden ist (R 10a.4 Satz 2 GewStR 2009)	111	,—
132	Nur bei Betrieben gewerblicher Art: Übernommener vortragsfähiger Gewerbeverlust (§ 10a Satz 9 GewStG in Verbindung mit § 8 Absatz 8 KStG) (11)	020	,—
133	Nur bei Körperschaften: Bei der übertragenden Körperschaft im Falle der Abspaltung wegfallender Gewerbeverlust aus vorangegangenen Erhebungszeiträumen (§ 18 Absatz 1 in Verbindung mit § 16 und § 15 Absatz 3 beziehungsweise § 19 Absatz 2 in Verbindung mit § 15 Absatz 3 UmwStG)	047	,—
134	Nur bei Körperschaften: Nach § 10a Satz 10 GewStG in Verbindung mit § 8c KStG nicht abziehbarer Gewerbeverlust aus vorangegangenen Erhebungszeiträumen (gegebenenfalls in Verbindung mit § 2 Absatz 4 Satz 1 und 2, § 20 Absatz 6 Satz 4 UmwStG) (laut gesonderter Ermittlung)	044	,—
135	Nur bei Körperschaften: Erhalt des vortragsfähigen fortführungsgebundenen Gewerbeverlustes nach § 10a Satz 11 GewStG in Verbindung mit § 8d Absatz 2 Satz 1 zweiter Halbsatz KStG durch entsprechende Anwendung des § 8c Absatz 1 Satz 5 bis 8 KStG bezogen auf die zum Schluss des vorangegangenen Erhebungszeitraums vorhandenen stillen Reserven	052	,—
136	Nur bei einer Personengesellschaft, soweit an dieser eine Körperschaft unmittelbar oder mittelbar über eine oder mehrere Personengesellschaften beteiligt ist: Nach § 10a Satz 10 GewStG in Verbindung mit § 8c KStG nicht abziehbarer Gewerbeverlust aus vorangegangenen Erhebungszeiträumen (laut gesonderter Ermittlung) (27)	012	,—
137	Nur bei Personengesellschaften: Wegfallende vortragsfähige Gewerbeverluste und Gewerbeverluste des laufenden Erhebungszeitraums von Mitunternehmern, die im laufenden Erhebungszeitraum ausgeschieden sind	043	,—
138	Nur bei Personengesellschaften: Nach § 10a Satz 1 GewStG in Verbindung mit § 10a Satz 4 und 5 GewStG zu berücksichtigender Verlustabzug (höchstens 1 Million €) für Mitunternehmer, denen ein Anteil am vortragsfähigen Gewerbeverlust zum Schluss des vorangegangenen Erhebungszeitraums zuzurechnen ist	055	,—
139	Nur bei Personengesellschaften: Nach § 10a Satz 2 GewStG in Verbindung mit § 10a Satz 4 und 5 GewStG zu berücksichtigender Verlustabzug (60 % des 1 Million € übersteigenden Gewerbeertrages) für Mitunternehmer, denen ein Anteil am vortragsfähigen Gewerbeverlust zum Schluss des vorangegangenen Erhebungszeitraums zuzurechnen ist	081	,—
140	Nur bei Personengesellschaften oder Einzelunternehmen: Aufgrund der Veräußerung oder Aufgabe von Teilbetrieben wegfallender vortragsfähiger Gewerbeverlust und Gewerbeverlust des laufenden Erhebungszeitraums	016	,—
141 bis 142 frei			
142a	Nur bei Personengesellschaften: Anzahl der übermittelten Anlagen EMU (18)		

Personengesellschaften mit gewerbesteuerlichen Verlusten (sowohl festgestellte Verlustvorträge als auch laufende Gewerbeverluste) haben für die zur Durchführung eines Verlustabzugs nach § 10a GewStG erforderlichen Angaben zu ihren Mitunternehmern auf der **Anlage EMU** → Rz. 2015 ff. vorzunehmen und der Gewerbesteuererklärung beizufügen. **1887**

a) Verlustabzug nach § 10a GewStG

Nach § 10a GewStG kann der maßgebliche Gewerbeertrag um die nicht ausgeglichenen Verluste der Vorjahre vermindert werden. **1888**

Bei der Ermittlung des Gewerbeverlusts ist von dem Verlust aus Gewerbebetrieb auszugehen, der nach den Vorschriften des Einkommensteuer- bzw. Körperschaftsteuergesetzes ermittelt wurde. Der nach diesen Vorschriften ermittelte Gewinn oder Verlust ist um die nach den §§ 8 und 9 GewStG vorgesehenen Hinzurechnung und Kürzungen zu erhöhen bzw. zu vermindern.

Ein Gewerbeverlust wird erzielt, wenn der Gewerbeertrag negativ ist, also nach Berücksichtigung der Hinzurechnungen nach § 8 GewStG und den Kürzungen nach § 9 GewStG. Der Gewerbeverlust kann sich also durchaus von dem Verlustabzug i.S.d. § 10d EStG unterscheiden.

So kann es einerseits durch hohe Kürzungen zu einem Gewerbeverlust kommen, während es bei der Einkommen- bzw. der Körperschaftsteuer weiterhin zum Ansatz eines Gewinns aus Gewerbebetrieb kommt.

Beispiel:

Gewinn aus Gewerbebetrieb	+ 30 000 €
Hinzurechnung nach § 8 GewStG	+ 5 000 €
Kürzungen nach § 9 GewStG	./. 40 000 €
Gewerbeverlust	**5 000 €**

Andererseits kann es durch hohe Hinzurechnungen nach § 8 GewStG dazu führen, dass zwar ertragsteuerlich ein Verlust erwirtschaftet wurde, der Gewerbeertrag jedoch positiv ist.

Beispiel:

Verlust aus Gewerbebetrieb	./. 20 000 €
Hinzurechnung nach § 8 GewStG	+ 30 000 €
Kürzungen nach § 9 GewStG	./. 5 000 €
Gewerbeertrag	**5 000 €**

1889 Der verbleibende (negative) Gewerbeertrag ist für Zwecke des Verlustvortrags gesondert festzustellen. Die Feststellung des vortragsfähigen Verlusts i.S.d. § 10a Satz 2 GewStG umfasst nicht nur die Höhe des jeweiligen Verlustabzugs, sondern auch die steuerliche Abzugsfähigkeit dieses Betrags. Eine fehlerhafte, nicht nach den Vorschriften der Abgabenordnung änderbare Feststellung des verbleibenden Verlustabzugs nach § 10d Abs. 3 EStG kann nicht zum nächsten Feststellungszeitpunkt korrigiert werden.[1)]

Beratungshinweis:
Der **Gewerbesteuermessbetragsbescheid** ist bezüglich des Verlustfeststellungsbescheids nach § 10a GewStG ein **Grundlagenbescheid** (§ 35b Abs. 2 Satz 2 GewStG i.V.m. § 175 Abs. 1 Nr. 1 AO). Auch ein über null lautender Gewerbesteuermessbetragsbescheid entfaltet dabei eine Bindungswirkung für die Verlustfeststellung. Daher ist ein Rechtsbehelfsverfahren/Klageverfahren gegen den Gewerbesteuermessbescheid zu richten (**Beseitigung der negativen Bindungswirkung**), wenn darin eine den vortragsfähigen Gewerbeverlust erhöhende Besteuerungsgrundlage nicht berücksichtigt wurde.[2)]

1890 Seit 2004 kann ein Verlustausgleich nur noch i.R. der „**Mindestbesteuerung**" erfolgen. Das heißt, Verluste können bis zu einem Betrag von max. 1 Mio. € (Sockelbetrag) unbegrenzt verrechnet werden. Der 1 Mio. € übersteigende Gewerbeertrag kann dann noch i.H.v. 60 % mit den verbleibenden Verlusten ausgeglichen werden. Bei der Körperschaftsteuer und der Einkommensteuer beträgt in den Jahren 2024–2027 der prozentuale Abzug 70 % (§ 10d Abs. 2 Satz 1 EStG, § 8 Abs. 1 KStG).

Beispiel:
A verfügt zum 31.12.2024 über einen festgestellten gewerbesteuerlichen Verlustvortrag von 3 Mio. €. In 2025 erwirtschaftet er einen Gewerbeertrag i.H.v. 2 Mio. €.

Der Verlust kann im EZ 2025 wie folgt verrechnet werden:

Gewerbeertrag		2 000 000 €
Verlustabzug	3 000 000 €	
Abzug Sockelbetrag	./. 1 000 000 €	./. 1 000 000 €
	2 000 000 €	**1 000 000 €**
60 % v. 1 000 000 €	./. 600 000 €	./. 600 000 €
verbleibender Gewerbeertrag		**400 000 €**
verbleibender Verlustvortrag	**1 400 000 €**	

Die Regelung zur Mindestbesteuerung ist bei der Körperschaftsteuer und der Gewerbesteuer verfassungsgemäß, selbst in Fällen, in denen auf Grund der Mindestbesteuerung ein Verlustabzug endgültig (**final**) ausgeschlossen wird.[3)]

1) OFD Magdeburg v. 19.7.2004, S 2745 – 33 – St 216, GmbHR 2004, 1295.
2) BFH v. 30.6.2020, IX R 3/19, BStBl II 2021, 859; v. 17.7.2024, XI R 18/22, BFH/NV 2024, 1358.
3) BVerfG v. 23.7.2025, 2 BvL 19/14, DStR 2025, 2000; die gegen das BFH-Urteil v. 22.8.2012, I R 9/11, BStBl II 2013, 512 parallellaufende Verfassungsbeschwerde (BVerfG Az.: 2 BvR 2998/12) wurde nicht zur Entscheidung angenommen (Beschluss v. 24.9.2025).

Ein Verlustabzug ist auch vorzunehmen, wenn durch den Abzug der Gewerbeertrag unter den Freibetrag von 24 500 € für Einzelunternehmen und Personengesellschaften sinkt.[1)]

Beratungshinweis:
Ein gewerbesteuerlicher **Verlustrücktrag** ist anders als bei der Einkommen- und der Körperschaftsteuer nicht möglich.

Voraussetzung für den Verlustausgleich ist bei **Einzelunternehmen** und **Personengesellschaften**, dass sowohl **1891**

- Unternehmensidentität als auch
- Unternehmeridentität vorliegt.

Bei einer **Körperschaft** ist Voraussetzung für einen Verlustvortrag, dass sie nicht nur rechtlich, sondern auch wirtschaftlich mit der Körperschaft identisch ist, die den Verlust erlitten hat. Die Regelungen des § 8c KStG sind insoweit entsprechend anzuwenden (§ 10a Abs. 1 Satz 10 GewStG). Auf die entsprechende Eintragungsmöglichkeit in **Zeile 124** wird ergänzend hingewiesen. **1892**

aa) Unternehmensidentität

Das Erfordernis der Unternehmensidentität wird aus dem Charakter der Gewerbesteuer als Objektsteuer abgeleitet, der es nicht zulasse, dass Verluste eines Gewerbebetriebs i.S.d. § 2 Abs. 1 GewStG bei einem anderen Gewerbebetrieb berücksichtigt werden. **1893**

Die Unternehmensidentität liegt vor, wenn der im Verlustabzugsjahr bestehende Gewerbebetrieb mit jenem identisch ist, der im Verlustentstehungsjahr bestand.[2)]

Es ist hierbei auf die ausgeübte gewerbliche Tätigkeit abzustellen. Ob diese gleichgeblieben ist, ist nach dem Gesamtbild der Verhältnisse zu beurteilen.

Merkmale hierfür sind:

- Art der Betätigung,
- Kundenkreis,
- Lieferantenkreis,
- Arbeitnehmerschaft,
- Geschäftsleitung,
- Betriebsstätten,
- Umfang und Zusammensetzung des Aktivvermögens.

Es muss ein wirtschaftlicher, organisatorischer und finanzieller Zusammenhang zwischen den Betätigungen bestehen.

Beispiel:
Unternehmer A betreibt eine Modeboutique. Angesichts der geringen Gewinnmargen stellt er den Verkauf von Mode ein und eröffnet einen Schnellimbiss.

Durch den Wechsel der Branche tritt ein Wegfall der Unternehmensidentität ein mit der Folge, dass der Verlust aus der Modeboutique untergeht (**schädlicher Branchenwechsel**).

Bei einer **Betriebsverlegung** ist zu prüfen, ob nach dem Gesamtbild der Verhältnisse der alte und der neue Betrieb bei wirtschaftlicher Betrachtung und unter Berücksichtigung der Verkehrsauffassung wirtschaftlich identisch sind. Das ist dann der Fall, wenn die zur Fortführung des Unternehmens benötigten sachlichen und personellen Mittel weiter genutzt werden, soweit die durch die Verlegung des Betriebs veränderten Verhältnisse es zulassen. Der Einsatz der personellen Mittel setzt voraus, dass zumindest ein Teil der Arbeitnehmerschaft weiter beschäftigt wird oder jedenfalls versucht wird, die Arbeitnehmerschaft am neuen Betriebsstandort weiter zu beschäftigen. Die fortgesetzte Nutzung der sachlichen Mittel erfordert, dass die zur Erwirtschaftung des Ertrags eingesetzten Betriebsmittel im Wesentlichen dieselben bleiben.[3)]

Betriebsbedingte oder strukturelle Anpassungen an geänderte wirtschaftliche Verhältnisse stehen der Annahme einer Unternehmensidentität nicht entgegen.[4)]

Beispiel:
Unternehmer D betreibt seit 1995 einen Möbeleinzelhandel (Schwerpunkt „Gelsenkirchener Barock"). Angesichts der zunehmenden Überalterung seiner Kundschaft modernisiert er Anfang 2025 seinen Betrieb grundlegend und bietet zukünftig nur noch Mitnahmemöbel (Schwerpunkt: „Kiefernholz") zum selbst Zusammenbauen für junge Leute an.

Die Anpassung an geänderte Verhältnisse ist unschädlich, so dass noch kein Wegfall der Unternehmensidentität vorliegt (**unschädlicher Strukturwandel**). Die Verluste bleiben auch weiterhin nutzbar.

1) H 10a.1 (Verlustausgleich und Freibetrag) GewStH 2024.
2) R 10a.2 Unternehmensidentität GewStR 2009; BFH v. 25.4.2024, III R 30/21, BStBl II 2025, 56.
3) BFH v. 7.11.2006, VIII R 30/05, BStBl II 2007, 723.
4) R 10a.2 Satz 5 GewStR 2009.

1894 Diese aus dem Objektsteuercharakter der Gewerbesteuer hergeleiteten Grundsätze sind auch bei der **Veräußerung bzw. Aufgabe eines Teilbetriebs** heranzuziehen. Auch das Gewerbesteuerrecht geht grundsätzlich davon aus, dass Teilbetriebe als Bestandteil von Gesamtbetrieben vorliegen können, wie sich z.B. aus ihrer ausdrücklichen Erwähnung in § 8 Nr. 1 GewStG a.F. ergibt. Ein Teilbetrieb ist ein mit einer gewissen Selbständigkeit ausgestatteter, organisatorisch abgeschlossener Teil des Gesamtbetriebs, der für sich allein lebensfähig ist.[1] Die weitgehende Verselbständigung des Teilbetriebs i.R. des gesamten Gewerbebetriebs ist maßgebliche Rechtfertigungsgrundlage dafür, Gewinne aus der Aufgabe oder Veräußerung eines Teilbetriebs nicht der Gewerbesteuer zu unterwerfen und damit den Gewinnen aus der Aufgabe oder Veräußerung des Gesamtbetriebs gleichzustellen.[2] Diese Verselbständigung des Teilbetriebs bei der Beurteilung der Vergünstigung eines Veräußerungs- oder Aufgabegewinns muss dann aber gleichermaßen für die Beurteilung der Unternehmensidentität i.S.d. § 10a GewStG gelten. Dies führt im Ergebnis dazu, dass das Merkmal der Unternehmensidentität auch im Hinblick auf den jeweiligen Teilbetrieb zu prüfen ist. Mit der Aufgabe bzw. der Veräußerung eines Teilbetriebs verliert der ursprüngliche Betrieb daher seine (Teil-)Unternehmensidentität, da dadurch der wirtschaftliche Zusammenhang der fortgeführten mit der bisherigen (umfassenderen) gewerblichen Tätigkeit teilweise aufgegeben wird. Insoweit unterscheidet sich die Teilbetriebsaufgabe bzw. Teilbetriebsveräußerung von einer lediglich strukturellen Anpassung der bisherigen gewerblichen Betätigung an die veränderten wirtschaftlichen Verhältnisse, die der Annahme einer identischen Tätigkeit nicht entgegensteht.

Liegt eine Teilbetriebsveräußerung vor, stehen die Verluste, soweit sie auf den veräußerten Teilbetrieb entfallen, daher mangels (Teil-)Unternehmensidentität nicht für eine Kürzung von Gewerbeerträgen in späteren Erhebungszeiträumen zur Verfügung.[3]

Kann ein Verlustabzug nach den vorgenannten Grundsätzen nicht mehr vorgenommen werden, folgt daraus indes nicht, dass ein Verlustausgleich zwischen Teilbetrieben eines Unternehmens ebenfalls nicht mehr durchzuführen ist. Der Verlustausgleich zwischen Teilbetrieben ist ungeachtet ihrer Verselbständigung weiterhin uneingeschränkt möglich, soweit und solange sie demselben Unternehmer zuzurechnen sind.[4]

bb) Unternehmeridentität

1895 Unternehmeridentität bedeutet, dass der Gewerbetreibende, der den Verlustausgleich vornehmen möchte, diesen Verlust auch in eigener Person erlitten haben muss.[5]

(1) Einzelunternehmen

1896 Bei einem Einzelunternehmen ist der Verlustabzug an die Person des Unternehmers geknüpft. Ein Unternehmerwechsel führt daher zwingend zu einem Untergang des Verlusts, selbst wenn das Unternehmen als solches von dem neuen Inhaber unverändert fortgeführt wird (§ 10a Satz 5 GewStG). Das gilt selbst dann, wenn der erwerbende Unternehmer den erworbenen Betrieb mit einem bereits bestehenden Betrieb vereinigt.[6]

Entsprechend gilt bereits nach § 2 Abs. 5 GewStG bei einem Übergang eines Unternehmens im Ganzen der Gewerbebetrieb als durch den bisherigen Unternehmer eingestellt und durch den neuen Inhaber als neu gegründet, soweit dieser den Betrieb nicht mit einem bereits bestehenden Gewerbebetrieb vereinigt.

Die Art des Unternehmerwechsels ist hierbei ohne Bedeutung, d.h., es kommt nicht darauf an, ob der Gewerbebetrieb durch eine entgeltliche Übertragung, unentgeltliche Übertragung, Gesamtrechtsnachfolge (z.B. Erbfall) oder Einzelrechtsnachfolge (z.B. vorweggenommene Erbfolge) auf einen neuen Inhaber übergegangen ist.[7]

1897 Die **Einbringung eines Einzelunternehmens** in eine **Kapitalgesellschaft** nach den Regelungen des § 20 UmwStG führt immer zu einem Untergang des Gewerbeverlusts, da keine Unternehmensidentität mehr besteht.

(2) Personengesellschaften

1898 Bei einer Personengesellschaft und anderen Mitunternehmerschaften sind Träger des Rechts auf den Verlustabzug die einzelnen Mitunternehmer. Die Berücksichtigung eines Gewerbeverlusts bei Mitunternehmerschaften setzt voraus, dass ein gleicher Gesellschafterbestand vorliegt. Das Ausscheiden eines Mitunternehmers führt zwingend zu einem Untergang des Verlusts, soweit der Verlust auf den Mitunternehmer entfällt.[8]

1899 Nach § 10a Satz 4 ff. GewStG ist der Verlust bei einer Mitunternehmerschaft den Mitunternehmern entsprechend dem sich aus dem Gesellschaftsvertrag ergebenden, allgemeinen Gewinnverteilungsschlüssel ohne Berücksichtigung von Vorabgewinnanteilen zuzurechnen.

1) BFH v. 5.6.2003, IV R 18/02, BStBl II 2003, 838 m.w.N.
2) BFH v. 23.11.1988, X R 1/86, BStBl II 1989, 376.
3) BFH v. 7.8.2008, IV R 86/05, BStBl II 2012, 145.
4) BFH v. 7.8.2008, IV R 86/05, BStBl II 2012, 145.
5) R 10a.3 Abs. 1 Satz 1 GewStR 2009.
6) R 10a.3 Abs. 1 Satz 3 GewStR 2009.
7) H 10a.3 (1) (Unternehmerwechsel) GewStH 2024; BFH v. 7.12.1993, VIII R 160/86, BStBl II 1994, 331.
8) R 10a.3 (3) Satz 9 Nr. 1 GewStR 2009.

Beispiel:
An der ABC-OHG sind A, B und C zu je $^1/_3$ beteiligt. Sie erzielte 2025 folgendes gewerbesteuerliches Ergebnis:

	A	B	C	Gesamt
Gesamthand	– 10 000	– 10 000	– 10 000	– 30 000
Sonder-BV	+ 10 000	– 10 000	0	0
Summe	0	– 20 000	– 10 000	– 30 000

Zum 31.12.2025 scheidet B aus der Gesellschaft aus.

Nach § 10a Satz 4 GewStG gehen vom Verlust der ABC-OHG 10 000 € unter, da insoweit dem ausscheidenden Gesellschafter B ein Verlustanteil (10 000 € = $^1/_3$ von 30 000 €) zuzurechnen ist.

Zum 31.12.2025 kann mithin nur noch ein Verlustvortrag von 20 000 € festgestellt werden.

Ein auf den ausscheidenden Mitunternehmer entfallender Gewerbeverlust kann nur noch mit den auf ihn entfallenden Gewerbeertrag bis zu seinem Ausscheiden verrechnet werden. 1900

Geregelt wird dies über die Eintragungen in der Anlage EMU.

(2.1) Übernommener Gewerbeverlust im Fall des Rechtsformwechsels (Zeile 129)

In **Zeile 129** ist ein von einem anderen Steuerschuldner im Falle eines Rechtsformwechsels zu übernehmender und nach § 10a GewStG vortragsfähiger Verlust aus der Zeit vor dem Rechtsformwechsel einzutragen. 1901

Wird beispielsweise ein Einzelunternehmen nach Eintritt einer oder mehrerer Personen als Personengesellschaft fortgeführt, kann der im Einzelunternehmen entstandene Verlust bei der Personengesellschaft in dem Umfang abgezogen werden, in dem der frühere Einzelunternehmer entsprechend dem Gewinnverteilungsschlüssel an dem Gewerbeertrag der Personengesellschaft beteiligt ist.[1]

Hierfür ist der beim Einzelunternehmer festgestellte verbleibende vortragsfähige Verlustvortrag zum 31.12.2023 in **Zeile 129** und in der **Anlage EMU** bei seinen Angaben entweder in **Zeile 8 oder in Zeile 18** einzutragen.

Damit wird erreicht, dass der übernommene Gewerbeverlust im Fall des Rechtsformwechsels sowohl bei der Ermittlung der Gewerbesteuer der Gesellschaft als auch dem den Verlust tragenden Mitunternehmer zugeordnet werden kann.

(2.2) Verlustabzug bei einer Einbringung, Verschmelzung oder Anwachsung von Personengesellschaften (Zeile 130–130a)

In **Zeile 130** ist ein übernommener Gewerbeverlust **im laufenden EZ** im Fall 1902

- der Einbringung des Betriebs einer Kapitalgesellschaft oder Personengesellschaft in eine andere Personengesellschaft oder
- der Verschmelzung von Personengesellschaften[2] oder
- der Anwachsung oder der Verschmelzung einer Personengesellschaft auf einen Gesellschafter

einzutragen.

Wenn beispielsweise aus einer Mitunternehmerschaft der vorletzte Gesellschafter ausscheidet und das Unternehmen nun als Einzelunternehmen fortgesetzt wird, kann der Einzelunternehmer den Verlust der Mitunternehmerschaft entsprechend seiner Beteiligungsquote vom Gewerbeertrag des Einzelunternehmens abziehen. Das gilt auch, wenn der den Gewerbebetrieb fortführende Gesellschafter eine Kapitalgesellschaft ist.[3]

Erfolgt die Einbringung, Verschmelzung oder Anwachsung erst zum **Ende des EZ** erfolgt die Eintragung des übernommenen Verlustes in **Zeile 130a**. 1903

(2.3) Realteilung

Bei einer Realteilung können vortragsfähige Verluste nur insoweit berücksichtigt werden, als die Voraussetzungen der Unternehmensidentität vorliegen. 1904

Der Inhaber des aus der Realteilung hervorgegangenen Teilbetriebs kann einen Verlustvortrag nur insoweit abziehen, als ihm dieser entsprechend dem Gewinnverteilungsschlüssel im Verlustentstehungsjahr zuzurechnen war. Es kann ihm jedoch höchstens ein Verlust zugerechnet werden, der im übernommenen Teilbetrieb tatsächlich entstanden ist.[4]

Werden jedoch i.R. einer Realteilung keine (Teil-)Betriebe übernommen, sondern nur einzelne Wirtschaftsgüter übertragen, kann ein Verlustvortrag nicht fortgeführt werden.

(2.4) Einbringung einer Mitunternehmerschaft in eine Kapitalgesellschaft

Wird eine Personengesellschaft im Wege der Verschmelzung oder Umwandlung in eine Kapitalgesellschaft umgewandelt, besteht keine Unternehmeridentität, mit der Folge, dass die Kapitalgesellschaft den bei der Personengesellschaft entstandenen Gewerbeverlust nicht abziehen kann. 1905

1) R 10a.3 Abs. 3 Satz 9 Nr. 5 GewStR 2009.
2) R 10a.3 Abs. 3 Satz 9 Nr. 5 GewStR 2009.
3) R 10a.3 Abs. 3 Satz 9 Nr. 4 GewStR 2009.
4) R 10a.3 Abs. 3 Satz 9 Nr. 7 GewStR 2009.

(2.5) Option zur Körperschaftsbesteuerung nach § 1a KStG

1906 Bei einer nach § 1a KStG **optierenden Gesellschaft** geht ein im Zeitpunkt der Option vorhandener vortragsfähiger Gewerbeverlust (Fehlbetrag nach § 10a GewStG) unter (Wegfall der Unternehmeridentität) und lebt auch im Fall der Beendigung der Option nicht wieder auf.[1]

(2.6) Anwachsung einer Personengesellschaft auf eine Organgesellschaft (Zeile 131–131a)

1907 Gehen im Zuge einer Anwachsung Verluste einer Personengesellschaft auf eine Organgesellschaft über, können Verluste, die vor dem rechtswirksamen Abschluss des Gewinnabführungsvertrags, d.h. vor Beginn der Organschaft, entstanden sind (sog. vororganschaftliche Verluste), nicht mit dem maßgebenden Gewerbeertrag der Organgesellschaft verrechnet werden (§ 10a Satz 3 GewStG).

Erfolgt die Anwachsung **im laufenden EZ**, ist bei dem in Zeile 130 eingetragener Verlust, ein ggf. darin enthaltenen vororganschaftliche Verlust, d.h. ein Verlust die vor dem rechtswirksamen Abschluss des Gewinnabführungsvertrags bei der Personengesellschaft entstanden ist, zu ermitteln und in **Zeile 131** einzutragen.

1908 Erfolgt die Anwachsung einer Personengesellschaft erst **zum Ende des EZ**, ist der in Zeile 130a enthaltene vororganschaftliche Verlust, d.h. der vor dem rechtswirksamen Abschluss des Gewinnabführungsvertrags bei der Personengesellschaft entstandene Verlust, in **Zeile 131a** zu erfassen.

b) Betriebe gewerblicher Art (Zeile 132)

1909 Bei einem zusammengefassten Betrieb gewerblicher Art (§ 4 Abs. 6 KStG) können die nicht ausgeglichenen Gewerbeverluste der bisher einzelnen gleichartigen BgA aus der Zeit vor einer Zusammenfassung auch bei dem zusammengefassten BgA abgezogen werden.

Einzutragen sind daher in **Zeile 132** die auf Erhebungszeiträume vor der Zusammenfassung entfallenden Gewerbeverluste der bisher einzelnen gleichartigen BgA (§ 10a Satz 9 GewStG i.V.m. § 8 Abs. 8 KStG).

c) Nur bei Körperschaften

1910 Wird eine Kapitalgesellschaft im Wege der Verschmelzung, der Spaltung oder des Formwechsels auf eine Personengesellschaft oder eine natürliche Person umgewandelt, kann die übernehmende Personengesellschaft oder natürliche Person den Gewerbeverlust der Körperschaft nicht abziehen (§ 18 Abs. 1 Satz 2 UmwStG 2002 bzw. § 18 Abs. 1 Satz 2 UmwStG).[2]

aa) Verschmelzung, Spaltung oder Formwechsel einer Kapitalgesellschaft (Zeile 133)

1911 Bei der **übertragenden Körperschaft** vermindert sich bei einer Verschmelzung, Auf- oder Abspaltung der verbleibende Verlustvortrag in dem Verhältnis, in dem bei Zugrundelegung des gemeinen Werts das Vermögen auf eine andere Körperschaft übergeht (§ 19 Abs. 2 i.V.m. § 15 Abs. 3 UmwStG).

In **Zeile 133** ist bei der übertragenden Körperschaft der im Fall der Abspaltung wegfallende Gewerbeverlust aus vorangegangen EZ einzutragen.

Die **übernehmende Körperschaft** kann keinen gewerbesteuerlichen Verlustvortrag übernehmen (§ 19 Abs. 2 i.V.m. § 4 Abs. 2 UmwStG).

1912 Überträgt eine Kapitalgesellschaft einen Betrieb oder Teilbetrieb nach **§ 20 UmwStG**, kann der Gewerbeertrag der übernehmenden Kapitalgesellschaft nicht um die vortragsfähigen Fehlbeträge des Einbringenden i.S.d. § 10a GewStG gekürzt werden (§ 22 Abs. 4 UmwStG 2002/§ 23 Abs. 5 UmwStG).

bb) Gewerbeverlust aus Vorjahren und § 8c KStG (Zeile 134)

1913 In **Zeile 134** sind die nach § 10a Satz 10 GewStG i.V.m. § 8c KStG nicht abziehbaren Gewerbeverluste aus vorangegangenen EZ ggf. i.V.m. § 2 Abs. 4 Satz 1 und 2, § 20 Abs. 6 Satz 4 UmwStG einzutragen.

cc) Fortführungsgebundener Verlustvortrag und stille Reserven (Zeile 135)

1914 Wenn ein schädliches Ereignis i.S.d. § 8d Abs. 2 KStG eintritt, führt dies grundsätzlich zum Untergang des fortführungsgebundenen Gewerbeverlusts, der zu Beginn des EZ festgestellt wurde, es sei denn, dass die Körperschaft über stille Reserven verfügt. Soweit stille Reserven vorhanden sind, bleiben die fortführungsgebundenen Gewerbeverluste erhalten (§ 8d Abs. 2 KStG; § 10a Satz 11 GewStG).

In **Zeile 135** sind die zum Schluss des vorangegangenen EZ vorhandenen stillen Reserven einzutragen, wenn im EZ 2025 ein schädliches Ereignis nach § 8d KStG eingetreten ist.

1) BMF v. 10.11.2021, IV C 2 – S 2707/21/10001 :004, BStBl I 2021, 2212, Rz. 47.
2) UmwStG i.d.F. des Art. 6 des Gesetzes über steuerliche Begleitmaßnahmen zur Einführung der Europäischen Gesellschaft und zur Änderung weiterer steuerlicher Vorschriften (SEStEG) v. 7.12.2006, BGBl. I 2006, 2782 = BStBl I 2007, 4.

d) Nur bei Personengesellschaften

aa) Mittelbare Beteiligung von Körperschaften (Zeile 136)

Bei einer unmittelbaren oder mittelbaren Beteiligung einer Körperschaft an einer Personengesellschaft ist bei dieser § 8c KStG entsprechend anwendbar (§ 10a Satz 10 GewStG).[1] Siehe auch Beispiel in → Rz. 1866. 1915

Während in **Zeile 124** (→ Rz. 1884) der nach § 10a Satz 10 GewStG i.V.m. § 8c KStG nicht ausgleichsfähige Verlust des laufenden EZ einzutragen ist, wird in **Zeile 136** der nicht abziehbare Verlust aus vorangegangenen EZ eingetragen (Eintragung des Betrags erfolgt nicht in rot; nicht mit Minuszeichen).

bb) Ausscheiden von Mitunternehmern (Zeile 137)

Bei Ausscheiden eines Mitunternehmers einer Personengesellschaft in 2025 geht der auf ihn entfallende Anteil an dem laufenden Gewerbeverlust des Jahres 2025 unter. Dieser ist in **Zeile 137** einzutragen. 1916

Wird aus einer Personengesellschaft durch Ausscheiden der übrigen Mitunternehmer ein Einzelunternehmen, kann der Einzelunternehmer – bei fortgesetzter Unternehmensidentität – Verluste der Personengesellschaft insoweit übernehmen, als er diese selbst erlitten hat. So sind bei Personengesellschaften Träger der Unternehmeridentität die einzelnen Mitunternehmer. 1917

Ein auf den Einzelunternehmer übergegangener Verlust aus der vorhergehenden Personengesellschaft hat dieser in **Zeile 129** einzutragen.

Beispiel:

An der gewerblichen ABC-OHG sind A, B und C zu jeweils 1/3 beteiligt. 2024 wird ein gewerbesteuerlicher Verlust i.H.v. 120 000 € erwirtschaftet. B und C scheiden zum 1.1.2025 aus der OHG aus. A führt das Unternehmen nun als Einzelunternehmen fort.

Von dem Verlust der Personengesellschaft kann A den auf ihn entfallenden Verlustanteil (entsprechend dem allgemeinen Gewinnverteilungsschlüssel; § 10a Satz 4 GewStG) in das Einzelunternehmen übernehmen.

In der Gewerbesteuererklärung des Einzelunternehmens von A ist daher in Zeile 129 der Betrag von 40 000 € (= 1/3 von 120 000 €) einzutragen.

e) Mindestbesteuerung bei Personengesellschaften (Zeilen 138–139)

Tritt ein neuer Gesellschafter in eine bestehende Personengesellschaft ein, geht der bestehende Verlustvortrag der Altgesellschafter nicht unter. Ein Verlustausgleich kann jedoch nur mit den Gewinnen erfolgen, die nach dem Gewinnverteilungsbeschluss auf die vorher beteiligten Gesellschafter entfallen. 1918

Im Ergebnis darf der Gewinnanteil des neuen Gesellschafters nicht mit Verlusten der Altgesellschafter aus der Zeit vor seinem Eintritt verrechnet werden.

Beispiel:

An der DE-OHG sind D und E zu je 1/2 beteiligt. Zum 31.12.2024 wird ein gewerbesteuerlicher Verlustvortrag i.H.v. 60 000 € festgestellt.

Am 1.1.2025 tritt der neue Gesellschafter F in die OHG ein (Beteiligung 40 %). Die DEF-OHG erwirtschaftet 2025 einen Gewinn i.H.v. 60 000 €.

Nach § 10a GewStG kann der Verlustabzug wie folgt verrechnet werden:

Gewinn 2025		60 000 €
Verlustvortrag	60 000 €	
Abzug (Gewinnanteil D u. E)	./. 36 000 €	./. 36 000 €
Verbleibt	24 000 €	
verbleibender Gewerbeertrag (entspricht dem Gewinnanteil von F)		**24 000 €**

Im Rahmen der Mindestbesteuerung (§ 10a Satz 1 und 2 GewStG) ist der Höchstbetrag den Mitunternehmern entsprechend dem sich aus dem Gesellschaftsvertrag für das Abzugsjahr ergebenden allgemeinen Gewinnverteilungsschlüssel ohne Berücksichtigung von Vorabgewinnanteilen zuzurechnen (§ 10a Satz 5 GewStG).

Vom Sockelbetrag (1 Mio. €) steht dem Mitunternehmer sein Anteil an dem allgemeinen Gewinnverteilungsschlüssel zu (§ 10a Satz 5 GewStG), das bedeutet, dass auch dem neu eingetretenen Mitunternehmer, der über keinen eigenen Verlustanteil verfügt, ein Anteil an dem Sockelbetrag zugewiesen wird, obwohl er diesen selbst gar nicht nutzen kann.

In **Zeile 138** ist daher der zu berücksichtigende Sockelbetrag für die Mitunternehmer einzutragen, denen ein Anteil am vortragsfähigen Gewerbeverlust zum Schluss des vorangegangenen EZ zuzurechnen ist. 1919

Ein Wegfall der Unternehmeridentität liegt auch in den Fällen vor, wenn der aus einer Mitunternehmerschaft ausscheidende Gesellschafter über eine andere Mitunternehmerschaft weiterhin mittelbar an der Untergesellschaft beteiligt bleibt. 1920

1) Neu geregelt durch JStG 2009 v. 19.12.2008, BGBl. I 2008, 2794 = BStBl I 2009, 74.

Beispiel:

An der AB-OHG sind A und B zu je $^1/_2$ beteiligt. Die AB-OHG verfügt zum 31.12.2024 über einen gewerbesteuerlichen Verlustvortrag von 100 000 €. A veräußert zum 1.1.2025 seinen Mitunternehmeranteil an die AD-KG, an der er wiederum zu 30 % beteiligt ist.

Der auf A entfallende Verlustvortrag von 50 000 € entfällt, da insoweit keine Mitunternehmeridentität besteht. Eine Verrechnung mit zukünftigen Gewinnen der AB-OHG ist nicht mehr möglich.

Das Urteil des BFH,[1] in dem dieser entschieden hat, dass der mittelbare Mitunternehmer i.S.d. § 15 Abs. 1 Nr. 2 Satz 2 EStG bezüglich seines Sonderbetriebsvermögens (denn nur hierauf beschränkt sich im Ergebnis die mittelbare Mitunternehmerstellung) für Zwecke des § 10a GewStG als Mitunternehmer zu behandeln ist, findet nach der Neuregelung des § 10a GewStG m.E. keinen Anwendungsspielraum mehr, da der mittelbare Mitunternehmer mangels Beteiligung am allgemeinem Gewinnverteilungsschlüssel keine Möglichkeit mehr hat, Gewinne, die er im Sonderbetriebsvermögen erzielt, mit aufgelaufenen Verlusten zu verrechnen.

1921 Bei den sog. „**doppelstöckigen Personengesellschaften**" ist eine Personengesellschaft (Oberpersonengesellschaft) an einer anderen Personengesellschaft (Untergesellschaft) beteiligt. Das führt dazu, dass nicht die Gesellschafter der Oberpersonengesellschaft, sondern die Oberpersonengesellschaft selbst als Mitunternehmer der Untergesellschaft anzusehen ist. Ein Gesellschafterwechsel bei der Oberpersonengesellschaft hat daher keinen Einfluss auf einen vortragsfähigen Gewerbeverlust bei der Untergesellschaft.[2] Die Oberpersonengesellschaft schirmt also den Verlust der Untergesellschaft ab.

Wird die **Oberpersonengesellschaft auf die Untergesellschaft verschmolzen**, geht der gewerbliche Verlustvortrag der Untergesellschaft in dem Umfang unter, in dem er anteilig auf die Oberpersonengesellschaft als Trägerin des Verlustabzugs entfällt.[3]

Bringt eine Personengesellschaft ihren Gewerbebetrieb in eine andere Personengesellschaft **ein,** stehen – lt. Auffassung der FinVerw. – die gewerbesteuerlichen Fehlbeträge der Obergesellschaft, die bis zur Einbringung in die Untergesellschaft entstanden sind, auf Ebene der Untergesellschaft mangels Unternehmeridentität nicht zur Verrechnung zur Verfügung. Träger der Fehlbeträge sind weiterhin die Mitunternehmer der Obergesellschaft (Unternehmeridentität). Diese sind aber nicht Mitunternehmer der Untergesellschaft, denn Mitunternehmer der Untergesellschaft ist allein die Obergesellschaft selbst.[4]

1922 In **Zeile 139** ist der bei einer Personengesellschaft nach § 10a Satz 2 GewStG zum Ansatz kommende Verlustabzug für die Mitunternehmer einzutragen, denen ein Anteil am vortragsfähigen Verlust zum Schluss des vorangegangenen EZ zuzurechnen ist.

Beispiel:

An der AB-OHG sind A und B zu je $^1/_2$ beteiligt. Zum 31.12.2024 wird ein gewerbesteuerlicher Verlustvortrag i.H.v. 3 Mio. € festgestellt. Am 1.1.2025 tritt der neue Gesellschafter C in die OHG ein (Beteiligung A, B und C nun je $^1/_3$). In 2025 erwirtschaftet die ABC-OHG einen Gewinn i.H.v. 2 Mio. €.

Nach § 10a Satz 5 i.V.m. Satz 1 und 2 GewStG kann der Verlustabzug wie folgt vorgenommen werden:

Gewerbeertrag 2025 vor Verlustabzug		2 000 000 €
Verlustvortrag 31.12.2024	3 000 000 €	
Abzug Sockelbetrag (1 Mio. €; zu $^2/_3$ Anteil A und B) – § 10a Satz 1 GewStG	./. 666 667 €	./. 666 667 €
Verbleibt	2 333 333 €	1 333 333 €
Abzug 60 % des übersteigenden Betrags – § 10a Satz 2 GewStG (2 Mio. € Gewerbeertrag; entfällt zu $^2/_3$ Anteil auf A und B = 1 333 333 €, abzgl. anteiliger Sockelbetrag 666 667 €; verbleiben 666 666 €, davon 60 % = 400 000 €)	./. 400 000 €	./. 400 000 €
Verbleibender Verlustvortrag 31.12.2025	**1 933 333 €**	
Gewerbeertrag 2025		**933 333 €**

In der Gewerbesteuererklärung wären für das Beispiel in **Zeile 138** der Wert „666 667" (anteiliger Sockelbetrag) und in **Zeile 139** der Wert „400 000" (übersteigender Verlustabzug) einzutragen.

Wegen eines weiteren Zahlenbeispiels wird auf H 10a.3 (3) „Änderung des Gesellschafterbestands" Beispiel 3 GewStH 2024 hingewiesen.

f) Veräußerung oder Aufgabe von Teilbetrieben (Zeile 140, 142a)

aa) Bei Personengesellschaft und Einzelunternehmen

1923 Soweit im EZ 2025 ein **Teilbetrieb** aufgegeben oder veräußert wurde, ist ein auf diesen Teilbetrieb entfallender Verlust nicht mit Gewinnen des verbleibenden Betriebs zu verrechnen.[5] Auf die Ausführungen zu → Rz. 1894 wird ergänzend hingewiesen.

Daher ist in **Zeile 140** der auf den Teilbetrieb entfallende Verlust des laufenden Jahres einzutragen.

1) BFH v. 6.9.2000, IV R 69/99, BStBl II 2001, 731.
2) R 10a.3 Abs. 3 Satz 9 Nr. 8 GewStR 2009.
3) BFH v. 12.5.2016, IV R 29/13, BFH/NV 2016, 1489.
4) BFH v. 24.4.2014, IV R 34/10, BStBl II 2017, 211; teilweiser Nichtanwendungserlass s. gleich lautende Ländererlasse v. 11.8.2021, 33 – G 1427 – 1/16 (FM Bayern), BStBl I 2021, 1074.
5) BFH v. 7.8.2008, IV R 86/05, BStBl II 2012, 145.

Der Untergang eines Verlustes aus der Veräußerung oder Aufgabe eines Teilbetriebs betrifft nur Einzelunternehmen und Personenhandelsgesellschaften, da eine Kapitalgesellschaft gewerbliche Einkünfte Kraft Rechtsform (§ 2 Abs. 2 GewStG) erzielt. Bei einer Kapitalgesellschaft führt daher die Veräußerung oder Aufgabe eines Teilbetriebs nicht zu einem Untergang der aus diesem Teilbetrieb stammenden, noch nicht verrechneten Verluste.

bb) Anlagen EMU (Zeile 142a)

In **Zeile 142a** von einer Personengesellschaft die **Anzahl** der übermittelten **Anlagen EMU** einzutragen. **1924**

21. Angaben für Zwecke der Steuerermäßigung nach § 35 EStG (Zeile 143)

Angaben für Zwecke der Steuerermäßigung nach § 35 EStG

143 Nur bei Personengesellschaften oder Einzelunternehmen: Veräußerungs- oder Aufgabegewinn nach § 18 Absatz 3 UmwStG 082 EUR ,—

Der Gewerbesteuermessbetrag, der auf **gewerbesteuerpflichtige Veräußerungs- und Aufgabegewinne** i.S.d. § 18 Abs. 3 Satz 1 und 2 UmwStG entfällt, darf nicht i.R.d. § 35 EStG berücksichtigt werden (§ 18 Abs. 3 Satz 2 UmwStG). **1925**

Daher ist in **Zeile 143** des Vordrucks ein entsprechender Gewinn i.S.d. § 18 Abs. 3 UmwStG gesondert einzutragen, soweit dieser den Gewerbeertrag (→ Rz. 1738) erhöht hat.

Eine Eintragung in Zeile 143 ist für Körperschaften nicht zulässig, da diesen keine Ermäßigung nach § 35 EStG zusteht.

22. Sanierungsertrag (Zeile 144)

Sanierungsertrag

144 Nach Anwendung des § 3a Absatz 3 Satz 2 Nummer 1 EStG verbleibender geminderter Sanierungsertrag im Sinne des § 3a Absatz 3 Satz 1 EStG (§ 7b Absatz 2 Satz 1, gegebenenfalls in Verbindung mit Satz 2 und 3 beziehungsweise Absatz 3 GewStG) vor Anwendung des § 7b Absatz 2 Satz 1 Nummer 1 bis 3 GewStG 001 ,—

Nachdem der Sanierungserlass der FinVerw.[1] vom Großen Senat des BFH[2] für rechtswidrig erklärt wurde, erfolgte eine gesetzliche Neuregelung der Sanierungsgewinnbesteuerung durch Einführung der § 3a EStG und § 7b GewStG.[3] **1926**

In **Zeile 144** ist der nach Anwendung des § 3a Abs. 3 Satz 2 Nr. 1 EStG verbleibende geminderte Sanierungsertrag i.S.d. § 3a Abs. 3 Satz 1 EStG einzutragen.

Der verbleibende geminderte Sanierungsertrag wird anschließend – i.R. der Berechnung des Gewerbeertrags – gemindert um

1. den negativen Gewerbeertrag des Sanierungsjahrs des zu sanierenden Unternehmens,
2. Fehlbeträge i.S.d. § 10a Satz 3 GewStG und
3. die im Sanierungsjahr – ungeachtet des § 10a Satz 2 EStG – nach § 10a Satz 6 EStG zum Ende des vorangegangenen EZ gesondert festgestellten Fehlbeträge; die in § 10a Satz 1 und 2 EStG genannten Beträge werden der Minderung entsprechend aufgebraucht.

Die erstmalige Anwendung des § 3a EStG und § 7b GewStG hing von einem zustimmenden Beschluss der EU-Kommission ab.[4] Dies erfolgte durch einen Letter of Comfort der EU-Kommission, in dem diese am 31.7.2018 der Bundesregierung die Vereinbarkeit der § 3a EStG und § 7b GewStG mit dem EU-Beihilferecht mitgeteilt hat. Daraufhin wurde durch Art. 19 des Gesetzes zur Vermeidung von Umsatzsteuerausfällen beim Handel mit Waren im Internet und zur Änderung weiterer steuerlicher Vorschriften v. 11.12.2018[5] der dagegenstehende Art. 6 Abs. 2 des Gesetzes gegen schädliche Steuerpraktiken im Zusammenhang mit Rechteüberlassungen v. 27.6.2017[6] aufgehoben. **1927**

Damit können § 3a EStG und § 7b GewStG ab dem 8.2.2017 angewendet werden.

Ergänzend wurde wegen der Rechtsprechung des BFH zu der Nichtanwendbarkeit des bisherigen Sanierungserlasses[7] in den § 3a EStG und § 7b GewStG die Möglichkeit aufgenommen, dass **auf Antrag** des Steuerpflichtigen § 3a EStG und § 7b GewStG auch in den Fällen anzuwenden sind, in denen die Schulden **vor dem 9.2.2017** erlassen **1928**

---

1) BMF v. 27.3.2003, IV A 6 – S 2140 – 8/03, BStBl I 2003, 240.
2) BFH v. 28.11.2016, GrS 1/15, BStBl II 2017, 393.
3) Gesetz gegen schädliche Steuerpraktiken im Zusammenhang mit der Rechtsüberlassung v. 27.6.2017, BGBl. I 2017, 2074 = BStBl I 2017, 1202.
4) Art. 6 Abs. 2 des Gesetzes gegen schädliche Steuerpraktiken im Zusammenhang mit Rechteüberlassungen v. 27.6.2017, BGBl. I 2017, 2074 = BStBl I 2017, 1202.
5) BGBl. I 2018, 2338 = BStBl I 2018, 1377.
6) BGBl. I 2017, 2074 = BStBl I 2017, 1202.
7) BFH v. 28.11.2016, GrS 1/15, BStBl II 2017, 393.

wurden (§ 52 Abs. 4a Satz 3 EStG; § 36 Abs. 2c Satz 3 GewStG).[1] Damit ist für die betroffenen Steuerpflichtigen auch in Altfällen ausreichende Rechtssicherheit gegeben, insb. bei Beschreitung des Rechtswegs bei Ablehnung der Annahme eines begünstigten Sanierungsertrags durch die FinVerw.

23. Unterjähriger Rechtsformwechsel bei Personengesellschaften (Zeilen 145–147)

Bei einem unterjährigen Rechtsformwechsel von einer Personengesellschaft zu einem Einzelunternehmen oder umgekehrt ② ㉗

laut gesonderter Ermittlung

145	Einheitlich ermittelter Gewerbesteuermessbetrag des Gewerbebetriebs für den gesamten Erhebungszeitraum	007	,–

2025GewSt1A708 2025GewSt1A708

- 9 -

			EUR
146	Für den Steuerschuldner (Einzelunternehmen) ermittelter Gewerbeertrag einschließlich Hinzurechnungen und Kürzungen ㊱	008	,–
147	Für den Steuerschuldner (Personengesellschaft) ermittelter Gewerbeertrag einschließlich Hinzurechnungen und Kürzungen ㊱	009	,–

1929 Entsprechend der Eintragung in **Zeile 16** (→ Rz. 1712) ist bei einem unterjährigen Wechsel der Steuerschuldnerschaft im EZ auf Grund eines Rechtsformwechsels von einer Personengesellschaft in ein Einzelunternehmen oder umgekehrt der

- einheitlich ermittelte Gewerbesteuermessbetrag des Gewerbebetriebs für den ganzen EZ in **Zeile 145**,
- für den Einzelunternehmer als Steuerschuldner ermittelte Gewerbeertrag (einschließlich der Hinzurechnungen und Kürzungen) in **Zeile 146**,
- für die Personengesellschaft als Steuerschuldner ermittelte Gewerbeertrag (einschließlich der Hinzurechnungen und Kürzungen) in **Zeile 147**

einzutragen.

> **Hinweis:**
> Bei der Ermittlung des auf den jeweiligen Steuerschuldner entfallenden Gewerbeertrags ist der **Freibetrag nach § 8 Nr. 1 GewStG** betriebsbezogen anzusetzen. So knüpft dieser an den Steuergegenstand und nicht an die persönliche Steuerschuldnerschaft an. Daher ist der Freibetrag nach § 8 Nr. 1 GewStG im prozentualen Verhältnis der von beiden Schuldnern getragenen hinzurechnungspflichtigen Aufwendungen aufzuteilen.[2]

Entsprechend dem Verhältnis der Gewerbeerträge der beiden Steuerschuldner zueinander wird der einheitlich ermittelte Gewerbesteuermessbetrag auf die beiden verteilt.[3]

24. Einbringung nach § 24 UmwStG durch eine Körperschaft (Zeilen 147a–147c)

Einbringung nach § 24 UmwStG durch eine Körperschaft in eine Personengesellschaft ㉗ ㊶ 21

Nur bei Körperschaften

laut gesonderter Ermittlung

147a	Ermittelter Gewerbeertrag für den gesamten Erhebungszeitraum nach Anwendung des § 10a GewStG	39	,–
147b	Vortragsfähiger Gewerbeverlust zum Schluss des laufenden Erhebungszeitraums	40	,–
147c	Übergehender Gewerbeverlust wegen Einbringung nach § 24 UmwStG		,–

1930 Bringt eine Körperschaft ihren Betrieb nach § 24 UmwStG in eine Personengesellschaft ein und beschränkt sich ihre Tätigkeit fortan auf die Verwaltung der Mitunternehmerstellung an der aufnehmenden Gesellschaft sowie ggf. bei der Einbringung in eine GmbH & Co. KG auf das Halten der Beteiligung an der Komplementär-GmbH, geht ein gewerbesteuerlicher Verlust mit auf die aufnehmende Personengesellschaft über.[4]

Bei der einbringenden Körperschaft ist der Gewerbeertrag für den gesamten EZ nach Anwendung des § 10a GewStG in **Zeile 147a** einzutragen. In **Zeile 147b** ist der vortragsfähige Gewerbeverlust zum Schluss des laufenden EZ und in **Zeile 147c** ein nach § 24 UmwStG übergehender Gewerbeverlust einzutragen.

---

1) Gesetz zur Vermeidung von Umsatzsteuerausfällen beim Handel mit Waren im Internet und zur Änderung weiterer steuerlicher Vorschriften v. 11.12.2018, BGBl. I 2018, 2338 = BStBl I 2018, 1377.
2) Anleitung zur GewSt-Erklärung 2025 (Vordruck GewSt 1 A), Erläuterung Nr. 36.
3) BFH v. 25.4.2018, IV R 8/16, BStBl II 2018, 484.
4) BFH v. 1.2.2024, IV R 26/21, BStBl II 2025, 51.

Die dafür erforderliche gesonderte Ermittlung ist der Steuererklärung elektronisch beizufügen. In ELSTER kann dies über die Funktion „Belegnachreichung zur Steuererklärung“ erfolgen.

Bei einer Einbringung nach § 24 UmwStG sind keine Eintragungen in den Zeilen 39–49 vorzunehmen.

Die übernehmende Personengesellschaft hat den im Rahmen einer Einbringung nach § 24 UmwStG übernommenen Verlust in **Zeile 130** bzw., wenn die Einbringung zum Ende des EZ erfolgt ist, in **Zeile 130a** einzutragen.

Hinweis:

Beschränkt sich die einbringende Kapitalgesellschaft nach der Einbringung ihres Betriebs in eine Personengesellschaft nicht nur auf die Verwaltung der Mitunternehmerstellung bei der Personengesellschaft (und ggf. der Beteiligung an der Komplementär-GmbH), sondern hält sie beispielsweise noch Beteiligungen an Tochterkapitalgesellschaften, geht ein gewerbesteuerlicher Verlustvortrag nicht mit auf die Personengesellschaft über.[1]

25. Schlusserklärung (Zeilen 200–210)

Schlusserklärung

Datenschutzhinweis: Die mit der Steuererklärung angeforderten Daten werden auf Grund der §§ 149 und 150 AO in Verbindung mit § 14a GewStG verlangt.

Informationen über die Verarbeitung personenbezogener Daten in der Steuerverwaltung und über Ihre Rechte nach der Datenschutz-Grundverordnung sowie über Ihre Ansprechpartner in Datenschutzfragen entnehmen Sie bitte dem allgemeinen Informationsschreiben der Finanzverwaltung. Dieses Informationsschreiben finden Sie unter www.finanzamt.de (unter der Rubrik „Datenschutz“) oder erhalten Sie bei Ihrem Finanzamt.

Mitwirkung bei der Anfertigung der Steuererklärung

148 bis 199 frei

200 Die Steuererklärung wurde unter Mitwirkung einer selbständig und eigenverantwortlich tätigen und zur Hilfeleistung in Steuersachen nach §§ 3 und 4 StBerG befugten Person oder Vereinigung angefertigt. 1 = Ja

Telefonische Rückfragen unter Telefonnummer

200a

Bei der Anfertigung dieser Erklärung hat mitgewirkt:

Name

201

Vorname

202

Straße, Hausnummer

203

Postleitzahl, Ort

204

zusätzliche Angaben

205 frei

206

Mandantennummer

207

Bearbeiterkennzeichen

208

Unterschrift

Ort Datum

209

Unterschrift

210

Die Erklärung muss vom Steuerpflichtigen bzw. von einer in § 34 AO genannten Person eigenhändig unterschrieben sein.

2025GewSt1A709 **2025GewSt1A709**

Unter dem Datenschutzhinweis ist in **Zeile 200** durch Eintragung einer „1 = Ja“ die Mitwirkung eines Angehörigen **1931**
der steuerberatenden Berufe bei der Erstellung der Steuererklärung anzugeben. Der bei der Anfertigung der Steuererklärung Mitwirkende ist mit Namen, Vorname, Anschrift und (m.E. freiwillig) zusätzlichen Angaben wie Telefonnummer, Mandantennummer und Bearbeiterkennzeichen in den **Zeilen 200a, 206–208** einzutragen. Die zusätzlichen (freiwilligen) Angaben dienen dazu, dass bei Rückfragen der/die zuständige Sachbearbeiter/in schneller erreicht werden kann.

Auf der letzten Seite des Erklärungsvordrucks ist – soweit die Abgabe der Steuererklärung auf Papier erfolgt – in **Zeile 209** der Ort und das Datum zum Zeitpunkt der Unterschrift einzutragen. Die nach § 14a GewStG geforderte

1) BFH v. 17.1.2019, III R 35/17, BStBl II 2019, 407.

eigenhändige Unterschrift des Steuerschuldners (§ 5 GewStG) oder von den in § 34 AO bezeichneten Personen erfolgt in **Zeile 210**.

Praxishinweis:

Eine Steuererklärung, die die gesetzlich vorgeschriebene Unterschrift nicht enthält, ist unwirksam. Dieser Mangel ist aber unbeachtlich, wenn auf eine solche Steuererklärung hin ein wirksamer Steuerbescheid ergeht.[1)]

25. Anhang 1: Berechnungsschema GewSt 2025

1932 Gewinn aus Gewerbebetrieb (§ 7 GewStG)

+/./.	Korrekturen nach § 7 Satz 2 GewStG (nur bei Personenunternehmen)
+/./.	Korrekturen nach § 7 Satz 4 GewStG (nur bei Personenunternehmen)
+/./.	Anpassungen nach § 7a GewStG (bei Organgesellschaften)
+/./.	Sanierungsertrag (§ 7b GewStG)
=	**Zwischensumme**
+	Hinzurechnungen (§ 8 GewStG)
./.	Kürzungen (§ 9 GewStG)
=	**maßgeblicher Gewerbeertrag (§ 10 GewStG)**
./.	Verlustabzug (§ 10a GewStG)
=	**Gewerbeertrag (§ 11 GewStG)**
./.	Abrundung auf volle 100 € (§ 11 GewStG)
	Freibetrag (§ 11 Abs. 1 GewStG) – 24 500 € für Einzel- u. Personenunternehmen – 5 000 € für Körperschaften i.S.d. § 2 Abs. 3 GewStG
=	**verbleibender Gewerbeertrag**
×	3,5 % Steuermesszahl (unabhängig von der Rechtsform; kein Staffeltarif)
	Gewerbesteuermessbetrag
×	Hebesatz der Gemeinde (ggf. vorher Zerlegung nach § 28 GewStG)
=	**Gewerbesteuer**

26. Anhang 2: Berechnungsschema zur Ermittlung des Hinzurechnungsbetrags von Finanzierungsaufwendungen nach § 8 Nr. 1 GewStG für 2025

1933

		Abzug lt. GuV	Ansatz für GewSt
	Entgelte für Schulden	→	100 % +
+	Renten und dauernde Lasten, die wirtschaftlich mit dem Betrieb zusammenhängen	→	100 % +
+	Gewinnanteil des stillen Gesellschafters	→	100% +
+	Miet- und Pachtzinsen (einschließlich Leasingraten) für die Benutzung von beweglichen Wirtschaftsgütern des Anlagevermögens ohne	→	20 % +
+	Miet- und Pachtzinsen von Elektro-, Hybridelektrofahrzeugen und Fahrrädern (nur Verträge ab dem 1.1.2020)	→	10 % +
+	von unbeweglichen Wirtschaftsgütern des Anlagevermögens (insb. Grundstücke)	→	50 % +
+	Aufwendungen für die zeitlich befristete Überlassung von Rechten (insb. Lizenzen und Konzessionen)	→	25 % +
=	**Zwischensumme**		=
./.	Freibetrag (200 000 €; max. Zwischensumme)		./.
=	**übersteigender Betrag**		=
	Hinzurechnung mit $^1/_4$ des den Freibetrag übersteigenden Betrags nach § 8 Nr. 1 GewStG		davon 25 %
	(bei einer negativen Zwischensumme; negative Hinzurechnung von $^1/_4$ dieser negativen Zwischensumme)		

1) BFH v. 28.2.2002, V R 42/01, BStBl II 2002, 642.

27. Anhang 3: Berechnungsschema für den gewerbesteuerlichen Spendenabzug – § 9 Nr. 5 GewStG – ohne Zuwendungen an Stiftungen

nach § 8 Nr. 9 GewStG erhöhter **Gewinn**			
Zuwendungen für steuerbegünstigte Zwecke (= lfd. Zuwendungen und Vortrag aus Vorjahr)			
20 % des erhöhten Gewinns			
alternativ 4 ‰ der Summe der gesamten Umsätze, Löhne und Gehälter	oder		
Ansatz des höheren Betrags (max. Se. der Zuwendungen; max. erhöhter Gewinn)	↳	– →	–
verbleibender Gewinn			=
wenn Rest > 0 **= Festzustellender Spendenvortrag**			

II. GewSt 1 D – Erklärung für die Zerlegung des Gewerbesteuermessbetrages

1. Allgemeine Angaben/Rechtsform/Art der Tätigkeit (Zeilen 1–12)

2025

Erklärung für die Zerlegung des Gewerbesteuermessbetrages ❶

— Eingangsstempel —

Die Erklärung ist zusammen mit der Gewerbesteuererklärung (GewSt 1 A) zu übermitteln.

An das Finanzamt

1

Die mit einem Kreis versehenen Zahlen bezeichnen die Erläuterungen in der Anleitung zur Erklärung für die Zerlegung des Gewerbesteuermessbetrages.

2 Steuernummer

Allgemeine Angaben ⑩

Unternehmen/Firma

3

Wirtschafts-Identifikationsnummer ⑭

4 D E

Rechtsform / Art der Tätigkeit

5 bis 9 frei

10 Der Gewerbebetrieb wird als Einzelunternehmen betrieben. 1 = Ja

Nur bei Personengesellschaften und Körperschaften:
Rechtsform des Unternehmens ⑪

11

12 Es handelt sich um eine optierende Gesellschaft nach § 1a KStG. Das Unternehmen ist im Weiteren wie eine Körperschaft in Form einer Kapitalgesellschaft zu behandeln. 1 = Ja

1935 Der Gewerbesteuermessbetrag ist auf einzelne Gemeinden zu **zerlegen**, wenn im EZ

- Betriebsstätten in **mehreren Gemeinden** unterhalten wurden,
- sich eine Betriebsstätte **über mehrere Gemeinden** erstreckt,
- die Betriebsstätte **von einer Gemeinde in eine andere Gemeinde verlegt** wurde (§ 28 Abs. 1 GewStG) oder
- in einer Gemeinde **verschiedene Hebesätze** gelten (siehe Anhang 1: Gewerbesteuerhebesätze → Rz. 1964) und eine der o.g. Voraussetzungen entsprechend vorliegt (§ 16 Abs. 4 Satz 3 GewStG).
- Liegt eine Betriebsstätte im Inland auf **gemeindefreiem Gebiet**, z.B. im deutschen Küstenmeer, bestimmt die Landesregierung durch Rechtsverordnung, welche Gemeinde(n) für diese Betriebsstätte die Hebeberechtigung erhält (§ 4 Abs. 2 Satz 1 GewStG). Dabei ist eine Übertragung der Hebeberechtigung auf das Bundesland nicht zulässig.[1]

1936 Im Gewerbesteuergesetz wird der Betriebsstättenbegriff nicht eigenständig definiert. Es ist deshalb für gewerbesteuerliche Zwecke auf § 12 AO zurückzugreifen.[2] Eine **Betriebsstätte** ist nach § 12 AO jede feste Geschäftseinrichtung oder Anlage, die der Tätigkeit eines Unternehmens dient. Dies setzt eine Geschäftseinrichtung oder Anlage mit einer festen Beziehung zur Erdoberfläche voraus, die von einer gewissen Dauer ist, der Tätigkeit des Unternehmens dient und über die der Stpfl. eine nicht nur vorübergehende Verfügungsmacht hat.[3] Eine Betriebsstätte kann aber auch in der Betriebsstätte eines Dritten begründet werden, wenn der Unternehmer rechtlich befugt ist, die Einrichtung oder Anlagen nach den Bedürfnissen seines Unternehmens zu nutzen und wenn er eigene Arbeitnehmer beschäftigt oder ihm überlassene, seinen Weisungen unterliegende Arbeitnehmer oder Subunternehmer tätig werden lässt.[4] Bei einer vollautomatisch arbeitenden Anlage, wie beispielsweise ein Windpark, kann das Tätigwerden des Unternehmens bereits mit der Geschäftseinrichtung ausreichen.[5]

1937 Unter Umständen kann auch durch die Beauftragung einer Managementgesellschaft oder Betriebsführungsgesellschaft ohne Verfügungsrecht über deren Räumlichkeiten eine Betriebsstätte des beauftragenden Unternehmens begründet werden, wenn die Gesellschaft auf Grund des zur Verfügung gestellten „sachlichen und personellen Organismus" in der Lage ist, ihrer unternehmerischen Tätigkeit „operativ" nachzugehen.[6]

1) BFH v. 3.12.2024, IV R 5/22, BStBl II 2025, 596.
2) BFH v. 12.2.2004, IV R 29/02, BStBl II 2004, 602.
3) BFH v. 4.6.2008, I R 30/07, BStBl II 2008, 922.
4) BFH v. 26.7.2017, III R 4/16, BFH/NV 2018, 233.
5) BFH v. 18.2.2021, III R 8/19, BStBl II 2021, 627; v. 3.12.2024, IV R 5/22, BStBl II 2025, 596.
6) BFH v. 18.9.2019, III R 3/19, BFH/NV 2020, 70.

Bei der Zerlegung sind die Gemeinden nicht zu berücksichtigen, in denen 1938

1. Verkehrsunternehmen lediglich Gleisanlagen unterhalten,
2. sich nur Anlagen befinden, die der Weiterleitung fester, flüssiger oder gasförmiger Stoffe sowie elektrischer Energie dienen, ohne dass diese dort abgegeben werden,
3. Bergbauunternehmen keine oberirdischen Anlagen haben, in welchen eine gewerbliche Tätigkeit entfaltet wird.

Das gilt nicht, wenn dadurch auf keine Gemeinde ein Zerlegungsanteil oder der Steuermessbetrag entfallen würde (§ 28 Abs. 2 GewStG).

Praxishinweis: 1939

Im Vordruck GewSt 1 D werden die allgemeinen Angaben zum Betrieb sowie die anzuwendenden Zerlegungsmaßstäbe im EZ 2025 eingetragen. Angaben zu den verschiedenen Betriebsstätten sowie zu der Gemeinde der Geschäftsleitung erfolgen in der **Anlage Betriebsstätte zur Erklärung für die Zerlegung des Gewerbesteuermessbetrags** (Vordruck GewSt-1 D-BS – nachfolgend: **Anlage Betriebsstätte** → Rz. 1958). Dabei ist für jede Betriebsstätte eine eigene Anlage Betriebsstätte auszufüllen. Diese sind fortlaufend zu nummerieren. In der mit der lfd. Nummer eins bezeichneten Anlage Betriebsstätte ist die Gemeinde der Geschäftsleitung einzutragen.

Als Betriebsstätten gelten insb.:

- die Stätte der **Geschäftsleitung**,
- **Zweigniederlassungen**,
- **Geschäftsstellen**,
- **Fabrikations-** oder **Werkstätten**,
- **Warenlager**,
- **Ein-** oder **Verkaufsstellen**,
- **Bergwerke**, **Steinbrüche** oder andere stehende, fortschreitende oder schwimmende Stätten der Gewinnung von Bodenschätzen,
- **Bauausführungen** oder **Montagen**, wenn die einzelne Bauausführung oder Montage oder eine von mehreren zeitlich nebeneinander bestehenden Bauausführungen oder Montagen oder mehrere ohne Unterbrechung aufeinander folgende Bauausführungen oder Montagen **länger als sechs Monate** dauern.

Eine **mehrgemeindliche Betriebsstätte** liegt vor, wenn zwischen den Betriebsanlagen, Geschäftseinrichtungen 1940
oder Teilen von ihnen ein räumlicher und betrieblicher (d.h. organisatorischer, technischer und wirtschaftlicher) Zusammenhang besteht.[1] Die für die Annahme einer einheitlichen Betriebsstätte notwendigen Merkmale müssen grundsätzlich kumulativ erfüllt sein.[2] Allerdings kann für bestimmte Unternehmen der räumliche Zusammenhang bei einer besonders engen wirtschaftlichen, technischen und organisatorischen Verbindung in den Hintergrund treten.

So ist für die Annahme einer mehrgemeindlichen Betriebsstätte für Unternehmen der Elektrizitätsversorgung[3] und der Mineralölwirtschaft[4] bereits ausreichend, dass der räumliche Zusammenhang durch betriebliche Anlagen unter oder über der Erdoberfläche hergestellt wird, und dies ohne Rücksicht auf deren äußere Sichtbarkeit und zumindest bei Elektrizitätsunternehmen auch ohne Rücksicht auf das Eigentum an den die Verbindung vermittelnden Leitungen. Bei diesen Unternehmenszweigen tritt der räumliche Zusammenhang wegen der besonders engen wirtschaftlichen, technischen und organisatorischen Verbindung in den Hintergrund.

Kein räumlicher Zusammenhang kann angenommen werden, wenn die Verbindung lediglich durch Telefonleitungen oder andere allgemeine Kommunikationsleitungen begründet wird. So sind Einrichtungen zur Messung von Lärmemissionen zwar eine Betriebsstätte eines Verkehrsflughafens. Es liegt aber wegen eines fehlenden räumlichen Zusammenhangs keine mehrgemeindliche Betriebsstätte vor, wenn eine Verbindung mit den Lärmmessstationen (Datenübertragung) nur über allgemeine Kommunikationsleitungen besteht.[5]

Für die **Durchführung der Zerlegung** gelten die §§ 185 bis 189 AO. Zerlegungsbescheide sind Folgebescheide des 1941
Gewerbesteuermessbescheids und gleichzeitig Grundlagenbescheid des Gewerbesteuerbescheids. Wird der Gewerbesteuermessbetragsbescheid nach Durchführung der Zerlegung geändert, ist der Zerlegungsbescheid nach § 175 Abs. 1 Nr. 1 AO ebenfalls zu ändern.

Eine Zerlegung wird zudem nach § 189 AO nachgeholt, wenn der Anspruch einer Gemeinde auf einen Anteil am Steuermessbetrag nicht berücksichtigt und auch nicht zurückgewiesen worden ist.

Beratungshinweis:

Gegen den Zerlegungsbescheid und gegen einen Bescheid, in dem ein Antrag auf Zerlegung abgelehnt wird, können sowohl der Stpfl. als auch die betroffenen Gemeinden **Einspruch** einlegen.[6]

1) BFH v. 20.4.1999, VIII R 13/97, BStBl II 1999, 542.
2) BFH v. 26.2.1992, I R 58/91, BFH/NV 1992, 766; FG Köln v. 27.11.2006, 2 K 6440/03, EFG 2007, 372 (rkr.).
3) BFH v. 16.11.1965, I B 249/62 U, BStBl III 1966, 40; v. 18.10.1967, I B 270/63, BStBl II 1968, 40.
4) BFH v. 10.7.1974, I R 54/72, BStBl II 1975, 42; v. 26.2.1992, I R 58/91, BFH/NV 1992, 766.
5) BFH v. 16.12.2009, I R 56/08, BStBl II 2010, 492.
6) R 28.1 Abs. 4 GewStR 2009.

1942 Die in den **allgemeinen Angaben** (**Zeilen 1 bis 13**) abgefragten Angaben entsprechen den Eintragungen der Zeilen 1–21 in der Gewerbesteuererklärung (→ Rz. 1702 ff.). So ist in den **Zeilen 1 bis 4** das für die Durchführung der Gewerbesteuerzerlegung zuständige FA nebst Steuernummer, Wirtschafts-Identifikationsnummer sowie der Name des Unternehmens einzutragen.

Die **Rechtsform** des Unternehmens ist für ein Einzelunternehmen durch Eintragung einer „1 = Ja" in **Zeile 10** bzw. für andere Rechtsformen durch Eintragung der Rechtsform in **Zeile 11** anzugeben.

Bei einer nach § 1a KStG optierenden Gesellschaft ist in **Zeile 12** eine „1 = Ja" einzutragen.

2. Ergänzende Angaben zur Steuererklärung (Zeile 13)

Ergänzende Angaben zur Steuererklärung 86

Eine Eintragung ist in Zeile 13 nur vorzunehmen, wenn einer der dort genannten Sachverhalte vorliegt. In diesem Fall erläutern Sie bitte diese Sachverhalte in den „Ergänzenden Angaben zur Steuererklärung". Die ergänzenden Angaben werden gesondert geprüft. Dies kann die Bearbeitungsdauer verlängern. Falls Sie mit der Abgabe der Steuererklärung lediglich Belege und Aufstellungen übermitteln, ist in Zeile 13 keine Eintragung vorzunehmen.

13 In dieser Steuererklärung 500

1 = konnten steuererhebliche Sachverhalte nicht erklärt werden.
2 = wird bewusst eine von der Verwaltungsauffassung abweichende Rechtsauffassung vertreten.
3 = sollen Sachverhalte personell vertieft geprüft werden.
4 = liegen mehrere der vorgenannten Gründe vor (Mehrfachauswahl).

Hinweis: Bitte übermitteln Sie Ihre ergänzenden Angaben nur für die vorstehend genannten Sachverhalte mit einer gesonderten Anlage mit der Überschrift **„Ergänzende Angaben zur Steuererklärung"**.

1943 In **Zeile 13** sind bestimmte Sachverhalte wie folgt anzuzeigen:

1 = Es konnten steuerlich erhebliche Sachverhalte nicht erklärt werden.

2 = Es wird bewusst eine von der Verwaltungsauffassung abweichende Rechtsauffassung vertreten.

3 = Es sollten Sachverhalte personell vertieft geprüft werden.

4 = Es liegen mehrere der vorgenannten Gründe vor (Mehrfachauswahl).

Die angezeigten Sachverhalte sollten in einer der Steuererklärung beigefügten Anlage erläutert werden. Diese Erläuterungen sollten dabei mit „Ergänzende Angaben zur Steuererklärung" gekennzeichnet sein.

In ELSTER kann die erläuternde Anlage „Ergänzende Angaben zur Steuererklärung" über die Funktion „Belegnachreichung zur Steuererklärung" elektronisch abgegeben werden.

Da eine Eintragung in der Zeile 13 zu einer Verlängerung der Bearbeitungszeit führt, sollte darin keine Eintragung vorgenommen werden, wenn kein entsprechend abgefragter Sachverhalt vorliegt. Insbesondere bedarf es keiner Eintragung einer Ziffer in Zeile 13, wenn mit der Steuererklärung lediglich ergänzende Belege und Aufstellungen übermittelt werden, die keinen derartigen Sachverhalt betreffen, wie beispielsweise eine Erläuterung über den Grund und die Art des Zerlegungsmaßstabs bei einer vom Regelfall abweichenden Zerlegung.

3. Angaben zur Zerlegung (Zeilen 14–29)

a) Art der Zerlegung (Zeilen 14–15)

Angaben zur Zerlegung 26

Art der Zerlegung

1 = § 29 Absatz 1 Nummer 1 GewStG (Regelfall)
2 = § 29 Absatz 1 Nummer 2 Buchstabe a GewStG
4 = § 33 Absatz 1 GewStG
5 = § 33 Absatz 2 GewStG
6 = § 35a Absatz 4 GewStG
7 = § 29 Absatz 1 Nummer 3 GewStG

14 Zerlegung nach 36

15 Zerlegung nach § 30 GewStG ❺ 35 1 = Ja

1944 In **Zeile 14** ist die gesetzliche Grundlage anzugeben, nach der die Zerlegung erfolgen soll.

Hierbei ist eine der folgenden Kennzahlen zu verwenden:

1 = Zerlegung nach § 29 Abs. 1 Nr. 1 GewStG (Zerlegung nach Arbeitslöhnen)

2 = Zerlegung nach § 29 Abs. 1 Nr. 2 Buchst. a GewStG (alternative Energieerzeuger)

4 = Zerlegung nach § 33 Abs. 1 GewStG (unbilligen Verhältnissen)

5 = Zerlegung nach § 33 Abs. 2 GewStG (Einigung mit Gemeinden)

6 = Zerlegung nach § 35a Abs. 4 GewStG (Verlegung des Mittelpunkts der Tätigkeit bei Reisegewerbebetrieben)

7 = Zerlegung nach § 29 Abs. 1 Nr. 3 GewStG (Betreiber von Energiespeicheranlagen).

In der Regel erfolgt eine Zerlegung des Gewerbesteuermessbetrags nach **§ 29 Abs. 1 Nr. 1 GewStG**; d.h. nach dem **Verhältnis der Arbeitslöhne** der einzelnen Betriebsstätten zueinander.

aa) Zerlegung nach Arbeitslöhnen (§ 29 Abs. 1 Nr. 1 GewStG)

Der **Regel-Zerlegungsmaßstab** ist das Verhältnis der Arbeitslöhne einer Betriebsstätte zu der Summe der Arbeitslöhne aller Betriebsstätten (§ 29 Abs. 1 Nr. 1 GewStG). Bei Ermittlung der Verhältniszahlen werden die Arbeitslöhne auf volle 1 000 € abgerundet (§ 29 Abs. 3 GewStG). **1945**

Als **Arbeitslöhne** gelten die lohnsteuerpflichtigen Vergütungen i.S.d. § 19 EStG zzgl. lohnsteuerfreier Zuschläge für Mehrarbeit und Sonntags-, Feiertags-, und Nachtarbeit. Andere lohnsteuerfreie Vergütungen sind nicht mit einzubeziehen. Vergütungen für **Personen in Berufsausbildung** sind nicht zu berücksichtigen (§ 31 Abs. 2 GewStG).

Einmalige gewinnabhängige Vergütungen wie Tantiemen oder Gratifikationen sowie sonstige Vergütungen, soweit sie für den Einzelnen 50 000 € übersteigen sind nicht mit anzusetzen (§ 31 Abs. 4 GewStG).

Zu den sonstigen Vergütungen i.S.d. § 31 Abs. 4 Satz 2 GewStG gehört der **laufende Arbeitslohn nach § 19 EStG**. Daher ist bei den anzusetzenden Arbeitslöhnen – nach vorherigem Abzug der nicht zu berücksichtigenden gewinnabhängigen Vergütungen – eine **Deckelung** der Arbeitslöhne auf **max. 50 000 €** je Arbeitnehmer vorzunehmen.[1)]

Ruhegelder, Witwen und Waisengelder sind ebenfalls **nicht** zu berücksichtigen.

Arbeitnehmer i.S.d. § 29 Abs. 1 Nr. 1 GewStG sind nur die Personen, die in einem Dienstverhältnis i.S.d. § 1 Abs. 2 LStDV zu dem Unternehmen stehen, für das der zu zerlegende Steuermessbetrag festgesetzt worden ist.[2)] Ein solches Dienstverhältnis setzt jedoch nicht voraus, dass Arbeitgeber und Arbeitnehmer einen Arbeitsvertrag miteinander geschlossen haben.[3)] Bei der Zerlegung von Gewerbesteuermessbeträgen nach dem Maßstab der Arbeitslöhne ist die Frage nach der Zugehörigkeit von Arbeitnehmern zu dem Gewerbebetrieb nach wirtschaftlichen Gesichtspunkten zu bestimmen.[4)]

Bei **teilweise steuerbefreiten Unternehmen** bleiben die Vergütungen an solche Arbeitnehmer außer Ansatz, die nicht ausschließlich oder überwiegend in dem steuerpflichtigen Betrieb oder Teil des Betriebs tätig sind.

Bei **Einzelunternehmen und Personenhandelsgesellschaften** sind für die im Betrieb tätigen Unternehmer (Mitunternehmer) insg. 25 000 € jährlich (**fiktiver Unternehmerlohn**) anzusetzen (§ 31 Abs. 5 GewStG). Das gilt nicht für **Kapitalgesellschaften**, da dort der Gesellschafter/Geschäftsführer seinen Arbeitslohn als Betriebsausgabe gewinnmindernd berücksichtigen kann und dieser in die Summe der Arbeitslöhne einfließt. **1946**

War ein Unternehmer oder ein im Betrieb tätiger Mitunternehmer in mehreren Betriebsstätten geschäftsleitend tätig, so sind die 25 000 € nach dem Verhältnis der geschäftsleitenden Tätigkeiten auf diese Betriebsstätten zu verteilen.

Beispiel:

Einzelunternehmer A betreibt einen Motorradhandel und unterhält in drei Gemeinden (A, B und C) Betriebsstätten. Für 2025 wird für das Unternehmen ein GewSt-Messbetrag i.H.v. 12 000 € festgestellt.

Die Arbeitslöhne von insg. 450 000 € entfallen i.H.v. 180 000 € auf die Betriebsstätte in der Gemeinde A, i.H.v. 120 000 € auf die Betriebsstätte in der Gemeinde B und i.H.v. 150 000 € auf die Betriebsstätte in der Gemeinde C. A führt die Geschäfte nahezu ausschließlich von der Betriebsstätte in A aus. Die Filialleiterin S der Betriebsstätte in C erhält in 2025 ein lfd. Gehalt von 52 000 € und eine Gewinntantieme von 10 000 €. Ansonsten erhalten die übrigen Beschäftigten einen Arbeitslohn von jeweils weniger als 50 000 €/Jahr. In der Betriebsstätte in der Gemeinde A sind Ausbildungsvergütungen von insg. 20 000 € angefallen.

Nach den §§ 28 bis 34 GewStG ist der GewSt-Messbetrag von 12 000 € wie folgt zu zerlegen:

	Summe	**Gemeinde A**	**Gemeinde B**	**Gemeinde C**
Arbeitslöhne	450 000	180 000	120 000	150 000
abzüglich				
– Gewinntantieme*	./. 10 000			./. 10 000
– Deckelung auf 50 000 € Arbeitslohn*	./. 2 000			./. 2 000
– Ausbildungsvergütung**	./. 20 000	./. 20 000		
Unternehmerlohn	+ 25 000	+ 25 000	–	–
Se.	**443 000**	**185 000**	**120 000**	**138 000**
Anteil am Messbetrag	100 %	41,76 %	27,09 %	31,15 %

*Die von der Filialleiterin S bezogene Gewinntantieme (10 000 €) und der die Grenze von 50 000 € übersteigende Arbeitslohn (2 000 €) sind nicht zu berücksichtigen (§ 31 Abs. 4 GewStG).

**Die Ausbildungsvergütung ist nicht zu berücksichtigen (§ 31 Abs. 2 GewStG).

1) R 31.1 Abs. 1 GewStR 2009.
2) BFH v. 26.2.1992, I R 16/90, BFH/NV 1992, 836.
3) BFH v. 24.3.1999, I R 64/98, BStBl II 2000, 41.
4) H 29.1 (Arbeitnehmer i.S.d. § 29 Abs. 1 GewStG) GewStH 2024; BFH v. 12.2.2004, IV R 29/02, BStBl II 2004, 602.

bb) Zerlegung für Erzeuger alternativer Energien und Betreiber von Energiespeicheranlagen (§ 29 Abs. 1 Nr. 2 und 3 GewStG)

1947 Für Betriebe, die ausschließlich **Anlagen zur Erzeugung aus Strom und anderen Energieträgern sowie Wärme aus Windenergie und solare Strahlungsenergie** i.S.d. § 3 Nr. 3 des Erneuerbare-Energien-Gesetzes (EEG) betreiben (§ 29 Abs. 1 Nr. 2 GewStG) und Betriebe, die ausschließlich Energiespeicheranlagen i.S.d. § 3 Nr. 15d Energiewirtschaftsgesetzes betreiben (§ 29 Abs. 1 Nr. 3 GewStG), gibt es einen besonderen Zerlegungsmaßstab.

So wird bei diesen Betrieben der Gewerbesteuermessbetrags zu $^1/_{10}$ nach dem Verhältnis der Arbeitslöhne (§ 29 Abs. 1 Nr. 1 GewStG) und zu $^9/_{10}$ nach dem Verhältnis der Summe der installierten Leistung zur installierten Leistung in den einzelnen Betriebsstätten zerlegt (§ 29 Abs. 1 Nr. 2 Buchst. a GewStG; § 29 Abs. 1 Nr. 3 GewStG).

In den Fällen des § 29 Abs. 1 Nr. 2 und 3 GewStG ist in **Zeile 20** als 1. Zerlegungsmaßstab die „Summe der Arbeitslöhne" und in **Zeile 22** als 2. Zerlegungsmaßstab die „Summe der installierten Leistung" einzutragen werden. Die Eintragung einer Gewichtung ist in diesen Fällen nicht erforderlich.

Beratungshinweis:

In den **EZ 2014–2023** erfolgte bei diesen Betrieben die Zerlegung des Gewerbesteuermessbetrags nach § 29 Abs. 1 Nr. 2 Buchst. b GewStG. Danach wurde nur der auf **Neuanlagen**, d.h. Anlagen, die nach dem 30.6.2013 genehmigt worden sind, entfallende Anteil am Gewerbesteuermessbetrag zu $^1/_{10}$ nach dem Verhältnis der Arbeitslöhne (§ 29 Abs. 1 Nr. 1 GewStG) und zu $^9/_{10}$ nach dem Verhältnis der Summe der installierten Leistung i.S.v. § 3 Nr. 31 EEG zur installierten Leistung in den einzelnen Betriebsstätten und der auf die übrigen Anlagen entfallende Gewerbesteuermessbetrag nach dem Verhältnis der Arbeitslöhne der in den einzelnen Betriebsstätten beschäftigten Arbeitnehmern aufgeteilt/zerlegt.

Die Aufteilung des Gewerbesteuermessbetrags auf Neuanlagen und auf übrige Anlage wurde ermittelt nach dem Verhältnis der Summe der installierten Leistung für Neuanlagen und der Summe der installierten Leistung der übrigen Anlagen (§ 29 Abs. 1 Nr. 2 Satz 2 GewStG).

Die bisherige Auffassung der FinVerw.,[1] dass Batteriegroßspeicheranlagen, die ausschließlich Strom aus Windenergie und solarer Strahlungsenergie speichern, Anlagen zur Erzeugung von Strom i.S.d. § 29 Abs. 1 Nr. 2 GewStG sind, wurde durch die **ab EZ 2025** geltende (§ 36 Abs. 5c GewStG) Einführung des § 29 Abs. 1 Nr. 3 GewStG ersetzt.[2]

1948 Betriebe, die nicht ausschließlich Anlagen zur Erzeugung von Strom und anderen Energieträgern sowie Wärme aus solarer Strahlungsenergie bzw. nicht ausschließlich Energiespeicheranlagen betreiben, zerlegen ihren Gewerbesteuermessbetrag weiterhin nach § 29 Abs. 1 Nr. 1 GewStG.

cc) Zerlegung in besonderen Fällen (§ 33 GewStG)

1949 Führt die Zerlegung nach den §§ 28 bis 31 GewStG zu einem **offenbar unbilligen Ergebnis**, ist der Steuermessbetrag nach einem die Verhältnisse besser berücksichtigenden Maßstab zu zerlegen (**§ 33 Abs. 1 GewStG**).

Allerdings rechtfertigt nicht jede offenbare Unbilligkeit, die sich aus dem Zerlegungsmaßstab des § 29 Abs. 1 GewStG ergibt, eine Zerlegung nach einem abweichenden Maßstab, sondern nur eine eindeutige Unbilligkeit von erheblichem Gewicht. Eine solche liegt nur dann vor, wenn auf Grund der atypischen Umstände des Einzelfalles die sich aus dem groben Maßstab des § 29 GewStG allgemein ergebende Unbilligkeit offensichtlich übertroffen wird.[3]

Ein offenbar unbilliges Ergebnis ist nur dann gegeben, wenn einer Gemeinde durch die Betriebsstätte wesentliche Lasten erwachsen und sie nicht diesen Lasten entsprechend am Gewerbesteuermessbetrag beteiligt wird. Als wesentliche Lasten zählen regelmäßig die sog. Arbeitnehmerfolgekosten wie die Aufwendungen einer Gemeinde für den Bau von Straßen, Schulen, Krankenhäusern, Altersheimen usw. für die dort wohnenden Arbeitnehmer der Betriebsstätte.

So tritt bei einer gewerblichen Vermietung von **Ferienwohnungen** ein offenbar unbilliges Ergebnis ein, wenn der Eigentümer seinen Wohnsitz nicht in der Belegenheitsgemeinde hat und dort auch nicht oder nur teilweise tätig ist. In diesem Fall würde die Belegenheitsgemeinde bei einer Zerlegung nach Arbeitslöhnen am Steuermessbetrag nicht beteiligt werden, obwohl nur ihr durch die vermieteten Ferienwohnungen Lasten entstehen. Hier wäre eine Zerlegung des Steuermessbetrags nach § 33 Abs. 1 GewStG geboten mit der Zugrundelegung der Betriebseinnahmen als Zerlegungsmaßstab.[4]

1950 **Einigen sich die Gemeinden mit dem Stpfl.** über die Zerlegung, so ist der Messbetrag nach Maßgabe dieser Einigung zu zerlegen (**§ 33 Abs. 2 GewStG**).

dd) Zerlegung bei Reisegewerbetreibenden (§ 35a Abs. 4 GewStG)

1951 Bei einem Reisegewerbetreibenden ist die Gemeinde hebeberechtigt, in der sich der Mittelpunkt der gewerblichen Tätigkeit befindet. Eine Zerlegung findet bei einem Reisegewerbetreibenden jedoch dann statt, wenn im Laufe eines EZ der Mittelpunkt der gewerblichen Tätigkeit von einer Gemeinde in eine andere Gemeinde verlegt wird. Dann erfolgt eine Zerlegung des Gewerbesteuermessbetrags nach den zeitlichen Anteilen (Kalendermonate).

1) Gleich lautende Ländererlasse v. 13.11.2023, FM3-G 1450-4/1 (FM Baden-Württemberg), BStBl I 2023, 1968.
2) Neu aufgenommen durch das JStG 2024 v. 2.12.2024, BGBl. I 2024 Nr. 387 = BStBl I 2024, 1484.
3) BFH v. 24.5.2006, I R 102/04, BFH/NV 2007, 270; R 33.1 Abs. 1 Satz 8 GewStR 2009.
4) R 33.1 Abs. 1 Satz 9 GewStR 2009.

ee) Mehrgemeindliche Betriebsstätte (§ 30 GewStG)

Bei **mehrgemeindlichen Betriebsstätten** ist der Gewerbesteuermessbetrag auf die betroffenen Gemeinden entsprechend der örtlichen Verhältnisse unter Berücksichtigung der durch das Vorhandensein der Betriebsstätte erwachsenden Gemeindelasten zu zerlegen (**§ 30 GewStG**). Ist wegen einer mehrgemeindlichen Betriebsstätte eine Zerlegung erforderlich, ist in **Zeile 15** eine „1 = Ja" einzutragen. **1952**

Eine mehrgemeindliche Betriebsstätte i.S.v. § 30 GewStG liegt vor, wenn und soweit sich eine Betriebsstätte auf mehrere Gemeinden erstreckt. Das ist anzunehmen, wenn zwischen den Betriebsanlagen, Geschäftseinrichtungen oder Teilen von ihnen ein räumlicher und betrieblicher, d.h. organisatorischer, technischer und wirtschaftlicher Zusammenhang besteht.[1]

Unterhält ein Betrieb mehrere Betriebsstätten in verschiedenen Gemeinden und befinden sich darunter auch eine oder mehrere mehrgemeindliche Betriebsstätten, so ist eine **zweistufige Zerlegung** vorzunehmen. In dem ersten Schritt ist – als **Hauptzerlegung** – die Verteilung des Gewerbesteuermessbetrags auf die verschiedenen Betriebsstätten vorzunehmen. Soweit eine oder mehrere dieser Betriebsstätten eine mehrgemeindliche Betriebsstätte darstellen, ist in einem weiteren Schritt – als **Unterzerlegung** – der nach der Hauptzerlegung auf diese Betriebsstätte entfallende Zerlegungsanteil auf die an der mehrgemeindlichen Betriebsstätte beteiligten Gemeinden zu verteilen. Die Zerlegung auf beiden Stufen erfolgt in einem einheitlichen Zerlegungsbescheid.[2] **1953**

b) Bei einer vom Regelfall abweichenden Zerlegung: Art des Zerlegungsmaßstabes (Zeilen 20–29)

Bei vom Regelfall abweichender Zerlegung: Art des Zerlegungsmaßstabes (9)

1. Zerlegungsmaßstab

Zeile	Bezeichnung des Zerlegungsmaßstabs	Einheit des Zerlegungsmaßstabs
16 bis 19 frei		
20	32	44

Zeile	Gewichtung
21	70

2. Zerlegungsmaßstab

Zeile	Bezeichnung des Zerlegungsmaßstabs	Einheit des Zerlegungsmaßstabs
22	34	46

Zeile	Gewichtung
23	71

2025GewSt1D711 - Oktober 2025 - 2025GewSt1D711

1) BFH v. 16.12.2009, I R 56/08, BStBl II 2010, 492.
2) BFH v. 14.12.2023, IV R 2/21, BStBl II 2024, 481.

- 2 -

3. Zerlegungsmaßstab

Bezeichnung des Zerlegungsmaßstabs — Einheit des Zerlegungsmaßstabs

24 37 — 49

Gewichtung

25 72

4. Zerlegungsmaßstab

Bezeichnung des Zerlegungsmaßstabs — Einheit des Zerlegungsmaßstabs

26 38 — 54

Gewichtung

27 73

5. Zerlegungsmaßstab

Bezeichnung des Zerlegungsmaßstabs — Einheit des Zerlegungsmaßstabs

28 39 — 55

Gewichtung

29 74

1954 Zerlegungsmaßstab ist grundsätzlich das Verhältnis der Arbeitslöhne im Kalenderjahr (= Regelfall). Eintragungen zur Art des Zerlegungsmaßstabs sind daher nur vorzunehmen, wenn ein vom Regelfall abweichender Zerlegungsmaßstab vorliegt. Liegen mehrere Zerlegungsmaßstäbe vor – es sind bis zu fünf verschiedene Zerlegungsmaßstäbe erklärbar – sind auch die Gewichtungen jedes einzelnen Zerlegungsmaßstabs anzugeben.

1955 Bei einer anderen von dem Regelfall abweichenden Zerlegung ist in der **Zeile 20** die Art des anzulegenden Zerlegungsmaßstabs zu bezeichnen und die verwendete Einheit anzugeben.

Hierbei können beispielsweise folgende Bezeichnungen und Einheiten verwendet werden:

Bezeichnung	Einheit
Abbaufläche	qm
Abwassermenge	cbm
Anlagenwerte	€
Anschlusswerte	Anzahl
Arbeitnehmer	Anzahl
Arbeitslöhne	€
Arbeitslöhne (Netz)	€
Arbeitslöhne (Nicht-Netz)	€
Arbeitslöhne (Organgesellschaft)	€
Arbeitsstunden	Std
Baukosten	€
Bausparsummen	€
Betriebseinnahmen	€
Bilanzsummenanteile	€
Familienangehörige	Anzahl
Gas, Abgabemenge	cbm
Gaseinnahmen	€
Gewinn	€
Glasfaserkabellänge	km
Grundstücksfläche	qm
Hauptleitungslänge	km

Bezeichnung	Einheit
Hausanschlüsse	Anzahl
Kilometer, gefahrene	km
Kinder	Anzahl
Kinder, schulpflichtige	Anzahl
Miete für Anlagegüter	€
nach Vereinbarung	
Prozentsatz	Prozent
Rohrnetzlänge	km
Sachanlagevermögen	€
Sendeminuten	Min
Spareinlagen	€
Strom, Abgabemenge	kwh
Stromeinnahmen	€
Umsätze	€
Umsätze (Netz)	€
Umspannwerke	Anzahl
Warenbezüge	€
Wasser, Abgabemenge	cbm
Wassereinnahmen	€
Wasserförderung	cbm
zeitliche Aufteilung	Min

Bei einer Kombination von mehreren anzulegenden Zerlegungsmaßstäben ist in **Zeile 21** die Gewichtung der verschiedenen Zerlegungsmaßstäbe zueinander einzutragen. Liegt nur ein vom Regelfall abweichender Zerlegungsmaßstab vor, ist keine Angabe zur Gewichtung zu tätigen.

In den **Zeilen 22 bis 29** können entsprechend noch vier weitere Zerlegungsmaßstäbe eingetragen werden, die dann entsprechend ihrer Gewichtung bei der Zerlegung berücksichtigt werden. **1956**

Maximal können bis zu fünf unterschiedliche Zerlegungsmaßstäbe erfasst werden.

4. Schlusserklärung (Zeilen 100–110)

Schlusserklärung

Datenschutzhinweis: Die mit der Steuererklärung angeforderten Daten werden auf Grund der §§ 149 und 150 AO i.V. mit § 14a GewStG verlangt.

Informationen über die Verarbeitung personenbezogener Daten in der Steuerverwaltung und über Ihre Rechte nach der Datenschutz-Grundverordnung sowie über Ihre Ansprechpartner in Datenschutzfragen entnehmen Sie bitte dem allgemeinen Informationsschreiben der Finanzverwaltung. Dieses Informationsschreiben finden Sie unter www.finanzamt.de (unter der Rubrik„Datenschutz“) oder erhalten Sie bei Ihrem Finanzamt.

Mitwirkung bei der Anfertigung der Steuererklärung

30 bis 99 frei

100 Die Steuererklärung wurde unter Mitwirkung einer selbständig und eigenverantwortlich tätigen und zur Hilfeleistung in Steuersachen nach §§ 3 und 4 StBerG befugten Person oder Vereinigung angefertigt. 1 = Ja

Telefonische Rückfragen unter Telefonnummer

100a

Bei der Anfertigung dieser Erklärung hat mitgewirkt:

Name

101

Vorname

102

Straße, Hausnummer

103

Postleitzahl, Ort

104

zusätzliche Angaben

105 frei

106

Mandantennummer

107

Bearbeiterkennzeichen

108

Unterschrift

Ort Datum

109

Unterschrift

110

Die Erklärung muss vom Steuerpflichtigen bzw. von einer in § 34 AO genannten Person eigenhändig unterschrieben sein.

2025GewSt1D712 2025GewSt1D712

Unter dem Datenschutzhinweis und den Informationen über die Verarbeitung personenbezogener Daten ist in **Zeile 100** durch Eintragung einer „1 = Ja“ anzuzeigen, wenn die Steuererklärung unter Mitwirkung eines Angehörigen der steuerberatenden Berufe angefertigt wurde. Dabei sind in den **Zeilen 101 bis 104** der Name und die Anschrift von demjenigen einzutragen, der bei der Anfertigung der Erklärung mitgewirkt hat. Die Eintragung der Telefonnummer, von zusätzlichen Angaben, der Mandantennummer und des Bearbeiterkennzeichens in den **Zeilen 100a, 106 bis 108** ist m.E. freiwillig und soll nur dazu dienen, dass der für die Erstellung der Steuererklärung zuständige Mitarbeiter in der Steuerberatungskanzlei bei Rückfragen schnell erreicht werden kann. **1957**

Wird die Steuererklärung nicht durch einen authentifizierten Datensatz elektronisch eingereicht, ist diese abschließend von der dazu befugten Person (§ 34 AO) mit Angabe des Orts und des Datums (**Zeile 109**) eigenhändig in **Zeile 110** zu unterschreiben.

III. GewSt 1 D-BS – Anlage Betriebsstätte zur GewSt-Zerlegungserklärung

1. Angaben zur Gemeinde (Zeilen 1–6)

2025

Anlage Betriebsstätte

zur Erklärung für die Zerlegung des Gewerbesteuermessbetrages

Die mit einem Kreis versehenen Zahlen bezeichnen die Erläuterungen in der Anleitung zur Erklärung für die Zerlegung des Gewerbesteuermessbetrages.

1 **Steuernummer**

1a Laufende Nummer der Gemeinde

Betriebsstätten und Zerlegungsgrundlagen

Im Erhebungszeitraum sind in folgenden Gemeinden im Inland Betriebsstätten unterhalten worden: ❶ ❸ ❽ ⑫ 27

Die erste einzugebende Gemeinde muss die Gemeinde der Geschäftsleitung sein.

Allgemeine Angaben zur Gemeinde der Betriebsstätte(n)

Postleitzahl Name der hebeberechtigten Gemeinde

2 20

Hebenummer der Gemeinde beziehungsweise Steuernummer des Stadtstaates ❻

3 21

Amtlicher Gemeindeschlüssel (AGS) ❷

4 22

5 Mehrgemeindliche Betriebsstätte im Sinne des § 30 GewStG ❺ 75 1 = Ja

6 Die Betriebsstätte(n) in dieser Gemeinde hat/haben im Erhebungszeitraum letztmalig bestanden. 63 1 = Ja

1958 Ist bei einem Unternehmen eine Gewerbesteuerzerlegung vorzunehmen, sind sämtliche Betriebsstätten, also auch die Betriebsstätte(n) in der Gemeinde der Geschäftsleitung, separat auf einer Anlage Betriebsstätte zu erfassen.

Dabei ist für jede Gemeinde, in der sich eine oder mehrere Betriebsstätten befinden, eine Anlage Betriebsstätte auszufüllen. Sollten sich in einer Gemeinde mehrere Betriebsstätten befinden, sind hierfür die Zerlegungsmaßstäbe zusammenzufassen.

Betriebsstätten, die sich im **Ausland** befinden, werden bei der Ermittlung des Gewerbeertrags nicht berücksichtigt und scheiden deshalb auch für die Zerlegung des Steuermessbetrags aus.[1] Ausländische Betriebsstätten sind daher nicht einzutragen.

1959 Die erste „Anlage Betriebsstätte" muss die Gemeinde der Geschäftsleitung sein.

Die „**Gemeinde der Geschäftsleitung**" ist die Gemeinde, in der sich im EZ die Geschäftsleitung befunden hat. Hat das Unternehmen die Geschäftsleitung im Laufe des EZ in eine andere Gemeinde verlegt, ist dies die Gemeinde, in der sich die Geschäftsleitung am Ende des EZ befunden hat (§ 34 GewStDV). Befindet sich die Geschäftsleitung im Ausland, so gilt die wirtschaftlich bedeutendste der zu berücksichtigen Betriebsstätten als Sitz der Geschäftsleitung (§ 34 Abs. 1 Satz 2 GewStG).

In die **Zeile 1** ist die Steuernummer des Unternehmens und in **Zeile 1a** die lfd. Nummer der Gemeinde, beginnend mit der 000001, einzutragen. Weitere Betriebsstätten-Gemeinden sind auf den weiteren „Anlage Betriebsstätten" einzutragen und fortlaufend zu nummerieren.

In **Zeile 2** ist die Postleitzahl sowie der Name der hebeberechtigten Gemeinde einzutragen und in **Zeile 3** die Hebenummer (Steuernummer) der Gemeinde, soweit bereits zugeteilt; ansonsten die genaue Anschrift (Straße, Hausnummer) der Betriebsstätte.

In **Zeile 4** ist der amtliche Gemeindeschlüssel einzutragen

Handelt es sich um eine mehrgemeindliche Betriebsstätte i.S.d. § 30 GewStG, ist dies in **Zeile 5** durch Eintragung einer „1 = Ja" zu kennzeichnen.

Hat eine Betriebsstätte im EZ 2025 letztmalig bestanden, ist dies in **Zeile 6** durch Eintragung einer „1 = Ja" zu vermerken.

1) R 28.1 Abs. 3 GewStR 2009.

2. Zerlegungsmaßstab (Zeilen 7–12)

Zerlegungsmaßstab ❹ ⓭

Im Regelfall enthält der 1. Zerlegungsmaßstab die Arbeitslöhne einschließlich Unternehmerlohn (Eingabe in Euro).

Zeile		
	1. Zerlegungsmaßstab Anteil am Zerlegungsmaßstab	
7	70	
	2. Zerlegungsmaßstab Anteil am Zerlegungsmaßstab	
8	71	
	3. Zerlegungsmaßstab Anteil am Zerlegungsmaßstab	
9	72	
	4. Zerlegungsmaßstab Anteil am Zerlegungsmaßstab	
10	73	
	5. Zerlegungsmaßstab Anteil am Zerlegungsmaßstab	
11	74	
	Unternehmerlohn nach § 31 Absatz 5 GewStG Nur bei Personengesellschaften oder Einzelunternehmen:	
12	In den Arbeitslöhnen enthaltener (Mit-)Unternehmerlohn ❹	79 ,— €

2025GewSt1D-BS721 - Oktober 2025 - 2025GewSt1D-BS721

Der Regelzerlegungsmaßstab ist das Verhältnis der Arbeitslöhne inkl. dem fiktiven Unternehmerlohn der jeweiligen Betriebsstätten zueinander. **1960**

Erfolgt die Zerlegung nach dem Regelzerlegungsmaßstab (§ 29 Abs. 1 Nr. 1 GewStG), müssten in **Zeile 7** die auf die jeweilige Gemeinde entfallenden Arbeitslöhne (gedeckelt auf max. 50 000 € je Arbeitnehmer) nebst des auf die Gemeinde entfallenden Unternehmerlohns in € eingetragen werden. Die Arbeitslöhne sind dabei **nicht** auf volle Tausend € abzurunden. Die nach § 29 Abs. 3 GewStG erforderliche Abrundung auf volle Tausend € erfolgt automatisch. Entsprechendes gilt für die Eintragungen bei den weiteren Gemeinden auf den weiteren „Anlage Betriebsstätten".

Erfolgt die Zerlegung des Gewerbesteuermessbetrags nach einem anderen als dem Regelzerlegungsmaßstab (vgl. § 33 GewStG → Rz. 1963 ff.), können in den **Zeilen 7 bis 11** bis zu fünf verschiedene Zerlegungsmaßstäbe eingetragen werden. Hierbei ist die in den Zeilen 20 bis 29 der Zerlegungserklärung (GewSt 1 D) verwendete Reihenfolge der unterschiedlichen Zerlegungsmaßstäbe zugrunde zu legen. **1961**

Bei Betrieben i.S.d. § 29 Nr. 2 und 3 GewStG ist in **Zeile 7** der auf die Betriebsstätte entfallende Anteil der Arbeitslöhne und in **Zeile 8** der auf die Betriebsstätte entfallende Anteil der dort installierten Leistung einzutragen.

In **Zeile 12** ist bei einem Einzelunternehmen bzw. einer Personengesellschaft der in den Arbeitslöhnen lt. Zeile 7 enthaltene fiktive (Mit-)Unternehmerlohn (§ 31 Abs. 5 GewStG) einzutragen. **1962**

Für die weiteren Betriebsstätten sind die dafür erforderlichen Eintragungen auf der jeweiligen „Anlage Betriebsstätte" (Vordruck GewSt 1 D-BS) nach demselben Eintragungsschema vorzunehmen. **1963**

3. Gewerbesteuerhebesätze

1964 Im Bundesdurchschnitt beträgt der gewogene Gewerbesteuerhebesatz 2025 für die 716 deutschen Gemeinden ab 20 000 Einwohnern 438 %. Da es den Gemeinden – bis auf die Beachtung des Mindesthebesatzes von 200 % – freisteht, über die Höhe des Hebesatzes zu entscheiden, gibt es unter den Gemeinden einen Wettbewerb, mit einem möglichst niedrigen Gewerbesteuerhebesatz Unternehmen anzulocken (**Gewerbesteueroasen**). So beträgt beispielsweise der Gewerbesteuerhebesatz in der Gemeinde Grünwald (Bayern) 240 %, in den Städten Monheim und Leverkusen im Rheinland jeweils 250 % und in der Gemeinde Zossen 270 %. Mit die höchsten Gewerbesteuerhebesätze haben die Städte Mühlheim an der Ruhr und Oberhausen mit jeweils 580 %.

Bei der Verlagerung des Firmensitzes in eine Gewerbesteueroase ist jedoch zu beachten, dass die FinVerw. durchaus kritisch prüft, ob tatsächlich der Sitz der Geschäftsleitung / die Betriebsstätte in eine Gemeinde mit einem niedrigen Gewerbesteuerhebesatz verlegt wurde, oder ob es sich dabei nur um eine Scheinbetriebsstätte handelt.

Als **Anhang 1** liegt eine Übersicht zu den Gewerbesteuerhebesätzen für den EZ 2025 für Gemeinden ≥ 50 000 Einwohner bei.[1]

4. Anhang: Gewerbesteuerhebesätze 2025

1965

Gemeinde ≥ 50 000 Einwohner	GewSt-Hebesatz-% 2025 (Stand 30.6.2025)
Aachen	475
Aalen	395
Ahlen	445
Arnsberg	469
Aschaffenburg	400
Augsburg	470
Bad Homburg v. d. Höhe	400
Bad Kreuznach	420
Bad Salzuflen	496
Baden-Baden	390
Bamberg	390
Bayreuth	390
Bergheim	500
Bergisch Gladbach	460
Berlin	410
Bielefeld	480
Böblingen	380
Bocholt	458
Bochum	495
Bonn	537
Bottrop	490
Brandenburg an der Havel	450
Braunschweig	450
Bremen	460
Bremerhaven	460
Castrop-Rauxel	500
Celle	440
Chemnitz	450
Cottbus/Chósebuz	400
Darmstadt	459
Delmenhorst	435
Dessau-Roßlau	450
Detmold	468
Dinslaken	499
Dormagen	500
Dorsten	505
Dortmund	485
Dresden	450

1) https://www.dihk.de/de/serviceportal/fuer-gewerbetreibende-unternehmer/gewerbesteuer-hebesaetze (Abruf am 15.1.2026).

Gemeinde ≥ 50 000 Einwohner	**GewSt-Hebesatz-% 2025 (Stand 30.6.2025)**
Duisburg	505
Düren	450
Düsseldorf	440
Elmshorn	400
Emden	420
Erftstadt	565
Erfurt	470
Erlangen	440
Eschweiler	495
Essen	480
Esslingen am Neckar	400
Euskirchen	475
Flensburg	410
Frankfurt (Oder)	400
Frankfurt am Main	460
Frechen	490
Freiburg im Breisgau	430
Friedrichshafen	350
Fulda	380
Fürth	440
Garbsen	450
Gelsenkirchen	480
Gera	464
Gießen, Universitätsstadt	420
Gladbeck	495
Göppingen	365
Görlitz	430
Goslar	420
Göttingen	430
Greifswald	425
Grevenbroich	450
Gronau (Westf.)	439
Gummersbach	487
Gütersloh	463
Hagen	530
Halle (Saale)	450
Hamburg	470
Hameln	455
Hamm	465
Hanau	430
Hannover	480
Hattingen	515
Heidelberg	400
Heilbronn	420
Herford	430
Herne	500
Herten	480
Hilden	400
Hildesheim	440
Hürth	480
Ibbenbüren	481
Ingolstadt	400
Iserlohn	480
Jena	450
Kaiserslautern	430

Gemeinde ≥ 50 000 Einwohner	GewSt-Hebesatz-% 2025 (Stand 30.6.2025)
Karlsruhe	450
Kassel	440
Kempten (Allgäu)	387
Kerpen	500
Kiel	450
Kleve	417
Koblenz	440
Köln	475
Konstanz	410
Krefeld	475
Landshut	420
Langenfeld (Rheinland)	360
Langenhagen	480
Leipzig	460
Leverkusen	250
Lingen (Ems)	395
Lippstadt	440
Lörrach	380
Lübeck	450
Lüdenscheid	499
Ludwigsburg	400
Ludwigshafen am Rhein	425
Lüneburg	420
Lünen	490
Magdeburg	450
Mainz	460
Mannheim	430
Marburg	380
Marl	530
Meerbusch	450
Menden (Sauerland)	420
Minden	460
Moers	495
Mönchengladbach	490
Mülheim an der Ruhr	580
München	490
Münster	460
Neubrandenburg	440
Neumünster	410
Neuss	455
Neustadt an der Weinstraße	415
Neu-Ulm	360
Neuwied	405
Norderstedt	440
Nordhorn	375
Nürnberg	467
Oberhausen	580
Offenbach am Main	440
Offenburg	435
Oldenburg (Oldenburg)	439
Osnabrück	440
Paderborn	418
Passau	400
Peine	440
Pforzheim	435

Gemeinde ≥ 50 000 Einwohner	GewSt-Hebesatz-% 2025 (Stand 30.6.2025)
Plauen	450
Potsdam	470
Pulheim	475
Rastatt	400
Ratingen	410
Ravensburg	390
Recklinghausen	520
Regensburg	425
Remscheid	490
Reutlingen	410
Rheine	430
Rosenheim	400
Rostock	465
Rüsselsheim am Main	420
Saarbrücken	490
Salzgitter	440
Sankt Augustin	525
Schwäbisch Gmünd	400
Schweinfurt	370
Schwerin	458
Siegen	505
Sindelfingen	380
Solingen	475
Speyer	415
Stolberg (Rhld.)	495
Stralsund	445
Stuttgart	420
Trier	430
Troisdorf	500
Tübingen	405
Ulm	360
Unna	528
Velbert	475
Viersen	460
Villingen-Schwenningen	390
Waiblingen	380
Weimar	430
Wesel	468
Wetzlar	390
Wiesbaden	460
Wilhelmshaven	400
Willich	449
Witten	520
Wolfenbüttel	430
Wolfsburg	360
Worms	420
Wuppertal	490
Würzburg	420
Zwickau	450

IV. Anlage BEG – Beteiligung an Körperschaften

1. Behandlung von Beteiligungserträgen bei der Gewerbesteuer

1966 Nach § 7 Satz 1 GewStG sind Gewinne aus Anteilen (Dividenden) entsprechend der Rechtsform des Unternehmers bei Einzelunternehmern nach § 3 Nr. 40 EStG teilweise bzw. bei Körperschaften ggf. nach § 8b Abs. 1 KStG vollständig steuerbefreit (Ausnahme Schachtelbeteiligungen i.S.d. § 8b Abs. 4 KStG). Für Personengesellschaften wird dies über § 7 Satz 4 GewStG – entsprechend der Beteiligungsquote – entsprechend nachvollzogen.

Gewerbesteuerlich werden Beteiligungserträge unterschieden in Streubesitzbeteiligungen und Schachtelbeteiligungen. Während für Streubesitzbeteiligungen die Steuerbefreiung auf erhaltene Dividenden rückgängig gemacht werden (§ 8 Nr. 5 GewStG), werden die Bezüge aus schachtelprivilegierten Beteiligungen – soweit diese noch im Gewinn nach § 7 GewStG enthalten sind – vollständig von der Gewerbesteuer befreit (§ 9 Nr. 2a, 7 und 8 GewStG).

Bei Organgesellschaften kommt als zusätzliches Problem hinzu, dass bei diesen die Beteiligungserträge i.R. der Ermittlung des gewerblichen Gewinns nach § 7 GewStG nicht nach § 3 Nr. 40 EStG bzw. § 8b KStG ganz oder teilweise befreit werden, da dies erst auf Ebene des Organträgers erfolgt (§ 7 Satz 1 GewStG i.V.m. § 15 Satz 1 Nr. 2 KStG). Um die dadurch eintretenden Verwerfungen zu vermeiden, ist für Schachteldividenden die Regelung des § 7a GewStG zu beachten.

a) Streubesitzdividenden

1967 Die Befreiung von Dividendenbezügen bei natürlichen Personen i.R. des Teileinkünfteverfahrens (§ 3 Nr. 40, § 3c Abs. 2 EStG) bzw. bei Körperschaften nach § 8b Abs. 1 KStG wird gewerbesteuerlich nur teilweise nachvollzogen.

So ist die Befreiung von Dividendenbezügen bei der Gewerbesteuer auf die Fälle des in- und ausländischen Schachtelprivilegs (§ 9 Nr. 2a und 7 GewStG) beschränkt. Bei Streubesitzbeteiligungen ist die schon vor der Unternehmenssteuerreform bestehende Doppelbelastung erhalten geblieben.

Um dies sicherzustellen, wurde für steuerfrei gestellte Dividendenbezüge § 8 Nr. 5 GewStG als neue Hinzurechnungsvorschrift eingeführt.

1968 So sind nach § 8 Nr. 5 GewStG dem Gewinn aus Gewerbebetrieb hinzuzurechnen:

- die nach § 3 Nr. 40d EStG bzw. § 8b Abs. 1 KStG außer Ansatz bleibenden Gewinnanteile (Dividenden) aus Anteilen an einer Kapitalgesellschaft;
- soweit für die Beteiligung nicht die Voraussetzungen des § 9 Nr. 2a oder Nr. 7 GewStG vorliegen (= sog. Schachtelbeteiligungen). Eine Schachtelbeteiligung ist gegeben, wenn zu Beginn des EZ eine Beteiligung am Grund- oder Stammkapital einer anderen Kapitalgesellschaft von mindestens 15 % gehalten wird;
- nach Abzug der nichtabziehbaren Betriebsausgaben (§ 3c Abs. 2 EStG; § 8b Abs. 5 und 10 KStG).

Im Ergebnis sollen die steuerfrei belassenen (Netto-)Erträge, d.h. Einnahmen nach Abzug der darauf entfallenden Aufwendungen, für Zwecke der Gewerbesteuer wieder hinzugerechnet werden.

aa) Streubesitzdividenden bei Einzelunternehmen

1969 Bei der Ermittlung des gewerbesteuerlichen Gewinns aus Gewerbebetrieb (§ 7 Satz 1 GewStG) ist bei Beteiligungsbeträgen das Teileinkünfteverfahren zu beachten (§ 3 Nr. 40, § 3c Abs. 2 EStG).

Ausschüttungen von Kapitalgesellschaften und Veräußerungserlöse aus der Veräußerung von Anteilen an einer Kapitalgesellschaft sind danach zu 40 % steuerfrei. Die mit diesen Beteiligungen wirtschaftlich im Zusammenhang stehenden Betriebsausgaben sind gleichfalls nur zu 40 % abzugsfähig.

Gewerbesteuerlich ist die anteilige Steuerfreistellung nur dann zu akzeptieren, wenn die Beteiligung die Voraussetzungen des § 9 Nr. 2a oder Nr. 7 GewStG erfüllt, andernfalls erfolgt eine Korrektur (Hinzurechnung) i.R. des § 8 Nr. 5 GewStG.

1970 Bei der Hinzurechnung sind die damit im Zusammenhang stehenden Betriebsausgaben entsprechend zu berücksichtigen. Soweit diese nach § 3c Abs. 2 EStG bereits als Betriebsausgabe berücksichtigt wurden, bedarf es keiner Kürzung.

Beispiel:

A hält eine 6 %ige Beteiligung an der A-GmbH im Betriebsvermögen seines Gewerbebetriebs.

2025 erhält A eine Dividende i.H.v. 10 000 €. Betriebsausgaben (keine Finanzierungskosten) im Zusammenhang mit der Beteiligung sind i.H.v. 6 000 € entstanden.

Die Einkünfte aus Gewerbebetrieb ermitteln sich wie folgt:

Dividendeneinnahmen	10 000 €	
zu 40 % steuerfrei (§ 3 Nr. 40d EStG)	./. 4 000 €	
steuerpflichtige Einnahmen	**6 000 €**	**6 000 €**
Betriebsausgaben	6 000 €	
zu 40 % nichtabziehbar (§ 3c Abs. 2 EStG)	./. 2 400 €	
abziehbar	3 600 €	./. 3 600 €
Gewinn aus Gewerbebetrieb		**+ 2 400 €**

Bei der Ermittlung des Gewerbeertrags erfolgt nach § 8 Nr. 5 GewStG folgende Hinzurechnung:

Gewinn aus Gewerbebetrieb		+ 2 400 €
steuerfreie Einnahmen	4 000 €	
./. nichtabziehbare Betriebsausgaben	./. 2 400 €	
Hinzurechnung nach § 8 Nr. 5 GewStG	**1 600 €**	+ 1 600 €
Gewerbeertrag		**+ 4 000 €**

Im Ergebnis werden die bei der Einkommensteuer zu 40 % steuerfrei gelassenen Dividendenerträge nebst damit im Zusammenhang stehenden steuerfrei belassenen Betriebsausgaben bei der Ermittlung der Gewerbesteuer erfasst.

Soweit es sich bei den abzugsfähigen Betriebsausgaben um Finanzierungskosten i.S.d. § 8 Nr. 1 GewStG handeln sollte, erfolgt eine entsprechende Berücksichtigung bei der Ermittlung des Hinzurechnungsbetrags (im o.g. Beispiel 60 % von 6 000 € = 3 600 €). Die sich erst i.R. der Hinzurechnung nach § 8 Nr. 5 GewStG erfassten weiteren – bis dahin nicht abzugsfähigen – Finanzierungskosten (im o.g. Beispiel: 2 400 €) werden nicht von § 8 Nr. 1 GewStG erfasst, da nach dem Wortlaut des § 8 Nr. 1 GewStG nur der Teil der Finanzierungskosten hinzugerechnet werden kann, der nicht nach § 3c Abs. 2 EStG nichtabziehbar ist, der also den Gewinn aus Gewerbebetrieb gemindert hat. **1971**

Übersteigen die nichtabzugsfähigen Betriebsausgaben nach § 3c Abs. 2 EStG die mit ihnen zusammenhängenden steuerfreien Erlöse, kann es zu einer negativen Hinzurechnung kommen.[1) **1972**

Beispiel:

Sachverhalt, wie im o.g. Beispiel, nur betragen die Betriebsausgaben im Zusammenhang mit der Beteiligung nun 14 000 €.

Die Einkünfte aus Gewerbebetrieb ermitteln sich wie folgt:

Dividendeneinnahmen	10 000 €	
zu 40 % steuerfrei (§ 3 Nr. 40d EStG)	./. 4 000 €	
steuerpflichtige Einnahmen	**6 000 €**	**6 000 €**
Betriebsausgaben	14 000 €	
zu 40 % nichtabziehbar (§ 3c Abs. 2 EStG)	./. 5 600 €	
abziehbar	8 400 €	./. 8 400 €
Gewinn aus Gewerbebetrieb		**./. 2 400 €**

Bei der Ermittlung des Gewerbeertrags erfolgt nach § 8 Nr. 5 GewStG folgende Hinzurechnung:

Gewinn aus Gewerbebetrieb		./. 2 400 €
steuerfreie Einnahmen	4 000 €	
./. nichtabziehbare Betriebsausgaben	./. 5 600 €	
Hinzurechnung nach § 8 Nr. 5 GewStG	**./. 1 600 €**	./. 1 600 €
Gewerbeertrag		**./. 4 000 €**

Die nach § 3 Nr. 40 EStG steuerfrei gestellten anteiligen Gewinne aus der Veräußerung von Streubesitzanteilen, die ebenfalls dem Teileinkünfteverfahren unterliegen, sind nicht hinzuzurechnen, da diese von § 8 Nr. 5 GewStG nicht erfasst werden. Die nach § 3 Nr. 40 EStG steuerfrei gestellten anteiligen Veräußerungsgewinne unterliegen endgültig nicht der Gewerbesteuer. **1973**

Beispiel:

A ist zu 6 % an der A-AG beteiligt. Die Beteiligung hält er in seinem Einzelunternehmen (Buchwert = 20 000 €). 2025 veräußert A die Anteile für 200 000 €.

Im Rahmen der Ermittlung der Einkünfte aus Gewerbebetrieb werden die Einnahmen aus der Veräußerung nach § 3 Nr. 40 Buchst. a EStG sowie der Abgang des Buchwerts nach § 3c Abs. 2 EStG jeweils zu 40 % steuerfrei gestellt.

Das bedeutet, dass der erzielte Gewinn aus der Veräußerung (180 000 €) bei der Ermittlung der Einkünfte aus Gewerbebetrieb nur mit 90 000 € berücksichtigt wird.

Bei der Ermittlung des Gewerbeertrags erfolgt keine Hinzurechnung der steuerfrei gebliebenen Erträge, da § 8 Nr. 5 GewStG (mangels Dividendenbezügen) nicht greift.

1) Lenski/Steinberg, § 8 Nr. 5 GewStG Rz. 13.

bb) Streubesitzdividenden bei Körperschaften

1974 Bei Körperschaften werden Dividendenbezüge nach § 8b Abs. 1 KStG steuerfrei gestellt. Hierbei ist zu beachten, dass bei diesen 5 % der steuerfrei belassenen Einnahmen pauschal als nichtabzugsfähige Betriebsausgaben gelten. Tatsächliche Aufwendungen, die in Zusammenhang mit der Beteiligung stehen, sind im vollen Umfang abzugsfähig, da § 3c Abs. 1 EStG insoweit nicht greift (§ 8b Abs. 5 Satz 2 KStG).

Beratungshinweis:
Bei Bezügen i.S.d. § 8b Abs. 1 KStG ist für die Körperschaftsteuer das körperschaftsteuerliche Schachtelprivileg nach § 8b Abs. 4 KStG zu beachten. Das heißt, eine Steuerfreistellung von Bezügen nach § 8b Abs. 1 KStG ist nur möglich, wenn

- die Beteiligung an der ausschüttenden Gesellschaft zu Beginn des Kj. unmittelbar mindestens 10 % betragen hat oder
- im Kj. eine Beteiligung an der ausschüttenden Gesellschaft von mindestens 10 % erworben wurde.

Wegen weiterer Einzelheiten wird auf die Ausführungen zu § 8b Abs. 4 KStG (→ Rz. 52) verwiesen.

Beispiel:
Die A-GmbH hält eine 12 %ige Beteiligung an der B-AG.

2025 erhält die A-GmbH eine Dividende i.H.v. 10 000 €. Betriebsausgaben im Zusammenhang mit der Beteiligung sind i.H.v. 4 000 € entstanden.

Ermittlung des Gewinns aus Gewerbebetrieb nach § 7 Satz 1 GewStG:

Dividendeneinnahmen	10 000 €	
steuerfrei nach § 8b Abs. 1 KStG	./. 10 000 €	
	0 €	0 €
Hinzurechnung der nichtabzugsfähigen Betriebsausgaben (§ 8b Abs. 5 KStG = pauschal 5 % der Dividende)		+ 500 €
tatsächliche Betriebsausgaben (kein § 3c Abs. 2 EStG ab 2004)		./. 4 000 €
Gewinn aus Gewerbebetrieb		**./. 3 500 €**

Bei der Ermittlung des Gewerbeertrags ist nach § 8 Nr. 5 GewStG folgende Hinzurechnung vorzunehmen:

steuerfreie Einnahmen	10 000 €	
nichtabziehbare Betriebsausgaben	./. 500 €	
Hinzurechnung nach § 8 Nr. 5 GewStG	**9 500 €**	+ 9 500 €
Gewerbeertrag		**+ 6 000 €**

1975 Da die Betriebsausgaben, die in einem unmittelbaren Zusammenhang mit den steuerfreien Dividendenbezügen i.S.d. § 8b Abs. 1 KStG stehen, im vollen Umfang abgezogen werden dürfen, beeinflussen diese den Hinzurechnungsbetrag nicht. Selbst bei einem Übersteigen dieser Ausgaben über die Einnahmen erfolgt eine Hinzurechnung nur in Höhe der steuerfrei gestellten Dividende, vermindert um die nach § 8b Abs. 5 KStG pauschalierten nicht abzugsfähigen Betriebsausgaben.

Beispiel:
Sachverhalt, wie im vorigen Beispiel, nur betragen die tatsächlichen Betriebsausgaben 14 000 €.

Ermittlung des Gewinns aus Gewerbebetrieb 2025:

Dividendeneinnahmen	10 000 €	
steuerfrei nach § 8b Abs. 1 KStG	./. 10 000 €	
	0 €	0 €
Hinzurechnung der nichtabzugsfähigen Betriebsausgaben (§ 8b Abs. 5 KStG = pauschal 5 % der Dividende)		+ 500 €
tatsächliche Betriebsausgaben (kein § 3c Abs. 2 EStG ab 2004)		./. 14 000 €
Gewinn aus Gewerbebetrieb		**./. 13 500 €**

Bei der Ermittlung des Gewerbeertrags ist nach § 8 Nr. 5 GewStG folgende Hinzurechnung vorzunehmen:

steuerfreie Einnahmen	10 000 €	
nichtabziehbare Betriebsausgaben	./. 500 €	
Hinzurechnung nach § 8 Nr. 5 GewStG	**9 500 €**	+ 9 500 €
Gewerbeertrag		**./. 4 000 €**

1976 Soweit es sich bei den abzugsfähigen tatsächlich entstandenen Betriebsausgaben der Kapitalgesellschaft um Finanzierungskosten i.S.d. § 8 Nr. 1 GewStG auf die Beteiligung handelt, sind diese jedoch i.R. des § 8 Nr. 1 GewStG zu erfassen (→ Rz. 1757).

cc) Streubesitzdividenden bei Personenunternehmen

In § 7 Satz 4 GewStG ist festgelegt, dass die Vorschriften des Teileinkünfteverfahrens auch i.R. der Ermittlung des Gewerbeertrags einer Personengesellschaft zu berücksichtigen sind, soweit natürliche Personen mittelbar oder unmittelbar beteiligt sind, andernfalls greift § 8b KStG. **1977**

Damit sind bei einer Personengesellschaft für die von ihr bezogenen Erträge/Aufwendungen im Zusammenhang mit der Beteiligung an einer Kapitalgesellschaft, entsprechend der Zusammensetzung der Mitunternehmer, die Freistellung der Bezüge nach den § 3 Nr. 40, § 3c Abs. 2 EStG bzw. § 8b KStG bereits i.R. der Ermittlung der Einkünfte aus Gewerbebetrieb vorzunehmen (sog. „**Nettomethode**"). Soweit die Beteiligung die Voraussetzungen des § 9 Nr. 2a, 7 GewStG nicht erfüllt, wird i.R. des § 8 Nr. 5 GewStG die Steuerfreistellung für Dividenden wieder rückgängig gemacht.

Veräußerungsgewinne/-verluste aus dem Verkauf einer Beteiligung sind damit nur in Höhe des nicht steuerfrei gestellten Betrags gewerbesteuerpflichtig. **1978**

Beispiel:

An der AB-OHG sind die natürliche Person A und die B-GmbH zu je 1/2 beteiligt. Zum Betriebsvermögen der OHG gehört u.a. eine 12 %ige Beteiligung an der K-GmbH (Buchwert: 80 000 €). 2025 wird die Beteiligung für 200 000 € veräußert.

Der Gewinn aus Gewerbebetrieb nach § 7 Satz 1 und 4 GewStG ermittelt sich wie folgt:

Veräußerungspreis	200 000 €	
auf A entfallen	100 000 €	
zu 40 % steuerfrei (§ 3 Nr. 40a EStG)	./. 40 000 €	+ 60 000 €
Abgang Buchwert	./. 80 000 €	
auf A entfallen (½ v. 80 000 € =)	40 000 €	
zu 40 % nicht abzugsfähig (§ 3c Abs. 2 EStG)	./. 16 000 €	./. 24 000 €
Zwischensumme		**36 000 €**
auf B-GmbH entfallen anteiliger Veräußerungsgewinn (½ v. 120 000 € =)	60 000 €	
steuerfrei (§ 8b Abs. 2 KStG)	./. 60 000 €	
	0 €	0 €
§ 8b Abs. 3 KStG 5 % v. 60 000 €		+ 3 000 €
Gewinn aus Gewerbebetrieb		**+ 39 000 €**

Der so ermittelte Gewinn aus Gewerbebetrieb wird bei der Ermittlung des Gewerbeertrags übernommen. Es erfolgt insb. keine weitere Hinzurechnung nach § 8 Nr. 5 GewStG, da es sich nicht um Dividendenbezüge handelt.

Für die Besteuerung laufender Dividendenbezüge ist bei einer Personengesellschaft eine Aufteilung auf die verschiedenen Mitunternehmer (natürliche Personen oder juristische Personen) vorzunehmen, um dann die Vornahme einer Hinzurechnung nach § 8 Nr. 5 GewStG prüfen zu können. **1979**

Beispiel:

An der ABC-OHG sind die natürlichen Personen A und B zu jeweils 30 % und die C-GmbH zu 40 % beteiligt. Zum Betriebsvermögen der OHG gehört u.a. eine 12 %ige Beteiligung an der M-GmbH. 2025 erhält die ABC-OHG eine Gewinnausschüttung von 100 000 €. Die Aufwendungen im Zusammenhang mit der Beteiligung betragen 40 000 €.

Der Gewinn aus Gewerbebetrieb nach § 7 Satz 1 und 4 GewStG ermittelt sich wie folgt:

Dividendenbezüge	100 000 €	
auf A und B entfallen insg. 60 %	60 000 €	
zu 40 % steuerfrei (§ 3 Nr. 40a EStG)	./. 24 000 €	+ 36 000 €
Aufwendungen	./. 40 000 €	
auf A und B entfallen 60 %	24 000 €	
zu 40 % nicht abzugsfähig (§ 3c Abs. 2 EStG)	./. 9 600 €	./. 14 400 €
Zwischensumme		**21 600 €**
auf C-GmbH entfallen anteilige Dividenden (40 %) keine Steuerbefreiung nach § 8b Abs. 1 KStG (§ 8b Abs. 4 KStG)		+ 40 000 €
anteilige Betriebsausgaben		./. 16 000 €
Gewinn aus Gewerbebetrieb		**+ 45 600 €**

Im Rahmen der Ermittlung des Gewinns aus Gewerbebetrieb ist für der auf die C-GmbH entfallende Anteil der Dividende nicht nach § 8b Abs. 1 KStG steuerbefreit. Die C-GmbH ist nur zu 4,8 % (40 % von 12 %) mittelbar an der M-GmbH beteiligt, so dass nach § 8b Abs. 4 KStG keine Steuerbefreiung gewährt werden kann (§ 8b Abs. 4 Satz 4 KStG). Über § 7 Satz 4 GewStG findet § 8b KStG bei der Personengesellschaft entsprechend Anwendung.

Für die **Ermittlung des Gewerbeertrags** erfolgt nun eine Hinzurechnung um die steuerfrei gestellten Dividendenerlöse nach Abzug der nach § 3c Abs. 2 EStG unberücksichtigt gelassenen Betriebsausgaben (§ 8 Nr. 5 GewStG).

Da von den Dividendenbezügen nur der auf die natürlichen Personen A und B entfallende Anteil (teilweise) steuerfrei gestellt wurde, ist nur dieser Betrag nach § 8 Nr. 5 GewStG hinzuzurechnen. Der Hinzurechnungsbetrag beträgt 14 400 € (steuerfreie Dividende 24 000 € abzüglich nichtabzugsfähige Betriebsausgaben 9 600 €).

dd) Aufwendungen im Zusammenhang mit einer Wertpapierleihe

1980 Körperschaften, wie z.B. Banken oder bestimmte Versicherungen, bei denen Beteiligungserträge nach § 8b Abs. 7 oder 8 KStG steuerpflichtig waren, nutzten in der Vergangenheit das Instrument der Wertpapierleihe dazu, die Vorteile der Steuerfreistellung des § 8b Abs. 1 und 2 KStG Dritten zu vermitteln, um den daraus resultierenden Steuervorteil nutzbar zu machen.

Dieser Gestaltung wurde durch das Unternehmenssteuerreformgesetz 2008[1)] mit dem Verbot des Betriebsausgabenabzugs für die i.R. einer Wertpapierleihe zu zahlenden Entgelte nach § 8b Abs. 10 KStG ein Riegel vorgeschoben.

Bei der Hinzurechnung der Dividendenerträge von Streubesitzdividenden in den Fällen einer Wertpapierleihe sind die dem Betriebsausgabenabzugsverbot nach § 8b Abs. 10 KStG unterliegenden Kompensationszahlungen ebenfalls von dem Hinzurechnungsbetrag abzuziehen. Im Ergebnis wird damit das Betriebsausgabenabzugsverbot gewerbesteuerlich aufgehoben, weil hier – anders als bei der Körperschaftsteuer – eine Steuerpflicht der Beteiligungserträge besteht.

Eine Kürzung des Hinzurechnungsbetrags erfolgt jedoch nur bis maximal auf 0 €.

Beispiel:

Die ABC-Bank AG verleiht der D-GmbH die in ihrem Besitz befindlichen Aktien an der E-AG (Beteiligung von 20 %) für den Zeitraum 1.4.–15.6.2025. Die D-GmbH erhält von der E-AG eine Dividende von 200 000 € und zahlt der ABC-Bank AG eine Leihgebühr von 16 000 € nebst Ausgleichszahlung von 200 000 €.

In der Vergangenheit (d.h. vor 2007) erzielte die D-GmbH mit diesem Geschäft einen körperschaftsteuerlichen Verlust i.H.v. 206 000 € (Jahresüberschuss ./. 16 000 € abzgl. steuerfreier Dividende von 190 000 €, § 8b Abs. 1 i.V.m. Abs. 5 KStG) sowie einen gewerbesteuerlichen Verlust i.H.v. 16 000 € (Verlust 206 000 € zzgl. Hinzurechnung nach § 8 Nr. 5 KStG i.H.v. 190 000 € freigestellter Dividendenerlöse).

Die D-GmbH hatte durch das Geschäft den steuerlichen Vorteil der Verlustverrechnung bei der KSt und der GewSt, welcher die Leihgebühr regelmäßig übertraf.

Ab VZ 2007 können bei der D-GmbH körperschaftsteuerlich keine Aufwendungen im Zusammenhang mit der Wertpapierleihe mehr berücksichtigt werden (§ 8b Abs. 10 KStG), da die Entleiherin (ABC-Bank AG) unter § 8b Abs. 7 KStG fällt.

Eine Freistellung nach § 8b Abs. 1 KStG für die Beteiligungserträge bei der D-GmbH ist nicht möglich, da ihr die Beteiligung körperschaftsteuerlich nicht zugerechnet werden kann (§ 8b Abs. 4 Satz 3 KStG).

Damit erzielt die D-GmbH einen körperschaftsteuerlichen Gewinn von 200 000 €.

Gewerbesteuerlich erfolgt keine Kürzung nach § 9 Nr. 2a GewStG, da die Beteiligung zu Beginn des EZ noch nicht im Betriebsvermögen der D-GmbH war.

Bei der ABC-Bank AG ist nach alter wie nach neuer Rechtslage der Erlös aus der Wertpapierleihe (hier: 216 000 €) als Ertrag zu besteuern.

Seit VZ 2009 gilt das Abzugsverbot auch für Leihgeschäfte mit Investmentanteilen (§ 8b Abs. 10 Satz 5 KStG).

b) Schachtelprivileg

1981 Nach § 9 Nr. 2a GewStG wird der Gewinn aus Gewerbebetrieb gekürzt um

- die Gewinne aus Anteilen an einer
- steuerpflichtigen inländischen Kapitalgesellschaft,
- wenn die Beteiligung zu Beginn des EZ
- mindestens 15 % des Grund- oder Stammkapitals beträgt und
- die Gewinnanteile bei der Ermittlung des Gewinns angesetzt worden sind.

Während § 8 Nr. 5 GewStG für „Streubesitzbeteiligungen" eine Hinzurechnung der steuerfrei belassenen Dividendenerträge vorschreibt (→ Rz. 1967), erfolgt nach § 9 Nr. 2a GewStG eine Kürzung für Dividenden, wenn zu Beginn des EZ an einer Kapitalgesellschaft eine Beteiligung von mindestens 15 % am Grund- oder Nennkapital (sog. „gewerbesteuerliches Schachtelprivileg") besteht. Es soll eine gewerbesteuerliche Doppelbelastung ausgeschütteter Gewinne zum einen beim Anteilseigner, zum anderen bei der Kapitalgesellschaft vermieden werden.

Beispiel:

A hält in seinem Gewerbebetrieb seit Jahren eine 20 %ige Beteiligung an der A-AG. 2025 erhält er eine Dividende i.H.v. 30 000 €.

Bei der Ermittlung des Gewinns aus Gewerbebetrieb nach § 7 Satz 1 GewStG sind die Dividenden bereits nach § 3 Nr. 40 Buchst. d EStG zu 40 % steuerfrei zu stellen.

Anschließend erfolgt im Rahmen der Ermittlung des Gewerbeertrags noch eine Kürzung um die in den gewerblichen Gewinn noch zu 60 % enthaltene Dividende (18 000 €) nach § 9 Nr. 2a GewStG.

1) UntStRefG 2008 v. 14.8.2007, BGBl. I 2007, 1912 = BStBl I 2007, 630.

Beginnt die Steuerpflicht des beteiligten Unternehmens erst im Laufe eines Kalenderjahrs (= **abgekürzter EZ**, § 14 Satz 3 GewStG), kommt es für den ersten Erhebungszeitraum auf die Höhe der Beteiligung zu Beginn der Steuerpflicht an.[1] 1982

Beispiel:

B wird mit seinem neu gegründeten Unternehmen am 1.4.2025 nach § 2 Abs. 1 GewStG gewerbesteuerpflichtig. Am 1.6.2025 erwirbt er aus betrieblichen Gründen eine 60 %ige Beteiligung an der unbeschränkt steuerpflichtigen und nicht steuerbefreiten T-GmbH. Diese schüttet am 1.12.2025 eine Dividende an B aus.

Im Rahmen der Ermittlung des gewerblichen Gewinns kann die Dividende zu 40 % nach § 7 Satz 1 GewStG i.V.m. § 3 Nr. 40 Buchst. d EStG steuerfrei gestellt werden. Da die Beteiligung jedoch nicht zu Beginn des (abgekürzten) EZ in dem Betriebsvermögen des B enthalten war, kann keine Kürzung der noch im gewerblichen Gewinn des Rumpf-Wirtschaftsjahrs 1.4.2025 – 31.12.2025 enthaltenen Dividende nach § 9 Nr. 2a GewStG erfolgen. Vielmehr ist die Freistellung nach § 3 Nr. 40 Buchst. d EStG über § 8 Nr. 5 GewStG rückgängig zu machen.

Diesen Effekt könnte B durch Bildung eines abweichenden Wirtschaftsjahrs (1.4.2025 – 31.3.2026) vermeiden.

Das gewerbesteuerliche Schachtelprivileg nach § 9 Nr. 2a Satz 1 GewStG wird **Lebens- und Krankenversicherungen**, bei Gewinnen aus Anteilen, die den Kapitalanlagen zuzurechnen ist, nicht gewährt; für **Pensionsfondsvereine** gilt Entsprechendes (§ 9 Nr. 2a Satz 5 GewStG). 1983

Für die Frage, ob eine Beteiligung zu mindestens 15 % am Grund- oder Stammkapital besteht, können sowohl unmittelbare als auch mittelbare Beteiligungen zusammengefasst werden.[2] 1984

Beispiel:

A hält in seinem Betriebsvermögen eine 14 %ige Beteiligung an der B-GmbH und ein 8 %ige Beteiligung an der C-GmbH. Die B-GmbH hält eine 50 %ige Beteiligung an der C-GmbH.

Da A unmittelbar (8 %) und mittelbar (7 %; über die B-GmbH 14 % x 50 %) zu insg. 15 % an der C-GmbH beteiligt ist, kann A die noch im Gewerbeertrag enthaltenen Dividenden der C-GmbH nach § 9 Nr. 2a GewStG kürzen.

Soweit A Dividendenbezüge der B-GmbH erhält, sind die nach § 3 Nr. 40 Buchst. d EStG freigestellten Beträge i.R. des § 8 Nr. 5 GewStG hinzuzurechnen, da A nur zu 14 % an der B-GmbH beteiligt ist.

Zu den Gewinnen aus Anteilen i.S.d. § 9 Nr. 2a GewStG rechnen **alle wirtschaftlichen Vorteile**, die aus dem Besitz der Anteile gezogen werden und die beim Anteilseigner zu steuerbaren Bezügen (§ 20 Abs. 1 Nr. 1 bis 2 EStG) führen.[3] Das heißt, neben den „ordentlichen" Dividenden gehören insb. auch verdeckte Gewinnausschüttungen und Liquidationsraten zu den von § 9 Nr. 2a GewStG erfassten Gewinnen aus Anteilen. 1985

Nicht dazu gehören Rückzahlungen aus dem **steuerlichen Einlagekonto** i.S.d. § 27 KStG[4] sowie **Veräußerungserlöse** aus dem Verkauf der Beteiligung.[5]

Der gewerbesteuerliche Kürzungsbetrag für Schachtelbeteiligungen nach § 9 Nr. 2a, 7 und 8 GewStG umfasst lediglich den „Gewinn", also die Nettogröße aus dem Beteiligungsertrag nach Abzug der mit der Beteiligung in unmittelbarem Zusammenhang stehenden Aufwendungen (§ 9 Nr. 2a Satz 3, § 9 Nr. 7 Satz 2 und § 9 Nr. 8 Satz 2 GewStG). 1986

So ist nach Auffassung des Gesetzgebers der aus § 3c EStG abzuleitende Gedanke der Vermeidung einer Doppelberücksichtigung (Steuerfreiheit von Einnahmen und Abziehbarkeit von Ausgaben) auch bei der Ermittlung des Gewerbeertrags zu berücksichtigen. Werden Erträge aus der Beteiligung durch damit unmittelbar zusammenhängende Aufwendungen gemindert, wird eine Doppelberücksichtigung (Steuerfreiheit von Gewinnen aus Anteilen und Abziehbarkeit von Ausgaben) konsequent vermieden.

Soweit Finanzierungskosten i.S.d. § 8 Nr. 1 GewStG den Kürzungsbetrag nach § 9 Nr. 2a, 7 und 8 GewStG mindern, unterbleibt eine Hinzurechnung nach § 8 Nr. 1 GewStG. Damit wird sichergestellt, dass keine Hinzurechnung nach § 8 Nr. 1 GewStG erfolgt, wenn diese Entgelte im Ergebnis den Gewerbeertrag nicht gemindert haben. 1987

Beispiel:

A hält in seinem Einzelunternehmen seit Jahren eine 50 %ige Beteiligung an der G-GmbH. 2025 erhält er eine Dividende von 20 000 €; Aufwendungen für Schulden im Zusammenhang mit der Beteiligung sind ihm i.H.v. 8 000 € entstanden.

Im Rahmen der Ermittlung des Gewinns aus Gewerbebetrieb nach § 7 Satz 1 GewStG werden die Einnahmen/Ausgaben der Steuerfreistellung nach den §§ 3 Nr. 40, 3c Abs. 2 EStG unterworfen.

Anschließend erfolgt im Rahmen der Ermittlung des Gewerbeertrags noch eine Kürzung nach § 9 Nr. 2a GewStG i.H.v. 7 200 €. Die Kürzung umfasst die noch im Gewinn aus Gewerbebetrieb enthaltenen Dividendeneinnahmen (= **Kürzungsbetrag**) und die damit zusammenhängenden Ausgaben.

Die Tatsache, dass die mit den Dividenden verrechneten Betriebsausgaben von 4 800 € (60 % von 8 000 €) zunächst den gewerblichen Gewinn gemindert haben, führt nicht zu einer Hinzurechnung nach § 8 Nr. 1 GewStG (§ 9 Nr. 2a Satz 3 GewStG). Dieser Abzug wurde durch die Kürzung nach § 9 Nr. 2a GewStG wieder rückgängig gemacht.

---

1) R 9.3 Satz 5 GewStR 2009.
2) R 9.3 Satz 1 GewStR 2009.
3) BFH v. 8.5.2003, IV R 35/01, BStBl II 2004, 460.
4) H 9.3 (Ausschüttungen für die Beträge des steuerlichen Einlagekontos als verwendet gelten) GewStH 2024; BFH v. 15.9.2004, I R 16/04, BStBl II 2005, 297.
5) H 9.3 (Veräußerungsgewinne) GewStH 2024.

1988 Die Minderung des Kürzungsanspruchs erfolgt jedoch maximal bis zur Höhe des erzielten Beteiligungsertrags (§ 9 Nr. 2a Satz 3 GewStG). Eine **negative Kürzung** (= Hinzurechnung) bei übersteigenden Ausgaben erfolgt also nicht.

Beispiel:

A hält in seinem Einzelunternehmen seit Jahren eine 50 %ige Beteiligung an der G GmbH. 2025 erhält er eine Dividende von 20 000 €; Aufwendungen im Zusammenhang mit der Beteiligung sind ihm i.H.v. 28 000 € entstanden.

Im Rahmen der Ermittlung des Gewinns aus Gewerbebetrieb nach § 7 Satz 1 GewStG werden die Einnahmen/Ausgaben den § 3 Nr. 40, § 3c Abs. 2 EStG unterworfen.

Es erfolgt keine (negative) Kürzung nach § 9 Nr. 2a GewStG, da der Kürzungsbetrag (= die noch im Gewinn aus Gewerbebetrieb verbliebenen Dividenden) von den damit im Zusammenhang stehenden Betriebsausgaben in vollem Umfang aufgezehrt wurden. Der die Dividende übersteigende Betrag an Betriebsausgaben führt nicht zu einer negativen Kürzung.

1989 Wenn bei einer Körperschaft die erhaltenen Dividenden bereits nach § 8b Abs. 1 KStG in vollem Umfang steuerfrei gestellt wurden, bedarf es mangels Erfassung im Gewinn keiner weiteren Kürzung nach § 9 Nr. 2a GewStG mehr.

Falls eine Dividende auf Grund der körperschaftsteuerlichen Streubesitzregelung (§ 8b Abs. 4 KStG) nicht nach § 8b Abs. 1 KStG befreit ist, aber gleichwohl die Voraussetzungen des § 9 Nr. 2a GewStG erfüllt werden (z.B. weil bei der GewSt durch Zusammenrechnung der mittel- und unmittelbaren Beteiligungen die Grenze von 15 % erreicht wurde), ist für Zwecke der Gewerbesteuer eine entsprechende Kürzung dieser im Gewinn aus Gewerbebetrieb noch vollständig enthaltenen Bezüge nach § 9 Nr. 2a GewStG vorzunehmen.

Beispiel:

Die A-GmbH hält seit Jahren unmittelbar eine 5 %ige Beteiligung an der E-GmbH. Über die T-GmbH werden ihr mittelbar noch weitere 10 % Beteiligung zugerechnet. Am 1.8.2025 erhält die A-GmbH von der E-GmbH eine Dividende von 20 000 €.

Im Rahmen der Ermittlung Gewinns aus Gewerbebetrieb nach § 7 Satz 1 GewStG unterliegen die Dividenden der Besteuerung, da eine Freistellung nach § 8b Abs. 1 KStG nach § 8b Abs. 4 KStG (unmittelbare Beteiligung < 10 %) nicht möglich ist.

Bei der Gewerbesteuer sind die Voraussetzungen des § 9 Nr. 2a GewStG erfüllt, so dass dort nun eine Kürzung in Höhe des im Gewinn aus Gewerbebetrieb enthaltenen Dividende von 20 000 € erfolgt. Hierbei erfolgt keine Korrektur um 5 %, da § 8b Abs. 5 KStG nicht greift.

1990 Die körperschaftsteuerliche Streubesitzregelung nach § 8b Abs. 4 KStG ist nicht identisch mit der gewerbesteuerlichen Streubesitzreglung.

Vergleich des körperschaftsteuerlichen mit der gewerbesteuerlichen Streubesitzregelung:[1)]

	§ 8b Abs. 4 KStG	§ 8 Nr. 5 GewStG i.V.m. § 9 Nr. 2a GewStG
Streubesitzgrenze	< 10 %	< 15 %
maßgeblicher Stichtag	Beginn des Kj.	Beginn des EZ
Berücksichtigung mittelbarer Beteiligungen über		
– Personengesellschaften	Ja	Ja
– Körperschaften	Nein	Ja
Steuerpflicht für Dividenden von im Laufe des Jahres erworbener Schachtelbeteiligungen	Nein	Ja
Steuerpflicht der Veräußerung eine Streubesitzbeteiligung	Nein	Nein

1991 Mit § 9 Nr. 2a Satz 4, § 9 Nr. 7 Satz 3 und § 9 Nr. 8 Satz 3 GewStG wird zudem gesetzlich klargestellt, dass die pauschalierten, nicht abziehbaren Betriebsausgaben i.S.d. § 8b Abs. 5 KStG keine Gewinne aus Anteilen sind und deshalb nicht der Kürzung unterliegen.

Beispiel:

Die A-GmbH hält seit Jahren eine 25 %ige Beteiligung an der I-GmbH. 2025 erhält sie eine Dividende i.H.v. 40 000 €.

Die Dividende ist nach § 8b Abs. 1 KStG steuerfrei. 5 % der Dividende (= 2 000 €) gelten jedoch als nichtabzugsfähige Betriebsausgaben, die den Gewinn nicht mindern dürfen (§ 8b Abs. 5 Satz 1 KStG). Im Ergebnis erzielt die A-GmbH also 2 000 € steuerpflichtige Einkünfte.

Bei der Ermittlung des Gewerbeertrags erfolgt keine Kürzung um die 2 000 € nach § 9 Nr. 2a GewStG, da in den gewerblichen Einkünften keine Gewinne (Dividenden) enthalten sind.

Tatsächlich entstandene, mit der Beteiligung im Zusammenhang stehende Betriebsausgaben sind bei Körperschaften in vollem Umfang abzugsfähig. § 3c Abs. 1 EStG findet darauf keine Anwendung (§ 8b Abs. 5 Satz 2 KStG). Eine gewerbesteuerliche Verrechnung mit den erzielten steuerfreien Dividenden erfolgt nicht.

1992 Bei Personengesellschaften sind auf die von diesen bezogenen Dividendeneinnahmen die § 3 Nr. 40, § 3c Abs. 2 EStG anzuwenden, soweit an ihnen unmittelbar oder mittelbar natürliche Personen beteiligt sind, andernfalls findet § 8b KStG entsprechende Anwendung (§ 7 Satz 4 GewStG).

1) Kusch, NWB 2013, 1068.

Beispiel:

An der AB-OHG sind A und die B-GmbH zu je $^1/_2$ beteiligt. Zum Betriebsvermögen der AB-OHG gehört seit Jahren eine 30 %ige Beteiligung an der K-GmbH. 2025 schüttet die K-GmbH 200 000 € Dividende aus. Aufwendungen in Zusammenhang mit der Beteiligung sind i.H.v. 60 000 € entstanden.

Der Gewinn aus Gewerbebetrieb nach § 7 Satz 1 und 4 GewStG ermittelt sich wie folgt:

auf A entfallen Einnahmen	100 000 €	
zu 40 % steuerfrei (§ 3 Nr. 40 EStG)	./. 40 000 €	
verbleiben steuerpflichtig	60 000 €	+ 60 000 €
Betriebsausgaben (anteilig)	30 000 €	
zu 40 % nicht abzugsfähig (§ 3c Abs. 2 EStG)	./. 12 000 €	
Übertrag	60 000 €	+ 60 000 €
verbleiben steuerpflichtig	18 000 €	./. 18 000 €
Zwischenergebnis		**+ 42 000 €**
auf B-GmbH entfallen Einnahmen	100 000 €	
steuerfrei (§ 8b Abs. 1 KStG)	./. 100 000 €	0 €
pauschale Zurechnung nach § 8b Abs. 5 KStG (5 % v. 100 000 €)		+ 5 000 €
Betriebsausgaben (anteilig) (voll abzugsfähig ab 2004)	30 000 €	./. 30 000 €
Gewinn aus Gewerbebetrieb		**+ 17 000 €**

Anschließend erfolgt bei der Ermittlung des Gewerbeertrags noch eine Kürzung um 42 000 € nach § 9 Nr. 2a GewStG.

Der Kürzungsbetrag ermittelt sich aus der Summe der in den gewerblichen Einkünften enthaltenen verbleibenden steuerpflichtigen Anteile der Dividenden nach Abzug der auf diesen Teil entfallenden Betriebsausgaben.

Diese betragen für A: 42 000 € (= 60 000 € Dividende abzgl. 18 000 € Ausgaben) für die B GmbH: 0 €.

c) Beteiligung an ausländischen Kapitalgesellschaften

Bei einer Beteiligung an einer ausländischen Kapitalgesellschaft, die zu Beginn des EZ mindestens 15 % des Nennkapitals beträgt und deren Gewinnanteile im gewerblichen Gewinn nach § 7 GewStG noch enthalten sind, sind die Regelungen des § 9 Nr. 2a Satz 3 bis 5 GewStG entsprechend anzuwenden (§ 9 Nr. 7 GewStG). 1993

Im Ergebnis werden damit die Dividendenbezüge aus Anteilen an ausländischen Kapitalgesellschaften mit den Dividendenbezügen aus inländischen Beteiligungen gleichgestellt.

Streitig ist, ob die mit der Änderung des § 9 Nr. 7 GewStG verbundenen Anhebung der Beteiligungsgrenze von 10 auf 15 % für die Beteiligung an EU-Tochtergesellschaften nicht zu einem Verstoß gegen die EU-Mutter-Tochter-Richtlinie führt.[1)]

Im unmittelbaren Zusammenhang mit Gewinnanteilen ausländischer Kapitalgesellschaften stehende Aufwendungen mindern den Kürzungsbetrag, soweit entsprechende Beteiligungserträge zu berücksichtigen sind. Die Minderung des Kürzungsbetrags erfolgt jedoch maximal bis zur Höhe des erzielten Beteiligungsertrags. Eine negative Kürzung (= Hinzurechnung) bei übersteigenden Ausgaben erfolgt also nicht (§ 9 Nr. 7 Satz 2 GewStG).

Nach **§ 9 Nr. 8 GewStG** erfolgt eine Kürzung um 1994

- die Gewinne aus **Anteilen an einer ausländischen Gesellschaft**,
- die nach einem **Doppelbesteuerungsabkommen** (DBA) unter der Voraussetzung einer Mindestbeteiligung von der Gewerbesteuer befreit ist oder
- an der unabhängig von der im DBA festgelegten Beteiligungsquote eine Mindestbeteiligung **von 15 %** besteht.

Wie bei der Kürzung nach § 9 Nr. 7 GewStG reicht für eine Kürzung nach § 9 Nr. 8 GewStG eine Mindestbeteiligung von 15 % am Nennkapital aus, um entsprechende Gewinne (= Einnahmen i.S.d. § 20 Abs. 1 Nr. 1 oder 2 EStG) aus dem Gewinn nach § 7 GewStG herauszurechnen. Es bedarf insb. keiner aktiven Auslandsgesellschaft.

Bei einer Überschneidung mit der Kürzungsvorschrift nach § 9 Nr. 7 GewStG, ist die jeweils für den Stpfl. günstigste Regelung anzuwenden.[2)]

Soweit auf Grund eines DBA-Schachtelprivilegs eine Dividende nach § 9 Nr. 8 GewStG begünstigt ist, ist daneben eine Hinzurechnung nach § 8 Nr. 5 GewStG nicht zulässig. Zwar formuliert § 8 Nr. 5 GewStG lediglich Hinzurechnungsausschlüsse für Dividenden i.S.d. § 9 Nr. 2a und 7 GewStG. Dies ist jedoch auch nicht erforderlich, da die durch DBA befreiten Gewinne der gewerbesteuerlichen Hinzurechnung von vornherein entzogen sind.[3)] 1995

Bei einem **Organträger** sind die entsprechenden Kürzungsbeträge der Organgesellschaften nicht mit einzubeziehen.

1) Richter/Ekinci, DB 2019, 1987; Eberhardt, IStR 2019, 584.
2) R 9.5 Satz 7 GewStR 2009.
3) BFH v. 23.6.2010, I R 71/09, BStBl II 2011, 129.

d) Sonderregelungen bei Organgesellschaften (§ 7a GewStG)

1996 Nach § 15 Satz 1 Nr. 2 KStG findet bei der Ermittlung des Einkommens einer Organgesellschaft § 8b Abs. 1 bis 6 KStG keine Anwendung mit der Folge, dass Erträge und Aufwendungen im Zusammenhang mit der Beteiligung an einer anderen Kapitalgesellschaft noch in voller Höhe im gewerblichen Gewinn der Organgesellschaft enthalten sind. Erst auf Ebene des Organträgers sind auf die im Einkommen der Organgesellschaft enthaltenen Dividenden und Veräußerungserlöse die Regelungen der § 3 Nr. 40, § 3c Abs. 2 EStG (bei natürlichen Personen als Organträger) oder des § 8b KStG (bei Körperschaften als Organträger) für Zwecke der Ermittlung des körperschaftsteuerlichen Einkommens anzuwenden (sog. Bruttomethode).[1]

1997 Da bei der Ermittlung des gewerblichen Gewinns (§ 7 Satz 1 GewStG) die Bruttomethode nach § 15 Satz 1 Nr. 2 KStG dazu führt, dass die Steuerbefreiungen für Dividendenbezüge nach § 8b KStG; § 3 Nr. 40 EStG, § 3c EStG keine Anwendung fanden, führt dies zu Problemen bei Schachtelbeteiligungen.

So ist bei der Organgesellschaft selbständig ein Gewerbeertrag zu ermitteln, daher waren bei dieser für Beteiligungseinkünfte, die die Voraussetzungen des § 9 Nr. 2a, 7 oder 8 GewStG erfüllen, entsprechende Kürzungen vorzunehmen.[2]

1998 Zur Vermeidung dieses Effekts wurde ab dem EZ 2017 (§ 36 Abs. 2b GewStG) durch Einführung des **§ 7a GewStG** eine Sonderregelung für Beteiligungserträge i.S.d. § 9 Nr. 2a, 7 und 8 GewStG bei der Ermittlung des Gewerbeertrags einer Organgesellschaft geschaffen.

In der ersten Stufe bestimmt § 7a Abs. 1 Satz 1 GewStG, dass bei der Ermittlung des Gewerbeertrags einer Organgesellschaft eine Kürzung nach § 9 Nummer 2a, 7 und 8 GewStG nicht mehr zulässig ist. Aufwendungen in unmittelbarem Zusammenhang mit Gewinnanteilen führen bei der Organgesellschaft zu keiner Hinzurechnung nach § 8 Nr. 1 GewStG (§ 7a Abs. 1 Satz 2 GewStG).

In der nächsten Stufe sind auf den danach ermittelten Gewerbeertrag der Organgesellschaft die Regelungen des § 15 Satz 1 Nr. 2 Satz 2–4 KStG, § 8 Nr. 1 und 5 GewStG sowie § 9 Nr. 2a, 7 und 8 GewStG entsprechend anzuwenden (§ 7a Abs. 2 GewStG).

Das führt dazu, dass Schachteldividenden der Organgesellschaft – entsprechend der Rechtsform des Organträgers – bei der Ermittlung des Gewerbeertrags der Organgesellschaft wie bei nicht organschaftlich gebundenen Unternehmen behandelt werden.

Beispiel – Schachtelbeteiligung (unter Anwendung des § 7a GewStG):

Die T-GmbH ist Organgesellschaft der M-AG. Sie erzielt in 2025 einen Gewerbeertrag in Höhe von 200 000 €. Darin ist ungekürzt eine Dividende von 10 000 € aus einer 20 %igen Beteiligung an der C-GmbH enthalten.

Bei der Ermittlung des Gewinns aus Gewerbebetrieb der T-GmbH nach § 7 Satz 1 GewStG ist die Dividende ohne Gewährung einer Steuerbefreiung nach § 8b Abs. 1 KStG ungekürzt enthalten (§ 7 Satz 1 GewStG i.V.m. § 15 Satz 1 Nr. 2 KStG). In dem ersten Schritt wird die Anwendung des § 9 Nr. 2a GewStG über § 7a Abs. 1 GewStG (anders als noch in 2016) ausgeschlossen.

Anschließend wird in einem zweiten Schritt eine entsprechende Anwendung des § 15 Satz 1 Nr. 2 KStG vorgenommen. D.h., dass bei der Organgesellschaft eine Freistellung der Dividenden nach der Rechtsform des Organträgers vorzunehmen ist. Da hier der Organträge einer Körperschaft ist, erfolgt eine Freistellung der Dividende nach § 8b Abs. 1 und 5 KStG zu 95 % (§ 7a Abs. 2 GewStG).

Der Gewerbeertrag der T-GmbH beträgt daher 190 500 € (200 000 € ./. 9 500 € Dividende). Die nun von § 7a Abs. 2 GewStG vorgesehene Möglichkeit, verbleibende Dividendenbeträge nach § 9 Nr. 2a GewStG steuerfrei zu stellen, braucht hier nicht vorgenommen zu werden, da wegen der Anwendung des § 8b Abs. 1 KStG in dem Gewerbeertrag keine Dividendenbezüge mehr enthalten sind.

Bei der M-AG (= Organträger) wird der Gewerbeertrag der T-GmbH mit 190 500 € berücksichtigt.

Aufwendungen im unmittelbaren Zusammenhang mit den Beteiligungserträgen sind entsprechend § 8 Nr. 1, 5 und § 9 Nr. 2a, 7 und 8 GewStG zu berücksichtigen. Das kann ggf. zu einer Neuberechnung des Hinzurechnungsbetrags nach § 8 Nr. 1 GewStG führen (§ 7a Abs. 2 Satz 2 GewStG).

Die Sonderregelungen in § 7a GewStG gelten für Gewinne aus Anteilen, die nach dem 31.12.2016 zufließen bzw. für Aufwendungen, die nach dem 31.12.2016 gewinnwirksam werden (§ 36 Abs. 2b GewStG).

1) BMF v. 26.8.2003, IV A 2 – S 2770 – 18/03, BStBl I 2003, 437, Rz. 22.
2) BMF v. 26.8.2003, IV A 2 – S 2770 – 18/03, BStBl I 2003, 437, Rz. 30.

Die Wirkungsweise des § 7a GewStG zeigt nachfolgende Tabelle:[1] 1999

Ermittlung des Einkommens bei einer OG ab 2017	OT = Kapitalgesellschaft		OT = Personenunternehmen	
Schachteldividende	100 000	100 000	100 000	100 000
Zinsaufwand	20 000	120 000	20 000	120 000
= Gewinn nach § 7 GewStG	80 000	./. 20 000	80 000	./. 20 000
§ 7a Abs. 2 GewStG				
– § 8b Abs. 1 KStG	./. 100 000	./. 100 000	-/-	-/-
– § 8b Abs. 5 KStG	+ 5 000	+ 5 000	-/-	-/-
– § 3 Nr. 40 EStG	-/-	-/-	./. 40 000	./. 40 000
– § 3c Abs. 2 EStG	-/-	-/-	+ 8 000	+ 48 000
– § 9 Nr. 2a GewStG	-/-	-/-	./. 48 000	0
Zwischensumme	**./. 15 000**	**./. 115 000**	**0**	**./. 12 000**
– § 8 Nr. 1a GewStG*	+ 5 000 (= 1/4 v. 20 000)	+ 30 000 (= 1/4 v. 120 000)	0	+ 3 000 (= 1/4 v. 12 000**)
Gewerbeertrag der OG	**./. 10 000**	**./. 85 000**	**0**	**./. 9 000**

* *Der Freibetrag von 200 000 € wurde durch andere Hinzurechnungen ausgeschöpft.*

** *Nur die Zinsen, die den Kürzungsbetrag nach § 9 Nr. 2a GewStG übersteigen, unterliegen – soweit sie nicht nach § 3c Abs. 2 EStG steuerfrei gestellt wurden – der Hinzurechnung nach § 8 Nr. 1 GewStG (§ 9 Nr. 2a Satz 3 GewStG).*

Ergibt sich eine Freistellung nicht nach § 8b KStG, sondern auf Grund eines DBA, sind diese Regelungen entsprechend anzuwenden (§ 7a Abs. 3 GewStG).

Um die Vielzahl der möglichen Fallgestaltungen im Zusammenhang mit Beteiligungserträgen zutreffend abbilden zu können, sind die entsprechenden Angaben zu den Einnahmen/Ausgaben im Zusammenhang mit der Beteiligung an einer anderen Körperschaft in der Anlage BEG vorzunehmen. 2000

2. Allgemeine Angaben (Zeilen 1–5a)

2025

1 **Steuernummer**

Beteiligung an Körperschaften
Anwendung des § 9 Nummer 2a, 7 oder 8 beziehungsweise des § 8 Nummer 5 GewStG;
Anwendung des § 7a GewStG bei einer Organgesellschaft

Anlage BEG
zur Gewerbesteuererklärung (GewSt 1 A) (28)

Laufende Nummer der Anlage

Die mit einem Kreis versehenen Zahlen bezeichnen die Erläuterungen in der Anleitung zur Gewerbesteuererklärung.

Allgemeine Angaben zur Körperschaft, an der die Beteiligung besteht

1 Steuernummer (soweit im Inland steuerlich erfasst)

1a Wirtschafts-Identifikationsnummer (39) D E

1b ISIN (soweit vorhanden)

2 Bezeichnung der Körperschaft

Anschrift der Körperschaft

3 Straße

4 Hausnummer | Hausnummerzusatz | Adressergänzung

5 Postleitzahl | Ort

5a Ansässigkeitsstaat

1) Siehe hierzu auch BT-Drucks. 18/9536, 61.

2001 Ist im Betriebsvermögen eines Gewerbebetriebs eine Beteiligung an einer Körperschaft enthalten, ist für diese die Anlage BEG auszufüllen und der Gewerbesteuererklärung 2025 beizufügen. Bei mehreren Beteiligungen ist für jede Beteiligung eine eigene Anlage BEG auszufüllen.

Werden Anteile an Körperschaften von Mitunternehmerschaften im Gesamthands- und Sonderbetriebsvermögen gehalten, sind jeweils getrennte Anlagen BEG zu übermitteln.

In der Kopfzeile ist die Steuernummer des Stpfl. und die lfd. Nummer der Anlage BEG einzutragen.

In den Zeilen 1 bis 5 sind Angaben zu der Körperschaft zu machen, an der die Beteiligung besteht. So ist in **Zeile 1** die Steuernummer der Beteiligungsgesellschaft, in **Zeile 1a** die Wirtschafts-Identifikationsnummer (wenn bereits bekannt) und (soweit vorhanden) in der **Zeile 1b** die ISIN, d.h. die internationale Wertpapiernummer, einzutragen. In den **Zeilen 2 bis 5** ist der Name und die Anschrift der Beteiligungsgesellschaft einzutragen, um eine genaue Identifizierung zu ermöglichen. In **Zeile 5a** ist der Ansässigkeitsstaat zu benennen.

3. Allgemeines zur Ausschüttung (Zeilen 6–11)

Angaben zur Ausschüttung

Zeile		
6	Gesamtbetrag der im Wirtschaftsjahr erhaltenen Bezüge im Sinne des § 20 Absatz 1 Nummer 1, 2, 9 und 10 Buchstabe a EStG aus dieser Beteiligung (29)	EUR ,—
7	Die Beteiligung erfüllt die Voraussetzungen des (17)	1 = § 9 Nummer 2a GewStG 2 = § 9 Nummer 7 GewStG 3 = § 9 Nummer 8 GewStG (14)
8	Mit den Bezügen laut Zeile 6 in unmittelbarem Zusammenhang stehende Aufwendungen im Sinne des § 8 Nummer 1 GewStG (31)	EUR ,—
9	Mit den Bezügen laut Zeile 6 in unmittelbarem Zusammenhang stehende andere Aufwendungen (31)	,—
10	Nur wenn die Beteiligung im Sonderbetriebsvermögen gehalten wird: Bezogen auf die im Sonderbetriebsvermögen gehaltene Beteiligung sind Körperschaften unmittelbar oder mittelbar über eine Personengesellschaft beteiligt in Höhe von (Prozent) (21) (28)	%
11	Nur wenn die Beteiligung im Sonderbetriebsvermögen gehalten wird: Bezogen auf die im Sonderbetriebsvermögen gehaltene Beteiligung sind natürliche Personen unmittelbar oder mittelbar über eine Personengesellschaft beteiligt in Höhe von (100 % abzüglich Prozentsatz laut Zeile 10) (21) (28)	%

2002 In **Zeile 6** ist der Gesamtbetrag aus der Beteiligung im Wirtschaftsjahr erhaltenen Bezüge nach § 20 Abs. 1 Nr. 1, 2, 9 und 10 Buchst. a EStG einzutragen.

Um zu entscheiden, ob die Beteiligung die Voraussetzungen für eine Kürzung (§ 9 Nr. 2a, 7 und 8 GewStG) erfüllt, ist in **Zeile 7** durch Eintragung einer:

1 = § 9 Nr. 2a GewStG

2 = § 9 Nr. 7 GewStG

3 = § 9 Nr. 8 GewStG

die Rechtsvorschrift der Kürzungsvorschrift einzutragen.

2003 Die mit den Bezügen in unmittelbarem Zusammenhang stehenden Aufwendungen nach § 8 Nr. 1 GewStG (= Finanzierungskosten) sind in **Zeile 8** einzutragen. Andere mit den Bezügen in unmittelbarem Zusammenhang stehende Aufwendungen sind in **Zeile 9** zu erfassen.

Hinweis:
Eine Eintragung in die Zeilen 8 und 9 ist nur erforderlich, wenn eine Steuerbefreiung nach § 3 Nr. 40 EStG in Betracht kommt oder wenn bei Körperschaften die Steuerbefreiung nach § 8b Abs. 1 KStG auf Grund des materiellen Korrespondenzprinzips nach § 8b Abs. 1 Satz 2 und 3 KStG keine Anwendung findet.

2004 Wird die Beteiligung im Sonderbetriebsvermögen gehalten, ist in

- **Zeile 10** die darauf bezogene Quote der unmittelbar oder mittelbar über eine Personengesellschaft gehaltenen Beteiligungen von **Körperschaften** in Prozent (bis auf sechs Stellen hinter dem Komma genau) und in
- **Zeile 11** die darauf bezogene Quote der unmittelbar oder mittelbar über eine Personengesellschaft gehaltene Beteiligungen von **natürlichen Personen** in Prozent (bis auf sechs Stellen hinter dem Komma genau)

einzutragen.

4. Angaben für Körperschaften (Zeilen 12–20)

Angaben für Körperschaften sowie für Mitunternehmerschaften und Organgesellschaften, sofern Körperschaften beteiligt sind (30)

Zeile		EUR
12	Bezüge laut Zeile 6, die die Voraussetzungen der Steuerbefreiung nach § 8b Absatz 1 und 4 KStG oder nach DBA erfüllen (33)	,–
13	Nur für Organgesellschaften: Steuerfreie Bezüge nach § 8b Absatz 1 und 4 KStG oder nach DBA (Betrag laut Zeile 12 multipliziert mit dem Prozentsatz laut Zeile 71 des Vordrucks GewSt 1 A)	,–
14	Bezüge laut Zeile 6, die die Voraussetzungen der Steuerbefreiung nach § 8b Absatz 1 und 4 KStG oder nach DBA nicht erfüllen (Betrag laut Zeile 6 abzüglich Betrag laut Zeile 12)	,–
15	Hinzurechnungsbetrag nach § 8 Nummer 5 GewStG (wenn in Zeile 7 keine Eintragung gemacht wurde: 95 % des Betrages laut Zeile 12; bei Mitunternehmerschaften und Organgesellschaften: zusätzlich multipliziert mit dem Prozentsatz laut Zeile 70 oder 71 des Vordrucks GewSt 1 A, bei Eintragung in Zeile 10: stattdessen zusätzlich multipliziert mit dem Prozentsatz laut Zeile 10)	,–
16	Ausgangsbetrag für eine Kürzung nach § 9 Nummer 2a, 7 oder 8 GewStG (Betrag laut Zeile 14; nur ausfüllen, wenn in Zeile 7 und Zeile 14 eine Eintragung gemacht wurde)	,–

2025AnlBEG761 - Oktober 2025 - 2025AnlBEG761

- 2 -

Zeile		EUR
17	Mit den Beträgen laut Zeile 16 in unmittelbarem Zusammenhang stehende Aufwendungen im Sinne des § 8 Nummer 1 GewStG (Betrag laut Zeile 8, höchstens Betrag laut Zeile 16)	,–
18	Mit den Beträgen laut Zeile 16 in unmittelbarem Zusammenhang stehende andere Aufwendungen (Betrag laut Zeile 9, höchstens Betrag laut Zeile 16 abzüglich Betrag laut Zeile 17)	,–
19	Kürzung nach § 9 Nummer 2a, 7 und 8 GewStG (Betrag laut Zeile 16 abzüglich Summe der Beträge laut Zeilen 17 und 18; bei Mitunternehmerschaften und Organgesellschaften: multipliziert mit dem Prozentsatz laut Zeile 70 oder 71 des Vordrucks GewSt 1 A, bei Eintragung in Zeile 10: stattdessen multipliziert mit dem Prozentsatz laut Zeile 10)	,–
20	Kürzung des Hinzurechnungsbetrages nach § 8 Nummer 1 GewStG aufgrund des § 9 Nummer 2a Satz 3 zweiter Halbsatz GewStG, § 9 Nummer 7 Satz 2 beziehungsweise § 9 Nummer 8 Satz 2 GewStG (Betrag laut Zeile 17; bei Mitunternehmerschaften und Organgesellschaften: multipliziert mit dem Prozentsatz laut Zeile 70 oder 71 des Vordrucks GewSt 1 A, bei Eintragung in Zeile 10: stattdessen multipliziert mit dem Prozentsatz laut Zeile 10)	,–

In **Zeile 12** haben Körperschaften anzugeben, in welchem Umfang die in Zeile 6 erklärten Bezüge nach § 8b Abs. 1 und 4 KStG oder nach einem DBA steuerfrei sind. **2005**

Organgesellschaften und Mitunternehmerschaften haben in **Zeile 13** die steuerfreien Bezüge lt. Zeile 12 multipliziert mit dem Prozentsatz lt. Zeile 71 des Vordrucks GewSt 1 A einzutragen.

In **Zeile 14** ist der Saldo der erhaltenen Bezüge (Zeile 6) abzgl. der steuerfrei gestellten Bezüge (Zeile 12) einzutragen.

In **Zeile 15** ist der Hinzurechnungsbetrag (Streubesitzdividenden) nach § 8 Nr. 5 GewStG einzutragen. Wenn in Zeile 7 keine Eintragung gemacht wurde, beträgt dieser 95 % des Betrags nach Zeile 12. Bei Mitunternehmerschaften und Organgesellschaften ist der sich daraus ergebende Wert noch zusätzlich mit dem Prozentsatz lt. Zeile 10 (bzw. Zeilen 70 oder 71 des Vordrucks GewSt 1 A) zu multiplizieren. **2006**

Wenn in Zeile 7 oder 14 eine Eintragung gemacht wurde, ist in **Zeile 16** der Ausgangsbetrag für eine Kürzung nach § 9 Nr. 2a, 7 oder 8 GewStG einzutragen.

Die mit den Beträgen lt. Zeile 16 in unmittelbaren Zusammenhang stehenden Aufwendungen sind in **2007**

- **Zeile 17** die Aufwendungen (Finanzierungskosten) i.S.d. § 8 Nr. 1 GewStG (Betrag lt. Zeile 8, höchstens Betrag lt. Zeile 16) bzw. in
- **Zeile 18** die anderen Aufwendungen (Betrag lt. Zeile 9, höchstens Betrag lt. Zeile 16 abzgl. Betrag lt. Zeile 17)

einzutragen.

In **Zeile 19** ist der sich daraus ergebende Kürzungsbetrag nach § 9 Nr. 2a, 7 oder 8 GewStG einzutragen. Dieser ist der Saldo des Betrags aus Zeile 16 abzgl. der Summe der Beträge lt. Zeilen 17 und 18. Bei Mitunternehmerschaften oder Organgesellschaften ist der sich daraus ergebende Wert noch zusätzlich mit dem Prozentsatz lt. Zeile 10 (bzw. Zeilen 70 oder 71 des Vordrucks GewSt 1 A) zu multiplizieren. **2008**

Die sich nach Anwendung des § 9 Nr. 2a Satz 2; Nr. 7 Satz 2 bzw. Nr. 8 Satz 2 GewStG ergebende Kürzung des Hinzurechnungsbetrags nach § 8 Nr. 1 GewStG ist in **Zeile 20** zu erfassen. Dieser ergibt sich aus dem Betrag lt. Zeile 17; bei Mitunternehmerschaften multipliziert mit dem Prozentsatz lt. Zeile 10 (bzw. Zeilen 70 oder 71 des Vordrucks GewSt 1 A). **2009**

5. Angaben für natürliche Personen (Zeilen 21–28)

Angaben für Einzelunternehmen sowie für Mitunternehmerschaften und Organgesellschaften, sofern natürliche Personen beteiligt sind (30)

Zeile		
21	Bezüge laut Zeile 6, die die Voraussetzungen der Steuerbefreiung nach § 3 Nummer 40 EStG erfüllen	,—
22	Bezüge nach § 3 Nummer 40 EStG gekürzt um Betriebsausgaben nach § 3c Absatz 2 EStG vor Anwendung des Teileinkünfteverfahrens (Betrag laut Zeile 21 abzüglich der Summe der Beträge laut Zeilen 8 und 9 multipliziert mit dem Prozentsatz laut Zeile 72 des Vordrucks GewSt 1 A, bei Eintragung in Zeile 11: stattdessen multipliziert mit dem Prozentsatz laut Zeile 11)	,—
23	Hinzurechnungsbetrag nach § 8 Nummer 5 GewStG (wenn in Zeile 7 keine Eintragung gemacht wurde: 40 % des Betrages laut Zeile 21; abzüglich 40 % der Beträge laut Zeilen 8 und 9, bei Mitunternehmerschaften und Organgesellschaften: zusätzlich multipliziert mit dem Prozentsatz laut Zeile 72 des Vordrucks GewSt 1 A, bei Eintragung in Zeile 11: stattdessen zusätzlich multipliziert mit dem Prozentsatz laut Zeile 11)	,—
24	Ausgangsbetrag für eine Kürzung nach § 9 Nummer 2a, 7 oder 8 GewStG (Betrag laut Zeile 6; nur ausfüllen, wenn in Zeile 7 der Wert 1 [= § 9 Nummer 2a GewStG], 2 [= § 9 Nummer 7 GewStG] oder 3 [= § 9 Nummer 8 GewStG] eingetragen ist)	,—
25	Mit den Beträgen laut Zeile 24 in unmittelbarem Zusammenhang stehende Aufwendungen im Sinne des § 8 Nummer 1 GewStG (Betrag laut Zeile 8, höchstens Betrag laut Zeile 24)	,—
26	Mit den Beträgen laut Zeile 24 in unmittelbarem Zusammenhang stehende andere Aufwendungen (Betrag laut Zeile 9, höchstens Betrag laut Zeile 24 abzüglich Betrag laut Zeile 25)	,—
27	Kürzung nach § 9 Nummer 2a, 7 und 8 GewStG vor Anwendung des Teileinkünfteverfahrens (Betrag laut Zeile 24 abzüglich Summe der Beträge laut Zeilen 25 und 26; bei Mitunternehmerschaften und Organgesellschaften: multipliziert mit dem Prozentsatz laut Zeile 72 des Vordrucks GewSt 1 A, bei Eintragung in Zeile 11: stattdessen multipliziert mit dem Prozentsatz laut Zeile 11)	,—
28	Kürzung des Hinzurechnungsbetrages nach § 8 Nummer 1 GewStG aufgrund des § 9 Nummer 2a Satz 3 zweiter Halbsatz GewStG, § 9 Nummer 7 Satz 2 beziehungsweise § 9 Nummer 8 Satz 2 GewStG (Betrag laut Zeile 25; bei Mitunternehmerschaften und Organgesellschaften: multipliziert mit dem Prozentsatz laut Zeile 72 des Vordrucks GewSt 1 A, bei Eintragung in Zeile 11: stattdessen multipliziert mit dem Prozentsatz laut Zeile 11)	,—

2025AnlBEG762 2025AnlBEG762

2010 Einzelunternehmen und für an einer Mitunternehmerschaft beteiligte natürliche Personen haben in **Zeile 21** die Bezüge lt. Zeile 6 einzutragen, für die das Teileinkünfteverfahren (§ 3 Nr. 40 EStG) gilt.

Mitunternehmerschaften und Organgesellschaften haben in **Zeile 22** die Bezüge nach § 3 Nr. 40 EStG gekürzt um nicht abzugsfähige Betriebsausgaben nach § 3c Abs. 2 EStG einzutragen. Hierbei handelt es sich um den Saldo aus dem Betrag lt. Zeile 21 abzgl. der Summe der Beträge lt. Zeilen 8 und 9. Soweit in Zeile 11 (bzw. Zeile 72 des Vordrucks GewSt 1 A) eine Eintragung gemacht wurde, ist der darin erhaltene Prozentsatz noch mit dem Saldowert zu multiplizieren.

In **Zeile 23** ist der Hinzurechnungsbetrag nach § 8 Nr. 5 GewStG zu erfassen. Dieser beträgt, wenn in Zeile 7 keine Eintragung vorgenommen wurde, 40 % des Werts lt. Zeile 21 abzgl. 40 % der Beträge lt. Zeilen 8 und 9. Bei Mitunternehmerschaften und Organgesellschaften zusätzlich multipliziert mit dem Prozentsatz lt. Zeile 11, soweit dort eine Eintragung gemacht wurde (bzw. mit dem Prozentsatz lt. Zeile 72 des Vordrucks GewSt 1 A).

Wenn in Zeile 7 eine Eintragung mit dem Wert 1 (= § 9 Nr. 2a GewStG), dem Wert 2 (= § 9 Nr. 7 GewStG) oder dem Wert 3 (= § 9 Nr. 8 GewStG) gemacht wurde, ist in **Zeile 24** der Ausgangsbetrag für eine Kürzung nach § 9 Nr. 2a, 7 oder 8 GewStG (= Betrag lt. Zeile 6) einzutragen.

2011 Die mit den Beträgen lt. Zeile 24 in unmittelbaren Zusammenhang stehenden Aufwendungen sind einzutragen

- in **Zeile 25** die Aufwendungen (Finanzierungskosten) i.S.d. § 8 Nr. 1 GewStG (Betrag lt. Zeile 8, höchstens Betrag lt. Zeile 24) bzw.
- in **Zeile 26** die anderen Aufwendungen (Betrag lt. Zeile 9, höchsten Betrag lt. Zeile 24 abzgl. Betrag lt. Zeile 25).

2012 In **Zeile 27** ist der sich daraus ergebende Kürzungsbetrag nach § 9 Nr. 2a, 7 oder 8 GewStG einzutragen. Dieser ist der Saldo des Betrags aus Zeile 24 abzgl. der Summe der Beträge lt. Zeilen 25 und 26. Bei Mitunternehmerschaften oder Organgesellschaften ist der sich daraus ergebende Wert noch zusätzlich mit dem Prozentsatz lt. Zeile 11 (bzw. Zeile 72 des Vordrucks GewSt 1 A) zu multiplizieren.

2013 Die sich nach Anwendung des § 9 Nr. 2a Satz 2; Nr. 7 Satz 2 bzw. Nr. 8 Satz 2 GewStG ergebende Kürzung des Hinzurechnungsbetrags nach § 8 Nr. 1 GewStG ist in **Zeile 28** zu erfassen. Dieser ergibt sich aus dem Betrag lt. Zeile 25; bei Mitunternehmerschaften multipliziert mit dem Prozentsatz lt. Zeile 11 (bzw. Zeile 72 des Vordrucks GewSt 1 A).

6. Eintragungsbeispiele

1. Beispiel – Einzelunternehmer und Schachtelbeteiligung 2014

Der Einzelunternehmer A hält seit mehreren Jahren eine 25 %ige Beteiligung an der X-GmbH in seinem Betriebsvermögen. In 2025 schüttet die X-GmbH an A 100 000 € aus.

Folgende Eintragungen sind auf der **Anlage BEG** vorzunehmen:

		Wert	
Oben			(StNr. des A und lfd. Nr. der Anlage BEG)
Zeile	1-5a		(Allgemeine Angaben zur X-GmbH (StNr., Name, Anschrift))
Zeile	6	100 000	(Bezüge i.S.d. § 20 Abs. 1 Nr. 1 EStG)
Zeile	7	1	(Beteiligung erfüllt die Voraussetzungen des § 9 Nr. 2a GewStG)
Zeile	21	100 000	(Voraussetzungen § 3 Nr. 40 EStG sind erfüllt)
Zeile	24	100 000	(Ausgangswert für § 9 Nr. 2a GewStG)
Zeile	27	100 000	(Kürzung nach § 9 Nr. 2a GewStG)

2. Beispiel – Kapitalgesellschaft und gewerbesteuerlicher Streubesitz

Die A-GmbH hält seit mehreren Jahren eine 12 %ige Beteiligung an der X-GmbH. In 2025 schüttet die X-GmbH an die A-GmbH 100 000 € aus.

Folgende Eintragungen sind auf der **Anlage BEG** vorzunehmen:

		Wert	
Oben			(StNr. der A-GmbH und lfd. Nr. der Anlage BEG)
Zeile	1-5a		(Allgemeine Angaben zur X-GmbH (StNr., Name, Anschrift))
Zeile	6	100 000	(Bezüge i.S.d. § 20 Abs. 1 Nr. 1 EStG)
Zeile	12	100 000	(Steuerbefreiung nach § 8b Abs. 1 KStG)
Zeile	15	95 000	(Hinzurechnung von 95 % v. 100 000 € nach § 8 Nr. 5 GewStG)

3. Beispiel – Kapitalgesellschaft – Streubesitz und Finanzierungskosten

Die A-GmbH hält seit mehreren Jahren eine 12 %ige Beteiligung an der X-GmbH. Im unmittelbaren Zusammenhang mit der Beteiligung sind der A-GmbH Finanzierungskosten i.H.v. 30 000 € entstanden. In 2025 schüttet die X-GmbH an die A-GmbH 100 000 € aus.

Folgende Eintragungen sind auf der **Anlage BEG** vorzunehmen:

		Wert	
Oben			(StNr. der A-GmbH und lfd. Nr. der Anlage BEG)
Zeile	1-5a		(Allgemeine Angaben zur X-GmbH (StNr., Name, Anschrift))
Zeile	6	100 000	(Bezüge i.S.d. § 20 Abs. 1 Nr. 1 EStG)
Zeile	8	30 000	(Finanzierungskosten i.S.d. § 8 Nr. 1 GewStG)
Zeile	12	95 000	(Hinzurechnung von 95 % v. 100 000 € nach § 8 Nr. 5 GewStG)

4. Beispiel – Organgesellschaft mit Schachtelbeteiligung

Die T-GmbH ist Organgesellschaft der M-AG, welche 100 % der Beteiligung hält. Die T-GmbH hält seit mehreren Jahren eine 30 %ige Beteiligung an der X-GmbH. In 2025 schüttet die X-GmbH an die T-GmbH 100 000 € aus.

Folgende Eintragungen sind auf der **Anlage BEG** der T-GmbH vorzunehmen:

		Wert	
Oben			(StNr. der T-GmbH und lfd. Nr. der Anlage BEG)
Zeile	1-5a		(Allgemeine Angaben zur X-GmbH (StNr., Name, Anschrift))
Zeile	6	100 000	(Bezüge i.S.d. § 20 Abs. 1 Nr. 1 EStG)
Zeile	7	1	(Beteiligung erfüllt die Voraussetzungen des § 9 Nr. 2a GewStG)
Zeile	12	100 000	(Bezüge erfüllen die Voraussetzungen des § 8b Abs. 1 KStG)
Zeile	13	100 000	(steuerfreie Bezüge n. § 8b Abs. 1 KStG multipliziert mit dem Prozentsatz lt. Zeile 71 des Vordrucks GewSt 1 A)

Vordruck GewSt 1 A – Im **Erklärungsvordruck GewSt 1 A** ist zusätzlich noch einzutragen:

Zeile	71	100 %	(= Anteil der an der Organgesellschaft beteiligten Körperschaften)

V. Anlage EMU zur Gewerbesteuererklärung

2015 Gewerbesteuerliche Verluste einer Mitunternehmerschaft sind im Rahmen des § 10a Satz 4 und 5 GewStG dem einzelnen Mitunternehmer entsprechend dem sich aus dem allgemeinen Gewinnverteilungsschlüssel ohne Berücksichtigung von Vorabgewinnanteilen zuzurechnen.

2016 Die Anlage EMU dient der Ermittlung der sich für die Mitunternehmerschaft insgesamt ergebenen Fehlbeträge und der Zuordnung des maßgebenden Gewerbeertrags auf die einzelnen Mitunternehmer. Für jeden Mitunternehmer ist eine eigene Anlage EMU zu fertigen.

2017 Bei **gleichem Gesellschafterbestand** und **gleicher Beteiligungsquote** kann eine gesellschafterbezogene Berechnung unterbleiben.[1] Die **Abgabe der Anlage EMU** ist in diesen Fällen **nicht erforderlich**, da das Gesamtergebnis der Mitunternehmerschaft im Verlustentstehungsjahr und Anrechnungsjahr maßgebend ist und keine Änderungen bei der Beteiligungsquote der einzelnen Mitunternehmer eingetreten sind. Dies gilt nicht, wenn bei einzelnen Mitunternehmern Verlustkürzungen nach § 10a GewStG i.V.m. § 8c KStG vorzunehmen sind.

2018 Nach Rücksprache mit dem FA kann daneben auch auf die Abgabe der Anlage EMU verzichtet werden, wenn

- eine außergewöhnlich hohe Anzahl von Mitunternehmern vorhanden ist,
- häufige unterjährige Wechsel im Gesellschafterbestand oder
- häufige unterjährige Wechsel in der Beteiligungsquote erfolgt sind.

In diesen Fällen kann die Ermittlung nach § 10a GewStG auch formlos erfolgen. Die entsprechenden Eintragungen sind dann in den Zeilen 122 bis 142 des Gewerbesteuererklärungsvordrucks (GewSt 1 A) vorzunehmen.

Auf die weitergehenden Erläuterungen zu den besonderen Problemen im Zusammenhang mit dem Verlustabzug nach § 10a GewStG für Personengesellschaften in den → Rz. 2024 ff. wird verwiesen.

1. Kopfzeile (Zeile 2)

2025

1 frei

2 **Steuernummer**

Angaben zur mitunternehmerbezogenen Verlustverrechnung

Anlage EMU

zur Gewerbesteuererklärung (GewSt 1 A) (18)

Laufende Nummer des Beteiligten laut Anlage FB

Die mit einem Kreis versehenen Zahlen bezeichnen die Erläuterungen in der Anleitung zur Gewerbesteuererklärung.

2019 Zur genauen Identifizierung der Gesellschaft ist in **Zeile 2** der Anlage EMU die Steuernummer der Gesellschaft einzutragen. Da die Anlagen EMU fortlaufend zu nummerieren sind, ist in Zeile 2 auch die lfd. Nummer des Beteiligten entsprechend der Anlage FB zur Erklärung über die gesonderte und einheitliche Feststellung der Einkünfte einzutragen.

1) R 10a.3 Abs. 3 Satz 6 GewStR 2009.

2. Angaben zum Beteiligten (Zeilen 3–12)

Angaben zum Beteiligten 17

Alle nachstehenden Eintragungen sind ausschließlich mit den auf den jeweiligen Beteiligten entfallenden Werten vorzunehmen. Die Aufteilung erfolgt nach dem im Gesellschaftsvertrag für den Erhebungszeitraum festgelegten allgemeinen Gewinnverteilungsschlüssel. Vorabgewinnanteile sind nicht zu berücksichtigen (§ 10a Satz 4 GewStG). Bei abweichendem Wirtschaftsjahr erfolgt die Verteilung entsprechend dem gesellschaftsvertraglich maßgebenden allgemeinen Gewinnverteilungsschlüssel auf die in diesem abweichenden Wirtschaftsjahr beteiligten Mitunternehmer.

Zeile		Kz	anteilige Besteuerungsgrundlagen EUR Ct
	Name/Firma des Beteiligten		
3		30	
4 frei			
5	Identifikationsnummer des Beteiligten (bei natürlichen Personen)	28	
5a	Wirtschafts-Identifikationsnummer des Beteiligten (39)		D E
6	Steuernummer des Beteiligten	27	
7	Gewerbeertrag/Gewerbeverlust - Negativen Betrag mit Minuszeichen eintragen - - ggf. "0,00" -	10	
	– Zeilen 8 bis 12: Ohne Vorzeichen eintragen –		
8	Von einem Einzelunternehmen im Falle des Rechtsformwechsels übernommener Gewerbeverlust aus der Zeit vor dem Rechtsformwechsel, soweit nach § 10a GewStG vortragsfähig (15)	45	
9	Übernommener Gewerbeverlust im laufenden Erhebungszeitraum im Falle der - Einbringung des Betriebs einer Kapitalgesellschaft oder Personengesellschaft in eine Personengesellschaft oder - Verschmelzung von Personengesellschaften (R 10a.3 Absatz 3 Satz 9 Nummer 5 Satz 1 und 2 GewStR 2009) oder - Anwachsung oder der Verschmelzung einer Personengesellschaft auf einen Gesellschafter (R 10a.3 Absatz 3 Satz 9 Nummer 4 GewStR 2009)	48	
9a	Übernommener Gewerbeverlust zum Ende des Erhebungszeitraums im Falle der - Einbringung des Betriebs einer Kapitalgesellschaft oder Personengesellschaft in eine Personengesellschaft oder - Verschmelzung von Personengesellschaften (R 10a.3 Absatz 3 Satz 9 Nummer 5 Satz 1 und 2 GewStR 2009) oder - Anwachsung oder der Verschmelzung einer Personengesellschaft auf einen Gesellschafter (R 10a.3 Absatz 3 Satz 9 Nummer 4 GewStR 2009)	47	
10	Nach § 10a Satz 10 GewStG in Verbindung mit § 8c KStG nicht abziehbarer Gewerbeverlust aus vorangegangenen Erhebungszeiträumen	12	
11	Nach § 10a Satz 10 GewStG in Verbindung mit § 8c KStG nicht ausgleichsfähiger Gewerbeverlust des laufenden Erhebungszeitraums	13	
12	Aufgrund der Veräußerung oder Aufgabe von Teilbetrieben wegfallender vortragsfähiger Gewerbeverlust und Gewerbeverlust des laufenden Erhebungszeitraums	16	

...

2025AnlEMU741 - Oktober 2025 - **2025AnlEMU741**

Zur genauen Identifizierung des einzelnen Mitunternehmers ist in **Zeile 3** der Name des Mitunternehmers anzugeben. In **Zeile 5** des Vordrucks ist bei natürlichen Personen die ID-Nummer des Mitunternehmers, in **Zeile 5a** die Wirtschafts-Identifikationsnummer (wenn diese bereits bekannt ist) und in **Zeile 6** die Steuernummer des Mitunternehmers einzutragen. **2020**

Hinsichtlich der Eintragungen bei den **Zeilen 7 bis 12** zu den Angaben zu den Beteiligten ist zu beachten, dass dort ausschließlich die auf den jeweiligen Beteiligten entfallende Werte einzutragen sind und nicht die Werte der Gesellschaft. **2021**

In **Zeile 7** ist der auf den Beteiligten entfallende Gewerbeertrag bzw. Gewerbeverlust (Verlust mit Minuszeichen) der Gesellschaft für den EZ 2025 einzutragen. **2022**

Die **Zeilen 8 bis 12** sind ohne Vorzeichen einzutragen. **2023**

Soweit auf einen Mitunternehmer im Rahmen eines Rechtsformwechsels ein übernommener Gewerbeverlust aus der Zeit vor dem Rechtsformwechsel entfällt, ist dieser – soweit er nach § 10a GewStG vortragsfähig ist – in **Zeile 8** einzutragen. **2024**

Beispiel:

A bringt zum 1.1.2025 sein Einzelunternehmen nach § 24 UmwStG zu Buchwerten in die AB-OHG ein. Zum 31.12.2024 wurde bei dem Einzelunternehmen ein Gewerbeverlust i.H.v. 50 000 € festgestellt. A und B sind zu je 50 % an der AB-OHG beteiligt.

Nach § 10a GewStG kann A den von ihm erlittenen Verlust des Einzelunternehmens in vollem Umfang bei der AB-OHG mit den auf ihn – entsprechend seiner Beteiligungsquote – zukünftig entfallenden Gewinnen der AB-OHG verrechnen (§ 10a Satz 5 GewStG), da sowohl Unternehmensidentität als auch Unternehmeridentität (in der Person des A) fortbesteht. In der Anlage EMU ist daher bei den Angaben zu dem Beteiligten A 50 000 € in **Zeile 8** einzutragen. Bei B ist keine Eintragung vorzunehmen, da er keinen Verlust erlitten hat.

2025 In **Zeile 9** zu erfassen ist ein im **laufenden EZ** übernommener Gewerbeverlust im Fall der

- Einbringung des Betriebs einer Kapitalgesellschaft oder Personengesellschaft in eine Personengesellschaft,
- Verschmelzung von Personengesellschaften oder
- Anwachsung oder Verschmelzung einer Personengesellschaft auf einen Gesellschafter.

2026 In **Zeile 9a** zu erfassten ist ein **zum Ende des EZ** übernommener Gewerbeverlust im Fall der

- Einbringung des Betriebs einer Kapitalgesellschaft oder Personengesellschaft in eine Personengesellschaft,
- Verschmelzung von Personengesellschaften oder
- Anwachsung oder Verschmelzung einer Personengesellschaft auf einen Gesellschafter.

2027 Ein auf den Beteiligten entfallender, nach § 10a Satz 10 GewStG i.V.m. § 8c KStG nicht abziehbarer Gewerbeverlust aus vorangegangenen EZ ist in **Zeile 10** zu erfassen, während der nicht ausgleichsfähige Gewerbeverlust des laufenden EZ nach § 10a Satz 10 GewStG i.V.m. § 8c KStG nicht ausgleichsfähige Gewerbeverlust in **Zeile 11** einzutragen ist.

2028 In **Zeile 12** ist der auf im EZ 2025 veräußerte oder aufgegebene Teilbetriebe wegfallende vortragsfähige Gewerbeverlustanteil des zum 31.12.2024 festgestellten Gewerbeverlustes zusammen mit dem auf diese Teilbetriebe entfallende Anteil des Gewerbeverlustes des laufenden Erhebungszeitraums einzutragen, soweit dieser noch nicht bis zur Veräußerung oder Aufgabe im EZ 2025 verbraucht wurde und auf den Mitunternehmer entfällt.

VI. Anlage ÖHG zur Gewerbesteuererklärung 2025

Durch das JStG 2009[1] wurde u.a. die Besteuerung der Betriebe der öffentlichen Hand sowie der Eigengesellschaften der j.P.d.ö.R. sowohl körperschaftsteuerlich als auch gewerbesteuerlich neu geregelt. Für die Betriebe gewerblicher Art wurden dabei die bisherigen Zusammenfassungsgrundsätze gesetzlich festgeschrieben (§ 4 Abs. 6 KStG). Für die Eigengesellschaften mit Dauerverlustgeschäften ist ab dem EZ 2009 die sog. Spartentrennung für die dem Grunde nach nicht zusammenfassbaren Tätigkeitsbereiche zu beachten. Über § 7 Satz 5 GewStG gelten die körperschaftsteuerlichen Regelungen für die Gewerbesteuer entsprechend. 2029

Eine **Eigengesellschaft** ist nach § 7 Satz 5 GewStG i.V.m. § 8 Abs. 7 Satz 1 Nr. 2 Satz 2 KStG eine Kapitalgesellschaft, bei denen die Mehrheit der Stimmrechte unmittelbar oder mittelbar auf j.P.d.ö.R. entfällt und nachweislich ausschließlich diese Gesellschafter die Verluste aus Dauerverlustgeschäften tragen.

Für die Tragung der Verluste ist es nicht notwendig, dass die Verluste jährlich seitens der j.P.d.ö.R. mittels Einlagen ausgeglichen werden. Es reicht aus, dass sie von der j.P.d.ö.R. wirtschaftlich im Ergebnis getragen werden. Maßgebend sind die Verhältnisse im Einzelfall.[2]

Ein **Dauerverlustgeschäft** bei einer Eigengesellschaft ist immer dann anzunehmen, wenn wirtschaftliche Betätigungen aus verkehrs-, umwelt-, sozial-, kultur-, bildungs- oder gesundheitspolitischen Gründen ohne kostendeckendes Entgelt unterhalten werden oder das Geschäft Ausfluss einer Tätigkeit ist, die bei einer j.P.d.ö.R. zu einem Hoheitsbetrieb gehören würde (§ 8 Abs. 7 Satz 2 KStG). 2030

Liegt kein nach § 8 Abs. 7 Satz 2 KStG begünstigtes Dauerverlustgeschäft vor, bedarf es keiner Spartentrennung, da dann die allgemeinen Grundsätze zur verdeckten Gewinnausschüttung greifen.[3]

Eigengesellschaften i.S.d. § 7 Satz 5 GewStG müssen für ihre verschiedenen Tätigkeitsbereiche Sparten bilden, zwischen denen eine Verlustverrechnung nicht zulässig ist (vgl. § 8 Abs. 9 KStG). 2031

So sind Sparten zu bilden für:

- dem Grunde nach hoheitliche dauerdefizitäre Tätigkeiten (§ 8 Abs. 9 Satz 1 Nr. 1 KStG),
- sonstige dauerdefizitäre Tätigkeiten (§ 8 Abs. 9 Satz 1 Nr. 2 KStG),
- die nach § 4 Abs. 6 Satz 1 KStG zusammenfassbaren Tätigkeiten (§ 8 Abs. 9 Satz 1 Nr. 2 KStG) sowie
- übrige **nicht** dauerdefizitäre Tätigkeiten, die entweder nicht zusammenfassbar sind oder die hoheitliche Tätigkeiten darstellen (§ 8 Abs. 9 Satz 1 Nr. 3 KStG).

Beispiel:

Die A-Eigengesellschaft GmbH der A-Stadt unterhält die Sportanlagen, die Bühnen der Stadt sowie das Schulschwimmen. Während durch den Betrieb der Sportanlagen ein Gewinn erzielt wird, sind die beiden anderen Bereiche dauerdefizitär.

Die A-Eigengesellschaft GmbH hat nach § 7 Satz 5 GewStG i.V.m. § 8 Abs. 7 Satz 1 Nr. 2 KStG ihre Tätigkeitsbereiche in Sparten zu trennen, so dass ein Verlustausgleich zwischen den dauerdefizitären Sparten „Kultur" und „Schulschwimmen" mit der Gewinnsparte „Sportanlagenbetrieb" nicht zulässig ist.

Eine Spartenbildung ist losgelöst von der Frage vorzunehmen, ob die einzelnen Sparten einen Teilbetrieb bilden oder nicht.[4]

Da jede Sparte steuerlich separat behandelt wird, ist für jede von einer Eigengesellschaft betriebenen Sparte eine separate **Anlage ÖHG** zur Spartentrennung abzugeben, in denen die gewerbesteuerlichen Besonderheiten der jeweiligen Sparte darzulegen sind. 2032

1) JStG 2009 v. 19.12.2008, BGBl. I 2008, 2794 = BStBl I 2009, 74.
2) BMF v. 6.7.2021, IV C 2 – S 2706/19/10007 :001, BStBl I 2021, 914.
3) BMF v. 12.11.2009, IV C 7 – S 2706/08/10004, BStBl I 2009, 1303, Rz. 52.
4) BMF v. 12.11.2009, IV C 7 – S 2706/08/10004, BStBl I 2009, 1303, Rz. 77.

1. Allgemeine Angaben (Zeilen 1–11)

Bezeichnung des Steuerpflichtigen	Die mit einem Kreis versehenen Zahlen bezeichnen die Erläuterungen in der Anleitung zur Gewerbesteuererklärung.	**Anlage ÖHG zur Spartentrennung**	**2025**
Steuernummer		☐ zur Steuererklärung ☐ zum Bescheid	

für Unternehmen im Sinne des § 7 Satz 5 GewStG (auch soweit Organgesellschaft) und für Gesellschaften oder Betriebe gewerblicher Art (BgA), die Organträger solcher Gesellschaften sind

32 40

Zeile	**Allgemeine Angaben**			
1	Laufende Nummer der Sparte			
2	Kurzbezeichnung der Sparte (bei Organgesellschaften: der Tätigkeit)			
3	Art der Tätigkeit			
4	Straße, Hausnummer			
5	Postleitzahl	Ort	Auslands-Postleitzahl	
6	Name der Organgesellschaft(en)/Personengesellschaft(en), deren Tätigkeit in die Sparte einbezogen wurde:			
7	Die von der/den Gesellschaft(en) laut Zeile 6 ausgeübte Tätigkeit, besteht auch beim Steuerpflichtigen.			1 = Ja
8	Die Sparte ist in 2025 neu entstanden.			1 = Ja
9	Die Sparte ist in 2025 gegenüber dem Vorjahr verändert worden.			1 = Ja
10	Die Sparte ist in 2025 beendet worden zum			
11	Die Tätigkeit erfüllt die Voraussetzungen für die Annahme eines begünstigten Dauerverlustgeschäfts im Sinne des § 8 Absatz 7 Satz 2 KStG.			1 = Ja

2033 In **Zeile 1** ist die lfd. Nummer der Sparte einzutragen. Bei der Nummerierung einer Sparte ist für jede Sparte die gleiche Nummerierung zu verwenden wie in der Anlage ÖHK zu Körperschaftsteuererklärung und im vorangegangenen EZ.

2034 In die **Zeilen 2 bis 10** ist eine genaue Beschreibung der Sparte vorzunehmen.

Zeile 2: Kurzbezeichnung der Sparte (bei Organgesellschaftern der Tätigkeit)

Zeile 3: Art der Tätigkeit

Zeilen 4 bis 5: Anschrift

Zeile 6: Name der Organgesellschaften/Personengesellschaften, deren Tätigkeit in die Sparte einbezogen wurde

Zeile 7: Angabe, ob die Tätigkeit auch von den Gesellschaften lt. Zeile 6 ausgeübt wird („1 = Ja")

Zeile 8: Angabe, ob die Sparte in 2025 **neu** entstanden ist („1 = Ja")

Zeile 9: Angabe, ob die Sparte in 2025 **verändert** wurde („1 = Ja")

Zeile 10: Angabe, ob die Sparte in 2025 **beendet** wurde; dann Datum eintragen

2035 In **Zeile 11** ist anzugeben („1 = Ja"), wenn die Sparte die Voraussetzungen für ein begünstigtes **Dauerverlustgeschäft** i.S.d. § 8 Abs. 7 Satz 2 KStG erfüllt.

2. Ermittlung des Gewerbeertrags (Zeilen 21–28)

Zeile	Ermittlung des Gewerbeertrages (§§ 7 bis 9 GewStG) 40	EUR
	Ermittlung des Gewerbeertrages für die einzelne Sparte	
12 bis 20 frei		
21	Gewinn aus Gewerbebetrieb (Zeile 39 des Vordrucks GewSt 1 A) 13	
22	Der Gewerbebetrieb ist nach folgender Nummer des § 3 GewStG vollständig oder partiell von der Gewerbesteuer befreit (Zeile 42 des Vordrucks GewSt 1 A)	
23	Davon ab / Dazu: Von der Gewerbesteuer befreiter Gewinn aus Gewerbebetrieb laut Zeile 21 (Zeile 43 des Vordrucks GewSt 1 A)	
24	Davon ab: Korrektur des Gewinns aus Gewerbebetrieb aufgrund der Erstattung von Aufwendungen, die in einem vorangegangenen Erhebungszeitraum der Hinzurechnung unterlegen haben (Zeile 45 des Vordrucks GewSt 1 A) 20	
25	Dazu / Davon ab: Anwendung des § 20 Absatz 5 InvStG (50 % der bei der Ermittlung des Gewinns aus Gewerbebetrieb vorgenommenen Teilfreistellungen aus unmittelbarer Beteiligung nach §§ 20, 21 InvStG) (Zeile 48 des Vordrucks GewSt 1 A)	
25a	Dazu / Davon ab: Korrekturbetrag nach § 45 Absatz 2 InvStG (Zeile 48a des Vordrucks GewSt 1 A)	
26	Dazu: Korrekturbetrag nach § 45 Absatz 1 InvStG, der dieser Sparte zuzurechnen ist (Zeile 49 des Vordrucks GewSt 1 A)	
27	Nur bei Organgesellschaften: Davon ab: Steuerfreie Beträge nach § 8b Absatz 1 in Verbindung mit Absatz 4 und 5 KStG oder nach DBA in Verbindung mit § 7a Absatz 2 GewStG (95 % der Summe der Beträge laut Zeile 13 aller Anlagen BEG, die dieser Sparte zuzurechnen sind) (Zeile 73 des Vordrucks GewSt 1 A)	

Anlage ÖHG zur Spartentrennung - Oktober 2025 - Version 4.4.1.0 Bekanntgabe

Steuernummer - 2 -

Zeile		EUR
28	Zwischensumme	

a) Gewinn aus Gewerbebetrieb (Zeile 21)

Der nach den allgemeinen Grundsätzen ermittelte Gewinn aus Gewerbebetrieb laut Zeile 39 des Vordrucks GewSt 1 A für die Sparte ist in die **Zeile 21** einzutragen. **2036**

Für die Ermittlung der Spartenergebnisse sind die Wirtschaftsgüter bzw. die Geschäftsvorfälle der Kapitalgesellschaft aus der bestehenden Rechnungslegung den einzelnen Sparten in sachgerechter Weise rechnerisch zuzuordnen.[1)]

b) Angaben zu Steuerbefreiung (Zeilen 22–23)

In **Zeile 22** ist entsprechend der Zeile 42 des Vordrucks GewSt 1 A die Nummer des § 3 GewStG einzutragen, auf Grund derer die Eigengesellschaft partiell von der Gewerbesteuer befreit ist. **2037**

Der von der Gewerbesteuer befreite Anteil am Gewinn aus Gewerbebetrieb lt. Zeile 43 ist in **Zeile 23** einzutragen.

c) Korrektur auf Grund Erstattungen (Zeile 24)

In **Zeile 24** ist der Korrekturbetrag einzutragen, der sich auf Grund der Erstattung von Aufwendungen, die in einem vorangegangenen EZ der Hinzurechnung unterlegen haben, ergibt (entsprechend Zeile 45 des Vordrucks GewSt 1 A). **2038**

Auf H 7.1 (1) (Korrektur nach erfolgter Hinzurechnung) GewStH 2024 und das darin enthaltene Zahlenbeispiel wird ergänzend hingewiesen.

d) Korrekturen nach dem InvStG (Zeilen 25–26)

In **Zeile 25** sind die Korrekturbeträge nach § 20 Abs. 5 ggf. i.V.m. § 45 Abs. 2 InvStG für die bei der Ermittlung des Gewinns aus Gewerbebetrieb vorgenommenen Teilfreistellungen aus unmittelbarer Beteiligung einzutragen. **2039**

Der in **Zeile 48a** des Vordrucks GewSt 1 A erklärte Korrekturbetrag nach § 45 Abs. 2 InvStG aus der Beteiligung an Spezialinvestmentfonds ist in **Zeile 25a** zu erfassen, soweit sie dieser Sparte zuzurechnen sind.

Der nach § 45 Abs. 1 InvStG ermittelte Korrekturbetrag aus der Beteiligung an Spezialinvestmentfonds ist in **Zeile 26** zu erfassen, soweit sie dieser Sparte zuzurechnen sind.

1) BMF v. 12.11.2009, IV C 7 – S 2706/08/10004, BStBl I 2009, 1303, Rz. 80.

e) Korrekturen bei Organgesellschaften (Zeile 27)

2040 In **Zeile 27** ist bei einer Organgesellschaft 95 % der Summe der Beträge lt. Zeile 13 aller Anlagen BEG, die dieser Sparte zuzurechnen sind, einzutragen.

f) Zwischensumme (Zeile 28)

2041 In **Zeile 28** wird eine Zwischensumme aus den Zeilen 21 bis 27 ermittelt.

3. Hinzurechnungen nach § 8 GewStG (Zeilen 29–46)

	Hinzurechnungen		
	Ermittlung des Hinzurechnungsbetrages nach § 8 Nummer 1 GewStG für das erste Wirtschaftsjahr		
29	Entgelte für Schulden (Zeile 50 des Vordrucks GewSt 1 A)		
30	Renten und dauernde Lasten (Zeile 51 des Vordrucks GewSt 1 A)		
31	Gewinnanteile der stillen Gesellschafter (Zeile 52 des Vordrucks GewSt 1 A)		
32	Miet- und Pachtzinsen (einschließlich Leasingraten) für die Benutzung fremder beweglicher Betriebsanlagegüter nach § 8 Nummer 1 Buchstabe d Satz 1 GewStG; Übertrag mit einem Fünftel des Betrages der Vorspalte in die Hauptspalte (ohne Beträge laut Zeile 32a) (Zeile 53 des Vordrucks GewSt 1 A)	EUR ▸	
32a	Miet- und Pachtzinsen (einschließlich Leasingraten) für Elektrofahrzeuge, begünstigte Hybridelektrofahrzeuge und Fahrräder im Sinne des § 8 Nummer 1 Buchstabe d Satz 2 GewStG aus Verträgen, die nach dem 31.12.2019 abgeschlossen worden sind; Übertrag mit einem Zehntel des Betrages der Vorspalte in die Hauptspalte (Zeile 54 des Vordrucks GewSt 1 A)	▸	
33	Miet- und Pachtzinsen (einschließlich Leasingraten) für die Benutzung fremder unbeweglicher Betriebsanlagegüter; Übertrag mit dem hälftigen Betrag der Vorspalte in die Hauptspalte (Zeile 55 des Vordrucks GewSt 1 A)	▸	
34	Aufwendungen für die zeitlich befristete Überlassung von Rechten - insbesondere Konzessionen und Lizenzen; Übertrag mit einem Viertel des Betrages der Vorspalte in die Hauptspalte (Zeile 56 des Vordrucks GewSt 1 A)	▸	
35	Kürzung des Hinzurechnungsbetrages nach § 8 Nummer 1 GewStG aufgrund des § 9 Nummer 2a Satz 3 zweiter Halbsatz GewStG, § 9 Nummer 7 Satz 2 beziehungsweise § 9 Nummer 8 Satz 2 GewStG, gegebenenfalls in Verbindung mit § 7a Absatz 2 GewStG (Summe der Beträge laut Zeile 20 aller Anlagen BEG, die dieser Sparte und diesem Wirtschaftsjahr zuzurechnen sind) (Zeile 79 des Vordrucks GewSt 1 A)		
36	Summe der Beträge laut Zeilen 29 bis 34 (Hauptspalte) abzüglich Betrag laut Zeile 35		
37	Davon ab: Freibetrag 200.000 € (höchstens Betrag laut Zeile 36; aufzuteilen nach dem Verhältnis der Beträge laut Zeile 36 aller Anlagen ÖHG)		
38	Zwischensumme (Betrag laut Zeile 36 abzüglich Betrag laut Zeile 37)		
39	Hinzurechnungsbetrag (ein Viertel des Betrages laut Zeile 38)		
	Ermittlung des Hinzurechnungsbetrages nach § 8 Nummer 1 GewStG für das zweite Wirtschaftsjahr		
39a	Entgelte für Schulden (Zeile 58 des Vordrucks GewSt 1 A)		
39b	Renten und dauernde Lasten (Zeile 59 des Vordrucks GewSt 1 A)		
39c	Gewinnanteile der stillen Gesellschafter (Zeile 60 des Vordrucks GewSt 1 A)		
39d	Miet- und Pachtzinsen (einschließlich Leasingraten) für die Benutzung fremder beweglicher Betriebsanlagegüter nach § 8 Nummer 1 Buchstabe d Satz 1 GewStG; Übertrag mit einem Fünftel des Betrages der Vorspalte in die Hauptspalte (ohne Beträge laut Zeile 39e) (Zeile 61 des Vordrucks GewSt 1 A)	EUR ▸	
39e	Miet- und Pachtzinsen (einschließlich Leasingraten) für Elektrofahrzeuge, begünstigte Hybridelektrofahrzeuge und Fahrräder im Sinne des § 8 Nummer 1 Buchstabe d Satz 2 GewStG aus Verträgen, die nach dem 31.12.2019 abgeschlossen worden sind; Übertrag mit einem Zehntel des Betrages der Vorspalte in die Hauptspalte (Zeile 62 des Vordrucks GewSt 1 A)	▸	
39f	Miet- und Pachtzinsen (einschließlich Leasingraten) für die Benutzung fremder unbeweglicher Betriebsanlagegüter; Übertrag mit dem hälftigen Betrag der Vorspalte in die Hauptspalte (Zeile 63 des Vordrucks GewSt 1 A)	▸	
39g	Aufwendungen für die zeitlich befristete Überlassung von Rechten - insbesondere Konzessionen und Lizenzen; Übertrag mit einem Viertel des Betrages der Vorspalte in die Hauptspalte (Zeile 64 des Vordrucks GewSt 1 A)	▸	
39h	Kürzung des Hinzurechnungsbetrages nach § 8 Nummer 1 GewStG aufgrund des § 9 Nummer 2a Satz 3 zweiter Halbsatz GewStG, § 9 Nummer 7 Satz 2 beziehungsweise § 9 Nummer 8 Satz 2 GewStG, gegebenenfalls in Verbindung mit § 7a Absatz 2 GewStG (Summe der Beträge laut Zeile 20 aller Anlagen BEG, die dieser Sparte und diesem Wirtschaftsjahr zuzurechnen sind) (Zeile 79 des Vordrucks GewSt 1 A)		
39i	Summe der Beträge laut Zeilen 39a bis 39g (Hauptspalte) abzüglich Betrag laut Zeile 39h		

Steuernummer - 3 -

Zeile		EUR
39j	Davon ab: Freibetrag 200.000 € (höchstens Betrag laut Zeile 39i; aufzuteilen nach dem Verhältnis der Beträge laut Zeile 39i aller Anlagen ÖHG)	
39k	Zwischensumme (Betrag laut Zeile 39i abzüglich Betrag laut Zeile 39j)	
39l	Hinzurechnungsbetrag (ein Viertel des Betrages laut Zeile 39k)	
	Weitere Hinzurechnungen	
40	Summe der Beträge laut Zeilen 28, 39 und 39l	
41 und 42 frei		
43	Dazu: Ausschüttungs- und abführungsbedingte Gewinnminderungen (Zeile 68 des Vordrucks GewSt 1 A)	
44	Dazu: Ausländische Steuern (Zeile 69 des Vordrucks GewSt 1 A)	
45	Dazu: Weitere Hinzurechnungen	
	Anteile am Verlust von Personengesellschaften laut gesonderter Einzelaufstellung	
45a bis 45d frei		
45e	Dazu: Summe der Anteile am Verlust von in- und/oder ausländischen Personengesellschaften (Zeile 67d des Vordrucks GewSt 1 A)	
46	Summe des Gewinns aus Gewerbebetrieb und der Hinzurechnungen nach § 8 GewStG (ohne Berücksichtigung des § 8 Nummer 5 GewStG)	

a) Hinzurechnung nach § 8 Nr. 1 GewStG

In den **Zeilen 29 bis 35** sind die Hinzurechnungsbeträge nach § 8 Nr. 1 GewStG für das erste Wj. der Sparte entsprechend dem auf die Sparte entfallenden Beträge einzutragen. In den Zeilen 39a bis 39h erfolgen die Eintragungen für das zweite Wj. der Sparte. **2042**

Enden bei einer Eigengesellschaft in einem EZ zwei Wj., steht dieser nämlich der Freibetrag für Finanzierungskosten nach § 8 Nr. 1 GewStG von 200 000 € für jedes Wj. zu.[1)]

Die Hinzurechnungsbeträge nach § 8 Nr. 1 GewStG sind daher wie folgt zu erfassen:

- Entgelte für Schulden (§ 8 Nr. 1 Buchst. a GewStG) in **Zeile 29/Zeile 39a** (→ Rz. 1763 ff.)
- Renten und dauernde Lasten (§ 8 Nr. 1 Buchst. b GewStG) in **Zeile 30/Zeile 39b** (→ Rz. 1780)
- Gewinnanteile des stillen Gesellschafters (§ 8 Nr. 1 Buchst. c GewStG) in **Zeile 31/Zeile 39c** (→ Rz. 1781 ff.)
- $^1/_5$ der Miet- und Pachtzinsen für die Benutzung fremder beweglicher Betriebsanlagegüter (§ 8 Nr. 1 Buchst. d Satz 1 GewStG) in **Zeile 32/Zeile 39d** (→ Rz. 1785)
- $^1/_{10}$ der Miet- und Pachtzinsen für die Benutzung von Elektro-, begünstigter Hybridelektrofahrzeuge und Fahrräder aus Verträgen, die nach dem 31.12.2019 abgeschlossen wurden (§ 8 Nr. 1 Buchst. d Satz 2 GewStG) in **Zeile 32a/Zeile 39e** (→ Rz. 1785)
- $^1/_2$ der Miet- und Pachtzinsen für die Benutzung fremder unbeweglicher Betriebsanlagegüter (§ 8 Nr. 1 Buchst. e GewStG) in **Zeile 33/Zeile 39f** (→ Rz. 1793)
- $^1/_4$ der Aufwendungen für die zeitlich befristete Überlassung von Rechten (§ 8 Nr. 1 Buchst. f GewStG) in **Zeile 34/Zeile 39g** (→ Rz. 1794).

In **Zeile 35/Zeile 39h** erfolgt die Kürzung des Hinzurechnungsbetrags nach § 8 Nr. 1 GewStG für Schuldzinsen, die i.R. des § 9 Nr. 2a Satz 3, Nr. 7 Satz 2 bzw. Nr. 8 Satz 2 GewStG, ggf. i.V.m. § 7a Abs. 2 GewStG mit dem Minderungsbetrag verrechnet werden können. **2043**

Hierzu wird ergänzend auf die Ausführungen in → Rz. 2037 hingewiesen.

In **Zeile 36/Zeile 39i** wird die Summe der Hinzurechnungsbeträge nach § 8 Nr. 1 GewStG der Zeilen 29 bis 34 bzw. der Zeile 39a bis 39g abzüglich der Zeile 35/Zeile 39h der Sparte ermittelt. **2044**

Der Freibetrag von 200 000 €, der der Eigengesellschaft für jedes Wj. nur einmal zusteht, wird – aufgeteilt im Verhältnis der Beträge der Zeile 36/Zeile 39i aller Anlagen ÖHG, jedoch begrenzt auf den Betrag lt. Zeile 36/Zeile 39i, in **Zeile 37/Zeile 39j** eingetragen.[2)]

1) Gleich lautende Ländererlasse v. 2.7.2012, G 1422 – 95 V B 4 (FM Nordrhein-Westfalen), BStBl I 2012, 654, Rz. 47.
2) BMF v. 12.11.2009, IV C 7 – S 2706/08/10004, BStBl I 2009, 1303, Rz. 96.

Die Differenz von Zeile 36/Zeile 39i und Zeile 37/Zeile 39j wird als Zwischensumme in **Zeile 38/Zeile 39k** eingetragen.

Von dieser Zwischensumme wird in **Zeile 39/Zeile 39l** der Hinzurechnungsbetrag von 25 % ermittelt. Diese Beträge ergeben summiert mit dem Gewinn aus Gewerbebetrieb (Zeile 28) die Summe der Beträge lt. **Zeile 40**.

b) Ausschüttungs- und abführungsbedingte Gewinnminderungen

2045 Ausschüttungs- und abführungsbedingte Gewinnminderungen, die nach § 8 Nr. 10 GewStG dem Gewerbeertrag wieder hinzuzurechnen sind, werden über die Eintragung in **Zeile 43** der Anlage ÖHG bei der davon betroffenen Sparte erfasst (→ Rz. 1802 ff.).

c) Hinzurechnung ausländischer Steuern

2046 Soweit ausl. Steuern den Gewerbeertrag der Sparte gemindert haben, werden diese durch Eintragung in die **Zeile 44** der Anlage ÖHG bei der davon betroffenen Sparte nach § 8 Nr. 12 GewStG zugerechnet (→ Rz. 1805).

d) Weitere Hinzurechnung (insbesondere von Finanzierungskosten nach § 8 Nr. 1 GewStG)

2047 In **Zeile 45** der Anlage ÖHG sind Hinzurechnungsbeträge einzutragen, die nicht in den vorigen Zeilen erfasst wurden.

e) Hinzurechnung von Verlustanteilen an in- und ausländischen Personengesellschaften

2048 Verlustanteile aus der Beteiligung an einer in- oder ausländischen Personengesellschaft, sind nach § 8 Nr. 8 GewStG bei der Ermittlung des Gewerbeertrags wieder hinzuzurechnen. Ist also eine Sparte an einer Personengesellschaft beteiligt und erhält sie daraus einen Verlustanteil zugewiesen, sind derartige Beträge in **Zeile 45e** der Anlage ÖHG einzutragen (→ Rz. 1801). Bestehen mehrere Beteiligungen ist in Zeile 45e die Summe der Verlustanteile (= Zeile 67d des Vordrucks GewSt 1 A) einzutragen und der Erklärung eine entsprechende Einzelaufstellung beizufügen.

Wegen Gewinnanteilen von Personengesellschaften wird auf **Zeile 54e** der Anlage ÖHG verwiesen (→ Rz. 2055).

f) Summe des Gewinns aus Gewerbebetrieb und der Hinzurechnungen

2049 In **Zeile 46** wird die Summe des Gewinns aus Gewerbebetrieb, ohne die Hinzurechnung nach § 8 Nr. 5 GewStG (→ Rz. 2050) und der Hinzurechnungen für die Sparte ermittelt.

4. Gewinne aus Anteilen an bestimmten Körperschaften (Zeilen 47–48)

	Gewinne aus Anteilen an bestimmten Körperschaften	
47	Dazu: Hinzurechnungsbetrag nach § 8 Nummer 5 GewStG (bei Organgesellschaften in Verbindung mit § 7a GewStG) (Summe der Beträge laut Zeile 15 aller Anlagen BEG, die dieser Sparte zuzurechnen sind) (Zeile 77 des Vordrucks GewSt 1 A)	
48	Davon ab: Kürzung nach § 9 Nummer 2a, 7 und 8 GewStG (bei Organgesellschaften in Verbindung mit § 7a GewStG) (Summe der Beträge laut Zeile 19 aller Anlagen BEG, die dieser Sparte zuzurechnen sind) (Zeile 81 des Vordrucks GewSt 1 A)	

2050 Handelt es sich bei der Eigengesellschaft um eine Organgesellschaft, ist in **Zeile 47** der Hinzurechnungsbetrag nach § 8 Nr. 5 GewStG (bei einer Organgesellschaft i.V.m. § 7a GewStG) einzutragen, soweit sie dieser Sparte zuzurechnen sind (= Summe der Beträge lt. Zeile 15 aller Anlagen BEG).

Die Kürzungsbeträge nach § 9 Nr. 2a, 7 und 8 GewStG (bei einer Organgesellschaft i.V.m. § 7a GewStG) sind in **Zeile 48** zu erfassen, soweit sie dieser Sparte zuzurechnen sind (= Summe der Beträge lt. Zeile 19 der Anlagen BEG).

5. Kürzungen nach § 9 GewStG (Zeilen 49–55)

	Kürzungen	
49	Davon ab: Als Betriebsausgabe erfasste Grundsteuer (Zeile 87 des Vordrucks GewSt 1 A)	
50	Davon ab: Erweiterte Kürzung bei einem Grundstücksunternehmen (Zeile 88 des Vordrucks GewSt 1 A)	
51 frei 52	Davon ab / Dazu: Teil des Gewerbeertrages, der auf Betriebsstätten im Ausland entfällt (Zeile 91 des Vordrucks GewSt 1 A)	
53	Davon ab: Unter Berücksichtigung der Höchstbeträge abziehbare Zuwendungen nach § 9 Nummer 5 GewStG	
54	Davon ab: Weitere Kürzungen (zum Beispiel Betrag laut Zeile 90 des Vordrucks GewSt 1 A)	
	Anteile am Gewinn von Personengesellschaften laut gesonderter Einzelaufstellung	
54a bis 54d frei 54e	Davon ab: Summe der Anteile am Gewinn von in- und/oder ausländischen Personengesellschaften (Zeile 89d des Vordrucks GewSt 1 A)	
55	Verbleibender Betrag	

a) Kürzung für Grundstücke und Grundstücksunternehmen nach § 9 Nr. 1 GewStG

Soweit der Sparte ein Grundstück i.S.d. § 9 Nr. 1 Satz 1 GewStG zugeordnet wurde, sind in **Zeile 49** die als Betriebsausgabe erfasste Grundsteuer (s.a. Zeile 87 des Vordrucks GewSt 1 A) einzutragen (→ Rz. 1813 ff.). **2051**

Handelt es sich bei der Eigengesellschaft um ein Grundstücksunternehmen und liegen die Voraussetzungen des § 9 Nr. 1 Satz 2 ff. GewStG vor, kann bei der grundbesitzverwaltenden Sparte eine erweiterte Kürzung über eine Eintragung in **Zeile 50** der Anlage ÖHG erfolgen (→ Rz. 1820 ff.).

b) Kürzung um die Erträge ausländischer Betriebsstätten

Soweit ein Teil des Gewerbeertrags der Sparte auf eine ausländische Betriebsstätte entfällt, ist dieser in **Zeile 52** der Anlage ÖHG einzutragen (→ Rz. 1850 ff.). **2052**

Dabei sind Verluste mit einem negativen Vorzeichen einzutragen.

c) Kürzung um Zuwendungen im Sinne des § 9 Nr. 5 GewStG

Soweit von der Sparte Zuwendungen (Spenden) i.S.d. § 9 Nr. 5 GewStG geleistet wurden und darüber formell ordnungsmäßige Zuwendungsbestätigungen (vgl. § 50 EStDV) vorliegen, können diese i.R. der Höchstbeträge der jeweiligen Sparte durch Eintragung in **Zeile 53** berücksichtigt werden (→ Rz. 1853 ff.). **2053**

d) Weitere Kürzungen

In **Zeile 54** der Anlage ÖHG sind weitere Kürzungen nach § 9 GewStG einzutragen, die nicht in den vorigen Zeilen erfasst wurden. Dazu zählt insb. die Kürzung bei persönlich haftenden Gesellschaftern einer Kommanditgesellschaft auf Aktien (§ 9 Nr. 2b GewStG, → Rz. 1849). **2054**

e) Kürzung für Gewinnanteile von in- und ausländischen Personengesellschaften

Die Summe der Gewinnanteile aus der Beteiligung an einer in- oder ausländischen Personengesellschaft lt. Zeile 89d des GewSt-Erklärungsvordrucks GewSt 1 A sind in **Zeile 54e** der Anlage ÖHG einzutragen. Bei den davon betroffenen Sparten ist eine entsprechende Eintragung vorzunehmen, damit der Gewinnanteil nach § 9 Nr. 2 GewStG bei der Ermittlung des Gewerbeertrags der Sparte wieder gekürzt wird. Eine entsprechende Einzelaufstellung (bei mehreren Beteiligungen) ist der Erklärung beizufügen. **2055**

Verlustanteile werden über die Eintragung in Zeile 45e der Anlage ÖHG dem Gewerbeertrag der Sparte wieder hinzugerechnet (→ Rz. 2048).

f) Gewinn aus Gewerbebetrieb nach Hinzurechnungen und Kürzungen (Zeile 55)

In **Zeile 55** ist der verbleibende Betrag aus der Summe des Gewinns nach Hinzurechnungen lt. Zeile 47 sowie dem Betrag aus Zeile 48 abzüglich der Summe der Kürzungsbeträge lt. Zeilen 49 bis 54 einzutragen. **2056**

6. Weitere Angaben (Zeilen 55a–62)

Zeile		EUR
	Kürzungsbetrag bei Beteiligungen an Zwischengesellschaften nach dem AStG laut gesonderter Einzelaufstellung	
55a	Davon ab: Summe der Kürzungsbeträge nach § 11 Absatz 5 AStG (Zeile 99c des Vordrucks GewSt 1 A)	
	Weitere Angaben	
55b	Dazu: Negative Einkünfte des übernehmenden Rechtsträgers nach § 2 Absatz 5 UmwStG (Zeile 122 des Vordrucks GewSt 1 A)	
56	Dazu: Nach § 10a Satz 10 GewStG in Verbindung mit § 8c KStG nicht ausgleichsfähiger Gewerbeverlust des laufenden Erhebungszeitraums (gegebenenfalls in Verbindung mit § 2 Absatz 4 Satz 1 und 2 UmwStG, § 20 Absatz 6 Satz 4 UmwStG) (Zeile 124 des Vordrucks GewSt 1 A)	

Steuernummer

\- 4 -

Zeile		EUR
	Gewerbeertrag der Organgesellschaft(en) laut gesonderter Einzelaufstellung	
57 frei		
58	Dazu / Davon ab: Summe der Gewerbeerträge der Organgesellschaften (Zeile 108 des Vordrucks GewSt 1 A)	
58a	Dazu / Davon ab: Summe der Korrekturbeträge aufgrund der Anwendung des § 3 Nummer 40 Buchstabe a, § 3c EStG, § 8b Absatz 2 und 3 KStG, § 12 Absatz 2 UmwStG in Verbindung mit § 15 Satz 1 Nummer 2 und Satz 2 KStG und der Anwendung von § 34c Absatz 3 EStG (Zeile 109 des Vordrucks GewSt 1 A)	
58b	Dazu / Davon ab: Summe der Korrekturbeträge aufgrund der Anwendung der §§ 20 und 21 InvStG in Verbindung mit § 15 Satz 1 Nummer 2a und Satz 2 KStG gegebenenfalls in Verbindung mit § 43 Absatz 3 und § 45 Absatz 2 InvStG (Zeile 110 des Vordrucks GewSt 1 A)	
58c	Davon ab: Summe der Korrekturbeträge aufgrund der Anwendung des § 45 Absatz 1 InvStG (Zeile 111 des Vordrucks GewSt 1 A)	
	Minderung des Gewerbeverlustes bei Abspaltung	
59	Dazu: Bei der übertragenden Körperschaft im Fall der Abspaltung wegfallender Gewerbeverlust aus dem laufenden Erhebungszeitraum (§ 18 Absatz 1 beziehungsweise § 19 Absatz 1 in Verbindung mit § 15 Absatz 1 Satz 1, § 15 Absatz 3 und § 16 Satz 1 UmwStG) (Zeile 125 des Vordrucks GewSt 1 A)	
60	Zwischensumme	
	Minderung des negativen Gewerbeertrages bei Sanierung	
61	Dazu: Minderung des negativen Gewerbeertrags des Sanierungsjahres bei unternehmensbezogener Sanierung nach § 7b Absatz 2 Satz 1 Nummer 1 gegebenenfalls in Verbindung mit Satz 2 beziehungsweise Absatz 3 GewStG	
62	Zwischensumme	

a) Kürzungsbeträge nach § 11 Abs. 5 AStG

2057 In **Zeile 55a** der Anlage ÖHG ist die Summe der Kürzungsbeträge bei Beteiligungen an Zwischengesellschaften nach § 11 Abs. 5 AStG lt. Zeile 99c des Vordrucks GewSt 1 A einzutragen.

b) Negative Einkünfte nach § 2 Abs. 5 UmwStG

2058 In **Zeile 55b** der Anlage ÖHG sind die negativen Einkünfte des übernehmenden Rechtsträgers nach § 2 Abs. 5 UmwStG lt. Zeile 122 des Vordrucks GewSt 1 A einzutragen.

c) Verlustkürzung nach § 10a Satz 10 GewStG i.V.m. § 8c KStG

2059 Der nach § 10a Satz 10 GewStG i.V.m. § 8c KStG nicht ausgleichsfähige Gewerbeverlust des laufenden EZ der Sparte sind in **Zeile 56** der Anlage ÖHG einzutragen.

d) Gewerbeertrag der Organgesellschaft

2060 Die Eigengesellschaft kann durchaus Organträger (§§ 17, 14 Abs. 1 Nr. 1 KStG) sein, sodass das Ergebnis der Organgesellschaft auf Ebene des Organträgers der Sparte zuzuordnen ist, die als Organträger gilt (§ 15 Abs. 1 Nr. 5 KStG). Dies erfolgt durch Eintragung des Gewerbeertrags der Organgesellschaft in **Zeile 58** der Anlage ÖHG.

d) Korrekturbeträge

2061 Gegebenenfalls von der Organgesellschaft mitgeteilte erforderlichen Korrekturbeträge zum Betrag nach § 8b KStG; § 3 Nr. 40, § 3c Abs. 2 EStG i.V.m. § 15 Satz 1 Nr. 2 KStG sind bei der betroffenen Sparte wie folgt zu berücksichtigen (→ Rz. 1871 ff.):

In **Zeile 58a** ist die Summe der Korrekturbeträge auf Grund der Anwendung des § 3 Nr. 40 Buchst. a, § 3c EStG, § 8b Abs. 2 und 3 KStG, § 12 Abs. 2 UmwStG i.V.m. § 15 Satz 1 Nr. 2 und Satz 2 KStG und der Anwendung von § 34c Abs. 3 EStG (Zeile 109 der Vordrucks GewSt 1 A) einzutragen.

In **Zeile 58b** ist die Summe der Korrekturbeträge aufgrund der Anwendung der §§ 20 und 21 InvStG i.V.m. § 15 Satz 1 Nr. 2a und Satz 2 KStG ggf. i.V.m. § 43 Abs. 3 und § 45 Abs. 3 InvStG (Zeile 110 der Vordrucks GewSt 1 A) einzutragen.

In **Zeile 58c** ist die Summe der Korrekturbeträge aufgrund der Anwendung des § 45 Abs. 1 InvStG (Zeile 111 der Vordrucks GewSt 1 A) einzutragen.

e) Wegfallender Gewerbeverlust bei Abspaltung

2062 Der bei einer übertragenden Körperschaft im Falle der Abspaltung wegfallender Gewerbeverlust aus dem laufenden EZ ist in **Zeile 59** der Anlage ÖHG zu übernehmen.

f) Zwischensumme

2063 In **Zeile 60** ist eine Zwischensumme aus der Summe der Zeilen 55 bis 59 zu bilden.

g) Minderung des Gewerbeverlusts auf Grund eines Sanierungsgewinns (Zeile 61)

2064 Der nach Anwendung des § 3a Abs. 3 Satz 2 Nr. 1 EStG verbleibende geminderte Sanierungsertrag i.S.d. § 3a Abs. 3 Satz 1 EStG mindert nach § 7b Abs. 2 Satz 1 Nr. 1 GewStG zuerst den negativen Gewerbeertrag des Sanierungsjahrs des zu sanierenden Unternehmens.

Daher ist in **Zeile 61** der Minderungsbetrag des lfd. Gewerbeverlusts der Sparte einzutragen.

h) Zwischensumme

2065 In **Zeile 62** wird eine Zwischensumme aus den Zeilen 60 und 61 ermittelt.

7. Umwandlungen mit steuerlicher Rückwirkung (Zeilen 63–67)

	Korrekturen nach § 2 Absatz 4 Satz 3 und 4 UmwStG Zeilen 63 bis 66: Nur im Falle von Umwandlungen mit steuerlicher Rückwirkung zur Anwendung des § 2 Absatz 4 Satz 3 und 4 UmwStG beim übernehmenden Rechtsträger; nicht bei Organgesellschaften	EUR	
63	Betrag laut Zeile 62		
64	Davon ab: Im Betrag laut Zeile 63 enthaltener positiver Gewerbeertrag des übertragenden oder einbringenden Rechtsträgers im Rückwirkungszeitraum aus eigenen Übernahmen (Zeile 120 des Vordrucks GewSt 1 A)		
65	Beim Organträger des übernehmenden Rechtsträgers: Davon ab: Im Betrag laut Zeile 63 enthaltener positiver Gewerbeertrag des auf die Organgesellschaft(en) übertragenden oder einbringenden Rechtsträgers im Rückwirkungszeitraum (Zeile 121 des Vordrucks GewSt 1 A)		
66	Zwischensumme: Wenn negativ: Nach § 2 Absatz 4 Satz 3 und 4 UmwStG nicht ausgleichsfähiger Verlust des übernehmenden Rechtsträgers (Übertrag eines negativen Betrages mit umgekehrtem Vorzeichen in die Hauptspalte)	▸	
67	Zwischensumme		

a) Positiver Gewerbeertrag des übertragenden oder einbringenden Rechtsträgers

2066 Zunächst ist in **Zeile 63** der Betrag aus Zeile 62 in die Vorspalte einzutragen, soweit im EZ eine Umwandlung mit steuerlicher Rückwirkung erfolgt ist.

In **Zeile 64** ist anschließend der in der Zeile 63 enthaltene positive Gewerbeertrag des übertragenden oder einbringenden Rechtsträgers im Rückwirkungszeitraum aus eigenen Übernahmen in die Vorspalte einzutragen (vgl. Zeile 120 des GewSt-Erklärungsvordrucks).

b) Positiver Gewerbeertrag des übernehmenden oder einbringenden Rechtsträgers beim Organträger

2067 In **Zeile 65** ist der in der Zeile 63 enthaltene positive Gewerbeertrag des auf die Organgesellschaft(en) übertragenden oder einbringenden Rechtsträgers im Rückwirkungszeitraum aus eigenen Übernahmen (vgl. Zeile 121 des GewSt-Erklärungsvordrucks) zu übernehmen.

c) Summenbildung

2068 Wurden in den Vorspalten der Zeilen 63–65 Eintragungen vorgenommen, ist daraus in der Vorspalte der **Zeile 66** eine **Zwischensumme** zu ermitteln. Ist diese **negativ**, handelt es sich um den nach § 2 Abs. 4 Satz 3 und 4 UmwStG nicht ausgleichsfähigen Verlust des übernehmenden Rechtsträges, der dann nach rechts in die Hauptspalte der **Zeile 66** mit umgekehrtem Vorzeichen zu übertragen ist.

Bei einem **positiven Betrag** erfolgt keine Übertragung in die Hauptspalte.

In **Zeile 67** ist nun erneut eine Zwischensumme aus den Werten der Zeilen 62 und 66 zu ziehen.

8. Ermittlung des maßgebenden Gewerbeertrags/Gewerbeverlust (Zeilen 68–72)

	Maßgebender Gewerbeertrag und Gewerbeverlust	
68	Gewerbeertrag vor Verlustabzug (wenn Betrag laut Zeile 67 positiv: Eintragung des Betrages laut Zeile 67; wenn Betrag laut Zeile 67 negativ: Eintragung von "0" und weiter in Zeile 71)	
69	Verlustabzug (Betrag laut Zeile 99)	
70	Nur bei Organgesellschaften: Im Erhebungszeitraum zu berücksichtigender nach dem rechtswirksamen Abschluss des Gewinnabführungsvertrages bei der Personengesellschaft entstandener Verlust aus der Anwachsung einer Personengesellschaft (R 10a.4 Satz 3 GewStR 2009; laut gesonderter Ermittlung)	
71	Maßgebender verbleibender Gewerbeertrag (Betrag laut Zeile 68 abzüglich Betrag laut Zeile 69 oder 70); Übertrag des Betrages nach Zeile 104 des Vordrucks GewSt 1 A - nicht bei Organgesellschaften	
72	Maßgebender Gewerbeverlust (negativer Gewerbeertrag dieser Sparte, Betrag laut Zeile 67)	

a) Gewerbeertrag vor Verlustabzug

2069 In **Zeile 68** ist die Summe der positiven Gewerbeerträge der Sparte lt. Zeile 67 einzutragen. Ist der Betrag negativ, erfolgt ein Eintrag mit Null und es geht weiter in Zeile 71.

b) Verlustabzug

2070 Der Verlustabzug lt. Zeile 99 ist in **Zeile 69** einzutragen.

c) Innerorganschaftlicher Verlust

2071 Bei einer Organgesellschaft ist der im EZ zu berücksichtigende innerorganschaftliche Verlust aus der Anwachsung einer Personengesellschaft[1] in **Zeile 70** einzutragen.

d) Maßgebender verbleibender Gewerbeertrag

2072 In **Zeile 71** wird der maßgebende verbleibende Gewerbeertrag durch Verrechnung der Beträge aus den Zeilen 68 bis 70 ermittelt. Dieser wird dann in die Zeile 104 des Vordrucks GewSt 1 A übertragen.

e) Maßgebender verbleibender Gewerbeverlust

2073 In **Zeile 72** wird der negative Gewerbeertrag der Sparte lt. Zeile 67 übernommen.

1) R 10a.4 Satz 3 GewStR 2009.

9. Besonderheiten bei Organgesellschaften/Organträgern (Zeilen 73–77)

	Werte, die für die Ermittlung des Gewerbeertrages des Organträgers von Bedeutung sind	
	Nur bei Organgesellschaften	
73	Zu berücksichtigender Korrekturbetrag zum Gewerbeertrag aufgrund der Anwendung des § 8b Absatz 2 und 3 KStG in Verbindung mit § 15 Satz 1 Nummer 2 und Satz 2 KStG (Zeile 113 des Vordrucks GewSt 1 A)	

Steuernummer	- 5 -

Zeile		EUR
74	Wenn der Organträger eine Körperschaft ist: Zu berücksichtigender Korrekturbetrag zum Gewerbeertrag aufgrund der Anwendung der §§ 20, 21 InvStG in Verbindung mit § 15 Satz 1 Nummer 2a und Satz 2 KStG (gegebenenfalls in Verbindung mit § 43 Absatz 3 und § 45 Absatz 2 InvStG) (Zeile 116 des Vordrucks GewSt 1 A)	
75	Wenn der Organträger eine Körperschaft ist: Zu berücksichtigender Korrekturbetrag aufgrund der Anwendung des § 45 Absatz 1 InvStG (Zeile 118 des Vordrucks GewSt 1 A)	
	Fälle des § 2 Absatz 4 Satz 3 und 4 UmwStG	
	Nur bei Organgesellschaften	
76	Im Falle von Umwandlungen mit steuerlicher Rückwirkung zur Anwendung des § 2 Absatz 4 Satz 3 und 4 UmwStG beim Organträger: Im Betrag laut Zeile 68 oder 72 enthaltener positiver Gewerbeertrag des auf die Organgesellschaft übertragenden oder einbringenden Rechtsträgers im Rückwirkungszeitraum aus eigenen Übernahmen (Zeile 120 des Vordrucks GewSt 1 A)	
77	Wenn die Organgesellschaft zugleich Organträger ist: Im Betrag laut Zeile 68 oder 72 enthaltener positiver Gewerbeertrag des auf die der Organgesellschaft vorgelagerte(n) Organgesellschaft(en) übertragenden oder einbringenden Rechtsträgers im Rückwirkungszeitraum (Zeile 121 des Vordrucks GewSt 1 A)	

a) Korrekturbeträge

Da bei der Organgesellschaft § 7a GewStG lediglich für die Gewinne aus Anteilen (= Dividenden) die Berechnung **2074** von Korrekturbeträgen nicht mehr erforderlich macht, sind bei Gewinnen und Verlusten aus dem Verkauf einer Beteiligung/Teilwertzu- oder -abschreibung usw. auch weiterhin die Ermittlung von Korrekturbeträgen erforderlich, die bei dem Organträger die Ermittlung des steuerlich zutreffenden Ergebnisses sicherstellen. Die Höhe des Korrekturbetrags ist abhängig von der Rechtsform des Organträgers (→ Rz. 1871 ff.).

Bei einer Organgesellschaft ist daher der Korrekturbetrag zum Gewerbeertrag in **Zeile 73** der Anlage ÖHG zu übernehmen.

b) Investmentfondserträge bei Körperschaften als Organträger (Zeilen 74–75)

Wenn der Organträger eine Körperschaft ist, sind die Korrekturbeträge nach §§ 20, 21 InvStG i.V.m. § 15 Satz 1 **2075** Nr. 2a und Satz 2 KStG, ggf. i.V.m. § 43 Abs. 3 und § 45 Abs. 2 InvStG in **Zeile 74** einzutragen.

In **Zeile 75** wird ein zu berücksichtigender Korrekturbetrag nach § 45 Abs. 1 InvStG erfasst.

c) Umwandlung mit steuerlicher Rückwirkung

Ein in den Zeilen 68 oder 72 enthaltener positiver Gewerbeertrag des auf die Organgesellschaft übertragenden **2076** oder einbringenden Rechtsträgers im Rückwirkungszeitraum aus eigenen Übernahmen ist bei einer Organgesellschaft in **Zeile 76** bei den betroffenen Sparten einzutragen und in die Summenspalte zu übernehmen.

Ist die Organgesellschaft gleichzeitig auch Organträgerin, ist der im Betrag lt. Zeile 68 oder 72 bei den Sparten enthaltener positiver Gewerbeertrag des auf die der Organgesellschaft vorgelagerte(n) Organgesellschaft(en) übertragenden oder einbringenden Rechtsträgers im Rückwirkungszeitraum in **Zeile 77** zu erfassen.

10. Ermittlung des abziehbaren Verlustes und der vortragsfähigen Gewerbeverluste (Zeilen 78–100)

Zeile			
	Ermittlung des abziehbaren Verlustes und des vortragsfähigen Gewerbeverlustes (§ 10a Satz 9 GewStG in Verbindung mit § 8 Absatz 9 Satz 5 bis 8 KStG) [40]		
	Bei Organgesellschaften: Nur in den Fällen des § 10a Satz 3 GewStG		
	Anfangsbestand		
78	Festgestellter vortragsfähiger Gewerbeverlust zum Schluss des vorangegangenen Erhebungszeitraums für die Sparte (Zeile 98 des Vorjahres)		
79	Davon ab: Im Falle eines schädlichen Ereignisses im Sinne des § 10a Satz 11 GewStG in Verbindung mit § 8d Absatz 2 KStG: Untergang des festgestellten vortragsfähigen fortführungsgebundenen Gewerbeverlustes (Betrag laut Zeile 101)		
80	Dazu: Erhalt des vortragsfähigen fortführungsgebundenen Gewerbeverlustes nach § 10a Satz 11 GewStG in Verbindung mit § 8d Absatz 2 Satz 1 zweiter Halbsatz KStG durch entsprechende Anwendung des § 8c Absatz 1 Satz 5 bis 8 KStG bezogen auf die zum Schluss des vorangegangenen Erhebungszeitraums vorhandenen stillen Reserven (höchstens Betrag laut Zeile 79; laut gesonderter Ermittlung)		
81	Nur für Betriebe gewerblicher Art: Dazu: Übernommener vortragsfähiger Gewerbeverlust (§ 10a Satz 9 GewStG in Verbindung mit § 8 Absatz 8 KStG) (Zeile 132 des Vordrucks GewSt 1 A) [11]		
82	Dazu: Übernommener Gewerbeverlust im laufenden Erhebungszeitraum im Falle der Anwachsung oder der Verschmelzung einer Personengesellschaft auf einen Gesellschafter (R 10a.3 Absatz 3 Satz 9 Nummer 4 GewStR 2009, Zeile 130 des Vordrucks GewSt 1 A)		
83	Davon ab: Nach § 10a Satz 10 GewStG in Verbindung mit § 8c KStG (gegebenenfalls in Verbindung mit § 2 Absatz 4 Satz 1 und 2 UmwStG, § 20 Absatz 6 Satz 4 UmwStG) nicht abziehbarer Gewerbeverlust aus vorangegangenen Erhebungszeiträumen (Zeile 134 des Vordrucks GewSt 1 A)		
84	Davon ab: Bei der übertragenden Körperschaft im Fall der Abspaltung wegfallender Gewerbeverlust aus vorangegangenen Erhebungszeiträumen (§ 18 Absatz 1 in Verbindung mit § 16 und § 15 Absatz 3 beziehungsweise § 19 Absatz 2 in Verbindung mit § 15 Absatz 3 UmwStG) (Zeile 133 des Vordrucks GewSt 1 A)		
84a	Zwischensumme		
85	Davon ab: Minderung des vortragsfähigen Gewerbeverlustes nach § 7b Absatz 2 Satz 1 Nummer 2 oder 3 erster Halbsatz gegebenenfalls in Verbindung mit Satz 2 beziehungsweise Absatz 3 GewStG		
86 frei 87	Zwischensumme		
	Verrechnung des positiven Gewerbeertrages mit dem Verlustvortrag	EUR	
88	Positiver Gewerbeertrag der Sparte vor Verlustabzug (positiver Betrag laut Zeile 68)		
89	Im Falle von Umwandlungen mit steuerlicher Rückwirkung beim übernehmenden Rechtsträger: Davon ab: Im Betrag laut Zeile 88 enthaltener positiver Gewerbeertrag des übertragenden oder einbringenden Rechtsträgers im Rückwirkungszeitraum (vergleiche § 2 Absatz 4 Satz 3 und 4 UmwStG) - Summe der Beträge laut Zeilen 64 und 65 (Zeilen 120 und 121 des Vordrucks GewSt 1 A)		
89a	Zwischensumme		
89b	Dazu: Nach Anwendung des § 3a Absatz 3 Satz 2 Nummer 1 EStG verbleibender geminderter Sanierungsertrag im Sinne des § 3a Absatz 3 Satz 1 EStG (Betrag laut Zeile 144 des Vordrucks GewSt 1 A, soweit er dieser Sparte zuzurechnen ist)		
90	Zwischensumme		

Steuernummer - 6 -

Zeile		EUR	EUR
91	Davon ab: Niedrigerer Betrag aus Zeile 84a oder 90 (höchstens 1 Million €)		
92	Zwischensumme		
93	Nach § 10a Satz 2 GewStG zu berücksichtigender Verlustabzug: Betrag laut Zeile 84a abzüglich Betrag laut Zeile 91, höchstens 60 % des Betrages aus Zeile 92		
94	Zwischensumme zur Ermittlung des zu berücksichtigenden Verlustvortrags (Summe der Beträge laut Zeilen 91 und 93 Vorspalte)		
95	Davon ab: Betrag laut Zeile 85 (§ 7b Absatz 2 Satz 1 Nummer 3 zweiter Halbsatz GewStG), höchstens Betrag laut Zeile 94		
96	Betrag des zu berücksichtigenden Verlustvortrags (Übertrag in die Hauptspalte mit umgekehrtem Vorzeichen)	▸	
	Negativer Gewerbeertrag		
96a	Dazu: Berücksichtigungsfähiger Gewerbeverlust des laufenden Erhebungszeitraums (Negativer Betrag laut Zeile 67 beziehungsweise, wenn Betrag laut Zeile 66 Vorspalte negativ: Betrag laut Zeile 66 Vorspalte (Betrag ohne Vorzeichen eintragen))		
	Endbestand		
97	Dazu: Übernommener Gewerbeverlust zum Ende des Erhebungszeitraumes im Falle der Anwachsung oder der Verschmelzung einer Personengesellschaft auf einen Gesellschafter (R 10a.3 Absatz 3 Satz 9 Nummer 4 GewStR 2009, Zeile 130a des Vordrucks GewSt 1 A)		
98	Vortragsfähiger Gewerbeverlust für die Sparte zum Schluss des Erhebungszeitraums		
99	Insgesamt vorzunehmender Verlustabzug (Betrag laut Zeile 96 Vorspalte; Übertrag nach Zeile 69)		
100	Nur bei Organgesellschaften im Falle der Anwachsung: Vortragsfähiger Gewerbeverlust, der nach dem rechtswirksamen Abschluss des Gewinnabführungsvertrages bei der Personengesellschaft entstanden ist (R 10a.4 Satz 3 GewStR 2009), für die Tätigkeit zum Schluss des Erhebungszeitraums (laut gesonderter Ermittlung analog zu den Zeilen 78 bis 99)		

a) Ausfüllhinweis zu den Zeilen 78–100

Eine Eintragung in den **Zeilen 78 bis 100** ist bei einer Organgesellschaft nur für die vororganschaftlichen Verlustvorträge (§ 10a Satz 3 GewStG) vorzunehmen. **2077**

b) Verlustvortrag Vorjahr

Der zum Ende des EZ 2024 gesondert festgestellte vortragsfähige Gewerbeverlust für die Sparten ist in **Zeile 78** einzutragen (= Betrag lt. Zeile 98 des Vorjahres). **2078**

c) Fortführungsgebundener Gewerbeverlust

Im Fall eines schädlichen Ereignisses nach § 8b Abs. 2 KStG, ist der in Zeile 101 eingetragene fortführungsgebundene Gewerbeverlust in **Zeile 79** einzutragen. **2079**

Soweit zum Schluss des vorangegangenen EZ **stille Reserven** vorhanden sind, sind diese in **Zeile 80** (höchstens Ansatz des Betrags lt. Zeile 79) einzutragen. Die Berechnung der stillen Reserven ist durch eine gesonderte Ermittlung darzulegen.

d) Zu übernehmende vortragsfähige Gewerbeverluste

Der von einem anderen Steuerschuldner im Falle des Rechtsformwechsels übernommene Gewerbeverlust aus der Zeit vor dem Rechtsformwechsel ist, soweit dieser nach § 10a GewStG vortragsfähig ist, in **Zeile 81** zu übernehmen. **2080**

Zu übernehmende vortragsfähige Verluste im laufenden EZ, z.B. auf Grund der Anwachsung oder der Verschmelzung eines Betriebs einer Personengesellschaft auf eine Eigengesellschaft, sind in **Zeile 82** zu erfassen.

e) Verlustkürzung nach § 10a Satz 10 GewStG i.V.m. § 8c KStG

Der nach § 10a Satz 10 GewStG i.V.m. § 8c KStG nicht abziehbare Gewerbeverlust aus vorangegangenen EZ ist in **Zeile 83** zu erfassen. **2081**

f) Wegfallender Gewerbeverlust im Fall der Abspaltung

Bei Abspaltung vermindert sich bei der übertragenden Körperschaft der verbleibende Verlustvortrag in dem Verhältnis, in dem bei Zugrundelegung des gemeinen Werts das Vermögen auf eine andere Körperschaft übergeht (§ 19 Abs. 2 i.V.m. § 15 Abs. 3 UmwStG). In **Zeile 84** ist bei der übertragenden Körperschaft der im Fall der Abspaltung wegfallende Gewerbeverlust aus vorangegangenen EZ einzutragen und den betroffenen Sparten zuzuordnen. **2082**

g) Zwischensumme

2083 In **Zeile 84a** ist eine Zwischensumme aus den Zeilen 78 bis 84 zu bilden.

h) Minderung um Sanierungsgewinne

2084 Der nach Anwendung des § 3a Abs. 3 Satz 2 Nr. 1 EStG verbleibende geminderte Sanierungsertrag i.S.d. § 3a Abs. 3 Satz 1 EStG mindert nach § 7b Abs. 2 Nr. 2 oder 3 GewStG die Fehlbeträge i.S.d. § 10a Satz 3 GewStG und im Sanierungsjahr ungeachtet des § 10a Satz 2 GewStG die nach § 10a Satz 6 GewStG zum Ende des vorangegangenen Erhebungszeitraums gesondert festgestellten Fehlbeträge.

Daher ist in **Zeile 85** der Betrag der Minderung des vortragsfähigen Gewerbeverlustes einzutragen.

i) Zwischensumme

2085 In **Zeile 87** ist eine Zwischensumme aus den Zeilen 84a und 85 zu bilden.

j) Positiver Gewerbeertrag in 2025

2086 Ein positiver Gewerbeertrag der Sparte im EZ 2025 wird aus der Zeile 68 in die **Zeile 88** übertragen.

Im Fall einer Umwandlung mit steuerlicher Rückwirkung beim übernehmenden Rechtsträger ist die Summe der Beträge aus den Zeilen 64 und 65 in **Zeile 89** einzutragen.

In **Zeile 89a** ist eine Zwischensumme aus Zeile 88 und 89 zu bilden.

Ein verbleibender nach Anwendung des § 3a Abs. 3 Satz 2 Nr. 1 EStG geminderter **Sanierungsertrag** (Betrag lt. Zeile 144 des Vordrucks GewSt 1 A) ist in **Zeile 89b** einzutragen, soweit er dieser Sparte zuzurechnen ist.

In **Zeile 90** ist als Zwischensumme die Differenz der Zeilen 89a und 89b einzutragen.

k) Mindestbesteuerung (Zeilen 91–96)

2087 In **Zeile 91** erfolgt der Abzug des Sockelbetrags (§ 10a Satz 1 GewStG). Dazu wird bei der Sparte der jeweils niedrigere Betrag aus den Zeilen 84a oder 90 eingetragen, höchstens jedoch 1 Mio. €. Bei einer unternehmensbezogenen Sanierung ist der niedrigere Betrag aus Zeile 84a oder Zeile 90 (höchstens 1 Mio. €) zu erfassen.

Nun wird in **Zeile 92** die Differenz aus den Zeilen 90 und 91 ermittelt.

In **Zeile 93** wird der nach § 10a Satz 2 GewStG zu berücksichtigende Verlustabzug (= Betrag lt. Zeile 87 abzüglich Betrag lt. Zeile 91), jedoch höchstens 60 % der des Betrags aus Zeile 92, eingetragen.

Die Summe der Beträge der Zeilen 91 und 93 wird in die **Zeile 94** eingetragen.

Der Betrag lt. Zeile 85, jedoch höchstens der Betrag lt. Zeile 94, wird in **Zeile 95** eingetragen.

Die Summe der Zeilen 92 und 94 abzüglich der Zeile 95 wird in **Zeile 96** sowohl in die Vorspalte als auch, mit umgekehrten Vorzeichen, in der Hauptspalte eingetragen.

l) Teilbetriebsverluste

2088 In **Zeile 96a** ist der berücksichtigungsfähige Gewerbeverlust des laufenden Erhebungszeitraums (= negativer Betrag laut Zeile 67, bzw. wenn der Betrag lt. Zeile 66 Vorspalte negativ: Betrag lt. Zeile 66 Vorspalte). Ein berücksichtigungsfähiger Gewerbeverlust ist dabei ohne Vorzeichen einzutragen.

m) Verlustübernahme bei Verschmelzung/Anwachsung einer Personengesellschaft

2089 In **Zeile 97** ist ein übernommener Gewerbeverlust zum Ende des EZ im Falle der Anwachsung oder der Verschmelzung einer Personengesellschaft auf einen Gesellschafter zu erfassen.

n) Vortragsfähiger Gewerbeverlust für die Sparten zum 31.12.2025

2090 In **Zeile 98** wird mit der Bildung der Summe der Zeilen 87, 96 und 97 der Endbestand des vortragsfähigen Verlusts der Sparte zum Schluss des EZ ermittelt.

o) Vorzunehmender Verlustabzug (Zeile 99)

2091 Der insgesamt vorzunehmende Verlustabzug ergibt sich aus der Vorspalte der Zeile 96. Dieser ist in **Zeile 99** ein- und in **Zeile 69** des Vordrucks ÖHG (→ Rz. 2070) zu übertragen.

p) Anwachsung bei einer Organgesellschaft (Zeile 100)

2092 Ein vortragsfähiger Gewerbeverlust, der nach dem rechtswirksamen Abschluss des Gewinnabführungsvertrags bei der Personengesellschaft entstanden ist, für die Tätigkeit zum Schluss des EZ (R 10a.4 Satz 3 GewStR 2009), ist in **Zeile 100** einzutragen.

11. Fortführungsgebundener Gewerbeverlust (Zeilen 101–107)

	Fortführungsgebundener Gewerbeverlust nach § 10a Satz 11 und 12 GewStG in Verbindung mit § 8d KStG 40	
	Bei Organgesellschaften: Nur in den Fällen des § 10a Satz 3 GewStG	
101	Verbleibender festgestellter vortragsfähiger fortführungsgebundener Gewerbeverlust zum Schluss des vorangegangenen Erhebungszeitraums	
102	Davon ab: Untergang des festgestellten vortragsfähigen fortführungsgebundenen Gewerbeverlustes aufgrund eines schädlichen Ereignisses im Sinne des § 10a Satz 11 GewStG in Verbindung mit § 8d Absatz 2 KStG (Betrag laut Zeile 101)	
102a	Davon ab: Wegfall der Fortführungsgebundenheit bei Vorliegen eines schädlichen Beteiligungserwerbs nach § 10a Satz 10 GewStG in Verbindung mit § 8c KStG (Betrag laut Zeile 101)	
103	Davon ab: Im wegfallenden Gewerbeverlust enthaltener vortragsfähiger fortführungsgebundener Gewerbeverlust (im Betrag laut Zeile 84 enthalten, höchstens Betrag laut Zeile 101 abzüglich Summe der Beträge laut Zeilen 102 und 102a)	
104	Davon ab: Verrechnung mit dem vortragsfähigen fortführungsgebundenen Gewerbeverlust (Summe der Beträge laut Zeilen 85 und 99, höchstens Betrag laut Zeile 101 abzüglich der Summe der Beträge laut Zeilen 102 bis 103)	
105 frei 106	Wenn im Erhebungszeitraum ein schädlicher Beteiligungserwerb im Sinne des § 10a Satz 10 GewStG in Verbindung mit § 8c KStG erfolgte und die Voraussetzungen zur Anwendung des § 8d KStG erfüllt sind: Dazu: Zugang zum vortragsfähigen fortführungsgebundenen Gewerbeverlust (Betrag laut Zeile 98 abzüglich Betrag laut Zeile 101 zuzüglich Summe der Beträge laut Zeilen 102 bis 104)	
107	Im Betrag laut Zeile 98 enthaltener zum Schluss des Erhebungszeitraums verbleibender vortragsfähiger fortführungsgebundener Gewerbeverlust	

Organgesellschaften brauchen in den **Zeilen 101 bis 107** keine Eintragungen zum fortführungsgebundenen Gewerbeverlust vorzunehmen. 2093

Verfügt die Sparte über einen fortführungsgebundenen Gewerbeverlust (§ 10a Satz 10 GewStG i.V.m. § 8d KStG), ist in **Zeile 101** der zum Schluss des vorangegangenen EZ festgestellte verbleibende fortführungsgebundene Gewerbeverlust einzutragen.

In **Zeile 102** ist bei Eintritt eines schädlichen Ereignisses (vgl. § 8d Abs. 2 KStG) untergehende fortführungsgebundene Gewerbeverlust einzutragen.

Entfällt die Fortführungsgebundenheit bei Vorliegen eines schädlichen Beteiligungserwerbs, ist der Betrag lt. Zeile 101 nochmals in **Zeile 102a** zu erfassen.

Von dieser Zwischensumme wird nun durch Eintragung der in dem Betrag lt. Zeilen 84 enthaltene vortragsfähige fortführungsgebundenen Gewerbeverlust (höchstens der Betrag von Zeile 101 abzgl. Zeilen 102 und 102a) in **Zeile 103** eingetragen.

Die Verrechnung mit dem vortragsfähigen fortführungsgebundenen Gewerbeverlust ist die Summe der Beträge lt. Zeilen 85 und 99, jedoch höchstens der Betrag lt. Zeile 101 abzüglich der Summe der Beträge lt. Zeilen 102 und 103. Diese wird in **Zeile 104** erfasst.

Erfolgt im EZ ein schädlicher Beteiligungserwerbs nach § 8c KStG für den die Voraussetzungen des § 8d KStG gegeben sind, ist ein sich daraus nach § 10a Satz 11 und 12 GewStG ergebender Zugang zum vortragsfähigen fortführungsgebundenen Gewerbeverlust in **Zeile 106** zu erfassen. Der als Zugang einzutragende Wert ermittelt sich aus dem Betrag laut Zeile 98 abzüglich des Betrags laut Zeile 101 zuzüglich der Summe der Beträge laut Zeilen 102 und 104.

Die Differenz der Zeile 101 abzüglich der Summe der Zeilen 102 bis 104 zuzüglich der Zeile 106 ergibt den in **Zeile 107** einzutragenden zum Schluss des EZ verbleibenden vortragsfähigen fortführungsgebundenen Gewerbeverlust zum 31.12.2025, der in dem Betrag lt. Zeile 98 enthalten ist. 2094

C. Umsatzsteuererklärung

I. USt 2 A – Umsatzsteuererklärung 2025

1. Vorbemerkung

2095 Die **Muster der Umsatzsteuererklärung 2025** wurden mit BMF-Schreiben v. 9.12.2024[1] herausgegeben. Die Änderungen beziehen sich auf das JStG 2024 v. 2.12.2024[2] sowie auf zeitliche Anpassungen oder sind redaktioneller oder drucktechnischer Art. Dem Muster der Umsatzsteuererklärung ist eine Anleitung zur Umsatzsteuererklärung 2025 (USt 2 E) beigefügt, die sich auf erforderliche Kurzhinweise beschränkt und nicht alle Themen ausführlich abhandeln kann.

2096 Unternehmer, die vom FA zur Abgabe der Erklärungsvordrucke aufgefordert werden oder die nach der „Öffentlichen Aufforderung zur Abgabe von Steuererklärungen" eine Umsatzsteuererklärung abzugeben haben, sind verpflichtet, die Umsatzsteuererklärung auszufüllen.

2097 Die Verpflichtung zur Abgabe von Umsatzsteuererklärungen für das Kj. ist in § 18 Abs. 3 UStG geregelt. Abgabetermin ist für den Besteuerungszeitraum 2025 der 31.7.2026. Steuerlich beratenen Personen gewährt die FinVerw. jedoch für den Besteuerungszeitraum 2025 eine Fristverlängerung bis zum 31.3.2027 (Montag) und auf Antrag auch weitere Fristverlängerungen. Sollte der Unternehmer annehmen, eine Umsatzsteuererklärung nicht abgeben zu müssen, oder falls eine Fristverlängerung erforderlich wird, sollte er dies dem FA rechtzeitig mitteilen. Wird die Umsatzsteuererklärung nicht oder nicht rechtzeitig abgegeben, kann das FA einen Verspätungszuschlag festsetzen. Die Abgabe der Umsatzsteuererklärung kann außerdem durch Zwangsmittel erzwungen werden (§§ 328 ff. AO).

Praxishinweis:

Die Erklärungsfristen des § 149 AO und die damit zusammenhängenden Fristen und Termine (§ 109 Abs. 2, § 149 Abs. 4, § 152 Abs. 2 und § 233a Abs. 2 AO) wurden durch das Vierte Gesetz zur Umsetzung steuerlicher Hilfsmaßnahmen zur Bewältigung der Corona-Krise (Viertes Corona-Steuerhilfegesetz) v. 19.6.2022 für den Besteuerungszeitraum 2020 verlängert. Ferner wurden auch für die Besteuerungszeiträume 2021 bis 2024 vergleichbare Regelungen getroffen, durch die die gesetzlichen Fristverlängerungen (spätestens) bis zum Besteuerungszeitraum 2025 wieder abgebaut werden.[3] Einzelheiten enthält das BMF-Schreiben v. 23.6.2022.[4]

Im Regelfall steht die Festsetzung von Verspätungszuschlägen wie bisher im Ermessen der Finanzbehörde (§ 152 Abs. 1 AO). Die Festsetzung eines Verspätungszuschlags ist insb. naheliegend, wenn der Steuerpflichtige seine Erklärungspflichten wiederholt verletzt hat. Nur in den Fällen des § 152 Abs. 2 AO ist die Festsetzung des Verspätungszuschlags gesetzlich vorgeschrieben.

2098 Der Unternehmer hat für das Kj. oder für einen kürzeren Besteuerungszeitraum eine Steuererklärung nach amtlich vorgeschriebenem Datensatz durch Datenfernübertragung authentifiziert zu übermitteln, in der er die zu entrichtende Steuer oder den Überschuss, der sich zu seinen Gunsten ergibt, nach § 16 Abs. 1 bis 4 und § 17 UStG selbst zu berechnen hat. Für die elektronische authentifizierte Übermittlung wird ein Zertifikat benötigt. Nach kostenloser Registrierung auf der Internetseite www.elster.de ist dieses zu erhalten. Zu beachten ist, dass die Registrierung bis zu zwei Wochen dauern kann. Programme zur elektronischen Übermittlung sind unter www.elster.de/elsterweb/softwareprodukt zu finden. Auf Antrag kann das FA zur Vermeidung von unbilligen Härten auf eine elektronische Übermittlung verzichten; in diesem Fall hat der Unternehmer eine Steuererklärung nach amtlich vorgeschriebenem Vordruck abzugeben und eigenhändig zu unterschreiben.

Beratungshinweis:

Für die elektronische Übermittlung von Steuererklärungen und sonstigen für das automatisierte Besteuerungsverfahren erforderlichen Unterlagen sind die Regelungen in § 72a Abs. 1 bis 3 und § 87a Abs. 6 sowie in den §§ 87b bis 87d AO unmittelbar anzuwenden.

Praxishinweis:

Die Muster der Umsatzsteuererklärung werden stets vor dem jeweiligen Jahresbeginn bekannt gegeben. Damit wird es den Unternehmern, die ihr Unternehmen im laufenden Jahr einstellen und danach zur Abgabe der Umsatzsteuererklärung innerhalb von einem Monat verpflichtet sind, ermöglicht, bereits den für das entsprechende Kj. gültigen Vordruck zu verwenden. Da auch die Formulare und Datensätze zur elektronischen Übermittlung der Umsatzsteuererklärung künftig bereits zum Jahresbeginn bereitgestellt werden, können die Unternehmer, die ihr Unternehmen im laufenden Jahr einstellen, ihrer grundsätzlichen Verpflichtung zur elektronischen Übermittlung der Umsatzsteuererklärung nachkommen.

Die **Muster der Umsatzsteuererklärung 2026** wurden mit BMF-Schreiben v. 29.12.2025[5] herausgegeben.

2099 Die mit der Selbstberechnung der Steuer verbundene Steuererklärung ist eine Steueranmeldung i.S.d. § 167 AO und steht einer Steuerfestsetzung unter Vorbehalt gleich (§ 168 Satz 1 AO). Führt diese Steueranmeldung zu einem Überschuss (Steuervergütung), tritt diese Folge erst nach Zustimmung durch das FA ein (vgl. § 168 Satz 2 AO). Diese Zustimmung bedarf keiner besonderen Form. Wenn sie dem Unternehmer durch Abrechnung bekannt gegeben wird, handelt es sich um einen Verwaltungsakt.[6] Der Unterschiedsbetrag zugunsten des Unternehmers ist nach der erforderlichen Zustimmung entweder zu erstatten oder zu verrechnen. Erstattungen werden ggf. verzinst (→ Rz. 2100).

1) BMF v. 9.12.2024, III C 3 – S 7344/19/10002 :007, BStBl I 2024, 1658.
2) Jahressteuergesetz 2024 (JStG 2024) v. 2.12.2024, BGBl. I 2024 Nr. 387 = BStBl I 2024, 1484.
3) Viertes Corona-Steuerhilfegesetz v. 19.6.2022, BGBl. I 2022, 911 = BStBl I 2022, 931.
4) BMF v. 23.6.2022, IV A 3 – S 0261/20/10001 :018, BStBl I 2022, 938.
5) BMF v. 29.12.2025, III C 3 – S 7344/00040/008/034, BStBl I 2025, 2126.
6) BFH v. 28.2.2002, V R 42/01, BStBl II 2002, 642.

2100 Berechnet der Unternehmer die zu entrichtende Steuer oder den Überschuss abweichend von der Summe der Vorauszahlungen, ist der Unterschiedsbetrag zugunsten des FA einen Monat nach dem Eingang der Steueranmeldung fällig. Der Unterschiedsbetrag zugunsten des Unternehmers ist erst nach Zustimmung durch das FA und nach Kenntnisnahme hiervon fällig (vgl. § 220 Abs. 2 Satz 2 AO). Das FA kann bei Abweichung der Steueranmeldung von der tatsächlich zu entrichtenden Steuer die Steuer selbst festsetzen (§ 18 Abs. 4 Satz 2 UStG). In diesem Fall ist der Unterschiedsbetrag zugunsten des FA einen Monat nach Bekanntgabe des Steuerbescheids fällig. Der Vorbehalt der Nachprüfung muss in diesem Fall besonders angesprochen werden (vgl. § 164 Abs. 1 Satz 1 AO), ansonsten wirkt der Bescheid ohne Vorbehalt. Ein evtl. nachzuzahlender Betrag ist zu verzinsen. Der Zinslauf beginnt 15 Monate nach Ablauf des Kj., in dem die Steuer entstanden ist (§ 233a AO).

2101 Die Fälligkeit rückständiger Vorauszahlungen bleibt von der Steueranmeldung und Zahlung der Jahressteuer unberührt (§ 18 Abs. 4 Satz 3 UStG).

2. Abschnitt A – Allgemeine Angaben (Zeilen 1–21)

a) Angaben zum Finanzamt, zur Steuernummer und zu einer berichtigten Steuererklärung (Zeilen 1–3)

2025

Umsatzsteuererklärung — Eingangsstempel — 11

An das Finanzamt

1

Steuernummer 121

2

3 **Berichtigte Steuererklärung** 110 1 = Ja

2102 Nach § 21 Abs. 1 AO ist für die Umsatzbesteuerung das FA zuständig, von dessen Bezirk aus der Unternehmer sein Unternehmen ganz oder überwiegend betreibt. Im Ausland ansässige Unternehmer haben die Umsatzsteuererklärung bei dem nach der Umsatzsteuer-Zuständigkeitsverordnung[1)] zentral zuständigen FA abzugeben (vgl. Tabelle → Rz. 2648). In **Zeile 1** ist das zuständige FA und in **Zeile 2** ist die vom FA erteilte Steuernummer einzutragen.

2103 In **Zeile 3** (Kz 110) ist eine „1" einzutragen, wenn es sich um eine **berichtigte Umsatzsteuererklärung** handelt (weil z.B. Umsätze nachgemeldet oder abziehbare Vorsteuerbeträge berichtigt werden).

2104 Gibt der Unternehmer nachträglich eine berichtigte Steueranmeldung ab (vgl. § 153 AO), führt dies im Verhältnis zu der bisherigen Steuerfestsetzung unter dem Vorbehalt der Nachprüfung zu einer weiteren Steuerfestsetzung unter dem Vorbehalt der Nachprüfung. Auch in diesem Fall gilt § 168 AO.

1) https://www.bzst.de/SharedDocs/Downloads/DE/Merkblaetter/ust_zustaendigkeit.pdf?__blob=publicationFile&v=5.

b) Abschnitt A – Allgemeine Angaben (Zeilen 4–13)

Zeile	A. Allgemeine Angaben		
4	Wirtschafts-Identifikationsnummer D E		
5	Name des Unternehmers		
6	ggf. abweichender Firmenname		
7	Art des Unternehmens		
8	Straße		
9	Hausnummer	Hausnummerzusatz	Adressergänzung
10	Postleitzahl	Ort	
11	Postleitzahl	Postfach	
12	Telefon		
13	E-Mail-Adresse		

aa) Unternehmerbegriff

2105 § 1 Abs. 1 UStG enthält den Katalog der steuerbaren Umsätze, die selbständig nebeneinanderstehen. Zu unterscheiden sind Lieferungen und sonstige Leistungen, die ein Unternehmer im Inland gegen Entgelt im Rahmen seines Unternehmens ausführt; der Entnahme- und Leistungseigenverbrauch (unentgeltliche Wertabgaben → Rz. 2254 ff.) und unentgeltliche Zuwendungen werden den entgeltlichen Lieferungen bzw. sonstigen Leistungen gleichgestellt (vgl. § 3 Abs. 1b und Abs. 9a UStG). Außerdem ist zu unterscheiden die Einfuhr von Gegenständen im Inland oder in den österreichischen Gebieten Jungholz und Mittelberg sowie der innergemeinschaftliche Erwerb im Inland gegen Entgelt.

2106 Das Gesetz fasst die vorgenannten drei Tatbestände unter dem Begriff „steuerbare Umsätze" zusammen. Liegen die Voraussetzungen des § 1 Abs. 1 Nr. 1, 4 und 5 UStG vor, werden also durch Vorgänge die Tatbestandsmerkmale der genannten Vorschrift erfüllt, handelt es sich um steuerbare Umsätze. Fehlt nur ein Tatbestandsmerkmal, wird z.B. eine Lieferung von einem Nichtunternehmer oder einem Unternehmer im nichtunternehmerischen Bereich ausgeführt oder eine Lieferung oder sonstige Leistung nicht im Inland, sondern im Ausland erbracht, liegt ein nichtsteuerbarer Umsatz vor. Steuerbare Umsätze können entweder steuerpflichtig oder steuerfrei sein. Sie sind steuerpflichtig, wenn keine besonderen Befreiungsvorschriften (§ 4 UStG) gelten.

2107 Als Unternehmer kommen **natürliche Personen, nichtrechtsfähige Personenvereinigungen**, wie z.B. offene Handelsgesellschaften, Kommanditgesellschaften, Gesellschaften bürgerlichen Rechts, Erbengemeinschaften, **juristische Personen des öffentlichen Rechts** (z.B. Gemeinden, Kreisverbände, Kirchengemeinden) und **juristische Personen des privaten Rechts** (z.B. Aktiengesellschaften, Gesellschaften mit beschränkter Haftung, Genossenschaften, rechtsfähige Vereine) in Betracht. Dabei kommt es nach der Rechtsprechung des BFH weder auf die Rechtsform noch auf die Rechtsfähigkeit des Leistenden an.[1]

2108 Auch eine Personenvereinigung, die nur gegenüber ihren Mitgliedern tätig wird, kann mit der entgeltlichen Überlassung von Gemeinschaftsanlagen unternehmerisch tätig sein.[2] Dagegen ist die Gewährung von Gesellschaftsanteilen gegen Entgelt kein steuerbarer Umsatz der Gesellschaft.[3] Auch nichtrechtsfähige Personengemeinschaften können Unternehmer sein (insb. nichtrechtsfähige Vereine, Gesellschaften des bürgerlichen Rechts, Erbengemeinschaften, Grundstücksgemeinschaften, Belegschaften, Arbeitsgemeinschaften, Gelegenheitsgesellschaften, Interessengemeinschaften, offene Handelsgesellschaften, Kommanditgesellschaften, Zweckvermögen). Darüber hinaus können auch andere Wirtschaftsgebilde, die nach außen auftreten und Umsätze ausführen, Unternehmer sein (z.B. ein Künstlerquartett).

2109 Bei Sportveranstaltungen auf eigenem Sportplatz ist der Platzverein als Unternehmer anzusehen und mit den gesamten Einnahmen zur Umsatzsteuer heranzuziehen.[4] Tritt bei einer Sportveranstaltung nicht einer der beteiligten Vereine, sondern der jeweilige Verband als Veranstalter auf, hat der veranstaltende Verband die Gesamt-

1) Vgl. BFH v. 21.4.1994, V R 105/91, BStBl II 1994, 671.
2) BFH v. 28.11.2002, V R 18/01, BStBl II 2003, 443.
3) BFH v. 1.7.2004, V R 32/00, BStBl II 2004, 1022.
4) Zur steuerlichen Behandlung der Umsätze von Sportveranstaltungen vgl. Abschn. 2.1 Abs. 6 UStAE.

einnahmen aus der jeweiligen Veranstaltung zu versteuern, während die Einnahmeanteile der beteiligten Vereine nicht der Umsatzsteuer unterworfen werden.[1)]

Wem eine **Leistung als Unternehmer zuzurechnen** ist, richtet sich danach, wer dem Leistungsempfänger gegenüber als Schuldner der Lieferung oder sonstigen Leistung auftritt.[2)] Bei Schein- oder Strohmanngeschäften kann die Leistung auch einer anderen als der nach außen auftretenden Person zuzurechnen sein.[3)] Andererseits kann der Strohmann aber auch der Leistende sein.[4)] **2110**

Ist zweifelhaft, wer die Leistung ausgeführt hat, ist mit besonderer Sorgfalt zu prüfen, wer das umsatzsteuerliche Rechtssubjekt ist. Entscheidend ist, **wer nach außen als Leistender auftritt**, insb. auf wessen Namen das Gewerbe beim Gewerbeamt angemeldet ist, wem die Gewerbegenehmigung erteilt wurde, wer Steuererklärungen unterzeichnet und Steuerzahlungen leistet, wessen Name, Anschrift und Bankverbindung auf den Briefbogen und Briefumschläge angegeben wird. **2111**

Unternehmer ist, wer eine gewerbliche oder berufliche Tätigkeit selbständig ausübt, unabhängig davon, ob er nach anderen Vorschriften rechtsfähig ist (§ 2 Abs. 1 Satz 1 UStG). Gewerblich oder beruflich ist jede nachhaltige Tätigkeit zur Erzielung von Einnahmen, auch wenn die Absicht, Gewinn zu erzielen, fehlt oder eine Personenvereinigung nur gegenüber ihren Mitgliedern tätig wird (§ 2 Abs. 1 Satz 3 UStG). Natürliche und juristische Personen sowie Personenzusammenschlüsse können Unternehmer sein.[5)] **2112**

Praxishinweis:

Die Regelung in § 2 Abs. 1 Satz 1 UStG stellt klar, dass die Unternehmereigenschaft i.S.d. Umsatzsteuerrechts unabhängig davon bestehen kann, ob der Handelnde nach anderen Vorschriften rechtsfähig ist. Unternehmer können daher auch nicht rechtsfähige Personengemeinschaften, wie z.B. **Bruchteilsgemeinschaften** sein.

Mit Urteil v. 22.11.2018[6)] hat der V. Senat des BFH entgegen der bis dahin ständigen Rspr. sowie der geltenden Verwaltungsauffassung entschieden, eine Bruchteilsgemeinschaft könne nicht Unternehmer sein.

Literatur und Praxis haben dieses Urteil deutlich kritisiert. Gegenstand der Kritik ist dabei zum einen der Inhalt der Entscheidung. Insbesondere weisen die Kritiker auf eine Reihe von Praxisproblemen wie die Formalität der Rechnung, Vorsteuerberechtigung und Vervielfachung der Kleinunternehmereigenschaft hin. Zum anderen kritisieren Literatur und Praxis, dass der V. Senat des BFH von der Rspr. des XI. Senats abweicht, ohne dass der XI. Senat des BFH auf Anfrage seine Rspr. aufgegeben habe und ohne den großen Senat des BFH angerufen zu haben. Es ist daher unklar, ob der XI. Senat an seiner bisherigen Rspr. festhält.

Die Regelung dient daher auch der Herstellung von Rechtssicherheit und Rechtsklarheit.

Eine **selbständige Tätigkeit** liegt vor, wenn sie auf eigene Rechnung und auf eigene Verantwortung ausgeübt wird. Ob Selbständigkeit oder Unselbständigkeit anzunehmen ist, richtet sich grundsätzlich nach dem Innenverhältnis zum Auftraggeber. Dabei kommt es nicht allein auf die vertragliche Bezeichnung, die Art der Tätigkeit oder die Form der Entlohnung an. Entscheidend ist das Gesamtbild der Verhältnisse. Es müssen die für und gegen die Selbständigkeit sprechenden Umstände gegeneinander abgewogen werden; die gewichtigeren Merkmale sind dann für die Gesamtbeurteilung maßgebend. Die Frage der Selbständigkeit ist für die Umsatz-, Einkommen- und Gewerbesteuer nach denselben Grundsätzen zu beurteilen.[7)] **2113**

Der **Begriff der gewerblichen oder beruflichen Tätigkeit** i.S.d. UStG geht über den Begriff des Gewerbebetriebs nach dem EStG oder GewStG hinaus. Eine gewerbliche oder berufliche Tätigkeit setzt voraus, dass Leistungen im wirtschaftlichen Sinne ausgeführt werden.[8)] Die gewerbliche oder berufliche Tätigkeit wird nachhaltig ausgeübt, wenn sie auf Dauer zur Erzielung von Entgelten angelegt ist. Ob dies der Fall ist, richtet sich nach dem Gesamtbild der Verhältnisse im Einzelfall. Die für und gegen die Nachhaltigkeit sprechenden Merkmale müssen gegeneinander abgewogen werden.[9)] **2114**

Die gewerbliche oder berufliche Tätigkeit wird nachhaltig ausgeübt, wenn die Absicht der Wiederholung besteht. Bei einem einmaligen Umsatz genügt ein vorweg gefasster, auf Wiederholung gerichteter Willensentschluss zur Annahme der Nachhaltigkeit, wenn aus den Umständen auf den Willen des Liefernden oder Leistenden zu schließen ist, das Geschäft bei sich bietender Gelegenheit zu wiederholen. Nachhaltigkeit ist schon dann anzunehmen, wenn tatsächlich mehrere Handlungen unter Ausnutzung derselben Gelegenheit oder derselben dauernden Verhältnisse angenommen werden. Diese Voraussetzungen erfüllt insb. derjenige, der sich wie ein Händler verhält, weil er An- und Verkäufe planmäßig mit auf Güterumschläge gerichteter Absicht tätigt. Die Kriterien, die für oder gegen eine Nachhaltigkeit sprechen, müssen gegeneinander abgewogen werden. Kriterien, die für eine Nachhaltigkeit sprechen, hat der BFH mit seinem Urteil v. 18.7.1991[10)] aufgestellt. Insbesondere kommen danach für eine Nachhaltigkeit folgende Kriterien in Betracht: **2115**

- mehrjährige Tätigkeit,
- planmäßiges Handeln,

---

1) Vgl. Abschn. 2.1 Abs. 6 Satz 4 UStAE.
2) Abschn. 2.1 Abs. 3 Satz 1 UStAE.
3) BFH v. 15.9.1994, XI R 56/93, BStBl II 1995, 275.
4) BFH v. 28.1.1999, V R 4/98, BStBl II 1999, 628.
5) Abschn. 2.1 Abs. 1 Satz 1 UStAE.
6) BFH v. 22.11.2018, V R 65/17, BFHE 263, 90, HFR 2019, 303, DB 2019, 345.
7) Abschn. 2.2 Abs. 1 UStAE.
8) Abschn. 2.3 Abs. 1 Satz 1 und 2 UStAE.
9) Abschn. 2.3 Abs. 2 Satz 1 bis 3 UStAE.
10) BFH v. 18.7.1991, V R 86/87, BStBl II 1991, 776.

- auf Wiederholung angelegte Tätigkeit,
- die Ausführung mehr als nur eines Umsatzes,
- Vornahme mehrerer gleichartiger Handlungen unter Ausnutzung derselben Gelegenheit desselben dauernden Verhältnisses,
- langfristige Duldung eines Eingriffs in den eigenen Rechtskreis,
- Intensität des Tätigwerdens,
- Beteiligung am Markt,
- Auftreten wie ein Händler,
- Unterhalten eines Geschäftslokals,
- Auftreten nach außen, z.B. gegenüber Behörden.

2116 Die Tätigkeit muss auf die **Erzielung von Einnahmen** gerichtet sein.[1] Die Absicht, Gewinne zu erzielen, ist nicht erforderlich. Mit Urteil v. 14.2.1992[2] weist der BFH darauf hin, dass ein Studium eines Nichtunternehmers nicht zum Vorsteuerabzug berechtigt, weil die hierzu erforderliche spätere Aufnahme der unternehmerischen Tätigkeit noch von weiteren, während des Studiums nicht vorhersehbaren Umständen abhängt.

2117 Unternehmer, die mit ihrer gewerblichen oder beruflichen Tätigkeit Verluste erwirtschaften, müssen dennoch ihre Einnahmen der USt unterwerfen. Gemeinnützige Vereine unterliegen mit den Einnahmen aus Zweckbetrieben (z.B. sportliche Veranstaltungen) und aus wirtschaftlichen Geschäftsbetrieben (z.B. Vereinsgaststätte) ebenfalls der USt.

2118 Die **Unternehmereigenschaft beginnt** mit dem ersten nach außen erkennbaren, auf eine Unternehmertätigkeit gerichteten Tätigwerden, wenn die spätere Ausführung entgeltlicher Leistungen ernsthaft beabsichtigt ist (Verwendungsabsicht) und die Ernsthaftigkeit dieser Absicht durch objektive Merkmale nachgewiesen oder glaubhaft gemacht wird. In diesem Fall entfällt die Unternehmereigenschaft – außer in den Fällen von Betrug und Missbrauch – nicht rückwirkend, wenn es später nicht oder nicht nachhaltig zur Ausführung entgeltlicher Leistungen kommt.[3] Als Nachweis für die Ernsthaftigkeit sind Vorbereitungshandlungen anzusehen, wenn bezogene Gegenstände oder in Anspruch genommene sonstige Leistungen (Eingangsleistungen) ihrer Art nach nur zur unternehmerischen Verwendung oder Nutzung bestimmt sind oder in einem objektiven und zweifelsfrei erkennbaren Zusammenhang mit der beabsichtigten unternehmerischen Tätigkeit stehen.[4] Bei Vorbereitungshandlungen, die ihrer Art nach sowohl zur unternehmerischen als auch zur nichtunternehmerischen Verwendung bestimmt sein können (z.B. Erwerb eines Computers oder eines Kraftfahrzeugs), ist vor der ersten Steuerfestsetzung zu prüfen, ob die Verwendungsabsicht durch objektive Anhaltspunkte nachgewiesen ist.[5]

2119 Das **Ende der Unternehmereigenschaft** ist losgelöst vom ertragsteuerlichen Zeitpunkt der Betriebsveräußerung oder Betriebsaufgabe zu bestimmen. Sie endet grundsätzlich mit dem letzten Tätigwerden im Rahmen des Unternehmens. Die nach der Betriebseinstellung erfolgende Veräußerung von Gegenständen des Betriebsvermögens oder die nachträgliche Vereinnahmung von Entgelten gehören noch zur Unternehmertätigkeit.[6]

2120 **Geschäftsveräußerungen** oder Teilgeschäftsveräußerungen unterliegen nicht der Umsatzsteuer (§ 1 Abs. 1a UStG). Voraussetzung ist, dass die andere Person oder Gesellschaft das Unternehmen fortführt. Über Geschäftsveräußerungen oder Teilgeschäftsveräußerungen darf nicht mit gesondertem Ausweis von Umsatzsteuer abgerechnet werden. Die Verträge oder Rechnungen erfordern jedoch Angaben zum Vorsteuerabzug bei Wirtschaftsgütern des Anlagevermögens, bei denen der Zeitraum für eine Berichtigung des Vorsteuerabzugs nach § 15a UStG im Zeitpunkt der Veräußerung, Übertragung oder Einbringung noch nicht abgelaufen ist (→ Rz. 2557 ff.).

Praxishinweis:

Die nach § 1 Abs. 1a UStG nicht steuerbaren Umsätze im Rahmen einer Geschäftsveräußerung im Ganzen sind in Abschnitt H Zeile 73 (Kz 211) einzutragen (→ Rz. 2442).

2121 Ein **Übergang der Unternehmereigenschaft** auf einen Rechtsnachfolger, z.B. den Erben, ist nur möglich, wenn dieser die Voraussetzungen erfüllt, die das Umsatzsteuerrecht an die Unternehmereigenschaft knüpft.[7] Der Rechtsnachfolger ist dann Unternehmer, wenn er die gewerbliche oder berufliche Tätigkeit des Erblassers fortsetzt und selbst nachhaltig zur Erzielung von Einnahmen tätig wird. Wird der Rechtsnachfolger nicht Unternehmer, muss er dennoch als Gesamtrechtsnachfolger des Erblassers nachträglich vereinnahmte Entgelte versteuern, Umsatzsteuererklärungen abgeben und die geschuldete Umsatzsteuer ans FA entrichten.

2122 Die **Wirtschafts-Identifikationsnummer** in **Zeile 4** dient der eindeutigen Identifizierung von juristischen Personen, Personenvereinigungen und natürlichen Personen, die wirtschaftlich tätig sind. Sie wird schrittweise vom BZSt zugeteilt. Eine Eintragung ist hier nur dann möglich, wenn die Wirtschafts-Identifikationsnummer bereits bekannt ist.

1) EuGH v. 29.2.1996, C-110/94, BStBl II 1996, 655; Abschn. 2.3 Abs. 8 UStAE.
2) BFH v. 14.2.1992, VI R 26/90, BStBl II 1992, 556.
3) Abschn. 2.6 Abs. 1 Satz 1 und 2 UStAE.
4) Abschn. 2.6 Abs. 2 UStAE.
5) Abschn. 2.6 Abs. 3 Satz 1 UStAE.
6) Abschn. 2.6 Abs. 6 UStAE.
7) Abschn. 2.6 Abs. 5 UStAE.

In **Zeile 5** ist bei natürlichen Personen Vor- und Zuname, bei Gesellschaften die Bezeichnung und in **Zeile 6** ggf. ein abweichender Firmenname unter der die Gesellschaft auftritt, anzugeben. **2123**

In **Zeile 7** sind über die **Art des Unternehmens** genaue Angaben zu machen. Angaben allgemeiner Art, wie z.B. Einzelhandel, Kaufmann, Fabrikant, reichen nicht aus. **2124**

Praxishinweis:

Es sollte erkennbar sein, welche Waren umgesetzt werden, ob der Unternehmer Hersteller, Großhändler oder Einzelhändler ist oder welche Art von Dienstleistungen ausgeführt wird.

Beispiele:

Lebensmitteleinzelhandel, Einzelhandel mit Haushaltungsgeräten, Einzelhandel mit Eisenwaren, Zeitschriften- und Schreibwarengeschäft, Großhandel mit Tabakwaren, Handelsvertreter mit Schmuckwaren, Möbelfabrik, Einfuhrhandel mit Südfrüchten, Ausfuhrhandel mit Spielwaren, Gärtnerei mit Blumen und Gemüse, Gastwirtschaft, Restaurant.

Umfasst das Unternehmen mehrere Betriebe oder übt der Unternehmer mehrere Berufe aus, sind diese gesondert aufzuführen; der Betrieb oder Beruf mit dem nachhaltig höchsten Umsatz (Unternehmensschwerpunkt) ist durch Unterstreichen kenntlich zu machen. **2125**

Beratungshinweis:

Die Berufsbezeichnung ist bei freien Berufen genau zu bezeichnen, z.B. Schriftsteller, Kunstmaler, Facharzt für innere Krankheiten, praktischer Arzt, Rechtsanwalt und Notar.

In **Zeilen 8 bis 10** sind die Anschrift (Straße, Haus-Nr. und Ort) einzutragen. Es ist der **Ort der Leitung** und ggf. auch der **Sitz des Unternehmens**, anzugeben. **2126**

In **Zeile 11** ist neben der Postleitzahl das Postfach anzugeben. In **Zeile 12** ist die Telefonnummer, unter der der Unternehmer erreichbar ist und in **Zeile 13** die E-Mail-Adresse (falls vorhanden). **2127**

bb) Unternehmen

Nach § 2 Abs. 1 Satz 2 UStG umfasst das Unternehmen die gesamte gewerbliche und berufliche Tätigkeit des Unternehmers. Nach § 1 Abs. 1 Nr. 1 UStG sind nur solche Leistungen steuerbar, die ein Unternehmer im Rahmen seines Unternehmens ausführt, die also im Unternehmensbereich anfallen. Nach § 15 Abs. 1 UStG kann der Unternehmer nur die Vorsteuern auf Eingangsleistungen abziehen, die für sein Unternehmen ausgeführt worden sind. Die unentgeltlichen Wertabgaben nach § 3 Abs. 1b und Abs. 9a UStG setzen schließlich voraus, dass der Unternehmer einen außenunternehmerischen Bereich hat. **2128**

Das Unternehmen umfasst die gesamte Leistungserbringung des Unternehmers, also alle selbständig ausgeübten gewerblichen oder beruflichen Tätigkeiten, unabhängig davon, ob sie gleich, gleichartig oder verschieden sind, sowie sämtliche diesem Zweck dienenden Vermögenswerte. Danach bilden alle Betriebe oder Betriebsteile eines Unternehmers ein einheitliches Unternehmen. Dies führt dazu, dass Leistungen zwischen einzelnen Betrieben desselben Unternehmers als Innenumsätze nicht der Umsatzsteuer unterliegen (z.B. Verbringen von Holz eines Sägewerks in eine vom Forstwirt betriebene Tischlerei). **2129**

Die Umsätze der **Organgesellschaften** sind ausschließlich in der Umsatzsteuererklärung des Organträgers zu erfassen. Innerhalb des Organkreises handelt es sich um nichtsteuerbare Innenumsätze (→ Rz. 2371 ff.). **2130**

cc) Selbständigkeit natürlicher Personen

Eine selbständige Tätigkeit liegt vor, wenn sie auf eigene Rechnung und auf eigene Verantwortung ausgeübt wird.[1] Ob Selbständigkeit oder Unselbständigkeit anzunehmen ist, richtet sich grundsätzlich nach dem Innenverhältnis zum Auftraggeber. **2131**

Die Frage der Selbständigkeit einer natürlichen Person ist für die Umsatz-, Einkommen- und Gewerbesteuer nach denselben Grundsätzen zu beurteilen. Dies gilt jedoch nicht, wenn die Vergütung für die Ausübung einer bei Anwendung dieser Grundsätze nichtselbständig ausgeübten Tätigkeit ertragsteuerrechtlich auf Grund der Sonderregelung des § 15 Abs. 1 Satz 1 Nr. 2 EStG zu Gewinneinkünften umqualifiziert werden. Geschäftsführungsleistungen eines GmbH-Geschäftsführers können als selbständig i.S.d. § 2 Abs. 2 Nr. 1 UStG zu beurteilen sein. Die Organstellung des GmbH-Geschäftsführers steht dem nicht entgegen.[2] **2132**

Hinsichtlich der Behandlung der folgenden Gruppen wird auf die jeweiligen Fundstellen verwiesen: **2133**

- Reisevertreter, Bezirksstellenleiter der Lotto- und Totogesellschaften, Versicherungsvertreter, Hausgewerbetreibender und Heimarbeiter;[3]
- zur Selbständigkeit von **Fahrlehrern**;[4]

1) Vgl. Abschn. 2.2 Abs. 1 Satz 1 UStAE.
2) Vgl. BFH v. 10.3.2005, V R 29/03, BStBl II 2005, 730; Abschn. 2.2 Abs. 2 Satz 5 UStAE.
3) Vgl. R 15.1 Abs. 1 und 2 EStR 2012.
4) Vgl. Abschn. 2.2 Abs. 3 Satz 1 UStAE.

- zur Selbständigkeit von ehrenamtlichen Kommissionsmitgliedern;[1]
- zur Unternehmereigenschaft der **Lotterieeinnehmer** und amtlichen Verkaufsstellen beim Verkauf von Losen der Süddeutschen Klassenlotterie;[2]
- zur Unternehmereigenschaft der Fleischbeschautierärzte, Fleischbeschauer und Trichinenschauer.[3]

2134 Eine natürliche Person ist mit ihrer Tätigkeit im Rahmen eines Arbeitnehmer-Überlassungsvertrags Arbeitnehmer und nicht Unternehmer im Rahmen eines Werks- oder Dienstvertrags. Demgegenüber ist ein Kommanditist als Mitglied eines Beirats, dem vor allem Zustimmungs- und Kontrollrechte übertragen sind, gegenüber der Gesellschaft, selbständig tätig.[4] Ein Rechtsanwalt, der für eine Rechtsanwaltskanzlei als Insolvenzverwalter tätig wird, ist insoweit nicht als Unternehmer zu beurteilen. Dies gilt sowohl für einen angestellten als auch für einen an der Kanzlei als Gesellschafter beteiligten Rechtsanwalt, selbst wenn dieser ausschließlich als Insolvenzverwalter tätig ist und im eigenen Namen handelt.[5] Fahrlehrer, denen keine Fahrschulerlaubnis erteilt ist, können im Verhältnis zum Inhaber der Fahrschule selbständig sein.[6]

2135 Natürliche Personen können zum Teil selbständig, zum Teil unselbständig sein. In Krankenhäusern angestellte Ärzte sind insoweit selbständig tätig, als ihnen für die Behandlung von Patienten ein Liquidationsrecht zusteht.

2136 Vor allem Auftraggeber müssen bei Vergabe von Aufträgen an mehrere natürlichen Personen darauf achten, dass klare und eindeutige Werkverträge abgeschlossen werden und dass die in den Rechnungen/Gutschriften angegebenen Leistenden bzw. Leistungsempfänger den vertraglichen Vereinbarungen entsprechen. Bei Nichtbeachtung der erforderlichen Sorgfaltspflichten versagt das FA den Vorsteuerabzug, falls Gutschriftsempfänger bzw. Rechnungsaussteller und leistender Unternehmer nicht übereinstimmen.

2137 Eine **Personengesellschaft** des Handelsrechts ist immer selbständig. Lediglich nicht rechtsfähige Personenvereinigungen können als kollektive Zusammenschlüsse von Arbeitnehmern zwecks Anbietung der Arbeitskraft gegenüber einem gemeinsamen Arbeitgeber unselbständig sein.[7] Zusammenschlüsse von natürlichen Personen erbringen regelmäßig nur Leistungen als selbständige Unternehmer, wenn diese Personenmehrheit dem Leistungsempfänger als Schuldner der vereinbarten Leistung und Gläubiger des vereinbarten Entgelts gegenübersteht.[8]

2138 Der BFH hat in mehreren Urteilen zur Unternehmereigenschaft von juristischen Personen des öffentlichen Rechts (j.P.d.ö.R.) entschieden.[9] In diesen Entscheidungen legte der BFH § 2 Abs. 3 Satz 1 UStG unter Hinweis auf Art. 4 Abs. 5 6. EG-RL bzw. Art. 13 MwStSystRL richtlinienkonform aus. In Umsetzung dieser Rechtsprechung hat der Gesetzgeber § 2b UStG geschaffen, der ab 1.1.2017 anwendbar ist.

Für vor dem 1.1.2017 ausgeführte Leistungen ist die bisher zu § 2 Abs. 3 UStG vertretene Verwaltungsauffassung (vgl. insb. Abschn. 2.11 UStAE) weiterhin maßgeblich. Die FinVerw. beanstandet es jedoch nicht, wenn die j.P.d.ö.R. die hiervon abweichende BFH-Rechtsprechung der Besteuerung zu Grunde legt, sofern dies einheitlich für das gesamte Unternehmen erfolgt. Eine Beschränkung auf einzelne Tätigkeitsbereiche oder Leistungen sei nicht zulässig.[10]

Dies gilt nach dem BMF-Schreiben v. 27.7.2017 entsprechend, solange § 2 Abs. 3 UStG in der am 31.12.2015 geltenden Fassung infolge einer wirksamen Optionserklärung nach § 27 Abs. 22 Satz 3 UStG auf nach dem 31.12.2016 und vor dem 1.1.2021 ausgeführte Leistungen weiterhin anzuwenden ist.[11] Die ursprünglich vorgesehene Optionsmöglichkeit auf vor dem 1.1.2021 ausgeführte Leistungen wurde mehrfach verlängert. Durch das Jahressteuergesetz 2024 (**JStG 2024**) v. 2.12.2024 wurde § 27 Abs. 22a Satz 1 UStG m.W. zum **1.1.2025** erneut geändert.[12] Danach wird die Übergangsregelung nunmehr auf vor dem 1.1.2027 ausgeführte Leistungen verlängert.

§ 2b Abs. 1 UStG entspricht im Wesentlichen dem Wortlaut des Art. 13 MwStSystRL. Danach werden Tätigkeiten einer j.P.d.ö.R., die dieser im Rahmen der öffentlichen Gewalt obliegen, nicht unternehmerisch ausgeübt. Die entsprechenden Umsätze unterliegen grds. nicht der Umsatzsteuer. Als Tätigkeiten, die einer j.P.d.ö.R. im Rahmen der öffentlichen Gewalt obliegen, kommen nur solche in Betracht, bei denen die j.P.d.ö.R. im Rahmen einer öffentlich-rechtlichen Sonderregelung tätig wird (z.B. auf Grund eines Gesetzes durch Verwaltungsakt, auf Grundlage eines Staatsvertrags oder auf Grundlage besonderer kirchenrechtlicher Regelungen). Führt die Nichtbesteuerung dieser Leistungen jedoch zu größeren Wettbewerbsverzerrungen, ist abweichend vom allgemeinen Grundsatz eine Umsatzbesteuerung vorzunehmen. Erbringt eine j.P.d.ö.R. dagegen Leistungen auf privatrechtlicher Grundlage

1) Vgl. BFH v. 29.6.2000, V R 28/99, BStBl II 2000, 597.
2) OFD München v. 15.12.1999, S 7104 – 57/5 – St 432, UR 2000, 441.
3) Vgl. OFD Magdeburg v. 14.7.2000, S 7104 – 40 – St 245, UR 2000, 485.
4) Vgl. BFH v. 24.8.1994, XI R 74/93, BStBl II 1995, 150.
5) Vgl. Abschn. 2.2 Abs. 3 Satz 5 und 6 UStAE.
6) Vgl. BFH v. 17.10.1996, V R 63/94, BStBl II 1997, 188.
7) BFH v. 8.2.1979, V R 101/78, BStBl II 1979, 362.
8) BFH v. 16.8.2001, V R 67/00, BFH/NV 2002, 223.
9) Vgl. BFH v. 20.8.2009, V R 70/05, BStBl II 2017, 825; v. 17.3.2010, XI R 17/08, BStBl II 2017, 828; v. 15.4.2010, V R 10/09, BStBl II 2017, 863; v. 2.3.2011, XI R 65/07, BStBl II 2017, 831; v. 10.11.2011, V R 41/10, BStBl II 2017, 869; v. 1.12.2011, V R 1/11, BStBl II 2017, 834; v. 13.2.2014, V R 5/13, BStBl II 2017, 846; v. 5.11.2014, XI R 42/12, BStBl II 2017, 849 und v. 10.2.2016, XI R 26/13, BStBl II 2017, 857.
10) Vgl. BMF v. 27.7.2017, III C 2 – S 7106/0 :002, BStBl I 2017, 1239.
11) Vgl. BMF v. 16.12.2016, III C 2 – S 7107/16/10001, BStBl I 2016, 1451, Rz. 60.
12) Jahressteuergesetz 2024 (JStG 2024) v. 2.12.2024, BGBl. I 2024 Nr. 387 = BStBl I 2024, 1484.

und damit unter den gleichen rechtlichen Bedingungen wie private Wirtschaftsteilnehmer, werden diese Tätigkeiten nicht von § 2b UStG erfasst; diese Leistungen unterliegen stets der Umsatzsteuer.

§ 2b Abs. 2 UStG enthält eine nicht abschließende Aufzählung von Fällen, in denen auch bei einer an sich wirtschaftlichen Betätigung einer j.P.d.ö.R. keine größeren Wettbewerbsverzerrungen vorliegen. Übersteigt der voraussichtliche Jahresumsatz der j.P.d.ö.R. aus gleichartigen Tätigkeiten den Betrag von 17 500 € nicht, wird unwiderlegbar unterstellt, dass durch die Nichtbesteuerung der Tätigkeit der j.P.d.ö.R. keine größeren Wettbewerbsverzerrungen eintreten. Daneben werden größere Wettbewerbsverzerrungen ausgeschlossen, wenn vergleichbare Leistungen privater Unternehmer auf Grund einer Steuerbefreiung nicht mit Umsatzsteuer belastet werden. Ausgenommen von dieser Regelung sind Leistungen, die ihrer Art nach zwar grds. steuerfrei sind, bei denen jedoch ein Verzicht auf die Steuerbefreiung nach § 9 UStG grds. möglich ist. So soll vermieden werden, dass die Nichtbesteuerung derartiger Leistungen zu größeren Wettbewerbsverzerrungen zu Lasten der öffentlichen Hand führt. Weitere Fälle, in denen größere Wettbewerbsverzerrungen nicht vorliegen, sind in § 2b Abs. 3 UStG genannt.

Auf Grund des demografischen Wandels und der bestehenden Notwendigkeit von Einsparungen sind j.P.d.ö.R. in immer größerem Umfang zur Zusammenarbeit gezwungen. Diese Zusammenarbeit erfolgt nicht marktorientiert, sondern allein im öffentlichen Interesse bei der Erfüllung hoheitlicher Aufgaben bzw. Leistungen der Daseinsvorsorge. Diese werden z.B. durch die Erzielung von Synergieeffekten und die Auslastung der im öffentlichen Bereich bereits vorhandenen sachlichen und personellen Ressourcen gefördert. Insoweit steht die Zusammenarbeit der öffentlichen Einrichtungen nicht im Wettbewerb mit Leistungen, die auf dem freien Markt angeboten werden. Eine Besteuerung der Zusammenarbeit öffentlicher Einrichtungen bei hoheitlichen Tätigkeiten kann zu einer Verteuerung öffentlicher Leistungen und zu unerwünschten Belastungen der Bürgerinnen und Bürger führen. Vor diesem Hintergrund enthält § 2b Abs. 3 UStG Regelungen, nach denen die Zusammenarbeit öffentlicher Einrichtungen bei Vorliegen bestimmter Voraussetzungen nicht mit Umsatzsteuer belastet wird. Voraussetzung für die Anwendung dieser Vorschriften ist, dass die Leistung zwischen zwei juristischen Personen des öffentlichen Rechts ausgetauscht wird. Unter die Regelungen können daher insb. Leistungen der interkommunalen Zusammenarbeit sowie auf dem Gebiet der Zusammenarbeit der Kirchen oder der öffentlich-rechtlichen Rundfunkanstalten fallen.

Bezieht sich die Zusammenarbeit von j.P.d.ö.R. auf Leistungen, die auf Grund gesetzlicher Bestimmungen nur von einer j.P.d.ö.R. erbracht werden dürfen, liegen nach der Regelung in § 2b Abs. 3 Nr. 1 UStG keine wettbewerbsrelevanten und damit keine unternehmerischen Tätigkeiten vor. Dies ist z.B. dann der Fall, wenn zwei Kommunen gemeinsame Standes- und Ordnungsamtsbezirke bilden oder die Tätigkeiten der Einwohnermeldeämter zentralisieren. Solche – schon gegenständlich marktfernen – Tätigkeiten sind auf Grund der gesetzlichen Bestimmungen den j.P.d.ö.R. vorbehalten.

Daneben legt § 2b Abs. 3 Nr. 2 UStG fest, dass keine größeren Wettbewerbsverzerrungen vorliegen, wenn die Zusammenarbeit öffentlicher Einrichtungen durch gemeinsame spezifische öffentliche Interessen bestimmt wird. Sind alle in § 2b Abs. 3 Nr. 2 Buchst. a bis d UStG genannten Kriterien erfüllt, ist regelmäßig davon auszugehen, dass die Zusammenarbeit der öffentlichen Einrichtungen durch solche Interessen bestimmt wird und die entsprechenden Tätigkeiten der leistenden j.P.d.ö.R. nicht der Umsatzbesteuerung unterliegen. Eine allen Beteiligten obliegende öffentliche Aufgabe i.S.d. § 2b Abs. 3 Nr. 2 Buchst. b UStG liegt auch dann vor, wenn die Aufgabe auf die leistende j.P.d.ö.R. (z.B. einen Zweckverband) übertragen wurde (sog. „vertikale Zusammenarbeit"). Die Regelungen in § 2b Abs. 3 Satz 2 UStG gehen auf die Rechtsprechung des EuGHs zum Wettbewerbsbegriff im Bereich des Vergaberechts zurück. Die Grundsätze dieser Rechtsprechung werden für den Bereich der Umsatzsteuer übernommen. Sofern mit den verbindlichen Vorgaben der MwStSystRL vereinbar, orientiert sich die Anwendung von § 2b Abs. 3 Nr. 2 UStG an vergaberechtlichen Regelungen.

Ausnahmetatbestände werden in § 2b Abs. 4 Nrn. 3 und 4 UStG genannt. In § 2b Abs. 4 Nr. 5 UStG wird auf den Anhang I MwStSystRL verwiesen, der ein Verzeichnis von Tätigkeiten enthält, die nach den verbindlichen Vorgaben in Art. 13 Abs. 1 Unterabs. 3 MwStSystRL stets einer Besteuerung unterliegen, sofern der Umfang der Tätigkeiten nicht unbedeutend ist.

Die Regelung der Unternehmereigenschaft von j.P.d.ö.R. nach § 2b UStG markiert eine Zäsur bei der USt-Besteuerung öffentlicher Leistungen. Den Betroffenen muss ein geordneter Wechsel in das neue Besteuerungssystem ermöglicht werden. § 27 Abs. 22 und 22a UStG enthalten Übergangsregelungen, die es den Betroffenen ermöglicht, zunächst die bisherige Rechtslage bis 31.12.2020 (§ 27 Abs. 22 UStG) und letztendlich bis 31.12.2026 (§ 27 Abs. 22a UStG) fortzuführen.

Praxishinweis:

Durch das Jahressteuergesetz 2024 (**JStG 2024**) v. 2.12.2024 wurde § 27 Abs. 22a Satz 1 UStG mit Wirkung zum **1.1.2025** erneut geändert.[1]

Danach wird die Übergangsregelung, die es den Betroffenen ermöglicht, zunächst die bisherige Rechtslage bis zum 31.12.2020 (§ 27 Abs. 22 UStG) fortzuführen, letztendlich bis zum 31.12.2026 (§ 27 Abs. 22a Satz 1 UStG) verlängert.

Die meisten juristischen Personen des öffentlichen Rechts hatten sich im Rahmen der bisherigen Übergangsregelung nach § 27 Abs. 22 und 22a UStG dafür entschieden, § 2b UStG für Umsätze vor dem 1.1.2025 noch nicht anzuwenden.

1) Jahressteuergesetz 2024 (JStG 2024) v. 2.12.2024, BGBl. I 2024 Nr. 387 = BStBl I 2024, 1484.

Die Übergangsregelung in § 27 Abs. 22a UStG wurde nun um weitere zwei Jahre bis einschließlich 31.12.2026 verlängert. Juristische Personen des öffentlichen Rechts, die bislang hiervon keinen Gebrauch gemacht haben, können mit Wirkung zum Beginn des nächsten Kj. aber für die Anwendung des neuen Besteuerungsregimes optieren. Eine wesentliche Beeinträchtigung des Wettbewerbs durch die erneute Verlängerung der Übergangsregelung ist unter Zugrundelegung der Erfahrungen der letzten zwei Jahre auch weiterhin nicht zu befürchten.

§ 27 Abs. 22 Satz 2 UStG regelt, dass § 2b UStG ab dem 1.1.2017 an dessen Stelle tritt. Die Anwendung der Neuregelung ab diesem Zeitpunkt gibt den Betroffenen die Möglichkeit, die Fortführung des bisherigen Rechts auch über den 31.12.2016 hinaus zu prüfen. Hat sich eine j.P.d.ö.R. für die weitere Anwendung des bisherigen Rechts entschieden, musste sie dies dem zuständigen FA gegenüber bis zum 31.12.2016 formlos erklärt haben. Die Erklärung konnte sich jedoch nur auf die Gesamttätigkeit beziehen. Entscheidet sich eine j.P.d.ö.R. später für die Anwendung der neuen Regelungen, ist eine Rückkehr zur Anwendung des bisherigen Rechts nicht möglich.

Zur Anwendung des § 2b UStG vgl. im Einzelnen BMF-Schreiben v. 16.12.2016, v. 27.7.2017 und zur Übergangsregelung v. 19.4.2016.[1]

Zur Einstufung einer juristischen Person des privaten Rechts als sonstige Einrichtung des öffentlichen Rechts nach dem EuGH-Urteil v. 29.10.2015,[2] vgl. BMF-Schreiben v. 18.9.2019.[3] Zur gesonderten Prüfung möglicher größerer Wettbewerbsverzerrungen bei § 2b Abs. 3 Nr. 2 UStG vgl. BMF-Schreiben v. 14.11.2019.[4] Zu Anwendungsfragen bei der dezentralen Besteuerung von Organisationseinheiten der Gebietskörperschaften Bund und Länder (§ 18 Abs. 4f und 4g UStG) vgl. BMF-Schreiben v. 22.5.2023.[5]
Weitere Einzelheiten enthält Abschn. 2b.1 UStAE.

c) Im Ausland ansässiger Unternehmer (Zeile 14)

14	**Im Ausland ansässiger Unternehmer** Bitte tätigen Sie in diesem Fall auch Angaben auf der Anlage UN.	125	1 = Ja

2139 In **Zeile 14** (Kz 125) ist eine „1" einzutragen, wenn es sich um einen Unternehmer handelt, der im Ausland ansässig ist. In diesem Fall muss die Anlage UN der Umsatzsteuererklärung beigefügt werden.

d) Fiskalvertreter (Zeile 15)

15	**Fiskalvertreter** Bitte tätigen Sie in diesem Fall auch Angaben auf der Anlage FV.	126	1 = Ja

2140 Nach § 22b Abs. 2 UStG hat der Fiskalvertreter der Umsatzsteuererklärung eine Aufstellung (Anlage FV) beizufügen, die die von ihm vertretenen Unternehmer mit deren jeweiligen Besteuerungsgrundlagen enthält.

Fiskalvertreter haben demnach in **Zeile 15** (Kz 126) eine „1" einzutragen und die **Anlage FV** zur Umsatzsteuererklärung beizufügen. Zu den Regelungen zur Anwendung der Fiskalvertretung im Umsatzsteuerrecht wurde das BMF-Schreiben v. 9.10.2023 herausgegeben (vgl. auch Abschn. 22a.1 bis 22e.1 UStAE).[6]

e) Wechsel von der Kleinunternehmer-Regelung (§ 19 UStG) zur Regelbesteuerung (Zeile 16)

16	**Wechsel von der Kleinunternehmer-Regelung (§ 19 UStG) zur Regelbesteuerung** Datum des Wechsels	136	

2141 **Für im Inland ansässige Unternehmer gilt:**

In den folgenden Fällen ist in **Zeile 16** das Datum des Wechsels von der Kleinunternehmer-Regelung zur Regelbesteuerung einzutragen, wenn:

- das Unternehmen im laufenden Kj. gegründet wurde und der Gesamtumsatz nach § 19 Abs. 2 UStG 25 000 € überschreitet (§ 19 Abs. 1 UStG). In diesem Fall ist das Datum des Umsatzes, mit dem die Grenze in Höhe von 25 000 € überschritten wurde, in **Zeile 16** einzutragen.
- der Gesamtumsatz nach § 19 Abs. 2 UStG im laufenden Kj. 100 000 € überschreitet (§ 19 Abs. 1 UStG). In diesem Fall ist das Datum des Umsatzes, mit dem die Grenze in Höhe von 100 000 € überschritten wurde, in **Zeile 16** einzutragen.
- ab Beginn des laufenden Kj.es auf die Anwendung der Kleinunternehmer-Regelung nach § 19 Abs. 3 UStG verzichtet wird. In diesem Fall ist in **Zeile 16** der 1.1.2025 einzutragen. Der Verzicht gegenüber dem FA kann bis zum letzten Tag des Monats Februar 2027 erklärt werden. Die Umsätze unterliegen dann der Besteuerung nach den allgemeinen Vorschriften des UStG. An den Verzicht ist man für mindestens fünf Kj. gebunden (§ 19 Abs. 3 UStG).

1) BMF v. 16.12.2016, III C 2 – S 7107/16/10001, BStBl I 2016, 1451; v. 27.7.2017, III C 2 – S 7106/0 :002, BStBl I 2017, 1239 und zur Übergangsregelung BMF v. 19.4.2016, III C 2 – S 7106/07/10012–06, BStBl I 2016, 481.
2) EuGH v. 29.10.2015, C-174/14, HFR 2016, 85.
3) Vgl. BMF v. 18.9.2019, III C 2 – S 7107/19/10006 :003, BStBl I 2019, 921.
4) Vgl. BMF v. 14.11.2019, III C 2 – S 7107/19/10005 :011, BStBl I 2019, 1140.
5) Vgl. BMF v. 22.5.2023, III C 2 – S 7107/19/10002 :004, BStBl I 2023, 803.
6) Vgl. BMF v. 9.10.2023, III C 3 – S 7395/19/10001 :003, BStBl I 2023, 1709.

Hat der Gesamtumsatz (§ 19 Abs. 2 UStG) im vorangegangenen Kj. 25 000 € überschritten, unterliegen die Umsätze ab dem 1.1. des laufenden Kj. der Regelbesteuerung. In diesem Fall ist in Zeile 16 kein Datum einzutragen.

Für im übrigen Gemeinschaftsgebiet ansässige Unternehmer gilt:

In **Zeile 16** ist keine Eintragung vorzunehmen. Ein Verzicht auf die Anwendung der Kleinunternehmer-Regelung ist von dem im übrigen Gemeinschaftsgebiet ansässigen Unternehmer gegenüber dem Mitgliedstaat zu erklären, in dem das Unternehmen ansässig ist.

Praxishinweis:

Durch das Jahressteuergesetz 2024 (**JStG 2024**) v. 2.12.2024 wurde § 19 UStG mit Wirkung zum **1.1.2025** neu gefasst.[1]

Die Neuregelung dient der Umsetzung der Richtlinie (EU) 2020/285 des Rates v. 18.2.2020 zur Änderung der Richtlinie 2006/112/EG des Rates v. 28.11.2006 über das gemeinsame Mehrwertsteuersystem[2] (im Folgenden: RL 2006/112) in Bezug auf die Sonderregelung für Kleinunternehmen verbunden mit Anpassungen in der Verordnung (EU) Nr. 904/2010 in Bezug auf die Zusammenarbeit der Verwaltungsbehörden und den Informationsaustausch zur Überwachung der ordnungsgemäßen Anwendung der Sonderregelung für Kleinunternehmen[3] (im Folgenden: RL 2020/285). Darin sind die Mitgliedstaaten verpflichtet, bis zum 31.12.2024 die zur Umsetzung dieser Richtlinie erforderlichen Rechts- und Verwaltungsvorschriften zu erlassen.

Die Richtlinie hat zum Ziel, Wettbewerbsverzerrungen für Kleinunternehmer im Binnenmarkt zu vermeiden und das Wachstum und die Entwicklung des grenzüberschreitenden Handels zu begünstigen. Um Befolgungskosten zu reduzieren, enthält die RL 2020/285 Vereinfachungsmaßnahmen sowohl für grenzüberschreitend als auch für (nur) im Inland tätige Kleinunternehmer.

Bislang konnten nur im Inland ansässige Unternehmer die Kleinunternehmer-Regelung des § 19 UStG im Inland in Anspruch nehmen. Die Neuregelung ermöglicht es auch im übrigen Gemeinschaftsgebiet ansässigen Unternehmern, die Kleinunternehmer-Regelung in Deutschland anzuwenden. Damit im Inland ansässige Unternehmer die Steuerbefreiung in einem anderen Mitgliedstaat in Anspruch nehmen können, wird ein besonderes Meldeverfahren eingeführt. Zuständig für die Durchführung des Meldeverfahrens und die unionsrechtlich vorgeschriebene Zusammenarbeit mit den anderen Mitgliedstaaten ist das BZSt.

Die zwingend erforderliche Umsetzung der RL 2020/285 wurde darüber hinaus zum Anlass genommen, die Sonderregelung für Kleinunternehmer neu zu konzipieren. Durch die Neufassung des § 19 UStG wurden durch das Jahressteuergesetz 2024 (**JStG 2024**) v. 2.12.2024 mit Wirkung zum **1.1.2025** außerdem die Verweise auf § 19 UStG in anderen Vorschriften des UStG angepasst.[4]

Außerdem wurde durch das Jahressteuergesetz 2024 (**JStG 2024**) v. 2.12.2024 mit Wirkung zum **1.1.2025** § 19a UStG, der das besondere Meldeverfahren regelt, neu aufgenommen. § 19a UStG ermöglicht es inländischen Unternehmern, auch in anderen Mitgliedstaaten die Kleinunternehmer-Regelung anzuwenden. Das besondere Meldeverfahren dient der Prüfung der Voraussetzungen für die unionsweite Inanspruchnahme der Kleinunternehmer-Regelung.

Hierzu und zur (weiteren) Teilnahme am besonderen Meldeverfahren wird dem grenzüberschreitend tätigen inländischen Kleinunternehmer ein individuelles Identifikationsmerkmal – eine Kleinunternehmer-Identifikationsnummer (KU-IdNr. mit Annex „EX") – durch das BZSt erteilt.

Die Teilnahme am besonderen Meldeverfahren ermöglicht es einem im Inland ansässigen Unternehmer, die Steuerbefreiung für Kleinunternehmer in einem anderen Mitgliedstaat in Anspruch zu nehmen.

Für einen im Inland ansässigen Unternehmer, der ausschließlich im Inland die Steuerbefreiung für Kleinunternehmer in Anspruch nimmt, gilt das besondere Meldeverfahren nicht. Dementsprechend wird in diesen Fällen keine KU-IdNr. erteilt.

Weitere Einzelheiten vgl. BMF-Schreiben v. 18.3.2025 und Abschn. 19.1 bis 19a.3 UStAE.[5]

f) Dauer der Unternehmereigenschaft (Zeilen 17–18)

Dauer der Unternehmereigenschaft
(falls nicht vom 1. Januar bis zum 31. Dezember 2025)

		vom	bis zum
17	1. Zeitraum		
18	2. Zeitraum		

Die **Zeilen 17 und 18** sind nur dann auszufüllen, wenn die Unternehmereigenschaft nicht vom 1.1. bis zum 31.12.2025 bestanden hat. **2142**

Beispiel:

Neugründung des Unternehmens am 15.5.2025.

Diese Angaben sind für die Umrechnung des tatsächlichen Umsatzes für 2025 in einen Jahresumsatz bei Anwendung der Kleinunternehmer-Regelung (§ 19 Abs. 3 UStG) von Bedeutung.

In **Zeile 18** sind nur dann Angaben zu machen, wenn die Unternehmereigenschaft im Kj. 2025 beendet, zu einem späteren Zeitpunkt jedoch wieder neu aufgenommen worden ist (Unterbrechung des Unternehmens, z.B. bei Saisonbetrieben). **2143**

1) Jahressteuergesetz 2024 (JStG 2024) v. 2.12.2024, BGBl. I 2024 Nr. 387 = BStBl I 2024, 1484.
2) ABl.EU 2006 Nr. L 347 v. 11.12.2006, 1.
3) ABl.EU 2020 Nr. L 62, 13.
4) Jahressteuergesetz 2024 (JStG 2024) v. 2.12.2024, BGBl. I 2024 Nr. 387 = BStBl I 2024, 1484.
5) Vgl. BMF v. 18.3.2025, III C 3 – S 7360/00027/044/105, BStBl I 2025, 742.

g) Besteuerungsart (Zeile 19)

19 Die Steuer wurde berechnet nach
133
1 = vereinbarten Entgelten (§ 16 Absatz 1 Satz 1 UStG)
2 = vereinnahmten Entgelten (§ 20 UStG)
3 = vereinnahmten Entgelten nur für einzelne Unternehmensteile (§ 20 Satz 1 Nummer 2 in Verbindung mit Satz 2 oder § 20 Satz 1 Nummer 3 UStG)

Die Abschlusszahlung ist innerhalb eines Monats nach der Abgabe der Steuererklärung zu entrichten (§ 18 Absatz 4 UStG).
Ein Erstattungsbetrag wird auf das dem Finanzamt benannte Konto überwiesen, soweit der Betrag nicht mit Steuerschulden verrechnet wird.

2144 Nach dem BFH-Urteil v. 18.8.2015 kann ein Antrag auf Ist-Besteuerung (§ 20 UStG) auch konkludent gestellt werden.[1] Der Steuererklärung muss laut BFH deutlich erkennbar zu entnehmen sein, dass die Umsätze auf Grundlage vereinnahmter Entgelte erklärt worden sind. Daher hat der Unternehmer in der **Zeile 19** (Kz 133) mitzuteilen, ob die Steuer nach vereinbarten Entgelten (Kz 133 = 1) oder nach vereinnahmten Entgelten (Kz 133 = 2) berechnet. Erstreckt sich die Berechnung der Steuer nach vereinnahmten Entgelten nur auf einzelne Unternehmensteile (§ 20 Satz 1 Nr. 2 i.V.m. Satz 2 oder § 20 Satz 1 Nr. 3 UStG), hat der Unternehmer in Zeile 19 (Kz 133) = 3 einzutragen. Die Besteuerung von Anzahlungen nach § 13 Abs. 1 Nr. 1 Buchst. a Satz 4 UStG ist für die Eintragung in Zeile 19 unbeachtlich. Wird im laufenden Kj. ausschließlich die Kleinunternehmer-Regelung (§ 19 UStG) angewendet, ist keine Eingabe in Zeile 19 erforderlich.

Praxishinweis:
Durch das Jahressteuergesetz 2024 (**JStG 2024**) v. 2.12.2024 wurde in § 20 Satz 1 Nr. 1 UStG auf Grund der Neufassung des § 19 UStG mit Wirkung vom **1.1.2025** die Angabe „§ 19 Absatz 3" durch die Angabe „§ 19 Absatz 2" ersetzt.[2]

2145 Wechselt der Unternehmer von der Besteuerung nach vereinnahmten Entgelten zur Besteuerung nach vereinbarten Entgelten oder umgekehrt (**Wechsel der Besteuerungsart**), dürfen Umsätze nicht doppelt erfasst werden oder unversteuert bleiben. Umsätze, die in Besteuerungszeiträumen ausgeführt wurden, in denen der Unternehmer die Ist-Besteuerung anwendete, unterliegen weiterhin der Besteuerung nach vereinnahmten Entgelten, auch wenn in späteren Besteuerungszeiträumen ein Wechsel zur Sollversteuerung eintritt. Vereinnahmt der Unternehmer das Entgelt erst nach dem Wechsel der Besteuerungsart, hat er den Umsatz im Besteuerungszeitraum der Vereinnahmung zu erklären.

h) Erstattungsbetrag (Zeilen 20–21)

20 **Verrechnung des Erstattungsbetrages erwünscht / Erstattungsbetrag ist abgetreten** 129 1 = Ja

Geben Sie bitte die Verrechnungswünsche auf einem besonderen Blatt an oder auf dem beim Finanzamt erhältlichen Vordruck „Verrechnungsantrag".

21 Über die Angaben in der Steuererklärung hinaus sind weitere oder abweichende Angaben oder Sachverhalte zu berücksichtigen. 123 1 = Ja

Geben Sie bitte diese auf einem gesonderten Blatt an, welches mit der Überschrift **„Ergänzende Angaben zur Steuererklärung"** zu kennzeichnen ist.

Datenschutzhinweis:
Die mit der Steuererklärung angeforderten Daten werden auf Grund der §§ 149, 150 AO sowie der §§ 18, 18b UStG erhoben. Die Angabe der Telefonnummer und der E-Mail-Adresse ist freiwillig. Informationen über die Verarbeitung personenbezogener Daten in der Steuerverwaltung und über Ihre Rechte nach der Datenschutz-Grundverordnung sowie über Ihre Ansprechpartner in Datenschutzfragen entnehmen Sie bitte dem allgemeinen Informationsschreiben der Finanzverwaltung. Dieses Informationsschreiben finden Sie unter www.finanzamt.de (unter der Rubrik „Datenschutz") oder erhalten Sie bei Ihrem Finanzamt.

2025USt2A501 - Dezember 2024 - **2025USt2A501**

2146 Ergibt sich für den Unternehmer ein Erstattungsanspruch, kann ein Verrechnungsantrag durch Eintragung einer „1" (Kz 129) in **Zeile 20** gestellt werden. Es empfiehlt sich, den Verrechnungsantrag besonders zu erläutern, damit eine ggf. vorgezogene Bearbeitung erfolgt (→ Rz. 2099). Ist der Erstattungsanspruch abgetreten, sichert die Eintragung einer „1" die Auszahlung an den Abtretungsgläubiger, wenn die förmliche Abtretungsanzeige eingereicht wurde oder beigefügt wird.

2147 Wenn über die Angaben in der Steuererklärung hinaus weitere oder abweichende Angaben oder Sachverhalte berücksichtigt werden sollen, ist eine „1" (Kz 123) in **Zeile 21** einzutragen. Gleiches gilt, wenn bei den in der Steueranmeldung erfassten Angaben bewusst eine von der Verwaltungsauffassung abweichende Rechtsauffassung zu Grunde gelegt wurde. Diese Angaben sind in einer gesonderten Anlage zu machen, welche mit der Überschrift **„Ergänzende Angaben zur Steuererklärung"** zu kennzeichnen ist. Wenn der Steuererklärung lediglich ergänzende Aufstellungen oder Belege zu den Eintragungen beigefügt werden sollen, ist keine Eintragung erforderlich. Angaben zu Änderungen der persönlichen Daten (z.B. Bankverbindung) sind nicht hier einzutragen, sondern dem FA gesondert mitzuteilen.

1) BFH v. 18.8.2015, V R 47/14, BStBl II 2018, 611.
2) Jahressteuergesetz 2024 (JStG 2024) v. 2.12.2024, BGBl. I 2024 Nr. 387 = BStBl I 2024, 1484.

3. Abschnitt B – Steuerpflichtige Umsätze (Zeilen 22–37)

a) Allgemeines

Nur die im **Inland** ausgeführten Umsätze unterliegen der Umsatzsteuer und sind steuerbar. Inland ist das Gebiet **2148**
der Bundesrepublik Deutschland ohne Helgoland, Büsingen und die Freihäfen in Bremen, Bremerhaven, Cuxhaven, Emden, Hamburg und Kiel. Für bestimmte Umsätze in den Freihäfen sind aber Sondervorschriften zu beachten (§ 1 Abs. 3 UStG).[1] Wird der Umsatz im **Ausland** ausgeführt, sind die betreffenden Betriebseinnahmen nicht steuerbar. Die Umsatzbesteuerung richtet sich dann nach den im Ausland geltenden umsatzsteuerlichen Vorschriften.

Praxishinweis:

Zum **Ausland** gehören folgende Gebiete:

Übriges Gemeinschaftsgebiet = Inland der **anderen** EU-Mitgliedstaaten (einschließlich Azoren, Balearen, der Isle of Man, Madeira, Monaco),

Drittlandsgebiet = Ausland ohne EU-Mitgliedstaaten und Gebiete, die nicht zum Inland anderer EU-Mitgliedstaaten gehören (z.B. Helgoland, Büsingen, Andorra, Berg Athos, Ceuta, Färöer, Gibraltar, Grönland, die Kanalinseln Jersey und Guernsey, die Kanarischen Inseln, Livigno, Melilla, San Marino, der Vatikan). Als Drittlandsgebiet werden auch die Teile der Insel Zypern behandelt, in denen die Regierung der Republik Zypern keine tatsächliche Kontrolle ausübt.

b) Lieferungen, sonstige Leistungen und unentgeltliche Wertabgaben (Zeilen 22, 25 und 28)

Steuernummer - 2 -

B. Steuerpflichtige Lieferungen, sonstige Leistungen und unentgeltliche Wertabgaben

Zeile		Kz.	Bemessungsgrundlage ohne Umsatzsteuer EUR	Steuer EUR Ct
	Umsätze zum allgemeinen Steuersatz			
22	Lieferungen und sonstige Leistungen zu 19 %	177	,—	
	Umsätze zum ermäßigten Steuersatz von 7 %			
25	Lieferungen und sonstige Leistungen zu 7 %	275	,—	
	Umsätze zum ermäßigten Steuersatz von 0 %			
28	Lieferungen und sonstige Leistungen zu 0 %	157	,—	

In **Zeile 22** sind die steuerpflichtigen Lieferungen und sonstigen Leistungen ausschließlich unentgeltliche Wertab- **2149**
gaben (Zeilen 23 und 24 → Rz. 2253 ff.) mit Bemessungsgrundlagen und zum Steuersatz von 19 % einzutragen. In **Zeile 25** sind die steuerpflichtigen Lieferungen und sonstigen Leistungen ausschließlich unentgeltliche Wertabgaben (Zeilen 26 und 27 → Rz. 2253 ff.) mit Bemessungsgrundlagen und zum Steuersatz von 7 % einzutragen. In **Zeile 28** sind Lieferungen und sonstige Leistungen ausschließlich unentgeltliche Wertabgaben (Zeilen 29 und 30 → Rz. 2253 ff.) zum ermäßigten Steuersatz von 0 % nur mit der Bemessungsgrundlage einzutragen. Einzelheiten ergeben sich aus den → Rz. 2151 ff.

Umsätze zu anderen Steuersätzen sind in **Zeile 31** → Rz. 2293 einzutragen. **2150**

Praxishinweis:

Durch das Zweite Corona-Steuerhilfegesetz wurde mit Wirkung v. **1.7.2020** § 28 Abs. 1 und 2 UStG neu gefasst. Danach galten für den Zeitraum **vom 1.7.2020 bis 31.12.2020** ein allgemeiner Steuersatz von 16 % und ein ermäßigter Steuersatz von 5 %.[2]

Änderungen von Bemessungsgrundlagen (§ 17 UStG) für Umsätze, die den vom 1.7.2020 bis 31.12.2020 geltenden Steuersätzen von 16 % bzw. 5 % unterlegen haben, sind zusammen mit dem selbst berechneten Steuerbetrag in **Zeile 31** zu den Umsätzen einzutragen, die anderen Steuersätzen unterliegen. Sofern auf Grund besonderer Genehmigung die sog. Istversteuerung (Besteuerung nach vereinnahmten Entgelten) anzuwenden ist, gilt dies auch für im Kj. 2025 vereinnahmte Beträge zu den nach dem 30.6.2020 und vor dem 1.1.2021 ausgeführten Umsätzen. Die Nachversteuerung von nach dem 30.6.2020 und vor dem 1.1.2021 vereinnahmten Anzahlungen für nach dem 31.12.2024 ausgeführte Umsätze ist in **Zeile 36** vorzunehmen.

aa) Definition und Abgrenzung

In den entsprechenden Zeilen sind die Bemessungsgrundlagen ohne Umsatzsteuer für **Lieferungen** und **sonstige** **2151**
Leistungen anzugeben, die zum Umfang des Unternehmens gehören, und für Leistungen, die nur gelegentlich als sog. Hilfsumsätze vorkommen, sowie die Steuerbeträge. Außerdem sind die Bemessungsgrundlagen ohne Umsatzsteuer und die Steuerbeträge für Umsätze von gebrauchten Gegenständen (zur Differenzbesteuerung → Rz. 2160 ff.) und für Leistungen an Arbeitnehmer und deren Angehörige (→ Rz. 2264 ff.) zu erklären.

1) Abschn. 1.11 und 1.12 UStAE.
2) Zweites Corona-Steuerhilfegesetz v. 29.6.2020, BGBl. I 2020, 1512 = BStBl I 2020, 563.

2152 Nach § 3 Abs. 1 UStG sind Lieferungen eines Unternehmers Leistungen, durch die er oder in seinem Auftrag ein Dritter den Abnehmer oder in dessen Auftrag einen Dritten befähigt, **im eigenen Namen über einen Gegenstand zu verfügen (Verschaffung der Verfügungsmacht)**. Eine Lieferung liegt demnach vor, wenn die Verfügungsmacht an einem Gegenstand verschafft wird.[1] Gegenstände i.S.d. § 3 Abs. 1 UStG sind körperliche Gegenstände (Sachen gem. § 90 BGB, Tiere gem. § 90a BGB), Sachgesamtheiten und solche Wirtschaftsgüter, die im Wirtschaftsverkehr wie körperliche Sachen behandelt werden (z.B. elektrischer Strom, Wärme, Wasserkraft, Firmenwert (Geschäfts-, Praxiswert) und Kundenstamm).[2] Rechte sind dagegen keine Gegenstände, die im Rahmen einer Lieferung übertragen werden können; die Übertragung von Rechten stellt eine sonstige Leistung dar.[3]

2153 Die Verschaffung der Verfügungsmacht beinhaltet den von den Beteiligten endgültig gewollten Übergang von wirtschaftlicher Substanz, Wert und Ertrag eines Gegenstands vom Leistenden auf den Leistungsempfänger. Der Abnehmer muss faktisch in der Lage sein, mit dem Gegenstand nach Belieben zu verfahren, insb. ihn wie ein Eigentümer zu nutzen und veräußern zu können.[4] Die Verschaffung der Verfügungsmacht ist ein Vorgang vorwiegend tatsächlicher Natur, der i.d.R. mit dem bürgerlich-rechtlichen Eigentumsübergang verbunden ist, aber nicht notwendigerweise verbunden sein muss. So wird an einem zur Sicherheit übereigneten Gegenstand durch die Übertragung des Eigentums noch keine Verfügungsmacht verschafft. Entsprechendes gilt bei der rechtsgeschäftlichen Verpfändung eines Gegenstands.[5]

2154 **Sonstige Leistungen** sind Leistungen, die keine Lieferungen sind (§ 3 Abs. 9 UStG). Als sonstige Leistungen kommen insb. in Betracht: Dienstleistungen, Gebrauchs- und Nutzungsüberlassungen (z.B. Vermietung, Verpachtung, Darlehensgewährung, Einräumung eines Nießbrauchs), Einräumung, Übertragung und Wahrnehmung von Patenten, Urheberrechten, Markenzeichenrechten und ähnlichen Rechten, Reiseleistungen i.S.d. § 25 UStG.

Beratungshinweis:

Durch § 3 Abs. 13 bis 15 UStG soll eine einheitliche steuerliche Behandlung von im europäischen Binnenmarkt gehandelten Gutscheinen gewährleistet werden.

Nach § 3 Abs. 13 UStG handelt es sich dann um einen Gutschein, wenn der Inhaber berechtigt ist, diesen an Zahlung statt zur Einlösung gegen Gegenstände oder Dienstleistungen zu verwenden. Die Regelung gilt ausdrücklich nicht für Instrumente, die den Erwerber zu einem Preisnachlass berechtigen, ihm aber nicht das Recht verleihen, solche Gegenstände oder Dienstleistungen zu erhalten. Weitere Einzelheiten zur Definition und Abgrenzung von Gutscheinen vgl. Abschn. 3.17 Abs. 1 UStAE.[6]

§ 3 Abs. 14 und 15 UStG grenzt **Einzweck- und Mehrzweck-Gutscheine** voneinander ab und bestimmt den Zeitpunkt der Steuerentstehung. Ein Einzweck-Gutschein ist danach ein Gutschein, bei dem bereits bei dessen Ausstellung alle Informationen vorliegen, die benötigt werden, um die umsatzsteuerliche Behandlung der zugrundeliegenden Umsätze mit Sicherheit zu bestimmen. Die Besteuerung erfolgt bereits im Zeitpunkt der Ausgabe bzw. Übertragung des Gutscheins. Alle anderen Gutscheine, bei denen im Zeitpunkt der Ausstellung nicht alle Informationen für die zuverlässige Bestimmung der USt vorliegen, sind Mehrzweck-Gutscheine. Bei dieser Art von Gutscheinen unterliegt erst die tatsächliche Lieferung bzw. die tatsächliche Ausführung der sonstigen Leistung der USt, die Besteuerung wird also erst bei Einlösung des Gutscheins, nicht schon bei dessen Ausgabe, durchgeführt. Weitere Ausführungen mit Beispielen zu Einzweckgutscheinen enthält Abschn. 3.17 Abs. 2 bis 8 UStAE und zu Mehrzweckgutscheinen Abschn. 3.17 Abs. 9 bis 14 UStAE.[7]

2155 Die wesentlichen **Abgrenzungskriterien zwischen Lieferungen und sonstigen Leistungen** bestehen darin, dass bei sonstigen Leistungen der wirtschaftliche Schwerpunkt des Vorgangs nicht in der Zuwendung eines Gegenstands (i.d.R. einer körperlichen Sache), sondern eines anderen wirtschaftlich relevanten Wertes (z.B. Dienstleistung, Nutzungsüberlassung, Übertragung eines Rechts), besteht.

2156 § 3a Abs. 3 Nr. 3 UStG enthält die sonstigen Leistungen, bei denen bei der Bestimmung des Leistungsorts darauf abzustellen ist, wo die Leistung tatsächlich vom Unternehmer erbracht wird. Unter diese Regelung fällt auch die Abgabe von Speisen und Getränken zum Verzehr an Ort und Stelle, wenn die Abgabe nicht an Bord eines Schiffes, in einem Luftfahrzeug oder in der Eisenbahn während einer Beförderung innerhalb des Gemeinschaftsgebiets erfolgt.[8]

2157 Eine sonstige Leistung kann auch in einem Unterlassen oder Dulden einer Handlung oder eines Zustands bestehen (sog. negative Leistung). Die Unterscheidung zwischen Tun, Dulden und Unterlassen ist bedeutsam, weil davon der Leistungsort und damit die Steuerbarkeit abhängig sein kann (vgl. § 3a UStG). Darüber hinaus ist der Unterschied für die Steuerbefreiung wichtig: Wenn ein unternehmerisches Verhalten (z.B. die Vermietung von Grundstücken) steuerfrei ist, so folgt daraus nicht, eine damit zusammenhängende Leistung sei ebenfalls steuerfrei. Verpflichtet sich z.B. ein Vermieter gegenüber einem Dritten, ein Gebäude oder bestimmte Räume nur einem bestimmten Mieter zu überlassen, handelt es sich um eine nicht steuerbefreite sonstige Leistung.[9]

2158 Bei einer einheitlichen Leistung, die sowohl Lieferungselemente als auch Elemente einer sonstigen Leistung enthält, richtet sich die Einordnung als Lieferung oder sonstige Leistung danach, welche Leistungselemente aus der Sicht des Durchschnittsverbrauchers und unter Berücksichtigung des Willens der Vertragsparteien den wirtschaft-

1) Abschn. 3.1 Abs. 1 Satz 1 UStAE.
2) Abschn. 3.1 Abs. 1 Satz 2 UStAE.
3) Abschn. 3.1 Abs. 1 Satz 5 UStAE.
4) Abschn. 3.1 Abs. 2 Satz 1 und 2 UStAE.
5) Abschn. 3.1 Abs. 2 Satz 4 bis 6 UStAE.
6) Vgl. auch BMF v. 2.11.2020, III C 2 – S 7100/19/10001 :002, BStBl I 2020, 1121.
7) Vgl. auch BMF v. 2.11.2020, III C 2 – S 7100/19/10001 :002, BStBl I 2020, 1121.
8) Vgl. auch Abschn. 3.6 UStAE.
9) Vgl. BFH v. 20.2.1992, V R 107/87, BStBl II 1992, 705.

lichen Gehalt der Leistung bestimmen.[1] Überwiegen bei einem einheitlichen Vorgang Lieferungselemente, liegt ausschließlich eine Lieferung (**Werklieferung**) vor. Daraus folgt, dass in den übrigen Fällen ein Zusammentreffen zwischen Elementen einer Lieferung und einer sonstigen Leistung eine **Werkleistung** vorliegt.[2]

Praxishinweis:

Durch das Jahressteuergesetz 2024 (**JStG 2024**) v. 2.12.2024 wurde § 3 Abs. 4 Satz 1 UStG mit Wirkung zum 6.12.2024 neu gefasst.[3]

Danach liegt eine Werklieferung vor, wenn ein Unternehmer die Bearbeitung oder Verarbeitung eines **fremden** Gegenstands übernommen hat und hierbei Stoffe verwendet, die er selbst beschafft hat, wenn es sich bei den Stoffen nicht nur um Zutaten oder sonstige Nebensachen handelt. Die bisherige Legaldefinition der Werklieferung entsprach nicht dem aktuellen Stand der Rechtsprechung zum Begriff der Werklieferung (vgl. BFH v. 22.8.2013).[4]

Die Unterscheidung zwischen Werklieferungen und Werkleistungen ist u.a. für die Bestimmung des Zeitpunkts und des Orts der Leistung (Steuerbarkeit), für die Anwendung von Befreiungsvorschriften[5] und für die Höhe des Steuersatzes von Bedeutung. Es bleibt darauf hinzuweisen, dass bei Werklieferungen, Werkleistungen und sonstigen Leistungen eines im Ausland ansässigen Unternehmers der Leistungsempfänger die Umsatzsteuer nach § 13b Abs. 2 Satz 1 UStG schuldet, wenn er ein Unternehmer oder eine j.P.d.ö.R. ist (→ Rz. 2395 ff.). **2159**

bb) Differenzbesteuerung (§ 25a UStG)

Für die Besteuerung der Lieferungen nach § 1 Abs. Nr. 1 UStG von beweglichen körperlichen Gegenständen einschließlich Kunstgegenständen, Sammlungsstücken und Antiquitäten enthält § 25a UStG eine Sonderregelung. Voraussetzung ist, dass für diese Gegenstände kein Recht auf Vorsteuerabzug bestand.[6] Da es sich bei den Gegenständen in aller Regel um solche handelt, die bereits einmal nach der allgemeinen Verkehrsauffassung gebraucht worden sind, werden sie auch als Gebrauchtgegenstände bezeichnet. Auch Gegenstände des Anlagevermögens können unter die Gebrauchtgegenstände fallen.[7] Die Bemessungsgrundlage und der Steuerbetrag sind bei Anwendung der Differenzbesteuerung in **Zeile 22** zu erklären. **2160**

Die Differenzbesteuerung (→ Rz. 2182) ist ausschließlich bei Lieferungen von beweglichen körperlichen Gegenständen anzuwenden. Dagegen stellt der (Weiter-)Verkauf von Eintrittskarten (Konzerttickets, Tickets für Sportveranstaltungen) eine sonstige Leistung dar, die in der Einräumung eines Rechts zum Besuch einer Veranstaltung besteht. Sonstige Leistungen können aber nicht der Differenzbesteuerung unterworfen werden, auch nicht nach dem Gemeinschaftsrecht. Edelsteine und Edelmetalle sind nach § 25a Abs. 1 Nr. 3 UStG von der Differenzbesteuerung ausgenommen. Die Anwendung der Differenzbesteuerung ist jedoch ausgeschlossen, wenn die Gegenstände, die Edelmetalle oder Edelsteine enthalten, ihre ursprüngliche Funktion nicht mehr erfüllen können und nur noch wegen des Wertes, der diesen Metallen und Steinen innewohnt, gehandelt werden.[8] **2161**

Die Differenzbesteuerung ist auch dann anwendbar, wenn ein Unternehmer Gegenstände liefert, die er gewonnen hat, indem er die zuvor von ihm erworbenen Gebrauchtfahrzeuge zerlegt.[9] Die Einkaufspreise der ausgebauten und weiterverkauften Einzelteile sind im Wege der sachgerechten Schätzung zu ermitteln. Die Schätzungsgrundlage ist in einer Anlage zu den Wareneingangsrechnungen zu erläutern und – soweit vorhanden – durch ergänzende Unterlagen zu belegen.[10] Wird aus mehreren Einzelgegenständen, die jeweils für sich die Voraussetzungen der Differenzbesteuerung erfüllen, ein einheitlicher Gegenstand hergestellt oder zusammengestellt, unterliegt die anschließende Lieferung dieses „neuen" Gegenstands nicht der Differenzbesteuerung. **2162**

Der Anwendungsbereich des § 25a UStG ist auf Wiederverkäufer beschränkt. Als Wiederverkäufer gelten Unternehmer, die im Rahmen ihrer gewerblichen Tätigkeit üblicherweise Gebrauchtgegenstände erwerben und sie anschließend ggf. nach Instandsetzung im eigenen Namen wieder weiterverkaufen (gewerbsmäßige Händler), und die Veranstalter öffentlicher Versteigerungen, die Gebrauchtgegenstände im eigenen Namen und auf eigene oder fremde Rechnung versteigern.[11] Der An- und Verkauf von Gebrauchtgegenständen kann auf einen Teil- oder Nebenbereich des Unternehmens beschränkt sein. **2163**

Beispiel:

Ein Kreditinstitut veräußert die von Privatpersonen sicherungsübereigneten Gebrauchtgegenstände. Der Verkauf der Gegenstände unterliegt der Differenzbesteuerung. Das Kreditinstitut ist insoweit als Wiederverkäufer anzusehen.

Im Fall der Sicherungsübereignung können sowohl der Sicherungsgeber als auch der Sicherungsnehmer unter den Voraussetzungen des § 25a UStG die Differenzbesteuerung anwenden. Der beim Sicherungsgeber im Fall der Verwertung anzusetzende Verkaufspreis ist betragsmäßig mit dem Einkaufspreis beim Sicherungsnehmer identisch. **2164**

---

1) Vgl. Abschn. 3.5 Abs. 1 Satz 1 UStAE.
2) Vgl. Abschn. 3.8 UStAE.
3) Jahressteuergesetz 2024 (JStG 2024) v. 2.12.2024, BGBl. I 2024 Nr. 387 = BStBl I 2024, 1484.
4) Vgl. BFH v. 22.8.2013, V R 37/10, BStBl II 2014, 128.
5) Vgl. hierzu Abschn. 7.4 UStAE.
6) Abschn. 25a.1 Abs. 1 Satz 1 UStAE.
7) OFD Erfurt v. 27.10.1997, S 7421 A – 02 – St 341, UVR 1998, 100; OFD Koblenz v. 24.4.1988, S 7421 A – St 513, UR 1998, 360; Abschn. 25a Abs. 4 UStAE.
8) Vgl. Abschn. 25a.1 Abs. 1 Satz 9 UStAE.
9) Vgl. EuGH v. 18.1.2017, C-471/15, Sjelle Autogenbrug, ABl.EU 2017 Nr. C 70, 6 und BFH v. 23.2.2017, V R 37/15, BStBl II 2019, 452.
10) Vgl. Abschn. 25a.1 Abs. 4 Satz 4 bis 6 UStAE.
11) Abschn. 25a.1 Abs. 2 UStAE.

Die Regelung über die Verlagerung der Steuerschuldnerschaft auf den Leistungsempfänger gilt auch bei Anwendung der Differenzbesteuerung.[1)]

2165 Der Ort der Lieferung der Gegenstände an den Wiederverkäufer muss im Inland oder im übrigen Gemeinschaftsgebiet liegen. Wird ein Gegenstand im Drittlandsgebiet erworben und in das Inland eingeführt, unterliegt die anschließende Lieferung oder Entnahme des Gegenstands nur unter den Voraussetzungen des § 25a Abs. 2 UStG der Differenzbesteuerung.

2166 Der Unternehmer (Wiederverkäufer) muss die Gegenstände für sein Unternehmen erworben haben. Diese Voraussetzung ist nicht erfüllt, wenn der Wiederverkäufer Gegenstände aus seinem Privatvermögen in das Unternehmen eingelegt hat. Wird aus mehreren Einzelgegenständen, die jeweils für sich die Voraussetzungen der Differenzbesteuerung erfüllen, ein einheitlicher Gegenstand hergestellt oder zusammengestellt, unterliegt die anschließende Lieferung oder Entnahme dieses neuen Gegenstands nicht der Differenzbesteuerung. Das gilt auch dann, wenn von einem erworbenen Gebrauchtgegenstand anschließend lediglich einzelne Teile geliefert oder entnommen werden (z.B. beim Ausschlachten eines Pkw).

2167 Die Differenzbesteuerung setzt weiter voraus, dass für die Lieferung des Gegenstands an den Wiederverkäufer Umsatzsteuer im Gemeinschaftsgebiet nicht geschuldet oder die Differenzbesteuerung im Gemeinschaftsgebiet vorgenommen wurde. Der Wiederverkäufer kann die Regelung damit anwenden, wenn er den Gegenstand im Inland oder im übrigen Gemeinschaftsgebiet erworben hat von

- einer Privatperson oder einer juristischen Person des öffentlichen Rechts, die nicht Unternehmer ist,
- einem Unternehmer aus dessen nichtunternehmerischen Bereich,
- einem Unternehmer, der mit seiner Lieferung des Gegenstands unter eine Steuerbefreiung fällt, die zum Ausschluss des Vorsteuerabzugs führt,
- einem Kleinunternehmer, der nach dem Recht des für die Besteuerung zuständigen Mitgliedstaates von der Steuer befreit oder auf andere Weise von der Besteuerung ausgenommen ist, oder
- einem anderen Wiederverkäufer, der auf die Lieferung ebenfalls die Differenzbesteuerung angewendet hat. Die Differenzbesteuerung ist danach auch bei Verkäufen von Händlern an Händler möglich.

2168 Die Anwendung der Differenzbesteuerung setzt nach § 25a Abs. 1 Nr. 2 UStG voraus, dass der Wiederverkäufer die Gebrauchtgegenstände im Rahmen einer entgeltlichen Lieferung für sein Unternehmen erworben hat.[2)] Diese Voraussetzung ist nicht erfüllt, wenn der Wiederverkäufer Gegenstände aus seinem Privatvermögen in das Unternehmen eingelegt oder im Rahmen einer unentgeltlichen Lieferung nach § 3 Abs. 1b Satz 1 UStG erworben hat.[3)]

2169 Der Erwerb eines Gegenstands von einem Land- und Forstwirt, der auf die Umsätze aus seinem land- und forstwirtschaftlichen Betrieb die Durchschnittssatzbesteuerung des § 24 UStG anwendet, erfüllt nicht die Voraussetzungen des § 25a Abs. 1 Nr. 2 Buchst. a UStG. Von der Differenzbesteuerung sind Gebrauchtgegenstände ausgenommen, die im übrigen Gemeinschaftsgebiet erworben worden sind, wenn der Lieferer dort die Steuerbefreiung für innergemeinschaftliche Lieferungen angewendet hat.

Beratungshinweis:
Durch das Jahressteuergesetz 2024 (**JStG 2024**) v. 2.12.2024 werden in § 25a Abs. 1 Nr. 2 Buchst. a UStG mit Wirkung vom **1.1.2025** die Wörter „oder nach § 19 Abs. 1 nicht erhoben" gestrichen und in § 25a Abs. 7 Nr. 1 UStG ein neuer Buchst. c angefügt.[4)] Nach § 25a Abs. 7 Nr. 1 Buchst. c UStG findet die Differenzbesteuerung künftig keine Anwendung, wenn auf den der Lieferung des Wiederverkäufers vorangegangenen Umsatz ein ermäßigter Steuersatz angewandt worden ist.

(1) Sonderregelung bei Kunstgegenständen, Sammlungsstücken oder Antiquitäten (§ 25a Abs. 2 UStG)

2170 Der Wiederverkäufer kann nach § 25a Abs. 2 UStG mit Beginn des Kj., in dem er eine entsprechende Erklärung abgibt, die Differenzbesteuerung auch anwenden, wenn er

- Kunstgegenstände, Sammlungsstücke oder Antiquitäten selbst eingeführt hat oder
- Kunstgegenstände vom Künstler selbst oder von einem anderen Unternehmer, der kein Wiederverkäufer ist, erworben hat und Umsatzsteuer geschuldet wurde.

Dabei kann er die Differenzbesteuerung auf einzelne Gruppen dieser Gegenstände beschränkt werden. Die Begriffe Kunstgegenstände und Sammlungsstücke sind nach den gleichen Merkmalen wie für Zwecke der Steuerermäßigung nach § 12 Abs. 2 Nr. 1 und 2 UStG abzugrenzen.

2171 Die Differenzbesteuerung ist in diesen Fällen von einer formlosen Erklärung abhängig, die spätestens bei der Abgabe der ersten Umsatzsteuer-Voranmeldung des Kj. beim FA einzureichen ist. In der Erklärung müssen die Gegenstände bezeichnet werden, auf die sich die Differenzbesteuerung erstreckt. An die Erklärung ist der Wiederverkäufer für mindestens zwei Kj. gebunden.

---

1) OFD Frankfurt a.M. v. 18.1.2005, S 7421 A – 5 – St I 2.40, StEd 2005, 238.
2) Vgl. BFH v. 18.12.2008, V R 73/07, BStBl II 2009, 612.
3) Vgl. auch Abschn. 25a.1 Abs. 4 Satz 1 und 2 UStAE.
4) Jahressteuergesetz 2024 (JStG 2024) v. 2.12.2024, BGBl. I 2024 Nr. 387 = BStBl I 2024, 1484.

Der Wiederverkäufer ist hinsichtlich des Vorsteuerabzugs eingeschränkt. Er ist abweichend von § 15 Abs. 1 UStG nicht berechtigt, die entrichtete Einfuhrumsatzsteuer, die gesondert ausgewiesene Umsatzsteuer für die an ihn ausgeführte Lieferung oder die nach § 13b UStG geschuldete Steuer als Vorsteuer abzuziehen. **2172**

Beispiel:

Ein in Deutschland ansässiger Kunsthändler K hat im Januar 2025 für aus den USA eingeführte Kunstgegenstände i.H.v. 25 000 € Einfuhrumsatzsteuer i.H.v. 4 750 € entrichtet. Im März 2025 werden die Kunstgegenstände an den privaten Kunstsammler (Nichtunternehmer) für 35 000 € weiterverkauft.

Wird der Weiterverkauf von K im Kj. 2025 im allgemeinen Besteuerungsverfahren versteuert, kann K die Einfuhrumsatzsteuer in der Umsatzsteuererklärung 2025 als Vorsteuer abziehen. Wird dagegen der Weiterkauf nach § 25a UStG behandelt, ist ein Vorsteuerabzug nicht zulässig. Der Einkaufspreis ist in diesem Fall um die Einfuhrumsatzsteuer erhöhen. Für 2025 ist die Umsatzsteuer aus dem Unterschiedsbetrag von 6 000 € herauszurechnen (= 957,98 € USt).

Um die Nachteile, die dem gewerblichen Kunsthandel durch den Wegfall des ermäßigten Steuersatzes auf die Lieferung von Kunstgegenständen entstanden sind, auszugleichen, enthält § 25a Abs. 3 Satz 2 UStG bei Anwendung der Differenzbesteuerung für Kunstgegenstände eine Pauschalmarge. Danach wird in Fällen, in denen sich der Einkaufspreis für den Kunstgegenstand nicht ermitteln lässt oder dieser Einkaufspreis unbedeutend ist, pauschal eine Marge von 30 % des Verkaufspreises als Bemessungsgrundlage der Umsatzsteuer angesetzt. Die Einführung einer pauschalierten Differenz als Bemessungsgrundlage bei Lieferungen von Sammlungsstücken ist dagegen nicht möglich. Weitere Einzelheiten hierzu vgl. Abschn. 25a.1 Abs. 11a UStAE. **2173**

(2) Bemessungsgrundlage

(2.1) Einzeldifferenz

Wird ein Gebrauchtgegenstand durch den Wiederverkäufer geliefert, ist als Bemessungsgrundlage grundsätzlich der Betrag anzusetzen, um den der Verkaufspreis den Einkaufspreis für den Gegenstand übersteigt; die in dem Unterschiedsbetrag enthaltene Umsatzsteuer ist herauszurechnen. Nebenkosten, die nach dem Erwerb des Gegenstands angefallen, also nicht im Einkaufspreis enthalten sind (z.B. Reparaturkosten), mindern nicht die Bemessungsgrundlage. Soweit selbst eingeführte Kunstgegenstände, Sammlungsstücke oder Antiquitäten in die Differenzbesteuerung einbezogen werden, gilt als Einkaufspreis der nach den Vorschriften über den Zollwert ermittelte Wert des eingeführten Gegenstands zzgl. der Einfuhrumsatzsteuer. Im Fall des § 25a Abs. 2 Nr. 2 UStG schließt der Einkaufspreis die vom Lieferer in Rechnung gestellte Umsatzsteuer ein. **2174**

Beispiel:

Ein Möbelhändler erwirbt von einem Nichtunternehmer (Privatperson) einen Schrank zum Einkaufspreis von 3 500 €. Der Gebrauchsgegenstand wird weiterverkauft für 5 000 €. Auf Grund der Differenzbesteuerung beträgt die Bemessungsgrundlage nicht 4 000 € (Gegenleistung), sondern nur 1 500 € (Unterschiedsbetrag zwischen Einkaufs- und Verkaufspreis). Das Entgelt beträgt in diesem Fall 1 260 € und die Umsatzsteuer 239,40 €.

Die Bemessungsgrundlage ist grundsätzlich für jeden Gegenstand einzeln zu ermitteln (Einzeldifferenz). Ein positiver Unterschiedsbetrag zwischen Verkaufspreis oder dem an seine Stelle tretenden Wert und dem Einkaufspreis eines Gegenstands kann für die Berechnung der zu entrichtenden Umsatzsteuer nicht mit einer negativen Einzeldifferenz aus dem Umsatz eines anderen Gegenstands oder einer negativen Gesamtdifferenz verrechnet werden. Bei einem negativen Unterschiedsbetrag beträgt die Bemessungsgrundlage 0 €; dieser Unterschiedsbetrag kann auch in späteren Besteuerungszeiträumen nicht berücksichtigt werden. Wird ein Gegenstand nicht im Jahr der Anschaffung veräußert oder entnommen, ist der noch nicht berücksichtigte Einkaufspreis im Jahr der tatsächlichen Veräußerung oder Entnahme in die Berechnung der Einzeldifferenz einzubeziehen. **2175**

Beratungshinweis:

Die Differenzbesteuerung bezieht sich auf den konkreten An- und Verkauf eines Gegenstands; eine Saldierung eines positiven Unterschiedsbetrags mit einem negativen Unterschiedsbetrag ist nur bei der Besteuerung nach der Gesamtdifferenz zulässig (→ Rz. 2176).

(2.2) Gesamtdifferenz

Bei Gegenständen, deren Einkaufspreis den Betrag von 750 € nicht übersteigt, kann die Bemessungsgrundlage anstatt nach der Einzeldifferenz nach der Gesamtdifferenz ermittelt werden. Die Gesamtdifferenz ist der Betrag, um den die Summe der Verkaufspreise und der Werte nach § 10 Abs. 4 Nr. 1 UStG die Summe der Einkaufspreise, jeweils bezogen auf den Besteuerungszeitraum, übersteigt; die in dem Unterschiedsbetrag enthaltene Umsatzsteuer ist herauszurechnen.[1] **2176**

Beträgt der Gesamteinkaufspreis bis zu 750 €, kann aus Vereinfachungsgründen von der Ermittlung der auf die einzelnen Gegenstände entfallenden Einkaufspreise abgesehen werden.[2] **2177**

---

1) Zu den Voraussetzungen für die Anwendung und Ermittlung der Gesamtdifferenz vgl. Abschn. 25a.1 Abs. 12 bis 14 UStAE.
2) Abschn. 25a.1 Abs. 12 Nr. 1 UStAE.

Beratungshinweis:
Durch das Vierte Bürokratieentlastungsgesetz v. 23.10.2024 wurde die Betragsangabe in § 25a Abs. 4 Satz 2 UStG mit Wirkung zum **1.1.2025** von 500 € auf 750 € angehoben.[1)]

2178 Übersteigt der Gesamteinkaufspreis den Betrag von 750 €, ist der auf die einzelnen Gegenstände entfallende Einkaufspreis grundsätzlich im Wege einer sachgerechten Schätzung zu ermitteln. Die Schätzung kann auf wertbestimmende Einzelgegenstände solange beschränkt werden, bis der Gesamtbetrag für die restlichen Gegenstände 750 € oder weniger beträgt.[2)]

Beispiel:
Ein Gebrauchtwarenhändler kauft bei einer Wohnungsauflösung verschiedene Einrichtungsgegenstände: eine Schrankwand (geschätzter Einkaufspreis 1 500 €), einen Sessel (geschätzter Einkaufspreis 700 €), einen Spiegel sowie diverse andere Gegenstände (geschätzter Einkaufspreis des Spiegels 200 € und der anderen Gegenstände für einen geschätzten Einkaufspreis von 300 €). Die Gebrauchtgegenstände werden an verschiedene Nichtunternehmer (Privatpersonen) weiterverkauft.

Der Gebrauchtwarenhändler muss beim Verkauf der Schrankwand und des Sessels die Bemessungsgrundlage nach der Einzeldifferenz berechnen. Für den Spiegel sowie für die diversen anderen Gegenstände ist die Bemessungsgrundlage nach der Gesamtdifferenz zu berechnen. Da der Anteil für die diversen anderen Gegenstände am Gesamtpreis nur 300 € beträgt, kann von einer Berechnung der auf die einzelnen Gegenstände entfallenden Einkaufspreise aus Vereinfachungsgründen verzichtet werden.

(2.3) Bemessungsgrundlage bei Inzahlungnahme von Gebrauchtgegenständen

2179 Nimmt ein Kraftfahrzeughändler beim Verkauf eines Kraftfahrzeugs einen Gebrauchtwagen in Zahlung und leistet der Käufer in Höhe des Differenzbetrags eine Zuzahlung, liegt ein Tausch mit Baraufgabe vor. Zum Entgelt des Händlers gehört neben der Zuzahlung auch der subjektive Wert des in Zahlung genommenen gebrauchten Fahrzeugs. Der subjektive Wert ergibt sich aus dem individuell vereinbarten Verkaufspreis zwischen dem Kraftfahrzeughändler und dem Käufer abzüglich der vom Käufer zu leistenden Zuzahlung. Denn dies ist der Wert, den der Händler dem Gebrauchtwagen beimisst und den er bereit ist, hierfür aufzuwenden.[3)]

(3) Steuersatz, Steuerbefreiung

2180 Auf die nach § 25a Abs. 3 oder 4 UStG ermittelten Bemessungsgrundlagen ist die Umsatzsteuer stets mit dem allgemeinen Steuersatz zu berechnen. Von den Steuerbefreiungen ist nur die Steuerbefreiung für innergemeinschaftliche Lieferungen ausgeschlossen. In den Fällen der Option (§ 25a Abs. 2 UStG) ist der Unternehmer nicht zum Vorsteuerabzug berechtigt.

(4) Steuerausweis, Aufzeichnungspflichten

2181 Der Wiederverkäufer darf in der Rechnung über die Lieferung die Umsatzsteuer nicht gesondert ausweisen, wenn er auf die Lieferung die Differenzbesteuerung anwendet. Das gilt auch dann, wenn er den Gegenstand an einen zum Vorsteuerabzug berechtigten Unternehmer liefert. Andernfalls schuldet er zusätzlich die offen ausgewiesene Umsatzsteuer nach § 14c Abs. 2 UStG. Über die Bemessungsgrundlagen und ihre Ermittlung hat der Unternehmer besondere und von den übrigen Aufzeichnungen getrennte Aufzeichnungen zu führen.

(5) Verzicht auf die Differenzbesteuerung

2182 Der Wiederverkäufer hat nach § 25a Abs. 8 UStG die Möglichkeit, bei jeder einzelnen Lieferung auf die Differenzbesteuerung zu verzichten (Option). Diese Einzeloption kann bei der Besteuerung nach der Gesamtdifferenz (→ Rz. 2176) nicht vorgenommen werden. Sie ist aber auch dann möglich, wenn der Wiederverkäufer sich bei Kunstgegenständen, Sammlungsstücken oder Antiquitäten allgemein für die Differenzbesteuerung entschieden hat. In diesem Fall kann er die Vorsteuer frühestens in der Umsatzsteuer-Voranmeldung geltend machen, in der er auch die Umsatzsteuer für die Lieferung anmeldet. Im Fall der Einzeloption gelten die allgemeinen Vorschriften des UStG.

Beratungshinweis:
Die Anwendung der Differenzbesteuerung dürfte vorteilhafter sein, weil der Käufer, wenn er Unternehmer ist, die Abschreibung in diesem Fall nicht in die Bemessungsgrundlage für die private Nutzung des Fahrzeugs einbeziehen muss (→ Rz. 2268 ff.).

---

1) Viertes Bürokratieentlastungsgesetz v. 23.10.2024, BGBl. I 2024 Nr. 323 = BStBl I 2024, 1421 (Auszug).
2) Vgl. Abschn. 25a.1 Abs. 12 Nr. 2 UStAE.
3) Vgl. Abschn. 25a.1 Abs. 10 Satz 4 UStAE und BMF v. 28.8.2020, III C 2 – S 7203/19/10001 :001, BStBl I 2020, 928.

Übersicht zur Differenzbesteuerung:

Tatbestand	Differenzbesteuerung ist nicht vorzunehmen	Differenzbesteuerung	
		Einzeldifferenz (→ Rz. 2174 ff.)	Gesamtdifferenz (→ Rz. 2176 ff.)
Verkauf beweglicher körperlicher Gegenstände, die mit der Möglichkeit des Vorsteuerabzugs erworben wurden	X		
Verkauf immaterieller und materieller Wirtschaftsgüter	X		
Verkauf von beweglichen körperlichen Gegenständen, die steuerfrei aus einem anderen EU-Mitgliedstaat erworben wurden	X		
Verkauf neuer Fahrzeuge	X		
Verkauf beweglicher körperlicher Gegenstände, ohne vorherigen Vorsteuerabzug und der Einkaufswert lag jeweils über 750 € (→ Rz. 2178)		X	
Verkauf von Kunstgegenständen, Sammlungsstücken, Antiquitäten mit oder ohne Vorsteuerabzug (→ Rz. 2170 ff.)		X	
Verkauf beweglicher körperlicher Gegenstände ohne Vorsteuerabzug; Einkaufswert jeweils nicht mehr als 750 € (→ Rz. 2177)		X Wahlrecht	X Wahlrecht

cc) Ort der Lieferung

Die **Regelungen zum Ort der Lieferung (§ 3 Abs. 6 bis 8, §§ 3c, 3e und 3g UStG)** sind insb. für die Feststellung erforderlich, ob die Lieferung im Inland und damit steuerbar oder im Ausland und damit nicht steuerbar ausgeführt wurde. Unerheblich ist der Weg der Rechnungslegung. Der Ort der Lieferung bestimmt sich nach der tatsächlichen Warenbewegung. Bevor eine Ortsbestimmung nach § 3 Abs. 6 bis 8 UStG vorgenommen wird, ist grundsätzlich zuerst zu prüfen, ob die Voraussetzungen der §§ 3c, 3e oder 3g UStG vorliegen (§ 3 Abs. 5a UStG). **2183**

Die **Grundsätze zum Ort der Lieferung** finden sich in § 3 Abs. 6 und 7 UStG. Nach § 3 Abs. 6 Satz 1 UStG gilt eine Lieferung grds. dort als ausgeführt, wo die Beförderung oder Versendung an den Abnehmer oder in dessen Auftrag an einen Dritten (z.B. an einen Lohnveredeler oder Lagerhalter) beginnt. Dies gilt sowohl für Fälle, in denen der Unternehmer selbst oder ein von ihm beauftragter Dritter den Gegenstand der Lieferung befördert oder versendet, als auch für Fälle, in denen der Abnehmer oder ein von ihm beauftragter Dritter den Gegenstand beim Lieferer abholt (Abholfall). Der sog. Handkauf ist als Beförderungs- oder Versendungslieferung anzusehen.[1] **2184**

Eine Versendungslieferung i.S.d. § 3 Abs. 6 Satz 1 UStG setzt voraus, dass der Gegenstand an den Abnehmer oder in dessen Auftrag an einen Dritten versendet wird, d.h. die Beförderung durch einen selbständigen Beauftragten ausgeführt oder besorgt wird. Die Versendung beginnt mit der Übergabe des Gegenstands an den Beauftragten. Der Lieferer muss bei der Übergabe des Gegenstands an den Beauftragten alles Erforderliche getan haben, um den Gegenstand an den bereits feststehenden Abnehmer, der sich grundsätzlich aus den Versendungsunterlagen ergibt, gelangen zu lassen. Von einem feststehenden Abnehmer ist auch dann auszugehen, wenn er zwar dem mit der Versendung Beauftragten im Zeitpunkt der Übergabe des Gegenstands nicht bekannt ist, aber mit hinreichender Sicherheit leicht und einwandfrei aus den unstreitigen Umständen, insb. aus Unterlagen, abgeleitet werden kann. Dem steht nicht entgegen, dass der Gegenstand von dem mit der Versendung Beauftragten zunächst in ein inl. Lager des Lieferanten gebracht und erst nach Eingang der Zahlung durch eine Freigabeerklärung des Lieferanten an den Abnehmer herausgegeben wird. Entscheidend ist, dass der Lieferant im Zeitpunkt der Übergabe des Gegenstands an den Beauftragten die Verfügungsmacht dem zu diesem Zeitpunkt feststehenden Abnehmer verschaffen will. Im Unterschied dazu liegt bei einem Verbringen in ein Auslieferungs- oder Konsignationslager (→ Rz. 2325) im Zeitpunkt des Beginns der Versendung des Gegenstands in das Lager keine Verschaffung der Verfügungsmacht gegenüber einem feststehenden Abnehmer vor.[2] **2185**

1) Vgl. Abschn. 3.12 Abs. 1 UStAE.
2) Vgl. Abschn. 1a.2 Abs. 6 UStAE; Abschn. 3.12 Abs. 3 UStAE.

2186 Wird der Gegenstand der Lieferung nicht befördert oder versendet, ist § 3 Abs. 7 Satz 1 UStG anzuwenden. Danach wird die Lieferung an dem Ort ausgeführt, **wo sich der Gegenstand im Zeitpunkt der Verschaffung der Verfügungsmacht befindet**. Insbesondere handelt es sich hierbei um Fälle, in denen der Abnehmer bereits im Besitz des Liefergegenstands ist. In diesen Fällen wird die Verfügungsmacht, ohne dass der Gegenstand übernommen oder fortbewegt wird, mit der Einigung über den Eigentumsübergang verschafft (z.B. bei Vereinbarung eines Besitzkonstituts nach § 930 BGB oder bei Abtretung des Herausgabeanspruchs nach § 931 BGB).

Beispiel:

Ein in Deutschland ansässiger Unternehmer veräußert eine zum Unternehmen gehörende Lagerhalle mit Grund und Boden in Spanien.

Der Ort der Lieferung befindet sich in Spanien, wo die Lagerhalle sich befindet. In Deutschland ist die Lieferung nicht steuerbar.

2187 Mit Urteil v. 18.2.2016 ging der BFH unter Aufgabe seiner bisherigen Rechtsprechung davon aus, dass der Miteigentumsanteil an einem Gegenstand geliefert wird.[1] Der BFH hielt eine Beurteilung der Übertragung des Miteigentumsanteils an einem Gegenstand als sonstige Leistung als nicht mit Unionsrecht vereinbar. Miteigentum nach Bruchteilen sei seinem Wesen nach dem Alleineigentum gleichartig, so dass der Miteigentümer dieselbe Rechtsposition habe wie ein Eigentümer. Bestätigt werde diese Auffassung dadurch, dass das Miteigentum als Bruchteil an einem Gegenstand im Wirtschaftsleben wie ein Gegenstand behandelt werde. Das BMF hat dieses BFH-Urteil mit Schreiben v. 23.5.2019 durch Änderung des Abschn. 3.5 UStAE berücksichtigt (Aufnahme einer Nr. 6 in Abschn. 3.5 Abs. 2 UStAE und Streichung der Nr. 2 in Abschn. 3.5 Abs. 3 UStAE).[2]

2188 § 3 Abs. 7 Satz 2 UStG bestimmt den Lieferort für die Fälle des § 3 Abs. 6a UStG, in denen mehrere Unternehmer über denselben Gegenstand Umsatzgeschäfte abschließen und diese Geschäfte dadurch erfüllen, dass der Gegenstand der Lieferungen unmittelbar vom ersten Unternehmer an den letzten Abnehmer befördert oder versendet wird (**sog. Reihengeschäft**).

2189 In § 3 Abs. 6a Satz 1 UStG wurde eine **Definition des umsatzsteuerlichen Reihengeschäfts** vorgenommen. Ein Reihengeschäft liegt vor, wenn mehrere Unternehmer über denselben Gegenstand Umsatzgeschäfte abschließen und dieser Gegenstand bei der Beförderung oder Versendung unmittelbar vom ersten Unternehmer an den letzten Abnehmer gelangt. Unmittelbarkeit bedeutet dabei, dass beim Transport der Ware vom Abgangsort zum Bestimmungsort nur ein Unternehmer in der Kette die Transportverantwortung innehaben kann. Liegt die Transportverantwortlichkeit bei mehreren an der Reihe beteiligten Unternehmern (sog. gebrochene Beförderung oder Versendung), liegt kein Reihengeschäft vor. Dies entspricht inhaltlich der Regelung des bisherigen § 3 Abs. 6 Satz 5 UStG; eine materiell-rechtliche Neuregelung ist damit nicht verbunden. Folge des Reihengeschäfts ist, dass die Warenbewegung nur einer der Lieferungen zuzuordnen ist. Nur diese Lieferung kommt in den Genuss der für die innergemeinschaftliche Lieferung bzw. die Ausfuhrlieferung vorgesehenen Steuerbefreiung.

2190 § 3 Abs. 6a Satz 2 UStG stellt entsprechend der bislang geltenden Rechtsanwendung gesetzlich klar, dass bei Beförderung oder Versendung durch den ersten Unternehmer entsprechend der Transportveranlassung die Warenbewegung der Lieferung des ersten Unternehmers zuzuordnen ist. Wird der Gegenstand der Lieferung durch den letzten Abnehmer in der Reihe befördert oder versendet, ist die Warenbewegung nach § 3 Abs. 6a Satz 3 UStG entsprechend der Transportveranlassung der Lieferung an den letzten Abnehmer zuzuordnen.

2191 Durch § 3 Abs. 6a Satz 4 UStG wird in Umsetzung von Art. 36a Abs. 3 MwStSystRL der **Begriff des Zwischenhändlers** definiert. Zwischenhändler ist danach der Lieferer innerhalb der Reihe mit Ausnahme des ersten Lieferers in der Reihe, der die Gegenstände selbst oder auf seine Rechnung durch einen Dritten versendet oder befördert. Befördert oder versendet der Zwischenhändler den Gegenstand der Lieferung, ist die Warenbewegung grundsätzlich der Lieferung an ihn zuzuordnen (Art. 36a Abs. 1 MwStSystRL). Dies gilt nach Art. 36a Abs. 2 MwStSystRL nicht, wenn der Zwischenhändler nachweist, dass er den Gegenstand nicht entsprechend der gesetzlichen Vermutung in seiner Eigenschaft als Abnehmer, sondern ausnahmsweise als Lieferer befördert oder versendet hat.

2192 Gelangt der Gegenstand der Lieferung aus dem Gebiet eines Mitgliedstaats in das Gebiet eines anderen Mitgliedstaats und verwendet der Zwischenhändler gegenüber dem leistenden Unternehmer bis zum Beginn der Beförderung oder Versendung eine USt-IdNr., die ihm vom Mitgliedstaat des Beginns der Beförderung oder Versendung erteilt wurde, ist die Beförderung oder Versendung seiner Lieferung zuzuordnen (§ 3 Abs. 6a Satz 5 UStG). In der Gesetzesbegründung wird dazu ausgeführt, dass durch Art. 36a Abs. 2 MwStSystRL bestimmt werde, dass die gesetzliche Vermutung im Falle innergemeinschaftlicher Lieferungen durch die Verwendung einer dem transportverantwortlichen mittleren Unternehmer (Zwischenhändler) durch den Abgangsmitgliedstaat erteilten USt-IdNr. widerlegt werde.

2193 Verwendet der Zwischenhändler seine ihm vom Abgangsstaat der Ware erteilte USt-IdNr., muss dies spätestens bei Ausführung der Lieferung erfolgen. Da es sich dabei um die Verwirklichung des Sachverhalts handelt (Auftreten als Lieferer), bleiben spätere Änderungen bei der Verwendung der USt-IdNr. ohne Auswirkung. Der Begriff „Verwendung" einer USt-IdNr. setzt ein positives Tun des Zwischenhändlers voraus. Die verwendete USt-IdNr. soll in dem jeweiligen Auftragsdokument schriftlich festgehalten werden. Bei mündlicher Erteilung eines Auftrags muss die rechtzeitige Verwendung der USt-IdNr. vom Zwischenhändler dokumentiert werden. Es reicht ebenfalls

1) Vgl. BFH v. 18.2.2016, V R 53/14, BStBl II 2019, 333.
2) Vgl. BMF v. 23.5.2019, III C 2 – S 7100/19/10002 :002, BStBl I 2019, 511.

aus, wenn der Zwischenhändler dokumentiert, dass er gegenüber seinem leistenden Unternehmer erklärt hat, die ihm vom Abgangsstaat der Ware erteilte USt-IdNr. für alle künftigen Lieferungen verwenden zu wollen. Eine in einem Dokument lediglich formularmäßig eingedruckte USt-IdNr. reicht nicht aus.

Im Interesse einer vereinfachten und bürokratiearmen Regelung wurde zur Zuordnung der Warenbewegung in § 3 **2194** Abs. 6a Satz 6 UStG bestimmt, dass die gesetzliche Vermutung des § 3 Abs. 6a Satz 4 UStG im Falle der Ausfuhr typisierend widerlegt wird, wenn der Zwischenhändler gegenüber seinem Lieferanten nachweist, dass er im Mitgliedstaat des Beginns der Beförderung oder Versendung der Ware für Umsatzsteuerzwecke steuerlich erfasst ist. Dies geschieht entweder durch Verwendung der ihm vom Mitgliedstaat des Beginns der Beförderung oder Versendung erteilten USt-IdNr. oder durch Verwendung seiner Steuernummer. Wenn das FA eine gesonderte Steuernummer für Zwecke der Umsatzbesteuerung erteilt hat (z.B. bei von der Zuständigkeit nach dem Betriebssitz abweichender Zuständigkeit nach § 21 AO), ist diese zu verwenden. Die durch den Zwischenhändler ausgeführte Lieferung gilt dann als warenbewegte Lieferung.

Im Fall der Einfuhr eines Gegenstands in das Gemeinschaftsgebiet wird durch das Abstellen auf die Anmeldung **2195** zum zoll- und steuerrechtlich freien Verkehr typisierend geregelt, dass die durch den Zwischenhändler ausgeführte Lieferung die warenbewegte Lieferung ist, wenn der Gegenstand der Lieferung in seinem Namen oder im Rahmen der indirekten Stellvertretung (Art. 18 VO (EU) Nr. 952/2013 des Europäischen Parlaments und des Rats zur Festlegung des Zollkodex der Union, ABl. EU 2013 Nr. 269, 1) für seine Rechnung zum zoll- und steuerrechtlich freien Verkehr angemeldet wird (§ 3 Abs. 6a Satz 7 UStG).

§ 3 Abs. 6b UStG regelt durch die Zuordnung der warenbewegten Lieferung im Falle der Lieferung eines Gegen- **2196** stands über eine elektronische Schnittstelle (§ 3 Abs. 3a UStG) einen besonderen Fall des Reihengeschäfts.

§ 3 Abs. 3a Satz 1 UStG regelt Lieferungen, bei denen ein Unternehmer mittels seiner elektronischen Schnittstelle **2197** die Lieferung eines Gegenstands, dessen Beförderung oder Versendung im Gemeinschaftsgebiet beginnt und endet, durch einen nicht im Gemeinschaftsgebiet ansässigen Unternehmer an einen in § 3a Abs. 5 Satz 1 UStG bezeichneten Empfänger unterstützt. § 3 Abs. 3a Satz 2 UStG sieht eine entsprechende Regelung für Drittstaatenfälle vor, in denen der Unternehmer mittels seiner elektronischen Schnittstelle den Fernverkauf von aus dem Drittlandsgebiet eingeführten Gegenständen in Sendungen mit einem Sachwert von höchstens 150 € unterstützt. Ein Unternehmer unterstützt eine Lieferung i.S.d. § 3 Abs. 3a Satz 1 UStG oder einen Fernverkauf i.S.d. § 3 Abs. 3a Satz 2 UStG unter den Voraussetzungen des Art. 5b MwStVO. Dem Begriff der elektronischen Schnittstelle i.S.d. § 3 Abs. 3a Satz 1 und 2 UStG ist ein sehr weites Verständnis zugrunde zu legen, so dass in den Anwendungsbereich der Vorschriften nicht nur elektronische Marktplätze, Plattformen oder Portale fallen, sondern auch alle anderen vergleichbaren elektronischen Mittel. Eingeschränkt wurde der Anwendungsbereich der Vorschrift durch die Definition des Unterstützens, die in Art. 5b MwStVO enthalten ist.

Ein Fernverkauf i.S.d. § 3 Abs. 3a Satz 2 UStG ist die Lieferung eines Gegenstands, der durch den Lieferer oder für **2198** dessen Rechnung aus dem Drittlandsgebiet an einen Erwerber in einem Mitgliedstaat befördert oder versandt wird, einschließlich jener Lieferung, an deren Beförderung oder Versendung der Lieferer indirekt beteiligt ist (§ 3 Abs. 3a Satz 4 UStG). Weitere Einzelheiten vgl. Abschn. 3.18 UStAE und BMF- Schreiben v. 1.4.2021.[1]

§ 3 Abs. 8 UStG regelt den Lieferungsort in den Fällen, in denen der **Gegenstand der Lieferung bei der Beförde-** **2199** **rung oder Versendung aus dem Drittlandsgebiet in das Inland gelangt** und der Lieferer oder sein Beauftragter Schuldner der Einfuhrumsatzsteuer ist. Abweichend von § 3 Abs. 6 UStG gilt der Ort der Lieferung dieses Gegenstands als im Inland belegen.

Beispiel 1:

Der Unternehmer Z in Zürich liefert Gegenstände, die er mit eigenem Lkw befördert, an seinen Abnehmer B in Berlin. B lässt die Gegenstände zum freien Verkehr abfertigen und entrichtet dementsprechend die Einfuhrumsatzsteuer (Lieferkondition „unversteuert und unverzollt").

Ort der Lieferung ist Zürich (§ 3 Abs. 6 UStG). B kann die entrichtete Einfuhrumsatzsteuer als Vorsteuer abziehen, da die Gegenstände für sein Unternehmen ins Inland eingeführt worden sind.

Beispiel 2:

Wie Beispiel 1, jedoch lässt Z die Gegenstände in den freien Verkehr überführen und entrichtet dementsprechend die Einfuhrumsatzsteuer (Lieferkondition „verzollt und versteuert").

Der Ort der Lieferung gilt als im Inland belegen (§ 3 Abs. 8 UStG). Z hat den Umsatz im Inland zu versteuern. Er ist zum Abzug der Einfuhrumsatzsteuer als Vorsteuer berechtigt, da die Gegenstände für sein Unternehmen eingeführt worden sind.

Beispiel 3:

Wie Beispiel 2. B weist jedoch Z an, die Gegenstände unmittelbar an seinen Abnehmer F in Frankfurt zu befördern.

Der Ort der Lieferung gilt als im Inland belegen (§ 3 Abs. 8 UStG). Z und B haben den Umsatz im Inland zu versteuern. Z ist zum Abzug der Einfuhrumsatzsteuer als Vorsteuer berechtigt, da die Gegenstände für sein Unternehmen eingeführt worden sind. B ist unter den weiteren Voraussetzungen des § 15 UStG zum Abzug der ihm von Z in Rechnung gestellten Steuer als Vorsteuer berechtigt.

§ 3c UStG regelt den Ort der Lieferung innergemeinschaftlicher Fernverkäufe. **2200**

Einzelheiten hierzu vgl. Abschn. 3c.1 UStAE und BMF v. 1.4.2021.[2]

1) BMF v. 1.4.2021, III C 3 – S 7340/19/10003 :022, BStBl I 2021, 629.
2) Vgl. BMF v. 1.4.2021, III C 3 – S 7340/19/10003 :022, BStBl I 2021, 629.

2201 § 3e UStG regelt den Sonderfall des Orts der Lieferung eines Gegenstands oder den Ort einer sonstigen Leistung, die in der Abgabe von Speisen und Getränken zum Verzehr an Ort und Stelle besteht, während einer Beförderung innerhalb des Gemeinschaftsgebietes an Bord eines Schiffs, in einem Luftfahrzeug oder in einer Eisenbahn. Nach § 3e Abs. 1 UStG gilt der Abgangsort des jeweiligen Beförderungsmittels im Gemeinschaftsgebiet als Ort dieser Lieferung oder der sonstigen Leistung. Snacks, kleine Süßigkeiten und Getränke, die an Bord eines Flugzeugs während einer Beförderung innerhalb des Gemeinschaftsgebiets gegen gesondertes Entgelt abgegeben werden, werden nach § 3e UStG am Abgangsort des Flugzeugs geliefert; eine Nebenleistung zur Flugbeförderung liegt nicht vor.[1)]

2202 Für unentgeltliche Wertabgaben bestimmt sich der Leistungsort nach den allgemeinen Grundsätzen. Besonderheiten können sich z.B. bei Leistungen in Zusammenhang mit einem Grundstück im Ausland sowie bei der kurzfristigen Vermietung eines Beförderungsmittels im Ausland ergeben, bei denen der Leistungsort nicht mit dem Sitzort des Unternehmers bzw. dem Belegenheitsort der Betriebsstätte zusammenfalle. Gleiches gilt für die Entnahme eines Gegenstands eines inländischen Unternehmens im Ausland, ohne dass dort eine Betriebsstätte des Unternehmens liegt.

2203 In § 3g UStG wird der Leistungsort für die Lieferung von Gas, Elektrizität, Wärme oder Kälte geregelt. Es wird dabei danach unterschieden, ob der Empfänger der Lieferung ein steuerpflichtiger Wiederverkäufer oder ein sonstiger Abnehmer ist. Für Lieferungen von Gas über das Erdgasnetz, von Elektrizität oder von Wärme oder Kälte über Wärme und Kältenetze an Wiederverkäufer gilt der Ort als Ort der Lieferung, wo der Abnehmer sein Unternehmen bzw. seine Betriebsstätte betreibt. Die Einfuhr von Erdgas über das Erdgasnetz oder von Erdgas, das von einem Gastanker aus in das Erdgasnetz oder ein vorgelagertes Gasleitungsnetz eingespeist wird, von Elektrizität oder von Wärme oder Kälte über Wärme- oder Kältenetze, ist nach § 5 Abs. 1 Nr. 6 UStG steuerfrei. Weitere Einzelheiten enthält Abschn. 3g.1 UStAE.

dd) Ort der sonstigen Leistung

2204 Der Ort der Dienstleistung (= sonstige Leistung) ist in Titel V Kap. 3 der MwStSystRL geregelt (Art. 43 bis 59a MwStSystRL). Dienstleistungen an Unternehmer werden grundsätzlich am Ort des Leistungsempfängers bewirkt (Art. 44 MwStSystRL); den Unternehmern gleichgestellt werden insoweit j.P.d.ö.R., soweit sie nicht unternehmerisch tätig sind und ihnen eine USt-IdNr. erteilt wurde. Bei Dienstleistungen an Nichtunternehmer erfolgt grundsätzlich eine Besteuerung am Ort des leistenden Unternehmers (Art. 45 MwStSystRL).

(1) Ort des Unternehmens (§ 3a Abs. 1 UStG)

2205 § 3a Abs. 1 Satz 1 UStG regelt weiterhin grundsätzlich, dass sich der Leistungsort bei sonstigen Leistungen an dem Ort befindet, von dem aus der leistende Unternehmer sein Unternehmen betreibt; § 3a Abs. 1 Satz 2 UStG bestimmt eine Betriebsstätte des leistenden Unternehmers zum Leistungsort, wenn die sonstige Leistung von dort aus erbracht wird. Die Regelungen des § 3a Abs. 1 UStG gelten nur dann, wenn keine der abweichenden Regelungen zum Leistungsort (§ 3a Abs. 2 bis 8 UStG und §§ 3b und 3e UStG) eingreift. § 3a Abs. 1 UStG gilt bei bestimmten sonstigen Leistungen an Nichtunternehmer. Maßgebend für diese Beurteilung ist der Zeitpunkt, in dem die Leistung an den Leistungsempfänger erbracht wird,[2)] und ist grundsätzlich der Ort, von dem aus der Unternehmer sein Unternehmen betreibt (bei Körperschaften, Personenvereinigungen oder Vermögensmassen ist dabei der Ort der Geschäftsleitung maßgeblich). Weitere Einzelheiten vgl. Abschn. 3a.1 UStAE.

(2) Ort des Leistungsempfängers (§ 3a Abs. 2 UStG)

2206 § 3a Abs. 2 Satz 1 UStG regelt abweichend von § 3a Abs. 1 UStG grundsätzlich, dass sonstige Leistungen an einen Unternehmer regelmäßig an dem Ort ausgeführt werden, an dem der Leistungsempfänger seinen Sitz hat. Die Leistung muss für den unternehmerischen Bereich des Leistungsempfängers ausgeführt worden sein; hierunter fallen auch Leistungen an einen Unternehmer, wenn diese Leistungen für die Erbringung von nichtsteuerbaren Umsätzen bestimmt sind. Verwendet der Leistungsempfänger gegenüber seinem Auftragnehmer eine USt-IdNr., kann dieser davon ausgehen, dass die Leistung für dessen unternehmerischen Bereich bezogen wird; maßgebend für diese Beurteilung ist der Zeitpunkt, in dem die Leistung erbracht wird.[3)] Weitere Einzelheiten vgl. Abschn. 3a.2 UStAE.

Auch § 3a Abs. 2 UStG gilt nur dann, wenn nicht eine der weiteren – abweichenden – Regelungen (§ 3a Abs. 3 bis 8 UStG und §§ 3b und 3e UStG) zum Leistungsort eingreift.

(3) Leistungen im Zusammenhang mit einem Grundstück

2207 § 3a Abs. 3 Nr. 1 UStG regelt den Leistungsort bei sonstigen Leistungen im Zusammenhang mit einem Grundstück an Unternehmer und Nichtunternehmer. Er liegt – entsprechend der bisherigen Regelung in § 3a Abs. 2 Nr. 1 UStG – an dem Ort, an dem sich das Grundstück befindet. Die in dieser Vorschrift aufgeführte Aufzählung (z.B. Vermietungsleistungen, sonstige Leistungen im Zusammenhang mit Veräußerungen) ist **nicht abschließend**. Auch andere Leistungen können im Zusammenhang mit einem Grundstück stehen.

---

1) Vgl. BFH v. 27.2.2014, V R 14/13, BStBl II 2014, 869; vgl. auch Abschn. 3e.1 Satz 5 UStAE.
2) Vgl. Art. 25 der Durchführungsverordnung (EU) v. 15.3.2011, Nr. 282/2011, ABl.EU 2011 Nr. L 77, 1.
3) Vgl. Art. 25 der Durchführungsverordnung (EU) v. 15.3.2011, Nr. 282/2011, ABl.EU 2011 Nr. L 77, 1.

Das BMF hat zum Ort der sonstigen Leistung im Zusammenhang mit Grundstücken nach § 3a Abs. 3 Nr. 1 UStG ein konkretisierendes BMF-Schreiben herausgegeben.[1] Darin wird z.B. ausgeführt, dass es für die Anwendung von § 3a Abs. 3 Nr. 1 Satz 2 Buchst. c UStG (also für sonstige Leistungen, die der Erschließung von Grundstücken oder der Vorbereitung oder der Ausführung von Bauleistungen dienen) Voraussetzung ist, dass die Leistung in engem Zusammenhang mit einem ausdrücklich bestimmten Grundstück erbracht wird, d.h. dass beispielsweise bei Ingenieur- oder Planungsleistungen der Standort des Grundstücks zum Zeitpunkt der Erbringung der Dienstleistung bereits feststeht.[2] Außerdem gehört zu den Leistungen nach § 3a Abs. 3 Nr. 1 Satz 2 Buchst. c UStG auch die Überlassung von Personal, insb. bei der Einschaltung von Subunternehmern, wenn gleichzeitig eine bestimmte Leistung oder ein bestimmter Erfolg des überlassenen Personals im Zusammenhang mit einem Grundstück geschuldet wird.[3] **2208**

Bei der Ausgabe **einfacher oder beglaubigter/amtlicher Grundbuchauszüge** stellt das Grundstück einen zentralen und wesentlichen Bestandteil der Dienstleistung dar, so dass diese ungeachtet des Verwendungszwecks als in einem hinreichend direkten Zusammenhang mit einem Grundstück stehend anzusehen ist. Bei der Ausgabe **einfacher oder beglaubigter/amtlicher Auszüge aus anderen öffentlichen Registern** findet § 3a Abs. 3 Nr. 1 UStG mangels Grundstücksbezug keine Anwendung. Der Ort der sonstigen Leistung bei der Ausgabe einfacher oder beglaubigter/amtlicher Auszüge aus anderen öffentlichen Registern als dem Grundbuch bestimmt sich daher nach § 3a Abs. 1 und Abs. 2 UStG (vgl. Abschn. 3a.3 Abs. 9 Nr. 9 UStAE). **2209**

In engem Zusammenhang mit einem Grundstück stehen u.a. auch die Zugangsberechtigung zu Warteräumen in Flughäfen, unabhängig davon, ob diese mit der Nutzung von üblichen begleitenden Annehmlichkeiten (z.B. Sitzmöglichkeiten, TV-Unterhaltung, Zeitschriftenauslage, WLAN, Getränke oder Snacks) verbunden ist. Dies gilt auch, wenn die Leistung darin besteht, dass dem Leistungsempfänger das Recht eingeräumt wird, die Zugangsberechtigung zu Warteräumen in Flughäfen an seine Kunden weiterzugeben. Wird die Zugangsberechtigung zusammen mit der Flugbeförderung vereinbart und vergütet, stellt die Zugangsberechtigung keine in engem Zusammenhang mit dem Grundstück stehende Leistung, sondern eine unselbständige Nebenleistung zur Flugbeförderung dar, so dass sich der Leistungsort nach § 3b UStG bestimmt.[4] **2210**

Bei der Überlassung von Standflächen auf Messen und Ausstellungen durch die Veranstalter an die Aussteller handelt es sich um sonstige Leistungen im Zusammenhang mit einem Grundstück. Werden neben der Überlassung von Standflächen weitere Leistungen an die Aussteller erbracht und sind diese Leistungen insgesamt als einheitliche Leistung anzusehen – sog. Veranstaltungsleistung –, bestimmt sich der Leistungsort nach § 3a Abs. 2 UStG, wenn der Leistungsempfänger ein Leistungsempfänger i.S.d. § 3a Abs. 2 UStG ist.[5] Überlässt ein Unternehmer einem Kongressveranstalter ein Kongresszentrum oder Teile hiervon einschließlich des Veranstaltungsequipments und erbringt er daneben zahlreiche Dienstleistungen vor, während und nach dem Kongress an den Veranstalter, ist die Regelung für Veranstaltungsleistungen entsprechend anzuwenden. Ausgenommen hiervon sind jedoch Übernachtungs- und Verpflegungsleistungen. Diese sind als eigenständige Leistungen zu beurteilen. **2211**

(4) Vermietung von Beförderungsmitteln

§ 3a Abs. 3 Nr. 2 Satz 1 UStG legt den Leistungsort bei der kurzfristigen Vermietung von Beförderungsmitteln fest. Danach befindet sich der Leistungsort unabhängig vom Status des Leistungsempfängers an dem Ort, an dem das Beförderungsmittel dem Leistungsempfänger zur Verfügung gestellt, d.h. körperlich übergeben, wird. § 3a Abs. 3 Nr. 2 Satz 2 UStG definiert den Begriff der kurzfristigen Vermietung mit bis zu 90 Tagen bei Wasserfahrzeugen und bis zu 30 Tagen bei anderen Beförderungsmitteln. Die Vermietung eines Beförderungsmittels, die nicht als kurzfristig i.S.d. § 3a Abs. 3 Nr. 2 Satz 2 UStG anzusehen ist, an einen Empfänger, der weder ein Unternehmer ist, für dessen Unternehmen die Leistung bezogen wird, noch eine nicht unternehmerisch tätige juristische Person, der eine USt-IdNr. erteilt worden ist, wird an dem Ort erbracht, an dem der Empfänger seinen Wohnsitz oder Sitz hat; nähere Ausführungen hierzu vgl. Abschn. 3a.5 Abs. 7 bis 9 UStAE. Handelt es sich bei dem Beförderungsmittel um ein Sportboot, wird die Vermietungsleistung an dem Ort ausgeführt, an dem das Sportboot dem Empfänger tatsächlich zur Verfügung gestellt wird, wenn sich auch der Sitz, die Geschäftsleitung oder eine Betriebsstätte des Unternehmers, von wo aus diese Leistung tatsächlich erbracht wird, an diesem Ort befindet. **2212**

(5) Ort der Tätigkeit

Nach § 3a Abs. 3 Nr. 3 UStG werden kulturelle, künstlerische, wissenschaftliche, unterrichtende, sportliche, unterhaltende oder ähnliche Leistungen, wie Leistungen im Zusammenhang mit Messen und Ausstellungen, einschließlich der Leistungen der jeweiligen Veranstalter sowie die damit zusammenhängenden Tätigkeiten, die für die Ausübung der Leistung unerlässlich sind, an einen Empfänger, der weder ein Unternehmer ist, für dessen Unternehmen die Leistung ausgeführt wird, noch eine nichtunternehmerisch tätige juristische Person, der eine USt-IdNr. erteilt worden ist, dort ausgeführt, wo sie vom Unternehmer tatsächlich erbracht werden. Hierzu können auch tontechnische Leistungen im Zusammenhang mit künstlerischen oder unterhaltenden Leistungen gehören. Der Ort richtet sich nur dann nach der tatsächlichen Leistungserbringung, wenn der Leistungsempfänger ein **2213**

1) BMF v. 10.2.2017, III C 3 – S 7117-a/16/10001, BStBl I 2017, 350.
2) Vgl. Abschn. 3a.3 Abs. 8 Satz 2 UStAE.
3) Vgl. Abschn. 3a.3 Abs. 8 Satz 3 Nr. 8 UStAE.
4) Vgl. Abschn. 3a.3 Abs. 9 Nr. 2c UStAE und BMF v. 26.4.2022, III C 3 – S 7117-a/20/10002 :003, BStBl I 2022, 655.
5) Vgl. Abschn. 3a.4 Abs. 1 und 2 UStAE.

Nichtunternehmer ist. Bei Leistungen an Empfänger i.S.d. § 3a Abs. 2 UStG richtet sich der Leistungsort entsprechend § 3a Abs. 2 UStG nach dem Sitz oder der Betriebsstätte des Leistungsempfängers, wenn die Leistung tatsächlich an diese erbracht wird. Werden die Leistungen per Streaming übertragen oder auf andere Weise virtuell verfügbar gemacht, gilt als Ort der sonstigen Leistung der Ort, an dem der Empfänger ansässig ist oder seinen Wohnsitz oder gewöhnlichen Aufenthaltsort hat.

2214 Zu den unter § 3a Abs. 3 Nr. 3 UStG fallenden sonstigen Leistungen gehört auch **die Bereitstellung eines Livestreams einer Veranstaltung**, der parallel zur bzw. anstelle der „Vor-Ort"-Veranstaltung und ausschließlich in Echtzeit angeboten wird. Die Leistung gilt nach § 3a Abs. 3 Nr. 3 Satz 2 UStG als dort erbracht, wo der Leistungsempfänger seinen Wohnsitz, seinen gewöhnlichen Aufenthalt oder seinen Sitz hat. Die Bereitstellung einer Aufzeichnung einer Veranstaltung in digitaler Form, die durch den Leistungsempfänger individuell zu einem späteren festen oder frei wählbaren Zeitpunkt abgerufen werden kann und ausschließlich über das Internet oder ein ähnliches elektronisches Netz übertragen wird, stellt hingegen eine auf elektronischem Weg erbrachte sonstige Leistung nach § 3a Abs. 5 Satz 2 Nr. 3 UStG dar (vgl. Abschn. 3a.12 Abs. 3 Nr. 8 UStAE). Hinsichtlich einer möglichen Steuerbefreiung vgl. Abschn. 4.14.1 Abs. 4 Satz 3, Abschn. 4.20.1 Abs. 1 Satz 7, Abschn. 4.20.2 Abs. 3, Abschn. 4.21.2 Abs. 2 Sätze 8 und 9 und Abschn. 4.22.1 Abs. 2 Satz 2 UStAE; hinsichtlich einer möglichen Steuerermäßigung vgl. Abschn. 12.5 Abs. 6 UStAE.[1] Zur umsatzsteuerlichen Einordnung von Umsätzen aus Online-Veranstaltungsdienstleistungen vgl. Ausführungen im BMF-Schreiben v. 8.8.2025.[2]

Beratungshinweis:

Ausgenommen hiervon sind Eintrittsberechtigungen, wenn diese an Unternehmer erbracht werden. Nach § 3a Abs. 3 Nr. 5 Satz 1 UStG werden Eintrittsberechtigungen zu kulturellen, künstlerischen, wissenschaftlichen, unterrichtenden, sportlichen, unterhaltenden oder ähnlichen Veranstaltungen, wenn diese an einen Unternehmer erteilt worden ist, an dem Ort besteuert, an dem die Veranstaltung stattfindet. Wird mit der Eintrittsberechtigung eine virtuelle Teilnahme an einer Veranstaltung ermöglicht, gilt abweichend hiervon für die Einräumung dieser Eintrittsberechtigung § 3a Abs. 2 UStG.

Zu beachten ist, dass eine Veranstaltungsleistung im Zusammenhang mit Messen und Ausstellungen abweichend von § 3a Abs. 2 UStG nach § 3a Abs. 8 UStG als im Drittlandsgebiet ausgeführt zu behandeln ist, wenn die Leistung dort genutzt oder ausgewertet wird (→ Rz. 2219).

§ 3a Abs. 3 Nr. 5 Satz 1 UStG gilt nur für Leistungen an einen Leistungsempfänger i.S.d. § 3a Abs. 2 UStG (siehe Abschn. 3a.2 Abs. 1 UStAE). Die Regelung ist auch anzuwenden, wenn ein anderer Unternehmer als der Veranstalter auf eigene oder auf Rechnung des Veranstalters Eintrittsberechtigungen an einen Unternehmer für dessen unternehmerischen Bereich oder an eine einem Unternehmer gleichgestellte juristische Person einräumt. Werden die in der Vorschrift genannten sonstigen Leistungen an Nichtunternehmer (siehe Abschn. 3a.1 Abs. 1 UStAE) erbracht, richtet sich der Leistungsort nach § 3a Abs. 3 Nr. 3 UStG (siehe Abschn. 3a.6 Abs. 2 Satz 2 UStAE). Eine Veranstaltung i.S.d. § 3a Abs. 3 Nr. 5 Satz 1 UStG erfordert die physische Anwesenheit des Leistungsempfängers bei dieser; die Vorschrift gilt daher nicht in Fällen der Online-Teilnahme des Leistungsempfängers. Weitere Einzelheiten vgl. Abschn. 3a.7a UStAE und BMF v. 9.6.2021.[3]

Die **Abgabe von Speisen und Getränken** zum Verzehr an Ort und Stelle, werden nach § 3a Abs. 3 Nr. 3a Buchst. a UStG dort ausgeführt, wo sie vom Unternehmer tatsächlich erbracht werden, **wenn die Abgabe nicht** an Bord eines Schiffes, in einem Luftfahrzeug oder in der Eisenbahn während einer Beförderung innerhalb des Gemeinschaftsgebiets erfolgt.

Bei der Be- und Verarbeitung an und Begutachtung von beweglichen körperlichen Gegenständen bestimmt sich der Leistungsort nach den allgemeinen Regelungen für Leistungen an Unternehmer und bestimmte j.P.d.ö.R. (§ 3a Abs. 2 UStG).

Arbeiten an beweglichen körperlichen Gegenständen und die Begutachtung dieser Gegenstände für einen Empfänger, der weder ein Unternehmer ist, für dessen Unternehmen die Leistung ausgeführt wird, noch eine nicht unternehmerisch tätige juristische Person, der eine USt-IdNr. erteilt worden ist, werden dort ausgeführt, wo sie vom Unternehmer tatsächlich erbracht werden (§ 3a Abs. 3 Nr. 3a Buchst. b UStG).

Praxishinweis:

Durch das Jahressteuergesetz 2024 (**JStG 2024**) v. 2.12.2024 wurde § 3a Abs. 3 Nr. 3 UStG m.W. zum **1.1.2025** durch die Nummern 3 und 3a ersetzt und in Nr. 5 ein neuer Satz angefügt.[4]

Mit der Richtlinie (EU) 2022/542 des Rates v. 5.4.2022[5] werden zum 1.1.2025 die Regelungen zur Bestimmung des Besteuerungsorts für Veranstaltungen/Tätigkeiten insb. auf dem Gebiet der Kultur, der Künste, des Sports, der Wissenschaft, des Unterrichts und der Unterhaltung in den Art. 53 und 54 der Richtlinie 2006/112/EG ergänzt. Mit den Änderungen soll sichergestellt werden, dass auf virtuellem Weg erbrachte Dienstleistungen am Ort des Verbrauchs besteuert werden.

Zur besseren Lesbar- und Verständlichkeit wurde § 3a UStG in seiner Struktur an die neue Rechtslage angepasst.

Zur Sicherstellung der Besteuerung im Mitgliedstaat des Verbrauchs müssen alle sonstigen Leistungen (Dienstleistungen), die für einen Verbraucher elektronisch erbracht werden können, an dem Ort steuerbar sein, an dem der Verbraucher ansässig ist oder seinen Wohnsitz oder seinen gewöhnlichen Aufenthaltsort hat. Daher war es notwendig, die Vorschriften für den Ort der sonstigen Leistung in Bezug auf solche Tätigkeiten zu ändern.

Hierzu wird § 3a Abs. 3 UStG in den Nrn. 3 und 5 ergänzt sowie die bisherigen Regelungen des § 3a Abs. 3 Nr. 3 Buchst. b und c UStG ohne inhaltliche Änderung in die neue Nr. 3a überführt.

1) Vgl. Abschn. 3a.6 Abs. 2b UStAE.
2) Vgl. BMF v. 8.8.2025, III C 3 – S 7117j/00008/006/043, BStBl I 2025, 1637.
3) Vgl. BMF v. 9.6.2021, III C 3 – S 7117-b/20/10002 :002, BStBl I 2021, 778.
4) Jahressteuergesetz 2024 (JStG 2024) v. 2.12.2024, BGBl. I 2024 Nr. 387 = BStBl I 2024, 1484.
5) ABl. L 107, 1.

In § 3a Abs. 3 Nr. 5 UStG wurde ein neuer Satz aufgenommen, der Ausnahmen bei virtuellen Teilnahmen regelt. Dadurch wird Art. 1 Nr. 1 der Richtlinie (EU) 2022/542 in das nationale Recht umgesetzt, wonach Art. 53 der Richtlinie 2006/112/EG im Fall der virtuellen Teilnahme keine Anwendung auf die Eintrittsberechtigung für die zuvor genannten Veranstaltungen findet. Da § 3a Abs. 3 Nr. 5 UStG nicht nur die Einräumung der Eintrittsberechtigung zu kulturellen, künstlerischen, wissenschaftlichen, unterrichtenden, sportlichen, unterhaltenden oder ähnlichen Veranstaltungen, wie Messen und Ausstellungen betreffen, sondern auch die damit zusammenhängenden sonstigen Leistungen, ist in der Formulierung des neuen Satzes zwischen den verschiedenen Leistungskategorien zu unterscheiden.

(6) Ort der Vermittlungsleistung

§ 3a Abs. 3 Nr. 4 UStG regelt den Ort einer Vermittlungsleistung an Nichtunternehmer. Er liegt an dem Ort der vermittelten Leistung. Dabei ist auf den Ort abzustellen, an dem die vermittelte Leistung unter Zugrundelegung der entsprechenden Ortsregelung umsatzsteuerlich erbracht wird. **2215**

Bei Vermittlungsleistungen bestimmt sich der Leistungsort nach den allgemeinen Regelungen für Leistungen an Unternehmer und bestimmte j.P.d.ö.R. (§ 3a Abs. 2 UStG).

Eine Vermittlungsleistung an einen Empfänger, der weder ein Unternehmer ist, für dessen Unternehmen die Leistung bezogen wird, noch eine nicht unternehmerisch tätige juristische Person, der eine USt-IdNr. erteilt worden ist, wird an dem Ort erbracht, an dem der vermittelte Umsatz als ausgeführt gilt (§ 3a Abs. 3 Nr. 4 UStG).

(7) Leistungskatalog des § 3a Abs. 4 UStG

§ 3a Abs. 4 Satz 1 UStG enthält die Ortsregelung für bestimmte „immaterielle" Dienstleistungen an Nichtunternehmer mit Wohnsitz oder Sitz im Drittlandsgebiet. Der Leistungsort befindet sich in diesen Fällen am Wohnsitz oder Sitz des Leistungsempfängers. **2216**

Bei der Bestimmung des Leistungsorts für die in § 3a Abs. 4 Satz 2 UStG bezeichneten Leistungen sind danach folgende Fälle zu unterscheiden:

- Ist der Empfänger der sonstigen Leistungen ein Nichtunternehmer und hat er seinen Wohnsitz oder Sitz außerhalb des Gemeinschaftsgebiets, wird die sonstige Leistung dort ausgeführt, wo der Empfänger seinen Wohnsitz oder Sitz hat (§ 3a Abs. 4 Satz 1 UStG).
- Ist der Empfänger der sonstigen Leistung ein Nichtunternehmer und hat er seinen Wohnsitz oder Sitz innerhalb des Gemeinschaftsgebiets, wird die sonstige Leistung dort ausgeführt, wo der leistende Unternehmer sein Unternehmen betreibt. Insoweit verbleibt es bei der Regelung des § 3a Abs. 1 UStG (vgl. jedoch § 3a Abs. 6 Satz 1 Nr. 2 UStG und Abschn. 3.14 Abs. 1 und 3 UStAE).
- Wird die sonstige Leistung an einen Nichtunternehmer erbracht, der in verschiedenen Ländern ansässig ist oder seinen Wohnsitz in einem Land und seinen gewöhnlichen Aufenthaltsort in einem anderen Land hat, ist
  - bei Leistungen an eine nicht unternehmerisch tätige juristische Person, der keine USt-IdNr. erteilt worden ist, der Leistungsort vorrangig an dem Ort, an dem die Handlungen zur zentralen Verwaltung der juristischen Person vorgenommen werden, soweit keine Anhaltspunkte dafür vorliegen, dass die Leistung an deren Betriebsstätte genutzt oder ausgewertet wird,
  - bei Leistungen an eine natürliche Person der Leistungsort vorrangig an deren gewöhnlichem Aufenthaltsort (vgl. Abschn. 3a.1 Abs. 1 Sätze 10–14 UStAE), soweit keine Anhaltspunkte dafür vorliegen, dass die Leistung an deren Wohnsitz genutzt oder ausgewertet wird.
- Ist der Empfänger der sonstigen Leistung ein Unternehmer oder eine einem Unternehmer gleichgestellte juristische Person, wird die sonstige Leistung dort ausgeführt, wo der Empfänger sein Unternehmen betreibt bzw. die juristische Person ihren Sitz hat (§ 3a Abs. 2 UStG).

(8) Auf elektronischem Weg erbrachte sonstige Leistungen

Ist der Empfänger einer sonstigen Leistung auf dem Gebiet der Telekommunikation, einer Rundfunk- und Fernsehdienstleistung oder, einer auf elektronischem Weg erbrachten sonstigen Leistung (§ 3a Abs. 5 Satz 2 UStG) **2217**

- kein Unternehmer, für dessen Unternehmen die Leistung bezogen wird,
- keine ausschließlich nichtunternehmerisch tätige juristische Person, der eine USt-IdNr. erteilt worden ist,
- keine juristische Person, die sowohl unternehmerisch als auch nicht unternehmerisch tätig ist, bei der die Leistung nicht ausschließlich für den privaten Bedarf des Personals oder eines Gesellschafters bestimmt ist,

wird die sonstige Leistung an dem Ort ausgeführt, an dem der Leistungsempfänger seinen Wohnsitz, seinen gewöhnlichen Aufenthaltsort oder seinen Sitz hat (§ 3a Abs. 5 Satz 1 UStG).

§ 3a Abs. 5 Satz 1 UStG ist nicht anzuwenden, wenn der leistende Unternehmer seinen Sitz, seine Geschäftsleitung, eine Betriebsstätte oder in Ermangelung eines Sitzes, einer Geschäftsleitung oder einer Betriebsstätte seinen Wohnsitz oder gewöhnlichen Aufenthalt in nur einem EU-Mitgliedstaat hat und der Gesamtbetrag der Entgelte der in § 3a Abs. 5 Satz 2 UStG bezeichneten sonstigen Leistungen an in § 3a Abs. 5 Satz 1 UStG bezeichnete Empfänger mit Wohnsitz, gewöhnlichem Aufenthalt oder Sitz in anderen EU-Mitgliedstaaten sowie der innergemeinschaftlichen Fernverkäufe nach § 3c Abs. 1 Satz 2 und 3 UStG (→ Rz. 2200 ff.) insgesamt 10 000 € im vorangegangenen Kj. nicht überschritten hat und im laufenden Kj. nicht überschreitet (§ 3a Abs. 5 Satz 3 UStG). Sobald der Gesamtbetrag **2218** von 10 000 € im laufenden Kj. überschritten wird, verlagert sich der Leistungsort an den Ort nach § 3a Abs. 5 Satz 1 UStG; dies gilt bereits für den Umsatz, der zur Überschreitung des Gesamtbetrags führt. Der leistende Unternehmer kann dem FA erklären, dass er auf die Anwendung von § 3a Abs. 5 Satz 3 UStG verzichtet. Die Erklärung bindet den Unternehmer mindestens für zwei Kj.

Beratungshinweis:

Besonderes Besteuerungsverfahren für von nicht im Gemeinschaftsgebiet ansässigen Unternehmern erbrachte sonstige Leistungen (§ 18i UStG)

Die MwStSystRL sieht eine Sonderregelung für die Erhebung der USt für nicht in der Gemeinschaft ansässige Unternehmer vor, die Telekommunikationsdienstleistungen, Rundfunk- und Fernsehdienstleistungen oder elektronische Dienstleistungen an Nichtunternehmer erbringen.

Um zu vermeiden, dass Unternehmer, die andere Dienstleistungen als Telekommunikationsdienstleistungen, Rundfunk- und Fernsehdienstleistungen oder elektronische Dienstleistungen an Nichtunternehmer erbringen, für USt-Zwecke in jedem einzelnen Mitgliedstaat, in dem diese Dienstleistungen der USt unterliegen, identifiziert werden müssen, gestatten es die Mitgliedstaaten solchen Unternehmern, das IT-System für die Registrierung sowie für die Erklärung und Entrichtung der USt zu nutzen, sodass die USt für diese Dienstleistungen in einem einzigen Mitgliedstaat erklärt und entrichtet werden kann. Zuständige Finanzbehörde für die Registrierungen im Inland ist insoweit das BZSt; die Zuständigkeit der Landesfinanzbehörden für die Bearbeitung der im Rahmen dieses Verfahrens eingereichten Erklärungen bleibt unberührt.

Weitere Einzelheiten vgl. Abschn. 18i.1 UStAE.

Besonderes Besteuerungsverfahren für den innergemeinschaftlichen Fernverkauf, für Lieferungen innerhalb eines Mitgliedstaates über eine elektronische Schnittstelle und für von im Gemeinschaftsgebiet, nicht aber im Mitgliedstaat des Verbrauchs ansässigen Unternehmern erbrachte sonstige Leistungen (§ 18j UStG)

Die MwStSystRL sieht eine Sonderregelung für die Erhebung der USt für in der Gemeinschaft, nicht aber im Mitgliedstaat des Verbrauchs ansässige Unternehmer vor, die Telekommunikationsdienstleistungen, Rundfunk- und Fernsehdienstleistungen oder elektronische Dienstleistungen an Nichtunternehmer erbringen.

Um zu vermeiden, dass Unternehmer, die andere Dienstleistungen als Telekommunikationsdienstleistungen, Rundfunk- und Fernsehdienstleistungen oder elektronische Dienstleistungen an Nichtunternehmer erbringen, für USt-Zwecke in jedem einzelnen Mitgliedstaat, in dem diese Dienstleistungen der USt unterliegen, identifiziert werden müssen, gestatten es die Mitgliedstaaten Unternehmern, die solche Dienstleistungen erbringen, das IT-System für die Registrierung sowie für die Erklärung und Entrichtung der USt zu nutzen, sodass die USt für diese Dienstleistungen in einem einzigen Mitgliedstaat erklärt und entrichtet werden kann. Zuständige Finanzbehörde für die Registrierungen im Inland ist insoweit das BZSt; die Zuständigkeit der Landesfinanzbehörden für die Bearbeitung der im Rahmen dieses Verfahrens eingereichten Erklärungen bleibt unberührt.

Weitere Einzelheiten vgl. Abschn. 18j.1 UStAE.

Besonderes Besteuerungsverfahren für Fernkäufe von aus dem Drittlandsgebiet eingeführten Gegenständen in Sendungen mit einem Sachwert von höchstens 150 € (§ 18k UStG)

§ 18k UStG regelt ein besonderes Besteuerungsverfahren für Fernverkäufe von aus dem Drittlandsgebiet eingeführten Gegenständen in Sendungen mit einem Sachwert von höchstens 150 € (Import-One-Stop-Shop – IOSS).

Der Anwendungsbereich der Sonderregelung für Fernverkäufe von aus Drittgebieten oder Drittländern eingeführten Gegenständen ist auf Verkäufe von Gegenständen mit einem Sachwert von höchstens 150 € beschränkt, die aus einem Drittgebiet oder einem Drittland direkt an einen Erwerber in der Gemeinschaft versandt werden, da diese nach Art. 23 und 24 VO (EG) Nr. 1186/2009 zollfrei sind und ab diesem Wert bei der Einfuhr für Zollzwecke eine vollständige Zollanmeldung verlangt wird. Verbrauchsteuerpflichtige Gegenstände wurden vom Anwendungsbereich ausgenommen, da die Verbrauchsteuer Teil der Bemessungsgrundlage für die EUSt ist.

Zuständige Finanzbehörde für die Registrierungen im Inland ist insoweit das BZSt; die Zuständigkeit der Landesfinanzbehörden für die Bearbeitung der im Rahmen dieses Verfahrens eingereichten Erklärungen bleibt unberührt.

Weitere Einzelheiten vgl. Abschn. 18k.1 UStAE.

Zur Umsetzung der zweiten Stufe des Mehrwertsteuer-Digitalpakets zum 1.4.2021 bzw. 1.7.2021 hat das BMF ein umfangreiches Schreiben herausgegeben.[1)]

(9) Sonderfälle des Orts der sonstigen Leistung

2219 § 3a Abs. 6 UStG enthält die Ortsregelung der sonstigen Leistung bei bestimmten, in § 3a Abs. 4 Satz 2 UStG genannten Leistungen sowie bei der Vermietung von Beförderungsmitteln. Dieser Ort wird – aus dem Drittlandsgebiet – in das Inland verlagert, wenn der leistende Unternehmer im Drittlandsgebiet ansässig ist oder dort eine Betriebsstätte hat, von der aus die Leistung ausgeführt wird, und die Leistung im Inland genutzt oder ausgewertet wird. Die Regelung wurde unverändert aus § 1 Abs. 1 UStDV übernommen.

Nach § 3a Abs. 7 UStG wird der Ort der Vermietung von bestimmten Fahrzeugen an einen im Drittlandsgebiet ansässigen Unternehmer für dessen Unternehmen in das Drittlandsgebiet verlagert, wenn das Fahrzeug im Drittlandsgebiet genutzt wird. Die Regelung wurde unverändert aus § 1 Abs. 2 UStDV übernommen. Sie betrifft allerdings nur noch die kurzfristige Vermietung der genannten Fahrzeuge, da der Leistungsort bei der langfristigen Vermietung der Fahrzeuge nach der Grundregelung des § 3a Abs. 2 UStG bereits am Sitz des Leistungsempfängers liegt, wenn dieser im Drittlandsgebiet ansässig ist.

Abweichend von § 3a Abs. 2 UStG wird nach § 3a Abs. 8 UStG eine Güterbeförderungsleistung, ein Beladen, Entladen, Umschlagen oder ähnliche mit der Beförderung eines Gegenstands im Zusammenhang stehende Leistungen i.S.d. § 3b Abs. 2 UStG, eine Arbeit an beweglichen körperlichen Gegenständen oder eine Begutachtung dieser Gegenstände oder eine Reiseleistung i.S.d. § 25 Abs. 1 Satz 5 UStG oder eine Veranstaltungsleistung im Zusammenhang mit Messen und Ausstellungen als im Drittlandsgebiet ausgeführt behandelt, wenn diese Leistung dort

1) Vgl. BMF v. 1.4.2021, III C 3 – S 7340/19/10003 :022, BStBl I 2021, 629.

genutzt oder ausgewertet wird. Dies gilt nicht, wenn die genannten Leistungen in einem der in § 1 Abs. 3 UStG genannten Gebiete tatsächlich ausgeführt werden. Eine Veranstaltungsleistung im Zusammenhang mit Messen und Ausstellungen ist ebenfalls abweichend von § 3a Abs. 2 UStG nach § 3a Abs. 8 UStG als im Drittlandsgebiet ausgeführt zu behandeln, wenn die Leistung dort genutzt oder ausgewertet wird.

(10) Verwaltungsregelung

Einzelheiten zum Ort der sonstigen Leistung enthalten die Abschn. 3a.1 bis 3a.16 UStAE. 2220

(11) Prüfschema zur Bestimmung des Orts der sonstigen Leistung (§ 3a UStG) 2221

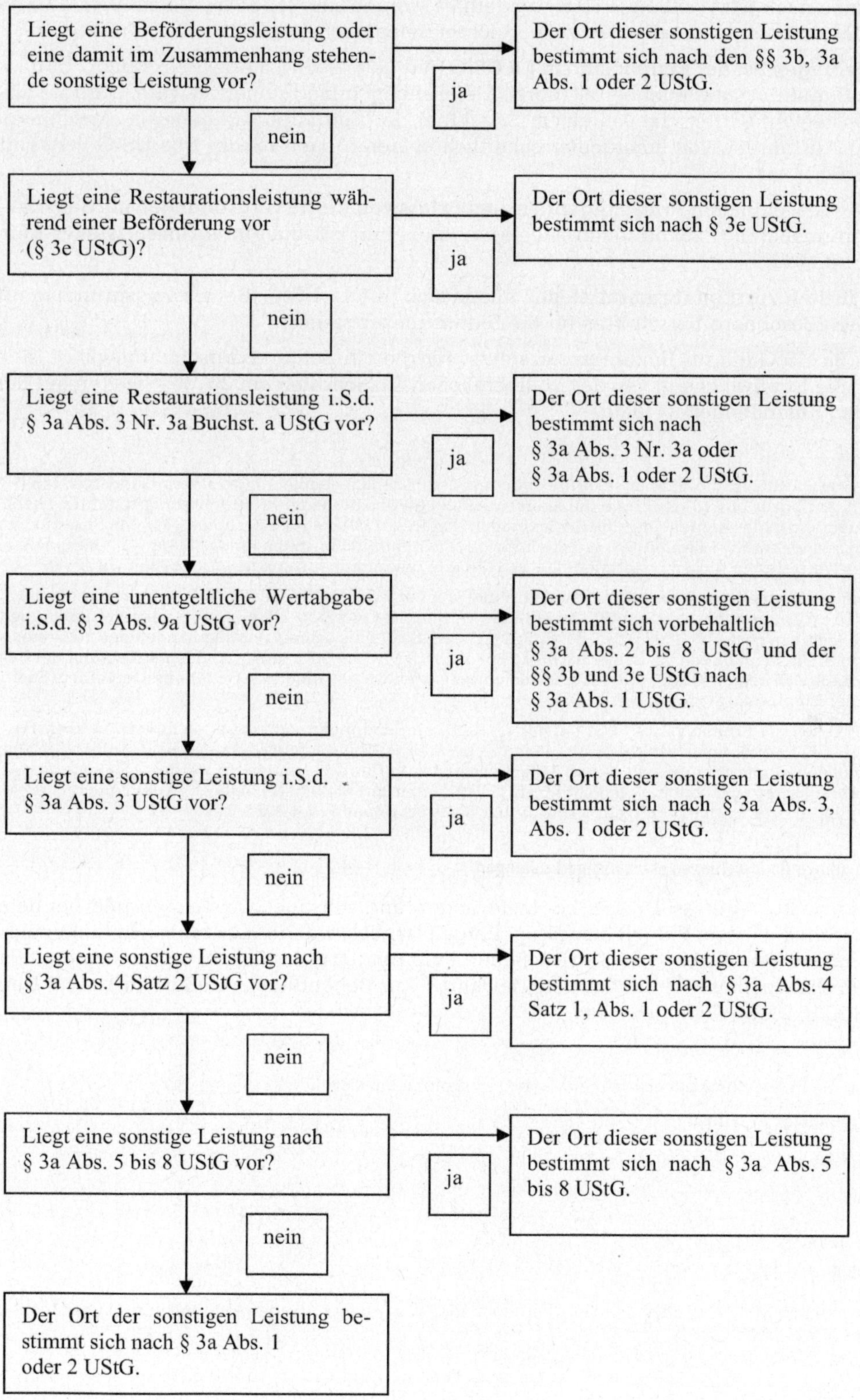

ee) Einfuhr

2222 Nach § 1 Abs. 1 Nr. 4 UStG **unterliegen der Umsatzsteuer auch die Einfuhren von Gegenständen im Inland** oder in den österreichischen Gebieten Jungholz und Mittelberg (**Einfuhrumsatzsteuer**). Die Verwirklichung des umsatzsteuerrechtlichen Einfuhrtatbestands setzt voraus, dass ein Gegenstand aus einem Drittland in das Inland verbracht wird und dieser Vorgang im Inland steuerbar ist. Damit ist nicht allein entscheidend, dass der Gegenstand aus dem Drittland in das Inland gelangt, sondern im Inland auch grundsätzlich der Besteuerung unterliegt, d.h. in der Regel eine Einfuhrumsatzsteuerschuld entsteht. Danach liegt z.B. keine Einfuhr im umsatzsteuerrechtlichen Sinne vor, wenn sich die Drittlandsware in einem zollrechtlichen Versandverfahren befindet.

2223 Der Unternehmer kann die entstandene **Einfuhrumsatzsteuer als Vorsteuer** abziehen, wenn die Gegenstände für sein Unternehmen nach § 1 Abs. 1 Nr. 4 UStG eingeführt worden sind (§ 15 Abs. 1 Satz 1 Nr. 2 UStG). Die entstandene Einfuhrumsatzsteuer ist durch einen zollamtlichen Beleg nachzuweisen.

2224 Die **Steuerbefreiungen bei der Einfuhr sind in § 5 UStG** geregelt. Nach § 5 Abs. 1 Nr. 1 und 2 UStG werden Gegenstände von der Einfuhrumsatzsteuer befreit, deren Lieferung im Inland steuerfrei wäre. Darüber hinaus ist die Einfuhr von Gegenständen befreit, die von einem Schuldner der Einfuhrumsatzsteuer im Anschluss an die Einfuhr unmittelbar zur Ausführung von innergemeinschaftlichen Lieferungen i.S. des § 6a UStG verwendet werden (§ 5 Abs. 1 Nr. 3 UStG).

§ 5 Abs. 2 und 3 UStG enthalten **Ermächtigungen zum Erlass von Rechtsverordnungen** mit dem Ziel der Steuerfreiheit oder Steuerermäßigung. Auf diesen Ermächtigungen beruht z.B. die **Einfuhrumsatzsteuer-Befreiungsverordnung** 1993 v. 11.8.1992.[1)]

Weitere Vorschriften zur Einfuhrumsatzsteuer finden sich in § 11 UStG (Bemessungsgrundlage für die Einfuhr) und in § 21 UStG (Besondere Vorschriften für die Einfuhrumsatzsteuer).

2225 Nach § 21 Abs. 3a UStG gilt für Einfuhrumsatzsteuer, für die ein Zahlungsaufschub bewilligt ist, eine geänderte Fälligkeitsfrist. Sie ist abweichend von den zollrechtlichen Vorschriften am 26. des zweiten auf den betreffenden Monat folgenden Kalendermonats fällig.

Praxishinweis:

Nach § 5 Abs. 1 Nr. 7 UStG ist die Einfuhr steuerfrei, von aus dem Drittlandsgebiet eingeführten Gegenständen in Sendungen mit einem Sachwert von höchstens 150 €, für die die Steuer im Rahmen des besonderen Besteuerungsverfahrens nach § 18k UStG zu erklären ist und für die in der Anmeldung zur Überlassung in den freien Verkehr die nach Art. 369q MwStSystRL in der jeweils geltenden Fassung von einem EU-Mitgliedstaat erteilte individuelle Identifikationsnummer des Lieferers oder die dem in seinem Auftrag handelnden Vertreter für diesen Lieferer erteilte individuelle Identifikationsnummer angegeben wird.

Zur Vermeidung der Doppelbesteuerung wird eine Befreiung von der EUSt für Gegenstände festgelegt, für die die Steuer im besonderen Besteuerungsverfahren nach § 18k UStG zu erklären ist (Import-One-Stop-Shop). Bei Angabe der individuellen Identifikationsnummer des Lieferers nach Art. 369q Abs. 1 MwStSystRL oder die dem in seinem Auftrag handelnden Vertreter für diesen Lieferer erteilte individuelle Identifikationsnummer nach Art. 369q Abs. 3 MwStSystRL in der Zollanmeldung und der Feststellung deren Gültigkeit durch die Zollstelle werden Fernverkäufe von eingeführten Gegenständen in Sendungen mit einem Sachwert von höchstens 150 € von der Einfuhrumsatzsteuer befreit.

Durch § 21a UStG soll die Erhebung der EUSt bei der Einfuhr von Sendungen mit einem Sachwert von höchstens 150 € aus dem Drittlandsgebiet in Fällen vereinfacht werden, in denen das besondere Besteuerungsverfahren nach § 18k UStG (Import-One-Stop-Shop) nicht genutzt wird und die Gegenstände im Mitgliedstaat des Verbrauchs eingeführt werden. Die Regelung gilt nicht für Sendungen, die verbrauchsteuerpflichtige Waren enthalten. Davon unberührt bleibt die Möglichkeit der Nutzung der allgemeinen zollrechtlichen Verfahren. Vgl. auch Abschn. 21a.1 UStAE und BMF-Schreiben v. 1.4.2021.[2)]

ff) Bemessungsgrundlage für Lieferungen und sonstige Leistungen

2226 Nach § 10 Abs. 1 UStG wird der Umsatz bei Lieferungen und sonstigen Leistungen und bei dem innergemeinschaftlichen Erwerb nach dem **Entgelt** bemessen. Entgelt ist alles, was der Leistungsempfänger aufwendet, um die Leistung zu erhalten, jedoch abzgl. der Umsatzsteuer. Zum Entgelt gehört auch, was ein anderer als der Leistungsempfänger dem Unternehmer für die Leistung gewährt.[3)] Zur Behandlung von Zuschüssen im Umsatzsteuerrecht wird auf Abschn. 10.2 UStAE hingewiesen.

Beispiel:

Ein Möbelhersteller liefert einem Hotelbetreiber Möbel und stellt hierzu folgende Rechnung aus:

Verkauf von Möbeln am 17.7.2025	10 000,00 €
+ Verpackung	500,00 €
+ Transport	650,00 €
= Nettobetrag	11 150,00 €
+ 19 % Umsatzsteuer	2 118,50 €
= Summe (brutto)	13 268,50 €

Für die Lieferung der Möbel wendet der Hotelbetreiber insg. 13 268,50 € (Gegenleistung) auf. Das Entgelt beträgt 11 150 € (13 268,50 € abzgl. 2 118,50 € USt).

1) Einfuhrumsatzsteuer-Befreiungsverordnung v. 11.8.1992, BGBl. I 1992, 1526.
2) Vgl. BMF v. 1.4.2021, III C 3 – S 7340/19/10003 :022, BStBl I 2021, 629.
3) Zur Behandlung von Zuschüssen im Umsatzsteuerrecht vgl. Abschn. 10.2 UStAE.

Nach § 10 Abs. 1 Satz 2 UStG ist Entgelt alles, was den Wert der Gegenleistung bildet, die der leistende Unternehmer vom Leistungsempfänger oder von einem anderen als dem Leistungsempfänger für die Leistung erhält oder erhalten soll, einschließlich der unmittelbar mit dem Preis dieser Umsätze zusammenhängenden Subventionen, jedoch abzüglich der für diese Leistung gesetzlich geschuldeten Umsatzsteuer. **2227**

Beim Tausch und bei tauschähnlichen Umsätzen gilt der Wert jedes Umsatzes als Entgelt für den anderen Umsatz. Der Wert des anderen Umsatzes wird durch den subjektiven Wert für die tatsächlich erhaltene und in Geld ausdrückbare Gegenleistung bestimmt. Subjektiver Wert ist derjenige, den der Leistungsempfänger der Leistung beimisst, die er sich verschaffen will und deren Wert dem Betrag entspricht, den er zu diesem Zweck aufzuwenden bereit ist. Dieser Wert umfasst alle Ausgaben einschließlich der Nebenleistungen, die der Empfänger der jeweiligen Leistung aufwendet, um diese Leistung zu erhalten. Soweit der Leistungsempfänger konkrete Aufwendungen für die von ihm erbrachte Gegenleistung getätigt hat, ist daher der gemeine Wert (§ 9 BewG) dieser Gegenleistung nicht maßgeblich. Hat er keine konkreten Aufwendungen für seine Gegenleistung getätigt, ist als Entgelt für die Leistung der gemeine Wert dieser Gegenleistung anzusetzen; die Umsatzsteuer ist stets herauszurechnen.[1] **2228**

§ 10 Abs. 1 Satz 4 UStG enthält Sonderbestimmungen für die Bemessungsgrundlage im Falle des **Umsatzsteuerlagers**. Nach Art. 155 MwStSystRL muss bei einer Auslagerung (§ 4 Nr. 4a Satz 1 Buchst. a Satz 2 UStG) die zu erhebende Umsatzsteuer der Höhe der Abgabe entsprechen, die bei der Besteuerung der Umsätze im Inland geschuldet worden wäre. Die Bemessungsgrundlage für den Umsatz, für den die Steuerbefreiung wegfällt, ist daher um die Kosten für die an den Auslagerer erbrachten und nach § 4 Nr. 4a Satz 1 Buchst. b UStG steuerfreien Leistungen sowie um die vom Auslagerer geschuldeten oder entrichteten Verbrauchsteuern zu erhöhen, soweit diese nicht bereits im Entgelt enthalten sind (vgl. § 10 Abs. 1 Satz 4 UStG). **2229**

Beratungshinweis:

Durch das Jahressteuergesetz 2024 (**JStG 2024**) v. 2.12.2024 wird § 10 Abs. 1 Satz 4 UStG mit Wirkung vom **1.1.2026** aufgehoben.[2] Es handelt sich um eine redaktionelle Folgeänderung im Zusammenhang mit der Streichung der Umsatzsteuerlagerregelung nach § 4 Nr. 4a UStG.

Die Umsatzsteuerlagerregelung (§ 4 Nr. 4a UStG) wird mit Wirkung zum **1.1.2026** mit der zugehörigen Anlage 1 gestrichen. Lieferungen von dort aufgeführten Gegenständen an einen Unternehmer für sein Unternehmen sind bisher von der Umsatzsteuer befreit, wenn der Gegenstand in ein Umsatzsteuerlager eingelagert wird oder sich in einem Umsatzsteuerlager befindet. Die Steuerbefreiung entfällt erst mit der Auslagerung.

Zudem sind die Leistungen, die mit der Lagerung, der Erhaltung, der Verbesserung der Aufmachung und der Handelsgüte oder der Vorbereitung des Vertriebs oder Weiterverkaufs der eingelagerten Gegenstände unmittelbar zusammenhängen, von der Umsatzsteuer befreit.

Auf Grund der wirtschaftlichen Bedeutung der Umsatzsteuerlagerregelung für nur wenige Wirtschaftsbeteiligte im Verhältnis zu dem damit verbundenen erheblichen Verwaltungsaufwand wird die Umsatzsteuerlagerregelung abgeschafft werden.

Mit der Streichung der Vorschrift entsteht die Umsatzsteuer künftig bereits auf vorheriger Stufe – mit bzw. während einer Einlagerung des Gegenstands.

Durch das **Gesetz zur Modernisierung und Digitalisierung der Schwarzarbeitsbekämpfung** v. 22.12.2025 wird mit Wirkung vom **1.1.2026** in § 27 UStG ein neuer Abs. 40a angefügt.[3]

Für vor dem 1.1.2026 nach § 4 Nr. 4a Satz 1 UStG von der Steuer befreite Umsätze sind § 4 Nr. 4a Satz 1 Buchst. a und b, Nr. 19 Buchst. a Satz 4, § 10 Abs. 1 Satz 4, § 13 Abs. 1 Nr. 9, § 13a Abs. 1 Nr. 6, § 15 Abs. 1 Satz 1 Nr. 5, § 18e Nr. 2, § 22 Abs. 2 Nr. 9 und Abs. 4c UStG in der am 31.12.2025 geltenden Fassung bis zur Auslagerung und für diese Auslagerung der jeweiligen Gegenstände weiterhin anzuwenden. Mit Ablauf des 30.12.2029 gelten alle bis zu diesem Zeitpunkt nicht ausgelagerten Gegenstände als ausgelagert i.S.d. § 4 Nr. 4a Satz 1 Buchst. a Satz 3 UStG in der bis zum 31.12.2025 geltenden Fassung (vgl. auch BMF-Schreiben v. 29.12.2025).[4]

Bei **unentgeltlichen Wertabgaben** bestimmt sich die Bemessungsgrundlage nach § 10 Abs. 4 Satz 1 Nr. 2 und 3 UStG. Im Fall der Lieferungen i.S.d. § 3 Abs. 1b UStG (z.B. **Entnahme eines Gegenstands** durch einen Unternehmer für Zwecke, die außerhalb des Unternehmens liegen) ist bei der Ermittlung der Bemessungsgrundlage grundsätzlich vom **Einkaufspreis zzgl. der Nebenkosten** für den Gegenstand oder für einen gleichartigen Gegenstand im Zeitpunkt der Entnahme oder Zuwendung auszugehen (§ 10 Abs. 4 Satz 1 Nr. 1 UStG). **2230**

Dieser fiktive Einkaufspreis entspricht in der Regel dem – auf der Handelsstufe des Unternehmers ermittelbaren – Wiederbeschaffungspreis im Zeitpunkt der Entnahme. Bei im eigenen Unternehmen hergestellten Gegenständen ist ebenfalls grundsätzlich der fiktive Einkaufspreis maßgebend. Ist der hergestellte Gegenstand eine Sonderanfertigung, für die ein Marktpreis nicht ermittelbar ist, oder lässt sich aus anderen Gründen ein Einkaufspreis am Markt für einen gleichartigen Gegenstand nicht ermitteln, sind die Selbstkosten anzusetzen zum Zeitpunkt des Umsatzes.[5] Diese umfassen alle durch den betrieblichen Leistungsprozess bis zum Zeitpunkt der Entnahme oder Zuwendungen entstandenen Ausgaben; dabei sind auch die nicht zum Vorsteuerabzug berechtigten Kosten in die Bemessungsgrundlage miteinzubeziehen. Bei der Ermittlung der Selbstkosten sind die Anschaffungs- oder Herstellungskosten des Unternehmensgegenstands, soweit dieser der Fertigung des unentgeltlich zugewendeten Gegenstands gedient hat, auf die betriebsgewöhnliche Nutzungsdauer, die nach den ertragsteuerrechtlichen Grundsätzen anzusetzen ist, zu verteilen. Die auf die Wertabgabe entfallende Umsatzsteuer gehört nicht zur Bemessungsgrundlage.[6]

1) Abschn. 10.5 Abs. 1 UStAE.
2) Jahressteuergesetz 2024 (JStG 2024) v. 2.12.2024, BGBl. I 2024 Nr. 387 = BStBl I 2024, 1484.
3) Gesetz zur Modernisierung und Digitalisierung der Schwarzarbeitsbekämpfung v. 22.12.2025, BGBl. I 2025 Nr. 369 = BStBl I 2026, 128 (Auszug).
4) Vgl. BMF v. 29.12.2025, III C 3 – S 7157/00010/002/077, BStBl I 2025, 2106.
5) Vgl. BFH v. 12.12.2012, XI R 3/10, BStBl II 2014, 809.
6) Vgl. Abschn. 10.6 Abs. 1 Satz 1 bis 7 UStAE.

Bei der Ermittlung der Bemessungsgrundlage nach den Grundsätzen des Abschn. 10.6 Abs. 1 Satz 1 bis 6 UStAE ist auch zu berücksichtigen, ob Gegenstände zum Zeitpunkt der unentgeltlichen Wertabgabe auf Grund ihrer Beschaffenheit nicht mehr oder nur noch stark eingeschränkt verkehrsfähig sind. Weitere Einzelheiten enthält Abschn. 10.6 Abs. 1a UStAE.[1]

Bei den einer **sonstigen Leistung gleichgestellten Wertabgaben** (§ 3 Abs. 9a Nr. 1 und 2 UStG) bilden die **bei der Ausführung der Leistung entstandenen Ausgaben** die Bemessungsgrundlage (§ 10 Abs. 4 Satz 1 Nr. 2 und Nr. 3 UStG). Besteht die Wertabgabe in der Verwendung eines Gegenstands (§ 3 Abs. 9a Nr. 1 UStG), sind nach § 10 Abs. 4 Satz 1 Nr. 2 UStG aus der Bemessungsgrundlage **solche Ausgaben auszuscheiden, die nicht zum vollen oder teilweisen Vorsteuerabzug berechtigt haben**.

2231 Nähere Einzelheiten zur Bemessungsgrundlage bei unentgeltlichen Wertabgaben ergeben sich aus Abschn. 10.6 UStAE.

2232 Die umsatzsteuerlichen Regelungen zur **Änderung der Bemessungsgrundlage** sind in § 17 UStG enthalten. Hat sich die Bemessungsgrundlage für einen steuerpflichtigen Umsatz (§ 1 Abs. 1 Nr. 1 UStG) geändert, hat der Unternehmer, der den Umsatz ausgeführt hat, den dafür geschuldeten Steuerbetrag und der Unternehmer, an den der Umsatz ausgeführt worden ist, die abgezogene Vorsteuer zu berichtigen (§ 17 Abs. 1 Satz 1 und 2 UStG). In § 17 Abs. 1 Satz 3 UStG wird geregelt, dass der Unternehmer, an den der Umsatz unmittelbar ausgeführt wurde, und bei dem sich die Bemessungsgrundlage ändert, seinen Vorsteuerabzug nicht berichtigen muss, soweit ihm die Änderung der Bemessungsgrundlage nicht finanziell zugutegekommen ist. Sollte sich die Änderung der Bemessungsgrundlage bei einem anderen Unternehmer finanziell auswirken, wird in § 17 Abs. 1 Satz 4 UStG geregelt, dass dieser seinen Vorsteuerabzug zu berichtigen hat. Die Regelungen in § 17 Abs. 1 Satz 1 bis 4 UStG gelten sinngemäß, wenn sich die Bemessungsgrundlage für den innergemeinschaftlichen Erwerb oder bei der Steuerschuldnerschaft des Leistungsempfängers ändert (§ 17 Abs. 1 Satz 5 UStG). Die Berichtigung des Vorsteuerabzugs kann unterbleiben, soweit ein dritter Unternehmer den auf die Minderung des Entgelts entfallenden Steuerbetrag an das FA entrichtet; in diesem Fall ist der dritte Unternehmer Schuldner der Steuer (§ 17 Abs. 1 Satz 6 UStG). § 17 Abs. 1 Satz 7 UStG regelt, für welchen Besteuerungszeitraum die Berichtigungen bei der Änderung der Bemessungsgrundlage in den Fällen des § 17 Abs. 1 Satz 1 und 2 UStG vorzunehmen sind. § 17 Abs. 1 Satz 8 UStG bestimmt für den in § 17 Abs. 1 Satz 4 UStG erfassten anderen Unternehmer, für welchen Besteuerungszeitraum die Berichtigung vorzunehmen ist. Mit der derzeit gültigen Fassung von § 17 Abs. 1 UStG wird damit klargestellt, dass sich die Bemessungsgrundlage bei dem Unternehmer mindert, der den Umsatz ausführt und den finanziellen Aufwand trägt (z.B. für die Vergütung eines Gutscheins), während bei dem Unternehmer, an den dieser Umsatz ausgeführt worden ist, der Vorsteuerabzug unverändert bleibt.

2233 Bei den in § 17 Abs. 2 Nr. 1 bis 3 UStG bezeichneten Fällen handelt es sich um wirtschaftlich gleichgelagerte Sachverhalte. Die Pflicht zur Berichtigung der Steuer und des Vorsteuerabzugs nach § 17 Abs. 1 UStG besteht auch dann, wenn das Entgelt für eine steuerpflichtige Lieferung oder sonstige Leistung uneinbringlich geworden ist (§ 17 Abs. 2 Nr. 1 UStG). Zur Steuerberichtigung berechtigen auch vertragliche Einbehalte zur Absicherung von Gewährleistungsansprüchen der Leistungsempfänger (z.B. sog. Sicherungseinbehalte für Baumängel), soweit dem Unternehmer nachweislich die Absicherung dieser Gewährleistungsansprüche durch Gestellung von Bankbürgschaften im Einzelfall nicht möglich war und er dadurch das Entgelt insoweit für einen Zeitraum von über zwei bis fünf Jahren noch nicht vereinnahmen kann.[2]

2234 § 17 Abs. 2 Nr. 4 UStG soll sicherstellen, dass die Erwerbsbesteuerung in dem EU-Mitgliedstaat, in dem der Erwerber zur Besteuerung herangezogen worden ist, weil er mit einer ihm in diesem Mitgliedstaat erteilten USt-IdNr. aufgetreten ist, rückgängig gemacht wird. Nach § 17 Abs. 2 Nr. 5 UStG hat der Unternehmer die Vorsteuer zu berichtigen, wenn er Gegenstände erwirbt oder sonstige Leistungen bezogen hat, die unter ein einkommensteuerrechtliches Abzugsverbot fallen. Wird die Einfuhrumsatzsteuer herabgesetzt, erlassen oder erstattet, ist nach § 17 Abs. 3 UStG auch der entsprechende Vorsteuerabzug zu berichtigen. § 17 Abs. 1 UStG ist entsprechend in den Fällen des § 14c Abs. 1 UStG anzuwenden.[3]

2235 Zur Vereinnahmung des Entgelts im Rahmen der vorläufigen Insolvenzverwaltung von bereits davor oder währenddessen nach § 17 Abs. 2 Nr. 1 Satz 1 UStG berichtigten Umsätzen ist das BMF-Schreiben v. 12.4.2013 zu beachten.[4] Nach dem BFH-Urteil v. 24.9.2014[5] finden die Grundsätze zu den Steuerberichtigungen im Insolvenzverfahren sowie im Insolvenzeröffnungsverfahren bei Bestellung eines sog. starken vorläufigen Insolvenzverwalters regelmäßig auch im Falle der Bestellung eines sog. schwachen vorläufigen Insolvenzverwalters Anwendung.[6]

2236 Wird auf Grund einer erfolgreichen Insolvenzanfechtung nach §§ 129 ff. InsO ein bereits entrichtetes Entgelt für eine vom Insolvenzschuldner bezogene Leistung nach Eröffnung des Insolvenzverfahrens an den Insolvenzverwalter zurückgezahlt, ist der Vorsteuerabzug nach § 17 Abs. 2 Nr. 1 Satz 2 UStG durch den Insolvenzverwalter im Zeitpunkt der tatsächlichen Entgeltrückgewähr zu berichtigen. Der Berichtigungsanspruch nach § 17 Abs. 2 Nr. 1

1) Vgl. Abschn. 10.6 Abs. 1a Satz 1 UStAE und BMF v. 18.3.2021, III C 2 – S 7109/19/10002 :001, BStBl I 2021, 384.
2) Vgl. BFH v. 24.10.2013, V R 31/12, BStBl II 2015, 674; vgl. auch Abschn. 17.1 Abs. 5 Satz 1 und 3 UStAE.
3) Zu weiteren Einzelheiten vgl. Abschn. 17.1 UStAE; zur Änderung der Bemessungsgrundlage bei der Ausgabe von Gutscheinen vgl. Abschn. 17.2 UStAE.
4) BMF v. 12.4.2013, IV D 2 – S 7330/09/10001 :001, BStBl I 2013, 518.
5) BFH v. 24.9.2014, V R 48/13, BStBl II 2015, 506.
6) Vgl. BMF v. 18.5.2016, III C 2 – S 7330/09/10001 :002, BStBl I 2016, 506 und Abschn. 17.1 Abs. 11 und 12 UStAE.

Satz 2 UStG entsteht dann im Rahmen der Masseverwaltung und stellt folglich nach § 55 Abs. 1 Satz 1 InsO eine Masseverbindlichkeit dar.[1]

Nach den Grundsätzen der BFH-Urteile v. 5.6.2014 und v. 4.12.2014 ist der Vorsteuerabzug beim letzten inländischen Unternehmer einer Lieferkette nicht zu korrigieren, wenn dieser einen Preisnachlass durch den ersten ausländischen Unternehmer der Lieferkette erhält und dieser preisnachlassgewährende ausländische Unternehmer eine steuerfreie innergemeinschaftliche Lieferung an einen im Inland ansässigen Unternehmer erbringt.[2] Weitere Einzelheiten vgl. Abschn. 17.2 UStAE. **2237**

Durchlaufende Posten gehören nicht zum Entgelt (§ 10 Abs. 1 Satz 5 UStG). Sie liegen vor, wenn der Unternehmer, der die Beträge vereinnahmt und verausgabt, im Zahlungsverkehr lediglich die Funktion einer Mittelsperson ausübt, ohne selbst einen Anspruch auf den Betrag gegen den Leistenden zu haben und auch nicht zur Zahlung an den Empfänger verpflichtet zu sein.[3] **2238**

Gestaltungshinweis:

Kosten (Gebühren und Auslagen), die Rechtsanwälte, Notare und Angehörige verwandter Berufe bei Behörden und ähnlichen Stellen für ihre Auftraggeber auslegen, können als durchlaufende Posten behandelt werden. Voraussetzung hierfür ist, dass die Kosten nach Kosten- oder Gebührenordnungen berechnet werden, die den Auftraggeber als Kosten- oder Gebührenschuldner bestimmen.

(1) Bemessungsgrundlage für Leistungen an Arbeitnehmer

Zuwendungen von Gegenständen (**Sachzuwendungen**) und sonstigen Leistungen an das Personal für dessen privaten Bedarf sind steuerbare Umsätze, wenn sie unentgeltlich sind. Die Steuerbarkeit setzt voraus, dass Leistungen aus unternehmerischen (betrieblichen) Gründen für den privaten, außerhalb des Dienstverhältnisses liegenden Bedarfs des Arbeitnehmers ausgeführt werden. Der Arbeitnehmer erhält Sachzuwendungen und sonstige Leistungen unentgeltlich, wenn er seine Arbeit lediglich für den vereinbarten Barlohn und unabhängig von dem an alle Arbeitnehmer gerichteten Angebot oder unabhängig von dem Umfang der gewährten Zuwendung leistet. Als Bemessungsgrundlage sind die für die Entnahme von Gegenständen geltenden Werte (**Einkaufspreis, Selbstkosten, einschließlich Neben- und Gemeinkosten**; → Rz. 2246 ff.) anzusetzen. Bei unentgeltlichen sonstigen Leistungen an Arbeitnehmer sind als Bemessungsgrundlage die bei der Ausführung dieser Leistungen vorsteuerbelasteten entstandenen Kosten, einschließlich anteiliger Gemeinkosten) anzusetzen. **2239**

Nicht steuerbare Leistungen, die überwiegend durch das betriebliche Interesse des Arbeitgebers veranlasst sind, liegen vor, wenn betrieblich veranlasste Maßnahmen zwar auch die Befriedigung eines privaten Bedarfs der Arbeitnehmer zur Folge haben, diese Folge aber durch die mit den Maßnahmen angestrebten betrieblichen Zwecke überlagert wird. Dies ist regelmäßig anzunehmen, wenn die Maßnahme die dem Arbeitgeber obliegende Gestaltung der Dienstausübung betrifft.[4] **2240**

Der BFH hat mit Urteil v. 6.6.2019[5] entschieden, dass die vom Arbeitgeber übernommenen Maklerkosten für die Wohnungssuche von Arbeitnehmern weder ein tauschähnlicher Umsatz noch eine Entnahme sind, wenn die Kostenübernahme die Arbeitnehmer veranlassen sollte, unter Inkaufnahme von erheblichen persönlichen Veränderungen, wie sie sich aus einem Familienumzug ergeben, Aufgaben beim Arbeitgeber zu übernehmen. Auf Grund des vorrangigen Unternehmensinteresses, hinter dem das Arbeitnehmerinteresse an der Begründung eines neuen Familienwohnsitzes zurücktritt, ist in einem solchen Fall der Arbeitgeber aus den von ihm bezogenen Maklerleistungen entsprechend seiner Unternehmenstätigkeit zum Vorsteuerabzug berechtigt.[6]

Die Gewährung von **Personalrabatten** durch den Unternehmer beim Einkauf von Waren durch seine Arbeitnehmer ist keine Lieferung gegen Entgelt, sondern **Preisnachlass**. **2241**

Bei Sachzuwendungen und sonstigen Leistungen an Arbeitnehmer kann bei der Bemessungsgrundlage grundsätzlich von den lohnsteuerlichen Werten ausgegangen werden. Bei der unentgeltlichen Abgabe von Mahlzeiten an die Arbeitnehmer durch unternehmenseigene Kantinen ist bei der Bemessungsgrundlage aus Vereinfachungsgründen von den Sachbezugswerten auszugehen. **2242**

Liegen bei unentgeltlichen sonstigen Leistungen keine lohnsteuerlichen Werte vor (z.B. bei Sammelfahrten), sind die Kosten als Bemessungsgrundlage dieser Leistungen anzusetzen. Es ist jedoch nicht zu beanstanden, wenn der Unternehmer in diesen Fällen bei der Ermittlung der Bemessungsgrundlage für die einzelne Leistung den Tarif eines vergleichbaren öffentlichen Verkehrsmittels ansetzt. **2243**

Zur umsatzsteuerlichen Behandlung und der Ermittlung der Bemessungsgrundlage bei der **Überlassung von Kraftfahrzeugen an Arbeitnehmer** vgl. BMF-Schreiben v. 5.6.2014[7] sowie → Rz. 2273 ff. **2244**

Zur lohn- und umsatzsteuerlichen Behandlung von Betriebsveranstaltungen vgl. BMF-Schreiben v. 14.10.2015.[8] **2245**

1) Vgl. BFH v. 15.12.2016, V R 26/16, BStBl II 2017, 735; v. 29.3.2017, XI R 5/16, BStBl II 2017, 738 und Abschn. 17.1 Abs. 17 UStAE.
2) BFH v. 5.6.2014, XI R 25/12, BStBl II 2017, 806 und v. 4.12.2014, V R 6/13, BStBl II 2017, 810.
3) Abschn. 10.4 Abs. 1 Satz 2 UStAE.
4) Vgl. Abschn. 1.8 Abs. 4 UStAE mit Beispielen.
5) BFH v. 6.6.2019, V R 18/18, BStBl II 2020, 293.
6) Vgl. Abschn. 1.8 Abs. 4 Satz 3 Nr. 12 UStAE und BMF v. 3.6.2020, III C 2 – S 7100/19/10001 :015, BStBl I 2020, 546.
7) BMF v. 5.6.2014, IV D 2 – S 7300/07/10002 :001 (2014/0492152), BStBl I 2014, 896 und Abschn. 15.23 UStAE.
8) BMF v. 14.10.2015, IV C 5 – S 2332/15/10001 (2015/0581477), BStBl I 2015, 832 und Abschn. 1.8 Abs. 3 und 15.15 Abs. 2 UStAE.

(2) Mindestbemessungsgrundlage

2246 Stehen der leistende Unternehmer und der Leistungsempfänger in einem engen wirtschaftlichen oder persönlichen Verhältnis, kann es sein, dass die Bemessungsgrundlage nach § 10 Abs. 4 UStG das tatsächliche Entgelt nach § 10 Abs. 1 UStG übersteigt. In diesem Fall ist die sog. **Mindestbemessungsgrundlage** nach § 10 Abs. 5 i.V.m. Abs. 4 UStG maßgebend. Die Mindestbemessungsgrundlage gilt nur für folgende Umsätze:

- Umsätze der in § 10 Abs. 5 Nr. 1 UStG genannten Vereinigungen an ihre Anteilseigner, Gesellschafter, Mitglieder und Teilhaber oder diesen nahestehenden Personen;
- Umsätze von Einzelunternehmen an ihnen nahestehenden Personen (§ 10 Abs. 5 Nr. 1 UStG);
- Umsätze von Unternehmern an ihr Personal oder dessen Angehörige auf Grund des Dienstverhältnisses (§ 10 Abs. 5 Nr. 2 UStG).

Praxishinweis:
Der Umsatz ist höchstens nach dem marktüblichen Entgelt zu bemessen (§ 10 Abs. 5 UStG). § 10 Abs. 1 UStG gilt auch, falls das Entgelt nach § 10 Abs. 1 UStG das marktübliche Entgelt übersteigt.

2247 Nach Abschn. 10.7 Abs. 1 Satz 2 UStAE sind als „nahestehende Personen" Angehörige i.S.d. § 15 AO sowie andere Personen und Gesellschaften anzusehen, zu denen ein Anteilseigner, Gesellschafter usw. eine enge rechtliche, wirtschaftliche oder persönliche Beziehung hat. Ist das für die genannten Umsätze (→ Rz. 2246) entrichtete Entgelt niedriger als die nach § 10 Abs. 4 UStG in Betracht kommenden Werte oder Kosten für gleichartige unentgeltliche Leistungen, sind als Bemessungsgrundlage die Werte oder Kosten nach § 10 Abs. 4 UStG anzusetzen.

Beispiel 1:
Eine KG überlässt einem ihrer Gesellschafter einen firmeneigenen Pkw zur privaten Nutzung. Sie belastet in der allgemeinen kaufmännischen Buchführung das Privatkonto des Gesellschafters im Kj. mit 2 400 €. Der auf die private Nutzung des Pkw entfallende Anteil an den vorsteuerbelasteten Kosten (z.B. AfA, Kraftstoff, Öl, Reparaturen) beträgt jedoch 3 600 €. Nach § 10 Abs. 4 Nr. 2 UStG wäre als Bemessungsgrundlage für eine unentgeltliche Überlassung des Fahrzeugs der auf die Privatnutzung entfallende Kostenanteil von 3 600 € zu Grunde zu legen. Das vom Gesellschafter durch Belastung seines Privatkontos entrichtete Entgelt ist niedriger als die Bemessungsgrundlage nach § 10 Abs. 4 Nr. 2 UStG. Nach § 10 Abs. 5 Nr. 1 UStG ist deshalb die Pkw-Überlassung mit 3 600 € zu versteuern.

Beispiel 2:
Ein Verein gestattet seinen Mitgliedern und auch Dritten die Benutzung seiner Vereinseinrichtungen gegen Entgelt. Das von Mitgliedern zu entrichtende Entgelt ist niedriger als das von Dritten zu zahlende Entgelt.

a) Der Verein ist nicht als gemeinnützig anerkannt.

Es ist zu prüfen, ob die bei der Überlassung der Vereinseinrichtungen entstandenen vorsteuerbelasteten Kosten das vom Mitglied gezahlte Entgelt übersteigen. Ist dies der Fall, sind nach § 10 Abs. 5 Nr. 1 UStG die Kosten als Bemessungsgrundlage anzusetzen. Deshalb erübrigt sich die Prüfung, ob ein Teil der Mitgliedsbeiträge als Entgelt für Sonderleistungen anzusehen ist.

b) Der Verein ist als gemeinnützig anerkannt.

Mitglieder gemeinnütziger Vereine dürfen im Gegensatz zu Mitgliedern anderer Vereine nach § 55 Abs. 1 Nr. 1 AO keine Gewinnanteile und in ihrer Eigenschaft als Mitglieder auch keine sonstigen Zuwendungen aus Mitteln des Vereins erhalten. Erbringt der Verein an seine Mitglieder Sonderleistungen gegen Entgelt, braucht aus Vereinfachungsgründen eine Ermittlung der Kosten erst dann vorgenommen zu werden, wenn die Entgelte offensichtlich nicht kostendeckend sind.

Beispiel 3:
Der Vermieter V vermietet Büroräume für 13 920 € steuerpflichtig an seinen Sohn, der die Büroräume für sein Unternehmen nutzt. Die Kosten für das Kj. 2025 betragen:

a)	Schuldzinsen	5 000 €,
b)	Abschreibung	3 000 €,
c)	Kosten mit Vorsteuerabzug (z.B. Reparaturen)	4 000 €,
d)	Kosten ohne Vorsteuerabzug (z.B. Grundsteuer, Hausversicherung)	2 000 €.

Das Entgelt für die steuerpflichtige Vermietung beträgt 12 000 €. Es ist zu prüfen, ob die Mindestbemessungsgrundlage anzusetzen ist, da die Kosten das Entgelt übersteigen. In die Mindestbemessungsgrundlage sind die Kosten einzubeziehen, die den Vorsteuerabzug ermöglicht haben. Hierbei handelt es sich um die Abschreibung und Reparaturen von insg. 7 000 €, die das tatsächliche Entgelt nicht übersteigen.

Beispiel 4:
Der Radio- und Fernsehhändler R gibt einen für 750 € erworbenen Fernseher am 18.6.2025 an seinen angestellten Fernsehtechniker T für 600 € ab. Als Entgelt ist die Mindestbemessungsgrundlage von 750 € anzusetzen. Die Umsatzsteuer beträgt danach 142,50 €. Es ist nicht zulässig, bei der Umsatzsteuer eine Kürzung um den Rabattfreibetrag nach § 8 Abs. 3 EStG vorzunehmen.

Beratungshinweis:
Bei der verbilligten Abgabe von Waren an Arbeitnehmer sind mindestens der Einkaufspreis oder die Selbstkosten anzusetzen (→ Rz. 2239). Bei der verbilligten Abgabe von Mahlzeiten ist der vom Arbeitgeber gezahlte Essenspreis, mindestens aber der Betrag zu versteuern, der bei kostenloser Abgabe von Mahlzeiten anzusetzen wäre.

gg) Steuersätze

Die Steuer beträgt nach § 12 Abs. 1 UStG für jeden steuerpflichtigen Umsatz 19 % der Bemessungsgrundlage (→ Rz. 2226 ff.). Die Bemessungsgrundlagen für Lieferungen und sonstige Leistungen zu 19 % und der Steuerbetrag sind in den vorgesehenen Spalten in **Zeile 22** einzutragen. In **Zeile 25** sind die Bemessungsgrundlagen und Steuerbeträge einzutragen, die dem ermäßigten Steuersatz von 7 % unterliegen (§ 12 Abs. 2 UStG). Zu beachten ist, dass die Bemessungsgrundlagen immer ohne Umsatzsteuer einzutragen sind. 2248

Beispiel:

Der Unternehmer hat seine Umsatzerlöse brutto aufgezeichnet. Der Gesamterlös beträgt 225 300 €. 185 300 € unterliegen dem Steuersatz von 19 % und 40 000 € dem Steuersatz von 7 %.

Zeile	Brutto-/Nettobemessungsgrundlage		Steuer (in €/Cent)
	Umsatzerlöse zu 19 %	185 300 €	
22	Entgelt (Divisor 1,19)	155 714 €	29 585,66 €
	Verkaufserlös zu 7 %	40 000 €	
25	Entgelt (Divisor 1,07)	37 383 €	2 616,81 €

Praxishinweis:

Durch das Zweite Corona-Steuerhilfegesetz galten gem. § 28 Abs. 1 und 2 UStG für den Zeitraum **vom 1.7.2020 bis 31.12.2020** ein allgemeiner Steuersatz von 16 % und ein ermäßigter Steuersatz von 5 %.[1]

Änderungen von Bemessungsgrundlagen (§ 17 UStG) für Umsätze, die den vom 1.7.2020 bis 31.12.2020 geltenden Steuersätzen von 16 % bzw. 5 % unterlegen haben, sind zusammen mit dem selbst berechneten Steuerbetrag in **Zeile 31** zu den Umsätzen einzutragen, die anderen Steuersätzen unterliegen. Sofern auf Grund besonderer Genehmigung die sog. Istversteuerung (Besteuerung nach vereinnahmten Entgelten) anzuwenden ist, gilt dies auch für im Kj. 2025 vereinnahmte Beträge zu den nach dem 30.6.2020 und vor dem 1.1.2021 ausgeführten Umsätzen. Die Nachversteuerung von nach dem 30.6.2020 und vor dem 1.1.2021 vereinnahmten Anzahlungen für nach dem 31.12.2024 ausgeführte Umsätze ist in **Zeile 36** vorzunehmen.

Der **Unternehmer ist** zur Feststellung der Steuer und der Grundlagen ihrer Berechnung **nach § 22 UStG verpflichtet, Aufzeichnungen zu führen**. Die in § 22 Abs. 2 UStG genannten Aufzeichnungspflichten beziehen sich zum einen auf die Besteuerungsgrundlagen für die vom Unternehmer ausgeführten Ausgangsumsätze und zum anderen auf die Berechnungsgrundlagen für die Vorsteuer auf Eingangsumsätze. Die getrennt nach Entgelten aufgezeichneten Entgelte sind in den **Zeilen 22 bis 30** einzutragen. Nach § 63 Abs. 4 UStDV können Unternehmern, denen wegen der Art und des Umfangs des Geschäfts eine **Trennung der Entgelte und Teilentgelte bzw. der Bemessungsgrundlagen** nach Steuersätzen nicht zuzumuten ist, auf Antrag Erleichterungen gewährt werden (sog. erleichterte Trennung der Entgelte – Merkblatt USt M 1). 2249

(1) Besteuerung nach vereinnahmten Entgelten (Istversteuerung)

Die Steuer ist grundsätzlich nach vereinbarten Entgelten zu berechnen (→ Rz. 2251), soweit das FA dem Unternehmer nicht die Berechnung nach vereinnahmten Entgelten gestattet hat (§ 20 UStG). Hat das FA einem Unternehmer einem entsprechenden Antrag gestattet, entsteht die Steuer bei dieser **sog. Istversteuerung** grundsätzlich mit der Vereinnahmung der Entgelte oder Teilentgelte. Für die Istversteuerung sind nach § 20 Satz 1 UStG folgende Voraussetzungen zu erfüllen: 2250

- der Gesamtumsatz (§ 19 Abs. 2 UStG) im vorangegangenen Kj. 800 000 € nicht überstiegen hat, oder

Praxishinweis:

Durch das Jahressteuergesetz 2024 (**JStG 2024**) v. 2.12.2024 wurde in § 20 Satz 1 Nr. 1 UStG auf Grund der Neufassung des § 19 UStG mit Wirkung vom **1.1.2025** die Angabe „§ 19 Absatz 3" durch die Angabe „§ 19 Absatz 2" ersetzt.[2]

- der Unternehmer von der Verpflichtung Bücher zu führen und auf Grund jährlicher Bestandsaufnahme regelmäßig Abschlüsse zu machen, nach § 148 AO befreit ist, oder
- Umsätze aus einer Tätigkeit als Angehöriger eines freien Berufs i.S.d. § 18 Abs. 1 Nr. 1 EStG ausführt.

(2) Besteuerung nach vereinbarten Entgelten (Sollversteuerung)

Ist die Steuer nach vereinbarten (**sog. Sollversteuerung**) zu berechnen, entsteht die Steuer grundsätzlich mit Ablauf des Besteuerungszeitraum, in dem die Lieferung oder sonstige Leistung ausgeführt worden ist. Das gilt auch für unentgeltliche Leistungen i.S.d. § 3 Abs. 1 und Abs. 9 UStG. Die Steuer entsteht in der gesetzlichen Höhe unabhängig davon, ob die am Leistungsaustausch beteiligten Unternehmer von denen ihnen vom Gesetz gebotenen Möglichkeiten der Rechnung mit gesondertem Ausweis der Umsatzsteuer und des Vorsteuerabzugs Gebrauch machen. Der Zeitpunkt der Leistung ist allein entscheidend, für welchen Besteuerungszeitraum ein Umsatz zu berücksichtigen ist. 2251

1) Zweites Corona-Steuerhilfegesetz v. 29.6.2020, BGBl. I 2020, 1512 = BStBl I 2020, 563.
2) Jahressteuergesetz 2024 (JStG 2024) v. 2.12.2024, BGBl. I 2024 Nr. 387 = BStBl I 2024, 1484.

Beispiel:

Der Bauunternehmer B stellt im Oktober 2025 für die Fertigstellung des ersten Bauabschnitts eines Gebäudes seinem Auftraggeber A eine Abschlagszahlung über 50 000 € zzgl. 9 500 € in Rechnung. Der Auftraggeber zahlt den Betrag im November 2025. Das Gebäude wird im März 2026 fertig gestellt. Die Umsatzsteuer aus der Abschlagsrechnung ist in der Umsatzsteuer-Voranmeldung für November 2025 und in der Umsatzsteuererklärung 2025 anzumelden bzw. zu erklären.

hh) Entgeltsänderungen

2252 Hat sich die Bemessungsgrundlage für einen steuerpflichtigen Umsatz geändert, hat der Unternehmer, der den Umsatz ausgeführt hat, den dafür geschuldeten Steuerbetrag zu berichtigen (→ Rz. 2232). In den **Zeilen 22** und **25** und – bei vor dem 1.1.2007 bzw. zwischen dem 1.7.2020 und 31.12.2020 ausgeführten Umsätzen – in **Zeile 31** (→ Rz. 2293) sind diese Entgeltsänderungen mit einzubeziehen.

Beispiel:

Für eine im Kj. 2022 bewirkte Lieferung wird im Kj. 2025 ein Preisnachlass gewährt. Diese Entgeltsminderung ist in **Zeile 31** zu berücksichtigen.

c) Unentgeltliche Wertabgaben (Zeilen 23–24, 26–27 und 29–30)

	Unentgeltliche Wertabgaben			
23	Lieferungen nach § 3 Absatz 1b UStG zu 19 %	178	,—	
24	Sonstige Leistungen nach § 3 Absatz 9a UStG zu 19 %	179	,—	
	Unentgeltliche Wertabgaben			
26	Lieferungen nach § 3 Absatz 1b UStG zu 7 %	195	,—	
27	Sonstige Leistungen nach § 3 Absatz 9a UStG zu 7 %	196	,—	
	Unentgeltliche Wertabgaben			
29	Lieferungen nach § 3 Absatz 1b UStG zu 0 %	158	,—	
30	Sonstige Leistungen nach § 3 Absatz 9a UStG zu 0 %	159	,—	

aa) Grundsätze

2253 Die **unentgeltlichen** Wertabgaben (→ Rz. 2254 ff.) mit dem Steuersatz von 19 % sind in **Zeile 23** (Sachentnahmen und andere unentgeltliche Wertabgaben von Gegenständen) und in **Zeile 24** (sonstige Leistungen, z.B. die private Nutzung von Gegenständen des Unternehmens) einzutragen. In **Zeile 26 und 27** sind die unentgeltlichen Wertabgaben mit dem Steuersatz von 7 % einzutragen. Die unentgeltlichen Wertabgaben mit dem ermäßigten Steuersatz von 0 % sind in den **Zeilen 29 und 30** einzutragen.

Praxishinweis:

Durch das Zweite Corona-Steuerhilfegesetz galten gem. § 28 Abs. 1 und 2 UStG für den Zeitraum **vom 1.7.2020 bis 31.12.2020** ein allgemeiner Steuersatz von 16 % und ein ermäßigter Steuersatz von 5 %.[1)]

Unentgeltliche Wertabgaben, die den bis zum 30.6.2020 geltenden Steuersätzen von 19 % bzw. 7 % unterlegen haben, sind in den **Zeilen 23 und 24 bzw. 26 und 27** zu erklären. Vom 1.7.2020 bis zum 31.12.2020 sind die gesenkten Steuersätze 16 % bzw. 5 % auf die ab diesem Zeitpunkt bewirkten unentgeltlichen Wertabgaben anzuwenden. Diese Umsätze sowie der darauf entfallende, selbst berechnete Steuerbetrag sind insgesamt in der **Zeile 31** einzutragen.

Änderungen von Bemessungsgrundlagen (§ 17 UStG) für **unentgeltliche Wertabgaben,** die den vom 1.7.2020 bis 31.12.2020 geltenden Steuersätzen von 16 % bzw. 5 % unterlegen haben, sind zusammen mit dem selbst berechneten Steuerbetrag in **Zeile 31** zu den Umsätzen einzutragen, die anderen Steuersätzen unterliegen. Sofern auf Grund besonderer Genehmigung die sog. Istversteuerung (Besteuerung nach vereinnahmten Entgelten) anzuwenden ist, gilt dies auch für im Kj. 2025 vereinnahmte Beträge zu den nach dem 30.6.2020 und vor dem 1.1.2021 ausgeführten Umsätzen. Die Nachversteuerung von nach dem 30.6.2020 und vor dem 1.1.2021 vereinnahmten Anzahlungen für nach dem 31.12.2024 ausgeführte Umsätze ist in **Zeile 36** vorzunehmen.

2254 **Unentgeltliche Wertabgaben** aus dem Unternehmen sind, soweit sie in der Abgabe von Gegenständen bestehen, nach § 3 Abs. 1b UStG **den entgeltlichen Lieferungen** und, soweit sie in der Abgabe oder Ausführung von sonstigen Leistungen bestehen, nach § 3 Abs. 9a UStG **den entgeltlichen sonstigen Leistungen gleichgestellt**. Durch die Besteuerung unentgeltlicher Wertabgabe wird sichergestellt, dass der Letztverbrauch von Unternehmern und Nichtunternehmern gleichermaßen mit Umsatzsteuer belastet wird.

Beispiel:

Der Mieter einer Wohnung (Privatmann) W lässt durch den Malermeister M seine Küche streichen. M lässt die Büroräume seines Unternehmens von seinem Gesellen (Arbeitnehmer) streichen.

Die Leistung des M an W ist eine steuerpflichtige Werkleistung. W wird als Letztverbraucher mit Umsatzsteuer belastet. Würde die unentgeltliche Wertabgabe nicht besteuert, würde M die gleiche Leistung ohne umsatzsteuerliche Belastung beziehen.

1) Zweites Corona-Steuerhilfegesetz v. 29.6.2020, BGBl. I 2020, 1512 = BStBl I 2020, 563.

Unentgeltliche Wertabgaben aus dem Unternehmen sind, soweit sie in der Abgabe von Gegenständen bestehen, nach § 3 Abs. 1b UStG den entgeltlichen Lieferungen und, soweit sie in der Abgabe oder Ausführung von sonstigen Leistungen bestehen, nach § 3 Abs. 9a UStG den entgeltlichen sonstigen Leistungen gleichgestellt. Für unentgeltliche Wertabgaben gelten die allgemeinen Ortsbestimmungen. 2255

Droht kein unversteuerter Endverbrauch, sind § 3 Abs. 1b und 9a UStG unionsrechtskonform dahingehend einschränkend auszulegen, dass eine Besteuerung der unentgeltlichen Wertabgabe nicht erfolgt. Dieser droht nicht, wenn 2256

- die Eingangsleistung vor allem für Bedürfnisse des Unternehmers genutzt wird und nicht darüber hinausgeht, was hierfür erforderlich bzw. unerlässlich ist,
- die Kosten für die Eingangsleistung Bestandteile des Preises der von ihm erbrachten Leistungen sind und
- der Vorteil des Dritten allenfalls nebensächlich ist.[1)]

Diese Voraussetzungen bestehen beispielsweise in folgenden Fällen nicht (mit der Folge, dass unter den übrigen Voraussetzungen eine unentgeltliche Wertabgabe vorliegt):

- Bei der unentgeltlichen Abgabe von bürgerlicher Bekleidung an Arbeitnehmer; die unternehmerischen Gründe für die Überlassung wie auch das eigenbetriebliche Interesse des Unternehmers ändern daran nichts, weil der Vorteil des Arbeitnehmers nicht als nebensächlich oder untergeordnet erscheint.[2)]
- Bei Zuwendungen an Betriebsangehörige im Rahmen einer Betriebsveranstaltung, wenn diese ausschließlich dem privaten Bedarf der Betriebsangehörigen dienen und über Aufmerksamkeiten hinausgehen.[3)]

Zur Besteuerung einer Wertabgabe und zum Vorsteuerabzug vgl. Abschn. 3.2 Abs. 4 sowie Abschn. 15.2b Abs. 2a UStAE.

Für unentgeltliche Wertabgaben i.S.d. § 3 Abs. 1b UStG ist die **Steuerbefreiung** für Ausfuhrlieferungen ausgeschlossen (§ 6 Abs. 5 UStG).[4)] Bei unentgeltlichen Wertabgaben i.S.d. § 3 Abs. 9a Satz 1 Nr. 2 UStG entfällt die Steuerbefreiung für Lohnveredelungen an Gegenständen der Ausfuhr (§ 7 Abs. 5 UStG). Die übrigen Steuerbefreiungen sowie die Steuerermäßigungen sind auf unentgeltliche Wertabgaben anzuwenden, wenn die in den §§ 4 und 12 UStG bezeichneten Voraussetzungen vorliegen. Eine Option zur Steuerpflicht nach § 9 UStG kommt nicht in Betracht. 2257

Bei Entnahmen von Gegenständen und anderen unentgeltlichen Zuwendungen von Gegenständen ist Bemessungsgrundlage (→ Rz. 2230): 2258

- der **Einkaufspreis** zzgl. Nebenkosten für neuwertige Gegenstände;
- der Einkaufspreis **gleichartiger** Gegenstände (Wiederbeschaffungskosten), wenn der Entnahmegegenstand der Abnutzung unterlegen hat (z.B. DAT-Schätzpreise für gebrauchte Fahrzeuge);
- die **Selbstkosten** (i.d.R. die Herstellungskosten), wenn der Entnahmegegenstand im Unternehmen hergestellt worden ist.

Zur Vermeidung von Preis- und Kostenschwankungen zwischen Anschaffung oder Herstellung und späterer Entnahme sind die Werte im Zeitpunkt der Entnahme anzusetzen. Eine Übersicht zu den Pauschbeträgen für Sachentnahmen bestimmter Unternehmen ist als Anhang 1 (→ Rz. 2627) abgedruckt. 2259

Beispiel:

Ein am 8.3.2023 für das Unternehmen erworbener Pkw wird am 9.3.2025 in das Privatvermögen entnommen. Die Anschaffungskosten betrugen 35 000 € zzgl. 6 650 €. Die Umsatzsteuer wurde als Vorsteuer abgezogen. Für einen gleichwertigen Pkw müsste der Unternehmer 18 000 € aufwenden.

In diesem Fall ist der Wiederbeschaffungspreis i.H.v. 18 000 € zum Zeitpunkt der Entnahme als Bemessungsgrundlage anzusetzen. Die Umsatzsteuer beträgt 3 420 €.

Unentgeltliche Wertabgaben sind sowohl bei Einzelunternehmen als auch bei Personen- und Kapitalgesellschaften sowie bei Vereinen und bei Betrieben gewerblicher Art oder land- und forstwirtschaftlichen Betrieben und juristischen Personen des öffentlichen Rechts möglich. Im Wesentlichen umfassen sie die Tatbestände, die bis zum 31.3.1999 als Eigenverbrauch, als sog. Gesellschafterverbrauch, sowie als unentgeltliche Sachzuwendungen und sonstige Leistungen an Arbeitnehmer der Steuer unterlagen. Die zu diesen Tatbeständen ergangene Rechtsprechung des BFH ist nach Abschn. 3.2 Abs. 1 Satz 4 UStAE sinngemäß weiter anzuwenden. So ist der Eigenverbrauch (= unentgeltliche Wertabgabe) nach der Rechtsprechung des BFH[5)] in allen Fällen möglich, in denen ein Gegenstand oder eine sonstige Leistung aus dem Unternehmen zu unternehmensfremden Zwecken entnommen wird. Eine Entscheidung, ob der Unternehmer ein außerhalb seiner unternehmerischen Sphäre liegendes Eigenleben hat, ist vom BFH bisher nicht getroffen worden. 2260

1) Vgl. BFH v. 16.12.2020, XI R 26/20 (XI R 28/17), BStBl II 2024, 146 und Abschn. 15.2b Abs. 2a UStAE.
2) Vgl. BFH v. 24.8.2022, XI R 3/22, BStBl II 2023, 936.
3) Vgl. BFH v. 10.5.2023, V R 16/21, BStBl II 2023, 1023.
4) Vgl. BFH v. 19.2.2014, XI R 9/13, BStBl II 2014, 597.
5) Grundsatzurteil: BFH v. 3.11.1983, V R 4/73, V R 5/73, V R 4, 5/73, BStBl II 1984, 169.

bb) Entnahme von Gegenständen

2261 Die nach § 3 Abs. 1b UStG **einer entgeltlichen Lieferung gleichgestellte Entnahme oder unentgeltliche Zuwendung eines Gegenstands aus dem Unternehmen** setzt die Zugehörigkeit des Gegenstands zum Unternehmen voraus. Bei Gegenständen, die sowohl unternehmerisch als auch nichtunternehmerisch genutzt werden sollen, hat der Unternehmer grundsätzlich die Wahl der Zuordnung. Beträgt die unternehmerische Nutzung jedoch weniger als 10 %, ist die Zuordnung des Gegenstands zum Unternehmen unzulässig (§ 15 Abs. 1 Satz 2 UStG). Eine unentgeltliche Wertabgabe nach § 3 Abs. 1b UStG wird nur dann einer entgeltlichen Lieferung gleichgestellt, wenn der entnommene oder zugewendete Gegenstand oder seine Bestandteile zum vollen oder teilweisen Vorsteuerabzug berechtigt haben (§ 3 Abs. 1b Satz 2 UStG).[1]

2262 Eine Entnahme eines Gegenstands aus dem Unternehmen liegt nur dann vor, wenn der Vorgang bei entsprechender Ausführung an einen Dritten als Lieferung anzusehen wäre.[2] Ein Vorgang, der gegenüber Dritten als sonstige Leistung zu beurteilen wäre, erfüllt zwar die Voraussetzungen des § 3 Abs. 1b Satz 1 Nr. 1 UStG nicht, kann dies aber nach § 3 Abs. 9a Satz 1 UStG insoweit, als dabei Gegenstände, z.B. Materialien, verbraucht werden. Der Grundsatz der Einheitlichkeit der Leistung gilt auch für die unentgeltlichen Wertabgaben.

2263 Bei der Entnahme von Betriebsgrundstücken ist zu beachten, dass die Verwaltung ihre bisherige Auffassung aufgegeben hat, dass die Entnahme eines Grundstücks ebenso wie die Lieferung steuerpflichtig ist. Sie vertritt nunmehr die Auffassung, dass die Entnahme eines Grundstücks unter den Voraussetzungen des § 3 Abs. 1b Satz 2 UStG eine nach § 4 Nr. 9 Buchst. a UStG steuerfreie Lieferung i.S.d. § 3 Abs. 1b Satz 1 Nr. 1 UStG ist.[3]

cc) Sachzuwendungen an das Personal

2264 Zuwendungen von Gegenständen (Sachzuwendungen) an das Personal für dessen privaten Bedarf sind als unentgeltliche Wertabgabe steuerbar, wenn sie keine Vergütung für die Dienstleistung des Arbeitnehmers darstellen. Anderenfalls handelt es sich um eine entgeltliche Leistung, deren Besteuerung sich nach § 1 Abs. 1 Nr. 1 UStG richtet. Die unentgeltliche Wertabgabe von Getränken und Genussmittel durch den Unternehmer an seine Arbeitnehmer ist nur dann eine nichtsteuerbare Aufmerksamkeit, wenn die Waren zum Verzehr im Betrieb überlassen werden.[4] Verwendet der Unternehmer seinen Arbeitnehmern oder deren Angehörige die Waren dagegen zum häuslichen Verzehr, liegen steuerbare unentgeltliche Wertabgaben vor. Zur Ermittlung der Bemessungsgrundlage für unentgeltlichen Lieferungen und sonstigen Leistungen an Arbeitnehmer vgl. Abschn. 1.8 Abs. 6–8 UStAE.

dd) Andere unentgeltliche Zuwendungen

2265 Unentgeltliche Zuwendungen von Gegenständen, die nicht bereits in der Entnahme von Gegenständen oder in Sachzuwendungen an das Personal bestehen, werden Lieferungen gegen Entgelt gleichgestellt. Ausgenommen sind Geschenke von geringem Wert und Warenmuster für Zwecke des Unternehmens. Voraussetzung für die Steuerbarkeit ist, dass der Gegenstand oder seine Bestandteile zum vollen oder teilweisen Vorsteuerabzug berechtigt haben. Gegenstände des Unternehmens, die der Unternehmer aus nichtunternehmerischen Gründen abgibt, werden als Entnahme besteuert. Gegenstände des Unternehmens, die der Unternehmer aus unternehmerischen Gründen abgibt, werden als unentgeltliche Zuwendungen besteuert. Hierzu gehört die Abgabe von neuen oder gebrauchten Gegenständen insb. zu Werbezwecken, zur Verkaufsförderung oder zur Imagepflege, z.B. Sachspende an Vereine oder Schulen, Warenabgaben anlässlich von Preisausschreiben, Verlosungen usw. zu Werbezwecken.

ee) Sonstige Leistungen für außerunternehmerische Zwecke

2266 Die **unentgeltlichen Wertabgaben i.S.d. § 3 Abs. 9a UStG** umfassen alle sonstigen Leistungen, die ein Unternehmer im Rahmen seines Unternehmens für eigene, außerhalb des Unternehmens liegende Zwecke oder für den privaten Bedarf seines Personals ausführt. Sie erstrecken sich auf alles, was seiner Art nach Gegenstand einer sonstigen Leistung i.S.d. § 3 Abs. 9 UStG sein kann. Eine Wertabgabe i.S.d. § 3 Abs. 9a Nr. 1 UStG setzt voraus, dass der verwendete Gegenstand dem Unternehmen zugeordnet ist und zum vollen oder teilweisen Vorsteuerabzug berechtigt hat.[5]

2267 Zur Frage des Vorsteuerabzugs und der Umsatzbesteuerung bei (teil-)unternehmerisch genutzten Fahrzeugen gilt Folgendes:[6]

2268 Für die Frage der Zuordnung eines angeschafften, hergestellten, eingeführten oder innergemeinschaftlich erworbenen Fahrzeugs sind die Zuordnungsgrundsätze nach Abschn. 15.2c UStAE zu beachten. Auf die ertragsteuerliche Behandlung als Betriebs- oder Privatvermögen kommt es grundsätzlich nicht an. Beabsichtigt der Unternehmer, das Fahrzeug ausschließlich für unternehmerische Tätigkeiten zu verwenden, ist das Fahrzeug vollständig dem Unternehmen zuzuordnen (Zuordnungsgebot). Eine beabsichtigte ausschließliche Verwendung für nichtunternehmerische (unternehmensfremde oder nichtwirtschaftliche i.e.S.) Tätigkeiten schließt hingegen eine Zuord-

1) Vgl. Abschn. 3.2 bis 3.4 UStAE.
2) Vgl. Abschn. 3.3 Abs. 5 Satz 1 UStAE.
3) Vgl. Abschn. 3.3 Abs. 7 Satz 4 und Abschn. 4.9.1 Abs. 2 UStAE.
4) Vgl. OFD Hannover v. 10.2.2000, S 7109 – 1 – StO 355/S 7100 – 737 – StH 542, UR 2000, 349.
5) Vgl. Abschn. 3.4 UStAE.
6) BMF v. 5.6.2014, IV D 2 – S 7300/07/10002 :001, BStBl I 2014, 896; Abschn. 15.2 Abs. 22 Nr. 9 UStAE.

nung des Fahrzeugs zum Unternehmen aus (Zuordnungsverbot). Sofern das Fahrzeug teilunternehmerisch verwendet werden soll und die 10 %-Grenze nach § 15 Abs. 1 Satz 2 UStG erreicht ist, gilt Folgendes:

Teilunternehmerische nichtwirtschaftliche Verwendung i.e.S.

Besteht die nichtunternehmerische Tätigkeit in einer nichtwirtschaftlichen Tätigkeit i.e.S., hat der Unternehmer kein Wahlrecht zur vollständigen Zuordnung; es besteht grundsätzlich ein Aufteilungsgebot. Aus Billigkeitsgründen kann der Unternehmer das Fahrzeug im vollen Umfang in seinem nichtunternehmerischen Bereich belassen. In diesem Fall ist eine spätere Vorsteuerberichtigung zugunsten des Unternehmers im Billigkeitswege nach Abschn. 15a.1 Abs. 7 UStAE ausgeschlossen.[1]

Teilunternehmerische unternehmensfremde Verwendung

Besteht die nichtunternehmerische Tätigkeit in einer unternehmensfremden Verwendung (private Zwecke), hat der Unternehmer ein Zuordnungswahlrecht (Sonderfall), und kann das Fahrzeug

- insg. seiner unternehmerischen Tätigkeit zuordnen,
- in vollem Umfang in seinem nichtunternehmerischen Bereich belassen oder
- nur im Umfang der tatsächlichen (ggf. zu schätzenden) unternehmerischen Verwendung seiner unternehmerischen Tätigkeit zuordnen, wobei der unternehmensfremd genutzte Fahrzeugteil als separater Gegenstand anzusehen ist.[2]

Maßgebend für die Zuordnung ist die im Zeitpunkt der Anschaffung des Fahrzeugs beabsichtigte Verwendung für den Besteuerungszeitraum der erstmaligen Verwendung.[3] Dabei ist auf das voraussichtliche Verhältnis der Jahreskilometer für die unterschiedlichen Nutzungen abzustellen.

Beträgt der Umfang der unternehmerischen Verwendung des Fahrzeugs weniger als 10 % (unternehmerische Min- **2269**
destnutzung), greift das Zuordnungsverbot nach § 15 Abs. 1 Satz 2 UStG. Die Fahrten des Unternehmers zwischen Wohnung und Betriebsstätte sowie Familienheimfahrten wegen einer aus betrieblichem Anlass begründeten doppelten Haushaltsführung sind dabei der unternehmerischen Nutzung des Fahrzeugs zuzurechnen und unterliegen keiner Vorsteuerkürzung nach § 15 Abs. 1a UStG. Maßgebend für die 10 %-Grenze nach § 15 Abs. 1 Satz 2 UStG ist bei einem Fahrzeug das Verhältnis der Kilometer unternehmerischer Fahrten zu den Jahreskilometern des Fahrzeugs. In Zweifelsfällen muss der Unternehmer dem FA die unternehmerische Mindestnutzung glaubhaft machen. Bei sog. Zweit- oder Drittfahrzeugen von Einzelunternehmern oder sog. Alleinfahrzeugen bei einer nebenberuflichen Unternehmertätigkeit ist regelmäßig davon auszugehen, dass diese Fahrzeuge zu weniger als 10% unternehmerisch genutzt werden. Das Gleiche gilt bei Personengesellschaften, wenn ein Gesellschafter mehr als ein Fahrzeug privat nutzt, für die weiteren privat genutzten Fahrzeuge.

Zum Vorsteuerabzug für ein dem Unternehmen zugeordnetes Fahrzeug → Rz. 2532 ff. **2270**

Die **unternehmensfremde (private) Nutzung** eines dem Unternehmen vollständig zugeordneten Fahrzeugs ist **2271**
unter den Voraussetzungen des § 3 Abs. 9a Nr. 1 UStG als unentgeltliche Wertabgabe der Besteuerung zu unterwerfen. Als Bemessungsgrundlage sind dabei nach § 10 Abs. 4 Satz 1 Nr. 2 UStG die Ausgaben anzusetzen, soweit sie zum vollen oder teilweisen Vorsteuerabzug berechtigt haben.[4] Sofern Anschaffungs- oder Herstellungskosten mindestens 500 € (Nettobetrag ohne Umsatzsteuer) betragen, sind sie gleichmäßig auf den für das Fahrzeug maßgeblichen Berichtigungszeitraum nach § 15a UStG zu verteilen.

Zur Ermittlung der Ausgaben, die auf die unternehmensfremde Nutzung des dem Unternehmen zugeordneten **2272**
Fahrzeugs entfallen, hat der Unternehmer die Wahl zwischen folgenden Methoden:

- Bei Fahrzeugen, die zu mehr als 50 % betrieblich genutzt werden, kann der Unternehmer zwischen der 1%-Regelung und der Fahrtenbuchregelung wählen. Für umsatzsteuerliche Zwecke sind die Sonderregelungen für Elektro- und Hybridelektrofahrzeuge nach § 6 Abs. 1 Nr. 4 Satz 2 Nr. 1 bis 5 EStG nicht anzuwenden.
- Für die nicht mit Vorsteuer belasteten Aufwendungen kann der Unternehmer einen pauschalen Abschlag von 20 % vornehmen. Der so ermittelte Betrag ist der Nettowert; die Umsatzsteuer ist mit dem allgemeinen Steuersatz hinzuzurechnen.
- Setzt der Unternehmer für ertragsteuerliche Zwecke die private Nutzung mit den auf die Privatfahrten entfallenden Aufwendungen an, indem er die für das Fahrzeug insgesamt entstehenden Aufwendungen durch Belege und das Verhältnis der privaten zu den übrigen Fahrten durch ein ordnungsgemäßes Fahrtenbuch nachweist (§ 6 Abs. 1 Nr. 4 Satz 3 EStG), ist von diesem Wert auch bei der Ermittlung der Bemessungsgrundlage für die Umsatzbesteuerung der unternehmensfremden Nutzung auszugehen. Für umsatzsteuerliche Zwecke erfolgt jedoch keine Kürzung der insgesamt entstandenen Aufwendungen um Aufwendungen, die auf das Batteriesystem bei Elektro- und Hybridelektrofahrzeugen entfallen. Aus den Gesamtaufwendungen sind für Umsatzsteuerzwecke die nicht mit Vorsteuern belasteten Ausgaben in der belegmäßig nachgewiesenen Höhe auszuscheiden.

1) Vgl. Abschn. 15.2c Abs. 2 Nr. 2 Buchst. a UStAE.
2) Vgl. Abschn. 15.2c Abs. 2 Nr. 2 Buchst. b und Abs. 4 UStAE.
3) Vgl. Abschn. 15.2c Abs. 12 UStAE.
4) Vgl. Abschn. 10.6 Abs. 3 UStAE.

- Bei Fahrzeugen, die nicht zu mehr als 50 % betrieblich genutzt werden, ist die Anwendung der 1 %-Regelung nach § 6 Abs. 1 Nr. 4 Satz 2 EStG ausgeschlossen. Der für ertragsteuerliche Zwecke nach § 6 Abs. 1 Nr. 4 Satz 1 EStG ermittelte Nutzungsanteil ist grundsätzlich auch der Umsatzbesteuerung zugrunde zu legen. Für Umsatzsteuerzwecke sind allerdings die Gesamtaufwendungen für Elektro- und Hybridelektrofahrzeuge nicht um solche Aufwendungen zu kürzen, die auf das Batteriesystem entfallen. Für umsatzsteuerliche Zwecke sind die Sonderregelungen für Elektro- und Hybridelektrofahrzeuge nach § 6 Abs. 1 Nr. 4 Satz 2 Nr. 1 bis 5 EStG nicht anzuwenden.
- Schätzung des unternehmensfremden (privaten) Nutzungsanteils.

2273 **Überlässt der Unternehmer (Arbeitgeber) seinem Personal (Arbeitnehmer) ein Fahrzeug** auch zu Privatzwecken (Privatfahrten, Fahrten zwischen Wohnung und erster Tätigkeitsstätte sowie Familienheimfahrten aus Anlass einer doppelten Haushaltsführung), ist dies regelmäßig eine entgeltliche sonstige Leistung i.S.d. § 1 Abs. 1 Nr. 1 Satz 1 UStG. Das Fahrzeug wird, wenn es nicht ausnahmsweise zusätzlich vom Unternehmer nichtunternehmerisch verwendet wird, durch die entgeltliche umsatzsteuerpflichtige Überlassung an das Personal ausschließlich unternehmerisch genutzt. Die aus den Anschaffungskosten als auch aus den Unterhaltskosten der sog. Dienst- oder Firmenwagen anfallenden Vorsteuerbeträge können in voller Höhe abgezogen werden (§ 15 Abs. 1 Satz 1 UStG), sofern kein Ausschlusstatbestand nach § 15 Abs. 1a und 2 i.V.m. Abs. 3 UStG vorliegt. Die spätere Veräußerung und die Entnahme der Fahrzeuge unterliegen insg. der Umsatzsteuer, wenn sie im vollen Umfang dem Unternehmen zugeordnet werden konnten.

2274 Die Gegenleistung des Arbeitnehmers für die Fahrzeugüberlassung besteht regelmäßig in der anteiligen Arbeitsleistung, die er für die Privatnutzung des gestellten Fahrzeugs erbringt. Die Überlassung des Fahrzeugs ist als Vergütung für geleistete Dienste und damit als entgeltlich anzusehen, wenn sie im Arbeitsvertrag geregelt ist oder auf mündlichen Abreden oder sonstigen Umständen des Arbeitsverhältnisses (z.B. der faktischen betrieblichen Übung) beruht. Von Entgeltlichkeit ist stets auszugehen, wenn das Fahrzeug dem Arbeitnehmer für eine gewisse Dauer und nicht nur gelegentlich zur Privatnutzung überlassen wird.

2275 Bei der **entgeltlichen Fahrzeugüberlassung zu Privatzwecken des Personals** liegt ein tauschähnlicher Umsatz (§ 3 Abs. 12 Satz 2 UStG) vor. Die Bemessungsgrundlage ist nach § 10 Abs. 2 Satz 2 i.V.m. Abs. 1 Satz 1 UStG der Wert der nicht durch den Barlohn abgegoltenen Arbeitsleistung. Deren Wert entspricht dem Betrag, den der Arbeitgeber zu diesem Zweck aufzuwenden bereit ist.[1] Das sind die Gesamtausgaben für die Überlassung des Fahrzeugs. Die Gesamtausgaben für die entgeltliche sonstige Leistung i.S.d. § 1 Abs. 1 Nr. 1 Satz 1 UStG umfassen auch die Ausgaben, bei denen ein Vorsteuerabzug nicht möglich ist. Der so ermittelte Wert ist der Nettowert; die Umsatzsteuer ist mit dem allgemeinen Steuersatz hinzuzurechnen.

2276 Von einer **unentgeltlichen Fahrzeugüberlassung an das Personal zu Privatzwecken** i.S.d. § 3 Abs. 9a Nr. 1 UStG (vgl. Abschn. 1.8 Abs. 2 UStAE) kann ausnahmsweise ausgegangen werden, wenn die vereinbarte private Nutzung des Fahrzeugs derart gering ist, dass sie für die Gehaltsbemessung keine wirtschaftliche Rolle spielt, und nach den objektiven Gegebenheiten eine weitergehende private Nutzungsmöglichkeit ausscheidet.[2] Danach kann Unentgeltlichkeit nur angenommen werden, wenn dem Arbeitnehmer das Fahrzeug aus besonderem Anlass oder zu einem besonderen Zweck nur gelegentlich (von Fall zu Fall) an nicht mehr als fünf Kalendertagen im Kalendermonat für private Zwecke überlassen wird.[3]

2277 **Bemessungsgrundlage** für die unentgeltliche Firmenfahrzeugüberlassung für den privaten Bedarf des Personals sind die Ausgaben, soweit sie zum vollen oder teilweisen Vorsteuerabzug berechtigt haben (§ 10 Abs. 4 Satz 1 Nr. 2 UStG).

2278 Weitere Einzelheiten ergeben sich aus Abschn. 15.23 UStAE und BMF-Schreiben v. 7.2.2022.[4] Zum Vorsteuerabzug und zur Umsatzbesteuerung bei (teil-)unternehmerisch verwendeten Fahrrädern siehe Abschn. 15.24 UStAE und BMF-Schreiben v. 7.2.2022.[5]

2279 Die Bemessungsgrundlagen zur Überlassung von **Firmenfahrzeugen** durch Arbeitgeber an Arbeitnehmer oder durch Gesellschaften an Gesellschafter sind nicht in **Zeile 23**, sondern in **Zeile 22** einzutragen.

2280 In den **Zeilen 22 oder 25** sind die Zuwendungen an Angehörige, Anteilseigner, Gesellschafter und an Arbeitnehmer und deren Angehörige einzutragen, wenn nicht das tatsächliche Entgelt, sondern die sog. Mindestbemessungsgrundlage anzusetzen ist (→ Rz. 2246 ff.).

1) Vgl. Abschn. 10.5 Abs. 1 UStAE.
2) Vgl. BFH v. 4.10.1984, V R 82/83, BStBl II 1984, 808.
3) Vgl. BMF v. 3.3.2022, IV C 5 – S 2334/21/10004 :001, BStBl I 2022, 232, Rz. 16.
4) BMF v. 7.2.2022, III C 2 – S 7300/19/10004 :001, BStBl I 2022, 197.
5) BMF v. 7.2.2022, III C 2 – S 7300/19/10004 :001, BStBl I 2022, 197.

d) Umsätze zum ermäßigten Steuersatz (Zeilen 25–27)

Zeile		Kz.	Bemessungsgrundlage	Steuer
	Umsätze zum ermäßigten Steuersatz von 7 %			
25	Lieferungen und sonstige Leistungen zu 7 %	275	,—	
	Unentgeltliche Wertabgaben			
26	Lieferungen nach § 3 Absatz 1b UStG zu 7 %	195	,—	
27	Sonstige Leistungen nach § 3 Absatz 9a UStG zu 7 %	196	,—	

In **Zeile 25** sind die Bemessungsgrundlagen und Steuerbeträge einzutragen, die dem ermäßigten Steuersatz von 7 % unterliegen (§ 12 Abs. 2 UStG). Zu beachten ist, dass die Bemessungsgrundlagen immer ohne Umsatzsteuer einzutragen sind. **2281**

Zur Anwendung des ermäßigten Steuersatzes auf die in der Anlage 1 des UStG zu § 12 Abs. 2 Nr. 1 und 2 UStG aufgeführten Gegenstände vgl. BMF-Schreiben v. 5.8.2004.[1] Die Abgrenzung der begünstigten von den nicht begünstigten Gegenständen richtet sich nach dem Zolltarif. Bestehen Zweifel, ob die Lieferung oder der innergemeinschaftliche Erwerb eines bestimmten Gegenstands unter die Steuerermäßigung fallen, haben die Lieferer und die Abnehmer bzw. die innergemeinschaftlichen Erwerber die Möglichkeit, bei der zuständigen Zolltechnischen Prüfungs- und Lehranstalt eine unverbindliche Zolltarifauskunft für Umsatzsteuerzwecke einzuholen. **2282**

Der ermäßigte Steuersatz findet auf die in § 12 Abs. 2 Nr. 1 bis 14 UStG genannten Umsätze Anwendung. Insbesondere ist der ermäßigte Steuersatz für die Lieferungen, die Einfuhr, den innergemeinschaftlichen Erwerb sowie die Vermietung der in der Anlage 2 zum UStG bezeichneten Gegenstände (z.B. verschiedene Lebensmittel, Bücher und Körperersatzstücke) anzuwenden (§ 12 Abs. 2 Nr. 1 und 2 UStG). **2283**

Mit Urteil v. 21.4.2022 hat der BFH als Folgeentscheidung zum EuGH-Urteil v. 3.4.2022 entschieden, dass Holzhackschnitzel nach § 12 Abs. 2 Nr. 1 UStG i.V.m. der Anlage 2 Nr. 48 Buchst. a zum UStG der Steuersatzermäßigung unterliegen, wenn sie bei richtlinienkonformer Auslegung entsprechend Art. 122 MwStSystRL Brennholz i.S. der Warenbeschreibung der Anlage 2 Nr. 48 Buchst. a zum UStG sind.[2] Dem stehe das Fehlen der hierfür erforderlichen zolltariflichen Voraussetzung nicht entgegen, wenn die Holzhackschnitzel und das die zolltarifliche Voraussetzung erfüllende Brennholz aus Sicht des Durchschnittsverbrauchers austauschbar seien. **2284**

Das BFH-Urteil ist ausschließlich auf die Lieferung von Holzhackschnitzeln anzuwenden, es sei denn, es ergibt sich aus der Art der Aufmachung oder der Menge der Abgabe beim Verkauf, dass diese nicht zum Verbrennen bestimmt sind. Auf andere nicht in der Anlage 2 zu § 12 UStG enthaltene Waren ist diese BFH-Rechtsprechung nicht anzuwenden. Die im UStG vorgesehene Verweisung auf den Zolltarif stellt auch weiterhin ein unionsrechtlich als zulässig anerkanntes und grundsätzlich auch geeignetes Abgrenzungskriterium für Zwecke der Steuersatzbestimmung dar.[3]

Durch das Jahressteuergesetzes 2024 (**JStG 2024**) v. 2.12.2024 wurde die Nr. 48 Buchst. a der Anlage 2 zum UStG angepasst.[4] Hierdurch wurde gesetzlich klargestellt, dass auch Holzhackschnitzel als Brennholz dem ermäßigten Steuersatz unterliegen, sofern diese in die Position 4401 des Zolltarifs eingereiht werden. Es handelt sich dabei um die Umsetzung der o.a. EuGH- und BFH-Rechtsprechung in nationales Recht.

Weitere Einzelheiten enthält das BMF-Schreiben v. 15.7.2025.[5]

Durch Nr. 50 der Anlage 2 zum UStG wird der Steuersatz für Hörbücher auf 7 % reduziert. Unter dem Begriff Hörbücher fallen Platten, Bänder, nicht flüchtige Halbleiterspeichervorrichtungen, „intelligente Karten (smart cards)" und andere Tonträger oder ähnliche Aufzeichnungsträger, die ausschließlich die Tonaufzeichnung der Lesung eines Buches enthalten, mit Ausnahme der Erzeugnisse, für die Beschränkungen als jugendgefährdende Trägermedien bzw. Hinweispflichten nach § 15 Abs. 1 bis 3 und 6 des Jugendschutzgesetzes in der jeweils geltenden Fassung bestehen. Die Anwendung der Steuerermäßigung setzt die Übertragung bzw. Vermietung eines körperlichen Gegenstands in Gestalt eines Speichermediums voraus. Das Speichermedium kann im Einzelfall sowohl digital (z.B. CD-ROM, USB-Speicher oder Speicherkarten) als auch analog (z.B. Tonbandkassetten oder Schallplatten) sein.[6] Umsätze mit elektronischen Veröffentlichungen unterlagen bisher hingegen stets dem allgemeinen Steuersatz. **2285**

Nach Nr. 55 der Anlage 2 zum UStG unterliegen Erzeugnisse für Zwecke der Monatshygiene dem ermäßigten Steuersatz. Die MwStSystRL lässt die Anwendung des ermäßigten Steuersatzes auf Erzeugnisse für Zwecke der Monatshygiene zu. **2286**

Folgende, weitere Umsätze, unterliegen dem ermäßigten Steuersatz von 7 % (§ 12 Abs. 2 Nr. 3 bis 15 UStG): **2287**

---

1) BMF v. 5.8.2004, IV B 7 – S 7220 – 46/04, BStBl I 2004, 638.
2) BFH v. 21.4.2022, V R 2/22 (V R 6/18), BStBl II 2023, 460 und EuGH v. 3.4.2022, C-515/20, HFR 2023, 282.
3) Vgl. BMF v. 4.4.2023, III C 2 – S 7221/19/10002 :004, BStBl I 2023, 733.
4) Jahressteuergesetz 2024 (JStG 2024) v. 2.12.2024, BGBl. I 2024 Nr. 387 = BStBl I 2024, 1484.
5) Vgl. BMF v. 15.7.2025, III C 2 – S 7221/00019/005/056, BStBl I 2025, 1513.
6) Vgl. BMF v. 1.12.2014, IV D 2 – S 7225/07/10002, BStBl I 2014, 1614.

- die Aufzucht und das Halten von Vieh (sog. Pensionstierhaltung), die Anzucht von Pflanzen und die Teilnahme an Leistungsprüfungen für Tiere;

Praxishinweis:

Nach § 12 Abs. 2 Nr. 3 UStG sind die Aufzucht und das Halten von Vieh, die Anzucht von Pflanzen und die Teilnahme an Leistungsprüfungen für Tiere mit dem ermäßigten Steuersatz zu besteuern. Das Einstellen und Betreuen von Reitpferden, die von ihren Eigentümern zur Ausübung von Freizeitsport genutzt werden, fällt nicht unter den Begriff „Halten von Vieh" und ist deshalb mit dem allgemeinen Steuersatz zu versteuern.[1] Gleiches gilt für Pferde, die zu gewerblichen Zwecken genutzt werden (z.B. durch Berufsreiter oder Reitlehrer), sowie für alle anderen Pferde, die ebenfalls nicht zu land- und forstwirtschaftlichen Zwecken genutzt werden.[2]

Der BFH hat in seinem Urteil v. 2.8.2018 hervorgehoben, dass die Teilnahme an Turnieren zur Erzielung von platzierungsabhängigen Preisgeldern nicht im Rahmen eines Leistungsaustauschs erfolgte.[3] Deshalb stellt die Teilnahme an einem Wettbewerb (z.B. Pferderennen und sportlichen Wettbewerben) nur dann eine gegen Entgelt erbrachte Dienstleistung dar, wenn der Veranstalter für sie eine von der Platzierung unabhängige Vergütung zahlt (z.B. Antrittsgelder oder platzierungsunabhängige Preisgelder, vgl. Abschn. 1.1 Abs. 24 Satz 1 UStAE). Deshalb gilt hinsichtlich der Teilnahme an **Leistungsprüfungen für Tiere** Folgendes: Der ermäßigte Steuersatz nach § 12 Abs. 2 Nr. 3 UStG ist auf Entgelte anzuwenden, die dem Unternehmer platzierungsunabhängig für die Teilnahme an solchen Leistungsprüfungen zufließen (z.B. Antrittsgelder, vgl. Abschn. 12.2 Abs. 5 Satz 2 UStAE, vgl. auch BMF v. 27.5.2019);[4]

- die Leistungen, die unmittelbar der Vatertierhaltung, der Förderung der Tierzucht, der künstlichen Tierbesamung oder der Leistungs- und Qualitätsprüfung in der Tierzucht und in der Milchwirtschaft dienen;
- die Leistungen und unentgeltlichen Wertabgaben aus der Tätigkeit als Zahntechniker sowie die Lieferung oder Wiederherstellung von Zahnprothesen und kieferorthopädischen Apparaten durch Zahnärzte, die diese Gegenstände im Unternehmen selbst hergestellt haben;
- die Leistungen der Theater, Orchester, Kammermusikensembles, Chöre und Museen sowie die **Veranstaltung** von Theatervorführungen und Konzerten durch andere Unternehmer (z.B. Agenturen, Theatervereine oder auch Solomusiker), sofern nicht Steuerbefreiung nach § 4 Nr. 20 UStG besteht;

Praxishinweis:

Nach § 12 Abs. 2 Nr. 7 Buchst. a UStG ist auf die Eintrittsberechtigung für Theater, Konzerte und Museen sowie die den Theatervorführungen und Konzerten vergleichbaren Darbietungen ausübender Künstler der ermäßigte Steuersatz anzuwenden. Wenn bei Theatervorführungen und Konzerten mehrere Veranstalter tätig werden, kann nach Abschn. 12.5 Abs. 4 UStAE nur der Veranstalter die Steuerermäßigung in Anspruch nehmen, der die Eintrittsberechtigung verschafft. Bei Tournee-Veranstaltungen steht deshalb die Steuerermäßigung regelmäßig nur dem örtlichen Veranstalter zu. Weiterhin sind nach Auffassung der FinVerw. die Leistungen der Gastspieldirektionen nicht nach § 12 Abs. 2 Nr. 7 Buchst. a UStG begünstigt, welche im eigenen Namen Künstler verpflichten und im Anschluss daran das von diesen dargebotene Programm an einen Veranstalter in einem gesonderten Vertrag verkaufen (Abschn. 12.5 Abs. 5 UStAE).

- die Überlassung von Filmen zur Auswertung und Vorführung sowie die Filmvorführungen, soweit die Filme nach § 6 Abs. 3 Satz 1 JÖSchG oder § 14 Abs. 2 JuSchG gekennzeichnet sind (z.B. „Nicht freigegeben unter 18 Jahren");
- die Einräumung, Übertragung und Wahrnehmung von Rechten, die sich aus dem Urheberrechtsgesetz ergeben;
- die Zirkusvorführungen, die Leistungen aus der Tätigkeit als Schausteller sowie die unmittelbar mit dem Betrieb privater zoologischer Gärten verbundenen Umsätze;
- die Leistungen der Körperschaften, Personenvereinigungen und Vermögensmassen, die gemeinnützigen oder mildtätigen oder kirchlichen Zwecken dienen; das gilt nicht für die Leistungen, die im Rahmen eines wirtschaftlichen Geschäftsbetriebes ausgeführt werden (z.B. Gaststätte eines Sportvereins);

Praxishinweis:

§ 12 Abs. 2 Nr. 8 Buchst. a Satz 3 UStG stellt klar, dass die Steuerermäßigung nur auf Leistungen von Zweckbetrieben nach den §§ 66 bis 68 AO anzuwenden ist. Satz 4 stellt klar, dass begünstigte Leistungen auch dann vorliegen, wenn die von dem jeweiligen gemeinnützigen Zweck erfassten Personen entweder Empfänger der Leistung sind oder, wie z.B. bei Inklusionsbetrieben, bei der Leistungserbringung mitwirken.

- die unmittelbar mit dem Betrieb der Schwimmbäder verbundenen Umsätze sowie die Verabreichung von Heilbädern sowie die Bereitstellung von Kureinrichtungen, soweit das Entgelt in einer Kurtaxe besteht;

Praxishinweis:

Nach § 12 Abs. 2 Nr. 9 UStG sind die unmittelbar mit dem Betrieb der Schwimmbäder verbundenen Umsätze sowie die Verabreichung von Heilbädern mit dem ermäßigten Steuersatz zu besteuern. Das Gleiche gilt für die Bereitstellung von Kureinrichtungen, soweit als Entgelt eine Kurtaxe zu entrichten ist. Der BFH hat entschieden, dass der nationale Begriff „Schwimmbad" richtlinienkonform im Sinne einer Sportanlage auszulegen sei.[5] Danach muss ein Schwimmbad im Sinne einer Sportanlage zur Ausübung einer sportlichen Betätigung geeignet und bestimmt sein. Anzeichen dafür seien z.B. die Unterteilung in Schwimmbahnen, die Ausstattung mit Sportblöcken, eine angemessene Tiefe oder ein angemessenes Ausmaß des Schwimmbeckens. Kein Schwimmbad sei daher

1) Vgl. BFH v. 22.1.2004, V R 41/02, BStBl II 2004, 757.
2) Vgl. BFH v. 10.9.2014, XI R 33/13, BStBl II 2015, 720; vgl. auch Abschn. 12.2 Abs. 3 Satz 1 und 2 UStAE.
3) Vgl. BFH v. 2.8.2018, V R 21/16, BStBl II 2019, 339.
4) Vgl. auch BMF v. 27.5.2019, III C 2 – S 7100/19/10001 :005, BStBl I 2019, 512.
5) Vgl. BFH v. 28.8.2014, V R 24/13, BStBl II 2015, 194.

eine Einrichtung, in der lediglich ein Erholungsbad genommen werden könne. Das BMF hat dieses zum Anlass genommen, Abschn. 12.11 Abs. 1 UStAE zu ergänzen.[1] Die Verabreichung eines Heilbads i.S.d. § 12 Abs. 2 Nr. 9 UStG muss der Behandlung einer Krankheit oder einer anderen Gesundheitsstörung und damit dem Schutz der menschlichen Gesundheit dienen.[2] Nähere Einzelheiten ergeben sich aus Abschn. 12.11 Abs. 3 und 4 UStAE.

Saunaleistungen sind mit dem Regelsteuersatz zu besteuern,[3] während die unmittelbar mit dem Betrieb eines Schwimmbads verbundenen Umsätze nach § 12 Abs. 2 Nr. 9 UStG ermäßigt zu besteuern sind. Werden in einem Schwimmbad oder einer ähnlichen Einrichtung neben der Gelegenheit zum Schwimmen weitere Leistungen (wie z.B. Nutzung von Sauna, Solarium oder Geräten zur Steigerung der Fitness) angeboten, gelten für die Aufteilung eines einheitlichen Gesamtentgelts auf die dem ermäßigten Steuersatz bzw. dem Regelsteuersatz unterliegenden Leistungen die Grundsätze im BMF-Schreiben v. 18.12.2019.[4]

– die Beförderung von Personen im Schienennahverkehr mit Ausnahme der Bergbahnen, im Verkehr mit Oberleitungsomnibussen, im genehmigten Linienverkehr und die Beförderung im Fährverkehr;

Beratungshinweis:

Nach § 12 Abs. 2 Nr. 10 Buchst. a UStG werden die Beförderungen von Personen im Schienenbahnverkehr insgesamt mit dem ermäßigten Steuersatz besteuert, unabhängig von der Länge der Beförderungsstrecke. Sowohl im Nah- als auch im Fernverkehr ist immer der ermäßigte Steuersatz anzuwenden. Die Steuerermäßigung für Fährleistungen im Nahverkehr ist nur auf Personenbeförderungen und nicht mehr auf Güterbeförderungen anzuwenden. Bei einer Personenbeförderung ist jedoch die Beförderung des Gepäcks einschließlich des mitgeführten Fahrzeugs eine Nebenleistung zur Personenbeförderung.[5]

Praxishinweis:

Für die Personenbeförderung mit Schiffen gilt nur dann der ermäßigte Steuersatz, wenn die Personenbeförderung im genehmigten Linienverkehr oder im Fährverkehr auf kurzen Strecken durchgeführt wird (d.h. innerhalb einer Gemeinde oder wenn die Beförderungsstrecke nicht mehr als 50 km beträgt; vgl. § 12 Abs. 2 Nr. 10 UStG).

– die Vermietung von Wohn- und Schlafräumen, die ein Unternehmer zur kurzfristigen Beherbergung von Fremden bereithält, sowie die kurzfristige Vermietung von Campingflächen. Dies gilt nicht für Leistungen, die nicht unmittelbar der Vermietung dienen, auch wenn diese Leistungen mit dem Entgelt für die Vermietung abgegolten sind.[6]

Praxishinweis:

Nach § 12 Abs. 2 Nr. 11 Satz 2 UStG gilt die Steuerermäßigung nicht für Leistungen, die nicht unmittelbar der Vermietung dienen, auch wenn es sich um Nebenleistungen zur Beherbergung handelt und diese Leistungen mit dem Entgelt für die Vermietung abgegolten sind (Aufteilungsgebot). Der Grundsatz, dass eine (unselbständige) Nebenleistung das Schicksal der Hauptleistung teilt, wird von diesem gesetzlichen Aufteilungsgebot verdrängt (vgl. Abschn. 12.16 Abs. 8 Satz 1 bis 3 UStAE). Zur umsatzsteuerrechtlichen Behandlung von Saunaleistungen und zur Aufteilung eines Gesamtentgelts für Übernachtungsleistungen und Saunanutzung vgl. BMF-Schreiben v. 21.10.2015[7] und Abschn. 12.16 UStAE.

Die Steuerermäßigung nach § 12 Abs. 2 Nr. 11 UStG setzt ebenso wie § 4 Nr. 12 Satz 2 UStG eine Vermietung von Wohn- und Schlafräumen zur kurzfristigen Beherbergung voraus. Hieran fehlt es bei einer Vermietung z.B. in einem „Bordell".[8] Auch das halbstündige oder stundenweise Überlassen von Zimmern in einem „Stundenhotel" ist keine Beherbergung i.S.d. § 12 Abs. 12 Nr. 11 UStG.[9]

Praxishinweis:

§ 12 Abs. 2 Nr. 1 und 2 sowie die Nr. 12 und 13 UStG in der bis zum 31.12.2024 geltenden Fassung schließen insb. die Lieferungen von Sammlungsstücken sowie die Vermietung von Sammlungsstücken und Kunstgegenständen von der Anwendung des ermäßigten Umsatzsteuersatzes aus. Diese Umsätze unterliegen bis zum 31.12.2024 dem Regelsteuersatz.

§ 12 Abs. 2 Nr. 12 UStG in der bis zum 31.12.2024 geltenden Fassung regelt die Anwendung des ermäßigen Umsatzsteuersatzes auf die Einfuhr von Kunstgegenständen und Sammlungsstücken. § 12 Abs. 2 Nr. 13 UStG in der bis zum 31.12.2024 geltenden Fassung regelt die Anwendung des ermäßigten Umsatzsteuersatzes auf die Lieferungen und innergemeinschaftlichen Erwerbe von Kunstgegenständen. Die Umsatzsteuerermäßigung ist auf die Lieferungen und innergemeinschaftlichen Erwerbe von Kunstgegenständen anwendbar, wenn der Gegenstand vom Urheber selbst bzw. seinem Rechtsnachfolger oder – bei Vorliegen weiterer Voraussetzungen – von einem Unternehmer geliefert wird, der kein Wiederverkäufer ist. Im gewerblichen Kunsthandel (z.B. Galeristen und Kunsthändler) wird der ermäßigte Umsatzsteuersatz nicht mehr regelmäßig Anwendung finden.

Durch das Jahressteuergesetz 2024 (**JStG 2024**) v. 2.12.2024 wurden in § 12 Abs. 2 Nr. 1 UStG die Wörter „mit Ausnahme der in der Nummer 49 Buchstabe f, den Nummern 53 und 54 bezeichneten Gegenstände" gestrichen und die Nummern 12 und 13 mit Wirkung zum **1.1.2025** aufgehoben.[10]

Der Anwendungsbereich des ermäßigten Umsatzsteuersatzes für Umsätze mit Kunstgegenständen und Sammlungsstücken wurde durch das Amtshilferichtlinie-Umsetzungsgesetz v. 26.6.2013 an die unionsrechtlichen Vorgaben in Art. 103 der Richtlinie 2006/112/EG angepasst.

Nunmehr gestattet Art. 98 Abs. 1 i.V.m. Anhang III Nr. 26 der Richtlinie 2006/112/EG **ab 1.1.2025** auf Umsätze mit in Anhang IX Teil A und B dieser Richtlinie aufgeführten Kunstgegenständen und Sammlungsstücken den ermäßigten Umsatzsteuersatz anzuwenden. Mit der Änderung wird von dieser unionsrechtlichen Möglichkeit Gebrauch gemacht. Das Unionsrecht gestattet es hingegen nach wie vor nicht, auf die Vermietung von Kunstgegenständen und Sammlungsstücken einen ermäßigten Umsatzsteuersatz anzuwenden (vgl. auch BMF-Schreiben v. 18.12.2025).[11]

1) Vgl. BMF v. 7.7.2015, III C 2 – S 7243/07/10002-03, BStBl I 2015, 562.
2) Vgl. BFH v. 12.5.2005, V R 54/02, BStBl II 2007, 283.
3) Vgl. BMF v. 28.10.2014, IV D 2 – S 7243/07/10002-02, BStBl I 2014, 1439.
4) Vgl. BMF v. 18.12.2019, III C 2 – S 7243/19/10001 :002, BStBl I 2019, 1396.
5) BMF v. 30.9.2020, III C 2 – S 7244/20/10001 :002, BStBl I 2020, 982.
6) Vgl. Abschn. 12.16 UStAE.
7) Vgl. BMF v. 21.10.2015, III C 2 – S 7243/07/10002-03, BStBl I 2015, 835.
8) Vgl. BFH v. 22.8.2013, V R 18/12, BStBl II 2013, 1058.
9) Vgl. BFH v. 24.9.2015, V R 30/14, BStBl II 2017, 132; vgl. auch Abschn. 12.16 Abs. 3 Sätze 1 bis 3 UStAE.
10) Jahressteuergesetz 2024 (JStG 2024) v. 2.12.2024, BGBl. I 2024 Nr. 387 = BStBl I 2024, 1484.
11) Vgl. BMF v. 18.12.2025, III C 2 – S 7229/00011/002/010, BStBl I 2025, 2089.

Praxishinweis:

Nach § 12 Abs. 2 Nr. 14 UStG wird die Überlassung der in Nr. 49 Buchst. a bis e und Nr. 50 der Anlage 2 (zu § 12 Abs. 2 Nr. 1, 2, 12, 13 und 14 UStG) bezeichneten Erzeugnisse in elektronischer Form begünstigt, unabhängig davon, ob das Erzeugnis auch auf einem physischen Träger angeboten wird, mit Ausnahme der Veröffentlichungen, die vollständig oder im Wesentlichen aus Videoinhalten oder hörbarer Musik bestehen. Hierzu zählen insb. Veröffentlichungen

- ohne entsprechende Variante auf einem physischen Träger, wie z.B. reine Online-Publikationen,
- in der Form von Websites, Apps oder anderen Anwendungen, mit oder ohne Downloadmöglichkeiten, auch als Einzelabruf aus einer Datenbank,
- mit fortlaufender Ergänzung neuer Einzelbeiträge und unter Einschluss des Zugangs zu Einzelbeiträgen aus solchen Veröffentlichungen oder
- in periodischer wie nichtperiodischer Erscheinungsform.

Begünstigt werden auch Tonaufzeichnungen der Lesung eines Buches (sog. Hörbücher nach Nr. 50 der Anlage 2 zu § 12 Abs. 2 Nr. 1, 2, 12, 13 und 14 UStG), wenn sie auf elektronischem Wege überlassen werden. Zuvor war die Begünstigung auf die Abgabe in Form eines Speichermediums beschränkt.

Darüber hinaus wird auch die Bereitstellung eines Zugangs zu Datenbanken, die eine Vielzahl von elektronischen Büchern, Zeitungen oder Zeitschriften oder Teile von diesen enthalten, ermäßigt besteuert. Nach der Gesetzesbegründung dient diese steuerliche Begünstigung der Förderung des Lesens, sei es von Belletristik, Sachbüchern, Zeitungen oder Zeitschriften.[1] Dies gilt unabhängig von Art und Funktionalitäten der Bereitstellung. Nähere Einzelheiten ergeben sich aus Abschn. 12.17 UStAE.[2]

Praxishinweis:

Durch das Steueränderungsgesetz 2025 (**StÄndG 2025**) v. 22.12.2025 wird mit Wirkung zum **1.1.2026** § 12 Abs. 2 Nr. 15 UStG geändert.[3]

Als temporäre Krisenmaßnahme unterlagen Restaurant- und Verpflegungsdienstleistungen, mit Ausnahme der Abgabe von Getränken, bereits vom 1.7.2020 bis zum 31.12.2023 dem ermäßigten Steuersatz. Seit dem 1.1.2024 gilt für diese Leistungen wieder der Regelsteuersatz.

Durch die Änderung des § 12 Abs. 2 Nr. 15 UStG werden Restaurant- und Verpflegungsdienstleistungen, mit der Ausnahme der Abgabe von Getränken, die nach dem 31.12.2025 erbracht werden, dauerhaft dem ermäßigten Umsatzsteuersatz unterworfen.

Ziel der Maßnahme ist die wirtschaftliche Unterstützung der Gastronomiebranche. Außerdem sollen Wettbewerbsverzerrungen vermieden werden, da gelieferte oder mitgenommene Speisen bereits dem ermäßigten Umsatzsteuersatz unterliegen. Durch die dauerhafte Steuersatzsenkung für Speisen in der Gastronomie entfallen zudem Abgrenzungsschwierigkeiten (z.B. bei Cateringleistungen, bei Kita- und Schulessen oder bei der Krankenhausverpflegung), die in der Vergangenheit daraus resultierten, dass Lieferungen von Lebensmitteln mit wesentlichen Dienstleistungselementen dem regulären Umsatzsteuersatz, ohne wesentliche Dienstleistungselemente jedoch dem ermäßigten Umsatzsteuersatz unterlagen.

2288 Zum Steuersatz für Lieferungen und innergemeinschaftliche Erwerbe von Fotobüchern vgl. BMF-Schreiben v. 20.4.2016.[4]

2289 In den **Zeilen 26 und 27** sind die unentgeltlichen Wertabgaben zum Steuersatz von 7 % einzutragen (z.B. Entnahme von begünstigten Lebensmitteln für private Zwecke.

Praxishinweis:

Eine Übersicht zu den Pauschbeträgen bei Bäckereien, Metzgereien, Gastwirtschaften und Einzelhandel ist als Anhang 1 (→ Rz. 2627) abgedruckt.

e) Umsätze zum ermäßigten Steuersatz von 0 % (Zeile 28–30)

	Umsätze zum ermäßigten Steuersatz von 0 %		
28	Lieferungen und sonstige Leistungen zu 0 %	157	,–
	Unentgeltliche Wertabgaben		
29	Lieferungen nach § 3 Absatz 1b UStG zu 0 %	158	,–
30	Sonstige Leistungen nach § 3 Absatz 9a UStG zu 0 %	159	,–

2290 Nach § 12 Abs. 3 UStG ist auf die **Lieferung, die Einfuhr und den innergemeinschaftlichen Erwerb sowie die Installation von Photovoltaikanlagen einschließlich der Stromspeicher** ein Nullsteuersatz anzuwenden. Die Regelung entlastet die Betreiber von Photovoltaikanlagen von Bürokratie. Denn auf Grund des Nullsteuersatzes können diese die Kleinunternehmer-Regelung ohne finanzielle Nachteile anwenden. Der Vorsteuerabzug als Grund für einen Verzicht auf die Kleinunternehmer-Regelung entfällt, weil die Lieferung von Photovoltaikanlagen ohnehin nicht mehr mit Umsatzsteuer belastet ist.

2291 **Umsätze zum ermäßigten Steuersatz von 0 % sind in Zeile 28 einzutragen**. Einem ermäßigten Steuersatz von 0 % unterliegen ausschließlich **die Lieferung, Installation und unentgeltlichen Wertabgaben** von Solarmodulen an den Betreiber einer Photovoltaikanlage, einschließlich der für den Betrieb einer Photovoltaikanlage wesentlichen Kom-

1) Vgl. EuGH v. 7.3.2017, C-390/15 (RPO), HFR 2017, 452.
2) Vgl. BMF v. 17.12.2021, III C 2 – S 7225/19/10001 :005, BStBl I 2021, 2502.
3) Steueränderungsgesetz 2025 (StÄndG 2025) v. 22.12.2025, BGBl. I 2025 Nr. 363 = BStBl I 2026, 123.
4) Vgl. BMF v. 20.4.2016, III C 2 – S 7225/12/10001, BStBl I 2016, 483.

ponenten und der Speicher, die dazu dienen, den mit Solarmodulen erzeugten Strom zu speichern, wenn die Photovoltaikanlage auf oder in der Nähe von Privatwohnungen, Wohnungen sowie öffentlichen und anderen Gebäuden, die für dem Gemeinwohl dienende Tätigkeiten genutzt werden, installiert wird. Die Voraussetzungen gelten als erfüllt, wenn die installierte Bruttoleistung der Photovoltaikanlage laut Marktstammdatenregister nicht mehr als 30 kW (peak) beträgt oder betragen wird.

In den **Zeilen 29 und 30** sind die unentgeltlichen Wertabgaben zum **ermäßigten Steuersatz von 0 %** einzutragen. **2292**

Praxishinweis:

Zum Betrieb einer Photovoltaikanlage vgl. Abschn. 1.5. Abs. 10 UStAE; zur Wertabgabenbesteuerung im Zusammenhang mit einer Leistung, die dem Nullsteuersatz (§ 12 Abs. 3 UStG) unterliegt, siehe Abschn. 3.2 Abs. 3 UStAE (vgl. Abschn. 2.15 Abs. 13 Satz 3 UStAE) und zur Anwendung des Nullsteuersatzes für bestimmte Photovoltaikanlagen vgl. Abschn. 12.18 Abs. 1 bis 10 UStAE mit Beispielen.

f) Umsätze zu anderen Steuersätzen (Zeile 31)

					EUR	Ct
31	**Umsätze zu anderen Steuersätzen**	155	,—	156		

Durch das Zweite Corona-Steuerhilfegesetz wurde mit Wirkung vom **1.7.2020** § 28 Abs. 1 und 2 UStG neu gefasst. **2293**
Vom 1.7.2020 bis zum 31.12.2020 wurde der allgemeine Steuersatz von 19 % auf 16 % und der ermäßigte Steuersatz von 7 % auf 5 % gesenkt.[1]

Änderungen von Bemessungsgrundlagen (§ 17 UStG) für Umsätze, die den vom 1.7.2020 bis 31.12.2020 geltenden Steuersätzen von 16 % bzw. 5 % unterlegen haben, sind zusammen mit dem selbst berechneten Steuerbetrag in **Zeile 31** zu den Umsätzen einzutragen, die anderen Steuersätzen unterliegen. Sofern auf Grund besonderer Genehmigung die sog. Istversteuerung (Besteuerung nach vereinnahmten Entgelten) anzuwenden ist, gilt dies auch für im Kj. 2025 vereinnahmte Beträge zu den nach dem 30.6.2020 und vor dem 1.1.2021 ausgeführten Umsätzen. Die Nachversteuerung von nach dem 30.6.2020 und vor dem 1.1.2021 vereinnahmten Anzahlungen für nach dem 31.12.2024 ausgeführte Umsätze ist in **Zeile 36** vorzunehmen.

g) Umsätze pauschalierender Land- und Forstwirte (Zeilen 32–34)

	Umsätze land- und forstwirtschaftlicher Betriebe nach § 24 UStG				EUR	Ct
32	Lieferungen in das übrige Gemeinschaftsgebiet an Abnehmer **mit** Umsatzsteuer-Identifikationsnummer	777	,—			
33	Steuerpflichtige Umsätze (einschließlich unentgeltlicher Wertabgaben), für die eine Steuer nach § 24 UStG zu entrichten ist (Sägewerkserzeugnisse, Getränke und alkoholische Flüssigkeiten, z. B. Wein)	346	,—	347		
34	Übrige steuerpflichtige Umsätze land- und forstwirtschaftlicher Betriebe, für die keine Steuer zu entrichten ist	361	,—			

Die Umsätze im Rahmen eines land- und forstwirtschaftlichen Betriebs werden nach den Durchschnittssätzen **2294**
besteuert, die nach Art der Umsätze gestaffelt sind. Von den Durchschnittssätzen werden gleichfalls pauschalierte Vorsteuerbeträge abgezogen. Diese orientieren sich nicht an den mutmaßlichen durchschnittlichen Leistungsbezügen, sondern an den eigenen Umsätzen des Unternehmers als Bemessungsgrundlage. Im Ergebnis dient die mit dem Preis vereinnahmte Steuer des Land- und Forstwirts zur Deckung der ihm für die Vorbezüge in Rechnung gestellte Steuer; der Land- und Forstwirt hat i.d.R. keine Umsatzsteuer an das FA abzuführen.

Praxishinweis:

§ 24 Abs. 5 UStG bestimmt, dass das BMF jährlich die Höhe des Durchschnittssatzes in § 24 Abs. 1 Satz 1 Nr. 3 und Satz 3 UStG überprüft und dem Bundestag über das Ergebnis der Prüfung berichtet. Soweit nach der Überprüfung eine Anpassung dieses Durchschnittssatzes erforderlich ist, legt die Bundesregierung kurzfristig einen entsprechenden Gesetzentwurf vor (§ 24 Abs. 5 Satz 4 UStG).

Durch Art. 25 Nr. 21 Buchst. b des Jahressteuergesetzes 2024 (**JStG 2024**) v. 2.12.2024 wurde § 24 Abs. 5 UStG mit Wirkung zum **1.1.2025** neu gefasst.[2] Ergibt sich in einem Folgejahr aus der Berechnung des Durchschnittssatzes für Land- und Forstwirte i.S.d. § 24 Abs. 1 Satz 1 Nr. 3 UStG (Anlage 5 zu § 24 Absatz 5) eine Abweichung zum Prozentsatz nach § 24 Abs. 1 Satz 1 Nr. 3 UStG, ändert das BMF diesen durch Rechtsverordnung mit Zustimmung des Bundesrates jeweils mit Wirkung zum 1. Januar des Folgejahres entsprechend.

Die **Zeilen 32 bis 34** sind nur von land- und forstwirtschaftlichen Betrieben auszufüllen, die die Durchschnittssatz- **2295**
besteuerung nach § 24 UStG anwenden. Land- und Forstwirte, die auf Grund einer Option nach den allgemeinen Vorschriften versteuern, müssen die Umsätze und die unentgeltlichen Wertabgaben in den **Zeilen 22 bis 31** erklä-

1) Zweites Corona-Steuerhilfegesetz v. 29.6.2020, BGBl. I 2020, 1512 = BStBl I 2020, 563.
2) Jahressteuergesetz 2024 (JStG 2024) v. 2.12.2024, BGBl. I 2024 Nr. 387 = BStBl I 2024, 1484.

ren. Für bis zum 5.12.2024 ausgeführte Umsätze ergibt sich eine Zahllast von 10 % und für nach dem 5.12.2024 ausgeführte Umsätze ergibt sich eine Zahllast von 10,6 % der Bemessungsgrundlage. Der Steuersatz in **Zeile 33** berücksichtigt bereits die pauschalierte Vorsteuer (zur Steuerberechnung Beispiel → Rz. 2299).

Praxishinweis:

Durch Art. 24 Nr. 13 des Jahressteuergesetzes 2024 (**JStG 2024**) v. 2.12.2024 wurde der Prozentsatz in § 24 Abs. 1 Satz 1 Nr. 3 und Satz 3 UStG mit Wirkung vom **6.12.2024** von 9,0 % auf 8,4 % abgesenkt.[1]

Durch Art. 25 Nr. 21 des Jahressteuergesetzes 2024 (**JStG 2024**) v. 2.12.2024 wurde in § 24 Abs. 1 Satz 1 UStG die Angabe „§ 19 Abs. 3" durch die Angabe „§ 19 Abs. 2" ersetzt und der Prozentsatz in Nummer 3 mit Wirkung vom **1.1.2025** von 8,4 % auf 7,8 % abgesenkt. Außerdem wurde § 24 Abs. 1 Satz 3 UStG neu gefasst. Danach werden die Vorsteuerbeträge, soweit sie den in § 24 Abs. 1 Satz 1 Nr. 1 UStG bezeichneten Umsätzen zuzurechnen sind, mit dem dort bestimmten Prozentsatz, in den übrigen Fällen des § 24 Abs. 1 Satz 1 UStG mit dem in § 24 Abs. 1 Satz 1 Nr. 3 UStG bestimmten Prozentsatz der Bemessungsgrundlage für diese Umsätze festgesetzt.

2296 Innergemeinschaftliche Lieferungen an Unternehmer und juristische Personen des öffentlichen Rechts mit USt-IdNr. sind auch von pauschalierenden Land- und Forstwirten besonders abzurechnen, aufzuzeichnen und in **Zeile 32** einzutragen. Außerdem haben sie eine Zusammenfassende Meldung (ZM) abzugeben (→ Rz. 2331 ff., → Rz. 2833 ff.). Besteht keine Verpflichtung zur Abgabe von Umsatzsteuer-Voranmeldungen, kann eine jährliche ZM bis zum 10. Januar des Folgejahres abgegeben werden (zu den Voraussetzungen → Rz. 2331 ff.).

2297 In **Zeile 33** sind die steuerpflichtigen Lieferungen (einschließlich unentgeltliche Wertabgaben) von Sägewerkserzeugnissen, die in der Anlage 2 zum UStG nicht aufgeführt sind, zu erklären. Für nach dem 31.12.2022 ausgeführte Umsätze beträgt die Steuer 10 % der Bemessungsgrundlage (→ Rz. 2299).

2298 In **Zeile 33** sind auch die steuerpflichtigen Umsätze (einschließlich unentgeltlicher Wertabgaben) von Getränken, die nicht in der Anlage 2 zum UStG aufgeführt sind, sowie von alkoholischen Flüssigkeiten (z.B. Wein) einzutragen. Für das Kj. 2025 ergibt sich eine Zahllast von 11,2 % der Bemessungsgrundlage. Die Umsatzsteuer wird jedoch nicht erhoben, wenn diese Umsätze im Kj. 2025 nicht mehr als 4 000 € betragen haben und im Übrigen nur Umsätze ausgeführt wurden, für die Umsatzsteuer **nicht** zu entrichten ist.[2]

2299 Die Vereinfachungsregelung ist bei Umsätzen, die unter die Kleinunternehmer-Regelung des § 19 Abs. 1 UStG fallen, sowie bei steuerfreien Umsätzen, die nicht zum Vorsteuerabzug (z.B. Grundstücksvermietung) berechtigen, nicht ausgeschlossen. Wird die Vereinfachungsregelung angewendet, ist in **Zeile 33** die Bemessungsgrundlage mit 0 € einzutragen. Für den Fall, dass Umsätze von Getränken zu versteuern sind, sind Eintragungen wie folgt vorzunehmen:

Beispiel:

Für das Kj. 2025 werden die Lieferungen von Wein (Durchschnittssatz 19 %) wie folgt berechnet:

Umsatzerlöse	Nettoentgelt	Umsatzsteuer
25 912 €	21 774 €	4 131,36 €

Für das Kj. 2025 ergibt sich unter Berücksichtigung einer Vorsteuerpauschale von 7,8 % eine Zahllast von 11,2 %, die Eintragungen in Zeile 33 sind wie folgt vorzunehmen:

Bemessungsgrundlage	Steuer
23 200 €	2 598,40 €

2300 In **Zeile 33** sind auch Entgeltsänderungen oder Entgeltvereinnahmungen für Umsätze einzutragen, die nach dem 30.6.1998 ausgeführt wurden.

2301 In **Zeile 34** sind die übrigen steuerpflichtigen Umsätze land- und forstwirtschaftlicher Betriebe einzutragen, für die keine Steuer zu entrichten ist. Die Angabe der pauschalierten Umsätze ohne Zahllast ist für die Ermittlung des Gesamtumsatzes nach § 19 Abs. 2 UStG von Bedeutung. Da im Rahmen des § 24 UStG nur Aufzeichnungspflichten zu Umsätzen mit Zahllast bestehen (§ 67 UStDV), können die in Zeile 34 einzutragenden Umsätze geschätzt werden. Sind diese Umsätze bereits in den **Zeilen 22 bis 31** enthalten (z.B. im Falle der Option), ist Zeile 34 nicht auszufüllen.

Hinweis:

Landwirtschaftliche Erzeuger, bei denen insb. die Anwendung der normalen Mehrwertsteuerregelung auf Schwierigkeiten stoßen würde, können als Ausgleich für die Belastung durch die Mehrwertsteuer, die auf die von den Pauschallandwirten bezogenen Gegenstände und Dienstleistungen gezahlt wird, eine Pauschalregelung anwenden.

Nach § 24 Abs. 1 Satz 1 UStG gilt zur Konkretisierung des Anwendungsbereichs eine Umsatzgrenze in Höhe von 600 000 €.

1) Jahressteuergesetz 2024 (JStG 2024) v. 2.12.2024, BGBl. I 2024 Nr. 387 = BStBl I 2024, 1484.
2) Vgl. Abschn. 24.6 UStAE.

h) Wechsel von der Kleinunternehmer-Regelung (§ 19 UStG) zur Regelbesteuerung bzw. Durchschnittssatzbesteuerung (§ 24 UStG) (Zeile 35)

	Wechsel von der Kleinunternehmer-Regelung (§ 19 UStG) zur Regelbesteuerung beziehungsweise Durchschnittssatzbesteuerung (§ 24 UStG)		EUR / Ct
35	Steuer (Nachsteuer) auf vereinnahmte Anzahlungen infolge des Wechsels der Besteuerungsform	317	

Ein **Wechsel der Besteuerungsform** wird durch Umsatzschwankungen, die sich auf die Betragsgrenze von 25 000 € auswirken, oder durch eine Option nach § 19 Abs. 3 UStG ausgelöst . Ein Wechsel zur Regelbesteuerung liegt für das Kj. 2025 dann vor, wenn der Unternehmer im Kj. 2024 die Kleinunternehmer-Regelung (§ 19 Abs. 1 UStG in der bis zum 31.12.2024 geltenden Fassung) angewendet hat. Ein **Wechsel der Besteuerungsart** wird durch Umsatzschwankungen, die sich auf die Betragsgrenze von 100 000 € auswirken, ausgelöst und fällt i.d.R. mit einem Wechsel der Besteuerungsform zusammen. Die Voraussetzungen für die Entstehung der Steuer im Zeitpunkt der Ausführung der Lieferung oder sonstigen Leistung bleiben nach dem BFH-Urteil v. 30.1.2003[1)] auch dann maßgebend, wenn der Unternehmer von der Berechnung der Steuer nach vereinnahmten Entgelten zur Besteuerung nach vereinbarten Entgelten wechselt (Wechsel der Besteuerungsart). Die **Zeile 35** ist deshalb nur dann auszufüllen, wenn beim Wechsel von der Kleinunternehmer-Regelung (§ 19 UStG) zur Regelbesteuerung bzw. Durchschnittssatzbesteuerung (§ 24 UStG) eine Steuer (Nachsteuer) auf vereinnahmte Anzahlungen infolge des Wechsels der Besteuerungsform anfällt. **2302**

Erfolgte in einem vorangegangenen Kj. die Anwendung der Kleinunternehmer-Regelung (§ 19 UStG) und wurden Anzahlungen für Umsätze vereinnahmt, die erst im Kj. 2025 ausgeführt worden sind und nun der Regelbesteuerung oder der Durchschnittssatzbesteuerung (§ 24 UStG) unterliegen, ist die Steuer (Nachsteuer) in **Zeile 35** einzutragen.

Beim Wechsel von der Anwendung der Regelbesteuerung oder der Durchschnittssatzbesteuerung (§ 24 UStG) zur Kleinunternehmer-Regelung (§ 19 UStG) sind Eintragungen in **Zeile 115** und nicht in Zeile 35 vorzunehmen.

Beispiel:

Im Kj. 2023 hat der Unternehmer U die Kleinunternehmer-Regelung nach § 19 UStG angewendet. Im Kj. 2024 vereinnahmt U eine Vorauszahlung i.H.v. 5 000 € für eine erst im Kj. 2025 ausgeführte Leistung. Ab dem Kj. 2025 unterliegt U den allgemeinen Vorschriften des UStG.

Im Kj. 2025 hat U eine Nachsteuer von 800 € in Zeile 35 anzugeben. Die auf die Vorauszahlung entfallende Umsatzsteuer im Kj. 2024 wurde nicht erhoben, betrifft aber eine im Kj. 2025 ausgeführte Leistung.

Für das Kj. 2025 liegt ein Wechsel zur Kleinunternehmer-Regelung (§ 19 UStG) nur vor, wenn im Kj. 2023 die Besteuerung nach den allgemeinen Vorschriften des UStG vorgenommen wurde. In diesem Fall sind die auf versteuerte Anzahlungen entrichtete Steuer in **Zeile 115** einzutragen und nicht in der Zeile 35. **2303**

Beispiel:

Im Kj. 2024 hat der Unternehmer U seine Umsätze nach den allgemeinen Vorschriften des UStG besteuert. Im Kj. 2024 hat U eine Vorauszahlung i.H.v. 2 000 € für eine erst im Kj. 2025 ausgeführte Leistung erhalten und zutreffend besteuert. Im Kj. 2025 wendet U zulässig § 19 UStG an.

Durch Anwendung der Kleinunternehmer-Regelung im Kj. 2025 ist für die im Kj. 2024 versteuerte Vorauszahlung keine Umsatzsteuer zu erheben. In Zeile 115 (Kz 391) ist eine Umsatzsteuer von 320 € einzutragen.

1) BFH v. 30.1.2003, V R 58/01, BStBl II 2003, 817.

i) Nachsteuer wegen Steuersatzänderung (Zeilen 36–37)

36	**Nachsteuer** auf versteuerte Anzahlungen und ähnlichem wegen **Steuersatzänderung**	319	
37	Summe der Steuer (zu übertragen in Zeile 103)		

2025USt2A502 2025USt2A502

2304 Nach § 27 Abs. 1 Satz 2 und 3 UStG ist die USt, die für vor dem 1.1.2021 vereinnahmte Entgelte und Teilentgelte geschuldet wird, für den Besteuerungszeitraum zu berechnen und zu entrichten, in dem die Leistung bzw. Teilleistung ausgeführt wird. Vom 1.7.2020 bis zum 31.12.2020 wurde der allgemeine Steuersatz von 19 % auf 16 % und der ermäßigte Steuersatz von 7 % auf 5 % gesenkt. Wurde eine Leistung erst nach dem 31.12.2024 erbracht, für die eine An- oder Vorauszahlung bereits vor dem 1.1.2021 zu 16 % bzw. 5 % versteuert wurde, ist die entsprechende Nachsteuer von 3 % bzw. 2 % in **Zeile 36** einzutragen. Eine Eintragung in den Zeilen 22 bis 34 ist nicht vorzunehmen.

Beispiel:

Ein Softwareunternehmer erhält für die Nutzung eines Programms im Voraus zum 1.10.2020 für eine Laufzeit von fünf Jahres eine Gebühr i.H.v. 10 000 € brutto. Die Laufzeit des Vertrags endet entsprechend zum 30.9.2025.

Bei Vereinnahmung des Entgelts im Oktober 2020 erklärte der Unternehmer den Umsatz mit dem ab dem 1.7.2020 geltenden Steuersatz von 16 %. Bei Leistungsausführung (30.9.2025) muss der Unternehmer jedoch den ab 1.1.2021 geltenden Steuersatz von 19 % anwenden. Die entsprechende Nachsteuer i.H.v. 217,33 € ist in Zeile 36 einzutragen.

Berechnung: 1 596,64 € Steuer zu 19 % abzüglich der bereits erklärten und abgeführten Steuer von 1 379,31 € zu 16 % = 217,33 €.

2305 In **Zeile 37** ist die Summe der berechneten Steuer einzutragen und in **Zeile 103** zu übertragen.

4. Abschnitt C – Steuerfreie Umsätze (Zeilen 38–49)

a) Innergemeinschaftliche Lieferung (Zeilen 38–40)

Steuernummer - 3 -

C. Steuerfreie Lieferungen, sonstige Leistungen und unentgeltliche Wertabgaben

Steuerfreie Umsätze mit Vorsteuerabzug

a) Innergemeinschaftliche Lieferungen (§ 4 Nummer 1 Buchstabe b UStG)

			Bemessungsgrundlage ohne Umsatzsteuer EUR
38	an Abnehmer **mit** Umsatzsteuer-Identifikationsnummer	741	,—
39	neuer Fahrzeuge an Abnehmer **ohne** Umsatzsteuer-Identifikationsnummer	744	,—
40	neuer Fahrzeuge außerhalb eines Unternehmens (§ 2a UStG)	749	,—

2306 § 4 Nr. 1 Buchst. b UStG entlastet den Liefergegenstand im sog. Ursprungsland von der Umsatzsteuer. Der Erwerber muss im sog. Bestimmungsland den innergemeinschaftlichen Erwerb besteuern. Unter den Begriff der innergemeinschaftlichen Lieferung fallen neben Lieferungen auch das Verbringen zur eigenen Verfügung.

Beispiel:

Unternehmer B aus Berlin liefert zwei Maschinen, die eine an den Erwerber S in Spanien und die andere an den Erwerber R in Russland. Die Maschinen werden durch einen von B beauftragten Spediteur zum Bestimmungsort befördert.

In beiden Fällen ist Ort der Lieferung nach § 3 Abs. 7 UStG Berlin. Die Lieferungen sind in beiden Fällen steuerfrei. Bei der Lieferung an S handelt es sich um eine innergemeinschaftliche Lieferung. Die Steuerbefreiung beruht auf § 4 Nr. 1 Buchst. b i.V.m. § 6a UStG. S schuldet die auf den Erwerb der Maschine. Auch die Lieferung an R ist steuerfrei, nach § 4 Nr. 1 Buchst. a i.V.m. § 6 UStG. An der russischen Grenze sind die in Russland geschuldeten Eingangsabgaben zu entrichten.

Innergemeinschaftliche Lieferungen und Ausfuhrlieferungen haben zwar Gemeinsamkeiten. Sie unterscheiden **2307** sich aber bereits in der Zusammensetzung der befreiten Ausfuhrvorgänge. § 4 Nr. 1 Buchst. a UStG befreit Ausfuhrlieferungen und Lohnveredelungen an Gegenständen der Ausfuhr. § 4 Nr. 1 Buchst. b UStG befreit nicht nur die eigentliche Lieferung und die funktionsändernde Lohnveredelung, sondern auch das Verbringen von Gegenständen (§ 3 Abs. 1a Nr. 1, § 6a Abs. 2 Nr. 1 UStG). Ein weiterer Unterschied besteht darin, dass bei der Lieferung neuer Fahrzeuge auch Kleinunternehmer unter § 4 Nr. 1 Buchst. b UStG fallen (vgl. § 19 Abs. 4 Satz 1 UStG).

Eine innergemeinschaftliche Lieferung (§ 6a Abs. 1 UStG) liegt vor, wenn bei einer Lieferung die folgenden **2308** Voraussetzungen erfüllt sind:

- Der Unternehmer oder der Abnehmer hat den Gegenstand der Lieferung in das übrige Gemeinschaftsgebiet befördert oder versendet,
- der Abnehmer ist
  - ein in einem anderen Mitgliedstaat für Zwecke der Umsatzsteuer erfasster Unternehmer, der den Gegenstand der Lieferung für sein Unternehmen erworben hat,
  - eine in einem anderen Mitgliedstaat für Zwecke der Umsatzsteuer erfasste juristische Person, die nicht Unternehmer ist oder die den Gegenstand der Lieferung nicht für ihr Unternehmen erworben hat, oder
  - bei der Lieferung eines neuen Fahrzeugs auch jeder andere Erwerber,

  und
- der Erwerb des Gegenstands der Lieferung unterliegt beim Abnehmer in einem anderen Mitgliedstaat den Vorschriften der Umsatzbesteuerung.
- Der Abnehmer i.S.d. § 6a Abs. 1 Satz 1 Nr. 2 Buchst. a oder b UStG muss gegenüber dem Unternehmer eine ihm von einem anderen Mitgliedstaat erteilte gültige USt-IdNr. verwenden.
- Der Gegenstand kann durch Beauftragte des Abnehmers vor der Beförderung oder Versendung in das übrige Gemeinschaftsgebiet bearbeitet oder verarbeitet worden sein (§ 6a Abs. 1 Satz 2 UStG).
- Außerdem muss der Lieferer den beleg- und buchmäßigen Nachweis führen, dass die vorgenannten Voraussetzungen erfüllt sind (§ 6a Abs. 3 UStG i.V.m. §§ 17a bis 17c UStDV).

§ 6a Abs. 1 Satz 1 Nr. 2 Buchst. a und b UStG bestimmt, dass der Abnehmer der innergemeinschaftlichen Lieferung, **2309** soweit er ein Unternehmer ist oder eine juristische Person, die nicht Unternehmer ist oder die den Gegenstand der Lieferung nicht für ihr Unternehmen erworben hat, in einem anderen Mitgliedstaat (als dem Mitgliedstaat, in dem die innergemeinschaftliche Lieferung ausgeführt wird), für Zwecke der USt erfasst ist. Das bedeutet, der Erwerber muss im Zeitpunkt der an ihn bewirkten Lieferung eine ihm von dem anderen Mitgliedstaat erteilte USt-IdNr. besitzen. Weiterhin wird durch die Anfügung der Nr. 4 in § 6a Abs. 1 Satz 1 UStG das Vorliegen einer innergemeinschaftlichen Lieferung ausdrücklich davon abhängig gemacht, dass der Abnehmer i.S.d. § 6a Abs. 1 Satz 1 Nr. 2 Buchst. a oder b UStG gegenüber dem liefernden Unternehmer eine ihm von einem anderen Mitgliedstaat erteilte USt-IdNr. verwendet hat. Die Verwendung einer ihm erteilten gültigen USt-IdNr. durch den Abnehmer wurde somit eine zusätzliche materiell-rechtliche Voraussetzung für das Vorliegen einer innergemeinschaftlichen Lieferung.[1)]

Nach § 4 Nr. 1 Buchst. b UStG ist eine innergemeinschaftliche Lieferung (§ 6a UStG) von der Umsatzsteuer befreit; dies gilt jedoch nicht, wenn der Unternehmer seiner Pflicht zur Abgabe der ZM (§ 18a UStG) nicht nachgekommen ist oder soweit er diese im Hinblick auf die jeweilige Lieferung unrichtig oder unvollständig abgegeben hat. Die Pflicht des Unternehmers, eine unrichtig oder unvollständig abgegebene ZM innerhalb eines Monats nach Erkennen des Fehlers nach § 18a Abs. 10 UStG zu berichtigen, bleibt unberührt.[2)]

Die Steuerbefreiung für eine innergemeinschaftliche Lieferung wird versagt, wenn der liefernde Unternehmer seiner Pflicht zur Abgabe der ZM (§ 18a UStG) nicht, nicht vollständig und richtig im Hinblick auf die jeweilige Lieferung nachgekommen ist. Eine etwaige Versagung der Steuerbefreiung tritt zeitlich regelmäßig nach Bewirken des Umsatzes ein, weil die Abgabe einer ZM zu einer innergemeinschaftlichen Lieferung immer erst später (bis zum 25. Tag nach Ablauf jedes Kalendermonats – des Meldezeitraums –, in dem die innergemeinschaftliche Lieferung ausgeführt wurde, § 18a Abs. 1 Satz 1 UStG) erfolgt und somit frühestens erst in diesem Zeitpunkt feststehen kann, ob die Abgabe der ZM ordnungsgemäß war. Außerdem ist der Unternehmer, der nachträglich erkennt, dass eine von ihm abgegebene ZM unrichtig oder unvollständig ist, verpflichtet, die ursprüngliche Meldung innerhalb eines Monats zu berichtigen (§ 18a Abs. 10 UStG). Die Richtigkeit und Vollständigkeit einer ZM stehen insb. auch im Hinblick auf diese Berichtigungsmöglichkeit regelmäßig erst in einem bestimmten zeitlichen Abstand zu der innergemeinschaftlichen Lieferung fest.

---

1) Vgl. auch Abschn. 6a.1 Abs. 19 UStAE und BMF v. 9.10.2020, III C 3 – S 7140/19/10002 :007, BStBl I 2020, 1038.
2) Vgl. auch Abschn. 4.1.2 Abs. 2 und 3 UStAE und BMF v. 9.10.2020, III C 3 – S 7140/19/10002 :007, BStBl I 2020, 1038.

Berichtigt der Unternehmer eine ursprünglich unrichtig oder unvollständig abgegebene ZM (§ 18a Abs. 10 UStG), wirkt dies für Zwecke der Steuerbefreiung auf den Zeitpunkt des Umsatzes zurück. Entsprechendes gilt für die verspätete Abgabe einer richtigen und vollständigen Meldung.

2310 Das Verbringen eines Gegenstands aus dem Inland ist einer entgeltlichen Lieferung gleichgestellt (§ 3 Abs. 1a UStG). Diese fiktive Lieferung ist nach § 4 Nr. 1 Buchst. b i.V.m. § 6a Abs. 2 UStG steuerfrei. Im anderen EU-Mitgliedstaat wird der verbrachte Gegenstand der Steuer auf den innergemeinschaftlichen Erwerb unterworfen. Werden Gegenstände im Inland oder aus dem Inland in das Drittlandsgebiet verbracht, sind diese Vorgänge nicht steuerbar.

Beispiel:

Der Unternehmer K aus Köln verbringt mit seinem eigenen Lkw Ersatzteile zu seinen nichtselbständigen Betriebsstätten in Ungarn und in Spanien, wo diese verbleiben. Die verbrachten Gegenstände haben jeweils Anschaffungskosten i.H.v. 10 000 €.

Die Verbringung der Gegenstände nach Ungarn ist im Inland nicht steuerbar. Die Verbringung der Gegenstände nach Spanien ist steuerbar. Es handelt sich um ein einer Lieferung gleichgestelltes Verbringen (§ 3 Abs. 1a Nr. 1 UStG). Ort der Lieferung ist Köln (§ 3 Abs. 7 UStG). Die fiktive Lieferung ist nach § 4 Nr. 1 Buchst. b i.V.m. § 6a Abs. 2 UStG steuerfrei. In Spanien muss K den innergemeinschaftlichen Erwerb versteuern. In Zeile 38 sind nach diesem Beispiel 10 000 € einzutragen.

2311 Innergemeinschaftliche Lieferungen **verbrauchsteuerpflichtiger Ware** an andere Unternehmer und an juristische Personen sind auch dann nach § 6a UStG steuerfrei, wenn diese Abnehmer die Gegenstände **nicht** unter Angabe einer USt-IdNr. erwerben. Die Lieferer haben

- in **Zeile 38** = den Gesamtbetrag der Entgelte, und
- in der ZM = **nur** Lieferungen an Abnehmer mit USt-IdNr.

anzugeben.

aa) Belegnachweis (§ 17a UStDV)

2312 Die Voraussetzungen von § 6a Abs. 1 und 2 UStG müssen vom Unternehmer nachgewiesen werden (§ 6a Abs. 3 Satz 1 UStG). Dabei sind der Belegnachweis und der buchmäßige Nachweis eine unverzichtbare, materiell-rechtliche Voraussetzung für die Gewährung der Steuerbefreiung.

Auf Grund unterschiedlicher Regelungen in den EU-Mitgliedstaaten betreffend die Nachweisführung für die Steuerbefreiung für innergemeinschaftliche Lieferungen wurden unionsweite Bedingungen festgelegt, unter denen der Gegenstand der Lieferung als in das übrige Gemeinschaftsgebiet befördert bzw. versendet gilt. Sind die in § 17a Abs. 1 UStDV genannten Bedingungen erfüllt, wird vermutet, dass der Liefergegenstand in den Bestimmungsmitgliedstaat gelangt ist. Der liefernde Unternehmer muss hierzu im Besitz bestimmter (Beleg-)Nachweise sein. Die hierfür notwendigen Belege werden abschließend in § 17a Abs. 2 UStDV aufgezählt. Die Finanzbehörde kann die Vermutung widerlegen.

Die wichtigsten Vorschriften zum Belegnachweis bei innergemeinschaftlichen Lieferungen werden im Folgenden dargestellt (vgl. auch Abschn. 6a.2 bis 6a.6 UStAE):

Die §§ 17a bis 17d UStDV regeln im Einzelnen, wie der Unternehmer die Nachweise der Steuerbefreiung einer innergemeinschaftlichen Lieferung zu führen hat. § 17b Abs. 1 UStDV bestimmt in Form einer Generalklausel (Mussvorschrift), dass der Unternehmer im Geltungsbereich der UStDV durch Belege nachzuweisen hat, dass er oder der Abnehmer den Liefergegenstand in das übrige Gemeinschaftsgebiet befördert oder versendet hat, wenn keine **Gelangensvermutung** nach § 17a Abs. 1 UStDV besteht.[1] Dies muss sich aus den Belegen leicht und eindeutig nachprüfbar ergeben. Der Unternehmer muss den Belegnachweis einer innergemeinschaftlichen Lieferung nicht zwingend mit einer Gelangensbestätigung nach § 17b Abs. 2 Nr. 2 UStDV oder mit den in § 17b Abs. 3 UStDV aufgeführten weiteren Nachweismöglichkeiten führen. Die Gelangensbestätigung ist eine mögliche Form des Belegnachweises, mit dem die Voraussetzungen der Steuerbefreiung einer innergemeinschaftlichen Lieferung für die FinVerw. eindeutig und leicht nachprüfbar sind. Gleiches gilt auch für die in § 17b Abs. 3 UStDV aufgeführten Belege, mit denen der Unternehmer anstelle der Gelangensbestätigung die Steuerbefreiung einer innergemeinschaftlichen Lieferung nachweisen kann.

Dem Unternehmer steht es frei, den Belegnachweis mit allen geeigneten Belegen und Beweismitteln zu führen, aus denen sich das Gelangen des Liefergegenstands in das übrige Gemeinschaftsgebiet an den umsatzsteuerrechtlichen Abnehmer in der Gesamtschau nachvollziehbar und glaubhaft ergibt (Abschn. 6a.2 Abs. 6 UStAE).

2313 In Beförderungsfällen muss der liefernde Unternehmer angeben, dass der Gegenstand der Lieferung von ihm oder einem von ihm beauftragten Dritten in das übrige Gemeinschaftsgebiet befördert wurde, und er muss im Besitz bestimmter einander nicht widersprechender Belege sein, welche jeweils von unterschiedlichen Parteien ausgestellt wurden, die voneinander, vom liefernden Unternehmer und vom Abnehmer unabhängig sind.

Für den Belegnachweis bei der Gelangensvermutung in Beförderungsfällen wird durch den Verweis in § 17a Abs. 2 Nr. 1 UStDV auf § 17b Absatz 3 Satz 1 Nr. 3 bis 5 UStDV klargestellt, dass neben den bisher ausdrücklich benannten Beförderungsbelegen im Unionsversandverfahren auch weitere Belege zur Nachweisführung in Betracht kommen.

1) Vgl. Abschn. 6a.3a UStAE und BMF v. 9.10.2020, III C 3 – S 7140/19/10002 :007, BStBl I 2020, 1038.

Führt der Unternehmer den Belegnachweis anhand der in § 17b Abs. 2 und 3 UStDV geregelten Nachweismöglichkeiten, ist der belegmäßige Nachweis als erfüllt anzuerkennen. Das Fehlen einer der in den Vorschriften des § 17b Abs. 2 und 3 UStDV aufgeführten Voraussetzungen führt jedoch nicht zwangsläufig zur Versagung der Steuerbefreiung. Der jeweils bezeichnete Nachweis kann auch durch andere Belege – z.B. durch die auf den Rechnungen ausgewiesene Anschrift des Leistungsempfängers als Belegnachweis des Bestimmungsorts nach § 17b Abs. 2 Nr. 2 Buchst. c UStDV – erbracht werden. Diese können nur dann als Nachweise anerkannt werden, wenn sich aus der Gesamtheit der Belege die innergemeinschaftliche Lieferung eindeutig und leicht nachprüfbar ergibt (§ 17b Abs. 1 Satz 2 UStDV) und die buchmäßig nachzuweisenden Voraussetzungen eindeutig und leicht nachprüfbar aus der Buchführung zu ersehen sind (§ 17d Abs. 1 UStDV; vgl. Abschn. 6a.2 Abs. 8 UStAE). 2314

Der Unternehmer kann den Belegnachweis nach § 17b UStDV erforderlichenfalls bis zum Schluss der mündlichen Verhandlung vor dem FG nachholen. Mit einer Rechnung nach § 17b Abs. 2 Nr. 1 UStDV, die nicht auf die Steuerfreiheit der innergemeinschaftlichen Lieferung hinweist, und/oder einer nicht gegenüber dem liefernden Unternehmer abgegebenen Spediteurversicherung nach Abschn. 6a.5 Abs. 9 und 10 UStAE, die den Unternehmer auch nicht namentlich bezeichnet, kann der Belegnachweis nach § 17b Abs. 2 Nr. 1 und Abs. 3 Satz 1 Nr. 2 UStDV nicht geführt werden. In Fällen der innergemeinschaftlichen Lieferung eines Fahrzeugs i.S.d. § 1b Abs. 2 UStG müssen die Belege nach § 17b Abs. 2 Nr. 2 UStDV bzw. nach § 17b Abs. 3 Satz 1 UStDV zusätzlich die Fahrzeug-Identifikationsnummer des Fahrzeugs enthalten (Abschn. 6a.3 Abs. 1 UStAE). 2315

Die Begriffe des Orts des Erhalts des Liefergegenstands bzw. des Orts des Endes der Beförderung des Liefergegenstands im übrigen Gemeinschaftsgebiet in § 17b Abs. 2 Satz 1 Nr. 2 Buchst. c UStDV sind dahingehend zu verstehen, dass aus den Belegen der jeweilige EU-Mitgliedstaat, in den der gelieferte Gegenstand im Rahmen der innergemeinschaftlichen Lieferung gelangt, und der dort belegene Bestimmungsort des Liefergegenstands (z.B. Stadt, Gemeinde) hervorgehen. Mit einer Bescheinigung des Kraftfahrt-Bundesamts, wonach ein vorgeblich innergemeinschaftlich geliefertes Fahrzeug nicht in Deutschland für den Straßenverkehr zugelassen ist, kann der Nachweis, dass ein Fahrzeug das Inland verlassen hat bzw. in das übrige Gemeinschaftsgebiet befördert worden ist, nicht geführt werden. 2316

Die Risiken hinsichtlich der Voraussetzungen einer innergemeinschaftlichen Lieferung, die sich daraus ergeben, dass der Lieferer die Beförderung oder Versendung der Sache dem Erwerber überlässt, trägt grundsätzlich der liefernde Unternehmer. So kann der Unternehmer nicht mit Erfolg einwenden, er habe z.B. als Zwischenhändler in einem Reihengeschäft ein berechtigtes wirtschaftliches Interesse daran, den endgültigen Bestimmungsort des Liefergegenstands nicht nachzuweisen, um den Endabnehmer nicht preis geben zu müssen, zumal die Regelungen über die Nachweise bei der Inanspruchnahme der Steuerbefreiung für innergemeinschaftliche Lieferungen keine Sonderregelungen für Reihengeschäfte vorsehen. Auch ein Einwand des liefernden Unternehmers, dass er im Falle der Beförderung oder Versendung durch den Abnehmer in einem Reihengeschäft keine verlässlichen Nachweise über den Bestimmungsort des Gegenstands führen könne, weil dieser ihm nur bekannt sein könne, wenn er selbst den Transportauftrag erteilt habe, ist nicht durchgreifend (Abschn. 6a.3 Abs. 2 UStAE). 2317

Dient der Verstoß gegen die Nachweispflichten nach § 6a Abs. 3 UStG aber dazu, die Identität des Abnehmers der innergemeinschaftlichen Lieferung zu verschleiern, um diesem im Bestimmungsmitgliedstaat eine Mehrwertsteuerhinterziehung zu ermöglichen, kann der Unternehmer die Steuerbefreiung für die innergemeinschaftliche Lieferung auch nicht auf Grund des objektiven Nachweises ihrer Voraussetzungen in Anspruch nehmen.[1] 2318

Nach § 17b Abs. 2 Satz 1 UStDV (die sog. **Gelangensbestätigung**) gilt in den Fällen, in denen der Unternehmer oder der Abnehmer den Gegenstand der Lieferung in das übrige Gemeinschaftsgebiet befördert oder versendet hat, insb. ein Nachweis, den der Unternehmer hierüber wie folgt führt, als eindeutig und leicht nachprüfbar: 2319

- durch das Doppel der Rechnung (§§ 14, 14a UStG) und
- durch eine Bestätigung des Abnehmers, dass der Gegenstand der Lieferung in das übrige Gemeinschaftsgebiet gelangt ist (Gelangensbestätigung). Diese Bestätigung hat folgende Angaben zu enthalten:
  - den Namen und die Anschrift des Abnehmers,
  - die Menge des Gegenstands der Lieferung und die handelsübliche Bezeichnung einschließlich der Fahrzeug-Identifikationsnummer bei Fahrzeugen i.S.d. § 1b Abs. 2 UStG,
  - im Fall der Beförderung oder Versendung durch den Unternehmer oder im Fall der Versendung durch den Abnehmer den Ort und den Monat des Erhalts des Gegenstands im übrigen Gemeinschaftsgebiet und im Fall der Beförderung des Gegenstands durch den Abnehmer den Ort und den Monat des Endes der Beförderung des Gegenstands im übrigen Gemeinschaftsgebiet,
  - das Ausstellungsdatum der Bestätigung sowie
  - die Unterschrift des Abnehmers oder eines von ihm zur Abnahme Beauftragten. Bei einer elektronischen Übermittlung der Gelangensbestätigung ist eine Unterschrift nicht erforderlich, sofern erkennbar ist, dass die elektronische Übermittlung im Verfügungsbereich des Abnehmers oder des Beauftragten begonnen hat (Abschn. 6a.4 Abs. 1 UStAE).

Weitere Einzelheiten ergeben sich aus Abschn. 6a.4 UStAE.

1) Vgl. BFH v. 17.2.2011, V R 30/10, BStBl II 2011, 769 und EuGH v. 7.12.2010, C-285/09, BStBl II 2011, 846.

2320 Nach § 17b Abs. 3 Satz 1 Nr. 1 Buchst. a UStDV kann der Unternehmer in den Fällen, in denen er oder der Abnehmer den Gegenstand der Lieferung in das übrige Gemeinschaftsgebiet versendet hat, den Nachweis der innergemeinschaftlichen Lieferung durch einen Versendungsbeleg, insb. durch einen handelsrechtlichen Frachtbrief, der vom Auftraggeber des Frachtführers unterzeichnet ist und die Unterschrift des Empfängers als Bestätigung des Erhalts des Gegenstands der Lieferung enthält, durch ein Konnossement oder durch Doppelstücke des Frachtbriefs oder des Konnossements führen (Abschn. 6a.5 Abs. 1 UStAE). Weitere Einzelheiten enthält Abschn. 6a.5 UStAE.[1)]

2321 Nach § 17b Abs. 3 Satz 1 Nr. 5 UStDV kann der Unternehmer bei der innergemeinschaftlichen Lieferung von Fahrzeugen, die durch den Abnehmer befördert werden und für die eine Zulassung für den Straßenverkehr erforderlich ist, den Nachweis der innergemeinschaftlichen Lieferung durch einen Nachweis über die Zulassung des Fahrzeugs auf den Erwerber im Bestimmungsmitgliedstaat der Lieferung führen; dabei ist eine einfache Kopie der Zulassung ausreichend. Der Nachweis der Zulassung muss die Fahrzeug-Identifikationsnummer enthalten. Ein Nachweis der Zulassung des Fahrzeugs im übrigen Gemeinschaftsgebiet auf eine andere Person als den Erwerber, d.h. den Abnehmer der Lieferung, ist kein ausreichender Nachweis (Abschn. 6a.5 Abs. 16 und 17 UStAE).

2322 In Bearbeitungs- oder Verarbeitungsfällen im Zusammenhang mit innergemeinschaftlichen Lieferungen hat der liefernde Unternehmer den Belegnachweis durch Belege nach § 17b UStDV zu führen, die zusätzlich die in § 11 Abs. 1 Nr. 1 bis 4 UStDV bezeichneten Angaben enthalten (§ 17c Satz 2 UStDV). Abschn. 6.8 UStAE ist entsprechend anzuwenden (Abschn. 6a.6 UStAE).

Beratungshinweis:
Sollten zu Beginn einer Betriebsprüfung oder Umsatzsteuer-Sonderprüfung einzelne Belege fehlen, ist das unschädlich. Bei innergemeinschaftlichen Lieferungen kann der Belegnachweis noch später im Rahmen des Rechtsstreits vor dem FG nachgeholt werden.

bb) Buchnachweis (§ 17d UStDV)

2323 Neben dem Belegnachweis muss der Lieferer nach § 6a UStG noch einen ausreichenden Buchnachweis über die Voraussetzungen für die Steuerfreiheit vorliegen haben (§ 17d UStDV). Aus der Buchführung müssen sich eindeutig und leicht nachprüfbar ergeben (vgl. § 17d Abs. 1 und 2 UStDV):

- die ausl. USt-IdNr.,
- der Name und die Anschrift des Abnehmers,
- der Name und die Anschrift des Beauftragten des Abnehmers, wenn es sich um eine Abholung in einer für den Einzelhandel typischen Weise handelt,
- der Gewerbezweig oder der Beruf des Abnehmers,
- die handelsübliche Bezeichnung, bei Fahrzeugen i.S.d. § 1b Abs. 2 UStG zusätzlich die Fahrzeug-Identifikationsnummer, und die Menge der gelieferten Gegenstände,
- der Tag der Lieferung,
- das vereinbarte bzw. vereinnahmte Entgelt und der Tag der Vereinnahmung,
- die Art und den Umfang einer Bearbeitung oder Verarbeitung vor der Beförderung oder Versendung der Liefergegenstände in das übrige Gemeinschaftsgebiet,
- die Beförderung oder Versendung in das übrige Gemeinschaftsgebiet,
- der Bestimmungsort im übrigen Gemeinschaftsgebiet.

Weitere Einzelheiten ergeben sich aus Abschn. 6a.7 UStAE.

cc) Gutglaubensschutzregelung

2324 § 6a Abs. 4 UStG ergänzt den Buch- und Belegnachweis nach § 6a Abs. 3 UStG i.V.m. §§ 17a bis 17d UStDV. Danach wird die Steuerbefreiung gewährt, wenn die buch- und belegmäßigen Nachweise nicht den Tatsachen entsprechen, weil die Aufzeichnungen und Belege auf unrichtige Angaben des Abnehmers beruhen und der Lieferer die Unrichtigkeit dieser Angaben, auch bei Beachtung der Sorgfalt eines ordentlichen Kaufmanns, nicht erkennen konnte. Die Beweislast für die Beachtung der Sorgfaltspflichten trägt der Lieferer, § 6a Abs. 4 UStG kommt jedoch nur dann zum Tragen, wenn der Ort der Lieferung im Inland liegt. Zu den Sorgfaltspflichten zählt auch, dass der liefernde Unternehmer die vom Abnehmer erstmalig angegebene USt-IdNr. sowie den Namen und die Anschrift ihres Inhabers nach § 18e UStG durch das BZSt bestätigen zu lassen hat. Nähere Einzelheiten zur Gewährung von Vertrauensschutz nach § 6a Abs. 4 UStG sind aus Abschn. 6a.8 UStAE ersichtlich.

Beratungshinweis:
Die FinVerw.[2)] hält zwar weiterhin am Buchnachweis der richtigen USt-IdNr. des richtigen Abnehmers fest, nimmt aber dem leistenden Unternehmer in bestimmten Fällen das Risiko ab, wenn für ihn nicht erkennbar statt seines zivilrechtlichen Vertragspartners ein anderer abweichend von den zivilrechtlichen Vertragsbeziehungen der tatsächliche Abnehmer ist. Stellt also das FA fest, dass tatsächlich ein anderer als der im zivilrechtlichen Vertrag angegebene Partner der tatsächliche Abnehmer i.S.d. § 17c Abs. 1 UStDV ist oder gibt es hierfür triftige Anhaltspunkte, obliegt es dem leistenden Unternehmer nach den Grundsätzen der Feststellungslast

1) Vgl. hierzu auch BMF v. 11.7.2023, III C 3 – S 7141/21/10002 :001, BStBl I 2023, 1499 und Abschn. 6a.5 Abs. 13 UStAE.
2) Vgl. Abschn. 6a.7 UStAE.

(vgl. § 88 AO) nachzuweisen, dass dies für ihn nicht erkennbar war. Der leistende Unternehmer muss also nachweisen, dass für ihn das Auftreten eines anderen Abnehmers als des Vertragspartners nicht erkennbar war und dass er nicht damit rechnete oder rechnen musste, dass der Vertragspartner im Bestimmungsland seinen steuerlichen Verpflichtungen nicht nachkommen würde.

Auf die Behandlung durch die FinVerw. anderer EU-Mitgliedstaaten sollte in finanzgerichtlichen Verfahren verwiesen werden. Meines Erachtens kann es deutschen Unternehmen nicht angelastet werden, dass in anderen EU-Mitgliedstaaten anscheinend ohne nähere Prüfung USt-IdNrn. erteilt werden, und diese auch bei fehlender Anmeldung von USt auf den innergemeinschaftlichen Erwerb nicht überprüft und erst bei Ermittlungen der deutschen FinVerw. unter Hinweis auf eine Briefkastenfirma oder Domizilgesellschaft widerrufen werden.

dd) Konsignationslager

§ 6b Abs. 1 UStG regelt, unter welchen Voraussetzungen von der Konsignationslagerregelung auszugehen ist. 2325
Ausgangspunkt dieser Regelung ist, dass ein Gegenstand aus einem Mitgliedstaat in einen anderen Mitgliedstaat transportiert wird (grenzüberschreitendes innergemeinschaftliches Verbringen) mit dem Zweck, dass der Gegenstand erst im Ankunftsmitgliedstaat (nach seinem Transport dorthin) verkauft wird. § 6b Abs. 1 UStG führt in seinen Nrn. 1 bis 4 abschließend und kumulativ die Voraussetzungen auf, die zur Anwendbarkeit der Konsignationslagerregelung führen.

§ 6b Abs. 2 UStG regelt die Rechtsfolge, die sich aus der Konsignationslagerregelung ergibt, in Form einer Fiktion. 2326
Wenn die Voraussetzungen nach § 6b Abs. 1 UStG erfüllt sind, wird zum Zeitpunkt der Lieferung des Gegenstands an den Erwerber, sofern diese Lieferung innerhalb der 12-Monatsfrist nach § 6b Abs. 3 UStG bewirkt wird, die Lieferung an den Erwerber einer im Abgangsmitgliedstaat steuerbaren und steuerfreien innergemeinschaftlichen Lieferung (§ 6a UStG) gleichgestellt. Überdies wird die Lieferung an den Erwerber einem im Bestimmungsmitgliedstaat steuerbaren innergemeinschaftlichen Erwerb (§ 1a Abs. 1 UStG) gleichgestellt. Die Gleichstellung mit einer im Abgangsmitgliedstaat bewirkten innergemeinschaftlichen Lieferung bedeutet insb., dass diese Lieferung ohne weitere Nachweisvoraussetzungen steuerfrei ist. Neben den Aufzeichnungen nach § 6b Abs. 1 Nr. 4 i.V.m. § 22 Abs. 4f UStG bzw. der Angabe der USt-IdNr. des Erwerbers nach § 6b Abs. 1 Nr. 4 i.V.m. § 18a Abs. 1 i.V.m. Abs. 6 Nr. 3 und Abs. 7 Nr. 2a UStG muss der Unternehmer somit keine weiteren Nachweise führen, um die Steuerbefreiung seiner innergemeinschaftlichen Lieferung anwenden zu können.

§ 6b Abs. 3 UStG regelt den Ausschluss von der Rechtsfolge der Konsignationslagerregelung nach § 6b Abs. 2 2327
UStG. Wird die Lieferung an den Erwerber nicht binnen 12 Monaten nach dem Ende des Warentransports vom Abgangsmitgliedstaat in den Bestimmungsmitgliedstaat bewirkt und ist keine der Voraussetzungen des § 6b Abs. 6 UStG erfüllt, gilt der Warentransport als das einer innergemeinschaftlichen Lieferung gleichgestellte Verbringen (§ 6a Abs. 2 i.V.m. § 3 Abs. 1a UStG) mit den entsprechenden Folgen, die bisher bereits für die Fälle des innergemeinschaftlichen Verbringens gelten. Der Zeitpunkt, zu dem dieses innergemeinschaftliche Verbringen in der Regelung fingiert wird, ist der Tag nach Ablauf des Zeitraums von 12 Monaten nach dem Ende des Warentransports vom Abgangsmitgliedstaat in den Bestimmungsmitgliedstaat.

§ 6b Abs. 4 UStG regelt eine Rückausnahme vom Ausschluss von der Rechtsfolge der Konsignationslagerregelung 2328
nach § 6b Abs. 3 UStG. Ein innergemeinschaftliches Verbringen wird danach nicht fingiert, wenn die vom Unternehmer beabsichtigte Lieferung der in den Bestimmungsmitgliedstaat transportierten Ware nicht bewirkt wird und die Ware binnen 12 Monaten nach dem Ende des Warentransports aus dem Bestimmungsmitgliedstaat in den Abgangsmitgliedstaat zurückgelangt und wenn der Unternehmer dieses Zurückgelangen nach Maßgabe des § 22 Abs. 4f UStG gesondert aufzeichnet.

§ 6b Abs. 5 UStG regelt den Fall, dass statt des ursprünglich vorgesehenen Erwerbers ein anderer Unternehmer die 2329
in den Bestimmungsmitgliedstaat transportierte Ware kauft. Auch dabei handelt es sich um eine Rückausnahme vom Ausschluss von der Rechtsfolge der Konsignationslagerregelung nach § 6b Abs. 3 UStG. Tritt binnen 12 Monaten nach dem Ende des Warentransports in den Bestimmungsmitgliedstaat ein anderer Unternehmer an die Stelle des ursprünglich vorgesehenen Erwerbers, gilt in diesem Zeitpunkt des Eintritts § 6b Abs. 4 UStG sinngemäß, d.h., ein innergemeinschaftliches Verbringen wird bezüglich des Warentransports nicht fingiert, wenn folgende Voraussetzungen vorliegen: Der andere Unternehmer (der neue Erwerber) hat (zum Zeitpunkt des Eintritts) gegenüber dem Unternehmer die ihm vom Bestimmungsmitgliedstaat erteilte USt-IdNr. verwendet, dem Unternehmer ist zu diesem Zeitpunkt der vollständige Name und die vollständige Anschrift des neuen Erwerbers bekannt und der Unternehmer zeichnet den Erwerberwechsel nach Maßgabe des § 22 Abs. 4f UStG gesondert auf.

§ 6b Abs. 6 UStG regelt den Fall, dass eine der Voraussetzungen gem. § 6b Abs. 1 UStG (die in den Bestimmungs- 2330
mitgliedstaat transportierte Ware soll an einen bestimmten Erwerber verkauft werden) oder des § 6b Abs. 5 UStG (ein anderer als der ursprünglich vorgesehene Erwerber soll die Ware kaufen) binnen eines Zeitraums von 12 Monaten nach Ende des Warentransports wegfällt. Am Tag dieses Ereignisses gilt der ursprüngliche Warentransport wiederum als das einer innergemeinschaftlichen Lieferung gleichgestellte Verbringen (gleiche Rechtsfolge wie nach § 6b Abs. 3 UStG). Solche Fälle können z.B. vorliegen, wenn die Ware binnen 12 Monaten an einen Dritten, der nicht mit dem ursprünglich vorgesehenen Erwerber identisch ist, verkauft wird und auch kein Fall des Erwerberwechsels nach § 6b Abs. 5 UStG vorliegt. Auslöser der Rechtsfolge eines innergemeinschaftlichen Verbringens kann aber z.B. auch sein, dass der Unternehmer binnen 12 Monaten nach Ende des Warentransports im Bestimmungsmitgliedstaat ansässig wird. Weiter regelt die Bestimmung den Fall, dass die Ware vor ihrer Lieferung oder bei der Lieferung in einen anderen Mitgliedstaat als den Abgangsmitgliedstaat oder in das Drittlandsgebiet befördert oder versendet wird. Auch für diesen Fall wird der ursprüngliche Warentransport in den Bestimmungsmitgliedstaat einem innergemeinschaftlichen Verbringen gleichgestellt und das Verbringen gilt als an dem Tag vor

dem Beginn des Warentransports in das Drittlandsgebiet oder in einen anderen Mitgliedstaat als den Ausgangsmitgliedstaat bewirkt. Schließlich regelt die Vorschrift noch die Fälle der Zerstörung, des Verlustes oder des Diebstahls der Ware nach ihrer Ankunft im Bestimmungsmitgliedstaat. Hier wird der ursprüngliche Warentransport einem innergemeinschaftlichen Verbringen gleichgestellt, das an dem Tag bewirkt gilt, an dem die Zerstörung, der Verlust oder der Diebstahl festgestellt wird.

Weitere Einzelheiten enthält Abschn. 6b.1 UStAE.[1]

ee) Zusammenfassende Meldung – ZM

2331 Die in **Zeile 38** angegebenen innergemeinschaftlichen Lieferungen und die in **Zeile 59** angegebenen innergemeinschaftlichen Dreiecksgeschäfte hat der Unternehmer in der unter seiner USt-IdNr. beim BZSt abzugebenden ZM zu melden. Nach § 18a Abs. 1 UStG ist grundsätzlich Meldezeitraum das Kalendervierteljahr oder unter den Voraussetzungen des § 18a Abs. 6 UStG das Kj. ZM werden nur für die Meldezeiträume verlangt, in denen innergemeinschaftliche Warenlieferungen oder Warenbewegungen ausgeführt wurden.

2332 Die in **Zeile 38** und **Zeile 59** angegebenen innergemeinschaftlichen Lieferungen und innergemeinschaftlichen Dreiecksgeschäfte sind unter Angabe der USt-IdNrn. der Abnehmer zusammenzufassen und ggf. gesondert zu melden. **Innergemeinschaftliche Lieferungen**, die der Unternehmer nicht, unrichtig, unvollständig oder fristgerecht in der ZM angibt, sind **steuerpflichtig** (vgl. Abschn. 4.1.2 Abs. 2, 3 UStAE) und ausschließlich in Abschnitt B (Zeilen 22, 25, 31 bzw. 35) einzutragen.

Beispiel:

Im 1. Kalendervierteljahr 2025 (Meldezeitraum) hat der Unternehmer folgende Umsätze erklärt:

USt-IdNr. BE 124356789	50 000 € (in Zeile 38 enthalten)
USt-IdNr. BE 123456789	25 000 € (in Zeile 38 enthalten)
USt-IdNr. AT U23456789	40 000 € (in Zeile 59 enthalten)
USt-IdNr. AT U23456789	35 000 € (in Zeile 59 enthalten)

In der ZM sind folgende Eintragungen vorzunehmen:

Spalte 1	**Spalte 2**	**Spalte 3**
USt-IdNr. Kunde	Bemessungsgrundlage	Dreiecksgeschäfte
BE 123456789	75 000	leer
AT U23456789	40 000	leer
AT U 23456789	35 000	leer

2333 Die ZM ist nach amtlich vorgeschriebenem Datensatz über die amtlich bestimmte Schnittstelle zu übermitteln (§ 18a Abs. 1 Satz 1 und Abs. 2 Satz 1 UStG). Informationen zur elektronischen Übermittlung sind unter den Internet-Adressen www.elster.de oder www.bzst.de abrufbar. Zur Vermeidung von unbilligen Härten kann das zuständige FA auf Antrag zulassen, dass die ZM in herkömmlicher Form – auf Papier – nach amtlich vorgeschriebenem Vordruck abgegeben werden (§ 18a Abs. 5 Satz 1 UStG). Dem Antrag ist insb. dann zuzustimmen, wenn für den Unternehmer die Übermittlung nach amtlich vorgeschriebenem Datensatz über die amtlich bestimmte Schnittstelle wirtschaftlich oder persönlich unzumutbar ist. Dies ist insb. der Fall, wenn die Schaffung der technischen Möglichkeiten für eine elektronische Übermittlung des amtlichen Datensatzes nur mit einem nicht unerheblichen finanziellen Aufwand möglich wäre oder wenn der Unternehmer nach seinen individuellen Kenntnissen und Fähigkeiten nicht oder nur eingeschränkt in der Lage ist, die Möglichkeiten der Datenfernübertragung zu nutzen (§ 150 Abs. 8 AO). Soweit das FA nach § 18 Abs. 1 Satz 1 UStG auf eine elektronische Übermittlung der Voranmeldung verzichtet hat, gilt dies auch für die Abgabe der ZM.[2] Die in der ZM gemeldeten Umsätze sind grundsätzlich auch zur Intrahandelsstatistik zu melden. Informationen hierzu sowie Meldevordrucke sind beim zuständigen **Statistischen Bundesamt** erhältlich.[3]

Zu weiteren Einzelheiten zur Zusammenfassenden Meldung – ZM siehe → Rz. 2840.

2334 In **Zeile 38** und in **Zeile 59** sind entsprechend in der ZM die in dem Zeitraum vom 1.1. bis zum 30.11.2025 ausgeführten innergemeinschaftlichen Lieferungen und Dreiecksgeschäfte zu erklären. Im Dezember 2025 ausgeführte Lieferungen sind nur dann zu erklären, wenn die Rechnungen über innergemeinschaftliche Lieferungen und Dreiecksgeschäfte noch im Kj. 2025 ausgestellt wurden. Danach sind die im Dezember 2025 bewirkten Umsätze nur dann für das Kj. 2026 zu erklären, wenn die Rechnungen über die Lieferungen erst nach dem 31.12.2025 erteilt worden sind.

Beispiel:

Unternehmer K aus Köln hat an dem in Spanien ansässigen Unternehmer S an unterschiedlichen Tagen im Dezember 2025 Waren i.H.v. jeweils 15 000 € geliefert. Über einen Teil der Lieferung erteilt K am 6.12.2025 und über den Rest der Lieferung am 5.1.2026 Rechnungen. Nur der erste Umsatz ist in **Zeile 38** zu erklären und in der ZM 2025 zu melden. Der zweite Umsatz ist in **Zeile 59** der Umsatzsteuererklärung bzw. in der Umsatzsteuer-Voranmeldung Januar oder für das Kalendervierteljahr 2026 anzumelden und in der ZM 2026 zu melden.

1) Vgl. auch BMF v. 10.12.2021, III C 3 – S 7146/20/10001 :005, BStBl I 2021, 2492.
2) Vgl. Abschn. 18a.1 Abs. 4 UStAE.
3) Statistisches Bundesamt, 65180 Wiesbaden, sowie unter www.destatis.de.

Werden innergemeinschaftliche Lieferungen in **ausl. Währung** in Rechnung gestellt, sind die maßgebenden Umsatzsteuer-Umrechnungskurse (vgl. § 16 Abs. 5 Satz 1 bis 3 UStG) im Zeitpunkt der Ausführung oder im Zeitpunkt, in dem das Entgelt oder ein Teil des Entgelts vor Ausführung der Leistung vereinnahmt wird, anzuwenden. **2335**

In **Zeile 39** sind Lieferungen **neuer Fahrzeuge** (→ Rz. 2368 ff.) an Abnehmer **ohne** USt-IdNr. zu erklären. **2336**

In **Zeile 40** sind innergemeinschaftliche Lieferungen neuer Fahrzeuge durch Nichtunternehmer und Unternehmer außerhalb ihres Unternehmens zu erklären (→ Rz. 2368 ff.). Über die in den **Zeilen 39 und 40** einzutragenden Umsätze ist für jede innergemeinschaftliche Lieferung eines neuen Fahrzeugs eine Meldung nach der Fahrzeuglieferungs-Meldepflichtverordnung an das BZSt zu übermitteln. **2337**

Beratungshinweis:

Auf Grund der auf § 18c UStG gestützten Fahrzeuglieferungs-Meldepflichtverordnung – FzgLiefgMeldV – v. 18.3.2009[1] sind Unternehmer i.S.d. § 2 UStG oder Fahrzeuglieferer i.S.d. § 2a UStG verpflichtet, bis zum 10. Tag nach Ablauf eines jeden Kalendervierteljahres (Meldezeitraum), in dem sie innergemeinschaftliche Lieferungen neuer Fahrzeuge an Abnehmer ohne USt-IdNr. ausgeführt haben, für jedes Fahrzeug eine Meldung dem BZSt zu übermitteln.

b) Weitere steuerfreie Umsätze mit Vorsteuerabzug (Zeilen 41–45)

41	Ausfuhrlieferungen (§ 4 Nummer 1 Buchstabe a UStG)	752	, —
42	Umsätze nach § ______ UStG		, —
43	Umsätze im Sinne des Offshore-Steuerabkommens, des Zusatzabkommens zum NATO-Truppenstatut und des Ergänzungsabkommens zum Protokoll über die NATO-Hauptquartiere		, —
44	Reiseleistungen nach § 25 Absatz 2 UStG		, —
45	Summe der Zeilen 42 bis 44	237	, —

In **Zeile 41** sind Eintragungen zu steuerfreien Ausfuhrlieferungen (§ 4 Nr. 1 Buchst. a i.V.m. § 6 UStG) und Lohnveredelungen an Gegenständen der Ausfuhr (§ 4 Nr. 1 Buchst. a i.V.m. § 7 UStG) vorzunehmen. **2338**

aa) Ausfuhrlieferungen

Ausfuhrlieferungen i.S.d. § 6 UStG sind nach § 4 Nr. 1 Buchst. a UStG von der Umsatzsteuer befreit. Erste Voraussetzung für eine Ausfuhrlieferung ist, dass bei einer Lieferung der Gegenstand der Lieferung in das Drittlandsgebiet befördert oder versendet wird. Von entscheidender Bedeutung ist, in wessen Namen die Warenbewegung durchgeführt wird. Befördert oder versendet der Lieferer den Gegenstand in das Drittlandsgebiet, ausgenommen Gebiete nach § 1 Abs. 3 UStG, ist die Lieferung nach § 6 Abs. 1 Satz 1 Nr. 1 UStG befreit. In diesem Fall ist für die Steuerbefreiung kein ausl. Abnehmer erforderlich. Befördert oder versendet der Abnehmer den Gegenstand in das Drittlandsgebiet, ausgenommen Gebiete nach § 1 Abs. 3 UStG, ist die Lieferung nach § 6 Abs. 1 Satz 1 Nr. 2 UStG befreit, wenn der Abnehmer ein ausl. Abnehmer ist. Wird der Gegenstand in die in § 1 Abs. 3 UStG bezeichneten Gebiete befördert oder versendet, ist die Lieferung unter den Voraussetzungen des § 6 Abs. 1 Nr. 3 UStG befreit. **2339**

Nach § 6 Abs. 1 Satz 1 Nr. 3 Buchst. a UStG liegt eine Ausfuhrlieferung vor, wenn bei einer Lieferung der Unternehmer oder der Abnehmer den Gegenstand der Lieferung in die in § 1 Abs. 3 UStG bezeichneten Gebiete befördert oder versendet hat und der Abnehmer ein Unternehmer ist, der den Gegenstand für sein Unternehmen erworben hat und dieser nicht ausschließlich oder nicht zum Teil für eine nach § 4 Nr. 8 bis 27 und 29 UStG steuerfreie Tätigkeit verwendet werden soll. Hierdurch wird sichergestellt, dass Lieferungen an Abnehmer nicht entlastet werden, wenn die Abnehmer in einer Freizone unternehmerisch tätig sind und die gelieferten Gegenstände für Ausgangsumsätze verwenden, die den Vorsteuerabzug ausschließen. **2340**

Ein ausl. Abnehmer im Sinne dieser Vorschrift ist ein Abnehmer, der seinen Wohnort oder Sitz im Ausland, ausgenommen die in § 1 Abs. 3 UStG bezeichneten Gebiete, hat. Entsprechendes gilt für eine ausl. Zweigniederlassung eines im Inland oder in den in § 1 Abs. 3 UStG bezeichneten Gebieten ansässigen Unternehmers, wenn die Zweigniederlassung das Umsatzgeschäft im eigenen Namen abgeschlossen hat (§ 6 Abs. 2 UStG). Grundsätzlich ist die Person Abnehmer, die der zivilrechtliche Vertragspartner des Lieferers gewesen ist. **2341**

Der Unternehmer hat die Ausfuhr durch Belege nachzuweisen (§ 6 Abs. 4 UStG und §§ 8 bis 11 UStDV). **2342**

Die Vorlage der Belege reicht jedoch für die Annahme einer Ausfuhrlieferung nicht in jedem Fall aus. Die geforderten Unterlagen bilden nur die Grundlage einer sachlichen Prüfung auf die inhaltliche Richtigkeit der Angaben. Für die Führung des Ausfuhrnachweises hat der Unternehmer in jedem Falle die Grundsätze des § 8 UStDV zu beachten (Mussvorschrift). Für die Form und den Inhalt des Ausfuhrnachweises enthalten die §§ 9 bis 11 UStDV Mussvorschriften. Der Unternehmer kann den Ausfuhrnachweis nur in besonders begründeten Einzelfällen auch abweichend von diesen Vorschriften führen, wenn

1) FzgLiefgMeldV v. 18.3.2009, BGBl. I 2009, 630 = BStBl I 2009, 472.

- sich aus der Gesamtheit der Belege die Ausfuhr eindeutig und leicht nachprüfbar ergibt (§ 8 Abs. 1 Satz 2 UStDV) und
- die buchmäßig nachzuweisenden Voraussetzungen eindeutig und leicht nachprüfbar aus der Buchführung zu ersehen sind (§ 13 Abs. 1 Satz 2 UStDV).

Zu den besonders begründeten Einzelfällen gehören z.B. Funktionsstörungen der elektronischen Systeme der Zollverwaltung (vgl. Abschn. 6.5 Abs. 1 Satz 7 UStAE). Weitere Einzelheiten enthält Abschn. 6.5 Abs. 1 Satz 8 bis 10 UStAE.

2343 Aus den im Steuerrecht allgemein geltenden Grundsätzen der Verhältnismäßigkeit und des Vertrauensschutzes ergibt sich, dass die Steuerfreiheit einer Ausfuhrlieferung nicht versagt werden darf, wenn der liefernde Unternehmer die Fälschung des Ausfuhrnachweises, den der Abnehmer ihm vorlegt, auch bei Beachtung der Sorgfalt eines ordentlichen Kaufmanns nicht hat erkennen können. Ob die Grundsätze des Vertrauensschutzes die Gewährung der Steuerbefreiung gebieten, obwohl die Voraussetzungen einer Ausfuhrlieferung nicht erfüllt sind, kann nur im Billigkeitsverfahren entschieden werden. Hat der liefernde Unternehmer alle ihm zu Gebote stehenden zumutbaren Maßnahmen ergriffen, um sicherzustellen, dass die von ihm getätigten Umsätze nicht zu einer Beteiligung an einer Steuerhinterziehung führen, ist das Verwaltungsermessen hinsichtlich der Gewährung einer Billigkeitsmaßnahme auf null reduziert (vgl. Abschn. 6.5 Abs. 6 UStAE).

2344 Seit dem 1.7.2009 besteht EU-einheitlich die Pflicht zur Teilnahme am elektronischen Ausfuhrverfahren. In Deutschland steht hierfür das IT-System ATLAS-Ausfuhr (Automatisiertes Tarif- und Lokales Zollabwicklungssystem) zur Verfügung. Die Pflicht zur Abgabe elektronischer Anmeldungen betrifft alle Anmeldungen unabhängig vom Beförderungsweg (Straßen-, Luft-, See-, Post- und Bahnverkehr). Weitere Einzelheiten ergeben sich hierzu aus dem BMF-Schreiben v. 3.5.2010[1] und aus Abschn. 6.2 UStAE. Außerdem hat das BMF zur Anerkennung der Ausgangsvermerke im IT-Verfahren ATLAS als Ausfuhrnachweis für Umsatzsteuerzwecke ein Schreiben mit Mustern herausgegeben.[2] Zur Anerkennung von Ausgangsvermerken aus dem europäischen Ausland vgl. BMF v. 19.6.2015.[3] Wegen weiterer Einzelheiten vgl. Abschn. 6.7a und 6.9 Abs. 16 UStAE.

§ 6 Abs. 3a UStG schränkt die Steuerbefreiung für Ausfuhrlieferungen im nichtkommerziellen Drittlands-Reiseverkehr durch zusätzliche Voraussetzungen ein. Bei diesem Reiseverkehr handelt es sich um die Fälle, in denen der Abnehmer Waren zu nichtunternehmerischen Zwecken erwirbt und im persönlichen Reisegepäck in das Drittlandsgebiet verbringt. Voraussetzung für die Steuerbefreiung ist, dass der Gesamtwert der Lieferung einschließlich USt 50 € übersteigt. Zum „persönlichen Reisegepäck" gehören diejenigen Gegenstände, die der Abnehmer bei einem Grenzübertritt mit sich führt, z.B. das Handgepäck oder die in einem von ihm benutzten Fahrzeug befindlichen Gegenstände, sowie das anlässlich einer Reise aufgegebene Handgepäck. Als Reise sind auch Einkaufsfahrten und der Berufsverkehr anzusehen. Ein Fahrzeug, seine Bestandteile und sein Zubehör sind kein persönliches Reisegepäck. Keine Ausfuhr im Reiseverkehr liegt vor, wenn der Käufer die Ware durch einen Spediteur, durch Bahn oder Post oder durch einen sonstigen Frachtführer in ein Drittland versendet.[4]

Beratungshinweis:

Ausfuhrlieferungen im nichtkommerziellen Reiseverkehr sind erst dann von der USt befreit, wenn der Gesamtwert der Lieferung 50 € übersteigt (vgl. § 6 Abs. 3a Satz 1 Nr. 3 UStG und Abschn. 6.11 Abs. 2 UStAE). Diese Begrenzung tritt zum Ende des Jahres außer Kraft, in dem die Ausfuhr- und Abnehmernachweise in Deutschland erstmals elektronisch erteilt werden (§ 6 Abs. 3a Satz 2 UStG). Weitere Einzelheiten zu dieser Wertgrenze enthält Abschn. 6.11 Abs. 3 bis 6 UStAE.

Informationen zur Umsatzbesteuerung für Ausfuhrlieferungen im nichtkommerziellen Reiseverkehr enthält ein vom BMF herausgegebenes Merkblatt.[5]

2345 Durch § 6 Abs. 5 UStG wird geregelt, dass die Bestimmungen zur Ausfuhrlieferung für den Lieferungen gleichgestellte Wertabgaben i.S.d. § 3 Abs. 1b UStG (→Rz. 2253 ff.) nicht gelten.

2346 Bei der Ausfuhr von Fahrzeugen i.S.d. § 1b Abs. 2 Nr. 1 UStG (Abschn. 1b.1 UStAE), die zum bestimmungsmäßigen Gebrauch im Straßenverkehr einer Zulassung bedürfen, muss der Beleg nach § 9 Abs. 1 UStDV bzw. nach § 10 Abs. 1 UStDV immer auch die Fahrzeug-Identifikationsnummer i.S.d. § 6 Abs. 5 Nr. 5 Fahrzeug-Zulassungsverordnung enthalten (§ 9 Abs. 2 Satz 1 Nr. 1 UStDV bzw. § 10 Abs. 2 Satz 1 Nr. 1 UStDV), unabhängig davon, ob das Fahrzeug mit Hilfe eines Beförderungsmittels oder auf eigener Achse ausgeführt wird. Ob das ausgeführte Fahrzeug zum bestimmungsmäßigen Gebrauch im Straßenverkehr einer Zulassung bedarf, richtet sich dabei nach § 3 Abs. 1 und 2 Nr. 1 Fahrzeug-Zulassungsverordnung. Außerdem muss der Unternehmer bei der Ausfuhr eines solchen Fahrzeugs nach § 9 Abs. 2 Satz 1 Nr. 2 UStDV bzw. nach § 10 Abs. 2 Satz 1 Nr. 2 UStDV grds. zusätzlich über eine Bescheinigung über die Zulassung, die Verzollung oder die Einfuhrbesteuerung im Drittland verfügen. Dies gilt gem. § 9 Abs. 2 Satz 2 UStDV bzw. gem. § 10 Abs. 2 Satz 2 UStDV jedoch nicht in den Fällen, in denen das Fahrzeug

- mit einem Ausfuhrkennzeichen ausgeführt wird, das im Beleg nach § 9 Abs. 1 UStDV bzw. nach § 10 Abs. 1 UStDV aufgeführt ist, oder

1) Vgl. BMF v. 3.5.2010, IV D 3 – S 7134/07/10003, BStBl I 2010, 497.
2) Vgl. BMF v. 23.1.2015, IV D 3 – S 7134/07/10003-02, BStBl I 2015, 144.
3) Vgl. BMF v. 19.6.2015, IV D 3 – S 7134/14/10001, BStBl I 2015, 559.
4) Vgl. Abschn. 6.11 Abs. 1 UStAE.
5) Anlage 1 zum BMF v. 15.3.2022, III C 3 – S 7133/19/10001 :001, BStBl I 2022, 352.

- nicht i.S.d. Fahrzeug-Zulassungsverordnung auf öffentlichen Straßen in Betrieb gesetzt worden ist (vgl. § 3 und §§ 16 bis 19 Fahrzeug-Zulassungsverordnung) und nicht auf eigener Achse in das Drittlandsgebiet ausgeführt wird.

Weitere Einzelheiten hierzu vgl. Abschn. 6.6 Abs. 4a UStAE und Abschn. 6.7 Abs. 4 UStAE.

bb) Lohnveredelungen

Lohnveredelungen an Gegenständen der Ausfuhr (§ 7 UStG) sind nach § 4 Nr. 1 Buchst. a UStG von der Umsatzsteuer befreit. Eine Lohnveredelung an einem Gegenstand der Ausfuhr liegt vor, wenn bei einer Bearbeitung oder Verarbeitung eines Gegenstands der Auftraggeber den Gegenstand zum Zweck der Bearbeitung oder Verarbeitung in das Gemeinschaftsgebiet eingeführt oder zu diesem Zweck im Gemeinschaftsgebiet erworben hat und der Gegenstand nach der Be- oder Verarbeitung entweder durch den Unternehmer (Auftragnehmer) oder den Auftraggeber ins Drittland befördert oder versendet wird. Dabei sind folgende Fälle zu unterscheiden: **2347**

- Der Unternehmer befördert oder versendet den bearbeiteten oder verarbeiteten Gegenstand in das Drittlandsgebiet, ausgenommen Gebiete nach § 1 Abs. 3 UStG, also Freihäfen sowie Gewässer und Watte zwischen der Hoheitsgrenze und der jeweiligen Strandlinie (§ 7 Abs. 1 Nr. 1 UStG).
- Der Auftraggeber befördert oder versendet den bearbeiteten oder verarbeiteten Gegenstand in das Drittlandsgebiet. Voraussetzung ist dann jedoch, dass er ein ausl. Auftraggeber ist (§ 7 Abs. 1 Nr. 2 UStG).
- Der Unternehmer befördert oder versendet den bearbeiteten oder verarbeiteten Gegenstand in die in § 1 Abs. 3 UStG bezeichneten Gebiete. Voraussetzung ist dann jedoch, dass der Auftraggeber entweder ein ausl. Auftraggeber oder ein Unternehmer ist, der im Inland oder in den bezeichneten Gebieten ansässig ist und den bearbeiteten oder verarbeiteten Gegenstand für Zwecke seines Unternehmens verwendet (§ 7 Abs. 1 Nr. 3 UStG).

In allen Fällen kann der bearbeitete oder verarbeitete Gegenstand durch weitere Beauftragte vor der Ausfuhr bearbeitet oder verarbeitet worden sein (§ 7 Abs. 1 Satz 2 UStG). Bei Werkleistungen i.S.d. § 3 Abs. 10 UStG gilt § 7 Abs. 1 UStG entsprechend (§ 7 Abs. 3 UStG).

Ein ausl. Auftraggeber i.S. dieser Vorschrift ist ein Auftraggeber, der seinen Wohnort oder Sitz im Ausland, ausgenommen die in § 1 Abs. 3 UStG bezeichneten Gebiete, hat. Entsprechendes gilt für eine ausl. Zweigniederlassung eines im Inland oder in den in § 1 Abs. 3 UStG bezeichneten Gebieten ansässigen Unternehmers, wenn die Zweigniederlassung das Umsatzgeschäft im eigenen Namen abgeschlossen hat (§ 7 Abs. 2 i.V.m. § 6 Abs. 2 UStG). **2348**

Der Unternehmer hat die Ausfuhr durch Belege nachzuweisen (§ 7 Abs. 4 UStG und §§ 8 bis 12 UStDV). Für die Führung des Ausfuhrnachweises hat der Unternehmer in jedem Falle die Grundsätze des § 8 UStDV zu beachten (Mussvorschrift). Für die Form und den Inhalt des Ausfuhrnachweises enthalten die §§ 9 bis 11 UStDV Sollvorschriften. Der Unternehmer kann den Ausfuhrnachweis nur in besonders begründeten Einzelfällen auch abweichend von diesen Vorschriften führen.[1)] **2349**

Hat der Unternehmer einen anderen Unternehmer (Subunternehmer) mit der Bearbeitung oder Verarbeitung beauftragt und befördert oder versendet dieser den bearbeiteten, verarbeiteten oder überlassenen Gegenstand in das Drittlandsgebiet, kann die Ausfuhr in diesen Fällen durch eine Versandbestätigung nachgewiesen werden. Die Versandbestätigung des versendenden Vertreters kann auch auf elektronischem Weg übermittelt werden; bei einer elektronischen Übermittlung der Versandbestätigung ist eine Unterschrift nicht erforderlich, sofern erkennbar ist, dass die elektronische Übermittlung im Verfügungsbereich des Ausstellers begonnen hat. Abschn. 6a.4 Abs. 3 Satz 2 und Abs. 6 ist entsprechend anzuwenden (vgl. Abschn. 7.2 Abs. 1 Satz 3 bis 5 und 4 UStAE).[2)] **2350**

Nach § 13 Abs. 1 UStDV hat der Unternehmer bei Lohnveredelungen an Gegenständen der Ausfuhr die Voraussetzungen der Steuerbefreiung buchmäßig nachweisen (sog. Buchnachweis). Dabei müssen die Voraussetzungen eindeutig und leicht nachprüfbar aus der Buchführung zu ersehen sein (Mussregelung). In § 13 Abs. 2 UStDV ist aufgeführt, welche Daten der Unternehmer regelmäßig aufzuzeichnen hat. § 13 Abs. 3 bis 6 UStDV enthalten für bestimmte Sachverhalte Sollregelungen für den Buchnachweis. **2351**

Einzelheiten zu den Nachweispflichten für Ausfuhrlieferungen (§§ 9 bis 11, 13 und 17 UStDV) enthalten die Abschn. 6.2, 6.5 bis 6.11 und Abschn. 7.3 UStAE. **2352**

Durch § 7 Abs. 5 UStG wird geregelt, dass die Bestimmungen zur Lohnveredelung an Gegenständen der Ausfuhr nicht für die sonstigen Leistungen gleichgestellten Wertabgaben i.S.d. § 3 Abs. 9a Nr. 2 UStG (→ Rz. 2253 ff.) gelten. **2353**

Beratungshinweis:

Zu beachten ist, dass die Steuerbefreiung für – Ausfuhrlieferungen für Werklieferungen an eingeführten oder im Gemeinschaftsgebiet erworbenen Gegenständen – anders als die Steuerbefreiung nach § 4 Nr. 1 Buchst. a i.V.m. § 7 UStG bei Werkleistungen (Lohnveredelungen) – ohne Rücksicht darauf in Betracht kommt, zu welchem Zweck die Gegenstände eingeführt oder erworben worden sind. Deshalb ist für die Frage, ob für einen Umsatz Steuerfreiheit gewährt werden kann, insb. bei Reparaturen beweglicher körperlicher Gegenstände häufig von entscheidender Bedeutung, ob der Umsatz eine Werklieferung oder eine Werkleistung (Lohnveredelung) darstellt.[3)]

1) Vgl. Abschn. 7.2 Abs. 1 Satz 2 i.V.m. Abschn. 6.5 Abs. 1 UStAE.
2) Vgl. Abschn. 7.2 Abs. 1 Satz 3 bis 5 und 4 UStAE.
3) Vgl. auch nähere Erläuterungen in Abschn. 7.4 UStAE.

2354 **Zeile 42** enthält für alle anderen steuerfreien Umsätze mit Vorsteuerabzug eine Eintragungsmöglichkeit. In dem freien Feld sollte bzw. sollten die Befreiungsvorschriften eingetragen werden. Hierbei kann es sich um nachfolgende Umsätze handeln:

- Umsätze für die Seeschifffahrt und für die Luftfahrt (§ 4 Nr. 2 i.V.m. § 8 UStG);
- grenzüberschreitende Beförderungen von Gegenständen in das Drittlandsgebiet und Beförderungen im internationalen Eisenbahnfrachtverkehr sowie andere sonstige Leistungen, die sich auf Gegenstände der Einfuhr, der Ausfuhr oder der Durchfuhr beziehen (§ 4 Nr. 3 UStG);
- Lieferung von Gold an Zentralbanken (§ 4 Nr. 4 UStG);
- Vermittlung
  - der vorstehend bezeichneten Umsätze;
  - der grenzüberschreitenden Beförderung von Personen mit Luftfahrzeugen oder Seeschiffen;
  - der ausschließlich im Drittlandsgebiet bewirkten Umsätze;
  - der nach § 3 Abs. 8 UStG als im Inland ausgeführt geltenden Umsätze;
  - der Lieferung von Anlagegold i.S.d. § 25c UStG, soweit es sich nicht um Ausfuhrlieferungen (→Rz. 2338) oder um innergemeinschaftliche Lieferungen (→Rz. 2306) handelt. Lieferungen von unbearbeitetem Gold, von Zahngold und von Goldschmuck unterliegen der Umsatzsteuer;
- Lieferungen, ausgenommen neuer Fahrzeuge (→Rz. 2368 ff.), und sonstige Leistungen an im EU-Ausland ansässigen NATO-Streitkräfte, ständige diplomatische Missionen und berufskonsularische Vertretungen und an zwischenstaatliche Einrichtungen (z.B. Europarat in Straßburg). Steuerbefreiung besteht auch für Leistungen an die jeweiligen Mitglieder (Personal) von Streitkräften, Botschaften, Konsulaten und zwischenstaatlichen Einrichtungen.[1]

2355 Zur Steuerbefreiung der Umsätze an im Inland stationierte **ausl. NATO-Streitkräfte** (**Zeile 43**) sind die folgenden Abkommen zu beachten:

- Offshore-Steuerabkommen (§ 26 Abs. 5 Nr. 1 UStG),
- Zusatzabkommen zum NATO-Truppenstatut (§ 26 Abs. 5 Nr. 2 UStG),
- NATO-Hauptquartier-Ergänzungsabkommen (§ 26 Abs. 5 Nr. 3 UStG).

2356 Die Inanspruchnahme der Steuerbefreiung nach den in vorgenannten Abkommen ist an bestimmte Voraussetzungen gebunden; so z.B., dass ein Beschaffungsauftrag einer amtlichen **Beschaffungsstelle** vorliegt und der Unternehmer den Nachweis durch einen Abwicklungsschein (§ 73 UStDV) führen kann.[2]

Beratungshinweis:
Durch die **Siebte Verordnung zur Änderung steuerlicher Verordnungen** v. 19.12.2025 wurde § 73 Abs. 1 Nr. 1 UStDV mit Wirkung zum **30.12.2025** geändert.[3]

Das Zusatzabkommen zum NATO-Truppenstatut gewährt in Art. 67 Abs. 3 UStDV eine Befreiung von der Umsatzsteuer für die in Deutschland stationierten Streitkräfte der Entsendestaaten. Voraussetzung für diesen Befreiungstatbestand ist der Nachweis des Unternehmers durch die Bescheinigung nach § 73 Abs. 1 Nr. 1 UStDV (sog. Abwicklungsschein). Durch die Änderung wird dem Unternehmer und den Streitkräften die Möglichkeit eröffnet, zusätzlich zur Verwendung des amtlich vorgeschriebenen Vordrucks auch eine elektronische Form des Abwicklungsscheins zu verwenden.

2357 In **Zeile 44** sind die Reiseleistungen nach § 25 Abs. 2 UStG anzugeben. Die Leistung ist steuerfrei, soweit die ihr zuzurechnenden Reisevorleistungen im Drittlandsgebiet bewirkt werden. Für grenzüberschreitende Personenbeförderungen mit Flugzeugen und Schiffen enthält Abschn. 25.2 UStAE Vereinfachungsregelungen. Weitere Einzelheiten zu Reiseleistungen vgl. Abschn. 25.1 bis 25.5 UStAE.

2358 In **Zeile 45** ist die Summe der steuerfreien Umsätze mit Vorsteuerabzug (Zeilen 42 bis 44) einzutragen.

1) Vgl. hier BMF v. 30.4.1993, IV A 3 – S 7130 – 21/93, BStBl I 1993, 458; v. 30.4.1997, IV C 4 – S 7158b – 1/97/IV A 3 – S 7130 – 21/93, BStBl I 1997, 569.
2) Vgl. auch BMF v. 22.12.2004, IV A 6 – S 7492 – 13/04, BStBl I 2004, 1200.
3) Siebte Verordnung zur Änderung steuerlicher Verordnungen v. 19.12.2025, BGBl. I 2025 Nr. 372 = BStBl I 2026, 111.

c) Steuerfreie Umsätze ohne Vorsteuerabzug (Zeilen 46–49)

	Steuerfreie Umsätze ohne Vorsteuerabzug	Kz	
	a) nicht zum Gesamtumsatz (§ 19 Absatz 2 UStG) gehörend		
46	nach § 4 Nummer 12 UStG (Vermietung und Verpachtung von Grundstücken)	286	,—
47	nach § 4 Nummer ____ UStG	287	,—
	b) zum Gesamtumsatz (§ 19 Absatz 2 UStG) gehörend		
48	nach § 19 Absatz 1 UStG	236	,—
49	nach § ____ UStG	240	,—

aa) Steuerfreie Umsätze ohne Vorsteuerabzug, die nicht zum Gesamtumsatz (§ 19 Abs. 2 UStG) gehören (Zeilen 46–47)

Die steuerfreien Umsätze, z.B. aus Vermietung und Verpachtung von Grundstücken nach § 4 Nr. 12 UStG, sind in **Zeile 46** einzutragen. Die Steuerbefreiung gilt nicht nur für die Vermietung und Verpachtung von ganzen Grundstücken, sondern auch für die Vermietung und Verpachtung von Grundstücksteilen, z.B. die Vermietung von Wohnungen, einzelnen Räumen und Garagen. Steuerfrei ist auch die Vermietung von Werkdienstwohnungen durch Arbeitgeber an Arbeitnehmer. Wird auf die Steuerbefreiung unter den Voraussetzungen des § 9 UStG verzichtet (Option), sind die steuerpflichtigen Umsätze in **Zeile 22** zu erklären. Zur Zulässigkeit der Option und zur Einschränkung → Rz. 2429 ff. 2359

Nach § 4 Nr. 12 Satz 2 UStG ist die Vermietung und Verpachtung von **Betriebsvorrichtungen steuerpflichtig**, selbst wenn diese wesentlicher Bestandteil eines Grundstücks sind.[1] Der Begriff „Maschinen und sonstigen Vorrichtungen aller Art, die zu einer Betriebsanlage gehören (Betriebsvorrichtungen)" ist für den Bereich der Umsatzsteuer in gleicher Weise auszulegen wie für das Bewertungsrecht.[2] Die kurzfristige Vermietung von Wohnräumen (**Beherbergungsumsätze**) ist ebenfalls grundsätzlich steuerpflichtig. 2360

Beratungshinweis:

Auch die kurz- oder langfristige Unterbringung von Aus- und Übersiedlern, Asylanten, Asylbewerber oder Obdachlosen ist als Beherbergung anzusehen.[3] Vermietet der Vermieter konkret bezeichnete Räume längerfristig an eine Behörde, die ihrerseits in diesen Räumen Aus- und Übersiedler unterbringt, liegt keine steuerpflichtige Vermietung vor. Hiervon kann grundsätzlich ausgegangen werden, wenn der Vermieter die Räume für mindestens sechs Monaten an eine Behörde vermietet.

Beispiel 1:

Ein Unternehmer vermietet alle Zimmer seines Hotels an eine Behörde zu einem festen Mietpreis. Der Mietvertrag kann frühestens zum Ende des sechsten Monats gekündigt werden, ansonsten verlängert sich der Mietvertrag automatisch um jeweils drei Monate.

Es liegt eine steuerfreie Vermietung des Unternehmers an die Behörde nach § 4 Nr. 12 UStG vor, weil die Zimmer nicht zur kurzfristigen Beherbergung zur Verfügung gestellt werden. Die steuerfreie Vermietung gilt auch für die Zeiträume, um die sich der Mietvertrag automatisch verlängert. Bei diesem Sachverhalt liegt auch kein Wahlrecht zur kurzfristigen oder nicht kurzfristigen Vermietung vor.[4]

Beispiel 2:

Wie Beispiel 1, der Mietvertrag kann jedoch jeweils zum Monatsende gekündigt werden kann. Eine automatische Verlängerung des Mietvertrags ist wie im Beispiel 1 vorgesehen.

Nach diesem Sachverhalt handelt es sich um eine steuerpflichtige Vermietung. Kann der Vermieter auf Grund äußerer Umstände seine Absicht nachweisen, die Räume langfristig zu überlassen, kommt § 4 Nr. 12 Satz 1 Buchst. a UStG zur Anwendung.

Beispiel 3:

Wie Beispiel 1 mit dem Unterschied, dass der Behörde nicht genutzte Zimmer vom Vermieter Gästen zur Unterbringung überlassen werden können.

Die Zimmer werden sowohl zur längerfristigen als auch zur kurzfristigen Beherbergung angeboten. Es liegt eine steuerpflichtige Vermietung nach. § 4 Nr. 12 Satz 2 UStG i.S.d. angeführten BFH-Rechtsprechung[5] vor.

Beispiel 4:

Wie Beispiel 1 mit dem Unterschied, dass nicht alle Zimmer an die Behörde vermietet werden, sondern nur eine bestimmte Anzahl von Zimmern, ohne dass diese konkret bezeichnet sind.

Die Zimmer werden sowohl zur längerfristigen als auch zur kurzfristigen Beherbergung angeboten. Es liegt eine steuerpflichtige Vermietung nach § 4 Nr. 12 Satz 2 UStG vor (wie im Beispiel 3). Der Sachverhalt wäre anders zu beurteilen, wenn konkret bezeichnete Zimmer vermietet würden, die bei Nichtbelegung durch die Behörde nicht vom Vermieter zur Unterbringung von Gästen genutzt werden dürften. In diesem Fall würde (wie im Beispiel 1) eine steuerfreie Vermietung vorliegen.

1) BFH v. 28.5.1998, V R 19/96, BStBl II 2010, 307; vgl. auch Abschn. 4.12.10 Satz 1 UStAE.
2) Vgl. Abschn. 4.12.10 Satz 2 bis 6 UStAE.
3) BFH v. 20.4.1988, X R 5/82, BStBl II 1988, 795.
4) BFH v. 11.1.1990, V R 156/84, BFH/NV 1990, 741.
5) BFH v. 11.1.1990, V R 156/84, BFH/NV 1990, 741.

Beratungshinweis:
Bei häufigen Wechseln zwischen einer steuerpflichtigen Beherbergung und einer steuerfreien Vermietung sind eine Vorsteueraufteilung und ggf. auch eine Vorsteuerberichtigung vorzunehmen.

2361 Die Leistungen der Campingplatzunternehmer sind als Grundstücksvermietung anzusehen, wenn sie darauf gerichtet sind, dem Benutzer des Campingplatzes den Gebrauch einer bestimmten, nur ihm zur Verfügung stehenden Campingfläche zu gewähren.[1] Die Dauer der Überlassung ist für die Frage, ob eine Vermietung vorliegt, ohne Bedeutung. Wenn die Überlassung einer Campingfläche als Vermietung anzusehen ist, ist sie nur dann steuerpflichtig, wenn sie nicht kurzfristig ist, d.h. die tatsächliche Gebrauchsüberlassung mindestens sechs Monate beträgt.[2]

2362 Die Vermietung von Plätzen für das Abstellen von Fahrzeugen ist unabhängig von der Dauer der Vermietung steuerpflichtig. Eine Vermietung von Plätzen für das Abstellen von Fahrzeugen liegt nach Abschn. 4.12.2 Abs. 3 Satz 1 UStAE vor, wenn dem Fahrzeugbesitzer der Gebrauch einer Stellfläche überlassen wird. § 4 Nr. 12 Satz 2 UStG gilt auch für die Vermietung eines Parkplatz-Grundstücks, wenn der Mieter dort zwar selbst parken will, aber entsprechend der Vereinbarung im Mietvertrag das Grundstück Dritten zum Parken überlässt.[3] Auf die tatsächliche Nutzung der überlassenen Stellfläche als Fahrzeugstellplatz durch den Mieter kommt es nicht an. Die Vermietung ist umsatzsteuerfrei, wenn sie eine Nebenleistung zu einer steuerfreien Leistung, insb. zu einer steuerfreien Grundstücksvermietung ist.[4]

2363 Die Überlassung von Sportanlagen durch den Sportanlagenbetreiber an Endverbraucher ist eine einheitliche steuerpflichtige Leistung.[5] Auf die Entgelte ist der allgemeine Steuersatz anzuwenden (→ Rz. 2248 ff.). Auf die Überlassung eines Schwimmbads und auf die Überlassung von Sportstätten durch gemeinnützige Vereine an Vereinsmitglieder kann der ermäßigte Steuersatz zur Anwendung kommen (→ Rz. 2281 ff.). Überlässt ein Unternehmer eine gesamte Sportanlage einem anderen Unternehmer als Betreiber zur Überlassung an Dritte (sog. Zwischenvermietung), ist die Nutzungsüberlassung an diesen Betreiber in eine steuerfreie Grundstücksüberlassung und eine steuerpflichtige Vermietung von Betriebsvorrichtungen aufzuteilen.[6] Weitere Einzelheiten vgl. Abschn. 4.12.11 UStAE.

2364 **Zeile 47** enthält für alle anderen steuerfreien Umsätze ohne Vorsteuerabzug eine Eintragungsmöglichkeit. In dem freien Feld sollte bzw. sollten die Befreiungsvorschrift eingetragen werden, hierbei kann es sich um nachfolgende steuerfreie Umsätze handeln:

- die Gewährung und Vermittlung von Krediten, die Umsätze im Geschäft mit Forderungen, Schecks, und anderen Handelspapieren, ausgenommen die Einziehung von Forderungen, die Umsätze im Geschäft mit Wertpapieren, ausgenommen die Verwahrung und Verwaltung von Wertpapieren, die Umsätze von Anteilen an Gesellschaften und anderen Vereinigungen, die Übernahme von Verbindlichkeiten, von Bürgschaften und anderen Sicherheiten, die Verwaltung von Sondervermögen sowie die Vermittlung bestimmter steuerfreier Umsätze (§ 4 Nr. 8 UStG). Die Verwaltung von Fremdkrediten, also Verwaltung von Krediten durch Dritte, nicht durch den Kreditgeber, ist nicht befreit. Zur Steuerbefreiung bei der Veräußerung von Kapitallebensversicherungen auf dem Zweitmarkt vgl. BFH-Urteil v. 5.9.2019.[7]

  Zu den nach § 4 Nr. 8 Buchst. d UStG steuerfreien Umsätzen im Einlagengeschäft gehören z.B. die Verwahrung des Kontoguthabens, die Kontoführung, Kontenauflösungen, Kontensperrungen, die Veräußerung von Heimsparbüchsen und sonstige mittelbar mit dem Einlagengeschäft zusammenhängende Leistungen, die durch Kontogebühren oder durch den Einbehalt negativer Einlagezinsen aus der Einlage des Leistungsempfängers vergütet werden (Abschn. 4.8.5 Abs. 1 UStAE).

  Nach § 4 Nr. 8 Buchst. h UStG sind die Verwaltung von Organismen für gemeinsame Anlagen in Wertpapieren i.S.d. § 1 Abs. 2 des Kapitalanlagegesetzbuchs, die Verwaltung von mit diesen vergleichbaren alternativen Investmentfonds i.S.d. § 1 Abs. 3 des Kapitalanlagegesetzbuchs, die Verwaltung von Wagniskapitalfonds und die Verwaltung von Versorgungseinrichtungen i.S.d. Versicherungsaufsichtsgesetzes von der USt befreit. Weitere Einzelheiten enthält Abschn. 4.8.13 UStAE und das BMF-Schreiben v. 13.12.2017[8] sowie das BMF-Schreiben v. 17.5.2024.[9]

  Mit Urteil v. 22.10.2015 hat der EuGH entschieden, dass es sich bei dem Umtausch konventioneller Währungen in Einheiten der sog. virtuellen Währung **Bitcoin** und umgekehrt um eine Dienstleistung gegen Entgelt i.S.d. Art. 2 Abs. 1 Buchst. c MwStSystRL handelt, die unter die Steuerbefreiung nach Art. 135 Abs. 1 Buchst. e MwStSystRL fällt.[10]

1) Vgl. Abschn. 4.12.3 Abs. 1 UStAE.
2) Vgl. Abschn. 4.12.3 Abs. 2 UStAE.
3) Vgl. BFH v. 30.3.2006, V R 52/05, BStBl II 2006, 731.
4) Vgl. Abschn. 4.12.2 Abs. 3 Satz 4 bis 9 UStAE.
5) BFH v. 31.5.2001, V R 97/98, BStBl II 2001, 658.
6) BFH v. 11.3.2009, XI R 71/07, BStBl II 2010, 209.
7) BFH v. 5.9.2019, V R 57/17, BStBl II 2020, 356.
8) BMF v. 13.12.2017, III C 3 – S 7160-h/16/10001, BStBl I 2018, 72.
9) BMF v. 17.5.2024, III C 3 – S 7160-h/22/10001 :016, BStBl I 2024, 921.
10) Vgl. EuGH v. 22.10.2015, C-264/14, Hedquvist, BStBl II 2018, 211.

Daneben können den Urteilsgrundsätzen auch generelle Ausführungen zur umsatzsteuerrechtlichen Behandlung von sog. virtuellen Währungen entnommen werden, die wie der Bitcoin als vertragliches unmittelbares Zahlungsmittel zwischen Wirtschaftsteilnehmern akzeptiert werden und die keinem anderen Zweck als der Verwendung als Zahlungsmittel dienen.

Weitere Einzelheiten enthält das BMF-Schreiben v. 27.2.2018[1)] und Abschn. 4.8.3 Abs. 3a UStAE.

Das BMF hat zur Umsatzsteuerbefreiung für die Verwaltung von Wagniskapitalfonds nach § 4 Nr. 8 Buchst. h UStG ein BMF-Schreiben herausgegeben, das in Abschn. 4.8.13 UStAE übernommen wurde.[2)]

- die Umsätze, die unter das Grunderwerbsteuergesetz fallen (§ 4 Nr. 9 Buchst. a UStG);
- die Umsätze, die unter das Rennwett- und Lotteriegesetz fallen (§ 4 Nr. 9 Buchst. b UStG), sowie die Umsätze, der zugelassenen öffentlichen Spielbanken, die durch den Betrieb der Spielbank bedingt sind. Nicht befreit sind die unter das Rennwett- und Lotteriegesetz fallenden Umsätze, die von der Rennwett- und Lotteriesteuer befreit sind oder von denen diese Steuer allgemein nicht erhoben wird.
- die Leistungen auf Grund eines Versicherungsverhältnisses i.S.d. Versicherungssteuergesetzes. Dies gilt auch, wenn die Zahlung des Versicherungsentgelts nicht der Versicherungsteuer unterliegt sowie die Leistungen, die darin besteht, dass anderen Personen Versicherungsschutz verschafft wird (§ 4 Nr. 10 UStG).

  Der BFH hat in seinem Urteil v. 14.11.2018 entschieden, dass die entgeltliche Garantiezusage eines Kfz-Händlers keine unselbständige Nebenleistung zur Fahrzeuglieferung, sondern eine eigenständige Leistung ist.[3)] Mit einer Garantiezusage, durch die der Kfz-Verkäufer als Garantiegeber im Garantiefall eine Geldleistung verspricht, liegt eine Leistung auf Grund eines Versicherungsverhältnisses i.S.d. VersStG vor, die nach § 4 Nr. 10 Buchst. a UStG umsatzsteuerfrei ist. Gleiches gilt für das Versprechen einer Reparaturleistung durch den Garantiegeber. Nähere Einzelheiten ergeben sich aus den BMF-Schreiben v. 11.5.2021, v. 18.6.2021 und v. 18.10.2021;[4)]
- die Umsätze aus der Tätigkeit als Bausparkassenvertreter, Versicherungsvertreter und Versicherungsmakler (§ 4 Nr. 11 UStG);
- die Post-Universaldienstleistungen (vgl. § 4 Nr. 11b UStG);
- die Leistungen der Wohnungseigentümergemeinschaften an die Wohnungseigentümer und Teileigentümer, soweit die Leistungen in der Überlassung des gemeinschaftlichen Eigentums zum Gebrauch, seiner Instandhaltung, Instandsetzung und sonstigen Verwaltung sowie der Lieferung von Wärme und ähnlichen Gegenständen bestehen (§ 4 Nr. 13 UStG);
- Heilbehandlungen im Bereich der Humanmedizin, die im Rahmen der Ausübung der Tätigkeit als Arzt, Zahnarzt, Heilpraktiker, Physiotherapeut (Krankengymnast), Hebamme oder aus einer ähnlichen heilberuflichen Tätigkeit durchgeführt werden (vgl. § 4 Nr. 14 Buchst. a UStG);[5)]
- Krankenhausbehandlungen und ärztliche Heilbehandlungen einschließlich der Diagnostik, Befunderhebung, Vorsorge, Rehabilitation, Geburtshilfe und Hospizleistungen sowie damit eng verbundene Umsätze, die von Einrichtungen des öffentlichen Rechts erbracht werden (vgl. § 4 Nr. 14 Buchst. b UStG).[6)]

Praxishinweis:

Mit Urteil v. 24.8.2017 hat der BFH entschieden, dass medizinische Analysen, die von einem in privatrechtlicher Form organisierten Labor außerhalb der Praxisräume des praktischen Arztes durchgeführt werden, der sie angeordnet hat, nach § 4 Nr. 14 Buchst. b UStG steuerfrei sein können, nicht aber auch nach Buchst. a dieser Vorschrift steuerfrei sind.[7)]

Dem BFH-Urteil v. 18.12.2019 folgend, ist diese Auffassung nach Ergehen des EuGH-Urteils v. 18.9.2019, überholt.[8)] Danach können medizinische Analysen eines Facharztes für klinische Chemie und Laboratoriumsdiagnostik nicht nur nach § 4 Nr. 14 Buchst. b UStG, sondern auch nach § 4 Nr. 14 Buchst. a Satz 1 UStG steuerfrei sein. Das Bestehen eines Vertrauensverhältnisses zwischen Behandelndem und Patient ist keine Voraussetzung für die Steuerbefreiung einer Tätigkeit im Rahmen einer Heilbehandlung i.S.d. § 4 Nr. 14 Buchst. a Satz 1 UStG.[9)]

Die in § 4 Nr. 14 Buchst. b Satz 1 UStG bezeichneten Krankenhausbehandlungen und ärztlichen Heilbehandlungen sind auch steuerfrei, wenn sie von zugelassenen Krankenhäusern nach § 108 SGB V erbracht werden oder von anderen Krankenhäusern, die ihre Leistungen in sozialer Hinsicht unter vergleichbaren Bedingungen wie die Krankenhäuser erbringen, die in öffentlich-rechtlicher Trägerschaft stehen oder nach § 108 SGB V zugelassen sind.

1) BMF v. 27.2.2018, III C 3 – S 7160-b/13/10001, BStBl I 2018, 316.
2) BMF v. 24.6.2022, III C 3 – S 7160-h/20/10003 :026, BStBl I 2022, 1006.
3) BFH v. 14.11.2018, XI R 16/17, BStBl II 2021, 461.
4) BMF v. 11.5.2021, III C 3 – S 7163/19/10001 :001, BStBl I 2021, 781; v. 18.6.2021, III C 3 – S 7163/19/10001 :001, BStBl I 2021, 871 und v. 18.10.2021, III C 3 – S 7163/19/10001 :001, BStBl I 2021, 2142; vgl. auch Abschn. 4.10.1 Abs. 4 Satz 3 UStAE.
5) Abschn. 4.14.4 UStAE.
6) Siehe auch BMF v. 26.6.2009, IV B 9 – S 7170/08/10009, BStBl I 2009, 756.
7) BFH v. 24.8.2017, V R 25/16, BStBl II 2023, 982.
8) BFH v. 18.12.2019, XI R 23/19 (XI R 23/15), BStBl II 2023, 9984, HFR 2020, 484 und EuGH v. 18.9.2019, C-700/17 (Peters), HFR 2019, 1019.
9) Vgl. BMF v. 10.10.2023, III C 3 – S 7170/20/10002 :001, BStBl I 2023, 1794.

Dienstleistungen, die ein unerlässlicher, fester und untrennbarer Bestandteil eines „Gesamtverfahrens" sind und dessen einzelne Abschnitte sinnvollerweise nicht isoliert voneinander durchgeführt werden, sind nach der Rechtsprechung des EuGH ebenfalls als Heilbehandlungsleistungen anzusehen.[1)] Dem folgend sind nach Auffassung des BFH auch Leistungen, die ein Arzt mit unmittelbarem Bezug zu einer Heilbehandlungstätigkeit erbringt, damit u.a. andere Ärzte und Krankenhäuser bei der Ausübung ihrer Heilbehandlungstätigkeit die hierfür bestehenden – medizinisch unerlässlichen und gesetzlich vorgeschriebenen – infektionshygienischen Anforderungen im Einzelfall erfüllen, als Heilbehandlungsleistungen anzusehen.[2)]

Sonstige Leistungen eines Arztes im Zusammenhang mit Fruchtbarkeitsbehandlungen, z.B. das Einfrieren (Kryokonservierung) und Lagern von Eizellen oder Spermien, sind umsatzsteuerfreie Heilbehandlungsleistungen. Steuerfrei ist auch die weitere Lagerung der vom Arzt im Rahmen einer Fruchtbarkeitsbehandlung eingefrorenen Eizellen oder Spermien, wenn damit ein therapeutischer Zweck verfolgt wird, z.B. zur Herbeiführung einer weiteren Schwangerschaft bei einer andauernden organisch bedingten Sterilität. Steuerpflichtig ist hingegen die vorsorgliche Lagerung von Eizellen oder Spermien ohne medizinischen Anlass, wie z.B. das sog. Social Freezing.[3)] Die bloße Lagerung eingefrorener Eizellen oder Spermien durch dritte Unternehmer, wie z.B. Kryobanken, die nicht auch die vorhergehende oder die sich ggf. anschließende Fruchtbarkeitsbehandlung erbringen, ist regelmäßig umsatzsteuerpflichtig. Dies gilt entsprechend, wenn die sonstigen Leistungen im Rahmen einer Fruchtbarkeitsbehandlung von Einrichtungen nach § 4 Nr. 14 Buchst. b UStG erbracht werden.[4)]

Durch den Verweis in § 4 Nr. 14 Buchst. c UStG auf § 140a SGB V werden alle bisher nach § 4 Nr. 16 Buchst. c UStG a.F. (gültig bis zum 31.12.2008) bzw. nach § 4 Nr. 14 Buch. c UStG (gültig ab 1.1.2009) bereits begünstigen Leistungen weiterhin von der Umsatzsteuer befreit. Auf Grund der Regelung in § 140a Abs. 1 Satz 3 SGB V gelten Verträge fort, die nach den §§ 73c und 140b SGB V in der am 22.7.2015 geltenden Fassung geschlossen wurden, fort; Leistungen, die auf der Grundlage solcher Altverträge erbracht werden, sind somit weiterhin umsatzsteuerfrei.

In die Umsatzsteuerbefreiung werden außerdem Leistungen der ambulanten Versorgung in stationären Pflegeeinrichtungen durch Einrichtungen, mit denen Kooperationsverträge nach § 119b SGB V bestehen, neu aufgenommen. Zur Sicherstellung der ambulanten (ärztlichen oder zahnärztlichen) Versorgung/Behandlung in stationären Pflegeeinrichtungen sollen stationäre Pflegeeinrichtungen diese hierfür einzeln oder gemeinsam Kooperationsverträge mit dafür geeigneten vertragsärztlichen Leistungserbringern schließen.

Mit § 4 Nr. 14 Buchst. f UStG wird die Steuerbefreiung nach § 4 Nr. 14 Buchst. a und Buchst. b UStG um die Leistungen, die der Förderung des öffentlichen Gesundheitswesens dienen, auf Grundlage des Art. 132 Abs. 1 Buchst. c und g MwStSystRL ergänzt.

Mit Leistungen zur Förderung des öffentlichen Gesundheitswesens, die von Einrichtungen des öffentlichen Rechts, Sanitäts- und Rettungsdiensten sowie von Einrichtungen, die die Durchführung des ärztlichen Notdienstes sicherstellen, erbracht werden, sofern es sich nicht bereits um Heilbehandlungsleistungen handelt, werden soziale Zwecke verfolgt, weil sie dazu dienen, bei Bedarf betroffenen Personen in einer medizinischen Notlage abzuhelfen.[5)]

Diese Leistungen zur Förderung des öffentlichen Gesundheitswesens sind nach der Gesetzesbegründung steuerfrei, wenn sie von juristischen Personen des öffentlichen Rechts erbracht werden. Dies ist z.B. der Fall, wenn der öffentliche Träger des Rettungsdienstes laut Rettungsdienstgesetz des Landes die Aufgaben im Rettungsdienst selbst durchführt.

Begünstigte Einrichtungen i.S.d. § 4 Nr. 14 Buchst. f Doppelbuchst. cc UStG sind solche, die auf Grund eines Vertrages mit der Kassenärztlichen Vereinigung nach § 75 SGB V die Durchführung des ärztlichen Notdienstes sicherstellen, wofür die Kosten durch die Krankenkassen übernommen werden.

Gegenstand der Regelung im Bereich des ärztlichen Notdienstes nach § 4 Nr. 14 Buchst. f Doppelbuchst. cc UStG sind v.a. die Leistungen der Bereitstellung und des Betriebs einer Notfallpraxis i.S.d. § 75 SGB V. Diese Leistungen umfassen neben der Organisation des Bereitschaftsdienstes auch die Leistungen des nichtärztlichen Personals, das den diensthabenden Arzt bei der (Notfall-)Behandlung unterstützt.

- die Umsätze der gesetzlichen Träger der Sozialversicherung, der gesetzlichen Träger der Grundsicherung für Arbeitssuchende nach SGB II sowie die gemeinsamen Einrichtungen nach § 44b SGB II, der örtlichen oder überörtlichen Träger der Sozialhilfe sowie der Verwaltungsbehörden und sonstigen Stellen der Kriegsopferversorgung einschließlich der Träger der Kriegsopferfürsorge sowie der nach Bundes- und Landesrecht zur Durchführung des SGB XIV oder des Soldatenentschädigungsgesetzes zuständigen Verwaltungsbehörden (§ 4 Nr. 15 UStG);[6)]
- die auf Gesetz beruhenden Leistungen der Medizinischen Dienste (§ 278 SGB V) und des Medizinischen Dienstes Bund (§ 281 SGB V) untereinander und die gesetzlichen Träger der Sozialversicherung und deren Verbände

1) Vgl. EuGH v. 18.11.2010, C-156/09, ABl.EU 2011 Nr. C 13, 8.
2) Vgl. BFH v. 18.8.2011, V R 27/10, BFH/NV 2011, 2211.
3) Vgl. BFH v. 29.7.2015, XI R 23/13, BStBl II 2017, 733.
4) Vgl. Abschn. 4.14.2 Abs. 4 UStAE.
5) Vgl. BFH v. 2.8.2018, V R 37/17, BFH/NV 2019, 177.
6) Gesetz über die Entschädigung der Soldatinnen und Soldaten und zur Neuordnung des Soldatenversorgungsrechts v. 20.8.2021, BGBl. I 2021, 3932.

und für die Träger der Grundsicherung für Arbeitssuchende nach SGB II sowie die gemeinsamen Einrichtungen nach § 44b SGB II (§ 4 Nr. 15a UStG);

- Eingliederungsleistungen nach SGB II, Leistungen der aktiven Arbeitsförderung nach SGB III und vergleichbare Leistungen, die von Einrichtungen des öffentlichen Rechts oder anderen Einrichtungen mit sozialem Charakter erbracht werden (§ 4 Nr. 15b UStG);
- Leistungen zur Teilhabe am Arbeitsleben nach § 33 SGB IX, die von Einrichtungen des öffentlichen Rechts oder anderen Einrichtungen mit sozialem Charakter erbracht werden. Andere Einrichtungen mit sozialem Charakter im Sinne dieser Vorschrift sind Rehabilitationsdienste und -einrichtungen nach den §§ 19 und 35 SGB IX, mit denen Verträge nach § 21 SGB IX abgeschlossen worden sind (§ 4 Nr. 15c UStG);
- die eng mit der Betreuung oder Pflege körperlich, kognitiv oder psychisch hilfsbedürftiger Personen verbundenen Leistungen, wenn die Leistungen von einer juristischen Person des öffentlichen Rechts oder von einer nach dem Sozialgesetzbuch im Einzelnen anerkannten Einrichtung erbracht werden (vgl. § 4 Nr. 16 UStG);[1]
- niedrigschwellige Betreuungsangebote (§ 4 Nr. 16 Satz 1 Buchst. g UStG) sind Angebote, in denen Helferinnen und Helfer unter pflegefachlicher Anleitung die Betreuung von Pflegebedürftigen mit erheblichem Bedarf an allgemeiner Beaufsichtigung und Betreuung in Gruppen oder im häuslichen Bereich übernehmen sowie pflegende Angehörige entlasten und beratend unterstützen (§ 45c Abs. 3 SGB XI). Das sind z.B. Betreuungsgruppen für Pflegebedürftige mit demenzbedingten Fähigkeitsstörungen, mit geistigen Behinderungen oder mit psychischen Erkrankungen, Helferinnen- und Helferkreise zur stundenweisen Entlastung pflegender Angehöriger im häuslichen Bereich, die Tagesbetreuung in Kleingruppen oder die Einzelbetreuung durch anerkannte Helferinnen und Helfer oder familienentlastende Dienste. Solche niedrigschwelligen Betreuungsangebote werden z.B. von ambulanten Pflegediensten, von Wohlfahrtsverbänden, Betroffenenverbänden, Nachbarschaftshäusern, Kirchengemeinden und anderen Organisationen und Vereinen erbracht, aber auch von Einzelpersonen. Umsätze von Einrichtungen sind nach § 4 Nr. 16 Satz 1 Buchst. g UStG steuerfrei, soweit sie Leistungen erbringen, die landesrechtlich als niedrigschwellige Betreuungsangebote nach § 45b SGB XI anerkannt oder zugelassen sind.
- Nach § 4 Nr. 16 Satz 1Buchst. m UStG werden alle im Rahmen eines Betreuungs-, Unterbringungs- oder Freiheitsentziehungsverfahrens nach dem 3. oder 7. Buch des Gesetzes über das Verfahren in Familiensachen und den Angelegenheiten der freiwilligen Gerichtsbarkeit (FamFG) zur Unterstützung einer hilfsbedürftigen Person tätigen Verfahrenspfleger als begünstigte Einrichtungen anerkannt. Dazu zählen insb. die Verfahrenspflegerbestellungen im Vorfeld der Bestellung eines Betreuers, wie die vor Anordnung oder Genehmigung einer Unterbringungsmaßnahme (§ 312 FamFG), wie auch die Bestellungen nach § 298 Abs. 2 und § 297 Abs. 5 FamFG, sowie vor Anordnung einer Freiheitsentziehung. Nach gefestigter Rechtsprechung des EuGH umfasst der Begriff „Einrichtungen" i.S.d. Art. 132 Abs. 1 Buchst. g MwStSystRL unabhängig von der Rechts- oder Organisationsform des Leistungserbringers sowohl natürliche als auch juristische Personen.

Die Regelung soll den Grundsätzen des BFH in seinem Urteil v. 25.11.2021 folgen,[2] wonach an der Tätigkeit eines Verfahrenspflegers in Betreuungs- und Unterbringungssachen ein besonderes Gemeinwohlinteresse besteht. In diesen Verfahren geht es fast ausschließlich um intensive Grundrechtseingriffe gegenüber hilfsbedürftigen Personen; sei es, weil eine Betreuerbestellung erfolgt, eine weitergehende Betreuungsmaßnahme beschlossen wird, sei es, weil eine Maßnahme unterlassen und der Rechtsanspruch auf rechtliche Betreuung nicht erfüllt wird. Entsprechendes gilt für die Tätigkeit eines Verfahrenspflegers in Freiheitsentziehungssachen, die nicht Gegenstand des Urteils des BFH gewesen ist.

Die Steuerbefreiung erfasst alle in diesem Rahmen erbrachten Pflegschaftsleistungen von den zum Verfahrenspfleger bestellten Personen.

- die Lieferungen von menschlichen Organen, menschlichem Blut und Frauenmilch (§ 4 Nr. 17 Buchst. a UStG) sowie Beförderungen von kranken und verletzten Personen mit Fahrzeugen, die hierfür besonders eingerichtet sind (§ 4 Nr. 17 Buchst. b UStG);
- eng mit der Sozialfürsorge und der sozialen Sicherheit verbundene Leistungen (§ 4 Nr. 18 UStG);[3]
- die Umsätze der Blinden, die nicht mehr als zwei Arbeitnehmer beschäftigen, sowie Umsätze von anerkannten Blindenwerkstätten unter den Voraussetzungen des § 4 Nr. 19 Buchst. a und b UStG;
- die Umsätze von Theatern, Orchestern, Kammermusikensembles, Chören, Museen, botanischen und zoologischen Gärten, Tierparks, Büchereien, unter den in § 4 Nr. 20 UStG bezeichneten Voraussetzungen erfüllt werden;

  Museen i.S.d. § 4 Nr. 20 Buchst. a UStG sind wissenschaftliche Sammlungen und Kunstsammlungen. Deren Umsätze sind steuerfrei, wenn die Einrichtungen die Voraussetzungen des § 4 Nr. 20 Buchst. a Sätze 1 und 2 UStG erfüllen.

  Als Museen können auch Kunstausstellungen in Betracht kommen. Hierbei muss es sich um Kunstsammlungen handeln, die ausgestellt und dadurch der Öffentlichkeit zum Betrachten und zu den damit verbundenen kultu-

---

1) Siehe auch BMF v. 12.7.2023, III C 3 – S 7172/21/10003 :001, BStBl I 2023, 1505; vgl. auch Abschn. 4.16.1 bis 4.16.6 UStAE.
2) BFH v. 25.11.2021, V R 34/19, BFH/NV 2022, 561, Nr. 5.
3) Siehe auch BMF v. 14.2.2023, III C 3 – S 7175/21/10003 :003, BStBl I 2023, 348; vgl. auch Abschn. 4.18.1 UStAE.

rellen und bildenden Zwecken zugänglich gemacht werden. Es kann sich dabei auch um die Kunstsammlung einer anderen Person handeln. Die Sammlungen können auch eigens für die Ausstellung zusammengestellt sein. Es kommt nicht darauf an, ob Sonderausstellungen entweder komplett aus den Sammlungsbeständen anderer Einrichtungen oder privater Leihgeber zusammengestellt sind oder aber nur zu einem geringen Anteil aus der eigenen Sammlung bestückt werden. Aus dem Begriff der Sammlung folgt ferner kein Erfordernis der Dauerhaftigkeit.[1] Daher können auch Ausstellungen, welche nur für eine begrenzte Zeit besichtigt werden können (sog. Wanderausstellungen), sowie Sammlungen vergänglicher Gegenstände (z.B. Eis- oder Sandskulpturen) grundsätzlich hierunter fallen, sofern es sich bei den ausgestellten Objekten um Kunstwerke handelt.[2]

Die Veranstaltung von Theateraufführungen und Konzerten durch andere Unternehmer ist dann steuerfrei, wenn die Darbietungen durch die in Buchst. a bezeichneten Theater, Orchester, Kammermusikensembles oder Chöre von Gebietskörperschaften oder von anderen Unternehmern mit der in Buchst. a bezeichneten Bescheinigung erbracht werden (§ 4 Nr. 20 Buchst. b UStG). Veranstalter ist derjenige, der im eigenen Namen die organisatorischen Maßnahmen dafür trifft, dass die Theatervorführung abgehalten werden kann, wobei er die Umstände, den Ort und die Zeit der Darbietung selbst bestimmt. Werden bei Theatervorführungen mehrere Veranstalter tätig, kann jeder Veranstalter die Steuerbefreiung des § 4 Nr. 20 Buchst. b UStG unter den Voraussetzungen dieser Vorschrift in Anspruch nehmen. Bei Tournee-Veranstaltungen kann deshalb die Steuerbefreiung sowohl dem Tournee-Veranstalter als auch dem örtlichen Veranstalter zustehen.[3]

Nach § 4 Nr. 20 Buchst. a UStG sind die Leistungen der Chöre, Orchester oder Kammermusikensembles von der Steuer befreit. Von dieser Befreiung waren früher die Leistungen einzelner Musiker, die als Duo oder Trio gemeinsam auftraten, jedoch umsatzsteuerlich als Einzelunternehmer zu behandeln waren, ausgeschlossen.[4] Diese Auffassung konnte auf Grund des EuGH-Urteils v. 3.4.2003[5] nicht mehr aufrechterhalten werden. Der EuGH hat entschieden, dass die Steuerbefreiung nach Art. 13 Teil A Abs. 1 Buchst. n der 6. EG-Richtlinie (seit 1.1.2007: Art. 132 Abs. 1 Buchst. n MwStSystRL) auch für kulturelle Leistungen von Solisten gilt.[6] Nach dem Grundsatz der Steuerneutralität können Solisten von den Mitgliedstaaten nicht von einer Steuerbefreiung ausgeschlossen werden, die für die gleichen von Gruppen erbrachten Leistungen gilt.

Ein Grundlagenbescheid, der nicht den Vorschriften der Feststellungsverjährung (§ 181 AO) unterliegt, löst die Ablaufhemmung nach § 171 Abs. 10 Satz 1 oder 2 AO nur dann aus, wenn er vor Ablauf der Festsetzungsfrist des Folgebescheids bei der für den Erlass des Grundlagenbescheids zuständigen Behörde beantragt worden ist (§ 171 Abs. 10 Satz 3 AO). Hierunter fallen auch Grundlagenbescheide ressortfremder Behörden (z.B. Bescheinigungen nach § 4 Nr. 20 Buchst. a UStG).

Für die Erteilung der Bescheinigung der zuständigen Landesbehörde gilt Abschn. 4.21.5 Abs. 2, 3 und 6 UStAE entsprechend (vgl. Abschn. 4.20.5 Abs. 1 UStAE). Eine für zurückliegende Zeiträume erteilte Bescheinigung kann nur unter den Voraussetzungen des § 171 Abs. 10 AO eine Ablaufhemmung auslösen (vgl. AEAO zu § 171, Nr. 6.1, 6.2 und 6.5). Die zuständige Landesbehörde kann darauf in der Bescheinigung hinweisen. Die konkrete Feststellung, für welche Umsatzsteuerfestsetzung die Bescheinigung bzw. deren Aufhebung von Bedeutung ist, trifft die Finanzbehörde.[7]

Die höchstrichterliche Rechtsprechung versteht unter Theatervorführungen i.S.v. § 12 Abs. 2 Nr. 7 Buchst. a UStG nicht nur Aufführungen von Theaterstücken im engeren Sinne, Opern und Operetten, sondern auch Darbietungen der Pantomime und Tanzkunst, der Kleinkunst, der Eisrevuen und des Varietés bis zu den Puppenspielen. Begünstigt sind auch Mischformen von Sprech-, Musik- und Tanzdarbietungen. Für die Steuerbefreiung nach § 4 Nr. 20 UStG muss der Begriff der Theatervorführung in gleicher Weise bestimmt werden.

Umsätze eines Theaters können nur vorliegen, wenn Personen in irgendeiner Weise auf einer Bühne vor einem Publikum ein Stück zur Aufführung bringen oder eine für Zuschauer bestimmte Aufführung durch eine Person erfolgt.[8]

Zu den Theatern gehören auch Freilichtbühnen, Wanderbühnen, Zimmertheater, Heimatbühnen, Puppen-, Marionetten- und Schattenspieltheater sowie literarische und politische Kabaretts, wenn sie die in Abschn. 4.20.1 Abs. 1 UStAE bezeichneten Voraussetzungen erfüllen. Theatervorführungen sind auch Aufführungen der Pantomime und Tanzkunst, der Kleinkunst, des Varietés (u.a. Zauberei, Artistik und Bauchrednerei), der Eisrevuen sowie Mischformen von Sprech-, Musik- und Tanzdarbietungen.[9] Filmvorführungen fallen nicht unter die Steuerbefreiung. Dasselbe gilt für reine Autorenlesungen vor Publikum.[10]

– die unmittelbar dem Schul- und Bildungszweck dienenden Leistungen von Einrichtungen des öffentlichen Rechts, die mit solchen Aufgaben betraut sind, privaten Schulen und anderen allgemeinbildenden oder berufs-

1) Vgl. BFH v. 22.11.2018, V R 29/17, BStBl II 2021, 495.
2) Vgl. auch Abschn. 4.20.3 Abs. 2 UStAE und BMF v. 28.6.2021, III C 2 – S 7238/19/10002 :001, BStBl I 2021, 868.
3) Vgl. Abschn. 4.20.1 Abs. 4 UStAE.
4) BFH v. 24.2.2000, V R 23/99, BStBl II 2000, 302.
5) EuGH v. 3.4.2003, Matthias Hoffmann, C-144/00, UR 2003, 286.
6) Vgl. Abschn. 4.20.2 UStAE.
7) Vgl. Abschn. 4.21.5 Abs. 2 Satz 7 ff. UStAE und BMF v. 17.7.2018, III C 3 – S 7179/08/10005 :001, BStBl I 2018, 820.
8) Vgl. BFH v. 4.5.2011, XI R 44/08, BStBl II 2014, 200; v. 10.1.2013, V R 31/10, BStBl II 2013, 352 und Abschn. 4.20.1 Abs. 1 Satz 2 UStAE.
9) Vgl. BFH v. 4.5.2011, XI R 44/08, BStBl II 2014, 200 und v. 10.1.2013, V R 31/10, BStBl II 2013, 352.
10) Vgl. BFH v. 25.2.2015, XI R 35/12, BStBl II 2015, 677 und Abschn. 4.20.1 Abs. 2 UStAE.

bildenden Einrichtungen sowie die unmittelbar dem Schul- und Bildungszweck dienenden Leistungen selbständiger Lehrer (§ 4 Nr. 21 UStG). Auf die Rechtsform des Trägers der Einrichtung kommt es nicht an. Selbständige Lehrer sind nur mit den Unterrichtsleistungen befreit (§ 4 Nr. 21 Buchst. b UStG). Weitere Voraussetzung ist, dass diese Unterrichtsleistung an Hochschulen oder öffentlichen allgemeinbildenden oder berufsbildenden Schulen erbracht werden. Werden die selbständigen Lehrer an Privatschulen oder vergleichbaren Einrichtungen tätig, müssen diese Einrichtungen die Voraussetzungen des § 4 Nr. 21 Buchst. a UStG erfüllen, d.h. z.B., wenn es sich um eine Ergänzungsschule handelt, müssen die erforderlichen Bescheinigungen vorliegen. Natürliche Personen, die für nichtstaatliche Bildungseinrichtungen wie Volkshochschulen, Musikschulen, Berufsverbände, Handwerkskammern usw. haupt- oder nebenamtlich tätig werden, sind dann steuerfrei, wenn eine anerkannte Bildungseinrichtung ihren Subunternehmern hierzu eine jährliche Bescheinigung erteilt;[1)]

Praxishinweis:

Durch das Jahressteuergesetz 2024 (**JStG 2024**) v. 2.12.2024 wurde § 4 Nr. 21 UStG mit Wirkung zum **1.1.2025** an die unionsrechtlichen Vorgaben angepasst.[2)]

Die Steuerbefreiung nach § 4 Nr. 21 Buchst. a UStG gilt künftig für die unmittelbar dem Schul- und Bildungszweck dienenden Leistungen von Einrichtungen des öffentlichen Rechts, die mit solchen Aufgaben betraut sind, privaten Schulen und anderen allgemeinbildenden oder berufsbildenden Einrichtungen. Anders als ursprünglich vorgesehen, bleibt das Bescheinigungsverfahren erhalten. Die zuständige Landesbehörde muss bescheinigen, dass die vorgenannten Einrichtungen Schulunterricht, Hochschulunterricht, Ausbildung, Fortbildung oder berufliche Umschulung erbringen.

Außerdem wird der Umfang der begünstigten Leistungen von derzeit „Leistungen, die auf einen Beruf oder eine vor einer juristischen Person des öffentlichen Rechts abzulegende Prüfung ordnungsgemäß vorbereiten" auf „Schul- und Hochschulunterricht, Aus- und Fortbildung sowie berufliche Umschulung und damit eng verbundene Lieferungen und sonstige Leistungen" erweitert.

Mit § 4 Nr. 21 Buchst. c UStG wird ergänzend eine Befreiung des von Privatlehrern erteilten Schul- und Hochschulunterrichts aufgenommen. Der Begriff des Privatlehrers umfasst nur natürliche Personen.

Des Weiteren kommt für die in § 4 Nr. 15b und 15c UStG bezeichneten Leistungen die Steuerbefreiung nur unter den dort genannten Voraussetzungen in Betracht (§ 4 Nr. 21 Satz 2 UStG).

Mit der Gesetzesänderung bleiben die bislang umsatzsteuerfreien Leistungen unverändert umsatzsteuerfrei.

- die Vorträge, Kurse und andere Veranstaltungen wissenschaftlicher und belehrender Art sowie andere kulturelle und sportliche Veranstaltungen bestimmter Veranstalter (§ 4 Nr. 22 Buchst. a und b UStG);
- Umsätze im Bereich der Erziehung und Betreuung von Kindern und Jugendlichen (§ 4 Nr. 23 UStG);[3)]
- die Leistungen des Deutschen Jugendherbergswerks soweit die Leistungen den Satzungszwecken unmittelbar dienen (§ 4 Nr. 24 UStG);
- die Leistungen der Jugendhilfe nach § 2 Abs. 2 SGB VIII, die Inobhutnahme nach § 42 SGB VIII und Leistungen der Adoptionsvermittlung nach dem Adoptionsvermittlungsgesetz, wenn diese Leistungen von Trägern der öffentlichen Jugendhilfe oder anderen Einrichtungen mit sozialem Charakter erbracht werden (§ 4 Nr. 25 UStG);[4)]

  Die Steuerbefreiung umfasst auch die im Rahmen einer Unterbringung oder freiheitsentziehenden Maßnahmen nach § 167 Abs. 1 i.V.m. § 317 FamFG für Minderjährige tätige Verfahrensbeistände (§ 4 Nr. 25 Satz 3 Buchst. d UStG).
- die ehrenamtliche Tätigkeit, wenn sie für j.P.d.ö.R. ausgeübt wird oder wenn das Entgelt für die Tätigkeit nur in Auslagenersatz und einer angemessenen Entschädigung für Zeitversäumnis besteht (§ 4 Nr. 26 UStG);
- die Gestellung von Personal durch religiöse und weltanschauliche Einrichtungen für die in § 4 Nr. 14 Buchst. b, in den Nrn. 16, 18, 21, 22 Buchst. a sowie in den Nrn. 23 und 25 UStG genannten Tätigkeiten und für Zwecke geistigen Beistands (§ 4 Nr. 27 Buchst. a UStG);

Praxishinweis:

Nach Art. 132 Abs. 1 Buchst. k MwStSystRL befreien die Mitgliedstaaten die Gestellung von Personal durch religiöse und weltanschauliche Einrichtungen für die in den Buchstaben b, g, h und i des Art. 132 Abs. 1 MwStSystRL genannten Tätigkeiten und für Zwecke des geistigen Beistands von der Steuer. Die Befreiung gilt danach insb. für die Personalgestellung der begünstigten Einrichtungen für Zwecke der Krankenhausbehandlung und der ärztlichen Heilbehandlungen in Krankenanstalten, der Sozialfürsorge und der sozialen Sicherheit, der Kinder- und Jugendbetreuung, der Erziehung, des Schul- und Hochschulunterrichts sowie der Aus- und Fortbildung.

- die Gestellung von land- und forstwirtschaftlichen Arbeitskräften durch juristische Personen des privaten oder des öffentlichen Rechts für land- und forstwirtschaftliche Betriebe (§ 4 Nr. 27 Buchst. b UStG);
- die Lieferung von Gegenständen, für die der Vorsteuerabzug nach § 15 Abs. 1a Nr. 1 UStG ausgeschlossen ist, oder wenn der Unternehmer die gelieferten Gegenstände **ausschließlich** für eine nach § 4 Nr. 8 bis 27 UStG **steuerfreie** Tätigkeit verwendet hat (§ 4 Nr. 28 UStG);

1) Abschn. 4.21.3 Abs. 3 Satz 3 UStAE.
2) Jahressteuergesetz 2024 (JStG 2024) v. 2.12.2024, BGBl. I 2024 Nr. 387 = BStBl I 2024, 1484.
3) Siehe auch BMF v. 2.7.2008, IV B 9 – S 7183/07/10001, BStBl I 2008, 690.
4) Siehe auch BMF v. 12.7.2023, III C 3 – S 7172/21/10003 :001, BStBl I 2023, 1505; vgl. auch Abschn. 4.25.1 und 4.25.2 UStAE.

Beispiel:
Der Verkauf eines medizinischen Geräts, das ein Arzt für steuerfreie Heilumsätze verwendet hat, ist nach § 4 Nr. 28 UStG steuerfrei.

- sonstige Leistungen von selbständigen Personenzusammenschlüssen an ihre Mitglieder für unmittelbare Zwecke ihrer nicht steuerbaren oder ihrer nach § 4 Nr. 11b, 14 bis 18, 20 bis 25 oder Nr. 27 UStG steuerfreien Umsätze (§ 4 Nr. 29 UStG);

  Hierzu hat das BMF das Schreiben v. 19.7.2022 zur Befreiung der Leistungen von selbständigen Personenzusammenschlüssen an ihre Mitglieder herausgegeben.[1)]

bb) Steuerfreie Umsätze ohne Vorsteuerabzug, die zum Gesamtumsatz (§ 19 Abs. 2 UStG) gehören (Zeilen 48–49)

2365 Kleinunternehmer sind von der Übermittlung von Umsatzsteuererklärungen befreit. Dies betrifft jedoch nicht die Fälle des § 18 Abs. 4a UStG. Hierunter fallen z.B. innergemeinschaftliche Erwerbe (§ 1 Abs. 1 Nr. 5 UStG) und bezogene Leistungen, für die Kleinunternehmer die Steuer als Leistungsempfänger schulden (§ 13b Abs. 1 und 2 i.V.m. Abs. 5 UStG). In den dort genannten Fällen haben Kleinunternehmer dem FA eine Umsatzsteuererklärung zu übermitteln. Auch bleibt die Erklärungspflicht in dem Fall bestehen, in dem der Kleinunternehmer vom FA zur Abgabe aufgefordert wird (§ 149 Abs. 1 Satz 2 AO).

In **Zeile 48** sind nur Angaben zu machen, wenn als Kleinunternehmer steuerfreie Umsätze nach § 19 Abs. 1 UStG erbracht wurden und nach § 18 Abs. 4a UStG eine Verpflichtung zur Abgabe der Umsatzsteuererklärung besteht oder das FA zur Abgabe einer Umsatzsteuererklärung aufgefordert hat.

Lieferungen, sonstige Leistungen und unentgeltliche Wertabgaben sind nach § 19 Abs. 1 UStG im Inland steuerfrei, soweit der Gesamtumsatz (§ 19 Abs. 2 UStG)

- im vorangegangenen Kj. 25 000 €,
- im laufenden Kj. 100 000 € nicht überstiegen hat und
- auf die Steuerbefreiung nach § 19 Abs. 3 UStG verzichtet wurde.

Bereits der Umsatz, der die Grenze in Höhe von 100 000 € im laufenden Kj. übersteigt, ist nicht mehr nach § 19 Abs. 1 UStG steuerfrei, sondern unterliegt der Regelbesteuerung und ist nicht in Zeile 48 zu erfassen.

Gesamtumsatz i.S.d. § 19 Abs. 2 UStG ist die Summe der vom Unternehmer ausgeführten steuerbaren Umsätze i.S.d. § 1 Abs. 1 Nr. 1 UStG abzüglich

- der Umsätze, die nach § 4 Nr. 8 Buchst. i, Nr. 9 Buchst. b und Nr. 11 bis 29 UStG steuerfrei sind und
- der Umsätze, die nach § 4 Nr. 8 Buchst. a bis h, Nr. 9 Buchst. a und Nr. 10 UStG steuerfrei sind, wenn sie Hilfsumsätze sind.

Steuerfreie Umsätze ohne Vorsteuerabzug, die nicht zum Gesamtumsatz nach § 19 Abs. 2 UStG gehören, sind ausschließlich in die **Zeilen 46 und 47** einzutragen.

Für den Zeitraum der Anwendung der Kleinunternehmer-Regelung besteht nicht die Möglichkeit:

- die Steuerbefreiung für innergemeinschaftliche Lieferungen (§ 4 Nr. 1 Buchst. b, § 6a UStG) in Anspruch zu nehmen;
- auf Steuerbefreiungen nach § 9 UStG zu verzichten und
- Vorsteuern nach § 15 UStG abzuziehen. Dies gilt auch für Steuerbeträge, die Kleinunternehmer schulden (u.a. nach § 13a Abs. 1 Nr. 6 UStG, § 13b Abs. 5 UStG).

Wenn als Kleinunternehmer neue Fahrzeuge innergemeinschaftlich geliefert werden, sind die Hinweise zu den **Zeilen 38 bis 40** zu beachten. Zum Vorsteuerabzug für innergemeinschaftliche Lieferungen neuer Fahrzeuge sind die Hinweise zu den **Zeilen 79 bis 87** zu beachten. Wegen der Erklärungspflichten zu innergemeinschaftlichen Erwerben, die für Kleinunternehmer in Betracht kommen, sind die Hinweise zu den **Zeilen 50 bis 56** zu beachten. Hinsichtlich der Umsätze, für die Kleinunternehmer die Steuer nach § 13a Abs. 1 Nr. 6 UStG schulden, sind die Hinweise zu **Zeile 57** und hinsichtlich der Steuerbeträge, die Kleinunternehmer nach § 13b Abs. 5 UStG schulden, die Hinweise zu den **Zeilen 65 bis 68** zu beachten.

Die in **Zeile 48** enthaltenen innergemeinschaftlichen Fernverkäufe i.S.d. § 3c UStG in das übrige Gemeinschaftsgebiet sind zusätzlich in **Zeile 71** einzutragen.

Die in **Zeile 48** enthaltenen Telekommunikations-, Rundfunk- und Fernsehdienstleistungen sowie auf elektronischem Weg erbrachten sonstigen Leistungen an im übrigen Gemeinschaftsgebiet ansässige Nichtunternehmer unter der Voraussetzung des § 3a Abs. 5 Satz 3 UStG sind zusätzlich in **Zeile 71** einzutragen.

Zu beachten sind die Hinweise zu **Zeile 115**. Die auf die bereits versteuerten Anzahlungen entfallende Anrechnung der Steuer ist in Zeile 115 einzutragen, wenn

- in einem vorangegangenen Kj. die Regelbesteuerung oder die Durchschnittssatzbesteuerung (§ 24 UStG) angewendet wurde und
- Anzahlungen für Umsätze vereinnahmt und versteuert wurden, die erst in diesem Kj. ausgeführt worden sind und nun der Kleinunternehmer-Regelung (§ 19 UStG) unterliegen.

---

1) BMF v. 19.7.2022, III C 3 – S 7189/20/10001 :001, BStBl I 2022, 1208.

Da die Steuer selbst zu berechnen ist (§ 18 Abs. 3 UStG), sind auch Eintragungen in den **Zeilen 118 bis 120** vorzunehmen.

Für im übrigen Gemeinschaftsgebiet ansässige Unternehmer, welche die Steuerbefreiung für Kleinunternehmer nicht mehr in Deutschland in Anspruch nehmen können, gilt:

Die in Deutschland als Kleinunternehmer erbrachten Umsätze, welche bisher über das besondere Besteuerungsverfahren für Kleinunternehmer erklärt wurden, sind in **Zeile 48** der Umsatzsteuererklärung einzutragen. Gegebenenfalls kommt auch eine Teilnahme an den besonderen Besteuerungsverfahren One-Stop-Shop bzw. Import-One-Stop-Shop in Betracht. Weitere Informationen dazu sind bei der zuständigen Behörde des betroffenen Mitgliedstaats zu erhalten.

In **Zeile 49** sind die steuerfreien Umsätze ohne Vorsteuerabzug einzutragen, die zum Gesamtumsatz nach § 19 Abs. 2 UStG gehören. Dies können z.B. Umsätze nach § 4 Nr. 9 Buchst. a UStG aus dem Verkauf von Grundstücken sein, sofern es sich nicht um Hilfsumsätze handelt. **2366**

Gesamtumsatz i.S.d. § 19 Abs. 2 UStG ist die Summe der vom Unternehmer ausgeführten steuerbaren Umsätze i.S.d. § 1 Abs. 1 Nr. 1 UStG abzüglich

- der Umsätze, die nach § 4 Nr. 8 Buchst. i, Nr. 9 Buchst. b und Nr. 11 bis 29 UStG steuerfrei sind und
- der Umsätze, die nach § 4 Nr. 8 Buchst. a bis h, Nr. 9 Buchst. a und Nr. 10 UStG steuerfrei sind, wenn sie Hilfsumsätze sind.

Einzutragen ist nur der Gesamtbetrag (Anzahlungen und Restzahlung) im Besteuerungszeitraum der Leistungsausführung. Ausschließliche Anzahlungen im Besteuerungszeitraum zu steuerfreien Umsätzen sind **nicht** einzutragen.

5. Abschnitt D – Innergemeinschaftliche Erwerbe (Zeilen 50–56)

D. Innergemeinschaftliche Erwerbe

Zeile		Kz	Bemessungsgrundlage ohne Umsatzsteuer EUR	Kz	Steuer EUR Ct
50	**Steuerfreie innergemeinschaftliche Erwerbe** von bestimmten Gegenständen und Anlagegold nach §§ 4b und 25c UStG	791	,–		
	Steuerpflichtige innergemeinschaftliche Erwerbe (§ 1a UStG)				
51	zum Steuersatz von 19 %	781	,–		
52	zum Steuersatz von 7 %	793	,–		
53	zum Steuersatz von 0 %	780	,–		
54	zu anderen Steuersätzen	798	,–	799	
55	**neuer Fahrzeuge** (§ 1b Absatz 2 und 3 UStG) von Lieferern **ohne** Umsatzsteuer-Identifikationsnummer zum allgemeinen Steuersatz	794	,–	796	
56	Summe der Steuer (zu übertragen in Zeile 104)				

Durch den EU-Binnenmarkt soll der freie Verkehr von Waren, Dienstleistungen, Personen und Kapital nach dem EWG-Vertrag (Art. 8a EWG-Vertrag) ermöglicht werden. Im privaten (nichtkommerziellen) Reiseverkehr wurde der Binnenmarkt bereits verwirklicht. Für diesen Bereich gilt das sog. Ursprungslandprinzip. Privatpersonen aus EU-Mitgliedstaaten können in anderen EU-Mitgliedstaaten Waren mengen- und wertmäßig unbegrenzt erwerben und in ihr Heimatland mitnehmen. Sie bleiben mit der Umsatzsteuer des jeweiligen EU-Mitgliedstaats, in dem sie die Waren erworben haben, belastet. Ein Grenzausgleich – d.h. die Umsatzsteuerbefreiung im EU-Mitgliedstaat des Erwerbs und die Erhebung von Umsatzsteuer im Einfuhrland – unterbleibt. Von dieser Regelung gibt es allerdings eine wichtige Ausnahme: Verkäufe von neuen Fahrzeugen (→ Rz. 2368 ff.). **2367**

Praxishinweis:

Im Übrigen gilt das sog. Bestimmungslandprinzip:

- Verkäufe in anderen EU-Mitgliedstaaten sind im Ursprungsland als innergemeinschaftliche Lieferung steuerfrei (§ 6a UStG), diese unterliegen jedoch als
- Einkäufe aus anderen EU-Mitgliedstaaten als innergemeinschaftlicher Erwerb der Erwerbsbesteuerung – Umsatzsteuer (§ 1a UStG).

Nach § 1a Abs. 2a UStG liegt ein innergemeinschaftlicher Erwerb i.S.d. § 1a Abs. 2 UStG in den Fällen des § 6b UStG nicht vor.

Als ein Bestandteil des dortigen **Konsignationslagers** (→ Rz. 2325) ist das Verbringen von Gegenständen durch einen Unternehmer in einen anderen Mitgliedstaat nicht wie eine Lieferung von Gegenständen gegen Entgelt zu behandeln. Das innergemeinschaftliche Verbringen ist also unter diesen Umständen nicht steuerbar. Demzufolge kann im Rahmen der Konsignationslagerregelung auch nicht der auf ein innergemeinschaftliches Verbringen folgende Tatbestand des innergemeinschaftlichen Erwerbs i.S.d. § 1a Abs. 2 UStG ausgelöst werden.

Nach § 3 Abs. 1a Satz 3 UStG gelten auch Satz 1 und 2 des § 3 Abs. 1a UStG in den Fällen des § 6b UStG nicht.

Als ein Bestandteil des dortigen **Konsignationslagers** (→ Rz. 2325) ist das Verbringen von Gegenständen durch einen Unternehmer in einen anderen Mitgliedstaat nicht wie eine Lieferung von Gegenständen gegen Entgelt zu behandeln. Somit ist die Anwendbarkeit von § 3 Abs. 1a Satz 1 und 2 UStG in diesen Fällen auszuschließen.

2368 Innergemeinschaftliche Erwerbe **neuer** Fahrzeuge unterliegen **immer** der Umsatzsteuer (§§ 1a und 1b UStG). Der entgeltliche innergemeinschaftliche Erwerb eines neuen Fahrzeugs unterliegt bei Unternehmern, die das Fahrzeug für ihren unternehmerischen Bereich erwerben, bei Privatpersonen, nichtunternehmerisch tätigen Personenvereinigungen und Unternehmern, die das Fahrzeug für ihren nichtunternehmerischen Bereich beziehen, der Besteuerung. Ein innergemeinschaftlicher Erwerb setzt voraus, dass bei einer entgeltlichen Lieferung eines neuen Fahrzeugs an den Erwerber, das neue Fahrzeug aus einem anderen EU-Mitgliedstaat nach Deutschland gelangt. Das neue Fahrzeug gelangt aus dem Gebiet eines anderen EU-Mitgliedstaats nach Deutschland, wenn die Beförderung oder Versendung durch den Lieferer oder durch den Abnehmer im anderen EU-Mitgliedstaat beginnt und in Deutschland endet. Bemessungsgrundlage ist der vom Lieferer in Rechnung gestellte Betrag einschließlich aller Nebenkosten (z.B. Transportkosten). Bei Werten in fremder Währung ist nach dem am **Liefertag** maßgebenden Tageskurs umzurechnen.

Beispiel 1:

Am 6.6.2025 erwirbt Einzelunternehmen E für seinen unternehmerischen Bereich beim französischen Autohändler F ein neues Fahrzeug für 23 000 €. Das neue Fahrzeug hat F am 28.7.2025 von Frankreich nach Deutschland transportiert. Die Rechnung wurde bei Lieferung am 28.7.2025 erteilt.

Es liegt eine innergemeinschaftliche Lieferung eines neuen Fahrzeugs von F an E vor, der in Deutschland der Erwerbsbesteuerung unterliegt. Sie Umsatzsteuer auf den Erwerb beträgt 19 % von 23 000 € = 4 370 €, die mit Ausstellung der Rechnung am 28.7.2025 entsteht. E kann unter den weiteren Voraussetzungen die Erwerbssteuer gleichzeitig als Vorsteuer abziehen (§ 15 Abs. 1 Nr. 3 UStG).

Beispiel 2:

Sachverhalt wie Beispiel 1, jedoch handelt es sich um ein Unternehmen, das die Steuerbefreiung für Kleinunternehmernach § 19 UStG anwendet.

Lösung wie Beispiel 1, mit dem Unterschied, dass ein Vorsteuerabzug auf Grund der Anwendung der Steuerbefreiung für Kleinunternehmer ausgeschlossen ist.

2369 Der innergemeinschaftliche Erwerb neuer Fahrzeuge durch **Privatpersonen (Nichtunternehmer)** oder durch Unternehmer, die das Fahrzeug **nicht** für ihr Unternehmen erwerben, unterliegt der Fahrzeugeinzelbesteuerung (§ 16 Abs. 5a UStG). Ausführliche Erläuterungen → Rz. 2800 ff.

Praxishinweis:

Im Inland ansässige ständige diplomatische Missionen und berufskonsularische Vertretungen, im Inland ansässige zwischenstaatliche Einrichtungen und im Inland stationierte Streitkräfte anderer Vertragsparteien des Nordatlantikvertrags sind nach Maßgabe des § 1c Abs. 1 UStG vom innergemeinschaftlichen Erwerb nach § 1a UStG (jedoch nicht vom innergemeinschaftlichen Erwerb nach § 1b UStG) ausgenommen (Abschn. 1c.1 Satz 1 UStAE).

Durch § 1c Abs. 1 Satz 1 Nr. 4 UStG wird der Ausschluss eines innergemeinschaftlichen Erwerbs auf Streitkräfte eines Mitgliedsstaates ausgedehnt, die an einer Verteidigungsanstrengung teilnehmen, die zur Durchführung einer Tätigkeit der Union im Rahmen der Gemeinsamen Sicherheits- und Verteidigungspolitik unternommen wird.

2370 Zur Teilnahme am innergemeinschaftlichen Warenverkehr benötigen Unternehmer und j.P.d.ö.R. eine USt-IdNr. Die USt-IdNr. dient auch der Kontrolle von innergemeinschaftlichen Lieferungen und Erwerben. Das BZSt[1] erteilt auf schriftlichen Antrag die USt-IdNr. (§ 27a Abs. 1 UStG). Bei einer steuerlichen Neuaufnahme kann der Unternehmer die Erteilung einer USt-IdNr. auch bei dem zuständigen FA beantragen. Um zeitliche Verzögerungen zu vermeiden, kann die Erteilung einer USt-IdNr. durch Übermittlung per Telefax oder durch Online-Beantragung[2] erheblich beschleunigt werden.

Beratungshinweis:

Bei Online-Beantragung sind folgende Daten einzugeben:

- das für die Umsatzbesteuerung zuständige FA,
- die Steuernummer des Unternehmers,
- Daten und Anschrift.

2371 Bei Vorliegen einer umsatzsteuerlichen **Organschaft** kann die Organmutter beim BZSt für jede Organgesellschaft eine eigene USt-IdNr. beantragen.[3]

1) Bundeszentralamt für Steuern, Außenstelle, 66738 Saarlouis.
2) www.bzst.de.
3) Abschn. 27a.1 Abs. 3 Satz 1 UStAE.

Nach § 2 Abs. 2 Nr. 2 UStG liegt umsatzsteuerlich eine Organschaft vor, wenn eine juristische Person nach dem Gesamtbild der Verhältnisse finanziell, wirtschaftlich und organisatorisch in ein Unternehmen (Organträger) eingegliedert ist. Es ist nicht erforderlich, dass alle drei Eingliederungsmerkmale gleichermaßen ausgeprägt sind. Eine Organschaft kann deshalb auch gegeben sein, wenn die Eingliederung auf einem dieser drei Gebiete nicht vollständig, dafür aber auf den anderen Gebieten umso eindeutiger ist, so dass sich die Eingliederung aus dem Gesamtbild der tatsächlichen Verhältnisse ergibt. Von der finanziellen Eingliederung kann weder auf die wirtschaftliche noch auf die organisatorische Eingliederung geschlossen werden (Abschn. 2.8 Abs. 1 Satz 1 bis 4 UStAE). Organträger kann sowohl eine juristische Person, eine Personengesellschaft, als auch eine natürliche Person sein. Organträger kann jeder Unternehmer sein. Auch eine j.P.d.ö.R. kann Organträger sein, wenn und soweit sie unternehmerisch tätig ist.[1)]

Als Organgesellschaften kommen regelmäßig nur juristische Personen des Zivil- und Handelsrechts in Betracht.[2)] 2372
Eine Personengesellschaft kann ausnahmsweise wie eine juristische Person als eingegliedert i.S.d. § 2 Abs. 2 Nr. 2 UStG anzusehen sein, wenn die finanzielle Eingliederung wie bei einer juristischen Person zu bejahen ist (siehe dazu Abschn. 2.8 Abs. 5a UStAE). Personen, die keine Unternehmer i.S.d. § 2 Abs. 1 UStG sind, können weder Organträger noch Organgesellschaft sein.[3)]

Unter der finanziellen Eingliederung einer juristischen Person ist der Besitz der entscheidenden Anteilsmehrheit 2373
an der Organgesellschaft zu verstehen, die es dem Organträger ermöglicht, durch Mehrheitsbeschlüsse seinen Willen in der Organgesellschaft durchzusetzen (Eingliederung mit Durchgriffsrechten).[4)] Im Interesse der Rechtsklarheit sind Stimmbindungsvereinbarungen oder Stimmrechtsvollmachten grundsätzlich ohne Bedeutung. Stimmbindungsvereinbarungen und Stimmrechtsvollmachten können bei der Prüfung der finanziellen Eingliederung nur zu berücksichtigen sein, wenn sie sich ausschließlich aus Regelungen der Satzung wie etwa bei einer Einräumung von Mehrfachstimmrechten („Geschäftsanteil mit Mehrstimmrecht") ergeben.[5)]

Die finanzielle Eingliederung einer Personengesellschaft setzt voraus, dass Gesellschafter der Personengesell- 2374
schaft neben dem Organträger nur Personen sind, die nach § 2 Abs. 2 Nr. 2 UStG in das Unternehmen des Organträgers finanziell eingegliedert sind, so dass die erforderliche Durchgriffsmöglichkeit selbst bei der stets möglichen Anwendung des Einstimmigkeitsprinzips gewährleistet ist.[6)]

Mit Urteil v. 22.4.2010 und v. 1.12.2010 hat der BFH entschieden, dass eine **finanzielle Eingliederung** sowohl bei 2375
einer Kapital- als auch bei einer Personengesellschaft als Organträger eine unmittelbare oder mittelbare Beteiligung der Kapital- oder Personengesellschaft an der Organgesellschaft voraussetzt.[7)] Deshalb reicht es auch für die finanzielle Eingliederung einer GmbH in eine Personengesellschaft nicht aus, dass letztere nicht selbst, sondern nur ihr Gesellschafter mit Stimmenmehrheit an der GmbH beteiligt ist. Das Fehlen einer eigenen mittelbaren oder unmittelbaren Beteiligung der Gesellschaft kann nicht durch einen Beherrschungsvertrag und Gewinnabführungsvertrag ersetzt werden.[8)]

Wirtschaftliche Eingliederung bedeutet, dass die Organgesellschaft nach dem Willen des Unternehmers im Rah- 2376
men des Gesamtunternehmens, und zwar in engem wirtschaftlichem Zusammenhang mit diesem, wirtschaftlich tätig ist.[9)] Voraussetzung für eine wirtschaftliche Eingliederung ist, dass die Beteiligung an der Kapitalgesellschaft dem unternehmerischen Bereich des Anteileigners zugeordnet werden kann (vgl. Abschnitt 2.3 Abs. 2 UStAE). Weitere Einzelheiten enthält Abschn. 2.8 Abs. 6 bis 6c UStAE.

Der BFH hat sich mit Urteil v. 7.7.2011 zur **organisatorischen Eingliederung** bei der umsatzsteuerrechtlichen 2377
Organschaft geäußert.[10)] Danach kann sich die organisatorische Eingliederung einer GmbH im Rahmen einer Organschaft daraus ergeben, dass der Geschäftsführer der GmbH leitender Mitarbeiter des Organträgers ist, der Organträger über ein umfassendes Weisungsrecht gegenüber der Geschäftsführung der GmbH verfügt und zur Bestellung und Abberufung des GmbH-Geschäftsführers berechtigt ist.[11)]

Nach Abschn. 2.8 Abs. 7 UStAE setzt die organisatorische Eingliederung voraus, dass die mit der finanziellen Ein- 2378
gliederung verbundene Möglichkeit der Beherrschung der Tochtergesellschaft durch die Muttergesellschaft in der laufenden Geschäftsführung tatsächlich wahrgenommen wird.[12)] Es kommt darauf an, dass der Organträger die Organgesellschaft durch die Art und Weise der Geschäftsführung beherrscht und seinen Willen in der Organgesellschaft durchsetzen kann. Nicht ausreichend ist, dass eine vom Organträger abweichende Willensbildung in der

1) Vgl. BFH v. 2.12.2015, V R 67/14, BStBl II 2017, 560 und Abschn. 2.11 Abs. 20 UStAE.
2) Vgl. BFH v. 20.12.1973, V R 87/70, BStBl II 1974, 311.
3) Vgl. BFH v. 2.12.2015, V R 67/14, BStBl II 2017, 560; v. 10.8.2016, XI R 41/14, BStBl II 2017, 590 und BMF v. 26.5.2017, III C 2 – S 7105/15/10002, BStBl I 2017, 790.
4) Vgl. BFH v. 2.12.2015, V R 15/14, BStBl II 2017, 553.
5) BFH v. 2.12.2015, V R 25/13, BStBl II 2017, 547 und BMF v. 26.5.2017, III C 2 – S 7105/15/10002, BStBl I 2017, 790.
6) Vgl. BFH v. 2.12.2015, V R 25/13, BStBl II 2017, 547; v. 3.12.2015, V R 36/13, BStBl II 2017, 563 sowie Abschn. 2.8 Abs. 5a UStAE und BMF v. 26.5.2017, III C 2 – S 7105/15/10002, BStBl I 2017, 790.
7) Vgl. BFH v. 22.4.2010, V R 9/09, BStBl II 2011, 597; v. 1.12.2010, XI R 43/08, BStBl II 2011, 600 und v. 24.8.2016, V R 36/15, BStBl II 2017, 595.
8) Vgl. Abschn. 2.8 Abs. 5b UStAE.
9) Vgl. BFH v. 22.6.1967, V R 89/66, BStBl III 1967, 715.
10) Vgl. BFH v. 7.7.2011, V R 53/10, BStBl II 2013, 218.
11) Vgl. Abschn. 2.8 Abs. 7 bis 11 UStAE.
12) Vgl. BFH v. 28.1.1999, V R 32/98, BStBl II 1999, 258.

Organgesellschaft ausgeschlossen ist.[1] Der aktienrechtlichen Abhängigkeitsvermutung aus § 17 AktG kommt keine Bedeutung im Hinblick auf die organisatorische Eingliederung zu.[2] Nicht ausschlaggebend ist, dass die Organgesellschaft in eigenen Räumen arbeitet, eine eigene Buchhaltung und eigene Einkaufs- und Verkaufsabteilungen hat, da dies dem Willen des Organträgers entsprechen kann.

2379 Die **organisatorische Eingliederung** setzt in aller Regel die personelle Verflechtung der Geschäftsführungen des Organträgers und der Organgesellschaft voraus.[3] Dies ist z.B. bei einer Personenidentität in den Leitungsgremien beider Gesellschaften gegeben.[4] Für das Vorliegen einer organisatorischen Eingliederung ist es jedoch nicht in jedem Fall erforderlich, dass die Geschäftsführung der Muttergesellschaft mit derjenigen der Tochtergesellschaft vollständig personenidentisch ist. So kann eine organisatorische Eingliederung z.B. auch dann vorliegen, wenn nur einzelne Geschäftsführer des Organträgers Geschäftsführer der Organgesellschaft sind.[5]

2380 Die rechtliche Eigenart der Organschaft hat zur Folge, dass die untergeordneten juristischen Personen (eingegliederte Organgesellschaften, Tochtergesellschaften) ähnlich wie Angestellte des übergeordneten Unternehmens (Organträger, Muttergesellschaft) als unselbständig anzusehen sind. Damit sind alle durch die Organgesellschaft ausgeführten Tätigkeiten originäre Umsätze der Organträgerin. Deshalb ist die umsatzsteuerliche Behandlung der Umsätze innerhalb der Organschaft davon unabhängig, welches Steuersubjekt als Organgesellschaft den Umsatz ausgeführt hat. Hierbei ist die ausschließliche rechtliche Einordnung der ausgeführten Umsätze entscheidend. Die Besteuerungsmerkmale werden zusammengefasst, so dass z.B. auch ein von der Organgesellschaft vorgenommener unberechtigter Steuerausweis (§ 14c Abs. 2 UStG) dem Organträger zuzurechnen ist.

2381 Mit der Insolvenzeröffnung über das Vermögen des Organträgers oder der Organgesellschaft endet die Organschaft.[6] Dies gilt jeweils auch bei Bestellung eines Sachwalters im Rahmen der Eigenverwaltung nach §§ 270 ff. InsO. Wird im Rahmen der Anordnung von Sicherungsmaßnahmen über das Vermögen des Organträgers oder der Organgesellschaft ein vorläufiger Insolvenzverwalter bestellt, endet die Organschaft mit dessen Bestellung bereits vor Eröffnung des Insolvenzverfahrens, wenn der vorläufige Insolvenzverwalter den maßgeblichen Einfluss auf den Schuldner erhält und eine Beherrschung der Organgesellschaft durch den Organträger nicht mehr möglich ist. Dies ist insb. der Fall, wenn der vorläufige Insolvenzverwalter wirksame rechtsgeschäftliche Verfügungen des Schuldners auf Grund eines Zustimmungsvorbehalts nach § 21 Abs. 2 Nr. 2 Alt. 2 InsO verhindern kann.[7] Dies gilt auch in den Fällen, in denen für den Organträger und die Organgesellschaft ein personenidentischer Sachwalter, vorläufiger Insolvenzverwalter oder Insolvenzverwalter bestellt wird. Hingegen beenden weder die Anordnung der vorläufigen Eigenverwaltung beim Organträger noch die Anordnung der vorläufigen Eigenverwaltung bei der Organgesellschaft eine Organschaft, wenn das Insolvenzgericht lediglich bestimmt, dass ein **vorläufiger Sachwalter** bestellt wird sowie eine Anordnung gem. § 21 Abs. 2 Satz 1 Nr. 3 InsO erlässt.[8] Dies gilt nicht für vorläufige Eigenverwaltungsverfahren, die nach dem 31.12.2020 angeordnet wurden, es sei denn, diese fallen unter die Anwendung des § 5 Abs. 1 COVID-19-Insolvenzaussetzungsgesetz – COVInsAG.[9]

2382 In **Zeile 50** sind die steuerfreien innergemeinschaftlichen Erwerbe nach §§ 4b und 25c UStG einzutragen (→ Rz. 2696). Die nachstehend aufgeführten innergemeinschaftlichen Erwerbe sind nach § 4b UStG steuerfrei:

- Wertpapiere,
- Organe und Blut von Menschen sowie Frauenmilch,
- Wasserfahrzeuge für die Seeschifffahrt,
- Luftfahrzeuge einschl. ihrer Ausrüstungsgegenstände für den grenzüberschreitenden Luftverkehr,
- Anlagegold i.S.d. § 25c UStG,
- Gegenstände, deren Einfuhr nach den für die Einfuhrumsatzsteuer geltenden Vorschriften steuerfrei wären.

2383 Der innergemeinschaftliche Erwerb von Gegenständen, die im Anschluss als steuerfreie innergemeinschaftliche Lieferungen (→ Rz. 2306 ff.) oder steuerfreie Ausfuhrlieferungen (→ Rz. 2338) geliefert werden, ist steuerfrei.

Beispiel:

Händler B aus Berlin erwirbt beim polnischen Hersteller P 70 DVD-Recorder zum Stückpreis von 300 €. 50 Recorder werden an inl. Abnehmer verkauft und 20 Geräte an einen türkischen Unternehmer. Der Erwerb der Recorder ist zwar insg. steuerbar, unterliegt jedoch wegen der steuerfreien Ausfuhr von 20 Geräten in die Türkei nur teilweise der Umsatzsteuer. B hat den Erwerb wie folgt anzugeben:

Zeile 50 =	6 000 €
Zeile 51 = 15 000 € + Steuer	2 850 €
Zeile 80 = Vorsteuer	2 850 €

1) BFH v. 8.8.2013, V R 18/13, BStBl II 2017, 543; v. 2.12.2015, V R 15/14, BStBl II 2017, 553 und BMF v. 26.5.2017, III C 2 – S 7105/15/10002, BStBl I 2017, 790 und Abschn. 2.8 Abs. 7 UStAE.
2) Vgl. BFH v. 3.4.2008, V R 76/05, BStBl II 2008, 905.
3) Vgl. BFH v. 3.4.2008, V R 76/05, BStBl II 2008, 905; v. 28.10.2010, V R 7/10, BStBl II 2011, 391 und v. 2.12.2015, V R 15/14, BStBl II 2017, 553.
4) Vgl. BFH v. 17.1.2002, V R 37/00, BStBl II 2012, 373 und v. 5.12.2007, V R 26/06, BStBl II 2008, 451.
5) Vgl. BFH v. 28.1.1999, V R 32/98, BStBl II 1999, 258.
6) Vgl. BFH v. 15.12.2016, V R 14/16, BStBl II 2017, 600.
7) Vgl. BFH v. 8.8.2013, V R 18/13, BStBl II 2017, 543 und v. 24.8.2016, V R 36/15, BStBl II 2017, 595.
8) Vgl. BFH v. 27.11.2019, XI R 35/17, BStBl II 2021, 252.
9) Vgl. Abschn. 2.8 Abs. 12 UStAE.

Nach § 6a Abs. 1 Satz 2 UStG ist auch eine Lieferung eines Gegenstandes von einem EU-Mitgliedstaat in einen anderen befreit, wenn dieser Gegenstand vor dem Gelangen in den anderen EU-Mitgliedstaat be- oder verarbeitet wird. Dies muss auch dann gelten, wenn der Erwerbsgegenstand durch Unternehmer be- oder verarbeitet wird, bevor er in das Inland gelangt.

Der innergemeinschaftliche Erwerb wird nach dem Entgelt bemessen. Bemessungsgrundlage ist das sich aus der **2384**
vom Lieferer zu erteilenden Rechnung gestellte Entgelt. Die vom Erwerber geschuldete und entrichten Verbrauchssteuern, die nicht im Entgelt enthalten sind, sind bei der Bemessungsgrundlage zu berücksichtigen.

Der maßgebliche Steuersatz bestimmt sich nach § 12 UStG. Der ermäßigte Steuersatz kann beim innergemein- **2385**
schaftlichen Erwerb von Gegenständen der Anlage 2 (zu § 12 Abs. 2 Nr. 1, 2, 12, 13 und 14 UStG) zur Anwendung kommen (→ Rz. 2334).

Umsätze zum ermäßigten Steuersatz von 0 % sind in Zeile 53 einzutragen. Einem ermäßigten Steuersatz von 0 % **2386**
unterliegen ausschließlich **die innergemeinschaftlichen Erwerbe von Solarmodulen**, einschließlich der für den Betrieb einer Photovoltaikanlage wesentlichen Komponenten und der Speicher, die dazu dienen, den mit Solarmodulen erzeugten Strom zu speichern, wenn die Photovoltaikanlage auf oder in der Nähe von Privatwohnungen, Wohnungen sowie öffentlichen und anderen Gebäuden, die für dem Gemeinwohl dienende Tätigkeiten genutzt werden, installiert wird. Die Voraussetzungen gelten als erfüllt, wenn die installierte Bruttoleistung der Photovoltaikanlage laut Marktstammdatenregister nicht mehr als 30 kW (peak) beträgt oder betragen wird.

Praxishinweis:

Zum Betrieb einer Photovoltaikanlage vgl. Abschn. 1.5. Abs. 10 UStAE; zur Wertabgabenbesteuerung im Zusammenhang mit einer Leistung, die dem Nullsteuersatz (§ 12 Abs. 3 UStG) unterliegt, siehe Abschn. 3.2 Abs. 3 UStAE (vgl. Abschn. 2.15 Abs. 13 Satz 3 UStAE) und zur Anwendung des Nullsteuersatzes für bestimmte Photovoltaikanlagen vgl. Abschn. 12.18 Abs. 1 bis 10 UStAE mit Beispielen.

Innergemeinschaftliche Erwerbe zu den geltenden Steuersätzen sind in den **Zeilen 51 bis 53** einzutragen. Vom **2387**
1.7.2020 bis zum 31.12.2020 wurde der allgemeine Steuersatz von 19 % auf 16 % und der ermäßigte Steuersatz von 7 % auf 5 % gesenkt. Innergemeinschaftliche Erwerbe, die in dieser Zeit bewirkt wurden, deren Steuer jedoch nach § 13 Abs. 1 Nr. 6 UStG erst **nach dem 31.12.2024** entstanden ist, sind in **Zeile 54** einzutragen. Der Erwerb **neuer** Fahrzeuge von einem Lieferer **ohne USt-IdNr.** ist in **Zeile 55** anzugeben.

In **Zeile 56** ist die Summe der Umsatzsteuer einzutragen und in **Zeile 104** zu übertragen. **2388**

6. Abschnitt E – Steuerschuldner bei Auslagerung (Zeilen 57–58)

E. Steuerschuldner bei Auslagerung (§ 13a Absatz 1 Nummer 6 UStG)

Zeile			Bemessungsgrundlage ohne Umsatzsteuer EUR		Steuer EUR Ct
57	Lieferungen, die der Auslagerung vorangegangen sind (§ 4 Nummer 4a Satz 1 Buchstabe a Satz 2 UStG)	852		853	
58	Summe der Steuer (zu übertragen in Zeile 105)				

2025USt2A503 2025USt2A503

Lieferungen, die Auslagerungen von Gegenständen aus einem Umsatzsteuerlager vorangegangen sind (§ 4 Nr. 4a **2389**
Satz 1 Buchst. a Satz 2 UStG), sind in **Zeile 57** zu erklären. Die USt für diese Umsätze schuldet der Unternehmer, dem die Auslagerung zuzurechnen ist (Auslagerer); ggf. der Lagerhalter als Gesamtschuldner. Nicht einzutragen sind hier Lieferungen, die dem liefernden Unternehmer zuzurechnen sind, wenn die Auslagerung im Zusammenhang mit diesen Lieferungen steht. Diese Umsätze sind in Abschn. B (Zeilen 22, 25 bzw. 31) der Umsatzsteuererklärung einzutragen. In **Zeile 58** ist die Summe der berechneten Steuer einzutragen und in **Zeile 105** zu übertragen.

Beratungshinweis:

Durch das Jahressteuergesetz 2024 (**JStG 2024**) v. 2.12.2024 wird die Umsatzsteuerlagerregelung (§ 4 Nr. 4a UStG) mit Wirkung zum **1.1.2026** mit der zugehörigen Anlage 1 (zu § 4 Nr. 4a) des UStG gestrichen.[1] Lieferungen von dort aufgeführten Gegenständen an einen Unternehmer für sein Unternehmen sind bisher von der Umsatzsteuer befreit, wenn der Gegenstand in ein Umsatzsteuerlager eingelagert wird oder sich in einem Umsatzsteuerlager befindet. Die Steuerbefreiung entfällt erst mit der Auslagerung.

Zudem sind die Leistungen, die mit der Lagerung, der Erhaltung, der Verbesserung der Aufmachung und der Handelsgüte oder der Vorbereitung des Vertriebs oder Weiterverkaufs der eingelagerten Gegenstände unmittelbar zusammenhängen, von der Umsatzsteuer befreit.

Auf Grund der wirtschaftlichen Bedeutung der Umsatzsteuerlagerregelung für nur wenige Wirtschaftsbeteiligte im Verhältnis zu dem damit verbundenen erheblichen Verwaltungsaufwand wird die Umsatzsteuerlagerregelung abgeschafft werden.

1) Jahressteuergesetz 2024 (JStG 2024) v. 2.12.2024, BGBl. I 2024 Nr. 387 = BStBl I 2024, 1484.

Mit der Streichung der Vorschrift entsteht die Umsatzsteuer künftig bereits auf vorheriger Stufe – mit bzw. während einer Einlagerung des Gegenstands.

Durch das **Gesetz zur Modernisierung und Digitalisierung der Schwarzarbeitsbekämpfung** v. 22.12.2025 wird mit Wirkung vom **1.1.2026** in § 27 UStG ein neuer Abs. 40a angefügt.[1)]

Für vor dem 1.1.2026 nach § 4 Nr. 4a Satz 1 UStG von der Steuer befreite Umsätze sind § 4 Nr. 4a Satz 1 Buchst. a und b, Nr. 19 Buchst. a Satz 4, § 10 Abs. 1 Satz 4, § 13 Abs. 1 Nr. 9, § 13a Abs. 1 Nr. 6, § 15 Abs. 1 Satz 1 Nr. 5, § 18e Nr. 2, § 22 Abs. 2 Nr. 9 und Abs. 4c UStG in der am 31.12.2025 geltenden Fassung bis zur Auslagerung und für diese Auslagerung der jeweiligen Gegenstände weiterhin anzuwenden. Mit Ablauf des 30.12.2029 gelten alle bis zu diesem Zeitpunkt nicht ausgelagerten Gegenstände als ausgelagert i.S.d. § 4 Nr. 4a Satz 1 Buchst. a Satz 3 UStG in der bis zum 31.12.2025 geltenden Fassung.

7. Abschnitt F – Innergemeinschaftliche Dreiecksgeschäfte (Zeilen 59–64)

Steuernummer - 4 -

F. Innergemeinschaftliche Dreiecksgeschäfte (§ 25b UStG)

Zeile		Kz	Bemessungsgrundlage ohne Umsatzsteuer EUR	Kz	Steuer EUR Ct
59	Lieferungen des **ersten Abnehmers**	742	,–		
	Lieferungen, für die der letzte Abnehmer die Umsatzsteuer schuldet				
60	zum Steuersatz von 19 %	751	,–		
61	zum Steuersatz von 7 %	746	,–		
62	zum Steuersatz von 0 %	750	,–		
63	zu anderen Steuersätzen	747	,–	748	
64	Summe der Steuer (zu übertragen in Zeile 106)				

2390 Ein innergemeinschaftliches Dreiecksgeschäfte liegt nach § 25b UStG vor, wenn

- drei Unternehmer über denselben Gegenstand Umsatzgeschäfte abschließen und dieser Gegenstand unmittelbar vom ersten Lieferer an den letzten Abnehmer gelangt;
- die Unternehmer in jeweils verschiedenen EU-Mitgliedstaaten für Zwecke der Umsatzsteuer erfasst sind;
- der Gegenstand der Lieferung aus dem Gebiet eines EU-Mitgliedstaates in das Gebiet eines anderen EU-Mitgliedstaates gelangt;
- der Gegenstand der Lieferung durch den ersten Lieferer oder den ersten Abnehmer befördert oder versendet wird.

Dies gilt auch, wenn der letzte Abnehmer eine juristische Person ist, die nicht Unternehmer ist oder den Gegenstand nicht für ihr Unternehmen erwirbt und in dem EU-Mitgliedstaat für Zwecke der Umsatzsteuer erfasst ist, in dem sich der Gegenstand am Ende der Beförderung oder Versendung befindet.

Beratungshinweis:

Ein innergemeinschaftliches Dreiecksgeschäft liegt nur dann vor, wenn sämtliche Voraussetzungen des § 25b UStG erfüllt sind.

Beispiel:

Der in Italien ansässige und umsatzsteuerlich erfasste Unternehmer I bestellt eine nicht vorrätige Ware bei dem in Deutschland ansässigen Unternehmer D. D gibt die Bestellung weiter an den in Spanien ansässigen Unternehmer S, der die Ware mit eigenem Lkw unmittelbar nach Italien befördert und sie dort an I übergibt. Alle Unternehmer treten jeweils unter der USt-IdNr. ihres Landes auf. Der erste Lieferer (S) stellt dem ersten Abnehmer (D) 5 000 € und D stellt dem letzten Abnehmer (I) 7 000 € in Rechnung.

Die Voraussetzung des § 25b Abs. 1 Satz 1 UStG für das Vorliegen eines innergemeinschaftlichen Dreiecksgeschäft ist erfüllt, da die drei beteiligten Unternehmer in jeweils verschiedenen EU-Mitgliedstaaten für Zwecke der Umsatzsteuer erfasst sind und mit USt-IdNrn. aus verschiedenen EU-Mitgliedstaaten auftreten. S führt eine in Spanien ausgeführte steuerfreie innergemeinschaftliche Lieferung aus. D hat die Lieferung an I als Lieferung eines ersten Abnehmers eines innergemeinschaftlichen Dreiecksgeschäfts anzugeben und das Entgelt von 5 000 € in **Zeile 59** zu erklären. In der Rechnung an I sowie in **Spalte 3 der ZM** ist auf das innergemeinschaftliche Dreiecksgeschäft hinzuweisen bzw. anzugeben. In diesem Fall sind die steuerliche Erfassung und die Umsatzbesteuerung in Italien nicht erforderlich.

1) Gesetz zur Modernisierung und Digitalisierung der Schwarzarbeitsbekämpfung v. 22.12.2025, BGBl. I 2025 Nr. 369 = BStBl I 2026, 128 (Auszug).

Die Umsatzsteuer für die Lieferung an den letzten Abnehmer wird unter folgenden Voraussetzungen von diesem geschuldet (§ 25b Abs. 2 UStG), wenn 2391

- der Lieferung ein innergemeinschaftlicher Erwerb vorausgegangen ist,
- der erste Abnehmer in dem EU-Mitgliedstaat, in dem die Beförderung oder Versendung endet, nicht ansässig ist. Er gegenüber dem ersten Lieferer und dem letzten Abnehmer dieselbe USt-IdNr., die ihm von einem anderen EU-Mitgliedstaat erteilt worden ist als dem, in dem die Beförderung oder Versendung beginnt oder endet,
- der erste Abnehmer dem letzten Abnehmer eine Rechnung i.S.d. § 14a Abs. 7 UStG erteilt, in der die Umsatzsteuer nicht gesondert ausgewiesen ist, und
- der letzte Abnehmer eine USt-IdNr. des EU-Mitgliedstaats verwendet, in dem die Beförderung oder Versendung endet.

Unter den weiteren Voraussetzungen des § 15 UStG kann der letzte Abnehmer die entrichtete Umsatzsteuer als Vorsteuer abziehen (→ Rz. 2552).

Beispiel:

Der in Deutschland ansässige und umsatzsteuerlich erfasste Unternehmer D bestellt eine nicht vorrätige Ware bei dem in Italien ansässigen Unternehmer I. I gibt die Bestellung weiter an den in Spanien ansässigen Unternehmer S, der die Ware mit eigenem Lkw unmittelbar nach Deutschland befördert und sie dort an D übergibt. Alle Unternehmer treten jeweils unter der USt-IdNr. ihres Landes auf. Der erste Lieferer (S) stellt dem ersten Abnehmer (I) 5 000 € und I stellt dem letzten Abnehmer (D) 7 000 € in Rechnung.

Die Voraussetzung des § 25b Abs. 1 Satz 1 UStG für das Vorliegen eines innergemeinschaftlichen Dreiecksgeschäft ist erfüllt, da die drei beteiligten Unternehmer in jeweils verschiedenen EU-Mitgliedstaaten für Zwecke der USt erfasst sind und mit USt-IdNrn. aus verschiedenen EU-Mitgliedstaaten auftreten. I hat die Lieferung eines ersten Abnehmers eines innergemeinschaftlichen Dreiecksgeschäfts in Italien anzugeben und in der Rechnung an D auf das innergemeinschaftliche Dreiecksgeschäft hinzuweisen. D als letzter Abnehmer schuldet die Umsatzsteuer i.H.v. 1 120 €, diese ist in **Zeile 60** einzutragen. Unter den weiteren Voraussetzungen des § 15 UStG kann D gleichzeitig die geschuldete USt als Vorsteuer in **Zeile 86** erklären.

Für innergemeinschaftliche Dreiecksgeschäfte kommt für die in der Anlage 2 zum UStG bezeichneten Gegenstände der ermäßigte Steuersatz zur Anwendung. 2392

Die Steuer, die der letzte Abnehmer nach § 25b Abs. 2 UStG für die Lieferung des ersten Abnehmers schuldet, ist in den **Zeilen 60 und 61** einzutragen. Änderungen von Bemessungsgrundlagen (§ 17 UStG) für Umsätze, die den vom **1.7.2020 bis zum 31.12.2020** geltenden Steuersätzen von 16 % bzw. 5 % unterlegen haben, sind zusammen mit dem selbst berechneten Steuerbetrag in **Zeile 63** zu den Umsätzen einzutragen, die anderen Steuersätzen unterliegen. 2393

Die Bemessungsgrundlage und die Steuer, die der letzte Abnehmer nach § 25b Abs. 2 UStG für die Lieferung des ersten Abnehmers schuldet, sind in den **Zeilen 60, 61 und 63** einzutragen. 2394

In **Zeile 62** sind die Umsätze zum ermäßigten Steuersatz von 0 % (§ 12 Abs. 3 UStG) einzutragen, wenn der letzte Abnehmer die Steuer nach § 25b Abs. 2 UStG für die Lieferung des ersten Abnehmers schuldet. Diesem Steuersatz unterliegt ausschließlich die Lieferung von Solarmodulen, einschließlich der für den Betrieb einer Photovoltaikanlage wesentlichen Komponenten und der Speicher, die dazu dienen, den mit Solarmodulen erzeugten Strom zu speichern, wenn die Photovoltaikanlage auf oder in der Nähe von Privatwohnungen, Wohnungen sowie öffentlichen und anderen Gebäuden, die für dem Gemeinwohl dienende Tätigkeiten genutzt werden, installiert wird. Die Voraussetzungen gelten als erfüllt, wenn die installierte Bruttoleistung der Photovoltaikanlage laut Marktstammdatenregister nicht mehr als 30 kW (peak) beträgt oder betragen wird. Zu den weiteren Voraussetzungen vgl. Abschn. 12.18 UStAE.

Praxishinweis:

Zum Betrieb einer Photovoltaikanlage vgl. Abschn. 1.5. Abs. 10 UStAE; zur Wertabgabenbesteuerung im Zusammenhang mit einer Leistung, die dem Nullsteuersatz (§ 12 Abs. 3 UStG) unterliegt, siehe Abschn. 3.2 Abs. 3 UStAE (vgl. Abschn. 2.15 Abs. 13 Satz 3 UStAE) und zur Anwendung des Nullsteuersatzes für bestimmte Photovoltaikanlagen vgl. Abschn. 12.18 Abs. 1 bis 10 UStAE mit Beispielen.

In **Zeile 64** ist die Summe der berechneten Steuerbeträge einzutragen und in **Zeile 106** zu übertragen.

8. Abschnitt G – Leistungsempfänger als Steuerschuldner, § 13b UStG (Zeilen 65–68)

G. Leistungsempfänger als Steuerschuldner (§ 13b UStG)

Zeile			Bemessungsgrundlage ohne Umsatzsteuer EUR		Steuer EUR Ct
65	Sonstige Leistungen nach § 3a Absatz 2 UStG eines im übrigen Gemeinschaftsgebiet ansässigen Unternehmers (§ 13b Absatz 1 UStG)	846	,—	847	
66	Umsätze, die unter das GrEStG fallen (§ 13b Absatz 2 Nummer 3 UStG)	873	,—	874	
67	Andere Leistungen (§ 13b Absatz 2 Nummer 1, 2, 4 bis 12 UStG)	877	,—	878	
68	Summe der Steuer (zu übertragen in Zeile 107)				

2395 Unternehmer und j.P.d.ö.R. schulden als Leistungsempfänger für bestimmte im Inland ausgeführte steuerpflichtige Umsätze die Steuer (§ 13b UStG). Die Steuer wird sowohl von im Inland ansässigen als auch von im Ausland ansässigen Leistungsempfängern geschuldet. Kleinunternehmer (§ 19 UStG), pauschalierende Land- und Forstwirte (§ 24 UStG) und Unternehmer, die ausschließlich steuerfreie Umsätze ausführen, schulden ebenfalls die Umsatzsteuer. Die Steuerschuldnerschaft erstreckt sich sowohl auf Umsätze für den unternehmerischen als auch auf die Umsätze für den nichtunternehmerischen Bereich des Leistungsempfängers. Für die Besteuerung dieser Umsätze ist das FA zuständig, bei dem der Leistungsempfänger als Unternehmer umsatzsteuerlich erfasst ist. Für j.P.d.ö.R. ist das FA zuständig, in dessen Bezirk sie ihren Sitz haben. Der Leistungsempfänger schuldet für folgende steuerpflichtige Umsätze die Umsatzsteuer:

- steuerpflichtige sonstige Leistungen eines im übrigen Gemeinschaftsgebiet ansässigen Unternehmers (§ 13b Abs. 1 UStG); diese sind in **Zeile 65** einzutragen;
- Umsätze, die unter das Grunderwerbsteuergesetz fallen (§ 13b Abs. 2 Nr. 3 UStG), diese sind in **Zeile 66** anzugeben.

In **Zeile 67** sind folgende steuerpflichtige Umsätze einzutragen:

- im Inland steuerpflichtige Werklieferungen und nicht unter § 13b Abs. 2 Nr. 1 UStG fallende sonstige Leistungen im Ausland ansässiger Unternehmer;
- Lieferungen von sicherungsübereigneten Gegenständen durch den Sicherungsgeber an den Sicherungsnehmer außerhalb des Insolvenzverfahrens (§ 13b Abs. 2 Nr. 2 UStG);
- Bauleistungen, einschließlich Werklieferungen und sonstige Leistungen im Zusammenhang mit Grundstücken, die der Herstellung, Instandsetzung, Instandhaltung, Änderung oder Beseitigung von Bauwerken dienen, mit Ausnahme von Planungs- und Überwachungsleistungen (§ 13b Abs. 2 Nr. 4 Satz 1 UStG; vgl. auch Abschn. 13b.2 und 13b.3 UStAE). Als Grundstücke gelten insb. auch Sachen, Ausstattungsgegenstände und Maschinen, die auf Dauer in einem Gebäude oder Bauwerk installiert sind und die nicht bewegt werden können, ohne das Gebäude oder Bauwerk zu zerstören oder zu verändern (§ 13b Abs. 2 Nr. 4 Satz 2 UStG). Zur Klarstellung wird in § 13b Abs. 2 Nr. 4 Satz 3 UStG darauf hingewiesen, dass § 13b Abs. 2 Nr. 1 UStG unberührt bleibt;

Praxishinweis:

Der BFH hat mit Urteil v. 28.8.2014 entschieden, dass Betriebsvorrichtungen keine Bauwerke i.S.v. § 13b Abs. 2 Nr. 4 Satz 1 UStG a.F. sind.[1] Damit kam nach Ansicht des BFH eine Verlagerung der Steuerschuld auf den Leistungsempfänger bei Lieferungen von und Leistungen an Betriebsvorrichtungen nicht in Betracht. Art. 199 Abs. 1 Buchst. a MwStSystRL, auf dem § 13b Abs. 2 Nr. 4 UStG beruht, enthält den Begriff der Bauleistung. Dieser Begriff ist unionsrechtlich einheitlich und nicht nach nationalem Bewertungsrecht auszulegen. Der Begriff der Bauleistung i.S.v. Art. 199 Abs. 1 Buchst. a MwStSystRL ist dabei nicht nur auf Leistungen im Zusammenhang mit einem Grundstück beschränkt, sondern weiter auszulegen. Mit § 13b Abs. 4 Nr. 2 UStG wurden einerseits die unionsrechtliche Vorgabe und andererseits die in Abschn. 13b.2 Abs. 2 Satz 2 und 3 UStAE enthaltene Verwaltungsauffassung inhaltlich in das UStG übernommen. Damit können Lieferungen von und Leistungen an Betriebsvorrichtungen unter die Regelung des § 13b UStG fallen.

- Lieferungen von Gas über das Erdgasnetz oder von Elektrizität sowie von Wärme oder Kälte eines im Ausland ansässigen Unternehmers unter den Bedingungen des § 3g UStG (§ 13b Abs. 2 Nr. 5 Buchst. a UStG); diese sind ebenfalls in **Zeile 67** einzutragen;
- Lieferungen von Gas über das Erdgasnetz eines im Inland ansässigen Unternehmers, wenn der Leistungsempfänger Wiederverkäufer von Gas i.S.d. § 3g UStG ist (§ 13b Abs. 2 Nr. 5 Buchst. b UStG);
- Lieferungen von Elektrizität eines im Inland ansässigen Unternehmers, wenn der liefernde Unternehmer und der Leistungsempfänger Wiederverkäufer von Elektrizität i.S.d. § 3g UStG sind (§ 13b Abs. 2 Nr. 5 Buchst. b UStG), nicht hierunter fallen Betreiber von Photovoltaikanlagen;
- Übertragung der in § 13b Abs. 2 Nr. 6 UStG bezeichneten sog. CO_2-Emissions-, Gas-, Elektrizitäts- und Emissionszertifikate nach § 3 Nr. 2 des Brennstoffemissionshandelsgesetzes;
- Lieferungen der in der Anlage 3 (zu § 13b Abs. 2 Nr. 7 UStG) des UStG bezeichneten Gegenstände – insb. Industrieschrott und Altmetalle – (§ 13b Abs. 2 Nr. 7 UStG, Abschn. 13b.4 UStAE);
- Reinigen von Gebäuden und Gebäudeteilen (§ 13b Abs. 2 Nr. 8 UStG, Abschn. 13b.5 UStAE);
- Lieferungen von Gold mit einem Feingehalt von mindestens 325 Tausendstel, in Rohform oder als Halbzeug (aus Position 7108 des Zolltarifs) und von Goldplattierungen mit einem Goldfeingehalt von mindestens 325 Tausendstel (aus Position 7109; § 13b Abs. 2 Nr. 9 UStG, Abschn. 13b.6 UStAE);
- Lieferungen von Mobilfunkgeräten, Tablet-Computern und Spielekonsolen sowie integrierten Schaltkreisen (§ 13b Abs. 2 Nr. 10 UStG; Abschn. 13b.7 UStAE) sind in **Zeile 67** anzugeben, wenn die Summe der für sie in Rechnung zu stellenden Entgelte im Rahmen eines wirtschaftlichen Vorgangs mindestens 5 000 € beträgt; nachträgliche Minderungen des Entgelts bleiben dabei unberücksichtigt;
- Lieferungen der in der Anlage 4 des UStG bezeichneten Gegenstände – insb. Edelmetalle, unedle Metalle, Selen und Cermets, wenn die Summe der für sie in Rechnung zu stellenden Entgelte im Rahmen eines wirt-

1) BFH v. 28.8.2014, V R 7/14, BStBl II 2015, 682.

schaftlichen Vorgangs mindestens 5 000 € beträgt; nachträgliche Minderungen des Entgelts bleiben dabei unberücksichtigt (§ 13b Abs. 2 Nr. 11 UStG);

– sonstige Leistungen auf dem Gebiet der Telekommunikation (§ 13b Abs. 2 Nr. 12 UStG); Einzelheiten hierzu enthalten die BMF-Schreiben v. 23.12.2020 und v. 2.5.2022 sowie Abschn. 13b.7b UStAE.[1)]

In **Zeile 70** (Kz 209) sind die im Inland ausgeführten steuerpflichtigen Umsätze nach § 13b Abs. 1 und 2 UStG des leistenden Unternehmers, für die der Leistungsempfänger die Umsatzsteuer nach § 13b Abs. 5 UStG schuldet, einzutragen. Die hier einzutragenden Umsätze sind nicht in Abschnitt B anzugeben.

Die Regelungen zur umsatzsteuerlichen Steuerschuldnerschaft des Leistungsempfängers sind nicht mit dem Steu- **2396**
erabzug bei Bauleistungen nach den §§ 48 bis 48d EStG[2)] zu verwechseln. Beide Besteuerungsverfahren können allerdings nebeneinander Anwendung finden.

§ 13b Abs. 5 UStG bestimmt, wer als Leistungsempfänger die Steuer schuldet. In den Fällen des § 13b Abs. 1 und **2397**
Abs. 2 Nr. 1 bis 3 UStG schuldet der Leistungsempfänger die Steuer, wenn er ein Unternehmer oder eine juristische Person ist; in den in § 13b Abs. 2 Nr. 5 Buchst. a, Nr. 6, 7, 9 bis 11 UStG genannten Fällen schuldet der Leistungsempfänger die Steuer, wenn er ein Unternehmer ist. In den Fällen des § 13b Abs. 2 Nr. 4 Satz 1 UStG schuldet der Leistungsempfänger die Steuer unabhängig davon, ob er sie für eine von ihm erbrachte Leistung i.S.d. § 13b Abs. 2 Nr. 4 Satz 1 UStG verwendet, wenn er ein Unternehmer ist, der nachhaltig entsprechende Leistungen erbringt; davon ist auszugehen, wenn ihm das zuständige FA eine im Zeitpunkt der Ausführung des Umsatzes gültige, auf längstens drei Jahre befristete Bescheinigung, die nur mit Wirkung für die Zukunft widerrufen oder zurückgenommen werden kann, darüber erteilt hat, dass er ein Unternehmer ist, der entsprechende Leistungen erbringt. Bei den in § 13b Abs. 2 Nr. 5 Buchst. b UStG genannten Lieferungen von Erdgas schuldet der Leistungsempfänger die Steuer, wenn er ein Wiederverkäufer i.S.d. § 3g UStG ist. Bei den in § 13b Abs. 2 Nr. 5 Buchst. b UStG genannten Lieferungen von Elektrizität schuldet der Leistungsempfänger in den Fällen die Steuer, in denen der liefernde Unternehmer und der Leistungsempfänger Wiederverkäufer von Elektrizität i.S.d. § 3g UStG sind. In den Fällen des § 13b Abs. 2 Nr. 8 Satz 1 UStG schuldet der Leistungsempfänger die Steuer unabhängig davon, ob er sie für eine von ihm erbrachte Leistung i.S.d. § 13b Abs. 2 Nr. 8 Satz 1 UStG verwendet, wenn er ein Unternehmer ist, der nachhaltig entsprechende Leistungen erbringt; davon ist auszugehen, wenn ihm das zuständige FA eine im Zeitpunkt der Ausführung des Umsatzes gültige, auf längstens drei Jahre befristete Bescheinigung, die nur mit Wirkung für die Zukunft widerrufen oder zurückgenommen werden kann, darüber erteilt hat, dass er ein Unternehmer ist, der entsprechende Leistungen erbringt.

Bei den in § 13b Abs. 2 Nr. 12 Satz 1 UStG genannten Leistungen schuldet der Leistungsempfänger die Steuer, wenn er ein Unternehmer ist, dessen Haupttätigkeit in Bezug auf den Erwerb dieser Leistungen in deren Erbringung besteht und dessen eigener Verbrauch dieser Leistungen von untergeordneter Bedeutung ist; davon ist auszugehen, wenn ihm das zuständige FA eine im Zeitpunkt der Ausführung des Umsatzes gültige auf längstens drei Jahre befristete Bescheinigung, die nur mit Wirkung für die Zukunft widerrufen oder zurückgenommen werden kann, darüber erteilt hat, dass er ein Unternehmer ist, der entsprechende Leistungen erbringt (§ 13b Abs. 5 Satz 6 UStG).

Die Steuerschuldnerschaft erstreckt sich sowohl auf die Umsätze für den unternehmerischen als auch auf die Umsätze für den nichtunternehmerischen Bereich des Leistungsempfängers mit Ausnahme der in § 13b Abs. 5 Satz 10 UStG genannten Leistungen, die ausschließlich an den nichtunternehmerischen Bereich von juristischen Personen des öffentlichen Rechts erbracht werden.[3)]

Sind Leistungsempfänger und leistender Unternehmer in Zweifelsfällen übereinstimmend vom Vorliegen der Voraussetzungen des § 13b Abs. 2 Nr. 4, 5 Buchst. b, Nr. 7 bis 11 UStG ausgegangen, obwohl dies nach der Art der Umsätze unter Anlegung objektiver Kriterien nicht zutreffend war, gilt der Leistungsempfänger dennoch als Steuerschuldner, sofern dadurch keine Steuerausfälle entstehen (§ 13b Abs. 5 Satz 7 UStG).

Voraussetzung ist, dass durch diese Handhabung keine Steuerausfälle entstehen. Dies gilt dann als erfüllt, wenn der Umsatz vom Leistungsempfänger in zutreffender Höhe versteuert wird. § 13b Abs. 5 Satz 7 UStG gilt nicht bei einer Anwendung der Steuerschuldnerschaft des Leistungsempfängers, wenn fraglich war, ob die Voraussetzungen hierfür in der Person der beteiligten Unternehmer (z.B. die Eigenschaft als Bauleistender; vgl. dazu Abschn. 13b.3 Abs. 1 bis 7 UStAE) erfüllt sind. Hierzu wird ergänzend auf die BMF-Schreiben v. 5.2.2014[4)] und v. 26.9.2014[5)] verwiesen.

Nach § 13b Abs. 5 Satz 3 UStG schuldet der Leistungsempfänger die Steuer bei den in § 13b Abs. 2 Nr. 5 Buchst. b UStG genannten Lieferungen von Erdgas, wenn er ein Wiederverkäufer von Erdgas i.S.d. § 3g UStG ist. Nach dem bisherigen Wortlaut der Vorschrift war bei im Inland steuerpflichtigen Lieferungen von Erdgas der Leistungsempfänger Steuerschuldner, wenn er ein Unternehmer ist, der selbst Erdgas liefert. Diese Regelung ist unionsrechtskonform dergestalt einschränkend auszulegen, dass die Steuerschuldnerschaft des Leistungsempfängers bei den genannten Umsätzen nur dann anzuwenden ist, wenn der Leistungsempfänger ein Wiederverkäufer i.S. des § 3g UStG ist.

1) BMF v. 23.12.2020, III C 3 – S 7279/19/10006 :002, BStBl I 2021, 92 und v. 2.5.2022, III C 3 – S 7279/19/10006 :004, BStBl I 2022, 736.
2) Gesetz zur Eindämmung illegaler Betätigung im Baugewerbe v. 30.8.2001, BGBl. I 2001, 2267 = BStBl I 2001, 602; BMF v. 19.7.2022, IV C 8 – S 2272/19/10003 :002, BStBl I 2022, 1229.
3) Vgl. Abschn. 13b.1 Abs. 1 Satz 4 UStAE.
4) BMF v. 5.2.2014, IV D 3 – S 7279/11/10002, BStBl I 2014, 233.
5) BMF v. 26.9.2014, IV D 3 – S 7279/14/10002, BStBl I 2014, 1297.

2398 Zur Vermeidung von **Abgrenzungsproblemen bei Bauleistungen** gibt die nachfolgende Liste einen Überblick:[1)]

Leistungsbeschreibung	Bauleistung		Bemerkungen
	ja	nein	
Abbruch von Bauwerken einschließlich Abtransport und Deponierung	x		
Abtransport von Erdaushub als selbständige Hauptleistung		x	vgl. aber Erdaushub
Analyse von Baustoffen		x	
Anlagenbau (Montagebänder, Montagelinien, Krananlagen, Kiesförderanlagen, Getränkeabfüllanlagen usw.)		x	es sei denn, die Veränderung ist erheblich
Anzeigentafel (Flughafen, Bahnhof)	x		vgl. Lichtwerbeanlagen in Abschn. 13b.2 Abs. 7 Nr. 11 Satz 2 UStAE
Arbeitnehmerüberlassung		x	dies gilt auch dann, wenn der Entleiher Bauleistungen erbringt
Austausch von Stromzählern	x		
Aufzug (Einbau)	x		
Bauaustrocknung	x		
Baukran, Zurverfügungstellung mit Bedienungspersonal, das den Weisungen des Mieters zu folgen hat		x	Ausnahme: Der Kranführer wird eigenverantwortlich beim Einsetzen von Teilen tätig.
Bausatzhaus		x	es sei denn, die Verantwortung für die Durchführung der Arbeiten wird vom Lieferer des Bausatzes übernommen
Bauschuttzerkleinerung		x	
Baustellenabsicherung (als selbständige Leistung)		x	
Beleuchtungsinstallation			
– aufhängen und anschließen		x	
– Montage und Anschließen von Beleuchtungssystemen z.B. in Kaufhäusern oder Fabrikhallen	x		
Berliner Verbau	x		
Betongleitschutzwände und Stahlschutzwände	x		Ausnahme: vorübergehender Aufbau z.B. im Baustellenbereich
Betonlieferung		x	Verarbeitet der Lieferer den Beton fachgerecht, liegt eine Bauleistung vor
Betonmischer, Betonpumpe		x	es sei denn, die Verantwortung für die ordnungsgemäße Durchführung der Arbeiten wird vom Lieferer übernommen
Blitzschutzsysteme-Errichtung (u.a. Erdungsanlagen, Überspannschutz)	x		
Bodenbeläge (Einbau)	x		es sei denn, der Bodenbelag wird nur lose verlegt
Brandmeldeanlage einbauen	x		
Brücken-, Brunnenbau	x		
Dachbegrünung	x		
EDV-Anlagen	x		wenn sie fest mit dem Bauwerk verbunden sind
Einbau von Fenstern, Türen, Bodenbelägen, Aufzügen, Rolltreppen, Heizungsanlagen bzw. von Einrichtungsgegenständen	x		wenn sie mit dem Gebäude fest verbunden sind
Einrichtungsgegenstände (inkl. Einbauküche, Regalen)		x	es sei denn, die Veränderung ist erheblich
Elektrogeräte anschließen		x	
Erdwärmebohrung	x		
Fang- und Sicherheitsnetze bei Baumaßnahmen im Außenbereich		x	vgl. Gerüstbau in Abschn. 13b.2 Abs. 7 Nr. 9 UStAE
Fahrbahnbelag	x		inkl. Aufsaugen und Entsorgen von abgefrästen Fahrbahndecken

1) Vgl. Abschn. 13b.2 UStAE.

Leistungsbeschreibung	Bauleistung		Bemerkungen
	ja	nein	
Fahrbahnmarkierung – endgültig (Weißmarkierung)	x		
– vorübergehend		x	
Fassadenreinigung durch Abschleifen bzw. Bearbeitung mit Sandstrahl		x	es sei denn, es erfolgt eine Veränderung der Oberfläche, vgl. Abschn. 13b.2 Abs. 5 Nr. 10 UStAE
Fertiggaragen	x		wenn der Lieferer die Verantwortung für das ordnungsgemäße Aufstellen trägt
Festzelterrichtung		x	vgl. Aufstellen von Material- und Bürocontainer in Abschn. 13b.2 Abs. 7 Nr. 6 UStAE
Feuerlöscher, Einbau		x	
Fliegenschutzgitter/Sonnenschutzfolien	x		
Photovoltaik- und Solaranlagen	x		wie Lichtwerbeanlagen in Abschn. 13b.2 Abs. 6 Nr. 11 UStAE
Gartenanlagen	x		wenn befestigte Wege, Terrassen, Mauern, Brücken, ortsfeste Sprinkleranlagen o.Ä. Teil der Leistung sind, vgl. aber Landschaftsgestaltung
Gebäude: schlüsselfertige Erstellung eines Gebäudes auf fremdem Grund und Boden inkl. Fällen des einheitlichen Vertragswerks i.S.d. Abschn. 4.9.1 Abs. 1 UStAE	x		
Gerüstbau		x	vgl. Abschn. 13b.2 Abs. 7 Nr. 9 UStAE
Gewerblicher Geschirrspüler	x		es sei denn, die Veränderung ist erheblich
Grabstein		x	außer bei Mausoleen
Grundwasserabsenkung	x		
Hausanschlüsse	x		vgl. Abschn. 13b.2 Abs. 5 Nr. 8 UStAE
Heizungsanlage (Einbau)	x		
Kranbau	x		
Kranvermietung mit Bedienpersonal zwecks Abladen von Baustoffen		x	
Künstlerische Leistungen an Bauwerken	x		Voraussetzung: Auswirkung auf Substanz, Werkausführung durch den Künstler, vgl. Abschn. 13b.2 Abs. 5 Nr. 9 UStAE
Ladeneinbau	x		wenn fest mit dem Gebäude verbunden
Landschaftsgestaltung		x	Anschütten von Hügeln und Böschungen sowie das Ausheben von Gräben und Mulden, vgl. Abschn. 13b.2 Abs. 7 Nr. 10 UStAE
Lichtwerbeanlagen (Installation)	x		wenn fest mit dem Gebäude verbunden
Malerarbeiten	x		
Markise (Einbau)	x		
Maschinen		x	das Erstellen von Fundamenten, Sockeln und Befestigungsvorrichtungen sind i.d.R. Nebenleistungen (vgl. Abschn. 13b.2 Abs. 7 Nr. 2 UStAE)
Materiallieferungen (von Baustoffhändlern oder Baumärkten, soweit kein Einbau erfolgt)		x	baut der Lieferant auch ein, liegt eine Bauleistung vor
Messestand (Aufstellen)		x	
Pflasterarbeiten	x		
Pflege einer Dachbegrünung		x	der Einbau einer Dachbegrünung ist jedoch eine Bauleistung
Photovoltaikanlagen (Werklieferung), – die auf oder an einem Gebäude oder Bauwerk installiert werden (z.B. dachintegrierte Anlagen, Auf-Dach-Anlagen oder Fassadenmontage) – Freiland-Photovoltaikanlagen	x		Abschn. 13b.2 Abs. 5 Nr. 11 UStAE; das abweichende BFH-Urteil v. 28.8.2014 (V R 7/14, BStBl II 2015, 682) wird von der Verwaltung nicht angewendet (BMF v. 28.7.2015, BStBl I 2015, 623)
Planierraupe, Zurverfügungstellung mit Bedienungspersonal		x	vgl. Baukran
Planungsarbeiten (u.a. durch Statiker, Architekt)		x	gilt nur bei Hauptleistungen, die ausschließlich Planung umfassen

Leistungsbeschreibung	Bauleistung		Bemerkungen
	ja	nein	
Regalförderzeug		x	vgl. Anlagenbau
Reinigungsvorgänge, wenn Oberfläche verändert wird (z.B. Abschleifen und Neuversiegeln von Parkett, Fassadenreinigung mit Sandstrahl)	x		keine Bauleistung, wenn Böden/Fassaden nur gereinigt werden (mit Wasserstrahl und Bürste)
Reparatur- und Wartungsarbeiten		x	wenn das Nettoentgelt für einzelnen Umsatz mehr als 500 € beträgt, vgl. Abschn. 13b.2 Abs. 7 Nr. 15 UStAE
Rodung, Herausfräsen von Wurzeln und Abtransport		x	es sei denn, die Arbeiten werden im Zusammenhang mit der Errichtung eines Bauwerks durchgeführt
Rohrreinigung		x	es sei denn, dass Teile verändert, bearbeitet oder ausgetauscht und die Grenze von 500 € wird überschritten, vgl. Abschn. 13b.2 Abs. 7 Nr. 15 UStAE
Rolltreppe (Einbau)	x		
Sanierung von Bauteilen (Korrosionsschutz) im eigenen Betrieb ohne Aus- und Einbau vor Ort		x	
Sauna (Einbau)	x		
Schaufensteranlagen	x		wenn mit dem Gebäude fest verbunden
Schuttabfuhr durch Abfuhrunternehmer		x	
Silo	x		wenn es im Rahmen einer Werklieferung vor Ort errichtet/aufgebaut wird
Spielplätze und Spielanlagen	x		wenn mit dem Grund und Boden durch Fundament o.Ä. fest verbunden
Straßen- und Wegebau	x		
Tankanlagen (Einbau)	x		nicht: Tank-Reinigung
Telefonanlagen, soweit Lieferer fest installiert			vgl. EDV-Anlagen
Teppichboden verlegen	x		
Tunnelbau	x		
Überlandleitungen verlegen oder austauschen	x		vgl. Erdkabel
Verkehrsschilder und Ampelanlagen – dauerhaft (z.B. Endmarkierungen)	x		nur wenn Nettoentgelt mehr als 500 €, vgl. Abschn. 13b.2 Abs. 7 Nr. 15 UStAE
– vorübergehend		x	
Verlegen von Rohren für die Energie- oder Wasserversorgung	x		
Verkaufsregale	x		wenn mit dem Gebäude fest verbunden, vgl. Einbauküchen
Verkehrsleitanlagen auf Baustellen, die nur für die Zeit der Baustelle errichtet werden		x	vgl. Betongleitschutzwände
Video-Überwachungsanlage	x		
Wartung an Bauwerken oder Teilen von Bauwerken (z.B. von Brandschutz-, Heizungs-, Klimaanlagen)	x		nur wenn Teile verändert, bearbeitet oder ausgetauscht werden und das Nettoentgelt für den einzelnen Umsatz die Grenze von 500 € überschreitet, vgl. Abschn. 13b.2 Abs. 7 Nr. 15 UStAE
Zäune, Errichtung	x		

2399 Zur Vermeidung von Abgrenzungsproblemen bei **Lieferungen der in der Anlage 3 des UStG bezeichneten Gegenständen** (§ 13b Abs. 2 Nr. 7 UStG) gibt die nachfolgende Liste einen Überblick:[1]

Leistungsbeschreibung	Lieferungen i.S.d. § 13b Abs. 2 Nr. 7 UStG		Bemerkungen
	ja	nein	
Bruchglas	x		wenn es sich um eine Lieferung handelt
Bruchglas		x	wenn der Anlieferer ein Entsorgungsentgelt bezahlen muss und der Wert des Bruchglases auf das Entsorgungsentgelt keinen Einfluss hat
Container, Gestellung		x	
Kunststoffabfälle aus der Produktion von Fahrrad- und Motorradhelmen	x		

1) Vgl. Abschn. 13b.4 UStAE.

Leistungsbeschreibung	Lieferungen i.S.d. § 13b Abs. 2 Nr. 7 UStG		Bemerkungen
	ja	nein	
Mahlgut, das aus Abfällen, Schnitzel und Bruch von Kunststoffen hergestellt wird		x	
Papier		x	
Platinen und Leiterplatten mit elektronischen Bauteilen (unbrauchbar oder zerstört)	x		
Schnitzel aus zermahlenen Kunststoffbechern	x		
Zusammengepresste Einweg-Pfandgebinde bestehend aus Pfandflaschen, Sprengring, Verschlusskappe und Banderole	x		

Bei der Abgabe von werthaltigen Abfällen, für die gesetzliche Entsorgungspflichten bestehen, sind die Grundsätze des BMF-Schreibens v. 21.11.2013[1] und Abschn. 10.5 Abs. 2 Satz 9 UStAE zu beachten.

Beispiel:

Unternehmer A übernimmt gegenüber dem Reifenhersteller R die Entsorgung von Fehlproduktionen und Materialresten für 80 € je Tonne. Die Beteiligten verabreden, dass R an den von A bei der Veräußerung von daraus gewonnenem Gummigranulat und Stahl erzielten Erlösen zu 25 % beteiligt wird. Im Ergebnis zahlt R nur 60 € je Tonne für die Entsorgungsleistung.

A erbringt mit der Entsorgung eine sonstige Leistung an R, die nicht unter § 13b UStG fällt. Soweit R an dem Mehrerlös beteiligt wird, liegt ein tauschähnlicher Umsatz vor. Die Bemessungsgrundlage für die Entsorgungsleistung beträgt 80 € (60 € + 20 € für den Wert der überlassenen Abfälle). R erhält für die gelieferten Abfälle 20 € je Tonne. Da es sich um Liefergegenstände der Nr. 5 der Anlage 3 zum UStG handelt, ist A insoweit Steuerschuldner nach § 13b UStG.

Zur Vermeidung von Abgrenzungsproblemen bei **Gebäudereinigungsleistungen** (§ 13b Abs. 2 Nr. 8 UStG) gibt die nachfolgende Liste einen Überblick:[2] **2400**

Leistungsbeschreibung	Gebäudereinigungsleistungen		Bemerkungen
	ja	nein	
Arbeitnehmerüberlassung von Reinigungskräften		x	Abschn. 13b.5 Abs. 3 UStAE
Bahnhöfe, Bahnsteige und Haltestellen	x		Abschn. 13b.5 Abs. 1 UStAE
Baubuden		x	Abschn. 13b.5 Abs. 1 UStAE
Bauendreinigung	x		Abschn. 13b.5 Abs. 2 Nr. 5 UStAE
Bettwäsche als selbständige Leistung		x	Abschn. 13b.5 Abs. 3 Nr. 4 UStAE
Bierzapfanlage		x	keine haustechnische Anlage, kein Gebäudebestandteil
Bilder als selbständige Leistung		x	Abschn. 13b.5 Abs. 3 Nr. 4 UStAE
Bürocontainer		x	Abschn. 13b.5 Abs. 1 UStAE
Busse		x	
Dachrinnen	x		Abschn. 13b.5 Abs. 2 Nr. 4 UStAE
Dekontaminierungsmaßnahmen (auch Desinfektion) an Gebäuden	x		
Fallrohre	x		Abschn. 13b.5 Abs. 2 Nr. 4 UStAE
Fenster	x		Abschn. 13b.5 Abs. 2 Nr. 3 UStAE
Gardinen als selbständige Leistung		x	Abschn. 13b.5 Abs. 3 Nr. 4 UStAE
Gartenarbeit		x	
Gebäudereinigung (auch Pflege, Schutz und Nachbehandlung)	x		Abschn. 13b.5 Abs. 2 Nr. 1 UStAE
Gehweg		x	
Gehweg	x		nur wenn im Zusammenhang mit Gebäuden, wenn im Gesamtauftrag für Gebäudereinigung enthalten
Gleisanlagen		x	wenn eigenständige Leistung
Gleisanlagen	x		nur wenn im Gesamtauftrag für Bahnhofsreinigung im Bahnhofsbereich enthalten
Geschirr als selbständige Leistung		x	Abschn. 13b.5 Abs. 3 Nr. 4 UStAE
Graffitientfernung	x		Abschn. 13b.5 Abs. 2 Nr. 2 UStAE
Hausfassade	x		Abschn. 13b.5 Abs. 2 Nr. 2 UStAE

1) BMF v. 21.11.2013, IV D 2 – S 7203/07/10002 :004, BStBl I 2013, 1584.
2) Vgl. Abschn. 13b.5 UStAE.

Leistungsbeschreibung	Gebäudereinigungsleistungen		Bemerkungen
	ja	nein	
durch Hausmeisterdienst	x		wenn er auch Gebäudereinigungsdienstleistungen beinhaltet. Dies gilt auch für die an ihn erbrachten Reinigungsleistungen durch Subunternehmer
Heizung, Klimaanlage	x		
Heizung, Klimaanlage		x	wenn keine Wartung, d.h., wesentlicher Inhalt der Tätigkeit ist nicht die Überprüfung der Funktionsfähigkeit; ggf. Bauleistung, wenn Teile verwendet werden
Inventar		x	Abschn. 13b.5 Abs. 3 Nr. 4 UStAE
Jalousien		x	Abschn. 13b.5 Abs. 3 Nr. 4 UStAE
Kiosk		x	Abschn. 13b.5 Abs. 1 UStAE
Maschinen (sofern haustechnische Anlagen)	x		Abschn. 13b.5 Abs. 2 Nr. 6 UStAE
Matratzen		x	Abschn. 13b.5 Abs. 3 Nr. 4 UStAE
Möbel		x	Abschn. 13b.5 Abs. 3 Nr. 4 UStAE
Parkplätze		x	
Parkplätze	x		im Zusammenhang mit Gebäuden, wenn im Gesamtauftrag für Gebäudereinigung enthalten
durch Pflegedienst	x		wenn er auch Gebäudereinigungsdienstleistungen beinhaltet. Dies gilt auch für die an ihn erbrachten Reinigungsleistungen durch Subunternehmer
Schädlingsbekämpfung		x	Abschn. 13b.5 Abs. 3 Nr. 2 UStAE
Schornstein		x	Abschn. 13b.5 Abs. 3 Nr. 1 UStAE
Teppich		x	Abschn. 13b.5 Abs. 3 Nr. 4 UStAE
Tribünen		x	Abschn. 13b.5 Abs. 1 UStAE
Wartungsarbeiten an Maschinen		x	Abschn. 13b.5 Abs. 2 Nr. 6 UStAE
Winterdienst		x	Abschn. 13b.5 Abs. 3 Nr. 3 UStAE
Wohncontainer		x	Abschn. 13b.5 Abs. 1 UStAE
Züge		x	

2401 Zur Vermeidung von Abgrenzungsproblemen bei **Lieferung von Gold** (§ 13b Abs. 2 Nr. 9 UStG) gibt die nachfolgende Liste einen Überblick:[1)]

Leistungsbeschreibung	Lieferung von Gold		Bemerkungen
	ja	nein	
Galvanik		x	kein chemisches, sondern ein elektro-chemisches Verfahren
Goldmünzen		x	
Kaliumgoldcyanidsalz		x	
fertige oder halbfertige Erzeugnisse (z.B. vergoldete Kugelschreiber)		x	auch wenn für die Herstellung Gold verwendet wird
Ringrohlinge aus Goldlegierungen		x	
Zahngoldplatierungen	x		
Zahngoldplatierungen		x	wenn die Legierung 2 Gewichtshundertteile (GHT) oder mehr Platin enthält

2402 Ist der leistende Unternehmer Kleinunternehmer und wird bei ihm die Umsatzsteuer nach § 19 Abs. 1 UStG nicht erhoben, ist die Steuerschuld des Leistungsempfängers ausgeschlossen (§ 13b Abs. 5 Satz 9 UStG). Bei einer Anwendung der Steuerschuldnerschaft des Leistungsempfängers würde sonst eine nicht gewollte Mehrbelastung eintreten, wenn Leistungsempfänger selbst ein Kleinunternehmer i.S.d. § 19 UStG ist.

2403 In den in § 13b Abs. 2 Nr. 4 und 5 Buchst. b und Nr. 7 bis 12 UStG genannten Fällen schulden juristische Personen des öffentlichen Rechts die Steuer nicht, wenn sie die Leistung für den nichtunternehmerischen Bereich beziehen (§ 13b Abs. 5 Satz 11 UStG). Der leistende Unternehmer kann häufig nicht zweifelsfrei feststellen, ob der Empfänger die Leistung für sein Unternehmen bezieht oder nicht. Die Steuerschuldnerschaft des Leistungsempfängers nach § 13b UStG gilt daher auch dann, wenn die Leistung für den nichtunternehmerischen Bereich bezogen wird (§ 13b Abs. 5 Satz 7 UStG). Ist eine j.P.d.ö.R. Leistungsempfänger, kann der leistende Unternehmer regelmäßig an der Art der Einrichtung, für die er tätig wird (Behörde oder Betrieb gewerblicher Art), erkennen, ob die Leistung für den unternehmerischen oder den hoheitlichen Bereich bezogen wird. § 13b Abs. 5 Satz 7 UStG führt in diesen

1) Vgl. Abschn. 13b.6 UStAE.

Fällen zu einem unnötigen Verwaltungsaufwand für die j.P.d.ö.R., da sie die Leistungsbezüge für den hoheitlichen Bereich dem FA erklären und die darauf entfallende Umsatzsteuer an dieses abführen muss, statt sie zusammen mit dem Leistungsentgelt in einer Summe an den leistenden Unternehmer zu entrichten. Um diesen Aufwand zu vermeiden, hat die Steuerverwaltung Fälle, in denen j.P.d.ö.R. in nennenswertem Umfang Leistungen für ihren hoheitlichen Bereich beziehen, die der Steuerschuldnerschaft des Leistungsempfängers unterliegen, von der Rechtsfolge des § 13b Abs. 5 Satz 7 UStG ausgenommen.

§ 13b Abs. 10 UStG enthält eine Ermächtigung des BMF, durch Rechtsverordnung mit Zustimmung des Bundesrats **2404** den Umfang der Steuerschuldnerschaft des Leistungsempfängers unter bestimmten Voraussetzungen (zunächst) zeitlich beschränkt auf weitere Umsätze zu erweitern, wenn im Zusammenhang mit diesen Umsätzen in einer Mehrzahl von Fällen der Verdacht auf Steuerhinterziehung in einem besonders schweren Fall aufgetreten ist (sog. **Schnellreaktionsmechanismus**).

Mit der Regelung in § 13b Abs. 10 UStG wird die Voraussetzung geschaffen, zeitnah von durch den unionsrechtlichen Schnellreaktionsmechanismus eröffneten Möglichkeiten zur Betrugsbekämpfung national Gebrauch zu machen. Eine auf der Ermächtigung nach § 13b Abs. 10 UStG beruhende Verordnung mit einer Erweiterung der Steuerschuldnerschaft des Leistungsempfängers ist nur eine vorläufige Maßnahme. Ermächtigt der Rat Deutschland entsprechend dem gestellten Antrag nach Art. 395 MwStSystRL, eine entsprechende von der MwStSystRL abweichende Regelung längerfristig beibehalten zu dürfen, muss die – zunächst in der Verordnung geregelte – Erweiterung der Steuerschuldnerschaft des Leistungsempfängers in jedem Fall im Rahmen eines Gesetzgebungsverfahrens in das UStG aufgenommen werden. Die Regelung über das Außerkrafttreten der Verordnung stellt zum einen sicher, dass die Verordnung nur von begrenzter Dauer ist. Sie stellt im Falle der Erteilung einer Anschlussermächtigung nach Art. 395 MwStSystRL aber auch sicher, dass die Regelung ohne zeitliche Unterbrechung national fort gilt.

In **Zeile 68** ist die Summe der berechneten Steuerbeträge einzutragen und in **Zeile 107** zu übertragen. **2405**

a) Steuerpflichtige sonstige Leistungen eines im übrigen Gemeinschaftsgebiet ansässigen Unternehmers (Zeile 65)

Der Steuerschuldnerschaft des Leistungsempfängers unterliegen die im Inland steuerpflichtigen sonstigen Leis- **2406** tungen nach § 3a Abs. 2 UStG eines im übrigen Gemeinschaftsgebiet ansässigen Unternehmers. Der Unternehmer hat diese in **Zeile 65** und in seiner ZM anzugeben. Die Steuer entsteht in diesen Fällen mit Ablauf des Voranmeldungszeitraums, in dem die Leistungen ausgeführt worden sind (§ 13b Abs. 1 UStG).

b) Andere Leistungen eines im Ausland ansässigen Unternehmers (Zeile 67)

aa) Im Ausland ansässiger Unternehmer

Für die Anwendung von § 13b UStG ist zunächst festzustellen, ob es sich um einen nicht im Inland ansässigen **2407** Unternehmer handelt. In § 13b Abs. 7 UStG werden die Begriffe des im Ausland ansässigen und des im übrigen Gemeinschaftsgebiet ansässigen Unternehmers definiert. Danach ist ein im Ausland ansässiger Unternehmer i.S.d. § 13b Abs. 2 Nr. 1 und 5 UStG ein Unternehmer, der im Inland, auf der Insel Helgoland und in einem der in § 1 Abs. 3 UStG bezeichneten Gebiete weder einen Wohnsitz, seinen gewöhnlichen Aufenthalt, seinen Sitz, seine Geschäftsleitung noch eine Betriebsstätte hat; dies gilt auch, wenn der Unternehmer ausschließlich einen Wohnsitz oder einen gewöhnlichen Aufenthaltsort im Inland, aber seinen Sitz, den Ort der Geschäftsleitung oder eine Betriebsstätte im Ausland hat.

Ein im übrigen Gemeinschaftsgebiet ansässiger Unternehmer ist ein Unternehmer, der in den Gebieten der übri- **2408** gen Mitgliedstaaten der EU, die nach dem Gemeinschaftsrecht als Inland dieser Mitgliedstaaten gelten, einen Wohnsitz, seinen gewöhnlichen Aufenthalt, seinen Sitz, seine Geschäftsleitung oder eine Betriebsstätte hat; dies gilt nicht, wenn der Unternehmer ausschließlich einen Wohnsitz oder einen gewöhnlichen Aufenthaltsort in den Gebieten der übrigen Mitgliedstaaten der EU, die nach dem Gemeinschaftsrecht als Inland dieser Mitgliedstaaten gelten, aber seinen Sitz, den Ort der Geschäftsleitung oder eine Betriebsstätte im Drittlandsgebiet hat. Hat der Unternehmer im Inland eine Betriebsstätte und führt er einen Umsatz nach § 13b Abs. 1 oder Abs. 2 Nr. 1 oder Abs. 2 Nr. 5 UStG aus, gilt er hinsichtlich dieses Umsatzes als im Ausland oder im übrigen Gemeinschaftsgebiet ansässig, wenn die Betriebsstätte an diesem Umsatz nicht beteiligt ist (§ 13b Abs. 7 Satz 2 und 3 UStG).

Dies ist regelmäßig dann der Fall, wenn der Unternehmer hierfür nicht die technische und personelle Ausstattung dieser Betriebsstätte nutzt. Nicht als Nutzung der technischen und personellen Ausstattung der Betriebsstätte gelten unterstützende Arbeiten durch die Betriebsstätte wie Buchhaltung, Rechnungsausstellung oder Einziehung von Forderungen. Stellt der leistende Unternehmer die Rechnung über den von ihm erbrachten Umsatz aber unter Angabe der der Betriebsstätte erteilten USt-IdNr. aus, gilt die Betriebsstätte als an dem Umsatz beteiligt, sodass der Unternehmer als im Inland ansässig anzusehen ist.[1] Hat der Unternehmer seinen Sitz im Inland und wird ein im Inland steuerbarer und steuerpflichtiger Umsatz vom Ausland aus, z.B. von einer Betriebsstätte, erbracht, ist der Unternehmer als im Inland ansässig zu betrachten, selbst wenn der Sitz des Unternehmens an diesem Umsatz nicht beteiligt war.[2]

---

1) Vgl. Art. 53 der Durchführungsverordnung (EU) Nr. 282/2011, ABl.EU 2011 Nr. L 77, 1.
2) Vgl. Art. 54 der Durchführungsverordnung (EU) Nr. 282/2011, ABl.EU 2011 Nr. L 77, 1.

2409 Entscheidend für die Frage, ob ein Unternehmer im In- oder Ausland ansässig ist, ist der Zeitpunkt, in dem die Leistung ausgeführt wird (§ 13b Abs. 7 Satz 4 UStG). Dieser Zeitpunkt ist auch dann maßgebend, wenn das Merkmal der Ansässigkeit bei Vertragsabschluss oder bei der Ausführung des Umsatzes noch nicht vorgelegen hat. Unternehmer, die ein im Inland gelegenes Grundstück besitzen und steuerpflichtig vermieten, sind **insoweit** als im Inland ansässig zu behandeln. Wird ein Unternehmer bei einem FA im Inland umsatzsteuerlich geführt oder verfügt er über eine deutsche USt-IdNr., sind dies keine Indizien für eine Ansässigkeit im Inland.

2410 Bestehen Zweifel, ob der leistende Unternehmer im Zeitpunkt der Gegenleistung im Inland ansässig ist (z.B. weil die Standortfrage in rechtlicher oder tatsächlicher Hinsicht unklar ist oder die Angaben des leistenden Unternehmers zu Zweifeln Anlass geben), schuldet der Leistungsempfänger die Steuer **nur dann nicht**, wenn ihm der leistende Unternehmer durch eine **Bescheinigung (Vordruckmuster USt 1 TS)** des zuständigen FA nachweist, dass er kein Unternehmer i.S.d. § 13b Abs. 7 UStG ist (§ 13b Abs. 7 Satz 5 UStG).

Beratungshinweis:

Die Bestellung eines inländischen Empfangsbevollmächtigten für sich allein begründet keine Ansässigkeit im Inland. Damit kann aus einer **Freistellungsbescheinigung** nach § 48b Abs. 1 EStG keine Ansässigkeitsbescheinigung hergeleitet werden.

bb) Sonderregelungen und Ausnahmen von der Steuerschuldnerschaft

2411 Zu den sonstigen Leistungen, für die der Leistungsempfänger die Steuer schuldet, gehören auch die unfreie Versendung oder die Besorgung einer solchen (§§ 453 ff. HGB). Aus Vereinfachungsgründen enthält § 30a UStDV eine Sonderregelung, mit der der Rechnungsaussteller an Stelle des Auftraggebers unter bestimmten Voraussetzungen zum Steuerschuldner bestimmt wird.

Beispiel:

Der Unternehmer K in Köln verkauft Waren an den Unternehmer B in Berlin. Die Versendung wird nach den Lieferbedingungen unfrei durchgeführt. Mit dem Transport der Waren wird der in den Niederlanden ansässige Frachtführer N durch K beauftragt. Die Frachtkosten i.H.v. 800 € berechnet N dem B.

Nach § 13b UStG schuldet B die Umsatzsteuer i.H.v. 128 €. Dabei muss sich aus einem Hinweis in der Rechnung ergeben, dass B das Frachtentgelt übernommen hat.

2412 Die Steuerschuldnerschaft des Leistungsempfängers ist auch auf Tausch oder tauschähnliche Umsätze anzuwenden. § 13b Abs. 1 bis 5 UStG finden dagegen keine Anwendung, wenn die Leistung des im Ausland ansässigen Unternehmers in einer Personenbeförderung, die der Beförderungseinzelbesteuerung (§ 16 Abs. 5 UStG), in einer Personenbeförderung, die mit Fahrzeugen i.S.d. § 1b Abs. 2 Satz 1 Nr. 1 UStG durchgeführt worden ist, oder in einer grenzüberschreitenden Personenbeförderung im Luftverkehr bestanden hat. § 13b Abs. 1 bis 5 UStG ist außerdem nicht anzuwenden, wenn ein im Ausland ansässiger Unternehmer im Inland Leistungen erbringt, die in der Einräumung der Eintrittsberechtigung für Messen, Ausstellungen und Kongresse im Inland bestehen oder, wenn eine im Ausland ansässige Durchführungsgesellschaft an im Ausland ansässige Unternehmer steuerpflichtige Leistungen erbringt, die im Zusammenhang mit der Veranstaltung von Messen und Ausstellungen im Inland stehen.[1)]

2413 Die Anwendung der Steuerschuldnerschaft des Leistungsempfängers ist auch ausgeschlossen, wenn die Leistung des im Ausland ansässigen Unternehmers in der Abgabe von Speisen und Getränken zum Verzehr an Ort und Stelle (Restaurationsleistung) besteht, wenn diese Abgabe an Bord eines Schiffes, in einem Luftfahrzeug oder in einer Eisenbahn erfolgt (§ 13b Abs. 6 Nr. 6 UStG).

cc) Steuerentstehung

2414 Für die nach § 3a Abs. 2 UStG im Inland steuerpflichtigen sonstigen Leistungen eines im übrigen Gemeinschaftsgebiet ansässigen Unternehmers entsteht die Steuer mit Ablauf des Voranmeldungszeitraums, in dem die Leistung ausgeführt worden ist.

2415 Nach § 13b Abs. 2 UStG entsteht die Steuer für die in § 13b Abs. 2 Nr. 1 bis 12 UStG genannten Umsätze mit Ausstellung der Rechnung, spätestens jedoch mit Ablauf des der Ausführung der Leistung folgenden Kalendermonats.

2416 Abweichend von § 13b Abs. 1 und Abs. 2 Nr. 1 UStG entsteht die Steuer für sonstige Leistungen, die dauerhaft über einen Zeitraum von mehr als einem Jahr erbracht werden, spätestens mit Ablauf eines jeden Kj., in dem sie tatsächlich erbracht werden (§ 13b Abs. 3 UStG).

2417 Bei der Anwendung von § 13b Abs. 1 bis 3 UStG gilt § 13 Abs. 1 Nr. 1 Buchst. a Satz 2 und 3 UStG entsprechend (§ 13b Abs. 4 UStG). Bei Voraus- oder Anzahlungen entsteht die Steuer mit Entrichtung des Entgelts (§ 13b Abs. 1 Satz 2 i.V.m. § 13 Abs. 1 Nr. 1 Buchst. a Satz 2 und 3 UStG).

Beispiel:

Der in Deutschland ansässige Autohersteller M beauftrag ein in Schweden ansässiges Maschinenbauunternehmen V mit der Lieferung und Montage einer Maschine. Diese Werklieferung wird von V am 10.4.2025 in Deutschland ausgeführt. S stellt diesen im Inland steuerpflichtigen Umsatz M am 16.5.2025 in Rechnung. Die Rechnung erhält M am 19.5.2025. M gibt seine Umsatzsteuer-Voranmeldungen monatlich ab.

---

1) Vgl. Abschn. 13b.10 UStAE.

M schuldet die Umsatzsteuer als Leistungsempfänger nach § 13b UStG. Die Werklieferung von M wird zwar bereits im April 2025 bewirkt, die Steuer entsteht allerdings erst mit Ablauf des Monats der Rechnungsausstellung; folglich mit Ablauf des Monats Mai 2025. Der Umsatz ist von M in seiner Umsatzsteuer-Voranmeldung für Mai 2025 anzumelden. Anmeldezeitraum wäre auch dann der Mai 2025, wenn M die Rechnung erst im Juni 2025 erhalten hätte (Mai ist der Folgemonat des Monats in dem die Leistung ausgeführt wurde).

dd) Rechnungsausstellung

Führt der Unternehmer i.S.d. § 13b UStG Umsätze aus, für die der Leistungsempfänger die Umsatzsteuer schuldet, ist er zur Ausstellung von Rechnungen nach § 14a Abs. 5 Satz 1 UStG verpflichtet, in der die Steuer nicht gesondert ausgewiesen ist (§ 14a Abs. 5 Satz 3 UStG). Neben den weiteren Angaben nach § 14 Abs. 4 UStG ist in den Rechnungen auf die Steuerschuldnerschaft des Leistungsempfängers hinzuweisen (§ 14a Abs. 5 Satz 1 UStG). Für den Fall, dass in der Rechnung dieser Hinweis fehlt, wird der Leistungsempfänger von der Steuerschuldnerschaft nicht entbunden. Im Fall des gesonderten Steuerausweises durch den leistenden Unternehmer wird die Umsatzsteuer von diesem nach § 14c Abs. 1 UStG geschuldet. In diesen Fällen hat der Leistungsempfänger die von ihm geschuldete Umsatzsteuer nach den allgemeinen Grundsätzen (Preis abzgl. Umsatzsteuer) auf der Grundlage des zutreffenden Steuersatzes zu berechnen. Dies gilt auch bei einem zu hohen oder zu niedrigen Ausweis von Umsatzsteuer in einer Rechnung des leistenden Unternehmers. **2418**

ee) Berechnung und Anmeldung der Steuer

Bei der Berechnung der Steuer sind die Steuersätze des § 12 UStG anzuwenden. In den Zeilen 99 bis 101 sind die jeweiligen (Rechnungsnetto-)Entgelte und die darauf entfallende Steuer einzutragen. **2419**

ff) Vorsteuerabzug

Die nach § 13b UStG geschuldete Steuer berechtigt unter den weiteren Voraussetzungen des § 15 UStG zum Vorsteuerabzug (→ Rz. 2511). **2420**

c) Sondertatbestände (Zeilen 66–67)

Umsätze, die unter das Grunderwerbsteuergesetz fallen, sind **in Zeile 66** anzugeben. Zu den Umsätzen, die unter das GrEStG fallen, gehören insb. die Umsätze von unbebauten und bebauten Grundstücken. Da die Umsätze, die unter das GrEStG fallen, nach § 4 Nr. 9 Buchst. a UStG steuerfrei sind, ist für die Anwendung der Steuerschuldnerschaft des Leistungsempfängers erforderlich, dass ein wirksamer Verzicht auf die Steuerbefreiung (Option) durch den Lieferer vorliegt. Der Verzicht auf die Steuerbefreiung bei der Lieferung von Grundstücken im Zwangsversteigerungsverfahren durch den Vollstreckungsschuldner an den Ersteher ist nur bis zur Aufforderung zur Abgabe von Geboten im Zwangsversteigerungstermin zulässig (§ 9 Abs. 3 Satz 1 UStG). Bei anderen Umsätzen, die unter das GrEStG fallen, ist die Option zwingend im notariell zu beurkundenden Vertrag (§ 311b Abs. 1 BGB) oder einer notariell zu beurkundenden Vertragsergänzung oder -änderung zu erklären (§ 9 Abs. 3 Satz 2 UStG).[1] **2421**

In **Zeile 67** sind die Lieferungen von **sicherungsübereigneten Gegenständen durch den Sicherungsgeber an den Sicherungsnehmer außerhalb des Insolvenzverfahrens** einzutragen. Die Ausführungen zur Steuerentstehung, Rechnungserteilung, Steuerberechnung, Steuererklärung und Vorsteuerabzug (→ Rz. 2414 ff.) gelten entsprechend. **2422**

Bei bestimmten Lieferungen von Mobilfunkgeräten, Tablet-Computern und Spielekonsolen sowie von integrierten Schaltkreisen (§ 13b Abs. 2 Nr. 10 UStG) schuldet der Leistungsempfänger die Steuer, § 13b Abs. 5 Satz 1 UStG. Diese Umsätze sind vom **Leistungsempfänger** in **Zeile 67** einzutragen. **2423**

Praxishinweis:

Lieferungen von Mobilfunkgeräten, Tablet-Computern und Spielekonsolen sowie von integrierten Schaltkreisen vor Einbau in einen zur Lieferung auf der Einzelhandelsstufe geeigneten Gegenstand fallen nur unter die Regelung zur Steuerschuldnerschaft des Leistungsempfängers nach § 13b Abs. 2 Nr. 10 UStG, wenn der Leistungsempfänger ein Unternehmer ist und die Summe der für die steuerpflichtigen Lieferungen dieser Gegenstände in Rechnung zu stellenden Bemessungsgrundlagen mindestens 5 000 € beträgt. Abzustellen ist dabei auf alle im Rahmen eines zusammenhängenden wirtschaftlichen Vorgangs gelieferten Gegenstände der genannten Art. Als Anhaltspunkt für einen wirtschaftlichen Vorgang dient insb. die Bestellung, der Auftrag oder der (Rahmen-)Vertrag mit konkretem Auftragsvolumen. Lieferungen bilden stets einen einheitlichen wirtschaftlichen Vorgang, wenn sie im Rahmen eines einzigen Erfüllungsgeschäfts geführt werden, auch wenn hierüber mehrere Aufträge vorliegen oder mehrere Rechnungen ausgestellt werden.[2]

Eintragungen sind in den **Zeilen 67 und 70** nur dann vorzunehmen, wenn bei Lieferungen von Mobilfunkgeräten, Tablet-Computern und Spielekonsolen sowie von integrierten Schaltkreisen vor Einbau in einen zur Lieferung auf der Einzelhandelsstufe geeigneten Gegenstand, die Summe der für sie in Rechnung zu stellenden Entgelte im Rahmen eines wirtschaftlichen Vorgangs mindestens 5 000 € beträgt; nachträgliche Minderungen des Entgelts bleiben dabei unberücksichtigt (§ 13b Abs. 2 Nr. 10 UStG). Vgl. hierzu BMF-Schreiben v. 24.6.2011[3] und Abschn. 13b.7 Abs. 3 UStAE.

1) Vgl. Abschn. 9.2 Abs. 9 UStAE.
2) Vgl. Abschn. 13b.7 Abs. 3 UStAE.
3) BMF v. 24.6.2011, IV D 3 – S 7279/11/10001 (2011/0480015), BStBl I 2011, 687.

Beispiel:

Der in Stuttgart ansässige Großhändler G bestellt am 1.7.2025 bei dem in München ansässigen Handyhersteller H 900 Mobilfunkgeräte zu einem Preis von insg. 45 000 €. Vereinbarungsgemäß liefert H die Mobilfunkgeräte in zehn Tranchen mit je 90 Stück zu je 4 500 € an G aus.

Die zehn Tranchen Mobilfunkgeräte stellen einen zusammenhängenden wirtschaftlichen Vorgang dar, denn die Lieferung der Geräte erfolgte auf der Grundlage einer Bestellung über die Gesamtmenge von 900 Stück. G schuldet daher als Leistungsempfänger die Umsatzsteuer für diese zusammenhängenden Lieferungen (§ 13b Abs. 5 Satz 1 i.V.m. Abs. 2 Nr. 10 UStG).

H hat eine Eintragung in **Zeile 67** und G Eintragungen zur **Zeile 70** zu machen.

2424 In **Zeile 67** sind Bauleistungen, einschließlich Werklieferungen und sonstige Leistungen im Zusammenhang mit Grundstücken einzutragen, die der Herstellung, Instandsetzung, Instandhaltung, Änderung oder Beseitigung von Bauwerken dienen, mit Ausnahme von Planungs- und Überwachungsleistungen (§ 13b Abs. 2 Nr. 4 Satz 1 UStG; vgl. auch Abschn. 13b.2 und 13b.3 UStAE). Als Grundstücke gelten insb. auch Sachen, Ausstattungsgegenstände und Maschinen, die auf Dauer in einem Gebäude oder Bauwerk installiert sind und die nicht bewegt werden können, ohne das Gebäude oder Bauwerk zu zerstören oder zu verändern (§ 13b Abs. 2 Nr. 4 Satz 2 UStG). Die Ausführungen zur Steuerentstehung, Rechnungserteilung, Steuerberechnung, Steuererklärung und Vorsteuerabzug (→ Rz. 2414 ff.) gelten entsprechend.

2425 Leistungen aus der Übertragung der in § 13b Abs. 2 Nr. 6 UStG bezeichneten sog. CO_2-Emissions-, Gas- und Elektrizitätszertifikate sind ebenfalls **in Zeile 67** anzugeben. Vgl. hierzu auch das BMF-Schreiben v. 23.3.2020 zur Erweiterung der Steuerschuldnerschaft des Leistungsempfängers (§ 13b UStG) auf die Übertragung von Gas- und Elektrizitätszertifikaten.[1)]

2426 Die Lieferungen der in der Anlage 3 des UStG bezeichneten Gegenstände (insb. Industrieschrott und Altmetalle, § 13b Abs. 2 Nr. 7 UStG), das Reinigen von Gebäuden und Gebäudeteilen (§ 13b Abs. 2 Nr. 8 UStG) sowie bestimmte Lieferungen von Gold (§ 13b Abs. 2 Nr. 9 UStG) sind ebenfalls in **Zeile 67** anzugeben.

2427 Die Lieferungen der in der Anlage 4 zum UStG bezeichneten Gegenstände – insb. Edelmetalle, unedle Metalle, Selen und Cermets (§ 13b Abs. 2 Nr. 11 UStG) sind vom Leistungsempfänger nebst Steuer in der **Zeile 67** gesondert anzugeben, wenn die Summe der für sie in Rechnung zu stellenden Entgelte im Rahmen eines wirtschaftlichen Vorgangs mindestens 5 000 € beträgt; nachträgliche Minderungen des Entgelts bleiben dabei unberücksichtigt.

1) Vgl. BMF v. 23.3.2020, III C 3 – S 7279/19/10003 :002, BStBl I 2020, 288.

9. Abschnitt H – Ergänzende Angaben zu Umsätzen (Zeilen 69–78)

H. Ergänzende Angaben zu Umsätzen

Zeile		Kz.	Betrag EUR
69	Umsätze, die auf Grund eines Verzichts auf Steuerbefreiung (§ 9 UStG) als steuerpflichtig behandelt worden sind (in Abschnitt B enthalten)		,—
70	Steuerpflichtige Umsätze des leistenden Unternehmers, für die der Leistungsempfänger die Steuer nach § 13b Absatz 5 UStG schuldet	209	,—
71	**Telekommunikations-, Rundfunk- und Fernsehdienstleistungen** sowie **auf elektronischem Weg erbrachte sonstige Leistungen** an im übrigen Gemeinschaftsgebiet ansässige Nichtunternehmer sowie **innergemeinschaftliche Fernverkäufe** in das übrige Gemeinschaftsgebiet unter der Voraussetzung des § 3a Absatz 5 Sätze 3 und 4 UStG und § 3c Absatz 4 Sätze 1 und 2 UStG (in Abschnitt B oder C enthalten)	213	,—
72	**Telekommunikations-, Rundfunk- und Fernsehdienstleistungen** sowie **auf elektronischem Weg erbrachte sonstige Leistungen** an im übrigen Gemeinschaftsgebiet ansässige Nichtunternehmer sowie **innergemeinschaftliche Fernverkäufe** in das übrige Gemeinschaftsgebiet unter der Voraussetzung des § 3a Absatz 5 Sätze 3 und 4 UStG und § 3c Absatz 4 Sätze 1 und 2 UStG (in anderen EU-Mitgliedstaaten zu versteuern)	214	,—
73	Nicht steuerbare Geschäftsveräußerung im Ganzen gemäß § 1 Absatz 1a UStG	211	,—
74	Nicht steuerbare sonstige Leistungen gemäß § 18b Satz 1 Nummer 2 UStG	721	,—
75	Übrige nicht steuerbare Umsätze (Leistungsort nicht im Inland)	205	,—
76	In den Zeilen 72, 74 und 75 enthaltene Umsätze, die nach § 15 Absatz 2 und 3 UStG den Vorsteuerabzug ausschließen	204	,—
77	Auf den inländischen Streckenanteil entfallende Umsätze grenzüberschreitender Personenbeförderungen im Luftverkehr (§ 26 Absatz 3 UStG)	212	,—
78	Minderung der Bemessungsgrundlage nach § 17 Absatz 1 Satz 1 in Verbindung mit Absatz 2 Nummer 1 Satz 1 UStG für uneinbringliche Forderungsentgelte (in Abschnitt B enthalten)	650	,—

2025USt2A504 2025USt2A504

a) Umsätze auf Grund eines Verzichts auf Steuerbefreiung (Zeilen 69)

§ 9 Abs. 1 UStG ermöglicht es dem Unternehmer, bei bestimmten steuerbefreiten Umsätzen auf die Umsatzsteuerbefreiung zu verzichten, wenn der Umsatz an einen anderen Unternehmer für dessen Unternehmen ausgeführt wird (auch „Option zur Steuerpflicht" genannt). Da Vorsteuern, die im Zusammenhang mit diesen steuerfreien Umsätzen stehen, nicht abgezogen werden können, soll durch den Verzicht auf die Steuerbefreiung der Vorsteuerabzug in bestimmten Fällen ermöglicht werden. **2428**

Beispiel:

An einen Unternehmer werden Ladenräume vermietet. Durch die Angabe der Umsätze in **Zeile 22** hat der Unternehmer unter den weiteren Voraussetzungen des § 15 UStG die Möglichkeit, Vorsteuerbeträge als Vorsteuer abzuziehen. In **Zeile 69** sind diese steuerpflichtig behandelten Umsätze nachrichtlich zu erklären.

Eine Option ist **nur in den Fällen** des § 4 Nr. 8 Buchst. a bis g, Nr. 9 Buchst. a, Nr. 12, 13 oder 19 UStG zulässig. Der Unternehmer hat bei diesen Steuerbefreiungen die Möglichkeit, seine Entscheidung für die Steuerpflicht bei jedem Umsatz einzeln zu treffen.[1] **2429**

In den Fällen des § 19 Abs. 1 Satz 1 UStG kann der Unternehmer nicht auf die Steuerbefreiung verzichten (§ 19 Abs. 1 Satz 4 UStG). Für Unternehmer, die ihre Umsätze aus land- und forstwirtschaftlichen Betrieben nach den Vorschriften des § 24 UStG versteuern, findet § 9 UStG ebenfalls keine Anwendung (§ 24 Abs. 1 Satz 2 UStG). Außerdem ist § 9 UStG in den Fällen der unentgeltlichen Wertabgabe nicht anzuwenden.[2] **2430**

Der Verzicht auf Steuerbefreiung ist an **keine besondere Form und Frist** gebunden. Er geschieht regelmäßig dadurch, dass der Unternehmer gegenüber dem Leistungsempfänger mit gesondertem Ausweis der Umsatzsteuer **2431**

1) Abschn. 9.1 Abs. 1 Satz 2 UStAE.
2) Vgl. Abschn. 9.1 Abs. 2 Satz 3 UStAE.

abrechnet. Der Verzicht ist so lange möglich, wie die Steuerfestsetzung für diese Leistung noch vorgenommen oder geändert werden kann.[1]

2432 Der Verzicht auf Steuerbefreiung ist bei der Bestellung und Übertragung von Erbbaurechten (§ 4 Nr. 9 Buchst. a UStG), bei der Vermietung oder Verpachtung von Grundstücken (§ 4 Nr. 12 Buchst. a UStG) und bei den in § 4 Nr. 12 Buchst. b und c UStG bezeichneten Umsätzen nur zulässig, soweit der Leistungsempfänger das Grundstück ausschließlich für Umsätze verwendet oder zu verwenden beabsichtigt, die den Vorsteuerabzug nicht ausschließen (§ 9 Abs. 2 UStG). Unter den Begriff des Grundstücks fallen nicht nur Grundstücke insgesamt, sondern auch selbständig nutzbare Grundstücksteile (z.B. Wohnungen, gewerbliche Flächen, Büroräume, Praxisräume).[2] Werden mehrere Grundstücksteile räumlich oder zeitlich unterschiedlich genutzt, ist die Frage der Option nach Abschn. 9.2 Abs. 1 Satz 4 UStAE bei jedem Grundstücksteil gesondert zu beurteilen, selbst wenn die Verwendung der Grundstücksteile zivilrechtlich in einem einheitlichen Vertrag geregelt ist. Ein vereinbartes Gesamtentgelt ist, ggf. im Schätzungswege, aufzuteilen.

2433 Verwendet der Leistungsempfänger das Grundstück bzw. einzelne Grundstücksteile nur in sehr geringem Umfang (bis zu 5 %) für Umsätze, die den Vorsteuerabzug ausschließen, ist der Verzicht auf Steuerbefreiung zur Vermeidung von Härten weiterhin zulässig.[3]

Beispiel:

Ab Fertigstellung wird ein errichtetes Gebäude folgendermaßen genutzt:

	Verwendung durch den Mieter	Vorsteuerabzug des Mieters möglich:	Option möglich:
UG	Lagerräume Einzelhandel	ja	ja
UG	Kellerräume Wohnung	nein (§ 4 Nr. 12 UStG)	nein
EG	Einzelhandel	ja	ja
1. OG	Meldebehörde der Stadt	nein, da kein Unternehmer	nein
2. OG	Bausparkassenvertreter	nein, steuerfreie Umsätze nach § 4 Nr. 11 UStG	nein
3. OG	Wohnung Einzelhändler	nein, steuerfreie Umsätze nach § 4 Nr. 12 UStG	nein
3. OG	Büro Einzelhändler	ja	ja

2434 Der Verzicht auf Steuerbefreiung nach § 9 Abs. 1 UStG ist bei Lieferungen von Grundstücken im Zwangsversteigerungsverfahren durch den Vollstreckungsschuldner an den Ersteher nur bis zur Aufforderung zur Abgabe von Geboten im Versteigerungstermin zulässig (§ 9 Abs. 3 Satz 1 UStG).[4]

2435 Der Verzicht auf die Umsatzsteuerbefreiung der Lieferung eines Grundstücks außerhalb eines Zwangsversteigerungsverfahrens kann nur in dem dieser Grundstückslieferung zu Grunde liegenden notariell zu beurkundenden Vertrag erklärt werden. Ein späterer Verzicht auf die Umsatzsteuerbefreiung ist unwirksam, auch wenn er notariell beurkundet wird.[5] Gleiches gilt für die Rücknahme des Verzichts auf die Umsatzsteuerbefreiung.[6]

2436 Nach § 9 Abs. 3 Satz 2 UStG kann bei anderen Umsätzen i.S.d. § 4 Nr. 9 Buchst. a UStG der Verzicht auf Steuerbefreiung nach § 9 Abs. 1 UStG nur in dem gem. § 311b Abs. 1 BGB notariell zu beurkundenden Vertrag erklärt werden.[7] Die Regelung steht im Zusammenhang mit der Steuerschuldnerschaft des Leistungsempfängers für alle Grundstücksumsätze. Sie soll dem Schutz des Leistungsempfängers vor einer nachträglichen Option durch den leistenden Unternehmer dienen, durch die eine nachträgliche Steuerschuld beim Leistungsempfänger entstehen würde.

b) Steuerpflichtige Umsätze, für die der Leistungsempfänger die Steuer nach § 13b Abs. 5 UStG schuldet (Zeile 70)

2437 In **Zeile 70** sind die im Inland steuerpflichtigen Umsätze nach § 13b Abs. 1 und 2 UStG des leistenden Unternehmers, für die der Leistungsempfänger die Umsatzsteuer nach § 13b Abs. 5 UStG (→ Rz. 2397) schuldet, einzutragen. Die hier einzutragenden Umsätze sind nicht in Abschnitt B anzugeben. Diese Umsätze sollen nur nachrichtlich erklärt werden, um die Überwachung solcher Sachverhalte zu erleichtern und Rückfragen der FinVerw. zu vermeiden.

c) Telekommunikations-, Rundfunk- und Fernsehdienstleistungen sowie auf elektronischem Weg erbrachte sonstige Leistungen an im übrigen Gemeinschaftsgebiet ansässige Nichtunternehmer sowie innergemeinschaftliche Fernverkäufe in das übrige Gemeinschaftsgebiet (Zeile 71–72)

2438 Eintragungen zu den **Zeilen 71 und 72** sind nur unter folgenden Voraussetzungen vorzunehmen:

– Der leistende Unternehmer hat seinen Sitz, seine Geschäftsleitung, eine Betriebsstätte oder in Ermangelung eines Sitzes, einer Geschäftsleitung oder einer Betriebsstätte seinen Wohnsitz oder gewöhnlichen Aufenthalt in nur einem Mitgliedstaat und

1) Vgl. Abschn. 9.1 Abs. 3 UStAE.
2) Abschn. 9.2 Abs. 1 Satz 2 UStAE.
3) Vgl. Abschn. 9.2 Abs. 3 UStAE.
4) Abschn. 9.2 Abs. 8 UStAE.
5) Vgl. BFH v. 21.10.2015, XI R 40/13, BStBl II 2017, 852.
6) Vgl. Abschn. 9.2 Abs. 9 UStAE und BMF v. 2.8.2017, III C 3 – S 7198/16/10001, BStBl I 2017, 1240.
7) Vgl. Abschn. 9.2 Abs. 9 UStAE.

– der Gesamtbetrag der Entgelte der an im übrigen Gemeinschaftsgebiet ansässige Nichtunternehmer erbrachten Telekommunikations-, Rundfunk- und Fernsehdienstleistungen und auf elektronischem Weg erbrachten sonstigen Leistungen sowie des innergemeinschaftlichen Fernverkaufs in das übrige Gemeinschaftsgebiet hat den Betrag von 10 000 € im Kj. 2024 nicht überschritten.

Die Entgelte der an im übrigen Gemeinschaftsgebiet ansässige Nichtunternehmer erbrachten Telekommunikations-, Rundfunk- und Fernsehdienstleistungen und auf elektronischem Weg erbrachten sonstigen Leistungen sowie des innergemeinschaftlichen Fernverkaufs in das übrige Gemeinschaftsgebiet sind bis zum Gesamtbetrag von 10 000 € grundsätzlich in **Zeile 71** (Kz 213) einzutragen und zusätzlich in Abschnitt B oder C zu erklären. **2439**

Im Falle des Verzichts auf das Recht der Besteuerung dieser Umsätze im Inland nach § 3a Abs. 5 Sätze 4 und 5 sowie § 3c Abs. 4 Sätze 2 und 3 UStG sind diese Umsätze in anderen EU-Mitgliedstaaten zu versteuern und bis zum Gesamtbetrag von 10 000 € in **Zeile 72** (Kz 214) zu erfassen. Ein im Kj. 2025 den Betrag von 10 000 € ggf. überschreitender Betrag ist ab dem Umsatz, der zur Überschreitung geführt hat, jeweils in **Zeile 75** (Kz 205) einzutragen. Wurde der Gesamtbetrag von 10 000 € im Kj. 2024 überschritten, sind die Umsätze nicht in den Zeilen 71 und 72, sondern insgesamt in **Zeile 75** zu erklären. **2440**

Umsätze, die 2025 ausgeführt worden sind, sind wie folgt einzutragen: **2441**

Im Jahr 2024 Summe der o.g. Umsätze nicht mehr als 10 000 € und kein Verzicht nach § 3a Abs. 5 Satz 4 bzw. § 3c Abs. 4 Satz 2 UStG	
Im Jahr 2025 nicht mehr als 10 000 € und kein Verzicht nach § 3a Abs. 5 Satz 4 bzw. § 3c Abs. 4 Satz 2 UStG	Zeile 71
Im Jahr 2025 nicht mehr als 10 000 € und Verzicht nach § 3a Abs. 5 Satz 4 bzw. § 3c Abs. 4 Satz 2 UStG	Zeile 72
Im Jahr 2025 mehr als 10 000 € und kein Verzicht nach § 3a Abs. 5 Satz 4 bzw. § 3c Abs. 4 Satz 2 UStG	Zeile 72 und 75
Im Jahr 2025 mehr als 10 000 € und Verzicht nach § 3a Abs. 5 Satz 4 bzw. § 3c Abs. 4 Satz 2 UStG	Zeile 72 und 75
Im Jahr 2024 Summe der o.g. Umsätze nicht mehr als 10 000 € und Verzicht nach § 3a Abs. 5 Satz 4 bzw. § 3c Abs. 4 Satz 2 UStG	
Im Jahr 2025 nicht mehr als 10 000 €	Zeile 72
Im Jahr 2025 mehr als 10 000 €	Zeile 72 und 75
Im Jahr 2024 Summe der o.g. Umsätze mehr als 10 000 €	
Im Jahr 2025 nicht mehr als 10 000 €	Zeile 75
Im Jahr 2025 mehr als 10 000 €	Zeile 75

d) Nicht steuerbare Geschäftsveräußerungen im Ganzen gem. § 1 Abs. 1a UStG (Zeile 73)

In **Zeile 73** (Kz 211) sind die nach § 1 Abs. 1a UStG nicht steuerbaren Umsätze im Rahmen einer Geschäftsveräußerung im Ganzen einzutragen. Eine Geschäftsveräußerung i.S.d. § 1 Abs. 1a UStG liegt vor, wenn die wesentlichen Grundlagen eines Unternehmens oder eines gesondert geführten Betriebs an einen Unternehmer für dessen Unternehmen übertragen werden und der Erwerber die unternehmerische Tätigkeit des Veräußerers fortsetzt. Bei einer unentgeltlichen Übertragung eines Unternehmens oder eines gesondert geführten Betriebs ist hier eine „0" einzutragen. Dem FA ist gesondert eine Kopie des Vertrags über die Geschäftsveräußerung im Ganzen zu übersenden und der Name, die Anschrift sowie – falls bekannt – das zuständige FA und die StNr. des Erwerbers mitzuteilen. **2442**

e) Nicht steuerbare sonstige Leistungen gem. § 18b Satz 1 Nr. 2 UStG (Zeile 74)

Einzutragen sind die nach § 3a Abs. 2 UStG im übrigen Gemeinschaftsgebiet ausgeführten sonstigen Leistungen, für die die Steuer in einem anderen Mitgliedstaat von einem dort ansässigen Leistungsempfänger geschuldet wird. Über die in **Zeile 74** einzutragenden sonstigen Leistungen sind ZM an das BZSt zu übermitteln → Rz. 2333. **2443**

f) Übrige nicht steuerbare Umsätze (Leistungsort nicht im Inland) (Zeile 75)

In **Zeile 75** sind die übrigen nicht steuerbaren Umsätze aller anderen Lieferungen und sonstigen Leistungen, die nicht im Inland erbracht werden und die steuerbar wären, wenn sie im Inland ausgeführt worden wären, nachrichtlich anzugeben. Hierbei handelt es sich um Umsätze, die nicht unter § 1 Abs. 1 Nr. 1 UStG fallen. Einzutragen sind hauptsächlich Umsätze, die im Ausland ausgeführt wurden. Diese liegen dann vor, wenn der Ort der Lieferung oder der Ort der sonstigen Leistung nicht im Inland liegt (vgl. § 3 Abs. 6 und 7, § 3a Abs. 2 UStG) oder der Umsatz als im Ausland bewirkt gilt (§ 3 Abs. 8, § 3a Abs. 1 und 3 UStG; → Rz. 2183 ff. und → Rz. 2205 ff.). **2444**

Hierzu gehören auch Telekommunikations-, Rundfunk- und Fernsehdienstleistungen und auf elektronischem Weg erbrachte sonstige Leistungen sowie innergemeinschaftliche Fernverkäufe, die ein im Inland ansässiger Unternehmer an Nichtunternehmer mit Sitz, Wohnsitz oder gewöhnlichen Aufenthalt im übrigen Gemeinschaftsgebiet ausführt; ausgenommen sind die Umsätze des § 3a Abs. 5 Sätze 3 und 4 UStG sowie des § 3c Abs. 4 Sätze 1 und 2 UStG. Im Inland ausgeführte nicht steuerbare Umsätze (z.B. Innenumsätze zwischen Unternehmensteilen) sind nicht anzugeben. Dies gilt auch für die Umsätze, die in Zeilen 110 und 111 einzutragen sind. **2445**

g) Umsätze, die den Vorsteuerabzug ausschließen, § 15 Abs. 2 und 3 UStG (Zeile 76)

2446 In **Zeile 76** sind die in den Zeilen 72, 74 und 75 enthaltenen Umsätze einzutragen, die nach § 15 Abs. 2 und 3 UStG den Vorsteuerabzug ausschließen, d.h. in den Fällen, in denen die Steuerbarkeit dieser Umsätze nicht zum Vorsteuerabzug berechtigen würden. Hierbei kann es sich z.B. um die Vermietung im Ausland gelegener Grundstücke handeln oder Konzerte eines steuerbefreiten Chors im Ausland.

h) Grenzüberschreitende Personenbeförderungen im Luftverkehr (Zeile 77)

2447 In **Zeile 77** sind nachrichtlich die auf die inländischen Streckenanteile entfallenden Umsätze grenzüberschreitender Personenbeförderungen im Luftverkehr (§ 26 Abs. 3 UStG) anzugeben.[1] Hierbei handelt es sich um Umsätze, für die die Steuer niedriger festgesetzt oder ganz oder zum Teil erlassen wird. Wird die USt ganz oder zum Teil erlassen, handelt es sich nicht um eine Steuerbefreiung, sondern um einen Steuerverzicht. In diesem Zusammenhang ist darauf hinzuweisen, dass Vorsteuerbeträge unter den weiteren Voraussetzungen des § 15 UStG abgezogen werden können.

i) Minderung der Bemessungsrundlage (Zeile 78)

2448 Hat sich die Bemessungsgrundlage für einen steuerpflichtigen Umsatz geändert, hat der Unternehmer den dafür geschuldeten Steuerbetrag nach § 17 Abs. 1 Satz 1 UStG zu berichtigen. Die Änderungen sind bei den Bemessungsgrundlagen der jeweiligen Umsätze einzutragen. Erfolgt die Änderung nach § 17 Abs. 2 Nr. 1 Satz 1 UStG, weil das vereinbarte Entgelt für einen steuerpflichtigen Umsatz uneinbringlich geworden ist, ist die **Minderung der Bemessungsgrundlage zusätzlich in Zeile 78** einzutragen.

2449 **Nicht in Zeile 78 einzutragen sind** Änderungen nach § 17 Abs. 1 Satz 5 UStG (innergemeinschaftliche Erwerbe und Umsätze, für die der Leistungsempfänger die Steuer schuldet), Änderungen im Fall der Steuerschuld des Auslagerers (§ 13a Abs. 1 Nr. 6 UStG) und Änderungen bei der Lieferung an den letzten Abnehmer im innergemeinschaftlichen Dreiecksgeschäft (§ 25b UStG).

2450 Die Berichtigung der Bemessungsgrundlage ist in dem Besteuerungszeitraum vorzunehmen, in dem die Änderung der Bemessungsgrundlage eingetreten ist (§ 17 Abs. 1 Satz 8 UStG).

10. Abschnitt I – Vorsteuerabzug (Zeilen 79–88)

Steuernummer - 5 -

I. Abziehbare Vorsteuerbeträge
(ohne die Berichtigung nach § 15a UStG)

Zeile		Kz	Steuer EUR	Ct
79	Vorsteuerbeträge aus Rechnungen von anderen Unternehmern (§ 15 Absatz 1 Satz 1 Nummer 1 UStG)	320		
80	Vorsteuerbeträge aus innergemeinschaftlichen Erwerben von Gegenständen (§ 15 Absatz 1 Satz 1 Nummer 3 UStG)	761		
81	Entstandene Einfuhrumsatzsteuer (§ 15 Absatz 1 Satz 1 Nummer 2 UStG)	762		
82	Vorsteuerabzug für die Steuer, die der Abnehmer als Auslagerer nach § 13a Absatz 1 Nummer 6 UStG schuldet (§ 15 Absatz 1 Satz 1 Nummer 5 UStG)	466		
83	Vorsteuerbeträge aus Leistungen im Sinne des § 13b UStG (§ 15 Absatz 1 Satz 1 Nummer 4 UStG)	467		
84	Vorsteuerbeträge nach dem Durchschnittssatz für bestimmte Körperschaften, Personenvereinigungen und Vermögensmassen (§ 23a UStG)	334		
85	Vorsteuerabzug für innergemeinschaftliche Lieferungen **neuer Fahrzeuge** außerhalb eines Unternehmens (§ 2a UStG) sowie von Kleinunternehmern im Sinne des § 19 Absatz 1 UStG (§ 15 Absatz 4a UStG)	759		
86	Vorsteuerbeträge aus innergemeinschaftlichen Dreiecksgeschäften (§ 25b Absatz 5 UStG)	760		
87	Summe der Vorsteuerbeträge (zu übertragen in Zeile 109)			
	Ergänzende Angabe			
88	Minderung der abziehbaren Vorsteuerbeträge nach § 17 Absatz 1 Satz 2 in Verbindung mit Absatz 2 Nummer 1 Satz 1 UStG (in den Zeilen 79, 84 und 85 enthalten)	637		

a) Allgemeines

2451 In § 15 Abs. 1 UStG ist geregelt, **unter welchen persönlichen und sachlichen Voraussetzungen der Vorsteuerabzug wahrgenommen werden kann**. Grundsätzlich sind auch solche Unternehmer, die im Inland weder ihren Sitz oder eine Betriebsstätte haben noch inl. Umsätze ausführen, zum Vorsteuerabzug berechtigt. Der Unternehmer kann die folgenden Vorsteuerbeträge abziehen:

1) Abschn. 26.1 bis 26.5 UStAE.

- die gesetzlich geschuldete Umsatzsteuer **für Lieferungen und sonstige Leistungen, die von einem anderen Unternehmer für sein Unternehmen** ausgeführt worden sind (§ 15 Abs. 1 Satz 1 Nr. 1 UStG). Voraussetzung für den Vorsteuerabzug ist, dass der Unternehmer im Besitz einer **nach §§ 14, 14a UStG ausgestellten Rechnung** ist (§ 15 Abs. 1 Satz 1 Nr. 1 Satz 2 UStG). Das bedeutet, dass eine Rechnung (→ Rz. 2489 ff.) nur dann zum Vorsteuerabzug berechtigt, wenn sie alle Pflichtangaben nach § 14 Abs. 4 UStG und ggf. darüber hinaus die zusätzlichen Angaben nach § 14a UStG enthält. Fehlt eine der in § 14 Abs. 4 UStG und ggf. darüber hinaus die in § 14a UStG bezeichneten Angaben oder ist eine der Angaben unrichtig, ist der Vorsteuerabzug zu versagen. Danach kann der Vorsteuerabzug erst mit Zugang einer vollständigen oder berichtigten Rechnung geltend gemacht werden. Korrespondierend zur Mindest-Istversteuerung nach § 13 Abs. 1 Nr. 1 Buchst. a Satz 4 UStG sind **Vorsteuerbeträge auf Anzahlungen** bereits abziehbar, wenn die Rechnung vorliegt und die Zahlung geleistet worden ist (§ 15 Abs. 1 Satz 1 Nr. 1 Satz 3 UStG);
- die **entstandene Einfuhrumsatzsteuer** (→ Rz. 2172) für Gegenstände, die für sein Unternehmen nach § 1 Abs. 1 Nr. 4 UStG eingeführt worden sind (§ 15 Abs. 1 Satz 1 Nr. 2 UStG);
- die **Steuer für** im Inland nach § 3d Satz 1 UStG bewirkte **innergemeinschaftliche Erwerbe** (→ Rz. 2367 ff.) von Gegenständen für sein Unternehmen (§ 15 Abs. 1 Satz 1 Nr. 3 UStG);
- die **Steuer für Leistungen i.S.d. § 13b UStG** (→ Rz. 2395 ff.), die für sein Unternehmen ausgeführt worden sind (§ 15 Abs. 1 Satz 1 Nr. 4 UStG). Dadurch wird dem Leistungsempfänger der Vorsteuerabzug für die Steuer ermöglicht, die er als **Leistungsempfänger nach § 13b Abs. 5 UStG** schuldet. Die auf Anzahlungen entfallende Steuer kann bereits in dem Voranmeldungszeitraum als Vorsteuer abgezogen werden, in dem die Zahlung geleistet worden ist (§ 15 Abs. 1 Satz 1 Nr. 4 Satz 2 UStG). Damit wird eine Entlastung des Unternehmers in dem Voranmeldungszeitraum erreicht, in dem die geschuldete Steuer vom Leistungsempfänger angemeldet wird;
- die vom **Auslagerer geschuldete Umsatzsteuer** (→ Rz. 2389) für die er nach § 13a Abs. 1 Nr. 6 UStG Steuerschuldner ist (§ 15 Abs. 1 Satz 1 Nr. 5 UStG). Der Vorsteuerabzug ist unter den übrigen Voraussetzungen des § 15 UStG auch ohne gesonderten Ausweis der Steuer in einer Rechnung möglich.

Beratungshinweis:

Durch das Jahressteuergesetz 2024 (**JStG 2024**) v. 2.12.2024 wird die Umsatzsteuerlagerregelung (§ 4 Nr. 4a UStG) mit Wirkung zum **1.1.2026** mit der zugehörigen Anlage 1 (zu § 4 Nr. 4a) des UStG gestrichen.[1] Lieferungen von dort aufgeführten Gegenständen an einen Unternehmer für sein Unternehmen sind bisher von der Umsatzsteuer befreit, wenn der Gegenstand in ein Umsatzsteuerlager eingelagert wird oder sich in einem Umsatzsteuerlager befindet. Die Steuerbefreiung entfällt erst mit der Auslagerung.

Zudem sind die Leistungen, die mit der Lagerung, der Erhaltung, der Verbesserung der Aufmachung und der Handelsgüte oder der Vorbereitung des Vertriebs oder Weiterverkaufs der eingelagerten Gegenstände unmittelbar zusammenhängen, von der Umsatzsteuer befreit.

Auf Grund der wirtschaftlichen Bedeutung der Umsatzsteuerlagerregelung für nur wenige Wirtschaftsbeteiligte im Verhältnis zu dem damit verbundenen erheblichen Verwaltungsaufwand wird die Umsatzsteuerlagerregelung abgeschafft werden.

Mit der Streichung der Vorschrift entsteht die Umsatzsteuer künftig bereits auf vorheriger Stufe – mit bzw. während einer Einlagerung des Gegenstandes.

Außerdem wurden § 13a Abs. 1 Nr. 6 UStG und § 15 Abs. 1 Nr. 5 UStG mit Wirkung zum **1.1.2026** aufgehoben.[2]

Durch das **Gesetz zur Modernisierung und Digitalisierung der Schwarzarbeitsbekämpfung** v. 22.12.2025 wird mit Wirkung vom **1.1.2026** in § 27 UStG ein neuer Abs. 40a angefügt.[3]

Für vor dem 1.1.2026 nach § 4 Nr. 4a Satz 1 UStG von der Steuer befreite Umsätze sind § 4 Nr. 4a Satz 1 Buchst. a und b, Nr. 19 Buchst. a Satz 4, § 10 Abs. 1 Satz 4, § 13 Abs. 1 Nr. 9, § 13a Abs. 1 Nr. 6, § 15 Abs. 1 Satz 1 Nr. 5, § 18e Nr. 2, § 22 Abs. 2 Nr. 9 und Abs. 4c UStG in der am 31.12.2025 geltenden Fassung bis zur Auslagerung und für diese Auslagerung der jeweiligen Gegenstände weiterhin anzuwenden. Mit Ablauf des 30.12.2029 gelten alle bis zu diesem Zeitpunkt nicht ausgelagerten Gegenstände als ausgelagert i.S.d. § 4 Nr. 4a Satz 1 Buchst. a Satz 3 UStG in der bis zum 31.12.2025 geltenden Fassung.

Praxishinweis:

Nach einem Urteil des BFH kann sich der zum Vorsteuerabzug berechtigte Leistungsempfänger auf den Anwendungsvorrang des Unionsrechts berufen und – bei Vorliegen der weiteren z.B. rechnungsmäßigen Voraussetzungen – den Vorsteuerabzug nach dem für ihn günstigeren Regelsteuersatz in Anspruch nehmen, wenn das nationale Recht für eine Leistung den ermäßigten Steuersatz vorsieht, während sie nach dem Unionsrecht dem Regelsteuersatz unterliegt. Ob eine gesetzlich geschuldete Steuer i.S.v. § 15 Abs. 1 Satz 1 Nr. 1 UStG vorliege, bestimme sich nach Auffassung des BFH unter Berücksichtigung des Unionsrechts.[4]

Praxishinweis:

Der BFH hat mit Urteil v. 1.3.2018 entschieden, dass sich die Angabe des Kalendermonats als Leistungszeitpunkt (§ 14 Abs. 4 Satz 1 Nr. 6 UStG i.V.m. § 31 Abs. 4 UStDV) unter Beachtung der unionsrechtlichen Vorgaben aus dem Ausstellungsdatum der Rechnung ergeben kann, wenn nach den Verhältnissen des jeweiligen Einzelfalls davon auszugehen ist, dass die Leistung in dem Monat bewirkt wurde, in dem die Rechnung ausgestellt wurde.[5] Weiterhin hat er festgestellt, dass die Leistungsbeschreibung im Urteilsfall keinen Rückschluss auf den Ort der Leistungserbringung und eine mögliche Steuerpflicht erlaubte und die Rechnungen daher mangels ordnungsgemäßer Leistungsbeschreibung nicht die Voraussetzungen für einen Vorsteuerabzug erfüllten. Der BFH hat außerdem seine Auffassung, dass sich die Angabe des Leistungszeitraums aus dem Rechnungsdatum ergeben kann, nochmals mit Urteil

1) Jahressteuergesetz 2024 (JStG 2024) v. 2.12.2024, BGBl. I 2024 Nr. 387 = BStBl I 2024, 1484.
2) Jahressteuergesetz 2024 (JStG 2024) v. 2.12.2024, BGBl. I 2024 Nr. 387 = BStBl I 2024, 1484.
3) Gesetz zur Modernisierung und Digitalisierung der Schwarzarbeitsbekämpfung v. 22.12.2025, BGBl. I 2025 Nr. 369 = BStBl I 2026, 128 (Auszug).
4) Vgl. BFH v. 24.10.2013, V R 17/13, BStBl II 2015, 513.
5) Vgl. BFH v. 1.3.2018, V R 18/17, BStBl II 2021, 644.

v. 15.10.2019 bestätigt.[1] Gleichzeitig enthält das Urteil Ausführungen zu Rechnungen einer Person, die nach dem Willen ihrer Hintermänner einen auf ihren Namen lautenden Gewerbebetrieb vortäuscht. Danach wird diese Person auch unter Beachtung der „Strohmann-Rechtsprechung" nicht allein durch die Rechnungsstellung unter ihrem Namen zum Leistenden, wenn sie die von den als Vertreter ohne Vertretungsmacht (§ 179 BGB) handelnden Hintermännern geschlossenen Verträge nicht genehmigt und ihr das Handeln der Hintermänner auch nicht nach den Grundsätzen einer Anscheins- oder Duldungsvollmacht zugerechnet werden kann. Unter diesen Umständen ist es nicht entscheidungserheblich, ob es sich bei der nach außen auftretenden Person um einen Strohmann gehandelt hat und ob in diesem Fall das Strohmanngeschäft nur zum Schein abgeschlossen wurde.

Das BMF hat dementsprechend in seinem Schreiben v. 9.9.2021 darauf hingewiesen, dass Rechnungen, die nicht den Zeitpunkt der Lieferung oder sonstigen Leistung nach § 14 Abs. 4 Nr. 6 UStG enthalten (ggf. nach § 31 Abs. 4 UStDV in Form des Kalendermonats), nicht ordnungsmäßig ausgestellt sind.[2] Ein Vorsteuerabzug aus solchen Rechnungen ist nur dann ausnahmsweise möglich, wenn die FinVerw. über sämtliche Angaben verfügt, um die materiellen Voraussetzungen zu überprüfen.[3] Den Entscheidungen zum Kalendermonat als Leistungszeitraum, der sich nach BFH-Auffassung aus dem jeweiligen Ausstellungsdatum der Rechnung ergab, lag jeweils eine Würdigung im Einzelfall zu Grunde. Umgekehrt kann dies nicht gelten, wenn nicht feststeht, dass die Daten zusammenfallen. Dies ist insb. dann der Fall, wenn eine unmittelbar mit der Leistung zusammenfallende Rechnungsstellung nicht branchenüblich ist, vom betroffenen Rechnungsaussteller nicht immer durchgeführt wird oder bei der konkreten Leistung sonstige Zweifel an einem Zusammenfallen der Daten bestehen. Bestehen Zweifel, obliegt deren Ausräumung dem Unternehmer, der den Vorsteuerabzug geltend macht.[4] Das BMF hat mit dem o.a. Schreiben v. 9.9.2021 den UStAE entsprechend angepasst.[5]

2452 Dient ein Insolvenzverfahren sowohl der Befriedigung von Verbindlichkeiten des (zum Vorsteuerabzug berechtigten) Unternehmers wie auch der Befriedigung von Privatverbindlichkeiten des Unternehmers, ist der Unternehmer aus der Leistung des Insolvenzverwalters grundsätzlich im Verhältnis der unternehmerischen zu den privaten Verbindlichkeiten, die im Insolvenzverfahren jeweils als Insolvenzforderungen geltend gemacht werden, zum anteiligen Vorsteuerabzug berechtigt.[6] Dies gilt entsprechend für den Vorsteuerabzug des Gesamtrechtsnachfolgers eines vormals als Unternehmer zum Vorsteuerabzug berechtigten Erblassers aus den Leistungen des Nachlassinsolvenzverwalters.[7] Zu den Anforderungen an die Rechnungsstellung des Insolvenzverwalters vgl. Abschn. 15.2a Abs. 1 Sätze 5 und 6 UStAE. Zum Vorsteuerabzug einer KG, die ihre Tätigkeit bereits vor Insolvenzeröffnung eingestellt hatte, vgl. Abschn. 15.12 Abs. 1 Satz 17 UStAE (vgl. Abschn. 15.2b Abs. 3 UStAE). Weitere Einzelheiten zu Leistungen für das Unternehmen vgl. Abschn. 15.2b UStAE.

2453 Ein Gesellschafter oder eine zur Gründung einer Kapitalgesellschaft errichtete Personengesellschaft (sog. Vorgründungsgesellschaft), der bzw. die nach Gründung der Kapitalgesellschaft die bezogenen Leistungen in einem Akt gegen Entgelt an diese veräußert und andere Ausgangsumsätze von vornherein nicht beabsichtigt hatte, ist unter den übrigen Voraussetzungen des § 15 UStG zum Abzug der Vorsteuer für den Bezug von Dienstleistungen und Gegenständen ungeachtet dessen berechtigt, dass die Umsätze im Rahmen einer Geschäftsveräußerung nach § 1 Abs. 1a UStG nicht der Umsatzsteuer unterliegen. Maßgebend sind insoweit die beabsichtigten Umsätze der Kapitalgesellschaft. Weitere Einzelheiten vgl. Abschn. 15.2b Abs. 4 und BMF-Schreiben v. 12.4.2022.[8]

2454 Nach § 15 Abs. 1 Satz 2 UStG gilt die Lieferung, die Einfuhr oder der innergemeinschaftliche Erwerb eines **Gegenstands, den der Unternehmer zu weniger als 10 % für sein Unternehmen nutzt, nicht für das Unternehmen ausgeführt**. Es können daher nur solche Gegenstände (insb. Fahrzeuge; → Rz. 2532 ff.) dem Unternehmen zugeordnet werden, die mindestens zu 10 % unternehmerisch genutzt werden. Erreicht der Umfang der unternehmerischen Verwendung eines einheitlichen Gegenstands nicht mindestens 10 % (unternehmerische Mindestnutzung), greift das Zuordnungsverbot nach § 15 Abs. 1 Satz 2 UStG. Weitere Einzelheiten vgl. Abschn. 15.2c UStAE.

2455 Nach § 15 Abs. 1a UStG sind Vorsteuerbeträge, die auf Aufwendungen, für die das Abzugsverbot des § 4 Abs. 5 Satz 1 Nr. 1 bis 4, 7 oder des § 12 Nr. 1 EStG gilt, entfallen, nicht abziehbar. Dies gilt nicht für **Bewirtungsaufwendungen**, soweit § 4 Abs. 5 Satz 1 Nr. 2 EStG einen Abzug angemessener und nachgewiesener Aufwendungen ausschließt (→ Rz. 2522 ff.).

2456 Vorsteuerbeträge, die auf Umzugskosten für einen Wohnungswechsel des Unternehmers entfallen, sind nach den allgemeinen Voraussetzungen des § 15 UStG abziehbar, wenn unternehmerische Gründe für den Privatumzug des Unternehmers bestehen (z.B. anlässlich einer Betriebsverlagerung).

2457 Mit § 15 Abs. 1b UStG wird der Vorsteuerabzug für gemischt genutzte Grundstücke geregelt. Das Zuordnungswahlrecht des Unternehmers, gemischt genutzte Grundstücke – Grundstücke die sowohl für unternehmerische Zwecke als auch für Zwecke, die außerhalb des Unternehmens liegen, oder für den privaten Bedarf des Personals verwendet werden – im vollen Umfang seinem Unternehmen zuzuordnen, bleibt zwar unberührt. Die Regelung des § 15 Abs. 1b UStG stellt jedoch einen Vorsteuerausschlusstatbestand dar. Nach § 15 Abs. 1b Satz 1 UStG ist die Steuer für die Lieferungen, die Einfuhr und den innergemeinschaftlichen Erwerb sowie für die sonstigen Leistungen im Zusammenhang mit einem Grundstück vom Vorsteuerabzug ausgeschlossen, soweit sie nicht auf die Verwendung des Grundstücks für Zwecke des Unternehmens entfällt. Dem Vorsteuerausschluss unterliegen auch die wesentlichen Bestandteile des Grundstücks, z.B. Gebäude und Außenanlagen. Hiervon unberührt bleiben Gegenstände, die umsatzsteuerlich keine Bestandteile des Grundstücks oder Gebäudes sind (z.B. Photovoltaikanlage und Blockheizkraftwerk). Der Vorsteuerausschluss nach § 15 Abs. 1b Satz 1 UStG ist entsprechend für Berechtigungen,

1) Vgl. BFH v. 15.10.2019, V R 29/19 (V R 44/16), BStBl II 2021, 646.
2) Vgl. BMF v. 9.9.2021, III C 2 – S 7280-a/19/10004 :001, BStBl I 2021, 1593.
3) Vgl. BMF v. 18.9.2020, III C 2 – S 7286-a/19/10001 :001, BStBl I 2020, 976, Rz. 9-13.
4) Vgl. Abschn. 15.2a Abs. 1a und 15.11 Abs. 3 UStAE.
5) Vgl. BMF v. 9.9.2021, III C 2 – S 7280-a/19/10004 :001, BStBl I 2021, 1593.
6) BFH v. 15.4.2015, V R 44/14, BStBl II 2015, 679.
7) Vgl. BFH v. 21.10.2015, XI R 28/14, BStBl II 2016, 550.
8) BMF v. 12.4.2022, III C 2 – S 7300/20/10001 :005, BStBl I 2022, 650.

für die die Vorschriften des bürgerlichen Rechts über Grundstücke gelten, und für Gebäude auf fremden Grund und Boden anzuwenden (§ 15 Abs. 1b Satz 2 UStG), da diese Grundstücke gleich zu stellen sind. Durch die Anfügung des Satzes 4 in § 15 Abs. 4 UStG wird geregelt, dass in den Fällen des § 15 Abs. 1b UStG die Sätze 1 bis 3 in § 15 Abs. 4 UStG entsprechend gelten.

Weitere Einzelheiten zur Regelung des Vorsteuerabzugs bei teilunternehmerisch genutzten Grundstücken (§ 15 Abs. 1b UStG) enthält Abschn. 15.6a UStAE.

In § 15 Abs. 2 und 3 UStG ist der Umfang der Umsätze, für die der Vorsteuerabzug ausgeschlossen ist, geregelt. Es sind nur die Vorsteuerbeträge vom Abzug ausgeschlossen, bei denen ein unmittelbarer wirtschaftlicher Zusammenhang mit den zum Ausschluss vom Vorsteuerabzug führenden steuerfreien Umsätzen des Unternehmers besteht. Der Ausschluss umfasst auch die Vorsteuerbeträge, die in einem mittelbaren wirtschaftlichen Zusammenhang mit diesen Umsätzen stehen.

§ 15 Abs. 4 UStG regelt die **Vorsteueraufteilung** (→ Rz. 2544 ff.) in Fällen, in denen der Unternehmer Eingangsleistungen zum Teil für zum Vorsteuerabzug berechtigende und zum Teil für nicht zum Vorsteuerabzug berechtigende Umsätze verwendet. **2458**

Praxishinweis:

Der BFH hat mit Urteil v. 3.8.2017 entschieden, dass eine Stadt, die ihren Marktplatz für wirtschaftliche als auch für hoheitliche Zwecke verwendet, diesen nicht in vollem Umfang ihrer wirtschaftlichen Tätigkeit zuordnen kann und deshalb nur anteilig zum Vorsteuerabzug berechtigt ist.[1] Das BMF hat deshalb mit Schreiben v. 18.1.2021 zum Vorsteuerabzug einer Kurortgemeinde aus den Kosten für die Errichtung und Unterhaltung von öffentlichen Kureinrichtungen Stellung bezogen und insb. Abschn. 15.19 Abs. 2 UStAE geändert.[2]

Für **Fahrzeuglieferer i.S.d. § 2a UStG** wird der Vorsteuerabzug aus der Eingangsleistung durch die Regelung in § 15 Abs. 4a UStG eingeschränkt. **2459**

Nach § 15 Abs. 4b UStG gelten für Unternehmer, die nicht im Gemeinschaftsgebiet ansässig sind und nur Steuer nach § 13b Abs. 5 UStG (→ Rz. 2395 ff.) und § 13a Abs. 1 Nr. 1 UStG i.V.m. § 14c Abs. 1 UStG (unrichtiger Steuerausweis) oder nur Steuer nach § 13b Abs. 5 UStG und § 13a Abs. 1 Nr. 4 UStG (unberechtigter Steuerausweis) schulden, die Einschränkungen des § 18 Abs. 9 Satz 5 und 6 UStG entsprechend. Die nicht im Gemeinschaftsgebiet ansässigen Unternehmer haben die für Vorleistungen in Rechnung gestellte Steuer im allgemeinen Besteuerungsverfahren und nicht im Vorsteuer-Vergütungsverfahren geltend zu machen, soweit an sie Umsätze ausgeführt werden, für die sie Steuerschuldner nach § 13b Abs. 5 UStG sind. Die Vorschrift in § 15 Abs. 4b UStG stellt sicher, dass für die nicht im Gemeinschaftsgebiet ansässigen Unternehmer die im Vorsteuer-Vergütungsverfahren geltenden Beschränkungen und Ausschlüsse auch im allgemeinen Besteuerungsverfahren Anwendung finden, soweit diese Unternehmer keine inl. Umsätze bewirken. **2460**

Beratungshinweis:

Zum Vorsteuer-Vergütungsverfahren (siehe Anhang 2 → Rz. 2628 ff.).

§ 15 Abs. 5 UStG enthält **Ermächtigungen für das BMF**, durch Rechtsverordnungen nähere Bestimmungen über den Verzicht auf eine Rechnung i.S.d. § 14 UStG oder auf einzelne Angaben in der Rechnung, über den Vorsteuerabzug durch andere Unternehmer und über die Vereinfachung bei der Aufteilung und Zuordnung der Vorsteuern gem. § 15 Abs. 4 UStG zu erlassen (vgl. §§ 35, 40 und 43 UStDV). **2461**

Vorsteuerbeträge sind in abziehbare und nicht abziehbare Beträge aufzuteilen, wenn ein Unternehmer für sein Unternehmen einen gelieferten, eingeführten oder innergemeinschaftlich erworbenen Gegenstand oder eine an ihn ausgeführte sonstige Leistung teils für Umsätze verwendet, die den Vorsteuerabzug ausschließen (§ 15 Abs. 2 und 3 UStG) und teils für Umsätze, die den Vorsteuerabzug zulassen (§ 15 Abs. 4 UStG). Die Aufteilung **richtet sich allein nach der tatsächlichen Verwendung** des bezogenen Gegenstands oder der in Anspruch genommenen sonstigen Leistung. Der Anlass, aus dem der Unternehmer den Gegenstand oder die sonstige Leistung bezogen hat, oder die Verwendungsabsicht sind unerheblich.[3] **2462**

Die Vorsteuerbeträge sind nach § 15 Abs. 4 Satz 1 UStG nach ihrer wirtschaftlichen Zuordnung aufzuteilen. § 15 Abs. 4 UStG erstreckt sich nicht auf die Vorsteuerbeträge, die entweder allein den zum Abzug berechtigenden Umsätzen oder allein den zum Ausschluss des Vorsteuerabzugs führenden Umsätzen zuzurechnen sind. Die Abziehbarkeit der einer Umsatzart ausschließlich zurechenbaren Vorsteuerbeträge beurteilt sich daher stets nach den Vorschriften des § 15 Abs. 1 bis 3 UStG. Die Aufteilung nach § 15 Abs. 4 UStG betrifft somit nur die Vorsteuerbeträge, die teils der einen und teils der anderen Umsatzart zuzuordnen sind. Im Fall der Anschaffung oder Herstellung eines Gebäudes sind abweichend hiervon die Aufwendungen stets einheitlich aufzuteilen, vgl. Abschn. 15.17 Abs. 5 bis 8 UStAE.[4] **2463**

Als Anhaltspunkte bzw. Hilfsmittel bei der wirtschaftlichen Zuordnung für die Aufteilung nach § 15 Abs. 4 UStG nennt Abschn. 15.17 Abs. 2 UStAE die betriebliche Kostenrechnung (Betriebsabrechnungsbogen, Kostenträgerrechnung) oder die Aufwands- und Ertragsrechnung. Zum Vorsteuerabzug bei der Anschaffung oder Herstellung **2464**

1) Vgl. BFH v. 3.8.2017, V R 62/16, BStBl II 2021, 109.
2) Vgl. BMF v. 18.1.2021, III C 2 – S 7300/19/10002 :002, BStBl I 2021, 121.
3) Abschn. 15.16 Abs. 1 Satz 2 UStAE.
4) Abschn. 15.16 Abs. 2 UStAE.

von Gebäuden, die sowohl zur Erzielung vorsteuerunschädlicher als auch vorsteuerschädlicher Umsätze verwendet werden und zur Anwendung der BFH-Urteile v. 22.8.2013,[1] v. 7.5.2014,[2] v. 3.7.2014,[3] v. 10.8.2016,[4] v. 26.4.2018[5] und v. 11.11.2020[6] sowie der EuGH-Urteile v. 8.11.2012[7] und v. 9.6.2016[8] wurde das BMF-Schreiben v. 20.10.2022[9] herausgegeben. Außerdem wurde zu den BFH-Urteilen v. 16.11.2016,[10] v. 23.10.2019[11] und v. 23.10.2019[12] das BMF-Schreiben v. 18.11.2022[13] herausgegeben. Beide BMF-Schreiben wurden in den UStAE übernommen.

Beratungshinweis:

Durch das Jahressteuergesetz 2024 (**JStG 2024**) v. 2.12.2024 wurde § 15 Abs. 4 Satz 3 UStG mit Wirkung v. **6.12.2024** neu gefasst.[14] Die Ermittlung des nicht abziehbaren Teils der Vorsteuerbeträge nach dem Gesamtumsatzschlüssel (Verhältnis der vorsteuerschädlichen Umsätze zu den vorsteuerunschädlichen Umsätzen des gesamten Unternehmens) ist danach nur zulässig, wenn keine andere, präzisere wirtschaftliche Zuordnung möglich ist.

Durch das **Gesetz zur Modernisierung und Digitalisierung der Schwarzarbeitsbekämpfung** v. 22.12.2025 wird mit Wirkung vom **30.12.2025** § 15 Abs. 4 Satz 4 UStG durch die Sätze 4 und 5 ersetzt.[15]

Danach ist für Grundstücke eine Aufteilung nach dem Verhältnis der Nutzflächen vorzunehmen, es sei denn, eine andere Methode führt zu einer demgegenüber präziseren wirtschaftlichen Zuordnung. In den Fällen des § 15 Abs. 1b UStG gelten die Sätze 1 bis 4 in § 15 Abs. 4 UStG entsprechend.

Die Regelungen werden nunmehr hinsichtlich der Vorsteueraufteilung bei gemischt genutzten Grundstücken weiter präzisiert. Durch diese Präzisierung wird ausdrücklich geregelt, dass bei der Vorsteueraufteilung im Zusammenhang mit Grundstücken vorrangig eine Aufteilung nach dem Verhältnis der Nutzflächen vorzunehmen ist. Dies umschreibt den Flächenschlüssel, der in diesen Fällen die grundsätzlich vorzugswürdige Aufteilungsmethode ist. Sollte im Einzelfall eine andere Aufteilungsmethode zu einem (noch) präziseren wirtschaftlichen Ergebnis führen, kann stattdessen auch diese angewandt werden.

Die Regelung beruht auf der Ermächtigung in Art. 173 Abs. 2 Buchst. b MwStSystRL, nach der die Mitgliedstaaten Stpfl. (Unternehmer) verpflichten können, für jeden Bereich ihrer Tätigkeit (hier: das Grundstück) einen besonderen Pro-rata-Satz (hier: Flächenschlüssel nach den Nutzflächen) anzuwenden.

2465 **Erleichterungen bei der Aufteilung der Vorsteuerbeträge** sind in § 43 UStDV geregelt. Die Erleichterungen erstrecken sich auf die Fälle, in denen die dort bezeichneten Umsätze den Vorsteuerabzug ausschließen würden. Es sind nur die Vorsteuerbeträge betroffen, die den in § 43 UStDV bezeichneten Umsätzen lediglich teilweise zuzurechnen sind. Vorsteuerbeträge, die sich ausschließlich auf diese Umsätze beziehen, bleiben vom Abzug ausgeschlossen. Die Erleichterung des § 43 UStDV besteht darin, dass die Vorsteuerbeträge, die den in § 43 UStDV bezeichneten Umsätzen nur teilweise zuzuordnen sind, nicht in einen abziehbaren und einen nicht abziehbaren Anteil aufgeteilt werden müssen. **Sie sind somit voll abziehbar**. Nähere Ausführungen zu den Umsätzen des § 43 UStDV enthält Abschn. 15.18 Abs. 3 bis 6 UStAE.

Nach § 15 Abs. 4 Satz 3 UStG ist eine Ermittlung des nicht abziehbaren Teils der Vorsteuerbeträge nach dem Verhältnis der Umsätze, die den Vorsteuerabzug ausschließen, zu den Umsätzen, die zum Vorsteuerabzug berechtigen, nur zulässig, wenn keine andere, präzisere wirtschaftliche Zuordnung möglich ist. Mit dieser Regelung wird die Verwendung des Umsatzschlüssels als alleiniger Aufteilungsmaßstab eingeschränkt. Nur dann, wenn keine andere, präzisere wirtschaftliche Zuordnung möglich ist, ist der Umsatzschlüssel zugelassen.

b) Vorsteuerbeträge (Zeile 79–87)

2466 In **Zeile 79** sind die Vorsteuerbeträge aus Rechnungen von anderen Unternehmern (§ 15 Abs. 1 Satz 1 Nr. 1 UStG) einzutragen. Hierbei sind auch die Vorsteuerbeträge zu berücksichtigen, die auf Entgeltserhöhungen und Entgeltsminderungen entfallen. Vorsteuerbeträge aus innergemeinschaftlichen Erwerben von Gegenständen (§ 15 Abs. 1 Satz 1 Nr. 3 UStG), die entrichtete Einfuhrumsatzsteuer (§ 15 Abs. 1 Satz 1 Nr. 2 UStG), der Vorsteuerabzug für die Steuer, die der Abnehmer als Auslagerer nach § 13a Abs. 1 Nr. 6 UStG schuldet (§ 15 Abs. 1 Satz 1 Nr. 5 UStG), Vorsteuerbeträge aus Leistungen i.S.d. § 13b Abs. 1 UStG (§ 15 Abs. 1 Satz 1 Nr. 4 UStG), Vorsteuerbeträge, die nach den allgemeinen Durchschnittssätze berechnet sind (§ 23a UStG), Vorsteuerbeträge für innergemeinschaftliche Lieferungen neuer Fahrzeuge außerhalb eines Unternehmens (§ 2a UStG) sowie von Kleinunternehmern i.S.d. § 19 Abs. 1 UStG (§ 15 Abs. 4a UStG), sowie Vorsteuerbeträge aus innergemeinschaftlichen Dreiecksgeschäften (§ 25b Abs. 5 UStG) sind in den **Zeilen 80 bis 86** einzutragen.

1) BFH v. 22.8.2013, V R 19/09, BStBl II 2022, 726.
2) BFH v. 7.5.2014, V R 1/10, BStBl II 2022, 731.
3) BFH v. 3.7.2014, V R 2/10, BStBl II 2022, 734.
4) BFH v. 10.8.2016, XI R 31/09, BStBl II 2022, 736.
5) BFH v. 26.4.2018, V R 23/16, BStBl II 2022, 743.
6) BFH v. 11.11.2020, XI R 7/20, BStBl II 2022, 746.
7) EuGH v. 8.11.2012, C-511/10, BStBl II 2022, 749.
8) EuGH v. 9.6.2016, C-332/14, BStBl II 2022, 752.
9) BMF v. 20.10.2022, III C 2 – S 7306/19/10001 :003, BStBl I 2022, 1794.
10) BFH v. 16.11.2016, V R 1/154, BStBl II 2022, 777.
11) BFH v. 23.10.2019, XI R 18/17, BStBl II 2022, 782.
12) BFH v. 23.10.2019, V R 46/17, BStBl II 2022, 779.
13) BMF v. 18.11.2022, III C 2 – S 7306/19/10002 :002, BStBl I 2022, 779.
14) Jahressteuergesetz 2024 (JStG 2024) v. 2.12.2024, BGBl. I 2024 Nr. 387 = BStBl I 2024, 1484.
15) Gesetz zur Modernisierung und Digitalisierung der Schwarzarbeitsbekämpfung v. 22.12.2025, BGBl. I 2025 Nr. 369 = BStBl I 2026, 128 (Auszug).

Praxishinweis:

Durch das Jahressteuergesetz 2024 (**JStG 2024**) v. 2.12.2024 wird die Umsatzsteuerlagerregelung (§ 4 Nr. 4a UStG) mit Wirkung zum **1.1.2026** mit der zugehörigen Anlage 1 (zu § 4 Nr. 4a) des UStG gestrichen und § 13a Abs. 1 Nr. 6 UStG und § 15 Abs. 1 Nr. 5 UStG mit Wirkung zum **1.1.2026** aufgehoben.[1]

Durch das **Gesetz zur Modernisierung und Digitalisierung der Schwarzarbeitsbekämpfung** v. 22.12.2025 wird mit Wirkung vom **1.1.2026** in § 27 UStG ein neuer Abs. 40a angefügt.[2]

Für vor dem 1.1.2026 nach § 4 Nr. 4a Satz 1 UStG von der Steuer befreite Umsätze sind § 4 Nr. 4a Satz 1 Buchst. a und b, Nr. 19 Buchst. a Satz 4, § 10 Abs. 1 Satz 4, § 13 Abs. 1 Nr. 9, § 13a Abs. 1 Nr. 6, § 15 Abs. 1 Satz 1 Nr. 5, § 18e Nr. 2, § 22 Abs. 2 Nr. 9 und Abs. 4c UStG in der am 31.12.2025 geltenden Fassung bis zur Auslagerung und für diese Auslagerung der jeweiligen Gegenstände weiterhin anzuwenden. Mit Ablauf des 30.12.2029 gelten alle bis zu diesem Zeitpunkt nicht ausgelagerten Gegenstände als ausgelagert i.S.d. § 4 Nr. 4a Satz 1 Buchst. a Satz 3 UStG in der bis zum 31.12.2025 geltenden Fassung.

Außerdem werden durch das Jahressteuergesetz 2024 (**JStG 2024**) v. 2.12.2024 die Sätze 2 und 3 in § 15 Abs. 1 Satz 1 Nr. 1 UStG mit Wirkung zum **1.1.2028** durch einen neuen Satz 2 ersetzt. Danach ist die Vorsteuer abziehbar, wenn der Unternehmer eine nach den §§ 14, 14a UStG ausgestellte Rechnung besitzt und die Leistung ausgeführt worden ist, wenn der leistende Unternehmer die Steuer nach vereinbarten Entgelten (§ 16 Abs. 1 Satz 1 UStG) berechnet, oder soweit eine Zahlung auf eine ausgeführte Leistung geleistet worden ist, wenn der leistende Unternehmer die Steuer nach vereinnahmten Entgelten (§ 20 UStG) berechnet, oder soweit eine Zahlung vor Ausführung der Leistung geleistet worden ist. Die Regelung ist erstmals auf Rechnungen anzuwenden, die nach dem 31.12.2027 ausgestellt werden (§ 27 Abs. 41 UStG).

Abziehbar sind nur die Steuerbeträge, die nach dem deutschen UStG geschuldet werden. Unternehmer, die mit ausl. Vorsteuerbeträgen belastet wurden, haben sich wegen eines eventuellen Abzugs an den Staat zu wenden, der die Steuer erhoben hat. Die EU-Mitgliedstaaten vergüten nach Maßgabe der 8. EG-Richtlinie zur Harmonisierung der Umsatzsteuern v. 6.12.1979[3] den in einem anderen Mitgliedstaat ansässigen Unternehmer die Vorsteuerbeträge in einem besonderen Verfahren und haben hierfür zentrale Erstattungsbehörden bestimmt.[4] Die entsprechenden Vergütungsanträge sind grundsätzlich bis zum 30.6. des Folgejahres zu stellen. Hierbei handelt es sich um eine Ausschlussfrist. Informationen zum Umsatzsteuerrecht in anderen Staaten können bei den Deutschen Auslandskammern eingeholt werden.[5] **2467**

c) Hinweise zum Vorsteuerabzug

aa) Allgemeines

Die Berechtigung zum Vorsteuerabzug ist nach Abschn. 15.2 Abs. 2 UStAE unter folgenden Voraussetzungen gegeben: **2468**

- Die in Rechnung gestellte Umsatzsteuer muss für eine Lieferung oder sonstige Leistung geschuldet werden, d.h., die Umsatzsteuer darf nicht nach § 14c UStG geschuldet werden.

  Bei Karussellgeschäften ist zweifelhaft, ob Lieferungen vorliegen.[6] Der EuGH hat allerdings zwischenzeitlich entschieden, dass einem gutgläubigen Unternehmer, der innerhalb eines Umsatzsteuerkarussells Lieferungen tatsächlich ausführt, der Vorsteuerabzug zusteht;[7]

Beratungshinweis:

Der den Vorsteuerabzug begehrende Unternehmer trägt die Feststellungslast für die Erfüllung der Anspruchsvoraussetzungen. Ein Unternehmer, der alle Maßnahmen getroffen hat, die vernünftigerweise von ihm verlangt werden können, um sicherzustellen, dass seine Umsätze nicht in einen Betrug – sei es eine Umsatzsteuerhinterziehung oder ein sonstiger Betrug – einbezogen sind, kann auf die Rechtmäßigkeit dieser Umsätze vertrauen, ohne Gefahr zu laufen, sein Recht auf Vorsteuerabzug zu verlieren. Der Umstand, dass eine Lieferung an einen Unternehmer vorgenommen wird, der weder wusste noch wissen konnte, dass der betreffende Umsatz in einen vom Verkäufer begangenen Betrug einbezogen war, steht dem Vorsteuerabzug nicht entgegen.[8]

- die Steuer muss für eine Lieferung oder sonstige Leistung gesondert in Rechnung gestellt worden sein;
- der Leistungsempfänger muss im Besitz einer Rechnung sein, die alle Pflichtangaben nach §§ 14, 14a UStG enthält; die Angaben müssen grundsätzlich vollständig und richtig sein;
- die Lieferung oder sonstige Leistung muss von einem Unternehmer ausgeführt worden sein;
- der Leistungsempfänger muss Unternehmer sein, und die Lieferung oder sonstige Leistung muss für sein Unternehmen ausgeführt worden sein.

Diese **Voraussetzungen müssen insgesamt erfüllt** werden. Das gilt auch für Leistungsempfänger, die die Steuer für ihre Umsätze nach vereinnahmten Entgelten berechnen (§ 20 UStG). Fallen Empfang der Leistung und der Empfang der Rechnung zeitlich auseinander, ist der Vorsteuerabzug für den Besteuerungszeitraum zulässig, in dem erstmalig beide Voraussetzungen vorliegen. Bezieht ein Unternehmer Teilleistungen (z.B. Miete) für sein Unternehmen, ist sowohl für den Leistungsbezug als auch für die Frage der Verwendung dieser Leistung auf die **2469**

1) Jahressteuergesetz 2024 (JStG 2024) v. 2.12.2024, BGBl. I 2024 Nr. 387 = BStBl I 2024, 1484.
2) Gesetz zur Modernisierung und Digitalisierung der Schwarzarbeitsbekämpfung v. 22.12.2025, BGBl. I 2025 Nr. 369 = BStBl I 2026, 128 (Auszug).
3) ABl.EG 1979 Nr. L 331, 11.
4) https://www.bzst.de/DE/Unternehmen/Umsatzsteuer/Vorsteuerverguetung/InlaendischeUnternehmer/inlaendischeunternehmer_node.html.
5) www.ahk.de.
6) BFH v. 29.11.2004, V B 78/04, BStBl II 2005, 535.
7) EuGH v. 12.1.2006, C-354/03, 355/03 und 448/03, DStR 2006, 132.
8) Vgl. Abschn. 15.2 Abs. 2 Satz 4 bis 6 UStAE.

monatliche (Teil-)Leistungsabschnitte abzustellen. Hat der Unternehmer in einer Endrechnung die vor Ausführung der Lieferung oder sonstigen Leistung vereinnahmte Teilentgelte und die auf sie entfallenden Steuerbeträge nicht nach § 14 Abs. 1 Satz 5 UStG abgesetzt, ist die zu hoch ausgewiesene Umsatzsteuer nicht als Vorsteuer abziehbar.[1)]

2470 Nach § 15 Abs. 1 Satz 1 Nr. 1 UStG muss die Steuer von einem anderen Unternehmer in einer Rechnung gesondert ausgewiesen sein, die alle Pflichtangaben nach §§ 14, 14a UStG enthält. Der Leistungsempfänger muss die in der Rechnung enthaltenen Angaben auf ihre Vollständigkeit und Richtigkeit überprüfen.[2)] Dabei ist allerdings der Grundsatz der Verhältnismäßigkeit zu wahren. Die Prüfung der Richtigkeit der Steuernummer oder der USt-IdNr. und der Rechnungsnummer ist dem Rechnungsempfänger regelmäßig nicht möglich. Ist eine dieser Angaben unrichtig und konnte der Unternehmer dies nicht erkennen, bleibt der Vorsteuerabzug erhalten, wenn im Übrigen die Voraussetzungen für den Vorsteuerabzug vorliegen.

2471 Der Vorsteuerabzug nach § 15 Abs. 1 Satz 1 Nr. 1 UStG ist nur möglich, wenn die Rechnung die Angabe des vollständigen Namens und der vollständigen Anschrift des leistenden Unternehmers enthält. Mit Urteilen v. 13.6.2018 und 21.6.2018 hat der BFH jedoch unter Änderung seiner bisherigen Rechtsprechung entschieden, dass eine zum Vorsteuerabzug berechtigende Rechnung nicht voraussetzt, dass die wirtschaftlichen Tätigkeiten des leistenden Unternehmers unter der Anschrift ausgeübt werden, die er in seiner Rechnung angibt.[3)] Es reicht jede Art von Anschrift und damit auch eine Briefkastenanschrift, sofern der Unternehmer unter dieser Anschrift erreichbar ist.[4)]

2472 Hinsichtlich der übrigen nach den §§ 14, 14a UStG erforderlichen Angaben hat der Rechnungsempfänger dagegen die inhaltliche Richtigkeit der Angaben zu prüfen. Dazu gehört insb., ob es sich bei der ausgewiesenen Steuer um gesetzlich geschuldete Steuer für eine Lieferung oder sonstige Leistung handelt. In diesen Fällen ist der Vorsteuerabzug zu versagen, wenn die Angaben unrichtig sind. Zu den unrichtigen Angaben, bei denen ein Vorsteuerabzug entfällt, zählen in einer Rechnung enthaltenen Rechenfehler, die unrichtige Angabe des Entgelts, des Steuersatzes oder des Steuerbetrags.

2473 Für innergemeinschaftliche Lieferungen (§ 6a UStG) und für im Inland steuerpflichtige Leistungen eines im übrigen Gemeinschaftsgebiet ansässigen Unternehmers (§ 13b Abs. 1 UStG) ist spätestens am 15. Tag des Folgemonats eine Rechnung auszustellen (vgl. § 14a Abs. 1 Satz 2 und Abs. 3 Satz 1 UStG). Ferner muss die Rechnung im Fall der Steuerschuldnerschaft des Leistungsempfängers die Angabe „Steuerschuldnerschaft des Leistungsempfängers" enthalten (vgl. § 14a Abs. 5 Satz 1 UStG). Außerdem muss die Rechnung in den Fällen der Besteuerung von Reiseleistungen (§ 25 UStG) die Angabe „Sonderregelung für Reisebüros" und in den Fällen der Differenzbesteuerung nach § 25a UStG die Angabe „Gebrauchtgegenstände/Sonderregelung", „Kunstgegenstände/Sonderregelung" oder „Sammlungsgegenstände und Antiquitäten/Sonderregelung" enthalten (vgl. § 14a Abs. 6 Satz 1 UStG). Nähere Einzelheiten enthält Abschn. 14a.1 UStAE.

2474 Im Fall des § 14c Abs. 1 UStG kann der Vorsteuerabzug bei einem zu hohen Steuerausweis jedoch unter den übrigen Voraussetzungen in Höhe der für die bezogene Leistung geschuldeten Umsatzsteuer vorgenommen werden.

2475 Ungenauigkeiten führen unter den übrigen Voraussetzungen nicht zu einer Versagung des Vorsteuerabzugs, z.B. bei Schreibfehlern im Namen oder der Anschrift des leistenden Unternehmers oder Leistungsempfängers oder in der Beschreibung der Leistung, wenn ungeachtet dessen eine eindeutige und unzweifelhafte Identifizierung der am Leistungsaustausch Beteiligten, der Leistung und des Leistungszeitpunkts möglich ist und die Ungenauigkeiten nicht sinnentstellend sind.[5)]

2476 Wird über die Lieferung oder sonstige Leistung mit einer Gutschrift i.S.d. § 14 Abs. 2 UStG abgerechnet, kommt – wie bei der Erteilung einer Rechnung – der Vorsteuerabzug für den Leistungsempfänger nur in Betracht, wenn der leistende Unternehmer zum gesonderten Steuerausweis in einer Rechnung berechtigt ist. Daher kann auch in diesen Fällen der Vorsteuerabzug nicht in Anspruch genommen werden, wenn der leistende Unternehmer § 19 Abs. 1 UStG anwendet.[6)]

2477 Der Vorsteuerabzug aus einer Gutschrift entfällt auch dann, wenn die Lieferung oder sonstige Leistung nicht steuerpflichtig ist oder wenn der Gutschriftsempfänger widerspricht.[7)]

2478 Wird für einen nicht steuerpflichtigen Umsatz in einer Rechnung die Umsatzsteuer gesondert ausgewiesen, wird die Umsatzsteuer von dem leistenden Unternehmer geschuldet. Der Leistungsempfänger kann in diesem Fall die Umsatzsteuer nicht als Vorsteuer abziehen.[8)]

2479 Die Leistung muss in den unternehmerischen Bereich des Unternehmens eingehen.[9)] Ob dies zutrifft, ist nach dem Innenverhältnis zu beurteilen. Danach muss die Verwendung der bezogenen Leistung in dem unternehmerischen Bereich objektiv möglich sein und auch durchgeführt werden.

2480 Für die Frage, ob eine Leistung für das Unternehmen vorliegt, sind grundsätzlich die Verhältnisse im Zeitpunkt des Umsatzes an den Unternehmer maßgebend. Allerdings setzt der Vorsteuerabzug voraus, dass der Ausgangsumsatz

1) BFH v. 11.4.2002, V R 26/01, BStBl II 2004, 317.
2) Vgl. Abschn. 15.2 Abs. 3 UStAE.
3) Vgl. BFH v. 13.6.2018, XI R 20/14, BStBl II 2018, 800; v. 21.6.2018, V R 25/15, V R 28/16, BStBl II 2018, 809 und 806.
4) Vgl. Abschn. 15.2a Abs. 2 Satz 5 UStAE.
5) Abschn. 15.2 Abs. 4 UStAE.
6) Abschn. 15.2 Abs. 11 UStAE.
7) Abschn. 15.2 Abs. 12 UStAE.
8) BFH v. 2.4.1998, V R 34/97, BStBl II 1998, 695.
9) Vgl. Abschn. 15.2 Abs. 17 UStAE.

bereits erbracht wurde.[1] Eine erstmalige vorübergehende nichtunternehmerische Verwendung steht dem Leistungsbezug für das Unternehmen nicht entgegen, wenn der erworbene Gegenstand anschließend bestimmungsgemäß unternehmerisch genutzt wird.[2] Bei der Anschaffung von sog. Freizeitgegenständen, z.B. Segelbooten, Segelflugzeugen, Wohnwagen oder Wohnmobilen, ist i.d.R. davon auszugehen, dass diese Gegenstände dem nichtunternehmerischen Bereich zuzuordnen sind.

Wird ein Umsatz sowohl für das Unternehmen als auch für Zwecke ausgeführt, die außerhalb des Unternehmens liegen, ist hinsichtlich des Vorsteuerabzugs wie folgt zu verfahren: **2481**

- Bei der Lieferung **vertretbarer Sachen** sowie bei **sonstigen Leistungen** ist, abgesehen von den nachfolgenden Fällen, die darauf entfallende Steuer **entsprechend** dem **Verwendungszweck** in einen **abziehbaren** und einen **nicht abziehbaren** Anteil **aufzuteilen**. Telefondienstleistungen bezieht der Unternehmer nur insoweit für sein Unternehmen, als er das Telefon unternehmerisch nutzt.[3]
- Bei einem einheitlichen Gegenstand hat der Unternehmer ein Wahlrecht.[4] Er kann z.B. ein Gebäude mit dem dazu gehörenden Grund und Boden insg. dem nichtunternehmerischen Bereich zuordnen, auch wenn das Gebäude teilweise unternehmerisch genutzt wird. Andererseits kann er ein Gebäude auch insg. seinem Unternehmen zuordnen, wenn die unternehmerische Nutzung mindestens 10 % beträgt. Der Unternehmer kann einen nichtunternehmerisch (privat) genutzten Gebäudeteil (z.B. eine eigengenutzte Wohnung) auch von vornherein ganz oder teilweise seinem nichtunternehmerischen Bereich zuordnen. Ein Zuordnungswahlrecht besteht jedoch nicht, wenn ein getrenntes Wirtschaftsgut im umsatzsteuerrechtlichen Sinn neu hergestellt wird. Errichtet der Unternehmer daher ein ausschließlich für private Wohnzwecke zu nutzendes Einfamilienhaus als Anbau an eine Werkshalle auf seinem Betriebsgrundstück, darf er den Anbau nicht seinem Unternehmen zuordnen, wenn beide Bauten räumlich voneinander abgrenzbar sind. Die Zuordnung eines Gegenstands zum Unternehmen erfordert eine durch Beweisanzeichen gestützte Zuordnungsentscheidung des Unternehmers bei Anschaffung, Herstellung oder Einlage des Gegenstands. Die Geltendmachung des Vorsteuerabzugs ist regelmäßig ein gewichtiges Indiz für, die Unterlassung des Vorsteuerabzug ein gewichtiges Indiz gegen die Zuordnung eines Gegenstands zum Unternehmen.[5]

Umsatzsteuerbeträge, die durch den Erwerb, die Herstellung sowie die Verwendung oder Nutzung eines solchen Gegenstands anfallen, z.B. durch den Kauf oder die Miete sowie den laufenden Unterhalt eines Computers, können in vollem Umfang angezogen werden, wenn der Gegenstand dem Unternehmen insg. zugeordnet wird. Zum Ausgleich dafür unterliegt die Verwendung des Gegenstands für nichtunternehmerische Zwecke als unentgeltliche Wertabgabe der Umsatzsteuer. **2482**

bb) Nachweis der Voraussetzungen für den Vorsteuerabzug

Der Unternehmer hat die Voraussetzungen für den Vorsteuerabzug nach § 22 Abs. 2 Nr. 5 und 6 UStG aufzuzeichnen und durch Belege nachzuweisen. Als **Nachweise** kommen in Betracht: **2483**

- für die von einem anderen Unternehmer gesondert in Rechnung gestellten Steuern eine Rechnung oder Gutschrift i.S.d. § 14 Abs. 4 und 2 UStG i.V.m. § 31 und § 34 UStDV;
- für die entstandene Einfuhrumsatzsteuer ein **zollamtlicher Beleg** – z.B. der Einfuhrabgabenbescheid – oder ein vom zuständigen Zollamt bescheinigter Ersatzbeleg, z.B. eine Abschrift der Zollquittung oder ein Ersatzbeleg für den Vorsteuerabzug nach amtlich vorgeschriebenem Muster.[6]

Der Unternehmer trägt das Risiko für den Vorsteuerabzug. Das UStG kennt keinen Schutz des guten Glaubens an die Erfüllung der Voraussetzungen für den Vorsteuerabzug – auch im Hinblick auf die Identität des Leistenden und Rechnungsaussteller und dessen Unternehmereigenschaft.[7] **2484**

Mängel im Nachweis über das Vorliegen der Voraussetzungen für den Vorsteuerabzug hat grundsätzlich der Unternehmer zu vertreten.[8] Rechnungen, die die in § 14 Abs. 4 Satz 1 Nr. 1 bis 9 UStG bezeichneten Angaben nicht vollständig enthalten, berechtigen den Unternehmer nicht zur Vornahme des Vorsteuerabzugs, es sei denn, die Rechnungen werden vom Rechnungsaussteller nachträglich vervollständigt.[9] **2485**

Praxishinweis:

Fehlen Angaben über die Menge der in Rechnung gestellten Gegenstände oder der Tag des Umsatzes, kann dieser Mangel durch Vorlage anderer Unterlagen, wie z.B. Lieferscheine, beseitigt werden.

Sind die Unterlagen für den Vorsteuerabzug unvollständig, kann zwar der Unternehmer den Vorsteuerabzug nicht vornehmen. Gleichwohl kann jedoch das FA den Vorsteuerabzug unter bestimmten Voraussetzungen schätzen **2486**

1) BFH v. 19.2.2002, V B 52/01, BFH/NV 2002, 956.
2) BFH v. 21.6.1990, V B 27/90, BStBl II 1990, 801.
3) Vgl. Abschn. 15.2 Abs. 21 Nr. 1 UStAE.
4) Abschn. 15.2 Abs. 21 Nr. 2 UStAE.
5) BFH v. 25.3.1988, V R 101/83, BStBl II 1988, 649.
6) Abschn. 15.11 Abs. 1 Nr. 2 UStAE.
7) BFH v. 30.10.2001, V B 92/01, BFH/NV 2002, 381.
8) Abschn. 15.11 Abs. 3 Satz 1 UStAE.
9) Abschn. 15.11 Abs. 3 Satz 2 UStAE.

oder aus Billigkeitsgründen anerkennen, wenn die übrigen Voraussetzungen für den Vorsteuerabzug vorliegen.[1] Ist jedoch zu vermuten, dass der maßgebliche Umsatz an den Unternehmer nicht steuerpflichtig gewesen oder von einem unter § 19 Abs. 1 UStG fallenden Unternehmer ausgeführt worden ist, ist ein Vorsteuerabzug zu versagen.

2487 Der Vorsteuerabzug ist materiell eine Steuervergütung. Auf ihn sind daher die für die Steuerfestsetzung geltenden Vorschriften sinngemäß anzuwenden. Die abziehbaren Vorsteuerbeträge sind eine Bemessungsgrundlage i.S.d. §§ 199 Abs. 1, 157 Abs. 2 und § 162 Abs. 1 AO. Dem Grunde nach bestehen somit gegen eine Schätzung keine Bedenken.[2] Sie ist jedoch nur soweit zulässig, als davon ausgegangen werden kann, dass vollständige Unterlagen für den Vorsteuerabzug vorhanden waren.

Beratungshinweis:

Auf eine Schätzung der Vorsteuerbeträge durch das FA kann nicht vertraut werden. Es ist deshalb zu empfehlen, die erforderlichen Nachweise ordnungsgemäß zu führen.

2488 In der Rechtsprechung wurde das sich aus dem Unionsrecht ergebende Rechtsinstrument des Direktanspruchs in der Umsatzsteuer entwickelt.[3] Danach kann ein Leistungsempfänger unter bestimmten Voraussetzungen über eine Billigkeitsmaßnahme die Erstattung einer rechtsgrundlos an den Leistenden gezahlten Umsatzsteuer direkt vom Fiskus (statt vom Leistenden) verlangen, vgl. BMF-Schreiben v. 12.4.2022.[4]

d) Hinweise zur Rechnungsausstellung

2489 Die Vorschriften zur Rechnungsausstellung und -aufbewahrung sowie zum unrichtigen oder unberechtigten Steuerausweis in Rechnungen finden sich in §§ 14 und 14a bis 14c UStG. Die Definition des Begriffs der Rechnung ergibt sich aus § 14 Abs. 1 UStG. Bisher war in § 14 Abs. 1 UStG durch die erforderliche Zustimmung des Empfängers bei Verwendung einer E-Rechnung ein Vorrang der Papierrechnung geregelt. Nunmehr wird in § 14 Abs. 1 UStG die elektronische Rechnung **ab 1.1.2025** neu definiert. Eine E-Rechnung liegt künftig nur dann vor, wenn die Rechnung in einem strukturierten elektronischen Format ausgestellt, übermittelt und empfangen wird und die eine elektronische Verarbeitung ermöglicht (§ 14 Abs. 1 Satz 3 UStG). Das strukturierte elektronische Format einer E-Rechnung muss entweder den Vorgaben der RL 2014/55/EU entsprechen (§ 14 Abs. 1 Satz 6 Nr. 1 UStG) oder kann zwischen Rechnungsaussteller und Rechnungsempfänger vereinbart werden. Voraussetzung für eine solche Vereinbarung ist, dass das verwendete Format die richtige und vollständige Extraktion der nach dem UStG erforderlichen Angaben aus der E-Rechnung in ein Format ermöglicht, das der EN 16931 entspricht oder mit dieser interoperabel ist (vgl. § 14 Abs. 1 Satz 6 Nr. 2 UStG).

2490 Wie bisher gilt, dass die Echtheit der Herkunft, die Unversehrtheit des Inhalts und die Lesbarkeit der Rechnung gewährleistet sein müssen (§ 14 Abs. 3 UStG). Bei der Übermittlung einer E-Rechnung kann eine qualifizierte elektronische Signatur oder ein zulässiges EDI-Verfahren verwendet werden. In diesem Fall gilt die Echtheit der Herkunft und die Unversehrtheit des Inhalts als gewährleistet. Beides kann aber auch durch ein innerbetriebliches Kontrollverfahren (vgl. Abschn. 14.4 Abs. 4 UStAE) gewährleistet werden.

„Lesbarkeit" bedeutet in diesem Zusammenhang, dass der strukturierte Datensatz – z.B. die XML-Datei bei einer Rechnung, die der Normenreihe EN 16931 entspricht – maschinell auswertbar sein muss (maschinelle Lesbarkeit). Daher ist die zusätzliche Erstellung eines menschenlesbaren Dokuments nicht erforderlich. Denn die maschinelle Auswertbarkeit einer standardisierten Datei ermöglicht es auch, dass die Datei z.B. durch eine Visualisierungsanwendung menschenlesbar angezeigt werden kann. Die zusätzliche Übermittlung eines menschenlesbaren Dokuments (z.B. durch ein hybrides Format oder ein zusätzliches PDF-Dokument) ist somit nicht erforderlich, aber optional möglich.

2491 Als **sonstige Rechnungen** gelten **ab dem 1.1.2025** alle Rechnungen in Papierform oder in elektronischen Formaten, die nicht den Vorgaben von § 14 Abs. 1 Satz 6 UStG entsprechen (anderes elektronisches Format). Dazu zählen auch alle nicht strukturierten elektronischen Dateien, zum Beispiel PDF-Dateien ohne integrierte Datensätze, Bilddateien oder E-Mails. Zu den Möglichkeiten zur Ausstellung einer sonstigen Rechnung vgl. BMF-Schreiben v. 15.10.2024, Rz. 19 bis 20.[5] Wird ein Umsatz sowohl für den unternehmerischen als auch für den nichtunternehmerischen Bereich – z.B. den nichtwirtschaftlichen Bereich i.e.S. einer juristischen Person – ausgeführt, geht die Verpflichtung zur Ausstellung einer E-Rechnung vor.

2492 In § 14 Abs. 2 UStG sind die Fälle, in denen eine umsatzsteuerrechtliche Verpflichtung zur Ausstellung einer Rechnung besteht, neu gegliedert. Es wird eindeutig geregelt, in welchen Fällen eine E-Rechnung obligatorisch zu verwenden ist und in welchen Fällen die Verwendung einer sonstigen Rechnung möglich bleibt. Der Unternehmer ist zur Ausstellung einer Rechnung (E-Rechnung oder sonstige Rechnung) innerhalb von sechs Monaten nach Ausführung der Leistung verpflichtet, wenn der Umsatz steuerbar und nicht nach § 4 Nr. 8 bis 29 UStG steuerfrei ist:

a) für eine Leistung an einen anderen Unternehmer für dessen Unternehmen (§ 14 Abs. 2 Satz 2 Nr. 1 UStG),

b) für eine Leistung an eine juristische Person, die nicht Unternehmer ist (§ 14 Abs. 2 Satz 2 Nr. 2 UStG),

1) Abschn. 15.11 Abs. 5 Satz 2 und 3 UStAE.
2) Abschn. 15.11 Abs. 6 Satz 4 UStAE.
3) Vgl. EuGH v. 15.3.2007, C-35/05, Reemtsma Cigarettenfabriken.
4) Vgl. BMF v. 12.4.2022, III C 2 – S 7358/20/10001 :004, BStBl I 2022, 652.
5) BMF v. 15.10.2024, III C 2 – S 7287-a/23/10001 :007, BStBl I 2024, 1320.

c) für eine steuerpflichtige Werklieferung (§ 3 Abs. 4 Satz 1 UStG) oder sonstige Leistung im Zusammenhang mit einem Grundstück an einen anderen als unter Buchst. a oder b genannten Empfänger (§ 14 Abs. 2 Satz 2 Nr. 3 UStG).

Die Verpflichtung zur Ausstellung einer Rechnung besteht auch bei Leistungen an eine unternehmerisch tätige juristische Person für deren nichtwirtschaftliche Tätigkeiten i.e.S. (vgl. Abschn. 14.5 Abs. 1 UStAE).

Bei Umsätzen zwischen inl. Unternehmern ist gem. § 14 Abs. 2 Satz 2 Nr. 1 Halbs. 2 UStG regelmäßig eine E-Rechnung auszustellen. **2493**

Umsätze zwischen inl. Unternehmern liegen vor, wenn sowohl der leistende Unternehmer als auch der Leistungsempfänger im Inland oder in einem der in § 1 Abs. 3 UStG bezeichneten Gebiete ansässig sind. Die Ansässigkeit im Inland oder in einem der in § 1 Abs. 3 UStG bezeichneten Gebiete liegt vor, wenn der Unternehmer in einem dieser Gebiete seinen Sitz, seine Geschäftsleitung, eine – umsatzsteuerrechtliche – Betriebsstätte (vgl. Abschn. 3a.1 Abs. 3 UStAE), die an dem Umsatz beteiligt ist, oder in Ermangelung eines Sitzes seinen Wohnsitz oder gewöhnlichen Aufenthalt hat. Auch für Umsätze, die nach § 4 Nr. 1 bis 7 UStG steuerfrei sind, ist unter den übrigen Voraussetzungen eine E-Rechnung auszustellen (z.B. innergemeinschaftliche Lieferung aus Deutschland an die Betriebsstätte eines anderen inl. Unternehmers im Gemeinschaftsgebiet). Auf Abschn. 13b.11 Abs. 1 Satz 7 und Abs. 2 Satz 2 UStAE wird ergänzend hingewiesen.

In diesen Fällen bedarf die Ausstellung einer E-Rechnung nicht mehr der Zustimmung des Empfängers; gleichzeitig setzt dies voraus, dass dieser die technischen Voraussetzungen für die Entgegennahme einer E-Rechnung schafft.

Ein Rechnungsaussteller kann sich bei Beachtung der Sorgfalt eines ordentlichen Kaufmanns auf die Angabe des Leistungsempfängers verlassen, ob dieser ein inl. Unternehmer ist oder nicht, sofern ihm keine gegenteiligen Informationen vorliegen. Dabei kann die Verwendung der USt-IdNr. oder – soweit vergeben – der W-IdNr. ein Indiz dafür sein, dass der Empfänger als Unternehmer handelt. **2494**

Ist mindestens einer der beteiligten Unternehmer nicht im Inland oder in einem der in § 1 Abs. 3 UStG bezeichneten Gebiete ansässig, besteht keine Pflicht zur Ausstellung einer E-Rechnung nach § 14 Abs. 2 Satz 2 Nr. 1 2. Halbsatz UStG. In diesen Fällen kann die gem. § 14 Abs. 2 Satz 2 Nr. 1 Halbsatz 1 UStG auszustellende Rechnung auf Papier oder mit Zustimmung des Empfängers als E-Rechnung bzw. als sonstige Rechnung in einem anderen elektronischen Format ausgestellt werden. **2495**

Die Regelungen zur verpflichtenden Verwendung von E-Rechnungen gelten genauso für die Rechnungsausstellung in Form einer Gutschrift (§ 14 Abs. 2 Satz 5 UStG) sowie für Rechnungen **2496**

- über Umsätze, für die der Leistungsempfänger die Steuer schuldet (§ 13b UStG), wenn sowohl Leistender als auch Leistungsempfänger im Inland ansässig sind,
- die von Kleinunternehmern (§ 19 UStG) ausgestellt werden,
- über Umsätze, die der Durchschnittssatzbesteuerung für land- und forstwirtschaftliche Betriebe unterliegen (§ 24 UStG),
- über Reiseleistungen (§ 25 UStG) und
- über Umsätze, für welche die Differenzbesteuerung (§ 25a UStG) angewendet wird.

Sie gelten auch, wenn der Rechnungsempfänger ein Unternehmer ist, der Kleinunternehmer bzw. Land- und Forstwirt ist oder ausschließlich steuerfreie Umsätze (z.B. Vermieter einer Wohnung) ausführt. Ebenso gelten die Regelungen, wenn nur Teile der abgerechneten Leistungen der Pflicht zur Verwendung einer E-Rechnung unterliegen (z.B. bei teilweise steuerpflichtigen, teilweise nach § 4 Nr. 8 bis 29 UStG steuerfreien Umsätzen).

Beauftragte Dritte dürfen ebenfalls Rechnungen erteilen (vgl. § 14 Abs. 2 Satz 5 UStG).

Praxishinweis:

Durch das Jahressteuergesetz 2024 (**JStG 2024**) v. 2.12.2024 wurde § 14c Abs. 2 Satz 2 UStG mit Wirkung zum **6.12.2024** neu gefasst.[1] Wer in einer Rechnung einen Steuerbetrag ausweist, schuldet den ausgewiesenen Betrag, wenn jemand wie ein Unternehmer abrechnet und einen Steuerbetrag gesondert ausweist, oder einem nach einer vorherigen Vereinbarung erstellten, als Gutschrift verwendeten Dokument mit gesondertem Steuerausweis nicht unverzüglich widerspricht, obwohl er nicht Unternehmer ist oder eine Lieferung oder sonstige Leistung nicht ausführt (§ 14 Abs. 2 Satz 2 UStG).

Zu Besonderheiten bei Kleinbetragsrechnungen und Fahrausweisen vgl. BMF-Schreiben v. 15.10.2024, Rz. 22 und 23.[2] Zu Gutschriften im Zeitraum der Übergangsregelungen nach § 27 Abs. 38 UStG vgl. BMF-Schreiben v. 15.10.2024, Rz. 64.[3] **2497**

Beratungshinweis:

Bis zum Ablauf des Kj. 2026 kann eine Rechnung für einen bis dahin ausgeführten Umsatz auch als sonstige Rechnung ausgestellt und übermittelt werden. Die Ausstellung und Übermittlung einer Papierrechnung ist bis dahin umsatzsteuerlich immer zulässig. Die Zustimmung des Empfängers zu der Rechnungserteilung in einem anderen elektronischen Format bedarf keiner besonderen Form.

1) Jahressteuergesetz 2024 (JStG 2024) v. 2.12.2024, BGBl. I 2024 Nr. 387 = BStBl I 2024, 1484.
2) BMF v. 15.10.2024, III C 2 – S 7287-a/23/10001 :007, BStBl I 2024, 1320.
3) BMF v. 15.10.2024, III C 2 – S 7287-a/23/10001 :007, BStBl I 2024, 1320.

Es muss lediglich Einvernehmen zwischen Rechnungsaussteller und Rechnungsempfänger über das zu verwendende Format bestehen. Die Zustimmung kann etwa in Form einer Rahmenvereinbarung (z.B. in den AGB) oder konkludent erfolgen.

Hat der Gesamtumsatz i.S.v. § 19 UStG des rechnungsausstellenden Unternehmers im vorangegangenen Kj. nicht mehr als 800 000 € betragen, kann eine Rechnung für einen nach dem 31.12.2026 ausgeführten Umsatz **bis zum Ablauf des Kj. 2027** ebenfalls noch als sonstige Rechnung ausgestellt und übermittelt werden. In Fällen der umsatzsteuerrechtlichen Organschaft ist auf den Umsatz des gesamten Organkreises abzustellen. Erfolgt die Rechnungserteilung in Form einer Gutschrift (§ 14 Abs. 2 Satz 5 UStG in der ab 1.1.2025 geltenden Fassung), ist auf den Gesamtumsatz des Gutschriftausstellers abzustellen. Wird die Rechnung durch einen nicht am Leistungsaustausch beteiligten Dritten ausgestellt, ist der Gesamtumsatz des Auftraggebers maßgeblich.

Bis zum Ablauf des Kj. 2027 kann die Rechnungsausstellung und -übermittlung – vorbehaltlich der Zustimmung des Empfängers – für einen bis dahin ausgeführten Umsatz auch mittels elektronischem Datenaustausch (EDI) nach Art. 2 der Empfehlung 94/820/EG der Kommission v. 19.10.1994 über die rechtlichen Aspekte des elektronischen Datenaustausches[1] erfolgen, wenn die Rechnung nicht ohnehin bereits die Anforderungen des § 14 Abs. 1 Satz 6 Nr. 1 oder Nr. 2 UStG in der ab 1.1.2025 geltenden Fassung erfüllt. Rechnungsformate, welche die Anforderungen des § 14 Abs. 1 Satz 6 Nr. 1 oder Nr. 2 UStG in der ab 1.1.2025 geltenden Fassung erfüllen, können auch nach Ablauf dieser Frist verwendet werden.[2]

2498 In § 14 Abs. 3 Satz 6 UStG wird wie bisher geregelt, dass unbeschadet anderer nach § 14 Abs. 1 UStG zulässiger Verfahren bei einer elektronischen Rechnung die Echtheit der Herkunft und die Unversehrtheit des Inhalts als gewährleistet gelten, wenn

- eine qualifizierte elektronische Signatur oder
- der elektronische Datenaustausch nach Art. 2 der Empfehlung 94/820/EG der Kommission v. 19.10.1994 über die rechtlichen Aspekte des elektronischen Datenaustauschs[3]

verwendet wird.

2499 Die **Pflichtangaben in einer Rechnung** sind in § 14 Abs. 4 UStG geregelt.

Zu beachten sind außerdem § 31 UStDV (Angaben in der Rechnung), § 32 UStDV (Rechnungen über Umsätze, die verschiedenen Steuersätzen unterliegen), § 33 UStDV (Rechnungen über Kleinbeträge), § 34 UStDV (Fahrausweise als Rechnungen) und durch das JStG 2024[4] mit Wirkung ab 1.1.2025: § 34a UStG (Rechnung von Kleinunternehmern).

Praxishinweis:

Durch das Jahressteuergesetz 2024 (**JStG 2024**) v. 2.12.2024 wird in § 14 Abs. 4 Satz 1 UStG mit Wirkung zum **1.1.2028** eine neue Nummer 6a eingefügt.[5] Danach wird als weitere Pflichtangabe in einer Rechnung die Angabe „Versteuerung nach vereinnahmten Entgelten" aufgenommen, sofern der leistende Unternehmer die Steuer nach § 20 UStG berechnet. Außerdem werden die §§ 33 und 34 UStDV an die geänderten Vorschriften im UStG nochmals angepasst.

§ 14a UStG enthält zusätzliche Pflichten bei der Ausstellung von Rechnungen in besonderen Fällen, insb. im innergemeinschaftlichen Warenverkehr. Dies schließt die Pflichtangaben nach § 14 Abs. 4 UStG ein.

Hinweise zum **unrichtigen oder unberechtigten Steuerausweis** nach § 14c UStG → Rz. 2613 ff.

2500 Nach § 14 Abs. 1 UStG i.V.m. § 31 Abs. 1 UStDV ist eine Rechnung jedes Dokument, mit dem über eine Lieferung oder sonstige Leistung angerechnet wird.[6] Eine sonstige Rechnung kann auch aus einer Mehrzahl von Dokumenten bestehen, die die nach § 14 Abs. 4 UStG und § 14a UStG geforderten Angaben insgesamt enthalten (§ 31 Abs. 1 UStDV). Rechnungen i.S.d. § 14 UStG brauchen nicht ausdrücklich als solche bezeichnet werden. Es reicht aus, wenn sich aus dem Inhalt des Dokuments ergibt, dass der Unternehmer über eine Leistung abrechnet. Keine Rechnungen sind Schriftstücke, die nicht der Abrechnung einer Leistung dienen, sondern sich ausschließlich auf den Zahlungsverkehr beziehen (z.B. Mahnungen, Kontoauszüge), auch wenn sie alle in § 14 Abs. 4 UStG geforderten Angaben enthalten.

2501 **Praxishinweis:**

Weitere Dokumente können z.B. Bestellscheine, Preislisten, Lieferscheine u.Ä. sein (§ 31 UStDV).

2502 Nach § 14 Abs. 2 Satz 1 Nr. 3 UStG ist der Unternehmer bei Ausführung einer steuerpflichtigen Werklieferung oder sonstigen Leistung im Zusammenhang mit einem Grundstück stets verpflichtet, innerhalb von sechs Monaten nach Ausführung der Leistung eine Rechnung auszustellen. Diese Verpflichtung gilt auch für Kleinunternehmer (§ 19 Abs. 1 UStG). Allerdings dürfen Kleinunternehmer die Umsatzsteuer nicht gesondert in Rechnung stellen. Die Verpflichtung gilt auch für Land- und Forstwirte, die die Durchschnittssatzbesteuerung nach § 24 UStG anwenden. In diesen Fällen ist außerdem auch eine Rechnung an Nichtunternehmer (Privatpersonen) zu erteilen.

2503 Der Begriff der steuerpflichtigen Werklieferungen oder sonstigen Leistungen im Zusammenhang mit einem Grundstück umfasst die Bauleistungen des § 13b Abs. 2 Nr. 4 UStG und darüber hinaus die sonstigen Leistungen im Zusammenhang mit einem Grundstück nach § 3a Abs. 3 Nr. 1 UStG. Demnach gehören zu den Leistungen zunächst **alle Bauleistungen**, bei denen die Steuerschuld auf den Leistungsempfänger unter den weiteren Voraussetzungen des § 13b Abs. 2 Nr. 4 UStG übergehen kann. Weiter gehören die steuerpflichtigen Werklieferungen oder sonstigen Leistungen dazu, die der Erschließung von Grundstücken oder der Vorbereitung von Bauleistungen dienen (§ 13b Abs. 2 Nr. 4 UStG).

1) ABl.EG Nr. L 338, 98.
2) BMF v. 15.10.2024, III C 2 – S 7287-a/23/10001 :007, BStBl I 2024, 1320.
3) ABl.EG Nr. L 338, 98.
4) Jahressteuergesetz 2024 (JStG 2024) v. 2.12.2024, BGBl. I 2024 Nr. 387 = BStBl I 2024, 1484.
5) Jahressteuergesetz 2024 (JStG 2024) v. 2.12.2024, BGBl. I 2024 Nr. 387 = BStBl I 2024, 1484.
6) Abschn. 14.1 Abs. 1 Satz 1 UStAE.

Die steuerpflichtige Werklieferung oder sonstige Leistung muss in engem Zusammenhang mit einem Grundstück stehen. Ein enger Zusammenhang ist gegeben, wenn sich die Werklieferung oder sonstige Leistung nach den tatsächlichen Umständen überwiegend auf die Bebauung, Verwertung, Nutzung oder Unterhaltung, aber auch Veräußerung oder den Erwerb des Grundstücks selbst bezieht.[1] 2504

Praxishinweis: 2505

§ 14 Abs. 4 Satz 4 UStG stellt klar, dass die Berichtigung einer Rechnung um fehlende oder unzutreffende Angaben kein rückwirkendes Ereignis nach § 175 Abs. 1 Satz 1 Nr. 2 AO und § 233a Abs. 2a AO ist und dass eine Rechnungsberichtigung keine zeitlich unbegrenzte Änderungsmöglichkeit eines Steuerbescheides zur Folge hat.

Der BFH hat in seinen Urteilen v. 13.6.2018 und v. 21.6.2018 in Änderung seiner vorherigen Rechtsprechung entschieden, dass eine zum Vorsteuerabzug berechtigende Rechnung nicht voraussetzt, dass die wirtschaftliche Tätigkeit des leistenden Unternehmers unter der Anschrift ausgeübt wird, die in der von ihm ausgestellten Rechnung angegeben ist.[2] Vielmehr reicht jede Art von Anschrift, einschließlich einer Briefkastenanschrift, aus, sofern der Unternehmer unter dieser Anschrift erreichbar ist. Diese Änderung der Rechtsprechung beruhte auf dem EuGH-Urteil v. 15.11.2017.[3]

Mit seinem Urteil v. 5.12.2018 hat der BFH diese Aussage dahingehend präzisiert, dass für die Prüfung des Rechnungsmerkmals „vollständige Anschrift" der Zeitpunkt der Rechnungsausstellung maßgeblich ist.[4] Die Feststellungslast für die postalische Erreichbarkeit zu diesem Zeitpunkt trifft den Vorsteuerabzug begehrenden Leistungsempfänger.[5]

Weiterhin hat der BFH mit seinem Urteil v. 14.2.2019 entschieden, dass für die Berechtigung zum Vorsteuerabzug eine Identität von Rechnungsaussteller und leistendem Unternehmer erforderlich ist, was der Rechtsprechung des EuGH, der zufolge die Angabe der Anschrift, des Namens und der USt-IdNr. des Rechnungsausstellers es ermöglichen soll, eine Verbindung zwischen einer bestimmten wirtschaftlichen Transaktion und dem Rechnungsaussteller herzustellen, entspricht.[6] Dies ist die Voraussetzung dafür, dass die Steuerverwaltungen die Entrichtung der geschuldeten Steuer und das Bestehen des Vorsteuerabzugsrechts kontrollieren können.[7]

Für weitere Einzelheiten zur Rechnungsausstellung gem. § 14 UStG vgl. die entsprechenden Kommentierungen wie Kraeusel in Reiß/Kraeusel/Langer, UStG, § 14 UStG (November 2024) oder Huschens in Fritz/Huschens/Koisiak/Langer, UStG – eKommentar Ab 29.12.2020, § 14 UStG (Aktualisierung v. 7.9.2023). 2506

Praxishinweis:

Durch das Gesetz zur Stärkung von Wachstumschancen, Investitionen und Innovation sowie Steuervereinfachung und Steuerfairness (**Wachstumschancengesetz**) v. 27.3.2024 wurden mit Wirkung zum **1.1.2025** § 14 Abs. 1 Satz 2 bis 8 UStG ersetzt und § 14 Abs. 2 und 3 UStG neu gefasst.[8] § 14 Abs. 1 bis 3 wurde mit neuen Regelungen zur elektronischen Rechnung sowie zu den Verpflichtungen zur Ausstellung einer Rechnung neu gefasst sowie mit dem neuen Absatz 6 Satz 2 eine Ermächtigung für das BMF angefügt, die es ermächtigt, mit Zustimmung des Bundesrates nähere Bestimmungen zur Ausstellung des strukturierten elektronischen Formats einer elektronischen Rechnung festzulegen. Außerdem wurden die Erleichterungen in §§ 33 und 34 UStDV zur Ausstellung von Kleinbetragsrechnungen und Fahrausweisen ebenfalls mit Wirkung zum **1.1.2025** angepasst.

Hierzu hat das BMF das Schreiben v. 15.10.2024 zur Ausstellung von Rechnungen nach § 14 UStG und zur Einführung der obligatorischen elektronischen Rechnung bei Umsätzen zwischen inl. Unternehmern ab **1.1.2025** herausgegeben.[9] Die Grundsätze des BMF-Schreibens sind auf alle Umsätze anzuwenden, die nach dem 31.12.2024 ausgeführt werden. Entgegenstehende Regelungen des UStAE, in der am 31.12.2024 geltenden Fassung, sind ab dem Besteuerungszeitraum 2025 nicht mehr anzuwenden.[10]

Als Kernpunkt der Neuregelung wird die obligatorische Verwendung einer elektronischen Rechnung bei Umsätzen zwischen inl. Unternehmern (inl. B2B-Umsätze) eingeführt. Ausgenommen sind Rechnungen über Leistungen, die nach § 4 Nr. 8 bis 29 UStG steuerfrei sind, sowie Rechnungen über Kleinbeträge bis 250 € (§ 33 UStDV) und Fahrausweise (§ 34 UStDV). Eng verbunden mit der Einführung der obligatorischen elektronischen Rechnung für inländische B2B-Umsätze ist die zu einem späteren Zeitpunkt gesetzlich einzuführende Verpflichtung zur zeitnahen und transaktionsbezogenen elektronischen Meldung von bestimmten Rechnungsangaben an die Verwaltung (Meldesystem).

e) Vorsteuer bei innergemeinschaftlichem Erwerb, § 15 Abs. 1 Satz 1 Nr. 3 UStG

In **Zeile 80** sind die Vorsteuerbeträge aus innergemeinschaftlichen Erwerben von Gegenständen (§ 15 Abs. 1 Satz 1 Nr. 3 UStG) einzutragen. Der Erwerber kann die für den innergemeinschaftlichen Erwerb geschuldete Umsatzsteuer als Vorsteuer abziehen, wenn er den Gegenstand für sein Unternehmen bezieht und zur Ausführung von Umsätzen verwendet, die den Vorsteuerabzug nicht ausschließen.[11] Bei Land- und Forstwirten, die der Durchschnittssatzbesteuerung unterliegen und die auf die Anwendung des § 1a Abs. 3 UStG verzichtet haben, ist der Vorsteuerabzug durch die Pauschalierung abgegolten. 2507

Das Recht auf Vorsteuerabzug der Erwerbsteuer entsteht in dem Zeitpunkt, in dem die Erwerbsteuer entsteht (§ 13 Abs. 1 Nr. 6 UStG). Der Unternehmer kann damit den Vorsteuerabzug in der Umsatzsteuer-Voranmeldung und Umsatzsteuererklärung für das Kj. geltend machen, in der er den innergemeinschaftlichen Erwerb zu versteuern hat (→ Rz. 2367 ff.). 2508

1) Vgl. Abschn. 3a.3 Abs. 3 UStAE.
2) Vgl. BFH v. 13.6.2018, XI R 20/14, BStBl II 2018, 800; v. 21.6.2018, V R 25/15, BStBl II 2018, 809 sowie V R 28/16, BStBl II 2018, 806.
3) Vgl. EuGH v. 15.11.2017, C-374/16 und C-375/16, HFR 2018, 88; vgl. auch BMF v. 13.7.2020, III C 2 – S 7280-a/19/10001 :001, BStBl I 2020, 644.
4) Vgl. BFH v. 5.12.2018, XI R 22/14, BStBl II 2020, 418.
5) Vgl. auch BMF v. 13.7.2020, III C 2 – S 7280-a/19/10001 :001, BStBl I 2020, 644.
6) Vgl. BFH v. 14.2.2019, V R 47/16, BStBl II 2020, 424.
7) Vgl. auch BMF v. 13.7.2020, III C 2 – S 7280-a/19/10001 :001, BStBl I 2020, 644.
8) Wachstumschancengesetz v. 27.3.2024, BGBl. I 2024 Nr. 108 = BStBl I 2024, 666.
9) BMF v. 15.10.2024, III C 2 – S 7287-a/23/10001 :007, BStBl I 2024, 1320.
10) Vgl. BMF v. 15.10.2024, III C 2 – S 7287-a/23/10001 :007, BStBl I 2024, 1320, Rz. 67.
11) Vgl. auch OFD Saarbrücken v. 4.5.2000, S 7103a – 6 – St 241, StEd 2000, 754.

f) Einfuhrumsatzsteuer, § 15 Abs. 1 Satz 1 Nr. 2 UStG

2509 In **Zeile 81** ist die entstandene Einfuhrumsatzsteuer einzutragen. Die Einfuhrumsatzsteuer kann unter den Voraussetzungen des § 15 Abs. 1 Satz 1 Nr. 2 UStG für Unternehmer als Vorsteuer abgezogen werden.[1] Der Unternehmer kann im Zusammenhang mit dem Bezug eines Gegenstands nicht zugleich eine gesondert in Rechnung gestellte Steuer und Einfuhrumsatzsteuer als Vorsteuer abziehen. Eine Ausnahme gilt nur bei Reihengeschäften, bei denen ein Abnehmer in der Reihe Schuldner der Einfuhrumsatzsteuer ist und in der Rechnung über die Lieferung an ihn die Umsatzsteuer gesondert ausgewiesen ist.[2] Im Übrigen wird auf die Ausführungen zur Einfuhr verwiesen (→ Rz. 2222 ff.).

2510 In **Zeile 82** ist der Vorsteuerabzug für die Steuer zu berücksichtigen, die der Abnehmer als Auslagerer nach § 13a Abs. 1 Nr. 6 UStG schuldet (§ 15 Abs. 1 Satz 1 Nr. 5 UStG).

g) Vorsteuer aus Leistungen i.S.d. § 13b UStG, § 15 Abs. 1 Satz 1 Nr. 4 UStG

2511 In **Zeile 83** sind die Vorsteuerbeträge aus Leistungen i.S.d. § 13b Abs. 1 und 2 UStG (§ 15 Abs. 1 Satz 1 Nr. 4 UStG) einzutragen. Der Leistungsempfänger kann die von ihm nach § 13b Abs. 5 UStG geschuldete Umsatzsteuer als Vorsteuer abziehen, wenn er die Lieferung oder sonstige Leistung für sein Unternehmen bezieht und zur Ausführung von Umsätzen verwendet, die den Vorsteuerabzug nicht ausschließen.[3] Soweit die Steuer auf eine Zahlung vor Ausführung dieser Leistung entfällt, ist sie bereits abziehbar, wenn die Zahlung geleistet worden ist (§ 15 Abs. 1 Satz 1 Nr. 4 UStG).

Erteilt der leistende Unternehmer dem Leistungsempfänger eine Rechnung, in die er entgegen § 14a Abs. 5 UStG keinen Hinweis auf die Steuerschuldnerschaft des Leistungsempfängers aufnimmt,[4] ist dem Leistungsempfänger dennoch der Vorsteuerabzug unter den weiteren Voraussetzungen des § 15 UStG zu gewähren.[5]

Liegt dem Leistungsempfänger im Zeitpunkt der Erstellung der Umsatzsteuer-Voranmeldung bzw. Erklärung für das Kj., in dem der Umsatz anzumelden ist, für den der Leistungsempfänger die Steuer schuldet, keine Rechnung vor, muss er die Bemessungsgrundlage ggf. schätzen. Die von ihm angemeldete Steuer kann er im gleichen Besteuerungszeitraum unter den weiteren Voraussetzungen des § 15 UStG als Vorsteuer abziehen.[6]

2512 Soweit an nicht im Inland ansässige Unternehmer Umsätze ausgeführt werden, für die diese die Umsatzsteuer nach § 13b Abs. 5 UStG schulden, haben sie die für Vorleistungen in Rechnung gestellte Umsatzsteuer im allgemeinen Besteuerungsverfahren und nicht im Vorsteuer-Vergütungsverfahren als Vorsteuer geltend zu machen.[7] Für Unternehmer, die nicht im Gemeinschaftsgebiet ansässig sind und nur Umsatzsteuer nach § 13b UStG schulden, gelten die Einschränkungen des § 18 Abs. 9 Satz 6 und 7 UStG entsprechend (§ 15 Abs. 4b UStG). Dies gilt nicht, wenn Unternehmer, die nicht im Gemeinschaftsgebiet ansässig sind, auch steuerpflichtige Umsätze im Inland ausführen, für die sie oder andere die Umsatzsteuer schulden.

> **Beratungshinweis:**
> Zum Vorsteuer-Vergütungsverfahrens (siehe Anhang 2 → Rz. 2628).

2513 Der Unternehmer kann bei Vorliegen der weiteren Voraussetzungen des § 15 UStG den Vorsteuerabzug in der Umsatzsteuer-Voranmeldung und Umsatzsteuererklärung für das Kj. geltend machen, in der er die Steuer nach § 13b Abs. 5 UStG schuldet (→ Rz. 2395 ff.).

h) Durchschnittssätze für den Vorsteuerabzug nach § 23a UStG

2514 In **Zeile 84** sind die Vorsteuerbeträge nach den Durchschnittssätzen für bestimmte Körperschaften, Personenvereinigungen und Vermögensmassen (§ 23a UStG) einzutragen.

2515 § 23a UStG ermöglicht es, kleineren (gemeinnützigen) Körperschaften, ihre Vorsteuerbeträge pauschal mit einem Durchschnittssatz von 7 % des steuerpflichtigen Umsatzes zu berechnen. Nimmt die Körperschaft die Erleichterung in Anspruch, ist sie zugleich von den Aufzeichnungspflichten nach § 22 Abs. 2 Nr. 5 und 6 UStG befreit (§ 66 UStDV). Das Recht, Umsatzsteuer für Umsätze in einer Rechnung gesondert auszuweisen, bleibt erhalten.

2516 Innergemeinschaftliche Erwerbe – ebenso wie Einfuhren – werden bei der Ermittlung der abziehbaren Vorsteuern und für die Berechnung der Umsatzgrenze des Vorjahres nicht berücksichtigt.

2517 Der Durchschnittssatz kann nur von Körperschaften in Anspruch genommen werden, die nicht buchführungspflichtig sind und deren steuerpflichtiger Vorjahresumsatz 45 000 € nicht überschritten hat (§ 23a Abs. 2 UStG).

---

1) Vgl. BMF v. 28.1.2004, IV D 1 – S 7157 – 1/04/IV D 1 – S 7157a – 1/04, BStBl I 2004, 242, Rz. 85; Abschn. 15.8 UStAE.
2) Abschn. 15.8 Abs. 10 Satz 4 UStAE.
3) Abschn. 13b.1 Abs. 42 Satz 1 UStAE.
4) Vgl. Abschn. 13b.1 Abs. 40 UStAE.
5) Abschn. 13b.1 Abs. 43 UStAE.
6) Abschn. 13b.1 Abs. 44 UStAE.
7) Abschn. 13b.1 Abs. 45 UStAE.

Praxishinweis:
Durch das Steueränderungsgesetz 2025 (**StÄndG 2025**) v. 22.12.2025 wird mit Wirkung zum **1.1.2026** in § 23a Abs. 2 UStG die Betragsgrenze von 45 000 € auf 50 000 € angehoben.[1)]

§ 23a Abs. 3 UStG macht die Anwendung der Durchschnittssätze von einer entsprechenden Erklärung des Unternehmers abhängig. Sie bindet den Unternehmer für fünf Kj. Zur Frist für die Erklärung der Inanspruchnahme der Pauschalierungsregelung nach § 23a Abs. 3 Satz 1 UStG.[2)] **2518**

i) Vereinfachungen beim Vorsteuerabzug

aa) Vorsteuerabzug bei Rechnungen über Kleinbeträge

Auch bei Rechnungen über Kleinbeträge hängt der Vorsteuerabzug davon ab, dass bestimmte Mindestvoraussetzungen in der Rechnung enthalten sind. Für die Berechnung des Steuerbetrags aus Rechnungen bis zu einem Gesamtbetrag von 250 € können die auf einen Voranmeldungszeitraum entfallenden Rechnungen zusammengefasst werden, soweit derselbe Steuersatz anzuwenden ist.[3)] **2519**

bb) Vorsteuerabzug bei Fahrausweisen

Auch bei Fahrausweisen hängt der Vorsteuerabzug davon ab, dass bestimmte Mindestangaben in der Rechnung enthalten sind. Nach § 35 Abs. 2 UStDV kann der Vorsteuerabzug durch Herausrechnen aus dem Bruttopreis berechnet werden. **2520**

Praxishinweis:
Fahrausweise im Luftverkehr berechtigen nur dann zum Vorsteuerabzug, wenn in ihnen der allgemeine Steuersatz nach § 12 Abs. 1 UStG angegeben ist.

cc) Vorsteuerabzug bei unfreien Versendungen

Nach § 40 UStDV wird die Berechtigung zum Vorsteuerabzug vom Absender der Frachtsendung auf den Empfänger übertragen. Die Regelung lässt keine Wahlmöglichkeit zu. Liegt frachtrechtlich eine unfreie Versendung vor, ist deshalb der Absender als der eigentliche Leistungsempfänger vom Vorsteuerabzug allgemein ausgeschlossen. § 40 UStDV gilt außer bei Frachtsendungen im Rahmen von Lieferungen auch bei Versendungsaufträgen im Zusammenhang mit Materialgestellungen und Materialbeistellungen.[4)] **2521**

j) Abzugsverbot für nicht abziehbare Betriebsausgaben und für Reisekosten

aa) Repräsentationsaufwendungen

Nach § 15 Abs. 1a UStG sind Vorsteuerbeträge nicht abziehbar, die auf Aufwendungen entfallen, für die das Abzugsverbot des § 4 Abs. 5 Satz 1 Nr. 1 bis 4, 7 EStG (z.B. Geschenke über 50 €, Bewirtungskosten, Aufwendungen für Gästehäuser, Aufwendungen für Jagd, Fischerei sowie Segel- und Motoryachten, unangemessene Aufwendungen) oder des § 12 Nr. 1 EStG (Aufwendungen, die die Lebensführung betreffen) gilt. Vom Vorsteuerausschluss ausgenommen sind Bewirtungsaufwendungen, soweit § 4 Abs. 5 Satz 1 Nr. 2 EStG einen Abzug angemessener und nachgewiesener Aufwendungen ausschließt.[5)] Die Regelung bezieht sich nicht auf die Tatbestände des § 4 Abs. 5 Nr. 5, 6, 6a und 6b EStG. Aus Aufwendungen i.S.d. § 4 Abs. 5 Nr. 5, 6, 6a und 6b EStG für Fahrten zwischen Wohnung und Betriebsstätte, für Familienheimfahrten wegen einer aus betrieblichem Anlass begründeten doppelten Haushaltsführung sowie für ein häusliches Arbeitszimmer kann der Unternehmer beim Vorliegen der weiteren Voraussetzungen des § 15 UStG den Vorsteuerabzug in Anspruch nehmen.[6)] **2522**

Der Ausschluss des Vorsteuerabzugs setzt nicht voraus, dass die in § 4 Abs. 5 Satz 1 Nr. 4 EStG genannten Aufwendungen im Rahmen eines andere Zwecke verfolgenden Unternehmens getätigt werden. Vorsteuerbeträge, die auf laufende Aufwendungen für Segeljachten entfallen, sind nicht abziehbar, wenn der Unternehmer die Segeljachten zwar nachhaltig und zur Erzielung von Einnahmen, jedoch ohne Gewinn-/Überschusserzielungsabsicht vermietet. Das Halten von Rennpferden aus Repräsentationsgründen ist ein ähnlicher Zweck i.S.d. § 4 Abs. 5 Satz 1 Nr. 4 EStG; hiermit zusammenhängende Vorsteuerbeträge sind nicht abziehbar. Hingegen dient der Betrieb einer Pferdezucht in größerem Umfang mit erheblichen Umsätzen bei typisierender Betrachtung nicht in vergleichbarer Weise wie die ausdrücklich in § 4 Abs. 5 Satz 1 Nr. 4 EStG genannten Gegenstände (Jagd, Fischerei, Segel- oder Motorjacht) einer überdurchschnittlichen Repräsentation, der Unterhaltung von Geschäftsfreunden, der Freizeitgestaltung oder der sportlichen Betätigung.[7)] **2523**

Für die Abgrenzung der nicht abziehbaren Aufwendungen gelten die einkommensteuerrechtlichen Grundsätze in R 4.10 EStR. Die tatsächliche ertragsteuerliche Behandlung ist für den Bereich der Umsatzsteuer nicht bindend. So führen z.B. Aufwendungen i.S.d. § 4 Abs. 5 Nr. 1 bis 4 und Nr. 7 EStG auch dann zum Ausschluss des Vorsteuerab- **2524**

1) Steueränderungsgesetz 2025 (StÄndG 2025) v. 22.12.2025, BGBl. 1 2025 Nr. 363 = BStBl I 2026, 123.
2) BFH v. 30.3.1995, V R 22/94, BStBl II 1995, 567.
3) Vgl. Abschn. 15.4 UStAE.
4) Abschn. 15.7 Abs. 1 UStAE.
5) Vgl. hierzu Abschn. 15.6 Abs. 6 und 7 UStAE.
6) Abschn. 15.6 Abs. 1 UStAE.
7) Abschn. 15.6 Abs. 8 UStAE.

zugs, wenn ihr Abzug ertragsteuerlich zu Unrecht zugelassen worden ist. Der Ausschluss gilt auch für Aufwendungen i.S.d. § 4 Abs. 5 Satz 1 Nr. 1 bis 4 und Nr. 7 EStG, die wegen Nichterfüllung von Aufzeichnungspflichten nach § 4 Abs. 7 EStG vom Betriebsausgabenabzug ausgeschlossen sind.[1)]

2525 Bei Unternehmern, für die § 4 Abs. 5 EStG ertragsteuerlich keine Bedeutung hat, weil sie keinen Gewinn zu ermitteln haben, ist für die Umsatzsteuer darauf abzustellen, ob die Aufwendungen ihrer Art nach unter das Abzugsverbot des § 4 Abs. 5 Satz 1 Nr. 1 bis 4 und Nr. 7 EStG fallen. Dabei ist grundsätzlich der gleiche Nachweis zu verlangen, der einkommensteuerrechtlich zu führen wäre (z.B. bei Bewirtungskosten).

bb) Geschenke

2526 Durch den Verweis auf § 4 Abs. 5 Nr. 1 EStG wird die Umsatzsteuer für Aufwendungen für Geschenke an Personen, die nicht Arbeitnehmer des Unternehmers sind, vom Vorsteuerabzug ausgeschlossen, wenn die Anschaffungs- oder Herstellungskosten der Zuwendungen an den Empfänger zusammengerechnet 50 € übersteigen. Die Freigrenze ist für Umsatzsteuerzwecke auf das Kj. zu beziehen. Bei der Prüfung der Freigrenze sind Geldgeschenke einzubeziehen. Für die Abgrenzung der Geschenke von anderen Zuwendungen gelten die einkommensteuerrechtlichen Grundsätze.[2)] Der Vorsteuerausschluss und die Freigrenze gelten nicht nur für Sachgeschenke, sondern auch für Geschenke in Form anderer geldwerter Vorteile (z.B. Eintrittskarten zu kulturellen oder sportlichen Veranstaltungen).

2527 Steht im Zeitpunkt des Erwerbs oder der Herstellung eines Gegenstands seine Verwendung als Geschenk noch nicht fest, kann der Vorsteuerabzug unter den weiteren Voraussetzungen des § 15 UStG beansprucht werden. Im Zeitpunkt der Hingabe des Geschenks ist eine Vorsteuerkorrektur nach § 17 Abs. 2 Nr. 5 UStG vorzunehmen, wenn die Freigrenze von 50 € überschritten wird.

cc) Bewirtungskosten

2528 Nach § 15 Abs. 1a UStG sind Vorsteuerbeträge nicht abziehbar, die auf Aufwendungen, für die das Abzugsverbot des § 4 Abs. 5 Satz 1 Nr. 1 bis 4, 7 oder des § 12 Nr. 1 EStG gilt, entfallen. Dies gilt nicht für Bewirtungsaufwendungen, soweit § 4 Abs. 5 Satz 1 Nr. 2 EStG einen Abzug angemessener und nachgewiesener Aufwendungen ausschließt. Weitere Einzelheiten enthält Abschn. 15.6 Abs. 6 und 7 UStAE.

dd) Umzugskosten

2529 Vorsteuerbeträge, die auf Umzugskosten entfallen, sind soweit der Unternehmer diese Leistungen für sein Unternehmen bezieht, unter den allgemeinen Voraussetzungen des § 15 UStG abziehbar.

ee) Reisekosten

2530 Steuern für Umsätze, die aus Anlass einer Geschäfts- oder Dienstreise im Inland für das Unternehmen ausgeführt werden, sind **grundsätzlich nach den allgemeinen Voraussetzungen des § 15 UStG als Vorsteuern abziehbar**. Voraussetzung ist, dass der Unternehmer Empfänger der Leistungen ist und die Rechnung mit dem gesonderten Ausweis der Steuer auf den Namen des Unternehmers ausgestellt ist. Ein Vorsteuerabzug aus pauschalierten Reisekosten (z.B. Tage-, Übernachtungs- oder Kilometergelder) ist nicht zulässig.

k) Kürzung des Vorsteuerabzugs bei Fahrzeugen

2531 Zur Zuordnung eines angeschafften, eingeführten oder innergemeinschaftlich erworbenen Fahrzeugs, welches von einem Unternehmer sowohl für unternehmerische als auch für nichtunternehmerische (private) Zwecke genutzt wird (sog. teilunternehmerisch genutzte Fahrzeuge) → Rz. 2266 ff.

aa) Vorsteuerabzug für ein dem Unternehmen zugeordnetes Fahrzeug

2532 Kann der Unternehmer ein Fahrzeug dem Unternehmen nach § 15 Abs. 1 Satz 2 UStG nicht zuordnen, weil er es zu weniger als 10 % für sein Unternehmen nutzt (→ Rz. 2269), steht ihm aus den Anschaffungs- oder Herstellungskosten **kein Vorsteuerabzug** zu. Die Zuordnungsbeschränkung des § 15 Abs. 1 Satz 2 UStG erstreckt sich jedoch nicht auf die Leistungen, die der Unternehmer im Zusammenhang mit dem Betrieb des Fahrzeugs bezieht. Der Unternehmer kann deshalb unter den übrigen Voraussetzungen des § 15 UStG z.B. Vorsteuerbeträge aus Benzin- und Wartungskosten im Verhältnis der unternehmerischen zur nichtunternehmerischen Nutzung abziehen. Vorsteuerbeträge, die unmittelbar und ausschließlich auf die unternehmerische Verwendung des Fahrzeugs entfallen, z.B. Vorsteuerbeträge aus Reparaturaufwendungen in Folge eines Unfalls während einer unternehmerisch veranlassten Fahrt, können unter den übrigen Voraussetzungen des § 15 UStG in voller Höhe abgezogen werden.

2533 Bei ausschließlich unternehmerischer Verwendung des Fahrzeugs kann der Unternehmer die auf die Anschaffung des Fahrzeugs entfallenden Vorsteuerbeträge abziehen (§ 15 Abs. 1 Satz 1 UStG), sofern kein Ausschlusstatbestand nach § 15 Abs. 1a und 2 i.V.m. Abs. 3 UStG vorliegt. Das Gleiche gilt bei teilunternehmerischer Verwendung des Fahrzeugs für unternehmensfremde (private) Tätigkeiten, wenn der Unternehmer das Fahrzeug vollständig seinem Unternehmen zuordnet. In diesem Fall unterliegt die unternehmensfremde Nutzung unter den Voraussetzungen des § 3 Abs. 9a Nr. 1 UStG als unentgeltliche Wertabgabe der Besteuerung.

1) Vgl. Abschn. 15.6 Abs. 2 UStAE.
2) Vgl. R 4.10 (2) EStR 2012.

Ordnet der Unternehmer nur den unternehmerisch genutzten Fahrzeugteil seinem Unternehmen zu (unter Beachtung der unternehmerischen Mindestnutzung), darf er nur die auf diesen Teil entfallende Vorsteuer aus den Anschaffungskosten nach § 15 Abs. 1 Satz 1 UStG abziehen, wobei die erforderliche Vorsteueraufteilung nach den Grundsätzen des § 15 Abs. 4 UStG zu erfolgen hat. Die auf den anderen Fahrzeugteil entfallende unternehmensfremde Nutzung unterliegt dann nicht der Wertabgabenbesteuerung nach § 3 Abs. 9a Nr. 1 UStG. **2534**

bb) Besteuerung der nichtunternehmerischen Nutzung eines dem Unternehmen zugeordneten Fahrzeugs

Die nichtunternehmerische Nutzung eines dem Unternehmen zugeordneten Fahrzeugs ist unter den Voraussetzungen des § 3 Abs. 9a Nr. 1 UStG als unentgeltliche Wertabgabe der Besteuerung zu unterwerfen (→Rz. 2271). Zur Ermittlung der Ausgaben, die auf die nichtunternehmerische Nutzung eines dem Unternehmen zugeordneten Fahrzeugs entfallen →Rz. 2272 ff. **2535**

Bei **Fahrten des Unternehmers zwischen Wohnung und Betriebsstätte** sowie bei Familienheimfahrten wegen einer aus betrieblichem Anlass begründeten doppelten Haushaltsführung ist keine Vorsteuerkürzung nach § 15 Abs. 1a UStG vorzunehmen. **2536**

cc) Überlassung von Fahrzeugen an das Personal

Zur Bemessungsgrundlage für die unentgeltliche Fahrzeugüberlassung für den privaten Bedarf des Personals →Rz. 2277 ff. Weitere Einzelheiten ergeben sich aus →Rz. 2239 ff. **2537**

l) Ausschluss vom Vorsteuerabzug

aa) Ausschluss und Ausnahmen

§ 15 Abs. 2 UStG regelt den **Ausschluss des Vorsteuerabzugs**. Danach sind vom Vorsteuerabzug ausgeschlossen die Vorsteuerbeträge für die Lieferungen, die Einfuhr und den innergemeinschaftlichen Erwerb von Gegenständen sowie für die sonstigen Leistungen, die der Unternehmer zur Ausführung bestimmter steuerfreier Umsätze (im Wesentlichen Umsätze nach § 4 Nr. 8 bis 28 UStG) und bestimmter nicht steuerbarer Umsätze verwendet. **2538**

Vorsteuerbeträge können nicht abgezogen werden, wenn es an objektiven Anhaltspunkten dafür fehlt, dass der Steuerpflichtige beabsichtigt hatte, die Eingangsleistungen zur Ausführung von steuerpflichtigen Umsätzen zu verwenden. Absichtsänderungen wirken nicht zurück und führen deshalb nicht dazu, dass Steuerbeträge nachträglich als Vorsteuer abziehbar sind.[1] **2539**

Der Ausschluss vom Vorsteuerabzug erstreckt sich außerdem auf Aufwendungen für Eingangsleistungen, die der Unternehmer für Ausgangsumsätze in Anspruch nimmt, auf die unmittelbar eine Steuerbefreiung der MwStSystRL angewandt wird, wenn die Voraussetzungen des § 15 Abs. 3 UStG nicht vorliegen.[2] Beruft sich also ein Unternehmer auf eine Steuerbefreiung nach der MwStSystRL, die nicht im nationalen Recht enthalten ist, verliert er den Vorsteuerabzug. Eine gleichzeitige Berufung auf eine Steuerbefreiung nach dem Unionsrecht und auf den Vorsteuerabzug ist unionsrechtlich unzulässig.[3] **2540**

§ 15 Abs. 3 UStG enthält die **Ausnahmen vom Abzugsverbot** nach § 15 Abs. 2 UStG. Abzugsunschädlich sind danach die nach § 4 Nr. 1 bis 7 UStG steuerfreien Umsätze, die nach § 25 Abs. 2 UStG steuerfreien Reiseleistungen und die nach § 26 Abs. 5 UStG steuerfreien Umsätze an die Stationierungsstreitkräfte. Außerdem tritt der Ausschluss vom Vorsteuerabzug nicht ein, wenn bestimmte steuerfreie Bank- und Versicherungsumsätze i.S.d. § 4 Nr. 8 Buchst. a bis g oder Nr. 10 Buchst. a UStG getätigt werden und sich unmittelbar auf Gegenstände beziehen, die in das Drittlandsgebiet ausgeführt werden (§ 15 Abs. 3 Nr. 1 Buchst. b UStG), oder wenn nicht steuerbare Umsätze i.S.d. § 15 Abs. 3 Nr. 2 UStG getätigt werden. **2541**

bb) Ausschluss des Vorsteuerabzugs bei steuerfreien Umsätzen

Vorsteuerbeträge für steuerfreie Umsätze sind grundsätzlich vom Abzug ausgeschlossen (§ 15 Abs. 2 Nr. 1 UStG). Die private Verwendung eines dem Unternehmen zugeordneten Grundstücks ist allerdings steuerpflichtig, sofern Steuerbarkeit gegeben ist, so dass der Vorsteuerabzug insoweit nicht ausgeschlossen ist. Ebenfalls nicht vom Vorsteuerabzug ausgeschlossen sind Steuerbeträge, die für bestimmte Leistungsbezüge von Unternehmern anfallen, die steuerfreie Umsätze mit Anlagegold ausführen.[4] Der Ausschluss erstreckt sich außerdem **nicht** auf die Vorsteuerbeträge, die den in § 15 Abs. 3 Nr. 1 Buchst. a und b UStG bezeichneten steuerfreien Umsätzen zuzurechnen sind.[5] Hierunter fallen die Ausfuhrlieferungen, die innergemeinschaftlichen Lieferungen, die Lohnveredelungen an Gegenständen der Ausfuhr, Umsätze für Seeschifffahrt und Luftfahrt und andere sonstige Leistungen im Zusammenhang mit Einfuhr, Ausfuhr und Durchfuhr sowie Umsätze, die nach den in § 25 Abs. 2 und § 26 Abs. 5 UStG bezeichneten Vorschriften steuerfrei sind (→Rz. 2338 ff.). Zum Vorsteuerabzug bei einem Gebäude, das der Ausführung steuerfreier Umsätze, die den Vorsteuerabzug ausschließen, und privaten Wohnzwecken dient, vgl. Abschn. 3.4 Abs. 7 Satz 3 Beispiel 2 UStAE.[6] **2542**

1) BFH v. 25.11.2004, V R 38/03, BStBl II 2005, 414.
2) Vgl. BFH v. 16.5.2012, XI R 24/10, BStBl II 2013, 52.
3) Vgl. EuGH v. 26.2.2015, C-144/13, ABl.EU 2015, Nr. C 138, 5, HFR 2015, 419 = UR 2015, 474.
4) Abschn. 15.13 Abs. 1 Satz 3 UStAE.
5) Abschn. 15.13 Abs. 1 Satz 2 UStAE.
6) Abschn. 15.13 Abs. 1 Satz 4 UStAE.

cc) Ausschluss des Vorsteuerabzugs bei Umsätzen im Ausland

2543 Umsätze im Ausland, die steuerfrei wären, wenn sie im Inland ausgeführt würden, schließen den Vorsteuerabzug grundsätzlich aus (§ 15 Abs. 2 Nr. 2 UStG). Der Ausschluss vom Vorsteuerabzug beurteilt sich ausschließlich nach dem deutschen Umsatzsteuerrecht. Der Abzug entfällt unabhängig davon, ob der maßgebliche Umsatz nach dem Recht des anderen Staates, in dem der Umsatz ausgeführt wird, steuerpflichtig ist oder als steuerfreier Umsatz zum Vorsteuerabzug berechtigt. Der Ausschluss vom Vorsteuerabzug tritt allerdings nicht für solche Umsätze ein, die bei Ausführung im Inland nach § 9 UStG als steuerpflichtig behandelt werden könnten. Daher schließt z.B. die Vermietung eines im Ausland gelegenen Grundstücks den Abzug der nach dem deutschen Umsatzsteuerrecht geschuldeten Steuerbeträge nicht aus, wenn für den entsprechenden Vermietungsumsatz im Inland auf die Steuerbefreiung verzichtet werden könnte.[1)]

Beratungshinweis:
Durch das Jahressteuergesetz 2024 (**JStG 2024**) v. 2.12.2024 wurde in § 15 Abs. 2 Satz 1 UStG mit Wirkung vom **1.1.2025** eine neue Nummer 3 angefügt.[2)] Danach ist der Vorsteuerabzug für Umsätze im übrigen Gemeinschaftsgebiet, die auf Grund der Sonderregelung für Kleinunternehmer des jeweiligen Mitgliedstaates steuerfrei sind, ausgeschlossen.

m) Aufteilung der Vorsteuerbeträge

2544 **Vorsteuerbeträge sind in abziehbare und nicht abziehbare Beträge aufzuteilen**, wenn ein Unternehmer für sein Unternehmen einen gelieferten, eingeführten oder innergemeinschaftlich erworbenen Gegenstand oder eine an ihn ausgeführte sonstige Leistung teils für Umsätze verwendet, die den Vorsteuerabzug ausschließen (§ 15 Abs. 2 und 3 UStG) und teils für Umsätze, die den Vorsteuerabzug zulassen (§ 15 Abs. 4 UStG). Die Aufteilung **richtet sich allein nach der tatsächlichen Verwendung** des bezogenen Gegenstands oder der in Anspruch genommenen sonstigen Leistung. Der Anlass, aus dem der Unternehmer den Gegenstand oder die sonstige Leistung bezogen hat, oder die Verwendungsabsicht sind unerheblich.[3)]

2545 Die Vorsteuerbeträge sind nach § 15 Abs. 4 Satz 1 UStG nach ihrer wirtschaftlichen Zuordnung aufzuteilen. § 15 Abs. 4 UStG erstreckt sich nicht auf die Vorsteuerbeträge, die entweder allein den zum Abzug berechtigenden Umsätzen oder allein den zum Ausschluss des Vorsteuerabzugs führenden Umsätzen zuzurechnen sind. Die Abziehbarkeit der einer Umsatzart ausschließlich zurechenbaren Vorsteuerbeträge beurteilt sich daher stets nach den Vorschriften des § 15 Abs. 1 bis 3 UStG. Die Aufteilung nach § 15 Abs. 4 UStG betrifft somit nur die Vorsteuerbeträge, die teils der einen und teils der anderen Umsatzart zuzuordnen sind.[4)]

Bei der Aufteilung von Vorsteuerbeträgen aus allgemeinen Aufwendungen des Unternehmens (vgl. Abschn. 15.2b Abs. 2 Satz 4 UStAE) ist regelmäßig auf das Verhältnis der gesamten Umsätze im Besteuerungszeitraum abzustellen.[5)] Wird ein Aufteilungsschlüssel im Voranmeldungsverfahren vorläufig angewandt, z.B. auf der Grundlage der Umsätze des vorangegangenen Jahres, führt die Festsetzung des endgültigen, abweichenden Aufteilungsschlüssels zu einer Berichtigung der nach dem vorläufigen Aufteilungsschlüssel ermittelten Vorsteuerbeträge in der Jahresfestsetzung.[6)]

Als Anhaltspunkte bzw. Hilfsmittel bei der wirtschaftlichen Zuordnung für die Aufteilung nach § 15 Abs. 4 UStG nennt Abschn. 15.17 Abs. 2 UStAE die betriebliche Kostenrechnung (Betriebsabrechnungsbogen, Kostenträgerrechnung) oder die Aufwands- und Ertragsrechnung.

2546 **Erleichterungen bei der Aufteilung der Vorsteuerbeträge** sind in § 43 UStDV geregelt. Die Erleichterungen erstrecken sich auf die Fälle, in denen die dort bezeichneten Umsätze den Vorsteuerabzug ausschließen würden. Es sind nur die Vorsteuerbeträge betroffen, die den in § 43 UStDV bezeichneten Umsätzen lediglich teilweise zuzurechnen sind. Vorsteuerbeträge, die sich ausschließlich auf diese Umsätze beziehen, bleiben vom Abzug ausgeschlossen. Die Erleichterung des § 43 UStDV besteht darin, dass die Vorsteuerbeträge, die den in § 43 UStDV bezeichneten Umsätzen nur teilweise zuzuordnen sind, nicht in einen abziehbaren und einen nicht abziehbaren Anteil aufgeteilt werden müssen. **Sie sind somit voll abziehbar**. Nähere Ausführungen zu den Umsätzen des § 43 UStDV enthält Abschn. 15.18 Abs. 3 bis 6 UStAE.

2547 Nach § 15 Abs. 4 Satz 3 UStG ist eine Ermittlung des nicht abziehbaren Teils der Vorsteuerbeträge nach dem Gesamtumsatzschlüssel (Verhältnis der vorsteuerschädlichen Umsätze zu den vorsteuerunschädlichen Umsätzen des gesamten Unternehmens) ist danach nur zulässig, wenn keine andere, präzisere wirtschaftliche Zuordnung möglich ist. Eine Zurechnung der Aufwendungen zu bestimmten Gebäudeteilen nach einer räumlichen (sog. „geografischen")[7)] oder zeitlichen Anbindung oder nach einem Investitionsschlüssel ist nicht zulässig.[8)]

1) BFH v. 6.5.2004, V R 73/03, BStBl II 2004, 856.
2) Jahressteuergesetz 2024 (JStG 2024) v. 2.12.2024, BGBl. I 2024 Nr. 387 = BStBl I 2024, 1484.
3) Abschn. 15.16 Abs. 1 Satz 2 UStAE.
4) Abschn. 15.16 Abs. 2 UStAE.
5) Vgl. Abschn. 15.16 Abs. 2a UStAE.
6) Vgl. BFH v. 24.4.2013, XI R 25/10, BStBl II 2014, 346; auch Abschn. 15.16 Abs. 2a UStAE.
7) Vgl. BFH v. 10.8.2016, XI R 31/09, BStBl II 2022, 736.
8) Vgl. BFH v. 18.11.2004, V R 16/03, BStBl II 2005, 503.

Beratungshinweis:

Durch das **Gesetz zur Modernisierung und Digitalisierung der Schwarzarbeitsbekämpfung** v. 22.12.2025 wird mit Wirkung vom **30.12.2025** § 15 Abs. 4 Satz 4 UStG durch die Sätze 4 und 5 ersetzt.[1)]

Danach ist für Grundstücke eine Aufteilung nach dem Verhältnis der Nutzflächen vorzunehmen, es sei denn, eine andere Methode führt zu einer demgegenüber präziseren wirtschaftlichen Zuordnung. In den Fällen des § 15 Abs. 1b UStG gelten die Sätze 1 bis 4 in § 15 Abs. 4 UStG entsprechend.

Die Regelungen werden nunmehr hinsichtlich der Vorsteueraufteilung bei gemischt genutzten Grundstücken weiter präzisiert. Durch diese Präzisierung wird nunmehr ausdrücklich geregelt, dass bei der Vorsteueraufteilung im Zusammenhang mit Grundstücken vorrangig eine Aufteilung nach dem Verhältnis der Nutzflächen vorzunehmen ist. Dies umschreibt den Flächenschlüssel, der in diesen Fällen die grundsätzlich vorzugswürdige Aufteilungsmethode ist. Sollte im Einzelfall eine andere Aufteilungsmethode zu einem (noch) präziseren wirtschaftlichen Ergebnis führen, kann stattdessen auch diese angewandt werden.

Die Regelung beruht auf der Ermächtigung in Art. 173 Abs. 2 Buchst. b MwStSystRL, nach der die Mitgliedstaaten Stpfl. (Unternehmer) verpflichten können, für jeden Bereich ihrer Tätigkeit (hier: das Grundstück) einen besonderen Pro-rata-Satz (hier: Flächenschlüssel nach den Nutzflächen) anzuwenden.

Eine Aufteilung der Vorsteuerbeträge erfordert eine genaue Zuordnung der Vorsteuerbeträge zu den Umsätzen, **2548**
denen sie wirtschaftlich zuzurechnen sind. Nach Abschn. 15.17 Abs. 1 UStAE sind zu unterscheiden:

- Vorsteuerbeträge, die in voller Höhe sofort abziehbar sind, weil sie **ausschließlich** Umsätzen zugerechnet sind, die zum Vorsteuerabzug berechtigen. Das sind z.B. in einem Fertigungsbetrieb die Vorsteuerbeträge, die bei der Anschaffung von Material oder Anlagegütern anfallen. Bei einem Handelsbetrieb kommen vor allem die Vorsteuerbeträge aus Warenbezügen in Betracht (gegenständliche Zuordnung).
- Vorsteuerbeträge, die in voller Höhe vom Abzug ausgeschlossen sind, weil sie **ausschließlich** Umsätzen zuzurechnen sind, die nicht zum Vorsteuerabzug berechtigen. Hierzu gehören z.B. bei steuerfreien Grundstücksverkäufen die Vorsteuerbeträge für die Leistungen des Maklers und des Notars sowie für Inserate.
- Übrige Vorsteuerbeträge. In diese Gruppe fallen alle Vorsteuerbeträge, die sowohl mit Umsätzen, die zum Vorsteuerabzug berechtigen, als auch mit Umsätzen, die den Vorsteuerabzug ausschließen, in wirtschaftlichen Zusammenhang stehen. Hierzu gehören z.B. Vorsteuerbeträge, die mit dem Bau, der Einrichtung und Unterhaltung eines Verwaltungsgebäudes in Verbindung stehen, das auch der Ausführung steuerfreier Umsätze i.S.d. § 4 Nr. 12 UStG dient.

Zum Vorsteuerabzug bei der Anschaffung oder Herstellung von Gebäuden, die sowohl zur Erzielung vorsteuerun- **2549**
schädlicher als auch vorsteuerschädlicher Umsätze verwendet werden und zur Anwendung der BFH-Urteile v. 22.8.2013,[2)] v. 7.5.2014,[3)] v. 3.7.2014,[4)] v. 10.8.2016,[5)] v. 26.4.2018[6)] und v. 11.11.2020[7)] sowie der EuGH-Urteile v. 8.11.2012[8)] und v. 9.6.2016[9)] wurde das BMF-Schreiben v. 20.10.2022[10)] herausgegeben. Die Grundsätze dieses BMF-Schreibens sind in allen offenen Fällen anzuwenden. Es wird jedoch nicht beanstandet, wenn Unternehmer vor der Veröffentlichung dieses BMF-Schreibens zulässigerweise eine direkte Zuordnung von Vorsteuerbeträgen nach Abschn. 15.17 Abs. 7 Sätze 6 und 7 UStAE in der bisherigen Fassung vorgenommen haben. Es wird weiter nicht beanstandet, wenn sich ein Unternehmer vor der Veröffentlichung des BMF-Schreibens auf die Regelungen in der bisherigen Fassung der Abschn. 15.2c Abs. 10 und 15.6a Abs. 3 UStAE berufen hat. Außerdem wurde zu den BFH-Urteilen v. 16.11.2016,[11)] v. 23.10.2019[12)] und v. 23.10.2019[13)] das BMF-Schreiben v. 18.11.2022[14)] herausgegeben. Die Grundsätze dieses BMF-Schreibens sind ebenfalls in allen offenen Fällen anzuwenden. Es wird jedoch nicht beanstandet, wenn sich ein Steuerpflichtiger für bis zum 31.12.2022 bezogene Leistungen auf die bisherigen Regelungen in Abschn. 2.5 Abs. 20 UStAE beruft.

Mit § 15 Abs. 1b UStG wird der Vorsteuerabzug für gemischt genutzte Grundstücke geregelt. Das Zuordnungs- **2550**
wahlrecht des Unternehmers, gemischt genutzte Grundstücke – Grundstücke, die sowohl für unternehmerische Zwecke als auch für Zwecke, die außerhalb des Unternehmens liegen, oder für den privaten Bedarf des Personals verwendet werden – im vollen Umfang seinem Unternehmen zuzuordnen, bleibt zwar unberührt. Die Regelung des § 15 Abs. 1b UStG stellt jedoch einen Vorsteuerausschlusstatbestand dar. Nach § 15 Abs. 1b Satz 1 UStG ist die Steuer für die Lieferungen, die Einfuhr und den innergemeinschaftlichen Erwerb sowie für die sonstigen Leistungen im Zusammenhang mit einem Grundstück vom Vorsteuerabzug ausgeschlossen, soweit sie nicht auf die Verwendung des Grundstücks für Zwecke des Unternehmens entfällt. Dem Vorsteuerausschluss unterliegen auch die wesentlichen Bestandteile des Grundstücks, z.B. Gebäude und Außenanlagen. Hiervon unberührt bleiben Gegenstände, die umsatzsteuerlich keine Bestandteile des Grundstücks oder Gebäudes sind (z.B. Photovoltaikanlage und

1) Gesetz zur Modernisierung und Digitalisierung der Schwarzarbeitsbekämpfung v. 22.12.2025, BGBl. I 2025 Nr. 369 = BStBl I 2026, 128 (Auszug).
2) BFH v. 22.8.2013, V R 19/09, BStBl II 2022, 726.
3) BFH v. 7.5.2014, V R 1/10, BStBl II 2022, 731.
4) BFH v. 3.7.2014, V R 2/10, BStBl II 2022, 734.
5) BFH v. 10.8.2016, XI R 31/09, BStBl II 2022, 736.
6) BFH v. 26.4.2018, V R 23/16, BStBl II 2022, 743.
7) BFH v. 11.11.2020, XI R 7/20, BStBl II 2022, 746.
8) EuGH v. 8.11.2012, C-511/10, BStBl II 2022, 749.
9) EuGH v. 9.6.2016, C-332/14, BStBl II 2022, 752.
10) BMF v. 20.10.2022, III C 2 – S 7306/19/10001 :003, BStBl I 2022, 1497.
11) BFH v. 16.11.2016, V R 1/15, BStBl II 2022, 777.
12) BFH v. 23.10.2019, XI R 18/17, BStBl II 2022, 782.
13) BFH v. 23.10.2019, V R 46/17, BStBl II 2022, 779.
14) BMF v. 18.11.2022, III C 2 – S 7306/19/10002 :002, BStBl I 2022, 1590.

Blockheizkraftwerk). Der Vorsteuerausschluss nach § 15 Abs. 1b Satz 1 UStG ist entsprechend für Berechtigungen, für die die Vorschriften des bürgerlichen Rechts über Grundstücke gelten, und für Gebäude auf fremden Grund und Boden anzuwenden (§ 15 Abs. 1b Satz 2 UStG), da diese Grundstücke gleich zu stellen sind. Durch die Anfügung des Satzes 4 in § 15 Abs. 4 UStG wird geregelt, dass in den Fällen des § 15 Abs. 1b UStG die Sätze 1 bis 3 in § 15 Abs. 4 UStG entsprechend gelten.

Weitere Einzelheiten zur Regelung des Vorsteuerabzugs bei teilunternehmerisch genutzten Grundstücken (§ 15 Abs. 1b UStG) enthält Abschn. 15.6a UStAE.

n) Innergemeinschaftliche Lieferungen neuer Fahrzeuge

2551 In **Zeile 85** sind die Vorsteuerbeträge, die auf die Anschaffung (Lieferung, Einfuhr oder innergemeinschaftlicher Erwerb) eines neuen Fahrzeugs durch einen Fahrzeuglieferer i.S.d. § 2a UStG oder eines Kleinunternehmers i.S.d. § 19 Abs. 1 UStG einzutragen. Der Vorsteuerabzug **ist allerdings nur bis zu dem Betrag zulässig**, der für die nachfolgende innergemeinschaftliche Lieferung des neuen Fahrzeugs geschuldet würde, wenn die Lieferung nicht steuerfrei wäre. **Der Abzug ist erst mit der Ausführung** der innergemeinschaftlichen Lieferung des neuen Fahrzeugs (Eintragung in Zeile 40 bzw. bei Kleinunternehmern in Zeile 38, 39 oder 40) **zulässig** (§ 15 Abs. 4a UStG).

o) Innergemeinschaftliche Dreiecksgeschäfte

2552 In **Zeile 86** sind die Vorsteuerbeträge aus innergemeinschaftlichen Dreiecksgeschäften (→ Rz. 2390) einzutragen. Hierbei handelt es sich um die vom letzten Abnehmer gleichzeitig geschuldete Umsatzsteuer (§ 25b Abs. 5 UStG).

2553 In **Zeile 87** ist die Summe der abziehbaren Vorsteuerbeträge einzutragen und in **Zeile 109** zu übertragen.

p) Ergänzende Angaben (Zeile 88)

2554 Hat sich die Bemessungsgrundlage für den Vorsteuerabzug bei dem Unternehmer, an den dieser Umsatz ausgeführt wurde, geändert, ist der Vorsteuerabzug nach § 17 Abs. 1 Satz 2 UStG zu berichtigen. Erfolgt die Änderung nach § 17 Abs. 2 Nr. 1 Satz 1 UStG, weil das vereinbarte Entgelt für einen steuerpflichtigen Umsatz uneinbringlich geworden ist, ist die Minderung der abziehbaren Vorsteuerbeträge zusätzlich in **Zeile 88** (Kz 637) einzutragen.

2555 Nicht in Zeile 88 sind Änderungen nach § 17 Abs. 1 Satz 5 UStG (innergemeinschaftliche Erwerbe und Umsätze, für die der Leistungsempfänger die Steuer nach § 13b UStG schuldet), Änderungen nach § 17 Abs. 3 Satz 1 UStG (Einfuhrumsatzsteuer), Änderungen bei der Lieferung an den letzten Abnehmer im innergemeinschaftlichen Dreiecksgeschäft (§ 25b UStG) zusätzlich einzutragen.

2556 Die Berichtigung des Vorsteuerabzugs ist in dem Besteuerungszeitraum vorzunehmen, in dem die Änderung der Bemessungsgrundlage eingetreten ist (§ 17 Abs. 1 Satz 8 UStG).

11. Abschnitt J – Berichtigung des Vorsteuerabzugs (Zeilen 89–102)

a) Allgemeines

2557 § 15a UStG regelt, unter welchen Voraussetzungen und in welchem Umfang eine Vorsteuerberichtigung durchzuführen ist. § 15a UStG ist bereits dann anzuwenden, wenn sich bei einem Wirtschaftsgut des Anlagevermögens → Rz. 2569, das nicht nur einmalig zur Ausführung von Umsätzen verwendet wird, ab dem Zeitpunkt der erstmaligen tatsächlichen Verwendung die Verhältnisse, die für den ursprünglichen Vorsteuerabzug maßgebend waren, ändern (§ 15a Abs. 1 Satz 1 UStG). Nach der EuGH-[1] und BFH-Rechtsprechung[2] ist sowohl dem Grunde als auch der Höhe nach bereits bei Leistungsbezug über den Vorsteuerabzug abschließend zu entscheiden. Abgesehen von den Fällen des „Missbrauchs" bzw. „Betrugs" oder wenn die Verwendungsabsicht des Unternehmers im Zeitpunkt des Leistungsbezugs nicht durch „objektive Anhaltspunkte belegt" und nicht „in gutem Glauben" erklärt ist, können Korrekturen nur nach § 15a UStG vorgenommen werden.

2558 Der Zeitraum, für den eine Berichtigung des Vorsteuerabzugs durchzuführen ist, beträgt grds. volle fünf Jahre ab dem Beginn der erstmaligen Verwendung. Bei den in § 15a Abs. 1 Satz 2 UStG bezeichneten Wirtschaftsgütern (insb. Grundstücken) verlängert sich der Zeitraum auf volle zehn Jahre. Bei Wirtschaftsgütern mit einer kürzeren Verwendungsdauer ist nach § 15a Abs. 5 Satz 2 UStG der entsprechende kürzere Berichtigungszeitraum anzusetzen.

2559 § 15a Abs. 2 UStG enthält Regelungen zur Vorsteuerberichtigung für Wirtschaftsgüter, die nur einmalig zur Ausführung von Umsätzen (z.B. Verkauf oder Verarbeitung) verwendet werden (insb. Wirtschaftsgüter des Umlaufvermögens). Für diese Wirtschaftsgüter ist der Vorsteuerabzug zu berichtigen, wenn sich die für den ursprünglichen Vorsteuerabzug maßgebenden Verhältnisse ändern. Es gibt keinen Berichtigungszeitraum, d.h., die Berichtigung erfolgt auch dann, wenn die erstmalige Verwendung nach mehr als fünf bzw. zehn Jahren erfolgt. Dies ist insb. für Grundstücke relevant, die mit der Absicht einer umsatzsteuerpflichtigen Weiterveräußerung erworben werden, tatsächlich aber umsatzsteuerfrei weiterverkauft werden. Die Berichtigung erfolgt dann für den Besteuerungszeitraum, in dem das Wirtschaftsgut veräußert wird → Rz. 2570.

---

1) Insb. EuGH v. 8.6.2000, C-396/98, ABl.EG 2000 Nr. C 273, 2 = UVR 2000, 308.
2) Insb. BFH v. 22.2.2001, V R 77/96, BStBl I 2003, 426 = BFH/NV 2001, 994 = HFR 2001, 787 = UR 2001, 260.

§ 15a Abs. 3 UStG enthält Regelungen zur Vorsteuerberichtigung für Wirtschaftsgüter, die nachträglich in andere Gegenstände eingehen und diese Gegenstände dabei ihre körperliche Eigenart endgültig verlieren oder an Wirtschaftsgütern sonstige Leistungen ausgeführt werden. In diesen Fällen gelten im Fall der Änderung der für den ursprünglichen Vorsteuerabzug maßgebenden Verhältnisse § 15a Abs. 1 und 2 UStG entsprechend. Eine Änderung der Verhältnisse liegt dabei auch dann vor, wenn das Wirtschaftsgut für Zwecke, die außerhalb des Unternehmens liegen, aus dem Unternehmen entnommen wird, ohne dass dabei nach § 3 Abs. 1b UStG eine unentgeltliche Wertabgabe zu besteuern ist. **2560**

Soweit im Rahmen einer Maßnahme in ein Wirtschaftsgut mehrere Gegenstände eingehen oder an einem Wirtschaftsgut mehrere sonstige Leistungen ausgeführt werden, sind diese zu einem Berichtigungsobjekt zusammenzufassen (§ 15a Abs. 3 Satz 2 UStG). Diese Regelung dient der Vereinfachung des Besteuerungsverfahrens und stellt den Gleichklang zur Steuerbarkeit der Entnahme eines Bestandteils nach § 3 Abs. 1b UStG dar. Außerdem werden die Überwachung und die Durchführung der Vorsteuerberichtigungsregelungen durch die betroffenen Unternehmer und Verwaltungen erleichtert. Weitere Einzelheiten vgl. Abschn. 15a.6 Abs. 5 ff. UStAE. **2561**

Nach § 15a Abs. 4 UStG gelten die Regelungen zur Vorsteuerberichtigung auch für sonstige Leistungen, die nicht unter § 15a Abs. 3 UStG fallen. Nach der Gesetzesbegründung betrifft dies z.B. EDV-Programme, Beratungsleistungen für ein Unternehmenskonzept, Reinigungsleistungen und Anzahlungen für längerfristiges Mietleasing. Ob die Vorsteuerberichtigung nach den für Wirtschaftsgüter des Anlagevermögens (§ 15a Abs. 1 UStG) oder nach den für Wirtschaftsgüter des Umlaufvermögens (§ 15a Abs. 2 UStG) geltenden Regelungen vorzunehmen ist, hängt davon ab, ob die Leistung einmalig oder mehrmalig zur Ausführung von Umsätzen verwendet wird. **2562**

Mit § 15a Abs. 4 Sätze 2 bis 4 UStG wird klargestellt, welche sonstigen Leistungen der Berichtigung des Vorsteuerabzugs unterliegen. Die Verpflichtung zur Berichtigung des Vorsteuerabzugs wird grundsätzlich auf solche sonstigen Leistungen beschränkt, für die steuerrechtlich ein Bilanzierungsgebot besteht. Dabei kommt es nicht darauf an, ob der Unternehmer nach den §§ 140, 141 AO selbst zur Buchführung verpflichtet ist. Die Regelung gilt damit auch für Unternehmer, die ihren Gewinn nach § 4 Abs. 3 EStG ermitteln oder die das Einkommen als Überschuss der Einnahmen über die Werbungskosten ermitteln. Eine Ausnahme gilt jedoch für Lieferungen und sonstige Leistungen, für die der Unternehmer den Vorsteuerabzug geltend machen kann, bevor er die Leistung bezogen hat (Anzahlungen oder Vorauszahlungen). Dies dient der Vermeidung von Steuerumgehungsmodellen. Weitere Einzelheiten vgl. Abschn. 15a.7 UStAE. **2563**

§ 15a Abs. 1 bis 5 UStG sind auf Vorsteuerbeträge, die auf nachträgliche Anschaffungs- oder Herstellungskosten entfallen, sinngemäß anzuwenden (§ 15a Abs. 6 UStG). Damit gilt für nachträgliche Anschaffungs- oder Herstellungskosten, die an einem Wirtschaftsgut anfallen, das nicht nur einmalig zur Ausführung von Umsätzen verwendet wird, ein gesonderter Berichtigungszeitraum. Der Berichtigungszeitraum beginnt zu dem Zeitpunkt, zu dem der Unternehmer das in seiner Form geänderte Wirtschaftsgut erstmalig zur Ausführung von Umsätzen verwendet. Die Dauer bestimmt sich nach § 15a Abs. 1 UStG und beträgt fünf bzw. zehn Jahre. Der Berichtigungszeitraum endet jedoch spätestens, wenn das Wirtschaftsgut, für das die nachträglichen Anschaffungs- oder Herstellungskosten angefallen sind, wegen Unbrauchbarkeit vom Unternehmer nicht mehr zur Ausführung von Umsätzen verwendet werden kann (§ 15a Abs. 5 Satz 2 UStG; vgl. Abschn. 15a.8 Abs. 1 Satz 1 bis 4 UStAE). Nähere Einzelheiten ergeben sich auch Abschn. 15a.8 UStAE. **2564**

Nach § 15a Abs. 7 UStG ist eine Änderung der Verhältnisse auch beim Übergang von der allgemeinen Besteuerung zur Durchschnittssatzbesteuerung nach den § 23a oder § 24 UStG und umgekehrt gegeben. **2565**

Praxishinweis:

Durch das Jahressteuergesetz 2024 (**JStG 2024**) v. 2.12.2024 wurde § 15a Abs. 7 UStG mit Wirkung v. **1.1.2025** neu gefasst.[1]

Nach § 15a Abs. 6a UStG liegt eine Änderung der Verhältnisse auch bei einer Änderung der Verwendung i.S.d. § 15 Abs. 1b UStG vor. Mit § 15a Abs. 6a UStG wird gewährleistet, dass im Fall der ggf. späteren Änderung der Verwendung i.S.d. § 15 Abs. 1b UStG eine Vorsteuerberichtigung nach den Grundsätzen des § 15a UStG erfolgt. Eine Änderung der Verwendung i.S.d. § 15 Abs. 1b UStG tritt ein, wenn sich das Verhältnis der unternehmerischen und außerunternehmerischen bzw. privaten Verwendung des Grundstücks ändert. Dies gilt entsprechend bei Berechtigungen, für die die Vorschriften des bürgerlichen Rechts über Grundstücke gelten, und bei Gebäuden auf fremden Grund und Boden. Bei der Veräußerung oder Entnahme kann ein Wirtschaftsgut, für das der Vorsteuerabzug nach § 15 Abs. 1b UStG teilweise ausgeschlossen war, beim wirksamen Verzicht auf die Steuerbefreiung, mit der vollen Umsatzsteuer belastet sein. Aus diesem Grund ist eine Vorsteuerberichtigung nach § 15a Abs. 8 UStG auch bei diesen Wirtschaftsgütern durchzuführen. Ohne Berichtigung der reduzierten Vorsteuern ergäbe sich eine Steuerkumulation. **2566**

Bei einer Geschäftsveräußerung im Ganzen (§ 1 Abs. 1a UStG) wird der maßgebliche Berichtigungszeitraum nicht unterbrochen. Der Veräußerer ist verpflichtet, dem Erwerber die für die Durchführung der Berichtigung erforderlichen Angaben zu machen (§ 15a Abs. 10 UStG; vgl. auch Abschn. 15a.10 UStAE). **2567**

Zu Vereinfachungen bei der Berichtigung des Vorsteuerabzugs → Rz. 2589. Weitere Einzelheiten zur Vorsteuerberichtigung enthalten die Abschn. 15a.1 bis 15a.12 UStAE. **2568**

---

1) Jahressteuergesetz 2024 (JStG 2024) v. 2.12.2024, BGBl. I 2024 Nr. 387 = BStBl I 2024, 1484.

Praxishinweise:

Die Vorsteuerberichtigung setzt einen ursprünglichen Vorsteuerabzug voraus. Dieser kann sich auch aus einer in der Steuererklärung nicht ausdrücklich angegebenen Saldierung der Umsatzsteuer mit einem korrespondierenden Vorsteuerabzug nach § 15 Abs. 1 Satz 1 Nr. 3 oder 4 UStG ergeben.[1] In die Vorsteuerberichtigung sind alle Vorsteuerbeträge einzubeziehen ohne Rücksicht auf besondere ertragsteuerrechtliche Regelungen, z.B. sofort absetzbare Beträge oder Zuschüsse, die der Unternehmer erfolgsneutral behandelt, oder AfA, die auf die Zeit bis zur tatsächlichen Verwendung entfällt.[2]

Bei einer ursprünglich gemischten Verwendung i.S.d. § 15 Abs. 4 UStG, bei der eine Tätigkeit aufgegeben wird (z.B. die zum Vorsteuerabzug berechtigende) und das Wirtschaftsgut nunmehr ausschließlich für Zwecke der beibehaltenen Tätigkeit (z.B. der nicht zum Vorsteuerabzug berechtigenden) genutzt wird, ist grundsätzlich von einer Änderung der Verhältnisse i.S.v. § 15a UStG auszugehen.[3] Es ist jedoch unter Beachtung aller Umstände des Einzelfalles zu prüfen, ob im Anschlussausnahmsweise eine nur punktuelle Verwendung des betroffenen Wirtschaftsgutes im Rahmen der beibehaltenen Tätigkeit und im Übrigen nunmehr ohne Zweifel ein Nichtnutzung (z.B. ein Leerstand) ohne Verwendungsabsicht vorliegt. Im Umfang einer derartigen Nichtnutzung liegt keine Änderung der Verhältnisse i.S.v. § 15a UStG vor.[4]

aa) Wirtschaftsgüter des Anlagevermögens

2569 Wirtschaftsgüter, die nicht nur einmalig zur Ausführung von Umsätzen verwendet werden (§ 15a Abs. 1 UStG), sind i.d.R. die Wirtschaftsgüter, die ertragsteuerrechtlich abnutzbares oder nicht abnutzbares (z.B. Grund und Boden) Anlagevermögen darstellen oder – sofern sie nicht zu einem Betriebsvermögen gehören – als entsprechende Wirtschaftsgüter anzusehen sind. Dies können auch immaterielle Wirtschaftsgüter, die Gegenstand einer Lieferung sind (z.B. bestimmte Computerprogramme, Firmenwert oder Mietereinbauten), sein.

bb) Wirtschaftsgüter des Umlaufvermögens

2570 Wirtschaftsgüter, die **nur einmalig** zur Ausführung von Umsätzen verwendet werden (§ 15a Abs. 2 UStG), sind im Wesentlichen die Wirtschaftsgüter, die ertragsteuerrechtlich **Umlaufvermögen** darstellen, wie z.B. die zur Veräußerung oder Verarbeitung bestimmten Wirtschaftsgüter. Ertragsteuerrechtliches Anlagevermögen kann ebenfalls betroffen sein, wenn es veräußert oder entnommen wird, bevor es zu anderen Verwendungsumsätzen gekommen ist (→ Rz. 2559).

cc) Bestandteile und sonstige Leistungen an einem Gegenstand

2571 Zu den Berichtigungsobjekten gehören auch nachträglich in ein Wirtschaftsgut eingehende Gegenstände, wenn diese Gegenstände dabei ihre körperliche und wirtschaftliche Eigenart endgültig verlieren (§ 15a Abs. 3 UStG). Das ist der Fall, wenn diese Gegenstände nicht selbständig nutzbar sind und mit dem Wirtschaftsgut in einem einheitlichen Nutzungs- und Funktionszusammenhang stehen. Auf eine Werterhöhung bei dem Wirtschaftsgut, in das die Gegenstände eingehen, kommt es nicht an. Kein Gegenstand i.S.d. § 15a Abs. 3 UStG ist ein Gegenstand, der abtrennbar ist, seine körperliche oder wirtschaftliche Eigenart behält und damit ein selbstständiges Wirtschaftsgut bleibt. Werden im Rahmen einer Maßnahme mehrere Gegenstände in ein Wirtschaftsgut eingefügt bzw. sonstige Leistungen an einem Wirtschaftsgut ausgeführt, sind diese Leistungen zu einem Berichtigungsobjekt zusammenzufassen. Bei der Bestimmung der Grenze von 1 000 € nach § 44 Abs. 1 UStDV ist von den gesamten Vorsteuerbeträgen auszugehen, die auf die Anschaffung oder Herstellung des durch die Zusammenfassung entstandenen Berichtigungsobjekts entfallen.

2572 Unter der Voraussetzung, dass in ein Wirtschaftsgut (das ertragsteuerrechtlich entweder Anlagevermögen oder Umlaufvermögen ist) nachträglich ein anderer Gegenstand eingeht und dieser Gegenstand dabei seine körperliche und wirtschaftliche Eigenart endgültig verliert (Bestandteil), ist der Vorsteuerabzug bei Änderung der Verwendungsverhältnisse nach Maßgabe von § 15a Abs. 1 oder Abs. 2 UStG zu berichtigen. Bestandteile können beispielsweise sein:

- Klimaanlage, fest eingebautes Navigationssystem, Austauschmotor in einem Kraftfahrzeug;
- Klimaanlage, Einbauherd, Einbauspüle, Fenster, angebaute Balkone oder Aufzüge in einem Gebäude.

2573 In der Regel keine Bestandteile eines Kraftfahrzeugs sind beispielsweise:

- Funkgerät,
- nicht fest eingebautes Navigationsgerät,
- Autotelefon oder
- Radio.

2574 Maßnahmen, die auf nachträgliche Anschaffungs- oder Herstellungskosten i.S.d. § 15a Abs. 6 UStG entfallen und bei denen es sich um Bestandteile handelt, unterliegen vorrangig der Berichtigungspflicht nach § 15a Abs. 3 UStG. Eine Berichtigung pro rata temporis ist nur dann vorzunehmen, wenn es sich bei dem Wirtschaftsgut, in das der Bestandteil eingegangen ist, um ein solches handelt, das nicht nur einmalig zur Erzielung von Umsätzen verwendet wird. Für den Bestandteil gilt dabei ein eigenständiger Berichtigungszeitraum, dessen Dauer sich danach

1) Vgl. BFH v. 1.2.2022, V R 33/18, BStBl II 2022, 785.
2) Abschn. 15a.1 Abs. 4 UStAE und BMF v. 22.11.2022, III C 2 – S 7316/19/10003 :002, BStBl I 2022, 1595.
3) Vgl. EuGH v. 9.7.2020, C-374/19, BStBl II 2022, 588.
4) Vgl. BFH v. 27.10.2020, V R 20/20 (V R 61/17), BStBl II 2022, 575; vgl. Abschn. 15a.2 Abs. 8 Sätze 4 bis 8 UStAE und BMF v. 1.9.2022, III C 2 – S 7316/19/10002 :001, BStBl I 2022, 1399.

bestimmt, in welches Wirtschaftsgut nach § 15a Abs. 1 UStG der Bestandteil eingeht. Die Verwendungsdauer des Bestandteils wird nicht dadurch verkürzt, dass der Gegenstand als Bestandteil in ein anderes Wirtschaftsgut einbezogen wird (§ 15a Abs. 5 Satz 3 UStG).

Beispiel 1:

Unternehmer U lässt am 1.1.2021 für 20 000 € zzgl. 3 800 € gesondert ausgewiesener Umsatzsteuer einen neuen Motor in einen im Jahr 2018 ins Unternehmensvermögen eingelegten Pkw einbauen. Die ihm berechnete Umsatzsteuer zieht er nach § 15 Abs. 1 Satz 1 Nr. 1 UStG als Vorsteuer ab, da die Nutzung des Pkw im Zusammenhang mit steuerpflichtigen Ausgangsumsätzen erfolgt. Ab Januar 2022 verwendet U den Pkw nur noch im Zusammenhang mit steuerfreien Ausgangsumsätzen, die den Vorsteuerabzug nach § 15 Abs. 2 Satz 1 Nr. 1 UStG ausschließen.

Ab Januar 2022 haben sich die Verwendungsverhältnisse geändert, weil der Pkw nun nicht mehr mit steuerpflichtigen, sondern mit steuerfreien Ausgangsumsätzen im Zusammenhang steht. Für die Aufwendungen für den als Bestandteil des Pkw eingebauten Motor ist eine Vorsteuerberichtigung nach § 15a Abs. 3 i.V.m. Abs. 1 UStG vorzunehmen. Hierfür sind die Aufwendungen unabhängig von der betriebsgewöhnlichen Nutzungsdauer des Pkw auf einen fünfjährigen Berichtigungszeitraum zu verteilen. Es ergibt sich folgender Betrag, der bis zum Ablauf des Berichtigungszeitraums jährlich als Berichtigungsbetrag zurückzuzahlen ist:

insg. in Rechnung gestellte USt: 3 800 €

ursprünglicher Vorsteuerabzug: 3 800 €

Dauer des Berichtigungszeitraums: 1.1.2021 bis 31.12.2025

tatsächliche zum Vorsteuerabzug berechtigende Verwendung im Berichtigungszeitraum:

Kj. 2021: 100 %

ab Kj. 2022: 0 %

Änderung der Verhältnisse:

ab Kj. 2022 = 100 Prozentpunkte (0 % statt 100 %)

Vorsteuerberichtigung pro Jahr ab Jahr 2022:

(3 800 € / 5 Jahre = 760 € pro Jahr)

ab Kj. 2022 = 760 € zurückzuzahlende Vorsteuer

Beispiel 2:

Unternehmer U lässt am 1.1.2018 für 100 000 € zzgl. 19 000 € gesondert ausgewiesener Umsatzsteuer ein neues Hallentor in ein Fabrikgebäude einbauen. Die ihm in Rechnung gestellte Umsatzsteuer zieht er nach § 15 Abs. 1 Satz 1 Nr. 1 UStG als Vorsteuer ab, da die Nutzung des Gebäudes im Zusammenhang mit steuerpflichtigen Ausgangsumsätzen erfolgt. Ab Januar 2018 verwendet U das Gebäude nur noch im Zusammenhang mit steuerfreien Ausgangsumsätzen, die den Vorsteuerabzug nach § 15 Abs. 2 Satz 1 Nr. 1 UStG ausschließen. Der Berichtigungszeitraum des Gebäudes endet am 30.6.2018.

Damit haben sich ab Januar 2018 die Verwendungsverhältnisse sowohl für das Hallentor als auch für das Fabrikgebäude geändert. Für die Aufwendungen für das als Bestandteil des Gebäudes eingebaute Hallentor ist eine Vorsteuerberichtigung nach § 15a Abs. 3 UStG vorzunehmen. Hierfür sind die Aufwendungen unabhängig von der betriebsgewöhnlichen Nutzungsdauer des Gebäudes und unabhängig von der Dauer des Restberichtigungszeitraums des Gebäudes auf einen zehnjährigen Berichtigungszeitraum, der am 1.1.2018 beginnt und am 31.12.2027 endet, zu verteilen. Unabhängig davon ist für das Fabrikgebäude der Vorsteuerabzug für den am 30.6.2018 endenden Berichtigungszeitraum zu berichtigen.

Eine kürzere Verwendungsdauer des Bestandteils ist zu berücksichtigen (§ 15a Abs. 5 Satz 2 UStG). Soweit inner- **2575**
halb eines Kj. mehrere Leistungen Eingang in ein Wirtschaftsgut finden, sind diese Leistungen für Zwecke der Berichtigung des Vorsteuerabzugs zusammenzufassen, sofern sie innerhalb einer Maßnahme bezogen wurden.

Handelt es sich bei dem Wirtschaftsgut, in das der Bestandteil eingegangen ist, um ein solches, das nur einmalig **2576**
zur Erzielung eines Umsatzes verwendet wird, ist die Berichtigung des Vorsteuerabzugs nach den Grundsätzen des § 15a Abs. 2 UStG vorzunehmen.

Unter der Voraussetzung, dass an einem Wirtschaftsgut eine sonstige Leistung ausgeführt wird, ist der Vorsteuer- **2577**
abzug bei Änderung der Verwendungsverhältnisse nach Maßgabe von § 15a Abs. 1 oder Abs. 2 UStG zu berichtigen. Unter die Berichtigungspflicht nach § 15a Abs. 3 UStG fallen nur solche sonstigen Leistungen, die unmittelbar an einem Wirtschaftsgut ausgeführt werden. Es kommt nicht darauf an, ob die sonstige Leistung zu einer Werterhöhung des Wirtschaftsguts führt. Auch Maßnahmen, die lediglich der Werterhaltung dienen, fallen demnach unter die Berichtigungspflicht nach § 15a Abs. 3 UStG.

Nicht unter die Verpflichtung zur Berichtigung des Vorsteuerabzugs nach § 15a Abs. 3 UStG fallen sonstige Leis- **2578**
tungen, die bereits im Zeitpunkt des Leistungsbezugs wirtschaftlich verbraucht sind. Eine sonstige Leistung ist im Zeitpunkt des Leistungsbezugs dann nicht wirtschaftlich verbraucht, wenn ihr über den Zeitpunkt des Leistungsbezugs hinaus eine eigene Werthaltigkeit innewohnt. Leistungen, die bereits im Zeitpunkt des Leistungsbezugs wirtschaftlich verbraucht sind, werden sich insb. auf die Unterhaltung und den laufenden Betrieb des Wirtschaftsguts beziehen. Hierzu gehören z.B. bei Grundstücken Reinigungsleistungen (auch Fensterreinigung) oder laufende Gartenpflege sowie Wartungsarbeiten z.B. an Aufzugs- oder Heizungsanlagen.

Soweit es sich um eine sonstige Leistung handelt, die nicht bereits im Zeitpunkt des Leistungsbezugs wirtschaftlich **2579**
verbraucht ist, unterliegt diese der Berichtigungspflicht nach § 15a Abs. 3 UStG. Dazu gehören auch sonstige Leistungen, die dem Gebrauch oder der Erhaltung des Gegenstands dienen. Solche Leistungen sind z.B.

– der Fassadenanstrich eines Gebäudes,
– Fassadenreinigungen an einem Gebäude,
– die Neulackierung eines Kfz,

– Renovierungsarbeiten (auch in gemieteten Geschäftsräumen),
– der Neuanstrich eines Schiffs oder
– die Generalüberholung einer Aufzugs- oder einer Heizungsanlage.

2580 Eine Berichtigung pro rata temporis ist nur dann vorzunehmen, wenn es sich bei dem Wirtschaftsgut i.S.d. § 15a Abs. 3 UStG um ein solches handelt, das nicht nur einmalig zur Erzielung von Umsätzen verwendet wird. Dabei gilt für die an dem Wirtschaftsgut ausgeführten sonstigen Leistungen ein eigenständiger Berichtigungszeitraum, dessen Dauer sich danach bestimmt, an welchem Wirtschaftsgut nach § 15a Abs. 1 UStG die sonstige Leistung ausgeführt wird. Eine kürzere Verwendungsdauer der sonstigen Leistung ist jedoch zu berücksichtigen (§ 15a Abs. 5 Satz 2 UStG).

2581 Wird ein Wirtschaftsgut, an dem eine sonstige Leistung ausgeführt wurde, veräußert oder entnommen, liegt unter den Voraussetzungen des § 15a Abs. 8 UStG eine Änderung der Verwendungsverhältnisse vor mit der Folge, dass auch der Vorsteuerabzug für die an dem Wirtschaftsgut ausgeführte sonstige Leistung nach § 15a Abs. 3 UStG zu berichtigen ist.

Beispiel 1:

Unternehmer U führt als Arzt zu 50 % zum Vorsteuerabzug berechtigende und zu 50 % nicht zum Vorsteuerabzug berechtigende Umsätze aus. Am 1.1.2023 erwirbt U einen Pkw, für den er den Vorsteuerabzug entsprechend der beabsichtigten Verwendung zu 50 % vornimmt. Am 1.1.2024 lässt U an dem Pkw eine Effektlackierung anbringen. Die darauf entfallende Vorsteuer zieht U ebenfalls zu 50 % ab. Am 1.1.2025 veräußert U den Pkw.

Die Veräußerung des Pkw ist steuerpflichtig. In der Lieferung liegt eine Änderung gegenüber den für den ursprünglichen Vorsteuerabzug maßgeblichen Verhältnissen (§ 15a Abs. 8 UStG). Der Vorsteuerabzug für den Pkw ist für die zwei restlichen Jahre des Berichtigungszeitraums zugunsten von U für den Monat der Veräußerung zu berichtigen.

Die Veräußerung des Pkw stellt in Bezug auf die an dem Pkw ausgeführte Effektlackierung ebenfalls eine Änderung gegenüber den für den ursprünglichen Vorsteuerabzug maßgeblichen Verhältnissen dar (§ 15a Abs. 8 UStG). Der Vorsteuerabzug für die sonstige Leistung ist für die restlichen vier Jahre des Berichtigungszeitraums zugunsten von U für den Monat der Veräußerung zu berichtigen (§ 15a Abs. 3 UStG, § 44 Abs. 3 Satz 2 i.V.m. Abs. 4 UStDV).

Beispiel 2:

Unternehmer U nutzt ein Gebäude ausschließlich zur Erzielung von zum Vorsteuerabzug berechtigenden Umsätzen. Am 1.1.2024 lässt U die Fassade des Gebäudes streichen. U nimmt entsprechend der weiter beabsichtigten Verwendung des Gebäudes den Vorsteuerabzug zu 100 % vor. Am 1.1.2025 veräußert U das Gebäude steuerfrei.

Die Veräußerung des Gebäudes stellt in Bezug auf die an dem Gebäude ausgeführte sonstige Leistung eine Änderung gegenüber den für den ursprünglichen Vorsteuerabzug maßgeblichen Verhältnissen dar (§ 15a Abs. 8 UStG). Der Vorsteuerabzug für die sonstige Leistung ist für die restlichen neun Jahre des Berichtigungszeitraums zulasten von U für den Monat der Veräußerung zu berichtigen (§ 15a Abs. 3 UStG, § 44 Abs. 3 Satz 2 i.V.m. Abs. 4 UStDV).

2582 Handelt es sich um ein Wirtschaftsgut, das nur einmalig zur Erzielung eines Umsatzes verwendet wird, ist die Berichtigung nach den Grundsätzen des § 15a Abs. 2 UStG vorzunehmen.

dd) Nachträgliche Anschaffungs- oder Herstellungskosten

2583 Für nachträgliche Anschaffungs- oder Herstellungskosten, die an einem Wirtschaftsgut anfallen, das nicht nur einmalig zur Ausführung von Umsätzen verwendet wird, gilt ein gesonderter Berichtigungszeitraum (§ 15a Abs. 6 UStG). Der Berichtigungszeitraum beginnt zu dem Zeitpunkt, zu dem der Unternehmer das in seiner Form geänderte Wirtschaftsgut erstmalig zur Ausführung von Umsätzen verwendet. Die Dauer bestimmt sich nach § 15a Abs. 1 UStG und beträgt fünf bzw. zehn Jahre. Der Berichtigungszeitraum endet jedoch spätestens, wenn das Wirtschaftsgut, für das die nachträglichen Anschaffungs- oder Herstellungskosten angefallen sind, wegen Unbrauchbarkeit vom Unternehmer nicht mehr zur Ausführung von Umsätzen verwendet werden kann (§ 15a Abs. 5 Satz 2 UStG).

Beispiel:

Ein am 1.7.2018 erstmalig tatsächlich verwendetes bewegliches Wirtschaftsgut hat eine betriebsgewöhnliche Nutzungsdauer von vier Jahren. Am 31.1.2020 fallen nachträgliche Herstellungskosten an, durch die aber die betriebsgewöhnliche Nutzungsdauer des Wirtschaftsguts nicht verlängert wird.

Der Berichtigungszeitraum für das Wirtschaftsgut selbst beträgt vier Jahre, endet also am 30.6.2022. Für die nachträglichen Herstellungskosten beginnt der Berichtigungszeitraum erst am 1.2.2020. Er endet am 31.1.2025 und dauert somit unabhängig von der betriebsgewöhnlichen Nutzungsdauer des Wirtschaftsguts fünf Jahre.

2584 Die Berichtigung ist gesondert nach den dafür vorliegenden Verhältnissen und entsprechend dem dafür geltenden Berichtigungszeitraum durchzuführen. Auch hier ist von den gesamten Vorsteuerbeträgen auszugehen, die auf die nachträglichen Anschaffungs- oder Herstellungskosten entfallen (Ermittlung eines prozentualen Verhältnisses des ursprünglichen Vorsteuerabzugs zum Vorsteuervolumen insg.).

2585 Für nachträgliche Anschaffungs- oder Herstellungskosten, die für ein Wirtschaftsgut anfallen, das nur einmalig zur Erzielung eines Umsatzes verwendet wird, ist die Berichtigung des Vorsteuerabzugs für den Besteuerungszeitraum vorzunehmen, in dem das Wirtschaftsgut verwendet wird.

ee) Veräußerung oder Entnahme

Veräußerung und unentgeltliche Wertabgabe nach § 3 Abs. 1b UStG eines Wirtschaftsguts, das nicht nur einmalig zur Ausführung von Umsätzen verwendet wird, nach Beginn des nach § 15a Abs. 1 UStG maßgeblichen Berichtigungszeitraums sind so anzusehen, als ob das Wirtschaftsgut bis zum Ablauf des maßgeblichen Berichtigungszeitraums entsprechend der umsatzsteuerrechtlichen Behandlung dieser Umsätze weiterhin innerhalb des Unternehmens verwendet worden wäre. **2586**

Beispiel:

Ein Betriebsgrundstück, das vom 1.1.2025 bis zum 31.10.2025 innerhalb des Unternehmens zur Ausführung zum Vorsteuerabzug berechtigender Umsätze tatsächlich verwendet worden ist, wird am 1.11.2025 nach § 4 Nr. 9 Buchst. a UStG steuerfrei veräußert.

Für die Berichtigung ist die Veräußerung so anzusehen, als ob das Grundstück ab dem Zeitpunkt der Veräußerung bis zum Ablauf des Berichtigungszeitraums nur noch zur Ausführung von Umsätzen verwendet würde, die den Vorsteuerabzug ausschließen. Entsprechendes gilt bei einer steuerfreien unentgeltlichen Wertabgabe nach § 3 Abs. 1b Nr. 3 UStG.

ff) Zusammentreffen von Vorsteuerabzug und Vorsteuerberichtigung

Sind die Voraussetzungen für den Vorsteuerabzug nicht schon im Zeitpunkt des Leistungsbezugs, sondern erst mit Beginn der tatsächlichen Verwendung erfüllt, z.B. weil die zum Vorsteuerabzug berechtigende Rechnung vor der tatsächlichen erstmaligen Verwendung noch nicht vorgelegen hat, kann die Vorsteuer erst abgezogen werden, wenn die Voraussetzungen des § 15 Abs. 1 UStG insg. vorliegen. Auch hierbei beurteilt sich die Berechtigung zum Vorsteuerabzug nach der Verwendung im Zeitpunkt des Leistungsbezugs.[1] Von diesen Verhältnissen ist auch bei der Berichtung des Vorsteuerabzugs auszugehen. Danach ist im Zeitpunkt des erstmaligen Vorsteuerabzugs gleichzeitig eine eventuell notwendige Berichtigung des Vorsteuerabzugs für die bereits abgelaufenen Teile des Berichtigungszeitraums vorzunehmen, wie das Beispiel in Abschn. 15a.4 Abs. 2 UStAE verdeutlicht: **2587**

Beispiel:

Ein im Kj. 2022 neu errichtetes Gebäude, auf das eine Vorsteuer von 50 000 € entfällt, wird im Kj. 2023 erstmalig tatsächlich verwendet. Die Rechnung mit der gesondert ausgewiesenen Steuer erhält der Unternehmer aber erst im Kj. 2025. Der Unternehmer hat bereits während der Bauphase schlüssig dargelegt, dass er das Gebäude zum Vorsteuerabzug berechtigend vermieten will. Das Gebäude wurde tatsächlich wie folgt verwendet:

- im Kj. 2023 nur zur Ausführung zum Vorsteuerabzug berechtigender Umsätze;
- im Kj. 2024 je zur Hälfte zur Ausführung zum Vorsteuerabzug berechtigender und nicht zum Vorsteuerabzug berechtigender Umsätze;
- im Kj. 2025 nur zur Ausführung nicht zum Vorsteuerabzug berechtigender Umsätze.

Da der Unternehmer schlüssig dargelegt hat, dass er beabsichtigt, das Gebäude nach der Fertigstellung im Kj. 2023 ausschließlich für zum Vorsteuerabzug berechtigende Umsätze zu verwenden, kann er nach § 15 Abs. 1 UStG die Vorsteuer von 50 000 € voll abziehen. Der Abzug ist jedoch erst im Kj. 2025 zulässig. Bei der Steuerfestsetzung für dieses Jahr ist dieser Abzug aber gleichzeitig insoweit zu berichtigen, als für die Kj. 2024 und 2025 eine Änderung der Verhältnisse gegenüber der im Zeitpunkt des Leistungsbezugs dargelegten Verwendungsabsicht eingetreten ist. Diese Änderung beträgt für das Kj. 2024 50 % und für das Kj. 2025 100 %. Entsprechend dem zehnjährigen Berichtigungszeitraum ist bei der Berichtigung für das Jahr von einem Zehntel der Vorsteuer von 50 000 € = 5 000 € auszugehen. Es sind für das Kj. 2024 die Hälfte dieses Vorsteueranteils, also 2 500 €, und für das Kj. 2025 der volle Vorsteueranteil von 5 000 € vom Abzug ausgeschlossen. Im Ergebnis vermindert sich somit die bei der Steuerfestsetzung für das Kj. 2025 abziehbare Vorsteuer von 50 000 € um (2 500 € + 5 000 € =) 7 500 € auf 42 500 €.

Entsprechend ist zu verfahren, wenn der ursprünglich in Betracht kommende Vorsteuerabzug nach § 17 UStG oder deswegen zu berichtigen ist, weil später festgestellt wird, dass objektive Anhaltspunkte für die vorgetragene Verwendungsabsicht im Zeitpunkt des Leistungsbezugs nicht vorlagen, die Verwendungsabsicht nicht in gutem Glauben erklärt wurde oder ein Fall von Betrug oder Missbrauch vorliegt.[2] **2588**

gg) Vereinfachungen

§ 44 UStDV enthält Regelungen zur Vereinfachung bei der Berichtigung des Vorsteuerabzugs. Bei der Prüfung, ob die in § 44 UStDV aufgeführten Betragsgrenzen erreicht sind, ist jeweils auf den Gegenstand oder die bezogene sonstige Leistung abzustellen. Dies gilt auch dann, wenn mehrere Gegenstände gleicher Art und Güte geliefert wurden. Bei der Lieferung vertretbarer Sachen ist hingegen auf die zwischen leistendem Unternehmer und Leistungsempfänger geschlossene vertragliche Vereinbarung abzustellen. **2589**

Die Regelung des § 44 Abs. 1 UStDV, nach der eine Berichtigung des Vorsteuerabzugs entfällt, wenn die auf die Anschaffungs- oder Herstellungskosten eines Wirtschaftsguts entfallende Vorsteuer 1 000 € nicht übersteigt, gilt für alle Berichtigungsobjekte unabhängig davon, nach welcher Vorschrift die Berichtigung des Vorsteuerabzugs vorzunehmen ist und unabhängig davon, in welchem Umfang sich die für den Vorsteuerabzug maßgebenden Verhältnisse später ändern. Bei der Bestimmung der Grenze i.H.v. 1 000 € ist von den gesamten Vorsteuerbeträgen auszugehen, die auf die Anschaffung oder Herstellung bzw. den Bezug des einzelnen Berichtigungsobjekts entfallen. Nachträgliche Anschaffungs- oder Herstellungskosten sind nicht einzubeziehen, da sie eigenständige Berichtigungsobjekte darstellen und selbständig der Grenze von 1 000 € unterliegen. **2590**

1) Vgl. Abschn. 15a.4 Abs. 2 UStAE.
2) Vgl. Abschn. 15.12 Abs. 5 UStAE.

2591 Nach der Vereinfachungsregelung des § 44 Abs. 2 UStDV entfällt eine Vorsteuerberichtigung, wenn die dort genannten Grenzen nicht überschritten sind. Die Grenze von 10 % ist in der Weise zu berechnen, dass das Aufteilungsverhältnis, das sich für das betreffende Jahr des Berichtigungszeitraums ergibt, dem Verhältnis gegenübergestellt wird, das für den ursprünglichen Vorsteuerabzug für das Berichtigungsobjekt nach § 15 UStG maßgebend war. Für die absolute Grenze nach § 44 Abs. 2 UStDV von 1 000 € ist der Betrag maßgebend, um den der Vorsteuerabzug für das Berichtigungsobjekt auf Grund der Verhältnisse des betreffenden Jahres des Berichtigungszeitraums tatsächlich zu berichtigen wäre. Bei Berichtigungsobjekten, die nur einmalig zur Ausführung eines Umsatzes verwendet werden, gilt entsprechendes für den Zeitpunkt der tatsächlichen Verwendung des Berichtigungsobjekts.

2592 Beträgt die auf die Anschaffungs- oder Herstellungskosten bzw. Bezugskosten eines Berichtigungsobjekts, das nicht nur einmalig zur Ausführung von Umsätzen verwendet wird, entfallende Vorsteuer nicht mehr als 6 000 €, ist die Berichtigung des Vorsteuerabzugs für alle in Betracht kommenden Kj. einheitlich bei der Berechnung der Steuer für das Kj. vorzunehmen, in dem der maßgebliche Berichtigungszeitraum endet (§ 44 Abs. 3 UStDV).

Beratungshinweis:
Unter Beachtung der Bagatellgrenzen des § 44 Abs. 1 und 2 UStDV sind Berichtigungen nach § 15a UStG im Rahmen der Steuerfestsetzung für den Besteuerungszeitraum vorzunehmen, in dem sich die für den ursprünglichen Vorsteuerabzug maßgeblichen Verhältnisse geändert haben. Übersteigt der Betrag, um den der Vorsteuerabzug bei einem Wirtschaftsgut für das Kj. nach § 15a UStG zu berichtigen ist, 6 000 €, ist der Berichtigungsbetrag bereits in der Voranmeldung anzugeben.

2593 Wird ein Wirtschaftsgut, das nicht nur einmalig zur Ausführung von Umsätzen verwendet wird, während des nach § 15a Abs. 1 UStG maßgeblichen Berichtigungszeitraums veräußert oder nach § 3 Abs. 1b UStG geliefert, stehen damit die Verhältnisse bis zum Ablauf des Berichtigungszeitraums fest. Daher ist die Berichtigung stets für den Voranmeldungszeitraum durchzuführen, in dem die Veräußerung oder unentgeltliche Wertabgabe nach § 3 Abs. 1b UStG stattgefunden hat (§ 44 Abs. 3 Satz 2 UStDV). Hierbei sind die Berichtigung für das Kj. der Veräußerung oder unentgeltlichen Wertabgabe nach § 3 Abs. 1b UStG und die Berichtigung für die noch folgenden Kj. des Berichtigungszeitraums gleichzeitig vorzunehmen. In den Fällen des § 44 Abs. 3 UStDV sind außerdem die Berichtigungen für die vorausgegangenen Jahre des Berichtigungszeitraums durchzuführen. Entsprechend ist zu verfahren, wenn eine sonstige Leistung entgeltlich oder durch eine Zuwendung i.S.d. § 3 Abs. 9a UStG aus dem Unternehmen ausscheidet (z.B. Veräußerung einer Lizenz).

2594 Verkürzt sich der Berichtigungszeitraum deswegen, weil ein nicht nur einmalig zur Ausführung von Umsätzen dienendes Wirtschaftsgut wegen Unbrauchbarkeit vorzeitig nicht mehr zur Ausführung von Umsätzen verwendbar ist,[1] kann für die vorausgegangenen Abschnitte des Berichtigungszeitraums eine Neuberechnung des jeweiligen Berichtigungsbetrages erforderlich werden. Die Unterschiede, die sich in einem solchen Fall ergeben, können aus Vereinfachungsgründen bei der Steuerfestsetzung für das letzte Kj. des verkürzten Berichtigungszeitraums berücksichtigt werden.

2595 Die Vorsteuerberichtigung nach § 15a UStG ist grundsätzlich im Voranmeldungszeitraum durchzuführen, in dem die Änderung der Verhältnisse eingetreten ist. Übersteigt allerdings der Betrag, um den der Vorsteuerabzug bei einem Wirtschaftsgut für das Kj. zu berichtigen ist, nicht 6 000 €, ist nach § 44 Abs. 3 Satz 1 UStDV die Berichtigung erst im Rahmen der Steuerfestsetzung für den Besteuerungszeitraum vorzunehmen, in dem die Änderung der Verhältnisse eingetreten ist.

2596

Übersicht über die Vereinfachungsregelungen:		
Berichtigungsobjekt	**Betragsgrenze**	**Rechtsfolgen**
Bezogene Leistungen, für die eine Vorsteuerberichtigung in Betracht kommt, unabhängig davon, nach welcher Vorschrift die Berichtigung des Vorsteuerabzugs vorzunehmen ist und unabhängig davon, in welchem Umfang sich die für Vorsteuerabzug maßgeblichen Verhältnisse später ändern.	Die auf die Anschaffungs- oder Herstellungskosten eines Wirtschaftsguts entfallende Vorsteuer übersteigt nicht 1 000 €.	Eine Berichtigung des Vorsteuerabzugs entfällt nach § 44 Abs. 1 UStDV.
Bezogene Leistungen, für die eine Vorsteuerberichtigung in Betracht kommt, unabhängig davon, nach welcher Vorschrift die Berichtigung des Vorsteuerabzugs vorzunehmen ist.	In einem Kj. haben sich die für den ursprünglichen Vorsteuerabzug tatsächlichen Verhältnisse um weniger als 10 % geändert.	Es entfällt eine Vorsteuerberichtigung nach § 44 Abs. 2 UStDV; dies gilt jedoch nicht, wenn der Betrag, um den der Vorsteuerabzug für dieses Kj. zu berichtigen ist, 1 000 € übersteigt.
Bezogene Leistungen, für die eine Vorsteuerberichtigung in Betracht kommt, unabhängig davon, nach welcher Vorschrift die Berichtigung des Vorsteuerabzugs vorzunehmen ist.	Der Betrag, um den der Vorsteuerabzug bei einem Wirtschaftsgut für das Kj. zu berichtigen ist, übersteigt nicht 6 000 €.	Die Berichtigung ist nach § 44 Abs. 3 Satz 1 UStDV erst im Rahmen der Steuerfestsetzung für den Besteuerungszeitraum vorzunehmen.

1) Vgl. Abschn. 15a.3 Abs. 7 UStAE.

Übersicht über die Vereinfachungsregelungen:		
Berichtigungsobjekt	**Betragsgrenze**	**Rechtsfolgen**
Wirtschaftsgüter des Anlagevermögens, die während eines Berichtigungszeitraums veräußert oder entnommen werden.	keine	Die Berichtigung ist stets für den Voranmeldungszeitraum vorzunehmen, in dem die Veräußerung oder Entnahme stattgefunden hat (§ 44 Abs. 3 Satz 2 UStDV). Die Berichtigung für die nachfolgenden Kj. des Berichtigungszeitraums ist gleichzeitig vorzunehmen.
Wirtschaftsgüter des Anlagevermögens und vergleichbare sonstige Leistungen, bei denen sich der Berichtigungszeitraum deshalb verkürzt, weil die Leistung wegen Unbrauchbarkeit vorzeitig nicht mehr zur Ausführung von Umsätzen verwendbar ist.	keine	Es kann für die vorausgegangenen Berichtigungszeiträume eine Neuberechnung des jeweiligen Berichtigungsbetrags notwendig werden. Die Unterschiedsbeträge, die sich in einem solchen Fall ergeben, können aus Vereinfachungsgründen bei der Steuerfestsetzung für das letzte Jahr des Berichtigungszeitraums berücksichtigt werden.

Beispiel:

Ein am 15.2.2023 für 850 000 € zzgl. 161 500 € Umsatzsteuer erworbenes und dem Unternehmen zu 100 % zugeordnetes Grundstück wurde bis zum 1.12.2025 zulässigerweise unter Verzicht auf die Steuerbefreiung (§ 4 Nr. 12 UStG) steuerpflichtig vermietet und die Umsatzsteuer als Vorsteuer abgezogen. Ab dem 1.12.2025 wird das Grundstück steuerfrei vermietet.

Die Nutzungsänderung (steuerfreie Vermietung) führt zu einer Änderung der Verhältnisse, die für den ursprünglichen Vorsteuerabzug tatsächlich maßgebend waren (§ 15a Abs. 1 UStG). Eine Vorsteuerberichtigung ist ab dem 1.12.2025 vorzunehmen. Der Berichtigungsbetrag übersteigt 6 000 € ($^1/_{10}$ von 161 500 € = 16 150 €). Die Vorsteuerberichtigung ist sowohl im Voranmeldungsverfahren (Umsatzsteuer-Voranmeldung für Dezember 2025) anzumelden, sowie in der Umsatzsteuererklärung 2025 zu erklären.

hh) Berichtigung des Vorsteuerabzugs beim Wechsel zwischen der Kleinunternehmer-Regelung und der allgemeinen Besteuerung und umgekehrt

Bei Wirtschaftsgütern und sonstigen Leistungen, die nicht nur einmalig zur Ausführung von Umsätzen verwendet werden, ist eine Berichtigung nach § 15a Abs. 1 UStG vorzunehmen, wenn im Berichtigungszeitraum auf Grund des Wechsels der Besteuerungsform eine Änderung gegenüber den für den ursprünglichen Vorsteuerabzug maßgeblichen Verhältnissen vorliegt. **2597**

Beispiel 1:

Unternehmer U ist im Kj. 2024 Regelbesteuerer. Für das Kj. 2025 und die Folgejahre findet die Kleinunternehmerbesteuerung Anwendung, da die Umsatzgrenzen nicht überschritten werden und U nicht optiert. Im Kj. 2025 schafft U eine Maschine für 100 000 € zzgl. 19 000 € Umsatzsteuer an. Aus der Anschaffung der Maschine macht U den Vorsteuerabzug geltend, da er im Zeitpunkt der Anschaffung beabsichtigt, die Maschine für steuerpflichtige Ausgangsumsätze zu verwenden. Erst am 1.7.2025 kommt es zu dieser Verwendung der Maschine.

Da die Maschine nicht nur einmalig zur Ausführung von Umsätzen verwendet wird, ist für die Vorsteuerberichtigung § 15a Abs. 1 UStG maßgeblich. Nach § 15a Abs. 7 UStG stellt der Übergang von der Regelbesteuerung zur Kleinunternehmerbesteuerung zum 1.1.2025 eine Änderung der Verhältnisse dar.

Bei Beginn der Verwendung der Maschine (Beginn des Berichtigungszeitraums) am 1.7.2025 ist U Kleinunternehmer, der nicht zum Vorsteuerabzug berechtigt ist. Er muss daher eine Berichtigung pro rata temporis zu seinen Lasten vornehmen, obwohl er die Maschine tatsächlich entsprechend seiner Verwendungsabsicht im Zeitpunkt des Leistungsbezugs verwendet. Es ergibt sich gegenüber dem ursprünglichen Vorsteuerabzug von 100 % eine Abweichung von 100 Prozentpunkten (0 % statt 100 %).

Bei Wirtschaftsgütern oder sonstigen Leistungen, die nur einmalig zur Ausführung eines Umsatzes verwendet werden, ist die durch den Wechsel der Besteuerungsform ausgelöste Vorsteuerberichtigung in dem Besteuerungszeitraum vorzunehmen, in dem das Wirtschaftsgut verwendet wird (§ 15a Abs. 2 Satz 2 i.V.m. Abs. 7 UStG).

Beispiel 2:

Unternehmer U ist im Kj. 2024 Kleinunternehmer. Er erwirbt im Kj. 2020 Waren, die zur Veräußerung bestimmt sind (Umlaufvermögen). Im Kj. 2025 findet wegen Überschreitens der Umsatzgrenze die Steuerbefreiung für Kleinunternehmer keine Anwendung. Im Kj. 2026 liegen die Voraussetzungen der Kleinunternehmer-Regelung wieder vor und U wendet ab dem Kj. 2026 wieder die Steuerbefreiung für Kleinunternehmer an. U veräußert die im Kj. 2020 erworbenen Waren im Kj. 2025.

Für die Vorsteuerberichtigung der Waren ist § 15a Abs. 2 UStG maßgeblich, da diese nur einmalig zur Ausführung eines Umsatzes verwendet werden. Nach § 15a Abs. 7 UStG stellt der Übergang zur Regelbesteuerung grundsätzlich eine Änderung der Verhältnisse dar. Maßgeblich für die Vorsteuerberichtigung sind jedoch die Verhältnisse im Zeitpunkt der tatsächlichen Verwendung der Waren. Die Verwendung ist mit der Veräußerung der Waren im Kj. 2025 erfolgt. Im Kj. 2026 findet keine Verwendung statt. Daher ist die in diesem Jahr eingetretene Änderung der Besteuerungsform ohne Belang. Eine Änderung der Verhältnisse gegenüber den ursprünglichen für den Vorsteuerabzug maßgebenden Verhältnissen liegt nicht vor, da U wie im Kj. 2024 auch im Kj. 2026 Kleinunternehmer ist. Daher ist weder im Kj. 2025 noch im Kj. 2026 eine Berichtigung des Vorsteuerabzugs vorzunehmen.

Vorsteuern aus der Anschaffung einheitlicher Gegenstände, die sowohl in einem gewerblichen Unternehmensteil (Lohnunternehmen) als auch in einem landwirtschaftlichen Unternehmensteil (§ 24 UStG) verwendet werden, sind nicht nach § 15 UStG abziehbar, soweit sie den nach § 24 UStG versteuerten Umsätzen zuzurechnen sind (§ 24 Abs. 1 Satz 4 UStG).[1] Werden diese Gegenstände abweichend von der bei Leistungsbezug gegebenen Verwen- **2598**

1) Abschn. 24.6 Abs. 2 UStAE.

dungsabsicht in einem anderen Umfang im jeweils anderen Unternehmensteil verwendet, kommt eine Berichtigung des Vorsteuerabzugs ebenfalls nach § 15a UStG in Betracht.

b) Erstmalige Verwendung von Grundstücken und Gebäuden im Kalenderjahr 2025 (Zeile 89)

	J. Berichtigung des Vorsteuerabzugs (§ 15a UStG)		
89	Sind im Kalenderjahr 2025 Grundstücke, Grundstücksteile, Gebäude oder Gebäudeteile, für die Vorsteuer abgezogen worden ist, erstmals tatsächlich verwendet worden?	370	1 = Ja
	(Geben Sie bitte auf einem besonderem Blatt für jedes Grundstück oder Gebäude gesondert an: Lage, Zeitpunkt der erstmaligen tatsächlichen Verwendung, Art und Umfang der Verwendung im Erstjahr, insgesamt angefallene Vorsteuer, in den Vorjahren – Investitionsphase – bereits abgezogene Vorsteuer)		

2599 In **Zeile 89** ist eine „1" einzutragen (Kz 370), wenn im Kj. 2025 Grundstücke, Grundstücksteile, Gebäude oder Gebäudeteile, für die Umsatzsteuer gesondert in Rechnung gestellt wurden, erstmals tatsächlich zur Ausführung von Umsätzen verwendet wurden. Hiervon sind die Grundstücke, Grundstücksteile, Gebäude oder Gebäudeteile betroffen, die innerhalb der letzten zehn Jahre erstmals tatsächlich und **nicht nur einmalig** zur Ausführung von Umsätzen verwendet worden sind. Entsprechendes gilt für die **Zeilen 90 und 91** (Kz 371 und 372), **93 bis 97**.

2600 Der Berichtigungszeitraum beginnt nach § 15a UStG und § 44 UStDV bei einer Änderung der Verhältnisse, die für den ursprünglichen Vorsteuerabzug maßgeblich waren, mit dem Monat der erstmaligen Verwendung. Die Regelungen im UStG und der UStDV sind nach dem EuGH-Urteil v. 15.1.1998[1] gemeinschaftskonform. Danach beginnt der Berichtigungszeitraum mit der Fertigstellung des jeweiligen Wirtschaftsguts.

c) Änderung der Verhältnisse von Grundstücken und Gebäuden, anderen Wirtschaftsgütern und sonstigen Leistungen (Zeilen 90–92)

	Haben sich im Jahr 2025 die für den ursprünglichen Vorsteuerabzug maßgebenden Verhältnisse geändert bei		
90	1. **Grundstücken, Grundstücksteilen, Gebäuden** oder **Gebäudeteilen**, die innerhalb der letzten 10 Jahre erstmals tatsächlich und **nicht nur einmalig** zur Ausführung von Umsätzen verwendet worden sind?	371	1 = Ja
91	2. **anderen Wirtschaftsgütern und sonstigen Leistungen**, die innerhalb der letzten 5 Jahre erstmals tatsächlich und **nicht nur einmalig** zur Ausführung von Umsätzen verwendet worden sind?	372	1 = Ja
92	3. **Wirtschaftsgütern und sonstigen Leistungen**, die **nur einmalig** zur Ausführung von Umsätzen verwendet worden sind?	369	1 = Ja

2601 Haben sich im Kj. 2025 die für den ursprünglichen Vorsteuerabzug maßgebenden Verhältnisse bei **Grundstücken, Grundstücksteilen, Gebäuden** oder **Gebäudeteilen**, die innerhalb der letzten zehn Jahre bzw. bei anderen Wirtschaftsgütern (z.B. Maschinen, Fahrzeuge) und sonstigen Leistungen, die innerhalb der letzten fünf Jahre erstmals und tatsächlich und **nicht nur einmalig** zur Ausführung von Umsätzen verwendet wurden, geändert, ist in **Zeile 90** (Kz 371) bzw. in **Zeile 91** (Kz 372) eine „1" einzutragen.

2602 In **Zeile 92** ist ebenfalls eine „1" (Kz 369) einzutragen, wenn sich im Kj. 2025 die für den ursprünglichen Vorsteuerabzug maßgebenden Verhältnisse bei Wirtschaftsgütern (z.B. Maschinen, Fahrzeuge) und sonstigen Leistungen, **die nur einmalig** zur Ausführung von Umsätzen verwendet wurden, geändert haben. In diesen Fällen gilt kein besonderer Berichtigungszeitraum. Eine Vorsteuerberichtigung ist demnach auch vorzunehmen, wenn die erstmalige Verwendung nach mehr als fünf bzw. zehn Jahren erfolgt.

> **Praxishinweis:**
> Dies ist insb. für Grundstücke von Bedeutung, die mit der Absicht einer umsatzsteuerpflichtigen Weiterveräußerung erworben werden, tatsächlich aber umsatzsteuerfrei weiterverkauft werden. Die Berichtigung erfolgt dann für den Besteuerungszeitraum, in dem das Wirtschaftsgut veräußert wird.

2603 Soweit auch **für sonstige Leistungen** eine Vorsteuerberichtigung nach § 15a UStG vorzunehmen ist, können hierfür die Eintragungen zu den **Zeilen 89 bis 101** ebenfalls genutzt werden.

d) Veränderung der Verhältnisse durch Veräußerung, Lieferung, Wechsel der Besteuerungsform und Nutzungsänderung (Zeilen 93–98)

	Die Verhältnisse, die ursprünglich für die Beurteilung des Vorsteuerabzugs maßgebend waren, haben sich seitdem geändert durch:
93	Veräußerung – Lieferung im Sinne des § 3 Absatz 1b UStG – Wechsel der Besteuerungsform, § 15a Absatz 7 UStG
94	Wechsel der Besteuerungsform im Rahmen der Kleinunternehmer-Regelung
95	Nutzungsänderung, und zwar
96	Übergang von steuerpflichtiger zu steuerfreier Vermietung oder umgekehrt beziehungsweise Änderung des Verwendungsschlüssels bei gemischt genutzten Grundstücken (insbesondere bei Mieterwechsel).
97	steuerfreie Vermietung bisher eigengewerblich genutzter Räume oder umgekehrt; Übergang von einer Vermietung für NATO- oder ähnliche Zwecke zu einer nach § 4 Nummer 12 UStG steuerfreien Vermietung.
98	

1) EuGH v. 15.1.1998, C-37/95, HFR 1998, 415.

aa) Veräußerung, Lieferung, Wechsel der Besteuerungsform (Zeile 93)

Verwendung i.S.d. § 15a UStG ist die tatsächliche Nutzung des Berichtigungsobjekts zur Erzielung von Umsätzen. Als Verwendung sind auch die Veräußerung und die unentgeltliche Wertabgabe nach § 3 Abs. 1b UStG anzusehen.[1] Unter Veräußerung ist sowohl die Lieferung i.S.d. § 3 Abs. 1 UStG (z.B. auch die Verwertung in der Zwangsvollstreckung), als auch die Übertragung immaterieller Wirtschaftsgüter zu verstehen. Voraussetzung ist jedoch, dass das Wirtschaftsgut im Zeitpunkt dieser Umsätze objektiv noch verwendungsfähig ist. **2604**

Für die Frage, ob eine Änderung der Verhältnisse vorliegt, sind die Verhältnisse im Zeitpunkt der tatsächlichen Verwendung im Vergleich zum ursprünglichen Vorsteuerabzug entscheidend. Für den ursprünglichen Vorsteuerabzug ist die Verwendungsabsicht im Zeitpunkt des Leistungsbezugs entscheidend, im Fall der Anzahlung oder Vorauszahlung die im Zeitpunkt der Anzahlung oder Vorauszahlung gegebene Verwendungsabsicht.[2] Eine Änderung der Verhältnisse i.S.d. § 15a UStG liegt z.B. vor, **2605**

- wenn sich auf Grund der tatsächlichen Verwendung nach § 15 Abs. 2 und 3 UStG ein höherer oder niedrigerer Vorsteuerabzug im Vergleich zum ursprünglichen Vorsteuerabzug ergibt;
- wenn der Unternehmer ein Berichtigungsobjekt innerhalb des Unternehmens für Ausgangsumsätze nutzt, welche den Vorsteuerabzug anders als ursprünglich ausschließen oder zulassen;
- wenn der Unternehmer einen ursprünglich ausgeübten Verzicht auf eine Steuerbefreiung (§ 9 UStG) später nicht fortführt;
- wenn sich das prozentuale Verhältnis ändert, nach dem die abziehbaren Vorsteuern ursprünglich gem. § 15 Abs. 4 UStG aufgeteilt worden sind;
- wenn das Wirtschaftsgut veräußert oder entnommen wird und dieser Umsatz hinsichtlich des Vorsteuerabzugs anders zu beurteilen ist als der ursprüngliche Vorsteuerabzug (§ 15a Abs. 8 UStG);
- wenn der Unternehmer von der allgemeinen Besteuerung zur Nichterhebung der Steuer nach § 19 Abs. 1 UStG oder umgekehrt übergeht (§ 15a Abs. 7 UStG), ohne dass sich die Nutzung der Wirtschaftsgüter oder sonstigen Leistungen selbst geändert haben muss;
- wenn der Unternehmer von der allgemeinen Besteuerung zur Durchschnittssatzbesteuerung nach den §§ 23a und 24 UStG oder umgekehrt übergeht (§ 15a Abs. 7 UStG), ohne dass sich die Nutzung der Wirtschaftsgüter oder sonstigen Leistungen selbst geändert haben muss (zur Vorsteuerberichtigung bei Wirtschaftsgütern, die sowohl in einem gewerblichen Unternehmensteil als auch in einem landwirtschaftlichen Unternehmensteil (§ 24 UStG) eingesetzt werden, und zum Übergang von der allgemeinen Besteuerung zur Durchschnittssatzbesteuerung nach § 24 UStG oder umgekehrt);
- wenn sich eine Rechtsänderung nach dem Leistungsbezug auf die Beurteilung des Vorsteuerabzugs auswirkt, z.B. bei Wegfall oder Einführung einer den Vorsteuerabzug ausschließenden Steuerbefreiung;[3]
- wenn sich die rechtliche Beurteilung des ursprünglichen Vorsteuerabzugs später als unzutreffend erweist, sofern die Steuerfestsetzung für das Jahr des Leistungsbezugs bestandskräftig und unabänderbar ist.

Praxishinweis:

Eine Geschäftsveräußerung i.S.d. § 1 Abs. 1a UStG stellt keine Änderung der Verhältnisse dar, weil der Erwerber an die Stelle des Veräußerers tritt (§ 1 Abs. 1a Satz 3 UStG).

In **Zeile 93** ist **durch Ankreuzen** kenntlich zu machen, wenn sich die Verhältnisse, die ursprünglich für die Beurteilung des Vorsteuerabzugs maßgebend waren, seitdem durch **Veräußerung, Lieferungen i.S.d. § 3 Abs. 1b UStG** (den Lieferungen gleichgestellte Wertabgaben) oder durch einen **Wechsel der Besteuerungsform** (§ 15a Abs. 7 UStG) geändert haben. **2606**

bb) Nutzungsänderung (Zeilen 94–98)

In den **Zeilen 94 bis 97** besteht die Möglichkeit, durch Ankreuzen oder Nutzung der freien Eintragungszeile in **Zeile 98** die Nutzungsänderungen anzugeben, die zu einer Vorsteuerberichtung geführt haben. Die Aufzählung in den Zeilen 94 bis 97 ist nicht abschließend. **2607**

Bei den in den **Zeilen 94 bis 97** genannten Nutzungsänderungen, die auch in den Vorjahren eingetreten sein können, scheidet das Grundstück oder der Grundstücksteil nicht durch Veräußerung oder Entnahme aus dem unternehmerischen Bereich aus, sondern **die bisherige Nutzung** ändert sich. In diesen Fällen beschränkt sich die Vorsteuerberichtigung auf das Kj. 2025. **2608**

Beispiel 1:

Unternehmer A hat im Kj. 2022 ein Grundstück erworben und ab dem 1.7.2022 zulässigerweise unter Verzicht auf die Option steuerpflichtig vermietet. Das Grundstück wird ab dem 1.9.2025 steuerfrei vermietet. In diesem Fall ist in Zeile 90 bei der Kennzahl 371 eine „1" einzutragen und in den Zeilen 94 und 95 sind die Kästchen anzukreuzen.

Ab dem 1.9.2025 hat der Unternehmer in Zeile 99 die zurückzuzahlende Vorsteuer einzutragen.

Die Berechnung ist wie folgt vorzunehmen: z.B. 36 000 € Vorsteuer: 120 Monate Berichtigungszeitraum = 300 € monatliche Berichtigung × 4 Monate September bis Dezember 2025 = 1 200 €.

---

1) Vgl. BFH v. 2.10.1986, V R 91/78, BStBl II 1987, 44.
2) Abschn. 15.12 Abs. 1 UStAE.
3) Vgl. BFH v. 14.5.1992, V R 79/87, BStBl II 1992, 983.

Beispiel 2:

Wie Beispiel 1, nur, dass A das Gebäude zunächst zu 50 % steuerfrei und zu 50 % zulässigerweise steuerpflichtig vermietet hat und ab dem 1.7.2025 das Grundstück zulässigerweise zu 100 % steuerpflichtig vermietet (§ 9 UStG). In diesem Fall ist in Zeile 90 bei der Kennzahl 371 eine „1" einzutragen und in den Zeilen 94 und 95 sind die Kästchen anzukreuzen.

Unternehmer A kann für das Kj. 2025 900 € Vorsteuer nachträglich in Zeile 99 geltend machen.

Berechnung: Monatsbeitrag wie Beispiel 1 = 150 € (50 % von 300 €) × 6 Monate Juli bis Dezember 2025 = 900 €.

2609 Bei bebauten und unbebauten Grundstücken können sich die Verhältnisse insb. in folgenden Fällen ändern durch:

- **Nutzungsänderungen**, insb. durch
  - Übergang von einer durch Option nach § 9 UStG steuerpflichtigen Vermietung zu einer nach § 4 Nr. 12 Satz 1 Buchst. a UStG steuerfreien Vermietung oder umgekehrt,
  - Übergang von der Verwendung eigengewerblich genutzter Räume, die zur Erzielung zum Vorsteuerabzug berechtigender Umsätze verwendet werden, zu einer nach § 4 Nr. 12 Satz 1 Buchst. a UStG steuerfreien Vermietung oder umgekehrt,
  - Übergang von einer steuerfreien Vermietung nach Art. 67 Abs. 3 NATO-Zusatzabkommen (NATO-ZAbk) zu einer nach § 4 Nr. 12 Satz 1 Buchst. a UStG steuerfreien Vermietung oder umgekehrt,
  - Änderung des Vorsteueraufteilungsschlüssels bei Grundstücken, die sowohl zur Ausführung von Umsätzen, die zum Vorsteuerabzug berechtigen, als auch für Umsätze, die den Vorsteuerabzug ausschließen, verwendet werden;
- **Veräußerungen**, die nicht als Geschäftsveräußerungen i.S.d. § 1 Abs. 1a UStG anzusehen sind, insb.
  - nach § 4 Nr. 9 Buchst. a UStG steuerfreie Veräußerungen ganz oder teilweise eigengewerblich und vorsteuerunschädlich genutzter, ursprünglich steuerpflichtig vermieteter oder auf Grund des Art. 67 Abs. 3 NATO-ZAbk steuerfrei vermieteter Grundstücke,
  - durch wirksame Option nach § 9 UStG steuerpflichtige Veräußerungen ursprünglich ganz oder teilweise nach § 4 Nr. 12 Satz 1 Buchst. a UStG steuerfrei vermieteter Grundstücke,
  - die entgeltliche Übertragung eines Miteigentumsanteils an einem ursprünglich teilweise steuerfrei vermieteten Grundstück auf einen Familienangehörigen, wenn die Teiloption beim Verkauf nicht in dem Verhältnis der bisherigen Nutzung ausgeübt wird;
- **unentgeltliche Wertabgaben**, die nicht im Rahmen einer Geschäftsveräußerung nach § 1 Abs. 1a UStG erfolgen, und die steuerfrei sind, weil der Unternehmer das Grundstück vor dem 1.7.2004 angeschafft oder hergestellt hat, insb.
  - unentgeltliche Übertragung ganz oder teilweise eigengewerblich vorsteuerunschädlich genutzter, ursprünglich steuerpflichtig vermieteter oder auf Grund des Art. 67 Abs. 3 NATO-ZAbk (→ Rz. 2355) steuerfrei vermieteter Grundstücke z.B. an Familienangehörige,[1]
  - unentgeltliche Nießbrauchsbestellung an einem entsprechend genutzten Grundstück z.B. an Familienangehörige,[2]
  - unentgeltliche Übertragung des Miteigentumsanteils an einem entsprechend genutzten Grundstück z.B. an Familienangehörige.[3]

1) BFH v. 25.6.1987, V R 92/78, BStBl II 1987, 655.
2) BFH v. 16.9.1987, X R 51/81, BStBl II 1988, 205.
3) BFH v. 27.4.1994, XI R 85/92, BStBl II 1995, 30.

e) Vorsteuerberichtigungsbeträge (Zeilen 99–102)

Vorsteuerberichtigungsbeträge

Zeile			nachträglich abziehbar EUR Ct		zurückzuzahlen EUR Ct
99	zu 1. (z. B. Grundstücke, § 15a Absatz 1 Satz 2 UStG)				
100	zu 2. (z. B. andere Wirtschaftsgüter, § 15a Absatz 1 Satz 1 UStG)				
101	zu 3. (z. B. Wirtschaftsgüter, § 15a Absatz 2 UStG)				
102	Summe	357		359	
			zu übertragen in Zeile 110		zu übertragen in Zeile 112

2025USt2A505 2025USt2A505

In den **Zeilen 98 bis 101** sind die nachträglich abziehbaren bzw. zurückzuzahlenden Steuerbeträge auf Grund der Regelungen in § 15a UStG einzutragen. Die Berechnung dieser Beträge sollte auf einem besonderen Blatt dargestellt werden, insb. dann, wenn bei unterschiedlichen Wirtschaftsgütern und bei sonstigen Leistungen verschiedene Berichtigungszeiträume in Betracht kommen. **2610**

In **Zeile 102** sind die Summen aus den Zeilen 98 bis 100 einzutragen und in Abschnitt K (Zeilen 110 und 112) zur Berechnung der Umsatzsteuer zu übertragen. **2611**

12. Abschnitt K – Berechnung der zu entrichtenden Umsatzsteuer (Zeilen 103–120) und Unterschrift (Zeilen 121–123)

Steuernummer — - 6 -

K. Berechnung der zu entrichtenden Umsatzsteuer

Zeile		Kz	Steuer EUR	Ct
103	**Umsatzsteuer auf steuerpflichtige Lieferungen, sonstige Leistungen und unentgeltliche Wertabgaben** (aus Zeile 37)			
104	**Umsatzsteuer auf innergemeinschaftliche Erwerbe** (aus Zeile 56)			
105	Umsatzsteuer, die vom Auslagerer oder Lagerhalter geschuldet wird (§ 13a Absatz 1 Nummer 6 UStG) (aus Zeile 58)			
106	Umsatzsteuer, die vom letzten Abnehmer im innergemeinschaftlichen Dreiecksgeschäft geschuldet wird (§ 25b Absatz 2 UStG) (aus Zeile 64)			
107	Umsatzsteuer, die vom Leistungsempfänger nach § 13b UStG geschuldet wird (aus Zeile 68)			
108	Zwischensumme			
109	**Abziehbare Vorsteuerbeträge** (aus Zeile 87)			
110	Vorsteuerbeträge, die auf Grund des § 15a UStG nachträglich abziehbar sind (aus Zeile 102)			
111	Verbleibender Betrag			
112	Vorsteuerbeträge, die auf Grund des § 15a UStG zurückzuzahlen sind (aus Zeile 102)			
113	In Rechnungen unrichtig oder unberechtigt ausgewiesene Steuerbeträge (§ 14c UStG) sowie Steuerbeträge, die nach § 6a Absatz 4 Satz 2 UStG geschuldet werden	318		
114	Steuerbeträge, die nach § 17 Absatz 1 Satz 7 UStG geschuldet werden	331		
115	Steuer- und Vorsteuerbeträge, die auf frühere Besteuerungszeiträume entfallen (nur für Kleinunternehmer, die § 19 Absatz 1 UStG anwenden)	391		
116	**Umsatzsteuer** / **Überschuss** - bitte dem Betrag ein Minuszeichen voranstellen -			
117	Anrechenbare Beträge (aus Zeile 18 der Anlage UN)			
118	**Verbleibende Umsatzsteuer** / **Verbleibender Überschuss** - bitte dem Betrag ein Minuszeichen voranstellen - **(bitte in jedem Fall ausfüllen)**	816		
119	Vorauszahlungssoll 2025 (einschließlich Sondervorauszahlung)			
120	**Noch an die Finanzkasse zu entrichten** - Abschlusszahlung - / **Erstattungsanspruch** - bitte dem Betrag ein Minuszeichen voranstellen - **(bitte in jedem Fall ausfüllen)**	820		

Ein Umsatzsteuerbescheid ergeht nur, wenn von Ihrer Berechnung der Umsatzsteuer abgewichen wird.

Unterschrift

121 Die Steuererklärung wurde unter Mitwirkung einer selbständig und eigenverantwortlich tätigen und zur Hilfeleistung in Steuersachen nach §§ 3 und 4 des Steuerberatungsgesetzes befugten Person oder Vereinigung angefertigt. 1 = Ja

Bei der Anfertigung dieser Steuererklärung einschließlich der Anlagen hat mitgewirkt:

122

123

Datum, eigenhändige Unterschrift des Unternehmers

Bearbeitungshinweis

1. Die aufgeführten Daten sind mit Hilfe des geprüften und genehmigten Programms sowie ggf. unter Berücksichtigung der gespeicherten Daten maschinell zu verarbeiten.
2. Die weitere Bearbeitung richtet sich nach den Ergebnissen der maschinellen Verarbeitung.

Kontrollzahl und/oder Datenerfassungsvermerk

2025USt2A506 2025USt2A506

a) Allgemeines (Zeilen 103–111)

Im Abschnitt K der Umsatzsteuererklärung ist die Umsatzsteuer in den Zeilen 103 bis 120 zu berechnen. Die in den Abschnitten B bis J ermittelten Beträge sind in Abschnitt K **Zeilen 103 bis 110** zu übertragen. In **Zeile 111** ist der verbleibende Betrag einzutragen. In **Zeile 112** sind die Vorsteuerbeträge, die auf Grund des § 15a UStG zurückzuzahlen sind, aus Abschnitt J (Zeile 102, Kz 359) zu übertragen. **2612**

b) Unrichtiger Steuerausweis/unberechtigter Steuerausweis (Zeile 113)

In § 14c UStG wird der **unrichtige oder unberechtigte Steuerausweis** geregelt. Weist der Unternehmer in einer Rechnung über eine Lieferung oder sonstige Leistung einen höheren Steuerbetrag aus, als er nach dem UStG schuldet (**unrichtiger Steuerausweis**), schuldet er auch den Mehrbetrag (§ 14c Abs. 1 UStG). Wie bisher kann der Unternehmer den Steuerbetrag gegenüber dem Leistungsempfänger berichtigen. In diesem Fall ist § 17 Abs. 1 UStG entsprechend anzuwenden, mit der Folge, dass der Leistungsempfänger eventuell zu hoch geltend gemachte Vorsteuerbeträge an das FA zurückzahlen muss. Der Unternehmer darf in den Fällen der Rückgängigmachung des Verzichts auf die Steuerbefreiung nach § 9 UStG den dann insoweit unrichtigen Steuerausweis erst berichtigen, wenn die Gefährdung des Steueraufkommens beseitigt ist. Dies ist erst dann der Fall, wenn der Leistungsempfänger bereits geltend gemachte Vorsteuerbeträge zurückgezahlt hat. **2613**

Praxishinweis:

Die Vorschrift ist unionsrechtskonform einschränkend auszulegen, dass keine Steuer nach § 14c Abs. 1 UStG entsteht, wenn ein Unternehmer eine Leistung tatsächlich ausgeführt und hierüber eine Rechnung mit einem unrichtigen Steuerausweis an einen Endverbraucher (insb. Nichtunternehmer oder Unternehmer für dessen nichtunternehmerischen Bereich) gestellt hat.[1] Es bedarf in diesen Fällen keiner Berichtigung des Steuerbetrags nach Abschn. 14c.1 Abs. 5 UStAE. Die Tatsache, dass die fragliche Rechnung an einen Endverbraucher ausgestellt worden ist, stellt eine den Steueranspruch einschränkende Tatsache dar, die durch den Unternehmer glaubhaft darzulegen bzw. plausibel zu begründen ist. In Mischfällen, in denen die gleiche Leistung betreffende Rechnungen mit unrichtigem Steuerausweis sowohl an Endverbraucher als auch an Unternehmer für deren unternehmerischen Bereich erteilt wurden, sind die vorgenannten Grundsätze nur bezüglich der Rechnungserteilung an Endverbraucher anzuwenden. Es kann keine Schätzung der betroffenen Umsätze oder des Anteils der an Endverbraucher ausgestellten Rechnungen, keine Wahrscheinlichkeitsberechnung oder Ähnliches erfolgen. Bei der Beurteilung, ob der Leistungsbezieher als Endverbraucher gehandelt hat, kann aber die Art der Leistung berücksichtigt werden. Zu Leistungen, die ihrer Art nach mit hoher Wahrscheinlichkeit nicht für das Unternehmen, sondern für den privaten Gebrauch bestimmt sind, vgl. Abschnitt 3a.2 Abs. 11a; dieser Leistungskatalog ist aber unbeachtlich, sofern im Einzelfall feststeht, dass die Leistung nicht an einen Endverbraucher erbracht worden ist (vgl. Abschn. 14c.1 Abs. 1a UStAE).

Wurde ein zu hoch ausgewiesener Rechnungsbetrag bereits vereinnahmt und steht dem Leistungsempfänger aus der Rechnungsberichtigung ein Rückforderungsanspruch zu, ist die Berichtigung des geschuldeten Mehrbetrags erst nach einer entsprechenden Rückzahlung an den Leistungsempfänger zulässig.[2] Nähere Einzelheiten hierzu ergeben sich aus dem BMF-Schreiben v. 7.10.2015.[3] **2614**

Wer in einer Rechnung einen Steuerbetrag ausweist, obwohl er dazu nicht berechtigt ist (**unberechtigter Steuerausweis**), schuldet den ausgewiesenen Betrag. Dies betrifft vor allem **Kleinunternehmer** (§ 19 UStG), gilt aber auch, wenn jemand wie ein leistender Unternehmer abrechnet und einen Steuerbetrag ausweist, obwohl er nicht Unternehmer ist oder eine Lieferung oder sonstige Leistung tatsächlich nicht ausgeführt hat; z.B. eine Schein- oder Gefälligkeitsrechnung oder in den Fällen des Schadensersatzes. Hierunter fallen nicht Rechnungen, die vor Ausführung der Leistung erteilt werden und die ihrer Aufmachung (z.B. durch die Bezeichnung) oder ihrem Inhalt nach (z.B. durch Hinweis auf einen erst in der Zukunft liegenden Zeitpunkt der Leistung) eindeutig als Vorausrechnungen erkennbar sind.[4] Dem Schuldner eines unberechtigt ausgewiesenen Steuerbetrags wird nach Beseitigung der Gefährdungslage für das Steueraufkommen die Möglichkeit zur Berichtigung des unberechtigt ausgewiesenen Steuerbetrags eingeräumt. Damit wird der Rechtsprechung des EuGH Rechnung getragen.[5] **2615**

Beratungshinweis:

Die Vorschrift ist unionsrechtskonform einschränkend auszulegen, dass keine Steuer nach § 14c Abs. 2 Satz 1 UStG entsteht, wenn ein Kleinunternehmer eine Leistung tatsächlich ausgeführt und hierüber eine Rechnung mit einem Steuerausweis an einen Endverbraucher (insb. Nichtunternehmer oder Unternehmer für dessen nichtunternehmerischen Bereich) gestellt hat.[6] In diesen Fällen sind die Regelungen in Abschn. 14c.1 Abs. 1a UStAE entsprechend anzuwenden. Es bedarf dann keiner Berichtigung des Steuerbetrags nach Abschn. 14c.2 Abs. 3 und 5 UStAE.

Durch das Jahressteuergesetz 2024 (**JStG 2024**) v. 2.12.2024 wird wurde § 14c Abs. 2 Satz 2 UStG mit Wirkung vom **6.12.2024** neu gefasst.[7] Wer in einer Rechnung einen Steuerbetrag ausweist, schuldet den ausgewiesenen Betrag, wenn jemand wie ein Unternehmer abrechnet und einen Steuerbetrag gesondert ausweist, oder einem nach einer vorherigen Vereinbarung erstellten, als Gutschrift verwendeten Dokument mit gesondertem Steuerausweis nicht unverzüglich widerspricht, obwohl er nicht Unternehmer ist oder eine Lieferung oder sonstige Leistung nicht ausführt (§ 14 Abs. 2 Satz 2 UStG).

1) Vgl. EuGH v. 8.12.2022, Finanzamt Österreich, C-378/21, HFR 2023, 199.
2) Vgl. BFH v. 18.9.2008, V R 56/06, BStBl II 2009, 250; v. 2.9.2010, V R 34/09, BStBl II 2011, 991; vgl. auch Abschn. 14c.1 Abs. 5 Satz 4 UStAE.
3) Vgl. BMF v. 7.10.2015, III C 2 – S 7282/13/10001 (2015/0874602), BStBl I 2015, 782.
4) Vgl. BFH v. 20.3.1980, V R 131/74, BStBl II 1980, 287; v. 7.4.2011, V R 44/09, BStBl II 2011, 954 und v. 6.4.2016, V R 12/15, BStBl II 2017, 188; vgl. auch Abschn. 14c.2 Abs. 2 Nr. 2 Satz 1 und 2 UStAE.
5) Vgl. hierzu EuGH v. 19.9.2000, C-454/98, UVR 2000, 424.
6) Vgl. EuGH v. 8.12.2022, Finanzamt Österreich, C-378/21, HFR 2023, 199.
7) Jahressteuergesetz (JStG 2024) v. 2.12.2024, BGBl. I 2024 Nr. 387 = BStBl I 2024, 1484.

Praxishinweis:

Mit Urteil v. 21.9.2016 hat der BFH entschieden, dass ein nicht unternehmerisch tätiger, öffentlich-rechtlicher Zweckverband zur Tierkörperbeseitigung unberechtigt i.S.d. § 14c Abs. 2 Satz 1 und 2 UStG Umsatzsteuer gesondert ausweist, wenn er in seinen Gebührenbescheiden über die Tierkörperbeseitigung als Teil der Entsorgungsgebühr ein Nettoentsorgungsentgelt nebst darauf entfallenden Steuerbetrag angibt.[1] Der BFH bestätigt damit seine bisherige Rechtsprechung, dass § 14c Abs. 2 UStG nicht voraussetzt, dass die erteilte Rechnung (gegebenenfalls auch unzutreffend) alle in § 14 Abs. 4 Satz 1 UStG aufgezählten Merkmale aufweist. Die Anforderungen an einen unberechtigten Steuerausweis i.S.d. § 14c Abs. 2 UStG erfüllt eine Rechnung schon dann, wenn sie den Rechnungsaussteller, den (vermeintlichen) Leistungsempfänger, eine Leistungsbeschreibung sowie das Entgelt und die gesondert ausgewiesene Umsatzsteuer ausweist. Denn Gegenstand der Regelung des § 14c Abs. 2 UStG ist die Gefährdung des Steueraufkommens durch Abrechnungsdokumente, die die elementaren Merkmale einer Rechnung aufweisen oder den Schein einer solchen erwecken und den Empfänger zum Vorsteuerabzug verleiten. Das BMF hat dementsprechend in seinem Schreiben v. 11.1.2021 Abschn. 14c.1 und 14c.2 UStAE punktuell angepasst.[2]

2616 In **Zeile 113** sind in Rechnungen unrichtig oder unberechtigt ausgewiesene Steuerbeträge (§ 14c UStG) sowie Steuerbeträge, die nach § 6a Abs. 4 Satz 2 UStG geschuldet werden, einzutragen. Eintragungen in den Zeilen 22 bis 31 sind nicht zulässig.

c) Steuerbeträge, die nach § 17 Abs. 1 Satz 7 UStG geschuldet werden (Zeile 114)

2617 In **Zeile 114** sind Steuerbeträge, die nach § 17 Abs. 1 Satz 7 UStG geschuldet werden, einzutragen. Hier kommen Eintragungen nur in den Fällen in Betracht, in denen sog. Zentralregulierer den nach § 17 Abs. 1 Satz 7 UStG zur Vereinfachung der Vorsteuerberichtigung ihrer angeschlossenen Kunden auf Entgeltminderung (z.B. bei Skontierungen) entfallenden Steuerbetrag als eigene Umsatzsteuer entrichten.

d) Beträge, die auf frühere Besteuerungszeiträume entfallen (Zeilen 115–117)

2618 In **Zeile 115** sind als Auffangzeile Steuer-, Vorsteuer- und Kürzungsbeträge, die auf frühere Besteuerungszeiträume entfallen, einzutragen. Hiervon betroffen sind nur Kleinunternehmer, die § 19 Abs. 1 UStG anwenden (→ Rz. 2141 ff.).

Einzutragen sind folgende Steuer- und Vorsteuerbeträge, wenn in einem vorangegangenen Kj. die Anwendung der Regelbesteuerung oder der Durchschnittssatzbesteuerung (§ 24 UStG) erfolgte und im Kj. 2025 die Kleinunternehmer-Regelung (§ 19 UStG) angewandt wird:

- die Steuerbeträge, die auf den Zeitraum der Regelbesteuerung entfallen und auf Grund der Berechnung der Steuer nach vereinnahmten Entgelten (§ 20 UStG) erst im Zeitraum der Anwendung der Kleinunternehmer-Regelung entstanden sind;
- die anzurechnenden Steuerbeträge für vor dem Wechsel zur Kleinunternehmer-Regelung vereinnahmte und versteuerte Anzahlungen für Umsätze, die erst im Kj. 2025 ausgeführt worden sind;
- Vorsteuerbeträge, für die die Voraussetzungen zum Abzug nach § 15 UStG erst im Zeitraum der Anwendung der Kleinunternehmer-Regelung erfüllt sind;
- die Steuerbeträge, die sich auf Grund einer Änderung der Bemessungsgrundlage nach § 17 UStG für die Umsätze ergeben, die vor dem Wechsel zur Kleinunternehmer-Regelung ausgeführt und bereits versteuert wurden.

2619 In **Zeile 116** ist die berechnete Umsatzsteuer bzw. ein Überschuss einzutragen und zusätzlich ist, falls es sich um einen Überschuss handelt, der Betrag mit einem Minuszeichen voran einzutragen.

In **Zeile 117** ist der Übertrag anrechenbarer Beträge aus **Zeile 18** der Anlage UN (→ Rz. 2655 ff.) vorzunehmen.

e) Verbleibende Umsatzsteuer/verbleibender Überschuss (Zeile 118)

2620 In **Zeile 118** ist die selbstberechnete Umsatzsteuer oder der Überschuss, dem ein Minuszeichen voranzustellen ist, einzutragen. Die Eintragung hat Bedeutung für die Erfassung der Daten aus der Umsatzsteuererklärung.

f) Vorauszahlungssoll (Zeile 119)

2621 In **Zeile 119** ist das Vorauszahlungssoll 2025 einschließlich einer etwaigen Sondervorauszahlung (§ 47 UStDV) einzutragen. Hierbei handelt es sich um die Summe der Umsatzsteuer-Vorauszahlungen (Sollbeträge), unabhängig davon, ob die Beträge an das FA entrichtet worden sind.

g) Abschlusszahlung/Erstattungsanspruch (Zeile 120)

2622 In **Zeile 120** ist der noch an die Finanzkasse zu entrichtende Betrag (Abschlusszahlung) oder ein sich ergebender Erstattungsanspruch (Überschuss zugunsten des Unternehmers) einzutragen. Erstattungsbeträgen ist ein Minuszeichen voranzustellen. Zur Festsetzung und Fälligkeit → Rz. 2100 ff.

2623 Die Nichtentrichtung oder nicht rechtzeitige Entrichtung der Umsatzsteuer wird als Ordnungswidrigkeit geahndet (§ 26b UStG). Ordnungswidrig handelt, wer die in einer Rechnung i.S.d. § 14 UStG ausgewiesene Umsatzsteuer (→ Rz. 2506 ff.) zu einem in § 18 Abs. 1 Satz 3 oder Abs. 4 Satz 1 oder 2 UStG genannten Fälligkeitszeitpunkt nicht

1) Vgl. BFH v. 21.9.2016, XI R 4/15, BStBl II 2021, 106.
2) Vgl. BMF v. 11.1.2021, III C 2 – S 7283/19/10001 :001, BStBl I 2021, 120.

oder nicht rechtzeitig entrichtet. Die Ordnungswidrigkeit kann mit einer Geldbuße bis zu 50 000 € geahndet werden. Nach § 26c UStG kann die Schädigung des Steueraufkommens durch Nichtentrichtung fälliger Voraus- oder Abschlusszahlungen auch als Straftatbestand geahndet werden.

h) Unterschrift (Zeilen 121–123)

Wurde die Steuererklärung unter Mitwirkung eines Angehörigen der steuerberatenden Berufe i.S.d. §§ 3 und 4 StBerG erstellt, ist in **Zeile 121** in das dafür vorgesehene Feld eine „1" einzutragen und in **Zeile 122**, wer bei der Ausfertigung der Steuererklärung einschl. der Anlagen mitgewirkt hat. **2624**

In **Zeile 123** ist die Umsatzsteuererklärung vom Unternehmer eigenhändig zu unterschreiben, sofern sie nicht elektronisch zu übermitteln ist. Die Unterschrift durch einen Bevollmächtigten ist nur dann zulässig, wenn der Steuerpflichtige infolge seines körperlichen oder geistigen Zustands oder durch längere Abwesenheit an der Unterschrift gehindert ist. Die eigenhändige Unterschrift kann nachträglich verlangt werden, wenn der Hinderungsgrund weggefallen ist (§ 150 Abs. 3 AO). **2625**

Natürliche Personen müssen grundsätzlich mit Vor- und Zunamen unterschreiben. Bei Personenvereinigungen oder bei juristischen Personen ist die Umsatzsteuererklärung von der Person zu unterzeichnen, die zur Vertretung des Unternehmens bevollmächtigt ist. Dies gilt ebenso, wenn das Unternehmen unter einer im Handelsregister eingetragenen Firma betrieben wird. **2626**

13. Anhang 1: Jahreswerte für Sachentnahmen bestimmter Gewerbezweige (Pauschbeträge für unentgeltliche Wertabgaben)[1]

2627

Gewerbezweig	Jahreswert für eine Person ohne Umsatzsteuer 1.1. bis 31.12.2025	
	zum allgemeinen Steuersatz	zum ermäßigten Steuersatz
Bäckerei	209	1633
Gast- und Speisewirtschaften mit		
a) kalten Speisen	1034	1423
b) kalten und warmen Speisen	1753	2292
Café und Konditorei	585	1573
Fleischerei	555	1453
Milch, Milcherzeugnisse, Fettwaren und Eier (Eh.)	0	704
Nahrungs- und Genussmittel (Eh.)	360	1363
Obst, Gemüse, Südfrüchte und Kartoffeln (Eh.)	165	375
Getränkeeinzelhandel	270	120

Praxishinweis:

Die Pauschbeträge für unentgeltliche Wertabgaben werden durch die zuständigen Finanzbehörden festgesetzt. Sie beruhen zu einem auf der Grundlage der vom Statistischen Bundesamt ermittelten Aufwendungen privater Haushalte für Nahrungsmittel und Getränke und auf Erfahrungswerte, die dem Stpfl. die Möglichkeit bieten, die Warenentnahmen monatlich pauschal zu verbuchen. Sie entbinden damit den Stpfl. davon, eine Vielzahl von Entnahmen einzeln aufzuzeichnen (§ 148 Satz 1 AO).

Diese Regelung dient der Vereinfachung und lässt keine Zu- und Abschläge wegen individuellen persönlichen Ess- und Trinkgewohnheiten zu. Auch Krankheit oder Urlaub rechtfertigen keine Änderungen der Pauschbeträge. Werden Betriebe jedoch nachweislich auf Grund einer landesrechtlichen Verordnung, einer kommunalen Allgemeinverfügung oder einer behördlichen Anweisung vollständig geschlossen, kann in diesen Fällen ein zeitanteiliger Ansatz der Pauschbeträge erfolgen.

Der jeweilige Pauschbetrag stellt einen Jahreswert für eine Person dar. Der Ansatz eines Pauschbetrags für Kinder bis zum vollendeten 2. Lebensjahr entfällt. Bis zum vollendeten 12. Lebensjahr ist die Hälfte des jeweiligen Werts anzusetzen. In den Pauschbeträgen sind Tabakwaren nicht enthalten. Soweit diese entnommen werden, sind die Pauschbeträge entsprechend zu erhöhen (Schätzung).

Die Pauschbeträge berücksichtigen das allgemein übliche Warensortiment in dem in der Liste aufgeführten Gewerbezweig.

In den Fällen, in denen es sich um gemischte Betriebe handelt (Metzgerei oder Bäckerei mit Lebensmittelangebot oder Gastwirtschaft) ist der jeweils höhere Pauschbetrag der in der Liste aufgeführten Gewerbeklassen anzusetzen.

14. Anhang 2: Vorsteuer-Vergütungsverfahren für im In- und Ausland ansässige Unternehmer

a) Vorbemerkung

Ausländische Unternehmer, die im Inland für Zwecke ihres Unternehmens Gegenstände erwerben oder Dienstleistungen in Anspruch nehmen, selbst aber keine Umsätze ausführen, haben Anspruch auf Erstattung der ihnen in Rechnung gestellten Umsatzsteuer (Art. 171 MwStSystRL). In Deutschland ist die Vergütung der abziehbaren Vorsteuerbeträge (§ 15 UStG) in einem besonderen Verfahren **(Vorsteuer-Vergütungsverfahren)** geregelt (§ 18 Abs. 9 UStG, §§ 59 bis 61a UStDV). Dieses Verfahren gilt grundsätzlich sowohl gegenüber Unternehmern aus anderen **2628**

1) Vgl. BMF v. 21.1.2025, IV D 3 – S 1547/00006/ 006/024, BStBl I 2025, 288.

EU-Mitgliedstaaten als auch gegenüber Unternehmern aus Drittstaaten. Die zentralen Erstattungsbehörden im Vorsteuer-Vergütungsverfahren sind unter www.bzst.bund.de ersichtlich (vgl. jedoch → Rz. 2632 ff.).[1)]

2629 §§ 18 Abs. 9 und 18g UStG sowie §§ 59, 61, 61a und 74a UStDV regeln das Vorsteuer-Vergütungsverfahren für in- und ausl. Unternehmer. Das Vorsteuer-Vergütungsverfahren kommt in Deutschland nur für Unternehmer in Betracht, die im übrigen Gemeinschaftsgebiet oder im Drittlandsgebiet, d.h. im Ausland ansässig sind.

Praxishinweis:

Wenn die durch die Rechtsverordnung nach § 18 Abs. 9 Satz 1 und 2 UStG geregelten Voraussetzungen des Vorsteuer-Vergütungsverfahrens erfüllt sind und der im Ausland ansässige Unternehmer ausschließlich Steuer nach § 13a Abs. 1 Nr. 1 UStG i.V.m. § 14c Abs. 1 UStG (unrichtiger Steuerausweis) oder § 13a Abs. 1 Nr. 4 UStG (unberechtigter Steuerausweis) schuldet, kann die Vergütung der Vorsteuerbeträge nur in dem Vorsteuer-Vergütungsverfahren durchgeführt werden (§ 18 Abs. 9 Satz 4 UStG).

Die Ausschlüsse der Vorsteuer-Vergütung nach § 18 Abs. 9 Satz 6 und 7 UStG gelten auch nicht für Unternehmer, die nicht im Gemeinschaftsgebiet ansässig sind (§ 18 Abs. 9 Satz 8, 9 UStG), soweit sie im Besteuerungszeitraum (§ 16 Abs. 1 Satz 2 UStG) **nach dem 30.6.2021** als Steuerschuldner Lieferungen nach § 3 Abs. 3a Satz 1 UStG innerhalb eines Mitgliedstaates, Fernverkäufe nach § 3 Abs. 3a Satz 2 UStG, innergemeinschaftliche Fernverkäufe nach § 3c Abs. 1 Satz 2 und 3 UStG, Fernverkäufe nach § 3c Abs. 2 oder 3 UStG oder sonstige Leistungen an Empfänger nach § 3a Abs. 5 Satz 1 UStG im Gemeinschaftsgebiet erbracht und für diese Umsätze von den §§ 18i, 18j oder 18k UStG Gebrauch gemacht haben; Voraussetzung ist, dass die Vorsteuerbeträge mit Lieferungen nach § 3 Abs. 3a Satz 1 UStG innerhalb eines Mitgliedstaates, Fernverkäufen nach § 3 Abs. 3a Satz 2 UStG, innergemeinschaftlichen Fernverkäufen nach § 3c Abs. 1 Satz 2 und 3 UStG, Fernverkäufen nach § 3c Abs. 2 oder 3 UStG oder sonstigen Leistungen an Empfänger nach § 3a Abs. 5 Satz 1 UStG im Zusammenhang stehen.

Durch das Jahressteuergesetz 2024 (**JStG 2024**) v. 2.12.2024 wird § 18 Abs. 9 Satz 7 UStG mit Wirkung vom **6.12.2024** neu gefasst.[2)] Danach sind bei Unternehmern, die nicht im Gemeinschaftsgebiet ansässig sind, die Vorsteuerbeträge, die auf den Bezug von Kraftstoffen entfallen, von der Vergütung ausgeschlossen, soweit diese nicht weitergeliefert werden.

Nach § 18 Abs. 9 Satz 2 UStG sind von der Vergütung in Rechnung gestellte Steuerbeträge für Ausfuhrlieferungen ausgeschlossen, bei denen die Gegenstände vom Abnehmer oder einem von ihm beauftragten Dritten befördert oder versendet wurden, die nach § 4 Nr. 1 Buchst. a UStG i.V.m. § 6 UStG steuerfrei sind, oder für innergemeinschaftliche Lieferungen, die nach § 4 Nr. 1 Buchst. b UStG i.V.m. § 6a UStG steuerfrei sind oder in Bezug auf § 6a Abs. 1 Satz 1 Nr. 4 UStG steuerfrei sein können.

§ 59 Satz 2 UStDV definiert den im Ausland ansässigen Unternehmer für das Vorsteuer-Vergütungsverfahren. Danach ist ein im Ausland ansässiger Unternehmer i.S.d. § 59 Satz 1 UStDV ein Unternehmer, der im Inland, auf der Insel Helgoland und in einem der in § 1 Abs. 3 UStG bezeichneten Gebiete weder einen Wohnsitz, seinen gewöhnlichen Aufenthalt, seinen Sitz, seine Geschäftsleitung noch eine Betriebsstätte hat; dies gilt auch, wenn der Unternehmer ausschließlich einen Wohnsitz oder einen gewöhnlichen Aufenthaltsort im Inland, aber seinen Sitz, den Ort der Geschäftsleitung oder eine Betriebsstätte im Ausland hat. Maßgebend für die Ansässigkeit ist der jeweilige Vergütungszeitraum i.S.d. § 60 UStDV, für den der Unternehmer eine Vergütung beantragt (§ 59 Satz 3 UStDV). Ein im Ausland ansässiger Unternehmer ist auch ein Unternehmer, der

– ausschließlich einen Wohnsitz oder seinen gewöhnlichen Aufenthalt im Inland hat,
– ausschließlich eine Betriebsstätte im Inland hat, von der aus keine Umsätze ausgeführt werden,
– aber im Ausland seinen Sitz, seine Geschäftsleistung oder eine Betriebsstätte hat, von der aus Umsätze ausgeführt werden.

Maßgebend für die Ansässigkeit ist der jeweilige Vergütungszeitraum i.S.d. § 60 UStDV, für den der Unternehmer eine Vergütung beantragt (§ 59 Satz 3 UStDV).

Ein Unternehmer ist bereits dann im Inland ansässig, wenn er eine inländische Betriebsstätte hat und von dieser im Inland steuerbare Umsätze ausführt;[3)] die Absicht, von dort Umsätze auszuführen, ist nicht ausreichend.[4)]

Sind die Voraussetzungen für die Anwendung des Vorsteuer-Vergütungsverfahrens nach § 59 UStDV nicht erfüllt, können Vorsteuerbeträge nur im allgemeinen Besteuerungsverfahren nach § 16 und § 18 Abs. 1 bis 4 UStG berücksichtigt werden (vgl. Abschn. 18.11 Abs. 1 UStAE).

Nicht vergütet werden Vorsteuerbeträge, die in Rechnungen über Ausfuhrlieferungen oder innergemeinschaftliche Lieferungen gesondert ausgewiesen werden, wenn feststeht, dass die Voraussetzungen des § 6 Abs. 1 bis 3a UStG bzw. § 6a Abs. 1 und 2 UStG vorliegen oder vorliegen können. In diesen Fällen handelt es sich für die Beurteilung des Vergütungsanspruchs im Vorsteuer-Vergütungsverfahren um eine unrichtig ausgewiesene Steuer nach § 14c Abs. 1 UStG, die vom Leistungsempfänger nicht als Vorsteuer abgezogen (vgl. Abschn. 14c.1 Abs. 1 Satz 5 Nr. 3 und Satz 6 sowie Abschn. 15.2 Abs. 1 Sätze 1 und 2 UStAE) und die demnach im Vorsteuer-Vergütungsverfahren nicht vergütet werden kann. Die umsatzsteuerrechtliche Beurteilung der Lieferung des leistenden Unternehmers bleibt unberührt. Weitere Einzelheiten zu den vom Vorsteuer-Vergütungsverfahren ausgeschlossenen Vorsteuerbeträgen vgl. Abschn. 18.11 UStAE.

1) https://www.bzst.de/DE/Unternehmen/Umsatzsteuer/Vorsteuerverguetung/InlaendischeUnternehmer/inlaendischeunternehmer_node.html.
2) Jahressteuergesetz 2024 (JStG 2024) v. 2.12.2024, BGBl. I 2024 Nr. 387 = BStBl I 2024, 1484.
3) Vgl. EuGH v. 25.10.2012, C-318/11 und C-319/11, HFR 2012, 1306.
4) Vgl. BFH v. 5.6.2014, V R 50/13, BStBl II 2014, 813; vgl. auch Abschn. 18.10 Abs. 1 Satz 2 UStAE.

b) Vorsteuervergütung an im übrigen Gemeinschaftsgebiet ansässige Unternehmer

aa) Vergütungsberechtigter Unternehmer

Das Vorsteuer-Vergütungsverfahren kommt nur für Unternehmer in Betracht, die im übrigen Gemeinschaftsgebiet ansässig sind (§ 59 Satz 2 UStDV). Im übrigen Gemeinschaftsgebiet ansässige Unternehmer können die Vergütung nur erhalten, wenn sie **2630**

- im Inland entweder überhaupt keine Umsätze oder
- nur steuerfreie Umsätze i.S.d. § 4 Nr. 3 UStG (grenzüberschreitende Beförderungsleistungen) oder
- nur Umsätze ausgeführt haben,
  - für die der Leistungsempfänger die Steuer schuldet (§ 13b UStG) oder
  - die der Beförderungseinzelbesteuerung (§ 16 Abs. 5 und § 18 Abs. 5 UStG) unterlegen haben, oder
- nur innergemeinschaftliche Erwerbe und daran anschließende Lieferungen (§ 25b Abs. 2 UStG) ausgeführt haben oder
- Umsätze i.S.d § 3a Abs. 5 UStG erbracht haben, wenn der leistende Unternehmer von dem Wahlrecht der Erfassung in nur einem EU-Mitgliedstaat Gebrauch gemacht hat;
- Umsätze i.S.d. § 3a Abs. 5 UStG erbracht haben und von dem Wahlrecht nach § 18 Abs. 4e UStG Gebrauch gemacht haben.

Im übrigen Gemeinschaftsgebiet ansässige Unternehmer, die im Inland ausschließlich Telekommunikationsdienstleistungen, Rundfunk- und Fernsehdienstleistungen oder Dienstleistungen auf elektronischem Weg an im Inland ansässige Nichtunternehmer erbringen und von dem Wahlrecht der Erfüllung der umsatzsteuerlichen Verpflichtung in Deutschland in dem Mitgliedstaat, in dem sie ihren Sitz haben, Gebrauch machen, können Vorsteuerbeträge grundsätzlich nur im Rahmen des Vorsteuer-Vergütungsverfahrens geltend machen. § 59 Satz 1 Nr. 5 UStDV regelt deshalb, dass das Vorsteuer-Vergütungsverfahren auch dann Anwendung findet, wenn die vorgenannten Unternehmer im Inland ausschließlich Telekommunikationsdienstleistungen, Rundfunk- und Fernsehdienstleistungen oder Dienstleistungen auf elektronischem Weg an im Inland ansässige Nichtunternehmer erbringen. Erbringen diese Unternehmer im Inland noch andere Umsätze als Telekommunikationsdienstleistungen, Rundfunk- und Fernsehdienstleistungen und/oder auf elektronischem Weg erbrachte Dienstleistungen an Nichtunternehmer mit Sitz im Inland, sind sowohl die Vorsteuerbeträge im Zusammenhang mit den Telekommunikationsdienstleistungen, Rundfunk- und Fernsehdienstleistungen und/oder auf elektronischem Weg erbrachten Dienstleistungen als auch die mit den anderen Umsätzen zusammenhängenden Vorsteuerbeträge im Wege des allgemeinen Besteuerungsverfahrens geltend zu machen.

Beispiel 1:

Ein in Italien ansässiger Beförderungsunternehmer hat im Inland in den Monaten Januar bis April 2025 nur steuerfreie Beförderungen i.S.d. § 4 Nr. 3 UStG ausgeführt. In denselben Monaten ist ihm für empfangene Leistungen, z.B. für Autoreparaturen, Umsatzsteuer i.H.v. insg. 1 500 € in Rechnung gestellt worden.

Die Vergütung der abziehbaren Vorsteuerbeträge ist im Vorsteuer-Vergütungsverfahren durchzuführen (§ 59 Satz 1 Nr. 1 UStDV).

Beispiel 2:

Der in Polen ansässige Unternehmer P erbringt im Januar 2025 im Inland ausschließlich steuerpflichtige Werkleistungen an den Unternehmer U. Zur Ausführung der Werkleistungen sind P im Inland für empfangene Leistungen, z.B. Materialeinkauf, Umsatzsteuer i.H.v. insg. 1 000 € in Rechnung gestellt worden.

Steuerschuldner für die Leistungen des P ist U (§ 13b Abs. 2 Satz 1 UStG). Die Vergütung der abziehbaren Vorsteuerbeträge des P ist im Vorsteuer-Vergütungsverfahren durchzuführen (§ 59 Satz 1 Nr. 2 UStDV).

Beispiel 3:

Der in Spanien ansässige Unternehmer S führt an dem im Inland belegenen Einfamilienhaus einer Privatperson Schreinerarbeiten (Werklieferungen) durch. Zur Ausführung der Werkleistungen ist S im Inland für empfangene Leistungen, z.B. Materialeinkauf, Umsatzsteuer i.H.v. 1 000 € in Rechnung gestellt worden.

Auf die Umsätze des S findet § 13b UStG keine Anwendung, da der Leistungsempfänger als Privatperson nicht Steuerschuldner wird (§ 13b Abs. 2 Satz 1 UStG). Die Vorsteuerbeträge des S können daher nicht im Vorsteuer-Vergütungsverfahren vergütet werden. Das allgemeine Besteuerungsverfahren ist durchzuführen.

bb) Vergütungszeitraum und Mindestbeträge

Der Vergütungszeitraum muss mindestens drei aufeinander folgende Kalendermonate in einem Kj. umfassen. Es müssen nicht in jedem Kalendermonat Vorsteuerbeträge angefallen sein. Hat der Unternehmer einen Vergütungszeitraum von mindestens drei Monaten gewählt, kann er daneben noch einen Vergütungsantrag für das Kj. stellen. In den Vergütungsantrag für die vorgenannten Vergütungszeiträume können auch abziehbare Vorsteuerbeträge aufgenommen werden, die in vorangegangene Vergütungszeiträume des betreffenden Jahres fallen. Hat der Unternehmer einen Vergütungsantrag für das Kj. oder für den letzten Zeitraum des Kj. gestellt, kann er für das betreffende Jahr einmalig einen weiteren Vergütungsantrag stellen, in welchem ausschließlich abziehbare Vorsteuerbeträge aufgenommen werden dürfen, die in den Vergütungsanträgen für die Zeiträume nach § 60 Sätze 1 und 2 UStDV nicht enthalten sind; § 61 Abs. 3 Satz 3 und § 61a Abs. 3 Satz 3 UStDV gelten entsprechend (§ 60 UStDV).[1] **2631**

---

1) Durch die Vierte Verordnung zur Änderung steuerlicher Verordnungen v. 12.7.2017, BGBl. I 2017, 2360 = BStBl I 2017, 892, wurden in § 60 UStDV mit Wirkung v. 20.7.2017 (Tag nach der Verkündung) die Sätze 3 und 4 neu gefasst.

Die beantragte Vergütung muss mindestens 400 € betragen. Das gilt nicht, wenn der Vergütungszeitraum das Kj. oder der letzte Zeitraum des Kj. ist. Für diese Vergütungszeiträume gilt ein Mindestbetrag von 50 € (§ 61 Abs. 3 UStDV).

cc) Antragstellung

2632 Der im übrigen Gemeinschaftsgebiet ansässige Unternehmer kann über die zuständige Stelle seines Ansässigkeitsstaats beim BZSt den Antrag auf Vergütung von Vorsteuerbeträgen stellen. Der Antrag ist **ausschließlich** nach amtlich vorgeschriebenem Datensatz über die amtlich bestimmte Schnittstelle über das in dem Ansässigkeitsstaat eingerichtete elektronische Portal dem BZSt zu übermitteln (§ 61 Abs. 1 UStDV).

2633 Der Vergütungsantrag gilt nur dann als vorgelegt, wenn der Unternehmer

- alle Angaben gemacht hat, die in den Art. 8 und 9 Abs. 1 der Richtlinie 2008/9/EG des Rates v. 12.2.2008 zur Regelung der Erstattung der Mehrwertsteuer gem. der Richtlinie 2006/112/EG[1] an nicht im Mitgliedstaat der Erstattung, sondern in einem anderen Mitgliedstaat ansässige Stpfl., die durch die Richtlinie 2010/66/EU[2] geändert worden ist, in der jeweils geltenden Fassung gefordert werden, sowie
- eine Beschreibung seiner Geschäftstätigkeit anhand harmonisierter Codes vorgenommen hat, die gem. Art. 34a Abs. 3 Unterabs. 2 der Verordnung (EG) Nr. 1798/2003 des Rates v. 7.10.2003 über die Zusammenarbeit der Verwaltungsbehörden auf dem Gebiet der Mehrwertsteuer und zur Aufhebung der Verordnung (EWG) Nr. 218/92,[3] die zuletzt durch die Verordnung (EU) Nr. 904/2010[4] geändert worden ist, in der jeweils geltenden Fassung bestimmt werden.

Eine unmittelbare Übermittlung des Vergütungsantrags an das BZSt ist nicht möglich. Eine schriftliche Bescheinigung des Ansässigkeitsstaats zur Bestätigung der Unternehmereigenschaft ist bei der Antragstellung nicht mehr erforderlich.

Der im übrigen Gemeinschaftsgebiet ansässige Unternehmer hat die Vergütung selbst zu berechnen. Dem Vergütungsantrag sind **auf elektronischem Weg die Rechnungen und Einfuhrbelege** vollständig beizufügen, wenn das Entgelt für den Umsatz oder die Einfuhr mindestens 1 000 €, bei Rechnungen über den Bezug von Kraftstoffen mindestens 250 € beträgt (§ 61 Abs. 2 Satz 2 und 3 UStDV).

Bei begründeten Zweifeln an dem Recht auf Vorsteuerabzug in der beantragten Höhe kann das BZSt verlangen, dass die Vorsteuerbeträge – unabhängig von der Rechnungshöhe – durch Vorlage von Originalrechnungen und Originaleinfuhrbelegen nachgewiesen werden (§ 61 Abs. 2 Satz 4 UStDV).

Bewirkt der Antragsteller Umsätze, die zum Teil den Vorsteuerabzug ausschließen, wird die Vorsteuer höchstens in der Höhe vergütet, in der der Antragsteller in seinem Ansässigkeitsstaat bei Anwendung des Pro-rata-Satzes zum Vorsteuerabzug berechtigt wäre.

Beispiel:

Eine Bank B aus Belgien erzielt steuerpflichtige und steuerfreie Umsätze in Belgien. Der Pro-rata-Satz des Vorsteuerabzugs für B in Belgien beträgt 40 %. B stellt einen Vergütungsantrag in Deutschland, der auf Eingangsleistungen beruht, die B in Deutschland für Zwecke eines steuerpflichtigen Umsatzes in Belgien bezogen hat.

B kann nur eine Vorsteuervergütung von 40 % der Umsatzsteuer erhalten, die ihr in Rechnung gestellt worden ist.

dd) Ausschlussfrist

2634 Die Vergütung der Vorsteuerbeträge ist binnen neun Monaten nach Ablauf des Kj., in dem der Vergütungsanspruch entstanden ist, zu beantragen (§ 61 Abs. 2 Satz 1 UStDV). Hierbei handelt es sich um eine Ausschlussfrist, bei deren Versäumung unter den Voraussetzungen des § 110 AO Wiedereinsetzung in den vorigen Stand gewährt werden kann.

ee) Bescheiderteilung

2635 Das BZSt hat den Vergütungsantrag des im übrigen Gemeinschaftsgebiet ansässigen Unternehmers grundsätzlich innerhalb von vier Monaten und zehn Tagen nach Eingang aller erforderlichen Unterlagen abschließend zu bearbeiten und den Vergütungsbetrag auszuzahlen. Die Bearbeitungszeit verlängert sich bei Anforderung weiterer Informationen zum Vergütungsantrag durch das BZSt auf längstens acht Monate.

Diese Fristen gelten auch bei Vergütungsanträgen von Unternehmern, die auf den Kanarischen Inseln, in Ceuta oder in Melilla ansässig sind. Der Bescheid über die Vergütung von Vorsteuerbeträgen wird dem Antragsteller in elektronischer Form übermittelt. Eine qualifizierte Signatur nach dem Signaturgesetz ist dabei nicht erforderlich. Die Erteilung und Bekanntgabe des Bescheids erfolgen regelmäßig durch eine Übermittlung per E-Mail.

Der Bescheid über die Vergütung von Vorsteuerbeträgen ist nach § 61 Abs. 4 UStG durch Bereitstellung zum Datenabruf nach § 122a i.V.m. § 87a Abs. 8 AO bekannt zu geben. Hat der Empfänger des Bescheids der Bekanntgabe durch Bereitstellung zum Datenabruf nicht zugestimmt, ist der Bescheid in Papierform zu versenden.

1) ABl.EU L 44 v. 20.2.2008, 23.
2) ABl.EU L 275 v. 20.10.2010, 1.
3) ABl.EU L 264 v. 15.10.2003, 1.
4) ABl.EU L 268 v. 12.10.2010, 1.

ff) Verzinsung

Der zu vergütende Betrag wird verzinst (§ 61 Abs. 5 UStDV). Der Zinslauf beginnt grundsätzlich mit Ablauf von vier Monaten und zehn Werktagen nach Eingang des Vergütungsantrags beim BZSt. Übermittelt der Antragsteller eingescannte Originale der Rechnung oder Einfuhrbelege nicht zusammen mit dem Vergütungsantrag, sondern erst zu einem späteren Zeitpunkt, beginnt der Zinslauf erst mit Ablauf von vier Monaten und zehn Tagen nach Eingang der eingescannten Originale beim BZSt. Hat das BZSt zusätzliche oder weitere zusätzliche Informationen angefordert, beginnt der Zinslauf erst mit Ablauf von zehn Werktagen nach Ablauf der Fristen in Art. 21 Richtlinie 2008/9/EG (§ 61 Abs. 5 Satz 4 UStDV). **2636**

Beispiel:

Fordert das BZSt zusätzliche Informationen an, teilt es dem Antragsteller innerhalb von zwei Monaten nach Eingang der angeforderten Informationen oder – falls der Antragsteller nicht geantwortet hat – binnen drei Monaten nach Eingang der zusätzlichen Informationsanforderung beim Antragsteller mit, ob es die Vergütung gewährt oder den Vergütungsantrag abweist. Der Zeitraum, der dem BZSt für die Entscheidung über eine vollständige oder teilweise Vergütung ab Eingang des Antrags zur Verfügung steht, beträgt auf jeden Fall mindestens sechs Monate.

Der Zinslauf endet mit erfolgter Zahlung des zu vergütenden Betrags. Die Zahlung gilt als erfolgt mit dem Tag der Fälligkeit, es sei denn, der Antragsteller weist nach, dass er den zu vergütenden Betrag später erhalten hat.

Wird die Festsetzung oder Anmeldung der Vorsteuervergütung geändert, wird auch die Zinsfestsetzung geändert. Für die Höhe und Berechnung der Zinsen gilt § 238 AO. Auf die Festsetzung der Zinsen ist § 239 AO entsprechend anzuwenden. Wenn der Antragsteller seiner Mitwirkungspflicht nicht innerhalb einer Frist von einem Monat nach Zugang einer entsprechenden Aufforderung des BZSt nachkommt, hat er keinen Anspruch auf Verzinsung. Der Antragsteller kann den Vergütungsanspruch an einen Dritten abtreten. Bei der Festsetzung von Prozesszinsen nach § 236 AO sind Zinsen anzurechnen, die für denselben Zeitraum nach § 61 Abs. 5 Satz 1 bis 5 UStDV festgesetzt wurden.

gg) Von der Vorsteuervergütung ausgeschlossene Vorsteuerbeträge

Nicht unter das Vergütungsverfahren fallen z.B. Vorsteuerbeträge, die anderen Umsätze als z.B. steuerfreien Umsätzen i.S.d. § 4 Nr. 3 UStG zuzurechnen sind, wenn diese Umsätze nach dem allgemeinen Besteuerungsverfahren besteuert werden. **2637**

Beispiel 1:

Einem niederländischen Unternehmer ist von April bis Juni 2025 Umsatzsteuer für die Einfuhr oder den Kauf von Gegenständen und für die Inanspruchnahme sonstiger Leistungen berechnet worden. Diese Umsatzsteuer (Vorsteuer) steht im Zusammenhang mit einer Lieferung, die der Unternehmer im November ausführen wird.

Die Vorsteuer kann nicht vergütet werden.

Vorsteuerbeträge, die mit Umsätzen im Ausland zusammenhängen, die – würden sie im Inland ausgeführt – den Vorsteuerabzug ausschließen, können ebenfalls nicht vergütet werden.

Beispiel 2:

Eine belgische Bank nimmt in Deutschland umsatzsteuerbelastete Dienstleistungen in Anspruch, die mit einer steuerfreien Darlehensgewährung in Belgien zusammenhängen.

Die Vorsteuern auf die Dienstleistungen können in Deutschland nicht vergütet werden.

Reiseveranstalter sind wegen der für sie durchzuführenden Margenbesteuerung nicht berechtigt, ihnen für Reiseleistungen in Rechnung gestellte deutsche Umsatzsteuer als Vorsteuer abzuziehen (§ 25 Abs. 4 UStG). Insoweit entfällt deshalb ein etwaiges Vorsteuer-Vergütungsverfahren.

Allgemein vom Vergütungsverfahren ausgeschlossen sind die Aufwendungen, für die auch für im Inland ansässige Unternehmer der Vorsteuerabzug ausgeschlossen ist, z.B. Repräsentationsaufwendungen nach § 15 Abs. 1a UStG.

hh) Erstellen des Vergütungsantrags

Vergütungsanträge von im übrigen Gemeinschaftsgebiet ansässigen Unternehmern können nur im jeweiligen Ansässigkeitsstaat des Unternehmers eingereicht werden. In sog. Preferences regeln die Mitgliedstaaten bestimmte nationale Besonderheiten im Antragsverfahren. Für Deutschland gilt dabei Folgendes: **2638**

Verwendung Subcodes erforderlich?	Rechnungskopien erforderlich?	NACE-Codes erforderlich?	Akzeptierte Sprachen?	Einschränkungen beim Vergütungszeitraum?	Vertretung bei Antragstellung durch Dritte möglich?	Zahlung Vergütungsbetrag an Dritte möglich?
nein	bei Überschreiten der Grenzwerte 1 000 € und 250 €	ja	1 DE 2 EN	nein	ja, nach Vollmacht	ja, wenn Daten durch Antragsteller geliefert

Bescheide für Anträge, die in den jeweiligen anderen EU-Mitgliedstaat eingereicht werden, werden ebenso wie die Eingangsbestätigung nach Art. 19 Richtlinie 2008/9/EG ausschließlich elektronisch als PDF-Datei an die im Antrag als Adresse zur elektronischen Kommunikation angegebenen E-Mail-Adresse des Antragstellers übermittelt (vgl. auch § 61 Abs. 4 UStDV).

Beratungshinweis:
Durch die **Siebte Verordnung zur Änderung steuerlicher Verordnungen** v. 19.12.2025 wurde Absatz 4 in § 61 UStDV mit Wirkung zum **1.1.2026** neu gefasst.[1] Danach kann der Bescheid über die Vergütung von Vorsteuerbeträgen durch Bereitstellung zum Datenabruf nach § 122a i.V.m. § 87a Abs. 8 AO bekannt gegeben werden. Hat der Empfänger des Bescheids eine einmalige oder dauerhafte postalische Bekanntgabe nach § 122 Abs. 2 AO beantragt, ist der Bescheid, bis zum Widerruf des Antrags, schriftlich zu erteilen.

c) Vorsteuervergütung an im Drittlandsgebiet ansässige Unternehmer

2639 Unternehmer, die nicht im Gemeinschaftsgebiet ansässig sind (Drittlandsunternehmer), können Vorsteuervergütungen nur erhalten, wenn in dem Staat, in dem der Unternehmer seinen Sitz hat, keine Umsatzsteuer oder ähnliche Steuer erhoben wird. Erhebt dieser Staat eine Umsatzsteuer, kann dem Drittlandsunternehmer in Deutschland die deutsche Umsatzsteuer nur erstattet werden, wenn der Drittstaat seine Umsatzsteuer gegenüber deutschen Unternehmen vergütet (§ 18 Abs. 9 Satz 6 UStG).

Die Vorsteuervergütung an Drittlandsunternehmer ist ausgeschlossen, soweit die Vorsteuerbeträge auf den Bezug von Kraftstoffen entfallen und soweit diese nicht weitergeliefert werden (§ 18 Abs. 9 Satz 7 UStG).

Die Vorsteuervergütung an Drittlandsunternehmer ist von einer Mindesthöhe abhängig. Der Vergütungsbetrag muss mindestens 1 000 € betragen. Ist der Vergütungszeitraum das Kj. oder der letzte Zeitraum des Kj., gilt stattdessen ein Betrag von 500 € (§ 61a Abs. 3 UStDV).

Verzeichnisse der Drittstaaten, zu denen die Gegenseitigkeit i.S.d. § 18 Abs. 9 Satz 5 UStG besteht, und der Drittstaaten, zu denen die Gegenseitigkeit nicht gegeben ist, werden vom BMF herausgegeben.[2]

Trotz fehlender Gegenseitigkeit kann das Vergütungsverfahren durchgeführt werden, wenn der nicht im Gemeinschaftsgebiet ansässige Unternehmer

- nur Umsätze ausgeführt hat, für die der Leistungsempfänger die Steuer schuldet (§ 13b UStG) oder die der Beförderungseinzelbesteuerung (§§ 16 Abs. 5 und 18 Abs. 5 UStG) unterlegen haben,
- im Inland nur innergemeinschaftliche Erwerbe und daran anschließende Lieferungen (§ 25b Abs. 2 UStG) ausgeführt hat oder
- im Inland als Steuerschuldner nur Umsätze i.S.d. § 3a Abs. 5 UStG erbracht hat und von dem Wahlrecht nach § 18 Abs. 4c UStG Gebrauch gemacht hat oder in einem anderen Mitgliedstaat erklärt sowie die darauf entfallende Steuer entrichtet hat oder
- im Inland als Steuerschuldner nur Umsätze i.S.d. § 3a Abs. 5 UStG erbracht hat und von dem Wahlrecht nach § 18 Abs. 4e UStG Gebrauch gemacht hat.

Für die Vergütung der Vorsteuerbeträge im Vorsteuer-Vergütungsverfahren ist ausschließlich das BZSt zuständig.

Nach § 61a Abs. 1 UStDV hat der nicht im Gemeinschaftsgebiet ansässige Unternehmer den Vergütungsantrag nach amtlich vorgeschriebenem Datensatz über die amtlich bestimmte Schnittstelle an das BZSt zu übermitteln. Informationen zur elektronischen Übermittlung sind auf den Internetseiten des BZSt[3] abrufbar. Auf Antrag kann das BZSt zur Vermeidung von unbilligen Härten auf eine elektronische Übermittlung verzichten. In diesem Fall hat der im Drittlandsgebiet ansässige Unternehmer die Vergütung nach amtlich vorgeschriebenem Vordruck beim BZSt zu beantragen und den Vergütungsantrag eigenhändig zu unterschreiben.[4]

Beratungshinweis:
Durch die **Siebte Verordnung zur Änderung steuerlicher Verordnungen** v. 19.12.2025 wurden in § 61a Abs. 1 UStDV mit Wirkung zum **1.1.2026** nach Satz 3 die Sätze 4 und 5 neu eingefügt.[5] Danach ist der Bescheid über die Vergütung von Vorsteuerbeträgen ist durch Bereitstellung zum Datenabruf nach § 122a i.V.m. § 87a Abs. 8 AO bekannt zu geben. Zur Vermeidung von unbilligen Härten kann das BZSt einem Antrag auf einmalige oder dauerhafte postalische Bekanntgabe nach § 122 Abs. 2 AO entsprechen und den Bescheid, bis zum Widerruf des Antrags, schriftlich erteilen.

In dem Antrag sind die Vorsteuerbeträge, deren Vergütung beantragt wird, im Einzelnen aufzuführen (Einzelaufstellung). Es ist nicht erforderlich darzulegen, zu welcher konkreten unternehmerischen Tätigkeit die erworbenen Gegenstände oder empfangenen sonstigen Leistungen verwendet worden sind. Pauschale Erklärungen, die die Art der unternehmerischen Tätigkeit erkennen lassen, reichen aus (z.B. grenzüberschreitende Güterbeförderungen im Monat Juni; vgl. Abschn. 18.14 Abs. 2a UStAE).

Die Vergütung ist binnen sechs Monaten nach Ablauf des Kj., in dem der Vergütungsanspruch entstanden ist, zu beantragen (§ 61a Abs. 2 Satz 1 UStDV). Es handelt sich hierbei um eine Ausschlussfrist, bei deren Versäumung unter den Voraussetzungen des § 110 AO Wiedereinsetzung in den vorigen Stand gewährt werden kann.

2640 Zur Arbeitsvereinfachung wird für die Einzelaufstellung das folgende Verfahren zugelassen:

- Bei Rechnungen, deren Gesamtbetrag 250 € nicht übersteigt und bei denen das Entgelt und die Umsatzsteuer in einer Summe angegeben sind (§ 33 UStDV), kann der Drittlandsunternehmer die Rechnungen getrennt nach

1) Siebte Verordnung zur Änderung steuerlicher Verordnungen v. 19.12.2025, BGBl. I 2025 Nr. 372 = BStBl I 2026, 111.
2) Zuletzt mit BMF v. 9.11.2022, III C 3 – S 7359/19/10005 :001, BStBl I 2022, 1585.
3) Internetseite des BZSt: www.bzst.de.
4) Vgl. § 61a Abs. 1 Satz 3 UStDV und BFH v. 8.8.2013, V R 3/11, BStBl II 2014, 46.
5) Siebte Verordnung zur Änderung steuerlicher Verordnungen v. 19.12.2025, BGBl. I 2025 Nr. 372 = BStBl I 2026, 111.

Kostenarten mit laufenden Nummern versehen und sie mit diesen Nummern, den Nummern der Rechnung und mit den Bruttorechnungsbeträgen in gesonderten Aufstellungen zusammenfassen. Die in den Aufstellungen zusammengefassten Bruttorechnungsbeträge sind aufzurechnen. Aus dem jeweiligen Endbetrag ist die darin enthaltene Umsatzsteuer herauszurechnen und in den Antrag zu übernehmen. Hierbei ist auf die gesonderte Aufstellung hinzuweisen. Bei verschiedenen Steuersätzen sind die gesonderten Aufstellungen getrennt für jeden Steuersatz zu erstellen;

- bei Fahrausweisen, in denen das Entgelt und der Steuerbetrag in einer Summe angegeben sind (§ 34 UStDV), gilt das Verfahren für Kleinbetragsrechnungen entsprechend;
- bei Einfuhrumsatzsteuerbelegen kann der Drittlandsunternehmer die Belege mit laufenden Nummern versehen und sie mit diesen Nummern, den Nummern der Belege und mit den in den Belegen angegebenen Steuerbeträgen in einer gesonderten Aufstellung zusammenfassen. Die Steuerbeträge sind aufzurechnen und in den Antrag zu übernehmen. Hierbei ist auf die gesonderte Aufstellung hinzuweisen;
- die gesonderten Aufstellungen sind dem Vergütungsantrag beizufügen.

Der Unternehmer hat die Vergütung selbst zu berechnen (§ 61 Abs. 2 Satz 2 UStDV). Dem Vergütungsantrag sind die Rechnungen und Einfuhrbelege im Original beizufügen (§ 61a Abs. 2 Satz 3 UStDV). Sie können allenfalls bis zum Ende der Antragsfrist nachgereicht werden. Kann ein Unternehmer in Einzelfällen den erforderlichen Nachweis der Vorsteuerbeträge nicht durch Vorlage von Originalbelegen erbringen, werden Zweitschriften nur anerkannt, wenn der Unternehmer den Verlust der Originalbelege nicht zu vertreten hat, der dem Vergütungsantrag zu Grunde liegende Vorgang stattgefunden hat und keine Gefahr besteht, dass weitere Vergütungsanträge gestellt werden.

Beratungshinweis:

Durch die **Siebte Verordnung zur Änderung steuerlicher Verordnungen** v. 19.12.2025 wurde Satz 3 in § 61a Abs. 2 UStDV mit Wirkung zum **1.1.2026** neu gefasst und Satz 4 angefügt.[1)] Danach sind die Vorsteuerbeträge durch Hochladen der Rechnungen und Einfuhrbelege im Online-Portal des BZSt oder in Ausnahmefällen durch Vorlage auf einem Speichermedium nachzuweisen. In begründeten Einzelfällen sind die Vorsteuerbeträge durch Vorlage von Rechnungen und Einfuhrbelegen im Original nachzuweisen.

Die Unternehmerbescheinigung nach § 61a Abs. 4 UStDV ist nach dem Muster USt 1 TN zu führen. Die Bescheinigung muss den Vergütungszeitraum abdecken. Für Vergütungsanträge, die später als ein Jahr nach dem Ausstellungsdatum der Bescheinigung gestellt werden, ist eine neue Bescheinigung vorzulegen (§ 61a Abs. 4 UStDV).

Der Unternehmer kann den Vergütungsanspruch abtreten (§ 46 Abs. 2 und 3 AO). Der zu vergütende Betrag ist nach § 233a AO zu verzinsen.

d) Vorsteuervergütung an im Inland ansässige Unternehmer

aa) Allgemeine Grundsätze

Da das Vorsteuer-Vergütungsverfahren durch die EU-rechtlichen Regelungen weitestgehend harmonisiert ist, **2641**
sind zumindest die formellen Voraussetzungen des Vergütungsverfahrens in anderen Mitgliedstaaten denen des deutschen Verfahrens ähnlich. Ein wesentlicher Unterschied besteht jedoch darin, dass bestimmte Arten von Vorsteuern nicht in allen Mitgliedstaaten gleichermaßen geltend gemacht werden können. Das liegt daran, dass die meisten Mitgliedstaaten weitergehende Vorsteuerausschlüsse kennen, insb. im Bereich der Repräsentationsaufwendungen, der Reisekosten und vergleichbaren Aufwendungen oder bei Pkw-Kosten, die das deutsche Umsatzsteuerrecht in dieser Form nicht kennt (vgl. Präferenzliste der EU-Mitgliedstaaten unter www.bzst.bund.de).[2)]

Beratungshinweis:

Vorsteuerbeträge, die ausl. Unternehmer in Deutschland geltend machen können, können nach dem Recht anderer Mitgliedstaaten vom Vergütungsverfahren – damit auch im allgemeinen Besteuerungsverfahren – ausgeschlossen sein.

bb) Anträge auf Vorsteuervergütung

Ein in Deutschland ansässiger Unternehmer, dem in einem anderen EU-Mitgliedstaat von einem Unternehmer **2642**
Umsatzsteuer in Rechnung gestellt worden ist, kann bei der zuständigen Behörde dieses Mitgliedstaats einen Antrag auf Vergütung dieser Steuer stellen. Beantragt der Unternehmer die Vergütung für mehrere EU-Mitgliedstaaten, ist für jeden EU-Mitgliedstaat ein gesonderter Antrag zu stellen.

Der Antrag ist bis zum 30. September des auf das Jahr der Inrechnungstellung folgenden Kj. zu stellen.

Der Vergütungsbetrag muss mindestens 50 € betragen. Der Unternehmer kann auch einen Antrag für einen Zeitraum von mindestens drei Monaten stellen, wenn der Vergütungsbetrag mindestens 400 € beträgt. Der Antrag ist – für jeden EU-Mitgliedstaat gesondert – auf elektronischem Weg über ein inl. Portal[3)] beim BZSt einzureichen. Hierzu wird eine Maske mit Pflichtfeldern verwendet, die vom Antragsteller auszufüllen sind. Der Antragsteller muss, soweit dies der Erstattungsmitgliedstaat vorsieht, authentifiziert sein.

---

1) Siebte Verordnung zur Änderung steuerlicher Verordnungen v. 19.12.2025, BGBl. I 2025 Nr. 372 = BStBl I 2026, 111.
2) https://www.bzst.de/DE/Unternehmen/Umsatzsteuer/Vorsteuerverguetung/InlaendischeUnternehmer/inlaendischeunternehmer_node.html.
3) Dies sind: www.elster.de oder www.bzst.de.

Der Vergütungsantrag muss folgende **Angaben** enthalten:

- den Erstattungsmitgliedstaat,
- Name und vollständige Anschrift des Antragstellers,
- eine Adresse für die elektronische Kommunikation,
- eine Beschreibung der Geschäftstätigkeit des Antragstellers, für die die Gegenstände bzw. Dienstleistungen erworben wurden, auf die sich der Antrag bezieht,
- eine Erklärung des Antragstellers, dass er während des Vergütungszeitraums im Vergütungsmitgliedstaat keine Lieferungen von Gegenständen bewirkt und Dienstleistungen erbracht hat, mit Ausnahme bestimmter steuerfreier Beförderungsleistungen (vgl. § 4 Nr. 3 UStG), von Umsätzen, für die ausschließlich der Leistungsempfänger die Steuer schuldet, innergemeinschaftliche Erwerbe und daran anschließende Lieferungen i.S.d. § 25b Abs. 2 UStG, oder von Umsätzen i.S.d. § 3a Abs. 3a UStG, wenn der leistende Unternehmer für diese Umsätze die Steuer schuldet und diese nur in einem anderen Mitgliedstaat erklärt sowie die darauf entfallende Steuer entrichtet hat,
- die Mehrwertsteuer-Identifikationsnummer oder Steuerregistriernummer des Antragstellers,
- seine Bankverbindung (inkl. IBAN und BIC).

Neben diesen Angaben sind in dem Vergütungsantrag für jeden Mitgliedstaat der Vergütung und für jede Rechnung oder jedes Einfuhrdokument folgende Angaben zu machen:

- Name und vollständige Anschrift des Lieferers oder Dienstleistungserbringers,
- außer im Fall der Einfuhr die USt-IdNr. des Lieferers oder Dienstleistungserbringers oder die ihm vom Mitgliedstaat der Erstattung zugeteilte Steuerregisternummer,
- (außer im Fall der Einfuhr) die Präfix des Mitgliedstaats der Erstattung,
- Datum und Nummer der Rechnung oder des Einfuhrdokuments,
- Bemessungsgrundlage und Steuerbetrag in der Währung des Mitgliedstaats der Vergütung,
- (entsprechend Art. 5 Richtlinie 2008/9/EG berechneter) Betrag der abziehbaren Steuer in der Währung des Mitgliedstaats der Vergütung,
- ggf. einen (in bestimmten Branchen anzuwendenden) Pro-rata-Satz,
- Art der erworbenen Gegenstände und Dienstleistungen aufgeschlüsselt nach Kennziffern:
  1 Kraftstoff,
  2 Vermietung von Beförderungsmitteln,
  3 Ausgaben für Transportmittel (andere als unter Kennziffern 1 oder 2 beschriebene Gegenstände und Dienstleistungen),
  4 Maut und Straßenbenutzungsgebühren,
  5 Fahrtkosten wie Taxikosten, Kosten für die Benutzung öffentlicher Verkehrsmittel,
  6 Beherbergung,
  7 Speisen, Getränke und Restaurantdienstleistungen,
  8 Eintrittsgelder für Messen und Ausstellungen,
  9 Luxusausgaben, Ausgaben für Vergnügungen und Repräsentationsaufwand,
  10 sonstiges; hierbei ist die Art der gelieferten Gegenstände bzw. erbrachten Dienstleistungen anzugeben.

Beträgt die Bemessungsgrundlage in der Rechnung oder dem Einfuhrdokument mindestens 1 000 € (bei Rechnungen über Kraftstoff mindestens 250 €), hat der Antragsteller Kopien der Rechnung oder der Einfuhrdokumente dem Vergütungsantrag beizufügen, wenn der Vergütungsmitgliedstaat dies vorsieht. Hierfür reichen eingescannte Rechnungskopien aus. Die einzureichenden elektronischen Belege werden über eine entsprechende Upload-Funktion den jeweiligen Positionen zugeordnet.

Beratungshinweis:

Um einen Antrag über das BZSt-Online-Portal stellen zu können, wird ein Software-Zertifikat benötigt. Dieses Software-Zertifikat kann entweder durch eine Registrierung über das Elster-Online-Portal oder durch eine unmittelbare Registrierung beim BZSt-Online-Portal erworben werden. Das BZSt empfiehlt die Registrierung über das Elster-Online-Portal. Für Anträge mit mehr als 1 000 Anlagepositionen empfiehlt das BZSt die Nutzung der Massendatenschnittstelle (ELMA5-Schnittstelle) zur Übermittlung eines oder mehrerer Vergütungsanträge.

Unternehmer und Steuerberater, die bereits Elster-Online-Zugangsdaten (Software-Zertifikat und PIN) besitzen, können diese zum Login beim BZSt-Online-Portal nutzen. Wichtig ist, dass es sich um ein nicht persönliches Elster-Online-Zertifikat (Organisationszertifikat) handelt.

Wenn der Unternehmer noch nicht im Besitz eines Elster-Online-Zertifikats ist und eine inländische Umsatzsteuernummer besitzt, empfiehlt das BZSt, sich zunächst über das Elster-Online-Portal mit der Registrierungsart ELSTER-Basis zu registrieren. Aus technischen Gründen ist die Verwendung von hardwaregebundenen Signaturen (Sticks bzw. Signaturkarten) derzeit noch nicht möglich. Es soll das Software-Zertifikat verwendet werden.

cc) Verfahren beim BZSt

§ 18g UStG regelt die Abgabe von Vergütungsanträgen im Inland ansässiger Unternehmer auf elektronischem Weg an die zentrale Erstattungsbehörde in einem anderen EU-Mitgliedstaat. Die Anträge sind nach amtlich vorgeschriebenem Datensatz über die amtlich bestimmte Schnittstelle dem BZSt zu übermitteln. Der Unternehmer hat den Antrag vollständig auszufüllen und die Vergütungssumme selbst zu berechnen. **2643**

Die über das BZSt-Online-Portal eingereichten Anträge in Deutschland ansässiger Unternehmer werden vom BZSt als für das Vorsteuer-Vergütungsverfahren zuständige deutsche zentrale Behörde auf ihre Zulässigkeit vorgeprüft. Dabei muss das BZSt u.a. feststellen, ob

- die vom Antragsteller angegebene USt-IdNr. bzw. Steuernummer zutreffend und ihm zuzuordnen ist,
- der Antragsteller ein zum Vorsteuerabzug berechtigter Unternehmer ist (also beim zuständigen FA als Unternehmer geführt wird) und
- der Antrag alle sonstigen erforderlichen Angaben enthält.

Stellt das BZSt fest, dass der Antrag zulässig ist, leitet es diesen an den Erstattungsmitgliedstaat über eine elektronische Schnittstelle weiter. Mit der Weitergabe bestätigt das BZSt, dass die vom Antragsteller angegebene USt-IdNr. bzw. Steuernummer zutrifft und der Antragsteller ein zum Vorsteuerabzug berechtigter Unternehmer ist. Das BZSt hat dem Antragsteller eine elektronische Empfangsbestätigung über den Eingang (des zulässigen Antrags) zu übermitteln. Die Weiterleitung an den Erstattungsmitgliedstaat muss innerhalb von 15 Tagen nach Eingang des Antrags erfolgen.

Stellt das BZSt fest, dass die vom Antragsteller angegebene USt-IdNr. bzw. Steuernummer nicht zutreffend und/oder ihm nicht zuzuordnen ist und/oder der Antrag nicht alle sonstigen erforderlichen Informationen enthält, wird der Antrag zurückgewiesen und nicht an den Erstattungsmitgliedstaat weitergeleitet.

Stellt das BZSt fest, dass der Antragsteller kein Unternehmer ist, aber von der Kleinunternehmer-Regelung (§ 19 UStG) Gebrauch macht, aber hinsichtlich seiner Umsätze die Pauschalregelung des § 24 Abs. 1 UStG anwendet, oder Unternehmer ist, aber ausschließlich Umsätze bewirkt, die nach § 4 Nr. 8 bis 28 UStG steuerfrei sind, wird das BZSt den Antrag ebenfalls zunächst nicht an den Erstattungsmitgliedstaat weiterleiten. In diesem Fall wird das BZSt bei dem nach § 21 AO für die Umsatzbesteuerung des Antragstellers zuständigen FA nachfragen, ob eines der vorgenannten Merkmale tatsächlich erfüllt ist. Bestätigt das FA, dass eines der Merkmale erfüllt ist, weist das BZSt den Antrag zurück und übermittelt ihn nicht dem Erstattungsmitgliedstaat. Bestätigt das FA, dass der Antragsteller ein zum Vorsteuerabzug berechtigter Unternehmer ist, leitet das BZSt den Antrag an den Erstattungsmitgliedstaat weiter.

Die Zurückweisung des Antrags auf Vergütung von Vorsteuerbeträgen durch das BZSt erfolgt automationsunterstützt. Sie ist ein rechtsmittelfähiger Verwaltungsakt. Gegen die Zurückweisung kann der Antragsteller Einspruch einlegen. Über den Einspruch entscheidet das BZSt nach Feststellung des Sachverhalts durch das nach § 21 AO für die Umsatzbesteuerung des Antragstellers zuständige FA.

Praxishinweis:

Leitet das BZSt den Antrag nicht an den Mitgliedstaat der Erstattung weiter, ist der Bescheid über die Ablehnung dem Antragsteller durch Bereitstellung zum Datenabruf nach § 122a i.V.m. § 87a Abs. 8 AO bekannt zu geben. Hat der Empfänger des Bescheids der Bekanntgabe durch Bereitstellung zum Datenabruf nicht zugestimmt, ist der Bescheid schriftlich zu erteilen (§ 18g Sätze 4 und 5 UStG in der bis zum 31.12.2025 geltenden Fassung).

Durch das Steueränderungsgesetz 2025 (**StÄndG 2025**)[1] v. 22.12.2025 wurde mit Wirkung zum **1.1.2026** in § 18g Satz 5 UStG neu gefasst. Danach kann das BZSt abweichend von § 122a Abs. 2 AO nur zur Vermeidung von unbilligen Härten einem Antrag auf einmalige postalische Bekanntgabe nach § 122a Abs. 2 AO entsprechen und den Bescheid bis zum Widerruf des Antrags postalisch bekannt geben. Dies bedeutet, dass die elektronische Bekanntgabe des Bescheids über die Nichtweiterleitung eines Antrags auf Vorsteuer-Vergütung durch das BZSt im Hinblick auf § 122a Abs. 2 AO in der ab 1.1.2026 geltenden Fassung als Regelfall ausgestaltet wird; das bisherige Zustimmungserfordernis des inländischen Unternehmers wird abgeschafft.

Unternehmern, die in der Bundesrepublik Deutschland ansässig sind und die für Zwecke der steuerlichen Erfassung im Ausland oder für die Vergütung von Vorsteuerbeträgen in einem Drittstaat eine Bestätigung ihrer Unternehmereigenschaft benötigen, stellt das zuständige FA auf Antrag eine Bescheinigung nach dem Muster USt 1 TN (vgl. Abschn. 18.14 Abs. 7 UStAE) aus. Das gilt auch für Organgesellschaften mit einem im Inland ansässigen Organträger sowie für Organgesellschaften und Zweigniederlassungen im Inland, die zum Unternehmen eines im Ausland ansässigen Unternehmers gehören. Der Antrag ist für alle im Inland gelegenen Unternehmensteile i.S.d. Abschn. 2.9 Abs. 3 bis 5 UStAE von dem Organträger bei dem für den Organkreis für Zwecke der Umsatzsteuer zuständigen FA zu stellen.[2]

Die Bescheinigung darf für Zwecke der Vorlage im Verfahren zur Vergütung von Vorsteuerbeträgen in einem Drittstaat nur Unternehmern erteilt werden, die zum Vorsteuerabzug berechtigt sind. Sie darf nicht erteilt werden, wenn der Unternehmer nur steuerfreie Umsätze ausführt, die den Vorsteuerabzug ausschließen, oder die Besteuerung nach § 19 Abs. 1 oder § 24 Abs. 1 UStG anwendet.[3]

---

1) Steueränderungsgesetz 2025 (StÄndG 2025) v. 22.12.2025, BGBl. I 2025 Nr. 363 = BStBl I 2026, 123.
2) Vgl. Abschn. 18.16 Abs. 1 UStAE.
3) Vgl. Abschn. 18.16 Abs. 1 und 2 UStAE; BMF v. 2.6.2017, III C 3 – S 7359/10/10002, BStBl I 2017, 850 und v. 18.11.2022, III C 3 – S 7359/20/10007 :001, BStBl I 2022, 1592.

Unternehmern, die die Vergütung von Vorsteuerbeträgen in einem anderen Mitgliedstaat beantragen möchten, wird keine Bescheinigung erteilt. Die Bestätigung der Unternehmereigenschaft erfolgt in diesen Fällen durch das BZSt durch Weiterleitung des Vergütungsantrags an den Mitgliedstaat der Erstattung.[1]

dd) Verfahren im Erstattungsstaat

2644 Der Erstattungsmitgliedstaat setzt den in Deutschland ansässigen Antragsteller auf elektronischem Weg unverzüglich vom Datum des Eingangs des Antrags bei sich in Kenntnis. Er teilt auch innerhalb von vier Monaten ab Eingang des Erstattungsantrags mit, ob die Erstattung gewährt oder abgewiesen wird.

Ist der Erstattungsmitgliedstaat der Auffassung, dass er nicht über alle relevanten Informationen für die Entscheidung über eine vollständige oder teilweise Erstattung verfügt, kann er beim Antragsteller (in Deutschland nur bei diesem, nicht bei der für ihn zuständigen Behörde) innerhalb des Vier-Monats-Zeitraums elektronisch zusätzliche Informationen anfordern.

Die angeforderten Informationen können die Einreichung des Originals oder eine Durchschrift der einschlägigen Rechnungen oder des Einfuhrdokuments umfassen, wenn der Erstattungsstaat begründete Zweifel am Bestehen einer bestimmten Forderung hat. In diesem Fall gelten die Schwellenwerte von 1 000 € oder 250 € für die Pflicht zur Vorlage von Rechnungskopien nicht.

Fordert der Erstattungsmitgliedstaat zusätzliche Informationen an, teilt er dem Antragsteller innerhalb von zwei Monaten ab Eingang der angeforderten Informationen mit, ob er die Erstattung gewährt oder den Erstattungsantrag abweist. Der Zeitraum, der für die Entscheidung über eine vollständige oder teilweise Erstattung ab Eingang des Antrags im Erstattungsstaat zur Verfügung steht, beträgt jedoch auf jeden Fall mindestens sechs Monate. Wenn der Erstattungsstaat weitere Informationen anfordert, teilt er dem Antragsteller innerhalb von acht Monaten ab Eingang des Erstattungsantrags bei sich die Entscheidung über eine vollständige oder teilweise Erstattung mit.

Wird eine Erstattung gewährt, wird der Betrag spätestens innerhalb von zehn Arbeitstagen nach Ablauf der o.g. Fristen erstattet. Hinsichtlich der Antragstellung gelten in den einzelnen übrigen EU-Mitgliedstaaten besondere Bedingungen (sog. Preferences). Die in anderen EU-Mitgliedstaaten geltenden Bedingungen ergeben sich aus der Präferenzliste der EU-Mitgliedstaaten unter www.bzst.bund.de.[2]

ee) Verzinsung

2645 Erfolgt die Vergütung erst nach Ablauf der Bearbeitungsfrist (grundsätzlich vier Monate, bei Nachfragen der Finanzbehörde bis zu acht Monaten) zuzüglich der Erstattungsfrist von zehn Tagen, ist der Vergütungsbetrag zu verzinsen. Die Zinshöhe richtet sich nach geltenden nationalen Bestimmungen des Erstattungsstaats.

Beispiel:

Der deutsche Unternehmer U stellt am 10.9.2025 für Rechnungen, die im Jahr 2024 von französischen Unternehmern ausgestellt wurden, beim BZSt den Erstattungsantrag (Fristende für diesen Antrag ist der 30.9.2025). Ist der Antrag zulässig, hat das BZSt diesen bis zum 25.9.2025 an die französische Erstattungsbehörde weiterzuleiten und U eine Eingangsbestätigung (über den Eingang beim BZSt) zu übermitteln.

Die französische Behörde hat U unverzüglich eine Bestätigung über den Eingang des Antrags (z.B. 25.9.2025) zu übermitteln. Sie muss U grundsätzlich bis 24.1.2026 mitteilen, ob dem Antrag entsprochen wird. Fordert die französische Behörde weitere Unterlagen an, muss sie U bis spätestens 24.5.2026 die Entscheidung über eine vollständige oder teilweise Erstattung mitteilen. Kann eine Erstattung erfolgen, muss diese binnen zehn Tagen ab dem 24.5.2026 ausgezahlt werden. Nach diesem Zeitpunkt ist der Erstattungsbetrag zu verzinsen.

ff) Beschränkung der Vorsteuervergütung

2646 Vorsteuern sind stets nur in dem EU-Mitgliedstaat erstattungsfähig, in dem sie angefallen sind. Maßgeblich sind dabei grundsätzlich die materiellen Vorschriften über den Vorsteuerabzug, die im Erstattungsmitgliedstaat gelten. Die Vorsteuervergütung ist in allen EU-Mitgliedstaaten beschränkt auf den Umfang, der für den Vorsteuerabzug nach dem jeweiligen nationalen Recht für die normale Umsatzsteuerveranlagung gilt. Vorsteuern auf bestimmte Kosten können nicht in allen Mitgliedstaaten gleichermaßen geltend gemacht werden. Die meisten Staaten kennen sog. Vorsteuerausschlüsse. Das betrifft insb. den Bereich der Repräsentationskosten sowie Reisekosten und Aufwendungen für Unterbringung und Verpflegung. Aber auch im Bereich der Kfz-Kosten bestehen zum Teil weitreichende Vorsteuerausschlüsse (vgl. im Einzelnen Präferenzliste der EU-Mitgliedstaaten).

Über die Höhe der Erstattung bestimmt nicht der Staat allein, in dem der Antrag gestellt wird.[3] Ein Unternehmer, der in seinem Sitzstaat nur teilweise zum Vorsteuerabzug berechtigt ist, hat grundsätzlich Anspruch auf Rückerstattung von Vorsteuern, die in einem anderen (Erstattungs-)Staat angefallen sind. Auch Unternehmer, die mit ihren Umsätzen im Sitzstaat steuerpflichtig sind und im Erstattungsstaat steuerbefreit, haben Anspruch auf partielle Rückerstattung der im Erstattungsmitgliedstaat angefallenen Vorsteuern.

1) Vgl. Abschn. 18g.1 Abs. 10 UStAE und Abschn. 18.16 Abs. 3 UStAE.
2) https://www.bzst.de/DE/Unternehmen/Umsatzsteuer/Vorsteuerverguetung/InlaendischeUnternehmer/inlaendischeunternehmer_node.html.
3) Vgl. EuGH v. 13.7.2000, C-136/99, BFH/NV Beilage 2001, 112.

Die Erstattung scheidet aus für in Rechnung gestellte Mehrwertsteuerbeträge für Lieferungen (innergemeinschaftliche Lieferungen oder Ausfuhrlieferungen), die steuerfrei sind oder befreit werden können. Gleiches gilt für nach den Rechtsvorschriften des Erstattungsmitgliedstaats fälschlich in Rechnung gestellte Mehrwertsteuerbeträge. Damit scheidet – wie im normalen Besteuerungsverfahren – eine Erstattung aus für Steuern, die nur auf Grund eines unzutreffenden Steuerausweises, nicht aber auf Grund des Umsatzes geschuldet werden.

Beratungshinweis:

Um nicht Gefahr zu laufen, eventuell auf einer überhöht ausgewiesenen und bereits an den ausl. Vertragspartner gezahlten Umsatzsteuer „sitzen zu bleiben", sollte sich der Unternehmer immer davon überzeugen, dass die ihm in Rechnung gestellte Steuer dem Grunde und der Höhe nach zutreffend ist. Das gilt insb. für den Steuersatz.

Ein Unternehmer, der in seinem Sitzstaat gemischte (teils steuerpflichtige, teils steuerfreie) Umsätze bewirkt, hat grundsätzlich auch in einem solchen Fall Anspruch auf Erstattung von Vorsteuern eines anderen EU-Mitgliedstaats.[1] Die Erstattung kann ihm nicht allein auf Grund dieser Tatsache verweigert werden, da der Unternehmer in seinem Sitzstaat ebenfalls zum anteiligen Vorsteuerabzug berechtigt ist.

Der Umfang des Erstattungsanspruchs wird wie folgt ermittelt:

Zunächst muss der Erstattungsstaat feststellen, wie hoch der Pro-rata-Satz des Vorsteuerabzugs im Ansässigkeitsstaat des Antragstellers ist. Dieser Pro-rata-Satz bestimmt das Höchstmaß des Erstattungsanspruchs im Sitzstaat (der Unternehmer ist im Sitzstaat bei gemischten Umsätzen nur anteilig zum Vorsteuerabzug berechtigt).

In einem zweiten Berechnungsschritt muss der Erstattungsstaat prüfen, ob die im Sitzstaat steuerpflichtigen – zum Vorsteuerabzug berechtigenden – Umsätze auch im Erstattungsmitgliedstaat zum Vorsteuerabzug berechtigen würden, wenn sie dort bewirkt worden wären. Ist dies nicht der Fall, muss der Pro-rata-Satz des Sitzstaats entsprechend geändert werden. Dieser ggf. geänderte Pro-rata-Satz stellt das Höchstmaß der anteilig zu erstattenden Steuerbeträge im Erstattungsmitgliedstaat dar.

In einem dritten Berechnungsschritt muss der Erstattungsmitgliedstaat ermitteln, welche Ausgaben, für die der Antragsteller die Vorsteuererstattung beantragt, im Erstattungsstaat überhaupt zum Vorsteuerabzug berechtigen. Nur auf die Summe dieser Ausgaben kann der – zuvor ermittelte – Pro-rata-Satz angewendet werden.

Beispiel:

Ein in Deutschland ansässiger Schriftsteller, der zu 70 % steuerpflichtige schriftstellerische Leistungen, 10 % steuerfreie Vermietungsleistungen und 20 % sonstige steuerpflichtige Leistungen (z.B. als Vortragender) erzielt, stellt 2022 in Lettland einen Vergütungsantrag für Vorsteuerbeträge, die auf die Kosten für die kurzfristige Miete eines Fahrzeugs in Lettland entfallen, dass er für seine gesamte unternehmerische Tätigkeit nutzt.

Der sich nach deutschem Vorsteuerabzugsrecht ergebende höchste Erstattungsbetrag wäre 90 % der in Rechnung gestellten Umsatzsteuer. Auf Grund eines zweiten Berechnungsschritts muss der Pro-rata-Satz verändert werden, weil in Lettland schriftstellerische Leistungen (noch) steuerbefreit sind. Der auf den Erstattungsstaat Lettland bezogene, geänderte Pro-rata-Satz beträgt daher 20 % steuerpflichtige Umsätze und 80 % (70 + 10) steuerfreie Umsätze.

Der deutsche Schriftsteller kann somit in Lettland maximal 20 % der ihm dort in Rechnung gestellten Umsatzsteuer auf die Leasing-Gebühr zurückerhalten. Da die Vorsteuer auf Leasing-Gebühren in Lettland jedoch nur zu 80 % abzugsfähig ist, erhält der Schriftsteller in Lettland nur 16 % der ihm in Rechnung gestellten Umsatzsteuern.

1) Vgl. EuGH v. 13.7.2000, C-136/99, BFH/NV Beilage 2001, 112.

II. Anlage UN – zur Umsatzsteuererklärung 2025

1. Vorbemerkung (Zeile 1)

2025

1 **Steuernummer**

Anlage UN

zur Umsatzsteuererklärung für im Ausland ansässige Unternehmer

2647 Auf die Vorbemerkungen zum Vordruck USt 2 A (→ Rz. 2095) wird hingewiesen. Danach ist die Anlage UN nur von im Ausland ansässigen Unternehmen auszufüllen, die zur Abgabe einer Umsatzsteuererklärung verpflichtet sind. Die Anlage UN ist in diesem Fall ein **notwendiger Bestandteil der Steuererklärung** (→ Rz. 2095 ff., → Rz. 2139). In **Zeile 1** ist die Steuernummer des Unternehmens anzugeben.

2648 Für Unternehmer, die ihren Wohnsitz, Sitz oder ihre Geschäftsleistung außerhalb des Geltungsbereichs des Umsatzsteuergesetzes haben, sind gem. § 21 Abs. 1 AO i.V.m. der UStZustV[1] bestimmte Finanzämter zentral zuständig. Informationen hierzu sind beim BZSt[2] zu erfahren. Zurzeit ergeben sich für die Unternehmer, die ihr Unternehmen von den folgenden Staaten aus betreiben, folgende Zuständigkeiten:

Staat	Zuständiges FA
Belgien	Trier
Bulgarien	Neuwied
Dänemark	Flensburg
Estland	Rostock
Finnland	Bremen
Frankreich und im Fürstentum Monaco	Offenburg
Großbritannien und Nordirland sowie auf der Insel Man	Hannover-Nord
Griechenland	Berlin International
Irland	Hamburg-Nord
Italien	München
Kroatien	Kassel
Lettland	Bremen
Liechtenstein	Konstanz
Litauen	Mühlhausen
Luxemburg	Saarbrücken I
Nordmazedonien	Berlin International
Niederlande	Kleve
Norwegen	Bremen
Österreich	München
Polen[3]	Oranienburg und Cottbus
Portugal	Kassel
Rumänien	Chemnitz-Süd
Russische Föderation	Magdeburg
Schweden	Hamburg-Nord
Schweiz	Konstanz
Slowakische Republik	Chemnitz-Süd
Slowenien	Oranienburg
Spanien	Kassel
Tschechische Republik	Chemnitz-Süd

1) Umsatzsteuerzuständigkeitsverordnung (UStZustV) zuletzt geändert durch Art. 8 der Siebten Verordnung zur Änderung steuerlicher Verordnungen v. 19.12.2025, BGBl. I 2025 Nr. 372.
2) www.bzst.de.
3) Für in der Republik Polen ansässige Unternehmer gilt folgende Zuständigkeit: – FA Hameln-Holzminden für Unternehmer mit den Anfangsbuchstaben des Nachnamens oder des Firmennamens A bis G.– FA Oranienburg für Unternehmer mit den Anfangsbuchstaben des Nachnamens oder des Firmennamens H bis L.– FA Cottbus für Unternehmer mit den Anfangsbuchstaben des Nachnamens oder des Firmennamens M bis R. – FA Cottbus ist unabhängig vom Anfangsbuchstaben des Namens oder des Firmennamens für das Verfahren nach § 18 Abs. 4e, § 18j oder § 18k UStG für in der Republik Polen ansässige Unternehmer zuständig.– FA Nördlingen für Unternehmer mit den Anfangsbuchstaben des Nachnamens oder des Firmennamens S bis Z.

Staat	Zuständiges FA
Türkei	Dortmund-Unna
Ukraine	Magdeburg
Ungarn	Zentralfinanzamt Nürnberg (vgl. Praxishinweis)
USA	Bonn-Innenstadt
Weißrussland	Magdeburg
übriges Ausland	Berlin International

Praxishinweis:

Mit BMF-Schreiben v. 1.1.2026 wurde für einen Übergangszeitraum von zwölf Monaten bestimmt, dass für die Umsatzbesteuerung der in **Ungarn** ansässigen Unternehmer – abweichend von § 1 Abs. 1 Nr. 32 UStZustV – nicht das Zentralfinanzamt Nürnberg, sondern das **FA Nürnberg** örtlich zuständig ist.[1)]

Für nicht im Gemeinschaftsgebiet ansässige Unternehmer, die sonstige Leistungen nach § 3a Abs. 5 UStG (d.h. Leistungen auf dem Gebiet der Telekommunikation, Rundfunk- und Fernsehdienstleistungen oder elektronische Dienstleistungen) an Nichtunternehmer mit Sitz im Gemeinschaftsgebiet erbringen und von dem Besteuerungsverfahren nach § 18 Abs. 4c UStG Gebrauch machen, ist das BZSt zuständig (§ 1 Abs. 2a UStZustV). **2649**

Nach § 1 Abs. 2b UStZustV sind für die Unternehmer mit Sitz außerhalb des Gemeinschaftsgebiets (§ 1 Abs. 2a UStG), die im Gemeinschaftsgebiet auch weder ihre Geschäftsleitung noch eine umsatzsteuerliche Betriebsstätte haben und die in einem anderen Mitgliedstaat der EU die Teilnahme an dem Verfahren i.S.d. § 18j UStG angezeigt haben, § 1 Abs. 1 und 2 UStZustV für Zwecke der Durchführung des Verfahrens i.S.d. § 18j UStG mit der Maßgabe anzuwenden, dass der Unternehmer in dem Mitgliedstaat als ansässig zu behandeln ist, in dem die Teilnahme angezeigt wurde (§ 1 Abs. 2b UStZustV). **2650**

2. Abschnitt A – Allgemeine Angaben (Zeilen 2–16)

A. Allgemeine Angaben

2 Wirtschafts-Identifikationsnummer: D E

3 IBAN

4 BIC (nur bei Bankverbindungen außerhalb des Europäischen Wirtschaftsraums)

5 Name des Geldinstituts (Zweigstelle) und Ort

6 Kontonummer (nur bei Bankverbindungen außerhalb des Europäischen Zahlungsverkehrsraums - SEPA)

7 **Kontoinhaber** ist der Unternehmer laut Zeile 5 auf Vordruck USt2A – Name des Kontoinhabers

8 Zur Wahrnehmung der steuerlichen Pflichten und Rechte als **Bevollmächtigter** (§ 80 AO) ist bestellt: – Zum Empfang von Schriftstücken als **Empfangsbevollmächtigter** (§ 123 AO) ist bestellt:

9 Name

10 Straße

11 Hausnummer – Hausnummerzusatz – Adressergänzung

12 Postleitzahl – Ort

13 Postleitzahl – Postfach

14 Telefon

15 E-Mail-Adresse

16 Die Umsatzsteuererklärung wurde vom Bevollmächtigten unterschrieben. Die Voraussetzungen des § 150 Absatz 3 AO liegen vor.

1) BMF v. 1.1.2026, IV D 1 – S 0123/00023/002/014, BStBl I 2026, 3.

2651 Die **Wirtschafts-Identifikationsnummer** in **Zeile 2** dient der eindeutigen Identifizierung von juristischen Personen, Personenvereinigungen und natürlichen Personen, die wirtschaftlich tätig sind. Sie wird schrittweise vom BZSt zugeteilt. Eine Eintragung ist hier nur dann möglich, wenn die W-IdNr. bereits bekannt ist.

In den **Zeilen 3 bis 7** sind Eintragungen zu einer Bankverbindung vorzunehmen, weil sich Erstattungen z.B. aus Vorsteuerüberhängen ergeben können. Steuererstattungen werden vom FA nur unbar erstattet. Für Steuererstattungen innerhalb des Europäischen Zahlungsverkehrsraums (Single Euro Payments Area, SEPA), zu dem alle Länder der EU, des EWR sowie Vereinigtes Königreich, Gibraltar, Monaco, San Marino, Saint Barthelemy, Saint-Pierre und Miquelon, Mayotte, Guernsey, Jersey, Isle of Man, Schweiz, Andorra und der Staat Vatikanstadt gehören, ist die Angabe der IBAN notwendig. Für Steuererstattungen im SEPA-Zahlungsverkehr in Länder außerhalb des EU-/EWR-Raums ist zusätzlich die BIC einzutragen. Bei anderen Bankverbindungen außerhalb des Europäischen Zahlungsverkehrsraums (SEPA) sind die Kontonummer und das Geldinstitut einzutragen.

2652 In **Zeile 8** ist durch Ankreuzen anzugeben, ob zur Wahrnehmung der steuerlichen Pflichten und Rechte ein Bevollmächtigter oder zum Empfang von Schriftstücken ein Empfangsbevollmächtigter bestellt worden ist. In den **Zeilen 9 bis 15** sind der Name, die Anschrift, die E-Mail-Adresse und die Telefonnummer des **Bevollmächtigten** (§ 80 AO) oder des **Empfangsbevollmächtigten** (§ 123 AO) einzutragen. Zumindest sollte ein Empfangsbevollmächtigter mit Wohnort oder Sitz im Inland mitgeteilt werden. In **Zeile 7** ist durch Ankreuzen anzuzeigen, dass der Kontoinhaber der Unternehmer laut Zeile 5 aus dem Vordruck USt 2 A ist, und es ist der Name des Kontoinhabers einzutragen.

2653 Durch Ankreuzen in **Zeile 16** bestätigt der Bevollmächtigte des im Ausland ansässigen Unternehmers, dass die Voraussetzungen des § 150 Abs. 3 AO für den Verzicht auf die eigenhändige Unterschrift des Unternehmers vorgelegen haben und die Steuererklärung aus diesem Grund vom Bevollmächtigten unterschrieben worden ist.

3. Abschnitt B – Vorsteuer-Vergütungsverfahren beim BZSt (Zeile 17)

B. Vorsteuer-Vergütungsverfahren beim Bundeszentralamt für Steuern 11

17 Ist für das Kalenderjahr 2025 die **Vergütung von Vorsteuern** in einem besonderen Verfahren (§ 18 Absatz 9 UStG, §§ 59 bis 61a UStDV) beantragt worden? 870 1 = Ja 2 = Nein

2654 Unter den Voraussetzungen der §§ 59 bis 61a UStDV können im Ausland ansässige Unternehmer Vorsteuerbeträge in einem besonderen Verfahren (Vorsteuer-Vergütungsverfahren) beantragen. Um eine mehrfache Erstattung bzw. Anrechnung von Vorsteuerbeträgen zu vermeiden, muss das FA prüfen, ob für das Kj. 2025 die Vergütung von Vorsteuern in einem besonderen Verfahren (§ 18 Abs. 9 UStG, §§ 59 bis 61a UStDV) beantragt worden ist (**Zeile 17**). Ist für das Kj. 2025 das Vorsteuer-Vergütungsverfahren beim BZSt durchgeführt worden, sind Rechnungs- und Einfuhrbelege im Original zum Nachweis der abziehbaren Vorsteuerbeträge beizufügen (§ 62 Abs. 2 UStDV). Der Unternehmer kann im Abschnitt I des Vordrucks USt 2 A (Zeilen 79 bis 88) nur die Vorsteuerbeträge eintragen, die nicht bereits im Vorsteuer-Vergütungsverfahren vom BZSt vergütet worden sind (§ 62 Abs. 1 UStDV). Zum Vorsteuer-Vergütungsverfahren (→ Rz. 2628).

4. Abschnitt C – Anrechenbare Beträge (Zeile 18)

C. Anrechenbare Beträge

			EUR	Ct
18	Bei der Beförderungseinzelbesteuerung entrichtete Umsatzsteuer (§ 18 Absatz 5b Satz 2 UStG) – Belege bitte gesondert übermitteln - (zu übertragen in Zeile 118 der Umsatzsteuererklärung)	888		

2655 Bei Personenbeförderungen, die Unternehmer im grenzüberschreitenden Gelegenheitsverkehr mit nicht im Inland zugelassenen Kraftomnibussen durchführen, wird die Umsatzsteuer von den Zolldienststellen nach einem Durchschnittsbeförderungsentgelt im Verfahren der Beförderungseinzelbesteuerung an einer Drittlandsgrenze (z.B. an der Grenze zur Schweiz) festgesetzt. In den Zeilen 22, 25 bzw. 31 des Abschnitts B der Umsatzsteuererklärung muss der Unternehmer sämtliche Umsätze angeben, die nach § 3b Abs. 1 UStG im Inland bewirkt werden und nicht in einem besonderen Besteuerungsverfahren nach § 18i oder § 18j UStG erklärt werden. Die eventuell an den Zolldienststellen im Verfahren der Beförderungseinzelbesteuerung entrichtete Umsatzsteuer kann in **Zeile 18** angerechnet werden. Zur Anrechnung der entrichteten Umsatzsteuer sind die von den Zolldienststellen ausgehändigten Durchschriften der Umsatzsteuererklärungen (**Vordruckmuster 2603**) mit allen Steuerquittungen beizufügen. Grenzüberschreitende Personenbeförderungen mit nicht im Inland zugelassenen Kraftomnibussen unterliegen entweder im Verfahren der Beförderungseinzelbesteuerung (§ 16 Abs. 5 UStG) der Umsatzsteuer, wenn eine Grenze zum Drittlandsgebiet überschritten wird, oder im allgemeinen Besteuerungsverfahren (§ 18 Abs. 1 bis 4 UStG), wenn keine Drittlandsgrenze überschritten wird.

Beratungshinweis:
Durch das Jahressteuergesetz 2024 (**JStG 2024**) v. 2.12.2024 wurde mit Wirkung vom **6.12.2024** in § 16 UStG ein neuer Absatz 5c eingefügt.[1)]

1) Jahressteuergesetz 2024 (JStG 2024) v. 2.12.2024, BGBl. I 2024 Nr. 387 = BStBl I 2024, 1484.

Die Unternehmen können anstelle der Beförderungseinzelbesteuerung am allgemeinen Besteuerungsverfahren teilnehmen (§ 16 Abs. 5b UStG). Durch die zum 1.7.2021 in Kraft getretene zweite Stufe des sog. Mehrwertsteuer-Digitalpakets können ausl. Unternehmen, die grenzüberschreitende Personenbeförderungen im Gelegenheitsverkehr an den Grenzen der Bundesrepublik Deutschland zum Drittland durchführen, nunmehr auch von den besonderen Besteuerungsverfahren entsprechend Titel XII Kapitel 6 Abschn. 2 und 3 der Richtlinie 2006/112/EG des Rates in der Fassung von Art. 2 Nr. 14 bis 20 der Richtlinie (EU) 2017/2455 des Rates vom 5.12.2017 zur Änderung der Richtlinie 2006/112/EG und der Richtlinie 2009/132/EG in Bezug auf bestimmte mehrwertsteuerliche Pflichten für die Erbringung von Dienstleistungen und für Fernverkäufe von Gegenständen (One-Stop-Shop-Verfahren)[1] Gebrauch machen. Mit dem in § 16 UStG neu eingefügten Abs. 5c wurde diese Möglichkeit gesetzlich nachvollzogen.

Praxishinweis:

Im Rahmen von zeitlich und örtlich begrenzten Kontrollen wirken die für die Steueraufsicht zuständigen Zolldienststellen an der umsatzsteuerlichen Erfassung dieser Personenbeförderungen mit (§ 18 Abs. 11 UStG).

Beratungshinweis: 2656

Durch das Jahressteuergesetz 2024 (**JStG 2024**) v. 2.12.2024 wurde mit Wirkung vom **6.12.2024** § 18 Abs. 12 UStG neu gefasst.[2]

Auf Grund der zum 1.7.2021 in Kraft getretenen zweiten Stufe des sog. Mehrwertsteuer-Digitalpakets können sowohl nicht im Gemeinschaftsgebiet ansässige Unternehmen als auch im übrigen Gemeinschaftsgebiet ansässige Unternehmen, die grenzüberschreitende Personenbeförderungen mit nicht in der Bundesrepublik Deutschland straßenverkehrsrechtlich zugelassenen Kraftomnibussen an Nichtunternehmer erbringen und die bei der Ein- oder Ausreise keine Drittlandsgrenze der Bundesrepublik Deutschland überqueren, nunmehr auch von den besonderen Besteuerungsverfahren entsprechend Titel XII Kapitel 6 Abschn. 2 und 3 der Richtlinie 2006/112/EG des Rates in der Fassung von Art. 2 Nr. 14 bis 20 der Richtlinie (EU) 2017/2455 des Rates vom 5.12.2017 zur Änderung der Richtlinie 2006/112/EG und der Richtlinie 2009/132/EG in Bezug auf bestimmte mehrwertsteuerliche Pflichten für die Erbringung von Dienstleistungen und für Fernverkäufe von Gegenständen (One-Stop-Shop-Verfahren)[3] Gebrauch machen. Eine besondere Registrierung oder die Vorlage von Bescheinigungen ist in diesen Fällen unionsrechtlich unzulässig. Eine Beibehaltung der Regelungen nur für Unternehmen, die nicht von den besonderen Besteuerungsverfahren Gebrauch machen, widerspräche dem Gleichheitsgrundsatz. Sowohl die **Anzeigepflicht nach § 18 Abs. 12 Satz 1 UStG**, das **Bescheinigungsverfahren nach § 18 Abs. 12 Sätze 2 und 3 UStG** als auch die **Anordnung der Sicherheitsleistung nach § 18 Abs. 12 Satz 4 UStG wurden ersatzlos gestrichen**. Mit § 18 Abs. 12 UStG werden ausl. Unternehmen nunmehr auf ihre Registrierungspflicht im Inland und somit auf die Anwendung des allgemeinen Besteuerungsverfahrens hingewiesen, wenn ihre Umsätze nicht der Beförderungseinzelbesteuerung (§ 16 Abs. 5 UStG) unterliegen oder sie nicht an einem der besonderen Besteuerungsverfahren teilnehmen.

5. Abschnitt D – Ergänzende Angaben zu Umsätzen (Zeile 19)

	D. Ergänzende Angaben zu Umsätzen		Bemessungsgrundlage ohne Umsatzsteuer
	In den steuerpflichtigen Umsätzen enthaltene Umsätze		EUR
19	Innergemeinschaftliche Fernverkäufe aus dem übrigen Gemeinschaftsgebiet (§ 3c UStG)	898	, —

2025AnlageUN511 - Dezember 2024 - 2025AnlageUN511

Innergemeinschaftliche Fernverkäufe aus dem übrigen Gemeinschaftsgebiet unterliegen nach § 3c Abs. 1 UStG unter bestimmten Voraussetzungen der Umsatzsteuer (→ Rz. 2200 ff.). In **Zeile 19** sind die in den Zeilen 22 und 25 bzw. 31 des Abschnitts B der Umsatzsteuererklärung enthaltenen Entgelte für ausgeführte innergemeinschaftliche Fernverkäufe aus dem übrigen Gemeinschaftsgebiet in das Inland einzutragen. Umsätze, die im besonderen Besteuerungsverfahren nach § 18j UStG (→ Rz. 2218) erklärt wurden, sind nicht in Zeile 19 einzutragen. Hierdurch soll die Überwachung dieser Steuerfälle erleichtert und Rückfragen des FA vermieden werden (z.B. im Zusammenhang mit Auskunftsersuchen anderer EU-Mitgliedstaaten). 2657

1) ABl.EU Nr. L 348 v. 29.12.2017, 7.
2) Jahressteuergesetz 2024 (JStG 2024) v. 2.12.2024, BGBl. I 2024 Nr. 387 = BStBl I 2024, 1484.
3) ABl.EU Nr. L 348 v. 29.12.2017, 7.

III. USt 1 A – Umsatzsteuer-Voranmeldung 2026

1. Vorbemerkung

a) Vordruck und Übermittlung

2658 Für die Abgabe der Umsatzsteuer-Voranmeldung ist das amtlich vorgeschriebene Vordruckmuster USt 1 A 2026 zu verwenden.[1] Soweit Unternehmer oder deren steuerliche Berater abweichende Voranmeldungsvordrucke verwenden, haben die jeweiligen Anbieter (z.B. von Finanzbuchhaltungssystemen) die vorherige Genehmigung der zuständigen Finanzbehörde zu beantragen.[2]

2659 Umsatzsteuer-Voranmeldungen sind nach § 18 Abs. 1 Satz 1 UStG i.V.m. § 87a Abs. 6 Satz 1 AO authentifiziert zu übermitteln (z.B. im Verfahren ELSTER). Auf Antrag kann das Finanzamt weiterhin eine Abgabe in herkömmlicher Form – auf Papier oder per Telefax[3] – zulassen. Dem Antrag wird insb. dann entsprochen, wenn der Unternehmer nicht über die erforderlichen technischen Voraussetzungen verfügt, die für die elektronische Übermittlung eingehalten werden müssen. Dies ist insb. der Fall, wenn die Schaffung der technischen Möglichkeiten für eine elektronische Übermittlung des amtlichen Datensatzes nur mit einem nicht unerheblichen finanziellen Aufwand möglich wäre oder wenn der Unternehmer nach seinen individuellen Kenntnissen und Fähigkeiten nicht oder nur eingeschränkt in der Lage ist, die Möglichkeiten der Datenfernübertragung zu nutzen (§ 150 Abs. 8 AO). Liegt eine solche wirtschaftliche und persönliche Unzumutbarkeit nicht vor, hat das FA im Rahmen des ihm durch § 18 Abs. 1 Satz 2 UStG eingeräumten Ermessens über den Antrag des Unternehmers, die Voranmeldungen nach amtlich vorgeschriebenem Vordruck in herkömmlicher Form abgeben zu dürfen, zu entscheiden.[4]

Der Unternehmer hat vorbehaltlich des § 18i Abs. 3, des § 18j Abs. 4, des § 18k Abs. 4 und des § 19 Abs. 1 Satz 2 UStG bis zum 10. Tag nach Ablauf jedes Voranmeldungszeitraums eine Voranmeldung nach amtlich vorgeschriebenem Datensatz durch Datenfernübertragung zu übermitteln, in der er die Steuer für den Voranmeldungszeitraum (Vorauszahlung) selbst zu berechnen hat.

2660 Für die elektronische, authentifizierte Übermittlung wird ein Zertifikat benötigt. Dieses kann nach kostenloser Registrierung auf der Internetseite www.elster.de bezogen werden. Zu beachten ist, dass die Registrierung bis zu zwei Wochen dauern kann. Programme zur elektronischen Übermittlung sind unter www.elster.de/elsterweb/softwareprodukt zu finden. Darüber hinaus ist zu berücksichtigen, dass Umsatzsteuer-Voranmeldungen zwingend authentifiziert übermittelt werden müssen.

Beratungshinweis:
Für die elektronische Übermittlung von Steuererklärungen und sonstigen für das automatisierte Besteuerungsverfahren erforderlichen Unterlagen sind die Regelungen in § 72a Abs. 1 bis 3 und § 87a Abs. 6 sowie in die §§ 87b bis 87d AO unmittelbar anzuwenden.

b) Voranmeldungszeitraum

2661 In Neugründungsfällen, d.h. in Fällen von Unternehmern, die ihre gewerbliche oder berufliche Tätigkeit neu aufnehmen, sind die Unternehmer für das laufende und das folgende Kj. zur Abgabe bzw. Übermittlung von monatlichen Umsatzsteuer-Voranmeldungen verpflichtet (§ 18 Abs. 2 Satz 4 UStG).

Praxishinweis:
Im Hinblick auf die eindeutige gesetzliche Regelung sieht die FinVerw. keine rechtliche Möglichkeit, auf die Abgabe monatlicher Voranmeldungen zu verzichten. Die gesetzliche Regelung kann zwar in Einzelfällen zu gewissen Härten führen. Diese müssen jedoch in einem Massenverfahren wie dem Umsatzsteuer-Voranmeldungsverfahren hingenommen werden. Ein Abgehen von der typisierenden Betrachtungsweise würde in Einzelfällen zu einem unverhältnismäßig hohen Verwaltungsaufwand führen und den vom Gesetzgeber gewollten reibungslosen Verfahrensablauf gefährden. Damit haben auch die Finanzämter keinen Ermessensspielraum, in Ausnahmefällen auf die Abgabe von Umsatzsteuer-Voranmeldungen zu verzichten. Unabhängig von der Regelung des § 18 Abs. 2 Satz 3 UStG kann das FA zwar den Unternehmer von der Abgabe der Umsatzsteuer-Voranmeldungen befreien, wenn und soweit z.B. in bestimmten Voranmeldungszeiträumen keine Umsatzsteuer entsteht;[5] in Neugründungsfällen (§ 18 Abs. 2 Satz 4 UStG) kommt eine Befreiung allerdings nicht in Betracht.[6] Neugründungsfälle, in denen auf Grund der beruflichen oder gewerblichen Tätigkeit keine Umsatzsteuer festzusetzen ist (z.B. Unternehmer mit ausschließlich steuerfreien Umsätzen ohne Vorsteuerabzug – § 4 Nr. 8 ff. UStG –, Kleinunternehmer – § 19 Abs. 1 UStG –, Land- und Forstwirte – § 24 UStG –), fallen nicht unter die Regelung des § 18 Abs. 2 Satz 4 UStG.[7]

Praxishinweis:
Für die **Besteuerungszeiträume 2021 bis 2026** ist abweichend von § 18 Abs. 2 Satz 4 UStG in den Fällen, in denen der Unternehmer seine gewerbliche oder berufliche Tätigkeit nur in einem Teil des vorangegangenen Kj. ausgeübt hat, die tatsächliche Steuer in eine Jahressteuer umzurechnen. In den Fällen, in denen der Unternehmer seine gewerbliche oder berufliche Tätigkeit im laufenden Kj. aufnimmt, ist die voraussichtliche Steuer des laufenden Kj. maßgebend. Durch diese Regelung wird für die **Besteuerungszeiträume 2021 bis 2026** die monatliche Abgabeverpflichtung für Existenzgründer ausgesetzt (vgl. BMF-Schreiben v. 16.12.2020 und Abschn. 18.7 Abs. 5 UStAE).[8]

---

1) BMF v. 29.12.2025, III C 3 – S 7344/00039/007/036, BStBl I 2025, 2110.
2) BMF v. 11.5.2004, IV D 4 – 0 2298 – 5/04, BStBl I 2004, 475.
3) BFH v. 4.7.2002, V R 31/01, BStBl II 2003, 45 = UR 2002, 477.
4) Vgl. BFH v. 14.3.2012, XI R 33/09, BStBl II 2012, 477.
5) Abschn. 18.6 Abs. 1 Satz 1 UStAE.
6) Abschn. 18.6 Abs. 1 Satz 2 UStAE.
7) Abschn. 18.7 Abs. 1 Satz 2 UStAE.
8) BMF v. 16.12.2020, III C 3 – S 7346/20/10001 :002, BStBl I 2020, 1379.

Bei einer umsatzsteuerlichen Organschaft ist für den Voranmeldungszeitraum folgende Besonderheit zu beachten: Nach Wegfall der Voraussetzungen für eine umsatzsteuerliche Organschaft bzw. nach dem Ausscheiden einer Organgesellschaft aus einer Organschaft bestimmt sich der Voranmeldungszeitraum der bisherigen Organgesellschaft aus Vereinfachungsgründen grundsätzlich anhand der Steuer des vorangegangenen Kj. des bisherigen Organkreises. Soweit die bisherige Organgesellschaft einen davon abweichenden Voranmeldungszeitraum begehrt, hat sie die fiktive anteilige Steuer für das vorangegangene Kj. selbst zu ermitteln (Abschn. 18.2 Abs. 1 Satz 3 und 4 UStAE). In Neugründungsfällen vgl. Abschn. 18.7 Abs. 1 Satz 2 UStAE. **2662**

Die monatliche Abgabeverpflichtung nach § 18 Abs. 2 Satz 4 UStG gilt auch in folgenden Fällen:

1. Bei einer im Handelsregister eingetragenen, noch nicht gewerblich oder beruflich tätig gewesenen juristischen Person oder Personengesellschaft, die objektiv belegbar die Absicht hat, eine gewerbliche oder berufliche Tätigkeit selbständig auszuüben (Vorratsgesellschaft), und zwar ab dem Zeitpunkt des Beginns der tatsächlichen Ausübung dieser Tätigkeit.
2. Bei einer Übernahme einer juristischen Person oder Personengesellschaft, die bereits gewerblich oder beruflich tätig gewesen ist und zum Zeitpunkt der Übernahme ruht oder nur geringfügig gewerblich oder beruflich tätig ist (Firmenmantel), und zwar ab dem Zeitpunkt der Übernahme.

Mit der Regelung werden Vorratsgesellschaften ab dem Zeitpunkt des Beginns der tatsächlichen Ausübung der selbständigen gewerblichen oder beruflichen Tätigkeit und Unternehmer, die einen Firmenmantel übernehmen, verpflichtet, im laufenden und folgenden Kj. ihre Voranmeldungen monatlich abzugeben. Damit sollen umsatzsteuerliche Betrugsgestaltungen bekämpft werden.

Im Übrigen gilt Nachstehendes:

- Voranmeldungszeitraum ist nach § 18 Abs. 1 und 2 UStG grundsätzlich das Kalendervierteljahr.
- Voranmeldungszeitraum ist der Kalendermonat, wenn die Steuer für das vorangegangene Kj. mehr als 9 000 € betragen hat.
- Ergibt sich für das vorangegangene Kj. eine Steuer von nicht mehr als 2 000 €, kann das FA den Unternehmer von der Verpflichtung zur Abgabe von Umsatzsteuer-Voranmeldungen befreien.
- Ergibt sich für das Kj. 2025 ein Vorsteuerüberhang (negative Zahllast) von mehr als 9 000 €, hat der Unternehmer ein **Wahlrecht**. Die Umsatzsteuer-Voranmeldungen für das Kj. 2026 können monatlich abgegeben bzw. übermittelt werden, wenn der Unternehmer bis zum 10.2.2026 (bei gewährter Dauerfristverlängerung bis zum 10.3.2026) eine Umsatzsteuer-Voranmeldung für den Januar 2026 abgibt bzw. übermittelt (§ 18 Abs. 2a UStG).

Danach ergibt sich folgende Übersicht zur Abgabe von Umsatzsteuer-Voranmeldungen: **2663**

Steuer 2025	Voranmeldungszeitraum 2026	Abgabeverzicht auf Antrag	Wahlrecht (§ 18 Abs. 2a UStG)
Zahllast 9 000 € und mehr	Monatlich	nein	nein
Zahllast 2 000 € bis 9 000 €	Vierteljährlich	nein	nein
Zahllast 2 000 € bis 9 000 €	Vierteljährlich	ja	nein
negative Zahllast von 9 000 € und mehr	Vierteljährlich	ja	ja
Zahllast bis 2 000 €	Befreiung	ja bzw. von Amts wegen	nein
Vorratsgesellschaft oder Übernahme eines Firmenmantels im Kj. 2025/2026	monatlich	nein	nein

Beispiel:

U hat am 1.5.2024 eine gewerbliche Tätigkeit neu aufgenommen. Die Zahllast für die Voranmeldungszeiträume Mai bis Dezember 2024 beträgt 3 250 €. Für das Kj. 2025 beträgt die Zahllast 5 770 €. Als Unternehmensneugründer ist U für das Kj. 2024 und Kj. 2025 zur Abgabe vierteljährlicher Umsatzsteuer-Voranmeldungen verpflichtet. Für das Kj. 2026 ist U weiterhin zur Abgabe vierteljährlicher Umsatzsteuer-Voranmeldungen verpflichtet, da auch für die **Besteuerungszeiträume 2026** die monatliche Abgabeverpflichtung für Existenzgründer ausgesetzt ist und die Betragsgrenze von 9 000 € für das Vorjahr 2025 nicht überschritten wird.

Praxishinweis:

Ergibt sich z.B. auf Grund berichtigter Umsatzsteuer-Voranmeldungen oder anlässlich einer Umsatzsteuer-Sonderprüfung während des Kj. 2026 eine Änderung des Voranmeldungszeitraums, wird das FA eine neue Einordnung in den zutreffenden Voranmeldungszeitraum vornehmen und den Unternehmer hierüber informieren.

c) Abgabefrist

2664 Besteht eine Pflicht zur Abgabe von Umsatzsteuer-Voranmeldungen für das Kj. 2025, sind die Umsatzsteuer-Voranmeldungen nach § 18 Abs. 1 Satz 3 UStG spätestens am **10. Tag nach Ablauf des Voranmeldungszeitraums** zu übermitteln. Die bisher zu beachtende Abgabeschonfrist von fünf Tagen wurde aufgehoben (zur **Zahlungsschonfrist** → Rz. 2770).[1]

Beratungshinweis:

In begründeten Einzelfällen kann das FA auf Antrag zur Abgabe einer Umsatzsteuer-Voranmeldung eine Fristverlängerung gewähren, die im Ermessen des FA steht.

2665 Das FA kann einen **Verspätungszuschlag** festsetzen. Denkbar ist ein solcher Verspätungszuschlag, wenn die Umsatzsteuer-Voranmeldung nicht fristgerecht übermittelt wird.

Praxishinweis:

Bei einer erstmaligen verspäteten Umsatzsteuer-Voranmeldung wird grundsätzlich auf eine Festsetzung eines Verspätungszuschlags verzichtet und der Unternehmer über die Folgen einer fortgesetzten verspäteten Abgabe durch ein Belehrungsschreiben informiert.

Säumniszuschläge werden festgesetzt, wenn die angemeldete Umsatzsteuer-Vorauszahlung nicht fristgerecht entrichtet wird. Nach § 26a Abs. 1 UStG handelt ordnungswidrig, wer entgegen § 18 Abs. 1 Satz 4 UStG eine Vorauszahlung, einen Unterschiedsbetrag oder eine festgesetzte Steuer nicht, nicht vollständig oder nicht rechtzeitig entrichtet. Die Ordnungswidrigkeit kann in den Fällen des § 26a Abs. 1 UStG mit einer Geldbuße bis zu 30 000 € geahndet werden (§ 26a Abs. 3 UStG). Setzt das FA die Umsatzsteuer-Vorauszahlung wegen Nichtabgabe der Umsatzsteuer-Voranmeldung durch **Schätzung** fest, treten die gleichen Verspätungsfolgen ein.

2. Allgemeine Angaben – Steuernummer, zuständiges Finanzamt usw. (Zeilen 1–12)

2026

Umsatzsteuer-Voranmeldung — Eingangsstempel — **11**

1 Steuernummer | Wirtschafts-Identifikationsnummer: D E

2 An das Finanzamt | 30

Unternehmer – ggf. abweichende Firmenbezeichnung – Anschrift – Telefon – E-Mail-Adresse

3

4

5

Voranmeldungszeitraum

Zeile	bei **monatlicher** Abgabe bitte hier ankreuzen			bei **vierteljährlicher** Abgabe bitte hier ankreuzen
6	X Januar	X Mai	X September	X I. Kalendervierteljahr
7	X Februar	X Juni	X Oktober	X II. Kalendervierteljahr
8	X März	X Juli	X November	X III. Kalendervierteljahr
9	X April	X August	X Dezember	X IV. Kalendervierteljahr

10 **Berichtigte Anmeldung** 10 — 1 = Ja

11 **Belege** (z. B. Verträge, Rechnungen) sind beigefügt bzw. werden gesondert eingereicht 22 — 1 = Ja

12 **Wechsel von der Kleinunternehmer-Regelung (§ 19 UStG) zur Regelbesteuerung** Datum des Wechsels 70

1) Vgl. BMF v. 1.4.2003, IV D 2 – S 0323 – 8/03, BStBl I 2003, 239.

Eintragungen sind lediglich in den **Zeilen 1** (Steuer- und Wirtschafts-Identifikationsnummer), **2** (zuständiges FA, → Rz. 2102) und **3 bis 5** (Art, Anschrift, Telefon und E-Mail-Adresse des Unternehmens) vorzunehmen. **2666**

Die Wirtschafts-Identifikationsnummer (W-IdNr.) dient der eindeutigen Identifizierung von juristischen Personen, Personenvereinigungen und natürlichen Personen, die wirtschaftlich tätig sind. Sie wird schrittweise vom BZSt zugeteilt und ist in **Zeile 1**, neben der Steuernummer, nur dann einzutragen, wenn sie bereits bekannt ist. **2667**

Beratungshinweis:

Die stufenweise Einführung der W-IdNr. ist am 24.10.2024 gestartet. Die W-IdNr. wird vom BZSt an alle in Deutschland wirtschaftlich Tätigen vergeben. Die Einführungsphase soll im Jahr 2026 abgeschlossen sein. Die Angabe der W-IdNr. in steuerlichen Erklärungsvordrucken ist bis zum Abschluss der Einführungsphase optional. Wirtschaftlich Tätige können bis auf Weiteres wie gewohnt die Steuernummer verwenden.

Die Einführung der W-IdNr. ist ein bedeutender Schritt zur Verwaltungsvereinfachung in Deutschland. Sie wird im Unterschied zur aktuellen Steuernummernsystematik bundesweit einheitlich vergeben, was den bürokratischen Aufwand in Zukunft erheblich reduzieren soll. Alle Verfahrensbeteiligten sollen von einem zentralen, klar strukturierten Ordnungskriterium profitieren, das den administrativen Alltag erleichtert.

Die bundesweit einheitliche W-IdNr. dient der eindeutigen Identifizierung wirtschaftlich Tätiger in Besteuerungs- und Verwaltungsverfahren. Mit ihr können zukünftig steuerliche Daten viel leichter zugeordnet werden. Zudem wird die W-IdNr. zugleich als bundeseinheitliche Wirtschaftsnummer (beWiNr.) nach dem Unternehmensbasisdatenregistergesetz (UBRegG)[1] verwendet.

Fragen und Antworten zur W-IdNr. können auf den Internetseite des BMF nachgelesen werden.[2] Weitere Informationen stehen auf den Internetseiten des BZSt.[3]

Der zutreffende Voranmeldungszeitraum ist im Rahmen der **Zeilen 6 bis 9** entsprechend anzukreuzen. **2668**

Handelt es sich um eine berichtigte Umsatzsteuer-Voranmeldung (weil z.B. Umsätze oder Vorsteuerbeträge berichtigt oder nachgemeldet werden) ist in **Zeile 10** (Kennzahl 10) eine „1" einzutragen. **2669**

In **Zeile 11** (Kennzahl 22) ist eine „1" einzutragen, wenn der Umsatzsteuer-Voranmeldung Verträge, Rechnungen usw. beigefügt oder mit gesonderter Post übersandt werden. **2670**

Durch das Jahressteuergesetz 2024 (JStG 2024) v. 2.12.2024 wurde § 19 UStG mit Wirkung zum **1.1.2025** neu gefasst.[4] Die erforderliche Neufassung des § 19 UStG wurde auch zum Anlass genommen, die Sonderregelung für Kleinunternehmer neu zu konzipieren. Hierdurch wurde die Aufnahme der **Zeile 12** im Vordruckmuster USt 1 A erforderlich. **2671**

Für eine Eintragung in **Zeile 12** gilt für im Inland ansässige Unternehmer Folgendes:

Nur in folgenden Fällen ist das Datum des Wechsels von der Kleinunternehmer-Regelung zur Regelbesteuerung einzutragen, wenn:

- das Unternehmen im laufenden Kj. gegründet wurde und der Gesamtumsatz nach § 19 Abs. 2 UStG 25 000 € überschreitet (§ 19 Abs. 1 UStG). In diesem Fall ist das Datum des Umsatzes, mit dem die Grenze in Höhe von 25 000 € überschritten wurde, in **Zeile 12** einzutragen;
- der Gesamtumsatz nach § 19 Abs. 2 UStG im laufenden Kj. 100 000 € überschreitet (§ 19 Abs. 1 UStG). In diesem Fall ist das Datum des Umsatzes, mit dem die Grenze in Höhe von 100 000 € überschritten wurde, in **Zeile 12** einzutragen;
- ab Beginn des laufenden Kj. auf die Anwendung der Kleinunternehmer-Regelung nach § 19 Abs. 3 UStG verzichtet wird. In diesem Fall ist in **Zeile 12** der 1.1.2025 einzutragen. An den Verzicht ist der Unternehmer für mindestens fünf Jahre gebunden (§ 19 Abs. 3 UStG).

Hat der Gesamtumsatz (§ 19 Abs. 2 UStG) in 2025 den Betrag von 25 000 € überschritten, unterliegen die Umsätze ab dem 1.1.2026 der Regelbesteuerung. In diesem Fall ist in **Zeile 12** kein Datum einzutragen.

Für im übrigen Gemeinschaftsgebiet ansässige Unternehmer gilt:

In **Zeile 12** ist keine Eintragung vorzunehmen. Einen Verzicht auf die Anwendung der Kleinunternehmer-Regelung ist gegenüber dem EU-Mitgliedstaat zu erklären, in dem der Unternehmer ansässig ist.

Bemessungsgrundlagen (Entgelte ohne Umsatzsteuer) sind immer in vollen Euro anzugeben. Dagegen sind die Steuerbeträge auch mit Cent einzutragen. Negative Werte sind mit einem Minuszeichen zu versehen. Hierbei kann es sich z.B. um Entgeltsminderungen handeln, die höher als laufende Umsätze sind. **2672**

Die übrigen Währungen sind nach den monatlichen, im Bundessteuerblatt I veröffentlichten Kursen in Euro umzurechnen. Das FA kann auf Antrag gestatten, dass auch eine Umrechnung nach Tageskursen laut Bankmitteilung oder Kurszettel vorgenommen wird (§ 16 Abs. 6 UStG).[5] **2673**

---

1) Gesetz zur Errichtung und Führung eines Registers über Unternehmensbasisdaten und zur Einführung einer bundeseinheitlichen Wirtschaftsnummer für Unternehmen (Unternehmensbasisdatenregistergesetz – UBRegG) v. 9.7.2021, BGBl. I 2021, 2506 zuletzt geändert durch Gesetz v. 27.2.2025, BGBl. I 2025 Nr. 71.
2) https://www.bundesfinanzministerium.de/Content/DE/FAQ/wirtschafts-identifikationsnummer.html.
3) https://www.bzst.de/DE/Unternehmen/Identifikationsnummern/Wirtschafts-Identifikationsnummer/wirtschaftsidentifikationsnummer_node.html.
4) Jahressteuergesetz 2024 (JStG 2024) v. 2.12.2024, BGBl. I 2024 Nr. 387 = BStBl I 2025, 1484.
5) Vgl. Abschn. 16.4 UStAE.

3. Abschnitt A – Steuerpflichtige Lieferungen und sonstige Leistungen und unentgeltliche Wertabgaben (Zeilen 13–18)

		Bemessungsgrundlage ohne Umsatzsteuer	Steuer
		EUR	EUR Ct
	A. Steuerpflichtige Lieferungen, sonstige Leistungen und unentgeltliche Wertabgaben		
	Steuerpflichtige Umsätze		
13	zum Steuersatz von 19 %	81	
14	zum Steuersatz von 7 %	86	
15	zum Steuersatz von 0 %	87	
16	zu anderen Steuersätzen	35	36
17	Lieferungen land- und forstwirtschaftlicher Betriebe nach § 24 UStG an Abnehmer **mit** Umsatzsteuer-Identifikationsnummer	77	
18	Umsätze, für die eine Steuer nach § 24 UStG zu entrichten ist (Sägewerkserzeugnisse, Getränke und alkoholische Flüssigkeiten, z. B. Wein)	76	80

2674 Ausführungen zu den getrennt nach Steuersätzen anzugebenden **steuerpflichtigen Umsätzen (Zeilen 13 bis 18)** → Rz. 2151 ff., Erläuterungen zum Ort der sonstigen Leistung → Rz. 2204, Erläuterungen zur Erwerbsbesteuerung → Rz. 2367 ff. Zu beachten ist, dass Änderungen von Bemessungsgrundlagen nach § 17 UStG (wie z.B. Skonto, Rabatte usw.) in der laufenden Umsatzsteuer-Voranmeldung zu berücksichtigen sind. Dagegen sind nachzumeldende Umsätze durch Abgabe bzw. Übermittlung einer berichtigten Umsatzsteuer-Voranmeldung richtig zu stellen.

2675 **Beispiel:**

In der Umsatzsteuer-Voranmeldung für Februar 2026 wurde in Zeile 13 eine Bemessungsgrundlage von 200 000 € und eine Umsatzsteuer von 38 000 € angemeldet. Bei der Erstellung der Umsatzsteuer-Voranmeldung für Mai 2026 wird festgestellt, dass in der Umsatzsteuer-Voranmeldung für Februar 2026 auf Grund einer unterbliebenen Buchung Entgelte von 20 000 € nicht angemeldet worden sind. Des Weiteren ergibt sich infolge einer Minderung des Entgelts eines Kunden eine Rückzahlung von 30 000 € zu einem Umsatz im Februar 2026.

Für Februar 2026 ist eine berichtigte Umsatzsteuer-Voranmeldung abzugeben (in Zeile 10 – Kennzahl 10 ist eine „1" einzutragen) und in Zeile 13 der berichtigte Umsatz von 220 000 € und eine Steuer von 41 800 € zu erklären. Die im Mai 2026 eingetretene Entgeltsminderung ist bei den laufenden Umsätzen zu berücksichtigen (in Zeile 13 der Umsatzsteuer-Voranmeldung Mai 2026).

2676 **Umsätze zum ermäßigten Steuersatz von 0 % sind in Zeile 15 einzutragen.** Einem ermäßigten Steuersatz von 0 % unterliegen ausschließlich **die Lieferungen, Installation und unentgeltlichen Wertabgaben** von Solarmodulen an den Betreiber einer Photovoltaikanlage, einschließlich der für den Betrieb einer Photovoltaikanlage wesentlichen Komponenten und der Speicher, die dazu dienen, den mit Solarmodulen erzeugten Strom zu speichern, wenn die Photovoltaikanlage auf oder in der Nähe von Privatwohnungen, Wohnungen sowie öffentlichen und anderen Gebäuden, die für dem Gemeinwohl dienende Tätigkeiten genutzt werden, installiert wird. Die Voraussetzungen gelten als erfüllt, wenn die installierte Bruttoleistung der Photovoltaikanlage laut Marktstammdatenregister nicht mehr als 30 kW (peak) beträgt oder betragen wird.

Praxishinweis:

Zum Betrieb einer Photovoltaikanlage vgl. Abschn. 1.5 Abs. 10 UStAE; zur Wertabgabenbesteuerung im Zusammenhang mit einer Leistung, die dem Nullsteuersatz (§ 12 Abs. 3 UStG) unterliegt, siehe Abschn. 3.2 Abs. 3 UStAE (vgl. Abschn. 2.15 Abs. 13 Satz 3 UStAE) und zur Anwendung des Nullsteuersatzes für bestimmte Photovoltaikanlagen vgl. Abschn. 12.18 Abs. 1 bis 10 UStAE mit Beispielen.

2677 § 3a Abs. 3 Nr. 3 und 3a UStG benennt die sonstigen Leistungen, bei denen bei der Bestimmung des Leistungsorts darauf abzustellen ist, wo die Leistung tatsächlich vom Unternehmer erbracht wird. Unter diese Regelung fällt auch die Abgabe von Speisen und Getränken zum Verzehr an Ort und Stelle, wenn die Abgabe nicht an Bord eines Schiffes, in einem Luftfahrzeug oder in der Eisenbahn während einer Beförderung innerhalb des Gemeinschaftsgebiets erfolgt. Zur Abgrenzung von Lieferungen und sonstigen Leistungen bei der Abgabe von Speisen und Getränken vgl. BMF-Schreiben v. 20.3.2013[1)] und Abschn. 3.6 UStAE.

§ 3a Abs. 3 Nr. 5 Satz 2 UStG regelt Ausnahmen bei virtuellen Teilnahmen zu kulturellen, künstlerischen, wissenschaftlichen, unterrichtenden, sportlichen, unterhaltenden oder ähnlichen Veranstaltungen, wie Messen und Ausstellungen. Da § 3a Abs. 3 Nr. 5 Satz 1 UStG nicht nur die Einräumung der Eintrittsberechtigung zu kulturellen, künstlerischen, wissenschaftlichen, unterrichtenden, sportlichen, unterhaltenden oder ähnlichen Veranstaltungen,

1) Vgl. BMF v. 20.3.2013, IV D 2 – S 7100/07/10050-06 (2013/0077777), BStBl I 2013, 444.

wie Messen und Ausstellungen betreffen, sondern auch die damit zusammenhängenden sonstigen Leistungen, ist in der Formulierung von § 3a Abs. 3 Nr. 5 Satz 2 UStG zwischen den verschiedenen Leistungskategorien zu unterscheiden.

Änderungen von Bemessungsgrundlagen (§ 17 UStG) für Umsätze, die den v. **1.7.2020 bis 31.12.2020** geltenden Steuersätzen von 16 % bzw. 5 % unterlegen haben, sind zusammen mit dem selbst berechneten Steuerbetrag in **Zeile 16** zu den Umsätzen einzutragen, die anderen Steuersätzen unterliegen. Sofern auf Grund besonderer Genehmigung die sog. Istversteuerung (Besteuerung nach vereinnahmten Entgelten) anzuwenden ist, gilt dies auch für im Kj. 2026 vereinnahmte Beträge zu nach dem 30.6.2020 und vor dem 1.1.2021 ausgeführten Umsätzen. **2679**

Die Nachsteuer auf nach dem **30.6.2020 und vor dem 1.1.2021** vereinnahmte und versteuerte Anzahlungen für nach dem 31.12.2025 ausgeführte Umsätze ist in **Zeile 46** einzutragen (→ Rz. 2767 ff.). **2680**

Der ermäßigte Steuersatz findet auf die in § 12 Abs. 2 Nr. 1 bis 15 UStG genannten Umsätze Anwendung. Insbesondere ist der ermäßigte Steuersatz für die Lieferungen, die Einfuhr, den innergemeinschaftlichen Erwerb sowie die Vermietung der in der Anlage 2 zum UStG bezeichneten Gegenstände (z.B. verschiedene Lebensmittel, Bücher und Körperersatzstücke) anzuwenden (§ 12 Abs. 2 Nr. 1 und 2 UStG). **2681**

Durch Nr. 50 der Anlage 2 zum UStG wird der Umsatzsteuersatz für Hörbücher auf 7 % reduziert. Unter den Begriff Hörbücher fallen Platten, Bänder, nicht flüchtige Halbleiterspeichervorrichtungen, „intelligente Karten (smart cards)" und andere Tonträger oder ähnliche Aufzeichnungsträger, die ausschließlich die Tonaufzeichnung der Lesung eines Buches enthalten, mit Ausnahme der Erzeugnisse, für die Beschränkungen als jugendgefährdende Trägermedien bzw. Hinweispflichten nach § 15 Abs. 1 bis 3 und 6 des Jugendschutzgesetzes in der jeweils geltenden Fassung bestehen. Die Anwendung der Steuerermäßigung setzt die Übertragung bzw. Vermietung eines körperlichen Gegenstands in Gestalt eines Speichermediums voraus. Das Speichermedium kann im Einzelfall sowohl digital (z.B. CD-ROM, USB-Speicher oder Speicherkarten) als auch analog (z.B. Tonbandkassetten oder Schallplatten) sein.[1] **2682**

§ 12 Abs. 2 Nr. 1 und 2 UStG schließen **ab 1.1.2025** die Vermietung von Sammlungsstücken und Kunstgegenständen von der Anwendung des ermäßigten Umsatzsteuersatzes aus. Diese Umsätze unterliegen dem Regelsteuersatz. **2683**

Nunmehr gestattet Art. 98 Abs. 1 i.V.m. Anhang III Nr. 26 der Richtlinie 2006/112/EG, **ab 1.1.2025** auf Umsätze mit in Anhang IX Teil A und B dieser Richtlinie aufgeführten Kunstgegenständen und Sammlungsstücken den ermäßigten Umsatzsteuersatz anzuwenden. Mit der Änderung wird von dieser unionsrechtlichen Möglichkeit Gebrauch gemacht. Das Unionsrecht gestattet es hingegen nach wie vor nicht, auf die Vermietung von Kunstgegenständen und Sammlungsstücken einen ermäßigten Umsatzsteuersatz anzuwenden (vgl. auch BMF-Schreiben v. 18.12.2025).[2]

Nach § 12 Abs. 2 Nr. 3 UStG sind die Aufzucht und das Halten von Vieh, die Anzucht von Pflanzen und die Teilnahme an Leistungsprüfungen für Tiere mit dem ermäßigten Steuersatz zu besteuern. Das Einstellen und Betreuen von Reitpferden, die von ihren Eigentümern zur Ausübung von Freizeitsport genutzt werden, fällt nicht unter den Begriff „Halten von Vieh" und ist deshalb mit dem allgemeinen Steuersatz zu versteuern.[3] Gleiches gilt für Pferde, die zu gewerblichen Zwecken genutzt werden (z.B. durch Berufsreiter oder Reitlehrer), sowie für alle anderen Pferde, die ebenfalls nicht zu land- und forstwirtschaftlichen Zwecken genutzt werden.[4] **2684**

Nach § 12 Abs. 2 Nr. 7 Buchst. a UStG ist auf die Eintrittsberechtigung für Theater, Konzerte und Museen sowie die den Theatervorführungen und Konzerten vergleichbaren Darbietungen ausübender Künstler der ermäßigte Steuersatz anzuwenden. Wenn bei Theatervorführungen und Konzerten mehrere Veranstalter tätig werden, kann nach Abschn. 12.5 Abs. 4 UStAE nur der Veranstalter die Steuerermäßigung in Anspruch nehmen, der die Eintrittsberechtigung verschafft hat. Bei Tournee-Veranstaltungen steht deshalb die Steuerermäßigung regelmäßig nur dem örtlichen Veranstalter zu. Weiterhin sind nach Auffassung der FinVerw. die Leistungen der Gastspieldirektionen nicht nach § 12 Abs. 2 Nr. 7 Buchst. a UStG begünstigt, welche im eigenen Namen Künstler verpflichten und im Anschluss daran das von diesen dargebotene Programm an einen Veranstalter in einem gesonderten Vertrag verkaufen (Abschn. 12.5 Abs. 5 UStAE). **2685**

Der ermäßigte Steuersatz ist auch auf Leistungen der Körperschaften, die ausschließlich und unmittelbar gemeinnützige, mildtätige oder kirchliche Zwecke verfolgen, anzuwenden (§ 12 Abs. 2 Nr. 8 UStG). Mit der Änderung des Satzes 3 durch das Wachstumschancengesetz v. 27.3.2024 mit Wirkung zum 28.3.2024 in § 12 Abs. 2 Nr. 8 Buchst. a UStG wird klargestellt, dass die Steuerermäßigung nur auf Leistungen von Zweckbetrieben nach den §§ 66 bis 68 AO anzuwenden ist. Der neue Satz 4 in § 12 Abs. 2 Nr. 8 Buchst. a UStG stellt klar, dass begünstigte Leistungen auch dann vorliegen, wenn die von dem jeweiligen gemeinnützigen Zweck erfassten Personen entweder Empfänger der Leistung sind oder, wie z.B. bei Inklusionsbetrieben, bei der Leistungserbringung mitwirken.

Nach § 12 Abs. 2 Nr. 9 UStG sind die unmittelbar mit dem Betrieb der Schwimmbäder verbundenen Umsätze sowie die Verabreichung von Heilbädern mit dem ermäßigten Steuersatz zu besteuern. Das Gleiche gilt für die Bereitstellung von Kureinrichtungen, soweit als Entgelt eine Kurtaxe zu entrichten ist. Der BFH hat im Jahr 2014 entschie-

---

1) Vgl. BMF v. 1.12.2014, IV D 2 – S 7225/07/10002, BStBl I 2014, 1614.
2) Vgl. BMF v. 18.12.2025, III C 2 – S 7229/00011/002/010, BStBl I 2025, 2089.
3) Vgl. BFH v. 22.1.2004, V R 41/02, BStBl II 2004, 757.
4) Vgl. BFH v. 10.9.2014, XI R 33/13, BStBl II 2015, 720; vgl. auch Abschn. 12.2 Abs. 3 Satz 1 und 2 UStAE.

den, dass der nationale Begriff „Schwimmbad" richtlinienkonform im Sinne einer Sportanlage auszulegen sei.[1] Danach muss ein Schwimmbad im Sinne einer Sportanlage zur Ausübung einer sportlichen Betätigung geeignet und bestimmt sein. Anzeichen dafür seien z.B. die Unterteilung in Schwimmbahnen, die Ausstattung mit Sportblöcken, eine angemessene Tiefe oder ein angemessenes Ausmaß des Schwimmbeckens. Kein Schwimmbad sei daher eine Einrichtung, in der lediglich ein Erholungsbad genommen werden könne. Das BMF hat dieses Urteil zum Anlass genommen, Abschn. 12.11 Abs. 1 UStAE zu ergänzen.[2] Die Verabreichung eines Heilbads i.S.d. § 12 Abs. 2 Nr. 9 UStG muss der Behandlung einer Krankheit oder einer anderen Gesundheitsstörung und damit dem Schutz der menschlichen Gesundheit dienen.[3] Nähere Einzelheiten ergeben sich aus Abschn. 12.11 Abs. 3 und 4 UStAE.

Nach § 12 Abs. 2 Nr. 14 UStG wird die Überlassung der in Nr. 49 Buchst. a bis e und Nr. 50 der Anlage 2 (zu § 12 Abs. 2 Nr. 1, 2, 12, 13 und 14 UStG) bezeichneten Erzeugnisse in elektronischer Form begünstigt, unabhängig davon, ob das Erzeugnis auch auf einem physischen Träger angeboten wird, mit Ausnahme von Veröffentlichungen, die vollständig oder im Wesentlichen aus Videoinhalten oder hörbarer Musik bestehen. Darüber hinaus wird auch die Bereitstellung eines Zugangs zu Datenbanken, die eine Vielzahl von elektronischen Büchern, Zeitungen oder Zeitschriften oder Teile von diesen enthalten, ermäßigt besteuert. Nähere Einzelheiten ergeben sich aus Abschn. 12.17 UStAE.[4]

Nach Nr. 55 der Anlage 2 zu § 12 Abs. 1 und 2 unterliegen Erzeugnisse für Zwecke der Monatshygiene dem ermäßigten Steuersatz.

Praxishinweis:

Durch das Steueränderungsgesetz 2025 (**StÄndG 2025**) v. 22.12.2025 wird mit Wirkung zum **1.1.2026** § 12 Abs. 2 Nr. 15 UStG geändert.[5]

Als temporäre Krisenmaßnahme unterlagen Restaurant- und Verpflegungsdienstleistungen, mit Ausnahme der Abgabe von Getränken, bereits vom 1.7.2020 bis zum 31.12.2023 dem ermäßigten Steuersatz. Seit dem 1.1.2024 gilt für diese Leistungen wieder der Regelsteuersatz.

Durch die Änderung des § 12 Abs. 2 Nr. 15 UStG werden Restaurant- und Verpflegungsdienstleistungen, mit der Ausnahme der Abgabe von Getränken, die nach dem 31.12.2025 erbracht werden, **dauerhaft dem ermäßigten Umsatzsteuersatz** unterworfen (vgl. auch BMF-Schreiben v. 22.12.2025[6] und Abschn. 10.1 und 12.16 Abs. 12 UStAE).

Ziel der Maßnahme ist die wirtschaftliche Unterstützung der Gastronomiebranche. Außerdem sollen Wettbewerbsverzerrungen vermieden werden, da gelieferte oder mitgenommene Speisen bereits dem ermäßigten Umsatzsteuersatz unterliegen. Durch die dauerhafte Steuersatzsenkung für Speisen in der Gastronomie entfallen zudem Abgrenzungsschwierigkeiten (z.B. bei Cateringleistungen, bei Kita- und Schulessen oder bei der Krankenhausverpflegung), die in der Vergangenheit daraus resultierten, dass Lieferungen von Lebensmitteln mit wesentlichen Dienstleistungselementen dem regulären Umsatzsteuersatz, ohne wesentliche Dienstleistungselemente jedoch dem ermäßigten Umsatzsteuersatz unterlagen.

2686 Für die Personenbeförderung mit Schiffen gilt nur dann der ermäßigte Steuersatz, wenn die Personenbeförderung im genehmigten Linienverkehr oder im Fährverkehr auf kurzen Strecken durchgeführt wird (d.h. innerhalb einer Gemeinde oder wenn die Beförderungsstrecke nicht mehr als 50 km beträgt; vgl. § 12 Abs. 2 Nr. 10 Buchst. b UStG).

Praxishinweis:

Nach § 12 Abs. 2 Nr. 10 Buchst. a UStG werden die Beförderungen von Personen im Schienenbahnverkehr insgesamt mit dem ermäßigten Steuersatz besteuert, unabhängig von der Länge der Beförderungsstrecke. Sowohl im Nah- als auch im Fernverkehr ist immer der ermäßigte Steuersatz anzuwenden.

Die Steuerermäßigung für Fährleistungen im Nahverkehr ist nur noch auf Personenbeförderungen und nicht mehr auf Güterbeförderungen anzuwenden. Bei einer Personenbeförderung ist jedoch die Beförderung des Gepäcks einschließlich des mitgeführten Fahrzeugs eine Nebenleistung zur Personenbeförderung.[7]

2687 Auf die **Lieferung, die Einfuhr und den innergemeinschaftlichen Erwerb sowie die Installation von Photovoltaikanlagen einschließlich der Stromspeicher** ist ein Nullsteuersatz anzuwenden. Die Regelung entlastet die Betreiber von Photovoltaikanlagen von Bürokratie. Denn auf Grund des Nullsteuersatzes können diese die Kleinunternehmer-Regelung ohne finanzielle Nachteile anwenden. Der Vorsteuerabzug als Grund für einen Verzicht auf die Kleinunternehmer-Regelung entfällt, weil die Lieferung von Photovoltaikanlagen ohnehin nicht mehr mit Umsatzsteuer belastet ist.

Praxishinweis:

Zum Betrieb einer Photovoltaikanlage vgl. Abschn. 1.5 Abs. 10 UStAE; zur Wertabgabenbesteuerung im Zusammenhang mit einer Leistung, die dem Nullsteuersatz (§ 12 Abs. 3 UStG) unterliegt, siehe Abschn. 3.2 Abs. 3 UStAE (vgl. Abschn. 2.15 Abs. 13 Satz 3 UStAE) und zur Anwendung des Nullsteuersatzes für bestimmte Photovoltaikanlagen vgl. Abschn. 12.18 Abs. 1 bis 10 UStAE mit Beispielen.

2688 Bei Grundstückslieferungen kann auf die Steuerbefreiung nach § 4 Nr. 9a UStG verzichtet werden, sofern keine Geschäftsveräußerung vorliegt (§ 1 Abs. 1a UStG). Die Option nach § 9 UStG kann in diesem Fall nur in dem nach

1) Vgl. BFH v. 28.8.2014, V R 24/13, BStBl II 2015, 194.
2) Vgl. BMF v. 7.7.2015, III C 2 – S 7243/07/10002-03, BStBl I 2015, 562.
3) Vgl. BFH v. 12.5.2005, V R 54/02, BStBl II 2007, 283.
4) Vgl. BMF v. 17.12.2021, III C 2 – S 7225/19/10001 :005, BStBl I 2021, 2502.
5) Steueränderungsgesetz 2025 (StÄndG 2025) v. 22.12.2025, BGBl. I 2025 Nr. 363 = BStBl I 2026, 123.
6) Vgl. BMF v. 22.12.2025, III C 2 – S 7220/00023/014/027, BStBl I 2025, 2105.
7) Vgl. BMF v. 30.9.2020, III C 2 – S 7244/20/10001 :002, BStBl I 2020, 982.

§ 311b Abs. 1 BGB notariell zu beurkundenden Vertrag erklärt werden. Erläuterungen zur Option im Zwangsversteigerungsverfahren und zur Steuerschuldnerschaft des Erstehers → Rz. 2395 ff.

Ausführungen zu Umsätzen von Land- und Forstwirten (**Zeile 17**) → Rz. 2294 ff. 2689

Praxishinweis:
Sofern nach § 24 Abs. 1 Satz 1 UStG der Gesamtumsatz (§ 19 Abs. 2 UStG in der **ab 1.1.2025** geltenden Fassung) im vorangegangenen Kj. mehr als 600 000 € betragen hat, sind die Umsätze ab dem Besteuerungszeitraum 2025 zwingend nach der Regelbesteuerung zu versteuern. Weitere Einzelheiten zur Einführung der Umsatzgrenze vgl. BMF-Schreiben v. 2.6.2022[1] und Abschn. 24.1a UStAE.

Ergibt sich in einem Folgejahr aus der Berechnung des Durchschnittssatzes für Land- und Forstwirte i.S.d. § 24 Abs. 1 Satz 1 Nr. 3 UStG (Anlage 5 zu § 24 Abs. 5) eine Abweichung zum Prozentsatz nach § 24 Abs. 1 Satz 1 Nr. 3 UStG, ändert das BMF diesen durch Rechtsverordnung mit Zustimmung des Bundesrates jeweils mit Wirkung zum 1.1. des Folgejahres entsprechend.

Für die in **Zeile 18** anzumeldenden Lieferungen von Sägewerkserzeugnissen, Abgabe von Getränken (ohne Milch) und alkoholischen Flüssigkeiten ergeben sich für pauschalierende Land- und Forstwirte (Durchschnittssatzbesteuerung nach § 24 UStG) eine Zahllast von 11,2 % der Bemessungsgrundlage. 2690

4. Abschnitt B – Steuerfreie Lieferungen, sonstige Leistungen und unentgeltliche Wertabgaben (Zeilen 19–23)

a) Steuerfreie Umsätze mit Vorsteuerabzug (Zeilen 19–22)

	B. Steuerfreie Lieferungen, sonstige Leistungen und unentgeltliche Wertabgaben		
	Steuerfreie Umsätze mit Vorsteuerabzug		
	Innergemeinschaftliche Lieferungen (§ 4 Nummer 1 Buchstabe b UStG)		
19	an Abnehmer **mit** Umsatzsteuer-Identifikationsnummer	41	
20	neuer Fahrzeuge an Abnehmer **ohne** Umsatzsteuer-Identifikationsnummer	44	

2026USt1A561 - Dezember 2025 - **2026USt1A561**

Steuernummer - 2 -

		Bemessungsgrundlage ohne Umsatzsteuer	Steuer
		EUR	EUR Ct
21	neuer Fahrzeuge außerhalb eines Unternehmens (§ 2a UStG)	49	
	Weitere steuerfreie Umsätze mit Vorsteuerabzug		
22	z. B. Ausfuhrlieferungen, Umsätze nach § 4 Nummer 2 bis 7 UStG, Umsätze nach Verordnungen der EU	43	

Bei Warenexporten in das übrige Gemeinschaftsgebiet sind nur die steuerfreien Lieferungen an Abnehmer mit USt-IdNr. in **Zeile 19** einzutragen. Dies ist insb. wegen der Abstimmung mit den Angaben in der Zusammenfassenden Meldung (ZM) zu beachten. Nähere Informationen zum ZM-Verfahren sind beim BZSt zu erhalten.[2] Außerdem sind diese Umsätze grundsätzlich dem Statistischen Bundesamt monatlich für die Intrahandelsstatistik zu melden. Nähere Informationen zur Intrahandelsstatistik können beim Statistischen Bundesamt eingeholt werden.[3] Lieferungen des ersten Abnehmers eines innergemeinschaftlichen Dreiecksgeschäfts (→ Rz. 2390 ff.), sind nicht in Zeile 19, sondern in **Zeile 33** einzutragen. Warenexporte in das Drittlandsgebiet sind als Ausfuhrlieferungen steuerfrei. Diese sind ausschließlich in **Zeile 22** einzutragen. 2691

In **Zeile 20** sind innergemeinschaftliche Lieferungen neuer Fahrzeuge an Abnehmer ohne USt-IdNr. einzutragen und in **Zeile 21** sind innergemeinschaftliche Lieferungen neuer Fahrzeuge außerhalb eines Unternehmens (§ 2a UStG) einzutragen.

In **Zeile 22** sind weitere steuerfrei Umsätze mit Vorsteuerabzug z.B. Ausfuhrlieferungen, Umsätze nach § 4 Nr. 2 bis 7 UStG und **neu Umsätze nach Verordnungen der EU** einzutragen. Bei Umsätzen nach Verordnungen der EU handelt es sich um solche nach Art. 20 Abs. 1 der Verordnung (EU) des Rates v. 27.5.2025 zur Festlegung des Instruments „Sicherheitsmaßnahmen für Europa (SAFE) durch die Stärkung der europäischen Verteidigungsindustrie".[4] 2692

---

1) BMF v. 2.6.2022, III C 2 – S 7410/19/10001 :016, BStBl I 2022, 926.
2) Bundeszentralamt für Steuern, Dienstsitz Saarlouis, Ludwig-Karl-Balzer-Allee 2, 66740 Saarlouis, www.bzst.de, Telefon 0228 406-0.
3) Statistisches Bundesamt, Gustav-Stresemann-Ring 11, 65180 Wiesbaden, Telefon 0611 75-1, Telefax 0611 75-724000 sowie unter der Internet-Adresse www.destatis.de.
4) ABl.EU Nr. L 2025/1106.

Praxishinweis:

Nach Art. 20 Abs. 1 der Verordnung (EU) v. 27.5.2025 sind für die Zwecke dieser Verordnung die Lieferungen, innergemeinschaftliche Erwerbe und Einfuhren von Verteidigungsgütern oder sonstigen Gütern für Verteidigungszwecke als Teil von Aufträgen, die infolge von durch das SAFE-Instrument unterstützten Beschaffungen durchgeführt werden, von der nach der Richtlinie 2006/112/EG geltenden Mehrwertsteuer befreit. Dabei handelt es sich um eine Steuerbefreiung mit Recht auf Vorsteuerabzug.

Die Verordnung ist am 28.5.2025 (Tag nach ihrer Veröffentlichung im Amtsblatt der Europäischen Union) in Kraft und ist in allen ihren Teilen verbindlich und gilt unmittelbar in jedem Mitgliedstaat.

2693 In den Fällen, in denen der Ort der Leistung nicht im Inland liegt (z.B. bei bestimmten sonstigen Leistungen), sind diese nicht steuerbaren Umsätze (→ Rz. 2204 ff.) nicht in den Zeilen 19 bis 23 oder in der ZM einzutragen. Diese nicht steuerbaren Umsätze sind nachrichtlich in **Zeile 36** und in der Umsatzsteuererklärung anzumelden (→ Rz. 2444 ff.).

b) Steuerfreie Umsätze ohne Vorsteuerabzug (Zeile 23)

	Steuerfreie Umsätze ohne Vorsteuerabzug		
23	z. B. Umsätze nach § 4 Nummer 8 bis 29 oder § 19 Absatz 1 UStG	48	

2694 In **Zeile 23** sind z.B. die steuerfreien Umsätze ohne Vorsteuerabzug nach § 4 Nr. 8 bis 29 UStG oder § 19 Abs. 1 UStG als Kleinunternehmer einzutragen. Erläuterungen hierzu → Rz. 2359 ff.

2695 Bei Eintragungen zur **Zeile 23** ist bei steuerfreien Umsätzen nach § 19 Abs. 1 UStG als **Kleinunternehmer** folgendes zu beachten:

Lieferungen, sonstige Leistungen und unentgeltliche Wertabgaben sind nach § 19 Abs. 1 UStG im Inland steuerfrei, soweit der Gesamtumsatz (§ 19 Abs. 2 UStG)

- im vorangegangenen Kj. 25 000 €,
- im laufenden Kj. 100 000 € nicht überstiegen hat und
- nicht auf die Steuerbefreiung nach § 19 Abs. 3 UStG verzichtet wurde.

Bereits der Umsatz, der die Grenze in Höhe von 100 000 € im laufenden Kj. übersteigt, ist nicht mehr nach § 19 Abs. 1 UStG steuerfrei, sondern unterliegt der Regelbesteuerung.

Wenn die unternehmerische Tätigkeit im Laufe des Kj. aufgenommen wurde, unterliegt bereits der Umsatz, der die Grenze in Höhe von 25 000 € übersteigt, der Regelbesteuerung und ist nicht nach § 19 Abs. 1 UStG steuerfrei.

Gesamtumsatz i.S.d. § 19 Abs. 2 UStG ist die Summe der vom Unternehmer ausgeführten steuerbaren Umsätze i.S.d. § 1 Abs. 1 Nr. 1 UStG abzüglich

- der Umsätze, die nach § 4 Nr. 8 Buchst. i, Nr. 9 Buchst. b und Nr. 11 bis 29 UStG steuerfrei sind und
- der Umsätze, die nach § 4 Nr. 8 Buchst. a bis h, Nr. 9 Buchst. a und Nr. 10 UStG steuerfrei sind, wenn sie Hilfsumsätze sind.

Für den Zeitraum der Anwendung der Kleinunternehmer-Regelung besteht nicht die Möglichkeit,

- die Steuerbefreiung für innergemeinschaftliche Lieferungen (§ 4 Nr. 1 Buchst. b, § 6a UStG) in Anspruch zu nehmen;
- auf Steuerbefreiungen nach § 9 UStG zu verzichten und
- Vorsteuern nach § 15 UStG abzuziehen.

Dies gilt auch für Steuerbeträge, die als Kleinunternehmer geschuldet werden (u.a. § 13a Abs. 1 Nr. 6 UStG, § 13b Abs. 5 UStG).

5. Abschnitt C – Innergemeinschaftliche Erwerbe (Zeilen 24–29)

	C. Innergemeinschaftliche Erwerbe				
	Steuerfreie innergemeinschaftliche Erwerbe				
24	von bestimmten Gegenständen und Anlagegold (§§ 4b und 25c UStG)	**91**			
	Steuerpflichtige innergemeinschaftliche Erwerbe				
25	zum Steuersatz von 19 %	**89**			
26	zum Steuersatz von 7 %	**93**			
27	zum Steuersatz von 0 %	**90**			
28	zu anderen Steuersätzen	**95**		**98**	
29	**neuer Fahrzeuge** (§ 1b Absatz 2 und 3 UStG) von Lieferern **ohne** Umsatzsteuer-Identifikationsnummer zum allgemeinen Steuersatz	**94**		**96**	

In **Zeile 24** sind die innergemeinschaftlichen Erwerbe von Gegenständen einzutragen, die nach § 4b Nr. 1 bis 4 UStG steuerfrei sind. Die Steuerbefreiung nach § 4b UStG setzt einen innergemeinschaftlichen Erwerb voraus. Durch § 4b Nr. 1 und 2 UStG ist der innergemeinschaftliche Erwerb bestimmter Gegenstände, deren Lieferung im Inland steuerfrei wäre, von der Umsatzsteuer befreit. Nach § 4b Nr. 3 UStG ist der innergemeinschaftliche Erwerb der Gegenstände, deren Einfuhr steuerfrei wäre, von der Umsatzsteuer befreit. § 4b Nr. 4 UStG befreit den innergemeinschaftlichen Erwerb von Gegenständen, die der Unternehmer für Umsätze verwendet, für die der Ausschluss vom Vorsteuerabzug nach § 15 Abs. 3 UStG nicht eintritt.[1] In **Zeile 24** sind auch die innergemeinschaftlichen Erwerbe von Anlagegold einzutragen, die nach § 25c UStG steuerfrei sind.[2] **2696**

Praxishinweis:

Innergemeinschaftliche Erwerbe sind in dem Voranmeldungszeitraum anzumelden, in dem die Rechnung ausgestellt wird, spätestens jedoch in dem Voranmeldungszeitraum, in dem der Monat endet, der auf den Erwerb folgt (§ 13 Abs. 1 Nr. 6 UStG).

Anzahlungen zu innergemeinschaftlichen Erwerben sind nicht einzutragen. Den Gesamtbetrag (Anzahlungen und Restzahlung) sind nach dem Erwerb im zutreffenden Voranmeldungszeitraum anzugeben.

Weitere Ausführungen zu innergemeinschaftlichen Erwerben – getrennt nach Steuersätzen (**Zeilen 25 bis 28**) enthält → Rz. 2367 ff. **2697**

Umsätze zum ermäßigten Steuersatz von 0 % sind in Zeile 27 einzutragen. Einem ermäßigten Steuersatz von 0 % unterliegen ausschließlich **die innergemeinschaftlichen Erwerbe von Solarmodulen**, einschließlich der für den Betrieb einer Photovoltaikanlage wesentlichen Komponenten und der Speicher, die dazu dienen, den mit Solarmodulen erzeugten Strom zu speichern, wenn die Photovoltaikanlage auf oder in der Nähe von Privatwohnungen, Wohnungen sowie öffentlichen und anderen Gebäuden, die für dem Gemeinwohl dienende Tätigkeiten genutzt werden, installiert wird. Die Voraussetzungen gelten als erfüllt, wenn die installierte Bruttoleistung der Photovoltaikanlage laut Marktstammdatenregister nicht mehr als 30 kW (peak) beträgt oder betragen wird. **2698**

Praxishinweis:

Zum Betrieb einer Photovoltaikanlage vgl. Abschn. 1.5. Abs. 10 UStAE; zur Wertabgabenbesteuerung im Zusammenhang mit einer Leistung, die dem Nullsteuersatz (§ 12 Abs. 3 UStG) unterliegt, siehe Abschn. 3.2 Abs. 3 UStAE (vgl. Abschn. 2.15 Abs. 13 Satz 3 UStAE) und zur Anwendung des Nullsteuersatzes für bestimmte Photovoltaikanlagen vgl. Abschn. 12.18 Abs. 1 bis 10 UStAE mit Beispielen.

In **Zeile 29** sind Eintragungen zu innergemeinschaftlichen Erwerben neuer Fahrzeuge von Lieferern ohne USt-IdNr. zum allgemeinen Steuersatz vorzunehmen (zur Besteuerung neuer Fahrzeuge → Rz. 2368 ff.). **2699**

1) Weitere Einzelheiten vgl. Abschn. 4b.1 UStAE.
2) Weitere Einzelheiten vgl. Abschn. 25c.1 UStAE.

6. Abschnitt D – Leistungsempfänger als Steuerschuldner (§ 13b UStG) (Zeilen 30–32)

	D. Leistungsempfänger als Steuerschuldner (§ 13b UStG)		
30	Sonstige Leistungen nach § 3a Absatz 2 UStG eines im übrigen Gemeinschaftsgebiet ansässigen Unternehmers (§ 13b Absatz 1 UStG)	46	47
31	Umsätze, die unter das GrEStG fallen (§ 13b Absatz 2 Nummer 3 UStG)	73	74
32	Andere Leistungen (§ 13b Absatz 2 Nummer 1, 2, 4 bis 12 UStG)	84	85

2700 Die Leistungsempfänger (§ 13b Abs. 5 UStG) haben nach § 13b UStG die entsprechenden (Netto-)Entgelte und die darauf entfallenden Steuerbeträge in den **Zeilen 31 bis 32** anzugeben. Sind die Leistungsempfänger zum Vorsteuerabzug (§ 15 Abs. 1 Satz 1 Nr. 4 UStG) berechtigt, sind die abziehbaren **Vorsteuerbeträge in Zeile 41** anzugeben. Eingehende Erläuterungen → Rz. 2511 ff.

2701 Die nach § 3a Abs. 2 UStG im Inland steuerpflichtigen sonstigen Leistungen von im übrigen Gemeinschaftsgebiet ansässigen Unternehmern, die der leistende Unternehmer in seiner ZM anzugeben hat, sind nebst Steuer vom Leistungsempfänger als Steuerschuldner in der **Zeile 30** gesondert zu erklären.

2702 Die Umsätze, die unter das GrEStG fallen (§ 13b Abs. 2 Nr. 3 UStG), sind **vom Leistungsempfänger** nebst Steuer in der **Zeile 31** gesondert anzugeben. **Andere Leistungen** (§ 13b Abs. 2 Nr. 1, 2, 4 bis 12 UStG) sind insgesamt in **Zeile 32** anzugeben.

Praxishinweis:

Für bestimmte, der Steuerschuldnerschaft des Leistungsempfängers unterfallende Umsätze enthält § 13b Abs. 5 Satz 8 UStG eine **Vereinfachungsregelung**, wonach der Leistungsempfänger als Steuerschuldner gilt, wenn der leistende Unternehmer und der Leistungsempfänger für diesen Umsatz die Regelung des § 13b Abs. 2 UStG angewandt haben, obwohl dies nach Art der Umsätze unter Anlegung objektiver Voraussetzungen nicht zutreffend war.

§ 13b Abs. 5 Satz 2 bis 5 UStG gilt auch dann, wenn die entsprechende Leistung des Leistungsempfängers nach § 19 Abs. 1 oder 4 UStG steuerfrei ist. Nach § 13b Abs. 8 UStG ist nur noch § 24 UStG bei der Berechnung der Steuer nicht anzuwenden. Die Änderungen erfolgen auf Grund der Neufassung des § 19 UStG.

2703 Bei bestimmten Lieferungen von Mobilfunkgeräten, Tablet-Computern und Spielekonsolen sowie von integrierten Schaltkreisen (§ 13b Abs. 2 Nr. 10 UStG) schuldet der Leistungsempfänger die Steuer nach § 13b Abs. 5 Satz 1 UStG. Derartige Umsätze sind **vom Leistungsempfänger** nebst Steuer in der **Zeile 32** anzugeben.

Praxishinweis:

Lieferungen von Mobilfunkgeräten, Tablet-Computern und Spielekonsolen sowie von integrierten Schaltkreisen vor Einbau in einen zur Lieferung auf der Einzelhandelsstufe geeigneten Gegenstand fallen nur unter die Regelung zur Steuerschuldnerschaft des Leistungsempfängers nach § 13b Abs. 2 Nr. 10 UStG, wenn der Leistungsempfänger ein Unternehmer ist und die Summe der für die steuerpflichtigen Lieferungen dieser Gegenstände in Rechnung zu stellenden Bemessungsgrundlagen mindestens 5 000 € beträgt. Abzustellen ist dabei auf alle im Rahmen eines zusammenhängenden wirtschaftlichen Vorgangs gelieferten Gegenstände der genannten Art. Als Anhaltspunkt für einen wirtschaftlichen Vorgang dient insb. die Bestellung, der Auftrag oder der (Rahmen-)Vertrag mit konkretem Auftragsvolumen. Lieferungen bilden stets einen einheitlichen wirtschaftlichen Vorgang, wenn sie im Rahmen eines einzigen Erfüllungsgeschäfts geführt werden, auch wenn hierüber mehrere Aufträge vorliegen oder mehrere Rechnungen ausgestellt werden.[1)]

Eintragungen sind in den **Zeilen 32 und 34** nur dann vorzunehmen, wenn bei Lieferungen von Mobilfunkgeräten, Tablet-Computern und Spielekonsolen sowie von integrierten Schaltkreisen vor Einbau in einen zur Lieferung auf der Einzelhandelsstufe geeigneten Gegenstand, die Summe der für sie in Rechnung zu stellenden Entgelte im Rahmen eines wirtschaftlichen Vorgangs mindestens 5 000 € beträgt; nachträgliche Minderungen des Entgelts bleiben dabei unberücksichtigt (§ 13b Abs. 2 Nr. 10 UStG).[2)]

Beispiel:

Der in Stuttgart ansässige Großhändler G bestellt am 1.7.2026 bei dem in München ansässigen Handyhersteller H 900 Mobilfunkgeräte zu einem Preis von insg. 45 000 €. Vereinbarungsgemäß liefert H die Mobilfunkgeräte in zehn Tranchen mit je 90 Stück zu je 4 500 € an G aus.

Die zehn Tranchen Mobilfunkgeräte stellen einen zusammenhängenden wirtschaftlichen Vorgang dar, denn die Lieferung der Geräte erfolgte auf der Grundlage einer Bestellung über die Gesamtmenge von 900 Stück. G schuldet daher als Leistungsempfänger die Umsatzsteuer für diese zusammenhängenden Lieferungen (§ 13b Abs. 5 Satz 1 i.V.m. Abs. 2 Nr. 10 UStG).

G hat eine Eintragung in Zeile 32 und H Eintragungen zur Zeile 34 zu machen.

2704 Bei Lieferungen der in der Anlage 4 zum UStG bezeichneten Gegenstände – insb. Edelmetalle, unedle Metalle, Selen und Cermets (§ 13b Abs. 2 Nr. 11 UStG) schuldet der Leistungsempfänger die Steuer nach § 13 Abs. 5 Satz 1 UStG. Derartige Umsätze sind vom Leistungsempfänger nebst Steuer in der **Zeile 32** anzugeben.

1) Vgl. Abschn. 13b.7 Abs. 3 UStAE.
2) BMF v. 24.6.2011, IV D 3 – S 7279/11/10001 (2011/0480015), BStBl I 2011, 687 und Abschn. 13b.7 Abs. 3 UStAE.

Praxishinweis:

Nach § 13b Abs. 2 Nr. 4 Satz 2 UStG gelten als Grundstücke insb. auch Sachen, Ausstattungsgegenstände und Maschinen, die auf Dauer in einem Gebäude oder Bauwerk installiert sind und die nicht bewegt werden können, ohne das Gebäude oder Bauwerk zu zerstören oder zu verändern. Der BFH hatte mit Urteil v. 28.8.2014 entschieden, dass Betriebsvorrichtungen keine Bauwerke i.S.v. § 13b Abs. 2 Nr. 4 Satz 1 UStG a.F. sind.[1] Damit kam nach Ansicht des BFH eine Verlagerung der Steuerschuld auf den Leistungsempfänger bei Lieferungen von und Leistungen an Betriebsvorrichtungen nicht in Betracht. Art. 199 Abs. 1 Buchst. a MwStSystRL, auf dem § 13b Abs. 2 Nr. 4 UStG beruht, enthält den Begriff der Bauleistung. Dieser Begriff ist unionsrechtlich einheitlich und nicht nach nationalem Bewertungsrecht auszulegen. Der Begriff der Bauleistung im Sinne von Art. 199 Abs. 1 Buchst. a MwStSystRL ist dabei nicht nur auf Leistungen im Zusammenhang mit einem Grundstück beschränkt, sondern weiter auszulegen. Mit § 13b Abs. 2 Nr. 4 Satz 2UStG sind einerseits die unionsrechtliche Vorgabe und andererseits die in Abschn. 13b.2 Abs. 2 Satz 2 und 3 UStAE enthaltene Verwaltungsauffassung im UStG enthalten. Damit ist klargestellt, dass Lieferungen von und Leistungen an Betriebsvorrichtungen unter die Regelung des § 13b UStG fallen können.

In den in § 13b Abs. 2 Nr. 4, Nr. 5 Buchst. b und Nr. 7 bis 12 UStG genannten Fällen schulden j.P.d.ö.R. die Steuer 2705
nicht, wenn sie die Leistung für den nichtunternehmerischen Bereich beziehen (§ 13b Abs. 5 Satz 11 UStG).

Der leistende Unternehmer kann häufig nicht zweifelsfrei feststellen, ob der Empfänger die Leistung für sein Unternehmen bezieht oder nicht. Die Steuerschuldnerschaft des Leistungsempfängers nach § 13b UStG gilt daher auch dann, wenn die Leistung für den nichtunternehmerischen Bereich bezogen wird (§ 13b Abs. 5 Satz 7 UStG). Ist eine j.P.d.ö.R. Leistungsempfänger, kann der leistende Unternehmer regelmäßig an der Art der Einrichtung, für die er tätig wird (Behörde oder BgA), erkennen, ob die Leistung für den unternehmerischen oder den hoheitlichen Bereich bezogen wird. § 13b Abs. 5 Satz 7 UStG führt in diesen Fällen zu einem unnötigen Verwaltungsaufwand für die j.P.d.ö.R., da sie die Leistungsbezüge für den hoheitlichen Bereich dem FA erklären und die darauf entfallende Umsatzsteuer an dieses abführen muss, statt sie zusammen mit dem Leistungsentgelt in einer Summe an den leistenden Unternehmer zu entrichten. Um diesen Aufwand zu vermeiden, hat die Steuerverwaltung diejenigen Fälle, in denen j.P.d.ö.R. in nennenswertem Umfang Leistungen für ihren hoheitlichen Bereich beziehen, die der Steuerschuldnerschaft des Leistungsempfängers unterliegen, von der Rechtsfolge des § 13b Abs. 5 Satz 7 UStG ausgenommen (vgl. Abschn. 13b.3a Abs. 4 Satz 2 UStAE für Strom- und Gaslieferungen und Abschn. 13b.5 Abs. 4 Satz 2 UStAE für Gebäudereinigungsleistungen). Durch § 13b Abs. 5 Satz 10 UStG werden alle Tatbestände des § 13b Abs. 2 UStG in die Ausnahmeregelung einbezogen, bei denen die Anwendung der Steuerschuldnerschaft des Leistungsempfängers zu einem unnötigen Verwaltungsaufwand führen würde.

§ 13b Abs. 1 und 2 UStG finden keine Anwendung, wenn die Leistung des im Ausland ansässigen Unternehmers 2706
in einer Personenbeförderung, die der Beförderungseinzelbesteuerung (§ 16 Abs. 5 UStG) unterlegen hat, in einer Personenbeförderung, die mit einem Fahrzeug i.S.d. § 1b Abs. 2 Satz 1 Nr. 1 UStG durchgeführt worden ist, oder in einer grenzüberschreitenden Personenbeförderung im Luftverkehr besteht. Außerdem finden § 13b Abs. 1 und 2 UStG keine Anwendung, wenn ein im Ausland ansässiger Unternehmer im Inland Leistungen erbringt, die in der Einräumung der Eintrittsberechtigung für Messen, Ausstellungen und Kongressen im Inland bestehen oder, wenn eine im Ausland ansässige Durchführungsgesellschaft an im Ausland ansässige Unternehmer steuerpflichtige Leistungen erbringt, die im Zusammenhang mit der Veranstaltung von Messen und Ausstellungen im Inland stehen.[2]

Die Anwendung der Steuerschuldnerschaft des Leistungsempfängers ist auch ausgeschlossen, wenn die Leistung 2707
des im Ausland ansässigen Unternehmers in der Abgabe von Speisen und Getränken zum Verzehr an Ort und Stelle (Restaurationsleistung) besteht, wenn diese Abgabe an Bord eines Schiffes, in einem Luftfahrzeug oder in einer Eisenbahn erfolgt (§ 13b Abs. 6 Nr. 6 UStG).

Praxishinweis:

Zur kurzfristigen Erweiterung der Steuerschuldnerschaft des Leistungsempfängers bei einer Mehrzahl von Fällen des Verdachts auf Steuerhinterziehung in einem besonders schweren Fall und zur raschen Verhinderung von Steuerausfällen enthält § 13b Abs. 10 UStG eine Ermächtigung des BMF. Durch Rechtsverordnung kann mit Zustimmung des Bundesrates der Umfang der Steuerschuldnerschaft des Leistungsempfängers unter bestimmten Voraussetzungen (zunächst) zeitlich beschränkt erweitert werden (**sog. Schnellreaktionsmechanismus**).

Mit § 13b Abs. 10 UStG ist die Voraussetzung gegeben, zeitnah von durch den unionsrechtlichen Schnellreaktionsmechanismus eröffneten Möglichkeiten zur Betrugsbekämpfung national Gebrauch zu machen. Eine auf der Ermächtigung nach § 13b Abs. 10 UStG beruhende Verordnung mit einer Erweiterung der Steuerschuldnerschaft des Leistungsempfängers ist nur eine vorläufige Maßnahme. Ermächtigt der Rat Deutschland entsprechend dem gestellten Antrag nach Art. 395 MwStSystRL, eine entsprechende von der MwStSystRL abweichende Regelung längerfristig beibehalten zu dürfen, muss die – zunächst in der Verordnung geregelte – Erweiterung der Steuerschuldnerschaft des Leistungsempfängers in jedem Fall im Rahmen eines Gesetzgebungsverfahrens in das Umsatzsteuergesetz aufgenommen werden. Die Regelung über das Außerkrafttreten der Verordnung stellt zum einen sicher, dass die Verordnung nur von begrenzter Dauer ist. Sie stellt im Falle der Erteilung einer Anschlussermächtigung nach Art. 395 MwStSystRL aber auch sicher, dass die Regelung ohne zeitliche Unterbrechung national fort gilt.

Besteht keine Verpflichtung zur Abgabe von Umsatzsteuer-Voranmeldungen (z.B. bei **Kleinunternehmern, pau-** 2708
schalierenden Land- und Forstwirten), ist hiervon unabhängig eine Umsatzsteuer-Voranmeldung für das jeweilige Kalendervierteljahr abzugeben bzw. zu übermitteln (§ 18 Abs. 4a UStG).

1) Vgl. BFH v. 28.8.2014, V R 7/14, BStBl II 2015, 682.
2) Einzelheiten vgl. BMF v. 20.12.2006, IV A 6 – S 7279 – 60/06, BStBl I 2006, 796; Abschn. 13b.1 Abs. 26 und 27 UStAE.

7. Abschnitt E – Ergänzende Angaben zu Umsätzen (Zeilen 33–37)

	E. Ergänzende Angaben zu Umsätzen			
33	Lieferungen des ersten Abnehmers bei **innergemeinschaftlichen Dreiecksgeschäften** (§ 25b UStG)	42		
34	Steuerpflichtige Umsätze des leistenden Unternehmers, für die der **Leistungsempfänger** die **Steuer nach § 13b Absatz 5 UStG schuldet**	60		
35	**Nicht steuerbare sonstige Leistungen** gemäß § 18b Satz 1 Nummer 2 UStG	21		
36	**Übrige nicht steuerbare Umsätze** (Leistungsort nicht im Inland)	45		
37	**Umsatzsteuer (Summe der Zeilen 13 bis 18 und 25 bis 32)**			

2709 Der erste Abnehmer hat bei innergemeinschaftlichen **Dreiecksgeschäften** in **Zeile 33** die Bemessungsgrundlage (§ 25b Abs. 4 UStG) einzutragen, sofern für diese Lieferung der letzte Abnehmer die Steuer schuldet. In **Zeile 47** ist die Steuer zu erklären, die der letzte Abnehmer schuldet.

2710 Nach § 13b Abs. 5 UStG schuldet der Leistungsempfänger die Steuer bei

- im Inland steuerpflichtigen sonstigen Leistungen i.S.d. § 3a Abs. 2 UStG,
- Werklieferungen und anderen als i.S.d. § 3a Abs. 2 UStG ausgeführten sonstigen Leistungen eines im Ausland ansässigen Unternehmers,
- Lieferungen sicherungsübereigneter Gegenstände durch den Sicherungsgeber an den Sicherungsnehmer außerhalb eines Insolvenzverfahrens,
- steuerpflichtigen Umsätzen, die unter das Grunderwerbsteuergesetz fallen, bei bestimmten Bauleistungen an Unternehmer, die nachhaltig entsprechende Leistungen erbringen,
- Lieferungen von Gas, Elektrizität und von Wärme und Kälte,
- der Übertragung von den in § 13b Abs. 2 Nr. 6 UStG bezeichneten Emissions-, Gas- und Elektrizitätszertifikaten,
- Lieferungen der in der Anlage 3 zum UStG aufgeführten Gegenstände, insb. Altmetall und Schrott,
- Reinigungsleistungen von Gebäuden und Gebäudeteilen, wenn der Leistungsempfänger ein Unternehmer ist, der nachhaltig entsprechende Leistungen erbringt,
- Lieferungen von bestimmten Goldarten, Steuerschuldner sowie Lieferungen der in der Anlage 4 zum UStG bezeichneten Gegenstände – insb. Edelmetalle, unedle Metalle, Selen und Cermets (§ 13b Abs. 1 und 2 Nr. 1 bis 11 UStG),
- sonstige Leistungen auf dem Gebiet der Telekommunikation. Zur Klarstellung wird darauf hingewiesen, dass § 13b Abs. 2 Nr. 1 UStG unberührt bleibt (§ 13b Abs. 2 Nr. 12 UStG).

Ausführungen hierzu → Rz. 2395 ff. Nachrichtlich sind in **Zeile 34** die vorgenannten, im Inland ausgeführten steuerpflichtigen Umsätze des leistenden Unternehmers einzutragen, für die der Leistungsempfänger die Steuer schuldet.

Praxishinweise:

Lieferungen von Mobilfunkgeräten, Tablet-Computern und Spielekonsolen sowie von integrierten Schaltkreisen vor Einbau in einen zur Lieferung auf der Einzelhandelsstufe geeigneten Gegenstand fallen nur unter die Regelung zur Steuerschuldnerschaft des Leistungsempfängers nach § 13b Abs. 2 Nr. 10 UStG, wenn der Leistungsempfänger ein Unternehmer ist und die Summe der für die steuerpflichtigen Lieferungen dieser Gegenstände in Rechnung zu stellenden Bemessungsgrundlagen mindestens 5 000 € beträgt. Abzustellen ist dabei auf alle im Rahmen eines zusammenhängenden wirtschaftlichen Vorgangs gelieferten Gegenstände der genannten Art. Als Anhaltspunkt für einen wirtschaftlichen Vorgang dient insb. die Bestellung, der Auftrag oder der (Rahmen-)Vertrag mit konkretem Auftragsvolumen. Lieferungen bilden stets einen einheitlichen wirtschaftlichen Vorgang, wenn sie im Rahmen eines einzigen Erfüllungsgeschäfts geführt werden, auch wenn hierüber mehrere Aufträge vorliegen oder mehrere Rechnungen ausgestellt werden.

Lieferungen, der in der Anlage 4 zum UStG bezeichneten Gegenstände, fallen nur unter die Regelung zur Steuerschuldnerschaft des Leistungsempfängers nach § 13b Abs. 2 Nr. 11 UStG, wenn die Summe der für sie in Rechnung zu stellenden Entgelte im Rahmen eines wirtschaftlichen Vorgangs mindestens 5 000 € beträgt; nachträgliche Minderungen des Entgelts bleiben dabei unberücksichtigt. Abzustellen ist dabei auf alle im Rahmen eines zusammenhängenden wirtschaftlichen Vorgangs gelieferten Gegenstände der genannten Art. Als Anhaltspunkt für einen wirtschaftlichen Vorgang dient insb. die Bestellung, der Auftrag oder der (Rahmen-)Vertrag mit konkretem Auftragsvolumen. Lieferungen bilden stets einen einheitlichen wirtschaftlichen Vorgang, wenn sie im Rahmen eines einzigen Erfüllungsgeschäfts geführt werden, auch wenn hierüber mehrere Aufträge vorliegen oder mehrere Rechnungen ausgestellt werden.

2711 Nach §§ 18a, 18b UStG hat der Unternehmer die nach § 3a Abs. 2 UStG im übrigen Gemeinschaftsgebiet ausgeführte sonstige Leistung, für die die Steuer in einem anderen Mitgliedstaat von einem dort ansässigen Leistungsempfänger geschuldet wird, in seiner ZM (→ Rz. 2840) anzugeben und in den amtlich vorgeschriebenen Vordrucken (§ 18 Abs. 1 bis 4 UStG) gesondert zu erklären. Dementsprechend sind derartige nicht steuerbare sonstige Leistungen gem. § 18b Satz 1 Nr. 2 UStG in der **Zeile 35** gesondert anzugeben.

In **Zeile 36** sind die übrigen nicht steuerbaren Umsätze einzutragen, deren Leistungsort nicht im Inland liegt und die steuerbar wären, wenn sie im Inland ausgeführt worden wären. Hierzu gehören auch Telekommunikationsleistungen, Rundfunk- und Fernsehdienstleistungen und auf elektronischem Weg erbrachte sonstige Leistungen sowie innergemeinschaftliche Fernverkäufe, die ein im Inland ansässiger Unternehmer an Nichtunternehmer mit Sitz, Wohnsitz oder gewöhnlichem Aufenthalt im übrigen Gemeinschaftsgebiet ausführt; ausgenommen sind die Umsätze des § 3a Abs. 5 Satz 3 UStG sowie des § 3c Abs. 4 Satz 1 UStG, die in den **Zeilen 13 bis 16** einzutragen sind. **2712**

Praxishinweise:

§ 3a Abs. 5 Satz 1 UStG ist nicht anzuwenden, wenn der leistende Unternehmer seinen Sitz, seine Geschäftsleitung, eine Betriebsstätte oder in Ermangelung eines Sitzes, einer Geschäftsleitung oder einer Betriebsstätte seinen Wohnsitz oder gewöhnlichen Aufenthalt in nur einem EU-Mitgliedstaat hat und der Gesamtbetrag der Entgelte der in § 3a Abs. 5 Satz 2 UStG bezeichneten sonstigen Leistungen an in § 3a Abs. 5 Satz 1 UStG bezeichnete Empfänger mit Wohnsitz, gewöhnlichem Aufenthalt oder Sitz in anderen EU-Mitgliedstaaten sowie der innergemeinschaftlichen Fernverkäufe nach § 3c Abs. 1 Satz 2 und 3 UStG (vgl. auch Abschn. 3c.1 Abs. 2 Satz 1 UStAE) insgesamt 10 000 € im vorangegangenen Kj. nicht überschritten hat und im laufenden Kj. nicht überschreitet (§ 3a Abs. 5 Satz 3 UStG). Sobald der Gesamtbetrag von 10 000 € im laufenden Kj. überschritten wird, verlagert sich der Leistungsort an den Ort nach § 3a Abs. 5 Satz 1 UStG; dies gilt bereits für den Umsatz, der zur Überschreitung des Gesamtbetrags führt. Der leistende Unternehmer kann dem FA erklären, dass er auf die Anwendung von § 3a Abs. 5 Satz 3 UStG verzichtet. Die Erklärung bindet den Unternehmer mindestens für zwei Kj.

Nicht einzutragen sind die Umsätze, die in den **Zeilen 33 bis 35** zu erklären sind. Ebenfalls nicht anzugeben sind im Inland ausgeführte nicht steuerbare Umsätze (z.B. Geschäftsveräußerungen im Ganzen, Innenumsätze zwischen Unternehmensteilen). Nicht steuerbare Umsätze im Rahmen einer Geschäftsveräußerung im Ganzen sind jedoch in der Umsatzsteuererklärung für das Kj. einzutragen. Weitere Erläuterungen → Rz. 2444 ff. **2713**

In **Zeile 37** ist die selbstberechnete Umsatzsteuer **(Summe der Zeilen 13 bis 18 und 25 bis 32)** einzutragen. **2714**

8. Abschnitt F – Abziehbare Vorsteuerbeträge und Berichtigung des Vorsteuerabzugs (Zeilen 38–45)

	F. Abziehbare Vorsteuerbeträge und Berichtigung des Vorsteuerabzugs			
38	Vorsteuerbeträge aus Rechnungen von anderen Unternehmern (§ 15 Absatz 1 Satz 1 Nummer 1 UStG), aus Leistungen im Sinne des § 27 Absatz 40a UStG und aus innergemeinschaftlichen Dreiecksgeschäften (§ 25b Absatz 5 UStG)		66	
39	Vorsteuerbeträge aus dem innergemeinschaftlichen Erwerb von Gegenständen (§ 15 Absatz 1 Satz 1 Nummer 3 UStG)		61	
40	Entstandene Einfuhrumsatzsteuer (§ 15 Absatz 1 Satz 1 Nummer 2 UStG)		62	
41	Vorsteuerbeträge aus Leistungen im Sinne des § 13b UStG (§ 15 Absatz 1 Satz 1 Nummer 4 UStG)		67	

2026USt1A562

2026USt1A562

Steuernummer

- 3 -

		Bemessungsgrundlage ohne Umsatzsteuer		Steuer
		EUR		EUR Ct
42	Vorsteuerbeträge, die nach allgemeinen Durchschnittssätzen berechnet sind (§ 23a UStG)		63	
43	Vorsteuerabzug für innergemeinschaftliche Lieferungen neuer Fahrzeuge außerhalb eines Unternehmens (§ 2a UStG) sowie von Kleinunternehmern im Sinne des § 19 Absatz 1 UStG (§ 15 Absatz 4a UStG)		59	
44	Berichtigung des Vorsteuerabzugs (§ 15a UStG)		64	
45	Verbleibender Betrag (Zeile 37 abzüglich der Zeilen 38 bis 44)			

a) Allgemeines

Bei fehlenden oder unrichtigen Rechnungsangaben ist der Vorsteuerabzug ausgeschlossen. Nach § 15 Abs. 1 Nr. 1 Satz 1 und 2 UStG kann der Unternehmer **nur** die gesetzlich geschuldete Steuer für Lieferungen und sonstige Leistungen als Vorsteuer abziehen, die von einem anderen Unternehmer für sein Unternehmen ausgeführt worden sind. Ein Vorsteuerabzug ist damit nicht zulässig, wenn der die Rechnung ausstellende Unternehmer die Steuer unberechtigt oder zu hoch ausgewiesen hat. Voraussetzung für den Vorsteuerabzug ist, dass der Unternehmer eine nach §§ 14, 14a UStG ausgestellte Rechnung besitzt. Sind die erforderlichen Rechnungsangaben unvollständig oder unrichtig, ist ein Vorsteuerabzug erst in dem Zeitpunkt möglich, in dem die zutreffenden und vollständigen **2715**

Angaben durch berichtigte Rechnung dem Leistungsempfänger vorliegen. Danach hat der Leistungsempfänger die in der Rechnung enthaltenen Angaben auf ihre Vollständigkeit und Richtigkeit zu überprüfen. Eine Prüfung der Richtigkeit der Steuernummer oder USt-IdNr. und der Rechnungsnummer ist dem Rechnungsempfänger allerdings nicht möglich. Der Vorsteuerabzug bleibt jedoch erhalten, wenn eine dieser Angaben unrichtig und der Unternehmer dies trotz der Beachtung der Sorgfalt eines ordentlichen Kaufmanns nicht erkennen konnte und die weiteren Voraussetzungen für den Vorsteuerabzug vorliegen (→ Rz. 2451 ff.).

Beratungshinweis:

Der Vorsteuerabzug nach § 15 Abs. 1 Satz 1 Nr. 1 UStG ist nur möglich, wenn die Rechnung die Angabe des vollständigen Namens und der vollständigen Anschrift des leistenden Unternehmers enthält. Mit Urteilen v. 13.6.2018 und v. 21.6.2018 hat der BFH jedoch unter Änderung seiner bisherigen Rechtsprechung entschieden, dass eine zum Vorsteuerabzug berechtigende Rechnung nicht voraussetzt, dass die wirtschaftlichen Tätigkeiten des leistenden Unternehmers unter der Anschrift ausgeübt werden, die er in seiner Rechnung angibt.[1] Es reiche jede Art von Anschrift und damit auch eine Briefkastenanschrift, sofern der Unternehmer unter dieser Anschrift erreichbar sei. Maßgeblich für eine Erreichbarkeit ist der Zeitpunkt der Rechnungsausstellung. Die Feststellungslast für die postalische Erreichbarkeit zu diesem Zeitpunkt trifft den den Vorsteuerabzug begehrenden Leistungsempfänger. Der Unternehmer, der die Lieferung oder sonstige Leistung ausgeführt hat, muss in der Rechnung (Abrechnungspapier) grundsätzlich mit seinem wirklichen Namen bzw. mit der wirklichen Firma angegeben sein (vgl. auch § 31 Abs. 2 UStDV). Bei der Verwendung eines unzutreffenden und ungenauen Namens (z.B. Scheinname oder -firma) kann der Vorsteuerabzug ausnahmsweise zugelassen werden, wenn der tatsächlich leistende Unternehmer eindeutig und leicht nachprüfbar aus dem Abrechnungspapier ersichtlich ist. Diese Ausnahmekriterien sind eng auszulegen.[2]

Beratungshinweis:

Der BFH hat mit Urteil v. 1.3.2018 entschieden, dass sich die Angabe des Kalendermonats als Leistungszeitpunkt (§ 14 Abs. 4 Satz 1 Nr. 6 UStG i.V.m. § 31 Abs. 4 UStDV) unter Beachtung der unionsrechtlichen Vorgaben aus dem Ausstellungsdatum der Rechnung ergeben kann, wenn nach den Verhältnissen des jeweiligen Einzelfalls davon auszugehen ist, dass die Leistung in dem Monat bewirkt wurde, in dem die Rechnung ausgestellt wurde.[3] Weiterhin hat er festgestellt, dass die Leistungsbeschreibung im Urteilsfall keinen Rückschluss auf den Ort der Leistungserbringung und eine mögliche Steuerpflicht erlaubte und die Rechnungen daher mangels ordnungsgemäßer Leistungsbeschreibung nicht die Voraussetzungen für einen Vorsteuerabzug erfüllten. Der BFH hat außerdem seine Auffassung, dass sich die Angabe des Leistungszeitraums aus dem Rechnungsdatum ergeben kann, nochmals mit Urteil v. 15.10.2019 bestätigt.[4] Gleichzeitig enthält das Urteil Ausführungen zu Rechnungen einer Person, die nach dem Willen ihrer Hintermänner einen auf ihren Namen lautenden Gewerbebetrieb vortäuscht. Danach wird diese Person auch unter Beachtung der „Strohmann-Rechtsprechung" nicht allein durch die Rechnungsstellung unter ihrem Namen zum Leistenden, wenn sie die von den als Vertreter ohne Vertretungsmacht (§ 179 BGB) handelnden Hintermännern geschlossenen Verträge nicht genehmigt und ihr das Handeln der Hintermänner auch nicht nach den Grundsätzen einer Anscheins- oder Duldungsvollmacht zugerechnet werden kann. Unter diesen Umständen ist es nicht entscheidungserheblich, ob es sich bei der nach außen auftretenden Person um einen Strohmann gehandelt hat und ob in diesem Fall das Strohmanngeschäft nur zum Schein abgeschlossen wurde.

Das BMF hat dementsprechend in seinem Schreiben v. 9.9.2021 darauf hingewiesen, dass Rechnungen, die nicht den Zeitpunkt der Lieferung oder sonstigen Leistung nach § 14 Abs. 4 Nr. 6 UStG enthalten (ggf. nach § 31 Abs. 4 UStDV in Form des Kalendermonats), nicht ordnungsgemäß ausgestellt sind.[5] Ein Vorsteuerabzug aus solchen Rechnungen ist nur dann ausnahmsweise möglich, wenn die FinVerw. über sämtliche Angaben verfügt, um die materiellen Voraussetzungen zu überprüfen.[6] Den Entscheidungen zum Kalendermonat als Leistungszeitraum, der sich nach Auffassung des BFH aus dem jeweiligen Ausstellungsdatum der Rechnung ergab, lag jeweils eine Würdigung im Einzelfall zu Grunde. Umgekehrt kann dies nicht gelten, wenn nicht feststeht, dass die Daten zusammenfallen. Dies ist insb. dann der Fall, wenn eine unmittelbar mit der Leistung zusammenfallende Rechnungsstellung nicht branchenüblich ist, vom betroffenen Rechnungsaussteller nicht immer durchgeführt wird oder bei der konkreten Leistung sonstige Zweifel an einem Zusammenfallen der Daten bestehen. Bestehen Zweifel, obliegt deren Ausräumung dem Unternehmer, der den Vorsteuerabzug geltend macht.[7]

2716 Für Unternehmer, die nicht im Gemeinschaftsgebiet ansässig sind und die nur Steuer nach § 13b Abs. 5 UStG, nur Steuer nach § 13b Abs. 5 UStG und § 13a Abs. 1 Nr. 1 UStG i.V.m. § 14c Abs. 1 UStG (unrichtiger Steuerausweis) oder nur Steuer nach § 13b Abs. 5 UStG und § 13a Abs. 1 Nr. 4 UStG (unberechtigter Steuerausweis) schulden, gelten die Einschränkungen des § 18 Abs. 9 Satz 5 und 6 UStG entsprechend.

2717 Wird ein sowohl unternehmerisch als auch nichtunternehmerisch genutztes Gebäude ausschließlich dem Unternehmensvermögen zugeordnet, kann der volle Vorsteuerabzug geltend gemacht werden (sog. Seeling-Modell). Durch Aufnahme des neuen Art. 168a MwStSystRL durch die Richtlinie 2009/162/EU des Rates v. 22.12.2009 zur Änderung verschiedener Bestimmungen der RL 2006/112/EG über das gemeinsame Mehrwertsteuersystem[8] ist auch bei einer ausschließlichen Zuordnung des Gebäudes zum Unternehmensvermögen der Vorsteuerabzug künftig auf den unternehmerisch genutzten Gebäudeanteil begrenzt. Das Zuordnungswahlrecht des Unternehmers, gemischt genutzte Grundstücke – Grundstücke die sowohl für unternehmerische Zwecke als auch für Zwecke, die außerhalb des Unternehmens liegen, oder für den privaten Bedarf des Personals verwendet werden – im vollen Umfang seinem Unternehmen zuzuordnen, bleibt unberührt. In den Fällen des § 15 Abs. 1b UStG gilt § 15 Abs. 4 Satz 1 bis 3 UStG entsprechend. Weitere Einzelheiten zur Regelung des Vorsteuerabzugs bei teilunternehmerisch genutzten Grundstücken (§ 15 Abs. 1b UStG) enthält Abschn. 15.6a UStAE.

1) BFH v. 13.6.2018, XI R 20/14, BStBl II 2018, 800 und v. 21.6.2018, V R 25/15, V R 28/16, BStBl II 2018, 809 und 806.
2) Vgl. Abschn. 15.2a Abs. 2 Satz 5 bis 10 UStAE.
3) BFH v. 1.3.2018, V R 18/17, BStBl II 2021, 644.
4) BFH v. 15.10.2019, V R 29/19 (V R 44/16), BStBl II 2021, 646.
5) BMF v. 9.9.2021, III C 2 – S 7280-a/19/10004 :001, BStBl I 2021, 1593.
6) Vgl. BMF v. 18.9.2020, III C 2 – S 7286-a/19/10001 :001, BStBl I 2020, 976, Rz. 9 bis 13.
7) Vgl. auch Abschn. 15.2a Abs. 1a und 15.11 Abs. 3 UStAE.
8) ABl.EU 2010 Nr. L 10, 14.

b) Ausstellung von Rechnungen

Praxishinweis: 2718

Durch das Gesetz zur Stärkung von Wachstumschancen, Investitionen und Innovation sowie Steuervereinfachung und Steuerfairness (**Wachstumschancengesetz**) v. 27.3.2024 wurden mit Wirkung zum **1.1.2025** § 14 Abs. 1 Satz 2 bis 8 UStG ersetzt und § 14 Abs. 2 und 3 UStG neu gefasst.[1] § 14 Abs. 1 bis 3 UStG wurde mit neuen Regelungen zur elektronischen Rechnung sowie zu den Verpflichtungen zur Ausstellung einer Rechnung neu gefasst sowie mit dem neuen Abs. 6 Satz 2 eine Ermächtigung für das BMF angefügt, die es ermächtigt, mit Zustimmung des Bundesrates nähere Bestimmungen zur Ausstellung des strukturierten elektronischen Formats einer elektronischen Rechnung festzulegen. Außerdem wurden die Erleichterungen in §§ 33 und 34 UStDV zur Ausstellung von Kleinbetragsrechnungen und Fahrausweisen ebenfalls mit Wirkung zum **1.1.2025** angepasst.

Hierzu hat das BMF das Schreiben v. 15.10.2024 zur Ausstellung von Rechnungen nach § 14 UStG und zur Einführung der obligatorischen elektronischen Rechnung bei Umsätzen zwischen inl. Unternehmern ab **1.1.2025** herausgegeben.[2] Die Grundsätze des BMF-Schreibens sind auf alle Umsätze anzuwenden, die nach dem 31.12.2024 ausgeführt werden. Entgegenstehende Regelungen des UStAE in der am 31.12.2024 geltenden Fassung sind ab dem Besteuerungszeitraum 2025 nicht mehr anzuwenden.[3]

Als Kernpunkt der Neuregelung wird die obligatorische Verwendung einer elektronischen Rechnung bei Umsätzen zwischen inl. Unternehmern (inl. B2B-Umsätze) eingeführt. Ausgenommen sind Rechnungen über Leistungen, die nach § 4 Nr. 8 bis 29 UStG steuerfrei sind, sowie Rechnungen über Kleinbeträge bis 250 € (§ 33 UStDV) und Fahrausweise (§ 34 UStDV). Eng verbunden mit der Einführung der obligatorischen elektronischen Rechnung für inl. B2B-Umsätze ist die zu einem späteren Zeitpunkt gesetzlich einzuführende Verpflichtung zur zeitnahen und transaktionsbezogenen elektronischen Meldung von bestimmten Rechnungsangaben an die Verwaltung (Meldesystem).

In § 14 Abs. 1 UStG wird die elektronische Rechnung **ab 1.1.2025** definiert. Eine E-Rechnung liegt nur dann vor, wenn die Rechnung in einem strukturierten elektronischen Format ausgestellt, übermittelt und empfangen wird und die eine elektronische Verarbeitung ermöglicht (§ 14 Abs. 1 Satz 3 UStG). Das strukturierte elektronische Format einer E-Rechnung muss entweder den Vorgaben der RL 2014/55/EU entsprechen (§ 14 Abs. 1 Satz 6 Nr. 1 UStG) oder kann zwischen Rechnungsaussteller und Rechnungsempfänger vereinbart werden. Voraussetzung für eine solche Vereinbarung ist, dass das verwendete Format die richtige und vollständige Extraktion der nach dem UStG erforderlichen Angaben aus der E-Rechnung in ein Format ermöglicht, das der EN 16931 entspricht oder mit dieser interoperabel ist (vgl. § 14 Abs. 1 Satz 6 Nr. 2 UStG). 2719

Die Echtheit der Herkunft, die Unversehrtheit des Inhalts und die Lesbarkeit der Rechnung müssen gewährleistet sein (§ 14 Abs. 3 UStG). Bei der Übermittlung einer E-Rechnung kann eine qualifizierte elektronische Signatur oder ein zulässiges EDI-Verfahren verwendet werden. In diesem Fall gilt die Echtheit der Herkunft und die Unversehrtheit des Inhalts als gewährleistet. Beides kann aber auch durch ein innerbetriebliches Kontrollverfahren (vgl. Abschn. 14.4 Abs. 4 UStAE) gewährleistet werden. 2720

„Lesbarkeit" bedeutet in diesem Zusammenhang, dass der strukturierte Datensatz – z.B. die XML-Datei bei einer Rechnung, die der Normenreihe EN 16931 entspricht – maschinell auswertbar sein muss (maschinelle Lesbarkeit). Daher ist die zusätzliche Erstellung eines menschenlesbaren Dokuments nicht erforderlich. Denn die maschinelle Auswertbarkeit einer standardisierten Datei ermöglicht es auch, dass die Datei z.B. durch eine Visualisierungsanwendung menschenlesbar angezeigt werden kann. Die zusätzliche Übermittlung eines menschenlesbaren Dokuments (z.B. durch ein hybrides Format oder ein zusätzliches PDF-Dokument) ist somit nicht erforderlich, aber optional möglich.

Als **sonstige Rechnungen** gelten **ab dem 1.1.2025** alle Rechnungen in Papierform oder in elektronischen Formaten, die nicht den Vorgaben von § 14 Abs. 1 Satz 6 UStG entsprechen (anderes elektronisches Format). Dazu zählen auch alle nicht strukturierten elektronischen Dateien, zum Beispiel PDF-Dateien ohne integrierte Datensätze, Bilddateien oder E-Mails. Zu den Möglichkeiten zur Ausstellung einer sonstigen Rechnung vgl. BMF-Schreiben v. 15.10.2024, Rz. 19 bis 20.[4] Wird ein Umsatz sowohl für den unternehmerischen als auch für den nichtunternehmerischen Bereich – z.B. den nichtwirtschaftlichen Bereich i.e.S. einer juristischen Person – ausgeführt, geht die Verpflichtung zur Ausstellung einer E-Rechnung vor. 2721

In § 14 Abs. 2 UStG sind die Fälle, in denen eine umsatzsteuerrechtliche Verpflichtung zur Ausstellung einer Rechnung besteht, gegliedert. Es wird eindeutig geregelt, in welchen Fällen eine E-Rechnung obligatorisch zu verwenden ist und in welchen Fällen die Verwendung einer sonstigen Rechnung möglich bleibt. Der Unternehmer ist zur Ausstellung einer Rechnung (E-Rechnung oder sonstige Rechnung) innerhalb von sechs Monaten nach Ausführung der Leistung verpflichtet, wenn der Umsatz steuerbar und nicht nach § 4 Nr. 8 bis 29 UStG steuerfrei ist: 2722

a) für eine Leistung an einen anderen Unternehmer für dessen Unternehmen (§ 14 Abs. 2 Satz 2 Nr. 1 UStG),

b) für eine Leistung an eine juristische Person, die nicht Unternehmer ist (§ 14 Abs. 2 Satz 2 Nr. 2 UStG),

c) für eine steuerpflichtige Werklieferung (§ 3 Abs. 4 Satz 1 UStG) oder sonstige Leistung im Zusammenhang mit einem Grundstück an einen anderen als unter Buchst. a) oder b) genannten Empfänger (§ 14 Abs. 2 Satz 2 Nr. 3 UStG).

Die Verpflichtung zur Ausstellung einer Rechnung besteht auch bei Leistungen an eine unternehmerisch tätige juristische Person für deren nichtwirtschaftliche Tätigkeiten i.e.S. (vgl. Abschn. 14.5 Abs. 1 UStAE).

---

1) Wachstumschancengesetz v. 27.3.2024, BGBl. I 2024 Nr. 108 = BStBl I 2024, 666.
2) BMF v. 15.10.2024, III C 2 – S 7287-a/23/10001 :007, BStBl I 2024, 1320.
3) BMF v. 15.10.2024, III C 2 – S 7287-a/23/10001 :007, BStBl I 2024, 1320, Rz. 67.
4) BMF v. 15.10.2024, III C 2 – S 7287-a/23/10001 :007, BStBl I 2024, 1320.

2723 Bei Umsätzen zwischen inl. Unternehmern ist gem. § 14 Abs. 2 Satz 2 Nr. 1 Halbs. 2 UStG regelmäßig eine E-Rechnung auszustellen.

Umsätze zwischen inl. Unternehmern liegen vor, wenn sowohl der leistende Unternehmer als auch der Leistungsempfänger im Inland oder in einem der in § 1 Abs. 3 UStG bezeichneten Gebiete ansässig sind. Die Ansässigkeit im Inland oder in einem der in § 1 Abs. 3 UStG bezeichneten Gebiete liegt vor, wenn der Unternehmer in einem dieser Gebiete seinen Sitz, seine Geschäftsleitung, eine – umsatzsteuerrechtliche – Betriebsstätte (vgl. Abschn. 3a.1 Abs. 3 UStAE), die an dem Umsatz beteiligt ist, oder in Ermangelung eines Sitzes seinen Wohnsitz oder gewöhnlichen Aufenthalt hat. Auch für Umsätze, die nach § 4 Nr. 1 bis 7 UStG steuerfrei sind, ist unter den übrigen Voraussetzungen eine E-Rechnung auszustellen (z.B. innergemeinschaftliche Lieferung aus Deutschland an die Betriebsstätte eines anderen inl. Unternehmers im Gemeinschaftsgebiet). Auf Abschn. 13b.11 Abs. 1 Satz 7 und Abs. 2 Satz 2 UStAE wird ergänzend hingewiesen.

In diesen Fällen bedarf die Ausstellung einer E-Rechnung nicht mehr der Zustimmung des Empfängers; gleichzeitig setzt dies voraus, dass dieser die technischen Voraussetzungen für die Entgegennahme einer E-Rechnung schafft.

2724 Ein Rechnungsaussteller kann sich bei Beachtung der Sorgfalt eines ordentlichen Kaufmanns auf die Angabe des Leistungsempfängers verlassen, ob dieser ein inl. Unternehmer ist oder nicht, sofern ihm keine gegenteiligen Informationen vorliegen. Dabei kann die Verwendung der USt-IdNr. oder – soweit vergeben – der W-IdNr. ein Indiz dafür sein, dass der Empfänger als Unternehmer handelt.

2725 Ist mindestens einer der beteiligten Unternehmer nicht im Inland oder in einem der in § 1 Abs. 3 UStG bezeichneten Gebiete ansässig, besteht keine Pflicht zur Ausstellung einer E-Rechnung nach § 14 Abs. 2 Satz 2 Nr. 1 2. Halbsatz UStG. In diesen Fällen kann die gem. § 14 Abs. 2 Satz 2 Nr. 1 1. Halbsatz UStG auszustellende Rechnung auf Papier oder mit Zustimmung des Empfängers als E-Rechnung bzw. als sonstige Rechnung in einem anderen elektronischen Format ausgestellt werden.

2726 Die Regelungen zur verpflichtenden Verwendung von E-Rechnungen gelten genauso für die Rechnungsausstellung in Form einer Gutschrift (§ 14 Abs. 2 Satz 5 UStG) sowie für Rechnungen

- über Umsätze, für die der Leistungsempfänger die Steuer schuldet (§ 13b UStG), wenn sowohl Leistender als auch Leistungsempfänger im Inland ansässig sind,
- die von Kleinunternehmern (§ 19 UStG) ausgestellt werden,
- über Umsätze, die der Durchschnittssatzbesteuerung für land- und forstwirtschaftliche Betriebe unterliegen (§ 24 UStG),
- über Reiseleistungen (§ 25 UStG) und
- über Umsätze, für welche die Differenzbesteuerung (§ 25a UStG) angewendet wird.

Sie gelten auch, wenn der Rechnungsempfänger ein Unternehmer ist, der Kleinunternehmer bzw. Land- und Forstwirt ist oder ausschließlich steuerfreie Umsätze (z.B. Vermieter einer Wohnung) ausführt. Ebenso gelten die Regelungen, wenn nur Teile der abgerechneten Leistungen der Pflicht zur Verwendung einer E-Rechnung unterliegen (z.B. bei teilweise steuerpflichtigen, teilweise nach § 4 Nr. 8 bis 29 UStG steuerfreien Umsätzen).

Beauftragte Dritte dürfen ebenfalls Rechnungen erteilen (vgl. § 14 Abs. 2 Satz 5 UStG).

2727 Zu Besonderheiten bei Kleinbetragsrechnungen und Fahrausweisen vgl. BMF-Schreiben v. 15.10.2024, Rz. 22 und 23.[1] Zu Gutschriften im Zeitraum der Übergangsregelungen nach § 27 Abs. 38 UStG vgl. BMF-Schreiben v. 15.10.2024, Rz. 64.[2]

2728 **Hinweis:**

In § 14 Abs. 3 Satz 6 UStG wird geregelt, dass unbeschadet anderer nach § 14 Abs. 1 UStG zulässiger Verfahren bei einer elektronischen Rechnung die Echtheit der Herkunft und die Unversehrtheit des Inhalts als gewährleistet gelten, wenn

- eine qualifizierte elektronische Signatur oder
- der elektronische Datenaustausch nach Art. 2 der Empfehlung 94/820/EG der Kommission v. 19.10.1994 über die rechtlichen Aspekte des elektronischen Datenaustauschs[3] verwendet wird.

Beratungshinweis:

Bis zum Ablauf des Kj. 2026 kann eine Rechnung für einen bis dahin ausgeführten Umsatz auch als sonstige Rechnung ausgestellt und übermittelt werden. Die Ausstellung und Übermittlung einer Papierrechnung ist bis dahin umsatzsteuerlich immer zulässig. Die Zustimmung des Empfängers zu der Rechnungserteilung in einem anderen elektronischen Format bedarf keiner besonderen Form. Es muss lediglich Einvernehmen zwischen Rechnungsaussteller und Rechnungsempfänger über das zu verwendende Format bestehen. Die Zustimmung kann etwa in Form einer Rahmenvereinbarung (z.B. in den AGB) oder konkludent erfolgen.

Hat der Gesamtumsatz i.S.v. § 19 UStG des rechnungsausstellenden Unternehmers im vorangegangenen Kj. nicht mehr als 800 000 € betragen, kann eine Rechnung für einen nach dem 31.12.2026 ausgeführten Umsatz **bis zum Ablauf des Kj. 2027** ebenfalls noch als sonstige Rechnung ausgestellt und übermittelt werden. In Fällen der umsatzsteuerrechtlichen Organschaft ist auf den Umsatz des gesamten Organkreises abzustellen. Erfolgt die Rechnungserteilung in Form einer Gutschrift (§ 14 Abs. 2 Satz 5 UStG in der ab 1.1.2025 geltenden Fassung), ist auf den Gesamtumsatz des Gutschriftausstellers abzustellen. Wird die Rechnung durch einen nicht am Leistungsaustausch beteiligten Dritten ausgestellt, ist der Gesamtumsatz des Auftraggebers maßgeblich.

1) BMF v. 15.10.2024, III C 2 – S 7287-a/23/10001 :007, BStBl I 2024, 1320.
2) BMF v. 15.10.2024, III C 2 – S 7287-a/23/10001 :007, BStBl I 2024, 1320.
3) ABl.EG Nr. L 338, 98.

Bis zum Ablauf des Kj. 2027 kann die Rechnungsausstellung und -übermittlung – vorbehaltlich der Zustimmung des Empfängers – für einen bis dahin ausgeführten Umsatz auch mittels elektronischem Datenaustausch (EDI) nach Art. 2 der Empfehlung 94/820/EG der Kommission v. 19.10.1994 über die rechtlichen Aspekte des elektronischen Datenaustausches[1] erfolgen, wenn die Rechnung nicht ohnehin bereits die Anforderungen des § 14 Abs. 1 Satz 6 Nr. 1 oder Nr. 2 UStG in der ab 1.1.2025 geltenden Fassung erfüllt. Rechnungsformate, welche die Anforderungen des § 14 Abs. 1 Satz 6 Nr. 1 oder Nr. 2 UStG in der ab 1.1.2025 geltenden Fassung erfüllen, können auch nach Ablauf dieser Frist verwendet werden.[2]

c) Rechnungsangaben, § 14 Abs. 4 UStG

Nach § 14 Abs. 4 Satz 1 Nr. 1 UStG sind in der Rechnung der Name und die Anschrift des leistenden Unternehmers und des Leistungsempfängers jeweils vollständig anzugeben. Dabei ist es nach § 31 Abs. 2 UStDV ausreichend, wenn sich auf Grund der in die Rechnung aufgenommenen Bezeichnungen der Name und die Anschrift sowohl des leistenden Unternehmers als auch des Leistungsempfängers eindeutig feststellen lassen. Es reicht jede Art von Anschrift, sofern der leistende Unternehmer bzw. der Leistungsempfänger unter dieser Anschrift erreichbar sind. Dabei ist es unerheblich, ob die wirtschaftlichen Tätigkeiten des leistenden Unternehmers unter der Anschrift ausgeübt werden, die in der von ihm ausgestellten Rechnung angegeben ist.[3] Verfügt der leistende Unternehmer bzw. der Leistungsempfänger über ein Postfach, über eine Großkundenadresse oder über eine c/o-Adresse, genügt die jeweilige Angabe in der Rechnung den Anforderungen an eine vollständige Anschrift gem. § 14 Abs. 4 Satz 1 Nr. 1 UStG (vgl. Abschn. 14.5 Abs. 2 UStAE).[4] **2729**

Im Fall der umsatzsteuerlichen Organschaft kann der Name und die Anschrift der Organgesellschaft angegeben werden, wenn der leistende Unternehmer oder der Leistungsempfänger unter dem Namen und der Anschrift der Organgesellschaft die Leistung erbracht bzw. bezogen hat. Entsprechendes gilt für die Angabe der Anschrift einer Zweigniederlassung, einer Betriebsstätte oder eines Betriebsteils des Unternehmers.

Die Rechnung muss nach **§ 14 Abs. 4 Satz 1 Nr. 2 UStG** die dem leistenden Unternehmer vom FA erteilte **Steuernummer oder** die ihm vom Bundeszentralamt für Steuern (BZSt) erteilte **USt-IdNr.** enthalten. Erteilt das FA eine gesonderte Steuernummer für Zwecke der Umsatzbesteuerung (vgl. z.B. § 21 AO), ist diese anzugeben. Wird mit Gutschrift abgerechnet, ist die Steuernummer bzw. die USt-IdNr. des leistenden Unternehmers und nicht die des Unternehmers anzugeben, der die Gutschrift erteilt hat. Der leistende Unternehmer (Gutschriftsempfänger) hat in diesen Fällen dem Aussteller der Gutschrift seine gültige Steuernummer oder USt-IdNr. bekannt zu geben. Vermittelt ein Unternehmer einen Umsatz (Auftreten im fremden Namen für fremde Rechnung), ist in den Rechnungen über den vermittelten Umsatz die Steuernummer oder USt-IdNr. des leistenden Unternehmers in der Rechnung anzugeben. Bei der Abrechnung des Vermittlungsumsatzes gibt der leistende Unternehmer für diesen Umsatz und sonstige Eigengeschäfte seine Steuernummer oder USt-IdNr. an. Aus Vereinfachungsgründen kann der jeweilige Umsatz durch Kennziffern oder durch Symbole der jeweiligen Steuernummer oder USt-IdNr. zugeordnet werden (§ 31 UStDV), wenn das Eigengeschäft und der vermittelte Umsatz in einer Rechnung abgerechnet werden.[5] Liegt eine umsatzsteuerliche Organschaft vor (→ Rz. 2371 ff.), kann die Organgesellschaft entweder die ihr oder die dem Organträger erteilte USt-IdNr., oder die Steuernummer des Organträgers in der Rechnung aufnehmen. Darüber hinaus ist die Steuernummer oder USt-IdNr. auch anzugeben: **2730**

- wenn die Durchschnittssatzbesteuerung des § 24 UStG angewendet wird (→ Rz. 2294 ff.),
- wenn die Umsatzsteuer nach § 19 Abs. 1 UStG beim leistenden Unternehmer nicht erhoben wird (→ Rz. 2141 ff.),
- wenn nur über steuerfreie Umsätze abgerechnet wird (→ Rz. 2359 ff.),
- wenn der Leistungsempfänger nach § 13b Abs. 1 Satz 1 Nr. 2 bis 5 UStG die Steuer schuldet (→ Rz. 2395 ff.).

Auf die Angabe der Steuernummer oder USt-IdNr. kann bei Kleinbetragsrechnungen i.S.d. § 33 UStDV (→ Rz. 2519 ff.) und bei Fahrausweisen i.S.d. § 34 UStDV (→ Rz. 2520 ff.) verzichtet werden. **2731**

Nach **§ 14 Abs. 4 Satz 1 Nr. 3 UStG** ist der Tag der Ausstellung der Rechnung als **Ausstellungsdatum** anzugeben. **2732**

Durch die Angaben einer **fortlaufenden Rechnungsnummer** mit einer oder mehreren Zahlenreihen, die zur Identifizierung der Rechnung vom Rechnungsaussteller vergeben werden, soll erreicht werden, dass die vom Unternehmer erstellte Rechnung einmalig ist (vgl. **§ 14 Abs. 4 Satz 1 Nr. 4 UStG**). Hierbei ist es zulässig, bei der Erstellung der Rechnungsnummer eine oder mehrere Zahlen- oder Buchstabenreihen zu verwenden. Eine Kombination von Ziffern mit Buchstaben ist ebenfalls zulässig. Dem Rechnungsaussteller bleibt es bei der Erteilung der Rechnung überlassen, wie viele und welche separaten Nummernkreise geschaffen werden, in denen eine Rechnungsnummer jeweils einmalig vergeben wird. Nummernkreise für zeitlich, geografisch oder organisatorisch abgegrenzte Bereiche sind hierbei zulässig, z.B. für Zeiträume (Monate, Wochen, Tage), verschiedene Filialen, Betriebsstätten einschließlich Organgesellschaften oder Bestandsobjekte. Auf Zahlungsbelegen müssen keine gesondert fortlaufenden Nummern angegeben werden. Bei Gutschriften ist die fortlaufende Nummer durch den Aussteller der Gutschrift anzugeben. Nach § 33 UStDV müssen Kleinbetragsrechnungen und Fahrausweise (§ 34 UStDV) keine fortlaufenden Nummern enthalten. **2733**

---

1) ABl.EG Nr. L 338, 98.
2) BMF v. 15.10.2024, III C 2 – S 7287-a/23/10001 :007, BStBl I 2024, 1320.
3) Vgl. BFH v. 13.6.2018, XI R 20/14, BStBl II 2018, 800; v. 21.6.2018, V R 25/15, BStBl II 2018, 809 und V R 28/16, BStBl II 2018, 806.
4) Vgl. Abschn. 14.5 Abs. 2 UStAE.
5) Vgl. Abschn. 14.10 Abs. 3 UStAE.

2734 Nach **§ 14 Abs. 4 Satz 1 Nr. 5 UStG** müssen sich die Menge und die Art (**handelsübliche Bezeichnung**) der gelieferten Gegenstände oder der Umfang und die Art der sonstigen Leistung zweifelsfrei aus der Rechnung ergeben.

Beratungshinweis:

Mit Urteil v. 10.7.2019 hat der BFH zu der Anforderung „handelsübliche Bezeichnung" nach § 14 Abs. 4 Satz 1 Nr. 5 UStG Stellung genommen. Der BFH hat entschieden, dass der entsprechende Klammerzusatz in § 14 Abs. 4 Satz 1 Nr. 5 UStG unionsrechtskonform einschränkend dahingehend auszulegen sei, dass dies keine zusätzliche – verschärfende – Voraussetzung für den Vorsteuerabzug darstelle (Rz. 22). Vielmehr sei nach verschiedenen Verkehrskreisen – nämlich dem Handel mit Waren im mittleren und oberen Preissegment einerseits und dem Handel mit Waren im Niedrigpreissegment andererseits zu differenzieren (Rz. 32). Die Handelsüblichkeit einer Bezeichnung sei immer von den Umständen des Einzelfalls abhängig, wie etwa der jeweiligen Handelsstufe, Art und Inhalt des Geschäfts und insb. dem Wert der einzelnen Waren. Bereits zuvor hatte der BFH in Aussetzung der Vollziehung – Verfahren mit Beschlüssen v. 14.3.2019 und v. 16.5.2019 – entsprechende Zweifel geäußert.[1] Weitere Einzelheiten enthält das BMF-Schreiben v. 1.12.2021.[2]

2735 Grundsätzlich ist es erforderlich, in der Rechnung den **Zeitpunkt der Lieferung oder sonstigen Leistung** anzugeben (**§ 14 Abs. 4 Satz 1 Nr. 6 UStG**).[3] Dies gilt ebenso, wenn das Ausstellungsdatum der Rechnung (§ 14 Abs. 4 Satz 1 Nr. 3 UStG) mit dem Zeitpunkt der Lieferung oder sonstigen Leistung übereinstimmt. Als Zeitpunkt der Lieferung oder der sonstigen Leistung kann der Kalendermonat angeben werden, in dem die Leistung ausgeführt wird (§ 31 Abs. 4 UStDV). Die Verpflichtung besteht auch dann, wenn die Ausführung der Leistung gegen Barzahlung ausgeführt wird. Bei einer Rechnung über eine bereits ausgeführte Lieferung oder sonstige Leistung ist die Angabe des Zeitpunkts der Leistung immer erforderlich. Wird über eine noch nicht ausgeführte Lieferung oder sonstige Leistung abgerechnet, liegt eine Rechnung über eine Anzahlung vor, in der die Angabe des Zeitpunkts der Vereinnahmung des Entgelts oder Teilentgelts nur dann erforderlich ist, wenn der Zeitpunkt der Vereinnahmung feststeht und nicht mit dem Ausstellungsdatum der Rechnung übereinstimmt (§ 14 Abs. 4 Satz 1 Nr. 6 UStG). Hierbei ist es ausreichend, den Kalendermonat der Vereinnahmung anzugeben.

2736 Nach § 14 Abs. 4 Satz 1 Nr. 6 UStG ist der **Zeitpunkt der Lieferung oder der sonstigen Leistung stets in der Rechnung anzugeben**. Dies gilt auch in den Fällen, in denen der Tag der Leistung mit dem Ausstellungsdatum der Rechnung übereinstimmt. Bei Rechnungen über An- oder Vorauszahlungen ist eine Angabe des Zeitpunkts der Vereinnahmung des Entgelts oder eines Teils des Entgelts hingegen nur dann erforderlich, wenn der Tag der Vereinnahmung bei der Rechtsausstellung bekannt ist und nicht mit dem Ausstellungsdatum der Rechnung übereinstimmt. Zur Angabe des Leistungszeitpunkts bzw. –zeitraums in der Rechnung wurde das BMF-Schreiben v. 9.9.2021 herausgegeben.[4] Nähere Ausführungen hierzu → Rz. 2451 ff.

2737 In der Rechnung ist das nach Steuersätzen und einzelnen Steuerbefreiungen aufgeschlüsselte vereinbarte **Entgelt** für die Lieferung oder sonstige Leistung anzugeben (**§ 14 Abs. 4 Satz 1 Nr. 7 UStG**). Vereinbarte Minderungen des Entgelts sind beim Rechnungsentgelt zu berücksichtigen oder in der Rechnung abzuziehen.

2738 Nach **§ 14 Abs. 4 Satz 1 Nr. 8 UStG** muss die Rechnung den anzuwendenden **Steuersatz und** den auf das Entgelt entfallenden **Steuerbetrag** enthalten. Wird eine Steuerbefreiung in Anspruch genommen, ist in der Rechnung auf diese **Steuerbefreiung** hinzuweisen.

2739 In den Fällen des § 14 Abs. 2 Satz 1 Nr. 1 UStG (→ Rz. 2722) hat der Leistungsempfänger die Rechnung, einen Zahlungsbeleg oder andere beweiskräftige Unterlagen nach § 14b Abs. 1 Satz 5 UStG zwei Jahre aufzubewahren, soweit er nicht Unternehmer ist oder Unternehmer ist, aber die Leistung für seinen nichtunternehmerischen Bereich verwendet. Nach **§ 14 Abs. 4 Satz 1 Nr. 9 UStG** ist in diesen Fällen die Besonderheit zu beachten, dass die Rechnung einen Hinweis auf die Aufbewahrungspflicht des Leistungsempfängers enthält.

2740 Nach **§ 14 Abs. 4 Satz 1 Nr. 10 UStG** ist in den Fällen der Ausstellung der Rechnung durch den Leistungsempfänger oder durch einen von ihm beauftragten Dritten gem. § 14 Abs. 2 Satz 2 UStG die Angabe „Gutschrift" in der Rechnung aufzunehmen. Die Verpflichtung zur Angabe des Wortes „Gutschrift" entspricht der Regelung, wie sie nach Art. 226 Nr. 10a MwStSystRL gefordert wird.

2741 **Praxishinweis:**

§ 14 Abs. 4 Satz 4 UStG stellt klar, dass die Berichtigung einer Rechnung um fehlende oder unzutreffende Angaben kein rückwirkendes Ereignis nach § 175 Abs. 1 Satz 1 Nr. 2 AO und § 233a Abs. 2a AO ist. Die Regelung stellt klar, dass eine Rechnungsberichtigung keine zeitlich unbegrenzte Änderungsmöglichkeit eines Steuerbescheids zur Folge hat.

Der BFH hat in mehreren Urteilen v. 13.6.2018 und v. 21.6.2018 in Änderung seiner vorherigen Rechtsprechung entschieden, dass eine zum Vorsteuerabzug berechtigende Rechnung nicht voraussetzt, dass die wirtschaftliche Tätigkeit des leistenden Unternehmers unter der Anschrift ausgeübt wird, die in der von ihm ausgestellten Rechnung angegeben ist.[5] Vielmehr reicht jede Art von Anschrift, einschließlich einer Briefkastenanschrift, aus, sofern der Unternehmer unter dieser Anschrift erreichbar ist. Diese Änderung der Rechtsprechung beruhte auf dem EuGH-Urteil v. 15.11.2017.[6]

---

1) BFH v. 10.7.2019, XI R 28/18, BStBl II 2021, 961; v. 14.3.2019, V B 3/19, BStBl II 2021, 948 und v. 16.5.2019, XI B 13/19, BStBl II 2021, 950.
2) BMF v. 1.12.2021, III C 2 – S 7280-a/19/10002 :001, BStBl I 2021, 2486.
3) Zum Zeitpunkt der Lieferung oder sonstigen Leistung: BMF v. 26.9.2005, IV A 5 – S 7280a – 82/05, BStBl I 2005, 937; v. 3.8.2004, IV B 7 – S 7280a – 145/04, BStBl I 2004, 739.
4) BMF v. 9.9.2021, III C 2 – S 7280-a/19/10004 :001, BStBl I 2021, 1593.
5) BFH v. 13.6.2018, XI R 20/14, BStBl II 2018, 800; v. 21.6.2018, V R 25/15, BStBl II 2018, 809 und V R 28/16, BStBl II 2016, 806.
6) EuGH v. 15.11.2017, C-374/16 und C-375/16; vgl. auch BMF v. 13.7.2020, III C 2 – S 7280-a/19/10001 :001, BStBl I 2020, 644.

Der BFH hat diese Aussage dahingehend präzisiert, dass für die Prüfung des Rechnungsmerkmals „vollständige Anschrift" der Zeitpunkt der Rechnungsausstellung maßgeblich ist.[1] Die Feststellungslast für die postalische Erreichbarkeit zu diesem Zeitpunkt trifft den Vorsteuerabzug begehrenden Leistungsempfänger.[2]

Weiterhin hat der BFH mit seinem Urteil v. 14.2.2019 entschieden, dass für die Berechtigung zum Vorsteuerabzug eine Identität von Rechnungsaussteller und leistendem Unternehmer erforderlich ist, was der Rechtsprechung des EuGH, der zufolge die Angabe der Anschrift, des Namens und der USt-IdNr. des Rechnungsausstellers es ermöglichen soll, eine Verbindung zwischen einer bestimmten wirtschaftlichen Transaktion und dem Rechnungsaussteller herzustellen, entspricht.[3] Dies ist die Voraussetzung dafür, dass die Steuerverwaltungen die Entrichtung der geschuldeten Steuer und das Bestehen des Vorsteuerabzugsrechts kontrollieren können.[4]

Führt der Unternehmer einen Umsatz im Inland aus, für den der Leistungsempfänger die Steuer nach § 13b UStG schuldet, und hat der Unternehmer im Inland weder seinen Sitz noch seine Geschäftsleitung, eine Betriebsstätte, die an der Erbringung dieses Umsatzes beteiligt ist, oder in Ermangelung eines Sitzes seinen Wohnsitz oder gewöhnlichen Aufenthalt im Inland, so gelten abweichend von § 14 Abs. 1 bis 6 UStG für die Rechnungserteilung die Vorschriften des Mitgliedstaats, in dem der Unternehmer seinen Sitz, seine Geschäftsleitung, eine Betriebsstätte, von der aus der Umsatz ausgeführt wird, oder in Ermangelung eines Sitzes seinen Wohnsitz oder gewöhnlichen Aufenthalt hat (§ 14 Abs. 7 UStG und Abschn. 14.1 Abs. 6 UStAE). Dies gilt nicht, wenn eine Gutschrift nach § 14 Abs. 2 Satz 2 UStG vereinbart worden ist. 2742

Ist der Unternehmer im Ausland ansässig und macht er von dem Besteuerungsverfahren nach § 18 Abs. 4d UStG (vgl. Abschn. 18.7a Abs. 7 UStAE) bzw. nach § 18 Abs. 4e UStG (vgl. Abschn. 18.7b UStAE) Gebrauch, dessen Inanspruchnahme er in einem anderen Mitgliedstaat angezeigt hat, gelten nach § 14 Abs. 7 Satz 3 UStG für die in diesen Besteuerungsverfahren zu erklärenden Umsätze abweichend von § 14 Abs. 1 bis 6 UStG für die Rechnungserteilung die Vorschriften des anderen Mitgliedstaates. Für im Drittlandsgebiet ansässige Unternehmer und für im Inland ansässige Unternehmer, die von dem Besteuerungsverfahren nach § 18 Abs. 4c UStG (vgl. Abschn. 18.7a UStAE) bzw. nach § 18h UStG (vgl. Abschn. 18h.1 UStAE) Gebrauch machen, dessen Inanspruchnahme sie beim BZSt angezeigt haben, gelten die Vorschriften zur Rechnungserteilung nach § 14 Abs. 1 bis 6 UStG (vgl. Abschn. 14.1 Abs. 6 Sätze 5 und 6 UStAE). 2743

Für innergemeinschaftliche Lieferungen (§ 6a UStG) und für im Inland steuerpflichtige Leistungen eines im übrigen Gemeinschaftsgebiet ansässigen Unternehmers (§ 13b Abs. 1 UStG) ist spätestens am 15. Tag des Folgemonats eine Rechnung auszustellen (vgl. § 14a Abs. 1 Satz 2 UStG und § 14a Abs. 3 Satz 1 UStG). Ferner muss die Rechnung im Fall der Steuerschuldnerschaft des Leistungsempfängers die Angabe „Steuerschuldnerschaft des Leistungsempfängers" enthalten (vgl. § 14a Abs. 5 Satz 1 UStG). Außerdem muss die Rechnung in den Fällen der Besteuerung von Reiseleistungen (§ 25 UStG) die Angabe „Sonderregelung für Reisebüros" und in den Fällen der Differenzbesteuerung nach § 25a UStG die Angabe „Gebrauchtgegenstände/Sonderregelung", „Kunstgegenstände/Sonderregelung" oder „Sammlungsgegenstände und Antiquitäten/Sonderregelung" enthalten (vgl. § 14a Abs. 6 Satz 1 UStG). Nähere Einzelheiten enthält Abschn. 14a.1 UStAE. 2744

Praxishinweis: 2745

Nach § 14a Abs. 2 UStG ist der Unternehmer zur Ausstellung einer Rechnung verpflichtet, wenn er eine Lieferung i.S.d. § 3c Abs. 1 UStG im Inland ausführt (innergemeinschaftlicher Fernverkauf). Dies gilt nicht, wenn der Unternehmer an dem besonderen Besteuerungsverfahren nach § 18j UStG teilnimmt (One-Stop-Shop).

d) Vorsteuerabzug bei Fahrzeugen

Anschaffungs- und Nebenkosten von Fahrzeugen berechtigen zum vollen Vorsteuerabzug, wenn ein Fahrzeug zu mindestens 10 % für unternehmerische Zwecke genutzt und vom Unternehmer dem Unternehmensvermögen zugeordnet wird oder wurde. Erreicht der Umfang der unternehmerischen Verwendung nicht mindestens 10 % (unternehmerische Mindestnutzung), greift das Zuordnungsverbot nach § 15 Abs. 1 Satz 2 UStG. Weitere Einzelheiten vgl. Abschn. 15.2c UStAE. 2746

Bei ausschließlich unternehmerischer Verwendung des Fahrzeugs kann der Unternehmer die auf die Anschaffung des Fahrzeugs entfallenden Vorsteuerbeträge abziehen (§ 15 Abs. 1 Satz 1 UStG), sofern kein Ausschlusstatbestand nach § 15 Abs. 1a und 2 i.V.m. Abs. 3 UStG vorliegt. Das Gleiche gilt bei teilunternehmerischer Verwendung des Fahrzeugs für unternehmensfremde (private) Tätigkeiten, wenn der Unternehmer das Fahrzeug vollständig seinem Unternehmen zuordnet. In diesem Fall unterliegt die unternehmensfremde Nutzung unter den Voraussetzungen des § 3 Abs. 9a Nr. 1 UStG als unentgeltliche Wertabgabe der Besteuerung (→ Rz. 2254 ff.).

Ordnet der Unternehmer nur den unternehmerisch genutzten Fahrzeugteil seinem Unternehmen zu (unter Beachtung der unternehmerischen Mindestnutzung), darf er nur die auf diesen Teil entfallende Vorsteuer aus den Anschaffungskosten nach § 15 Abs. 1 Satz 1 UStG abziehen, wobei die erforderliche Vorsteueraufteilung nach den Grundsätzen des § 15 Abs. 4 UStG zu erfolgen hat. Die auf den anderen Fahrzeugteil entfallende unternehmensfremde Nutzung unterliegt dann nicht der Wertabgabenbesteuerung nach § 3 Abs. 9a Nr. 1 UStG. Weitere Ausführungen enthält das BMF v. 5.6.2014.[5]

1) BFH v. 5.12.2018, XI R 22/14, BStBl II 2020, 418.
2) Vgl. auch BMF v. 13.7.2020, III C 2 – S 7280-a/19/10001 :001, BStBl I 2020, 644.
3) BFH v. 14.2.2019, V R 47/16, BStBl II 2020, 424.
4) Vgl. auch BMF v. 13.7.2020, III C 2 – S 7280-a/19/10001 :001, BStBl I 2020, 644.
5) IV D 2 – S 7300/07/10002 :001 (2014/0492152), BStBl I 2014, 896.

e) Vorsteueraufteilung

2747 Verwendet ein Unternehmer die für sein Unternehmen gelieferten oder eingeführten Gegenstände und die in Anspruch genommenen sonstigen Leistungen sowohl für Umsätze, die zum Vorsteuerabzug berechtigen, als auch für Umsätze, die den Vorsteuerabzug nach § 15 Abs. 2 und 3 UStG ausschließen, hat er die angefallenen Vorsteuerbeträge in einen abziehbaren und einen nicht abziehbaren Teil aufzuteilen. Nach dem Unionsrecht ist für die Aufteilung im Grundsatz ein auf die Gesamtheit der von dem Unternehmer bewirkten Umsätze bezogener Umsatzschlüssel anzuwenden (Art. 173 Abs. 1 und Art. 174 MwStSystRL, „Pro-rata-Satz"). Die Mitgliedstaaten können jedoch nach Art. 173 Abs. 2 MwStSystRL in bestimmten Fällen von diesem Grundsatz abweichen. Von dieser Möglichkeit hat der deutsche Gesetzgeber mit § 15 Abs. 4 Satz 3 UStG in Form des Vorranges von „anderen wirtschaftlichen Zuordnungen" vor einer Aufteilung nach den Umsätzen Gebrauch gemacht.

2748 Wird ein Gebäude durch einen Unternehmer angeschafft oder hergestellt und soll dieses Gebäude sowohl für vorsteuerunschädliche als auch für vorsteuerschädliche Ausgangsumsätze verwendet werden, sind die gesamten auf die Anschaffungs- oder Herstellungskosten des Gebäudes entfallenden Vorsteuerbeträge nach § 15 Abs. 4 UStG aufzuteilen. Für die Zurechnung dieser Vorsteuerbeträge ist die „prozentuale" Aufteilung der Verwendung des gesamten Gebäudes zu vorsteuerunschädlichen bzw. vorsteuerschädlichen Umsätzen maßgebend.[1] Abweichend von Abschn. 15.17 Abs. 1 Satz 2 Nr. 1 und 2 UStAE ist keine vorherige direkte Zuordnung von Eingangsleistungen zu den Umsätzen, die zum Vorsteuerabzug berechtigen bzw. diesen ausschließen, durchzuführen.[2] Daraus folgt regelmäßig eine Ermittlung der nicht abziehbaren Vorsteuerbeträge nach § 15 Abs. 4 UStG im Wege einer sachgerechten Schätzung. Als sachgerechter Aufteilungsmaßstab können bei Gebäuden in der Regel vorrangig die in Abschn. 15.17 Abs. 7 Satz 5 Nr. 1 bis 5 genannten Aufteilungsschlüssel in Betracht, wenn sie präziser als das Verhältnis der Gesamtumsätze des Unternehmers (Gesamtumsatzschlüssel) sind.[3] Weitere Einzelheiten enthält das BMF-Schreiben v. 20.10.2022 und Abschn. 15.17 UStAE.[4]

2749 Die Ermittlung des nicht abziehbaren Teils der Vorsteuerbeträge nach dem Gesamtumsatzschlüssel (Verhältnis der vorsteuerschädlichen Umsätze zu den vorsteuerunschädlichen Umsätzen des gesamten Unternehmens) ist dabei nach § 15 Abs. 4 Satz 3 UStG nur zulässig, wenn keine andere wirtschaftliche Zurechnung möglich ist. Eine Zurechnung der Aufwendungen zu bestimmten Gebäudeteilen nach einer räumlichen (sog. „geografischen")[5] oder zeitlichen Anbindung oder nach einem Investitionsschlüssel ist nicht zulässig.[6]

2750 **Beratungshinweis:**

Durch das **Gesetz zur Modernisierung und Digitalisierung der Schwarzarbeitsbekämpfung** v. 22.12.2025 wird mit Wirkung vom **30.12.2025** § 15 Abs. 4 Satz 4 UStG durch die Sätze 4 und 5 ersetzt.[7]

Danach ist für Grundstücke eine Aufteilung nach dem Verhältnis der Nutzflächen vorzunehmen, es sei denn, eine andere Methode führt zu einer demgegenüber präziseren wirtschaftlichen Zuordnung. In den Fällen des § 15 Abs. 1b UStG gelten die Sätze 1 bis 4 in § 15 Abs. 4 UStG entsprechend.

Die Regelungen werden nunmehr hinsichtlich der Vorsteueraufteilung bei gemischt genutzten Grundstücken weiter präzisiert. Durch diese Präzisierung wird nunmehr ausdrücklich geregelt, dass bei der Vorsteueraufteilung im Zusammenhang mit Grundstücken vorrangig eine Aufteilung nach dem Verhältnis der Nutzflächen vorzunehmen ist. Dies umschreibt den Flächenschlüssel, der in diesen Fällen die grundsätzlich vorzugswürdige Aufteilungsmethode ist. Sollte im Einzelfall eine andere Aufteilungsmethode zu einem (noch) präziseren wirtschaftlichen Ergebnis führen, kann stattdessen auch diese angewandt werden.

Die Regelung beruht auf der Ermächtigung in Art. 173 Abs. 2 Buchst. b MwStSystRL, nach der die Mitgliedstaaten Stpfl. (Unternehmer) verpflichten können, für jeden Bereich ihrer Tätigkeit (hier: das Grundstück) einen besonderen Pro-rata-Satz (hier: Flächenschlüssel nach den Nutzflächen) anzuwenden.

2751 Wird der Vorsteuerabzug gemischt genutzter Grundstücke bis zum 31.12.2003 nach dem Umsatzverhältnis und ab 1.1.2004 nach dem Nutzungsverhältnis berechnet, führt der geänderte Aufteilungsmaßstab bei Anschaffungs- und Herstellungskosten zur Vorsteuerberichtigung nach § 15a UStG ab dem 1.1.2004 (→ Rz. 2557 ff.).[8]

2752 In den Fällen des § 15 Abs. 1b UStG gelten die Sätze 1 bis 3 in § 15 Abs. 4 UStG entsprechend (§ 15 Abs. 4 Satz 4 UStG). Nähere Ausführungen hierzu → Rz. 2717.

f) Eintragungen zu Vorsteuerbeträgen (Zeile 38–43)

2753 In **Zeile 38** sind die Vorsteuerbeträge aus Rechnungen von anderen Unternehmern (§ 15 Abs. 1 Satz 1 Nr. 1 UStG), aus Leistungen i.S.d. § 27 Abs. 40a UStG und aus innergemeinschaftlichen Dreiecksgeschäften (§ 25b Abs. 5 UStG) einzutragen.

1) Vgl. BFH v. 28.9.2006, V R 43/03, BStBl II 2007, 417 und v. 11.11.2020, XI R 7/20, BStBl II 2022, 746.
2) Vgl. BFH v. 10.8.2016, XI R 31/09, BStBl II 2022, 736 und v. 11.11.2020, XI R 7/20, BStBl II 2022, 746.
3) Vgl. BMF v. 20.10.2022, III C 2 – S 7306/19/10001 :003, BStBl I 2022, 1497.
4) Vgl. BMF v. 20.10.2022, III C 2 – S 7306/19/10001 :003, BStBl I 2022, 1497.
5) Vgl. BFH v. 10.8.2016, XI R 31/09, BStBl II 2022, 736.
6) Vgl. BFH v. 18.11.2004, V R 16/03, BStBl II 2005, 503.
7) Gesetz zur Modernisierung und Digitalisierung der Schwarzarbeitsbekämpfung v. 22.12.2025, BGBl. I 2025 Nr. 369 = BStBl I 2026, 128 (Auszug).
8) Weitere Einzelheiten enthält Abschn. 15.17 UStAE.

Beratungshinweis:

Durch das Jahressteuergesetz 2024 (**JStG 2024**) v. 2.12.2024 wurde die Umsatzsteuerlagerregelung (§ 4 Nr. 4a UStG) mit der zugehörigen Anlage 1 (zu § 4 Nr. 4a) des UStG sowie die hierzu ergangenen Regelungen in § 4 Nr. 19 Buchst. a und den §§ 5, 10, 13, 13a, 15, 18e und 22 UStG **zum 1.1.2026 aufgehoben.**[1)]

Durch das **Gesetz zur Modernisierung und Digitalisierung der Schwarzarbeitsbekämpfung** v. 29.12.2025 wurde mit Wirkung vom **1.1.2026** in § 27 Abs. 40a UStG hierzu eine Übergangsregelung aufgenommen.[2)]

Für vor dem 1.1.2026 nach § 4 Nr. 4a Satz 1 UStG von der Steuer befreite Umsätze sind § 4 Nr. 4a Satz 1 Buchst. a und b, Nr. 19 Buchst. a Satz 4, § 10 Abs. 1 Satz 4, § 13 Abs. 1 Nr. 9, § 13a Abs. 1 Nr. 6, § 15 Abs. 1 Satz 1 Nr. 5, § 18e Nr. 2, § 22 Abs. 2 Nr. 9 und Abs. 4c UStG in der am 31.12.2025 geltenden Fassung bis zur Auslagerung und für diese Auslagerung der jeweiligen Gegenstände weiterhin anzuwenden. Mit Ablauf des 30.12.2029 gelten alle bis zu diesem Zeitpunkt nicht ausgelagerten Gegenstände als ausgelagert i.S.d. § 4 Nr. 4a Satz 1 Buchst. a Satz 3 UStG in der bis zum 31.12.2025 geltenden Fassung (vgl. auch BMF-Schreiben v. 29.12.2025).[3)]

Vorsteuerbeträge aus dem innergemeinschaftlichen Erwerb von Gegenständen (§ 15 Abs. 1 Satz 1 Nr. 3 UStG) sind in **Zeile 39** einzutragen. **2754**

Eintragungen zur **entstandenen** Einfuhrumsatzsteuer (§ 15 Abs. 1 Satz 1 Nr. 2 UStG) sind in **Zeile 40** vorzunehmen. **2755**

Vorsteuerbeträge aus Leistungen i.S.d. § 13b UStG (§ 15 Abs. 1 Satz 1 Nr. 4 UStG) sind in **Zeile 41** einzutragen. **2756**

Vorsteuerbeträge, die nach dem allgemeinen Durchschnittssatz berechnet wurden (§ 23a UStG), sind in **Zeile 42** einzutragen. Unternehmer, deren steuerpflichtige Umsätze, mit Ausnahme der Einfuhren und der innergemeinschaftlichen Erwerbe, im vorangegangenen Kj. (= 2025 für Voranmeldungszeiträume 2026) 50 000 € nicht überstiegen haben, können den Durchschnittssatz nach § 23a Abs. 1 UStG für Körperschaften, Personenvereinigungen und Vermögensmassen i.S.d. § 5 Abs. 1 Nr. 9 KStG in Anspruch nehmen. **2757**

Praxishinweis:

Durch das Steueränderungsgesetz 2025 (**StÄndG 2025**) v. 22.12.2025 wurde die Betragsgrenze mit Wirkung vom **1.1.2026** in § 23a Abs. 2 UStG von 45 000 € auf 50 000 € angehoben.[4)]

Der Vorsteuerabzug für innergemeinschaftliche Lieferungen von neuen Fahrzeugen außerhalb eines Unternehmens (§ 2a UStG) sowie von Kleinunternehmern i.S.d. § 19 Abs. 1 UStG (§ 15 Abs. 4a UStG) ist in **Zeile 43** (Kennzahl 59) vorzunehmen. **2758**

g) Eintragungen zur Vorsteuerberichtigung (Zeilen 44–45)

Eintragungen zur **Berichtigung des Vorsteuerabzugs** (§ 15a UStG) sind in **Zeile 44** vorzunehmen. **2759**

§ 15a Abs. 1 UStG ist auf Wirtschaftsgüter beschränkt, die nicht nur einmalig zur Ausführung von Umsätzen verwendet werden (Wirtschaftsgüter des Anlagevermögens). **2760**

Die Vorsteuerberichtigung für Wirtschaftsgüter, die nur einmalig zur Ausführung von Umsätzen (z.B. Verkauf oder Verarbeitung) verwendet werden, insb. Wirtschaftsgüter des Umlaufvermögens, ist in § 15a Abs. 2 UStG geregelt. Der Vorsteuerabzug ist zu berichtigen, wenn sich die für den ursprünglichen Vorsteuerabzug maßgebenden Verhältnisse geändert haben. Die Berichtigung erfolgt auch dann, wenn die erstmalige Verwendung nach mehr als fünf bzw. zehn Jahren erfolgt. Ein bestimmter Berichtigungszeitraum besteht nicht. Diese Regelung kann sich insb. auf Grundstücke auswirken, die mit der Absicht einer umsatzsteuerpflichtigen Weiterveräußerung erworben werden, später aber umsatzsteuerfrei veräußert werden. Die Berichtigung des Vorsteuerabzugs ist in dem Berichtigungszeitraum vorzunehmen, in dem das Wirtschaftsgut verkauft wird. **2761**

In § 15a Abs. 3 UStG wird die Vorsteuerberichtigung für Wirtschaftsgüter, die nachträglich in andere Gegenstände eingehen und dabei ihre körperliche Eigenart endgültig verlieren, geregelt. Im Fall der Änderung der für den ursprünglichen Vorsteuerabzug maßgebenden Verhältnisse gilt § 15a Abs. 1 und 2 UStG entsprechend. Dabei liegt eine Änderung der Verhältnisse auch dann vor, wenn ein Wirtschaftsgut für außerunternehmerische Zwecke aus dem Unternehmen entnommen wird, ohne dass dabei nach § 3 Abs. 1b UStG eine unentgeltliche Wertabgabe zu besteuern ist. **2762**

Nach § 15a Abs. 3 UStG sind, soweit im Rahmen einer Maßnahme in ein Wirtschaftsgut mehrere Gegenstände eingehen oder an einem Wirtschaftsgut mehrere sonstige Leistungen ausgeführt werden, diese zu einem Berichtigungsobjekt zusammenzufassen.

Die Regelungen zur Vorsteuerberichtigung gelten auch für sonstige Leistungen, die nicht unter § 15a Abs. 3 UStG fallen (§ 15a Abs. 4 UStG). Dies betrifft u.a. EDV-Programme, Beratungsleistungen für ein Unternehmen, Reinigungsleistungen und Anzahlungen für längerfristiges Mietleasing. Entscheidend dafür, ob eine Vorsteuerberichtigung nach den für Wirtschaftsgüter des Anlagevermögens (§ 15a Abs. 1 UStG) oder nach den für Wirtschaftsgüter des Umlaufvermögens (§ 15a Abs. 2 UStG) geltenden Regelungen vorzunehmen ist, ist, ob die Leistung einmalig oder mehrmalig zur Ausführung von Umsätzen verwendet wird. Eine Änderung der Verhältnisse liegt auch beim Übergang von der allgemeinen Besteuerung zur Kleinunternehmer-Regelung und umgekehrt und beim Übergang **2763**

---

1) Jahressteuergesetz 2024 (JStG 2024) v. 2.12.2024, BGBl. I 2024 Nr. 387 = BStBl I 2024, 1484.
2) Gesetz zur Modernisierung und Digitalisierung der Schwarzarbeitsbekämpfung v. 29.12.2025, BGBl. I 2025 Nr. 369 = BStBl I 2026, 128 (Auszug).
3) Vgl. BMF v. 29.12.2025, III C 3 – S 7157/00010/002/077, BStBl I 2025, 2106.
4) Steueränderungsgesetz 2025 (StÄndG 2025) v. 22.12.2025, BGBl. I 2025 Nr. 363 = BStBl I 2026, 123.

von der allgemeinen Besteuerung zur Durchschnittssatzbesteuerung nach den §§ 23, 23a oder 24 UStG und umgekehrt vor (§ 15a Abs. 7 UStG).

2764 Nach § 15a Abs. 4 UStG wird die Verpflichtung zur Berichtigung des Vorsteuerabzugs grundsätzlich auf solche sonstigen Leistungen beschränkt, für die steuerrechtlich ein Bilanzierungsgebot besteht. Dabei kommt es nicht darauf an, ob der Unternehmer nach den §§ 140, 141 AO selbst zur Buchführung verpflichtet ist. Die Regelung gilt damit auch für Unternehmer, die ihren Gewinn nach § 4 Abs. 3 EStG ermitteln oder die das Einkommen als Überschuss der Einnahmen über die Werbungskosten ermitteln. Eine Ausnahme gilt jedoch für Lieferungen und sonstige Leistungen, für die der Unternehmer den Vorsteuerabzug geltend machen kann, bevor er die Leistung bezogen hat (Anzahlungen oder Vorauszahlungen).

2765 Im Umsatzsteuer-Voranmeldungsverfahren ist die Berichtigung des Vorsteuerabzugs nach § 15a UStG (Zeile 44) nur anzuwenden bei Veräußerung oder bei Entnahmen (Lieferungen i.S.d. § 3 Abs. 1b UStG, → Rz. 2586 ff.) oder bei Nutzungsänderungen, wenn das jährliche Berichtigungsvolumen mehr als 6 000 € beträgt. Dies gilt entsprechend bei einer Berichtigung der auf nachträgliche Anschaffungs- oder Herstellungskosten und auf die in § 15a Abs. 3 und 4 UStG bezeichneten Leistungen entfallende Vorsteuerbeträge. Handelt es sich bei den Berichtigungsbeträgen um zurückzahlende Vorsteuerbeträge, ist vor dem Betrag ein Minuszeichen einzutragen. Ändern sich die Verhältnisse vor der erstmaligen Verwendung des Wirtschaftsguts (z.B. Änderung der Verwendungsabsicht), beginnt der Berichtigungszeitraum für die Vorsteuerkorrektur mit dem Monat der erstmaligen Verwendung (§ 15a UStG, § 44 UStDV). Weitere Einzelheiten vgl. Abschn. 15a.1 ff. UStAE.

2766 In **Zeile 45** ist der verbleibende Betrag (Umsatzsteuer – Zeile 37 – abzüglich Vorsteuerbeträge – Zeilen 38 bis 44) als Zwischensumme einzutragen.

9. Abschnitt G – Andere Steuerbeträge (Zeilen 46–47)

	G. Andere Steuerbeträge		
46	Steuer infolge des Wechsels der Besteuerungsform sowie Nachsteuer auf versteuerte Anzahlungen und ähnlichem wegen Steuersatzänderung		65
47	In Rechnungen unrichtig oder unberechtigt ausgewiesene Steuerbeträge (§ 14c UStG) sowie Steuerbeträge, die nach § 6a Absatz 4 Satz 2, § 17 Absatz 1 Satz 7, § 25b Absatz 2 UStG oder von einem Auslagerer oder Lagerhalter nach § 27 Absatz 40a UStG geschuldet werden		69

2767 Die Voraussetzungen für die Entstehung der Steuer im Zeitpunkt der Ausführung der Lieferung oder sonstigen Leistung bleiben auch dann maßgebend, wenn der Unternehmer von der Berechnung der Steuer nach vereinnahmten Entgelten zur Besteuerung nach vereinbarten Entgelten wechselt (Wechsel der Besteuerungsart).[1] **Zeile 46** ist deshalb nur dann auszufüllen, wenn beim **Wechsel der Besteuerungsform** eine Nachsteuer auf bereits versteuerte Anzahlungen wegen einer Steuersatzerhöhung anfällt. Erfolgte in einem vorangegangenen Kj. die Anwendung der Kleinunternehmer-Regelung (§ 19 UStG) und wurden währenddessen Anzahlungen für Umsätze vereinnahmt, die erst in diesem Kj. ausgeführt worden sind und nun der Regelbesteuerung oder der Durchschnittssatzbesteuerung (§ 24 UStG) unterliegen, ist die Steuer (Nachsteuer) in Zeile 46 einzutragen. Weitere Erläuterungen → Rz. 2302 ff.

2768 Ebenfalls einzutragen ist die Nachsteuer für bereits versteuerte **Anzahlungen**. Nach § 27 Abs. 1 Satz 2 und 3 UStG ist die USt, die für vor dem 1.1.2021 vereinnahmte Entgelte und Teilentgelte geschuldet wird, für den Voranmeldungszeitraum zu berechnen und zu entrichten, in dem die Leistung bzw. Teilleistung ausgeführt wird. Vom 1.7.2020 bis 31.12.2020 wurde der allgemeine Steuersatz von 19 % auf 16 % und der ermäßigte Steuersatz von 7 % auf 5 % gesenkt. Wurde eine Leistung erst nach dem 31.12.2021 erbracht, für die eine An- oder Vorauszahlung bereits vor dem 1.1.2021 zu 16 % bzw. 5 % versteuert wurde, ist die entsprechende Nachsteuer von 3 % bzw. 2 % in **Zeile 46** einzutragen. Eine Eintragung in den Zeilen 13 bis 16 ist nicht vorzunehmen.

2769 In **Zeile 47** sind Steuerbeträge, die nach § 25b Abs. 2 UStG vom letzten Abnehmer eines innergemeinschaftlichen Dreiecksgeschäfts geschuldet werden (→ Rz. 2390 ff.), gesondert einzutragen. Erläuterungen zu den anderen in **Zeile 47** bezeichneten Tatbeständen → Rz. 2613 ff.

1) BFH v. 30.1.2003, V R 58/01, BStBl II 2003, 817.

10. Abschnitt H – Vorauszahlung/Überschuss (Zeilen 48–50)

	H. Vorauszahlung/Überschuss		
48	**Umsatzsteuer-Vorauszahlung/Überschuss (Summe der Zeilen 45 bis 47)**		
49	**Abzug** der festgesetzten **Sondervorauszahlung** für Dauerfristverlängerung (in der Regel nur in der letzten Voranmeldung des Besteuerungszeitraums auszufüllen)		39
50	**Verbleibende Umsatzsteuer-Vorauszahlung** **Verbleibender Überschuss** – bitte dem Betrag ein Minus voranstellen - **(Bitte in jedem Fall ausfüllen)**		83

Aus **Zeile 48** ergibt sich die Umsatzsteuer-Vorauszahlung (Zahllast) oder ein zustimmungsbedürftiger Umsatzsteuerüberschuss (Erstattungsanspruch). Dieser Betrag ist auch dann in **Zeile 50** einzutragen, wenn **Zeile 49** keine Eintragung enthält. Die Zahllast ist am 10. Tag nach Ablauf des Voranmeldungszeitraums fällig. Wenn die Steuer noch innerhalb der **Zahlungsschonfrist** von drei Tagen bezahlt wird, treten keine Säumnisfolgen ein. Die Überwachung der Zahlungsfrist entfällt, wenn die Umsatzsteuer-Voranmeldungen fristgerecht eingereicht und dem FA eine Einzugsermächtigung erteilt wurde. **2770**

Praxishinweis:

§ 18 Abs. 1 Satz 4 UStG enthält ein ausdrückliches Entrichtungsgebot, um dem Bestimmtheitsgrundsatz (Art. 103 Abs. 2 GG, § 3 OWiG), nach dem für die Sanktionierung einer Zahlungsverpflichtung ein verwaltungsrechtliches Gebot Voraussetzung ist, zu entsprechen. Die Möglichkeit der Entrichtung der fälligen Umsatzsteuer durch einen Dritten bleibt unberührt.

Auf Grundlage der Entrichtungspflicht nach § 18 Abs. 1 Satz 4 UStG sieht der Bußgeldtatbestand des § 26a Abs. 1 UStG eine Sanktionierung der Nicht- oder nicht vollständigen Entrichtung der Umsatzsteuer zum Fälligkeitszeitpunkt vor.

Bei der Berechnung der Umsatzsteuer-Vorauszahlung ist die entrichtete Sondervorauszahlung (→ Rz. 2784 ff.) grundsätzlich für den Monat Dezember in **Zeile 49 abzuziehen**, wenn die Dauerfristverlängerung nicht wegen Betriebsaufgabe, Verzichts oder Widerrufs bereits vorher endet. Die Sondervorauszahlung kann z.B. bei Einstellung der beruflichen oder gewerblichen Tätigkeit am 31.5.2025 schon in der Umsatzsteuer-Voranmeldung für Mai 2025 abgezogen werden. **2771**

Nach § 48 Abs. 4 UStDV ist in allen Fällen, in denen der Unternehmer im Lauf des Kj. auf die Dauerfristverlängerung verzichtet, seine berufliche oder gewerbliche Tätigkeit einstellt oder das FA eine gewährte Dauerfristverlängerung widerruft, **die Sondervorauszahlung in dem letzten Voranmeldungszeitraum des Besteuerungszeitraums abzuziehen**, für den die gewährte Dauerfristverlängerung noch in Anspruch genommen werden kann. **2772**

Ergibt die Berechnung einen Umsatzsteuer-Erstattungsanspruch (negative Zahllast), ist dem Wert in **Zeile 50** (Kz 83) ein Minuszeichen voranzustellen. Die erforderliche Zustimmung sollte das FA möglichst bald erteilen oder Hinderungsgründe hierfür mitteilen. **2773**

11. Abschnitt I – Ergänzende Angaben zu § 17 UStG (Zeilen 51–52)

	I. Ergänzende Angaben zu Minderungen nach § 17 Absatz 1 Sätze 1 und 2 in Verbindung mit Absatz 2 Nummer 1 Satz 1 UStG		
51	Minderung der Bemessungsgrundlage (in den Zeilen 13 bis 18 enthalten)	50	
52	Minderung der abziehbaren Vorsteuerbeträge (in der Zeile 38 aus Rechnungen von anderen Unternehmen (§ 15 Absatz 1 Satz 1 Nummer 1 UStG) sowie in den Zeilen 42 und 43 enthalten)		37

Hat sich die Bemessungsgrundlage für einen steuerpflichtigen Umsatz geändert, hat der Unternehmer den dafür geschuldeten Steuerbetrag nach § 17 Abs. 1 Satz 1 UStG zu berichtigen. Die Änderungen sind bei den Bemessungsgrundlagen der jeweiligen Umsätze einzutragen. Erfolgt die Änderung nach § 17 Abs. 2 Nr. 1 Satz 1 UStG, weil das vereinbarte Entgelt für einen steuerpflichtigen Umsatz uneinbringlich geworden ist, ist die Minderung der Bemessungsgrundlage zusätzlich in **Zeile 51** einzutragen. **2774**

Änderungen nach § 17 Abs. 1 Satz 5 UStG (innergemeinschaftliche Erwerbe und Umsätze, für die der Leistungsempfänger die Steuer nach § 13b UStG schuldet), Änderungen im Fall der Steuerschuld des Auslagerers (§ 13a Abs. 1 Nr. 6 UStG) und Änderungen bei der Lieferung an den letzten Abnehmer im innergemeinschaftlichen Dreiecksgeschäft (§ 25b UStG) sind nicht zusätzlich in **Zeile 51** einzutragen. **2775**

Die Berichtigung der Bemessungsgrundlage ist in dem Voranmeldungszeitraum vorzunehmen, in dem die Änderung der Bemessungsgrundlage eingetreten ist (§ 17 Abs. 1 Satz 8 i.V.m. § 18 Abs. 1 Satz 3 UStG). **2776**

2777 Hat sich die Bemessungsgrundlage für den Vorsteuerabzug bei dem Unternehmer, an den dieser Umsatz ausgeführt wurde, geändert, ist der Vorsteuerabzug nach § 17 Abs. 1 Satz 2 UStG zu berichtigen. Erfolgt die Änderung nach § 17 Abs. 2 Nr. 1 Satz 1 UStG, weil das vereinbarte Entgelt für einen steuerpflichtigen Umsatz uneinbringlich geworden ist, ist die Minderung der abziehbaren Vorsteuerbeträge zusätzlich in **Zeile 52** einzutragen.

2778 Änderungen nach § 17 Abs. 1 Satz 5 UStG (innergemeinschaftliche Erwerbe und Umsätze, für die der Leistungsempfänger die Steuer nach § 13b UStG schuldet), Änderungen im Fall der Steuerschuld des Auslagerers (§ 13a Abs. 1 Nr. 6 UStG) und Änderungen bei der Lieferung an den letzten Abnehmer im innergemeinschaftlichen Dreiecksgeschäft (§ 25b UStG) sind nicht zusätzlich in **Zeile 52** einzutragen.

2779 Die Berichtigung des Vorsteuerabzugs ist in dem Voranmeldungszeitraum vorzunehmen, in dem die Änderung der Bemessungsgrundlage eingetreten ist (§ 17 Abs. 1 Satz 8 i.V.m. § 18 Abs. 1 Satz 3 UStG).

12. Abschnitt J – Sonstige Angaben und Unterschrift (Zeilen 53–56)

J. Sonstige Angaben **11 / 86**

Ein Erstattungsbetrag wird auf das dem Finanzamt benannte Konto überwiesen, soweit der Betrag nicht mit Steuerschulden verrechnet wird.

Zeile		Kz		
53	**Verrechnung des Erstattungsbetrags erwünscht / Erstattungsbetrag ist abgetreten.** Geben Sie bitte die Verrechnungswünsche auf einem gesonderten Blatt an oder auf dem beim Finanzamt erhältlichen Vordruck „Verrechnungsantrag".	29		1 = Ja
54	Das **SEPA-Lastschriftmandat** soll ausnahmsweise (z. B. wegen Verrechnungswünschen) für diesen Voranmeldungszeitraum **nicht verwendet** werden (falls ja, bitte eine „1" eintragen). Ein ggf. verbleibender Restbetrag ist gesondert zu entrichten.	26		1 = Ja

Ergänzende Angaben zur Steueranmeldung
Eine Eintragung ist in Zeile 55 nur vorzunehmen, wenn einer der dort genannten Sachverhalte vorliegt. In diesem Fall erläutern Sie bitte diese Sachverhalte in den „Ergänzenden Angaben zur Steueranmeldung". Die ergänzenden Angaben werden gesondert geprüft. Dies kann die Bearbeitungsdauer verlängern. Falls Sie mit der Abgabe der Steueranmeldung lediglich Belege und Aufstellungen übermitteln, ist in Zeile 55 keine Eintragung vorzunehmen.

Zeile		Kz	
55	In dieser Steueranmeldung	500	1 = konnten steuererhebliche Sachverhalte nicht erklärt werden. 2 = wird bewusst eine von der Verwaltungsauffassung abweichende Rechtsauffassung vertreten. 3 = sollen Sachverhalte personell vertieft geprüft werden. 4 = liegen mehrere der vorgenannten Gründe vor (Mehrfachauswahl).

Hinweis: Bitte übermitteln Sie Ihre ergänzenden Angaben nur für die vorstehend genannten Sachverhalte mit einer gesonderten Anlage mit der Überschrift „**Ergänzende Angaben zur Steueranmeldung**".

Datenschutzhinweis:
Die mit der Steueranmeldung angeforderten Daten werden auf Grund der §§ 149, 150 AO und der §§ 18, 18b UStG erhoben. Die Angabe der Telefonnummer und der E-Mail-Adresse ist freiwillig. Informationen über die Verarbeitung personenbezogener Daten in der Steuerverwaltung und über Ihre Rechte nach der Datenschutz-Grundverordnung sowie über Ihre Ansprechpartner in Datenschutzfragen entnehmen Sie bitte dem allgemeinen Informationsschreiben der Finanzverwaltung. Dieses Informationsschreiben finden Sie unter www.finanzamt.de (unter der Rubrik „Datenschutz") oder erhalten Sie bei Ihrem Finanzamt.

56 **Datum, Unterschrift**

2026USt1A563 **2026USt1A563**

a) Sonstige Angaben (Zeilen 53–55)

2780 Ergibt sich für den Unternehmer ein Erstattungsanspruch, kann ein Verrechnungsantrag durch Eintragung einer „1" (Kz 29) in **Zeile 53** gestellt werden. Es empfiehlt sich, den Antrag besonders zu erläutern, damit eine ggf. vorgezogene Bearbeitung erfolgt. Ist der Erstattungsanspruch abgetreten, sichert die Eintragung einer „1" die Auszahlung an den Abtretungsgläubiger, wenn die förmliche Abtretungsanzeige eingereicht wurde oder beigefügt wird.

2781 Wird durch Eintragung einer „1" (Kz 26) in **Zeile 54** das SEPA-Lastschriftmandat wegen Verrechnungswünsche ausnahmsweise widerrufen, ist ein durch die Verrechnung nicht gedeckter Restbetrag zu entrichten.

2782 Wenn über die Angaben in der Steueranmeldung hinaus weitere oder abweichende Angaben oder Sachverhalte berücksichtigt werden sollen, ist in **Zeile 55** (Kz 500) entsprechend der Auswahlmöglichkeiten eine Eintragung vorzunehmen. In diesem Fall sind die Sachverhalte in den **„Ergänzende Angaben zur Steueranmeldung" zu erläutern.** Eine Eintragung ist nur vorzunehmen, wenn einer der in **Zeile 12** genannten Sachverhalte vorliegt. Es ist eine „1" einzutragen, wenn in der Steueranmeldung steuererhebliche Sachverhalte nicht erklärt werden konnten. Eine „2", wenn bewusst eine von der FinVerw. abweichende Rechtsauffassung vertreten wird. Eine „3", wenn Sachverhalte personell vertieft geprüft werden sollen und eine „4", wenn mehrere der vorgenannten Sachverhalte (Gründe) vorliegen. Diese ergänzenden Angaben werden gesondert geprüft. Dies kann die Bearbeitungszeit verlängern. Die ergänzenden Angaben sind nur für die vorgenannten Sachverhalte mit einer gesondert zu erstellenden Anlage zu machen, welche mit der Überschrift **„Ergänzende Angaben zur Steueranmeldung"** zu kennzeichnen ist. Wenn der Steueranmeldung lediglich ergänzende Aufstellungen oder Belege zu den Eintragungen beigefügt werden sollen, ist nicht hier, sondern in **Zeile 11** eine Eintragung vorzunehmen. Änderungen der persönlichen Daten (z.B. Bankverbindung) sind nicht hier einzutragen, sondern dem FA gesondert mitzuteilen.

b) Unterschrift (Zeile 56)

2783 Die USt-Voranmeldung ist vom Unternehmer in **Zeile 56** zu unterschreiben, sofern sie nicht elektronisch übermittelt wird. Ausreichend ist – abweichend von der USt-Erklärung – auch die Unterschrift des beauftragten steuerlichen Beraters.

IV. USt 1 H – Antrag auf Dauerfristverlängerung/Anmeldung einer Sondervorauszahlung 2026

1. Vorbemerkung

Abhängig vom jeweiligen Voranmeldungszeitraum sind Umsatzsteuer-Voranmeldungen spätestens am 10. Tag **2784** nach Ablauf des Kalendervierteljahres bzw. am 10. Tag nach Ablauf des Kalendermonats abzugeben (→ Rz. 2661 ff.). Das FA gewährt auf Antrag des Unternehmers bei entsprechender Begründung eine Einzelfristverlängerung. Um den damit verbundenen Aufwand zu vermeiden, wird auf Antrag des Unternehmers eine Dauerfristverlängerung um einen Monat gewährt (§§ 46 bis 48 UStDV). Bei Monatszahlern wird die Dauerfristverlängerung allerdings von einer Sondervorauszahlung abhängig gemacht.

Praxishinweis:
Durch eine gewährte Dauerfristverlängerung ist der Unternehmer nicht daran gehindert, die jeweilige Umsatzsteuer-Voranmeldung so früh wie möglich nach Ablauf des Voranmeldungszeitraums abzugeben bzw. zu übermitteln, um z.B. eine zeitnahe Bearbeitung und Erstattung von Vorsteuerüberschüssen zu erreichen.

2. Allgemeine Angaben (Zeilen 1–6)

2026

Antrag auf Dauerfristverlängerung
Anmeldung der Sondervorauszahlung
(§§ 46 bis 48 UStDV)

— Eingangsstempel — 11

30

Zeile		
1	Steuernummer	**Zur Beachtung** für Unternehmer, die ihre Voranmeldungen **vierteljährlich** zu übermitteln haben: Der Antrag auf Dauerfristverlängerung ist nicht zu stellen, wenn Dauerfristverlängerung bereits gewährt worden ist. Er ist nicht jährlich zu wiederholen. Eine Sondervorauszahlung ist nicht zu berechnen und anzumelden.
2	Wirtschafts-Identifikationsnummer D E	
3	An das Finanzamt	
4	Unternehmer – ggf. abweichende Firmenbezeichnung – Anschrift – Telefon – E-Mail-Adresse	
5		
6		

Durch Abgabe bzw. elektronische Übermittlung des amtlichen Vordruckmusters USt 1 H wird die Dauerfristver- **2785** längerung beantragt. Eintragungen sind lediglich in **Zeile 1** (Steuernummer), **Zeile 2** (Wirtschafts-Identifikationsnummer), **Zeile 3** (zuständiges FA) und **den Zeilen 4 bis 6** (Art und Anschrift, Telefon und E-Mail-Adresse des Unternehmens) vorzunehmen (→ Rz. 2102 ff.). Bei Unternehmern, die verpflichtet sind, Umsatzsteuer-Voranmeldungen vierteljährlich abzugeben bzw. zu übermitteln, entfällt in den Folgejahren die Abgabe bzw. Übermittlung des Vordrucks USt 1 H bei einmal gewährter Dauerfristverlängerung.

Die Wirtschafts-Identifikationsnummer (W-IdNr.) dient der eindeutigen Identifizierung von juristischen Personen, **2786** Personenvereinigungen und natürlichen Personen, die wirtschaftlich tätig sind. Sie wird schrittweise vom BZSt zugeteilt und ist in **Zeile 2** nur dann einzutragen, wenn sie bereits bekannt ist. Für weitere Informationen zur W-IdNr. vgl. → Rz. 2667

Der Antrag auf Dauerfristverlängerung und Anmeldung der Sondervorauszahlung ist nach amtlich vorgeschriebe- **2787** nem Datensatz durch Datenfernübertragung authentifiziert nach § 18 Abs. 1 Satz 1 UStG und § 48 Abs. 1 Satz 2 UStDV i.V.m. § 87a Abs. 6 Satz 1 AO zu übermitteln. Für die elektronische authentifizierte Übermittlung wird ein Zertifikat benötigt. Nach kostenloser Registrierung auf der Internetseite www.elster.de ist dieses zu erhalten. Zu beachten ist, dass die Registrierung bis zu zwei Wochen dauern kann. Programme zur elektronischen Übermittlung sind unter https://www.elster.de/elsterweb/softwareprodukt zu finden. Auf Antrag kann das FA zur Vermeidung von unbilligen Härten auf eine elektronische Übermittlung verzichten; in diesem Fall hat der Unternehmer einen Antrag nach amtlich vorgeschriebenem Vordruck zu stellen.

Beratungshinweis:

Zu beachten ist, dass der Antrag auf Dauerfristverlängerung und die Anmeldung der Sondervorauszahlung zwingend authentifiziert übermittelt werden müssen. Nach § 48 Abs. 1 Satz 2 UStDV sind der Antrag auf Dauerfristverlängerung und die Anmeldung der Sondervorauszahlung nach amtlich vorgeschriebenem Datensatz über die amtlich bestimmte Schnittstelle zu übermitteln.

Für die elektronische Übermittlung von Steuererklärungen und sonstigen für das automatisierte Besteuerungsverfahren erforderlichen Unterlagen sind die Regelungen in § 72a Abs. 1 bis 3 und § 87a Abs. 6 sowie in die §§ 87b bis 87d AO unmittelbar anzuwenden.

2788 Die Dauerfristverlängerung ist solange wirksam, bis entweder das FA den Antrag ablehnt bzw. widerruft oder der Unternehmer dem FA mitteilt, dass er die Dauerfristverlängerung nicht mehr in Anspruch nehmen will.[1]

3. Abschnitt I – Antrag auf Dauerfristverlängerung

I. Antrag auf Dauerfristverlängerung

(Dieser Abschnitt ist gegenstandslos, wenn Dauerfristverlängerung bereits gewährt worden ist.)

Ich beantrage, die Fristen für die Übermittlung der Umsatzsteuer-Voranmeldungen und für die Entrichtung der Umsatzsteuer-Vorauszahlungen um einen Monat zu verlängern.

2789 Für den Antrag auf Gewährung einer Dauerfristverlängerung sind Eintragungen oder Begründungen nicht erforderlich. Der Antrag ist jedoch gegenstandslos, wenn Dauerfristverlängerung bereits gewährt worden ist.

4. Abschnitt II – Berechnung und Anmeldung der Sondervorauszahlung (Zeilen 7–9)

II. Berechnung und Anmeldung der Sondervorauszahlung auf die Steuer für das Kalenderjahr 2026 von Unternehmern, die ihre Voranmeldungen monatlich zu übermitteln haben

Zeile		Kz	
7	**Berichtigte Anmeldung**	10	1 = Ja
			EUR
8	1. Summe der verbleibenden Umsatzsteuer-Vorauszahlungen **zuzüglich** der zu berücksichtigenden Sondervorauszahlung für das Kalenderjahr 2025		
9	2. Davon 1/11 = **Sondervorauszahlung 2026**	38	

2790 Unternehmer, die zur Abgabe bzw. Übermittlung von monatlichen Umsatzsteuer-Voranmeldungen verpflichtet sind, haben bei Beantragung der Dauerfristverlängerung und anschließend bis zum 10. Februar des Folgejahres eine Sondervorauszahlung anzumelden und zu entrichten. Säumnisfolgen treten bei Anmeldung und Entrichtung der Sondervorauszahlung für 2026 bis spätestens 10.2.2026 nicht ein.

2791 In **Zeile 8** ist als Berechnungsgrundlage die Summe der Umsatzsteuer-Vorauszahlungen **2025** einzutragen. Dies entspricht der Summe der Beträge aus Zeile 49 (Kennzahl 83) sämtlicher Umsatzsteuer-Voranmeldungen **2025** zuzüglich der Sondervorauszahlung **2025**. Hat der Unternehmer seine gewerbliche oder berufliche Tätigkeit nur in einem Teil des Kj. ausgeübt, ist die tatsächliche Steuer **2025** in eine Jahressteuer umzurechnen. Abweichende Steuerfestsetzungen durch das FA sind bei der Berechnung einzubeziehen.

2792 Wurde die gewerbliche oder berufliche Tätigkeit nur in einem Teil des vorrangegangenen Kj. ausgeübt, ist die Summe der Vorauszahlungen dieses Zeitraums in eine Jahresumsatzsteuer umzurechnen. Angefangene Kalendermonate sind hierbei als volle Kalendermonate zu behandeln (§ 47 Abs. 2 UStDV).

2793 Bei Beginn der gewerblichen oder beruflichen Tätigkeit im laufenden Kj. ist die Sondervorauszahlung auf der Grundlage der zu erwartenden Vorauszahlungen des Kj. zu berechnen (§ 47 Abs. 3 UStDV). Die Sondervorauszahlung soll der durchschnittlichen Vorauszahlung eines Kalendermonats entsprechen. In diesen Fällen soll ein besonderes Blatt mit kurzer Erläuterung der Berechnung dem FA übersandt werden.

2794 Die Sondervorauszahlung beträgt $^1/_{11}$ der Berechnungsgrundlage (§ 47 Abs. 1 UStDV) und ist in **Zeile 9** einzutragen.

Berechnungsbeispiel:

Bemessungsgrundlage	Zeile 8	23 316 €
Sondervorauszahlung ($^1/_{11}$)	Zeile 9	2 119 €

2795 Das FA kann eine abweichende Berechnung der Sondervorauszahlung zulassen, wenn die Vorauszahlungen des Kj. **2025** durch außergewöhnliche Umstände beeinflusst waren, mit deren Wiederholung nicht zu rechnen ist.[2] Sollten sich während des Kj. **2026** Änderungen bei der Steuer für das Kj. **2025** (z.B. durch Einreichung berichtigter Umsatzsteuer-Voranmeldungen oder auf Grund einer Umsatzsteuersonderprüfung) ergeben, hat der Unternehmer eine berichtigte Anmeldung abzugeben. In diesem Fall ist dies durch Eintragung einer „1" in **Zeile 7** (Kennzahl 10) deutlich zu machen. Zur Anrechnung der Sondervorauszahlung auch → Rz. 2771 ff.

1) Vgl. auch Abschn. 18.4 UStAE.
2) Vgl. auch Abschn. 18.4 UStAE.

5. Abschnitt III – Sonstige Angaben und Unterschrift (Zeilen 10–13)

III. Sonstige Angaben **11 / 86**

Verrechnung des Erstattungsbetrags erwünscht / Erstattungsbetrag ist abgetreten
Geben Sie bitte die Verrechnungswünsche auf einem gesonderten Blatt an oder auf dem beim Finanzamt
10 erhältlichen Vordruck „Verrechnungsantrag". **29** 1 = Ja

Das **SEPA-Lastschriftmandat** soll ausnahmsweise (z. B. wegen Verrechnungswünschen) für die Sondervorauszahlung dieses Jahres **nicht verwendet** werden (falls ja, bitte eine „1" eintragen).
11 Ein ggf. verbleibender Restbetrag ist gesondert zu entrichten. **26** 1 = Ja

Ergänzende Angaben zur Steueranmeldung
Eine Eintragung ist in Zeile 12 nur vorzunehmen, wenn einer der dort genannten Sachverhalte vorliegt. In diesem Fall erläutern Sie bitte diese Sachverhalte in den „Ergänzenden Angaben zur Steueranmeldung". Die ergänzenden Angaben werden gesondert geprüft. Dies kann die Bearbeitungsdauer verlängern. Falls Sie mit der Abgabe der Steueranmeldung lediglich Belege und Aufstellungen übermitteln, ist in Zeile 12 keine Eintragung vorzunehmen.

12 In dieser Steueranmeldung **500**
1 = konnten steuererhebliche Sachverhalte nicht erklärt werden.
2 = wird bewusst eine von der Verwaltungsauffassung abweichende Rechtsauffassung vertreten.
3 = sollen Sachverhalte personell vertieft geprüft werden.
4 = liegen mehrere der vorgenannten Gründe vor (Mehrfachauswahl).

Hinweis: Bitte übermitteln Sie Ihre ergänzenden Angaben nur für die vorstehend genannten Sachverhalte mit einer gesonderten Anlage mit der Überschrift „**Ergänzende Angaben zur Steueranmeldung**".

Datenschutzhinweis:
Die mit der Steueranmeldung angeforderten Daten werden auf Grund der §§ 149, 150 der Abgabenordnung und des § 18 des Umsatzsteuergesetzes erhoben. Die Angabe der Telefonnummern und der E-Mail-Adressen ist freiwillig. Informationen über die Verarbeitung personenbezogener Daten in der Steuerverwaltung und über Ihre Rechte nach der Datenschutz-Grundverordnung sowie über Ihre Ansprechpartner in Datenschutzfragen entnehmen Sie bitte dem allgemeinen Informationsschreiben der Finanzverwaltung. Dieses Informationsschreiben finden Sie unter www.finanzamt.de (unter der Rubrik „Datenschutz") oder erhalten Sie bei Ihrem Finanzamt.

13

Datum, Unterschrift

2026USt1H571 - Dezember 2025 - **2026USt1H571**

Ergibt sich für den Unternehmer ein Erstattungsanspruch, kann ein Verrechnungsantrag durch Eintragung einer **2796**
„1" (Kennzahl 29) in **Zeile 10** gestellt werden. Es empfiehlt sich, den Verrechnungsantrag besonders zu erläutern, damit ggf. eine vorgezogene Bearbeitung möglich ist. Ist der Erstattungsanspruch abgetreten, sichert die Eintragung einer „1" die Auszahlung an den Abtretungsgläubiger, wenn die förmliche Abtretungsanzeige eingereicht wurde oder beigefügt wird.

Wird durch Eintragung einer „1" (Kennzahl 26) in **Zeile 11** für die zu entrichtende Sondervorauszahlung das SEPA- **2797**
Lastschriftmandat wegen Verrechnungswünschen ausnahmsweise widerrufen, ist ein durch die Verrechnung nicht gedeckter Restbetrag zu entrichten.

Wenn über die Angaben in der Anmeldung der Sondervorauszahlung hinaus weitere oder abweichende Angaben **2798**
oder Sachverhalte berücksichtigt werden sollen, ist in **Zeile 12** (Kennzahl 500) entsprechend der Auswahlmöglichkeiten eine Eintragung vorzunehmen. In diesem Fall sind die Sachverhalte in den **„Ergänzende Angaben zur Steueranmeldung" zu erläutern.** Eine Eintragung ist nur vorzunehmen, wenn einer der in **Zeile 12** genannten Sachverhalte vorliegt. In der Kennzahl 500 ist eine „1" einzutragen, wenn in der Steueranmeldung steuererhebliche Sachverhalte nicht erklärt werden konnten. Eine „2", wenn bewusst eine von der Verwaltungsauffassung abweichende Rechtsauffassung vertreten wird. Eine „3", wenn Sachverhalte personell vertieft geprüft werden sollen und eine „4", wenn mehrere der vorgenannten Sachverhalte (Gründe) vorliegen. Die ergänzenden Angaben werden gesondert geprüft. Dies kann die Bearbeitungszeit verlängern. Die ergänzenden Angaben sind nur für die vorgenannten Sachverhalte mit einer gesondert zu erstellenden Anlage zu machen, welche mit der Überschrift **„Ergänzende Angaben zur Steueranmeldung"** zu kennzeichnen ist. Wenn der Steueranmeldung lediglich ergänzende Aufstellungen oder Belege zu den Eintragungen beigefügt werden sollen, ist hier keine Eintragung erforderlich. Angaben zu Änderungen der persönlichen Daten (z.B. Bankverbindung) sind nicht hier einzutragen, sondern dem FA gesondert mitzuteilen. Wenn der Steueranmeldung lediglich ergänzende Aufstellungen oder Belege beigefügt werden sollen, ist keine Eintragung erforderlich.

Beratungshinweis:
Nach § 150 Abs. 7 und § 155 Abs. 4 AO müssen Steuererklärungen, die nach amtlich vorgeschriebenem Vordruck abgegeben oder nach amtlich vorgeschriebenem Datensatz durch Datenfernübertragung übermittelt werden und die nach § 155 Abs. 4 Satz 1 AO zu einer ausschließlich automationsgestützten Steuerfestsetzung führen können, es dem Steuerpflichtigen ermöglichen, in einem dafür vorgesehenen Abschnitt oder Datenfeld der Steuererklärung Angaben zu machen, die nach seiner Auffassung Anlass für eine Bearbeitung durch Amtsträger sind.

Der Antrag auf Dauerfristverlängerung/die Anmeldung der Sondervorauszahlung ist vom Unternehmer in **Zeile 13** **2799**
zu unterschreiben, sofern diese nicht in elektronischer Form übermittelt werden. Ausreichend ist – abweichend von der Umsatzsteuererklärung – auch die Unterschrift des beauftragten steuerlichen Beraters.

V. USt 1 B – Umsatzsteuererklärung für die Fahrzeugeinzelbesteuerung

1. Vorbemerkung

2800 Privatpersonen aus EU-Mitgliedstaaten können in anderen EU-Mitgliedstaaten Waren mengen- und wertmäßig unbegrenzt erwerben und in ihr Heimatland mitnehmen. Sie bleiben mit der Umsatzsteuer des jeweiligen EU-Mitgliedstaats, in dem sie die Waren erworben haben, belastet. Ein Grenzausgleich – d.h. die Umsatzsteuer-Befreiung im EU-Mitgliedstaat des Erwerbs und die Erhebung von Umsatzsteuer im Einfuhrland – unterbleibt. Von dieser Regelung gibt es allerdings eine wichtige Ausnahme: Verkäufe von neuen Fahrzeugen innerhalb der EU sind grundsätzlich in dem EU-Mitgliedstaat zu besteuern, in den sie bestimmungsgemäß gelangen, und zwar nicht durch den Verkäufer, sondern durch den Erwerber. Das gilt auch dann, wenn der Erwerber eine Privatperson ist (Fahrzeugeinzelbesteuerung).

2801 Beim **innergemeinschaftlichen Erwerb neuer Fahrzeuge** durch andere Erwerber als die in § 1a Abs. 1 Nr. 2 UStG genannten Personen ist die Steuer für jeden einzelnen steuerpflichtigen Erwerb zu berechnen (**Fahrzeugeinzelbesteuerung**, § 16 Abs. 5a UStG). Die Fahrzeugeinzelbesteuerung kommt immer dann zum Tragen, wenn eine Privatperson, eine nichtunternehmerisch tätige Personenvereinigung oder ein Unternehmer, der das Fahrzeug für seinen privaten Bereich erwirbt, den entgeltlichen innergemeinschaftlichen Erwerb tätigt.[1] Die **Definition des neuen Fahrzeugs** ist in § 1b Abs. 2 und 3 UStG geregelt. Unter diese Vorschrift fallen bestimmte Wasserfahrzeuge, Luftfahrzeuge und motorbetriebene Landfahrzeuge (vor allem Pkw).

2802 Für die Fahrzeugeinzelbesteuerung ist ein gesonderter Erklärungsvordruck von der Finanzverwaltung eingeführt worden (Vordruck USt 1 B – **Umsatzsteuererklärung für die Fahrzeugeinzelbesteuerung**). Der Erwerber hat nach § 18 Abs. 5a UStG, abweichend von § 18 Abs. 1 bis 4 UStG, spätestens bis zum **zehnten Tag** nach Ablauf des Tages, an dem die Steuer entstanden ist (§ 13 Abs. 1 Nr. 7 UStG), eine Steuererklärung, in der er die zu entrichtende Steuer selbst zu berechnen hat, nach amtlich vorgeschriebenem Datensatz durch Datenfernübertragung zu übermitteln oder nach amtlich vorgeschriebenem Vordruck abzugeben (**Steueranmeldung**). Er hat bis zu diesem Tag auch die Steuer zu entrichten (§ 18 Abs. 5a UStG). **Für jedes erworbene Fahrzeug ist jeweils eine Umsatzsteuererklärung zur Fahrzeugeinzelbesteuerung zu übermitteln bzw. abzugeben** (§ 16 Abs. 5a UStG).

> **Praxishinweis:**
> Für die elektronische authentifizierte Übermittlung wird ein Zertifikat benötigt. Dieses erhält man nach kostenloser Registrierung unter www.elster.de. Zu beachten ist, dass die Registrierung bis zu zwei Wochen dauern kann. Unter www.elster.de/elsterweb/softwareprodukt sind Programme zur elektronischen Übermittlung zu finden.

2803 Auf Grundlage der Entrichtungspflicht nach § 18 Abs. 5a Satz 1 UStG sieht der **Bußgeldtatbestand** des § 26a Abs. 1 UStG eine Sanktionierung der Nicht- oder nicht vollständigen Entrichtung der Umsatzsteuer zum Fälligkeitszeitpunkt vor.

2804 Nach § 5 Nr. 3 FVG ist das BZSt für die Durchführung des Besteuerungsverfahrens nach § 18 Abs. 5a UStG einschließlich der damit im Zusammenhang stehenden Tätigkeiten für **ausl. Missionen, berufskonsularische Vertretungen und deren Mitglieder** zuständig. Damit haben ausl. Missionen, berufskonsularische Vertretungen und deren Mitglieder ihre Umsatzsteuererklärung für die Fahrzeugeinzelbesteuerung nicht mehr beim FA, sondern beim BZSt abzugeben.

Alle übrigen Erwerber eines neuen Fahrzeugs aus den anderen EU-Mitgliedstaaten haben die Umsatzsteuererklärung für die Fahrzeugeinzelbesteuerung weiterhin nach dem **Vordruckmuster USt 1 B** beim **zuständigen FA** abzugeben. Zur Anmeldung eines steuerfreien innergemeinschaftlichen Fahrzeugerwerbs nach § 4b UStG durch einen bevorrechtigten Bediensteten einer internationalen Organisation oder durch dessen Familienangehörige ist zusätzlich das **Vordruckmuster Anlage USt 1 B** auszufüllen und abzugeben.

Die Vordruckmuster zur Fahrzeugeinzelbesteuerung (§ 18 Abs. 5a UStG) wurden zuletzt mit BMF-Schreiben v. 25.8.2025 neu bekannt gegeben.[2] Im Zusammenhang mit erforderlichen Anpassungen in den bisherigen Vordrucken wurde eine neue Anleitung zur Umsatzsteuererklärung für die Fahrzeugeinzelbesteuerung konzipiert (Vordruckmuster Anleitung USt 1 B).

2805 Nach § 150 Abs. 1 Satz 2 AO ist die Umsatzsteuererklärung zur Fahrzeugeinzelbesteuerung eine **Steueranmeldung**, da der Erwerber nach § 18 Abs. 5a Satz 1 UStG in der Umsatzsteuererklärung zur Fahrzeugeinzelbesteuerung die Umsatzsteuer selbst zu berechnen hat.

§ 167 AO sieht bei Steueranmeldungen eine **Steuerfestsetzung** durch Steuerbescheid (§ 155 AO) nur vor, wenn die Festsetzung zu einer von der Selbstberechnung abweichenden Steuer oder Vergütung führt.

2806 Wird von der angemeldeten Umsatzsteuer **nicht** abgewichen, hat der **Eingang** einer Umsatzsteuererklärung zur Fahrzeugeinzelbesteuerung mit einer **Zahllast** kraft Gesetzes die Wirkung einer Steuerfestsetzung unter dem Vorbehalt der Nachprüfung. Die so festgesetzte Umsatzsteuer ist ohne besonderes Leistungsgebot vollstreckbar. Der zu zahlende Betrag ist zu verzinsen. Der Zinslauf beginnt 15 Monate nach Ablauf des Kj., in dem die Steuer entstanden ist (§ 233a AO).

1) Vgl. Abschn. 1b.1 UStAE.
2) BMF v. 25.8.2025, III C 3 – S 7352-a/00004/003/061, BStBl I 2025,1641.

Gibt der Erwerber keine Steuererklärung ab oder berechnet er die Steuer nicht richtig, kann die zuständige 2807
Finanzbehörde die Steuer – ggf. im Schätzungswege – festsetzen (§ 18 Abs. 5a Satz 3 UStG). Dabei werden die Mitteilungen zu Grunde gelegt, die von den für die Zulassung oder Registrierung von Fahrzeugen zuständigen Behörden (§ 18 Abs. 10 Nr. 1 UStG) oder dem für die Besteuerung des Fahrzeuglieferers zuständigen EU-Mitgliedstaat zur Verfügung gestellt werden.[1]

Ein **Vorsteuerabzug kommt** bei der Fahrzeugeinzelbesteuerung **nicht in Betracht**, da das Fahrzeug durch eine Pri- 2808
vatperson, eine nichtunternehmerisch tätige Personenvereinigung oder einen Unternehmer, der das Fahrzeug für seinen nichtunternehmerischen Bereich bezieht, erworben wurde.[2]

Der **Vordruck ist nicht zu verwenden** in den Fällen des innergemeinschaftlichen Erwerbs neuer Fahrzeuge durch 2809
Unternehmer, die das Fahrzeug für ihren unternehmerischen Bereich erwerben, oder durch juristische Personen, die nicht Unternehmer sind oder die das Fahrzeug nicht für ihr Unternehmen erwerben (§ 1a Abs. 1 Nr. 2 UStG). Diese Unternehmer oder juristische Personen haben den innergemeinschaftlichen Erwerb neuer Fahrzeuge in der Umsatzsteuer-Voranmeldung (Vordruckmuster USt 1 A) und in der Umsatzsteuererklärung für das Kj. (Vordruckmuster USt 2 A) anzumelden → Rz. 2368 ff.

Wird die Befreiung des innergemeinschaftlichen Erwerbs eines neuen Kfz nach § 4b Nr. 3 UStG beantragt, sind 2810
hierzu Angaben in der **Anlage USt 1 B** – zur Umsatzsteuererklärung für die Fahrzeugeinzelbesteuerung USt 1 B – zu machen (→ Rz. 2826).

2. Angaben zum Finanzamt, zur Steuernummer und zu einer berichtigten Steuererklärung (Zeilen 1–3)

Zeile		
	Umsatzsteuererklärung für die Fahrzeugeinzelbesteuerung	— Eingangsstempel — 11
1	An das Finanzamt	30
2	Steuernummer	Abgabe- und Zahlungsfrist: bis spätestens 10 Tage nach dem Erwerb
3		Berichtigte Anmeldung 10 1 = Ja

Für die Besteuerung des innergemeinschaftlichen Erwerbs ist das FA zuständig, das auch für die Besteuerung nach 2811
dem Einkommen zuständig ist (§ 21 Abs. 2 AO i.V.m. § 19 AO). Das zuständige FA ist in Zeile 1 und die Steuernummer in **Zeile 2** einzutragen.

Handelt es sich um eine berichtigte Umsatzsteuererklärung zur Fahrzeugeinzelbesteuerung (z.B., weil sich die 2812
Bemessungsgrundlage für den innergemeinschaftlichen Erwerb geändert hat), ist in **Zeile 3** eine „1" einzutragen.

3. Abschnitt A – Allgemeine Angaben (Zeilen 4–7)

A. Allgemeine Angaben

Zeile			
4	Name des Erwerbers	Vorname des Erwerbers	Geburtsdatum
5	Straße		Hausnummer
6	Postleitzahl	Ort	
7	E-Mail-Adresse	Telefon	

In den **Zeilen 4 bis 7** sind Angaben (Name, Anschrift usw.) zum Erwerber zu machen. Als Erwerber kommen in 2813
Betracht:

- Privatpersonen,
- nichtunternehmerische Personenvereinigungen und
- Unternehmer, die das Fahrzeug für ihren nichtunternehmerischen Bereich erwerben.

---

1) Abschn. 18.9 Abs. 2 Satz 3 UStAE.
2) Abschn. 16.3 Abs. 1 Satz 4 UStAE.

4. Abschnitt B – Angaben zum innergemeinschaftlichen Erwerb eines neuen Fahrzeugs, § 1b UStG (Zeilen 8–17)

a) Allgemeine Angaben (Zeilen 8–10)

	B. Angaben zum innergemeinschaftlichen Erwerb eines neuen Fahrzeugs (§ 1b UStG)	
8	Fahrzeuglieferer	EU-Mitgliedstaat des Erwerbs
9	Straße	Hausnummer
10	Postleitzahl	Ort

2814 In **Zeile 8** sind Angaben zum Fahrzeuglieferer und dem EU-Mitgliedstaat des Erwerbs einzutragen. In den Zeilen 9 und 10 ist die genaue Anschrift einzutragen.

2815 Ein innergemeinschaftlicher Erwerb eines neuen Fahrzeugs liegt nach § 1a Abs. 1 Nr. 1 UStG vor, wenn das neue Fahrzeug bei einer Lieferung an den Abnehmer (Erwerber) aus einem anderen EU-Mitgliedstaat in das Inland gelangt. Dabei kommt es nicht darauf an, ob der Lieferer oder der Abnehmer das Fahrzeug in das Inland befördert oder versendet hat.[1)]

Beispiel:

Privatmann P (Abnehmer = Erwerber) aus Deutschland erwirbt in den Niederlanden bei dem Fahrzeuglieferer F ein neues Fahrzeug. Das Fahrzeug wird von F nach Deutschland befördert.

Fahrzeuglieferer F führt eine steuerfrei innergemeinschaftliche Lieferung eines neuen Fahrzeugs in den Niederlanden aus. Der innergemeinschaftliche Erwerb des neuen Fahrzeugs unterliegt in Deutschland der Fahrzeugeinzelbesteuerung. P hat bei dem für ihn zuständigen FA eine Umsatzsteuererklärung zur Fahrzeugeinzelbesteuerung abzugeben.

2816 In den **Zeilen 11 ff.** sind Angaben zu dem innergemeinschaftlich erworbenen Fahrzeug zu machen. Fahrzeuge i.S.d. § 1b UStG sind zur Personen- oder Güterbeförderung bestimmte motorbetriebene Landfahrzeuge, Wasserfahrzeuge und Luftfahrzeuge, die die in § 1b Abs. 2 UStG bezeichneten Merkmale aufweisen. Ein Fahrzeug gilt als neu, wenn die in § 1b Abs. 3 UStG genannten Voraussetzungen vorliegen.

b) Angaben zu motorbetriebenen Landfahrzeugen (Zeilen 11–13)

	Bei dem innergemeinschaftlich erworbenen Fahrzeug handelt es sich um:		
11	X **ein motorbetriebenes Landfahrzeug**	Tag des Erwerbs **21**	Tag der ersten Inbetriebnahme **22**
12	Fahrzeug-Identifizierungs-Nr. / amtl. Kennzeichen **23**		Hubraum in ccm **24**
13	Leistung in kW **27**		Km-Stand im Zeitpunkt des Erwerbs **25**

2817 In den **Zeilen 11 bis 13** sind Angaben zu machen, wenn es sich bei dem innergemeinschaftlich erworbenen Fahrzeug um ein **motorbetriebenes Landfahrzeug** handelt. Motorbetriebene Landfahrzeuge sind solche mit einem Hubraum von mehr als 48 Kubikzentimetern oder einer Leistung von mehr als 7,2 kW. Diese Angaben sind in den Zeilen 12 und 13 (Kennzahl 24 bzw. 27) einzutragen. Als neu gilt ein motorbetriebenes Landfahrzeug, das nicht mehr als 6 000 km zurückgelegt hat oder dessen erste Inbetriebnahme im Zeitpunkt des Erwerbs nicht mehr als sechs Monate zurückliegt. Angaben zum Zeitpunkt des Erwerbs sind in **Zeile 11** (Kennzahl 21) und zum Tag der ersten Inbetriebnahme ebenfalls in Zeile 11 (Kennzahl 22) einzutragen. Zusätzlich sind in **Zeile 12** (Kennzahl 23) die Kfz-Identifizierungs-Nr. bzw. das amtliche Kennzeichen und der Hubraum in ccm einzutragen. In **Zeile 13** sind Angaben zur Leistung in kW (Kennzahl 27) und zum km-Stand im Zeitpunkt des Erwerbs (Kennzahl 25) vorzunehmen.

Zu den Landfahrzeugen gehören insb. Pkw, Lkw, Motorräder, Motorroller, Mopeds, Pocket-Bikes[2)] und motorbetriebene Wohnmobile und Caravans sowie landwirtschaftliche Zugmaschinen. Die straßenverkehrsrechtliche Zulassung ist nicht erforderlich.

1) Vgl. Abschn. 1a.1 UStAE.
2) Vgl. BFH v. 27.2.2014, V R 21/11, BStBl II 2014, 501.

Keine Landfahrzeuge sind dagegen Wohnwagen, Packwagen und andere Anhänger ohne eigenen Motor, die nur von Kfz mitgeführt werden können, sowie selbstfahrende Arbeitsmaschinen, die nach ihrer Bauart oder ihren besonderen, mit dem Fahrzeug fest verbundenen Einrichtungen nicht zur Beförderung von Personen oder Gütern bestimmt oder geeignet sind.

c) Angaben zu Wasserfahrzeugen (Zeilen 14–15)

14	X **ein Wasserfahrzeug**	Tag des Erwerbs **31**	Tag der ersten Inbetriebnahme **36**
15	Schiffs-Identifikations-Nr. (IMO-Nr.) / amtl. Schiffs-Nr. **33**	Länge in m **34**	Zahl der Betriebsstunden bis zum Erwerb **35**

In den **Zeilen 14 und 15** sind Angaben zu machen, wenn es sich bei dem innergemeinschaftlich erworbenen Fahrzeug um ein **Wasserfahrzeug** handelt. Wasserfahrzeuge sind solche mit einer Länge von mehr als 7,5 m. Als neu gilt ein Wasserfahrzeug, das nicht mehr als 100 Betriebsstunden auf dem Wasser zurückgelegt hat oder dessen erste Inbetriebnahme im Zeitpunkt des Erwerbs nicht mehr als drei Monate zurückliegt. Angaben zum Zeitpunkt des Erwerbs sind in **Zeile 14** (Kennzahl 31) und zum Tag der ersten Inbetriebnahme ebenfalls in Zeile 14 (Kennzahl 36) vorzunehmen. Zusätzlich sind in **Zeile 15** (Kennzahl 33) die Schiffs-Identifizierungs-Nr. (IMO-Nr.) bzw. die amtliche Schiffs-Nr., die Länge des Wasserfahrzeugs in m einzutragen (Kennzahl 34) und die Zahl der Betriebsstunden bis zum Erwerb in (Kennzahl 35) einzutragen. **2818**

d) Angaben zu Luftfahrzeugen (Zeilen 16–17)

16	X **ein Luftfahrzeug**	Tag des Erwerbs **41**	Tag der ersten Inbetriebnahme **42**
17	Baumusterbezeichnung / Werk-Nr. / Luftfahrzeug-Kennzeichen **43**	Starthöchstmasse in kg **44**	Zahl der Betriebsstunden bis zum Erwerb **45**

USt 1 B - August 2025 -

In den **Zeilen 16 und 17** sind Angaben zu machen, wenn es sich bei dem innergemeinschaftlich erworbenen Fahrzeug um ein **Luftfahrzeug** handelt. Luftfahrtzeuge sind solche deren Starthöchstmasse mehr als 1 550 kg beträgt. Als neu gilt ein Luftfahrzeug, das nicht länger als 40 Betriebsstunden genutzt worden ist oder dessen erste Inbetriebnahme im Zeitpunkt des Erwerbs nicht mehr als drei Monate zurückliegt. Angaben zum Zeitpunkt des Erwerbs (Kennzahl 41) und zum Tag der ersten Inbetriebnahme (Kennzahl 42) ebenfalls in **Zeile 16** vorzunehmen. Zusätzlich sind in **Zeile 17** (Kennzahl 43) die Baumusterbezeichnung, die Werks-Nr. bzw. das Luftfahrzeug-Kennzeichen, die Starthöchstmasse in kg (Kennzahl 44) und die Zahl der Betriebsstunden bis Zeitpunkt des Erwerbs (Kennzahl 45) einzutragen. **2819**

5. Abschnitt C – Innergemeinschaftliche Erwerbe (Zeilen 18–22)

a) Steuerfreie innergemeinschaftliche Erwerbe (Zeile 18) **2820**

Steuernummer - 2 -

	C. Innergemeinschaftliche Erwerbe **Steuerfreie innergemeinschaftliche Erwerbe** nach § 4b UStG	
18	Bemessungsgrundlage (bei Fahrzeugerwerben durch einen bevorrechtigten Bediensteten einer internationalen Organisation oder durch dessen Familienangehörige) - bitte Anlage USt 1 B beifügen -	EUR

In **Zeile 18** ist bei einem steuerfreien innergemeinschaftlichen Erwerb nach § 4b UStG durch einen bevorrechtigten Bediensteten einer internationalen Organisation oder durch dessen Familienangehörige die Bemessungsgrundlage – ohne Umsatzsteuer – in volle Euro einzutragen. In diesen Fällen ist die **Anlage USt 1 B** – zur Umsatzsteuererklärung für die Fahrzeugeinzelbesteuerung USt 1 B – beizufügen → Rz. 2826 ff.

b) Steuerpflichtige innergemeinschaftliche Erwerbe (Zeilen 19–20)

	Steuerpflichtige innergemeinschaftliche Erwerbe		
19	Bemessungsgrundlage zum allgemeinen Steuersatz (§ 12 Abs. 1 UStG)	50	EUR
20	Steuer zum allgemeinen Steuersatz (§ 12 Abs. 1 UStG)	83	EUR Ct

2821 Handelt es sich um einen steuerpflichtigen innergemeinschaftlichen Erwerb ist in **Zeile 19** (Kennzahl 50) die Bemessungsgrundlage – ohne Umsatzsteuer – in volle Euro und in **Zeile 20** (Kennzahl 83) die selbstberechnete Steuer einzutragen. Der innergemeinschaftliche Erwerb unterliegt dem allgemeinen Steuersatz (§ 12 Abs. 1 UStG).

2822 Bemessungsgrundlage für den Erwerb ist das Entgelt (§ 10 Abs. 1 UStG). Dies ist grundsätzlich der in Rechnung gestellte Betrag. Zur Bemessungsgrundlage gehören auch Nebenkosten (z.B. Beförderungskosten und Provisionen), die der Fahrzeuglieferer dem Erwerber berechnet. Die vom Lieferer erstellte Rechnung ist der Umsatzsteuererklärung zur Fahrzeugeinzelbesteuerung beizufügen.

2823 Bei Werten in fremder Währung ist die Bemessungsgrundlage nach dem Tageskurs umzurechnen, der am Tag des Erwerbs gilt. Der Tageskurs ist durch Bankmitteilung oder Kurszettel nachzuweisen (§ 16 Abs. 6 UStG).

c) Unterschrift (Zeilen 21–22)

	Unterschrift
	Bei der Anfertigung dieser Steuererklärung hat mitgewirkt:
21	
22	
	Datum, eigenhändige Unterschrift des Erwerbers

2824 Bei Verwendung des Vordrucks ist die Umsatzsteuererklärung zur Fahrzeugeinzelbesteuerung in **Zeile 22** vom **Erwerber eigenhändig zu unterschreiben**. Die Unterzeichnung durch einen Bevollmächtigten ist nur dann zulässig, wenn der Erwerber infolge seines körperlichen oder geistigen Zustands oder durch längere Abwesenheit an der Unterschrift gehindert ist. Die eigenhändige Unterschrift kann nachträglich verlangt werden, wenn der Hinderungsgrund weggefallen ist (§ 150 Abs. 3 AO). Der Unterzeichner übernimmt die Verantwortung für die Richtigkeit der Angaben. Unrichtige oder unvollständige Angaben sind strafbar.

Ist der Erwerber eine natürliche Person, muss er mit Vor- und Zunamen unterschreiben. Bei nichtunternehmerisch tätigen Personenvereinigungen sowie bei Unternehmern, die das Fahrzeug für ihren nichtunternehmerischen Bereich erwerben, muss die Erklärung von der Person unterzeichnet werden, die zur Vertretung des Unternehmens ermächtigt ist. Das Gleiche gilt, wenn das Unternehmen unter einer im Handelsregister eingetragenen Firma betrieben wird.

In **Zeile 21** sind der Name und die genaue Anschrift des **Bevollmächtigten** (z.B. eines Angehörigen eines steuerberatenden Berufs) einzutragen.

2825 In den **Zeilen 23 bis 33** sind vom Erwerber **keine** Eintragungen vorzunehmen. Dieser Bereich ist vom FA auszufüllen.

VI. Anlage USt 1 B – zur Umsatzsteuererklärung für die Fahrzeugeinzelbesteuerung

1. Vorbemerkung

2826 Der **innergemeinschaftliche Erwerb** neuer Kfz durch **bevorrechtigte Bedienstete einer internationalen Organisation oder dessen Familienangehörige** ist nach § 4b Nr. 3 UStG steuerfrei, wenn die Einfuhr derartiger Fahrzeuge nach den für die Einfuhrumsatzsteuer geltenden Vorschriften (vgl. § 5 Abs. 2 Nr. 6 UStG, § 1 Abs. 3 EUStBV i.V.m. § 17 ZollV) steuerfrei wäre.

2827 Bei der **Einfuhr** ist die abgabenbegünstigte Verwendung der genannten Fahrzeuge grundsätzlich zahlenmäßig beschränkt (kontingentiert). Gibt es keine zahlenmäßige Beschränkung, darf jede begünstigte Person alle zwei Jahre höchstens ein solches Fahrzeug abgabenbegünstigt einführen.

2828 Beim **inländischen Bezug** erfolgt eine Erstattung im Rahmen der UStErstV durch das BZSt auf der Grundlage von Gegenseitigkeitsvereinbarungen. Auch hier ist der abgabenbegünstigte Bezug kontingentiert.

2829 Es gibt nur **ein gemeinsames Kontingent** für die Einfuhr, den innergemeinschaftlichen Erwerb und den inländischen Bezug unter wechselseitiger Anrechnung. **Soweit kein Kontingent in Gegenseitigkeitsvereinbarungen festgelegt ist**, kann der bevorrechtigte Bedienstete einer internationalen Organisation grundsätzlich alle zwei Jahre maximal jeweils ein Kfz für sich und seine volljährigen Familienangehörigen erwerben, soweit diese sich dauernd im Inland aufhalten. Der Zeitraum von zwei Jahren beginnt mit der erstmaligen Zulassung des jeweiligen Kfz im Inland.

2830 Die Kfz-Zulassungsbehörden sind nach § 18 Abs. 10 Nr. 1 Buchst. a und Nr. 2 Buchst. a UStG verpflichtet, den für die Besteuerung des innergemeinschaftlichen Erwerbs neuer Kfz zuständigen Finanzbehörden (→ Rz. 2802) ohne Ersuchen die erstmalige Ausgabe von Fahrzeugbriefen oder die erstmalige Zulassung eines amtlichen Kennzeichens eines zulassungsfreien Kfz, das ausweislich der vorgelegten Unterlagen aus einem anderen EU-Mitgliedstaat in das Inland gelangt ist, mitzuteilen. Diese Verpflichtung besteht auch für Kfz, die für **bevorrechtigte Bedienstete einer internationalen Organisation oder dessen Familienangehörige** erstmals zugelassen werden, bzw. für Kfz, denen erstmals ein amtliches Kennzeichen zugeteilt wird.

Auch in diesen Fällen ist vom Erwerber des neuen Fahrzeugs bei der zuständigen Finanzbehörde (→ Rz. 2802) eine Umsatzsteuererklärung für die Fahrzeugeinzelbesteuerung abzugeben. Der berechtigte Personenkreis kann allerdings eine Steuerbefreiung des innergemeinschaftlichen Erwerbs nach § 4b Nr. 3 UStG beantragen.

2831 Je nach Rechtslage[1)] können **bevorrechtigte Bedienstete einer internationalen Organisation oder dessen Familienangehörige** entsprechend dem jeweiligen Sitzstaatabkommen oder Protokollabkommen einen Anspruch auf die Steuerbefreiung nach § 4b Nr. 3 UStG haben. Die Leiter und die Beamten des höheren Dienstes solcher internationaler Organisationen besitzen einen dunkelroten Sonderausweis des Auswärtigen Amts.

2. Angaben zur Steuernummer und zum Erwerber (Zeilen 1–2)

1	Steuernummer	**Anlage USt 1 B zur Umsatzsteuererklärung für die Fahrzeugeinzelbesteuerung**
2	Erwerber (Name, Vorname)	
	Nur auszufüllen, sofern ein steuerfreier innergemeinschaftlicher Erwerb getätigt wurde.	

2832 In **Zeile 1** ist die Steuernummer des zuständigen FA nochmals einzutragen. Auch die Angaben zum Erwerber sind in **Zeile 2** nochmals einzutragen. Die Angaben in den Zeilen 1 und 2 dienen der Anlagensicherung, da die Umsatzsteuererklärung und die Anlage USt 1 B nicht fest miteinander verbunden sind.

1) Bestimmungen in Zustimmungsgesetzen zu völkerrechtlichen Vereinbarungen; Bestimmungen in Rechtsverordnungen, die die Bundesregierung auf Grund von Art. 3 des Gesetzes v. 22.6.1954, BGBl. I 1954, 639, i.d.F. des Art. 4 des Gesetzes zu dem Übereinkommen vom 13.2.1946 über die Vorrechte und Immunität der Vereinten Nationen v. 16.8.1980, BGBl. II 1980, 941, erlassen hat.

3. Abschnitt A – Ergänzende Angaben zum steuerfreien innergemeinschaftlichen Erwerb neuer Kraftfahrzeuge (Zeilen 3–8)

Zeile	A. Ergänzende Angaben zum steuerfreien innergemeinschaftlichen Erwerb neuer Kraftfahrzeuge			
3	Das Kraftfahrzeug ist zum persönlichen Gebrauch des Erwerbers bestimmt. Der Erwerber übt hier keine private Erwerbstätigkeit aus.			1 = Ja
4	Der Erwerber ist bevorrechtigter Bediensteter einer internationalen Organisation	1 = Ja	Der Erwerber ist Familienangehöriger eines bevorrechtigten Bediensteten entsprechend dem jeweiligen Sitzstaatabkommen / Protokollabkommen	1 = Ja
5	Name der internationalen Organisation			
6	Sitzstaatabkommen		vom	
7	**Der Erwerber ist Inhaber des Ausweises** Nummer des Ausweises	Ausstellungsbehörde des Ausweises	Ausstellungsort des Ausweises	
8	Ort, Datum, Unterschrift des Leiters der internationalen Organisation oder seines Stellvertreters, Dienststempel der internationalen Organisation			

2833 In **Zeile 3** ist ausdrücklich zu bestätigen, dass das Kfz zum persönlichen Gebrauch des Erwerbers bestimmt ist und der Erwerber im Inland keine private Erwerbstätigkeit ausübt.

2834 In **Zeile 4** ist durch Ankreuzen kenntlich zu machen, wer Erwerber des neuen Kfz ist. Als Erwerber (= berechtigter Personenkreis) kommen in Betracht:

- ein bevorrechtigter Bediensteter einer internationalen Organisation,
- Familienangehörige eines bevorrechtigten Bediensteten entsprechend dem jeweiligen Sitzstaatabkommen/ Protokollabkommen.

2835 In **Zeile 5** ist der Name der internationalen Organisation und in **Zeile 6** das Sitzstaatabkommen mit Datum anzugeben.

In **Zeile 7** ist anzugeben, welchen Ausweis der Erwerber besitzt (Nummer, Ausstellungsbehörde, Ort).

2836 In **Zeile 8** ist die Anlage USt 1 B vom Leiter der internationalen Organisation oder seines Stellvertreters mit Ort, Datum zu unterschreiben und mit Dienststempel der internationalen Organisation zu versehen. Die Anlage USt 1 B ist mit der mit Dienststempel versehenen Erklärung des Leiters der internationalen Organisation oder seines Stellvertreters beim zuständigen FA abzugeben.

4. Abschnitt B – Ergänzende Erklärung des Erwerbers (Zeilen 9–10)

B. Ergänzende Erklärung des Erwerbers

Ich versichere, dass ich eine Veräußerung des im Hauptvordruck USt 1 B (Zeilen 11 – 13) genannten Kraftfahrzeuges unverzüglich dem Finanzamt anzeigen werde.

Ebenso werde ich jede nichtbegünstigte Verwendung (z. B. vorzeitige Mitnahme in das Ausland infolge Versetzung oder Nutzung des Kraftfahrzeuges durch fremde Dritte) dem Finanzamt unverzüglich anzeigen.

Mir ist bekannt, dass nach den Sitzstaatabkommen und Protokollabkommen Anzahl und Verwendung sowie Veräußerung gegebenenfalls beschränkt sind und deshalb die Umsatzsteuer festgesetzt werden kann.

9 Ich versichere, dass ich bisher insgesamt die folgende Anzahl an Kraftfahrzeugen steuer- und abgabenfrei erworben habe (ohne Einberechnung des im Hauptvordruck USt 1 B genannten Kraftfahrzeuges)

10 Datum, Unterschrift des Erwerbers

Abschnitt B (**Zeile 9 und 10**) enthält eine Versicherungserklärung des Erwerbers. Es ist vom Erwerber die Anzahl der von ihm bereits steuer- und abgabenfrei erworbenen Kfz zu versichern. Außerdem verpflichtet sich der Erwerber, eine Veräußerung des in der Umsatzsteuererklärung zur Fahrzeugeinzelbesteuerung genannten Kfz dem FA unverzüglich anzuzeigen. Ebenso besteht die Verpflichtung, jede nicht begünstigte Verwendung (z.B. vorzeitige Mitnahme ins Ausland infolge Versetzung oder Nutzung des Kfz durch fremde Dritte) dem FA unverzüglich anzuzeigen. Der Erwerber versichert darüber hinaus, dass ihm bekannt ist, dass nach den Sitzstaatabkommen und Protokollabkommen Anzahl und Verwendung sowie Veräußerung ggf. beschränkt sind und deshalb das FA die Umsatzsteuer festsetzen kann. Die Versicherungserklärung ist vom Erwerber eigenhändig zu unterschreiben (**Zeile 10**). **2837**

5. Bescheinigung des Bundeszentralamts für Steuern (Zeilen 11–13)

- nur vom Bundeszentralamt für Steuern auszufüllen -

11 X Kontingent nicht überschritten. Begünstigung ist möglich | X Kontingent überschritten

Veräußerungsbeschränkung

12 X a) Keine Veräußerung | X b) Veräußerung nicht vor dem

13 Datum, Unterschrift, Dienststempel des Bundeszentralamtes für Steuern

Anlage USt 1 B - August 2025 -

Zur Überwachung des Kontingents (→ Rz. 2829) hat das zuständige FA dem Bundeszentralamt für Steuern einen Abdruck der Anlage USt 1 B in doppelter Ausfertigung zuzuleiten. Das BZSt teilt dem ersuchenden FA auf dem Doppel der Anlage USt 1 B mit (**Zeile 11**), ob auf Grund vorliegender Informationen hinsichtlich der Kontingentierung die Voraussetzungen für eine Befreiung des innergemeinschaftlichen Erwerbs des Kfz nach § 4b Nr. 3 UStG erfüllt sind. Außerdem teilt das BZSt mit, ob ggf. Veräußerungsbeschränkungen bestehen (**Zeile 12**). Die Angaben werden vom BZSt in **Zeile 13** durch Datum, Unterschrift und Dienststempel bestätigt. **2838**

Das zuständige FA setzt auf Grund der Kontrollmitteilung der Kfz-Zulassungsbehörde (→ Rz. 2830) unter Berücksichtigung der Mitteilung des BZSt die Steuer für den innergemeinschaftlichen Erwerb in zutreffender Höhe fest. **2839**

VII. ZM – Zusammenfassende Meldung

1. Vorbemerkung

a) Allgemeines

2840 Mit der Einführung des EU-Binnenmarkts zum 1.1.1993 sind die Grenzkontrollen und damit auch die Kontrollen zu Steuerzwecken an den Grenzen entfallen. Die Unternehmer, die am Binnenmarkt teilnehmen, müssen seitdem die innergemeinschaftlichen Erwerbe selbst erklären. Zur Vermeidung von Steuerausfällen wurde innerhalb der EU ein gemeinsames System des Informationsaustausches für innergemeinschaftliche Erwerbe geschaffen. Dieses Mehrwertsteuer-Informationsaustausch-System (MIAS) basiert auf den Zusammenfassenden Meldungen (ZM), die ein Unternehmer, der innergemeinschaftliche Lieferungen ausführt, in dem EU-Mitgliedstaat des Ortes der innergemeinschaftlichen Lieferung abzugeben hat. Durch die Daten der ZM wird es den EU-Mitgliedstaaten, in denen die entsprechenden innergemeinschaftlichen Erwerbe zu besteuern sind, ermöglicht, die Erwerbsbesteuerung zu kontrollieren. Einzelheiten über das MIAS enthält die Verordnung (EU) Nr. 904/2010 des Rates über die Zusammenarbeit der Verwaltungsbehörden und die Betrugsbekämpfung auf dem Gebiet der Mehrwertsteuer vom 7.10.2010.[1)]

2841 Eine innergemeinschaftliche Warenlieferung i.S.d. § 18a UStG liegt vor bei:

1. einer innergemeinschaftlichen Lieferung i.S.d. § 6a Abs. 1 UStG mit Ausnahme der Lieferungen neuer Fahrzeuge an Abnehmer ohne USt-IdNr. (§ 18a Abs. 6 Nr. 1 UStG);
2. einer innergemeinschaftlichen Lieferung i.S.d. § 6a Abs. 2 UStG (§ 18a Abs. 6 Nr. 2 UStG);
3. einer Beförderung oder Versendung i.S.d. § 6b Abs. 1 oder Abs. 4 UStG oder ein Erwerberwechsel nach § 6b Abs. 5 UStG (§ 18a Abs. 6 Nr. 3 UStG; auch → Rz. 2325).

Beratungshinweis:

Aus organisatorischen Gründen ist es übergangsweise nicht möglich, dass Unternehmer, die die **Konsignationslagerregelung** nach § 6b UStG in Anspruch nehmen, die hierfür erforderlichen Angaben (§ 18a Abs. 1 Satz 1 i.V.m. Abs. 6 Nr. 3 und Abs. 7 Satz 1 Nr. 2a UStG) im Rahmen des bestehenden Verfahrens zur Abgabe der ZM nach § 18a UStG vornehmen können.

Zur Erfüllung der bestehenden Meldepflichten und damit auch zur Erfüllung der Voraussetzung nach § 6b Abs. 1 Nr. 4 UStG ist es daher erforderlich, dass die betreffenden Unternehmer für Meldezeiträume nach dem 31.12.2019 bei Vorliegen entsprechender Tatbestände eine Meldung über Beförderungen oder Versendungen im Sinne des § 6b Abs. 1 Nr. 4 UStG an das BZSt übermitteln. Soweit Unternehmer auch auf Grund des Vorliegens anderer Tatbestände nach § 18a Abs. 1 bis 3 UStG zur Abgabe einer ZM für Meldezeiträume verpflichtet sind, ist diese nach dem bekannten Verfahren an das BZSt zu übermitteln. Daneben ist eine Meldung über Beförderungen oder Versendungen i.S.d. § 6b Abs. 1 UStG zu übermitteln. Für die Meldezeiträume und Abgabefristen der Meldung über Beförderungen oder Versendungen im Sinne des § 6b Abs. 1 Nr. 4 UStG gelten die Regelungen des § 18a Abs. 1 bis 3 UStG analog.

Der für die Meldung über Beförderungen oder Versendungen i.S.d. § 6b Abs. 1 UStG zu verwendende Vordruck ist auf dem Formularserver der Bundesfinanzverwaltung (www.formulare-bfinv.de) bereitgestellt. Die erforderlichen Angaben können direkt online in den Vordruck eingegeben und übermittelt werden. Soweit erforderlich, kann der Vordruck nach entsprechendem Download auch offline ausgefüllt werden und auf einem sicheren Übertragungsweg an das DE-Mail-Postfach des BZSt (konsignationslager@bzst.de-mail.de) übermittelt werden.

Das BZSt erteilt eine Bestätigung über die Übermittlung der Meldung. Bei Nutzung des Online-Vordrucks wird diese mittels einer Übermittlungsbestätigung direkt am Bildschirm angezeigt. Bei Übermittlung über DE-Mail wird die Bestätigung an das DE-Mail-Postfach des Absenders gesendet.

Weitere Informationen zum Verfahren sind auf der Homepage des BZSt (www.bzst.de) veröffentlicht.[2)]

2842 Unternehmer, die Lieferungen i.S.d. § 25b Abs. 2 UStG ausgeführt haben, müssen ebenfalls eine ZM abgeben. Hierbei handelt es sich um den mittleren Unternehmer in einem innergemeinschaftlichen Dreiecksgeschäft (zum Dreiecksgeschäft → Rz. 2390 ff.), für dessen Lieferung an den letzten Abnehmer eine ZM abgegeben werden muss.

2843 Gemäß §§ 18a, 18b UStG sind Dienstleistungen in die ZM aufzunehmen, wenn der Leistungsempfänger ein in einem anderen Mitgliedstaat ansässiger Leistungsempfänger ist, der Leistungsort sich in diesem Staat befindet, die Dienstleistung steuerpflichtig ist und der Leistungsempfänger die Steuer für diesen Umsatz schuldet. Durch den auf den Angaben in der ZM basierenden Datenaustausch werden die Mitgliedstaaten in die Lage versetzt, zu prüfen, ob die Umsatzsteuer auf diese Leistungen von den bei ihnen ansässigen Leistungsempfängern richtig und vollständig abgeführt wurde.

2844 Die ZM ist gem. § 18a UStG monatlich abzugeben, wenn die Summe der Bemessungsgrundlagen für innergemeinschaftliche Warenlieferungen und für Lieferungen i.S.d. § 25b Abs. 2 UStG im Rahmen innergemeinschaftlicher Dreiecksgeschäfte eine bestimmte Betragsgrenze überschreitet → Rz. 2853 ff. Weitere Einzelheiten enthalten Abschn. 18a.1 bis 18a.5 UStAE.

b) Vordruck und Übermittlung

2845 Die ZM ist nach amtlich vorgeschriebenem Datensatz über die amtlich bestimmte Schnittstelle zu übermitteln (§ 18a Abs. 1 Satz 1 und Abs. 2 Satz 1 UStG). Informationen zur elektronischen Übermittlung sind unter den Internet-Adressen www.elster.de oder www.bzst.de abrufbar. Zur Vermeidung von unbilligen Härten kann das zustän-

1) ABl.EU 2010 Nr. L 268, 1.
2) Vgl. BMF v. 28.1.2020, III C 5 – S 7427-b/19/10001 :002, BStBl I 2020, 224.

dige FA auf Antrag zulassen, dass die ZM in herkömmlicher Form – auf Papier – nach amtlich vorgeschriebenem Vordruck abgegeben werden kann (§ 18a Abs. 5 Satz 1 UStG). Dem Antrag ist insb. dann zuzustimmen, wenn für den Unternehmer die Übermittlung nach amtlich vorgeschriebenem Datensatz über die amtlich bestimmte Schnittstelle wirtschaftlich oder persönlich unzumutbar ist. Dies ist insb. der Fall, wenn die Schaffung der technischen Möglichkeiten für eine elektronische Übermittlung des amtlichen Datensatzes nur mit einem nicht unerheblichen finanziellen Aufwand möglich wäre oder wenn der Unternehmer nach seinen individuellen Kenntnissen und Fähigkeiten nicht oder nur eingeschränkt in der Lage ist, die Möglichkeiten der Datenfernübertragung zu nutzen (§ 150 Abs. 8 AO). Soweit das FA nach § 18 Abs. 1 Satz 1 UStG auf eine elektronische Übermittlung der Voranmeldung verzichtet hat, gilt dies auch für die Abgabe der ZM.[1]

Für die ZM stehen unter www.bzst.de in der Rubrik Unternehmen/Umsatzsteuer/Zusammenfassende Meldung **2846**
folgende Unterlagen zum Download bereit:

- Merkblätter: Ausfüllanleitung für die Abgabe der ZM, Übersicht über die nutzbaren Verfahren zur elektronischen Abgabe der ZM, Informationen zur elektronischen Berichtigung der ZM,
- Formulare: ZM-Formular als druckbares PDF.

Beratungshinweis:

Zu beachten ist, dass **ZM zwingend authentifiziert übermittelt** werden müssen. ZM können nur noch über das Elster-Portal oder das BZSt-Online-Portal übermittelt werden.

Eine PDF-Datei des Vordrucks („Blanko-Formular") steht beim BZSt zum Download bereit. Das Formular kann in **2847**
diesem Fall auf herkömmlichem Wege ausgefüllt werden (→ Rz. 2845).

c) Meldepflichtige Unternehmer

Eine ZM muss jeder Unternehmer i.S.d. § 2 UStG abgeben, der während eines Meldezeitraums (→ Rz. 2853) inner- **2848**
gemeinschaftliche Warenlieferungen, steuerpflichtige sonstige Leistungen im übrigen Gemeinschaftsgebiet i.S.d. § 3a Abs. 2 UStG ausgeführt hat, für die der in einem anderen EU-Mitgliedstaat ansässige Leistungsempfänger die Steuer dort schuldet, und/oder Lieferungen i.S.d. § 25b Abs. 2 UStG im Rahmen innergemeinschaftlicher Dreiecksgeschäfte ausgeführt hat (§ 18a Abs. 1 Satz 1 und Abs. 2 Satz 1 UStG). Dies gilt nach dem BMF-Schreiben v. 10.12.2021[2] entsprechend auch für Gegenstände, die aus dem Gebiet eines Mitgliedstaats in das Gebiet eines anderen Mitgliedstaats für Zwecke einer Lieferung nach dem Ende der Beförderung oder Versendung an einen Erwerber i.S.d. § 6b UStG befördert oder versendet werden.[3] Für einen Meldezeitraum, in dem keine derartigen Lieferungen oder sonstigen Leistungen ausgeführt wurden, ist keine ZM abzugeben.

Beratungshinweis:

Ein Fiskalvertreter hat unter der ihm erteilten Steuernummer neben einer Steuererklärung (§ 18 Abs. 3 und 4 UStG) auch vierteljährlich Umsatzsteuer-Voranmeldungen (§ 18 Abs. 1 UStG) abzugeben, in der er die Besteuerungsgrundlagen für jeden von ihm vertretenen Unternehmer zusammenfasst (§ 22b Abs. 2 Satz 1 UStG). Nach § 22b Abs. 2 Satz 2 UStG hat der Fiskalvertreter der Steuererklärung als Anlage eine Aufstellung beizufügen, die die von ihm vertretenen Unternehmer mit deren jeweiligen Besteuerungsgrundlagen enthält. Mit § 22b Abs. 2a UStG wird klargestellt, dass der Fiskalvertreter unter der ihm erteilten USt-IdNr. auch eine ZM nach den in § 18a UStG genannten Voraussetzungen abzugeben hat.

Zur Anwendung der Regelungen zur Fiskalvertretung wurde das BMF-Schreiben v. 9.10.2023 herausgegeben und die Abschn. 22a.1 bis 22e.1 neu in den UStAE aufgenommen.[4]

Nichtselbständige juristische Personen i.S.d. § 2 Abs. 2 Nr. 2 UStG (Organgesellschaften) müssen eine eigene ZM **2849**
für die von ihnen ausgeführten innergemeinschaftlichen Warenlieferungen, steuerpflichtigen sonstigen Leistungen im übrigen Gemeinschaftsgebiet i.S.d. § 3a Abs. 2 UStG, für die der in einem anderen EU-Mitgliedstaat ansässige Leistungsempfänger die Steuer dort schuldet, und/oder Lieferungen i.S.d. § 25b Abs. 2 UStG abgeben (§ 18a Abs. 4 Satz 4 UStG). Dies gilt unabhängig davon, dass diese Vorgänge umsatzsteuerrechtlich weiterhin als Umsätze des Organträgers behandelt werden und in dessen Voranmeldungen und Steuererklärungen für das Kj. anzumelden sind. Die meldepflichtigen Organgesellschaften benötigen zu diesem Zweck eine eigene USt-IdNr. (§ 27a Abs. 1 Satz 3 UStG; zur Organschaft → Rz. 2371 ff.).

Kleinunternehmer i.S.d. § 19 Abs. 1 UStG müssen gem. § 18a Abs. 4 UStG keine ZM abgeben. **2850**

Beratungshinweis:

Unternehmern, die § 19 Abs. 1 UStG oder ausschließlich § 24 Abs. 1 bis 3 UStG anwenden oder die nur Umsätze ausführen, die zum Ausschluss vom Vorsteuerabzug führen, ist auf Antrag eine USt-IdNr. vom BZSt zu erteilen, wenn sie diese für die Ausführung bzw. den Erwerb steuerpflichtiger sonstiger Leistungen i.S.d. § 3a Abs. 2 UStG, für die der in einem anderen Mitgliedstaat ansässige Leistungsempfänger die Steuer dort schuldet, benötigen. Allen Unternehmern i.S.d. § 2 UStG ist damit auf Antrag eine USt-IdNr. zu erteilen.

Führen pauschalierende Land- und Forstwirte innergemeinschaftliche Lieferungen (§ 18a Abs. 6 UStG) i.S.d. § 6a **2851**
UStG aus, müssen sie diese in der ZM angeben, obwohl § 4 Nr. 1 Buchst. b UStG nach § 24 Abs. 1 UStG keine

1) Vgl. Abschn. 18a.1 Abs. 4 UStAE.
2) BMF v. 10.12.2021, III C 3 – S 7146/20/10001 :005, BStBl I 2021, 2492.
3) Vgl. Abschn. 18a.1 Abs. 1 Satz 2 und Abschn. 6b.1 UStAE.
4) BMF v. 9.10.2023, III C 3 – S 7395/19/10001 :003, BStBl I 2023, 1709.

Anwendung findet. Eine ZM ist auch abzugeben, wenn steuerpflichtige sonstige Leistungen im übrigen Gemeinschaftsgebiet i.S.d. § 3a Abs. 2 UStG erbracht wurden, für die der in einem anderen EU-Mitgliedstaat ansässige Leistungsempfänger die Steuer dort schuldet, und/oder Lieferungen i.S.d. § 25b Abs. 2 UStG ausgeführt werden.[1]

2852 Für einen im Ausland ansässigen Unternehmer, der im Inland ausschließlich steuerfreie Umsätze ausführt und keine Vorsteuerbeträge abziehen kann, besteht die Möglichkeit der Fiskalvertretung (§ 22a UStG). Der Fiskalvertreter hat unter der ihm nach § 22d Abs. 1 UStG erteilten Steuernummer eine Steuererklärung (§ 18 Abs. 3 und 4 UStG) abzugeben, in der er die Besteuerungsgrundlagen für alle von ihm vertretenen Unternehmer zusammenfasst. Dies gilt für die ZM entsprechend.

d) Meldezeitraum

2853 Meldezeitraum für die Abgabe der ZM ist grundsätzlich **der Kalendermonat** (§ 18a Abs. 1 Satz 1 UStG), das Kalendervierteljahr (§ 18a Abs. 1 Satz 2 und Abs. 2 UStG) oder das Kalenderjahr (§ 18a Abs. 9 UStG). Eine Übersicht der Meldezeiträume zur Abgabe der ZM enthält Anhang 1 (→ Rz. 2902). Für einen Meldezeitraum, in dem keine innergemeinschaftlichen Warenlieferungen, keine im übrigen Gemeinschaftsgebiet steuerpflichtige sonstige Leistungen i.S.d. § 3a Abs. 2 UStG oder innergemeinschaftliche Lieferungen im Rahmen eines Dreiecksgeschäfts ausgeführt wurden, ist eine ZM nicht zu übermitteln.

2854 Die ZM ist bis zum 25. Tag nach Ablauf jedes Kalendermonats an das BZSt zu übermitteln, wenn die Summe der Bemessungsgrundlagen für innergemeinschaftliche Warenlieferungen (§ 18a Abs. 6 UStG) und Lieferungen i.S.d. § 25b Abs. 2 UStG im Rahmen von innergemeinschaftlichen Dreiecksgeschäften für das laufende Kalendervierteljahr oder für eines der vier vorangegangenen Kalendervierteljahre jeweils mehr als 50 000 € beträgt. Die Regelungen über die Dauerfristverlängerung nach § 18 Abs. 6 UStG und §§ 46 bis 48 UStDV gelten nicht für die ZM.[2]

2855 Übersteigt im Laufe eines Kalendervierteljahres die Summe der Bemessungsgrundlagen für innergemeinschaftliche Warenlieferungen (§ 18a Abs. 6 UStG) und Lieferungen i.S.d. § 25b Abs. 2 UStG im Rahmen von innergemeinschaftlichen Dreiecksgeschäften 50 000 €, ist die ZM bis zum 25. Tag nach Ablauf des Kalendermonats, in dem dieser Betrag überschritten wird, zu übermitteln. Wird die Betragsgrenze von 50 000 € im zweiten Kalendermonat eines Kalendervierteljahres überschritten, kann der Unternehmer eine ZM für die bereits abgelaufenen Kalendermonate dieses Kalendervierteljahres übermitteln, in der die Angaben für diese beiden Kalendermonate zusammengefasst werden, oder jeweils eine ZM für jeden der abgelaufenen Kalendermonate dieses Kalendervierteljahres. Wird die Betragsgrenze im dritten Kalendermonat eines Kalendervierteljahres überschritten, wird es nicht beanstandet, wenn statt einer ZM für dieses Kalendervierteljahr jeweils gesondert eine ZM für jeden der drei Kalendermonate dieses Kalendervierteljahres übermittelt wird.[3]

Beispiel:

Der deutsche Maschinenhersteller M liefert im Januar des Jahres 01 eine Maschine für 20 000 € und im Februar des Jahres 01 eine weitere Maschine für 35 000 € an den belgischen Unternehmer U. Ferner liefert M im Februar des Jahres 01 eine Maschine für 50 000 € an den französischen Automobilhersteller A. Die Rechnungsstellung erfolgte jeweils zeitgleich mit der Ausführung der Lieferungen.

M ist verpflichtet, die Umsätze bis zum 25.3.01 dem BZSt zu melden. Wahlweise kann er für die Monate Januar 01 und Februar 01 jeweils gesondert eine ZM übermitteln, oder er übermittelt eine ZM, in der er die Summe der Bemessungsgrundlagen der an U und A ausgeführten innergemeinschaftlichen Warenlieferungen gemeinsam für die Monate Januar 01 und Februar 01 angibt.

2856 Unternehmer können die ZM auch monatlich übermitteln, wenn die Summe der Bemessungsgrundlagen für innergemeinschaftliche Warenlieferungen (§ 18a Abs. 6 UStG) und Lieferungen i.S.d. § 25b Abs. 2 UStG im Rahmen von innergemeinschaftlichen Dreiecksgeschäften weder für das laufende Kalendervierteljahr noch für eines der vier vorangegangenen Kalendervierteljahre jeweils mehr als 50 000 € beträgt. Möchte der Unternehmer von dieser Möglichkeit Gebrauch machen, hat er dies dem BZSt anzuzeigen (§ 18a Abs. 1 Satz 4 UStG). Der Anzeigepflicht kommt der Unternehmer nach, wenn er bei der erstmaligen Inanspruchnahme das auf dem amtlich vorgeschriebenen Vordruck für die ZM dafür vorgesehene Feld ankreuzt (siehe Vordruck vor → Rz. 2869 und → Rz. 2872 f.). Die Ausübung des Wahlrechts bindet den Unternehmer bis zum Zeitpunkt des Widerrufs, mindestens aber für die Dauer von zwölf Kalendermonaten.[4]

Praxishinweis:

Der Widerruf wird dem BZSt durch Markieren des dafür vorgesehenen Feldes auf dem amtlich vorgeschriebenen Vordruck für die ZM angezeigt. Soweit in begründeten Einzelfällen ein Widerruf vor Ablauf der Ausschlussfrist von zwölf Kalendermonaten notwendig werden sollte, ist dies dem BZSt schriftlich unter Angabe der Gründe mitzuteilen.

2857 Die ZM ist bis zum 25. Tag nach Ablauf jedes Kalendervierteljahres zu übermitteln, wenn steuerpflichtige sonstige Leistungen i.S.d. § 3a Abs. 2 UStG im übrigen Gemeinschaftsgebiet ausgeführt wurden, für die der in einem anderen Mitgliedstaat ansässige Leistungsempfänger die Steuer dort schuldet.[5]

1) Vgl. Abschn. 18a.1 UStAE.
2) Vgl. Abschn. 18a.2 Abs. 1 UStAE.
3) Vgl. Abschn. 18a.2 Abs. 2 UStAE.
4) Vgl. Abschn. 18a.2 Abs. 3 UStAE.
5) Vgl. Abschn. 18a.2 Abs. 4 UStAE.

Unternehmer, die hinsichtlich der Ausführung von innergemeinschaftlichen Warenlieferungen (§ 18a Abs. 6 UStG) und Lieferungen i.S.d. § 25b Abs. 2 UStG im Rahmen innergemeinschaftlicher Dreiecksgeschäfte zur monatlichen Übermittlung einer ZM verpflichtet sind, melden die im übrigen Gemeinschaftsgebiet ausgeführten steuerpflichtigen sonstigen Leistungen i.S.d. § 3a Abs. 2 UStG, für die der in einem anderen Mitgliedstaat ansässige Leistungsempfänger die Steuer dort schuldet, in der ZM für den letzten Monat des Kalendervierteljahres.[1) **2858**

Unternehmer, die die ZM hinsichtlich der Ausführung von innergemeinschaftlichen Warenlieferungen (§ 18a Abs. 6 UStG) und Lieferungen i.S.d. § 25b Abs. 2 UStG im Rahmen innergemeinschaftlicher Dreiecksgeschäfte monatlich übermitteln, können darin auch die steuerpflichtigen sonstigen Leistungen i.S.d. § 3a Abs. 2 UStG, die in dem entsprechenden Kalendermonat im übrigen Gemeinschaftsgebiet ausgeführt worden sind und für die der in einem anderen Mitgliedstaat ansässige Leistungsempfänger die Steuer dort schuldet, monatlich angeben (§ 18a Abs. 3 Satz 1 UStG). Die Ausübung dieser Wahlmöglichkeit wird dem BZSt durch die Angabe von im übrigen Gemeinschaftsgebiet ausgeführten steuerpflichtigen sonstigen Leistungen i.S.d. § 3a Abs. 2 UStG für die der in einem anderen Mitgliedstaat ansässige Leistungsempfänger die Steuer dort schuldet in der ZM für den ersten oder zweiten Kalendermonat eines Kalendervierteljahres angezeigt (§ 18a Abs. 3 Satz 2 UStG).[2)] **2859**

Die in Abschn. 18a.2 Abs. 1 bis 5 UStAE genannten Abgabefristen gelten entsprechend, wenn neben den dort genannten Lieferungen und sonstigen Leistungen auch Gegenstände aus dem Gebiet eines Mitgliedstaats in das Gebiet eines anderen Mitgliedstaats für Zwecke einer Lieferung nach dem Ende der Beförderung oder Versendung an einen Erwerber im Sinne von § 6b UStG befördert oder versendet werden. Werden in einem Meldezeitraum ausschließlich Lieferungen im Sinne von § 6b UStG ausgeführt, ist die ZM bis zum 25. Tag nach Ablauf eines Kalendervierteljahrs an das BZSt zu übermitteln.[3)] **2860**

Wenn keine Umsatzsteuer-Voranmeldungen abzugeben sind (§ 18 Abs. 2 Satz 3 UStG) hat der Unternehmer zu beachten, dass eine ZM nur jährlich bis zum 25. Tag nach Ablauf des Kj. abzugeben ist, in dem er innergemeinschaftliche Warenlieferungen ausgeführt hat oder im übrigen Gemeinschaftsgebiet steuerpflichtige sonstige Leistungen i.S.d. § 3a Abs. 2 UStG ausgeführt hat, für die der in einem anderen Mitgliedstaat ansässige Leistungsempfänger die Steuer dort schuldet, wenn **2861**

- die Summe seiner Lieferungen und sonstigen Leistungen im vorangegangenen Kj. 200 000 € nicht überstiegen hat und im laufenden Kj. voraussichtlich nicht übersteigen wird,
- die Summe der innergemeinschaftlichen Warenlieferungen oder im übrigen Gemeinschaftsgebiet ausgeführten steuerpflichtigen sonstigen Leistungen i.S.d. § 3a Abs. 2 UStG, für die der in einem anderen Mitgliedstaat ansässige Leistungsempfänger die Steuer dort schuldet, im vorangegangenen Kj. 15 000 € nicht überstiegen hat und im laufenden Kj. voraussichtlich nicht übersteigen wird und
- es sich nicht um Lieferungen neuer Fahrzeuge an Abnehmer mit USt-IdNr. handelt (§ 18a Abs. 9 UStG).

Die Angaben, die in der ZM nach § 18a Abs. 7 Satz 1 Nr. 1 und 2 UStG zu machen sind (→ Rz. 2877 ff.), sind für den Meldezeitraum (→ Rz. 2853 ff.) zu machen, in dem die Rechnung für die innergemeinschaftliche Warenlieferung ausgestellt wird, spätestens jedoch für den Meldezeitraum, in dem der auf die Ausführung der innergemeinschaftlichen Warenlieferung folgenden Monat endet (§ 18a Abs. 8 Satz 1 UStG). Die Angaben, die in der ZM nach § 18a Abs. 7 Satz 1 Nr. 3 und 4 UStG zu machen sind (→ Rz. 2877 ff.), sind für den Meldezeitraum zu machen, in dem die im übrigen Gemeinschaftsgebiet steuerpflichtigen sonstigen Leistungen i.S.d. § 3a Abs. 2 UStG, für die der in einem anderen Mitgliedstaat ansässige Leistungsempfänger die Steuer dort schuldet, und die Lieferungen nach § 25b Abs. 2 UStG ausgeführt worden sind. Wird eine steuerpflichtige sonstige Leistung i.S.d. § 3a Abs. 2 UStG, für die der in einem anderen Mitgliedstaat ansässige Leistungsempfänger die Steuer dort schuldet, dauerhaft über einen Zeitraum von mehr als einem Jahr erbracht, gilt § 13b Abs. 3 UStG entsprechend. Unbeachtlich ist, ob der Unternehmer seine Umsätze nach vereinbarten oder vereinnahmten Entgelten versteuert.[4)] **2862**

In der ZM ist nach § 18a Abs. 7 Satz 1 Nr. 2a UStG in den Fällen des § 6b Abs. 1 UStG in dem jeweiligen Meldezeitraum die USt-IdNr. für jeden Erwerber i.S.d. § 6b Abs. 1 Nr. 1 und Nr. 3 UStG anzugeben. Tritt innerhalb der Frist von 12 Monaten nach dem Ende der Beförderung oder Versendung des Gegenstandes im Sinne von § 6b Abs. 1 Nr. 1 UStG und vor dem Zeitpunkt der Lieferung ein anderer Unternehmer an die Stelle des Erwerbers (Erwerberwechsel nach § 6b Abs. 5 UStG) und liegen die in § 6b Abs. 5 Nr. 1 bis 3 UStG genannten Voraussetzungen vor, ist die USt-IdNr. des neuen Erwerbers in der ZM für den Meldezeitraum, in dem das Ereignis eingetreten ist, anzugeben. Wird die von einem Unternehmer beabsichtigte Lieferung des in den Bestimmungsmitgliedstaat beförderten oder versendeten Gegenstands innerhalb der 12 Monatsfrist nach Einlagerung nicht bewirkt und gelangt der Gegenstand innerhalb dieser 12-Monatsfrist in den Abgangsmitgliedstaat zurück (Rücklieferung nach § 6b Abs. 4 UStG), ist die USt-IdNr. des ursprünglich vorgesehenen Erwerbers in der ZM für den Meldezeitraum, in dem das Ereignis eingetreten ist, anzugeben.[5)] **2863**

---

1) Vgl. Abschn. 18a.2 Abs. 5 UStAE.
2) Vgl. Abschn. 18a.2 Abs. 6 UStAE.
3) Vgl. BMF v. 10.12.2021, III C 3 – S 7146/20/10001 :005, BStBl I 2021, 2492 und Abschn. 18a.2 Abs. 7 UStAE.
4) Vgl. Abschn. 18a.3 Abs. 1 Satz 2 UStAE.
5) Vgl. BMF v. 10.12.2021, III C 3 – S 7146/20/10001 :005, BStBl I 2021, 2492 und Abschn. 18a.3 Abs. 2 UStAE.

e) Abgabefrist

2864 Besteht eine Pflicht zur Abgabe von ZM, sind die ZM nach § 18a Abs. 1 Satz 1 UStG spätestens bis zum 25. Tag nach Ablauf des maßgeblichen Meldezeitraums zu übermitteln → Rz. 2853 ff.

Hat das FA dem Unternehmer eine Dauerfristverlängerung gewährt, gilt diese nicht für die Abgabe der ZM. Ein Antrag auf Dauerfristverlängerung für die Abgabe der ZM ist unzulässig.

2865 Hat das FA den Unternehmer gem. § 18 Abs. 2 Satz 3 UStG von der Verpflichtung zur Abgabe der Voranmeldungen und Entrichtung der Vorauszahlungen befreit, kann er die ZM gem. § 18a Abs. 9 UStG abweichend von § 18a Abs. 1 und 2 UStG bis zum 25. Tag nach Ablauf jedes Kj. abgeben, in dem er innergemeinschaftliche Warenlieferungen oder im übrigen Gemeinschaftsgebiet steuerpflichtige sonstige Leistungen ausgeführt hat, für die der in einem anderen Mitgliedstaat ansässige Leistungsempfänger die Steuer dort schuldet, wenn

- die Summe seiner Lieferungen und sonstigen Leistungen im vorangegangenen Kj. 200 000 € nicht überstiegen hat und im laufenden Kj. voraussichtlich nicht übersteigen wird,
- die Summe seiner innergemeinschaftlichen Warenlieferungen, oder im übrigen Gemeinschaftsgebiet ausgeführten steuerpflichtigen sonstigen Leistungen, für die der in einem anderen Mitgliedstaat ansässige Leistungsempfänger die Steuer dort schuldet, im vorangegangenen Kj. 15 000 € nicht überstiegen hat und im laufenden Kj. voraussichtlich nicht übersteigen wird und
- es sich bei den innergemeinschaftlichen Warenlieferungen nicht um Lieferungen neuer Fahrzeuge an Abnehmer mit USt-IdNr. handelt.

2866 Auf die ZM sind mit Ausnahme von § 152 AO ergänzend die für Steuererklärungen geltenden Vorschriften der AO anzuwenden (§ 18a Abs. 11 UStG). Die Abgabe der ZM kann mit Zwangsmaßnahmen – in erster Linie Zwangsgeld bis zu einer Höhe von jeweils 25 000 € – erzwungen werden (§§ 328 ff. AO).[1]

2867 Werden ZM nicht eingereicht oder unrichtige Angaben nicht berichtigt, kann dies gem. § 26a Abs. 1 Nr. 5 UStG als Ordnungswidrigkeit mit einem Bußgeld von bis zu 5 000 € geahndet werden.

Werden ZM vorsätzlich falsch oder unvollständig eingereicht, kommen auch eine Steuerhinterziehung i.S.d. § 370 AO oder eine Beihilfe hierzu oder eine leichtfertige Steuerverkürzung i.S.d. § 378 AO in Betracht, wenn hierdurch die zutreffende Besteuerung in einem anderen Mitgliedstaat vereitelt oder zumindest herausgezögert wurde. Nach § 370 Abs. 6 Satz 2 AO ist die Hinterziehung der Umsatzsteuer anderer Mitgliedstaaten genauso strafbar wie die der deutschen Umsatzsteuer.

2. Allgemeine Angaben

a) Vorbemerkung

2868 Die folgenden Ausführungen gelten grundsätzlich für das Ausfüllen des elektronischen Formulars als auch zur Abgabe der ZM in Papierform. Bei den elektronischen Formularen erfolgt jedoch eine Führung vom Menü. Es sind nur die weißen Felder des Vordrucks auszufüllen. Eintragungen sind lediglich zu **den Kennzahlen 01** (USt-IdNr.), **02** (Meldezeitraum → Rz. 2853) und **03** (Berichtigung → Rz. 2889) sowie Angaben zum Unternehmen (Art, Anschrift, Telefon, E-Mail) vorzunehmen.

1) Vgl. hierzu BFH v. 8.8.1995, VII R 25/94, BFH/NV 1996, 13; v. 23.11.1998, VII B 237/98, BFH/NV 1999, 897.

b) Angaben zur USt-IdNr., zum Meldezeitraum, zu einer berichtigten ZM

Umsatzsteuer-Identifikationsnummer (USt-IdNr.) Bitte 9 Ziffern eintragen

01 | D | E | | | | | | | | |

Bundeszentralamt für Steuern
- Dienstsitz Saarlouis -

66738 Saarlouis

Zusammenfassende Meldung
über innergemeinschaftliche Warenlieferungen
und innergemeinschaftliche sonstige Leistungen
und innergemeinschaftliche Dreiecksgeschäfte

Unternehmer, Anschrift, Telefon (Angabe freiwillig)

02 **20**

(Bitte nur **einen Meldezeitraum** ankreuzen)

Jan.	April	Juli	Okt.
Feb.	Mai	Aug.	Nov.
März	Juni	Sept.	Dez.
Jan/Feb	April/Mai	Juli/Aug	Okt/Nov
1. Quart.	2. Quart.	3. Quart.	4. Quart.
Kalenderjahr			

Berichtigung 03
(falls JA, bitte "x" eintragen)

Einlagebogen 04 Anzahl

Anzeige nach § 18a Abs. 1 UStG

☐ Die in § 18a Abs. 1 Satz 2 enthaltene Regelung nehme ich nicht in Anspruch. Ich gebe die ZM künftig monatlich ab. Diese Anzeige bindet mich bis zum Zeitpunkt des Widerrufes, mindestens aber für die Dauer von 12 Kalendermonaten.

☐ Widerruf meiner Anzeige nach § 18a Abs. 1 UStG

In **Kennzahl 01** ist die vom BZSt erteilte USt-IdNr. (9 Ziffern) einzutragen. 2869

Der entsprechende Meldezeitraum (→ Rz. 2853) ist in **Kennzahl 02** in der zutreffenden Zeile zu ergänzen. 2870

Beratungshinweis:
Für jeden Meldezeitraum, in dem innergemeinschaftliche Warenlieferungen und/oder innergemeinschaftliche sonstige Leistungen und/oder innergemeinschaftliche Dreiecksgeschäfte ausgeführt wurden, ist eine gesonderte ZM zu erstellen.

Handelt es sich um eine berichtigte ZM (weil z.B. eine abgegebene ZM unrichtig oder unvollständig ist) ist die **Kennzahl 03** zu markieren (→ Rz. 2889). Wird die ZM in Papierform abgegeben und nicht elektronisch erstellt, ist das Feld neben der **Kennzahl 03** mit einem „X“ zu füllen. 2871

Wird die in § 18a Abs. 1 Satz 2 UStG enthaltene Regelung **in Anspruch genommen** und die ZM künftig monatlich abgegeben, ist das entsprechende Feld zu markieren (→ Rz. 2856). Wird die ZM in Papierform abgegeben und nicht elektronisch erstellt, ist das Feld mit einem „X“ zu füllen. 2872

Wird die in § 18a Abs. 1 Satz 2 UStG enthaltene Regelung **nicht mehr Anspruch genommen** und die ZM künftig nicht mehr monatlich abgegeben, ist das entsprechende Feld zu markieren. Wird die ZM in Papierform abgegeben und nicht elektronisch erstellt, ist das Feld mit einem „X“ zu füllen. Zu beachten ist, dass der Unternehmer bei Ausübung des bis zum Zeitpunkt des Widerrufs, mindestens aber für die Dauer von zwölf Kalendermonaten an die monatliche Abgabe der ZM gebunden ist (→ Rz. 2856).[1] 2873

1) Vgl. Abschn. 18a.2 Abs. 3 UStAE.

2874 Die Anzahl der Einlagebögen wird im elektronischen Formular automatisch gefüllt. Wird die ZM in Papierform abgegeben und nicht elektronisch erstellt, ist die Zahl der Einlagebögen handschriftlich zu ergänzen (**Kennzahl 04**).

c) Unterschrift

Ich versichere, die Angaben in dieser Zusammenfassenden Meldung wahrheitsgemäß nach bestem Wissen und Gewissen gemacht zu haben.

Hinweis:
Wer vorsätzlich oder leichtfertig entgegen seinen Verpflichtungen gem. § 18a Umsatzsteuergesetz (UStG) eine Zusammenfassende Meldung nicht, nicht richtig, nicht vollständig oder nicht rechtzeitig abgibt oder nicht bzw. nicht rechtzeitig berichtigt, handelt ordnungswidrig. Die Ordnungswidrigkeit kann mit einer Geldbuße bis zu 5.000 Euro geahndet werden (§ 26a UStG).

Bei der Anfertigung dieser ZM hat mitgewirkt:

Name, Anschrift, Telefon (Angabe freiwillig)

Datum, Unterschrift

Datenschutzhinweis:
Die mit der Zusammenfassenden Meldung angeforderten Daten werden aufgrund der §§ 149 ff. Abgabenordnung (AO) und § 18a UStG erhoben. Informationen über die Verarbeitung personenbezogener Daten in der Steuerverwaltung und über Ihre Rechte nach der Datenschutz-Grundverordnung sowie über Ihre Ansprechpartner in Datenschutzfragen entnehmen Sie bitte dem allgemeinen Informationsschreiben der Steuerverwaltung (https://www.bzst.de/DatenschutzInfo).

2875 Wird die ZM in Papierform erstellt, ist die ZM vom Unternehmer zu unterschreiben (Datum und Unterschrift) und im Original dem BZSt zu übersenden.

3. Einlagebogen

a) Allgemeine Angaben

Einlagebogen Nr. | | **zur Zusammenfassenden Meldung für den Meldezeitraum**

02 20

Umsatzsteuer-Identifikationsnummer (USt-IdNr.) Bitte 9 Ziffern eintragen

01 D E

Jan.	April	Juli	Okt.
Feb.	Mai	Aug.	Nov.
März	Juni	Sept.	Dez.
Jan/Feb	April/Mai	Juli/Aug	Okt/Nov
1. Quart.	2. Quart.	3. Quart.	4. Quart.

Kalenderjahr

Berichtigung (falls JA, bitte "x" eintragen) 03

Meldung der Warenlieferungen vom Inland in das übrige Gemeinschaftsgebiet (§ 18a Abs. 7 Nr. 1 u. 2 UStG), der sonstigen Leistungen (§ 18a Abs. 7 Satz 1 Nr. 3 UStG) und der Lieferungen i.S.d. § 25b Abs. 2 UStG im Rahmen innergemeinschaftlicher Dreiecksgeschäfte (§ 18a Abs. 7 Satz 1 Nr. 4 UStG)

Bitte beachten!

Sonstige Leistungen bzw. Dreiecksgeschäfte sind in Spalte 3 jeweils durch Eintragung der Ziffer "1" oder "2" entsprechend zu kennzeichnen. Wurden sowohl Warenlieferungen, sonstige Leistungen und/oder Dreiecksgeschäfte an denselben Unternehmer erbracht, sind diese in getrennten Zeilen anzugeben.

2876 Eintragungen sind lediglich zu den **Kennzahlen 01** (USt-IdNr.), **02** (Meldezeitraum →Rz. 2853) und **03** (Berichtigung →Rz. 2889) vorzunehmen. Bei den elektronischen Formularen werden die Eintragungen zu den Kennzahlen 01, 02 und 03 automatisch vom Vorblatt (→Rz. 2869 ff.) übernommen.

b) Meldepflichtige Lieferungen und sonstige Leistungen

Zeile	Länder-kenn-zeichen	1 **USt-IdNr.** des Erwerbers/ Unternehmers in einem anderen EU-Mitgliedstaat	2 Summe der Bemessungsgrundlagen volle EUR	Ct	3 Sonstige Leistungen (falls JA, bitte **1** eintragen) ---------------- Dreiecksgeschäfte (falls JA, bitte **2** eintragen)
1					
2					
3					
4					
5					
6					
7					
8					
9					
10					
11					
12					
13					
14					
15					
16					
17					
18					
19					
20					
21					
22					
23					
24					
25					

Im Einlagebogen zur ZM sind für den Meldezeitraum (→ Rz. 2853 ff.) die Warenlieferungen (§ 18a Abs. 7 Satz 1 Nr. 1 und 2 UStG) vom Inland in das übrige Gemeinschaftsgebiet, die sonstigen Leistungen (§ 18a Abs. 7 Satz 1 Nr. 3 UStG) und die Lieferungen i.S.d. § 25b Abs. 2 UStG im Rahmen innergemeinschaftlicher Dreiecksgeschäfte (§ 18a Abs. 7 Satz 1 Nr. 4 UStG) zu melden. **2877**

Innergemeinschaftliche Warenlieferungen sind innergemeinschaftliche Lieferungen i.S.d. § 6a Abs. 1 UStG mit Ausnahme der Lieferung neuer Fahrzeuge an Abnehmer **ohne** USt-IdNr. (§ 18a Abs. 6 Nr. 1 UStG) und die innergemeinschaftlichen Lieferungen gleichgestellter Verbringungen i.S.d. § 6a Abs. 2 UStG (§ 18a Abs. 6 Nr. 2 UStG). Zu innergemeinschaftlichen Lieferungen → Rz. 2367 ff. **2878**

Einzutragen sind in dem jeweiligen Meldezeitraum ausgeführte innergemeinschaftliche Warenlieferungen i.S.d. § 6a Abs. 1 UStG. Dazu sind gem. § 18a Abs. 7 Satz 1 Nr. 1 UStG folgende Angaben erforderlich:

- die USt-IdNr. eines jeden Erwerbers, die diesem in einem anderen Mitgliedstaat erteilt worden ist und unter der die innergemeinschaftlichen Warenlieferungen an ihn ausgeführt worden sind, und
- für jeden Erwerber getrennt die Summe der Bemessungsgrundlagen der an ihn ausgeführten innergemeinschaftlichen Warenlieferungen.

Einzutragen sind in dem jeweiligen Meldezeitraum ausgeführte innergemeinschaftliche Verbringungen i.S.v. § 6a Abs. 2 UStG. Dazu sind gem. § 18a Abs. 7 Satz 1 Nr. 2 UStG folgende Angaben erforderlich:

- die USt-IdNr. des verbringenden Unternehmers in den Mitgliedstaaten, in die er die Gegenstände verbracht hat, und
- die darauf entfallende Summe der Bemessungsgrundlagen.

2879 Innergemeinschaftliche sonstige Leistungen sind nach § 3a Abs. 2 UStG im übrigen Gemeinschaftsgebiet ausgeführte sonstige Leistungen, für die der in einem anderen Mitgliedstaat ansässige Leistungsempfänger die Steuer dort schuldet (hierzu → Rz. 2204 und → Rz. 2703). Hierzu sind gem. § 18a Abs. 7 Satz 1 Nr. 3 UStG folgende Angaben erforderlich:

- die USt-IdNr. eines jeden Leistungsempfängers, die diesem in einem anderen Mitgliedstaat erteilt worden ist und unter der die steuerpflichtige sonstige Leistung an ihn erbracht wurde,
- für jeden Leistungsempfänger getrennt die Summe der Bemessungsgrundlagen der an ihn erbrachten steuerpflichtigen sonstigen Leistungen und
- ein Hinweis auf das Vorliegen einer im übrigen Gemeinschaftsgebiet ausgeführten steuerpflichtigen sonstigen Leistung i.S.d. § 3a Abs. 2 UStG, für die der in einem anderen Mitgliedstaat ansässige Leistungsempfänger die Steuer dort schuldet.

2880 Bei einem innergemeinschaftlichen Dreiecksgeschäft sind in der ZM vom ersten Lieferer eine innergemeinschaftliche Warenlieferung an den ersten Abnehmer und vom ersten Abnehmer eine Lieferung i.S.d. § 25b Abs. 2 UStG an den letzten Abnehmer zu melden, wenn die darauf entfallende Steuerschuld auf den letzten Abnehmer übertragen wird (zu innergemeinschaftlichen Dreiecksgeschäften → Rz. 2390 ff.).

Werden in einem Meldezeitraum an denselben Abnehmer neben innergemeinschaftlichen Warenlieferungen auch Lieferungen i.S.d. § 25b Abs. 2 UStG (= ruhende nachfolgende Lieferung im Rahmen eines innergemeinschaftlichen Dreiecksgeschäfts) ausgeführt, sind Letztere in einer zweiten Zeile unter der USt-IdNr. dieses Abnehmers zusammenzufassen. Dazu sind gem. § 18a Abs. 7 Satz 1 Nr. 4 UStG folgende Angaben erforderlich:

- die USt-IdNr. eines jeden letzten Abnehmers, die diesem in dem Mitgliedstaat erteilt worden ist, in dem die Versendung oder Beförderung beendet worden ist,
- für jeden letzten Abnehmer die Summe der Bemessungsgrundlagen der an ihn ausgeführten Lieferungen und
- ein Hinweis auf das Vorliegen eines innergemeinschaftlichen Dreiecksgeschäfts. Der Hinweis erfolgt durch eine Eintragung in Spalte 3 des Einlagebogens.

2881 In **Spalte 1** sind die USt-IdNr. der im übrigen Gemeinschaftsgebiet ansässigen Erwerber/Unternehmer linksbündig einschließlich des Länderkennzeichens einzutragen.

2882 Durch das Jahressteuergesetz 2024 (**JStG 2024**) v. 2.12.2024 wurde § 30 UStG mit Wirkung vom **6.12.2024** neu in das UStG aufgenommen.[1] Danach wird für nach dem 31.12.2020 ausgeführte Lieferungen und innergemeinschaftliche Erwerbe das Gebiet Nordirlands wie übriges Gemeinschaftsgebiet behandelt. Eine USt-IdNr. mit dem Präfix „XI" gilt als eine von einem anderen EU-Mitgliedstaat erteilte USt-IdNr. Eine durch das Vereinigte Königreich Großbritannien und Nordirland erteilte individuelle IdNr. gilt i.S.d. UStG als von einem anderen EU-Mitgliedstaat erteilte individuelle IdNr. (§ 30 Abs. 1 bis 3 UStG).

2883 Deutsche Unternehmer benötigen die USt-IdNr. ihres Leistungsempfängers, um zu erkennen, dass sie steuerfrei an ihn liefern können. Das BZSt bestätigt dem Unternehmer i.S.d. § 2 UStG die Gültigkeit einer USt-IdNr. sowie den Namen und die Anschrift der Person, der die USt-IdNr. von einem anderen EU-Mitgliedstaat erteilt wurde. Der Unternehmer kann sich dazu schriftlich, telefonisch, per Telefax oder über Internet (www.bzst.de) an das BZSt wenden.

2884 Die Bemessungsgrundlagen, die sich auf einen Erwerber/Unternehmer innerhalb eines Meldezeitraums beziehen, sind in einer Summe zusammenzufassen und getrennt nach Umsatzart (innergemeinschaftliche Warenlieferung, innergemeinschaftliche sonstige Leistung, innergemeinschaftliche Dreiecksgeschäfte) in je einer Zeile gesondert in **Spalte 2** einzutragen.

2885 Bemessungsgrundlagen (Entgelte ohne Umsatzsteuer) sind immer in vollen Euro anzugeben. Die übrigen Währungen sind nach den monatlichen, im Bundessteuerblatt I veröffentlichten Kursen in Euro umzurechnen. Das FA kann auf Antrag gestatten, dass auch eine Umrechnung nach Tageskursen laut Bankmitteilung oder Kurszettel vorgenommen wird (§ 16 Abs. 6 UStG).[2]

Hat der Unternehmer die Rechnung für eine innergemeinschaftliche Warenlieferung, die er im letzten Monat eines Meldezeitraums ausgeführt hat, erst nach Ablauf des Meldezeitraums ausgestellt, ist für die Umrechnung grundsätzlich der Durchschnittskurs des auf den Monat der Ausführung der Lieferung folgenden Monats heranzuziehen.[3]

1) Jahressteuergesetz 2024 (JStG 2024) v. 2.12.2024, BGBl. I 2024 Nr. 387 = BStBl I 2024, 1484.
2) Vgl. Abschn. 16.4 UStAE.
3) Vgl. Abschn. 18a.3 Abs. 2 Satz 2 UStAE.

Hat sich die umsatzsteuerliche Bemessungsgrundlage für die zu meldenden Umsätze nachträglich geändert (z.B. durch Rabatte, Uneinbringlichkeit oder Stornierung von Rechnungen), ist das für jeden Erwerber gesondert in dem Meldezeitraum anzugeben, in dem die Änderung eingetreten ist (z.B. der Rabatt gewährt wurde). Die Meldung erfolgt in der Weise, dass der „Änderungsbetrag" mit jeweils der Summe der Bemessungsgrundlage der innergemeinschaftlichen Warenlieferung, der innergemeinschaftlichen sonstigen Leistungen oder der innergemeinschaftlichen Dreiecksgeschäfte, die in dem Meldezeitraum ausgeführt wurde, saldiert wird, so dass nur der Saldo gemeldet wird. Ergibt sich eine negative Bemessungsgrundlage, ist der Betrag mit einem Minuszeichen zu kennzeichnen.[1] Die zu meldende Summe der Bemessungsgrundlage kann ausnahmsweise auf Grund von Saldierungen 0 € betragen. In diesem Fall ist als Summe der Bemessungsgrundlagen „0" zu melden.[2] **2886**

Eine nachträgliche Änderung der umsatzsteuerlichen Bemessungsgrundlage ist von der Berichtigung wegen unrichtiger bzw. unvollständigen Angaben zu unterscheiden (→ Rz. 2889 ff.).[3]

Die innergemeinschaftlichen sonstigen Leistungen sind in **Spalte 3** mit der Ziffer „1" und die innergemeinschaftlichen Dreiecksgeschäfte mit der Ziffer „2" zu kennzeichnen. Bei den innergemeinschaftlichen Warenlieferungen entfällt eine gesonderte Kennzeichnung. **2887**

Sämtliche innergemeinschaftlichen Warenlieferungen innerhalb eines Meldezeitraums an einen Erwerber/Unternehmer sind unter dessen USt-IdNr. **in einer Zeile** zusammenzufassen. Werden darüber hinaus in diesem Meldezeitraum an denselben Abnehmer innergemeinschaftliche sonstige Leistungen ausgeführt, sind diese **in einer zweiten Zeile** unter dessen USt-IdNr. zusammenzufassen. Werden zusätzlich in diesem Meldezeitraum an denselben Abnehmer auch innergemeinschaftliche Dreiecksgeschäfte ausgeführt, sind diese **in einer dritten Zeile** unter dessen USt-IdNr. zusammenzufassen. Es stehen danach für die Eintragung der meldepflichtigen Umsätze maximal drei Zeilen für einen Abnehmer mit einer ausl. USt-IdNr. in einer ZM zur Verfügung. Die Zahl der Zeilen im Einlagebogen lassen sich durch Anklicken der letzten Zeile erhöhen bzw. auch wieder vermindern. **2888**

4. Berichtigung einer ZM

a) Berichtigung einer unrichtigen oder unvollständigen ZM

Eine unrichtige oder unvollständige ZM muss gesondert für den Meldezeitraum berichtigt werden, in dem die unrichtigen oder unvollständigen Angaben erklärt wurden. Wird eine unrichtige oder unvollständige ZM vorsätzlich oder leichtfertig nicht oder nicht rechtzeitig berichtigt, kann dies als Ordnungswidrigkeit mit einer Geldbuße bis zu 5 000 € geahndet werden (vgl. § 26a UStG). Rechtzeitig ist die Berichtigung, wenn sie innerhalb von drei Monaten übermittelt wird,[4] nachdem der Unternehmer die Unrichtigkeit oder Unvollständigkeit erkannt hat. Für die Fristwahrung ist der Zeitpunkt des Eingangs der berichtigten ZM beim BZSt maßgeblich.[5] **2889**

Eine ZM ist zu berichtigen, soweit der in einem anderen Mitgliedstaat ansässige unternehmerische Leistungsempfänger, der die Steuer dort schuldet, seine USt-IdNr. dem leistenden Unternehmer erst nach dem Bezug einer im übrigen Gemeinschaftsgebiet steuerpflichtigen sonstigen Leistung i.S.d. § 3a Abs. 2 UStG mitgeteilt hat, und daher deren Angabe in der ZM für den Meldezeitraum zunächst unterblieben ist.[6] **2890**

Für jeden zu berichtigenden Meldezeitraum ist eine **gesonderte** berichtigte ZM abzugeben. In diesen Fällen ist die **Kennzahl 03** zu kennzeichnen (→ Rz. 2871). **2891**

In der berichtigten ZM werden die Angaben, die in der ursprünglichen ZM **korrekt gemeldet** worden sind, nicht wiederholt. Angaben, die in der ursprünglichen ZM **falsch gemeldet** wurden, sind in der berichtigten ZM in dem ursprünglichen Meldezeitraum mit der Bemessungsgrundlage „0" zu melden (= Stornierung). **2892**

Fehlende ausl. USt-IdNrn. werden mit der korrekten Bemessungsgrundlage entweder als innergemeinschaftliche Warenlieferungen, innergemeinschaftliche sonstige Leistungen oder innergemeinschaftliche Dreiecksgeschäfte jeweils separat in einer Zeile eingetragen. **2893**

Eine nachträgliche Änderung der umsatzsteuerlichen Bemessungsgrundlage ist von der Berichtigung wegen unrichtiger bzw. unvollständiger Angaben zu unterscheiden (→ Rz. 2886). **2894**

b) Berichtigung einer beanstandeten ausländischen USt-IdNr.

Ist eine unrichtige USt-IdNr. zu berichtigen ist in der ersten Zeile in Spalte 1 die unrichtig angegebene USt-IdNr., in Spalte 2 eine „0" und in Spalte 3 nur bei einer innergemeinschaftlichen sonstigen Leistung eine „1" oder eine „2" bei einem innergemeinschaftlichen Dreiecksgeschäft einzutragen. In der zweiten Zeile sind dann die zutreffenden Angaben zu machen. **2895**

---

1) Vgl. Abschn. 18a.4 Abs. 1 UStAE.
2) Vgl. Abschn. 18a.4 Abs. 2 UStAE.
3) Vgl. Abschn. 18a.4 Abs. 3 UStAE.
4) Vgl. Abschn. 18a.5 Abs. 1 UStAE.
5) Vgl. Abschn. 18a.5 Abs. 1 UStAE.
6) Vgl. Abschn. 18a.5 Abs. 2 UStAE.

c) Berichtigung der Bemessungsgrundlage

2896 Unter der USt-IdNr. des ausl. Erwerbers/Abnehmers ist die zutreffende Bemessungsgrundlage für den entsprechenden Meldezeitraum anzugeben. Es ist nicht nur der zu viel oder zu wenig gemeldete Unterschiedsbetrag anzugeben.

d) Berichtigung irrtümlich gemeldeter Lieferungen und/oder sonstiger Leistungen

2897 Innergemeinschaftliche Warenlieferungen und/oder innergemeinschaftliche sonstige Leistungen und/oder innergemeinschaftliche Dreiecksgeschäfte gemeldet, die nicht oder nicht in dem Meldezeitraum getätigt worden sind, müssen **storniert** werden. Einzutragen ist in der berichtigten ZM in einer Zeile in Spalte 1 die USt-IdNr., unter der die Angabe irrtümlich gemacht wurde, in Spalte 2 „0" und in Spalte 3 nur bei einer innergemeinschaftlichen sonstigen Leistung eine „1" oder eine „2" bei einem innergemeinschaftlichen Dreiecksgeschäft.

5. Verhältnis Umsatzsteuer-Voranmeldung/Umsatzsteuererklärung und ZM

2898 Der Unternehmer i.S.d. § 2 UStG hat nach § 18b Satz 1 UStG für jeden Voranmeldungs- und Besteuerungszeitraum in den amtlich vorgeschriebenen Vordrucken (§ 18 Abs. 1 bis 4 UStG) die Bemessungsgrundlagen folgender Umsätze gesondert zu erklären:

- seiner innergemeinschaftlichen Lieferungen,
- seiner im übrigen Gemeinschaftsgebiet ausgeführten steuerpflichtigen sonstigen Leistungen i.S.d. § 3a Abs. 2 UStG, für die der in einem anderen Mitgliedstaat ansässige Leistungsempfänger die Steuer dort schuldet, und
- seiner Lieferungen i.S.d. § 25b Abs. 2 UStG.

2899 Die Angaben sind nach § 18b Satz 2 UStG in dem Voranmeldungs- und/oder Besteuerungszeitraum zu machen, in dem die Rechnung für eine innergemeinschaftliche Lieferung ausgestellt wird, spätestens jedoch in dem Voranmeldungs- und/oder Besteuerungszeitraum, in dem der auf die Ausführung dieses Umsatzes folgenden Monat endet. Die Angaben für eine im übrigen Gemeinschaftsgebiet ausgeführte steuerpflichtige sonstige Leistung i.S.d. § 3a Abs. 2 UStG, für die der in einem anderen Mitgliedstaat ansässige Leistungsempfänger die Steuer dort schuldet, und für Lieferungen i.S.d. § 25b Abs. 2 UStG (innergemeinschaftliches Dreiecksgeschäft) sind in dem Voranmeldungs- und/oder Besteuerungszeitraum zu machen, in dem diese Lieferungen ausgeführt worden sind.

2900 Diese Umsätze (→ Rz. 2898) muss der Unternehmer aufgeschlüsselt auf die einzelnen Erwerber/Abnehmer auch in der ZM für den jeweiligen Meldezeitraum erklären.

Dasselbe gilt für die Berichtigung der Bemessungsgrundlage z.B. wegen der Gewährung von Skonti, Boni, Rabatten, wegen der Uneinbringlichkeit von Forderungen und wegen Rechnungsstornierungen infolge ganz oder teilweise rückgängig gemachter innergemeinschaftlicher Warenlieferungen und/oder innergemeinschaftlicher sonstiger Leistungen und/oder Lieferungen im Rahmen von innergemeinschaftlichen Dreiecksgeschäften. Wurden irrtümlich in einer Umsatzsteuer-Voranmeldung innergemeinschaftliche Warenlieferungen und/oder innergemeinschaftliche sonstige Leistungen und/oder Lieferungen im Rahmen von innergemeinschaftlichen Dreiecksgeschäften erklärt, ist die ursprüngliche Umsatzsteuer-Voranmeldung zu berichtigen (§ 18b Satz 5 UStG). Dies gilt für Umsatzsteuererklärungen entsprechend (§ 18b Satz 6 UStG).

2901 Die Angaben in den Umsatzsteuer-Voranmeldungen und Umsatzsteuererklärungen und den ZM werden von den zuständigen Finanzbehörden abgeglichen und geprüft.

6. Anhang: Übersicht der Meldezeiträume zur Abgabe der ZM

2902 Falls der Unternehmer innergemeinschaftliche Warenlieferungen (§ 18a Abs. 6 UStG) oder Lieferungen i.S.d. § 25b Abs. 2 UStG (innergemeinschaftliche Dreiecksgeschäfte) ausgeführt hat, richtet sich die Abgabe der ZM nach folgender Übersicht:

Grundregelung	Grundsätzlich monatliche Abgabe (§ 18a Abs. 1 Satz 1 UStG)
Meldezeitraum Kalendervierteljahr (= vierteljährliche Abgabe der ZM)	Wenn die Summe der Bemessungsgrundlagen für innergemeinschaftliche Warenlieferungen und für Lieferungen i.S.d. § 25b Abs. 2 UStG weder für das laufende Kalendervierteljahr noch für eines der vier vorangegangenen Kalendervierteljahre jeweils mehr als 50 000 € betragen hat (§ 18a Abs. 1 Sätze 2 und 5 UStG).
Meldezeitraum Kalenderjahr (= jährliche Abgabe der ZM)	Wenn der Unternehmer keine Umsatzsteuer-Voranmeldungen abgeben muss und wenn 1. die Summe der Lieferungen und sonstigen Leistungen im vorangegangenen Kj. 200 000 € nicht überstiegen hat und im laufenden Kj. voraussichtlich nicht übersteigen wird, 2. die Summe der innergemeinschaftlichen Warenlieferungen oder im übrigen Gemeinschaftsgebiet steuerpflichtigen sonstigen Leistungen i.S.d. § 3a Abs. 2 UStG, für die der in einem anderen Mitgliedstaat ansässige Leistungsempfänger die Steuer dort schuldet, im vorangegangenen Kj. 15 000 € nicht überstiegen hat und im laufenden Kj. voraussichtlich nicht übersteigen wird und 3. es sich bei den in Nr. 2 bezeichneten Warenlieferungen nicht um Lieferungen neuer Fahrzeuge an Abnehmer mit USt-IdNr. handelt (§ 18a Abs. 9 UStG).
Abgabefrist	Abgabe bis zum 25. Tag nach Ablauf des Meldezeitraums.

Zu beachten ist, dass der Unternehmer auch dann zur Abgabe einer ZM verpflichtet ist, wenn er im übrigen Gemeinschaftsgebiet steuerpflichtige sonstige Leistungen i.S.d. § 3a Abs. 2 UStG, für die der in einem anderen Mitgliedstaat ansässige Leistungsempfänger die Steuer dort schuldet, ausgeführt hat. Dann hat der Unternehmer bis zum 25. Tag nach Ablauf jedes Kalendervierteljahres eine ZM abzugeben (§ 18a Abs. 2 Satz 1 UStG). Zur jährlichen Abgabe der ZM wird auf die Ausführungen in der o.a. Tabelle hingewiesen. **2903**

Unternehmer, die hinsichtlich der Ausführung von innergemeinschaftlichen Warenlieferungen (§ 18a Abs. 6 UStG) und Lieferungen i.S.d. § 25b Abs. 2 UStG im Rahmen innergemeinschaftlicher Dreiecksgeschäfte zur monatlichen Übermittlung einer ZM verpflichtet sind, melden die im übrigen Gemeinschaftsgebiet ausgeführten steuerpflichtigen sonstigen Leistungen i.S.d. § 3a Abs. 2 UStG, für die der in einem anderen Mitgliedstaat ansässige Leistungsempfänger die Steuer dort schuldet, in der ZM für den letzten Monat des Kalendervierteljahres (§ 18a Abs. 2 Satz 2 UStG, vgl. auch Abschn. 18a.2 Abs. 5 UStAE). Unternehmer, die die ZM hinsichtlich der Ausführung von innergemeinschaftlichen Warenlieferungen und Lieferungen i.S.d. § 25b Abs. 2 UStG im Rahmen innergemeinschaftlicher Dreiecksgeschäfte monatlich übermitteln, können darin auch die steuerpflichtigen sonstigen Leistungen i.S.d. § 3a Abs. 2 UStG, die in dem entsprechenden Kalendermonat im übrigen Gemeinschaftsgebiet ausgeführt worden sind und für die der in einem anderen Mitgliedstaat ansässige Leistungsempfänger die Steuer dort schuldet, monatlich angeben (§ 18a Abs. 3 Satz 1 UStG). Die Ausübung dieser Wahlmöglichkeit wird dem BZSt durch die Angabe von im übrigen Gemeinschaftsgebiet ausgeführten steuerpflichtigen sonstigen Leistungen i.S.d. § 3a Abs. 2 UStG, für die der in einem anderen Mitgliedstaat ansässige Leistungsempfänger die Steuer dort schuldet, in der ZM für den ersten oder zweiten Kalendermonat eines Kalendervierteljahres angezeigt (§ 18a Abs. 3 Satz 2 UStG, Abschn. 18a.2 Abs. 6 UStAE). Weitere Einzelheiten → Rz. 2853 ff. **2904**

Teil 2:
Materialien

Benutzerhinweise:

Der Materialienteil enthält die relevanten Vorschriften des Körperschaftsteuer-, des Gewerbesteuer- und die des Umsatzsteuergesetzes in Auszügen. Am Ende findet der Benutzer noch einmal alle amtlichen Vordrucke abgebildet.

Körperschaftsteuergesetz (KStG)

– für den Veranlagungszeitraum 2025 –
in der Fassung der Bekanntmachung vom 15.10.2002
(BGBl. I 2002, 4144 = BStBl I 2002, 1169) mit späteren Änderungen[1)]

Erster Teil
Steuerpflicht

§ 1
Unbeschränkte Steuerpflicht

(1) Unbeschränkt körperschaftsteuerpflichtig sind die folgenden Körperschaften, Personenvereinigungen und Vermögensmassen, die ihre Geschäftsleitung oder ihren Sitz im Inland haben:

1. Kapitalgesellschaften (insbesondere Europäische Gesellschaften, Aktiengesellschaften, Kommanditgesellschaften auf Aktien, Gesellschaften mit beschränkter Haftung) einschließlich optierender Gesellschaften im Sinne des § 1a;
2. Genossenschaften einschließlich der Europäischen Genossenschaften;
3. Versicherungs- und Pensionsfondsvereine auf Gegenseitigkeit;
4. sonstige juristische Personen des privaten Rechts;
5. Vereine ohne Rechtspersönlichkeit, nicht rechtsfähige Anstalten, Stiftungen und andere Zweckvermögen des privaten Rechts;
6. Betriebe gewerblicher Art von juristischen Personen des öffentlichen Rechts.

(2) Die unbeschränkte Körperschaftsteuerpflicht erstreckt sich auf sämtliche Einkünfte.

(3) Zum Inland im Sinne dieses Gesetzes gehört auch der der Bundesrepublik Deutschland zustehende Anteil

1. an der ausschließlichen Wirtschaftszone, soweit dort
   a) die lebenden und nicht lebenden natürlichen Ressourcen der Gewässer über dem Meeresboden, des Meeresbodens und seines Untergrunds erforscht, ausgebeutet, erhalten oder bewirtschaftet werden,
   b) andere Tätigkeiten zur wirtschaftlichen Erforschung oder Ausbeutung der ausschließlichen Wirtschaftszone ausgeübt werden, wie beispielsweise die Energieerzeugung aus Wasser, Strömung und Wind oder
   c) künstliche Inseln errichtet oder genutzt werden und Anlagen und Bauwerke für die in den Buchstaben a und b genannten Zwecke errichtet oder genutzt werden, und
2. am Festlandsockel, soweit dort
   a) dessen natürliche Ressourcen erforscht oder ausgebeutet werden; natürliche Ressourcen in diesem Sinne sind die mineralischen und sonstigen nicht lebenden Ressourcen des Meeresbodens und seines Untergrunds sowie die zu den sesshaften Arten gehörenden Lebewesen, die im nutzbaren Stadium entweder unbeweglich auf oder unter dem Meeresboden verbleiben oder sich nur in ständigem körperlichen Kontakt mit dem Meeresboden oder seinem Untergrund fortbewegen können; oder
   b) künstliche Inseln errichtet oder genutzt werden und Anlagen und Bauwerke für die in Buchstabe a genannten Zwecke errichtet oder genutzt werden.

§ 1a
Option zur Körperschaftsbesteuerung

(1) [1]Auf unwiderruflichen Antrag sind für Zwecke der Besteuerung nach dem Einkommen eine Personenhandelsgesellschaft, Partnerschaftsgesellschaft oder eingetragene Gesellschaft bürgerlichen Rechts wie eine Kapitalgesellschaft (optierende Gesellschaft) und ihre Gesellschafter wie die nicht persönlich haftenden Gesellschafter einer Kapitalgesellschaft zu behandeln; § 217 Absatz 1 des Umwandlungsgesetzes gilt sinngemäß. [2]Der Antrag ist von der Personenhandelsgesellschaft, Partnerschaftsgesellschaft oder eingetragenen Gesellschaft bürgerlichen Rechts nach amtlich vorgeschriebenem Datensatz über die amtlich bestimmte Schnittstelle bei dem für die gesonderte und einheitliche Feststellung der Einkünfte nach § 180 der Abgabenordnung zuständigen Finanzamt spätestens einen Monat vor Beginn des Wirtschaftsjahrs zu stellen, ab dem die Besteuerung wie eine Kapitalgesellschaft gelten soll; § 31 Absatz 1a Satz 2 gilt entsprechend. [3]Erfolgt für die Personenhandelsgesellschaft, Partnerschaftsgesellschaft oder eingetragene Gesellschaft bürgerlichen Rechts keine gesonderte und einheitliche Feststellung der Einkünfte, ist der Antrag bei dem für die Einkommensteuer oder Körperschaftsteuer des Gesellschafters zuständigen Finanzamt zu stellen. [4]Erzielt eine Personenhandelsgesellschaft, Partnerschaftsgesellschaft oder eingetragene Gesellschaft bürgerlichen Rechts ausschließlich Einkünfte, die dem Steuerabzug vom Kapitalertrag oder dem Steuerabzug auf Grund des § 50a des Einkommensteuergesetzes unterliegen und gilt infolgedessen die Einkommensteuer nach § 50 Absatz 2 Satz 1 des Einkommensteuergesetzes oder die Körperschaftsteuer nach § 32 Absatz 1 als abgegolten, ist der Antrag bei dem Bundeszentralamt für Steuern zu stellen. [5]Hat die Gesellschaft ihren Sitz im Inland, ist der Antrag abweichend von den Sätzen 3 und 4 bei dem Finanzamt zu stellen, in dessen Bezirk die Gesellschaft ihren Sitz hat. [6]Die Sätze 1 bis 5 finden keine Anwendung auf

1. Investmentfonds im Sinne des Investmentsteuergesetzes und
2. Gesellschaften, die nach Ausübung der Option in dem Staat, in dem sich ihre Geschäftsleitung befindet, keiner der deutschen unbeschränkten Körperschaftsteuerpflicht vergleichbaren Steuerpflicht unterliegen.

---

1) Die Fassung der Bekanntmachung v. 15.10.2002 (BGBl. I 2002, 4144 = BStBl I 2002, 1169) zuletzt geändert durch das Gesetz zur Änderung des Energiewirtschaftsrechts zur Stärkung des Verbraucherschutzes im Energiebereich sowie zur Änderung weiterer energierechtlicher Vorschriften v. 18.12.2025 (BGBl. I 2025 Nr. 347).

[7]Abweichend von Satz 2 kann der Antrag im Fall

1. einer Neugründung bis zum Ablauf eines Monats nach Abschluss des Gesellschaftsvertrags,
2. eines Formwechsels einer Körperschaft in eine Personengesellschaft bis zum Ablauf eines Monats nach Anmeldung des Formwechsels beim zuständigen Register von der Körperschaft oder der Personengesellschaft

mit Wirkung für das bereits laufende Wirtschaftsjahr gestellt werden.

(2) [1]Der Übergang zur Körperschaftsbesteuerung gilt als Formwechsel im Sinne des § 1 Absatz 3 Nummer 3 des Umwandlungssteuergesetzes. [2]Die §§ 1 und 25 des Umwandlungssteuergesetzes sind entsprechend anzuwenden; dabei schließt allein die Zurückbehaltung der Beteiligung an einer Komplementärin der optierenden Gesellschaft die Anwendung des § 20 Absatz 2 des Umwandlungssteuergesetzes nicht aus. [3]Als Einbringungszeitpunkt gilt das Ende des Wirtschaftsjahrs, das dem Wirtschaftsjahr im Sinne des Absatzes 1 Satz 2 unmittelbar vorangeht; § 9 Satz 3 des Umwandlungssteuergesetzes ist nicht anzuwenden. [4]Das im Einbringungszeitpunkt in der Steuerbilanz auszuweisende Eigenkapital wird auf dem steuerlichen Einlagekonto der optierenden Gesellschaft erfasst. [5]Die zur Vertretung der Gesellschaft ermächtigten Personen gelten als gesetzliche Vertreter der optierenden Gesellschaft.

(3) [1]Aufgrund der Option gilt die Beteiligung an einer optierenden Gesellschaft für Zwecke der Besteuerung nach dem Einkommen als Beteiligung eines nicht persönlich haftenden Gesellschafters an einer Kapitalgesellschaft. [2]Beim Gesellschafter führen daher insbesondere

1. durch das Gesellschaftsverhältnis veranlasste Einnahmen zu Einkünften im Sinne des § 20 Absatz 1 Nummer 1 des Einkommensteuergesetzes,
2. Einnahmen, die er von der Gesellschaft für seine Tätigkeit im Dienst der Gesellschaft bezieht, zu Einkünften im Sinne des § 19 des Einkommensteuergesetzes,
3. Einnahmen aus der Hingabe von Darlehen zu Einkünften im Sinne des § 20 Absatz 1 Nummer 7 oder Absatz 2 Satz 1 Nummer 7 des Einkommensteuergesetzes und
4. Einnahmen aus der Überlassung von Wirtschaftsgütern zu Einkünften im Sinne des § 21 oder § 22 des Einkommensteuergesetzes.

[3]Die §§ 13 bis 16, 18 und 35 des Einkommensteuergesetzes sind vorbehaltlich des Satzes 4 nicht anzuwenden. [4]Soweit entsprechende Einnahmen bei einem Gesellschafter einer Kapitalgesellschaft anderen Einkunftsarten zuzurechnen wären, gilt abweichend von Satz 3, dass auch die Einnahmen des Gesellschafters der optierenden Gesellschaft zu diesen Einkünften gehören. [5]Gewinnanteile gelten erst dann als ausgeschüttet, wenn sie entnommen werden. [6]§ 4 Absatz 3 des Einkommensteuergesetzes ist bei einer optierenden Gesellschaft nicht anzuwenden. [7]In den Fällen des Satzes 2 Nummer 2 gelten die optierende Gesellschaft als lohnsteuerlicher Arbeitgeber und der Gesellschafter als Arbeitnehmer.

(4) [1]Eine Gesellschaft, die nach Absatz 1 zur Körperschaftsbesteuerung optiert hat, kann beantragen, dass sie nicht mehr wie eine Kapitalgesellschaft und ihre Gesellschafter nicht mehr wie die nicht persönlich haftenden Gesellschafter einer Kapitalgesellschaft behandelt werden (Rückoption). [2]Die Rückoption gilt als Formwechsel nach § 1 Absatz 1 Satz 1 Nummer 2 des Umwandlungssteuergesetzes mit der Maßgabe, dass § 9 Satz 3 des Umwandlungssteuergesetzes keine Anwendung findet. [3]Absatz 1 Satz 2, 3 und 5 gilt mit der Maßgabe entsprechend, dass der Antrag bei dem für die Körperschaftsbesteuerung zuständigen Finanzamt zu stellen ist; in den Fällen des Absatzes 1 Satz 4 ist der Antrag bei dem Bundeszentralamt für Steuern zu stellen. [4]Die Sätze 1 und 2 finden auch ohne Antrag Anwendung, wenn die Voraussetzungen des Absatzes 1 entfallen. [5]Scheidet der vorletzte Gesellschafter aus der Gesellschaft aus, gilt die optierende Gesellschaft als unmittelbar danach aufgelöst und, sofern der verbleibende Gesellschafter die persönlichen Voraussetzungen eines übernehmenden Rechtsträgers einer Umwandlung einer Kapitalgesellschaft im Sinne des § 1 Absatz 1 Satz 1 Nummer 1 oder 4 des Umwandlungssteuergesetzes erfüllt, im Fall des § 1 Absatz 1 Satz 1 Nummer 1 des Umwandlungssteuergesetzes als auf den verbleibenden Gesellschafter verschmolzen beziehungsweise gilt im Fall des § 1 Absatz 1 Satz 1 Nummer 4 des Umwandlungssteuergesetzes das Vermögen der optierenden Gesellschaft als auf den verbleibenden Gesellschafter übertragen mit der Maßgabe, dass jeweils § 2 des Umwandlungssteuergesetzes keine Anwendung findet. [6]Erfüllt der verbleibende Gesellschafter nicht die persönlichen Voraussetzungen eines übernehmenden Rechtsträgers einer Umwandlung einer Kapitalgesellschaft im Sinne des § 1 Absatz 1 Satz 1 Nummer 1 oder 4 des Umwandlungssteuergesetzes, gilt die optierende Gesellschaft als aufgelöst und ihr Vermögen als an die Gesellschafter ausgeschüttet; § 11 des Körperschaftsteuergesetzes ist entsprechend mit der Maßgabe anzuwenden, dass an die Stelle des zur Verteilung kommenden Vermögens der gemeine Wert des vorhandenen Vermögens tritt. [7]Abweichend von Satz 4 gilt die Umwandlung der optierenden Gesellschaft in eine Körperschaft im Sinne des Umwandlungssteuergesetzes als Umwandlung einer Kapitalgesellschaft in eine Körperschaft.

§ 2
Beschränkte Steuerpflicht

Beschränkt körperschaftsteuerpflichtig sind

1. Körperschaften, Personenvereinigungen und Vermögensmassen, die weder ihre Geschäftsleitung noch ihren Sitz im Inland haben, mit ihren inländischen Einkünften;
2. sonstige Körperschaften, Personenvereinigungen und Vermögensmassen, die nicht unbeschränkt steuerpflichtig sind, mit den inländischen Einkünften, die dem Steuerabzug vollständig oder teilweise unterliegen; inländische Einkünfte sind auch
   a) die Entgelte, die den sonstigen Körperschaften, Personenvereinigungen oder Vermögensmassen dafür gewährt werden, dass sie Anteile an einer Kapitalgesellschaft mit Sitz oder Geschäftsleitung im Inland einem anderen überlassen und der andere, dem die Anteile zuzurechnen sind, diese Anteile oder gleichartige Anteile zurückzugeben hat,
   b) die Entgelte, die den sonstigen Körperschaften, Personenvereinigungen oder Vermögensmassen im Rahmen eines Wertpapierpensionsgeschäfts im Sinne des § 340b Abs. 2 des Handelsgesetzbuchs gewährt werden, soweit Gegenstand des Wertpapierpensionsgeschäfts Anteile an einer Kapitalgesellschaft mit Sitz oder Geschäftsleitung im Inland sind, und
   c) die in § 8b Abs. 10 Satz 2 genannten Einnahmen oder Bezüge, die den sonstigen Körperschaften, Personenvereinigungen oder Vermögensmassen als Entgelt für die Überlassung von Anteilen an einer Kapitalgesellschaft mit Sitz oder Geschäftsleitung im Inland gewährt gelten.

§ 3
Abgrenzung der Steuerpflicht bei nicht rechtsfähigen Vermögensmassen sowie bei Realgemeinden

(1) Personenvereinigungen, nicht rechtsfähige Anstalten, Stiftungen und andere Zweckvermögen sind körperschaftsteuerpflichtig, wenn ihr Einkommen weder nach diesem Gesetz noch nach dem Einkommensteuergesetz unmittelbar bei einem anderen Steuerpflichtigen zu versteuern ist.

(2) [1]Hauberg-, Wald-, Forst- und Laubgenossenschaften und ähnliche Realgemeinden, die zu den in § 1 bezeichneten Steuerpflichtigen gehören, sind nur insoweit körperschaftsteuerpflichtig, als sie einen Gewerbebetrieb unterhalten oder verpachten, der über den Rahmen eines Nebenbetriebs hinausgeht. [2]Im Übrigen sind ihre Einkünfte unmittelbar bei den Beteiligten zu versteuern.

§ 4
Betriebe gewerblicher Art von juristischen Personen des öffentlichen Rechts

(1) [1]Betriebe gewerblicher Art von juristischen Personen des öffentlichen Rechts im Sinne des § 1 Abs. 1 Nr. 6 sind vorbehaltlich des Absatzes 5 alle Einrichtungen, die einer nachhaltigen wirtschaftlichen Tätigkeit zur Erzielung von Einnahmen außerhalb der Land- und Forstwirtschaft dienen und die sich innerhalb der Gesamtbetätigung der juristischen Person wirtschaftlich herausheben. [2]Die Absicht, Gewinn zu erzielen, und die Beteiligung am allgemeinen wirtschaftlichen Verkehr sind nicht erforderlich.

(2) Ein Betrieb gewerblicher Art ist auch unbeschränkt steuerpflichtig, wenn er selbst eine juristische Person des öffentlichen Rechts ist.

(3) Zu den Betrieben gewerblicher Art gehören auch Betriebe, die der Versorgung der Bevölkerung mit Wasser, Gas, Elektrizität oder Wärme, dem öffentlichen Verkehr oder dem Hafenbetrieb dienen.

(4) Als Betrieb gewerblicher Art gilt die Verpachtung eines solchen Betriebs.

(5) [1]Zu den Betrieben gewerblicher Art gehören nicht Betriebe, die überwiegend der Ausübung der öffentlichen Gewalt dienen (Hoheitsbetriebe). [2]Für die Annahme eines Hoheitsbetriebs reichen Zwangs- oder Monopolrechte nicht aus.

(6) [1]Ein Betrieb gewerblicher Art kann mit einem oder mehreren anderen Betrieben gewerblicher Art zusammengefasst werden, wenn

1. sie gleichartig sind,
2. zwischen ihnen nach dem Gesamtbild der tatsächlichen Verhältnisse objektiv eine enge wechselseitige technisch-wirtschaftliche Verknüpfung von einigem Gewicht besteht oder
3. Betriebe gewerblicher Art im Sinne des Absatzes 3 vorliegen.

[2]Ein Betrieb gewerblicher Art kann nicht mit einem Hoheitsbetrieb zusammengefasst werden.

§ 5
Befreiungen

(1) Von der Körperschaftsteuer sind befreit

1. das Bundeseisenbahnvermögen, die staatlichen Lotterieunternehmen und der Erdölbevorratungsverband nach § 2 Absatz 1 des Erdölbevorratungsgesetzes vom 16. Januar 2012 (BGBl. I S. 74) in der jeweils geltenden Fassung;
2. die Deutsche Bundesbank, die Kreditanstalt für Wiederaufbau, die DEG – Deutsche Investitions- und Entwicklungsgesellschaft mbH, die Landwirtschaftliche Rentenbank, die Bayerische Landesanstalt für Aufbaufinanzierung, die Bremer Aufbau-Bank GmbH, die Landeskreditbank Baden-Württemberg – Förderbank, die Bayerische Landesbodenkreditanstalt, die Investitionsbank Berlin, die Hamburgische Investitions- und Förderbank, die NRW.Bank, die Investitions- und Förderbank Niedersachsen, die Saarländische Investitionskreditbank Aktiengesellschaft, die Investitionsbank Schleswig-Holstein, die Investitionsbank des Landes Brandenburg, die Sächsische Aufbaubank – Förderbank –, die Thüringer Aufbaubank, die Investitionsbank Sachsen-Anhalt, die Investitions- und Strukturbank Rheinland-Pfalz, das Landesförderinstitut Mecklenburg-Vorpommern – Geschäftsbereich der Norddeutschen Landesbank Girozentrale –, die Wirtschafts- und Infrastrukturbank Hessen rechtlich unselbständige Anstalt in der Landesbank Hessen-Thüringen Girozentrale und die Liquiditäts-Konsortialbank Gesellschaft mit beschränkter Haftung;

2a. die Bundesanstalt für vereinigungsbedingte Sonderaufgaben;

3. rechtsfähige Pensions-, Sterbe- und Krankenkassen, die den Personen, denen die Leistungen der Kasse zugute kommen oder zugute kommen sollen (Leistungsempfängern), einen Rechtsanspruch gewähren, und rechtsfähige Unterstützungskassen, die den Leistungsempfängern keinen Rechtsanspruch gewähren,
   a) wenn sich die Kasse beschränkt
      aa) auf Zugehörige oder frühere Zugehörige einzelner oder mehrerer wirtschaftlicher Geschäftsbetriebe oder
      bb) auf Zugehörige oder frühere Zugehörige der Spitzenverbände der freien Wohlfahrtspflege (Arbeiterwohlfahrt-Bundesverband e.V., Deutscher Caritasverband e.V., Deutscher Paritätischer Wohlfahrtsverband e.V., Deutsches Rotes Kreuz, Diakonisches Werk – Innere Mission und Hilfswerk der Evangelischen Kirche in Deutschland sowie Zentralwohlfahrtsstelle der Juden in Deutschland e.V.) einschließlich ihrer Untergliederungen, Einrichtungen und Anstalten und sonstiger gemeinnütziger Wohlfahrtsverbände oder
      cc) auf Arbeitnehmer sonstiger Körperschaften, Personenvereinigungen und Vermögensmassen im Sinne der §§ 1 und 2; den Arbeitnehmern stehen Personen, die sich in einem arbeitnehmerähnlichen Verhältnis befinden, gleich;

      zu den Zugehörigen oder Arbeitnehmern rechnen jeweils auch deren Angehörige;
   b) [1]wenn sichergestellt ist, dass der Betrieb der Kasse nach dem Geschäftsplan und nach Art und Höhe der Leistungen eine soziale Einrichtung darstellt. [2]Diese Voraussetzung ist bei Unterstützungskassen, die Leistungen von Fall zu Fall gewähren, nur gegeben, wenn sich diese Leistungen mit Ausnahme des Sterbegeldes auf Fälle der Not oder Arbeitslosigkeit beschränken;
   c) wenn vorbehaltlich des § 6 die ausschließliche und unmittelbare Verwendung des Vermögens und der Einkünfte der Kasse nach der Satzung und der tatsächlichen Geschäftsführung für die Zwecke der Kasse dauernd gesichert ist;

d) [1]wenn bei Pensions-, Sterbe- und Krankenkassen am Schluss des Wirtschaftsjahrs, zu dem der Wert der Deckungsrückstellung versicherungsmathematisch zu berechnen ist, das nach den handelsrechtlichen Grundsätzen ordnungsmäßiger Buchführung unter Berücksichtigung des Geschäftsplans sowie der allgemeinen Versicherungsbedingungen und der fachlichen Geschäftsunterlagen im Sinne des § 219 Absatz 3 Nummer 1 des Versicherungsaufsichtsgesetzes auszuweisende Vermögen nicht höher ist als bei einem Versicherungsverein auf Gegenseitigkeit die Verlustrücklage und bei einer Kasse anderer Rechtsform der dieser Rücklage entsprechende Teil des Vermögens. [2]Bei der Ermittlung des Vermögens ist eine Rückstellung für Beitragsrückerstattung nur insoweit abziehbar, als den Leistungsempfängern ein Anspruch auf die Überschussbeteiligung zusteht. [3]Übersteigt das Vermögen der Kasse den bezeichneten Betrag, so ist die Kasse nach Maßgabe des § 6 Abs. 1 bis 4 steuerpflichtig; und

e) [1]wenn bei Unterstützungskassen am Schluss des Wirtschaftsjahrs das Vermögen ohne Berücksichtigung künftiger Versorgungsleistungen nicht höher ist als das um 25 Prozent erhöhte zulässige Kassenvermögen. [2]Für die Ermittlung des tatsächlichen und des zulässigen Kassenvermögens gilt § 4d des Einkommensteuergesetzes. [3]Übersteigt das Vermögen der Kasse den in Satz 1 bezeichneten Betrag, so ist die Kasse nach Maßgabe des § 6 Abs. 5 steuerpflichtig;

4. kleinere Versicherungsvereine auf Gegenseitigkeit im Sinne des § 210 des Versicherungsaufsichtsgesetzes, wenn

a) ihre Beitragseinnahmen im Durchschnitt der letzten drei Wirtschaftsjahre einschließlich des im Veranlagungszeitraum endenden Wirtschaftsjahrs die durch Rechtsverordnung festzusetzenden Jahresbeträge nicht überstiegen haben oder

b) sich ihr Geschäftsbetrieb auf die Sterbegeldversicherung beschränkt und die Versicherungsvereine nach dem Geschäftsplan sowie nach Art und Höhe der Leistungen soziale Einrichtungen darstellen;

5. [1]Berufsverbände ohne öffentlich-rechtlichen Charakter sowie kommunale Spitzenverbände auf Bundes- oder Landesebene einschließlich ihrer Zusammenschlüsse, wenn der Zweck dieser Verbände nicht auf einen wirtschaftlichen Geschäftsbetrieb gerichtet ist. [2]Die Steuerbefreiung ist ausgeschlossen,

a) soweit die Körperschaften oder Personenvereinigungen einen wirtschaftlichen Geschäftsbetrieb unterhalten oder

b) wenn die Berufsverbände Mittel von mehr als 10 Prozent der Einnahmen für die unmittelbare oder mittelbare Unterstützung oder Förderung politischer Parteien verwenden.

[3]Die Sätze 1 und 2 gelten auch für Zusammenschlüsse von juristischen Personen des öffentlichen Rechts, die wie die Berufsverbände allgemeine ideelle und wirtschaftliche Interessen ihrer Mitglieder wahrnehmen. [4]Verwenden Berufsverbände Mittel für die unmittelbare oder mittelbare Unterstützung oder Förderung politischer Parteien, beträgt die Körperschaftsteuer 50 Prozent der Zuwendungen;

6. Körperschaften oder Personenvereinigungen, deren Hauptzweck die Verwaltung des Vermögens für einen nichtrechtsfähigen Berufsverband der in Nummer 5 bezeichneten Art ist, sofern ihre Erträge im Wesentlichen aus dieser Vermögensverwaltung herrühren und ausschließlich dem Berufsverband zufließen;

7. [1]politische Parteien im Sinne des § 2 des Parteiengesetzes und ihre Gebietsverbände, sofern die jeweilige Partei nicht gemäß § 18 Absatz 7 des Parteiengesetzes von der staatlichen Teilfinanzierung ausgeschlossen ist, sowie kommunale Wählervereinigungen und ihre Dachverbände. [2]Wird ein wirtschaftlicher Geschäftsbetrieb unterhalten, so ist die Steuerbefreiung insoweit ausgeschlossen;

8. [1]öffentlich-rechtliche Versicherungs- und Versorgungseinrichtungen von Berufsgruppen, deren Angehörige auf Grund einer durch Gesetz angeordneten oder auf Gesetz beruhenden Verpflichtung Mitglieder dieser Einrichtung sind, wenn die Satzung der Einrichtung die Zahlung keiner höheren jährlichen Beiträge zulässt als das Zwölffache der Beiträge, die sich bei einer Beitragsbemessungsgrundlage in Höhe der doppelten monatlichen Beitragsbemessungsgrenze in der allgemeinen Rentenversicherung ergeben würden. [2]Ermöglicht die Satzung der Einrichtung nur Pflichtmitgliedschaften sowie freiwillige Mitgliedschaften, die unmittelbar an eine Pflichtmitgliedschaft anschließen, so steht dies der Steuerbefreiung nicht entgegen, wenn die Satzung die Zahlung keiner höheren jährlichen Beiträge zulässt als das Fünfzehnfache der Beiträge, die sich bei einer Beitragsbemessungsgrundlage in Höhe der doppelten monatlichen Beitragsbemessungsgrenze in der allgemeinen Rentenversicherung ergeben würden;

9. [1]Körperschaften, Personenvereinigungen und Vermögensmassen, die nach der Satzung, dem Stiftungsgeschäft oder der sonstigen Verfassung und nach der tatsächlichen Geschäftsführung ausschließlich und unmittelbar gemeinnützigen, mildtätigen oder kirchlichen Zwecken dienen (§§ 51 bis 68 der Abgabenordnung). [2]Wird ein wirtschaftlicher Geschäftsbetrieb unterhalten, ist die Steuerbefreiung insoweit ausgeschlossen. [3]Satz 2 gilt nicht für selbstbewirtschaftete Forstbetriebe;

10. [1]Genossenschaften sowie Vereine, soweit sie

a) Wohnungen herstellen oder erwerben und sie den Mitgliedern auf Grund eines Mietvertrags oder auf Grund eines genossenschaftlichen Nutzungsvertrags zum Gebrauch überlassen; den Wohnungen stehen Räume in Wohnheimen im Sinne des § 15 des Zweiten Wohnungsbaugesetzes gleich;

b) im Zusammenhang mit einer Tätigkeit im Sinne des Buchstabens a Gemeinschaftsanlagen oder Folgeeinrichtungen herstellen oder erwerben und sie betreiben, wenn sie überwiegend für Mitglieder bestimmt sind und der Betrieb durch die Genossenschaft oder den Verein notwendig ist.

[2]Die Steuerbefreiung ist ausgeschlossen, wenn die Einnahmen des Unternehmens aus den in Satz 1 nicht bezeichneten Tätigkeiten 10 Prozent der gesamten Einnahmen übersteigen. [3]Erzielt das Unternehmen Einnahmen aus der Lieferung von Strom aus Anlagen, für den es unter den Voraussetzungen des § 21 Absatz 3 des Erneuerbare-Energien-Gesetzes einen Anspruch auf Zahlung eines Mieterstromzuschlags hat, oder aus der Bereitstellung von Strom aus Gebäudestromanlagen gemäß § 3 Nummer 53 des Energiewirtschaftsgesetzes zur Nutzung durch Letztverbraucher im Rahmen der Gemeinschaftlichen Gebäudeversorgung, erhöht sich die Grenze des Satzes 2 für diese Einnahmen auf 30 Prozent, wenn die Grenze des Satzes 2 nur durch diese Einnahmen überschritten wird. [4]Zu den Einnahmen nach Satz 3 gehören auch Einnahmen aus der zusätzlichen Stromlieferung im Sinne des § 42a Absatz 2 Satz 6 des Energiewirtschaftsgesetzes sowie Einnahmen aus der Einspeisung von Strom aus diesen Anlagen. [5]Investierende Mitglieder im Sinne des § 8 Absatz 2 des Genossenschaftsgesetzes sind keine Mitglieder im Sinne des Satzes 1. [6]Satz 1 ist auch auf Verträge zur vorübergehenden Unterbringung von Wohnungslosen anzuwenden, die mit juristischen Personen des öffentlichen Rechts oder mit Steuerpflichtigen im Sinne der Nummer 9, die Mitglieder sind, abgeschlossen werden. [7]Eine Einweisungsverfügung nach den Ordnungsbehördengesetzen der Länder steht dem Abschluss eines Vertrags im Sinne des Satzes 6 gleich;

11. (weggefallen)

12. [1]die von den zuständigen Landesbehörden begründeten oder anerkannten gemeinnützigen Siedlungsunternehmen im Sinne des Reichssiedlungsgesetzes in der jeweils aktuellen Fassung oder entsprechender Landesgesetze, soweit diese Landesgesetze nicht wesentlich von den Bestimmungen des Reichssiedlungsgesetzes abweichen, und im Sinne der Bodenreformgesetze der Länder, soweit die Unternehmen im ländlichen Raum Siedlungs-, Agrarstrukturverbesserungs- und Landentwicklungsmaßnahmen mit Ausnahme des Wohnungsbaus durchführen. [2]Die Steuerbefreiung ist ausgeschlossen, wenn die Einnahmen des Unternehmens aus den in Satz 1 nicht bezeichneten Tätigkeiten die Einnahmen aus den in Satz 1 bezeichneten Tätigkeiten übersteigen;
13. (weggefallen)
14. [1]Genossenschaften sowie Vereine, soweit sich ihr Geschäftsbetrieb beschränkt
    a) auf die gemeinschaftliche Benutzung land- und forstwirtschaftlicher Betriebseinrichtungen oder Betriebsgegenstände,
    b) auf Leistungen im Rahmen von Dienst- oder Werkverträgen für die Produktion land- und forstwirtschaftlicher Erzeugnisse für die Betriebe der Mitglieder, wenn die Leistungen im Bereich der Land- und Forstwirtschaft liegen; dazu gehören auch Leistungen zur Erstellung und Unterhaltung von Betriebsvorrichtungen, Wirtschaftswegen und Bodenverbesserungen,
    c) auf die Bearbeitung oder die Verwertung der von den Mitgliedern selbst gewonnenen land- und forstwirtschaftlichen Erzeugnisse, wenn die Bearbeitung oder die Verwertung im Bereich der Land- und Forstwirtschaft liegt, oder
    d) auf die Beratung für die Produktion oder Verwertung land- und forstwirtschaftlicher Erzeugnisse der Betriebe der Mitglieder.

    [2]Die Steuerbefreiung ist ausgeschlossen, wenn die Einnahmen des Unternehmens aus den in Satz 1 nicht bezeichneten Tätigkeiten 10 Prozent der gesamten Einnahmen übersteigen. [3]Bei Genossenschaften und Vereinen, deren Geschäftsbetrieb sich überwiegend auf die Durchführung von Milchqualitäts- und Milchleistungsprüfungen oder auf die Tierbesamung beschränkt, bleiben die auf diese Tätigkeiten gerichteten Zweckgeschäfte mit Nichtmitgliedern bei der Berechnung der 10-Prozentgrenze außer Ansatz;
15. der Pensions-Sicherungs-Verein Versicherungsverein auf Gegenseitigkeit,
    a) wenn er mit Erlaubnis der Versicherungsaufsichtsbehörde ausschließlich die Aufgaben des Trägers der Insolvenzsicherung wahrnimmt, die sich aus dem Gesetz zur Verbesserung der betrieblichen Altersversorgung vom 19. Dezember 1974 (BGBl. I S. 3610) ergeben, und
    b) wenn seine Leistungen nach dem Kreis der Empfänger sowie nach Art und Höhe den in den §§ 7 bis 9, 17 und 30 des Gesetzes zur Verbesserung der betrieblichen Altersversorgung bezeichneten Rahmen nicht überschreiten;
16. [1]Körperschaften, Personenvereinigungen und Vermögensmassen, soweit sie
    a) als Einlagensicherungssysteme im Sinne des § 2 Absatz 1 des Einlagensicherungsgesetzes sowie als Entschädigungseinrichtungen im Sinne des Anlegerentschädigungsgesetzes ihre gesetzlichen Pflichtaufgaben erfüllen oder
    b) als nicht als Einlagensicherungssysteme anerkannte vertragliche Systeme zum Schutz von Einlagen und institutsbezogene Sicherungssysteme im Sinne des § 61 des Einlagensicherungsgesetzes nach ihrer Satzung oder sonstigen Verfassung ausschließlich den Zweck haben, Einlagen zu sichern oder bei Gefahr für die Erfüllung der Verpflichtungen eines Kreditinstituts im Sinne des § 1 Absatz 1 des Kreditwesengesetzes oder eines Finanzdienstleistungsinstituts im Sinne des § 1 Absatz 1a Satz 2 Nummer 1 bis 4 des Kreditwesengesetzes oder eines Wertpapierinstituts im Sinne des § 2 Absatz 1 des Wertpapierinstitutsgesetzes Hilfe zu leisten oder Einlagensicherungssysteme im Sinne des § 2 Absatz 1 des Einlagensicherungsgesetzes bei deren Pflichterfüllung unterstützen.

    [2]Voraussetzung für die Steuerbefreiung ist zusätzlich, dass das Vermögen und etwa erzielte Überschüsse dauernd nur zur Erreichung des gesetzlichen oder satzungsmäßigen Zwecks verwendet werden. [3]Die Sätze 1 und 2 gelten entsprechend für Sicherungsfonds im Sinne der §§ 223 und 224 des Versicherungsaufsichtsgesetzes sowie für Einrichtungen zur Sicherung von Einlagen bei Wohnungsgenossenschaften mit Spareinrichtung. [4]Die Steuerbefreiung ist für wirtschaftliche Geschäftsbetriebe ausgeschlossen, die nicht ausschließlich auf die Erfüllung der begünstigten Aufgaben gerichtet sind;
17. [1]Bürgschaftsbanken (Kreditgarantiegemeinschaften), deren Tätigkeit sich auf die Wahrnehmung von Wirtschaftsförderungsmaßnahmen insbesondere in Form der Übernahme und Verwaltung von staatlichen Bürgschaften und Garantien oder von Bürgschaften und Garantien mit staatlichen Rückbürgschaften oder auf der Grundlage staatlich anerkannter Richtlinien gegenüber Kreditinstituten, Versicherungsunternehmen, Leasinggesellschaften und Beteiligungsgesellschaften für Kredite, Leasingforderungen und Beteiligungen an mittelständischen Unternehmen zu ihrer Gründung und zur Erhaltung und Förderung ihrer Leistungsfähigkeit beschränkt. [2]Voraussetzung ist, dass das Vermögen und etwa erzielte Überschüsse nur zur Erreichung des in Satz 1 genannten Zwecks verwendet werden;
18. [1]Wirtschaftsförderungsgesellschaften, deren Tätigkeit sich auf die Verbesserung der sozialen und wirtschaftlichen Struktur einer bestimmten Region durch Förderung der Wirtschaft, insbesondere durch Industrieansiedlung, Beschaffung neuer Arbeitsplätze und der Sanierung von Altlasten beschränkt, wenn an ihnen überwiegend Gebietskörperschaften beteiligt sind. [2]Voraussetzung ist, dass das Vermögen und etwa erzielte Überschüsse nur zur Erreichung des in Satz 1 genannten Zwecks verwendet werden;
19. [1]Gesamthafenbetriebe im Sinne des § 1 des Gesetzes über die Schaffung eines besonderen Arbeitgebers für Hafenarbeiter vom 3. August 1950 (BGBl. I S. 352), soweit sie Tätigkeiten ausüben, die in § 2 Abs. 1 dieses Gesetzes bestimmt und nach § 2 Abs. 2 dieses Gesetzes genehmigt worden sind. [2]Voraussetzung ist, dass das Vermögen und etwa erzielte Überschüsse nur zur Erfüllung der begünstigten Tätigkeiten verwendet werden. [3]Wird ein wirtschaftlicher Geschäftsbetrieb unterhalten, dessen Tätigkeit nicht ausschließlich auf die Erfüllung der begünstigten Tätigkeiten gerichtet ist, ist die Steuerbefreiung insoweit ausgeschlossen;
20. Zusammenschlüsse von juristischen Personen des öffentlichen Rechts, von steuerbefreiten Körperschaften oder von steuerbefreiten Personenvereinigungen,
    a) deren Tätigkeit sich auf den Zweck beschränkt, im Wege des Umlageverfahrens die Versorgungslasten auszugleichen, die den Mitgliedern aus Versorgungszusagen gegenüber ihren Arbeitnehmern erwachsen,
    b) wenn am Schluss des Wirtschaftsjahrs das Vermögen nicht höher ist als 60 Prozent der im Wirtschaftsjahr erbrachten Leistungen an die Mitglieder;
21. [1]die nicht in der Rechtsform einer Körperschaft des öffentlichen Rechts errichteten Arbeitsgemeinschaften Medizinischer Dienst der Krankenversicherung im Sinne des § 278 des Fünften Buches Sozialgesetzbuch und der Medizinische Dienst der

Spitzenverbände der Krankenkassen im Sinne des § 282 des Fünften Buches Sozialgesetzbuch, soweit sie die ihnen durch Gesetz zugewiesenen Aufgaben wahrnehmen. [2]Voraussetzung ist, dass das Vermögen und etwa erzielte Überschüsse nur zur Erreichung der in Satz 1 genannten Zwecke verwendet werden;

22. [1]gemeinsame Einrichtungen der Tarifvertragsparteien im Sinne des § 4 Abs. 2 des Tarifvertragsgesetzes vom 25. August 1969 (BGBl. I S. 1323), die satzungsmäßige Beiträge auf der Grundlage des § 186a des Arbeitsförderungsgesetzes vom 25. Juni 1969 (BGBl. I S. 582) oder tarifvertraglicher Vereinbarungen erheben und Leistungen ausschließlich an die tarifgebundenen Arbeitnehmer des Gewerbezweigs oder an deren Hinterbliebene erbringen, wenn sie dabei zu nicht steuerbegünstigten Betrieben derselben oder ähnlicher Art nicht in größerem Umfang in Wettbewerb treten, als es bei Erfüllung ihrer begünstigten Aufgaben unvermeidlich ist. [2]Wird ein wirtschaftlicher Geschäftsbetrieb unterhalten, dessen Tätigkeit nicht ausschließlich auf die Erfüllung der begünstigten Tätigkeiten gerichtet ist, ist die Steuerbefreiung insoweit ausgeschlossen;
23. die Auftragsforschung öffentlich-rechtlicher Wissenschafts- und Forschungseinrichtungen; ist die Tätigkeit auf die Anwendung gesicherter wissenschaftlicher Erkenntnisse, die Übernahme von Projektträgerschaften sowie wirtschaftliche Tätigkeiten ohne Forschungsbezug gerichtet, ist die Steuerbefreiung insoweit ausgeschlossen;
24. die Global Legal Entity Identifier Stiftung, soweit die Stiftung Tätigkeiten ausübt, die im unmittelbaren Zusammenhang mit der Einführung, dem Unterhalten und der Fortentwicklung eines Systems zur eindeutigen Identifikation von Rechtspersonen mittels eines weltweit anzuwendenden Referenzcodes stehen.

(2) Die Befreiungen nach Absatz 1 und nach anderen Gesetzen als dem Körperschaftsteuergesetz gelten nicht

1. für inländische Einkünfte, die dem Steuerabzug vollständig oder teilweise unterliegen; Entsprechendes gilt für die in § 32 Abs. 3 Satz 1 zweiter Halbsatz genannten Einkünfte,
2. für beschränkt Steuerpflichtige im Sinne des § 2 Nr. 1, es sei denn, es handelt sich um Steuerpflichtige im Sinne des Absatzes 1 Nr. 9, die nach den Rechtsvorschriften eines Mitgliedstaats der Europäischen Union oder nach den Rechtsvorschriften eines Staates, auf den das Abkommen über den Europäischen Wirtschaftsraum vom 3. Januar 1994 (ABl. EG Nr. L 1 S. 3), zuletzt geändert durch den Beschluss des Gemeinsamen EWR-Ausschusses Nr. 91/2007 vom 6. Juli 2007 (ABl. EU Nr. L 328 S. 40), in der jeweiligen Fassung Anwendung findet, gegründete Gesellschaften im Sinne des Artikels 54 des Vertrags über die Arbeitsweise der Europäischen Union oder des Artikels 34 des Abkommens über den Europäischen Wirtschaftsraum sind, deren Sitz und Ort der Geschäftsleitung sich innerhalb des Hoheitsgebiets eines dieser Staaten befindet, und mit diesen Staaten ein Amtshilfeabkommen besteht,
3. soweit § 38 Abs. 2 anzuwenden ist.

§ 6
Einschränkung der Befreiung von Pensions-, Sterbe-, Kranken- und Unterstützungskassen

(1) Übersteigt am Schluss des Wirtschaftsjahrs, zu dem der Wert der Deckungsrückstellung versicherungsmathematisch zu berechnen ist, das Vermögen einer Pensions-, Sterbe- oder Krankenkasse im Sinne des § 5 Abs. 1 Nr. 3 den in Buchstabe d dieser Vorschrift bezeichneten Betrag, so ist die Kasse steuerpflichtig, soweit ihr Einkommen anteilig auf das übersteigende Vermögen entfällt.

(2) Die Steuerpflicht entfällt mit Wirkung für die Vergangenheit, soweit das übersteigende Vermögen innerhalb von 18 Monaten nach dem Schluss des Wirtschaftsjahrs, für das es festgestellt worden ist, mit Zustimmung der Versicherungsaufsichtsbehörde zur Leistungserhöhung, zur Auszahlung an das Trägerunternehmen, zur Verrechnung mit Zuwendungen des Trägerunternehmens, zur gleichmäßigen Herabsetzung künftiger Zuwendungen des Trägerunternehmens oder zur Verminderung der Beiträge der Leistungsempfänger verwendet wird.

(3) Wird das übersteigende Vermögen nicht in der in Absatz 2 bezeichneten Weise verwendet, so erstreckt sich die Steuerpflicht auch auf die folgenden Kalenderjahre, für die der Wert der Deckungsrückstellung nicht versicherungsmathematisch zu berechnen ist.

(4) [1]Bei der Ermittlung des Einkommens der Kasse sind Beitragsrückerstattungen oder sonstige Vermögensübertragungen an das Trägerunternehmen außer in den Fällen des Absatzes 2 nicht abziehbar. [2]Das Gleiche gilt für Zuführungen zu einer Rückstellung für Beitragsrückerstattung, soweit den Leistungsempfängern ein Anspruch auf die Überschussbeteiligung nicht zusteht.

(5) [1]Übersteigt am Schluss des Wirtschaftsjahrs das Vermögen einer Unterstützungskasse im Sinne des § 5 Abs. 1 Nr. 3 den in Buchstabe e dieser Vorschrift bezeichneten Betrag, so ist die Kasse steuerpflichtig, soweit ihr Einkommen anteilig auf das übersteigende Vermögen entfällt. [2]Bei der Ermittlung des Einkommens sind Zuwendungen des Trägerunternehmens nicht erhöhend und Versorgungsleistungen der Kasse sowie Vermögensübertragungen an das Trägerunternehmen nicht mindernd zu berücksichtigen.

(5a) [1]Unterstützungskassen in der Rechtsform der Kapitalgesellschaft können bis zum 31. Dezember 2016 auf amtlich vorgeschriebenem Vordruck einen positiven Zuwendungsbetrag erklären. [2]Dieser errechnet sich aus den Zuwendungen des Trägerunternehmens in den Veranlagungszeiträumen 2006 bis 2015 abzüglich der Versorgungsleistungen in diesem Zeitraum, soweit diese Zuwendungen und diese Versorgungsleistungen in dem steuerpflichtigen Teil des Einkommens der Kasse nach Absatz 5 Satz 1 enthalten waren. [3]Dabei gelten Versorgungsleistungen in den Veranlagungszeiträumen 2006 bis 2015 als vornehmlich aus Zuwendungen des Trägerunternehmens in diesem Zeitraum erbracht. [4]Ab dem Veranlagungszeitraum 2016 mindert sich das steuerpflichtige Einkommen der Kasse in Höhe des zum Schluss des vorherigen Veranlagungszeitraums festgestellten Betrags nach Satz 6; es mindert sich höchstens um einen Betrag in Höhe der im Wirtschaftsjahr getätigten Versorgungsleistungen. [5]Durch die Minderung darf das Einkommen nicht negativ werden. [6]Gesondert festzustellen sind,

1. der Zuwendungsbetrag auf den 31. Dezember 2015 und
2. der zum 31. Dezember des jeweiligen Folgejahres verbleibende Zuwendungsbetrag, der sich ergibt, wenn vom zum Schluss des Vorjahres festgestellten Betrag der Betrag abgezogen wird, um den sich das steuerpflichtige Einkommen im laufenden Veranlagungszeitraum nach den Sätzen 4 und 5 gemindert hat.

(6) [1]Auf den Teil des Vermögens einer Pensions-, Sterbe-, Kranken- oder Unterstützungskasse, der am Schluss des Wirtschaftsjahrs den in § 5 Abs. 1 Nr. 3 Buchstabe d oder e bezeichneten Betrag übersteigt, ist Buchstabe c dieser Vorschrift nicht anzuwenden. [2]Bei Unterstützungskassen gilt dies auch, soweit das Vermögen vor dem Schluss des Wirtschaftsjahrs den in § 5 Abs. 1 Nr. 3 Buchstabe e bezeichneten Betrag übersteigt.

§ 6a
Einkommensermittlung bei voll steuerpflichtigen Unterstützungskassen

Bei Unterstützungskassen, die voll steuerpflichtig sind, ist § 6 Absatz 5 Satz 2 und Absatz 5a entsprechend anzuwenden.

Zweiter Teil
Einkommen

Erstes Kapitel
Allgemeine Vorschriften

§ 7
Grundlagen der Besteuerung

(1) Die Körperschaftsteuer bemisst sich nach dem zu versteuernden Einkommen.

(2) Zu versteuerndes Einkommen ist das Einkommen im Sinne des § 8 Abs. 1, vermindert um die Freibeträge der §§ 24 und 25.

(3) [1]Die Körperschaftsteuer ist eine Jahressteuer. [2]Die Grundlagen für ihre Festsetzung sind jeweils für ein Kalenderjahr zu ermitteln. [3]Besteht die unbeschränkte oder beschränkte Steuerpflicht nicht während eines ganzen Kalenderjahrs, so tritt an die Stelle des Kalenderjahrs der Zeitraum der jeweiligen Steuerpflicht.

(4) [1]Bei Steuerpflichtigen, die verpflichtet sind, Bücher nach den Vorschriften des Handelsgesetzbuchs zu führen, ist der Gewinn nach dem Wirtschaftsjahr zu ermitteln, für das sie regelmäßig Abschlüsse machen. [2]Weicht bei diesen Steuerpflichtigen das Wirtschaftsjahr, für das sie regelmäßig Abschlüsse machen, vom Kalenderjahr ab, so gilt der Gewinn aus Gewerbebetrieb als in dem Kalenderjahr bezogen, in dem das Wirtschaftsjahr endet. [3]Die Umstellung des Wirtschaftsjahrs auf einen vom Kalenderjahr abweichenden Zeitraum ist steuerlich nur wirksam, wenn sie im Einvernehmen mit dem Finanzamt vorgenommen wird.

§ 8
Ermittlung des Einkommens

(1) [1]Was als Einkommen gilt und wie das Einkommen zu ermitteln ist, bestimmt sich nach den Vorschriften des Einkommensteuergesetzes und dieses Gesetzes. [2]Bei Betrieben gewerblicher Art im Sinne des § 4 sind die Absicht, Gewinn zu erzielen, und die Beteiligung am allgemeinen wirtschaftlichen Verkehr nicht erforderlich. [3]Bei den inländischen öffentlich-rechtlichen Rundfunkanstalten beträgt das Einkommen aus dem Geschäft der Veranstaltung von Werbesendungen 16 Prozent der Entgelte (§ 10 Abs. 1 des Umsatzsteuergesetzes) aus Werbesendungen. [4]Bei Körperschaften im Sinne des § 1 Absatz 1 mit Sitz im Ausland, deren Ort der Geschäftsleitung im Inland belegen ist und die nach inländischem Gesellschaftsrecht mangels Rechtsfähigkeit nicht als juristische Person zu behandeln sind, sind Leistungen und Leistungsversprechen zwischen der Körperschaft und Personen, die aus dieser Körperschaft Einkünfte im Sinne des § 20 Absatz 1 Nummer 1 und 9 des Einkommensteuergesetzes erzielen, für Zwecke der Durchführung der Besteuerung mit Ertragsteuern wie Leistungen und Leistungsversprechen zwischen einer rechtsfähigen Körperschaft und deren Anteilseignern zu behandeln.

(2) Bei unbeschränkt Steuerpflichtigen im Sinne des § 1 Abs. 1 Nr. 1 bis 3 sind alle Einkünfte als Einkünfte aus Gewerbebetrieb zu behandeln.

(3) [1]Für die Ermittlung des Einkommens ist es ohne Bedeutung, ob das Einkommen verteilt wird. [2]Auch verdeckte Gewinnausschüttungen sowie Ausschüttungen jeder Art auf Genussrechte, mit denen das Recht auf Beteiligung am Gewinn und am Liquidationserlös der Kapitalgesellschaft verbunden ist, mindern das Einkommen nicht. [3]Verdeckte Einlagen erhöhen das Einkommen nicht. [4]Das Einkommen erhöht sich, soweit eine verdeckte Einlage das Einkommen des Gesellschafters gemindert hat. [5]Satz 4 gilt auch für eine verdeckte Einlage, die auf einer verdeckten Gewinnausschüttung einer dem Gesellschafter nahe stehenden Person beruht und bei der Besteuerung des Gesellschafters nicht berücksichtigt wurde, es sei denn, die verdeckte Gewinnausschüttung hat bei der leistenden Körperschaft das Einkommen nicht gemindert. [6]In den Fällen des Satzes 5 erhöht die verdeckte Einlage nicht die Anschaffungskosten der Beteiligung.

(4) (weggefallen)

(5) Bei Körperschaften und Personenvereinigungen bleiben für die Ermittlung des Einkommens Beiträge, die auf Grund der Satzung von den Mitgliedern lediglich in ihrer Eigenschaft als Mitglieder erhoben werden, außer Ansatz.

(6) Besteht das Einkommen nur aus Einkünften, von denen lediglich ein Steuerabzug vorzunehmen ist, so ist ein Abzug von Betriebsausgaben oder Werbungskosten nicht zulässig.

(7) [1]Die Rechtsfolgen einer verdeckten Gewinnausschüttung im Sinne des Absatzes 3 Satz 2 sind

1. bei Betrieben gewerblicher Art im Sinne des § 4 nicht bereits deshalb zu ziehen, weil sie ein Dauerverlustgeschäft ausüben;
2. bei Kapitalgesellschaften nicht bereits deshalb zu ziehen, weil sie ein Dauerverlustgeschäft ausüben. [2]Satz 1 gilt nur bei Kapitalgesellschaften, bei denen die Mehrheit der Stimmrechte unmittelbar oder mittelbar auf juristische Personen des öffentlichen Rechts entfällt und nachweislich ausschließlich diese Gesellschafter die Verluste aus Dauerverlustgeschäften tragen.

[2]Ein Dauerverlustgeschäft liegt vor, soweit aus verkehrs-, umwelt-, sozial-, kultur-, bildungs- oder gesundheitspolitischen Gründen eine wirtschaftliche Betätigung ohne kostendeckendes Entgelt unterhalten wird oder in den Fällen von Satz 1 Nr. 2 das Geschäft Ausfluss einer Tätigkeit ist, die bei juristischen Personen des öffentlichen Rechts zu einem Hoheitsbetrieb gehört.

(8) [1]Werden Betriebe gewerblicher Art zusammengefasst, ist § 10d des Einkommensteuergesetzes auf den Betrieb gewerblicher Art anzuwenden, der sich durch die Zusammenfassung ergibt. [2]Nicht ausgeglichene negative Einkünfte der einzelnen Betriebe gewerblicher Art aus der Zeit vor der Zusammenfassung können nicht beim zusammengefassten Betrieb gewerblicher Art abgezogen werden. [3]Ein Rücktrag von Verlusten des zusammengefassten Betriebs gewerblicher Art auf die einzelnen Betriebe gewerblicher Art vor Zusammenfassung ist unzulässig. [4]Ein bei einem Betrieb gewerblicher Art vor der Zusammenfassung festgestellter Verlustvortrag kann nach Maßgabe des § 10d des Einkommensteuergesetzes vom Gesamtbetrag der Einkünfte abgezogen werden, den dieser Betrieb gewerblicher Art nach Beendigung der Zusammenfassung erzielt. [5]Die Einschränkungen der Sätze 2 bis 4 gelten nicht, wenn gleichartige Betriebe gewerblicher Art zusammengefasst oder getrennt werden. [6]Kommt es bei einem Betrieb gewerblicher Art, der sich durch eine Zusammenfassung ergeben hat, innerhalb eines Zeitraums von fünf Jahren nach der Zusammenfassung zur Anwendung des § 3a des Einkommensteuergesetzes, ist § 3a Absatz 3 Satz 3 des Einkommensteuergesetzes entsprechend auf die in Satz 4 genannten Verlustvorträge anzuwenden.

(9) [1]Wenn für Kapitalgesellschaften Absatz 7 Satz 1 Nr. 2 zur Anwendung kommt, sind die einzelnen Tätigkeiten der Gesellschaft nach folgender Maßgabe Sparten zuzuordnen:

1. Tätigkeiten, die als Dauerverlustgeschäfte Ausfluss einer Tätigkeit sind, die bei juristischen Personen des öffentlichen Rechts zu einem Hoheitsbetrieb gehören, sind jeweils gesonderten Sparten zuzuordnen;
2. Tätigkeiten, die nach § 4 Abs. 6 Satz 1 zusammenfassbar sind oder aus den übrigen, nicht in Nummer 1 bezeichneten Dauerverlustgeschäften stammen, sind jeweils gesonderten Sparten zuzuordnen, wobei zusammenfassbare Tätigkeiten jeweils eine einheitliche Sparte bilden;
3. alle übrigen Tätigkeiten sind einer einheitlichen Sparte zuzuordnen.

[2]Für jede sich hiernach ergebende Sparte ist der Gesamtbetrag der Einkünfte getrennt zu ermitteln. [3]Die Aufnahme einer weiteren, nicht gleichartigen Tätigkeit führt zu einer neuen, gesonderten Sparte; Entsprechendes gilt für die Aufgabe einer solchen Tätigkeit. [4]Ein negativer Gesamtbetrag der Einkünfte einer Sparte darf nicht mit einem positiven Gesamtbetrag der Einkünfte einer anderen Sparte ausgeglichen oder nach Maßgabe des § 10d des Einkommensteuergesetzes abgezogen werden. [5]Er mindert jedoch nach Maßgabe des § 10d des Einkommensteuergesetzes die positiven Gesamtbeträge der Einkünfte, die sich in dem unmittelbar vorangegangenen und in den folgenden Veranlagungszeiträumen für dieselbe Sparte ergeben. [6]Liegen die Voraussetzungen des Absatzes 7 Satz 1 Nr. 2 Satz 2 ab einem Zeitpunkt innerhalb eines Veranlagungszeitraums nicht mehr vor, sind die Sätze 1 bis 5 ab diesem Zeitpunkt nicht mehr anzuwenden; hiernach nicht ausgeglichene oder abgezogene negative Beträge sowie verbleibende Verlustvorträge aus den Sparten, in denen Dauerverlusttätigkeiten ausgeübt werden, entfallen. [7]Liegen die Voraussetzungen des Absatzes 7 Satz 1 Nr. 2 Satz 2 erst ab einem bestimmten Zeitpunkt innerhalb eines Veranlagungszeitraums vor, sind die Sätze 1 bis 5 ab diesem Zeitpunkt anzuwenden; ein bis zum Eintritt der Voraussetzungen entstandener Verlust kann nach Maßgabe des § 10d des Einkommensteuergesetzes abgezogen werden; ein danach verbleibender Verlust ist der Sparte zuzuordnen, in denen keine Dauerverlustgeschäfte ausgeübt werden. [8]Der am Schluss eines Veranlagungszeitraums verbleibende negative Gesamtbetrag der Einkünfte einer Sparte ist gesondert festzustellen; § 10d Absatz 4 des Einkommensteuergesetzes gilt entsprechend. [9]Die §§ 3a und 3c Absatz 4 des Einkommensteuergesetzes sind entsprechend anzuwenden; § 3a Absatz 2 des Einkommensteuergesetzes ist für die Kapitalgesellschaft anzuwenden.

(10) [1]Bei Einkünften aus Kapitalvermögen ist § 2 Abs. 5b des Einkommensteuergesetzes nicht anzuwenden. [2]§ 32d Abs. 2 Satz 1 Nr. 1 Satz 1 und Nr. 3 Satz 1 und Satz 3 bis 6 des Einkommensteuergesetzes ist entsprechend anzuwenden; in diesen Fällen ist § 20 Abs. 6 und 9 des Einkommensteuergesetzes nicht anzuwenden.

§ 8a
Betriebsausgabenabzug für Zinsaufwendungen bei Körperschaften (Zinsschranke)

(1) [1]§ 4h Abs. 1 Satz 2 des Einkommensteuergesetzes ist mit der Maßgabe anzuwenden, dass anstelle des maßgeblichen Gewinns das maßgebliche Einkommen tritt. [2]Maßgebliches Einkommen ist das nach den Vorschriften des Einkommensteuergesetzes und dieses Gesetzes ermittelte Einkommen mit Ausnahme der §§ 4h und 10d des Einkommensteuergesetzes und des § 9 Abs. 1 Nr. 2 dieses Gesetzes. [3]Die §§ 8c und 8d gelten für den Zinsvortrag nach § 4h Absatz 1 Satz 5 des Einkommensteuergesetzes mit der Maßgabe entsprechend, dass stille Reserven im Sinne des § 8c Absatz 1 Satz 6 nur zu berücksichtigen sind, soweit sie die nach § 8c Absatz 1 Satz 5 und § 8d Absatz 2 Satz 1 abziehbaren nicht genutzten Verluste übersteigen. [4]Bei Steuerpflichtigen im Sinne dieses Gesetzes gelten alle Einkünfte als in einem Betrieb im Sinne des § 4h Absatz 1 Satz 1 des Einkommensteuergesetzes erzielt.

(2) (entfallen)

(3) [1]§ 4h Abs. 2 Satz 1 Buchstabe c des Einkommensteuergesetzes ist nur anzuwenden, wenn die Vergütungen für Fremdkapital der Körperschaft oder eines anderen demselben Konzern zugehörenden Rechtsträgers an zu mindestens einem Viertel unmittelbar oder mittelbar am Kapital beteiligte Gesellschafter einer konzernzugehörigen Gesellschaft, diesen nahestehende Personen (§ 1 Absatz 2 des Außensteuergesetzes) oder Dritte, die auf zu mindestens einem Viertel am Kapital beteiligte Gesellschafter oder diesen nahestehende Personen zurückgreifen können, bezogen auf den jeweiligen Rechtsträger insgesamt nicht mehr als 10 Prozent der die Zinserträge übersteigenden Zinsaufwendungen des Rechtsträgers im Sinne des § 4h Absatz 3 des Einkommensteuergesetzes betragen und die Körperschaft dies nachweist. [2]Satz 1 gilt nur für Zinsaufwendungen aus Verbindlichkeiten, die in dem voll konsolidierten Konzernabschluss nach § 4h Abs. 2 Satz 1 Buchstabe c des Einkommensteuergesetzes ausgewiesen sind und bei Finanzierung durch einen Dritten einen Rückgriff gegen einen nicht zum Konzern gehörenden Gesellschafter oder eine diesem nahe stehende Person auslösen.

§ 8b
Beteiligung an anderen Körperschaften und Personenvereinigungen

(1) [1]Bezüge im Sinne des § 20 Abs. 1 Nr. 1, 2, 9 und 10 Buchstabe a des Einkommensteuergesetzes bleiben bei der Ermittlung des Einkommens außer Ansatz. [2]Satz 1 gilt nur, soweit die Bezüge das Einkommen der leistenden Körperschaft nicht gemindert haben. [3]Sofern die Bezüge in einem anderen Staat auf Grund einer vom deutschen Recht abweichenden steuerlichen Zurechnung der Anteile im Sinne des Satzes 1 einer anderen Person zugerechnet werden, gilt Satz 1 nur, soweit das Einkommen der anderen Person oder ihr nahestehender Personen nicht niedriger ist als bei einer dem deutschen Recht entsprechenden Zurechnung. [4]Sind die Bezüge im Sinne des Satzes 1 nach einem Abkommen zur Vermeidung der Doppelbesteuerung von der Bemessungsgrundlage für die Körperschaftsteuer auszunehmen, gilt Satz 2 ungeachtet des Wortlauts des Abkommens für diese Freistellung entsprechend. [5]Satz 2 gilt nicht, soweit die verdeckte Gewinnausschüttung das Einkommen einer dem Steuerpflichtigen nahe stehenden Person erhöht hat und § 32a des Körperschaftsteuergesetzes auf die Veranlagung dieser nahe stehenden Person keine Anwendung findet. [6]Bezüge im Sinne des Satzes 1 sind auch Einnahmen aus der Veräußerung von Dividendenscheinen und sonstigen Ansprüchen im Sinne des § 20 Abs. 2 Satz 1 Nr. 2 Buchstabe a des Einkommensteuergesetzes sowie Einnahmen aus der Abtretung von Dividendenansprüchen oder sonstigen Ansprüchen im Sinne des § 20 Abs. 2 Satz 2 des Einkommensteuergesetzes.

(2) [1]Bei der Ermittlung des Einkommens bleiben Gewinne aus der Veräußerung eines Anteils an einer Körperschaft oder Personenvereinigung, deren Leistungen beim Empfänger zu Einnahmen im Sinne des § 20 Abs. 1 Nr. 1, 2, 9 und 10 Buchstabe a des Einkommensteuergesetzes gehören, oder an einer Organgesellschaft im Sinne des § 14 oder § 17 außer Ansatz. [2]Veräußerungsgewinn im Sinne des Satzes 1 ist der Betrag, um den der Veräußerungspreis oder der an dessen Stelle tretende Wert nach Abzug der Veräußerungskosten den Wert übersteigt, der sich nach den Vorschriften über die steuerliche Gewinnermittlung im Zeitpunkt der Veräußerung ergibt (Buchwert). [3]Satz 1 gilt entsprechend für Gewinne aus der Auflösung oder der Herabsetzung des Nennkapitals oder aus dem Ansatz des in § 6 Absatz 1 Satz 1 Nummer 2 Satz 3 des Einkommensteuergesetzes bezeichneten

Werts. 4Die Sätze 1 und 3 gelten nicht, soweit der Anteil in früheren Jahren steuerwirksam auf den niedrigeren Teilwert abgeschrieben und die Gewinnminderung nicht durch den Ansatz eines höheren Werts ausgeglichen worden ist. 5Satz 4 gilt außer für Gewinne aus dem Ansatz mit dem Wert, der sich nach § 6 Abs. 1 Nr. 2 Satz 3 des Einkommensteuergesetzes ergibt, auch für steuerwirksam vorgenommene Abzüge nach § 6b des Einkommensteuergesetzes und ähnliche Abzüge. 6Veräußerung im vorstehenden Sinne ist auch die verdeckte Einlage.

(3) 1Von dem jeweiligen Gewinn im Sinne des Absatzes 2 Satz 1, 3 und 6 gelten 5 Prozent als Ausgaben, die nicht als Betriebsausgaben abgezogen werden dürfen. 2§ 3c Abs. 1 des Einkommensteuergesetzes ist nicht anzuwenden. 3Gewinnminderungen, die im Zusammenhang mit dem in Absatz 2 genannten Anteil entstehen, sind bei der Ermittlung des Einkommens nicht zu berücksichtigen. 4Zu den Gewinnminderungen im Sinne des Satzes 3 gehören auch Gewinnminderungen im Zusammenhang mit einer Darlehensforderung oder aus der Inanspruchnahme von Sicherheiten, die für ein Darlehen hingegeben wurden, wenn das Darlehen oder die Sicherheit von einem Gesellschafter gewährt wird, der zu mehr als einem Viertel unmittelbar oder mittelbar am Grund- oder Stammkapital der Körperschaft, der das Darlehen gewährt wurde, beteiligt ist oder war. 5Dies gilt auch für diesem Gesellschafter nahestehende Personen im Sinne des § 1 Abs. 2 des Außensteuergesetzes oder für Gewinnminderungen aus dem Rückgriff eines Dritten auf den zu mehr als einem Viertel am Grund- oder Stammkapital beteiligten Gesellschafter oder eine diesem nahestehende Person auf Grund eines der Gesellschaft gewährten Darlehens. 6Währungskursverluste gelten nicht als Gewinnminderungen im Sinne der Sätze 4 und 5. 7Die Sätze 4 und 5 sind nicht anzuwenden, wenn nachgewiesen wird, dass auch ein fremder Dritter das Darlehen bei sonst gleichen Umständen gewährt oder noch nicht zurückgefordert hätte; dabei sind nur die eigenen Sicherungsmittel der Gesellschaft zu berücksichtigen. 8Die Sätze 4 bis 7 gelten entsprechend für Forderungen aus Rechtshandlungen, die einer Darlehensgewährung wirtschaftlich vergleichbar sind. 9Gewinne aus dem Ansatz einer Darlehensforderung mit dem nach § 6 Abs. 1 Nr. 2 Satz 3 des Einkommensteuergesetzes maßgeblichen Wert bleiben bei der Ermittlung des Einkommens außer Ansatz, soweit auf die vorangegangene Teilwertabschreibung Satz 3 angewendet worden ist.

(4) 1Bezüge im Sinne des Absatzes 1 sind abweichend von Absatz 1 Satz 1 bei der Ermittlung des Einkommens zu berücksichtigen, wenn die Beteiligung zu Beginn des Kalenderjahres unmittelbar weniger als 10 Prozent des Grund- oder Stammkapitals betragen hat; ist ein Grund- oder Stammkapital nicht vorhanden, ist die Beteiligung an dem Vermögen, bei Genossenschaften die Beteiligung an der Summe der Geschäftsguthaben, maßgebend. 2Für die Bemessung der Höhe der Beteiligung ist § 13 Absatz 2 Satz 2 des Umwandlungssteuergesetzes nicht anzuwenden. 3Überlässt eine Körperschaft Anteile an einen anderen und hat der andere diese oder gleichartige Anteile zurückzugeben, werden die Anteile für die Ermittlung der Beteiligungsgrenze der überlassenden Körperschaft zugerechnet; dies gilt auch für Wertpapierpensionsgeschäfte im Sinne des § 340b Absatz 2 des Handelsgesetzbuchs. 4Beteiligungen über eine Mitunternehmerschaft sind dem Mitunternehmer anteilig zuzurechnen; § 15 Absatz 1 Satz 1 Nummer 2 Satz 2 des Einkommensteuergesetzes gilt sinngemäß. 5Eine dem Mitunternehmer nach Satz 4 zugerechnete Beteiligung gilt für die Anwendung dieses Absatzes als unmittelbare Beteiligung. 6Für Zwecke dieses Absatzes gilt der Erwerb einer Beteiligung von mindestens 10 Prozent als zu Beginn des Kalenderjahres erfolgt. 7Absatz 5 ist auf Bezüge im Sinne des Satzes 1 nicht anzuwenden. 8Beteiligungen von Kreditinstituten im Sinne des § 1 Absatz 1 Satz 1 des Kreditwesengesetzes, die Mitglied einer kreditwirtschaftlichen Verbundgruppe im Sinne des § 2 Absatz 1 Nummer 13 des Zahlungsdiensteaufsichtsgesetzes sind, an anderen Unternehmen und Einrichtungen dieser Verbundgruppe sind zusammenzurechnen.

(5) 1Von den Bezügen im Sinne des Absatzes 1, die bei der Ermittlung des Einkommens außer Ansatz bleiben, gelten 5 Prozent als Ausgaben, die nicht als Betriebsausgaben abgezogen werden dürfen. 2§ 3c Abs. 1 des Einkommensteuergesetzes ist nicht anzuwenden.

(6) 1Die Absätze 1 bis 5 gelten auch für die dort genannten Bezüge, Gewinne und Gewinnminderungen, die dem Steuerpflichtigen im Rahmen des Gewinnanteils aus einer Mitunternehmerschaft zugerechnet werden, sowie für Gewinne und Verluste, soweit sie bei der Veräußerung oder Aufgabe eines Mitunternehmeranteils auf Anteile im Sinne des Absatzes 2 entfallen. 2Die Absätze 1 bis 5 gelten für Bezüge und Gewinne, die einem Betrieb gewerblicher Art einer juristischen Person des öffentlichen Rechts über andere juristische Personen des öffentlichen Rechts zufließen, über die sie mittelbar an der leistenden Körperschaft, Personenvereinigung oder Vermögensmasse beteiligt ist und bei denen die Leistungen nicht im Rahmen eines Betriebs gewerblicher Art erfasst werden, und damit in Zusammenhang stehende Gewinnminderungen entsprechend.

(7) 1Die Absätze 1 bis 6 sind nicht auf Anteile anzuwenden, die bei Kreditinstituten, Wertpapierinstituten und Finanzdienstleistungsinstituten dem Handelsbestand im Sinne des § 340e Absatz 3 des Handelsgesetzbuchs zuzuordnen sind. 2Gleiches gilt für Anteile, die bei Finanzunternehmen im Sinne des Kreditwesengesetzes, an denen Kreditinstitute, Wertpapierinstitute oder Finanzdienstleistungsinstitute unmittelbar oder mittelbar zu mehr als 50 Prozent beteiligt sind, zum Zeitpunkt des Zugangs zum Betriebsvermögen als Umlaufvermögen auszuweisen sind.

(8) 1Die Absätze 1 bis 7 sind nicht anzuwenden auf Anteile, die bei Lebens- und Krankenversicherungsunternehmen den Kapitalanlagen zuzurechnen sind. 2Satz 1 gilt nicht für Gewinne im Sinne des Absatzes 2, soweit eine Teilwertabschreibung in früheren Jahren nach Absatz 3 bei der Ermittlung des Einkommens unberücksichtigt geblieben ist und diese Minderung nicht durch den Ansatz eines höheren Werts ausgeglichen worden ist. 3Gewinnminderungen, die im Zusammenhang mit den Anteilen im Sinne des Satzes 1 stehen, sind bei der Ermittlung des Einkommens nicht zu berücksichtigen, wenn das Lebens- oder Krankenversicherungsunternehmen die Anteile von einem verbundenen Unternehmen (§ 15 des Aktiengesetzes) erworben hat, soweit ein Veräußerungsgewinn für das verbundene Unternehmen nach Absatz 2 in der Fassung des Artikels 3 des Gesetzes vom 23. Oktober 2000 (BGBl. I S. 1433) bei der Ermittlung des Einkommens außer Ansatz geblieben ist. 4Für die Ermittlung des Einkommens sind die Anteile mit den nach handelsrechtlichen Vorschriften ausgewiesenen Werten anzusetzen, die bei der Ermittlung der nach § 21 abziehbaren Beträge zu Grunde gelegt wurden. 5Entsprechendes gilt für Pensionsfonds.

(9) Die Absätze 7 und 8 gelten nicht für Bezüge im Sinne des Absatzes 1, auf die die Mitgliedstaaten der Europäischen Union Artikel 4 Abs. 1 der Richtlinie 2011/96/EU des Rates vom 30. November 2011 über das gemeinsame Steuersystem der Mutter- und Tochtergesellschaften verschiedener Mitgliedstaaten (ABl. L 345 vom 29.12.2011, S. 8), anzuwenden haben.

(10) 1Überlässt eine Körperschaft (überlassende Körperschaft) Anteile, auf die bei ihr Absatz 4, 7 oder 8 anzuwenden ist oder auf die bei ihr aus anderen Gründen die Steuerfreistellungen der Absätze 1 und 2 oder vergleichbare ausländische Vorschriften nicht anzuwenden sind, an eine Körperschaft (andere Körperschaft), bei der auf die Anteile Absatz 4, 7 oder 8 nicht anzuwenden ist, und hat die andere Körperschaft, der die Anteile zuzurechnen sind, diese oder gleichartige Anteile zurückzugeben, dürfen die für die Überlassung gewährten Entgelte bei der anderen Körperschaft nicht als Betriebsausgabe abgezogen werden. 2Überlässt die andere Körperschaft für die Überlassung der Anteile Wirtschaftsgüter an die überlassende Körperschaft, aus denen diese Einnahmen oder Bezüge erzielt, gelten diese Einnahmen oder Bezüge als von der anderen Körperschaft bezogen und als Entgelt für die Überlassung an die überlassende Körperschaft gewährt. 3Absatz 3 Satz 1 und 2 sowie Absatz 5 sind nicht anzuwenden. 4Die Sätze 1 bis 3 gelten auch für Wertpapierpensionsgeschäfte im Sinne des § 340b Absatz 2 des Handelsgesetzbuchs. 5Die Sätze 1 bis 4 gelten nicht, wenn die andere Körperschaft keine Einnahmen oder Bezüge aus den ihr überlassenen Anteilen erzielt. 6Zu den Einnahmen und Bezügen aus den überlassenen Anteilen im Sinne des Satzes 5 gehören auch Entgelte, die die andere Körperschaft dafür erhält, dass sie die entliehenen Wertpapiere weiterverleiht. 7Die Sätze 1 bis 6 gelten entsprechend, wenn die

Anteile an eine Personengesellschaft oder von einer Personengesellschaft überlassen werden, an der die überlassende oder die andere Körperschaft unmittelbar oder mittelbar über eine Personengesellschaft oder mehrere Personengesellschaften beteiligt ist. [8]In diesen Fällen gelten die Anteile als an die Körperschaft oder von der Körperschaft überlassen. [9]Die Sätze 1 bis 8 gelten entsprechend, wenn Anteile, die die Voraussetzungen des Absatzes 7 erfüllen, von einer Personengesellschaft überlassen werden. [10]Die Sätze 1 bis 8 gelten nicht, soweit § 2 Nummer 2 zweiter Halbsatz oder § 5 Absatz 2 Nummer 1 zweiter Halbsatz auf die überlassende Körperschaft Anwendung findet. [11]Als Anteil im Sinne der Sätze 1 bis 10 gilt auch der Anteil im Sinne von § 2 Absatz 4 des Investmentsteuergesetzes vom 19. Juli 2016 (BGBl. I S. 1730), das zuletzt durch Artikel 10 des Gesetzes vom 23. Juni 2017 (BGBl. I S. 1682) geändert worden ist, in der jeweils geltenden Fassung, soweit daraus Einnahmen erzielt werden, auf die § 8b anzuwenden ist.

(11) Die Absätze 1 bis 10 sind nicht anzuwenden bei Anteilen an Unterstützungskassen.

§ 8c
Verlustabzug bei Körperschaften

(1) [1]Werden innerhalb von fünf Jahren mittelbar oder unmittelbar mehr als 50 Prozent des gezeichneten Kapitals, der Mitgliedschaftsrechte, der Beteiligungsrechte oder der Stimmrechte an einer Körperschaft an einen Erwerber oder diesem nahe stehende Personen übertragen oder liegt ein vergleichbarer Sachverhalt vor (schädlicher Beteiligungserwerb), sind bis zum schädlichen Beteiligungserwerb nicht ausgeglichene oder abgezogene negative Einkünfte (nicht genutzte Verluste) vollständig nicht mehr abziehbar. [2]Als ein Erwerber im Sinne des Satzes 1 gilt auch eine Gruppe von Erwerbern mit gleichgerichteten Interessen. [3]Eine Kapitalerhöhung steht der Übertragung des gezeichneten Kapitals gleich, soweit sie zu einer Veränderung der Beteiligungsquoten am Kapital der Körperschaft führt. [4]Ein schädlicher Beteiligungserwerb liegt nicht vor, wenn

1. an dem übertragenden Rechtsträger der Erwerber zu 100 Prozent mittelbar oder unmittelbar beteiligt ist und der Erwerber eine natürliche oder juristische Person oder eine Personenhandelsgesellschaft ist,
2. an dem übernehmenden Rechtsträger der Veräußerer zu 100 Prozent mittelbar oder unmittelbar beteiligt ist und der Veräußerer eine natürliche oder juristische Person oder eine Personenhandelsgesellschaft ist oder
3. an dem übertragenden und an dem übernehmenden Rechtsträger dieselbe natürliche oder juristische Person oder dieselbe Personenhandelsgesellschaft zu jeweils 100 Prozent mittelbar oder unmittelbar beteiligt ist.

[5]Ein nicht abziehbarer nicht genutzter Verlust kann abweichend von Satz 1 abgezogen werden, soweit er die gesamten zum Zeitpunkt des schädlichen Beteiligungserwerbs vorhandenen im Inland steuerpflichtigen stillen Reserven des Betriebsvermögens der Körperschaft nicht übersteigt. [6]Stille Reserven im Sinne des Satzes 5 sind der Unterschiedsbetrag zwischen dem in der steuerlichen Gewinnermittlung ausgewiesenen Eigenkapital und dem auf dieses Eigenkapital jeweils entfallenden gemeinen Wert der Anteile an der Körperschaft, soweit diese im Inland steuerpflichtig sind. [7]Ist das Eigenkapital der Körperschaft negativ, sind stille Reserven im Sinne des Satzes 5 der Unterschiedsbetrag zwischen dem in der steuerlichen Gewinnermittlung ausgewiesenen Eigenkapital und dem diesem Anteil entsprechenden gemeinen Wert des Betriebsvermögens der Körperschaft. [8]Bei der Ermittlung der stillen Reserven ist nur das Betriebsvermögen zu berücksichtigen, das der Körperschaft ohne steuerrechtliche Rückwirkung, insbesondere ohne Anwendung des § 2 Absatz 1 des Umwandlungssteuergesetzes, zuzurechnen ist.

(1a) [1]Für die Anwendung des Absatzes 1 ist ein Beteiligungserwerb zum Zwecke der Sanierung des Geschäftsbetriebs der Körperschaft unbeachtlich. [2]Sanierung ist eine Maßnahme, die darauf gerichtet ist, die Zahlungsunfähigkeit oder Überschuldung zu verhindern oder zu beseitigen und zugleich die wesentlichen Betriebsstrukturen zu erhalten.

[3]Die Erhaltung der wesentlichen Betriebsstrukturen setzt voraus, dass

1. die Körperschaft eine geschlossene Betriebsvereinbarung mit einer Arbeitsplatzregelung befolgt oder
2. die Summe der maßgebenden jährlichen Lohnsummen der Körperschaft innerhalb von fünf Jahren nach dem Beteiligungserwerb 400 Prozent der Ausgangslohnsummen nicht unterschreitet; § 13a Absatz 1 Satz 3 und 4 und Absatz 4 des Erbschaftsteuer- und Schenkungsteuergesetzes in der Fassung des Gesetzes vom 24. Dezember 2008 (BGBl. I S. 3018) gilt sinngemäß; oder
3. der Körperschaft durch Einlagen wesentlichen Betriebsvermögen zugeführt wird. [2]Eine wesentliche Betriebsvermögenszuführung liegt vor, wenn der Körperschaft innerhalb von zwölf Monaten nach dem Beteiligungserwerb neues Betriebsvermögen zugeführt wird, das mindestens 25 Prozent des in der Steuerbilanz zum Schluss des vorangehenden Wirtschaftsjahrs enthaltenen Aktivvermögens entspricht. [3]Wird nur ein Anteil an der Körperschaft erworben, ist nur der entsprechende Anteil des Aktivvermögens zuzuführen. [4]Der Erlass von Verbindlichkeiten durch den Erwerber oder eine diesem nahestehende Person steht der Zuführung neuen Betriebsvermögens gleich, soweit die Verbindlichkeiten werthaltig sind. [5]Leistungen der Kapitalgesellschaft, die innerhalb von drei Jahren nach der Zuführung des neuen Betriebsvermögens erfolgen, mindern den Wert des zugeführten Betriebsvermögens. [6]Wird dadurch die erforderliche Zuführung nicht mehr erreicht, ist Satz 1 nicht mehr anzuwenden.

[4]Keine Sanierung liegt vor, wenn die Körperschaft ihren Geschäftsbetrieb im Zeitpunkt des Beteiligungserwerbs im Wesentlichen eingestellt hat oder nach dem Beteiligungserwerb ein Branchenwechsel innerhalb eines Zeitraums von fünf Jahren erfolgt.

(2) § 3a Absatz 3 des Einkommensteuergesetzes ist auf verbleibende nicht genutzte Verluste anzuwenden, die sich nach einer Anwendung des Absatzes 1 ergeben.

§ 8d
Fortführungsgebundener Verlustvortrag

(1) [1]§ 8c ist nach einem schädlichen Beteiligungserwerb auf Antrag nicht anzuwenden, wenn die Körperschaft seit ihrer Gründung oder zumindest seit dem Beginn des dritten Veranlagungszeitraums, der dem Veranlagungszeitraum nach Satz 5 vorausgeht, ausschließlich denselben Geschäftsbetrieb unterhält und in diesem Zeitraum bis zum Schluss des Veranlagungszeitraums des schädlichen Beteiligungserwerbs kein Ereignis im Sinne von Absatz 2 stattgefunden hat. [2]Satz 1 gilt nicht:

1. für Verluste aus der Zeit vor einer Einstellung oder Ruhendstellung des Geschäftsbetriebs oder
2. wenn die Körperschaft zu Beginn des dritten Veranlagungszeitraums, der dem Veranlagungszeitraum nach Satz 5 vorausgeht, Organträger oder an einer Mitunternehmerschaft beteiligt ist.

[3]Ein Geschäftsbetrieb umfasst die von einer einheitlichen Gewinnerzielungsabsicht getragenen, nachhaltigen, sich gegenseitig ergänzenden und fördernden Betätigungen der Körperschaft und bestimmt sich nach qualitativen Merkmalen in einer Gesamt-

betrachtung. [4]Qualitative Merkmale sind insbesondere die angebotenen Dienstleistungen oder Produkte, der Kunden- und Lieferantenkreis, die bedienten Märkte und die Qualifikation der Arbeitnehmer. [5]Der Antrag ist in der Steuererklärung für die Veranlagung des Veranlagungszeitraums zu stellen, in den der schädliche Beteiligungserwerb fällt. [6]Der Verlustvortrag, der zum Schluss des Veranlagungszeitraums verbleibt, in den der schädliche Beteiligungserwerb fällt, wird zum fortführungsgebundenen Verlust (fortführungsgebundener Verlustvortrag). [7]Dieser ist gesondert auszuweisen und festzustellen; § 10d Absatz 4 des Einkommensteuergesetzes gilt entsprechend. [8]Der fortführungsgebundene Verlustvortrag ist vor dem nach § 10d Absatz 4 des Einkommensteuergesetzes festgestellten Verlustvortrag abzuziehen. [9]Satz 8 gilt bei Anwendung des § 3a Absatz 3 des Einkommensteuergesetzes entsprechend.

(2) [1]Wird der Geschäftsbetrieb im Sinne des Absatzes 1 eingestellt, geht der nach Absatz 1 zuletzt festgestellte fortführungsgebundene Verlustvortrag unter; § 8c Absatz 1 Satz 5 bis 8 gilt bezogen auf die zum Schluss des vorangegangenen Veranlagungszeitraums vorhandenen stillen Reserven entsprechend. [2]Gleiches gilt, wenn

1. der Geschäftsbetrieb ruhend gestellt wird,
2. der Geschäftsbetrieb einer andersartigen Zweckbestimmung zugeführt wird,
3. die Körperschaft einen zusätzlichen Geschäftsbetrieb aufnimmt,
4. die Körperschaft sich an einer Mitunternehmerschaft beteiligt,
5. die Körperschaft die Stellung eines Organträgers im Sinne des § 14 Absatz 1 einnimmt oder
6. auf die Körperschaft Wirtschaftsgüter übertragen werden, die sie zu einem geringeren als dem gemeinen Wert ansetzt.

§ 9
Abziehbare Aufwendungen

(1) [1]Abziehbare Aufwendungen sind auch:

1. bei Kommanditgesellschaften auf Aktien und bei vergleichbaren Kapitalgesellschaften der Teil des Gewinns, der an persönlich haftende Gesellschafter auf ihre nicht auf das Grundkapital gemachten Einlagen oder als Vergütung (Tantieme) für die Geschäftsführung verteilt wird;
2. vorbehaltlich des § 8 Absatz 3 Zuwendungen (Spenden und Mitgliedsbeiträge) zur Förderung steuerbegünstigter Zwecke im Sinne der §§ 52 bis 54 der Abgabenordnung bis zur Höhe von insgesamt
   a) 20 Prozent des Einkommens oder
   b) 4 Promille der Summe der gesamten Umsätze und der im Kalenderjahr aufgewendeten Löhne und Gehälter.

   [2]Voraussetzung für den Abzug ist, dass diese Zuwendungen
   a) an eine juristische Person des öffentlichen Rechts oder an eine öffentliche Dienststelle, die in einem Mitgliedstaat der Europäischen Union oder in einem Staat belegen ist, auf den das Abkommen über den Europäischen Wirtschaftsraum (EWR-Abkommen) Anwendung findet, oder
   b) an eine nach § 5 Absatz 1 Nummer 9 steuerbefreite Körperschaft, Personenvereinigung oder Vermögensmasse oder
   c) an eine Körperschaft, Personenvereinigung oder Vermögensmasse, die in einem Mitgliedstaat der Europäischen Union oder in einem Staat belegen ist, auf den das Abkommen über den Europäischen Wirtschaftsraum (EWR-Abkommen) Anwendung findet, und die nach § 5 Absatz 1 Nummer 9 in Verbindung mit § 5 Absatz 2 Nummer 2 zweiter Halbsatz steuerbefreit wäre, wenn sie inländische Einkünfte erzielen würde,

   geleistet werden (Zuwendungsempfänger). [3]Für nicht im Inland ansässige Zuwendungsempfänger nach Satz 2 ist weitere Voraussetzung, dass durch diese Staaten Amtshilfe und Unterstützung bei der Beitreibung geleistet werden. [4]Amtshilfe ist der Auskunftsaustausch im Sinne oder entsprechend der Amtshilferichtlinie gemäß § 2 Absatz 2 des EU-Amtshilfegesetzes. [5]Beitreibung ist die gegenseitige Unterstützung bei der Beitreibung von Forderungen im Sinne oder entsprechend der Beitreibungsrichtlinie einschließlich der in diesem Zusammenhang anzuwendenden Durchführungsbestimmungen in den für den jeweiligen Veranlagungszeitraum geltenden Fassungen oder eines entsprechenden Nachfolgerechtsaktes. [6]Werden die steuerbegünstigten Zwecke des Zuwendungsempfängers im Sinne von Satz 2 Buchstabe a nur im Ausland verwirklicht, ist für die Abziehbarkeit der Zuwendungen Voraussetzung, dass natürliche Personen, die ihren Wohnsitz oder ihren gewöhnlichen Aufenthalt im Geltungsbereich dieses Gesetzes haben, gefördert werden oder dass die Tätigkeit dieses Zuwendungsempfängers neben der Verwirklichung der steuerbegünstigten Zwecke auch zum Ansehen der Bundesrepublik Deutschland beitragen kann. [7]Abziehbar sind auch Mitgliedsbeiträge an Körperschaften, die Kunst und Kultur gemäß § 52 Absatz 2 Nummer 5 der Abgabenordnung fördern, soweit es sich nicht um Mitgliedsbeiträge nach Satz 8 Nummer 2 handelt, auch wenn den Mitgliedern Vergünstigungen gewährt werden. [8]Nicht abziehbar sind Mitgliedsbeiträge an Körperschaften,

   1. die den Sport (§ 52 Absatz 2 Nummer 21 der Abgabenordnung),
   2. die kulturelle Betätigungen, die in erster Linie der Freizeitgestaltung dienen,
   3. die die Heimatpflege und Heimatkunde (§ 52 Absatz 2 Nummer 22 der Abgabenordnung) oder
   4. die Zwecke im Sinne des § 52 Absatz 2 Nummer 23 der Abgabenordnung

   fördern oder

   5. deren Zweck nach § 52 Absatz 2 Satz 2 der Abgabenordnung für gemeinnützig erklärt worden ist, weil deren Zweck die Allgemeinheit auf materiellem, geistigem oder sittlichem Gebiet entsprechend einem Zweck nach den Nummern 1 bis 4 fördert.

   [9]Abziehbare Zuwendungen, die die Höchstbeträge nach Satz 1 überschreiten, sind im Rahmen der Höchstbeträge in den folgenden Veranlagungszeiträumen abzuziehen. [10]§ 10d Abs. 4 des Einkommensteuergesetzes gilt entsprechend.

(2) [1]Als Einkommen im Sinne dieser Vorschrift gilt das Einkommen vor Abzug der in Absatz 1 Nr. 2 bezeichneten Zuwendungen und vor dem Verlustabzug nach § 10d des Einkommensteuergesetzes. [2]Als Zuwendung im Sinne dieser Vorschrift gilt auch die Zuwendung von Wirtschaftsgütern mit Ausnahme von Nutzungen und Leistungen. [3]Der Wert der Zuwendung ist nach § 6 Abs. 1 Nr. 4 Satz 1 und 4 des Einkommensteuergesetzes zu ermitteln. [4]Aufwendungen zugunsten einer Körperschaft, die zum Empfang steuerlich abziehbarer Zuwendungen berechtigt ist, sind nur abziehbar, wenn ein Anspruch auf die Erstattung der Aufwendungen durch Vertrag oder Satzung eingeräumt und auf die Erstattung verzichtet worden ist. [5]Der Anspruch darf nicht unter der Bedingung des Verzichts eingeräumt worden sein.

(3) [1]Der Steuerpflichtige darf auf die Richtigkeit der Bestätigung über Spenden und Mitgliedsbeiträge vertrauen, es sei denn, dass er die Bestätigung durch unlautere Mittel oder falsche Angaben erwirkt hat oder dass ihm die Unrichtigkeit der Bestätigung bekannt oder infolge grober Fahrlässigkeit nicht bekannt war. [2]Wer vorsätzlich oder grob fahrlässig eine unrichtige Bestätigung ausstellt oder veranlasst, dass Zuwendungen nicht zu den in der Bestätigung angegebenen steuerbegünstigten Zwecken verwendet werden (Veranlasserhaftung), haftet für die entgangene Steuer; diese ist mit 30 Prozent des zugewendeten Betrags anzusetzen. [3]In den Fällen der Veranlasserhaftung ist vorrangig der Zuwendungsempfänger in Anspruch zu nehmen; die natürlichen Personen, die in diesen Fällen für den Zuwendungsempfänger handeln, sind nur in Anspruch zu nehmen, wenn die entgangene Steuer nicht nach § 47 der Abgabenordnung erloschen ist und Vollstreckungsmaßnahmen gegen den Zuwendungsempfänger nicht erfolgreich sind; § 10b Absatz 4 Satz 5 des Einkommensteuergesetzes gilt entsprechend.

§ 10
Nichtabziehbare Aufwendungen

Nichtabziehbar sind auch:

1. die Aufwendungen für die Erfüllung von Zwecken des Steuerpflichtigen, die durch Stiftungsgeschäft, Satzung oder sonstige Verfassung vorgeschrieben sind. [2]§ 9 Abs. 1 Nr. 2 bleibt unberührt,
2. die Steuern vom Einkommen und sonstige Personensteuern sowie die Umsatzsteuer für Umsätze, die Entnahmen oder verdeckte Gewinnausschüttungen sind, und die Vorsteuerbeträge auf Aufwendungen, für die das Abzugsverbot des § 4 Abs. 5 Satz 1 Nr. 1 bis 4 und 7 oder Abs. 7 des Einkommensteuergesetzes gilt; das gilt auch für die auf diese Steuern entfallenden Nebenleistungen,
3. in einem Strafverfahren festgesetzte Geldstrafen, sonstige Rechtsfolgen vermögensrechtlicher Art, bei denen der Strafcharakter überwiegt, und Leistungen zur Erfüllung von Auflagen oder Weisungen, soweit die Auflagen oder Weisungen nicht lediglich der Wiedergutmachung des durch die Tat verursachten Schadens dienen, sowie damit zusammenhängende Aufwendungen,
4. die Hälfte der Vergütungen jeder Art, die an Mitglieder des Aufsichtsrats, Verwaltungsrats oder andere mit der Überwachung der Geschäftsführung beauftragte Personen gewährt werden.

§ 11
Auflösung und Abwicklung (Liquidation)

(1) [1]Wird ein unbeschränkt Steuerpflichtiger im Sinne des § 1 Abs. 1 Nr. 1 bis 3 nach der Auflösung abgewickelt, so ist der im Zeitraum der Abwicklung erzielte Gewinn der Besteuerung zugrunde zu legen. [2]Der Besteuerungszeitraum soll drei Jahre nicht übersteigen.

(2) Zur Ermittlung des Gewinns im Sinne des Absatzes 1 ist das Abwicklungs-Endvermögen dem Abwicklungs-Anfangsvermögen gegenüberzustellen.

(3) Abwicklungs-Endvermögen ist das zur Verteilung kommende Vermögen, vermindert um die steuerfreien Vermögensmehrungen, die dem Steuerpflichtigen in dem Abwicklungszeitraum zugeflossen sind.

(4) [1]Abwicklungs-Anfangsvermögen ist das Betriebsvermögen, das am Schluss des der Auflösung vorangegangenen Wirtschaftsjahrs der Veranlagung zur Körperschaftsteuer zugrunde gelegt worden ist. [2]Ist für den vorangegangenen Veranlagungszeitraum eine Veranlagung nicht durchgeführt worden, so ist das Betriebsvermögen anzusetzen, das im Fall einer Veranlagung nach den steuerrechtlichen Vorschriften über die Gewinnermittlung auszuweisen gewesen wäre. [3]Das Abwicklungs-Anfangsvermögen ist um den Gewinn eines vorangegangenen Wirtschaftsjahrs zu kürzen, der im Abwicklungszeitraum ausgeschüttet worden ist.

(5) War am Schluss des vorangegangenen Veranlagungszeitraums Betriebsvermögen nicht vorhanden, so gilt als Abwicklungs-Anfangsvermögen die Summe der später geleisteten Einlagen.

(6) Auf die Gewinnermittlung sind im Übrigen die sonst geltenden Vorschriften anzuwenden.

(7) Unterbleibt eine Abwicklung, weil über das Vermögen des unbeschränkt Steuerpflichtigen im Sinne des § 1 Abs. 1 Nr. 1 bis 3 das Insolvenzverfahren eröffnet worden ist, sind die Absätze 1 bis 6 sinngemäß anzuwenden.

§ 12
Entstrickungs- und Wegzugsbesteuerung

(1) [1]Wird bei der Körperschaft, Personenvereinigung oder Vermögensmasse das Besteuerungsrecht der Bundesrepublik Deutschland hinsichtlich des Gewinns aus der Veräußerung oder der Nutzung eines Wirtschaftsguts ausgeschlossen oder beschränkt, gilt dies als Veräußerung oder Überlassung des Wirtschaftsguts zum gemeinen Wert; § 4 Absatz 1 Satz 5, § 4g und § 15 Abs. 1a des Einkommensteuergesetzes gelten entsprechend. [2]Ein Ausschluss oder eine Beschränkung des Besteuerungsrechts hinsichtlich des Gewinns aus der Veräußerung eines Wirtschaftsguts liegt insbesondere vor, wenn ein bisher einer inländischen Betriebsstätte einer Körperschaft, Personenvereinigung oder Vermögensmasse zuzuordnendes Wirtschaftsgut einer ausländischen Betriebsstätte dieser Körperschaft, Personenvereinigung oder Vermögensmasse zuzuordnen ist. [3]Entfällt die Beschränkung des Besteuerungsrechts der Bundesrepublik Deutschland hinsichtlich des Gewinns aus der Veräußerung eines Wirtschaftsguts und erfolgt in einem anderen Staat eine Besteuerung auf Grund des Ausschlusses oder der Beschränkung des Besteuerungsrechts dieses Staates hinsichtlich des Gewinns aus der Veräußerung des Wirtschaftsguts, gilt dies auf Antrag als Veräußerung und Anschaffung des Wirtschaftsguts zu dem Wert, den der andere Staat der Besteuerung zugrunde legt, höchstens zum gemeinen Wert.

(1a) § 4 Absatz 1 Satz 3 zweiter Halbsatz, Satz 8 zweiter Halbsatz, Satz 9 und Satz 10 des Einkommensteuergesetzes gilt im Fall der Begründung des Besteuerungsrechts oder des Wegfalls einer Beschränkung des Besteuerungsrechts der Bundesrepublik Deutschland hinsichtlich des Gewinns aus der Veräußerung eines Wirtschaftsguts, das der außerbetrieblichen Sphäre einer Körperschaft, Personenvereinigung oder Vermögensmasse zuzuordnen ist, entsprechend.

(2) (aufgehoben)

(3) (aufgehoben)

(4) (aufgehoben)

§ 13
Beginn und Erlöschen einer Steuerbefreiung

(1) Wird eine steuerpflichtige Körperschaft, Personenvereinigung oder Vermögensmasse von der Körperschaftsteuer befreit, so hat sie auf den Zeitpunkt, in dem die Steuerpflicht endet, eine Schlussbilanz aufzustellen.

(2) Wird eine von der Körperschaftsteuer befreite Körperschaft, Personenvereinigung oder Vermögensmasse steuerpflichtig und ermittelt sie ihren Gewinn durch Betriebsvermögensvergleich, so hat sie auf den Zeitpunkt, in dem die Steuerpflicht beginnt, eine Anfangsbilanz aufzustellen.

(3) In der Schlussbilanz im Sinne des Absatzes 1 und in der Anfangsbilanz im Sinne des Absatzes 2 sind die Wirtschaftsgüter vorbehaltlich des Absatzes 4 mit den Teilwerten anzusetzen.

(4) [1]Beginnt die Steuerbefreiung auf Grund des § 5 Abs. 1 Nr. 9, sind die Wirtschaftsgüter, die der Förderung steuerbegünstigter Zwecke im Sinne der §§ 52 bis 54 der Abgabenordnung dienen, in der Schlussbilanz mit den Buchwerten anzusetzen. [2]Erlischt die Steuerbefreiung, so ist in der Anfangsbilanz für die in Satz 1 bezeichneten Wirtschaftsgüter der Wert anzusetzen, der sich bei ununterbrochener Steuerpflicht nach den Vorschriften über die steuerliche Gewinnermittlung ergeben würde.

(5) Beginnt oder erlischt die Steuerbefreiung nur teilweise, so gelten die Absätze 1 bis 4 für den entsprechenden Teil des Betriebsvermögens.

(6) [1]Gehören Anteile an einer Kapitalgesellschaft nicht zu dem Betriebsvermögen der Körperschaft, Personenvereinigung oder Vermögensmasse, die von der Körperschaftsteuer befreit wird, so ist § 17 des Einkommensteuergesetzes auch ohne Veräußerung anzuwenden, wenn die übrigen Voraussetzungen dieser Vorschrift in dem Zeitpunkt erfüllt sind, in dem die Steuerpflicht endet. [2]Als Veräußerungspreis gilt der gemeine Wert der Anteile. [3]Im Falle des Beginns der Steuerpflicht gilt der gemeine Wert der Anteile als Anschaffungskosten der Anteile. [4]Die Sätze 1 und 2 gelten nicht in den Fällen des Absatzes 4 Satz 1.

Zweites Kapitel
Sondervorschriften für die Organschaft

§ 14
Aktiengesellschaft oder Kommanditgesellschaft auf Aktien als Organgesellschaft

(1) [1]Verpflichtet sich eine Europäische Gesellschaft, Aktiengesellschaft oder Kommanditgesellschaft auf Aktien mit Geschäftsleitung im Inland und Sitz in einem Mitgliedstaat der Europäischen Union oder in einem Vertragsstaat des EWR-Abkommens (Organgesellschaft) durch einen Gewinnabführungsvertrag im Sinne des § 291 Abs. 1 des Aktiengesetzes, ihren ganzen Gewinn an ein einziges anderes gewerbliches Unternehmen abzuführen, ist das Einkommen der Organgesellschaft, soweit sich aus § 16 nichts anderes ergibt, dem Träger des Unternehmens (Organträger) zuzurechnen, wenn die folgenden Voraussetzungen erfüllt sind:

1. [1]Der Organträger muss an der Organgesellschaft vom Beginn ihres Wirtschaftsjahrs an ununterbrochen in einem solchen Maße beteiligt sein, dass ihm die Mehrheit der Stimmrechte aus den Anteilen an der Organgesellschaft zusteht (finanzielle Eingliederung). [2]Mittelbare Beteiligungen sind zu berücksichtigen, wenn die Beteiligung an jeder vermittelnden Gesellschaft die Mehrheit der Stimmrechte gewährt. [3]Satz 2 gilt nicht, wenn bereits die unmittelbare Beteiligung die Mehrheit der Stimmrechte gewährt.

2. [1]Der Organträger muss eine natürliche Person oder eine nicht von der Körperschaftsteuer befreite Körperschaft, Personenvereinigung oder Vermögensmasse sein. [2]Organträger kann auch eine Personengesellschaft im Sinne des § 15 Absatz 1 Satz 1 Nummer 2 des Einkommensteuergesetzes sein, wenn sie eine Tätigkeit im Sinne des § 15 Absatz 1 Satz 1 Nummer 1 des Einkommensteuergesetzes ausübt. [3]Die Voraussetzung der Nummer 1 muss im Verhältnis zur Personengesellschaft selbst erfüllt sein. [4]Die Beteiligung im Sinne der Nummer 1 an der Organgesellschaft oder, bei mittelbarer Beteiligung an der Organgesellschaft, die Beteiligung im Sinne der Nummer 1 an der vermittelnden Gesellschaft, muss ununterbrochen während der gesamten Dauer der Organschaft einer inländischen Betriebsstätte im Sinne des § 12 AO der Abgabenordnung des Organträgers zuzuordnen sein. [5]Ist der Organträger mittelbar über eine oder mehrere Personengesellschaften an der Organgesellschaft beteiligt, gilt Satz 4 sinngemäß. [6]Das Einkommen der Organgesellschaft ist der inländischen Betriebsstätte des Organträgers zuzurechnen, der die Beteiligung im Sinne der Nummer 1 an der Organgesellschaft oder, bei mittelbarer Beteiligung an der Organgesellschaft, die Beteiligung im Sinne der Nummer 1 an der vermittelnden Gesellschaft zuzuordnen ist. [7]Eine inländische Betriebsstätte im Sinne der vorstehenden Sätze ist nur gegeben, wenn die dieser Betriebsstätte zuzurechnenden Einkünfte sowohl nach innerstaatlichem Steuerrecht als auch nach einem anzuwendenden Abkommen zur Vermeidung der Doppelbesteuerung der inländischen Besteuerung unterliegen.

3. [1]Der Gewinnabführungsvertrag muss auf mindestens fünf Jahre abgeschlossen und während seiner gesamten Geltungsdauer durchgeführt werden. [2]Eine vorzeitige Beendigung des Vertrags durch Kündigung ist unschädlich, wenn ein wichtiger Grund die Kündigung rechtfertigt. [3]Die Kündigung oder Aufhebung des Gewinnabführungsvertrags auf einen Zeitpunkt während des Wirtschaftsjahrs der Organgesellschaft wirkt auf den Beginn dieses Wirtschaftsjahrs zurück. [4]Der Gewinnabführungsvertrag gilt auch als durchgeführt, wenn der abgeführte Gewinn oder ausgeglichene Verlust auf einem Jahresabschluss beruht, der fehlerhafte Bilanzansätze enthält, sofern

   a) der Jahresabschluss wirksam festgestellt ist,

   b) die Fehlerhaftigkeit bei Erstellung des Jahresabschlusses unter Anwendung der Sorgfalt eines ordentlichen Kaufmanns nicht hätte erkannt werden müssen und

   c) ein von der Finanzverwaltung beanstandeter Fehler spätestens in dem nächsten nach dem Zeitpunkt der Beanstandung des Fehlers aufzustellenden Jahresabschluss der Organgesellschaft und des Organträgers korrigiert und das Ergebnis entsprechend abgeführt oder ausgeglichen wird, soweit es sich um einen Fehler handelt, der in der Handelsbilanz zu korrigieren ist.

   [5]Die Voraussetzung des Satzes 4 Buchstabe b gilt bei Vorliegen eines uneingeschränkten Bestätigungsvermerks nach § 322 Absatz 3 des Handelsgesetzbuchs zum Jahresabschluss, zu einem Konzernabschluss, in den der handelsrechtliche Jahresabschluss einbezogen worden ist, oder über die freiwillige Prüfung des Jahresabschlusses oder der Bescheinigung eines Steuerberaters oder Wirtschaftsprüfers über die Erstellung eines Jahresabschlusses mit umfassenden Beurteilungen als erfüllt.

4. Die Organgesellschaft darf Beträge aus dem Jahresüberschuss nur insoweit in die Gewinnrücklagen (§ 272 Abs. 3 des Handelsgesetzbuchs) mit Ausnahme der gesetzlichen Rücklagen einstellen, als dies bei vernünftiger kaufmännischer Beurteilung wirtschaftlich begründet ist.

5. (weggefallen)

[2]Das Einkommen der Organgesellschaft ist dem Organträger erstmals für das Kalenderjahr zuzurechnen, in dem das Wirtschaftsjahr der Organgesellschaft endet, in dem der Gewinnabführungsvertrag wirksam wird.

(2) [1]Der ganze Gewinn gilt auch dann als abgeführt im Sinne des Absatzes 1 Satz 1, wenn über den mindestens zugesicherten Betrag im Sinne des § 304 Absatz 2 Satz 1 des Aktiengesetzes hinausgehende Ausgleichszahlungen vereinbart und geleistet werden. [2]Dies gilt nur, wenn die Ausgleichszahlungen insgesamt den dem Anteil am gezeichneten Kapital entsprechenden Gewinnanteil des Wirtschaftsjahres nicht überschreiten, der ohne Gewinnabführungsvertrag hätte geleistet werden können. [3]Der über den Mindestbetrag nach § 304 Absatz 2 Satz 1 des Aktiengesetzes hinausgehende Betrag muss nach vernünftiger kaufmännischer Beurteilung wirtschaftlich begründet sein.

(3) [1]Mehrabführungen, die ihre Ursache in vororganschaftlicher Zeit haben, gelten als Gewinnausschüttungen der Organgesellschaft an den Organträger. [2]Minderabführungen, die ihre Ursache in vororganschaftlicher Zeit haben, sind als Einlage durch den Organträger in die Organgesellschaft zu behandeln. [3]Mehrabführungen nach Satz 1 und Minderabführungen nach Satz 2 gelten in dem Zeitpunkt als erfolgt, in dem das Wirtschaftsjahr der Organgesellschaft endet. [4]Der Teilwertansatz nach § 13 Abs. 3 Satz 1 ist der vororganschaftlichen Zeit zuzurechnen.

(4) [1]Minderabführungen der Organgesellschaft, die ihre Ursache in organschaftlicher Zeit haben, sind als Einlage durch den Organträger in die Organgesellschaft zu behandeln. [2]Mehrabführungen der Organgesellschaft, die ihre Ursache in organschaftlicher Zeit haben, gelten als Einlagenrückgewähr der Organgesellschaft an den Organträger. [3]Die Einlage erhöht und die Einlagenrückgewähr mindert den Buchwert der Beteiligung an der Organgesellschaft; dabei darf dieser nicht negativ werden. [4]In den Fällen des Absatzes 1 Satz 1 Nummer 1 Satz 2 ist Satz 3 auf den Buchwert der Beteiligung an jeder vermittelnden Gesellschaft entsprechend anzuwenden. [5]Soweit die Einlagenrückgewähr die Summe aus Buchwert und Einlage übersteigt, liegt ein Ertrag vor, auf den die Regelungen des § 8b Absatz 2, 3, 6, 7 und 8 dieses Gesetzes sowie § 3 Nummer 40 Buchstabe a und § 3c Absatz 2 des Einkommensteuergesetzes anzuwenden sind. [6]Minder- oder Mehrabführungen im Sinne der Sätze 1 und 2 liegen insbesondere vor, wenn der an den Organträger abgeführte Gewinn von dem Steuerbilanzgewinn der Organgesellschaft abweicht und diese Abweichung in organschaftlicher Zeit verursacht ist. [7]Minder- und Mehrabführungen nach den Sätzen 1 und 2 gelten in dem Zeitpunkt als erfolgt, in dem das Wirtschaftsjahr der Organgesellschaft endet.

(5) [1]Das dem Organträger zuzurechnende Einkommen der Organgesellschaft und damit zusammenhängende andere Besteuerungsgrundlagen werden gegenüber dem Organträger und der Organgesellschaft gesondert und einheitlich festgestellt. [2]Die Feststellungen nach Satz 1 sind für die Besteuerung des Einkommens des Organträgers und der Organgesellschaft bindend. [3]Die Sätze 1 und 2 gelten entsprechend für von der Organgesellschaft geleistete Steuern, die auf die Steuer des Organträgers anzurechnen sind. [4]Zuständig für diese Feststellungen ist das Finanzamt, das für die Besteuerung nach dem Einkommen der Organgesellschaft zuständig ist. [5]Die Erklärung zu den gesonderten und einheitlichen Feststellungen nach den Sätzen 1 und 3 soll mit der Körperschaftsteuererklärung der Organgesellschaft verbunden werden.

§ 15
Ermittlung des Einkommens bei Organschaft

[1]Bei der Ermittlung des Einkommens bei Organschaft gilt abweichend von den allgemeinen Vorschriften Folgendes:

1. [1]Ein Verlustabzug im Sinne des § 10d des Einkommensteuergesetzes ist bei der Organgesellschaft nicht zulässig. [2]Satz 1 steht einer Anwendung von § 3a des Einkommensteuergesetzes nicht entgegen. [3]Der für § 3c Absatz 4 Satz 4 des Einkommensteuergesetzes maßgebende Betrag ist der sich nach Anwendung von Nummer 1a ergebende verminderte Sanierungsertrag.

1a. [1]Auf einen sich nach § 3a Absatz 3 Satz 4 des Einkommensteuergesetzes ergebenden verbleibenden Sanierungsertrag einer Organgesellschaft ist § 3a Absatz 3 Satz 2, 3 und 5 des Einkommensteuergesetzes beim Organträger anzuwenden. [2]Wird der Gewinn des Organträgers gesondert und einheitlich festgestellt, gilt § 3a Absatz 4 des Einkommensteuergesetzes entsprechend. [3]Die Sätze 1 und 2 gelten auch, wenn die Voraussetzungen des § 14 Absatz 1 im Sanierungsjahr nicht vorliegen und das Einkommen der Organgesellschaft in einem innerhalb der letzten fünf Jahre vor dem Sanierungsjahr liegenden Veranlagungszeitraum dem Organträger gemäß § 14 Absatz 1 Satz 1 zugerechnet worden ist.

2. [1]§ 8b Abs. 1 bis 6 dieses Gesetzes sowie § 4 Abs. 6 und § 12 Abs. 2 Satz 1 des Umwandlungssteuergesetzes sind bei der Organgesellschaft nicht anzuwenden. [2]Sind in dem dem Organträger zugerechneten Einkommen Bezüge, Gewinne oder Gewinnminderungen im Sinne des § 8b Abs. 1 bis 3 dieses Gesetzes oder mit solchen Beträgen zusammenhängende Ausgaben im Sinne des § 3c Abs. 2 des Einkommensteuergesetzes, ein Übernahmeverlust im Sinne des § 4 Abs. 6 des Umwandlungssteuergesetzes oder ein Gewinn oder Verlust im Sinne des § 12 Absatz 2 Satz 1 des Umwandlungssteuergesetzes enthalten, sind § 8b dieses Gesetzes, § 4 Abs. 6 und § 12 Absatz 2 des Umwandlungssteuergesetzes sowie § 3 Nr. 40 und § 3c Abs. 2 des Einkommensteuergesetzes bei der Ermittlung des Einkommens des Organträgers anzuwenden; in den Fällen des § 12 Absatz 2 Satz 2 des Umwandlungssteuergesetzes sind neben § 8b dieses Gesetzes auch § 3 Nummer 40 und § 3c Absatz 2 des Einkommensteuergesetzes entsprechend anzuwenden. [3]Satz 2 gilt nicht, soweit bei der Organgesellschaft § 8b Abs. 7, 8 oder 10 anzuwenden ist. [4]Für die Anwendung der Beteiligungsgrenze im Sinne des § 8b Absatz 4 in der Fassung des Artikels 1 des Gesetzes vom 21. März 2013 (BGBl. I S. 561) werden Beteiligungen der Organgesellschaft und Beteiligungen des Organträgers getrennt betrachtet.

2a. [1]§ 20 Absatz 1 Satz 1 bis 3 und Absatz 2 bis 4a, die §§ 21, 30 Absatz 2, die §§ 42 und 43 Absatz 3, § 44 sowie § 49 Absatz 1 des Investmentsteuergesetzes sind bei der Organgesellschaft nicht anzuwenden. [2]Sind in dem dem Organträger zugerechneten Einkommen Erträge im Sinne des § 16 oder § 34 des Investmentsteuergesetzes oder mit solchen Erträgen zusammenhängende Betriebsvermögensminderungen, Betriebsausgaben oder Veräußerungskosten im Sinne des § 21 oder des § 44 des Investmentsteuergesetzes enthalten, sind die §§ 20, 21, 30 Absatz 2, die §§ 42, 43 Absatz 3, § 44 sowie § 49 Absatz 1 des Investmentsteuergesetzes bei der Ermittlung des Einkommens des Organträgers anzuwenden. [3]Für Zwecke des Satzes 2 gilt der Organträger als Anleger im Sinne des § 2 Absatz 10 des Investmentsteuergesetzes. [4]Die bloße Begründung oder Beendigung einer Organschaft nach § 14 Absatz 1 Satz 1 führt nicht zu einer Veräußerung nach § 22 Absatz 1 des Investmentsteuergesetzes. [5]Die Sätze 1 bis 4 gelten nicht, soweit die Organgesellschaft die Voraussetzungen des § 20 Absatz 1 Satz 4 oder Satz 5 oder des § 30 Absatz 3 des Investmentsteuergesetzes erfüllt. [6]Für die Anwendung der Beteiligungsgrenze im Sinne des § 30 Absatz 2 Nummer 2 des Investmentsteuergesetzes werden Beteiligungen der Organgesellschaft und Beteiligungen des Organträgers getrennt betrachtet.

3. [1]§ 4h des Einkommensteuergesetzes ist bei der Organgesellschaft nicht anzuwenden. [2]Organträger und Organgesellschaften gelten als ein Betrieb im Sinne des § 4h des Einkommensteuergesetzes. [3]Sind in dem dem Organträger zugerechneten Einkommen der Organgesellschaften Zinsaufwendungen und Zinserträge im Sinne des § 4h Abs. 3 des Einkommensteuergesetzes enthalten, sind diese bei Anwendung des § 4h Abs. 1 des Einkommensteuergesetzes beim Organträger einzubeziehen.
4. [1]§ 8 Abs. 3 Satz 2 und Abs. 7 ist bei der Organgesellschaft auf Dauerverlustgeschäfte im Sinne des § 8 Abs. 7 Satz 2 nicht anzuwenden. [2]Sind in dem dem Organträger zugerechneten Einkommen Verluste aus Dauerverlustgeschäften im Sinne des § 8 Abs. 7 Satz 2 enthalten, ist § 8 Abs. 3 Satz 2 und Abs. 7 bei der Ermittlung des Einkommens des Organträgers anzuwenden.
5. [1]§ 8 Abs. 9 ist bei der Organgesellschaft nicht anzuwenden. [2]Sind in dem dem Organträger zugerechneten Einkommen Einkommen einer Kapitalgesellschaft enthalten, auf die § 8 Abs. 7 Satz 1 Nr. 2 anzuwenden ist, ist § 8 Abs. 9 bei der Ermittlung des Einkommens des Organträgers anzuwenden.

[2]Nummer 2 gilt entsprechend für Gewinnanteile aus der Beteiligung an einer ausländischen Gesellschaft, die nach den Vorschriften eines Abkommens zur Vermeidung der Doppelbesteuerung von der Besteuerung auszunehmen sind. [3]Bei Anwendung des Satzes 2 finden § 16 Absatz 4 sowie § 43 Absatz 1 Satz 3 des Investmentsteuergesetzes beim Organträger Anwendung. [4]Für Zwecke des Satzes 3 gilt der Organträger als Anleger im Sinne des § 2 Absatz 10 des Investmentsteuergesetzes.

§ 16
Ausgleichszahlungen

[1]Die Organgesellschaft hat ihr Einkommen in Höhe von 20/17 der geleisteten Ausgleichszahlungen selbst zu versteuern. [2]Ist die Verpflichtung zum Ausgleich vom Organträger erfüllt worden, so hat die Organgesellschaft 20/17 der geleisteten Ausgleichszahlungen an Stelle des Organträgers zu versteuern.

§ 17
Andere Kapitalgesellschaften als Organgesellschaft

(1) [1]Die §§ 14 bis 16 gelten entsprechend, wenn eine andere als die in § 14 Absatz 1 Satz 1 bezeichnete Kapitalgesellschaft mit Geschäftsleitung im Inland und Sitz in einem Mitgliedstaat der Europäischen Union oder in einem Vertragsstaat des EWR-Abkommens sich wirksam verpflichtet, ihren ganzen Gewinn an ein anderes Unternehmen im Sinne des § 14 abzuführen. [2]Weitere Voraussetzung ist, dass

1. eine Gewinnabführung den in § 301 des Aktiengesetzes genannten Betrag nicht überschreitet und
2. eine Verlustübernahme durch Verweis auf die Vorschriften des § 302 des Aktiengesetzes in seiner jeweils gültigen Fassung vereinbart wird.

(2) Für die Anwendung des Absatzes 1 Satz 2 Nummer 2 gilt § 34 Absatz 10b in der Fassung des Artikels 12 des Gesetzes vom 18. Dezember 2013 (BGBl. I S. 4318) entsprechend fort.

§ 18
(weggefallen)

§ 19
Steuerabzug bei dem Organträger

(1) Sind bei der Organgesellschaft die Voraussetzungen für die Anwendung besonderer Tarifvorschriften erfüllt, die einen Abzug von der Körperschaftsteuer vorsehen, und unterliegt der Organträger der unbeschränkten Körperschaftsteuerpflicht, so sind diese Tarifvorschriften beim Organträger so anzuwenden, als wären die Voraussetzungen für ihre Anwendung bei ihm selbst erfüllt.

(2) Unterliegt der Organträger der unbeschränkten Einkommensteuerpflicht, so gilt Absatz 1 entsprechend, soweit für die Einkommensteuer gleichartige Tarifvorschriften wie für die Körperschaftsteuer bestehen.

(3) Unterliegt der Organträger nicht der unbeschränkten Körperschaftsteuer- oder Einkommensteuerpflicht, gelten die Absätze 1 und 2 entsprechend, soweit die besonderen Tarifvorschriften bei beschränkt Steuerpflichtigen anwendbar sind.

(4) [1]Ist der Organträger eine Personengesellschaft, so gelten die Absätze 1 bis 3 für die Gesellschafter der Personengesellschaft entsprechend. [2]Bei jedem Gesellschafter ist der Teilbetrag abzuziehen, der dem auf den Gesellschafter entfallenden Bruchteil des dem Organträger zuzurechnenden Einkommens der Organgesellschaft entspricht.

(5) Sind in dem Einkommen der Organgesellschaft Betriebseinnahmen enthalten, die einem Steuerabzug unterlegen haben, so ist die einbehaltene Steuer auf die Körperschaftsteuer oder die Einkommensteuer des Organträgers oder, wenn der Organträger eine Personengesellschaft ist, anteilig auf die Körperschaftsteuer oder die Einkommensteuer der Gesellschafter anzurechnen.

Drittes Kapitel
Sondervorschriften für Versicherungen und Pensionsfonds

§ 20
Schwankungsrückstellungen, Schadenrückstellungen

(1) [1]Für die Bildung der Rückstellungen zum Ausgleich des schwankenden Jahresbedarfs sind insbesondere folgende Voraussetzungen erforderlich:

1. Es muss nach den Erfahrungen in dem betreffenden Versicherungszweig mit erheblichen Schwankungen des Jahresbedarfs zu rechnen sein.
2. [1]Die Schwankungen des Jahresbedarfs dürfen nicht durch die Prämien ausgeglichen werden. [2]Sie müssen aus den am Bilanzstichtag bestehenden Versicherungsverträgen herrühren und dürfen nicht durch Rückversicherungen gedeckt sein.

[2]Auf Schwankungsrückstellungen und ähnliche Rückstellungen im Sinne des § 341h des Handelsgesetzbuches ist § 6 Absatz 1 Nummer 3a Buchstabe e des Einkommensteuergesetzes nicht anzuwenden.

(2) ¹Bei den Rückstellungen für noch nicht abgewickelte Versicherungsfälle (§ 341g des Handelsgesetzbuchs) sind die Erfahrungen im Sinne des § 6 Abs. 1 Nr. 3a Buchstabe a des Einkommensteuergesetzes für jeden Versicherungszweig zu berücksichtigen, für den nach aufsichtsrechtlichen Vorschriften eine gesonderte Gewinn- und Verlustrechnung aufzustellen ist. ²Die Summe der einzelbewerteten Schäden des Versicherungszweiges ist um den Betrag zu mindern (Minderungsbetrag), der wahrscheinlich insgesamt nicht zur Befriedigung der Ansprüche für die Schäden benötigt wird. ³Für Zwecke der Sätze 1 und 2 haben die Niederlassungen der Versicherungsunternehmen im Sinne des § 341 Absatz 2 Satz 2 des Handelsgesetzbuchs die auf Grund § 55a des Versicherungsaufsichtsgesetzes in der am 31. Dezember 2015 geltenden Fassung erlassene Verordnung über die Berichterstattung von Versicherungsunternehmen gegenüber der Bundesanstalt für Finanzdienstleistungsaufsicht entsprechend anzuwenden.

§ 21
Beitragsrückerstattungen

(1) ¹Aufwendungen für Beitragsrückerstattungen und Direktgutschriften, die für das selbst abgeschlossene Geschäft gewährt werden, sind abziehbar

1. ¹in dem nach Art der Lebensversicherung betriebenen Geschäft bis zu einem Höchstbetrag, der sich auf Grundlage des nach handelsrechtlichen Vorschriften ermittelten Jahresergebnisses für das selbst abgeschlossene Geschäft ohne Berücksichtigung eines Gewinnabführungsvertrages ermittelt. ²Diese Grundlage erhöht sich um die für Beitragsrückerstattungen und Direktgutschriften aufgewendeten Beträge, soweit die Beträge das Jahresergebnis gemindert haben. ³Sie mindert sich um den Nettoertrag des Eigenkapitals am Beginn des Wirtschaftsjahrs. ⁴Als Eigenkapital gilt das nach den Vorschriften der auf Grund des § 39 des Versicherungsaufsichtsgesetzes erlassenen Verordnungen über die Berichterstattung von Versicherungsunternehmen zu ermittelnde Eigenkapital zuzüglich 10 Prozent des ungebundenen Teils der Rückstellung für Beitragsrückerstattung. ⁵Als Nettoertrag gilt 70 Prozent der Differenz zwischen Erträgen und Aufwendungen aus Kapitalanlagen, die anteilig auf das Eigenkapital entfallen. ⁶Dabei sind die Kapitalanlagen auszusondern, bei denen das Anlagerisiko nicht vom Versicherungsunternehmen getragen wird. ⁷Als Höchstbetrag mindestens abziehbar sind die Aufwendungen, die auf Grund gesetzlicher Vorschriften zu gewähren sind. ⁸Die Sätze 1 bis 7 sind für Pensionsfonds entsprechend anzuwenden,
2. ¹in den übrigen Versicherungsgeschäften auf Grund des versicherungstechnischen Überschusses bis zur Höhe des Überschusses, der sich aus den Beitragseinnahmen nach Abzug aller anteiligen abziehbaren und nichtabziehbaren Betriebsausgaben einschließlich der Versicherungsleistungen, Rückstellungen und Rechnungsabgrenzungsposten ergibt. ²Der Berechnung des Überschusses sind die auf das Wirtschaftsjahr entfallenden Beitragseinnahmen und Betriebsausgaben des einzelnen Versicherungszweiges aus dem selbst abgeschlossenen Geschäft für eigene Rechnung zugrunde zu legen.

²Der nach Satz 1 Nummer 1 für den Abzug maßgebliche Betrag ist in dem Verhältnis abziehbar, wie die für die Beitragsrückerstattung maßgeblichen Überschüsse am Kapitalanlageergebnis im Geltungsbereich dieses Gesetzes dem Grunde nach steuerpflichtig und nicht steuerbefreit sind. ³Ist maßgeblicher Betrag der sich nach Satz 1 Nummer 1 Satz 7 ergebende Betrag, ist Satz 2 nur für Aufwendungen aus dem Kapitalanlageergebnis anzuwenden.

(2) § 6 Absatz 1 Nummer 3a des Einkommensteuergesetzes ist nicht anzuwenden.

§ 21a
Deckungsrückstellungen

(1) ¹§ 6 Abs. 1 Nr. 3a Buchstabe e des Einkommensteuergesetzes ist von Versicherungsunternehmen und Pensionsfonds mit der der Maßgabe anzuwenden, dass Deckungsrückstellungen im Sinne des § 341f des Handelsgesetzbuchs mit dem sich für die zugrunde liegenden Verträge aus der Bestimmung in Verbindung mit § 25 der Verordnung über die Rechnungslegung von Versicherungsunternehmen oder in Verbindung mit der auf Grund § 240 Satz 1 Nummer 10 des Versicherungsaufsichtsgesetzes erlassenen Rechtsverordnung ergebenden Höchstzinssatz oder einem niedrigeren zulässigerweise verwendeten Zinssatz abgezinst werden können. ²Für die von Schaden- und Unfallversicherungsunternehmen gebildeten Renten-Deckungsrückstellungen kann der Höchstzinssatz, der sich auf Grund der nach § 217 Satz 1 Nummer 7 des Versicherungsaufsichtsgesetzes erlassenen Rechtsverordnung ergibt, oder ein niedrigerer zulässigerweise verwendeter Zinssatz zugrunde gelegt werden.

(2) Soweit die in Absatz 1 genannten versicherungsrechtlichen Bestimmungen auf Versicherungsunternehmen mit Sitz in einem anderen Mitgliedstaat der Europäischen Union oder in einem anderen Vertragsstaat des EWR-Abkommens keine Anwendung finden, können diese entsprechend verfahren.

§ 21b
(weggefallen)

Viertes Kapitel
Sondervorschriften für Genossenschaften

§ 22
Genossenschaftliche Rückvergütung

(1) ¹Rückvergütungen der Genossenschaften an ihre Mitglieder sind nur insoweit als Betriebsausgaben abziehbar, als die dafür verwendeten Beträge im Mitgliedergeschäft erwirtschaftet worden sind. ²Zur Feststellung dieser Beträge ist der Überschuss

1. bei Absatz- und Produktionsgenossenschaften im Verhältnis des Wareneinkaufs bei Mitgliedern zum gesamten Wareneinkauf,
2. bei den übrigen Genossenschaften im Verhältnis des Mitgliederumsatzes zum Gesamtumsatz

aufzuteilen. ³Der hiernach sich ergebende Gewinn aus dem Mitgliedergeschäft bildet die obere Grenze für den Abzug. ⁴Überschuss im Sinne des Satzes 2 ist das um den Gewinn aus Nebengeschäften geminderte Einkommen vor Abzug der genossenschaftlichen Rückvergütungen und des Verlustabzugs.

(2) ¹Voraussetzung für den Abzug nach Absatz 1 ist, dass die genossenschaftliche Rückvergütung unter Bemessung nach der Höhe des Umsatzes zwischen den Mitgliedern und der Genossenschaft bezahlt ist und dass sie

1. auf einem durch die Satzung der Genossenschaft eingeräumten Anspruch des Mitglieds beruht oder

2. durch Beschluss der Verwaltungsorgane der Genossenschaft festgelegt und der Beschluss den Mitgliedern bekannt gegeben worden ist oder
3. in der Generalversammlung beschlossen worden ist, die den Gewinn verteilt.

[2]Nachzahlungen der Genossenschaft für Lieferungen oder Leistungen und Rückzahlungen von Unkostenbeiträgen sind wie genossenschaftliche Rückvergütungen zu behandeln.

Dritter Teil
Tarif, Besteuerung bei ausländischen Einkunftsteilen

§ 23
Steuersatz

(1) Die Körperschaftsteuer beträgt für

1. Veranlagungszeiträume bis 2027 15 Prozent,
2. den Veranlagungszeitraum 2028 14 Prozent,
3. den Veranlagungszeitraum 2029 13 Prozent,
4. den Veranlagungszeitraum 2030 12 Prozent,
5. den Veranlagungszeitraum 2031 11 Prozent und
6. Veranlagungszeiträume ab 2032 10 Prozent

des zu versteuernden Einkommens.

(2) Wird die Einkommensteuer auf Grund der Ermächtigung des § 51 Abs. 3 des Einkommensteuergesetzes herabgesetzt oder erhöht, so ermäßigt oder erhöht sich die Körperschaftsteuer entsprechend.

§ 24
Freibetrag für bestimmte Körperschaften

[1]Vom Einkommen der steuerpflichtigen Körperschaften, Personenvereinigungen und Vermögensmassen ist ein Freibetrag von 5 000 Euro, höchstens jedoch in Höhe des Einkommens, abzuziehen. [2]Satz 1 gilt nicht

1. für Körperschaften und Personenvereinigungen, deren Leistungen bei den Empfängern zu den Einnahmen im Sinne des § 20 Abs. 1 Nr. 1 oder 2 des Einkommensteuergesetzes gehören,
2. für Vereine im Sinne des § 25,
3. für Investmentfonds im Sinne des § 1 des Investmentsteuergesetzes und Spezial-Investmentfonds im Sinne des § 26 des Investmentsteuergesetzes, deren Leistungen bei den Empfängern zu den Einnahmen im Sinne des § 20 Absatz 1 Nummer 3 oder 3a des Einkommensteuergesetzes gehören.

§ 25
Freibetrag für Genossenschaften sowie Vereine, die Land- und Forstwirtschaft betreiben

(1) [1]Vom Einkommen der steuerpflichtigen Genossenschaften sowie der steuerpflichtigen Vereine, deren Tätigkeit sich auf den Betrieb der Land- und Forstwirtschaft beschränkt, ist ein Freibetrag in Höhe von 15 000 Euro, höchstens jedoch in Höhe des Einkommens, im Veranlagungszeitraum der Gründung und in den folgenden neun Veranlagungszeiträumen abzuziehen. [2]Voraussetzung ist, dass

1. die Mitglieder der Genossenschaft oder dem Verein Flächen zur Nutzung oder für die Bewirtschaftung der Flächen erforderliche Gebäude überlassen und
2. a) bei Genossenschaften das Verhältnis der Summe der Werte der Geschäftsanteile des einzelnen Mitglieds zu der Summe der Werte aller Geschäftsanteile,
   b) bei Vereinen das Verhältnis des Werts des Anteils an dem Vereinsvermögen, der im Fall der Auflösung des Vereins an das einzelne Mitglied fallen würde, zu dem Wert des Vereinsvermögens nicht wesentlich von dem Verhältnis abweicht, in dem der Wert der von dem einzelnen Mitglied zur Nutzung überlassenen Flächen und Gebäude zu dem Wert der insgesamt zur Nutzung überlassenen Flächen und Gebäude steht.

(2) Absatz 1 Satz 1 gilt auch für steuerpflichtige Genossenschaften sowie für steuerpflichtige Vereine, die eine gemeinschaftliche Tierhaltung im Sinne des § 13b des Einkommensteuergesetzes betreiben.

§ 26
Steuerermäßigung bei ausländischen Einkünften

(1) [1]Für die Anrechnung einer der deutschen Körperschaftsteuer entsprechenden ausländischen Steuer auf die deutsche Körperschaftsteuer und für die Berücksichtigung anderer Steuerermäßigungen bei ausländischen Einkünften gelten vorbehaltlich des Satzes 2 und des Absatzes 2 die folgenden Bestimmungen entsprechend:

1. bei unbeschränkt Steuerpflichtigen § 34c Absatz 1 bis 3 und 5 bis 7 und § 50d Absatz 10 des Einkommensteuergesetzes sowie
2. bei beschränkt Steuerpflichtigen § 50 Absatz 3 und § 50d Absatz 10 des Einkommensteuergesetzes.

[2]Dabei ist auf Bezüge im Sinne des § 8b Absatz 1 Satz 1, die auf Grund des § 8b Absatz 1 Satz 2 und 3 bei der Ermittlung des Einkommens nicht außer Ansatz bleiben, vorbehaltlich des Absatzes 2 § 34c Absatz 1 bis 3 und 6 Satz 6 des Einkommensteuergesetzes entsprechend anzuwenden.

(2) [1]Abweichend von § 34c Absatz 1 Satz 2 des Einkommensteuergesetzes ist die auf die ausländischen Einkünfte entfallende deutsche Körperschaftsteuer in der Weise zu ermitteln, dass die sich bei der Veranlagung des zu versteuernden Einkommens, einschließlich der ausländischen Einkünfte, ohne Anwendung der §§ 37 und 38 ergebende deutsche Körperschaftsteuer im Ver-

hältnis dieser ausländischen Einkünfte zur Summe der Einkünfte aufgeteilt wird. [2]Bei der entsprechenden Anwendung von § 34c Absatz 2 des Einkommensteuergesetzes ist die ausländische Steuer abzuziehen, soweit sie auf ausländische Einkünfte entfällt, die bei der Ermittlung der Einkünfte nicht außer Ansatz bleiben. [3]§ 34c Absatz 6 Satz 3 des Einkommensteuergesetzes ist auch auf Einkünfte entsprechend anzuwenden, die auf Grund einer Verordnung oder Richtlinie der Europäischen Union in einem anderen Mitgliedstaat der Europäischen Union nicht besteuert werden.

Vierter Teil
Nicht in das Nennkapital geleistete Einlagen und Entstehung und Veranlagung

§ 27
Nicht in das Nennkapital geleistete Einlagen

(1) [1]Die unbeschränkt steuerpflichtige Kapitalgesellschaft hat die nicht in das Nennkapital geleisteten Einlagen am Schluss jedes Wirtschaftsjahrs auf einem besonderen Konto (steuerliches Einlagekonto) auszuweisen. [2]Das steuerliche Einlagekonto ist ausgehend von dem Bestand am Ende des vorangegangenen Wirtschaftsjahrs um die jeweiligen Zu- und Abgänge des Wirtschaftsjahrs fortzuschreiben. [3]Leistungen der Kapitalgesellschaft mit Ausnahme der Rückzahlung von Nennkapital im Sinne des § 28 Abs. 2 Satz 2 und 3 und der Mehrabführungen im Sinne des Absatzes 6 mindern das steuerliche Einlagekonto unabhängig von ihrer handelsrechtlichen Einordnung nur, soweit sie den auf den Schluss des vorangegangenen Wirtschaftsjahrs ermittelten ausschüttbaren Gewinn übersteigen (Einlagenrückgewähr). [4]Der Bestand des steuerlichen Einlagekontos kann durch Leistungen nicht negativ werden; Absatz 6 bleibt unberührt. [5]Als ausschüttbarer Gewinn gilt das um das gezeichnete Kapital geminderte in der Steuerbilanz ausgewiesene Eigenkapital abzüglich des Bestands des steuerlichen Einlagekontos.

(2) [1]Der unter Berücksichtigung der Zu- und Abgänge des Wirtschaftsjahrs ermittelte Bestand des steuerlichen Einlagekontos wird gesondert festgestellt. [2]Der Bescheid über die gesonderte Feststellung ist Grundlagenbescheid für den Bescheid über die gesonderte Feststellung zum folgenden Feststellungszeitpunkt. [3]Bei Eintritt in die unbeschränkte Steuerpflicht mit Ausnahme der Anwendungsfälle des § 29 ist der zum Zeitpunkt des Eintritts in die Steuerpflicht vorhandene Bestand der nicht in das Nennkapital geleisteten Einlagen gesondert festzustellen; der gesondert festgestellte Bestand gilt als Bestand des steuerlichen Einlagekontos am Ende des vorangegangenen Wirtschaftsjahrs. [4]Kapitalgesellschaften haben auf den Schluss jedes Wirtschaftsjahrs Erklärungen zur gesonderten Feststellung von Besteuerungsgrundlagen abzugeben.

(3) [1]Erbringt eine Kapitalgesellschaft für eigene Rechnung Leistungen, die nach Absatz 1 Satz 3 als Abgang auf dem steuerlichen Einlagekonto zu berücksichtigen sind, so ist sie verpflichtet, ihren Anteilseignern die folgenden Angaben nach amtlich vorgeschriebenem Muster zu bescheinigen:

1. den Namen und die Anschrift des Anteilseigners,
2. die Höhe der Leistungen, soweit das steuerliche Einlagekonto gemindert wurde,
3. den Zahlungstag.

[2]Die Bescheinigung braucht nicht unterschrieben zu werden, wenn sie in einem maschinellen Verfahren ausgedruckt worden ist und den Aussteller erkennen lässt.

(4) [1]Ist die in Absatz 1 bezeichnete Leistung einer Kapitalgesellschaft von der Vorlage eines Dividendenscheins abhängig und wird sie für Rechnung der Kapitalgesellschaft durch ein inländisches Kreditinstitut erbracht, so hat das Institut dem Anteilseigner eine Bescheinigung mit den in Absatz 3 Satz 1 bezeichneten Angaben nach amtlich vorgeschriebenem Muster zu erteilen. [2]Aus der Bescheinigung muss ferner hervorgehen, für welche Kapitalgesellschaft die Leistung erbracht wird. [3]Die Sätze 1 und 2 gelten entsprechend, wenn anstelle eines inländischen Kreditinstituts eine inländische Zweigniederlassung eines der in § 53b Absatz 1 oder 7 des Kreditwesengesetzes genannten Unternehmen die Leistung erbringt.

(5) [1]Ist für eine Leistung der Kapitalgesellschaft die Minderung des Einlagekontos zu niedrig bescheinigt worden, bleibt die der Bescheinigung zugrunde gelegte Verwendung unverändert. [2]Ist für eine Leistung bis zum Tag der Bekanntgabe der erstmaligen Feststellung im Sinne des Absatzes 2 zum Schluss des Wirtschaftsjahrs der Leistung eine Steuerbescheinigung im Sinne des Absatzes 3 nicht erteilt worden, gilt der Betrag der Einlagenrückgewähr als mit 0 Euro bescheinigt. [3]In den Fällen der Sätze 1 und 2 ist eine Berichtigung oder erstmalige Erteilung von Steuerbescheinigungen im Sinne des Absatzes 3 nicht zulässig. [4]In anderen Fällen ist die auf den überhöht ausgewiesenen Betrag der Einlagenrückgewähr entfallende Kapitalertragsteuer durch Haftungsbescheid geltend zu machen; § 44 Abs. 5 Satz 1 zweiter Halbsatz des Einkommensteuergesetzes gilt insoweit nicht. [5]Die Steuerbescheinigungen können berichtigt werden. [6]Die Feststellung im Sinne des Absatzes 2 für das Wirtschaftsjahr, in dem die entsprechende Leistung erfolgt ist, ist an die der Kapitalertragsteuerhaftung nach Satz 4 zugrunde gelegte Einlagenrückgewähr anzupassen.

(6) [1]Minderabführungen erhöhen und Mehrabführen mindern das Einlagekonto einer Organgesellschaft, wenn sie ihre Ursache in organschaftlicher Zeit haben. [2]Mehrabführungen im Sinne des Satzes 1 mindern das steuerliche Einlagekonto der Organgesellschaft vor anderen Leistungen. [3]In den Fällen des § 14 Absatz 1 Satz 1 Nummer 1 Satz 2 sind die Sätze 1 und 2 auf das steuerliche Einlagekonto jeder vermittelnden, unbeschränkt steuerpflichtigen Kapitalgesellschaft entsprechend anzuwenden.

(7) Die vorstehenden Absätze gelten sinngemäß für andere unbeschränkt steuerpflichtige Körperschaften und Personenvereinigungen, die Leistungen im Sinne des § 20 Abs. 1 Nr. 1, 9 oder Nr. 10 des Einkommensteuergesetzes gewähren können.

(8) [1]Eine Einlagenrückgewähr können auch Körperschaften oder Personenvereinigungen erbringen, die nicht der unbeschränkten Steuerpflicht im Inland unterliegen, wenn sie Leistungen im Sinne des § 20 Abs. 1 Nr. 1 oder 9 des Einkommensteuergesetzes gewähren können. [2]Die Einlagenrückgewähr ist in entsprechender Anwendung der Absätze 1 bis 6 und der §§ 28 und 29 zu ermitteln. [3]Der als Einlagenrückgewähr zu berücksichtigende Betrag wird auf Antrag der Körperschaft oder Personenvereinigung für das jeweilige Wirtschaftsjahr gesondert festgestellt. [4]Der Antrag ist nach amtlich vorgeschriebenem Vordruck bis zum Ende des zwölften Monats zu stellen, der auf das Ende des Wirtschaftsjahres folgt, in dem die Leistung erfolgt ist. [5]Zuständig für die gesonderte Feststellung ist die Finanzbehörde, die im Zeitpunkt der Abgabe des Antrags nach § 20 der Abgabenordnung für die Besteuerung nach dem Einkommen örtlich zuständig ist. [6]Bei Körperschaften oder Personenvereinigungen, für die im Zeitpunkt der Antragstellung nach § 20 der Abgabenordnung keine Finanzbehörde zuständig ist, ist abweichend von Satz 5 das Bundeszentralamt für Steuern zuständig. [7]Im Antrag sind die für die Berechnung der Einlagenrückgewähr erforderlichen Umstände darzulegen. [8]In die Bescheinigung nach Absatz 3 ist das Aktenzeichen der nach Satz 5 oder 6 zuständigen Behörde aufzunehmen. [9]Soweit für Leistungen nach Satz 1 oder Nennkapitalrückzahlungen eine Einlagenrückgewähr nicht gesondert festgestellt worden ist, gelten sie als Gewinnausschüttung, die beim Anteilseigner zu Einnahmen im Sinne des § 20 Absatz 1 Nummer 1 oder 9 des Einkommensteuergesetzes führen.

§ 28
Umwandlung von Rücklagen in Nennkapital und Herabsetzung des Nennkapitals

(1) [1]Wird das Nennkapital durch Umwandlung von Rücklagen erhöht, so gilt der positive Bestand des steuerlichen Einlagekontos als vor den sonstigen Rücklagen umgewandelt. [2]Maßgeblich ist dabei der sich vor Anwendung des Satzes 1 ergebende Bestand des steuerlichen Einlagekontos zum Schluss des Wirtschaftsjahrs der Rücklagenumwandlung. [3]Enthält das Nennkapital auch Beträge, die ihm durch Umwandlung von sonstigen Rücklagen mit Ausnahme von aus Einlagen der Anteilseigner stammenden Beträgen zugeführt worden sind, so sind diese Teile des Nennkapitals getrennt auszuweisen und gesondert festzustellen (Sonderausweis). [4]§ 27 Abs. 2 gilt entsprechend.

(2) [1]Im Fall der Herabsetzung des Nennkapitals oder der Auflösung der Körperschaft wird zunächst der Sonderausweis zum Schluss des vorangegangenen Wirtschaftsjahrs gemindert; ein übersteigender Betrag ist dem steuerlichen Einlagekonto gutzuschreiben, soweit die Einlage in das Nennkapital geleistet ist. [2]Die Rückzahlung des Nennkapitals gilt, soweit der Sonderausweis zu mindern ist, als Gewinnausschüttung, die beim Anteilseigner zu Bezügen im Sinne des § 20 Abs. 1 Nr. 2 des Einkommensteuergesetzes führt. [3]Ein den Sonderausweis übersteigender Betrag ist vom positiven Bestand des steuerlichen Einlagekontos abzuziehen. [4]Soweit der positive Bestand des steuerlichen Einlagekontos für den Abzug nach Satz 3 nicht ausreicht, gilt die Rückzahlung des Nennkapitals ebenfalls als Gewinnausschüttung, die beim Anteilseigner zu Bezügen im Sinne des § 20 Abs. 1 Nr. 2 des Einkommensteuergesetzes führt.

(3) Ein Sonderausweis zum Schluss des Wirtschaftsjahrs vermindert sich um den positiven Bestand des steuerlichen Einlagekontos zu diesem Stichtag; der Bestand des steuerlichen Einlagekontos vermindert sich entsprechend.

§ 29
Kapitalveränderungen bei Umwandlungen

(1) In Umwandlungsfällen im Sinne des § 1 des Umwandlungsgesetzes gilt das Nennkapital der übertragenden Kapitalgesellschaft und bei Anwendung des Absatzes 2 Satz 3 und des Absatzes 3 Satz 3 zusätzlich das Nennkapital der übernehmenden Kapitalgesellschaft als in vollem Umfang nach § 28 Abs. 2 Satz 1 herabgesetzt.

(2) [1]Geht das Vermögen einer Kapitalgesellschaft durch Verschmelzung nach § 2 des Umwandlungsgesetzes auf eine unbeschränkt steuerpflichtige Körperschaft über, so ist der Bestand des steuerlichen Einlagekontos dem steuerlichen Einlagekonto der übernehmenden Körperschaft hinzuzurechnen. [2]Eine Hinzurechnung des Bestands des steuerlichen Einlagekontos nach Satz 1 unterbleibt im Verhältnis des Anteils des Übernehmers an dem übertragenden Rechtsträger. [3]Der Bestand des Einlagekontos des Übernehmers mindert sich anteilig im Verhältnis des Anteils des übertragenden Rechtsträgers am Übernehmer.

(3) [1]Geht Vermögen einer Kapitalgesellschaft durch Aufspaltung oder Abspaltung im Sinne des § 123 Abs. 1 und 2 des Umwandlungsgesetzes auf eine unbeschränkt steuerpflichtige Körperschaft über, so ist der Bestand des steuerlichen Einlagekontos der übertragenden Kapitalgesellschaft einer übernehmenden Körperschaft im Verhältnis der übergehenden Vermögensteile zu dem bei der übertragenden Kapitalgesellschaft vor dem Übergang bestehenden Vermögen zuzuordnen, wie es in der Regel in den Angaben zum Umtauschverhältnis der Anteile im Spaltungs- und Übernahmevertrag oder im Spaltungsplan (§ 126 Abs. 1 Nr. 3, § 136 des Umwandlungsgesetzes) zum Ausdruck kommt. [2]Entspricht das Umtauschverhältnis der Anteile nicht dem Verhältnis der übergehenden Vermögensteile zu dem bei der übertragenden Kapitalgesellschaft vor der Spaltung bestehenden Vermögen, ist das Verhältnis der gemeinen Werte der übergehenden Vermögensteile zu dem vor der Spaltung vorhandenen Vermögen maßgebend. [3]Für die Entwicklung des steuerlichen Einlagekontos des Übernehmers gilt Absatz 2 Satz 2 und 3 entsprechend. [4]Soweit das Vermögen durch Abspaltung auf eine Personengesellschaft übergeht, mindert sich das steuerliche Einlagekonto der übertragenden Kapitalgesellschaft in dem Verhältnis der übergehenden Vermögensteile zu dem vor der Spaltung bestehenden Vermögen.

(4) Nach Anwendung der Absätze 2 und 3 ist für die Anpassung des Nennkapitals der umwandlungsbeteiligten Kapitalgesellschaften § 28 Abs. 1 und 3 anzuwenden.

(5) Die vorstehenden Absätze gelten sinngemäß für andere unbeschränkt steuerpflichtige Körperschaften und Personenvereinigungen, die Leistungen im Sinne des § 20 Abs. 1 Nr. 1, 9 und 10 des Einkommensteuergesetzes gewähren können.

(6) War für die übertragende Körperschaft oder Personenvereinigung ein Einlagekonto bisher nicht festzustellen, tritt für die Anwendung der vorstehenden Absätze an die Stelle des Einlagekontos der Bestand der nicht in das Nennkapital geleisteten Einlagen zum Zeitpunkt des Vermögensübergangs.

§ 30
Entstehung der Körperschaftsteuer

Die Körperschaftsteuer entsteht

1. für Steuerabzugsbeträge in dem Zeitpunkt, in dem die steuerpflichtigen Einkünfte zufließen,
2. für Vorauszahlungen mit Beginn des Kalendervierteljahrs, in dem die Vorauszahlungen zu entrichten sind, oder, wenn die Steuerpflicht erst im Laufe des Kalenderjahrs begründet wird, mit Begründung der Steuerpflicht,
3. für die veranlagte Steuer mit Ablauf des Veranlagungszeitraums, soweit nicht die Steuer nach Nummer 1 oder 2 schon früher entstanden ist.

§ 31
Steuererklärungspflicht, Veranlagung und Erhebung von Körperschaftsteuer

(1) [1]Auf die Durchführung der Besteuerung einschließlich der Anrechnung, Entrichtung und Vergütung der Körperschaftsteuer sowie die Festsetzung und Erhebung von Steuern, die nach der veranlagten Körperschaftsteuer bemessen werden (Zuschlagsteuern), sind die Vorschriften des Einkommensteuergesetzes entsprechend anzuwenden, soweit dieses Gesetz nichts anderes bestimmt. [2]Die sich im Zuge der Festsetzung ergebenden einzelnen Körperschaftsteuerbeträge sind jeweils zu Gunsten des Steuerpflichtigen auf volle Euro-Beträge zu runden. [3]§ 37b des Einkommensteuergesetzes findet entsprechende Anwendung.

(1a) [1]Die Körperschaftsteuererklärung und die Erklärung zur gesonderten Feststellung von Besteuerungsgrundlagen sind nach amtlich vorgeschriebenem Datensatz über die amtlich bestimmte Schnittstelle elektronisch zu übermitteln. [2]Auf Antrag kann die Finanzbehörde zur Vermeidung unbilliger Härten auf eine elektronische Übermittlung verzichten; in diesem Fall sind die Erklärungen nach amtlich vorgeschriebenem Vordruck abzugeben und vom gesetzlichen Vertreter des Steuerpflichtigen eigenhändig zu unterschreiben.

(2) Bei einem vom Kalenderjahr abweichenden Wirtschaftsjahr gilt § 37 Abs. 1 des Einkommensteuergesetzes mit der Maßgabe, dass die Vorauszahlungen auf die Körperschaftsteuer bereits während des Wirtschaftsjahrs zu entrichten sind, das im Veranlagungszeitraum endet.

§ 32
Sondervorschriften für den Steuerabzug

(1) Die Körperschaftsteuer für Einkünfte, die dem Steuerabzug unterliegen, ist durch den Steuerabzug abgegolten,

1. wenn die Einkünfte nach § 5 Abs. 2 Nr. 1 von der Steuerbefreiung ausgenommen sind oder
2. wenn der Bezieher der Einkünfte beschränkt steuerpflichtig ist und die Einkünfte nicht in einem inländischen gewerblichen oder land- oder forstwirtschaftlichen Betrieb angefallen sind.

(2) Die Körperschaftsteuer ist nicht abgegolten,

1. wenn bei dem Steuerpflichtigen während eines Kalenderjahrs sowohl unbeschränkte Steuerpflicht als auch beschränkte Steuerpflicht im Sinne des § 2 Nr. 1 bestanden hat; in diesen Fällen sind die während der beschränkten Steuerpflicht erzielten Einkünfte in eine Veranlagung zur unbeschränkten Körperschaftsteuerpflicht einzubeziehen;
2. für Einkünfte, die dem Steuerabzug nach § 50a Abs. 1 Nr. 1, 2 oder Nr. 4 des Einkommensteuergesetzes unterliegen, wenn der Gläubiger der Vergütungen eine Veranlagung zur Körperschaftsteuer beantragt;
3. soweit der Steuerpflichtige wegen der Steuerabzugsbeträge in Anspruch genommen werden kann oder
4. soweit § 38 Abs. 2 anzuwenden ist.

(3) [1]Von den inländischen Einkünften im Sinne des § 2 Nr. 2 zweiter Halbsatz ist ein Steuerabzug vorzunehmen; Entsprechendes gilt, wenn die inländischen Einkünfte im Sinne des § 2 Nr. 2 zweiter Halbsatz von einer nach § 5 Abs. 1 oder nach anderen Gesetzen als dem Körperschaftsteuergesetz steuerbefreiten Körperschaft, Personenvereinigung oder Vermögensmasse erzielt werden. [2]Der Steuersatz beträgt 15 Prozent des Entgelts. [3]Die für den Steuerabzug von Kapitalerträgen im Sinne des § 43 Abs. 1 Satz 1 Nr. 1 und 1a geltenden Vorschriften des Einkommensteuergesetzes mit Ausnahme des § 44 Absatz 2, § 44a Absatz 8, § 45a Absatz 2a und der §§ 45b und 45c des Einkommensteuergesetzes sind entsprechend anzuwenden. [4]Der Steuerabzug ist bei Einnahmen oder Bezügen im Sinne des § 2 Nr. 2 zweiter Halbsatz Buchstabe c von der anderen Körperschaft im Sinne des § 8b Abs. 10 Satz 2 vorzunehmen. [5]In Fällen des Satzes 4 hat die überlassende Körperschaft der anderen Körperschaft den zur Deckung der Kapitalertragsteuer notwendigen Betrag zur Verfügung zu stellen; § 44 Abs. 1 Satz 10 und 11 des Einkommensteuergesetzes gilt entsprechend.

(4) [1]Absatz 2 Nr. 2 gilt nur für beschränkt steuerpflichtige Körperschaften, Personenvereinigungen oder Vermögensmassen im Sinne des § 2 Nr. 1, die nach den Rechtsvorschriften eines Mitgliedstaats der Europäischen Union oder nach den Rechtsvorschriften eines Staates, auf den das Abkommen über den Europäischen Wirtschaftsraum vom 3. Januar 1994 (ABl. EG Nr. L 1 S. 3), zuletzt geändert durch den Beschluss des Gemeinsamen EWR-Ausschusses Nr. 91/2007 vom 6. Juli 2007 (ABl. EU Nr. L 328 S. 40), in der jeweiligen Fassung Anwendung findet, gegründete Gesellschaften im Sinne des Artikels 54 des Vertrags über die Arbeitsweise der Europäischen Union oder des Artikels 34 des Abkommens über den Europäischen Wirtschaftsraum sind, deren Sitz und Ort der Geschäftsleitung sich innerhalb des Hoheitsgebiets eines dieser Staaten befindet. [2]Europäische Gesellschaften sowie Europäische Genossenschaften gelten für die Anwendung des Satzes 1 als nach den Rechtsvorschriften des Staates gegründete Gesellschaften, in dessen Hoheitsgebiet sich der Sitz der Gesellschaften befindet.

(5) [1]Ist die Körperschaftsteuer des Gläubigers für Kapitalerträge im Sinne des § 20 Absatz 1 Nummer 1 des Einkommensteuergesetzes nach Absatz 1 abgegolten, wird dem Gläubiger der Kapitalerträge auf Antrag die einbehaltene und abgeführte Kapitalertragsteuer nach Maßgabe des § 36 Absatz 2 Nummer 2 des Einkommensteuergesetzes erstattet, wenn

1. der Gläubiger der Kapitalerträge eine nach § 2 Nummer 1 beschränkt steuerpflichtige Gesellschaft ist, die
   a) zugleich eine Gesellschaft im Sinne des Artikels 54 des Vertrags über die Arbeitsweise der Europäischen Union oder des Artikels 34 des Abkommens über den Europäischen Wirtschaftsraum ist,
   b) ihren Sitz und Ort der Geschäftsleitung innerhalb des Hoheitsgebiets eines Mitgliedstaates der Europäischen Union oder eines Staates, auf den das Abkommen über den Europäischen Wirtschaftsraum Anwendung findet, hat,
   c) im Staat des Orts ihrer Geschäftsleitung ohne Wahlmöglichkeit einer mit § 1 vergleichbaren unbeschränkten Steuerpflicht unterliegt, ohne von dieser befreit zu sein, und
2. der Gläubiger unmittelbar am Grund- oder Stammkapital der Schuldnerin der Kapitalerträge beteiligt ist und die Mindestbeteiligungsvoraussetzung des § 43b Absatz 2 des Einkommensteuergesetzes nicht erfüllt.

[2]Satz 1 gilt nur, soweit

1. keine Erstattung der betreffenden Kapitalertragsteuer nach anderen Vorschriften vorgesehen ist,
2. die Kapitalerträge nach § 8b Absatz 1 bei der Einkommensermittlung außer Ansatz bleiben würden,
3. die Kapitalerträge aufgrund ausländischer Vorschriften keiner Person zugerechnet werden, die keinen Anspruch auf Erstattung nach Maßgabe dieses Absatzes hätte, wenn sie die Kapitalerträge unmittelbar erzielte,
4. ein Anspruch auf völlige oder teilweise Erstattung der Kapitalertragsteuer bei entsprechender Anwendung des § 50d Absatz 3 des Einkommensteuergesetzes nicht ausgeschlossen wäre und
5. die Kapitalertragsteuer nicht beim Gläubiger oder einem unmittelbar oder mittelbar am Gläubiger beteiligten Anteilseigner angerechnet oder als Betriebsausgabe oder als Werbungskosten abgezogen werden kann; die Möglichkeit eines Anrechnungsvortrags steht der Anrechnung gleich.

[3]Der Gläubiger der Kapitalerträge hat die Voraussetzungen für die Erstattung nachzuweisen. [4]Er hat insbesondere durch eine Bescheinigung der Steuerbehörden seines Ansässigkeitsstaates nachzuweisen, dass er in diesem Staat als steuerlich ansässig betrachtet wird, dort unbeschränkt körperschaftsteuerpflichtig und nicht von der Körperschaftsteuer befreit sowie der tatsächliche Empfänger der Kapitalerträge ist. [5]Aus der Bescheinigung der ausländischen Steuerverwaltung muss hervorgehen, dass die deutsche Kapitalertragsteuer nicht angerechnet, nicht abgezogen oder nicht vorgetragen werden kann und inwieweit eine Anrechnung, ein Abzug oder Vortrag auch tatsächlich nicht erfolgt ist. [6]Die Erstattung der Kapitalertragsteuer erfolgt für alle in

einem Kalenderjahr bezogenen Kapitalerträge im Sinne des Satzes 1 auf der Grundlage eines Freistellungsbescheids nach § 155 Absatz 1 Satz 3 der Abgabenordnung.

(6) [1]Ist die Körperschaftsteuer des Gläubigers für Kapitalerträge im Sinne des § 49 Absatz 1 Nummer 5 des Einkommensteuergesetzes nach Absatz 1 abgegolten, wird dem Gläubiger der Kapitalerträge auf Antrag die einbehaltene und abgeführte Kapitalertragsteuer erstattet, wenn

1. der Gläubiger der Kapitalerträge eine nach § 2 Nummer 1 beschränkt steuerpflichtige Körperschaft, Personenvereinigung oder Vermögensmasse ist, die
   a) die Voraussetzungen des § 5 Absatz 1 Nummer 9 erfüllt,
   b) Sitz und Geschäftsleitung in einem Mitgliedstaat der Europäischen Union oder in einem Staat hat, der auf Grund völkervertraglicher Abkommen oder Übereinkommen verpflichtet ist, der Bundesrepublik Deutschland entsprechend dem OECD-Standard für Transparenz und effektiven Informationsaustausch auf Ersuchen im Sinne des § 4 Absatz 2 Nummer 2 in Verbindung mit Absatz 4 Satz 1 des Steueroasen- Abwehrgesetzes Amtshilfe zu leisten und tatsächlich leistet,
   c) Sitz und Geschäftsleitung in einem Mitgliedstaat der Europäischen Union oder in einem Staat hat, der auf Grund völkervertraglicher Abkommen oder Übereinkommen verpflichtet ist, der Bundesrepublik Deutschland Amtshilfe bei der Beitreibung gemäß der Richtlinie 2010/24/EU des Rates vom 16. März 2010 über die Amtshilfe bei der Beitreibung von Forderungen in Bezug auf bestimmte Steuern, Abgaben und sonstige Maßnahmen (ABl. L 84 vom 31.3.2010, S. 1) oder gemäß einem dem Artikel 27 des OECD- Musterabkommens 2017 zur Vermeidung der Doppelbesteuerung auf dem Gebiet der Steuern vom Einkommen und vom Vermögen[1)] entsprechenden Artikel in einem Abkommen zur Vermeidung der Doppelbesteuerung zu leisten, und tatsächlich leistet, und
   d) im Staat des Orts ihrer Geschäftsleitung ohne Wahlmöglichkeit einer § 1 vergleichbaren unbeschränkten Steuerpflicht unterliegt,
2. in den Fällen des § 20 Absatz 1 Nummer 1, 2 und 9 des Einkommensteuergesetzes der Gläubiger unmittelbar am Grund- oder Stammkapital der Schuldnerin der Kapitalerträge beteiligt ist und
3. im Fall der Ansässigkeit des Gläubigers außerhalb eines Mitgliedstaates der Europäischen Union oder eines Vertragsstaates, auf den das Abkommen über den Europäischen Wirtschaftraums Anwendung findet, die Kapitalerträge nicht im Zusammenhang mit Direktinvestitionen stehen.

[2]Satz 1 gilt nur, soweit

1. keine Erstattung der betreffenden Kapitalertragsteuer nach anderen Vorschriften vorgesehen ist,
2. ein Anspruch auf völlige oder teilweise Erstattung der Kapitalertragsteuer bei entsprechender Anwendung des § 50d Absatz 3 oder § 50j des Einkommensteuergesetzes nicht ausgeschlossen wäre und
3. die Kapitalertragsteuer beim Gläubiger nicht angerechnet oder von der Steuerbemessungsgrundlage abgezogen werden kann; die Möglichkeit eines Anrechnungsvortrags steht der Anrechnung gleich.

[3]Der Gläubiger der Kapitalerträge hat die Erstattungsvoraussetzungen nach den Sätzen 1 und 2 nachzuweisen. Der Gläubiger hat insbesondere nachzuweisen, inwieweit die deutsche Kapitalertragsteuer im anderen Staat tatsächlich nicht angerechnet, nicht abgezogen oder nicht vorgetragen worden ist. § 50c Absatz 3 Satz 1, 2 und Satz 3 erster Halbsatz sowie Absatz 5 des Einkommensteuergesetzes sind entsprechend anzuwenden.

§ 32a
Erlass, Aufhebung oder Änderung von Steuerbescheiden bei verdeckter Gewinnausschüttung oder verdeckter Einlage

(1) [1]Soweit gegenüber einer Körperschaft ein Steuerbescheid hinsichtlich der Berücksichtigung einer verdeckten Gewinnausschüttung erlassen, aufgehoben oder geändert wird, kann ein Steuerbescheid oder ein Feststellungsbescheid gegenüber dem Gesellschafter, dem die verdeckte Gewinnausschüttung zuzurechnen ist, oder einer diesem nahe stehenden Person erlassen, aufgehoben oder geändert werden. [2]Die Festsetzungsfrist endet insoweit nicht vor Ablauf eines Jahres nach Unanfechtbarkeit des Steuerbescheides der Körperschaft. [3]Die Sätze 1 und 2 gelten auch für verdeckte Gewinnausschüttungen an Empfänger von Bezügen im Sinne des § 20 Abs. 1 Nr. 9 und 10 Buchstabe a des Einkommensteuergesetzes.

(2) [1]Soweit gegenüber dem Gesellschafter ein Steuerbescheid oder ein Feststellungsbescheid hinsichtlich der Berücksichtigung einer verdeckten Einlage erlassen, aufgehoben oder geändert wird, kann ein Steuerbescheid gegenüber der Körperschaft, welcher der Vermögensvorteil zugewendet wurde, aufgehoben, erlassen oder geändert werden. [2]Absatz 1 Satz 2 gilt entsprechend.

Fünfter Teil
Ermächtigungs- und Schlussvorschriften

§ 33
Ermächtigungen

(1) Die Bundesregierung wird ermächtigt, zur Durchführung dieses Gesetzes mit Zustimmung des Bundesrates durch Rechtsverordnung

1. zur Wahrung der Gleichmäßigkeit bei der Besteuerung, zur Beseitigung von Unbilligkeiten in Härtefällen und zur Vereinfachung des Besteuerungsverfahrens den Umfang der Steuerbefreiungen nach § 5 Abs. 1 Nr. 3 und 4 näher zu bestimmen. [2]Dabei können
   a) zur Durchführung des § 5 Abs. 1 Nr. 3 Vorschriften erlassen werden, nach denen die Steuerbefreiung nur eintritt,
      aa) wenn die Leistungsempfänger nicht überwiegend aus dem Unternehmer oder seinen Angehörigen, bei Gesellschaften aus den Gesellschaftern und ihren Angehörigen bestehen,

---

1) Amtlicher Hinweis: Dieses Dokument ist im Internet abrufbar unter www.bzst.de/DE/Behoerden/InternationaleAmtshilfe/Amtshilfe-BeitreibungZustellung/amtshilfe_beitreibung_zustellung_node.html.

bb) wenn bei Kassen mit Rechtsanspruch der Leistungsempfänger die Rechtsansprüche und bei Kassen ohne Rechtsanspruch der Leistungsempfänger die laufenden Kassenleistungen und das Sterbegeld bestimmte Beträge nicht übersteigen, die dem Wesen der Kasse als soziale Einrichtung entsprechen,

cc) wenn bei Auflösung der Kasse ihr Vermögen satzungsmäßig nur für soziale Zwecke verwendet werden darf,

dd) wenn rechtsfähige Pensions-, Sterbe- und Krankenkassen der Versicherungsaufsicht unterliegen,

ee) wenn bei rechtsfähigen Unterstützungskassen die Leistungsempfänger zu laufenden Beiträgen oder Zuschüssen nicht verpflichtet sind und die Leistungsempfänger oder die Arbeitnehmervertretungen des Betriebs oder der Dienststelle an der Verwaltung der Beträge, die der Kasse zufließen, beratend mitwirken können;

b) zur Durchführung des § 5 Abs. 1 Nr. 4 Vorschriften erlassen werden

aa) über die Höhe der für die Inanspruchnahme der Steuerbefreiung zulässigen Beitragseinnahmen,

bb) nach denen bei Versicherungsvereinen auf Gegenseitigkeit, deren Geschäftsbetrieb sich auf die Sterbegeldversicherung beschränkt, die Steuerbefreiung unabhängig von der Höhe der Beitragseinnahmen auch eintritt, wenn die Höhe des Sterbegeldes insgesamt die Leistung der nach § 5 Abs. 1 Nr. 3 steuerbefreiten Sterbekassen nicht übersteigt und wenn der Verein auch im Übrigen eine soziale Einrichtung darstellt;

2. Vorschriften zu erlassen

a) (aufgehoben)

b) über die Herabsetzung oder Erhöhung der Körperschaftsteuer nach § 23 Abs. 2;

c) nach denen bei Anschaffung oder Herstellung von abnutzbaren beweglichen und bei Herstellung von abnutzbaren unbeweglichen Wirtschaftsgütern des Anlagevermögens auf Antrag ein Abzug von der Körperschaftsteuer für den Veranlagungszeitraum der Anschaffung oder Herstellung bis zur Höhe von 7,5 Prozent der Anschaffungs- oder Herstellungskosten dieser Wirtschaftsgüter vorgenommen werden kann. [2]§ 51 Abs. 1 Nr. 2 Buchstabe s des Einkommensteuergesetzes gilt entsprechend;

d) nach denen Versicherungsvereine auf Gegenseitigkeit von geringerer wirtschaftlicher Bedeutung, die eine Schwankungsrückstellung nach § 20 Abs. 1 nicht gebildet haben, zum Ausgleich des schwankenden Jahresbedarfs zu Lasten des steuerlichen Gewinns Beträge der nach § 193 des Versicherungsaufsichtsgesetzes zu bildenden Verlustrücklage zuführen können.

e) (aufgehoben)

(2) Das Bundesministerium der Finanzen wird ermächtigt,

1. im Einvernehmen mit den obersten Finanzbehörden der Länder Muster der in den §§ 27 und 37 vorgeschriebenen Bescheinigungen zu bestimmen;

2. den Wortlaut dieses Gesetzes und der zu diesem Gesetz erlassenen Durchführungsverordnungen in der jeweils geltenden Fassung mit neuem Datum, unter neuer Überschrift und in neuer Paragrafenfolge bekannt zu machen und dabei Unstimmigkeiten des Wortlauts zu beseitigen.

§ 34
Schlussvorschriften

(1) Diese Fassung des Gesetzes gilt, soweit in den folgenden Absätzen nichts anderes bestimmt ist, erstmals für den Veranlagungszeitraum 2025.

(1a) § 1a in der Fassung des Artikels 1 des Gesetzes vom 25. Juni 2021 (BGBl. I S. 2050) ist erstmals für den Veranlagungszeitraum 2021 anzuwenden mit der Maßgabe, dass der Antrag erstmals für nach dem 31. Dezember 2021 beginnende Wirtschaftsjahre gestellt werden kann.

(2) [1]Genossenschaften sowie Vereine können bis zum 31. Dezember 1991, in den Fällen des § 54 Absatz 4 des Körperschaftsteuergesetzes in der Fassung des Artikels 9 des Gesetzes vom 18. Dezember 1989 (BGBl. I S. 2212) bis zum 31. Dezember 1992 oder, wenn es sich um Genossenschaften oder Vereine in dem in Artikel 3 des Einigungsvertrages genannten Gebiet handelt, bis zum 31. Dezember 1993 durch schriftliche Erklärung auf die Steuerbefreiung nach § 5 Absatz 1 Nummer 10 und 14 des Körperschaftsteuergesetzes in der Fassung des Artikels 4 des Gesetzes vom 14. Juli 2000 (BGBl. I S. 1034) verzichten, und zwar auch für den Veranlagungszeitraum 1990. [2]Die Körperschaft ist mindestens für fünf aufeinander folgende Kalenderjahre an die Erklärung gebunden. [3]Die Erklärung kann nur mit Wirkung vom Beginn eines Kalenderjahrs an widerrufen werden. [4]Der Widerruf ist spätestens bis zur Unanfechtbarkeit der Steuerfestsetzung des Kalenderjahrs zu erklären, für das er gelten soll.

(2a) § 5 Absatz 1 Nummer 1 in der Fassung des Artikels 6 des Gesetzes vom 12. Dezember 2019 (BGBl. I S. 2451) ist erstmals für den Veranlagungszeitraum 2019 anzuwenden.

(3) [1]§ 5 Absatz 1 Nummer 2 ist für die Hamburgische Investitions- und Förderbank erstmals für den Veranlagungszeitraum 2013 anzuwenden. [2]Die Steuerbefreiung nach § 5 Absatz 1 Nummer 2 in der bis zum 30. Juli 2014 geltenden Fassung ist für die Hamburgische Wohnungsbaukreditanstalt letztmals für den Veranlagungszeitraum 2013 anzuwenden. [3]§ 5 Absatz 1 Nummer 2 ist für die Investitionsbank Sachsen-Anhalt erstmals für den Veranlagungszeitraum 2023 anzuwenden. [4]Die Steuerbefreiung nach § 5 Absatz 1 Nummer 2 in der bis zum 20. Dezember 2022 geltenden Fassung ist für die Investitionsbank Sachsen-Anhalt – Anstalt der Norddeutschen Landesbank – Girozentrale – letztmalig für den Veranlagungszeitraum 2023 anzuwenden. [5]§ 5 Absatz 1 Nummer 2 ist für die DEG – Deutsche Investitions- und Entwicklungsgesellschaft mbH erstmals für den Veranlagungszeitraum 2024 anzuwenden. [6]§ 5 Absatz 1 Nummer 16 Satz 1 und 2 in der am 1. Januar 2016 geltenden Fassung ist erstmals für den Veranlagungszeitraum 2015 anzuwenden. [7]§ 5 Absatz 1 Nummer 24 in der am 31. Dezember 2014 geltenden Fassung ist erstmals für den Veranlagungszeitraum 2014 anzuwenden.

(3a) § 5 Absatz 1 Nummer 3 Buchstabe d, Nummer 4 und 16 Satz 3 in der am 1. Januar 2016 geltenden Fassung ist erstmals für den Veranlagungszeitraum 2016 anzuwenden.

(3b) § 5 Absatz 1 Nummer 10 in der Fassung des Artikels 18 des Gesetzes vom 27. März 2024 (BGBl. 2024 I Nr. 108) ist erstmals für den Veranlagungszeitraum 2023 anzuwenden.

(3c) § 8 Absatz 1 in der Fassung des Artikels 3 des Gesetzes vom 25. Juni 2021 (BGBl. I S. 2056) ist auch für Veranlagungszeiträume vor 2021 anzuwenden.

(3d) § 8 Absatz 8 Satz 6, § 8 Absatz 9 Satz 9, § 8c Absatz 2, § 8d Absatz 1 Satz 9, § 15 Satz 1 Nummer 1 Satz 2 und 3 und § 15 Satz 1 Nummer 1a in der Fassung des Artikels 3 des Gesetzes vom 27. Juni 2017 (BGBl. I S. 2074) sind auch für Veranlagungszeiträume vor 2017 anzuwenden, wenn der Steuerpflichtige einen Antrag nach § 52 Absatz 4a Satz 3 des Einkommensteuergesetzes in der Fassung des Artikels 2 des Gesetzes vom 11. Dezember 2018 (BGBl. I S. 2338) stellt.

(4) [1]§ 8a Absatz 2 und 3 ist nicht anzuwenden, wenn die Rückgriffsmöglichkeit des Dritten allein auf der Gewährträgerhaftung einer Gebietskörperschaft oder einer anderen Einrichtung des öffentlichen Rechts gegenüber den Gläubigern eines Kreditinstituts für Verbindlichkeiten beruht, die bis zum 18. Juli 2001 vereinbart waren; Gleiches gilt für bis zum 18. Juli 2005 vereinbarte Verbindlichkeiten, wenn deren Laufzeit nicht über den 31. Dezember 2015 hinausgeht. [2]§ 8a in der am 31. Dezember 2023 geltenden Fassung ist weiter anzuwenden, soweit dieser auf § 4h des Einkommensteuergesetzes in der am 31. Dezember 2023 geltenden Fassung Bezug nimmt.

(5) [1]§ 8b Absatz 1 Satz 3 in der Fassung des Artikels 2 des Gesetzes vom 25. Juni 2021 (BGBl. I S. 2035) ist erstmals für Bezüge anzuwenden, die nach dem 31. Dezember 2019 zufließen. [2]§ 8b Absatz 3 Satz 6 in der Fassung des Artikels 1 des Gesetzes vom 25. Juni 2021 (BGBl. I S. 2050) ist erstmals für Gewinnminderungen im Sinne des § 8b Absatz 3 Satz 4 und 5 anzuwenden, die nach dem 31. Dezember 2021 eintreten. [3]§ 8b Absatz 4 in der am 12. Dezember 2006 geltenden Fassung ist für Anteile weiter anzuwenden, die einbringungsgeboren im Sinne des § 21 des Umwandlungssteuergesetzes in der am 12. Dezember 2006 geltenden Fassung sind, und für Anteile im Sinne des § 8b Absatz 4 Satz 1 Nummer 2, die auf einer Übertragung bis zum 12. Dezember 2006 beruhen. [4]§ 8b Absatz 4 Satz 3 in der Fassung des Artikels 8 des Gesetzes vom 2. Dezember 2024 (BGBl. 2024 I Nr. 387) ist auf alle offenen Fälle anzuwenden. [5]§ 8b Absatz 4 Satz 8 in der Fassung des Artikels 6 des Gesetzes vom 12. Dezember 2019 (BGBl. I S. 2451) ist erstmals für den Veranlagungszeitraum 2018 anzuwenden. [6]§ 8b Absatz 7 Satz 2 in der am 1. Januar 2017 geltenden Fassung ist anzuwenden auf Anteile, die nach dem 31. Dezember 2016 dem Betriebsvermögen zugehen.

(6) [1]§ 8c Absatz 1 Satz 1 bis 3 in der Fassung des Artikels 6 des Gesetzes vom 11. Dezember 2018 (BGBl. I S. 2338) findet erstmals für den Veranlagungszeitraum 2008 und auf Anteilsübertragungen nach dem 31. Dezember 2007 Anwendung. [2]§ 8c Absatz 1 Satz 4 bis 8 in der Fassung des Artikels 6 des Gesetzes vom 11. Dezember 2018 (BGBl. I S. 2338) ist erstmals auf schädliche Beteiligungserwerbe nach dem 31. Dezember 2009 anzuwenden. [3]§ 8c Absatz 1a in der Fassung des Artikels 6 des Gesetzes vom 12. Dezember 2019 (BGBl. I S. 2451) ist erstmals für den Veranlagungszeitraum 2008 und auf Anteilsübertragungen nach dem 31. Dezember 2007 anzuwenden. [4]Erfüllt ein nach dem 31. Dezember 2007 erfolgter Beteiligungserwerb die Voraussetzungen des § 8c Absatz 1a, bleibt er bei der Anwendung des § 8c Absatz 1 Satz 1 unberücksichtigt.

(6a) [1]§ 8d ist erstmals auf schädliche Beteiligungserwerbe im Sinne des § 8c anzuwenden, die nach dem 31. Dezember 2015 erfolgen, wenn der Geschäftsbetrieb der Körperschaft vor dem 1. Januar 2016 weder eingestellt noch ruhend gestellt war. [2]§ 8d Absatz 1 Satz 2 Nummer 1 ist auf Einstellungen oder Ruhendstellungen anzuwenden, die nach dem 31. Dezember 2015 erfolgen.

(6b) § 9 Absatz 1 Satz 8 in der Fassung des Artikels 6 des Gesetzes vom 12. Dezember 2019 (BGBl. I S. 2451) ist erstmals auf Mitgliedsbeiträge anzuwenden, die nach dem 31. Dezember 2019 gezahlt werden.

(6c) § 10 Nummer 3 in der Fassung des Artikels 6 des Gesetzes vom 12. Dezember 2019 (BGBl. I S. 2451) ist erstmals anzuwenden auf nach dem 31. Dezember 2018 festgesetzte Geldstrafen, sonstige Rechtsfolgen vermögensrechtlicher Art, bei denen der Strafcharakter überwiegt, und Leistungen zur Erfüllung von Auflagen oder Weisungen, soweit die Auflagen oder Weisungen nicht lediglich der Wiedergutmachung des durch die Tat verursachten Schadens dienen, sowie auf nach dem 31. Dezember 2018 entstandene damit zusammenhängende Aufwendungen.

(6d) [1]§ 12 Absatz 1 und 1a in der Fassung des Artikels 2 des Gesetzes vom 25. Juni 2021 (BGBl. I S. 2035) ist erstmals für nach dem 31. Dezember 2019 endende Wirtschaftsjahre anzuwenden. [2]§ 12 Absatz 4 in der am 30. Juni 2021 geltenden Fassung ist letztmals für den Veranlagungszeitraum 2020 anzuwenden. [3]§ 12 Absatz 2 in der am 31. Dezember 2021 geltenden Fassung ist letztmals auf Verschmelzungen anwendbar, deren steuerlicher Übertragungsstichtag vor dem 1. Januar 2022 liegt.

(6e) [1]§ 14 Absatz 2 in der Fassung des Artikels 6 des Gesetzes vom 11. Dezember 2018 (BGBl. I S. 2338) ist auch für Veranlagungszeiträume vor 2017 anzuwenden. [2]Ist im Einzelfall eine vor dem 1. August 2018 bestehende Organschaft unter Berücksichtigung von Ausgleichszahlungen nach anderen Grundsätzen als denen des § 14 Absatz 2 in der Fassung des Artikels 6 des Gesetzes vom 11. Dezember 2018 (BGBl. I S. 2338) anerkannt worden, so sind diese Grundsätze insoweit letztmals für den Veranlagungszeitraum 2021 maßgebend. [3]Wird ein Gewinnabführungsvertrag im Sinne des Satzes 2 vorzeitig nach dem 1. August 2018 durch Kündigung beendet, gilt die Kündigung als durch einen wichtigen Grund im Sinne des § 14 Absatz 1 Satz 1 Nummer 3 Satz 2 gerechtfertigt. [4]Wird ein Gewinnabführungsvertrag im Sinne des Satzes 2 an die Anforderungen des § 14 Absatz 2 in der Fassung des Artikels 6 des Gesetzes vom 11. Dezember 2018 (BGBl. I S. 2338) angepasst, gilt diese Anpassung für die Anwendung des § 14 Absatz 1 Satz 1 Nummer 3 nicht als Neuabschluss. [5]§ 14 Absatz 4 sowie § 27 Absatz 1 Satz 3 und Absatz 6 in der Fassung des Artikels 1 des Gesetzes vom 25. Juni 2021 (BGBl. I S. 2050) und § 27 Absatz 6 Satz 3 in der Fassung des Artikels 8 des Gesetzes vom 2. Dezember 2024 (BGBl. 2024 I Nr. 387) sind erstmals auf Minder- und Mehrabführungen anzuwenden, die nach dem 31. Dezember 2021 erfolgen. [6]Hinsichtlich des Zeitpunkts der Minder- und Mehrabführungen ist dabei auf das Ende des Wirtschaftsjahres der Organgesellschaft abzustellen. [7]Noch bestehende Ausgleichsposten für organschaftliche Minder- und Mehrabführungen, die nach Maßgabe des § 14 Absatz 4 in der am 31. Dezember 2021 geltenden Fassung in der Steuerbilanz gebildet wurden oder noch zu bilden sind, sind nach den zu berücksichtigenden organschaftlichen Minder- und Mehrabführungen im Sinne von § 14 Absatz 4 in der Fassung des Artikels 1 des Gesetzes vom 25. Juni 2021 (BGBl. I S. 2050) zum Schluss des Wirtschaftsjahres aufzulösen, das nach dem 31. Dezember 2021 endet. [8]Aktive Ausgleichsposten erhöhen, passive Ausgleichsposten mindern dabei den Buchwert der Beteiligung des Organträgers an der Organgesellschaft in der Steuerbilanz. [9]Noch bestehende Ausgleichsposten sind für Zwecke der Sätze 7 und 8 zunächst durch Anwendung eines Angleichungsfaktors zu erhöhen, wenn die Beteiligungshöhe des Organträgers zum 31. Dezember 2021 oder, falls die Organschaft zu diesem Zeitpunkt nicht mehr besteht, am Ende des letzten Wirtschaftsjahres der Organschaft, weniger als 100 Prozent am Nennkapital der Organgesellschaft betragen hat. [10]Angleichungsfaktor ist der Kehrwert des durchschnittlichen Beteiligungsanteils des Organträgers bezogen auf das Nennkapital der Organgesellschaft an den Bilanzstichtagen der letzten fünf Wirtschaftsjahre. [11]Das Produkt aus Angleichungsfaktor und Ausgleichsposten tritt für Zwecke der Sätze 7 und 8 jeweils an die Stelle der noch bestehenden Ausgleichsposten. [12]Besteht das Organschaftsverhältnis weniger als fünf Wirtschaftsjahre, ist Satz 11 mit der Maßgabe anzuwenden, dass der entsprechend kürzere Zeitraum zugrunde zu legen ist. [13]Soweit ein passiver Ausgleichsposten die Summe aus dem aktiven Ausgleichsposten und dem Buchwert der Beteiligung des Organträgers an der Organgesellschaft in der Steuerbilanz übersteigt, liegt ein Ertrag aus der Beteiligung an der Organgesellschaft vor. [14]§ 3 Nummer 40 Buchstabe a und § 3c Absatz 2 des Einkommensteuergesetzes sowie § 8b Absatz 2, 3, 6, 7 und 8 dieses Gesetzes sind auf diesen Beteiligungsertrag anzuwenden. [15]Bis zur Höhe des Beteiligungsertrags nach Satz 13 kann eine den steuerlichen Gewinn mindernde Rücklage gebildet werden. [16]Soweit diese Rücklage gebildet wird, sind § 3 Nummer 40 Buchstabe a und § 3c Absatz 2 des Einkommensteuergesetzes sowie § 8b Absatz 2, 3, 6, 7 und 8 dieses Gesetzes auf den Beteiligungsertrag nach Satz 13 nicht anzuwenden. [17]Die Rücklage nach Satz 15 ist grundsätzlich im Wirtschaftsjahr der Bildung und in den neun folgenden Wirtschaftsjahren zu jeweils einem Zehntel gewinnerhöhend aufzulösen. [18]Die Rücklage ist in vollem Umfang gewinnerhöhend aufzulösen, wenn die Beteiligung des Organträgers an der

Organgesellschaft oder der vermittelnden Gesellschaft veräußert wird; bei einer teilweisen Veräußerung ist die Rücklage anteilig aufzulösen. [19]Der Veräußerung gleichgestellt sind insbesondere die Umwandlung der Organgesellschaft auf eine Personengesellschaft oder eine natürliche Person, die verdeckte Einlage der Beteiligung an der Organgesellschaft und die Auflösung der Organgesellschaft. [20]§ 3 Nummer 40 Buchstabe a und § 3c Absatz 2 des Einkommensteuergesetzes sowie § 8b Absatz 2, 3, 6, 7 und 8 dieses Gesetzes sind bei der Auflösung der Rücklage anzuwenden.

(6f) § 15 in der Fassung des Artikels 6 des Gesetzes vom 11. Dezember 2018 (BGBl. I S. 2338) ist erstmals für den Veranlagungszeitraum 2018 anzuwenden.

(6g) [1]§ 15 Satz 1 Nummer 2 Satz 1 und 2 in der Fassung des Artikels 6 des Gesetzes vom 12. Dezember 2019 (BGBl. I S. 2451) ist erstmals auf Umwandlungen anzuwenden, bei denen die Anmeldung zur Eintragung in das für die Wirksamkeit des jeweiligen Vorgangs maßgebende öffentliche Register nach dem 12. Dezember 2019 erfolgt ist. [2]§ 15 Satz 1 Nummer 2a Satz 5 in der Fassung des Artikels 8 des Gesetzes vom 2. Dezember 2024 (BGBl. 2024 I Nr. 387) ist auf alle offenen Fälle anzuwenden.

(7) § 19 in der am 31. Juli 2014 geltenden Fassung ist erstmals für den Veranlagungszeitraum 2012 anzuwenden.

(7a) [1]§ 20 Absatz 1 in der am 1. Januar 2016 geltenden Fassung ist auch für Veranlagungszeiträume vor 2016 anzuwenden. [2]§ 20 Absatz 2 in der am 1. Januar 2016 geltenden Fassung ist erstmals für den Veranlagungszeitraum 2016 anzuwenden.

(8) [1]§ 21 Absatz 2 Satz 2 Nummer 1 ist für die Veranlagungszeiträume 2016 bis 2018 in der folgenden Fassung anzuwenden:

„1. die Zuführungen innerhalb des am Bilanzstichtag endenden Wirtschaftsjahrs und der vier vorangegangenen Wirtschaftsjahre. [2]Der Betrag nach Satz 1 darf nicht niedriger sein als der Betrag, der sich ergeben würde, wenn das am 13. Dezember 2010 geltende Recht weiter anzuwenden wäre,".

[2]§ 21 in der Fassung des Artikels 7 des Gesetzes vom 11. Dezember 2018 (BGBl. I S. 2338) ist anzuwenden:

1. erstmals für den Veranlagungszeitraum 2019;
2. [1]auf bis zum 30. Juni 2019 zu stellenden, unwiderruflichen Antrag bereits für den Veranlagungszeitraum 2018. [2]Der Antrag nach Satz 1 kann nur gestellt werden, wenn es im Veranlagungszeitraum 2018 sonst zu einer Auflösung der Rückstellung für Beitragsrückerstattung nach § 21 Absatz 2 Satz 2 in der zum 31. Dezember 2017 geltenden Fassung kommen würde.

(8a) § 21a Absatz 1 in der am 1. Januar 2016 geltenden Fassung ist erstmals für den Veranlagungszeitraum 2016 anzuwenden.

(8b) § 24 in der Fassung des Artikels 6 des Gesetzes vom 12. Dezember 2019 (BGBl. I S. 2451) ist erstmals für den Veranlagungszeitraum 2019 anzuwenden.

(8c) § 25 Absatz 2 in der Fassung des Artikels 7 des Gesetzes vom 12. Dezember 2019 (BGBl. I S. 2451) ist erstmals für den Veranlagungszeitraum 2025 anzuwenden.

(9) [1]§ 26 in der am 31. Juli 2014 geltenden Fassung ist erstmals auf Einkünfte und Einkunftsteile anzuwenden, die nach dem 31. Dezember 2013 zufließen. [2]Auf vor dem 1. Januar 2014 zugeflossene Einkünfte und Einkunftsteile ist § 26 Absatz 2 Satz 1 in der am 31. Dezember 2014 geltenden Fassung in allen Fällen anzuwenden, in denen die Körperschaftsteuer noch nicht bestandskräftig festgesetzt ist.

(10) § 27 Absatz 8 in der Fassung des Artikels 9 des Gesetzes vom 16. Dezember 2022 (BGBl. I S. 2294) ist erstmalig anzuwenden auf Leistungen und Nennkapitalrückzahlungen, die nach dem 31. Dezember 2022 erbracht werden.

(10a) § 32 Absatz 6 in der Fassung des Artikels 18 des Gesetzes vom 27. März 2024 (BGBl. 2024 I Nr. 108) ist in allen offenen Fällen anzuwenden.

(10b) § 33 Absatz 1 Nummer 2 Buchstabe d in der am 1. Januar 2016 geltenden Fassung ist erstmals für den Veranlagungszeitraum 2016 anzuwenden.

(11) § 36 ist in allen Fällen, in denen die Endbestände im Sinne des § 36 Absatz 7 noch nicht bestandskräftig festgestellt sind, in der folgenden Fassung anzuwenden:

„§ 36 Endbestände

(1) Auf den Schluss des letzten Wirtschaftsjahrs, das in dem Veranlagungszeitraum endet, für den das Körperschaftsteuergesetz in der Fassung der Bekanntmachung vom 22. April 1999 (BGBl. I S. 817), das zuletzt durch Artikel 4 des Gesetzes vom 14. Juli 2000 (BGBl. I S. 1034) geändert worden ist, letztmals anzuwenden ist, werden die Endbestände der Teilbeträge des verwendbaren Eigenkapitals ausgehend von den gemäß § 47 Absatz 1 Satz 1 Nummer 1 des Körperschaftsteuergesetzes in der Fassung der Bekanntmachung vom 22. April 1999 (BGBl. I S. 817), das zuletzt durch Artikel 4 des Gesetzes vom 14. Juli 2000 (BGBl. I S. 1034) geändert worden ist, festgestellten Teilbeträgen gemäß den nachfolgenden Absätzen ermittelt.

(2) [1]Die Teilbeträge sind um die Gewinnausschüttungen, die auf einem den gesellschaftsrechtlichen Vorschriften entsprechenden Gewinnverteilungsbeschluss für ein abgelaufenes Wirtschaftsjahr beruhen, und die in dem in Absatz 1 genannten Wirtschaftsjahr folgenden Wirtschaftsjahr erfolgen, sowie um andere Ausschüttungen und sonstige Leistungen, die in dem in Absatz 1 genannten Wirtschaftsjahr erfolgen, zu verringern. [2]Die Regelungen des Vierten Teils des Körperschaftsteuergesetzes in der Fassung der Bekanntmachung vom 22. April 1999 (BGBl. I S. 817), das zuletzt durch Artikel 4 des Gesetzes vom 14. Juli 2000 (BGBl. I S. 1034) geändert worden ist, sind anzuwenden. [3]Der Teilbetrag im Sinne des § 54 Absatz 11 Satz 1 des Körperschaftsteuergesetzes in der Fassung der Bekanntmachung vom 22. April 1999 (BGBl. I S. 817), das zuletzt durch Artikel 4 des Gesetzes vom 14. Juli 2000 (BGBl. I S. 1034) geändert worden ist (Teilbetrag, der einer Körperschaftsteuer in Höhe von 45 Prozent unterlegen hat), erhöht sich um die Einkommensteile, die nach § 34 Absatz 12 Satz 2 bis 5 einer Körperschaftsteuer von 45 Prozent unterlegen haben, und der Teilbetrag, der nach dem 31. Dezember 1998 einer Körperschaftsteuer in Höhe von 40 Prozent ungemildert unterlegen hat, erhöht sich um die Beträge, die nach § 34 Absatz 12 Satz 6 bis 8 einer Körperschaftsteuer von 40 Prozent unterlegen haben, jeweils nach Abzug der Körperschaftsteuer, der sie unterlegen haben.

(3) (weggefallen)

(4) [1]Ist die Summe der unbelasteten Teilbeträge im Sinne des § 30 Absatz 2 Nummer 1 bis 3 in der Fassung des Artikels 4 des Gesetzes vom 14. Juli 2000 (BGBl. I S. 1034) nach Anwendung des Absatzes 2 negativ, sind diese Teilbeträge zunächst untereinander und danach vorbehaltlich des Satzes 2 mit den mit Körperschaftsteuer belasteten Teilbeträgen in der Reihenfolge zu verrechnen, in der ihre Belastung zunimmt. [2]In Höhe eines positiven Bestands des Teilbetrags des § 30 Absatz 2 Nummer 4 in der Fassung des Artikels 4 des Gesetzes vom 14. Juli 2000 (BGBl. I S. 1034) unterbleibt eine Verrechnung eines sich nach Satz 1 ergebenden Negativbetrags mit den mit Körperschaftsteuer belasteten Teilbeträgen.

(5) [1]Ist die Summe der unbelasteten Teilbeträge im Sinne des § 30 Absatz 2 Nummer 1 bis 3 in der Fassung des Artikels 4 des Gesetzes vom 14. Juli 2000 (BGBl. I S. 1034) nach Anwendung des Absatzes 2 nicht negativ, sind zunächst die Teilbeträge im

Sinne des § 30 Absatz 2 Nummer 1 und 3 in der Fassung des Artikels 4 des Gesetzes vom 14. Juli 2000 (BGBl. I S. 1034) zusammenzufassen. [2]Ein sich aus der Zusammenfassung ergebender Negativbetrag ist vorrangig mit einem positiven Teilbetrag im Sinne des § 30 Absatz 2 Nummer 2 in der Fassung des Artikels 4 des Gesetzes vom 14. Juli 2000 (BGBl. I S. 1034) zu verrechnen. [3]Ein negativer Teilbetrag im Sinne des § 30 Absatz 2 Nummer 2 in der Fassung des Artikels 4 des Gesetzes vom 14. Juli 2000 (BGBl. I S. 1034) ist vorrangig mit dem positiven zusammengefassten Teilbetrag im Sinne des Satzes 1 zu verrechnen.

(6) [1]Ist einer der belasteten Teilbeträge negativ, mindert dieser vorrangig den nach Anwendung des Absatzes 5 verbleibenden positiven Teilbetrag im Sinne des § 30 Absatz 2 Nummer 2 in der Fassung des Artikels 4 des Gesetzes vom 14. Juli 2000 (BGBl. I S. 1034); ein darüber hinausgehender Negativbetrag mindert den positiven zusammengefassten Teilbetrag nach Absatz 5 Satz 1. [2]Ein nach Anwendung des Satzes 1 verbleibender negativer belasteter Teilbetrag ist vorbehaltlich des Satzes 3 mit den positiven belasteten Teilbeträgen in der Reihenfolge zu verrechnen, in der ihre Belastung zunimmt. [3]Die Verrechnung nach Satz 2 unterbleibt bis zur Höhe eines positiven Bestands des Teilbetrags des § 30 Absatz 2 Nummer 4 in der Fassung des Artikels 4 des Gesetzes vom 14. Juli 2000 (BGBl. I S. 1034) nach Anwendung des Absatzes 2 abzüglich des Betrags, um den sich der Verrechnungsbetrag in den Fällen des Absatzes 4 Satz 2 vermindert hat.

(6a) (aufgehoben)

(7) Die Endbestände sind getrennt auszuweisen und werden gesondert festgestellt; dabei sind die verbleibenden unbelasteten Teilbeträge im Sinne des § 30 Absatz 2 Nummer 1 und 3 des Körperschaftsteuergesetzes in der Fassung der Bekanntmachung vom 22. April 1999 (BGBl. I S. 817), das zuletzt durch Artikel 4 des Gesetzes vom 14. Juli 2000 (BGBl. I S. 1034) geändert worden ist, in einer Summe auszuweisen."

(12) § 37 Absatz 1 ist in den Fällen des Absatzes 11 in der folgenden Fassung anzuwenden:

„(1) [1]Auf den Schluss des Wirtschaftsjahrs, das dem in § 36 Absatz 1 genannten Wirtschaftsjahr folgt, wird ein Körperschaftsteuerguthaben ermittelt. [2]Das Körperschaftsteuerguthaben beträgt 15/55 des Endbestands des mit einer Körperschaftsteuer von 45 Prozent belasteten Teilbetrags zuzüglich 1/6 des Endbestands des mit einer Körperschaftsteuer von 40 Prozent belasteten Teilbetrags."

(13) [1]§ 38 Absatz 1 in der am 19. Dezember 2006 geltenden Fassung gilt nur für Genossenschaften, die zum Zeitpunkt der erstmaligen Anwendung des Körperschaftsteuergesetzes in der Fassung des Artikels 3 des Gesetzes vom 23. Oktober 2000 (BGBl. I S. 1433) bereits bestanden haben. [2]Die Regelung ist auch für Veranlagungszeiträume vor 2007 anzuwenden. [3]Ist in den Fällen des § 40 Absatz 5 und 6 in der Fassung des Artikels 3 des Gesetzes vom 7. Dezember 2006 (BGBl. I S. 2782) die Körperschaftsteuerfestsetzung unter Anwendung des § 38 der am 27. Dezember 2007 geltenden Fassung vor dem 28. Dezember 2007 erfolgt, sind die §§ 38 und 40 Absatz 5 und 6 weiter anzuwenden. [4]§ 38 Absatz 4 bis 9 in der Fassung des Artikels 3 des Gesetzes vom 20. Dezember 2007 (BGBl. I S. 3150) ist insoweit nicht anzuwenden.

(14) [1]Die §§ 38 und 40 in der am 27. Dezember 2007 geltenden Fassung sowie § 10 des Umwandlungssteuergesetzes vom 7. Dezember 2006 (BGBl. I S. 2782, 2791) sind auf Antrag weiter anzuwenden. [2]Der Antrag ist unwiderruflich und kann von der Körperschaft bis zum 30. September 2008 bei dem für die Besteuerung zuständigen Finanzamt gestellt werden. [3]Die Körperschaften oder deren Rechtsnachfolger müssen die Voraussetzungen nach Satz 1 ab dem 1. Januar 2007 bis zum Ende des Zeitraums im Sinne des § 38 Absatz 2 Satz 3 erfüllen. [4]Auf den Schluss des Wirtschaftsjahres, in dem die Voraussetzungen des Satzes 1 nach Antragstellung erstmals nicht mehr vorliegen, wird der Endbetrag nach § 38 Absatz 1 letztmals ermittelt und festgestellt. [5]Die Festsetzung und Erhebung des Körperschaftsteuererhöhungsbetrags richtet sich nach § 38 Absatz 4 bis 9 in der Fassung des Artikels 3 des Gesetzes vom 20. Dezember 2007 (BGBl. I S. 3150) mit der Maßgabe, dass als Zahlungszeitraum im Sinne des § 38 Absatz 6 Satz 1 die verbleibenden Wirtschaftsjahre des Zeitraums im Sinne des § 38 Absatz 2 Satz 3 gelten. [6]Die Sätze 4 und 5 gelten entsprechend, soweit das Vermögen der Körperschaft oder ihres Rechtsnachfolgers durch Verschmelzung nach § 2 des Umwandlungsgesetzes oder Auf- oder Abspaltung im Sinne des § 123 Absatz 1 und 2 des Umwandlungsgesetzes ganz oder teilweise auf eine andere Körperschaft übergeht und diese keinen Antrag nach Satz 2 gestellt hat. [7]§ 40 Absatz 6 in der am 27. Dezember 2007 geltenden Fassung ist nicht anzuwenden.

§ 35
Sondervorschriften für Körperschaften, Personenvereinigungen oder Vermögensmassen in dem in Artikel 3 des Einigungsvertrages genannten Gebiet

Soweit ein Verlust einer Körperschaft, Personenvereinigung oder Vermögensmasse, die am 31. Dezember 1990 ihre Geschäftsleitung oder ihren Sitz in dem in Artikel 3 des Einigungsvertrages genannten Gebiet und im Jahre 1990 keine Geschäftsleitung und keinen Sitz im bisherigen Geltungsbereich des Körperschaftsteuergesetzes hatte, aus dem Veranlagungszeitraum 1990 auf das Einkommen eines Veranlagungszeitraums, für das das Körperschaftsteuergesetz in der Fassung des Artikels 3 des Gesetzes vom 23. Oktober 2000 (BGBl. I S. 1433) erstmals anzuwenden ist oder eines nachfolgenden Veranlagungszeitraums vorgetragen wird, ist das steuerliche Einlagekonto zu erhöhen.

Sechster Teil
Sondervorschriften für den Übergang vom Anrechnungsverfahren zum Halbeinkünfteverfahren

§ 36
Endbestände

(1) Auf den Schluss des letzten Wirtschaftsjahrs, das in dem Veranlagungszeitraum endet, für den das Körperschaftsteuergesetz in der Fassung der Bekanntmachung vom 22. April 1999 (BGBl. I S. 817), zuletzt geändert durch Artikel 4 des Gesetzes vom 14. Juli 2000 (BGBl. I S. 1034), letztmals anzuwenden ist, werden die Endbestände der Teilbeträge des verwendbaren Eigenkapitals ausgehend von den gemäß § 47 Abs. 1 Satz 1 Nr. 1 des Körperschaftsteuergesetzes in der Fassung der Bekanntmachung vom 22. April 1999 (BGBl. I S. 817), das zuletzt durch Artikel 4 des Gesetzes vom 14. Juli 2000 (BGBl. I S. 1034) geändert worden ist, festgestellten Teilbeträgen gemäß den nachfolgenden Absätzen ermittelt.

(2) [1]Die Teilbeträge sind um die Gewinnausschüttungen, die auf einem den gesellschaftsrechtlichen Vorschriften entsprechenden Gewinnverteilungsbeschluss für ein abgelaufenes Wirtschaftsjahr beruhen, und die in dem in Absatz 1 genannten Wirtschaftsjahr folgenden Wirtschaftsjahr erfolgen, sowie um andere Ausschüttungen und sonstige Leistungen, die in dem in Absatz 1 genannten Wirtschaftsjahr erfolgen, zu verringern. [2]Die Regelungen des Vierten Teils des Körperschaftsteuergesetzes in der Fassung der Bekanntmachung vom 22. April 1999 (BGBl. I S. 817), das zuletzt durch Artikel 4 des Gesetzes vom 14. Juli

2000 (BGBl. I S. 1034) geändert worden ist, sind anzuwenden. [3]Der Teilbetrag im Sinne des § 54 Abs. 11 Satz 1 des Körperschaftsteuergesetzes in der Fassung der Bekanntmachung vom 22. April 1999 (BGBl. I S. 817), das zuletzt durch Artikel 4 des Gesetzes vom 14. Juli 2000 (BGBl. I S. 1034) geändert worden ist, erhöht sich um die Einkommensteile, die nach § 34 Abs. 12 Satz 2 bis 5 einer Körperschaftsteuer von 45 Prozent unterlegen haben, und der Teilbetrag, der nach dem 31. Dezember 1998 einer Körperschaftsteuer in Höhe von 40 Prozent ungemildert unterlegen hat, erhöht sich um die Beträge, die nach § 34 Abs. 12 Satz 6 bis 8 einer Körperschaftsteuer von 40 Prozent unterlegen haben, jeweils nach Abzug der Körperschaftsteuer, der sie unterlegen haben.

(3) [1]Ein positiver belasteter Teilbetrag im Sinne des § 54 Abs. 11 Satz 1 des Körperschaftsteuergesetzes in der Fassung der Bekanntmachung vom 22. April 1999 (BGBl. I S. 817), das zuletzt durch Artikel 4 des Gesetzes vom 14. Juli 2000 (BGBl. I S. 1034) geändert worden ist, ist dem Teilbetrag, der nach dem 31. Dezember 1998 einer Körperschaftsteuer in Höhe von 40 Prozent ungemildert unterlegen hat, in Höhe von 27/22 seines Bestands hinzuzurechnen. [2]In Höhe von 5/22 dieses Bestands ist der Teilbetrag im Sinne des § 30 Abs. 2 Nr. 2 des Gesetzes in der Fassung der Bekanntmachung vom 22. April 1999 (BGBl. I S. 817), das zuletzt durch Artikel 4 des Gesetzes vom 14. Juli 2000 (BGBl. I S. 1034) geändert worden ist, zu verringern.

(4) Ist die Summe der unbelasteten Teilbeträge im Sinne des § 30 Abs. 2 Nr. 1 bis 3 in der Fassung des Artikels 4 des Gesetzes vom 14. Juli 2000 (BGBl. I S. 1034) nach Anwendung der Absätze 2 und 3 negativ, sind diese Teilbeträge zunächst untereinander und danach mit den mit Körperschaftsteuer belasteten Teilbeträgen in der Reihenfolge zu verrechnen, in der ihre Belastung zunimmt.

(5) [1]Ist die Summe der unbelasteten Teilbeträge im Sinne des § 30 Abs. 2 Nr. 1 bis 3 in der Fassung des Artikels 4 des Gesetzes vom 14. Juli 2000 (BGBl. I S. 1034) nach Anwendung der Absätze 2 und 3 nicht negativ, sind zunächst die Teilbeträge im Sinne des § 30 Abs. 2 Nr. 1 und 3 in der Fassung des Artikels 4 des Gesetzes vom 14. Juli 2000 (BGBl. I S. 1034) zusammenzufassen. [2]Ein sich aus der Zusammenfassung ergebender Negativbetrag ist vorrangig mit einem positiven Teilbetrag im Sinne des § 30 Abs. 2 Nr. 2 in der Fassung des Artikels 4 des Gesetzes vom 14. Juli 2000 (BGBl. I S. 1034) zu verrechnen. [3]Ein negativer Teilbetrag im Sinne des § 30 Abs. 2 Nr. 2 in der Fassung des Artikels 4 des Gesetzes vom 14. Juli 2000 (BGBl. I S. 1034) ist vorrangig mit dem positiven zusammengefassten Teilbetrag im Sinne des Satzes 1 zu verrechnen.

(6) [1]Ist einer der belasteten Teilbeträge negativ, sind diese Teilbeträge zunächst untereinander zu verrechnen. [2]Ein sich danach ergebender Negativbetrag mindert vorrangig den nach Anwendung des Absatzes 5 verbleibenden positiven Teilbetrag im Sinne des § 30 Abs. 2 Nr. 2 in der Fassung des Artikels 4 des Gesetzes vom 14. Juli 2000 (BGBl. I S. 1034); ein darüber hinausgehender Negativbetrag mindert den positiven zusammengefassten Teilbetrag nach Absatz 5 Satz 1.

(7) Die Endbestände sind getrennt auszuweisen und werden gesondert festgestellt; dabei sind die verbleibenden unbelasteten Teilbeträge im Sinne des § 30 Abs. 2 Nr. 1 und 3 des Körperschaftsteuergesetzes in der Fassung der Bekanntmachung vom 22. April 1999 (BGBl. I S. 817), das zuletzt durch Artikel 4 des Gesetzes vom 14. Juli 2000 (BGBl. I S. 1034) geändert worden ist, in einer Summe auszuweisen.

§ 37
Körperschaftsteuerguthaben und Körperschaftsteuerminderung

(1) [1]Auf den Schluss des Wirtschaftsjahrs, das dem in § 36 Abs. 1 genannten Wirtschaftsjahr folgt, wird ein Körperschaftsteuerguthaben ermittelt. [2]Das Körperschaftsteuerguthaben beträgt 1/6 des Endbestands des mit einer Körperschaftsteuer von 40 Prozent belasteten Teilbetrags.

(2) [1]Das Körperschaftsteuerguthaben mindert sich vorbehaltlich des Absatzes 2a um jeweils 1/6 der Gewinnausschüttungen, die in den folgenden Wirtschaftsjahren erfolgen und die auf einem den gesellschaftsrechtlichen Vorschriften entsprechenden Gewinnverteilungsbeschluss beruhen. [2]Satz 1 gilt für Mehrabführungen im Sinne des § 14 Abs. 3 entsprechend. [3]Die Körperschaftsteuer des Veranlagungszeitraums, in dem das Wirtschaftsjahr endet, in dem die Gewinnausschüttung erfolgt, mindert sich bis zum Verbrauch des Körperschaftsteuerguthabens um diesen Betrag, letztmalig in dem Veranlagungszeitraum, in dem das 18. Wirtschaftsjahr endet, das auf das Wirtschaftsjahr folgt, auf dessen Schluss nach Absatz 1 das Körperschaftsteuerguthaben ermittelt wird. [4]Das verbleibende Körperschaftsteuerguthaben ist auf den Schluss der jeweiligen Wirtschaftsjahre, letztmals auf den Schluss des 17. Wirtschaftsjahrs, das auf das Wirtschaftsjahr folgt, auf dessen Schluss nach Absatz 1 das Körperschaftsteuerguthaben ermittelt wird, fortzuschreiben und gesondert festzustellen. [5]§ 27 Abs. 2 gilt entsprechend.

(2a) Die Minderung ist begrenzt

1. für Gewinnausschüttungen, die nach dem 11. April 2003 und vor dem 1. Januar 2006 erfolgen, jeweils auf 0 Euro;
2. für Gewinnausschüttungen, die nach dem 31. Dezember 2005 erfolgen auf den Betrag, der auf das Wirtschaftsjahr der Gewinnausschüttung entfällt, wenn das auf den Schluss des vorangegangenen Wirtschaftsjahrs festgestellte Körperschaftsteuerguthaben gleichmäßig auf die einschließlich des Wirtschaftsjahrs der Gewinnausschüttung verbleibenden Wirtschaftsjahre verteilt wird, für die nach Absatz 2 Satz 3 eine Körperschaftsteuerminderung in Betracht kommt.

(3) [1]Erhält eine unbeschränkt steuerpflichtige Körperschaft oder Personenvereinigung, deren Leistungen bei den Empfängern zu den Einnahmen im Sinne des § 20 Abs. 1 Nr. 1 oder 2 des Einkommensteuergesetzes in der Fassung des Artikels 1 des Gesetzes vom 20. Dezember 2001 (BGBl. I S. 3858) gehören, Bezüge, die nach § 8b Abs. 1 bei der Einkommensermittlung außer Ansatz bleiben, und die bei der leistenden Körperschaft zu einer Minderung der Körperschaftsteuer geführt haben, erhöht sich bei ihr die Körperschaftsteuer und das Körperschaftsteuerguthaben um den Betrag der Minderung der Körperschaftsteuer bei der leistenden Körperschaft. [2]Satz 1 gilt auch, wenn der Körperschaft oder Personenvereinigung die entsprechenden Bezüge einer Organgesellschaft zugerechnet werden, weil sie entweder Organträger ist oder an einer Personengesellschaft beteiligt ist, die Organträger ist. [3]Im Fall des § 4 des Umwandlungssteuergesetzes sind die Sätze 1 und 2 entsprechend anzuwenden. [4]Die leistende Körperschaft hat der Empfängerin die folgenden Angaben nach amtlich vorgeschriebenem Muster zu bescheinigen:

1. den Namen und die Anschrift des Anteilseigners,
2. die Höhe des in Anspruch genommenen Körperschaftsteuerminderungsbetrags,
3. den Zahlungstag.

[5]§ 27 Abs. 3 Satz 2, Abs. 4 und 5 gilt entsprechend. [6]Die Sätze 1 bis 4 gelten nicht für steuerbefreite Körperschaften und Personenvereinigungen im Sinne des § 5 Abs. 1 Nr. 9, soweit die Einnahmen in einem wirtschaftlichen Geschäftsbetrieb anfallen, für den die Steuerbefreiung ausgeschlossen ist.

(4) [1]Das Körperschaftsteuerguthaben wird letztmalig auf den 31. Dezember 2006 ermittelt. [2]Geht das Vermögen einer unbeschränkt steuerpflichtigen Körperschaft durch einen der in § 1 Abs. 1 des Umwandlungssteuergesetzes vom 7. Dezember 2006 (BGBl. I S. 2782, 2791) in der jeweils geltenden Fassung genannten Vorgänge, bei denen die Anmeldung zur Eintragung in ein

öffentliches Register nach dem 12. Dezember 2006 erfolgt, ganz oder teilweise auf einen anderen Rechtsträger über, wird das Körperschaftsteuerguthaben bei der übertragenden Körperschaft letztmalig auf den vor dem 31. Dezember 2006 liegenden steuerlichen Übertragungsstichtag ermittelt. [3]Wird das Vermögen einer Körperschaft oder Personenvereinigung im Rahmen einer Liquidation im Sinne des § 11 nach dem 12. Dezember 2006 und vor dem 1. Januar 2007 verteilt, wird das Körperschaftsteuerguthaben letztmalig auf den Stichtag ermittelt, auf den die Liquidationsschlussbilanz erstellt wird. [4]Die Absätze 1 bis 3 sind letztmals auf Gewinnausschüttungen und als ausgeschüttet geltende Beträge anzuwenden, die vor dem 1. Januar 2007 oder bis zu dem nach Satz 2 maßgebenden Zeitpunkt erfolgt sind. [5]In Fällen der Liquidation sind die Absätze 1 bis 3 auf Abschlagszahlungen anzuwenden, die bis zum Stichtag erfolgt sind, auf den das Körperschaftsteuerguthaben letztmalig ermittelt wird.

(5) [1]Die Körperschaft hat innerhalb eines Auszahlungszeitraums von 2008 bis 2017 einen Anspruch auf Auszahlung des Körperschaftsteuerguthabens in zehn gleichen Jahresbeträgen. [2]Der Anspruch entsteht mit Ablauf des 31. Dezember 2006 oder des nach Absatz 4 Satz 2 oder Satz 3 maßgebenden Tages. [3]Der Anspruch wird für den gesamten Auszahlungszeitraum festgesetzt. [4]Der Anspruch ist jeweils am 30. September auszuzahlen. [5]Für das Jahr der Bekanntgabe des Bescheids und die vorangegangenen Jahre ist der Anspruch innerhalb eines Monats nach Bekanntgabe des Bescheids auszuzahlen, wenn die Bekanntgabe des Bescheids nach dem 31. August 2008 erfolgt. [6]Abweichend von Satz 1 ist der festgesetzte Anspruch in einem Betrag auszuzahlen, wenn das festgesetzte Körperschaftsteuerguthaben nicht mehr als 1 000 Euro beträgt. [7]Der Anspruch ist nicht verzinslich. [8]Die Festsetzungsfrist für die Festsetzung des Anspruchs läuft nicht vor Ablauf des Jahres ab, in dem der letzte Jahresbetrag fällig geworden ist oder ohne Anwendung des Satzes 6 fällig geworden wäre. [9]§ 10d Abs. 4 Satz 4 und 5 des Einkommensteuergesetzes gilt sinngemäß. [10]Auf die Abtretung oder Verpfändung des Anspruchs ist § 46 Abs. 4 der Abgabenordnung nicht anzuwenden.

(6) [1]Wird der Bescheid über die Festsetzung des Anspruchs nach Absatz 5 aufgehoben oder geändert, wird der Betrag, um den der Anspruch, der sich aus dem geänderten Bescheid ergibt, die Summe der Auszahlungen, die bis zur Bekanntgabe des neuen Bescheids geleistet worden sind, übersteigt, auf die verbleibenden Fälligkeitstermine des Auszahlungszeitraums verteilt. [2]Abweichend von Satz 1 ist der übersteigende Betrag in einer Summe auszuzahlen, wenn er nicht mehr als 1 000 Euro beträgt und auf die vorangegangene Festsetzung Absatz 5 Satz 6 oder dieser Satz angewendet worden ist. [3]Ist die Summe der Auszahlungen, die bis zur Bekanntgabe des neuen Bescheids geleistet worden sind, größer als der Auszahlungsanspruch, der sich aus dem geänderten Bescheid ergibt, ist der Unterschiedsbetrag innerhalb eines Monats nach Bekanntgabe des Bescheids zu entrichten.

(7) [1]Erträge und Gewinnminderungen der Körperschaft, die sich aus der Anwendung des Absatzes 5 ergeben, gehören nicht zu den Einkünften im Sinne des Einkommensteuergesetzes. [2]Die Auszahlung ist aus den Einnahmen an Körperschaftsteuer zu leisten.

§ 38
Körperschaftsteuererhöhung

(1) [1]Ein positiver Endbetrag im Sinne des § 36 Abs. 7 aus dem Teilbetrag im Sinne des § 30 Abs. 2 Nr. 2 in der Fassung des Artikels 4 des Gesetzes vom 14. Juli 2000 (BGBl. I S. 1034) ist auch zum Schluss der folgenden Wirtschaftsjahre fortzuschreiben und gesondert festzustellen. [2]§ 27 Abs. 2 gilt entsprechend. [3]Der Betrag verringert sich jeweils, soweit er als für Leistungen verwendet gilt. [4]Er gilt als für Leistungen verwendet, soweit die Summe der Leistungen, die die Gesellschaft im Wirtschaftsjahr erbracht hat, den um den Bestand des Satzes 1 verminderten ausschüttbaren Gewinn (§ 27) übersteigt. [5]Maßgeblich sind die Bestände zum Schluss des vorangegangenen Wirtschaftsjahrs. [6]Die Rückzahlung von Geschäftsguthaben an ausscheidende Mitglieder von Genossenschaften stellt, soweit es sich dabei nicht um Nennkapital im Sinne des § 28 Abs. 2 Satz 2 handelt, keine Leistung im Sinne der Sätze 3 und 4 dar. [7]Satz 6 gilt nicht, soweit der unbelastete Teilbetrag im Sinne des Satzes 1 nach § 40 Abs. 1 oder Abs. 2 infolge der Umwandlung einer Körperschaft, die nicht Genossenschaft im Sinne des § 34 Abs. 13 ist, übergegangen ist.

(2) [1]Die Körperschaftsteuer des Veranlagungszeitraums, in dem das Wirtschaftsjahr endet, in dem die Leistungen erfolgen, erhöht sich um 3/7 des Betrags der Leistungen, für die ein Teilbetrag aus dem Endbetrag im Sinne des Absatzes 1 als verwendet gilt. [2]Die Körperschaftsteuererhöhung mindert den Endbetrag im Sinne des Absatzes 1 bis zu dessen Verbrauch. [3]Satz 1 ist letztmals für den Veranlagungszeitraum anzuwenden, in dem das 18. Wirtschaftsjahr endet, das auf das Wirtschaftsjahr folgt, auf dessen Schluss nach § 37 Abs. 1 Körperschaftsteuerguthaben ermittelt werden.

(3) [1]Die Körperschaftsteuer wird nicht erhöht, soweit eine von der Körperschaftsteuer befreite Körperschaft Leistungen an einen unbeschränkt steuerpflichtigen, von der Körperschaftsteuer befreiten Anteilseigner oder an eine juristische Person des öffentlichen Rechts vornimmt. [2]Der Anteilseigner ist verpflichtet, der ausschüttenden Körperschaft seine Befreiung durch eine Bescheinigung des Finanzamts nachzuweisen, es sei denn, er ist eine juristische Person des öffentlichen Rechts. [3]Das gilt nicht, soweit die Leistung auf Anteile entfällt, die in einem wirtschaftlichen Geschäftsbetrieb gehalten werden, für den die Befreiung von der Körperschaftsteuer ausgeschlossen ist, oder in einem nicht von der Körperschaftsteuer befreiten Betrieb gewerblicher Art.

(4) [1]Der Endbetrag nach Absatz 1 wird letztmalig auf den 31. Dezember 2006 ermittelt und festgestellt. [2]Wird das Vermögen einer Körperschaft oder Personenvereinigung im Rahmen einer Liquidation im Sinne des § 11 nach dem 31. Dezember 2006 verteilt, wird der Endbetrag im Sinne des Satzes 1 letztmalig auf den Schluss des letzten vor dem 1. Januar 2007 endenden Besteuerungszeitraums festgestellt. [3]Bei über den 31. Dezember 2006 hinaus fortdauernden Liquidationen endet der Besteuerungszeitraum nach § 11 auf Antrag der Körperschaft oder Personenvereinigung mit Ablauf des 31. Dezember 2006. [4]Die Absätze 1 bis 3 sind letztmals auf Leistungen anzuwenden, die vor dem 1. Januar 2007 oder dem nach Satz 2 maßgebenden Zeitpunkt erfolgt sind.

(5) [1]Der Körperschaftsteuererhöhungsbetrag beträgt 3/100 des nach Absatz 4 Satz 1 festgestellten Endbetrags. [2]Er ist begrenzt auf den Betrag, der sich nach den Absätzen 1 bis 3 als Körperschaftsteuererhöhung ergeben würde, wenn die Körperschaft oder Personenvereinigung ihr am 31. Dezember 2006 oder an dem nach Absatz 4 Satz 2 maßgebenden Zeitpunkt bestehendes Eigenkapital laut Steuerbilanz für eine Ausschüttung verwenden würde. [3]Ein Körperschaftsteuererhöhungsbetrag ist nur festzusetzen, wenn er 1 000 Euro übersteigt.

(6) [1]Die Körperschaft oder deren Rechtsnachfolger hat den sich nach Absatz 5 ergebenden Körperschaftsteuererhöhungsbetrag innerhalb eines Zeitraums von 2008 bis 2017 in zehn gleichen Jahresbeträgen zu entrichten (Zahlungszeitraum). [2]Satz 1 gilt nicht für Körperschaften oder Personenvereinigungen, die sich am 31. Dezember 2006 bereits in Liquidation befanden. [3]Der Anspruch entsteht am 1. Januar 2007. [4]Der Körperschaftsteuererhöhungsbetrag wird für den gesamten Zahlungszeitraum festgesetzt. [5]Der Jahresbetrag ist jeweils am 30. September fällig. [6]Für das Jahr der Bekanntgabe des Bescheids und die vorangegangenen Jahre ist der Jahresbetrag innerhalb eines Monats nach Bekanntgabe des Bescheids fällig, wenn die Bekanntgabe des Bescheids nach dem 31. August 2008 erfolgt. [7]In den Fällen des Satzes 2 ist der gesamte Anspruch innerhalb eines Monats nach Bekanntgabe des Bescheids fällig. [8]Der Anspruch ist nicht verzinslich. [9]Die Festsetzungsfrist für die Festsetzung des Körperschaftsteuererhöhungsbetrags läuft nicht vor Ablauf des Jahres ab, in dem der letzte Jahresbetrag fällig geworden ist.

(7) [1]Auf Antrag kann die Körperschaft oder deren Rechtsnachfolger abweichend von Absatz 6 Satz 1 den Körperschaftsteuererhöhungsbetrag in einer Summe entrichten. [2]Der Antrag kann letztmals zum 30. September 2015 gestellt werden. [3]Anstelle des

jeweiligen Jahresbetrags ist zu dem Zahlungstermin, der auf den Zeitpunkt der Antragstellung folgt, der zu diesem Termin nach Absatz 6 Satz 4 fällige Jahresbetrag zuzüglich der noch nicht fälligen Jahresbeträge abgezinst mit einem Zinssatz von 5,5 Prozent zu entrichten. [4]Mit der Zahlung erlischt der gesamte Anspruch. [5]Die Sätze 3 und 4 sind in den Fällen des Absatzes 6 Satz 7, des Absatzes 8 und des Absatzes 9 Satz 1 und 2 von Amts wegen anzuwenden.

(8) Bei Liquidationen, die nach dem 31. Dezember 2006 beginnen, werden alle entstandenen und festgesetzten Körperschaftsteuererhöhungsbeträge an dem 30. September fällig, der auf den Zeitpunkt der Erstellung der Liquidationseröffnungsbilanz folgt.

(9) [1]Geht das Vermögen einer unbeschränkt steuerpflichtigen Körperschaft oder Personenvereinigung durch einen der in § 1 Abs. 1 Nr. 1 des Umwandlungssteuergesetzes vom 7. Dezember 2006 (BGBl. I S. 2782, 2791) in der jeweils geltenden Fassung genannten Vorgänge ganz oder teilweise auf eine nicht unbeschränkt steuerpflichtige Körperschaft oder Personenvereinigung über oder verlegt eine unbeschränkt steuerpflichtige Körperschaft oder Personenvereinigung ihren Sitz oder Ort der Geschäftsleitung und endet dadurch ihre unbeschränkte Steuerpflicht, werden alle entstandenen und festgesetzten Körperschaftsteuererhöhungsbeträge an dem 30. September fällig, der auf den Zeitpunkt des Vermögensübergangs oder des Wegzugs folgt. [2]Ist eine Festsetzung nach Absatz 6 noch nicht erfolgt, ist der gesamte Anspruch innerhalb eines Monats nach Bekanntgabe des Bescheids fällig. [3]Satz 1 gilt nicht, wenn der übernehmende Rechtsträger in einem anderen Mitgliedstaat der Europäischen Union unbeschränkt steuerpflichtig ist oder die Körperschaft oder Personenvereinigung in den Fällen des Wegzugs in einem anderen Mitgliedstaat der Europäischen Union unbeschränkt steuerpflichtig wird.

(10) § 37 Abs. 6 und 7 gilt entsprechend.

§ 39
Einlagen der Anteilseigner und Sonderausweis

(1) Ein sich nach § 36 Abs. 7 ergebender positiver Endbetrag des Teilbetrags im Sinne des § 30 Abs. 2 Nr. 4 des Körperschaftsteuergesetzes in der Fassung der Bekanntmachung vom 22. April 1999 (BGBl. I S. 817), das zuletzt durch Artikel 4 des Gesetzes vom 14. Juli 2000 (BGBl. I S. 1034) geändert worden ist, wird als Anfangsbestand des steuerlichen Einlagekontos im Sinne des § 27 erfasst.

(2) Der nach § 47 Abs. 1 Satz 1 Nr. 2 in der Fassung des Artikels 4 des Gesetzes vom 14. Juli 2000 (BGBl. I S. 1034) zuletzt festgestellte Betrag wird als Anfangsbestand in die Feststellung nach § 28 Abs. 1 Satz 3 einbezogen.

§ 40
(weggefallen)

Gewerbesteuergesetz (GewStG)

– für den Erhebungszeitraum 2025 –
in der Fassung der Bekanntmachung vom 15.10.2002
(BGBl. I 2002, 4167 = BStBl I 2002, 1192) mit späteren Änderungen[1)]

Abschnitt I
Allgemeines

§ 1
Steuerberechtigte

Die Gemeinden erheben eine Gewerbesteuer als Gemeindesteuer.

§ 2
Steuergegenstand

(1) [1]Der Gewerbesteuer unterliegt jeder stehende Gewerbebetrieb, soweit er im Inland betrieben wird. [2]Unter Gewerbebetrieb ist ein gewerbliches Unternehmen im Sinne des Einkommensteuergesetzes zu verstehen. [3]Im Inland betrieben wird ein Gewerbebetrieb, soweit für ihn im Inland oder auf einem in einem inländischen Schiffsregister eingetragenen Kauffahrteischiff eine Betriebsstätte unterhalten wird.

(2) [1]Als Gewerbebetrieb gilt stets und in vollem Umfang die Tätigkeit der Kapitalgesellschaften (insbesondere Europäische Gesellschaften, Aktiengesellschaften, Kommanditgesellschaften auf Aktien, Gesellschaften mit beschränkter Haftung), Genossenschaften einschließlich Europäischer Genossenschaften sowie der Versicherungs- und Pensionsfondsvereine auf Gegenseitigkeit. [2]Ist eine Kapitalgesellschaft Organgesellschaft im Sinne der § 14 oder § 17 des Körperschaftsteuergesetzes, so gilt sie als Betriebsstätte des Organträgers.

(3) Als Gewerbebetrieb gilt auch die Tätigkeit der sonstigen juristischen Personen des privaten Rechts und der Vereine ohne Rechtspersönlichkeit, soweit sie einen wirtschaftlichen Geschäftsbetrieb (ausgenommen Land- und Forstwirtschaft) unterhalten.

(4) Vorübergehende Unterbrechungen im Betrieb eines Gewerbes, die durch die Art des Betriebs veranlasst sind, heben die Steuerpflicht für die Zeit bis zur Wiederaufnahme des Betriebs nicht auf.

(5) [1]Geht ein Gewerbebetrieb im Ganzen auf einen anderen Unternehmer über, so gilt der Gewerbebetrieb als durch den bisherigen Unternehmer eingestellt. [2]Der Gewerbebetrieb gilt als durch den anderen Unternehmer neu gegründet, wenn er nicht mit einem bereits bestehenden Gewerbebetrieb vereinigt wird.

(6) Inländische Betriebsstätten von Unternehmen, deren Geschäftsleitung sich in einem ausländischen Staat befindet, mit dem kein Abkommen zur Vermeidung der Doppelbesteuerung besteht, unterliegen nicht der Gewerbesteuer, wenn und soweit

1. die Einkünfte aus diesen Betriebsstätten im Rahmen der beschränkten Einkommensteuerpflicht steuerfrei sind und
2. der ausländische Staat Unternehmen, deren Geschäftsleitung sich im Inland befindet, eine entsprechende Befreiung von den der Gewerbesteuer ähnlichen oder ihr entsprechenden Steuern gewährt, oder in dem ausländischen Staat keine der Gewerbesteuer ähnlichen oder ihr entsprechenden Steuern bestehen.

(7) Zum Inland im Sinne dieses Gesetzes gehört auch der der Bundesrepublik Deutschland zustehende Anteil

1. an der ausschließlichen Wirtschaftszone, soweit dort
   a) die lebenden und nicht lebenden natürlichen Ressourcen der Gewässer über dem Meeresboden, des Meeresbodens und seines Untergrunds erforscht, ausgebeutet, erhalten oder bewirtschaftet werden,
   b) andere Tätigkeiten zur wirtschaftlichen Erforschung oder Ausbeutung der ausschließlichen Wirtschaftszone ausgeübt werden, wie beispielsweise die Energieerzeugung aus Wasser, Strömung und Wind oder
   c) künstliche Inseln errichtet oder genutzt werden und Anlagen und Bauwerke für die in den Buchstaben a und b genannten Zwecke errichtet oder genutzt werden, und
2. am Festlandssockel, soweit dort
   a) dessen natürliche Ressourcen erforscht oder ausgebeutet werden; natürliche Ressourcen in diesem Sinne sind die mineralischen und sonstigen nicht lebenden Ressourcen des Meeresbodens und seines Untergrunds sowie die zu den sesshaften Arten gehörenden Lebewesen, die im nutzbaren Stadium entweder unbeweglich auf oder unter dem Meeresboden verbleiben oder sich nur in ständigem körperlichen Kontakt mit dem Meeresboden oder seinem Untergrund fortbewegen können; oder
   b) künstliche Inseln errichtet oder genutzt werden und Anlagen und Bauwerke für die in Buchstabe a genannten Zwecke errichtet oder genutzt werden, und
3. der nicht zur Bundesrepublik Deutschland gehörende Teil eines grenzüberschreitenden Gewerbegebiets, das nach den Vorschriften eines Abkommens zur Vermeidung der Doppelbesteuerung als solches bestimmt ist.

(8) Für die Anwendung dieses Gesetzes sind eine optierende Gesellschaft im Sinne des § 1a des Körperschaftsteuergesetzes als Kapitalgesellschaft und ihre Gesellschafter wie die nicht persönlich haftenden Gesellschafter einer Kapitalgesellschaft zu behandeln.

---

1) Die Fassung der Bekanntmachung v. 15.10.2002, BGBl. I 2002, 4167 = BStBl I 2002, 1192 wurde zuletzt geändert durch Art. 4 des Gesetzes für dringliche Änderungen im Finanzmarkt- und Steuerbereich v. 28.2.2025, BGBl. I 2025 Nr. 69.

§ 2a
Arbeitsgemeinschaften

[1]Als Gewerbebetrieb gilt nicht die Tätigkeit der Arbeitsgemeinschaften, deren alleiniger Zweck in der Erfüllung eines einzigen Werkvertrages oder Werklieferungsvertrages besteht. [2]Die Betriebsstätten der Arbeitsgemeinschaften gelten insoweit anteilig als Betriebsstätten der Beteiligten.

§ 3
Befreiungen

Von der Gewerbesteuer sind befreit

1. das Bundeseisenbahnvermögen, die staatlichen Lotterieunternehmen, die zugelassenen öffentlichen Spielbanken mit ihren der Spielbankenabgabe unterliegenden Tätigkeiten und der Erdölbevorratungsverband nach § 2 Abs. 1 des Erdölbevorratungsgesetzes vom 16. Januar 2012 (BGBl. I S. 74) in der jeweils geltenden Fassung;
2. die Deutsche Bundesbank, die Kreditanstalt für Wiederaufbau, die DEG – Deutsche Investitions- und Entwicklungsgesellschaft mbH, die Landwirtschaftliche Rentenbank, die Bayerische Landesanstalt für Aufbaufinanzierung, die Bremer Aufbau-Bank GmbH, die Landeskreditbank Baden-Württemberg – Förderbank, die Bayerische Landesbodenkreditanstalt, die Investitionsbank Berlin, die Hamburgische Investitions- und Förderbank, die NRW.Bank, die Investitions- und Förderbank Niedersachsen, die Saarländische Investitionskreditbank Aktiengesellschaft, die Investitionsbank Schleswig-Holstein, die Investitionsbank des Landes Brandenburg, die Sächsische Aufbaubank – Förderbank –, die Thüringer Aufbaubank, die Investitionsbank Sachsen-Anhalt, die Investitions- und Strukturbank Rheinland-Pfalz, das Landesförderinstitut Mecklenburg-Vorpommern – Geschäftsbereich der Norddeutschen Landesbank Girozentrale –, die Wirtschafts- und Infrastrukturbank Hessen – rechtlich unselbständige Anstalt in der Landesbank Hessen-Thüringen Girozentrale und die Liquiditäts-Konsortialbank Gesellschaft mit beschränkter Haftung;
3. die Bundesanstalt für vereinigungsbedingte Sonderaufgaben;
4. (weggefallen)
5. Hauberg-, Wald-, Forst- und Laubgenossenschaften und ähnliche Realgemeinden. [2]Unterhalten sie einen Gewerbebetrieb, der über den Rahmen eines Nebenbetriebs hinausgeht, so sind sie insoweit steuerpflichtig;
6. Körperschaften, Personenvereinigungen und Vermögensmassen, die nach der Satzung, dem Stiftungsgeschäft oder der sonstigen Verfassung und nach der tatsächlichen Geschäftsführung ausschließlich und unmittelbar gemeinnützigen, mildtätigen oder kirchlichen Zwecken dienen (§§ 51 bis 68 der Abgabenordnung). [2]Wird ein wirtschaftlicher Geschäftsbetrieb – ausgenommen Land- und Forstwirtschaft – unterhalten, ist die Steuerfreiheit insoweit ausgeschlossen;
7. Hochsee- und Küstenfischerei, wenn sie mit weniger als sieben im Jahresdurchschnitt beschäftigten Arbeitnehmern oder mit Schiffen betrieben wird, die eine eigene Triebkraft von weniger als 100 Pferdekräften haben;
8. Genossenschaften sowie Vereine im Sinne des § 5 Abs. 1 Nr. 14 des Körperschaftsteuergesetzes, soweit sie von der Körperschaftsteuer befreit sind;
9. rechtsfähige Pensions-, Sterbe-, Kranken- und Unterstützungskassen im Sinne des § 5 Abs. 1 Nr. 3 des Körperschaftsteuergesetzes, soweit sie die für eine Befreiung von der Körperschaftsteuer erforderlichen Voraussetzungen erfüllen;
10. Körperschaften oder Personenvereinigungen, deren Hauptzweck die Verwaltung des Vermögens für einen nichtrechtsfähigen Berufsverband im Sinne des § 5 Abs. 1 Nr. 5 des Körperschaftsteuergesetzes ist, wenn ihre Erträge im Wesentlichen aus dieser Vermögensverwaltung herrühren und ausschließlich dem Berufsverband zufließen;
11. öffentlich-rechtliche Versicherungs- und Versorgungseinrichtungen von Berufsgruppen, deren Angehörige auf Grund einer durch Gesetz angeordneten oder auf Gesetz beruhenden Verpflichtung Mitglieder dieser Einrichtungen sind, wenn die Satzung der Einrichtung die Zahlung keiner höheren jährlichen Beiträge zulässt als das Zwölffache der Beiträge, die sich bei einer Beitragsbemessungsgrundlage in Höhe der doppelten monatlichen Beitragsbemessungsgrenze in der allgemeinen Rentenversicherung. [2]Sind nach der Satzung der Einrichtung nur Pflichtmitgliedschaften sowie freiwillige Mitgliedschaften, die unmittelbar an eine Pflichtmitgliedschaft anschließen, möglich, so steht dies der Steuerbefreiung nicht entgegen, wenn die Satzung die Zahlung keiner höheren jährlichen Beiträge zulässt als das Fünfzehnfache der Beiträge, die sich bei einer Beitragsbemessungsgrundlage in Höhe der doppelten monatlichen Beitragsbemessungsgrenze in der allgemeinen Rentenversicherung ergeben würden;
12. Gesellschaften, bei denen die Gesellschafter als Unternehmer (Mitunternehmer) anzusehen sind, sowie Genossenschaften, soweit die Gesellschaften und die Erwerbs- und Wirtschaftsgenossenschaften eine gemeinschaftliche Tierhaltung im Sinne des § 13b des Einkommensteuergesetzes betreiben;
13. private Schulen und andere allgemeinbildende oder berufsbildende Einrichtungen, soweit unmittelbar dem Schul- und Bildungszweck dienende Leistungen erbracht werden, wenn sie
    a) als Ersatzschulen gemäß Artikel 7 Absatz 4 des Grundgesetzes staatlich genehmigt oder nach Landesrecht erlaubt sind oder
    b) auf einen Beruf oder eine vor einer juristischen Person des öffentlichen Rechts abzulegende Prüfung ordnungsgemäß vorbereiten;
14. Genossenschaften sowie Vereine, deren Tätigkeit sich auf den Betrieb der Land- und Forstwirtschaft beschränkt, wenn die Mitglieder der Genossenschaft oder dem Verein Flächen zur Nutzung oder für die Bewirtschaftung der Flächen erforderliche Gebäude überlassen und
    a) bei Genossenschaften das Verhältnis der Summe der Werte der Geschäftsanteile des einzelnen Mitglieds zu der Summe der Werte aller Geschäftsanteile,
    b) bei Vereinen das Verhältnis des Werts des Anteils an dem Vereinsvermögen, der im Fall der Auflösung des Vereins an das einzelne Mitglied fallen würde, zu dem Wert des Vereinsvermögens

    nicht wesentlich von dem Verhältnis abweicht, in dem der Wert der von dem einzelnen Mitglied zur Nutzung überlassenen Flächen und Gebäude zu dem Wert der insgesamt zur Nutzung überlassenen Flächen und Gebäude steht;

15. Genossenschaften sowie Vereine im Sinne des § 5 Abs. 1 Nr. 10 des Körperschaftsteuergesetzes, soweit sie von der Körperschaftsteuer befreit sind;

16. (weggefallen)

17. die von den zuständigen Landesbehörden begründeten oder anerkannten gemeinnützigen Siedlungsunternehmen im Sinne des Reichssiedlungsgesetzes in der jeweils aktuellen Fassung oder entsprechender Landesgesetze, soweit diese Landesgesetze nicht wesentlich von den Bestimmungen des Reichssiedlungsgesetzes abweichen, und im Sinne der Bodenreformgesetze der Länder, soweit die Unternehmen im ländlichen Raum Siedlungs-, Agrarstrukturverbesserungs- und Landentwicklungsmaßnahmen mit Ausnahme des Wohnungsbaus durchführen. [2]Die Steuerbefreiung ist ausgeschlossen, wenn die Einnahmen des Unternehmens aus den in Satz 1 nicht bezeichneten Tätigkeiten die Einnahmen aus den in Satz 1 bezeichneten Tätigkeiten übersteigen;

18. (weggefallen)

19. der Pensions-Sicherungs-Verein Versicherungsverein auf Gegenseitigkeit, wenn er die für eine Befreiung von der Körperschaftsteuer erforderlichen Voraussetzungen erfüllt;

20. Krankenhäuser, Altenheime, Altenwohnheime, Pflegeheime, Einrichtungen zur vorübergehenden Aufnahme pflegebedürftiger Personen und Einrichtungen zur ambulanten Pflege kranker und pflegebedürftiger Personen sowie Einrichtungen zur ambulanten oder stationären Rehabilitation, wenn

    a) diese Einrichtungen von juristischen Personen des öffentlichen Rechts betrieben werden oder

    b) bei Krankenhäusern im Erhebungszeitraum die in § 67 Abs. 1 oder 2 der Abgabenordnung bezeichneten Voraussetzungen erfüllt worden sind oder

    c) bei Altenheimen, Altenwohnheimen und Pflegeheimen im Erhebungszeitraum mindestens 40 Prozent der Leistungen den in § 61a des Zwölften Buches Sozialgesetzbuch oder den in § 53 Nr. 2 der Abgabenordnung genannten Personen zu Gute gekommen sind oder

    d) bei Einrichtungen zur vorübergehenden Aufnahme pflegebedürftiger Personen und bei Einrichtungen zur ambulanten Pflege kranker und pflegebedürftiger Personen im Erhebungszeitraum die Pflegekosten in mindestens 40 Prozent der Fälle von den gesetzlichen Trägern der Sozialversicherung oder Sozialhilfe ganz oder zum überwiegenden Teil getragen worden sind oder

    e) bei Einrichtungen zur ambulanten oder stationären Rehabilitation die Behandlungskosten in mindestens 40 Prozent der Fälle von den gesetzlichen Trägern der Sozialversicherung oder Sozialhilfe ganz oder zum überwiegenden Teil getragen worden sind. Satz 1 ist nur anzuwenden, soweit die Einrichtung Leistungen im Rahmen der verordneten ambulanten oder stationären Rehabilitation im Sinne des Sozialrechts einschließlich der Beihilfevorschriften des Bundes und der Länder erbringt;

21. Entschädigungs- und Sicherungseinrichtungen im Sinne des § 5 Abs. 1 Nr. 16 des Körperschaftsteuergesetzes, soweit sie von der Körperschaftsteuer befreit sind;

22. Bürgschaftsbanken (Kreditgarantiegemeinschaften), soweit sie von der Körperschaftsteuer befreit sind;

23. Unternehmensbeteiligungsgesellschaften, die nach dem Gesetz über Unternehmensbeteiligungsgesellschaften anerkannt sind. [2]Für Unternehmensbeteiligungsgesellschaften im Sinne des § 25 Abs. 1 des Gesetzes über Unternehmensbeteiligungsgesellschaften haben der Widerruf der Anerkennung und der Verzicht auf die Anerkennung Wirkung für die Vergangenheit, wenn nicht Aktien der Unternehmensbeteiligungsgesellschaft öffentlich angeboten worden sind; Entsprechendes gilt, wenn eine solche Gesellschaft nach § 25 Abs. 3 des Gesetzes über Unternehmensbeteiligungsgesellschaften die Anerkennung als Unternehmensbeteiligungsgesellschaft verliert. [3]Für offene Unternehmensbeteiligungsgesellschaften im Sinne des § 1a Abs. 2 Satz 1 des Gesetzes über Unternehmensbeteiligungsgesellschaften haben der Widerruf der Anerkennung und der Verzicht auf die Anerkennung innerhalb der in § 7 Abs. 1 Satz 1 des Gesetzes über Unternehmensbeteiligungsgesellschaften genannten Frist Wirkung für die Vergangenheit. [4]Bescheide über die Anerkennung, die Rücknahme oder den Widerruf der Anerkennung und über die Feststellung, ob Aktien der Unternehmensbeteiligungsgesellschaft im Sinne des § 25 Abs. 1 des Gesetzes über Unternehmensbeteiligungsgesellschaften öffentlich angeboten worden sind, sind Grundlagenbescheide im Sinne der Abgabenordnung; die Bekanntmachung der Aberkennung der Eigenschaft als Unternehmensbeteiligungsgesellschaft nach § 25 Abs. 3 des Gesetzes über Unternehmensbeteiligungsgesellschaften steht einem Grundlagenbescheid gleich;

24. die folgenden Kapitalbeteiligungsgesellschaften für die mittelständische Wirtschaft, soweit sich deren Geschäftsbetrieb darauf beschränkt, im öffentlichen Interesse mit Eigenmitteln oder mit staatlicher Hilfe Beteiligungen zu erwerben, wenn der von ihnen erzielte Gewinn ausschließlich und unmittelbar für die satzungsmäßigen Zwecke der Beteiligungsfinanzierung verwendet wird: Mittelständische Beteiligungsgesellschaft Baden-Württemberg GmbH, Mittelständische Beteiligungsgesellschaft Bremen mbH, BTG Beteiligungsgesellschaft Hamburg mbH, MBG Mittelständische Beteiligungsgesellschaft Hessen GmbH, Mittelständische Beteiligungsgesellschaft Niedersachsen (MBG) mbH, Kapitalbeteiligungsgesellschaft für die mittelständische Wirtschaft in Nordrhein-Westfalen mbH, MBG Mittelständische Beteiligungsgesellschaft Rheinland-Pfalz mbH, Wagnisfinanzierungsgesellschaft für Technologieförderung in Rheinland-Pfalz mbH (WFT), Saarländische Kapitalbeteiligungsgesellschaft mbH, Gesellschaft für Wagniskapital Mittelständische Beteiligungsgesellschaft Schleswig-Holstein Gesellschaft mit beschränkter Haftung – MBG, Technologie-Beteiligungs-Gesellschaft mbH der Deutschen Ausgleichsbank, bgb Beteiligungsgesellschaft Berlin mbH für kleine und mittlere Betriebe, Mittelständische Beteiligungsgesellschaft Berlin-Brandenburg mbH, Mittelständische Beteiligungsgesellschaft Mecklenburg-Vorpommern mbH, Mittelständische Beteiligungsgesellschaft Sachsen mbH, Mittelständische Beteiligungsgesellschaft Sachsen-Anhalt mbH, Wagnisbeteiligungsgesellschaft Sachsen-Anhalt mbH, IBG Beteiligungsgesellschaft Sachsen- Anhalt mbH, Mittelständische Beteiligungsgesellschaft Thüringen (MBG) mbH;

25. Wirtschaftsförderungsgesellschaften, wenn sie von der Körperschaftsteuer befreit sind;

26. Gesamthafenbetriebe im Sinne des § 1 des Gesetzes über die Schaffung eines besonderen Arbeitgebers für Hafenarbeiter vom 3. August 1950 (BGBl. I S. 352), soweit sie von der Körperschaftsteuer befreit sind;

27. Zusammenschlüsse im Sinne des § 5 Abs. 1 Nr. 20 des Körperschaftsteuergesetzes, soweit sie von der Körperschaftsteuer befreit sind;

28. die Arbeitsgemeinschaften Medizinischer Dienst der Krankenversicherung im Sinne des § 278 des Fünften Buches Sozialgesetzbuch und der Medizinische Dienst der Spitzenverbände der Krankenkassen im Sinne des § 282 des Fünften Buches Sozialgesetzbuch, soweit sie von der Körperschaftsteuer befreit sind;
29. gemeinsame Einrichtungen im Sinne des § 5 Abs. 1 Nr. 22 des Körperschaftsteuergesetzes, soweit sie von der Körperschaftsteuer befreit sind;
30. die Auftragsforschung im Sinne des § 5 Abs. 1 Nr. 23 des Körperschaftsteuergesetzes, soweit sie von der Körperschaftsteuer befreit ist;
31. die Global Legal Entity Identifier Stiftung, soweit sie von der Körperschaftsteuer befreit ist;
32. stehende Gewerbebetriebe von Anlagenbetreibern im Sinne des § 3 Nummer 2 des Erneuerbare-Energien-Gesetzes, wenn sich deren Tätigkeit ausschließlich auf die Erzeugung und Vermarktung von Strom aus einer auf, an oder in einem Gebäude angebrachten Solaranlage bis zu einer installierten Leistung von 30 Kilowatt beschränkt.

§ 4
Hebeberechtigte Gemeinde

(1) [1]Die stehenden Gewerbebetriebe unterliegen der Gewerbesteuer in der Gemeinde, in der eine Betriebsstätte zur Ausübung des stehenden Gewerbes unterhalten wird. [2]Befinden sich Betriebsstätten desselben Gewerbebetriebs in mehreren Gemeinden oder erstreckt sich eine Betriebsstätte über mehrere Gemeinden, so wird die Gewerbesteuer in jeder Gemeinde nach dem Teil des Steuermessbetrags erhoben, der auf sie entfällt.

(2) [1]Für Betriebsstätten in gemeindefreien Gebieten bestimmt die Landesregierung durch Rechtsverordnung, wer die nach diesem Gesetz den Gemeinden zustehenden Befugnisse ausübt. [2]Der in § 2 Absatz 7 Nummer 1 und 2 bezeichnete Anteil am Festlandsockel und an der ausschließlichen Wirtschaftszone ist gemeindefreies Gebiet. [3]In Fällen von Satz 2 bestimmt sich die zuständige Landesregierung im Sinne des Satzes 1 unter entsprechender Anwendung des § 22a der Abgabenordnung.

(3) [1]Für Betriebsstätten im nicht zur Bundesrepublik Deutschland gehörenden Teil eines grenzüberschreitenden Gewerbegebiets im Sinne des § 2 Abs. 7 Nr. 3 ist die Gemeinde hebeberechtigt, in der der zur Bundesrepublik Deutschland gehörende Teil des grenzüberschreitenden Gewerbegebiets liegt. [2]Liegt der zur Bundesrepublik Deutschland gehörende Teil in mehreren Gemeinden, gilt Absatz 2 entsprechend.

§ 5
Steuerschuldner

(1) [1]Steuerschuldner ist der Unternehmer. [2]Als Unternehmer gilt der, für dessen Rechnung das Gewerbe betrieben wird. [3]Ist die Tätigkeit einer Personengesellschaft Gewerbebetrieb, so ist Steuerschuldner die Gesellschaft. [4]Wird das Gewerbe in der Rechtsform einer Europäischen wirtschaftlichen Interessenvereinigung mit Sitz im Geltungsbereich der Verordnung (EWG) Nr. 2137/85 des Rates vom 25. Juli 1985 über die Schaffung einer Europäischen wirtschaftlichen Interessenvereinigung (EWIV) (ABl. L 199 vom 31.7.1985, S. 1) betrieben, sind abweichend von Satz 3 die Mitglieder Gesamtschuldner.

(2) [1]Geht ein Gewerbebetrieb im Ganzen auf einen anderen Unternehmer über (§ 2 Abs. 5), so ist der bisherige Unternehmer bis zum Zeitpunkt des Übergangs Steuerschuldner. [2]Der andere Unternehmer ist von diesem Zeitpunkt an Steuerschuldner.

§ 6
Besteuerungsgrundlage

Besteuerungsgrundlage für die Gewerbesteuer ist der Gewerbeertrag.

Abschnitt II
Bemessung der Gewerbesteuer

§ 7
Gewerbeertrag

[1]Gewerbeertrag ist der nach den Vorschriften des Einkommensteuergesetzes oder des Körperschaftsteuergesetzes zu ermittelnde Gewinn aus dem Gewerbebetrieb, der bei der Ermittlung des Einkommens für den dem Erhebungszeitraum (§ 14) entsprechenden Veranlagungszeitraum zu berücksichtigen ist, vermehrt und vermindert um die in den §§ 8 und 9 bezeichneten Beträge. [2]Zum Gewerbeertrag gehört auch der Gewinn aus der Veräußerung und Aufgabe

1. des Betriebes oder eines Teilbetriebs einer Mitunternehmerschaft,
2. des Anteils eines Gesellschafters, der als Unternehmer (Mitunternehmer) des Betriebs einer Mitunternehmerschaft anzusehen ist,
3. des Anteils eines persönlich haftenden Gesellschafters einer Kommanditgesellschaft auf Aktien,

soweit er nicht auf eine natürliche Person als unmittelbar beteiligter Mitunternehmer entfällt. [3]Der nach § 5a des Einkommensteuergesetzes ermittelte Gewinn einschließlich der Hinzurechnungen nach § 5a Abs. 4 und 4a des Einkommensteuergesetzes und das nach § 8 Abs. 1 Satz 3 des Körperschaftsteuergesetzes ermittelte Einkommen gelten als Gewerbeertrag nach Satz 1. [4]§ 3 Nr. 40 und § 3c Abs. 2 des Einkommensteuergesetzes sind bei der Ermittlung des Gewerbeertrags einer Mitunternehmerschaft anzuwenden, soweit an der Mitunternehmerschaft natürliche Personen unmittelbar oder mittelbar über eine oder mehrere Personengesellschaften beteiligt sind; im Übrigen ist § 8b des Körperschaftsteuergesetzes anzuwenden. [5]Bei der Ermittlung des Gewerbeertrags einer Kapitalgesellschaft, auf die § 8 Abs. 7 Satz 1 Nr. 2 des Körperschaftsteuergesetzes anzuwenden ist, ist § 8 Abs. 9 Satz 1 bis 3 des Körperschaftsteuergesetzes entsprechend anzuwenden; ein sich danach bei der jeweiligen Sparte im Sinne des § 8 Abs. 9 Satz 1 des Körperschaftsteuergesetzes ergebender negativer Gewerbeertrag darf nicht mit einem positiven Gewerbeertrag aus einer anderen Sparte im Sinne des § 8 Abs. 9 Satz 1 des Körperschaftsteuergesetzes ausgeglichen werden. [6]§ 50d Abs. 10 des Einkommensteuergesetzes ist bei der Ermittlung des Gewerbeertrags entsprechend anzuwenden. [7]Hinzurechnungsbeträge im Sinne des § 10 Absatz 1 des Außensteuergesetzes sind Einkünfte, die in einer inländischen Betriebsstätte anfallen. [8]Einkünfte, die in einer ausländischen Betriebsstätte anfallen und nach den §§ 7 bis 13 des Außensteuergesetzes steuerpflichtig wären, falls diese Betriebsstätte eine ausländische Gesellschaft im Sinne dieser Vorschriften wäre, gelten als in einer inländischen Betriebsstätte erzielt.

§ 7a
Sonderregelung bei der Ermittlung des Gewerbeertrags einer Organgesellschaft

(1) [1]Bei der Ermittlung des Gewerbeertrags einer Organgesellschaft ist § 9 Nummer 2a, 7 und 8 nicht anzuwenden. [2]In den Fällen des Satzes 1 ist § 8 Nummer 1 bei Aufwendungen, die im unmittelbaren Zusammenhang mit Gewinnen aus Anteilen im Sinne des § 9 Nummer 2a, 7 oder 8 stehen, nicht anzuwenden.

(2) [1]Sind im Gewinn einer Organgesellschaft

1. Gewinne aus Anteilen im Sinne des § 9 Nummer 2a, 7 oder 8 oder
2. in den Fällen der Nummer 1 auch Aufwendungen, die im unmittelbaren Zusammenhang mit diesen Gewinnen aus Anteilen stehen, enthalten,

sind § 15 Satz 1 Nummer 2 Satz 2 bis 4 des Körperschaftsteuergesetzes und § 8 Nummer 1 und 5 sowie § 9 Nummer 2a, 7 und 8 bei der Ermittlung des Gewerbeertrags der Organgesellschaft entsprechend anzuwenden. [2]Der bei der Ermittlung des Gewerbeertrags der Organgesellschaft berücksichtigte Betrag der Hinzurechnungen nach § 8 Nummer 1 ist dabei unter Berücksichtigung der Korrekturbeträge nach Absatz 1 und 2 Satz 1 zu berechnen.

(3) Die Absätze 1 und 2 gelten in den Fällen des § 15 Satz 2 des Körperschaftsteuergesetzes entsprechend.

§ 7b
Sonderregelung bei der Ermittlung des Gewerbeertrags bei unternehmensbezogener Sanierung

(1) Die §§ 3a und 3c Absatz 4 des Einkommensteuergesetzes sind vorbehaltlich der nachfolgenden Absätze bei der Ermittlung des Gewerbeertrags entsprechend anzuwenden.

(2) [1]Der nach Anwendung des § 3a Absatz 3 Satz 2 Nummer 1 des Einkommensteuergesetzes verbleibende geminderte Sanierungsertrag im Sinne des § 3a Absatz 3 Satz 1 des Einkommensteuergesetzes mindert nacheinander

1. den negativen Gewerbeertrag des Sanierungsjahrs des zu sanierenden Unternehmens,
2. Fehlbeträge im Sinne des § 10a Satz 3 und
3. im Sanierungsjahr ungeachtet des § 10a Satz 2 die nach § 10a Satz 6 zum Ende des vorangegangenen Erhebungszeitraums gesondert festgestellten Fehlbeträge; die in § 10a Satz 1 und 2 genannten Beträge werden der Minderung entsprechend aufgebraucht.

[2]Ein nach Satz 1 verbleibender Sanierungsertrag mindert die Beträge nach Satz 1 Nummer 1 bis 3 eines anderen Unternehmens, wenn dieses die erlassenen Schulden innerhalb eines Zeitraums von fünf Jahren vor dem Schuldenerlass auf das zu sanierende Unternehmen übertragen hat und soweit die entsprechenden Beträge zum Ablauf des Wirtschaftsjahrs der Übertragung bereits entstanden waren. [3]Der verbleibende Sanierungsertrag nach Satz 2 ist zunächst um den Minderungsbetrag nach § 3a Absatz 3 Satz 2 Nummer 13 des Einkommensteuergesetzes zu kürzen. [4]Bei der Minderung nach Satz 1 ist § 10a Satz 4 und 5 entsprechend anzuwenden; dies gilt für Zwecke der Minderung nach Satz 1 Nummer 3 mit der Maßgabe, dass der sich für die Mitunternehmerschaft insgesamt ergebende Sanierungsertrag im Verhältnis der den Mitunternehmern zum Ende des vorangegangenen Erhebungszeitraums zugerechneten Fehlbeträge den Mitunternehmern zuzurechnen ist. [5]In Fällen des § 10a Satz 9 ist § 8 Absatz 9 Satz 9 des Körperschaftsteuergesetzes entsprechend anzuwenden. [6]An den Feststellungen der vortragsfähigen Fehlbeträge nehmen nur die nach Anwendung der Sätze 1 und 2 verbleibenden Beträge teil.

(3) [1]In den Fällen des § 2 Absatz 2 Satz 2 ist § 15 Satz 1 Nummer 1a des Körperschaftsteuergesetzes entsprechend anzuwenden. [2]Absatz 2 Satz 3 gilt entsprechend.

§ 8
Hinzurechnungen

Dem Gewinn aus Gewerbebetrieb (§ 7) werden folgende Beträge wieder hinzugerechnet, soweit sie bei der Ermittlung des Gewinns abgesetzt worden sind:

1. Ein Viertel der Summe aus
   a) Entgelten für Schulden. [2]Als Entgelt gelten auch der Aufwand aus nicht dem gewöhnlichen Geschäftsverkehr entsprechenden gewährten Skonti oder wirtschaftlich vergleichbaren Vorteilen im Zusammenhang mit der Erfüllung von Forderungen aus Lieferungen und Leistungen vor Fälligkeit sowie die Diskontbeträge bei der Veräußerung von Wechsel- und anderen Geldforderungen. [3]Soweit Gegenstand der Veräußerung eine Forderung aus einem schwebenden Vertragsverhältnis ist, gilt die Differenz zwischen dem Wert der Forderung aus dem schwebenden Vertragsverhältnis, wie ihn die Vertragsparteien im Zeitpunkt des Vertragsschlusses der Veräußerung zugrunde gelegt haben, und dem vereinbarten Veräußerungserlös als bei der Ermittlung des Gewinns abgesetzt,
   b) Renten und dauernden Lasten. [2]Pensionszahlungen auf Grund einer unmittelbar vom Arbeitgeber erteilten Versorgungszusage gelten nicht als dauernde Last im Sinne des Satzes 1,
   c) Gewinnanteilen des stillen Gesellschafters,
   d) einem Fünftel der Miet- und Pachtzinsen (einschließlich Leasingraten) für die Benutzung von beweglichen Wirtschaftsgütern des Anlagevermögens, die im Eigentum eines anderen stehen. [2]Eine Hinzurechnung nach Satz 1 ist nur zur Hälfte vorzunehmen bei
      aa) Fahrzeugen mit Antrieb ausschließlich durch Elektromotoren, die ganz oder überwiegend aus mechanischen oder elektrochemischen Energiespeichern oder aus emissionsfrei betriebenen Energiewandlern gespeist werden (Elektrofahrzeuge),
      bb) extern aufladbaren Hybridelektrofahrzeugen, für die sich aus der Übereinstimmungsbescheinigung nach Anhang IX der Richtlinie 2007/46/EG oder aus der Übereinstimmungsbescheinigung nach Artikel 38 der Verordnung (EU) Nr. 168/2013 ergibt, dass das Fahrzeug eine Kohlendioxidemission von höchstens 50 Gramm je gefahrenen Kilometer hat oder die Reichweite des Fahrzeugs unter ausschließlicher Nutzung der elektrischen Antriebsmaschine mindestens 80 Kilometer beträgt, und
      cc) Fahrrädern, die keine Kraftfahrzeuge sind,

e) der Hälfte der Miet- und Pachtzinsen (einschließlich Leasingraten) für die Benutzung der unbeweglichen Wirtschaftsgüter des Anlagevermögens, die im Eigentum eines anderen stehen, und

f) einem Viertel der Aufwendungen für die zeitlich befristete Überlassung von Rechten (insbesondere Konzessionen und Lizenzen, mit Ausnahme von Lizenzen, die ausschließlich dazu berechtigen, daraus abgeleitete Rechte Dritten zu überlassen). [2]Eine Hinzurechnung nach Satz 1 ist nicht vorzunehmen auf Aufwendungen, die nach § 25 des Künstlersozialversicherungsgesetzes Bemessungsgrundlage für die Künstlersozialabgabe sind,

soweit die Summe den Betrag von 200 000 Euro übersteigt;

2. (aufgehoben)
3. (aufgehoben)
4. die Gewinnanteile, die an persönlich haftende Gesellschafter einer Kommanditgesellschaft auf Aktien auf ihre nicht auf das Grundkapital gemachten Einlagen oder als Vergütung (Tantieme) für die Geschäftsführung verteilt worden sind;
5. die nach § 3 Nr. 40 des Einkommensteuergesetzes oder § 8b Abs. 1 des Körperschaftsteuergesetzes außer Ansatz bleibenden Gewinnanteile (Dividenden) und die diesen gleichgestellten Bezüge und erhaltenen Leistungen aus Anteilen an einer Körperschaft, Personenvereinigung oder Vermögensmasse im Sinne des Körperschaftsteuergesetzes, soweit sie nicht die Voraussetzungen des § 9 Nr. 2a oder 7 erfüllen, nach Abzug der mit diesen Einnahmen, Bezügen und erhaltenen Leistungen in wirtschaftlichem Zusammenhang stehenden Betriebsausgaben, soweit sie nach § 3c Abs. 2 des Einkommensteuergesetzes und § 8b Abs. 5 und 10 des Körperschaftsteuergesetzes unberücksichtigt bleiben.
6. (weggefallen)
7. (weggefallen)
8. die Anteile am Verlust einer in- oder ausländischen offenen Handelsgesellschaft, einer Kommanditgesellschaft oder einer anderen Gesellschaft, bei der die Gesellschafter als Unternehmer (Mitunternehmer) des Gewerbebetriebs anzusehen sind. [2]Satz 1 ist bei Lebens- und Krankenversicherungsunternehmen nicht anzuwenden; für Pensionsfonds gilt Entsprechendes;
9. die Ausgaben im Sinne des § 9 Abs. 1 Nr. 2 des Körperschaftsteuergesetzes;
10. Gewinnminderungen, die
    a) durch Ansatz des niedrigeren Teilwerts des Anteils an einer Körperschaft oder
    b) durch Veräußerung oder Entnahme des Anteils an einer Körperschaft oder bei Auflösung oder Herabsetzung des Kapitals der Körperschaft

    entstanden sind, soweit der Ansatz des niedrigeren Teilwerts oder die sonstige Gewinnminderung auf Gewinnausschüttungen der Körperschaft, um die der Gewerbeertrag nach § 9 Nr. 2 a, 7 oder 8 zu kürzen ist, oder organschaftliche Gewinnabführungen der Körperschaft zurückzuführen ist.
11. (weggefallen)
12. ausländische Steuern, die nach § 34c des Einkommensteuergesetzes oder nach einer Bestimmung, die § 34c des Einkommensteuergesetzes für entsprechend anwendbar erklärt, bei der Ermittlung der Einkünfte abgezogen werden, soweit sie auf Gewinne oder Gewinnanteile entfallen, die bei der Ermittlung des Gewerbeertrags außer Ansatz gelassen oder nach § 9 gekürzt werden.

§ 8a
(aufgehoben)

§ 9
Kürzungen

Die Summe des Gewinns und der Hinzurechnungen wird gekürzt um

1. [1]die im Erhebungszeitraum als Betriebsausgabe erfasste Grundsteuer für zum Betriebsvermögen des Unternehmers gehörenden Grundbesitz. [2]An Stelle der Kürzung nach Satz 1 tritt auf Antrag bei Unternehmen, die ausschließlich eigenen Grundbesitz oder neben eigenem Grundbesitz eigenes Kapitalvermögen verwalten und nutzen oder daneben Wohnungsbauten betreuen oder Einfamilienhäuser, Zweifamilienhäuser oder Eigentumswohnungen im Sinne des Wohnungseigentumsgesetzes in der jeweils geltenden Fassung, errichten und veräußern, die Kürzung um den Teil des Gewerbeertrags, der auf die Verwaltung und Nutzung des eigenen Grundbesitzes entfällt. [3]Satz 2 gilt entsprechend, wenn
    a) in Verbindung mit der Errichtung und Veräußerung von Eigentumswohnungen Teileigentum im Sinne des Wohnungseigentumsgesetzes errichtet und veräußert wird und das Gebäude zu mehr als 66 2/3 Prozent Wohnzwecken dient,
    b) in Verbindung mit der Verwaltung und Nutzung des eigenen Grundbesitzes Einnahmen aus der Lieferung von Strom
        aa) im Zusammenhang mit dem Betrieb von Anlagen zur Stromerzeugung aus erneuerbaren Energien im Sinne des § 3 Nr. 21 des Erneuerbare-Energien-Gesetzes oder
        bb) aus dem Betrieb von Ladestationen für Elektrofahrzeuge oder Elektrofahrräder

        erzielt werden und diese Einnahmen im Wirtschaftsjahr nicht höher als 20 Prozent der Einnahmen aus der Gebrauchsüberlassung des Grundbesitzes sind; die Einnahmen im Sinne von Doppelbuchstabe aa dürfen nicht aus der Lieferung an Letztverbraucher stammen, es sei denn, diese sind Mieter des Anlagenbetreibers, oder
    c) Einnahmen aus unmittelbaren Vertragsbeziehungen mit den Mietern des Grundbesitzes aus anderen als den in den Buchstaben a und b bezeichneten Tätigkeiten erzielt werden und diese Einnahmen im Wirtschaftsjahr nicht höher als 5 Prozent der Einnahmen aus der Gebrauchsüberlassung des Grundbesitzes sind.

    [4]Betreut ein Unternehmen auch Wohnungsbauten oder veräußert es auch Einfamilienhäuser, Zweifamilienhäuser oder Eigentumswohnungen oder übt es auch Tätigkeiten im Sinne von Satz 3 Buchstabe b und c aus, so ist Voraussetzung für die Anwendung des Satzes 2, dass der Gewinn aus der Verwaltung und Nutzung des eigenen Grundbesitzes gesondert ermittelt wird. [5]Die Sätze 2 und 3 gelten nicht,

    1. wenn der Grundbesitz ganz oder zum Teil dem Gewerbebetrieb eines Gesellschafters oder Genossen dient,

1a. [1]soweit der Gewerbeertrag Vergütungen im Sinne des § 15 Absatz 1 Satz 1 Nummer 2 Satz 1 des Einkommensteuergesetzes enthält, die der Gesellschafter von der Gesellschaft für seine Tätigkeit im Dienst der Gesellschaft oder für die Hingabe von Darlehen oder für die Überlassung von Wirtschaftsgütern, mit Ausnahme der Überlassung von Grundbesitz, bezogen hat. [2]Satz 1 ist auch auf Vergütungen anzuwenden, die vor dem 19. Juni 2008 erstmals vereinbart worden sind, wenn die Vereinbarung nach diesem Zeitpunkt wesentlich geändert wird, oder

2. soweit der Gewerbeertrag Gewinne aus der Aufdeckung stiller Reserven aus dem Grundbesitz enthält, der innerhalb von drei Jahren vor der Aufdeckung der stillen Reserven zu einem unter dem Teilwert liegenden Wert in das Betriebsvermögen des aufdeckenden Gewerbebetriebs überführt oder übertragen worden ist, und soweit diese Gewinne auf bis zur Überführung oder Übertragung entstandenen stillen Reserven entfallen.

[6]Eine Kürzung nach den Sätzen 2 und 3 ist ausgeschlossen für den Teil des Gewerbeertrags, der auf Veräußerungs- oder Aufgabegewinne im Sinne des § 7 Satz 2 Nr. 2 und 3 entfällt;

2. [1]die Anteile am Gewinn einer in- oder ausländischen offenen Handelsgesellschaft, einer Kommanditgesellschaft oder einer anderen Gesellschaft, bei der die Gesellschafter als Unternehmer (Mitunternehmer) des Gewerbebetriebs anzusehen sind, wenn die Gewinnanteile bei der Ermittlung des Gewinns (§ 7) angesetzt worden sind. [2]Satz 1 ist nicht anzuwenden, soweit im Gewinnanteil Einkünfte im Sinne des § 7 Satz 7 und 8 enthalten sind. [3]Bei Lebens- und Krankenversicherungsunternehmen und Pensionsfonds ist Satz 1 auch auf den übrigen Gewinnanteil nicht anzuwenden. [4]Satz 2 ist nicht anzuwenden, soweit diese Einkünfte bereits bei einer den Anteil am Gewinn vermittelnden inländischen offenen Handelsgesellschaft, Kommanditgesellschaft oder anderen Gesellschaft, bei der die Gesellschafter als Unternehmer (Mitunternehmer) des Gewerbebetriebs anzusehen sind, Bestandteil des Gewerbeertrags waren. [5]Bei Lebens- und Krankenversicherungsunternehmen und Pensionsfonds ist Satz 3 auf Einkünfte im Sinne des § 7 Satz 8 nicht anzuwenden;

2a. [1]die Gewinne aus Anteilen an einer nicht steuerbefreiten inländischen Kapitalgesellschaft im Sinne des § 2 Abs. 2, einer Kredit- oder Versicherungsanstalt des öffentlichen Rechts, einer Genossenschaft oder einer Unternehmensbeteiligungsgesellschaft im Sinne des § 3 Nr. 23, wenn die Beteiligung zu Beginn des Erhebungszeitraums mindestens 15 Prozent des Grund- oder Stammkapitals beträgt und die Gewinnanteile bei Ermittlung des Gewinns (§ 7) angesetzt worden sind. [2]Ist ein Grund- oder Stammkapital nicht vorhanden, so ist die Beteiligung an dem Vermögen, bei Erwerbs- und Wirtschaftsgenossenschaften die Beteiligung an der Summe der Geschäftsguthaben, maßgebend. [3]Im unmittelbaren Zusammenhang mit Gewinnanteilen stehende Aufwendungen mindern den Kürzungsbetrag, soweit entsprechende Beteiligungserträge zu berücksichtigen sind; insoweit findet § 8 Nr. 1 keine Anwendung. [4]Nach § 8b Abs. 5 des Körperschaftsteuergesetzes nicht abziehbare Betriebsausgaben sind keine Gewinne aus Anteilen im Sinne des Satzes 1. [5]Satz 1 ist bei Lebens- und Krankenversicherungsunternehmen auf Gewinne aus Anteilen, die den Kapitalanlagen zuzurechnen sind, nicht anzuwenden; für Pensionsfonds gilt Entsprechendes;

2b. die nach § 8 Nr. 4 dem Gewerbeertrag einer Kommanditgesellschaft auf Aktien hinzugerechneten Gewinnanteile, wenn sie bei der Ermittlung des Gewinns (§ 7) angesetzt worden sind;

3. [1]den Teil des Gewerbeertrags eines inländischen Unternehmens, der auf eine nicht im Inland belegene Betriebsstätte dieses Unternehmens entfällt; dies gilt nicht für Einkünfte im Sinne des § 7 Satz 7 und 8. [2]Bei Unternehmen, die ausschließlich den Betrieb von eigenen oder gecharterten Handelsschiffen im internationalen Verkehr zum Gegenstand haben, gelten 80 Prozent des Gewerbeertrags als auf eine nicht im Inland belegene Betriebsstätte entfallend. [3]Ist Gegenstand eines Betriebs nicht ausschließlich der Betrieb von Handelsschiffen im internationalen Verkehr, so gelten 80 Prozent des Teils des Gewerbeertrags, der auf den Betrieb von Handelsschiffen im internationalen Verkehr entfällt, als auf eine nicht im Inland belegene Betriebsstätte entfallend; in diesem Fall ist Voraussetzung, dass dieser Teil gesondert ermittelt wird. [4]Handelsschiffe werden im internationalen Verkehr betrieben, wenn eigene oder gecharterte Handelsschiffe im Wirtschaftsjahr überwiegend zur Beförderung von Personen und Gütern im Verkehr mit oder zwischen ausländischen Häfen, innerhalb eines ausländischen Hafens oder zwischen einem ausländischen Hafen und der freien See eingesetzt werden. [5]Für die Anwendung der Sätze 2 bis 4 gilt § 5a Abs. 2 Satz 2 des Einkommensteuergesetzes entsprechend;

4. (weggefallen)

5. [1]die aus den Mitteln des Gewerbebetriebs geleisteten Zuwendungen (Spenden und Mitgliedsbeiträge) zur Förderung steuerbegünstigter Zwecke im Sinne der §§ 52 bis 54 der Abgabenordnung bis zur Höhe von insgesamt 20 Prozent des um die Hinzurechnungen nach § 8 Nummer 9 erhöhten Gewinns aus Gewerbebetrieb (§ 7) oder 4 Promille der Summe der gesamten Umsätze und der im Wirtschaftsjahr aufgewendeten Löhne und Gehälter. [2]Voraussetzung für die Kürzung ist, dass diese Zuwendungen

   a) an eine juristische Person des öffentlichen Rechts oder an eine öffentliche Dienststelle, die in einem Mitgliedstaat der Europäischen Union oder in einem Staat belegen ist, auf den das Abkommen über den Europäischen Wirtschaftsraum (EWR-Abkommen) Anwendung findet, oder

   b) an eine nach § 5 Absatz 1 Nummer 9 des Körperschaftsteuergesetzes steuerbefreite Körperschaft, Personenvereinigung oder Vermögensmasse oder

   c) an eine Körperschaft, Personenvereinigung oder Vermögensmasse, die in einem Mitgliedstaat der Europäischen Union oder in einem Staat belegen ist, auf den das Abkommen über den Europäischen Wirtschaftsraum (EWR-Abkommen) Anwendung findet, und die nach § 5 Absatz 1 Nummer 9 des Körperschaftsteuergesetzes in Verbindung mit § 5 Absatz 2 Nummer 2 zweiter Halbsatz des Körperschaftsteuergesetzes steuerbefreit wäre, wenn sie inländische Einkünfte erzielen würde,

   geleistet werden (Zuwendungsempfänger). [3]Für nicht im Inland ansässige Zuwendungsempfänger nach Satz 2 ist weitere Voraussetzung, dass durch diese Staaten Amtshilfe und Unterstützung bei der Beitreibung geleistet werden. [4]Amtshilfe ist der Auskunftsaustausch im Sinne oder entsprechend der Amtshilferichtlinie gemäß § 2 Absatz 2 des EU-Amtshilfegesetzes. [5]Beitreibung ist die gegenseitige Unterstützung bei der Beitreibung von Forderungen im Sinne oder entsprechend der Beitreibungsrichtlinie einschließlich der in diesem Zusammenhang anzuwendenden Durchführungsbestimmungen in den für den jeweiligen Veranlagungszeitraum geltenden Fassungen oder eines entsprechenden Nachfolgerechtsaktes. [6]Werden die steuerbegünstigten Zwecke des Zuwendungsempfängers im Sinne von Satz 2 Buchstabe a nur im Ausland verwirklicht, ist für eine Kürzung nach Satz 1 Voraussetzung, dass natürliche Personen, die ihren Wohnsitz oder ihren gewöhnlichen Aufenthalt im Geltungsbereich dieses Gesetzes haben, gefördert werden oder dass die Tätigkeit dieses Zuwendungsempfängers neben der Verwirklichung der steuerbegünstigten Zwecke auch zum Ansehen der Bundesrepublik Deutschland beitragen kann. [7]In die Kürzung nach Satz 1 sind auch Mitgliedsbeiträge an Körperschaften einzubeziehen, die Kunst und Kultur gemäß § 52 Abs. 2 Nummer 5 der Abgabenordnung fördern, soweit es sich nicht um Mitgliedsbeiträge nach Satz 12 Buchstabe b handelt, auch wenn den Mitgliedern Vergünstigungen gewährt werden. [8]Überschreiten die geleisteten Zuwendungen die Höchstsätze nach Satz 1, kann die Kürzung im Rahmen der Höchstsätze nach Satz 1 in den folgenden Erhebungszeiträumen vorgenommen werden. [9]Einzelunternehmen und Personengesellschaften können auf Antrag neben der Kürzung nach Satz 1 eine Kürzung um die im Erhebungszeitraum in den Vermögensstock einer Stiftung, die die Voraussetzungen der Sätze 2 bis 6 erfüllt, geleisteten Spenden in diesem und in den folgenden neun Erhebungszeiträumen bis zu einem Betrag von 1 Million Euro vornehmen. [10]Nicht abzugsfähig nach Satz 9 sind Spenden in das verbrauchbare Vermögen einer Stiftung. [11]Der besondere Kürzungsbetrag nach Satz 9 kann der Höhe nach innerhalb des Zehnjahreszeitraums nur einmal in Anspruch genommen werden. [12]Eine Kürzung nach den Sätzen 1 bis 10 ist ausgeschlossen, soweit auf die geleisteten Zuwendungen § 8 Abs. 3 des Körperschaftsteuergesetzes anzuwenden ist oder soweit Mitgliedsbeiträge an Körperschaften geleistet werden,

a) die den Sport (§ 52 Abs. 2 Nr. 21 der Abgabenordnung),

b) die kulturelle Betätigungen, die in erster Linie der Freizeitgestaltung dienen,

c) die Heimatpflege und Heimatkunde (§ 52 Abs. 2 Nr. 22 der Abgabenordnung),

d) die Zwecke im Sinne des § 52 Abs. 2 Nr. 23 der Abgabenordnung

fördern oder

e) deren Zweck nach § 52 Absatz 2 Satz 2 der Abgabenordnung für gemeinnützig erklärt worden ist, weil deren Zweck die Allgemeinheit auf materiellem, geistigem oder sittlichem Gebiet entsprechend einem Zweck nach den Buchstaben a bis d fördert.

[13]§ 10b Abs. 3 und 4 Satz 1 sowie § 10d Abs. 4 des Einkommensteuergesetzes und § 9 Abs. 2 Satz 2 bis 5 und Abs. 3 Satz 1 des Körperschaftsteuergesetzes gelten entsprechend. [14]Wer vorsätzlich oder grob fahrlässig eine unrichtige Bestätigung über Spenden und Mitgliedsbeiträge ausstellt oder veranlasst, dass entsprechende Zuwendungen nicht zu den in der Bestätigung angegebenen steuerbegünstigten Zwecken verwendet werden, (Veranlasserhaftung), haftet für die entgangene Gewerbesteuer. [15]In den Fällen der Veranlasserhaftung ist vorrangig der Zuwendungsempfänger in Anspruch zu nehmen; die natürlichen Personen, die in diesen Fällen für den Zuwendungsempfänger handeln, sind nur in Anspruch zu nehmen, wenn die entgangene Steuer nicht nach § 47 der Abgabenordnung erloschen ist und Vollstreckungsmaßnahmen gegen den Zuwendungsempfänger nicht erfolgreich sind; § 10b Abs. 4 Satz 5 des Einkommensteuergesetzes gilt entsprechend. [16]Der Haftungsbetrag ist mit 15 Prozent der Zuwendungen anzusetzen und fließt der für den Spendenempfänger zuständigen Gemeinde zu, die durch sinngemäße Anwendung der Vorschriften des § 20 der Abgabenordnung bestimmt wird. [17]Der Haftungsbetrag wird durch Haftungsbescheid des Finanzamts festgesetzt; die Befugnis der Gemeinde zur Erhebung der entgangenen Gewerbesteuer bleibt unberührt. [18]§ 184 Abs. 3 der Abgabenordnung gilt sinngemäß.

6. (weggefallen)

7. [1]die Gewinne aus Anteilen an einer Kapitalgesellschaft mit Geschäftsleitung und Sitz außerhalb des Geltungsbereichs dieses Gesetzes, wenn die Beteiligung zu Beginn des Erhebungszeitraums mindestens 15 Prozent des Nennkapitals beträgt und die Gewinnanteile bei der Ermittlung des Gewinns (§ 7) angesetzt worden sind. [2]§ 9 Nummer 2a Satz 3 bis 5 gilt entsprechend;

8. [1]die Gewinne aus Anteilen an einer ausländischen Gesellschaft, die nach einem Abkommen zur Vermeidung der Doppelbesteuerung unter der Voraussetzung einer Mindestbeteiligung von der Gewerbesteuer befreit sind, wenn die Beteiligung mindestens 15 Prozent beträgt und die Gewinnanteile bei der Ermittlung des Gewinns (§ 7) angesetzt worden sind; ist in einem Abkommen zur Vermeidung der Doppelbesteuerung eine niedrigere Mindestbeteiligungsgrenze vereinbart, ist diese maßgebend. [2]§ 9 Nr. 2a Satz 3 gilt entsprechend. [3]§ 9 Nr. 2a Satz 4 gilt entsprechend. [4]Satz 1 ist bei Lebens- und Krankenversicherungsunternehmen auf Gewinne aus Anteilen, die den Kapitalanlagen zuzurechnen sind, nicht anzuwenden; für Pensionsfonds gilt Entsprechendes.

9. u. 10. (weggefallen)

§ 10
Maßgebender Gewerbeertrag

(1) Maßgebend ist der Gewerbeertrag, der in dem Erhebungszeitraum bezogen worden ist, für den der Steuermessbetrag (§ 14) festgesetzt wird.

(2) Weicht bei Unternehmen, die Bücher nach den Vorschriften des Handelsgesetzbuchs zu führen verpflichtet sind, das Wirtschaftsjahr, für das sie regelmäßig Abschlüsse machen, vom Kalenderjahr ab, so gilt der Gewerbeertrag als in dem Erhebungszeitraum bezogen, in dem das Wirtschaftsjahr endet.

§ 10a
Gewerbeverlust

[1]Der maßgebende Gewerbeertrag wird bis zu einem Betrag in Höhe von 1 Million Euro um die Fehlbeträge gekürzt, die sich bei der Ermittlung des maßgebenden Gewerbeertrags für die vorangegangenen Erhebungszeiträume nach den Vorschriften der §§ 7 bis 10 ergeben haben, soweit die Fehlbeträge nicht bei der Ermittlung des Gewerbeertrags für die vorangegangenen Erhebungszeiträume berücksichtigt worden sind. [2]Der 1 Million Euro übersteigende maßgebende Gewerbeertrag ist bis zu 60 Prozent um nach Satz 1 nicht berücksichtigte Fehlbeträge der vorangegangenen Erhebungszeiträume zu kürzen. [3]Im Fall des § 2 Abs. 2 Satz 2 kann die Organgesellschaft den maßgebenden Gewerbeertrag nicht um Fehlbeträge kürzen, die sich vor dem rechtswirksamen Abschluss des Gewinnabführungsvertrags ergeben haben. [4]Bei einer Mitunternehmerschaft ist der sich für die Mitunternehmerschaft insgesamt ergebende Fehlbetrag den Mitunternehmern entsprechend dem sich aus dem Gesellschaftsvertrag ergebenden allgemeinen Gewinnverteilungsschlüssel zuzurechnen; Vorabgewinnanteile sind nicht zu berücksichtigen. [5]Für den Abzug der den Mitunternehmern zugerechneten Fehlbeträge nach Maßgabe der Sätze 1 und 2 ist der sich für die Mitunternehmerschaft insgesamt ergebende maßgebende Gewerbeertrag sowie der Höchstbetrag nach Satz 1 den Mitunternehmern entsprechend dem sich aus dem Gesellschaftsvertrag für das Abzugsjahr ergebenden allgemeinen Gewinnverteilungsschlüssel zuzurechnen; Vorabgewinnanteile sind nicht zu berücksichtigen. [6]Die Höhe der vortragsfähigen Fehlbeträge ist gesondert festzustellen. [7]Vortragsfähige Fehlbeträge sind die nach der Kürzung des maßgebenden Gewerbeertrags nach Satz 1 und 2 zum Schluss des Erhebungszeitraums verbleibenden Fehlbeträge. [8]Im Fall des § 2 Abs. 5 kann der andere Unternehmer den maßgebenden Gewerbeertrag nicht um die Fehlbeträge kürzen, die sich bei der Ermittlung des maßgebenden Gewerbeertrags des übergegangenen Unternehmens ergeben haben. [9]§ 8 Abs. 8 und 9 Satz 5 – 8 des Körperschaftsteuergesetzes ist entsprechend

anzuwenden. [10]Auf die Fehlbeträge ist § 8c des Körperschaftsteuergesetzes entsprechend anzuwenden; dies gilt auch für den Fehlbetrag einer Mitunternehmerschaft, soweit dieser

1. einer Körperschaft unmittelbar oder
2. einer Mitunternehmerschaft, soweit an dieser eine Körperschaft unmittelbar oder mittelbar über eine oder mehrere Personengesellschaften beteiligt ist,

zuzurechnen ist. [11]Auf die Fehlbeträge ist § 8d des Körperschaftsteuergesetzes entsprechend anzuwenden, wenn ein fortführungsgebundener Verlustvortrag nach § 8d des Körperschaftsteuergesetzes gesondert festgestellt worden ist. [12]Unterbleibt eine Feststellung nach § 8 d Absatz 1 Satz 8 des Körperschaftsteuergesetzes, weil keine nicht genutzten Verluste nach § 8c Absatz 1 Satz 1 des Körperschaftsteuergesetzes vorliegen, ist auf Antrag auf die Fehlbeträge § 8d des Körperschaftsteuergesetzes entsprechend anzuwenden; für die Form und die Frist dieses Antrags gilt § 8d Absatz 1 Satz 5 des Körperschaftsteuergesetzes entsprechend.

§ 11
Steuermesszahl und Steuermessbetrag

(1) [1]Bei der Berechnung der Gewerbesteuer ist von einem Steuermessbetrag auszugehen. [2]Dieser ist durch Anwendung eines Prozentsatzes (Steuermesszahl) auf den Gewerbeertrag zu ermitteln. [3]Der Gewerbeertrag ist auf volle 100 Euro nach unten abzurunden und

1. bei natürlichen Personen sowie bei Personengesellschaften um einen Freibetrag in Höhe von 24 500 Euro,
2. bei Unternehmen im Sinne des § 2 Abs. 3 und des § 3 Nr. 5, 6, 8, 9, 15, 17, 21, 26, 27, 28 und 29 sowie bei Unternehmen von juristischen Personen des öffentlichen Rechts um einen Freibetrag in Höhe von 5 000 Euro, höchstens jedoch in Höhe des abgerundeten Gewerbeertrags, zu kürzen.

(2) Die Steuermesszahl für den Gewerbeertrag beträgt 3,5 Prozent.

(3) [1]Die Steuermesszahl ermäßigt sich auf 56 Prozent bei Hausgewerbetreibenden und ihnen nach § 1 Abs. 2 Buchstaben b und d des Heimarbeitsgesetzes in der im Bundesgesetzblatt Teil III, Gliederungsnummer 804-1, veröffentlichten bereinigten Fassung, zuletzt geändert durch Artikel 4 des Gesetzes vom 13. Juli 1988 (BGBl. I S. 1034), gleichgestellten Personen. [2]Das gleiche gilt für die nach § 1 Abs. 2 Buchstabe c des Heimarbeitsgesetzes gleichgestellten Personen, deren Entgelte (§ 10 Abs. 1 des Umsatzsteuergesetzes) aus der Tätigkeit unmittelbar für den Absatzmarkt im Erhebungszeitraum 25 000 Euro nicht übersteigen.

Abschnitt III

§§ 12 bis 13
(weggefallen)

Abschnitt IV
Steuermessbetrag

§ 14
Festsetzung des Steuermessbetrags

[1]Der Steuermessbetrag wird für den Erhebungszeitraum nach dessen Ablauf festgesetzt. [2]Erhebungszeitraum ist das Kalenderjahr. [3]Besteht die Gewerbesteuerpflicht nicht während des ganzen Kalenderjahrs, so tritt an die Stelle des Kalenderjahrs der Zeitraum der Steuerpflicht (abgekürzter Erhebungszeitraum).

§ 14a
Steuererklärungspflicht

[1]Der Steuerschuldner (§ 5) hat für steuerpflichtige Gewerbebetriebe eine Erklärung zur Festsetzung des Steuermessbetrags und in den Fällen des § 28 außerdem eine Zerlegungserklärung nach amtlich vorgeschriebenem Datensatz über die amtlich bestimmte Schnittstelle zu übermitteln. [2]Auf Antrag kann die Finanzbehörde zur Vermeidung unbilliger Härten auf eine elektronische Übermittlung verzichten; in diesem Fall ist die Erklärung nach amtlich vorgeschriebenem Vordruck abzugeben und vom Steuerschuldner oder von den in § 34 der Abgabenordnung bezeichneten Personen eigenhändig zu unterschreiben.

§ 14b
Verspätungszuschlag

[1]Ein nach § 152 der Abgabenordnung zu entrichtender Verspätungszuschlag fließt der Gemeinde zu. [2]Sind mehrere Gemeinden an der Gewerbesteuer beteiligt, so fließt der Verspätungszuschlag der Gemeinde zu, in der sich die Geschäftsleitung am Ende des Erhebungszeitraums befindet. [3]Befindet sich die Geschäftsleitung im Ausland, so fließt der Verspätungszuschlag der Gemeinde zu, in der sich die wirtschaftlich bedeutendste Betriebsstätte befindet. [4]Auf den Verspätungszuschlag ist der Hebesatz der Gemeinde nicht anzuwenden.

§ 15
Pauschfestsetzung

Wird die Einkommensteuer oder die Körperschaftsteuer in einem Pauschbetrag festgesetzt, so kann die für die Festsetzung zuständige Behörde im Einvernehmen mit der Landesregierung oder der von ihr bestimmten Behörde auch den Steuermessbetrag in einem Pauschbetrag festsetzen.

Abschnitt V
Entstehung, Festsetzung und Erhebung der Steuer

§ 16
Hebesatz

(1) Die Steuer wird auf Grund des Steuermessbetrags (§ 14) mit einem Hundertsatz (Hebesatz) festgesetzt und erhoben, der von der hebeberechtigten Gemeinde (§§ 4, 35a) zu bestimmen ist.

(2) Der Hebesatz kann für ein Kalenderjahr oder mehrere Kalenderjahre festgesetzt werden.

(3) [1]Der Beschluss über die Festsetzung oder Änderung des Hebesatzes ist bis zum 30. Juni eines Kalenderjahrs mit Wirkung vom Beginn dieses Kalenderjahrs zu fassen. [2]Nach diesem Zeitpunkt kann der Beschluss über die Festsetzung des Hebesatzes gefasst werden, wenn der Hebesatz die Höhe der letzten Festsetzung nicht überschreitet.

(4) [1]Der Hebesatz muss für alle in der Gemeinde vorhandenen Unternehmen der gleiche sein. [2]Er beträgt 200 Prozent, wenn die Gemeinde nicht einen höheren Hebesatz bestimmt hat. [3]Wird das Gebiet von Gemeinden geändert, so kann die Landesregierung oder die von ihr bestimmte Stelle für die von der Änderung betroffenen Gebietsteile auf eine bestimmte Zeit verschiedene Hebesätze zulassen. [4]In den Fällen des Satzes 3 sind die §§ 28 bis 34 mit der Maßgabe anzuwenden, dass an die Stelle mehrerer Gemeinden die Gebietsteile der Gemeinde mit verschiedenen Hebesätzen treten.

(5) In welchem Verhältnis die Hebesätze für die Grundsteuer der Betriebe der Land- und Forstwirtschaft, für die Grundsteuer der Grundstücke und für die Gewerbesteuer zueinander stehen müssen, welche Höchstsätze nicht überschritten werden dürfen und inwieweit mit Genehmigung der Gemeindeaufsichtsbehörde Ausnahmen zugelassen werden können, bleibt einer landesrechtlichen Regelung vorbehalten.

§ 17
(weggefallen)

§ 18
Entstehung der Steuer

Die Gewerbesteuer entsteht, soweit es sich nicht um Vorauszahlungen (§ 21) handelt, mit Ablauf des Erhebungszeitraums, für den die Festsetzung vorgenommen wird.

§ 19
Vorauszahlungen

(1) [1]Der Steuerschuldner hat am 15. Februar, 15. Mai, 15. August und 15. November Vorauszahlungen zu entrichten. [2]Gewerbetreibende, deren Wirtschaftsjahr vom Kalenderjahr abweicht, haben die Vorauszahlungen während des Wirtschaftsjahrs zu entrichten, das im Erhebungszeitraum endet. [3]Satz 2 gilt nur, wenn der Gewerbebetrieb nach dem 31.12.1985 gegründet worden oder infolge Wegfalls eines Befreiungsgrundes in die Steuerpflicht eingetreten ist oder das Wirtschaftsjahr nach diesem Zeitpunkt auf einen vom Kalenderjahr abweichenden Zeitraum umgestellt worden ist.

(2) Jede Vorauszahlung beträgt grundsätzlich ein Viertel der Steuer, die sich bei der letzten Veranlagung ergeben hat.

(3) [1]Die Gemeinde kann die Vorauszahlungen der Steuer anpassen, die sich für den Erhebungszeitraum (§ 14) voraussichtlich ergeben wird. [2]Die Anpassung kann bis zum Ende des fünfzehnten auf den Erhebungszeitraum folgenden Kalendermonats [s. § 36 Abs. 5b GewStG] vorgenommen werden; bei einer nachträglichen Erhöhung der Vorauszahlungen ist der Erhöhungsbetrag innerhalb eines Monats nach Bekanntgabe des Vorauszahlungsbescheids zu entrichten. [3]Das Finanzamt kann bis zum Ende des fünfzehnten auf den Erhebungszeitraum folgenden Kalendermonats [s. § 36 Abs. 5b GewStG] für Zwecke der Gewerbesteuer- Vorauszahlungen den Steuermessbetrag festsetzen, der sich voraussichtlich ergeben wird. [4]An diese Festsetzung ist die Gemeinde bei der Anpassung der Vorauszahlungen nach den Sätzen 1 und 2 gebunden.

(4) Wird im Laufe des Erhebungszeitraums ein Gewerbebetrieb neu gegründet oder tritt ein bereits bestehender Gewerbebetrieb infolge Wegfalls des Befreiungsgrundes in die Steuerpflicht ein, so gilt für die erstmalige Festsetzung der Vorauszahlungen Absatz 3 entsprechend.

(5) [1]Die einzelne Vorauszahlung ist auf den nächsten vollen Betrag in Euro nach unten abzurunden. [2]Sie wird nur festgesetzt, wenn sie mindestens 50 Euro beträgt.

§ 20
Abrechnung über die Vorauszahlungen

(1) Die für einen Erhebungszeitraum (§ 14) entrichteten Vorauszahlungen werden auf die Steuerschuld für diesen Erhebungszeitraum angerechnet.

(2) Ist die Steuerschuld größer als die Summe der anzurechnenden Vorauszahlungen, so ist der Unterschiedsbetrag, soweit er den im Erhebungszeitraum und nach § 19 Abs. 3 Satz 2 nach Ablauf des Erhebungszeitraums fällig gewordenen, aber nicht entrichteten Vorauszahlungen entspricht, sofort, im Übrigen innerhalb eines Monats nach Bekanntgabe des Steuerbescheids zu entrichten (Abschlusszahlung).

(3) Ist die Steuerschuld kleiner als die Summe der anzurechnenden Vorauszahlungen, so wird der Unterschiedsbetrag nach Bekanntgabe des Steuerbescheids durch Aufrechnung oder Zurückzahlung ausgeglichen.

§ 21
Entstehung der Vorauszahlungen

Die Vorauszahlungen auf die Gewerbesteuer entstehen mit Beginn des Kalendervierteljahrs, in dem die Vorauszahlungen zu entrichten sind, oder, wenn die Steuerpflicht erst im Laufe des Kalendervierteljahrs begründet wird, mit Begründung der Steuerpflicht.

§§ 22 bis 27
(weggefallen)

Abschnitt VI
Zerlegung

§ 28
Allgemeines

(1) [1]Sind im Erhebungszeitraum Betriebsstätten zur Ausübung des Gewerbes in mehreren Gemeinden unterhalten worden, so ist der Steuermessbetrag in die auf die einzelnen Gemeinden entfallenden Anteile (Zerlegungsanteile) zu zerlegen. [2]Das gilt auch in den Fällen, in denen eine Betriebsstätte sich über mehrere Gemeinden erstreckt hat oder eine Betriebsstätte innerhalb eines Erhebungszeitraums von einer Gemeinde in eine andere Gemeinde verlegt worden ist.

(2) [1]Bei der Zerlegung sind die Gemeinden nicht zu berücksichtigen, in denen

1. Verkehrsunternehmen lediglich Gleisanlagen unterhalten,
2. sich nur Anlagen befinden, die der Weiterleitung fester, flüssiger oder gasförmiger Stoffe sowie elektrischer Energie dienen, ohne dass diese dort abgegeben werden,
3. Bergbauunternehmen keine oberirdischen Anlagen haben, in welchen eine gewerbliche Tätigkeit entfaltet wird.

[2]Dies gilt nicht, wenn dadurch auf keine Gemeinde ein Zerlegungsanteil oder der Steuermessbetrag entfallen würde.

§ 29
Zerlegungsmaßstab

(1) Zerlegungsmaßstab ist

1. vorbehaltlich der Nummern 2 und 3 das Verhältnis, in dem die Summe der Arbeitslöhne, die an die bei allen Betriebsstätten (§ 28) beschäftigten Arbeitnehmer gezahlt worden sind, zu den Arbeitslöhnen steht, die an die bei den Betriebsstätten der einzelnen Gemeinden beschäftigten Arbeitnehmer gezahlt worden sind;
2. bei Betrieben, die ausschließlich Anlagen zur Erzeugung von Strom und anderen Energieträgern sowie Wärme aus Windenergie und solarer Strahlungsenergie betreiben,
   a) vorbehaltlich des Buchstabens b zu einem Zehntel das in Nummer 1 bezeichnete Verhältnis und zu neun Zehnteln das Verhältnis, in dem die Summe der installierten Leistung im Sinne von § 3 Nummer 31 des Erneuerbare-Energien-Gesetzes in allen Betriebsstätten (§ 28) zur installierten Leistung in den einzelnen Betriebsstätten steht,
   b) für die Erhebungszeiträume 2021 bis 2023 bei Betrieben, die ausschließlich Anlagen zur Erzeugung von Strom und anderen Energieträgern sowie Wärme aus solarer Strahlungsenergie betreiben,
      aa) für den auf Neuanlagen im Sinne von Satz 3 entfallenden Anteil am Steuermessbetrag zu einem Zehntel das in Nummer 1 bezeichnete Verhältnis und zu neun Zehnteln das Verhältnis, in dem die Summe der installierten Leistung im Sinne von § 3 Nummer 31 des Erneuerbare-Energien-Gesetzes in allen Betriebsstätten (§ 28) zur installierten Leistung in den einzelnen Betriebsstätten steht, und
      bb) für den auf die übrigen Anlagen im Sinne von Satz 4 entfallenden Anteil am Steuermessbetrag das in Nummer 1 bezeichnete Verhältnis.

   [2]Der auf Neuanlagen und auf übrige Anlagen jeweils entfallende Anteil am Steuermessbetrag ermittelt sich aus dem Verhältnis, in dem

      aa) die Summe der installierten Leistung im Sinne von § 3 Nummer 31 des Erneuerbare-Energien-Gesetzes für Neuanlagen und
      bb) die Summe der installierten Leistung im Sinne von § 3 Nummer 31 des Erneuerbare-Energien-Gesetzes für die übrigen Anlagen

   zur gesamten installierten Leistung im Sinne von § 3 Nummer 31 des Erneuerbare-Energien-Gesetzes des Betriebs steht. [3]Neuanlagen sind Anlagen, die nach dem 30. Juni 2013 zur Erzeugung von Strom und anderen Energieträgern sowie Wärme aus solarer Strahlungsenergie genehmigt wurden. [4]Die übrigen Anlagen umfassen das übrige maßgebende Sachanlagevermögen des Betriebs;
3. bei Betrieben, die ausschließlich Energiespeicheranlagen im Sinne des § 3 Nummer 15d des Energiewirtschaftsgesetzes betreiben, zu einem Zehntel das in Nummer 1 bezeichnete Verhältnis und zu neun Zehnteln das Verhältnis, in dem die Summe der installierten Leistung in allen Betriebsstätten (§ 28) zur installierten Leistung in den einzelnen Betriebsstätten steht.

(2) Bei der Zerlegung nach Absatz 1 sind die Arbeitslöhne anzusetzen, die in den Betriebsstätten der beteiligten Gemeinden (§ 28) während des Erhebungszeitraums (§ 14) erzielt oder gezahlt worden sind.

(3) Bei Ermittlung der Verhältniszahlen sind die Arbeitslöhne auf volle 1 000 Euro abzurunden.

§ 30
Zerlegung bei mehrgemeindlichen Betriebsstätten

Erstreckt sich die Betriebsstätte auf mehrere Gemeinden, so ist der Steuermessbetrag oder Zerlegungsanteil auf die Gemeinden zu zerlegen, auf die sich die Betriebsstätte erstreckt, und zwar nach der Lage der örtlichen Verhältnisse unter Berücksichtigung der durch das Vorhandensein der Betriebsstätte erwachsenden Gemeindelasten.

§ 31
Begriff der Arbeitslöhne für die Zerlegung

(1) [1]Arbeitslöhne sind vorbehaltlich der Absätze 2 bis 5 die Vergütungen im Sinne des § 19 Abs. 1 Nr. 1 des Einkommensteuergesetzes, soweit sie nicht durch andere Rechtsvorschriften von der Einkommensteuer befreit sind. [2]Zuschläge für Mehrarbeit und für Sonntags-, Feiertags- und Nachtarbeit gehören unbeschadet der einkommensteuerlichen Behandlung zu den Arbeitslöhnen.

(2) Zu den Arbeitslöhnen gehören nicht Vergütungen, die an Personen gezahlt worden sind, die zu ihrer Berufsausbildung beschäftigt werden.

(3) In den Fällen einer Befreiung von der Gewerbesteuer bleiben die Vergütungen an solche Arbeitnehmer außer Ansatz, die nicht ausschließlich oder überwiegend in dem steuerpflichtigen Betrieb oder Teil des Betriebs tätig sind.

(4) [1]Nach dem Gewinn berechnete einmalige Vergütungen (z.B. Tantiemen, Gratifikationen) sind nicht anzusetzen. [2]Das Gleiche gilt für sonstige Vergütungen, soweit sie bei dem einzelnen Arbeitnehmer 50 000 Euro übersteigen.

(5) Bei Unternehmen, die nicht von einer juristischen Person betrieben werden, sind für die im Betrieb tätigen Unternehmer (Mitunternehmer) insgesamt 25 000 Euro jährlich anzusetzen.

§ 32
(weggefallen)

§ 33
Zerlegung in besonderen Fällen

(1) [1]Führt die Zerlegung nach den §§ 28 bis 31 zu einem offenbar unbilligen Ergebnis, so ist nach einem Maßstab zu zerlegen, der die tatsächlichen Verhältnisse besser berücksichtigt. [2]In dem Zerlegungsbescheid hat das Finanzamt darauf hinzuweisen, dass bei der Zerlegung Satz 1 angewendet worden ist.

(2) Einigen sich die Gemeinden mit dem Steuerschuldner über die Zerlegung, so ist der Steuermessbetrag nach Maßgabe der Einigung zu zerlegen.

§ 34
Kleinbeträge

(1) [1]Übersteigt der Steuermessbetrag nicht den Betrag von 10 Euro, so ist er in voller Höhe der Gemeinde zuzuweisen, in der sich die Geschäftsleitung befindet. [2]Befindet sich die Geschäftsleitung im Ausland, so ist der Steuermessbetrag der Gemeinde zuzuweisen, in der sich die wirtschaftlich bedeutendste der zu berücksichtigenden Betriebsstätten befindet.

(2) [1]Übersteigt der Steuermessbetrag zwar den Betrag von 10 Euro, würde aber nach den Zerlegungsvorschriften einer Gemeinde ein Zerlegungsanteil von nicht mehr als 10 Euro zuzuweisen sein, so ist dieser Anteil der Gemeinde zuzuweisen, in der sich die Geschäftsleitung befindet. [2]Absatz 1 Satz 2 ist entsprechend anzuwenden.

(3) [1]Wird der Zerlegungsbescheid geändert oder berichtigt, würde sich dabei aber der Zerlegungsanteil einer Gemeinde um nicht mehr als 10 Euro erhöhen oder ermäßigen, so ist der Betrag der Erhöhung oder Ermäßigung bei dem Zerlegungsanteil der Gemeinde zu berücksichtigen, in der sich die Geschäftsleitung befindet. [2]Absatz 1 Satz 2 ist entsprechend anzuwenden.

§ 35
(weggefallen)

Abschnitt VII
Gewerbesteuer der Reisegewerbebetriebe

§ 35a
Reisegewerbebetriebe

(1) Der Gewerbesteuer unterliegen auch die Reisegewerbebetriebe, soweit sie im Inland betrieben werden.

(2) [1]Reisegewerbebetrieb im Sinne dieses Gesetzes ist ein Gewerbebetrieb, dessen Inhaber nach den Vorschriften der Gewerbeordnung und den dazugehörigen Ausführungsbestimmungen einer Reisegewerbekarte bedarf. [2]Wird im Rahmen eines einheitlichen Gewerbebetriebs sowohl ein stehendes Gewerbe als auch ein Reisegewerbe betrieben, so ist der Betrieb in vollem Umfang als stehendes Gewerbe zu behandeln.

(3) Hebeberechtigt ist die Gemeinde, in der sich der Mittelpunkt der gewerblichen Tätigkeit befindet.

(4) Ist im Laufe des Erhebungszeitraums der Mittelpunkt der gewerblichen Tätigkeit von einer Gemeinde in eine andere Gemeinde verlegt worden, so hat das Finanzamt den Steuermessbetrag nach den zeitlichen Anteilen (Kalendermonaten) auf die beteiligten Gemeinden zu zerlegen.

Abschnitt VIII
Änderung des Gewerbesteuermessbescheids von Amts wegen

§ 35b
Änderung des Gewerbesteuermessbescheids

(1) [1]Der Gewerbesteuermessbescheid oder Verlustfeststellungsbescheid ist von Amts wegen aufzuheben oder zu ändern, wenn der Einkommensteuerbescheid, der Körperschaftsteuerbescheid oder ein Feststellungsbescheid aufgehoben oder geändert wird und die Aufhebung oder Änderung den Gewinn aus Gewerbebetrieb berührt. [2]Die Änderung des Gewinns aus Gewerbebetrieb ist insoweit zu berücksichtigen, als sie die Höhe des Gewerbeertrags oder des vortragsfähigen Gewerbeverlustes beeinflusst. [3]§ 171 Abs. 10 der Abgabenordnung gilt sinngemäß.

(2) [1]Zuständig für die Feststellung des vortragsfähigen Gewerbeverlustes ist das für den Erlass des Gewerbesteuermessbescheids zuständige Finanzamt. [2]Bei der Feststellung des vortragsfähigen Gewerbeverlustes sind die Besteuerungsgrundlagen so zu

berücksichtigen, wie sie der Festsetzung des Steuermessbetrags für den Erhebungszeitraum, auf dessen Schluss der vortragsfähige Gewerbeverlust festgestellt wird, zu Grunde gelegt worden sind; § 171 Absatz 10, § 175 Absatz 1 Satz 1 Nummer 1 und § 351 Absatz 2 der Abgabenordnung sowie § 42 der Finanzgerichtsordnung gelten entsprechend. [3]Die Besteuerungsgrundlagen dürfen bei der Feststellung nur insoweit abweichend von Satz 2 berücksichtigt werden, wie die Aufhebung, Änderung oder Berichtigung des Gewerbesteuermessbescheids ausschließlich mangels Auswirkung auf die Höhe des festzusetzenden Steuermessbetrags unterbleibt. [4]Die Feststellungsfrist endet nicht, bevor die Festsetzungsfrist für den Erhebungszeitraum abgelaufen ist, auf dessen Schluss der vortragsfähige Gewerbeverlust gesondert festzustellen ist; § 181 Abs. 5 der Abgabenordnung ist nur anzuwenden, wenn die zuständige Finanzbehörde die Feststellung des vortragsfähigen Gewerbeverlustes pflichtwidrig unterlassen hat.

Abschnitt IX
Durchführung

§ 35c
Ermächtigung

(1) [1]Die Bundesregierung wird ermächtigt, mit Zustimmung des Bundesrates

1. zur Durchführung des Gewerbesteuergesetzes Rechtsverordnungen zu erlassen
   a) über die Abgrenzung der Steuerpflicht,
   b) über die Ermittlung des Gewerbeertrags,
   c) über die Festsetzung der Steuermessbeträge, soweit dies zur Wahrung der Gleichmäßigkeit der Besteuerung und zur Vermeidung von Unbilligkeiten in Härtefällen erforderlich ist,
   d) über die Zerlegung des Steuermessbetrags,
   e) über die Abgabe von Steuererklärungen unter Berücksichtigung von Freibeträgen und Freigrenzen;
2. Vorschriften durch Rechtsverordnung zu erlassen
   a) über die sich aus der Aufhebung oder Änderung von Vorschriften dieses Gesetzes ergebenden Rechtsfolgen, soweit dies zur Wahrung der Gleichmäßigkeit bei der Besteuerung oder zur Beseitigung von Unbilligkeiten in Härtefällen erforderlich ist,
   b) (weggefallen)
   c) über die Steuerbefreiung der Einnehmer einer staatlichen Lotterie,
   d) über die Steuerbefreiung bei bestimmten kleineren Versicherungsvereinen auf Gegenseitigkeit im Sinne des § 210 des Versicherungsaufsichtsgesetzes, wenn sie von der Körperschaftsteuer befreit sind,
   e) über die Beschränkung der Hinzurechnung von Entgelten von Schulden und ihnen gleichgestellte Beträge (§ 8 Nr. 1 Buchstabe a) bei Kreditinstituten nach dem Verhältnis des Eigenkapitals zu Teilen der Aktivposten und bei Gewerbebetrieben, die nachweislich ausschließlich unmittelbar oder mittelbar Kredite oder Kreditrisiken, die einem Kreditinstitut oder einem in § 3 Nr. 2 genannten Gewerbebetrieb aus Bankgeschäften entstanden sind, erwerben und Schuldtitel zur Refinanzierung des Kaufpreises, für den Erwerb solcher Kredite oder zur Refinanzierung von für die Risikoübernahmen zu stellenden Sicherheiten ausgeben,
   f) über die Beschränkung der Hinzurechnung von Entgelten für Schulden und ihnen gleichgestellte Beträge (§ 8 Nr. 1 Buchstabe a) bei
      aa) Finanzdienstleistungsinstituten, soweit sie Finanzdienstleistungen im Sinne des § 1 Abs. 1a Satz 2 des Kreditwesengesetzes tätigen.
      bb) Zahlungsinstituten, soweit sie Zahlungsdienste im Sinne des § 1 Absatz 1 Satz 2 Nummer 3 Buchstabe b und Nummer 6 des Zahlungsdiensteaufsichtsgesetzes erbringen,
      cc) Wertpapierinstituten, soweit sie Wertpapierdienstleistungen, Wertpapiernebendienstleistungen und Nebengeschäfte im Sinne des § 2 Abs. 2 bis 4 des Wertpapierinstitutsgesetzes erbringen.

      [2]Voraussetzung für die Umsetzung von Satz 1 ist, dass die Umsätze des Finanzdienstleistungsinstituts zu mindestens 50 Prozent auf Finanzdienstleistungen, die Umsätze der Wertpapierinstitute zu mindestens 50 Prozent auf Wertpapierdienstleistungen, Wertpapiernebendienstleistungen und Nebengeschäfte und die Umsätze des Zahlungsinstituts zu mindestens 50 Prozent auf Zahlungsdienste entfallen.
   g) über die Festsetzung abweichender Vorauszahlungstermine.

(2) Das Bundesministerium der Finanzen wird ermächtigt, den Wortlaut dieses Gesetzes und der zu diesem Gesetz erlassenen Rechtsverordnungen in der jeweils geltenden Fassung satzweise nummeriert mit neuem Datum und in neuer Paragraphenfolge bekannt zu machen und damit Unstimmigkeiten im Wortlaut zu beseitigen.

Abschnitt X
Schlussvorschriften

§ 36
Zeitlicher Anwendungsbereich

(1) Die vorstehende Fassung dieses Gesetzes ist, soweit in den folgenden Absätzen nichts anderes bestimmt ist, erstmals für den Erhebungszeitraum 2021 anzuwenden.

(2) [1]§ 3 Nummer 1 in der Fassung des Artikels 8 des Gesetzes vom 12. Dezember 2019 (BGBl. I S. 2451) ist erstmals für den Erhebungszeitraum 2019 anzuwenden. [2]§ 3 Nummer 2 ist für die Investitionsbank Sachsen-Anhalt erstmals für den Erhebungszeitraum 2023 anzuwenden. [3]Die Steuerbefreiung nach § 3 Nummer 2 in der bis zum 20. Dezember 2022 geltenden Fassung ist für die Investitionsbank Sachsen-Anhalt – Anstalt der Norddeutschen Landesbank – Girozentrale – letztmalig für den Erhebungszeitraum 2023 anzuwenden. [4]§ 3 Nummer 2 ist für die DEG – Deutsche Investitions- und Entwicklungsgesellschaft mbH erstmals

für den Erhebungszeitraum 2024 anzuwenden. [5]§ 3 Nummer 12 in der Fassung des Artikels 9 des Gesetzes vom 12. Dezember 2019 (BGBl. I S. 2451) ist erstmals für den Erhebungszeitraum 2025 anzuwenden. [6]§ 3 Nummer 13 in der Fassung des Artikels 8 des Gesetzes vom 12. Dezember 2019 (BGBl. I S. 2451) ist erstmals für den Erhebungszeitraum 2015 anzuwenden. [7]§ 3 Nummer 24 in der Fassung des Artikels 8 des Gesetzes vom 12. Dezember 2019 (BGBl. I S. 2451) ist erstmals für den Erhebungszeitraum 2019 anzuwenden. [8]3 Nummer 32 in der Fassung des Artikels 8 des Gesetzes vom 12. Dezember 2019 (BGBl. I S. 2451) ist erstmals für den Erhebungszeitraum 2019 anzuwenden. [9]§ 3 Nummer 32 in der Fassung des Artikels 10 des Gesetzes vom 16. Dezember 2022 (BGBl. I S. 2294) ist erstmals für den Erhebungszeitraum 2022 anzuwenden.

(3) [1]§ 7 Satz 3 in der durch Artikel 8 des Gesetzes vom 12. Dezember 2019, (BGBl. I S. 2451) geänderten Fassung ist erstmals für den Erhebungszeitraum 2009 anzuwenden. [2]Für den Erhebungszeitraum 2008 ist § 7 Satz 3 in folgender Fassung anzuwenden:

„Der nach § 5a des Einkommensteuergesetzes ermittelte Gewinn einschließlich der Hinzurechnungen nach § 5a Absatz 4 und 4a des Einkommensteuergesetzes und das nach § 8 Absatz 1 Satz 2 des Körperschaftsteuergesetzes ermittelte Einkommen gelten als Gewerbeertrag nach Satz 1."

[3]§ 7 Satz 7 in der Fassung des Artikels 16 des Gesetzes vom 20. Dezember 2016 (BGBl. I S. 3000) ist erstmals für den Erhebungszeitraum 2017 anzuwenden. [4]§ 7 Satz 8 in der Fassung des Artikels 9 des Gesetzes vom 2. Dezember 2024 (BGBl. 2024 I Nr. 387) ist auch für Erhebungszeiträume vor 2024 anzuwenden.

(3a) § 7b Absatz 2 Satz 4 in der Fassung des Artikels 10 des Gesetzes vom 16. Dezember 2022 (BGBl. I S. 2294) ist erstmals für den Erhebungszeitraum 2023 anzuwenden.

(4) [1]§ 8 Nummer 1 Buchstabe d Satz 2 ist nur auf Entgelte anzuwenden, die auf Verträgen beruhen, die nach dem 31. Dezember 2019 abgeschlossen worden sind. [2]Dabei ist bei Verträgen, die vor dem 1. Januar 2025 abgeschlossen werden, statt einer Reichweite von 80 Kilometern eine Reichweite von 60 Kilometern ausreichend. [3]§ 8 Nummer 1 Buchstabe d Satz 2 ist letztmals für den Erhebungszeitraum 2030 anzuwenden.

(4a) § 8 Nummer 5 in der Fassung des Artikels 3 des Gesetzes vom 25. Juni 2021 (BGBl. I S. 2035) ist erstmals für den Erhebungszeitraum 2022 anzuwenden.

(4b) [1]§ 9 Nummer 1 Satz 1 in der Fassung des Artikels 9 des Gesetzes vom 2. Dezember 2024 (BGBl. 2024 I Nr. 387) ist erstmals für den Erhebungszeitraum 2025 anzuwenden. [2]§ 9 Nummer 1 Satz 3 Buchstabe b in der Fassung des Artikels 19 des Gesetzes vom 27. März 2024 (BGBl. 2024 I Nr. 108) ist erstmals für den Erhebungszeitraum 2023 anzuwenden.

(5) [1]§ 9 Nummer 3 Satz 1 erster Halbsatz in der Fassung des Artikels 16 des Gesetzes vom 20. Dezember 2016 (BGBl. I S. 3000) ist erstmals für den Erhebungszeitraum 2017 anzuwenden. [2]§ 9 Nummer 5 Satz 12 in der Fassung des Artikels 8 des Gesetzes vom 12. Dezember 2019 (BGBl. I S. 2451) ist erstmals für Zuwendungen anzuwenden, die nach dem 31. Dezember 2019 geleistet werden.

(5a) § 10a in der Fassung des Artikels 9 des Gesetzes vom 21.12.2020 ist auch für Erhebungszeiträume vor 2020 anzuwenden.

(5b) § 19 Absatz 3 Satz 2 und 3 ist auf Antrag des Steuerpflichtigen mit der Maßgabe anzuwenden, dass für die Erhebungszeiträume 2019 bis 2021 der 21. Kalendermonat tritt, für den Erhebungszeitraum 2022 der 20. Kalendermonat, für den Erhebungszeitraum 2023 der 18. Kalendermonat und für den Erhebungszeitraum 2024 der 17. Kalendermonat an die Stelle des 15. Kalendermonats tritt.

(5c) § 29 Absatz 1 Nummer 3 und § 31 Absatz 3 in der jeweiligen Fassung des Artikels 9 des Gesetzes vom 2. Dezember 2024 (BGBl. 2024 I Nr. 387) sind erstmals für den Erhebungszeitraum 2025 anzuwenden.

(6) § 35c Absatz 1 Nummer 2 Buchstabe f Satz 1 Doppelbuchstabe bb in der Fassung des Artikels 8 des Gesetzes vom 12. Dezember 2019 (BGBl. I S. 2451) ist erstmals für den Erhebungszeitraum 2018 anzuwenden.

§ 37
(weggefallen)

Umsatzsteuergesetz (UStG)

in der Fassung der Bekanntmachung v. 21.2.2005
(BGBl. I 2005, 386 = BStBl I 2005, 505), mit späteren Änderungen[1)]
– Auszug –

Erster Abschnitt
Steuergegenstand und Geltungsbereich

§ 1
Steuerbare Umsätze

(1) Der Umsatzsteuer unterliegen die folgenden Umsätze:

1. die Lieferungen und sonstigen Leistungen, die ein Unternehmer im Inland gegen Entgelt im Rahmen seines Unternehmens ausführt. [2]Die Steuerbarkeit entfällt nicht, wenn der Umsatz auf Grund gesetzlicher oder behördlicher Anordnung ausgeführt wird oder nach gesetzlicher Vorschrift als ausgeführt gilt;
2. und 3. (weggefallen)
4. die Einfuhr von Gegenständen im Inland oder in den österreichischen Gebieten Jungholz und Mittelberg (Einfuhrumsatzsteuer);
5. der innergemeinschaftliche Erwerb im Inland gegen Entgelt.

(1a) [1]Die Umsätze im Rahmen einer Geschäftsveräußerung an einen anderen Unternehmer für dessen Unternehmen unterliegen nicht der Umsatzsteuer. [2]Eine Geschäftsveräußerung liegt vor, wenn ein Unternehmen oder ein in der Gliederung eines Unternehmens gesondert geführter Betrieb im Ganzen entgeltlich oder unentgeltlich übereignet oder in eine Gesellschaft eingebracht wird. [3]Der erwerbende Unternehmer tritt an die Stelle des Veräußerers.

(2–3) …

§ 1a
Innergemeinschaftlicher Erwerb

(1) Ein innergemeinschaftlicher Erwerb gegen Entgelt liegt vor, wenn die folgenden Voraussetzungen erfüllt sind:

1. Ein Gegenstand gelangt bei einer Lieferung an den Abnehmer (Erwerber) aus dem Gebiet eines Mitgliedstaates in das Gebiet eines anderen Mitgliedstaates oder aus dem übrigen Gemeinschaftsgebiet in die in § 1 Abs. 3 bezeichneten Gebiete, auch wenn der Lieferer den Gegenstand in das Gemeinschaftsgebiet eingeführt hat,
2. der Erwerber ist
   a) ein Unternehmer, der den Gegenstand für sein Unternehmen erwirbt, oder
   b) eine juristische Person, die nicht Unternehmer ist oder die den Gegenstand nicht für ihr Unternehmen erwirbt,

   und
3. die Lieferung an den Erwerber
   a) wird durch einen Unternehmer gegen Entgelt im Rahmen seines Unternehmens ausgeführt und
   b) ist nach dem Recht des Mitgliedstaates, der für die Besteuerung des Lieferers zuständig ist, nicht auf Grund der Sonderregelung für Kleinunternehmer steuerfrei.

(2) [1]Als innergemeinschaftlicher Erwerb gegen Entgelt gilt das Verbringen eines Gegenstands des Unternehmens aus dem übrigen Gemeinschaftsgebiet in das Inland durch einen Unternehmer zu seiner Verfügung, ausgenommen zu einer nur vorübergehenden Verwendung, auch wenn der Unternehmer den Gegenstand in das Gemeinschaftsgebiet eingeführt hat. [2]Der Unternehmer gilt als Erwerber.

(2a) Ein innergemeinschaftlicher Erwerb im Sinne des Absatzes 2 liegt nicht vor in den Fällen des § 6b.

(3) Ein innergemeinschaftlicher Erwerb im Sinne der Absätze 1 und 2 liegt nicht vor, wenn die folgenden Voraussetzungen erfüllt sind:

1. Der Erwerber ist
   a) ein Unternehmer, der nur steuerfreie Umsätze ausführt, die zum Ausschluss vom Vorsteuerabzug führen,
   b) (aufgehoben)
   c) ein Unternehmer, der den Gegenstand zur Ausführung von Umsätzen verwendet, für die die Steuer nach den Durchschnittssätzen des § 24 festgesetzt ist, oder
   d) eine juristische Person, die nicht Unternehmer ist oder die den Gegenstand nicht für ihr Unternehmen erwirbt,

   und
2. der Gesamtbetrag der Entgelte für Erwerbe im Sinne des Absatzes 1 Nr. 1 und des Absatzes 2 hat den Betrag von 12 500 Euro im vorangegangenen Kalenderjahr nicht überstiegen und wird diesen Betrag im laufenden Kalenderjahr voraussichtlich nicht übersteigen (Erwerbsschwelle).

(4–5) …

---

1) Die Fassung der Bekanntmachung v. 21.2.2005 (BGBl. I 2005, 386 = BStBl I 2005, 505) wurde zuletzt geändert durch das Gesetz zur Modernisierung und Digitalisierung der Schwarzarbeitsbekämpfung v. 22.12.2025 (BGBl. I 2025 Nr. 369 = BStBl I 2025, 128 (Auszug)) und durch das Steueränderungsgesetz 2025 v. 22.12.2025 (BGBl. I 2025 Nr. 363 = BStBl I 2025, 123).

§ 2
Unternehmer, Unternehmen

(1) [1]Unternehmer ist, wer eine gewerbliche oder berufliche Tätigkeit selbstständig ausübt, unabhängig davon, ob er nach anderen Vorschriften rechtsfähig ist. [2]Das Unternehmen umfasst die gesamte gewerbliche oder berufliche Tätigkeit des Unternehmers. [3]Gewerblich oder beruflich ist jede nachhaltige Tätigkeit zur Erzielung von Einnahmen, auch wenn die Absicht, Gewinn zu erzielen, fehlt oder eine Personenvereinigung nur gegenüber ihren Mitgliedern tätig wird.

(2) Die gewerbliche oder berufliche Tätigkeit wird nicht selbständig ausgeübt,

1. soweit natürliche Personen, einzeln oder zusammengeschlossen, einem Unternehmen so eingegliedert sind, dass sie den Weisungen des Unternehmers zu folgen verpflichtet sind;
2. wenn eine juristische Person nach dem Gesamtbild der tatsächlichen Verhältnisse finanziell, wirtschaftlich und organisatorisch in das Unternehmen des Organträgers eingegliedert ist (Organschaft). [2]Die Wirkungen der Organschaft sind auf Innenleistungen zwischen den im Inland gelegenen Unternehmensteilen beschränkt. [3]Diese Unternehmensteile sind als ein Unternehmen zu behandeln. [4]Hat der Organträger seine Geschäftsleitung im Ausland, gilt der wirtschaftlich bedeutendste Unternehmensteil im Inland als der Unternehmer.

(3) (weggefallen)

§ 2a
Fahrzeuglieferer

[1]Wer im Inland ein neues Fahrzeug liefert, das bei der Lieferung in das übrige Gemeinschaftsgebiet gelangt, wird, wenn er nicht Unternehmer im Sinne des § 2 ist, für diese Lieferung wie ein Unternehmer behandelt. [2]Dasselbe gilt, wenn der Lieferer eines neuen Fahrzeugs Unternehmer im Sinne des § 2 ist und die Lieferung nicht im Rahmen des Unternehmens ausführt.

§ 2b
Juristische Personen des öffentlichen Rechts

(1) [1]Vorbehaltlich des Absatzes 4 gelten juristische Personen des öffentlichen Rechts nicht als Unternehmer im Sinne des § 2, soweit sie Tätigkeiten ausüben, die ihnen im Rahmen der öffentlichen Gewalt obliegen, auch wenn sie im Zusammenhang mit diesen Tätigkeiten Zölle, Gebühren, Beiträge oder sonstige Abgaben erheben. [2]Satz 1 gilt nicht, sofern eine Behandlung als Nichtunternehmer zu größeren Wettbewerbsverzerrungen führen würde.

(2) Größere Wettbewerbsverzerrungen liegen insbesondere nicht vor, wenn

1. der von einer juristischen Person des öffentlichen Rechts im Kalenderjahr aus gleichartigen Tätigkeiten erzielte Umsatz voraussichtlich 17 500 Euro jeweils nicht übersteigen wird oder
2. vergleichbare, auf privatrechtlicher Grundlage erbrachte Leistungen ohne Recht auf Verzicht (§ 9) einer Steuerbefreiung unterliegen.

(3) Sofern eine Leistung an eine andere juristische Person des öffentlichen Rechts ausgeführt wird, liegen größere Wettbewerbsverzerrungen insbesondere nicht vor, wenn

1. die Leistungen aufgrund gesetzlicher Bestimmungen nur von juristischen Personen des öffentlichen Rechts erbracht werden dürfen oder
2. die Zusammenarbeit durch gemeinsame spezifische öffentliche Interessen bestimmt wird. Dies ist regelmäßig der Fall, wenn
   a) die Leistungen auf langfristigen öffentlich-rechtlichen Vereinbarungen beruhen,
   b) die Leistungen dem Erhalt der öffentlichen Infrastruktur und der Wahrnehmung einer allen Beteiligten obliegenden öffentlichen Aufgabe dienen,
   c) die Leistungen ausschließlich gegen Kostenerstattung erbracht werden und
   d) der Leistende gleichartige Leistungen im Wesentlichen an andere juristische Personen des öffentlichen Rechts erbringt.

(4) Auch wenn die Voraussetzungen des Absatzes 1 Satz 1 gegeben sind, gelten juristische Personen des öffentlichen Rechts bei Vorliegen der übrigen Voraussetzungen des § 2 Absatz 1 mit der Ausübung folgender Tätigkeiten stets als Unternehmer:

1. und 2. (weggefallen)

3. die Leistungen der Vermessungs- und Katasterbehörden bei der Wahrnehmung von Aufgaben der Landesvermessung und des Liegenschaftskatasters mit Ausnahme der Amtshilfe;
4. die Tätigkeit der Bundesanstalt für Landwirtschaft und Ernährung, soweit Aufgaben der Marktordnung, der Vorratshaltung und der Nahrungsmittelhilfe wahrgenommen werden;
5. Tätigkeiten, die in Anhang I der Richtlinie 2006/112/EG des Rates vom 28. November 2006 über das gemeinsame Mehrwertsteuersystem (ABl. L 347 vom 11.12.2006, S. 1) in der jeweils gültigen Fassung genannt sind, sofern der Umfang dieser Tätigkeiten nicht unbedeutend ist.

§ 3
Lieferung, sonstige Leistung

(1) Lieferungen eines Unternehmers sind Leistungen, durch die er oder in seinem Auftrag ein Dritter den Abnehmer oder in dessen Auftrag einen Dritten befähigt, im eigenen Namen über einen Gegenstand zu verfügen (Verschaffung der Verfügungsmacht).

(1a) [1]Als Lieferung gegen Entgelt gilt das Verbringen eines Gegenstands des Unternehmens aus dem Inland in das übrige Gemeinschaftsgebiet durch einen Unternehmer zu seiner Verfügung, ausgenommen zu einer nur vorübergehenden Verwendung, auch wenn der Unternehmer den Gegenstand in das Inland eingeführt hat. [2]Der Unternehmer gilt als Lieferer. [3]Die Sätze 1 und 2 gelten nicht in den Fällen des § 6b.

(1b) [1]Einer Lieferung gegen Entgelt werden gleichgestellt

1. die Entnahme eines Gegenstands durch einen Unternehmer aus seinem Unternehmen für Zwecke, die außerhalb des Unternehmens liegen;
2. die unentgeltliche Zuwendung eines Gegenstands durch einen Unternehmer an sein Personal für dessen privaten Bedarf, sofern keine Aufmerksamkeiten vorliegen;
3. jede andere unentgeltliche Zuwendung eines Gegenstands, ausgenommen Geschenke von geringem Wert und Warenmuster für Zwecke des Unternehmens.

[2]Voraussetzung ist, dass der Gegenstand oder seine Bestandteile zum vollen oder teilweisen Vorsteuerabzug berechtigt haben.

(2) (weggefallen)

(3) [1]Beim Kommissionsgeschäft (§ 383 des Handelsgesetzbuchs) liegt zwischen dem Kommittenten und dem Kommissionär eine Lieferung vor. [2]Bei der Verkaufskommission gilt der Kommissionär, bei der Einkaufskommission der Kommittent als Abnehmer.

(3a) [1]Ein Unternehmer, der mittels seiner elektronischen Schnittstelle die Lieferung eines Gegenstands, dessen Beförderung oder Versendung im Gemeinschaftsgebiet beginnt und endet, durch einen nicht im Gemeinschaftsgebiet ansässigen Unternehmer an einen Empfänger nach § 3a Absatz 5 Satz 1 unterstützt, wird behandelt, als ob er diesen Gegenstand für sein Unternehmen selbst erhalten und geliefert hätte. [2]Dies gilt auch in den Fällen, in denen der Unternehmer mittels seiner elektronischen Schnittstelle den Fernverkauf von aus dem Drittlandsgebiet eingeführten Gegenständen in Sendungen mit einem Sachwert von höchstens 150 Euro unterstützt. [3]Eine elektronische Schnittstelle im Sinne der Sätze 1 und 2 ist ein elektronischer Marktplatz, eine elektronische Plattform, ein elektronisches Portal oder Ähnliches. [4]Ein Fernverkauf im Sinne des Satzes 2 ist die Lieferung eines Gegenstands, der durch den Lieferer oder für dessen Rechnung aus dem Drittlandsgebiet an einen Erwerber in einem Mitgliedstaat befördert oder versendet wird, einschließlich jener Lieferung, an deren Beförderung oder Versendung der Lieferer indirekt beteiligt ist. [5]Erwerber im Sinne des Satzes 4 ist ein in § 3a Absatz 5 Satz 1 bezeichneter Empfänger oder eine in § 1a Absatz 3 Nummer 1 genannte Person, die weder die maßgebende Erwerbsschwelle überschreitet noch auf ihre Anwendung verzichtet; im Fall der Beendigung der Beförderung oder Versendung im Gebiet eines anderen Mitgliedstaates ist die von diesem Mitgliedstaat festgesetzte Erwerbsschwelle maßgebend. [6]Satz 2 gilt nicht für die Lieferung neuer Fahrzeuge und eines Gegenstandes, der mit oder ohne probeweise Inbetriebnahme durch den Lieferer oder für dessen Rechnung montiert oder installiert geliefert wird.

(4) [1]Hat der Unternehmer die Bearbeitung oder Verarbeitung eines fremden Gegenstands übernommen und verwendet er hierbei Stoffe, die er selbst beschafft, so ist die Leistung als Lieferung anzusehen (Werklieferung), wenn es sich bei den Stoffen nicht nur um Zutaten oder sonstige Nebensachen handelt. [2]Das gilt auch dann, wenn die Gegenstände mit dem Grund und Boden fest verbunden werden.

(5) [1]Hat ein Abnehmer dem Lieferer die Nebenerzeugnisse oder Abfälle, die bei der Bearbeitung oder Verarbeitung des ihm übergebenen Gegenstands entstehen, zurückzugeben, so beschränkt sich die Lieferung auf den Gehalt des Gegenstands an den Bestandteilen, die dem Abnehmer verbleiben. [2]Das gilt auch dann, wenn der Abnehmer an Stelle der bei der Bearbeitung oder Verarbeitung entstehenden Nebenerzeugnisse oder Abfälle Gegenstände gleicher Art zurückgibt, wie sie in seinem Unternehmen regelmäßig anfallen.

(5a) Der Ort der Lieferung richtet sich vorbehaltlich der §§ 3c, 3e und 3g nach den Absätzen 6 bis 8.

(6) [1]Wird der Gegenstand der Lieferung durch den Lieferer, den Abnehmer oder einen vom Lieferer oder vom Abnehmer beauftragten Dritten befördert oder versendet, gilt die Lieferung dort als ausgeführt, wo die Beförderung oder Versendung an den Abnehmer oder in dessen Auftrag an einen Dritten beginnt. [2]Befördern ist jede Fortbewegung eines Gegenstands. [3]Versenden liegt vor, wenn jemand die Beförderung durch einen selbständigen Beauftragten ausführen oder besorgen lässt. [4]Die Versendung beginnt mit der Übergabe des Gegenstands an den Beauftragten.

(6a) [1]Schließen mehrere Unternehmer über denselben Gegenstand Liefergeschäfte ab und gelangt dieser Gegenstand bei der Beförderung oder Versendung unmittelbar vom ersten Unternehmer an den letzten Abnehmer (Reihengeschäft), so ist die Beförderung oder Versendung des Gegenstands nur einer der Lieferungen zuzuordnen. [2]Wird der Gegenstand der Lieferung dabei durch den ersten Unternehmer in der Reihe befördert oder versendet, ist die Beförderung oder Versendung seiner Lieferung zuzuordnen. [3]Wird der Gegenstand der Lieferung durch den letzten Abnehmer befördert oder versendet, ist die Beförderung oder Versendung der Lieferung an ihn zuzuordnen. [4]Wird der Gegenstand der Lieferung durch einen Abnehmer befördert oder versendet, der zugleich Lieferer ist (Zwischenhändler), ist die Beförderung oder Versendung der Lieferung an ihn zuzuordnen, es sei denn, er weist nach, dass er den Gegenstand als Lieferer befördert oder versendet hat. [5]Gelangt der Gegenstand der Lieferung aus dem Gebiet eines Mitgliedstaates in das Gebiet eines anderen Mitgliedstaates und verwendet der Zwischenhändler gegenüber dem leistenden Unternehmer bis zum Beginn der Beförderung oder Versendung eine Umsatzsteuer-Identifikationsnummer, die ihm vom Mitgliedstaat des Beginns der Beförderung oder Versendung erteilt wurde, ist die Beförderung oder Versendung seiner Lieferung zuzuordnen. [6]Gelangt der Gegenstand der Lieferung in das Drittlandsgebiet, ist von einem ausreichenden Nachweis nach Satz 4 auszugehen, wenn der Zwischenhändler gegenüber dem leistenden Unternehmer bis zum Beginn der Beförderung oder Versendung eine Umsatzsteuer-Identifikationsnummer oder Steuernummer verwendet, die ihm vom Mitgliedstaat des Beginns der Beförderung oder Versendung erteilt wurde. [7]Gelangt der Gegenstand der Lieferung vom Drittlandsgebiet in das Gemeinschaftsgebiet, ist von einem ausreichenden Nachweis nach Satz 4 auszugehen, wenn der Gegenstand der Lieferung im Namen des Zwischenhändlers oder im Rahmen der indirekten Stellvertretung (Artikel 18 der Verordnung (EU) Nr. 952/2013 des Europäischen Parlaments und des Rates vom 9. Oktober 2013 zur Festlegung des Zollkodex der Union, ABl. L 269 vom 10.10.2013, S. 1) für seine Rechnung zum zoll- und steuerrechtlich freien Verkehr angemeldet wird.

(6b) Wird ein Unternehmer gemäß Absatz 3a behandelt, als ob er einen Gegenstand selbst erhalten und geliefert hätte, wird die Beförderung oder Versendung des Gegenstands der Lieferung durch diesen Unternehmer zugeschrieben.

(7) [1]Wird der Gegenstand der Lieferung nicht befördert oder versendet, wird die Lieferung dort ausgeführt, wo sich der Gegenstand zur Zeit der Verschaffung der Verfügungsmacht befindet. [2]In den Fällen der Absätze 6a und 6b gilt Folgendes:

1. Lieferungen, die der Beförderungs- oder Versendungslieferung vorangehen, gelten dort als ausgeführt, wo die Beförderung oder Versendung des Gegenstands beginnt.
2. Lieferungen, die der Beförderungs- oder Versendungslieferung folgen, gelten dort als ausgeführt, wo die Beförderung oder Versendung des Gegenstands endet.

(8) Gelangt der Gegenstand der Lieferung bei der Beförderung oder Versendung aus dem Drittlandsgebiet in das Inland, gilt der Ort der Lieferung dieses Gegenstands als im Inland gelegen, wenn der Lieferer oder sein Beauftragter Schuldner der Einfuhrumsatzsteuer ist.

(8a) (weggefallen)

(9) [1]Sonstige Leistungen sind Leistungen, die keine Lieferungen sind. [2]Sie können auch in einem Unterlassen oder Dulden einer Handlung oder eines Zustandes bestehen.

(9a) Einer sonstigen Leistung gegen Entgelt werden gleichgestellt

1. die Verwendung eines dem Unternehmen zugeordneten Gegenstands, der zum vollen oder teilweisen Vorsteuerabzug berechtigt hat, durch einen Unternehmer für Zwecke, die außerhalb des Unternehmens liegen, oder für den privaten Bedarf seines Personals, sofern keine Aufmerksamkeiten vorliegen; dies gilt nicht, wenn der Vorsteuerabzug nach § 15 Absatz 1b ausgeschlossen oder wenn eine Vorsteuerberichtigung nach § 15a Absatz 6a durchzuführen ist;
2. die unentgeltliche Erbringung einer anderen sonstigen Leistung durch den Unternehmer für Zwecke, die außerhalb des Unternehmens liegen, oder für den privaten Bedarf seines Personals, sofern keine Aufmerksamkeiten vorliegen.

(10–11) ...

(11a) [1]Wird ein Unternehmer in die Erbringung einer sonstigen Leistung, die über ein Telekommunikationsnetz, eine Schnittstelle oder ein Portal erbracht wird, eingeschaltet, gilt er im Sinne von Absatz 11 als im eigenen Namen und für fremde Rechnung handelnd. [2]Dies gilt nicht, wenn der Anbieter dieser sonstigen Leistung von dem Unternehmer als Leistungserbringer ausdrücklich benannt wird und dies in den vertraglichen Vereinbarungen zwischen den Parteien zum Ausdruck kommt. [3]Diese Bedingung ist erfüllt, wenn

1. in den von jedem an der Erbringung beteiligten Unternehmer ausgestellten oder verfügbar gemachten Rechnungen die sonstige Leistung im Sinne des Satzes 2 und der Erbringer dieser Leistung angegeben sind;
2. in den dem Leistungsempfänger ausgestellten oder verfügbar gemachten Rechnungen die sonstige Leistung im Sinne des Satzes 2 und der Erbringer dieser Leistung angegeben sind.

[4]Die Sätze 2 und 3 finden keine Anwendung, wenn der Unternehmer hinsichtlich der Erbringung der sonstigen Leistung im Sinne des Satzes 2

1. die Abrechnung gegenüber dem Leistungsempfänger autorisiert,
2. die Erbringung der sonstigen Leistung genehmigt oder
3. die allgemeinen Bedingungen der Leistungserbringung festlegt.

[5]Die Sätze 1 bis 4 gelten nicht, wenn der Unternehmer lediglich Zahlungen in Bezug auf die erbrachte sonstige Leistung im Sinne des Satzes 2 abwickelt und nicht an der Erbringung dieser sonstigen Leistung beteiligt ist.

(12) ...

(13) [1]Ein Gutschein (Einzweck- oder Mehrzweck-Gutschein) ist ein Instrument, bei dem

1. die Verpflichtung besteht, es als vollständige oder teilweise Gegenleistung für eine Lieferung oder sonstige Leistung anzunehmen und
2. der Liefergegenstand oder die sonstige Leistung oder die Identität des leistenden Unternehmers entweder auf dem Instrument selbst oder in damit zusammenhängenden Unterlagen, einschließlich der Bedingungen für die Nutzung dieses Instruments, angegeben sind.

[2]Instrumente, die lediglich zu einem Preisnachlass berechtigen, sind keine Gutscheine im Sinne des Satzes 1.

(14) [1]Ein Gutschein im Sinne des Absatzes 13, bei dem der Ort der Lieferung oder der sonstigen Leistung, auf die sich der Gutschein bezieht, und die für diese Umsätze geschuldete Steuer zum Zeitpunkt der Ausstellung des Gutscheins feststehen, ist ein Einzweck-Gutschein. [2]Überträgt ein Unternehmer einen Einzweck-Gutschein im eigenen Namen, gilt die Übertragung des Gutscheins als die Lieferung des Gegenstands oder die Erbringung der sonstigen Leistung, auf die sich der Gutschein bezieht. [3]Überträgt ein Unternehmer einen Einzweck-Gutschein im Namen eines anderen Unternehmers, gilt diese Übertragung als Lieferung des Gegenstands oder Erbringung der sonstigen Leistung, auf die sich der Gutschein bezieht, durch den Unternehmer, in dessen Namen die Übertragung des Gutscheins erfolgt. [4]Wird die im Einzweck-Gutschein bezeichnete Leistung von einem anderen Unternehmer erbracht als dem, der den Gutschein im eigenen Namen ausgestellt hat, wird der leistende Unternehmer so behandelt, als habe er die im Gutschein bezeichnete Leistung an den Aussteller erbracht. [5]Die tatsächliche Lieferung oder die tatsächliche Erbringung der sonstigen Leistung, für die ein Einzweck-Gutschein als Gegenleistung angenommen wird, gilt in den Fällen der Sätze 2 bis 4 nicht als unabhängiger Umsatz.

(15) [1]Ein Gutschein im Sinne des Absatzes 13, bei dem es sich nicht um einen Einzweck-Gutschein handelt, ist ein Mehrzweck-Gutschein. [2]Die tatsächliche Lieferung oder die tatsächliche Erbringung der sonstigen Leistung, für die der leistende Unternehmer einen Mehrzweck-Gutschein als vollständige oder teilweise Gegenleistung annimmt, unterliegt der Umsatzsteuer nach § 1 Absatz 1, wohingegen jede vorangegangene Übertragung dieses Mehrzweck-Gutscheins nicht der Umsatzsteuer unterliegt.

§ 3a
Ort der sonstigen Leistung

(1) [1]Eine sonstige Leistung wird vorbehaltlich der Absätze 2 bis 8 und der §§ 3b und 3e an dem Ort ausgeführt, von dem aus der Unternehmer sein Unternehmen betreibt. [2]Wird die sonstige Leistung von einer Betriebsstätte ausgeführt, gilt die Betriebsstätte als der Ort der sonstigen Leistung.

(2) [1]Eine sonstige Leistung, die an einen Unternehmer für dessen Unternehmen ausgeführt wird, wird vorbehaltlich der Absätze 3 bis 8 und der §§ 3b und 3e an dem Ort ausgeführt, von dem aus der Empfänger sein Unternehmen betreibt. [2]Wird die sonstige Leistung an die Betriebsstätte eines Unternehmers ausgeführt, ist stattdessen der Ort der Betriebsstätte maßgebend. [3]Die Sätze 1 und 2 gelten entsprechend bei einer sonstigen Leistung an eine nicht unternehmerisch tätige juristische Person, der eine Umsatzsteuer-Identifikationsnummer erteilt worden ist und bei einer sonstigen Leistung an eine juristische Person, die sowohl unternehmerisch als auch nichtunternehmerisch tätig ist; dies gilt nicht für sonstige Leistungen, die ausschließlich für den privaten Bedarf des Personals oder eines Gesellschafters bestimmt sind.

(3) Abweichend von den Absätzen 1 und 2 gilt:

1. [1]Eine sonstige Leistung im Zusammenhang mit einem Grundstück wird dort ausgeführt, wo das Grundstück liegt. [2]Als sonstige Leistungen im Zusammenhang mit einem Grundstück sind insbesondere anzusehen:
   a) sonstige Leistungen der in § 4 Nr. 12 bezeichneten Art,

b) sonstige Leistungen im Zusammenhang mit der Veräußerung oder dem Erwerb von Grundstücken,

c) sonstige Leistungen, die der Erschließung von Grundstücken oder der Vorbereitung, Koordinierung oder Ausführung von Bauleistungen dienen.

2. [1]Die kurzfristige Vermietung eines Beförderungsmittels wird an dem Ort ausgeführt, an dem dieses Beförderungsmittel dem Empfänger tatsächlich zur Verfügung gestellt wird. [2]Als kurzfristig im Sinne des Satzes 1 gilt eine Vermietung über einen ununterbrochenen Zeitraum

a) von nicht mehr als 90 Tagen bei Wasserfahrzeugen,

b) von nicht mehr als 30 Tagen bei anderen Beförderungsmitteln.

[3]Die Vermietung eines Beförderungsmittels, die nicht als kurzfristig im Sinne des Satzes 2 anzusehen ist, an einen Empfänger, der weder ein Unternehmer ist, für dessen Unternehmen die Leistung bezogen wird, noch eine nicht unternehmerisch tätige juristische Person, der eine Umsatzsteuer-Identifikationsnummer erteilt worden ist, wird an dem Ort erbracht, an dem der Empfänger seinen Wohnsitz oder Sitz hat. [4]Handelt es sich bei dem Beförderungsmittel um ein Sportboot, wird abweichend von Satz 3 die Vermietungsleistung an dem Ort ausgeführt, an dem das Sportboot dem Empfänger tatsächlich zur Verfügung gestellt wird, wenn sich auch der Sitz, die Geschäftsleitung oder eine Betriebsstätte des Unternehmers, von wo aus diese Leistung tatsächlich erbracht wird, an diesem Ort befindet.

3. [1]Kulturelle, künstlerische, wissenschaftliche, unterrichtende, sportliche, unterhaltende oder ähnliche Leistungen, wie Leistungen im Zusammenhang mit Messen und Ausstellungen, einschließlich der Leistungen der jeweiligen Veranstalter sowie die damit zusammenhängenden Tätigkeiten, die für die Ausübung der Leistungen unerlässlich sind, an einen Empfänger, der weder ein Unternehmer ist, für dessen Unternehmen die Leistung ausgeführt wird, noch eine nichtunternehmerisch tätige juristische Person, der eine Umsatzsteuer-Identifikationsnummer erteilt worden ist, werden dort ausgeführt, wo sie vom Unternehmer tatsächlich erbracht werden. [2]Werden die Leistungen per Streaming übertragen oder auf andere Weise virtuell verfügbar gemacht, gilt abweichend von Satz 1 als Ort der sonstigen Leistung der Ort, an dem der Empfänger ansässig ist oder seinen Wohnsitz oder gewöhnlichen Aufenthaltsort hat.

3a. Die folgenden Leistungen werden dort ausgeführt, wo sie vom Unternehmer tatsächlich erbracht werden:

a) die Abgabe von Speisen und Getränken zum Verzehr an Ort und Stelle (Restaurationsleistung), wenn diese Abgabe nicht an Bord eines Schiffs, in einem Luftfahrzeug oder in einer Eisenbahn während einer Beförderung innerhalb des Gemeinschaftsgebiets erfolgt;

b) Arbeiten an beweglichen körperlichen Gegenständen und die Begutachtung dieser Gegenstände für einen Empfänger, der weder ein Unternehmer ist, für dessen Unternehmen die Leistung ausgeführt wird, noch eine nicht unternehmerisch tätige juristische Person, der eine Umsatzsteuer-Identifikationsnummer erteilt worden ist.

4. Eine Vermittlungsleistung an einen Empfänger, der weder ein Unternehmer ist, für dessen Unternehmen die Leistung bezogen wird, noch eine nicht unternehmerisch tätige juristische Person, der eine Umsatzsteuer-Identifikationsnummer erteilt worden ist, wird an dem Ort erbracht, an dem der vermittelte Umsatz als ausgeführt gilt.

5. [1]Die Einräumung der Eintrittsberechtigung zu kulturellen, künstlerischen, wissenschaftlichen, unterrichtenden, sportlichen, unterhaltenden oder ähnlichen Veranstaltungen, wie Messen und Ausstellungen, sowie die damit zusammenhängenden sonstigen Leistungen an einen Unternehmer für dessen Unternehmen oder an eine nicht unternehmerisch tätige juristische Person, der eine Umsatzsteuer-Identifikationsnummer erteilt worden ist, wird an dem Ort erbracht, an dem die Veranstaltung tatsächlich durchgeführt wird. [2]Wird mit der Eintrittsberechtigung eine virtuelle Teilnahme an einer Veranstaltung ermöglicht, gilt abweichend von Satz 1 für die Einräumung dieser Eintrittsberechtigung Absatz 2.

(4) [1]Ist der Empfänger einer der in Satz 2 bezeichneten sonstigen Leistungen weder ein Unternehmer, für dessen Unternehmen die Leistung bezogen wird, noch eine nicht unternehmerisch tätige juristische Person, der eine Umsatzsteuer-Identifikationsnummer erteilt worden ist, und hat er seinen Wohnsitz oder Sitz im Drittlandsgebiet, wird die sonstige Leistung an seinem Wohnsitz oder Sitz ausgeführt. [2]Sonstige Leistungen im Sinne des Satzes 1 sind:

1. die Einräumung, Übertragung und Wahrnehmung von Patenten, Urheberrechten, Markenrechten und ähnlichen Rechten;

2. die sonstigen Leistungen, die der Werbung oder der Öffentlichkeitsarbeit dienen, einschließlich der Leistungen der Werbungsmittler und der Werbeagenturen;

3. die sonstigen Leistungen aus der Tätigkeit als Rechtsanwalt, Patentanwalt, Steuerberater, Steuerbevollmächtigter, Wirtschaftsprüfer, vereidigter Buchprüfer, Sachverständiger, Ingenieur, Aufsichtsratsmitglied, Dolmetscher und Übersetzer sowie ähnliche Leistungen anderer Unternehmer, insbesondere die rechtliche, wirtschaftliche und technische Beratung;

4. die Datenverarbeitung;

5. die Überlassung von Informationen einschließlich gewerblicher Verfahren und Erfahrungen;

6. a) Bank und Finanzumsätze, insbesondere der in § 4 Nummer 8 Buchstabe a bis h bezeichneten Art und die Verwaltung von Krediten und Kreditsicherheiten, sowie Versicherungsumsätze der in § 4 Nummer 10 bezeichneten Art,

   b) die sonstigen Leistungen im Geschäft mit Gold, Silber und Platin. [2]Das gilt nicht für Münzen und Medaillen aus diesen Edelmetallen;

7. die Gestellung von Personal;

8. der Verzicht auf Ausübung eines der in Nummer 1 bezeichneten Rechte;

9. der Verzicht, ganz oder teilweise eine gewerbliche oder berufliche Tätigkeit auszuüben;

10. die Vermietung beweglicher körperlicher Gegenstände, ausgenommen Beförderungsmittel;

11.–13. (aufgehoben)

14. die Gewährung des Zugangs zum Erdgasnetz, zum Elektrizitätsnetz oder zu Wärme- oder Kältenetzen und die Fernleitung, die Übertragung oder Verteilung über diese Netze sowie die Erbringung anderer damit unmittelbar zusammenhängender sonstiger Leistungen.

(5) [1]Ist der Empfänger einer der in Satz 2 bezeichneten sonstigen Leistungen

1. kein Unternehmer, für dessen Unternehmen die Leistung bezogen wird,

2. keine ausschließlich nicht unternehmerisch tätige juristische Person, der eine Umsatzsteuer-Identifikationsnummer erteilt worden ist,
3. keine juristische Person, die sowohl unternehmerisch als auch nicht unternehmerisch tätig ist, bei der die Leistung nicht ausschließlich für den privaten Bedarf des Personals oder eines Gesellschafters bestimmt ist,

wird die sonstige Leistung an dem Ort ausgeführt, an dem der Leistungsempfänger seinen Wohnsitz, seinen gewöhnlichen Aufenthaltsort oder seinen Sitz hat. [2]Sonstige Leistungen im Sinne des Satzes 1 sind:

1. die sonstigen Leistungen auf dem Gebiet der Telekommunikation;
2. die Rundfunk- und Fernsehdienstleistungen;
3. die auf elektronischem Weg erbrachten sonstigen Leistungen.

[3]Satz 1 ist nicht anzuwenden, wenn der leistende Unternehmer seinen Sitz, seine Geschäftsleitung, eine Betriebsstätte oder in Ermangelung eines Sitzes, einer Geschäftsleitung oder einer Betriebsstätte seinen Wohnsitz oder gewöhnlichen Aufenthalt in nur einem Mitgliedstaat hat und der Gesamtbetrag der Entgelte der in Satz 2 bezeichneten sonstigen Leistungen an in Satz 1 bezeichnete Empfänger mit Wohnsitz, gewöhnlichem Aufenthalt oder Sitz in anderen Mitgliedstaaten sowie der innergemeinschaftlichen Fernverkäufe nach § 3c Absatz 1 Satz 2 und 3 insgesamt 10 000 Euro im vorangegangenen Kalenderjahr nicht überschritten hat und im laufenden Kalenderjahr nicht überschreitet. [4]Der leistende Unternehmer kann dem Finanzamt erklären, dass er auf die Anwendung des Satzes 3 verzichtet. [5]Die Erklärung bindet den Unternehmer mindestens für zwei Kalenderjahre.

(6) [1]Erbringt ein Unternehmer, der sein Unternehmen von einem im Drittlandsgebiet liegenden Ort aus betreibt,

1. eine in Absatz 3 Nr. 2 bezeichnete Leistung oder die langfristige Vermietung eines Beförderungsmittels,
2. eine in Absatz 4 Satz 2 Nr. 1 bis 10 bezeichnete Leistung an eine im Inland ansässige juristische Person des öffentlichen Rechts oder
3. eine in Absatz 5 Satz 2 Nummer 1 und 2 bezeichnete Leistung,

ist diese Leistung abweichend von Absatz 1, Absatz 3 Nummer 2, Absatz 4 Satz 1 oder Absatz 5 als im Inland ausgeführt zu behandeln, wenn sie dort genutzt oder ausgewertet wird. [2]Wird die Leistung von einer Betriebsstätte eines Unternehmers ausgeführt, gilt Satz 1 entsprechend, wenn die Betriebsstätte im Drittlandsgebiet liegt.

(7) [1]Vermietet ein Unternehmer, der sein Unternehmen vom Inland aus betreibt, kurzfristig ein Schienenfahrzeug, einen Kraftomnibus oder ein ausschließlich zur Beförderung von Gegenständen bestimmtes Straßenfahrzeug, ist diese Leistung abweichend von Absatz 3 Nr. 2 als im Drittlandsgebiet ausgeführt zu behandeln, wenn die Leistung an einen im Drittlandsgebiet ansässigen Unternehmer erbracht wird, das Fahrzeug für dessen Unternehmen bestimmt ist und im Drittlandsgebiet genutzt wird. [2]Wird die Vermietung des Fahrzeugs von einer Betriebsstätte eines Unternehmers ausgeführt, gilt Satz 1 entsprechend, wenn die Betriebsstätte im Inland liegt.

(8) [1]Erbringt ein Unternehmer eine Güterbeförderungsleistung, ein Beladen, Entladen, Umschlagen oder ähnliche mit der Beförderung eines Gegenstandes im Zusammenhang stehende Leistungen im Sinne des § 3b Absatz 2, eine Arbeit an beweglichen körperlichen Gegenständen oder eine Begutachtung dieser Gegenstände, eine Reisevorleistung im Sinne des § 25 Absatz 1 Satz 5 oder eine Veranstaltungsleistung im Zusammenhang mit Messen oder Ausstellungen, ist diese Leistung abweichend von Absatz 2 als im Drittlandsgebiet ausgeführt zu behandeln, wenn die Leistung dort genutzt oder ausgewertet wird. [2]Satz 1 gilt nicht, wenn die dort genannten Leistungen in einem der in § 1 Absatz 3 genannten Gebiete tatsächlich ausgeführt werden.

§ 3b
Ort der Beförderungsleistungen und der damit zusammenhängenden sonstigen Leistungen

(1) [1]Eine Beförderung einer Person wird dort ausgeführt, wo die Beförderung bewirkt wird. [2]Erstreckt sich eine solche Beförderung nicht nur auf das Inland, fällt nur der Teil der Leistung unter dieses Gesetz, der auf das Inland entfällt. [3]Die Sätze 1 und 2 gelten entsprechend für die Beförderung von Gegenständen, die keine innergemeinschaftliche Beförderung eines Gegenstands im Sinne des Absatzes 3 ist, wenn der Empfänger weder ein Unternehmer, für dessen Unternehmen die Leistung bezogen wird, noch eine nicht unternehmerisch tätige juristische Person ist, der eine Umsatzsteuer-Identifikationsnummer erteilt worden ist. [4]Die Bundesregierung kann mit Zustimmung des Bundesrates durch Rechtsverordnung zur Vereinfachung des Besteuerungsverfahrens bestimmen, dass bei Beförderungen, die sich sowohl auf das Inland als auch auf das Ausland erstrecken (grenzüberschreitende Beförderungen),

1. kurze inländische Beförderungsstrecken als ausländische und kurze ausländische Beförderungsstrecken als inländische angesehen werden;
2. Beförderungen über kurze Beförderungsstrecken in den in § 1 Abs. 3 bezeichneten Gebieten nicht wie Umsätze im Inland behandelt werden.

(2) Das Beladen, Entladen, Umschlagen und ähnliche mit der Beförderung eines Gegenstands im Zusammenhang stehende Leistungen an einen Empfänger, der weder ein Unternehmer ist, für dessen Unternehmen die Leistung bezogen wird, noch eine nicht unternehmerisch tätige juristische Person ist, der eine Umsatzsteuer-Identifikationsnummer erteilt worden ist, werden dort ausgeführt, wo sie vom Unternehmer tatsächlich erbracht werden.

(3) Die Beförderung eines Gegenstands, die in dem Gebiet eines Mitgliedstaates beginnt und in dem Gebiet eines anderen Mitgliedstaates endet (innergemeinschaftliche Beförderung eines Gegenstands), an einen Empfänger, der weder ein Unternehmer ist, für dessen Unternehmen die Leistung bezogen wird, noch eine nicht unternehmerisch tätige juristische Person, der eine Umsatzsteuer-Identifikationsnummer erteilt worden ist, wird an dem Ort ausgeführt, an dem die Beförderung des Gegenstands beginnt.

§ 3c
Ort der Lieferung beim Fernverkauf

(1) [1]Als Ort der Lieferung eines innergemeinschaftlichen Fernverkaufs gilt der Ort, an dem sich der Gegenstand bei Beendigung der Beförderung oder Versendung an den Erwerber befindet. [2]Ein innergemeinschaftlicher Fernverkauf ist die Lieferung eines Gegenstands, der durch den Lieferer oder für dessen Rechnung aus dem Gebiet eines Mitgliedstaates in das Gebiet eines anderen Mitgliedstaates oder aus dem übrigen Gemeinschaftsgebiet in die in § 1 Absatz 3 bezeichneten Gebiete an den Erwerber befördert oder versandt wird, einschließlich jener Lieferung, an deren Beförderung oder Versendung der Lieferer indirekt betei-

ligt ist. [3]Erwerber im Sinne des Satzes 2 ist ein in § 3a Absatz 5 Satz 1 bezeichneter Empfänger oder eine in § 1a Absatz 3 Nummer 1 genannte Person, die weder die maßgebende Erwerbsschwelle überschreitet noch auf ihre Anwendung verzichtet; im Fall der Beendigung der Beförderung oder Versendung im Gebiet eines anderen Mitgliedstaates ist die von diesem Mitgliedstaat festgesetzte Erwerbsschwelle maßgebend.

(2) [1]Als Ort der Lieferung eines Fernverkaufs eines Gegenstands, der aus dem Drittlandsgebiet in einen anderen Mitgliedstaat als den, in dem die Beförderung oder Versendung des Gegenstands an den Erwerber endet, eingeführt wird, gilt der Ort, an dem sich der Gegenstand bei Beendigung der Beförderung oder Versendung an den Erwerber befindet. [2]§ 3 Absatz 3a Satz 4 und 5 gilt entsprechend.

(3) [1]Der Ort der Lieferung beim Fernverkauf eines Gegenstands, der aus dem Drittlandsgebiet in den Mitgliedstaat, in dem die Beförderung oder Versendung der Gegenstände an den Erwerber endet, eingeführt wird, gilt als in diesem Mitgliedstaat gelegen, sofern die Steuer auf diesen Gegenstand gemäß dem besonderen Besteuerungsverfahren nach § 18k zu erklären ist. [2]§ 3 Absatz 3a Satz 4 und 5 gilt entsprechend. [3]Bei einem Fernverkauf nach § 3 Absatz 3a Satz 2 gilt Satz 1 für die Lieferung, der die Beförderung oder Versendung des Gegenstandes gemäß § 3 Absatz 6b zugeschrieben wird, entsprechend, auch wenn die Steuer auf diesen Gegenstand nicht gemäß dem besonderen Besteuerungsverfahren nach § 18k zu erklären ist und ein Unternehmer oder dessen Beauftragter Schuldner der Einfuhrumsatzsteuer für die Einfuhr des Gegenstands ist.

(4) [1]Absatz 1 ist nicht anzuwenden, wenn der leistende Unternehmer seinen Sitz, seine Geschäftsleitung, eine Betriebsstätte oder in Ermangelung eines Sitzes, einer Geschäftsleitung oder einer Betriebsstätte seinen Wohnsitz oder gewöhnlichen Aufenthalt in nur einem Mitgliedstaat hat und der Gesamtbetrag der Entgelte der in § 3a Absatz 5 Satz 2 bezeichneten sonstigen Leistungen an in § 3a Absatz 5 Satz 1 bezeichnete Empfänger mit Wohnsitz, gewöhnlichem Aufenthalt oder Sitz in anderen Mitgliedstaaten sowie der innergemeinschaftlichen Fernverkäufe nach Absatz 1 Satz 2 und 3 insgesamt 10 000 Euro im vorangegangenen Kalenderjahr nicht überschritten hat und im laufenden Kalenderjahr nicht überschreitet. [2]Der leistende Unternehmer kann dem Finanzamt erklären, dass er auf die Anwendung des Satzes 1 verzichtet. [3]Die Erklärung bindet den Unternehmer mindestens für zwei Kalenderjahre.

(5) [1]Die Absätze 1 bis 3 gelten nicht für

1. die Lieferung neuer Fahrzeuge,
2. die Lieferung eines Gegenstands, der mit oder ohne probeweise Inbetriebnahme durch den Lieferer oder für dessen Rechnung montiert oder installiert geliefert wird, und für
3. die Lieferung eines Gegenstands, auf die die Differenzbesteuerung nach § 25a Absatz 1 oder 2 angewendet wird.

[2]Bei verbrauchsteuerpflichtigen Waren gelten die Absätze 1 bis 3 nicht für Lieferungen an eine in § 1a Absatz 3 Nummer 1 genannte Person.

…

Zweiter Abschnitt
Steuerbefreiungen und Steuervergütungen

§ 4
Steuerbefreiungen bei Lieferungen und sonstigen Leistungen

Von den unter § 1 Abs. 1 Nr. 1 fallenden Umsätzen sind steuerfrei:

1. a) die Ausfuhrlieferungen (§ 6) und die Lohnveredelungen an Gegenständen der Ausfuhr (§ 7),
   b) die innergemeinschaftlichen Lieferungen (§ 6a); dies gilt nicht, wenn der Unternehmer seiner Pflicht zur Abgabe der Zusammenfassenden Meldung (§ 18a) nicht nachgekommen ist oder soweit er diese im Hinblick auf die jeweilige Lieferung unrichtig oder unvollständig abgegeben hat;
2. die Umsätze für die Seeschifffahrt und für die Luftfahrt (§ 8);
3. die folgenden sonstigen Leistungen:
   a) die grenzüberschreitenden Beförderungen von Gegenständen, die Beförderungen im internationalen Eisenbahnfrachtverkehr und andere sonstige Leistungen, wenn sich die Leistungen
      aa) unmittelbar auf Gegenstände der Ausfuhr beziehen oder auf eingeführte Gegenstände beziehen, die im externen Versandverfahren in das Drittlandsgebiet befördert werden, oder
      bb) auf Gegenstände der Einfuhr in das Gebiet eines Mitgliedstaates der Europäischen Union beziehen und die Kosten für die Leistungen in der Bemessungsgrundlage für diese Einfuhr enthalten sind. [2]Nicht befreit sind die Beförderungen der in § 1 Abs. 3 Nr. 4 Buchstabe a bezeichneten Gegenstände aus einem Freihafen in das Inland,
   b) die Beförderungen von Gegenständen nach und von den Inseln, die die autonomen Regionen Azoren und Madeira bilden,
   c) sonstige Leistungen, die sich unmittelbar auf eingeführte Gegenstände beziehen, für die zollamtlich eine vorübergehende Verwendung in den in § 1 Abs. 1 Nr. 4 bezeichneten Gebieten bewilligt worden ist, wenn der Leistungsempfänger ein ausländischer Auftraggeber (§ 7 Abs. 2) ist. [2]Dies gilt nicht für sonstige Leistungen, die sich auf Beförderungsmittel, Paletten und Container beziehen.

   [2]Die Vorschrift gilt nicht für die in den Nummern 8, 10 und 11 bezeichneten Umsätze und für die Bearbeitung oder Verarbeitung eines Gegenstands einschließlich der Werkleistung im Sinne des § 3 Abs. 10. [3]Die Voraussetzungen der Steuerbefreiung müssen vom Unternehmer nachgewiesen sein. [4]Das Bundesministerium der Finanzen kann mit Zustimmung des Bundesrates durch Rechtsverordnung bestimmen, wie der Unternehmer den Nachweis zu führen hat;
4. die Lieferungen von Gold an Zentralbanken;

[Fassung bis 31.12.2025]

4a. die folgenden Umsätze:
   a) die Lieferungen der in der Anlage 1 bezeichneten Gegenstände an einen Unternehmer für sein Unternehmen, wenn der Gegenstand der Lieferung im Zusammenhang mit der Lieferung in ein Umsatzsteuerlager eingelagert wird oder sich in

einem Umsatzsteuerlager befindet. ²Mit der Auslagerung eines Gegenstands aus einem Umsatzsteuerlager entfällt die Steuerbefreiung für die der Auslagerung vorangegangene Lieferung, den der Auslagerung vorangegangenen innergemeinschaftlichen Erwerb oder die der Auslagerung vorangegangene Einfuhr; dies gilt nicht, wenn der Gegenstand im Zusammenhang mit der Auslagerung in ein anderes Umsatzsteuerlager im Inland eingelagert wird. ³Eine Auslagerung ist die endgültige Herausnahme eines Gegenstands aus einem Umsatzsteuerlager. ⁴Der endgültigen Herausnahme steht gleich der sonstige Wegfall der Voraussetzungen für die Steuerbefreiung sowie die Erbringung einer nicht nach Buchstabe b begünstigten Leistung an den eingelagerten Gegenständen,

b) die Leistungen, die mit der Lagerung, der Erhaltung, der Verbesserung der Aufmachung und Handelsgüte oder der Vorbereitung des Vertriebs oder Weiterverkaufs der eingelagerten Gegenstände unmittelbar zusammenhängen. ²Dies gilt nicht, wenn durch die Leistungen die Gegenstände so aufbereitet werden, dass sie zur Lieferung auf der Einzelhandelsstufe geeignet sind.

²Die Steuerbefreiung gilt nicht für Leistungen an Unternehmer, die diese zur Ausführung von Umsätzen verwenden, für die die Steuer nach den Durchschnittssätzen des § 24 festgesetzt ist. ³Die Voraussetzungen der Steuerbefreiung müssen vom Unternehmer eindeutig und leicht nachprüfbar nachgewiesen sein. ⁴Umsatzsteuerlager kann jedes Grundstück oder Grundstücksteil im Inland sein, das zur Lagerung der in Anlage 1 genannten Gegenstände dienen soll und von einem Lagerhalter betrieben wird. ⁵Es kann mehrere Lagerorte umfassen. ⁶Das Umsatzsteuerlager bedarf der Bewilligung des für den Lagerhalter zuständigen Finanzamts. ⁷Der Antrag ist schriftlich zu stellen. ⁸Die Bewilligung ist zu erteilen, wenn ein wirtschaftliches Bedürfnis für den Betrieb des Umsatzsteuerlagers besteht und der Lagerhalter die Gewähr für dessen ordnungsgemäße Verwaltung bietet;

[Fassung ab 1.1.2026]

4a. (aufgehoben)

4b. die einer Einfuhr vorangehende Lieferung von Gegenständen, wenn der Abnehmer oder dessen Beauftragter den Gegenstand der Lieferung einführt. ²Dies gilt entsprechend für Lieferungen, die den in Satz 1 genannten Lieferungen vorausgegangen sind. ³Die Voraussetzungen der Steuerbefreiung müssen vom Unternehmer eindeutig und leicht nachprüfbar nachgewiesen sein;

4c. die Lieferung von Gegenständen an einen Unternehmer für sein Unternehmen, die dieser nach § 3 Absatz 3a Satz 1 im Gemeinschaftsgebiet weiterliefert;

5. die Vermittlung

a) der unter die Nummer 1 Buchstabe a, Nummern 2 bis 4b und Nummern 6 und 7 fallenden Umsätze,

b) der grenzüberschreitenden Beförderungen von Personen mit Luftfahrzeugen oder Seeschiffen,

c) der Umsätze, die ausschließlich im Drittlandsgebiet bewirkt werden,

d) der Lieferungen, die nach § 3 Abs. 8 als im Inland ausgeführt zu behandeln sind.

²Nicht befreit ist die Vermittlung von Umsätzen durch Reisebüros für Reisende. ³Die Voraussetzungen der Steuerbefreiung müssen vom Unternehmer nachgewiesen sein. ⁴Das Bundesministerium der Finanzen kann mit Zustimmung des Bundesrates durch Rechtsverordnung bestimmen, wie der Unternehmer den Nachweis zu führen hat;

6. a) die Lieferungen und sonstigen Leistungen der Eisenbahnen des Bundes auf Gemeinschaftsbahnhöfen, Betriebswechselbahnhöfen, Grenzbetriebsstrecken und Durchgangsstrecken an Eisenbahnverwaltungen mit Sitz im Ausland,

b) (weggefallen)

c) die Lieferungen von eingeführten Gegenständen an im Drittlandsgebiet, ausgenommen Gebiete nach § 1 Abs. 3, ansässige Abnehmer, soweit für die Gegenstände zollamtlich eine vorübergehende Verwendung in den in § 1 Abs. 1 Nr. 4 bezeichneten Gebieten bewilligt worden ist und diese Bewilligung auch nach der Lieferung gilt. ²Nicht befreit sind die Lieferungen von Beförderungsmitteln, Paletten und Containern,

d) Personenbeförderungen im Passagier- und Fährverkehr mit Wasserfahrzeugen für die Seeschifffahrt, wenn die Personenbeförderungen zwischen inländischen Seehäfen und der Insel Helgoland durchgeführt werden,

e) die Abgabe von Speisen und Getränken zum Verzehr an Ort und Stelle im Verkehr mit Wasserfahrzeugen für die Seeschifffahrt zwischen einem inländischen und ausländischen Seehafen und zwischen zwei ausländischen Seehäfen. ²Inländische Seehäfen im Sinne des Satzes 1 sind auch die Freihäfen und Häfen auf der Insel Helgoland;

7. die Lieferungen, ausgenommen Lieferungen neuer Fahrzeuge im Sinne des § 1b Abs. 2 und 3, und die sonstigen Leistungen

a) an andere Vertragsparteien des Nordatlantikvertrags, die nicht unter die in § 26 Abs. 5 bezeichneten Steuerbefreiungen fallen, wenn die Umsätze für den Gebrauch oder Verbrauch durch die Streitkräfte dieser Vertragsparteien, ihr ziviles Begleitpersonal oder für die Versorgung ihrer Kasinos oder Kantinen bestimmt sind und die Streitkräfte der gemeinsamen Verteidigungsanstrengung dienen,

b) an die in dem Gebiet eines anderen Mitgliedstaates stationierten Streitkräfte der Vertragsparteien des Nordatlantikvertrags, soweit sie nicht an die Streitkräfte dieses Mitgliedstaates ausgeführt werden,

c) an die in dem Gebiet eines anderen Mitgliedstaates ansässigen ständigen diplomatischen Missionen und berufskonsularischen Vertretungen sowie deren Mitglieder,

d) an die in dem Gebiet eines anderen Mitgliedstaates ansässigen zwischenstaatlichen Einrichtungen sowie deren Mitglieder,

e) an Streitkräfte eines anderen Mitgliedstaates, wenn die Umsätze für den Gebrauch oder Verbrauch durch die Streitkräfte, ihres zivilen Begleitpersonals oder für die Versorgung ihrer Kasinos oder Kantinen bestimmt sind und die Streitkräfte an einer Verteidigungsanstrengung teilnehmen, die zur Durchführung einer Tätigkeit der Union im Rahmen der Gemeinsamen Sicherheits- und Verteidigungspolitik unternommen wird und

f) an die in dem Gebiet eines anderen Mitgliedstaates stationierten Streitkräfte eines Mitgliedstaates, wenn die Umsätze nicht an die Streitkräfte des anderen Mitgliedstaates ausgeführt werden, die Umsätze für den Gebrauch oder Verbrauch durch die Streitkräfte, ihres zivilen Begleitpersonals oder für die Versorgung ihrer Kasinos oder Kantinen bestimmt sind und die Streitkräfte an einer Verteidigungsanstrengung teilnehmen, die zur Durchführung einer Tätigkeit der Union im Rahmen der Gemeinsamen Sicherheits- und Verteidigungspolitik unternommen wird.

[2]Der Gegenstand der Lieferung muss in den Fällen des Satzes 1 Buchstaben b bis d und f in das Gebiet des anderen Mitgliedstaates befördert oder versendet werden. [3]Für die Steuerbefreiungen nach Satz 1 Buchstaben b bis d und f sind die in dem anderen Mitgliedstaat geltenden Voraussetzungen maßgebend. [4]Die Voraussetzungen der Steuerbefreiungen müssen vom Unternehmer nachgewiesen sein. [5]Bei den Steuerbefreiungen nach Satz 1 Buchstaben b bis d und f hat der Unternehmer die in dem anderen Mitgliedstaat geltenden Voraussetzungen dadurch nachzuweisen, dass ihm der Abnehmer eine von der zuständigen Behörde des anderen Mitgliedstaates oder, wenn er hierzu ermächtigt ist, eine selbst ausgestellte Bescheinigung nach amtlich vorgeschriebenem Muster aushändigt. [6]Das Bundesministerium der Finanzen kann mit Zustimmung des Bundesrates durch Rechtsverordnung bestimmen, wie der Unternehmer die übrigen Voraussetzungen nachzuweisen hat;

8. a) die Gewährung und die Vermittlung von Krediten und die Verwaltung von Krediten durch die Kreditgeber,

b) die Umsätze und die Vermittlung der Umsätze von gesetzlichen Zahlungsmitteln. [2]Das gilt nicht, wenn die Zahlungsmittel wegen ihres Metallgehalts oder ihres Sammlerwerts umgesetzt werden,

c) die Umsätze im Geschäft mit Forderungen, Schecks und anderen Handelspapieren sowie die Vermittlung dieser Umsätze, ausgenommen die Einziehung von Forderungen,

d) die Umsätze und die Vermittlung der Umsätze im Einlagengeschäft, im Kontokorrentverkehr, im Zahlungs- und Überweisungsverkehr und das Inkasso von Handelspapieren,

e) die Umsätze im Geschäft mit Wertpapieren und die Vermittlung dieser Umsätze, ausgenommen die Verwahrung und die Verwaltung von Wertpapieren,

f) die Umsätze und die Vermittlung der Umsätze von Anteilen an Gesellschaften und anderen Vereinigungen,

g) die Übernahme von Verbindlichkeiten, von Bürgschaften und anderen Sicherheiten sowie die Vermittlung dieser Umsätze,

h) die Verwaltung von Organismen für gemeinsame Anlagen in Wertpapieren im Sinne des § 1 Absatz 2 des Kapitalanlagegesetzbuchs, die Verwaltung von alternativen Investmentfonds im Sinne des § 1 Absatz 3 des Kapitalanlagegesetzbuchs und die Verwaltung von Versorgungseinrichtungen im Sinne des Versicherungsaufsichtsgesetzes,

i) die Umsätze der im Inland gültigen amtlichen Wertzeichen zum aufgedruckten Wert;

j) und k) (weggefallen)

9. a) die Umsätze, die unter das Grunderwerbsteuergesetz fallen,

b) die Umsätze, die unter das Rennwett- und Lotteriegesetz fallen. [2]Nicht befreit sind die unter das Rennwett- und Lotteriegesetz fallenden Umsätze, die von der Rennwett- und Lotteriesteuer befreit sind oder von denen diese Steuer allgemein nicht erhoben wird;

10. a) die Leistungen auf Grund eines Versicherungsverhältnisses im Sinne des Versicherungsteuergesetzes. [2]Das gilt auch, wenn die Zahlung des Versicherungsentgelts nicht der Versicherungsteuer unterliegt,

b) die Leistungen, die darin bestehen, dass anderen Personen Versicherungsschutz verschafft wird;

11. die Umsätze aus der Tätigkeit als Bausparkassenvertreter, Versicherungsvertreter und Versicherungsmakler;

11a. die folgenden vom 1. Januar 1993 bis zum 31. Dezember 1995 ausgeführten Umsätze der Deutschen Bundespost TELEKOM und der Deutsche Telekom AG:

a) die Überlassung von Anschlüssen des Telefonnetzes und des diensteintegrierenden digitalen Fernmeldenetzes sowie die Bereitstellung der von diesen Anschlüssen ausgehenden Verbindungen innerhalb dieser Netze und zu Mobilfunkeinrichtungen,

b) die Überlassung von Übertragungswegen im Netzmonopol des Bundes,

c) die Ausstrahlung und Übertragung von Rundfunksignalen einschließlich der Überlassung der dazu erforderlichen Sendeanlagen und sonstigen Einrichtungen sowie das Empfangen und Verteilen von Rundfunksignalen in Breitbandverteilnetzen einschließlich der Überlassung von Kabelanschlüssen;

11b. Universaldienstleistungen nach Artikel 3 Absatz 4 der Richtlinie 97/67/EG des Europäischen Parlaments und des Rates vom 16. Dezember 1997 über gemeinsame Vorschriften für die Entwicklung des Binnenmarktes der Postdienste der Gemeinschaft und die Verbesserung der Dienstequalität (ABl. L 15 vom 21.1.1998, S. 14, L 23 vom 30.1.1998, S. 39), die zuletzt durch die Richtlinie 2008/6/EG (ABl. L 52 vom 27.2.2008, S. 3) geändert worden ist, in der jeweils geltenden Fassung. [2]Die Steuerbefreiung setzt voraus, dass der Unternehmer sich entsprechend einer Bescheinigung des Bundeszentralamtes für Steuern gegenüber dieser Behörde verpflichtet hat, flächendeckend im gesamten Gebiet der Bundesrepublik Deutschland die Gesamtheit der Universaldienstleistungen oder einen Teilbereich dieser Leistungen nach Satz 1 anzubieten. [3]Die Steuerbefreiung gilt nicht für Leistungen, die der Unternehmer erbringt

a) auf Grund individuell ausgehandelter Vereinbarungen oder

b) auf Grund allgemeiner Geschäftsbedingungen zu abweichenden Qualitätsbedingungen oder zu günstigeren Preisen als den nach den allgemein für jedermann zugänglichen Tarifen oder als den nach § 40 Abs. 1 des Postgesetzes vom 15. Juli 2024 (BGBl. 2024 I Nr. 236), in der jeweils geltenden Fassung, genehmigten Entgelten;

12. a) die Vermietung und die Verpachtung von Grundstücken, von Berechtigungen, für die die Vorschriften des bürgerlichen Rechts über Grundstücke gelten, und von staatlichen Hoheitsrechten, die Nutzungen von Grund und Boden betreffen,

b) die Überlassung von Grundstücken und Grundstücksteilen zur Nutzung auf Grund eines auf Übertragung des Eigentums gerichteten Vertrags oder Vorvertrags,

c) die Bestellung, die Übertragung und die Überlassung der Ausübung von dinglichen Nutzungsrechten an Grundstücken.

[2]Nicht befreit sind die Vermietung von Wohn- und Schlafräumen, die ein Unternehmer zur kurzfristigen Beherbergung von Fremden bereithält, die Vermietung von Plätzen für das Abstellen von Fahrzeugen, die kurzfristige Vermietung auf Campingplätzen und die Vermietung und die Verpachtung von Maschinen und sonstigen Vorrichtungen aller Art, die zu einer Betriebsanlage gehören (Betriebsvorrichtungen), auch wenn sie wesentliche Bestandteile eines Grundstücks sind;

13. die Leistungen, die die Gemeinschaften der Wohnungseigentümer im Sinne des Wohnungseigentumsgesetzes in der im Bundesgesetzblatt Teil III, Gliederungsnummer 403-1, veröffentlichten bereinigten Fassung, in der jeweils geltenden Fassung an die Wohnungseigentümer und Teileigentümer erbringen, soweit die Leistungen in der Überlassung des gemeinschaftlichen Eigentums zum Gebrauch, seiner Instandhaltung, Instandsetzung und sonstigen Verwaltung sowie der Lieferung von Wärme und ähnlichen Gegenständen bestehen;

14. a) Heilbehandlungen im Bereich der Humanmedizin, die im Rahmen der Ausübung der Tätigkeit als Arzt, Zahnarzt, Heilpraktiker, Physiotherapeut, Hebamme oder einer ähnlichen heilberuflichen Tätigkeit durchgeführt werden. [2]Satz 1 gilt nicht für die Lieferung oder Wiederherstellung von Zahnprothesen (aus Unterposition 9021 21 und 902 29 00 des Zolltarifs) und kieferorthopädischen Apparaten (aus Unterposition 9021 10 des Zolltarifs), soweit sie der Unternehmer in seinem Unternehmen herstellt oder wiederhergestellt hat;

b) Krankenhausbehandlungen und ärztliche Heilbehandlungen einschließlich der Diagnostik, Befunderhebung, Vorsorge, Rehabilitation, Geburtshilfe und Hospizleistungen sowie damit eng verbundene Umsätze, die von Einrichtungen des öffentlichen Rechts erbracht werden. [2]Die in Satz 1 bezeichneten Leistungen sind auch steuerfrei, wenn sie von

aa) zugelassenen Krankenhäusern nach § 108 des Fünften Sozialgesetzbuch oder anderen Krankenhäusern, die ihre Leistungen in sozialer Hinsicht unter vergleichbaren Bedingungen wie die Krankenhäuser erbringen, die in öffentlich-rechtlicher Trägerschaft stehen oder nach § 108 des Fünften Buches Sozialgesetzbuch zugelassen sind; in sozialer Hinsicht vergleichbare Bedingungen liegen vor, wenn das Leistungsangebot des Krankenhauses den von Krankenhäusern in öffentlich-rechtlicher Trägerschaft oder nach § 108 des Fünften Buches Sozialgesetzbuch zugelassenen Krankenhäusern erbrachten Leistungen entspricht und die Kosten voraussichtlich in mindestens 40 Prozent der jährlichen Belegungs- oder Berechnungstage auf Patienten entfallen, bei denen für die Krankenhausleistungen kein höheres Entgelt als für allgemeine Krankenhausleistungen nach dem Krankenhausentgeltgesetz oder der Bundespflegesatzverordnung berechnet wurde oder voraussichtlich mindestens 40 Prozent der Leistungen den in § 4 Nummer 15 Buchstabe b genannten Personen zugutekommen, dabei ist grundsätzlich auf die Verhältnisse im vorangegangenen Kalenderjahr abzustellen,

bb) Zentren für ärztliche Heilbehandlung und Diagnostik oder Befunderhebung, die an der vertragsärztlichen Versorgung nach § 95 des Fünften Buches Sozialgesetzbuch teilnehmen oder für die Regelungen nach § 115 des Fünften Buches Sozialgesetzbuch gelten,

cc) Einrichtungen, die von den Trägern der gesetzlichen Unfallversicherung nach § 34 des Siebten Buches Sozialgesetzbuch an der Versorgung beteiligt worden sind,

dd) Einrichtungen, mit denen Versorgungsverträge nach den §§ 111 und 111a des Fünften Buches Sozialgesetzbuch bestehen,

ee) Rehabilitationseinrichtungen, mit denen Verträge nach § 38 des Neunten Buches Sozialgesetzbuch bestehen,

ff) Einrichtungen zur Geburtshilfe, für die Verträge nach § 134a des Fünften Buches Sozialgesetzbuch gelten,

gg) Hospizen, mit denen Verträge nach § 39a Abs. 1 des Fünften Buches Sozialgesetzbuch bestehen, oder

hh) Einrichtungen, mit denen Verträge nach § 127 in Verbindung mit § 126 Absatz 3 des Fünften Sozialgesetzbuch über die Erbringung nichtärztlicher Dialyseleistungen bestehen,

erbracht werden und es sich ihrer Art nach um Leistungen handelt, auf die sich die Zulassung, der Vertrag oder die Regelung nach dem Sozialgesetzbuch jeweils bezieht, oder

ii) von Einrichtungen nach § 138 Abs. 1 Satz 1 Strafvollzugsgesetz erbracht werden;

c) Leistungen nach den Buchstaben a und b, die im Rahmen der hausarztzentrierten Versorgung nach § 73b des Fünften Buches Sozialgesetzbuch oder der besonderen Versorgung nach § 140a des Fünften Buches Sozialgesetzbuch von Einrichtungen erbracht werden, mit denen entsprechende Verträge bestehen, sowie Leistungen zur Sicherstellung der ambulanten Versorgung in stationären Pflegeeinrichtungen die durch Einrichtungen erbracht werden, mit denen Verträge nach § 119b des Fünften Buches Sozialgesetzbuch bestehen;

d) (weggefallen)

e) die zur Verhütung von nosokomialen Infektionen und zur Vermeidung der Weiterverbreitung von Krankheitserregern, insbesondere solcher mit Resistenzen, erbrachten Leistungen eines Arztes oder einer Hygienefachkraft, an den in den Buchstaben a und b genannten Einrichtungen, die diesen dazu dienen, ihre Heilbehandlungsleistungen ordnungsgemäß unter Beachtung der nach dem Infektionsschutzgesetz und den Rechtsverordnungen der Länder nach § 23 Absatz 8 des Infektionsschutzgesetzes bestehenden Verpflichtungen zu erbringen;

f) die eng mit der Förderung des öffentlichen Gesundheitswesens verbundenen Leistungen, die erbracht werden von

aa) juristischen Personen des öffentlichen Rechts,

bb) Sanitäts- und Rettungsdiensten, die die landesrechtlichen Voraussetzungen erfüllen, oder

cc) Einrichtungen, die nach § 75 des Fünften Buches Sozialgesetzbuch die Durchführung des ärztlichen Notdienstes sicherstellen;

15. die Umsätze der gesetzlichen Träger der Sozialversicherung, der gesetzlichen Träger der Grundsicherung für Arbeitsuchende nach dem Zweiten Buch Sozialgesetzbuch sowie gemeinsamen Einrichtungen nach § 44b Abs. 1 des Zweiten Buches Sozialgesetzbuch, der örtlichen und überörtlichen Träger der Sozialhilfe sowie der nach Bundes- und Landesrecht zur Durchführung des Vierzehnten Buches Sozialgesetzbuch oder des Soldatenendschädigungsgesetzes zuständigen Verwaltungsbehörden

a) untereinander,

b) an die Versicherten, die Bezieher von Leistungen nach dem Zweiten Buch Sozialgesetzbuch, die Empfänger von Sozialhilfe oder die Versorgungsberechtigten;

15a. die auf Gesetz beruhenden Leistungen der Medizinischen Dienste (§ 278 SGB V) und des Medizinischen Dienstes Bund (§ 281 SGB V) untereinander und für die gesetzlichen Träger der Sozialversicherung und deren Verbände und für die Träger der Grundsicherung für Arbeitsuchende nach dem Zweiten Buch Sozialgesetzbuch sowie die gemeinsamen Einrichtungen nach § 44b des Zweiten Buches Sozialgesetzbuch;

15b. [1]Eingliederungsleistungen nach dem Zweiten Buch Sozialgesetzbuch, Leistungen der aktiven Arbeitsförderung nach dem Dritten Buch Sozialgesetzbuch und vergleichbare Leistungen, die von Einrichtungen des öffentlichen Rechts oder anderen Einrichtungen mit sozialem Charakter erbracht werden. [2]Andere Einrichtungen mit sozialem Charakter im Sinne dieser Vorschrift sind Einrichtungen,

a) die nach § 178 des Dritten Buches Sozialgesetzbuch zugelassen sind,

b) die für ihre Leistungen nach Satz 1 Verträge mit den gesetzlichen Trägern der Grundsicherung für Arbeitsuchende nach dem Zweiten Buch Sozialgesetzbuch geschlossen haben oder

c) die für Leistungen, die denen nach Satz 1 vergleichbar sind, Verträge mit juristischen Personen des öffentlichen Rechts, die diese Leistungen mit dem Ziel der Eingliederung in den Arbeitsmarkt durchführen, geschlossen haben;

15c. [1]Leistungen zur Teilhabe am Arbeitsleben nach § 49 des Neunten Buches Sozialgesetzbuch, die von Einrichtungen des öffentlichen Rechts oder anderen Einrichtungen mit sozialem Charakter erbracht werden. [2]Andere Einrichtungen mit sozialem Charakter im Sinne dieser Vorschrift sind Rehabilitationsdienste und -einrichtungen nach den §§ 36 und 51 des Neunten Buches Sozialgesetzbuch, mit denen Verträge nach § 38 des Neunten Buches Sozialgesetzbuch abgeschlossen worden sind;

16. [1]die eng mit der Betreuung oder Pflege körperlich, kognitiv oder psychisch hilfsbedürftiger Personen verbundenen Leistungen, die von

a) juristischen Personen des öffentlichen Rechts,

b) Einrichtungen, mit denen ein Vertrag nach § 132 des Fünften Buches Sozialgesetzbuch besteht,

c) Einrichtungen, mit denen ein Vertrag nach § 132a des Fünften Buches Sozialgesetzbuch, § 72 oder § 77 des Elften Buches Sozialgesetzbuch besteht oder die Leistungen zur häuslichen Pflege oder zur Heimpflege erbringen und die hierzu nach § 26 Abs. 5 in Verbindung mit § 44 des Siebten Buches Sozialgesetzbuch bestimmt sind,

d) Einrichtungen, die Leistungen der häuslichen Krankenpflege oder Haushaltshilfe erbringen und die hierzu nach § 26 Abs. 5 in Verbindung mit § 32 und § 42 des Siebten Buches Sozialgesetzbuch bestimmt sind,

e) Einrichtungen, mit denen eine Vereinbarung nach § 194 des Neunten Buches Sozialgesetzbuch besteht,

f) Einrichtungen, die nach § 225 des Neunten Buches Sozialgesetzbuch anerkannt sind,

g) Einrichtungen, soweit sie Leistungen erbringen, die landesrechtlich als Angebot zur Unterstützung im Alltag nach § 45a des Elften Buches Sozialgesetzbuch anerkannt sind,

h) Einrichtungen, mit denen eine Vereinbarung nach § 123 des Neunten Buches Sozialgesetzbuch oder nach § 76 des Zwölften Buches Sozialgesetzbuch besteht,

i) Einrichtungen, mit denen ein Vertrag nach § 8 Absatz 3 des Gesetzes zur Errichtung der Sozialversicherung für Landwirtschaft, Forsten und Gartenbau über die Gewährung von häuslicher Krankenpflege oder Haushaltshilfe nach den §§ 10 und 11 des Zweiten Gesetzes über die Krankenversicherung der Landwirte, § 10 des Gesetzes über die Alterssicherung der Landwirte oder nach § 54 Absatz 2 des Siebten Buches Sozialgesetzbuch besteht,

j) Einrichtungen, die aufgrund einer Landesrahmenempfehlung nach § 2 Frühförderungsverordnung als fachlich geeignet interdisziplinäre Frühförderstellen anerkannt sind,

k) Einrichtungen, die als Betreuer nach § 1814 Absatz 1 des Bürgerlichen Gesetzbuchs bestellt worden sind, sofern es sich nicht um Leistungen handelt, die nach § 1877 Absatz 3 des Bürgerlichen Gesetzbuchs vergütet werden,

l) Einrichtungen, mit denen eine Vereinbarung zur Pflegeberatung nach § 7a des Elften Buches Sozialgesetzbuch besteht,

m) Einrichtungen, die als Verfahrenspfleger nach den §§ 276, 297, 298, 317 und 419 des Gesetzes über das Verfahren in Familiensachen und in den Angelegenheiten der freiwilligen Gerichtsbarkeit bestellt worden sind, wenn die Preise, die diese Einrichtungen verlangen, von den zuständigen Behörden genehmigt sind oder die genehmigten Preise nicht übersteigen; bei Umsätzen, für die eine Preisgenehmigung nicht vorgesehen ist, müssen die verlangten Preise unter den Preisen liegen, die der Mehrwertsteuer unterliegende gewerbliche Unternehmen für entsprechende Umsätze fordern, oder

n) Einrichtungen, bei denen die Betreuungs- oder Pflegekosten oder die Kosten für eng mit der Betreuung oder Pflege verbundene Leistungen in mindestens 25 Prozent der Fälle von den gesetzlichen Trägern der Sozialversicherung, den Trägern der Sozialhilfe, den Trägern der Eingliederungshilfe nach § 94 des Neunten Buches Sozialgesetzbuch oder den für die Durchführung des Vierzehnten Buches Sozialgesetzbuch zuständigen Stellen ganz oder zum überwiegenden Teil vergütet werden.

[2]Leistungen im Sinne des Satzes 1, die von Einrichtungen nach den Buchstaben b bis n erbracht werden, sind befreit, soweit es sich ihrer Art nach um Leistungen handelt, auf die sich die Anerkennung, der Vertrag oder die Vereinbarung nach Sozialrecht oder die Vergütung bezieht;

17. a) die Lieferungen von menschlichen Organen, menschlichem Blut und Frauenmilch,

b) die Beförderungen von kranken und verletzten Personen mit Fahrzeugen, die hierfür besonders eingerichtet sind;

18. eng mit der Sozialfürsorge und der sozialen Sicherheit verbundene Leistungen, wenn diese Leistungen von Einrichtungen des öffentlichen Rechts oder anderen Einrichtungen, die keine systematische Gewinnerzielung anstreben, erbracht werden. [2]Etwaige Gewinne, die trotzdem anfallen, dürfen nicht verteilt, sondern müssen zur Erhaltung oder Verbesserung der durch die Einrichtung erbrachten Leistungen verwendet werden. [3]Für in anderen Nummern des § 4 bezeichnete Leistungen kommt die Steuerbefreiung nur unter den dort genannten Voraussetzungen in Betracht;

18a. die Leistungen zwischen den selbständigen Gliederungen einer politischen Partei, soweit diese Leistungen im Rahmen der satzungsgemäßen Aufgaben gegen Kostenerstattung ausgeführt werden, und sofern die jeweilige Partei nicht gemäß § 18 Absatz 7 des Parteiengesetzes von der staatlichen Teilfinanzierung ausgeschlossen ist;

19.

[Fassung bis 31.12.2025]

a) [1]die Umsätze der Blinden, die nicht mehr als zwei Arbeitnehmer beschäftigen. [2]Nicht als Arbeitnehmer gelten der Ehegatte, die minderjährigen Abkömmlinge, die Eltern des Blinden und die Lehrlinge. [3]Die Blindheit ist nach den für die Besteuerung des Einkommens maßgebenden Vorschriften nachzuweisen. [4]Die Steuerfreiheit gilt nicht für die Lieferungen von Energieerzeugnissen im Sinne des § 1 Abs. 2 und 3 des Energiesteuergesetzes und von Alkoholerzeugnissen im Sinne des Alkoholsteuergesetzes, wenn der Blinde für diese Erzeugnisse Energiesteuer oder Alkoholsteuer zu entrichten hat, und für Lieferungen im Sinne der Nummer 4a Satz 1 Buchstabe a Satz 2,

[Fassung ab 1.1.2026]

a) [1]die Umsätze der Blinden, die nicht mehr als zwei Arbeitnehmer beschäftigen. [2]Nicht als Arbeitnehmer gelten der Ehegatte, die minderjährigen Abkömmlinge, die Eltern des Blinden und die Lehrlinge. [3]Die Blindheit ist nach den für die

Besteuerung des Einkommens maßgebenden Vorschriften nachzuweisen. [4]Die Steuerfreiheit gilt nicht für die Lieferungen von Energieerzeugnissen im Sinne des § 1 Abs. 2 und 3 des Energiesteuergesetzes und von Alkoholerzeugnissen im Sinne des Alkoholsteuergesetzes, wenn der Blinde für diese Erzeugnisse Energiesteuer oder Alkoholsteuer zu entrichten hat,

b) die folgenden Umsätze der nicht unter Buchstabe a fallenden Inhaber von anerkannten Blindenwerkstätten und der anerkannten Zusammenschlüsse von Blindenwerkstätten im Sinne des § 226 des Neunten Buches Sozialgesetzbuch:

aa) die Lieferungen von Blindenwaren und Zusatzwaren,

bb) Die sonstigen Leistungen, soweit bei ihrer Ausführung ausschließlich Blinde mitgewirkt haben;

20. a) [1]die Umsätze folgender Einrichtungen juristischer Personen des öffentlichen Rechts: Theater, Orchester, Kammermusikensembles, Chöre, Museen, botanische Gärten, zoologische Gärten, Tierparks, Archive, Büchereien sowie Denkmäler der Bau- und Gartenbaukunst. [2]Das Gleiche gilt für die Umsätze gleichartiger Einrichtungen anderer Unternehmer, wenn die zuständige Landesbehörde bescheinigt, dass sie die gleichen kulturellen Aufgaben wie die in Satz 1 bezeichneten Einrichtungen erfüllen. [3]Steuerfrei sind auch die Umsätze von Bühnenregisseuren und Bühnenchoreographen an Einrichtungen im Sinne der Sätze 1 und 2, wenn die zuständige Landesbehörde bescheinigt, dass deren künstlerische Leistung diesen Einrichtungen unmittelbar dienen. [4]Museen im Sinne dieser Vorschrift sind wissenschaftliche Sammlungen und Kunstsammlungen,

b) die Veranstaltung von Theatervorführungen und Konzerten durch andere Unternehmer, wenn die Darbietungen von den unter Buchstabe a bezeichneten Theatern, Orchestern, Kammermusikensembles oder Chören erbracht werden;

21. a) die unmittelbar dem Schul- und Bildungszweck dienenden Leistungen von Einrichtungen des öffentlichen Rechts, die mit solchen Aufgaben betraut sind, privaten Schulen und anderen allgemeinbildenden oder berufsbildenden Einrichtungen,

aa) wenn sie als Ersatzschulen gemäß Artikel 7 Abs. 4 des Grundgesetzes staatlich genehmigt oder nach Landesrecht erlaubt sind oder

bb) wenn die zuständige Landesbehörde bescheinigt, dass sie Schulunterricht, Hochschulunterricht, Ausbildung, Fortbildung oder berufliche Umschulung erbringen,

b) die unmittelbar dem Schul- und Bildungszweck dienenden Unterrichtsleistungen selbständiger Lehrer

aa) an Hochschulen im Sinne der §§ 1 und 70 des Hochschulrahmengesetzes und öffentlichen allgemeinbildenden oder berufsbildenden Schulen oder

bb) an privaten Schulen und anderen allgemeinbildenden oder berufsbildenden Einrichtungen, soweit diese die Voraussetzungen des Buchstabens a erfüllen,

c) Schul- und Hochschulunterricht, der von Privatlehrern erteilt wird.

[2]Für die in den Nummern 15b und 15c bezeichneten Leistungen kommt die Steuerbefreiung nur unter den dort genannten Voraussetzungen in Betracht;

21a. (weggefallen)

22. a) die Vorträge, Kurse und anderen Veranstaltungen wissenschaftlicher oder belehrender Art, die von juristischen Personen des öffentlichen Rechts, von Verwaltungs- und Wirtschaftsakademien, von Volkshochschulen oder von Einrichtungen, die gemeinnützigen Zwecken oder dem Zweck eines Berufsverbandes dienen, durchgeführt werden, wenn die Einnahmen überwiegend zur Deckung der Kosten verwendet werden,

b) andere kulturelle und sportliche Veranstaltungen, die von den in Buchstabe a genannten Unternehmern durchgeführt werden, soweit das Entgelt in Teilnehmergebühren besteht;

23. a) die Erziehung von Kindern und Jugendlichen und damit eng verbundene Lieferungen und sonstige Leistungen, die durch Einrichtungen des öffentlichen Rechts, die mit solchen Aufgaben betraut sind, oder durch andere Einrichtungen erbracht werden, deren Zielsetzung mit der einer Einrichtung des öffentlichen Rechts vergleichbar ist und die keine systematische Gewinnerzielung anstreben; etwaige Gewinne, die trotzdem anfallen, dürfen nicht verteilt, sondern müssen zur Erhaltung oder Verbesserung der durch die Einrichtung erbrachten Leistungen verwendet werden,

b) eng mit der Betreuung von Kindern und Jugendlichen verbundene Lieferungen und sonstige Leistungen, die durch Einrichtungen des öffentlichen Rechts oder durch andere als Einrichtungen mit sozialem Charakter anerkannte Einrichtungen erbracht werden. Andere Einrichtungen mit sozialem Charakter im Sinne dieser Vorschrift sind Einrichtungen, soweit sie

aa) auf Grund gesetzlicher Regelungen im Bereich der sozialen Sicherheit tätig werden oder

bb) Leistungen erbringen, die im vorangegangenen Kalenderjahr ganz oder zum überwiegenden Teil durch Einrichtungen des öffentlichen Rechts vergütet wurden,

c) Verpflegungsdienstleistungen und Beherbergungsleistungen gegenüber Kindern in Kindertageseinrichtungen, Studierenden und Schülern an Hochschulen im Sinne der Hochschulgesetze der Länder, an einer staatlichen oder staatlich anerkannten Berufsakademie, an öffentlichen Schulen und an Ersatzschulen, die gemäß Artikel 7 Absatz 4 des Grundgesetzes staatlich genehmigt oder nach Landesrecht erlaubt sind, sowie an staatlich anerkannten Ergänzungsschulen und an Berufsschulheimen durch Einrichtungen des öffentlichen Rechts oder durch andere Einrichtungen, die keine systematische Gewinnerzielung an-streben; etwaige Gewinne, die trotzdem anfallen, dürfen nicht verteilt, sondern müssen zur Erhaltung oder Verbesserung der durch die Einrichtung erbrachten Leistungen verwendet werden.

[2]Steuerfrei sind auch die Beherbergung, Beköstigung und die üblichen Naturalleistungen, die die Unternehmer den Personen, die bei der Erbringung der Leistungen nach Satz 1 Buchstabe a und b beteiligt sind, als Vergütung für die geleisteten Dienste gewähren. [3]Kinder und Jugendliche im Sinne von Satz 1 Buchstabe a und b sind alle Personen, die noch nicht 27 Jahre alt sind. [4]Für die in den Nummern 15b, 15c, 21, 24 und 25 bezeichneten Leistungen kommt die Steuerbefreiung nur unter den dort genannten Voraussetzungen in Betracht;

24. [1]die Leistungen des Deutschen Jugendherbergswerkes, Hauptverband für Jugendwandern und Jugendherbergen e.V., einschließlich der diesem Verband angeschlossenen Untergliederungen, Einrichtungen und Jugendherbergen, soweit die Leistungen den Satzungszwecken unmittelbar dienen oder Personen, die bei diesen Leistungen tätig sind, Beherbergung,

Beköstigung und die üblichen Naturalleistungen als Vergütung für die geleisteten Dienste gewährt werden. [2]Das Gleiche gilt für die Leistungen anderer Vereinigungen, die gleiche Aufgaben unter denselben Voraussetzungen erfüllen;

25. [1]Leistungen der Jugendhilfe nach § 2 Abs. 2 des Achten Buches Sozialgesetzbuch, die Inobhutnahme nach § 42 des Achten Buches Sozialgesetzbuch und Leistungen der Adoptionsvermittlung nach dem Adoptionsvermittlungsgesetz, wenn diese Leistungen von Trägern der öffentlichen Jugendhilfe oder anderer Einrichtungen mit sozialem Charakter erbracht werden. [2]Andere Einrichtungen mit sozialem Charakter sind

   a) von der zuständigen Jugendbehörde anerkannte Träger der freien Jugendhilfe, die Kirchen und Religionsgemeinschaften des öffentlichen Rechts,

   b) Einrichtungen, soweit sie

      aa) für ihre Leistungen eine im Achten Buch Sozialgesetzbuch geforderte Erlaubnis besitzen oder nach § 44 oder § 45 Abs. 1 Nr. 1 und 2 des Achten Buches Sozialgesetzbuch einer Erlaubnis nicht bedürfen,

      bb) Leistungen erbringen, die im vorangegangenen Kalenderjahr ganz oder zum überwiegenden Teil durch Träger der öffentlichen Jugendhilfe oder Einrichtungen nach Buchstabe a vergütet wurden,

      cc) Leistungen der Kindertagespflege erbringen, für die sie nach § 23 Abs. 3 des Achten Buches Sozialgesetzbuch geeignet sind, oder

      dd) Leistungen der Adoptionsvermittlung erbringen, für die sie nach § 4 Absatz 1 des Adoptionsvermittlungsgesetzes anerkannt oder nach § 4 Absatz 2 des Adoptionsvermittlungsgesetzes zugelassen sind.

   [3]Steuerfrei sind auch

   a) die Durchführung von kulturellen und sportlichen Veranstaltungen, wenn die Darbietungen von den von der Jugendhilfe begünstigten Personen selbst erbracht oder die Einnahmen überwiegend zur Deckung der Kosten verwendet werden und diese Leistungen in engem Zusammenhang mit den in Satz 1 bezeichneten Leistungen stehen,

   b) die Beherbergung, Beköstigung und die üblichen Naturalleistungen, die diese Einrichtungen den Empfängern der Jugendhilfeleistungen und Mitarbeitern in der Jugendhilfe sowie den bei den Leistungen nach Satz 1 tätigen Personen als Vergütung für die geleisteten Dienste gewähren,

   c) Leistungen, die von Einrichtungen erbracht werden, die als Vormünder nach § 1773 des Bürgerlichen Gesetzbuchs oder als Ergänzungspfleger nach § 1809 des Bürgerlichen Gesetzbuchs bestellt worden sind, sofern es sich nicht um Leistungen handelt, die nach § 1877 Absatz 3 des Bürgerlichen Gesetzbuchs vergütet werden,

   d) Einrichtungen, die als Verfahrensbeistand nach den §§ 158, 167, 174 oder 191 des Gesetzes über das Verfahren in Familiensachen und in den Angelegenheiten der freiwilligen Gerichtsbarkeit bestellt worden sind, wenn die Preise, die diese Einrichtungen verlangen, von den zuständigen Behörden genehmigt sind oder die genehmigten Preise nicht übersteigen; bei Umsätzen, für die eine Preisgenehmigung nicht vorgesehen ist, müssen die verlangten Preise unter den Preisen liegen, die der Mehrwertsteuer unterliegende gewerbliche Unternehmen für entsprechende Umsätze fordern;

26. die ehrenamtliche Tätigkeit,

   a) wenn sie für juristische Personen des öffentlichen Rechts ausgeübt wird oder

   b) wenn das Entgelt für diese Tätigkeit nur in Auslagenersatz und einer angemessenen Entschädigung für Zeitversäumnis besteht;

27. a) die Gestellung von Personal durch religiöse und weltanschauliche Einrichtungen für die in Nummer 14 Buchstabe b, in den Nummern 16, 18, 21, 22 Buchstabe a sowie in den Nummern 23 und 25 genannten Tätigkeiten und für Zwecke geistlichen Beistands,

   b) die Gestellung von land- und forstwirtschaftlichen Arbeitskräften durch juristische Personen des privaten oder des öffentlichen Rechts für land- und forstwirtschaftliche Betriebe (§ 24 Abs. 2) mit höchstens drei Vollarbeitskräften zur Überbrückung des Ausfalls des Betriebsinhabers oder dessen voll mitarbeitenden Familienangehörigen wegen Krankheit, Unfalls, Schwangerschaft, eingeschränkter Erwerbsfähigkeit oder Todes sowie die Gestellung von Betriebshelfern und Haushaltshilfen an die gesetzlichen Träger der Sozialversicherung;

28. die Lieferungen von Gegenständen, für die der Vorsteuerabzug nach § 15 Abs. 1a ausgeschlossen ist oder wenn der Unternehmer die gelieferten Gegenstände ausschließlich für eine nach den Nummern 8 bis 27 und 29 steuerfreie Tätigkeit verwendet hat.

29. sonstige Leistungen von selbständigen, im Inland ansässigen Zusammenschlüssen von Personen, deren Mitglieder eine dem Gemeinwohl dienende nichtunternehmerische Tätigkeit oder eine dem Gemeinwohl dienende Tätigkeit ausüben, die nach den Nummern 11b, 14 bis 18, 20 bis 25 oder 27 von der Steuer befreit ist, gegenüber ihren im Inland ansässigen Mitgliedern, soweit diese Leistungen für unmittelbare Zwecke der Ausübung dieser Tätigkeiten verwendet werden und der Zusammenschluss von seinen Mitgliedern lediglich die genaue Erstattung des jeweiligen Anteils an den gemeinsamen Kosten fordert, vorausgesetzt, dass diese Befreiung nicht zu einer Wettbewerbsverzerrung führt.

…

§ 6
Ausfuhrlieferung

(1) [1]Eine Ausfuhrlieferung (§ 4 Nr. 1 Buchstabe a) liegt vor, wenn bei einer Lieferung

1. der Unternehmer den Gegenstand der Lieferung in das Drittlandsgebiet, ausgenommen Gebiete nach § 1 Abs. 3, befördert oder versendet hat oder

2. der Abnehmer den Gegenstand der Lieferung in das Drittlandsgebiet, ausgenommen Gebiete nach § 1 Abs. 3, befördert oder versendet hat und ein ausländischer Abnehmer ist oder

3. der Unternehmer oder der Abnehmer den Gegenstand der Lieferung in die in § 1 Abs. 3 bezeichneten Gebiete befördert oder versendet hat und der Abnehmer

   a) ein Unternehmer ist, der den Gegenstand für sein Unternehmen erworben hat und dieser nicht ausschließlich oder nicht zum Teil für eine nach § 4 Nr. 8 bis 27 und 29 steuerfreie Tätigkeit verwendet werden soll, oder

   b) ein ausländischer Abnehmer, aber kein Unternehmer ist und der Gegenstand in das übrige Drittlandsgebiet gelangt.

[2]Der Gegenstand der Lieferung kann durch Beauftragte vor der Ausfuhr bearbeitet oder verarbeitet worden sein.

(2–3) …

(3a) [1]Wird in den Fällen des Absatzes 1 Satz 1 Nr. 2 und 3 der Gegenstand der Lieferung nicht für unternehmerische Zwecke erworben und durch den Abnehmer im persönlichen Reisegepäck ausgeführt, liegt eine Ausfuhrlieferung nur vor, wenn

1. der Abnehmer seinen Wohnort oder Sitz im Drittlandsgebiet, ausgenommen Gebiete nach § 1 Abs. 3, hat,
2. der Gegenstand der Lieferung vor Ablauf des dritten Kalendermonats, der auf den Monat der Lieferung folgt, ausgeführt wird und
3. der Gesamtwert der Lieferung einschließlich Umsatzsteuer 50 Euro übersteigt.

[2]Nummer 3 tritt zum Ende des Jahres außer Kraft, in dem die Ausfuhr- und Abnehmernachweise in Deutschland erstmals elektronisch erteilt werden.

(4–5) …

§ 6a
Innergemeinschaftliche Lieferung

(1) [1]Eine innergemeinschaftliche Lieferung (§ 4 Nr. 1 Buchstabe b) liegt vor, wenn bei einer Lieferung die folgenden Voraussetzungen erfüllt sind:

1. der Unternehmer oder der Abnehmer hat den Gegenstand der Lieferung in das übrige Gemeinschaftsgebiet befördert oder versendet,
2. der Abnehmer ist
   a) ein in einem anderen Mitgliedstaat für Zwecke der Umsatzsteuer erfasster Unternehmer, der den Gegenstand der Lieferung für sein Unternehmen erworben hat,
   b) eine in einem anderen Mitgliedstaat für Zwecke der Umsatzsteuer erfasste juristische Person, die nicht Unternehmer ist oder die den Gegenstand der Lieferung nicht für ihr Unternehmen erworben hat, oder
   c) bei der Lieferung eines neuen Fahrzeugs auch jeder andere Erwerber,
3. der Erwerb des Gegenstands der Lieferung unterliegt beim Abnehmer in einem anderen Mitgliedstaat den Vorschriften der Umsatzbesteuerung
   und
4. der Abnehmer im Sinne der Nummer 2 Buchstabe a oder b hat gegenüber dem Unternehmer eine ihm von einem anderen Mitgliedstaat erteilte gültige Umsatzsteuer-Identifikationsnummer verwendet.

[2]Der Gegenstand der Lieferung kann durch Beauftragte vor der Beförderung oder Versendung in das übrige Gemeinschaftsgebiet bearbeitet oder verarbeitet worden sein.

(2–4) …

§ 6b
Konsignationslagerregelung

(1) Für die Beförderung oder Versendung eines Gegenstandes aus dem Gebiet eines Mitgliedstaates in das Gebiet eines anderen Mitgliedstaates für Zwecke einer Lieferung des Gegenstandes nach dem Ende dieser Beförderung oder Versendung an einen Erwerber gilt eine Besteuerung nach Maßgabe der nachfolgenden Vorschriften, wenn folgende Voraussetzungen erfüllt sind:

1. Der Unternehmer oder ein vom Unternehmer beauftragter Dritter befördert oder versendet einen Gegenstand des Unternehmens aus dem Gebiet eines Mitgliedstaates (Abgangsmitgliedstaat) in das Gebiet eines anderen Mitgliedstaates (Bestimmungsmitgliedstaat) zu dem Zweck, dass nach dem Ende dieser Beförderung oder Versendung die Lieferung (§ 3 Absatz 1) gemäß einer bestehenden Vereinbarung an einen Erwerber bewirkt werden soll, dessen vollständiger Name und dessen vollständige Anschrift dem Unternehmer zum Zeitpunkt des Beginns der Beförderung oder Versendung des Gegenstands bekannt ist und der Gegenstand im Bestimmungsland verbleibt.
2. Der Unternehmer hat in dem Bestimmungsmitgliedstaat weder seinen Sitz noch seine Geschäftsleitung oder eine Betriebsstätte oder in Ermangelung eines Sitzes, einer Geschäftsleitung oder einer Betriebsstätte seinen Wohnsitz oder gewöhnlichen Aufenthalt.
3. Der Erwerber im Sinne der Nummer 1, an den die Lieferung bewirkt werden soll, hat gegenüber dem Unternehmer bis zum Beginn der Beförderung oder Versendung die ihm vom Bestimmungsmitgliedstaat erteilte Umsatzsteuer-Identifikationsnummer verwendet.
4. Der Unternehmer zeichnet die Beförderung oder Versendung des Gegenstandes im Sinne der Nummer 1 nach Maßgabe des § 22 Absatz 4f gesondert auf und kommt seiner Pflicht nach § 18a Absatz 1 in Verbindung mit Absatz 6 Nummer 3 und Absatz 7 Nummer 2a rechtzeitig, richtig und vollständig nach.

(2) Wenn die Voraussetzungen nach Absatz 1 erfüllt sind, gilt zum Zeitpunkt der Lieferung des Gegenstandes an den Erwerber, sofern diese Lieferung innerhalb der Frist nach Absatz 3 bewirkt wird, Folgendes:

1. Die Lieferung an den Erwerber wird einer im Abgangsmitgliedstaat steuerbaren und steuerfreien innergemeinschaftlichen Lieferung (§ 6a) gleichgestellt.
2. Die Lieferung an den Erwerber wird einem im Bestimmungsmitgliedstaat steuerbaren innergemeinschaftlichen Erwerb (§ 1a Absatz 1) gleichgestellt.

(3) Wird die Lieferung an den Erwerber nicht innerhalb von zwölf Monaten nach dem Ende der Beförderung oder Versendung des Gegenstandes im Sinne des Absatzes 1 Nummer 1 bewirkt und ist keine der Voraussetzungen des Absatzes 6 erfüllt, so gilt am Tag nach Ablauf des Zeitraums von zwölf Monaten die Beförderung oder Versendung des Gegenstandes als das einer innergemeinschaftlichen Lieferung gleichgestellte Verbringen (§ 6a Absatz 2 in Verbindung mit § 3 Absatz 1a).

(4) Absatz 3 ist nicht anzuwenden, wenn folgende Voraussetzungen vorliegen:

1. Die nach Absatz 1 Nummer 1 beabsichtigte Lieferung wird nicht bewirkt und der Gegenstand gelangt innerhalb von zwölf Monaten nach dem Ende der Beförderung oder Versendung aus dem Bestimmungsmitgliedstaat in den Abgangsmitgliedstaat zurück.
2. Der Unternehmer zeichnet das Zurückgelangen des Gegenstandes nach Maßgabe des § 22 Absatz 4f gesondert auf.

(5) Tritt innerhalb von zwölf Monaten nach dem Ende der Beförderung oder Versendung des Gegenstandes im Sinne des Absatzes 1 Nummer 1 und vor dem Zeitpunkt der Lieferung ein anderer Unternehmer an die Stelle des Erwerbers im Sinne des Absatzes 1 Nummer 1, gilt in dem Zeitpunkt, in dem der andere Unternehmer an die Stelle des Erwerbers tritt, Absatz 4 sinngemäß, wenn folgende Voraussetzungen vorliegen:

1. Der andere Unternehmer hat gegenüber dem Unternehmer die ihm vom Bestimmungsmitgliedstaat erteilte Umsatzsteuer-Identifikationsnummer verwendet.
2. Der vollständige Name und die vollständige Anschrift des anderen Unternehmers sind dem Unternehmer bekannt.
3. Der Unternehmer zeichnet den Erwerberwechsel nach Maßgabe des § 22 Absatz 4f gesondert auf.

(6) [1]Fällt eine der Voraussetzungen nach den Absätzen 1 und 5 innerhalb von zwölf Monaten nach dem Ende der Beförderung oder Versendung des Gegenstandes im Sinne des Absatzes 1 Nummer 1 und vor dem Zeitpunkt der Lieferung weg, so gilt am Tag des Wegfalls der Voraussetzung die Beförderung oder Versendung des Gegenstandes als das einer innergemeinschaftlichen Lieferung gleichgestellte Verbringen (§ 6a Absatz 2 in Verbindung mit § 3 Absatz 1a). [2]Wird die Lieferung an einen anderen Erwerber als einen Erwerber nach Absatz 1 Nummer 1 oder Absatz 5 bewirkt, gelten die Voraussetzungen nach den Absätzen 1 und 5 an dem Tag vor der Lieferung als nicht mehr erfüllt. [3]Satz 2 gilt sinngemäß, wenn der Gegenstand vor der Lieferung oder bei der Lieferung in einen anderen Mitgliedstaat als den Abgangsmitgliedstaat oder in das Drittlandsgebiet befördert oder versendet wird. [4]Im Fall der Zerstörung, des Verlustes oder des Diebstahls des Gegenstandes nach dem Ende der Beförderung oder Versendung des Gegenstandes im Sinne des Absatzes 1 Nummer 1 und vor dem Zeitpunkt der Lieferung gelten die Voraussetzungen nach den Absätzen 1 und 5 an dem Tag, an dem die Zerstörung, der Verlust oder der Diebstahl festgestellt wird, als nicht mehr erfüllt.

…

§ 9
Verzicht auf Steuerbefreiungen

(1) Der Unternehmer kann einen Umsatz, der nach § 4 Nr. 8 Buchstabe a bis g, Nr. 9 Buchstabe a, Nr. 12, 13 oder 19 steuerfrei ist, als steuerpflichtig behandeln, wenn der Umsatz an einen anderen Unternehmer für dessen Unternehmen ausgeführt wird.

(2) [1]Der Verzicht auf Steuerbefreiung nach Absatz 1 ist bei der Bestellung und Übertragung von Erbbaurechten (§ 4 Nr. 9 Buchstabe a), bei der Vermietung oder Verpachtung von Grundstücken (§ 4 Nr. 12 Satz 1 Buchstabe a) und bei den in § 4 Nr. 12 Satz 1 Buchstabe b und c bezeichneten Umsätzen nur zulässig, soweit der Leistungsempfänger das Grundstück ausschließlich für Umsätze verwendet oder zu verwenden beabsichtigt, die den Vorsteuerabzug nicht ausschließen. [2]Der Unternehmer hat die Voraussetzungen nachzuweisen.

(3) [1]Der Verzicht auf Steuerbefreiung nach Absatz 1 ist bei Lieferungen von Grundstücken (§ 4 Nr. 9 Buchstabe a) im Zwangsversteigerungsverfahren durch den Vollstreckungsschuldner an den Ersteher bis zur Aufforderung zur Abgabe von Geboten im Versteigerungstermin zulässig. [2]Bei anderen Umsätzen im Sinne von § 4 Nummer 9 Buchstabe a kann der Verzicht auf Steuerbefreiung nach Absatz 1 nur in dem gemäß § 311b Absatz 1 des Bürgerlichen Gesetzbuchs notariell zu beurkundenden Vertrag erklärt werden.

Dritter Abschnitt
Bemessungsgrundlagen

§ 10
Bemessungsgrundlage für Lieferungen, sonstige Leistungen und innergemeinschaftliche Erwerbe

[Fassung bis 31.12.2025]

(1) [1]Der Umsatz wird bei Lieferungen und sonstigen Leistungen (§ 1 Abs. 1 Nr. 1 Satz 1) und bei dem innergemeinschaftlichen Erwerb (§ 1 Abs. 1 Nr. 5) nach dem Entgelt bemessen. [2]Entgelt ist alles, was den Wert der Gegenleistung bildet, die der leistende Unternehmer vom Leistungsempfänger oder von einem anderen als dem Leistungsempfänger für die Leistung erhält oder erhalten soll, einschließlich der unmittelbar mit dem Preis dieser Umsätze zusammenhängenden Subventionen, jedoch abzüglich der für diese Leistung gesetzlich geschuldeten Umsatzsteuer. [3]Bei dem innergemeinschaftlichen Erwerb sind Verbrauchsteuern, die vom Erwerber geschuldet oder entrichtet werden, in die Bemessungsgrundlage einzubeziehen. [4]Bei Lieferungen und dem innergemeinschaftlichen Erwerb im Sinne des § 4 Nr. 4a Satz 1 Buchstabe a Satz 2 sind die Kosten für die Leistungen im Sinne des § 4 Nr. 4a Satz 1 Buchstabe b und die vom Auslagerer geschuldeten oder entrichteten Verbrauchsteuern in die Bemessungsgrundlage einzubeziehen. [5]Die Beträge, die der Unternehmer im Namen und für Rechnung eines anderen vereinnahmt und verausgabt (durchlaufende Posten), gehören nicht zum Entgelt. [6]Liegen bei der Entgegennahme eines Mehrzweck-Gutscheins (§ 3 Absatz 15) keine Angaben über die Höhe der für den Gutschein erhaltenen Gegenleistung nach Satz 2 vor, so wird das Entgelt nach dem Gutscheinwert selbst oder nach dem in den damit zusammenhängenden Unterlagen angegebenen Geldwert bemessen, abzüglich der Umsatzsteuer, die danach auf die gelieferten Gegenstände oder die erbrachten Dienstleistungen entfällt.

[Fassung ab 1.1.2026]

(1) [1]Der Umsatz wird bei Lieferungen und sonstigen Leistungen (§ 1 Abs. 1 Nr. 1 Satz 1) und bei dem innergemeinschaftlichen Erwerb (§ 1 Abs. 1 Nr. 5) nach dem Entgelt bemessen. [2]Entgelt ist alles, was den Wert der Gegenleistung bildet, die der leistende Unternehmer vom Leistungsempfänger oder von einem anderen als dem Leistungsempfänger für die Leistung erhält oder erhalten soll, einschließlich der unmittelbar mit dem Preis dieser Umsätze zusammenhängenden Subventionen, jedoch abzüglich der für diese Leistung gesetzlich geschuldeten Umsatzsteuer. [3]Bei dem innergemeinschaftlichen Erwerb sind Verbrauchsteuern, die vom Erwerber geschuldet oder entrichtet werden, in die Bemessungsgrundlage einzubeziehen. [4]Die Beträge, die der Unternehmer im Namen und für Rechnung eines anderen vereinnahmt und verausgabt (durchlaufende Posten), gehören nicht zum Entgelt. [5]Liegen bei der Entgegennahme eines Mehrzweck-Gutscheins (§ 3 Absatz 15) keine Angaben über die Höhe der für den Gutschein erhaltenen Gegenleistung nach Satz 2 vor, so wird das Entgelt nach dem Gutscheinwert selbst oder nach dem in den damit zusammenhängenden Unterlagen angegebenen Geldwert bemessen, abzüglich der Umsatzsteuer, die danach auf die gelieferten Gegenstände oder die erbrachten Dienstleistungen entfällt.

(2) …

(3) (weggefallen)

(4) [1]Der Umsatz wird bemessen

1. bei dem Verbringen eines Gegenstands im Sinne des § 1a Abs. 2 und des § 3 Abs. 1a sowie bei Lieferungen im Sinne des § 3 Abs. 1b nach dem Einkaufspreis zuzüglich der Nebenkosten für den Gegenstand oder für einen gleichartigen Gegenstand oder mangels eines Einkaufspreises nach den Selbstkosten, jeweils zum Zeitpunkt des Umsatzes;
2. bei sonstigen Leistungen im Sinne des § 3 Abs. 9a Nr. 1 nach den bei der Ausführung dieser Umsätze entstandenen Ausgaben, soweit sie zum vollen oder teilweisen Vorsteuerabzug berechtigt haben. [2]Zu diesen Ausgaben gehören auch die Anschaffungs- oder Herstellungskosten eines Wirtschaftsguts, soweit das Wirtschaftsgut dem Unternehmen zugeordnet ist und für die Erbringung der sonstigen Leistung verwendet wird. [3]Betragen die Anschaffungs- oder Herstellungskosten mindestens 500 Euro, sind sie gleichmäßig auf einen Zeitraum zu verteilen, der dem für das Wirtschaftsgut maßgeblichen Berichtigungszeitraum nach § 15a entspricht;
3. bei sonstigen Leistungen im Sinne des § 3 Abs. 9a Nr. 2 nach den bei der Ausführung dieser Umsätze entstandenen Ausgaben. [2]Satz 1 Nr. 2 Sätze 2 und 3 gilt entsprechend.

[2]Die Umsatzsteuer gehört nicht zur Bemessungsgrundlage.

(5) Absatz 4 gilt entsprechend für

1. Lieferungen und sonstige Leistungen, die Körperschaften und Personenvereinigungen im Sinne des § 1 Abs. 1 Nr. 1 bis 5 des Körperschaftsteuergesetzes, nichtrechtsfähige Personenvereinigungen sowie Gemeinschaften im Rahmen ihres Unternehmens an ihre Anteilseigner, Gesellschafter, Mitglieder, Teilhaber oder diesen nahe stehende Personen sowie Einzelunternehmer an ihnen nahe stehende Personen ausführen;
2. Lieferungen und sonstige Leistungen, die ein Unternehmer an sein Personal oder dessen Angehörige auf Grund des Dienstverhältnisses ausführt,

wenn die Bemessungsgrundlage nach Absatz 4 das Entgelt nach Absatz 1 übersteigt; der Umsatz ist jedoch höchstens nach dem marktüblichen Entgelt zu bemessen. [2]Übersteigt des Entgelt nach Absatz 1 das marktübliche Entgelt, gilt Absatz 1.

(6) …

Vierter Abschnitt
Steuer und Vorsteuer

§ 12
Steuersätze

(1) Die Steuer beträgt für jeden steuerpflichtigen Umsatz 19 Prozent der Bemessungsgrundlage (§§ 10, 11, 25 Abs. 3 und § 25a Abs. 3 und 4).

(2) Die Steuer ermäßigt sich auf 7 Prozent für die folgenden Umsätze:

1.–7. …

8.

a) die Leistungen der Körperschaften, die ausschließlich und unmittelbar gemeinnützige, mildtätige oder kirchliche Zwecke verfolgen (§§ 51 bis 68 der Abgabenordnung). [2]Das gilt nicht für Leistungen, die im Rahmen eines wirtschaftlichen Geschäftsbetriebs ausgeführt werden. [3]Für Leistungen, die im Rahmen eines in den §§ 66 bis 68 der Abgabenordnung bezeichneten Zweckbetrieben ausgeführt werden, gilt Satz 1 nur, wenn der Zweckbetrieb nicht in erster Linie der Erzielung zusätzlicher Einnahmen durch die Ausführung von Umsätzen dient, die in unmittelbarem Wettbewerb mit dem allgemeinen Steuersatz unterliegenden Leistungen anderer Unternehmer ausgeführt werden, oder wenn die Körperschaft mit diesen Leistungen ihrer in den §§ 66 bis 68 der Abgabenordnung bezeichneten Zweckbetriebe ihre steuerbegünstigten satzungsgemäßen Zwecke selbst verwirklicht. [4]Körperschaften verwirklichen mit ihren in den §§ 66 bis 68 der Abgabenordnung bezeichneten Zweckbetrieben ihre steuerbegünstigten satzungsgemäßen Zwecke selbst, wenn die Leistungsempfänger oder an der Leistungserbringung beteiligte Personen vom steuerbegünstigten Zweck der Einrichtung erfasst werden,

b) die Leistungen der nichtrechtsfähigen Personenvereinigungen und Gemeinschaften der in Buchstabe a Satz 1 bezeichneten Körperschaften, wenn diese Leistungen, falls die Körperschaften sie anteilig selbst ausführten, insgesamt nach Buchstabe a ermäßigt besteuert würden;

9.–14. …

[Fassung bis 31.12.2025]

15. die nach dem 30. Juni 2020 und vor dem 1. Januar 2024 erbrachten Restaurant- und Verpflegungsdienstleistungen, mit Ausnahme der Abgabe von Getränken.

[Fassung ab 1.1.2026]

15. die Restaurant- und Verpflegungsdienstleistungen, mit Ausnahme der Abgabe von Getränken.

(3) [1]Die Steuer ermäßigt sich auf 0 Prozent für die folgenden Umsätze:

1. die Lieferungen von Solarmodulen an den Betreiber einer Photovoltaikanlage, einschließlich der für den Betrieb einer Photovoltaikanlage wesentlichen Komponenten und der Speicher, die dazu dienen, den mit Solarmodulen erzeugten Strom zu speichern, wenn die Photovoltaikanlage auf oder in der Nähe von Privatwohnungen, Wohnungen sowie öffentlichen und anderen Gebäuden, die für dem Gemeinwohl dienende Tätigkeiten genutzt werden, installiert wird. [2]Die Voraussetzungen des Satzes 1 gelten als erfüllt, wenn die installierte Bruttoleistung der Photovoltaikanlage laut Marktstammdatenregister nicht mehr als 30 kW (peak) beträgt oder betragen wird;
2. der innergemeinschaftliche Erwerb der in Nummer 1 bezeichneten Gegenstände, die die Voraussetzungen der Nummer 1 erfüllen;
3. die Einfuhr der in Nummer 1 bezeichneten Gegenstände, die die Voraussetzungen der Nummer 1 erfüllen;
4. die Installation von Photovoltaikanlagen sowie der Speicher, die dazu dienen, den mit Solarmodulen erzeugten Strom zu speichern, wenn die Lieferung der installierten Komponenten die Voraussetzungen der Nummer 1 erfüllt.

…

§ 13b
Leistungsempfänger als Steuerschuldner

(1) Für nach § 3a Absatz 2 im Inland steuerpflichtige sonstige Leistungen eines im übrigen Gemeinschaftsgebiet ansässigen Unternehmers entsteht die Steuer mit Ablauf des Voranmeldungszeitraums, in dem die Leistungen ausgeführt worden sind.

(2) Für folgende steuerpflichtige Umsätze entsteht die Steuer mit Ausstellung der Rechnung, spätestens jedoch mit Ablauf des der Ausführung der Leistung folgenden Kalendermonats:

1. Werklieferungen und nicht unter Absatz 1 fallende sonstige Leistungen eines im Ausland ansässigen Unternehmers;
2. Lieferungen sicherungsübereigneter Gegenstände durch den Sicherungsgeber an den Sicherungsnehmer außerhalb des Insolvenzverfahrens;
3. Umsätze, die unter das Grunderwerbsteuergesetz fallen;
4. Bauleistungen, einschließlich Werklieferungen und sonstigen Leistungen im Zusammenhang mit Grundstücken, die der Herstellung, Instandsetzung, Instandhaltung, Änderung oder Beseitigung von Bauwerken dienen, mit Ausnahme von Planungs- und Überwachungsleistungen. [2]Als Grundstücke gelten insbesondere auch Sachen, Ausstattungsgegenstände und Maschinen, die auf Dauer in einem Gebäude oder Bauwerk installiert sind und die nicht bewegt werden können, ohne das Gebäude oder Bauwerk zu zerstören oder zu verändern. [3]Nummer 1 bleibt unberührt;
5. Lieferungen
   a) der in § 3g Absatz 1 Satz 1 genannten Gegenstände eines im Ausland ansässigen Unternehmers unter den Bedingungen des § 3g und
   b) von Gas über das Erdgasnetz und von Elektrizität, die nicht unter Buchstabe a fallen;
6. Übertragung von Berechtigungen nach § 3 Nummer 3 des Treibhausgas-Emissionshandelsgesetzes, Emissionsreduktionseinheiten nach § 2 Nummer 20 des Projekt-Mechanismen-Gesetzes, zertifizierten Emissionsreduktionen nach § 2 Nummer 21 des Projekt-Mechanismen-Gesetzes, Emissionszertifikaten nach § 3 Nummer 2 Brennstoffemissionshandelsgesetzes sowie Gas- und Elektrizitätszertifikaten;
7. Lieferungen der in der Anlage 3 bezeichneten Gegenstände;
8. Reinigen von Gebäuden und Gebäudeteilen. [2]Nummer 1 bleibt unberührt;
9. Lieferungen von Gold mit einem Feingehalt von mindestens 325 Tausendstel, in Rohform oder als Halbzeug (aus Position 7108 des Zolltarifs) und von Goldplattierungen mit einem Goldfeingehalt von mindestens 325 Tausendstel (aus Position 7109);
10. Lieferungen von Mobilfunkgeräten, Tablet-Computern und Spielekonsolen sowie von integrierten Schaltkreisen vor Einbau in einen zur Lieferung auf der Einzelhandelsstufe geeigneten Gegenstand, wenn die Summe der für sie in Rechnung zu stellenden Entgelte im Rahmen eines wirtschaftlichen Vorgangs mindestens 5 000 Euro beträgt; nachträgliche Minderungen des Entgelts bleiben dabei unberücksichtigt;
11. Lieferungen der in der Anlage 4 bezeichneten Gegenstände, wenn die Summe der für sie in Rechnung zu stellenden Entgelte im Rahmen eines wirtschaftlichen Vorgangs mindestens 5 000 Euro beträgt; nachträgliche Minderungen des Entgelts bleiben dabei unberücksichtigt;
12. sonstige Leistungen auf dem Gebiet der Telekommunikation. [2]Nummer 1 bleibt unberührt.

(3) Abweichend von den Absätzen 1 und 2 Nummer 1 entsteht die Steuer für sonstige Leistungen, die dauerhaft über einen Zeitraum von mehr als einem Jahr erbracht werden, spätestens mit Ablauf eines jeden Kalenderjahres, in dem sie tatsächlich erbracht werden.

(4) [1]Bei der Anwendung der Absätze 1 bis 3 gilt § 13 Absatz 1 Nummer 1 Buchstabe a Satz 2 und 3 entsprechend. [2]Wird in den in den Absätzen 1 bis 3 sowie in den in Satz 1 genannten Fällen das Entgelt oder ein Teil des Entgelts vereinnahmt, bevor die Leistung oder die Teilleistung ausgeführt worden ist, entsteht insoweit die Steuer mit Ablauf des Voranmeldungszeitraums, in dem das Entgelt oder das Teilentgelt vereinnahmt worden ist.

(5) [1]In den in den Absätzen 1 und 2 Nummer 1 bis 3 genannten Fällen schuldet der Leistungsempfänger die Steuer, wenn er ein Unternehmer oder eine juristische Person ist; in den in Absatz 2 Nummer 5 Buchstabe a, Nummer 6, 7, 9 bis 11 genannten Fällen schuldet der Leistungsempfänger die Steuer, wenn er ein Unternehmer ist. [2]In den in Absatz 2 Nummer 4 Satz 1 genannten Fällen schuldet der Leistungsempfänger die Steuer unabhängig davon, ob er sie für eine von ihm erbrachte Leistung im Sinne des Absatzes 2 Nummer 4 Satz 1 verwendet, wenn er ein Unternehmer ist, der nachhaltig entsprechende Leistungen erbringt; davon ist auszugehen, wenn ihm das zuständige Finanzamt eine im Zeitpunkt der Ausführung des Umsatzes gültige auf längstens drei Jahre befristete Bescheinigung, die nur mit Wirkung für die Zukunft widerrufen oder zurückgenommen werden kann, darüber erteilt hat, dass er ein Unternehmer ist, der entsprechende Leistungen erbringt. [3]Bei den in Absatz 2 Nummer 5 Buchstabe b genannten Lieferungen von Erdgas schuldet der Leistungsempfänger die Steuer, wenn er ein Wiederverkäufer von Erdgas im Sinne des § 3g ist. [4]Bei den in Absatz 2 Nummer 5 Buchstabe b genannten Lieferungen von Elektrizität schuldet der Leistungsempfänger die Steuer, in denen der liefernde Unternehmer und der Leistungsempfänger Wiederverkäufer von Elektrizität im Sinne des § 3g sind. [5]In den in Absatz 2 Nummer 8 Satz 1 genannten Fällen schuldet der Leistungsempfänger die Steuer unabhängig davon, ob er sie für eine von ihm erbrachte Leistung im Sinne des Absatzes 2 Nummer 8 Satz 1 verwendet, wenn er ein Unternehmer ist, der nachhaltig entsprechende Leistungen erbringt; davon ist auszugehen, wenn ihm das zuständige Finanzamt eine im Zeitpunkt der Ausführung des Umsatzes gültige auf längstens drei Jahre befristete Bescheinigung, die nur mit Wirkung für die Zukunft widerrufen oder zurückgenommen werden kann, darüber erteilt hat, dass er ein Unternehmer ist, der entsprechende Leistungen erbringt. [6]Bei den in Absatz 2 Nummer 12 Satz 1 genannten Leistungen schuldet der Leistungsempfänger die Steuer, wenn er ein Unternehmer ist, dessen Haupttätigkeit in Bezug auf den Erwerb dieser Leistungen in deren Erbringung besteht und dessen eigener Verbrauch dieser Leistungen von untergeordneter Bedeutung ist; davon ist auszugehen, wenn ihm das zuständige Finanzamt eine im Zeitpunkt der Ausführung des Umsatzes gültige auf längstens drei Jahre befristete Bescheinigung, die nur mit Wirkung für die Zukunft widerrufen oder zurückgenommen werden kann, darüber erteilt hat, dass er ein Unternehmer ist, der entsprechende Leistungen erbringt. [7]Die Sätze 1 bis 6 gelten vorbehaltlich des Satzes 11 auch, wenn die Leistung für den nichtunternehmerischen Bereich bezogen wird. [8]Sind Leistungsempfänger und leistender Unternehmer in Zweifelsfällen übereinstimmend vom Vorliegen der Voraussetzungen des Absatzes 2 Nummer 4, 5 Buchstabe b, Nummer 6 bis 12 ausgegangen, obwohl dies nach der Art der Umsätze unter Anlegung objektiver Kriterien nicht zutreffend war, gilt der Leistungsempfänger dennoch als Steuerschuldner, sofern dadurch keine Steuerausfälle entstehen. [9]Die Sätze 2 und 9

gelten auch dann, wenn die entsprechenden Leistungen des Leistungsempfängers nach § 19 Absatz 1 oder 4 steuerfrei sind. [10]Die Sätze 1 bis 9 gelten nicht, wenn ein in Absatz 2 Nummer 2, 7 oder 9 bis 11 genannter Gegenstand von dem Unternehmer, der die Lieferung bewirkt, unter den Voraussetzungen des § 25a geliefert wird. [11]In den in Absatz 2 Nummer 4, 5 Buchstabe b und Nummer 7 bis 12 genannten Fällen schulden juristische Personen des öffentlichen Rechts die Steuer nicht, wenn sie die Leistung für den nichtunternehmerischen Bereich beziehen.

(6) Die Absätze 1 bis 5 finden keine Anwendung, wenn die Leistung des im Ausland ansässigen Unternehmers besteht

1. in einer Personenbeförderung, die der Beförderungseinzelbesteuerung (§ 16 Absatz 5) unterlegen hat,
2. in einer Personenbeförderung, die mit einem Fahrzeug im Sinne des § 1b Absatz 2 Satz 1 Nummer 1 durchgeführt worden ist,
3. in einer grenzüberschreitenden Personenbeförderung im Luftverkehr,
4. in der Einräumung der Eintrittsberechtigung für Messen, Ausstellungen und Kongresse im Inland,
5. in einer sonstigen Leistung einer Durchführungsgesellschaft an im Ausland ansässige Unternehmer, soweit diese Leistung im Zusammenhang mit der Veranstaltung von Messen und Ausstellungen im Inland steht, oder
6. in der Abgabe von Speisen und Getränken zum Verzehr an Ort und Stelle (Restaurationsleistungen), wenn diese Abgabe an Bord eines Schiffs, in einem Luftfahrzeug oder in einer Eisenbahn erfolgt.

(7) [1]Ein im Ausland ansässiger Unternehmer im Sinne des Absatzes 2 Nummer 1 und 5 ist ein Unternehmer, der im Inland, auf der Insel Helgoland und in einem der in § 1 Absatz 3 bezeichneten Gebiete weder einen Wohnsitz, seinen gewöhnlichen Aufenthalt, seinen Sitz, seine Geschäftsleitung noch eine Betriebsstätte hat; dies gilt auch, wenn der Unternehmer ausschließlich einen Wohnsitz oder einen gewöhnlichen Aufenthaltsort im Inland, aber seinen Sitz, den Ort der Geschäftsleitung oder eine Betriebsstätte im Ausland hat. [2]Ein im übrigen Gemeinschaftsgebiet ansässiger Unternehmer ist ein Unternehmer, der in den Gebieten der übrigen Mitgliedstaaten der Europäischen Union, die nach dem Gemeinschaftsrecht als Inland dieser Mitgliedstaaten gelten, einen Wohnsitz, seinen gewöhnlichen Aufenthalt, seinen Sitz, seine Geschäftsleitung oder eine Betriebsstätte hat; dies gilt nicht, wenn der Unternehmer ausschließlich einen Wohnsitz, oder einen gewöhnlichen Aufenthaltsort in den Gebieten der übrigen Mitgliedstaaten der Europäischen Union, die nach dem Gemeinschaftsrecht als im Inland dieser Mitgliedstaaten gelten, aber seinen Sitz, den Ort der Geschäftsleitung oder eine Betriebsstätte im Drittlandsgebiet hat. [3]Hat der Unternehmer im Inland eine Betriebsstätte und führt er einen Umsatz nach Absatz 1 oder Absatz 2 Nummer 1 oder Nummer 5 aus, gilt er hinsichtlich dieses Umsatzes als im Ausland oder im übrigen Gemeinschaftsgebiet ansässig, wenn die Betriebsstätte an diesem Umsatz nicht beteiligt ist. [4]Maßgebend ist der Zeitpunkt, in dem die Leistung ausgeführt wird. [5]Ist es zweifelhaft, ob der Unternehmer diese Voraussetzungen erfüllt, schuldet der Leistungsempfänger die Steuer nur dann nicht, wenn ihm der Unternehmer durch eine Bescheinigung des nach den abgabenrechtlichen Vorschriften für die Besteuerung seiner Umsätze zuständigen Finanzamts nachweist, dass er kein Unternehmer im Sinne der Sätze 1 und 2 ist.

(8) Bei der Berechnung der Steuer ist § 24 nicht anzuwenden.

(9) Das Bundesministerium der Finanzen kann mit Zustimmung des Bundesrates durch Rechtsverordnung bestimmen, unter welchen Voraussetzungen zur Vereinfachung des Besteuerungsverfahrens in den Fällen, in denen ein anderer als der Leistungsempfänger ein Entgelt gewährt, der andere an Stelle des Leistungsempfängers Steuerschuldner nach Absatz 5 ist.

(10) [1]Das Bundesministerium der Finanzen kann mit Zustimmung des Bundesrates durch Rechtsverordnung den Anwendungsbereich der Steuerschuldnerschaft des Leistungsempfängers nach Absatz 2 und 5 auf weitere Umsätze erweitern, wenn im Zusammenhang mit diesen Umsätzen unvermittelt schwerwiegende Betrugsfälle aufgetreten sind, die voraussichtlich zu erheblichen und unwiederbringlichen Steuermindereinnahmen führen. [2]Voraussetzungen für diese Erweiterung sind:

1. Die Erweiterung darf frühestens zu dem Zeitpunkt in Kraft treten, zu dem die Europäische Kommission entsprechend Artikel 199b Absatz 3 der Richtlinie 2006/112/EG des Rates vom 28. November 2006 über das gemeinsame Mehrwertsteuersystem (ABl. L 347 vom 11.12.2006, S. 1) in der Fassung von Artikel 1 Nummer 1 der Richtlinie 2013/42/EU des Rates vom 22. Juli 2013 zur Änderung der Richtlinie 2006/112/EG über das gemeinsame Mehrwertsteuersystem in Bezug auf einen Schnellreaktionsmechanismus bei Mehrwertsteuerbetrug (ABl. L 201 vom 26.7.2013, S. 1) mitgeteilt hat, dass sie keine Einwände gegen die Regelung erhebt.
2. Die Bundesregierung hat einen Antrag auf eine Ermächtigung durch den Rat entsprechend Artikel 395 der Richtlinie 2006/112/EG, zuletzt geändert durch die Richtlinie 2013/42/EG, gestellt, durch die die Bundesrepublik Deutschland ermächtigt werden soll, in Abweichung von Artikel 193 der Richtlinie 2006/112/EG, zuletzt geändert durch die Richtlinie 2013/61/EU des Rates vom 17. Dezember 2013 zur Änderung der Richtlinien 2006/112/EG und 2008/118/EG hinsichtlich der französischen Regionen in äußerster Randlage, insbesondere Mayotte, (ABl. L 353 vom 28.12.2013, S. 5) die Steuerschuldnerschaft des Leistungsempfängers für die von der Erweiterung nach Nummer 1 erfassten Umsätze zur Vermeidung von Steuerhinterziehungen einführen zu dürfen.
3. Die Verordnung tritt nach neun Monaten außer Kraft, wenn die Ermächtigung nach Nummer 2 nicht erteilt worden ist. Wurde die Ermächtigung nach Nummer 2 erteilt, tritt die Verordnung außer Kraft, sobald die gesetzliche Regelung, mit der die Ermächtigung in nationales Recht umgesetzt wird, in Kraft tritt.

§ 13c
Haftung bei Abtretung, Verpfändung oder Pfändung von Forderungen

(1) [1]Soweit der leistende Unternehmer den Anspruch auf die Gegenleistung für einen steuerpflichtigen Umsatz im Sinne des § 1 Abs. 1 Nr. 1 an einen anderen Unternehmer abgetreten und die festgesetzte Steuer, bei deren Berechnung dieser Umsatz berücksichtigt worden ist, bei Fälligkeit nicht oder nicht vollständig entrichtet hat, haftet der Abtretungsempfänger nach Maßgabe des Absatzes 2 für die in der Forderung enthaltene Umsatzsteuer, soweit sie im vereinnahmten Betrag enthalten ist. [2]Ist die Vollziehung der Steuerfestsetzung in Bezug auf die in der abgetretenen Forderung enthaltene Umsatzsteuer gegenüber dem leistenden Unternehmer ausgesetzt, gilt die Steuer insoweit als nicht fällig. [3]Soweit der Abtretungsempfänger die Forderung an einen Dritten abgetreten hat, gilt sie in voller Höhe als vereinnahmt. [4]Die Forderung gilt durch den Abtretungsempfänger nicht als vereinnahmt, soweit der leistende Unternehmer für die Abtretung der Forderung eine Gegenleistung in Geld vereinnahmt. [5]Voraussetzung ist, dass dieser Geldbetrag tatsächlich in den Verfügungsbereich des leistenden Unternehmers gelangt; davon ist nicht auszugehen, soweit dieser Geldbetrag auf ein Konto gezahlt wird, auf das der Abtretungsempfänger die Möglichkeit des Zugriffs hat. [6]Mit Eröffnung eines Insolvenzverfahrens gilt die Umsatzsteuer im Sinne des Satzes 1, die zum Zeitpunkt der Eröffnung eine Insolvenzforderung darstellt und noch nicht fällig geworden ist, im Verhältnis zum Abtretungsempfänger als fällig.

(2) [1]Der Abtretungsempfänger ist ab dem Zeitpunkt in Anspruch zu nehmen, in dem die festgesetzte Steuer fällig wird, frühestens ab dem Zeitpunkt der Vereinnahmung der abgetretenen Forderung. [2]Bei der Inanspruchnahme nach Satz 1 besteht abweichend von § 191 der Abgabenordnung kein Ermessen. [3]Die Haftung ist der Höhe nach begrenzt auf die im Zeitpunkt der Fälligkeit nicht entrichtete Steuer. [4]Soweit der Abtretungsempfänger auf die nach Absatz 1 Satz 1 festgesetzte Steuer Zahlungen im Sinne des § 48 der Abgabenordnung geleistet hat, haftet er nicht.

(3) [1]Die Absätze 1 und 2 gelten bei der Verpfändung oder der Pfändung von Forderungen entsprechend. [2]An die Stelle des Abtretungsempfängers tritt im Fall der Verpfändung der Pfandgläubiger und im Fall der Pfändung der Vollstreckungsgläubiger.

...

§ 14
Ausstellung von Rechnungen

(1) [1]Rechnung ist jedes Dokument, mit dem über eine Lieferung oder sonstige Leistung abgerechnet wird, gleichgültig, wie dieses Dokument im Geschäftsverkehr bezeichnet wird. [2]Eine Rechnung kann als elektronische Rechnung oder vorbehaltlich des Absatzes 2 als sonstige Rechnung übermittelt werden. [3]Eine elektronische Rechnung ist eine Rechnung, die in einem strukturierten elektronischen Format ausgestellt, übermittelt und empfangen wird und eine elektronische Verarbeitung ermöglicht. [4]Eine sonstige Rechnung ist eine Rechnung, die in einem anderen elektronischen Format oder auf Papier übermittelt wird. [5]Die Übermittlung einer elektronischen Rechnung oder einer sonstigen Rechnung in einem elektronischen Format bedarf der Zustimmung des Empfängers, soweit keine Verpflichtung nach Absatz 2 Satz 2 Nummer 1 besteht. [6]Das strukturierte Format einer elektronischen Rechnung

1. muss der europäischen Norm für die elektronische Rechnungsstellung und der Liste der entsprechenden Syntaxen gemäß der Richtlinie 2014/55/EU des Europäischen Parlaments und des Rates vom 16. April 2014 über die elektronische Rechnungsstellung bei öffentlichen Aufträgen (ABl. L 133 vom 6.5.2014, S. 1) entsprechen oder
2. kann zwischen Rechnungsaussteller und Rechnungsempfänger vereinbart werden. Voraussetzung ist, dass das Format die richtige und vollständige Extraktion der nach diesem Gesetz erforderlichen Angaben aus der elektronischen Rechnung in ein Format ermöglicht, das der Norm nach Nummer 1entspricht oder mit dieser interoperabel ist.

(2) [1]Führt der Unternehmer eine Lieferung oder eine sonstige Leistung nach § 1 Absatz 1 Nummer 1 aus, ist er berechtigt, eine Rechnung auszustellen. In den folgenden Fällen ist er zur Ausstellung einer Rechnung innerhalb von sechs Monaten nach Ausführung der Leistung verpflichtet, wenn der Umsatz nicht nach § 4 Nummer 8 bis 29 steuerfrei ist:

1. für eine Leistung an einen anderen Unternehmer für dessen Unternehmen; die Rechnung ist als elektronische Rechnung nach Absatz 1 Satz 3 und 6 auszustellen, wenn der leistende Unternehmer und der Leistungsempfänger im Inland oder in einem der in § 1 Absatz 3 bezeichneten Gebiete ansässig sind;
2. für eine Leistung an eine juristische Person, die nicht Unternehmer ist;
3. für eine steuerpflichtige Werklieferung (§ 3 Absatz 4 Satz 1) oder sonstige Leistung im Zusammenhang mit einem Grundstück an einen anderen als in den Nummern 1 oder 2 genannten Empfänger.

[2]Ein im Inland oder in einem der in § 1 Absatz 3 bezeichneten Gebiete ansässiger Unternehmer ist ein Unternehmer, der in einem dieser Gebiete seinen Sitz, seine Geschäftsleitung, eine Betriebsstätte, die an dem Umsatz beteiligt ist, oder in Ermangelung eines Sitzes seinen Wohnsitz oder gewöhnlichen Aufenthalt hat. [3]§ 14a bleibt unberührt. [4]Unbeschadet der Verpflichtungen nach Satz 2 kann eine Rechnung von einem in Satz 2 Nummer 1 oder 2 bezeichneten Leistungsempfänger für eine Lieferung oder sonstige Leistung des Unternehmers ausgestellt werden, sofern dies vorher vereinbart wurde (Gutschrift). [5]Die Gutschrift verliert die Wirkung einer Rechnung, sobald der Empfänger der Gutschrift dem ihm übermittelten Dokument widerspricht. [6]Eine Rechnung kann im Namen und für Rechnung des Unternehmers oder eines in Satz 2 Nummer 1 oder 2 bezeichneten Leistungsempfängers von einem Dritten ausgestellt werden.

(3) [1]Die Echtheit der Herkunft der Rechnung, die Unversehrtheit ihres Inhalts und ihre Lesbarkeit müssen gewährleistet werden. [2]Echtheit der Herkunft bedeutet die Sicherheit der Identität des Rechnungsausstellers. [3]Unversehrtheit des Inhalts bedeutet, dass die nach diesem Gesetz erforderlichen Angaben nicht geändert wurden. [4]Jeder Unternehmer legt fest, in welcher Weise die Echtheit der Herkunft, die Unversehrtheit des Inhalts und die Lesbarkeit der Rechnung gewährleistet werden. [5]Dies kann durch jegliche innerbetriebliche Kontrollverfahren erreicht werden, die einen verlässlichen Prüfpfad zwischen Rechnung und Leistung schaffen können. [6]Unbeschadet anderer zulässiger Verfahren gelten bei einer elektronischen Rechnung die Echtheit der Herkunft und die Unversehrtheit des Inhalts als gewährleistet durch

1. eine qualifizierte elektronische Signatur oder
2. elektronischen Datenaustausch (EDI) nach Artikel 2 der Empfehlung 94/820/EG der Kommission vom 19. Oktober 1994 über die rechtlichen Aspekte des elektronischen Datenaustausches (ABl. L 338 vom 28.12.1994, S. 98), wenn in der Vereinbarung über diesen Datenaustausch der Einsatz von Verfahren vorgesehen ist, die die Echtheit der Herkunft und die Unversehrtheit der Daten gewährleisten.

(4) [1]Eine Rechnung muss folgende Angaben enthalten:

1. den vollständigen Namen und die vollständige Anschrift des leistenden Unternehmers und des Leistungsempfängers,
2. die dem leistenden Unternehmer vom Finanzamt erteilte Steuernummer oder die ihm vom Bundeszentralamt für Steuern erteilte Umsatzsteuer-Identifikationsnummer,
3. das Ausstellungsdatum,
4. eine fortlaufende Nummer mit einer oder mehreren Zahlenreihen, die zur Identifizierung der Rechnung vom Rechnungsaussteller einmalig vergeben wird (Rechnungsnummer),
5. die Menge und die Art (handelsübliche Bezeichnung) der gelieferten Gegenstände oder den Umfang und die Art der sonstigen Leistung,
6. den Zeitpunkt der Lieferung oder sonstigen Leistung; in den Fällen des Absatzes 5 Satz 1 den Zeitpunkt der Vereinnahmung des Entgelts oder eines Teils des Entgelts, sofern der Zeitpunkt der Vereinnahmung feststeht und nicht mit dem Ausstellungsdatum der Rechnung übereinstimmt,

[Fassung ab 1.1.2028]

6a. die Angabe „Versteuerung nach vereinnahmten Entgelten", sofern der leistende Unternehmer die Steuer nach § 20 berechnet,

7. das nach Steuersätzen und einzelnen Steuerbefreiungen aufgeschlüsselte Entgelt für die Lieferung oder sonstige Leistung (§ 10) sowie jede im Voraus vereinbarte Minderung des Entgelts, sofern sie nicht bereits im Entgelt berücksichtigt ist,

8. den anzuwendenden Steuersatz sowie den auf das Entgelt entfallenden Steuerbetrag oder im Fall einer Steuerbefreiung einen Hinweis darauf, dass für die Lieferung oder sonstige Leistung eine Steuerbefreiung gilt,

9. in den Fällen des § 14b Abs. 1 Satz 5 einen Hinweis auf die Aufbewahrungspflicht des Leistungsempfängers und

10. in den Fällen der Ausstellung der Rechnung durch den Leistungsempfänger oder durch einen von ihm beauftragten Dritten gemäß Absatz 2 Satz 5 die Angabe „Gutschrift".

[2]In den Fällen des § 10 Abs. 5 sind die Nummern 7 und 8 mit der Maßgabe anzuwenden, dass die Bemessungsgrundlage für die Leistung (§ 10 Abs. 4) und der darauf entfallende Steuerbetrag anzugeben sind. [3]Unternehmer, die § 24 Abs. 1 bis 3 anwenden, sind jedoch auch in diesen Fällen nur zur Angabe des Entgelts und des darauf entfallenden Steuerbetrags berechtigt. [4]Die Berichtigung einer Rechnung um fehlende oder unzutreffende Angaben ist kein rückwirkendes Ereignis im Sinne des § 175 Absatz 1 Satz 1 Nummer 2 und § 233a Absatz 2a der Abgabenordnung.

(5) [1]Vereinnahmt der Unternehmer das Entgelt oder einen Teil des Entgelts für eine noch nicht ausgeführte Lieferung oder sonstige Leistung, gelten die Absätze 1 bis 4 sinngemäß. [2]Wird eine Endrechnung erteilt, sind in ihr die vor Ausführung der Lieferung oder sonstigen Leistung vereinnahmten Teilentgelte und die auf sie entfallenden Steuerbeträge abzusetzen, wenn über die Teilentgelte Rechnungen im Sinne der Absätze 1 bis 4 ausgestellt worden sind.

(6) [1]Das Bundesministerium der Finanzen kann mit Zustimmung des Bundesrates zur Vereinfachung des Besteuerungsverfahrens durch Rechtsverordnung bestimmen, in welchen Fällen und unter welchen Voraussetzungen

1. Dokumente als Rechnungen anerkannt werden können,
2. die nach Absatz 4 erforderlichen Angaben in mehreren Dokumenten enthalten sein können,
3. Rechnungen bestimmte Angaben nach Absatz 4 nicht enthalten müssen,
4. eine Verpflichtung des Unternehmers zur Ausstellung von Rechnungen mit gesondertem Steuerausweis (Absatz 4) entfällt oder
5. Rechnungen berichtigt werden können.

[2]Das Bundesministerium der Finanzen kann mit Zustimmung des Bundesrates zur Vereinfachung des Besteuerungsverfahrens durch Rechtsverordnung nähere Bestimmungen zur Ausgestaltung des strukturierten elektronischen Formats einer elektronischen Rechnung erlassen.

(7) [1]Führt der Unternehmer einen Umsatz im Inland aus, für den der Leistungsempfänger die Steuer nach § 13b schuldet, und hat der Unternehmer im Inland weder seinen Sitz noch seine Geschäftsleitung, eine Betriebsstätte, von der aus der Umsatz ausgeführt wird oder die an der Erbringung dieses Umsatzes beteiligt ist, oder in Ermangelung eines Sitzes seinen Wohnsitz oder gewöhnlichen Aufenthalt im Inland, so gelten abweichend von den Absätzen 1 bis 6 für die Rechnungserteilung die Vorschriften des Mitgliedstaates, in dem der Unternehmer seinen Sitz, seine Geschäftsleitung, eine Betriebsstätte, von der aus der Umsatz ausgeführt wird, oder in Ermangelung eines Sitzes seinen Wohnsitz oder gewöhnlichen Aufenthalt hat. [2]Satz 1 gilt nicht, wenn eine Gutschrift gemäß Absatz 2 Satz 2 vereinbart worden ist. [3]Nimmt der Unternehmer in einem anderen Mitgliedstaat an einem der besonderen Besteuerungsverfahren entsprechend Titel XII Kapitel 6 der Richtlinie 2006/112/EG des Rates vom 28. November 2006 über das gemeinsame Mehrwertsteuersystem (ABl.EU Nr. L 347 S. 1) in der jeweils gültigen Fassung teil, so gelten für die in den besonderen Besteuerungsverfahren zu erklärenden Umsätze abweichend von den Absätzen 1 bis 6 für die Rechnungserteilung die Vorschriften des Mitgliedstaates, in dem der Unternehmer seine Teilnahme anzeigt.

...

§ 14c
Unrichtiger oder unberechtigter Steuerausweis

(1) [1]Hat der Unternehmer in einer Rechnung für eine Lieferung oder sonstige Leistung einen höheren Steuerbetrag, als er nach diesem Gesetz für den Umsatz schuldet, gesondert ausgewiesen (unrichtiger Steuerausweis), schuldet er auch den Mehrbetrag. [2]Berichtigt er den Steuerbetrag gegenüber dem Leistungsempfänger, ist § 17 Abs. 1 entsprechend anzuwenden. [3]In den Fällen des § 1 Abs. 1a und in den Fällen der Rückgängigmachung des Verzichts auf die Steuerbefreiung nach § 9 gilt Absatz 2 Satz 3 bis 5 entsprechend.

(2) [1]Wer in einer Rechnung einen Steuerbetrag gesondert ausweist, obwohl er zum gesonderten Ausweis der Steuer nicht berechtigt ist (unberechtigter Steuerausweis), schuldet den ausgewiesenen Betrag. [2]Das Gleiche gilt, wenn jemand

1. wie ein leistender Unternehmer abrechnet und einen Steuerbetrag gesondert ausweist oder
2. einem nach einer vorherigen Vereinbarung erstellten, als Gutschrift verwendeten Dokument mit gesondertem Steuerausweis nicht unverzüglich widerspricht,

obwohl er nicht Unternehmer ist oder eine Lieferung oder sonstige Leistung nicht ausführt. [3]Der nach den Sätzen 1 und 2 geschuldete Steuerbetrag kann berichtigt werden, soweit die Gefährdung des Steueraufkommens beseitigt worden ist. [4]Die Gefährdung des Steueraufkommens ist beseitigt, wenn ein Vorsteuerabzug beim Empfänger der Rechnung nicht durchgeführt oder die geltend gemachte Vorsteuer an die Finanzbehörde zurückgezahlt worden ist. [5]Die Berichtigung des geschuldeten Steuerbetrags ist beim Finanzamt gesondert schriftlich zu beantragen und nach dessen Zustimmung in entsprechender Anwendung des § 17 Abs. 1 für den Besteuerungszeitraum vorzunehmen, in dem die Voraussetzungen des Satzes 4 eingetreten sind.

§ 15
Vorsteuerabzug

(1) [1]Der Unternehmer kann die folgenden Vorsteuerbeträge abziehen:

[Fassung bis 31.12.2027]

1. die gesetzlich geschuldete Steuer für Lieferungen und sonstige Leistungen, die von einem anderen Unternehmer für sein Unternehmen ausgeführt worden sind. [2]Die Ausübung des Vorsteuerabzugs setzt voraus, dass der Unternehmer eine nach den §§ 14, 14a ausgestellte Rechnung besitzt. [3]Soweit der gesondert ausgewiesene Steuerbetrag auf eine Zahlung vor Ausführung dieser Umsätze entfällt, ist er bereits abziehbar, wenn die Rechnung vorliegt und die Zahlung geleistet worden ist;

[Fassung ab 1.1.2028]

1. die gesetzlich geschuldete Steuer für Lieferungen und sonstige Leistungen, die von einem anderen Unternehmer für sein Unternehmen ausgeführt worden sind. [2]Die Vorsteuer ist abziehbar, wenn der Unternehmer eine nach den §§ 14, 14a ausgestellte Rechnung besitzt und
   a) die Leistung ausgeführt worden ist, wenn der leistende Unternehmer die Steuer nach vereinbarten Entgelten (§ 16 Absatz 1 Satz 1) berechnet, oder
   b) soweit eine Zahlung auf eine ausgeführte Leistung geleistet worden ist, wenn der leistende Unternehmer die Steuer nach vereinnahmten Entgelten (§ 20) berechnet, oder
   c) soweit eine Zahlung vor Ausführung der Leistung geleistet worden ist;
2. die entstandene Einfuhrumsatzsteuer für Gegenstände, die für sein Unternehmen nach § 1 Abs. 1 Nr. 4 eingeführt worden sind;
3. die Steuer für den innergemeinschaftlichen Erwerb von Gegenständen für sein Unternehmen, wenn der innergemeinschaftliche Erwerb nach § 3d Satz 1 im Inland bewirkt wird;

[Fassung bis 31.12.2025]

4. die Steuer für Leistungen im Sinne des § 13b Abs. 1 und 2, die für sein Unternehmen ausgeführt worden sind. [2]Soweit die Steuer auf eine Zahlung vor Ausführung dieser Leistungen entfällt, ist sie abziehbar, wenn die Zahlung geleistet worden ist;
5. die nach § 13a Abs. 1 Nr. 6 geschuldete Steuer für Umsätze, die für sein Unternehmen ausgeführt worden sind.

[Fassung ab 1.1.2026]

4. die Steuer für Leistungen im Sinne des § 13b Abs. 1 und 2, die für sein Unternehmen ausgeführt worden sind. [2]Soweit die Steuer auf eine Zahlung vor Ausführung dieser Leistungen entfällt, ist sie abziehbar, wenn die Zahlung geleistet worden ist.
5. (aufgehoben)

[2]Nicht als für das Unternehmen ausgeführt gilt die Lieferung, die Einfuhr oder der innergemeinschaftliche Erwerb eines Gegenstands, den der Unternehmer zu weniger als 10 Prozent für sein Unternehmen nutzt.

(1a) [1]Nicht abziehbar sind Vorsteuerbeträge, die auf Aufwendungen, für die das Abzugsverbot des § 4 Abs. 5 Satz 1 Nr. 1 bis 4, 7 oder des § 12 Nr. 1 des Einkommensteuergesetzes gilt, entfallen. [2]Dies gilt nicht für Bewirtungsaufwendungen, soweit § 4 Abs. 5 Satz 1 Nr. 2 des Einkommensteuergesetzes einen Abzug angemessener und nachgewiesener Aufwendungen ausschließt.

(1b) [1]Verwendet der Unternehmer ein Grundstück sowohl für Zwecke seines Unternehmens als auch für Zwecke, die außerhalb des Unternehmens liegen, oder für den privaten Bedarf seines Personals, ist die Steuer für die Lieferungen, die Einfuhr und den innergemeinschaftlichen Erwerb sowie für die sonstigen Leistungen im Zusammenhang mit diesem Grundstück vom Vorsteuerabzug ausgeschlossen, soweit sie nicht auf die Verwendung des Grundstücks für Zwecke des Unternehmens entfällt. [2]Bei Berechtigungen, für die die Vorschriften des bürgerlichen Rechts über Grundstücke gelten, und bei Gebäuden auf fremdem Grund und Boden ist Satz 1 entsprechend anzuwenden.

(2) [1]Vom Vorsteuerabzug ausgeschlossen ist die Steuer für die Lieferungen, die Einfuhr und den innergemeinschaftlichen Erwerb von Gegenständen sowie für die sonstigen Leistungen, die der Unternehmer zur Ausführung folgender Umsätze verwendet:

1. steuerfreie Umsätze;
2. Umsätze im Ausland, die steuerfrei wären, wenn sie im Inland ausgeführt würden;
3. Umsätze im übrigen Gemeinschaftsgebiet, die auf Grund der Sonderregelung für Kleinunternehmer des jeweiligen Mitgliedstaates steuerfrei sind.

[2]Gegenstände oder sonstige Leistungen, die der Unternehmer zur Ausführung einer Einfuhr oder eines innergemeinschaftlichen Erwerbs verwendet, sind den Umsätzen zuzuordnen, für die der eingeführte oder innergemeinschaftlich erworbene Gegenstand verwendet wird. [3]Satz 1 gilt nicht für Umsätze, die auch unter Absatz 2 Satz 1 Nummer 3 oder § 19 fallen.

(3) Der Ausschluss vom Vorsteuerabzug nach Absatz 2 tritt nicht ein, wenn die Umsätze

1. in den Fällen des Absatzes 2 Satz 1 Nr. 1
   a) nach § 4 Nr. 1 bis 7, § 25 Abs. 2 oder nach den in § 26 Abs. 5 bezeichneten Vorschriften steuerfrei sind oder
   b) nach § 4 Nr. 8 Buchstabe a bis g oder Nr. 10 oder Nummer 11 steuerfrei sind und sich unmittelbar auf Gegenstände beziehen, die in das Drittlandsgebiet ausgeführt werden;
2. in den Fällen des Absatzes 2 Satz 1 Nr. 2
   a) nach § 4 Nr. 1 bis 7, § 25 Abs. 2 oder nach den in § 26 Abs. 5 bezeichneten Vorschriften steuerfrei wären oder
   b) nach § 4 Nr. 8 Buchstabe a bis g oder Nr. 10 oder Nummer 11 steuerfrei wären und der Leistungsempfänger im Drittlandsgebiet ansässig ist oder diese Umsätze sich unmittelbar auf Gegenstände beziehen, die in das Drittlandsgebiet ausgeführt werden.

   Satz 1 gilt nicht für Umsätze, die auch unter Absatz 2 Satz 1 Nummer 3 oder § 19 fallen.

[Fassung bis 29.12.2025]

(4) [1]Verwendet der Unternehmer einen für sein Unternehmen gelieferten, eingeführten oder innergemeinschaftlich erworbenen Gegenstand oder eine von ihm in Anspruch genommene sonstige Leistung nur zum Teil zur Ausführung von Umsätzen, die den Vorsteuerabzug ausschließen, so ist der Teil der jeweiligen Vorsteuerbeträge nicht abziehbar, der den zum Ausschluss vom Vorsteuerabzug führenden Umsätzen wirtschaftlich zuzuordnen ist. [2]Der Unternehmer kann die nicht abziehbaren Teilbeträge im Wege einer sachgerechten Schätzung ermitteln. [3]Eine Ermittlung des nicht abziehbaren Teils der Vorsteuerbeträge nach dem

Verhältnis der Umsätze, die den Vorsteuerabzug ausschließen, zu den Gesamtumsätzen ist nur zulässig, wenn keine andere, präzisere wirtschaftliche Zuordnung möglich ist. [4]In den Fällen des Absatzes 1b gelten die Sätze 1 bis 3 entsprechend.

[Fassung ab 30.12.2025]

(4) [1]Verwendet der Unternehmer einen für sein Unternehmen gelieferten, eingeführten oder innergemeinschaftlich erworbenen Gegenstand oder eine von ihm in Anspruch genommene sonstige Leistung nur zum Teil zur Ausführung von Umsätzen, die den Vorsteuerabzug ausschließen, so ist der Teil der jeweiligen Vorsteuerbeträge nicht abziehbar, der den zum Ausschluss vom Vorsteuerabzug führenden Umsätzen wirtschaftlich zuzuordnen ist. [2]Der Unternehmer kann die nicht abziehbaren Teilbeträge im Wege einer sachgerechten Schätzung ermitteln. [3]Eine Ermittlung des nicht abziehbaren Teils der Vorsteuerbeträge nach dem Verhältnis der Umsätze, die den Vorsteuerabzug ausschließen, zu den Gesamtumsätzen ist nur zulässig, wenn keine andere, präzisere wirtschaftliche Zuordnung möglich ist. [4]Für Grundstücke ist dabei eine Aufteilung nach dem Verhältnis der Nutzflächen vorzunehmen, es sei denn, eine andere Methode führt zu einer demgegenüber präziseren wirtschaftlichen Zuordnung. [5]In den Fällen des Absatzes 1b gelten die Sätze 1 bis 4 entsprechend.

(4a–5) ...

§ 15a
Berichtigung des Vorsteuerabzugs

(1) [1]Ändern sich bei einem Wirtschaftsgut, das nicht nur einmalig zur Ausführung von Umsätzen verwendet wird, innerhalb von fünf Jahren ab dem Zeitpunkt der erstmaligen Verwendung die für den ursprünglichen Vorsteuerabzug maßgebenden Verhältnisse, ist für jedes Kalenderjahr der Änderung ein Ausgleich durch eine Berichtigung des Abzugs der auf die Anschaffungs- oder Herstellungskosten entfallenden Vorsteuerbeträge vorzunehmen. [2]Bei Grundstücken einschließlich ihrer wesentlichen Bestandteile, bei Berechtigungen, für die die Vorschriften des bürgerlichen Rechts über Grundstücke gelten, und bei Gebäuden auf fremdem Grund und Boden tritt an die Stelle des Zeitraums von fünf Jahren ein Zeitraum von zehn Jahren.

(2) [1]Ändern sich bei einem Wirtschaftsgut, das nur einmalig zur Ausführung eines Umsatzes verwendet wird, die für den ursprünglichen Vorsteuerabzug maßgebenden Verhältnisse, ist eine Berichtigung des Vorsteuerabzugs vorzunehmen. [2]Die Berichtigung ist für den Besteuerungszeitraum vorzunehmen, in dem das Wirtschaftsgut verwendet wird.

(3) [1]Geht in ein Wirtschaftsgut nachträglich ein anderer Gegenstand ein und verliert dieser Gegenstand dabei seine körperliche und wirtschaftliche Eigenart endgültig oder wird an einem Wirtschaftsgut eine sonstige Leistung ausgeführt, gelten im Fall der Änderung der für den ursprünglichen Vorsteuerabzug maßgebenden Verhältnisse die Absätze 1 und 2 entsprechend. [2]Soweit im Rahmen einer Maßnahme in ein Wirtschaftsgut mehrere Gegenstände eingehen oder an einem Wirtschaftsgut mehrere sonstige Leistungen ausgeführt werden, sind diese zu einem Berichtigungsobjekt zusammenzufassen. [3]Eine Änderung der Verhältnisse liegt dabei auch vor, wenn das Wirtschaftsgut für Zwecke, die außerhalb des Unternehmens liegen, aus dem Unternehmen entnommen wird, ohne dass dabei nach § 3 Abs. 1b eine unentgeltliche Wertabgabe zu besteuern ist.

(4) [1]Die Absätze 1 und 2 sind auf sonstige Leistungen, die nicht unter Absatz 3 Satz 1 fallen, entsprechend anzuwenden. [2]Die Berichtigung ist auf solche sonstigen Leistungen zu beschränken, für die in der Steuerbilanz ein Aktivierungsgebot bestünde. [3]Dies gilt jedoch nicht, soweit es sich um sonstige Leistungen handelt, für die der Leistungsempfänger bereits für einen Zeitraum vor Ausführung der sonstigen Leistung den Vorsteuerabzug vornehmen konnte. [4]Unerheblich ist, ob der Unternehmer nach den §§ 140, 141 der Abgabenordnung tatsächlich zur Buchführung verpflichtet ist.

(5) [1]Bei der Berichtigung nach Absatz 1 ist für jedes Kalenderjahr der Änderung in den Fällen des Satzes 1 von einem Fünftel und in den Fällen des Satzes 2 von einem Zehntel der auf das Wirtschaftsgut entfallenden Vorsteuerbeträge auszugehen. [2]Eine kürzere Verwendungsdauer ist entsprechend zu berücksichtigen. [3]Die Verwendungsdauer wird nicht dadurch verkürzt, dass das Wirtschaftsgut in ein anderes einbezogen wird.

(6) Die Absätze 1 bis 5 sind auf Vorsteuerbeträge, die auf nachträgliche Anschaffungs- oder Herstellungskosten entfallen, sinngemäß anzuwenden.

(6a) Eine Änderung der Verhältnisse liegt auch bei einer Änderung der Verwendung im Sinne des § 15 Absatz 1b vor.

(7) Eine Änderung der Verhältnisse im Sinne der Absätze 1 bis 3 ist auch beim Übergang von der allgemeinen Besteuerung zur Durchschnittssatzbesteuerung nach den §§ 23a oder 24 und umgekehrt gegeben.

(8) [1]Eine Änderung der Verhältnisse liegt auch vor, wenn das noch verwendungsfähige Wirtschaftsgut, das nicht nur einmalig zur Ausführung eines Umsatzes verwendet wird, vor Ablauf des nach den Absätzen 1 und 5 maßgeblichen Berichtigungszeitraums veräußert oder nach § 3 Abs. 1b geliefert wird und dieser Umsatz anders zu beurteilen ist als die für den ursprünglichen Vorsteuerabzug maßgebliche Verwendung. [2]Dies gilt auch für Wirtschaftsgüter, für die der Vorsteuerabzug nach § 15 Absatz 1b teilweise ausgeschlossen war.

(9) Die Berichtigung nach Absatz 8 ist so vorzunehmen, als wäre das Wirtschaftsgut in der Zeit von der Veräußerung oder Lieferung im Sinne des § 3 Abs. 1b bis zum Ablauf des maßgeblichen Berichtigungszeitraums unter entsprechend geänderten Verhältnissen weiterhin für das Unternehmen verwendet worden.

(10) [1]Bei einer Geschäftsveräußerung (§ 1 Abs. 1a) wird der nach den Absätzen 1 und 5 maßgebliche Berichtigungszeitraum nicht unterbrochen. [2]Der Veräußerer ist verpflichtet, dem Erwerber die für die Durchführung der Berichtigung erforderlichen Angaben zu machen.

(11) Das Bundesministerium der Finanzen kann mit Zustimmung des Bundesrates durch Rechtsverordnung nähere Bestimmungen darüber treffen,

1. wie der Ausgleich nach den Absätzen 1 bis 9 durchzuführen ist und in welchen Fällen zur Vereinfachung des Besteuerungsverfahrens, zur Vermeidung von Härten oder nicht gerechtfertigten Steuervorteilen zu unterbleiben hat;
2. dass zur Vermeidung von Härten oder eines nicht gerechtfertigten Steuervorteils bei einer unentgeltlichen Veräußerung oder Überlassung eines Wirtschaftsguts
   a) eine Berichtigung des Vorsteuerabzugs in entsprechender Anwendung der Absätze 1 bis 9 auch dann durchzuführen ist, wenn eine Änderung der Verhältnisse nicht vorliegt,
   b) der Teil des Vorsteuerbetrags, der bei einer gleichmäßigen Verteilung auf den in Absatz 9 bezeichneten Restzeitraum entfällt, vom Unternehmer geschuldet wird,
   c) der Unternehmer den nach den Absätzen 1 bis 9 oder Buchstabe b geschuldeten Betrag dem Leistungsempfänger wie eine Steuer in Rechnung stellen und dieser den Betrag als Vorsteuer abziehen kann.

Fünfter Abschnitt
Besteuerung

§ 16
Steuerberechnung, Besteuerungszeitraum und Einzelbesteuerung

(1) [1]Die Steuer ist, soweit nicht § 20 gilt, nach vereinbarten Entgelten zu berechnen. [2]Besteuerungszeitraum ist das Kalenderjahr. [3]Bei der Berechnung der Steuer ist von der Summe der Umsätze nach § 1 Abs. 1 Nr. 1 und 5 auszugehen, soweit für sie die Steuer in dem Besteuerungszeitraum entstanden und die Steuerschuldnerschaft gegeben ist. [4]Der Steuer sind die nach § 6a Abs. 4 Satz 2, nach § 14c sowie nach § 17 Abs. 1 Satz 6 geschuldeten Steuerbeträge hinzuzurechnen.

(1a) [1]Macht ein nicht im Gemeinschaftsgebiet ansässiger Unternehmer von § 18 Abs. 4c Gebrauch, ist Besteuerungszeitraum das Kalendervierteljahr. [2]Bei der Berechnung der Steuer ist von der Summe der Umsätze nach § 3a Abs. 5 auszugehen, die im Gemeinschaftsgebiet steuerbar sind, soweit für sie in dem Besteuerungszeitraum die Steuer entstanden und die Steuerschuldnerschaft gegeben ist. [3]Absatz 2 ist nicht anzuwenden.

(1b) [1]Macht ein im übrigen Gemeinschaftsgebiet ansässiger Unternehmer (§ 13b Absatz 7 Satz 2) von § 18 Absatz 4e Gebrauch, ist Besteuerungszeitraum das Kalendervierteljahr. [2]Bei der Berechnung der Steuer ist von der Summe der Umsätze nach § 3a Absatz 5 auszugehen, die im Inland steuerbar sind, soweit für sie in dem Besteuerungszeitraum die Steuer entstanden und die Steuerschuldnerschaft gegeben ist. [3]Absatz 2 ist nicht anzuwenden.

(1c) [1]Macht ein nicht im Gemeinschaftsgebiet ansässiger Unternehmer von § 18i Gebrauch, ist Besteuerungszeitraum das Kalendervierteljahr. [2]Sofern die Teilnahme an dem Verfahren nach § 18i im Inland angezeigt wurde, ist bei der Berechnung der Steuer von der Summe der sonstigen Leistungen an Empfänger nach § 3a Absatz 5 Satz 1 auszugehen, die im Gemeinschaftsgebiet steuerbar sind, soweit für sie in dem Besteuerungszeitraum die Steuer entstanden und die Steuerschuldnerschaft gegeben ist. [3]Sofern die Teilnahme an dem Verfahren nach § 18i in einem anderen Mitgliedstaat der Europäischen Union angezeigt wurde, ist bei der Berechnung der Steuer von der Summe der sonstigen Leistungen an Empfänger nach § 3a Absatz 5 Satz 1 auszugehen, die im Inland steuerbar sind, soweit für sie in dem Besteuerungszeitraum die Steuer entstanden und die Steuerschuldnerschaft gegeben ist. [4]Absatz 2 ist nicht anzuwenden.

(1d) [1]Macht ein Unternehmer von § 18j Gebrauch, ist Besteuerungszeitraum das Kalendervierteljahr. [2]Sofern die Teilnahme an dem Verfahren nach § 18j im Inland angezeigt wurde, ist bei der Berechnung der Steuer von der Summe der Lieferungen nach § 3 Absatz 3a Satz 1 innerhalb eines Mitgliedstaates und der innergemeinschaftlichen Fernverkäufe nach § 3c Absatz 1 Satz 2 und 3, die im Gemeinschaftsgebiet steuerbar sind, sowie der sonstigen Leistungen an Empfänger nach § 3a Absatz 5 Satz 1, die in einem anderen Mitgliedstaat der Europäischen Union steuerbar sind, auszugehen, soweit für sie in dem Besteuerungszeitraum die Steuer entstanden und die Steuerschuldnerschaft gegeben ist. [3]Sofern die Teilnahme an dem Verfahren nach § 18j in einem anderen Mitgliedstaat der Europäischen Union angezeigt wurde, ist bei der Berechnung der Steuer von der Summe der Lieferungen nach § 3 Absatz 3a Satz 1 innerhalb eines Mitgliedstaates, der innergemeinschaftlichen Fernverkäufe nach § 3c Absatz 1 Satz 2 und 3 und der sonstigen Leistungen an Empfänger nach § 3a Absatz 5 Satz 1 auszugehen, die im Inland steuerbar sind, soweit für sie in dem Besteuerungszeitraum die Steuer entstanden und die Steuerschuldnerschaft gegeben ist. [4]Absatz 2 ist nicht anzuwenden.

(1e) [1]Macht ein Unternehmer oder ein in seinem Auftrag handelnder Vertreter von § 18k Gebrauch, ist Besteuerungszeitraum der Kalendermonat. [2]Sofern die Teilnahme an dem Verfahren nach § 18k im Inland angezeigt wurde, ist bei der Berechnung der Steuer von der Summe der Fernverkäufe nach § 3 Absatz 3a Satz 2 und § 3c Absatz 2 und 3, die im Gemeinschaftsgebiet steuerbar sind, auszugehen, soweit für sie in dem Besteuerungszeitraum die Steuer entstanden und die Steuerschuldnerschaft gegeben ist. [3]Sofern die Teilnahme an dem Verfahren nach § 18k in einem anderen Mitgliedstaat der Europäischen Union angezeigt wurde, ist bei der Berechnung der Steuer von der Summe der Fernverkäufe nach § 3 Absatz 3a Satz 2 und § 3c Absatz 2 und 3 auszugehen, die im Inland steuerbar sind, soweit für sie in dem Besteuerungszeitraum die Steuer entstanden und die Steuerschuldnerschaft gegeben ist. [4]Absatz 2 ist nicht anzuwenden.

(2) [1]Von der nach Absatz 1 berechneten Steuer sind vorbehaltlich des § 18 Absatz 9 Satz 3 die in den Besteuerungszeitraum fallenden, nach § 15 abziehbaren Vorsteuerbeträge abzusetzen. [2]§ 15a ist zu berücksichtigen.

(3) Hat der Unternehmer seine gewerbliche oder berufliche Tätigkeit nur in einem Teil des Kalenderjahres ausgeübt, so tritt dieser Teil an die Stelle des Kalenderjahres.

(4–5) …

(5c) Anstelle der Beförderungseinzelbesteuerung nach Absatz 5 kann der Unternehmer von einem der besonderen Besteuerungsverfahren entsprechend Titel XII Kapitel 6 Abschnitt 2 und 3 der Richtlinie 2006/112/EG des Rates in der Fassung von Artikel 2 Nummer 14 bis 20 der Richtlinie (EU) 2017/2455 des Rates vom 5. Dezember 2017 zur Änderung der Richtlinie 2006/112/EG und der Richtlinie 2009/132/EG in Bezug auf bestimmte mehrwertsteuerliche Pflichten für die Erbringung von Dienstleistungen und für Fernverkäufe von Gegenständen (ABl. L 348 vom 29.12.2017, S. 7) Gebrauch machen.

(6) [1]Werte in fremder Währung sind zur Berechnung der Steuer und der abziehbaren Vorsteuerbeträge auf Euro nach den Durchschnittskursen umzurechnen, die das Bundesministerium der Finanzen für den Monat öffentlich bekannt gibt, in dem die Leistung ausgeführt oder das Entgelt oder ein Teil des Entgelts vor Ausführung der Leistung (§ 13 Abs. 1 Nr. 1 Buchstabe a Satz 4) vereinnahmt wird. [2]Ist dem leistenden Unternehmer die Berechnung der Steuer nach vereinnahmten Entgelten gestattet (§ 20), so sind die Entgelte nach den Durchschnittskursen des Monats umzurechnen, in dem sie vereinnahmt werden. [3]Das Finanzamt kann die Umrechnung nach dem Tageskurs, der durch Bankmitteilung oder Kurszettel nachzuweisen ist, gestatten. [4]Macht ein Unternehmer von § 18 Absatz 4c oder 4e oder den §§ 18i, 18j oder 18k Gebrauch, hat er zur Berechnung der Steuer Werte in fremder Währung nach den Kursen umzurechnen, die für den letzten Tag des Besteuerungszeitraums nach Absatz 1a Satz 1, Absatz 1b Satz 1, Absatz 1c Satz 1, Absatz 1d Satz 1 oder Absatz 1e Satz 1 von der Europäischen Zentralbank festgestellt worden sind [5]Sind für die in Satz 4 genannten Tage keine Umrechnungskurse festgestellt worden, hat der Unternehmer die Steuer nach den für den nächsten Tag nach Ablauf des Besteuerungszeitraums nach Absatz 1a Satz 1, Absatz 1b Satz 1, Absatz 1c Satz 1, Absatz 1d Satz 1 oder Absatz 1e Satz 1 von der Europäischen Zentralbank festgestellten Umrechnungskursen umzurechnen.

(7) Für die Einfuhrumsatzsteuer gelten § 11 Abs. 5 und § 21 Abs. 2.

§ 17
Änderung der Bemessungsgrundlage

(1) [1]Hat sich die Bemessungsgrundlage für einen steuerpflichtigen Umsatz im Sinne des § 1 Abs. 1 Nr. 1 geändert, hat der Unternehmer, der diesen Umsatz ausgeführt hat, den dafür geschuldeten Steuerbetrag zu berichtigen. [2]Ebenfalls ist der Vorsteuerabzug bei dem Unternehmer, an den dieser Umsatz ausgeführt wurde, zu berichtigen. [3]Dies gilt nicht, soweit er durch die Änderung der Bemessungsgrundlage wirtschaftlich nicht begünstigt wird. [4]Wird in diesen Fällen ein anderer Unternehmer durch die Änderung der Bemessungsgrundlage wirtschaftlich begünstigt, hat dieser Unternehmer seinen Vorsteuerabzug zu berichtigen. [5]Die Sätze 1 bis 4 gelten in den Fällen des § 1 Abs. 1 Nr. 5 und des § 13b sinngemäß. [6]Bei Preisnachlässen und Preiserstattungen eines Unternehmers in einer Leistungskette nicht unmittelbar nachfolgenden Abnehmer liegt eine Minderung der Bemessungsgrundlage nach Satz 1 nur vor, wenn der Leistungsbezug dieses Abnehmers im Rahmen der Leitungskette im Inland steuerpflichtig ist. [7]Die Berichtigung des Vorsteuerabzugs kann unterbleiben, soweit ein dritter Unternehmer den auf die Minderung des Entgelts entfallenden Steuerbetrag an das Finanzamt entrichtet; in diesem Fall ist der dritte Unternehmer Schuldner der Steuer. [8]Die Berichtigungen nach den Sätzen 1 und 2 sind für den Besteuerungszeitraum vorzunehmen, in dem die Änderung der Bemessungsgrundlage eingetreten ist. [9]Die Berichtigung nach Satz 4 ist für den Besteuerungszeitraum vorzunehmen, in dem der andere Unternehmer wirtschaftlich begünstigt wird.

(2–4) …

§ 18
Besteuerungsverfahren

(1) [1]Der Unternehmer hat vorbehaltlich des § 18i Absatz 3, des § 18j Absatz 4 und des § 18k Absatz 4 und des § 19 Absatz 1 Satz 2bis zum zehnten Tag nach Ablauf jedes Voranmeldungszeitraums eine Voranmeldung nach amtlich vorgeschriebenem Datensatz über die amtlich bestimmte Schnittstelle zu übermitteln, in der er die Steuer für den Voranmeldungszeitraum (Vorauszahlung) selbst zu berechnen hat. [2]Auf Antrag kann das Finanzamt zur Vermeidung von unbilligen Härten auf eine elektronische Übermittlung verzichten; in diesem Fall hat der Unternehmer eine Voranmeldung nach amtlich vorgeschriebenem Vordruck abzugeben. [3]§ 16 Abs. 1 und 2 und § 17 sind entsprechend anzuwenden. [4]Die Vorauszahlung ist am zehnten Tag nach Ablauf des Voranmeldungszeitraums fällig und bis dahin vom Unternehmer zu entrichten.

(2) [1]Voranmeldungszeitraum ist das Kalendervierteljahr. [2]Beträgt die Steuer für das vorangegangene Kalenderjahr mehr als 9 000 Euro, ist der Kalendermonat Voranmeldungszeitraum. [3]Beträgt die Steuer für das vorangegangene Kalenderjahr nicht mehr als 2 000 Euro, kann das Finanzamt den Unternehmer von der Verpflichtung zur Abgabe der Voranmeldungen und Entrichtung der Vorauszahlungen befreien. [4]Nimmt der Unternehmer seine berufliche oder gewerbliche Tätigkeit auf, ist im laufenden und folgenden Kalenderjahr Voranmeldungszeitraum der Kalendermonat. [5]Daneben ist im laufenden und folgenden Kalenderjahr in folgenden Fällen Voranmeldungszeitraum der Kalendermonat:

1. bei einer im Handelsregister eingetragenen, noch nicht gewerblich oder beruflich tätig gewesenen juristischen Person oder Personengesellschaft, die die durch objektive Anhaltspunkte belegte Absicht hat, eine gewerbliche oder berufliche Tätigkeit selbständig auszuüben (Vorratsgesellschaft), ab dem Zeitpunkt des Beginns der tatsächlichen Ausübung dieser Tätigkeit, und
2. bei der Übernahme einer bereits gewerblich oder beruflich tätig gewesenen und zum Zeitpunkt der Übernahme ruhenden bzw. nur geringfügig gewerblich oder beruflich tätigen juristischen Person oder Personengesellschaft (Firmenmantel), wenn diese juristische Person oder Personengesellschaft nicht oder nicht mehr nach Satz 4 zur monatlichen Abgabe von Voranmeldungen verpflichtet ist.

[5]Für die Besteuerungszeiträume 2021 bis 2026 ist abweichend von Satz 4 in den Fällen, in denen der Unternehmer seine gewerbliche oder berufliche Tätigkeit nur in einem Teil des vorangegangenen Kalenderjahres ausgeübt hat, die tatsächliche Steuer in eine Jahressteuer umzurechnen und in den Fällen, in denen der Unternehmer seine gewerbliche oder berufliche Tätigkeit im laufenden Kalenderjahr aufnimmt, die voraussichtliche Steuer des laufenden Kalenderjahres maßgebend.

(2a) …

(3) [1]Der Unternehmer hat vorbehaltlich des § 18i Absatz 3, des § 18j Absatz 4 und des § 18k Absatz 4 und des § 19 Absatz 1 Satz 2 für das Kalenderjahr oder für den kürzeren Besteuerungszeitraum eine Steuererklärung nach amtlich vorgeschriebenem Datensatz über die amtlich bestimmte Schnittstelle zu übermitteln, in der er die zu entrichtende Steuer oder den Überschuss, der sich zu seinen Gunsten ergibt, nach § 16 Absatz 1 bis 4 und § 17 selbst zu berechnen hat (Steueranmeldung). [2]In den Fällen des § 16 Absatz 3 und 4 ist die Steueranmeldung binnen einem Monat nach Ablauf des kürzeren Besteuerungszeitraums zu übermitteln. [3]Auf Antrag kann das Finanzamt zur Vermeidung unbilliger Härten auf eine elektronische Übermittlung verzichten; in diesem Fall hat der Unternehmer eine Steueranmeldung nach amtlich vorgeschriebenem Vordruck abzugeben und eigenhändig zu unterschreiben.

(4) [1]Berechnet der Unternehmer die zu entrichtende Steuer oder den Überschuss in der Steueranmeldung für das Kalenderjahr abweichend von der Summe der Vorauszahlungen, so ist der Unterschiedsbetrag zugunsten des Finanzamts einen Monat nach dem Eingang der Steueranmeldung fällig und bis dahin vom Unternehmer zu entrichten. [2]Setzt das Finanzamt die zu entrichtende Steuer oder den Überschuss abweichend von der Steueranmeldung für den Voranmeldungszeitraum oder für das Kalenderjahr oder auf Grund unterbliebener Abgabe der Steueranmeldung fest, so ist der Unterschiedsbetrag zugunsten des Finanzamts einen Monat nach der Bekanntgabe des Steuerbescheids fällig und bis dahin vom Unternehmer zu entrichten. [3]Die Fälligkeit rückständiger Vorauszahlungen (Absatz 1) bleibt von den Sätzen 1 und 2 unberührt.

(4a) [1]Voranmeldungen (Absätze 1 und 2) und eine Steuererklärung (Absätze 3 und 4) haben auch die Unternehmer und juristischen Personen abzugeben, die ausschließlich Steuer für Umsätze nach § 1 Abs. 1 Nr. 5, § 13b Abs. 5 oder § 25b Abs. 2 zu entrichten haben, sowie Fahrzeuglieferer (§ 2a). [2]Voranmeldungen sind nur für die Voranmeldungszeiträume abzugeben, in denen die Steuer für diese Umsätze zu erklären ist. [3]Die Anwendung des Absatzes 2a ist ausgeschlossen.

(4b) Für Personen, die keine Unternehmer sind und Steuerbeträge nach § 6a Abs. 4 Satz 2 oder nach § 14c Abs. 2 schulden, gilt Absatz 4a entsprechend.

(4c) [1]Ein nicht im Gemeinschaftsgebiet ansässiger Unternehmer, der vor dem 1. Juli 2021 als Steuerschuldner Umsätze nach § 3a Absatz 5 im Gemeinschaftsgebiet erbringt, kann abweichend von den Absätzen 1 bis 4 für jeden Besteuerungszeitraum (§ 16 Absatz 1a Satz 1) eine Steuererklärung nach amtlich vorgeschriebenem Datensatz über die amtlich bestimmte Schnittstelle bis zum 20. Tag nach Ablauf jedes Besteuerungszeitraums dem Bundeszentralamt für Steuern übermitteln, in der er die Steuer für die vorgenannten Umsätze selbst zu berechnen hat (Steueranmeldung). [2]Die Steuer ist am 20. Tag nach Ablauf des Besteuerungszeitraums fällig und bis dahin vom Unternehmer zu entrichten. [3]Die Ausübung des Wahlrechts hat der Unternehmer auf dem amtlich vorgeschriebenen, elektronisch zu übermittelnden Dokument dem Bundeszentralamt für Steuern anzuzeigen, bevor er Umsätze nach § 3a Abs. 5 im Gemeinschaftsgebiet erbringt. [4]Das Wahlrecht kann nur mit Wirkung vom Beginn eines Besteuerungszeitraums an widerrufen werden. [5]Der Widerruf ist vor Beginn des Besteuerungszeitraums, für den er gelten soll, gegenüber dem Bundeszentralamt für Steuern auf elektronischem Weg zu erklären. [6]Kommt der Unternehmer seinen Verpflichtungen nach den Sätzen 1 bis 3 oder § 22 Abs. 1 wiederholt nicht oder nicht rechtzeitig nach, schließt ihn das Bundeszentralamt für Steuern von dem Besteuerungsverfahren nach Satz 1 aus. [7]Der Ausschluss gilt ab dem Besteuerungszeitraum, der nach dem Zeitpunkt der Bekanntgabe des Ausschlusses gegenüber dem Unternehmer beginnt.

(4d) Für nicht im Gemeinschaftsgebiet ansässige Unternehmer, die vor dem 1. Juli 2021 im Inland im Besteuerungszeitraum (§ 16 Absatz 1 Satz 2) als Steuerschuldner Umsätze nach § 3a Absatz 5 erbringen und diese Umsätze in einem anderen Mitgliedstaat erklären sowie die darauf entfallende Steuer entrichten, gelten insoweit die Absätze 1 bis 4 nicht.

(4e) [1]Ein im übrigen Gemeinschaftsgebiet ansässiger Unternehmer (§ 13b Absatz 7 Satz 2), der vor dem 1. Juli 2021 als Steuerschuldner Umsätze nach § 3a Absatz 5 im Inland erbringt, kann abweichend von den Absätzen 1 bis 4 für jeden Besteuerungszeitraum (§ 16 Absatz 1b Satz 1) eine Steuererklärung nach amtlich vorgeschriebenem Datensatz über die amtlich bestimmte Schnittstelle bis zum 20. Tag nach Ablauf jedes Besteuerungszeitraums übermitteln, in der er die Steuer für die vorgenannten Umsätze selbst zu berechnen hat; dies gilt nur, wenn der Unternehmer im Inland, auf der Insel Helgoland und in einem der in § 1 Absatz 3 bezeichneten Gebiete weder seinen Sitz, seine Geschäftsleitung noch eine Betriebsstätte hat. [2]Die Steuererklärung ist der zuständigen Steuerbehörde des Mitgliedstaates der Europäischen Union zu übermitteln, in dem der Unternehmer ansässig ist; diese Steuererklärung ist ab dem Zeitpunkt eine Steueranmeldung im Sinne des § 150 Absatz 1 Satz 3 und des § 168 der Abgabenordnung, zu dem die in ihr enthaltenen Daten von der zuständigen Steuerbehörde des Mitgliedstaates der Europäischen Union, an die der Unternehmer die Steuererklärung übermittelt hat, dem Bundeszentralamt für Steuern übermittelt und dort in bearbeitbarer Weise aufgezeichnet wurden. [3]Satz 2 gilt für die Berichtigung einer Steuererklärung entsprechend. [4]Die Steuer ist am 20. Tag nach Ablauf des Besteuerungszeitraums fällig und bis dahin vom Unternehmer zu entrichten.[5]Die Ausübung des Wahlrechts nach Satz 1 hat der Unternehmer in dem amtlich vorgeschriebenen, elektronisch zu übermittelnden Dokument der Steuerbehörde des Mitgliedstaates der Europäischen Union, in dem der Unternehmer ansässig ist, vor Beginn des Besteuerungszeitraums anzuzeigen, ab dessen Beginn er von dem Wahlrecht Gebrauch macht. [6]Das Wahlrecht kann nur mit Wirkung vom Beginn eines Besteuerungszeitraums an widerrufen werden. [7]Der Widerruf ist vor Beginn des Besteuerungszeitraums, für den er gelten soll, gegenüber der Steuerbehörde des Mitgliedstaates der Europäischen Union, in dem der Unternehmer ansässig ist, auf elektronischem Weg zu erklären. [8]Kommt der Unternehmer seinen Verpflichtungen nach den Sätzen 1 bis 5 oder § 22 Absatz 1 wiederholt nicht oder nicht rechtzeitig nach, schließt ihn die zuständige Steuerbehörde des Mitgliedstaates der Europäischen Union, in dem der Unternehmer ansässig ist, von dem Besteuerungsverfahren nach Satz 1 aus. [9]Der Ausschluss gilt ab dem Besteuerungszeitraum, der nach dem Zeitpunkt der Bekanntgabe des Ausschlusses gegenüber dem Unternehmer beginnt. [10]Die Steuererklärung nach Satz 1 gilt als fristgemäß übermittelt, wenn sie bis zum 20. Tag nach Ablauf des Besteuerungszeitraums (§ 16 Absatz 1b Satz 1) der zuständigen Steuerbehörde des Mitgliedstaates der Europäischen Union übermittelt worden ist, in dem der Unternehmer ansässig ist, und dort in bearbeitbarer Weise aufgezeichnet wurde. [11]Die Entrichtung der Steuer erfolgt entsprechend Satz 4 fristgemäß, wenn die Zahlung bis zum 20. Tag nach Ablauf des Besteuerungszeitraums (§ 16 Absatz 1b Satz 1) bei der zuständigen Steuerbehörde des Mitgliedstaates der Europäischen Union, in dem der Unternehmer ansässig ist, eingegangen ist. [12]§ 240 der Abgabenordnung ist mit der Maßgabe anzuwenden, dass eine Säumnis frühestens mit Ablauf des 10. Tages nach Ablauf des auf den Besteuerungszeitraum (§ 16 Absatz 1b Satz 1) folgenden übernächsten Monats eintritt.

(4f) [1]Soweit Organisationseinheiten der Gebietskörperschaften Bund und Länder durch ihr Handeln eine Erklärungspflicht begründen, obliegen der jeweiligen Organisationseinheit für die Umsatzbesteuerung alle steuerlichen Rechte und Pflichten. [2]In den in § 30 Absatz 2 Nummer 1 Buchstabe a und b der Abgabenordnung genannten Verfahren tritt die Organisationseinheit insoweit an die Stelle der Gebietskörperschaft. [3]§ 2 Absatz 1 Satz 2 bleibt unberührt. [4]Die Organisationseinheiten können jeweils für ihren Geschäftsbereich durch Organisationsentscheidungen weitere untergeordnete Organisationseinheiten mit Wirkung für die Zukunft bilden. [5]Einer Organisationseinheit übergeordnete Organisationseinheiten können durch Organisationsentscheidungen mit Wirkung für die Zukunft die in Satz 1 genannten Rechte und Pflichten der untergeordneten Organisationseinheit wahrnehmen oder mehrere Organisationseinheiten zu einer Organisationseinheit zusammenschließen. [6]Die in § 1a Absatz 3 Nummer 2, § 2b Absatz 2 Nummer 1, § 3a Absatz 5 Satz 3 UStG, § 3c Absatz 4 Satz 1, § 18 Absatz 2 Satz 2, § 18a Absatz 1 Satz 2, § 19 Absatz 1, § 20 Absatz 1 Satz 1 Nummer 1 und § 24 Absatz 1 Satz 1 genannten Betragsgrenzen gelten für Organisationseinheiten stets als überschritten. [7]Wahlrechte, deren Rechtsfolgen das gesamte Unternehmen der Gebietskörperschaft erfassen, können nur einheitlich ausgeübt werden. [8]Die Gebietskörperschaft kann gegenüber dem für sie zuständigen Finanzamt mit Wirkung für die Zukunft erklären, dass die Sätze 1 bis 5 nicht zur Anwendung kommen sollen; ein Widerruf ist nur mit Wirkung für die Zukunft möglich.

(4g) [1]Die oberste Landesfinanzbehörde oder die von ihr beauftragte Landesfinanzbehörde kann anordnen, dass eine andere als die nach § 21 Absatz 1 der Abgabenordnung örtlich zuständige Finanzbehörde die Besteuerung einer Organisationseinheit des jeweiligen Landes übernimmt. [2]Die oberste Landesfinanzbehörde oder die von ihr beauftragte Landesfinanzbehörde kann mit der obersten Finanzbehörde eines anderen Landes oder einer von dieser beauftragten Landesfinanzbehörde vereinbaren, dass eine andere als die nach § 21 Absatz 1 der Abgabenordnung zuständige Finanzbehörde die Besteuerung einer Organisationseinheit des Landes der zuständigen Finanzbehörde übernimmt. [3]Die Senatsverwaltung für Finanzen von Berlin oder eine von ihr beauftragte Landesfinanzbehörde kann mit der obersten Finanzbehörde eines anderen Landes oder mit einer von dieser beauftragten Landesfinanzbehörde vereinbaren, dass eine andere als die nach § 21 Absatz 1 der Abgabenordnung zuständige Finanzbehörde die Besteuerung für eine Organisationseinheit der Gebietskörperschaft Bund übernimmt.

(5) In den Fällen der Beförderungseinzelbesteuerung (§ 16 Abs. 5) ist abweichend von den Absätzen 1 bis 4 wie folgt zu verfahren:

1. Der Beförderer hat für jede einzelne Fahrt eine Steuererklärung nach amtlich vorgeschriebenem Vordruck in zwei Stücken bei der zuständigen Zolldienststelle abzugeben.

2. [1]Die zuständige Zolldienststelle setzt für das zuständige Finanzamt die Steuer auf beiden Stücken der Steuererklärung fest und gibt ein Stück dem Beförderer zurück, der die Steuer gleichzeitig zu entrichten hat. [2]Der Beförderer hat dieses Stück mit der Steuerquittung während der Fahrt mit sich zu führen.

3. [1]Der Beförderer hat bei der zuständigen Zolldienststelle, bei der er die Grenze zum Drittlandsgebiet überschreitet, eine weitere Steuererklärung in zwei Stücken abzugeben, wenn sich die Zahl der Personenkilometer (§ 10 Abs. 6 Satz 2), von der bei der Steuerfestsetzung nach Nummer 2 ausgegangen worden ist, geändert hat. [2]Die Zolldienststelle setzt die Steuer neu fest. [3]Gleichzeitig ist ein Unterschiedsbetrag zugunsten des Finanzamts zu entrichten oder ein Unterschiedsbetrag zugunsten des Beförderers zu erstatten. [4]Die Sätze 2 und 3 sind nicht anzuwenden, wenn der Unterschiedsbetrag weniger als 2,50 Euro beträgt. [5]Die Zolldienststelle kann in diesen Fällen auf eine schriftliche Steuererklärung verzichten.

(5a) [1]In den Fällen der Fahrzeugeinzelbesteuerung (§ 16 Absatz 5a) hat der Erwerber, abweichend von den Absätzen 1 bis 4, spätestens bis zum 10. Tag nach Ablauf des Tages, an dem die Steuer entstanden ist, eine Steuererklärung, in der er die zu entrichtende Steuer selbst zu berechnen hat, nach amtlich vorgeschriebenem Datensatz durch Datenfernübertragung zu übermitteln oder nach amtlich vorgeschriebenem Vordruck abzugeben (Steueranmeldung). [2]Bei Verwendung des Vordrucks muss dieser vom Erwerber eigenhändig unterschrieben sein. [3]Gibt der Erwerber die Steueranmeldung nicht ab oder hat er die Steuer nicht richtig berechnet, so kann das Finanzbehörde die Steuer festsetzen. [4]Die Steuer ist am zehnten Tag nach Ablauf des Tages fällig, an dem sie entstanden ist, und ist bis dahin vom Erwerber zu entrichten.

(5b) [1]In den Fällen des § 16 Abs. 5b ist das Besteuerungsverfahren nach den Absätzen 3 und 4 durchzuführen. [2]Die bei der Beförderungseinzelbesteuerung (§ 16 Abs. 5) entrichtete Steuer ist auf die nach Absatz 3 Satz 1 zu entrichtende Steuer anzurechnen.

(6–8) …

(9) [1]Zur Vereinfachung des Besteuerungsverfahrens kann das Bundesministerium der Finanzen mit Zustimmung des Bundesrates durch Rechtsverordnung die Vergütung der Vorsteuerbeträge (§ 15) an im Ausland ansässige Unternehmer, abweichend von § 16 und von den Absätzen 1 bis 4, in einem besonderen Verfahren regeln. [2]Von der Vergütung ausgeschlossen sind in Rechnung gestellte Steuerbeträge für Ausfuhrlieferungen, bei denen die Gegenstände vom Abnehmer oder einem von ihm beauftragten Dritten befördert oder versendet wurden, die nach § 4 Nummer 1 Buchstabe a in Verbindung mit § 6 steuerfrei sind, oder für innergemeinschaftliche Lieferungen, die nach § 4 Nummer 1 Buchstabe b in Verbindung mit § 6a steuerfrei sind oder in Bezug auf § 6a Absatz 1 Satz 1 Nummer 4 steuerfrei sein können. [3]Dabei kann auch angeordnet werden,

1. dass die Vergütung nur erfolgt, wenn sie eine bestimmte Mindesthöhe erreicht,
2. innerhalb welcher Frist der Vergütungsantrag zu stellen ist,
3. in welchen Fällen der Unternehmer den Antrag eigenhändig zu unterschreiben hat,
4. wie und in welchem Umfang Vorsteuerbeträge durch Vorlage von Rechnungen und Einfuhrbelegen nachzuweisen sind,
5. dass der Bescheid über die Vergütung der Vorsteuerbeträge elektronisch erteilt wird,
6. wie und in welchem Umfang der zu vergütende Betrag zu verzinsen ist.

[4]Sind die durch die Rechtsverordnung nach den Sätzen 1 und 2 geregelten Voraussetzungen des besonderen Verfahrens erfüllt und schuldet der im Ausland ansässige Unternehmer ausschließlich Steuer nach § 13a Absatz 1 Nummer 1 in Verbindung mit § 14c Absatz 1 oder § 13a Absatz 1 Nummer 4, kann die Vergütung der Vorsteuerbeträge nur in dem besonderen Verfahren durchgeführt werden. [5]Einem Unternehmer, der im Gemeinschaftsgebiet ansässig ist und Umsätze ausführt, die zum Teil den Vorsteuerabzug ausschließen, wird die Vorsteuer höchstens in der Höhe vergütet, in der er in dem Mitgliedstaat, in dem er ansässig ist, bei Anwendung eines Pro-rata-Satzes zum Vorsteuerabzug berechtigt wäre. [6]Einem Unternehmer, der nicht im Gemeinschaftsgebiet ansässig ist, wird die Vorsteuer nur vergütet, wenn in dem Land, in dem der Unternehmer seinen Sitz hat, keine Umsatzsteuer oder ähnliche Steuer erhoben oder im Fall der Erhebung im Inland ansässigen Unternehmern vergütet wird. [7]Von der Vergütung ausgeschlossen sind bei Unternehmern, die nicht im Gemeinschaftsgebiet ansässig sind, die Vorsteuerbeträge, die auf den Bezug von Kraftstoffen entfallen, soweit diese nicht weitergeliefert werden. [8]Die Sätze 6 und 7 gelten nicht für Unternehmer, die nicht im Gemeinschaftsgebiet ansässig sind, soweit sie im Besteuerungszeitraum (§ 16 Absatz 1 Satz 2) vor dem 1. Juli 2021 als Steuerschuldner Umsätze nach § 3a Absatz 5 im Gemeinschaftsgebiet erbracht und für diese Umsätze von § 18 Absatz 4c Gebrauch gemacht haben oder diese Umsätze in einem anderen Mitgliedstaat erklärt sowie die darauf entfallende Steuer entrichtet haben; Voraussetzung ist, dass die Vorsteuerbeträge im Zusammenhang mit Umsätzen nach § 3a Absatz 5 stehen. [9]Die Sätze 6 und 7 gelten auch nicht für Unternehmer, die nicht im Gemeinschaftsgebiet ansässig sind, soweit sie im Besteuerungszeitraum (§ 16 Absatz 1 Satz 2) nach dem 30. Juni 2021 als Steuerschuldner Lieferungen nach § 3 Absatz 3a Satz 1 innerhalb eines Mitgliedstaates, Fernverkäufe nach § 3 Absatz 3a Satz 2, innergemeinschaftliche Fernverkäufe nach § 3c Absatz 1 Satz 2 und 3, Fernverkäufe nach § 3c Absatz 2 oder 3 oder sonstige Leistungen an Empfänger nach § 3a Absatz 5 Satz 1 im Gemeinschaftsgebiet erbracht und für diese Umsätze von den §§ 18i, 18j oder 18k Gebrauch gemacht haben; Voraussetzung ist, dass die Vorsteuerbeträge mit Lieferungen nach § 3 Absatz 3a Satz 1 innerhalb eines Mitgliedstaates, Fernverkäufen nach § 3 Absatz 3a Satz 2, innergemeinschaftlichen Fernverkäufen nach § 3c Absatz 1 Satz 2 und 3, Fernverkäufen nach § 3c Absatz 2 oder 3 oder sonstigen Leistungen an Empfänger nach § 3a Absatz 5 Satz 1 im Zusammenhang stehen.

(10–11) …

(12) Im Ausland ansässige Unternehmer nach § 13b Absatz 7, die grenzüberschreitende Personenbeförderungen mit nicht im Inland zugelassenen Kraftomnibussen durchführen, haben sich vor der erstmaligen Ausführung derartiger auf das Inland entfallender Umsätze nach § 3b Absatz 1 Satz 2 bei dem für die Umsatzbesteuerung zuständigen Finanzamt zu registrieren; dies gilt nicht, soweit diese Umsätze der Beförderungseinzelbesteuerung nach § 16 Absatz 5 unterliegen oder der Unternehmer an einem besonderen Besteuerungsverfahren entsprechend Titel XII Kapitel 6 Abschnitt 2 und 3 der Richtlinie 2006/112/EG des Rates in der Fassung von Artikel 2 Nummer 14 bis 20 der Richtlinie (EU) 2017/2455 des Rates vom 5. Dezember 2017 zur Änderung der Richtlinie 2006/112/EG und der Richtlinie 2009/132/EG in Bezug auf bestimmte mehrwertsteuerliche Pflichten für die Erbringung von Dienstleistungen und für Fernverkäufe von Gegenständen (ABl. L 348 vom 29.12.2017, S. 7) teilnimmt.

§ 18a
Zusammenfassende Meldung

(1) [1]Der Unternehmer im Sinne des § 2 hat bis zum 25. Tag nach Ablauf jedes Kalendermonats (Meldezeitraum), in dem er innergemeinschaftliche Warenlieferungen oder Lieferungen im Sinne des § 25b Absatz 2 ausgeführt hat, dem Bundeszentralamt für Steuern eine Meldung (Zusammenfassende Meldung) nach amtlich vorgeschriebenem Datensatz über die amtlich bestimmte Schnittstelle zu übermitteln, in der er die Angaben nach Absatz 7 Satz 1 Nummer 1, 2 und 4 zu machen hat. [2]Soweit die Summe der Bemessungsgrundlagen für innergemeinschaftliche Warenlieferungen und für Lieferungen im Sinne des § 25b Absatz 2 weder für das laufende Kalendervierteljahr noch für eines der vier vorangegangenen Kalendervierteljahre jeweils mehr als 50 000 Euro beträgt, kann die Zusammenfassende Meldung bis zum 25. Tag nach Ablauf des Kalendervierteljahres übermittelt werden. [3]Übersteigt die Summe der Bemessungsgrundlage für innergemeinschaftliche Warenlieferungen und für Lieferungen im Sinne des § 25b Absatz 2 im Laufe eines Kalendervierteljahres 50 000 Euro, hat der Unternehmer bis zum 25. Tag nach Ablauf des Kalendermonats, in dem dieser Betrag überschritten wird, eine Zusammenfassende Meldung für diesen Kalendermonat und die bereits abgelaufenen Kalendermonate dieses Kalendervierteljahres zu übermitteln. [4]Nimmt der Unternehmer die in Satz 2 enthaltene Regelung nicht in Anspruch, hat er dies gegenüber dem Bundeszentralamt für Steuern anzuzeigen. [5]Vom 1. Juli 2010 bis zum 31. Dezember 2011 gelten die Sätze 2 und 3 mit der Maßgabe, dass an die Stelle des Betrages von 50 000 Euro der Betrag von 100 000 Euro tritt.

(2) [1]Der Unternehmer im Sinne des § 2 hat bis zum 25. Tag nach Ablauf jedes Kalendervierteljahres (Meldezeitraum), in dem er im übrigen Gemeinschaftsgebiet steuerpflichtige sonstige Leistungen im Sinne des § 3a Absatz 2, für die der in einem anderen Mitgliedstaat ansässige Leistungsempfänger die Steuer dort schuldet, ausgeführt hat, dem Bundeszentralamt für Steuern eine Zusammenfassende Meldung nach amtlich vorgeschriebenem Datensatz durch Datenfernübertragung zu übermitteln, in der er die Angaben nach Absatz 7 Satz 1 Nummer 3 zu machen hat. [2]Soweit der Unternehmer bereits nach Absatz 1 zur monatlichen Übermittlung einer Zusammenfassenden Meldung verpflichtet ist, hat er die Angaben im Sinne von Satz 1 in der Zusammenfassenden Meldung für den letzten Monat des Kalendervierteljahres zu machen.

(3) [1]Soweit der Unternehmer im Sinne des § 2 die Zusammenfassende Meldung entsprechend Absatz 1 bis zum 25. Tag nach Ablauf jedes Kalendermonats übermittelt, kann er die nach Absatz 2 vorgesehenen Angaben in die Meldung für den jeweiligen Meldezeitraum aufnehmen. [2]Nimmt der Unternehmer die in Satz 1 enthaltene Regelung in Anspruch, hat er dies gegenüber dem Bundeszentralamt für Steuern anzuzeigen.

(4) Die Absätze 1 bis 3 gelten nicht für Unternehmer, die § 19 Absatz 1 anwenden.

(5) [1]Auf Antrag kann das Finanzamt zur Vermeidung unbilliger Härten auf eine elektronische Übermittlung verzichten; in diesem Fall hat der Unternehmer eine Meldung nach amtlich vorgeschriebenem Vordruck abzugeben. [2]§ 150 Absatz 8 der Abgabenordnung gilt entsprechend. [3]Soweit das Finanzamt nach § 18 Absatz 1 Satz 2 auf eine elektronische Übermittlung der Voranmeldung verzichtet hat, gilt dies auch für die Zusammenfassende Meldung. [4]Für die Anwendung dieser Vorschrift gelten auch nichtselbständige juristische Personen im Sinne des § 2 Absatz 2 Nummer 2 als Unternehmer. [5]§ 18 Absatz 4f ist entsprechend anzuwenden. [6]Die Landesfinanzbehörden übermitteln dem Bundeszentralamt für Steuern die erforderlichen Angaben zur Bestimmung der Unternehmer, die nach den Absätzen 1 und 2 zur Abgabe der Zusammenfassenden Meldung verpflichtet sind. [7]Diese Angaben dürfen nur zur Sicherstellung der Abgabe der Zusammenfassenden Meldung verarbeitet werden. [8]Das Bundeszentralamt für Steuern übermittelt den Landesfinanzbehörden die Angaben aus den Zusammenfassenden Meldungen, soweit diese für steuerliche Kontrollen benötigt werden.

(6) Eine innergemeinschaftliche Warenlieferung im Sinne dieser Vorschrift ist

1. eine innergemeinschaftliche Lieferung im Sinne des § 6a Abs. 1 mit Ausnahme der Lieferungen neuer Fahrzeuge an Abnehmer ohne Umsatzsteuer-Identifikationsnummer;
2. eine innergemeinschaftliche Lieferung im Sinne des § 6a Abs. 2;
3. eine Beförderung oder Versendung im Sinne des § 6b Absatz 1oder 4 oder ein Erwerberwechsel nach § 6b Absatz 5.

(7) [1]Die Zusammenfassende Meldung muss folgende Angaben enthalten:

1. für innergemeinschaftliche Warenlieferungen im Sinne des Absatzes 6 Nummer 1:
   a) die Umsatzsteuer-Identifikationsnummer jedes Erwerbers, die ihm in einem anderen Mitgliedstaat erteilt worden ist und unter der die innergemeinschaftlichen Warenlieferungen an ihn ausgeführt worden sind, und
   b) für jeden Erwerber die Summe der Bemessungsgrundlagen der an ihn ausgeführten innergemeinschaftlichen Warenlieferungen;
2. für innergemeinschaftliche Warenlieferungen im Sinne des Absatzes 6 Nummer 2:
   a) die Umsatzsteuer-Identifikationsnummer des Unternehmers in den Mitgliedstaaten, in die er Gegenstände verbracht hat, und
   b) die darauf entfallende Summe der Bemessungsgrundlagen;

2a. für Beförderungen oder Versendungen oder einem Erwerberwechsel im Sinne des Absatzes 6 Nummer 3:
   a) in den Fällen des § 6b Absatz 1 die Umsatzsteuer-Identifikationsnummer des Erwerbers im Sinne des § 6b Absatz 1 Nummer 1 und 3,
   b) in den Fällen des § 6b Absatz 4 die Umsatzsteuer-Identifikationsnummer des ursprünglich vorgesehenen Erwerbers im Sinne des § 6b Absatz 1 Nummer 1 und 3, oder
   c) in den Fällen des § 6b Absatz 5 die Umsatzsteuer-Identifikationsnummer des ursprünglich vorgesehenen Erwerbers im Sinne des § 6b Absatz 1 Nummer 1 und 3 sowie die des neuen Erwerbers;

3. für im übrigen Gemeinschaftsgebiet ausgeführte steuerpflichtige sonstige Leistungen im Sinne des § 3a Absatz 2, für die der in einem anderen Mitgliedstaat ansässige Leistungsempfänger die Steuer dort schuldet:
   a) die Umsatzsteuer-Identifikationsnummer jedes Leistungsempfängers, die ihm in einem anderen Mitgliedstaat erteilt worden ist und unter der die steuerpflichtigen sonstigen Leistungen an ihn erbracht wurden,
   b) für jeden Leistungsempfänger die Summe der Bemessungsgrundlagen der an ihn erbrachten steuerpflichtigen sonstigen Leistungen und
   c) einen Hinweis auf das Vorliegen einer im übrigen Gemeinschaftsgebiet ausgeführten steuerpflichtigen sonstigen Leistung im Sinne des § 3a Absatz 2, für die der in einem anderen Mitgliedstaat ansässige Leistungsempfänger die Steuer dort schuldet;
4. für Lieferungen im Sinne des § 25b Absatz 2:
   a) die Umsatzsteuer-Identifikationsnummer eines jeden letzten Abnehmers, die diesem in dem Mitgliedstaat erteilt worden ist, in dem die Versendung oder Beförderung beendet worden ist,
   b) für jeden letzten Abnehmer die Summe der Bemessungsgrundlagen der an ihn ausgeführten Lieferungen und
   c) einen Hinweis auf das Vorliegen eines innergemeinschaftlichen Dreiecksgeschäfts.

[2]§ 16 Absatz 6 und § 17 sind sinngemäß anzuwenden.

(8) [1]Die Angaben nach Absatz 7 Satz 1 Nummer 1 und 2 sind für den Meldezeitraum zu machen, in dem die Rechnung für die innergemeinschaftliche Warenlieferung ausgestellt wird, spätestens jedoch für den Meldezeitraum, in dem der auf die Ausführung der innergemeinschaftlichen Warenlieferung folgende Monat endet. [2]Die Angaben nach Absatz 7 Satz 1 Nummer 3 und 4 sind für den Meldezeitraum zu machen, in dem die im übrigen Gemeinschaftsgebiet steuerpflichtige sonstige Leistung im Sinne des § 3a Absatz 2, für die der in einem anderen Mitgliedstaat ansässige Leistungsempfänger die Steuer dort schuldet, und die Lieferungen nach § 25b Absatz 2 ausgeführt worden sind.

(9) [1]Hat das Finanzamt den Unternehmer von der Verpflichtung zur Abgabe der Voranmeldungen und Entrichtung der Vorauszahlungen befreit (§ 18 Absatz 2 Satz 3), kann er die Zusammenfassende Meldung abweichend von den Absätzen 1 und 2 bis zum 25. Tag nach Ablauf jedes Kalenderjahres abgeben, in dem er innergemeinschaftliche Warenlieferungen ausgeführt hat oder im übrigen Gemeinschaftsgebiet steuerpflichtige sonstige Leistungen im Sinne des § 3a Absatz 2 ausgeführt hat, für die der in einem anderen Mitgliedstaat ansässige Leistungsempfänger die Steuer dort schuldet, wenn

1. die Summe seiner Lieferungen und sonstigen Leistungen im vorangegangenen Kalenderjahr 200 000 Euro nicht überstiegen hat und im laufenden Kalenderjahr voraussichtlich nicht übersteigen wird,
2. die Summe seiner innergemeinschaftlichen Warenlieferungen oder im übrigen Gemeinschaftsgebiet ausgeführten steuerpflichtigen Leistungen im Sinne des § 3a Absatz 2, für die der in einem anderen Mitgliedstaat ansässige Leistungsempfänger die Steuer dort schuldet, im vorangegangenen Kalenderjahr 15 000 Euro nicht überstiegen hat und im laufenden Kalenderjahr voraussichtlich nicht übersteigen wird und
3. es sich bei den in Nummer 2 bezeichneten Warenlieferungen nicht um Lieferungen neuer Fahrzeuge an Abnehmer mit Umsatzsteuer-Identifikationsnummer handelt.

[2]Absatz 8 gilt entsprechend.

(10) Erkennt der Unternehmer nachträglich, dass eine von ihm abgegebene Zusammenfassende Meldung unrichtig oder unvollständig ist, so ist er verpflichtet, die ursprüngliche Zusammenfassende Meldung innerhalb eines Monats zu berichtigen.

(11) Auf die Zusammenfassende Meldung sind mit Ausnahme von § 152 der Abgabenordnung ergänzend die für Steuererklärungen geltenden Vorschriften der Abgabenordnung anzuwenden.

(12) [1]Zur Erleichterung und Vereinfachung der Abgabe und Verarbeitung der Zusammenfassenden Meldung kann das Bundesministerium der Finanzen durch Rechtsverordnung mit Zustimmung des Bundesrates bestimmen, dass die Zusammenfassende Meldung auf maschinell verwertbaren Datenträgern oder durch Datenfernübertragung übermittelt werden kann. [2]Dabei können insbesondere geregelt werden:

1. die Voraussetzungen für die Anwendung des Verfahrens;
2. das Nähere über Form, Inhalt, Verarbeitung und Sicherung der zu übermittelnden Daten;
3. die Art und Weise der Übermittlung der Daten;
4. die Zuständigkeit für die Entgegennahme der zu übermittelnden Daten;
5. die Mitwirkungspflichten Dritter bei der Verarbeitung der Daten;
6. der Umfang und die Form der für dieses Verfahren erforderlichen besonderen Erklärungspflichten des Unternehmers.

[3]Zur Regelung der Datenübermittlung kann in der Rechtsverordnung auf Veröffentlichungen sachverständiger Stellen verwiesen werden; hierbei sind das Datum der Veröffentlichung, die Bezugsquelle und eine Stelle zu bezeichnen, bei der die Veröffentlichung archivmäßig gesichert niedergelegt ist.

§ 18b
Gesonderte Erklärung innergemeinschaftlicher Lieferungen und bestimmter sonstiger Leistungen im Besteuerungsverfahren

[1]Der Unternehmer im Sinne des § 2 hat für jeden Voranmeldungs- und Besteuerungszeitraum in den amtlich vorgeschriebenen Vordrucken (§ 18 Abs. 1 bis 4) die Bemessungsgrundlagen folgender Umsätze gesondert zu erklären:

1. seiner innergemeinschaftlichen Lieferungen,
2. seiner im übrigen Gemeinschaftsgebiet ausgeführten steuerpflichtigen sonstigen Leistungen im Sinne des § 3a Absatz 2, für die der in einem anderen Mitgliedstaat ansässige Leistungsempfänger die Steuer dort schuldet, und
3. seiner Lieferungen im Sinne des § 25b Abs. 2.

[2]Die Angaben für einen in Satz 1 Nummer 1 genannten Umsatz sind in dem Voranmeldungszeitraum zu machen, in dem die Rechnung für diesen Umsatz ausgestellt wird, spätestens jedoch in dem Voranmeldungszeitraum, in dem der auf die Ausführung dieses Umsatzes folgende Monat endet. [3]Die Angaben für Umsätze im Sinne des Satzes 1 Nummer 2 und 3 sind in dem Voranmeldungszeitraum zu machen, in dem diese Umsätze ausgeführt worden sind. [4]§ 16 Abs. 6 und § 17 sind sinngemäß anzuwenden. [5]Erkennt der Unternehmer nachträglich vor Ablauf der Festsetzungsfrist, dass in einer von ihm abgegebenen Voranmeldung (§ 18 Abs. 1) die Angaben zu Umsätzen im Sinne des Satzes 1 unrichtig oder unvollständig sind, ist er verpflichtet, die ursprüngliche Voranmeldung unverzüglich zu berichtigen. [6]Die Sätze 2 bis 5 gelten für die Steuererklärung (§ 18 Abs. 3 und 4) entsprechend.

…

§ 18g
Abgabe des Antrags auf Vergütung von Vorsteuerbeträgen in einem anderen Mitgliedstaat

[Fassung bis 31.12.2025]

[1]Ein im Inland ansässiger Unternehmer, der Anträge auf Vergütung von Vorsteuerbeträgen entsprechend der Richtlinie 2008/9/EG des Rates vom 12. Februar 2008 zur Regelung der Erstattung der Mehrwertsteuer gemäß der Richtlinie 2006/112/EG an nicht im Mitgliedstaat der Erstattung, sondern in einem anderen Mitgliedstaat ansässige Steuerpflichtige (ABl. EU Nr. L 44 S. 23) in einem anderen Mitgliedstaat stellen kann, hat diesen Antrag nach amtlich vorgeschriebenem Datensatz über die amtlich bestimmte Schnittstelle dem Bundeszentralamt für Steuern zu übermitteln. [2]In diesem hat er die Steuer für den Vergütungszeitraum selbst zu berechnen. [3]§ 18 Absatz 4f ist entsprechend anzuwenden. [4]Leitet das Bundeszentralamt für Steuern den Antrag nicht an den Mitgliedstaat der Erstattung weiter, ist der Bescheid über die Ablehnung dem Antragsteller durch Bereitstellung zum Datenabruf nach § 122a in Verbindung mit § 87a Absatz 8 der Abgabenordnung bekannt zu geben. [5]Hat der Empfänger des Bescheids der Bekanntgabe durch Bereitstellung zum Datenabruf nach Satz 4 nicht zugestimmt, ist der Bescheid schriftlich zu erteilen.

[Fassung ab 1.1.2026]

[1]Ein im Inland ansässiger Unternehmer, der Anträge auf Vergütung von Vorsteuerbeträgen entsprechend der Richtlinie 2008/9/EG des Rates vom 12. Februar 2008 zur Regelung der Erstattung der Mehrwertsteuer gemäß der Richtlinie 2006/112/EG an nicht im Mitgliedstaat der Erstattung, sondern in einem anderen Mitgliedstaat ansässige Steuerpflichtige (ABl. EU Nr. L 44 S. 23) in einem anderen Mitgliedstaat stellen kann, hat diesen Antrag nach amtlich vorgeschriebenem Datensatz über die amtlich bestimmte Schnittstelle dem Bundeszentralamt für Steuern zu übermitteln. [2]In diesem hat er die Steuer für den Vergütungszeitraum selbst zu berechnen. [3]§ 18 Absatz 4f ist entsprechend anzuwenden. [4]Leitet das Bundeszentralamt für Steuern den Antrag nicht an den Mitgliedstaat der Erstattung weiter, ist der Bescheid über die Ablehnung dem Antragsteller durch Bereitstellung zum Datenabruf nach § 122a in Verbindung mit § 87a Absatz 8 der Abgabenordnung bekannt zu geben. [5]Abweichend von § 122a Absatz 2 der Abgabenordnung kann das Bundeszentralamt für Steuern nur zur Vermeidung von unbilligen Härten einem Antrag auf einmalige postalische Bekanntgabe nach § 122a Absatz 2 der Abgabenordnung entsprechen und den Bescheid, bis zum Widerruf des Antrags, postalisch bekannt geben.

§ 18h
Verfahren der Abgabe der Umsatzsteuererklärung für einen anderen Mitgliedstaat

(1) [1]Ein im Inland ansässiger Unternehmer, der vor dem 1. Juli 2021 in einem anderen Mitgliedstaat der Europäischen Union Umsätze nach § 3a Absatz 5 erbringt, für die er dort die Steuer schuldet und Umsatzsteuererklärungen abzugeben hat, hat gegenüber dem Bundeszentralamt für Steuern nach amtlich vorgeschriebenem Datensatz über die amtlich bestimmte Schnittstelle anzuzeigen, wenn er an dem besonderen Besteuerungsverfahren entsprechend Titel XII Kapitel 6 Abschnitt 3 der Richtlinie 2006/112/EG des Rates in der Fassung von Artikel 5 Nummer 15 der Richtlinie 2008/8/EG des Rates vom 12. Februar 2008 zur Änderung der Richtlinie 2006/112/EG bezüglich des Ortes der Dienstleistung (ABl. L 44 vom 20.2.2008, S. 11) teilnimmt. [2]Eine Teilnahme im Sinne des Satzes 1 ist dem Unternehmer nur einheitlich für alle Mitgliedstaaten der Europäischen Union möglich, in denen er weder einen Sitz noch eine Betriebsstätte hat. [3]Die Anzeige nach Satz 1 hat vor Beginn des Besteuerungszeitraums zu erfolgen, ab dessen Beginn der Unternehmer von dem besonderen Besteuerungsverfahren Gebrauch macht. [4]Die Anwendung des besonderen Besteuerungsverfahrens kann nur mit Wirkung vom Beginn eines Besteuerungszeitraums an widerrufen werden. [5]Der Widerruf ist vor Beginn des Besteuerungszeitraums, für den er gelten soll, gegenüber dem Bundeszentralamt für Steuern nach amtlich vorgeschriebenem Datensatz auf elektronischem Weg zu erklären.

(2) Erfüllt der Unternehmer die Voraussetzungen für die Teilnahme an dem besonderen Besteuerungsverfahren nach Absatz 1 nicht, stellt das Bundeszentralamt für Steuern dies durch Verwaltungsakt gegenüber dem Unternehmer fest.

(3) [1]Ein Unternehmer, der das in Absatz 1 genannte besondere Besteuerungsverfahren anwendet, hat seine hierfür abzugebenden Umsatzsteuererklärungen bis zum 20. Tag nach Ablauf jedes Besteuerungszeitraums nach amtlich vorgeschriebenem Datensatz durch Datenfernübertragung dem Bundeszentralamt für Steuern zu übermitteln. [2]In dieser Erklärung hat er die Steuer für den Besteuerungszeitraum selbst zu berechnen. [3]Die berechnete Steuer ist an das Bundeszentralamt für Steuern zu entrichten.

(4) [1]Kommt der Unternehmer seinen Verpflichtungen nach Absatz 3 oder den von ihm in einem anderen Mitgliedstaat der Europäischen Union zu erfüllenden Aufzeichnungspflichten entsprechend Artikel 369k der Richtlinie 2006/112/EG des Rates in der Fassung des Artikels 5 Nummer 15 der Richtlinie 2008/8/EG des Rates vom 12. Februar 2008 zur Änderung der Richtlinie 2006/112/EG bezüglich des Ortes der Dienstleistung (ABl. L 44 vom 20.2.2008, S. 11) wiederholt nicht oder nicht rechtzeitig nach, schließt ihn das Bundeszentralamt für Steuern von dem besonderen Besteuerungsverfahren nach Absatz 1 durch Verwaltungsakt aus. [2]Der Ausschluss gilt ab dem Besteuerungszeitraum, der nach dem Zeitpunkt der Bekanntgabe des Ausschlusses gegenüber dem Unternehmer beginnt.

(5) Ein Unternehmer ist im Inland im Sinne des Absatzes 1 Satz 1 ansässig, wenn er im Inland seinen Sitz oder seine Geschäftsleitung hat oder, für den Fall, dass er im Drittlandsgebiet ansässig ist, im Inland eine Betriebsstätte hat.

(6) Auf das Verfahren sind, soweit es vom Bundeszentralamt für Steuern durchgeführt wird, die §§ 30, 80 und 87a und der Zweite Abschnitt des Dritten Teils und der Siebente Teil der Abgabenordnung sowie die Finanzgerichtsordnung anzuwenden.

(7) § 18 Absatz 4f ist entsprechend anzuwenden.

§ 18i
Besonderes Besteuerungsverfahren für von nicht im Gemeinschaftsgebiet ansässigen Unternehmern erbrachte sonstige Leistungen

(1) [1]Ein nicht im Gemeinschaftsgebiet ansässiger Unternehmer, der nach dem 30. Juni 2021 als Steuerschuldner sonstige Leistungen an Empfänger nach § 3a Absatz 5 Satz 1 im Gemeinschaftsgebiet erbringt, für die er dort die Steuer schuldet und Umsatzsteuererklärungen abzugeben hat, hat anzuzeigen, wenn er an dem besonderen Besteuerungsverfahren entsprechend Titel XII Kapitel 6 Abschnitt 2 der Richtlinie 2006/112/EG des Rates in der Fassung von Artikel 2 Nummer 14 bis 20 der Richtlinie (EU) 2017/2455 des Rates vom 5. Dezember 2017 zur Änderung der Richtlinie 2006/112/EG und der Richtlinie 2009/132/EG in Bezug auf bestimmte mehrwertsteuerliche Pflichten für die Erbringung von Dienstleistungen und für Fernverkäufe von Gegenständen (ABl. L 348 vom 29.12.2017, S. 7) teilnimmt. [2]Die Anzeige ist der zuständigen Finanzbehörde eines Mitgliedstaates der Europäischen Union nach amtlich vorgeschriebenem Datensatz über die amtlich bestimmte Schnittstelle zu übermitteln; zuständige Finanzbehörde im Inland ist insoweit das Bundeszentralamt für Steuern. [3]Die Anzeige hat vor Beginn des Besteuerungszeitraums (§ 16 Absatz 1c Satz 1) zu erfolgen, ab dessen Beginn der Unternehmer von dem besonderen Besteuerungsverfahren Gebrauch macht. [4]Eine Teilnahme an dem besonderen Besteuerungsverfahren ist dem Unternehmer nur einheitlich für alle Mitgliedstaaten der Europäischen Union und alle sonstigen Leistungen an Empfänger nach § 3a Absatz 5 Satz 1 im Gemeinschaftsgebiet möglich. [5]Die Anwendung des besonderen Besteuerungsverfahrens kann nur mit Wirkung vom Beginn eines Besteuerungszeitraums an widerrufen werden. [6]Der Widerruf ist vor Beginn des Besteuerungszeitraums, für den er gelten soll, gegenüber der Finanzbehörde nach Satz 2 nach amtlich vorgeschriebenem Datensatz über die amtlich bestimmte Schnittstelle zu erklären.

(2) Erfolgt die Anzeige nach Absatz 1 Satz 1 im Inland und erfüllt der Unternehmer die Voraussetzungen für die Teilnahme an dem besonderen Besteuerungsverfahren nicht, stellt das Bundeszentralamt für Steuern dies gegenüber dem Unternehmer fest und lehnt dessen Teilnahme an dem besonderen Besteuerungsverfahren ab.

(3) [1]Ein Unternehmer, der das in Absatz 1 genannte besondere Besteuerungsverfahren anwendet, hat der Finanzbehörde, bei der er die Teilnahme an dem besonderen Besteuerungsverfahren angezeigt hat, eine Steuererklärung innerhalb eines Monats nach Ablauf jedes Besteuerungszeitraums (§ 16 Absatz 1c Satz 1) nach amtlich vorgeschriebenem Datensatz durch Datenfernübertragung zu übermitteln. [2]In der Steuererklärung hat er die Steuer für den Besteuerungszeitraum selbst zu berechnen. [3]Die berech-

nete Steuer ist am letzten Tag des auf den Besteuerungszeitraum folgenden Monats fällig und bis dahin vom Unternehmer an die Finanzbehörde zu entrichten, bei der der Unternehmer die Teilnahme an dem besonderen Besteuerungsverfahren angezeigt hat. 4Soweit der Unternehmer im Inland Leistungen nach Absatz 1 Satz 1 erbringt, ist § 18 Absatz 1 bis 4 nicht anzuwenden. 5Berichtigungen einer Steuererklärung, die innerhalb von drei Jahren nach dem letzten Tag des Zeitraums nach Satz 1 vorgenommen werden, sind mit einer späteren Steuererklärung unter Angabe des zu berichtigenden Besteuerungszeitraums anzuzeigen.

(4) 1Die Steuererklärung nach Absatz 3 Satz 1 und 2, die der Unternehmer der zuständigen Finanzbehörde eines anderen Mitgliedstaates der Europäischen Union übermittelt hat, ist ab dem Zeitpunkt eine Steueranmeldung im Sinne des § 150 Absatz 1 Satz 3 und des § 168 der Abgabenordnung, zu dem die in ihr enthaltenen Daten von der zuständigen Finanzbehörde des anderen Mitgliedstaates der Europäischen Union dem Bundeszentralamt für Steuern übermittelt und dort in bearbeitbarer Weise aufgezeichnet wurden. 2Dies gilt für die Berichtigung einer Steuererklärung entsprechend. 3Die Steuererklärung nach Satz 1 gilt als fristgemäß übermittelt, wenn sie bis zum letzten Tag der Frist nach Absatz 3 Satz 1 der zuständigen Finanzbehörde des anderen Mitgliedstaates der Europäischen Union übermittelt worden ist und dort in bearbeitbarer Weise aufgezeichnet wurde. 4Die Entrichtung der Steuer erfolgt im Falle der Steuererklärung nach Satz 1 fristgemäß, wenn die Zahlung bis zum letzten Tag der Frist nach Absatz 3 Satz 3 bei der zuständigen Finanzbehörde des anderen Mitgliedstaates der Europäischen Union eingegangen ist. 5§ 240 der Abgabenordnung ist in diesen Fällen mit der Maßgabe anzuwenden, dass eine Säumnis frühestens mit Ablauf des zehnten Tages nach Ablauf des zweiten auf den Besteuerungszeitraum folgenden Monats eintritt.

(5) 1Kommt der Unternehmer seinen Verpflichtungen nach Absatz 3 oder § 22 Absatz 1 oder den von ihm in einem anderen Mitgliedstaat der Europäischen Union zu erfüllenden Aufzeichnungspflichten entsprechend Artikel 369 der Richtlinie 2006/112/EG wiederholt nicht oder nicht rechtzeitig nach, schließt ihn die Finanzbehörde, bei der der Unternehmer die Teilnahme an dem Verfahren nach Absatz 1 Satz 2 angezeigt hat, von dem besonderen Besteuerungsverfahren nach Absatz 1 aus. 2Der Ausschluss gilt ab dem Besteuerungszeitraum, der nach dem Zeitpunkt der Bekanntgabe des Ausschlusses gegenüber dem Unternehmer beginnt; ist der Ausschluss jedoch auf eine Änderung des Ortes des Sitzes oder der Betriebsstätte zurückzuführen, ist der Ausschluss ab dem Tag dieser Änderung wirksam. 3Der Ausschluss wegen eines wiederholten Verstoßes gegen die in Satz 1 genannten Verpflichtungen hat auch den Ausschluss von den besonderen Besteuerungsverfahren nach den §§ 18j und 18k zur Folge.

(6) Auf das besondere Besteuerungsverfahren sind, soweit die Anzeige nach Absatz 1 Satz 1 gegenüber dem Bundeszentralamt für Steuern erfolgt und dieses die Steuererklärungen den zuständigen Finanzbehörden der anderen Mitgliedstaaten der Europäischen Union übermittelt, die §§ 2a, 29b bis 30, 32a bis 32j, 80, 87a, 87b und der Zweite Abschnitt des Dritten Teils und der Siebente Teil der Abgabenordnung sowie die Finanzgerichtsordnung anzuwenden.

§ 18j
Besonderes Besteuerungsverfahren für den innergemeinschaftlichen Fernverkauf, für Lieferungen innerhalb eines Mitgliedstaates über eine elektronische Schnittstelle und für von im Gemeinschaftsgebiet, nicht aber im Mitgliedstaat des Verbrauchs ansässigen Unternehmern erbrachte sonstige Leistungen

(1) 1Ein Unternehmer, der

1. nach dem 30. Juni 2021 Lieferungen nach § 3 Absatz 3a Satz 1 innerhalb eines Mitgliedstaates oder innergemeinschaftliche Fernverkäufe nach § 3c Absatz 1 Satz 2 und 3 im Gemeinschaftsgebiet erbringt oder
2. im Gemeinschaftsgebiet ansässig ist und nach dem 30. Juni 2021 in einem anderen Mitgliedstaat der Europäischen Union sonstige Leistungen an Empfänger nach § 3a Absatz 5 Satz 1 ausführt,

für die er dort die Steuer schuldet und Umsatzsteuererklärungen abzugeben hat, hat anzuzeigen, wenn er an dem besonderen Besteuerungsverfahren entsprechend Titel XII Kapitel 6 Abschnitt 3 der Richtlinie 2006/112/EG des Rates in der Fassung von Artikel 1 Nummer 8 bis 13 der Richtlinie (EU) 2019/1995 des Rates vom 21. November 2019 zur Änderung der Richtlinie 2006/112/EG des Rates vom 28. November 2006 in Bezug auf Vorschriften für Fernverkäufe von Gegenständen und bestimmte inländische Lieferungen von Gegenständen (ABl. L 310 vom 2.12.2019, S. 1) teilnimmt. 2Die Anzeige ist der zuständigen Finanzbehörde des nach Artikel 369a Nummer 2 der Richtlinie 2006/112/EG des Rates in der Fassung von Artikel 1 Nummer 9 der Richtlinie (EU) 2019/1995 zuständigen Mitgliedstaates der Europäischen Union nach amtlich vorgeschriebenem Datensatz über die amtlich bestimmte Schnittstelle zu übermitteln; zuständige Finanzbehörde im Inland ist insoweit das Bundeszentralamt für Steuern. 3Die Anzeige hat vor Beginn des Besteuerungszeitraums (§ 16 Absatz 1d Satz 1) zu erfolgen, ab dessen Beginn der Unternehmer von dem besonderen Besteuerungsverfahren Gebrauch macht. 4Eine Teilnahme an dem besonderen Besteuerungsverfahren ist dem Unternehmer nur einheitlich für alle Mitgliedstaaten der Europäischen Union und alle Umsätze nach Satz 1 möglich; dies gilt hinsichtlich sonstiger Leistungen an Empfänger nach § 3a Absatz 5 Satz 1 nur für die Mitgliedstaaten der Europäischen Union, in denen der Unternehmer weder einen Sitz noch eine Betriebsstätte hat. 5Die Anwendung des besonderen Besteuerungsverfahrens kann nur mit Wirkung vom Beginn eines Besteuerungszeitraums an widerrufen werden. 6Der Widerruf ist vor Beginn des Besteuerungszeitraums, für den er gelten soll, gegenüber der Finanzbehörde nach Satz 2 nach amtlich vorgeschriebenem Datensatz über die amtlich bestimmte Schnittstelle zu erklären.

(2) 1Im übrigen Gemeinschaftsgebiet ansässige Unternehmer (§ 13b Absatz 7 Satz 2) können die Teilnahme an dem besonderen Besteuerungsverfahren nur in dem Mitgliedstaat der Europäischen Union, in dem sie ansässig sind, anzeigen; hinsichtlich sonstiger Leistungen an Empfänger nach § 3a Absatz 5 Satz 1 im Inland ist eine Teilnahme jedoch nur zulässig, soweit der Unternehmer im Inland, auf der Insel Helgoland und in einem der in § 1 Absatz 3 bezeichneten Gebiete weder seinen Sitz, seine Geschäftsleitung noch eine Betriebsstätte hat. 2Im Inland ansässige Unternehmer können die Teilnahme an dem besonderen Besteuerungsverfahren nur im Inland anzeigen; dies gilt nicht in Fällen des Satzes 4. 3Ein Unternehmer ist im Inland ansässig, wenn er im Inland seinen Sitz oder seine Geschäftsleitung hat oder, für den Fall, dass er im Drittlandsgebiet ansässig ist, im Inland eine Betriebsstätte hat. 4Hat ein im Drittlandsgebiet ansässiger Unternehmer neben der Betriebsstätte im Inland noch mindestens eine weitere Betriebsstätte im übrigen Gemeinschaftsgebiet kann er sich für die Anzeige der Teilnahme an dem besonderen Besteuerungsverfahren im Inland entscheiden. 5Hat ein im Drittlandsgebiet ansässiger Unternehmer keine Betriebsstätte im Gemeinschaftsgebiet, hat er die Teilnahme an dem besonderen Besteuerungsverfahren im Inland anzuzeigen, wenn die Beförderung oder Versendung der Gegenstände im Inland beginnt. 6Beginnt die Beförderung oder Versendung der Gegenstände teilweise im Inland und teilweise im übrigen Gemeinschaftsgebiet, kann sich der im Drittlandsgebiet ansässige Unternehmer, der keine Betriebsstätte im Gemeinschaftsgebiet hat, für die Anzeige der Teilnahme an dem besonderen Besteuerungsverfahren im Inland entscheiden. 7Der im Drittlandsgebiet ansässige Unternehmer ist an seine Entscheidung nach Satz 4 oder 6 für das betreffende Kalenderjahr und die beiden darauffolgenden Kalenderjahre gebunden.

(3) Erfolgt die Anzeige nach Absatz 1 Satz 1 im Inland und erfüllt der Unternehmer die Voraussetzungen für die Teilnahme an dem besonderen Besteuerungsverfahren nicht, stellt das Bundeszentralamt für Steuern dies gegenüber dem Unternehmer fest und lehnt dessen Teilnahme an dem besonderen Besteuerungsverfahren ab.

(4) [1]Ein Unternehmer, der das in Absatz 1 genannte besondere Besteuerungsverfahren anwendet, hat der Finanzbehörde nach Absatz 1 Satz 2 in Verbindung mit Absatz 2 eine Steuererklärung innerhalb eines Monats nach Ablauf jedes Besteuerungszeitraums (§ 16 Absatz 1d Satz 1) nach amtlich vorgeschriebenem Datensatz über die amtlich bestimmte Schnittstelle zu übermitteln. [2]In der Steuererklärung hat er die Steuer für den Besteuerungszeitraum selbst zu berechnen. [3]Die berechnete Steuer ist am letzten Tag des auf den Besteuerungszeitraum folgenden Monats fällig und bis dahin vom Unternehmer an die Finanzbehörde nach Absatz 1 Satz 2 zu entrichten. [4]Soweit der Unternehmer im Inland Leistungen nach Absatz 1 Satz 1 erbringt, ist § 18 Absatz 1 bis 4 nicht anzuwenden. [5]Berichtigungen einer Steuererklärung, die innerhalb von drei Jahren nach dem letzten Tag des Zeitraums nach Satz 1 vorgenommen werden, sind mit einer späteren Steuererklärung unter Angabe des zu berichtigenden Besteuerungszeitraums anzuzeigen.

(5) [1]Die Steuererklärung nach Absatz 4 Satz 1 und 2, die der Unternehmer der zuständigen Finanzbehörde eines anderen Mitgliedstaates der Europäischen Union übermittelt hat, ist ab dem Zeitpunkt eine Steueranmeldung im Sinne des § 150 Absatz 1 Satz 3 und des § 168 der Abgabenordnung, zu dem die in ihr enthaltenen Daten von der zuständigen Finanzbehörde des anderen Mitgliedstaates der Europäischen Union dem Bundeszentralamt für Steuern übermittelt und dort in bearbeitbarer Weise aufgezeichnet wurden. [2]Dies gilt für die Berichtigung einer Steuererklärung entsprechend. [3]Die Steuererklärung nach Satz 1 gilt als fristgemäß übermittelt, wenn sie bis zum letzten Tag der Frist nach Absatz 4 Satz 1 der zuständigen Finanzbehörde des anderen Mitgliedstaates der Europäischen Union übermittelt worden ist und dort in bearbeitbarer Weise aufgezeichnet wurde. [4]Die Entrichtung der Steuer erfolgt im Falle der Steuererklärung nach Satz 1 fristgemäß, wenn die Zahlung bis zum letzten Tag der Frist nach Absatz 4 Satz 3 bei der zuständigen Finanzbehörde des anderen Mitgliedstaates der Europäischen Union eingegangen ist. [5]§ 240 der Abgabenordnung ist in diesen Fällen mit der Maßgabe anzuwenden, dass eine Säumnis frühestens mit Ablauf des zehnten Tages nach Ablauf des zweiten auf den Besteuerungszeitraum folgenden Monats eintritt.

(6) [1]Kommt der Unternehmer seinen Verpflichtungen nach Absatz 4 oder § 22 Absatz 1 oder den von ihm in einem anderen Mitgliedstaat der Europäischen Union zu erfüllenden Aufzeichnungspflichten entsprechend Artikel 369k der Richtlinie 2006/112/EG wiederholt nicht oder nicht rechtzeitig nach, schließt ihn die Finanzbehörde nach Absatz 1 Satz 2 von dem besonderen Besteuerungsverfahren nach Absatz 1 aus. [2]Der Ausschluss gilt ab dem Besteuerungszeitraum, der nach dem Zeitpunkt der Bekanntgabe des Ausschlusses gegenüber dem Unternehmer beginnt; ist der Ausschluss jedoch auf eine Änderung des Ortes des Sitzes oder der Betriebsstätte oder des Ortes zurückzuführen, von dem aus die Beförderung oder Versendung von Gegenständen ausgeht, ist der Ausschluss ab dem Tag dieser Änderung wirksam. [3]Der Ausschluss wegen eines wiederholten Verstoßes gegen die in Satz 1 genannten Verpflichtungen hat auch den Ausschluss von den besonderen Besteuerungsverfahren nach den §§ 18i und 18k zur Folge.

(7) Auf das das besondere Besteuerungsverfahren sind, soweit die Anzeige nach Absatz 1 Satz 1 gegenüber dem Bundeszentralamt für Steuern erfolgt und dieses die Steuererklärungen der zuständigen Finanzbehörde eines anderen Mitgliedstaates der Europäischen Union übermittelt, die §§ 2a, 29b bis 30, 32a bis 32j, 80, 87a, 87b und der Zweite Abschnitt des Dritten Teils und der Siebente Teil der Abgabenordnung sowie die Finanzgerichtsordnung anzuwenden.

(8) § 18 Absatz 4f ist entsprechend anzuwenden.

§ 18k
Besonderes Besteuerungsverfahren für Fernverkäufe von aus dem Drittlandsgebiet eingeführten Gegenständen in Sendungen mit einem Sachwert von höchstens 150 Euro

(1) [1]Ein Unternehmer, der nach dem 30. Juni 2021 als Steuerschuldner Fernverkäufe nach § 3 Absatz 3a Satz 2 oder § 3c Absatz 2 oder 3 in Sendungen mit einem Sachwert von höchstens 150 Euro im Gemeinschaftsgebiet erbringt, für die er dort die Steuer schuldet und Umsatzsteuererklärungen abzugeben hat, oder ein in seinem Auftrag handelnder im Gemeinschaftsgebiet ansässiger Vertreter hat anzuzeigen, wenn er an dem besonderen Besteuerungsverfahren entsprechend Titel XII Kapitel 6 Abschnitt 4 der Richtlinie 2006/112/EG des Rates in der Fassung von Artikel 2 Nummer 30 der Richtlinie (EU) 2017/2455 des Rates vom 5. Dezember 2017 zur Änderung der Richtlinie 2006/112/EG und der Richtlinie 2009/132/EG in Bezug auf bestimmte mehrwertsteuerliche Pflichten für die Erbringung von Dienstleistungen und für Fernverkäufe von Gegenständen (ABl. L 348 vom 29.12.2017, S. 7) teilnimmt. [2]Die Anzeige ist der zuständigen Finanzbehörde des unter den Voraussetzungen des Artikels 369l Unterabsatz 2 Nummer 3 der Richtlinie 2006/112/EG zuständigen Mitgliedstaates der Europäischen Union vor Beginn des Besteuerungszeitraums (§ 16 Absatz 1e Satz 1) nach amtlich vorgeschriebenem Datensatz über die amtlich bestimmte Schnittstelle zu übermitteln; zuständige Finanzbehörde im Inland ist insoweit das Bundeszentralamt für Steuern. [3]Eine Teilnahme an dem besonderen Besteuerungsverfahren ist für nicht im Gemeinschaftsgebiet ansässige Unternehmer nur zulässig, wenn das Drittland, in dem sie ansässig sind, in der Durchführungsverordnung entsprechend Artikel 369m Absatz 3 der Richtlinie 2006/112/EG aufgeführt ist, oder wenn sie einen im Gemeinschaftsgebiet ansässigen Vertreter vertraglich bestellt und dies der Finanzbehörde nach Satz 2 angezeigt haben. [4]Satz 1 gilt nicht für Sendungen, die verbrauchsteuerpflichtige Waren enthalten. [5]Eine Teilnahme an dem besonderen Besteuerungsverfahren ist nur einheitlich für alle Mitgliedstaaten der Europäischen Union und für alle Fernverkäufe im Sinne des Satzes 1 möglich; sie gilt ab dem Tag, an dem dem Unternehmer oder dem im Auftrag handelnden Vertreter die nach Artikel 369q Absatz 1 oder 3 der Richtlinie 2006/112/EG erteilte individuelle Identifikationsnummer des Unternehmers bekannt gegeben wurde. [6]Die Anwendung des besonderen Besteuerungsverfahrens kann nur mit Wirkung vom Beginn eines Besteuerungszeitraums an widerrufen werden. [7]Der Widerruf ist vor Beginn des Besteuerungszeitraums, für den er gelten soll, gegenüber der Finanzbehörde nach Satz 2 nach amtlich vorgeschriebenem Datensatz über die amtlich bestimmte Schnittstelle zu erklären.

(2) [1]Im übrigen Gemeinschaftsgebiet ansässige Unternehmer (§ 13b Absatz 7 Satz 2) oder im Auftrag handelnde Vertreter können die Teilnahme an dem besonderen Besteuerungsverfahren nur in dem Mitgliedstaat der Europäischen Union, in dem sie ansässig sind, anzeigen. [2]Im Inland ansässige Unternehmer oder im Auftrag handelnde Vertreter können die Teilnahme an dem besonderen Besteuerungsverfahren nur im Inland anzeigen; dies gilt nicht in Fällen des Satzes 4. [3]Ein Unternehmer oder ein im Auftrag handelnder Vertreter ist im Inland ansässig, wenn er im Inland seinen Sitz oder seine Geschäftsleitung hat oder, für den Fall, dass er im Drittlandsgebiet ansässig ist, im Inland eine Betriebsstätte hat. [4]Hat der im Drittlandsgebiet ansässige Unternehmer oder im Auftrag handelnde Vertreter neben der Betriebsstätte im Inland noch mindestens eine weitere Betriebsstätte im übrigen Gemeinschaftsgebiet kann er sich für die Anzeige der Teilnahme an dem besonderen Besteuerungsverfahren im Inland entscheiden. [5]Der Unternehmer oder im Auftrag handelnde Vertreter ist an seine Entscheidung nach Satz 4 für das betreffende Kalenderjahr und die beiden darauffolgenden Kalenderjahre gebunden.

(3) Erfolgt die Anzeige nach Absatz 1 Satz 1 im Inland und erfüllt der Unternehmer die Voraussetzungen für die Teilnahme an dem besonderen Besteuerungsverfahren nicht, stellt das Bundeszentralamt für Steuern dies gegenüber dem Unternehmer fest und lehnt dessen Teilnahme an dem besonderen Besteuerungsverfahren ab.

(4) [1]Ein Unternehmer oder im Auftrag handelnder Vertreter, der das in Absatz 1 genannte besondere Besteuerungsverfahren anwendet, hat der Finanzbehörde nach Absatz 1 Satz 2 in Verbindung mit Absatz 2 eine Steuererklärung innerhalb eines Monats nach Ablauf jedes Besteuerungszeitraums (§ 16 Absatz 1e Satz 1) nach amtlich vorgeschriebenem Datensatz über die amtliche bestimmte Schnittstelle zu übermitteln. [2]In der Steuerklärung hat er die Steuer für den Besteuerungszeitraum selbst zu berechnen. [3]Die berechnete Steuer ist am letzten Tag des auf den Besteuerungszeitraum folgenden Monats fällig und bis dahin vom Unternehmer oder vom im Auftrag handelnden Vertreter an die Finanzbehörde nach Absatz 1 Satz 2 zu entrichten. [4]Soweit der Unternehmer im Inland Lieferungen nach Absatz 1 Satz 1 erbringt, ist § 18 Absatz 1 bis 4 nicht anzuwenden. [5]Berichtigungen einer Steuererklärung, die innerhalb von drei Jahren nach dem letzten Tag des Zeitraums nach Satz 1 vorgenommen werden, sind mit einer späteren Steuererklärung unter Angabe des zu berichtigenden Besteuerungszeitraums anzuzeigen.

(5) [1]Die Steuererklärung nach Absatz 4 Satz 1 und 2, die der Unternehmer der zuständigen Finanzbehörde eines anderen Mitgliedstaates der Europäischen Union übermittelt hat, ist ab dem Zeitpunkt eine Steueranmeldung im Sinne des § 150 Absatz 1 Satz 3 und des § 168 der Abgabenordnung, zu dem die in ihr enthaltenen Daten von der zuständigen Finanzbehörde des anderen Mitgliedstaates der Europäischen Union dem Bundeszentralamt für Steuern übermittelt und dort in bearbeitbarer Weise aufgezeichnet wurden. [2]Dies gilt für die Berichtigung einer Steuererklärung entsprechend. [3]Die Steuererklärung nach Satz 1 gilt als fristgemäß übermittelt, wenn sie bis zum letzten Tag der Frist nach Absatz 4 Satz 1 der zuständigen Finanzbehörde des anderen Mitgliedstaates der Europäischen Union übermittelt worden ist und dort in bearbeitbarer Weise aufgezeichnet wurde. [4]Die Entrichtung der Steuer erfolgt im Falle der Steuererklärung nach Satz 1 fristgemäß, wenn die Zahlung bis zum letzten Tag der Frist nach Absatz 4 Satz 3 bei der zuständigen Finanzbehörde des anderen Mitgliedstaates der Europäischen Union eingegangen ist. [5]§ 240 der Abgabenordnung ist in diesen Fällen mit der Maßgabe anzuwenden, dass eine Säumnis frühestens mit Ablauf des zehnten Tages nach Ablauf des zweiten auf den Besteuerungszeitraum folgenden Monats eintritt.

(6) [1]Kommt der Unternehmer oder der im Auftrag handelnde Vertreter seinen Verpflichtungen nach Absatz 4 oder § 22 Absatz 1 oder den von ihm in einem anderen Mitgliedstaat der Europäischen Union zu erfüllenden Aufzeichnungspflichten entsprechend Artikel 369x der Richtlinie 2006/112/EG wiederholt nicht oder nicht rechtzeitig nach, schließt ihn die Finanzbehörde nach Absatz 1 Satz 2 von dem besonderen Besteuerungsverfahren nach Absatz 1 aus. [2]Ein Ausschluss des im Auftrag handelnden Vertreters bewirkt auch den Ausschluss des von ihm vertretenen Unternehmers. [3]Der Ausschluss wegen eines wiederholten Verstoßes gegen die in Satz 1 genannten Verpflichtungen gilt ab dem Tag, der auf den Zeitpunkt der Bekanntgabe des Ausschlusses gegenüber dem Unternehmer oder dem im Auftrag handelnden Vertreter folgt; ist der Ausschluss jedoch auf eine Änderung des Ortes des Sitzes oder der Betriebsstätte zurückzuführen, ist der Ausschluss ab dem Tag dieser Änderung wirksam; erfolgt der Ausschluss aus anderen Gründen gilt er ab dem Besteuerungszeitraum, der nach dem Zeitpunkt der Bekanntgabe des Ausschlusses gegenüber dem Unternehmer oder dem im Auftrag handelnden Vertreter beginnt. [4]Der Ausschluss wegen eines wiederholten Verstoßes gegen die in Satz 1 genannten Verpflichtungen hat auch den Ausschluss von den besonderen Besteuerungsverfahren nach den §§ 18i und 18j zur Folge; es sei denn, der Ausschluss des Unternehmers war bedingt durch einen wiederholten Verstoß gegen die in Satz 1 genannten Verpflichtungen durch den im Auftrag handelnden Vertreter.

(7) Auf das besondere Besteuerungsverfahren sind, soweit die Anzeige nach Absatz 1 Satz 1 gegenüber dem Bundeszentralamt für Steuern erfolgt und dieses die Steuererklärungen der zuständigen Finanzbehörde eines anderen Mitgliedstaates der Europäischen Union übermittelt, die §§ 2a, 29b bis 30, 32a bis 32j, 80, 87a, 87b und der Zweite Abschnitt des Dritten Teils und der Siebente Teil der Abgabenordnung sowie die Finanzgerichtsordnung anzuwenden.

(8) § 18 Absatz 4f ist entsprechend anzuwenden.

§ 19
Besteuerung der Kleinunternehmer

(1) [1]Ein von einem im Inland oder in den in § 1 Absatz 3 bezeichneten Gebieten ansässigen Unternehmer bewirkter Umsatz im Sinne des § 1 Absatz 1 Nummer 1 ist steuerfrei, wenn der Gesamtumsatz nach Absatz 2 im vorangegangenen Kalenderjahr 25 000 Euro nicht überschritten hat und im laufenden Kalenderjahr 100 000 Euro nicht überschreitet. [2]In den Fällen des Satzes 1 finden die Vorschriften über die Steuerbefreiung innergemeinschaftlicher Lieferungen (§ 4 Nummer 1 Buchstabe b, § 6a), über den Verzicht auf Steuerbefreiungen (§ 9), über die Angabe der Umsatzsteuer-Identifikationsnummern in einer Rechnung (§ 14a Absatz 1 Satz 3, Absatz 3 Satz 2 und Absatz 7 Satz 2) und über die Erklärungspflichten (§ 18 Absatz 1 bis 4) keine Anwendung; § 149 Absatz 1 Satz 2 der Abgabenordnung und § 18 Absatz 4a dieses Gesetzes bleiben unberührt.

(2) [1]Gesamtumsatz ist die nach vereinnahmten Entgelten berechnete Summe der vom Unternehmer ausgeführten steuerbaren Umsätze im Sinne des § 1 Absatz 1 Nummer 1 abzüglich folgender Umsätze:

1. Umsätze, die nach § 4 Nummer 8 Buchstabe i, Nummer 9 Buchstabe b und Nummer 11 bis 29 steuerfrei sind;
2. Umsätze, die nach § 4 Nummer 8 Buchstabe a bis h, Nummer 9 Buchstabe a und Nummer 10 steuerfrei sind, wenn sie Hilfsumsätze sind.

[2]Die Umsätze mit Wirtschaftsgütern des Anlagevermögens eines Unternehmers bleiben bei der Ermittlung des Gesamtumsatzes nach Satz 1 außer Ansatz.

(3) [1]Ein Unternehmer nach Absatz 1 Satz 1 kann bis zum letzten Tag des Monats Februar des zweiten auf den Besteuerungszeitraum folgenden Kalenderjahres gegenüber dem Finanzamt unwiderruflich erklären, dass er auf die Anwendung des Absatzes 1 verzichtet. [2]Der Verzicht wird von Beginn des Besteuerungszeitraums an, für den er gelten soll, wirksam. [3]Der Verzicht bindet den Unternehmer mindestens für fünf Kalenderjahre. [4]Der Unternehmer kann den Verzicht mit Wirkung von Beginn eines darauffolgenden Kalenderjahres an widerrufen.

(4) Für im übrigen Gemeinschaftsgebiet ansässige Unternehmer gilt Absatz 1 entsprechend, wenn

1. der nach Artikel 288 der Richtlinie 2006/112/EG in der jeweils geltenden Fassung ermittelte Jahresumsatz im Gemeinschaftsgebiet im vorangegangenen Kalenderjahr 100 000 Euro nicht überschritten hat und im laufenden Kalenderjahr nicht überschreitet, und
2. dem Unternehmer für die Steuerbefreiung nach Absatz 1 Satz 1 durch den Mitgliedstaat der Ansässigkeit die insoweit gültige Kleinunternehmer-Identifikationsnummer erteilt wurde.

(5) [1]Ein im übrigen Gemeinschaftsgebiet ansässiger Unternehmer kann gegenüber der zuständigen Finanzbehörde im Mitgliedstaat der Ansässigkeit erklären, dass er auf die Anwendung des Absatzes 4 verzichtet. [2]Der Verzicht wird von Beginn des auf den Eingang der Verzichtserklärung folgenden Kalendervierteljahres an wirksam. [3]Geht die Verzichtserklärung im letzten Monat eines Kalendervierteljahres ein, wird der Verzicht von Beginn des zweiten Monats des folgenden Kalendervierteljahres

an wirksam. [4]Der Verzicht bindet den Unternehmer mindestens für fünf Kalenderjahre. [5]Der Unternehmer kann den Verzicht mit Wirkung von Beginn eines darauffolgenden Kalenderjahres an widerrufen.

(6) Absatz 1 gilt nicht für die innergemeinschaftlichen Lieferungen neuer Fahrzeuge. § 15 Absatz 4a ist entsprechend anzuwenden.

§ 19a
Besonderes Meldeverfahren für die Anwendung der Steuerbefreiung in einem anderen Mitgliedstaat

(1) [1]Beabsichtigt ein im Inland oder in den in § 1 Absatz 3 bezeichneten Gebieten ansässiger Unternehmer, die Steuerbefreiung für Kleinunternehmer in einem anderen Mitgliedstaat in Anspruch zu nehmen, muss er an dem besonderen Meldeverfahren für Kleinunternehmer teilnehmen. [2]Das Bundeszentralamt für Steuern erteilt für die Teilnahme an dem besonderen Meldeverfahren eine Kleinunternehmer-Identifikationsnummer. [3]Die Teilnahme am besonderen Meldeverfahren setzt weiter voraus, dass

1. der Unternehmer nach amtlich vorgeschriebenem Datensatz über die amtlich bestimmte Schnittstelle beim Bundeszentralamt für Steuern die Teilnahme am besonderen Meldeverfahren beantragt,
2. der nach Artikel 288 der Richtlinie 2006/112/EG in der jeweils geltenden Fassung ermittelte Jahresumsatz des Unternehmers im Gemeinschaftsgebiet im vorangegangenen Kalenderjahr 100 000 Euro nicht überschritten hat und im laufenden Kalenderjahr nicht überschreitet,
3. der Unternehmer die Voraussetzungen zur Inanspruchnahme der Steuerbefreiung für Kleinunternehmer des Mitgliedstaates, der die Steuerbefreiung gewährt, erfüllt und
4. der Unternehmer in keinem anderen Mitgliedstaat zur Anwendung der Steuerbefreiung für Kleinunternehmer registriert ist.

[4]Änderungen der im Antrag nach Satz 3 Nummer 1 gemachten Angaben hat der Unternehmer unverzüglich dem Bundeszentralamt für Steuern nach dem in Satz 3 Nummer 1 amtlich vorgeschriebenen Datensatz mitzuteilen.

(2) [1]Beabsichtigt der Unternehmer, die Steuerbefreiung für Kleinunternehmer in einem anderen Mitgliedstaat nicht mehr in Anspruch zu nehmen, hat er dies nach amtlich vorgeschriebenem Datensatz über die amtlich bestimmte Schnittstelle dem Bundeszentralamt für Steuern zu erklären. [2]§ 19 Absatz 5 Satz 2 und 3 gilt entsprechend.

(3) [1]Der Unternehmer hat für jedes Kalendervierteljahr eine Umsatzmeldung abzugeben. [2]Der Unternehmer hat die Umsatzmeldung nach Satz 1 innerhalb eines Monats nach Ablauf des Kalendervierteljahres dem Bundeszentralamt für Steuern nach amtlich vorgeschriebenem Datensatz über die amtlich bestimmte Schnittstelle zu übermitteln. [3]Auf die Umsatzmeldung sind mit Ausnahme von § 152 der Abgabenordnung ergänzend die für Steuererklärungen geltenden Vorschriften der Abgabenordnung entsprechend anzuwenden.

(4) [1]Überschreitet der nach Absatz 1 Satz 3 Nummer 2 ermittelte Jahresumsatz im Gemeinschaftsgebiet 100 000 Euro, hat der Unternehmer dies binnen 15 Werktagen nach amtlich vorgeschriebenem Datensatz über die amtlich bestimmte Schnittstelle dem Bundeszentralamt für Steuern anzuzeigen. [2]Mit Überschreiten endet die Teilnahme am besonderen Meldeverfahren.

§ 20
Berechnung der Steuer nach vereinnahmten Entgelten

[1]Das Finanzamt kann auf Antrag gestatten, dass ein Unternehmer,

1. dessen Gesamtumsatz (§ 19 Absatz 2) im vorangegangenen Kalenderjahr nicht mehr als 800 000 Euro betragen hat, oder
2. der von der Verpflichtung, Bücher zu führen und auf Grund jährlicher Bestandsaufnahmen regelmäßig Abschlüsse zu machen, nach § 148 der Abgabenordnung befreit ist, oder
3. soweit er Umsätze aus einer Tätigkeit als Angehöriger eines freien Berufs im Sinne des § 18 Abs. 1 Nr. 1 des Einkommensteuergesetzes ausführt, oder
4. der eine juristische Person des öffentlichen Rechts ist, soweit er nicht freiwillig Bücher führt und auf Grund jährlicher Bestandsaufnahmen regelmäßig Abschlüsse macht oder hierzu gesetzlich verpflichtet ist,

die Steuer nicht nach den vereinbarten Entgelten (§ 16 Abs. 1 Satz 1), sondern nach den vereinnahmten Entgelten berechnet. [2]Erstreckt sich die Befreiung nach Satz 1 Nr. 2 nur auf einzelne Betriebe des Unternehmers und liegt die Voraussetzung nach Satz 1 Nr. 1 nicht vor, so ist die Erlaubnis zur Berechnung der Steuer nach den vereinnahmten Entgelten auf diese Betriebe zu beschränken. [3]Wechselt der Unternehmer die Art der Steuerberechnung, so dürfen Umsätze nicht doppelt erfasst werden oder unversteuert bleiben.

§ 21
Besondere Vorschriften für die Einfuhrumsatzsteuer

(1) Die Einfuhrumsatzsteuer ist eine Verbrauchsteuer im Sinne der Abgabenordnung.

(2) Für die Einfuhrumsatzsteuer gelten die Vorschriften für Zölle sinngemäß; ausgenommen sind die Vorschriften über den passiven Veredelungsverkehr.

(2a–3) …

(3a) Einfuhrumsatzsteuer, für die ein Zahlungsaufschub gemäß Artikel 110 Buchstabe b oder c der Verordnung (EU) Nr. 952/2013 des Europäischen Parlaments und des Rates vom 9. Oktober 2013 zur Festlegung des Zollkodex der Union (Unionszollkodex) bewilligt ist, ist abweichend von den zollrechtlichen Vorschriften am 26. des zweiten auf den betreffenden Monat folgenden Kalendermonats fällig.

(4–5) …

§ 21a
Sonderregelungen bei der Einfuhr von Sendungen mit einem Sachwert von höchstens 150 Euro

(1) [1]Bei der Einfuhr von Gegenständen in Sendungen mit einem Sachwert von höchstens 150 Euro aus dem Drittlandsgebiet, für die eine Steuerbefreiung nach § 5 Absatz 1 Nummer 7 nicht in Anspruch genommen wird, kann die Person, die die Gegenstände

im Inland für Rechnung der Person, für die die Gegenstände bestimmt sind (Sendungsempfänger), bei einer Zollstelle gestellt (gestellende Person), auf Antrag die Sonderregelung nach den Absätzen 2 bis 6 in Anspruch nehmen, sofern

1. die Voraussetzungen für die Bewilligung eines Zahlungsaufschubs gemäß Artikel 110 Buchstabe b des Zollkodex der Union erfüllt sind,
2. die Beförderung oder Versendung im Inland endet und
3. die Sendung keine verbrauchsteuerpflichtigen Waren enthält.

[2]Der Antrag ist zusammen mit der Anmeldung zur Überlassung in den freien Verkehr zu stellen.

(2) [1]Die gestellende Person hat die Waren nach Maßgabe des Artikels 63d Unterabsatz 2 der VO (EU) Nr. 282/2011 zur Festlegung von Durchführungsvorschriften zur Richtlinie 2006/112/EG über das gemeinsame Mehrwertsteuersystem (ABl. L 77 vom 23.3.2011, S. 1) in der jeweils geltenden Fassung für Rechnung des Sendungsempfängers, zur Überlassung in den zollrechtlich freien Verkehr anzumelden. [2]Für die Anmeldung ist entweder eine Standard-Zollanmeldung zu verwenden oder, soweit zulässig, eine Zollanmeldung für Sendungen von geringem Wert gemäß Artikel 143a der Delegierten Verordnung (EU) 2015/2446 der Kommission vom 28. Juli 2015 zur Ergänzung der Verordnung (EU) Nr. 952/2013 des Europäischen Parlaments und des Rates mit Einzelheiten zur Präzisierung von Bestimmungen des Zollkodex der Union (ABl. L 343 vom 29.12.2015, S. 1) in der jeweils geltenden Fassung.

(3) [1]Die entstandene Einfuhrumsatzsteuer wird in entsprechender Anwendung von Artikel 110 Buchstabe b des Zollkodex der Union aufgeschoben und dem Aufschubkonto der gestellenden Person belastet. [2]Eine Sicherheitsleistung ist nicht erforderlich, wenn die gestellende Person Zugelassener Wirtschaftsbeteiligter für zollrechtliche Vereinfachungen gemäß Artikel 38 Absatz 2 Buchstabe a des Zollkodex der Union ist oder die Voraussetzungen erfüllt für die Reduzierung einer Gesamtsicherheit gemäß Artikel 95 Absatz 2 des Zollkodex der Union in Verbindung mit Artikel 84 Absatz 1 der Delegierten Verordnung (EU) Nr. 2015/2446 der Kommission vom 28. Juli 2015 zur Ergänzung der Verordnung (EU) Nr. 952/2013 des Europäischen Parlaments und des Rates mit Einzelheiten zur Präzisierung von Bestimmungen des Zollkodex der Union.

(4) [1]Bei der Auslieferung hat der Sendungsempfänger die Einfuhrumsatzsteuer an die gestellende Person zu entrichten. Die gestellende Person, sofern sie nicht bereits Steuerschuldner ist, haftet für die Einfuhrumsatzsteuer, die auf Sendungen lastet, die ausgeliefert werden, ohne dass die Einfuhrumsatzsteuer vom Sendungsempfänger erhoben wurde. [2]Dies gilt entsprechend für die Einfuhrumsatzsteuer auf Sendungen, deren Verbleib die gestellende Person nicht nachweisen kann (abhandengekommene Sendungen).

(5) [1]Bis zum zehnten Tag des auf die Einfuhr folgenden Monats teilt die gestellende Person der zuständigen Zollstelle nach amtlich vorgeschriebenem Datensatz auf elektronischem Weg und unter Angabe der Registriernummern der jeweiligen Zollanmeldungen mit,

1. welche Sendungen im abgelaufenen Kalendermonat an die jeweiligen Sendungsempfänger ausgeliefert wurden (ausgelieferte Sendungen),
2. die je Sendung vereinnahmten Beträge an Einfuhrumsatzsteuer,
3. den Gesamtbetrag der vereinnahmten Einfuhrumsatzsteuer,
4. welche Sendungen, die im abgelaufenen Kalendermonat und gegebenenfalls davor eingeführt wurden, bis zum Ende des abgelaufenen Kalendermonats nicht ausgeliefert werden konnten und sich noch in der Verfügungsgewalt der gestellenden Person befinden (noch nicht zugestellte Sendungen),
5. welche Sendungen, bei denen es nicht möglich war, sie dem Sendungsempfänger zu übergeben, im abgelaufenen Kalendermonat wiederausgeführt oder unter zollamtlicher Überwachung zerstört oder anderweitig verwertet wurden (nicht zustellbare Sendungen), sowie
6. welche Sendungen abhandengekommen sind und die darauf lastende Einfuhrumsatzsteuer.

[2]Auf Verlangen der zuständigen Zollbehörden hat die gestellende Person den Verbleib der Sendungen nachzuweisen. [3]Die Mitteilung nach Satz 1 hat die Wirkung einer Steueranmeldung nach § 168 der Abgabenordnung, wobei die gestellende Person hinsichtlich des Gesamtbetrages nach Satz 1 Nummer 3 als Steuerschuldner gilt. [4]Dieser ist zu dem für den Zahlungsaufschub gemäß Artikel 110 Buchstabe b des Zollkodex der Union geltenden Termin fällig und durch die gestellende Person an die Zollverwaltung zu entrichten.

(6) [1]Einfuhrumsatzsteuer für noch nicht zugestellte Sendungen bleibt dem Aufschubkonto belastet und wird in den folgenden Aufschubzeitraum vorgetragen. [2]Einfuhrumsatzsteuer für nicht zustellbare Sendungen gilt als nicht entstanden und wird aus dem Aufschubkonto ausgebucht, wenn ausgeschlossen ist, dass die Waren im Inland in den Wirtschaftskreislauf eingehen. [3]Einfuhrumsatzsteuer, die auf abhandengekommene Sendungen lastet, wird ebenfalls aus dem Aufschubkonto ausgebucht und vom zuständigen Hauptzollamt per Haftungsbescheid gegenüber der gestellenden Person geltend gemacht. [4]Für Einfuhrumsatzsteuer, die auf ausgelieferten Sendungen lastet, ohne dass Einfuhrumsatzsteuer vom Sendungsempfänger der Sendung erhoben wurde, gilt Satz 3 entsprechend.

[Fassung ab 1.1.2026]

§ 21b
Sonderregelungen bei der Nutzung der zentralen Zollabwicklung nach Artikel 179 des Zollkodex der Union

(1) [1]Bei der Nutzung der Zentralen Zollabwicklung nach Artikel 179 des Zollkodex der Union, bei der eine Zollanmeldung für Gegenstände, die im Inland gestellt werden, bei der Zollbehörde eines anderen Mitgliedstaats der Europäischen Union abgegeben wird, entsteht die Einfuhrumsatzsteuer am Ort der Gestellung. [2]Für Gegenstände, für die nach zollrechtlichen Vorschriften eine Befreiung von der Gestellungspflicht vorgesehen ist, entsteht die Einfuhrumsatzsteuer an dem Ort, an dem sich die Gegenstände zum Zeitpunkt der Annahme der Zollanmeldung im Inland befinden.

(2–4) …

§ 22
Aufzeichnungspflichten

(1) [1]Der Unternehmer ist verpflichtet, zur Feststellung der Steuer und der Grundlagen ihrer Berechnung Aufzeichnungen zu machen. [2]Diese Verpflichtung gilt in den Fällen des § 13a Absatz 1 Nummer 2 und 5, des § 13b Absatz 5 und des § 14c Absatz 2

auch für Personen, die nicht Unternehmer sind, in den Fällen des §18k auch für den im Auftrag handelnden Vertreter und in den Fällen des § 21a für die gestellende Person. [3]Ist ein land- und forstwirtschaftlicher Betrieb nach § 24 Absatz 3 als gesondert geführter Betrieb zu behandeln, hat der Unternehmer Aufzeichnungspflichten für diesen Betrieb gesondert zu erfüllen. [4]In den Fällen des § 18 Absatz 4c und 4d sind die erforderlichen Aufzeichnungen vom Ende des Jahres an, in dem der Umsatz bewirkt wurde, zehn Jahre lang aufzubewahren und auf Anfrage des Bundeszentralamtes für Steuern auf elektronischem Weg zur Verfügung zu stellen; in den Fällen des § 18 Absatz 4e sind die erforderlichen Aufzeichnungen vom Ende des Jahres an, in dem der Umsatz bewirkt wurde, zehn Jahre lang aufzubewahren und auf Anfrage der für das Besteuerungsverfahren zuständigen Finanzbehörde auf elektronischem Weg zur Verfügung zu stellen; in den Fällen des §§ 18i, 18j, 18k und 21a sind die erforderlichen Aufzeichnungen vom Ende des Jahres an, in dem der Umsatz oder Geschäftsvorgang bewirkt wurde, zehn Jahre lang aufzubewahren und auf Anfrage der im Inland oder im übrigen Gemeinschaftsgebiet für das besondere Besteuerungsverfahren oder für die Sonderregelung zuständigen Finanzbehörde auf elektronischem Weg zur Verfügung zu stellen.

(2) Aus den Aufzeichnungen müssen zu ersehen sein:

…

10. in den Fällen des § 21a Namen und Anschriften der Versender und der Sendungsempfänger, die Bemessungsgrundlagen für die Einfuhr von Gegenständen (§ 11), die hierzu von den Versendern, Sendungsempfängern und Dritten erhaltenen Informationen, sowie die Sendungen, die im abgelaufenen Kalendermonat an die jeweiligen Sendungsempfänger ausgeliefert wurden, die je Sendung vereinnahmten Beträge an Einfuhrumsatzsteuer, die Sendungen, die noch nicht ausgeliefert werden konnten und sich noch in der Verfügungsgewalt der gestellenden Person befinden, sowie die Sendungen, die wiederausgeführt oder unter zollamtlicher Überwachung zerstört oder anderweitig verwertet wurden.

(3–4e) …

(4f) [1]Der Unternehmer, der nach Maßgabe des § 6b einen Gegenstand aus dem Gebiet eines Mitgliedstaates in das Gebiet eines anderen Mitgliedstaates befördert oder versendet, hat über diese Beförderung oder Versendung gesondert Aufzeichnungen zu führen. [2]Diese Aufzeichnungen müssen folgende Angaben enthalten:

1. den vollständigen Namen und die vollständige Anschrift des Erwerbers im Sinne des § 6b Absatz 1 Nummer 1 oder des § 6b Absatz 5;
2. den Abgangsmitgliedstaat;
3. den Bestimmungsmitgliedstaat;
4. den Tag des Beginns der Beförderung oder Versendung im Abgangsmitgliedstaat;
5. die von dem Erwerber im Sinne § 6b Absatz 1 oder § 6b Absatz 5 verwendete Umsatzsteuer-Identifikationsnummer;
6. den vollständigen Namen und die vollständige Anschrift des Lagers, in das der Gegenstand im Rahmen der Beförderung oder Versendung in den Bestimmungsmitgliedstaat gelangt;
7. den Tag des Endes der Beförderung oder Versendung im Bestimmungsmitgliedstaat;
8. die Umsatzsteuer-Identifikationsnummer eines Dritten als Lagerhalter;
9. die Bemessungsgrundlage nach § 10 Absatz 4 Satz 1 Nummer 1, die handelsübliche Bezeichnung und Menge der im Rahmen der Beförderung oder Versendung in das Lager gelangten Gegenstände;
10. den Tag der Lieferung im Sinne des § 6b Absatz 2;
11. das Entgelt für die Lieferung nach Nummer 10 sowie die handelsübliche Bezeichnung und Menge der gelieferten Gegenstände;
12. die von dem Erwerber für die Lieferung nach Nummer 10 verwendete Umsatzsteuer-Identifikationsnummer;
13. das Entgelt sowie die handelsübliche Bezeichnung und Menge der Gegenstände im Fall des einer innergemeinschaftlichen Lieferung gleichgestellten Verbringens im Sinne des § 6b Absatz 3;
14. die Bemessungsgrundlage der nach § 6b Absatz 4 Nummer 1 in den Abgangsmitgliedstaat zurückgelangten Gegenstände und den Tag des Beginns dieser Beförderung oder Versendung.

(4g) [1]Der Unternehmer, an den der Gegenstand nach Maßgabe des § 6b geliefert werden soll, hat über diese Lieferung gesondert Aufzeichnungen zu führen. [2]Diese Aufzeichnungen müssen folgende Angaben enthalten:

1. die von dem Unternehmer im Sinne des § 6b Absatz 1 Nummer 1 verwendete Umsatzsteuer-Identifikationsnummer;
2. die handelsübliche Bezeichnung und Menge der für den Unternehmer als Erwerber im Sinne des § 6b Absatz 1 oder des § 6b Absatz 5 bestimmten Gegenstände;
3. den Tag des Endes der Beförderung oder Versendung der für den Unternehmer als Erwerber im Sinne des § 6b Absatz 1 oder des § 6b Absatz 5 bestimmten Gegenstände im Bestimmungsmitgliedstaat;
4. das Entgelt für die Lieferung an den Unternehmer sowie die handelsübliche Bezeichnung und Menge der gelieferten Gegenstände;
5. den Tag des innergemeinschaftlichen Erwerbs im Sinne des § 6b Absatz 2 Nummer 2;
6. die handelsübliche Bezeichnung und Menge der auf Veranlassung des Unternehmers im Sinne des § 6b Absatz 1 Nummer 1 aus dem Lager entnommenen Gegenstände;
7. die handelsübliche Bezeichnung der im Sinne des § 6b Absatz 6 Satz 4 zerstörten oder fehlenden Gegenstände und den Tag der Zerstörung, des Verlusts oder des Diebstahls der zuvor in das Lager gelangten Gegenstände oder den Tag, an dem die Zerstörung oder das Fehlen der Gegenstände festgestellt wurde.

[3]Wenn der Inhaber des Lagers, in das der Gegenstand im Sinne des § 6b Absatz 1 Nummer 1 befördert oder versendet wird, nicht mit dem Erwerber im Sinne des § 6b Absatz 1 Nummer 1 oder des § 6b Absatz 5 identisch ist, ist der Unternehmer von den Aufzeichnungen nach Satz 1 Nummer 3, 6 und 7 entbunden.

(5–6) …

§ 22b
Rechte und Pflichten des Fiskalvertreters

(1) Der Fiskalvertreter hat die Pflichten des im Ausland ansässigen Unternehmers nach diesem Gesetz als eigene zu erfüllen. Er hat die gleichen Rechte wie der Vertretene.

(2) [1]Der Fiskalvertreter hat unter der ihm nach § 22d Absatz 1 erteilten Steuernummer vierteljährlich Voranmeldungen (§ 18 Absatz 1) sowie eine Steuererklärung (§ 18 Absatz 3 und 4) abzugeben, in der er die Besteuerungsgrundlagen für jeden von ihm vertretenen Unternehmer zusammenfasst. [2]Der Steuererklärung hat der Fiskalvertreter als Anlage eine Aufstellung beizufügen, die die von ihm vertretenen Unternehmer mit deren jeweiligen Besteuerungsgrundlagen enthält.

(2a) Der Fiskalvertreter hat unter der ihm nach § 22d Absatz 1 erteilten Umsatzsteuer-Identifikationsnummer nach § 27a eine Zusammenfassende Meldung nach Maßgabe des § 18a abzugeben.

(3) [1]Der Fiskalvertreter hat die Aufzeichnungen im Sinne des § 22 für jeden von ihm vertretenen Unternehmer gesondert zu führen. [2]Die Aufzeichnungen müssen Namen und Anschrift der von ihm vertretenen Unternehmer enthalten.

…

§ 22f
Besondere Pflichten für Betreiber einer elektronischen Schnittstelle

(1) [1]In den Fällen des § 25e Absatz 1 hat der Betreiber für Lieferungen eines Unternehmers, bei denen die Beförderung oder Versendung im Inland beginnt oder endet, Folgendes aufzuzeichnen:

1. den vollständigen Namen und die vollständige Anschrift des liefernden Unternehmers,
2. die elektronische Adresse oder Website des liefernden Unternehmers,
3. die dem liefernden Unternehmer vom Bundeszentralamt für Steuern nach § 27a erteilte Umsatzsteuer-Identifikationsnummer,
4. soweit bekannt, die dem liefernden Unternehmer von dem nach § 21 der Abgabenordnung zuständigen Finanzamt erteilte Steuernummer,
5. soweit bekannt, die Bankverbindung oder Nummer des virtuellen Kontos des Lieferers,
6. den Ort des Beginns der Beförderung oder Versendung sowie den Bestimmungsort,
7. den Zeitpunkt und die Höhe des Umsatzes,
8. eine Beschreibung der Gegenstände und
9. soweit bekannt, die Bestellnummer oder die eindeutige Transaktionsnummer.

[2]Unternehmer ohne Wohnsitz oder gewöhnlichen Aufenthalt, Sitz oder Geschäftsleitung im Inland, in einem anderen Mitgliedstaat der Europäischen Union oder in einem Staat, auf den das Abkommen über den Europäischen Wirtschaftsraum anwendbar ist, haben mit der Antragstellung auf steuerliche Erfassung einen Empfangsbevollmächtigten im Inland zu benennen. § 123 Satz 2 und 3 der Abgabenordnung bleiben unberührt.

(2–5) …

§ 22g
Besondere Pflichten für Zahlungsdienstleister, Verordnungsermächtigung

(1) [1]Zahlungsdienstleister haben bei grenzüberschreitenden Zahlungen Folgendes aufzuzeichnen:

1. zum Zahlungsempfänger von den ihnen vorliegenden Informationen
   a) Name oder die Bezeichnung des Unternehmens des Zahlungsempfängers,
   b) jede Umsatzsteuer-Identifikationsnummer,
   c) jede sonstige Steuernummer,
   d) Adresse des Zahlungsempfängers und
   e) IBAN des Zahlungskontos des Zahlungsempfängers oder falls die IBAN nicht vorhanden ist, jedes andere Kennzeichen, das den Zahlungsempfänger eindeutig identifiziert und seinen Ort angibt,
2. die BIC oder jedes andere Geschäftskennzeichen, das eindeutig den Zahlungsdienstleister, der im Namen des Zahlungsempfängers handelt, identifiziert und seinen Ort angibt, wenn der Zahlungsempfänger Geldmittel erhält, jedoch bei diesem kein Zahlungskonto innehat, sowie
3. genaue Angaben zu allen im jeweiligen Kalendervierteljahr erbrachten grenzüberschreitenden Zahlungen und in diesem Zusammenhang stehenden, erkannten Zahlungserstattungen
   a) Datum und Uhrzeit der Zahlung oder der Zahlungserstattung,
   b) Betrag und Währung der Zahlung oder der Zahlungserstattung,
   c) den Mitgliedstaat der Europäischen Union, aus dem die Zahlung stammt, oder den Mitgliedstaat der Europäischen Union, in dem die Zahlungserstattung erfolgt, sowie die Informationen, die für die Ermittlung des Ursprungs der Zahlung oder für die Ermittlung der Bestimmung der Erstattung genutzt worden sind,
   d) jede Bezugnahme, die die Zahlung oder Zahlungserstattung eindeutig ausweist, und
   e) gegebenenfalls die Angabe, dass die Zahlung in den Räumlichkeiten des leistenden Unternehmers eingeleitet wird.

[2]Zur Führung der Aufzeichnungen im Sinne des Satzes 1 sind Zahlungsdienstleister verpflichtet, wenn sie je Kalendervierteljahr im Rahmen ihrer jeweiligen Zahlungsdienste mehr als 25 grenzüberschreitende Zahlungen an denselben Zahlungsempfänger tätigen. [3]Bei der Berechnung sind alle Kennzeichen des Zahlungsempfängers im Sinne des Satzes 1 Nummer 1 Buchstabe e und Geschäftskennzeichen des Zahlungsdienstleisters im Sinne des Satzes 1 Nummer 2 einzubeziehen. [4]Die Anzahl der grenzüberschreitenden Zahlungen wird unter Zugrundelegung der Zahlungsdienste berechnet, die der Zahlungsdienstleister je Mitglied-

staat der Europäischen Union und je Kennzeichen eines Zahlungsempfängers erbringt. [5]Wenn der Zahlungsdienstleister über die Information verfügt, dass der Zahlungsempfänger mehrere Kennzeichen hat, erfolgt die Berechnung je Zahlungsempfänger.

(2–10) …

Sechster Abschnitt
Sonderregelungen

§ 23
(aufgehoben)

§ 23a
Durchschnittssatz für Körperschaften, Personenvereinigungen und Vermögensmassen im Sinne des § 5 Abs. 1 Nr. 9 des Körperschaftsteuergesetzes

(1) [1]Zur Berechnung der abziehbaren Vorsteuerbeträge (§ 15) wird für Körperschaften, Personenvereinigungen und Vermögensmassen im Sinne des § 5 Abs. 1 Nr. 9 des Körperschaftsteuergesetzes, die nicht verpflichtet sind, Bücher zu führen und auf Grund jährlicher Bestandsaufnahmen regelmäßig Abschlüsse zu machen, ein Durchschnittssatz von 7 Prozent des steuerpflichtigen Umsatzes, mit Ausnahme der Einfuhr und des innergemeinschaftlichen Erwerbs, festgesetzt. [2]Ein weiterer Vorsteuerabzug ist ausgeschlossen.

[Fassung bis 31.12.2025]

(2) Der Unternehmer, dessen steuerpflichtiger Umsatz, mit Ausnahme der Einfuhr und des innergemeinschaftlichen Erwerbs, im vorangegangenen Kalenderjahr 45 000 Euro überstiegen hat, kann den Durchschnittssatz nicht in Anspruch nehmen.

[Fassung ab 1.1.2026]

(2) Der Unternehmer, dessen steuerpflichtiger Umsatz, mit Ausnahme der Einfuhr und des innergemeinschaftlichen Erwerbs, im vorangegangenen Kalenderjahr 50 000 Euro überstiegen hat, kann den Durchschnittssatz nicht in Anspruch nehmen.

(3) …

§ 24
Durchschnittssätze für land- und forstwirtschaftliche Betriebe

(1) [1]Hat der Gesamtumsatz des Unternehmers (§ 19 Absatz 2) im vorangegangenen Kalenderjahr nicht mehr als 600 000 Euro betragen, wird die Steuer für die im Rahmen eines land- und forstwirtschaftlichen Betriebs ausgeführten Umsätze vorbehaltlich der Sätze 2 bis 4 wie folgt festgesetzt:

1. für die Lieferungen von forstwirtschaftlichen Erzeugnissen, ausgenommen Sägewerkserzeugnisse, auf 5,5 Prozent,
2. für die Lieferungen der in der Anlage 2 nicht aufgeführten Sägewerkserzeugnisse und Getränke sowie von alkoholischen Flüssigkeiten, ausgenommen die Lieferungen in das Ausland und die im Ausland bewirkten Umsätze, und für sonstige Leistungen, soweit in der Anlage 2 nicht aufgeführte Getränke abgegeben werden, auf 19 Prozent,
3. für die übrigen Umsätze im Sinne des § 1 Absatz 1 Nummer 1 auf 7,8 Prozent der Bemessungsgrundlage.

[2]Die Befreiungen nach § 4 mit Ausnahme der Nummern 1 bis 7 bleiben unberührt; § 9 findet keine Anwendung. [3]Die Vorsteuerbeträge werden, soweit sie den in Satz 1 Nummer 1 bezeichneten Umsätzen zuzurechnen sind, mit dem dort bestimmten Prozentsatz, in den übrigen Fällen des Satzes 1 mit dem in Satz 1 Nummer 3 bestimmten Prozentsatz der Bemessungsgrundlage für diese Umsätze festgesetzt. [4]Ein weiterer Vorsteuerabzug entfällt. [5]§ 14 ist mit der Maßgabe anzuwenden, dass der für den Umsatz maßgebliche Durchschnittssatz in der Rechnung zusätzlich anzugeben ist.

(2–4) …

(5) Ergibt sich in einem Folgejahr aus der Berechnung nach Anlage 5 eine Abweichung zum Prozentsatz nach Absatz 1 Satz 1 Nummer 3, so ändert das Bundesministerium der Finanzen diesen durch Rechtsverordnung mit Zustimmung des Bundesrates jeweils mit Wirkung zum 1. Januar des Folgejahres entsprechend.

§ 25
Besteuerung von Reiseleitungen

(1) [1]Die nachfolgenden Vorschriften gelten für Reiseleistungen eines Unternehmers soweit der Unternehmer dabei gegenüber dem Leistungsempfänger im eigenen Namen auftritt und Reisevorleistungen in Anspruch nimmt. [2]Die Leistung des Unternehmers ist als sonstige Leistung anzusehen. [3]Erbringt der Unternehmer an einen Leistungsempfänger im Rahmen einer Reise mehrere Leistungen dieser Art, so gelten sie als eine einheitliche sonstige Leistung. [4]Der Ort der sonstigen Leistung bestimmt sich nach § 3a Abs. 1. [5]Reisevorleistungen sind Lieferungen und sonstige Leistungen Dritter, die den Reisenden unmittelbar zugute kommen.

(2) [1]Die sonstige Leistung ist steuerfrei, soweit die ihr zuzurechnenden Reisevorleistungen im Drittlandsgebiet bewirkt werden. [2]Die Voraussetzung der Steuerbefreiung muss vom Unternehmer nachgewiesen sein. [3]Das Bundesministerium der Finanzen kann mit Zustimmung des Bundesrates durch Rechtsverordnung bestimmen, wie der Unternehmer den Nachweis zu führen hat.

(3) [1]Die sonstige Leistung bemisst sich nach dem Unterschied zwischen dem Betrag, den der Leistungsempfänger aufwendet, um die Leistung zu erhalten, und dem Betrag, den der Unternehmer für die Reisevorleistungen aufwendet. [2]Die Umsatzsteuer gehört nicht zur Bemessungsgrundlage.

§ 25a
Differenzbesteuerung

(1) ...

(2) [1]Der Wiederverkäufer kann spätestens bei Abgabe der ersten Voranmeldung eines Kalenderjahres gegenüber dem Finanzamt erklären, dass er die Differenzbesteuerung von Beginn dieses Kalenderjahres an auch auf folgende Gegenstände anwendet:

1. Kunstgegenstände (Nummer 53 der Anlage 2), Sammlungsstücke (Nummer 49 Buchstabe f und Nummer 54 der Anlage 2) oder Antiquitäten (Position 9706 des Zolltarifs), die er selbst eingeführt hat, oder
2. Kunstgegenstände, wenn die Lieferung an ihn steuerpflichtig war und nicht von einem Wiederverkäufer ausgeführt wurde.

[2]Die Erklärung bindet den Wiederverkäufer für mindestens zwei Kalenderjahre.

(3–8) ...

§ 25b
Innergemeinschaftliche Dreiecksgeschäfte

(1) [1]Ein innergemeinschaftliches Dreiecksgeschäft liegt vor, wenn

1. drei Unternehmer über denselben Gegenstand Umsatzgeschäfte abschließen und dieser Gegenstand unmittelbar vom ersten Lieferer an den letzten Abnehmer gelangt,
2. die Unternehmer in jeweils verschiedenen Mitgliedstaaten für Zwecke der Umsatzsteuer erfasst sind,
3. der Gegenstand der Lieferungen aus dem Gebiet eines Mitgliedstaates in das Gebiet eines anderen Mitgliedstaates gelangt und
4. der Gegenstand der Lieferungen durch den ersten Lieferer oder den ersten Abnehmer befördert oder versendet wird.

[2]Satz 1 gilt entsprechend, wenn der letzte Abnehmer eine juristische Person ist, die nicht Unternehmer ist oder den Gegenstand nicht für ihr Unternehmen erwirbt und die in dem Mitgliedstaat für Zwecke der Umsatzsteuer erfasst ist, in dem sich der Gegenstand am Ende der Beförderung oder Versendung befindet.

(2) Im Fall des Absatzes 1 wird die Steuer für die Lieferung an den letzten Abnehmer von diesem geschuldet, wenn folgende Voraussetzungen erfüllt sind:

1. Der Lieferung ist ein innergemeinschaftlicher Erwerb vorausgegangen,
2. der erste Abnehmer ist in dem Mitgliedstaat, in dem die Beförderung oder Versendung endet, nicht ansässig. Er verwendet gegenüber dem ersten Lieferer und dem letzten Abnehmer dieselbe Umsatzsteuer-Identifikationsnummer, die ihm von einem anderen Mitgliedstaat erteilt worden ist als dem, in dem die Beförderung oder Versendung beginnt oder endet,
3. der erste Abnehmer erteilt dem letzten Abnehmer eine Rechnung im Sinne des § 14a Abs. 7, in der die Steuer nicht gesondert ausgewiesen ist, und
4. der letzte Abnehmer verwendet eine Umsatzsteuer-Identifikationsnummer des Mitgliedstaates, in dem die Beförderung oder Versendung endet.

(3) Im Fall des Absatzes 2 gilt der innergemeinschaftliche Erwerb des ersten Abnehmers als besteuert.

(4) Für die Berechnung der nach Absatz 2 geschuldeten Steuer gilt die Gegenleistung als Entgelt.

(5) Der letzte Abnehmer ist unter den übrigen Voraussetzungen des § 15 berechtigt, die nach Absatz 2 geschuldete Steuer als Vorsteuer abzuziehen.

(6) ...

§ 25c
Besteuerung von Umsätzen mit Anlagegold

(1) [1]Die Lieferung, die Einfuhr und der innergemeinschaftliche Erwerb von Anlagegold, einschließlich Anlagegold in Form von Zertifikaten über sammel- oder einzelverwahrtes Gold und über Goldkonten gehandeltes Gold, insbesondere auch Golddarlehen und Goldswaps, durch die ein Eigentumsrecht an Anlagegold oder ein schuldrechtlicher Anspruch auf Anlagegold begründet wird, sowie Terminkontrakte und im Freiverkehr getätigte Terminabschlüsse mit Anlagegold, die zur Übertragung eines Eigentumsrechts an Anlagegold oder eines schuldrechtlichen Anspruchs auf Anlagegold führen, sind steuerfrei. [2]Satz 1 gilt entsprechend für die Vermittlung der Lieferung von Anlagegold.

(2) Anlagegold im Sinne dieses Gesetzes sind:

1. Gold in Barren- oder Plättchenform mit einem von den Goldmärkten akzeptierten Gewicht und einem Feingehalt von mindestens 995 Tausendstel;
2. Goldmünzen, die einen Feingehalt von mindestens 900 Tausendstel aufweisen, nach dem Jahr 1800 geprägt wurden, in ihrem Ursprungsland gesetzliches Zahlungsmittel sind oder waren und üblicherweise zu einem Preis verkauft werden, der den Offenmarktwert ihres Goldgehalts um nicht mehr als 80 Prozent übersteigt.

(3) [1]Der Unternehmer, der Anlagegold herstellt oder Gold in Anlagegold umwandelt, kann eine Lieferung, die nach Absatz 1 Satz 1 steuerfrei ist, als steuerpflichtig behandeln, wenn sie an einen anderen Unternehmer für dessen Unternehmen ausgeführt wird. [2]Der Unternehmer, der üblicherweise Gold zu gewerblichen Zwecken liefert, kann eine Lieferung von Anlagegold im Sinne des Absatzes 2 Nr. 1, die nach Absatz 1 Satz 1 steuerfrei ist, als steuerpflichtig behandeln, wenn sie an einen anderen Unternehmer für dessen Unternehmen ausgeführt wird. [3]Ist eine Lieferung nach den Sätzen 1 oder 2 als steuerpflichtig behandelt worden, kann der Unternehmer, der diesen Umsatz vermittelt hat, die Vermittlungsleistung ebenfalls als steuerpflichtig behandeln.

(4) Bei einem Unternehmer, der steuerfreie Umsätze nach Absatz 1 ausführt, ist die Steuer für folgende an ihn ausgeführte Umsätze abweichend von § 15 Abs. 2 nicht vom Vorsteuerabzug ausgeschlossen:

1. die Lieferungen von Anlagegold durch einen anderen Unternehmer, der diese Lieferungen nach Absatz 3 Satz 1 oder 2 als steuerpflichtig behandelt;

2. die Lieferungen, die Einfuhr und der innergemeinschaftliche Erwerb von Gold, das anschließend von ihm oder für ihn in Anlagegold umgewandelt wird;

2. die sonstigen Leistungen, die in der Veränderung der Form, des Gewichts oder des Feingehalts von Gold, einschließlich Anlagegold, bestehen.

(5) Bei einem Unternehmer, der Anlagegold herstellt oder Gold in Anlagegold umwandelt und anschließend nach Absatz 1 Satz 1 steuerfrei liefert, ist die Steuer für an ihn ausgeführte Umsätze, die in unmittelbarem Zusammenhang mit der Herstellung oder Umwandlung des Goldes stehen, abweichend von § 15 Abs. 2 nicht vom Vorsteuerabzug ausgeschlossen.

(6) Bei Umsätzen mit Anlagegold gelten zusätzlich zu den Aufzeichnungspflichten nach § 22 die Identifizierungs-, Aufzeichnungs- und Aufbewahrungspflichten des Geldwäschegesetzes entsprechend.

§ 25d
(aufgehoben)

§ 25e
Haftung beim Handel über eine elektronische Schnittstelle

(1) Wer mittels einer elektronischen Schnittstelle die Lieferung eines Gegenstandes unterstützt (Betreiber), haftet für die nicht entrichtete Steuer aus dieser Lieferung; dies gilt nicht in den Fällen des § 3 Absatz 3a.

(2) [1]Der Betreiber haftet nicht nach Absatz 1, wenn der liefernde Unternehmer im Sinne von § 22f Absatz 1 Satz 1 Nummer 3 im Zeitpunkt der Lieferung über eine gültige, ihm vom Bundeszentralamt für Steuern nach § 27a erteilte Umsatzsteuer-Identifikationsnummer verfügt. [2]Dies gilt nicht, wenn er Kenntnis davon hatte oder nach der Sorgfalt eines ordentlichen Kaufmanns hätte haben müssen, dass der liefernde Unternehmer seinen steuerlichen Verpflichtungen nicht oder nicht im vollen Umfang nachkommt.

(3) [1]Der Betreiber haftet des Weiteren nicht nach Absatz 1, wenn die Registrierung auf der elektronischen Schnittstelle des Betreibers nicht als Unternehmer erfolgt ist und der Betreiber die Anforderungen nach § 22f Absatz 2 erfüllt. [2]Dies gilt nicht, wenn nach Art, Menge oder Höhe der erzielten Umsätze davon auszugehen ist, dass der Betreiber Kenntnis davon hatte oder nach der Sorgfalt eines ordentlichen Kaufmanns hätte haben müssen, dass die Umsätze im Rahmen eines Unternehmens erbracht werden.

(4) [1]Kommt der liefernde Unternehmer seinen steuerlichen Pflichten nicht oder nicht in wesentlichem Umfang nach, ist das für den liefernden Unternehmer zuständige Finanzamt berechtigt, dies dem Betreiber mitzuteilen, wenn andere Maßnahmen keinen unmittelbaren Erfolg versprechen. [2]Nach Zugang der Mitteilung haftet der Betreiber in den Fällen des Absatzes 2 für die Steuer auf Umsätze im Sinne des Absatzes 1, soweit das dem Umsatz zugrunde liegende Rechtsgeschäft nach dem Zugang der Mitteilung abgeschlossen worden ist. [3]Eine Inanspruchnahme des Betreibers nach Satz 2 erfolgt nicht, wenn der Betreiber innerhalb einer vom Finanzamt im Rahmen der Mitteilung nach Satz 1 gesetzten Frist nachweist, dass der liefernde Unternehmer über seine elektronische Schnittstelle keine Waren mehr anbieten kann. [4]Die Sätze 1 bis 3 sind in den Fällen des Absatzes 3 entsprechend anzuwenden.

(5) Eine elektronische Schnittstelle im Sinne dieser Vorschrift ist ein elektronischer Marktplatz, eine elektronische Plattform, ein elektronisches Portal oder Ähnliches.

(6) [1]Unterstützen im Sinne dieser Vorschrift bezeichnet die Nutzung einer elektronischen Schnittstelle, um es einem Leistungsempfänger und einem liefernden Unternehmer, der über eine elektronische Schnittstelle Gegenstände zum Verkauf anbietet, zu ermöglichen, in Kontakt zu treten, woraus eine Lieferung von Gegenständen an diesen Leistungsempfänger resultiert. [2]Der Betreiber einer elektronischen Schnittstelle unterstützt die Lieferung von Gegenständen jedoch dann nicht im Sinne dieser Vorschrift, wenn er weder unmittelbar noch mittelbar:

1. irgendeine der Bedingungen für die Lieferung der Gegenstände festlegt,
2. an der Autorisierung der Abrechnung mit dem Leistungsempfänger bezüglich der getätigten Zahlungen beteiligt ist, und
3. an der Bestellung oder Lieferung der Gegenstände beteiligt ist.

[3]Ein Unterstützen im Sinne dieser Vorschrift liegt auch dann nicht vor, wenn der Betreiber der elektronischen Schnittstelle lediglich eine der folgenden Leistungen anbietet:

1. die Verarbeitung von Zahlungen im Zusammenhang mit der Lieferung von Gegenständen,
2. die Auflistung von Gegenständen oder die Werbung für diese, oder
3. die Weiterleitung oder Vermittlung von Leistungsempfängern an andere elektronische Schnittstellen, über die Gegenstände zum Verkauf angeboten werden, ohne dass eine weitere Einbindung in die Lieferung besteht.

§ 25f
Versagung des Vorsteuerabzugs und der Steuerbefreiung bei Beteiligung an einer Steuerhinterziehung

(1) Sofern der Unternehmer wusste oder hätte wissen müssen, dass er sich mit der von ihm erbrachten Leistung oder seinem Leistungsbezug an einem Umsatz beteiligt, bei dem der Leistende oder ein anderer Beteiligter auf einer vorhergehenden oder nachfolgenden Umsatzstufe in eine begangene Hinterziehung von Umsatzsteuer oder Erlangung eines nicht gerechtfertigten Vorsteuerabzugs im Sinne des § 370 der Abgabenordnung oder in eine Schädigung des Umsatzsteueraufkommens im Sinne der §§ 26a, 26c einbezogen war, ist Folgendes zu versagen:

1. die Steuerbefreiung nach § 4 Nummer 1 Buchstabe b in Verbindung mit § 6a,
2. der Vorsteuerabzug nach § 15 Absatz 1 Satz 1 Nummer 1,
3. der Vorsteuerabzug nach § 15 Absatz 1 Satz 1 Nummer 3 sowie
4. der Vorsteuerabzug nach § 15 Absatz 1 Satz 1 Nummer 4.

(2) § 25b Absatz 3 und 5 ist in den Fällen des Absatzes 1 nicht anzuwenden.

Siebenter Abschnitt
Durchführung, Bußgeld-, Straf-, Verfahrens-, Übergangs- und Schlussvorschriften

§ 26
Durchführung, Erstattung in Sonderfällen

(1–3) ...

(4) [1]Die Umsatzsteuer wird einem Konsortium, das auf der Grundlage der Verordnung (EG) Nr. 723/2009 des Rates vom 25. Juni 2009 über den gemeinschaftlichen Rechtsrahmen für ein Konsortium für eine europäische Forschungsinfrastruktur (ABl. L 206 vom 8.8.2009, S. 1) durch einen Beschluss der Kommission gegründet wurde, vom Bundeszentralamt für Steuern vergütet, wenn

1. das Konsortium seinen satzungsgemäßen Sitz im Inland hat,
2. es sich um die gesetzlich geschuldete Umsatzsteuer handelt, die in Rechnung gestellt und gesondert ausgewiesen wurde,
3. es sich um Umsatzsteuer für Lieferungen und sonstige Leistungen handelt, die das Konsortium für seine satzungsgemäße und nichtunternehmerische Tätigkeit in Anspruch genommen hat,
4. der Steuerbetrag je Rechnung insgesamt 25 Euro übersteigt und
5. die Steuer gezahlt wurde.

[2]Satz 1 gilt entsprechend für die von einem Konsortium nach § 13b Absatz 5 geschuldete und von ihm entrichtete Umsatzsteuer, wenn diese je Rechnung insgesamt 25 Euro übersteigt. [3]Die Sätze 1 und 2 sind auf ein Konsortium mit satzungsgemäßem Sitz in einem anderen Mitgliedstaat sinngemäß anzuwenden, wenn die Voraussetzungen für die Vergütung durch die in § 4 Nummer 7 Satz 5 genannte Bescheinigung nachgewiesen wird. [4]Mindert sich die Bemessungsgrundlage nachträglich, hat das Konsortium das Bundeszentralamt für Steuern davon zu unterrichten und den zu viel vergüteten Steuerbetrag zurückzuzahlen. [5]Wird ein Gegenstand, den ein Konsortium für seine satzungsgemäße Tätigkeit erworben hat und für dessen Erwerb eine Vergütung der Umsatzsteuer gewährt worden ist, entgeltlich oder unentgeltlich abgegeben, vermietet oder übertragen, ist der Teil der vergüteten Umsatzsteuer, der dem Veräußerungspreis oder bei unentgeltlicher Abgabe oder Übertragung dem Zeitwert des Gegenstands entspricht, an das Bundeszentralamt für Steuern zu entrichten. [6]Der zu entrichtende Steuerbetrag kann aus Vereinfachungsgründen durch Anwendung des im Zeitpunkt der Abgabe oder Übertragung des Gegenstands geltenden Steuersatzes ermittelt werden.

(5) Das Bundesministerium der Finanzen kann mit Zustimmung des Bundesrates durch Rechtsverordnung näher bestimmen, wie der Nachweis bei den folgenden Steuerbefreiungen zu führen ist:

1. Artikel III Nr. 1 des Abkommens zwischen der Bundesrepublik Deutschland und den Vereinigten Staaten von Amerika über die von der Bundesrepublik zu gewährenden Abgabenvergünstigungen für die von den Vereinigten Staaten im Interesse der gemeinsamen Verteidigung geleisteten Ausgaben (BGBl. 1955 II S. 823);
2. Artikel 67 Abs. 3 des Zusatzabkommens zu dem Abkommen zwischen den Parteien des Nordatlantikvertrags über die Rechtsstellung ihrer Truppen hinsichtlich der in der Bundesrepublik Deutschland stationierten ausländischen Truppen (BGBl. 1961 II S. 1183, 1218);
3. Artikel 14 Abs. 2 Buchstabe b und d des Abkommens zwischen der Bundesrepublik Deutschland und dem Obersten Hauptquartier der Alliierten Mächte, Europa, über die besonderen Bedingungen für die Einrichtung und den Betrieb internationaler militärischer Hauptquartiere in der Bundesrepublik Deutschland (BGBl. 1969 II S. 1997, 2009).

(6) ...

§ 27
Allgemeine Übergangsvorschriften

(1) [1]Änderungen dieses Gesetzes sind, soweit nichts anderes bestimmt ist, auf Umsätze im Sinne des § 1 Abs. 1 Nr. 1 und 5 anzuwenden, die ab dem Inkrafttreten der maßgeblichen Änderungsvorschrift ausgeführt werden. [2]Das gilt für Lieferungen und sonstige Leistungen auch insoweit, als die Steuer dafür nach § 13 Abs. 1 Nr. 1 Buchstabe a Satz 4 oder Buchstabe b oder § 13b Absatz 4 Satz 2 vor dem Inkrafttreten der Änderungsvorschrift entstanden ist. [3]Die Berechnung dieser Steuer ist für den Voranmeldungszeitraum zu berichtigen, in dem die Lieferung oder sonstige Leistung ausgeführt wird.

...

(15) § 14 Abs. 2 Satz 1 Nr. 2 und § 14 Abs. 3 Nr. 2 in der jeweils ab 1. Januar 2009 geltenden Fassung sind auf alle Rechnungen über Umsätze anzuwenden, die nach dem 31. Dezember 2008 ausgeführt werden.

(16) [1]§ 3 Absatz 9a Nummer 1, § 15 Absatz 1b, § 15a Absatz 6a und 8 Satz 2 in der Fassung des Artikels 4 des Gesetzes vom 8. Dezember 2010 (BGBl. I S. 1768) sind nicht anzuwenden auf Wirtschaftsgüter im Sinne des § 15 Absatz 1b, die auf Grund eines vor dem 1. Januar 2011 rechtswirksam abgeschlossenen obligatorischen Vertrags oder gleichstehenden Rechtsakts angeschafft worden sind oder mit deren Herstellung vor dem 1. Januar 2011 begonnen worden ist. [2]Als Beginn der Herstellung gilt bei Gebäuden, für die eine Baugenehmigung erforderlich ist, der Zeitpunkt, in dem der Bauantrag gestellt wird; bei baugenehmigungsfreien Gebäuden, für die Bauunterlagen einzureichen sind, der Zeitpunkt, in dem die Bauunterlagen eingereicht werden.

(17) § 18 Absatz 3 in der Fassung des Artikels 4 des Gesetzes vom 8.12.2010 (BGBl. I S. 1768) ist erstmals auf Besteuerungszeiträume anzuwenden, die nach dem 31. Dezember 2010 enden.

(18) § 14 Absatz 1 und 3 ist in der ab 1. Juli 2011 geltenden Fassung auf alle Rechnungen über Umsätze anzuwenden, die nach dem 30. Juni 2011 ausgeführt werden.

(19) [1]Sind Unternehmer und Leistungsempfänger davon ausgegangen, dass der Leistungsempfänger die Steuer nach § 13b auf eine vor dem 15. Februar 2014 erbrachte steuerpflichtige Leistung schuldet, und stellt sich diese Annahme als unrichtig heraus, ist die gegen den leistenden Unternehmer wirkende Steuerfestsetzung zu ändern, soweit der Leistungsempfänger die Erstattung der Steuer fordert, die er in der Annahme entrichtet hatte, Steuerschuldner zu sein. [2]§ 176 der Abgabenordnung steht der Änderung nach Satz 1 nicht entgegen. [3]Das für den leistenden Unternehmer zuständige Finanzamt kann auf Antrag zulassen, dass der leistende Unternehmer dem Finanzamt den ihm gegen den Leistungsempfänger zustehenden Anspruch auf Zahlung der gesetzlich entstandenen Umsatzsteuer abtritt, wenn die Annahme der Steuerschuld des Leistungsempfängers im Vertrauen auf eine Verwaltungsanweisung beruhte und der leistende Unternehmer bei der Durchsetzung des abgetretenen Anspruchs mitwirkt. [4]Die Abtretung wirkt an Zahlungsstatt, wenn

1. der leistende Unternehmer dem Leistungsempfänger eine erstmalige oder geänderte Rechnung mit offen ausgewiesener Umsatzsteuer ausstellt,
2. die Abtretung an das Finanzamt wirksam bleibt,
3. dem Leistungsempfänger diese Abtretung unverzüglich mit dem Hinweis angezeigt wird, dass eine Zahlung an den leistenden Unternehmer keine schuldbefreiende Wirkung mehr hat, und
4. der leistende Unternehmer seiner Mitwirkungspflicht nachkommt.

(20) § 18h Absatz 3 und 4 in der Fassung des Artikels 8 des Gesetzes vom 25. Juli 2014 (BGBl. I S. 1266) ist erstmals auf Besteuerungszeiträume anzuwenden, die nach dem 31. Dezember 2014 enden.

(21) § 18 Absatz 2 in der am 1. Januar 2015 geltenden Fassung ist erstmals auf Voranmeldungszeiträume anzuwenden, die nach dem 31. Dezember 2014 enden.

(22) [1]§ 2 Absatz 3 in der am 31. Dezember 2015 geltenden Fassung ist auf Umsätze, die nach dem 31. Dezember 2015 und vor dem 1. Januar 2017 ausgeführt werden, weiterhin anzuwenden. [2]§ 2b in der am 1. Januar 2016 geltenden Fassung ist auf Umsätze anzuwenden, die nach dem 31. Dezember 2016 ausgeführt werden. [3]Die juristische Person des öffentlichen Rechts kann dem Finanzamt gegenüber einmalig erklären, dass sie § 2 Absatz 3 in der am 31. Dezember 2015 geltenden Fassung für sämtliche nach dem 31. Dezember 2016 und vor dem 1. Januar 2021 ausgeführte Leistungen weiterhin anwendet. [4]Eine Beschränkung der Erklärung auf einzelne Tätigkeitsbereiche oder Leistungen ist nicht zulässig. [5]Die Erklärung ist bis zum 31. Dezember 2016 abzugeben. [6]Sie kann nur mit Wirkung vom Beginn eines auf die Abgabe folgenden Kalenderjahres an widerrufen werden. [7]§ 18 Absatz 4f und 4g ist erstmals auf Besteuerungszeiträume anzuwenden, die nicht der Erklärung nach Satz 3 unterliegen.

(22a) [1]Hat eine juristische Person des öffentlichen Rechts gegenüber dem Finanzamt gemäß Absatz 22 Satz 3 erklärt, dass sie § 2 Absatz 3 in der am 31. Dezember 2015 geltenden Fassung für sämtliche nach dem 31. Dezember 2016 und vor dem 1. Januar 2021 ausgeführte Leistungen weiterhin anwendet und die Erklärung für vor dem 1. Januar 2025 endende Zeiträume nicht widerrufen, gilt die Erklärung auch für sämtliche Leistungen, die nach dem 31. Dezember 2020 und vor dem 1. Januar 2027 ausgeführt werden. [2]Die Erklärung nach Satz 1 kann auch für Zeiträume nach dem 31. Dezember 2020 nur mit Wirkung vom Beginn eines auf die Abgabe folgenden Kalenderjahres an widerrufen werden. [3]Es ist nicht zulässig, den Widerruf auf einzelne Tätigkeitsbereiche oder Leistungen zu beschränken.

[Fassung bis 31.12.2025]

(23) § 3 Absatz 13 bis 15 sowie § 10 Absatz 1 Satz 6 in der Fassung des Artikels 9 des Gesetzes vom 11. Dezember 2018 (BGBl. I S. 2338) sind erstmals auf Gutscheine anzuwenden, die nach dem 31. Dezember 2018 ausgestellt werden.

[Fassung ab 1.1.2026]

(23) § 3 Absatz 13 bis 15 sowie § 10 Absatz 1 Satz 5 in der Fassung des Artikels 9 des Gesetzes vom 11. Dezember 2018 (BGBl. I S. 2338) sind erstmals auf Gutscheine anzuwenden, die nach dem 31. Dezember 2018 ausgestellt werden.

(24) [1]§ 3a Absatz 5 Satz 3 bis 5 und § 14 Absatz 7 Satz 3 in der Fassung des Artikels 9 des Gesetzes vom 11. Dezember 2018 (BGBl. I S. 2338) sind auf Umsätze anzuwenden, die nach dem 31. Dezember 2018 ausgeführt werden. [2]§ 18 Absatz 4c Satz 1 und Absatz 4d in der Fassung des in der Fassung des Artikels 9 des Gesetzes vom 11. Dezember 2018 (BGBl. I S. 2338) ist auf Besteuerungszeiträume anzuwenden, die nach dem 31. Dezember 2018 enden.

(25) [1]Das Bundesministerium der Finanzen teilt den Beginn, ab dem Daten nach § 22f Absatz 5 auf Anforderung zu übermitteln sind durch ein im Bundessteuerblatt zu veröffentlichendes BMF-Schreiben mit. [2]Gleiches gilt für die Festlegung des Kalenderjahres, ab dem Daten nach § 22f Absatz 3 auf Anforderung zu übermitteln sind. [3]§ 25e Absatz 1 bis Absatz 4 in der Fassung des Artikels 9 des Gesetzes vom 11. Dezember 2018 (BGBl. I S. 2338) ist für die in § 22f Absatz 1 Satz 4 in der am 1. Januar 2019 geltenden Fassung genannten Unternehmer ab 1. März 2019 und für andere als die in § 22f Absatz 1 Satz 4 in der am 1. Januar 2019 geltenden Fassung genannten Unternehmer ab 1. Oktober 2019 anzuwenden.

(26) § 25 Absatz 3 in der Fassung des Artikels 11 des Gesetzes vom 12. Dezember 2019 (BGBl. I S. 2451) ist erstmals auf Umsätze anzuwenden, die nach dem 31. Dezember 2021 bewirkt werden.

(27) § 4 Nummer 15a in der bis zum 31. Dezember 2019 geltenden Fassung gilt bis zu den Zeitpunkten nach § 412 Absatz 1 Satz 4 des Fünften Buches Sozialgesetzbuch sowie § 412 Absatz 5 Satz 4 in Verbindung mit § 328 Absatz 1 Satz 4 des Fünften Buches Sozialgesetzbuch fort.

(28) § 15 Absatz 4b, § 16 Absatz 2 Satz 1 und § 18 Absatz 9 in der Fassung des Artikels 9 des Gesetzes vom 12. Dezember 2019 (BGBl. I S. 2451) sind erstmals auf Voranmeldungs-, Besteuerungs- und Vergütungszeiträume anzuwenden, die nach dem 31. Dezember 2019 enden.

(29) § 22b Absatz 2 und 2a in der Fassung des Artikels 12 des Gesetzes vom 12. Dezember 2019 (BGBl. I S. 2451) ist erstmals auf Voranmeldungs-, Besteuerungs- und Meldezeiträume anzuwenden, die nach dem 31. Dezember 2019 enden.

(30) § 25f in der Fassung des Artikels 12 des Gesetzes vom 12. Dezember 2019 (BGBl. I S. 2451) ist erstmals auf Voranmeldungs- und Besteuerungszeiträume anzuwenden, die nach dem 31. Dezember 2019 enden.

(31) Der Termin, ab dem § 21 Absatz 3a in der Fassung des Artikels 3 des Gesetzes vom 29. Juni 2020 (BGBl. I S. 1512) erstmals anzuwenden ist, wird mit einem Schreiben des Bundesministeriums der Finanzen bekanntgegeben.

(32) § 24 Absatz 1 in der Fassung des Artikels 11 des Gesetzes vom 21. Dezember 2020 (BGBl. I S. 3096) ist erstmals auf Umsätze anzuwenden, die nach dem 31. Dezember 2021 bewirkt werden.

(33) [1]§18i Absatz 3 und 6, § 18j Absatz 4 und 7, § 18k Absatz 4 und 7 in der Fassung des Artikels 13 des Gesetzes vom 21. Dezember 2020 (BGBl. I S. 3096) sind erstmals auf Umsätze anzuwenden, die nach dem 30. Juni 2021 ausgeführt werden. [2]Die in den §§ 18i, 18j und 18k enthaltenen Verweise auf §§ 3, 3a, 3c, 16, 18i, 18j, 18k und 22 beziehen sich auf die jeweilige Fassung der Artikel 13 und 14 des vorgenannten Gesetzes.

(34) [1]Die §§ 3 und 3a Absatz 5, die §§ 3c, 4, 5, 11, 13 Absatz 1 Nummer 1 Buchstaben f bis i, § 14a Absatz 2, § 16 Absatz 1c bis 1e, § 18 Absatz 1, 3 und 9, §§ 21a, 22, 22f und 25e in der Fassung des Artikels 14 des Gesetzes vom 21. Dezember 2020 (BGBl. I S. 3096) sind erstmals auf Umsätze und Einfuhren anzuwenden, die nach dem 30. Juni 2021 ausgeführt werden. [2]§ 13 Absatz 1 Nummer 1 Buchstabe d und e, § 16 Absatz 1a und 1b, § 18 Absatz 4c bis 4e und § 18h sind letztmalig auf Umsätze anzuwenden, die vor dem 1. Juli 2021 ausgeführt werden.

(35) § 4c in der Fassung des Artikels 2 des Gesetzes vom 21. Dezember 2021 (BGBl. I S. 5250) ist auf Leistungen anzuwenden, die nach dem 31. Dezember 2020 bezogen werden. § 5 Absatz 1 Nummer 8 und 9 in der Fassung des Artikels 2 des Gesetzes vom 21. Dezember 2021 (BGBl. I S. 5250) ist auf Einfuhren nach dem 31. Dezember 2020 anzuwenden.

(36) § 18 Absatz 5a in der Fassung des Artikels 9 des Gesetzes vom 16.12.2022 (BGBl. I S. 2294) ist erstmals auf die Besteuerungszeiträume anzuwenden, die nach dem 31. Dezember 2022 enden.

(37) § 18g in der Fassung des Artikels 9 des Gesetzes vom 16.12.2022 (BGBl. I S. 2294) ist erstmals auf die Übermittlung von Daten nach dem 31. Dezember 2022 anzuwenden.

(38) [1]Abweichend von § 14 Absatz 1 und 2 kann eine Rechnung

1. bis zum 31. Dezember 2026 für einen nach dem 31. Dezember 2024 und vor dem 1. Januar 2027 ausgeführten Umsatz auf Papier oder vorbehaltlich der Zustimmung des Empfängers in einem elektronischen Format, das nicht § 14 Absatz 1 Satz 6 entspricht, übermittelt werden;
2. bis zum 31. Dezember 2027 für einen nach dem 31. Dezember 2026 und vor dem 1. Januar 2028 ausgeführten Umsatz auf Papier oder vorbehaltlich der Zustimmung des Empfängers in einem elektronischen Format, das nicht § 14 Absatz 1 Satz 6 entspricht, übermittelt werden, wenn der Gesamtumsatz (§ 19 Absatz 2) des die Rechnung ausstellenden Unternehmers im vorangegangenen Kalenderjahr nicht mehr als 800 000 Euro betragen hat;
3. bis zum 31. Dezember 2027 für einen nach dem 31. Dezember 2026 und vor dem 1. Januar 2028 ausgeführten Umsatz vorbehaltlich der Zustimmung des Empfängers in einem elektronischen Format, das nicht § 14 Absatz 1 Satz 6 entspricht, ausgestellt werden, wenn diese mittels elektronischem Datenaustausch (EDI) nach Artikel 2 der Empfehlung 94/820/EG der Kommission vom 19. Oktober 1994 über die rechtlichen Aspekte des elektronischen Datenaustausches (ABl. L 338 vom 28.12.1994, S. 98) übermittelt wird.

[2]Die Absätze 15 und 18 bleiben unberührt.

(39) § 18 Absatz 3 Satz 1 und § 19 Absatz 1 Satz 4 sowie Absatz 2 in der Fassung des Artikels 23 des Gesetzes vom 27. März 2024 (BGBl. 2024 I Nr. 108) sind erstmals auf Besteuerungszeiträume anzuwenden, die nach dem 31. Dezember 2023 enden.

(40) [1]§ 14b Absatz 1 Satz 1 in der ab dem 1. Januar 2025 geltenden Fassung ist auf alle Rechnungen anzuwenden, deren Aufbewahrungsfrist am 31. Dezember 2024 noch nicht abgelaufen ist. [2]Bei Unternehmen, die

1. Institute im Sinne des § 1 Absatz 1b des Kreditwesengesetzes sind, einschließlich Zweigstellen nach § 53 des Kreditwesengesetzes,
2. der Aufsicht nach § 1 Absatz 1 des Versicherungsaufsichtsgesetzes unterliegen oder
3. Wertpapierinstitute im Sinne des § 2 Absatz 1 des Wertpapierinstitutsgesetzes sind, ist § 14b Absatz 1 Satz 1 in der ab dem 1. Januar 2025 geltenden Fassung abweichend von Satz 1 erstmals auf Unterlagen anzuwenden, deren Aufbewahrungsfrist nach § 14b Absatz 1 Satz 1 in der bis einschließlich 31. Dezember 2024 geltenden Fassung am 1. Januar 2026 noch nicht abgelaufen ist.

[Fassung ab 1.1.2026]

(40a) [1]Für vor dem 1. Januar 2026 nach § 4 Nummer 4a Satz 1 von der Steuer befreite Umsätze sind § 4 Nummer 4a Satz 1 Buchstabe a und b, Nummer 19 Buchstabe a Satz 4, § 10 Absatz 1 Satz 4, § 13 Absatz 1 Nummer 9, § 13a Absatz 1 Nummer 6, § 15 Absatz 1 Satz 1 Nummer 5, § 18e Nummer 2, § 22 Absatz 2 Nummer 9 und Absatz 4c in der am 31. Dezember 2025 geltenden Fassung bis zur Auslagerung und für diese Auslagerung der jeweiligen Gegenstände weiterhin anzuwenden. [2]Mit Ablauf des 30. Dezember 2029 gelten alle bis zu diesem Zeitpunkt nicht ausgelagerten Gegenstände als ausgelagert im Sinne des § 4 Nummer 4a Satz 1 Buchstabe a Satz 3 in der bis zum 31. Dezember 2025 geltenden Fassung.

[Fassung ab 1.1.2028]

(41) § 15 Absatz 1 Satz 1 Nummer 1 Satz 2 in der Fassung des Artikels 27 des Gesetzes vom 2. Dezember 2024 (BGBl. 2024 I Nr. 387) ist erstmals auf Rechnungen anzuwenden, die nach dem 31. Dezember 2027 ausgestellt werden.

§ 27a
Umsatzsteuer-Identifikationsnummer

(1) [1]Das Bundeszentralamt für Steuern erteilt Unternehmern im Sinne des § 2 auf Antrag eine Umsatzsteuer-Identifikationsnummer. [2]Das Bundeszentralamt für Steuern erteilt auch juristischen Personen, die nicht Unternehmer sind oder die Gegenstände nicht für ihr Unternehmen erwerben, eine Umsatzsteuer-Identifikationsnummer, wenn sie diese für innergemeinschaftliche Erwerbe benötigen. [3]Im Fall der Organschaft wird auf Antrag für jede juristische Person eine eigene Umsatzsteuer-Identifikationsnummer erteilt. [4]Der Antrag auf Erteilung einer Umsatzsteuer-Identifikationsnummer nach den Sätzen 1 bis 3 ist schriftlich zu stellen. [5]In dem Antrag sind Name, Anschrift und Steuernummer, unter der der Antragsteller umsatzsteuerlich geführt wird, anzugeben.

(1a) [1]Das nach § 21 der Abgabenordnung für die Umsatzbesteuerung des Unternehmers zuständige Finanzamt kann die nach Absatz 1 Satz 1 bis 3 erteilte Umsatzsteuer-Identifikationsnummer begrenzen, wenn ernsthafte Anzeichen vorliegen oder nachgewiesen ist, dass die Umsatzsteuer-Identifikationsnummer zur Gefährdung des Umsatzsteueraufkommens verwendet wird. [2]Dies gilt auch, soweit das Umsatzsteueraufkommen anderer Mitgliedstaaten gefährdet wird.

(2) [1]Die Landesfinanzbehörden übermitteln dem Bundeszentralamt für Steuern die für die Erteilung der Umsatzsteuer-Identifikationsnummer nach Absatz 1 erforderlichen Angaben über die bei ihnen umsatzsteuerlich geführten natürlichen und juristischen Personen und Personenvereinigungen. [2]Diese Angaben dürfen nur für die Erteilung einer Umsatzsteuer-Identifikationsnummer, die Erteilung einer Kleinunternehmer-Identifikationsnummer, für Zwecke der Verordnung (EU) Nr. 904/2010 des Rates vom 7. Oktober 2010 über die Zusammenarbeit der Verwaltungsbehörden und die Betrugsbekämpfung auf dem Gebiet der Mehrwertsteuer (ABl. L 268 vom 12.10.2010, S. 1), für die Umsatzsteuerkontrolle, für Zwecke der Amtshilfe zwischen den zuständigen Behörden anderer Staaten in Umsatzsteuersachen sowie für Übermittlungen an das Statistische Bundesamt nach § 2a des Statistikregistergesetzes und an das Bundeskartellamt zur Überprüfung und Vervollständigung der Daten nach § 3 Absatz 1 Nummer 4 des Wettbewerbsregistergesetzes verarbeitet werden. [3]Bis zum Abschluss der erstmaligen Vergabe der Wirtschafts-Identifikationsnummer nach § 139c der Abgabenordnung dürfen die in Satz 1 genannten Daten sowie die vom Bundeszentralamt für Steuern erteilte Umsatzsteuer-Identifikationsnummer abweichend von Satz 2 auch für die Vergabe der Wirtschafts-Identifikationsnummern nach § 139c der Abgabenordnung verwendet sowie für die nach § 4 des Unternehmensbasisdatenregistergesetzes vorgesehenen Zwecke an das Statistische Bundesamt als Registerbehörde für das Basisregister übermittelt und von diesem nach

Maßgabe des § 3 des Unternehmensbasisdatenregistergesetzes gespeichert und verarbeitet werden. [4]Außerdem übermitteln die Landesfinanzbehörden dem Bundeszentralamt für Steuern die nach Absatz 1a erforderlichen Daten. [5]Das Bundeszentralamt für Steuern übermittelt den Landesfinanzbehörden die erteilten Umsatzsteuer-Identifikationsnummern, die erteilten Kleinunternehmer-Identifikationsnummern und die Daten, die sie für die Umsatzsteuerkontrolle benötigen.

§ 27b
Umsatzsteuer-Nachschau

(1) [1]Zur Sicherstellung einer gleichmäßigen Festsetzung und Erhebung der Umsatzsteuer können die damit betrauten Amtsträger der Finanzbehörde ohne vorherige Ankündigung und außerhalb einer Außenprüfung Grundstücke und Räume von Personen, die eine gewerbliche oder berufliche Tätigkeit selbständig ausüben, während der Geschäfts- und Arbeitszeiten betreten, um Sachverhalte festzustellen, die für die Besteuerung erheblich sein können (Umsatzsteuer-Nachschau). [2]Wohnräume dürfen gegen den Willen des Inhabers nur zur Verhütung dringender Gefahren für die öffentliche Sicherheit und Ordnung betreten werden.

(2–4) …

§ 28
Zeitlich begrenzte Fassungen einzelner Gesetzesvorschriften

(1) § 12 Absatz 1 ist vom 1. Juli 2020 bis 31. Dezember 2020 mit der Maßgabe anzuwenden, dass die Steuer für jeden steuerpflichtigen Umsatz 16 Prozent der Bemessungsgrundlage (§§ 10, 11, 25 Absatz 3 und § 25a Absatz 3 und 4) beträgt.

(2) § 12 Absatz 2 ist vom 1. Juli 2020 bis 31. Dezember 2020 mit der Maßgabe anzuwenden, dass sich die Steuer für die in den Nummern 1 bis 15 genannten Umsätze auf 5 Prozent ermäßigt.

(3) § 24 Absatz 1 Satz 1 Nummer 2 ist vom 1. Juli 2020 bis 31. Dezember 2020 mit der Maßgabe anzuwenden, dass die Steuer für die Lieferungen der in der Anlage 2 nicht aufgeführten Sägewerkserzeugnisse und Getränke sowie von alkoholischen Flüssigkeiten, ausgenommen die Lieferungen in das Ausland und die im Ausland bewirkten Umsätze, und für sonstige Leistungen, soweit in der Anlage 2 nicht aufgeführte Getränke abgegeben werden, 16 Prozent beträgt.

(4) …

(5) § 12 Absatz 2 ist vom 1. Oktober 2022 bis 31. März 2024 mit der Maßgabe anzuwenden, dass der dort genannte Steuersatz auch für die Lieferung von Gas über das Erdgasnetz gilt.

(6) § 12 Absatz 2 ist vom 1. Oktober 2022 bis 31. März 2024 mit der Maßgabe anzuwenden, dass der dort genannte Steuersatz auch für die Lieferung von Wärme über ein Wärmenetz gilt.

§ 29
Umstellung langfristiger Verträge

(1) [1]Beruht die Leistung auf einem Vertrag, der nicht später als vier Kalendermonate vor dem Inkrafttreten dieses Gesetzes abgeschlossen worden ist, so kann, falls nach diesem Gesetz ein anderer Steuersatz anzuwenden ist, der Umsatz steuerpflichtig, steuerfrei oder nicht steuerbar wird, der eine Vertragsteil von dem anderen einen angemessenen Ausgleich der umsatzsteuerlichen Mehr- oder Minderbelastung verlangen. [2]Satz 1 gilt nicht, soweit die Parteien etwas anderes vereinbart haben. [3]Ist die Höhe der Mehr- oder Minderbelastung streitig, so ist § 287 Abs. 1 der Zivilprozessordnung entsprechend anzuwenden.

(2) Absatz 1 gilt sinngemäß bei einer Änderung dieses Gesetzes.

§ 30
Austritt des Vereinigten Königreichs Großbritannien und Nordirland aus der Europäischen Union

(1) Für nach dem 31. Dezember 2020 ausgeführte Lieferungen und innergemeinschaftliche Erwerbe wird das Gebiet Nordirlands wie übriges Gemeinschaftsgebiet behandelt.

(2) Eine Umsatzsteuer-Identifikationsnummer mit dem Präfix „XI“ gilt als eine von einem anderen Mitgliedstaat erteilte Umsatzsteuer-Identifikationsnummer.

(3) Eine durch das Vereinigte Königreich Großbritannien und Nordirland erteilte individuelle Identifikationsnummer gilt im Sinne dieses Gesetzes als von einem Mitgliedstaat der Europäischen Union erteilte individuelle Identifikationsnummer.

An das Finanzamt / Bundeszentralamt für Steuern	Steuernummer	2025

☐ **Körperschaftsteuererklärung**

und Erklärung zu gesonderten Feststellungen von Besteuerungsgrundlagen, die in Zusammenhang mit der Körperschaftsteuerveranlagung durchzuführen sind

☐ Erklärung zur gesonderten und einheitlichen Feststellung des dem Organträger zuzurechnenden Einkommens der Organgesellschaft und damit zusammenhängender anderer Besteuerungsgrundlagen (§ 14 Absatz 5 KStG)

☐ Erklärung zur gesonderten Feststellung des steuerlichen Einlagekontos (§ 27 Absatz 2 KStG) und des durch Umwandlung von Rücklagen entstandenen Nennkapitals (§ 28 Absatz 1 Satz 3 KStG)

☐ Belege werden nachgereicht (74)

— Eingangsstempel —

Die mit einem Kreis versehenen Zahlen bezeichnen die Erläuterungen in der Anleitung zur Körperschaftsteuererklärung.

Zeile	
	Allgemeine Angaben (64)
	Bezeichnung der Körperschaft, Personenvereinigung oder Vermögensmasse (52)
1	
	Wirtschafts-Identifikationsnummer (29)
1a	D E
	Art der Steuerpflicht (Sitz und Geschäftsleitung im Veranlagungszeitraum)
	Ort der Geschäftsleitung nach § 10 AO — Staat (nur angeben, wenn im Ausland)
2 bis 5 frei 6	
	Ort des Sitzes nach § 11 AO — Staat (nur angeben, wenn im Ausland)
7	
	Wegen der Verlegung des Ortes des Sitzes und/oder der Geschäftsleitung vom Ausland ins Inland oder vom Inland ins Ausland besteht im laufenden Veranlagungszeitraum sowohl beschränkte als auch unbeschränkte Steuerpflicht:
8	11.18 — 1 = Verlegung vom Ausland ins Inland 2 = Verlegung vom Inland ins Ausland
	Rechtsform
	Rechtsform (73)
9	
9a	Es handelt sich um eine Stiftung des privaten Rechts. 11.65 — 1 = Ja
	Angaben zur Steuerbefreiung
	Auswahl der Steuerbefreiungsnorm
10	Die Körperschaft ist nach der folgenden Nummer des § 5 Absatz 1 KStG von der Körperschaftsteuer befreit: (209) 11.15
	Umfang der Steuerbefreiung
11	Die Körperschaft ist vollumfänglich von der Körperschaftsteuer befreit. 1 = Ja
	Ergänzende Angaben zur Steuererklärung
	Eine Eintragung ist in Zeile 13 nur vorzunehmen, wenn einer der dort genannten Sachverhalte vorliegt. In diesem Fall erläutern Sie bitte diese Sachverhalte in den „Ergänzenden Angaben zur Steuererklärung". Die ergänzenden Angaben werden gesondert geprüft. Dies kann die Bearbeitungsdauer verlängern. Falls Sie mit der Abgabe der Steuererklärung lediglich Belege und Aufstellungen übermitteln, ist in Zeile 13 keine Eintragung vorzunehmen.
12 frei 13	In dieser Steuererklärung 86.500 — 1 = konnten steuererhebliche Sachverhalte nicht erklärt werden. 2 = wird bewusst eine von der Verwaltungsauffassung abweichende Rechtsauffassung vertreten. 3 = sollen Sachverhalte personell vertieft geprüft werden. 4 = liegen mehrere der vorgenannten Gründe vor (Mehrfachauswahl).
	Hinweis: Bitte übermitteln Sie Ihre ergänzenden Angaben nur für die vorstehend genannten Sachverhalte mit einer gesonderten Anlage mit der Überschrift „**Ergänzende Angaben zur Steuererklärung**".

KSt1 - Oktober 2025 - Version 2.9.1.0 Bekanntgabe

Steuernummer

- 2 -

Zeile

Wirtschaftsjahr

14 Erstes Wirtschaftsjahr vom | Erstes Wirtschaftsjahr bis | Gegebenenfalls zweites Wirtschaftsjahr vom | Gegebenenfalls zweites Wirtschaftsjahr bis

14a Die Körperschaft wurde im Veranlagungszeitraum neu gegründet. 1 = Ja

15 Die Körperschaft wurde aufgelöst und befindet sich in Abwicklung (Liquidation). Als Wirtschaftsjahr wurde der Besteuerungszeitraum nach § 11 KStG angegeben. Datum der Auflösung:

Weitere Angaben

16 Das Unternehmen hält Anteile, auf die § 8b Absatz 7 KStG anzuwenden ist. 11.69 1 = Ja

17 Es handelt sich um ein Unternehmen, auf das § 8 Absatz 9 KStG anzuwenden ist, oder um eine Organgesellschaft, auf deren Organträger § 8 Absatz 9 KStG anzuwenden ist (wenn ja: zusätzlich Anlage(n) ÖHK übermitteln). (53) 11.68 1 = Ja 2 = Nein

17a Bei Investmentfonds: Art des Investmentfonds: 11.66 1 = Investmentfonds im Sinne des § 1 Absatz 2 InvStG 2 = Spezial-Investmentfonds im Sinne des § 26 InvStG

Weitere Angaben zu Betrieben gewerblicher Art nach § 1 Absatz 1 Nummer 6 KStG und wirtschaftlichen Geschäftsbetrieben nach § 20 Absatz 1 Nummer 10 Buchstabe b Satz 4 EStG

17b Nur bei Stiftungen des öffentlichen Rechts:
Die Trägerkörperschaft dient ausschließlich und unmittelbar gemeinnützigen oder mildtätigen Zwecken. Eine Bescheinigung nach § 44a Absatz 7 Satz 1 Nummer 2 in Verbindung mit Satz 2 EStG wurde ausgestellt (NV-Art 36). 11.67 1 = Ja

18 Organisationsform des Betriebs gewerblicher Art: 11.61 1 = Betrieb gewerblicher Art mit eigener Rechtspersönlichkeit 2 = Regiebetrieb 3 = Eigenbetrieb / eigenbetriebsähnliche Einrichtung

Name und Anschrift der Anteilseigner

Auszufüllen von Kapitalgesellschaften und Genossenschaften sowie vergleichbaren ausländischen Rechtsformen. Beteiligungen unter 1 % beziehungsweise Anteile im Streubesitz können jeweils in einer Position als Summe eingetragen werden.

Einzelaufstellung der Angaben zu Anteilseignern

19 bis 21 frei

21a Die Angaben haben sich bei diesem Anteilseigner gegenüber dem Vorjahr geändert. 1 = Ja 2 = Nein

22 Steuernummer

22a Identifikationsnummer | Wirtschafts-Identifikationsnummer (29)

22b Ausländisches Identifikationsmerkmal

22c Name (bei natürlichen Personen Vor- und Nachname)

22d Straße und Hausnummer

22e Postleitzahl und Wohnort

1. Besitzdauer

23 Höhe der Beteiligung in EUR — EUR Ct

23a Höhe der Beteiligung (in Prozent)

23b Besitzdauer von | Besitzdauer bis

Sind weitere Eintragungen erforderlich, sind diese nach dem gleichen Schema gesondert zu erläutern.

- 3 -

Steuernummer

Zeile

Allgemeine Angaben zu den Anteilseignern

24 und 25 frei

26 Eine Aufstellung über die erstmalige oder geänderte von der Höhe der Beteiligung abweichende Verteilung der Stimmrechte wird gesondert übermittelt (einschließlich Erläuterung zur abweichenden Verteilung). (74) 19.217 1 = Ja

27 Die oben genannten Angaben zu den Anteilseignern haben sich gegenüber dem Vorjahr geändert. 19.210 1 = Ja 2 = Nein

Schlusserklärung

Datenschutzhinweis: Die mit den Erklärungen angeforderten Daten werden auf Grund § 149, § 150 und § 181 Absatz 2 Satz 1 AO in Verbindung mit § 14 Absatz 5 KStG, § 27 Absatz 2 Satz 4 KStG und § 28 Absatz 1 Satz 4 KStG, § 31 KStG und § 25 EStG verlangt.

Informationen über die Verarbeitung personenbezogener Daten in der Steuerverwaltung und über Ihre Rechte nach der Datenschutz-Grundverordnung sowie über Ihre Ansprechpartner in Datenschutzfragen entnehmen Sie bitte dem allgemeinen Informationsschreiben der Finanzverwaltung. Dieses Informationsschreiben finden Sie unter **www.finanzamt.de** (unter der Rubrik "Datenschutz") oder erhalten Sie bei Ihrem Finanzamt.

Mitwirkung bei der Anfertigung der Steuererklärung

28 bis 99 frei

100 Die Steuererklärung wurde unter Mitwirkung einer selbständig und eigenverantwortlich tätigen und zur Hilfeleistung in Steuersachen nach §§ 3 und 4 StBerG befugten Person oder Vereinigung angefertigt. 1 = Ja

Telefonische Rückfragen unter Telefonnummer

100a

Bei der Anfertigung dieser Erklärung hat mitgewirkt:

Zeile	Name	Vorname	Straße, Hausnummer	Postleitzahl, Ort
101				

Zeile	zusätzliche Angaben	Mandantennummer	Bearbeiterkennzeichen
102			

Feststellungserklärung im Sinne des § 14 Absatz 5 KStG als Organträger

103 Ich gebe die Feststellungserklärung im Sinne des § 14 Absatz 5 KStG als Organträger / als gesetzlicher Vertreter des Organträgers ab. 1 = Ja

Unterschrift

Zeile	Ort	Datum
104		

Unterschrift

105

Steuererklärungen sind vom gesetzlichen Vertreter des Steuerpflichtigen eigenhändig zu unterschreiben.

Bezeichnung des Steuerpflichtigen
Steuernummer

Die mit einem Kreis versehenen Zahlen bezeichnen die Erläuterungen in der Anleitung zur Körperschaftsteuererklärung.

Anlage AESt

2025

☐ zur Steuererklärung

☐ zum Bescheid

(19)

Anrechnung/Abzug ausländischer Steuern

Zeile		
	Allgemeine Angaben	
1	Laufende Nummer der Anlage	
	Name des Staates (20)	
2	36.100	
	Ausländische Einkünfte und Steuern aus eigener Tätigkeit (74)	
	Bezüge nach § 20 Absatz 1 Nummer 1, 2, 9 und 10 Buchstabe a EStG	EUR
3	Bezüge nach § 20 Absatz 1 Nummer 1, 2, 9 und 10 Buchstabe a EStG, die nach § 8b Absatz 1 und 4 KStG steuerfrei sind	36.180
3a	Bezüge nach § 20 Absatz 1 Nummer 1, 2, 9 und 10 Buchstabe a EStG, die nicht nach § 8b Absatz 1 und 4 KStG steuerfrei sind	36.181
3b	Nur bei Organgesellschaften: Auf die Beträge laut Zeilen 3 und 3a entfallende Betriebsvermögensminderungen, Betriebsausgaben und weitere Beträge nach § 3c Absatz 2 Satz 1 zweiter Halbsatz EStG, die damit in wirtschaftlichem Zusammenhang stehen (ohne ausländische Steuern)	36.182
4	Auf die Beträge laut Zeile 3 entfallende ausländische Steuern, die der deutschen Einkommensteuer beziehungsweise Körperschaftsteuer entsprechen, gekürzt um einen entstandenen Ermäßigungsanspruch laut Nachweis (74)	36.183
4a	Auf die Beträge laut Zeile 3a entfallende ausländische Steuern, die der deutschen Einkommensteuer beziehungsweise Körperschaftsteuer entsprechen, gekürzt um einen entstandenen Ermäßigungsanspruch laut Nachweis (74)	36.184
5	Auf die Beträge laut Zeile 3 entfallende nicht anrechenbare ausländische Steuern, die nach § 34c Absatz 3 EStG zum Steuerabzug berechtigen laut Nachweis (74)	36.185
5a	Auf die Beträge laut Zeile 3a entfallende nicht anrechenbare ausländische Steuern, die nach § 34c Absatz 3 EStG zum Steuerabzug berechtigen laut Nachweis (74)	36.186
	Veräußerung von Anteilen an Körperschaften	
6	Saldo der Gewinne und Verluste aus der Veräußerung von Anteilen an Körperschaften und gleichgestellten Vorgängen nach § 8b Absatz 2 KStG	36.187
7	Auf die Beträge laut Zeile 6 entfallende ausländische Steuern, die der deutschen Einkommensteuer beziehungsweise Körperschaftsteuer entsprechen, gekürzt um einen entstandenen Ermäßigungsanspruch laut Nachweis (74)	36.188
8	Auf die Beträge laut Zeile 6 entfallende nicht anrechenbare ausländische Steuern, die nach § 34c Absatz 3 EStG zum Steuerabzug berechtigen laut Nachweis (74)	36.189
	Aktienfonds	
9	Investmenterträge aus Aktienfonds nach § 2 Absatz 6 InvStG gekürzt um Betriebsvermögensminderungen, Betriebsausgaben und weitere Beträge nach § 21 InvStG – ohne Beträge, die in Zeile 12 einzutragen sind	36.150
10	Auf die Beträge laut Zeile 9 entfallende ausländische Steuern, die der deutschen Einkommensteuer beziehungsweise Körperschaftsteuer entsprechen, gekürzt um einen entstandenen Ermäßigungsanspruch laut Nachweis (74)	36.160
11	Auf die Beträge laut Zeile 9 entfallende nicht anrechenbare ausländische Steuern, die nach § 34c Absatz 3 EStG zum Steuerabzug berechtigen laut Nachweis (74)	36.170
12	Investmenterträge aus Aktienfonds nach § 2 Absatz 6 InvStG, die den Kapitalanlagen eines Lebens- oder Krankenversicherungsunternehmens beziehungsweise einem Pensionsfonds zuzurechnen sind oder wenn die Voraussetzungen des § 20 Absatz 1 Satz 4 Nummer 2 InvStG erfüllt sind, gekürzt um Betriebsvermögensminderungen, Betriebsausgaben und weitere Beträge nach § 21 InvStG	36.151
13	Auf die Beträge laut Zeile 12 entfallende ausländische Steuern, die der deutschen Einkommensteuer beziehungsweise Körperschaftsteuer entsprechen, gekürzt um einen entstandenen Ermäßigungsanspruch laut Nachweis (74)	36.161
14	Auf die Beträge laut Zeile 12 entfallende nicht anrechenbare ausländische Steuern, die nach § 34c Absatz 3 EStG zum Steuerabzug berechtigen laut Nachweis (74)	36.171

- 2 -

Steuernummer

Zeile		EUR
	Mischfonds	
15	Investmenterträge aus Mischfonds nach § 2 Absatz 7 InvStG gekürzt um Betriebsvermögensminderungen, Betriebsausgaben und weitere Beträge nach § 21 InvStG – ohne Beträge, die in Zeile 18 einzutragen sind	36.152
16	Auf die Beträge laut Zeile 15 entfallende ausländische Steuern, die der deutschen Einkommensteuer beziehungsweise Körperschaftsteuer entsprechen, gekürzt um einen entstandenen Ermäßigungsanspruch laut Nachweis (74)	36.162
17	Auf die Beträge laut Zeile 15 entfallende nicht anrechenbare ausländische Steuern, die nach § 34c Absatz 3 EStG zum Steuerabzug berechtigen laut Nachweis (74)	36.172
18	Investmenterträge aus Mischfonds nach § 2 Absatz 7 InvStG, die den Kapitalanlagen eines Lebens- oder Krankenversicherungsunternehmens beziehungsweise einem Pensionsfonds zuzurechnen sind oder wenn die Voraussetzungen des § 20 Absatz 1 Satz 4 Nummer 2 InvStG erfüllt sind, gekürzt um Betriebsvermögensminderungen, Betriebsausgaben und weitere Beträge nach § 21 InvStG	36.153
19	Auf die Beträge laut Zeile 18 entfallende ausländische Steuern, die der deutschen Einkommensteuer beziehungsweise Körperschaftsteuer entsprechen, gekürzt um einen entstandenen Ermäßigungsanspruch laut Nachweis (74)	36.163
20	Auf die Beträge laut Zeile 18 entfallende nicht anrechenbare ausländische Steuern, die nach § 34c Absatz 3 EStG zum Steuerabzug berechtigen laut Nachweis (74)	36.173
	Immobilienfonds nach § 2 Absatz 9 Satz 1 InvStG	
21	Investmenterträge aus Immobilienfonds nach § 2 Absatz 9 Satz 1 InvStG gekürzt um Betriebsvermögensminderungen, Betriebsausgaben und weitere Beträge nach § 21 InvStG	36.154
22	Auf die Beträge laut Zeile 21 entfallende ausländische Steuern, die der deutschen Einkommensteuer beziehungsweise Körperschaftsteuer entsprechen, gekürzt um einen entstandenen Ermäßigungsanspruch laut Nachweis (74)	36.164
23	Auf die Beträge laut Zeile 21 entfallende nicht anrechenbare ausländische Steuern, die nach § 34c Absatz 3 EStG zum Steuerabzug berechtigen laut Nachweis (74)	36.174
	Auslands-Immobilienfonds nach § 2 Absatz 9 Satz 2 InvStG	
24	Investmenterträge aus Auslands-Immobilienfonds nach § 2 Absatz 9 Satz 2 InvStG gekürzt um Betriebsvermögensminderungen, Betriebsausgaben und weitere Beträge nach § 21 InvStG	36.155
25	Auf die Beträge laut Zeile 24 entfallende ausländische Steuern, die der deutschen Einkommensteuer beziehungsweise Körperschaftsteuer entsprechen, gekürzt um einen entstandenen Ermäßigungsanspruch laut Nachweis (74)	36.165
26	Auf die Beträge laut Zeile 24 entfallende nicht anrechenbare ausländische Steuern, die nach § 34c Absatz 3 EStG zum Steuerabzug berechtigen laut Nachweis (74)	36.175
	Übrige ausländische Einkünfte	
27	Übrige ausländische Einkünfte, die nicht in den Zeilen 3, 3a, 6, 9, 12, 15, 18, 21 und 24 einzutragen sind, einschließlich Übertragungsgewinne nach § 3 Absatz 3, § 11 Absatz 3 UmwStG oder Einbringungsgewinne nach § 20 Absatz 7 oder 8 UmwStG (einschließlich ausländischer Steuer; nach Verlustausgleich und Verlustabzug nach § 2a Absatz 1 EStG; gegebenenfalls ausländische Einkünfte nach § 50 Absatz 3 EStG)	36.119
28	Auf die Beträge laut Zeile 27 entfallende ausländische Steuern, die der deutschen Einkommensteuer beziehungsweise Körperschaftsteuer entsprechen, gekürzt um einen entstandenen Ermäßigungsanspruch laut Nachweis (74)	36.133
29 frei 30	Auf die Beträge laut Zeile 27 entfallende nicht anrechenbare ausländische Steuern, die nach § 34c Absatz 3 EStG zum Steuerabzug berechtigen laut Nachweis (74)	36.143
	Fiktive ausländische Steuer	
30a	Laut DBA anzurechnende fiktive ausländische Steuer	36.121
	Ausländische Einkünfte und Steuern aus Beteiligungen an Personengesellschaften laut gesonderter und einheitlicher Feststellung (60)	
31	Ausländische Einkünfte nach § 34c Absatz 1 EStG (bei Organgesellschaften: wenn der Organträger der Körperschaftsteuer unterliegt)	36.134
32	Nur bei Organgesellschaften: Ausländische Einkünfte nach § 34c Absatz 1 EStG, wenn der Organträger der Einkommensteuer unterliegt	36.135
33	Ausländische Steuern nach § 34c Absatz 1 EStG	36.136
34	Ausländische Steuern nach § 34c Absatz 2 EStG (bei Organgesellschaften: wenn der Organträger der Körperschaftsteuer unterliegt)	36.137
35	Nur bei Organgesellschaften: Ausländische Steuern nach § 34c Absatz 2 EStG, wenn der Organträger der Einkommensteuer unterliegt	36.138

- 3 -

Steuernummer

Zeile	Ausländische Einkünfte und Steuern der Organgesellschaften laut gesonderter und einheitlicher Feststellung 50	EUR
36	Ausländische Einkünfte nach § 34c Absatz 1 EStG, wenn der Organträger der Körperschaftsteuer unterliegt	36.144
37	Ausländische Einkünfte nach § 34c Absatz 1 EStG, wenn der Organträger der Einkommensteuer unterliegt	36.145
38	Ausländische Steuern nach § 34c Absatz 1 EStG	36.146
39	Ausländische Steuern nach § 34c Absatz 2 EStG, wenn der Organträger der Körperschaftsteuer unterliegt	36.147
40	Ausländische Steuern nach § 34c Absatz 2 EStG, wenn der Organträger der Einkommensteuer unterliegt	36.148
	Abzuziehende ausländische Steuern nach § 34c Absatz 2 EStG	
41	Nicht bei Organgesellschaften: Der Antrag auf Abzug vom Einkommen nach § 34c Absatz 2 EStG wird gestellt 17	36.132 1 = Ja
42	Abzuziehende ausländische Steuern nach § 34c Absatz 2 EStG (wenn Antrag laut Zeile 41 gestellt: Summe aus 20 % des Betrages laut Zeile 10, 70 % des Betrages laut Zeile 13, 60 % des Betrages laut Zeile 16, 85 % des Betrages laut Zeile 19, 40 % des Betrages laut Zeile 22 und 20 % des Betrages laut Zeile 25 zuzüglich Summe der Beträge laut Zeilen 4a, 28, 34 und 39) - (Übertrag nach Zeile 20 der Anlage ZVE) 17 42	EUR

Bezeichnung des Steuerpflichtigen
Steuernummer

Die mit einem Kreis versehenen Zahlen bezeichnen die Erläuterungen in der Anleitung zur Körperschaftsteuererklärung.

Anlage AEV 2025

☐ zur Steuererklärung

☐ zum Bescheid

Nicht nach DBA steuerfreie negative Einkünfte / Gewinnminderungen nach § 2a Absatz 1 EStG

(14) (55)

Zeile		EUR
	Allgemeines	
1	Laufende Nummer der Anlage	
2	Einkünfte nach § 2a Absatz 1 Satz 1 Nummer ... EStG 1 = 1 (aus einer land- und forstwirtschaftlichen Betriebsstätte) 2 = 2 (aus einer gewerblichen Betriebsstätte) 3 = 3 (aus dem Ansatz des niedrigeren Teilwerts beziehungsweise aus der Veräußerung oder Entnahme von Anteilen oder aus der Auflösung oder Herabsetzung des Kapitals einer Drittstaaten-Körperschaft) 5 = 5 (aus einer stillen Gesellschaft und partiarischen Darlehen) 6a = 6a (aus Vermietung und Verpachtung von unbeweglichem Vermögen) 6b = 6b (aus entgeltlicher Überlassung von Schiffen)	
3	Name des Staates (56)	
	Anfangsbestand	
4	Verbleibende negative Einkünfte / Gewinnminderungen zum Schluss des vorangegangenen Veranlagungszeitraums	
4a	Davon ab: Untergang der festgestellten verbleibenden fortführungsgebundenen negativen Einkünfte / Gewinnminderungen aufgrund eines schädlichen Ereignisses nach § 8d Absatz 2 KStG (Betrag laut Zeile 17)	
4b	Dazu: Erhalt der fortführungsgebundenen verbleibenden negativen Einkünfte / Gewinnminderungen nach § 8d Absatz 2 Satz 1 zweiter Halbsatz KStG durch entsprechende Anwendung des § 8c Absatz 1 Satz 5 bis 8 KStG bezogen auf die zum Schluss des vorangegangenen Veranlagungszeitraums vorhandenen stillen Reserven (höchstens Betrag laut Zeile 4a; laut gesonderter Ermittlung) (74)	
5	Davon ab: Nicht zu berücksichtigende negative Einkünfte / Gewinnminderungen nach § 8c KStG (gegebenenfalls in Verbindung mit § 2 Absatz 4 Satz 1, § 20 Absatz 6 Satz 4 UmwStG) (22)	
6 frei 7	Davon ab: Im Falle der Abspaltung: Verringerung der verbleibenden negativen Einkünfte / Gewinnminderungen bei der übertragenden Körperschaft (§ 15 Absatz 3, § 16 UmwStG)	
8	Zwischensumme	
8a	Davon ab: Minderung der verbleibenden negativen Einkünfte / Gewinnminderungen nach § 3a Absatz 3 Satz 2 Nummer 11 Buchstabe d EStG (gegebenenfalls anteiliger Betrag laut Zeile 29 der Anlage SAN)	
	Negative Einkünfte / Gewinnminderungen des laufenden Veranlagungszeitraums	
9	Dazu: negative Einkünfte / Gewinnminderungen des laufenden Veranlagungszeitraums (ohne solche aus Mitunternehmerschaften; Übertrag nach Zeile 26 der Anlage ZVE)	
10	Dazu: negative Einkünfte / Gewinnminderungen des laufenden Veranlagungszeitraums aus Beteiligungen an Mitunternehmerschaften (laut gesonderter und einheitlicher Feststellung; Übertrag nach Zeile 26 der Anlage ZVE) (50)	
10a	Davon ab: Minderung der negativen Einkünfte / Gewinnminderungen des laufenden Veranlagungszeitraums aufgrund eines schädlichen Beteiligungserwerbs (§ 8c KStG) oder durch Abspaltung (§ 15 Absatz 3, § 16 UmwStG)	
10b	Davon ab: Minderung der negativen Einkünfte / Gewinnminderungen des laufenden Veranlagungszeitraums im Sinne der Zeilen 9 und 10 nach § 3a Absatz 3 Satz 2 Nummer 11 Buchstabe d EStG (gegebenenfalls anteiliger Betrag laut Zeile 29 der Anlage SAN)	
	Positive Einkünfte des laufenden Veranlagungszeitraums	
11	Zwischensumme	

Zeile		EUR
12	Positive Einkünfte des laufenden Veranlagungszeitraums (ohne solche aus Mitunternehmerschaften)	
13	Positive Einkünfte des laufenden Veranlagungszeitraums aus Beteiligungen an Mitunternehmerschaften (laut gesonderter und einheitlicher Feststellung) (50)	
14	Zwischensumme	

Steuernummer

- 2 -

Zeile		EUR
15	Davon ab: Betrag laut Zeile 14 Vorspalte, höchstens Betrag aus Zeile 11 (Übertrag nach Zeile 27 der Anlage ZVE)	
	Endbestand	
16	Verbleibende negative Einkünfte / Gewinnminderungen zum Schluss des Veranlagungszeitraums	
	Fortführungsgebundener Verlustvortrag nach § 8d KStG	
17	Verbleibende fortführungsgebundene negative Einkünfte / Gewinnminderungen zum Schluss des vorangegangenen Veranlagungszeitraums	
18	Davon ab: Untergang der festgestellten verbleibenden fortführungsgebundenen negativen Einkünfte / Gewinnminderungen aufgrund eines schädlichen Ereignisses nach § 8d Absatz 2 KStG (Betrag laut Zeile 17)	
19	Davon ab: Wegfall der Fortführungsgebundenheit bei Vorliegen eines schädlichen Beteiligungserwerbs nach § 8c KStG (Betrag laut Zeile 17)	
20	Davon ab: In den wegfallenden negativen Einkünften / Gewinnminderungen enthaltene fortführungsgebundene negative Einkünfte / Gewinnminderungen (im Betrag laut Zeile 7 enthalten, höchstens Betrag laut Zeile 17 abzüglich Summe der Beträge laut Zeilen 18 und 19)	
21 frei 22	Davon ab: Verrechnung mit den fortführungsgebundenen negativen Einkünften / Gewinnminderungen (Beträge laut Zeilen 8a und 15, höchstens Betrag laut Zeile 17 abzüglich Summe der Beträge laut Zeilen 18 bis 20)	
23 frei 24	Wenn im Veranlagungszeitraum ein schädlicher Beteiligungserwerb nach § 8c KStG erfolgte und die Voraussetzungen zur Anwendung des § 8d KStG erfüllt sind: Dazu: Zugang zu den fortführungsgebundenen negativen Einkünften / Gewinnminderungen (Betrag laut Zeile 16 abzüglich Betrag laut Zeile 17 zuzüglich Summe der Beträge laut Zeilen 18 bis 22)	
25	Im Betrag laut Zeile 16 enthaltene zum Schluss des Veranlagungszeitraums verbleibende fortführungsgebundene negative Einkünfte / Gewinnminderungen	

Bezeichnung des Steuerpflichtigen

Steuernummer

Die mit einem Kreis versehenen Zahlen bezeichnen die Erläuterungen in der Anleitung zur Körperschaftsteuererklärung.

Anlage Ber 2025

☐ zur Steuererklärung

☐ zum Bescheid

Steuerbefreiung von Berufsverbänden ohne öffentlich-rechtlichen Charakter (§ 5 Absatz 1 Nummer 5 KStG)

(201)

Zeile		
	Allgemeines	
1	Prüfungszeitraum von (202)	Prüfungszeitraum bis
2	Datum der aktuell gültigen Satzung	
3	Die Satzung (74)	1 = liegt dem Finanzamt vor. 2 = wird gesondert übermittelt.
	Mitgliederbeiträge	
4	Datum der aktuell gültigen Beitragsordnung	
5	Die Beitragsordnung (74)	1 = liegt dem Finanzamt vor. 2 = wird gesondert übermittelt.
	Umlagen	
5a	Der Berufsverband erhebt Umlagen.	19.202 1 = Ja 2 = Nein
6	Umlagen werden von allen Mitgliedern erhoben.	19.204 1 = Ja 2 = Nein
7	Umlagen werden nach dem gleichen Maßstab erhoben.	19.205 1 = Ja 2 = Nein
	Wirtschaftliche Betätigung	
	Eigene Tätigkeit	
8 bis 13 frei 14	Die Körperschaft unterhält wirtschaftliche Geschäftsbetriebe aus eigener Tätigkeit (206) (236) (238)	19.206 1 = Ja 2 = Nein
	Beteiligungen an Personengesellschaften (206) (238)	
	1. Personengesellschaft	
15 frei 16	Name der Personengesellschaft	
16a	Unternehmensgegenstand	
16b frei 16c	Steuernummer	Wirtschafts-Identifikationsnummer (29) D E
	Sind weitere Eintragungen erforderlich, sind diese nach dem gleichen Schema gesondert zu erläutern.	
	Beteiligungen an Kapitalgesellschaften (206) (238)	
	1. Kapitalgesellschaft	
17 bis 20 frei 21	Name der Kapitalgesellschaft	
21a	Unternehmensgegenstand	

Anlage Ber - Oktober 2025 - Version 2.9.1.0 Bekanntgabe

Steuernummer

- 2 -

Zeile		EUR	Ct
21b	Höhe der Beteiligung(en)		
21c	Höhe der Beteiligung(en) in Prozent	%	
21d frei 21e	Steuernummer / Wirtschafts-Identifikationsnummer (29): D E		
	Sind weitere Eintragungen erforderlich, sind diese nach dem gleichen Schema gesondert zu erläutern.		

Angaben zur Mittelverwendung

Zeile		EUR
	Mittelverwendung im Jahr 2025	
22 bis 29 frei		
30	Einnahmen des Berufsverbandes (227) (229)	30.281
31	Summe der Zuwendungen, die für steuerbegünstigte Zwecke nach §§ 52 folgende AO verwendet wurden (228)	19.294
32	Mittel, die für die unmittelbare oder mittelbare Unterstützung oder Förderung politischer Parteien verwendet wurden (Übertrag nach Zeile 74 der Anlage ZVE) (226) (230)	19.297
	Mittelverwendung im Jahr 2024	
33	Einnahmen des Berufsverbandes (227) (229)	30.282
34	Summe der Zuwendungen, die für steuerbegünstigte Zwecke nach §§ 52 folgende AO verwendet wurden (228)	19.295
35	Mittel, die für die unmittelbare oder mittelbare Unterstützung oder Förderung politischer Parteien verwendet wurden (226) (230)	19.298
	Mittelverwendung im Jahr 2023	
36	Einnahmen des Berufsverbandes (227) (229)	30.283
37	Summe der Zuwendungen, die für steuerbegünstigte Zwecke nach §§ 52 folgende AO verwendet wurden (228)	19.296
38	Mittel, die für die unmittelbare oder mittelbare Unterstützung oder Förderung politischer Parteien verwendet wurden (226) (230)	19.299

Bezeichnung des Steuerpflichtigen

Steuernummer

Die mit einem Kreis versehenen Zahlen bezeichnen die Erläuterungen in der Anleitung zur Körperschaftsteuererklärung.

Anlage Gem

2025

☐ zur Steuererklärung

☐ zum Bescheid

Steuerbefreiung von Körperschaften, die gemeinnützigen, mildtätigen oder kirchlichen Zwecken dienen (§ 5 Absatz 1 Nummer 9 KStG, § 3 Nummer 6 GewStG und §§ 51 bis 68 AO) (201)

Zeile			
	Allgemeines		
1	Prüfungszeitraum von (202)(237)	Prüfungszeitraum bis	
2	Die Körperschaft verfolgt kirchliche Zwecke	30.221	1 = Ja
3	Die Körperschaft verfolgt mildtätige Zwecke	30.222	1 = Ja
	Gemeinnützige Zwecke		
4	Die Körperschaft verfolgt folgende gemeinnützige Zwecke:		
	Sind weitere Eintragungen erforderlich, sind diese nach dem gleichen Schema gesondert zu erläutern.		
	Satzung/Gebührenordnung		
5	Datum der zurzeit gültigen Satzung	30.299	
6	Die Satzung (74)		1 = liegt dem Finanzamt vor. 2 = wird gesondert übermittelt.
7	Datum des zurzeit gültigen Beschlusses über die Festsetzung der Mitgliedsbeiträge, Umlagen und Aufnahmegebühren		
8	Der Beschluss laut Zeile 7 (74)		1 = liegt dem Finanzamt vor. 2 = wird gesondert übermittelt.
	Gesamteinnahmen	EUR	
9	Gesamteinnahmen des Jahres 2025 (einschließlich Beiträge, Spenden, Zuschüsse, Einnahmen aus der Vermögensverwaltung und aus wirtschaftlichen Betätigungen, Umsatzsteuer)	30.281	
9a	Gesamteinnahmen des Jahres 2024 (einschließlich Beiträge, Spenden, Zuschüsse, Einnahmen aus der Vermögensverwaltung und aus wirtschaftlichen Betätigungen, Umsatzsteuer)	30.282	
9b	Gesamteinnahmen des Jahres 2023 (einschließlich Beiträge, Spenden, Zuschüsse, Einnahmen aus der Vermögensverwaltung und aus wirtschaftlichen Betätigungen, Umsatzsteuer)	30.283	
	Wirtschaftliche Betätigung		
10	Die Einnahmen des Jahres 2025 (einschließlich der Umsatzsteuer) aus wirtschaftlichen Geschäftsbetrieben (einschließlich Zweckbetriebe) betragen mehr als 45.000 € (wenn ja: weiter ab Zeile 11; wenn nein: weiter ab Zeile 25)		1 = Ja 2 = Nein

Steuerpflichtiger wirtschaftlicher Geschäftsbetrieb (203)(206)(207)(208)(211)(236)

1. Steuerpflichtiger wirtschaftlicher Geschäftsbetrieb

Zeile			
11	Bezeichnung des steuerpflichtigen wirtschaftlichen Geschäftsbetriebs		
	Einnahmen (einschließlich Umsatzsteuer)	Ausgaben	Überschuss/Fehlbetrag (209)
12	EUR	EUR	EUR

Sind weitere Eintragungen erforderlich, sind diese nach dem gleichen Schema gesondert zu erläutern.

Anlage Gem - Oktober 2025 - Version 2.9.1.0 Bekanntgabe

- 2 -

Steuernummer

Zeile		
	Summe	EUR
13	Summe Einnahmen aus allen steuerpflichtigen wirtschaftlichen Geschäftsbetrieben (einschließlich Umsatzsteuer)	
14	Summe Ausgaben aus allen steuerpflichtigen wirtschaftlichen Geschäftsbetrieben	
15	Summe Überschuss/Fehlbetrag aus allen steuerpflichtigen wirtschaftlichen Geschäftsbetrieben	

Zweckbetriebe (207) (211)

1. Zweckbetrieb

Zeile	Bezeichnung des Zweckbetriebs	Einnahmen (einschließlich Umsatzsteuer) EUR
16 und 17 frei		
18		

Sind weitere Eintragungen erforderlich, sind diese nach dem gleichen Schema gesondert zu erläutern.

Zeile	**Summe**	EUR
19 bis 23 frei		
24	Summe Einnahmen aus allen Zweckbetrieben (einschließlich Umsatzsteuer)	

Mildtätige Zwecke (212)

Zeile		Kz.	
25	Wir erklären, dass wir Personen selbstlos unterstützen, die infolge ihres körperlichen, geistigen oder seelischen Zustands auf die Hilfe anderer angewiesen sind (§ 53 Nummer 1 AO).	30.267	1 = Ja
26	Wir erklären, dass wir Personen selbstlos unterstützen, die wirtschaftlich nach § 53 Nummer 2 AO hilfebedürftig sind.		1 = Ja
27	Für die Personen laut Zeile 26 liegen Aufzeichnungen über die wirtschaftliche Hilfsbedürftigkeit vor. Soweit keine Aufzeichnungen vorliegen, konnte hierauf aufgrund der Bewilligung nach § 53 Nummer 2 Satz 7 AO verzichtet werden.	30.268	1 = Ja 2 = Nein
28	Wir erklären, dass wir Personen selbstlos unterstützen, die wirtschaftlich nach § 53 Nummer 3 AO hilfebedürftig sind.		1 = Ja

Einrichtungen der Wohlfahrtspflege (213)

Zeile		Kz.	
29 frei			
30	Wir erklären, dass mindestens zwei Drittel der Leistungen der Einrichtung hilfebedürftigen Personen (§ 53 Nummer 1 bis 3 AO) zugute kommen. Von der Hilfebedürftigkeit haben wir uns überzeugt. Aufzeichnungen darüber liegen vor.		1 = Ja 2 = Nein
31	Wir erklären, dass der Zweckbetrieb der Wohlfahrtspflege nicht des Erwerbs wegen unterhalten wird. Aufzeichnungen darüber liegen vor. (214)	30.260	1 = Ja 2 = Nein

Finanzierungsbedarf der wohlfahrtspflegerischen Gesamtsphäre (210)

Zeile		EUR
	Finanzierungsbedarf des Jahres 2025	
32	Tatsächliches Ergebnis der wohlfahrtspflegerischen Gesamtsphäre	30.261
33	Konkreter Finanzierungsbedarf der wohlfahrtspflegerischen Gesamtsphäre	30.262
	Finanzierungsbedarf des Jahres 2024	
34	Tatsächliches Ergebnis der wohlfahrtspflegerischen Gesamtsphäre	30.263
35	Konkreter Finanzierungsbedarf der wohlfahrtspflegerischen Gesamtsphäre	30.264
	Finanzierungsbedarf des Jahres 2023	
36	Tatsächliches Ergebnis der wohlfahrtspflegerischen Gesamtsphäre	30.265
37	Konkreter Finanzierungsbedarf der wohlfahrtspflegerischen Gesamtsphäre	30.266

Betrieb eines Krankenhauses (215)

Zeile			
38	Wir erklären, dass die Voraussetzungen des § 67 AO für die Annahme eines Zweckbetriebes erfüllt sind.		1 = Ja 2 = Nein

- 3 -

Steuernummer

Zeile		
	Durchführung von sportlichen Veranstaltungen gegen Entgelt	EUR
39	Einnahmen aus sportlichen Veranstaltungen	
	Verzicht auf die Anwendung der Zweckbetriebsgrenze nach § 67a Absatz 2 AO [211]	
	Nur auszufüllen, wenn auf die Anwendung der Zweckbetriebsgrenze verzichtet wird oder bereits in den Vorjahren verzichtet wurde.	
40	Wir erklären hiermit nach § 67a Absatz 2 AO erstmals, dass wir auf die Anwendung der Zweckbetriebsgrenze verzichten. Uns ist bekannt, dass uns die Erklärung für mindestens fünf Veranlagungszeiträume bindet.	1 = Ja 2 = Nein
41	Kalenderjahr, für das auf die Anwendung der Zweckbetriebsgrenze verzichtet worden ist:	
42	Die fünfjährige Bindungsfrist ist noch nicht abgelaufen.	1 = Ja 2 = Nein
43	Wenn nein: Die fünfjährige Bindungsfrist ist abgelaufen mit dem Veranlagungszeitraum:	
44	Wir erklären hiermit, dass wir weiterhin auf die Anwendung der Zweckbetriebsgrenze verzichten (keine neue Bindungsfrist).	1 = Ja 2 = Nein
45	Wir widerrufen hiermit den Verzicht auf die Anwendung der Zweckbetriebsgrenze (keine weiteren Angaben zu den Zeilen 46 bis 49b erforderlich).	1 = Ja 2 = Nein
46	Sportler des Vereins haben für ihre sportliche Betätigung oder für die Benutzung ihrer Person, ihres Namens, ihres Bildes oder ihrer sportlichen Betätigung zu Werbezwecken von dem Verein oder einem Dritten über die Aufwandsentschädigung hinaus Vergütungen oder andere Vorteile erhalten. [235]	1 = Ja 2 = Nein
47	Vereinsfremde Sportler haben für die Teilnahme an Veranstaltung(en) von dem Verein oder einem Dritten im Zusammenwirken mit dem Verein über eine Aufwandsentschädigung hinaus Vergütungen oder andere Vorteile erhalten. [235]	1 = Ja 2 = Nein
	Sportliche Veranstaltungen	
	Sportliche Veranstaltungen, die nach § 67a Absatz 3 Satz 1 AO Zweckbetriebe sind	EUR
48	Einnahmen aus sportlichen Veranstaltungen, die nach § 67a Absatz 3 Satz 1 AO Zweckbetriebe sind	
48a	Ausgaben für sportliche Veranstaltungen, die nach § 67a Absatz 3 Satz 1 AO Zweckbetriebe sind	
48b	Überschuss/Fehlbetrag aus sportlichen Veranstaltungen, die nach § 67a Absatz 3 Satz 1 AO Zweckbetriebe sind	
	Andere sportliche Veranstaltungen, die nach § 67a Absatz 3 Satz 2 AO steuerpflichtige wirtschaftliche Geschäftsbetriebe sind	
49	Einnahmen aus anderen sportlichen Veranstaltungen, die nach § 67a Absatz 3 Satz 2 AO steuerpflichtige wirtschaftliche Geschäftsbetriebe sind	
49a	Ausgaben für andere sportlichen Veranstaltungen, die nach § 67a Absatz 3 Satz 2 AO steuerpflichtige wirtschaftliche Geschäftsbetriebe sind	
49b	Überschuss/Fehlbetrag aus anderen sportlichen Veranstaltungen, die nach § 67a Absatz 3 Satz 2 AO steuerpflichtige wirtschaftliche Geschäftsbetriebe sind	
	Rücklagen zum Ende des letzten Jahres des Prüfungszeitraums [216] [217] [240]	
	Rücklage nach § 62 Absatz 1 Nummer 1 AO für folgende Vorhaben	
	1. Eintragung	
	Rücklage nach § 62 Absatz 1 Nummer 1 AO für folgende Vorhaben [218]	Betrag EUR
50		
	Sind weitere Eintragungen erforderlich, sind diese nach dem gleichen Schema gesondert zu erläutern.	
	Rücklage nach § 62 Absatz 1 Nummer 2 AO für die beabsichtigte Wiederbeschaffung von Wirtschaftsgütern, die zur Verwirklichung der steuerbegünstigten satzungsmäßigen Zwecke erforderlich sind [219]	
	1. Eintragung	
	Zu ersetzendes Wirtschaftsgut	
51 bis 53 frei 54		

Steuernummer

- 4 -

Zeile		EUR
54a	Voraussichtliche Anschaffungs- oder Herstellungskosten für neues (Ersatz-)Wirtschaftsgut	
54b	Zuführung Rücklage: Reguläre Absetzung für Abnutzung für bisheriges Wirtschaftsgut	
54c	Zuführung Rücklage: Wenn höhere Zuführung erforderlich: Gesamtbetrag der Zuführung (Nachweis wird gesondert übermittelt) (74)	
54d	Auflösung der Rücklage	
54e	Kumulierte Rücklage	

Sind weitere Eintragungen erforderlich, sind diese nach dem gleichen Schema gesondert zu erläutern.

Freie Rücklage nach § 62 Absatz 1 Nummer 3 AO

55 bis 57 frei

58 Freie Rücklage nach § 62 Absatz 1 Nummer 3 AO (220)

Rücklage für den Erwerb von Gesellschaftsrechten zur Erhaltung der prozentualen Beteiligung nach § 62 Absatz 1 Nummer 4 AO an einer Kapitalgesellschaft (221)

Zeile	Name der Kapitalgesellschaft, Finanzamt, Steuernummer	Betrag EUR
59		

Sind weitere Eintragungen erforderlich, sind diese nach dem gleichen Schema gesondert zu erläutern.

Zuführung von Vermögen / Ausstattung anderer Körperschaften

60 bis 62 frei

Zeile		EUR
63	Zuführung zum Vermögen nach § 62 Absatz 3 Nummer 1 bis 4 und Absatz 4 AO (gegebenenfalls "0" eintragen) (222) (223)	

Vermögensausstattung nach § 58 Nummer 3 AO (224)

Nur für Körperschaften, die im Prüfungszeitraum Mittel nach § 58 Nummer 3 AO weitergegeben oder erhalten haben

Zuwendungen zur Vermögensausstattung an eine steuerbegünstigte Körperschaft oder juristische Person des öffentlichen Rechts

64 Wir haben einer steuerbegünstigten Körperschaft oder einer juristischen Person des öffentlichen Rechts Mittel zur Vermögensausstattung zugewendet. 1 = Ja 2 = Nein

Zuwendungen zur Vermögensausstattung

Zeile	Empfängerkörperschaft, Finanzamt, Steuernummer	Begünstigter Zweck	Betrag EUR
65			

Sind weitere Eintragungen erforderlich, sind diese nach dem gleichen Schema gesondert zu erläutern.

Mittel zur Vermögensausstattung von einer steuerbegünstigten Körperschaft

66 bis 68 frei

69 Wir haben von einer steuerbegünstigten Körperschaft Mittel zur Vermögensausstattung erhalten. 1 = Ja 2 = Nein

Mittel zur Vermögensausstattung

Zeile	Geberkörperschaft, Finanzamt, Steuernummer	Begünstigter Zweck	Betrag EUR
70			

Sind weitere Eintragungen erforderlich, sind diese nach dem gleichen Schema gesondert zu erläutern.

Nicht in Erfüllung des Satzungszwecks geleistete unentgeltliche Zuwendungen (225)

71 bis 73 frei

74 Es haben Mitglieder, Gesellschafter oder außenstehende Personen unentgeltliche Zuwendungen erhalten, die nicht in der Erfüllung des Satzungszweckes geleistet wurden. 1 = Ja 2 = Nein

- 5 -

Steuernummer

Zeile	Nicht satzungsgemäße unentgeltliche Zuwendungen	
	Zuwendungsgrund	Betrag EUR
75		
	Sind weitere Eintragungen erforderlich, sind diese nach dem gleichen Schema gesondert zu erläutern.	

Bezeichnung des Steuerpflichtigen
Steuernummer

Die mit einem Kreis versehenen Zahlen bezeichnen die Erläuterungen in der Anleitung zur Körperschaftsteuererklärung.

Anlage Geno/Ver 2025

☐ zur Steuererklärung

☐ zum Bescheid

Steuerbefreiung von Genossenschaften und Vereinen

Zeile	**Genossenschaften und Vereine nach § 5 Absatz 1 Nummer 14 KStG** (239)	
1	Die Aufteilung der Einnahmen in steuerpflichtige und steuerfreie Tätigkeiten und die Ermittlung des Gewinns aus steuerpflichtigen Tätigkeiten werden/wurden gesondert übermittelt. (74)	1 = Ja
		EUR
1a	Gesamteinnahmen (ohne Einnahmen nach § 5 Absatz 1 Nummer 14 Satz 3 KStG)	
1b	Einnahmen nach § 5 Absatz 1 Nummer 14 Satz 2 KStG (partiell steuerpflichtiger Geschäftsbereich)	
1c	Prozentsatz der Einnahmen aus nicht begünstigten Tätigkeiten (Betrag laut Zeile 1b dividiert durch den Betrag laut Zeile 1a multipliziert mit 100)	19.216 %

Zeile	**Genossenschaften und Vereine nach § 5 Absatz 1 Nummer 10 KStG** (239)	Gesamt EUR 1	Nicht begünstigt EUR 2
2 frei	**Positionen der Gewinn- und Verlustrechnung**		
3	Umsatzerlöse aus der Hausbewirtschaftung		
4	Dazu: Umsatzerlöse aus dem Verkauf von Grundstücken		
5	Davon ab: nach Billigkeitsregelung auszunehmender Erlös		
6	Dazu: Umsatzerlöse aus Betreuungstätigkeit		
7	Dazu: Umsatzerlöse aus anderen Lieferungen und Leistungen		
8	Dazu: Einnahmen aus der Lieferung von Strom aus Anlagen, für den die Körperschaft unter den Voraussetzungen des § 21 Absatz 3 des Erneuerbare-Energien-Gesetzes einen Anspruch auf Zahlung eines Mieterstromzuschlags hat, oder aus der Bereitstellung von Strom aus Gebäudestromanlagen gemäß § 3 Nummer 20b des Energiewirtschaftsgesetzes zur Nutzung durch Letztverbraucher im Rahmen der Gemeinschaftlichen Gebäudeversorgung		
9 frei			
10	Dazu: Sonstige betriebliche Erträge		
11	Dazu: Erträge aus Beteiligungen an Kapitalgesellschaften (einschließlich Gewinnübernahme aus Organgesellschaften)		
12	Dazu: Erträge aus anderen Wertpapieren und Ausleihungen des Finanzanlagevermögens		
13	Dazu: Sonstige Zinsen und ähnliche Erträge		
14	Dazu: Außerordentliche Erträge		
15	Davon ab: Erträge aus der Auflösung von Rückstellungen		
16	Davon ab: Auflösung aktivisch abzusetzender Pauschalwertberichtigungen zu Forderungen		
17	Davon ab: Zahlungseingänge auf in früheren Jahren wertberichtigte Forderungen		
18	Davon ab: Erträge aus der Ausbuchung von Verbindlichkeiten		
19	Davon ab: Erträge aus Aufzinsung		
20	Davon ab: Eintrittsgelder		
	Korrekturen der Positionen der Gewinn- und Verlustrechnung		
21	Davon ab: Erträge aus dem Abgang von Gegenständen des Anlagevermögens		

- 2 -

Steuernummer

Zeile		Gesamt EUR 1	Nicht begünstigt EUR 2
22	Dazu: Veräußerungserlös aus dem Abgang von Gegenständen des Anlagevermögens		
23	Davon ab: Erträge aus dem Abgang von Wertpapieren des Umlaufvermögens		
24	Dazu: Veräußerungserlös aus dem Abgang von Wertpapieren des Umlaufvermögens		
25	Davon ab: Erträge aus Beteiligungen an Personengesellschaften		
26	Dazu: anteilige Einnahmen aus Beteiligungen an Personengesellschaften		
	Einnahmen/Ausgaben außerhalb der Gewinn- und Verlustrechnung		
27	Dazu: Zum Beispiel Rückzahlungen von Darlehen (Aktivgeschäft) und anderen Ausleihungen mit einer Gesamtlaufzeit von mehr als einem Jahr sowie Tausch von Wertpapieren		
28	Dazu / Davon ab: Umsatzsteuer		
29	Dazu / Davon ab: Sonstiges (gegebenenfalls laut gesonderter Erläuterung) 74		
	Summe der Einnahmen		
30	Summe		

Ermittlung des Prozentsatzes der Einnahmen aus nicht begünstigten Tätigkeiten

Zeile			
30a	Prozentsatz der Einnahmen aus nicht begünstigten Tätigkeiten ohne Einnahmen laut Zeile 8 Spalte 2 (Differenz der Beträge laut Zeile 30 Spalte 2 und Zeile 8 Spalte 2 dividiert durch Betrag laut Zeile 30 Spalte 1 multipliziert mit 100)	19.213	%
31	Prozentsatz der Einnahmen aus nicht begünstigten Tätigkeiten (Betrag laut Zeile 30 Spalte 2 dividiert durch Betrag laut Zeile 30 Spalte 1 multipliziert mit 100)	19.218	%

Betrieb von Gemeinschaftsanlagen und Folgeeinrichtungen

Zeile		
32	Es werden notwendige Gemeinschaftsanlagen und/oder Folgeeinrichtungen betrieben, die überwiegend von Mitgliedern benutzt werden.	1 = Ja
33	Erläuterungen zur Notwendigkeit und zum Anteil der überwiegenden Nutzung werden/wurden gesondert übermittelt. 74	1 = Ja

Beizufügende Unterlagen

Zeile		
34	Die Prüfungsberichte des zuständigen Prüfungsverbandes und je eine Abschrift der Bilanz, der Gewinn- und Verlustrechnung und des Geschäftsberichts für den Veranlagungszeitraum sowie die Ermittlung des Gewinns aus partiell steuerpflichtigen Tätigkeiten werden/wurden gesondert übermittelt. 74	1 = Ja

Bezeichnung des Steuerpflichtigen
Steuernummer

Enden in einem Veranlagungszeitraum zwei Wirtschaftsjahre, ist für jedes Wirtschaftsjahr die Anlage GK gesondert auszufüllen.

Die mit einem Kreis versehenen Zahlen bezeichnen die Erläuterungen in der Anleitung zur Körperschaftsteuererklärung.

Anlage GK

2025

☐ zur Steuererklärung

☐ zum Bescheid

Ermittlung der Einkünfte aus Gewerbebetrieb

Zeile		
	Allgemeine Angaben	
1	Bei mehreren Betrieben: Bezeichnung des Betriebs	
2	Wirtschaftsjahr vom	Wirtschaftsjahr bis

Zeile	**Bilanzielles Ergebnis**	EUR
3 bis 10 frei / 11	Jahresüberschuss/-fehlbetrag laut Handels- oder Steuerbilanz (bei Handelsbilanz: nach Berücksichtigung der Überleitungsrechnung nach § 5b Absatz 1 Satz 2 EStG beziehungsweise § 60 Absatz 2 EStDV zur Anpassung an die steuerlich maßgeblichen Wertansätze) (3) (26) (54)	13.110
12	Bei Gewinnermittlung nach § 4 Absatz 3 EStG: Summe der Betriebseinnahmen (Betrag laut Zeile 23 der Anlage EÜR) abzüglich Summe der Betriebsausgaben (Betrag laut Zeile 75 der Anlage EÜR) (54)	13.213
13	Hinzurechnungen und Abrechnungen bei Wechsel der Gewinnermittlungsart: Übergangsgewinn/-verlust laut gesonderter Ermittlung (74)	13.262
	Korrekturen bei Beteiligungen an Personengesellschaften	
	laut gesonderter Einzelaufstellung	
14 bis 20 frei / 21	Davon ab / Dazu: Im Betrag laut Zeile 11 enthaltener Gewinn/Verlust aus der Beteiligung an Personengesellschaften	13.279
22	Nicht bei Organgesellschaften: Dazu / Davon ab: Steuerpflichtige Einkünfte aus der Beteiligung an Mitunternehmerschaften laut gesonderter und einheitlicher Feststellung nach Anwendung aller außerbilanziellen Korrekturen (zum Beispiel § 8b KStG) sowie von Verlustverrechnungsbeschränkungen, die auf Ebene der Mitunternehmerschaft anzuwenden sind (zum Beispiel § 15a EStG) (28) (50)	13.179
23	Nur bei Organgesellschaften: Dazu / Davon ab: Einkünfte aus der Beteiligung an Mitunternehmerschaften laut gesonderter und einheitlicher Feststellung vor Anwendung der aufgrund § 15 Satz 1 Nummer 2 und 2a und § 15 Satz 2 KStG nicht vorzunehmenden außerbilanziellen Korrekturen (28) (50)	17.262
24	Nicht bei Organgesellschaften: Dazu / Davon ab: Steuerpflichtige Einkünfte aus der Beteiligung an vermögensverwaltenden Personengesellschaften (Überleitung nach Maßgabe des BMF-Schreibens vom 29.04.1994, BStBl I 1994, 282) nach Anwendung aller außerbilanziellen Korrekturen (zum Beispiel § 8b KStG) sowie von Verlustverrechnungsbeschränkungen, die auf Ebene der Personengesellschaft anzuwenden sind	13.280
25	Nur bei Organgesellschaften: Dazu / Davon ab: Einkünfte aus der Beteiligungen an vermögensverwaltenden Personengesellschaften (Überleitung nach Maßgabe des BMF-Schreibens vom 29.04.1994, BStBl I 1994, 282) vor Anwendung der aufgrund § 15 Satz 1 Nummer 2 und 2a und § 15 Satz 2 KStG nicht vorzunehmenden außerbilanziellen Korrekturen	17.263
	Korrekturen für die Tonnagebesteuerung nach § 5a EStG	
	- Nur wenn die Körperschaft das Handelsschiff im internationalen Verkehr unmittelbar betreibt. Einkünfte nach § 5a EStG aus der Beteiligung an Personengesellschaften sind in Zeile 21 folgende einzutragen. -	
26	Davon ab / Dazu: Im Betrag laut Zeile 11 enthaltener (tatsächlicher) Gewinn/Verlust aus dem Betrieb von Handelsschiffen im internationalen Verkehr, der nach § 5a EStG pauschal zu ermitteln ist	13.281
27	Dazu / Davon ab: Pauschaler Gewinn/Verlust aus dem Betrieb von Handelsschiffen und Hinzurechnungen bei gesonderter Gewinnermittlung nach § 5a EStG	13.181
	Einnahmen aus der Verwertung von Altmaterial nach § 64 Absatz 5 AO sowie aus Tätigkeiten nach § 64 Absatz 6 AO bei nach § 5 Absatz 1 Nummer 9 KStG steuerbefreiten Körperschaften	
	Zeilen 28 bis 37 nur ausfüllen, wenn ein Antrag nach § 64 Absatz 5 oder 6 AO gestellt wird	
28	Davon ab: Einnahmen aus der Verwertung von Altpapier, das unentgeltlich außerhalb einer ständig dafür vorgehaltenen Verkaufsstelle erworben wurde (ohne Umsatzsteuer)	13.290
29	Bei Gewinnermittlung nach § 4 Absatz 3 EStG: Davon ab: Vereinnahmte Umsatzsteuer auf Einnahmen aus der Verwertung von Altpapier, das unentgeltlich außerhalb einer ständig dafür vorgehaltenen Verkaufsstelle erworben wurde	13.296

Anlage GK - Oktober 2025 - Version 2.9.1.0 Bekanntgabe

Steuernummer

- 2 -

Zeile		EUR
30	Davon ab: Einnahmen aus der Verwertung von Altmaterial (außer Altpapier), das unentgeltlich außerhalb einer ständig dafür vorgehaltenen Verkaufsstelle erworben wurde (ohne Umsatzsteuer)	13.291
31	Bei Gewinnermittlung nach § 4 Absatz 3 EStG: Davon ab: Vereinnahmte Umsatzsteuer auf Einnahmen aus der Verwertung von Altmaterial (außer Altpapier), das unentgeltlich außerhalb einer ständig dafür vorgehaltenen Verkaufsstelle erworben wurde	13.298
32	Dazu: Mit den Einnahmen laut Zeilen 28 und 30 in Zusammenhang stehende tatsächliche Aufwendungen (bei Gewinnermittlung nach § 4 Absatz 3 EStG: einschließlich Umsatzsteuer) [234]	13.292
33	Dazu: Anzusetzender branchenüblicher Reingewinn aus der Verwertung von Altmaterial nach § 64 Absatz 5 AO (5 % des Betrages laut Zeile 28 zuzüglich 20 % des Betrages laut Zeile 30) [231]	
34	Davon ab: Einnahmen aus Tätigkeiten nach § 64 Absatz 6 AO (ohne Umsatzsteuer) [232]	13.293
35	Bei Gewinnermittlung nach § 4 Absatz 3 EStG: Davon ab: Vereinnahmte Umsatzsteuer auf Einnahmen aus Tätigkeiten nach § 64 Absatz 6 AO	13.295
36	Dazu: Mit den Einnahmen laut Zeile 34 in Zusammenhang stehende tatsächliche Aufwendungen (bei Gewinnermittlung nach § 4 Absatz 3 EStG: einschließlich Umsatzsteuer) [234]	13.294
37	Dazu: Pauschalierter Gewinn nach § 64 Absatz 6 AO (15 % des Betrages laut Zeile 34)	
	Außerbilanzielle Korrekturen	
37a	Dazu: Aufwendungen nach § 8 Steueroasen-Abwehrgesetz aus Geschäftsvorgängen in oder mit Bezug zu einem nicht kooperativen Steuerhoheitsgebiet	13.233
38	Dazu / Davon ab: Betrag nach § 4e Absatz 3 EStG	13.241
39	Dazu / Davon ab: Betrag nach § 4f EStG	13.242
40	Dazu: Nichtabziehbare Aufwendungen bei Besteuerungsinkongruenzen nach § 4k EStG	13.248
	Nichtabziehbare Aufwendungen für Rechteüberlassungen nach § 4j Absatz 3 EStG	
	laut gesonderter Einzelaufstellung	
41 bis 45 frei		
46	Dazu: Nichtabziehbare Aufwendungen für Rechteüberlassungen nach § 4j Absatz 3 EStG	13.243
	Verlustausgleichsbeschränkung bei Steuerstundungsmodellen nach § 15b EStG [43]	
	- ohne Beträge laut Zeile 22 -	
47	Dazu: Nicht ausgleichsfähige Verluste nach § 15b EStG gegebenenfalls in Verbindung mit § 2 Absatz 4 Satz 1 und 2 UmwStG und § 20 Absatz 6 Satz 4 UmwStG (ohne Beträge aus Beteiligungen an Personengesellschaften)	13.328
48	Davon ab: Verlustverrechnung nach § 15b EStG, gegebenenfalls unter Berücksichtigung von § 2 Absatz 4 Satz 3 und 4 UmwStG (ohne Beträge aus Beteiligungen an Personengesellschaften)	13.329
	Verlustausgleichsbeschränkung bei gewerblicher Tierzucht/-haltung nach § 15 Absatz 4 Satz 1 und 2 EStG [43]	
49	Dazu: Nicht ausgleichsfähige Verluste aus gewerblicher Tierzucht/-haltung nach § 15 Absatz 4 Satz 1 EStG gegebenenfalls in Verbindung mit § 2 Absatz 4 Satz 1 und 2 UmwStG und § 20 Absatz 6 Satz 4 UmwStG	13.320
50	Davon ab: Verrechnung von Gewinnen aus gewerblicher Tierzucht/-haltung des laufenden Jahres mit dem Verlustvortrag und dem Verlustrücktrag aus dem folgenden Veranlagungszeitraum nach § 15 Absatz 4 Satz 2 EStG, gegebenenfalls unter Berücksichtigung von § 2 Absatz 4 Satz 3 und 4 UmwStG	13.321
	Verlustausgleichsbeschränkung bei Termingeschäften nach § 15 Absatz 4 Satz 3 EStG [43]	
51	Dazu: Nicht ausgleichsfähige Verluste aus Termingeschäften nach § 15 Absatz 4 Satz 3 EStG gegebenenfalls in Verbindung mit § 2 Absatz 4 Satz 1 und 2 UmwStG und § 20 Absatz 6 Satz 4 UmwStG	13.322
52	Davon ab: Verrechnung von Gewinnen aus Termingeschäften des laufenden Jahres mit dem Verlustvortrag und dem Verlustrücktrag aus dem folgenden Veranlagungszeitraum nach § 15 Absatz 4 Satz 3 in Verbindung mit Satz 2 EStG, gegebenenfalls unter Berücksichtigung von § 2 Absatz 4 Satz 3 und 4 UmwStG	13.323
	Verlustausgleichsbeschränkung als atypisch stiller Gesellschafter nach § 15 Absatz 4 Satz 6 bis 8 EStG [43]	
	laut gesonderter Einzelaufstellung	
53 bis 56 frei		
57	Dazu: Nicht ausgleichsfähige Verluste als atypisch stiller Gesellschafter nach § 15 Absatz 4 Satz 6 bis 8 EStG gegebenenfalls in Verbindung mit § 2 Absatz 4 Satz 1 und 2 UmwStG und § 20 Absatz 6 Satz 4 UmwStG	13.324
58	Davon ab: Verrechnung von Gewinnen als atypisch stiller Gesellschafter mit dem Verlustvortrag und dem Verlustrücktrag aus dem folgenden Veranlagungszeitraum nach § 15 Absatz 4 Satz 6 bis 8 EStG, gegebenenfalls unter Berücksichtigung von § 2 Absatz 4 Satz 3 und 4 UmwStG	13.325

Steuernummer

- 3 -

Zeile		EUR
	Verlustausgleichsbeschränkung als typisch stiller Gesellschafter nach § 20 Absatz 1 Nummer 4 Satz 2 in Verbindung mit § 15 Absatz 4 Satz 6 und 8 und § 15a EStG (43)	
	laut gesonderter Einzelaufstellung	
59 bis 62 frei 63	Dazu: Nicht ausgleichsfähige Verluste als typisch stiller Gesellschafter nach § 20 Absatz 1 Nummer 4 Satz 2 EStG in Verbindung mit § 15 Absatz 4 Satz 6 und 8 und § 15a EStG und gegebenenfalls § 2 Absatz 4 Satz 1 und 2 UmwStG und § 20 Absatz 6 Satz 4 UmwStG	13.326
64	Davon ab: Verrechnung von Gewinnen als typisch stiller Gesellschafter nach § 20 Absatz 1 Nummer 4 Satz 1 EStG mit dem Verlustvortrag und dem Verlustrücktrag aus dem folgenden Veranlagungszeitraum nach § 20 Absatz 1 Nummer 4 Satz 2 EStG in Verbindung mit § 15 Absatz 4 Satz 6 bis 8 EStG oder mit dem Verlustvortrag nach § 15a EStG und gegebenenfalls unter Berücksichtigung von § 2 Absatz 4 Satz 3 und 4 UmwStG	13.327
	Verlustausgleichsbeschränkung nach § 19 Absatz 4 REITG bei Anteilen an REIT-Körperschaften	
65	Dazu: Nicht ausgleichsfähige Verluste aus Anteilen an REIT-Körperschaften nach § 19 Absatz 4 REITG gegebenenfalls in Verbindung mit § 2 Absatz 4 Satz 1 und 2 UmwStG und § 20 Absatz 6 Satz 4 UmwStG (vorbehaltlich des § 19a Absatz 1 Satz 2 REITG) (43)	13.318
66	Davon ab: Verrechnung von Gewinnen aus Anteilen an REIT-Körperschaften des laufenden Jahres nach § 19 Absatz 4 REITG gegebenenfalls unter Berücksichtigung von § 2 Absatz 4 Satz 3 und 4 UmwStG (43)	13.319
	Investitionsabzugsbeträge nach § 7g EStG	
67	Davon ab: Investitionsabzugsbeträge des laufenden Wirtschaftsjahres nach § 7g Absatz 1 EStG	13.239
68 und 69 frei 70	Dazu: Im Wirtschaftsjahr der Anschaffung/Herstellung: Investitionsabzugsbeträge nach § 7g Absatz 2 Satz 1 EStG aus 2022	13.245
71	Dazu: Im Wirtschaftsjahr der Anschaffung/Herstellung: Investitionsabzugsbeträge nach § 7g Absatz 2 Satz 1 EStG aus 2023	13.246
72	Dazu: Im Wirtschaftsjahr der Anschaffung/Herstellung: Investitionsabzugsbeträge nach § 7g Absatz 2 Satz 1 EStG aus 2024	13.247
	Verdeckte Gewinnausschüttungen (40)	
	laut gesonderter Einzelaufstellung	
73 und 74 frei 75	Nicht bei Organgesellschaften: Dazu: Verdeckte Gewinnausschüttungen nach § 8 Absatz 3 Satz 2 KStG	13.116
	Ausschüttungen auf Genussrechte	
75a bis 75b frei 75c	Dazu: Ausschüttungen jeder Art auf Genussrechte, mit denen das Recht auf Beteiligung am Gewinn und am Liquidationserlös der Kapitalgesellschaft verbunden ist, nach § 8 Absatz 3 Satz 2 zweite Alternative KStG	13.218
	Weitere außerbilanzielle Korrekturen	
76	Davon ab: Gewinnerhöhungen im Zusammenhang mit versteuerten verdeckten Gewinnausschüttungen (gemäß BMF-Schreiben vom 28.05.2002, BStBl I 2002, 603)	13.166
77	Dazu: Nichtabziehbare genossenschaftliche Rückvergütungen - verdeckte Gewinnausschüttungen nach R 22 Absatz 13 KStR 2022 (Betrag laut Zeile 18 der Anlage GR)	13.216
78	Dazu: Nicht erfolgswirksam gebuchte Einlagen nach § 8 Absatz 3 Satz 4 KStG	13.226
79	Dazu: Gewinnzuschlag nach § 6b Absatz 7 EStG gegebenenfalls in Verbindung mit § 6c EStG	13.139
80	Dazu: Aufwendungen für satzungsmäßige Zwecke (§ 10 Nummer 1 KStG)	14.12
81	Dazu: Körperschaftsteuer (72)	14.15
82	Dazu: Solidaritätszuschlag (12)	14.30
83	Dazu: Kapitalertragsteuer auf vereinnahmte Kapitalerträge	14.17
84	Dazu: Gewerbesteuer ab Erhebungszeitraum 2008	14.43
84a frei 84b	Dazu: Mindeststeuer (MinStG)	14.46
84c	Dazu / Davon ab: Nach § 3 Absatz 6 Satz 3 MinStG nicht abziehbare Aufwendungen beziehungsweise nicht steuerpflichtige Erträge für Ausgleichsansprüche	14.47
85	Dazu: Sonstige Personensteuern (zum Beispiel Vermögensteuer, Erbschaft- und Schenkungsteuer)	14.21

- 4 -

Steuernummer

Zeile		EUR
86	Dazu: Nach § 10 Nummer 2 KStG nichtabziehbarer Teil der Umsatzsteuer und Vorsteuerbeträge	14.25
87	Dazu: Ausländische Personensteuern und ausländische Steuern vom Einkommen nach § 10 Nummer 2 KStG (14)	14.26
88	Dazu: Nebenleistungen zu den Steuern laut Zeilen 81 bis 87 (zum Beispiel Säumnis- und Verspätungszuschläge, Zwangsgelder, Zinsen nach §§ 234 bis 237 AO, Nachzahlungszinsen nach § 233a AO, Zuschläge nach § 162 Absatz 4 AO, Gebühren nach §§ 89 und 89a AO) (15)	14.31
89	Dazu: Die Hälfte der Vergütungen aller Art, die an Mitglieder des Aufsichtsrats, Verwaltungsrats oder andere mit der Überwachung der Geschäftsführung beauftragte Personen gewährt werden (einschließlich des von der Körperschaft getragenen Steuerabzugs nach § 50a Absatz 1 Nummer 4 EStG und des Solidaritätszuschlags; § 10 Nummer 4 KStG) – Zeilen 20 bis 20h und 30 bis 37 der Anlage WA sind zusätzlich auszufüllen -	14.32
90	Dazu: Sonstige nichtabziehbare Aufwendungen; insbesondere nach § 4 Absatz 5 Satz 1 Nummer 1 bis 4, 7, 8, 8a, 10 und Absatz 6 bis 8 EStG, §§ 4c und 4d EStG, § 160 Absatz 1 AO, § 10 Nummer 3 KStG	14.33
91	Dazu: Nichtabziehbare Beitragsrückerstattungen nach § 21 KStG	14.45
92	Dazu: Sämtliche Spenden und nicht als Betriebsausgaben abziehbare Beiträge	14.35
93	Davon ab: Einlagen der Gesellschafter (§ 8 Absatz 3 Satz 3 KStG), die erfolgswirksam gebucht und bis zum Ende des Wirtschaftsjahres geleistet wurden (einschließlich eines Erhöhungsbetrages nach § 23 Absatz 2 und 3 UmwStG) (30)	13.140
94	Davon ab: Einlagen der Gesellschafter (§ 8 Absatz 3 Satz 3 KStG), die erfolgswirksam gebucht, aber nicht bis zum Ende des Wirtschaftsjahres geleistet wurden	13.148
95	Davon ab: Gewinnerhöhung aus der Begründung des Besteuerungsrechts der Bundesrepublik Deutschland hinsichtlich des Gewinns aus der Veräußerung eines Wirtschaftsgutes (§ 4 Absatz 1 Satz 8 zweiter Halbsatz EStG)	13.220
96	Davon ab: Investitionszulage (zurückgeforderte Investitionszulage mit negativem Vorzeichen eintragen)	13.131
97	Dazu: Einkommenserhöhung aus der Steuerentstrickung nach § 12 Absatz 1 Satz 1 und 2 KStG, § 16 Absatz 3a EStG (soweit im Betrag laut Zeilen 11 und 12 nicht erfasst)	13.221
97a	Davon ab / Dazu: Nach § 3 Nummer 72 EStG steuerfreie Einnahmen und Entnahmen aus dem Betrieb von Photovoltaikanlagen, vermindert um damit im Zusammenhang stehende Betriebsausgaben nach § 3c Absatz 1 EStG	13.200
	Sonstige steuerfreie Einnahmen laut gesonderter Einzelaufstellung	
98 bis 101 frei 102	Davon ab: Sonstige steuerfreie Einnahmen, vermindert um damit im Zusammenhang stehende nicht abzugsfähige Betriebsausgaben nach § 3c Absatz 1 EStG	13.130

Sachverhalte des UmwStG

Verschmelzung, Aufspaltung und Abspaltung auf die Körperschaft

Einzelangaben zum Übernahmegewinn/-verlust nach § 12 Absatz 2 UmwStG

Zeile	Steuernummer des übertragenden Rechtsträgers	Wirtschafts-Identifikationsnummer des übertragenden Rechtsträgers (29)
103		D E

Zeile	Name des übertragenden Rechtsträgers
104	

Zeile		EUR
105	Wert mit dem das übernommene Betriebsvermögen in der Steuerbilanz angesetzt wurde	
106	Davon ab: Buchwert der Anteile am übertragenden Rechtsträger	
107	Davon ab: Kosten für den Vermögensübergang	
108	Übernahmegewinn/-verlust nach § 12 Absatz 2 UmwStG	
109	Übernahmegewinn nach § 12 Absatz 2 Satz 2 UmwStG	
110	Übernahmegewinn nach § 12 Absatz 2 Satz 1 UmwStG (Positiver Betrag laut Zeile 108 abzüglich Betrag laut Zeile 109)	
111	Übernahmeverlust nach § 12 Absatz 2 Satz 1 UmwStG (Negativer Betrag laut Zeile 108)	

Steuernummer

- 5 -

Zeile			EUR
112	Betrag des in der Steuerbilanz erfolgsneutral angesetzten übernommenen Vermögens		
	Sind weitere Eintragungen erforderlich, sind diese nach dem gleichen Schema gesondert zu erläutern.		
113 und 114 frei 115	Dazu / Davon ab: Betrag des in der Steuerbilanz erfolgsneutral angesetzten übernommenen Vermögens (Summe der Beträge aller Zeilen 112)		13.203
116	Übernahmegewinn nach § 12 Absatz 2 Satz 2 UmwStG in Verbindung mit § 8b Absatz 2 KStG (Vorspalte: Summe der Beträge aller Zeilen 109; nicht bei Organgesellschaften: Übertrag in Hauptspalte in Höhe von 95 % mit umgekehrtem Vorzeichen)	EUR 13.204	
117	Übernahmegewinne/-verluste nach § 12 Absatz 2 Satz 1 UmwStG (Summe der Beträge aller Zeilen 110 und 111; nicht bei Organgesellschaften: Übertrag in die Hauptspalte mit umgekehrtem Vorzeichen)	13.205	
	Einbringungsgewinn I		
118	Dazu: Im laufenden Wirtschaftsjahr zu versteuernder "Einbringungsgewinn I" nach § 22 Absatz 1 UmwStG		13.225
	Im laufenden Jahr zu berücksichtigende Aufwendungen und Erträge im Zusammenhang mit Übernahmegewinnen/-verlusten und Einbringungsgewinnen I		
	laut gesonderter Einzelaufstellung		
119 bis 121 frei 122	Davon ab / Dazu: In einem anderen Wirtschaftsjahr entstandene Aufwendungen beziehungsweise Erträge, die im Zusammenhang mit dem im laufenden Wirtschaftsjahr nach § 12 Absatz 2 Satz 1 UmwStG zu berücksichtigenden Übernahmegewinn/-verlust und/oder zu versteuernden "Einbringungsgewinn I" nach § 22 Absatz 1 UmwStG stehen		13.237
	Im laufenden Jahr entstandene, aber nicht zu berücksichtigende Aufwendungen und Erträge im Zusammenhang mit Übernahmegewinnen/-verlusten und Einbringungsgewinnen I		
	laut gesonderter Einzelaufstellung		
123 bis 125 frei 126	Dazu / Davon ab: Im laufenden Wirtschaftsjahr entstandene Aufwendungen beziehungsweise Erträge, die im Zusammenhang mit dem in einem anderen Wirtschaftsjahr nach § 12 Absatz 2 Satz 1 UmwStG zu berücksichtigenden Übernahmegewinn/-verlust und/oder zu versteuernden "Einbringungsgewinn I" nach § 22 Absatz 1 UmwStG stehen		13.238
	Sachverhalte mit Auslandsbezug		
	Nach DBA steuerfreie Einkünfte		
	laut gesonderter Einzelaufstellung		
127 bis 130 frei 131	Davon ab: Ausländische Einkünfte, die aufgrund von DBA steuerfrei sind (ohne Bezüge nach § 20 Absatz 1 Nummer 1, 2, 9 und 10 Buchstabe a EStG aus der Beteiligung an einer ausländischen Körperschaft) (14)		16.111
132	Dazu: Mit den ausländischen Einkünften laut Zeile 131 im Zusammenhang stehende nichtabziehbare inländische Betriebsausgaben		16.112
	Berichtigungsbetrag nach § 1 AStG		
	laut gesonderter Einzelaufstellung		
133 bis 141 frei 142	Dazu / Davon ab: Berichtigungsbetrag nach § 1 AStG laut gesonderter Ermittlung (14) (74)		16.175
	Unmittelbare Beteiligungen an anderen Körperschaften		
	Die Eintragungen sind - ungeachtet des § 15 Satz 1 Nummer 2 und Satz 2 KStG - auch bei Organgesellschaften vorzunehmen, jedoch ohne die entsprechenden Werte der vorgelagerten Organgesellschaften.		
	Kaufpreisänderungen und Veräußerungskosten, die vor oder nach dem Wirtschaftsjahr der Anteilsveräußerung entstanden sind (BMF-Schreiben vom 24.07.2015, BStBl I 2015, 612)		
	Im laufenden Jahr zu berücksichtigende Aufwendungen und Erträge aus einem anderen Wirtschaftsjahr		
	laut gesonderter Einzelaufstellung		
143 bis 145 frei 146	Davon ab / Dazu: In einem anderen Wirtschaftsjahr entstandene Aufwendungen beziehungsweise Erträge, die im Zusammenhang mit der nach § 8b Absatz 2 und 3 KStG steuerfreien Veräußerung von Anteilen an anderen Körperschaften im laufenden Wirtschaftsjahr stehen		13.283
	Im laufenden Jahr entstandene aber in einem anderen Wirtschaftsjahr zu berücksichtigende Aufwendungen und Erträge		
	laut gesonderter Einzelaufstellung		
147 bis 149 frei 150	Dazu / Davon ab: Im laufenden Wirtschaftsjahr entstandene Aufwendungen beziehungsweise Erträge, die im Zusammenhang mit der nach § 8b Absatz 2 und 3 KStG steuerfreien Veräußerung von Anteilen an anderen Körperschaften in einem anderen Wirtschaftsjahr stehen		13.284

Steuernummer

- 6 -

Zeile		EUR	EUR
	Anwendung des § 8b KStG und vergleichbarer Vorschriften 2 9		
	Laufende steuerfreie Bezüge nach § 8b Absatz 1 und 4 KStG (gegebenenfalls auch aufgrund eines DBA) 74		
	laut gesonderter Einzelaufstellung		
151 bis 155 frei 156	Bezüge nach § 20 Absatz 1 Nummer 1, 2, 9 und 10 Buchstabe a EStG, die nach § 8b Absatz 1 und 4 KStG oder aufgrund eines DBA steuerfrei sind 5 33	13.310	
157 bis 159 frei 160	Nichtabziehbare Ausgaben nach § 8b Absatz 5 Satz 1 KStG (5 % des Betrags laut Zeile 156)		
	Veräußerung von Anteilen an Körperschaften		
	laut gesonderter Einzelaufstellung		
161 bis 166a frei 166b	Gewinne aus der Veräußerung von Anteilen an Körperschaften, die nach § 8b Absatz 2 Satz 1 und Satz 6 KStG steuerfrei sind (gegebenenfalls in Verbindung mit § 15 Absatz 1a EStG)	13.340	
166c	Verluste aus der Veräußerung von Beteiligungen an Körperschaften, die nach § 8b Absatz 3 Satz 3 KStG nicht abziehbar sind	13.343	
	Teilwertaufholungen und Einlagenrückgewähr nach § 8b Absatz 2 KStG		
	laut gesonderter Einzelaufstellung		
167 bis 175 frei 176	Gewinne aus dem Ansatz des in § 6 Absatz 1 Nummer 2 Satz 3 EStG bezeichneten Wertes, die nach § 8b Absatz 2 Satz 3 KStG steuerfrei sind (Wertaufholung)	13.341	
177	Gewinne aus der Auflösung oder der Herabsetzung des Nennkapitals oder aus einer Einlagenrückgewähr, die nach § 8b Absatz 2 Satz 3 KStG steuerfrei sind	13.342	
	Nichtabziehbare Betriebsausgaben nach § 8b Absatz 3 Satz 1 KStG		
178 bis 180 frei 181	Nichtabziehbare Ausgaben nach § 8b Absatz 3 Satz 1 KStG (5 % der Summe der Beträge laut Zeile 166b, Zeile 176 und Zeile 177)		
	Gewinnminderungen nach § 8b Absatz 3 Satz 3 bis 8 KStG		
	laut gesonderter Einzelaufstellung		
182 bis 187 frei 188	Sonstige Gewinnminderungen (zum Beispiel Teilwertabschreibungen) aus Beteiligungen an Körperschaften, die nach § 8b Absatz 3 Satz 3 KStG nicht abziehbar sind	13.344	
189	Gewinnminderungen im Zusammenhang mit Darlehensforderungen (zum Beispiel Teilwertabschreibungen), die nach § 8b Absatz 3 Satz 4 folgende KStG nicht abziehbar sind	13.345	
	Gewinne nach § 8b Absatz 3 Satz 9 KStG		
190	Gewinne nach § 8b Absatz 3 Satz 9 KStG	13.288	
	Einkommensminderungen beziehungsweise -erhöhungen nach § 8b Absatz 8 Satz 4 und 5 KStG		
191	Einkommensminderungen beziehungsweise -erhöhungen nach § 8b Absatz 8 Satz 4 und 5 KStG	13.168	
	Wertpapierleihe nach § 8b Absatz 10 KStG		
	Zeilen 192 bis 195: Im Falle der Wertpapierleihe (§ 8b Absatz 10 KStG) bei der entleihenden Körperschaft:		
192	Nach § 8b Absatz 10 Satz 1 KStG nichtabziehbare Aufwendungen, soweit sie sich auf die überlassenen Anteile beziehen	13.227	
193	Fiktive Einnahmen und/oder Bezüge nach § 8b Absatz 10 Satz 2 KStG	13.228	
194	Beträge im Sinne der Zeile 193, soweit es sich dabei um Bezüge nach § 8b Absatz 1 KStG, auf die § 8b Absatz 4 KStG nicht anzuwenden ist, und/oder um Gewinne nach § 8b Absatz 2 KStG handelt	13.229	
195	5 % des Betrages laut Zeile 156 und/oder der Beträge laut Zeilen 166b, 176 und 177, soweit es sich hierbei um Bezüge aus entliehenen Anteilen nach § 8b Absatz 10 KStG handelt	13.230	

Zeile		
	Korrektur des Einkommens um nach § 8b KStG und weiterer Vorschriften steuerfreie Beträge 2 9	EUR
196 bis 200 frei 201	Nicht bei Organgesellschaften: Summe der Beträge laut Zeilen 160, 166c, 181, 188, 189, 191, 192 und 193 abzüglich der Summe der Beträge laut Zeilen 156, 166b, 176, 177, 190, 194 und 195	
202	Nur bei Organgesellschaften: Summe der Beträge laut Zeilen 191, 192 und 193 4	

Steuernummer

- 7 -

Zeile			
	Übergangsregelung nach § 34 Absatz 6e KStG beim Organträger		
	Einzelangaben		
	Name der Beteiligung an der (gegebenenfalls ehemaligen) Organgesellschaft		
203			
	Steuernummer der (gegebenenfalls ehemaligen) Organgesellschaft	Wirtschafts-Identifikationsnummer der (gegebenenfalls ehemaligen) Organgesellschaft 29	
204		D E	
205 frei			
206	Die Voraussetzungen für die Anwendung des § 8b Absatz 7 oder 8 KStG liegen vor.		1 = Ja 2 = Nein
207 bis 212 frei			EUR
212a	Rücklage nach § 34 Absatz 6e Satz 15 KStG zum Beginn des Wirtschaftsjahres		
213	Davon ab: Auflösung der Rücklage nach § 34 Absatz 6e Satz 17 KStG		
213a	Davon ab: Auflösung der Rücklage bei vollständiger oder anteiliger Veräußerung und gleichgestellten Vorgängen nach § 34 Absatz 6e Satz 18 und Satz 19 KStG		
214	Rücklage nach § 34 Absatz 6e Satz 15 KStG zum Ende des Wirtschaftsjahres		
	Sind weitere Eintragungen erforderlich, sind diese nach dem gleichen Schema gesondert zu erläutern.		
	Summe	EUR	
215 und 216 frei 217	Davon ab: Auflösung der Rücklage nach § 34 Absatz 6e Satz 17 bis 19 KStG im laufenden Wirtschaftsjahr (Summe der Beträge aller Zeilen 213 und 213a bei denen § 8b Absatz 7 oder 8 KStG nicht anwendbar sind; Übertrag in Hauptspalte (nicht bei Organgesellschaften))	13.304	
218	Dazu: Nichtabziehbare Ausgaben nach § 8b Absatz 3 Satz 1 in Verbindung mit § 34 Absatz 6e Satz 14 und 20 KStG (5 % des Betrages laut Zeile 217 Hauptspalte)		
	Unmittelbar gehaltene Anteile an Investmentfonds (§ 20 Absatz 1 Nummer 3 EStG)		
	Aktienfonds	EUR	
219	Investmenterträge nach § 20 Absatz 1 Nummer 3 EStG aus Aktienfonds nach § 2 Absatz 6 InvStG und Erträge aus dem Ansatz des Teilwerts (vor Teilfreistellung; ohne Beträge laut Zeile 222)	13.350	
220	Mit den Erträgen laut Zeile 219 in Zusammenhang stehende Betriebsvermögensminderungen, Betriebsausgaben, Teilwertabschreibungen oder Veräußerungskosten	13.360	
221	Nach § 20 Absatz 1 InvStG freizustellender Betrag für Aktienfonds (Vorspalte: Betrag laut Zeile 219 abzüglich Betrag laut Zeile 220; Hauptspalte (nicht bei Organgesellschaften): 80 % des Wertes der Vorspalte mit umgekehrtem Vorzeichen)		
222	Investmenterträge nach § 20 Absatz 1 Nummer 3 EStG aus Aktienfonds nach § 2 Absatz 6 InvStG, die den Kapitalanlagen eines Lebens- oder Krankenversicherungsunternehmens beziehungsweise einem Pensionsfonds zuzurechnen sind oder wenn die Voraussetzungen des § 20 Absatz 1 Satz 4 Nummer 2 InvStG erfüllt sind und Erträge aus dem Ansatz des Teilwerts (vor Teilfreistellung)	13.351	
223	Mit den Erträgen laut Zeile 222 in Zusammenhang stehende Betriebsvermögensminderungen, Betriebsausgaben, Teilwertabschreibungen oder Veräußerungskosten	13.361	
224	In den Fällen des § 20 Absatz 1 Satz 4 und 5 InvStG nach § 20 Absatz 1 InvStG freizustellender Betrag für Aktienfonds (Vorspalte: Betrag laut Zeile 222 abzüglich Betrag laut Zeile 223; Hauptspalte: 30 % des Wertes der Vorspalte mit umgekehrtem Vorzeichen)		
	Mischfonds	EUR	
225	Investmenterträge nach § 20 Absatz 1 Nummer 3 EStG aus Mischfonds nach § 2 Absatz 7 InvStG und Erträge aus dem Ansatz des Teilwerts (vor Teilfreistellung; ohne Beträge laut Zeile 228)	13.352	
226	Mit den Erträgen laut Zeile 225 in Zusammenhang stehende Betriebsvermögensminderungen, Betriebsausgaben, Teilwertabschreibungen oder Veräußerungskosten	13.362	
227	Nach § 20 Absatz 2 in Verbindung mit Absatz 1 InvStG freizustellender Betrag für Mischfonds (Vorspalte: Betrag laut Zeile 225 abzüglich Betrag laut Zeile 226; Hauptspalte (nicht bei Organgesellschaften): 40 % des Wertes der Vorspalte mit umgekehrten Vorzeichen)		

- 8 -

Steuernummer

Zeile		EUR	EUR
228	Investmenterträge nach § 20 Absatz 1 Nummer 3 EStG aus Mischfonds nach § 2 Absatz 7 InvStG, die den Kapitalanlagen eines Lebens- oder Krankenversicherungsunternehmens beziehungsweise einem Pensionsfonds zuzurechnen sind oder wenn die Voraussetzungen des § 20 Absatz 1 Satz 4 Nummer 2 InvStG erfüllt sind und Erträge aus dem Ansatz des Teilwerts (vor Teilfreistellung)	13.353	
229	Mit den Erträgen laut Zeile 228 in Zusammenhang stehende Betriebsvermögensminderungen, Betriebsausgaben, Teilwertabschreibungen oder Veräußerungskosten	13.363	
230	In den Fällen des § 20 Absatz 1 Satz 4 und 5 InvStG nach § 20 Absatz 2 in Verbindung mit Absatz 1 InvStG freizustellender Betrag für Mischfonds (Vorspalte: Betrag laut Zeile 228 abzüglich Betrag laut Zeile 229; Hauptspalte: 15 % des Wertes der Vorspalte mit umgekehrtem Vorzeichen)		
	Immobilienfonds nach § 2 Absatz 9 Satz 1 InvStG		
231	Investmenterträge nach § 20 Absatz 1 Nummer 3 EStG aus Immobilienfonds nach § 2 Absatz 9 Satz 1 InvStG und Erträge aus dem Ansatz des Teilwerts (vor Teilfreistellung)	13.354	
232	Mit den Erträgen laut Zeile 231 in Zusammenhang stehende Betriebsvermögensminderungen, Betriebsausgaben, Teilwertabschreibungen oder Veräußerungskosten	13.364	
233	Nach § 20 Absatz 3 Satz 1 InvStG freizustellender Betrag für Immobilienfonds (Vorspalte: Betrag laut Zeile 231 abzüglich Betrag laut Zeile 232; Hauptspalte (nicht bei Organgesellschaften): 60 % des Wertes der Vorspalte mit umgekehrtem Vorzeichen)		
	Auslands-Immobilienfonds nach § 2 Absatz 9 Satz 2 InvStG		
234	Investmenterträge nach § 20 Absatz 1 Nummer 3 EStG aus Auslands-Immobilienfonds nach § 2 Absatz 9 Satz 2 InvStG und Erträge aus dem Ansatz des Teilwerts (vor Teilfreistellung)	13.355	
235	Mit den Erträgen laut Zeile 234 in Zusammenhang stehende Betriebsvermögensminderungen, Betriebsausgaben, Teilwertabschreibungen oder Veräußerungskosten	13.365	
236	Nach § 20 Absatz 3 Satz 2 InvStG freizustellender Betrag für Auslands-Immobilienfonds nach § 2 Absatz 9 Satz 2 InvStG (Vorspalte: Betrag laut Zeile 234 abzüglich Betrag laut Zeile 235; Hauptspalte (nicht bei Organgesellschaften): 80 % des Wertes der Vorspalte mit umgekehrtem Vorzeichen)		
	Unterschiedsbeträge nach InvStG 2004 [1]		
237	Dazu / Davon ab: Unterschiedsbeträge nach § 5 Absatz 1 Satz 1 Nummer 5 Satz 5 beziehungsweise § 13 Absatz 4a Satz 2 InvStG 2004		13.392
	Unmittelbar gehaltene Anteile an Spezial-Investmentfonds (§ 20 Absatz 1 Nummer 3a EStG)		
237a	Davon ab: Im Betrag laut Zeile 11 enthaltene laufende Erträge als Anleger an einem Spezial-Investmentfonds (Nicht bei Organgesellschaften: Übertrag in die Hauptspalte)	13.396	
237b	Nicht bei Organgesellschaften: Dazu: Steuerpflichtige laufende Spezial-Investmenterträge nach § 20 Absatz 1 Nummer 3a EStG in Verbindung mit § 34 Absatz 1 Nummer 1 und 2 InvStG (Summe der Beträge laut Zeile 64 aller Anlagen SPIF, soweit die Anteile dem Gewerbebetrieb zuzuordnen sind)		
237c	Nicht bei Organgesellschaften: Davon ab / Dazu: Außerbilanzieller Korrekturbetrag bei Veräußerung von Anteilen an Spezial-Investmentfonds (Summe der Beträge laut Zeile 104 aller Anlagen SPIF, soweit die Anteile dem Gewerbebetrieb zuzuordnen sind)		
	Teilwertab- und -zuschreibung		
238 bis 265 frei 266	Davon ab / Dazu: Positiver/negativer Anleger-Abkommensgewinn nach § 49 Absatz 1 Satz 1 Nummer 2 in Verbindung mit § 49 Absatz 1 Satz 2 InvStG (68)		13.390
267	Positiver/negativer Anleger-Teilfreistellungsgewinn nach § 49 Absatz 1 Satz 1 Nummer 3 in Verbindung mit § 49 Absatz 1 Satz 2 InvStG für Anleger, die dem KStG unterliegen (nicht bei Organgesellschaften: Übertrag in die Hauptspalte mit umgekehrtem Vorzeichen) (68)	EUR 13.391	
268	Davon ab / Dazu: Positiver/negativer Anleger-Teilfreistellungsgewinn nach § 49 Absatz 1 Satz 1 Nummer 3 in Verbindung mit § 49 Absatz 1 Satz 2 InvStG in den Fällen des § 20 Absatz 1 Satz 4 und 5 InvStG (68)		13.393
	Gewinnkorrekturen bei Organschaft		
	Neutralisierung der im bilanziellen Ergebnis des Organträgers aufgrund der Organschaft berücksichtigten Werte (28)		
269 frei 270	Davon ab: Erträge aus der Gewinnabführung der Organgesellschaft(en)		17.110
271	Dazu: Aufwendungen des Organträgers aus der Verlustübernahme von Organgesellschaft(en)		17.111

Steuernummer

- 9 -

Zeile		EUR
272	Dazu: Ausgleichszahlungen des Organträgers an außenstehende Anteilseigner der Organgesellschaft(en) (§ 4 Absatz 5 Satz 1 Nummer 9 EStG)	17.116
273 und 274 frei 275	Dazu: Mehrabführungen, die ihre Ursache in vororganschaftlicher Zeit haben (§ 14 Absatz 3 Satz 1 KStG) (Summe der Beträge laut Zeile 25c aller Anlagen OT, bei denen das Ende des Wirtschaftsjahres laut Anlage OT in dem Wirtschaftsjahr liegt, für das die Anlage GK ausgefüllt wird – gegebenenfalls multipliziert mit der Summe der Beträge laut Zeilen 8 und 9 dividiert durch die Summe der Beträge laut Zeilen 8 bis 10 der jeweiligen Anlage OT)	
276	Davon ab: Minderabführungen, die ihre Ursache in vororganschaftlicher Zeit haben (§ 14 Absatz 3 Satz 2 KStG) (Summe der Beträge laut Zeile 25d aller Anlagen OT, bei denen das Ende des Wirtschaftsjahres laut Anlage OT in dem Wirtschaftsjahr liegt, für das die Anlage GK ausgefüllt wird – gegebenenfalls multipliziert mit der Summe der Beträge laut Zeilen 8 und 9 dividiert durch die Summe der Beträge laut Zeilen 8 bis 10 der jeweiligen Anlage OT)	
277	Davon ab: Minderabführungen, die ihre Ursache in organschaftlicher Zeit haben (§ 14 Absatz 4 Satz 1 KStG) (Summe der Beträge laut Zeile 25b aller Anlagen OT, bei denen das Ende des Wirtschaftsjahres laut Anlage OT in dem Wirtschaftsjahr liegt, für das die Anlage GK ausgefüllt wird – gegebenenfalls multipliziert mit der Summe der Beträge laut Zeilen 8 und 9 dividiert durch die Summe der Beträge laut Zeilen 8 bis 10 der jeweiligen Anlage OT)	
278	Dazu: Mehrabführungen, die ihre Ursache in organschaftlicher Zeit haben (§ 14 Absatz 4 Satz 2 KStG) (Summe der Beträge laut Zeile 25a aller Anlagen OT, bei denen das Ende des Wirtschaftsjahres laut Anlage OT in dem Wirtschaftsjahr liegt, für das die Anlage GK ausgefüllt wird – gegebenenfalls multipliziert mit der Summe der Beträge laut Zeilen 8 und 9 dividiert durch die Summe der Beträge laut Zeilen 8 bis 10 der jeweiligen Anlage OT)	
279	Dazu / Davon ab: Saldo der Mehr- und Minderabführungen, die im laufenden Wirtschaftsjahr bilanziell berücksichtigt wurden, aus Feststellungen für den vorangegangenen Veranlagungszeitraum	
280	Davon ab: Verdeckte Gewinnausschüttungen der Organgesellschaft(en)	17.150
	Neutralisierung der im bilanziellen Ergebnis der Organgesellschaft aufgrund der Organschaft berücksichtigten Werte	
281	Dazu: Von der Organgesellschaft an den Organträger abzuführender Gewinn	17.112
282	Davon ab: Vom Organträger an die Organgesellschaft zum Ausgleich eines sonst entstehenden Jahresfehlbetrages zu leistender Betrag	17.113
283	Dazu: Von der Organgesellschaft geleistete Ausgleichszahlungen an außenstehende Anteilseigner (§ 4 Absatz 5 Satz 1 Nummer 9 EStG)	17.234
284	Dazu: An den Organträger geleistete verdeckte Gewinnausschüttungen (R 14.6 Absatz 4 Satz 1 KStR 2022)	17.152
285	Dazu: Von der Organgesellschaft geleistete verdeckte Gewinnausschüttungen an außenstehende Anteilseigner (R 14.6 Absatz 4 Satz 4 KStR 2022)	17.224
	Im bilanziellen Ergebnis berücksichtigte Mehr- und Minderabführungen, obwohl die Körperschaft nicht Organträger der Organgesellschaft ist (vermittelnde Körperschaft) 76	
286 bis 291 frei 292	Dazu: Mehrabführungen, die ihre Ursache in vororganschaftlicher Zeit haben (§ 14 Absatz 3 Satz 1 KStG)	13.336
293	Davon ab: Minderabführungen, die ihre Ursache in vororganschaftlicher Zeit haben (§ 14 Absatz 3 Satz 2 KStG)	13.337
294	Davon ab: Minderabführungen, die ihre Ursache in organschaftlicher Zeit haben (§ 14 Absatz 4 Satz 1 KStG)	13.339
295	Dazu: Mehrabführungen, die ihre Ursache in organschaftlicher Zeit haben (§ 14 Absatz 4 Satz 2 KStG)	13.338
	Zinsschranke Nicht bei Organgesellschaften:	
295a	Zwischensumme	
296	Dazu: Zinsaufwendungen nach § 4h Absatz 3 Satz 2 EStG des laufenden Wirtschaftsjahres (Betrag laut Zeile 11 der zugehörigen Anlage Zinsschranke)	
297	Dazu: Zinsaufwendungen nach § 4h Absatz 3 Satz 2 EStG des laufenden Wirtschaftsjahres der Organgesellschaft(en) (Betrag laut Zeile 12 der zugehörigen Anlage Zinsschranke)	
298	Davon ab: Nach Anwendung des § 4h EStG in Verbindung mit § 8 Absatz 1, § 8a KStG als Betriebsausgaben abziehbare Zinsaufwendungen (Betrag laut Zeile 24 der zugehörigen Anlage Zinsschranke)	
	Einkünfte aus Gewerbebetrieb	
299	Davon ab: Verrechnung mit verrechenbaren Verlusten nach § 15a EStG, die aufgrund einer Anwachsung bei der Körperschaft zu berücksichtigen sind	13.317

Steuernummer

- 10 -

Zeile		EUR
300	Einkünfte aus Gewerbebetrieb (Übertrag nach Zeile 2, 3 oder 4 der Anlage ZVE)	

1) InvStG 2004 = Investmentsteuergesetz in der Fassung vom 15.12.2003 BGBl. I Seite 2676, 2724; aufgehoben durch Artikel 11 Gesetz vom 19.07.2016 BGBl. I Seite 1730 in der Fassung des Artikels 2 Investmentsteuerreformgesetz (InvStRefG) Gesetz vom 19.07.2016 BGBl. I Seite 1730; zuletzt geändert durch Artikel 10 Gesetz vom 23.06.2017 BGBl. I Seite 1682 mit Wirkung vom 27. 07.2016

Bezeichnung des Steuerpflichtigen
Steuernummer

Enden in einem Veranlagungszeitraum zwei Wirtschaftsjahre, ist für jedes Wirtschaftsjahr die Anlage GR gesondert auszufüllen.

Die mit einem Kreis versehenen Zahlen bezeichnen die Erläuterungen in der Anleitung zur Körperschaftsteuererklärung.

Anlage GR

2025

☐ zur Steuererklärung

☐ zum Bescheid

Genossenschaftliche Rückvergütung

Zeile		EUR
	Allgemeine Angaben (74)	
	Soweit die genossenschaftlichen Rückvergütungen für solche Geschäftssparten, die als Betriebsabteilungen im Rahmen des Gesamtbetriebs der Genossenschaft eine gewisse Bedeutung haben, nach unterschiedlichen Prozentsätzen des Umsatzes bemessen worden sind, sind diese gesondert zu ermitteln und zu erläutern.	
1	Wirtschaftsjahr vom / Wirtschaftsjahr bis	
2	An Mitglieder gezahlte genossenschaftliche Rückvergütungen	
	Absatz- und Produktionsgenossenschaften	
3	Gesamteinkauf (ohne für Hilfs- und Nebengeschäfte; Ausnahme bei Anwendung der R 22 Absatz 12 KStR 2022)	
4	Einkauf bei Mitgliedern	
	Übrige Genossenschaften	
5 frei		
6	Gesamtumsatz (ohne Hilfs- und Nebengeschäfte; Ausnahme bei Anwendung der R 22 Absatz 12 KStR 2022)	
7	Umsatz mit Mitgliedern	
	Bezugs- und Absatzgenossenschaften	
8 frei		
9	Gesamtumsatz im Bezugsgeschäft (ohne Hilfsgeschäfte, Nebengeschäfte und ohne Gegengeschäfte des Absatzgeschäftes; Ausnahme bei Anwendung der R 22 Absatz 12 KStR 2022)	
10	Gesamteinkauf im Absatzgeschäft (ohne Hilfsgeschäfte, Nebengeschäfte und ohne Gegengeschäfte des Bezugsgeschäftes; Ausnahme bei Anwendung der R 22 Absatz 12 KStR 2022)	
11	Summe A (Summe der Beträge laut Zeilen 9 und 10)	
12	Umsatz mit Mitgliedern im Bezugsgeschäft	
13	Einkauf bei Mitgliedern im Absatzgeschäft	
14	Summe B (Summe der Beträge laut Zeile 12 und Zeile 13)	
	Berechnung der genossenschaftlichen Rückvergütung	
15 frei		
16	Überschuss nach § 22 Absatz 1 KStG (laut gesonderter Ermittlung) (74)	
17	Abziehbare genossenschaftliche Rückvergütungen (Betrag laut Zeile 16 multipliziert mit dem Verhältnis der Beträge der Zeilen 4 zu 3, 7 zu 6 oder 14 zu 11)	
18	Nichtabziehbare genossenschaftliche Rückvergütungen (Betrag laut Zeile 2 abzüglich Betrag laut Zeile 17) (Übertrag in Zeile 77 der Anlage GK)	
18a	Die genossenschaftlichen Rückvergütungen sind den Berechtigten steuerwirksam zugeflossen am	
	Nebengeschäfte zur Anwendung der Richtlinie R 22 Absatz 12 KStR 2022	EUR
19	Umsatz aus Nebengeschäften	
20	Gewinn aus Nebengeschäften	

Bezeichnung des Steuerpflichtigen
Steuernummer

Die mit einem Kreis versehenen Zahlen bezeichnen die Erläuterungen in der Anleitung zur Körperschaftsteuererklärung.

Anlage Invest-Verluste

2025

☐ zur Steuererklärung

☐ zum Bescheid

Verbleibende nicht ausgeglichene negative Einkünfte nach § 6 Absatz 8 InvStG

Zeile	Ermittlung der verbleibenden nicht ausgeglichenen negativen Einkünfte	EUR
1	Verbleibende nicht ausgeglichene negative Einkünfte zum Schluss des vorangegangenen Veranlagungszeitraums	
2	Dazu: Zu übernehmende verbleibende nicht ausgeglichene negative Einkünfte bei Verschmelzung (§ 23 InvStG) (laut gesonderter Erläuterung) (74)	37.46
3	Dazu: Negative Einkünfte des laufenden Veranlagungszeitraums (negativer Betrag laut Zeile 53 der Anlage ZVE)	
4	Zwischensumme	
5	Davon ab: Verrechnung positiver Einkünfte des laufenden Veranlagungszeitraums mit nicht ausgeglichenen negativen Einkünften (positiver Betrag laut Zeile 53 der Anlage ZVE; höchstens Betrag laut Zeile 4)	
6	Verbleibende nicht ausgeglichene negative Einkünfte zum Schluss des Veranlagungszeitraums	

Anlage Invest-Verluste - Oktober 2025 - Version 2.9.1.0 Bekanntgabe

Bezeichnung des Steuerpflichtigen

Steuernummer

Die mit einem Kreis versehenen Zahlen bezeichnen die Erläuterungen in der Anleitung zur Körperschaftsteuererklärung.

Anlage Kassen 2025

☐ zur Steuererklärung

☐ zum Bescheid

Steuerbefreiung von rechtsfähigen Pensions-, Sterbe-, Kranken- und Unterstützungskassen (§ 5 Absatz 1 Nummer 3 KStG, § 3 Nummer 9 GewStG)

Zeile

Allgemeines

1 Erstes Jahr des Prüfungszeitraums (202) (205) | Letztes Jahr des Prüfungszeitraums

2 Die Kasse ist eine
1 = rechtsfähige Pensions- oder Sterbekasse, die den Leistungsempfängern einen Rechtsanspruch gewährt.
2 = rechtsfähige Krankenkasse, die den Leistungsempfängern einen Rechtsanspruch gewährt.
3 = rechtsfähige Unterstützungskasse, die den Leistungsempfängern keinen Rechtsanspruch gewährt.

3 Datum der zurzeit gültigen Satzung

4 Die Satzung (74) — 1 = liegt dem Finanzamt vor. 2 = wird gesondert übermittelt.

5 Datum des zurzeit gültigen Geschäftsplans

6 Der Geschäftsplan (74) — 1 = liegt dem Finanzamt vor. 2 = wird gesondert übermittelt.

7 Datum des zurzeit gültigen Leistungsplans

8 Der Leistungsplan (74) — 1 = liegt dem Finanzamt vor. 2 = wird gesondert übermittelt.

Träger der Kasse

Zeile	Name des Unternehmens, das Zuwendungen leistet	Anschrift	Finanzamt, Steuernummer	Wirtschafts-Identifikationsnummer (29)
9				D E

Sind weitere Eintragungen erforderlich, sind diese nach dem gleichen Schema gesondert zu erläutern.

Anlage des Kassenvermögens und Sicherstellung

Übersicht der Anlagen

Zeile	Bezeichnung der Anlage	Betrag EUR	Art der Sicherstellung
10			

Sind weitere Eintragungen erforderlich, sind diese nach dem gleichen Schema gesondert zu erläutern.

Dem Trägerunternehmen oder einer ihm nahestehenden Person gewährte Darlehen

Zeile	Darlehensnehmer	Darlehensbetrag EUR	Zinssatz in Prozent
11			%

Sind weitere Eintragungen erforderlich, sind diese nach dem gleichen Schema gesondert zu erläutern.

Art der gewährten Leistungen

Zeile	Jahr	Leistungsart (zum Beispiel Pensionen, Sterbegelder, Arbeitslosenunterstützung, Unterstützung in Notfällen)	Gesamtbetrag EUR
12			

Sind weitere Eintragungen erforderlich, sind diese nach dem gleichen Schema gesondert zu erläutern.

Leistungsempfänger

13 Anzahl der von der Kasse betreuten Leistungsempfänger

- 2 -

Steuernummer

Zeile

14 Zu den Leistungsempfängern gehören satzungsmäßig auch der Unternehmer, die Gesellschafter (Aktionäre/Genossen) und/oder dessen/deren Angehörige - Anzahl der Personen:

Leistungen an die Unternehmer, Gesellschafter (Aktionäre/Genossen) und deren Angehörige

Zeile	Name	Betrag EUR
15		

Sind weitere Eintragungen erforderlich, sind diese nach dem gleichen Schema gesondert zu erläutern.

Leistungen an Personen, die nach der Satzung nicht empfangsberechtigt sind

Zeile	Name	Betrag EUR	Zeitraum von - bis
16			

Sind weitere Eintragungen erforderlich, sind diese nach dem gleichen Schema gesondert zu erläutern.

Mittelverwendung

Verwendung von Mitteln für nicht satzungsmäßige Zwecke

Zeile	Betrag EUR	Verwendungszweck
17		

Sind weitere Eintragungen erforderlich, sind diese nach dem gleichen Schema gesondert zu erläutern.

Vermögensübertragungen auf das Trägerunternehmen

Zeile	Zeitpunkt	Grund	Betrag EUR
18			

Sind weitere Eintragungen erforderlich, sind diese nach dem gleichen Schema gesondert zu erläutern.

Höhe der zugesagten Leistungen

Prüfungszeitraum 2025

Sterbegeld

19 Anzahl der Personen, für die im Prüfungszeitraum der Rechtsanspruch auf Sterbegeld beziehungsweise die Leistung der Kasse an diese Personen weniger als 7.670 € betragen hat

20 Anzahl der Personen, für die im Prüfungszeitraum der Rechtsanspruch auf Sterbegeld beziehungsweise die Leistung der Kasse an diese Personen mehr als 7.669 € betragen hat

Pension

21 Anzahl der Personen, für die im Prüfungszeitraum der Rechtsanspruch auf Pension beziehungsweise die Leistung der Kasse an diese Personen weniger als 25.770 € betragen hat

22 Anzahl der Personen, für die im Prüfungszeitraum der Rechtsanspruch auf Pension beziehungsweise die Leistung der Kasse an diese Personen mehr als 25.769 € und weniger als 38.655 € betragen hat

23 Anzahl der Personen, für die im Prüfungszeitraum der Rechtsanspruch auf Pension beziehungsweise die Leistung der Kasse an diese Personen mehr als 38.654 € betragen hat

24 Prozentsatz der Fälle, bei denen die erreichten Rechtsansprüche der Leistungsempfänger beziehungsweise die Leistungen der Kasse an die Leistungsempfänger mehr als 25.769 € betragen haben %

25 Prozentsatz der Fälle, bei denen die erreichten Rechtsansprüche der Leistungsempfänger beziehungsweise die Leistungen der Kasse an die Leistungsempfänger mehr als 38.654 € betragen haben %

Witwengeld

26 Anzahl der Personen, für die im Prüfungszeitraum der Rechtsanspruch auf Witwengeld beziehungsweise die Leistung der Kasse an diese Personen weniger als 17.180 € betragen hat

27 Anzahl der Personen, für die im Prüfungszeitraum der Rechtsanspruch auf Witwengeld beziehungsweise die Leistung der Kasse an diese Personen mehr als 17.179 € und weniger als 25.770 € betragen hat

28 Anzahl der Personen, für die im Prüfungszeitraum der Rechtsanspruch auf Witwengeld beziehungsweise die Leistung der Kasse an diese Personen mehr als 25.769 € betragen hat

Steuernummer

- 3 -

Zeile			
29	Prozentsatz der Fälle, bei denen die erreichten Rechtsansprüche der Leistungsempfänger beziehungsweise die Leistungen der Kasse an die Leistungsempfänger mehr als 17.179 € betragen haben		%
30	Prozentsatz der Fälle, bei denen die erreichten Rechtsansprüche der Leistungsempfänger beziehungsweise die Leistungen der Kasse an die Leistungsempfänger mehr als 25.769 € betragen haben		%
	Vollwaisengeld		
31	Anzahl der Personen, für die im Prüfungszeitraum der Rechtsanspruch auf Vollwaisengeld beziehungsweise die Leistung der Kasse an diese Personen weniger als 10.309 € betragen hat		
32	Anzahl der Personen, für die im Prüfungszeitraum der Rechtsanspruch auf Vollwaisengeld beziehungsweise die Leistung der Kasse an diese Personen mehr als 10.308 € und weniger als 15.462 € betragen hat		
33	Anzahl der Personen, für die im Prüfungszeitraum der Rechtsanspruch auf Vollwaisengeld beziehungsweise die Leistung der Kasse an diese Personen mehr als 15.461 € betragen hat		
34	Prozentsatz der Fälle, bei denen die erreichten Rechtsansprüche der Leistungsempfänger beziehungsweise die Leistungen der Kasse an die Leistungsempfänger mehr als 10.308 € betragen haben		%
35	Prozentsatz der Fälle, bei denen die erreichten Rechtsansprüche der Leistungsempfänger beziehungsweise die Leistungen der Kasse an die Leistungsempfänger mehr als 15.461 € betragen haben		%
	Halbwaisengeld		
36	Anzahl der Personen, für die im Prüfungszeitraum der Rechtsanspruch auf Halbwaisengeld beziehungsweise die Leistung der Kasse an diese Personen weniger als 5.155 € betragen hat		
37	Anzahl der Personen, für die im Prüfungszeitraum der Rechtsanspruch auf Halbwaisengeld beziehungsweise die Leistung der Kasse an diese Personen mehr als 5.154 € und weniger als 7.732 € betragen hat		
38	Anzahl der Personen, für die im Prüfungszeitraum der Rechtsanspruch auf Halbwaisengeld beziehungsweise die Leistung der Kasse an diese Personen mehr als 7.731 € betragen hat		
39	Prozentsatz der Fälle, bei denen die erreichten Rechtsansprüche der Leistungsempfänger beziehungsweise die Leistungen der Kasse an die Leistungsempfänger mehr als 5.154 € betragen haben		%
40	Prozentsatz der Fälle, bei denen die erreichten Rechtsansprüche der Leistungsempfänger beziehungsweise die Leistungen der Kasse an die Leistungsempfänger mehr als 7.731 € betragen haben		%
	Rechtsansprüche		
41	Die Rechtsansprüche übersteigen die Grenzen des § 2 KStDV (wenn in der Zeile 20 ein Wert beziehungsweise jeweils in den Zeilen 24, 29, 34 oder 39 ein Wert größer als 12 % beziehungsweise in den Zeilen 25, 30, 35 oder 40 ein Wert größer als 4 % eingetragen wurde).	19.209	1 = Ja 2 = Nein
	Sind weitere Eintragungen erforderlich, sind diese nach dem gleichen Schema gesondert zu erläutern.		
	Berechnung der Dotation bei Pensions-, Sterbe- und Krankenkassen (§ 5 Absatz 1 Nummer 3 Buchstabe d KStG)		
42	Zeitpunkt, zu dem die Deckungsrückstellung versicherungsmathematisch errechnet wurde: Stichtag		
	Zu diesem Stichtag ergeben sich folgende Werte:		EUR
43	Vermögen der Kasse, das nach handelsrechtlichen Grundsätzen ordnungsmäßiger Buchführung unter Berücksichtigung des von der Versicherungsaufsichtsbehörde genehmigten Geschäftsplans auszuweisen ist	15.56	
44	Davon ab: Verlustrücklage bei Versicherungsvereinen auf Gegenseitigkeit beziehungsweise entsprechender Teil des Vermögens bei Kassen anderer Rechtsform		
45	Überdotierung/Unterdotierung	15.57	
	Berechnung der Dotation bei Unterstützungskassen (§ 5 Absatz 1 Nummer 3 Buchstabe e KStG)		
	Ermittlung des zulässigen Kassenvermögens von Unterstützungskassen (§ 5 Absatz 1 Nummer 3 Buchstabe e KStG)		
	Lebenslänglich laufende Leistungen		
46	Soweit eine Rückdeckung durch eine Versicherung besteht, die die Voraussetzung für den Abzug des Betrags nach § 4d Absatz 1 Satz 1 Nummer 1 Buchstabe c EStG erfüllt: Geschäftsplanmäßiges Deckungskapital aus der Versicherung (§ 4d Absatz 1 Satz 1 Nummer 1 Satz 5 EStG) oder der nach § 169 Absatz 3 des Gesetzes über den Versicherungsvertrag berechnete Zeitwert (§ 4d Absatz 1 Satz 1 Nummer 1 Satz 6 EStG)		
47	Soweit keine Rückdeckung durch eine Versicherung besteht, die die Voraussetzungen für den Abzug des Beitrags nach § 4d Absatz 1 Satz 1 Nummer 1 Buchstabe c EStG erfüllt: Dazu: Deckungskapital für alle laufenden Leistungen (§ 4d Absatz 1 Satz 1 Nummer 1 Satz 4 EStG)		
48	Dazu: Achtfaches der nach § 4d Absatz 1 Satz 1 Nummer 1 Buchstabe b EStG abzugsfähigen Zuwendungen (§ 4d Absatz 1 Satz 1 Nummer 1 Satz 4 EStG)		

- 4 -

Steuernummer

Zeile		EUR
49	Zulässiges Kassenvermögen	
	Nicht lebenslänglich laufende Leistungen	
50	Lohn- und Gehaltssumme des Trägerunternehmens für das laufende Wirtschaftsjahr	
51	Lohn- und Gehaltssumme des Trägerunternehmens für das vorangegangene Wirtschaftsjahr	
52	Lohn- und Gehaltssumme des Trägerunternehmens für das zweite vorangegangene Wirtschaftsjahr	
53	1 % der durchschnittlichen Lohn- und Gehaltssumme der begünstigten Personen des Trägerunternehmens der letzten drei Jahre (§ 4d Absatz 1 Satz 1 Nummer 2 Satz 3 und 6 EStG)	
54	Summe der in den letzten 10 Wirtschaftsjahren gewährten Leistungen	
55	Zulässiges Kassenvermögen (hat die Unterstützungskasse bereits 10 Wirtschaftsjahre bestanden: Minimum der Beträge laut Zeilen 53 und 54; andernfalls Betrag laut Zeile 53 (§ 4d Absatz 1 Satz 1 Nummer 2 Satz 4 EStG))	
	Lebenslänglich laufende Leistungen und nicht lebenslänglich laufende Leistungen	
56	Zulässiges Kassenvermögen: Summe der Beträge laut Zeilen 49 und 55.	
	Ermittlung des tatsächlichen Kassenvermögens zum Ende des Wirtschaftsjahres und gegebenenfalls der Überdotierung	
57	Maßgeblicher Wert des Grundbesitzes nach § 4d Absatz 1 Satz 1 Nummer 1 Satz 3 EStG (gegebenenfalls in Verbindung mit § 52 Absatz 7 EStG)	
58	Dazu: Ansprüche aus einer Versicherung (Wert des geschäftsplanmäßigen Deckungskapitals zuzüglich Guthaben aus Beitragsrückerstattung, § 4d Absatz 1 Satz 1 Nummer 1 Satz 3 EStG)	
59	Dazu: Gemeiner Wert des übrigen Vermögens (§ 4d Absatz 1 Satz 1 Nummer 1 Satz 3 EStG)	
60	Tatsächliches Kassenvermögen (233)	15.56
61	Davon ab: 125 % des zulässigen Kassenvermögens (125 % des Betrags aus Zeile 56)	
62	Überdotierung (wenn negativ, "0" eintragen)	15.57
	Weitere Angaben für Unterstützungskassen	
63	Die Leistungsempfänger sind zu laufenden Beiträgen oder sonstigen Zuschüssen an die Kasse verpflichtet.	1 = Ja 2 = Nein
64	Die Leistungsempfänger haben laufende Beiträge oder sonstige Zuschüsse an die Kasse geleistet.	1 = Ja 2 = Nein
65	Den Leistungsempfängern oder den Arbeitnehmervertretungen des Betriebs oder der Dienststelle steht satzungsgemäß und tatsächlich das Recht zu, an der Verwaltung der Kassenmittel beratend mitzuwirken.	1 = Ja 2 = Nein

Wenn ja:

Zeile	Name der mitwirkenden Personen	Name der Personen, die die mitwirkenden Personen auswählen	Art der Mitwirkung
66			

Sind weitere Eintragungen erforderlich, sind diese nach dem gleichen Schema gesondert zu erläutern.

Bezeichnung des Steuerpflichtigen
Steuernummer

Enden in einem Veranlagungszeitraum zwei Wirtschaftsjahre, ist für jedes Wirtschaftsjahr die Anlage KSt 1 F gesondert auszufüllen.

Die mit einem Kreis versehenen Zahlen bezeichnen die Erläuterungen in der Anleitung zur Körperschaftsteuererklärung.

Anlage KSt 1 F

2025

☐ zur Steuererklärung

☐ zum Bescheid

Ermittlung des steuerlichen Einlagekontos (§ 27 Absatz 2 KStG) und des durch Umwandlung von Rücklagen entstandenen Nennkapitals (§ 28 Absatz 1 Satz 3 KStG)

Zeile			
	Allgemeine Angaben		
1	Datum des Eintritts in die unbeschränkte Steuerpflicht im laufenden Wirtschaftsjahr	48.230	
2	Wirtschaftsjahr vom	Wirtschaftsjahr bis	
	Im Wirtschaftsjahr erfolgte Gewinnausschüttungen/Leistungen		
	laut gesonderter Einzelaufstellung (Art der Leistung, gegebenenfalls Datum des Gewinnverteilungsbeschlusses, Tag des Abflusses, Bruttobetrag der Leistung, Betrag der bescheinigten Verwendung des steuerlichen Einlagekontos)		
3 bis 6 frei 7	Summe der im Wirtschaftsjahr erbrachten Gewinnausschüttungen und sonstigen Leistungen (zum Beispiel Gewinnausschüttungen, die auf einem den gesellschaftsrechtlichen Vorschriften entsprechenden Gewinnverteilungsbeschluss beruhen; verdeckte Gewinnausschüttungen; Abschlagszahlungen auf das Liquidationsergebnis, soweit diese nicht als Nennkapitalrückzahlung nach § 28 Absatz 2 KStG zu beurteilen sind; Leistungen nach § 20 Absatz 1 Nummer 9 und 10 Buchstabe a EStG; bei Organgesellschaften: einschließlich geleisteter Ausgleichszahlungen und verdeckter Gewinnausschüttungen an außenstehende Anteilseigner; ohne Betrag laut Zeile 8)	EUR 19.250	
8	Mehrabführungen, die ihre Ursache in vororganschaftlicher Zeit haben (§ 14 Absatz 3 Satz 1 KStG, Betrag laut Zeile 22)		
9	Mehrabführungen, die ihre Ursache in vororganschaftlicher Zeit haben und bei der Körperschaft zu berücksichtigen sind, obwohl sie nicht Organträger der Organgesellschaft ist (vermittelnde Körperschaft) (Betrag laut Zeile 292 der Anlage GK) (76)		
10	Bescheinigte Minderung des steuerlichen Einlagekontos zu den Zeilen 8 und 9		
11	Im Wirtschaftsjahr erbrachte Leistungen ohne Leistungen aus der Rückzahlung von Nennkapital nach § 28 Absatz 2 KStG (Summe der Beträge laut Zeilen 7 bis 9) (Übertrag nach Zeile 47)		
12	Summe der bescheinigten Minderung des steuerlichen Einlagekontos zu den in Zeilen 7, 8 und 9 enthaltenen Beträgen	19.185	
13	Bei mehr als einer Gewinnausschüttung/Leistung: Es wurde mindestens eine Bescheinigung über die Minderung des steuerlichen Einlagekontos ausgestellt (61)	19.285	1 = Ja
14	Im Falle einer Liquidation: Bescheinigte Minderung(en) des steuerlichen Einlagekontos für die Schlussauskehrung, soweit nicht Nennkapital ausgekehrt wird	EUR 19.284	
15	Kapitalertragsteuer wurde durch die Körperschaft nicht angemeldet, weil die Voraussetzungen des § 43 Absatz 1 Satz 1 Nummer 1a EStG (Sammelverwahrung oder Sonderverwahrung) vorliegen und damit die auszahlende Stelle die Kapitalertragsteuer anzumelden hat	19.286	1 = Ja
16	Eine der Leistungen laut Zeile 7 oder die Auszahlung des Nennkapitals aufgrund einer Kapitalherabsetzung laut Zeile 76 ist nicht dem Beteiligungsverhältnis entsprechend (disquotal) erfolgt (BMF-Schreiben vom 04.09.2024, BStBl I 2024, 1246)	19.282	1 = Ja
	Ermittlung des ausschüttbaren Gewinns (§ 27 Absatz 1 Satz 5 KStG)		
	Stets ausfüllen, wenn im Wirtschaftsjahr Leistungen nach § 27 KStG erbracht wurden und zum Schluss des vorangegangenen Wirtschaftsjahres beziehungsweise zum Zeitpunkt des Eintritts in die unbeschränkte Steuerpflicht ein steuerliches Einlagekonto bestand. Zeilen 17 bis 19: Beträge zum Schluss des vorangegangenen Wirtschaftsjahres beziehungsweise zum Zeitpunkt des Eintritts in die unbeschränkte Steuerpflicht		
17	Eigenkapital laut Steuerbilanz	EUR 48.116	
18	Nennkapital (41)	48.114 –	
19	Positiver Bestand des steuerlichen Einlagekontos	–	
20	Ausschüttbarer Gewinn (§ 27 Absatz 1 Satz 5 KStG; wenn negativ, dann "0" eintragen)		

- 2 -

Steuernummer

Mehr-/Minderabführungen nach § 27 Absatz 6 KStG

Zeilen 21 bis 32: Nur bei Organgesellschaften

Zeile		EUR
21	Jahresüberschuss/-fehlbetrag laut Handels- oder Steuerbilanz (Betrag laut Zeile 11 der Anlage GK)	
22	Mehrabführungen, die ihre Ursache in vororganschaftlicher Zeit haben nach § 14 Absatz 3 Satz 1 KStG	17.173 +
23	Minderabführungen, die ihre Ursache in vororganschaftlicher Zeit haben nach § 14 Absatz 3 Satz 2 KStG	17.183 –
24	Verrechenbare Verluste nach § 15a EStG, durch die keine Mehrabführung entsteht	48.272 +
25	Verrechnung mit verrechenbaren Verlusten nach § 15a EStG, durch die keine Mehrabführung entstanden ist	48.273 –
26	Einlagen der Gesellschafter (§ 8 Absatz 3 Satz 3 KStG), die erfolgswirksam gebucht und bis zum Ende des Wirtschaftsjahres geleistet wurden (Betrag laut Zeile 93 der Anlage GK)	–
27	Einlagen der Gesellschafter (§ 8 Absatz 3 Satz 3 KStG), die erfolgswirksam gebucht aber nicht bis zum Ende des Wirtschaftsjahres geleistet wurden (Betrag laut Zeile 94 der Anlage GK)	–
28 frei 29	Sonstige Korrekturen (laut gesonderter Erläuterung) 74	48.122 +/–
30	Zwischensumme 45	
31	Mehrabführungen, die ihre Ursache in organschaftlicher Zeit haben nach § 14 Absatz 4 Satz 2 KStG	17.273
32	Minderabführungen, die ihre Ursache in organschaftlicher Zeit haben nach § 14 Absatz 4 Satz 1 KStG	17.274

Ermittlung des steuerlichen Einlagekontos (§ 27 Absatz 2 Satz 1 KStG) und des durch Umwandlung von Rücklagen entstandenen Nennkapitals (§ 28 Absatz 1 Satz 3 KStG)

Zeile		Vorspalte EUR	Steuerliches Einlagekonto EUR	Sonderausweis EUR
	1	2	3	4
	Anfangsbestände			
33 bis 39 frei 40	Bei Eintritt in die unbeschränkte Steuerpflicht: Zum Zeitpunkt des Eintritts in die unbeschränkte Steuerpflicht vorhandener Bestand der nicht in das Nennkapital geleisteten Einlagen (§ 27 Absatz 2 Satz 3 KStG) 21		48.217	
41	Bei Eintritt in die unbeschränkte Steuerpflicht: Zum Zeitpunkt des Eintritts in die unbeschränkte Steuerpflicht vorhandener Bestand des Sonderausweises nach § 28 Absatz 1 Satz 3 KStG			48.235
42	Bestand nach § 27 Absatz 2 Satz 1 KStG zum Schluss des vorangegangenen Wirtschaftsjahres		48.117	
43	Bestand nach § 28 Absatz 1 Satz 3 KStG zum Schluss des vorangegangenen Wirtschaftsjahres			48.135
	Organschaftliche Mehrabführung			
44	Mehrabführungen, die ihre Ursache in organschaftlicher Zeit haben nach § 14 Absatz 4 Satz 2 KStG (Betrag laut Zeile 31)		–	
45	Mehrabführungen, die ihre Ursache in organschaftlicher Zeit haben und bei der Körperschaft zu berücksichtigen sind, obwohl sie nicht Organträger der Organgesellschaft ist (vermittelnde Körperschaft) (Betrag laut Zeile 295 der Anlage GK) 76		–	
	Verrechnung von Leistungen mit dem steuerlichen Einlagekonto			
46	Zwischensumme			
	Kein Erwerb eigener Anteile über dem Nennbetrag			
47	Im Wirtschaftsjahr erbrachte Leistungen ohne Leistungen aus der Rückzahlung von Nennkapital nach § 28 Absatz 2 KStG (Betrag laut Zeile 11)			
48	Ausschüttbarer Gewinn (§ 27 Absatz 1 Satz 5 KStG) - Betrag laut Zeile 20	–		
49	Summe			

Steuernummer

- 3 -

Zeile		Vorspalte	Steuerliches Einlagekonto	Sonderausweis
		EUR	EUR	EUR
	1	2	3	4
50	Abzug vom steuerlichen Einlagekonto, wenn nur eine Leistung vorliegt oder keine Minderung des steuerlichen Einlagekontos bescheinigt wurde: Betrag laut Zeile 12, höchstens der kleinste der positiven Beträge laut Zeilen 46 und 49		–	
51	Abzug vom steuerlichen Einlagekonto, wenn mehrere Leistungen erbracht wurden und die Minderung des steuerlichen Einlagekontos bescheinigt wurde		48.285 –	
	Bei Erwerb eigener Anteile über dem Nennbetrag ohne weitere Leistungen			
52	Im Wirtschaftsjahr geleisteter Teil des Kaufpreises, der über den Nennbetrag der erworbenen Anteile hinausgeht (35)	48.250		
53	Abzug vom steuerlichen Einlagekonto: Betrag laut Zeile 52 abzüglich Betrag laut Zeile 20, wenn Differenz positiv; höchstens positiver Betrag laut Zeile 46		–	
	Bei Erwerb eigener Anteile über dem Nennbetrag und weiteren Leistungen			
54	Abzug vom steuerlichen Einlagekonto		48.258 –	
	Bei unterjähriger Abspaltung			
55	Leistungen, die das steuerliche Einlagekonto erst nach dem steuerlichen Übertragungsstichtag mindern (gegebenenfalls anteiliger Betrag der Beträge laut Zeilen 50, 51 oder 54)		48.225 +	
	Herabsetzung des Nennkapitals (außerhalb einer Umwandlung) (36)			
56	Betrag der Herabsetzung des Nennkapitals (ohne fiktive Herabsetzung bei Auflösung der Körperschaft nach § 28 Absatz 2 KStG)	48.134		
57	Ausstehende Einlagen in das Nennkapital (nur, soweit die Einzahlungsverpflichtung des Anteilseigners entfällt)	48.137 –		
58	Verringerung des Sonderausweises bis zu dessen Verbrauch; niedrigerer Betrag laut Zeile 41 beziehungsweise Zeile 43 oder dem Betrag laut Zeile 56 abzüglich Betrag laut Zeile 57	– ▶		–
59	Verbleibender Betrag: Gutschrift beim steuerlichen Einlagekonto	▶	+	
60	Vom Betrag der Herabsetzung des Nennkapitals laut Zeile 56 sind zur Auszahlung vorgesehen (25)	48.121		
61 bis 69 frei	**Auflösung der Körperschaft**			
70	Zwischensumme			
71	Betrag des Nennkapitals zum Zeitpunkt der Auflösung der Körperschaft im Wirtschaftsjahr (zum Beispiel: Liquidationsbeschluss) nach § 28 Absatz 2 KStG	48.284		
72	Ausstehende Einlagen in das Nennkapital	48.287 –		
73	Verringerung des Sonderausweises bis zu dessen Verbrauch; niedrigerer Betrag laut Zeile 70 oder dem Betrag laut Zeile 71 abzüglich Betrag laut Zeile 72	– ▶		–
74	Verbleibender Betrag: Gutschrift beim steuerlichen Einlagekonto	▶	+	
	Rückzahlung des Nennkapitals (§ 28 Absatz 2 KStG)			
75	Zwischensumme			
76	Betrag der Rückzahlung des Nennkapitals, soweit hierauf § 28 Absatz 2 Satz 2 folgende KStG anzuwenden ist; bei Liquidation: ohne Beträge der Schlussauskehrung (25)	48.139		
77	Betrag laut Zeile 76 soweit der Sonderausweis im Jahr der Kapitalherabsetzung oder der Auflösung der Körperschaft gemindert wurde = Bezüge des Anteilseigners nach § 20 Absatz 1 Nummer 2 EStG	–		
78	Zwischensumme			

- 4 -

Steuernummer

Zeile	1	Vorspalte EUR 2	Steuerliches Einlagekonto EUR 3	Sonderausweis EUR 4
79	Abzug vom steuerlichen Einlagekonto (höchstens in Höhe des positiven Betrages laut Zeile 75)	–	–	
80	Übersteigender Betrag = Bezüge des Anteilseigners nach § 20 Absatz 1 Nummer 2 EStG 62			
	Erwerb eigener Anteile (fiktive Kapitalherabsetzung) 35			
80a	Zwischensumme			
	Erwerb zu einem über dem Nennbetrag liegenden Kaufpreis			
81	Nennbetrag der erworbenen eigenen Anteile	48.251		
82	Ausstehende Einlagen in das Nennkapital (nur, soweit die Einzahlungsverpflichtung entfällt)	48.252 –		
83	Verbleibender Betrag: Gutschrift beim steuerlichen Einlagekonto	▸	+	
84	Zwischensumme			
85	Im Wirtschaftsjahr geleisteter Kaufpreis der erworbenen eigenen Anteile (nur soweit auf die Rückzahlung des Nennkapitals entfallend; Betrag im Sinne der Zeile 83)	48.253		
86	Abzug des Kaufpreises der erworbenen eigenen Anteile laut Zeile 85 vom steuerlichen Einlagekonto (höchstens in Höhe des positiven Betrages laut Zeile 84)		–	
	Erwerb zu einem unter dem Nennbetrag liegenden Kaufpreis			
87	Differenzbetrag zwischen Nennbetrag und Kaufpreis	48.254		
88	Ausstehende Einlagen in das Nennkapital (nur, soweit die Einzahlungsverpflichtung entfällt)	48.255 –		
89	Verringerung des Sonderausweises bis zu dessen Verbrauch; niedrigerer Betrag laut Zeile 80a oder dem Betrag laut Zeile 87 abzüglich Betrag laut Zeile 88	– ▸		–
90	Verbleibender Betrag: Gutschrift beim steuerlichen Einlagekonto	▸	+	
	Im Wirtschaftsjahr geleistete Einlagen			
91	Einlagen, die in diesem Wirtschaftsjahr einkommenswirksam berücksichtigt worden sind, einschließlich entsprechender Erhöhungsbeträge nach § 23 Absatz 2 und 3 UmwStG (Betrag laut Zeile 93 der Anlage GK) 30		+/–	
92	Nicht erfolgswirksam gebuchte Einlagen nach § 8 Absatz 3 Satz 4 KStG (Betrag laut Zeile 78 der Anlage GK)		+	
93	Minderabführungen, die ihre Ursache in vororganschaftlicher Zeit haben (§ 14 Absatz 3 Satz 2 KStG; Betrag laut Zeile 23)		+	
94	Minderabführungen, die ihre Ursache in vororganschaftlicher Zeit haben und bei der Körperschaft zu berücksichtigen sind, obwohl sie nicht Organträger der Organgesellschaft ist (vermittelnde Körperschaft) (Betrag laut Zeile 293 der Anlage GK) 76		+	
95	Sonstige im Wirtschaftsjahr geleistete Einlagen (zum Beispiel Zugänge bei Einbringung nach §§ 20 oder 21 UmwStG in eine bestehende Körperschaft, Agio, Einlagen, die in einem früheren Wirtschaftsjahr einkommensmindernd berücksichtigt worden sind, Erhöhungsbeträge nach § 23 Absatz 2 und 3 UmwStG); ohne Beträge im Sinne der Zeilen 91 bis 93 30		48.119 +/–	
	Weiterveräußerung eigener Anteile zu einem Veräußerungspreis über dem Nennbetrag			
96	Differenzbetrag zwischen Nennbetrag und Veräußerungspreis		48.256 +	
	Organschaftliche Minderabführungen			
97	Minderabführungen, die ihre Ursache in organschaftlicher Zeit haben nach § 14 Absatz 4 Satz 1 KStG (Betrag laut Zeile 32)		+	
98	Minderabführungen, die ihre Ursache in organschaftlicher Zeit haben und bei der Körperschaft zu berücksichtigen sind, obwohl sie nicht Organträger der Organgesellschaft ist (vermittelnde Körperschaft) (Betrag laut Zeile 294 der Anlage GK) 76		+	

Steuernummer

- 5 -

Zeile		Vorspalte EUR	Steuerliches Einlagekonto EUR	Sonderausweis EUR
	1	2	3	4
	Anpassungen beim übernehmenden Rechtsträger bei Verschmelzungen, Auf- und Abspaltungen (Zeilen 100 bis 113 nicht bei mehreren Übernahmen ausfüllen - siehe dazu Zeile 114)			
99	Zwischensumme			
	Bei Beteiligung des übernehmenden Rechtsträgers am übertragenden Rechtsträger oder bei nicht bestehendem Beteiligungsverhältnis der an der Umwandlung beteiligten Rechtsträger			
100	Steuerliches Einlagekonto des übertragenden Rechtsträgers, gegebenenfalls gekürzt im Verhältnis der unmittelbaren oder mittelbaren Beteiligung des übernehmenden Rechtsträgers an dem übertragenden Rechtsträger (§ 29 Absatz 2 Satz 2, § 29 Absatz 6 KStG)		48.111 +	
	Bei Beteiligung des übertragenden Rechtsträgers am übernehmenden Rechtsträger			
101	Fiktive Herabsetzung des Nennkapitals (§ 29 Absatz 1 KStG): Betrag des Nennkapitals des übernehmenden Rechtsträgers am steuerlichen Übertragungsstichtag	48.179		
102	Ausstehende Einlagen in das Nennkapital	48.181 –		
103	Verringerung des Sonderausweises bis zu dessen Verbrauch; niedrigerer Betrag laut Zeile 99 oder dem Betrag laut Zeile 101 abzüglich Betrag laut Zeile 102	– ▸		–
104	Verbleibender Betrag: Gutschrift beim steuerlichen Einlagekonto	▸	+	
105	Zwischensumme			
106	Minderung des steuerlichen Einlagekontos des übernehmenden Rechtsträgers im Verhältnis der Beteiligung des übertragenden Rechtsträgers am übernehmenden Rechtsträger (§ 29 Absatz 2 Satz 3 KStG)		48.112 –	
107	Hinzurechnung des steuerlichen Einlagekontos des übertragenden Rechtsträgers		48.182 +	
108	Zwischensumme			
	Anpassung des Nennkapitals des übernehmenden Rechtsträgers (§ 29 Absatz 4 KStG)			
109	Bei Beteiligung des übertragenden Rechtsträgers am übernehmenden Rechtsträger: Betrag des Nennkapitals; in allen anderen Fällen: Betrag der Erhöhung des Nennkapitals (nicht enthalten sein dürfen Beträge, die auf baren Zuzahlungen beziehungsweise Sacheinlagen beruhen)	48.131		
110	Ausstehende Einlagen in das Nennkapital (Betrag laut Zeile 102)	–		
111	Zwischensumme			
112	Hierfür Minderung eines positiven Bestandes des steuerlichen Einlagekontos bis zu dessen Verbrauch	– ▸	–	
113	Verbleibender Betrag: Nennkapitalerhöhung aus sonstigen Rücklagen	▸		+
114	Bei mehreren Übernahmen: Beträge im Sinne der Zeilen 112 und 113 laut gesonderter Ermittlung jeweils für jede Übernahme entsprechend der Zeilen 100 bis 111 (74)		48.241 +/–	48.242 +/–
	Erhöhung des Nennkapitals durch Umwandlung von Rücklagen (§ 28 Absatz 1 KStG) - außerhalb einer Umwandlung im Sinne des UmwStG			
115	Zwischensumme			

- 6 -

Steuernummer

Zeile		Vorspalte	Steuerliches Einlagekonto	Sonderausweis
		EUR	EUR	EUR
	1	2	3	4
116	Betrag der Erhöhung des Nennkapitals	48.115		
117	Bei Abbruch der Liquidation (Fortsetzungsbeschluss): Betrag des Nennkapitals gekürzt um ausstehende Einlagen	48.215		
118	Hierfür Minderung eines positiven Bestandes des steuerlichen Einlagekontos bis zu dessen Verbrauch	– ▸	–	
119	Verbleibender Betrag: Nennkapitalerhöhung aus sonstigen Rücklagen	▸		+
120	**Weiterveräußerung eigener Anteile zu einem Veräußerungspreis unter dem Nennbetrag oder Einziehung eigener Anteile ohne Kapitalherabsetzung** Zwischensumme			
121	Bei Weiterveräußerung: Differenzbetrag zwischen Nennbetrag und Veräußerungspreis; Bei Einziehung ohne Kapitalherabsetzung: Nennbetrag der eingezogenen eigenen Anteile	48.257		
122	Hierfür Minderung eines positiven Bestandes des steuerlichen Einlagekontos bis zu dessen Verbrauch	– ▸	–	
123	Verbleibender Betrag: Nennkapitalerhöhung aus sonstigen Rücklagen	▸		+
124	**Anpassungen beim übertragenden Rechtsträger bei Abspaltung** (32) Zwischensumme			
125	**Fiktive Herabsetzung des Nennkapitals nach § 29 Absatz 1 KStG** Betrag des Nennkapitals am steuerlichen Übertragungsstichtag	48.136		
126	Ausstehende Einlagen in das Nennkapital	48.132 –		
127	Verringerung des Sonderausweises bis zu dessen Verbrauch; niedrigerer Betrag laut Zeile 124 oder dem Betrag laut Zeile 125 abzüglich Betrag laut Zeile 126	– ▸		–
128	Verbleibender Betrag: Gutschrift beim steuerlichen Einlagekonto	▸	+	
129	Zwischensumme			
130	**Verringerung des steuerlichen Einlagekontos im Verhältnis des übergehenden Vermögens nach § 29 Absatz 3 KStG** Betrag laut Zeile 129 Spalte 3			
131	Korrektur um in den Zeilen 56 bis 119 enthaltene Zu- und Abgänge aufgrund von Sachverhalten, die nach dem steuerlichen Übertragungsstichtag verwirklicht wurden (laut gesonderter Ermittlung) (74)	48.226 –/+		
132	Zwischensumme			
133	Der für die Abspaltung maßgebende Zähler nach § 29 Absatz 3 KStG	48.341		
134	Der für die Abspaltung maßgebende Nenner nach § 29 Absatz 3 KStG	48.342		
135	Verringerung des steuerlichen Einlagekontos nach § 29 Absatz 3 KStG (Betrag laut Zeile 132 multipliziert mit dem Betrag laut Zeile 133 dividiert durch den Betrag laut Zeile 134)		–	
136	Zwischensumme			
137	**Anpassung des Nennkapitals des übertragenden Rechtsträgers nach § 29 Absatz 4 KStG** Höhe des Nennkapitals nach der Übertragung	48.118		

- 7 -

Steuernummer

Zeile		Vorspalte	Steuerliches Einlagekonto	Sonderausweis
		EUR	EUR	EUR
	1	2	3	4
138	Ausstehende Einlagen in das Nennkapital	48.180 –		
139	Zwischensumme			
140	Hierfür Minderung eines positiven Bestandes des steuerlichen Einlagekontos bis zu dessen Verbrauch	– ▸	–	
141	Verbleibender Betrag: Nennkapitalerhöhung aus sonstigen Rücklagen	▸		+
142	Zwischensumme			
143	Verringerung des steuerlichen Einlagekontos im Falle von Leistungen, die nicht bis zum steuerlichen Übertragungsstichtag erfolgt sind beziehungsweise als erfolgt gelten: - Betrag laut Zeile 55 höchstens Summe der Beträge laut Zeile 131 Vorspalte und Zeile 142 Spalte 3, wenn Summe positiv oder - insoweit nach § 27 Absatz 5 KStG zu berücksichtigender Betrag		–	
	Anpassung beim übertragenden Rechtsträger bei Verschmelzung, Aufspaltung oder beim Formwechsel auf eine Personengesellschaft			
144	Fiktive Herabsetzung des Nennkapitals (§ 29 Absatz 1 KStG): Betrag des Nennkapitals am steuerlichen Übertragungsstichtag	48.236		
145	Ausstehende Einlagen in das Nennkapital	48.232 –		
146	Verringerung des Sonderausweises bis zu dessen Verbrauch; niedrigerer Betrag laut Zeile 142, Spalte 4 oder dem Betrag laut Zeile 144 abzüglich Betrag laut Zeile 145	– ▸		–
147	Verbleibender Betrag: Gutschrift beim steuerlichen Einlagekonto	▸	+	
148	Zwischensumme			
	Zugang nach § 35 KStG			
149	Zugang nach § 35 KStG aufgrund eines Verlustabzugs (38)		+	
	Verminderung des Sonderausweises und des steuerlichen Einlagekontos nach § 28 Absatz 3 KStG			
150	Zwischensumme			
151	Abzug des Betrages laut Zeile 150 Spalte 4 - maximal in Höhe des positiven Betrages laut Zeile 150 Spalte 3 - jeweils in Spalten 3 und 4		–	–
	Endbestände zum Schluss des Wirtschaftsjahres			
152	Endbestände zum Schluss des Wirtschaftsjahres			
	Ermittlung der kapitalertragsteuerpflichtigen Leistungen in Fällen der Liquidation			
153 bis 159 frei 160	Vom Betrag laut Zeile 152 Spalte 3 sind aus einer erfolgten Nennkapitalherabsetzung oder Auflösung der Körperschaft noch zur Auszahlung vorgesehen (25)		–	
161	Verbleibendes Einlagekonto			
162	Auszukehrendes Eigenkapital laut Liquidationsschlussbilanz (Schlussauskehrung)	48.183		
163	Teil der Schlussauskehrung, in deren Höhe der Sonderausweis bei Auflösung der Körperschaft und gegebenenfalls einer Nennkapitalherabsetzung gemindert wurde = Bezüge des Anteilseigners nach § 20 Absatz 1 Nummer 2 EStG	–		
164	Positiver Bestand des steuerlichen Einlagekontos oder nach § 27 Absatz 5 KStG zu berücksichtigender Betrag (niedrigerer Betrag der Zeilen 14, 161 und 162 abzüglich Zeile 163; wenn in Zeile 14 kein Betrag eingetragen, hier "0" eintragen)	–		

- 8 -

Steuernummer

Zeile		Vorspalte	Steuerliches Einlagekonto	Sonderausweis
		EUR	EUR	EUR
	1	2	3	4
165	Nennkapitalrückzahlung (Betrag laut Zeile 160, höchstens Betrag laut Zeile 162 abzüglich Summe der Beträge laut Zeilen 163 und 164)			
166	Verbleibender Betrag = Bezüge des Anteilseigners nach § 20 Absatz 1 Nummer 2 EStG (62)			

Ermittlung der Bezüge nach § 7 UmwStG bei Abspaltung oder Aufspaltung auf eine Personengesellschaft

Zeile		EUR
167	Zum steuerlichen Übertragungsstichtag ausgewiesenes Eigenkapital laut steuerlicher Schlussbilanz des übertragenden Rechtsträgers für das auf Personengesellschaften übergehende Vermögen	48.355
168	Bei Abspaltung: Steuerliches Einlagekonto zum Übertragungsstichtag (Betrag laut Zeile 135)	–
169	Bei Aufspaltung: Steuerliches Einlagekonto zum Übertragungsstichtag, soweit das Vermögen auf eine Personengesellschaft übergeht	48.356 –
170 und 171 frei		
172	Bezüge des Anteilseigners nach § 20 Absatz 1 Nummer 1 EStG (62)	

Ermittlung der Bezüge nach § 7 UmwStG bei Verschmelzung oder Formwechsel in eine Personengesellschaft

Zeile		
173	Zum steuerlichen Übertragungsstichtag ausgewiesenes Eigenkapital laut steuerlicher Schlussbilanz des übertragenden Rechtsträgers	48.357
174	Steuerliches Einlagekonto zum Übertragungsstichtag (Betrag laut Zeile 148 Spalte 3)	–
175 bis 177 frei		
178	Bezüge des Anteilseigners nach § 20 Absatz 1 Nummer 1 EStG (62)	

Im Wirtschaftsjahr geleistete Einlagen

Einlage

Name des leistenden Anteilseigners

Zeile		
179 bis 199 frei		
200		
201	Steuernummer	
202	Identifikationsnummer	
203	Wirtschafts-Identifikationsnummer	
204	Zeitpunkt der Leistung der Einlage	
205	Art der Einlage	1 = Bareinlage 2 = Sacheinlage
206	Bei Sacheinlagen: Bezeichnung der Einlage	

Sind weitere Eintragungen erforderlich, sind diese nach dem gleichen Schema gesondert zu erläutern.

Bezeichnung des Steuerpflichtigen
Steuernummer

Enden in einem Veranlagungszeitraum zwei Wirtschaftsjahre, ist für jedes Wirtschaftsjahr die Anlage KSt 1 Fa gesondert auszufüllen.

Anlage KSt 1 Fa 2025

☐ zur Steuererklärung

☐ zum Bescheid

Ermittlung des steuerlichen Einlagekontos (§ 27 Absatz 2 Satz 1 KStG) für Betriebe gewerblicher Art (BgA) ohne eigene Rechtspersönlichkeit und wirtschaftliche Geschäftsbetriebe der von der Körperschaftsteuer befreiten Körperschaften, Personenvereinigungen und Vermögensmassen und Ermittlung des durch Umwandlung von Rücklagen entstandenen Nennkapitals (§ 28 Absatz 1 Satz 3 KStG) für Betriebe gewerblicher Art ohne eigene Rechtspersönlichkeit

Allgemeine Angaben

Zeile			
1	Datum des Eintritts in die unbeschränkte Steuerpflicht im laufenden Wirtschaftsjahr oder Stichtag der Zusammenfassung bisheriger Einzelbetriebe gewerblicher Art im laufenden Wirtschaftsjahr		48.230
1a	Wirtschaftsjahr vom		Wirtschaftsjahr bis

Nur bei Regiebetrieben und bei wirtschaftlichen Geschäftsbetrieben von Körperschaften, die nicht nach § 5 Absatz 1 Nummer 9 KStG steuerbefreit sind und die ihren Gewinn nach § 4 Absatz 3 EStG (Einnahmenüberschussrechnung) ermitteln:

Zeile		EUR
2	Umsätze des Kalenderjahres einschließlich der steuerfreien Umsätze, jedoch ohne Umsätze nach § 4 Nummer 8 bis 10 UStG	11.62
3	Steuerlicher Gewinn/Verlust nach § 20 Absatz 1 Nummer 10 Buchstabe b EStG	11.63

Ermittlung des steuerlichen Einlagekontos (§ 27 Absatz 2 Satz 1 KStG) und des durch Umwandlung von Rücklagen entstandenen Nennkapitals (§ 28 Absatz 1 Satz 3 KStG)

Zeile		Vorspalte	Steuerliches Einlagekonto	Neurücklagen	Sonderausweis
		EUR	EUR	EUR	EUR
	1	2	3	4	5
	Anfangsbestände				
4 bis 6c frei 6d	Bei Eintritt in die unbeschränkte Steuerpflicht: Zum Zeitpunkt des Eintritts in die unbeschränkte Steuerpflicht vorhandener Bestand der nicht in das Nennkapital geleisteten Einlagen (§ 27 Absatz 2 Satz 3 KStG) 74 80		48.217		
7	Bestände zum Schluss des vorangegangenen Wirtschaftsjahres		48.117	48.165	48.135
	Zusammenfassung von Betrieben gewerblicher Art				
8	Summe der Bestände der steuerlichen Einlagekonten und der Neurücklagen der Einzelbetriebe gewerblicher Art		48.222	48.223	
9	Betrag des Nennkapitals nach Zusammenfassung von Betrieben gewerblicher Art (nicht, soweit das Nennkapital auf im Rahmen der Zusammenfassung geleisteten baren Zuzahlungen beziehungsweise Sacheinlagen beruht)	48.231			
10	Hierfür Minderung des positiven steuerlichen Einlagekontos bis zu dessen Verbrauch	– ▸	–		
11	Verbleibender Betrag: Nennkapitalerhöhung aus sonstigen Rücklagen; entsprechender Abgang bei den Neurücklagen	▸		–	+

- 2 -

Steuernummer

Zeile		Vorspalte	Steuerliches Einlagekonto	Neurücklagen	Sonderausweis
		EUR	EUR	EUR	EUR
	1	2	3	4	5
	Leistungen (gegebenenfalls fiktiv) im Wirtschaftsjahr				
12 bis 15 frei 16	**Leistungen von Regiebetrieben und wirtschaftlichen Geschäftsbetrieben** Im Wirtschaftsjahr für Zwecke außerhalb des Betriebes gewerblicher Art beziehungsweise des wirtschaftlichen Geschäftsbetriebes aufgelöste Rücklagen (gegebenenfalls einschließlich der fiktiven Rücklagenauflösung nach Randnummer 9 des BMF-Schreibens vom 02.02.2016, BStBl I 2016, 200 im Falle des Verlustes der Steuerbefreiung der Körperschaft)	48.261			
17	**Bei Vorliegen der Tatbestandsvoraussetzungen (insbesondere Umsatz- und Gewinngrenzen) des § 20 Absatz 1 Nummer 10 Buchstabe b EStG** Maßgeblicher Gewinn beziehungsweise Jahresüberschuss des laufenden Wirtschaftsjahres gemäß Randnummer 25 folgende beziehungsweise Randnummer 31 des BMF-Schreibens vom 28.01.2019, BStBl I 2019, 97, beziehungsweise Randnummer 4 folgende des BMF-Schreibens vom 02.02.2016, BStBl I 2016, 200: vor Rücklagenbildung beziehungsweise Entnahmen; wenn negativ, „0" eintragen	48.224 +			
18	Abzüglich Rücklagenbildung für betriebliche Zwecke im Sinne der Randnummer 35 folgende des BMF-Schreibens vom 28.01.2019, BStBl I 2019, 97, beziehungsweise Randnummer 3 und 8 des BMF-Schreibens vom 02.02.2016, BStBl I 2016, 200 (höchstens Betrag laut Zeile 17)	48.247 –			
19 und 20 frei 21	**Leistungen von Eigenbetrieben** Im Wirtschaftsjahr - beschlossene Überführung von Gewinnen aus früheren Wirtschaftsjahren (Rücklagen) oder dem laufenden Wirtschaftsjahr in den allgemeinen Haushalt; - tatsächlich erfolgte Überführung solcher Gewinne ohne vorhergehenden Beschluss; - erfolgte Rückzahlung von Nennkapital, das im Herabsetzungsbeschluss nicht zur Auszahlung vorgesehen war, soweit die Kapitalherabsetzung nach landesrechtlichen Vorschriften zulässig war; - erfolgte Rückzahlung von Nennkapital, soweit die Kapitalherabsetzung nach landesrechtlichen Vorschriften nicht zulässig war (Summe der vorgenannten Leistungen laut gesonderter Einzelaufstellung) 74	48.161 +			
22 und 23 frei 24	**Verrechnung der Leistungen mit dem steuerlichen Einlagekonto** Zwischensumme: Betrag der Vorspalte = Leistungen im Wirtschaftsjahr / als ausgeschüttet geltender Gewinn				
25	Abzug des Betrages laut Zeile 24 Vorspalte, höchstens in Höhe eines positiven Betrages der bisher bestehenden Neurücklagen (Spalte 4: Betrag laut Zeile 7 oder 8 abzüglich Betrag laut Zeile 11)	– ▸		–	

Steuernummer

- 3 -

Zeile		Vorspalte	Steuerliches Einlagekonto	Neurücklagen	Sonderausweis
		EUR	EUR	EUR	EUR
	1	2	3	4	5
26	Zwischensumme				
27	Abzug des Betrages laut Zeile 26 und/oder ein nach § 27 Absatz 5 KStG zu berücksichtigender Betrag, höchstens in Höhe des Betrages des bisher bestehenden steuerlichen Einlagekontos (Spalte 3: Betrag laut Zeile 6d, 7 oder 8 abzüglich Betrag laut Zeile 10)	– ▸	–		
28	Abzug des übersteigenden Betrages	▸		–	
29	Zwischensumme				
	Verdeckte Gewinnausschüttungen bei Betrieben gewerblicher Art				
30 bis 31 frei 31a	Verdeckte Gewinnausschüttungen des laufenden Wirtschaftsjahres (nicht in Fällen, in denen Zeile 39b auszufüllen ist)	48.162			
31b	Abzug des Betrages laut Zeile 31a höchstens in Höhe eines positiven Betrages der bestehenden Neurücklagen (Spalte 4: Betrag laut Zeile 7 oder 8 abzüglich Beträge laut Zeilen 11, 25 und 28)	–			
31c	Zwischensumme				
31d	Abzug des Betrages laut Zeile 31c und/oder ein nach § 27 Absatz 5 KStG zu berücksichtigender Betrag, höchstens in Höhe des Betrages laut Zeile 29 Spalte 3; entsprechender Zugang in Spalte 4	▸	–	+	
	Herabsetzung des Nennkapitals (außerhalb einer Umwandlung oder Zusammenfassung mit einem anderen Betrieb gewerblicher Art) (46)				
31e	Zwischensumme				
32	Betrag der Herabsetzung des Nennkapitals (ohne fiktive Herabsetzung bei Auflösung des Betriebs gewerblicher Art nach § 28 Absatz 2 KStG)	48.134			
33 und 34 frei 35	Ausstehende Einlagen in das Nennkapital (nur, soweit durch die Kapitalherabsetzung die Einzahlungsverpflichtung der Trägerkörperschaft entfällt)	48.137 –			
35a	Verringerung des Sonderausweises bis zu dessen Verbrauch; niedrigerer Betrag laut Zeile 31e oder dem Betrag laut Zeile 32 abzüglich Betrag laut Zeile 35; entsprechender Zugang zu den Neurücklagen	– ▸		+	–
36	Verbleibender Betrag: Gutschrift beim steuerlichen Einlagekonto	▸	+		
36a	Vom Betrag der Herabsetzung des Nennkapitals laut Zeile 32 sind zur Auszahlung vorgesehen (25)	48.121			
	Auflösung des Betriebs gewerblicher Art				
36b	Zwischensumme				
36c	Betrag des Nennkapitals bei Auflösung des Betriebs gewerblicher Art nach § 28 Absatz 2 KStG	48.284			

- 4 -

Steuernummer

Zeile	1	Vorspalte EUR 2	Steuerliches Einlagekonto EUR 3	Neurücklagen EUR 4	Sonderausweis EUR 5
36d	Ausstehende Einlagen in das Nennkapital	48.287 –			
36e	Verringerung des Sonderausweises bis zu dessen Verbrauch; niedrigerer Betrag laut Zeile 36b oder dem Betrag laut Zeile 36c abzüglich Betrag laut Zeile 36d; entsprechender Zugang zu den Neurücklagen	– ▸		+	–
36f	Verbleibender Betrag: Gutschrift beim steuerlichen Einlagekonto	▸	+		
	Rückzahlung des Nennkapitals (§ 28 Absatz 2 KStG)				
36g	Zwischensumme				
37	Betrag der Rückzahlung des Nennkapitals, soweit hierauf § 28 Absatz 2 KStG anzuwenden ist (25)	48.139			
37a	Betrag laut Zeile 37, soweit der Sonderausweis im Jahr der Kapitalherabsetzung gemindert wurde; entsprechender Abzug von den Neurücklagen	–		–	
37b	Zwischensumme				
37c	Abzug vom steuerlichen Einlagekonto (höchstens in Höhe des positiven Betrages laut Zeile 36g)		–		
	Eigenkapitalveränderungen aufgrund des Steuerbilanzgewinns/-verlustes des laufenden Wirtschaftsjahres				
	Zeilen 38a bis 39a: Nicht in den Fällen, in denen Zeile 39b auszufüllen ist				
38 frei 38a	Steuerbilanzgewinn/Steuerbilanzverlust des laufenden Wirtschaftsjahres (gegebenenfalls geschätzt laut Randnummer 27 des BMF-Schreibens vom 28.01.2019, BStBl I 2019, 97): vor Rücklagenbildung; bei Eigenbetrieben vor Verlustverrechnung und bei Regiebetrieben / wirtschaftlichen Geschäftsbetrieben vor Ausgleich des Verlustes des laufenden Wirtschaftsjahres aus dem Haushalt der Trägerkörperschaft beziehungsweise aus dem sonstigen Vermögen der Körperschaft			48.163 +/–	
38b	Bei Regiebetrieben und bei wirtschaftlichen Geschäftsbetrieben: In steuerlich unzulässige Rücklagen eingestellter Gewinn des laufenden Wirtschaftsjahres		48.169 +		
38c	Bei Regiebetrieben und bei wirtschaftlichen Geschäftsbetrieben: Ausgleich des Verlustes des laufenden Wirtschaftsjahres aus dem Haushalt der Trägerkörperschaft beziehungsweise aus dem sonstigen Vermögen der Körperschaft; im Falle der Beteiligung an einer Personengesellschaft: Verlust aus dem Sonderbetriebsvermögen, soweit dieser den entnommenen Gewinn aus dem Gesamthandsvermögen übersteigt		48.221 +		

- 5 -

Steuernummer

Zeile		Vorspalte	Steuerliches Einlagekonto	Neurücklagen	Sonderausweis
		EUR	EUR	EUR	EUR
	1	2	3	4	5
38d	Bei wirtschaftlichen Geschäftsbetrieben: - Zuführungen von Vermögensmitteln aus dem steuerfreien Bereich der Körperschaft und aus wirtschaftlichen Geschäftsbetrieben der Körperschaft, die nicht unter § 20 Absatz 1 Nummer 10 Buchstabe b Satz 4 EStG fallen; - vorhandene Eigenkapitalanteile von weiteren wirtschaftlichen Geschäftsbetrieben, die erstmals unter § 20 Absatz 1 Nummer 10 Buchstabe b Satz 4 EStG fallen		48.262 +		
39	Im laufenden Wirtschaftsjahr geleistete sonstige Einlagen		48.164 +		
39a	Im laufenden Wirtschaftsjahr gewinnwirksam gebuchte Beträge im Sinne der Zeilen 38d und 39			48.148 –	
39b	Bei Regiebetrieben und bei wirtschaftlichen Geschäftsbetrieben in Wirtschaftsjahren, in denen die Tatbestandsvoraussetzungen (insbesondere Umsatz- und Gewinngrenzen) des § 20 Absatz 1 Nummer 10 Buchstabe b EStG nicht erfüllt sind: Zu berücksichtigende Eigenkapitalveränderungen nach Randnummer 45 des BMF-Schreibens vom 04.04.2022, BStBl I 2022, 645 (zum Beispiel nicht an die Trägerkörperschaft abgeführte Gewinne, von der Trägerkörperschaft übernommene Verluste; ohne Beträge laut Zeile 16)		48.227 +		
	Erhöhung des Nennkapitals eines Betriebs gewerblicher Art durch Umwandlung von Rücklagen nach § 28 Absatz 1 KStG				
40	Zwischensumme				
41 bis 46 frei 47	Betrag der Erhöhung des Nennkapitals (ohne Fälle im Sinne der Zeile 9)	48.115			
48	Hierfür Minderung des positiven steuerlichen Einlagekontos bis zu dessen Verbrauch	– ▸	–		
49	Verbleibender Betrag: Nennkapitalerhöhung aus sonstigen Rücklagen, entsprechender Abgang bei den Neurücklagen	▸		–	+
	Fiktive Herabsetzung des Nennkapitals bei Betrieben gewerblicher Art bei Zusammenfassung von Betrieben gewerblicher Art und Abspaltung				
50	Zwischensumme				
51	Betrag des Nennkapitals am steuerlichen Übertragungsstichtag	48.136			
52 frei 53	Ausstehende Einlagen in das Nennkapital	48.132 –			
53a	Verringerung des Sonderausweises bis zu dessen Verbrauch; niedrigerer Betrag laut Zeile 50 oder dem Betrag laut Zeile 51 abzüglich Betrag laut Zeile 53; entsprechender Zugang bei den Neurücklagen	– ▸		+	–
54	Verbleibender Betrag: Gutschrift beim steuerlichen Einlagekonto	▸	+		

- 6 -

Steuernummer

Zeile		Vorspalte	Steuerliches Einlagekonto	Neurücklagen	Sonderausweis
		EUR	EUR	EUR	EUR
	1	2	3	4	5
	Einbringung eines gesamten Betriebs gewerblicher Art oder eines wirtschaftlichen Geschäftsbetriebs in eine Kapitalgesellschaft (71)				
54a	Zwischensumme				
54b	Betrag des Nennkapitals am steuerlichen Übertragungsstichtag	48.237			
54c frei 54d	Ausstehende Einlagen in das Nennkapital	48.238 –			
54e	Verringerung des Sonderausweises bis zu dessen Verbrauch; niedrigerer Betrag laut Zeile 54a, Spalte 5 oder dem Betrag laut Zeile 54b abzüglich Betrag laut Zeile 54d; entsprechender Zugang bei den Neurücklagen	– ▸		+	–
54f	Verbleibender Betrag: Gutschrift beim steuerlichen Einlagekonto	▸	+		
54g	Verbleibender Betrag des Nennkapitals am steuerlichen Übertragungsstichtag (laut Zeile 54f); Abzug vom steuerlichen Einlagekonto, soweit die Rückzahlung nicht aus der Minderung des Sonderausweises stammt; im Übrigen Abzug von den Neurücklagen		–	–	
	Fiktive Rückzahlung der offenen Rücklagen bei Einbringung eines gesamten Betriebs gewerblicher Art oder eines wirtschaftlichen Geschäftsbetriebs in eine Kapitalgesellschaft (71)				
55	Zwischensumme				
55a	Zum Zeitpunkt der Umwandlung vorhandene offene Rücklagen	48.154			
55b	Abzug des Betrages laut Zeile 55a, höchstens in Höhe eines positiven Betrages laut Zeile 55 Spalte 4	– ▸		–	
55c	Verbleibender Betrag				
55d	Abzug des Betrages laut Zeile 55c oder ein nach § 27 Absatz 5 KStG zu berücksichtigender Betrag, höchstens in Höhe des Betrages laut Zeile 55 Spalte 3	– ▸	–		
55e	Abzug des übersteigenden Betrages	▸		–	
	Abspaltung				
55f	Zwischensumme				
55g	Der für die Abspaltung maßgebende Zähler nach § 29 Absatz 3 KStG	48.341			
55h	Der für die Abspaltung maßgebende Nenner nach § 29 Absatz 3 KStG	48.342			
56	Verringerung des steuerlichen Einlagekontos nach § 29 Absatz 3 KStG und der Neurücklagen (Betrag laut Zeile 55f multipliziert mit dem Betrag laut Zeile 55g dividiert durch den Betrag laut Zeile 55h)		–	–	

Steuernummer

- 7 -

Zeile	1	Vorspalte EUR 2	Steuerliches Einlagekonto EUR 3	Neurücklagen EUR 4	Sonderausweis EUR 5
	Anpassung des Nennkapitals bei einem Betrieb gewerblicher Art im Falle der Abspaltung (Nicht bei Zusammenfassung von Betrieben gewerblicher Art nach § 8 Absatz 8 KStG im laufenden Wirtschaftsjahr)				
57	Zwischensumme				
58	Höhe des Nennkapitals nach Abspaltung	48.118			
59	Ausstehende Einlagen in das Nennkapital	48.180 –			
60	Zwischensumme				
61	Hierfür Minderung des positiven steuerlichen Einlagekontos bis zu dessen Verbrauch	–	–		
62	Verbleibender Betrag: Nennkapitalerhöhung aus sonstigen Rücklagen; entsprechender Abgang bei den Neurücklagen			–	+
	Verminderung des Sonderausweises und des steuerlichen Einlagekontos nach § 28 Absatz 3 KStG				
63	Zwischensumme				
64	Abzug des Betrages laut Zeile 63 Spalte 5 - maximal in Höhe des positiven Betrages laut Zeile 63 Spalte 3 - jeweils abzuziehen in Spalten 3 und 5 und hinzuzurechnen in Spalte 4		–	+	–
	Endbestände				
65	Endbestände zum Schluss des Wirtschaftsjahres				

Angaben zu ausgestellten Bescheinigungen über die Minderung des steuerlichen Einlagekontos

Zeile		EUR
65a	Die Minderung des steuerlichen Einlagekontos für die in Zeile 24 eingetragenen Leistungen wurde im Wirtschaftsjahr bescheinigt in Höhe von	19.287
65b	Die Minderung des steuerlichen Einlagekontos für die in Zeile 31a eingetragenen Leistungen wurde im Wirtschaftsjahr bescheinigt in Höhe von	19.288
65c	Die Minderung des steuerlichen Einlagekontos für die in Zeile 55a eingetragenen Leistungen wurde im Wirtschaftsjahr bescheinigt in Höhe von	19.289

Ermittlung der kapitalertragsteuerpflichtigen Leistungen

Zeile		
66	Summe der Beträge laut Zeile 24 Spalte 2, Zeile 31a Spalte 2, Zeile 37, Zeile 54g Spalte 4 und Zeile 55a	
67	Minderung des steuerlichen Einlagekontos (Summe der Beträge laut Zeile 27 Spalte 3, Zeile 31d Spalte 3, Zeile 37c Spalte 3 und Zeile 55d Spalte 3)	–
68	Kapitalertragsteuerpflichtige Leistungen, sofern die sonstigen Voraussetzungen des § 20 Absatz 1 Nummer 10 Buchstabe b EStG erfüllt sind (66)	

Bezeichnung des Steuerpflichtigen

Steuernummer

Enden in einem Veranlagungszeitraum zwei Wirtschaftsjahre, ist für jedes Wirtschaftsjahr die Anlage OG gesondert auszufüllen.

Die mit einem Kreis versehenen Zahlen bezeichnen die Erläuterungen in der Anleitung zur Körperschaftsteuererklärung.

Anlage OG **2025**

☐ zur Steuererklärung

☐ zum Bescheid

Hinzurechnungen/Kürzungen bei Organgesellschaften

Zeile

Allgemeine Angaben

Die Steuerpflichtige ist Organgesellschaft:

Zeile		
1	Bezeichnung des Organträgers	
2	Straße, Hausnummer	
3	Postleitzahl	Ort
4	Steuernummer des Organträgers	Wirtschafts-Identifikationsnummer des Organträgers (29) DE
5	Wirtschaftsjahr der Organgesellschaft vom	Wirtschaftsjahr der Organgesellschaft bis

Finanzielle Eingliederung (76) (77)

Zeile		
6	Unmittelbare Beteiligung des Organträgers an den Stimmrechten der Organgesellschaft zum Ende des Wirtschaftsjahres der Organgesellschaft	17.216
7	Mittelbare Beteiligung des Organträgers an den Stimmrechten der Organgesellschaft über Kapitalgesellschaften zum Ende des Wirtschaftsjahres der Organgesellschaft	17.217
8	Mittelbare Beteiligung des Organträgers an den Stimmrechten der Organgesellschaft über Personengesellschaften zum Ende des Wirtschaftsjahres der Organgesellschaft	17.218
9	Stimmrechte, die nicht unmittelbar oder mittelbar dem Organträger zugerechnet werden	17.219
10	Anzahl der Stimmrechte, die mindestens für die finanzielle Eingliederung nach § 14 Absatz 1 Satz 1 Nummer 1 KStG erforderlich sind	17.220

Der Feststellungsbescheid nach § 14 Absatz 5 KStG für den Organträger soll folgendem von den Zeilen 1 bis 3 abweichenden Empfangsbevollmächtigten/Postempfänger zugesandt werden:

Zeile		
11	Namenszeile 1	17.301
12	Namenszeile 2	17.302
13	Namenszeile 3	17.303
14	Namenszeile 4	17.304
15	Straße/Postfach	17.305
16	Straße	17.306

Anlage OG - Oktober 2025 - Version 2.9.1.0 Bekanntgabe

- 2 -

Steuernummer

Zeile		EUR
	Postleitzahl und Ort	
17	17.307	
	Ermittlung des dem Organträger zuzurechnenden Einkommens	
18 bis 24 frei		
25	Einkommen der Organgesellschaft vor Zurechnung an den Organträger (Betrag laut Zeile 43 der Anlage ZVE)	
26	Davon ab: 20/17 der eigenen Ausgleichszahlungen der Organgesellschaft an ihre außenstehenden Anteilseigner (§ 16 Satz 1 KStG)	17.134
27	Davon ab: 20/17 der verdeckten Gewinnausschüttungen der Organgesellschaft an ihre außenstehenden Anteilseigner (§ 16 Satz 1 KStG in Verbindung mit R 14.6 Absatz 4 Satz 4 KStR 2022)	17.225
28	Davon ab: Ausgleichszahlungen des Organträgers an außenstehende Anteilseigner der Organgesellschaft nach § 16 Satz 2 KStG (Übertrag nach Zeile 45 der Anlage ZVE)	17.122
29	Dazu: 14/17 des Betrages aus Zeile 28 (§ 16 Satz 2 KStG)	
30 frei, 31	Dem Organträger zuzurechnendes Einkommen (Übertrag nach Zeile 44 der Anlage ZVE mit umgekehrtem Vorzeichen)	
	Werte, die für die Besteuerung des Organträgers von Bedeutung sind	
	- ohne die Werte der vorgelagerten Organgesellschaften -	
	Von der Organgesellschaft unmittelbar verwirklichte Tatbestände	
32 bis 39 frei, 40	Bezüge nach § 20 Absatz 1 Nummer 1, 2 und 9 EStG, die nicht in Zeile 156 der Anlage GK enthalten sind	17.227
41	Betriebsvermögensminderungen (Aufwendungen) und weitere Beträge nach § 3c Absatz 2 EStG, die mit den Bezügen nach § 20 Absatz 1 Nummer 1, 2 und 9 EStG in wirtschaftlichem Zusammenhang oder einem Veranlassungszusammenhang nach § 3c Absatz 2 Satz 6 EStG stehen	17.228
42 bis 45 frei, 46	Positiver/negativer Anleger-Teilfreistellungsgewinn nach § 49 Absatz 1 Satz 1 Nummer 3 in Verbindung mit § 49 Absatz 1 Satz 2 InvStG für natürliche Personen als Anleger, die ihre Spezial-Investmentanteile im Betriebsvermögen halten und nicht die Voraussetzungen des § 20 Absatz 1 Satz 4 und Satz 5 InvStG erfüllen	17.292
47	Im Falle einer Umwandlung mit steuerlicher Rückwirkung auf/in die Organgesellschaft (übernehmender Rechtsträger): In dem dem Organträger zuzurechnenden Einkommen enthaltene positive Einkünfte des übertragenden oder einbringenden Rechtsträgers im Rückwirkungszeitraum (§ 2 Absatz 4 Satz 4 UmwStG)	17.236
48	Zinsaufwendungen des laufenden Wirtschaftsjahres nach § 4h Absatz 3 Satz 2 EStG [1] [2] [65]	17.285
49	Zinserträge des laufenden Wirtschaftsjahres nach § 4h Absatz 3 Satz 3 EStG [1] [2] [65]	17.286
50 frei, 51	Nach § 6 Absatz 2 Satz 1, § 6 Absatz 2a Satz 2 und § 7 EStG abgesetzte Beträge (Abschreibungen) [2] [65]	17.287
	Von der Organgesellschaft mittelbar über eine Personengesellschaft verwirklichte Tatbestände [28] [30] [70]	
	laut gesonderter Einzelaufstellung	
52 bis 58 frei, 59	Betrag, um den die Einkünfte aus der Mitunternehmerschaft zu korrigieren sind, wenn der Organträger der Körperschaftsteuer unterliegt (ein abzuziehender Betrag ist mit negativem Vorzeichen einzugeben)	17.377
59a	Betrag, um den die Einkünfte aus der Mitunternehmerschaft zu korrigieren sind, wenn der Organträger der Einkommensteuer unterliegt (ein abzuziehender Betrag ist mit negativem Vorzeichen einzugeben)	17.378
60	Betrag, um den die Einkünfte aus der Personengesellschaft aus vermögensverwaltenden Tätigkeiten zu korrigieren sind, wenn der Organträger der Körperschaftsteuer unterliegt (ein abzuziehender Betrag ist mit negativem Vorzeichen einzugeben)	17.387
60a	Betrag, um den die Einkünfte aus der Personengesellschaft aus vermögensverwaltenden Tätigkeiten zu korrigieren sind, wenn der Organträger der Einkommensteuer unterliegt (ein abzuziehender Betrag ist mit negativem Vorzeichen einzugeben)	17.388
61	Steuerfreier Teil der Einkünfte nach §§ 3 Nummer 40, 3c Absatz 2 EStG und § 4 Absatz 7 UmwStG	17.371
62	Im Falle einer Umwandlung mit steuerlicher Rückwirkung auf/in eine Personengesellschaft (übernehmender Rechtsträger), an der die Organgesellschaft beteiligt ist: In dem dem Organträger zuzurechnenden Einkommen enthaltene positive Einkünfte des übertragenden oder einbringenden Rechtsträgers im Rückwirkungszeitraum (laut gesonderter und einheitlicher Feststellung) [50]	17.237
	Angaben zum Progressionsvorbehalt bei nach DBA steuerfreien Einkünften	
63	Nach DBA steuerfreie ausländische Einkünfte, die für Zwecke des Progressionsvorbehalts nach deutschem Steuerrecht ermittelt wurden (ohne ausländische Einkünfte, die dem § 2a EStG unterliegen, laut gesonderter Ermittlung) [74]	17.238

- 3 -

Steuernummer	

Zeile			
64	Es liegen nach DBA steuerfreie ausländische Einkünfte vor, die dem § 2a EStG unterliegen (laut gesonderter Einzelaufstellung) 24	17.279	1 = Ja
	Verbleibender Sanierungsertrag		EUR
65 bis 67 frei			
68	Verbleibender Sanierungsertrag nach § 3a Absatz 3 Satz 4 EStG (Betrag laut Zeile 44 der Anlage SAN)	17.290	

Bezeichnung des Steuerpflichtigen
Steuernummer

Die mit einem Kreis versehenen Zahlen bezeichnen die Erläuterungen in der Anleitung zur Körperschaftsteuererklärung.

Anlage ÖHK zur Spartentrennung 2025

☐ zur Steuererklärung

☐ zum Bescheid

für Gesellschaften nach § 8 Absatz 7 Satz 1 Nummer 2 Satz 2 KStG (auch soweit Organgesellschaft) und für Gesellschaften oder Betriebe gewerblicher Art (BgA), die Organträger solcher Gesellschaften sind (53) (81)

Zeile		
	Allgemeine Angaben (57)	
1	Laufende Nummer der Sparte (58)	
2	Kurzbezeichnung der Sparte (bei Organgesellschaften: der Tätigkeit)	
3	Art der Tätigkeit	
4	Straße, Hausnummer	
5	Postleitzahl / Ort / Auslands-Postleitzahl	
6	Name der Organgesellschaft(en)/Personengesellschaft(en), deren Tätigkeit in die Sparte einbezogen wurde:	
7	Die von der/den Gesellschaft(en) laut Zeile 6 ausgeübte Tätigkeit, besteht auch beim Steuerpflichtigen.	1 = Ja
8	Die Sparte ist in 2025 neu entstanden.	1 = Ja
9	Die Sparte ist in 2025 gegenüber dem Vorjahr verändert worden.	1 = Ja
10	Die Sparte ist in 2025 beendet worden zum	
11	Die Tätigkeit erfüllt die Voraussetzungen für die Annahme eines begünstigten Dauerverlustgeschäfts nach § 8 Absatz 7 Satz 2 KStG.	1 = Ja
	Ermittlung des Gesamtbetrags der Einkünfte (§ 31 Absatz 1, § 8 Absatz 1 KStG) (81)	
	Ermittlung des Gesamtbetrags der Einkünfte für die einzelne Sparte entsprechend der Berechnungsreihenfolge der Anlage GK und der Anlage ZVE	EUR
12 bis 20 frei 21	Jahresüberschuss/-fehlbetrag laut Handels- oder Steuerbilanz (bei Handelsbilanz: nach Berücksichtigung der Überleitungsrechnung nach § 5b Absatz 1 Satz 2 EStG beziehungsweise § 60 Absatz 2 EStDV zur Anpassung an die steuerlich maßgeblichen Wertansätze) (Zeile 11 der Anlage GK)	
22	Davon ab / Dazu: Im Betrag laut Zeile 11 der Anlage GK enthaltener Gewinn/Verlust aus der Beteiligung an Personengesellschaften (Zeile 21 der Anlage GK)	
23	Nicht bei Organgesellschaften: Dazu / Davon ab: Steuerpflichtige Einkünfte aus der Beteiligung an Mitunternehmerschaften laut gesonderter und einheitlicher Feststellung nach Anwendung aller außerbilanziellen Korrekturen (zum Beispiel § 8b KStG) sowie von Verlustverrechnungsbeschränkungen, die auf Ebene der Mitunternehmerschaft anzuwenden sind (zum Beispiel § 15a EStG) (Zeile 22 der Anlage GK)	
24	Nur bei Organgesellschaften: Dazu / Davon ab: Einkünfte aus der Beteiligung an Mitunternehmerschaften laut gesonderter und einheitlicher Feststellung vor Anwendung der aufgrund § 15 Satz 1 Nummer 2 und 2a und § 15 Satz 2 KStG nicht vorzunehmenden außerbilanziellen Korrekturen (Zeile 23 der Anlage GK)	
25	Nicht bei Organgesellschaften: Dazu / Davon ab: Steuerpflichtige Einkünfte aus der Beteiligung an vermögensverwaltenden Personengesellschaften (Überleitung nach Maßgabe des BMF-Schreibens vom 29.04.1994, BStBl I 1994, 282) nach Anwendung aller außerbilanziellen Korrekturen (zum Beispiel § 8b KStG) sowie von Verlustverrechnungsbeschränkungen, die auf Ebene der Personengesellschaft anzuwenden sind (Zeile 24 der Anlage GK)	

Steuernummer

- 2 -

Zeile		EUR
26	Nur bei Organgesellschaften: Dazu / Davon ab: Einkünfte aus der Beteiligung an vermögensverwaltenden Personengesellschaften (Überleitung nach Maßgabe des BMF-Schreibens vom 29.04.1994, BStBl I 1994, 282) vor Anwendung der aufgrund § 15 Satz 1 Nummer 2 und 2a und § 15 Satz 2 KStG nicht vorzunehmenden außerbilanziellen Korrekturen (Zeile 25 der Anlage GK)	
27	Davon ab / Dazu: Im Betrag laut Zeile 11 der Anlage GK enthaltener (tatsächlicher) Gewinn/Verlust aus dem Betrieb von Handelsschiffen im internationalen Verkehr, der nach § 5a EStG pauschal zu ermitteln ist (Zeile 26 der Anlage GK)	
28	Dazu / Davon ab: Pauschaler Gewinn/Verlust aus dem Betrieb von Handelsschiffen und Hinzurechnungen bei gesonderter Gewinnermittlung nach § 5a EStG (Zeile 27 der Anlage GK)	
29	Davon ab: Einnahmen aus der Verwertung von Altpapier, das unentgeltlich außerhalb einer ständig dafür vorgehaltenen Verkaufsstelle erworben wurde (ohne Umsatzsteuer) (Zeile 28 der Anlage GK)	
30	Davon ab: Einnahmen aus der Verwertung von Altmaterial (außer Altpapier), das unentgeltlich außerhalb einer ständig dafür vorgehaltenen Verkaufsstelle erworben wurde (ohne Umsatzsteuer) (Zeile 30 der Anlage GK)	
31	Dazu: Mit den Einnahmen laut Zeilen 28 und 30 der Anlage GK in Zusammenhang stehende tatsächliche Aufwendungen (Zeile 32 der Anlage GK)	
32	Dazu: Anzusetzender branchenüblicher Reingewinn aus der Verwertung von Altmaterial nach § 64 Absatz 5 AO (5 % des Betrages laut Zeile 28 der Anlage GK zuzüglich 20 % des Betrages laut Zeile 30 der Anlage GK) (Zeile 33 der Anlage GK)	
33	Davon ab: Einnahmen aus Tätigkeiten nach § 64 Absatz 6 AO (ohne Umsatzsteuer) (Zeile 34 der Anlage GK)	
34	Dazu: Mit den Einnahmen laut Zeile 34 der Anlage GK in Zusammenhang stehende tatsächliche Aufwendungen (Zeile 36 der Anlage GK)	
35	Dazu: Pauschalierter Gewinn nach § 64 Absatz 6 AO (15 % des Betrages laut Zeile 34 der Anlage GK) (Zeile 37 der Anlage GK)	
35a	Dazu: Aufwendungen nach § 8 Steueroasen-Abwehrgesetz aus Geschäftsvorgängen in oder mit Bezug zu einem nicht kooperativen Steuerhoheitsgebiet (Zeile 37a der Anlage GK)	
36	Dazu / Davon ab: Betrag nach § 4e Absatz 3 EStG (Zeile 38 der Anlage GK)	
37	Dazu / Davon ab: Betrag nach § 4f EStG (Zeile 39 der Anlage GK)	
37a	Dazu: Nichtabziehbare Aufwendungen bei Besteuerungsinkongruenzen nach § 4k EStG (Zeile 40 der Anlage GK)	
38	Dazu: Nichtabziehbare Aufwendungen für Rechteüberlassungen nach § 4j Absatz 3 EStG (Zeile 46 der Anlage GK)	
39	Dazu: Nicht ausgleichsfähige Verluste nach § 15b EStG gegebenenfalls in Verbindung mit § 2 Absatz 4 Satz 1 und 2 UmwStG und des § 20 Absatz 6 Satz 4 UmwStG (ohne Beträge aus Beteiligungen an Personengesellschaften) (Zeile 47 der Anlage GK)	
40	Davon ab: Verlustverrechnung nach § 15b EStG, gegebenenfalls unter Berücksichtigung von § 2 Absatz 4 Satz 3 und 4 UmwStG (ohne Beträge aus Beteiligungen an Personengesellschaften) (Zeile 48 der Anlage GK)	
41	Dazu: Nicht ausgleichsfähige Verluste aus gewerblicher Tierzucht/-haltung nach § 15 Absatz 4 Satz 1 EStG gegebenenfalls in Verbindung mit § 2 Absatz 4 Satz 1 und 2 UmwStG und § 20 Absatz 6 Satz 4 UmwStG (Zeile 49 der Anlage GK)	
42	Davon ab: Verrechnung von Gewinnen aus gewerblicher Tierzucht/-haltung des laufenden Jahres mit dem Verlustvortrag und dem Verlustrücktrag aus dem folgenden Veranlagungszeitraum nach § 15 Absatz 4 Satz 2 EStG, gegebenenfalls unter Berücksichtigung von § 2 Absatz 4 Satz 3 und 4 UmwStG (Zeile 50 der Anlage GK)	
43	Dazu: Nicht ausgleichsfähige Verluste aus Termingeschäften nach § 15 Absatz 4 Satz 3 EStG gegebenenfalls in Verbindung mit § 2 Absatz 4 Satz 1 und 2 UmwStG und § 20 Absatz 6 Satz 4 UmwStG (Zeile 51 der Anlage GK)	
44	Davon ab: Verrechnung von Gewinnen aus Termingeschäften des laufenden Jahres mit dem Verlustvortrag und dem Verlustrücktrag aus dem folgenden Veranlagungszeitraum nach § 15 Absatz 4 Satz 3 in Verbindung mit Satz 2 EStG, gegebenenfalls unter Berücksichtigung von § 2 Absatz 4 Satz 3 und 4 UmwStG (Zeile 52 der Anlage GK)	
45	Dazu: Nicht ausgleichsfähige Verluste als atypisch stiller Gesellschafter nach § 15 Absatz 4 Satz 6 bis 8 EStG gegebenenfalls in Verbindung mit § 2 Absatz 4 Satz 1 und 2 UmwStG und § 20 Absatz 6 Satz 4 UmwStG (Zeile 57 der Anlage GK)	
46	Davon ab: Verrechnung von Gewinnen als atypisch stiller Gesellschafter mit dem Verlustvortrag und dem Verlustrücktrag aus dem folgenden Veranlagungszeitraum nach § 15 Absatz 4 Satz 6 bis 8 EStG, gegebenenfalls unter Berücksichtigung von § 2 Absatz 4 Satz 3 und 4 UmwStG (Zeile 58 der Anlage GK)	
47	Dazu: Nicht ausgleichsfähige Verluste als typisch stiller Gesellschafter nach § 20 Absatz 1 Nummer 4 Satz 2 EStG in Verbindung mit § 15 Absatz 4 Satz 6 und 8 und § 15a EStG und gegebenenfalls § 2 Absatz 4 Satz 1 und 2 UmwStG und § 20 Absatz 6 Satz 4 UmwStG (Zeile 63 der Anlage GK)	
48	Davon ab: Verrechnung von Gewinnen als typisch stiller Gesellschafter nach § 20 Absatz 1 Nummer 4 Satz 1 EStG mit dem Verlustvortrag und dem Verlustrücktrag aus dem folgenden Veranlagungszeitraum nach § 20 Absatz 1 Nummer 4 Satz 2 EStG in Verbindung mit § 15 Absatz 4 Satz 6 bis 8 EStG oder mit dem Verlustvortrag nach § 15a EStG und gegebenenfalls unter Berücksichtigung von § 2 Absatz 4 Satz 3 und 4 UmwStG (Zeile 64 der Anlage GK)	
49	Dazu: Nicht ausgleichsfähige Verluste aus Anteilen an REIT-Körperschaften nach § 19 Absatz 4 REITG gegebenenfalls in Verbindung mit § 2 Absatz 4 Satz 1 und 2 UmwStG und § 20 Absatz 6 Satz 4 UmwStG (vorbehaltlich des § 19a Absatz 1 Satz 2 REITG) (Zeile 65 der Anlage GK)	

Steuernummer

- 3 -

Zeile		EUR
50	Davon ab: Verrechnung von Gewinnen aus Anteilen an REIT-Körperschaften des laufenden Jahres nach § 19 Absatz 4 REITG gegebenenfalls unter Berücksichtigung von § 2 Absatz 4 Satz 3 und 4 UmwStG (Zeile 66 der Anlage GK)	
51 frei 52	Davon ab: Investitionsabzugsbeträge des laufenden Wirtschaftsjahres nach § 7g Absatz 1 EStG (Zeile 67 der Anlage GK)	
53	Dazu: Im Wirtschaftsjahr der Anschaffung/Herstellung: Investitionsabzugsbeträge nach § 7g Absatz 2 Satz 1 EStG aus 2022 (Zeile 70 der Anlage GK)	
54	Dazu: Im Wirtschaftsjahr der Anschaffung/Herstellung: Investitionsabzugsbeträge nach § 7g Absatz 2 Satz 1 EStG aus 2023 (Zeile 71 der Anlage GK)	
55	Dazu: Im Wirtschaftsjahr der Anschaffung/Herstellung: Investitionsabzugsbeträge nach § 7g Absatz 2 Satz 1 EStG aus 2024 (Zeile 72 der Anlage GK)	
56	Nicht bei Organgesellschaften: Dazu: Verdeckte Gewinnausschüttungen nach § 8 Absatz 3 Satz 2 KStG (Zeile 75 der Anlage GK)	
56a	Dazu: Ausschüttungen jeder Art auf Genussrechte, mit denen das Recht auf Beteiligung am Gewinn und am Liquidationserlös der Kapitalgesellschaft verbunden ist, nach § 8 Absatz 3 Satz 2 zweite Alternative KStG (Zeile 75c der Anlage GK)	
57	Davon ab: Gewinnerhöhungen im Zusammenhang mit versteuerten verdeckten Gewinnausschüttungen (gemäß BMF-Schreiben vom 28.05.2002, BStBl I 2002, 603) (Zeile 76 der Anlage GK)	
58	Dazu: Nichtabziehbare genossenschaftliche Rückvergütungen - verdeckte Gewinnausschüttungen nach R 22 Absatz 13 KStR 2022 (Zeile 77 der Anlage GK)	
59	Dazu: Nicht erfolgswirksam gebuchte Einlagen nach § 8 Absatz 3 Satz 4 KStG (Zeile 78 der Anlage GK)	
59a	Dazu: Gewinnzuschlag nach § 6b Absatz 7 EStG gegebenenfalls in Verbindung mit § 6c EStG (Zeile 79 der Anlage GK)	
60	Dazu: Aufwendungen für satzungsmäßige Zwecke (§ 10 Nummer 1 KStG) (Zeile 80 der Anlage GK)	
61	Dazu: Körperschaftsteuer (Zeile 81 der Anlage GK)	
62	Dazu: Solidaritätszuschlag (Zeile 82 der Anlage GK)	
63	Dazu: Kapitalertragsteuer auf vereinnahmte Kapitalerträge (Zeile 83 der Anlage GK)	
64	Dazu: Gewerbesteuer ab Erhebungszeitraum 2008 (Zeile 84 der Anlage GK)	
64a frei 64b	Dazu: Mindeststeuer (MinStG) (Zeile 84b der Anlage GK)	
64c	Dazu / Davon ab: Nach § 3 Absatz 6 Satz 3 MinStG nicht abziehbare Aufwendungen beziehungsweise nicht steuerpflichtige Erträge für Ausgleichsansprüche (Zeile 84c der Anlage GK)	
65	Dazu: Sonstige Personensteuern (zum Beispiel Vermögensteuer, Erbschaft- und Schenkungsteuer) (Zeile 85 der Anlage GK)	
66	Dazu: Nach § 10 Nummer 2 KStG nichtabziehbarer Teil der Umsatzsteuer und Vorsteuerbeträge (Zeile 86 der Anlage GK)	
67	Dazu: Ausländische Personensteuern und ausländische Steuern vom Einkommen nach § 10 Nummer 2 KStG (Zeile 87 der Anlage GK)	
68	Dazu: Nebenleistungen zu den Steuern laut Zeilen 81 bis 87 der Anlage GK (zum Beispiel Säumnis- und Verspätungszuschläge, Zwangsgelder, Zinsen nach §§ 234 bis 237 AO, Nachzahlungszinsen nach § 233a AO, Zuschläge nach § 162 Absatz 4 AO, Gebühren nach §§ 89 und 89a AO) (Zeile 88 der Anlage GK)	
69	Dazu: Die Hälfte der Vergütungen aller Art, die an Mitglieder des Aufsichtsrats, Verwaltungsrats oder andere mit der Überwachung der Geschäftsführung beauftragte Personen gewährt werden (einschließlich des von der Körperschaft getragenen Steuerabzugs nach § 50a Absatz 1 Nummer 4 EStG und des Solidaritätszuschlags; § 10 Nummer 4 KStG) (Zeile 89 der Anlage GK)	
70	Dazu: Sonstige nichtabziehbare Aufwendungen; insbesondere nach § 4 Absatz 5 Satz 1 Nummer 1 bis 4, 7, 8, 8a, 10 und Absatz 6 bis 8 EStG, §§ 4c und 4d EStG, § 160 Absatz 1 AO, § 10 Nummer 3 KStG (Zeile 90 der Anlage GK)	
71	Dazu: Nichtabziehbare Beitragsrückerstattungen nach § 21 KStG (Zeile 91 der Anlage GK)	
72	Dazu: Sämtliche Spenden und nicht als Betriebsausgaben abziehbare Beiträge (Zeile 92 der Anlage GK)	
73	Davon ab: Einlagen der Gesellschafter (§ 8 Absatz 3 Satz 3 KStG), die erfolgswirksam gebucht und bis zum Ende des Wirtschaftsjahres geleistet wurden (einschließlich eines Erhöhungsbetrages nach § 23 Absatz 2 und 3 UmwStG) (Zeile 93 der Anlage GK)	
74	Davon ab: Einlagen der Gesellschafter (§ 8 Absatz 3 Satz 3 KStG), die erfolgswirksam gebucht aber nicht bis zum Ende des Wirtschaftsjahres geleistet wurden (Zeile 94 der Anlage GK)	

- 4 -

Steuernummer

Zeile		EUR
75	Davon ab: Gewinnerhöhung aus der Begründung des Besteuerungsrechts der Bundesrepublik Deutschland hinsichtlich des Gewinns aus der Veräußerung eines Wirtschaftsgutes (§ 4 Absatz 1 Satz 8 zweiter Halbsatz EStG) (Zeile 95 der Anlage GK)	
76	Davon ab: Investitionszulage (zurückgeforderte Investitionszulage mit negativem Vorzeichen eintragen) (Zeile 96 der Anlage GK)	
77	Dazu: Einkommenserhöhung aus der Steuerentstrickung nach § 12 Absatz 1 Satz 1 und 2 KStG, § 16 Absatz 3a EStG (soweit im Betrag laut Zeilen 11 und 12 der Anlage GK nicht erfasst) (Zeile 97 der Anlage GK)	
77a	Davon ab / Dazu: Nach § 3 Nummer 72 EStG steuerfreie Einnahmen und Entnahmen aus dem Betrieb von Photovoltaikanlagen, vermindert um damit im Zusammenhang stehende Betriebsausgaben nach § 3c Absatz 1 EStG (Zeile 97a der Anlage GK)	
78	Davon ab: Sonstige steuerfreie Einnahmen, vermindert um damit im Zusammenhang stehende nicht abzugsfähige Betriebsausgaben nach § 3c Absatz 1 EStG (Zeile 102 der Anlage GK)	
78a	Dazu / Davon ab: Betrag des in der Steuerbilanz erfolgsneutral angesetzten übernommenen Vermögens (Zeile 115 der Anlage GK)	
79	Übernahmegewinn nach § 12 Absatz 2 Satz 2 UmwStG in Verbindung mit § 8b Absatz 2 KStG (Zeile 116 der Anlage GK)	
80	Übernahmegewinne/-verluste nach § 12 Absatz 2 Satz 1 UmwStG (Zeile 117 der Anlage GK)	
81 und 82 frei 83	Dazu: Im laufenden Wirtschaftsjahr zu versteuernder "Einbringungsgewinn I" nach § 22 Absatz 1 UmwStG (Zeile 118 der Anlage GK)	
84	Davon ab / Dazu: In einem anderen Wirtschaftsjahr entstandene Aufwendungen beziehungsweise Erträge, die im Zusammenhang mit dem im laufenden Wirtschaftsjahr nach § 12 Absatz 2 Satz 1 UmwStG zu berücksichtigenden Übernahmegewinn/-verlust und/oder zu versteuernden "Einbringungsgewinn I" nach § 22 Absatz 1 UmwStG stehen (Zeile 122 der Anlage GK)	
85	Dazu / Davon ab: Im laufenden Wirtschaftsjahr entstandene Aufwendungen beziehungsweise Erträge, die im Zusammenhang mit dem in einem anderen Wirtschaftsjahr nach § 12 Absatz 2 Satz 1 UmwStG zu berücksichtigenden Übernahmegewinn/-verlust und/oder zu versteuernden "Einbringungsgewinn I" nach § 22 Absatz 1 UmwStG stehen (Zeile 126 der Anlage GK)	
86	Davon ab: Ausländische Einkünfte, die aufgrund von DBA steuerfrei sind (ohne Bezüge nach § 20 Absatz 1 Nummer 1, 2, 9 und 10 Buchstabe a EStG aus der Beteiligung an einer ausländischen Körperschaft) (Zeile 131 der Anlage GK)	
87	Dazu: Mit den ausländischen Einkünften laut Zeile 131 der Anlage GK im Zusammenhang stehende nichtabziehbare inländische Betriebsausgaben (Zeile 132 der Anlage GK)	
88 und 89 frei 90	Dazu / Davon ab: Berichtigungsbetrag nach § 1 AStG laut gesonderter Ermittlung (Zeile 142 der Anlage GK)	
91	Davon ab / Dazu: In einem anderen Wirtschaftsjahr entstandene Aufwendungen beziehungsweise Erträge, die im Zusammenhang mit der nach § 8b Absatz 2 und 3 KStG steuerfreien Veräußerung von Anteilen an anderen Körperschaften im laufenden Wirtschaftsjahr stehen (Zeile 146 der Anlage GK)	
92	Dazu / Davon ab: Im laufenden Wirtschaftsjahr entstandene Aufwendungen beziehungsweise Erträge, die im Zusammenhang mit der nach § 8b Absatz 2 und 3 KStG steuerfreien Veräußerung von Anteilen an anderen Körperschaften in einem anderen Wirtschaftsjahr stehen. (Zeile 150 der Anlage GK)	
93	Nicht bei Organgesellschaften: Korrekturbetrag nach § 8b KStG (Zeile 201 der Anlage GK)	
94	Nur bei Organgesellschaften: Korrekturbetrag nach § 8b KStG (Zeile 202 der Anlage GK)	
94a bis 94b frei 94c	Davon ab: Auflösung der Rücklage nach § 34 Absatz 6e Satz 17 bis 19 KStG im laufenden Wirtschaftsjahr (nicht bei Organgesellschaften: Betrag der Hauptspalte in Zeile 217 der Anlage GK)	
94d	Dazu: Nichtabziehbare Ausgaben nach § 8b Absatz 3 Satz 1 in Verbindung mit § 34 Absatz 6e Satz 14 und Satz 20 KStG (Zeile 218 der Anlage GK)	
95	Nach § 20 Absatz 1 InvStG freizustellender Betrag für Aktienfonds (nicht bei Organgesellschaften: 80 % des Wertes der Vorspalte in Zeile 221 der Anlage GK mit umgekehrtem Vorzeichen)	
96	Nach § 20 Absatz 1 InvStG freizustellender Betrag für Aktienfonds, die den Kapitalanlagen eines Lebens- oder Krankenversicherungsunternehmens beziehungsweise einem Pensionsfonds zuzurechnen sind oder die Voraussetzungen des § 20 Absatz 1 Satz 4 Nummer 2 InvStG erfüllen (30 % des Wertes der Vorspalte in Zeile 224 der Anlage GK mit umgekehrtem Vorzeichen)	
97	Nach § 20 Absatz 2 in Verbindung mit Absatz 1 InvStG freizustellender Betrag für Mischfonds (nicht bei Organgesellschaften: 40 % des Wertes der Vorspalte in Zeile 227 der Anlage GK mit umgekehrten Vorzeichen)	
98	Nach § 20 Absatz 2 in Verbindung mit Absatz 1 InvStG freizustellender Betrag für Mischfonds, die den Kapitalanlagen eines Lebens- oder Krankenversicherungsunternehmens beziehungsweise einem Pensionsfonds zuzurechnen sind oder die Voraussetzungen des § 20 Absatz 1 Satz 4 Nummer 2 InvStG erfüllen (15 % des Wertes der Vorspalte in Zeile 230 der Anlage GK mit umgekehrtem Vorzeichen)	
99	Nach § 20 Absatz 3 Satz 1 InvStG freizustellender Betrag für Immobilienfonds (nicht bei Organgesellschaften: 60 % des Wertes der Vorspalte in Zeile 233 der Anlage GK mit umgekehrtem Vorzeichen)	
100	Nach § 20 Absatz 3 Satz 2 InvStG freizustellender Betrag für Auslands-Immobilienfonds nach § 2 Absatz 9 Satz 2 InvStG (nicht bei Organgesellschaften: 80 % des Wertes der Vorspalte in Zeile 236 der Anlage GK mit umgekehrtem Vorzeichen)	
101	Dazu / Davon ab: Unterschiedsbeträge nach § 5 Absatz 1 Satz 1 Nummer 5 Satz 5 beziehungsweise § 13 Absatz 4a Satz 2 InvStG 2004 (Zeile 237 der Anlage GK)	

Steuernummer

- 5 -

Zeile		EUR
102	Davon ab: Im Betrag laut Zeile 11 der Anlage GK enthaltene laufende Erträge als Anleger an einem Spezial-Investmentfonds (nicht bei Organgesellschaften: Betrag der Hauptspalte in Zeile 237a der Anlage GK)	
103	Nicht bei Organgesellschaften: Dazu: Steuerpflichtige laufende Spezial-Investmenterträge nach § 20 Absatz 1 Nummer 3a EStG in Verbindung mit § 34 Absatz 1 Nummer 1 und 2 InvStG (Zeile 237b der Anlage GK)	
104	Nicht bei Organgesellschaften: Davon ab / Dazu: Außerbilanzieller Korrekturbetrag bei Veräußerung von Anteilen an Spezial-Investmentfonds (Zeile 237c der Anlage GK)	
105 bis 113 frei 114	Davon ab / Dazu: Positiver/negativer Anleger-Abkommensgewinn nach § 49 Absatz 1 Satz 1 Nummer 2 in Verbindung mit § 49 Absatz 1 Satz 2 InvStG (Zeile 266 der Anlage GK)	
115	Positiver/negativer Anleger-Teilfreistellungsgewinn nach § 49 Absatz 1 Satz 1 Nummer 3 in Verbindung mit § 49 Absatz 1 Satz 2 InvStG für Anleger, die dem KStG unterliegen (nicht bei Organgesellschaften: Betrag der Hauptspalte in Zeile 267 der Anlage GK)	
116	Davon ab / Dazu: Positiver/negativer Anleger-Teilfreistellungsgewinn nach § 49 Absatz 1 Satz 1 Nummer 3 in Verbindung mit § 49 Absatz 1 Satz 2 InvStG in den Fällen des § 20 Absatz 1 Satz 4 und 5 InvStG (Zeile 268 der Anlage GK)	
117 frei 118	Davon ab: Erträge aus der Gewinnabführung der Organgesellschaft(en) (Zeile 270 der Anlage GK)	
119	Dazu: Aufwendungen des Organträgers aus der Verlustübernahme von Organgesellschaft(en) (Zeile 271 der Anlage GK)	
120	Dazu: Ausgleichszahlungen des Organträgers an außenstehende Anteilseigner der Organgesellschaft(en) (§ 4 Absatz 5 Satz 1 Nummer 9 EStG) (Zeile 272 der Anlage GK)	
121 und 122 frei 123	Dazu: Mehrabführungen, die ihre Ursache in vororganschaftlicher Zeit haben (§ 14 Absatz 3 Satz 1 KStG) (Zeile 275 der Anlage GK)	
124	Davon ab: Minderabführungen, die ihre Ursache in vororganschaftlicher Zeit haben (§ 14 Absatz 3 Satz 2 KStG) (Zeile 276 der Anlage GK)	
124a	Davon ab: Minderabführungen, die ihre Ursache in organschaftlicher Zeit haben (§ 14 Absatz 4 Satz 1 KStG) (Zeile 277 der Anlage GK)	
124b	Dazu: Mehrabführungen, die ihre Ursache in organschaftlicher Zeit haben (§ 14 Absatz 4 Satz 2 KStG) (Zeile 278 der Anlage GK)	
124c	Dazu / Davon ab: Saldo der Mehr- und Minderabführungen, die im laufenden Wirtschaftsjahr bilanziell berücksichtigt wurden, aus Feststellungen für den vorangegangenen Veranlagungszeitraum (Zeile 279 der Anlage GK)	
125	Davon ab: Verdeckte Gewinnausschüttungen der Organgesellschaft(en) (Zeile 280 der Anlage GK)	
126	Dazu: Von der Organgesellschaft an den Organträger abzuführender Gewinn (Zeile 281 der Anlage GK)	
127	Davon ab: Vom Organträger an die Organgesellschaft zum Ausgleich eines sonst entstehenden Jahresfehlbetrages zu leistender Betrag (Zeile 282 der Anlage GK)	
128	Dazu: Von der Organgesellschaft geleistete Ausgleichszahlungen an außenstehende Anteilseigner (§ 4 Absatz 5 Satz 1 Nummer 9 EStG) (Zeile 283 der Anlage GK)	
129	Dazu: An den Organträger geleistete verdeckte Gewinnausschüttungen (R 14.6 Absatz 4 Satz 1 KStR 2022) (Zeile 284 der Anlage GK)	
130	Dazu: Von der Organgesellschaft geleistete verdeckte Gewinnausschüttungen an außenstehende Anteilseigner (R 14.6 Absatz 4 Satz 4 KStR 2022) (Zeile 285 der Anlage GK)	
130a	Dazu: Mehrabführungen, die ihre Ursache in vororganschaftlicher Zeit haben (§ 14 Absatz 3 Satz 1 KStG) (Zeile 292 der Anlage GK)	
130b	Davon ab: Minderabführungen, die ihre Ursache in vororganschaftlicher Zeit haben (§ 14 Absatz 3 Satz 2 KStG) (Zeile 293 der Anlage GK)	
130c	Davon ab: Minderabführungen, die ihre Ursache in organschaftlicher Zeit haben (§ 14 Absatz 4 Satz 1 KStG) (Zeile 294 der Anlage GK)	
130d	Dazu: Mehrabführungen, die ihre Ursache in organschaftlicher Zeit haben (§ 14 Absatz 4 Satz 2 KStG) (Zeile 295 der Anlage GK)	
131	Dazu: Zinsaufwendungen nach § 4h Absatz 3 Satz 2 EStG des laufenden Wirtschaftsjahres (Zeile 296 der Anlage GK)	
132	Dazu: Zinsaufwendungen nach § 4h Absatz 3 Satz 2 EStG des laufenden Wirtschaftsjahres der Organgesellschaft(en) (Zeile 297 der Anlage GK)	
133	Davon ab: Nach Anwendung des § 4h EStG in Verbindung mit § 8 Absatz 1, § 8a KStG als Betriebsausgaben abziehbare Zinsaufwendungen (Zeile 298 der Anlage GK)	
133a	Davon ab: Verrechnung mit verrechenbaren Verlusten nach § 15a EStG, die aufgrund einer Anwachsung bei der Körperschaft zu berücksichtigen sind (Zeile 299 der Anlage GK)	
134	Einkünfte aus Gewerbebetrieb der Sparte (Zeile 300 der Anlage GK)	

- 6 -

Steuernummer

Zeile		EUR
135	Nicht bei Organgesellschaften: Davon ab: Abzuziehende ausländische Steuern nach § 26 Absatz 1 Satz 1 Nummer 1 KStG in Verbindung mit § 34c Absatz 2 EStG (Zeile 20 der Anlage ZVE)	
136	Nicht bei Organgesellschaften: Davon ab: Abzuziehende ausländische Steuern nach § 26 Absatz 1 Satz 1 Nummer 1 KStG in Verbindung mit § 34c Absatz 3 EStG (Zeile 21 der Anlage ZVE)	
137	Dazu: Nicht zu berücksichtigende negative Einkünfte / Gewinnminderungen nach § 2a Absatz 1 EStG (Zeile 26 der Anlage ZVE)	
138	Davon ab: Verlustabzug nach § 2a Absatz 1 Satz 3 EStG (Zeile 27 der Anlage ZVE)	
139	Davon ab: Abzuziehende Kapitalertragsteuer nach § 36a Absatz 1 Satz 3 EStG (Zeile 28 der Anlage ZVE)	
140	Davon ab: Betriebsvermögensmehrungen oder Betriebseinnahmen aus einem Schuldenerlass zum Zwecke einer unternehmensbezogenen Sanierung nach § 3a Absatz 2 EStG (Sanierungsertrag) (Zeile 29 der Anlage ZVE)	
141	Dazu: Mit dem steuerfreien Sanierungsertrag in unmittelbarem wirtschaftlichen Zusammenhang stehende Betriebsvermögensminderungen oder Betriebsausgaben nach § 3c Absatz 4 EStG des Sanierungsjahres (Zeile 30 der Anlage ZVE)	
142	Dazu: Mit einem in einem anderen Veranlagungszeitraum steuerfreien Sanierungsertrag nach § 3a Absatz 1 EStG in unmittelbarem wirtschaftlichen Zusammenhang stehende Betriebsvermögensminderungen oder Betriebsausgaben nach § 3c Absatz 4 EStG des laufenden Veranlagungszeitraums (Zeile 31 der Anlage ZVE)	
142a	Dazu: Summe der Hinzurechnungsbeträge nach § 10 AStG, die der Körperschaft als Feststellungsbeteiligte der Feststellung nach § 18 AStG zuzurechnen sind (Zeile 31a der Anlage ZVE)	
142b	Nicht bei Organgesellschaften: Davon ab: Summe der Kürzungsbeträge nach § 11 Absatz 2 AStG (Zeile 31b der Anlage ZVE)	
143	Summe der Einkünfte der Sparte (Zeile 32 der Anlage ZVE)	
144	Davon ab: Abziehbare Zuwendungen nach § 9 Absatz 1 Nummer 2 KStG zur Förderung steuerbegünstigter Zwecke (Zeile 34 der Anlage ZVE)	
145	Hinzurechnung nach § 2a Absatz 3 Satz 3 und Absatz 4 in Verbindung mit § 52 Absatz 2 Satz 3 und 4 EStG, § 2 Absatz 1 Satz 3 und Absatz 2 AuslInvG: Dazu: Hinzurechnungsbetrag (Zeile 35 der Anlage ZVE)	
145a	Dazu: Negative Einkünfte des übernehmenden Rechtsträgers nach § 2 Absatz 5 UmwStG (Zeile 35b der Anlage ZVE)	
146	Verlustabzugsbeschränkung nach § 8c KStG: Dazu: Nach § 8c KStG nicht berücksichtigungsfähiger Verlust des laufenden Veranlagungszeitraums (gegebenenfalls in Verbindung mit § 2 Absatz 4 Satz 1 und 2, § 20 Absatz 6 Satz 4 UmwStG) (ohne Vorzeichen eintragen) (Zeile 37 der Anlage ZVE)	
147	Einkommenszurechnung bei einem Organträger: Dazu / Davon ab: Korrigierte zuzurechnende Einkommen der Organgesellschaften (Zeile 38 der Anlage ZVE)	
148	Dazu: Im Falle einer Abspaltung bei der übertragenden Körperschaft: wegfallender Verlust aus dem laufenden Veranlagungszeitraum nach § 15 Absatz 3, § 16 UmwStG (ohne Vorzeichen eintragen) (Zeile 40 der Anlage ZVE)	
149	Dazu: Minderung des laufenden Verlustes des Sanierungsjahres des zu sanierenden Unternehmens nach § 3a Absatz 3 Satz 2 Nummer 8 EStG (Zeile 41 der Anlage ZVE)	
150	Dazu: Minderung des ausgleichsfähigen Verlustes aus allen anderen Einkunftsarten des Veranlagungszeitraumes, in dem das Sanierungsjahr endet nach § 3a Absatz 3 Satz 2 Nummer 9 EStG (Zeile 42 der Anlage ZVE)	
151	Zwischensumme (bei einer Organgesellschaft: Gesamtbetrag der Einkünfte vor Zurechnung an den Organträger) (Zeile 43 der Anlage ZVE)	
	Ausgleichszahlungen bei Organgesellschaften nach § 16 KStG	
152 bis 199 frei 200	Davon ab: 20/17 der eigenen Ausgleichszahlungen der Organgesellschaft an ihre außenstehenden Anteilseigner (§ 16 Satz 1 KStG)	
201	Davon ab: 20/17 der verdeckten Gewinnausschüttungen der Organgesellschaft an ihre außenstehenden Anteilseigner (§ 16 Satz 1 KStG in Verbindung mit R 14.6 Absatz 4 Satz 4 KStR 2022)	
202	Davon ab: 3/17 der Ausgleichszahlungen des Organträgers an außenstehende Anteilseigner der Organgesellschaft nach § 16 Satz 2 KStG	
	Korrekturen nach § 2 Absatz 4 Satz 3 und 4 UmwStG Zeilen 204 bis 208: Nur im Falle von Umwandlungen mit steuerlicher Rückwirkung zur Anwendung des § 2 Absatz 4 Satz 3 und 4 UmwStG beim übernehmenden Rechtsträger; nicht bei Organgesellschaften	
203	Zwischensumme	

Steuernummer

- 7 -

Zeile		EUR	EUR
204	Betrag laut Zeile 203		
205	Davon ab: Im Betrag laut Zeile 204 enthaltene positive Einkünfte des übertragenden oder einbringenden Rechtsträgers im Rückwirkungszeitraum aus eigenen Übernahmen		
206	Davon ab: Im Betrag laut Zeile 204 enthaltene positive Einkünfte des übertragenden oder einbringenden Rechtsträgers im Rückwirkungszeitraum laut gesonderter und einheitlicher Feststellung einer Personengesellschaft (50)		
207	Davon ab: Im Betrag laut Zeile 204 enthaltene positive Einkünfte des übertragenden oder einbringenden Rechtsträgers im Rückwirkungszeitraum laut gesonderter und einheitlicher Feststellung(en) nach § 14 Absatz 5 KStG (Summe der Beträge laut Zeile 27 aller Anlagen OT) (50)		
208	Zwischensumme: Wenn negativ: Nach § 2 Absatz 4 Satz 3 und 4 UmwStG nicht ausgleichsfähiger Verlust des übernehmenden Rechtsträgers (Übertrag eines negativen Betrages mit umgekehrtem Vorzeichen in die Hauptspalte und in Zeile 52 der Anlage ZVE)		
	Gesamtbetrag der Einkünfte der Sparte		
209	Gesamtbetrag der Einkünfte der Sparte/Tätigkeit		
210	Nicht bei Organgesellschaften: Negativer Gesamtbetrag der Einkünfte der einzelnen Sparte nach § 8 Absatz 9 Satz 1 Nummer 1 bis 3 KStG; negativer Betrag laut Zeile 209; Übertrag des Betrages nach Zeile 54 der Anlage ZVE ohne Vorzeichen		
211	Nicht bei Organgesellschaften: Positiver Gesamtbetrag der Einkünfte der einzelnen Sparte nach § 8 Absatz 9 Satz 1 Nummer 1 bis 3 KStG; positiver Betrag laut Zeile 209		
	Angaben zu § 2 Absatz 4 Satz 3 und 4 UmwStG bei Organgesellschaften Im Falle von Umwandlungen mit steuerlicher Rückwirkung zur Anwendung des § 2 Absatz 4 Satz 3 und 4 UmwStG beim Organträger		
212	Im Betrag laut Zeile 209 enthaltene positive Einkünfte des auf die Organgesellschaft übertragenden oder einbringenden Rechtsträgers im Rückwirkungszeitraum aus eigenen Übernahmen (Betrag laut Zeile 47 der Anlage OG)		
213	Im Betrag laut Zeile 209 enthaltene positive Einkünfte des übertragenden oder einbringenden Rechtsträgers im Rückwirkungszeitraum laut gesonderter und einheitlicher Feststellung einer Personengesellschaft (Betrag laut Zeile 62 der Anlage OG) (50)		
214	Wenn die Organgesellschaft gleichzeitig Organträger ist: Im Betrag laut Zeile 209 enthaltene positive Einkünfte des auf die der Organgesellschaft vorgelagerte(n) Organgesellschaft(en) übertragenden oder einbringenden Rechtsträgers im Rückwirkungszeitraum laut gesonderter und einheitlicher Feststellung(en) nach § 14 Absatz 5 KStG (Summe der Beträge laut Zeile 27 aller Anlagen OT) (50)		
	Ermittlung des abziehbaren Verlustes und des Verlustvortrags der einzelnen Sparte (§ 10d EStG in Verbindung mit § 31 Absatz 1 und § 8 Absatz 9 KStG) (81) Bei Organgesellschaften: Nur in den Fällen des § 15 Satz 1 Nummer 1 KStG **Anfangsbestand**		
215	Verbleibender Verlustvortrag zum Schluss des vorangegangenen Veranlagungszeitraums für die Sparte (27)		
216	Davon ab: Untergang des fortführungsgebundenen Verlustvortrags aufgrund eines schädlichen Ereignisses nach § 8d Absatz 2 KStG (Betrag laut Zeile 234)		
217	Dazu: Erhalt des fortführungsgebundenen Verlustvortrags nach § 8d Absatz 2 Satz 1 zweiter Halbsatz KStG durch entsprechende Anwendung des § 8c Absatz 1 Satz 5 bis 8 KStG bezogen auf die zum Schluss des vorangegangenen Veranlagungszeitraums vorhandenen stillen Reserven (höchstens Betrag laut Zeile 216; laut gesonderter Ermittlung) (74)		
218	Nur für Betriebe gewerblicher Art: Dazu: Zu übernehmender verbleibender Verlustvortrag (§ 8 Absatz 8 KStG) (11)		
219	Davon ab: Nicht zu berücksichtigender Verlustabzug nach § 8c KStG (gegebenenfalls in Verbindung mit § 2 Absatz 4 Satz 1 und 2, § 20 Absatz 6 Satz 4 UmwStG) (laut gesonderter Ermittlung) (22) (74)		
220	Im Falle der Abspaltung: Davon ab: Verringerung des verbleibenden Verlustvortrags bei der übertragenden Körperschaft (§ 15 Absatz 3, § 16 UmwStG)		
221	Davon ab: Minderung des Verlustvortrags nach § 3a Absatz 3 Satz 2 Nummer 10 EStG (Betrag laut Zeile 21 der Anlage SAN)		
	Negativer Gesamtbetrag der Einkünfte		
222	Dazu: Berücksichtigungsfähiger steuerlicher Verlust des laufenden Veranlagungszeitraums Betrag laut Zeile 210 beziehungsweise wenn Betrag laut Zeile 208 Vorspalte negativ: Betrag laut Zeile 208 Vorspalte (Betrag ohne Vorzeichen eintragen)		

- 8 -

Steuernummer

Zeile			EUR
223	Davon ab: Minderung der negativen Einkünfte nach § 3a Absatz 3 Satz 2 Nummer 12 EStG aufgrund eines Sanierungsertrags in 2024		
223a	Davon ab: Minderung der negativen Einkünfte nach § 3a Absatz 3 Satz 2 Nummer 12 EStG aufgrund eines Sanierungsertrags in 2023		
224	Davon ab: Verlustrücktrag auf den positiven Gesamtbetrag der Einkünfte der Sparte im Veranlagungszeitraum 2024 und 2023 (höchstens 1 Million € und höchstens Betrag laut Zeile 222 abzüglich der Summe der Beträge laut Zeile 223 und 223a; bei Verzicht auf Verlustrücktrag: Eintrag mit 0) (10)		
225	Zwischensumme		
	Positiver Gesamtbetrag der Einkünfte	EUR	
226	Positiver Gesamtbetrag der Einkünfte der Sparte (Betrag laut Zeile 211)		
227	Im Falle von Umwandlungen mit steuerlicher Rückwirkung beim übernehmenden Rechtsträger: Davon ab: Im Betrag laut Zeile 226 enthaltene positive Einkünfte des übertragenden oder einbringenden Rechtsträgers im Rückwirkungszeitraum (vergleiche § 2 Absatz 4 Satz 3 und 4 UmwStG) - Summe der Beträge laut Zeilen 205 bis 207		
228	Zwischensumme		
229	Davon ab: Niedrigerer Betrag aus Zeile 225 oder 228 (höchstens 1 Million €)		
230	Zwischensumme		
231	Davon ab: Betrag laut Zeile 230 Hauptspalte, höchstens 70 % vom Betrag laut Zeile 230 Vorspalte		
	Endbestand		
232	Verbleibender Verlustvortrag zum Schluss des Veranlagungszeitraums für die Sparte		
233	Insgesamt vorzunehmender Verlustabzug (Summe der Beträge laut Zeilen 229 und 231; Übertrag nach Zeile 57 der Anlage ZVE)		
	Fortführungsgebundener Verlustvortrag nach § 8d KStG der einzelnen Sparte (81)		
	Bei Organgesellschaften: Nur in den Fällen des § 15 Satz 1 Nummer 1 KStG		
234	Verbleibender fortführungsgebundener Verlustvortrag zum Schluss des vorangegangenen Veranlagungszeitraums		
235	Davon ab: Untergang des fortführungsgebundenen Verlustvortrags aufgrund eines schädlichen Ereignisses nach § 8d Absatz 2 KStG (Betrag laut Zeile 234)		
235a	Davon ab: Wegfall der Fortführungsgebundenheit bei Vorliegen eines schädlichen Beteiligungserwerbs nach § 8c KStG (Betrag laut Zeile 234)		
236	Davon ab: Im wegfallenden Verlustvortrag enthaltener fortführungsgebundener Verlustvortrag (im Betrag laut Zeile 220 enthalten, höchstens Betrag laut Zeile 234 abzüglich Summe der Beträge laut Zeilen 235 und 235a)		
237	Davon ab: Verrechnung mit dem fortführungsgebundenen Verlust (Summe der Beträge laut Zeilen 221, 229 und 231, höchstens Betrag laut Zeile 234 abzüglich Summe der Beträge laut Zeilen 235 bis 236)		
238	Wenn im Veranlagungszeitraum ein schädlicher Beteiligungserwerb nach § 8c KStG erfolgte und die Voraussetzungen zur Anwendung des § 8d KStG erfüllt sind: Dazu: Zugang zum fortführungsgebundenen Verlustvortrag (Betrag laut Zeile 232 abzüglich Betrag laut Zeile 234 zuzüglich Summe der Beträge laut Zeilen 235 bis 237)		
239	Im Betrag laut Zeile 232 enthaltener zum Schluss des Veranlagungszeitraums verbleibender fortführungsgebundener Verlustvortrag		

Bezeichnung des Steuerpflichtigen

Steuernummer

Für jede Organgesellschaft ist eine gesonderte Anlage OT auszufüllen! (28)

Die mit einem Kreis versehenen Zahlen bezeichnen die Erläuterungen in der Anleitung zur Körperschaftsteuererklärung.

Anlage OT

2025

☐ zur Steuererklärung

☐ zum Bescheid

Hinzurechnungen/Kürzungen bei Organträgern

Zeile			
	Allgemeine Angaben		
1	Laufende Nummer der Anlage		
2	Bezeichnung der Organgesellschaft oder der Personengesellschaft	36.301	
3	Steuernummer	36.300	
3	Wirtschafts-Identifikationsnummer (29)	36.309	D E
3a	Wirtschaftsjahr der Organgesellschaft vom		
3a	Wirtschaftsjahr der Organgesellschaft bis	36.303	
4	Diese Anlage OT enthält die Werte des Feststellungsbescheides vom (28)	36.302	
5	Ein Feststellungsbescheid nach § 14 Absatz 5 KStG ist noch nicht ergangen. (50)	36.310	1 = Ja
6	Die hier eingetragenen Werte stammen aus einer Personengesellschaft, die (gegebenenfalls mittelbar) Organträger nach § 14 KStG ist. (28)	36.311	1 = Ja
7	Es liegt eine unmittelbare Organschaft nach § 14 Absatz 1 Satz 1 Nummer 1 Satz 1 KStG vor. (76)	36.312	1 = Ja 2 = Nein
	Mittelbare Organschaft nach § 14 Absatz 1 Satz 1 Nummer 1 Satz 2 KStG (76) (77)		
8	Unmittelbare Beteiligung des Organträgers an den Stimmrechten der Organgesellschaft zum Ende des Wirtschaftsjahres der Organgesellschaft	36.313	
9	Mittelbare Beteiligung des Organträgers an den Stimmrechten der Organgesellschaft über Kapitalgesellschaften zum Ende des Wirtschaftsjahres der Organgesellschaft	36.314	
10	Mittelbare Beteiligung des Organträgers an den Stimmrechten der Organgesellschaft über Personengesellschaften zum Ende des Wirtschaftsjahres der Organgesellschaft	36.315	
	Einkommenszurechnung (39) (50) (70)		
	(laut gesonderter und einheitlicher Feststellung nach § 14 Absatz 5 KStG)		EUR
11 und 12 frei			
13	Dem Organträger zuzurechnendes Einkommen der Organgesellschaft		36.320
14	Betrag, um den das zuzurechnende Einkommen zu korrigieren ist, wenn der Organträger der Körperschaftsteuer unterliegt (ein abzuziehender Betrag ist mit negativem Vorzeichen einzugeben; Übertrag in Hauptspalte, wenn der Organträger nicht zugleich Organgesellschaft ist)	EUR 36.321 ▸	
14a	Betrag, um den das zuzurechnende Einkommen zu korrigieren ist, wenn der Organträger der Einkommensteuer unterliegt (ein abzuziehender Betrag ist mit negativem Vorzeichen einzugeben)	36.322	
15 bis 23 frei			
24	Davon ab: Der Organgesellschaft nach § 16 Satz 2 KStG zuzurechnendes Einkommen des Organträgers (Ausgleichszahlungen des Organträgers an außenstehende Anteilseigner der Organgesellschaft ohne darauf entfallende Belastung mit Körperschaftsteuer)		36.323
25	Korrigiertes dem Organträger zuzurechnendes Einkommen der Organgesellschaft		
	Werte der Organgesellschaft, die für die Besteuerung des Organträgers von Bedeutung sind (39) (50)		
	(laut gesonderter und einheitlicher Feststellung nach § 14 Absatz 5 KStG)		
	Mehr-/Minderabführungen		
25a	Mehrabführungen, die ihre Ursache in organschaftlicher Zeit haben (§ 14 Absatz 4 KStG)		36.341
25b	Minderabführungen, die ihre Ursache in organschaftlicher Zeit haben (§ 14 Absatz 4 KStG)		36.342

Steuernummer

- 2 -

Zeile		EUR
25c	Mehrabführungen, die ihre Ursache in vororganschaftlicher Zeit haben (§ 14 Absatz 3 KStG)	36.343
25d	Minderabführungen, die ihre Ursache in vororganschaftlicher Zeit haben (§ 14 Absatz 3 KStG)	36.344
	Weitere Werte	
26	Summe der Einkünfte für Zwecke der Höchstbetragsberechnung nach § 26 Absatz 2 KStG beim Organträger	36.325
27	Im Falle einer Umwandlung mit steuerlicher Rückwirkung: In dem dem Organträger zuzurechnenden Einkommen enthaltene positive Einkünfte eines übertragenden oder einbringenden Rechtsträgers im Rückwirkungszeitraum (§ 2 Absatz 4 Satz 4 UmwStG)	36.326
28	Steuerfreier Teil der Einkünfte nach §§ 3 Nummer 40, 3c Absatz 2 EStG und § 4 Absatz 7 UmwStG	36.331
29 bis 29a frei 29b	Verbleibender Sanierungsertrag der Organgesellschaft nach § 3a Absatz 3 Satz 4 EStG (Übertrag nach Zeile 5 der Anlage SAN)	36.327
	Zur Ermittlung der Zinsschranke beim Organträger	
30	Zinsaufwendungen des laufenden Wirtschaftsjahres nach § 4h Absatz 3 Satz 2 EStG	36.328
31	Zinserträge des laufenden Wirtschaftsjahres nach § 4h Absatz 3 Satz 3 EStG	36.329
32	Nach § 6 Absatz 2 Satz 1, § 6 Absatz 2a Satz 2 und § 7 EStG abgesetzte Beträge (Abschreibungen)	36.330
33 frei 34	Zu versteuernde(s) Einkommen der Organgesellschaft(en) aus dem Organschaftsverhältnis	36.332
35	Berücksichtigter Zuwendungsabzug nach § 9 Absatz 1 Nummer 2 KStG der Organgesellschaft	36.333
35a	Einkünfte aus Mitunternehmerschaften der Organgesellschaften, wenn der Organträger der Körperschaftsteuer unterliegt	36.345
35b	Einkünfte aus Mitunternehmerschaften der Organgesellschaften, wenn der Organträger der Einkommensteuer unterliegt	36.346
	Zur Ermittlung des Progressionsvorbehalts	
36	Nach DBA steuerfreie ausländische Einkünfte, die für Zwecke des Progressionsvorbehalts nach deutschem Steuerrecht ermittelt wurden	36.334
36a	Es liegen nach DBA steuerfreie ausländische Einkünfte vor, die dem § 2a EStG unterliegen (laut gesonderter Einzelaufstellung)	36.335 1 = Ja
	Beim Organträger anzurechnende Steuern der Organgesellschaft (§ 19 Absatz 5 KStG)	EUR Ct
37 und 38 frei 39	Kapitalertragsteuer	36.338
40	Solidaritätszuschlag zur Kapitalertragsteuer	36.339

Bezeichnung des Steuerpflichtigen	
Steuernummer	

Die mit einem Kreis versehenen Zahlen bezeichnen die Erläuterungen in der Anleitung zur Körperschaftsteuererklärung.

Anlage SAN

2025

☐ zur Steuererklärung

☐ zum Bescheid

Verbleibender Sanierungsertrag nach § 3a EStG

Zeile	**Ermittlung des verbleibenden Sanierungsertrags nach § 3a Absatz 3 Satz 4 EStG**	EUR
1	Betriebsvermögensmehrungen oder Betriebseinnahmen aus einem Schuldenerlass zum Zwecke einer unternehmensbezogenen Sanierung nach § 3a Absatz 2 EStG (Betrag laut Zeile 29 der Anlage ZVE)	
2	Davon ab: Mit dem steuerfreien Sanierungsertrag in unmittelbarem wirtschaftlichen Zusammenhang stehende Betriebsvermögensminderungen oder Betriebsausgaben nach § 3c Absatz 4 EStG des Sanierungsjahres (Betrag laut Zeile 30 der Anlage ZVE)	
3	Davon ab: Mit dem steuerfreien Sanierungsertrag in unmittelbarem wirtschaftlichen Zusammenhang stehende Betriebsvermögensminderungen oder Betriebsausgaben nach § 3c Absatz 4 EStG der dem Sanierungsjahr vorangehenden Jahre, soweit diese nicht in den festgestellten Verlustvorträgen enthalten sind	
4	Dazu: Nach § 3a Absatz 3 Satz 3 EStG bei der Körperschaft als nahestehende Person eines zu sanierenden Unternehmens zu berücksichtigender geminderter Sanierungsertrag	19.271
5	Nur bei Organträgern: Dazu: Verbleibender Sanierungsertrag der Organgesellschaft(en) nach § 15 Satz 1 Nummer 1a KStG laut gesonderter und einheitlicher Feststellung (Betrag laut Zeile 29b der Anlage OT) (50)	
5a	Dazu: Verbleibender Sanierungsertrag einer anderen Gesellschaft, deren Einkommen in einem innerhalb der letzten fünf Jahre vor dem Sanierungsjahr liegenden Veranlagungszeitraum der Körperschaft nach § 14 Absatz 1 Satz 1 KStG als Organträger zugerechnet worden ist (§ 15 Satz 1 Nummer 1a Satz 3 KStG)	19.276
	Bei Beteiligung der Körperschaft an einer Mitunternehmerschaft, die selbst einen Sanierungsertrag nach § 3a Absatz 2 EStG erzielt hat, zu berücksichtigende Beträge (50)	
5b	Dazu: Summe der Sanierungserträge nach § 3a Absatz 1 Satz 1 EStG aus Mitunternehmerschaft(en) laut gesonderter und einheitlicher Feststellung	19.272
5c	Davon ab: Summe der nichtabziehbaren Beträge nach § 3c Absatz 4 EStG aus Mitunternehmerschaft(en) laut gesonderter und einheitlicher Feststellung	19.273
5d	Davon ab: Summe der Beträge nach § 3a Absatz 3 Satz 2 Nummer 1 bis 6 EStG aus Mitunternehmerschaft(en) laut gesonderter und einheitlicher Feststellung	19.274
	Minderung nach § 3a Absatz 3 EStG	
6	Zwischensumme	
7	Davon ab: Minderung des zum 31.12. des Sanierungsjahres vorhandenen verteilt abziehbaren Aufwands nach § 4f Absatz 1 Satz 1 EStG der übrigen Jahre nach § 3a Absatz 3 Satz 2 Nummer 1 EStG (höchstens Betrag laut Zeile 6)	
8	Zwischensumme	
9	Davon ab: Minderung des nach § 15b EStG ausgleichsfähigen oder verrechenbaren Verlustes derselben Einkunftsquelle des Sanierungsjahres nach § 3a Absatz 3 Satz 2 Nummer 4 EStG (höchstens Betrag laut Zeile 8)	
10	Zwischensumme	
11	Davon ab: Minderung des zum Ende des dem Sanierungsjahr vorangegangenen Jahres nach § 15b EStG festgestellten verrechenbaren Verlustes derselben Einkunftsquelle nach § 3a Absatz 3 Satz 2 Nummer 5 EStG (höchstens Betrag laut Zeile 10)	
12	Zwischensumme	
13	Davon ab: Minderung des nach § 15 Absatz 4 EStG ausgleichsfähigen oder nichtabziehbaren Verlustes des zu sanierenden Unternehmens des Sanierungsjahres nach § 3a Absatz 3 Satz 2 Nummer 6 EStG (höchstens Betrag laut Zeile 12)	
14	Zwischensumme	
15	Davon ab: Minderung des zum Ende des dem Sanierungsjahr vorangegangenen Jahres nach § 15 Absatz 4 EStG festgestellten in Verbindung mit § 10d Absatz 4 EStG verbleibenden Verlustvortrags, soweit er auf das zu sanierende Unternehmen entfällt nach § 3a Absatz 3 Satz 2 Nummer 7 EStG (höchstens Betrag laut Zeile 14)	
16	Zwischensumme	
17	Davon ab: Minderung des Verlustes des Sanierungsjahres nach § 3a Absatz 3 Satz 2 Nummer 8 EStG (höchstens Betrag laut Zeile 16)	

Steuernummer

- 2 -

Zeile		EUR
18	Zwischensumme	
19	Davon ab: Minderung des ausgleichsfähigen Verlustes aus allen anderen Einkunftsarten des Veranlagungszeitraums, in dem das Sanierungsjahr endet § 3a Absatz 3 Satz 2 Nummer 9 EStG (höchstens Betrag laut Zeile 18) 47	
20	Zwischensumme	
21	Davon ab: Minderung des zum Ende des Vorjahres festgestellten Verlustvortrags nach § 10d Absatz 4 EStG nach § 3a Absatz 3 Satz 2 Nummer 10 EStG (höchstens Betrag laut Zeile 20)	
22	Zwischensumme	
23	Davon ab: Minderung des zum Ende des Vorjahres festgestellten und des im Sanierungsjahr entstehenden verrechenbaren Verlustes nach § 15a EStG nach § 3a Absatz 3 Satz 2 Nummer 11 Buchstabe a EStG (höchstens Betrag laut Zeile 22)	
24	Zwischensumme	
25	Davon ab: Minderung des zum Ende des Vorjahres festgestellten und des im Sanierungsjahr entstehenden verrechenbaren Verlustes nach § 15b EStG anderer Einkunftsquellen nach § 3a Absatz 3 Satz 2 Nummer 11 Buchstabe b EStG (höchstens Betrag laut Zeile 24)	
26	Zwischensumme	
27	Davon ab: Minderung des zum Ende des Vorjahres festgestellten und des im Sanierungsjahr entstehenden verrechenbaren Verlustes nach § 15 Absatz 4 EStG anderer Betriebe und Mitunternehmeranteile nach § 3a Absatz 3 Satz 2 Nummer 11 Buchstabe c EStG (höchstens Betrag laut Zeile 26)	
28	Zwischensumme	
29	Davon ab: Minderung der zum Ende des Vorjahres festgestellten und der im Sanierungsjahr entstehenden verbleibenden negativen Einkünfte nach § 2a EStG nach § 3a Absatz 3 Satz 2 Nummer 11 Buchstabe d EStG (höchstens Betrag laut Zeile 28)	
30	Zwischensumme	
31	Davon ab: Minderung der zum Ende des Vorjahres festgestellten negativen Einkünfte nach § 2b EStG 2002[1)] nach § 3a Absatz 3 Satz 2 Nummer 11 Buchstabe e EStG (höchstens Betrag laut Zeile 30)	
32	Zwischensumme	
33	Davon ab: Minderung der Verluste aus privaten Veräußerungsgeschäften nach § 23 Absatz 3 Satz 7 und 8 EStG des vorangegangenen Veranlagungszeitraums und des Sanierungsjahres nach § 3a Absatz 3 Satz 2 Nummer 11 Buchstabe f EStG (höchstens Betrag laut Zeile 32) 47	
34	Zwischensumme	
35	Davon ab: Minderung des zum Ende des Vorjahres festgestellten und des im Sanierungsjahr entstehenden verrechenbaren Verlustes oder der negativen Einkünfte nach sonstigen Vorschriften nach § 3a Absatz 3 Satz 2 Nummer 11 Buchstabe g EStG (höchstens Betrag laut Zeile 34)	
36	Zwischensumme	
37	Davon ab: Minderung der negativen Einkünfte nach § 10d Absatz 1 Satz 1 EStG des Folgejahres nach § 3a Absatz 3 Satz 2 Nummer 12 EStG (höchstens Betrag laut Zeile 36)	
37a	Zwischensumme	
37b	Davon ab: Minderung der negativen Einkünfte nach § 10d Absatz 1 Satz 2 EStG des zweiten Folgejahres nach § 3a Absatz 3 Satz 2 Nummer 12 EStG (höchstens Betrag laut Zeile 37a)	
38	Zwischensumme	
39	Davon ab: Minderung des zum Ende des Vorjahres festgestellten und des im Sanierungsjahrs entstehenden Zinsvortrags nach § 4h Absatz 1 Satz 5 EStG nach § 3a Absatz 3 Satz 2 Nummer 13 Buchstabe a EStG (höchstens Betrag laut Zeile 38)	
40	Zwischensumme	
41	Davon ab: Minderung des zum Ende des Vorjahres festgestellten und des im Sanierungsjahr entstehenden EBITDA-Vortrags nach § 4h Absatz 1 Satz 3 EStG nach § 3a Absatz 3 Satz 2 Nummer 13 Buchstabe b EStG (höchstens Betrag laut Zeile 40)	
42	Zwischensumme	

- 3 -

Steuernummer

Zeile		EUR
42a	Davon ab: Summe der Beträge nach § 3a Absatz 3 Satz 2 Nummer 13 EStG aus Mitunternehmerschaft(en) laut gesonderter und einheitlicher Feststellung (höchstens Betrag laut Zeile 42) 50	19.275
42b	Zwischensumme	
43	Davon ab: Nach § 3a Absatz 3 Satz 3 EStG bei einer der sanierten Körperschaft nahestehenden Person zu berücksichtigender geminderter Sanierungsertrag (höchstens Betrag laut Zeile 42b)	
44	Verbleibender Sanierungsertrag nach § 3a Absatz 3 Satz 4 EStG (bei Organgesellschaften: Übertrag nach Zeile 68 der Anlage OG)	

1) EStG 2002 = Einkommensteuergesetz in der Fassung der Bekanntmachung vom 19.10.2002 (BGBl. I Seite 4210)

Bezeichnung des Steuerpflichtigen

Steuernummer

Anlage SPIF 2025

☐ zur Steuererklärung

☐ zum Bescheid

Unmittelbar gehaltene Anteile an einem Spezial-Investmentfonds

Diese Anlage ist für jede Ertragsverwendung gesondert auszufüllen.

Zeile			
	Allgemeine Angaben		
1	Bezeichnung des Spezial-Investmentfonds	36.501	
2	ISIN	36.503	
3	Steuernummer des Spezial-Investmentfonds	36.500	
3	Wirtschafts-Identifikationsnummer (29)	36.597	D E
4	Die nachfolgenden Besteuerungsgrundlagen ergeben sich aus der Feststellung vom	36.502	
5	Eine Feststellung ist noch nicht erfolgt. (50)	36.510	1 = Ja
6	Zeitpunkt, zu dem die Besteuerungsgrundlagen zu berücksichtigen sind	36.512	
7	Art der Ertragsverwendung	36.513	1 = Zwischenausschüttung 2 = Zuflussfiktion aufgrund Veräußerung 3 = Schlussausschüttung 4 = Thesaurierung 5 = Teilausschüttung
	Gesondert festgestellte Besteuerungsgrundlagen		
	Feststellungen, wenn der Anleger der unbeschränkten Körperschaftsteuerpflicht unterliegt und nicht die Voraussetzungen nach § 20 Absatz 1 Satz 4 und 5 InvStG erfüllt		EUR Ct
8 und 9 frei 10	Steuerpflichtige Spezial-Investmenterträge nach § 20 Absatz 1 Nummer 3a EStG in Verbindung mit § 34 Absatz 1 Nummer 1 und 2 InvStG	36.520	
11	Für die Steueranrechnung nach § 47 Absatz 1 InvStG maßgebende ausländische Einkünfte (vor Berücksichtigung von Betriebsausgaben nach § 47 Absatz 4 Satz 1 InvStG in Verbindung mit § 34c Absatz 1 Satz 4 EStG)	36.521	
12	Für die Steueranrechnung nach § 47 Absatz 1 InvStG maßgebende ausländische Steuer	36.522	
13	Für den Steuerabzug nach § 47 Absatz 4 Satz 1 InvStG in Verbindung mit § 34c Absatz 2 EStG maßgebende ausländische Steuer	36.523	
	Nur bei Organgesellschaften: Feststellungen, wenn der Anleger der unbeschränkten Einkommensteuerpflicht unterliegt und die Spezial-Investmentanteile im Betriebsvermögen hält, aber nicht die Voraussetzungen nach § 20 Absatz 1 Satz 4 und 5 InvStG erfüllt		
14 bis 19 frei 20	Steuerpflichtige Spezial-Investmenterträge nach § 20 Absatz 1 Nummer 3a EStG in Verbindung mit § 34 Absatz 1 Nummer 1 und 2 InvStG	36.530	
21	Für die Steueranrechnung nach § 47 Absatz 1 InvStG maßgebende ausländische Einkünfte (vor Berücksichtigung von Betriebsausgaben nach § 47 Absatz 4 Satz 1 InvStG in Verbindung mit § 34c Absatz 1 Satz 4 EStG)	36.531	
22	Für die Steueranrechnung nach § 47 Absatz 1 InvStG maßgebende ausländische Steuer	36.532	
23	Für den Steuerabzug nach § 47 Absatz 4 Satz 1 InvStG in Verbindung mit § 34c Absatz 2 EStG maßgebende ausländische Steuer	36.533	
	Feststellungen, wenn der Anleger der unbeschränkten Körperschaftsteuerpflicht unterliegt und die Voraussetzungen nach § 20 Absatz 1 Satz 4 und 5 InvStG erfüllt		
24 bis 29 frei 30	Steuerpflichtige Spezial-Investmenterträge nach § 20 Absatz 1 Nummer 3a EStG in Verbindung mit § 34 Absatz 1 Nummer 1 und 2 InvStG	36.540	
31	Für die Steueranrechnung nach § 47 Absatz 1 InvStG maßgebende ausländische Einkünfte (vor Berücksichtigung von Betriebsausgaben nach § 47 Absatz 4 Satz 1 InvStG in Verbindung mit § 34c Absatz 1 Satz 4 EStG)	36.541	

Anlage SPIF - Oktober 2025 - Version 2.9.1.0 Bekanntgabe

Steuernummer

- 2 -

Zeile		EUR / Ct
32	Für die Steueranrechnung nach § 47 Absatz 1 InvStG maßgebende ausländische Steuer	36.542
33	Für den Steuerabzug nach § 47 Absatz 4 Satz 1 InvStG in Verbindung mit § 34c Absatz 2 EStG maßgebende ausländische Steuer	36.543
	Feststellungen, wenn der Anleger der beschränkten Körperschaftsteuerpflicht unterliegt	
34 bis 39 frei 40	Steuerpflichtige Einkünfte nach § 33 Absatz 3 InvStG in Verbindung mit § 49 Absatz 1 Nummer 2 Buchstabe f, Nummer 6 oder 8 EStG sowie nach § 33 Absatz 4 InvStG in Verbindung mit § 49 Absatz 1 EStG, wenn der Anleger dem Körperschaftsteuergesetz unterliegt und nicht die Voraussetzungen nach § 20 Absatz 1 Satz 4 und 5 InvStG erfüllt	36.550
41	Steuerpflichtige Einkünfte nach § 33 Absatz 3 InvStG in Verbindung mit § 49 Absatz 1 Nummer 2 Buchstabe f, Nummer 6 oder 8 EStG sowie nach § 33 Absatz 4 InvStG in Verbindung mit § 49 Absatz 1 EStG, wenn der Anleger eine natürliche Person ist, die die Spezial-Investmentanteile im Privatvermögen hält, oder wenn der Anleger dem Körperschaftsteuergesetz unterliegt und die Voraussetzungen nach § 20 Absatz 1 Satz 4 und 5 InvStG erfüllt	36.552
	Zinserträge	
42	In den ausgeschütteten und ausschüttungsgleichen Erträgen enthaltener Zinsertrag nach § 46 Absatz 1 Satz 1 InvStG für Zwecke des § 4h Absatz 1 EStG	36.553
	Zusätzliche Feststellungen bei Veräußerung	
43 bis 49 frei 50	Veräußerung nach § 2 Absatz 13 InvStG am	36.560
51	Fiktive Veräußerung nach § 52 Absatz 2 InvStG am	36.561
52	Anzahl der veräußerten Anteile	36.562
53	Anzahl der Anteile des Anlegers bis zum Zeitpunkt der Veräußerung	36.563
54	Fonds-Aktiengewinn je Anteil nach § 48 Absatz 3 InvStG zum maßgeblichen Zeitpunkt	36.583
55	Fonds-Abkommensgewinn je Anteil nach § 48 Absatz 5 InvStG zum maßgeblichen Zeitpunkt	36.584
56	Fonds-Teilfreistellungsgewinn je Anteil nach § 48 Absatz 6 InvStG zum maßgeblichen Zeitpunkt für Anleger, die dem Körperschaftsteuergesetz unterliegen und nicht die Voraussetzungen nach § 20 Absatz 1 Satz 4 und 5 InvStG erfüllen	36.585
57	Nur bei Organgesellschaften: Fonds-Teilfreistellungsgewinn je Anteil nach § 48 Absatz 6 InvStG zum maßgeblichen Zeitpunkt für natürliche Personen, die die Spezial-Investmentanteile im Betriebsvermögen halten und nicht die Voraussetzungen nach § 20 Absatz 1 Satz 4 und 5 InvStG erfüllen	36.586
58	Fonds-Teilfreistellungsgewinn je Anteil nach § 48 Absatz 6 InvStG zum maßgeblichen Zeitpunkt für natürliche Personen, die die Spezial-Investmentanteile im Privatvermögen halten, und für Anleger, die die Voraussetzungen nach § 20 Absatz 1 Satz 4 und 5 InvStG erfüllen	36.587
	Nicht gesondert festgestellte Besteuerungsgrundlagen	
	Berechnung der laufenden steuerpflichtigen Spezial-Investmenterträge nach § 20 Absatz 1 Nummer 3a EStG in Verbindung mit § 34 Absatz 1 Nummer 1 und 2 InvStG	
59 frei 60	Die Anteile unterliegen § 20 Absatz 1 Satz 4 oder 5 InvStG	36.570 — 1 = Ja
60a	Bei beschränkter Steuerpflicht oder bei mehreren Betrieben/Einkunftsarten: Die Anteile sind einer inländischen Betriebsstätte oder einem Gewerbebetrieb zuzuordnen	36.571 — 1 = Ja, 2 = Nein
61	Ausgangsbetrag (falls die Anteile bei beschränkter Körperschaftsteuerpflicht keinem inländischen Betrieb zugeordnet sind: falls die Anteile laut Zeile 60 § 20 Absatz 1 Satz 4 oder 5 InvStG unterliegen: Betrag laut Zeile 41, sonst Betrag laut Zeile 40; andernfalls: falls die Anteile laut Zeile 60 § 20 Absatz 1 Satz 4 oder 5 InvStG unterliegen: Betrag laut Zeile 30, sonst Betrag laut Zeile 10)	EUR
62	Dazu: Nach § 44 InvStG nichtabziehbarer Teil der mit den Erträgen laut Zeile 61 im Zusammenhang stehenden Betriebsausgaben für Körperschaften	36.572
63	Dazu: Als Spezial-Investmenterträge geltende Substanzbeträge nach § 56 Absatz 9 InvStG	36.582
64	Steuerpflichtige laufende Spezial-Investmenterträge nach § 20 Absatz 1 Nummer 3a EStG in Verbindung mit § 34 Absatz 1 Nummer 1 und 2 InvStG für Körperschaften	
65	Nur bei Organgesellschaften: Nach § 44 InvStG nichtabziehbarer Teil der mit den Erträgen laut Zeile 61 im Zusammenhang stehenden Betriebsausgaben für natürliche Personen	36.573

- 3 -

Steuernummer

Zeile		Kz	EUR
	Anrechnung/Abzug ausländischer Steuern		EUR
66	Abziehbare Betriebsausgaben nach § 47 Absatz 4 Satz 1 InvStG in Verbindung mit § 34c Absatz 1 Satz 4 EStG zu den ausländischen Einkünften laut Zeile 11	36.574	
67	Abziehbare Betriebsausgaben nach § 47 Absatz 4 Satz 1 InvStG in Verbindung mit § 34c Absatz 1 Satz 4 EStG zu den ausländischen Einkünften laut Zeile 31	36.576	
68	Nicht bei Organgesellschaften: Der Antrag auf Abzug vom Einkommen nach § 47 Absatz 4 Satz 1 InvStG in Verbindung mit § 34c Absatz 2 EStG wird gestellt.	36.577	1 = Ja
69	Nicht bei Organgesellschaften: Nach § 47 Absatz 4 Satz 1 in Verbindung mit § 34c Absatz 2 EStG abzuziehende ausländische Steuer (wenn Antrag in Zeile 68 gestellt: Betrag laut Zeile 33 wenn die Anteile unter § 20 Absatz 1 Satz 4 oder 5 InvStG fallen, sonst Betrag laut Zeile 13)		EUR
70	Nur bei Organgesellschaften: Abziehbare Betriebsausgaben nach § 47 Absatz 4 Satz 1 InvStG in Verbindung mit § 34c Absatz 1 Satz 4 EStG zu den ausländischen Einkünften laut Zeile 21	36.578	
	Außerbilanzielle Korrekturen bei Veräußerung		
	Ermittlung des Anleger-Aktiengewinns nach § 49 Absatz 2 InvStG		
71 bis 79 frei			
80	Fonds-Aktiengewinn laut Zeile 54 multipliziert mit der Anzahl der Anteile laut Zeile 52		
81	Dazu / Davon ab: Berichtigung nach § 49 Absatz 2 Satz 4 und 5 InvStG	36.590	
82	Anleger-Aktiengewinn nach § 49 Absatz 2 Satz 1 InvStG		
	Ermittlung des Anleger-Abkommensgewinns nach § 49 Absatz 2 InvStG		
83	Fonds-Abkommensgewinn laut Zeile 55 multipliziert mit der Anzahl der Anteile laut Zeile 52		
84	Dazu / Davon ab: Berichtigung nach § 49 Absatz 2 Satz 4 und 5 InvStG	36.591	
85	Anleger-Abkommensgewinn nach § 49 Absatz 2 Satz 1 InvStG		
	Ermittlung des Anleger-Teilfreistellungsgewinns nach § 49 Absatz 2 InvStG für Anleger, die dem Körperschaftsteuergesetz unterliegen und nicht die Voraussetzungen nach § 20 Absatz 1 Satz 4 und 5 InvStG erfüllen		
86	Fonds-Teilfreistellungsgewinn laut Zeile 56 multipliziert mit der Anzahl der Anteile laut Zeile 52		
87	Dazu / Davon ab: Berichtigung nach § 49 Absatz 2 Satz 4 und 5 InvStG	36.592	
88	Anleger-Teilfreistellungsgewinn nach § 49 Absatz 2 InvStG für Anleger, die dem Körperschaftsteuergesetz unterliegen und nicht die Voraussetzungen nach § 20 Absatz 1 Satz 4 und 5 InvStG erfüllen		
	Ermittlung des Anleger-Teilfreistellungsgewinns nach § 49 Absatz 2 InvStG für natürliche Personen, die die Spezial-Investmentanteile im Betriebsvermögen halten und nicht die Voraussetzungen nach § 20 Absatz 1 Satz 4 und 5 InvStG erfüllen Nur bei Organgesellschaften:		
89	Fonds-Teilfreistellungsgewinn laut Zeile 57 multipliziert mit der Anzahl der Anteile laut Zeile 52		
90	Dazu / Davon ab: Berichtigung nach § 49 Absatz 2 Satz 4 und 5 InvStG	36.593	
91	Anleger-Teilfreistellungsgewinn nach § 49 Absatz 2 InvStG für natürliche Personen, die die Spezial-Investmentanteile im Betriebsvermögen halten und nicht die Voraussetzungen nach § 20 Absatz 1 Satz 4 und 5 InvStG erfüllen		
	Ermittlung des Anleger-Teilfreistellungsgewinns nach § 49 Absatz 2 InvStG für natürliche Personen, die die Spezial-Investmentanteile im Privatvermögen halten, und für Anleger, die die Voraussetzungen nach § 20 Absatz 1 Satz 4 und 5 InvStG erfüllen		
92 bis 99 frei			
100	Fonds-Teilfreistellungsgewinn laut Zeile 58 multipliziert mit der Anzahl der Anteile laut Zeile 52		
101 frei			
102	Dazu / Davon ab: Berichtigung nach § 49 Absatz 2 Satz 4 und 5 InvStG	36.594	
103	Anleger-Teilfreistellungsgewinn nach § 49 Absatz 2 InvStG für natürliche Personen, die die Spezial-Investmentanteile im Privatvermögen halten, und für Anleger, die die Voraussetzungen nach § 20 Absatz 1 Satz 4 und 5 InvStG erfüllen		

- 4 -

Steuernummer

Zeile	Korrekturbetrag bei Veräußerung	EUR
103a	Nach § 44 InvStG nicht abziehbarer Teil der mit den Anleger-Gewinnen laut Zeilen 80 bis 103 im Zusammenhang stehenden Veräußerungskosten	36.595
104	Außerbilanzieller Korrekturbetrag bei Veräußerung von Anteilen an Spezial-Investmentfonds (Wenn die Anteile § 20 Absatz 1 Satz 4 oder 5 InvStG unterliegen: Betrag laut Zeile 85 zuzüglich Betrag laut Zeile 103 und abzüglich Betrag laut Zeile 103a; falls nicht: 95 % des positiven Betrags laut Zeile 82 oder negativer Betrag laut Zeile 82 zuzüglich Beträge laut Zeilen 85 und 88 und abzüglich Betrag laut Zeile 103a)	
105	Nur bei Organgesellschaften: Nach § 44 InvStG nicht abziehbarer Teil der mit den Anleger-Gewinnen laut Zeilen 80 bis 103 im Zusammenhang stehenden Veräußerungskosten für natürliche Personen	36.596

Bezeichnung des Steuerpflichtigen

Steuernummer

Anlage SPIFA 2025

☐ zur Steuererklärung

☐ zum Bescheid

Anrechnung oder Abzug ausländischer Steuern aus Spezial-Investmentfonds über Personen- und Organgesellschaften

Die Anlage ist pro Personengesellschaft oder Organgesellschaft für jede mittelbare Beteiligung an einem Spezial-Investmentfonds abzugeben, soweit ausländische Steuern angerechnet oder abgezogen werden sollen.

Zeile			
	Allgemeine Angaben		
1	Die Angaben auf dieser Anlage stammen aus der Feststellung	36.611	1 = einer Organgesellschaft 2 = einer Personengesellschaft
2	Bezeichnung der Organgesellschaft oder der Personengesellschaft	36.612	
3	Steuernummer der Organgesellschaft oder Personengesellschaft	36.613	Wirtschafts-Identifikationsnummer der Organgesellschaft oder Personengesellschaft 29 — 36.634 D E
4	Bezeichnung des Spezial-Investmentfonds	36.601	
5	ISIN	36.603	
6	Steuernummer des Spezial-Investmentfonds	36.600	Wirtschafts-Identifikationsnummer des Spezial-Investmentfonds 29 — 36.634
7	Die nachfolgenden Angaben der Anlage SPIFA ergeben sich aus der Feststellung vom	36.602	
8	Eine Feststellung ist noch nicht erfolgt. 50	36.610	1 = Ja
	Feststellungen, wenn der Anleger der unbeschränkten Körperschaftsteuerpflicht unterliegt	EUR	Ct
9	Für die Steueranrechnung nach § 47 Absatz 1 InvStG maßgebende ausländische Einkünfte	36.621	
10	Für die Steueranrechnung nach § 47 Absatz 1 InvStG maßgebende ausländische Steuer	36.622	
11	Für den Steuerabzug nach § 47 Absatz 4 Satz 1 InvStG in Verbindung mit § 34c Absatz 2 EStG maßgebende ausländische Steuer	36.623	
	Nur bei Organgesellschaften: Feststellungen, wenn der Anleger der unbeschränkten Einkommensteuerpflicht unterliegt und die Spezial-Investmentanteile im Betriebsvermögen hält		
12	Für die Steueranrechnung nach § 47 Absatz 1 InvStG maßgebende ausländische Einkünfte	36.631	
13	Für die Steueranrechnung nach § 47 Absatz 1 InvStG maßgebende ausländische Steuer	36.632	
14	Für den Steuerabzug nach § 47 Absatz 4 Satz 1 InvStG in Verbindung mit § 34c Absatz 2 EStG maßgebende ausländische Steuer	36.633	
	Anrechnung/Abzug ausländischer Steuern		
15 bis 19 frei 20	Nicht bei Organgesellschaften: Der Antrag auf Abzug vom Einkommen nach § 47 Absatz 4 Satz 1 InvStG in Verbindung mit § 34c Absatz 2 EStG wird gestellt.	36.677	1 = Ja
21	Nicht bei Organgesellschaften: Nach § 47 Absatz 4 Satz 1 in Verbindung mit § 34c Absatz 2 EStG abzuziehende ausländische Steuer (wenn Antrag in Zeile 20 gestellt: Betrag laut Zeile 11)	EUR	

Anlage SPIFA - Oktober 2025 - Version 2.9.1.0 Bekanntgabe

Bezeichnung des Steuerpflichtigen

Steuernummer

Anlage Steuergestaltung **2025**

☐ zur Steuererklärung

☐ zum Bescheid

Nutzung grenzüberschreitender Steuergestaltungen

Zeile	**Mitteilung einer grenzüberschreitenden Steuergestaltung**	
	Es wird eine grenzüberschreitende Steuergestaltung nach §§ 138d folgende AO genutzt, deren steuerlicher Vorteil sich erstmals im laufenden Veranlagungszeitraum auswirken soll.	
1	Laufende Nummer der Anlage (Für jede Steuergestaltung ist eine gesonderte Mitteilung zu erstatten.)	
2	Registriernummer 36.397	
3	Offenlegungsnummer 36.398	
4	Es liegen noch keine Registriernummer und Offenlegungsnummer vor.	36.399 1 = Ja
5	Bezeichnung der Steuergestaltungen, soweit noch keine Registrier- und Offenlegungsnummer vorliegen	

Anlage Steuergestaltung - Oktober 2025 - Version 2.9.1.0 Bekanntgabe

Bezeichnung des Steuerpflichtigen
Steuernummer

Nicht zu verwenden in den Fällen des § 8 Absatz 9 KStG!

Die mit einem Kreis versehenen Zahlen bezeichnen die Erläuterungen in der Anleitung zur Körperschaftsteuererklärung.

Anlage Verluste 2025

☐ zur Steuererklärung

☐ zum Bescheid

Verbleibender Verlustvortrag nach § 10d EStG in Verbindung mit § 31 Absatz 1 KStG

Zeile		EUR
	Anfangsbestand	
1 bis 10 frei		
11	Verbleibender Verlustvortrag zum Schluss des vorangegangenen Veranlagungszeitraums	
12 frei 13	Davon ab: Untergang des fortführungsgebundenen Verlustvortrags aufgrund eines schädlichen Ereignisses nach § 8d Absatz 2 KStG (Betrag laut Zeile 29)	
14	Dazu: Erhalt des fortführungsgebundenen Verlustvortrags nach § 8d Absatz 2 Satz 1 zweiter Halbsatz KStG durch entsprechende Anwendung des § 8c Absatz 1 Satz 5 bis 8 KStG bezogen auf die zum Schluss des vorangegangenen Veranlagungszeitraums vorhandenen stillen Reserven (höchstens Betrag laut Zeile 13; laut gesonderter Ermittlung) (74)	37.39
14a	Nur für Betriebe gewerblicher Art: Dazu: Zu übernehmender verbleibender Verlustvortrag (§ 8 Absatz 8 KStG) (11)	37.25
15	Davon ab: Nicht zu berücksichtigender Verlustvortrag nach § 8c KStG (gegebenenfalls in Verbindung mit § 2 Absatz 4 Satz 1, § 20 Absatz 6 Satz 4 UmwStG; laut gesonderter Ermittlung) (22) (74)	37.36
16	Davon ab: Verringerung des Verlustvortrags durch Abspaltung (§ 15 Absatz 3, § 16 UmwStG)	37.21
17	Zwischensumme	
18	Davon ab: Minderung des Verlustvortrags nach § 3a Absatz 3 Satz 2 Nummer 10 EStG (Betrag laut Zeile 21 der Anlage SAN)	37.54
	Negativer Gesamtbetrag der Einkünfte	
19	Dazu: Berücksichtigungsfähiger Verlust des laufenden Veranlagungszeitraums (negativer Betrag laut Zeile 53 der Anlage ZVE oder wenn Betrag laut Zeile 51 Vorspalte der Anlage ZVE negativ: Betrag laut Zeile 51 Vorspalte der Anlage ZVE)	
19a	Davon ab: Minderung der negativen Einkünfte nach § 3a Absatz 3 Satz 2 Nummer 12 EStG aufgrund eines Sanierungsertrags in 2024	37.55
19b	Davon ab: Minderung der negativen Einkünfte nach § 3a Absatz 3 Satz 2 Nummer 12 EStG aufgrund eines Sanierungsertrags in 2023	37.56
20	Davon ab: Verlustrücktrag auf das Einkommen 2024 und 2023 (höchstens 1 Million €; bei Verzicht auf den Verlustrücktrag: Eintrag mit 0) (10)	37.28
21	Zwischensumme	

Zeile		EUR (Vorspalte)	(Hauptspalte)
	Positiver Gesamtbetrag der Einkünfte		
22	Positiver Gesamtbetrag der Einkünfte (positiver Betrag laut Zeile 53 der Anlage ZVE)		
23	Im Falle von Umwandlungen mit steuerlicher Rückwirkung beim übernehmenden Rechtsträger: Davon ab: Im Betrag laut Zeile 22 enthaltene positive Einkünfte des übertragenden oder einbringenden Rechtsträgers im Rückwirkungszeitraum (vergleiche § 2 Absatz 4 Satz 3 und 4 UmwStG) - Summe der Beträge laut Zeilen 48 bis 50 Vorspalte der Anlage ZVE		
24	Zwischensumme		
25	Davon ab: Niedrigerer Betrag aus Zeile 21 und 24, höchstens 1 Million € (Übertrag des Betrages laut Hauptspalte nach Zeile 56 der Anlage ZVE)	▸	
26	Zwischensumme		
27	Davon ab: Betrag laut Zeile 26 Hauptspalte, höchstens 70 % des Betrages laut Zeile 26 Vorspalte (Übertrag des Betrages laut Hauptspalte nach Zeile 56 der Anlage ZVE)		
	Endbestand		
28	Verbleibender Verlustvortrag zum Schluss des Veranlagungszeitraums		

Anlage Verluste - Oktober 2025 - Version 2.9.1.0 Bekanntgabe

Steuernummer

\- 2 -

Zeile	Fortführungsgebundener Verlustvortrag nach § 8d KStG	EUR
29	Verbleibender fortführungsgebundener Verlustvortrag zum Schluss des vorangegangenen Veranlagungszeitraums	
30	Davon ab: Untergang des fortführungsgebundenen Verlustvortrags aufgrund eines schädlichen Ereignisses nach § 8d Absatz 2 KStG (Betrag laut Zeile 29)	
31	Davon ab: Wegfall der Fortführungsgebundenheit bei Vorliegen eines schädlichen Beteiligungserwerbs nach § 8c KStG (Betrag laut Zeile 29)	
32	Davon ab: Im wegfallenden Verlustvortrag enthaltener fortführungsgebundener Verlustvortrag (im Betrag laut Zeile 16 enthalten, höchstens Betrag laut Zeile 29 abzüglich Summe der Beträge laut Zeilen 30 und 31)	
33 frei 34	Davon ab: Verrechnung mit dem fortführungsgebundenen Verlust (Summe der Beträge laut Zeilen 18, 25 und 27, höchstens Betrag laut Zeile 29 abzüglich Summe der Beträge laut Zeilen 30 bis 32)	
35 frei 36	Wenn im Veranlagungszeitraum ein schädlicher Beteiligungserwerb nach § 8c KStG erfolgte und die Voraussetzungen zur Anwendung des § 8d KStG erfüllt sind: Dazu: Zugang zum fortführungsgebundenen Verlustvortrag (Betrag laut Zeile 28 abzüglich Betrag laut Zeile 29 zuzüglich Summe der Beträge laut Zeilen 30 bis 34)	
37	Im Betrag laut Zeile 28 enthaltener zum Schluss des Veranlagungszeitraums verbleibender fortführungsgebundener Verlustvortrag	
	Verlust aus dem Beitrittsgebiet nach § 57 Absatz 4 EStG	
38	Von den Beträgen laut Zeile 11 beziehungsweise 14a entfällt auf den in 1990 entstandenen Verlust aus dem Beitrittsgebiet nach § 57 Absatz 4 EStG	
39	Davon ab: Untergang des fortführungsgebundenen Verlustvortrags aufgrund eines schädlichen Ereignisses nach § 8d Absatz 2 KStG (Betrag laut Zeile 38)	
40	Dazu: Erhalt des fortführungsgebundenen Verlustvortrags nach § 8d Absatz 2 Satz 1 zweiter Halbsatz KStG durch entsprechende Anwendung des § 8c Absatz 1 Satz 5 bis 8 KStG bezogen auf die zum Schluss des vorangegangenen Veranlagungszeitraums vorhandenen stillen Reserven (Betrag laut Zeile 14 höchstens Betrag laut Zeile 38)	
41	Davon ab: In den Beträgen laut Zeilen 15, 16 und 18 enthaltener, in 1990 entstandener Verlust aus dem Beitrittsgebiet nach § 57 Absatz 4 EStG	
42	Davon ab: Summe der Beträge laut Zeilen 25 und 27, höchstens Betrag laut Zeile 38 abzüglich der Beträge laut Zeilen 39 und 41 zuzüglich Betrag laut Zeile 40	
43	Zum Schluss des Veranlagungszeitraums verbleibender Verlust aus dem Beitrittsgebiet nach § 57 Absatz 4 EStG	

Bezeichnung des Steuerpflichtigen
Steuernummer

Die mit einem Kreis versehenen Zahlen bezeichnen die Erläuterungen in der Anleitung zur Körperschaftsteuererklärung.

Anlage WA

2025

☐ zur Steuererklärung

☐ zum Bescheid

Weitere Angaben / Anträge

Zeile			EUR	Ct
	Anrechnung von Abzugssteuern nach § 36 Absatz 2 Nummer 2 in Verbindung mit § 36a EStG (13)			
	Bei Organträgern: Ohne entsprechende Beträge der Organgesellschaften (laut gesonderter und einheitlicher Feststellung nach § 14 Absatz 5 KStG); diese sind auf der Anlage OT einzutragen			
1 frei				
2	Kapitalertragsteuer laut gesondert übermittelten Steuerbescheinigungen (ohne Beträge laut Zeile 6) (74)	19.131		
3	Solidaritätszuschlag zur Kapitalertragsteuer laut Zeile 2	19.133		
4	Kapitalertragsteuer laut gesonderter und einheitlicher Feststellung aus Beteiligungen an Personengesellschaften (ohne Beträge laut Zeile 6) (50)	19.231		
5	Solidaritätszuschlag zur Kapitalertragsteuer laut Zeile 4 (laut gesonderter und einheitlicher Feststellung aus Beteiligungen an Personengesellschaften) (50)	19.233		
6	Kapitalertragsteuer, für die die Voraussetzungen des § 36a Absatz 1 Satz 1 EStG nicht erfüllt sind und die Anrechnung auf zwei Fünftel beschränkt ist (laut gesondert übermittelten Steuerbescheinigungen und laut gesonderter und einheitlicher Feststellung aus Beteiligungen an Personengesellschaften; die Kapitalertragsteuer ist in voller Höhe einzutragen; die Beschränkung der Anrechnung erfolgt von Amts wegen) (74)	19.261		
7	Solidaritätszuschlag zur Kapitalertragsteuer laut Zeile 6	19.263		
	Anrechnung von Steuerabzugsbeträgen nach § 50a EStG bei beschränkt Steuerpflichtigen			
8	Anrechenbarer Steuerabzugsbetrag nach § 50a Absatz 1 Nummer 1 und 2 EStG sowie nach § 50a Absatz 7 EStG (laut gesondert übermitteltem Nachweis) (nur bei beschränkt steuerpflichtigen Vergütungsgläubigern auszufüllen; wenn während des Kalenderjahres sowohl unbeschränkte als auch beschränkte Steuerpflicht bestanden hat: für die Zeit der beschränkten Steuerpflicht einbehaltener Steuerabzugsbetrag) (74)	19.134		
9	Solidaritätszuschlag zum Abzugsbetrag laut Zeile 8	19.234		
	Anrechnung ausländischer Steuer nach § 50d Absatz 10 Satz 5 EStG in Verbindung mit § 26 Absatz 1 KStG (16) (37)		EUR	
10	Inländische Einkünfte nach § 50d Absatz 10 EStG	16.239		
11	Darauf entfallende festgesetzte, gezahlte, um einen entstandenen Ermäßigungsanspruch gekürzte, anteilige ausländische Steuer (laut Nachweis), die der deutschen Einkommensteuer beziehungsweise Körperschaftsteuer entspricht und auf die die deutsche Steuer nicht angerechnet wurde (§ 50d Absatz 10 Satz 5 EStG) (74)	16.249		
	Angaben zum schädlichen Beteiligungserwerb nach § 8c KStG			
11a	Die Voraussetzungen des § 8c Absatz 1 Satz 1 KStG wurden in diesem Veranlagungszeitraum erfüllt, weil innerhalb der letzten fünf Jahre mittelbar oder unmittelbar mehr als 50 % des gezeichneten Kapitals, der Mitgliedschaftsrechte, der Beteiligungsrechte oder der Stimmrechte an der Körperschaft an einen Erwerber oder diesem nahe stehende Personen übertragen wurden oder ein vergleichbarer Sachverhalt vorliegt.	19.264	1 = Ja 2 = Nein	
11b	Die Anwendung des § 8c KStG ist ausgeschlossen, weil ein Erwerb seitens einer natürlichen Person durch Erbfall einschließlich der in vollem Umfang unentgeltlichen Erbauseinandersetzung und der in vollem Umfang unentgeltlichen vorweggenommenen Erbfolge zwischen Angehörigen nach § 15 AO vorliegt; vergleiche Randnummer 4 des BMF-Schreibens vom 28.11.2017, BStBl I 2017, 1645.	19.265	1 = Ja	
11c	**Konzernklausel nach § 8c Absatz 1 Satz 4 KStG** Die Voraussetzungen der Konzernklausel nach § 8c Absatz 1 Satz 4 KStG sind erfüllt. 19.266 1 = Der Erwerber ist eine natürliche oder juristische Person oder eine Personenhandelsgesellschaft und ist zu 100 Prozent mittelbar oder unmittelbar an dem übertragenden Rechtsträger beteiligt (§ 8c Absatz 1 Satz 4 Nummer 1 KStG) 2 = Der Veräußerer ist eine natürliche oder juristische Person oder eine Personenhandelsgesellschaft und ist zu 100 Prozent mittelbar oder unmittelbar an dem übernehmenden Rechtsträger beteiligt (§ 8c Absatz 1 Satz 4 Nummer 2 KStG) 3 = Dieselbe natürliche oder juristische Person oder dieselbe Personenhandelsgesellschaft ist an dem übertragenden und an dem übernehmenden Rechtsträger zu jeweils 100 Prozent mittelbar oder unmittelbar beteiligt (§ 8c Absatz 1 Satz 4 Nummer 3 KStG)			
11d	**Stille-Reserven-Klausel nach § 8c Absatz 1 Satz 5 KStG** Bei der Ermittlung der nichtabziehbaren nicht genutzten Verluste nach § 8c Absatz 1 Satz 1 KStG wurde die Stille-Reserven-Klausel berücksichtigt, vergleiche § 8c Absatz 1 Satz 5 folgende KStG.	19.267	1 = Ja	

Steuernummer

\- 2 -

Zeile			
11e	Höhe der gesamten zum Zeitpunkt des schädlichen Beteiligungserwerbs vorhandenen im Inland steuerpflichtigen stillen Reserven des Betriebsvermögens der Körperschaft bei Anwendung der Stille-Reserven-Klausel; vergleiche Randnummer 50 folgende des BMF-Schreibens vom 28.11.2017, BStBl I 2017, 1645 (laut gesonderter Ermittlung) 74	19.268	EUR
	Sanierungsklausel nach § 8c Absatz 1a KStG		
11f	Es liegt ein Beteiligungserwerb zum Zweck der Sanierung des Geschäftsbetriebs der Körperschaft nach § 8c Absatz 1a KStG vor.	19.269	1 = Ja
11g	Erforderliche Angaben zu § 8c Absatz 1a KStG, wenn innerhalb der letzten fünf vorangegangenen Veranlagungszeiträume die Sanierungsklausel angewendet wurde: Die Voraussetzungen für die Anwendung der Sanierungsklausel liegen weiterhin vor.	19.270	1 = Ja 2 = Nein
	Angaben zum fortführungsgebundenen Verlust- und/oder Zinsvortrag nach § 8d KStG		
12	Der Antrag nach § 8d KStG wird gestellt. Die gesetzlichen Voraussetzungen hierfür liegen vollumfänglich vor; insbesondere wurde seit dem Beginn des dritten Veranlagungszeitraums, der dem schädlichen Beteiligungserwerb vorausgeht, ausschließlich derselbe Geschäftsbetrieb unterhalten und zusätzlich hat in diesem Zeitraum bis zum Schluss des Veranlagungszeitraums 2025 kein Ereignis nach § 8d Absatz 2 KStG stattgefunden. 75	19.237	1 = Ja
	Erforderliche Angaben zu § 8d Absatz 2 KStG, wenn zum Schluss des vorangegangenen Veranlagungszeitraums oder Wirtschaftsjahrs ein fortführungsgebundener Verlust- oder Zinsvortrag festgestellt wurde		
13	Im Veranlagungszeitraum sind Ereignisse nach § 8d Absatz 2 KStG eingetreten. Die festgestellten fortführungsgebundenen Verlustvorträge gehen unter.	19.238	1 = Ja 2 = Nein
14	Es liegen stille Reserven zum Schluss des vorangegangenen Veranlagungszeitraums (§ 8d Absatz 2 Satz 1 zweiter Halbsatz KStG) vor.	19.239	1 = Ja 2 = Nein
	Vertragliche Vereinbarungen mit Anteilseignern und diesen nahe stehenden Personen		
15	Sind vertragliche Vereinbarungen (Anstellungsverträge, Mietverträge, Darlehensverträge, Pensionszusagen) mit Anteilseignern und/oder diesen nahe stehenden Personen im Veranlagungszeitraum abgeschlossen beziehungsweise geändert worden? Entsprechende Verträge sind dem Finanzamt vorzulegen. 74	19.211	1 = Ja 2 = Nein

Einzelaufstellung zu den Verträgen

Zeile	Vertragsart	Datum der letzten Vertragsänderung oder des Vertragsabschlusses	Name des Vertragspartners	Höhe der Vergütung EUR
16				

Sind weitere Eintragungen erforderlich, sind diese nach dem gleichen Schema gesondert zu erläutern.

Aufsichtsratsvergütungen an unbeschränkt Steuerpflichtige

Empfänger der Vergütung

Zeile		
17 bis 19 frei 20	Vor- und Nachname	
20a	Straße und Hausnummer	
20b	Postleitzahl und Wohnort	
20c frei 20d	Identifikationsnummer	
20e	Steuernummer	
20f	Wirtschafts-Identifikationsnummer	
20g	Im Kalenderjahr geleistete Vergütungen	EUR
20h	Darin enthaltene Umsatzsteuer	

Sind weitere Eintragungen erforderlich, sind diese nach dem gleichen Schema gesondert zu erläutern.

Steuernummer

- 3 -

Zeile		
	Länderbezogener Bericht multinationaler Unternehmensgruppen nach § 138a AO (48)	
21 bis 26 frei 27	Die Körperschaft 1 = ist eine inländische Konzernobergesellschaft im Sinne des § 138a Absatz 1 Satz 1 AO. 2 = ist eine beauftragte Gesellschaft im Sinne des § 138a Absatz 3 AO. 3 = ist eine einbezogene inländische Konzerngesellschaft eines Konzerns mit ausländischer Konzernobergesellschaft. 4 = ist eine einbezogene Betriebsstätte eines ausländischen Unternehmens, das als ausländische Konzernobergesellschaft oder als einbezogene ausländische Konzerngesellschaft in einen Konzernabschluss einbezogen ist.	19.212
28	Bezeichnung des Unternehmens, das den länderbezogenen Bericht des Konzerns übermitteln wird:	19.214
29	Länderschlüssel der Finanzbehörde, an die der länderbezogene Bericht des Konzerns übermittelt wird: (49)	19.215
	Vergütungen nach § 50a Absatz 1 Nummer 1 bis 4 und Absatz 7 EStG an beschränkt Steuerpflichtige (zum Beispiel Aufsichtsratsvergütungen, Lizenzvergütungen) oder in den Fällen des § 10 Steueroasen-Abwehrgesetz	
	Empfänger der Vergütung	
30	Vor- und Nachname	
30a	Straße und Hausnummer	
30b	Postleitzahl und Ort	
30c	Weitere Adressangaben	
30d	Staat	
30e	Ausländisches Identifikationsmerkmal	
		EUR
30f	Geleistete Vergütung	
30g	Einbehaltener und abgeführter Steuerabzug	
30h	Einbehaltener und abgeführter Solidaritätszuschlag auf den Steuerabzug	
31	Der Steuerabzug wurde aus folgenden Gründen nicht oder nicht in voller Höhe vorgenommen, da auf die Vergütung folgende Befreiungsvorschrift anzuwenden ist:	1 = § 73f EStDV 2 = § 50c Absatz 2 Satz 1 Nummer 1 EStG 3 = § 50c Absatz 2 Satz 1 Nummer 2 EStG
32	Bezeichnung der Verwertungsgesellschaft nach § 73f EStDV, an die die Vergütung geleistet wurde	
	Bei Anwendung des § 50c Absatz 2 Satz 1 Nummer 1 EStG	
33 und 34 frei 35	In den Fällen des § 50c EStG: auf Grund der Bescheinigung des Bundeszentralamts für Steuern vom	
35a	Aktenzeichen der Bescheinigung des Bundeszentralamts für Steuern für den Steuerabzug	
	Sind weitere Eintragungen erforderlich, sind diese nach dem gleichen Schema gesondert zu erläutern.	
	Steueranmeldung	
36 frei 37	Steuernummer beim Bundeszentralamt für Steuern	

- 4 -

Steuernummer

Zeile			
	Steuerabzug bei Bauleistungen nach § 48 folgende EStG		
38 bis 40 frei			
40a	Es liegt anrechenbare Bauabzugsteuer vor.	19.243	1 = Ja
	Forschungszulage		
41	Für die Körperschaft wurde ein Antrag auf Festsetzung einer Forschungszulage gestellt. Es wird beantragt, die Festsetzung der Körperschaftsteuer bis zur Festsetzung der Forschungszulage zurückzustellen.	19.241	1 = Ja
42	Für die nachfolgend aufgeführten Personengesellschaften besteht ein Anspruch auf Festsetzung oder Feststellung einer Forschungszulage. Es wird beantragt, die Festsetzung der Körperschaftsteuer bis zur gesonderten und einheitlichen Feststellung nach § 10 Absatz 2 Satz 2 FZulG zurückzustellen.	19.242	1 = Ja
	Einzelangaben		
43	Steuernummer der Personengesellschaft	Wirtschafts-Identifikationsnummer der Personengesellschaft (29) DE	
44	Name der Personengesellschaft		
	Sind weitere Eintragungen erforderlich, sind diese nach dem gleichen Schema gesondert zu erläutern.		

1) EStG 2008 = Einkommensteuergesetz in der Fassung des Unternehmensteuerreformgesetzes 2008 vom 14.08.2007 (BGBl. I Seite 1912)

Bezeichnung des Steuerpflichtigen
Steuernummer

Die mit einem Kreis versehenen Zahlen bezeichnen die Erläuterungen in der Anleitung zur Körperschaftsteuererklärung.

Anlage Z

2025

☐ zur Steuererklärung

☐ zum Bescheid

Verbleibender Zuwendungsvortrag nach § 9 Absatz 1 Nummer 2 Satz 9 und 10 KStG in Verbindung mit § 10d Absatz 4 EStG

Zeile	Ermittlung des verbleibenden Zuwendungsvortrags	EUR
1	Verbleibender Zuwendungsvortrag zum Schluss des vorangegangenen Veranlagungszeitraums	
2	Davon ab: Im Falle einer Abspaltung oder Teilübertragung im laufenden Veranlagungszeitraum: Verringerung des verbleibenden Zuwendungsvortrags bei der übertragenden Körperschaft (§ 12 Absatz 3 UmwStG in Verbindung mit § 15 Absatz 1, § 16 UmwStG)	15.66
3	Dazu: Bei der übernehmenden Körperschaft im Jahr der Vermögensübernahme: Auf die übernehmende Körperschaft im laufenden Veranlagungszeitraum übergegangener Zuwendungsvortrag nach § 9 Absatz 1 Nummer 2 Satz 9 KStG in Verbindung mit § 12 Absatz 3 UmwStG (gegebenenfalls in Verbindung mit § 15 Absatz 1 UmwStG)	15.46
	Zuwendungen für steuerbegünstigte Zwecke laut gesonderter Einzelaufstellung	
4	Dazu: Im Kalenderjahr 2025 beziehungsweise im Wirtschaftsjahr 2024/2025 geleistete Zuwendungen (Spenden und Mitgliedsbeiträge) für steuerbegünstigte Zwecke nach §§ 52 bis 54 AO aus Beteiligung an einer Personengesellschaft (laut gesonderter und einheitlicher Feststellung) (50)	15.48
5	Dazu: Im Kalenderjahr 2025 beziehungsweise im Wirtschaftsjahr 2024/2025 geleistete Zuwendungen (Spenden und Mitgliedsbeiträge) für steuerbegünstigte Zwecke nach §§ 52 bis 54 AO laut Zuwendungsbestätigungen (69)	15.40
	Fortführung der Ermittlung des verbleibenden Zuwendungsvortrags	
6	Zwischensumme	
7	Davon ab: Unter Beachtung der Höchstbeträge abziehbare Zuwendungen (Übertrag nach Zeile 34 der Anlage ZVE) (6)	
7a	Davon ab: Minderung des verbleibenden Zuwendungsvortrags durch Abspaltung oder Teilübertragung zum Ende des Veranlagungszeitraums (§ 12 Absatz 3 UmwStG in Verbindung mit § 15 Absatz 1, § 16 UmwStG)	15.65
7b	Dazu: Bei der übernehmenden Körperschaft im Jahr der Vermögensübernahme: Auf die übernehmende Körperschaft zum Ende des Veranlagungszeitraums übergegangener Zuwendungsvortrag nach § 9 Absatz 1 Nummer 2 Satz 9 KStG in Verbindung mit § 12 Absatz 3 UmwStG (gegebenenfalls in Verbindung mit § 15 Absatz 1 UmwStG)	15.64
8	Verbleibender Zuwendungsvortrag zum Schluss des Veranlagungszeitraums	
9	In Zeile 5 enthaltene Zuwendungen an Empfänger im EU-/EWR-Ausland	15.42
	Angaben zur Höchstbetragsberechnung	
10	Summe der gesamten Umsätze sowie der im Kalenderjahr 2025 aufgewendeten Löhne und Gehälter	15.18
11	Summe der gesamten Umsätze sowie der im Kalenderjahr 2025 aufgewendeten Löhne und Gehälter aus Beteiligung an einer Personengesellschaft (50)	15.84

Anlage Z - Oktober 2025 - Version 2.9.1.0 Bekanntgabe

Bezeichnung des Steuerpflichtigen
Steuernummer

Enden in einem Veranlagungszeitraum zwei Wirtschaftsjahre, ist für jedes Wirtschaftsjahr die Anlage Zinsschranke (KSt) gesondert auszufüllen.

Die mit einem Kreis versehenen Zahlen bezeichnen die Erläuterungen in der Anleitung zur Körperschaftsteuererklärung.

Anlage Zinsschranke

2025

☐ zur Steuererklärung

☐ zum Bescheid

Betriebsausgabenabzug für Zinsaufwendungen (§ 4h EStG in Verbindung mit § 8a KStG) für Wirtschaftsjahre, die nach dem 14. Dezember 2023 beginnen

Die Anlage ist auszufüllen:
- von Organträgern, die nicht zugleich Organgesellschaft sind oder
- wenn ein Zins- oder EBITDA-Vortrag zum Schluss des vorangegangenen Wirtschaftsjahres festgestellt wurde oder
- wenn die Zinsaufwendungen (Betrag lt. Zeile 11) mindestens 3 Mio. € betragen

Wirtschaftsjahr vom

Wirtschaftsjahr bis

Zeile	Abziehbare Zinsen und Zinsvortrag (§ 4h EStG in Verbindung mit § 8a KStG) 79	EUR
	Zeilen 11 bis 25a: Nicht bei Organgesellschaften	
1 bis 4 frei		
5	Zinsvortrag zum Schluss des vorangegangenen Wirtschaftsjahres	33.101
6	Davon ab: Untergang des fortführungsgebundenen Zinsvortrags aufgrund eines schädlichen Ereignisses nach § 8d Absatz 2 KStG (Betrag laut Zeile 32)	
7	Dazu: Erhalt des fortführungsgebundenen Zinsvortrags nach § 8a Absatz 1 Satz 3 in Verbindung mit § 8d Absatz 2 Satz 1 zweiter Halbsatz KStG durch entsprechende Anwendung des § 8c Absatz 1 Satz 5 bis 8 KStG bezogen auf die zum Schluss des vorangegangenen Wirtschaftsjahres vorhandenen stillen Reserven (höchstens Betrag laut Zeile 6; laut gesonderter Ermittlung) 74	33.109
8	Davon ab: Verringerung des Zinsvortrags aufgrund eines schädlichen Beteiligungserwerbs (§ 8a Absatz 1 Satz 3 KStG, § 8c KStG) 22	33.110
8a	Davon ab: Verringerung des Zinsvortrags durch Abspaltung (§ 15 Absatz 3, § 16 UmwStG)	33.113
9	Davon ab: Verringerung des Zinsvortrags (gegebenenfalls unter Beachtung der § 2 Absatz 4 Satz 1, § 20 Absatz 6 Satz 4 UmwStG), insbesondere durch: Aufgabe oder Übertragung eines Betriebs oder Teilbetriebs (§ 4h Absatz 5 EStG in Verbindung mit § 8a Absatz 1 KStG) oder Ausscheiden einer Organgesellschaft aus dem Organkreis (§ 15 Satz 1 Nummer 3 KStG, § 4h Absatz 5 EStG in Verbindung mit § 8a Absatz 1 KStG)	33.102
10 frei 11	Dazu: Zinsaufwendungen des laufenden Wirtschaftsjahres nach § 4h Absatz 3 Satz 2 EStG (Übertrag nach Zeile 296 Anlage GK) 1	33.107
12	Dazu: Zinsaufwendungen des laufenden Wirtschaftsjahres nach § 4h Absatz 3 Satz 2 EStG der Organgesellschaft(en) laut gesonderter und einheitlicher Feststellung(en) nach § 14 Absatz 5 KStG (Summe der Beträge laut Zeile 30 aller Anlagen OT; Übertrag nach Zeile 297 Anlage GK) 50	
13	Zwischensumme	
14	Zinserträge des laufenden Wirtschaftsjahres nach § 4h Absatz 3 Satz 3 EStG	33.103
15	Zinserträge des laufenden Wirtschaftsjahres nach § 4h Absatz 3 Satz 3 EStG der Organgesellschaft(en) laut gesonderter und einheitlicher Feststellung(en) nach § 14 Absatz 5 KStG (Summe der Beträge laut Zeile 31 aller Anlagen OT) 50	
16	Zinserträge nach § 46 Absatz 1 Satz 1 InvStG in Verbindung mit § 4h Absatz 1 EStG aus Spezial-Investmentanteilen (Summe der Beträge laut Zeile 42 aller Anlagen SPIF, die in diesem Wirtschaftsjahr zu berücksichtigen sind) 50	
16a	Nettozinsaufwendungen nach § 4h Absatz 1 Satz 3 EStG (Betrag laut Zeile 13 abzüglich Summe der Beträge laut Zeilen 14 bis 16)	
17	Nach § 4h Absatz 1 Satz 1 erster Halbsatz EStG abziehbarer Betrag: Niedrigerer Betrag aus Zeile 13 und der Summe der Beträge laut Zeilen 14 bis 16	
18	Verbleibende Zinsaufwendungen (Betrag laut Zeile 13 abzüglich Betrag laut Zeile 17)	
19 frei 19a	Die Voraussetzungen zum uneingeschränkten Abzug der Zinsaufwendungen liegen vor nach: 33.104 — 1 = § 4h Absatz 2 Satz 1 Buchstabe b EStG (Stand-alone-Klausel); 2 = § 4h Absatz 2 Satz 1 Buchstabe c EStG in Verbindung mit § 8a Absatz 3 KStG (Escape-Klausel)	
19b	Abziehbare verbleibende Zinsaufwendungen aufgrund von § 4h Absatz 2 Satz 1 in Verbindung mit § 4h Absatz 1 Satz 7 EStG (wenn Betrag laut Zeile 16a kleiner als drei Millionen Euro oder in den Fällen der Zeile 19a) (Summe der Beträge laut Zeilen 11 und 12 abzüglich Betrag laut Zeile 17)	EUR

Anlage Zinsschranke - Oktober 2025 - Version 2.9.1.0 Bekanntgabe

- 2 -

Steuernummer

Zeile		EUR
20	Zwischensumme: Verbleibende Zinsaufwendungen (laufende Aufwendungen und Zinsvortrag) nach Verrechnung mit Zinserträgen und der Anwendung von § 4h Absatz 2 EStG (Betrag laut Zeile 18 abzüglich Betrag laut Zeile 19b)	
21	Nach § 4h Absatz 1 Satz 1 zweiter Halbsatz EStG in Verbindung mit § 8a KStG berücksichtigungsfähiges verrechenbares EBITDA des laufenden Wirtschaftsjahres (Betrag laut Zeile 51, jedoch höchstens Betrag laut Zeile 20)	
22	Zwischensumme (Betrag laut Zeile 20 abzüglich Betrag laut Zeile 21)	
23	Nach § 4h Absatz 1 Satz 4 EStG in Verbindung mit § 8a KStG abziehbarer EBITDA-Vortrag zum Schluss des vorangegangenen Wirtschaftsjahres (Betrag laut Zeile 52 abzüglich Beträge laut Zeilen 53 und 54, jedoch höchstens Betrag laut Zeile 22)	
24	Im Wirtschaftsjahr insgesamt abziehbare Zinsaufwendungen (Summe der Beträge laut Zeilen 17, 19b, 21 und 23; Übertrag nach Zeile 298 der Anlage GK)	
25	Nichtabziehbare Zinsaufwendungen (Betrag laut Zeile 13 abzüglich Betrag laut Zeile 24)	
25a	Davon ab: Minderung der nichtabziehbaren Zinsaufwendungen des laufenden Wirtschaftsjahres aufgrund eines schädlichen Beteiligungserwerbs (§ 8a Absatz 1 Satz 3, § 8c KStG) oder durch Abspaltung (§ 15 Absatz 3, § 16 UmwStG) zum Ende des Wirtschaftsjahres	33.114
26	Davon ab: Minderung der nichtabziehbaren Zinsaufwendungen (Zeile 25) nach § 3a Absatz 3 Satz 2 Nummer 13 Buchstabe a EStG (Betrag laut Zeile 39 der Anlage SAN)	33.111
27	Zinsvortrag zum Schluss des laufenden Wirtschaftsjahres (Betrag laut Zeile 25 abzüglich Beträge laut Zeilen 25a und 26)	
	Fortführungsgebundener Zinsvortrag nach § 8d in Verbindung mit § 8a KStG	
28 bis 31 frei		
32	Verbleibender fortführungsgebundener Zinsvortrag zum Schluss des vorangegangenen Wirtschaftsjahres	33.108
33	Davon ab: Untergang des fortführungsgebundenen Zinsvortrags aufgrund eines schädlichen Ereignisses nach § 8d Absatz 2 KStG (Betrag laut Zeile 32)	
34	Davon ab: Wegfall der Fortführungsgebundenheit bei Vorliegen eines schädlichen Beteiligungserwerbs nach § 8c KStG (Betrag laut Zeile 32)	
35	Davon ab: Im wegfallenden Zinsvortrag enthaltener fortführungsgebundener Zinsvortrag (in den Beträgen laut Zeilen 8a und 9 enthalten, höchstens Betrag laut Zeile 32 abzüglich Summe der Beträge laut Zeilen 33 und 34)	
36	Davon ab: Verrechnung mit dem fortführungsgebundenen Zinsvortrag (Beträge laut Zeilen 24 und 26 abzüglich Beträge laut Zeilen 11 und 12, höchstens Betrag laut Zeile 32 abzüglich Summe der Beträge laut Zeilen 33 bis 35)	
37	Wenn im Wirtschaftsjahr ein schädlicher Beteiligungserwerb nach § 8c KStG erfolgte und die Voraussetzungen zur Anwendung des § 8d KStG erfüllt sind: Dazu: Zugang zum fortführungsgebundenen Zinsvortrag (Betrag laut Zeile 27 abzüglich Betrag laut Zeile 32 zuzüglich Summe der Beträge laut Zeilen 33 bis 36)	
38	Im Betrag laut Zeile 27 enthaltener zum Schluss des laufenden Wirtschaftsjahres verbleibender fortführungsgebundener Zinsvortrag	
	Verrechenbares EBITDA des laufenden Wirtschaftsjahres	
	Nicht bei Organgesellschaften	
39	Ausgangsbetrag (Betrag laut Zeile 295a der Anlage GK)	
40	Dazu: Nach § 6 Absatz 2 Satz 1, § 6 Absatz 2a Satz 2 und § 7 EStG abgesetzte Beträge (Abschreibungen)	33.105
41	Dazu: Nach § 6 Absatz 2 Satz 1, § 6 Absatz 2a Satz 2 und § 7 EStG abgesetzte Beträge (Abschreibungen) der Organgesellschaften (Summe der Beträge laut Zeile 32 aller Anlagen OT)	
42	Dazu: Berücksichtigter Zuwendungsabzug nach § 9 Absatz 1 Nummer 2 KStG der Organgesellschaften (Summe der Beträge laut Zeile 35 aller Anlagen OT)	
43	Davon ab / Dazu: Einkünfte aus Mitunternehmerschaften (Betrag laut Zeile 22 der Anlage GK)	
43a	Davon ab / Dazu: Einkünfte aus Mitunternehmerschaften der Organgesellschaften (Summe der Beträge laut Zeile 35a aller Anlagen OT)	
44	Dazu: Zinsaufwendungen des laufenden Wirtschaftsjahres (Summe der Beträge laut Zeilen 11 und 12)	
45	Davon ab: Zinserträge des laufenden Wirtschaftsjahres (Summe der Beträge laut Zeilen 14 bis 16)	
46	Dazu / Davon ab: Weitere Korrekturen, um das nach § 8a Absatz 1 KStG maßgebliche Einkommen zu berechnen (Summe der Beträge laut Zeilen 26, 30, 31, 31a, 35, 35b und 38 der Anlage ZVE abzüglich der Summe der Beträge laut Zeilen 20, 21, 27, 28, 29 und 31b der Anlage ZVE)	
47	Dazu: Von Organgesellschaften selbst zu versteuerndes Einkommen aus dem Organschaftsverhältnis (Summe der Beträge laut Zeile 34 aller Anlagen OT)	

Steuernummer

- 3 -

Zeile		EUR
48 frei 49	Dazu / Davon ab: Sonstige Korrekturen (zum Beispiel bei mehreren im Veranlagungszeitraum endenden Wirtschaftsjahren oder in Fällen des § 4h Absatz 6 EStG)	33.166
50	Steuerliches EBITDA	
51	Verrechenbares EBITDA des laufenden Wirtschaftsjahres (30 % des Betrages laut Zeile 50)	
	EBITDA-Vortrag (Gesamtbetrag) (§ 4h EStG in Verbindung mit § 8a KStG)	
	Anfangsbestand	
52	EBITDA-Vortrag zum Schluss des vorangegangenen Wirtschaftsjahres	33.150
53	Davon ab: Verringerung des EBITDA-Vortrags bei Abspaltung (§ 15 Absatz 3, § 16 UmwStG)	33.180
54	Davon ab: Verringerung des EBITDA-Vortrags in anderen Fällen (gegebenenfalls unter Beachtung der § 2 Absatz 4 Satz 1, § 20 Absatz 6 Satz 4 UmwStG), insbesondere durch: Aufgabe oder Übertragung eines Betriebs oder Teilbetriebs (§ 8a Absatz 1 KStG in Verbindung mit § 4h Absatz 5 EStG), Ausscheiden einer Organgesellschaft aus dem Organkreis (§ 15 Satz 1 Nummer 3 KStG, § 8a Absatz 1 KStG in Verbindung mit § 4h Absatz 5 EStG)	33.170
	Laufendes Wirtschaftsjahr	
55	Nicht bei Organgesellschaften: Dazu: Verbleibendes verrechenbares EBITDA des laufenden Wirtschaftsjahres (Betrag laut Zeile 51 abzüglich Zeile 21; nur wenn Beträge laut Zeilen 16a und 20 größer als 0)	
	Verrechnung von verrechenbarem EBITDA	
56	Nicht bei Organgesellschaften: Davon ab: Verbrauch des EBITDA-Vortrags aus vorangegangenen Wirtschaftsjahren im laufenden Wirtschaftsjahr (Betrag laut Zeile 23)	
57	Davon ab: Minderung des EBITDA-Vortrags nach § 3a Absatz 3 Satz 2 Nummer 13 Buchstabe b EStG (Summe der Beträge laut Zeilen 67, 75, 83, 91, 99 und 102; Übertrag in Zeile 41 der Anlage SAN)	33.162
	Endbestand	
58	Davon ab: Verringerung des verrechenbaren EBITDA des laufenden Wirtschaftsjahres durch Abspaltung zum Ende des Wirtschaftsjahres (§ 15 Absatz 3, § 16 UmwStG)	33.164
59	Davon ab: Wegfall des EBITDA-Vortrags des fünften vorangegangenen Wirtschaftsjahres	
60	EBITDA-Vortrag zum Schluss des laufenden Wirtschaftsjahres	
	EBITDA-Vortrag bezogen auf das fünfte vorangegangene Wirtschaftsjahr	
61	Abschlusszeitpunkt des Wirtschaftsjahres	
		EUR
62	EBITDA-Vortrag zum Schluss des sechsten vorangegangenen Wirtschaftsjahres	33.155
63	Davon ab: Verringerung des EBITDA-Vortrags bei Abspaltung (§ 15 Absatz 3, § 16 UmwStG)	33.185
64	Davon ab: Verringerung des EBITDA-Vortrags in anderen Fällen (gegebenenfalls unter Beachtung der § 2 Absatz 4 Satz 1, § 20 Absatz 6 Satz 4 UmwStG), insbesondere durch: Aufgabe oder Übertragung eines Betriebs oder Teilbetriebs (§ 8a Absatz 1 KStG in Verbindung mit § 4h Absatz 5 EStG), Ausscheiden einer Organgesellschaft aus dem Organkreis (§ 15 Satz 1 Nummer 3 KStG, § 8a Absatz 1 KStG in Verbindung mit § 4h Absatz 5 EStG)	33.175
65	Nicht bei Organgesellschaften: Davon ab: Verbrauch des EBITDA-Vortrags im laufenden Wirtschaftsjahr (Betrag laut Zeile 56 höchstens Betrag laut Zeile 62 abzüglich Beträge laut Zeilen 63 und 64)	
66	Zwischensumme	
67	Davon ab: Minderung des EBITDA-Vortrags nach § 3a Absatz 3 Satz 2 Nummer 13 Buchstabe b EStG (gegebenenfalls anteiliger Betrag laut Zeile 40 der Anlage SAN, höchstens Betrag laut Zeile 66)	
68	Wegfall des EBITDA-Vortrags des fünften vorangegangenen Wirtschaftsjahres (Übertrag in Zeile 59)	
	EBITDA-Vortrag bezogen auf das vierte vorangegangene Wirtschaftsjahr	
69	Abschlusszeitpunkt des Wirtschaftsjahres	

- 4 -

Steuernummer

Zeile		EUR
70	EBITDA-Vortrag zum Schluss des fünften vorangegangenen Wirtschaftsjahres	33.154
71	Davon ab: Verringerung des EBITDA-Vortrags bei Abspaltung (§ 15 Absatz 3, § 16 UmwStG)	33.184
72	Davon ab: Verringerung des EBITDA-Vortrags in anderen Fällen (gegebenenfalls unter Beachtung der § 2 Absatz 4 Satz 1, § 20 Absatz 6 Satz 4 UmwStG), insbesondere durch: Aufgabe oder Übertragung eines Betriebs oder Teilbetriebs (§ 8a Absatz 1 KStG in Verbindung mit § 4h Absatz 5 EStG), Ausscheiden einer Organgesellschaft aus dem Organkreis (§ 15 Satz 1 Nummer 3 KStG, § 8a Absatz 1 KStG in Verbindung mit § 4h Absatz 5 EStG)	33.174
73	Nicht bei Organgesellschaften: Davon ab: Verbrauch des EBITDA-Vortrags im laufenden Wirtschaftsjahr (Betrag laut Zeile 56 abzüglich Betrag laut Zeile 65, höchstens Betrag laut Zeile 70 abzüglich Beträge laut Zeilen 71 und 72)	
74	Zwischensumme	
75	Davon ab: Minderung des EBITDA-Vortrags nach § 3a Absatz 3 Satz 2 Nummer 13 Buchstabe b EStG (gegebenenfalls anteiliger Betrag laut Zeile 40 der Anlage SAN abzüglich Betrag laut Zeile 67, höchstens Betrag laut Zeile 74)	
76	EBITDA-Vortrag zum Schluss des Wirtschaftsjahres bezogen auf das vierte vorangegangene Wirtschaftsjahr	
	EBITDA-Vortrag bezogen auf das dritte vorangegangene Wirtschaftsjahr	
77	Abschlusszeitpunkt des Wirtschaftsjahres	
		EUR
78	EBITDA-Vortrag zum Schluss des vierten vorangegangenen Wirtschaftsjahres	33.153
79	Davon ab: Verringerung des EBITDA-Vortrags bei Abspaltung (§ 15 Absatz 3, § 16 UmwStG)	33.183
80	Davon ab: Verringerung des EBITDA-Vortrags in anderen Fällen (gegebenenfalls unter Beachtung der § 2 Absatz 4 Satz 1, § 20 Absatz 6 Satz 4 UmwStG), insbesondere durch: Aufgabe oder Übertragung eines Betriebs oder Teilbetriebs (§ 8a Absatz 1 KStG in Verbindung mit § 4h Absatz 5 EStG), Ausscheiden einer Organgesellschaft aus dem Organkreis (§ 15 Satz 1 Nummer 3 KStG, § 8a Absatz 1 KStG in Verbindung mit § 4h Absatz 5 EStG)	33.173
81	Nicht bei Organgesellschaften: Davon ab: Verbrauch des EBITDA-Vortrags im laufenden Wirtschaftsjahr (Betrag laut Zeile 56 abzüglich Beträge laut Zeilen 65 und 73, höchstens Betrag laut Zeile 78 abzüglich Beträge laut Zeilen 79 und 80)	
82	Zwischensumme	
83	Davon ab: Minderung des EBITDA-Vortrags nach § 3a Absatz 3 Satz 2 Nummer 13 Buchstabe b EStG (gegebenenfalls anteiliger Betrag laut Zeile 40 der Anlage SAN abzüglich Beträge laut Zeilen 67 und 75, höchstens Betrag laut Zeile 82)	
84	EBITDA-Vortrag zum Schluss des Wirtschaftsjahres bezogen auf das dritte vorangegangene Wirtschaftsjahr	
	EBITDA-Vortrag bezogen auf das zweite vorangegangene Wirtschaftsjahr	
85	Abschlusszeitpunkt des Wirtschaftsjahres	
		EUR
86	EBITDA-Vortrag zum Schluss des dritten vorangegangenen Wirtschaftsjahres	33.152
87	Davon ab: Verringerung des EBITDA-Vortrags bei Abspaltung (§ 15 Absatz 3, § 16 UmwStG)	33.182
88	Davon ab: Verringerung des EBITDA-Vortrags in anderen Fällen (gegebenenfalls unter Beachtung der § 2 Absatz 4 Satz 1, § 20 Absatz 6 Satz 4 UmwStG), insbesondere durch: Aufgabe oder Übertragung eines Betriebs oder Teilbetriebs (§ 8a Absatz 1 KStG in Verbindung mit § 4h Absatz 5 EStG), Ausscheiden einer Organgesellschaft aus dem Organkreis (§ 15 Satz 1 Nummer 3 KStG, § 8a Absatz 1 KStG in Verbindung mit § 4h Absatz 5 EStG)	33.172
89	Nicht bei Organgesellschaften: Davon ab: Verbrauch des EBITDA-Vortrags im laufenden Wirtschaftsjahr (Betrag laut Zeile 56 abzüglich Beträge laut Zeilen 65, 73 und 81, höchstens Betrag laut Zeile 86 abzüglich Beträge laut Zeilen 87 und 88)	
90	Zwischensumme	
91	Davon ab: Minderung des EBITDA-Vortrags nach § 3a Absatz 3 Satz 2 Nummer 13 Buchstabe b EStG (gegebenenfalls anteiliger Betrag laut Zeile 40 der Anlage SAN abzüglich Beträge laut Zeilen 67, 75 und 83, höchstens Betrag laut Zeile 90)	
92	EBITDA-Vortrag zum Schluss des Wirtschaftsjahres bezogen auf das zweite vorangegangene Wirtschaftsjahr	

Steuernummer

- 5 -

Zeile	EBITDA-Vortrag bezogen auf das erste vorangegangene Wirtschaftsjahr	EUR
93	Abschlusszeitpunkt des Wirtschaftsjahres	
94	EBITDA-Vortrag zum Schluss des zweiten vorangegangenen Wirtschaftsjahres	33.151
95	Davon ab: Verringerung des EBITDA-Vortrags bei Abspaltung (§ 15 Absatz 3, § 16 UmwStG)	33.181
96	Davon ab: Verringerung des EBITDA-Vortrags in anderen Fällen (gegebenenfalls unter Beachtung der § 2 Absatz 4 Satz 1, § 20 Absatz 6 Satz 4 UmwStG), insbesondere durch: Aufgabe oder Übertragung eines Betriebs oder Teilbetriebs (§ 8a Absatz 1 KStG in Verbindung mit § 4h Absatz 5 EStG), Ausscheiden einer Organgesellschaft aus dem Organkreis (§ 15 Satz 1 Nummer 3 KStG, § 8a Absatz 1 KStG in Verbindung mit § 4h Absatz 5 EStG)	33.171
97	Nicht bei Organgesellschaften: Davon ab: Verbrauch des EBITDA-Vortrags im laufenden Wirtschaftsjahr (Betrag laut Zeile 56 abzüglich Beträge laut Zeilen 65, 73, 81 und 89, höchstens Betrag laut Zeile 94 abzüglich Beträge laut Zeilen 95 und 96)	
98	Zwischensumme	
99	Davon ab: Minderung des EBITDA-Vortrags nach § 3a Absatz 3 Satz 2 Nummer 13 Buchstabe b EStG (gegebenenfalls anteiliger Betrag laut Zeile 40 der Anlage SAN abzüglich Beträge laut Zeilen 67, 75, 83 und 91, höchstens Betrag laut Zeile 98)	
100	EBITDA-Vortrag zum Schluss des Wirtschaftsjahres bezogen auf das erste vorangegangene Wirtschaftsjahr	
	EBITDA-Vortrag bezogen auf das laufende Wirtschaftsjahr	
101	Verbleibendes EBITDA des laufenden Wirtschaftsjahres (Betrag laut Zeile 55)	
102	Davon ab: Minderung des verbleibenden EBITDA nach § 3a Absatz 3 Satz 2 Nummer 13 Buchstabe b EStG (gegebenenfalls anteiliger Betrag laut Zeile 40 der Anlage SAN abzüglich Beträge laut Zeilen 67, 75, 83, 91 und 99, höchstens Betrag laut Zeile 101)	
103	Davon ab: Verringerung des verrechenbaren EBITDA des laufenden Wirtschaftsjahres durch Abspaltung zum Ende des Wirtschaftsjahres (§ 15 Absatz 3, § 16 UmwStG; Betrag laut Zeile 58)	
104	EBITDA-Vortrag zum Schluss des Wirtschaftsjahres bezogen auf das laufende Wirtschaftsjahr	

Bezeichnung des Steuerpflichtigen
Steuernummer

Die mit einem Kreis versehenen Zahlen bezeichnen die Erläuterungen in der Anleitung zur Körperschaftsteuererklärung.

Anlage ZVE

2025

☐ zur Steuererklärung

☐ zum Bescheid

Ermittlung des zu versteuernden Einkommens

Zeile	Ermittlung der Summe der Einkünfte	EUR
	Einkünfte aus Land- und Forstwirtschaft (44) (47)	
1	Gewinn aus eigenen Betrieben (einschließlich Veräußerungsgewinn; laut gesonderter Ermittlung): Auf das Kalenderjahr 2025 entfallender Gewinn aus dem Wirtschaftsjahr 2024/2025 (2025) (74)	20.10
1a	Dazu / Davon ab: Gewinn aus eigenen Betrieben (einschließlich Veräußerungsgewinn; laut gesonderter Ermittlung): Auf das Kalenderjahr 2025 entfallender Gewinn aus dem Wirtschaftsjahr 2025/2026 (74)	20.12
	Beteiligungen an Personengesellschaften	
	laut gesonderter Einzelaufstellung (Gesellschaft, Finanzamt, Steuernummer, Wirtschafts-Identifikationsnummer) (29)	
1b	Dazu / Davon ab: Einkünfte aus Land- und Forstwirtschaft aus Beteiligungen an Personengesellschaften (18) (50)	20.38
	Einkünfte aus Gewerbebetrieb	
	Laufender Gewinn	
2	Dazu / Davon ab: Einkünfte aus Gewerbebetrieb laut Zeile 300 der Anlage GK; bei zusätzlichem Rumpfwirtschaftsjahr: Einkünfte aus Gewerbebetrieb des zweiten im Veranlagungszeitraum endenden Wirtschaftsjahres; bei mehreren Betrieben: Einkünfte aus Gewerbebetrieb der ersten Anlage GK	
3	Dazu / Davon ab: Bei zusätzlichem Rumpfwirtschaftsjahr: Einkünfte aus Gewerbebetrieb des ersten im Veranlagungszeitraum endenden Wirtschaftsjahres (laut Zeile 300 der Anlage GK für das erste Wirtschaftsjahr)	13.211
4	Bei mehreren Betrieben: Dazu / Davon ab: Einkünfte aus Gewerbebetrieb laut Zeile 300 der übrigen Anlagen GK (47)	13.151
	Veräußerungs- / Aufgabegewinn (44) (47)	
5	Dazu: Veräußerungspreis aller im laufenden Veranlagungszeitraum veräußerten/aufgegebenen Betriebe	13.251
6	Davon ab: Veräußerungskosten	13.252
7	Davon ab: Wert des Betriebsvermögens	13.253
7a	Dazu: Einkünfte aus Gewerbebetrieb nach § 17 EStG (44) (47)	13.249
	Einkünfte aus selbständiger Arbeit (44) (47)	
	laut gesonderter Einzelaufstellung	
8 frei 9	Dazu / Davon ab: Einkünfte (einschließlich Veräußerungsgewinn) aus selbständiger Arbeit aus eigenen Betrieben (laut gesonderter Ermittlung) (74)	13.160
	Beteiligungen an Personengesellschaften	
	laut gesonderter Einzelaufstellung (Gesellschaft, Finanzamt, Steuernummer, Wirtschafts-Identifikationsnummer) (29)	
10	Dazu / Davon ab: Einkünfte aus selbständiger Arbeit aus Beteiligungen an Personengesellschaften (18) (50)	13.161
	Einkünfte aus Kapitalvermögen (7) (44) (47)	
11	Dazu: Einkünfte aus Kapitalvermögen ohne Beträge laut Zeile 11a (unter Berücksichtigung des § 20 Absatz 6 und 9 EStG; laut gesonderter Ermittlung) (74)	26.40
11a	Dazu / Davon ab: Einkünfte aus Kapitalvermögen, bei denen § 8 Absatz 10 Satz 2 KStG in Verbindung mit § 32d Absatz 2 Nummer 1 oder 3 EStG erfüllt ist (7)	26.41
	Einkünfte aus Vermietung und Verpachtung (44) (47)	
12	Dazu / Davon ab: Einkünfte aus Vermietung und Verpachtung (laut gesonderter Ermittlung) (74)	25.120

Anlage ZVE - Oktober 2025 - Version 2.9.1.0 Bekanntgabe

Steuernummer

- 2 -

Zeile		EUR
	Nicht dem Steuerabzug unterliegende Einkünfte nach § 6 Absatz 2 Satz 2 InvStG von (Spezial-)Investmentfonds	
12a	Dazu / Davon ab: Inländische Immobilienerträge nach § 6 Absatz 4 InvStG sowie sonstige inländische Einkünfte nach § 6 Absatz 5 InvStG, die keinem Steuerabzug unterliegen	13.330
	Laufende Spezial-Investmenterträge	
12b	Dazu: Steuerpflichtige laufende Spezial-Investmenterträge nach § 20 Absatz 1 Nummer 3a EStG in Verbindung mit § 34 Absatz 1 Nummer 1 und 2 InvStG (Summe der Beträge laut Zeile 64 aller Anlagen SPIF, bei denen die Anteile keinem inländischen Betrieb zuzuordnen sind)	
	Sonstige Einkünfte	
	Einnahmen aus wiederkehrenden Bezügen (60)	
13	Dazu: Einnahmen	26.58
14	Davon ab: Werbungskosten	26.60
	Private Veräußerungsgeschäfte (47)	
15	Dazu / Davon ab: Einkünfte aus privaten Veräußerungsgeschäften vor Berücksichtigung der Freigrenze nach § 23 Absatz 3 Satz 5 EStG	26.62
15a	Davon ab: Freigrenze nach § 23 Absatz 3 Satz 5 EStG (nur wenn Betrag laut Zeile 15 größer als 0 €, aber kleiner als 1.000 €: Betrag laut Zeile 15)	
15b	Davon ab: Verrechnung mit einem vortragsfähigen Verlust oder Berücksichtigung eines Verlustrücktrags	26.63
15c	Dazu: Negativer Betrag laut Zeile 15 (mit umgekehrtem Vorzeichen eintragen)	
	Leistungen (47)	
16	Dazu / Davon ab: Einkünfte aus Leistungen nach § 22 Nummer 3 EStG vor Berücksichtigung der Freigrenze nach § 22 Nummer 3 Satz 2 EStG	26.64
16a	Davon ab: Freigrenze nach § 22 Nummer 3 Satz 2 EStG (nur wenn Betrag laut Zeile 16 größer als 0 €, aber kleiner als 256 €: Betrag laut Zeile 16)	
16b	Davon ab: Verrechnung mit einem vortragsfähigen Verlust oder Berücksichtigung eines Verlustrücktrags	26.65
16c	Dazu: Negativer Betrag laut Zeile 16 (mit umgekehrtem Vorzeichen eintragen)	
	Einkünfte, für die der Antrag nach § 32 Absatz 2 Nummer 2 KStG gestellt wird (34) (51)	
	Steuerabzug nach § 50a Absatz 1 Nummer 1 EStG	
	laut gesonderter Einzelaufstellung	
17	Dazu / Davon ab: Einkünfte, die dem Steuerabzug nach § 50a Absatz 1 Nummer 1 EStG unterlegen haben (laut gesonderter Einzelaufstellung)	13.260
	Steuerabzug nach § 50a Absatz 1 Nummer 2 EStG	
	laut gesonderter Einzelaufstellung	
18	Dazu / Davon ab: Einkünfte, die dem Steuerabzug nach § 50a Absatz 1 Nummer 2 EStG unterlegen haben (laut gesonderter Einzelaufstellung)	13.261
	Abzug ausländischer Steuern	
19 frei 20	Nicht bei Organgesellschaften: Davon ab: Abzuziehende ausländische Steuern nach § 26 Absatz 1 Satz 1 Nummer 1 KStG in Verbindung mit § 34c Absatz 2 EStG (Summe der Beträge laut Zeile 42 aller Anlagen AESt zuzüglich Summe der Beträge laut Zeile 69 aller Anlagen SPIF zuzüglich Summe der Beträge laut Zeile 21 aller Anlagen SPIFA)	
21	Nicht bei Organgesellschaften: Davon ab: Abzuziehende ausländische Steuern nach § 26 Absatz 1 Satz 1 Nummer 1 KStG in Verbindung mit § 34c Absatz 3 EStG (Summe aus 20 % des Betrages laut Zeile 11, 70 % des Betrages laut Zeile 14, 60 % des Betrages laut Zeile 17, 85 % des Betrages laut Zeile 20, 40 % des Betrages laut Zeile 23 und 20 % des Betrages laut Zeile 26 aller Anlagen AESt zuzüglich Summe der Beträge laut Zeilen 5a und 30 aller Anlagen AESt)	
	Nicht nach DBA steuerfreie negative Einkünfte / Nicht zu berücksichtigende Gewinnminderungen nach § 2a Absatz 1 EStG	
22 bis 25 frei 26	Dazu: Nicht zu berücksichtigende negative Einkünfte / Gewinnminderungen nach § 2a Absatz 1 EStG (Summe der Beträge laut Zeilen 9 und 10 aller Anlagen AEV)	16.127

- 3 -

Steuernummer

Zeile		EUR
27	Davon ab: Verlustabzug nach § 2a Absatz 1 Satz 3 EStG (Summe der Beträge laut Zeile 15 aller Anlagen AEV)	16.128
	Abzug von Kapitalertragsteuer gemäß Antrag nach § 36a Absatz 1 Satz 3 EStG	
28	Davon ab: Abzuziehende Kapitalertragsteuer nach § 36a Absatz 1 Satz 3 EStG	15.62
	Steuerbefreiung nach § 8 Absatz 1 und 2 sowie § 10 InvStG	
28a	Davon ab / Dazu: Nach § 8 Absatz 1 und 2 sowie § 10 InvStG steuerfreie Einkünfte, die keinem Steuerabzug unterliegen	15.63
	Sanierungserträge nach § 3a EStG	
29	Davon ab: Betriebsvermögensmehrungen oder Betriebseinnahmen aus einem Schuldenerlass zum Zwecke einer unternehmensbezogenen Sanierung nach § 3a Absatz 2 EStG (Sanierungsertrag) (Übertrag nach Zeile 1 der Anlage SAN)	15.71
30	Dazu: Mit dem steuerfreien Sanierungsertrag in unmittelbarem wirtschaftlichen Zusammenhang stehende Betriebsvermögensminderungen oder Betriebsausgaben nach § 3c Absatz 4 EStG des Sanierungsjahres (Übertrag nach Zeile 2 der Anlage SAN)	15.72
31	Dazu: Mit einem in einem anderen Veranlagungszeitraum steuerfreien Sanierungsertrag nach § 3a Absatz 1 EStG in unmittelbarem wirtschaftlichen Zusammenhang stehende Betriebsvermögensminderungen oder Betriebsausgaben nach § 3c Absatz 4 EStG des laufenden Veranlagungszeitraums [59]	15.73
	Hinzurechnungsbeträge nach § 10 AStG und Kürzungsbeträge nach § 11 Absatz 2 AStG	
31a	Dazu: Summe der Hinzurechnungsbeträge nach § 10 AStG, die der Körperschaft als Feststellungsbeteiligte der Feststellung nach § 18 AStG zuzurechnen sind (Summe der Beträge laut Zeile 11 abzüglich Summe der Beträge laut Zeile 13 aller Anlagen ZwiG, auf denen keine Eintragungen in Zeile 6 vorgenommen wurden)	
31b	Nicht bei Organgesellschaften: Davon ab: Summe der Kürzungsbeträge nach § 11 Absatz 2 AStG (Summe der Beträge laut Zeile 33 gekürzt um die Summe der Beträge laut Zeilen 34 und 35 aller Anlagen ZwiG, auf denen keine Eintragungen in Zeile 6 vorgenommen wurden)	
	Summe der Einkünfte	
32	Summe der Einkünfte	
	Ermittlung des Gesamtbetrags der Einkünfte	
	Freibetrag für Land- und Forstwirte	
33	Davon ab: Freibetrag für Land- und Forstwirtschaft (§ 13 Absatz 3 EStG)	
	Zuwendungen	
34	Davon ab: Abziehbare Zuwendungen nach § 9 Absatz 1 Nummer 2 KStG zur Förderung steuerbegünstigter Zwecke (Betrag laut Zeile 7 der Anlage Z)	
	Hinzurechnung nach § 2a Absatz 3 Satz 3 und Absatz 4 in Verbindung mit § 52 Absatz 2 Satz 3 und 4 EStG, § 2 Absatz 1 Satz 3 und Absatz 2 AuslInvG	
35	Dazu: Hinzurechnungsbetrag [14]	16.121
	Negative Einkünfte aus der Veräußerung oder der Bewertung von Finanzinstrumenten oder Anteilen an einer Körperschaft nach § 2 Absatz 5 UmwStG	
35a	Zwischensumme	
35b	Dazu: Negative Einkünfte des übernehmenden Rechtsträgers nach § 2 Absatz 5 UmwStG	15.59
	Verlustabzugsbeschränkung nach § 8c KStG	
36	Zwischensumme	
37	Dazu: Nach § 8c KStG nicht berücksichtigungsfähiger Verlust des laufenden Veranlagungszeitraums (gegebenenfalls in Verbindung mit § 2 Absatz 4 Satz 1 und 2, § 20 Absatz 6 Satz 4 UmwStG) (ohne Vorzeichen eintragen; laut gesonderter Ermittlung) [31] [67] [74]	15.51

Steuernummer

- 4 -

Zeile			EUR
	Einkommenszurechnung bei einem Organträger		
38	Dazu / Davon ab: Korrigierte zuzurechnende Einkommen der Organgesellschaften (Summe der Beträge aus Zeile 25 aller Anlagen OT)		
	Wegfallender Verlust des laufenden Veranlagungszeitraums bei Abspaltung		
39	Zwischensumme		
40	Dazu: Im Falle einer Abspaltung bei der übertragenden Körperschaft: wegfallender Verlust aus dem laufenden Veranlagungszeitraum nach § 15 Absatz 3, § 16 UmwStG (ohne Vorzeichen eintragen)		15.52
	Minderung der laufenden Verluste nach § 3a Absatz 3 Satz 2 Nummer 8 EStG		
41	Dazu: Minderung des laufenden Verlustes des Sanierungsjahres des zu sanierenden Unternehmens nach § 3a Absatz 3 Satz 2 Nummer 8 EStG (Betrag laut Zeile 17 der Anlage SAN)		15.78
42	Dazu: Minderung des ausgleichsfähigen Verlustes aus allen anderen Einkunftsarten des Veranlagungszeitraums, in dem das Sanierungsjahr endet nach § 3a Absatz 3 Satz 2 Nummer 9 EStG (Betrag laut Zeile 19 der Anlage SAN) (47)		15.79
	Einkommenskorrekturen bei einer Organgesellschaft		
43	Zwischensumme (Bei einer Organgesellschaft: Einkommen der Organgesellschaft vor Zurechnung an den Organträger)		
44	Davon ab / Dazu: Dem Organträger zuzurechnendes Einkommen (Betrag laut Zeile 31 der Anlage OG; einzutragen mit umgekehrtem Vorzeichen)		
45	Dazu: Vom Organträger zu leistende Ausgleichszahlungen nach § 16 Satz 2 KStG (Betrag laut Zeile 28 der Anlage OG)		
	Korrekturen nach § 2 Absatz 4 Satz 3 und 4 UmwStG		
	Zeilen 47 bis 51: Nur im Falle von Umwandlungen mit steuerlicher Rückwirkung zur Anwendung des § 2 Absatz 4 Satz 3 und 4 UmwStG beim übernehmenden Rechtsträger; nicht bei Organgesellschaften und nicht in Fällen laut Zeile 52		
46	Zwischensumme		
		EUR	
47	Betrag laut Zeile 46		
48	Davon ab: Im Betrag laut Zeile 47 enthaltene positive Einkünfte des übertragenden oder einbringenden Rechtsträgers im Rückwirkungszeitraum aus eigenen Übernahmen	15.53	
49	Davon ab: Im Betrag laut Zeile 47 enthaltene positive Einkünfte des übertragenden oder einbringenden Rechtsträgers im Rückwirkungszeitraum laut gesonderter und einheitlicher Feststellung einer Personengesellschaft (50)	15.54	
50	Davon ab: Im Betrag laut Zeile 47 enthaltene positive Einkünfte des übertragenden oder einbringenden Rechtsträgers im Rückwirkungszeitraum laut gesonderter und einheitlicher Feststellung(en) nach § 14 Absatz 5 KStG (Summe der Beträge laut Zeile 27 aller Anlagen OT) (50)		
51	Zwischensumme: Wenn negativ: Nach § 2 Absatz 4 Satz 3 und 4 UmwStG nicht ausgleichsfähiger Verlust des übernehmenden Rechtsträgers (Übertrag eines negativen Betrages in die Hauptspalte mit umgekehrtem Vorzeichen)	▸	
	Korrekturen nach § 2 Absatz 4 Satz 3 und 4 UmwStG bei Verwendung der Anlage ÖHK		
52	Nicht bei Organgesellschaften: Dazu: Nach § 2 Absatz 4 Satz 3 und 4 UmwStG nicht ausgleichsfähiger Verlust des übernehmenden Rechtsträgers (Betrag laut Zeile 208 Hauptspalte aller Anlagen ÖHK)		15.74
	Gesamtbetrag der Einkünfte		
53	Gesamtbetrag der Einkünfte		
54	Bei Gesellschaften, die unter § 8 Absatz 7 Satz 1 Nummer 2 Satz 2 KStG fallen, und bei Gesellschaften und Betrieben gewerblicher Art, die Organträger solcher Gesellschaften sind; nicht bei Organgesellschaften: Dazu: Summe der negativen Gesamtbeträge der Einkünfte aus den einzelnen Sparten nach § 8 Absatz 9 Satz 1 Nummer 1 bis 3 KStG (Betrag laut Zeile 210 aller Anlagen ÖHK)		15.75
55	Maßgeblicher Gesamtbetrag der Einkünfte in den Fällen des § 8 Absatz 9 KStG		

Steuernummer

- 5 -

Zeile	Ermittlung des zu versteuernden Einkommens		EUR
	Verlustabzug		
56	Davon ab: Verlustabzug aufgrund der Verrechnung mit dem Verlustvortrag (nicht in den Fällen des § 8 Absatz 9 KStG); (Summe der Beträge laut Zeilen 25 und 27 der Anlage Verluste oder des Betrages laut Zeile 5 der Anlage Invest-Verluste)		
57	Davon ab: Verlustabzug aufgrund der Verrechnung mit dem Verlustvortrag (in den Fällen des § 8 Absatz 9 KStG); (Betrag laut Zeile 233 aller Anlagen ÖHK)		15.76
58	Davon ab: Verlustabzug aufgrund eines Verlustrücktrags aus dem folgenden Veranlagungszeitraum, gegebenenfalls unter Berücksichtigung des § 2 Absatz 4 Satz 3 UmwStG und des § 3a Absatz 3 Satz 2 Nummer 12 Satz 2 EStG (nicht in den Fällen des § 8 Absatz 9 KStG)		
58a	Davon ab: Verlustabzug aufgrund eines Verlustrücktrags aus dem zweiten folgenden Veranlagungszeitraum, gegebenenfalls unter Berücksichtigung des § 2 Absatz 4 Satz 3 UmwStG und des § 3a Absatz 3 Satz 2 Nummer 12 Satz 2 EStG (nicht in den Fällen des § 8 Absatz 9 KStG)		
59	Davon ab: Verlustabzug aufgrund eines Verlustrücktrags aus dem folgenden Veranlagungszeitraum, gegebenenfalls unter Berücksichtigung des § 2 Absatz 4 Satz 3 UmwStG und des § 3a Absatz 3 Satz 2 Nummer 12 Satz 2 EStG (in den Fällen des § 8 Absatz 9 KStG)		
59a	Davon ab: Verlustabzug aufgrund eines Verlustrücktrags aus dem zweiten folgenden Veranlagungszeitraum, gegebenenfalls unter Berücksichtigung des § 2 Absatz 4 Satz 3 UmwStG und des § 3a Absatz 3 Satz 2 Nummer 12 Satz 2 EStG (in den Fällen des § 8 Absatz 9 KStG)		
	Abzugsbetrag nach § 10g EStG		
60	Davon ab: Abzugsbetrag nach § 10g EStG (Abzug höchstens bis auf 0 €) 47		15.43
	Rechtsfähige Pensions-, Sterbe-, Kranken- und Unterstützungskassen		
	Zeilen 61 bis 66: Nur bei Überdotierung von rechtsfähigen Pensions-, Sterbe-, Kranken- und Unterstützungskassen		
61	Zwischensumme		
62	Davon steuerpflichtiges Einkommen in Höhe der Überdotierung (Betrag laut Zeile 61 multipliziert mit dem Wert laut Zeile 45 der Anlage Kassen, dividiert durch den Wert laut Zeile 43 der Anlage Kassen beziehungsweise Betrag laut Zeile 61 multipliziert mit dem Wert laut Zeile 62 der Anlage Kassen, dividiert durch Wert laut Zeile 60 der Anlage Kassen)		
	Unterstützungskassen, die Kapitalgesellschaften sind	EUR	
63	Höhe der im Wirtschaftsjahr getätigten Versorgungsleistungen		
64	Festgestellter Betrag nach § 6 Absatz 5a Satz 6 Nummer 2 KStG zum Ende des vorangegangenen Veranlagungszeitraums		
65	Davon ab: Betrag nach § 6 Absatz 5a Satz 4 und 5 KStG (wenn Betrag laut Zeile 62 positiv: niedrigerer Betrag aus den Zeilen 62, 63 oder 64)	▸	15.58
66	Festzustellender Betrag nach § 6 Absatz 5a Satz 6 Nummer 2 KStG zum Ende des laufenden Veranlagungszeitraums (Betrag laut Zeile 64 abzüglich Betrag laut Zeile 65)		
	Inländische öffentlich-rechtliche Rundfunkanstalten		
67	Dazu: Einkommen nach § 8 Absatz 1 Satz 3 KStG		15.55
	Einkommen		
68	Einkommen		
68a	Nur bei Genossenschaften und steuerpflichtigen Vereinen, die ausschließlich Einkünfte aus Land- und Forstwirtschaft erzielen: Die Voraussetzungen für einen Freibetrag nach § 25 KStG liegen vor		15.28 2 = Ja
			EUR
68b	Davon ab: Freibetrag nach § 25 KStG		
69	Davon ab: Freibetrag nach § 24 KStG für bestimmte Körperschaften (Betrag laut Zeile 68, höchstens 5.000 €) 8		
	Zu versteuerndes Einkommen		
70	Zu versteuerndes Einkommen		

Steuernummer

- 6 -

Zeile

Aufteilung des zu versteuernden Einkommens nach Steuersätzen

Regelsteuersatz

71 Von dem zu versteuernden Einkommen (Betrag laut Zeile 70) unterliegen dem Regelsteuersatz von 15 % EUR | Körperschaftsteuer (15 % des Betrages laut Vorspalte) EUR

Besonderer Steuersatz

72 Besonderer Steuersatz in Höhe von 15.81 | Besonderer Steuersatz nach §

72a Von dem zu versteuernden Einkommen (Betrag laut Zeile 70) unterliegen dem besonderen Steuersatz laut Zeile 72 EUR 15.82 | Körperschaftsteuer (Prozentsatz laut Zeile 72 multipliziert mit dem Betrag laut Vorspalte) EUR

73 Betrag der aufgelösten Rücklage nach § 3 Absatz 4 Satz 2 Forstschäden-Ausgleichsgesetz EUR 15.85 | Körperschaftsteuer (10 % des Betrages laut Vorspalte) EUR

Unterstützung oder Förderung politischer Parteien durch Berufsverbände

74 Mittel, die für die unmittelbare oder mittelbare Unterstützung oder Förderung politischer Parteien verwendet wurden | EUR 15.80

75 Körperschaftsteuer (50 % des Betrages aus Zeile 74)

Nachzuholender Steuerabzug bei Investmentfonds (63)

76 Inländische Beteiligungseinnahmen und sonstige inländische Einkünfte, für die ein Steuerabzug nachzuholen ist (§ 6 Absatz 3 und 5 in Verbindung mit § 7 InvStG) (laut gesonderter Ermittlung) (74) | EUR 15.83

77 Körperschaftsteuer auf den Betrag laut Zeile 76 (Steuersatz nach § 7 Absatz 1 InvStG)

Bezeichnung des Steuerpflichtigen

Steuernummer

Die mit einem Kreis versehenen Zahlen bezeichnen die Erläuterungen in der Anleitung zur Körperschaftsteuererklärung.

Anlage ZwiG

2025

☐ zur Steuererklärung

☐ zum Bescheid

Angaben zu Besteuerungsgrundlagen aus ausländischen Zwischengesellschaften § 7 AStG

Für jede Ausschüttung, Veräußerung oder Einlagenrückgewähr ist eine gesonderte Anlage ZwiG auszufüllen.

Zeile		Kz.	
	Allgemeine Angaben		
1	Bezeichnung der Zwischengesellschaft	36.401	
2	Steuernummer der Zwischengesellschaft	36.400	
3	Diese Anlage ZwiG enthält die Werte des Feststellungsbescheids vom	36.402	
4	Ein Feststellungsbescheid ist bisher nicht ergangen. (50)	36.410	1 = Ja
	Weitere Angaben, wenn Besteuerungsgrundlagen nach §§ 7 bis 13 AStG über eine Organgesellschaft zu berücksichtigen sind		
5 frei 6	Name der Organgesellschaft	36.412	
7	Steuernummer der Organgesellschaft	36.413	
7	Wirtschafts-Identifikationsnummer der Organgesellschaft (29)		D E
	Hinzurechnungsbesteuerung (§ 10 und § 12 AStG)		
8 und 9 frei 10	Beginn des Wirtschaftsjahres der Zwischengesellschaft; laut gesonderter (und gegebenenfalls einheitlicher) Feststellung		
10	Ende des Wirtschaftsjahres der Zwischengesellschaft; laut gesonderter (und gegebenenfalls einheitlicher) Feststellung	36.420	
			EUR
11	Hinzurechnungsbetrag nach § 10 Absatz 1 AStG; laut gesonderter (und gegebenenfalls einheitlicher) Feststellung	36.421	
12	Ausländische Steuern nach § 12 AStG; laut gesonderter (und gegebenenfalls einheitlicher) Feststellung	36.422	
13	Betrag nach § 10 Absatz 6 AStG	36.423	
	Kürzungsbetrag nach § 11 AStG		
14 bis 29 frei 30	Art des Vorgangs	36.447	1 = Ausschüttung 2 = Veräußerung 3 = Einlagenrückgewähr
31	Maßgebendes Datum für die zeitliche Zurechnung bei Bilanzierung	36.440	
32	Maßgebendes Datum für die zeitliche Zurechnung bei Gewinnermittlung nach § 4 Absatz 3 EStG oder für Einkunftsarten nach § 2 Absatz 1 Nummer 4 bis 7 EStG	36.441	
			EUR
33	Bezüge nach § 11 Absatz 1 AStG beziehungsweise Gewinne nach § 11 Absatz 4 AStG (Betrag nach § 11 Absatz 2 AStG vor Berücksichtigung von Steuerbefreiungen beim Feststellungsbeteiligten) (78)	36.442	
34	Nach § 8b KStG (gegebenenfalls auch aufgrund eines DBA) steuerfreie Bezüge und Gewinne laut Zeile 33	36.443	
35	Steuerfreier Teil des Bezugs nach § 20 Absatz 1 Nummer 3 oder 3a EStG, wenn der Anleger der Körperschaftsteuer unterliegt	36.444	
	Nur bei Organgesellschaften		
36	In Zeile 34 nicht enthaltene Beträge, die nach § 3 Nummer 40 EStG steuerfrei sind	36.445	

Anlage ZwiG - Oktober 2025 - Version 2.9.1.0 Bekanntgabe

- 2 -

Steuernummer

Zeile		EUR
37	Steuerfreier Teil des Bezugs nach § 20 Absatz 1 Nummer 3 oder 3a EStG, wenn der Anleger der Einkommensteuer unterliegt	36.446

An das Finanzamt / Bundeszentralamt für Steuern | Steuernummer

— Eingangsstempel —

☐ Antrag auf Feststellung der Einlagenrückgewähr im Sinne des § 27 Absatz 8 KStG (1)

Informationen zur Antragstellung – siehe https://www.bzst.de/DE/Unternehmen/Kapitalertraege/Einlagenrueckgewaehr/einlagenrueckgewaehr_node.html

Beginn des Wirtschaftsjahres, für das der Antrag gestellt wird (12)

Ende des Wirtschaftsjahres, für das der Antrag gestellt wird (12)

Zeile	
	Allgemeine Angaben
	Bezeichnung der Körperschaft oder Personenvereinigung
1 frei 2	
	Die Rechtsform der antragstellenden Körperschaft oder Personenvereinigung ist vergleichbar mit folgender Rechtsform nach deutschem Recht: (10)
3	
	Straße / Hausnummer / Hausnummerzusatz
4	
	Postleitzahl / Ort
5	
	Postleitzahl und Ort im Ausland
6	
	Staat
7	
	Ort der Geschäftsleitung (wenn von den Angaben laut Zeilen 4 bis 6 abweichend)
8	
	Ort des Sitzes (wenn von den Angaben laut Zeile 4 bis 6 abweichend)
9	
10	Das Nennkapital (Stamm- oder Grundkapital) der Gesellschaft wird in folgender Währung geführt:
	Empfangsbevollmächtigter
	Der Feststellungsbescheid soll folgendem Empfangsbevollmächtigten zugesandt werden:
	(Nur ausfüllen, wenn dem BZSt/Finanzamt keine entsprechende Empfangsvollmacht vorliegt.)
	Name
11	
	Straße, Hausnummer
12	
	Postleitzahl und Ort
13	
	Vorhergehende Feststellungen
14 frei 15	Für Vorjahre ist weder eine gesonderte Feststellung des Bestands des steuerlichen Einlagekontos nach § 27 Absatz 2 Satz 1 KStG noch eine gesonderte Feststellung der Einlagenrückgewähr nach § 27 Absatz 8 KStG erfolgt oder beantragt worden. 1 = Ja

KSt1F_27_8 - November 2025 - Version 2.9.1.1 Bekanntgabe Nov. 2025

Steuernummer

- 2 -

Zeile

Feststellung des Bestands des steuerlichen Einlagekontos für Vorjahre

16 Eine gesonderte Feststellung des Bestands des steuerlichen Einlagekontos nach § 27 Absatz 2 Satz 1 KStG ist zuletzt erfolgt beziehungsweise erklärt worden zum (12)

17 Steuernummer des Finanzamtes

Feststellung der Einlagenrückgewähr für Vorjahre

18 Ende des letzten Wirtschaftsjahres, für das eine Feststellung nach § 27 Absatz 8 KStG erfolgt ist oder beantragt wurde (12)

19 Aktenzeichen des BZSt

20 Steuernummer des Finanzamtes

Festzustellender Betrag

EUR

21 Es wird beantragt, den als Einlagenrückgewähr im Sinne des § 27 Absatz 8 Satz 1 KStG zu berücksichtigenden Betrag festzustellen in Höhe von

Leistungen im Kalenderjahr

Leistung (13)

Bezeichnung der Leistung

22 bis 29 frei

30

31 Datum des gesellschaftsrechtlichen Beschlusses (zum Beispiel Gewinnverteilungs- oder Kapitalherabsetzungsbeschluss) (12)

32 Datum des Abflusses bei der Körperschaft (12)

EUR

33 Leistung im Sinne des § 27 Absatz 1 KStG

34 Nennkapitalrückzahlung im Sinne des § 28 Absatz 2 KStG

35 Vom Betrag laut Zeile 33 oder 34 entfallen auf die Einlagenrückgewähr nach § 27 Absatz 8 KStG

Sind weitere Eintragungen erforderlich, sind diese nach dem gleichen Schema gesondert zu erläutern.

Gesonderte Übermittlung von Anlagen (8) (9) (11)

Die Berechnung der Einlagenrückgewähr ist darzulegen und durch geeignete Unterlagen nachzuweisen, vergleiche § 27 Absatz 8 Satz 7 KStG. Aus den Unterlagen muss sich zweifelsfrei ergeben, in welcher Höhe Einlagen in die Gesellschaft geleistet worden sind und in welcher Höhe diese Einlagen zum Schluss des der Leistung vorangegangenen Wirtschaftsjahrs noch vorhanden waren.

Wurde bereits zu einem früheren Zeitpunkt ein Bestand des steuerlichen Einlagekontos nach § 27 Absatz 2 Satz 1 KStG oder ein als Leistung im Sinne des § 27 Absatz 8 KStG zu berücksichtigender Betrag festgestellt, ist die Ermittlung nur noch ab diesem Zeitpunkt vorzunehmen.

Folgende Anlagen sind als Nachweis diesem Antrag beizufügen oder gesondert elektronisch zu übermitteln:

Aktueller Handelsregisterauszug der Antragstellerin

36 bis 39 frei

40 1 = ist beigefügt.
2 = wird innerhalb von zwei Monaten nachgereicht/übermittelt.

Unternehmensübersicht (4)

41 1 = ist beigefügt.
2 = wird innerhalb von zwei Monaten nachgereicht/übermittelt.

Gesellschaftsvertrag (Gründungsvertrag) / Satzung der Antragstellerin

42 1 = ist beigefügt.
2 = wird innerhalb von zwei Monaten nachgereicht/übermittelt.

- 3 -

Steuernummer

Zeile	
43	Kontoauszüge zum Nachweis der Höhe und der tatsächlichen Durchführung der Bareinlagen und Barleistungen (Bankbelege, aus welchen Zahlungsleistender und Zahlungsempfänger ersichtlich sind) 1 = sind beigefügt. 2 = werden innerhalb von zwei Monaten nachgereicht/übermittelt. 3 = sind mangels Bareinlagen/Barleistungen nicht erforderlich.
44	Vertragsunterlagen (zum Beispiel Übertragungs-, Darlehens- oder Verschmelzungsvertrag) und Buchungsnachweise zum Nachweis von Sacheinlagen und Sachleistungen 1 = sind beigefügt. 2 = werden innerhalb von zwei Monaten nachgereicht/übermittelt. 3 = sind mangels Sacheinlagen/Sachleistungen nicht erforderlich.
45	Nachweise zur Wertermittlung der Höhe von Sacheinlagen und Sachleistungen (zum Beispiel in Form eines Wertgutachtens) 1 = sind beigefügt. 2 = werden innerhalb von zwei Monaten nachgereicht/übermittelt. 3 = sind mangels Sacheinlagen/Sachleistungen nicht erforderlich.
	Weitere Unterlagen, wenn die beantragte Feststellung der Einlagenrückgewähr ausschließlich auf einer Nennkapitalrückzahlung beruht
46	Entwicklung des Nennkapitals ab dem Zeitpunkt, ab dem Einlagen erbracht wurden, deren Rückzahlung geltend gemacht wird, frühestens seit dem 01.01.1977 (5) 1 = ist beigefügt. 2 = wird innerhalb von zwei Monaten nachgereicht/übermittelt.
47	Beschlüsse und Nachweise über die tatsächliche Durchführung von Einlagen des Nennkapitals, deren Rückzahlung geltend gemacht wird, frühestens seit dem 01.01.1977 1 = sind beigefügt. 2 = werden innerhalb von zwei Monaten nachgereicht/übermittelt.
48	Beschlüsse und Nachweise über die tatsächliche Durchführung der Rückzahlung des Nennkapitals 1 = sind beigefügt. 2 = werden innerhalb von zwei Monaten nachgereicht/übermittelt.
49	Beschlüsse und Nachweise über die tatsächliche Durchführung von Veränderungen des Nennkapitals für den Zeitraum, ab dem Einlagen ins Nennkapital erbracht wurden, deren Rückzahlung geltend gemacht wird, frühestens seit dem 01.01.1977 1 = sind beigefügt. 2 = werden innerhalb von zwei Monaten nachgereicht/übermittelt.
	Weitere Unterlagen, wenn die beantragte Feststellung der Einlagenrückgewähr nicht ausschließlich auf einer Nennkapitalrückzahlung beruht (3)
50	Entwicklung der verschiedenen Bestandteile des Eigenkapitals ab dem Zeitpunkt, ab dem Einlagen erbracht wurden, deren Rückzahlung geltend gemacht wird, frühestens seit dem 01.01.1977 (6) 1 = ist beigefügt. 2 = wird innerhalb von zwei Monaten nachgereicht/übermittelt.
51	Ermittlung der Einlagenrückgewähr (7) 1 = ist beigefügt. 2 = wird innerhalb von zwei Monaten nachgereicht/übermittelt.
52	Jahresabschlüsse mit Überleitungsrechnungen ins deutsche Steuerrecht in analoger Anwendung des § 60 Absatz 2 EStDV, frühestens seit dem 01.01.2006 1 = sind beigefügt. 2 = werden innerhalb von zwei Monaten nachgereicht/übermittelt.
53	Beschlüsse und Nachweise über die tatsächliche Durchführung von Einlagen, deren Rückzahlung geltend gemacht wird, frühestens seit dem 01.01.1977 1 = sind beigefügt. 2 = werden innerhalb von zwei Monaten nachgereicht/übermittelt.
54	Beschlüsse und Nachweise über die tatsächliche Durchführung von Leistungen 1 = sind beigefügt. 2 = werden innerhalb von zwei Monaten nachgereicht/übermittelt.
55	Beschlüsse und Nachweise über die tatsächliche Durchführung von Veränderungen des Nennkapitals für den Zeitraum, ab dem Einlagen erbracht wurden, deren Rückzahlung geltend gemacht wird, frühestens seit dem 01.01.1977 1 = sind beigefügt. 2 = werden innerhalb von zwei Monaten nachgereicht/übermittelt.
56	Beschlüsse und Nachweise über die tatsächliche Durchführung von Umwandlungen in dem Zeitraum, ab dem Einlagen erbracht wurden, deren Rückzahlung geltend gemacht wird, frühestens seit dem 01.01.1977 1 = sind beigefügt. 2 = werden innerhalb von zwei Monaten nachgereicht/übermittelt. 3 = sind mangels Umwandlungen nicht erforderlich.

Bezeichnung des Steuerpflichtigen

Steuernummer

Anlage AE

zum Antrag auf Feststellung der Einlagenrückgewähr im Sinne des § 27 Absatz 8 KStG

Ende des Wirtschaftsjahres (12)

Angaben zum inländischen Anteilseigner

Zeile	
	Allgemeine Angaben
1	Identifikationsnummer / Steuernummer
2	Name (bei natürlichen Personen: Vor- und Nachname)
3	Straße und Hausnummer
4	Postleitzahl und Wohnort
	Angaben zur Beteiligung
	Höhe der Beteiligung zum Beginn des Wirtschaftsjahres
5 bis 9 frei	
10	Auf den Anteilseigner entfallender Anteil am Nenn-/Stammkapital zum Beginn des Wirtschaftsjahres in der Währung laut Zeile 10 des Hauptvordrucks
11	Gesamtbetrag des Nenn-/Stammkapitals der Körperschaft zum Beginn des Wirtschaftsjahres in der Währung laut Zeile 10 des Hauptvordrucks
	Änderung im Laufe des Wirtschaftsjahres (13)
12 bis 19 frei	
20	Art — 1 = Zugang, 2 = Abgang
21	Datum
22	Anteil am Nenn-/Stammkapital, der zu- oder abgeht, in der Währung laut Zeile 10 des Hauptvordrucks
23	Gesamtbetrag des Nenn-/Stammkapitals der Körperschaft zum Datum laut Zeile 21 in der Währung laut Zeile 10 des Hauptvordrucks
24	Änderung der Beteiligungshöhe des Anteilseigners in Prozent
	Sind weitere Eintragungen erforderlich, sind diese nach dem gleichen Schema gesondert zu erläutern.

Anlage AE - November 2025 - Version 2.9.1.1 Bekanntgabe Nov. 2025

An das Finanzamt / Bundeszentralamt für Steuern	Steuernummer

☐ **Antrag auf Option zur Körperschaftsbesteuerung nach § 1a Absatz 1 KStG oder Antrag auf Rückoption nach § 1a Absatz 4 KStG**

— Eingangsstempel —

Zeile		
	Allgemeine Angaben	
1 frei	Bezeichnung der Personengesellschaft	
2		
2a	Es handelt sich um	1 = eine Neugründung einer Personengesellschaft 2 = den Formwechsel einer Körperschaft in eine Personengesellschaft 3 = eine bereits bestehende Personengesellschaft
3	Beginn des ersten Wirtschaftsjahres, für das der Antrag gestellt wird	
4	Ende des ersten Wirtschaftsjahres, für das der Antrag gestellt wird	
5	Für die in Zeile 2 bezeichnete Gesellschaft wird bisher keine gesonderte und einheitliche Feststellung der Einkünfte vorgenommen.	1 = Ja
6	Die in Zeile 2 bezeichnete Gesellschaft erzielt ausschließlich Einkünfte, die dem Steuerabzug unterliegen und für die infolgedessen die Körperschaft- und Einkommensteuer abgegolten ist.	1 = Ja
7	Ort des Sitzes nach § 11 AO	Staat (nur angeben, wenn im Ausland)
	Geschäftsanschrift	
8	Straße	Hausnummer / Hausnummerzusatz
9	Adressergänzung	
10	Postleitzahl	Ort
11	Postleitzahl und Ort (Ausland)	Staat (nur angeben, wenn im Ausland)
	Antrag auf Option zur Körperschaftsbesteuerung nach § 1a Absatz 1 KStG	
12	Es wird unwiderruflich beantragt, die in Zeile 2 bezeichnete Gesellschaft ab dem in Zeile 3 benannten Zeitpunkt wie eine Kapitalgesellschaft und ihre Gesellschafter wie nicht persönlich haftende Gesellschafter einer Kapitalgesellschaft zu behandeln.	1 = Ja
13	Der Antragstellung haben alle Gesellschafter zugestimmt. Soweit im Gesellschaftsvertrag eine Mehrheitsentscheidung vorgesehen ist, liegt die Zustimmung der erforderlichen Mehrheit (mindestens drei Viertel der abgegebenen Stimmen) der Gesellschafter vor.	1 = Ja 2 = Nein
14	Wenn sich die Geschäftsleitung der Gesellschaft im Ausland befindet: Die Gesellschaft unterliegt in dem Staat, in dem sich die Geschäftsleitung befindet, einer der deutschen unbeschränkten Körperschaftsteuerpflicht vergleichbaren Steuerpflicht.	1 = Ja 2 = Nein
15	Bei ausländischen Rechtsformen: Die Rechtsform der Gesellschaft ist vergleichbar mit einer Personenhandelsgesellschaft, Partnerschaftsgesellschaft oder eingetragenen Gesellschaft bürgerlichen Rechts nach deutschem Recht	1 = Ja 2 = Nein
16	Die Gesellschaft ist ein Investmentfonds im Sinne des Investmentsteuergesetzes.	1 = Ja 2 = Nein
	Antrag auf Rückoption zur Besteuerung als Personengesellschaft nach § 1a Absatz 4 KStG	
17 bis 29 frei 30	Es wird beantragt, die in Zeile 2 bezeichnete Gesellschaft ab dem in Zeile 3 bezeichneten Zeitpunkt nicht mehr wie eine Kapitalgesellschaft und ihre Gesellschafter nicht mehr wie die nicht persönlich haftenden Gesellschafter einer Kapitalgesellschaft zu behandeln.	1 = Ja

KStOpt - März 2024 - Version 2.2.1.1 Bekanntgabe

- 2 -

Steuernummer

Zeile

Unterschrift

Datenschutzhinweis:

Informationen über die Verarbeitung personenbezogener Daten in der Steuerverwaltung und über Ihre Rechte nach der Datenschutz-Grundverordnung sowie über Ihre Ansprechpartner in Datenschutzfragen entnehmen Sie bitte dem allgemeinen Informationsschreiben der Finanzverwaltung. Dieses Informationsschreiben finden Sie unter www.bzst.de/Datenschutzinfo, www.finanzamt.de (unter der Rubrik "Datenschutz") oder erhalten Sie bei Ihrem Finanzamt.

Bei der Anfertigung dieses Antrags hat mitgewirkt:

Zeile				
31 bis 99 frei 100	Name	Vorname	Straße, Hausnummer	Postleitzahl, Ort
101	Telefon		zusätzliche Angaben	
102	Ort			Datum
103	Unterschrift			

Der Antrag ist von einer zur Vertretung der Gesellschaft ermächtigten Person eigenhändig zu unterschreiben.

2025

Gewerbesteuererklärung

— Eingangsstempel —

Erklärung zur gesonderten Feststellung des Gewerbeverlustes und zur gesonderten Feststellung des Zuwendungsvortrags

❶

An das Finanzamt

1

2 Steuernummer

Die mit einem Kreis versehenen Zahlen bezeichnen die Erläuterungen in der Anleitung zur Gewerbesteuererklärung.

Allgemeine Angaben ㉕

Unternehmen/Firma

3

Gegenstand des Unternehmens

4

Wirtschafts-Identifikationsnummer ㊴

5 D E

Rechtsform / Art der Tätigkeit

30

6 bis 9 frei

10 Der Gewerbebetrieb wird als Einzelunternehmen betrieben. 1 = Ja

11 Das Unternehmen wurde im Kalenderjahr 2025 überwiegend oder ausschließlich als Hausgewerbe betrieben (§ 11 Absatz 3 GewStG). 1 = Ja

12 Das Unternehmen wurde im Kalenderjahr 2025 als Reisegewerbebetrieb nach § 35a Absatz 1 GewStG betrieben. 1 = Ja

13 Der Mittelpunkt der gewerblichen Tätigkeit des Reisegewerbebetriebs (zum Beispiel Wohnsitzgemeinde des Reisegewerbetreibenden) wurde im Kalenderjahr 2025 verlegt. 1 = Ja

Nur bei Personengesellschaften und Körperschaften:
Rechtsform des Unternehmens ㊲

14

14a Es handelt sich um eine optierende Gesellschaft nach § 1a KStG. Das Unternehmen ist im Weiteren wie eine Körperschaft in Form einer Kapitalgesellschaft zu behandeln. 1 = Ja

15 frei

16 Das Einzelunternehmen / die Personengesellschaft ist durch einen unterjährigen Rechtsformwechsel im Kalenderjahr 2025 aus einer Personengesellschaft / einem Einzelunternehmen hervorgegangen am ❷

Steuernummer des anderen Steuerschuldners im Falle des Rechtsformwechsels im Sinne der Zeile 16

17

Wirtschafts-Identifikationsnummer des anderen Steuerschuldners im Falle des Rechtsformwechsels im Sinne der Zeile 16 ㊴

17a D E

18 Es handelt sich um ein Unternehmen im Sinne des § 7 Satz 5 GewStG in Verbindung mit § 8 Absatz 9 KStG (auch soweit Organgesellschaft). ㉜ 55 1 = Ja

Ergänzende Angaben zur Steuererklärung

86

Eine Eintragung ist in Zeile 21 nur vorzunehmen, wenn einer der dort genannten Sachverhalte vorliegt. In diesem Fall erläutern Sie bitte diese Sachverhalte in den „Ergänzenden Angaben zur Steuererklärung". Die ergänzenden Angaben werden gesondert geprüft. Dies kann die Bearbeitungsdauer verlängern. Falls Sie mit der Abgabe der Steuererklärung lediglich Belege und Aufstellungen übermitteln, ist in Zeile 21 keine Eintragung vorzunehmen.

19 und 20 frei

21 In dieser Steuererklärung 500

1 = konnten steuererhebliche Sachverhalte nicht erklärt werden.
2 = wird bewusst eine von der Verwaltungsauffassung abweichende Rechtsauffassung vertreten.
3 = sollen Sachverhalte personell vertieft geprüft werden.
4 = liegen mehrere der vorgenannten Gründe vor (Mehrfachauswahl).

Hinweis: Bitte übermitteln Sie Ihre ergänzenden Angaben nur für die vorstehend genannten Sachverhalte mit einer gesonderten Anlage mit der Überschrift **„Ergänzende Angaben zur Steuererklärung"**.

Mitteilung von grenzüberschreitenden Steuergestaltungen

20

Es wird eine grenzüberschreitende Steuergestaltung nach §§ 138d folgende AO genutzt, deren steuerlicher Vorteil sich erstmals im laufenden Erhebungszeitraum auswirken soll.

22 Registriernummer 800

23 Offenlegungsnummer 810

24 Es liegen noch keine Registriernummer und Offenlegungsnummer vor. 820 1 = Ja

2025GewSt1A701 - Oktober 2025 - 2025GewSt1A701

Bezeichnung der Steuergestaltungen, soweit noch keine Registrier- und Offenlegungsnummer vorliegen

25

Sind weitere Eintragungen erforderlich, sind diese nach dem gleichen Schema gesondert zu erläutern.

Angaben zum Gewerbebetrieb

30

Angaben zur Betriebsstätte

Nicht bei Reisegewerbebetrieben nach § 35a GewStG

26 Betriebsstätten bestanden im Kalenderjahr 2025 in mehreren Gemeinden. [3] — 1 = Ja, 2 = Nein

27 Betriebsstätte(n) erstreckte(n) sich im Kalenderjahr 2025 über mehrere Gemeinden. [3] — 1 = Ja, 2 = Nein

28 Die einzige Betriebsstätte wurde im Laufe des Kalenderjahrs 2025 in eine andere Gemeinde verlegt [3] — 1 = Ja, 2 = Nein

29 Wenn ja: Die Betriebsstätte wurde verlegt am

Ort der einzigen Betriebsstätte (bisher) — Ort der einzigen Betriebsstätte (neu)

30

Wenn nein: Postleitzahl der einzigen Betriebsstätte

31

Ort der einzigen Betriebsstätte

32

Hebenummer

Nicht in Zerlegungsfällen und nicht bei Organgesellschaften

Hebenummer (Steuernummer) der Gemeinde

33

Bei Betriebseröffnung beziehungsweise Betriebsbeendigung im Erhebungszeitraum bei einer Personengesellschaft oder einem Einzelunternehmen:

34 Die werbende Tätigkeit wurde begonnen am — 70

35 Die werbende Tätigkeit wurde in 2025 beendet am — 71

Organschaft

36 Das Unternehmen ist Organträger. — 1 = Ja

37 Das Unternehmen ist Organgesellschaft. — 1 = Ja

Gewinn aus Gewerbebetrieb

21

(Im Fall der Zeile 103 ist eine Eintragung nur in Zeile 103 zulässig;
bei einem Spartenfall (Anlagen ÖHG) sind Eintragungen nur in den Zeilen 70, 71, 72, 104, 127 und 128 zulässig;
im Fall der Einbringung nach § 24 UmwStG durch eine Körperschaft sind Eintragungen nur in den Zeilen 147a bis 147c zulässig;
Zeilen 39 bis 41, 43, 44 und 48: Negative Beträge mit Minuszeichen eintragen)

Zeile		Kz	EUR
38 frei			
39	Gewinn aus Gewerbebetrieb vor Anwendung des § 7 Satz 4 GewStG (ohne Beträge laut Zeilen 46 und 100 bis 102) [4] [5]	10	,—
40	Nur bei Personengesellschaften: Steuerfreie Einnahmen nach § 3 Nummer 40 EStG und § 8b KStG vermindert um nichtabziehbare Beträge nach § 3c Absatz 2 EStG und § 8b KStG (§ 7 Satz 4 GewStG)	18	,—
41	Nur bei Personengesellschaften: Nach §§ 20, 42 und 43 InvStG steuerfreie Erträge vermindert um Beträge nach §§ 21 und 44 InvStG (Randziffer 20.20 des BMF-Schreibens vom 21.05.2019, BStBl I 2019, 527)	23	,—
42	Der Gewerbebetrieb ist nach folgender Nummer des § 3 GewStG vollständig oder partiell von der Gewerbesteuer befreit:	51	
43	Von der Gewerbesteuer befreiter Gewinn aus Gewerbebetrieb laut Zeile 39	52	,—
44	Von der Gewerbesteuer nach § 13 GewStDV befreiter Anteil am Gewinn aus Gewerbebetrieb laut Zeile 39	55	,—
45	Korrektur des Gewinns aus Gewerbebetrieb aufgrund der Erstattung von Aufwendungen, die in einem vorangegangenen Erhebungszeitraum der Hinzurechnung unterlegen haben (Eintrag mit negativem Vorzeichen) [20]	21	,—
46	Gewinn des wirtschaftlichen Geschäftsbetriebs nach § 15 Absatz 4 InvStG	29	,—
47	Nur bei Personengesellschaften: Abzug von Kapitalertragsteuer gemäß Antrag nach § 36a Absatz 1 Satz 3 EStG: Abzuziehende nicht anrechenbare Kapitalertragsteuer nach § 36a Absatz 1 Satz 3 EStG	20	,—

2025GewSt1A702

2025GewSt1A702

- 3 -

Zeile		Kz.	EUR
48	Anwendung des § 20 Absatz 5 InvStG: Gesamtbetrag der bei der Ermittlung des Gewinns aus Gewerbebetrieb vorgenommenen Teilfreistellungen aus unmittelbaren Beteiligungen nach §§ 20 und 21 InvStG [6] [34]	53	,–
48a	Anwendung des § 45 Absatz 2 InvStG: Korrekturbetrag nach § 45 Absatz 2 InvStG	56	,–
49	Anwendung des § 45 Absatz 1 InvStG: Korrekturbetrag nach § 45 Absatz 1 Satz 1 InvStG	54	,–

Hinzurechnungen

Finanzierungsanteile nach § 8 Nummer 1 GewStG des (ersten) Wirtschaftsjahres (ohne Kürzung um die Beträge laut Zeilen 79 und 80) [7]

(enden im Erhebungszeitraum zwei Wirtschaftsjahre, sind zusätzlich die Zeilen 58 bis 65 auszufüllen)

Beträge in voller Höhe eintragen, gegebenenfalls laut gesonderter Einzelaufstellung; der Hinzurechnungsbetrag wird von Amts wegen ermittelt.

Zeile		Kz.	EUR
50	Entgelte für Schulden (§ 8 Nummer 1 Buchstabe a GewStG) [24]	31	,–
51	Renten und dauernde Lasten (§ 8 Nummer 1 Buchstabe b GewStG)	32	,–
52	Gewinnanteile der stillen Gesellschafter (§ 8 Nummer 1 Buchstabe c GewStG)	33	,–
53	Miet- und Pachtzinsen (einschließlich Leasingraten) für die Benutzung fremder beweglicher Betriebsanlagegüter (§ 8 Nummer 1 Buchstabe d Satz 1 GewStG) (ohne Beträge laut Zeile 54)	34	,–
54	Miet- und Pachtzinsen (einschließlich Leasingraten) für Elektrofahrzeuge, begünstigte Hybridelektrofahrzeuge und Fahrräder im Sinne des § 8 Nummer 1 Buchstabe d Satz 2 GewStG aus Verträgen, die nach dem 31.12.2019 abgeschlossen worden sind	38	,–
55	Miet- und Pachtzinsen (einschließlich Leasingraten) für die Benutzung fremder unbeweglicher Betriebsanlagegüter (§ 8 Nummer 1 Buchstabe e GewStG)	35	,–
56	Aufwendungen für die zeitlich befristete Überlassung von Rechten, insbesondere Konzessionen und Lizenzen (§ 8 Nummer 1 Buchstabe f GewStG)	36	,–
57	Im Betrag laut Zeile 56 enthaltene Vergütungen im Sinne des § 50a Absatz 1 Nummer 3 EStG an beschränkt steuerpflichtige Zahlungsempfänger	37	,–

Finanzierungsanteile nach § 8 Nummer 1 GewStG für ein zweites, im Erhebungszeitraum endendes Wirtschaftsjahr (ohne Kürzung um die Beträge laut Zeilen 79 und 80)

Beträge in voller Höhe eintragen, gegebenenfalls laut gesonderter Einzelaufstellung; der Hinzurechnungsbetrag wird von Amts wegen ermittelt.

Zeile		Kz.	EUR
58	Entgelte für Schulden (§ 8 Nummer 1 Buchstabe a GewStG) [24]	41	,–
59	Renten und dauernde Lasten (§ 8 Nummer 1 Buchstabe b GewStG)	42	,–
60	Gewinnanteile der stillen Gesellschafter (§ 8 Nummer 1 Buchstabe c GewStG)	43	,–
61	Miet- und Pachtzinsen (einschließlich Leasingraten) für die Benutzung fremder beweglicher Betriebsanlagegüter (§ 8 Nummer 1 Buchstabe d Satz 1 GewStG) (ohne Beträge laut Zeile 62)	44	,–
62	Miet- und Pachtzinsen (einschließlich Leasingraten) für Elektrofahrzeuge, begünstigte Hybridelektrofahrzeuge und Fahrräder im Sinne des § 8 Nummer 1 Buchstabe d Satz 2 GewStG aus Verträgen, die nach dem 31.12.2019 abgeschlossen worden sind	48	,–
63	Miet- und Pachtzinsen (einschließlich Leasingraten) für die Benutzung fremder unbeweglicher Betriebsanlagegüter (§ 8 Nummer 1 Buchstabe e GewStG)	45	,–
64	Aufwendungen für die zeitlich befristete Überlassung von Rechten, insbesondere Konzessionen und Lizenzen (§ 8 Nummer 1 Buchstabe f GewStG)	46	,–
65	Im Betrag laut Zeile 64 enthaltene Vergütungen im Sinne des § 50a Absatz 1 Nummer 3 EStG an beschränkt steuerpflichtige Zahlungsempfänger	47	,–

Hinzurechnung nach § 8 Nummer 4 GewStG

Zeile		Kz.	EUR
66	Nur bei einer Kommanditgesellschaft auf Aktien: Gewinnanteile der in § 8 Nummer 4 GewStG bezeichneten Art an persönlich haftende Gesellschafter [8]	14	,–

Anteile am Verlust von in- und/oder ausländischen Personengesellschaften (§ 8 Nummer 8 GewStG)

laut gesonderter Einzelaufstellung

Zeile		
67	Name der Personengesellschaft	
67a	Steuernummer der Personengesellschaft	
67b	Wirtschafts-Identifikationsnummer der Personengesellschaft [39]	D E
67c	Anteil am Verlust der in- oder ausländischen Personengesellschaft	EUR ,–

Sind weitere Eintragungen erforderlich, sind diese nach dem gleichen Schema gesondert zu erläutern.

2025GewSt1A703

2025GewSt1A703

Zeile		Kz.	EUR
67d	Summe der Anteile am Verlust von in- und/oder ausländischen Personengesellschaften (§ 8 Nummer 8 GewStG; Betrag ohne Minuszeichen eintragen) [6] [9]	16	,–
	Hinzurechnung nach § 8 Nummer 10 und 12 GewStG		
68	Ausschüttungs- und abführungsbedingte Gewinnminderungen bei Beteiligungsbesitz (§ 8 Nummer 10 GewStG); auch soweit die Gewinnminderung Folge einer Auskehrung von Liquidationsraten ist	19	,–
69	Ausländische Steuern, soweit sie auf Gewinne oder Gewinnanteile entfallen, die nach § 9 GewStG gekürzt werden oder sonst nicht im Gewerbeertrag enthalten sind (§ 8 Nummer 12 GewStG)	22	,–

Gewinne aus Anteilen an bestimmten Körperschaften [12] [23] — 20 / 21

Zeile		Kz.	
70	Nur bei Mitunternehmerschaften: Anteil der an der Mitunternehmerschaft unmittelbar oder mittelbar über andere Mitunternehmerschaften beteiligten Körperschaften in Höhe von (Prozent)		%
71	Nur bei Organgesellschaften: Anteil der an der Organgesellschaft unmittelbar oder mittelbar über Mitunternehmerschaften beteiligten Körperschaften in Höhe von (Prozent) [21] [22] [26]		%
72	Bei Mitunternehmerschaften und Organgesellschaften: Anteil der an der Mitunternehmerschaft oder der Organgesellschaft unmittelbar oder mittelbar über andere Mitunternehmerschaften beteiligten natürlichen Personen (100 % abzüglich Prozentsatz laut Zeile 70 oder 71) [21]		%
			EUR
73	Nur bei Organgesellschaften: Steuerfreie Bezüge nach § 8b Absatz 1 und 4 KStG oder nach DBA (Summe der Beträge laut Zeile 13 aller Anlagen BEG)	63	,–
74 frei			
75	Bezüge nach § 3 Nummer 40 EStG gekürzt um Betriebsausgaben nach § 3c Absatz 2 EStG vor Anwendung des Teileinkünfteverfahrens (Summe der positiven Beträge laut Zeile 22 aller Anlagen BEG)	64	,–
76	Bezüge nach § 3 Nummer 40 EStG gekürzt um Betriebsausgaben nach § 3c Absatz 2 EStG vor Anwendung des Teileinkünfteverfahrens (Summe der negativen Beträge laut Zeile 22 aller Anlagen BEG)	68	,–
77	Hinzurechnungsbetrag nach § 8 Nummer 5 GewStG, soweit auf Körperschaften entfallend (Summe der Beträge laut Zeile 15 aller Anlagen BEG)	26	,–
78	Hinzurechnungsbetrag nach § 8 Nummer 5 GewStG, soweit auf natürliche Personen entfallend (Summe der Beträge laut Zeile 23 aller Anlagen BEG)	69	,–
79	Kürzung des Hinzurechnungsbetrages nach § 8 Nummer 1 GewStG aufgrund des § 9 Nummer 2a Satz 3 zweiter Halbsatz GewStG, § 9 Nummer 7 Satz 2 beziehungsweise § 9 Nummer 8 Satz 2 GewStG (Summe der Beträge laut Zeile 20 aller Anlagen BEG)	65	,–
80	Kürzung des Hinzurechnungsbetrages nach § 8 Nummer 1 GewStG aufgrund des § 9 Nummer 2a Satz 3 zweiter Halbsatz GewStG, § 9 Nummer 7 Satz 2 beziehungsweise § 9 Nummer 8 Satz 2 GewStG (Summe der Beträge laut Zeile 28 aller Anlagen BEG)	66	,–
81	Kürzung nach § 9 Nummer 2a, 7 und 8 GewStG (Betrag laut Zeile 19 aller Anlagen BEG)	026	,–
82	Kürzung nach § 9 Nummer 2a, 7 und 8 GewStG vor Anwendung des Teileinkünfteverfahrens (Betrag laut Zeile 27 aller Anlagen BEG)	002	,–

Kürzungen — 20

Zeile		Kz.	
83 bis 86 frei	**Kürzung aufgrund des zum Betriebsvermögen gehörenden Grundbesitzes nach § 9 Nummer 1 Satz 1 GewStG**		
87	Als Betriebsausgabe erfasste Grundsteuer	113	,–
	Kürzung nach § 9 Nummer 1 Satz 2 GewStG		
88	Erweiterte Kürzung bei einem Grundstücksunternehmen im Sinne des § 9 Nummer 1 Satz 2 folgende GewStG (Die Voraussetzungen des § 9 Nummer 1 Satz 2 bis 6 GewStG sind anhand geeigneter Aufzeichnungen nachzuweisen.) [27] [38]	030	,–
	Anteile am Gewinn von in- und/oder ausländischen Personengesellschaften (§ 9 Nummer 2 GewStG) laut gesonderter Einzelaufstellung		
89	Name der Personengesellschaft		
89a	Steuernummer der Personengesellschaft		
89b	Wirtschafts-Identifikationsnummer der Personengesellschaft [39]		D E
			EUR
89c	Anteil am Gewinn der in- oder ausländischen Personengesellschaft		,–
	Sind weitere Eintragungen erforderlich, sind diese nach dem gleichen Schema gesondert zu erläutern.		
89d	Summe der Anteile am Gewinn von in- und/oder ausländischen Personengesellschaften (§ 9 Nummer 2 GewStG) [6] [9]	031	,–
	Kürzungen nach § 9 Nummer 2b und 3 GewStG		
90	Die nach § 8 Nummer 4 GewStG dem Gewinn aus Gewerbebetrieb der Kommanditgesellschaft auf Aktien hinzugerechneten Gewinnanteile eines persönlich haftenden Gesellschafters (§ 9 Nummer 2b GewStG) [8]	053	,–

2025GewSt1A704 2025GewSt1A704

- 5 -

91 Teil des Gewerbeertrages, der auf Betriebsstätten im Ausland entfällt, ohne Einkünfte im Sinne des § 7 Satz 7 und 8 GewStG (§ 9 Nummer 3 GewStG); negative Beträge mit Minuszeichen eintragen [19] 033 EUR ,—

Zuwendungen (Spenden und Mitgliedsbeiträge) nach § 9 Nummer 5 GewStG

Zuwendungen für steuerbegünstigte Zwecke
ohne Beträge laut Zeile 96d
laut gesonderter Einzelaufstellung

Einzelangaben

92 frei
92a Name des Empfängers

92b Betrag laut Bestätigung EUR Ct

92c Der Empfänger liegt im 1 = Inland 2 = EU-/EWR-Ausland

Summe

92d Zuwendungen im Kalenderjahr 2025 beziehungsweise im abweichenden Wirtschaftsjahr 2024/2025 zur Förderung steuerbegünstigter Zwecke im Sinne der §§ 52 bis 54 AO (§ 9 Nummer 5 Satz 1 GewStG) 071 EUR ,—

Angaben für die Höchstbetragsberechnung nach § 9 Nummer 5 GewStG
Nur ausfüllen, wenn für Höchstbetragsberechnung erforderlich

93 frei
94 Summe der gesamten Umsätze und der im Wirtschaftsjahr aufgewendeten Löhne und Gehälter 057 ,—

Zuwendungsvortrag

95 Bei dem übernehmenden Unternehmen im Jahr der Vermögensübernahme: Auf das übernehmende Unternehmen im laufenden Erhebungszeitraum übergegangener Zuwendungsvortrag nach § 9 Nummer 5 Satz 13 GewStG in Verbindung mit § 12 Absatz 3 UmwStG (gegebenenfalls in Verbindung mit § 15 Absatz 1, § 16, § 18 UmwStG) 084 ,—

95a Bei dem übernehmenden Unternehmen im Jahr der Vermögensübernahme: Auf das übernehmende Unternehmen zum Ende des Erhebungszeitraums übergegangener Zuwendungsvortrag nach § 9 Nummer 5 Satz 13 GewStG in Verbindung mit § 12 Absatz 3 UmwStG (gegebenenfalls in Verbindung mit § 15 Absatz 1, § 16, § 18 UmwStG) 114 ,—

95b Im Falle einer Abspaltung oder Teilübertragung: Verringerung des verbleibenden Zuwendungsvortrags (§ 9 Nummer 5 Satz 13 GewStG) bei der übertragenden Körperschaft (§ 12 Absatz 3 in Verbindung mit § 15 Absatz 1, § 16, § 18 UmwStG) 089 ,—

95c Verringerung des verbleibenden Zuwendungsvortrags des laufenden Erhebungszeitraums durch Abspaltung oder Teilübertragung bei der übertragenden Körperschaft zum Ende des Erhebungszeitraums (§ 12 Absatz 3 in Verbindung mit § 15 Absatz 1, § 16, § 18 UmwStG) 083 ,—

Spenden in das zu erhaltende Vermögen (Vermögensstock) einer Stiftung (§ 9 Nummer 5 Satz 9 GewStG)
Nur bei Einzelunternehmen und Personengesellschaften

Spenden in den Vermögensstock einer Stiftung
laut gesonderter Einzelaufstellung

Einzelangaben

96 frei
96a Name des Empfängers

96b Betrag laut Bestätigung EUR Ct

96c Der Empfänger liegt im 1 = Inland 2 = EU-/EWR-Ausland

Summe

96d Spenden im Kalenderjahr 2025 beziehungsweise im abweichenden Wirtschaftsjahr 2024/2025 in den Vermögensstock einer Stiftung, für die der besondere Abzug nach § 9 Nummer 5 Satz 9 bis 11 GewStG beantragt wird EUR ,—

Spendenabzug bei Spenden in den Vermögensstock einer Stiftung

97 frei
98 Betrag der Vermögensstockspenden, die im Erhebungszeitraum 2025 abgezogen werden sollen 072 ,—

Vortrag von Vermögensstockspenden

98a Zum Ende des vorangegangenen Erhebungszeitraums gesondert festgestellter verbleibender Vortrag von Vermögensstockspenden nach § 9 Nummer 5 Satz 9 folgende GewStG ,—

99 Zum Ende des Erhebungszeitraums verbleibender Betrag der Vermögensstockspenden, der aufgrund des Ablaufs des zehnjährigen Abzugszeitraums im Folgejahr nicht mehr beansprucht werden kann 108 ,—

Kürzungsbetrag bei Beteiligung an Zwischengesellschaften nach dem AStG

laut gesonderter Einzelaufstellung

99a Bezeichnung der Zwischengesellschaft

2025GewSt1A705 2025GewSt1A705

- 6 -

EUR

99b Kürzungsbetrag nach § 11 Absatz 5 AStG ,—

Sind weitere Eintragungen erforderlich, sind diese nach dem gleichen Schema gesondert zu erläutern.

99c Summe der Kürzungsbeträge nach § 11 Absatz 5 AStG 109 ,—

Gewerbeertrag in besonderen Fällen

20 / 21 / 30

Bei Handelsschiffen im internationalen Verkehr (§ 5a EStG in Verbindung mit § 7 Satz 3 GewStG):

- Hinzurechnungen und Kürzungen entfallen -

100 Nach § 5a Absatz 1 EStG ermittelter Gewinn 023 ,—

101 Hinzuzurechnender Unterschiedsbetrag nach § 5a Absatz 4 EStG und sonstige Hinzurechnungen im Sinne des § 5a Absatz 5 EStG 27 ,—

102 Hinzuzurechnende Vergütungen im Sinne des § 5a Absatz 4a Satz 3 EStG (gegebenenfalls gekürzt um damit im Zusammenhang stehende Aufwendungen) 28 ,—

Bei öffentlich-rechtlichen Rundfunkanstalten:

- Hinzurechnungen und Kürzungen entfallen -

103 Nach § 8 Absatz 1 Satz 3 KStG ermitteltes Einkommen aus dem Geschäft der Veranstaltung von Werbesendungen (§ 7 Satz 3 GewStG) 025 ,—

In Fällen der Spartentrennung bei Unternehmen im Sinne des § 7 Satz 5 GewStG:

103a Anzahl der beigefügten Anlage(n) ÖHG: 57

EUR

104 Maßgebender verbleibender Gewerbeertrag in den Fällen des § 7 Satz 5 GewStG in Verbindung mit § 8 Absatz 9 KStG (Betrag laut Zeile 71 aller Anlagen ÖHG) 061 ,—

Angaben in Organschaftsfällen

20

Gewerbeertrag der Organgesellschaft(en)

Zeilen 105 bis 107 und 108: Nur bei Organträgern

Zeilen 107a bis 107c und 109 bis 111: Nur bei Organträgern, soweit nicht selbst Organgesellschaft laut gesonderter Einzelaufstellung

105 Name der Organgesellschaft

106 Steuernummer der Organgesellschaft

106a Wirtschafts-Identifikationsnummer der Organgesellschaft (39) D E

EUR

107 Gewerbeertrag der Organgesellschaft ,—

107a Korrekturbetrag nach § 3 Nummer 40 Buchstabe a, § 3c EStG und § 8b Absatz 2 und 3 KStG, § 12 Absatz 2 UmwStG in Verbindung mit § 15 Satz 1 Nummer 2 und Satz 2 KStG und § 34c Absatz 3 EStG ,—

107b Korrekturbetrag nach §§ 20 und 21 InvStG ,—

107c Nur bei Körperschaften: Korrekturbetrag nach § 45 Absatz 1 InvStG ,—

Sind weitere Eintragungen erforderlich, sind diese nach dem gleichen Schema gesondert zu erläutern.

108 Summe der Gewerbeerträge der Organgesellschaften 060 ,—

109 Summe der Korrekturbeträge aufgrund der Anwendung des § 3 Nummer 40 Buchstabe a, § 3c EStG, § 8b Absatz 2 und 3 KStG, § 12 Absatz 2 UmwStG in Verbindung mit § 15 Satz 1 Nummer 2 und Satz 2 KStG und der Anwendung von § 34c Absatz 3 EStG (negative Beträge mit Minuszeichen eintragen) 079 ,—

110 Summe der Korrekturbeträge aufgrund der Anwendung der §§ 20 und 21 InvStG in Verbindung mit § 15 Satz 1 Nummer 2a und Satz 2 KStG gegebenenfalls in Verbindung mit § 43 Absatz 3 und § 45 Absatz 2 InvStG (negative Beträge mit Minuszeichen eintragen) 101 ,—

111 Nur bei Körperschaften: Summe der Korrekturbeträge aufgrund der Anwendung des § 45 Absatz 1 InvStG 102 ,—

Werte, die für die Ermittlung des Gewerbeertrages des Organträgers von Bedeutung sind (16) (27)

Nur bei Organgesellschaften

Ist die Organgesellschaft gleichzeitig Organträger: Einschließlich entsprechender Beträge ihrer Organgesellschaften (laut gesonderter Ermittlung) - negative Beträge mit Minuszeichen eintragen -

112 Wenn der Organträger eine natürliche Person ist: Zu berücksichtigender Korrekturbetrag zum Gewerbeertrag aufgrund der Anwendung des § 3 Nummer 40 Buchstabe a, § 3c EStG und § 12 Absatz 2 UmwStG in Verbindung mit § 15 Satz 1 Nummer 2 und Satz 2 KStG sowie § 34c Absatz 3 EStG 028 ,—

113 Wenn der Organträger eine Körperschaft ist: Zu berücksichtigender Korrekturbetrag zum Gewerbeertrag aufgrund der Anwendung des § 8b Absatz 2 und 3 KStG und § 12 Absatz 2 UmwStG in Verbindung mit § 15 Satz 1 Nummer 2 und Satz 2 KStG sowie § 34c Absatz 3 EStG 029 ,—

2025GewSt1A706 2025GewSt1A706

- 7 -

Zeile		Kz.	EUR
114	Wenn der Organträger eine Personengesellschaft ist: Zu berücksichtigender Korrekturbetrag zum Gewerbeertrag aufgrund der Anwendung des § 3 Nummer 40 Buchstabe a, § 3c EStG, § 8b Absatz 2 und 3 KStG, § 12 Absatz 2 UmwStG in Verbindung mit § 15 Satz 1 Nummer 2 und Satz 2 KStG sowie § 34c Absatz 3 EStG	027	,—
115	Wenn der Organträger eine natürliche Person ist: Zu berücksichtigender Korrekturbetrag zum Gewerbeertrag aufgrund der Anwendung des § 15 Satz 1 Nummer 2a und Satz 2 KStG, insbesondere in den Fällen der §§ 20, 21 InvStG und § 43 Absatz 3 in Verbindung mit § 45 Absatz 2 InvStG	103	,—
116	Wenn der Organträger eine Körperschaft ist: Zu berücksichtigender Korrekturbetrag zum Gewerbeertrag aufgrund der Anwendung des § 15 Satz 1 Nummer 2a und Satz 2 KStG, insbesondere in den Fällen der §§ 20, 21 InvStG und § 43 Absatz 3 in Verbindung mit § 45 Absatz 2 InvStG	104	,—
117	Wenn der Organträger eine Personengesellschaft ist: Zu berücksichtigender Korrekturbetrag zum Gewerbeertrag aufgrund der Anwendung des § 15 Satz 1 Nummer 2a und Satz 2 KStG, insbesondere in den Fällen der §§ 20, 21 InvStG und § 43 Absatz 3 in Verbindung mit § 45 Absatz 2 InvStG	105	,—
118	Wenn der Organträger eine Körperschaft ist: Zu berücksichtigender Korrekturbetrag aufgrund der Anwendung des § 45 Absatz 1 InvStG	106	,—

Fälle des § 2 Absatz 4 Satz 3 und 4 UmwStG

Zeile		Kz.	EUR
119 frei 120	Beim übernehmenden Rechtsträger: Positiver Gewerbeertrag des übertragenden oder einbringenden Rechtsträgers im Rückwirkungszeitraum	021	,—
121	Nur bei Organträgern: Beim Organträger des übernehmenden Rechtsträgers: Positiver Gewerbeertrag des auf die Organgesellschaft(en) übertragenden oder einbringenden Rechtsträgers im Rückwirkungszeitraum	022	,—

Negative Einkünfte aus der Veräußerung oder der Bewertung von Finanzinstrumenten oder Anteilen an einer Körperschaft nach § 2 Absatz 5 UmwStG

Zeile		Kz.	EUR
122	Negative Einkünfte des übernehmenden Rechtsträgers nach § 2 Absatz 5 UmwStG	024	,—

Verlustabzugsbeschränkungen im laufenden Erhebungszeitraum

Minderung des laufenden Gewerbeverlustes wegen schädlichem Beteiligungserwerb oder Abspaltung (27)

laut gesonderter Ermittlung

Zeile		Kz.	EUR
123	Nur bei Körperschaften und Personengesellschaften, soweit an diesen eine Körperschaft unmittelbar oder mittelbar über eine oder mehrere Personengesellschaft(en) beteiligt ist: Höhe der gesamten zum Zeitpunkt des schädlichen Beteiligungserwerbs im Sinne von § 10a Satz 10 GewStG in Verbindung mit § 8c KStG im Inland vorhandenen gewerbesteuerpflichtigen stillen Reserven des Betriebsvermögens bei Anwendung der Stille-Reserven-Klausel (vergleiche Gleich lautende Erlasse der obersten Finanzbehörden der Länder vom 29.11.2017, BStBl I 2017, 1643)	107	,—
			(Beträge ohne Vorzeichen eintragen)
124	Nur bei Körperschaften: Nach § 10a Satz 10 GewStG in Verbindung mit § 8c KStG nicht ausgleichsfähiger Gewerbeverlust des laufenden Erhebungszeitraums (gegebenenfalls in Verbindung mit § 2 Absatz 4 Satz 1 und 2, § 20 Absatz 6 Satz 4 UmwStG)	049	,—
125	Nur bei Körperschaften: Bei der übertragenden Körperschaft im Falle der Abspaltung wegfallender Gewerbeverlust des laufenden Erhebungszeitraums (§ 18 Absatz 1 beziehungsweise § 19 Absatz 1 in Verbindung mit § 15 Absatz 1 Satz 1, § 15 Absatz 3 und § 16 Satz 1 UmwStG)	078	,—
126	Nur bei einer Personengesellschaft, soweit an dieser eine Körperschaft unmittelbar oder mittelbar über eine oder mehrere Personengesellschaft(en) beteiligt ist: Nach § 10a Satz 10 GewStG in Verbindung mit § 8c KStG nicht ausgleichsfähiger Gewerbeverlust des laufenden Erhebungszeitraums	013	,—

Angaben zum fortführungsgebundenen vortragsfähigen Gewerbeverlust nach § 10a Satz 11 und 12 GewStG in Verbindung mit § 8d KStG

Zeile		Kz.	
127	Nur bei Körperschaften: § 8d KStG ist auf die Gewerbesteuerfehlbeträge entsprechend anzuwenden (§ 10a Satz 11 und 12 GewStG).	038	1 = Ja
128	Nur bei Körperschaften: Wenn zum Schluss des vorangegangenen Erhebungszeitraums ein fortführungsgebundener Gewerbeverlust festgestellt wurde: Im Erhebungszeitraum sind Ereignisse im Sinne des § 8d Absatz 2 KStG eingetreten.	035	1 = Ja 2 = Nein

Angaben zur Verlustfeststellung

Zeile		Kz.	EUR
129	Nur bei Personengesellschaften: Von einem Einzelunternehmen im Falle des Rechtsformwechsels übernommener Gewerbeverlust aus der Zeit vor dem Rechtsformwechsel, soweit nach § 10a GewStG vortragsfähig (15)	045	,—
130	Übernommener Gewerbeverlust im laufenden Erhebungszeitraum im Falle der - Einbringung des Betriebs einer Kapitalgesellschaft oder Personengesellschaft in eine Personengesellschaft oder - Verschmelzung von Personengesellschaften (R 10a.3 Absatz 3 Satz 9 Nummer 5 Satz 1 und 2 GewStR 2009) oder - Anwachsung oder der Verschmelzung einer Personengesellschaft auf einen Gesellschafter (R 10a.3 Absatz 3 Satz 9 Nummer 4 GewStR 2009) (41)	048	,—

2025GewSt1A707 2025GewSt1A707

Zeile		Kennzahl	EUR
130a	Übernommener Gewerbeverlust zum Ende des Erhebungszeitraums im Falle der - Einbringung des Betriebs einer Kapitalgesellschaft oder Personengesellschaft in eine Personengesellschaft oder - Verschmelzung von Personengesellschaften (R 10a.3 Absatz 3 Satz 9 Nummer 5 Satz 1 und 2 GewStR 2009) oder - Anwachsung oder der Verschmelzung einer Personengesellschaft auf einen Gesellschafter (R 10a.3 Absatz 3 Satz 9 Nummer 4 GewStR 2009) [41]	110	,—
131	Nur bei Organgesellschaften: Im Falle der Anwachsung einer Personengesellschaft auf eine Organgesellschaft im laufenden Erhebungszeitraum: Im Betrag laut Zeile 130 enthaltener Verlust, der vor dem rechtswirksamen Abschluss des Gewinnabführungsvertrages bei der Personengesellschaft entstanden ist (R 10a.4 Satz 2 GewStR 2009)	018	,—
131a	Nur bei Organgesellschaften: Im Falle der Anwachsung einer Personengesellschaft auf eine Organgesellschaft zum Ende des Erhebungszeitraums: Im Betrag laut Zeile 130a enthaltener Verlust, der vor dem rechtswirksamen Abschluss des Gewinnabführungsvertrages bei der Personengesellschaft entstanden ist (R 10a.4 Satz 2 GewStR 2009)	111	,—
132	Nur bei Betrieben gewerblicher Art: Übernommener vortragsfähiger Gewerbeverlust (§ 10a Satz 9 GewStG in Verbindung mit § 8 Absatz 8 KStG) [11]	020	,—
133	Nur bei Körperschaften: Bei der übertragenden Körperschaft im Falle der Abspaltung wegfallender Gewerbeverlust aus vorangegangenen Erhebungszeiträumen (§ 18 Absatz 1 in Verbindung mit § 16 und § 15 Absatz 3 beziehungsweise § 19 Absatz 2 in Verbindung mit § 15 Absatz 3 UmwStG)	047	,—
134	Nur bei Körperschaften: Nach § 10a Satz 10 GewStG in Verbindung mit § 8c KStG nicht abziehbarer Gewerbeverlust aus vorangegangenen Erhebungszeiträumen (gegebenenfalls in Verbindung mit § 2 Absatz 4 Satz 1 und 2, § 20 Absatz 6 Satz 4 UmwStG) (laut gesonderter Ermittlung)	044	,—
135	Nur bei Körperschaften: Erhalt des vortragsfähigen fortführungsgebundenen Gewerbeverlustes nach § 10a Satz 11 GewStG in Verbindung mit § 8d Absatz 2 Satz 1 zweiter Halbsatz KStG durch entsprechende Anwendung des § 8c Absatz 1 Satz 5 bis 8 KStG bezogen auf die zum Schluss des vorangegangenen Erhebungszeitraums vorhandenen stillen Reserven	052	,—
136	Nur bei einer Personengesellschaft, soweit an dieser eine Körperschaft unmittelbar oder mittelbar über eine oder mehrere Personengesellschaften beteiligt ist: Nach § 10a Satz 10 GewStG in Verbindung mit § 8c KStG nicht abziehbarer Gewerbeverlust aus vorangegangenen Erhebungszeiträumen (laut gesonderter Ermittlung) [27]	012	,—
137	Nur bei Personengesellschaften: Wegfallende vortragsfähige Gewerbeverluste und Gewerbeverluste des laufenden Erhebungszeitraums von Mitunternehmern, die im laufenden Erhebungszeitraum ausgeschieden sind	043	,—
138	Nur bei Personengesellschaften: Nach § 10a Satz 1 GewStG in Verbindung mit § 10a Satz 4 und 5 GewStG zu berücksichtigender Verlustabzug (höchstens 1 Million €) für Mitunternehmer, denen ein Anteil am vortragsfähigen Gewerbeverlust zum Schluss des vorangegangenen Erhebungszeitraums zuzurechnen ist	055	,—
139	Nur bei Personengesellschaften: Nach § 10a Satz 2 GewStG in Verbindung mit § 10a Satz 4 und 5 GewStG zu berücksichtigender Verlustabzug (60 % des 1 Million € übersteigenden Gewerbeertrages) für Mitunternehmer, denen ein Anteil am vortragsfähigen Gewerbeverlust zum Schluss des vorangegangenen Erhebungszeitraums zuzurechnen ist	081	,—
140	Nur bei Personengesellschaften oder Einzelunternehmen: Aufgrund der Veräußerung oder Aufgabe von Teilbetrieben wegfallender vortragsfähiger Gewerbeverlust und Gewerbeverlust des laufenden Erhebungszeitraums	016	,—
141 bis 142 frei			
142a	Nur bei Personengesellschaften: Anzahl der übermittelten Anlagen EMU [18]		

Angaben für Zwecke der Steuerermäßigung nach § 35 EStG

Zeile		Kennzahl	EUR
143	Nur bei Personengesellschaften oder Einzelunternehmen: Veräußerungs- oder Aufgabegewinn nach § 18 Absatz 3 UmwStG	082	,—

Sanierungsertrag

Zeile		Kennzahl	EUR
144	Nach Anwendung des § 3a Absatz 3 Satz 2 Nummer 1 EStG verbleibender geminderter Sanierungsertrag im Sinne des § 3a Absatz 3 Satz 1 EStG (§ 7b Absatz 2 Satz 1, gegebenenfalls in Verbindung mit Satz 2 und 3 beziehungsweise Absatz 3 GewStG) vor Anwendung des § 7b Absatz 2 Satz 1 Nummer 1 bis 3 GewStG	001	,—

Bei einem unterjährigen Rechtsformwechsel von einer Personengesellschaft zu einem Einzelunternehmen oder umgekehrt [2] [27]

laut gesonderter Ermittlung

Zeile		Kennzahl	EUR
145	Einheitlich ermittelter Gewerbesteuermessbetrag des Gewerbebetriebs für den gesamten Erhebungszeitraum	007	,—

 2025GewSt1A708

- 9 -

			EUR
146	Für den Steuerschuldner (Einzelunternehmen) ermittelter Gewerbeertrag einschließlich Hinzurechnungen und Kürzungen (36)	008	,—
147	Für den Steuerschuldner (Personengesellschaft) ermittelter Gewerbeertrag einschließlich Hinzurechnungen und Kürzungen (36)	009	,—

Einbringung nach § 24 UmwStG durch eine Körperschaft in eine Personengesellschaft (27) (41)

21

Nur bei Körperschaften
laut gesonderter Ermittlung

147a	Ermittelter Gewerbeertrag für den gesamten Erhebungszeitraum nach Anwendung des § 10a GewStG	39	,—
147b	Vortragsfähiger Gewerbeverlust zum Schluss des laufenden Erhebungszeitraums	40	,—
147c	Übergehender Gewerbeverlust wegen Einbringung nach § 24 UmwStG		,—

Schlusserklärung

Datenschutzhinweis: Die mit der Steuererklärung angeforderten Daten werden auf Grund der §§ 149 und 150 AO in Verbindung mit § 14a GewStG verlangt.

Informationen über die Verarbeitung personenbezogener Daten in der Steuerverwaltung und über Ihre Rechte nach der Datenschutz-Grundverordnung sowie über Ihre Ansprechpartner in Datenschutzfragen entnehmen Sie bitte dem allgemeinen Informationsschreiben der Finanzverwaltung. Dieses Informationsschreiben finden Sie unter www.finanzamt.de (unter der Rubrik „Datenschutz") oder erhalten Sie bei Ihrem Finanzamt.

Mitwirkung bei der Anfertigung der Steuererklärung

148 bis 199 frei

200 Die Steuererklärung wurde unter Mitwirkung einer selbständig und eigenverantwortlich tätigen und zur Hilfeleistung in Steuersachen nach §§ 3 und 4 StBerG befugten Person oder Vereinigung angefertigt. 1 = Ja

Telefonische Rückfragen unter Telefonnummer

200a

Bei der Anfertigung dieser Erklärung hat mitgewirkt:

Name

201

Vorname

202

Straße, Hausnummer

203

Postleitzahl, Ort

204

zusätzliche Angaben

205 frei

206

Mandantennummer

207

Bearbeiterkennzeichen

208

Unterschrift

Ort Datum

209

Unterschrift

210

Die Erklärung muss vom Steuerpflichtigen bzw. von einer in § 34 AO genannten Person eigenhändig unterschrieben sein.

2025GewSt1A709 2025GewSt1A709

2025

Erklärung für die Zerlegung des Gewerbesteuermessbetrages

❶

Die Erklärung ist zusammen mit der Gewerbesteuererklärung (GewSt 1 A) zu übermitteln.

— Eingangsstempel —

An das Finanzamt

1

Die mit einem Kreis versehenen Zahlen bezeichnen die Erläuterungen in der Anleitung zur Erklärung für die Zerlegung des Gewerbesteuermessbetrages.

2 **Steuernummer**

Allgemeine Angaben ⑩

Unternehmen/Firma

3

Wirtschafts-Identifikationsnummer ⑭

4 D E

Rechtsform / Art der Tätigkeit

5 bis 9 frei

10 Der Gewerbebetrieb wird als Einzelunternehmen betrieben. 1 = Ja

Nur bei Personengesellschaften und Körperschaften:
Rechtsform des Unternehmens ⑪

11

12 Es handelt sich um eine optierende Gesellschaft nach § 1a KStG.
Das Unternehmen ist im Weiteren wie eine Körperschaft in Form einer Kapitalgesellschaft zu behandeln. 1 = Ja

Ergänzende Angaben zur Steuererklärung

86

Eine Eintragung ist in Zeile 13 nur vorzunehmen, wenn einer der dort genannten Sachverhalte vorliegt. In diesem Fall erläutern Sie bitte diese Sachverhalte in den „Ergänzenden Angaben zur Steuererklärung". Die ergänzenden Angaben werden gesondert geprüft. Dies kann die Bearbeitungsdauer verlängern. Falls Sie mit der Abgabe der Steuererklärung lediglich Belege und Aufstellungen übermitteln, ist in Zeile 13 keine Eintragung vorzunehmen.

13 In dieser Steuererklärung 500

1 = konnten steuererhebliche Sachverhalte nicht erklärt werden.
2 = wird bewusst eine von der Verwaltungsauffassung abweichende Rechtsauffassung vertreten.
3 = sollen Sachverhalte personell vertieft geprüft werden.
4 = liegen mehrere der vorgenannten Gründe vor (Mehrfachauswahl).

Hinweis: Bitte übermitteln Sie Ihre ergänzenden Angaben nur für die vorstehend genannten Sachverhalte mit einer gesonderten Anlage mit der Überschrift **„Ergänzende Angaben zur Steuererklärung"**.

Angaben zur Zerlegung

26

Art der Zerlegung

14 Zerlegung nach 36

1 = § 29 Absatz 1 Nummer 1 GewStG (Regelfall)
2 = § 29 Absatz 1 Nummer 2 Buchstabe a GewStG
4 = § 33 Absatz 1 GewStG
5 = § 33 Absatz 2 GewStG
6 = § 35a Absatz 4 GewStG
7 = § 29 Absatz 1 Nummer 3 GewStG

15 Zerlegung nach § 30 GewStG ❺ 35 1 = Ja

Bei vom Regelfall abweichender Zerlegung: Art des Zerlegungsmaßstabes ❾

1. Zerlegungsmaßstab

16 bis 19 frei

Bezeichnung des Zerlegungsmaßstabs — Einheit des Zerlegungsmaßstabs

20 32 — 44

Gewichtung

21 70

2. Zerlegungsmaßstab

Bezeichnung des Zerlegungsmaßstabs — Einheit des Zerlegungsmaßstabs

22 34 — 46

Gewichtung

23 71

- 2 -

3. Zerlegungsmaßstab

Bezeichnung des Zerlegungsmaßstabs | Einheit des Zerlegungsmaßstabs

24 37 | 49

Gewichtung

25 72

4. Zerlegungsmaßstab

Bezeichnung des Zerlegungsmaßstabs | Einheit des Zerlegungsmaßstabs

26 38 | 54

Gewichtung

27 73

5. Zerlegungsmaßstab

Bezeichnung des Zerlegungsmaßstabs | Einheit des Zerlegungsmaßstabs

28 39 | 55

Gewichtung

29 74

Schlusserklärung

Datenschutzhinweis: Die mit der Steuererklärung angeforderten Daten werden auf Grund der §§ 149 und 150 AO i.V. mit § 14a GewStG verlangt.

Informationen über die Verarbeitung personenbezogener Daten in der Steuerverwaltung und über Ihre Rechte nach der Datenschutz-Grundverordnung sowie über Ihre Ansprechpartner in Datenschutzfragen entnehmen Sie bitte dem allgemeinen Informationsschreiben der Finanzverwaltung. Dieses Informationsschreiben finden Sie unter www.finanzamt.de (unter der Rubrik„Datenschutz") oder erhalten Sie bei Ihrem Finanzamt.

Mitwirkung bei der Anfertigung der Steuererklärung

30 bis 99 frei

100 Die Steuererklärung wurde unter Mitwirkung einer selbständig und eigenverantwortlich tätigen und zur Hilfeleistung in Steuersachen nach §§ 3 und 4 StBerG befugten Person oder Vereinigung angefertigt. 1 = Ja

Telefonische Rückfragen unter Telefonnummer

100a

Bei der Anfertigung dieser Erklärung hat mitgewirkt:

Name

101

Vorname

102

Straße, Hausnummer

103

Postleitzahl, Ort

104

zusätzliche Angaben

105 frei

106

Mandantennummer

107

Bearbeiterkennzeichen

108

Unterschrift

Ort | Datum

109

Unterschrift

110

Die Erklärung muss vom Steuerpflichtigen bzw. von einer in § 34 AO genannten Person eigenhändig unterschrieben sein.

2025GewSt1D712

2025GewSt1D712

2025

1 **Steuernummer**

1a Laufende Nummer der Gemeinde

Betriebsstätten und Zerlegungsgrundlagen

Anlage Betriebsstätte

zur Erklärung für die Zerlegung des Gewerbesteuermessbetrages

Die mit einem Kreis versehenen Zahlen bezeichnen die Erläuterungen in der Anleitung zur Erklärung für die Zerlegung des Gewerbesteuermessbetrages.

Im Erhebungszeitraum sind in folgenden Gemeinden im Inland Betriebsstätten unterhalten worden: (1) (3) (8) (12) 27

Die erste einzugebende Gemeinde muss die Gemeinde der Geschäftsleitung sein.

Allgemeine Angaben zur Gemeinde der Betriebsstätte(n)

Postleitzahl — Name der hebeberechtigten Gemeinde

2 20

Hebenummer der Gemeinde beziehungsweise Steuernummer des Stadtstaates (6)

3 21

Amtlicher Gemeindeschlüssel (AGS) (2)

4 22

5 Mehrgemeindliche Betriebsstätte im Sinne des § 30 GewStG (5) 75 — 1 = Ja

6 Die Betriebsstätte(n) in dieser Gemeinde hat/haben im Erhebungszeitraum letztmalig bestanden. 63 — 1 = Ja

Zerlegungsmaßstab (4) (13)

Im Regelfall enthält der 1. Zerlegungsmaßstab die Arbeitslöhne einschließlich Unternehmerlohn (Eingabe in Euro).

1. Zerlegungsmaßstab

Anteil am Zerlegungsmaßstab

7 70

2. Zerlegungsmaßstab

Anteil am Zerlegungsmaßstab

8 71

3. Zerlegungsmaßstab

Anteil am Zerlegungsmaßstab

9 72

4. Zerlegungsmaßstab

Anteil am Zerlegungsmaßstab

10 73

5. Zerlegungsmaßstab

Anteil am Zerlegungsmaßstab

11 74

Unternehmerlohn nach § 31 Absatz 5 GewStG

12 Nur bei Personengesellschaften oder Einzelunternehmen: In den Arbeitslöhnen enthaltener (Mit-)Unternehmerlohn (4) 79 ,— €

2025

1 Steuernummer

Beteiligung an Körperschaften
Anwendung des § 9 Nummer 2a, 7 oder 8 beziehungsweise des § 8 Nummer 5 GewStG; Anwendung des § 7a GewStG bei einer Organgesellschaft

Anlage BEG

zur Gewerbesteuererklärung (GewSt 1 A) [28]

Laufende Nummer der Anlage

Die mit einem Kreis versehenen Zahlen bezeichnen die Erläuterungen in der Anleitung zur Gewerbesteuererklärung.

Allgemeine Angaben zur Körperschaft, an der die Beteiligung besteht

1 Steuernummer (soweit im Inland steuerlich erfasst)

1a Wirtschafts-Identifikationsnummer [39]: D E

1b ISIN (soweit vorhanden)

2 Bezeichnung der Körperschaft

Anschrift der Körperschaft

3 Straße

4 Hausnummer | Hausnummerzusatz | Adressergänzung

5 Postleitzahl | Ort

5a Ansässigkeitsstaat

Angaben zur Ausschüttung

Zeile		
6	Gesamtbetrag der im Wirtschaftsjahr erhaltenen Bezüge im Sinne des § 20 Absatz 1 Nummer 1, 2, 9 und 10 Buchstabe a EStG aus dieser Beteiligung [29]	EUR ,–
7	Die Beteiligung erfüllt die Voraussetzungen des [17]	1 = § 9 Nummer 2a GewStG 2 = § 9 Nummer 7 GewStG 3 = § 9 Nummer 8 GewStG [14]
8	Mit den Bezügen laut Zeile 6 in unmittelbarem Zusammenhang stehende Aufwendungen im Sinne des § 8 Nummer 1 GewStG [31]	EUR ,–
9	Mit den Bezügen laut Zeile 6 in unmittelbarem Zusammenhang stehende andere Aufwendungen [31]	,–
10	Nur wenn die Beteiligung im Sonderbetriebsvermögen gehalten wird: Bezogen auf die im Sonderbetriebsvermögen gehaltene Beteiligung sind Körperschaften unmittelbar oder mittelbar über eine Personengesellschaft beteiligt in Höhe von (Prozent) [21] [28]	%
11	Nur wenn die Beteiligung im Sonderbetriebsvermögen gehalten wird: Bezogen auf die im Sonderbetriebsvermögen gehaltene Beteiligung sind natürliche Personen unmittelbar oder mittelbar über eine Personengesellschaft beteiligt in Höhe von (100 % abzüglich Prozentsatz laut Zeile 10) [21] [28]	%

Angaben für Körperschaften sowie für Mitunternehmerschaften und Organgesellschaften, sofern Körperschaften beteiligt sind [30]

Zeile		EUR
12	Bezüge laut Zeile 6, die die Voraussetzungen der Steuerbefreiung nach § 8b Absatz 1 und 4 KStG oder nach DBA erfüllen [33]	,–
13	Nur für Organgesellschaften: Steuerfreie Bezüge nach § 8b Absatz 1 und 4 KStG oder nach DBA (Betrag laut Zeile 12 multipliziert mit dem Prozentsatz laut Zeile 71 des Vordrucks GewSt 1 A)	,–
14	Bezüge laut Zeile 6, die die Voraussetzungen der Steuerbefreiung nach § 8b Absatz 1 und 4 KStG oder nach DBA nicht erfüllen (Betrag laut Zeile 6 abzüglich Betrag laut Zeile 12)	,–
15	Hinzurechnungsbetrag nach § 8 Nummer 5 GewStG (wenn in Zeile 7 keine Eintragung gemacht wurde: 95 % des Betrages laut Zeile 12; bei Mitunternehmerschaften und Organgesellschaften: zusätzlich multipliziert mit dem Prozentsatz laut Zeile 70 oder 71 des Vordrucks GewSt 1 A, bei Eintragung in Zeile 10: stattdessen zusätzlich multipliziert mit dem Prozentsatz laut Zeile 10)	,–
16	Ausgangsbetrag für eine Kürzung nach § 9 Nummer 2a, 7 oder 8 GewStG (Betrag laut Zeile 14; nur ausfüllen, wenn in Zeile 7 und Zeile 14 eine Eintragung gemacht wurde)	,–

2025AnlBEG761 - Oktober 2025 - 2025AnlBEG761

- 2 -

		EUR
17	Mit den Beträgen laut Zeile 16 in unmittelbarem Zusammenhang stehende Aufwendungen im Sinne des § 8 Nummer 1 GewStG (Betrag laut Zeile 8, höchstens Betrag laut Zeile 16)	,—
18	Mit den Beträgen laut Zeile 16 in unmittelbarem Zusammenhang stehende andere Aufwendungen (Betrag laut Zeile 9, höchstens Betrag laut Zeile 16 abzüglich Betrag laut Zeile 17)	,—
19	Kürzung nach § 9 Nummer 2a, 7 und 8 GewStG (Betrag laut Zeile 16 abzüglich Summe der Beträge laut Zeilen 17 und 18; bei Mitunternehmerschaften und Organgesellschaften: multipliziert mit dem Prozentsatz laut Zeile 70 oder 71 des Vordrucks GewSt 1 A, bei Eintragung in Zeile 10: stattdessen multipliziert mit dem Prozentsatz laut Zeile 10)	,—
20	Kürzung des Hinzurechnungsbetrages nach § 8 Nummer 1 GewStG aufgrund des § 9 Nummer 2a Satz 3 zweiter Halbsatz GewStG, § 9 Nummer 7 Satz 2 beziehungsweise § 9 Nummer 8 Satz 2 GewStG (Betrag laut Zeile 17; bei Mitunternehmerschaften und Organgesellschaften: multipliziert mit dem Prozentsatz laut Zeile 70 oder 71 des Vordrucks GewSt 1 A, bei Eintragung in Zeile 10: stattdessen multipliziert mit dem Prozentsatz laut Zeile 10)	,—
	Angaben für Einzelunternehmen sowie für Mitunternehmerschaften und Organgesellschaften, sofern natürliche Personen beteiligt sind (30)	
21	Bezüge laut Zeile 6, die die Voraussetzungen der Steuerbefreiung nach § 3 Nummer 40 EStG erfüllen	,—
22	Bezüge nach § 3 Nummer 40 EStG gekürzt um Betriebsausgaben nach § 3c Absatz 2 EStG vor Anwendung des Teileinkünfteverfahrens (Betrag laut Zeile 21 abzüglich der Summe der Beträge laut Zeilen 8 und 9 multipliziert mit dem Prozentsatz laut Zeile 72 des Vordrucks GewSt 1 A, bei Eintragung in Zeile 11: stattdessen multipliziert mit dem Prozentsatz laut Zeile 11)	,—
23	Hinzurechnungsbetrag nach § 8 Nummer 5 GewStG (wenn in Zeile 7 keine Eintragung gemacht wurde: 40 % des Betrages laut Zeile 21; abzüglich 40 % der Beträge laut Zeilen 8 und 9, bei Mitunternehmerschaften und Organgesellschaften: zusätzlich multipliziert mit dem Prozentsatz laut Zeile 72 des Vordrucks GewSt 1 A, bei Eintragung in Zeile 11: stattdessen zusätzlich multipliziert mit dem Prozentsatz laut Zeile 11)	,—
24	Ausgangsbetrag für eine Kürzung nach § 9 Nummer 2a, 7 oder 8 GewStG (Betrag laut Zeile 6; nur ausfüllen, wenn in Zeile 7 der Wert 1 [= § 9 Nummer 2a GewStG], 2 [= § 9 Nummer 7 GewStG] oder 3 [= § 9 Nummer 8 GewStG] eingetragen ist)	,—
25	Mit den Beträgen laut Zeile 24 in unmittelbarem Zusammenhang stehende Aufwendungen im Sinne des § 8 Nummer 1 GewStG (Betrag laut Zeile 8, höchstens Betrag laut Zeile 24)	,—
26	Mit den Beträgen laut Zeile 24 in unmittelbarem Zusammenhang stehende andere Aufwendungen (Betrag laut Zeile 9, höchstens Betrag laut Zeile 24 abzüglich Betrag laut Zeile 25)	,—
27	Kürzung nach § 9 Nummer 2a, 7 und 8 GewStG vor Anwendung des Teileinkünfteverfahrens (Betrag laut Zeile 24 abzüglich Summe der Beträge laut Zeilen 25 und 26; bei Mitunternehmerschaften und Organgesellschaften: multipliziert mit dem Prozentsatz laut Zeile 72 des Vordrucks GewSt 1 A, bei Eintragung in Zeile 11: stattdessen multipliziert mit dem Prozentsatz laut Zeile 11)	,—
28	Kürzung des Hinzurechnungsbetrages nach § 8 Nummer 1 GewStG aufgrund des § 9 Nummer 2a Satz 3 zweiter Halbsatz GewStG, § 9 Nummer 7 Satz 2 beziehungsweise § 9 Nummer 8 Satz 2 GewStG (Betrag laut Zeile 25; bei Mitunternehmerschaften und Organgesellschaften: multipliziert mit dem Prozentsatz laut Zeile 72 des Vordrucks GewSt 1 A, bei Eintragung in Zeile 11: stattdessen multipliziert mit dem Prozentsatz laut Zeile 11)	,—

2025AnlBEG762 **2025AnlBEG762**

2025

1 frei

2 Steuernummer

Angaben zur mitunternehmerbezogenen Verlustverrechnung

Anlage EMU

zur Gewerbesteuererklärung (GewSt 1 A) 18

Laufende Nummer des Beteiligten laut Anlage FB

Die mit einem Kreis versehenen Zahlen bezeichnen die Erläuterungen in der Anleitung zur Gewerbesteuererklärung.

Angaben zum Beteiligten

17

Alle nachstehenden Eintragungen sind ausschließlich mit den auf den jeweiligen Beteiligten entfallenden Werten vorzunehmen. Die Aufteilung erfolgt nach dem im Gesellschaftsvertrag für den Erhebungszeitraum festgelegten allgemeinen Gewinnverteilungsschlüssel. Vorabgewinnanteile sind nicht zu berücksichtigen (§ 10a Satz 4 GewStG). Bei abweichendem Wirtschaftsjahr erfolgt die Verteilung entsprechend dem gesellschaftsvertraglich maßgebenden allgemeinen Gewinnverteilungsschlüssel auf die in diesem abweichenden Wirtschaftsjahr beteiligten Mitunternehmer.

Name/Firma des Beteiligten

3 30

4 frei

5 Identifikationsnummer des Beteiligten (bei natürlichen Personen) 28

5a Wirtschafts-Identifikationsnummer des Beteiligten 39 D E

6 Steuernummer des Beteiligten 27

Zeile		Kz.	anteilige Besteuerungsgrundlagen EUR	Ct
7	Gewerbeertrag/Gewerbeverlust - Negativen Betrag mit Minuszeichen eintragen - - ggf. "0,00" -	10		
	– Zeilen 8 bis 12: Ohne Vorzeichen eintragen –			
8	Von einem Einzelunternehmen im Falle des Rechtsformwechsels übernommener Gewerbeverlust aus der Zeit vor dem Rechtsformwechsel, soweit nach § 10a GewStG vortragsfähig 15	45		
9	Übernommener Gewerbeverlust im laufenden Erhebungszeitraum im Falle der - Einbringung des Betriebs einer Kapitalgesellschaft oder Personengesellschaft in eine Personengesellschaft oder - Verschmelzung von Personengesellschaften (R 10a.3 Absatz 3 Satz 9 Nummer 5 Satz 1 und 2 GewStR 2009) oder - Anwachsung oder der Verschmelzung einer Personengesellschaft auf einen Gesellschafter (R 10a.3 Absatz 3 Satz 9 Nummer 4 GewStR 2009)	48		
9a	Übernommener Gewerbeverlust zum Ende des Erhebungszeitraums im Falle der - Einbringung des Betriebs einer Kapitalgesellschaft oder Personengesellschaft in eine Personengesellschaft oder - Verschmelzung von Personengesellschaften (R 10a.3 Absatz 3 Satz 9 Nummer 5 Satz 1 und 2 GewStR 2009) oder - Anwachsung oder der Verschmelzung einer Personengesellschaft auf einen Gesellschafter (R 10a.3 Absatz 3 Satz 9 Nummer 4 GewStR 2009)	47		
10	Nach § 10a Satz 10 GewStG in Verbindung mit § 8c KStG nicht abziehbarer Gewerbeverlust aus vorangegangenen Erhebungszeiträumen	12		
11	Nach § 10a Satz 10 GewStG in Verbindung mit § 8c KStG nicht ausgleichsfähiger Gewerbeverlust des laufenden Erhebungszeitraums	13		
12	Aufgrund der Veräußerung oder Aufgabe von Teilbetrieben wegfallender vortragsfähiger Gewerbeverlust und Gewerbeverlust des laufenden Erhebungszeitraums	16		

2025AnlEMU741 - Oktober 2025 - 2025AnlEMU741

Bezeichnung des Steuerpflichtigen
Steuernummer

Die mit einem Kreis versehenen Zahlen bezeichnen die Erläuterungen in der Anleitung zur Gewerbesteuererklärung.

Anlage ÖHG zur Spartentrennung 2025

☐ zur Steuererklärung

☐ zum Bescheid

für Unternehmen im Sinne des § 7 Satz 5 GewStG (auch soweit Organgesellschaft) und für Gesellschaften oder Betriebe gewerblicher Art (BgA), die Organträger solcher Gesellschaften sind

(32) (40)

Zeile			
	Allgemeine Angaben		
1	Laufende Nummer der Sparte		
2	Kurzbezeichnung der Sparte (bei Organgesellschaften: der Tätigkeit)		
3	Art der Tätigkeit		
4	Straße, Hausnummer		
5	Postleitzahl	Ort	Auslands-Postleitzahl
6	Name der Organgesellschaft(en)/Personengesellschaft(en), deren Tätigkeit in die Sparte einbezogen wurde:		
7	Die von der/den Gesellschaft(en) laut Zeile 6 ausgeübte Tätigkeit, besteht auch beim Steuerpflichtigen.		1 = Ja
8	Die Sparte ist in 2025 neu entstanden.		1 = Ja
9	Die Sparte ist in 2025 gegenüber dem Vorjahr verändert worden.		1 = Ja
10	Die Sparte ist in 2025 beendet worden zum		
11	Die Tätigkeit erfüllt die Voraussetzungen für die Annahme eines begünstigten Dauerverlustgeschäfts im Sinne des § 8 Absatz 7 Satz 2 KStG.		1 = Ja
	Ermittlung des Gewerbeertrages (§§ 7 bis 9 GewStG) (40)		
	Ermittlung des Gewerbeertrages für die einzelne Sparte		EUR
12 bis 20 frei			
21	Gewinn aus Gewerbebetrieb (Zeile 39 des Vordrucks GewSt 1 A) (13)		
22	Der Gewerbebetrieb ist nach folgender Nummer des § 3 GewStG vollständig oder partiell von der Gewerbesteuer befreit (Zeile 42 des Vordrucks GewSt 1 A)		
			EUR
23	Davon ab / Dazu: Von der Gewerbesteuer befreiter Gewinn aus Gewerbebetrieb laut Zeile 21 (Zeile 43 des Vordrucks GewSt 1 A)		
24	Davon ab: Korrektur des Gewinns aus Gewerbebetrieb aufgrund der Erstattung von Aufwendungen, die in einem vorangegangenen Erhebungszeitraum der Hinzurechnung unterlegen haben (Zeile 45 des Vordrucks GewSt 1 A) (20)		
25	Dazu / Davon ab: Anwendung des § 20 Absatz 5 InvStG (50 % der bei der Ermittlung des Gewinns aus Gewerbebetrieb vorgenommenen Teilfreistellungen aus unmittelbarer Beteiligung nach §§ 20, 21 InvStG) (Zeile 48 des Vordrucks GewSt 1 A)		
25a	Dazu / Davon ab: Korrekturbetrag nach § 45 Absatz 2 InvStG (Zeile 48a des Vordrucks GewSt 1 A)		
26	Dazu: Korrekturbetrag nach § 45 Absatz 1 InvStG, der dieser Sparte zuzurechnen ist (Zeile 49 des Vordrucks GewSt 1 A)		
27	Nur bei Organgesellschaften: Davon ab: Steuerfreie Beträge nach § 8b Absatz 1 in Verbindung mit Absatz 4 und 5 KStG oder nach DBA in Verbindung mit § 7a Absatz 2 GewStG (95 % der Summe der Beträge laut Zeile 13 aller Anlagen BEG, die dieser Sparte zuzurechnen sind) (Zeile 73 des Vordrucks GewSt 1 A)		

Anlage ÖHG zur Spartentrennung - Oktober 2025 - Version 4.4.1.0 Bekanntgabe

- 2 -

Steuernummer

Zeile			EUR
28	Zwischensumme		
	Hinzurechnungen		
	Ermittlung des Hinzurechnungsbetrages nach § 8 Nummer 1 GewStG für das erste Wirtschaftsjahr		
29	Entgelte für Schulden (Zeile 50 des Vordrucks GewSt 1 A)		
30	Renten und dauernde Lasten (Zeile 51 des Vordrucks GewSt 1 A)		
31	Gewinnanteile der stillen Gesellschafter (Zeile 52 des Vordrucks GewSt 1 A)		
32	Miet- und Pachtzinsen (einschließlich Leasingraten) für die Benutzung fremder beweglicher Betriebsanlagegüter nach § 8 Nummer 1 Buchstabe d Satz 1 GewStG; Übertrag mit einem Fünftel des Betrages der Vorspalte in die Hauptspalte (ohne Beträge laut Zeile 32a) (Zeile 53 des Vordrucks GewSt 1 A)	EUR ▸	
32a	Miet- und Pachtzinsen (einschließlich Leasingraten) für Elektrofahrzeuge, begünstigte Hybridelektrofahrzeuge und Fahrräder im Sinne des § 8 Nummer 1 Buchstabe d Satz 2 GewStG aus Verträgen, die nach dem 31.12.2019 abgeschlossen worden sind; Übertrag mit einem Zehntel des Betrages der Vorspalte in die Hauptspalte (Zeile 54 des Vordrucks GewSt 1 A)	▸	
33	Miet- und Pachtzinsen (einschließlich Leasingraten) für die Benutzung fremder unbeweglicher Betriebsanlagegüter; Übertrag mit dem hälftigen Betrag der Vorspalte in die Hauptspalte (Zeile 55 des Vordrucks GewSt 1 A)	▸	
34	Aufwendungen für die zeitlich befristete Überlassung von Rechten - insbesondere Konzessionen und Lizenzen; Übertrag mit einem Viertel des Betrages der Vorspalte in die Hauptspalte (Zeile 56 des Vordrucks GewSt 1 A)	▸	
35	Kürzung des Hinzurechnungsbetrages nach § 8 Nummer 1 GewStG aufgrund des § 9 Nummer 2a Satz 3 zweiter Halbsatz GewStG, § 9 Nummer 7 Satz 2 beziehungsweise § 9 Nummer 8 Satz 2 GewStG, gegebenenfalls in Verbindung mit § 7a Absatz 2 GewStG (Summe der Beträge laut Zeile 20 aller Anlagen BEG, die dieser Sparte und diesem Wirtschaftsjahr zuzurechnen sind) (Zeile 79 des Vordrucks GewSt 1 A)		
36	Summe der Beträge laut Zeilen 29 bis 34 (Hauptspalte) abzüglich Betrag laut Zeile 35		
37	Davon ab: Freibetrag 200.000 € (höchstens Betrag laut Zeile 36; aufzuteilen nach dem Verhältnis der Beträge laut Zeile 36 aller Anlagen ÖHG)		
38	Zwischensumme (Betrag laut Zeile 36 abzüglich Betrag laut Zeile 37)		
39	Hinzurechnungsbetrag (ein Viertel des Betrages laut Zeile 38)		
	Ermittlung des Hinzurechnungsbetrages nach § 8 Nummer 1 GewStG für das zweite Wirtschaftsjahr		
39a	Entgelte für Schulden (Zeile 58 des Vordrucks GewSt 1 A)		
39b	Renten und dauernde Lasten (Zeile 59 des Vordrucks GewSt 1 A)		
39c	Gewinnanteile der stillen Gesellschafter (Zeile 60 des Vordrucks GewSt 1 A)		
39d	Miet- und Pachtzinsen (einschließlich Leasingraten) für die Benutzung fremder beweglicher Betriebsanlagegüter nach § 8 Nummer 1 Buchstabe d Satz 1 GewStG; Übertrag mit einem Fünftel des Betrages der Vorspalte in die Hauptspalte (ohne Beträge laut Zeile 39e) (Zeile 61 des Vordrucks GewSt 1 A)	EUR ▸	
39e	Miet- und Pachtzinsen (einschließlich Leasingraten) für Elektrofahrzeuge, begünstigte Hybridelektrofahrzeuge und Fahrräder im Sinne des § 8 Nummer 1 Buchstabe d Satz 2 GewStG aus Verträgen, die nach dem 31.12.2019 abgeschlossen worden sind; Übertrag mit einem Zehntel des Betrages der Vorspalte in die Hauptspalte (Zeile 62 des Vordrucks GewSt 1 A)	▸	
39f	Miet- und Pachtzinsen (einschließlich Leasingraten) für die Benutzung fremder unbeweglicher Betriebsanlagegüter; Übertrag mit dem hälftigen Betrag der Vorspalte in die Hauptspalte (Zeile 63 des Vordrucks GewSt 1 A)	▸	
39g	Aufwendungen für die zeitlich befristete Überlassung von Rechten - insbesondere Konzessionen und Lizenzen; Übertrag mit einem Viertel des Betrages der Vorspalte in die Hauptspalte (Zeile 64 des Vordrucks GewSt 1 A)	▸	
39h	Kürzung des Hinzurechnungsbetrages nach § 8 Nummer 1 GewStG aufgrund des § 9 Nummer 2a Satz 3 zweiter Halbsatz GewStG, § 9 Nummer 7 Satz 2 beziehungsweise § 9 Nummer 8 Satz 2 GewStG, gegebenenfalls in Verbindung mit § 7a Absatz 2 GewStG (Summe der Beträge laut Zeile 20 aller Anlagen BEG, die dieser Sparte und diesem Wirtschaftsjahr zuzurechnen sind) (Zeile 79 des Vordrucks GewSt 1 A)		
39i	Summe der Beträge laut Zeilen 39a bis 39g (Hauptspalte) abzüglich Betrag laut Zeile 39h		

Steuernummer

- 3 -

Zeile		EUR
39j	Davon ab: Freibetrag 200.000 € (höchstens Betrag laut Zeile 39i; aufzuteilen nach dem Verhältnis der Beträge laut Zeile 39i aller Anlagen ÖHG)	
39k	Zwischensumme (Betrag laut Zeile 39i abzüglich Betrag laut Zeile 39j)	
39l	Hinzurechnungsbetrag (ein Viertel des Betrages laut Zeile 39k)	
	Weitere Hinzurechnungen	
40	Summe der Beträge laut Zeilen 28, 39 und 39l	
41 und 42 frei		
43	Dazu: Ausschüttungs- und abführungsbedingte Gewinnminderungen (Zeile 68 des Vordrucks GewSt 1 A)	
44	Dazu: Ausländische Steuern (Zeile 69 des Vordrucks GewSt 1 A)	
45	Dazu: Weitere Hinzurechnungen	
	Anteile am Verlust von Personengesellschaften laut gesonderter Einzelaufstellung	
45a bis 45d frei		
45e	Dazu: Summe der Anteile am Verlust von in- und/oder ausländischen Personengesellschaften (Zeile 67d des Vordrucks GewSt 1 A)	
46	Summe des Gewinns aus Gewerbebetrieb und der Hinzurechnungen nach § 8 GewStG (ohne Berücksichtigung des § 8 Nummer 5 GewStG)	
	Gewinne aus Anteilen an bestimmten Körperschaften	
47	Dazu: Hinzurechnungsbetrag nach § 8 Nummer 5 GewStG (bei Organgesellschaften in Verbindung mit § 7a GewStG) (Summe der Beträge laut Zeile 15 aller Anlagen BEG, die dieser Sparte zuzurechnen sind) (Zeile 77 des Vordrucks GewSt 1 A)	
48	Davon ab: Kürzung nach § 9 Nummer 2a, 7 und 8 GewStG (bei Organgesellschaften in Verbindung mit § 7a GewStG) (Summe der Beträge laut Zeile 19 aller Anlagen BEG, die dieser Sparte zuzurechnen sind) (Zeile 81 des Vordrucks GewSt 1 A)	
	Kürzungen	
49	Davon ab: Als Betriebsausgabe erfasste Grundsteuer (Zeile 87 des Vordrucks GewSt 1 A)	
50	Davon ab: Erweiterte Kürzung bei einem Grundstücksunternehmen (Zeile 88 des Vordrucks GewSt 1 A)	
51 frei		
52	Davon ab / Dazu: Teil des Gewerbeertrages, der auf Betriebsstätten im Ausland entfällt (Zeile 91 des Vordrucks GewSt 1 A)	
53	Davon ab: Unter Berücksichtigung der Höchstbeträge abziehbare Zuwendungen nach § 9 Nummer 5 GewStG	
54	Davon ab: Weitere Kürzungen (zum Beispiel Betrag laut Zeile 90 des Vordrucks GewSt 1 A)	
	Anteile am Gewinn von Personengesellschaften laut gesonderter Einzelaufstellung	
54a bis 54d frei		
54e	Davon ab: Summe der Anteile am Gewinn von in- und/oder ausländischen Personengesellschaften (Zeile 89d des Vordrucks GewSt 1 A)	
55	Verbleibender Betrag	
	Kürzungsbetrag bei Beteiligungen an Zwischengesellschaften nach dem AStG laut gesonderter Einzelaufstellung	
55a	Davon ab: Summe der Kürzungsbeträge nach § 11 Absatz 5 AStG (Zeile 99c des Vordrucks GewSt 1 A)	
	Weitere Angaben	
55b	Dazu: Negative Einkünfte des übernehmenden Rechtsträgers nach § 2 Absatz 5 UmwStG (Zeile 122 des Vordrucks GewSt 1 A)	
56	Dazu: Nach § 10a Satz 10 GewStG in Verbindung mit § 8c KStG nicht ausgleichsfähiger Gewerbeverlust des laufenden Erhebungszeitraums (gegebenenfalls in Verbindung mit § 2 Absatz 4 Satz 1 und 2 UmwStG, § 20 Absatz 6 Satz 4 UmwStG) (Zeile 124 des Vordrucks GewSt 1 A)	

Steuernummer

- 4 -

Zeile			
	Gewerbeertrag der Organgesellschaft(en) laut gesonderter Einzelaufstellung		EUR
57 frei			
58	Dazu / Davon ab: Summe der Gewerbeerträge der Organgesellschaften (Zeile 108 des Vordrucks GewSt 1 A)		
58a	Dazu / Davon ab: Summe der Korrekturbeträge aufgrund der Anwendung des § 3 Nummer 40 Buchstabe a, § 3c EStG, § 8b Absatz 2 und 3 KStG, § 12 Absatz 2 UmwStG in Verbindung mit § 15 Satz 1 Nummer 2 und Satz 2 KStG und der Anwendung von § 34c Absatz 3 EStG (Zeile 109 des Vordrucks GewSt 1 A)		
58b	Dazu / Davon ab: Summe der Korrekturbeträge aufgrund der Anwendung der §§ 20 und 21 InvStG in Verbindung mit § 15 Satz 1 Nummer 2a und Satz 2 KStG gegebenenfalls in Verbindung mit § 43 Absatz 3 und § 45 Absatz 2 InvStG (Zeile 110 des Vordrucks GewSt 1 A)		
58c	Davon ab: Summe der Korrekturbeträge aufgrund der Anwendung des § 45 Absatz 1 InvStG (Zeile 111 des Vordrucks GewSt 1 A)		
	Minderung des Gewerbeverlustes bei Abspaltung		
59	Dazu: Bei der übertragenden Körperschaft im Fall der Abspaltung wegfallender Gewerbeverlust aus dem laufenden Erhebungszeitraum (§ 18 Absatz 1 beziehungsweise § 19 Absatz 1 in Verbindung mit § 15 Absatz 1 Satz 1, § 15 Absatz 3 und § 16 Satz 1 UmwStG) (Zeile 125 des Vordrucks GewSt 1 A)		
60	Zwischensumme		
	Minderung des negativen Gewerbeertrages bei Sanierung		
61	Dazu: Minderung des negativen Gewerbeertrags des Sanierungsjahres bei unternehmensbezogener Sanierung nach § 7b Absatz 2 Satz 1 Nummer 1 gegebenenfalls in Verbindung mit Satz 2 beziehungsweise Absatz 3 GewStG		
62	Zwischensumme		
	Korrekturen nach § 2 Absatz 4 Satz 3 und 4 UmwStG Zeilen 63 bis 66: Nur im Falle von Umwandlungen mit steuerlicher Rückwirkung zur Anwendung des § 2 Absatz 4 Satz 3 und 4 UmwStG beim übernehmenden Rechtsträger; nicht bei Organgesellschaften	EUR	
63	Betrag laut Zeile 62		
64	Davon ab: Im Betrag laut Zeile 63 enthaltener positiver Gewerbeertrag des übertragenden oder einbringenden Rechtsträgers im Rückwirkungszeitraum aus eigenen Übernahmen (Zeile 120 des Vordrucks GewSt 1 A)		
65	Beim Organträger des übernehmenden Rechtsträgers: Davon ab: Im Betrag laut Zeile 63 enthaltener positiver Gewerbeertrag des auf die Organgesellschaft(en) übertragenden oder einbringenden Rechtsträgers im Rückwirkungszeitraum (Zeile 121 des Vordrucks GewSt 1 A)		
66	Zwischensumme: Wenn negativ: Nach § 2 Absatz 4 Satz 3 und 4 UmwStG nicht ausgleichsfähiger Verlust des übernehmenden Rechtsträgers (Übertrag eines negativen Betrages mit umgekehrtem Vorzeichen in die Hauptspalte)	▸	
67	Zwischensumme		
	Maßgebender Gewerbeertrag und Gewerbeverlust		
68	Gewerbeertrag vor Verlustabzug (wenn Betrag laut Zeile 67 positiv: Eintragung des Betrages laut Zeile 67; wenn Betrag laut Zeile 67 negativ: Eintragung von "0" und weiter in Zeile 71)		
69	Verlustabzug (Betrag laut Zeile 99)		
70	Nur bei Organgesellschaften: Im Erhebungszeitraum zu berücksichtigender nach dem rechtswirksamen Abschluss des Gewinnabführungsvertrages bei der Personengesellschaft entstandener Verlust aus der Anwachsung einer Personengesellschaft (R 10a.4 Satz 3 GewStR 2009; laut gesonderter Ermittlung)		
71	Maßgebender verbleibender Gewerbeertrag (Betrag laut Zeile 68 abzüglich Betrag laut Zeile 69 oder 70); Übertrag des Betrages nach Zeile 104 des Vordrucks GewSt 1 A - nicht bei Organgesellschaften		
72	Maßgebender Gewerbeverlust (negativer Gewerbeertrag dieser Sparte, Betrag laut Zeile 67)		
	Werte, die für die Ermittlung des Gewerbeertrages des Organträgers von Bedeutung sind Nur bei Organgesellschaften		
73	Zu berücksichtigender Korrekturbetrag zum Gewerbeertrag aufgrund der Anwendung des § 8b Absatz 2 und 3 KStG in Verbindung mit § 15 Satz 1 Nummer 2 und Satz 2 KStG (Zeile 113 des Vordrucks GewSt 1 A)		

Steuernummer

- 5 -

Zeile		EUR
74	Wenn der Organträger eine Körperschaft ist: Zu berücksichtigender Korrekturbetrag zum Gewerbeertrag aufgrund der Anwendung der §§ 20, 21 InvStG in Verbindung mit § 15 Satz 1 Nummer 2a und Satz 2 KStG (gegebenenfalls in Verbindung mit § 43 Absatz 3 und § 45 Absatz 2 InvStG) (Zeile 116 des Vordrucks GewSt 1 A)	
75	Wenn der Organträger eine Körperschaft ist: Zu berücksichtigender Korrekturbetrag aufgrund der Anwendung des § 45 Absatz 1 InvStG (Zeile 118 des Vordrucks GewSt 1 A)	
	Fälle des § 2 Absatz 4 Satz 3 und 4 UmwStG	
	Nur bei Organgesellschaften	
76	Im Falle von Umwandlungen mit steuerlicher Rückwirkung zur Anwendung des § 2 Absatz 4 Satz 3 und 4 UmwStG beim Organträger: Im Betrag laut Zeile 68 oder 72 enthaltener positiver Gewerbeertrag des auf die Organgesellschaft übertragenden oder einbringenden Rechtsträgers im Rückwirkungszeitraum aus eigenen Übernahmen (Zeile 120 des Vordrucks GewSt 1 A)	
77	Wenn die Organgesellschaft zugleich Organträger ist: Im Betrag laut Zeile 68 oder 72 enthaltener positiver Gewerbeertrag des auf die der Organgesellschaft vorgelagerte(n) Organgesellschaft(en) übertragenden oder einbringenden Rechtsträgers im Rückwirkungszeitraum (Zeile 121 des Vordrucks GewSt 1 A)	
	Ermittlung des abziehbaren Verlustes und des vortragsfähigen Gewerbeverlustes (§ 10a Satz 9 GewStG in Verbindung mit § 8 Absatz 9 Satz 5 bis 8 KStG) (40)	
	Bei Organgesellschaften: Nur in den Fällen des § 10a Satz 3 GewStG	
	Anfangsbestand	
78	Festgestellter vortragsfähiger Gewerbeverlust zum Schluss des vorangegangenen Erhebungszeitraums für die Sparte (Zeile 98 des Vorjahres)	
79	Davon ab: Im Falle eines schädlichen Ereignisses im Sinne des § 10a Satz 11 GewStG in Verbindung mit § 8d Absatz 2 KStG: Untergang des festgestellten vortragsfähigen fortführungsgebundenen Gewerbeverlustes (Betrag laut Zeile 101)	
80	Dazu: Erhalt des vortragsfähigen fortführungsgebundenen Gewerbeverlustes nach § 10a Satz 11 GewStG in Verbindung mit § 8d Absatz 2 Satz 1 zweiter Halbsatz KStG durch entsprechende Anwendung des § 8c Absatz 1 Satz 5 bis 8 KStG bezogen auf die zum Schluss des vorangegangenen Erhebungszeitraums vorhandenen stillen Reserven (höchstens Betrag laut Zeile 79; laut gesonderter Ermittlung)	
81	Nur für Betriebe gewerblicher Art: Dazu: Übernommener vortragsfähiger Gewerbeverlust (§ 10a Satz 9 GewStG in Verbindung mit § 8 Absatz 8 KStG) (Zeile 132 des Vordrucks GewSt 1 A) (11)	
82	Dazu: Übernommener Gewerbeverlust im laufenden Erhebungszeitraum im Falle der Anwachsung oder der Verschmelzung einer Personengesellschaft auf einen Gesellschafter (R 10a.3 Absatz 3 Satz 9 Nummer 4 GewStR 2009, Zeile 130 des Vordrucks GewSt 1 A)	
83	Davon ab: Nach § 10a Satz 10 GewStG in Verbindung mit § 8c KStG (gegebenenfalls in Verbindung mit § 2 Absatz 4 Satz 1 und 2 UmwStG, § 20 Absatz 6 Satz 4 UmwStG) nicht abziehbarer Gewerbeverlust aus vorangegangenen Erhebungszeiträumen (Zeile 134 des Vordrucks GewSt 1 A)	
84	Davon ab: Bei der übertragenden Körperschaft im Fall der Abspaltung wegfallender Gewerbeverlust aus vorangegangenen Erhebungszeiträumen (§ 18 Absatz 1 in Verbindung mit § 16 und § 15 Absatz 3 beziehungsweise § 19 Absatz 2 in Verbindung mit § 15 Absatz 3 UmwStG) (Zeile 133 des Vordrucks GewSt 1 A)	
84a	Zwischensumme	
85	Davon ab: Minderung des vortragsfähigen Gewerbeverlustes nach § 7b Absatz 2 Satz 1 Nummer 2 oder 3 erster Halbsatz gegebenenfalls in Verbindung mit Satz 2 beziehungsweise Absatz 3 GewStG	
86 frei 87	Zwischensumme	
	Verrechnung des positiven Gewerbeertrages mit dem Verlustvortrag	EUR
88	Positiver Gewerbeertrag der Sparte vor Verlustabzug (positiver Betrag laut Zeile 68)	
89	Im Falle von Umwandlungen mit steuerlicher Rückwirkung beim übernehmenden Rechtsträger: Davon ab: Im Betrag laut Zeile 88 enthaltener positiver Gewerbeertrag des übertragenden oder einbringenden Rechtsträgers im Rückwirkungszeitraum (vergleiche § 2 Absatz 4 Satz 3 und 4 UmwStG) - Summe der Beträge laut Zeilen 64 und 65 (Zeilen 120 und 121 des Vordrucks GewSt 1 A)	
89a	Zwischensumme	
89b	Dazu: Nach Anwendung des § 3a Absatz 3 Satz 2 Nummer 1 EStG verbleibender geminderter Sanierungsertrag im Sinne des § 3a Absatz 3 Satz 1 EStG (Betrag laut Zeile 144 des Vordrucks GewSt 1 A, soweit er dieser Sparte zuzurechnen ist)	
90	Zwischensumme	

Steuernummer

-6-

Zeile		EUR	EUR
91	Davon ab: Niedrigerer Betrag aus Zeile 84a oder 90 (höchstens 1 Million €)		
92	Zwischensumme		
93	Nach § 10a Satz 2 GewStG zu berücksichtigender Verlustabzug: Betrag laut Zeile 84a abzüglich Betrag laut Zeile 91, höchstens 60 % des Betrages aus Zeile 92		
94	Zwischensumme zur Ermittlung des zu berücksichtigenden Verlustvortrags (Summe der Beträge laut Zeilen 91 und 93 Vorspalte)		
95	Davon ab: Betrag laut Zeile 85 (§ 7b Absatz 2 Satz 1 Nummer 3 zweiter Halbsatz GewStG), höchstens Betrag laut Zeile 94		
96	Betrag des zu berücksichtigenden Verlustvortrags (Übertrag in die Hauptspalte mit umgekehrtem Vorzeichen)	▸	
	Negativer Gewerbeertrag		
96a	Dazu: Berücksichtigungsfähiger Gewerbeverlust des laufenden Erhebungszeitraums (Negativer Betrag laut Zeile 67 beziehungsweise, wenn Betrag laut Zeile 66 Vorspalte negativ: Betrag laut Zeile 66 Vorspalte (Betrag ohne Vorzeichen eintragen))		
	Endbestand		
97	Dazu: Übernommener Gewerbeverlust zum Ende des Erhebungszeitraumes im Falle der Anwachsung oder der Verschmelzung einer Personengesellschaft auf einen Gesellschafter (R 10a.3 Absatz 3 Satz 9 Nummer 4 GewStR 2009, Zeile 130a des Vordrucks GewSt 1 A)		
98	Vortragsfähiger Gewerbeverlust für die Sparte zum Schluss des Erhebungszeitraums		
99	Insgesamt vorzunehmender Verlustabzug (Betrag laut Zeile 96 Vorspalte; Übertrag nach Zeile 69)		
100	Nur bei Organgesellschaften im Falle der Anwachsung: Vortragsfähiger Gewerbeverlust, der nach dem rechtswirksamen Abschluss des Gewinnabführungsvertrages bei der Personengesellschaft entstanden ist (R 10a.4 Satz 3 GewStR 2009), für die Tätigkeit zum Schluss des Erhebungszeitraums (laut gesonderter Ermittlung analog zu den Zeilen 78 bis 99)		
	Fortführungsgebundener Gewerbeverlust nach § 10a Satz 11 und 12 GewStG in Verbindung mit § 8d KStG (40)		
	Bei Organgesellschaften: Nur in den Fällen des § 10a Satz 3 GewStG		
101	Verbleibender festgestellter vortragsfähiger fortführungsgebundener Gewerbeverlust zum Schluss des vorangegangenen Erhebungszeitraums		
102	Davon ab: Untergang des festgestellten vortragsfähigen fortführungsgebundenen Gewerbeverlustes aufgrund eines schädlichen Ereignisses im Sinne des § 10a Satz 11 GewStG in Verbindung mit § 8d Absatz 2 KStG (Betrag laut Zeile 101)		
102a	Davon ab: Wegfall der Fortführungsgebundenheit bei Vorliegen eines schädlichen Beteiligungserwerbs nach § 10a Satz 10 GewStG in Verbindung mit § 8c KStG (Betrag laut Zeile 101)		
103	Davon ab: Im wegfallenden Gewerbeverlust enthaltener vortragsfähiger fortführungsgebundener Gewerbeverlust (im Betrag laut Zeile 84 enthalten, höchstens Betrag laut Zeile 101 abzüglich Summe der Beträge laut Zeilen 102 und 102a)		
104	Davon ab: Verrechnung mit dem vortragsfähigen fortführungsgebundenen Gewerbeverlust (Summe der Beträge laut Zeilen 85 und 99, höchstens Betrag laut Zeile 101 abzüglich der Summe der Beträge laut Zeilen 102 bis 103)		
105 frei 106	Wenn im Erhebungszeitraum ein schädlicher Beteiligungserwerb im Sinne des § 10a Satz 10 GewStG in Verbindung mit § 8c KStG erfolgte und die Voraussetzungen zur Anwendung des § 8d KStG erfüllt sind: Dazu: Zugang zum vortragsfähigen fortführungsgebundenen Gewerbeverlust (Betrag laut Zeile 98 abzüglich Betrag laut Zeile 101 zuzüglich Summe der Beträge laut Zeilen 102 bis 104)		
107	Im Betrag laut Zeile 98 enthaltener zum Schluss des Erhebungszeitraums verbleibender vortragsfähiger fortführungsgebundener Gewerbeverlust		

2025

Umsatzsteuererklärung

— Eingangsstempel — 11

An das Finanzamt

1

Steuernummer

2

121

3 **Berichtigte Steuererklärung** 110 1 = Ja

A. Allgemeine Angaben

Wirtschafts-Identifikationsnummer

4 D E

Name des Unternehmers

5

ggf. abweichender Firmenname

6

Art des Unternehmens

7

Straße

8

Hausnummer | Hausnummerzusatz | Adressergänzung

9

Postleitzahl | Ort

10

Postleitzahl | Postfach

11

Telefon

12

E-Mail-Adresse

13

14 **Im Ausland ansässiger Unternehmer**
Bitte tätigen Sie in diesem Fall auch Angaben auf der Anlage UN. 125 1 = Ja

15 **Fiskalvertreter**
Bitte tätigen Sie in diesem Fall auch Angaben auf der Anlage FV. 126 1 = Ja

16 **Wechsel von der Kleinunternehmer-Regelung (§ 19 UStG) zur Regelbesteuerung**
Datum des Wechsels 136

Dauer der Unternehmereigenschaft
(falls nicht vom 1. Januar bis zum 31. Dezember 2025)

	vom	bis zum
17 1. Zeitraum		
18 2. Zeitraum		

Die Steuer wurde berechnet nach

19 133
1 = vereinbarten Entgelten (§ 16 Absatz 1 Satz 1 UStG)
2 = vereinnahmten Entgelten (§ 20 UStG)
3 = vereinnahmten Entgelten nur für einzelne Unternehmensteile (§ 20 Satz 1 Nummer 2 in Verbindung mit Satz 2 oder § 20 Satz 1 Nummer 3 UStG)

Die Abschlusszahlung ist innerhalb eines Monats nach der Abgabe der Steuererklärung zu entrichten (§ 18 Absatz 4 UStG). Ein Erstattungsbetrag wird auf das dem Finanzamt benannte Konto überwiesen, soweit der Betrag nicht mit Steuerschulden verrechnet wird.

20 **Verrechnung des Erstattungsbetrages erwünscht / Erstattungsbetrag ist abgetreten** 129 1 = Ja

Geben Sie bitte die Verrechnungswünsche auf einem besonderen Blatt an oder auf dem beim Finanzamt erhältlichen Vordruck „Verrechnungsantrag".

21 Über die Angaben in der Steuererklärung hinaus sind weitere oder abweichende Angaben oder Sachverhalte zu berücksichtigen. 123 1 = Ja

Geben Sie bitte diese auf einem gesonderten Blatt an, welches mit der Überschrift **„Ergänzende Angaben zur Steuererklärung"** zu kennzeichnen ist.

Datenschutzhinweis:
Die mit der Steuererklärung angeforderten Daten werden auf Grund der §§ 149, 150 AO sowie der §§ 18, 18b UStG erhoben. Die Angabe der Telefonnummer und der E-Mail-Adresse ist freiwillig. Informationen über die Verarbeitung personenbezogener Daten in der Steuerverwaltung und über Ihre Rechte nach der Datenschutz-Grundverordnung sowie über Ihre Ansprechpartner in Datenschutzfragen entnehmen Sie bitte dem allgemeinen Informationsschreiben der Finanzverwaltung. Dieses Informationsschreiben finden Sie unter www.finanzamt.de (unter der Rubrik „Datenschutz") oder erhalten Sie bei Ihrem Finanzamt.

2025USt2A501 - Dezember 2024 - **2025USt2A501**

Steuernummer

- 2 -

B. Steuerpflichtige Lieferungen, sonstige Leistungen und unentgeltliche Wertabgaben

Zeile		Kz	Bemessungsgrundlage ohne Umsatzsteuer EUR	Kz	Steuer EUR Ct
	Umsätze zum allgemeinen Steuersatz				
22	Lieferungen und sonstige Leistungen zu 19 %	177	,–		
	Unentgeltliche Wertabgaben				
23	Lieferungen nach § 3 Absatz 1b UStG zu 19 %	178	,–		
24	Sonstige Leistungen nach § 3 Absatz 9a UStG zu 19 %	179	,–		
	Umsätze zum ermäßigten Steuersatz von 7 %				
25	Lieferungen und sonstige Leistungen zu 7 %	275	,–		
	Unentgeltliche Wertabgaben				
26	Lieferungen nach § 3 Absatz 1b UStG zu 7 %	195	,–		
27	Sonstige Leistungen nach § 3 Absatz 9a UStG zu 7 %	196	,–		
	Umsätze zum ermäßigten Steuersatz von 0 %				
28	Lieferungen und sonstige Leistungen zu 0 %	157	,–		
	Unentgeltliche Wertabgaben				
29	Lieferungen nach § 3 Absatz 1b UStG zu 0 %	158	,–		
30	Sonstige Leistungen nach § 3 Absatz 9a UStG zu 0 %	159	,–		
31	**Umsätze zu anderen Steuersätzen**	155	,–	156	
	Umsätze land- und forstwirtschaftlicher Betriebe nach § 24 UStG				
32	Lieferungen in das übrige Gemeinschaftsgebiet an Abnehmer **mit** Umsatzsteuer-Identifikationsnummer	777	,–		
33	Steuerpflichtige Umsätze (einschließlich unentgeltlicher Wertabgaben), für die eine Steuer nach § 24 UStG zu entrichten ist (Sägewerkserzeugnisse, Getränke und alkoholische Flüssigkeiten, z. B. Wein)	346	,–	347	
34	Übrige steuerpflichtige Umsätze land- und forstwirtschaftlicher Betriebe, für die keine Steuer zu entrichten ist	361	,–		
	Wechsel von der Kleinunternehmer-Regelung (§ 19 UStG) zur Regelbesteuerung beziehungsweise Durchschnittssatzbesteuerung (§ 24 UStG)				
35	Steuer (Nachsteuer) auf vereinnahmte Anzahlungen infolge des Wechsels der Besteuerungsform			317	
36	**Nachsteuer** auf versteuerte Anzahlungen und ähnlichem wegen **Steuersatzänderung**			319	
37	Summe der Steuer (zu übertragen in Zeile 103)				

2025USt2A502 2025USt2A502

Steuernummer

- 3 -

C. Steuerfreie Lieferungen, sonstige Leistungen und unentgeltliche Wertabgaben

Zeile		Kz.	Bemessungsgrundlage ohne Umsatzsteuer EUR
	Steuerfreie Umsätze mit Vorsteuerabzug		
	a) Innergemeinschaftliche Lieferungen (§ 4 Nummer 1 Buchstabe b UStG)		
38	an Abnehmer **mit** Umsatzsteuer-Identifikationsnummer	741	,—
39	neuer Fahrzeuge an Abnehmer **ohne** Umsatzsteuer-Identifikationsnummer	744	,—
40	neuer Fahrzeuge außerhalb eines Unternehmens (§ 2a UStG)	749	,—
	b) Weitere steuerfreie Umsätze mit Vorsteuerabzug (z. B. nach § 4 Nummer 1 Buchstabe a, 2 bis 7 UStG)		
41	Ausfuhrlieferungen (§ 4 Nummer 1 Buchstabe a UStG)	752	,—
42	Umsätze nach § ____ UStG		,—
43	Umsätze im Sinne des Offshore-Steuerabkommens, des Zusatzabkommens zum NATO-Truppenstatut und des Ergänzungsabkommens zum Protokoll über die NATO-Hauptquartiere		,—
44	Reiseleistungen nach § 25 Absatz 2 UStG		,—
45	Summe der Zeilen 42 bis 44	237	,—
	Steuerfreie Umsätze ohne Vorsteuerabzug		
	a) nicht zum Gesamtumsatz (§ 19 Absatz 2 UStG) gehörend		
46	nach § 4 Nummer 12 UStG (Vermietung und Verpachtung von Grundstücken)	286	,—
47	nach § 4 Nummer ____ UStG	287	,—
	b) zum Gesamtumsatz (§ 19 Absatz 2 UStG) gehörend		
48	nach § 19 Absatz 1 UStG	236	,—
49	nach § ____ UStG	240	,—

D. Innergemeinschaftliche Erwerbe

Zeile		Kz.	Bemessungsgrundlage ohne Umsatzsteuer EUR	Kz.	Steuer EUR Ct
50	**Steuerfreie innergemeinschaftliche Erwerbe** von bestimmten Gegenständen und Anlagegold nach §§ 4b und 25c UStG	791	,—		
	Steuerpflichtige innergemeinschaftliche Erwerbe (§ 1a UStG)				
51	zum Steuersatz von 19 %	781	,—		
52	zum Steuersatz von 7 %	793	,—		
53	zum Steuersatz von 0 %	780	,—		
54	zu anderen Steuersätzen	798	,—	799	
55	**neuer Fahrzeuge** (§ 1b Absatz 2 und 3 UStG) von Lieferern **ohne** Umsatzsteuer-Identifikationsnummer zum allgemeinen Steuersatz	794	,—	796	
56	Summe der Steuer (zu übertragen in Zeile 104)				

E. Steuerschuldner bei Auslagerung (§ 13a Absatz 1 Nummer 6 UStG)

Zeile		Kz.	Bemessungsgrundlage ohne Umsatzsteuer EUR	Kz.	Steuer EUR Ct
57	Lieferungen, die der Auslagerung vorangegangen sind (§ 4 Nummer 4a Satz 1 Buchstabe a Satz 2 UStG)	852	,—	853	
58	Summe der Steuer (zu übertragen in Zeile 105)				

2025USt2A503

2025USt2A503

Steuernummer

- 4 -

F. Innergemeinschaftliche Dreiecksgeschäfte (§ 25b UStG)

Zeile		Kz	Bemessungsgrundlage ohne Umsatzsteuer EUR	Kz	Steuer EUR Ct
59	Lieferungen des **ersten Abnehmers**	742	,—		
	Lieferungen, für die der letzte Abnehmer die Umsatzsteuer schuldet				
60	zum Steuersatz von 19 %	751	,—		
61	zum Steuersatz von 7 %	746	,—		
62	zum Steuersatz von 0 %	750	,—		
63	zu anderen Steuersätzen	747	,—	748	
64	Summe der Steuer (zu übertragen in Zeile 106)				

G. Leistungsempfänger als Steuerschuldner (§ 13b UStG)

Zeile		Kz	Bemessungsgrundlage ohne Umsatzsteuer EUR	Kz	Steuer EUR Ct
65	Sonstige Leistungen nach § 3a Absatz 2 UStG eines im übrigen Gemeinschaftsgebiet ansässigen Unternehmers (§ 13b Absatz 1 UStG)	846	,—	847	
66	Umsätze, die unter das GrEStG fallen (§ 13b Absatz 2 Nummer 3 UStG)	873	,—	874	
67	Andere Leistungen (§ 13b Absatz 2 Nummer 1, 2, 4 bis 12 UStG)	877	,—	878	
68	Summe der Steuer (zu übertragen in Zeile 107)				

H. Ergänzende Angaben zu Umsätzen

Zeile		Kz	Betrag EUR
69	Umsätze, die auf Grund eines Verzichts auf Steuerbefreiung (§ 9 UStG) als steuerpflichtig behandelt worden sind (in Abschnitt B enthalten)		,—
70	Steuerpflichtige Umsätze des leistenden Unternehmers, für die der Leistungsempfänger die Steuer nach § 13b Absatz 5 UStG schuldet	209	,—
71	**Telekommunikations-, Rundfunk- und Fernsehdienstleistungen** sowie **auf elektronischem Weg erbrachte sonstige Leistungen** an im übrigen Gemeinschaftsgebiet ansässige Nichtunternehmer sowie **innergemeinschaftliche Fernverkäufe** in das übrige Gemeinschaftsgebiet unter der Voraussetzung des § 3a Absatz 5 Sätze 3 und 4 UStG und § 3c Absatz 4 Sätze 1 und 2 UStG (in Abschnitt B oder C enthalten)	213	,—
72	**Telekommunikations-, Rundfunk- und Fernsehdienstleistungen** sowie **auf elektronischem Weg erbrachte sonstige Leistungen** an im übrigen Gemeinschaftsgebiet ansässige Nichtunternehmer sowie **innergemeinschaftliche Fernverkäufe** in das übrige Gemeinschaftsgebiet unter der Voraussetzung des § 3a Absatz 5 Sätze 3 und 4 UStG und § 3c Absatz 4 Sätze 1 und 2 UStG (in anderen EU-Mitgliedstaaten zu versteuern)	214	,—
73	Nicht steuerbare Geschäftsveräußerung im Ganzen gemäß § 1 Absatz 1a UStG	211	,—
74	Nicht steuerbare sonstige Leistungen gemäß § 18b Satz 1 Nummer 2 UStG	721	,—
75	Übrige nicht steuerbare Umsätze (Leistungsort nicht im Inland)	205	,—
76	In den Zeilen 72, 74 und 75 enthaltene Umsätze, die nach § 15 Absatz 2 und 3 UStG den Vorsteuerabzug ausschließen	204	,—
77	Auf den inländischen Streckenanteil entfallende Umsätze grenzüberschreitender Personenbeförderungen im Luftverkehr (§ 26 Absatz 3 UStG)	212	,—
78	Minderung der Bemessungsgrundlage nach § 17 Absatz 1 Satz 1 in Verbindung mit Absatz 2 Nummer 1 Satz 1 UStG für uneinbringliche Forderungsentgelte (in Abschnitt B enthalten)	650	,—

2025USt2A504 2025USt2A504

Steuernummer - 5 -

I. Abziehbare Vorsteuerbeträge

(ohne die Berichtigung nach § 15a UStG)

Zeile		Kz	Steuer EUR	Ct
79	Vorsteuerbeträge aus Rechnungen von anderen Unternehmern (§ 15 Absatz 1 Satz 1 Nummer 1 UStG)	320		
80	Vorsteuerbeträge aus innergemeinschaftlichen Erwerben von Gegenständen (§ 15 Absatz 1 Satz 1 Nummer 3 UStG)	761		
81	Entstandene Einfuhrumsatzsteuer (§ 15 Absatz 1 Satz 1 Nummer 2 UStG)	762		
82	Vorsteuerabzug für die Steuer, die der Abnehmer als Auslagerer nach § 13a Absatz 1 Nummer 6 UStG schuldet (§ 15 Absatz 1 Satz 1 Nummer 5 UStG)	466		
83	Vorsteuerbeträge aus Leistungen im Sinne des § 13b UStG (§ 15 Absatz 1 Satz 1 Nummer 4 UStG)	467		
84	Vorsteuerbeträge nach dem Durchschnittssatz für bestimmte Körperschaften, Personenvereinigungen und Vermögensmassen (§ 23a UStG)	334		
85	Vorsteuerabzug für innergemeinschaftliche Lieferungen **neuer Fahrzeuge** außerhalb eines Unternehmens (§ 2a UStG) sowie von Kleinunternehmern im Sinne des § 19 Absatz 1 UStG (§ 15 Absatz 4a UStG)	759		
86	Vorsteuerbeträge aus innergemeinschaftlichen Dreiecksgeschäften (§ 25b Absatz 5 UStG)	760		
87	Summe der Vorsteuerbeträge (zu übertragen in Zeile 109)			
	Ergänzende Angabe			
88	Minderung der abziehbaren Vorsteuerbeträge nach § 17 Absatz 1 Satz 2 in Verbindung mit Absatz 2 Nummer 1 Satz 1 UStG (in den Zeilen 79, 84 und 85 enthalten)	637		

J. Berichtigung des Vorsteuerabzugs (§ 15a UStG)

89 Sind im Kalenderjahr 2025 Grundstücke, Grundstücksteile, Gebäude oder Gebäudeteile, für die Vorsteuer abgezogen worden ist, erstmals tatsächlich verwendet worden? 370 ☐ 1 = Ja

(Geben Sie bitte auf einem besonderem Blatt für jedes Grundstück oder Gebäude gesondert an: Lage, Zeitpunkt der erstmaligen tatsächlichen Verwendung, Art und Umfang der Verwendung im Erstjahr, insgesamt angefallene Vorsteuer, in den Vorjahren – Investitionsphase – bereits abgezogene Vorsteuer)

Haben sich im Jahr 2025 die für den ursprünglichen Vorsteuerabzug maßgebenden Verhältnisse geändert bei

90 1. **Grundstücken, Grundstücksteilen, Gebäuden** oder **Gebäudeteilen**, die innerhalb der letzten 10 Jahre erstmals tatsächlich und **nicht nur einmalig** zur Ausführung von Umsätzen verwendet worden sind? 371 ☐ 1 = Ja

91 2. **anderen Wirtschaftsgütern und sonstigen Leistungen**, die innerhalb der letzten 5 Jahre erstmals tatsächlich und **nicht nur einmalig** zur Ausführung von Umsätzen verwendet worden sind? 372 ☐ 1 = Ja

92 3. **Wirtschaftsgütern und sonstigen Leistungen**, die **nur einmalig** zur Ausführung von Umsätzen verwendet worden sind? 369 ☐ 1 = Ja

Die Verhältnisse, die ursprünglich für die Beurteilung des Vorsteuerabzugs maßgebend waren, haben sich seitdem geändert durch:

93 ☐ Veräußerung ☐ Lieferung im Sinne des § 3 Absatz 1b UStG ☐ Wechsel der Besteuerungsform, § 15a Absatz 7 UStG

94 ☐ Wechsel der Besteuerungsform im Rahmen der Kleinunternehmer-Regelung

95 ☐ Nutzungsänderung, und zwar

96 ☐ Übergang von steuerpflichtiger zu steuerfreier Vermietung oder umgekehrt beziehungsweise Änderung des Verwendungsschlüssels bei gemischt genutzten Grundstücken (insbesondere bei Mieterwechsel).

97 ☐ steuerfreie Vermietung bisher eigengewerblich genutzter Räume oder umgekehrt; Übergang von einer Vermietung für NATO- oder ähnliche Zwecke zu einer nach § 4 Nummer 12 UStG steuerfreien Vermietung.

98 ☐

Vorsteuerberichtigungsbeträge

Zeile		Kz	nachträglich abziehbar EUR	Ct	Kz	zurückzuzahlen EUR	Ct
99	zu 1. (z. B. Grundstücke, § 15a Absatz 1 Satz 2 UStG)						
100	zu 2. (z. B. andere Wirtschaftsgüter, § 15a Absatz 1 Satz 1 UStG)						
101	zu 3. (z. B. Wirtschaftsgüter, § 15a Absatz 2 UStG)						
102	Summe	357			359		
			zu übertragen in Zeile 110			zu übertragen in Zeile 112	

2025USt2A505 2025USt2A505

Steuernummer

- 6 -

K. Berechnung der zu entrichtenden Umsatzsteuer

Zeile		Kz	Steuer EUR	Ct
103	**Umsatzsteuer auf steuerpflichtige Lieferungen, sonstige Leistungen und unentgeltliche Wertabgaben** (aus Zeile 37)			
104	**Umsatzsteuer auf innergemeinschaftliche Erwerbe** (aus Zeile 56)			
105	Umsatzsteuer, die vom Auslagerer oder Lagerhalter geschuldet wird (§ 13a Absatz 1 Nummer 6 UStG) (aus Zeile 58)			
106	Umsatzsteuer, die vom letzten Abnehmer im innergemeinschaftlichen Dreiecksgeschäft geschuldet wird (§ 25b Absatz 2 UStG) (aus Zeile 64)			
107	Umsatzsteuer, die vom Leistungsempfänger nach § 13b UStG geschuldet wird (aus Zeile 68)			
108	Zwischensumme			
109	**Abziehbare Vorsteuerbeträge** (aus Zeile 87)			
110	Vorsteuerbeträge, die auf Grund des § 15a UStG nachträglich abziehbar sind (aus Zeile 102)			
111	Verbleibender Betrag			
112	Vorsteuerbeträge, die auf Grund des § 15a UStG zurückzuzahlen sind (aus Zeile 102)			
113	In Rechnungen unrichtig oder unberechtigt ausgewiesene Steuerbeträge (§ 14c UStG) sowie Steuerbeträge, die nach § 6a Absatz 4 Satz 2 UStG geschuldet werden	318		
114	Steuerbeträge, die nach § 17 Absatz 1 Satz 7 UStG geschuldet werden	331		
115	Steuer- und Vorsteuerbeträge, die auf frühere Besteuerungszeiträume entfallen (nur für Kleinunternehmer, die § 19 Absatz 1 UStG anwenden)	391		
116	**Umsatzsteuer** **Überschuss** - bitte dem Betrag ein Minuszeichen voranstellen -			
117	Anrechenbare Beträge (aus Zeile 18 der Anlage UN)			
118	**Verbleibende Umsatzsteuer** **Verbleibender Überschuss** - bitte dem Betrag ein Minuszeichen voranstellen - **(bitte in jedem Fall ausfüllen)**	816		
119	Vorauszahlungssoll 2025 (einschließlich Sondervorauszahlung)			
120	**Noch an die Finanzkasse zu entrichten** - Abschlusszahlung - **Erstattungsanspruch** - bitte dem Betrag ein Minuszeichen voranstellen - **(bitte in jedem Fall ausfüllen)**	820		

Ein Umsatzsteuerbescheid ergeht nur, wenn von Ihrer Berechnung der Umsatzsteuer abgewichen wird.

Unterschrift

121 Die Steuererklärung wurde unter Mitwirkung einer selbständig und eigenverantwortlich tätigen und zur Hilfeleistung in Steuersachen nach §§ 3 und 4 des Steuerberatungsgesetzes befugten Person oder Vereinigung angefertigt. 1 = Ja

Bei der Anfertigung dieser Steuererklärung einschließlich der Anlagen hat mitgewirkt:

122

123

Datum, eigenhändige Unterschrift des Unternehmers

Bearbeitungshinweis

1. Die aufgeführten Daten sind mit Hilfe des geprüften und genehmigten Programms sowie ggf. unter Berücksichtigung der gespeicherten Daten maschinell zu verarbeiten.
2. Die weitere Bearbeitung richtet sich nach den Ergebnissen der maschinellen Verarbeitung.

Kontrollzahl und/oder Datenerfassungsvermerk

2025USt2A506

2025USt2A506

2025

Anlage FV zur Umsatzsteuererklärung

1 Steuernummer des Fiskalvertreters | Name des Fiskalvertreters

2 Wirtschafts-Identifikationsnummer D E

Aufstellung aller vertretenen Unternehmer

	Lfd. Nr.	Name des vertretenen Unternehmers	Anschrift des vertretenen Unternehmers	Falls vorhanden: Umsatzsteuer-Identifikationsnummer des vertretenen Unternehmers	Summe der jeweiligen Bemessungsgrundlagen EUR
3					
4					
5					
6					
7					
8					
9					
10					
11					
12					
13					
14	Summe				

2025

1 Steuernummer

Anlage UN

zur Umsatzsteuererklärung für im Ausland ansässige Unternehmer

A. Allgemeine Angaben

2 Wirtschafts-Identifikationsnummer: D E

3 IBAN

4 BIC (nur bei Bankverbindungen außerhalb des Europäischen Wirtschaftsraums)

5 Name des Geldinstituts (Zweigstelle) und Ort

6 Kontonummer (nur bei Bankverbindungen außerhalb des Europäischen Zahlungsverkehrsraums - SEPA)

7 **Kontoinhaber** ist der Unternehmer laut Zeile 5 auf Vordruck USt2A — Name des Kontoinhabers

8 Zur Wahrnehmung der steuerlichen Pflichten und Rechte als **Bevollmächtigter** (§ 80 AO) ist bestellt: — Zum Empfang von Schriftstücken als **Empfangsbevollmächtigter** (§ 123 AO) ist bestellt:

9 Name

10 Straße

11 Hausnummer — Hausnummerzusatz — Adressergänzung

12 Postleitzahl — Ort

13 Postleitzahl — Postfach

14 Telefon

15 E-Mail-Adresse

16 Die Umsatzsteuererklärung wurde vom Bevollmächtigten unterschrieben. Die Voraussetzungen des § 150 Absatz 3 AO liegen vor.

B. Vorsteuer-Vergütungsverfahren beim Bundeszentralamt für Steuern

11

17 Ist für das Kalenderjahr 2025 die **Vergütung von Vorsteuern** in einem besonderen Verfahren (§ 18 Absatz 9 UStG, §§ 59 bis 61a UStDV) beantragt worden? — 870 — 1 = Ja, 2 = Nein

C. Anrechenbare Beträge

18 Bei der Beförderungseinzelbesteuerung entrichtete Umsatzsteuer (§ 18 Absatz 5b Satz 2 UStG) – Belege bitte gesondert übermitteln - (zu übertragen in Zeile 118 der Umsatzsteuererklärung) — 888 — EUR — Ct

D. Ergänzende Angaben zu Umsätzen

In den steuerpflichtigen Umsätzen enthaltene Umsätze — Bemessungsgrundlage ohne Umsatzsteuer — EUR

19 Innergemeinschaftliche Fernverkäufe aus dem übrigen Gemeinschaftsgebiet (§ 3c UStG) — 898 — ,—

2025AnlageUN511 - Dezember 2024 - 2025AnlageUN511

2026

Umsatzsteuer-Voranmeldung

— Eingangsstempel — **11**

Steuernummer	Wirtschafts-Identifikationsnummer
1	D E

An das Finanzamt

30

2

Unternehmer – ggf. abweichende Firmenbezeichnung – Anschrift – Telefon – E-Mail-Adresse

3

4

5

Voranmeldungszeitraum

	bei **monatlicher** Abgabe bitte hier ankreuzen			bei **vierteljährlicher** Abgabe bitte hier ankreuzen
6	X Januar	X Mai	X September	X I. Kalendervierteljahr
7	X Februar	X Juni	X Oktober	X II. Kalendervierteljahr
8	X März	X Juli	X November	X III. Kalendervierteljahr
9	X April	X August	X Dezember	X IV. Kalendervierteljahr

10	**Berichtigte Anmeldung**	**10**	1 = Ja
11	**Belege** (z. B. Verträge, Rechnungen) sind beigefügt bzw. werden gesondert eingereicht	**22**	1 = Ja
12	**Wechsel von der Kleinunternehmer-Regelung (§ 19 UStG) zur Regelbesteuerung** Datum des Wechsels	**70**	

		Bemessungsgrundlage ohne Umsatzsteuer	Steuer
		EUR	EUR Ct
	A. Steuerpflichtige Lieferungen, sonstige Leistungen und unentgeltliche Wertabgaben		
	Steuerpflichtige Umsätze		
13	zum Steuersatz von 19 %	**81**	
14	zum Steuersatz von 7 %	**86**	
15	zum Steuersatz von 0 %	**87**	
16	zu anderen Steuersätzen	**35**	**36**
17	Lieferungen land- und forstwirtschaftlicher Betriebe nach § 24 UStG an Abnehmer **mit** Umsatzsteuer-Identifikationsnummer	**77**	
18	Umsätze, für die eine Steuer nach § 24 UStG zu entrichten ist (Sägewerkserzeugnisse, Getränke und alkoholische Flüssigkeiten, z. B. Wein)	**76**	**80**
	B. Steuerfreie Lieferungen, sonstige Leistungen und unentgeltliche Wertabgaben		
	Steuerfreie Umsätze mit Vorsteuerabzug		
	Innergemeinschaftliche Lieferungen (§ 4 Nummer 1 Buchstabe b UStG)		
19	an Abnehmer **mit** Umsatzsteuer-Identifikationsnummer	**41**	
20	neuer Fahrzeuge an Abnehmer **ohne** Umsatzsteuer-Identifikationsnummer	**44**	

2026USt1A561 - Dezember 2025 - **2026USt1A561**

Steuernummer

- 2 -

Zeile			Bemessungsgrundlage ohne Umsatzsteuer EUR		Steuer EUR Ct
21	neuer Fahrzeuge außerhalb eines Unternehmens (§ 2a UStG)	49			
22	**Weitere steuerfreie Umsätze mit Vorsteuerabzug** z. B. Ausfuhrlieferungen, Umsätze nach § 4 Nummer 2 bis 7 UStG, Umsätze nach Verordnungen der EU	43			
23	**Steuerfreie Umsätze ohne Vorsteuerabzug** z. B. Umsätze nach § 4 Nummer 8 bis 29 oder § 19 Absatz 1 UStG	48			
	C. Innergemeinschaftliche Erwerbe				
24	**Steuerfreie innergemeinschaftliche Erwerbe** von bestimmten Gegenständen und Anlagegold (§§ 4b und 25c UStG)	91			
	Steuerpflichtige innergemeinschaftliche Erwerbe				
25	zum Steuersatz von 19 %	89			
26	zum Steuersatz von 7 %	93			
27	zum Steuersatz von 0 %	90			
28	zu anderen Steuersätzen	95		98	
29	**neuer Fahrzeuge** (§ 1b Absatz 2 und 3 UStG) von Lieferern **ohne** Umsatzsteuer-Identifikationsnummer zum allgemeinen Steuersatz	94		96	
	D. Leistungsempfänger als Steuerschuldner (§ 13b UStG)				
30	Sonstige Leistungen nach § 3a Absatz 2 UStG eines im übrigen Gemeinschaftsgebiet ansässigen Unternehmers (§ 13b Absatz 1 UStG)	46		47	
31	Umsätze, die unter das GrEStG fallen (§ 13b Absatz 2 Nummer 3 UStG)	73		74	
32	Andere Leistungen (§ 13b Absatz 2 Nummer 1, 2, 4 bis 12 UStG)	84		85	
	E. Ergänzende Angaben zu Umsätzen				
33	Lieferungen des ersten Abnehmers bei **innergemeinschaftlichen Dreiecksgeschäften** (§ 25b UStG)	42			
34	Steuerpflichtige Umsätze des leistenden Unternehmers, für die der **Leistungsempfänger** die **Steuer nach § 13b Absatz 5 UStG schuldet**	60			
35	**Nicht steuerbare sonstige Leistungen** gemäß § 18b Satz 1 Nummer 2 UStG	21			
36	**Übrige nicht steuerbare Umsätze** (Leistungsort nicht im Inland)	45			
37	**Umsatzsteuer (Summe der Zeilen 13 bis 18 und 25 bis 32)**				
	F. Abziehbare Vorsteuerbeträge und Berichtigung des Vorsteuerabzugs				
38	Vorsteuerbeträge aus Rechnungen von anderen Unternehmern (§ 15 Absatz 1 Satz 1 Nummer 1 UStG), aus Leistungen im Sinne des § 27 Absatz 40a UStG und aus innergemeinschaftlichen Dreiecksgeschäften (§ 25b Absatz 5 UStG)			66	
39	Vorsteuerbeträge aus dem innergemeinschaftlichen Erwerb von Gegenständen (§ 15 Absatz 1 Satz 1 Nummer 3 UStG)			61	
40	Entstandene Einfuhrumsatzsteuer (§ 15 Absatz 1 Satz 1 Nummer 2 UStG)			62	
41	Vorsteuerbeträge aus Leistungen im Sinne des § 13b UStG (§ 15 Absatz 1 Satz 1 Nummer 4 UStG)			67	

2026USt1A562 **2026USt1A562**

Steuernummer

- 3 -

Zeile		Bemessungsgrundlage ohne Umsatzsteuer	Steuer	
		EUR	EUR	Ct
42	Vorsteuerbeträge, die nach allgemeinen Durchschnittssätzen berechnet sind (§ 23a UStG)		63	
43	Vorsteuerabzug für innergemeinschaftliche Lieferungen neuer Fahrzeuge außerhalb eines Unternehmens (§ 2a UStG) sowie von Kleinunternehmern im Sinne des § 19 Absatz 1 UStG (§ 15 Absatz 4a UStG)		59	
44	Berichtigung des Vorsteuerabzugs (§ 15a UStG)		64	
45	Verbleibender Betrag (Zeile 37 abzüglich der Zeilen 38 bis 44)			
	G. Andere Steuerbeträge			
46	Steuer infolge des Wechsels der Besteuerungsform sowie Nachsteuer auf versteuerte Anzahlungen und ähnlichem wegen Steuersatzänderung		65	
47	In Rechnungen unrichtig oder unberechtigt ausgewiesene Steuerbeträge (§ 14c UStG) sowie Steuerbeträge, die nach § 6a Absatz 4 Satz 2, § 17 Absatz 1 Satz 7, § 25b Absatz 2 UStG oder von einem Auslagerer oder Lagerhalter nach § 27 Absatz 40a UStG geschuldet werden		69	
	H. Vorauszahlung/Überschuss			
48	**Umsatzsteuer-Vorauszahlung/Überschuss (Summe der Zeilen 45 bis 47)**			
49	**Abzug** der festgesetzten **Sondervorauszahlung** für Dauerfristverlängerung (in der Regel nur in der letzten Voranmeldung des Besteuerungszeitraums auszufüllen)		39	
50	**Verbleibende Umsatzsteuer-Vorauszahlung** **Verbleibender Überschuss** – bitte dem Betrag ein Minus voranstellen - **(Bitte in jedem Fall ausfüllen)**		83	
	I. Ergänzende Angaben zu Minderungen nach § 17 Absatz 1 Sätze 1 und 2 in Verbindung mit Absatz 2 Nummer 1 Satz 1 UStG			
51	Minderung der Bemessungsgrundlage (in den Zeilen 13 bis 18 enthalten)	50		
52	Minderung der abziehbaren Vorsteuerbeträge (in der Zeile 38 aus Rechnungen von anderen Unternehmen (§ 15 Absatz 1 Satz 1 Nummer 1 UStG) sowie in den Zeilen 42 und 43 enthalten)		37	

J. Sonstige Angaben **11 / 86**

Ein Erstattungsbetrag wird auf das dem Finanzamt benannte Konto überwiesen, soweit der Betrag nicht mit Steuerschulden verrechnet wird.

Zeile		Kz	
53	**Verrechnung des Erstattungsbetrags erwünscht / Erstattungsbetrag ist abgetreten.** Geben Sie bitte die Verrechnungswünsche auf einem gesonderten Blatt an oder auf dem beim Finanzamt erhältlichen Vordruck „Verrechnungsantrag".	29	1 = Ja
54	Das **SEPA-Lastschriftmandat** soll ausnahmsweise (z. B. wegen Verrechnungswünschen) für diesen Voranmeldungszeitraum **nicht verwendet** werden (falls ja, bitte eine „1" eintragen). Ein ggf. verbleibender Restbetrag ist gesondert zu entrichten.	26	1 = Ja

Ergänzende Angaben zur Steueranmeldung

Eine Eintragung ist in Zeile 55 nur vorzunehmen, wenn einer der dort genannten Sachverhalte vorliegt. In diesem Fall erläutern Sie bitte diese Sachverhalte in den „Ergänzenden Angaben zur Steueranmeldung". Die ergänzenden Angaben werden gesondert geprüft. Dies kann die Bearbeitungsdauer verlängern. Falls Sie mit der Abgabe der Steueranmeldung lediglich Belege und Aufstellungen übermitteln, ist in Zeile 55 keine Eintragung vorzunehmen.

55 In dieser Steueranmeldung **500**

1 = konnten steuererhebliche Sachverhalte nicht erklärt werden.
2 = wird bewusst eine von der Verwaltungsauffassung abweichende Rechtsauffassung vertreten.
3 = sollen Sachverhalte personell vertieft geprüft werden.
4 = liegen mehrere der vorgenannten Gründe vor (Mehrfachauswahl).

Hinweis: Bitte übermitteln Sie Ihre ergänzenden Angaben nur für die vorstehend genannten Sachverhalte mit einer gesonderten Anlage mit der Überschrift „**Ergänzende Angaben zur Steueranmeldung**".

Datenschutzhinweis:
Die mit der Steueranmeldung angeforderten Daten werden auf Grund der §§ 149, 150 AO und der §§ 18, 18b UStG erhoben. Die Angabe der Telefonnummer und der E-Mail-Adresse ist freiwillig. Informationen über die Verarbeitung personenbezogener Daten in der Steuerverwaltung und über Ihre Rechte nach der Datenschutz-Grundverordnung sowie über Ihre Ansprechpartner in Datenschutzfragen entnehmen Sie bitte dem allgemeinen Informationsschreiben der Finanzverwaltung. Dieses Informationsschreiben finden Sie unter www.finanzamt.de (unter der Rubrik „Datenschutz") oder erhalten Sie bei Ihrem Finanzamt.

56

Datum, Unterschrift

2026USt1A563 **2026USt1A563**

2026

Antrag auf Dauerfristverlängerung
Anmeldung der Sondervorauszahlung
(§§ 46 bis 48 UStDV)

— Eingangsstempel — **11**

30

1 Steuernummer

Zur Beachtung
für Unternehmer, die ihre Voranmeldungen **vierteljährlich** zu übermitteln haben: Der Antrag auf Dauerfristverlängerung ist nicht zu stellen, wenn Dauerfristverlängerung bereits gewährt worden ist. Er ist nicht jährlich zu wiederholen. Eine Sondervorauszahlung ist nicht zu berechnen und anzumelden.

2 Wirtschafts-Identifikationsnummer
D E

3 An das Finanzamt

4 Unternehmer – ggf. abweichende Firmenbezeichnung – Anschrift – Telefon – E-Mail-Adresse

5

6

I. Antrag auf Dauerfristverlängerung

(Dieser Abschnitt ist gegenstandslos, wenn Dauerfristverlängerung bereits gewährt worden ist.)

Ich beantrage, die Fristen für die Übermittlung der Umsatzsteuer-Voranmeldungen und für die Entrichtung der Umsatzsteuer-Vorauszahlungen um einen Monat zu verlängern.

II. Berechnung und Anmeldung der Sondervorauszahlung auf die Steuer für das Kalenderjahr 2026 von Unternehmern, die ihre Voranmeldungen monatlich zu übermitteln haben

Zeile		Kz		
7	**Berichtigte Anmeldung**	10		1 = Ja
			EUR	
8	1. Summe der verbleibenden Umsatzsteuer-Vorauszahlungen **zuzüglich** der zu berücksichtigenden Sondervorauszahlung für das Kalenderjahr 2025			
9	2. Davon 1/11 = **Sondervorauszahlung 2026**	38		

III. Sonstige Angaben

11 / 86

Zeile		Kz		
10	**Verrechnung des Erstattungsbetrags erwünscht / Erstattungsbetrag ist abgetreten** Geben Sie bitte die Verrechnungswünsche auf einem gesonderten Blatt an oder auf dem beim Finanzamt erhältlichen Vordruck „Verrechnungsantrag".	29		1 = Ja
11	Das **SEPA-Lastschriftmandat** soll ausnahmsweise (z. B. wegen Verrechnungswünschen) für die Sondervorauszahlung dieses Jahres **nicht verwendet** werden (falls ja, bitte eine „1" eintragen). Ein ggf. verbleibender Restbetrag ist gesondert zu entrichten.	26		1 = Ja

Ergänzende Angaben zur Steueranmeldung

Eine Eintragung ist in Zeile 12 nur vorzunehmen, wenn einer der dort genannten Sachverhalte vorliegt. In diesem Fall erläutern Sie bitte diese Sachverhalte in den „Ergänzenden Angaben zur Steueranmeldung". Die ergänzenden Angaben werden gesondert geprüft. Dies kann die Bearbeitungsdauer verlängern. Falls Sie mit der Abgabe der Steueranmeldung lediglich Belege und Aufstellungen übermitteln, ist in Zeile 12 keine Eintragung vorzunehmen.

12 In dieser Steueranmeldung **500**
1 = konnten steuererhebliche Sachverhalte nicht erklärt werden.
2 = wird bewusst eine von der Verwaltungsauffassung abweichende Rechtsauffassung vertreten.
3 = sollen Sachverhalte personell vertieft geprüft werden.
4 = liegen mehrere der vorgenannten Gründe vor (Mehrfachauswahl).

Hinweis: Bitte übermitteln Sie Ihre ergänzenden Angaben nur für die vorstehend genannten Sachverhalte mit einer gesonderten Anlage mit der Überschrift „**Ergänzende Angaben zur Steueranmeldung**".

Datenschutzhinweis:
Die mit der Steueranmeldung angeforderten Daten werden auf Grund der §§ 149, 150 der Abgabenordnung und des § 18 des Umsatzsteuergesetzes erhoben. Die Angabe der Telefonnummern und der E-Mail-Adressen ist freiwillig. Informationen über die Verarbeitung personenbezogener Daten in der Steuerverwaltung und über Ihre Rechte nach der Datenschutz-Grundverordnung sowie über Ihre Ansprechpartner in Datenschutzfragen entnehmen Sie bitte dem allgemeinen Informationsschreiben der Finanzverwaltung. Dieses Informationsschreiben finden Sie unter www.finanzamt.de (unter der Rubrik „Datenschutz") oder erhalten Sie bei Ihrem Finanzamt.

13

Datum, Unterschrift

2026USt1H571 - Dezember 2025 - **2026USt1H571**

Umsatzsteuererklärung für die Fahrzeugeinzelbesteuerung

— Eingangsstempel — **11**

An das Finanzamt

1

30

Steuernummer

2

Abgabe- und Zahlungsfrist:
bis spätestens 10 Tage nach dem Erwerb

3 **Berichtigte Anmeldung** **10** 1 = Ja

A. Allgemeine Angaben

Name des Erwerbers	Vorname des Erwerbers	Geburtsdatum
4		

Straße	Hausnummer
5	

Postleitzahl	Ort
6	

E-Mail-Adresse	Telefon
7	

B. Angaben zum innergemeinschaftlichen Erwerb eines neuen Fahrzeugs (§ 1b UStG)

Fahrzeuglieferer	EU-Mitgliedstaat des Erwerbs
8	

Straße	Hausnummer
9	

Postleitzahl	Ort
10	

Bei dem innergemeinschaftlich erworbenen Fahrzeug handelt es sich um:

		Tag des Erwerbs	Tag der ersten Inbetriebnahme
11	X **ein motorbetriebenes Landfahrzeug**	21	22
	Fahrzeug-Identifizierungs-Nr. / amtl. Kennzeichen		Hubraum in ccm
12	23		24
	Leistung in kW		Km-Stand im Zeitpunkt des Erwerbs
13	27		25
		Tag des Erwerbs	Tag der ersten Inbetriebnahme
14	X **ein Wasserfahrzeug**	31	36
	Schiffs-Identifikations-Nr. (IMO-Nr.) / amtl. Schiffs-Nr.	Länge in m	Zahl der Betriebsstunden bis zum Erwerb
15	33	34	35
		Tag des Erwerbs	Tag der ersten Inbetriebnahme
16	X **ein Luftfahrzeug**	41	42
	Baumusterbezeichnung / Werk-Nr. / Luftfahrzeug-Kennzeichen	Starthöchstmasse in kg	Zahl der Betriebsstunden bis zum Erwerb
17	43	44	45

USt 1 B - August 2025 -

Steuernummer

- 2 -

C. Innergemeinschaftliche Erwerbe

Steuerfreie innergemeinschaftliche Erwerbe
nach § 4b UStG

18 Bemessungsgrundlage (bei Fahrzeugerwerben durch einen bevorrechtigten Bediensteten einer internationalen Organisation oder durch dessen Familienangehörige) - bitte Anlage USt 1 B beifügen - | EUR

Steuerpflichtige innergemeinschaftliche Erwerbe

19 Bemessungsgrundlage zum allgemeinen Steuersatz (§ 12 Abs. 1 UStG) | 50 | EUR

20 Steuer zum allgemeinen Steuersatz (§ 12 Abs. 1 UStG) | 83 | EUR | Ct

Unterschrift

Bei der Anfertigung dieser Steuererklärung hat mitgewirkt:

21

22

Datum, eigenhändige Unterschrift des Erwerbers

Ein Umsatzsteuerbescheid ergeht nur, wenn von Ihrer Berechnung der Umsatzsteuer abgewichen wird.

Datenschutzhinweis:
Die mit der Steuererklärung angeforderten Daten werden auf Grund der §§ 149, 150 der Abgabenordnung sowie des § 18 Abs. 5a des Umsatzsteuergesetzes (UStG) erhoben. Die Angabe der Telefonnummer und der E-Mail-Adresse ist freiwillig. Informationen über die Verarbeitung personenbezogener Daten in der Steuerverwaltung und über Ihre Rechte nach der Datenschutz-Grundverordnung sowie über Ihre Ansprechpartner in Datenschutzfragen entnehmen Sie bitte dem allgemeinen Informationsschreiben der Finanzverwaltung. Dieses Informationsschreiben finden Sie unter www.finanzamt.de (unter der Rubrik „Datenschutz") oder erhalten Sie bei Ihrem Finanzamt.

- Vom Finanzamt auszufüllen -

Erledigt (Datum/Nz)

23 1. X Speicherkonto einrichten (sofern noch nicht vorhanden) | X Grundkennbuchstabe UFE setzen

24 2. Geprüft | X ohne Beanstandung | X mit Beanstandung – abweichende Festsetzung mit Vordruck USt 1 C/D durchführen

25 3. X Verspätungszuschlag festsetzen

26 Tag des Erwerbs | Steuerbetrag | EUR

27 Tag des Eingangs der Anmeldung | Verspätungszuschlag nach § 152 Abs. 1 AO | EUR

Festsetzung mit gesondertem Vordruck

28 Verspätungszuschlag geändert auf | EUR | Blatt

4. Datenerfassung/Bearbeiterfreigabe (ggf. über die Finanzkasse):

29 Steuernummer | Progr.-Nr. 500

Zeitraum 1)	Abgabeart	Betrag (Euro/Cent)	Wert/Fälligkeit 2)	Buchungstext 3)
30	1 1 0			

31 MPS

1) Tag des Erwerbs (TTMMJJ)
2) Tag des Eingangs der Anmeldung (TTMMJJ)
3) 11 = erstmalige Anmeldung; 12 = berichtigte Anmeldung

32 5. Prüfung durch die Kassenaufsicht

6. Z. d. A.

Datum	Sachgebietsleiter/in	Bearbeiter/in	Kontrollzahl und/oder Datenerfassungsvermerk
33			

Anlage USt 1 B zur Umsatzsteuererklärung für die Fahrzeugeinzelbesteuerung

Steuernummer

1

Erwerber (Name, Vorname)

2

Nur auszufüllen, sofern ein steuerfreier innergemeinschaftlicher Erwerb getätigt wurde.

A. Ergänzende Angaben zum steuerfreien innergemeinschaftlichen Erwerb neuer Kraftfahrzeuge

3 Das Kraftfahrzeug ist zum persönlichen Gebrauch des Erwerbers bestimmt. Der Erwerber übt hier keine private Erwerbstätigkeit aus. 1 = Ja

4 Der Erwerber ist bevorrechtigter Bediensteter einer internationalen Organisation 1 = Ja | Der Erwerber ist Familienangehöriger eines bevorrechtigten Bediensteten entsprechend dem jeweiligen Sitzstaatabkommen / Protokollabkommen 1 = Ja

Name der internationalen Organisation

5

Sitzstaatabkommen | vom

6

Der Erwerber ist Inhaber des Ausweises

Nummer des Ausweises	Ausstellungsbehörde des Ausweises	Ausstellungsort des Ausweises
7		

8

Ort, Datum, Unterschrift des Leiters der internationalen Organisation oder seines Stellvertreters, Dienststempel der internationalen Organisation

B. Ergänzende Erklärung des Erwerbers

Ich versichere, dass ich eine Veräußerung des im Hauptvordruck USt 1 B (Zeilen 11 – 13) genannten Kraftfahrzeuges unverzüglich dem Finanzamt anzeigen werde.

Ebenso werde ich jede nichtbegünstigte Verwendung (z. B. vorzeitige Mitnahme in das Ausland infolge Versetzung oder Nutzung des Kraftfahrzeuges durch fremde Dritte) dem Finanzamt unverzüglich anzeigen.

Mir ist bekannt, dass nach den Sitzstaatabkommen und Protokollabkommen Anzahl und Verwendung sowie Veräußerung gegebenenfalls beschränkt sind und deshalb die Umsatzsteuer festgesetzt werden kann.

9 Ich versichere, dass ich bisher insgesamt die folgende Anzahl an Kraftfahrzeugen steuer- und abgabenfrei erworben habe (ohne Einberechnung des im Hauptvordruck USt 1 B genannten Kraftfahrzeuges)

10

Datum, Unterschrift des Erwerbers

- nur vom Bundeszentralamt für Steuern auszufüllen -

11 X Kontingent nicht überschritten. Begünstigung ist möglich | X Kontingent überschritten

Veräußerungsbeschränkung

12 X a) Keine Veräußerung | X b) Veräußerung nicht vor dem

13

Datum, Unterschrift, Dienststempel des Bundeszentralamtes für Steuern

Umsatzsteuer-Identifikationsnummer (USt-IdNr.) Bitte 9 Ziffern eintragen

01 D E

Bundeszentralamt für Steuern
- Dienstsitz Saarlouis -

66738 Saarlouis

Zusammenfassende Meldung

über innergemeinschaftliche Warenlieferungen
und innergemeinschaftliche sonstige Leistungen
und innergemeinschaftliche Dreiecksgeschäfte

02 **20**

Unternehmer, Anschrift, Telefon (Angabe freiwillig)

(Bitte nur **einen Meldezeitraum** ankreuzen)

Jan.	April	Juli	Okt.
Feb.	Mai	Aug.	Nov.
März	Juni	Sept.	Dez.
Jan/Feb	April/Mai	Juli/Aug	Okt/Nov
1. Quart.	2. Quart.	3. Quart.	4. Quart.
Kalenderjahr			

Berichtigung 03
(falls JA, bitte "x" eintragen)

Einlagebogen 04 Anzahl

Anzeige nach § 18a Abs. 1 UStG

☐ Die in § 18a Abs. 1 Satz 2 enthaltene Regelung nehme ich nicht in Anspruch. Ich gebe die ZM künftig monatlich ab. Diese Anzeige bindet mich bis zum Zeitpunkt des Widerrufes, mindestens aber für die Dauer von 12 Kalendermonaten.

☐ Widerruf meiner Anzeige nach § 18a Abs. 1 UStG

Ich versichere, die Angaben in dieser Zusammenfassenden Meldung wahrheitsgemäß nach bestem Wissen und Gewissen gemacht zu haben.

Hinweis:
Wer vorsätzlich oder leichtfertig entgegen seinen Verpflichtungen gem. § 18a Umsatzsteuergesetz (UStG) eine Zusammenfassende Meldung nicht, nicht richtig, nicht vollständig oder nicht rechtzeitig abgibt oder nicht bzw. nicht rechtzeitig berichtigt, handelt ordnungswidrig. Die Ordnungswidrigkeit kann mit einer Geldbuße bis zu 5.000 Euro geahndet werden (§ 26a UStG).

Bei der Anfertigung dieser ZM hat mitgewirkt:

Name, Anschrift, Telefon (Angabe freiwillig)

Datum, Unterschrift

Datenschutzhinweis:
Die mit der Zusammenfassenden Meldung angeforderten Daten werden aufgrund der §§ 149 ff. Abgabenordnung (AO) und § 18a UStG erhoben. Informationen über die Verarbeitung personenbezogener Daten in der Steuerverwaltung und über Ihre Rechte nach der Datenschutz-Grundverordnung sowie über Ihre Ansprechpartner in Datenschutzfragen entnehmen Sie bitte dem allgemeinen Informationsschreiben der Steuerverwaltung (https://www.bzst.de/DatenschutzInfo).

Einlagebogen Nr. | | **zur Zusammenfassenden Meldung für den Meldezeitraum**

02 **20**

Jan.	April	Juli	Okt.
Feb.	Mai	Aug.	Nov.
März	Juni	Sept.	Dez.
Jan/Feb	April/Mai	Juli/Aug	Okt/Nov
1. Quart.	2. Quart.	3. Quart.	4. Quart.

Kalenderjahr

Berichtigung
(falls JA, bitte "x" eintragen) **03**

Umsatzsteuer-Identifikationsnummer (USt-IdNr.) Bitte 9 Ziffern eintragen

01 D E

Meldung der Warenlieferungen vom Inland in das übrige Gemeinschaftsgebiet (§ 18a Abs. 7 Nr. 1 u. 2 UStG), der sonstigen Leistungen (§ 18a Abs. 7 Satz 1 Nr. 3 UStG) und der Lieferungen i.S.d. § 25b Abs. 2 UStG im Rahmen innergemeinschaftlicher Dreiecksgeschäfte (§ 18a Abs. 7 Satz 1 Nr. 4 UStG)

Bitte beachten!

Sonstige Leistungen bzw. Dreiecksgeschäfte sind in Spalte 3 jeweils durch Eintragung der Ziffer "1" oder "2" entsprechend zu kennzeichnen. Wurden sowohl Warenlieferungen, sonstige Leistungen und/oder Dreiecksgeschäfte an denselben Unternehmer erbracht, sind diese in getrennten Zeilen anzugeben.

Zeile	1		2		3
	Länder-kenn-zeichen	**USt-IdNr.** des Erwerbers/ Unternehmers in einem anderen EU-Mitgliedstaat	Summe der Bemessungsgrundlagen volle EUR	Ct	Sonstige Leistungen (falls JA, bitte **1** eintragen) ---------------- Dreiecksgeschäfte (falls JA, bitte **2** eintragen)
1					
2					
3					
4					
5					
6					
7					
8					
9					
10					
11					
12					
13					
14					
15					
16					
17					
18					
19					
20					
21					
22					
23					
24					
25					

Stichwortverzeichnis

Die Fundstellen bezeichnen die Randziffern des Systematischen Wegweisers.

Beispiel:

158 = Randziffer **158** des Systematischen Wegweisers

C